锦天城法律实务丛书

ALLBRIGHT
LAW OFFICES
锦天城

A HANDBOOK OF LEGAL SERVICES
FOR STATE-OWNED ASSETS AND ENTERPRISES

国资国企
法律服务手册

上海市锦天城律师事务所
国资国企业务委员会
主编

法律出版社 LAW PRESS · CHINA
北京

图书在版编目（CIP）数据

国资国企法律服务手册／上海市锦天城律师事务所国资国企业务委员会主编. -- 北京：法律出版社，2025. --（锦天城法律实务丛书）. -- ISBN 978-7-5244-0382-1

Ⅰ. D922.291.915

中国国家版本馆 CIP 数据核字第 2025DM0583 号

锦天城法律实务丛书	**国资国企法律服务手册** **GUOZI GUOQI FALÜ FUWU SHOUCE**	上海市锦天城律师事务所 国资国企业务委员会	主编	策划编辑 田 浩 责任编辑 田 浩 装帧设计 臧晓飞

出版发行 法律出版社
编辑统筹 法商出版分社
责任校对 裴 黎
责任印制 胡晓雅
经 销 新华书店

开本 787 毫米×1092 毫米 1/16
印张 63 **字数** 1917 千
版本 2025 年 7 月第 1 版
印次 2025 年 7 月第 1 次印刷
印刷 三河市兴达印务有限公司

地址：北京市丰台区莲花池西里 7 号(100073)
网址：www.lawpress.com.cn
投稿邮箱：info@lawpress.com.cn
举报盗版邮箱：jbwq@lawpress.com.cn

销售电话：010-83938349
客服电话：010-83938350
咨询电话：010-63939796

书号：ISBN 978-7-5244-0382-1 **定价**：258.00 元

凡购买本社图书，如有印装错误，我社负责退换。电话：010-83938349

法治筑基　同行致远

国有经济乃国之命脉，其改革发展与国家战略同频共振，其行稳致远深植于法治沃土。回望征程，自2018年“合规元年”顶层擘画，至2024年新《公司法》明确国家出资公司“加强内部合规管理”之刚性要求，再到当下穿透式监管与分类考核协同推进，国资国企改革已迈入系统性深化新阶段，昭示着监管范式由“授权放权”向“规范监管”，国企发展由“规模扩张”向“质量跃升”的深刻转型。法治建设正日益成为国资国企深化改革的核心命题之一。

然知易行难。面对法规浩繁、实践场景多元的挑战，如何将合规要求精准、高效地内化为企业治理的日常遵循与决策基石，是众多国企亟待破解的共性难题。锦天城深耕国资国企法律服务领域二十余载，亲历并助力改革洪流中的关键节点，我们融汇专业智慧与实践结晶，倾力推出《国资国企法律服务手册》，以“体系化指引、实效化赋能”为宗旨，匠心构建国资国企法律法规汇编、实务案例与法律文书范板与“三位一体”架构，力求为实务工作者提供一份切实可用的行动指南。

手册重在回应实务工作中的核心需求，第一部分国资国企法律法规汇编非止于“全”，更求其“精”与“新”。我们系统梳理、严谨编校，涵盖现行有效的核心法律、行政法规、部门规章及规范性文件，覆盖国资监管、公司治理、产权流转、资本运作等全维度，旨在为国企决策构筑坚实的法律边界与制度参照。“纸上得来终觉浅，绝知此事要躬行”。第二部分实务案例与第三部分法律文书范板通过书尾二维码以电子形式呈现。覆盖国企从设立、日常运营到复杂资本运作（如混合所有制改革、上市）的全流程，囊括合规管理、公司治理、并购重组、股权投资等高频领域优秀实务案例，融入了锦天城对国资国企特殊性的深刻理解与实务经验。

我们坚信手册不仅会是实务工作者手边常备的“工具书”，也将成为国资管理者案头的“合规地图”，更期待其成为激发国企法治内生动能的“催化剂”，助力企业在时代浪潮中锚定航向，破浪前行！

廿载同行，锦天城与国资国企改革风雨同舟；新程已启，法治护航乃高质量发展之必然。锦天城将继续以法律专业为笔，在国资法治建设的画卷上续写担当，始终与国家战略同频，与国资事业同行，与国家发展共振！

特此为序，与诸君共勉。

顾功耘*

二〇二五年六月

---

* 上海市锦天城律师事务所主任，华东政法大学教授、博士生导师

简 目

·第一部分·

第一编　国资国企

第二编　中央企业

· 第 二 部 分 ·

· 第 三 部 分 ·

详　目

·第一部分·

第一编　国资国企

第二编　中央企业

·第二部分·

·第三部分·

01

PART

第一部分

第一编

国 资 国 企

第一章　党的建设

党内法规：

中共中央印发《中国共产党国有企业基层组织工作条例（试行）》

（2019年11月29日中共中央政治局会议审议批准　2019年12月30日中共中央发布）

近日，中共中央印发了《中国共产党国有企业基层组织工作条例（试行）》（以下简称《条例》），并发出通知，要求各地区各部门认真遵照执行。

通知指出，国有企业是中国特色社会主义的重要物质基础和政治基础，是党执政兴国的重要支柱和依靠力量。坚持党的领导、加强党的建设是国有企业的“根”和“魂”，是我国国有企业的光荣传统和独特优势。《条例》以习近平新时代中国特色社会主义思想为指导，深入贯彻党的十九大和十九届二中、三中、四中全会精神，贯彻党章要求，对国有企业党组织工作作出全面规范，是新时代加强国有企业党的建设的基本遵循。

通知要求，各级党委（党组）要从巩固党的执政基础的高度出发，把国有企业党的建设作为管党治党的重要任务抓紧抓好，采取有力措施，强化责任落实，推动《条例》落到实处、见到实效。要认真抓好《条例》学习宣传和贯彻落实，通过集中学习、专题研讨等方式，使各级党组织特别是国有企业党组织和党员、干部深入领会《条例》精神，全面掌握《条例》内容，严格遵守和执行《条例》规定。中央组织部要会同有关部门加强督促指导，确保《条例》各项规定得到贯彻执行。各地区各部门在执行《条例》中的重要情况和建议，要及时报告党中央。

《条例》全文如下。

中国共产党国有企业基层组织工作条例（试行）

第一章　总　　则

第一条　为了深入贯彻习近平新时代中国特色社会主义思想，贯彻落实新时代党的建设总要求和新时代党的组织路线，坚持和加强党对国有企业的全面领导，提高国有企业党的建设质量，推动国有企业高质量发展，根据《中国共产党章程》和有关法律，制定本条例。

第二条　国有企业党组织必须高举中国特色社会主义伟大旗帜，以马克思列宁主义、毛泽东思想、邓小平理论、“三个代表”重要思想、科学发展观、习近平新时代中国特色社会主义思想为指导，坚持党的基本理论、基本路线、基本方略，增强“四个意识”、坚定“四个自信”、做到“两个维护”，坚持和加强党的全面领导，坚持党要管党、全面从严治党，突出政治功能，提升组织力，强化使命意识和责任担当，推动国有企业深化改革，完善中国特色现代企业制度，增强国有经济竞争力、创新力、控制力、影响力、抗风险能力，为做强做优做大国有资本提供坚强政治和组织保证。

第三条　国有企业党组织工作应当遵循以下原则：

（一）坚持加强党的领导和完善公司治理相统一，把党的领导融入公司治理各环节；

（二）坚持党建工作与生产经营深度融合，以企业改革发展成果检验党组织工作成效；

（三）坚持党管干部、党管人才，培养高素质专业化企业领导人员队伍和人才队伍；

（四）坚持抓基层打基础，突出党支部建设，增强基层党组织生机活力；

（五）坚持全心全意依靠工人阶级，体现企业职工群众主人翁地位，巩固党执政的阶级基础。

第二章　组织设置

第四条　国有企业党员人数100人以上的，设立党的基层委员会（以下简称党委）。党员人数不足100人、确因工作需要的，经上级党组织批准，也可以设立党委。

党员人数50人以上、100人以下的，设立党的总支部委员会（以下简称党总支）。党员人数不足50人、确因工作需要的，经上级党组织批准，也可以设立党总支。

正式党员3人以上的，成立党支部。正式党员7人以上的党支部，设立支部委员会。

经党中央批准，中管企业一般设立党组，中管金融企业设立党组性质党委。

第五条　国有企业党委由党员大会或者党员代表大会选举产生，每届任期一般为5年。党总支和支部委员会由党员大会选举产生，每届任期一般为3年。任期届满应当按期进行换届选举。根据党组织隶属关系和干部管理权限，上级党组织一般应当提前6个月提醒做好换届准备工作。

中央企业直属企业（单位）党组织换届选举工作，以中央企业党委（党组）为主指导，审批程序按照党内有关规定办理。中央企业及其直属企业（单位）召开党员代表大会，可以为党组织隶属地方党组织的下一级企业（单位）分配代表名额。

第六条　国有企业党委一般由5至9人组成，最多不超过11人，其中书记1人、副书记1至2人。设立常务委员会的，党委常务委员会委员一般5至7人、最多不超过9人，党委委员一般15至21人。党委委员一般应当有3年以上党龄，其中中央企业及其直属企业（单位）、省属国有企业的党委委员应当有5年以上党龄。

国有企业党总支一般由5至7人组成，最多不超过9人；支部委员会由3至5人组成，一般不超过7人。正式党员不足7人的党支部，设1名书记，必要时可以设1名副书记。党支部（党总支）书记一般应当有1年以上党龄。

第七条　国有企业党组织书记、副书记以及设立常务委员会的党委常务委员会委员，一般由本级委员会全体会议选举产生。选举结果报上级党组织批准。

中央企业党委（党组）认为有必要时，可以调动或者指派直属企业（单位）党组织负责人。

第八条　国有企业党委设立纪律检查委员会或者纪律检查委员，党总支和支部委员会设立纪律检查委员。

第九条　国有企业在推进混合所有制改革过程中，应当同步设置或者调整党的组织，理顺党组织隶属关系，同步选配好党组织负责人和党务工作人员，有效开展党的工作。

第十条　为执行某项任务临时组建的工程项目、研发团队等机构，党员组织关系不转接的，经上级党组织批准，可以成立临时党组织。临时党组织领导班子成员由批准其成立的党组织指定。

第三章　主要职责

第十一条　国有企业党委（党组）发挥领导作用，把方向、管大局、保落实，依照规定讨论和决定企业重大事项。主要职责是：

（一）加强企业党的政治建设，坚持和落实中国特色社会主义根本制度、基本制度、重要制度，教育引导全体党员始终在政治立场、政治方向、政治原则、政治道路上同以习近平同志为核心的党中央保持高度一致；

（二）深入学习和贯彻习近平新时代中国特色社会主义思想，学习宣传党的理论，贯彻执行党的路线方针政策，监督、保证党中央重大决策部署和上级党组织决议在本企业贯彻落实；

（三）研究讨论企业重大经营管理事项，支持股东（大）会、董事会、监事会和经理层依法行使职权；

（四）加强对企业选人用人的领导和把关，抓好企业领导班子建设和干部队伍、人才队伍建设；

（五）履行企业党风廉政建设主体责任，领导、支持内设纪检组织履行监督执纪问责职责，严明政治纪律和政治规矩，推动全面从严治党向基层延伸；

（六）加强基层党组织建设和党员队伍建设，团结带领职工群众积极投身企业改革发展；

（七）领导企业思想政治工作、精神文明建设、统一战线工作，领导企业工会、共青团、妇女组织等群团组织。

第十二条　国有企业党支部（党总支）以及内设机构中设立的党委围绕生产经营开展工作，发挥战斗堡垒作用。主要职责是：

（一）学习宣传和贯彻落实党的理论和路线方针政策，宣传和执行党中央、上级党组织和本组织的决议，团结带领职工群众完成本单位各项任务。

（二）按照规定参与本单位重大问题的决策，支持本单位负责人开展工作。

（三）做好党员教育、管理、监督、服务和发展党员工作，严格党的组织生活，组织党员创先争优，充分发挥党员先锋模范作用。

（四）密切联系职工群众，推动解决职工群众合理诉求，认真做好思想政治工作。领导本单位工会、共青团、妇女组织等群团组织，支持它们依照各自章程独立负责地开展工作。

（五）监督党员、干部和企业其他工作人员严格遵守国家法律法规、企业财经人事制度，维护国家、集体和群众的利益。

（六）实事求是对党的建设、党的工作提出意见建议，及时向上级党组织报告重要情况。按照规定向党员、群众通报党的工作情况。

第四章　党的领导和公司治理

第十三条　国有企业应当将党建工作要求写入公司章程，写明党组织的职责权限、机构设置、运行机制、基础保障等重要事项，明确党组织研究讨论是董事会、经理层决策重大问题的前置程序，落实党组织在公司治理结构中的法定地位。

第十四条　坚持和完善“双向进入、交叉任职”领导体制，符合条件的党委（党组）班子成员可以通过法定程序进入董事会、监事会、经理层，董事会、监事会、经理层成员中符合条件的党员可以依照有关规定和程序进入党委（党组）。

党委（党组）书记、董事长一般由一人担任，党员总经理担任副书记。确因工作需要由上级企业领导人员兼任董事长的，根据企业实际，党委书记可以由党员总经理担任，也可以单独配备。

不设董事会只设执行董事的独立法人企业，党委书记和执行董事一般由一人担任。总经理单设且是党员的，一般应当担任党委副书记。

分公司等非独立法人企业，党委书记和总经理是否分设，结合实际确定。分设的一般由党委书记担任副总经理、党员总经理担任党委副书记。

中央企业党委（党组）配备专职副书记，专职副书记一般进入董事会且不在经理层任职，专责抓好党建工作。规模较大、职工和党员人数较多的中央企业所属企业（单位）和地方国有企业党委，可以配备专职副书记。国有企业党委（党组）班子中的内设纪检组织负责人，一般不兼任其他职务，确需兼任的，报上级党组织批准。

国有企业党组织实行集体领导和个人分工负责相结合的制度，进入董事会、监事会、经理层的党组织领导班子成员必须落实党组织决定。

第十五条　国有企业重大经营管理事项必须经党委（党组）研究讨论后，再由董事会或者经理层作出决定。研究讨论的事项主要包括：

（一）贯彻党中央决策部署和落实国家发展战略的重大举措；

（二）企业发展战略、中长期发展规划，重要改革方案；

（三）企业资产重组、产权转让、资本运作和大额投资中的原则性方向性问题；

（四）企业组织架构设置和调整，重要规章制度的制定和修改；

（五）涉及企业安全生产、维护稳定、职工权益、社会责任等方面的重大事项；

（六）其他应当由党委（党组）研究讨论的重要事项。

国有企业党委（党组）应当结合企业实际制定研究讨论的事项清单，厘清党委（党组）和董事会、监事会、经理层等其他治理主体的权责。

具有人财物重大事项决策权且不设党委的独立法人企业的党支部（党总支），一般由党员负责人担任书记和委员，由党支部（党总支）对企业重大事项进行集体研究把关。

第十六条　国有企业党组织应当按照干部管理权限，规范动议提名、组织考察、讨论决定等程序，落实对党忠诚、勇于创新、治企有方、兴企有为、清正廉洁的要求，做好选配企业领导人员工作，加大优秀年轻领导人员培养选拔力度，加强企业领导人员管理监督，保证党对干部人事工作的领导权和对重要干部的管理权。

实施人才强企战略，健全人才培养、引进、使用机制，重点做好企业经营管理人才、专业技术人才、高技能人才以及特殊领域紧缺人才工作，激发和保护企业家精神，营造鼓励创新创业的良好环境。

第十七条　健全以职工代表大会为基本形式的民主管理制度，探索职工参与管理的有效方式，推进厂务公开、业务公开，保障职工知情权、参与权、表达权、监督权，维护职工合法权益。重大决策应当听取职工意见，涉及职工切身利益的重大问题必须经过职工代表大会或者职工大会审议。坚持和完善职工董事制度、职工监事制度，保证职工代表有序参与公司治理。

第五章 党员队伍建设

第十八条 国有企业党组织应当坚持集中教育和经常性教育相结合，采取集中轮训、党委（党组）理论学习中心组学习、理论宣讲、在线学习培训等方式，强化政治理论教育、党的宗旨教育、党章党规党纪教育和革命传统教育，组织引导党员认真学习党史、新中国史、改革开放史，推进“两学一做”学习教育常态化制度化，把不忘初心、牢记使命作为加强党的建设的永恒课题和全体党员、干部的终身课题，形成长效机制。

第十九条 严肃党的组织生活，认真召开民主生活会和组织生活会，提高“三会一课”质量，落实谈心谈话、民主评议党员和主题党日等制度，增强党内政治生活的政治性、时代性、原则性、战斗性。坚持重温入党誓词、重温入党志愿书等有效做法，落实党员领导干部讲党课制度。

第二十条 强化党员日常管理，及时转接党员组织关系，督促党员按期足额交纳党费，增强党员意识。加强和改进青年党员、农民工党员、出国（境）党员、流动党员、劳务派遣制员工党员的管理服务。有针对性做好离退休职工党员、兼并重组和破产企业职工党员管理服务工作。

从政治、思想、工作、生活上关心关爱党员，建立健全党内关怀帮扶机制，在重要节日、纪念日等走访慰问功勋荣誉表彰奖励获得者，经常联系关心因公伤残党员、老党员、生活困难党员和因公殉职、牺牲党员的家庭，帮助解决实际问题。

严格执行党的纪律，对违犯党的纪律的党员，按照党内有关规定及时进行教育或者处理。

第二十一条 按照控制总量、优化结构、提高质量、发挥作用的总要求和有关规定发展党员。坚持把政治标准放在首位，重视在生产经营一线、青年职工和高知识群体中发展党员，力争每个班组都有党员。注重把生产经营骨干培养成党员，把党员培养成生产经营骨干。对技术能手、青年专家等优秀人才，党组织应当加强联系、重点培养。

第二十二条 紧密结合企业生产经营开展党组织活动，通过设立党员责任区、党员示范岗、党员突击队、党员服务队等形式，引导党员创先争优、攻坚克难，争当生产经营的能手、创新创业的模范、提高效益的标兵、服务群众的先锋。引导党员积极参与志愿服务，注重发挥党员在区域化党建和基层治理中的重要作用。

第六章 党的政治建设

第二十三条 国有企业党组织必须把党的政治建设摆在首位，担负起党的政治建设责任，提高政治站位，强化政治引领，增强政治能力，涵养政治生态，防范政治风险，坚决落实党中央决策部署，推动企业聚焦主责主业，服务国家发展战略，全面履行经济责任、政治责任、社会责任。

第二十四条 坚持用党的创新理论武装党员干部职工，突出政治教育和政治训练，推动习近平新时代中国特色社会主义思想进企业、进车间、进班组、进头脑，引领职工群众听党话、跟党走。开展中国特色社会主义和实现中华民族伟大复兴中国梦宣传教育，加强爱国主义、集体主义、社会主义教育，抓好形势政策教育。

第二十五条 坚持以社会主义核心价值观引领企业文化建设，传承弘扬国有企业优良传统和作风，培育家国情怀，增强应对挑战的斗志，提升产业兴国、实业报国的精气神。深化文明单位创建，组织开展岗位技能竞赛，开展群众性文化体育活动，弘扬劳模精神、工匠精神，大力宣传、表彰先进典型，发挥示范引领作用，造就有理想守信念、懂技术会创新、敢担当讲奉献的新时代国有企业职工队伍。

第二十六条 把思想政治工作作为经常性、基础性工作，把解决思想问题同解决实际问题结合起来，多做得人心、暖人心、稳人心的工作，积极构建和谐劳动关系，努力将矛盾化解在基层。健全落实企业领导人员基层联系点、党员与职工结对帮带等制度，定期开展职工思想动态分析，有针对性做好人文关怀和心理疏导。注意在企业改革重组、化解过剩产能、处置“僵尸企业”和企业破产等过程中，深入细致做好思想工作，解决职工群众困难，引导职工群众拥护支持改革，积极参与改革。

第二十七条 坚持党建带群建，充分发挥群团组织桥梁纽带作用，推动群团组织团结动员职工群众围绕企业改革发展和生产经营建功立业，多为职工群众办好事、解难事，维护和发展职工群众利益。

第七章 党内民主和监督

第二十八条 国有企业党组织应当落实党员的知情权、参与权、选举权、监督权，畅通党员参与党内事务的途径，推进党务公开，建立健全党员定期评议党组织领导班子等制度。落实党员代表大会代表任期制，健全代表联系党员群众等制度，积极反映基层党组织和党员意见建议。

第二十九条　落实全面从严治党责任，强化政治监督，加强对党的理论和路线方针政策以及重大决策部署贯彻落实的监督检查。严格落实中央八项规定及其实施细则精神，坚决反对形式主义、官僚主义、享乐主义和奢靡之风。加强对制度执行的监督，加强对企业关键岗位、重要人员特别是主要负责人的监督，强化对权力集中、资金密集、资源富集、资产聚集的重点部门和单位的监督，突出“三重一大”决策、工程招投标、改制重组、产权变更和交易等重点环节的监督，严肃查处侵吞挥霍国有资产、利益输送等违规违纪问题。问题严重的，应当及时向上级党组织报告。

第三十条　落实党内监督责任，建立健全党内监督制度机制，强化日常管理和监督，充分发挥内设纪检组织、党委工作机构、基层党组织和党员的监督作用。加强对企业领导人员的党性教育、宗旨教育、警示教育，落实谈心谈话制度，加大提醒、函询、诫勉等力度，通过巡视巡察、考察考核、调研督导、处理信访举报、抽查核实个人有关事项报告等方式，督促企业领导人员依规依法用权、廉洁履职。

善用企业监事会、审计、法律、财务等监督力量，发挥职工群众监督、社会监督和舆论监督作用，推动各类监督有机贯通、相互协调，形成监督合力，提高监督效能。

第三十一条　国有企业内设纪检组织履行监督执纪问责职责，协助党委推进全面从严治党、加强党风建设和组织协调反腐败工作，精准运用监督执纪“四种形态”，坚决惩治和预防腐败。

各级纪委监委派驻企业的纪检监察机构根据授权履行纪检、监察职责，代表上级纪委监委对企业党委（党组）实行监督，督促推动国有企业党委（党组）落实全面从严治党主体责任。

第八章　领导和保障

第三十二条　各级党委应当把国有企业党的建设纳入整体工作部署和党的建设总体规划，按照管人管党建相统一的原则，健全上下贯通、执行有力的严密体系，形成党委统一领导、党委组织部门牵头抓总、国有资产监管部门党组（党委）具体指导和日常管理、有关部门密切配合、企业党组织履职尽责的工作格局。中央组织部负责全国国有企业党的建设工作的宏观指导。

中央企业直属企业（单位）党建工作，以中央企业党委（党组）领导、指导为主，企业所在地的市地以上党委协助。

中管金融企业党委垂直领导本系统的党组织，负责抓好本系统党建工作。

第三十三条　国有企业党组织履行党的建设主体责任，书记履行第一责任人职责，专职副书记履行直接责任，内设纪检组织负责人履行监督责任，党组织领导班子其他成员履行“一岗双责”，董事会、监事会和经理层党员成员应当积极支持、主动参与企业党建工作。

各级党组织应当强化党建工作责任制落实情况的督促检查，层层传导压力，推动工作落实。

第三十四条　全面推行党组织书记抓基层党建述职评议考核。强化考核结果运用，考核结果在一定范围内通报，并作为企业领导人员政治素质考察和综合考核评价的重要依据。

企业党组织每年年初向上级党组织全面报告上年度党建工作情况，党组织领导班子成员定期向本企业党组织报告抓党建工作情况。

第三十五条　国有企业党委按照有利于加强党的工作和精干高效协调原则，根据实际需要设立办公室、组织部、宣传部等工作机构，有关机构可以与企业职能相近的管理部门合署办公。领导人员管理和基层党组织建设一般由一个部门统一负责，分属两个部门的应当由同一个领导班子成员分管。

第三十六条　根据企业职工人数和实际需要，配备一定比例专兼职党务工作人员。选优配强党组织书记，把党支部书记岗位作为培养选拔企业领导人员的重要台阶。注重选拔政治素质好、熟悉经营管理、作风正派、在职工群众中有威信的党员骨干做企业党建工作，把党务工作岗位作为培养企业复合型人才的重要平台。严格落实同职级、同待遇政策，推动党务工作人员与其他经营管理人员双向交流。

加强对党支部书记和党务工作人员的培训，确保党支部书记和党务工作人员每年至少参加 1 次集中培训。新任党支部书记一般应当在半年内完成任职培训。

第三十七条　通过纳入管理费用、党费留存等渠道，保障企业党组织工作经费，并向生产经营一线倾斜。纳入管理费用的部分，一般按照企业上年度职工工资总额1%的比例安排，由企业纳入年度预算。整合利用各类资源，建好用好党组织活动阵地。

建立党支部工作经常性督查指导机制，推进党支部标准化、规范化建设，抓好软弱涣散基层党组织整顿提升。注重运用网络信息化手段和新媒体平台，增强党组织活动和党员教育管理工作的吸引力、实效性。

第三十八条 坚持有责必问、失责必究。对国有企业党的建设思想不重视、工作不得力的，应当及时提醒、约谈或者通报批评，限期整改。对违反本条例规定的，按照有关规定追究责任。

第九章 附 则

第三十九条 本条例适用于国有独资、全资企业和国有资本绝对控股企业。国有资本相对控股并具有实际控制力的企业，结合实际参照本条例执行。

第四十条 本条例由中央组织部负责解释。

第四十一条 本条例自2019年12月30日起施行。其他有关国有企业党组织工作的规定，凡与本条例不一致的，按照本条例执行。

中共中央印发《中国共产党组织工作条例》

（2021年4月30日中共中央政治局会议审议批准 2021年5月22日中共中央发布）

近日，中共中央印发了《中国共产党组织工作条例》（以下简称《条例》），并发出通知，要求各地区各部门认真遵照执行。

通知指出，党的力量来自组织，组织严密是党的光荣传统和独特优势。《条例》以习近平新时代中国特色社会主义思想为指导，贯彻落实新时代党的建设总要求和新时代党的组织路线，对党的组织工作作出全面规范，是做好新时代党的组织工作的基本遵循。《条例》的制定和实施，对于坚持和加强党对组织工作的全面领导、推进组织工作科学化制度化规范化、全面提高组织工作质量，具有重要意义。

通知要求，各级党委（党组）要把学习贯彻《条例》作为一项重要政治任务，抓好宣传解读和督促检查，进一步加强对组织工作的领导，确保党中央关于组织工作的重大决策部署落到实处。各地区各部门在执行《条例》中的重要情况和建议，要及时报告党中央。

《条例》全文如下。

中国共产党组织工作条例

第一章 总 则

第一条 为了深入贯彻习近平新时代中国特色社会主义思想，贯彻落实新时代党的建设总要求和新时代党的组织路线，推进党的组织工作科学化制度化规范化，提高党的组织工作质量，根据《中国共产党章程》和有关法律，制定本条例。

第二条 党的组织工作是以党的组织体系建设、领导班子和干部队伍建设、人才队伍建设、党员队伍建设为主要内容的实践活动，是巩固党的执政基础、实现党的全面领导、完成党的全部工作的重要保证，是党领导人民不断夺取革命、建设、改革胜利的优良传统和独特优势。

第三条 党的组织工作坚持以马克思列宁主义、毛泽东思想、邓小平理论、“三个代表”重要思想、科学发展观、习近平新时代中国特色社会主义思想为指导，增强“四个意识”、坚定“四个自信”、做到“两个维护”，以加强党的长期执政能力建设、先进性和纯洁性建设为主线，以党的政治建设为统领，以组织体系建设为重点，着力培养忠诚干净担当的高素质干部，着力集聚爱国奉献的各方面优秀人才，充分发挥基层党组织战斗堡垒作用和党员先锋模范作用，为坚持和加强党的全面领导、坚持和发展中国特色社会主义提供坚强组织保证。

第四条 党的组织工作遵循以下原则：

（一）坚持党的全面领导；

（二）坚持组织路线服务政治路线；

（三）坚持民主集中制；

（四）坚持党的群众路线；

（五）坚持党管干部、党管人才；

（六）坚持德才兼备、以德为先、任人唯贤；

（七）坚持党的组织和党的工作全覆盖；

（八）坚持实事求是、公道正派；

（九）坚持依法依规、科学规范。

第二章 领导体制和职责

第五条 组织工作实行党中央集中统一领导，各级党委（党组）分级分类领导，组织部门专门负责，有关方面各司其职、密切配合的领导体制。

党中央以及地方党委设置组织部，各级党政机关、人民团体、国有企业和事业单位党组织设置组织工作机构或者专职工作岗位，专门负责组织工作。

中央组织部指导各级组织部门工作，上级组织部门指导下级组织部门工作。

第六条　党中央决定组织工作路线方针政策，制定组织工作重要党内法规和规范性文件，对组织工作重大战略、重大改革、重大举措、重大事项作出决策，全面领导党的组织体系建设、干部工作、人才工作，按照有关规定推荐、提名、任免干部。

党中央一般每 5 年召开 1 次全国组织工作会议，对一个时期的组织工作作出全面部署。

第七条　地方党委对本地区组织工作负主体责任。主要职责是：

（一）贯彻落实党的组织工作路线方针政策，执行党中央以及上级党组织关于组织工作的决策部署、指示要求，按照权限制定组织工作党内法规和规范性文件，研究部署本地区组织工作重大事项和重要工作；

（二）领导同级人大、政府、政协、监察机关、审判机关、检察机关、人民团体等党的组织工作，指导和督促检查下级党组织开展组织工作；

（三）领导本地区党的组织体系建设，加强基层党组织和党员队伍建设；

（四）按照干部管理权限任免和管理干部，向地方国家机关、政协组织、人民团体、国有企业和事业单位等推荐重要干部；

（五）贯彻人才强国战略，统筹协调有关方面共同参与和推动本地区人才工作；

（六）完成党中央以及上级党组织交办的其他任务。

党组对本单位组织工作的领导职责，按照有关规定执行。

第八条　中央组织部和地方党委组织部的主要职责是：

（一）在党中央以及本级党委领导下，具体负责落实党的组织工作路线方针政策和决策部署，按照权限和分工制定、起草组织工作党内法规和规范性文件，推进组织制度贯彻落实；

（二）研究组织工作重要理论和实践问题，提出完善制度机制的政策建议，为党中央以及本级党委决策提供参考；

（三）负责党的组织体系建设，加强基层党组织和党员队伍建设；

（四）负责干部工作和干部队伍的统一管理，按照干部管理权限和分工负责领导班子建设的有关具体工作；

（五）负责人才工作的指导协调和人才的联系服务；

（六）负责公务员工作的统一管理；

（七）负责离退休干部工作的统一管理；

（八）统一管理机构编制委员会办公室；

（九）完成党中央以及本级党委交办的其他任务。

第三章　党的组织体系建设

第九条　坚持马克思主义建党原则，健全维护党的集中统一的组织制度，完善上下贯通、执行有力的组织体系，实现党的组织和党的工作全覆盖，不断增强党的政治领导力、思想引领力、群众组织力、社会号召力。

第十条　按照党章规定建立健全党的各级各类组织，形成包括党的中央组织、地方组织、基层组织在内，涵盖党的纪律检查机关、党的工作机关、党组，纵向到底、横向到边的严密组织架构。

适应形势任务的发展变化，及时调整和优化党组织设置。为执行某项任务临时组建的机构，可以按照有关规定成立临时党组织。除另有规定外，一般按照属地管理原则，规范和理顺基层党组织隶属关系。

第十一条　党的中央委员会、中央政治局、中央政治局常务委员会是党的组织体系的大脑和中枢，在推进中国特色社会主义事业中把方向、谋大局、定政策、促改革。坚持和完善党的领导制度体系，健全党中央对重大工作的领导体制，完善推动党中央决策部署落实机制，严格执行向党中央请示报告制度。

第十二条　党的地方委员会在本地区发挥总揽全局、协调各方的领导作用，全面领导本地区经济社会发展，全面负责本地区党的建设，履行把方向、管大局、作决策、保落实职责。坚持和完善党的地方组织工作制度，健全议事决策和监督机制，增强整体功能，提高领导水平，把党的地方组织建设成为坚决听从党中央指挥、管理严格、监督有力、班子团结、风气纯正的坚强组织。

第十三条　党的基层组织是党在社会基层组织

中的战斗堡垒，是党的全部工作和战斗力的基础。坚持大抓基层的鲜明导向，以提升组织力为重点，大力加强企业、农村、机关、学校、医院、科研院所、街道社区、社会组织等基层党组织建设，推进组织设置和活动方式创新，增强党组织政治功能，选优配强党组织带头人，把各领域党的基层组织建设成为宣传党的主张、贯彻党的决定、领导基层治理、团结动员群众、推动改革发展的坚强战斗堡垒。

党支部是党的基础组织，是党组织开展工作的基本单元。全面推进党支部标准化规范化建设，加强基础工作，完善基本制度，提升基本能力，落实基本保障，充分发挥党支部直接教育党员、管理党员、监督党员和组织群众、宣传群众、凝聚群众、服务群众的职责作用。党员人数较多或者党员工作地、居住地比较分散的党支部，应当按照便于组织开展活动原则，划分若干党小组。

第十四条 党组在本单位发挥领导作用，履行把方向、管大局、保落实职责。坚持和完善党组工作制度，健全工作规则和决策机制，坚持党建工作与业务工作同谋划、同部署、同推进、同考核，督促推动本单位领导班子依法依章程及时全面落实党组决策，确保党的理论和路线方针政策在本单位贯彻落实。

第十五条 围绕建设信念坚定、政治可靠、结构合理、素质优良、纪律严明、作用突出的党员队伍，做好发展党员和党员教育、管理、监督、服务工作。

发展党员应当按照控制总量、优化结构、提高质量、发挥作用的总要求，把政治标准放在首位，严格程序、严格把关，保证新发展党员质量。加强入党积极分子队伍建设，加强发展对象、预备党员的教育培养。

党员教育应当把学习贯彻习近平新时代中国特色社会主义思想作为首要政治任务，组织开展党内集中教育和党员经常性教育，坚持组织培训和个人自学相结合，引导党员不忘初心、牢记使命、不懈奋斗。

党员管理应当严格做好党籍管理、组织关系管理、党费收缴使用管理、日常监督、组织处置等工作，加强和改进流动党员管理。结合不同群体党员实际，组织引导党员充分发挥先锋模范作用。

加强党内激励关怀帮扶，保障党员民主权利，开展党内表彰，做好关爱服务党员工作。

第十六条 坚持民主集中制，完善发展党内民主和实行正确集中的相关制度。坚持党的代表大会制度，完善党内选举制度，落实党代表大会代表任期制和党的各级组织任期等制度。建立健全包括组织设置、组织生活、组织运行、组织管理、组织监督等在内的完整组织制度体系，完善党委（党组）落实全面从严治党主体责任的制度。

第十七条 严格执行《关于新形势下党内政治生活的若干准则》，坚持和完善民主生活会、组织生活会制度，健全“三会一课”、主题党日、谈心谈话、民主评议党员等制度，落实党员领导干部双重组织生活制度，发展积极健康的党内政治文化，确保党的组织生活经常、认真、严肃，不断增强政治性、时代性、原则性、战斗性，不断增强党自我净化、自我完善、自我革新、自我提高能力。

第十八条 各级党组织和全体党员必须坚决维护习近平总书记党中央的核心、全党的核心地位，坚决维护党中央权威和集中统一领导，坚持党员个人服从党的组织，少数服从多数，下级组织服从上级组织，全党各个组织和全体党员服从党的全国代表大会和中央委员会。落实全面从严治党战略部署，不断完善组织纪律各项要求，深入开展纪律教育，加强对组织纪律执行情况的监督检查，严肃查处违反组织纪律的行为，提高纪律的权威性和约束力，做到有令必行、有禁必止，执纪必严、违纪必究。

第四章　干部工作

第十九条 坚持党管干部原则，坚持德才兼备、以德为先，坚持五湖四海、任人唯贤，坚持好干部标准，坚持正确用人导向，统筹干部素质培养、知事识人、选拔任用、从严管理、正向激励体系建设，统筹领导班子和干部队伍建设，统筹党政机关、人民团体、国有企业和事业单位干部队伍建设，着力建设忠诚干净担当的高素质专业化干部队伍。

第二十条 干部工作实行党中央集中统一领导下分级分类管理的体制。党委（党组）及其组织部门应当加强对干部工作的统一管理。根据事权划分、行业领域属性特点、机构设置和业务管理体制以及队伍建设需要，合理确定干部管理职责、范围、权限、方式和程序，做好干部双重管理工作。

第二十一条 领导班子建设必须把党的政治建设摆在首位，坚持高标准严要求，坚持统筹谋划、整体推进，坚持分类指导、精准施策，严格执行民主集中制，深化理论武装，优化班子结构，增强整体功能，保持班子稳定，提高政治判断力、政治领悟力、政治执行力，努力把各级领导班子锻造成为忠实践行习近平新时代中国特色社会主义思想、坚定贯彻落实党中央决策部署的坚强领导集体。

第二十二条 建立健全源头培养、跟踪培养、全程培养的素质培养体系，突出政治素质，注重分类分级，加强思想淬炼、政治历练、实践锻炼、专业训练，把思想理论武装、理想信念教育、知识结构改善、能力素质提升贯穿干部成长全过程。注重在基层一线和困难艰苦地区培养锻炼干部，增强斗争精神，提高治理能力，使广大干部政治素养、理论水平、专业能力、实践本领跟上时代发展步伐。

第二十三条 建立健全日常考核、分类考核、近距离考核的知事识人体系，贯彻新发展理念，坚持正确政绩观，把区分优劣、奖优罚劣、激励担当、促进发展作为基本任务，优化考核内容和考核指标体系，完善考核方式方法，统筹开展平时考核、年度考核、专项考核、任期考核，全方位、多渠道了解干部，注意掌握干部在重大任务、重大斗争一线的表现。强化考核结果运用，把考核结果与干部选拔任用、教育培养、管理监督、激励约束、问责追责等结合起来，推动形成能者上、优者奖、庸者下、劣者汰的正确导向。

第二十四条 建立健全以德为先、任人唯贤、人事相宜的选拔任用体系，充分发挥党组织领导和把关作用，把政治标准放在首位，严把政治关、品行关、能力关、作风关、廉洁关，严格落实干部选拔任用的原则、条件、程序，严格执行干部任期、任职回避等制度，树立注重基层、注重实践、讲担当重担当的用人导向，提高干部考察质量，精准科学选人用人，切实把党和人民需要的好干部选出来用起来。加强干部选拔任用工作全程监督，营造风清气正的选人用人环境。

拓宽选人用人视野，推进地方与部门之间、地区之间、部门之间、党政机关与国有企业和事业单位以及其他社会组织之间的干部交流，综合运用援派、挂职等方式，加大对国家重大战略选派干部支持力度。

第二十五条 建立健全管思想、管工作、管作风、管纪律的从严管理体系，聚焦领导干部特别是党政正职，突出对干部做到“两个维护”、遵守党章党规党纪和宪法法律法规、执行党的路线方针政策、贯彻落实党中央决策部署、遵守党内政治生活准则等情况的政治监督。坚持抓早抓小抓经常，加强日常管理和对履职尽责、担当作为的监督，推动广大干部严格按照制度履行职责、行使权力、开展工作。

第二十六条 建立健全崇尚实干、带动担当、加油鼓劲的正向激励体系，坚持严管和厚爱结合、激励和约束并重，加强对敢担当善作为干部的激励保护，以正确用人导向引领干事创业导向。正确对待、合理使用被问责和受处分干部，完善被诬告干部澄清正名制度，健全表彰奖励制度，落实和完善干部工资、福利与保险制度，关心关爱干部身心健康，加大对基层干部特别是困难艰苦地区干部的政策倾斜力度，充分调动广大干部干事创业的积极性主动性创造性。

第二十七条 着眼党和国家事业长远发展需要，坚持拓宽来源、优化结构、改进方式、提高质量，从各条战线、各个领域、各个行业发现选拔优秀年轻干部，优化成长路径，建立上下联动、长期关注的干部常态化培养锻炼机制，完善适时使用、动态管理机制，健全促进优秀年轻干部脱颖而出的制度措施，推动年轻干部加强思想理论武装和基层实践锻炼、提高解决实际问题的能力。用好各年龄段干部，优化干部队伍梯次结构。统筹做好培养选拔女干部、少数民族干部和党外干部工作。

第二十八条 加强党对公务员队伍的集中统一领导，健全统一规范高效的公务员工作领导体制。贯彻落实《中华人民共和国公务员法》，完善中国特色公务员制度，健全职务与职级并行、录用交流、考核奖惩、培训监督等制度，构建规范完备的公务员管理法规体系，健全科学有效的公务员管理机制。坚持和完善公务员分类管理，提高管理效能和科学化水平。

第二十九条 严格执行干部退休制度，加强离退休干部思想政治建设和党组织建设，完善和创新离退休干部服务管理工作，组织引导离退休干部发挥作用。

第三十条 坚持和加强党对机构编制工作的集中统一领导，建立健全组织部门统一管理机构编制委员会办公室的工作制度，做好完善领导管理体制相关工作，统筹干部和机构编制资源，确保机构编制管理和干部管理有机衔接。

第五章 人才工作

第三十一条 坚持党管人才原则，确立人才引领发展的战略地位，遵循社会主义市场经济规律和人才成长规律，破除束缚人才发展的思想观念和体制机制障碍，构建科学规范、开放包容、运行高效的人才发展治理体系，全方位培养、引进、用好人才，着力集聚爱国奉献的各方面优秀人才，推进实施人才强国战略、创新驱动发展战略，为民族复兴伟业提供强大人才支撑。

第三十二条 各级党委（党组）应当加强对本地区本部门本单位人才工作的领导，形成党委统一领导，组织部门牵头抓总，有关部门各司其职、密切配合，用人单位发挥主体作用、社会力量广泛参与的党管人才工作格局。

党中央设立中央人才工作协调小组，对全国人才工作和人才队伍建设进行宏观指导、统筹协调、政策创新、重点推动、督促检查。中央人才工作协调小组下设办公室，负责处理中央人才工作协调小组日常工作。中央人才工作协调小组办公室设在中央组织部。

地方党委设立人才工作领导（协调）机构，统筹协调本地区人才工作和人才队伍建设。党委和政府所属系统内承担人才工作职能较多或者人才比较集中的职能部门，可以根据实际设立人才工作领导机构和办事机构。

第三十三条 紧紧围绕经济社会发展需求，聚焦重大发展战略，加强对人才队伍建设的宏观谋划，培养造就大批德才兼备的高素质人才。坚持高端引领、整体开发，组织实施重大人才工程，统筹推进各领域人才队伍建设。

第三十四条 树立全球视野和战略眼光，实行更加积极、更加开放、更加有效的人才政策，坚持以用为本，聚天下英才而用之。推进人才资源的优化配置，充分发挥市场的决定性作用和更好发挥政府作用，鼓励引导人才向艰苦边远地区和基层一线流动。

第三十五条 协调推进人才发展体制机制改革和政策创新，坚决破除唯论文、唯职称、唯学历、唯奖项，健全人才引进、培养、使用、评价、流动、激励机制，加快构建具有吸引力和国际竞争力的人才制度体系，向用人主体放权，为人才松绑，激发人才创新活力。

第三十六条 发挥党的政治优势、组织优势、密切联系群众优势，加强对各方面人才的政治引领和政治吸纳，引导广大人才矢志爱国奉献、勇于创新创造。坚持党委联系服务专家制度，完善领导干部直接联系服务人才工作机制，及时听取人才的意见建议，关心人才的工作生活。

第三十七条 树立强烈的人才意识，完善人才服务保障体系，加强对优秀人才和先进典型的宣传，营造尊重劳动、尊重知识、尊重人才、尊重创造的良好氛围，鼓励创新、宽容失败，开创人人皆可成才、人人尽展其才的生动局面。

第六章 保障和监督

第三十八条 各级党委（党组）应当切实加强对组织工作的领导，关心和支持组织部门履行职责、开展工作，合理配置机构编制，充实工作力量，提供必要的工作条件和经费保障，统筹协调各方面，形成做好组织工作的合力。加强组织部门领导班子建设，注重选拔政治上强、坚持原则、公道正派、有党务工作经历的干部担任组织部门领导干部。

第三十九条 组织部门应当坚决贯彻执行党中央以及党委（党组）的决策部署，严格执行重大事项请示报告制度。坚持和完善部务会会议制度，健全议事规则和程序，充分发挥部务会集体领导和把关作用。

第四十条 组织部门应当聚焦主责主业，健全工作机制，优化工作流程，加强调查研究，注重运用互联网技术、数字技术和信息化手段，提高工作效能。

第四十一条 组织部门应当强化政治机关意识，带头发扬党的光荣传统和优良作风，带头增强“四个意识”、坚定“四个自信”、做到“两个维护”，坚持以党的政治建设为统领，深入推进从严治部、从严律己、从严带队伍，努力建设讲政治、重公道、业务精、作风好的模范部门，让党中央放心、让党员干部人才信赖、让人民群众满意。

加强组工干部队伍建设，强化政治纪律和政治规矩教育，严守组织人事纪律和保密纪律，坚持清正廉洁，着力提升专业化能力，确保政治上绝对可靠、对党绝对忠诚。

第四十二条 各级党委（党组）应当落实全面从严治党主体责任，加强对本条例执行情况的监督检查，将本条例执行情况纳入领导班子和领导干部考核内容，纳入巡视巡察范围。

第四十三条 违反本条例有关规定的，根据情节轻重，给予批评教育、责令检查、诫勉、组织处理或者依规依纪依法给予处分。

第七章　附　　则

第四十四条　中央军事委员会可以根据本条例精神，制定相关规定。

第四十五条　本条例由中央组织部负责解释。

第四十六条　本条例自发布之日起施行。

中国共产党纪律处分条例

（2003年中共中央政治局会议审议批准　2003年12月31日中共中央发布　2023年12月8日中共中央政治局会议第三次修订　2023年12月19日中共中央发布）

第一编　总　　则

第一章　总体要求和适用范围

第一条　为了维护党章和其他党内法规，严肃党的纪律，纯洁党的组织，保障党员民主权利，教育党员遵纪守法，维护党的团结统一，保证党的理论、路线、方针、政策、决议和国家法律法规的贯彻执行，根据《中国共产党章程》，制定本条例。

第二条　党的纪律建设必须坚持以马克思列宁主义、毛泽东思想、邓小平理论、“三个代表”重要思想、科学发展观、习近平新时代中国特色社会主义思想为指导，坚持和加强党的全面领导，坚决维护习近平总书记党中央的核心、全党的核心地位，坚决维护以习近平同志为核心的党中央权威和集中统一领导，弘扬伟大建党精神，坚持自我革命，贯彻全面从严治党战略方针，落实新时代党的建设总要求，推动解决大党独有难题、健全全面从严治党体系，全面加强党的纪律建设，为以中国式现代化全面推进强国建设、民族复兴伟业提供坚强纪律保障。

第三条　党章是最根本的党内法规，是管党治党的总规矩。党的纪律是党的各级组织和全体党员必须遵守的行为规则。党组织和党员必须坚守初心使命，牢固树立政治意识、大局意识、核心意识、看齐意识，始终坚定道路自信、理论自信、制度自信、文化自信，切实践行正确的权力观、政绩观、事业观，自觉遵守和维护党章，严格执行和维护党的纪律，自觉接受党的纪律约束，模范遵守国家法律法规。

第四条　党的纪律处分工作遵循下列原则：

（一）坚持党要管党、全面从严治党。把严的基调、严的措施、严的氛围长期坚持下去，加强对党的各级组织和全体党员的教育、管理和监督，把纪律挺在前面，抓早抓小、防微杜渐。

（二）党纪面前一律平等。对违犯党纪的党组织和党员必须严肃、公正执行纪律，党内不允许有任何不受纪律约束的党组织和党员。

（三）实事求是。对党组织和党员违犯党纪的行为，应当以事实为依据，以党章、其他党内法规和国家法律法规为准绳，执纪执法贯通，准确认定行为性质，区别不同情况，恰当予以处理。

（四）民主集中制。实施党纪处分，应当按照规定程序经党组织集体讨论决定，不允许任何个人或者少数人擅自决定和批准。上级党组织对违犯党纪的党组织和党员作出的处理决定，下级党组织必须执行。

（五）惩前毖后、治病救人。处理违犯党纪的党组织和党员，应当实行惩戒与教育相结合，做到宽严相济。

第五条　深化运用监督执纪“四种形态”，经常开展批评和自我批评，及时进行谈话提醒、批评教育、责令检查、诫勉，让“红红脸、出出汗”成为常态；党纪轻处分、组织调整成为违纪处理的大多数；党纪重处分、重大职务调整的成为少数；严重违纪涉嫌犯罪追究刑事责任的成为极少数。

第六条　本条例适用于违犯党纪应当受到党纪责任追究的党组织和党员。

第二章　违纪与纪律处分

第七条　党组织和党员违反党章和其他党内法规，违反国家法律法规，违反党和国家政策，违反社会主义道德，危害党、国家和人民利益的行为，依照规定应当给予纪律处理或者处分的，都必须受到追究。

重点查处党的十八大以来不收敛、不收手，问题线索反映集中、群众反映强烈，政治问题和经济问题交织的腐败案件，违反中央八项规定精神的问题。

第八条　对党员的纪律处分种类：

（一）警告；

（二）严重警告；

（三）撤销党内职务；

（四）留党察看；

（五）开除党籍。

第九条 对于违犯党纪的党组织，上级党组织应当责令其作出书面检查或者给予通报批评。对于严重违犯党纪、本身又不能纠正的党组织，上一级党的委员会在查明核实后，根据情节严重的程度，可以予以：

（一）改组；

（二）解散。

第十条 党员受到警告处分一年内、受到严重警告处分一年半内，不得在党内提拔职务或者进一步使用，也不得向党外组织推荐担任高于其原任职务的党外职务或者进一步使用。

第十一条 撤销党内职务处分，是指撤销受处分党员由党内选举或者组织任命的党内职务。对于在党内担任两个以上职务的，党组织在作处分决定时，应当明确是撤销其一切职务还是一个或者几个职务。如果决定撤销其一个职务，必须撤销其担任的最高职务。如果决定撤销其两个以上职务，则必须从其担任的最高职务开始依次撤销。对于在党外组织担任职务的，应当建议党外组织撤销其党外职务。

对于在立案审查中因涉嫌违犯党纪被免职的党员，审查后依照本条例规定应当给予撤销党内职务处分的，应当按照其原任职务给予撤销党内职务处分。对于应当受到撤销党内职务处分，但是本人没有担任党内职务的，应当给予其严重警告处分。同时，在党外组织担任职务的，应当建议党外组织撤销其党外职务。

党员受到撤销党内职务处分，或者依照前款规定受到严重警告处分的，二年内不得在党内担任和向党外组织推荐担任与其原任职务相当或者高于其原任职务的职务。

第十二条 留党察看处分，分为留党察看一年、留党察看二年。对于受到留党察看处分一年的党员，期满后仍不符合恢复党员权利条件的，应当延长一年留党察看期限。留党察看期限最长不得超过二年。

党员受留党察看处分期间，没有表决权、选举权和被选举权。留党察看期间，确有悔改表现的，期满后恢复其党员权利；坚持不改或者又发现其他应当受到党纪处分的违纪行为的，应当开除党籍。

党员受到留党察看处分，其党内职务自然撤销。对于担任党外职务的，应当建议党外组织撤销其党外职务。受到留党察看处分的党员，恢复党员权利后二年内，不得在党内担任和向党外组织推荐担任与其原任职务相当或者高于其原任职务的职务。

第十三条 党员受到开除党籍处分，五年内不得重新入党，也不得推荐担任与其原任职务相当或者高于其原任职务的党外职务。另有规定不准重新入党的，依照规定。

第十四条 党员干部受到党纪处分，需要同时进行组织处理的，党组织应当按照规定给予组织处理。

党的各级代表大会的代表受到留党察看以上处分的，党组织应当终止其代表资格。

第十五条 对于受到改组处理的党组织领导机构成员，除应当受到撤销党内职务以上处分的外，均自然免职。

第十六条 对于受到解散处理的党组织中的党员，应当逐个审查。其中，符合党员条件的，应当重新登记，并参加新的组织过党的生活；不符合党员条件的，应当对其进行教育、限期改正，经教育仍无转变的，予以劝退或者除名；有违纪行为的，依照规定予以追究。

第三章 纪律处分运用规则

第十七条 有下列情形之一的，可以从轻或者减轻处分：

（一）主动交代本人应当受到党纪处分的问题；

（二）在组织谈话函询、初步核实、立案审查过程中，能够配合核实审查工作，如实说明本人违纪违法事实；

（三）检举同案人或者其他人应当受到党纪处分或者法律追究的问题，经查证属实，或者有其他立功表现；

（四）主动挽回损失、消除不良影响或者有效阻止危害结果发生；

（五）主动上交或者退赔违纪所得；

（六）党内法规规定的其他从轻或者减轻处分情形。

第十八条 根据案件的特殊情况，由中央纪委决定或者经省（部）级纪委（不含副省级市纪委）决定并呈报中央纪委批准，对违纪党员也可以在本条例规定的处分幅度以外减轻处分。

第十九条 对于党员违犯党纪应当给予警告或者严重警告处分，但是具有本条例第十七条规定的情形之一或者本条例分则中另有规定的，可以给予批评教育、责令检查、诫勉或者组织处理，免予党纪处分。对违纪党员免予处分，应当作出书面结论。

党员有作风纪律方面的苗头性、倾向性问题或者违犯党纪情节轻微的，可以给予谈话提醒、批评教育、责令检查等，或者予以诫勉，不予党纪处分。

党员行为虽然造成损失或者后果，但不是出于故意或者过失，而是由于不可抗力等原因所引起的，不追究党纪责任。

第二十条　有下列情形之一的，应当从重或者加重处分：

（一）强迫、唆使他人违纪；

（二）拒不上交或者退赔违纪所得；

（三）违纪受处分后又因故意违纪应当受到党纪处分；

（四）违纪受处分后，又被发现其受处分前没有交代的其他应当受到党纪处分的问题；

（五）党内法规规定的其他从重或者加重处分情形。

第二十一条　党员在党纪处分影响期内又受到党纪处分的，其影响期为原处分尚未执行的影响期与新处分影响期之和。

第二十二条　从轻处分，是指在本条例规定的违纪行为应当受到的处分幅度以内，给予较轻的处分。

从重处分，是指在本条例规定的违纪行为应当受到的处分幅度以内，给予较重的处分。

第二十三条　减轻处分，是指在本条例规定的违纪行为应当受到的处分幅度以外，减轻一档给予处分。

加重处分，是指在本条例规定的违纪行为应当受到的处分幅度以外，加重一档给予处分。

本条例规定的只有开除党籍处分一个档次的违纪行为，不适用第一款减轻处分的规定。

第二十四条　一人有本条例规定的两种以上应当受到党纪处分的违纪行为，应当合并处理，按其数种违纪行为中应当受到的最高处分加重一档给予处分；其中一种违纪行为应当受到开除党籍处分的，应当给予开除党籍处分。

第二十五条　一个违纪行为同时触犯本条例两个以上条款的，依照处分较重的条款定性处理。

一个条款规定的违纪构成要件全部包含在另一个条款规定的违纪构成要件中，特别规定与一般规定不一致的，适用特别规定。

第二十六条　二人以上共同故意违纪的，对为首者，从重处分，本条例另有规定的除外；对其他成员，按照其在共同违纪中所起的作用和应负的责任，分别给予处分。

对于经济方面共同违纪的，按照个人参与数额及其所起作用，分别给予处分。对共同违纪的为首者，情节严重的，按照共同违纪的总数额处分。

教唆他人违纪的，应当按照其在共同违纪中所起的作用追究党纪责任。

第二十七条　党组织领导机构集体作出违犯党纪的决定或者实施其他违犯党纪的行为，对具有共同故意的成员，按共同违纪处理；对过失违纪的成员，按照各自在集体违纪中所起的作用和应负的责任分别给予处分。

第四章　对违法犯罪党员的纪律处分

第二十八条　对违法犯罪的党员，应当按照规定给予党纪处分，做到适用纪律和适用法律有机融合，党纪政务等处分相匹配。

第二十九条　党组织在纪律审查中发现党员有贪污贿赂、滥用职权、玩忽职守、权力寻租、利益输送、徇私舞弊、浪费国家资财等违反法律涉嫌犯罪行为的，应当给予撤销党内职务、留党察看或者开除党籍处分。

第三十条　党组织在纪律审查中发现党员有刑法规定的行为，虽不构成犯罪但须追究党纪责任的，或者有其他破坏社会主义市场经济秩序、违反治安管理等违法行为，损害党、国家和人民利益的，应当视具体情节给予警告直至开除党籍处分。

违反国家财经纪律，在公共资金收支、税务管理、国有资产管理、政府采购管理、金融管理、财务会计管理等财经活动中有违法行为的，依照前款规定处理。

党员有嫖娼或者吸食、注射毒品等丧失党员条件，严重败坏党的形象行为的，应当给予开除党籍处分。

第三十一条　党组织在纪律审查中发现党员严重违纪涉嫌违法犯罪的，原则上先作出党纪处分决定，并按照规定由监察机关给予政务处分或者由任免机关（单位）给予处分后，再移送有关国家机关依法处理。

第三十二条　党员被依法留置、逮捕的，党组织应当按照管理权限中止其表决权、选举权和被选举权等党员权利。根据监察机关、司法机关处理结果，可以恢复其党员权利的，应当及时予以恢复。

第三十三条 党员犯罪情节轻微，人民检察院依法作出不起诉决定的，或者人民法院依法作出有罪判决并免予刑事处罚的，应当给予撤销党内职务、留党察看或者开除党籍处分。

党员犯罪，被单处罚金的，依照前款规定处理。

第三十四条 党员犯罪，有下列情形之一的，应当给予开除党籍处分：

（一）因故意犯罪被依法判处刑法规定的主刑（含宣告缓刑）；

（二）被单处或者附加剥夺政治权利；

（三）因过失犯罪，被依法判处三年以上（不含三年）有期徒刑。

因过失犯罪被判处三年以下有期徒刑或者被判处管制、拘役的，一般应当开除党籍。对于个别可以不开除党籍的，应当对照处分违纪党员批准权限的规定，报请再上一级党组织批准。

第三十五条 党员依法受到刑事责任追究的，党组织应当根据司法机关的生效判决、裁定、决定及其认定的事实、性质和情节，依照本条例规定给予党纪处分，是公职人员的由监察机关给予相应政务处分或者由任免机关（单位）给予相应处分。

党员依法受到政务处分、任免机关（单位）给予的处分、行政处罚，应当追究党纪责任的，党组织可以根据生效的处分、行政处罚决定认定的事实、性质和情节，经核实后依照规定给予相应党纪处分或者组织处理。其中，党员依法受到撤职以上处分的，应当依照本条例规定给予撤销党内职务以上处分。

党员违反国家法律法规、企事业单位或者其他社会组织的规章制度受到其他处分，应当追究党纪责任的，党组织在对有关方面认定的事实、性质和情节进行核实后，依照规定给予相应党纪处分或者组织处理。

党组织作出党纪处分或者组织处理决定后，监察机关、司法机关、行政机关等依法改变原生效判决、裁定、决定等，对原党纪处分或者组织处理决定产生影响的，党组织应当根据改变后的生效判决、裁定、决定等重新作出相应处理。

第五章 其他规定

第三十六条 预备党员违犯党纪，情节较轻，可以保留预备党员资格的，党组织应当对其批评教育或者延长预备期；情节较重的，应当取消其预备党员资格。

第三十七条 对违纪后下落不明的党员，应当区别情况作出处理：

（一）对有严重违纪行为，应当给予开除党籍处分的，党组织应当作出决定，开除其党籍；

（二）除前项规定的情况外，下落不明时间超过六个月的，党组织应当按照党章规定对其予以除名。

第三十八条 违纪党员在党组织作出处分决定前死亡，或者在死亡之后发现其曾有严重违纪行为，对于应当给予开除党籍处分的，开除其党籍；对于应当给予留党察看以下处分的，作出违犯党纪的书面结论和相应处理。

第三十九条 违纪行为有关责任人员的区分：

（一）直接责任者，是指在其职责范围内，不履行或者不正确履行自己的职责，对造成的损失或者后果起决定性作用的党员或者党员领导干部；

（二）主要领导责任者，是指在其职责范围内，对主管的工作不履行或者不正确履行职责，对造成的损失或者后果负直接领导责任的党员领导干部；

（三）重要领导责任者，是指在其职责范围内，对应管的工作或者参与决定的工作不履行或者不正确履行职责，对造成的损失或者后果负次要领导责任的党员领导干部。

本条例所称领导责任者，包括主要领导责任者和重要领导责任者。

第四十条 本条例所称主动交代，是指涉嫌违纪的党员在组织谈话函询、初步核实前向有关组织交代自己的问题，或者在谈话函询、初步核实和立案审查期间交代组织未掌握的问题。

第四十一条 担任职级、单独职务序列等级的党员干部违犯党纪受到处分，需要对其职级、单独职务序列等级进行调整的，参照本条例关于党外职务的规定执行。

第四十二条 计算经济损失应当计算立案时已经实际造成的全部财产损失，包括为挽回违纪行为所造成损失而支付的各种开支、费用。立案后至处理前持续发生的经济损失，应当一并计算在内。

第四十三条 对于违纪行为所获得的经济利益，应当收缴或者责令退赔。对于主动上交的违纪所得和经济损失赔偿，应当予以接收，并按照规定收缴或者返还有关单位、个人。

对于违纪行为所获得的职务、职级、职称、学历、学位、奖励、资格等其他利益，应当由承办案件的纪检机关或者由其上级纪检机关建议有关组织、部门、单位按照规定予以纠正。

对于依照本条例第三十七条、第三十八条规定处理的党员，经调查确属其实施违纪行为获得的利益，依照本条规定处理。

第四十四条 党纪处分决定作出后，应当在一个月内向受处分党员所在党的基层组织中的全体党员及其本人宣布，是领导班子成员的还应当向所在党组织领导班子宣布，并按照干部管理权限和组织关系将处分决定材料归入受处分者档案；对于受到撤销党内职务以上处分的，还应当在一个月内办理职务、工资、工作及其他有关待遇等相应变更手续；涉及撤销或者调整其党外职务的，应当建议党外组织及时撤销或者调整其党外职务。特殊情况下，经作出或者批准作出处分决定的组织批准，可以适当延长办理期限。办理期限最长不得超过六个月。

第四十五条 执行党纪处分决定的机关或者受处分党员所在单位，应当在六个月内将处分决定的执行情况向作出或者批准处分决定的机关报告。

党员对所受党纪处分不服的，可以依照党章及有关规定提出申诉。

第四十六条 党员因违犯党纪受到处分，影响期满后，党组织无需取消对其的处分。

第四十七条 本条例所称以上、以下，除有特别标明外均含本级、本数。

第四十八条 本条例总则适用于有党纪处分规定的其他党内法规，但是中共中央发布或者批准发布的其他党内法规有特别规定的除外。

第二编 分 则

第六章 对违反政治纪律行为的处分

第四十九条 在重大原则问题上不同党中央保持一致且有实际言论、行为或者造成不良后果的，给予警告或者严重警告处分；情节较重的，给予撤销党内职务或者留党察看处分；情节严重的，给予开除党籍处分。

第五十条 通过网络、广播、电视、报刊、传单、书籍等，或者利用讲座、论坛、报告会、座谈会等方式，公开发表坚持资产阶级自由化立场、反对四项基本原则，反对党的改革开放决策的文章、演说、宣言、声明等的，给予开除党籍处分。

发布、播出、刊登、出版前款所列文章、演说、宣言、声明等或者为上述行为提供方便条件的，对直接责任者和领导责任者，给予严重警告或者撤销党内职务处分；情节严重的，给予留党察看或者开除党籍处分。

第五十一条 通过网络、广播、电视、报刊、传单、书籍等，或者利用讲座、论坛、报告会、座谈会等方式，有下列行为之一，情节较轻的，给予警告或者严重警告处分；情节较重的，给予撤销党内职务或者留党察看处分；情节严重的，给予开除党籍处分：

（一）公开发表违背四项基本原则，违背、歪曲党的改革开放决策，或者其他有严重政治问题的文章、演说、宣言、声明等；

（二）妄议党中央大政方针，破坏党的集中统一；

（三）丑化党和国家形象，或者诋毁、诬蔑党和国家领导人、英雄模范，或者歪曲党的历史、中华人民共和国历史、人民军队历史。

发布、播出、刊登、出版前款所列内容或者为上述行为提供方便条件的，对直接责任者和领导责任者，给予严重警告或者撤销党内职务处分；情节严重的，给予留党察看或者开除党籍处分。

第五十二条 制作、贩卖、传播第五十条、第五十一条所列内容之一的报刊、书籍、音像制品、电子读物，以及网络文本、图片、音频、视频资料等，情节较轻的，给予警告或者严重警告处分；情节较重的，给予撤销党内职务或者留党察看处分；情节严重的，给予开除党籍处分。

私自携带、寄递第五十条、第五十一条所列内容之一的报刊、书籍、音像制品、电子读物等入出境，情节较重的，给予警告或者严重警告处分；情节严重的，给予撤销党内职务、留党察看或者开除党籍处分。

私自阅看、浏览、收听第五十条、第五十一条所列内容之一的报刊、书籍、音像制品、电子读物，以及网络文本、图片、音频、视频资料等，情节严重的，给予警告、严重警告或者撤销党内职务处分。

第五十三条 在党内组织秘密集团或者组织其他分裂党的活动的，给予开除党籍处分。

参加秘密集团或者参加其他分裂党的活动的，给予留党察看或者开除党籍处分。

第五十四条 在党内搞团团伙伙、结党营私、拉帮结派、政治攀附、培植个人势力等非组织活动，或者通过搞利益交换、为自己营造声势等活动捞取政治资本的，给予严重警告或者撤销党内职务处分；导致本地区、本部门、本单位政治生态恶化的，给予留党察看或者开除党籍处分。

第五十五条 搞投机钻营，结交政治骗子或者被政治骗子利用的，给予严重警告或者撤销党内职务处分；情节严重的，给予留党察看或者开除党籍处分。

充当政治骗子的，给予撤销党内职务、留党察看或者开除党籍处分。

第五十六条 党员领导干部在本人主政的地方或者分管的部门自行其是，搞山头主义，拒不执行党中央确定的大政方针，甚至背着党中央另搞一套的，给予撤销党内职务、留党察看或者开除党籍处分。

贯彻党中央决策部署只表态不落实，或者落实党中央决策部署不坚决，打折扣、搞变通，在政治上造成不良影响或者严重后果的，给予警告或者严重警告处分；情节严重的，给予撤销党内职务、留党察看或者开除党籍处分。

不顾党和国家大局，搞部门或者地方保护主义的，依照前款规定处理。

第五十七条 党员领导干部政绩观错位，违背新发展理念、背离高质量发展要求，给党、国家和人民利益造成较大损失的，给予警告或者严重警告处分；情节较重的，给予撤销党内职务或者留党察看处分；情节严重的，给予开除党籍处分。

搞劳民伤财的“形象工程”、“政绩工程”的，从重或者加重处分。

第五十八条 对党不忠诚不老实，表里不一，阳奉阴违，欺上瞒下，搞两面派，做两面人，在政治上造成不良影响的，给予警告或者严重警告处分；情节较重的，给予撤销党内职务或者留党察看处分；情节严重的，给予开除党籍处分。

第五十九条 制造、散布、传播政治谣言，破坏党的团结统一的，给予警告或者严重警告处分；情节较重的，给予撤销党内职务或者留党察看处分；情节严重的，给予开除党籍处分。

政治品行恶劣，匿名诬告，有意陷害或者制造其他谣言，造成损害或者不良影响的，依照前款规定处理。

第六十条 擅自对应当由党中央决定的重大政策问题作出决定、对外发表主张的，对直接责任者和领导责任者，给予严重警告或者撤销党内职务处分；情节严重的，给予留党察看或者开除党籍处分。

第六十一条 不按照有关规定向组织请示、报告重大事项，对直接责任者和领导责任者，情节较重的，给予警告或者严重警告处分；情节严重的，给予撤销党内职务或者留党察看处分。

第六十二条 干扰巡视巡察工作或者不落实巡视巡察整改要求，对直接责任者和领导责任者，情节较轻的，给予警告或者严重警告处分；情节较重的，给予撤销党内职务或者留党察看处分；情节严重的，给予开除党籍处分。

第六十三条 对抗组织审查，有下列行为之一的，给予警告或者严重警告处分；情节较重的，给予撤销党内职务或者留党察看处分；情节严重的，给予开除党籍处分：

（一）串供或者伪造、销毁、转移、隐匿证据；

（二）阻止他人揭发检举、提供证据材料；

（三）包庇同案人员；

（四）向组织提供虚假情况，掩盖事实；

（五）其他对抗组织审查行为。

第六十四条 组织、参加反对党的基本理论、基本路线、基本方略或者重大方针政策的集会、游行、示威等活动的，或者以组织讲座、论坛、报告会、座谈会等方式，反对党的基本理论、基本路线、基本方略或者重大方针政策，造成严重不良影响的，对策划者、组织者和骨干分子，给予开除党籍处分。

对其他参加人员或者以提供信息、资料、财物、场地等方式支持上述活动者，情节较轻的，给予警告或者严重警告处分；情节较重的，给予撤销党内职务或者留党察看处分；情节严重的，给予开除党籍处分。

对不明真相被裹挟参加，经批评教育后确有悔改表现的，可以免予处分或者不予处分。

未经组织批准参加其他集会、游行、示威等活动，情节较轻的，给予警告或者严重警告处分；情节较重的，给予撤销党内职务或者留党察看处分；情节严重的，给予开除党籍处分。

第六十五条 组织、参加旨在反对党的领导、反对社会主义制度或者敌视政府等组织的，对策划者、组织者和骨干分子，给予开除党籍处分。

对其他参加人员，情节较轻的，给予警告或者严重警告处分；情节较重的，给予撤销党内职务或者留党察看处分；情节严重的，给予开除党籍处分。

第六十六条　组织、参加会道门或者邪教组织的，对策划者、组织者和骨干分子，给予开除党籍处分。

对其他参加人员，情节较轻的，给予警告或者严重警告处分；情节较重的，给予撤销党内职务或者留党察看处分；情节严重的，给予开除党籍处分。

对不明真相的参加人员，经批评教育后确有悔改表现的，可以免予处分或者不予处分。

第六十七条　从事、参与挑拨破坏民族关系制造事端或者参加民族分裂活动的，对策划者、组织者和骨干分子，给予开除党籍处分。

对其他参加人员，情节较轻的，给予警告或者严重警告处分；情节较重的，给予撤销党内职务或者留党察看处分；情节严重的，给予开除党籍处分。

对不明真相被裹挟参加，经批评教育后确有悔改表现的，可以免予处分或者不予处分。

有其他违反党和国家民族政策的行为，情节较轻的，给予警告或者严重警告处分；情节较重的，给予撤销党内职务或者留党察看处分；情节严重的，给予开除党籍处分。

第六十八条　组织、利用宗教活动反对党的理论、路线、方针、政策和决议，破坏民族团结的，对策划者、组织者和骨干分子，给予开除党籍处分。

对其他参加人员，给予撤销党内职务或者留党察看处分；情节严重的，给予开除党籍处分。

对不明真相被裹挟参加，经批评教育后确有悔改表现的，可以免予处分或者不予处分。

有其他违反党和国家宗教政策的行为，情节较轻的，给予警告或者严重警告处分；情节较重的，给予撤销党内职务或者留党察看处分；情节严重的，给予开除党籍处分。

第六十九条　对信仰宗教的党员，应当加强思想教育，要求其限期改正；经党组织帮助教育仍没有转变的，应当劝其退党；劝而不退的，予以除名；参与利用宗教搞煽动活动的，给予开除党籍处分。

第七十条　组织迷信活动的，给予撤销党内职务或者留党察看处分；情节严重的，给予开除党籍处分。

参加迷信活动或者个人搞迷信活动，造成不良影响的，给予警告或者严重警告处分；情节较重的，给予撤销党内职务或者留党察看处分；情节严重的，给予开除党籍处分。

对不明真相的参加人员，经批评教育后确有悔改表现的，可以免予处分或者不予处分。

第七十一条　组织、利用宗族势力对抗党和政府，妨碍党和国家的方针政策以及决策部署的实施，或者破坏党的基层组织建设的，对策划者、组织者和骨干分子，给予开除党籍处分。

对其他参加人员，给予撤销党内职务或者留党察看处分；情节严重的，给予开除党籍处分。

对不明真相被裹挟参加，经批评教育后确有悔改表现的，可以免予处分或者不予处分。

第七十二条　在国（境）外、外国驻华使（领）馆申请政治避难，或者违纪后逃往国（境）外、外国驻华使（领）馆的，给予开除党籍处分。

在国（境）外公开发表反对党和政府的文章、演说、宣言、声明等的，依照前款规定处理。

故意为上述行为提供方便条件的，给予留党察看或者开除党籍处分。

第七十三条　在涉外活动中，其言行在政治上造成恶劣影响，损害党和国家尊严、利益的，给予撤销党内职务或者留党察看处分；情节严重的，给予开除党籍处分。

第七十四条　不履行全面从严治党主体责任、监督责任或者履行全面从严治党主体责任、监督责任不力，给党组织造成严重损害或者严重不良影响的，对直接责任者和领导责任者，给予警告或者严重警告处分；情节严重的，给予撤销党内职务或者留党察看处分。

第七十五条　党员领导干部对违反政治纪律和政治规矩等错误思想和行为不报告、不抵制、不斗争，放任不管，搞无原则一团和气，造成不良影响的，给予警告或者严重警告处分；情节严重的，给予撤销党内职务或者留党察看处分。

第七十六条　违反党的优良传统和工作惯例等党的规矩，在政治上造成不良影响或者严重后果的，给予警告或者严重警告处分；情节较重的，给予撤销党内职务或者留党察看处分；情节严重的，给予开除党籍处分。

第七章　对违反组织纪律行为的处分

第七十七条　违反民主集中制原则，有下列行为之一的，给予警告或者严重警告处分；情节严重的，给予撤销党内职务或者留党察看处分：

（一）拒不执行或者擅自改变党组织作出的重大决定；

（二）违反议事规则，个人或者少数人决定重大问题；

（三）故意规避集体决策，决定重大事项、重要干部任免、重要项目安排和大额资金使用；

（四）借集体决策名义集体违规。

第七十八条　下级党组织拒不执行或者擅自改变上级党组织决定的，对直接责任者和领导责任者，给予警告或者严重警告处分；情节严重的，给予撤销党内职务或者留党察看处分。

第七十九条　拒不执行党组织的分配、调动、交流等决定的，给予警告、严重警告或者撤销党内职务处分。

在特殊时期或者紧急状况下，拒不执行党组织上述决定的，给予留党察看或者开除党籍处分。

第八十条　在党组织纪律审查中，依法依规负有作证义务的党员拒绝作证或者故意提供虚假情况，情节较重的，给予警告或者严重警告处分；情节严重的，给予撤销党内职务、留党察看或者开除党籍处分。

第八十一条　有下列行为之一，情节较重的，给予警告或者严重警告处分：

（一）违反个人有关事项报告规定，隐瞒不报；

（二）在组织进行谈话函询时，不如实向组织说明问题；

（三）不按要求报告或者不如实报告个人去向；

（四）不如实填报个人档案资料。

有前款第二项规定的行为，同时向组织提供虚假情况、掩盖事实的，依照本条例第六十三条规定处理。

篡改、伪造个人档案资料的，给予严重警告处分；情节严重的，给予撤销党内职务或者留党察看处分。

隐瞒入党前严重错误的，一般应当予以除名；对入党多年且一贯表现好，或者在工作中作出突出贡献的，给予严重警告、撤销党内职务或者留党察看处分。

第八十二条　党员领导干部违反有关规定组织、参加自发成立的老乡会、校友会、战友会等，情节严重的，给予警告、严重警告或者撤销党内职务处分。

第八十三条　有下列行为之一的，给予警告或者严重警告处分；情节较重的，给予撤销党内职务或者留党察看处分；情节严重的，给予开除党籍处分：

（一）在民主推荐、民主测评、组织考察和党内选举中搞拉票、助选等非组织活动；

（二）在法律规定的投票、选举活动中违背组织原则搞非组织活动，组织、怂恿、诱使他人投票、表决；

（三）在选举中进行其他违反党章、其他党内法规和有关章程活动。

搞有组织的拉票贿选，或者用公款拉票贿选的，从重或者加重处分。

第八十四条　在干部选拔任用工作中，有任人唯亲、排斥异己、封官许愿、说情干预、跑官要官、突击提拔或者调整干部等违反干部选拔任用规定行为，对直接责任者和领导责任者，情节较轻的，给予警告或者严重警告处分；情节较重的，给予撤销党内职务或者留党察看处分；情节严重的，给予开除党籍处分。

用人失察失误造成严重后果的，对直接责任者和领导责任者，依照前款规定处理。

第八十五条　在推进领导干部能上能下工作中，搞好人主义，有下列行为之一，对直接责任者和领导责任者，情节较重的，给予警告或者严重警告处分；情节严重的，给予撤销党内职务或者留党察看处分：

（一）以党纪政务等处分规避组织调整；

（二）以组织调整代替党纪政务等处分；

（三）其他避重就轻作出处理行为。

第八十六条　在干部、职工的录用、考核、职务职级晋升、职称评聘、荣誉表彰，授予学术称号和征兵、安置退役军人等工作中，隐瞒、歪曲事实真相，或者利用职权或者职务上的影响违反有关规定为本人或者其他人谋取利益的，给予警告或者严重警告处分；情节较重的，给予撤销党内职务或者留党察看处分；情节严重的，给予开除党籍处分。

弄虚作假，骗取职务、职级、职称、待遇、资格、学历、学位、荣誉、称号或者其他利益的，依照前款规定处理。

第八十七条　侵犯党员的表决权、选举权和被选举权，情节较重的，给予警告或者严重警告处分；情节严重的，给予撤销党内职务处分。

以强迫、威胁、欺骗、拉拢等手段，妨害党员自主行使表决权、选举权和被选举权的，给予撤销党内职务、留党察看或者开除党籍处分。

第八十八条　有下列行为之一的，对直接责任者和领导责任者，给予警告或者严重警告处分；情节较重的，给予撤销党内职务或者留党察看处分；情节严重的，给予开除党籍处分：

（一）对批评、检举、控告进行阻挠、压制，或者将批评、检举、控告材料私自扣压、销毁，或者故意将其泄露给他人；

（二）对党员的申辩、辩护、作证等进行压制，造成不良后果；

（三）压制党员申诉，造成不良后果，或者不按照有关规定处理党员申诉；

（四）其他侵犯党员权利行为，造成不良后果。

对批评人、检举人、控告人、证人及其他人员打击报复的，从重或者加重处分。

第八十九条　违反党章和其他党内法规的规定，采取弄虚作假或者其他手段把不符合党员条件的人发展为党员，或者为非党员出具党员身份证明的，对直接责任者和领导责任者，给予警告或者严重警告处分；情节严重的，给予撤销党内职务处分。

违反有关规定程序发展党员的，对直接责任者和领导责任者，依照前款规定处理。

第九十条　违反有关规定取得外国国籍或者获取国（境）外永久居留资格、长期居留许可的，给予撤销党内职务、留党察看或者开除党籍处分。

第九十一条　违反有关规定办理因私出国（境）证件、前往港澳通行证，或者未经批准出入国（边）境，情节较轻的，给予警告或者严重警告处分；情节较重的，给予撤销党内职务或者留党察看处分；情节严重的，给予开除党籍处分。

虽经批准因私出国（境）但存在擅自变更路线、无正当理由超期未归等超出批准范围出国（境）行为，情节较重的，给予警告或者严重警告处分；情节严重的，给予撤销党内职务处分。

第九十二条　驻外机构或者临时出国（境）团（组）中的党员擅自脱离组织，或者从事外事、机要、军事等工作的党员违反有关规定同国（境）外机构、人员联系和交往的，给予警告、严重警告或者撤销党内职务处分。

第九十三条　驻外机构或者临时出国（境）团（组）中的党员，脱离组织出走时间不满六个月又自动回归的，给予撤销党内职务或者留党察看处分；脱离组织出走时间超过六个月的，按照自行脱党处理，党内予以除名。

故意为他人脱离组织出走提供方便条件的，给予警告、严重警告或者撤销党内职务处分。

第八章　对违反廉洁纪律行为的处分

第九十四条　党员干部必须正确行使人民赋予的权力，清正廉洁，反对特权思想和特权现象，反对任何滥用职权、谋求私利的行为。

利用职权或者职务上的影响为他人谋取利益，本人的配偶、子女及其配偶等亲属和其他特定关系人收受对方财物，情节较重的，给予警告或者严重警告处分；情节严重的，给予撤销党内职务、留党察看或者开除党籍处分。

第九十五条　相互利用职权或者职务上的影响为对方及其配偶、子女及其配偶等亲属、身边工作人员和其他特定关系人谋取利益搞权权交易的，给予警告或者严重警告处分；情节较重的，给予撤销党内职务或者留党察看处分；情节严重的，给予开除党籍处分。

第九十六条　纵容、默许配偶、子女及其配偶等亲属、身边工作人员和其他特定关系人利用党员干部本人职权或者职务上的影响谋取私利，情节较轻的，给予警告或者严重警告处分；情节较重的，给予撤销党内职务或者留党察看处分；情节严重的，给予开除党籍处分。

党员干部的配偶、子女及其配偶等亲属和其他特定关系人不实际工作而获取薪酬或者虽实际工作但领取明显超出同职级标准薪酬，党员干部知情未予纠正的，依照前款规定处理。

第九十七条　收受可能影响公正执行公务的礼品、礼金、消费卡（券）和有价证券、股权、其他金融产品等财物，情节较轻的，给予警告或者严重警告处分；情节较重的，给予撤销党内职务或者留党察看处分；情节严重的，给予开除党籍处分。

收受其他明显超出正常礼尚往来的财物的，依照前款规定处理。

第九十八条　向从事公务的人员及其配偶、子女及其配偶等亲属和其他特定关系人赠送明显超出正常礼尚往来的礼品、礼金、消费卡（券）和有价证券、股权、其他金融产品等财物，情节较重的，给予警告或者严重警告处分；情节严重的，给予撤销党内职务或者留党察看处分。

以讲课费、课题费、咨询费等名义变相送礼

的，依照前款规定处理。

第九十九条 借用管理和服务对象的钱款、住房、车辆等，可能影响公正执行公务，情节较重的，给予警告或者严重警告处分；情节严重的，给予撤销党内职务、留党察看或者开除党籍处分。

通过民间借贷等金融活动获取大额回报，可能影响公正执行公务的，依照前款规定处理。

第一百条 利用职权或者职务上的影响操办婚丧喜庆事宜，造成不良影响的，给予警告或者严重警告处分；情节严重的，给予撤销党内职务处分；借机敛财或者有其他侵犯国家、集体和人民利益行为的，从重或者加重处分，直至开除党籍。

第一百零一条 接受、提供可能影响公正执行公务的宴请或者旅游、健身、娱乐等活动安排，情节较重的，给予警告或者严重警告处分；情节严重的，给予撤销党内职务或者留党察看处分。

第一百零二条 违反有关规定取得、持有、实际使用运动健身卡、会所和俱乐部会员卡、高尔夫球卡等各种消费卡（券），或者违反有关规定出入私人会所，情节较重的，给予警告或者严重警告处分；情节严重的，给予撤销党内职务或者留党察看处分。

第一百零三条 违反有关规定从事营利活动，有下列行为之一，情节较轻的，给予警告或者严重警告处分；情节较重的，给予撤销党内职务或者留党察看处分；情节严重的，给予开除党籍处分：

（一）经商办企业；

（二）拥有非上市公司（企业）的股份或者证券；

（三）买卖股票或者进行其他证券投资；

（四）从事有偿中介活动；

（五）在国（境）外注册公司或者投资入股；

（六）其他违反有关规定从事营利活动的行为。

利用参与企业重组改制、定向增发、兼并投资、土地使用权出让等工作中掌握的信息买卖股票，利用职权或者职务上的影响通过购买信托产品、基金等方式非正常获利的，依照前款规定处理。

违反有关规定在经济组织、社会组织等单位中兼职，或者经批准兼职但获取薪酬、奖金、津贴等额外利益的，依照第一款规定处理。

第一百零四条 利用职权或者职务上的影响，为配偶、子女及其配偶等亲属和其他特定关系人在审批监管、资源开发、金融信贷、大宗采购、土地使用权出让、房地产开发、工程招投标以及公共财政收支等方面谋取利益，情节较轻的，给予警告或者严重警告处分；情节较重的，给予撤销党内职务或者留党察看处分；情节严重的，给予开除党籍处分。

利用职权或者职务上的影响，为配偶、子女及其配偶等亲属和其他特定关系人吸收存款、推销金融产品、经营名贵特产类特殊资源等提供帮助谋取利益的，依照前款规定处理。

第一百零五条 离职或者退（离）休后违反有关规定接受原任职务管辖的地区和业务范围内或者与原工作业务直接相关的企业和中介机构等单位的聘用，或者个人从事与原任职务管辖业务或者与原工作业务直接相关的营利活动，情节较轻的，给予警告或者严重警告处分；情节较重的，给予撤销党内职务处分；情节严重的，给予留党察看处分。

党员领导干部离职或者退（离）休后违反有关规定担任上市公司、基金管理公司独立董事、独立监事等职务，情节较轻的，给予警告或者严重警告处分；情节较重的，给予撤销党内职务处分；情节严重的，给予留党察看处分。

第一百零六条 离职或者退（离）休后利用原职权或者职务上的影响，为配偶、子女及其配偶等亲属和其他特定关系人从事经营活动谋取利益，情节较轻的，给予警告或者严重警告处分；情节较重的，给予撤销党内职务或者留党察看处分；情节严重的，给予开除党籍处分。

离职或者退（离）休后利用原职权或者职务上的影响为他人谋取利益，本人的配偶、子女及其配偶等亲属和其他特定关系人收受对方财物，情节较重的，给予警告或者严重警告处分；情节严重的，给予撤销党内职务、留党察看或者开除党籍处分。

第一百零七条 党员领导干部的配偶、子女及其配偶，违反有关规定在该党员领导干部管辖的地区和业务范围内从事可能影响其公正执行公务的经营活动，或者有其他违反经商办企业禁业规定行为的，该党员领导干部应当按照规定予以纠正；拒不纠正的，其本人应当辞去现任职务或者由组织予以调整职务；不辞去现任职务或者不服从组织调整职务的，给予撤销党内职务处分。

第一百零八条 党和国家机关违反有关规定经商办企业的，对直接责任者和领导责任者，给予警告或者严重警告处分；情节严重的，给予撤销党内职务处分。

第一百零九条 党员领导干部违反工作、生活保障制度，在交通、医疗、警卫等方面为本人、配偶、子女及其配偶等亲属、身边工作人员和其他特定关系人谋求特殊待遇，情节较重的，给予警告或者严重警告处分；情节严重的，给予撤销党内职务或者留党察看处分。

第一百一十条 在分配、购买住房中侵犯国家、集体利益，情节较轻的，给予警告或者严重警告处分；情节较重的，给予撤销党内职务或者留党察看处分；情节严重的，给予开除党籍处分。

第一百一十一条 利用职权或者职务上的影响，侵占非本人经管的公私财物，或者以象征性地支付钱款等方式侵占公私财物，或者无偿、象征性地支付报酬接受服务、使用劳务，情节较轻的，给予警告或者严重警告处分；情节较重的，给予撤销党内职务或者留党察看处分；情节严重的，给予开除党籍处分。

利用职权或者职务上的影响，将应当由本人、配偶、子女及其配偶等亲属、身边工作人员和其他特定关系人个人支付的费用，由下属单位、其他单位或者他人支付、报销的，依照前款规定处理。

第一百一十二条 利用职权或者职务上的影响，违反有关规定占用公物归个人使用，时间超过六个月，情节较重的，给予警告或者严重警告处分；情节严重的，给予撤销党内职务处分。

占用公物进行营利活动的，给予警告或者严重警告处分；情节较重的，给予撤销党内职务或者留党察看处分；情节严重的，给予开除党籍处分。

将公物借给他人进行营利活动的，依照前款规定处理。

第一百一十三条 违反有关规定组织、参加用公款支付的宴请、娱乐、健身活动，或者用公款购买赠送或者发放礼品、消费卡（券）等，对直接责任者和领导责任者，情节较轻的，给予警告或者严重警告处分；情节较重的，给予撤销党内职务或者留党察看处分；情节严重的，给予开除党籍处分。

第一百一十四条 违反有关规定自定薪酬或者滥发津贴、补贴、奖金、福利等，对直接责任者和领导责任者，情节较轻的，给予警告或者严重警告处分；情节较重的，给予撤销党内职务或者留党察看处分；情节严重的，给予开除党籍处分。

第一百一十五条 有下列行为之一，对直接责任者和领导责任者，情节较轻的，给予警告或者严重警告处分；情节较重的，给予撤销党内职务或者留党察看处分；情节严重的，给予开除党籍处分：

（一）公款旅游或者以学习培训、考察调研、职工疗养等为名变相公款旅游；

（二）改变公务行程，借机旅游；

（三）参加所管理企业、下属单位组织的考察活动，借机旅游。

以考察、学习、培训、研讨、招商、参展等名义变相用公款出国（境）旅游的，对直接责任者和领导责任者，依照前款规定处理。

第一百一十六条 违反接待管理规定，超标准、超范围接待或者借机大吃大喝，对直接责任者和领导责任者，情节较重的，给予警告或者严重警告处分；情节严重的，给予撤销党内职务处分。

第一百一十七条 违反有关规定配备、购买、更换、装饰、使用公务交通工具或者有其他违反公务交通工具管理规定的行为，对直接责任者和领导责任者，情节较重的，给予警告或者严重警告处分；情节严重的，给予撤销党内职务或者留党察看处分。

第一百一十八条 违反会议活动管理规定，有下列行为之一，对直接责任者和领导责任者，情节较重的，给予警告或者严重警告处分；情节严重的，给予撤销党内职务处分：

（一）到禁止召开会议的风景名胜区开会；

（二）决定或者批准举办各类节会、庆典活动；

（三）其他违反会议活动管理规定行为。

擅自举办评比达标表彰、创建示范活动或者借评比达标表彰、创建示范活动收取费用的，对直接责任者和领导责任者，依照前款规定处理。

第一百一十九条 违反办公用房管理等规定，有下列行为之一，对直接责任者和领导责任者，情节较重的，给予警告或者严重警告处分；情节严重的，给予撤销党内职务处分：

（一）决定或者批准兴建、装修办公楼、培训中心等楼堂馆所；

（二）超标准配备、使用办公用房；

（三）未经批准租用、借用办公用房；

（四）用公款包租、占用客房或者其他场所供个人使用；

（五）其他违反办公用房管理等规定行为。

第一百二十条 搞权色交易或者给予财物搞钱色交易的，给予警告或者严重警告处分；情节较重的，给予撤销党内职务或者留党察看处分；情节严重的，给予开除党籍处分。

第一百二十一条 有其他违反廉洁纪律规定行为的，应当视具体情节给予警告直至开除党籍处分。

第九章 对违反群众纪律行为的处分

第一百二十二条 有下列行为之一，对直接责任者和领导责任者，情节较轻的，给予警告或者严重警告处分；情节较重的，给予撤销党内职务或者留党察看处分；情节严重的，给予开除党籍处分：

（一）超标准、超范围向群众筹资筹劳、摊派费用，加重群众负担；

（二）违反有关规定扣留、收缴群众款物或者处罚群众；

（三）克扣群众财物，或者违反有关规定拖欠群众钱款；

（四）在管理、服务活动中违反有关规定收取费用；

（五）在办理涉及群众事务时刁难群众、吃拿卡要；

（六）其他侵害群众利益行为。

在乡村振兴领域有上述行为的，从重或者加重处分。

第一百二十三条 干涉生产经营自主权，致使群众财产遭受较大损失的，对直接责任者和领导责任者，给予警告或者严重警告处分；情节严重的，给予撤销党内职务或者留党察看处分。

第一百二十四条 在社会保障、社会救助、政策扶持、救灾救济款物分配等事项中优亲厚友、明显有失公平的，给予警告或者严重警告处分；情节较重的，给予撤销党内职务或者留党察看处分；情节严重的，给予开除党籍处分。

第一百二十五条 利用宗族或者黑恶势力等欺压群众，或者纵容涉黑涉恶活动、为黑恶势力充当“保护伞”的，给予撤销党内职务或者留党察看处分；情节严重的，给予开除党籍处分。

第一百二十六条 有下列行为之一，对直接责任者和领导责任者，情节较重的，给予警告或者严重警告处分；情节严重的，给予撤销党内职务或者留党察看处分：

（一）对涉及群众生产、生活等切身利益的问题依照政策或者有关规定能解决而不及时解决，庸懒无为、效率低下，造成不良影响；

（二）对符合政策的群众诉求消极应付、推诿扯皮，损害党群、干群关系；

（三）对待群众态度恶劣、简单粗暴，造成不良影响；

（四）弄虚作假，欺上瞒下，损害群众利益；

（五）其他不作为、乱作为、慢作为、假作为等损害群众利益行为。

第一百二十七条 遇到国家财产和群众生命财产受到严重威胁时，能救而不救，情节较重的，给予警告、严重警告或者撤销党内职务处分；情节严重的，给予留党察看或者开除党籍处分。

第一百二十八条 不按照规定公开党务、政务、厂务、村（居）务等，侵犯群众知情权，对直接责任者和领导责任者，情节较重的，给予警告或者严重警告处分；情节严重的，给予撤销党内职务或者留党察看处分。

第一百二十九条 有其他违反群众纪律规定行为的，应当视具体情节给予警告直至开除党籍处分。

第十章 对违反工作纪律行为的处分

第一百三十条 工作中不负责任或者疏于管理，贯彻执行、检查督促落实上级决策部署不力，给党、国家和人民利益以及公共财产造成较大损失的，对直接责任者和领导责任者，给予警告或者严重警告处分；造成重大损失的，给予撤销党内职务、留党察看或者开除党籍处分。

党员领导干部对于到任前已经存在且属于其职责范围内的问题，消极回避、推卸责任，造成严重损害或者严重不良影响的，依照前款规定处理。

第一百三十一条 工作中不敢斗争、不愿担当，面对重大矛盾冲突、危机困难临阵退缩，造成不良影响或者严重后果的，给予警告或者严重警告处分；情节严重的，给予撤销党内职务、留党察看或者开除党籍处分。

第一百三十二条 有下列行为之一，造成严重损害或者严重不良影响的，对直接责任者和领导责任者，给予警告或者严重警告处分；情节较重的，给予撤销党内职务或者留党察看处分；情节严重的，给予开除党籍处分：

（一）热衷于搞舆论造势、浮在表面；

（二）单纯以会议贯彻会议、以文件落实文件，在实际工作中不见诸行动；

（三）脱离实际，不作深入调查研究，搞随意决策、机械执行；

（四）违反精文减会有关规定搞文山会海；

（五）在督查检查考核等工作中搞层层加码、过度留痕，增加基层工作负担；

（六）工作中其他形式主义、官僚主义行为。

第一百三十三条　在公务活动用餐、单位食堂用餐管理工作中不履行或者不正确履行宣传教育、监督管理职责，导致餐饮浪费，造成严重不良影响的，对直接责任者和领导责任者，给予警告或者严重警告处分；情节严重的，给予撤销党内职务处分。

第一百三十四条　在机构编制工作中，有下列行为之一，造成不良影响或者严重后果的，对直接责任者和领导责任者，给予警告或者严重警告处分；情节较重的，给予撤销党内职务或者留党察看处分；情节严重的，给予开除党籍处分：

（一）擅自超出“三定”规定范围调整职责、设置机构、核定领导职数和配备人员；

（二）违规干预地方机构设置；

（三）其他违反机构编制管理规定行为。

第一百三十五条　在信访工作中，有下列行为之一，造成不良影响或者严重后果的，对直接责任者和领导责任者，给予警告或者严重警告处分；情节较重的，给予撤销党内职务或者留党察看处分；情节严重的，给予开除党籍处分：

（一）不按照规定受理、办理信访事项；

（二）对规模性集体访等处置不力，导致事态扩大；

（三）对党委和政府信访部门提出的改进工作、完善政策等建议重视不够、落实不力，导致问题长期得不到解决；

（四）其他不履行或者不正确履行信访工作职责行为。

不履行或者不正确履行职责，导致信访事项发生，造成不良影响或者严重后果的，对直接责任者和领导责任者，依照前款规定处理。

第一百三十六条　党组织有下列行为之一，对直接责任者和领导责任者，情节较重的，给予警告或者严重警告处分；情节严重的，给予撤销党内职务或者留党察看处分：

（一）党员被立案审查期间，擅自批准其出差、出国（境）、辞职，或者对其交流、提拔职务、晋升职级、进一步使用、奖励，或者办理退休手续；

（二）党员被依法追究刑事责任后，不按照规定给予党纪处分，或者对党员违反国家法律法规的行为，应当给予党纪处分而不处分；

（三）党纪处分决定或者申诉复查决定作出后，不按照规定落实决定中关于被处分人党籍、职务、职级、待遇等事项；

（四）党员受到党纪处分后，不按照干部管理权限和组织关系对受处分党员开展日常教育、管理和监督工作。

第一百三十七条　滥用问责，或者在问责工作中严重不负责任，造成不良影响的，对直接责任者和领导责任者，给予警告或者严重警告处分；情节严重的，给予撤销党内职务处分。

第一百三十八条　因工作不负责任致使所管理的人员叛逃的，对直接责任者和领导责任者，给予警告或者严重警告处分；情节严重的，给予撤销党内职务处分。

因工作不负责任致使所管理的人员出逃、出走，对直接责任者和领导责任者，情节较重的，给予警告或者严重警告处分；情节严重的，给予撤销党内职务处分。

第一百三十九条　进行统计造假，对直接责任者和领导责任者，情节较轻的，给予警告或者严重警告处分；情节较重的，给予撤销党内职务或者留党察看处分；情节严重的，给予开除党籍处分。

对统计造假失察，造成严重后果的，对直接责任者和领导责任者，给予警告或者严重警告处分；情节严重的，给予撤销党内职务、留党察看或者开除党籍处分。

第一百四十条　在上级检查、视察工作或者向上级汇报、报告工作时对应当报告的事项不报告或者不如实报告，造成严重损害或者严重不良影响的，对直接责任者和领导责任者，给予警告或者严重警告处分；情节严重的，给予撤销党内职务或者留党察看处分。

在上级检查、视察工作或者向上级汇报、报告工作时纵容、唆使、暗示、强迫下级说假话、报假情的，从重或者加重处分。

第一百四十一条　违反有关规定干预和插手市场经济活动，有下列行为之一，情节较轻的，给予警告或者严重警告处分；情节较重的，给予撤销党内职务或者留党察看处分；情节严重的，给予开除党籍处分：

（一）干预和插手建设工程项目承发包、土地使用权出让、政府采购、房地产开发与经营、矿产资源开发利用、中介机构服务等活动；

（二）干预和插手国有企业重组改制、兼并、破产、产权交易、清产核资、资产评估、资产转让、重大项目投资以及其他重大经营活动等事项；

（三）干预和插手批办各类行政许可和资金借贷等事项；

（四）干预和插手经济纠纷；

（五）干预和插手集体资金、资产和资源的使用、分配、承包、租赁等事项。

第一百四十二条 违反有关规定干预和插手司法活动、执纪执法活动，向有关地方或者部门打听案情、打招呼、说情，或者以其他方式对司法活动、执纪执法活动施加影响，情节较轻的，给予严重警告处分；情节较重的，给予撤销党内职务或者留党察看处分；情节严重的，给予开除党籍处分。

违反有关规定干预和插手公共财政资金分配、项目立项评审、功勋荣誉表彰奖励等活动，造成重大损失或者不良影响的，依照前款规定处理。

第一百四十三条 按照有关规定对干预和插手行为负有报告和登记义务的受请托人，不按照规定报告或者登记，情节较重的，给予警告或者严重警告处分；情节严重的，给予撤销党内职务处分。

第一百四十四条 泄露、扩散或者打探、窃取党组织关于干部选拔任用、纪律审查、巡视巡察等尚未公开事项或者其他应当保密的内容的，给予警告或者严重警告处分；情节较重的，给予撤销党内职务或者留党察看处分；情节严重的，给予开除党籍处分。

私自留存涉及党组织关于干部选拔任用、纪律审查、巡视巡察等方面资料，情节较重的，给予警告或者严重警告处分；情节严重的，给予撤销党内职务处分。

第一百四十五条 在考试、录取工作中，有泄露试题、考场舞弊、涂改考卷、违规录取等违反有关规定行为的，给予警告或者严重警告处分；情节较重的，给予撤销党内职务或者留党察看处分；情节严重的，给予开除党籍处分。

第一百四十六条 以不正当方式谋求本人或者其他人用公款出国（境），情节较轻的，给予警告处分；情节较重的，给予严重警告处分；情节严重的，给予撤销党内职务处分。

第一百四十七条 临时出国（境）团（组）或者人员中的党员，擅自延长在国（境）外期限，或者擅自变更路线的，对直接责任者和领导责任者，给予警告或者严重警告处分；情节严重的，给予撤销党内职务处分。

第一百四十八条 驻外机构或者临时出国（境）团（组）中的党员，触犯驻在国家、地区的法律、法令或者不尊重驻在国家、地区的宗教习俗，情节较重的，给予警告或者严重警告处分；情节严重的，给予撤销党内职务、留党察看或者开除党籍处分。

第一百四十九条 在党的纪律检查、组织、宣传、统一战线工作以及机关工作等其他工作中，不履行或者不正确履行职责，造成损失或者不良影响的，应当视具体情节给予警告直至开除党籍处分。

第十一章 对违反生活纪律行为的处分

第一百五十条 生活奢靡、铺张浪费、贪图享乐、追求低级趣味，造成不良影响的，给予警告或者严重警告处分；情节严重的，给予撤销党内职务处分。

第一百五十一条 与他人发生不正当性关系，造成不良影响的，给予警告或者严重警告处分；情节较重的，给予撤销党内职务或者留党察看处分；情节严重的，给予开除党籍处分。

利用职权、教养关系、从属关系或者其他相类似关系与他人发生性关系的，从重处分。

第一百五十二条 党员领导干部不重视家风建设，对配偶、子女及其配偶失管失教，造成不良影响或者严重后果的，给予警告或者严重警告处分；情节严重的，给予撤销党内职务处分。

第一百五十三条 违背社会公序良俗，在公共场所、网络空间有不当言行，造成不良影响的，给予警告或者严重警告处分；情节较重的，给予撤销党内职务或者留党察看处分；情节严重的，给予开除党籍处分。

第一百五十四条 有其他严重违反社会公德、家庭美德行为的，应当视具体情节给予警告直至开除党籍处分。

第三编 附 则

第一百五十五条 各省、自治区、直辖市党委可以根据本条例，结合各自工作的实际情况，制定单项实施规定。

第一百五十六条 中央军事委员会可以根据本条例，结合中国人民解放军和中国人民武装警察部队的实际情况，制定补充规定或者单项规定。

第一百五十七条 本条例由中央纪委负责解释。

第一百五十八条　本条例自2024年1月1日起施行。

本条例施行前，已结案的案件如需进行复查复议，适用当时的规定或者政策。尚未结案的案件，如果行为发生时的规定或者政策不认为是违纪，而本条例认为是违纪的，依照当时的规定或者政策处理；如果行为发生时的规定或者政策认为是违纪的，依照当时的规定或者政策处理，但是如果本条例不认为是违纪或者处理较轻的，依照本条例规定处理。

中国共产党巡视工作条例

（2015年6月26日中共中央政治局会议审议批准　2015年8月3日中共中央发布　2024年1月31日中共中央政治局会议第二次修订　2024年2月8日中共中央发布）

第一章　总　　则

第一条　为了坚持和加强党对巡视工作的全面领导，推进新时代巡视工作高质量发展，根据《中国共产党章程》，制定本条例。

第二条　巡视工作是上级党组织对下级党组织履行党的领导职能责任的政治监督，根本任务是坚决维护习近平总书记党中央的核心、全党的核心地位，坚决维护以习近平同志为核心的党中央权威和集中统一领导。

巡视工作坚持发现问题、形成震慑，推动改革、促进发展的方针。

第三条　巡视工作以马克思列宁主义、毛泽东思想、邓小平理论、“三个代表”重要思想、科学发展观、习近平新时代中国特色社会主义思想为指导，深入贯彻落实习近平总书记关于党的自我革命的重要思想，深刻领悟“两个确立”的决定性意义，增强“四个意识”、坚定“四个自信”、做到“两个维护”，尊崇党章，依规治党，全面贯彻党的巡视工作方针，推进政治监督具体化、精准化、常态化，发挥政治巡视利剑作用，加强巡视整改和成果运用，促进完善党和国家监督体系、健全全面从严治党体系，为深入推进党的自我革命、解决大党独有难题提供有力保障，确保党始终成为中国特色社会主义事业的坚强领导核心。

第四条　巡视工作遵循下列原则：

（一）坚持党中央集中统一领导、分级负责；

（二）坚持围绕中心、服务大局；

（三）坚持人民立场、贯彻群众路线；

（四）坚持问题导向、发扬斗争精神；

（五）坚持实事求是、依规依纪依法。

第二章　组织领导和机构职责

第五条　巡视工作在党中央集中统一领导下，实行党组织分级负责、巡视机构组织实施、纪检监察机关和组织部门协助、有关职能部门支持、被巡视党组织配合、人民群众参与的体制机制。

第六条　党的中央和省、自治区、直辖市委员会实行巡视制度，设立巡视机构，在一届任期内，对所管理的地方、部门、企事业单位党组织实现巡视全覆盖。

中央有关部委、中央国家机关部门党组（党委）和中管金融企业、中管企业、中管高校等党委（党组）根据工作需要，开展巡视工作，设立巡视机构，原则上按照党组织隶属关系和干部管理权限，对下一级单位党组织进行巡视监督。

第七条　开展巡视工作的党组织应当把巡视作为推进全面从严治党、履行全面监督职责的重要抓手，承担巡视工作的主体责任。主要职责是：

（一）贯彻落实党中央关于巡视工作的决策部署和习近平总书记关于巡视工作的重要指示要求；

（二）研究部署巡视工作的重大事项，按照权限制定巡视工作党内法规和规范性文件；

（三）审定巡视工作规划、年度计划和阶段任务安排，统筹谋划推进巡视全覆盖，定期听取巡视工作汇报；

（四）统筹加强巡视整改和成果运用；

（五）统筹构建巡视巡察上下联动工作格局；

（六）发挥巡视综合监督平台作用，推动巡视监督与其他监督贯通协调；

（七）统筹加强巡视机构和干部队伍建设；

（八）研究决定巡视工作其他重要事项。

党组织主要负责人承担巡视工作第一责任人责任。

第八条　开展巡视工作的党组织设立巡视工作领导小组。巡视工作领导小组向同级党组织负责并报告工作。

中央巡视工作领导小组组长由中央纪律检查委员会书记担任，副组长一般由中央组织部部长和中央纪律检查委员会分管日常工作的副书记担任。

省、自治区、直辖市党委巡视工作领导小组组长由同级党的纪律检查委员会书记担任，副组长一般由同级党委组织部部长担任。

中央有关部委、中央国家机关部门党组（党委）和中管金融企业、中管企业、中管高校等党委（党组）巡视工作领导小组组长一般由党组、党委书记（包括不设党组、党委的单位领导班子主要负责人）担任，副组长一般由党组、党委分管有关工作的领导班子成员和纪检监察机构主要负责人担任。

第九条 巡视工作领导小组的主要职责是：

（一）贯彻落实党中央决策部署和同级党组织工作要求；

（二）研究提出巡视工作规划、年度计划和阶段任务安排，组织实施巡视全覆盖；

（三）听取巡视工作领导小组办公室、巡视组工作汇报；

（四）向同级党组织报告巡视工作情况；

（五）在同级党组织领导下，组织开展巡视反馈、通报和移交工作，督促推动有关责任主体落实巡视整改和成果运用责任；

（六）指导下级党组织巡视巡察工作；

（七）推动巡视监督与其他监督贯通协调；

（八）推进巡视干部队伍建设，对巡视组进行管理和监督；

（九）研究处理巡视工作其他重要事项。

第十条 中央巡视工作领导小组办公室是中央巡视工作领导小组的日常办事机构，设在中央纪律检查委员会。

省、自治区、直辖市党委巡视工作领导小组办公室为党委工作部门，承担党委巡视工作领导小组日常工作，设在同级党的纪律检查委员会。

中央有关部委、中央国家机关部门党组（党委）和中管金融企业、中管企业、中管高校等党委（党组）巡视工作领导小组办公室可以单独设立，也可以与内设机构合署办公，应当配备相应专职人员，承担党组、党委巡视工作领导小组日常工作。

第十一条 巡视工作领导小组办公室的主要职责是：

（一）贯彻落实党中央决策部署和同级党组织及其巡视工作领导小组的工作要求，对有关决定事项进行督办；

（二）向巡视工作领导小组报告工作情况和重要事项；

（三）统筹、协调、指导、保障巡视组开展工作；

（四）负责巡视整改和成果运用的统筹协调、跟踪督促、汇总报告；

（五）负责对下级巡视巡察机构进行指导；

（六）负责协调有关机关、部门协助、支持巡视工作，推动建立巡视监督与其他监督贯通协调的具体机制；

（七）负责巡视工作理论研究、政策调研、制度建设、信息化建设等工作；

（八）配合有关部门加强对巡视干部的教育、培训、考核、管理和监督；

（九）负责巡视工作领导小组办公室和巡视组党建工作；

（十）办理巡视工作领导小组交办的其他事项。

第十二条 开展巡视工作的党组织设立巡视组。

巡视组分别设组长、副组长、巡视专员和其他职位。巡视组组长、副组长的具体人选根据每次巡视任务确定并授权。

巡视组应当按照民主集中制原则研究讨论决定重大事项。组长全面负责本组工作，副组长协助组长开展工作。

第十三条 巡视组的主要职责是：

（一）根据同级党组织及其巡视工作领导小组的部署要求开展巡视；

（二）向巡视工作领导小组报告巡视情况，提出意见建议；

（三）向被巡视党组织反馈巡视意见，向纪检监察机关、组织部门和有关单位移交巡视发现的问题和问题线索，参与推动巡视整改和成果运用；

（四）对巡视组干部进行日常教育、管理和监督；

（五）办理巡视工作领导小组交办的其他事项。

第十四条 纪检监察机关、组织部门应当协助同级党组织开展巡视工作，宣传、统战、政法、保密、审计、财政、统计、信访等部门和单位应当支持巡视工作，协同做好人员选派、情况通报、政策咨询、问题研判、措施配合、整改监督、成果运用等工作。

纪检监察机关派驻机构应当依据有关规定，协助驻在单位（含综合监督单位）党组、党委开展巡视工作。

第十五条 被巡视党组织领导班子及其成员应当自觉接受巡视监督，积极配合巡视工作。

党员、干部有义务向巡视组如实反映情况。

第三章　巡视对象和内容

第十六条　中央巡视对象是：

（一）省、自治区、直辖市党委及其领导班子，省、自治区、直辖市人大常委会、政府、政协党组，省、自治区、直辖市高级人民法院、人民检察院党组主要负责人，副省级城市党委和人大常委会、政府、政协党组主要负责人；

（二）中央部委领导班子，中央国家机关部门、人民团体党组（党委）；

（三）中管金融企业、中管企业、中管高校以及其他中管单位党委（党组）；

（四）党中央要求巡视的其他党组织。

第十七条　省、自治区、直辖市党委巡视对象是：

（一）市（地、州、盟）、县（市、区、旗）党委及其领导班子，市（地、州、盟）、县（市、区、旗）人大常委会、政府、政协党组，市（地、州、盟）中级人民法院、人民检察院和县（市、区、旗）人民法院、人民检察院党组主要负责人；

（二）省、自治区、直辖市党委工作部门领导班子，省一级国家机关部门、人民团体党组（党委）；

（三）省、自治区、直辖市管理的国有企业、事业单位党委（党组）；

（四）省、自治区、直辖市党委要求巡视的其他党组织。

第十八条　巡视工作应当紧盯权力和责任加强政治监督，严明政治纪律和政治规矩，重点检查下列情况：

（一）落实党的理论和路线方针政策、党中央重大决策部署特别是贯彻习近平总书记重要讲话和重要指示批示精神的情况，执行党章和其他党内法规、履行职能责任的情况，落实意识形态工作责任制的情况；

（二）落实全面从严治党主体责任和监督责任、推进党风廉政建设和反腐败斗争的情况，领导干部树立和践行正确政绩观、加强作风建设、落实中央八项规定及其实施细则精神、廉洁自律的情况；

（三）落实新时代党的组织路线，贯彻执行民主集中制，加强领导班子和干部人才队伍建设、基层党组织和党员队伍建设的情况；

（四）落实巡视监督以及审计、财会、统计等其他监督发现问题整改的情况；

（五）开展巡视工作的党组织要求了解的其他情况。

第十九条　巡视工作应当加强对被巡视党组织主要负责人的监督，重点检查其对党忠诚、履行全面从严治党第一责任人责任、依规依法履职用权、担当作为、廉洁自律等情况，对反映的重要问题进行深入了解，形成专题材料。

第二十条　开展巡视工作的党组织根据工作需要，采取常规巡视、专项巡视、机动巡视、“回头看”等方式组织开展巡视监督，必要时可以提级巡视。

第四章　工作程序、方式和权限

第二十一条　巡视组开展巡视前，根据工作需要，应当听取同级纪检监察机关和组织、宣传、统战、政法、保密、审计、财政、统计、信访等部门和单位关于被巡视党组织领导班子及其成员的有关情况通报。

第二十二条　巡视组进驻后，应当向被巡视党组织通报巡视任务，按照规定的工作方式和权限，开展巡视了解工作。

巡视组对反映被巡视党组织领导班子及其成员的重要问题和问题线索，应当进行深入了解。

第二十三条　巡视组采取下列方式了解情况：

（一）听取被巡视党组织的工作汇报和有关机关、部门的专题汇报；

（二）与被巡视党组织领导班子成员和其他干部群众进行个别谈话；

（三）受理反映被巡视党组织领导班子及其成员和下一级党组织领导班子主要负责人问题的来信、来电、来访等；

（四）抽查核实领导干部报告个人有关事项的情况；

（五）向有关知情人询问情况；

（六）调阅、复制有关文件、档案、会议记录等资料；

（七）召开座谈会；

（八）列席有关会议；

（九）进行民主测评、问卷调查；

（十）下沉调研了解情况；

（十一）开展专项检查；

（十二）提请有关单位予以协助；

（十三）开展巡视工作的党组织批准的其他方式。

第二十四条 巡视组应当严格执行请示报告制度，对巡视工作中的重要情况和重大问题及时向巡视工作领导小组请示报告。

巡视组依靠被巡视党组织开展工作，不干预被巡视党组织的正常工作，不履行执纪审查的职责。

第二十五条 巡视期间，对干部群众反映强烈、明显违反政策规定并属于被巡视党组织职权范围、能够及时解决的问题，巡视组应当按程序督促被巡视党组织立行立改。

巡视期间，对反映集中的党员、干部涉嫌违纪违法的问题线索，巡视组可以按程序移交有关纪检监察机关及时处置。

第二十六条 巡视组对了解的重要情况和问题，应当形成巡视报告；对普遍性、倾向性问题和体制机制等方面的重大问题，可以形成专题报告。

巡视组对巡视报告、专题报告等反映的问题，应当制作底稿。

巡视组对巡视报告反映的重要问题、提出的整改建议，应当按规定与被巡视党组织主要负责人进行沟通、听取其意见；对巡视报告反映的重要政策性问题，可以与有关职能部门进行沟通、听取其意见。

第二十七条 巡视工作领导小组应当及时听取巡视组的巡视情况汇报，研究提出巡视整改和成果运用的意见建议，报同级党组织决定。

第二十八条 开展巡视工作的党组织应当及时听取巡视工作领导小组有关情况汇报，研究并决定巡视整改和成果运用事项。必要时，可以直接听取巡视组的巡视情况汇报。

第二十九条 经同级党组织同意后，巡视工作领导小组应当及时组织向被巡视党组织领导班子及其主要负责人分别反馈巡视情况，指出问题，有针对性地提出整改意见。

根据同级党组织及其巡视工作领导小组要求，巡视工作领导小组办公室将巡视的有关情况通报有关职能部门及其分管领导。

第三十条 对巡视发现的问题和反映党员、干部涉嫌违纪违法的问题线索，巡视工作领导小组办公室和巡视组依据干部管理权限和职责分工，按程序分别移交纪检监察机关、组织部门或者有关单位。

对巡视发现的普遍性、倾向性问题和体制机制等方面的重大问题，可以采取制发巡视建议书或者其他适当方式，向有关职能部门提出加强监管、健全制度、深化改革等意见建议。

第三十一条 巡视进驻、反馈、整改等情况，应当以适当方式公开，接受党员、干部和人民群众监督。

第五章 巡视整改和成果运用

第三十二条 开展巡视工作的党组织应当加强对巡视整改和成果运用的组织领导，定期听取巡视整改和成果运用情况汇报。

党组织领导班子成员应当结合职责分工，统筹抓好分管领域的巡视整改和成果运用。

第三十三条 被巡视党组织承担巡视整改主体责任，应当把整改作为履行管党治党责任、推动高质量发展的重要抓手，融入日常工作、融入深化改革、融入全面从严治党、融入领导班子和干部队伍建设。

党组织主要负责人承担巡视整改第一责任人责任，领导班子其他成员承担“一岗双责”。

党组织主要负责人和领导班子其他成员有调整的，应当做好巡视整改交接工作，持续落实整改责任。

第三十四条 被巡视党组织应当自收到巡视反馈意见之日起，组织开展为期6个月的集中整改：

（一）研究制定巡视整改方案，建立问题清单、任务清单、责任清单，明确责任人、整改措施和时限；

（二）召开领导班子巡视整改专题民主生活会；

（三）全面抓好巡视反馈问题的整改落实；

（四）认真处置巡视移交的问题线索以及群众反映的信访事项；

（五）对巡视反馈的问题举一反三，健全制度、补齐短板、堵塞漏洞；

（六）向开展巡视工作的党组织的同级纪检监察机关、组织部门、巡视工作领导小组办公室报送集中整改进展情况报告。

集中整改结束后，被巡视党组织应当建立常态化、长效化整改工作机制，对尚未解决的问题持续抓好整改落实，根据工作实际适时报告后续整改情况。

第三十五条 开展巡视工作的党组织的同级纪检监察机关承担巡视整改监督责任，全面监督被巡视党组织落实巡视整改任务。主要职责是：

（一）对被巡视党组织制定的巡视整改方案进行审核把关，列席巡视整改专题民主生活会；

（二）建立巡视整改监督台账，综合运用听取汇报、召开推进会议、专题会商、调研督导、现场检查、开展整改评估、谈话提醒、约谈函询、提出纪检监察建议等方式加强日常监督；

（三）对巡视发现的全面从严治党等方面的突出问题督促推动开展集中整治、专项治理；

（四）依规依纪依法处置巡视移交的问题线索，自收到移交问题线索之日起6个月内，向巡视工作领导小组办公室反馈处置进展情况；

（五）牵头审核被巡视党组织的集中整改进展情况报告；

（六）指导派驻（派出）机构和下级纪检监察机关加强对被巡视党组织落实巡视整改情况的监督；

（七）通过巡视工作领导小组办公室向巡视工作领导小组报送巡视整改监督情况。

纪检监察机关派驻机构应当依据有关规定，将驻在单位（含综合监督单位）党组、党委开展巡视发现问题的整改情况纳入日常监督，推动整改落实。

第三十六条　开展巡视工作的党组织的组织部门结合职责履行巡视整改监督责任，监督被巡视党组织落实巡视整改任务。主要职责是：

（一）参与对被巡视党组织制定的巡视整改方案进行审核把关，列席巡视整改专题民主生活会；

（二）督促被巡视党组织落实新时代党的组织路线方面问题的整改，加强日常监督，对突出问题组织开展集中整治、专项治理；

（三）把巡视整改落实情况纳入被巡视党组织领导班子和领导干部年度考核重要内容，把巡视发现的问题以及整改落实情况作为领导班子建设和干部考核评价、选拔任用、管理监督的重要参考；

（四）对巡视移交的领导班子建设、贯彻执行民主集中制、干部选拔任用、人才队伍建设、基层党组织和党员队伍建设、干部担当作为等方面问题依规处置，自收到移交问题之日起6个月内，向巡视工作领导小组办公室反馈处置进展情况；

（五）审核被巡视党组织的集中整改进展情况报告中涉及新时代党的组织路线方面的内容；

（六）指导下级组织部门加强对被巡视党组织落实巡视整改情况的监督；

（七）通过巡视工作领导小组办公室向巡视工作领导小组报送巡视整改监督情况。

第三十七条　有关职能部门应当结合职责运用巡视成果，针对巡视通报的问题和移交的工作建议，加强调查研究，提出改进措施，推动改革、完善制度、深化治理，并自通报和移交之日起6个月内，向巡视工作领导小组办公室反馈办理进展情况。

第三十八条　巡视机构应当加强对巡视整改和成果运用的统筹督促，推动建立巡视整改会商、评估、问责等机制。

巡视机构应当向同级党组织报告巡视整改和成果运用的综合情况，对整改不到位的突出问题，推动有关机关、部门对有关党组织和责任人严肃问责。

第六章　队伍建设

第三十九条　开展巡视工作的党组织应当加强对巡视干部队伍建设的整体谋划，结合巡视工作特点建立健全制度机制，建设高素质专业化干部队伍。

选优配强巡视组组长、副组长，配备与巡视任务相适应的专职干部，防止照顾性安排。加强巡视干部规范管理，加大教育培训、轮岗交流力度。

重视在巡视岗位发现、培养、锻炼干部，有计划地安排优秀年轻干部、新提拔干部到巡视岗位锻炼，并将参加巡视工作的经历和表现，作为干部考核评价、选拔任用的参考。

第四十条　巡视干部应当具备下列条件：

（一）理想信念坚定，对党忠诚，自觉在思想上政治上行动上同以习近平同志为核心的党中央保持高度一致；

（二）坚持原则，敢于斗争，担当作为，依法办事，公道正派，清正廉洁；

（三）模范遵守党的纪律和国家法律法规，严守党和国家的秘密；

（四）具有履行巡视监督职责的专业知识和较强的发现问题、沟通协调、文字综合等能力；

（五）具有正常履行职责的身体条件和心理素质。

抽调人员参加巡视工作，应当按照上述条件，严把政治关、品行关、能力关、作风关、廉洁关，按程序征求党风廉政意见。

对不适合从事巡视工作的人员，应当及时予以调整。

第四十一条　巡视机构应当加强作风建设和纪律建设，督促巡视干部严守政治纪律和政治规矩，严格落实中央八项规定及其实施细则精神，带头反对形式主义、官僚主义、享乐主义和奢靡之风，严格执行巡视工作纪律，做到忠诚干净担当、敢于善于斗争。

第四十二条 巡视机构、巡视干部应当自觉接受党组织监督、民主监督、群众监督等各方面监督，带头强化自我监督。建立健全内控机制，加强对巡视干部特别是巡视组组长、副组长等关键岗位人员的监督，严格执行回避、保密、重大事项请示报告、作风纪律评估等制度规定，依规依纪依法开展巡视工作。

任何单位和个人对巡视机构、巡视干部的违规违纪违法行为有权提出检举、控告。

第七章 责任追究

第四十三条 开展巡视工作的党组织及其巡视工作领导小组领导巡视工作不力，发生严重问题的，依据有关规定追究有关责任人员的责任。

第四十四条 有关机关、部门和单位违反规定不协助、支持巡视工作，造成严重后果的，依据有关规定追究有关责任人员的责任。

第四十五条 巡视工作人员有下列情形之一的，视情节轻重，依据有关规定给予批评教育、责令检查、诫勉、组织处理或者党纪、政务处分；构成犯罪的，依法追究刑事责任：

（一）对应当发现的重要问题没有发现；

（二）不如实报告巡视情况，隐瞒、歪曲、捏造事实；

（三）私自留存巡视工作资料，泄露与巡视工作有关的国家秘密、工作秘密、商业秘密和个人隐私等未公开信息；

（四）工作中超越权限，造成不良后果；

（五）利用巡视工作的便利谋取私利或者为他人谋取不正当利益；

（六）违反巡视工作纪律的其他行为。

第四十六条 被巡视党组织及其工作人员有下列情形之一的，视情节轻重，依据有关规定对该党组织领导班子主要负责人或者其他有关责任人员，给予批评教育、责令检查、诫勉、组织处理或者党纪、政务处分；构成犯罪的，依法追究刑事责任：

（一）隐瞒不报或者故意向巡视组提供虚假情况；

（二）拒绝或者不按照要求向巡视组提供有关文件资料；

（三）指使、强令有关单位或者人员干扰、阻挠巡视工作，或者诬告、陷害他人；

（四）组织领导巡视整改不力，落实巡视整改要求不到位，敷衍应付、虚假整改；

（五）对反映问题的干部群众进行威胁、打击、报复、陷害；

（六）其他不配合或者干扰巡视工作的情形。

第八章 巡察工作

第四十七条 党的市（地、州、盟）和县（市、区、旗）委员会建立巡察制度，设立巡察机构，在一届任期内，对所管理的党组织实现巡察全覆盖。

其他党组织需要开展巡察工作的，应当通过上级党委（党组）巡视工作领导小组报党委（党组）批准。

第四十八条 市（地、州、盟）党委巡察对象是：党委工作部门领导班子，市一级国家机关部门、人民团体党组（党委），市（地、州、盟）管理的国有企业、事业单位党组织，以及党委要求巡察的其他党组织。

县（市、区、旗）党委巡察对象是：党委工作部门领导班子，县一级国家机关部门、人民团体党组（党委），县（市、区、旗）管理的国有企业、事业单位党组织，所辖的乡镇（街道）、村（社区）党组织，以及党委要求巡察的其他党组织。

第四十九条 巡察工作应当坚守政治监督定位，聚焦党中央决策部署在基层落实情况、群众身边不正之风和腐败问题、基层党组织和党员队伍建设、巡察整改和成果运用等加强监督检查。

第五十条 巡察工作的组织领导和机构职责、工作程序和方式权限、整改和成果运用、队伍建设、责任追究等，参照本条例关于巡视工作的规定，结合实际确定。

第九章 附　　则

第五十一条 中国人民解放军和中国人民武装警察部队的党组织实行巡视制度的规定，由中央军委参照本条例制定。

第五十二条 本条例由中央巡视工作领导小组办公室负责解释。

第五十三条 本条例自发布之日起施行。此前发布的其他有关巡视工作的规定，凡与本条例不一致的，按照本条例执行。

第二章　国有资产管理制度

（一）产权管理

法律：

中华人民共和国企业国有资产法

（2008年10月28日第十一届全国人民代表大会常务委员会第五次会议通过）

第一章　总　　则

第一条　为了维护国家基本经济制度，巩固和发展国有经济，加强对国有资产的保护，发挥国有经济在国民经济中的主导作用，促进社会主义市场经济发展，制定本法。

第二条　本法所称企业国有资产（以下称国有资产），是指国家对企业各种形式的出资所形成的权益。

第三条　国有资产属于国家所有即全民所有。国务院代表国家行使国有资产所有权。

第四条　国务院和地方人民政府依照法律、行政法规的规定，分别代表国家对国家出资企业履行出资人职责，享有出资人权益。

国务院确定的关系国民经济命脉和国家安全的大型国家出资企业，重要基础设施和重要自然资源等领域的国家出资企业，由国务院代表国家履行出资人职责。其他的国家出资企业，由地方人民政府代表国家履行出资人职责。

第五条　本法所称国家出资企业，是指国家出资的国有独资企业、国有独资公司，以及国有资本控股公司、国有资本参股公司。

第六条　国务院和地方人民政府应当按照政企分开、社会公共管理职能与国有资产出资人职能分开、不干预企业依法自主经营的原则，依法履行出资人职责。

第七条　国家采取措施，推动国有资本向关系国民经济命脉和国家安全的重要行业和关键领域集中，优化国有经济布局和结构，推进国有企业的改革和发展，提高国有经济的整体素质，增强国有经济的控制力、影响力。

第八条　国家建立健全与社会主义市场经济发展要求相适应的国有资产管理与监督体制，建立健全国有资产保值增值考核和责任追究制度，落实国有资产保值增值责任。

第九条　国家建立健全国有资产基础管理制度。具体办法按照国务院的规定制定。

第十条　国有资产受法律保护，任何单位和个人不得侵害。

第二章　履行出资人职责的机构

第十一条　国务院国有资产监督管理机构和地方人民政府按照国务院的规定设立的国有资产监督管理机构，根据本级人民政府的授权，代表本级人民政府对国家出资企业履行出资人职责。

国务院和地方人民政府根据需要，可以授权其他部门、机构代表本级人民政府对国家出资企业履行出资人职责。

代表本级人民政府履行出资人职责的机构、部门，以下统称履行出资人职责的机构。

第十二条　履行出资人职责的机构代表本级人民政府对国家出资企业依法享有资产收益、参与重大决策和选择管理者等出资人权利。

履行出资人职责的机构依照法律、行政法规的规定，制定或者参与制定国家出资企业的章程。

履行出资人职责的机构对法律、行政法规和本级人民政府规定须经本级人民政府批准的履行出资人职责的重大事项，应当报请本级人民政府批准。

第十三条　履行出资人职责的机构委派的股东代表参加国有资本控股公司、国有资本参股公司召开的股东会会议、股东大会会议，应当按照委派机构的指示提出提案、发表意见、行使表决权，并将其履行职责的情况和结果及时报告委派机构。

第十四条 履行出资人职责的机构应当依照法律、行政法规以及企业章程履行出资人职责，保障出资人权益，防止国有资产损失。

履行出资人职责的机构应当维护企业作为市场主体依法享有的权利，除依法履行出资人职责外，不得干预企业经营活动。

第十五条 履行出资人职责的机构对本级人民政府负责，向本级人民政府报告履行出资人职责的情况，接受本级人民政府的监督和考核，对国有资产的保值增值负责。

履行出资人职责的机构应当按照国家有关规定，定期向本级人民政府报告有关国有资产总量、结构、变动、收益等汇总分析的情况。

第三章 国家出资企业

第十六条 国家出资企业对其动产、不动产和其他财产依照法律、行政法规以及企业章程享有占有、使用、收益和处分的权利。

国家出资企业依法享有的经营自主权和其他合法权益受法律保护。

第十七条 国家出资企业从事经营活动，应当遵守法律、行政法规，加强经营管理，提高经济效益，接受人民政府及其有关部门、机构依法实施的管理和监督，接受社会公众的监督，承担社会责任，对出资人负责。

国家出资企业应当依法建立和完善法人治理结构，建立健全内部监督管理和风险控制制度。

第十八条 国家出资企业应当依照法律、行政法规和国务院财政部门的规定，建立健全财务、会计制度，设置会计账簿，进行会计核算，依照法律、行政法规以及企业章程的规定向出资人提供真实、完整的财务、会计信息。

国家出资企业应当依照法律、行政法规以及企业章程的规定，向出资人分配利润。

第十九条 国有独资公司、国有资本控股公司和国有资本参股公司依照《中华人民共和国公司法》的规定设立监事会。国有独资企业由履行出资人职责的机构按照国务院的规定委派监事组成监事会。

国家出资企业的监事会依照法律、行政法规以及企业章程的规定，对董事、高级管理人员执行职务的行为进行监督，对企业财务进行监督检查。

第二十条 国家出资企业依照法律规定，通过职工代表大会或者其他形式，实行民主管理。

第二十一条 国家出资企业对其所出资企业依法享有资产收益、参与重大决策和选择管理者等出资人权利。

国家出资企业对其所出资企业，应当依照法律、行政法规的规定，通过制定或者参与制定所出资企业的章程，建立权责明确、有效制衡的企业内部监督管理和风险控制制度，维护其出资人权益。

第四章 国家出资企业管理者的选择与考核

第二十二条 履行出资人职责的机构依照法律、行政法规以及企业章程的规定，任免或者建议任免国家出资企业的下列人员：

（一）任免国有独资企业的经理、副经理、财务负责人和其他高级管理人员；

（二）任免国有独资公司的董事长、副董事长、董事、监事会主席和监事；

（三）向国有资本控股公司、国有资本参股公司的股东会、股东大会提出董事、监事人选。

国家出资企业中应当由职工代表出任的董事、监事，依照有关法律、行政法规的规定由职工民主选举产生。

第二十三条 履行出资人职责的机构任命或者建议任命的董事、监事、高级管理人员，应当具备下列条件：

（一）有良好的品行；

（二）有符合职位要求的专业知识和工作能力；

（三）有能够正常履行职责的身体条件；

（四）法律、行政法规规定的其他条件。

董事、监事、高级管理人员在任职期间出现不符合前款规定情形或者出现《中华人民共和国公司法》规定的不得担任公司董事、监事、高级管理人员情形的，履行出资人职责的机构应当依法予以免职或者提出免职建议。

第二十四条 履行出资人职责的机构对拟任命或者建议任命的董事、监事、高级管理人员的人选，应当按照规定的条件和程序进行考察。考察合格的，按照规定的权限和程序任命或者建议任命。

第二十五条 未经履行出资人职责的机构同意，国有独资企业、国有独资公司的董事、高级管理人员不得在其他企业兼职。未经股东会、股东大会同意，国有资本控股公司、国有资本参股公司的董事、高级管理人员不得在经营同类业务的其他企业兼职。

未经履行出资人职责的机构同意，国有独资公司的董事长不得兼任经理。未经股东会、股东大会同意，国有资本控股公司的董事长不得兼任经理。

董事、高级管理人员不得兼任监事。

第二十六条　国家出资企业的董事、监事、高级管理人员，应当遵守法律、行政法规以及企业章程，对企业负有忠实义务和勤勉义务，不得利用职权收受贿赂或者取得其他非法收入和不当利益，不得侵占、挪用企业资产，不得超越职权或者违反程序决定企业重大事项，不得有其他侵害国有资产出资人权益的行为。

第二十七条　国家建立国家出资企业管理者经营业绩考核制度。履行出资人职责的机构应当对其任命的企业管理者进行年度和任期考核，并依据考核结果决定对企业管理者的奖惩。

履行出资人职责的机构应当按照国家有关规定，确定其任命的国家出资企业管理者的薪酬标准。

第二十八条　国有独资企业、国有独资公司和国有资本控股公司的主要负责人，应当接受依法进行的任期经济责任审计。

第二十九条　本法第二十二条第一款第一项、第二项规定的企业管理者，国务院和地方人民政府规定由本级人民政府任免的，依照其规定。履行出资人职责的机构依照本章规定对上述企业管理者进行考核、奖惩并确定其薪酬标准。

第五章　关系国有资产出资人权益的重大事项

第一节　一般规定

第三十条　国家出资企业合并、分立、改制、上市，增加或者减少注册资本，发行债券，进行重大投资，为他人提供大额担保，转让重大财产，进行大额捐赠，分配利润，以及解散、申请破产等重大事项，应当遵守法律、行政法规以及企业章程的规定，不得损害出资人和债权人的权益。

第三十一条　国有独资企业、国有独资公司合并、分立，增加或者减少注册资本，发行债券，分配利润，以及解散、申请破产，由履行出资人职责的机构决定。

第三十二条　国有独资企业、国有独资公司有本法第三十条所列事项的，除依照本法第三十一条和有关法律、行政法规以及企业章程的规定，由履行出资人职责的机构决定的以外，国有独资企业由企业负责人集体讨论决定，国有独资公司由董事会决定。

第三十三条　国有资本控股公司、国有资本参股公司有本法第三十条所列事项的，依照法律、行政法规以及公司章程的规定，由公司股东会、股东大会或者董事会决定。由股东会、股东大会决定的，履行出资人职责的机构委派的股东代表应当依照本法第十三条的规定行使权利。

第三十四条　重要的国有独资企业、国有独资公司、国有资本控股公司的合并、分立、解散、申请破产以及法律、行政法规和本级人民政府规定应当由履行出资人职责的机构报经本级人民政府批准的重大事项，履行出资人职责的机构在作出决定或者向其委派参加国有资本控股公司股东会会议、股东大会会议的股东代表作出指示前，应当报请本级人民政府批准。

本法所称的重要的国有独资企业、国有独资公司和国有资本控股公司，按照国务院的规定确定。

第三十五条　国家出资企业发行债券、投资等事项，有关法律、行政法规规定应当报经人民政府或者人民政府有关部门、机构批准、核准或者备案的，依照其规定。

第三十六条　国家出资企业投资应当符合国家产业政策，并按照国家规定进行可行性研究；与他人交易应当公平、有偿，取得合理对价。

第三十七条　国家出资企业的合并、分立、改制、解散、申请破产等重大事项，应当听取企业工会的意见，并通过职工代表大会或者其他形式听取职工的意见和建议。

第三十八条　国有独资企业、国有独资公司、国有资本控股公司对其所出资企业的重大事项参照本章规定履行出资人职责。具体办法由国务院规定。

第二节　企业改制

第三十九条　本法所称企业改制是指：

（一）国有独资企业改为国有独资公司；

（二）国有独资企业、国有独资公司改为国有资本控股公司或者非国有资本控股公司；

（三）国有资本控股公司改为非国有资本控股公司。

第四十条　企业改制应当依照法定程序，由履行出资人职责的机构决定或者由公司股东会、股东大会决定。

重要的国有独资企业、国有独资公司、国有资本控股公司的改制，履行出资人职责的机构在作出决定或者向其委派参加国有资本控股公司股东会会议、股东大会会议的股东代表作出指示前，应当将改制方案报请本级人民政府批准。

第四十一条 企业改制应当制定改制方案，载明改制后的企业组织形式、企业资产和债权债务处理方案、股权变动方案、改制的操作程序、资产评估和财务审计等中介机构的选聘等事项。

企业改制涉及重新安置企业职工的，还应当制定职工安置方案，并经职工代表大会或者职工大会审议通过。

第四十二条 企业改制应当按照规定进行清产核资、财务审计、资产评估，准确界定和核实资产，客观、公正地确定资产的价值。

企业改制涉及以企业的实物、知识产权、土地使用权等非货币财产折算为国有资本出资或者股份的，应当按照规定对折价财产进行评估，以评估确认价格作为确定国有资本出资额或者股份数额的依据。不得将财产低价折股或者有其他损害出资人权益的行为。

第三节 与关联方的交易

第四十三条 国家出资企业的关联方不得利用与国家出资企业之间的交易，谋取不当利益，损害国家出资企业利益。

本法所称关联方，是指本企业的董事、监事、高级管理人员及其近亲属，以及这些人员所有或者实际控制的企业。

第四十四条 国有独资企业、国有独资公司、国有资本控股公司不得无偿向关联方提供资金、商品、服务或者其他资产，不得以不公平的价格与关联方进行交易。

第四十五条 未经履行出资人职责的机构同意，国有独资企业、国有独资公司不得有下列行为：

（一）与关联方订立财产转让、借款的协议；

（二）为关联方提供担保；

（三）与关联方共同出资设立企业，或者向董事、监事、高级管理人员或者其近亲属所有或者实际控制的企业投资。

第四十六条 国有资本控股公司、国有资本参股公司与关联方的交易，依照《中华人民共和国公司法》和有关行政法规以及公司章程的规定，由公司股东会、股东大会或者董事会决定。由公司股东会、股东大会决定的，履行出资人职责的机构委派的股东代表，应当依照本法第十三条的规定行使权利。

公司董事会对公司与关联方的交易作出决议时，该交易涉及的董事不得行使表决权，也不得代理其他董事行使表决权。

第四节 资产评估

第四十七条 国有独资企业、国有独资公司和国有资本控股公司合并、分立、改制，转让重大财产，以非货币财产对外投资，清算或者有法律、行政法规以及企业章程规定应当进行资产评估的其他情形的，应当按照规定对有关资产进行评估。

第四十八条 国有独资企业、国有独资公司和国有资本控股公司应当委托依法设立的符合条件的资产评估机构进行资产评估；涉及应当报经履行出资人职责的机构决定的事项的，应当将委托资产评估机构的情况向履行出资人职责的机构报告。

第四十九条 国有独资企业、国有独资公司、国有资本控股公司及其董事、监事、高级管理人员应当向资产评估机构如实提供有关情况和资料，不得与资产评估机构串通评估作价。

第五十条 资产评估机构及其工作人员受托评估有关资产，应当遵守法律、行政法规以及评估执业准则，独立、客观、公正地对受托评估的资产进行评估。资产评估机构应当对其出具的评估报告负责。

第五节 国有资产转让

第五十一条 本法所称国有资产转让，是指依法将国家对企业的出资所形成的权益转移给其他单位或者个人的行为；按照国家规定无偿划转国有资产的除外。

第五十二条 国有资产转让应当有利于国有经济布局和结构的战略性调整，防止国有资产损失，不得损害交易各方的合法权益。

第五十三条 国有资产转让由履行出资人职责的机构决定。履行出资人职责的机构决定转让全部国有资产的，或者转让部分国有资产致使国家对该企业不再具有控股地位的，应当报请本级人民政府批准。

第五十四条 国有资产转让应当遵循等价有偿和公开、公平、公正的原则。

除按照国家规定可以直接协议转让的以外，国有资产转让应当在依法设立的产权交易场所公开进行。转让方应当如实披露有关信息，征集受让方；征集产生的受让方为两个以上的，转让应当采用公开竞价的交易方式。

转让上市交易的股份依照《中华人民共和国证券法》的规定进行。

第五十五条　国有资产转让应当以依法评估的、经履行出资人职责的机构认可或者由履行出资人职责的机构报经本级人民政府核准的价格为依据，合理确定最低转让价格。

第五十六条　法律、行政法规或者国务院国有资产监督管理机构规定可以向本企业的董事、监事、高级管理人员或者其近亲属，或者这些人员所有或者实际控制的企业转让的国有资产，在转让时，上述人员或者企业参与受让的，应当与其他受让参与者平等竞买；转让方应当按照国家有关规定，如实披露有关信息；相关的董事、监事和高级管理人员不得参与转让方案的制定和组织实施的各项工作。

第五十七条　国有资产向境外投资者转让的，应当遵守国家有关规定，不得危害国家安全和社会公共利益。

第六章　国有资本经营预算

第五十八条　国家建立健全国有资本经营预算制度，对取得的国有资本收入及其支出实行预算管理。

第五十九条　国家取得的下列国有资本收入，以及下列收入的支出，应当编制国有资本经营预算：

（一）从国家出资企业分得的利润；

（二）国有资产转让收入；

（三）从国家出资企业取得的清算收入；

（四）其他国有资本收入。

第六十条　国有资本经营预算按年度单独编制，纳入本级人民政府预算，报本级人民代表大会批准。

国有资本经营预算支出按照当年预算收入规模安排，不列赤字。

第六十一条　国务院和有关地方人民政府财政部门负责国有资本经营预算草案的编制工作，履行出资人职责的机构向财政部门提出由其履行出资人职责的国有资本经营预算建议草案。

第六十二条　国有资本经营预算管理的具体办法和实施步骤，由国务院规定，报全国人民代表大会常务委员会备案。

第七章　国有资产监督

第六十三条　各级人民代表大会常务委员会通过听取和审议本级人民政府履行出资人职责的情况和国有资产监督管理情况的专项工作报告，组织对本法实施情况的执法检查等，依法行使监督职权。

第六十四条　国务院和地方人民政府应当对其授权履行出资人职责的机构履行职责的情况进行监督。

第六十五条　国务院和地方人民政府审计机关依照《中华人民共和国审计法》的规定，对国有资本经营预算的执行情况和属于审计监督对象的国家出资企业进行审计监督。

第六十六条　国务院和地方人民政府应当依法向社会公布国有资产状况和国有资产监督管理工作情况，接受社会公众的监督。

任何单位和个人有权对造成国有资产损失的行为进行检举和控告。

第六十七条　履行出资人职责的机构根据需要，可以委托会计师事务所对国有独资企业、国有独资公司的年度财务会计报告进行审计，或者通过国有资本控股公司的股东会、股东大会决议，由国有资本控股公司聘请会计师事务所对公司的年度财务会计报告进行审计，维护出资人权益。

第八章　法律责任

第六十八条　履行出资人职责的机构有下列行为之一的，对其直接负责的主管人员和其他直接责任人员依法给予处分：

（一）不按照法定的任职条件，任命或者建议任命国家出资企业管理者的；

（二）侵占、截留、挪用国家出资企业的资金或者应当上缴的国有资本收入的；

（三）违反法定的权限、程序，决定国家出资企业重大事项，造成国有资产损失的；

（四）有其他不依法履行出资人职责的行为，造成国有资产损失的。

第六十九条　履行出资人职责的机构的工作人员玩忽职守、滥用职权、徇私舞弊，尚不构成犯罪的，依法给予处分。

第七十条　履行出资人职责的机构委派的股东代表未按照委派机构的指示履行职责，造成国有资产损失的，依法承担赔偿责任；属于国家工作人员的，并依法给予处分。

第七十一条 国家出资企业的董事、监事、高级管理人员有下列行为之一，造成国有资产损失的，依法承担赔偿责任；属于国家工作人员的，并依法给予处分：

（一）利用职权收受贿赂或者取得其他非法收入和不当利益的；

（二）侵占、挪用企业资产的；

（三）在企业改制、财产转让等过程中，违反法律、行政法规和公平交易规则，将企业财产低价转让、低价折股的；

（四）违反本法规定与本企业进行交易的；

（五）不如实向资产评估机构、会计师事务所提供有关情况和资料，或者与资产评估机构、会计师事务所串通出具虚假资产评估报告、审计报告的；

（六）违反法律、行政法规和企业章程规定的决策程序，决定企业重大事项的；

（七）有其他违反法律、行政法规和企业章程执行职务行为的。

国家出资企业的董事、监事、高级管理人员因前款所列行为取得的收入，依法予以追缴或者归国家出资企业所有。

履行出资人职责的机构任命或者建议任命的董事、监事、高级管理人员有本条第一款所列行为之一，造成国有资产重大损失的，由履行出资人职责的机构依法予以免职或者提出免职建议。

第七十二条 在涉及关联方交易、国有资产转让等交易活动中，当事人恶意串通，损害国有资产权益的，该交易行为无效。

第七十三条 国有独资企业、国有独资公司、国有资本控股公司的董事、监事、高级管理人员违反本法规定，造成国有资产重大损失，被免职的，自免职之日起五年内不得担任国有独资企业、国有独资公司、国有资本控股公司的董事、监事、高级管理人员；造成国有资产特别重大损失，或者因贪污、贿赂、侵占财产、挪用财产或者破坏社会主义市场经济秩序被判处刑罚的，终身不得担任国有独资企业、国有独资公司、国有资本控股公司的董事、监事、高级管理人员。

第七十四条 接受委托对国家出资企业进行资产评估、财务审计的资产评估机构、会计师事务所违反法律、行政法规的规定和执业准则，出具虚假的资产评估报告或者审计报告的，依照有关法律、行政法规的规定追究法律责任。

第七十五条 违反本法规定，构成犯罪的，依法追究刑事责任。

第九章　附　　则

第七十六条 金融企业国有资产的管理与监督，法律、行政法规另有规定的，依照其规定。

第七十七条 本法自2009年5月1日起施行。

党内规范性文件：

中共中央关于建立国务院向全国人大常委会报告国有资产管理情况制度的意见

（2017年12月30日）

为贯彻落实党的十八届三中全会关于加强人大国有资产监督职能的部署要求，加强国有资产管理和治理，根据宪法和法律有关规定，现就建立国务院向全国人大常委会报告国有资产管理情况制度提出以下意见。

一、重要意义

国有资产属于国家所有即全民所有，是全体人民共同的宝贵财富，国有企业是中国特色社会主义的重要物质基础和政治基础，在推动经济社会发展、保障和改善民生、保护生态环境等方面发挥着重要作用。依据宪法和法律，国务院代表国家行使国有资产所有权并负有管理职责，全国人大及其常委会负有国有资产监督职责。向全国人大常委会报告国有资产管理情况是国务院的一项重要工作，也是全国人大常委会依法履行监督职责的重要手段。

在党中央集中统一领导下，国务院向全国人大常委会报告国有资产管理情况工作取得积极进展。全国人大常委会加强国有资产立法和监督，企业国有资产法颁布实施，国有资本经营预算制度、国有自然资源保护和利用制度初步建立，全国人大常委会多次就国有资产管理听取国务院专项工作报告，人大国有资产监督职能有所加强。国务院不断加强国有资产管理，国有资产产权日益明晰，国有资产管理机制逐步理顺，会计统计等基础工作显著加强。但也要看到，这项工作程序不够规范，内容覆盖不够完整，人大国有资产监督职能发挥还不够充分，有待从制度上加以完善。

建立国务院向全国人大常委会报告国有资产管理情况制度，是党中央加强人大国有资产监督职能的重要决策部署，是党和国家加强国有资产管理和治理的重要基础工作，符合宪法和法律有关规定，符合人民群众期待，对于增加国有资产管理公开透明度、提升国有资产管理公信力，对于巩固和发展中国特色社会主义基本经济制度、管好人民共同财富、加强人大依法履职等，具有重要意义。

二、指导思想和基本原则

（一）指导思想。全面贯彻党的十九大精神，以邓小平理论、“三个代表”重要思想、科学发展观、习近平新时代中国特色社会主义思想为指导，紧紧围绕统筹推进“五位一体”总体布局和协调推进“四个全面”战略布局，牢固树立和贯彻落实新发展理念，坚持党的领导、人民当家作主、依法治国有机统一，建立健全全面规范的国务院报告国有资产管理情况制度，加强人大和全社会对国有资产的监督，推进国有资产管理公开透明，为加强国有资产管理和治理体系建设奠定坚实基础，使国有资产更好服务发展、造福人民。

（二）基本原则

——坚持党的领导。坚持党中央集中统一领导，坚持坚定正确的政治方向，紧紧围绕党和国家工作大局，全面贯彻党的理论和路线方针政策，认真落实党中央关于国有资产的重大决策部署。

——坚持依法治国。贯彻实施宪法和监督法、预算法、企业国有资产法等法律法规，坚持依法报告、依法监督，严格依照法定权限，遵循法定程序，实现正确监督、有效监督。

——坚持问题导向。从制度建设和技术创新入手，着力解决国有资产底数不够清楚、管理不够公开透明、人大监督所需信息不够充分和监督不够有力等突出问题。

——坚持稳步推进。以全面规范、公开透明、监督有力为目标，坚持从实际出发，先易后难，分类施策，区分各类国有资产管理不同情况，逐步扩大报告范围、充实报告内容，实现全口径、全覆盖，不断提高监督实效，确保国有资产安全。

三、报告方式和重点

国务院每年向全国人大常委会报告国有资产管理情况，依法由国务院负责同志进行报告，也可以委托有关部门负责同志报告。

（一）明确报告方式。国务院关于国有资产管理情况的年度报告采取综合报告和专项报告相结合的方式。综合报告全面反映各类国有资产基本情况，专项报告分别反映企业国有资产（不含金融企业）、金融企业国有资产、行政事业性国有资产、国有自然资源等国有资产管理情况。各类国有资产报告要汇总反映全国情况。企业国有资产（不含金融企业）、金融企业国有资产报告以中央本级情况为重点。在每届全国人大常委会任期内，届末年份国务院向全国人大常委会提交书面综合报告并口头报告；其他年份在提交书面综合报告的同时就 1 个专项情况进行口头报告。

（二）突出报告重点。根据各类国有资产性质和管理目标，确定各类国有资产管理情况报告重点。企业国有资产（不含金融企业）、金融企业国有资产报告重点是：总体资产负债，国有资本投向、布局和风险控制，国有企业改革，国有资产监管，国有资产处置和收益分配，境外投资形成的资产，企业高级管理人员薪酬等情况。行政事业性国有资产报告重点是：资产负债总量，相关管理制度建立和实施，资产配置、使用、处置和效益，推进管理体制机制改革等情况。国有自然资源报告重点是：自然资源总量，优化国土空间开发格局、改善生态环境质量、推进生态文明建设等相关重大制度建设，自然资源保护与利用等情况。

（三）提高报告质量。国务院要采取有力措施，科学、准确、及时掌握境内外国有资产基本情况，切实摸清家底。要建立健全全国各类国有资产管理报告制度，依法明确和规范报告范围、分类、标准。省、自治区、直辖市政府应按照国务院规定的时间、要求，将本地区国有资产管理情况报国务院汇总，国务院编写并向全国人大常委会报告中央和地方国有资产管理情况。按照国家统一的会计制度规范国有资产会计处理，制定完善相关统计制度，确保各级政府、各部门各单位的国有资产报告结果完整、真实、可靠、可核查。加快编制政府综合财务报告和自然资源资产负债表。组织开展国有资产清查核实和评估确认，统一方法、统一要求，建立全口径国有资产数据库。建立全口径国有资产信息共享平台，实现相关部门单位互联互通，全面完整反映各类国有资产配置、使用、处置和效益等基本情况。

四、审议程序和重点

全国人大常委会依照监督法、预算法、企业国有资产法等有关法律规定，把国务院关于国有资产管理情况报告纳入年度监督工作计划，精心组织审议，推进公开透明，实行全方位监督。

（一）审议程序。全国人大常委会审议报告前，组织开展视察或者专题调研，并由全国人大有关专门委员会或者全国人大常委会有关工作机构收集整理各方面意见和建议，交由国务院研究并在报告中作出回应。国务院的报告应按规定在全国人大常委会会议举行20日前提交全国人大有关专门委员会或者全国人大常委会有关工作机构征求意见，在会议举行10日前将修改后报告送交全国人大常委会。审议报告时，国务院相关部门负责人到会听取意见、回答询问。审议报告后，全国人大常委会组织将审议意见送国务院研究处理。国务院要坚持问题导向，将审议意见分解细化到相关部门研究处理和整改，要健全问责机制，加大问责力度，对涉嫌违纪违法的依法依规严肃处理，并在6个月内向全国人大常委会报告研究处理情况以及存在问题整改和问责情况。全国人大常委会视情况需要可以综合运用专题询问、质询和特定问题调查等方式，必要时可依法作出决议。国务院应当在决议规定期限内，将执行决议情况向全国人大常委会报告。

（二）审议重点。全国人大常委会在审议国务院关于国有资产管理情况报告，开展国有资产监督时，应侧重以下方面：（1）贯彻落实党中央有关国有资产重大决策部署和方针政策情况；（2）有关法律实施情况；（3）全国人大常委会有关审议意见和决议落实情况；（4）完善国有资产管理体制，落实党中央有关国有资产和国有企业改革方案情况；（5）国有资本服务国家战略目标，提供公共服务、发展重要前瞻性战略性产业、保护生态环境、支撑科技进步、保障国家安全等情况；（6）国有资本保值增值，防止国有资产流失制度的建立和完善，国有企业兼并重组、破产清算等国有资产处置以及国有资产收益分配情况；（7）推进绿色发展和生态文明建设情况；（8）有关审计查出问题整改情况；（9）其他与国有资产管理有关的重要情况。

（三）推进公开透明。全国人大常委会按照监督法等法律规定，及时将国有资产管理情况报告及审议意见，国务院对审议意见研究处理情况或者执行决议情况的报告，向全国人大代表通报并向社会公布（保密法律法规规定不宜公开的内容除外）。审议报告和有关视察、调研等活动，可以邀请部分全国人大代表参加，并广泛听取各方面意见，回应社会关切。

（四）建立健全人大国有资产报告监督机制。全国人大常委会加强国有资产监督，听取和审议国务院关于国有资产管理情况报告工作，要与预算决算审查监督紧密衔接，特别是要与对国有资本经营预算决算、部门预算决算审查监督相结合，条件具备时与对政府综合财务报告监督工作相结合，建立起多层次多角度、既相互分工又有机衔接的人大国有资产报告和监督机制。全国人大常委会要加强对地方人大国有资产监督工作的指导。县级以上地方要根据本地实际情况，建立政府向本级人大常委会报告国有资产管理情况制度。

五、组织保障

全国人大常委会和国务院要明确分工，建立健全工作机制，不断推进国有资产管理情况报告的规范化程序化。

（一）明确分工、落实责任。国务院根据报告需要确定年度综合报告和专项报告起草负责部门。其他相关部门单位按照有关要求及时、准确、完整提供其管理的国有资产现状及管理情况。全国人大常委会要健全组织制度和工作制度，加强队伍能力建设，依照法定程序组织全国人大有关专门委员会和全国人大常委会有关工作机构做好相关工作。

（二）建立沟通协调机制。全国人大有关专门委员会和全国人大常委会有关工作机构按职责分工，负责与国务院相关部门就国有资产管理情况报告的具体工作进行沟通协调，为全国人大常委会加强国有资产监督提供服务保障。国务院相关部门及时向全国人大常委会相关工作机构提供有关文件和资料。

（三）及时总结完善。在认真总结实践经验基础上，结合国有资产管理体制改革进展情况，不断健全国务院向全国人大常委会报告国有资产管理情况制度。

2017年12月30日

行政法规：

国务院关于改革和完善国有资产管理体制的若干意见

国发〔2015〕63 号

各省、自治区、直辖市人民政府，国务院各部委、各直属机构：

改革开放以来，我国国有资产管理体制改革稳步推进，国有资产出资人代表制度基本建立，保值增值责任初步得到落实，国有资产规模、利润水平、竞争能力得到较大提升。但必须看到，现行国有资产管理体制中政企不分、政资不分问题依然存在，国有资产监管还存在越位、缺位、错位现象；国有资产监督机制不健全，国有资产流失、违纪违法问题在一些领域和企业比较突出；国有经济布局结构有待进一步优化，国有资本配置效率不高等问题亟待解决。按照《中共中央关于全面深化改革若干重大问题的决定》和国务院有关部署，现就改革和完善国有资产管理体制提出以下意见。

一、总体要求

（一）指导思想。深入贯彻落实党的十八大和十八届二中、三中、四中全会精神，按照党中央、国务院决策部署，坚持和完善社会主义基本经济制度，坚持社会主义市场经济改革方向，尊重市场经济规律和企业发展规律，正确处理好政府与市场的关系，以管资本为主加强国有资产监管，改革国有资本授权经营体制，真正确立国有企业的市场主体地位，推进国有资产监管机构职能转变，适应市场化、现代化、国际化新形势和经济发展新常态，不断增强国有经济活力、控制力、影响力和抗风险能力。

（二）基本原则。

坚持权责明晰。实现政企分开、政资分开、所有权与经营权分离，依法理顺政府与国有企业的出资关系。切实转变政府职能，依法确立国有企业的市场主体地位，建立健全现代企业制度。坚持政府公共管理职能与国有资产出资人职能分开，确保国有企业依法自主经营，激发企业活力、创新力和内生动力。

坚持突出重点。按照市场经济规则和现代企业制度要求，以管资本为主，以资本为纽带，以产权为基础，重点管好国有资本布局、规范资本运作、提高资本回报、维护资本安全。注重通过公司法人治理结构依法行使国有股东权利。

坚持放管结合。按照权责明确、监管高效、规范透明的要求，推进国有资产监管机构职能和监管方式转变。该放的依法放开，切实增强企业活力，提高国有资本运营效率；该管的科学管好，严格防止国有资产流失，确保国有资产保值增值。

坚持稳妥有序。处理好改革、发展、稳定的关系，突出改革和完善国有资产管理体制的系统性、协调性，以重点领域为突破口，先行试点，分步实施，统筹谋划，协同推进相关配套改革。

二、推进国有资产监管机构职能转变

（三）准确把握国有资产监管机构的职责定位。国有资产监管机构作为政府直属特设机构，根据授权代表本级人民政府对监管企业依法履行出资人职责，科学界定国有资产出资人监管的边界，专司国有资产监管，不行使政府公共管理职能，不干预企业自主经营权。以管资本为主，重点管好国有资本布局、规范资本运作、提高资本回报、维护资本安全，更好服务于国家战略目标，实现保值增值。发挥国有资产监管机构专业化监管优势，逐步推进国有资产出资人监管全覆盖。

（四）进一步明确国有资产监管重点。加强战略规划引领，改进对监管企业主业界定和投资并购的管理方式，遵循市场机制，规范调整存量，科学配置增量，加快优化国有资本布局结构。加强对国有资本运营质量及监管企业财务状况的监测，强化国有产权流转环节监管，加大国有产权进场交易力度。按照国有企业的功能界定和类别实行分类监管。改进考核体系和办法，综合考核资本运营质量、效率和收益，以经济增加值为主，并将转型升级、创新驱动、合规经营、履行社会责任等纳入考核指标体系。着力完善激励约束机制，将国有企业领导人员考核结果与职务任免、薪酬待遇有机结合，严格规范国有企业领导人员薪酬分配。建立健全与劳动力市场基本适应，与企业经济效益、劳动生产率挂钩的工资决定和正常增长机制。推动监管企业不断优化公司法人治理结构，把加强党的领导和完善公司治理统一起来，建立国有企业领导人员分类分层管理制度。强化国有资产监督，加强和改

进外派监事会制度，建立健全国有企业违法违规经营责任追究体系、国有企业重大决策失误和失职渎职责任追究倒查机制。

（五）推进国有资产监管机构职能转变。围绕增强监管企业活力和提高效率，聚焦监管内容，该管的要科学管理、决不缺位，不该管的要依法放权、决不越位。将国有资产监管机构行使的投资计划、部分产权管理和重大事项决策等出资人权利，授权国有资本投资、运营公司和其他直接监管的企业行使；将依法应由企业自主经营决策的事项归位于企业；加强对企业集团的整体监管，将延伸到子企业的管理事项原则上归位于一级企业，由一级企业依法依规决策；将国有资产监管机构配合承担的公共管理职能，归位于相关政府部门和单位。

（六）改进国有资产监管方式和手段。大力推进依法监管，着力创新监管方式和手段。按照事前规范制度、事中加强监控、事后强化问责的思路，更多运用法治化、市场化的监管方式，切实减少出资人审批核准事项，改变行政化管理方式。通过“一企一策”制定公司章程、规范董事会运作、严格选派和管理股东代表和董事监事，将国有出资人意志有效体现在公司治理结构中。针对企业不同功能定位，在战略规划制定、资本运作模式、人员选用机制、经营业绩考核等方面，实施更加精准有效的分类监管。调整国有资产监管机构内部组织设置和职能配置，建立监管权力清单和责任清单，优化监管流程，提高监管效率。建立出资人监管信息化工作平台，推进监管工作协同，实现信息共享和动态监管。完善国有资产和国有企业信息公开制度，设立统一的信息公开网络平台，在不涉及国家秘密和企业商业秘密的前提下，依法依规及时准确地披露国有资本整体运营情况、企业国有资产保值增值及经营业绩考核总体情况、国有资产监管制度和监督检查情况，以及国有企业公司治理和管理架构、财务状况、关联交易、企业负责人薪酬等信息，建设阳光国企。

三、改革国有资本授权经营体制

（七）改组组建国有资本投资、运营公司。主要通过划拨现有商业类国有企业的国有股权，以及国有资本经营预算注资组建，以提升国有资本运营效率、提高国有资本回报为主要目标，通过股权运作、价值管理、有序进退等方式，促进国有资本合理流动，实现保值增值；或选择具备一定条件的国有独资企业集团改组设立，以服务国家战略、提升产业竞争力为主要目标，在关系国家安全、国民经济命脉的重要行业和关键领域，通过开展投资融资、产业培育和资本整合等，推动产业集聚和转型升级，优化国有资本布局结构。

（八）明确国有资产监管机构与国有资本投资、运营公司关系。政府授权国有资产监管机构依法对国有资本投资、运营公司履行出资人职责。国有资产监管机构按照“一企一策”原则，明确对国有资本投资、运营公司授权的内容、范围和方式，依法落实国有资本投资、运营公司董事会职权。国有资本投资、运营公司对授权范围内的国有资本履行出资人职责，作为国有资本市场化运作的专业平台，依法自主开展国有资本运作，对所出资企业行使股东职责，维护股东合法权益，按照责权对应原则切实承担起国有资产保值增值责任。

（九）界定国有资本投资、运营公司与所出资企业关系。国有资本投资、运营公司依据公司法等相关法律法规，对所出资企业依法行使股东权利，以出资额为限承担有限责任。以财务性持股为主，建立财务管控模式，重点关注国有资本流动和增值状况；或以对战略性核心业务控股为主，建立以战略目标和财务效益为主的管控模式，重点关注所出资企业执行公司战略和资本回报状况。

（十）开展政府直接授权国有资本投资、运营公司履行出资人职责的试点工作。中央层面开展由国务院直接授权国有资本投资、运营公司试点等工作。地方政府可以根据实际情况，选择开展直接授权国有资本投资、运营公司试点工作。

四、提高国有资本配置和运营效率

（十一）建立国有资本布局和结构调整机制。政府有关部门制定完善经济社会发展规划、产业政策和国有资本收益管理规则。国有资产监管机构根据政府宏观政策和有关管理要求，建立健全国有资本进退机制，制定国有资本投资负面清单，推动国有资本更多投向关系国家安全、国民经济命脉和国计民生的重要行业和关键领域。

（十二）推进国有资本优化重组。坚持以市场为导向、以企业为主体，有进有退、有所为有所不为，优化国有资本布局结构，提高国有资本流动性，增强国有经济整体功能和提升效率。按照国有资本布局结构调整要求，加快推动国有资本向重要行业、关键领域、重点基础设施集中，向前瞻性战略性产业集中，向产业链关键环节和价值链高端领域集中，向具有核心竞争力的优势企业集中。清理退出一批、重组整合一批、创新发展一批国有企业，建立健全优胜劣汰市场化退出机制，加快淘汰落后产能和化解过剩产能，处置低效无效资产。推动国有企业加快技术创新、管理创新和商业模式创新。推进国有资本控股经营的自然垄断行业改革，根据不同行业特点放开竞争性业务，实现国有资本和社会资本更好融合。

（十三）建立健全国有资本收益管理制度。财政部门会同国有资产监管机构等部门建立覆盖全部国有企业、分级管理的国有资本经营预算管理制度，根据国家宏观调控和国有资本布局结构调整要求，提出国有资本收益上交比例建议，报国务院批准后执行。在改组组建国有资本投资、运营公司以及实施国有企业重组过程中，国家根据需要将部分国有股权划转社会保障基金管理机构持有，分红和转让收益用于弥补养老等社会保障资金缺口。

五、协同推进相关配套改革

（十四）完善有关法律法规。健全国有资产监管法律法规体系，做好相关法律法规的立改废释工作。按照立法程序，抓紧推动开展企业国有资产法修订工作，出台相关配套法规，为完善国有资产管理体制夯实法律基础。根据国有企业公司制改革进展情况，推动适时废止全民所有制工业企业法。研究起草企业国有资产基础管理条例，统一管理规则。

（十五）推进政府职能转变。进一步减少行政审批事项，大幅度削减政府通过国有企业行政性配置资源事项，区分政府公共管理职能与国有资产出资人管理职能，为国有资产管理体制改革完善提供环境条件。推进自然垄断行业改革，实行网运分开、特许经营。加快推进价格机制改革，严格规范政府定价行为，完善市场发现、形成价格的机制。推进行政性垄断行业成本公开、经营透明，发挥社会监督作用。

（十六）落实相关配套政策。落实和完善国有企业重组整合涉及的资产评估增值、土地变更登记和国有资产无偿划转等方面税收优惠政策，切实明确国有企业改制重组过程中涉及的债权债务承接主体和责任，完善国有企业退出的相关政策，依法妥善处理劳动关系调整和社会保险关系接续等相关问题。

（十七）妥善解决历史遗留问题。加快剥离企业办社会职能，针对“三供一业”（供水、供电、供热和物业管理）、离退休人员社会化管理、厂办大集体改革等问题，制定统筹规范、分类施策的措施，建立政府和国有企业合理分担成本的机制。国有资本经营预算支出优先用于解决国有企业历史遗留问题。

（十八）稳步推进经营性国有资产集中统一监管。按照依法依规、分类推进、规范程序、市场运作的原则，以管资本为主，稳步将党政机关、事业单位所属企业的国有资本纳入经营性国有资产集中统一监管体系，具备条件的进入国有资本投资、运营公司。

金融、文化等国有企业的改革，中央另有规定的依其规定执行。

各地区要结合本地实际，制定具体改革实施方案，确保国有资产管理体制改革顺利进行，全面完成各项改革任务。

国务院办公厅关于转发国务院国资委以管资本为主推进职能转变方案的通知

国办发〔2017〕38号

各省、自治区、直辖市人民政府，国务院各部委、各直属机构：

《国务院国资委以管资本为主推进职能转变方案》已经国务院同意，现转发给你们，请认真贯彻执行。

国务院办公厅

2017年4月27日

国务院国资委以管资本为主推进职能转变方案

国务院国资委

党的十八大以来，国务院国资委认真贯彻落实党中央、国务院关于深化国有企业改革的决策部署，准确把握国有资产监管机构的出资人代表职责定位，坚定不移深化国有企业改革，探索完善国有资产监管体制机制，积极推进国有企业结构调整、创新发展，为实现国有资产保值增值、防止国有资产流失、发展壮大国有经济作出了积极贡献。但与此同时，国有资产监督机制尚不健全，国有资产监管中越位、缺位、错位问题依然存在，亟需加快调整优化监管职能和方式，推进国有资产监管机构职能转变，进一步提高国有资本运营和配置效率。按照《中共中央　国务院关于深化国有企业改革的指导意见》、《国务院关于改革和完善国有资产管理体制的若干意见》（国发〔2015〕63号）有关要求，制定本方案。

一、总体要求

（一）指导思想。

全面贯彻党的十八大和十八届二中、三中、四中、五中、六中全会精神，深入学习贯彻习近平总书记系列重要讲话精神和治国理政新理念新思想新战略，坚持党的领导不动摇，统筹推进“五位一体”总体布局和协调推进“四个全面”战略布局，牢固树立和贯彻落实创新、协调、绿色、开放、共享的发展理念，按照深化简政放权、放管结合、优化服务改革的要求，依法履行职责，以管资本为主加强国有资产监管，以提高国有资本效率、增强国有企业活力为中心，明确监管重点，精简监管事项，优化部门职能，改进监管方式，全面加强党的建设，进一步提高监管的科学性、针对性和有效性，加快实现以管企业为主向以管资本为主的转变。

（二）基本原则。

坚持准确定位。按照政企分开、政资分开、所有权与经营权分离要求，科学界定国有资产出资人监管的边界，国务院国资委作为国务院直属特设机构，根据授权代表国务院依法履行出资人职责，专司国有资产监管，不行使社会公共管理职能，不干预企业依法行使自主经营权。

坚持依法监管。按照有关法律法规规定，建立和完善出资人监管的权力和责任清单，健全监管制度体系，重点管好国有资本布局、规范资本运作、提高资本回报、维护资本安全。全面加强国有资产监督，充实监督力量，完善监督机制，严格责任追究，切实防止国有资产流失。

坚持搞活企业。遵循市场经济规律和企业发展规律，突出权责一致，确保责任落实，将精简监管事项与完善国有企业法人治理结构相结合，依法落实企业法人财产权和经营自主权，激发企业活力、创造力和市场竞争力，打造适应市场竞争要求、以提高核心竞争力和资源配置效率为目标的现代企业。

坚持提高效能。明确国有资产监管重点，调整优化监管职能配置和组织设置，改进监管方式和手段，整合监管资源，优化监管流程，提高监管效率，加强监管协同，推进监管信息共享和动态监管，实现依法监管、分类监管、阳光监管。

坚持党的领导。坚持党对国有企业政治领导、思想领导、组织领导的有机统一，发挥国有企业党组织的领导核心和政治核心作用，把方向、管大局、保落实。健全完善党建工作责任制，落实党建工作主体责任，为国有企业改革发展提供坚强有力的政治保证、组织保证和人才支撑。

二、调整优化监管职能

按照职权法定、规范行权的要求，调整、精简、优化监管职能，将强化出资人监管与落实管党治党责任相结合、落实保值增值责任与搞活企业相结合，做好整合监管职能与优化机构设置的衔接，强化3项管资本职能，精简43项监管事项，整合三方面相关职能。加大简政放权力度，更好维护企业市场主体地位，推动完善现代企业制度，健全各司其职、各负其责、协调运转、有效制衡的国有企业法人治理结构。坚持权力和责任相统一、相匹配，层层建立权力和责任清单，确保企业接住管好精简的监管事项，体现国资监管要求，落实保值增值责任。按照全面从严治党战略部署，严格落实管党治党责任，全面加强国有企业党的建设，保证党和国家方针政策、重大部署在国有企业贯彻执行。

（一）强化管资本职能，落实保值增值责任。

完善规划投资监管。服从国家战略和重大决策，落实国家产业政策和重点产业发展总体要求，调整优化国有资本布局，加大对中央企业投资的规划引导力度，加强对发展战略和规划的审核，制定并落实中央企业国有资本布局结构整体规划。改进投资监管方式，通过制定中央企业投资负面清单、强化主业管理、核定非主业投资比例等方式，管好投资方向，根据投资负面清单探索对部分企业和投资项目实施特别监管制度。落实企业投资主体责任，完善投资监管制度，开展投资项目第三方评估，防止重大违规投资，依法依规追究违规责任。加强对中央企业国际化经营的指导，强化境外投资监管体系建设，加大审核把关力度，严控投资风险。

突出国有资本运营。围绕服务国家战略目标和优化国有资本布局结构，推动国有资本优化配置，提升国有资本运营效率和回报水平。牵头改组组建国有资本投资、运营公司，实施资本运作，采取市场化方式推动设立国有企业结构调整基金、国有资本风险投资基金、中央企业创新发展投资引导基金等相关投资基金。建立健全国有资本运作机制，组织、指导和监督国有资本运作平台开展资本运营，鼓励国有企业追求长远收益，推动国有资本向关系国家安全、国民经济命脉和国计民生的重要行业和关键领域、重点基础设施集中，向前瞻性战略性产业集中，向具有核心竞争力的优势企业集中。

强化激励约束。实现业绩考核与薪酬分配协同联动，进一步发挥考核分配对企业发展的导向作用，实现“业绩升、薪酬升，业绩降、薪酬降”。改进考核体系和办法，突出质量效益与推动转型升级相结合，强化目标管理、对标考核、分类考核，对不同功能定位、不同行业领域、不同发展阶段的企业实行差异化考核。严格贯彻落实国有企业负责人薪酬制度改革相关政策，建立与选任方式相匹配、与企业功能性质相适应、与经营业绩相挂钩的差异化薪酬分配办法。

（二）加强国有资产监督，防止国有资产流失。

坚持出资人管理和监督的有机统一。健全规范国有资本运作、防止国有资产流失的监管制度，加强对制度执行情况的监督检查。增加监督专门力量，分类处置和督办发现的问题，组织开展国有资产重大损失调查，形成发现、调查、处理问题的监督工作闭环。进一步强化监督成果在业绩考核、薪酬分配、干部管理等方面的运用。

强化外派监事会监督。进一步加强和改进监事会监督，完善监督工作体制机制，明确外派监事会由政府派出、作为出资人监督专门力量的职责定位。突出监督重点，围绕企业财务和重大决策、运营过程中可能造成国有资产流失的事项和关键环节以及董事会和经理层依法依规履职情况等重点，着力强化当期和事中监督。改进监事会监督方式，落实外派监事会纠正违规决策、罢免或者调整领导人员的建议权，建立外派监事会可追溯、可量化、可考核、可问责的履职记录制度，提升监督效能。

严格落实责任。建立健全违法违规经营投资责任追究制度体系，完善责任倒查和追究机制，构建权责清晰、约束有效的经营投资责任体系。加大对违法违规经营投资责任的追究力度，综合运用组织处理、经济处罚、禁入限制、党纪政纪处分和追究刑事责任等手段，依法依规查办违法违规经营投资导致国有资产重大损失的案件。

（三）精简监管事项，增强企业活力。

取消一批监管事项。严格按照出资关系界定监管范围。减少对企业内部改制重组的直接管理，不再直接规范上市公司国有股东行为，推动中央企业严格遵守证券监管规定。减少薪酬管理事项，取消中央企业年金方案、中央企业子企业分红权激励方案审批，重点加强事后备案和规范指导。减少财务管理事项，取消与借款费用、股份支付、应付债券等会计事项相关的会计政策和会计估计变更事前备案，重点管控企业整体财务状况。取消中央企业职工监事选举结果、工会组织成立和工会主席选举等事项审批，由企业依法自主决策。

下放一批监管事项。将延伸到中央企业子企业和地方国有企业的管理事项，原则上归位于企业集团和地方国资委。将中央企业所持有部分非上市股份有限公司的国有股权管理方案和股权变动事项，企业集团内部国有股东所持有上市公司股份流转、国有股东与上市公司非重大资产重组、国有股东通过证券交易系统转让一定比例或数量范围内所持有上市公司股份等事项以及中央企业子企业股权激励方案的审批权限，下放给企业集团。国有企业要进一步明确各治理主体行权履职边界，层层落实责任，确保国有资产保值增值。落实国家所有、分别代表原则，将地方国有上市公司的国有股权管理事项的审批权限下放给省级国资委。

授权一批监管事项。结合落实董事会职权等试点工作，将出资人的部分权利授权试点企业董事会行使，同时健全完善制度规范，切实加强备案管理和事后监督。依法将中央企业五年发展战略规划制定权授予试点企业董事会，进一步落实试点企业董事会对经理层成员选聘、业绩考核、薪酬管理以及企业职工工资总额管控、重大财务事项管理的职权，充分发挥董事会的决策作用。试点企业董事会要进一步健全和规范决策制度，明确授权事项在企业内部的决策、执行、监督机制，落实相应责任，严格责任追究。

移交一批社会公共管理事项。落实政资分开原则，立足国有资产出资人代表职责定位，全面梳理配合承担的社会公共管理职能，结合工作实际，提出分类处理建议，交由相关部门和单位行使。

（四）整合相关职能，提高监管效能。

整合国有企业改革职能。对承担的企业重组整合、结构优化、改制上市、规范董事会建设以及解决历史遗留问题等职能进行统筹整合，集中力量加大对改革改制、管理创新和商业模式创新的指导服务力度，加快完善现代企业制度。

整合经济运行监测职能。集中统一开展财务动态监测和经济运行分析，综合分析行业与企业情况、经营与财务情况，及时、准确提供运行数据，全面掌握中央企业运行状况，为国家宏观调控和国有资产监管工作提供基础支撑。

整合推动科技创新职能。明确中央企业科技创新方向和重点任务，整合新兴产业培育、知识产权保护、企业品牌建设等职能，推动企业完善技术创新体系，组建产业协同发展平台，协调落实重大科技政策和项目，更好发挥中央企业在大众创业、万众创新中的引领带动作用。

（五）全面加强党的建设，强化管党治党责任。

建立健全党建工作责任制。强化中央企业党建工作考核，落实“四同步”、“四对接”要求，加强基层党组织和党员队伍建设，保证党组织工作机构健全、党务工作者队伍稳定、党组织和党员作用得到有效发挥。注重加强混合所有制企业党建工作。

加强党的领导与完善公司治理相统一。明确和落实党组织在国有企业法人治理结构中的法定地位，把党建工作总体要求写入公司章程，健全党组织参与重大问题决策的规则和程序，使党组织发挥作用组织化、制度化、具体化。处理好党组织和其他治理主体的关系，明确权责边界，做到无缝衔接。

坚持党管干部原则与市场化机制相结合。保证党对干部人事工作的领导权和对重要干部的管理权，严格执行国有企业领导人员对党忠诚、勇于创新、治企有方、兴企有为、清正廉洁的选任标准，党组织要在确定标准、规范程序、参与考察、推荐人选等方面把好关，按照市场规律对经理层进行管理，建立科学合理的考核评价体系，为国有企业领导人员树立正向激励的鲜明导向。

加大纪检监察工作力度。深入推进党风廉政建设和反腐败斗争。认真落实《中国共产党问责条例》等规定，加大对中央企业党委（党组）和党员领导人员履行管党治党责任不力的问责力度。对国务院国资委党委管理主要负责人的中央企业开展巡视监督，加强对中央企业开展内部巡视的领导和指导。

三、改进监管方式手段

按照事前制度规范、事中跟踪监控、事后监督问责的要求，积极适应监管职能转变和增强企业活力、强化监督管理的需要，创新监管方式和手段，更多采用市场化、法治化、信息化监管方式，提高监管的针对性、实效性。

（一）强化依法监管。

严格依据公司法、企业国有资产法、企业国有资产监督管理暂行条例等法律法规规定的权限和程序行权履职。健全完善国有资产监管法规制度体系，建立出资人监管的权力和责任清单，清单以外的事项由企业依法自主决策。加强公司章程管理，规范董事会运作，严格选派、管理股东代表和董事、监事，注重通过国有企业法人治理结构依法履行出资人职责。

（二）实施分类监管。

针对商业类和公益类国有企业的不同战略定位和发展目标，研究制定差异化的监管目标、监管重点和监管措施，因企施策推动企业改革发展，促进经济效益和社会效益有机统一。在战略规划制定、资本运作模式、人员选用机制、经营业绩考核等方面，实施更加精准有效的分类监管。

（三）推进阳光监管。

依法推进国有资产监管信息公开，主动接受社会监督。健全信息公开制度，加强信息公开平台建设，依法向社会公开国有资本整体运营情况、企业国有资产保值增值及经营业绩考核总体情况、国有资产监管制度和监督检查情况。指导中央企业加大信息公开力度，依法依规公开治理结构、财务状况、关联交易、负责人薪酬等信息，积极打造阳光企业。

（四）优化监管流程。

按照程序简化、管理精细、时限明确的原则，深入推进分事行权、分岗设权、分级授权和定期轮岗，科学设置内设机构和岗位职责权限，确保权力运行协调顺畅。推进监管信息化建设，整合信息资源，统一工作平台，畅通共享渠道，健全中央企业产权、投资、财务等监管信息系统，实现动态监测，提升整体监管效能。

四、切实抓好组织实施

国务院国资委要依据本方案全面梳理并优化调整具体监管职能，相应调整内设机构，明确取消、下放、授权的监管事项，加快制定出资人监管的权力和责任清单，按程序报批后向社会公开。要坚持试点先行，结合企业实际，继续推进简政放权、放管结合、优化服务改革，分类放权、分步实施，确保放得下、接得住、管得好。要积极适应职能转变要求，及时清理完善涉及的国有资产监管法规和政策文件。

各地区可参照本方案要求，结合实际情况，制定本地区国有资产监管机构的职能转变方案。

附件略

国有资产评估管理办法

国务院令第732号

（1991年11月16日中华人民共和国国务院令第91号发布　根据2020年11月29日《国务院关于修改和废止部分行政法规的决定》修订）

第一章　总　　则

第一条　为了正确体现国有资产的价值量，保护国有资产所有者和经营者、使用者的合法权益，制定本办法。

第二条　国有资产评估，除法律、法规另有规定外，适用本办法。

第三条　国有资产占有单位（以下简称占有单位）有下列情形之一的，应当进行资产评估：

（一）资产拍卖、转让；

（二）企业兼并、出售、联营、股份经营；

（三）与外国公司、企业和其他经济组织或者个人开办外商投资企业；

（四）企业清算；

（五）依照国家有关规定需要进行资产评估的其他情形。

第四条　占有单位有下列情形之一，当事人认为需要的，可以进行资产评估：

（一）资产抵押及其他担保；

（二）企业租赁；

（三）需要进行资产评估的其他情形。

第五条　全国或者特定行业的国有资产评估，由国务院决定。

第六条　国有资产评估范围包括：固定资产、流动资产、无形资产和其他资产。

第七条　国有资产评估应当遵循真实性、科学性、可行性原则，依照国家规定的标准、程序和方法进行评定和估算。

第二章　组织管理

第八条　国有资产评估工作，按照国有资产管理权限，由国有资产管理行政主管部门负责管理和监督。

国有资产评估组织工作，按照占有单位的隶属关系，由行业主管部门负责。

国有资产管理行政主管部门和行业主管部门不直接从事国有资产评估业务。

第九条　持有国务院或者省、自治区、直辖市人民政府国有资产管理行政主管部门颁发的国有资产评估资格证书的资产评估公司、会计师事务所、审计事务所、财务咨询公司，经国务院或者省、自治区、直辖市人民政府国有资产管理行政主管部门认可的临时评估机构（以下统称资产评估机构），可以接受占有单位的委托，从事国有资产评估业务。

前款所列资产评估机构的管理办法，由国务院国有资产管理行政主管部门制定。

第十条　占有单位委托资产评估机构进行资产评估时，应当如实提供有关情况和资料。资产评估机构应当对占有单位提供的有关情况和资料保守秘密。

第十一条　资产评估机构进行资产评估，实行有偿服务。资产评估收费办法，由国务院国有资产管理行政主管部门会同财政部门、物价主管部门制定。

第三章　评估程序

第十二条　国有资产评估按照下列程序进行：

（一）申请立项；

（二）资产清查；

（三）评定估算；

（四）验证确认。

第十三条　依照本办法第三条、第四条规定进行资产评估的占有单位，经其主管部门审查同意后，应当向同级国有资产管理行政主管部门提交资产评估立项申请书，并附财产目录和有关会计报表等资料。

经国有资产管理行政主管部门授权或者委托，占有单位的主管部门可以审批资产评估立项申请。

第十四条 国有资产管理行政主管部门应当自收到资产评估立项申请书之日起十日内进行审核，并作出是否准予资产评估立项的决定，通知申请单位及其主管部门。

第十五条 国务院决定对全国或者特定行业进行国有资产评估的，视为已经准予资产评估立项。

第十六条 申请单位收到准予资产评估立项通知书后，可以委托资产评估机构评估资产。

第十七条 受占有单位委托的资产评估机构应当在对委托单位的资产、债权、债务进行全面清查的基础上，核实资产账面与实际是否相符，经营成果是否真实，据以作出鉴定。

第十八条 受占有单位委托的资产评估机构应当根据本办法的规定，对委托单位被评估资产的价值进行评定和估算，并向委托单位提出资产评估结果报告书。

委托单位收到资产评估机构的资产评估结果报告书后，应当报其主管部门审查；主管部门审查同意后，报同级国有资产管理行政主管部门确认资产评估结果。

经国有资产管理行政主管部门授权或者委托，占有单位的主管部门可以确认资产评估结果。

第十九条 国有资产管理行政主管部门应当自收到占有单位报送的资产评估结果报告书之日起四十五日内组织审核、验证、协商，确认资产评估结果，并下达确认通知书。

第二十条 占有单位对确认通知书有异议的，可以自收到通知书之日起十五日内向上一级国有资产管理行政主管部门申请复核。上一级国有资产管理行政主管部门应当自收到复核申请之日起三十日内作出裁定，并下达裁定通知书。

第二十一条 占有单位收到确认通知书或者裁定通知书后，应当根据国家有关财务、会计制度进行账务处理。

第四章 评估方法

第二十二条 国有资产重估价值，根据资产原值、净值、新旧程度、重置成本、获利能力等因素和本办法规定的资产评估方法评定。

第二十三条 国有资产评估方法包括：

（一）收益现值法；

（二）重置成本法；

（三）现行市价法；

（四）清算价格法；

（五）国务院国有资产管理行政主管部门规定的其他评估方法。

第二十四条 用收益现值法进行资产评估的，应当根据被评估资产合理的预期获利能力和适当的折现率，计算出资产的现值，并以此评定重估价值。

第二十五条 用重置成本法进行资产评估的，应当根据该项资产在全新情况下的重置成本，减去按重置成本计算的已使用年限的累积折旧额，考虑资产功能变化、成新率等因素，评定重估价值；或者根据资产的使用期限，考虑资产功能变化等因素重新确定成新率，评定重估价值。

第二十六条 用现行市价法进行资产评估的，应当参照相同或者类似资产的市场价格，评定重估价值。

第二十七条 用清算价格法进行资产评估的，应当根据企业清算时其资产可变现的价值，评定重估价值。

第二十八条 对流动资产中的原材料、在制品、协作件、库存商品、低值易耗品等进行评估时，应当根据该项资产的现行市场价格、计划价格，考虑购置费用、产品完工程度、损耗等因素，评定重估价值。

第二十九条 对有价证券的评估，参照市场价格评定重估价值；没有市场价格的，考虑票面价值、预期收益等因素，评定重估价值。

第三十条 对占有单位的无形资产，区别下列情况评定重估价值：

（一）外购的无形资产，根据购入成本及该项资产具有的获利能力；

（二）自创或者自身拥有的无形资产，根据其形成时所需实际成本及该项资产具有的获利能力；

（三）自创或者自身拥有的未单独计算成本的无形资产，根据该项资产具有的获利能力。

第五章 法律责任

第三十一条 占有单位违反本办法的规定，提供虚假情况和资料，或者与资产评估机构串通作弊，致使资产评估结果失实的，国有资产管理行政主管部门可以宣布资产评估结果无效，并可以根据情节轻重，单处或者并处下列处罚：

（一）通报批评；

（二）限期改正，并可以处以相当于评估费用以下的罚款；

（三）提请有关部门对单位主管人员和直接责任人员给予行政处分，并可以处以相当于本人三个月基本工资以下的罚款。

第三十二条　资产评估机构作弊或者玩忽职守，致使资产评估结果失实的，国有资产管理行政主管部门可以宣布资产评估结果无效，并可以根据情节轻重，对该资产评估机构给予下列处罚：

（一）警告；

（二）停业整顿；

（三）吊销国有资产评估资格证书。

第三十三条　被处罚的单位和个人对依照本办法第三十一条、第三十二条规定作出的处罚决定不服的，可以在收到处罚通知之日起十五日内，向上一级国有资产管理行政主管部门申请复议。上一级国有资产管理行政主管部门应当自收到复议申请之日起六十日内作出复议决定。申请人对复议决定不服的，可以自收到复议通知之日起十五日内，向人民法院提起诉讼。

第三十四条　国有资产管理行政主管部门或者行业主管部门工作人员违反本办法，利用职权谋取私利，或者玩忽职守，造成国有资产损失的，国有资产管理行政主管部门或者行业主管部门可以按照干部管理权限，给予行政处分，并可以处以相当于本人三个月基本工资以下的罚款。

违反本办法，利用职权谋取私利的，由有查处权的部门依法追缴其非法所得。

第三十五条　违反本办法，情节严重，构成犯罪的，由司法机关依法追究刑事责任。

第六章　附　　则

第三十六条　境外国有资产的评估，不适用本办法。

第三十七条　有关国有自然资源有偿使用、开采的评估办法，由国务院另行规定。

第三十八条　本办法由国务院国有资产管理行政主管部门负责解释。本办法的施行细则由国务院国有资产管理行政主管部门制定。

第三十九条　本办法自发布之日起施行。

行政事业性国有资产管理条例

国务院令第 738 号

《行政事业性国有资产管理条例》已经 2020 年 12 月 30 日国务院第 120 次常务会议通过，现予公布，自 2021 年 4 月 1 日起施行。

总理　李克强

2021 年 2 月 1 日

第一章　总　　则

第一条　为了加强行政事业性国有资产管理与监督，健全国有资产管理体制，推进国家治理体系和治理能力现代化，根据全国人民代表大会常务委员会关于加强国有资产管理情况监督的决定，制定本条例。

第二条　行政事业性国有资产，是指行政单位、事业单位通过以下方式取得或者形成的资产：

（一）使用财政资金形成的资产；

（二）接受调拨或者划转、置换形成的资产；

（三）接受捐赠并确认为国有的资产；

（四）其他国有资产。

第三条　行政事业性国有资产属于国家所有，实行政府分级监管、各部门及其所属单位直接支配的管理体制。

第四条　各级人民政府应当建立健全行政事业性国有资产管理机制，加强对本级行政事业性国有资产的管理，审查、批准重大行政事业性国有资产管理事项。

第五条　国务院财政部门负责制定行政事业单位国有资产管理规章制度并负责组织实施和监督检查，牵头编制行政事业性国有资产管理情况报告。

国务院机关事务管理部门和有关机关事务管理部门会同有关部门依法依规履行相关中央行政事业单位国有资产管理职责，制定中央行政事业单位国有资产管理具体制度和办法并组织实施，接受国务院财政部门的指导和监督检查。

相关部门根据职责规定，按照集中统一、分类分级原则，加强中央行政事业单位国有资产管理，优化管理手段，提高管理效率。

第六条　各部门根据职责负责本部门及其所属单位国有资产管理工作，应当明确管理责任，指导、监督所属单位国有资产管理工作。

各部门所属单位负责本单位行政事业性国有资产的具体管理，应当建立和完善内部控制管理制度。

第七条　各部门及其所属单位管理行政事业性国有资产应当遵循安全规范、节约高效、公开透明、权责一致的原则，实现实物管理与价值管理相统一，资产管理与预算管理、财务管理相结合。

第二章 资产配置、使用和处置

第八条 各部门及其所属单位应当根据依法履行职能和事业发展的需要，结合资产存量、资产配置标准、绩效目标和财政承受能力配置资产。

第九条 各部门及其所属单位应当合理选择资产配置方式，资产配置重大事项应当经可行性研究和集体决策，资产价值较高的按照国家有关规定进行资产评估，并履行审批程序。

资产配置包括调剂、购置、建设、租用、接受捐赠等方式。

第十条 县级以上人民政府应当组织建立、完善资产配置标准体系，明确配置的数量、价值、等级、最低使用年限等标准。

资产配置标准应当按照勤俭节约、讲求绩效和绿色环保的要求，根据国家有关政策、经济社会发展水平、市场价格变化、科学技术进步等因素适时调整。

第十一条 各部门及其所属单位应当优先通过调剂方式配置资产。不能调剂的，可以采用购置、建设、租用等方式。

第十二条 行政单位国有资产应当用于本单位履行职能的需要。

除法律另有规定外，行政单位不得以任何形式将国有资产用于对外投资或者设立营利性组织。

第十三条 事业单位国有资产应当用于保障事业发展、提供公共服务。

第十四条 各部门及其所属单位应当加强对本单位固定资产、在建工程、流动资产、无形资产等各类国有资产的管理，明确管理责任，规范使用流程，加强产权保护，推进相关资产安全有效使用。

第十五条 各部门及其所属单位应当明确资产使用人和管理人的岗位责任。

资产使用人、管理人应当履行岗位责任，按照规程合理使用、管理资产，充分发挥资产效能。资产需要维修、保养、调剂、更新、报废的，资产使用人、管理人应当及时提出。

资产使用人、管理人发生变化的，应当及时办理资产交接手续。

第十六条 各部门及其所属单位接受捐赠的资产，应当按照捐赠约定的用途使用。捐赠人意愿不明确或者没有约定用途的，应当统筹安排使用。

第十七条 事业单位利用国有资产对外投资应当有利于事业发展和实现国有资产保值增值，符合国家有关规定，经可行性研究和集体决策，按照规定权限和程序进行。

事业单位应当明确对外投资形成的股权及其相关权益管理责任，按照规定将对外投资形成的股权纳入经营性国有资产集中统一监管体系。

第十八条 县级以上人民政府及其有关部门应当建立健全国有资产共享共用机制，采取措施引导和鼓励国有资产共享共用，统筹规划有效推进国有资产共享共用工作。

各部门及其所属单位应当在确保安全使用的前提下，推进本单位大型设备等国有资产共享共用工作，可以对提供方给予合理补偿。

第十九条 各部门及其所属单位应当根据履行职能、事业发展需要和资产使用状况，经集体决策和履行审批程序，依据处置事项批复等相关文件及时处置行政事业性国有资产。

第二十条 各部门及其所属单位应当将依法罚没的资产按照国家规定公开拍卖或者按照国家有关规定处理，所得款项全部上缴国库。

第二十一条 各部门及其所属单位应当对下列资产及时予以报废、报损：

（一）因技术原因确需淘汰或者无法维修、无维修价值的资产；

（二）涉及盘亏、坏账以及非正常损失的资产；

（三）已超过使用年限且无法满足现有工作需要的资产；

（四）因自然灾害等不可抗力造成毁损、灭失的资产。

第二十二条 各部门及其所属单位发生分立、合并、改制、撤销、隶属关系改变或者部分职能、业务调整等情形，应当根据国家有关规定办理相关国有资产划转、交接手续。

第二十三条 国家设立的研究开发机构、高等院校对其持有的科技成果的使用和处置，依照《中华人民共和国促进科技成果转化法》、《中华人民共和国专利法》和国家有关规定执行。

第三章 预算管理

第二十四条 各部门及其所属单位购置、建设、租用资产应当提出资产配置需求，编制资产配置相关支出预算，并严格按照预算管理规定和财政部门批复的预算配置资产。

第二十五条 行政单位国有资产出租和处置等

收入，应当按照政府非税收入和国库集中收缴制度的有关规定管理。

除国家另有规定外，事业单位国有资产的处置收入应当按照政府非税收入和国库集中收缴制度的有关规定管理。

事业单位国有资产使用形成的收入，由本级人民政府财政部门规定具体管理办法。

第二十六条　各部门及其所属单位应当及时收取各类资产收入，不得违反国家规定，多收、少收、不收、侵占、私分、截留、占用、挪用、隐匿、坐支。

第二十七条　各部门及其所属单位应当在决算中全面、真实、准确反映其国有资产收入、支出以及国有资产存量情况。

第二十八条　各部门及其所属单位应当按照国家规定建立国有资产绩效管理制度，建立健全绩效指标和标准，有序开展国有资产绩效管理工作。

第二十九条　县级以上人民政府投资建设公共基础设施，应当依法落实资金来源，加强预算约束，防范政府债务风险，并明确公共基础设施的管理维护责任单位。

第四章　基础管理

第三十条　各部门及其所属单位应当按照国家规定设置行政事业性国有资产台账，依照国家统一的会计制度进行会计核算，不得形成账外资产。

第三十一条　各部门及其所属单位采用建设方式配置资产的，应当在建设项目竣工验收合格后及时办理资产交付手续，并在规定期限内办理竣工财务决算，期限最长不得超过1年。

各部门及其所属单位对已交付但未办理竣工财务决算的建设项目，应当按照国家统一的会计制度确认资产价值。

第三十二条　各部门及其所属单位对无法进行会计确认入账的资产，可以根据需要组织专家参照资产评估方法进行估价，并作为反映资产状况的依据。

第三十三条　各部门及其所属单位应当明确资产的维护、保养、维修的岗位责任。因使用不当或者维护、保养、维修不及时造成资产损失的，应当依法承担责任。

第三十四条　各部门及其所属单位应当定期或者不定期对资产进行盘点、对账。出现资产盘盈盘亏的，应当按照财务、会计和资产管理制度有关规定处理，做到账实相符和账账相符。

第三十五条　各部门及其所属单位处置资产应当及时核销相关资产台账信息，同时进行会计处理。

第三十六条　除国家另有规定外，各部门及其所属单位将行政事业性国有资产进行转让、拍卖、置换、对外投资等，应当按照国家有关规定进行资产评估。

行政事业性国有资产以市场化方式出售、出租的，依照有关规定可以通过相应公共资源交易平台进行。

第三十七条　有下列情形之一的，各部门及其所属单位应当对行政事业性国有资产进行清查：

（一）根据本级政府部署要求；

（二）发生重大资产调拨、划转以及单位分立、合并、改制、撤销、隶属关系改变等情形；

（三）因自然灾害等不可抗力造成资产毁损、灭失；

（四）会计信息严重失真；

（五）国家统一的会计制度发生重大变更，涉及资产核算方法发生重要变化；

（六）其他应当进行资产清查的情形。

第三十八条　各部门及其所属单位资产清查结果和涉及资产核实的事项，应当按照国务院财政部门的规定履行审批程序。

第三十九条　各部门及其所属单位在资产清查中发现账实不符、账账不符的，应当查明原因予以说明，并随同清查结果一并履行审批程序。各部门及其所属单位应当根据审批结果及时调整资产台账信息，同时进行会计处理。

由于资产使用人、管理人的原因造成资产毁损、灭失的，应当依法追究相关责任。

第四十条　各部门及其所属单位对需要办理权属登记的资产应当依法及时办理。对有账簿记录但权证手续不全的行政事业性国有资产，可以向本级政府有关主管部门提出确认资产权属申请，及时办理权属登记。

第四十一条　各部门及其所属单位之间，各部门及其所属单位与其他单位和个人之间发生资产纠纷的，应当依照有关法律法规规定采取协商等方式处理。

第四十二条　国务院财政部门应当建立全国行政事业性国有资产管理信息系统，推行资产管理网上办理，实现信息共享。

第五章　资产报告

第四十三条　国家建立行政事业性国有资产管理情况报告制度。

国务院向全国人民代表大会常务委员会报告全国行政事业性国有资产管理情况。

县级以上地方人民政府按照规定向本级人民代表大会常务委员会报告行政事业性国有资产管理情况。

第四十四条　行政事业性国有资产管理情况报告，主要包括资产负债总量，相关管理制度建立和实施，资产配置、使用、处置和效益，推进管理体制机制改革等情况。

行政事业性国有资产管理情况按照国家有关规定向社会公开。

第四十五条　各部门所属单位应当每年编制本单位行政事业性国有资产管理情况报告，逐级报送相关部门。

各部门应当汇总编制本部门行政事业性国有资产管理情况报告，报送本级政府财政部门。

第四十六条　县级以上地方人民政府财政部门应当每年汇总本级和下级行政事业性国有资产管理情况，报送本级政府和上一级政府财政部门。

第六章　监　　督

第四十七条　县级以上人民政府应当接受本级人民代表大会及其常务委员会对行政事业性国有资产管理情况的监督，组织落实本级人民代表大会及其常务委员会审议提出的整改要求，并向本级人民代表大会及其常务委员会报告整改情况。

乡、民族乡、镇人民政府应当接受本级人民代表大会对行政事业性国有资产管理情况的监督。

第四十八条　县级以上人民政府对下级政府的行政事业性国有资产管理情况进行监督。下级政府应当组织落实上一级政府提出的监管要求，并向上一级政府报告落实情况。

第四十九条　县级以上人民政府财政部门应当对本级各部门及其所属单位行政事业性国有资产管理情况进行监督检查，依法向社会公开检查结果。

第五十条　县级以上人民政府审计部门依法对行政事业性国有资产管理情况进行审计监督。

第五十一条　各部门应当建立健全行政事业性国有资产监督管理制度，根据职责对本行业行政事业性国有资产管理依法进行监督。

各部门所属单位应当制定行政事业性国有资产内部控制制度，防控行政事业性国有资产管理风险。

第五十二条　公民、法人或者其他组织发现违反本条例的行为，有权向有关部门进行检举、控告。接受检举、控告的有关部门应当依法进行处理，并为检举人、控告人保密。

任何单位或者个人不得压制和打击报复检举人、控告人。

第七章　法律责任

第五十三条　各部门及其所属单位有下列行为之一的，责令改正，情节较重的，对负有直接责任的主管人员和其他直接责任人员依法给予处分：

（一）配置、使用、处置国有资产未按照规定经集体决策或者履行审批程序；

（二）超标准配置国有资产；

（三）未按照规定办理国有资产调剂、调拨、划转、交接等手续；

（四）未按照规定履行国有资产拍卖、报告、披露等程序；

（五）未按照规定期限办理建设项目竣工财务决算；

（六）未按照规定进行国有资产清查；

（七）未按照规定设置国有资产台账；

（八）未按照规定编制、报送国有资产管理情况报告。

第五十四条　各部门及其所属单位有下列行为之一的，责令改正，有违法所得的没收违法所得，情节较重的，对负有直接责任的主管人员和其他直接责任人员依法给予处分；构成犯罪的，依法追究刑事责任：

（一）非法占有、使用国有资产或者采用弄虚作假等方式低价处置国有资产；

（二）违反规定将国有资产用于对外投资或者设立营利性组织；

（三）未按照规定评估国有资产导致国家利益损失；

（四）其他违反本条例规定造成国有资产损失的行为。

第五十五条　各部门及其所属单位在国有资产管理工作中有违反预算管理规定行为的，依照《中华人民共和国预算法》及其实施条例、《财政违法行为处罚处分条例》等法律、行政法规追究责任。

第五十六条　各部门及其所属单位的工作人员在国有资产管理工作中滥用职权、玩忽职守、徇私舞弊或者有浪费国有资产等违法违规行为的，由有关部门依法给予处分；构成犯罪的，依法追究刑事责任。

第八章　附　　则

第五十七条　除国家另有规定外，社会组织直接支配的行政事业性国有资产管理，依照本条例执行。

第五十八条　货币形式的行政事业性国有资产管理，按照预算管理有关规定执行。

执行企业财务、会计制度的事业单位以及事业单位对外投资的全资企业或者控股企业的资产管理，不适用本条例。

第五十九条　公共基础设施、政府储备物资、国有文物文化等行政事业性国有资产管理的具体办法，由国务院财政部门会同有关部门制定。

第六十条　中国人民解放军、中国人民武装警察部队直接支配的行政事业性国有资产管理，依照中央军事委员会有关规定执行。

第六十一条　本条例自2021年4月1日起施行。

行政规章及规范性文件：

国有资产评估管理若干问题的规定

中华人民共和国财政部令（第14号）

经部务会议审议通过，现公布《国有资产评估管理若干问题的规定》，自2002年1月1日起施行。

部长　项怀诚

二〇〇一年十二月三十一日

第一条　为了适应建立和完善现代企业制度的需要，规范经济结构调整中的国有资本运营行为，维护国有资产合法权益，根据《国有资产评估管理办法》（国务院令第91号）和《国务院办公厅转发财政部〈关于改革国有资产评估行政管理方式加强资产评估监督管理工作意见〉的通知》（国办发〔2001〕102号），制定本规定。

第二条　本规定适用于各类占有国有资产的企业和事业单位（以下简称占有单位）。

第三条　占有单位有下列行为之一的，应当对相关国有资产进行评估：

（一）整体或部分改建为有限责任公司或者股份有限公司；

（二）以非货币资产对外投资；

（三）合并、分立、清算；

（四）除上市公司以外的原股东股权比例变动；

（五）除上市公司以外的整体或者部分产权（股权）转让；

（六）资产转让、置换、拍卖；

（七）整体资产或者部分资产租赁给非国有单位；

（八）确定涉讼资产价值；

（九）法律、行政法规规定的其他需要进行评估的事项。

第四条　占有单位有下列行为之一的，可以不进行资产评估：

（一）经各级人民政府及其授权部门批准，对整体企业或者部分资产实施无偿划转；

（二）国有独资企业、行政事业单位下属的独资企业（事业单位）之间的合并、资产（产权）划转、置换和转让。

第五条　占有单位有其他经济行为，当事人认为需要的，可以进行国有资产评估。

第六条　占有单位有下列行为之一的，应当对相关非国有资产进行评估：

（一）收购非国有资产；

（二）与非国有单位置换资产；

（三）接受非国有单位以实物资产偿还债务。

第七条　占有单位有本规定所列评估事项时，有相应资质的评估机构进行评估。

占有单位应当如实提供有关情况和资料，并对所提供的情况和资料的客观性、真实性和合法性负责，不得以任何形式干预评估机构独立执业。

第八条　国有资产评估项目实行核准制和备案制。

第九条　经国务院批准实施的重大经济事项涉及的资产评估项目，由财政部负责核准。

经省级（含计划单列市，下同）人民政府批准实施的重大经济事项涉及的资产评估项目，由省级财政部门（或国有资产管理部门，下同）负责核准。

第十条　除本规定第九条规定以外，对资产评估项目实行备案制。

中央管理的企业集团公司及其子公司，国务院有关部门直属企事业单位的资产评估项目备案工作由财政部负责；子公司或直属企事业单位以下企业的资产评估项目备案工作由集团公司或有关部门负责。

地方管理的占有单位的资产评估项目备案工作比照前款规定的原则执行。

第十一条 财政部门下达的资产评估项目核准文件和经财政部门或集团公司、有关部门备案的资产评估项目备案表是占有单位办理产权登记、股权设置等相关手续的必备文件。

第十二条 占有单位发生依法应进行资产评估的经济行为时，应当以资产评估结果作为作价参考依据；实际交易价格与评估结果相差10%以上的，占有单位应就其差异原因向同级财政部门（集团公司或有关部门）作出书面说明。

第十三条 财政部门、集团公司或有关部门应当建立资产评估项目统计报告制度，按要求将核准和备案的资产评估项目逐项登记并逐级汇总，定期上报财政部。

第十四条 财政部门应当加强对资产评估项目的监督管理，定期或不定期地对资产评估项目进行抽查。

第十五条 占有单位违反本规定，向评估机构提供虚假情况和资料，或者与评估机构串通作弊并导致评估结果失实的，由财政部门根据《国有资产评估管理办法》第三十一条的规定予以处罚。

第十六条 占有单位违反本规定，有下列情形之一的，由财政部门责令改正并通报批评：

（一）应当进行资产评估而未进行评估；

（二）应当办理核准、备案手续而未办理；

（三）聘请不符合资质条件的评估机构从事国有资产评估活动。

占有单位有前款第（三）项情形的，财政部门可以宣布原评估结果无效。

第十七条 财政部门对占有单位在国有资产评估中的违法违规行为进行处罚时，对直接负责的主管人员和其他直接责任人员，可以建议其上级单位或所在单位给予行政处分。

第十八条 资产评估机构、注册资产评估师在资产评估过程中有违法违规行为的，依法处理。

第十九条 财政部门、集团公司、有关部门及其工作人员违反国有资产评估管理的有关规定，造成国有资产损失的，由同级人民政府或所在单位对有关责任人给予行政处分。

第二十条 境外国有资产的评估，另行规定。

第二十一条 省级财政部门可以根据本规定，结合本地区实际情况制定实施细则并报财政部备案。

第二十二条 本规定自二〇〇二年一月一日起施行。

财政部关于印发《国有资产评估项目核准管理办法》的通知

财企〔2001〕801号

各省、自治区、直辖市、计划单列市财政厅（局），上海市、厦门市、深圳市国有资产管理局（办公室），党中央有关部门，国务院有关部委、有关直属机构，各中央管理企业，国家开发银行，中国农业发展银行，中国进出口银行，中国工商银行，中国农业银行，中国银行，中国建设银行，交通银行，招商银行，中国民生银行，中国人民保险公司，中国人寿保险公司，中国再保险公司，中国国际信托投资公司，中国光大（集团）总公司，中央国债登记结算有限责任公司，中国银河证券有限责任公司，中国民族国际信托投资公司，中国经济开发信托投资公司，中国科技国际信托投资有限责任公司，中煤信托投资有限责任公司，全国人大常委会办公厅，全国政协办公厅，高法院，高检院，总后勤部，武警总部，有关人民团体，新疆生产建设兵团（财务局）：

根据《国务院办公厅转发财政部关于改革国有资产评估行政管理方式加强资产评估监督管理工作意见的通知》（国办发〔2001〕102号），我们制定了《国有资产评估项目核准管理办法》，现印发给你们，请遵照执行。附件：1. 国有资产评估项目核准管理办法 2. 资产评估项目核准申请表（略）

中华人民共和国财政部

二〇〇一年十二月三十一日

国有资产评估项目核准管理办法

财企〔2001〕801号

第一条 根据《国务院办公厅转发财政部关于改革国有资产评估行政管理方式加强资产评估监督管理工作意见的通知》（国办发〔2001〕102号），

制定本办法。

第二条　经国务院批准实施的重大经济事项涉及的国有资产评估项目，由财政部负责核准。

经省级（含计划单列市，下同）人民政府批准实施的重大经济事项涉及的国有资产评估项目，由省级财政部门（或国有资产管理部门，下同）负责核准。

第三条　国有资产占有单位（以下简称占有单位）在委托评估机构之前，应及时向财政部门报告有关项目的工作进展情况；财政部门认为必要时，可对该项目进行跟踪指导和检查。

第四条　核准工作按以下程序进行：

（一）占有单位收到评估机构出具的评估报告后应当上报其集团公司或有关部门初审，经集团公司或有关部门初审同意后，占有单位应在评估报告有效期届满前2个月向财政部门提出核准申请；

（二）财政部门收到核准申请后，对符合要求的，应在20个工作日内完成对评估报告的审核，下达核准文件；不符合要求的，予以退回。

财政部门认为必要时可组织有关专家参与审核。

第五条　占有单位提出资产评估项目核准申请时，应向财政部门报送下列文件：

（一）集团公司或有关部门审查同意转报财政部门予以核准的文件；

（二）资产评估项目核准申请表（附件二）；

（三）与评估目的相对应的经济行为批准文件或有效材料；

（四）资产重组方案或改制方案、发起人协议等其他材料；

（五）资产评估机构提交的资产评估报告（包括评估报告书、评估说明和评估明细表及其软盘）；

（六）资产评估各当事方的承诺函。

第六条　财政部门主要从以下方面予以审核：

（一）进行资产评估的经济行为是否合法并经批准；

（二）资产评估机构是否具备评估资质；

（三）主要评估人员是否具备执业资格；

（四）评估基准日的选择是否适当，评估报告的有效期是否明示；

（五）评估所依据的法律、法规和政策是否适当；

（六）评估委托方是否就所提供的资产权属证明文件、财务会计资料及生产经营管理资料的真实性、合法性作出承诺；

（七）评估过程、步骤是否符合规定要求；

（八）其他。

第七条　注册资产评估师及评估机构对其出具的资产评估报告承担法律责任。

第八条　财政部门应当建立评估核准项目统计报告制度。省级财政部门应于每年度终了30个工作日内将本省评估核准项目情况统计汇总后上报财政部。

第九条　本办法自发布之日起施行。

国有资产评估管理办法施行细则

国资办发〔1992〕36号

第一章　总　　则

第一条　根据国务院发布的《国有资产评估管理办法》（以下简称《办法》），第三十八条的规定，制定本施行细则。

第二条　《办法》第二条所说的法律、法规另有规定，是指全国人民代表大会及其常务委员会发布的有关资产评估的法律和国务院发布的有关资产评估的行政法规。

第三条　《办法》所说的国有资产是指国家依据法律取得的，国家以各种形式的投资和投资收益形成的或接受捐赠而取得的固定资产、流动资产、无形资产和其它形态的资产。

第四条　《办法》第三条所说的国有资产占有单位包括：

（一）国家机关、军队、社会团体及其他占有国有资产的社会组织；

（二）国营企业、事业单位；

（三）各种形式的国内联营和股份经营单位；

（四）中外合资、合作经营企业；

（五）占有国有资产的集体所有制单位；

（六）其它占有国有资产的单位。

第五条　《办法》第三条规定的应当进行资产评估，是指发生该条款所说的经济情形时，除经国有资产管理行政主管部门批准可以不予评估外，都必须进行资产评估。

第六条　《办法》第三条所说的情形中：

（一）资产转让是指国有资产占有单位有偿转让超过百万元或占全部固定资产原值百分之二十以上的非整体性资产的经济行为。

（二）企业兼并是指一个企业以承担债务、购买、股份化和控股等形式有偿接收其他企业的产权，使被兼并方丧失法人资格或改变法人实体。

（三）企业出售是指独立核算的企业或企业内部的分厂、车间及其它整体性资产的出售。

（四）企业联营是指国内企业、单位之间以固定资产、流动资产、无形资产和其他资产投入组成的各种形式的联合经营。

（五）股份经营是指企业实行股份制，包括法人持股企业、内部职工持股企业、向社会公开发行股票（不上市）企业和股票上市交易的企业。

联营、股份经营的企业进行资产评估时，应对联营及合股各方投入的资产进行全面评估。

（六）企业清算是指依据中华人民共和国企业破产法的规定，宣告企业破产，并进行清算；或依照国家有关规定对改组、合并、撤销法人资格的企业资产进行的清算；或企业按照合同、契约、协议规定终止经济活动的结业清算。

第七条　《办法》第四条中所说的情形中：

（一）抵押是指国有资产占有单位以本单位的资产作为物质保证进行抵押而获得贷款的经济行为。

（二）担保是指国有资产占有单位以本单位的资产为其它单位的经济行为担保，并承担连带责任的行为。

（三）企业租赁是指资产占有单位或上级主管单位在一定期限内，以收取租金的形式，将企业全部或部分资产的经营使用权转让给其他经营使用者的行为。

第八条　《办法》第四条规定可以进行资产评估，是指发生该条款所说的情形时，根据实际情况可以对资产进行评估或者不评估。但属于以下行为必须进行资产评估：

（一）企业整体资产的租赁；

（二）国有资产租赁给外商或非国营单位；

（三）国家行政事业单位占有的非经营性资产转为经营性资产；

（四）国有资产管理行政主管部门认为应当评估的其他情形。

第九条　《办法》第四条所说的当事人是指与上述经济情形有关的国有资产占有单位、行业主管部门、国有资产管理行政主管部门以及其他单位。

第十条　对于应当进行资产评估的情形没有进行评估，或者没有按照《办法》及本细则的规定立项、确认，该经济行为无效。

第十一条　依照《办法》第五条规定对全国或者特定行业的国有资产进行评估，其评估办法由国务院另行规定。

第十二条　《办法》第七条所说的国家规定的标准是指国家和地方人民政府以及中央各部门颁布的有关技术、经济标准。

第二章　组织管理

第十三条　《办法》第八条所说的国有资产管理行政主管部门是指各级政府专门负责国有资产管理的职能部门。中央是指国家国有资产管理局，地方是指各级国有资产管理局或国有资产管理专门机构。

第十四条　国家对资产评估工作实行统一领导、分级管理的原则。国家国有资产管理局负责组织、管理、指导和监督全国的资产评估工作。

地方各级国有资产管理行政主管部门按照国家政策法规和上级国有资产管理行政主管部门的规定，负责管理本级的资产评估工作。

上级国有资产管理行政主管部门对下级国有资产管理行政主管部门在资产评估管理工作中不符合《办法》和本细则规定的做法，有权进行纠正。

《办法》第八条第二款所说的国有资产评估组织工作由行业主管部门负责，是指各级政府的行业主管部门对所属单位的资产评估立项和评估结果进行初审、签署意见，并对本行业的资产评估工作负责督促和指导。

第十五条　《办法》第九条所说的资产评估公司、会计师事务所、审计事务所、财务咨询公司等资产评估机构，必须是经工商行政管理部门注册登记、具有法人资格、并持有国务院或省、自治区、直辖市（含计划单列市）国有资产管理行政主管部门颁发的资产评估资格证书的单位。只有同时具备上述条件的单位才能从事国有资产评估业务。

在发生《办法》第三条、第四条和本细则规定的应进行资产评估情形时，必须委托上述具有资产评估资格的评估机构进行评估。当事人自行评估占有的国有资产或者评估对方占有资产的行为，不具有法律效力。

第十六条　凡需从事资产评估业务的单位，必须按隶属关系向国务院或省、自治区、直辖市国有资产管理行政主管部门申请资产评估资格，经审查批准，取得资产评估资格或临时评估资格后方能从事国有资产评估业务，也可以从事非国有资产的评估业务。

计划单列市从事资产评估业务的单位，由省国有资产管理行政主管部门委托计划单列市国有资产管理行政主管部门审核其资产评估资格并颁发资格证书。

（一）资产评估资格证书由国家国有资产管理局统一印制，盖章、编号。

（二）中央管理的资产评估机构（包括在各地的资产评估机构）的评估资格证书由国家国有资产管理局审核颁发。

（三）地方管理的资产评估机构（包括驻外地的资产评估机构）的评估资格证书，由省、自治区、直辖市国有资产管理行政主管部门审核颁发，并报国家国有资产管理局备案。由计划单列市国有资产管理行政主管部门颁发的资产评估资格证书，除报国家国有资产管理局备案外，还要报省国有资产管理行政主管部门备案。

（四）国务院和省、自治区、直辖市以及计划单列市国有资产管理行政主管部门负责对已取得资产评估资格的评估机构每年进行一次年检（具体办法另定）。

第十七条 委托评估机构进行资产评估的委托方，一般是国有资产占有单位，也可以是经占有单位同意、与被评估资产有关的其它当事人，原则上由申请立项的一方委托。特殊情况由国有资产管理行政主管部门委托。

委托方被委托方应签订资产评估协议书，协议书的主要内容包括：被评估项目名称、评估内容、评估期限、收费办法和金额、违约责任等。

第十八条 经济行为有关各方对委托资产评估机构有争议时，由国有资产管理行政主管部门指定双方可以接受的资产评估机构进行评估。

凡属重大的亿元以上资产评估项目和经国家计委批准立项的中外合资、合作项目的资产评估（含地方），必要时，国家国有资产管理局可以直接组织资产评估机构进行评估。

第十九条 取得资产评估资格证书的资产评估机构，承担评估业务不受地区和行业限制，既可以承接本地和本行业的资产评估业务，也可以承接外地、境外和其它行业的资产评估业务。资产评估机构与被评估单位有直接经济利益关系的，不得委托该评估机构进行评估。

第二十条 凡经批准进行资产评估，资产占有单位必须如实提供评估所需的各种资料。资产评估机构应对所提供的资料保守秘密，不得向外泄露。

对资产评估中涉及的国家机密，有关各方均应严格按照国家保密法规的各项规定执行，必要时由国家国有资产管理局直接组织资产评估机构进行评估。

第二十一条 国有土地使用权价值的评估和国有房产价值的评估，都应纳入《国有资产评估管理办法》的管理范围。

从事国有土地使用权和国有房产价值评估的专业性资产评估机构，要依照《办法》和本细则的规定，向国家国有资产管理局或省、自治区、直辖市国有资产管理行政主管部门申请并取得资产评估资格证书后，才能从事资产评估业务。

第二十二条 按照《办法》第十一条规定，资产评估实行有偿服务。资产评估机构接受委托进行评估时，应依照国家规定的收费办法向委托单位收费，并与委托单位在评估合同中明确具体收费方法。

第二十三条 资产评估机构的评估收费办法，由国家国有资产管理局会同国家物价局另行制定。

第三章 评估程序

第二十四条 国有资产占有单位发生《办法》第三条、第四条所说的经济情形时，应于该经济行为发生之前，按隶属关系申请评估立项。按照统一领导、分级管理的原则，中央管辖的国有资产的评估立项审批，由国家国有资产管理局负责办理；地方各级管辖的国有资产的评估立项审批，原则上由同级国有资产管理行政主管部门负责办理；尚不具备立项审批条件的地、县，可由上级国有资产管理行政主管部门根据《办法》和本细则作出具体规定。

重大的亿元以上资产评估项目和经国家计委批准立项的中外合资、合作项目的评估（含中央、地方国营企业和集体企业占有的国有资产），除报同级国有资产管理行政主管部门立项审批外，还须报国家国有资产管理局备案，必要时由国家国有资产管理局直接审批。

第二十五条 资产评估立项原则上应由被评估国有资产占有单位申报。

第二十六条 国有资产占有单位资产评估立项申请书，应经其主管部门签署意见后，报国有资产管理行政主管部门。在国家和地方计划单列的单位以及没有上级主管部门的单位，资产评估立项申请书直接报同级国有资产管理行政主管部门。

评估立项申请书包括以下内容：

（一）资产占有单位名称、隶属关系、所在地址；

（二）评估目的；

（三）评估资产的范围；

（四）申报日期；

（五）其它内容。

资产评估立项申请书，应由申报单位和上级主管部门盖章，并附该项经济行为审批机关的批准文件和国有资产管理行政主管部门颁发的产权证明文件。

国有资产管理行政主管部门收到立项申请书后，应在十日内下达是否准予评估立项的通知书，超过十日不批复自动生效，并由国有资产管理行政主管部门补办批准手续。

第二十七条 资产评估机构依据批准的评估立项通知书，接受评估委托，按其规定的范围进行评估。对占有单位整体资产评估时，应在资产占有单位全面进行资产和债权、债务清查的基础上，对其资产、财务和经营状况进行核实。

第二十八条 资产评估机构对委托评估的资产，在核实的基础上，根据不同的评估目的和对象，依照国家的法律、法规和政策规定，考虑影响资产价值的各种因素，运用科学的评估方法，选择适当的评估参数，独立、公正、合理地评估出资产的价值。

第二十九条 资产评估机构在评估后应向委托单位提交资产评估结果报告书，其内容包括：正文和附件两部分。

正文的主要内容：

（一）评估机构名称；

（二）委托单位名称；

（三）评估资产的范围、名称和简单说明；

（四）评估基准日期；

（五）评估原则；

（六）评估所依据的法律、法规和政策；

（七）评估方法和计价标准；

（八）对具体资产评估的说明；

（九）评估结论：包括评估价值和有关文字说明；

（十）附件名称；

（十一）评估起止日期和评估报告提出日期；

（十二）评估机构负责人、评估项目负责人签名，并加盖评估机构公章；

（十三）其他。

附件：

（一）资产评估汇总表、明细表；

（二）评估方法说明和计算过程；

（三）与评估基准日有关的会计报表；

（四）资产评估机构评估资格证明文件复印件；

（五）被评估单位占有资产的证明文件复印件；

（六）其它与评估有关的文件资料。

第三十条 国有资产占有单位收到资产评估报告书后提出资产评估结果确认申请报告，连同评估报告书及有关资料，经上级主管部门签署意见后，报批准立项的国有资产管理行政主管部门确认。

第三十一条 国有资产管理行政主管部门对评估结果的确认工作，分为审核验证和确认两个步骤，先对资产评估是否独立公正、科学合理进行审核验证，然后提出审核意见，并下达资产评估结果确认通知书。

第三十二条 国有资产管理行政主管部门从以下方面审核验证资产评估报告：

（一）资产评估工作过程是否符合政策规定；

（二）资产评估机构是否有评估资格；

（三）实际评估范围与规定评估范围是否一致，被评估资产有无漏评和重评；

（四）影响资产价值的因素是否考虑周全；

（五）引用的法律、法规和国家政策是否适当；

（六）引用的资料、数据是否真实、合理、可靠；

（七）运用的评估方法是否科学；

（八）评估价值是否合理；

（九）其他。

第三十三条 资产评估报告凡符合本细则第二十九、第三十和第三十二条要求的，应予以确认，由负责审批的国有资产管理行政主管部门下达确认通知书，不符合要求的，分别情况做出修改、重评或不予确认的决定。

经国有资产管理行政主管部门确认的资产评估价值，作为资产经营和产权变动的底价或作价的依据。

第三十四条 资产占有单位对确认通知书有异议，或与经济情形有关的当事人以及资产评估有关各方因评估问题发生纠纷，经同级国有资产管理行政主管部门协调无效，可以向上级国有资产管理行政主管部门申请复议或仲裁。

第三十五条　资产评估的立项审批和评估结果确认一般应按本细则第二十六条、第三十三条规定办理。国有资产管理行政主管部门认为有必要时，也可以委托国有资产占有单位的主管部门或下级国有资产管理行政主管部门进行。被委托的部门应依照《办法》和本细则的规定，办理资产评估的立项审批和结果确认工作，并将办理结果报委托的国有资产管理行政主管部门备案。

第三十六条　经国有资产管理行政主管部门确认的资产评估结果，除国家经济政策发生重大变动或经济行为当事人另有协议规定之外，自评估基准日起一年内有效。在有效期内，资产数量发生变化时，根据不同情况可由原评估机构或资产占有单位，按原评估方法做相应调整。

第四章　评估方法

第三十七条　资产评估机构进行资产评估时，应根据不同的评估目的和对象，选用《办法》第二十三条所规定的一种或几种方法进行评定估算。选用几种方法评估，应对各种方法评出的结果进行比较和调整，得出合理的资产重估价值。

第三十八条　收益现值法是将评估对象剩余寿命期间每年（或每月）的预期收益，用适当的折现率折现，累加得出评估基准日的现值，以此估算资产价值的方法。

第三十九条　重置成本法是现时条件下被评估资产全新状态的重置成本减去该项资产的实体性贬值、功能性贬值和经济性贬值，估算资产价值的方法。

实体性贬值是由于使用磨损和自然损耗造成的贬值。功能性贬值是由于技术相对落后造成的贬值。经济性贬值是由于外部经济环境变化引起的贬值。

第四十条　现行市价法是通过市场调查，选择一个或几个与评估对象相同或类似的资产作为比较对象，分析比较对象的成交价格和交易条件，进行对比调整，估算出资产价值的方法。

第四十一条　清算价格法适用于依照中华人民共和国企业破产法规定，经人民法院宣告破产的企业的资产评估。评估时应当根据企业清算时其资产可变现的价值，评定重估价值。

第四十二条　资产评估机构接受委托进行资产评估时，选用的价格标准应遵守国家法律法规，并维护经济行为各方的正当权益。

在资产评估时，应根据不同的评估目的、对象，选用不同的价格标准。可以采用国家计划价，也可以采用国家指导价、国内市场价和国际市场价。

汇率、利率应执行国家规定的牌价。自由外汇或以自由外汇购入的资产也可以用外汇调剂价格。

国内各种形式联营（包括集团公司）、股份经营的资产评估，对联营各方投入的同类资产应该采用同一价格标准评估。

第五章　中外合资、合作资产评估

第四十三条　凡在中华人民共和国境内与外国公司、企业和其他经济组织或个人，开办中外合资、合作经营的企业，对中方投入的资产必须按规定进行评估，以确认的评估价值作为投资作价的基础。对外方投入的资产，必要时经外方同意也可进行评估。

第四十四条　中外合资、合作的评估原则上应在项目建议书批准后可行性研究报告批准前进行，特殊情况下也可以在项目建议书审批以前或正式签订合同、协议前进行。

经国有资产管理行政主管部门确认的资产评估报告，作为计划部门批准可行性研究报告、经贸部门审批合同的必备文件；经国有资产管理行政主管部门确认的资产评估报告和出具的产权登记表（包括变更登记或开办登记）作为工商行政管理部门办理登记注册的必备文件。

第四十五条　已开办的中外合资、合作企业中方投资比例占 50% 以上（含 50%），发生《办法》第三条、第四条和本细则第八条的情形时，必须按规定要求进行资产评估。

第四十六条　开办前的中外合资、合作项目，中方资产的评估，原则上应委托中国有评估资格的资产评估机构评估。特殊情况下，经国有资产管理行政主管部门同意，也可以委托国外评估机构评估或中国评估机构和国外评估机构联合评估，其评估报告，须报同级国有资产管理行政主管部门确认。

第四十七条　国有资产占有单位与香港、澳门、台湾地区进行合资、合作经营，其资产评估比照本细则本章有关规定办理。

第六章　股份制企业资产评估

第四十八条　国有资产占有单位改组为股份制

企业（包括法人持股、内部职工持股、向社会发行股票不上市交易和向社会发行股票并上市交易）前，应按《办法》和本细则规定，委托具有资产评估资格的机构进行资产评估。

第四十九条 国有资产占有单位改组为股份制企业的资产评估结果，须按规定报国有资产管理行政主管部门审核确认。未经资产评估或资产评估结果未经确认的单位，政府授权部门不办理股份制企业设立审批手续。

第五十条 国有资产管理行政主管部门确认的净资产价值应作为国有资产折股和确定各方股权比例的依据。

注册会计师对准备实行股份制企业的财务和财产状况进行验证后，其验证结果与国有资产管理行政主管部门确认的资产评估结果不一致需要调整时，必须经原资产评估结果确认机关同意。

国有资产占有单位改组的股份公司发行 B 种股票，若由外方注册会计师查验帐目，其查验结果与国有资产管理行政主管部门确认的资产评估结果不一致需要调整时，也要由原资产评估结果确认机关审核同意。

第五十一条 含有国家股权的股份制企业在经营过程中，发生《办法》第三条、第四条和本细则第八条的情形时，应按规定要求进行资产评估。

国家控股的股份制企业的资产评估，应按规定向国有资产管理行政主管部门办理资产评估立项和评估结果确认手续；非国家控股的股份制企业的资产评估，由董事会批准资产评估申报和对评估结果的确认。

第七章　法律责任

第五十二条 违反《办法》第三条和本细则的规定，对应当进行资产评估的情形而未进行评估的，应按《办法》第三十一条规定对有关当事人给予处罚，造成国有资产重大损失的，应追究有关当事人的法律责任。

第五十三条 国有资产占有单位、资产评估机构违反《办法》和本细则规定，弄虚作假，造成评估结果失实的，国有资产管理行政主管部门有权宣布资产评估结果无效，并根据失实的程度，责令限期改正或重新进行评估。重新评估的费用由违法单位支付。

第五十四条 资产评估机构应对其评估结果的客观、公正、真实性承担法律责任。

资产评估机构违反《办法》及本细则规定，除按《办法》第三十二条规定处罚外，还应没收违法收入，并视违法行为的情节轻重，对单位处以评估费用两倍以内、对个人处以三个月基本工资以内的罚款。也可给予通报批评或建议有关单位给予相应的行政处分。以上处罚可以并处。

第五十五条 被处以停业整顿的资产评估机构，在停业整顿期间不得承接资产评估业务。停业整顿期限不得少于三个月。停业整顿的资产评估机构经原颁发资产评估资格证书的国有资产管理行政主管部门审查合格后方可重新开展资产评估业务。

被吊销资产评估资格证书的资产评估机构，两年内不得重新发给资产评估资格证书。两年期满后，需按审批程序重新申请。

第五十六条 对国有资产占有单位及其责任人的罚款，由同级国有资产管理行政主管部门执行。对责任人的行政处分由同级国有资产管理行政主管部门提出建议，提请有关单位或其上级主管部门处理。

对资产评估机构的警告、停业整顿、吊销资产评估资格证书以及罚款，由颁发资产评估资格证书的国有资产管理行政主管部门执行。对直接责任人的处分，由发证机关提出建议，提请有关部门处理。

第五十七条 国有资产管理行政主管部门及受委托的部门对所办理的资产评估立项审批和结果确认负有行政责任。对违反《办法》及本细则规定的工作人员，按《办法》第三十四条规定处理。

第五十八条 国有资产管理行政主管部门收缴的罚款收入按国家有关规定上交国库。单位支付的罚款在企业留利、预算包干结余和预算外资金中列支，个人支付的罚款由本人负担。

第八章　附　　则

第五十九条 国有自然资源资产价值评估，应在国有资产管理行政主管部门管理下进行。其评估办法及实施细则由国家国有资产管理局会同有关部门共同制定，报国务院批准执行。

第六十条 资产评估涉及到企业、单位资金增减变动帐务处理和评估费用的开支渠道，按财政部有关规定执行。

第六十一条 各地可根据《办法》和本细则制定具体实施办法，过去发布的有关资产评估的规定与《办法》和本细则相抵触的，均以《办法》和本细则的规定为准。

第六十二条　集体企业资产评估可参照《办法》和本细则规定办理。

第六十三条　本细则由国家国有资产管理局负责解释。

第六十四条　本细则自发布之日起执行。

国家出资企业产权登记管理暂行办法

国务院国有资产监督管理委员会令（第29号）

《国家出资企业产权登记管理暂行办法》已经国务院国有资产监督管理委员会第114次委主任办公会议审议通过，现予公布，自2012年6月1日起施行。

主任　王勇

二〇一二年四月十二日

第一章　总　　则

第一条　为了加强国家出资企业产权登记管理，及时、真实、动态、全面反映企业产权状况，根据《中华人民共和国企业国有资产法》、《企业国有资产监督管理暂行条例》（国务院令第378号）等法律和行政法规，制定本办法。

第二条　本办法所称国家出资企业产权登记（以下简称产权登记），是指国有资产监督管理机构对本级人民政府授权管理的国家出资企业的产权及其分布状况进行登记管理的行为。

第三条　国家出资企业、国家出资企业（不含国有资本参股公司）拥有实际控制权的境内外各级企业及其投资参股企业（以下统称企业），应当纳入产权登记范围。国家出资企业所属事业单位视为其子企业进行产权登记。

前款所称拥有实际控制权，是指国家出资企业直接或者间接合计持股比例超过50%，或者持股比例虽然未超过50%，但为第一大股东，并通过股东协议、公司章程、董事会决议或者其他协议安排能够实际支配企业行为的情形。

第四条　本办法所指出资人分为以下五类：

（一）履行出资人职责的机构；

（二）履行出资人职责的机构、国有独资企业、国有独资公司单独或者共同出资设立的企业；

（三）以上两类出资人直接或者间接合计持股比例超过50%不足100%的企业；

（四）以上三类出资人直接或者间接合计持股比例未超过50%但为第一大股东，并通过股东协议、公司章程、董事会决议或者其他协议安排能够实际支配企业行为的企业；

（五）以上四类出资人以外的企业、自然人或者其他经济组织。

以上（二）、（三）、（四）类出资人统称为履行出资人职责的企业。

第五条　企业为交易目的持有的下列股权不进行产权登记：

（一）为了赚取差价从二级市场购入的上市公司股权；

（二）为了近期内（1年以内）出售而持有的其他股权。

第六条　办理产权登记的企业应当权属清晰。存在产权纠纷的企业，应当在及时处理产权纠纷后申请办理产权登记。

第七条　各级国有资产监督管理机构分别负责本级人民政府授权管理的国家出资企业的产权登记管理。国务院国有资产监督管理机构对地方国有资产监督管理机构的产权登记工作进行指导和监督。

第八条　国家出资企业负责对其履行出资人职责的企业的产权登记工作进行管理，并向国有资产监督管理机构申请办理企业产权登记。

第九条　各级国有资产监督管理机构、国家出资企业应当定期对产权登记数据进行汇总分析。

省级国有资产监督管理机构应当于每年1月31日前，将本地区上年度企业产权登记数据汇总分析后，报国务院国有资产监督管理机构。

第二章　产权登记类型

第十条　产权登记分为占有产权登记、变动产权登记和注销产权登记。

第十一条　履行出资人职责的机构和履行出资人职责的企业有下列情形之一的，应当办理占有产权登记：

（一）因投资、分立、合并而新设企业的；

（二）因收购、投资入股而首次取得企业股权的；

（三）其他应当办理占有产权登记的情形。

第十二条　占有产权登记应包括下列内容：

（一）企业出资人及出资人类别、出资额、出资形式；

（二）企业注册资本、股权比例；

（三）企业名称及在国家出资企业中所处级次；

（四）企业组织形式；

（五）企业注册时间、注册地；

（六）企业主营业务范围；

（七）国有资产监督管理机构要求的其他内容。

第十三条 有下列情形之一的，应当办理变动产权登记：

（一）履行出资人职责的机构和履行出资人职责的企业名称、持股比例改变的；

（二）企业注册资本改变的；

（三）企业名称改变的；

（四）企业组织形式改变的；

（五）企业注册地改变的；

（六）企业主营业务改变的；

（七）其他应当办理变动产权登记的情形。

第十四条 有下列情形之一的，应当办理注销产权登记：

（一）因解散、破产进行清算，并注销企业法人资格的；

（二）因产权转让、减资、股权出资、出资人性质改变等导致企业出资人中不再存续履行出资人职责的机构和履行出资人职责的企业的；

（三）其他应当办理注销产权登记的情形。

第三章 产权登记程序

第十五条 企业发生产权登记相关经济行为时，应当自相关经济行为完成后20个工作日内，在办理工商登记前，申请办理产权登记。企业注销法人资格的，应当在办理工商注销登记后，及时办理注销产权登记。

第十六条 企业申请办理产权登记，应当由履行出资人职责的企业按照填报要求，填写有关登记内容和相关经济行为合规性资料目录，逐级报送国家出资企业，国家出资企业负责对登记内容及相关经济行为的合规性进行审核后，向国有资产监督管理机构申请登记。

同一国有资产监督管理机构及其管理的多个履行出资人职责的企业共同出资的企业，由拥有实际控制权的一方负责申请办理产权登记；任一方均不拥有实际控制权的，由持股比例最大的一方负责申请办理产权登记；各方持股比例相等的，由其共同推举一方负责申请办理产权登记。

非同一国有资产监督管理机构及其管理的多个履行出资人职责的企业共同出资的企业，由各方分别申请办理产权登记。

第十七条 国有资产监督管理机构自国家出资企业报送产权登记信息10个工作日内，对符合登记要求的企业予以登记；对相关经济行为操作过程中存在瑕疵的企业，国有资产监督管理机构应当向国家出资企业下发限期整改通知书，完成整改后予以登记。

第十八条 已办理产权登记的国家出资企业，由国有资产监督管理机构核发产权登记证；已办理产权登记的其他企业，由国有资产监督管理机构或者由国有资产监督管理机构授权国家出资企业核发产权登记表。

产权登记证、登记表是企业办结产权登记的证明，是客观记载企业产权状况基本信息的文件。产权登记证、登记表的格式和内容由国务院国有资产监督管理机构统一制发，企业在使用过程中不得擅自修改。

第十九条 企业应当在办理工商登记后10个工作日内，将企业法人营业执照或者工商变更登记表报送国有资产监督管理机构；工商登记信息与产权登记信息存在不一致的，企业应当核实相关资料，涉及变更产权登记信息的，企业应当修改后重新报送，国有资产监督管理机构或者国家出资企业对相关登记信息进行确认后重新核发产权登记证、登记表。

第二十条 产权登记仅涉及企业名称、注册地、主营业务等基础信息改变的，可在办理工商登记后申请办理产权登记。

第四章 产权登记管理

第二十一条 国家出资企业应当建立健全产权登记制度和工作体系，落实产权登记管理工作责任，并对制度执行情况进行监督检查。年度检查结果应当书面报告国有资产监督管理机构。

第二十二条 各级国有资产监督管理机构应当对企业产权登记工作的日常登记情况、年度检查情况和限期整改事项落实情况等进行检查，并予以通报。

第二十三条 国有资产监督管理机构、国家出资企业应当建立健全产权登记档案管理制度；国家出资企业对办理完成的产权登记事项，应当及时将合规性资料目录中所列资料整理归档，分户建立企业产权登记档案。

第二十四条 企业违反本办法规定，有下列行为之一的，由国有资产监督管理机构责令改正或者予以通报，造成国有资产损失的，依照有关规定追究企业领导和相关人员的责任：

（一）未按本办法规定及时、如实申请办理产权登记的；

（二）未按期进行整改的；

（三）伪造、涂改产权登记证、登记表的。

第五章　附　　则

第二十五条　省级国有资产监督管理机构可以依据本办法制定本地区的具体实施办法。

第二十六条　本办法自 2012 年 6 月 1 日起施行。

上市公司国有股权监督管理办法

国资委、财政部、证监会令（第 36 号）

《上市公司国有股权监督管理办法》已经国务院国有资产监督管理委员会主任办公会议审议通过，并报经中央全面深化改革领导小组同意，现予公布，自 2018 年 7 月 1 日起施行。自施行之日起，2007 年印发的《国有股东转让所持上市公司股份管理暂行办法》（国资委　证监会令第 19 号）同时废止。

国务院国有资产监督管理委员会主任　肖亚庆

财政部部长　刘昆

中国证券监督管理委员会主席　刘士余

2018 年 5 月 16 日

第一章　总　　则

第一条　为规范上市公司国有股权变动行为，推动国有资源优化配置，平等保护各类投资者合法权益，防止国有资产流失，根据《中华人民共和国公司法》、《中华人民共和国证券法》、《中华人民共和国企业国有资产法》、《企业国有资产监督管理暂行条例》等法律法规，制定本办法。

第二条　本办法所称上市公司国有股权变动行为，是指上市公司国有股权持股主体、数量或比例等发生变化的行为，具体包括：国有股东所持上市公司股份通过证券交易系统转让、公开征集转让、非公开协议转让、无偿划转、间接转让、国有股东发行可交换公司债券；国有股东通过证券交易系统增持、协议受让、间接受让、要约收购上市公司股份和认购上市公司发行股票；国有股东所控股上市公司吸收合并、发行证券；国有股东与上市公司进行资产重组等行为。

第三条　本办法所称国有股东是指符合以下情形之一的企业和单位，其证券账户标注“SS”：

（一）政府部门、机构、事业单位、境内国有独资或全资企业；

（二）第一款中所述单位或企业独家持股比例超过 50%，或合计持股比例超过 50%，且其中之一为第一大股东的境内企业；

（三）第二款中所述企业直接或间接持股的各级境内独资或全资企业。

第四条　上市公司国有股权变动行为应坚持公开、公平、公正原则，遵守国家有关法律、行政法规和规章制度规定，符合国家产业政策和国有经济布局结构调整方向，有利于国有资本保值增值，提高企业核心竞争力。

第五条　上市公司国有股权变动涉及的股份应当权属清晰，不存在受法律法规规定限制的情形。

第六条　上市公司国有股权变动的监督管理由省级以上国有资产监督管理机构负责。省级国有资产监督管理机构报经省级人民政府同意，可以将地市级以下有关上市公司国有股权变动的监督管理交由地市级国有资产监督管理机构负责。省级国有资产监督管理机构需建立相应的监督检查工作机制。

上市公司国有股权变动涉及政府社会公共管理事项的，应当依法报政府有关部门审核。受让方为境外投资者的，应当符合外商投资产业指导目录或负面清单管理的要求，以及外商投资安全审查的规定，涉及该类情形的，各审核主体在接到相关申请后，应就转让行为是否符合吸收外商投资政策向同级商务部门征求意见，具体申报程序由省级以上国有资产监督管理机构商同级商务部门按《关于上市公司国有股向外国投资者及外商投资企业转让申报程序有关问题的通知》（商资字〔2004〕1 号）确定的原则制定。

按照法律、行政法规和本级人民政府有关规定，须经本级人民政府批准的上市公司国有股权变动事项，国有资产监督管理机构应当履行报批程序。

第七条　国家出资企业负责管理以下事项：

（一）国有股东通过证券交易系统转让所持上市公司股份，未达到本办法第十二条规定的比例或数量的事项；

（二）国有股东所持上市公司股份在本企业集

团内部进行的无偿划转、非公开协议转让事项；

（三）国有控股股东所持上市公司股份公开征集转让、发行可交换公司债券及所控股上市公司发行证券，未导致其持股比例低于合理持股比例的事项；国有参股股东所持上市公司股份公开征集转让、发行可交换公司债券事项；

（四）国有股东通过证券交易系统增持、协议受让、认购上市公司发行股票等未导致上市公司控股权转移的事项；

（五）国有股东与所控股上市公司进行资产重组，不属于中国证监会规定的重大资产重组范围的事项。

第八条　国有控股股东的合理持股比例（与国有控股股东属于同一控制人的，其所持股份的比例应合并计算）由国家出资企业研究确定，并报国有资产监督管理机构备案。

确定合理持股比例的具体办法由省级以上国有资产监督管理机构另行制定。

第九条　国有股东所持上市公司股份变动应在作充分可行性研究的基础上制定方案，严格履行决策、审批程序，规范操作，按照证券监管的相关规定履行信息披露等义务。在上市公司国有股权变动信息披露前，各关联方要严格遵守保密规定。违反保密规定的，应依法依规追究相关人员责任。

第十条　上市公司国有股权变动应当根据证券市场公开交易价格、可比公司股票交易价格、每股净资产值等因素合理定价。

第十一条　国有资产监督管理机构通过上市公司国有股权管理信息系统（以下简称管理信息系统）对上市公司国有股权变动实施统一监管。

国家出资企业应通过管理信息系统，及时、完整、准确将所持上市公司股份变动情况报送国有资产监督管理机构。

其中，按照本办法规定由国家出资企业审核批准的变动事项须通过管理信息系统作备案管理，并取得统一编号的备案表。

第二章　国有股东所持上市公司股份通过证券交易系统转让

第十二条　国有股东通过证券交易系统转让上市公司股份，按照国家出资企业内部决策程序决定，有以下情形之一的，应报国有资产监督管理机构审核批准：

（一）国有控股股东转让上市公司股份可能导致持股比例低于合理持股比例的。

（二）总股本不超过10亿股的上市公司，国有控股股东拟于一个会计年度内累计净转让（累计转让股份扣除累计增持股份后的余额，下同）达到总股本5%及以上的；总股本超过10亿股的上市公司，国有控股股东拟于一个会计年度内累计净转让数量达到5000万股及以上的。

（三）国有参股股东拟于一个会计年度内累计净转让达到上市公司总股本5%及以上的。

第十三条　国家出资企业、国有资产监督管理机构决定或批准国有股东通过证券交易系统转让上市公司股份时，应当审核以下文件：

（一）国有股东转让上市公司股份的内部决策文件；

（二）国有股东转让上市公司股份方案，内容包括但不限于：转让的必要性，国有股东及上市公司基本情况、主要财务数据，拟转让股份权属情况，转让底价及确定依据，转让数量、转让时限等；

（三）上市公司股份转让的可行性研究报告；

（四）国家出资企业、国有资产监督管理机构认为必要的其他文件。

第三章　国有股东所持上市公司股份公开征集转让

第十四条　公开征集转让是指国有股东依法公开披露信息，征集受让方转让上市公司股份的行为。

第十五条　国有股东拟公开征集转让上市公司股份的，在履行内部决策程序后，应书面告知上市公司，由上市公司依法披露，进行提示性公告。国有控股股东公开征集转让上市公司股份可能导致上市公司控股权转移的，应当一并通知上市公司申请停牌。

第十六条　上市公司发布提示性公告后，国有股东应及时将转让方案、可行性研究报告、内部决策文件、拟发布的公开征集信息等内容通过管理信息系统报送国有资产监督管理机构。

第十七条　公开征集信息内容包括但不限于：拟转让股份权属情况、数量，受让方应当具备的资格条件，受让方的选择规则，公开征集期限等。

公开征集信息对受让方的资格条件不得设定指向性或违反公平竞争要求的条款，公开征集期限不得少于10个交易日。

第十八条 国有资产监督管理机构通过管理信息系统对公开征集转让事项出具意见。国有股东在获得国有资产监督管理机构同意意见后书面通知上市公司发布公开征集信息。

第十九条 国有股东收到拟受让方提交的受让申请及受让方案后，应当成立由内部职能部门人员以及法律、财务等独立外部专家组成的工作小组，严格按照已公告的规则选择确定受让方。

第二十条 公开征集转让可能导致上市公司控股权转移的，国有股东应当聘请具有上市公司并购重组财务顾问业务资格的证券公司、证券投资咨询机构或者其他符合条件的财务顾问机构担任财务顾问（以下简称财务顾问）。财务顾问应当具有良好的信誉，近三年内无重大违法违规记录，且与受让方不存在利益关联。

第二十一条 财务顾问应当勤勉尽责，遵守行业规范和职业道德，对上市公司股份的转让方式、转让价格、股份转让对国有股东和上市公司的影响等方面出具专业意见；并对拟受让方进行尽职调查，出具尽职调查报告。尽职调查应当包括但不限于以下内容：

（一）拟受让方受让股份的目的；

（二）拟受让方的经营情况、财务状况、资金实力及是否有重大违法违规记录和不良诚信记录；

（三）拟受让方是否具有及时足额支付转让价款的能力、受让资金的来源及合法性；

（四）拟受让方是否具有促进上市公司持续发展和改善上市公司法人治理结构的能力。

第二十二条 国有股东确定受让方后，应当及时与受让方签订股份转让协议。股份转让协议应当包括但不限于以下内容：

（一）转让方、上市公司、拟受让方的名称、法定代表人及住所；

（二）转让方持股数量、拟转让股份数量及价格；

（三）转让方、受让方的权利和义务；

（四）股份转让价款支付方式及期限；

（五）股份登记过户的条件；

（六）协议生效、变更和解除条件、争议解决方式、违约责任等。

第二十三条 国有股东公开征集转让上市公司股份的价格不得低于下列两者之中的较高者：

（一）提示性公告日前30个交易日的每日加权平均价格的算术平均值；

（二）最近一个会计年度上市公司经审计的每股净资产值。

第二十四条 国有股东与受让方签订协议后，属于本办法第七条规定情形的，由国家出资企业审核批准，其他情形由国有资产监督管理机构审核批准。

第二十五条 国家出资企业、国有资产监督管理机构批准国有股东所持上市公司股份公开征集转让时，应当审核以下文件：

（一）受让方的征集及选择情况；

（二）国有股东基本情况、受让方基本情况及上一年度经审计的财务会计报告；

（三）股份转让协议及股份转让价格的定价说明；

（四）受让方与国有股东、上市公司之间在最近12个月内股权转让、资产置换、投资等重大情况及债权债务情况；

（五）律师事务所出具的法律意见书；

（六）财务顾问出具的尽职调查报告（适用于上市公司控股权转移的）；

（七）国家出资企业、国有资产监督管理机构认为必要的其他文件。

第二十六条 国有股东应在股份转让协议签订后5个工作日内收取不低于转让价款30%的保证金，其余价款应在股份过户前全部结清。在全部转让价款支付完毕或交由转让双方共同认可的第三方妥善保管前，不得办理股份过户登记手续。

第二十七条 国有资产监督管理机构关于国有股东公开征集转让上市公司股份的批准文件或国有资产监督管理机构、管理信息系统出具的统一编号的备案表和全部转让价款支付凭证是证券交易所、中国证券登记结算有限责任公司办理上市公司股份过户登记手续的必备文件。

上市公司股份过户前，原则上受让方人员不能提前进入上市公司董事会和经理层，不得干预上市公司正常生产经营。

第四章 国有股东所持上市公司股份非公开协议转让

第二十八条 非公开协议转让是指不公开征集受让方，通过直接签订协议转让上市公司股份的行为。

第二十九条 符合以下情形之一的，国有股东可以非公开协议转让上市公司股份：

（一）上市公司连续两年亏损并存在退市风险或严重财务危机，受让方提出重大资产重组计划及具体时间表的；

（二）企业主业处于关系国家安全、国民经济命脉的重要行业和关键领域，主要承担重大专项任务，对受让方有特殊要求的；

（三）为实施国有资源整合或资产重组，在国有股东、潜在国有股东（经本次国有资源整合或资产重组后成为上市公司国有股东的，以下统称国有股东）之间转让的；

（四）上市公司回购股份涉及国有股东所持股份的；

（五）国有股东因接受要约收购方式转让其所持上市公司股份的；

（六）国有股东因解散、破产、减资、被依法责令关闭等原因转让其所持上市公司股份的；

（七）国有股东以所持上市公司股份出资的。

第三十条 国有股东在履行内部决策程序后，应当及时与受让方签订股份转让协议。涉及上市公司控股权转移的，在转让协议签订前，应按本办法第二十条、第二十一条规定聘请财务顾问，对拟受让方进行尽职调查，出具尽职调查报告。

第三十一条 国有股东与受让方签订协议后，属于本办法第七条规定情形的，由国家出资企业审核批准，其他情形由国有资产监督管理机构审核批准。

第三十二条 国有股东非公开协议转让上市公司股份的价格不得低于下列两者之中的较高者：

（一）提示性公告日前30个交易日的每日加权平均价格的算术平均值；

（二）最近一个会计年度上市公司经审计的每股净资产值。

第三十三条 国有股东非公开协议转让上市公司股份存在下列特殊情形的，可按以下原则确定股份转让价格：

（一）国有股东为实施资源整合或重组上市公司，并在其所持上市公司股份转让完成后全部回购上市公司主业资产的，股份转让价格由国有股东根据中介机构出具的该上市公司股票价格的合理估值结果确定；

（二）为实施国有资源整合或资产重组，在国有股东之间转让且上市公司中的国有权益并不因此减少的，股份转让价格应当根据上市公司股票的每股净资产值、净资产收益率、合理的市盈率等因素合理确定。

第三十四条 国家出资企业、国有资产监督管理机构批准国有股东非公开协议转让上市公司股份时，应当审核以下文件：

（一）国有股东转让上市公司股份的决策文件；

（二）国有股东转让上市公司股份的方案，内容包括但不限于：不公开征集受让方的原因，转让价格及确定依据，转让的数量，转让收入的使用计划等；

（三）国有股东基本情况、受让方基本情况及上一年度经审计的财务会计报告；

（四）可行性研究报告；

（五）股份转让协议；

（六）以非货币资产支付的说明；

（七）拟受让方与国有股东、上市公司之间在最近12个月内股权转让、资产置换、投资等重大情况及债权债务情况；

（八）律师事务所出具的法律意见书；

（九）财务顾问出具的尽职调查报告（适用于上市公司控股权转移的）；

（十）国家出资企业、国有资产监督管理机构认为必要的其他文件。

第三十五条 以现金支付股份转让价款的，转让价款收取按照本办法第二十六条规定办理；以非货币资产支付股份转让价款的，应当符合国家相关规定。

第三十六条 国有资产监督管理机构关于国有股东非公开协议转让上市公司股份的批准文件或国有资产监督管理机构、管理信息系统出具的统一编号的备案表和全部转让价款支付凭证（包括非货币资产的交割凭证）是证券交易所、中国证券登记结算有限责任公司办理上市公司股份过户登记手续的必备文件。

第五章 国有股东所持上市公司股份无偿划转

第三十七条 政府部门、机构、事业单位、国有独资或全资企业之间可以依法无偿划转所持上市公司股份。

第三十八条 国有股东所持上市公司股份无偿划转属于本办法第七条规定情形的，由国家出资企业审核批准，其他情形由国有资产监督管理机构审核批准。

第三十九条 国家出资企业、国有资产监督管理机构批准国有股东所持上市公司股份无偿划转时，应当审核以下文件：

（一）国有股东无偿划转上市公司股份的内部决策文件；

（二）国有股东无偿划转上市公司股份的方案和可行性研究报告；

（三）上市公司股份无偿划转协议；

（四）划转双方基本情况、上一年度经审计的财务会计报告；

（五）划出方债务处置方案及或有负债的解决方案，及主要债权人对无偿划转的无异议函；

（六）划入方未来12个月内对上市公司的重组计划或未来3年发展规划（适用于上市公司控股权转移的）；

（七）律师事务所出具的法律意见书；

（八）国家出资企业、国有资产监督管理机构认为必要的其他文件。

第四十条　国有资产监督管理机构关于国有股东无偿划转上市公司股份的批准文件或国有资产监督管理机构、管理信息系统出具的统一编号的备案表是证券交易所、中国证券登记结算有限责任公司办理股份过户登记手续的必备文件。

第六章　国有股东所持上市公司股份间接转让

第四十一条　本办法所称国有股东所持上市公司股份间接转让是指因国有产权转让或增资扩股等原因导致国有股东不再符合本办法第三条规定情形的行为。

第四十二条　国有股东拟间接转让上市公司股份的，履行内部决策程序后，应书面通知上市公司进行信息披露，涉及国有控股股东的，应当一并通知上市公司申请停牌。

第四十三条　国有股东所持上市公司股份间接转让应当按照本办法第二十三条规定确定其所持上市公司股份价值，上市公司股份价值确定的基准日应与国有股东资产评估的基准日一致，且与国有股东产权直接持有单位对该产权变动决策的日期相差不得超过1个月。

国有产权转让或增资扩股到产权交易机构挂牌时，因上市公司股价发生大幅变化等原因，导致资产评估报告的结论已不能反映交易标的真实价值的，原决策机构应对间接转让行为重新审议。

第四十四条　国有控股股东所持上市公司股份间接转让，应当按本办法第二十条、第二十一条规定聘请财务顾问，对国有产权拟受让方或投资人进行尽职调查，并出具尽职调查报告。

第四十五条　国有股东所持上市公司股份间接转让的，国有股东应在产权转让或增资扩股协议签订后，产权交易机构出具交易凭证前报国有资产监督管理机构审核批准。

第四十六条　国有资产监督管理机构批准国有股东所持上市公司股份间接转让时，应当审核以下文件：

（一）产权转让或增资扩股决策文件、资产评估结果核准、备案文件及可行性研究报告；

（二）经批准的产权转让或增资扩股方案；

（三）受让方或投资人征集、选择情况；

（四）国有产权转让协议或增资扩股协议；

（五）国有股东资产作价金额，包括国有股东所持上市公司股份的作价说明；

（六）受让方或投资人基本情况及上一年度经审计的财务会计报告；

（七）财务顾问出具的尽职调查报告（适用于国有控股股东国有产权变动的）；

（八）律师事务所出具的法律意见书；

（九）国有资产监督管理机构认为必要的其他文件。

第四十七条　国有股东产权转让或增资扩股未构成间接转让的，其资产评估涉及上市公司股份作价按照本办法第四十三条规定确定。

第七章　国有股东发行可交换公司债券

第四十八条　本办法所称国有股东发行可交换公司债券，是指上市公司国有股东依法发行、在一定期限内依据约定条件可以交换成该股东所持特定上市公司股份的公司债券的行为。

第四十九条　国有股东发行的可交换公司债券交换为上市公司每股股份的价格，应不低于债券募集说明书公告日前1个交易日、前20个交易日、前30个交易日该上市公司股票均价中的最高者。

第五十条　国有股东发行的可交换公司债券，其利率应当在参照同期银行贷款利率、银行票据利率、同行业其他企业发行的债券利率，以及标的公司股票每股交换价格、上市公司未来发展前景等因素的前提下，通过市场询价合理确定。

第五十一条　国有股东发行可交换公司债券属于本办法第七条规定情形的，由国家出资企业审核批准，其他情形由国有资产监督管理机构审核批准。

第五十二条 国家出资企业、国有资产监督管理机构批准国有股东发行可交换公司债券时，应当审核以下文件：

（一）国有股东发行可交换公司债券的内部决策文件；

（二）国有股东发行可交换公司债券的方案，内容包括但不限于：国有股东、上市公司基本情况及主要财务数据，预备用于交换的股份数量及保证方式，风险评估论证情况、偿本付息及应对债务风险的具体方案，对国有股东控股地位影响的分析等；

（三）可行性研究报告；

（四）律师事务所出具的法律意见书；

（五）国家出资企业、国有资产监督管理机构认为必要的其他文件。

第八章 国有股东受让上市公司股份

第五十三条 本办法所称国有股东受让上市公司股份行为主要包括国有股东通过证券交易系统增持、协议受让、间接受让、要约收购上市公司股份和认购上市公司发行股票等。

第五十四条 国有股东受让上市公司股份属于本办法第七条规定情形的，由国家出资企业审核批准，其他情形由国有资产监督管理机构审核批准。

第五十五条 国家出资企业、国有资产监督管理机构批准国有股东受让上市公司股份时，应当审核以下文件：

（一）国有股东受让上市公司股份的内部决策文件；

（二）国有股东受让上市公司股份方案，内容包括但不限于：国有股东及上市公司的基本情况、主要财务数据、价格上限及确定依据、数量及受让时限等；

（三）可行性研究报告；

（四）股份转让协议（适用于协议受让的）、产权转让或增资扩股协议（适用于间接受让的）；

（五）财务顾问出具的尽职调查报告和上市公司估值报告（适用于取得控股权的）；

（六）律师事务所出具的法律意见书；

（七）国家出资企业、国有资产监督管理机构认为必要的其他文件。

第五十六条 国有股东将其持有的可转换公司债券或可交换公司债券转换、交换成上市公司股票的，通过司法机关强制执行手续取得上市公司股份的，按照相关法律、行政法规及规章制度的规定办理，并在上述行为完成后10个工作日内将相关情况通过管理信息系统按程序报告国有资产监督管理机构。

第九章 国有股东所控股上市公司吸收合并

第五十七条 本办法所称国有股东所控股上市公司吸收合并，是指国有控股上市公司之间或国有控股上市公司与非国有控股上市公司之间的吸收合并。

第五十八条 国有股东所控股上市公司应当聘请财务顾问，对吸收合并的双方进行尽职调查和内部核查，并出具专业意见。

第五十九条 国有股东应指导上市公司根据股票交易价格，并参考可比交易案例，合理确定上市公司换股价格。

第六十条 国有股东应当在上市公司董事会审议吸收合并方案前，将该方案报国有资产监督管理机构审核批准。

第六十一条 国有资产监督管理机构批准国有股东所控股上市公司吸收合并时，应当审核以下文件：

（一）国家出资企业、国有股东的内部决策文件；

（二）国有股东所控股上市公司吸收合并的方案，内容包括但不限于：国有控股股东及上市公司基本情况、换股价格的确定依据、现金选择权安排、吸收合并后的股权结构、债务处置、职工安置、市场应对预案等；

（三）可行性研究报告；

（四）律师事务所出具的法律意见书；

（五）国有资产监督管理机构认为必要的其他文件。

第十章 国有股东所控股上市公司发行证券

第六十二条 本办法所称国有股东所控股上市公司发行证券包括上市公司采用公开方式向原股东配售股份、向不特定对象公开募集股份、采用非公开方式向特定对象发行股份以及发行可转换公司债券等行为。

第六十三条 国有股东所控股上市公司发行证券，应当在股东大会召开前取得批准。属于本办法

第七条规定情形的，由国家出资企业审核批准，其他情形报国有资产监督管理机构审核批准。

第六十四条　国家出资企业、国有资产监管机构批准国有股东所控股上市公司发行证券时，应当审核以下文件：

（一）上市公司董事会决议；

（二）国有股东所控股上市公司发行证券的方案，内容包括但不限于：相关国有股东、上市公司基本情况，发行方式、数量、价格，募集资金用途，对国有股东控股地位影响的分析，发行可转换公司债券的风险评估论证情况、偿本付息及应对债务风险的具体方案等；

（三）可行性研究报告；

（四）律师事务所出具的法律意见书；

（五）国家出资企业、国有资产监督管理机构认为必要的其他文件。

第十一章　国有股东与上市公司进行资产重组

第六十五条　本办法所称国有股东与上市公司进行资产重组是指国有股东向上市公司注入、购买或置换资产并涉及国有股东所持上市公司股份发生变化的情形。

第六十六条　国有股东就资产重组事项进行内部决策后，应书面通知上市公司，由上市公司依法披露，并申请股票停牌。在上市公司董事会审议资产重组方案前，应当将可行性研究报告报国家出资企业、国有资产监督管理机构预审核，并由国有资产监督管理机构通过管理信息系统出具意见。

第六十七条　国有股东与上市公司进行资产重组方案经上市公司董事会审议通过后，应当在上市公司股东大会召开前获得相应批准。属于本办法第七条规定情形的，由国家出资企业审核批准，其他情形由国有资产监督管理机构审核批准。

第六十八条　国家出资企业、国有资产监督管理机构批准国有股东与上市公司进行资产重组时，应当审核以下文件：

（一）国有股东决策文件和上市公司董事会决议；

（二）资产重组的方案，内容包括但不限于：资产重组的原因及目的，涉及标的资产范围、业务情况及近3年损益情况、未来盈利预测及其依据，相关资产作价的说明，资产重组对国有股东及上市公司权益、盈利水平和未来发展的影响等；

（三）资产重组涉及相关资产的评估备案表或核准文件；

（四）律师事务所出具的法律意见书；

（五）国家出资企业、国有资产监督管理机构认为必要的其他文件。

第六十九条　国有股东参股的非上市企业参与非国有控股上市公司的资产重组事项由国家出资企业按照内部决策程序自主决定。

第十二章　法律责任

第七十条　在上市公司国有股权变动中，相关方有下列行为之一的，国有资产监督管理机构或国家出资企业应要求终止上市公司股权变动行为，必要时应向人民法院提起诉讼：

（一）不履行相应的内部决策程序、批准程序或者超越权限，擅自变动上市公司国有股权的；

（二）向中介机构提供虚假资料，导致审计、评估结果失真，造成国有资产损失的；

（三）相关方恶意串通，签订显失公平的协议，造成国有资产损失的；

（四）相关方采取欺诈、隐瞒等手段变动上市公司国有股权，造成国有资产损失的；

（五）相关方未在约定期限内履行承诺义务的；

（六）违反上市公司信息披露规定，涉嫌内幕交易的。

第七十一条　违反有关法律、法规或本办法的规定变动上市公司国有股权并造成国有资产损失的，国有资产监督管理机构可以责令国有股东采取措施限期纠正；国有股东、上市公司负有直接责任的主管人员和其他直接责任人员，由国有资产监督管理机构或者相关企业按照权限给予纪律处分，造成国有资产损失的，应负赔偿责任；涉嫌犯罪的，依法移送司法机关处理。

第七十二条　社会中介机构在上市公司国有股权变动的审计、评估、咨询和法律等服务中违规执业的，由国有资产监督管理机构将有关情况通报其行业主管部门，建议给予相应处罚；情节严重的，国有股东3年内不得再委托其开展相关业务。

第七十三条　上市公司国有股权变动批准机构及其有关人员违反有关法律、法规或本办法的规定，擅自批准或者在批准中以权谋私，造成国有资产损失的，由有关部门按照权限给予纪律处分；涉嫌犯罪的，依法移送司法机关处理。

国有资产监督管理机构违反有关法律、法规或本办法的规定审核批准上市公司国有股权变动并造成国有资产损失的，对直接负责的主管人员和其他责任人员给予纪律处分；涉嫌犯罪的，依法移送司法机关处理。

第十三章　附　　则

第七十四条　不符合本办法规定的国有股东标准，但政府部门、机构、事业单位和国有独资或全资企业通过投资关系、协议或者其他安排，能够实际支配其行为的境内外企业，证券账户标注为“CS”，所持上市公司股权变动行为参照本办法管理。

第七十五条　政府部门、机构、事业单位及其所属企业持有的上市公司国有股权变动行为，按照现行监管体制，比照本办法管理。

第七十六条　金融、文化类上市公司国有股权的监督管理，国家另有规定的，依照其规定。

第七十七条　国有或国有控股的专门从事证券业务的证券公司及基金管理公司转让、受让上市公司股份的监督管理按照相关规定办理。

第七十八条　国有出资的有限合伙企业不作国有股东认定，其所持上市公司股份的监督管理另行规定。

第七十九条　本办法自2018年7月1日起施行。

行政单位国有资产管理暂行办法

（2006年5月30日财政部令第35号公布　根据2017年12月4日财政部令第90号《财政部关于修改〈注册会计师注册办法〉等6部规章的决定》修改）

第一章　总　　则

第一条　为了规范和加强行政单位国有资产管理，维护国有资产的安全和完整，合理配置国有资产，提高国有资产使用效益，保障行政单位履行职能，根据国务院有关规定，制定本办法。

第二条　本办法适用于各级党的机关、人大机关、行政机关、政协机关、审判机关、检察机关和各民主党派机关（以下统称行政单位）的国有资产管理行为。

第三条　本办法所称的行政单位国有资产，是指由各级行政单位占有、使用的，依法确认为国家所有，能以货币计量的各种经济资源的总称，即行政单位的国有（公共）财产。

行政单位国有资产包括行政单位用国家财政性资金形成的资产、国家调拨给行政单位的资产、行政单位按照国家规定组织收入形成的资产，以及接受捐赠和其他经法律确认为国家所有的资产，其表现形式为固定资产、流动资产和无形资产等。

第四条　行政单位国有资产管理的主要任务是：

（一）建立和健全各项规章制度；

（二）推动国有资产的合理配置和有效使用；

（三）保障国有资产的安全和完整；

（四）监管尚未脱钩的经济实体的国有资产，实现国有资产的保值增值。

第五条　行政单位国有资产管理的内容包括：资产配置、资产使用、资产处置、资产评估、产权界定、产权纠纷调处、产权登记、资产清查、资产统计报告和监督检查等。

第六条　行政单位国有资产管理活动，应当遵循以下原则：

（一）资产管理与预算管理相结合；

（二）资产管理与财务管理相结合；

（三）实物管理与价值管理相结合。

第七条　行政单位国有资产管理，实行国家统一所有，政府分级监管，单位占有、使用的管理体制。

第二章　管理机构及职责

第八条　各级财政部门是政府负责行政单位国有资产管理的职能部门，对行政单位国有资产实行综合管理。其主要职责是：

（一）贯彻执行国家有关国有资产管理的法律、法规和政策；

（二）根据国家国有资产管理的有关规定，制定行政单位国有资产管理的规章制度，并对执行情况进行监督检查；

（三）负责会同有关部门研究制定本级行政单位国有资产配置标准，负责资产配置事项的审批，按规定进行资产处置和产权变动事项的审批，负责组织产权界定、产权纠纷调处、资产统计报告、资产评估、资产清查等工作；

（四）负责本级行政单位出租、出借国有资产的审批，负责与行政单位尚未脱钩的经济实体的国有资产的监督管理；

（五）负责本级行政单位国有资产收益的监督、

管理；

（六）对本级行政单位和下级财政部门的国有资产管理工作进行监督、检查；

（七）向本级政府和上级财政部门报告有关国有资产管理工作。

第九条　行政单位对本单位占有、使用的国有资产实施具体管理。其主要职责是：

（一）根据行政单位国有资产管理的规定，负责制定本单位国有资产管理具体办法并组织实施；

（二）负责本单位国有资产的账卡管理、清查登记、统计报告及日常监督检查等工作；

（三）负责本单位国有资产的采购、验收、维修和保养等日常管理工作，保障国有资产的安全完整；

（四）负责办理本单位国有资产的配置、处置、出租、出借等事项的报批手续；

（五）负责与行政单位尚未脱钩的经济实体的国有资产的具体监督管理工作并承担保值增值的责任；

（六）接受财政部门的指导和监督，报告本单位国有资产管理情况。

第十条　财政部门根据工作需要，可以将国有资产管理的部分工作交由有关单位完成。有关单位应当完成所交给的国有资产管理工作，向财政部门负责，并报告工作的完成情况。

第十一条　各级财政部门和行政单位应当明确国有资产管理的机构和人员，加强行政单位国有资产管理工作。

第三章　资产配置

第十二条　行政单位国有资产配置应当遵循以下原则：

（一）严格执行法律、法规和有关规章制度；

（二）与行政单位履行职能需要相适应；

（三）科学合理，优化资产结构；

（四）勤俭节约，从严控制。

第十三条　对有规定配备标准的资产，应当按照标准进行配备；对没有规定配备标准的资产，应当从实际需要出发，从严控制，合理配备。

财政部门对要求配置的资产，能通过调剂解决的，原则上不重新购置。

第十四条　购置有规定配备标准的资产，除国家另有规定外，应当按下列程序报批：

（一）行政单位的资产管理部门会同财务部门审核资产存量，提出拟购置资产的品目、数量，测算经费额度，经单位负责人审核同意后报同级财政部门审批，并按照同级财政部门要求提交相关材料；

（二）同级财政部门根据单位资产状况对行政单位提出的资产购置项目进行审批；

（三）经同级财政部门审批同意，各单位可以将资产购置项目列入单位年度部门预算，并在编制年度部门预算时将批复文件和相关材料一并报同级财政部门，作为审批部门预算的依据。未经批准，不得列入部门预算，也不得列入单位经费支出。

第十五条　经批准召开重大会议、举办大型活动等需要购置资产的，由会议或者活动主办单位按照本办法规定程序报批。

第十六条　行政单位购置纳入政府采购范围的资产，依法实施政府采购。

第十七条　行政单位资产管理部门应当对购置的资产进行验收、登记，并及时进行账务处理。

第四章　资产使用

第十八条　行政单位应当建立健全国有资产使用管理制度，规范国有资产使用行为。

第十九条　行政单位应当认真做好国有资产的使用管理工作，做到物尽其用，充分发挥国有资产的使用效益；保障国有资产的安全完整，防止国有资产使用中的不当损失和浪费。

第二十条　行政单位对所占有、使用的国有资产应当定期清查盘点，做到家底清楚，账、卡、实相符，防止国有资产流失。

第二十一条　行政单位应当建立严格的国有资产管理责任制，将国有资产管理责任落实到人。

第二十二条　行政单位不得用国有资产对外担保，法律另有规定的除外。

第二十三条　行政单位不得以任何形式用占有、使用的国有资产举办经济实体。在本办法颁布前已经用占有、使用的国有资产举办经济实体的，应当按照国家关于党政机关与所办经济实体脱钩的规定进行脱钩。脱钩之前，行政单位应当按照国家有关规定对其经济实体的经济效益、收益分配及使用情况等进行严格监管。

财政部门应当对其经济效益、收益分配及使用情况进行监督检查。

第二十四条　行政单位拟将占有、使用的国有资产对外出租、出借的，必须事先上报同级财政部门审核批准。未经批准，不得对外出租、出借。

同级财政部门应当根据实际情况对行政单位国有资产对外出租、出借事项严格控制，从严审批。

第二十五条 行政单位出租、出借的国有资产，其所有权性质不变，仍归国家所有；所形成的收入，按照政府非税收入管理的规定，实行“收支两条线”管理。

第二十六条 对行政单位中超标配置、低效运转或者长期闲置的国有资产，同级财政部门有权调剂使用或者处置。

第五章　资产处置

第二十七条 行政单位国有资产处置，是指行政单位国有资产产权的转移及核销，包括各类国有资产的无偿转让、出售、置换、报损、报废等。

第二十八条 行政单位需处置的国有资产范围包括：

（一）闲置资产；

（二）因技术原因并经过科学论证，确需报废、淘汰的资产；

（三）因单位分立、撤销、合并、改制、隶属关系改变等原因发生的产权或者使用权转移的资产；

（四）盘亏、呆账及非正常损失的资产；

（五）已超过使用年限无法使用的资产；

（六）依照国家有关规定需要进行资产处置的其他情形。

第二十九条 行政单位处置国有资产应当严格履行审批手续，未经批准不得处置。

第三十条 资产处置应当由行政单位资产管理部门会同财务部门、技术部门审核鉴定，提出意见，按审批权限报送审批。

第三十一条 行政单位国有资产处置的审批权限和处置办法，除国家另有规定外，由财政部门根据本办法规定。

第三十二条 行政单位国有资产处置应当按照公开、公正、公平的原则进行。资产的出售与置换应当采取拍卖、招投标、协议转让及国家法律、行政法规规定的其他方式进行。

第三十三条 行政单位国有资产处置的变价收入和残值收入，按照政府非税收入管理的规定，实行“收支两条线”管理。

第三十四条 行政单位分立、撤销、合并、改制及隶属关系发生改变时，应当对其占有、使用的国有资产进行清查登记，编制清册，报送财政部门审核、处置，并及时办理资产转移手续。

第三十五条 行政单位联合召开重大会议、举办大型活动等而临时购置的国有资产，由主办单位在会议、活动结束时按照本办法规定报批后处置。

第六章　资产评估

第三十六条 行政单位有下列情形之一的，应当对相关资产进行评估：

（一）行政单位取得的没有原始价格凭证的资产；

（二）拍卖、有偿转让、置换国有资产；

（三）依照国家有关规定需要进行资产评估的其他情形。

第三十七条 行政单位国有资产评估项目实行核准制和备案制。实行核准制和备案制的项目范围、权限由财政部门另行规定。

第三十八条 行政单位国有资产评估工作应当委托具有资产评估资质的资产评估机构进行。

第三十九条 进行资产评估的行政单位，应当如实提供有关情况和资料，并对所提供的情况和资料的客观性、真实性和合法性负责，不得以任何形式干预评估机构独立执业。

第七章　产权纠纷调处

第四十条 产权纠纷是指由于财产所有权、经营权、使用权等产权归属不清而发生的争议。

第四十一条 行政单位之间的产权纠纷，由当事人协商解决。协商不能解决的，由财政部门或者同级政府调解、裁定。

第四十二条 行政单位与非行政单位、组织或者个人之间发生产权纠纷，由行政单位提出处理意见，并报经财政部门同意后，与对方当事人协商解决。协商不能解决的，依照司法程序处理。

第八章　资产统计报告

第四十三条 行政单位应当建立资产登记档案，并严格按照财政部门的要求做出报告。

财政部门、行政单位应当建立和完善资产管理信息系统，对国有资产实行动态管理。

第四十四条 行政单位报送资产统计报告，应当做到真实、准确、及时、完整，并对国有资产占有、使用、变动、处置等情况做出文字分析说明。

财政部门与行政单位应当对国有资产实行绩效

管理，监督资产使用的有效性。

第四十五条　财政部门应当对行政单位资产统计报告进行审核批复，必要时可以委托有关单位进行审计。

经财政部门审核批复的统计报告，应当作为预算管理和资产管理的依据和基础。

第四十六条　财政部门可以根据工作需要，组织开展资产清查工作。进行资产清查的实施办法，由县级以上人民政府财政部门另行制定。

第四十七条　财政部门可以根据国有资产统计工作的需要，开展行政单位国有资产产权登记工作。产权登记办法，由开展产权登记的财政部门制定并负责组织实施。

第九章　监督检查和法律责任

第四十八条　财政部门、行政单位及其工作人员，应当认真履行国有资产管理职责，依法维护国有资产的安全、完整。

第四十九条　财政部门、行政单位应当加强国有资产管理和监督，坚持单位内部监督与财政监督、审计监督、社会监督相结合，事前监督、事中监督、事后监督相结合，日常监督与专项检查相结合。

第五十条　各级财政部门、行政单位及其工作人员在行政单位国有资产配置、使用、处置等管理工作中，存在违反本办法规定的行为，以及其他滥用职权、玩忽职守、徇私舞弊等违法违纪行为的，依照《中华人民共和国公务员法》《中华人民共和国行政监察法》《财政违法行为处罚处分条例》等国家有关规定追究相应责任；涉嫌犯罪的，依法移送司法机关处理。

第十章　附　　则

第五十一条　参照公务员制度管理的事业单位和社会团体的国有资产管理依照本办法执行。

第五十二条　行政单位所属独立核算的非公务员管理的事业单位执行事业单位国有资产管理的有关规定，独立核算的企业执行企业国有资产管理的有关规定，不执行本办法。

第五十三条　地方财政部门可以根据本办法及上级财政部门有关国有资产管理的规定，制定本地区和本级行政单位国有资产管理的规章制度，并报上一级财政部门备案。

第五十四条　行政单位境外国有资产管理办法由财政部另行制定。

中央级行政单位的国有资产管理实施办法，由财政部会同有关部门根据本办法制定。

第五十五条　中国人民解放军等特定单位占有、使用的国有资产的管理办法，由解放军总后勤部等有关部门会同财政部另行制定。

第五十六条　本办法自 2006 年 7 月 1 日起施行。此前颁布的有关行政单位国有资产管理的规章制度，凡与本办法相抵触的，以本办法为准。

关于印发《有限合伙企业国有权益登记暂行规定》的通知

国资发产权规〔2020〕2 号

各中央企业，各省、自治区、直辖市及计划单列市和新疆生产建设兵团国资委：

《有限合伙企业国有权益登记暂行规定》已经国资委第 20 次委务会议审议通过，现印发给你们，请遵照执行。

国资委

2020 年 1 月 3 日

有限合伙企业国有权益登记暂行规定

第一条　为加强有限合伙企业国有权益登记管理，及时、准确、全面反映有限合伙企业国有权益状况，根据《中华人民共和国企业国有资产法》《中华人民共和国合伙企业法》《企业国有资产监督管理暂行条例》（国务院令第 378 号）等有关法律法规，制定本规定。

第二条　本规定所称有限合伙企业国有权益登记，是指国有资产监督管理机构对本级人民政府授权履行出资人职责的国家出资企业（不含国有资本参股公司，下同）及其拥有实际控制权的各级子企业（以下统称出资企业）对有限合伙企业出资所形成的权益及其分布状况进行登记的行为。

前款所称拥有实际控制权，是指国家出资企业直接或间接合计持股比例超过 50%，或者持股比例虽然未超过 50%，但为第一大股东，并通过股东协议、公司章程、董事会决议或者其他协议安排能够实际支配企业行为的情形。

第三条　有限合伙企业国有权益登记分为占有登记、变动登记和注销登记。

第四条 出资企业通过出资入伙、受让等方式首次取得有限合伙企业财产份额的，应当办理占有登记。

第五条 占有登记包括下列内容：

（一）企业名称；

（二）成立日期、合伙期限（如有）、主要经营场所；

（三）执行事务合伙人；

（四）经营范围；

（五）认缴出资额与实缴出资额；

（六）合伙人名称、类型、类别、出资方式、认缴出资额、认缴出资比例、实缴出资额、缴付期限；

（七）对外投资情况（如有），包括投资标的名称、统一信用编码、所属行业、投资额、投资比例等；

（八）合伙协议；

（九）其他需登记的内容。

第六条 有限合伙企业有下列情形之一的，应当办理变动登记：

（一）企业名称改变的；

（二）主要经营场所改变的；

（三）执行事务合伙人改变的；

（四）经营范围改变的；

（五）认缴出资额改变的；

（六）合伙人的名称、类型、类别、出资方式、认缴出资额、认缴出资比例改变的；

（七）其他应当办理变动登记的情形。

第七条 有限合伙企业有下列情形之一的，应当办理注销登记：

（一）解散、清算并注销的；

（二）因出资企业转让财产份额、退伙或出资企业性质改变等导致有限合伙企业不再符合第二条登记要求的。

第八条 出资企业负责填报其对有限合伙企业出资所形成权益的相关情况，并按照出资关系逐级报送国家出资企业；国家出资企业对相关信息进行审核确认后完成登记，并向国有资产监督管理机构报送相关信息。多个出资企业共同出资的有限合伙企业，由各出资企业分别进行登记。

第九条 有限合伙企业国有权益登记应当在相关情形发生后30个工作日内办理。出资企业应当于每年1月31日前更新上一年度所出资有限合伙企业的实缴出资情况及对外投资情况等信息。

第十条 国家出资企业应当建立有限合伙企业国有权益登记工作流程，落实登记管理责任，做好档案管理、登记数据汇总等工作。

第十一条 国有资产监督管理机构定期对有限合伙企业国有权益登记情况进行核对，发现企业未按照本规定进行登记或登记信息与实际情形严重不符的，责令改正。

第十二条 各地方国有资产监督管理机构可以依据本规定制定本地区的具体规定。

第十三条 本规定自印发之日起施行。

金融企业国有资产转让管理办法

中华人民共和国财政部令（第54号）

《金融企业国有资产转让管理办法》已经财政部部务会议审议通过，现予公布，自2009年5月1日起施行。

部长 谢旭人

二〇〇九年三月十七日

第一章 总 则

第一条 为了规范金融企业国有资产转让行为，加强国有资产交易的监督管理，维护国有资产出资人的合法权益，防止国有资产流失，根据有关法律、行政法规，制定本办法。

第二条 本办法所称金融企业国有资产，是指各级人民政府及其授权投资主体对金融企业各种形式的出资所形成的权益。

本办法所称金融企业，包括所有获得金融业务许可证的企业和金融控股（集团）公司。

第三条 县级以上人民政府财政部门（以下简称财政部门）和县级以上人民政府或者财政部门授权投资主体转让所持金融企业国有资产，国有及国有控股金融企业（以下统称转让方）转让所持国有资产给境内外法人、自然人或者其他组织（以下统称受让方），适用本办法。

第四条 金融企业国有资产转让应当遵守法律、行政法规和产业政策规定。

第五条 金融企业国有资产转让包括非上市企业国有产权转让和上市公司国有股份转让。

金融企业国有资产转让以通过产权交易机构、证券交易系统交易为主要方式。符合本办法规定条件的，可以采取直接协议方式转让金融企业国有资产。

第六条 拟转让的金融企业国有资产权属关系应当明晰。权属关系不明确或者存在权属纠纷以及法律、行政法规和国家有关政策规定禁止转让的金融企业国有资产不得转让。

转让已经设立担保物权的金融企业国有资产，应当符合《中华人民共和国物权法》、《中华人民共和国担保法》等有关法律、行政法规的规定。

第七条 金融企业国有资产转让按照统一政策、分级管理的原则，由财政部门负责监督管理。财政部门转让金融企业国有资产，应当报本级人民政府批准。政府授权投资主体转让金融企业国有资产，应当报本级财政部门批准。

金融企业国有资产转让过程中，涉及政府社会公共管理和金融行业监督管理事项的，应当根据国家规定，报经政府有关部门批准。

以境外投资人为受让方的，应当符合国家有关外商投资的监督管理规定，由转让方按照有关规定报经政府有关部门批准。

第八条 财政部门是金融企业国有资产转让的监督管理部门。

财政部负责制定金融企业国有资产转让监督管理制度，并对中央管理的金融企业及其子公司的国有资产转让工作实施监督管理。

地方县级以上财政部门对本级管理的金融企业及其子公司国有资产转让实施监督管理。

上级财政部门指导和监督下级财政部门的金融企业国有资产转让监督管理工作。

第九条 财政部门对金融企业国有资产转让履行下列监督管理职责：

（一）决定或者批准金融企业国有资产转让事项，审核重大资产转让事项并报本级人民政府批准；

（二）确定承办金融企业国有资产交易业务的产权交易机构备选名单；

（三）负责金融企业国有资产转让情况的监督检查工作；

（四）负责金融企业国有资产转让信息的收集、汇总、分析和上报工作；

（五）本级人民政府授权的其他职责。

第十条 国有及国有控股金融企业在境内外依法设立子公司或者向企业投资的，由该国有及国有控股金融企业按本办法规定负责所设立子公司和投资企业的国有资产的转让工作，并履行下列职责：

（一）按照本办法及国家有关规定，制定企业所属分支机构、子公司的国有资产转让管理办法和工作程序，并报本级财政部门备案；

（二）研究资产转让行为是否有利于促进企业的持续发展；

（三）审议所属一级子公司的资产转让事项，监督一级子公司以下的资产转让事项；

（四）向财政部门、相关金融监督管理部门和其他有关部门报告有关资产转让情况。

第二章 非上市企业国有产权转让

第十一条 非上市企业国有产权的转让应当在依法设立的省级以上（含省级，下同）产权交易机构公开进行，不受地区、行业、出资或者隶属关系的限制。

第十二条 国有及国有控股金融企业转让一级子公司的产权，应当报财政部门审批。除国家明确规定需要报国务院批准外，中央管理的国有及国有控股金融企业转让一级子公司的产权应当报财政部审批；地方管理的金融企业国有资产转让的审批权限，由省级财政部门确定。

国有及国有控股金融企业一级子公司（省级分公司或者分行、金融资产管理公司办事处）转让所持子公司产权，由控股（集团）公司审批。其中，涉及重要行业、重点子公司的重大国有产权转让，或者导致转让标的企业所持金融企业或者其他重点子公司控股权转移的，应当报财政部门审批。

第十三条 转让方应当制定转让方案，并按照内部决策程序交股东会或者股东大会、董事会或者其他决策部门审议，形成书面决议。

转让方案包括转让标的企业产权的基本情况、转让行为的论证情况、产权转让公告以及其他主要内容。

转让标的企业涉及职工安置问题的，应当按照国家有关规定办理职工安置工作。

第十四条 转让方应当依照国家有关规定，委托资产评估机构对转让标的企业的整体价值进行评估。

第十五条 非上市企业国有产权转让需要报财政部门审批的，转让方应当在进场交易前报送以下材料：

（一）产权转让的申请书，包括转让原因，是否进场交易等内容；

（二）产权转让方案及内部决策文件；

（三）转让方基本情况及上一年度经会计师事

务所审计的财务会计报告；

（四）转让标的企业基本情况、当期财务会计报告和最近一期经会计师事务所审计的财务会计报告；

（五）转让方和转让标的企业国有资产产权证明文件；

（六）转让标的企业资产评估核准或者备案文件；

（七）拟选择的产权交易机构；

（八）意向受让方应当具备的基本条件、支付方式；

（九）律师事务所出具的法律意见书；

（十）财政部门认为必要的其他文件。

转让金融企业产权的，应当对是否符合相关金融监督管理部门的规定进行说明。

第十六条 从事金融企业国有产权交易活动的产权交易机构，应当符合下列基本条件：

（一）遵守有关法律、法规、规章；

（二）具备相应的交易场所、信息发布渠道和专业人员，能够满足金融企业国有产权交易活动的需要；

（三）具有健全的内部管理制度，产权交易操作规范；

（四）能够履行产权交易机构的职责，依法审查产权交易主体的资格和条件；

（五）连续3年没有违法、违规记录；

（六）按照国家有关规定公开披露产权交易信息，并能够按要求及时向省级以上财政部门报告场内金融企业国有产权交易情况。

第十七条 转让方在确定进场交易的产权交易机构后，应当委托该产权交易机构在省级以上公开发行的经济或者金融类报刊和产权交易机构的网站上刊登产权转让公告，公开披露有关非上市企业产权转让信息，征集意向受让方。

产权转让公告期不得少于20个工作日。

第十八条 转让方披露的非上市企业产权转让信息应当包括下列内容：

（一）转让标的企业的基本情况；

（二）转让标的企业的产权构成情况；

（三）产权转让行为的内部决策情况；

（四）转让标的企业最近一期经会计师事务所审计的主要财务指标数据；

（五）转让标的企业资产评估核准或者备案情况；

（六）受让方应当具备的基本条件；

（七）其他需要披露的事项。

需要按本办法办理审批手续的，还应当披露产权转让行为的批准情况。

第十九条 意向受让方一般应当具备下列条件：

（一）具有良好的财务状况和支付能力；

（二）具有良好的商业信用；

（三）受让方为自然人的，应当具有完全民事行为能力；

（四）国家规定的其他条件。

在不违反相关监督管理要求和公平竞争原则下，转让方可以对意向受让方的资质、商业信誉、行业准入、资产规模、经营情况、财务状况、管理能力等提出具体要求。

第二十条 在产权交易过程中，首次挂牌价格不得低于经核准或者备案的资产评估结果。

首次挂牌未能征集到意向受让方的，转让方可以根据转让标的企业情况确定新的挂牌价格并重新公告。如新的挂牌价格低于资产评估结果的90%，应当重新报批。

第二十一条 经公开征集，产生2个以上（含2个）意向受让方时，转让方应当会同产权交易机构共同对意向受让方进行资格审核，根据转让标的企业的具体情况采取拍卖、招投标或者国家规定的其他公开竞价方式实施产权交易。

采取拍卖方式转让非上市企业产权的，应当按照《中华人民共和国拍卖法》及其他有关规定组织实施。

采取招投标方式转让非上市企业产权的，应当按照《中华人民共和国招标投标法》及其他有关规定组织实施。

第二十二条 经产权交易机构公开征集只产生1个符合条件的意向受让方时，产权转让可以采取场内协议转让方式进行，但转让价格不得低于挂牌价格。

采取场内协议转让方式的，转让方应当与受让方进行充分协商，依法妥善处理转让中所涉及的相关事项后，签订产权转让协议（合同，下同）。

第二十三条 确定受让方后，转让方应当与受让方签订产权转让协议。

转让协议应当包括下列内容：

（一）转让与受让双方的名称与住所；

（二）转让标的企业产权的基本情况；

（三）转让方式、转让价格、价款支付时间和方式及付款条件；

（四）产权交割事项；

（五）转让涉及的有关税费负担；

（六）协议争议的解决方式；

（七）协议各方的违约责任；

（八）协议变更和解除的条件；

（九）转让和受让双方认为必要的其他条款。

第二十四条 转让方应当按照产权转让协议的约定及时收取产权转让的全部价款，转让价款原则上应当采取货币性资产一次性收取。如金额较大、一次付清确有困难的，可以约定分期付款方式，但分期付款期限不得超过1年。

采用分期付款方式的，受让方首期付款不得低于总价款的30%，并在协议生效之日起5个工作日内支付；其余款项应当办理合法的价款支付保全手续，并按同期金融机构基准贷款利率向转让方支付分期付款期间利息。在全部转让价款支付完毕前或者未办理价款支付保全手续前，转让方不得申请办理国有产权登记和工商变更登记手续。

受让方以非货币性资产支付产权转让价款的，转让方应当按照有关规定委托资产评估机构进行资产评估，确定非货币性资产的价值。

第二十五条 财政部门应当对转让方报送的材料进行认真审核，确定是否批准相关产权转让事项。

转让事项经批准后，如转让和受让双方调整产权转让比例或者产权转让方案有重大变化，造成与批准事项不符的，应当按照规定程序重新报批。

第二十六条 非上市企业产权转让过程中涉及国有土地（海域）使用权、探矿权、采矿权的，应当按照国家有关规定另行办理相关手续。

第二十七条 非上市企业产权转让完成后，转让和受让双方应当凭产权交易机构出具的产权交易凭证，按照国家有关规定及时办理相关国有产权登记手续。

第三章 上市公司国有股份转让

第二十八条 转让上市金融企业国有股份和金融企业转让上市公司国有股份应当通过依法设立的证券交易系统进行。

第二十九条 转让方应当根据有关规定，办理上市公司股份转让的信息披露事项。

第三十条 转让方为上市公司控股股东，应当将股份转让方案报财政部门审批后实施。

涉及国民经济关键行业的，应当得到相关部门的批准。

第三十一条 转让方为上市公司参股股东，在1个完整会计年度内累计净转让股份（累计减持股份扣除累计增持股份后的余额，下同）比例未达到上市公司总股本5%的，由转让方按照内部决策程序决定，并在每年1月10日前将上一年度转让上市公司股份的情况报财政部门；达到或者超过上市公司总股本5%的，应当事先将转让方案报财政部门批准后实施。

第三十二条 转让方转让上市公司国有股份需要报财政部门审批的，报送材料应当包括：

（一）转让上市公司股份的申请书，包括转让原因、转让股份数量、持股成本、转让价格确定等内容；

（二）上市公司股份转让方案和内部决策文件；

（三）转让方基本情况及上一年度经会计师事务所审计的财务会计报告；

（四）上市公司基本情况及最近一期年度财务会计报告和经会计师事务所审计的财务会计报告；

（五）转让上市公司股份对公司控制权、公司股价和资本市场的影响；

（六）财政部门规定的其他文件。

财政部门应当对转让方报送的材料进行认真审核，确定是否同意上市公司股份转让事项。

第三十三条 转让方采取大宗交易方式转让上市公司股份的，股份转让价格不得低于该上市公司股票当天交易的加权平均价格；当日无成交的，不得低于前1个交易日的加权平均价格。

第三十四条 上市公司股份转让完成后，转让方应当按照国家有关规定及时办理国有产权登记手续。

第四章 国有资产直接协议转让

第三十五条 有下列情况之一，经国务院批准或者财政部门批准，转让方可以采取直接协议转让方式转让非上市企业国有产权和上市公司国有股份。

（一）国家有关规定对受让方有特殊要求；

（二）控股（集团）公司进行内部资产重组；

（三）其他特殊原因。

拟采取直接协议转让方式对控股（集团）公司内部进行资产重组的，中央管理的金融企业一级子公司的产权转让工作由财政部负责；一级以下子公司的产权转让由控股（集团）公司负责，其中：拟直接协议转让控股上市公司股份的，应当将转让方案报财政部审批。

第三十六条 转让方采用直接协议方式转让非上市企业产权的，应当按照本办法第十三条、第十四条、第十五条、第二十三条和第二十四条的规定，组织转让方案制定、资产评估、审核材料报送、转让协议签署和转让价款收取等项工作。

第三十七条 非上市企业产权直接协议转让的价格不得低于经核准或者备案的资产评估结果。

国有金融企业在实施内部资产重组过程中，拟采取直接协议方式转让产权、且转让方和受让方为控股（集团）公司所属独资子公司的，可以不对转让标的企业进行整体评估，但转让价格不得低于最近一期经审计确认的净资产值。

第三十八条 财政部门对金融企业以直接协议转让形式转让非上市企业产权的审核按照本办法第二十五条规定执行。

第三十九条 转让方拟直接协议转让上市公司股份的，应当按照内部决策程序交股东大会、董事会或者其他决策部门进行审议，形成书面决议，并及时报告财政部门。

转让方应当将拟直接协议转让股份的信息书面告知上市公司，由上市公司依法向社会公众进行提示性公告，公告中应当注明，本次股份拟直接协议转让事项应当经财政部门审批。

第四十条 转让方直接协议转让上市公司股份，应当向财政部门提交下列材料：

（一）协议转让上市公司股份的申请书，包括转让原因、转让股份数量、持股成本等内容；

（二）协议转让上市公司股份的内部决策文件及可行性研究报告；

（三）拟公开发布的股份协议转让信息内容；

（四）财政部门规定的其他文件。

第四十一条 财政部门收到转让方提交的直接协议转让上市公司股份材料后，应当认真进行审核，确定是否批准协议转让事项，并在15个工作日内予以答复。

转让方收到财政部门出具的意见后2个工作日内，应当书面告知上市公司，由上市公司依法公开披露国有股东拟直接协议转让上市公司股份的信息。

第四十二条 转让方直接协议转让上市公司股份信息应当包括以下内容：

（一）转让股份数量及所涉及的上市公司名称及基本情况；

（二）受让方应当具备的资格条件；

（三）受让方递交受让申请的截止日期；

（四）财政部门和相关部门的批复意见。

第四十三条 具有下列情形之一的，经财政部门批准后，转让方可以不披露上市公司股份协议转让信息：

（一）国民经济关键行业、领域中对受让方有特殊要求的；

（二）转让方作为国有控股股东，为实施国有资源整合或者资产重组，在控股公司或者集团企业内部进行协议转让的；

（三）上市公司连续2年亏损并存在退市风险或者严重财务危机，受让方提出重大资产重组计划及具体时间表的；

（四）上市公司回购股份涉及转让方所持股份的。

第四十四条 转让方作为上市公司控股股东，拟采取直接协议转让方式转让股份并失去控股权的，应当聘请具有相应资质的专业中介机构担任财务顾问和法律顾问，并提出书面意见。财务顾问和法律顾问应当具有良好的信誉及近3年内无重大违法违规记录。转让方认为必要时，可委托具有证券评估资格的资产评估机构对转让标的资产进行评估。

第四十五条 转让方直接协议转让上市公司股份的，转让价格应当按照上市公司股份转让信息公告日（经批准不须公开股份转让信息的，以股份转让协议签署日为准）前30个交易日每日加权平均价格的加权平均价格或者前1个交易日加权平均价格孰高的原则确定。

转让方作为上市公司国有控股股东，为实施国有资源整合或者资产重组，在内部进行协议转让，且拥有的上市公司权益并不因此减少的，转让价格应当根据上市公司最近一期经审计的净资产、净资产收益率、市盈率等因素合理协商确定。

第四十六条 受让上市公司股份后，受让方拥有上市公司实际控制权的，应当具备以下条件：

（一）具有法人资格；

（二）设立3年以上，最近2年连续盈利且无重大违法违规行为；

（三）具有促进上市公司持续发展和改善上市

公司法人治理结构的能力。

第四十七条 受让方确定后，转让方应当及时与受让方签署股份转让协议。

转让协议应当包括但不限于以下内容：

（一）转让方、上市公司、受让方企业名称、法定代表人姓名及住所；

（二）转让方持股数量、拟转让股份数量及价格；

（三）转让方、受让方的权利和义务；

（四）股份转让价款支付方式及期限；

（五）股份登记过户条件；

（六）协议变更和解除条件；

（七）协议争议解决方式；

（八）协议各方的违约责任；

（九）协议生效条件。

第四十八条 上市公司股份的转让方为国有及国有控股金融企业的，转让方在确定受让方后，应当及时向财政部门报送以下材料：

（一）转让方案的实施及选择受让方的有关情况；

（二）上一年度经会计师事务所审计的财务会计报告；

（三）受让方基本情况、公司章程及最近一期经会计师事务所审计的财务会计报告；

（四）上市公司基本情况、最近一期中期财务会计报告及经会计师事务所审计年度财务会计报告；

（五）股份转让协议及股份转让价格的定价说明；

（六）受让方与国有股东、上市公司之间在最近12个月内股权转让、资产置换、投资等重大情况及债权债务情况；

（七）律师事务所出具的法律意见书；

（八）转让上市公司股份对公司股价和资本市场的影响；

（九）财政部门规定的其他文件。

第四十九条 财政部门应当对转让方报送的材料进行认真审核，并出具股份转让批复文件。

第五十条 转让方应当按照本办法第二十四条的规定，收取转让价款，并按照国家有关规定及时办理相关国有产权登记手续。

第五章 法律责任

第五十一条 金融企业国有资产转让过程中出现下列情形之一的，财政部门可以要求转让方立即中止或者终止资产转让活动：

（一）未按本办法有关规定在产权交易机构中进行交易的；

（二）转让方不履行相应的内部决策程序、批准程序或者超越权限，或者未按规定报经财政部门和相关部门审批，擅自转让资产的；

（三）转让方、转让标的企业故意隐匿应当纳入评估范围的资产，或者向中介机构提供虚假会计资料，导致审计、评估结果失真，以及未经审计、评估，造成国有资产流失的；

（四）转让方与受让方串通，低价转让国有资产，造成国有资产流失的；

（五）转让方未按规定落实转让标的企业的债权债务，非法转移债权或者逃避债务清偿责任的；以金融企业国有资产作为担保的，转让该部分资产时，未经担保债权人同意的；

（六）受让方采取欺诈、隐瞒等手段影响转让方的选择以及资产转让协议签订的；

（七）受让方在产权转让竞价过程中，恶意串通压低价格，造成国有资产流失的。

第五十二条 转让方、转让标的企业有本办法第五十一条规定的情形，由财政部门给予警告，并建议有关部门对负有直接责任的人员和其他直接责任人员给予行政处分；造成国有资产损失的，应当建议有关部门依法追究金融企业董事、监事、高级管理人员的责任；由于受让方的责任造成国有资产流失的，受让方应当依法赔偿转让方的经济损失。涉嫌犯罪的，应当移送司法机关。

第五十三条 会计师事务所、资产评估机构、律师事务所、财务顾问机构等社会中介机构在国有资产转让的审计、评估、法律和咨询服务中违规执业的，财政部门应当向其行业主管部门通报有关情况，建议依法给予相应处理。

第五十四条 产权交易机构在金融企业国有资产交易中弄虚作假或者玩忽职守，损害国家利益或者交易双方合法权益的，财政部门可以停止其从事金融企业国有资产交易的相关业务，建议有关部门依法追究产权交易机构及直接责任人员的责任。

第五十五条 金融企业国有资产转让批准机构及其有关人员违反法律、行政法规及本办法规定，造成国有资产流失的，由有关部门依法给予纪律处分；涉嫌犯罪的，移送司法机关。

第六章　附　　则

第五十六条　省、自治区、直辖市、计划单列市的财政厅（局）可以根据本办法，制定本地区金融企业国有资产转让管理实施办法，并报财政部备案。

第五十七条　国有及国有控股金融企业因依法行使债权或者担保物权，而受偿于债务人、担保人或者第三人的非上市企业产权转让，比照本办法第二章在产权交易机构进行。

国有及国有控股金融企业因依法行使债权或者担保物权，而受偿于债务人、担保人或者第三人的上市公司股份转让，比照本办法第三章的规定在证券交易系统中进行。

第五十八条　国有及国有控股金融企业持有的国有资产涉及诉讼的，根据人民法院具有法律效力的文件，办理相关转让手续。

第五十九条　国有及国有控股的证券公司、基金管理公司、资产管理公司、信托公司和保险资产管理公司等金融企业出售其所持有的以自营为目的的上市公司股份按照相关规定办理。

第六十条　金融资产管理公司转让不良资产和债转股股权资产的，国家相关政策另有规定的，从其规定。

本办法所称金融资产管理公司，是指中国华融资产管理公司、中国长城资产管理公司、中国东方资产管理公司和中国信达资产管理公司。

第六十一条　中国人民银行总行所属企业、中国投资有限责任公司（含中央汇金投资有限责任公司）、信用担保公司以及其他金融类企业的国有资产转让监督管理工作，比照本办法执行。

第六十二条　本办法自2009年5月1日起施行。

财政部关于贯彻落实《金融企业国有资产转让管理办法》有关事项的通知

财金〔2009〕178号

为进一步贯彻落实《金融企业国有资产转让管理办法》（财政部令第54号，以下简称《办法》），规范金融企业国有资产转让行为，促进金融国有资产有序流转，加强财政部门对转让行为的监督管理，现将有关事项通知如下：

一、明确职责，做好各项规定的贯彻落实工作

《办法》规定了金融企业国有资产转让的程序，明确了财政部门、国有及国有控股金融企业、产权交易机构和社会中介机构的职责。各相关单位要按照“职责明确、运作规范、把关严格、监管有力”的原则，认真做好《办法》的贯彻落实工作。

（一）地方财政部门要加强金融国有资产转让管理。各省、自治区、直辖市、计划单列市的财政厅（局）（以下简称省级财政部门）要根据《办法》，结合本地区实际情况，制定所管理金融企业及其子公司国有资产转让管理实施办法，并报我部备案。

（二）中央管理的金融企业要严格贯彻落实《办法》。各中央管理的国有及国有控股金融企业要研究制定本集团（控股）企业的国有资产转让管理实施办法和工作程序，并报我部备案；要落实企业内部负责国有资产转让监管的职能部门和人员，明确工作责任；要加强对各级子公司国有资产转让行为的管理和审核，并对进入产权交易机构和证券交易系统的各个工作环节实施跟踪监管，切实维护所有者权益，防止国有资产流失。

（三）产权交易机构要认真履行职责。各承办金融企业国有资产产权转让业务的产权交易机构，要积极配合财政部门做好培训宣传和交易信息采集汇总工作；认真做好产权交易主体资格审查、信息披露、意向受让方登记、公开竞价组织实施、交易结算、出具产权交易凭证、产权交易档案保管和交易信息收集汇总等工作；在产权转让公告中提出的受让条件不得出现具有明确指向性或违反公平竞争的内容；加强机构间的沟通协调，探索制定统一的金融企业国有资产产权交易操作规则。

二、提高认识，严格执行国有资产转让进场交易制度

各级财政部门和各中央管理的国有及国有控股金融企业要充分认识金融国有资产进场交易的重要意义，严格控制直接协议转让的范围，切实执行进场交易制度，充分利用产权交易机构和证券交易系统，缩短投资管理链条，促进国有金融资产的有序流转，确保金融企业国有资产转让公平、公正、公开。

（一）产权交易机构的选择和监管。各省级财

政部门要高度重视和扎实做好承办金融企业国有资产交易业务的产权交易机构的选择工作。根据《办法》，尽快确定本地区承办金融企业国有资产交易业务的省级产权交易机构名单，并推荐1家产权交易机构承担中央管理金融企业国有资产转让业务。选择和推荐工作结束后，各省级财政部门应将所选择和推荐交易机构的基本情况，以适当方式向社会公告，并在2010年3月底之前报我部备案；加强对承办交易业务，特别是中央管理金融企业国有资产转让业务的产权交易机构的日常监督管理。对不符合《办法》所规定从事金融企业国有产权交易活动基本条件，或在交易活动中出现弄虚作假、玩忽职守、损害国家利益或交易双方合法权益的产权交易机构，应立即停止其从事金融企业国有资产交易业务的资格，并向社会公告。

（二）中央管理金融企业选择产权交易机构的范围。各中央管理的国有及国有控股金融企业转让非上市企业国有产权，应当按照收益最大化和便利交易的原则，在北京产权交易所、天津产权交易中心、上海联合产权交易所、重庆联合产权交易所和各省级财政部门推荐确定的省级产权交易机构中进行，不受地区、行业、出资或者隶属关系的限制。

（三）非上市企业国有产权转让的若干特殊规定。《办法》所称重要行业是指金融、军工、电网电力、石油石化、电信、煤炭、民航、航运8大行业。重点子公司是指国有及国有控股金融企业对涉及上述行业的公司拥有控股权，以及对上市公司拥有控股权。根据《办法》，涉及重点子公司的国有产权转让行为应当报财政部门审批；国有及国有控股金融企业拟转让在境内外设立的特殊目的公司所持有的重点子公司产权，应当报财政部门审批；国有控股金融企业拟转让境外非上市子公司产权的，原则上应在《办法》规定的产权交易机构中进行。确因受制于客观条件，无法征集意向受让方的，经充分询价，报经主管财政部门审核批准后，可采取直接协议转让的方式进行。

三、完善程序，规范金融企业国有资产转让行为

各级财政部门和各中央管理的国有及国有控股金融企业，在推进国有金融资产布局和结构调整、促进国有金融资本合理流转的过程中，要按照《办法》规定，严格规范金融企业国有资产转让行为。

（一）加强对金融企业国有资产转让的全过程管理。国有及国有控股金融企业要严格履行内部决策程序和审批程序；按规定做好财务审计和资产评估工作，并以评估值作为转让价格的参考依据；要坚持资产转让进入公开市场，保证转让信息披露完全，杜绝暗箱操作；及时做好转让价款收取、转让鉴证和产权登记工作。涉及上市公司国有股份转让的，还应遵守证券监管部门的相关规定。

（二）加强金融国有资产管理各项基础工作的有机结合。各级财政部门要做好资产转让过程中，涉及的金融企业国有资产产权登记管理和资产评估工作，加强金融国有资产管理各项基础工作的配合力度。

（三）加强对金融国有资产转让活动的监督检查。财政部负责对各省和各中央管理的国有及国有控股金融企业的资产转让行为进行监督检查，发现违法违规行为，将按照有关规定严肃处理。各中央管理的国有及国有控股金融企业要通过对各级子企业国有资产转让事前、事中和事后等环节的审核把关和监督检查，切实履行好相关监管职责。

四、强化信息管理，建立健全金融企业国有资产转让情况报告制度

为做好金融企业国有资产转让信息的统计分析工作，各省级财政部门和各中央管理的国有及国有控股金融企业要充分利用信息化技术，探索建立金融国有资产转让基础信息库，全面掌握所管理企业国有资产转让的有关情况。

（一）做好信息定期报送工作。每年3月底之前，各省级财政部门和各中央管理的国有及国有控股金融企业要将上一年度金融企业国有资产转让情况统计汇总后报我部。

（二）做好研究报告工作。各级财政部门和国有金融企业要注意了解和总结在国有资产转让活动中出现的新情况、新问题，对有关重要情况和重大问题要及时向我部报告。

财政部

二○○九年十二月二十七日

财政部关于印发《企业国有资本与财务管理暂行办法》的通知

财企〔2001〕325号

国务院各部委、各直属机构，各中央直管企业，新

疆生产建设兵团，各省、自治区、直辖市、计划单列市财政厅（局）：

为了适应建立现代企业制度的需要，规范企业国有资本与财务管理行为，我们制定了《企业国有资本与财务管理暂行办法》。现印发给你们，请遵照执行。在执行中有何问题，请及时向我部反映。

附件：企业国有资本与财务管理暂行办法

抄送：中共中央办公厅，国务院办公厅，全国人大办公厅，中央企业工委，财政部驻各省、自治区、直辖市、计划单列市财政监察专员办事处。

企业国有资本与财务管理暂行办法

第一章　总　　则

第一条　为适应建立现代企业制度的需要，加强企业国有资本与财务管理，根据我国有关法律、行政法规的规定，制定本办法。

第二条　本办法适用于持有国有资本的各类非金融企业（以下统称企业）。金融企业国有资本与财务管理办法由财政部另行制定。

第三条　按照国家所有、分级管理、授权经营、分工监管的原则，各级主管财政机关根据本级人民政府赋予的职权，负责企业国有资本与财务管理；企业按照国家有关国有资本与财务管理的规章制度，承担国有资本保值增值的责任。

第四条　企业应当按照建立现代企业制度的要求，明晰产权，理顺和规范资本与财务管理关系。

企业拥有子公司的，要建立母子公司资本与财务管理体制，母公司以其出资额为限对子公司承担责任。

第五条　本办法所称“国有资本”，是指国家对企业各种形式的投资和投资所形成的权益，以及依法认定为国家所有的其他权益。

本办法所称“主管财政机关”，是指负责企业国有资本与财务管理的各级人民政府财政部门。其中：中央管理企业的主管财政机关是指财政部；地方管理企业的主管财政机关是指地方同级财政部门。

本办法所称“母公司”，是指直接持有国有资本的各类集团公司、总公司以及国家授权投资的机构。

本办法所称“子公司”，是指由母公司直接投资或者由各级人民政府划转母公司直接管理并取得控制权的企业。

第二章　管理职责与权限

第六条　财政部负责制定国家统一的企业国有资本与财务管理的各项规章、制度。各级主管财政机关的主要职责如下：

（一）核定企业国有资本，监管国有资本变动事宜；

（二）参与企业制度改革，负责国有股权管理；

（三）组织清产核资和产权界定，办理国有资产产权登记；

（四）负责国有资产产权纠纷调处；

（五）指导财产评估业务，监管国有资产评估；

（六）制定企业税后利润分配制度，监缴国有资本收益；

（七）制定企业财务考核指标体系，组织国有资本营运效绩评价；

（八）监管国有资本保值增值情况，防止国有资产流失；

（九）指导和督促企业建立健全内部资本与财务管理办法；

（十）各级政府授予行使的企业国有资本与财务管理的其他职责。

第七条　母公司的主要职责如下：

（一）执行国家有关企业国有资本与财务管理的各项规章制度，建立健全内部资本与财务管理办法；

（二）确定企业内部财务管理体制；

（三）编制企业年度财务预算和财务会计报告；

（四）按照规定的程序和权限处置企业各项资产；

（五）按照国家政策确定企业内部工资分配制度；

（六）拟订母公司增加或减少注册资本的方案，依法决定子公司注册资本增加或减少事宜；

（七）拟订子公司资产重组方案，依法审定子公司以下企业的资产重组事项；

（八）实行企业内部资金集中统一管理，依法管理子公司投资、融资事项；

（九）制订企业对外担保管理措施，依法审议子公司及其以下企业对外担保事项；

（十）制订母公司的税后利润分配方案和弥补亏损方案，依法审定子公司税后利润分配和弥补亏损事宜；

（十一）组织内部财务考核和评价，落实国有资本保值增值的责任；

（十二）统一向主管财政机关报送财务会计报表和年度财务预算、申办企业国有资本与财务审批事项；

（十三）按照主管财政机关的规定行使其他有关企业国有资本与财务管理的职责。

第八条 主管财政机关对企业国有资本与财务的部分管理职能，可以委托给母公司。

母公司可向全资子公司或者通过子公司董事会向拥有控制权的子公司委派财务主管或财务总监。

第九条 企业合并、分立、转让、中外合资合作、公司制改建等涉及国有资本变动的，应当按以下权限报经批准：

（一）母公司国有资本变动的，中央管理企业报请国务院批准，地方管理企业报请地市级以上（含地市级）人民政府批准；

（二）子公司国有资本变动的，属于集团内部结构调整的，由母公司审批，涉及集团外部的，由母公司报主管财政机关审批；

（三）子公司以下企业国有资本变动的，由母公司审批。

股份有限公司国有股设置方案和上市公司国有股减持的，按照国务院和财政部的有关规定执行。

第十条 企业国有资本与财务管理的重大事项，包括合并、分立、转让、中外合资合作、公司制改建、注册资本变动、重大投融资、对外担保、工资制度、财务预算等，应当由有关业务部门提出方案，经过财务部门审核提出意见，报企业董事会审议决定；没有设立董事会的企业，由经理办公会研究决定。对工资制度、社会保障、职工安置等涉及职工合法权益的财务事项，应当按照国家法律、行政法规的有关规定事先听取职工代表大会的意见。

企业董事会或经理办公会研究、审议国有资本与财务管理事项，必须作出会议纪要。企业财务部门负责人应当出席或者列席企业董事会或经理办公会等相关的会议。

第十一条 企业对于按规定需要报告主管财政机关的国有资本与财务管理重大事项，以书面形式报送，并附送相关资料。

第三章 国有资本投入的管理

第十二条 企业依照国家有关规定进行清产核资时，所持有的国有资本按照经主管财政机关审核的结果调整；发生产权变动时，企业持有的国有资本按照实际交易价格调整。

第十三条 国家对企业注册的国有资本实行保全原则。

企业在持续经营期间，对注册的国有资本除依法转让以外，不得抽回，并且以出资额为限承担责任。持续经营的子公司发生资不抵债情形时，母公司对其未确认的股权投资损失，不能冲减所持有的国有资本；如需注入资本的，按国家有关规定及公司章程执行。

第十四条 企业拟定以盈余公积、资本公积转增实收资本的，国有企业和国有独资公司由企业董事会或者经理办公会决定，并报主管财政机关备案；股份有限公司和有限责任公司由董事会决定，并经股东大会或者股东会审议通过。

国有企业和国有独资公司未按规定转增实收资本的，主管财政机关也可根据其资本积累情况，直接作出以盈余公积、资本公积转增实收资本的决定。

第十五条 国有资本在不同企业法人单位之间的转移，实行有偿转让，国家另有规定的除外。

第十六条 企业必须按规定办理国有资产产权登记。国有资产产权登记证（表）是国有资本的出资证明，也是企业持有并经营国有资本的法律凭证。

第四章 国有资本营运的管理

第十七条 企业对年度内的资本营运与各项财务活动，应当实行财务预算管理制度。

母公司编制执行的年度财务预算以及预算调整方案，应当报主管财政机关备案。

第十八条 企业应当制定各项人工、材料、物料的消耗定额，编制各项经营管理费用预算，健全各项原始记录及相关的稽核制度，建立有效的内部控制制度。

企业大宗原辅材料或商品物资的采购、固定资产的购建和工程建设一般应当按照公开、公正、公平的原则，采取招标方式进行。

第十九条 企业应当执行国家规定的工资政策。在工资总额增长幅度不超过本企业经济效益增长幅度、职工实际平均工资增长幅度不超过本企业劳动生产率增长幅度的前提下，企业可以自主确定内部工资分配办法。

企业高级管理人员经批准可以实行年薪制、股票期权等分配制度。

第二十条 企业借款必须坚持适度筹措的原则，注意防范财务风险，并纳入财务预算管理。

母公司应当建立以现金流为核心的内部资金管理制度，对企业资金实行统一集中管理，明确资金调度的权限和程序，控制负债规模并改善债务结构，降低企业资金成本。

第二十一条 企业对外提供担保，应符合《中华人民共和国担保法》的规定，充分考虑被担保单位的资信和偿债能力，并按照企业内部管理制度规定的程序、权限审议决定。

对企业向外提供的各种类型的担保，财务部门要设置备查簿逐笔登记，并进行跟踪监督。

第二十二条 企业对外投资必须符合国家产业政策和企业发展战略，做好可行性研究，纳入财务预算管理，并明确投资项目决策者和实施者应当承担的责任。

企业投入中外合资、合作经营企业的财产，必须在中外合资、合作经营项目批准后30日内，到主管财政机关办理中方财产转移申报手续。涉及国有划转土地使用权的，企业应当按照国家有关规定办理。

企业向境外投资，应当符合国家有关规定，办理境外资产产权属关系，承担有限责任。

第二十三条 企业合并、分立、转让、公司制改建等，应当在做好可行性研究的基础上，对各项资产进行全面清查，编制清查日资产负债表、财产清册和债权债务清单，与债权银行依法订立债务保全协议，制定包括职工安置、债权债务承继、转让价款结算、企业重整等内容的方案。

第二十四条 企业合并前，各方企业欠缴的职工社会保险费、税款和尚未归还的银行借款以及其他债务随同各项债权及其他资产，经审计、评估后一并转入合并后的企业。

企业分立前的各项债权及其他资产按照业务相关性原则划分，对不宜分割的整体资产，由持有的一方给另一方相应的价值补偿；企业欠缴的职工社会保险费、税款和尚未归还的银行借款以及其他债务，根据人员、业务相关性原则，随同资产由分立后的企业分别承担。

第二十五条 企业实施产权转让，转让方应当对受让方的资质、信誉、财务状况进行调查，确认受让方具有支付产权转让价款、承担债务、安置职工的能力。对持续经营但已资不抵债的企业，受让方具有实际资金投入、能够妥善安置职工并征得主要债权人同意的，可以采取承担企业债务的方式对企业进行兼并。

第二十六条 企业实行公司制改建，母体企业或者存续企业必须与公司制企业实行人、财、物和经营业务分开，防止国有资产流失。子公司实行公司制改建时，对没有纳入改建范围的国有资产，应当划转给母公司或者母公司其他全资子公司持有。

第二十七条 企业发生对外投资、合并、分立、转让、公司制改建等行为的，必须委托相关中介机构进行资产评估，并以评估价值作为确定资产交易价格的基础。

第五章 国有资本收益的管理

第二十八条 国有资本收益是指注册的国有资本分享的企业税后利润以及国家法律、行政法规规定的其他国有资本收益。

第二十九条 企业实现的年度净利润，归企业投资者所有，必须按规定进行分配。以前年度未分配利润，并入本年度可向投资者分配的利润进行分配。母公司制订的年度利润分配方案，应当报主管财政机关备案。

母公司向主管财政机关上缴利润的具体办法，由财政部根据国务院的决定制定。

第三十条 企业发生的年度经营亏损，依法用以后年度实现的利润弥补。连续5年不足弥补的，用税后利润弥补，或者经企业董事会或者经理办公会审议后，依次用企业盈余公积、资本公积弥补。

企业在以前年度亏损未弥补之前，不得向投资者分配利润。

第三十一条 企业发生的资产损失，包括坏账损失、存货损失、股权投资损失、固定资产及在建工程损失、担保（抵押）损失以及经营证券、期货、外汇交易损失等，由有关部门及时按财务制度等规定予以核实，查清责任。

对核实清楚的资产损失，企业可区别以下情况处理：生产经营的损失计入本期损益；清算期间的损失计入清算费用；公司制改建中的损失，可以冲减所有者权益。

第三十二条 转让母公司国有资本所得收益，上缴主管财政机关；企业转让子公司股权所得收益与其对子公司股权投资的差额，作为投资损益处理。

上市公司国有股减持所得收益，按国务院规定执行。

第三十三条　企业被责令关闭、依法破产或者经营期限届满终止经营或解散的，应当按照法律、行政法规的规定实施清算。

企业清算净收益归投资者所有，其中：子公司清算所得净收益，投资者分享的份额与其对子公司股权投资的差额，作为投资收益处理；母公司清算所得净收益，上缴主管财政机关。

第六章　财务考核与评价

第三十四条　企业财务考核与评价以国有资本保值增值能力为核心，内容包括财务效益、资产营运、偿债能力和发展能力四个方面，具体指标和方法，按照《国有资本金效绩评价规则》和《国有资本金效绩评价操作细则》执行。

企业财务考核与评价指标的标准值，由财政部制定发布。

第三十五条　企业财务考核与评价分为外部考评与内部考评。

企业外部考评由主管财政机关会同政府有关部门组织进行。

企业内部考评由母公司组织进行，主要检查、分析企业年度财务预算执行情况，按照国家统一制定的评价方法和评价标准考核各预算执行单位的经营业绩，并作为企业内部人力资源管理的一项重要依据。

第三十六条　主管财政机关会同政府有关部门对母公司进行年度财务考核与评价后，向同级人民政府以及负责管理企业领导人员的部门提交财务考核与评价报告，作为对企业领导人员奖惩及任免的参考。

企业符合国家规定条件，经政府有关部门批准，可以对经营者实行年薪制等激励政策；对已批准实行年薪制的企业，可以财务考核与评价结果作为确定年薪的基本依据。

第三十七条　企业财务考核与评价以企业财务会计报告为基础。

企业财务会计报告应当经过会计师事务所审计。财政部另有规定的，从其规定。

企业委托的会计师事务所，应当符合财政部规定的条件。

第三十八条　除国家法律、行政法规另有规定以外，主管财政机关对企业年度财务会计报告进行财务考核与评价的结果，可以一定的方式向社会发布。

第七章　法律责任

第三十九条　主管财政机关有权对企业的国有资本与财务管理和相关社会中介机构的执业质量进行检查监督，对违法、违规行为依法进行处罚。

第四十条　企业凡有以下行为之一的，主管财政机关根据《中华人民共和国行政处罚法》的规定，可以责令限期纠正、追回损失或者没收非法所得、通报批评：

（一）企业不按规定进行资产评估，或者在评估中故意压低资产评估价值的；

（二）企业违反规定，将财产低价出售或无偿处置给其他单位或个人的；

（三）企业违反规定，将资产低价折股或者无偿量化给个人的；

（四）企业取得资产不按规定办理资产转移手续造成资产损失的；

（五）企业违反规定对外提供担保或抵押、对外投资、赊账经营、大宗商品物资采购及固定资产修建等，给企业造成损失的；

（六）企业未经批准擅自实行产权激励制度，或者违反国家有关规定发放薪酬，侵蚀国有资产权益的；

（七）国有股持股单位、中方出资者或合作者及其委派的股权代表与他人串通，损害国有资本权益或者对损害国有资本权益的行为不反对、不制止的；

（八）企业违反规定，隐瞒、截留国有资本收益，或者拖延应缴国有资本收益超过180天的。

第四十一条　企业未按照规定建立并实施内部控制制度，或者不按规定报送财务会计报表、不如实提供有关情况的，主管财政机关根据《中华人民共和国会计法》、《企业财务会计报告条例》的规定予以处罚。

第四十二条　企业凡有以下行为之一的，主管财政机关根据《中华人民共和国处罚法》的规定，可以责令限期改正：

（一）企业制定的内部资本与财务管理办法不按规定报主管财政机关备案的；

（二）不按规定编报年度财务预算的；

（三）不按规定申报国有资本变动事项，但尚未造成国有资本损失的；

（四）不按规定委托相关中介机构办理审计、评估业务，或者不按规定提交审计报告、资产评估报告的。

第四十三条 企业不按规定办理产权登记的，主管财政机关根据《企业国有资产产权登记管理办法》的规定予以处罚。

第四十四条 企业编制、对外提供虚假的或者隐瞒重要事实的财务会计报告的，或者拒绝主管财政机关对财务会计报告依法监督检查的，主管财政机关根据《中华人民共和国会计法》、《企业财务会计报告条例》的规定予以处罚。

第四十五条 主管财政机关对企业违法、违规行为进行财政处罚时，对负有直接责任的主管人员和其他人员，可建议人事管理部门给予行政处分。构成犯罪的，移交司法机关依法追究刑事责任。

第四十六条 主管财政机关的有关工作人员，在国有资本与财务管理中滥用职权、玩忽职守、徇私舞弊或者泄露国家机密、商业秘密，给予行政处分。构成犯罪的，移交司法机关依法追究刑事责任。

第八章 附 则

第四十七条 各省、自治区、直辖市及计划单列市财政厅（局）可以根据本办法，结合本地区实际情况制定实施细则，并报财政部备案。

第四十八条 企业应当根据本办法及国家其他有关规定，制定内部资本与财务管理办法，并报主管财政机关备案。

第四十九条 本办法自发布之日起执行。

关于印发《规范产权交易机构开展金融企业国有产权交易管理暂行规定》的通知

财金〔2020〕92号

各省、自治区、直辖市、计划单列市财政厅（局），新疆生产建设兵团财政局，各中央管理金融企业，有关产权交易机构：

为贯彻落实《中共中央国务院关于完善国有金融资本管理的指导意见》精神，切实加强国有金融资产流转管理，进一步规范金融企业国有产权交易行为，我部制定了《规范产权交易机构开展金融企业国有产权交易管理暂行规定》，现印发给你们，请遵照执行。执行中有何问题，请及时反馈我部。

财政部

2020年10月14日

规范产权交易机构开展金融企业国有产权交易管理暂行规定

第一条 为进一步规范金融企业国有产权进场交易行为，促进国有金融资产有序流转，根据《中共中央 国务院关于完善国有金融资本管理的指导意见》、国务院清理整顿各类交易场所有关文件，以及《金融企业国有资产转让管理办法》（财政部令第54号）等要求，制定本规定。

第二条 本规定所述产权交易机构，是指经省级人民政府批准设立或确认的产权交易场所，在经批准的经营范围内开展金融企业国有产权交易。

本规定所述金融企业，包括依法设立的获得金融业务许可证的各类金融企业，主权财富基金、金融控股公司、金融投资运营公司以及金融基础设施等实质性开展金融业务的其他企业或机构。

本规定所述国有产权交易包括国有金融企业转让其各种形式出资所形成权益的行为，以及增加资本金的行为。

第三条 产权交易机构开展金融企业国有产权交易应当具备以下基本条件：

（一）省级人民政府批准设立或确认的产权交易机构，具备开展业务活动必需的营业场所、业务设施、专业人员，能够满足金融企业国有产权交易活动的需要，并经负责清理整顿各类交易场所的部门备案；

（二）严格遵守国家法律法规以及国有金融资本管理的相关制度规定，近3年没有违法违规记录；

（三）能够履行产权交易机构职责，严格审查产权交易主体的资格和条件，自觉接受金融企业国有资产交易行为监督检查，信息化建设和管理水平能够满足财政部门业务动态监测需要；

（四）具有健全的内部管理制度，产权交易规则透明、操作规范，竞价机制完善，按照国家有关规定公开披露产权交易信息，能够按要求及时向省级以上财政部门报告场内金融企业国有产权交易情况；

（五）权属清晰，能够按要求办理国有金融资本产权登记。

第四条 产权交易机构作为地方金融基础设施纳入国有金融资本管理范畴的，按要求执行国有金融资本管理统一规制，由地方财政部门履行出资人职责，或由地方财政部门根据需要委托国资部门管理。

国有实体企业投资入股产权交易机构的，依法行使具体股东职责，应执行统一的国有金融资本管理制度，由财政部门会同国有资产监督管理机构组织做好落实。

第五条 按照清理整顿各类交易所部际联席会议“同一类别交易所原则上保留一家”的要求，各省级财政部门根据第三条所列条件，确认本地区承办地方金融企业国有产权交易业务的机构，经本级政府认可后，以适当方式向社会公开。

第六条 中央金融企业（含其所属企业，下同）需要进行国有产权交易的，选择的产权交易机构在符合第三条所列各项条件的基础上，须同时具备以下条件：

（一）经本级政府确认，可以承办地方金融企业国有产权交易业务；

（二）客户群体广泛，金融企业国有产权交易活跃，能够有效发挥竞价作用；

（三）具备开展中央金融企业国有产权交易的经验。

第七条 符合第三条、第六条所述条件的产权交易机构，可按程序向同级财政部门提出申请，并提交有关申请文件、交易规则、近三年业务开展情况、承办地方金融企业和中央金融企业国有产权交易业务的具体情况等相关材料。

同级财政部门审核后认为具有承办中央金融企业国有产权交易能力的产权交易机构，向财政部推荐，并结合产权交易机构业务开展情况，动态调整推荐的产权交易机构。财政部对推荐的产权交易机构予以公示。中央金融企业应在各省级财政部门推荐的名单中择优选择机构，开展国有产权交易业务。

第八条 产权交易机构开展金融企业国有产权交易业务，应严格遵守相关法律法规，确保交易行为公开、公平、公正，促进国有金融资本保值增值、防范国有金融资产流失：

（一）对交易相关各方产权登记证、经济行为文件和披露信息等资料的真实性、完备性进行审查，确保交易标的权属清晰，交易行为依法合规；

（二）对信息披露的规范性负责，确保交易挂牌、摘牌等相关信息真实、可靠，在公开的信息公布平台上永久可查；

（三）建立信息共享机制，实现互联互通，实时报送国有产权相关交易信息；

（四）每季度结束后15个工作日内，向财政部门报送上季度金融企业国有产权交易开展情况；

（五）健全档案管理机制，对交易行为涉及的全部资料应进行梳理分类、存档备查。

产权交易机构对（一）、（二）项所述信息的真实性审查遵循尽职免责原则，相关资料提供方的责任不因提交产权交易机构审查发生转移。

第九条 对不符合本规定第三条和第六条所述条件，以及违反本规定第八条所述要求的产权交易机构，属地省级财政部门应及时纠正处理，并通过适当方式向社会公告。

第十条 产权交易机构应严守商业秘密，不得泄露意向受让方竞价等信息，不得参与串通交易。对违法违规、弄虚作假，损害国有金融资本出资人权益的行为，财政部门可按有关规定进行处理。

第十一条 本规定由财政部负责解释。

第十二条 本规定自发布起施行。

财政部关于印发《国有资产评估项目备案管理办法》的通知

财企〔2001〕802号

各省、自治区、直辖市、计划单列市财政厅（局），上海市、厦门市、深圳市国有资产管理局（办公室），党中央有关部门，国务院有关部委、有关直属机构，各中央管理企业，国家开发银行，中国农业发展银行，中国进出口银行，中国工商银行，中国农业银行，中国银行，中国建设银行，交通银行，招商银行，中国民生银行，中国人民保险公司，中国人寿保险公司，中国再保险公司，中国国际信托投资公司，中国光大（集团）总公司，中央国债登记结算有限责任公司，中国银河证券有限责任公司，中国民族国际信托投资公司，中国经济开发信托投资公司，中国科技国际信托投资有限责任公司，中煤信托投资有限责任公司，全国人大常委会办公厅，全国政协办公厅，高法院，高检院，总后勤部，武警总部，有关人民团体，新疆生产建设兵团（财政局）：

根据《国务院办公厅转发财政部关于改革国有资产评估行政管理方式加强资产评估监督管理工作意见的通知》（国办发〔2001〕102号），我们制定了《国有资产评估项目备案管理办法》现印发给你们，请遵照执行。

附件：1. 国有资产评估项目备案管理办法

2. 国有资产评估项目备案表（略）

中华人民共和国财政部

二〇〇一年十二月三十一日

国有资产评估项目备案管理办法

第一条 根据《国务院办公厅转发财政部关于改革国有资产评估行政管理方式加强资产评估监督管理工作意见的通知》（国办发〔2001〕102号），制定本办法。

第二条 本办法适用于除核准项目以外的所有国有资产评估项目。

第三条 本办法所称国有资产评估项目备案，是指国有资产占有单位（以下简称占有单位）按有关规定进行资产评估后，在相应经济行为发生前将评估项目的有关情况专题向财政部门（或国有资产管理部门，下同）、集团公司、有关部门报告并由后者受理的行为。

第四条 国有资产评估项目备案工作实行分级管理。

中央管理的企业集团公司及其子公司，国务院有关部门直属企事业单位的资产评估项目备案工作由财政部负责；子公司或直属企事业单位以下企业的资产评估项目备案工作由集团公司或有关部门负责。

地方管理的占有单位的资产评估项目备案工作比照前款规定的原则执行。

评估项目涉及多个国有产权主体的，按国有股最大股东的资产财务隶属关系办理备案手续；持股比例相等的，经协商可委托其中一方办理备案手续。

第五条 办理备案手续需报送以下文件材料：

（一）占有单位填报的《国有资产评估项目备案表》（附件二）；

（二）资产评估报告（评估报告书、评估说明和评估明细表可以软盘方式报备）；

（三）其他材料。

第六条 办理备案手续应当遵循以下程序：

（一）占有单位收到评估机构出具的评估报告后，对评估报告无异议的，应将备案材料逐级报送财政部门（集团公司、有关部门）；

（二）财政部门（集团公司、有关部门）收到占有单位报送的备案材料后，对材料齐全的，应在10个工作日内办理备案手续；对材料不齐全的，待占有单位或评估机构补充完善有关材料后予以办理。

第七条 评估项目备案后，需对评估结果进行调整的，占有单位应自调整之日起15个工作日内向原备案机关重新办理备案手续，原备案表由备案机关收回。

第八条 财政部门建立评估项目备案统计报告制度。中央管理的企业集团公司或有关部门应于每季度终了15个工作日内将备案项目情况统计汇总后上报财政部；省级（含计划单列市，下同）财政部门应于每年度终了30个工作日内将本省备案项目情况统计汇总后上报财政部。

第九条 各级财政部门、中央管理企业集团公司、国务院有关部门应加强对评估项目备案工作的管理，对备案项目必须严格逐项登记，建立评估项目备案档案管理制度。

第十条 各级财政部门应加强对评估项目备案情况的监督检查，确保备案项目经济行为和国有资产评估行为的合法性。

第十一条 省级财政部门、集团公司或有关部门可以根据本办法制定补充规定。

第十二条 本办法自发布之日起施行。

关于印发《关于加强地方国有企业债务风险管控工作的指导意见》的通知

国资发财评规〔2021〕18号

各省、自治区、直辖市及计划单列市和新疆生产建设兵团国资委：

近期，个别地方国有企业发生债券违约，引发金融市场波动和媒体关注。中央、国务院领导同志高度重视，要求加强国有企业债务风险处置和防范应对工作。国务院金融稳定发展委员会召开专题会议研究部署风险防范化解工作，要求地方政府和地方国有企业严格落实主体责任，防范化解重大债务风险，维护金融市场稳定，并要求国务院国资委督促指导地方加强国有企业债务风险管控。为此，国务院国资委结合中央企业债务风险管控工作实践，研究制定了《关于加强地方国有企业债务风险管控工作的指导意见》，现印发给你们，请结合地方国有企业实际，认真组织实施。

国务院国资委

2021年2月28日

关于加强地方国有企业债务风险管控工作的指导意见

为贯彻落实国务院金融稳定发展委员会工作要求，指导地方国资委进一步加强国有企业债务风险管控工作，有效防范化解企业重大债务风险，坚决守住不引发区域性、系统性金融风险的底线，现提出以下意见：

一、充分认识当前加强国有企业债务风险管控的重要性

加强国有企业债务风险管控，是贯彻落实党中央、国务院决策部署，打好防范化解重大风险攻坚战的重要举措；是维护金融市场稳定和地区经济平稳运行的客观需要；是落实国企改革三年行动，推动国有企业加快实现高质量发展的内在要求。各地方国资委要进一步提高政治站位，增强责任意识，充分认识当前加强地方国有企业债务风险管控的重要性、紧迫性，督促指导地方国有企业严格落实主体责任，切实增强底线思维和风险意识，依法合规开展债务融资和风险处置，严格遵守资本市场规则和监管要求，按期做好债务资金兑付，不得恶意逃废债，努力维护国有企业良好市场信誉和金融市场稳定。

二、完善债务风险监测预警机制，精准识别高风险企业

各地方国资委要加快建立健全地方国有企业债务风险监测预警机制，完善重点债务风险指标监测台账，逐月跟踪分析，充分利用信息化手段加强对各级企业债务风险的动态监测，做到早识别、早预警、早应对。可参照中央企业债务风险量化评估体系，结合地方实际情况，探索建立地方国有企业债务风险量化评估机制，综合债务水平、负债结构、盈利能力、现金保障、资产质量和隐性债务等，对企业债务风险进行精准识别，将债务风险突出的企业纳入重点管控范围，采取特别管控措施，督促企业“一企一策”制定债务风险处置工作方案，确保稳妥化解债务风险。

三、分类管控资产负债率，保持合理债务水平

各地方国资委可参照中央企业资产负债率行业警戒线和管控线进行分类管控，对高负债企业实施负债规模和资产负债率双约束，“一企一策”确定管控目标，指导企业通过控投资、压负债、增积累、引战投、债转股等方式多措并举降杠杆减负债，推动高负债企业资产负债率尽快回归合理水平。督促指导企业转变过度依赖举债投资做大规模的发展理念，根据财务承受能力科学确定投资规模，从源头上防范债务风险。加强对企业隐性债务的管控，严控资产出表、表外融资等行为，指导企业合理使用权益类融资工具，对永续债券、永续保险、永续信托等权益类永续债和并表基金产品余额占净资产的比例进行限制，严格对外担保管理，对有产权关系的企业按股比提供担保，原则上不对无产权关系的企业提供担保，严控企业相互担保等捆绑式融资行为，防止债务风险交叉传导。规范平台公司重大项目的投融资管理，严控缺乏交易实质的变相融资行为。

四、开展债券全生命周期管理，重点防控债券违约

各地方国资委要把防范地方国有企业债券违约，作为债务风险管控的重中之重。探索实施债券发行年度计划管理，严格审核纳入债务风险重点管控范围企业的发行方案，严禁欺诈发行债券、虚假披露信息、操纵市场价格等违法违规行为，指导地方国有企业严格限定所属子企业债券发行条件。可参照中央企业债券发行管理有关规定，对纳入债务风险重点管控范围的企业实行比例限制，引导企业做好融资结构与资金安全的平衡、偿债时间与现金流量的匹配。将企业发债品种、规模、期限、用途、还款等关键信息纳入债务风险监测预警机制并实施滚动监测，重点关注信用评级低、集中到期债券规模大、现金流紧张、经营严重亏损企业的债券违约风险，督促指导企业提前做好兑付资金接续安排。对于按期兑付确有困难的，各地方国资委要指导企业提前与债券持有人沟通确定处置方案，通过债券展期、置换等方式主动化解风险，也可借鉴央企信用保障基金模式，按照市场化、法治化方式妥善化解风险。

五、依法处置债券违约风险，严禁恶意逃废债行为

对于已经发生债券违约的，各地方国资委要及时报告本级人民政府，在地方政府的统一领导下，切实履行属地责任，指导违约企业按照市场化、法

治化、国际化原则妥善做好风险处置，通过盘活土地、出售股权等方式补充资金，积极主动与各方债权人沟通协调，努力达成和解方案，同时要努力挽回市场信心，防止发生风险踩踏和外溢。对于已无力化解风险、确需破产的，要督促企业依法合规履行破产程序，强化信息披露管理，及时、准确披露股东或实际控制人变更、资产划转、新增大额债务等重大事项，保障债权人、投资人合法利益。

六、规范债务资金用途，确保投入主业实业

各地方国资委要加强地方国有企业债务融资资金用途管控，督促企业将筹集的资金及时高效投放到战略安全、产业引领、国计民生、公共服务等关键领域和重要行业，原则上要确保投资项目的回报率高于资金成本，切实发挥资本市场服务实体经济的功能作用。督促企业严格执行国家金融监管政策，按照融资协议约定的用途安排资金，突出主业、聚焦实业，严禁过度融资形成资金无效淤积，严禁资金空转、脱实向虚，严禁挪用资金、违规套利。探索对企业重大资金支出开展动态监控，有效防范资金使用风险。

七、全面推动国企深化改革，有效增强抗风险能力

各地方国资委要坚决贯彻落实国企改革三年行动要求，立足地方国有企业债务风险管控长效机制建设，督促指导企业通过全面深化改革破解风险难题。通过加强“两金”管控、亏损企业治理、低效无效资产处置、非主业非优势企业（业务）剥离等措施，提高企业资产质量和运行效率。严控低毛利贸易、金融衍生、PPP 等高风险业务，严禁融资性贸易和“空转”“走单”等虚假贸易业务，管住生产经营重大风险点。加快推进国有经济布局优化和结构调整，加速数字化、网络化、智能化转型升级，加快发展新技术、新模式、新业态，不断增强自主创新能力、市场核心竞争力和抗风险能力。

八、发挥监管合力，完善国有企业债务风险管控工作体系

各地方国资委要把加强地方国有企业债务风险管控作为一项系统性工程，从投资规划、财务监管、考核分配、资本预算、产权管理、内控管理、监督追责和干部任免等国资监管的各个环节综合施策，完善监管体系，发挥监管合力，筑牢风险底线。加强与当地人民银行分支机构和证监局等部门的合作，推动债务风险信息共享，共同预警防范企业重大债务风险。国务院国资委将按照推动构建国资监管大格局的要求，督促指导地方加强地方国有企业债务风险管控，加快建立工作联系机制、日常监测机制、风险评估指导机制和重大风险报告机制。

各省级国资委要按照本通知要求督促指导地市和区县级国资监管机构做好监管企业债务风险管控工作。

国管局关于《中央行政事业单位国有资产管理暂行办法》的补充通知

国管资〔2023〕266 号

中央国家机关各部门、各单位：

根据《行政事业性国有资产管理条例》和工作实际，现就《中央行政事业单位国有资产管理暂行办法》（国管资〔2009〕167 号，以下简称《办法》）中资产处置事项有关规定补充通知如下：

将《办法》第三十七条“各部门发生下列国有资产管理重大事项，应当报国管局审批”中第三款“……单价或批量价值 200 万元（含）以上的其他资产处置”，修改为“……单价或批量价值 1500 万元（含）以上的其他资产处置”。

请各部门落实主体责任，严格按照《办法》和本通知等规定执行。此前有关规定与本通知不一致的，以本通知为准。

通知自印发之日起施行。执行中的有关问题，请及时向我局反映。

国家机关事务管理局

2023 年 10 月 13 日

中央行政事业单位国有资产管理暂行办法

第一章　总　　则

第一条　为加强中央行政事业单位国有资产管理，保障机关运转，降低行政成本，建设节约型机关，根据有关法律、法规制定本办法。

第二条　中央行政事业单位（即国务院各部

门、各直属事业单位，最高人民法院，最高人民检察院，行政经费在国务院系统的人民团体，以下简称各部门）的国有资产管理，适用本办法。

第三条　中央行政事业单位国有资产管理实行统一制度、分级管理。

国务院机关事务管理局（以下简称国管局）负责中央行政事业单位国有资产管理工作，制订具体制度和办法并组织实施，承担产权界定、清查登记、资产处置工作；管理中央行政事业单位机关和机关服务中心等的国有资产，接受财政部的指导和监督检查。

各部门按规定负责本部门国有资产管理工作，接受国管局的指导和监督检查。

第四条　国管局应当完善中央行政事业单位国有资产管理制度，健全监督机制，推进管理创新，提高国有资产管理水平。

各部门应当认真履行管理职责，建立健全本部门国有资产管理具体制度，明确资产占有、使用单位的管理责任，维护资产安全完整和保值增值。

第五条　中央行政事业单位国有资产管理应当坚持规范、节俭、效能的原则，逐步完善制度标准体系，加强资产配置、使用和处置全过程管理；创新服务方式，推进管理信息化建设，提高管理科学化、规范化、专业化水平，实现资产管理与预算管理、财务管理、政府采购相结合。

第二章　资产配置

第六条　资产配置应当坚持保障需要、节俭适用、节能环保、从严控制的原则。各部门有下列情形之一的，可以申请配置资产：

（一）新增机构或人员编制的；

（二）增加工作职能和任务的；

（三）现有资产按规定处置后需要配置的；

（四）现有资产无法满足工作需要的其他情形。

第七条　国管局根据国家政策和中央行政事业单位实际，制定办公用房、公务用车、办公设备和办公家具等通用资产配置标准；各部门负责制定其他资产配置标准，报国管局备案。

第八条　资产配置标准应当明确资产的数量、价格、性能和最低使用年限等标准，符合履行职能基本需要，严禁铺张浪费，并根据国家政策、经济社会发展和技术进步等因素及时修订完善。

第九条　配置资产应当严格执行标准，无特殊工作需要，不得超标准配置资产。

第十条　资产配置方式主要包括购置、调剂、租赁、受赠等。凡能通过调剂方式解决的，原则上不得购置。

第十一条　通用资产配置实行年度计划管理。各部门根据履行职能和事业发展需要，依据资产配置标准和费用支出标准，综合考虑资产存量状况等因素，提出拟配置资产的品目、数量、用途、投入使用或开工时间，测算经费额度，明确资金来源，制定本部门年度资产配置计划。

第十二条　各部门纳入年度资产配置计划的资产，应当委托集中采购机构代理采购，不得以任何理由规避政府集中采购。

第十三条　其他资产配置事项由各部门依据有关规定和标准进行管理，并在国有资产年度决算报告中反映。

第三章　资产使用和日常管理

第十四条　各部门应当明确国有资产管理机构和人员，健全资产验收、入账、领用、保管、维护维修等内部管理制度，规范工作规程，加强资产日常管理。

第十五条　各部门应当建立健全资产账卡和档案管理制度，建立和完善资产管理信息系统；对新增资产应当及时验收、登记入账，并将资产变动情况录入资产管理信息系统。资产入账凭证是财务处理的依据。

第十六条　中央行政事业单位国有资产账包括固定资产账、无形资产账和对外投资资产账，相关信息应当按规定统一内容和格式，全面真实反映资产的使用管理情况。

第十七条　各部门应当建立资产领用交还制度。工作人员和机构配备资产，须办理领用手续；人员调离（退休）等，应当办理资产交还手续。

第十八条　各部门应当将资产管理责任落实到岗位和人员，防止资产非正常损失和浪费。造成资产非正常损失和浪费的，相关责任人应当承担相应责任。

第十九条　各部门应当加强资产的日常维护保养和维修，确保资产在规定使用期内性能良好。

第二十条　各部门应当每年进行资产全面清查盘点，并按规定调整相关账卡，做到账实、账卡、账账相符。对清查盘点中发现的问题，应当查明原因，说明情况，并在国有资产年度决算报告中反映。

第二十一条 未经批准，各部门不得出租、出借国有资产。出租、出借国有资产应当严格控制，从严审批。

第二十二条 各部门应当对用于对外投资、出租、出借的资产实行专项管理，加强风险控制和收益管理，并在国有资产年度决算报告中反映。

第二十三条 各部门应当加强对专利权、商标权、著作权、非专利技术、商誉等无形资产的管理，依法保护，合理运用。

第二十四条 各部门出现下列情形之一的，应当进行资产清查：

（一）根据国家专项工作要求或实际工作需要，纳入统一组织资产清查范围的；

（二）机构变动（分立、撤销、合并、改制及隶属关系改变）的；

（三）因重大自然灾害等不可抗力造成国有资产严重损失的；

（四）会计信息严重失真或国有资产重大流失的；

（五）按照国家有关规定应当进行资产清查的其他情形。

根据国家专项工作要求进行资产清查的，由国管局统一组织实施；其他资产清查由各部门组织实施，并将清查结果报国管局备案。

第四章 资产处置

第二十五条 符合下列情形之一的资产，应当按本办法规定进行处置：

（一）闲置或超标准配置的；

（二）罚没或按规定应当上缴的；

（三）因机构变动发生占有权、使用权变更的；

（四）达到报废期限或因技术原因不能安全有效使用的；

（五）不符合节能环保要求的；

（六）盘亏、呆账及非正常损失的；

（七）其他依照国家规定需要处置的。

第二十六条 资产处置应当与资产配置、使用和回收利用相结合，逐步建立资产共享、循环利用机制。

第二十七条 资产处置方式包括调剂、捐赠、转让、置换、报损、报废、对外投资等。

第二十八条 资产处置优先选择调剂方式进行；无法调剂的，可通过转让、置换、捐赠等方式处置。资产捐赠应当以支持公益事业或扶持贫困地区发展为目的。

第二十九条 各部门行政单位和参照公务员法管理的单位，不得将国有资产用于对外投资。其他事业单位应当严格控制对外投资，不得利用国家财政拨款、上级补助资金和维持事业正常发展的资产对外投资。

第三十条 国管局负责建立中央行政事业单位国有资产处置平台，各部门应当按规定通过国有资产处置平台处置资产。

第三十一条 资产处置应当严格履行申报审批手续，未经批准不得自行处置。

第三十二条 资产处置的批复是调整资产、财务账目的凭证。各部门应当根据资产处置批复，及时调整资产、财务账目，办理产权变动登记等相关手续。

第三十三条 资产处置收入按政府非税收入和国家有关规定管理。

第三十四条 中央行政事业单位发生机构变动，应当对占有、使用的国有资产进行清查登记，编制清册，提出处理意见，报国管局审核同意后办理处置手续。

第五章 报告制度

第三十五条 中央行政事业单位国有资产管理实行报告制度，包括年度决算报告、重大事项报告和专项工作报告等。

第三十六条 各部门应当按规定编制国有资产年度决算报告。国有资产年度决算报告应当内容完整、信息真实、数据准确，主要包括：

（一）单位机构人员等基本信息；

（二）流动资产、固定资产、无形资产、对外投资、在建工程资产情况；

（三）资产配置情况，包括资产配置标准、资产配置计划和政府集中采购执行等情况；

（四）对外投资、出租、出借资产专项管理情况；

（五）资产处置情况，包括处置方式、程序、结果等情况；

（六）房屋建筑物、车辆管理和使用情况；

（七）资产清查盘点情况；

（八）其他应当报告的事项。

国有资产年度决算报告经国管局批复后，作为调整资产账目和考核评价、监督检查的依据。

第三十七条 各部门发生下列国有资产管理重

大事项，应当报国管局审批：

（一）办公用房等房屋资产的配置、处置，以及出租、出借；

（二）部级干部用车和机关公务用车配置、处置；

（三）机关和机关服务中心等的年度资产配置计划，资产出租、出借，对外投资及单价或批量价值200万元（含）以上的其他资产处置；

（四）重要会议、大型活动资产配置和处置；

（五）其他重大事项。

第三十八条　国管局根据国务院统一部署和国有资产管理工作需要，组织开展专项调查、统计等工作，各部门应当按要求编制专项工作报告。

第三十九条　国管局负责汇总、分析中央行政事业单位国有资产管理有关情况，开展资产管理考核评价工作，定期向财政部报告。

第六章　监督检查与法律责任

第四十条　国管局和各部门按照各自职责监督检查中央行政事业单位国有资产管理工作，并接受财政、审计部门和社会公众的监督。

第四十一条　国管局会同有关部门对资产配置、使用和处置等管理制度执行情况进行重点检查。检查内容主要包括：

（一）资产配置标准、资产配置计划和政府集中采购执行情况；

（二）资产处置方式、程序和收益管理情况；

（三）房屋建筑物、车辆管理和使用情况；

（四）对外投资、出租、出借资产专项管理情况；

（五）其他重大事项。

第四十二条　各部门应当对检查出的问题认真整改，并将整改情况报国管局。

第四十三条　各部门违反本办法规定，有下列情形之一的，由国管局和相关部门责令限期改正，逾期不改的予以通报批评，并按《财政违法行为处罚处分条例》和国家有关规定处理：

（一）超计划、超标准配置资产的；

（二）违反政府采购和招标投标规定配置资产的；

（三）拒绝对长期闲置、低效运转的资产进行调剂处置的；

（四）未履行相关程序擅自处置国有资产的；

（五）不按规定上缴资产处置收入的；

（六）不按规定报送资产报告或报送虚假资产信息的；

（七）为评估机构提供虚假资料、干预评估机构独立执业的；

（八）其他违反本办法的情形。

第四十四条　国管局和各部门国有资产管理机构及工作人员违反本办法规定的，按照《行政机关公务员处分条例》及国家有关规定处理；造成国有资产损失的，依法追究责任。

第七章　附　　则

第四十五条　各部门根据本办法制定本部门国有资产管理实施办法，报国管局备案。

第四十六条　中央行政事业单位用地管理，按照《国务院办公厅转发国管局中直管理局关于进一步加强和改进中央单位用地管理工作意见的通知》（国办发〔2006〕84号）及国土资源部、国管局的有关规定执行。

第四十七条　实行企业化管理并执行企业财务会计制度的事业单位，由各部门按照企业国有资产监督管理有关规定进行管理。

第四十八条　本办法由国管局负责解释。

第四十九条　本办法自印发之日起施行。1998年1月8日印发的《中央国家机关国有资产管理暂行办法》（国管财字〔1998〕第7号）、《中央国家机关国有资产基础管理工作制度》（国管财字〔1998〕第22号），2000年2月16日印发的《中央行政事业单位固定资产管理办法》（国管财字〔2000〕32号）同时废止。

关于印发《企业国有资产评估项目备案工作指引》的通知

各中央企业：

为进一步规范企业国有资产评估项目备案工作，提高评估备案工作效率，国资委制定了《企业国有资产评估项目备案工作指引》，现印发给你们。请遵照执行，并及时反馈工作中的有关情况和问题。

企业国有资产评估项目备案工作指引

第一章　总　　则

第一条　为进一步规范中央企业及其各级子企

业（以下简称企业）国有资产评估项目备案管理工作，确保企业改制重组、产权流转等工作顺利进行，依据《中华人民共和国企业国有资产法》、《企业国有资产评估管理暂行办法》（国资委令第12号，以下简称《评估管理办法》）等规定，制定本指引。

第二条 国务院国有资产监督管理委员会和中央企业（以下简称备案管理单位），按照《评估管理办法》规定对应当备案的资产评估项目进行备案管理工作，适用本指引。

第二章 备案工作程序

第三条 企业发生需要进行资产评估的经济行为时，应当按照《关于规范中央企业选聘评估机构工作的指导意见》（国资发产权〔2011〕68号）等文件规定聘请具有相应资质的评估机构。

第四条 在资产评估项目开展过程中，企业应当就工作情况及时通过中央企业资产评估管理信息系统向备案管理单位报告，包括评估基准日选定、资产评估、土地估价、矿业权评估和相关审计等情况。必要时，备案管理单位可对资产评估项目进行跟踪指导和现场检查。

第五条 企业收到评估机构出具的评估报告后，应当在评估基准日起9个月内将备案申请材料逐级报送备案管理单位。在报送备案管理单位之前，企业应当进行以下初步审核：

（一）相关经济行为是否符合国家有关规定要求。

（二）评估基准日的选择是否合理。

（三）执业评估机构及人员是否具备相应资质。

（四）评估范围是否与经济行为批准文件或重组改制方案内容一致。

（五）纳入评估范围的房产、土地及矿产资源等资产权属要件是否齐全。

（六）被评估企业是否依法办理相关产权登记事宜。

（七）评估报告、审计报告等资料要件是否齐全。

第六条 企业提出资产评估项目备案申请时，应当向备案管理单位报送下列文件材料：

（一）资产评估项目备案申请文件。

（二）资产评估项目备案表（一式三份）。

（三）与评估目的相对应的经济行为批准文件或其他有效文件，包括相关单位批复文件以及企业董事会决议或总经理办公会议纪要等。

（四）评估所涉及的资产改制重组、产权流转方案或发起人协议等材料。

（五）评估机构提交的评估报告（包括评估报告书、评估说明、评估明细表及其电子文档等）及其主要引用报告（包括审计报告、土地估价报告、矿业权评估报告等）。

（六）被评估资产权属证明文件。

（七）与经济行为相对应的无保留意见标准审计报告。如为非标准无保留意见的审计报告时，对其附加说明段、强调事项段或修正性用语，企业需提供对有关事项的书面说明及承诺。

（八）拟上市项目或已上市公司的重大资产重组项目，评估基准日在6月30日（含）之前的，需提供最近三个完整会计年度和本年度截至评估基准日的审计报告；评估基准日在6月30日之后的，需提供最近两个完整会计年度和本年度截至评估基准日的审计报告。其他经济行为需提供最近一个完整会计年度和本年度截至评估基准日的审计报告。

（九）资产评估各当事方的相关承诺函。评估委托方、评估机构、被评估企业（产权持有单位）均应当按照评估准则的相关规定出具承诺函。

（十）需要提供的其他材料。

第七条 企业应当按照《关于启用中央企业资产评估管理信息系统有关事项的通知》（国资厅产权〔2012〕201号），及时将项目基本情况、评估报告等录入中央企业资产评估管理信息系统，并组织开展审核工作。必要时可组织有关专家参与评估项目评审工作。

第八条 备案管理单位收到备案申请材料后，应当在10个工作日内向企业出具审核意见。企业应当及时组织相关中介机构逐条答复审核意见，并根据审核要求对资产评估报告、土地估价报告、矿业权评估报告和相关审计报告等进行补充修改，并将调整完善后的备案申请材料和审核意见答复在10个工作日内报送备案管理单位，备案管理单位应当及时组织复审。经审核符合备案要求的，应当在10个工作日内办理完成备案手续。

第三章 资产评估报告审核要点

第九条 备案管理单位应当严格按照《评估管理办法》、《企业国有资产评估报告指南》等企业国有资产评估管理法规和相关评估准则，对备案事项相关行为的合规性、评估结果的合理性等进行审核。

第十条　备案管理单位应当对资产评估报告以下内容进行重点审核：

（一）评估委托方、被评估企业（产权持有单位）概况。

（二）评估目的。

（三）评估对象和评估范围。

（四）价值类型及其定义。

（五）评估基准日。

（六）评估依据。

（七）评估程序实施过程和情况。

（八）评估方法。

（九）评估结论。

（十）特别事项说明。

（十一）签字盖章。

（十二）评估报告附件。

第十一条　备案管理单位审核评估委托方、被评估企业（产权持有单位）概况，应当关注是否对被评估企业历史沿革、股权结构（图）、股权变更、经营管理等情况进行了必要说明，是否反映了近三年的资产、财务、经营状况。存在关联交易的，应当关注是否披露了关联方、交易方式等基本情况。

第十二条　备案管理单位审核评估目的，应当关注评估报告中是否清晰、明确地说明本次资产评估的经济行为目的；以及评估所对应的经济行为获得批准的情况或者其他经济行为依据。

第十三条　备案管理单位审核评估对象和评估范围，应当关注评估对象的基本情况，包括法律权属状况、经济状况和物理状况等；关注评估范围是否与经济行为批准文件、评估业务委托约定书等确定的资产范围一致。

企业价值评估中，备案管理单位应当关注评估范围是否包括了企业拥有的实物资产和专利技术、非专利技术、商标权等无形资产，以及明确的未来权利、义务（负债），特别是土地使用权、探矿权、采矿权等。对实际存在但未入账或已摊销完毕的无形资产、未来义务及或有事项等是否在《企业关于进行资产评估有关事项的说明》中进行了详细说明。

第十四条　备案管理单位审核价值类型及其定义，应当关注评估报告是否列明了所选择的价值类型及其定义。选择市场价值以外的价值类型，应当关注其选择理由和选取的合理性。

第十五条　备案管理单位审核评估基准日，应当关注评估基准日的选择是否接近评估目的对应的经济行为或特定事项的实施日期。企业在评估基准日后如遇重大事项，如汇率变动、国家重大政策调整、企业资产权属或数量、价值发生重大变化等，可能对评估结果产生重大影响时，应当关注评估基准日或评估结果是否进行了合理调整。

备案管理单位审核涉及上市公司股份间接转让项目时，应当关注所选择的评估基准日是否符合《国有股东转让所持上市公司股份管理暂行办法》（国资委证监会令第19号）规定，即上市公司股份价格确定的基准日应与国有股东资产评估的基准日一致。国有股东资产评估的基准日与国有股东产权持有单位对该国有股东产权变动决议的日期相差不得超过一个月。

第十六条　备案管理单位审核评估依据，应当关注以下内容：

（一）经济行为依据。

重点关注经济行为依据的合规性和完整性。

（二）法律法规、评估准则、权属、取价等依据。

1. 重点关注评估工作过程中所引用的法律法规和技术参数资料等是否适当。评估依据是否明确、规范、具体，便于查阅和理解；评估依据是否具有代表性，且在评估基准日有效。

2. 收集的价格信息、工程定额标准等是否与评估对象具有较强的关联性。结合评估目的、业务性质和行业特点等，重点关注取价依据、法律法规依据的相关性及其对资产评估结果的影响。

3. 关注土地、房屋建筑物及无形资产等重要资产的权属和使用状况。被评估资产是否权属清晰、权属证明文件齐备。对重要资产权属资料不全面或存在瑕疵的，企业是否已经妥善解决。

4.《企业国有资产评估报告指南》、国资委有关资产评估管理及评估报告审核相关规范文件等是否列示在评估依据文件中。

第十七条　备案管理单位审核评估程序实施过程和情况，应当重点关注评估机构在评估过程中是否履行了必要评估程序，评估过程是否完整，是否存在未履行评估准则规定的必要评估步骤的行为。

备案管理单位应当重点关注资产清查情况。针对评估报告中关于资产清查情况的说明，应当结合特别事项说明、资产评估明细表和资产权属证明文件，以及改制方案、审计报告等资料，对评估范围进行核对，核实是否有账外资产、或有负债、资产

（土地、车辆等）权利人与实际使用人不一致等情况。应当关注对企业资产状况的描述，尤其是房地产、无形资产、长期股权投资等重大资产，核实是否存在隐匿或遗漏。

第十八条 备案管理单位审核评估方法，应当重点关注评估方法选择是否合理，是否符合相关评估准则的规定要求，以及评估过程中评估参数选取是否合理等。以持续经营为前提进行企业价值评估时，对企业（含其拥有实际控制权的长期股权投资企业）是否采用了两种或两种以上方法进行评估，并分别说明了选取每种评估方法的理由和确定评估结论的依据。

第十九条 对使用收益法评估的，备案管理单位审核时应当重点关注以下内容：

（一）对企业资产、财务情况的分析是否充分、合理。是否对被评估企业财务报表的编制基础、不具有代表性的收入和支出，如非正常和偶然性的收入和支出等进行了合理调整；是否对被评估企业的非经营性资产、负债和溢余资产进行单独分析，合理判断资产、债务、经营业务配置的有效性，划分与收益存在直接相关性的资产、债务情况。对于不能或不需归集的，是否单独进行评估。

（二）收益预测是否合理。是否根据企业资本结构、经营模式、收益情况等选择了恰当的收益模型，对应的折现率确定过程和依据是否合理。在确定收益预测期间时，是否合理考虑被评估企业经营状况和发展前景，及其所在行业现状、发展前景，国家相关行业政策、企业经营期限及主要产品的经济寿命年限等，并恰当考虑预测期后的收益情况及相关终值的计算。

是否合理预测了相关参数，如被评估企业的收入、成本及费用、折旧和摊销、营运资金、资本性支出、折现率、负债、溢余资产和非经营性资产等。关注相关参数确定的依据是否充分，测算过程是否完整，是否有完整的预测表及说明。

第二十条 对使用市场法评估的，备案管理单位审核时应当重点关注以下内容：

（一）选择的可比案例是否与被评估企业具有可比性，是否处于同一行业或相近行业，或者是受共同因素决定或影响。是否对可比案例及被评估企业的数据进行了必要的分析调整，并消除了偶然性因素的影响。

（二）选择的可比因素是否是企业价值的决定因素，选择的价值比率是否适当可靠，是否经过了必要的修正调整。是否选择了多种可比因素，对于不同可比因素得到的不同评估值是否能够合理的选择计算。

第二十一条 备案管理单位审核评估结论，应当关注评估结果是否涵盖了评估范围，及其与评估目的和经济行为的一致性和适用性。采用两种或两种以上方法进行企业价值评估时，应当关注不同评估方法结果的差异及其原因和最终确定评估结论的理由。

第二十二条 备案管理单位审核特别事项说明，应当关注以下内容：

（一）企业是否逐条分析特别事项说明中的披露事项，了解特别事项形成原因、性质及对评估结果影响程度，并分别对以下事项进行了处理：

1. 对权属资料不全面、评估资料不完整、经济行为有瑕疵等情形，企业是否已经补充完善。

2. 对评估机构未履行必要程序，通过特别事项说明披露大量问题，影响评估结论的，企业和评估机构是否已经妥善解决。

（二）企业是否通过内部审核论证，对未在评估报告中说明但可能对评估结论产生重大影响的事项，与评估机构沟通确定是否须在特别事项说明中披露；对于不宜在报告中披露的，企业是否形成了专项处理意见。

第二十三条 备案管理单位审核签字盖章，应当对照《企业国有资产评估报告指南》等规定，关注评估报告签字盖章是否齐全、规范、清晰。应当关注公司制评估机构的法定代表人或者合伙制评估机构负责该评估业务的合伙人是否在评估报告上签字。关注《企业关于进行资产评估有关事项的说明》是否已经由评估委托方单位负责人和被评估企业（产权持有单位）负责人签字，加盖相应单位公章并签署日期。

第二十四条 备案管理单位审核评估报告附件，应当关注附件是否齐全，评估报告附件内容及其所涉及的签章是否清晰、完整，相关内容是否与评估报告摘要、正文一致。附件为复印件的，评估机构是否与原件进行了核对。

备案管理单位审核《评估业务约定书》，应当关注资产评估项目的评估委托方式是否合规，签署内容是否完整，经济行为与评估报告披露内容是否一致等。

第四章 其他报告审核要点

第二十五条 备案管理单位应当关注审计报告

中的以下内容：

（一）审计报告与评估报告之间数据勾稽关系是否合理一致；审计范围是否与经济行为批准文件、审计业务委托约定书等确定的资产范围一致，以及合并报表的合并范围是否合理。

（二）审计报告报表与报表附注之间勾稽关系是否一致；主要会计政策是否合理，包括收入确认原则、成本核算原则等。

（三）企业整体改制涉及资产剥离时，剥离原则是否与改制方案一致，以及模拟的时点是否合理。

（四）涉及计提减值准备时，各项资产计提减值准备的依据和比例是否合理。

第二十六条　备案管理单位应当关注土地使用权估价报告中的以下内容：

（一）土地估价范围、权属、土地资产处置审批与土地估价报告备案情况。如果评估基准日存在划拨土地，应当重点关注划拨土地的处置情况：

1. 关注是否有划拨土地处置审批文件，审批文件是否合法有效、审批内容是否与实际评估土地一致等；

2. 如果是未经处置的划拨土地，应当关注其未处置理由的合规性以及评估中处理方式的合理性等。

（二）土地地价定义是否符合相关准则要求。关注估价方法选取的合理性；相关参数选取依据是否充分、计算过程是否完整及评估结果选取是否合理等。

第二十七条　备案管理单位应当关注矿业权评估报告中的以下内容：

（一）矿业权评估范围、权属、矿业权价款缴纳情况、矿产资源储量评审备案情况。

（二）矿业权评估报告是否符合相关准则要求；评估方法选取是否合理；相关参数选取依据是否充分、计算过程是否完整、确定的结果是否合理。

第二十八条　资产评估结果引用土地使用权、矿业权或者其他相关专业评估报告评估结论的，应当关注以下事项：

（一）资产评估师是否对所引用报告进行了必要的专业判断，并声明其了解所引用报告结论的取得过程，承担引用报告结论的相关责任。

（二）所引用报告评估目的、价值类型是否一致；评估基准日、评估结论使用有效期是否一致；评估假设是否一致，资产评估引用结果是否与所引用报告披露的结果一致，所引用报告披露的相关事项说明是否与资产评估报告一致。

第五章　境外评估或估值报告审核要点

第二十九条　备案管理单位审核境外评估或估值报告，应当关注评估或估值机构的选聘是否符合《中央企业境外国有产权管理暂行办法》（国资委令第27号）和《关于加强中央企业境外国有产权管理有关工作的通知》（国资发产权〔2011〕144号）等规定。

第三十条　对境外企业国有资产评估或估值项目，备案管理单位应当关注评估或估值机构是否协助企业进行尽职调查、询价，是否参与交易过程。经济行为涉及的交易对价是否以评估或估值结果为基础，确有差异的是否具有充足合理的理由。

第三十一条　审核境外评估及估值机构出具的评估或估值报告，应当关注其是否明示了所依据的评估准则，是否合理参考了境内评估准则及要求。评估或估值结果是否以人民币为计量币种。使用其他币种计量的，是否注明了该币种与人民币在评估基准日的汇率。如果评估或估值结果为区间值的，应关注是否在区间之内确定了一个最大可能值，并说明确定依据。

第三十二条　备案管理单位可以使用备案表或者备案确认函的方式对境外评估或估值机构出具的评估或者估值报告予以备案。备案确认函应当简要描述评估项目有关情况，包括评估行为各当事方及经济行为、评估基准日、评估结果使用有效期、评估对象账面价值等内容，明确评估结果区间值及最大可能值，明确评估行为各当事方的权、责、利等执行情况。

第六章　附　　则

第三十三条　地方各级国有资产监督管理机构可以参照本指引，根据当地国有资产产权管理实际情况，制定适合本地使用的国家出资企业资产评估项目备案工作指引。

第三十四条　本指引自印发之日起施行。

关于强化制度执行　进一步推动行政事业性国有资产管理提质增效的通知

财资〔2024〕155号

党中央有关部门，国务院各部委、各直属机构，全国人大常委会办公厅，全国政协办公厅，最高人民法院，最高人民检察院，各民主党派中央，有关人民团体，各省、自治区、直辖市、计划单列市财政厅（局），新疆生产建设兵团财政局，有关中央管理企业：

近年来，为有效保障各级各类行政事业单位全面贯彻落实党中央决策部署，财政部不断健全资产管理制度体系，制定了资产配置、使用、处置管理等系列办法，构建了从入口到出口的全链条资产管理制度体系，着力夯实工作基础，全面提升管理水平。各地方、各部门，以及各行政事业单位（以下简称各单位）扎实推进行政事业性国有资产管理（以下简称资产管理）工作，为保障行政事业单位高效履职，促进事业发展，推进各项改革发挥了重要物质保障作用。行政事业性国有资产涉及面广、类型多样、情况复杂，实际工作中还存在部分单位重视程度不高、制度执行和责任落实不到位、规范管理主动性不强等问题。为更好落实党中央关于加强财政资源统筹等部署要求，全面强化制度执行，推动资产管理提质增效，根据《行政事业性国有资产管理条例》等制度规定，现就有关事项通知如下：

一、落实资产管理职责，强化管理制度执行

各级财政部门、各主管部门和各单位应当按照《行政事业性国有资产管理条例》规定，落实“国家统一所有、政府分级监管、各部门及其所属单位直接支配”的资产管理体制，进一步提升资产管理效益。各级财政部门要进一步健全和完善制度，明确管理要求并强化制度执行和监督检查，发挥管总统筹职能作用，指导各主管部门按照职责分工做好相关资产管理工作。各主管部门要切实履行好本部门及所属单位国有资产的监督管理主体责任，组织全面落实资产管理制度，督促推动检查发现问题的整改。各单位要建立健全资产管理内部控制机制，强化职责分工、密切协调配合，抓好具体管理，确保制度执行到位、责任落实到人。

二、夯实基础管理工作，确保家底清晰准确

各主管部门、各单位要严格做好各类资产登记和核算，所有资本性支出应当形成资产并予以全程登记，准确完整登记资产信息卡，按照国家统一的会计制度等要求，及时准确进行会计核算，避免已取得或已处置资产不做账务处理、已交付使用的在建工程未按照规定转入相关资产、无形资产未按照规定入账等问题。要落实资产定期盘点制度，每年至少盘点一次，确保账实、账卡、账账相符。信息化项目形成的资产应当明确产权归属，按照规定及时入账。有关部门、单位对承担管理维护责任的公共基础设施等行政事业性国有资产要严格做好登记与核算，切实承担维护管理责任，确保公共基础设施等行政事业性国有资产应入尽入、应管尽管。管理维护单位难以确定的，由县级以上人民政府进行明确。各主管部门要加强本部门及所属单位资产产权管理，及时办理土地、房屋等资产权属证书，对有账簿记录但权证手续不全的资产，积极与相关部门沟通，申请确认资产权属，避免权属不清和产权纠纷等问题。鼓励各主管部门、各单位根据工作需要，及时开展资产清查，财政部门要指导各主管部门、各单位按照规定做好资产清查核实工作，对资产清查中发现的账实不符、账账不符问题，要逐一查明原因予以核实，并建立损失追责机制，落实损失赔偿责任，举一反三、完善制度、堵塞漏洞。

三、规范资产管理行为，提升资产管理效果

各主管部门、各单位要严格按照规定标准配置资产，严禁违规超标准配置资产；没有明确规定配置标准的，要结合单位履职需要、资产存量、使用状况和财政承受能力，在充分论证的基础上合理配置。各主管部门及其所属单位应当优先通过调剂方式配置资产，不能调剂的，可以采用租用、购置、建设等方式。各级财政部门、各主管部门和各单位要依法依规编制和审核资产配置相关支出预算，各单位要严格按照预算管理规定和财政部门批复的预算配置资产。严格实行公务用车编制管理，在编制内合理配备公务用车，鼓励使用新能源汽车，按照规定逐步扩大新能源汽车配备比例。原则上不得在资产闲置或对外出租出借的情况下配置同类资产。要加强资产使用管理，各主管部门、各单位之间原则上不得互相占用资产，严格控制资产出租出借和对外投资，未按照规定履行程序不得将资产出租出借和对外投资，经批准出租出借的资产不得转租转借。加强房屋资产、公务用车等重点资产管理，严格按照规定用途使用，并落实安全管理责任，做好日常检查和维修保养，确保安全使用。资产处置要遵循公开、公正、公平和竞争择优的原则，严格按

照规定履行报批程序后及时进行处置，对于报废、报损的资产要及时处理，并相应调整账务。机构改革等涉及的资产划转应当及时完成。要严格执行国家关于资产评估的相关规定，做好国有资产使用、处置中等涉及的资产评估工作。要及时收取各类国有资产收入，并按照有关规定及时上缴国库或纳入单位预算管理，确保收入管理规范有序。

四、推动资产盘活利用，提高资产使用效益

各单位要优化在用资产管理，最大限度发挥在用资产使用价值，切实做到物尽其用。要及时掌握资产闲置、低效运转等使用情况，建立待盘活资产台账并动态更新，结合资产实际情况制定盘活方案。对闲置资产，在本单位、本部门内部加强调剂利用的基础上，积极推进跨部门、跨地区、跨级次资产调剂；对低效运转资产，在确保资产安全使用的前提下，大力推动资产共享共用，可以对提供方给予合理补偿。各级财政部门、各主管部门要加大统筹协调力度，打通资产盘活通道，规范资产盘活管理，持续推动资产盘活工作取得实效。严禁借盘活资产名义，对无需处置的资产进行处置或者虚假交易，以变相虚增财政收入。

五、用好一体化系统，加强资产动态管理

各主管部门、各单位要应用预算管理一体化系统加强资产管理，通过预算管理一体化系统办理资产配置、使用、处置等业务，并按照要求及时更新相关信息，对资产管理各环节进行全程登记，推动实现资产全生命周期精细化管理。各主管部门、各单位要及时将闲置、可共享或待处置的资产信息上传预算管理一体化系统，全面展示可调剂共享资产信息，推动实现资产跨部门、跨地区、跨级次调剂共享。优化预算管理一体化系统公务用车编制管理功能，为编制新增资产相关预算提供真实准确数据。各省级财政部门应当依托预算管理一体化系统建立覆盖本地区各级单位的虚拟公物仓，财政部汇总形成覆盖全国行政事业单位的调剂共享资产信息数据库，推动供需双方调剂共享信息有效衔接。对于实体公物仓，要在科学论证必要性、测算建设和运营维护成本的基础上，征得同级财政部门同意后设立。要坚决防止出现“运动式”建设实体公物仓的情况，避免重复建设。对于已建成的实体公物仓，财政部门要加强监督指导，对建设和运营维护成本过高、效果差的，要及时清理。

六、提高资产报告质量，全面反映管理情况

各级财政部门、各主管部门要高度重视行政事业性国有资产年度报告（以下简称资产年报）编报工作，扎实推进资产年报培训、编制、审核、报告等各项工作，全面反映资产管理情况，切实落实好国有资产报告制度。各单位要按要求应用预算管理一体化系统编报资产年报，确保数据真实、准确、完整、安全，并要符合国家有关保密规定。各主管部门和地方财政部门要加大审核力度，建立健全资产年报与政府部门财务报告、行业管理部门数据的比对审核机制，保障同口径数据的衔接；要深入总结主要工作举措和取得成效，全面反映行政事业性国有资产在推进改革、保障单位履职、支持事业发展和提供基本公共服务等方面的积极作用，梳理分析存在的问题和原因，有针对性研究提出工作思路和解决办法。

七、强化监管跟踪问效，推进监管精准到位

各级财政部门、各主管部门在强化日常监管的同时，要综合运用抽查、巡查等多种监督方式，及时发现并纠正资产管理中的违规问题，通过预算管理一体化系统加强动态管理，逐步实现监管精准及时。各主管部门、各单位要严格按照资产管理各项规定，对资产管理情况进行全面梳理和自查自纠，并对房屋、土地、车辆等资产管理进行重点检查。对发现的问题，要限期做好整改工作，并建立长效机制，实施跟踪问效。各级财政部门、各主管部门要将资产基础管理和配置、使用、处置、收入管理等全过程管理纳入国有资产绩效管理范围，推动资产管理制度全面贯彻执行，进一步提升资产管理水平。

财政部

2024 年 11 月 27 日

中央行政事业单位国有资产使用管理办法

财资〔2024〕116 号

第一章　总　　则

第一条　为规范中央行政事业单位国有资产使

用管理，提高资产使用效能，维护国有资产安全完整，根据《行政事业性国有资产管理条例》（国务院令第738号）等规定，制定本办法。

第二条 本办法所称中央行政事业单位，包括党中央各部门、国务院各部委和各直属机构、全国人大常委会办公厅、全国政协办公厅、最高人民法院、最高人民检察院、各民主党派中央、有关人民团体（以下统称各部门）的机关本级及其所属各级行政事业单位，有关中央管理企业所属的各级事业单位。

第三条 中央行政事业单位国有资产使用方式包括单位自用、出租出借、对外投资等。

中央行政事业单位国有资产应当首先用于本单位履行职能和保障事业发展、提供公共服务，符合规定条件的，可以出租出借、对外投资。

第四条 中央行政事业单位使用国有资产应当遵循安全规范、节约高效、物尽其用、公开透明、权责一致的原则，严格执行国有资产使用管理的规定，加强国有资产使用管理。

第五条 中央行政事业单位应当建立国有资产使用管理制度，明确管理责任，规范使用流程，加强产权保护，提高使用效益。

第二章 管理权限

第六条 财政部和各部门、有关中央管理企业按照规定权限对中央行政事业单位国有资产使用事项进行审核、审批。

财政部批复各部门所属行政事业单位国有资产使用事项、有关中央管理企业所属事业单位国有资产使用事项等文件，同时抄送财政部当地监管局。

第七条 各部门机关本级和机关服务中心的国有资产使用事项，分别由中共中央直属机关事务管理局、国家机关事务管理局、全国人大常委会办公厅、全国政协办公厅（以下统称机关事务管理部门）归口管理。

中央行政事业单位办公用房和公务用车使用管理，按照《党政机关办公用房管理办法》、《党政机关公务用车管理办法》及财政部有关规定执行。

中央和国家机关本级、机关服务中心、所属垂直管理机构和派出机构的办公用房由机关事务管理部门会同各部门管理；中央行政事业单位的业务用房和除上述范围以外单位的办公用房由财政部会同各部门管理。

中央和国家机关本级、机关服务中心的机要通信用车、应急保障用车由机关事务管理部门会同各部门管理；中央行政事业单位执法执勤用车、特种专业技术用车和除上述范围以外单位的机要通信用车、应急保障用车由财政部会同各部门管理。

第八条 除本办法第九条规定外，各部门所属行政事业单位（含垂直管理机构和派出机构，各部门机关本级和机关服务中心除外，下同）、有关中央管理企业所属事业单位国有资产出租出借、对外投资等，单位价值或者批量价值（账面原值，下同）1500万元以上（含1500万元）的，应当由各部门、有关中央管理企业审核同意并出具审核意见后报财政部审批；单位价值或者批量价值1500万元以下的，由各部门、有关中央管理企业自行审批。

各部门所属行政事业单位、有关中央管理企业所属事业单位六个月以内（含六个月）的国有资产出租出借事项，由各部门、有关中央管理企业审批。国有资产连续出租出借给同一承租承借方超过六个月的，按照本条第一款规定权限履行审批手续。

第九条 国家设立的中央级研究开发机构、高等院校对其持有的科技成果，可以自主决定许可或者作价投资，不需报各部门和财政部审批或者备案。涉及国家秘密、国家安全及关键核心技术的科技成果许可或者作价投资，由各部门按照国家有关保密制度的规定审批。国家设立的中央级研究开发机构、高等院校以科技成果转化形成的国有股权进行对外投资等使用事项，由各部门审批。

第十条 中央事业单位国有资产使用涉及武器装备科研生产能力、维修保障能力的，应当经国务院国防科技工业主管部门审核同意后，再履行国有资产出租出借、对外投资等审批程序。

第十一条 财政部、各部门、有关中央管理企业对国有资产使用事项的批复文件，是中央行政事业单位办理国有资产出租出借、对外投资等的依据。

中央行政事业单位国有资产出租出借、对外投资等使用管理情况，应当在行政事业性国有资产管理情况年度报告中予以反映。

第三章 基础管理

第十二条 中央行政事业单位应当按照规定格式建立资产信息卡，填写资产基本信息、财务信息、使用信息、特性信息等。对于权证手续不全、但长期占有使用并实际控制的国有资产，应当建立并登记资产信息卡。

第十三条　中央行政事业单位应当严格依照国家统一的会计制度进行会计核算，不得形成账外资产。

第十四条　中央行政事业单位对通过调剂、购置、建设、租用、接受捐赠等方式取得的资产，应当及时办理验收入库和登记入账手续。

建设项目竣工验收合格后，应当及时办理资产交付手续，并在规定期限内办理竣工财务决算，期限最长不得超过1年。对已交付使用但未办理竣工财务决算的在建工程，应当按规定及时以暂估价值转入固定资产、公共基础设施等。

第十五条　中央行政事业单位应当定期或者不定期对资产进行盘点、对账，每年至少盘点一次。出现资产盘盈盘亏的，应当按照财务、会计和国有资产管理有关制度规定及时处理，做到账实相符、账卡相符、账账相符。

第十六条　中央行政事业单位应当加强国有资产产权管理，确保产权清晰。对需要办理权属登记的国有资产，应当依法及时办理。对有账簿记录但权证手续不全的国有资产，可以向有关主管部门提出确认资产权属申请，及时办理权属登记。

第十七条　中央行政事业单位应当应用预算管理一体化系统加强资产使用管理，并将资产使用状态等信息按照要求及时在预算管理一体化系统中动态更新。

第四章　使用方式

第一节　资产自用

第十八条　中央行政事业单位应当建立健全资产验收、领用、使用、保管和维护等管理制度和流程，严格执行行政事业单位内部控制规范，加强对固定资产、在建工程、流动资产、无形资产等各类国有资产的使用管理。

第十九条　中央行政事业单位应当将使用管理责任落实到人，明确资产使用人和管理人的岗位责任，建立资产领用交回制度，按照规程合理使用、管理资产。资产使用人、管理人发生变化的，应当及时办理资产交接手续。

第二十条　中央行政事业单位应当定期或者不定期检查国有资产使用状况，及时组织资产维修和保养，减少非正常损耗。

第二十一条　中央行政事业单位接受捐赠形成的资产，应当按照捐赠约定的用途使用，捐赠人意愿不明确或者没有约定用途的，应当根据单位需要和捐赠资产性能统筹安排使用。

第二十二条　中央行政事业单位应当加强房屋资产的规范使用和安全管理，严格按照规定使用房屋资产，不得擅自改变使用功能；落实房屋资产安全主体责任，做好日常检查和维修保养，确保安全使用。

第二十三条　中央行政事业单位公务用车实行编制管理，根据机构设置、人员编制和工作需要等因素确定车辆编制。中央行政事业单位应当建立健全公务用车使用管理制度，严格执行，加强监督，降低运行成本。公务用车应当用于保障工作开展，严格按照规定用途使用，严禁公车私用，严禁违规固定给单位内设机构或者个人使用。

第二十四条　中央行政事业单位应当建立资产共享共用与资产配置、绩效管理挂钩的联动机制，将资产共享共用情况作为新增资产配置的重要参考因素，充分利用存量资产，科学配置新增资产，解决资产重复配置、闲置浪费等问题，提高资产使用效益。

第二十五条　中央行政事业单位应当应用预算管理一体化系统资产调剂共享功能，积极推进资产共享共用工作，可以按照共享共用资产平均工时成本和物料消耗合理制定、标示补偿标准，由使用方向提供方给予合理补偿。

国家设立的中央级研究开发机构、高等院校等事业单位，应当将符合条件的科研设施与科研仪器纳入重大科研基础设施和大型科研仪器国家网络管理平台，实行开放共享和高效利用。

第二十六条　鼓励中央行政事业单位合法合规开展软件等无形资产共享共用工作。共享共用的软件等无形资产著作权仍归原单位所有，使用共享软件等无形资产的单位可通过合同约定享受修改权、复制权等部分著作权利。

第二十七条　中央行政事业单位应当依据《中华人民共和国数据安全法》等规定，做好数据资产加工处理工作，提高数据资产质量和管理水平。在确保公共安全和保护个人隐私的前提下，加强数据资产汇聚共享和开发开放，促进数据资产使用价值充分利用。

第二节　出租出借

第二十八条　中央行政事业单位应当严格控制国有资产出租出借行为。对不需使用且难以调剂、难以共享共用的国有资产，经严格论证和集体决策，按照本办法第二章规定的权限履行审批手续后可以出租出借，未经批准不得出租出借。经批准出租出借的国有资产不得转租转借。

第二十九条 中央行政事业单位应当严格控制房屋资产的出租出借行为。除国家另有规定外，中央行政事业单位办公用房、业务用房、其他用房闲置且无法调剂使用、无法按规定转换用途或者置换为其他符合国家政策和需要的资产的，可以按照本办法第二章规定的权限履行审批程序后出租出借，未经批准不得出租出借。经批准出租出借的办公用房、业务用房、其他用房不得转租转借。

第三十条 中央行政事业单位出租出借的国有资产应当权属清晰且不存在纠纷，原则上不得在资产闲置的情况下租用借用、购置同类资产，不得在对外出租出借的情况下租用借用、购置同类资产。

第三十一条 中央行政事业单位国有资产有下列情形之一的，不得出租出借：

（一）已被依法查封、冻结的；

（二）未取得其他共有人同意的；

（三）产权有争议的；

（四）其他违反法律、行政法规规定的。

第三十二条 中央行政事业单位申请出租出借国有资产，应当提供下列材料：

（一）申请文件及单位内部决策文件；

（二）国有资产价值凭证及产权证明，如购货发票或者收据、财务资料、资产信息卡、国有土地使用权证、房屋所有权证、不动产权证、专利证、著作权证等凭据的复印件，并加盖单位公章；

（三）可行性分析报告，包括出租出借的必要性、可行性及风险分析，拟出租出借国有资产的基本情况，并对是否租用借用同类资产情况作出说明，涉及房屋出租出借的，需提供房屋安全情况相关材料；

（四）公开竞价招租材料，双方签署的意向性协议；

（五）拟承租方、承借方的单位法人证书或者企业营业执照、个人身份证复印件等；

（六）其他材料。

第三十三条 中央行政事业单位国有资产出租，应当以公开竞争方式进行，严格控制非公开方式。以公开竞争方式进行的，原则上通过单位或者资产所在地相应的公共资源交易平台、产权交易机构等进行，确保过程公正透明。

中央行政事业单位国有资产出租价格原则上采取公开竞争方式确定。按照国家有关规定需要进行资产评估的，从其规定。

中央行政事业单位国有资产出租出借期限一般不得超过五年。

第三十四条 除国家另有规定外，中央行政事业单位为提供餐饮、住宿、生活服务、文化服务等功能的房屋类国有资产，确需委托专业机构管理或者授权专业机构有偿使用的，原则上以公开竞争方式进行，并按照本办法第二章规定的权限履行审批手续。

第三节 对外投资

第三十五条 除国家另有规定外，中央行政单位不得以任何形式将国有资产用于对外投资或者设立营利性组织，不得利用国有资产对外担保。中央事业单位原则上不得利用房屋类国有资产对外投资。

中央事业单位利用国有资产对外投资应当有利于事业发展和实现国有资产保值增值，符合国家有关规定，经可行性研究和集体决策，按照本办法第二章规定的权限履行审批手续，未经批准不得对外投资。

除有关中央管理企业所属事业单位、本办法第九条和国家另有规定外，中央事业单位原则上不得直接投资新设或者新入股企业；确需新设或者新入股企业的，应当经主管部门审核同意后报财政部审批。

中央事业单位应当明确对外投资形成的股权及其相关权益管理责任，按照规定将对外投资形成的股权纳入经营性国有资产集中统一监管体系。

第三十六条 中央事业单位对外投资的国有资产应当权属清晰且不存在权属纠纷，除国家另有规定外，不得利用财政拨款、财政拨款结转结余资金对外投资，严格控制货币资金对外投资。

第三十七条 中央事业单位不得从事以下对外投资事项：

（一）买卖股票、期货、基金、公司债券，国家另有规定的除外；

（二）购买任何形式的金融衍生品或者进行任何形式的金融风险投资，国家另有规定的除外；

（三）利用国外贷款的事业单位，在国外债务尚未清偿前利用该贷款形成的国有资产对外投资；

（四）其他违反法律、行政法规规定的投资

事项。

第三十八条　中央事业单位申请对外投资，应当提供下列材料：

（一）申请文件及单位内部决策文件；

（二）国有资产价值凭证及产权证明，如购货发票或者收据、财务资料、资产信息卡、国有土地使用权证、房屋所有权证、不动产权证、专利证、著作权证、债权或者股权凭证、投资协议等凭据的复印件，并加盖单位公章；

（三）可行性分析报告，包括对外投资的必要性、可行性及风险分析，拟合作方的基本情况，拟用于对外投资的国有资产类型及来源，对外投资对本单位财务状况和业务活动影响的分析等；

（四）双方签署的意向性协议、拟创办企业的章程草案；

（五）拟合作方法人证书或者企业营业执照、个人身份证复印件等；

（六）中央事业单位上年度财务报表、拟合作方或者被投资方经中介机构审计的上年度财务报告；

（七）其他材料。

第三十九条　中央事业单位对外投资形成的国有资产，应当依照国家统一的会计制度进行核算，不得将对外投资在往来款科目核算，不得形成账外资产。

第四十条　除国家另有规定外，中央事业单位经批准利用国有资产进行对外投资的，应当依法进行资产评估，并按照国有资产评估管理有关规定进行核准或者备案。

国家设立的中央级研究开发机构、高等院校将其持有的科技成果许可或者作价投资给国有全资企业的，可以不进行资产评估；许可或者作价投资给非国有全资企业的，由单位自主决定是否进行资产评估；通过协议定价的，应当在本单位公示科技成果名称和拟交易价格。

第五章　使用收入

第四十一条　中央行政事业单位国有资产使用收入，包括资产出租收入、对外投资收益、共享共用取得的补偿收入以及其他有偿使用方式取得的收入等。

中央行政单位、参照公务员法管理的事业单位国有资产使用收入，应当在扣除税金、资产评估费等相关费用后，按照政府非税收入和国库集中收缴管理有关规定及时上缴中央国库。

中央事业单位（不含参照公务员法管理的事业单位）国有资产使用收入，除按照中央国有资本经营预算有关规定应申报、上缴的国有资本收益和国家另有规定应申报、上缴的部分外，在扣除税金、资产评估费等相关费用后，纳入单位预算，统一核算、统一管理。

中央行政事业单位土地使用权出租收益，按照财政部有关规定上缴中央国库。

第四十二条　国家设立的中央级研究开发机构、高等院校转化科技成果所获得的收入按照规定留归本单位的，纳入单位预算，统一核算、统一管理。

第四十三条　中央行政事业单位应当及时收取资产使用收入，不得违反国家规定多收、少收、不收、侵占、私分、截留、占用、挪用、隐匿、坐支。

第六章　监督检查

第四十四条　财政部对中央行政事业单位国有资产使用情况进行监督检查。

财政部各地监管局依据职责和财政部授权对所在地中央行政事业单位国有资产使用情况进行监督检查。

第四十五条　各部门、有关中央管理企业应当定期或者不定期对所属行政事业单位国有资产使用情况进行监督检查，及时发现并纠正国有资产使用管理中的问题。

第四十六条　财政部、各部门、有关中央管理企业、中央行政事业单位及其工作人员在国有资产使用管理工作中，违反本办法规定，以及存在其他滥用职权、玩忽职守、徇私舞弊等违法违规行为的，依法追究相应责任；构成犯罪的，依法追究刑事责任。

第七章　附　　则

第四十七条　执行企业财务、会计制度的中央事业单位，以及中央行政事业单位所办国有及国有控股企业国有资产使用管理，不适用本办法。

第四十八条　中央行政事业单位货币形式的资产使用管理，按照预算、资金及财务管理有关规定执行。

第四十九条　公共基础设施、政府储备物资、文物资源、保障性住房等行政事业性国有资产使用管理，以及中央行政事业单位境外国有资产使用管理，按照有关规定执行。

第五十条 各部门、有关中央管理企业可以依据本办法规定，结合实际情况，授权所属行政事业单位一定限额的国有资产使用管理权限，并制定具体管理办法。

第五十一条 中央行政事业单位涉及国家安全和秘密的国有资产使用管理，应当符合国家有关保密制度的规定和要求。

第五十二条 本办法自印发之日起施行。此前颁布的有关行政事业单位国有资产使用管理规定与本办法不一致的，以本办法为准。《中央级事业单位国有资产使用管理暂行办法》（财教〔2009〕192号）和《财政部关于〈中央级事业单位国有资产使用管理暂行办法〉的补充通知》（财教〔2009〕495号）同时废止。

关于企业国有资产交易流转有关事项的通知

国资发产权〔2022〕39号

各中央企业，各省、自治区、直辖市及计划单列市和新疆生产建设兵团国资委：

《企业国有资产交易监督管理办法》（国资委 财政部令第32号）等国有资产交易流转制度印发以来，在推动国有资产规范流转、防止国有资产流失方面发挥了重要作用。为推动国有经济布局优化和结构调整，助力企业实现高质量发展，加强国有资产交易流转管理，现将有关事项通知如下：

一、涉及政府或国有资产监督管理机构主导推动的国有资本布局优化和结构调整，以及专业化重组等重大事项，企业产权在不同的国家出资企业及其控股企业之间转让，且对受让方有特殊要求的，可以采取协议方式进行。

二、主业处于关系国家安全、国民经济命脉的重要行业和关键领域，主要承担重大专项任务的子企业，不得因产权转让、企业增资失去国有资本控股地位。国家出资企业内部重组整合中涉及该类企业时，以下情形可由国家出资企业审核批准：

（一）企业产权在国家出资企业及其控股子企业之间转让的。

（二）国家出资企业直接或指定其控股子企业参与增资的。

（三）企业原股东同比例增资的。

其他情形由国家出资企业报同级国有资产监督管理机构批准。

三、国家出资企业及其子企业通过发行基础设施REITs盘活存量资产，应当做好可行性分析，合理确定交易价格，对后续运营管理责任和风险防范作出安排，涉及国有产权非公开协议转让按规定报同级国有资产监督管理机构批准。

四、采取非公开协议方式转让企业产权，转让方、受让方均为国有独资或全资企业的，按照《中华人民共和国公司法》、企业章程履行决策程序后，转让价格可以资产评估报告或最近一期审计报告确认的净资产值为基础确定。

五、国有控股、实际控制企业内部实施重组整合，经国家出资企业批准，该国有控股、实际控制企业与其直接、间接全资拥有的子企业之间，或其直接、间接全资拥有的子企业之间，可比照国有产权无偿划转管理相关规定划转所持企业产权。

六、企业增资可采取信息预披露和正式披露相结合的方式，通过产权交易机构网站分阶段对外披露增资信息，合计披露时间不少于40个工作日，其中正式披露时间不少于20个工作日。信息预披露应当包括但不限于企业基本情况、产权结构、近3年审计报告中的主要财务指标、拟募集资金金额等内容。

七、产权转让可在产权直接持有单位、企业增资可在标的企业履行内部决策程序后进行信息预披露，涉及需要履行最终批准程序的，应当进行相应提示。

八、产权转让、资产转让项目信息披露期满未征集到意向受让方，仅调整转让底价后重新披露信息的，产权转让披露时间不少于10个工作日，资产转让披露时间不少于5个工作日。

九、产权转让、企业增资导致国家出资企业及其子企业失去标的企业实际控制权的，交易完成后标的企业不得继续使用国家出资企业及其子企业的字号、经营资质和特许经营权等无形资产，不得继续以国家出资企业子企业名义开展经营活动。上述要求应当在信息披露中作为交易条件予以明确，并在交易合同中对工商变更、字号变更等安排作出相应约定。

国资委

2022年5月16日

关于依托预算管理一体化系统建立全国行政事业单位国有资产调剂共享平台的通知

财资〔2024〕175 号

党中央有关部门，国务院各部委、各直属机构，全国人大常委会办公厅，全国政协办公厅，最高人民法院，最高人民检察院，各民主党派中央，有关人民团体，各省、自治区、直辖市、计划单列市财政厅（局），新疆生产建设兵团财政局，有关中央管理企业：

为进一步提高行政事业单位国有资产配置和使用效益，强化财政资源和预算统筹，财政部依托预算管理一体化系统建立全国行政事业单位国有资产调剂共享平台（以下简称平台），打通中央和地方的资产调剂共享信息通道，实现行政事业单位国有资产跨部门、跨级次、跨地区调剂共享。现就有关事项通知如下：

一、平台机制

平台充分利用预算管理一体化系统资产调剂共享功能，实现全国资产调剂共享信息的汇聚和发布。平台设置调剂广场、共享广场、需求广场功能，分别查询可调剂资产信息、可共享资产信息、单位提出的资产调剂共享需求，有效撮合供需双方信息。各部门及其所属单位负责可调剂共享资产盘点和供需信息推送；地方财政部门负责汇聚本地区预算管理一体化系统中的资产调剂共享信息；财政部负责汇聚中央和地方预算管理一体化系统中的资产调剂共享信息。确定需要调剂共享的资产，经供需双方沟通一致，按照资产使用或处置办法规定办理。

二、工作任务

（一）做好平台对接工作。地方财政部门根据《预算管理一体化规范（2.0 版）》、《预算管理一体化系统技术标准 V2.0》以及本文所附《全国行政事业单位国有资产调剂共享平台有关规范和技术标准》进行对标改造，加强审核，在确保质量的前提下实现本地区资产调剂共享信息向平台汇聚。

（二）推送调剂共享供给信息。各部门及其所属单位应当及时开展闲置低效资产盘点工作，在资产信息卡上准确标注闲置、待报废、共享共用等信息，全面掌握底数，同步向平台推送。地方财政部门应当每月在平台中至少更新一次信息，各部门及其所属单位在平台中实时更新资产调剂共享信息。对于长期没有调剂共享的资产，应当及时清理。财政部根据中央和地方的更新信息，及时审核更新全国资产调剂共享信息。

（三）发布调剂共享需求信息。各部门及其所属单位要结合本单位履职需要、资产存量、使用状况和财政承受能力，在充分论证的基础上提出调剂共享需求，及时向平台需求广场推送信息。推送信息时应当针对不同类型资产，特别是针对房屋、土地、车辆、大型仪器、办公设备和家具等资产，提出具体技术指标要求。对于已经配置的资产，应当及时清理需求信息。

（四）加强平台推广应用。各部门及其所属单位应当切实加强本部门、本单位资产日常管理，全面掌握本单位资产的使用状况，对可以调剂共享的资产应当全部纳入平台，做到应进尽进。各部门及其所属单位在资产配置时，应当优先考虑平台提供的可调剂或共享的资产。各部门及其所属单位、地方财政部门应当积极研究探索，进一步扩大纳入平台的单位范围和资产类型。

（五）推动资产管理流程再造。各部门及其所属单位应当严格执行资产管理的相关法律、法规和规章制度，将平台应用的相关要求嵌入到内部管理流程中。对于处于闲置低效使用状态的资产，应当及时推送可供调剂共享的资产信息；现有资产难以满足履职需要的，应当优先通过平台采用调剂共享方式满足履职需要，实现资产的合理配置和高效使用。对于已不能满足本单位履职需要，但可由其他单位继续使用的待处置资产，应当及时发布到平台进行调剂，实现资产梯度使用，延长资产使用寿命，做到物尽其用。

三、工作要求

（一）高度重视。平台充分利用了行政事业单位现有资产管理基础条件，进一步提高预算管理一体化系统运行效果，具有成本低、效率高、信息充分等优势，是有效盘活并高效使用行政事业单位国有资产的重要举措。各部门及其所属单位、地方财政部门要充分认识运用平台加强资产调剂共享的重大意义和重要作用，树立勤俭节约、讲求绩效的理念，积极主动作为，压实工作责任，确保全国资产调剂共享工作扎实推进。

（二）统筹协调。各部门及其所属单位、地方财政部门要明确任务分工，制定有针对性的落实方案，明确工作流程和具体要求，加快办理资产使用、处置事项。各部门及其所属单位应当于2025年6月30日前全面完成已有调剂共享资产信息推送工作，地方财政部门应当于2025年7月31日之前首次完成数据更新工作。

（三）结果运用。从2025年起，资产调剂共享工作将作为行政事业性国有资产报告的重要内容予以反映。财政部将运用平台情况纳入行政事业性国有资产管理和预算管理绩效评价，进一步推动做好资产调剂共享工作。

（四）总结推广。鼓励各部门及其所属单位、地方财政部门结合工作实际，加强研究探索，加大对典型案例的收集整理，总结提炼可复制、可推广的经验和做法，以点带面推动资产调剂共享工作。财政部将汇总分析全国资产调剂共享工作情况，研究提出改进工作的政策措施，对具有示范作用和借鉴意义的案例予以公布推广。

附件：

1. 全国行政事业单位国有资产调剂共享平台实施方案（略）

2. 全国行政事业单位国有资产调剂共享平台有关规范和技术标准（略）

财政部

2024年12月18日

关于进一步明确非上市股份有限公司国有股权管理有关事项的通知

国资厅产权〔2018〕760号

各省、自治区、直辖市及计划单列市和新疆生产建设兵团国资委，各中央企业：

为贯彻落实《国务院办公厅关于转发国务院国资委以管资本为主推进职能转变方案的通知》（国办发〔2017〕38号）精神，现就非上市股份有限公司的国有股权管理有关事项明确如下：

一、国有及国有控股、实际控制企业转让所持非上市股份有限公司股权，或者其控股、实际控制的非上市股份有限公司进行增资，按照《企业国有资产交易监督管理办法》（国资委财政部令第32号）的规定执行。

二、非上市股份有限公司的国有股权无偿划转，参照《关于印发〈企业国有产权无偿划转管理暂行办法〉的通知》（国资发产权〔2005〕239号）等规定执行。

三、非上市股份有限公司拟首次在证券交易所申请发行股票并上市，其股东符合《上市公司国有股权监督管理办法》（国资委财政部证监会令第36号）第三条和第七十四条所规定情形的，由国有资产监督管理机构进行标识管理。

国务院国资委办公厅

2018年11月19日

国资委所属事业单位对外投资及资产处置审批权限管理办法（2017）

第一条 为进一步规范和加强国资委所属事业单位对外投资和资产处置管理工作，提高对外投资和资产处置效率，根据《事业单位国有资产管理暂行办法》（财政部令第36号）、《中央级事业单位国有资产使用管理暂行办法》（财教〔2009〕192号）、《中央级事业单位国有资产处置管理暂行办法》（财教〔2008〕495号）、《中央行政事业单位国有资产处置管理办法》（国管资〔2009〕168号）等有关规定，制定本办法。

第二条 事业单位对外投资审批权限

（一）机关服务中心对外投资事项经国资委审核后报国家机关事务管理局（以下简称国管局）审批。

（二）国资委直属事业单位对外投资资产价值在200万元以下的，由国资委授权直属事业单位自行审批；对外投资资产价值在200万元（含）以上、800万元以下的，报国资委审批；对外投资资产价值在800万元（含）以上的，经国资委审核后报财政部审批。

（三）其他事业单位对外投资资产价值在200万元以下的，由国资委授权代管事业单位的二级单位审批；对外投资资产价值在200万元（含）以上、800万元以下的，报国资委审批；对外投资资产价值在800万元（含）以上的，经国资委审核后报财政部审批。

（四）事业单位对外投资资产价值在5000万元（含）以上的，经国资委主任办公会审核同意后，报国管局或财政部审批。

第三条　事业单位资产处置审批权限

（一）事业单位处置流动资产、无形资产、对外投资等非固定资产事项以及处置土地、房屋和车辆等固定资产事项，报国资委审核或审批。

（二）机关服务中心处置土地、房屋和车辆以外的其他固定资产（以下简称其他固定资产）单项价值或批量价值在200万元以下的，由国资委授权机关服务中心审批；处置其他固定资产单项价值或批量价值在200万元（含）以上的，经国资委审核后报国管局审批。

（三）国资委直属事业单位处置其他固定资产单项价值或批量价值在200万元以下的，由国资委授权直属事业单位审批；处置其他固定资产单项价值或批量价值在200万元（含）以上、800万元以下的，报国资委审批；处置其他固定资产单项价值或批量价值在800万元（含）以上的，经国资委审核后报财政部审批。

（四）其他事业单位处置其他固定资产单项价值或批量价值在200万元以下的，由国资委授权代管事业单位的二级单位审批；处置其他固定资产单项价值或批量价值在200万元（含）以上、800万元以下的，报国资委审批；处置其他固定资产单项价值或批量价值在800万元（含）以上的，经国资委审核后报财政部审批。

（五）事业单位处置资产单项价值或批量价值在5000万元（含）以上的，经国资委主任办公会审核同意后，报国管局或财政部审批。

第四条　事业单位对外投资应按照《中央级事业单位国有资产使用管理暂行办法》（财教〔2009〕192号）等规定，科学论证、集体决策，做好决策前的法律咨询工作，必要时可聘请专家进行分析论证，注重投资质量和绩效，严格控制各种风险。根据授权，严格履行内部控制和审批程序，从严审批，严禁盲目投资，并将对外投资必备的相关材料一并存档或提交。

第五条　事业单位资产处置应按照《中央级事业单位国有资产处置管理暂行办法》（财教〔2008〕495号）、《中央行政事业单位国有资产处置管理办法》（国管资〔2009〕168号）等规定，严格履行单位内部控制和审批程序，通过中央行政事业单位国有资产处置服务平台规范处置，并将资产处置必备的相关材料一并存档或提交；其中报废未达报废年限的资产，需提供专业人员鉴定意见。

第六条　事业单位应于批复之日起15个工作日内，将批复文件（一式4份）报国资委管理局备案。同时将批复文件抄送财政部驻当地财政监察专员办事处备案。

第七条　各单位应将对外投资和资产处置工作列为本单位“三重一大”重要决策事项，严格履行决策程序。对于违反国家关于事业单位对外投资、资产处置相关规定以及本通知精神的单位和个人，国资委将根据《财政违法行为处罚处分条例》（国务院令第427号）等规定进行处罚、处分、处理。

第八条　在国家相关办法出台之前，国资委负责联系的行业协会按本办法执行。

第九条　本办法自印发之日起施行。

企业国有产权无偿划转管理暂行办法

国资发产权〔2005〕239号

第一章　总　　则

第一条　为规范企业国有产权无偿划转行为，保障企业国有产权有序流动，防止国有资产流失，根据《企业国有资产监督管理暂行条例》（国务院令第378号）等有关规定，制定本办法。

第二条　本办法所称企业国有产权无偿划转，是指企业国有产权在政府机构、事业单位、国有独资企业、国有独资公司之间的无偿转移。

国有独资公司作为划入或划出一方的，应当符合《中华人民共和国公司法》的有关规定。

第三条　各级人民政府授权其国有资产监督管理机构（以下简称国资监管机构）履行出资人职责的企业（以下统称所出资企业）及其各级子企业国有产权无偿划转适用本办法。

股份有限公司国有股无偿划转，按国家有关规定执行。

第四条　企业国有产权无偿划转应当遵循以下原则：

（一）符合国家有关法律法规和产业政策的规定；

（二）符合国有经济布局和结构调整的需要；

（三）有利于优化产业结构和提高企业核心竞争力；

（四）划转双方协商一致。

第五条　被划转企业国有产权的权属应当清晰。权属关系不明确或存在权属纠纷的企业国有产权不得进行无偿划转。被设置为担保物权的企业国有产权无偿划转，应当符合《中华人民共和国担保法》的有关规定。有限责任公司国有股权的划转，还应当遵循《中华人民共和国公司法》的有关规定。

第二章 企业国有产权无偿划转的程序

第六条 企业国有产权无偿划转应当做好可行性研究。无偿划转可行性论证报告一般应当载明下列内容：

（一）被划转企业所处行业情况及国家有关法律法规、产业政策规定；

（二）被划转企业主业情况及与划入、划出方企业主业和发展规划的关系；

（三）被划转企业的财务状况及或有负债情况；

（四）被划转企业的人员情况；

（五）划入方对被划转企业的重组方案，包括投入计划、资金来源、效益预测及风险对策等；

（六）其他需说明的情况。

第七条 划转双方应当在可行性研究的基础上，按照内部决策程序进行审议，并形成书面决议。

划入方（划出方）为国有独资企业的，应当由总经理办公会议审议；已设立董事会的，由董事会审议。划入方（划出方）为国有独资公司的，应当由董事会审议；尚未设立董事会的，由总经理办公会议审议。所涉及的职工分流安置事项，应当经被划转企业职工代表大会审议通过。

第八条 划出方应当就无偿划转事项通知本企业（单位）债权人，并制订相应的债务处置方案。

第九条 划转双方应当组织被划转企业按照有关规定开展审计或清产核资，以中介机构出具的审计报告或经划出方国资监管机构批准的清产核资结果作为企业国有产权无偿划转的依据。

第十条 划转双方协商一致后，应当签订企业国有产权无偿划转协议。划转协议应当包括下列主要内容：

（一）划入划出双方的名称与住所；

（二）被划转企业的基本情况；

（三）被划转企业国有产权数额及划转基准日；

（四）被划转企业涉及的职工分流安置方案；

（五）被划转企业涉及的债权、债务（包括拖欠职工债务）以及或有负债的处理方案；

（六）划转双方的违约责任；

（七）纠纷的解决方式；

（八）协议生效条件；

（九）划转双方认为必要的其他条款。

无偿划转事项按照本办法规定程序批准后，划转协议生效。划转协议生效以前，划转双方不得履行或者部分履行。

第十一条 划转双方应当依据相关批复文件及划转协议，进行账务调整，按规定办理产权登记等手续。

第三章 企业国有产权无偿划转的批准

第十二条 企业国有产权在同一国资监管机构所出资企业之间无偿划转的，由所出资企业共同报国资监管机构批准。

企业国有产权在不同国资监管机构所出资企业之间无偿划转的，依据划转双方的产权归属关系，由所出资企业分别报同级国资监管机构批准。

第十三条 实施政企分开的企业，其国有产权无偿划转所出资企业或其子企业持有的，由同级国资监管机构和主管部门分别批准。

第十四条 下级政府国资监管机构所出资企业国有产权无偿划转上级政府国资监管机构所出资企业或其子企业持有的，由下级政府和上级政府国资监管机构分别批准。

第十五条 企业国有产权在所出资企业内部无偿划转的，由所出资企业批准并抄报同级国资监管机构。

第十六条 批准企业国有产权无偿划转事项，应当审查下列书面材料：

（一）无偿划转的申请文件；

（二）总经理办公会议或董事会有关无偿划转的决议；

（三）划转双方及被划转企业的产权登记证；

（四）无偿划转的可行性论证报告；

（五）划转双方签订的无偿划转协议；

（六）中介机构出具的被划转企业划转基准日的审计报告或同级国资监管机构清产核资结果批复文件；

（七）划出方债务处置方案；

（八）被划转企业职代会通过的职工分流安置方案；

（九）其他有关文件。

第十七条 企业国有产权无偿划转事项经批准后，划出方和划入方调整产权划转比例或者划转协议有重大变化的，应当按照规定程序重新报批。

第十八条　有下列情况之一的，不得实施无偿划转：

（一）被划转企业主业不符合划入方主业及发展规划的；

（二）中介机构对被划转企业划转基准日的财务报告出具否定意见、无法表示意见或保留意见的审计报告的；

（三）无偿划转涉及的职工分流安置事项未经被划转企业的职工代表大会审议通过的；

（四）被划转企业或有负债未有妥善解决方案的；

（五）划出方债务未有妥善处置方案的。

第十九条　下列无偿划转事项，依据中介机构出具的被划转企业上一年度（或最近一次）的审计报告或经国资监管机构批准的清产核资结果，直接进行账务调整，并按规定办理产权登记等手续。

（一）由政府决定的所出资企业国有产权无偿划转本级国资监管机构其他所出资企业的；

（二）由上级政府决定的所出资企业国有产权在上、下级政府国资监管机构之间的无偿划转；

（三）由划入、划出方政府决定的所出资企业国有产权在互不隶属的政府的国资监管机构之间的无偿划转；

（四）由政府决定的实施政企分开的企业，其国有产权无偿划转国资监管机构持有的；

（五）其他由政府或国资监管机构根据国有经济布局、结构调整和重组需要决定的无偿划转事项。

第四章　附　　则

第二十条　企业国有产权无偿向境外划转及境外企业国有产权无偿划转办法另行制定。

第二十一条　企业实物资产等无偿划转参照本办法执行。

第二十二条　本办法自公布之日起施行。

关于印发《企业国有资产交易操作规则》的通知

国资发产权规〔2025〕17 号

各中央企业，各省、自治区、直辖市及计划单列市和新疆生产建设兵团国资委：

《企业国有资产交易操作规则》已经国务院国资委 2024 年第 45 次委务会议审议通过，现印发给你们，请遵照执行。

国务院国资委

2025 年 2 月 18 日

企业国有资产交易操作规则

第一章　总　　则

第一条　为进一步规范企业国有资产交易行为，根据《中华人民共和国企业国有资产法》《企业国有资产监督管理暂行条例》《企业国有资产交易监督管理办法》（以下简称《办法》）等有关规定，制定本规则。

第二条　在依法设立的产权交易机构公开进行的企业国有资产交易行为，适用本规则。

第三条　企业国有资产交易应当遵循等价有偿和公开、公平、公正的原则，接受国有资产监督管理机构（以下简称国资监管机构）的监督。

第四条　产权交易机构应当按照本规则组织企业国有资产交易活动，维护交易秩序，保障企业国有资产交易活动有序进行。

第二章　企业产权转让

第一节　转让决策与批准

第五条　转让方应当对产权转让的必要性和可行性进行研究，制定产权转让方案，按照企业章程和相关管理制度履行内部决策程序，并形成书面决议。

第六条　产权转让方案应当包括：

（一）转让标的基本情况；

（二）企业产权转让的必要性、可行性；

（三）是否涉及职工安置及相关安排；

（四）标的企业涉及的债权、债务等处理安排；

（五）定价依据、价款支付方式和期限要求等交易条件；

（六）其他相关内容。

第七条　转让方履行内部决策程序后，应当按照《办法》第七条、第八条相关规定履行批准程序。

第八条　转让方应当委托具有相应资质的中介机构开展标的企业审计和资产评估，并完成资产评估核准或备案程序。

第二节　信息披露

第九条　转让方根据企业实际情况和工作进度

安排，通过产权交易机构网站对外披露产权转让信息，公开征集受让方。因产权转让导致转让标的企业的实际控制权发生转移的，应当进行信息预披露。转让方可以在履行内部决策程序后进行信息预披露。

第十条 转让方应当向产权交易机构提交信息披露公告所需相关材料。产权交易机构应当对转让方提交的材料进行完整性与规范性审核。符合信息披露要求的，产权交易机构依据转让方提交的材料对外发布公告。不符合要求的，产权交易机构应当告知转让方进行调整。

第十一条 转让方除按照《办法》第十五条相关规定披露信息外，正式信息披露公告中还应当就转让标的在评估基准日后发生的重大事项、交易保证金交纳要求等内容进行披露。涉及交纳交易保证金的，金额一般不超过转让底价的30%。

第十二条 转让方应当明确信息披露公告的期限。正式披露公告时间不少于20个工作日。应当进行信息预披露的，公告时间不少于20个工作日。

第十三条 产权转让项目首次正式披露公告的转让底价，不得低于经核准或备案的转让标的评估结果。

第十四条 正式披露公告期间，转让方不得擅自变更公告内容。因特殊原因确需变更的，应当由转让行为批准单位出具文件。公告内容变更后，公告时间重新计算。

第十五条 正式披露公告期间，因非转让方原因或其他不可抗力因素可能对转让标的价值判断造成影响的，转让方应当及时调整补充披露信息内容。补充公告时间不少于10个工作日，累计披露时间不少于原公告要求的期限。

第十六条 正式披露公告期满未征集到意向受让方，且不变更公告内容的，转让方可以按照公告要求延长公告时间，每次延长时间不少于5个工作日。未在公告中明确延长时间的，公告到期自行终结。仅变更转让底价的，公告时间不少于5个工作日。转让方应当结合标的企业情况、市场行情等因素以阶梯降价的方式降价。新的转让底价低于评估结果的90%时，转让底价及后续降价幅度（比例或金额）等应当经转让行为批准单位批准。

第十七条 产权转让项目首次正式披露公告之日起超过12个月未征集到合格意向受让方的，转让方应当重新履行审计、资产评估等工作程序后，再发布正式披露公告。

第三节 意向受让方确认

第十八条 意向受让方应当在正式披露公告期限内，向产权交易机构提出受让申请并提交相关材料。产权交易机构应当对意向受让方逐一进行登记。

第十九条 意向受让方可以到产权交易机构查阅公告内容的相应材料。

第二十条 产权交易机构应当对意向受让方提交的材料进行完整性与规范性审核，并在正式披露公告期满5个工作日内，将意向受让方的登记及确认情况书面告知转让方。

第二十一条 转让方应当在收到产权交易机构对意向受让方的确认意见之日起10个工作日内书面回复。对确认意见有异议的，应当向产权交易机构提出书面意见，说明理由并提交相关证明材料。逾期未回复的，视为同意。

产权交易机构与转让方对确认意见未达成一致的，由转让行为批准单位决定。

第二十二条 产权交易机构应当以书面形式将确认结果告知意向受让方。

第二十三条 经确认的意向受让方，按照公告要求交纳交易保证金后，成为合格意向受让方。未按照公告要求交纳交易保证金的，视为放弃。

第四节 受让方产生及合同签订

第二十四条 正式披露公告期满，产生两个及以上合格意向受让方的，合格意向受让方即成为竞买人，由产权交易机构依据公告的竞价方式组织竞价。正式披露公告期满，只产生一个合格意向受让方的，交易双方按照转让底价与合格意向受让方报价孰高原则确定交易价格。

第二十五条 产权转让可以采取网络竞价、拍卖、招投标以及其他竞价方式。转让方应当结合标的的特点、市场形势、交易成本等因素，合理确定竞价方式。

第二十六条 产权交易机构负责竞价活动的组织协调工作，并对竞价活动进行见证。

第二十七条 产权交易机构应当制定转让标的企业原股东行使优先购买权相关操作细则，并对外公布。原股东不放弃优先购买权的，应当按照相关操作细则行使优先购买权。

第二十八条 受让方根据竞价结果及优先购买权行使情况产生。产权交易机构应当在受让方确定后5个工作日内，组织交易双方签订产权交易合同。

第二十九条 产权交易合同条款包括但不限于

以下内容：

（一）交易双方的名称与住所；

（二）转让标的基本情况；

（三）产权转让的方式；

（四）标的企业职工有无继续聘用事宜及相关安排；

（五）标的企业的债权、债务处理；

（六）交易价格、付款方式及付款期限；

（七）产权交割事项；

（八）生效条件；

（九）争议的解决方式；

（十）违约责任；

（十一）公司变更登记手续安排及逾期变更的责任；

（十二）变更和解除的条件。

第三十条　交易双方不得在产权交易合同中或以其他方式约定股权回购、利益补偿等内容，不得以交易期间标的企业经营性损益等理由对已达成的交易条件和交易价格进行调整。

第三十一条　产权交易机构应当依据法律法规的相关规定，按照产权转让公告的内容以及交易结果等，对产权交易合同进行核校。

第五节　交易资金结算

第三十二条　交易资金包括交易保证金和交易价款，应当以人民币为计价单位，通过产权交易机构指定结算账户以货币进行结算。

交易双方因特殊情况不能通过产权交易机构结算交易价款的，转让方应当向产权交易机构提供转让行为批准单位的书面意见以及受让方付款凭证。

第三十三条　产权交易机构应当开设独立的结算账户，组织收付交易资金，保证结算账户中交易资金的安全，不得挪作他用。

第三十四条　受让方交纳的交易保证金可以按照产权交易合同的约定转为交易价款的一部分。

未能成为受让方的其他意向受让方，其交纳的交易保证金由产权交易机构按照公告要求一次性返还。

第三十五条　受让方原则上应当自合同生效之日起5个工作日内一次付清交易价款。

交易价款金额较大、一次付清确有困难的，可以采取分期付款方式。采取分期付款方式的，首付交易价款数额不低于总价款的30%，并在产权交易合同生效之日起5个工作日内支付；其余款项应当提供转让方认可的合法有效担保，并按照不低于同期贷款市场报价利率支付延期付款期间的利息，付款期限不得超过1年。

第三十六条　产权交易机构应当按照约定及时向转让方划出交易价款。

第六节　交易凭证出具及变更登记办理

第三十七条　交易双方签订产权交易合同，受让方依据合同约定支付交易价款，且交易双方支付服务费用后，产权交易机构在3个工作日内出具交易凭证。

第三十八条　交易凭证应当载明：转让标的名称、项目编号、转让方名称、受让方名称、转让底价、转让标的评估结果、交易价格、成交方式、支付方式、产权交易机构鉴证结论等内容。

第三十九条　产权交易机构应当在出具交易凭证后，将交易结果通过网站对外公告。公告内容包括交易标的名称、转让标的评估结果、转让底价、交易价格，公告期不少于5个工作日。

第四十条　交易凭证出具后，转让方应当按照相关规定办理企业国有产权变动登记及市场主体变更登记手续，受让方、产权交易机构应当配合并提供材料。

第三章　企业增资

第一节　增资决策与批准

第四十一条　企业增资应当进行可行性研究，制定增资方案，按照企业章程和相关管理制度履行内部决策程序，并形成书面决议。

第四十二条　增资企业可以结合公司发展战略、企业经营需要等合理设置投资方资格条件，但不得有明确指向性或者违反公平竞争原则。

第四十三条　增资方案应当包括：

（一）增资企业基本情况；

（二）增资企业功能定位、发展战略；

（三）拟募集资金规模、用途；

（四）增资后公司的股权结构及治理结构安排；

（五）投资方应具备的条件，选择标准及遴选方式；

（六）其他相关内容。

第四十四条　企业增资的募集资金应当为投资方实缴出资金额。

第四十五条　增资企业履行内部决策程序后，应当按照《办法》第三十四条、第三十五条相关规定履行批准程序。

第四十六条　增资企业应当委托具有相应资质

的中介机构开展审计和资产评估工作，并在投资方遴选前完成资产评估核准或备案程序。

第二节 信息披露

第四十七条 增资企业根据企业实际情况和工作进度安排，通过产权交易机构网站对外披露增资信息，公开征集投资方。信息披露可采取预披露和正式披露相结合的方式，或直接进行正式披露。

第四十八条 增资企业应当向产权交易机构提交信息披露公告所需相关材料。产权交易机构应当对增资企业提交的材料进行完整性与规范性审核。符合信息披露要求的，产权交易机构依据增资企业提交的材料对外发布公告。不符合要求的，产权交易机构应当告知增资企业进行调整。

第四十九条 增资企业应当按照《办法》第三十九条相关规定披露信息，并可以在正式披露公告中提出交纳交易保证金的要求，明确交易保证金的金额、交纳时间及处置方式。

第五十条 除正式披露公告及公告所涉内容的相应材料外，增资企业还可以向产权交易机构提交与增资相关的其他材料备查，并在公告中明确意向投资方获取上述材料的方式。

第五十一条 增资企业应当明确信息披露公告的期限。直接进行正式披露的，公告时间不少于40个工作日。采取信息预披露和正式披露相结合方式的，合计披露时间不少于40个工作日，其中正式披露公告时间不少于20个工作日。

第五十二条 正式披露公告期间，增资企业不得擅自变更公告内容。因特殊原因确需变更的，应当由增资行为批准单位出具文件。公告内容变更后，公告时间重新计算。

第五十三条 正式披露公告期间，增资企业股权结构、财务状况、经营管理情况等发生变化，可能对增资企业产生重大影响时，增资企业应当及时调整补充披露信息内容。补充公告时间不少于10个工作日，累计披露时间不少于原公告要求的期限。

第五十四条 正式披露公告期满未征集到意向投资方，且不变更公告内容的，增资企业可以按照公告要求延长公告时间，每次延长时间不少于5个工作日。未在公告中明确延长时间的，公告到期自行终结。

第三节 意向投资方确认

第五十五条 意向投资方应当在正式披露公告期限内，向产权交易机构提出投资申请并提交相关材料，产权交易机构应当对意向投资方逐一进行登记。

第五十六条 意向投资方可以到产权交易机构查阅公告所涉及内容和相应材料。

第五十七条 产权交易机构应当对意向投资方提交的材料进行完整性与规范性审核，并在正式披露公告期满5个工作日内，将意向投资方的登记及确认情况书面告知增资企业。

第五十八条 增资企业应当在收到产权交易机构对意向投资方的确认意见之日起10个工作日内书面回复。对确认意见有异议的，应当向产权交易机构提出书面意见，说明理由并提交相关证明材料。逾期未回复的，视为同意。

产权交易机构与增资企业对确认意见未达成一致的，由增资行为批准单位决定。

第五十九条 产权交易机构应当以书面形式将确认结果告知各意向投资方。

第六十条 经确认的意向投资方，如公告中要求交纳交易保证金的，在交纳交易保证金后，成为合格意向投资方。未按照公告要求交纳交易保证金的，视为放弃。

第四节 投资方遴选

第六十一条 正式披露公告期满，产生符合公告要求的合格意向投资方的，增资企业应当依据公告的条件和方式启动遴选活动。

第六十二条 企业增资的遴选方式包括竞价、竞争性谈判、综合评议等。增资企业可以单独、组合或者多轮次使用上述遴选方式。

第六十三条 增资企业应当依法合规开展遴选活动，保障各合格意向投资方平等参与权利。选择战略投资方主要关注企业发展战略、经营目标、主营业务等方面的匹配和协同情况。选择财务投资方主要关注资金实力和财务状况等。

第六十四条 增资企业应当制定遴选实施方案，明确择优原则、择优指标等内容，由产权交易机构审核后发送给各合格意向投资方。

第六十五条 产权交易机构负责遴选活动的组织、协调及见证工作，按照方案组织遴选活动，统一接收合格意向投资方的响应文件和报价文件，协助增资企业开展投资方遴选的相关工作，形成遴选结果书面文件。

第六十六条 增资企业股东会或董事会应当以经核准或备案的资产评估结果为基础，结合遴选结果确定投资方。增资企业应当在投资方确定后5个工作日内，将结果书面告知产权交易机构。

第五节 增资协议签订

第六十七条 产权交易机构在收到投资方确定的书面结果后5个工作日内，组织交易各方签订增资协议。

第六十八条 增资协议合同条款包括但不限于以下内容：

（一）交易各方的名称与住所；

（二）增资企业基本情况；

（三）投资方实缴出资金额；

（四）出资方式及支付要求；

（五）增资前、后各股东注册资本金金额及其对应的持股比例（股份数）；

（六）公司治理结构安排；

（七）投资方为增资企业发展投入的资源；

（八）遴选活动达成的其他相关条款；

（九）公司变更登记手续安排；

（十）生效条件；

（十一）争议的解决方式；

（十二）违约责任；

（十三）变更和解除的条件。

第六十九条 交易各方不得在增资协议中或以其他方式约定股权回购、股权代持、名股实债等内容，不得以交易期间企业经营性损益等理由对已达成的交易条件和交易价格进行调整。除另有规定外，国家出资企业及其子企业参与增资活动的，不得为其他股东提供借款、担保等资金支持。

第七十条 产权交易机构应当依据法律法规的相关规定，按照增资公告的内容以及遴选结果等，对增资协议进行核校。

第六节 交易资金结算、凭证出具及变更登记办理

第七十一条 企业增资交易价款可以通过产权交易机构指定的账户进行结算，具体工作流程参照本规则关于企业产权转让交易资金结算相关规定执行。

第七十二条 投资方应当在增资协议生效之日起10个工作日内按照约定一次性实缴出资。

第七十三条 交易各方签订增资协议，投资方依据协议约定实缴出资，且交易各方支付服务费用后，产权交易机构在3个工作日内出具交易凭证。

第七十四条 交易凭证应当载明：项目名称、项目编号、增资企业名称、增资前后注册资本、增资前后股东数量、投资方名称、实缴出资金额、持股比例或股份数额、产权交易机构鉴证结论等内容。

第七十五条 产权交易机构应当在出具交易凭证后，将增资结果通过网站对外公告。公告内容包括项目名称、投资方名称、实缴出资金额、持股比例或股份数额等，公告期不少于5个工作日。

第七十六条 增资完成后，增资企业应当按照相关规定办理企业国有产权变动登记及市场主体变更登记手续，投资方、产权交易机构应当配合并提供材料。

第四章 企业资产转让

第七十七条 国家出资企业负责其各级子企业的资产转让管理。国家出资企业应当根据所处行业特点、子企业情况、资产类别及分布等因素，制定本企业资产转让的管理制度，明确资产转让管理的职责部门、管理权限、决策程序、工作流程，对其中应当在产权交易机构公开转让的各类资产的种类、金额标准等作出具体规定。

第七十八条 资产转让应当按照国家出资企业相关管理制度和企业章程履行决策程序。

第七十九条 资产转让按照规定应当进行资产评估的，由转让方委托具有相应资质的中介机构开展资产评估工作，并完成资产评估备案程序。按照规定可以不进行资产评估的，转让方应当明确定价依据。

第八十条 产权交易机构发布资产转让信息披露公告，应当包括但不限于以下内容：

（一）转让标的基本情况；

（二）转让底价、价款支付方式和期限要求、交易保证金设定等交易条件；

（三）竞价方式；

（四）资产展示安排；

（五）其他需要披露的事项。

除法律法规或相关规定另有要求的外，资产转让不得对受让方设置资格条件。

第八十一条 转让方应当明确信息披露公告的期限。

资产转让底价低于100万元的，公告时间不少于5个工作日；转让底价高于100万元（含）且低于1000万元的，公告时间不少于10个工作日；转让底价高于1000万元（含）的，公告时间不少于20个工作日。

第八十二条 信息披露期满未征集到意向受让方，调整转让底价后重新披露信息的项目，首次信

息披露转让底价低于1000万元的，公告时间不少于3个工作日；首次信息披露转让底价高于1000万元（含）的，公告时间不少于5个工作日。

第八十三条 资产转让意向受让方确认、受让方产生、交易凭证出具及变更登记办理等具体工作流程参照本规则关于企业产权转让的相关规定执行。

第八十四条 交易价款原则上一次性支付到产权交易机构指定结算账户。一次付清确有困难的，经国家出资企业同意，可以参照企业产权转让的相关规定，采取分期付款方式，并采用有效措施确保价款按期回收。

第八十五条 交易双方应当按照资产交易合同或其他成交确认文件的约定，及时完成标的资产的交付工作。转让标的权属转移需进行变更登记的，应当按照国家有关规定办理变更登记手续。

第五章 其他规定

第八十六条 企业国有资产交易过程中，交易相关各方应当对所提交材料的真实性、完整性、准确性、有效性负责。

第八十七条 企业国有资产交易项目相关工作人员及有关联关系的关联方拟参与交易的，应当符合企业领导人员任职回避等有关规定，且不得参与方案制定、审批和组织实施等工作。

第八十八条 企业产权转让、企业增资导致国家出资企业及其子企业失去标的企业实际控制权的，交易完成后标的企业不得继续使用国家出资企业及其子企业的名称字号、经营资质和特许经营权等无形资产，不得继续以国家出资企业子企业名义开展经营活动。上述要求应当在信息披露公告中作为交易条件予以明确，并在交易合同中对市场主体变更登记、名称字号变更等安排作出相应约定。

第八十九条 信息披露期间出现影响交易活动正常进行的情形，或者有关当事人提出中止信息披露书面申请和相关材料后，产权交易机构可以作出中止信息披露的决定。中止期限一般不超过30日。经转让方、增资企业申请恢复后的公告时间不少于10个工作日，累计披露时间不少于原公告要求的期限。

第九十条 企业国有资产交易涉及主体资格审查、反垄断审查、公平竞争审查、特许经营权、国有划拨土地使用权、探矿权和采矿权等情形，需经政府相关部门批准的，交易各方应当将交易合同及相关材料报政府相关部门批准。

第九十一条 产权交易机构应当对企业国有资产交易活动中所形成的各种记录材料形成业务档案，并统一留存、保管。

第九十二条 产权交易机构应当制定交易服务收费标准，向社会公开。

第九十三条 除公告披露的信息外，交易各方、产权交易机构、中介机构以及各相关方应当对在企业国有资产交易过程中获悉的相关情况承担保密义务。

第九十四条 企业国有资产交易过程中发生争议的，当事方可以向产权交易机构申请调解。调解未达成一致的，可以向仲裁机构申请仲裁或者向人民法院提起诉讼。

第九十五条 国资监管机构发现转让方或增资企业未执行或违反相关规定、侵害国有权益的，应当责成其停止交易活动。造成国有资产损失的，承担相应违法违规责任；构成犯罪的，依法追究其刑事责任。

第六章 附 则

第九十六条 本规则所提及的公告期限，以产权交易机构网站发布当日为起始日，累计公告时间不少于相关规定要求。

第九十七条 企业国有资产交易采取非公开协议方式进行的，应当按照国资监管相关规定执行。

第九十八条 企业国有资产交易涉及上市公司的，应当同时遵守上市公司国有股权管理以及证券监督管理机构相关规定。

第九十九条 本规则自印发之日起施行。2009年6月15日印发的《企业国有产权交易操作规则》同时废止。

其他文件：

财政部关于《国有资产评估项目备案管理办法》的补充通知

财资〔2017〕70号

教育部、科技部、工业和信息化部、中国科学院，各省、自治区、直辖市、计划单列市财政厅（局），新疆生产建设兵团财务局，有关部门和单位：

为进一步提高科技成果转化效率，简化科技成果评估备案管理，财政部对《国有资产评估项目备案管理办法》（财企〔2001〕802号）作如下补充通知：

一、国家设立的研究开发机构、高等院校科技成果资产评估备案工作，原由财政部负责，现调整为由研究开发机构、高等院校的主管部门负责。

二、研究开发机构、高等院校的主管部门要结合科技成果转化工作实际，制定科技成果资产评估项目备案工作操作细则，缩短备案流程，简化备案程序，提高备案工作效率。主管部门应自收齐备案材料日起，在5个工作日内完成备案手续，并于每年度终了30个工作日内，填写本年度本部门科技成果评估项目备案情况汇总表（附表），报送财政部门。

三、国家设立的研究开发机构、高等院校应规范科技成果资产评估机构的选聘工作，按要求如实提供科技成果资产评估所需各项资料，完善资产评估档案管理，配合主管部门做好科技成果资产评估备案相关工作。

四、相关部门和单位在行政事业单位国有资产管理检查工作及资产评估行业监管工作中，要依法依规加强对科技成果资产评估项目备案情况的监督检查，切实防范国有资产流失。

五、本通知自印发之日起施行。

附件：科技成果评估项目备案情况汇总表（略）

财政部

2017年11月8日

（二）规划发展

行政规章及规范性文件：

国务院办公厅转发国家发展改革委商务部人民银行外交部关于进一步引导和规范境外投资方向指导意见的通知

国办发〔2017〕74号

各省、自治区、直辖市人民政府，国务院各部委、各直属机构：

国家发展改革委、商务部、人民银行、外交部《关于进一步引导和规范境外投资方向的指导意见》已经国务院同意，现转发给你们，请认真贯彻执行。

国务院办公厅

2017年8月4日

关于进一步引导和规范境外投资方向的指导意见

国家发展改革委 商务部
人民银行 外交部

近年来，我国企业境外投资步伐明显加快，规模和效益显著提升，为带动相关产品、技术、服务“走出去”，促进国内经济转型升级，深化与相关国家互利合作，推进“一带一路”建设和开展国际产能合作发挥了重要作用。当前国际国内环境正在发生深刻变化，我国企业开展境外投资既存在较好机遇，也面临诸多风险和挑战。为加强对境外投资的宏观指导，进一步引导和规范境外投资方向，推动境外投资持续合理有序健康发展，有效防范各类风险，更好地适应国民经济与社会发展需要，现提出以下意见：

一、指导思想

全面贯彻党的十八大和十八届三中、四中、五中、六中全会精神，深入贯彻习近平总书记系列重要讲话精神和治国理政新理念新思想新战略，认真落实党中央、国务院决策部署，统筹推进“五位一体”总体布局和协调推进“四个全面”战略布局，坚持以人民为中心的发展思想，坚持稳中求进工作总基调，牢固树立和贯彻落实创新、协调、绿色、开放、共享的发展理念，坚定奉行互利共赢的开放战略，不断创造更全面、更深入、更多元的对外开放格局，以供给侧结构性改革为主线，以“一带一路”建设为统领，深化境外投资体制机制改革，进一步引导和规范企业境外投资方向，促进企业合理有序开展境外投资活动，防范和应对境外投资风险，推动境外投资持续健康发展，实现与投资目的国互利共赢、共同发展。

二、基本原则

——坚持企业主体。在境外投资领域充分发挥市场在资源配置中的决定性作用和更好发挥政府作用，以企业为主体、市场为导向，按照商业原则和国际惯例开展境外投资，企业在政府引导下自主决策、自负盈亏、自担风险。

——坚持深化改革。创新体制机制，提高境外投资便利化水平，深入推进简政放权、放管结合、优化服务改革，坚持以备案制为主的境外投资管理方式，在资本项下实行有管理的市场化运行机制，按"鼓励发展＋负面清单"模式引导和规范企业境外投资方向。

——坚持互利共赢。引导企业充分考虑投资目的国国情和实际需求，注重与当地政府和企业开展互利合作，创造良好的经济社会效益，促进互惠互利、合作共赢。

——坚持防范风险。坚持稳中求进工作总基调，统筹国家经济外交整体战略，坚持依法合规，合理把握境外投资重点和节奏，积极做好境外投资事前、事中、事后监管，切实防范各类风险。

三、鼓励开展的境外投资

支持境内有能力、有条件的企业积极稳妥开展境外投资活动，推进"一带一路"建设，深化国际产能合作，带动国内优势产能、优质装备、适用技术输出，提升我国技术研发和生产制造能力，弥补我国能源资源短缺，推动我国相关产业提质升级。

（一）重点推进有利于"一带一路"建设和周边基础设施互联互通的基础设施境外投资。

（二）稳步开展带动优势产能、优质装备和技术标准输出的境外投资。

（三）加强与境外高新技术和先进制造业企业的投资合作，鼓励在境外设立研发中心。

（四）在审慎评估经济效益的基础上稳妥参与境外油气、矿产等能源资源勘探和开发。

（五）着力扩大农业对外合作，开展农林牧副渔等领域互利共赢的投资合作。

（六）有序推进商贸、文化、物流等服务领域境外投资，支持符合条件的金融机构在境外建立分支机构和服务网络，依法合规开展业务。

四、限制开展的境外投资

限制境内企业开展与国家和平发展外交方针、互利共赢开放战略以及宏观调控政策不符的境外投资，包括：

（一）赴与我国未建交、发生战乱或者我国缔结的双多边条约或协议规定需要限制的敏感国家和地区开展境外投资。

（二）房地产、酒店、影城、娱乐业、体育俱乐部等境外投资。

（三）在境外设立无具体实业项目的股权投资基金或投资平台。

（四）使用不符合投资目的国技术标准要求的落后生产设备开展境外投资。

（五）不符合投资目的国环保、能耗、安全标准的境外投资。

其中，前三类须经境外投资主管部门核准。

五、禁止开展的境外投资

禁止境内企业参与危害或可能危害国家利益和国家安全等的境外投资，包括：

（一）涉及未经国家批准的军事工业核心技术和产品输出的境外投资。

（二）运用我国禁止出口的技术、工艺、产品的境外投资。

（三）赌博业、色情业等境外投资。

（四）我国缔结或参加的国际条约规定禁止的境外投资。

（五）其他危害或可能危害国家利益和国家安全的境外投资。

六、保障措施

（一）实施分类指导。对鼓励开展的境外投资，要在税收、外汇、保险、海关、信息等方面进一步提高服务水平，为企业创造更加良好的便利化条件。对限制开展的境外投资，要引导企业审慎参与，并结合实际情况给予必要的指导和提示。对禁止开展的境外投资，要采取切实有效的措施予以严格管控。

（二）完善管理机制。加强境外投资真实性、合规性审查，防范虚假投资行为。建立境外投资黑名单制度，对违规投资行为实施联合惩戒。建立部门间信息共享机制。指导境内企业加强对其控制的境外企业的监督和管理，建立健全境外投资决策、财务管理和违规责任追究制度。建立国有企业境外投资资本金制度。完善国有企业境外投资审计制度，维护境外国有资产安全。

（三）提高服务水平。制定境外投资经营行为规范，引导企业建立健全境外合规经营风险审查、管控和决策体系，深入了解境外投资合作政策法规和国际惯例，遵守当地法律法规，合法经营。加强与有关国家在投资保护、金融、人员往来等方面机制化合作，为企业开展境外投资创造良好外部环境。支持境内资产评估、法律服务、会计服务、税务服务、投资顾问、设计咨询、风险评估、认证、仲裁等相关中介机构发展，为企业境外投资提供市场化、社会化、国际化的商业咨询服务，降低企业境外投资经营风险。

（四）强化安全保障。定期发布《国别投资经营便利化状况报告》，加强对企业赴高风险国家和地区投资的指导和监督，及时警示和通报有关国家政治、经济和社会重大风险，提出应对预案和防范措施，切实维护我国企业境外合法权益。督促企业开展境外项目安全风险评估，做好项目安全风险预测应对，建立完善安保制度，加强安保培训，提升企业境外投资安全风险防范能力。

各地区、各部门要按照本意见要求，合理把握境外投资的方向和重点，切实加强组织领导和统筹协调，落实工作责任，抓紧制定出台配套政策措施，扎实推进相关工作，确保取得实效。

财政部关于规范金融企业对地方政府和国有企业投融资行为有关问题的通知

财金〔2018〕23 号

各国有金融企业：

金融企业是支持地方经济社会发展的重要力量。当前，金融企业运营总体平稳良好，但在服务地方发展、支持地方基础设施和公共服务领域建设中仍然存在过于依靠政府信用背书，捆绑地方政府、捆绑国有企业、堆积地方债务风险等问题，加剧了财政金融风险隐患。为全面贯彻党的十九大精神，落实全国金融工作会议部署和要求，坚决打好防范化解重大风险攻坚战，促进金融企业稳健运行，进一步督促金融企业加强风险管控和财务管理，严格执行国有金融资本管理制度，现就有关事项通知如下：

一、【总体要求】国有金融企业应严格落实《预算法》和《国务院关于加强地方政府性债务管理的意见》（国发〔2014〕43 号）等要求，除购买地方政府债券外，不得直接或通过地方国有企事业单位等间接渠道为地方政府及其部门提供任何形式的融资，不得违规新增地方政府融资平台公司贷款。不得要求地方政府违法违规提供担保或承担偿债责任。不得提供债务性资金作为地方建设项目、政府投资基金或政府和社会资本合作（PPP）项目资本金。

二、【资本金审查】国有金融企业向参与地方建设的国有企业（含地方政府融资平台公司）或 PPP 项目提供融资，应按照“穿透原则”加强资本金审查，确保融资主体的资本金来源合法合规，融资项目满足规定的资本金比例要求。若发现存在以“名股实债”、股东借款、借贷资金等债务性资金和以公益性资产、储备土地等方式违规出资或出资不实的问题，国有金融企业不得向其提供融资。

三、【还款能力评估】国有金融企业参与地方建设融资，应审慎评估融资主体的还款能力和还款来源，确保其自有经营性现金流能够覆盖应还债务本息，不得要求或接受地方政府及其部门以任何方式提供担保、承诺回购投资本金、保本保收益等兜底安排，或以其他方式违规承担偿债责任。项目现金流涉及可行性缺口补助、政府付费、财政补贴等财政资金安排的，国有金融企业应严格核实地方政府履行相关程序的合规性和完备性。严禁国有金融企业向地方政府虚构或超越权限、财力签订的应付（收）账款协议提供融资。

四、【投资基金】国有金融企业与地方政府及其部门合作设立各类投资基金，应严格遵守有关监管规定，不得要求或接受地方政府及其部门作出承诺回购投资本金、保本保收益等兜底安排，不得通过结构化融资安排或采取多层嵌套等方式将投资基金异化为债务融资平台。

五、【资产管理业务】国有金融企业发行银行理财、信托计划、证券期货经营机构资产管理计划、保险基础设施投资计划等资产管理产品参与地方建设项目，应按照“穿透原则”切实加强资金投向管理，全面掌握底层基础资产信息，强化期限匹配，不得以具有滚动发行、集合运作、分离定价特征的资金池产品对接，不得要求或接受地方政府以任何方式提供兜底安排或以其他方式违规承担偿债责任，不得变相为地方政府提供融资。国有金融企业在进行资产管理产品推介时，应充分说明投资风险，不得以地方政府承诺回购、保证最低收益等隐含无风险条件，作为营销手段。

六、【政策性开发性金融】政策性、开发性金融机构服务国家重大战略、支持经济社会薄弱环节时，应严格遵守国家法律和相关规定，严格按照市场化原则审慎合规授信，严格按照项目实际而不是政府信用提供融资，严格遵守业务范围划分规定。严禁为地方政府和国有企业提供各类违规融资，不得要求或接受地方政府出具任何形式明示或暗示承担偿债责任的文件，不得通过任何形式违法违规增加地方政府债务负担。

七、【合作方式】国有金融企业应将严格遵守国家地方政府债务管理法律法规和政策规定作为合规管理的重要内容，切实转变业务模式，依法规范对地方建设项目提供融资，原则上不得采取与地方政府及其部门签署一揽子协议、备忘录、会议纪要等方式开展业务，不得对地方政府及其部门统一授信。

八、【金融中介业务】国有金融企业为地方政府融资平台公司等地方国有企业在境内外发行债券提供中介服务时，应审慎评估举债主体财务能力和还款来源。对于发债企业收入来源中涉及财政资金安排的，应当尽职调查，认真核实财政资金安排的合规性和真实性。在债券募集说明书等文件中，不得披露所在地区财政收支、政府债务数据等明示或暗示存在政府信用支持的信息，严禁与政府信用挂钩的误导性宣传，并应在相关发债说明书中明确，地方政府作为出资人仅以出资额为限承担有限责任，相关举借债务由地方国有企业作为独立法人负责偿还。

九、【PPP】国有金融企业应以PPP项目规范运作为融资前提条件，对于未落实项目资本金来源、未按规定开展物有所值评价、财政承受能力论证的，物有所值评价、财政承受能力论证等相关信息没有充分披露的PPP项目，不得提供融资。

十、【融资担保】政府性融资担保机构应按照市场化方式运作，依法依规开展融资担保服务，自主经营、自负盈亏，不得要求或接受地方政府以任何形式在出资范围之外承担责任。

十一、【出资管理】国有金融企业应加强对股东资质的审查。国有金融企业股东应以自有资金入股国有金融企业，且确保资金来源合法，严禁虚假出资、出资不实或抽逃出资，严禁代持国有金融企业股权。除法律法规另有规定的以外，以非自有资金出资的股权不得享受股权增值收益，并按"实际出资与期末净资产孰低"原则予以清退。国有金融企业股东用金融企业股权质押融资，应遵守法律法规和相关监管规定，不得损害其他股东和金融企业的利益。

十二、【财务约束】国有金融企业应按照"实质重于形式"的原则，充足提取资产减值准备，严格计算占用资本，不得以有无政府背景作为资产风险的判断标准。

十三、【产权管理】国有金融企业应聚焦主业，严格遵守国有金融资产管理有关规定，做好与地方政府及其部门合作所形成股权资产的登记、评估、转让、清算、退出等工作。合理设置机构法人层级，压缩管理级次，降低组织结构复杂程度，原则上同类一级子公司只能限定为一家。

十四、【配合整改】对存在地方政府违法违规举债担保、变相举债等问题的存量项目，开发性、政策性金融机构等国有金融企业应积极主动配合有关方面，依法依规开展整改，在有效保障各方合法权益的基础上，稳妥有序化解存量债务风险。在配合整改的同时，国有金融企业不得盲目抽贷、压贷和停贷，防范存量债务资金链断裂风险。

十五、【绩效评价】财政部门对金融企业进行绩效评价时，如金融企业违法违规向地方政府、地方国有企业等提供融资，要求或接受地方政府及其部门以任何方式提供担保或承担偿债责任，被相关部门依法依规追究责任的，根据相关部门提供的处理处罚情况，对该金融企业下调评价等级。

十六、【监督检查】对财政部公开通报涉及地方政府违法违规举债担保行为的地方国有企业，国有金融企业应暂停或审慎提供融资和融资中介服务。财政部驻各地财政监察专员办事处根据本通知规定对国有金融企业及其分支机构进行监督检查，对相关违规行为及时予以制止和纠正，并依法进行处理。相关检查处理结果视情抄送有关金融监管部门。

十七、【其他】本通知自印发之日起执行。其他金融企业参照执行。

财政部

2018年3月28日

国家发展和改革委员会关于印发《引导社会资本参与盘活国有存量资产中央预算内投资示范专项管理办法》的通知

发改投资规〔2021〕252号

各省、自治区、直辖市及计划单列市、新疆生产建设兵团发展改革委：

为有效引导社会资本参与盘活国有存量资产、形成投资良性循环，推动形成以国内大循环为主体、国内国际双循环相互促进的新发展格局，提高中央预算内投资使用效益，根据《政府投资条例》等有关规定，国家发展改革委研究制定了《引导社会资本参与盘活国有存量资产中央预算内投资示范专项管理办法》。现印发给你们，请按照执行。

国家发展改革委

2021 年 2 月 22 日

引导社会资本参与盘活国有存量资产中央预算内投资示范专项管理办法

第一章　总　　则

第一条　为推动形成以国内大循环为主体、国内国际双循环相互促进的新发展格局，切实加强引导社会资本参与盘活国有存量资产中央预算内投资示范专项（以下简称“本专项”）管理，提高资金使用效益，推进中央预算内投资管理制度化、规范化、科学化，根据中央预算内投资管理有关法律法规规定，制定本办法。

第二条　本办法适用于申请或获得本专项投资的项目。各地应当充分发挥中央预算内投资引导带动作用，引导社会资本积极参与盘活国有存量资产，将回收资金用于新的基础设施项目建设，形成投资良性循环，为促进国内大循环发挥积极作用。

第三条　本专项采用切块方式安排。国家发展改革委向有关省、自治区、直辖市、计划单列市及新疆生产建设兵团发展改革部门（以下简称“省级发展改革部门”）下达年度中央预算内投资计划，提出工作要求，省级发展改革部门将年度投资计划分解安排到具体项目，并按规定时限报国家发展改革委备案。

第二章　支持范围及标准

第四条　本专项支持范围如下：

（一）支持的重点领域。重点支持盘活存量难度大、对形成投资良性循环示范性强的交通、市政、环保、水利、仓储物流等基础设施补短板行业，以及新型基础设施项目。

（二）支持的重点区域。优先支持位于京津冀协同发展、长江经济带发展、粤港澳大湾区建设、长三角一体化发展、海南全面深化改革开放、黄河流域生态保护和高质量发展等国家重大战略区域，符合“十四五”有关战略规划要求的项目。其他地区符合条件的项目也可申报。

（三）支持的重点项目。支持采用不动产投资信托基金（REITs）、政府和社会资本合作（PPP）等方式盘活国有存量资产，将净回收资金主要用于新增投资，且具有较强示范性和创新性的项目。

第五条　对盘活存量资产、使用回收资金支持新增投资等已取得实质进展的项目，根据工作进展情况，相应给予投资支持：

（一）盘活存量资产取得实质进展，使用回收资金投入的新项目已开始推进前期工作。对此阶段项目，根据前期工作进展情况，以项目前期工作费方式对回收资金投入的新项目给予一定支持。其中，采用 REITs 方式盘活的，应已由国家发展改革委推荐至中国证监会；采用 PPP 方式盘活的，应已与社会资本方签约。

（二）回收资金投入的新项目已基本具备开工建设条件或已开工建设。对此阶段项目，根据项目投资规模、投资缺口、示范意义等，以投资补助或资本金注入方式给予一定支持。

第六条　除项目前期工作费外，已安排过中央预算内投资的项目，原则上不再安排。以项目前期工作费方式安排的中央预算内投资，单个项目不超过 500 万元，且东、中、西和东北地区支持比例分别不超过项目前期工作费总额的 30%、40%、50%、50%；以投资补助或资本金注入方式安排的中央预算内投资，以盘活存量资产回收资金采用资本金方式用于新项目的资金数额为基数，东、中、西和东北地区支持比例分别不超过 30%、40%、50%、50%。

第三章　项目申报

第七条　有关省级发展改革部门按照国家发展改革委确定的安排原则、支持范围等要求，在盘活存量资产项目库中选择符合条件的项目，由拟支持项目所在地组织开展本专项投资申报工作。组织项目单位按相关规定向有关省级发展改革部门报送资金申请报告和综合信用承诺书。

第八条　有关省级发展改革部门对申请专项投资的项目开展审核。审核重点包括申报项目是否符合专项支持范围、是否重复申报，项目单位是否被纳入严重失信主体名单，申报投资是否符合安排标准，新项目前期工作进展情况，已开工项目各项建设手续是否完备，是否落实了除拟安排中央预算内投资之外的其他资金，项目单位和监管单位“两个责任”填报是否规范等。

第九条 有关省级发展改革部门对通过审核的项目，可向国家发展改革委报送年度投资计划安排申请文件。各地应当结合财政承受能力、政府投资能力和本地区建设需求，根据中央补助标准和地方建设资金落实情况，合理申报投资计划。脱离当地实际、地方建设资金不落实的不得申报。有关省级发展改革部门应在申报文件中明确“经认真审核，所报投资计划符合我省（区、市）财政承受能力和政府投资能力，不会造成地方政府隐性债务”。

第四章 投资计划下达

第十条 国家发展改革委委托中介咨询机构组织专家，主要从项目的示范性、引导性等方面进行评估，提出当年备选项目清单。国家发展改革委结合备选项目清单等情况，综合平衡、确定切块规模并下达年度投资计划。

第十一条 有关省级发展改革部门按照国家发展改革委确定的安排原则，在备选项目清单范围内，自主选择符合条件的项目，按照规定期限将切块资金分解落实到具体项目。对以资本金注入方式安排到具体项目的，应明确政府出资人代表，并在项目实施过程中，严格执行项目资本金注入管理有关规定，按照出资比例履行出资人职责，依法依规严格管理，提高政府投资和形成资产的管理效率。

有关省级发展改革部门在报国家发展改革委备案文件中，应一并报送省级绩效目标表和分区域绩效目标表。同时，通过国家重大建设项目库生成投资计划下达表并下达投资计划，报国家发展改革委备案，并在国家重大建设项目库中相应分解至具体项目。对分解后的具体项目逐一落实项目（法人）单位及项目责任人、日常监管直接责任单位及监管责任人。

第十二条 本专项执行过程中确需调整的，由有关省级发展改革部门作出调整决定并报国家发展改革委备案，原则上仅限在本专项内调整项目。项目调整后应及时在国家重大建设项目库和盘活存量资产项目库中更新信息。有特殊情况需跨专项调整的项目，报国家发展改革委按照相关规定进行调整。

第五章 监督检查

第十三条 本专项项目实行按月调度。有关省级发展改革部门应在每月10日前，通过国家重大建设项目库填报项目开工情况、投资完成情况、工程形象进度等，发现问题及时督促整改。同时，及时更新盘活存量资产项目库有关信息。

第十四条 各级发展改革部门应强化项目日常监督管理，采取组织自查、复核检查和实地查看等方式，对中央预算内投资项目的资金使用、项目建设进展、绩效目标实现情况等加大监督检查力度。建立健全信息公开机制，对相关信息做到应公开尽公开。国家发展改革委适时对各地组织检查，对发现问题督促及时整改，并按照有关规定采取通报批评等处理措施。对未按期开工的项目，将按规定采取调整安排中央预算内投资等处理措施。

第十五条 项目单位应当主动接受并配合相关部门做好审计、督查，如实提供项目相关文件和资料，不得销毁、隐匿、转移、伪造或者无故拖延、拒绝提供有关文件资料。

第十六条 项目单位有下列行为之一的，有关省级发展改革部门应责令其限期整改，采取措施核减、停止拨付中央预算内投资支持资金或者收回已拨付的资金，暂停或停止建设活动，并可以根据情节轻重提请或者移交有关机关依法追究有关责任人的法律责任：

（一）提供虚假情况，骗取中央预算内投资支持资金的；

（二）滞留、挤占、截留或者挪用中央预算内投资支持资金的；

（三）擅自改变主要建设内容和建设标准的；

（四）拒不接受依法进行的审计等监督检查的；

（五）其他违反国家法律法规和本办法规定的行为。

第十七条 国家发展改革委建立项目监督检查结果与专项投资计划挂钩机制。对监督检查中存在问题较多、督促整改不到位的地方或单位，将视情况调减其下年度投资计划规模。

第六章 附 则

第十八条 本办法由国家发展改革委负责解释。

第十九条 本办法从发布之日起实施，有效期五年，并根据党中央、国务院决策部署及国家发展改革委有关工作要求及时进行修订。

财政部关于印发《金融机构国有股权董事议案审议操作指引（2023年修订版）》的通知

财金〔2023〕2号

国务院有关部委、有关直属机构，各省、自治区、直辖市、计划单列市财政厅（局），新疆生产建设兵团财政局，全国社会保障基金理事会，各中央管理金融企业：

为贯彻落实《中共中央　国务院关于完善国有金融资本管理的指导意见》精神，更好地履行国有金融资本出资人职责，进一步厘清国有股权董事职责边界、明确国有股权董事履职责任、规范国有股权董事议案审议工作，切实发挥国有股权董事在金融机构公司治理中的作用，我部对《金融机构国有股权董事议案审议操作指引》（财金〔2020〕110号）进行了修订，现印发给你们，请遵照执行。执行中有何问题，请及时反馈我部。

附件：金融机构国有股权董事议案审议操作指引（2023年修订版）

财政部

2023年1月19日

金融机构国有股权董事议案审议操作指引（2023年修订版）

第一章　总　　则

第一条　为了更好地履行国有金融资本出资人职责，规范国有股东向金融机构派出的国有股权董事议案审议工作，根据《中华人民共和国公司法》（以下简称公司法）、《中共中央　国务院关于完善国有金融资本管理的指导意见》和《国有金融资本出资人职责暂行规定》等法律法规及相关制度，制定本指引。

第二条　本指引所称国有股权董事（以下简称股权董事），是指由履行国有金融资本出资人职责的机构、国有金融资本受托管理机构（以下统称派出机构）向持股金融机构派出的代表国有股权的董事。

前款所称金融机构，包括依法设立的获得金融业务许可证的各类金融企业，主权财富基金，金融控股公司等金融集团、金融投资运营公司以及金融基础设施等实质性开展金融业务的其他企业或机构。

第三条　股权董事应当具备与其履行职责相适应的政治素养、专业素质、专业经验、职业技能和职业操守，并持续学习履职所需的专业知识和技能，熟悉并掌握国家关于金融机构管理的相关规定，深入了解所在金融机构的业务情况，不断提高履职能力，适应股权董事岗位需要。

第四条　股权董事在审议议案时，应当坚决贯彻党中央决策部署和国家有关法律法规、方针政策以及派出机构有关要求，结合专业判断自主发表意见，并对表决结果承担相应责任。

第五条　派出机构应当加强对股权董事履职的技术支持，对股权董事提出的议案审议意见进行审核，并在必要时对议案审议意见进行风险提示。股权董事应当承担的责任不因派出机构出具审核意见、作出风险提示而转移。

第六条　派出机构应当督促金融机构采取必要措施，确保股权董事便捷、高效获取议案审议相关信息，为股权董事有效履职提供保障。金融机构应当对所提供信息的真实性、准确性和完整性负责。

对未完整、准确提供相关信息的议案，股权董事有权按规定提出推迟审议或推迟表决等意见；对不予配合或未按股权董事要求补充提供相关信息的议案，股权董事有权予以否决。

第二章　股权董事议案审议职责及审议意见内容

第七条　股权董事依法行使以下议案审议职责：

（一）严格遵守国家各项法律法规、派出机构有关规章制度，以及所在金融机构的公司章程、董事会议事规则等规定，依法合规、忠实勤勉地履行董事会议案审议等相关工作职责；

（二）全面了解议案背景与内容，准确把握议案是否符合国家相关法律法规、金融监管要求、国有金融资本管理制度及行业政策，深入了解议案对国有出资人权益的影响程度和风险状况，深入分析议案的可行性和对金融机构战略和经营计划的综合影响；

（三）通过调研，调阅财务报表和会议纪要等资料，询问所在金融机构管理层、相关业务部门和会计师事务所等有关中介机构，列席相关党委（党组）会，参加董事会专门委员会、董事沟通会、董事例会以及与其他董事沟通等方式深入研究议案，根据国家相关法律法规、金融监管政策、国有金融资本管理制度及派出机构有关要求，以防范金融风险、保护国有金融资产安全、维护国有出资人合法权益及所在金融机构整体利益为原则，对议案进行认真分析和判断，提出合理的议案审议意见；

（四）按照本指引要求与派出机构做好沟通，及时将董事会会议通知、董事会议案及议案审议意见以书面形式报送派出机构，并加强与派出机构的联系和沟通；

（五）根据所在金融机构章程和相关议事规则，按照本指引规定的议案审议要求，在董事会及专门委员会上独立、专业、客观地发表意见；

（六）对董事会决议的落实情况进行跟踪监督，对发现的重大问题，以及董事会决议事项发生重大变更等情况，及时以书面形式向派出机构报告，并督促所在金融机构认真整改；

（七）派出机构赋予的其他职责。

第八条 股权董事向派出机构报送的议案审议意见应当包括以下内容：

（一）议案的背景和主要内容；

（二）股权董事就议案内容与金融机构的沟通情况，包括议案沟通过程中，或董事会专门委员会审议时，有关方面的意见及采纳情况；

（三）根据金融机构授权机制，议案在金融机构内部的决策程序执行情况；同时，应当对是否存在同一事项分批分次审议、变相突破决策权限相关情况进行说明；

（四）股权董事对议案内容的研究情况，包括审议意见及主要理由，应当重点对议案相关事项的合规性及可能存在的风险进行说明；

（五）股权董事拟在董事会上发表的表决意见，包括是否同意、拟提出的风险提示及工作要求等；

（六）其他需要说明的事项；

（七）股权董事签名和签发日期。

第三章 议案类型及审议程序

第九条 按照议案审议事项对国有出资人权益的影响程度和风险状况，股权董事审议的议案分为重大事项议案和一般性议案。

第十条 重大事项议案是指根据公司法、金融机构公司章程等规定，需提交股东（大）会审议的议案，或需三分之二以上董事同意的议案，或涉及出资人重大利益的议案，或可能对金融机构产生重大影响的议案。主要包括：

（一）公司章程的首次制订及全面修订，重要公司治理文件的制订与修改，董事会专门委员会的组成与调整，制订或修改股东（大）会对董事会、董事会对经营管理层授权方案；

（二）战略规划的制订与修订；

（三）年度经营计划与财务预决算的制订与调整；

（四）高级管理人员的聘任、解聘、奖惩事项及薪酬管理，制订或实施股权激励和员工持股计划，购买董事及高级管理人员责任险；

（五）利润分配方案和弥补亏损方案；

（六）资本规划方案，公司上市或股权融资方案，增加或减少注册资本，回购公司自身股票；

（七）法人机构的设立；

（八）重大经营事项、重大投融资、重大收购兼并、重大资产处置、重大对外担保、重大资产抵押、重大关联交易、重大对外赠与事项；

（九）外部审计机构的聘用、解聘及续聘；股权投资基金的资产管理人（托管人）聘用、更换及管理费提取标准等有关事项；

（十）合并、分立、解散或变更公司形式的方案；

（十一）派出机构认为必要的其他事项。

第十一条 除本指引第十条规定以外的议案为一般性议案。

第十二条 股权董事应当按照有关法定程序在董事会或董事会专门委员会上参与议案审议，充分发表意见，依法合规、独立自主行使表决权。

第十三条 股权董事应当注重与所在金融机构的沟通和联系，及时了解有关董事会会议及议案安排，推动所在金融机构做好议案的起草和准备工作。对于不符合所在金融机构章程、议事规则或违背公司治理程序的议案，股权董事应当明确提出不宜将该议案提交董事会审议。

第十四条 股权董事应当与所在金融机构的其他董事加强沟通，认真参与议案讨论。

第十五条 股权董事应当认真参与议案沟通会和所任职董事会专门委员会的会议，主动、及时向金融机构了解相关情况。对于重大事项议案，股权董事应当在正式报送书面审议意见之前，与派出机构进行预沟通，并结合预沟通情况和专业判断对议案内容、董事会召开时间等提出意见建议。

第十六条　派出机构收到股权董事对议案的审议意见或预沟通意见后，如需补充有关数据、背景情况、分析论证等内容，派出机构与股权董事联系提出需求。股权董事根据派出机构需求，与金融机构进一步沟通了解情况，并与派出机构沟通。沟通过程原则上由股权董事独立完成，如确有必要，股权董事可会同金融机构有关工作人员，共同与派出机构沟通。

第十七条　对于重大事项议案，派出机构就股权董事审议意见履行相关内部审核程序，并向股权董事反馈审核意见。对于明显违背国家战略政策、金融监管要求和国有金融资本管理相关规定的情形，派出机构需向股权董事作出风险提示。股权董事应当结合实际情况及自身判断慎重表决，并承担相应责任。派出机构作出的风险提示，仅供股权董事在议案审议时使用，未经派出机构许可，不得向所在金融机构等第三方提供。

第十八条　股权董事收到董事会正式会议通知后，一般应当至少在董事会会议召开10日之前将董事会会议通知、董事会议案和署名的股权董事审议意见以书面形式报送派出机构，未能在规定时间内报送的，股权董事应当提出推迟审议的意见。

第十九条　金融机构确因紧急事项须临时召开董事会的，原则上应当至少在董事会召开5个工作日之前通知股权董事，并提交完整的议案要件，股权董事应当至少在董事会召开3个工作日之前以书面形式向派出机构报送相关资料。

紧急事项主要包括金融监管部门临时提出的有关要求，管理层人员突然变动，突发重大风险处置、重大投资和重大交易，以及突发自然灾害应急等。对于年报披露等监管规则有明确时间要求的事项，股权董事应当督促金融机构合理安排工作进度，确保议案在规定的时间内提交，避免倒逼审核流程。

第二十条　同一金融机构有两名以上同一派出机构股权董事的，各股权董事应当根据自身专业判断分别提交书面审议意见；股权董事意见一致的，可联名提交书面审议意见。

第二十一条　同一金融机构由多个派出机构共同持股的，如有需要，派出机构可相互协商并履行内部流程后，将有关意见反馈股权董事。

第二十二条　金融机构召开董事会及其专门委员会会议期间，增加临时议案的，股权董事应当及时报告并根据议题性质、议题内容、对国有出资人权益影响的重要程度等情况妥善处理，如建议推迟审议、推迟表决、表决时附加条件同意、弃权、反对或同意等。

第四章　穿透管理

第二十三条　股权董事应当根据“穿透管理”的原则，及时、主动对金融机构所属各级子公司的重大事项进行调研，对相关议案提出意见建议，并及时向派出机构报告；对需提交金融机构董事会审议的议案进行审核。

第二十四条　金融机构所属各级重点子公司重大股权管理事项在报送财政部门履行程序时，需在相关请示报告中说明股权董事审核意见。

第二十五条　股权董事应当关注的所属各级子公司重大事项，主要涉及金融机构各级子公司战略规划、主责主业、内部资产重组、品牌管理、考核评价或其他可能对金融机构产生重大影响的事项，包括但不限于：

（一）金融机构重点子公司法人机构设立、合并、分立、解散、变更公司形式等事项；

（二）金融机构重点子公司重大经营事项、重大投融资、重大收购兼并、重大资产处置、重大对外担保、重大资产抵押、重大关联交易、重大对外赠与事项；

（三）其他根据金融机构内部授权机制或金融监管要求，经子公司董事会、股东（大）会审议后需报金融机构本级董事会审议的事项；

（四）派出机构认为必要的其他事项。

第二十六条　金融机构应当理顺上市子公司对外披露议案的决策流程，子公司应当在履行公司治理程序、作出决策或决议前至少5个工作日与股权董事进行沟通，股权董事在相关事项公告前与派出机构做好沟通。

第五章　报告制度

第二十七条　股权董事应当在金融机构董事会及其专门委员会会议后5个工作日内，以书面署名形式向派出机构报告会议情况，并详细报告董事会各董事发言及表决情况。出现第二十二条规定情形的，股权董事应当在会后1个工作日内向派出机构报告情况。

第二十八条 股权董事应当参加派出机构定期组织召开的工作报告会，重点报告履行职责情况和下一步工作建议。

第二十九条 股权董事应当对董事会决议的落实情况进行跟踪督促。对发现的重大问题，以及董事会决议事项发生重大变更等情况的，股权董事应当及时以书面形式向派出机构报告。

第六章 附　　则

第三十条 派出机构应当完善内控体系和保密制度，严格禁止股权董事和派出机构工作人员擅自对外提供议案审议过程中知悉的相关金融机构未公开披露的信息及派出机构关于议案的审议意见。

第三十一条 股权董事在履职过程中未按派出机构有关规定及所在金融机构章程正确行使职责的，按相关规定予以处理并追责。

第三十二条 省级财政部门、国有金融资本受托管理机构可根据需要制定本地区、本机构的股权董事议案审议操作指引实施细则。

第三十三条 本指引自印发之日起施行，原《金融机构国有股权董事议案审议操作指引》（财金〔2020〕110号）同时废止。

（三）国资监管

行政法规：

国务院办公厅关于加强和改进企业国有资产监督防止国有资产流失的意见

国办发〔2015〕79号

各省、自治区、直辖市人民政府，国务院各部委、各直属机构：

我国企业国有资产是全体人民的共同财富，保障国有资产安全、防止国有资产流失，是全面建成小康社会、实现全体人民共同富裕的必然要求。改革开放以来，我国国有经济不断发展壮大，国有企业市场活力普遍增强、效率显著提高，企业国有资产监管工作取得积极进展和明显成效。但与此同时，一些国有企业逐渐暴露出管理不规范、内部人控制严重、企业领导人员权力缺乏制约、腐败案件多有发生等问题，企业国有资产监督工作中多头监督、重复监督和监督不到位的现象也日益突出。为贯彻落实中央关于深化国有企业改革的有关部署，切实加强和改进企业国有资产监督、防止国有资产流失，经国务院同意，现提出以下意见。

一、总体要求

（一）指导思想。认真贯彻落实党的十八大和十八届二中、三中、四中、五中全会精神，按照党中央、国务院有关决策部署，以国有资产保值增值、防止流失为目标，坚持问题导向，立足体制机制制度创新，加强和改进党对国有企业的领导，切实强化国有企业内部监督、出资人监督和审计、纪检监察、巡视监督以及社会监督，严格责任追究，加快形成全面覆盖、分工明确、协同配合、制约有力的国有资产监督体系，充分体现监督的严肃性、权威性、时效性，促进国有企业持续健康发展。

（二）基本原则。

坚持全面覆盖，突出重点。实现企业国有资产监督全覆盖，加强对国有企业权力集中、资金密集、资源富集、资产聚集等重点部门、重点岗位和重点决策环节的监督，切实维护国有资产安全。

坚持权责分明，协同联合。清晰界定各类监督主体的监督职责，有效整合监督资源，增强监督工作合力，形成内外衔接、上下贯通的国有资产监督格局。

坚持放管结合，提高效率。正确处理好依法加强监督和增强企业活力的关系，改进监督方式，创新监督方法，尊重和维护企业经营自主权，增强监督的针对性和有效性。

坚持完善制度，严肃问责。建立健全企业国有资产监督法律法规体系，依法依规开展监督工作，完善责任追究制度，对违法违规造成国有资产损失以及监督工作中失职渎职的责任主体，严格追究责任。

二、着力强化企业内部监督

（三）完善企业内部监督机制。企业集团应当建立涵盖各治理主体及审计、纪检监察、巡视、法律、财务等部门的监督工作体系，强化对子企业的纵向监督和各业务板块的专业监督。健全涉及财务、采购、营销、投资等方面的内部监督制度和内控机制，进一步发挥总会计师、总法律顾问作用，加强对企业重大决策和重要经营活动的财务、法律审核把关。加强企业内部监督工作的联动配合，提升信息化水平，强化流程管控的刚性约束，确保内部监督及时、有效。

（四）强化董事会规范运作和对经理层的监督。深入推进外部董事占多数的董事会建设，加强董事会内部的制衡约束，依法规范董事会决策程序和董事长履职行为，落实董事对董事会决议承担的法定责任。切实加强董事会对经理层落实董事会决议情况的监督。设置由外部董事组成的审计委员会，建立审计部门向董事会负责的工作机制，董事会依法审议批准企业年度审计计划和重要审计报告，增强董事会运用内部审计规范运营、管控风险的能力。

（五）加强企业内设监事会建设。建立监事会主席由上级母公司依法提名、委派制度，提高专职监事比例，增强监事会的独立性和权威性。加大监事会对董事、高级管理人员履职行为的监督力度，进一步落实监事会检查公司财务、纠正董事及高级管理人员损害公司利益行为等职权，保障监事会依法行权履职，强化监事会及监事的监督责任。

（六）重视企业职工民主监督。健全以职工代表大会为基本形式的企业民主管理制度，规范职工董事、职工监事的产生程序，切实发挥其在参与公司决策和治理中的作用。大力推进厂务公开，建立公开事项清单制度，保障职工知情权、参与权和监督权。

（七）发挥企业党组织保证监督作用。把加强党的领导和完善公司治理统一起来，落实党组织在企业党风廉政建设和反腐败工作中的主体责任和纪检机构的监督责任，健全党组织参与重大决策机制，强化党组织对企业领导人员履职行为的监督，确保企业决策部署及其执行过程符合党和国家方针政策、法律法规。

三、切实加强企业外部监督

（八）完善国有资产监管机构监督。国有资产监管机构要坚持出资人管理和监督的有机统一，进一步加强出资人监督。健全国有企业规划投资、改制重组、产权管理、财务评价、业绩考核、选人用人、薪酬分配等规范国有资本运作、防止流失的制度。加大对国有资产监管制度执行情况的监督力度，定期开展对各业务领域制度执行情况的检查，针对不同时期的重点任务和突出问题不定期开展专项抽查。国有资产监管机构设立稽查办公室，负责分类处置和督办监督工作中发现的需要企业整改的问题，组织开展国有资产重大损失调查，提出有关责任追究的意见建议。开展国有资产监管机构向所出资企业依法委派总会计师试点工作，强化出资人对企业重大财务事项的监督。加强企业境外国有资产监督，重视在法人治理结构中运用出资人监督手段，强化对企业境外投资、运营和产权状况的监督，严格规范境外大额资金使用、集中采购和佣金管理，确保企业境外国有资产安全可控、有效运营。

（九）加强和改进外派监事会监督。对国有资产监管机构所出资企业依法实行外派监事会制度。外派监事会由政府派出，作为出资人监督的专门力量，围绕企业财务、重大决策、运营过程中涉及国有资产流失的事项和关键环节、董事会和经理层依法依规履职情况等重点，着力强化对企业的当期和事中监督。进一步完善履职报告制度，外派监事会要逐户向政府报告年度监督检查情况，对重大事项、重要情况、重大风险和违法违纪违规行为“一事一报告”。按照规定的程序和内容，对监事会监督检查情况实行“一企一公开”，也可以按照类别和事项公开。切实保障监事会主席依法行权履职，落实外派监事会的纠正建议权、罢免或者调整建议权，监事会主席根据授权督促企业整改落实有关问题或者约谈企业领导人员。建立外派监事会可追溯、可量化、可考核、可问责的履职记录制度，切实强化责任意识，健全责任倒查机制。

（十）健全国有企业审计监督体系。完善国有企业审计制度，进一步厘清政府部门公共审计、出资人审计和企业内部审计之间的职责分工，实现企业国有资产审计监督全覆盖。加大对国有企业领导人员履行经济责任情况的审计力度，坚持离任必审，完善任中审计，探索任期轮审，实现任期内至少审计一次。探索建立国有企业经常性审计制度，对国有企业重大财务异常、重大资产损失及风险隐患、国有企业境外资产等开展专项审计，对重大决策部署和投资项目、重要专项资金等开展跟踪审计。完善国有企业购买审计服务办法，扩大购买服务范围，推动审计监督职业化。

（十一）进一步增强纪检监察和巡视的监督作用。督促国有企业落实“两个责任”，实行“一案双查”，强化责任追究。加强对国有企业执行党的纪律情况的监督检查，重点审查国有企业执行党的政治纪律、政治规矩、组织纪律、廉洁纪律情况，严肃查处违反党中央八项规定精神的行为和“四风”问题。查办腐败案件以上级纪委领导为主，线索处置和案件查办在向同级党委报告的同时，必须向上级纪委报告。严肃查办发生在国有企业改制重组、产权交易、投资并购、物资采购、招标投标以及国际化经营等重点领域和关键环节的腐败案件。贯彻中央巡视工作方针，聚焦党风廉政建设和反腐败斗争，围绕“四个着力”，加强和改进国有企业巡视工作，发现问题，形成震慑，倒逼改革，促进发展。

（十二）建立高效顺畅的外部监督协同机制。整合出资人监管、外派监事会监督和审计、纪检监察、巡视等监督力量，建立监督工作会商机制，加强统筹，减少重复检查，提高监督效能。创新监督工作机制和方式方法，运用信息化手段查核问题，实现监督信息共享。完善重大违法违纪违规问题线索向纪检监察机关、司法机关移送机制，健全监督主体依法提请有关机关配合调查案件的制度措施。

四、实施信息公开加强社会监督

（十三）推动国有资产和国有企业重大信息公开。建立健全企业国有资产监管重大信息公开制度，依法依规设立信息公开平台，对国有资本整体运营情况、企业国有资产保值增值及经营业绩考核总体情况、国有资产监管制度和监督检查情况等依法依规、及时准确披露。国有企业要严格执行《企业信息公示暂行条例》，在依法保护国家秘密和企业商业秘密的前提下，主动公开公司治理以及管理架构、经营情况、财务状况、关联交易、企业负责人薪酬等信息。

（十四）切实加强社会监督。重视各类媒体的监督，及时回应社会舆论对企业国有资产运营的重大关切。畅通社会公众的监督渠道，认真处理人民群众有关来信、来访和举报，切实保障单位和个人对造成国有资产损失行为进行检举和控告的权利。推动社会中介机构规范执业，发挥其第三方独立监督作用。

五、强化国有资产损失和监督工作责任追究

（十五）加大对国有企业违规经营责任追究力度。明确企业作为维护国有资产安全、防止流失的责任主体，健全并严格执行国有企业违规经营责任追究制度。综合运用组织处理、经济处罚、禁入限制、纪律处分和追究刑事责任等手段，依法查办违规经营导致国有资产重大损失的案件，严厉惩处侵吞、贪污、输送、挥霍国有资产和逃废金融债务的行为。对国有企业违法违纪违规问题突出、造成重大国有资产损失的，严肃追究企业党组织的主体责任和企业纪检机构的监督责任。建立完善国有企业违规经营责任追究典型问题通报制度，加强对企业领导人员的警示教育。

（十六）严格监督工作责任追究。落实企业外部监督主体维护国有资产安全、防止流失的监督责任。健全国有资产监管机构、外派监事会、审计机关和纪检监察、巡视部门在监督工作中的问责机制，对企业重大违法违纪违规问题应当发现而未发现或敷衍不追、隐匿不报、查处不力的，严格追究有关人员失职渎职责任，视不同情形分别给予纪律处分或行政处分，构成犯罪的，依法追究刑事责任。完善监督工作中的自我监督机制，健全内控措施，严肃查处监督工作人员在问题线索清理、处置和案件查办过程中违反政治纪律、组织纪律、廉洁纪律、工作纪律的行为。

六、加强监督制度和能力建设

（十七）完善企业国有资产监督法律制度。做好国有资产监督法律法规的立改废释工作，按照法定程序修订完善企业国有资产法等法律法规中有关企业国有资产监督的规定，制定出台防止企业国有资产流失条例，将加强企业国有资产监督的职责、程序和有关要求法定化、规范化。

（十八）加强监督队伍建设。选派政治坚定、业务扎实、作风过硬、清正廉洁的优秀人才，进一步充实监督力量。优化监督队伍知识结构，重视提升监督队伍的综合素质和专业素养。加强对监督队伍的日常管理和考核评价，健全与监督工作成效挂钩的激励约束机制，强化监督队伍履职保障。

本意见适用于全国企业国有资产监督工作。金融、文化等企业国有资产监督工作，中央另有规定的依其规定执行。

国务院办公厅

2015 年 10 月 31 日

企业国有资产监督管理暂行条例

国务院令第709号

（2003年5月27日中华人民共和国国务院令第378号公布　根据2011年1月8日《国务院关于废止和修改部分行政法规的决定》第一次修订　根据2019年3月2日《国务院关于修改部分行政法规的决定》第二次修订）

第一章　总　　则

第一条　为建立适应社会主义市场经济需要的国有资产监督管理体制，进一步搞好国有企业，推动国有经济布局和结构的战略性调整，发展和壮大国有经济，实现国有资产保值增值，制定本条例。

第二条　国有及国有控股企业、国有参股企业中的国有资产的监督管理，适用本条例。

金融机构中的国有资产的监督管理，不适用本条例。

第三条　本条例所称企业国有资产，是指国家对企业各种形式的投资和投资所形成的权益，以及依法认定为国家所有的其他权益。

第四条　企业国有资产属于国家所有。国家实行由国务院和地方人民政府分别代表国家履行出资人职责，享有所有者权益，权利、义务和责任相统一，管资产和管人、管事相结合的国有资产管理体制。

第五条　国务院代表国家对关系国民经济命脉和国家安全的大型国有及国有控股、国有参股企业，重要基础设施和重要自然资源等领域的国有及国有控股、国有参股企业，履行出资人职责。国务院履行出资人职责的企业，由国务院确定、公布。

省、自治区、直辖市人民政府和设区的市、自治州级人民政府分别代表国家对由国务院履行出资人职责以外的国有及国有控股、国有参股企业，履行出资人职责。其中，省、自治区、直辖市人民政府履行出资人职责的国有及国有控股、国有参股企业，由省、自治区、直辖市人民政府确定、公布，并报国务院国有资产监督管理机构备案；其他由设区的市、自治州级人民政府履行出资人职责的国有及国有控股、国有参股企业，由设区的市、自治州级人民政府确定、公布，并报省、自治区、直辖市人民政府国有资产监督管理机构备案。

国务院，省、自治区、直辖市人民政府，设区的市、自治州级人民政府履行出资人职责的企业，以下统称所出资企业。

第六条　国务院，省、自治区、直辖市人民政府，设区的市、自治州级人民政府，分别设立国有资产监督管理机构。国有资产监督管理机构根据授权，依法履行出资人职责，依法对企业国有资产进行监督管理。

企业国有资产较少的设区的市、自治州，经省、自治区、直辖市人民政府批准，可以不单独设立国有资产监督管理机构。

第七条　各级人民政府应当严格执行国有资产管理法律、法规，坚持政府的社会公共管理职能与国有资产出资人职能分开，坚持政企分开，实行所有权与经营权分离。

国有资产监督管理机构不行使政府的社会公共管理职能，政府其他机构、部门不履行企业国有资产出资人职责。

第八条　国有资产监督管理机构应当依照本条例和其他有关法律、行政法规的规定，建立健全内部监督制度，严格执行法律、行政法规。

第九条　发生战争、严重自然灾害或者其他重大、紧急情况时，国家可以依法统一调用、处置企业国有资产。

第十条　所出资企业及其投资设立的企业，享有有关法律、行政法规规定的企业经营自主权。

国有资产监督管理机构应当支持企业依法自主经营，除履行出资人职责以外，不得干预企业的生产经营活动。

第十一条　所出资企业应当努力提高经济效益，对其经营管理的企业国有资产承担保值增值责任。

所出资企业应当接受国有资产监督管理机构依法实施的监督管理，不得损害企业国有资产所有者和其他出资人的合法权益。

第二章　国有资产监督管理机构

第十二条　国务院国有资产监督管理机构是代表国务院履行出资人职责、负责监督管理企业国有资产的直属特设机构。

省、自治区、直辖市人民政府国有资产监督管理机构，设区的市、自治州级人民政府国有资产监督管理机构是代表本级政府履行出资人职责、负责监督管理企业国有资产的直属特设机构。

上级政府国有资产监督管理机构依法对下级政

府的国有资产监督管理工作进行指导和监督。

第十三条 国有资产监督管理机构的主要职责是：

（一）依照《中华人民共和国公司法》等法律、法规，对所出资企业履行出资人职责，维护所有者权益；

（二）指导推进国有及国有控股企业的改革和重组；

（三）依照规定向所出资企业委派监事；

（四）依照法定程序对所出资企业的企业负责人进行任免、考核，并根据考核结果对其进行奖惩；

（五）通过统计、稽核等方式对企业国有资产的保值增值情况进行监管；

（六）履行出资人的其他职责和承办本级政府交办的其他事项。

国务院国有资产监督管理机构除前款规定职责外，可以制定企业国有资产监督管理的规章、制度。

第十四条 国有资产监督管理机构的主要义务是：

（一）推进国有资产合理流动和优化配置，推动国有经济布局和结构的调整；

（二）保持和提高关系国民经济命脉和国家安全领域国有经济的控制力和竞争力，提高国有经济的整体素质；

（三）探索有效的企业国有资产经营体制和方式，加强企业国有资产监督管理工作，促进企业国有资产保值增值，防止企业国有资产流失；

（四）指导和促进国有及国有控股企业建立现代企业制度，完善法人治理结构，推进管理现代化；

（五）尊重、维护国有及国有控股企业经营自主权，依法维护企业合法权益，促进企业依法经营管理，增强企业竞争力；

（六）指导和协调解决国有及国有控股企业改革与发展中的困难和问题。

第十五条 国有资产监督管理机构应当向本级政府报告企业国有资产监督管理工作、国有资产保值增值状况和其他重大事项。

第三章 企业负责人管理

第十六条 国有资产监督管理机构应当建立健全适应现代企业制度要求的企业负责人的选用机制和激励约束机制。

第十七条 国有资产监督管理机构依照有关规定，任免或者建议任免所出资企业的企业负责人：

（一）任免国有独资企业的总经理、副总经理、总会计师及其他企业负责人；

（二）任免国有独资公司的董事长、副董事长、董事，并向其提出总经理、副总经理、总会计师等的任免建议；

（三）依照公司章程，提出向国有控股的公司派出的董事、监事人选，推荐国有控股的公司的董事长、副董事长和监事会主席人选，并向其提出总经理、副总经理、总会计师人选的建议；

（四）依照公司章程，提出向国有参股的公司派出的董事、监事人选。

国务院，省、自治区、直辖市人民政府，设区的市、自治州级人民政府，对所出资企业的企业负责人的任免另有规定的，按照有关规定执行。

第十八条 国有资产监督管理机构应当建立企业负责人经营业绩考核制度，与其任命的企业负责人签订业绩合同，根据业绩合同对企业负责人进行年度考核和任期考核。

第十九条 国有资产监督管理机构应当依照有关规定，确定所出资企业中的国有独资企业、国有独资公司的企业负责人的薪酬；依据考核结果，决定其向所出资企业派出的企业负责人的奖惩。

第四章 企业重大事项管理

第二十条 国有资产监督管理机构负责指导国有及国有控股企业建立现代企业制度，审核批准其所出资企业中的国有独资企业、国有独资公司的重组、股份制改造方案和所出资企业中的国有独资公司的章程。

第二十一条 国有资产监督管理机构依照法定程序决定其所出资企业中的国有独资企业、国有独资公司的分立、合并、破产、解散、增减资本、发行公司债券等重大事项。其中，重要的国有独资企业、国有独资公司分立、合并、破产、解散的，应当由国有资产监督管理机构审核后，报本级人民政府批准。

国有资产监督管理机构依照法定程序审核、决定国防科技工业领域其所出资企业中的国有独资企业、国有独资公司的有关重大事项时，按照国家有关法律、规定执行。

第二十二条 国有资产监督管理机构依照公司

法的规定，派出股东代表、董事，参加国有控股的公司、国有参股的公司的股东会、董事会。

国有控股的公司、国有参股的公司的股东会、董事会决定公司的分立、合并、破产、解散、增减资本、发行公司债券、任免企业负责人等重大事项时，国有资产监督管理机构派出的股东代表、董事，应当按照国有资产监督管理机构的指示发表意见、行使表决权。

国有资产监督管理机构派出的股东代表、董事，应当将其履行职责的有关情况及时向国有资产监督管理机构报告。

第二十三条　国有资产监督管理机构决定其所出资企业的国有股权转让。其中，转让全部国有股权或者转让部分国有股权致使国家不再拥有控股地位的，报本级人民政府批准。

第二十四条　所出资企业投资设立的重要子企业的重大事项，需由所出资企业报国有资产监督管理机构批准的，管理办法由国务院国有资产监督管理机构另行制定，报国务院批准。

第二十五条　国有资产监督管理机构依照国家有关规定组织协调所出资企业中的国有独资企业、国有独资公司的兼并破产工作，并配合有关部门做好企业下岗职工安置等工作。

第二十六条　国有资产监督管理机构依照国家有关规定拟订所出资企业收入分配制度改革的指导意见，调控所出资企业工资分配的总体水平。

第二十七条　国有资产监督管理机构可以对所出资企业中具备条件的国有独资企业、国有独资公司进行国有资产授权经营。

被授权的国有独资企业、国有独资公司对其全资、控股、参股企业中国家投资形成的国有资产依法进行经营、管理和监督。

第二十八条　被授权的国有独资企业、国有独资公司应当建立和完善规范的现代企业制度，并承担企业国有资产的保值增值责任。

第五章　企业国有资产管理

第二十九条　国有资产监督管理机构依照国家有关规定，负责企业国有资产的产权界定、产权登记、资产评估监管、清产核资、资产统计、综合评价等基础管理工作。

国有资产监督管理机构协调其所出资企业之间的企业国有资产产权纠纷。

第三十条　国有资产监督管理机构应当建立企业国有资产产权交易监督管理制度，加强企业国有资产产权交易的监督管理，促进企业国有资产的合理流动，防止企业国有资产流失。

第三十一条　国有资产监督管理机构对其所出资企业的企业国有资产收益依法履行出资人职责；对其所出资企业的重大投融资规划、发展战略和规划，依照国家发展规划和产业政策履行出资人职责。

第三十二条　所出资企业中的国有独资企业、国有独资公司的重大资产处置，需由国有资产监督管理机构批准的，依照有关规定执行。

第六章　企业国有资产监督

第三十三条　国有资产监督管理机构依法对所出资企业财务进行监督，建立和完善国有资产保值增值指标体系，维护国有资产出资人的权益。

第三十四条　国有及国有控股企业应当加强内部监督和风险控制，依照国家有关规定建立健全财务、审计、企业法律顾问和职工民主监督等制度。

第三十五条　所出资企业中的国有独资企业、国有独资公司应当按照规定定期向国有资产监督管理机构报告财务状况、生产经营状况和国有资产保值增值状况。

第七章　法律责任

第三十六条　国有资产监督管理机构不按规定任免或者建议任免所出资企业的企业负责人，或者违法干预所出资企业的生产经营活动，侵犯其合法权益，造成企业国有资产损失或者其他严重后果的，对直接负责的主管人员和其他直接责任人员依法给予行政处分；构成犯罪的，依法追究刑事责任。

第三十七条　所出资企业中的国有独资企业、国有独资公司未按照规定向国有资产监督管理机构报告财务状况、生产经营状况和国有资产保值增值状况的，予以警告；情节严重的，对直接负责的主管人员和其他直接责任人员依法给予纪律处分。

第三十八条　国有及国有控股企业的企业负责人滥用职权、玩忽职守，造成企业国有资产损失的，应负赔偿责任，并对其依法给予纪律处分；构成犯罪的，依法追究刑事责任。

第三十九条　对企业国有资产损失负有责任受到撤职以上纪律处分的国有及国有控股企业的企业负责人，5 年内不得担任任何国有及国有控股企业的企业负责人；造成企业国有资产重大损失或者被判处刑罚的，终身不得担任任何国有及国有控股企业的企业负责人。

第八章　附　　则

第四十条　国有及国有控股企业、国有参股企业的组织形式、组织机构、权利和义务等，依照《中华人民共和国公司法》等法律、行政法规和本条例的规定执行。

第四十一条　国有及国有控股企业、国有参股企业中中国共产党基层组织建设、社会主义精神文明建设和党风廉政建设，依照《中国共产党章程》和有关规定执行。

国有及国有控股企业、国有参股企业中工会组织依照《中华人民共和国工会法》和《中国工会章程》的有关规定执行。

第四十二条　国务院国有资产监督管理机构，省、自治区、直辖市人民政府可以依据本条例制定实施办法。

第四十三条　本条例施行前制定的有关企业国有资产监督管理的行政法规与本条例不一致的，依照本条例的规定执行。

第四十四条　政企尚未分开的单位，应当按照国务院的规定，加快改革，实现政企分开。政企分开后的企业，由国有资产监督管理机构依法履行出资人职责，依法对企业国有资产进行监督管理。

第四十五条　本条例自公布之日起施行。

行政规章及规范性文件：

关于印发《国务院国资委关于以管资本为主加快国有资产监管职能转变的实施意见》的通知

国资发法规〔2019〕114 号

委内各厅局，各省、自治区、直辖市及计划单列市和新疆生产建设兵团国资委：

贯彻落实党的十九届四中全会关于形成以管资本为主的国有资产监管体制的决策部署，按照党中央、国务院关于深化国资国企改革的有关要求，根据巡视整改意见，为加快实现从管企业向管资本转变，不断提升国资监管的能力和水平，我们制定了《国务院国资委关于以管资本为主加快国有资产监管职能转变的实施意见》，现印发给你们，请认真贯彻落实。

国务院国资委

2019 年 11 月 7 日

国务院国资委关于以管资本为主加快国有资产监管职能转变的实施意见

党的十九届四中全会明确要求，形成以管资本为主的国有资产监管体制，这是以习近平同志为核心的党中央立足党和国家事业发展全局、对深化国资国企改革作出的重大决策，对于优化国有资本布局、发挥国有经济主导作用、促进国民经济持续健康发展具有十分重要的意义。贯彻落实习近平总书记关于加快实现从管企业向管资本转变的重要指示，推进国家治理体系和治理能力现代化，按照《中共中央　国务院关于深化国有企业改革的指导意见》等有关要求，现提出以下实施意见。

一、以管资本为主转变国有资产监管职能

适应国有资产资本化、国有企业股权多元化的发展阶段和市场化、法治化、国际化发展趋势，针对当前国有资产监管越位、缺位、错位问题，按照形成以管资本为主的国有资产监管体制的要求，从监管理念、监管重点、监管方式、监管导向等方面作出全方位、根本性转变。

（一）转变监管理念，从对企业的直接管理转向更加强调基于出资关系的监管。坚持政企分开、政资分开，进一步厘清职责边界，依法对国有资本投资、运营公司和其他直接监管的企业履行出资人职责，将应由企业自主经营决策的事项归位于企业，将延伸到子企业的管理事项原则上归位于一级企业，确保该管的科学管理、决不缺位，不该管的依法放权、决不越位。

（二）调整监管重点，从关注企业个体发展转向更加注重国有资本整体功能。立足国资监管工作全局，着眼于国有资本整体功能和效率，加强系统谋划、整体调控，在更大范围、更深层次、更广领域统筹配置国有资本，持续优化布局结构，促进国有资本合理流动、保值增值，推动国有经济不断发展壮大，更好服务国家战略目标。

（三）改进监管方式，从习惯于行政化管理转

向更多运用市场化法治化手段。坚持权由法定、权依法使，严格依据法律法规规定的权限和程序行权履职。改变重审批、轻监督等带有行政化色彩的履职方式，更加注重以产权为基础、以资本为纽带，依靠公司章程，通过法人治理结构履行出资人职责，将监管要求转化为股东意志。

（四）优化监管导向，从关注规模速度转向更加注重提升质量效益。坚持质量第一、效益优先，按照高质量发展的要求，完善考核规则，更好引导企业加快转变发展方式，推动国有企业质量变革、效率变革、动力变革，不断增强国有经济竞争力、创新力、控制力、影响力、抗风险能力。

二、突出管资本的重要内容

深刻领会管资本的实质内涵，聚焦优化国有资本配置，管好资本布局；聚焦增强国有企业活力，管好资本运作；聚焦提高国有资本回报，管好资本收益；聚焦防止国有资产流失，管好资本安全；聚焦加强党的领导，管好国有企业党的建设。

（五）加强资本布局整体调控，进一步发挥国有资本功能作用。统筹国有资本布局方向，服务国家重大战略、区域发展战略和产业政策规划，构建全国国有资本规划体系。着力优化资本配置，坚持出资人主导与市场化原则相结合，大力推进国有资本的战略性重组、专业化整合和前瞻性布局。通过强化战略规划和主业管理、制定投资负面清单、核定非主业投资控制比例等方式，引导企业聚焦主责主业。大力化解过剩产能，加快处置低效无效资产，有效盘活国有资本。

（六）强化资本运作，进一步提高国有资本运营效率。建立完善国有资本运作制度，加强国有资本运作统筹谋划，加快打造市场化专业平台。发挥国有资本投资公司功能作用，通过开展投资融资、产业培育和资本运作等，推动产业集聚、化解过剩产能和转型升级，培育核心竞争力和创新能力。优化国有资本运营，通过股权运作、基金投资、培育孵化、价值管理、有序进退等方式，实现国有资本合理流动和保值增值。加强产权登记、国有资产交易流转、资产评估、资产统计、清产核资等基础管理工作，确保资本运作依法合规、规范有序。

（七）优化资本收益管理，进一步促进国有资本保值增值。完善考核指标体系，对不同功能定位、不同行业领域、不同发展阶段的企业实行分类、差异化考核。充分发挥考核导向作用，突出质量第一效益优先、服务国家战略、创新驱动发展、供给侧结构性改革等重点，完善激励约束机制。优化国有资本经营预算的收益与支出管理，更多体现出资人调控要求，提高资本金注入占预算支出的比重，推动资本预算市场化运作。加强上市公司市值管理，提高股东回报。强化财务预决算管理和重大财务事项监管，实现资本收益预期可控和保值增值。

（八）维护国有资本安全，进一步筑牢防止国有资产流失的底线。健全覆盖国资监管全部业务领域的出资人监督制度，加强对所监管企业关键业务、改革重点领域和国有资本运营重要环节以及境外国有资产的监督。完善问责机制，加大违规经营投资责任追究力度，构建业务监督、综合监督、责任追究三位一体的监督工作闭环。强化监督协同，统筹出资人监督和纪检监察监督、巡视监督、审计监督以及社会监督力量，建立有效的监督协同联动和会商机制，切实防止国有资产流失。

（九）全面加强党的领导，进一步以高质量党建引领国有企业高质量发展。坚持“两个一以贯之”，将加强党的领导与完善公司治理相统一，指导推动国有企业党委（党组）发挥领导作用，把方向、管大局、保落实。着力抓好党的建设，坚持管资本就要管党建，把党的建设融入到管资本的全过程各方面，加强混合所有制企业党的组织建设，推进基层党组织全覆盖，不断增强基层党组织的组织力凝聚力战斗力。推动全面从严治党向纵深发展，加强国有企业党风廉政建设和反腐败工作，为国有企业改革发展营造风清气正的良好环境。

三、优化管资本的方式手段

坚持授权与监管相结合、放活与管好相统一，在明确管资本重点内容的基础上，同步调整优化监管方式，实现监管职能与方式相互融合、相互促进，增强向管资本转变的系统性和有效性。

（十）实行清单管理。依照《中华人民共和国公司法》《中华人民共和国企业国有资产法》等法律法规和国资委“三定”规定，建立完善权力和责任清单，落实以管资本为主的要求，明确履职重点，厘清职责边界。按照权责法定原则，将不该有的权力拦在清单之外；保证清单内的权力规范运行，督促责任落实到位。根据职能转变进展情况，对清单实施动态调整，规范权责事项履职内容和方式。

（十一）通过法人治理结构履职。依法制定或参与制订公司章程，推动各治理主体严格依照公司章程行权履职，充分发挥公司章程在公司治理中的基础作用。依据股权关系向国家出资企业委派董事或提名董事人选，规范董事的权利和责任，强化对外部董事的监督管理，督促履职尽责，加强沟通，健全工作联动机制，更好落实出资人意志。

（十二）分类授权放权。加大授权放权力度，结合企业功能界定与分类、治理能力、管理水平等改革发展实际，根据国有资本投资、运营公司和其他直接监管企业的不同特点，有针对性地开展授权放权，充分激发微观主体活力。定期评估授权放权事项的执行情况和实施效果，建立动态调整机制。

（十三）加强事中事后监管。切实减少审批事项，打造事前制度规范、事中跟踪监控、事后监督问责的完整工作链条。推进信息化与监管业务深度融合，统一信息工作平台，实现实时在线动态监管，提高监管的针对性和有效性。加大对国有资产监管制度执行情况的监督检查力度，不断健全监督制度，创新监督手段，严格责任追究。

四、强化管资本的支撑保障

围绕以管资本为主的目标任务，需要进一步统一思想认识、加强组织领导、健全监管制度、强化队伍建设，为形成以管资本为主的国有资产监管体制提供坚实保障。

（十四）统一思想认识，凝聚系统共识。牢牢把握国资监管机构职责定位，全面履行好中央企业出资人职责、国有资产监管职责和中央企业党的建设三方面职责，按照以管资本为主的要求，强化重点职能，调整履职方式。加强中央关于国资监管职能转变精神宣贯，突出做好对地方国资监管工作的指导监督，形成国资监管系统向管资本转变的合力，加快构建国资监管大格局、形成国资监管一盘棋。

（十五）加强组织领导，有效落实责任。立足党和国家工作全局谋划推进国资监管职能转变工作，将管资本的要求贯穿各个专业监管领域。全面查找当前履职中与管资本要求不符合、不适应的问题，主动作为，勇于担当，拿出务实管用的措施，确保改革要求落实到位。按照调整后内设机构职能，理顺运行机制，主动沟通衔接，避免工作交叉和监管空白，提高监管效能。

（十六）完善制度体系，强化法治保障。积极参与国资监管重点领域立法，推动将管资本有关要求体现到《中华人民共和国公司法》等有关法律法规修订中。及时开展文件清理，修改废止与中央精神不一致、与管资本要求不相符的国资监管规章规范性文件。完善规范性文件合法性审查机制，确保各项制度在基本方向和原则、履职重点和方式等方面符合以管资本为主的国有资产监管体制的要求。

（十七）改进工作作风，提升队伍素质。进一步提高政治站位，坚决做到对党忠诚，把加快自身改革、推进职能转变的实际行动作为检验干部增强“四个意识”、坚定“四个自信”、做到“两个维护”的重要标准。强化服务意识，加强调查研究，主动从企业角度考虑问题、推进工作，不断提高服务企业的质量和水平。加强国资监管业务知识学习，注重实践能力提升，建设一支适应管资本要求、具备管资本能力、忠诚干净担当的高素质专业化国资监管干部队伍。

关于进一步推动构建国资监管大格局有关工作的通知

国资发法规〔2019〕117号

委内各厅局，各省、自治区、直辖市及计划单列市和新疆生产建设兵团国资委：

党中央、国务院高度重视国资监管工作。习近平总书记多次强调要以管资本为主加强国有资产监管。党的十九届四中全会明确提出形成以管资本为主的国有资产监管体制。近年来，各级国资委统筹推进国资国企改革发展，国资监管系统建设取得积极进展。但仍然存在上下级国资委沟通联系不够紧密、指导监督工作机制还不完善、全国国资系统合力有待增强等问题。为加快形成以管资本为主的国有资产监管体制，推动构建国资监管大格局、形成国资监管一盘棋，现就有关工作通知如下：

一、明确构建国资监管大格局的总体要求

各级国资委要以习近平新时代中国特色社会主义思想为指导，深入学习贯彻党中央关于推进国家治理体系和治理能力现代化，形成以管资本为主的国有资产监管体制的决策部署。要充分认识到，构建国资监管大格局、形成国资监管一盘棋，有利于从党和国家事业发展全局的高度，统筹推进国资国企发展改革监管和党的建设，有利于在更大范

围、更广领域、更深层次推动国有资本合理流动、优化配置，有利于更好落实以管资本为主加强国有资产监管的要求，为国有企业改革发展提供良好的监管环境。各级国资委要立足全面履行国资监管职责，健全国资监管工作体系，完善工作机制，力争用2—3年时间推动实现机构职能上下贯通、法规制度协同一致、行权履职规范统一、改革发展统筹有序、党的领导坚强有力、系统合力明显增强，加快形成国资监管一盘棋。

二、突出构建国资监管大格局的重点任务

（一）统筹推进全面履行职责。按照“法定职责必须为”的要求，各级国资委要全面履行好《中华人民共和国企业国有资产法》《企业国有资产监督管理暂行条例》等法律法规，全面承担党中央、国务院明确的国有企业出资人职责、专司国有资产监管职责和负责国有企业党的建设等职责，切实做好发展、改革、监管和党的建设工作，更好实现国有资产保值增值。

（二）统筹推动形成以管资本为主的国有资产监管体制。各级国资委要转变监管思路，集中精力履行好管资本重点职能，管好国有资本布局、规范资本运作、提高资本回报、维护资本安全，更多关注国有资本整体的功能和效率。调整完善权力和责任清单，逐步实现国资委系统清单范围、原则、事项基本一致。坚持放活与管好相统一，加大授权放权力度，加强事中事后监管，构建与管资本相适应的国有资本授权经营体制。改进监管方式，注重依托资本纽带，通过法人治理结构，更好体现出资人意志。

（三）统筹深化经营性国有资产集中统一监管。坚持政企分开、政资分开原则，落实党和国家机构改革的决策部署，积极配合做好党政机关和事业单位所属企业脱钩划转和接收工作，加快实现监管全覆盖。各级国资委要逐步将委托其他部门监管的企业纳入国资监管体系，充分发挥专业化监管优势，做强做优做大国有资本。

（四）统筹健全国有资产监管法规制度体系。国务院国资委要积极参与有关重点法律、行政法规修订工作，制定政策文件要注重征求地方国资委意见，推动产权管理、财务监管、指导监督等制度要求更多适用于全国国资系统，形成系统完备、科学规范、运行有效、上下贯通的制度体系。各地国资委要积极推动出台国资监管地方性法规，共同加强事关国资国企大局的顶层制度设计。

（五）统筹优化国有资本整体布局。国务院国资委要统筹构建全国国有资本规划体系，确保各级规划定位准确、边界清晰、统一衔接、引领有力。各地国资委要全面掌握所监管企业国有资产布局结构，按照国家区域协调发展战略和产业规划要求，结合本地区国有资产布局情况，深化股权、业务等合作，整合国资国企力量，引导国有资本合理布局，实现优势互补、互利共赢。

（六）统筹推进国有企业改革。上级国资委要着力强化政策引领，对下级政府国资监管工作中不符合中央确定的国企改革原则方向的，及时予以提醒和纠正。各地国资委要充分发挥基层首创精神，组织实施好国有资本投资运营公司试点、“双百行动”和“区域性国资国企综合改革试验”，探索在地方国有企业开展创建世界一流示范企业工作，推动有关企业解放思想、勇于创新，切实发挥示范带动作用。

（七）统筹加强国有资产监督。各级国资委要进一步优化调整出资人监督机制，加强业务监督，探索完善综合监督，不断深化责任追究，加快构建三位一体的出资人监督工作闭环，加强与审计、纪检监察、巡视等外部监督力量的有效衔接，提升监督合力，切实防止国有资产流失。指导推动地方国有企业全面加强风险管理和内控体系建设，提高企业内部监督机制有效性，切实增强抗风险能力。

（八）统筹加强国有资产基础管理。各级国资委要健全产权管理工作体系，抓好产权界定、产权登记、资产评估、国有资产交易流转监管工作，全面掌握监管国有资产分布状况。加强资产统计、综合评价和经济运行分析，参照国务院国资委关于财务预决算管理、债务风险管控等方面的要求，完善信息编报制度，提高监管工作水平。

（九）统筹建设全国性国资国企在线监管系统。国务院国资委要统一国资监管数据标准，发布国资国企在线监管系统接口规范，建立健全国资监管数据管理制度。各地国资委要加快本地在线监管系统建设，重点做好“三重一大”决策运行、大额资金支出动态监测、财务、产权、投资、责任追究等应用建设，促进形成上下联动的信息化监管格局。

（十）全面加强国有企业党的建设。各级国资委要切实加大对国有企业党建工作的指导工作力度，推动所监管企业深入学习贯彻习近平新时代中

国特色社会主义思想，认真落实全国国有企业党的建设工作会议精神，加强基层党组织建设，推进党风廉政建设和反腐败斗争，为构建国资监管大格局提供坚强政治保证，为国有企业改革发展营造风清气正的良好环境。

三、完善构建国资监管大格局的工作机制

（十一）完善组织领导机制。各级国资委要加强组织领导，把指导监督工作摆在更突出、更重要的位置，成立专门领导小组，明确分管负责同志和承担综合归口职责的机构，形成职责明确、分工负责、有效统筹的指导监督工作组织体系。

（十二）强化指导协调机制。各级国资委承担综合归口职责的部门要统筹组织年度指导监督计划的拟定和实施，推动改革发展任务的研究落实，畅通日常事务联系渠道，定期组织本地区研讨培训。其他业务部门要通过召开会议、组织培训等多种形式，切实加强对法治建设、规划发展、产权管理、财务监管、考核分配、改革重组、资本运作、董事会建设、监督追责、科技创新、党的建设等工作的专项指导。

（十三）健全监督检查机制。上级国资委要重点监督下级政府国资监管工作是否落实党中央路线方针政策、是否遵守法律法规和国资监管规章制度。要落实重大事项报告制度，下级国资委及时报告机构设置、职责定位、监管范围发生重大变动，本地区国有资产总量、结构、变动及所出资企业有关财务情况。探索开展规范性文件备案，适时开展省、市国资监管法治机构建设示范创建活动，推进全国国资监管制度统一。

（十四）优化沟通交流机制。统筹系统力量开展国资国企重大理论和实践问题攻坚，及时总结、推广和宣传国企改革、国资监管典型经验。各级国资委要加强交流，建立常态化交流机制，互相学习、补齐短板，加快形成指导监督有效、相互支持有力、沟通协调有方、共同发展有序的工作机制，凝聚国资监管事业蓬勃发展的系统合力。

各地国资委要按照本通知要求，结合工作实际，认真抓好贯彻落实。工作推进中遇到的问题，及时向国务院国资委反映。

国务院国资委
2019 年 11 月 8 日

金融企业国有资产评估监督管理暂行办法

财政部令第 47 号

《金融企业国有资产评估监督管理暂行办法》已经部务会议审议通过，现予公布，自 2008 年 1 月 1 日起施行。

部长　谢旭人
二〇〇七年十月十二日

第一章　总　　则

第一条　为了加强对金融企业国有资产评估的监督管理，规范金融企业国有资产评估行为，维护国有资产所有者合法权益，根据有关法律、行政法规和国务院相关规定，制定本办法。

第二条　在中华人民共和国境内依法设立，并占有国有资产的金融企业、金融控股公司、担保公司（以下简称金融企业）的资产评估，适用本办法。

金融资产管理公司不良资产处置评估另有规定的从其规定。

第三条　县级以上人民政府财政部门（以下简称财政部门）按照统一政策、分级管理的原则，对本级金融企业资产评估工作进行监督管理。

上级财政部门对下级财政部门监督管理金融企业资产评估工作进行指导和监督。

第四条　资产评估机构进行资产评估应当遵守有关法律、法规、部门规章，以及资产评估准则和执业规范，对评估报告的合法性、真实性和合理性负责，并承担责任。

资产评估委托方和提供资料的相关当事方，应当对所提供资料的真实性、合法性和完整性负责。

第五条　金融企业不得委托同一中介机构对同一经济行为进行资产评估、审计、会计业务服务。金融企业有关负责人与中介机构存在可能影响公正执业的利害关系时，应当予以回避。

第二章　评估事项

第六条　金融企业有下列情形之一的，应当委托资产评估机构进行资产评估：

（一）整体或者部分改制为有限责任公司或者股份有限公司的；

（二）以非货币性资产对外投资的；

（三）合并、分立、清算的；

（四）非上市金融企业国有股东股权比例变动的；

（五）产权转让的；

（六）资产转让、置换、拍卖的；

（七）债权转股权的；

（八）债务重组的；

（九）接受非货币性资产抵押或者质押的；

（十）处置不良资产的；

（十一）以非货币性资产抵债或者接受抵债的；

（十二）收购非国有单位资产的；

（十三）接受非国有单位以非货币性资产出资的；

（十四）确定涉讼资产价值的；

（十五）法律、行政法规规定的应当进行评估的其他情形。

第七条　金融企业有下列情形之一的，对相关的资产可以不进行资产评估：

（一）县级以上人民政府或者其授权部门批准其所属企业或者企业的部分资产实施无偿划转的；

（二）国有独资企业与其下属的独资企业之间，或者其下属独资企业之间的合并，以及资产或者产权置换、转让和无偿划转的；

（三）发生多次同类型的经济行为时，同一资产在评估报告使用有效期内，并且资产、市场状况未发生重大变化的；

（四）上市公司可流通的股权转让。

第八条　需要资产评估时，应当按照下列情况进行委托：

（一）经济行为涉及的评估对象属于金融企业法人财产权的，或者金融企业接受非国有资产的，资产评估由金融企业委托；

（二）经济行为涉及的评估对象属于金融企业出资人权利的，资产评估由金融企业出资人或者其上级单位委托。

第九条　金融企业有关经济行为的资产评估报告，自评估基准日起1年内有效。

第三章　核准和备案

第十条　金融企业资产评估项目实行核准制和备案制。

第十一条　金融企业下列经济行为涉及资产评估的，资产评估项目实行核准：

（一）经批准进行改组改制、拟在境内或者境外上市、以非货币性资产与外商合资经营或者合作经营的经济行为；

（二）经县级以上人民政府批准的其他涉及国有资产产权变动的经济行为。

中央金融企业资产评估项目报财政部核准。地方金融企业资产评估项目报本级财政部门核准。

第十二条　需要核准的资产评估项目，金融企业应当在资产评估前向财政部门报告下列情况：

（一）相关经济行为的批准情况；

（二）评估基准日的选择情况；

（三）资产评估范围的确定情况；

（四）资产评估机构的选择情况；

（五）资产评估的进度安排情况。

第十三条　对资产评估机构出具的评估报告，金融企业应当逐级上报审核，自评估基准日起8个月内向财政部门提出资产评估项目核准申请。

第十四条　金融企业申请资产评估项目核准时，应当向财政部门报送下列材料：

（一）资产评估项目核准申请文件；

（二）金融企业资产评估项目核准表（包括：资产评估项目基本情况和资产评估结果，见附件1，一式1份）；

（三）与资产评估目的相对应的经济行为批准文件及实施方案；

（四）资产评估报告及电子文档；

（五）按照规定应当进行审计的审计报告。

拟在境外和香港特别行政区上市的，还应当报送符合相关规定的资产评估报告。

第十五条　财政部门收到核准申请后，对申请材料不齐全或者不符合法定形式的，应当在5个工作日内书面一次性告知申请人需要补正的全部内容。对申请材料齐全、符合法定形式，或者申请人按照要求全部补正申请材料的应当受理。

受理申请或者不予受理申请，应当向申请人出具注明日期的书面凭证（见附件2）。

第十六条　财政部门受理申请后，应当对申请材料进行审查。申请材料符合下列要求的，财政部门应当组织专家对资产评估报告进行评审：

（一）资产评估项目所涉及的经济行为已获得批准；

（二）资产评估基准日的选择适当；

（三）资产评估依据适当；

（四）资产评估范围与经济行为批准文件确定

的资产范围一致；

（五）资产评估程序符合相关评估准则的规定；

（六）资产评估报告的有效期已明示；

（七）委托方和提供资料的相关当事方已就所提供的资产权属证明文件及其他资料的真实性、合法性和完整性做出承诺。

财政部门应当在受理申请后的20个工作日内作出是否予以核准的书面决定。作出不予核准的书面决定的，应当说明理由。

组织专家评审所需时间不计算在前款规定的期限内。

第十七条 除本办法第十一条第一款规定的经济行为以外的其他经济行为，应当进行资产评估的，资产评估项目实行备案。

第十八条 中央直接管理的金融企业资产评估项目报财政部备案。中央直接管理的金融企业子公司、省级分公司或分行、金融资产管理公司办事处账面资产总额大于或者等于5000万元人民币的资产评估项目，由中央直接管理的金融企业审核后报财政部备案。中央直接管理的金融企业子公司、省级分公司或分行、金融资产管理公司办事处账面资产总额小于5000万元人民币的资产评估项目，以及下属公司、银行地（市、县）级支行的资产评估项目，报中央直接管理的金融企业备案。

地方金融企业资产评估项目备案，由省级财政部门根据本地区实际情况具体确定。

第十九条 对资产评估机构出具的评估报告，金融企业应当逐级上报审核，自评估基准日起9个月内向财政部门（或者金融企业）提出资产评估项目备案申请。

第二十条 金融企业申请资产评估项目备案时，应当报送下列材料：

（一）金融企业资产评估项目备案表（包括：资产评估项目基本情况和资产评估结果，见附件3，一式3份）；

（二）与资产评估目的相对应的经济行为批准文件；

（三）资产评估报告及电子文档；

（四）按照规定应当进行审计的审计报告。

第二十一条 财政部门（或者金融企业）收到备案材料后，应当在20个工作日内决定是否办理备案手续。

对材料齐全、符合下列要求的，财政部门（或者金融企业）应当办理备案手续，并将资产评估项目备案表退资产占有企业和报送企业留存：

（一）资产评估项目所涉及的经济行为已获得批准；

（二）资产评估范围与经济行为批准文件确定的资产范围一致；

（三）资产评估程序符合相关评估准则的规定；

（四）委托方和提供资料的相关当事方已就所提供的资产权属证明文件及其他资料的真实性、合法性和完整性做出承诺。

对材料不齐全或者不符合上述要求的，财政部门（或者金融企业）不予办理备案手续，并书面说明理由。

必要时财政部门（或者金融企业）可以组织有关专家进行评审。组织专家评审所需时间不计算在本条第一款规定的期限内。

第二十二条 涉及多个产权投资主体的，按照金融企业国有股最大股东的财务隶属关系申请核准或者备案。国有股东持股比例相等的，经协商可以委托其中一方按照其财务隶属关系申请核准或者备案。

申请核准或者备案的金融企业应当及时将核准或者备案情况告知产权投资主体。

第二十三条 财政部门准予资产评估项目核准文件和经财政部门（或者金融企业）备案的资产评估项目备案表是金融企业办理产权登记、股权设置和产权转让等相关手续的必备材料。

第二十四条 金融企业发生与资产评估相对应的经济行为时，应当以经核准或者备案的资产评估结果为作价参考依据。当交易价格与资产评估结果相差10%以上时，应当就差异原因向财政部门（或者金融企业）作出书面说明。

第四章 监督检查

第二十五条 金融企业应当建立健全金融企业资产评估管理工作制度，完善档案管理，加强统计分析工作。

第二十六条 省级以上财政部门应当对金融企业资产评估工作进行监督检查，必要时可以对资产评估机构进行延伸检查。

第二十七条 省级财政部门应当于每年的3月31日前，将对本地区金融企业上一年度资产评估工作的监督检查情况、存在的问题及处理情况报财政部。

第二十八条 省级以上财政部门应当将监督检

查中发现的问题，及时向相关监管部门进行通报。

第五章 罚 则

第二十九条 金融企业在资产评估中有违法行为的，依照有关法律、行政法规的规定处理、处罚。

第三十条 金融企业违反本办法有关规定，由财政部门责令限期改正。有下列情形之一的，由财政部门给予警告：

（一）应当进行资产评估而未进行评估的；

（二）应当申请资产评估项目核准或者备案而未申请的；

（三）委托没有资产评估执业资格的机构或者人员从事资产评估的，或者委托同一中介机构对同一经济行为进行资产评估、审计、会计业务服务的。

第三十一条 资产评估机构或者人员在金融企业资产评估中违反有关规定的，由省级以上财政部门依法进行处理、处罚。

第三十二条 财政部门工作人员在资产评估监督管理工作中滥用职权、玩忽职守、徇私舞弊，或者泄漏金融企业商业秘密的，依法给予行政处分，涉嫌犯罪的，依法移送司法机关。

第六章 附 则

第三十三条 省级财政部门可以依照本办法，结合本地区实际情况，制订具体实施办法。

第三十四条 对中国人民银行总行所属企业资产评估的监督管理，参照本办法执行。

第三十五条 本办法自2008年1月1日起施行。

附件：1. 金融企业资产评估项目核准表（略）

2－1. 受理资产评估项目核准申请通知书（略）

2－2. 不予受理资产评估项目核准申请通知书（略）

3. 金融企业资产评估项目备案表（略）

企业国有资产交易监督管理办法

国务院国有资产监督管理委员会、
财政部令第32号

《企业国有资产交易监督管理办法》已经国务院国有资产监督管理委员会主任办公会议审议通过，并报经国务院同意，现予公布，自公布之日起施行。

国务院国有资产监督管理委员会主任 肖亚庆
财政部部长 楼继伟
2016年6月24日

第一章 总 则

第一条 为规范企业国有资产交易行为，加强企业国有资产交易监督管理，防止国有资产流失，根据《中华人民共和国企业国有资产法》、《中华人民共和国公司法》、《企业国有资产监督管理暂行条例》等有关法律法规，制定本办法。

第二条 企业国有资产交易应当遵守国家法律法规和政策规定，有利于国有经济布局和结构调整优化，充分发挥市场配置资源作用，遵循等价有偿和公开公平公正的原则，在依法设立的产权交易机构中公开进行，国家法律法规另有规定的从其规定。

第三条 本办法所称企业国有资产交易行为包括：

（一）履行出资人职责的机构、国有及国有控股企业、国有实际控制企业转让其对企业各种形式出资所形成权益的行为（以下称企业产权转让）；

（二）国有及国有控股企业、国有实际控制企业增加资本的行为（以下称企业增资），政府以增加资本金方式对国家出资企业的投入除外；

（三）国有及国有控股企业、国有实际控制企业的重大资产转让行为（以下称企业资产转让）。

第四条 本办法所称国有及国有控股企业、国有实际控制企业包括：

（一）政府部门、机构、事业单位出资设立的国有独资企业（公司），以及上述单位、企业直接或间接合计持股为100%的国有全资企业；

（二）本条第（一）款所列单位、企业单独或共同出资，合计拥有产（股）权比例超过50%，且其中之一为最大股东的企业；

（三）本条第（一）、（二）款所列企业对外出资，拥有股权比例超过50%的各级子企业；

（四）政府部门、机构、事业单位、单一国有及国有控股企业直接或间接持股比例未超过50%，但为第一大股东，并且通过股东协议、公司章程、董事会决议或者其他协议安排能够对其实际支配的企业。

第五条 企业国有资产交易标的应当权属清晰，不存在法律法规禁止或限制交易的情形。已设定担保物权的国有资产交易，应当符合《中华人民共和国物权法》、《中华人民共和国担保法》等有关法律法规规定。涉及政府社会公共管理事项的，应当依法报政府有关部门审核。

第六条 国有资产监督管理机构（以下简称国资监管机构）负责所监管企业的国有资产交易监督管理；国家出资企业负责其各级子企业国有资产交易的管理，定期向同级国资监管机构报告本企业的国有资产交易情况。

第二章 企业产权转让

第七条 国资监管机构负责审核国家出资企业的产权转让事项。其中，因产权转让致使国家不再拥有所出资企业控股权的，须由国资监管机构报本级人民政府批准。

第八条 国家出资企业应当制定其子企业产权转让管理制度，确定审批管理权限。其中，对主业处于关系国家安全、国民经济命脉的重要行业和关键领域，主要承担重大专项任务子企业的产权转让，须由国家出资企业报同级国资监管机构批准。

转让方为多家国有股东共同持股的企业，由其中持股比例最大的国有股东负责履行相关批准程序；各国有股东持股比例相同的，由相关股东协商后确定其中一家股东负责履行相关批准程序。

第九条 产权转让应当由转让方按照企业章程和企业内部管理制度进行决策，形成书面决议。国有控股和国有实际控制企业中国有股东委派的股东代表，应当按照本办法规定和委派单位的指示发表意见、行使表决权，并将履职情况和结果及时报告委派单位。

第十条 转让方应当按照企业发展战略做好产权转让的可行性研究和方案论证。产权转让涉及职工安置事项的，安置方案应当经职工代表大会或职工大会审议通过；涉及债权债务处置事项的，应当符合国家相关法律法规的规定。

第十一条 产权转让事项经批准后，由转让方委托会计师事务所对转让标的企业进行审计。涉及参股权转让不宜单独进行专项审计的，转让方应当取得转让标的企业最近一期年度审计报告。

第十二条 对按照有关法律法规要求必须进行资产评估的产权转让事项，转让方应当委托具有相应资质的评估机构对转让标的进行资产评估，产权转让价格应以经核准或备案的评估结果为基础确定。

第十三条 产权转让原则上通过产权市场公开进行。转让方可以根据企业实际情况和工作进度安排，采取信息预披露和正式披露相结合的方式，通过产权交易机构网站分阶段对外披露产权转让信息，公开征集受让方。其中正式披露信息时间不得少于20个工作日。

因产权转让导致转让标的企业的实际控制权发生转移的，转让方应当在转让行为获批后10个工作日内，通过产权交易机构进行信息预披露，时间不得少于20个工作日。

第十四条 产权转让原则上不得针对受让方设置资格条件，确需设置的，不得有明确指向性或违反公平竞争原则，所设资格条件相关内容应当在信息披露前报同级国资监管机构备案，国资监管机构在5个工作日内未反馈意见的视为同意。

第十五条 转让方披露信息包括但不限于以下内容：

（一）转让标的基本情况；

（二）转让标的企业的股东结构；

（三）产权转让行为的决策及批准情况；

（四）转让标的企业最近一个年度审计报告和最近一期财务报表中的主要财务指标数据，包括但不限于资产总额、负债总额、所有者权益、营业收入、净利润等（转让参股权的，披露最近一个年度审计报告中的相应数据）；

（五）受让方资格条件（适用于对受让方有特殊要求的情形）；

（六）交易条件、转让底价；

（七）企业管理层是否参与受让，有限责任公司原股东是否放弃优先受让权；

（八）竞价方式，受让方选择的相关评判标准；

（九）其他需要披露的事项。

其中信息预披露应当包括但不限于以上（一）、（二）、（三）、（四）、（五）款内容。

第十六条 转让方应当按照要求向产权交易机构提供披露信息内容的纸质文档材料，并对披露内容和所提供材料的真实性、完整性、准确性负责。产权交易机构应当对信息披露的规范性负责。

第十七条 产权转让项目首次正式信息披露的转让底价，不得低于经核准或备案的转让标的评估结果。

第十八条 信息披露期满未征集到意向受让方的，可以延期或在降低转让底价、变更受让条件后重新进行信息披露。

降低转让底价或变更受让条件后重新披露信息的，披露时间不得少于20个工作日。新的转让底价低于评估结果的90%时，应当经转让行为批准单位书面同意。

第十九条　转让项目自首次正式披露信息之日起超过12个月未征集到合格受让方的，应当重新履行审计、资产评估以及信息披露等产权转让工作程序。

第二十条　在正式披露信息期间，转让方不得变更产权转让公告中公布的内容，由于非转让方原因或其他不可抗力因素导致可能对转让标的价值判断造成影响的，转让方应当及时调整补充披露信息内容，并相应延长信息披露时间。

第二十一条　产权交易机构负责意向受让方的登记工作，对意向受让方是否符合受让条件提出意见并反馈转让方。产权交易机构与转让方意见不一致的，由转让行为批准单位决定意向受让方是否符合受让条件。

第二十二条　产权转让信息披露期满、产生符合条件的意向受让方的，按照披露的竞价方式组织竞价。竞价可以采取拍卖、招投标、网络竞价以及其他竞价方式，且不得违反国家法律法规的规定。

第二十三条　受让方确定后，转让方与受让方应当签订产权交易合同，交易双方不得以交易期间企业经营性损益等理由对已达成的交易条件和交易价格进行调整。

第二十四条　产权转让导致国有股东持有上市公司股份间接转让的，应当同时遵守上市公司国有股权管理以及证券监管相关规定。

第二十五条　企业产权转让涉及交易主体资格审查、反垄断审查、特许经营权、国有划拨土地使用权、探矿权和采矿权等政府审批事项的，按照相关规定执行。

第二十六条　受让方为境外投资者的，应当符合外商投资产业指导目录和负面清单管理要求，以及外商投资安全审查有关规定。

第二十七条　交易价款应当以人民币计价，通过产权交易机构以货币进行结算。因特殊情况不能通过产权交易机构结算的，转让方应当向产权交易机构提供转让行为批准单位的书面意见以及受让方付款凭证。

第二十八条　交易价款原则上应当自合同生效之日起5个工作日内一次付清。

金额较大、一次付清确有困难的，可以采取分期付款方式。采用分期付款方式的，首期付款不得低于总价款的30%，并在合同生效之日起5个工作日内支付；其余款项应当提供转让方认可的合法有效担保，并按同期银行贷款利率支付延期付款期间的利息，付款期限不得超过1年。

第二十九条　产权交易合同生效后，产权交易机构应当将交易结果通过交易机构网站对外公告，公告内容包括交易标的名称、转让标的评估结果、转让底价、交易价格，公告期不少于5个工作日。

第三十条　产权交易合同生效，并且受让方按照合同约定支付交易价款后，产权交易机构应当及时为交易双方出具交易凭证。

第三十一条　以下情形的产权转让可以采取非公开协议转让方式：

（一）涉及主业处于关系国家安全、国民经济命脉的重要行业和关键领域企业的重组整合，对受让方有特殊要求，企业产权需要在国有及国有控股企业之间转让的，经国资监管机构批准，可以采取非公开协议转让方式；

（二）同一国家出资企业及其各级控股企业或实际控制企业之间因实施内部重组整合进行产权转让的，经该国家出资企业审议决策，可以采取非公开协议转让方式。

第三十二条　采取非公开协议转让方式转让企业产权，转让价格不得低于经核准或备案的评估结果。

以下情形按照《中华人民共和国公司法》、企业章程履行决策程序后，转让价格可以资产评估报告或最近一期审计报告确认的净资产值为基础确定，且不得低于经评估或审计的净资产值：

（一）同一国家出资企业内部实施重组整合，转让方和受让方为该国家出资企业及其直接或间接全资拥有的子企业；

（二）同一国有控股企业或国有实际控制企业内部实施重组整合，转让方和受让方为该国有控股企业或国有实际控制企业及其直接、间接全资拥有的子企业。

第三十三条　国资监管机构批准、国家出资企业审议决策采取非公开协议方式的企业产权转让行为时，应当审核下列文件：

（一）产权转让的有关决议文件；

（二）产权转让方案；

（三）采取非公开协议方式转让产权的必要性

以及受让方情况；

（四）转让标的企业审计报告、资产评估报告及其核准或备案文件。其中属于第三十二条（一）、（二）款情形的，可以仅提供企业审计报告；

（五）产权转让协议；

（六）转让方、受让方和转让标的企业的国家出资企业产权登记表（证）；

（七）产权转让行为的法律意见书；

（八）其他必要的文件。

第三章　企业增资

第三十四条　国资监管机构负责审核国家出资企业的增资行为。其中，因增资致使国家不再拥有所出资企业控股权的，须由国资监管机构报本级人民政府批准。

第三十五条　国家出资企业决定其子企业的增资行为。其中，对主业处于关系国家安全、国民经济命脉的重要行业和关键领域，主要承担重大专项任务的子企业的增资行为，须由国家出资企业报同级国资监管机构批准。

增资企业为多家国有股东共同持股的企业，由其中持股比例最大的国有股东负责履行相关批准程序；各国有股东持股比例相同的，由相关股东协商后确定其中一家股东负责履行相关批准程序。

第三十六条　企业增资应当符合国家出资企业的发展战略，做好可行性研究，制定增资方案，明确募集资金金额、用途、投资方应具备的条件、选择标准和遴选方式等。增资后企业的股东数量须符合国家相关法律法规的规定。

第三十七条　企业增资应当由增资企业按照企业章程和内部管理制度进行决策，形成书面决议。国有控股、国有实际控制企业中国有股东委派的股东代表，应当按照本办法规定和委派单位的指示发表意见、行使表决权，并将履职情况和结果及时报告委派单位。

第三十八条　企业增资在完成决策批准程序后，应当由增资企业委托具有相应资质的中介机构开展审计和资产评估。

以下情形按照《中华人民共和国公司法》、企业章程履行决策程序后，可以依据评估报告或最近一期审计报告确定企业资本及股权比例：

（一）增资企业原股东同比例增资的；

（二）履行出资人职责的机构对国家出资企业增资的；

（三）国有控股或国有实际控制企业对其独资子企业增资的；

（四）增资企业和投资方均为国有独资或国有全资企业的。

第三十九条　企业增资通过产权交易机构网站对外披露信息公开征集投资方，时间不得少于40个工作日。信息披露内容包括但不限于：

（一）企业的基本情况；

（二）企业目前的股权结构；

（三）企业增资行为的决策及批准情况；

（四）近3年企业审计报告中的主要财务指标；

（五）企业拟募集资金金额和增资后的企业股权结构；

（六）募集资金用途；

（七）投资方的资格条件，以及投资金额和持股比例要求等；

（八）投资方的遴选方式；

（九）增资终止的条件；

（十）其他需要披露的事项。

第四十条　企业增资涉及上市公司实际控制人发生变更的，应当同时遵守上市公司国有股权管理以及证券监管相关规定。

第四十一条　产权交易机构接受增资企业的委托提供项目推介服务，负责意向投资方的登记工作，协助企业开展投资方资格审查。

第四十二条　通过资格审查的意向投资方数量较多时，可以采用竞价、竞争性谈判、综合评议等方式进行多轮次遴选。产权交易机构负责统一接收意向投资方的投标和报价文件，协助企业开展投资方遴选有关工作。企业董事会或股东会以资产评估结果为基础，结合意向投资方的条件和报价等因素审议选定投资方。

第四十三条　投资方以非货币资产出资的，应当经增资企业董事会或股东会审议同意，并委托具有相应资质的评估机构进行评估，确认投资方的出资金额。

第四十四条　增资协议签订并生效后，产权交易机构应当出具交易凭证，通过交易机构网站对外公告结果，公告内容包括投资方名称、投资金额、持股比例等，公告期不少于5个工作日。

第四十五条　以下情形经同级国资监管机构批准，可以采取非公开协议方式进行增资：

（一）因国有资本布局结构调整需要，由特定的国有及国有控股企业或国有实际控制企业参与增资；

（二）因国家出资企业与特定投资方建立战略合作伙伴或利益共同体需要，由该投资方参与国家出资企业或其子企业增资。

第四十六条 以下情形经国家出资企业审议决策，可以采取非公开协议方式进行增资：

（一）国家出资企业直接或指定其控股、实际控制的其他子企业参与增资；

（二）企业债权转为股权；

（三）企业原股东增资。

第四十七条 国资监管机构批准、国家出资企业审议决策采取非公开协议方式的企业增资行为时，应当审核下列文件：

（一）增资的有关决议文件；

（二）增资方案；

（三）采取非公开协议方式增资的必要性以及投资方情况；

（四）增资企业审计报告、资产评估报告及其核准或备案文件。其中属于第三十八条（一）、（二）、（三）、（四）款情形的，可以仅提供企业审计报告；

（五）增资协议；

（六）增资企业的国家出资企业产权登记表（证）；

（七）增资行为的法律意见书；

（八）其他必要的文件。

第四章 企业资产转让

第四十八条 企业一定金额以上的生产设备、房产、在建工程以及土地使用权、债权、知识产权等资产对外转让，应当按照企业内部管理制度履行相应决策程序后，在产权交易机构公开进行。涉及国家出资企业内部或特定行业的资产转让，确需在国有及国有控股、国有实际控制企业之间非公开转让的，由转让方逐级报国家出资企业审核批准。

第四十九条 国家出资企业负责制定本企业不同类型资产转让行为的内部管理制度，明确责任部门、管理权限、决策程序、工作流程，对其中应当在产权交易机构公开转让的资产种类、金额标准等作出具体规定，并报同级国资监管机构备案。

第五十条 转让方应当根据转让标的情况合理确定转让底价和转让信息公告期：

（一）转让底价高于100万元、低于1000万元的资产转让项目，信息公告期应不少于10个工作日；

（二）转让底价高于1000万元的资产转让项目，信息公告期应不少于20个工作日。

企业资产转让的具体工作流程参照本办法关于企业产权转让的规定执行。

第五十一条 除国家法律法规或相关规定另有要求的外，资产转让不得对受让方设置资格条件。

第五十二条 资产转让价款原则上一次性付清。

第五章 监督管理

第五十三条 国资监管机构及其他履行出资人职责的机构对企业国有资产交易履行以下监管职责：

（一）根据国家有关法律法规，制定企业国有资产交易监管制度和办法；

（二）按照本办法规定，审核批准企业产权转让、增资等事项；

（三）选择从事企业国有资产交易业务的产权交易机构，并建立对交易机构的检查评审机制；

（四）对企业国有资产交易制度的贯彻落实情况进行监督检查；

（五）负责企业国有资产交易信息的收集、汇总、分析和上报工作；

（六）履行本级人民政府赋予的其他监管职责。

第五十四条 省级以上国资监管机构应当在全国范围选择开展企业国有资产交易业务的产权交易机构，并对外公布名单。选择的产权交易机构应当满足以下条件：

（一）严格遵守国家法律法规，未从事政府明令禁止开展的业务，未发生重大违法违规行为；

（二）交易管理制度、业务规则、收费标准等向社会公开，交易规则符合国有资产交易制度规定；

（三）拥有组织交易活动的场所、设施、信息发布渠道和专业人员，具备实施网络竞价的条件；

（四）具有较强的市场影响力，服务能力和水平能够满足企业国有资产交易的需要；

（五）信息化建设和管理水平满足国资监管机构对交易业务动态监测的要求；

（六）相关交易业务接受国资监管机构的监督检查。

第五十五条 国资监管机构应当对产权交易机构开展企业国有资产交易业务的情况进行动态监督。交易机构出现以下情形的，视情节轻重对其进行提醒、警告、通报、暂停直至停止委托从事相关业务：

（一）服务能力和服务水平较差，市场功能未得到充分发挥；

（二）在日常监管和定期检查评审中发现问题较多，且整改不及时或整改效果不明显；

（三）因违规操作、重大过失等导致企业国有资产在交易过程中出现损失；

（四）违反相关规定，被政府有关部门予以行政处罚而影响业务开展；

（五）拒绝接受国资监管机构对其相关业务开展监督检查；

（六）不能满足国资监管机构监管要求的其他情形。

第五十六条 国资监管机构发现转让方或增资企业未执行或违反相关规定、侵害国有权益的，应当责成其停止交易活动。

第五十七条 国资监管机构及其他履行出资人职责的机构应定期对国家出资企业及其控股和实际控制企业的国有资产交易情况进行检查和抽查，重点检查国家法律法规政策和企业内部管理制度的贯彻执行情况。

第六章 法律责任

第五十八条 企业国有资产交易过程中交易双方发生争议时，当事方可以向产权交易机构申请调解；调解无效时可以按照约定向仲裁机构申请仲裁或向人民法院提起诉讼。

第五十九条 企业国有资产交易应当严格执行“三重一大”决策机制。国资监管机构、国有及国有控股企业、国有实际控制企业的有关人员违反规定越权决策、批准相关交易事项，或者玩忽职守、以权谋私致使国有权益受到侵害的，由有关单位按照人事和干部管理权限给予相关责任人员相应处分；造成国有资产损失的，相关责任人员应当承担赔偿责任；构成犯罪的，依法追究其刑事责任。

第六十条 社会中介机构在为企业国有资产交易提供审计、资产评估和法律服务中存在违规执业行为的，有关国有企业应及时报告同级国资监管机构，国资监管机构可要求国有及国有控股企业、国有实际控制企业不得再委托其开展相关业务；情节严重的，由国资监管机构将有关情况通报其行业主管部门，建议给予其相应处罚。

第六十一条 产权交易机构在企业国有资产交易中弄虚作假或者玩忽职守、给企业造成损失的，应当承担赔偿责任，并依法追究直接责任人员的责任。

第七章 附 则

第六十二条 政府部门、机构、事业单位持有的企业国有资产交易，按照现行监管体制，比照本办法管理。

第六十三条 金融、文化类国家出资企业的国有资产交易和上市公司的国有股权转让等行为，国家另有规定的，依照其规定。

第六十四条 国有资本投资、运营公司对各级子企业资产交易的监督管理，相应由各级人民政府或国资监管机构另行授权。

第六十五条 境外国有及国有控股企业、国有实际控制企业在境内投资企业的资产交易，比照本办法规定执行。

第六十六条 政府设立的各类股权投资基金投资形成企业产（股）权对外转让，按照有关法律法规规定执行。

第六十七条 本办法自发布之日起施行，现行企业国有资产交易监管相关规定与本办法不一致的，以本办法为准。

关于规范国有金融机构资产转让有关事项的通知

财金〔2021〕102号

国务院有关部委、有关直属机构，各省、自治区、直辖市、计划单列市财政厅（局），新疆生产建设兵团财政局，全国社会保障基金理事会，各国有金融机构：

为贯彻落实《中共中央 国务院关于完善国有金融资本管理的指导意见》有关精神和《国有金融资本出资人职责暂行规定》要求，进一步加强国有金融资本管理，提高国有金融机构资产转让透明度，规范相关资产交易行为，维护国有金融资本出资人权益，现就规范国有金融机构资产转让有关事项通知如下：

一、坚持依法依规，确保公开、公平、公正

国有独资、国有全资、国有控股及实际控制金

融机构（含其分支机构及拥有实际控制权的各级子企业，以下统称国有金融机构）资产转让应当严格遵守国家法律法规和政策规定，充分发挥市场配置资源作用，遵循等价有偿和公开公平公正的原则，不得通过资产转让进行不当利益输送。资产转让过程中，涉及政府公共管理事项的，应当根据国家规定履行相关审批程序。

国有金融机构转让股权类资产，按照《金融企业国有资产转让管理办法》（财政部令第54号）等相关规定执行；转让不动产、机器设备、知识产权、有关金融资产等非股权类资产，按照本通知有关规定执行，行业监管部门另有规定的从其规定。转让标的资产在境外的，应在遵守所在国法律法规的前提下，参照本通知规定执行，国家另有规定的从其规定。因开展正常经营业务涉及的抵（质）押资产、抵债资产、诉讼资产、信贷资产、租赁资产、不良资产、债权等资产转让及报废资产处置，以及司法拍卖资产、政府征收资产等，国家另有规定的从其规定。除国家另有规定外，涉及底层资产全部是股权类资产且享有浮动收益的信托计划、资管产品、基金份额等金融资产转让，应当比照股权类资产转让规定执行。纳入国有金融资本管理的凭借国家权力和信用支持的金融机构，资产转让有关事宜执行本通知规定。

二、夯实管理职责，落实国有金融机构主体责任

国有金融机构应当按照“统一政策、分级管理”的原则，建立并完善集团或公司内部各类资产转让管理制度，明确责任部门、管理权限、决策程序、工作流程，对资产转让交易方式、种类、金额标准等作出具体规定，并报同级财政部门备案。国有金融机构资产转让应当严格履行内部决策程序，其中重大资产转让，应当严格落实“三重一大”决策制度，需经董事会或股东（大）会审议的，依法依规履行相应公司治理程序；按规定需报财政部门履行相关程序的，应按规定报同级财政部门。国有金融机构要切实加强对各分支机构和各级子企业的资产转让监督管理工作，杜绝暗箱操作，确保资产有序流转，防止国有资产流失。

三、规范转让方式，严格限制直接协议转让范围

国有金融机构资产转让原则上采取进场交易、公开拍卖、网络拍卖、竞争性谈判等公开交易方式进行。转让在公开市场交易的证券及金融衍生产品，应当通过依法设立的交易系统和交易场所进行。除国家另有规定外，未经公开竞价处置程序，国有金融机构不得采取直接协议转让方式向非国有受让人转让资产。属于集团内部资产转让、按照投资协议或合同约定条款履约退出、根据合同约定第三人行使优先购买权、将特定行业资产转让给国有及国有控股企业，以及经同级财政部门认可的其他情形，经国有金融机构按照授权机制审议决策后，可以采取直接协议转让方式进行交易。

四、合理确定价格，有效防范国有资产流失

国有金融机构资产转让，按照《金融企业国有资产评估监督管理暂行办法》（财政部令第47号）等有关规定需要进行资产评估的，转让方应当委托具有相应资质的评估机构进行资产评估并履行相应的核准、备案手续，并以经核准或备案的评估结果为依据确定转让底价。对于有明确市场公允价值的资产交易，转让标的价值较低（单项资产价值低于100万元）的资产交易，国有独资、全资金融机构之间的资产交易，国有金融机构及其独资全资子企业之间的资产交易，以及国有金融机构所属控股子企业之间发生的不会造成国有金融机构拥有的国有权益发生变动的资产交易，且经国有金融机构或第三方中介机构论证不会造成国有资产流失的，依法依规履行决策程序后可以不评估，有明确市场公允价值的资产交易可以参照市场公允价值确定转让底价，其他资产交易可以参照市场公允价值、审计后账面价值等方式确定转让底价。对投资协议或合同已约定退出价格的资产交易，依法依规履行决策程序后，经论证不会造成国有资产流失的，可按约定价格执行。

五、明确交易流程，确保资产转让依法合规

国有金融机构资产转让采取进入产权交易场所交易的，具体工作流程参照金融企业非上市国有产权转让的有关规定执行；采取公开拍卖方式的，应当选择有资质的拍卖中介机构，按照《中华人民共和国拍卖法》的规定组织实施；采取网络拍卖方式的，应当在互联网拍卖平台上向社会全程公开，接受社会监督；采取竞争性谈判方式的，应当有三人以上参加竞价；采取其他方式的，国家有相关规定的依据相关规定执行，没有规定的应当至少有两人

以上参加竞价，当只有一人竞价时，需按照公告程序补登公告，公告7个工作日后，如确定没有新的竞价者参加竞价才能成交。

资产转让成交后，转让价款原则上应一次性付清。如成交金额较大（超过1亿元）、一次性付清确有困难的，可以约定分期付款方式，但首付款比例不得低于30%，其余款项应当提供转让方认可的合法有效担保，并按照不低于上一期新发放贷款加权平均利率向转让方支付延期付款期间利息，付款期限不得超过1年。受让方未付清全部款项前，不得进行资产交割及办理过户手续。国有金融机构及其独资全资子企业之间的资产转让，其款项支付和资产交割可根据实际情况进行约定。

六、择优选择机构，确保交易信息充分公开

国有金融机构资产转让采取进入产权交易场所交易的，参照《规范产权交易机构开展金融企业国有产权交易管理暂行规定》（财金〔2020〕92号）执行，应当在省级财政部门确认的承办地方金融企业国有产权交易业务的产权交易机构中进行。

除国家另有规定外，国有金融机构资产转让原则上需向社会公开发布资产转让信息公告，公告应当遵守有关法律法规，遵循统一渠道、查阅便利的原则，确保转让信息发布及时、有效、真实、完整。转让底价高于100万元低于1000万元（含）的资产转让项目，信息公告期应当不少于10个工作日；转让底价高于1000万元的资产转让项目，信息公告期应当不少于20个工作日。除国家另有要求外，国有金融机构资产转让不得对受让方的资格条件作出限制。

七、加强监督检查，严肃查处违法违规行为

各级财政部门应当加强对本级国有金融机构资产转让行为的监督管理，财政部各地监管局应当加强对属地中央国有金融机构资产转让行为的监督管理，发现转让方未执行或违反相关规定、侵害国有权益的，应当依法要求转让方立即中止或者终止资产转让行为，并向上级财政部门报告。国有金融机构应当建立资产转让监督检查制度，定期对所属分支机构及各级子企业资产转让事项进行内部审计，并于每年5月20日前，将上年度资产转让情况报同级财政部门。

各级财政部门、国有金融机构有关人员违反法律、行政法规及本通知规定，越权决策、玩忽职守、以权谋私，造成国有资产流失的，应当依法依规承担赔偿责任，并由有关部门按照人事和干部管理权限给予处分；构成犯罪的，移送司法机关处理。

财政部

2021年11月29日

关于印发《国资委履行出资人职责的多元投资主体公司利润分配管理暂行办法》的通知

各有关中央企业：

为做好国资委履行出资人职责的多元投资主体公司股东履职工作，进一步加强利润分配管理，我委制定了《国资委履行出资人职责的多元投资主体公司利润分配管理暂行办法》，现印发给你们，请遵照执行。

国资委

2021年1月14日

国资委履行出资人职责的多元投资主体公司利润分配管理暂行办法

第一章 总 则

第一条 为进一步加强多元投资主体公司利润分配管理，根据《中华人民共和国公司法》（以下简称《公司法》）、《中华人民共和国企业国有资产法》和《关于印发〈国资委履行多元投资主体公司股东职责暂行办法〉的通知》（国资发资本〔2018〕97号）等有关法律法规和规定，制定本办法。

第二条 本办法所称多元投资主体公司是指国务院授权国资委履行出资人职责的股权多元化公司（以下简称公司）。

第三条 本办法所称利润分配，是指公司对所实现的可供分配利润向公司股东进行分配的行为。

第四条 公司利润分配应当坚持以下原则：

（一）坚持依法合规。制定利润分配方案应当按照《公司法》和公司章程的规定，严格履行股东会（含股东大会，下同）审议等法定决策程序，公司股东按照实缴的出资比例或者全体股东约定的比例依法分取红利。

（二）坚持统筹兼顾。公司实现的可供分配利

润，除满足正常生产经营和适当的投资发展需求外，应当积极回报股东；同时要兼顾公司长远发展，不能因过度分配利润而影响公司持续经营能力。

（三）坚持市场化分红。适应多元股东治理特点，建立健全市场化分红机制，充分考虑公司发展内外部环境，结合公司实际，一企一策进行利润分配。

（四）坚持股东协商。建立股东之间常态化沟通机制，发挥多元股东协商的积极作用，通过股东会共同决定公司利润分配方案。

第二章　利润分配的一般要求

第五条　公司应当积极为股东创造价值，提供长期稳定回报，并结合实际制定中长期股东回报规划。

第六条　公司利润分配以上一年度经审计的合并财务会计报告归属于母公司所有者的净利润为基础，依法先用于弥补亏损和提取公积金后，再向股东分配。

第七条　公司利润分配的决策程序和表决机制应当在公司章程、股东会议事规则和董事会议事规则中明确，经股东会审议通过后实施。

第八条　公司利润分配按年度组织实施，一般不采取中期分红。

第九条　公司利润分配一般采取现金分红形式。

第十条　公司发行优先股的，按有关规定执行。

第十一条　公司按照国务院有关规定向社保基金会划转股权的，社保基金会按规定获取分红。

第三章　利润分配方案制定

第十二条　公司董事会应当结合公司实际，于年度合并财务会计报告经中介机构审计后一个月内研究提出利润分配草案。

第十三条　公司董事会研究提出利润分配草案后，应当与相关股东充分沟通，征求相关股东意见。

第十四条　根据股东意见，公司董事会对利润分配草案进行修改完善，并审议通过后，形成利润分配方案。

第十五条　公司利润分配方案提交股东会审议时，应当按规定程序提前向股东发出会议通知和议案材料。议案材料应当包括以下内容：

（一）公司基本生产经营情况、财务状况、投资计划等。

（二）利润分配的具体方案，包括公司弥补亏损、提取公积金和向股东分配利润情况，留存未分配利润的使用计划，以及提出利润分配方案的主要考虑。

（三）公司对所出资企业的利润分配情况。

（四）其他需说明的情况。

第十六条　国资委收到公司利润分配方案的议案材料后，由相关职能厅局研究提出意见，履行内部程序，形成国资委的利润分配意见。

第十七条　国资委研究提出利润分配意见时，综合考虑以下因素：

（一）国有资本布局结构调整的总体要求。

（二）公司所处行业特点、功能分类、发展阶段，公司战略规划、投资需求、财务状况及累积未分配利润余额，公司因会计政策调整、差错更正等造成期初未分配利润重大调整等情况。

（三）参考同行业中央企业及上市公司利润分配水平。

（四）有关股东和公司董事会的意见。

（五）其他因素。

第十八条　股东会审议利润分配方案时，公司董事会应当一并报告中长期股东回报规划的制定与实施情况。国资委按规定委派股东代表参加会议、发表意见、行使表决权。

第十九条　股东会按照相关决策程序和表决机制审议批准利润分配方案后，应当形成股东会决议及会议记录。

第二十条　股东会审议利润分配方案，一般应当采取现场会议方式；经股东协商一致，也可以采取书面传签方式。股东会采取书面传签方式的，国资委履行内部程序后，报主要负责同志签署决议。

第二十一条　依据《公司法》有关规定，代表十分之一以上表决权的股东可以通过提议召开临时股东会会议等方式，直接提出利润分配方案的议案提交股东会审议。

第二十二条　公司利润分配方案一般应当于每年9月底之前完成股东会审议程序。

第四章　利润分配执行和监督

第二十三条　公司股东会审议批准的利润分配方案和作出的会议决议具有法律效力，公司一般应当于股东会作出决议之后两个月内向相关股东实施分红。

第二十四条 根据股东会审议批准的利润分配方案，对于国资委享有的分红，公司按有关规定上交国有股股利、股息；涉及向社保基金会分红的，公司按有关规定汇入社保基金会账户。

第二十五条 公司利润分配方案实施后，应当及时规范进行相应账务处理，并书面报告国资委。

第二十六条 国资委根据国务院授权，根据有关法律法规对公司履行出资人职责，通过委派股东代表、董事参加股东会、董事会等方式，加强公司利润分配监督管理工作。

第二十七条 国资委对公司利润分配监督管理工作中的重大事项，按程序提请党委会议、委务会议研究决定。

第二十八条 公司应当按市场化原则加强对所出资企业的利润分配管理，建立健全管理制度，规范所出资企业对集团总部的现金分红，增强集团总部资本调配能力，发挥好利润分配的调节作用，积极推动国有资本布局优化和结构调整。

第二十九条 公司利润分配工作中，有违法违规行为的，依法依规追究有关人员责任。

第五章 附 则

第三十条 本办法由国资委负责解释。

第三十一条 本办法自印发之日起施行。

关于引导保险资金长期稳健投资 加强国有商业保险公司长周期考核的通知

财金〔2023〕89号

中国人民保险集团股份有限公司，中国人寿保险（集团）公司，中国太平保险集团有限责任公司，中国再保险（集团）股份有限公司，其他有关商业保险公司，各省、自治区、直辖市、计划单列市财政厅（局），新疆生产建设兵团财政局，财政部各地监管局：

为引导国有商业保险公司长期稳健经营，更好发挥中长期资金的市场稳定器和经济发展助推器作用，加强对国有商业保险公司的长周期考核，根据《财政部关于印发〈商业保险公司绩效评价办法〉的通知》（财金〔2022〕72号，以下简称《办法》）的相关规定，现就有关事项通知如下：

一、将《办法》中经营效益类指标的“净资产收益率”由“当年度指标”调整为“3年周期指标+当年度指标”相结合的考核方式，3年周期指标为“3年周期净资产收益率（权重为50%）”，当年度指标为“当年净资产收益率（权重为50%）”。

其中，3年周期净资产收益率计算公式为：

$$\sqrt[3]{(1+r_n)\times(1+r_{n-1})\times(1+r_{n-2})}-1$$

r_n 为当年净资产收益率，r_{n-1}、r_{n-2}分别为前第1年、前第2年净资产收益率。

二、国有商业保险公司应当依法合规开展各类投资，遵守监管要求的偿付能力、风险管理、公司治理等相关规定，匹配自身投资管理能力、风险控制能力和相关资质。偿付能力等监管指标不达标的高风险国有商业保险公司，不得违规开展股票等投资。

三、国有商业保险公司要坚持审慎、安全、增值的原则，根据保险资金长期属性，平衡好投资收益和风险，优化资产配置，合理确定投资标的、投资规模、期限结构和流动性安排。保险资金要投向风险可控、收益稳健、具有稳定现金流回报的资产，不得用于收益不稳健、价格波动大、现金流不稳定的高风险投资。

四、国有商业保险公司要制定专门的投资管理制度，建立透明规范的投资决策程序，设置科学有效的投资风险评估体系，从效益性、安全性、流动性等方面做好投资项目的尽职调查和可行性研究论证，进一步加强投资风险管理、交易管理和投后管理等。

五、国有商业保险公司要在合理管控风险的前提下，有效提高资本回报，如评价期间净资产收益率考核指标低于行业标准值中等值水平的，国有商业保险公司管理层要及时找出具体原因，合理调整资金投向和投资比例；如连续三年均低于行业标准值中等值水平的，财政部门可动态调整其绩效评价档次。

六、国有商业保险公司应当依法依规核算各类投资收益，切实履行财务会计信息主体责任，确保绩效评价数据资料真实、可靠。如年度评价后发现相关数据资料不实且影响评价结果的，财政部门可追溯调整评价结果，并追溯调整与评价结果联动挂钩的其他事项结果。

七、国有商业保险公司绩效评价其他事项，仍按照《办法》有关规定执行。

八、本通知自印发之日起施行，国有商业保险公司自2023年度绩效评价起按照《办法》及本通知执行，其他商业保险公司可参照执行。

财政部

2023年10月25日

关于印发《国有企业参股管理暂行办法》的通知

国资发改革规〔2023〕41号

各中央企业，各省、自治区、直辖市及计划单列市和新疆生产建设兵团国资委：

《国有企业参股管理暂行办法》已经国务院国资委2023年第17次委务会审议通过，现印发给你们，请结合实际认真贯彻执行。

国务院国资委

2023年6月23日

国有企业参股管理暂行办法

第一章　总　　则

第一条　为加强国有企业参股管理，提升国有资本配置效率，维护国有资产安全，促进混合所有制经济健康有序发展，根据《中华人民共和国公司法》《中华人民共和国企业国有资产法》《企业国有资产监督管理暂行条例》等有关规定，制定本办法。

第二条　本办法所称国有企业是指各级国有资产监督管理机构履行出资人职责的企业及其子企业，参股是指国有企业在所投资企业持股比例不超过50%且不具有实际控制力的股权投资。

第三条　国有企业参股管理应当遵循以下原则：

（一）依法合规。严格遵守法律法规和国有资产监督管理规定，规范开展参股经营投资，加强合法合规性审查，有效行使股东权利，依法履行股东义务，维护国有企业合法权益。

（二）突出主业。以高质量发展为目标，服务国家战略，聚焦主责主业，有效发挥参股经营投资在战略性新兴产业培育孵化等方面的积极作用，促进国有资本布局优化和结构调整。

（三）强化管控。严格参股经营投资管理，加强审核把关，完善内控体系，压实管理责任，加强风险防范，严防国有资产流失，促进国有资产保值增值。

（四）合作共赢。尊重参股企业经营自主权，有效发挥参股企业各方股东作用，激发各类市场主体活力，推动各种所有制资本取长补短、相互促进、共同发展。

第四条　国有资产监督管理机构负责指导监督所监管企业建立健全内控体系，加强内部审计监督检查，规范开展参股经营投资，并依据相关规定对违规行为开展责任追究。

第五条　国有企业是参股管理责任主体，应当结合实际制定管理制度，按照出资关系和企业相关规定对参股经营投资进行有效管控。

第二章　参股投资管理

第六条　严格执行国有资产投资监督管理有关规定，坚持聚焦主责主业，符合企业发展战略规划，严控非主业投资，不得通过参股等方式开展投资项目负面清单规定的禁止类业务。

参股投资金融和类金融企业，应当符合金融行业准入条件，严格执行国有企业金融业务监督管理有关规定。

第七条　充分开展尽职调查，通过各类信用信息平台、第三方调查等方式，审查合作方资格资质信誉，选择经营管理水平高、资质信誉好的参股合作方。

不得选择与集团公司及各级子企业领导人员存在特定关系（配偶、子女及其配偶等亲属关系，以及共同利益关系等）的合作方。

第八条　结合经营发展需要，合理确定持股比例和股权结构。达到一定持股比例的参股投资，原则上应当享有提名董事的权利。

不得以股权代持、“名为参股合作、实为借贷融资”的名股实债方式开展参股合作。

第九条　按照法律法规等有关规定，协调推进各方股东在参股企业章程中明确各治理主体的设置和权责边界，促进参股企业建立权责法定、权责透明、协调运转、有效制衡的公司治理机制，建立健全中国特色现代企业制度。

第十条　通过投资协议或参股企业章程、议事规则等制度文件，依法合规、科学合理约定各方股东权利义务，并结合实际明确分红权、人员委派、高级管理人员薪酬激励、审计监督、信息披露、安全生产、特定事项否决权及股权退出等重点事项，避免对参股股权管理失控，有效维护国有股东权益。

第十一条 严格落实国有资产投资监督管理有关要求，健全参股投资决策机制，强化投资决策统一管理。参股投资决策权向下授权应当作为重大经营管理事项经党委（党组）前置研究讨论，由董事会或未设董事会的经理层决定，授权的企业管理层级原则上不超过两级。达到一定额度的参股投资，应当纳入“三重一大”范围，由集团公司决策。

第十二条 国有企业作为参股股东与其他股东共同出资新设企业，不得对其他股东出资提供垫资，不得先于其他股东缴纳出资，另有规定的除外。

以非货币性资产作价出资的，应当以公允合理的方式确定国有资产价值。其他股东未按约定缴纳出资的，国有企业应当及时了解情况，采取有效措施防范风险。

第三章　参股股权经营管理

第十三条 明确具体负责部门，对参股股权进行归口管理，建立参股经营投资台账，加强基础管理，全面准确掌握参股企业基本情况。

结合企业实际建立重要参股企业名单，将没有实际控制力但作为第一大股东以及其他持股比例较高的参股企业纳入其中，探索实施差异化管理。

第十四条 依据参股企业公司章程，选派股东代表、董事监事或者重要岗位人员，积极发挥股东作用，有效履行股东权责。加强选派人员管理，建立健全选聘、履职、考核和轮换等制度，确保派出人员具备相应的专业素质和履职能力。

第十五条 国有企业向参股企业的派出人员应当认真勤勉履职，推动参股企业按照规定召开股东（大）会、董事会等研究决策相关事项，及时掌握并向派出企业报告重大事项，并定期向派出企业述职，每年至少1次。

第十六条 积极参与参股企业重要事项决策，对参股企业章程重要条款修订、重大投融资、重大担保、重大产权变动、高级管理人员变动和薪酬激励及公司合并、分立、变更、解散等事项，应当深入研究论证，充分表达国有股东意见。

第十七条 加强运行监测和风险管控，及时掌握参股企业经营情况，发现异常要深入剖析原因，积极采取应对措施，防范化解风险隐患。

发现可能导致企业生产经营条件和市场环境发生特别重大变化并影响企业可持续发展等重大风险或重大损失的，应当按照有关规定及时向同级国有资产监督管理机构报告。

第十八条 加强财务管控，及时获取参股企业财务报告，掌握财务状况、经营成果等信息。注重投资回报，根据公司章程等督促参股企业及时分红。

严格控制对参股企业提供担保，确需提供的，应当严格履行决策程序，且不得超股权比例提供担保。

对于投资额大、关联交易占比高、应收账款金额大或账龄长的参股企业，应当加强风险排查。

第十九条 建立参股经营投资评估机制，结合企业发展战略、主营业务等，加强对参股企业公司治理、盈利水平、分红能力、增值潜力、与主业关联度等的综合分析，全面评估参股经营投资质量。

根据参股经营投资质量评估等情况，对参股股权实施分类管控，并合理运用增持、减持或退出等方式加强价值管理，不断提高国有资本配置效率。

第二十条 按照国有产权管理有关规定，及时办理参股股权的产权占有、变动、注销等相关手续，按期进行数据核对，确保参股产权登记的及时性、准确性和完整性。

参股企业通过增资扩股引入其他投资者，国有股东应当在决策过程中，按照国有资产监督管理有关规定就资产评估、进场交易等发表意见。

第二十一条 加强无形资产管理，严格规范无形资产使用，有效维护企业权益和品牌价值。不得将字号、经营资质和特许经营权等提供给参股企业使用。产品注册商标确需授权给参股企业使用的，应当严格授权使用条件和决策审批程序，并采取市场公允价格。

产权转让、企业增资导致国有企业失去标的企业实际控制权的，交易完成后标的企业不得继续使用原国有企业的字号、经营资质和特许经营权等无形资产，不得继续以原国有企业名义开展经营活动。

第二十二条 国有企业及其各级子企业领导人员在参股企业兼职，应当根据工作需要从严掌握，一般不跨级兼职，不兼“挂名”职务。确需兼职的，按照管理权限审批，且不得在兼职企业领取工资、奖金、津贴等任何形式的报酬，不得获取股权和其他额外利益；任期届满需要连任的，应当重新履行相关程序。

参股投资主体及其各级控股股东领导人员亲属在参股企业关键岗位任职，应当参照企业领导人员任职回避有关规定执行。

第二十三条　国有企业持股比例合计50%以上的参股企业，党建工作原则上由持股比例最大的国有股东或国有资产监督管理机构领导和指导为主，按照有关规定落实管党治党责任。

其他国有参股企业，国有股东应当加强对企业党建工作的领导和指导，推动党的组织和工作有效覆盖，充分发挥党组织和党员作用，确保党的领导和党的建设在参股企业得到充分体现，维护国有资产权益和社会公共利益，严防国有资产流失。

国有参股企业党组织关系、党建工作领导和指导责任归属国有资产监督管理机构或国有企业的，原则上应当保持稳定。

第四章　参股股权退出管理

第二十四条　除战略性持有或培育期的参股股权外，国有企业应当退出5年以上未分红、长期亏损、非持续经营的低效无效参股股权，退出与国有企业职责定位严重不符且不具备竞争优势、风险较大、经营情况难以掌握的参股投资。

第二十五条　加强研究论证，创新方式方法，合理选择股权转让、股权置换、清算注销等方式，清理退出低效无效参股股权。

充分发挥国有资本投资、运营公司作用，积极探索委托管理、集中打包、重组整合等措施，集中处置低效无效参股股权，提高处置效率，加快资产盘活。

第二十六条　退出参股股权应当严格执行国有资产监督管理有关规定，依法合规履行财务审计、资产评估和产权交易等程序，及时办理工商变更登记。

第五章　监督问责

第二十七条　国有企业应当将参股经营投资作为内部管控的重要内容，建立健全以风险管理为导向、合规管理监督为重点的内控体系。

规范开展参股经营投资的审计监督，重点关注参股企业财务信息和经营情况，对各级企业负责人开展任期经济责任审计时，应当将参股投资、与参股企业关联交易等有关事项列入重点审计内容。

第二十八条　国有资产监督管理机构应当建立健全参股监督管理工作机制，明确相关部门职责，加强协同联动，有效落实监管责任。

鼓励具备条件的国有资产监督管理机构建立健全在线监管平台，对国有企业参股经营投资进行实时在线监管。

第二十九条　国有企业参股经营投资中违反规定，造成国有资产损失或者其他严重不良后果的，应当按照有关规定对相关责任人给予严肃处理，并实行重大决策终身问责；涉嫌违纪违法的，移送有关纪检监察机关或司法机关严肃查处。

第六章　附　　则

第三十条　国有企业基金业务参股管理，另有规定的依其规定执行。

第三十一条　以交易为目的且按照金融工具确认的股权投资不适用本办法。

第三十二条　本办法中“不超过”“以上”包括本数。

第三十三条　本办法自公布之日起施行。《关于中央企业加强参股管理有关事项的通知》（国资发改革规〔2019〕126号）同时废止。

关于印发《国有企业境外投资财务管理办法》的通知

财资〔2017〕24号

党中央有关部门，国务院各部委、各直属机构，各省、自治区、直辖市、计划单列市财政厅（局），新疆生产建设兵团财务局，各中央管理企业：

为加强国有企业境外投资财务管理，防范境外投资财务风险，提高投资效益，提升国有资本服务于“一带一路”、“走出去”等国家战略的能力，财政部制定了《国有企业境外投资财务管理办法》。现予印发，请遵照执行。

财政部

2017年6月12日

国有企业境外投资财务管理办法

第一章　总　　则

第一条　为加强国有企业境外投资财务管理，防范境外投资财务风险，提高投资效益，根据《中华人民共和国公司法》、《企业财务通则》等有关规定，制定本办法。

第二条 本办法所称国有企业，是指国务院和地方人民政府分别代表国家履行出资人职责的国有独资企业、国有独资公司以及国有资本控股公司，包括中央和地方国有资产监督管理机构和其他部门所监管的企业本级及其逐级投资形成的企业。

国有企业合营的企业以及国有资本参股公司可以参照执行本办法。

第三条 本办法所称境外投资，是指国有企业在香港、澳门特别行政区和台湾地区，以及中华人民共和国以外通过新设、并购、合营、参股及其他方式，取得企业法人和非法人项目［以下统称境外投资企业（项目）］所有权、控制权、经营管理权及其他权益的行为。

未从事具体生产经营、投资、管理活动的境外投资企业（项目），不执行本办法。

第四条 国有企业境外投资财务管理应当贯穿境外投资决策、运营、绩效评价等全过程。

国有企业应当建立责权利相统一、激励和约束相结合的境外投资管理机制，健全境外投资财务管理制度，提升境外投资财务管理水平，提高境外投资决策、组织、控制、分析、监督的有效性。

第五条 国有企业境外投资经营应当遵守境内法律、行政法规和所在国（地区）法律法规，并符合国有企业发展战略和规划。

第二章 境外投资财务管理职责

第六条 国有企业股东（大）会、党委（党组）、董事会、总经理办公会或者其他形式的内部机构（以下统称内部决策机构）按照有关法律法规和企业章程规定，对本企业境外投资企业（项目）履行相应管理职责。内部决策机构应当重点关注以下财务问题：

（一）境外投资计划的财务可行性；

（二）增加、减少、清算境外投资等重大方案涉及的财务收益和风险等问题；

（三）境外投资企业（项目）首席财务官或财务总监（以下统称财务负责人）人选的胜任能力、职业操守和任职时间；

（四）境外投资企业（项目）绩效；

（五）境外投资企业（项目）税务合规及税收风险管理；

（六）其他重大财务问题。

第七条 国有企业应当在董事长、总经理、副总经理、总会计师。（财务总监、首席财务官）等企业领导班子成员中确定一名主管境外投资财务工作的负责人。

第八条 国有企业集团公司对境外投资履行以下财务管理职责：

（一）根据国家统一制定的财务制度和国际通行规则制定符合本集团实际的境外投资财务制度，督促所属企业加强境外投资财务管理；

（二）建立健全集团境外投资内部审计监督制度；

（三）汇总形成集团年度境外投资财务情况；

（四）组织所属企业开展境外投资绩效评价工作，汇总形成集团境外投资年度绩效评价报告；

（五）对所属企业财务管理过程中违规决策、失职、渎职等导致境外投资损失的，依法追究相关责任人员的责任。

各级人民政府有关部门和事业单位所监管企业，由该部门和事业单位履行上述职责。

第九条 各级人民政府财政部门（以下统称主管财政机关）对国有企业境外投资履行以下财务管理职责：

（一）国务院财政部门负责制定境外投资财务管理制度和内部控制制度，主管财政机关负责组织实施；

（二）汇总国有企业境外投资年度财务情况，分析监测境外投资财务运行状况；

（三）本级人民政府授予的其他财务管理职责。

第三章 境外投资决策财务管理

第十条 国有企业应当按照《中共中央办公厅 国务院办公厅印发〈关于进一步推进国有企业贯彻落实“三重一大”决策制度的意见〉的通知》等有关要求，建立健全境外投资决策制度，明确决策规则、程序、主体、权限和责任等。

第十一条 国有企业以并购、合营、参股方式进行境外投资，应当组建包括行业、财务、税收、法律、国际政治等领域专家在内的团队或者委托具有能力并与委托方无利害关系的中介机构开展尽职调查并形成书面报告。其中，财务尽职调查应当重点关注以下财务风险：

（一）目标企业（项目）所在国（地区）的宏观经济风险，包括经济增长前景、金融环境、外商投资和税收政策稳定性、物价波动等。

（二）目标企业（项目）存在的财务风险，包括收入和盈利大幅波动或不可持续、大额资产减值风险、或有负债、大额营运资金补充需求、高负债投资项目等。

第十二条 国有企业应当组织内部团队或者委托具有能力并与委托方无利害关系的外部机构对境外投资开展财务可行性研究。

对投资规模较大或者对企业发展战略具有重要意义的境外投资，国有企业应当分别组织开展内部和外部财务可行性研究，并要求承担可研的团队和机构独立出具书面报告；对投资标的的价值，应当依法委托具有能力的资产评估机构进行评估。

第十三条 国有企业开展财务可行性研究，应当结合企业发展战略和财务战略，对关键商品价格、利率、汇率、税率等因素变动影响境外投资企业（项目）盈利情况进行敏感性分析，评估相关财务风险，并提出应对方案。

第十四条 国有企业内部决策机构应当在尽职调查、可行性研究等前期工作基础上进行决策。

第十五条 国有企业内部决策机构履行决策职责，应当形成书面纪要，并由参与决策的全体成员签名。内部决策机构组成人员在相关事项表决时表明异议或者提示重大风险的，应当在书面纪要中进行记录。

第十六条 国有企业境外投资决策事项涉及内部决策机构组成人员个人或者其直系亲属、重大利害关系人利益的，相关人员应当主动申请回避。

第四章 境外投资运营财务管理

第十七条 国有企业应当将境外投资企业（项目）纳入全面预算管理体系，明确年度预算目标，加强对其重大财务事项的预算控制。

第十八条 国有企业应当督促境外投资企业（项目）通过企业章程等符合境外国家（地区）法律法规规定的方式，界定重大财务事项范围，明确财务授权审批和财务风险管控要求。

对投资规模较大或者对企业发展战略具有重要意义的境外投资企业（项目），国有企业还应当事先在投资协议中作出约定，向其选派具备相应资格的财务负责人或者财务人员，定期分析财务状况和经营成果，及时向国有企业报送财务信息，按规定报告重大财务事项；必要时，国有企业可以对境外投资企业（项目）进行专项审计。

第十九条 国有企业应当建立健全境外投资企业（项目）台账，反映境外投资目的、投资金额、持股比例（控制权情况）、融资构成、所属行业、关键资源或产能、重大财务事项等情况。

本办法所称境外投资企业（项目）重大财务事项，包括但不限于合并、分立、终止、清算，资本变更，重大融资，对外投资、对外担保，重大资产处置，重大资产损失，利润分配，重大税务事项，从事金融产品交易等高风险业务。

上述重大财务事项涉及资产评估的，应当按照《中华人民共和国资产评估法》等有关规定执行，境外国家（地区）法律法规另有规定的除外。

第二十条 境外国家（地区）法律法规无禁止性规定的，国有企业应当对境外投资企业（项目）加强资金管控，有条件的可实行资金集中统一管理。

第二十一条 国有企业应当督促境外投资企业（项目）建立健全银行账户管理制度。

国有企业应当掌握境外投资企业（项目）银行账户设立、撤销、重大异动等情况。

第二十二条 国有企业应当督促境外投资企业（项目）建立健全资金往来联签制度。

一般资金往来应当由境外投资企业（项目）经办人和经授权的管理人员签字授权。重大资金往来应当由境外投资企业（项目）董事长、总经理、财务负责人中的二人或多人签字授权，且其中一人须为财务负责人。

联签人之间不得存在直系亲属或者重大利害关系。

第二十三条 国有企业应当督促境外投资企业（项目）建立健全成本费用管理制度，强化预算控制。

国有企业应当重点关注境外投资企业（项目）佣金、回扣、手续费、劳务费、提成、返利、进场费、业务奖励等费用的开支范围、标准和报销审批制度的合法合规性。

第二十四条 国有企业应当督促境外投资企业（项目）建立健全合法、合理的薪酬制度。

第二十五条 国有企业应当通过企业章程、投资协议、董事会决议等符合境外国家（地区）法律法规规定的方式，要求境外投资企业（项目）按时足额向其分配股利（项目收益），并按照相关税收法律规定申报纳税。

境内国有企业应收股利（项目收益）按照有关外汇管理规定要汇回境内的，应当及时汇回。

第二十六条 国有企业开展境外投资，应当按照有关外汇管理规定办理境外投资外汇登记，并办理境外投资购付汇、外汇资金划转、结汇及存量权益登记等手续。

第二十七条 境外国家（地区）法律法规无禁止性规定的，国有企业应当将境外投资企业（项目）纳入本企业财务管理信息化系统管理。

国有企业应当要求境外投资企业（项目）妥善保存各种凭证、账簿、报表等会计资料，并定期归档。年度财务报告、审计报告、重大决策纪要以及其他重要的档案应当永久保存，并以书面或电子数据形式向境内国有企业报送备份，境外国家（地区）法律法规有禁止性规定的除外。不属于永久保存的档案应当按我国和境外国家（地区）存档规定中较长的期限保存。

第五章　境外投资财务监督

第二十八条 国有企业应当建立健全对境外投资的内部财务监督制度。

第二十九条 国有企业应当对连续3年累计亏损金额较大或者当年发生严重亏损等重大风险事件的境外投资企业（项目）进行实地监督检查或者委托中介机构进行审计，并根据审计监督情况采取相应措施。

境外投资企业（项目）因投资回收期长、仅承担研发业务等合理原因出现上述亏损情形的，经国有企业内部决策机构批准，可以不进行实地监督检查和审计。

第三十条 国有企业应当发挥内部审计作用，建立健全境外投资企业（项目）负责人离任审计和清算审计制度。

国有企业对境外投资企业（项目）负责人、财务负责人任职时间没有明确要求且相关人员任职满5年的，应当对境外投资企业（项目）财务管理情况进行实地监督检查。

第三十一条 国有企业应当依法接受主管财政机关的财务监督检查和国家审计机关的审计监督。

上述监督结果应当作为同级人民政府相关部门对国有企业境外投资开展管理的重要参考。

第三十二条 主管财政机关及其工作人员在财务监督检查工作中，存在滥用职权、玩忽职守、徇私舞弊或者泄露国家机密、企业商业秘密的，按照《中华人民共和国公务员法》、《中华人民共和国行政监察法》等国家有关规定追究相应责任；涉嫌犯罪的，移交司法机关处理。

第三十三条 国有企业集团公司应当汇总形成本集团年度境外投资财务情况，于下一年度4月底前随集团年度财务报告一并报送主管财政机关。

第三十四条 主管财政机关建立国有企业境外投资财务报告数据库，分析监测境外投资财务运行状况，制定完善相关政策措施。

第六章　境外投资绩效评价

第三十五条 国有企业应当建立健全境外投资绩效评价制度，定期对境外投资企业（项目）的管理水平和效益情况开展评价。

第三十六条 国有企业应当根据不同类型境外投资企业（项目）特点设置合理的评价指标体系。

第三十七条 国有企业对境外投资企业（项目）设立短期与中长期相结合的绩效评价周期。

对于符合国家战略要求、投资周期长的境外投资企业（项目），应当合理设定差异化的绩效评价周期。

第三十八条 国有企业应当组织开展境外投资企业（项目）绩效评价，形成绩效评价报告。必要时可以委托资产评估等中介机构开展相关工作。

第三十九条 绩效评价报告应当作为国有企业内部优化配置资源的重要依据。

对绩效评价结果长期不理想的境外投资企业（项目），国有企业应当通过关闭清算、转让股权等方式及时进行处置。

第四十条 国有企业集团公司应当汇总形成本集团境外投资年度绩效评价报告，单独或者一并随集团年度财务报告报送主管财政机关。

第四十一条 国有企业集团境外投资年度绩效评价报告应当综合反映境外投资成效，可以作为同级人民政府相关部门评估“走出去”政策实施效果、制定完善相关政策、进行国有资本注资等行为的重要参考。

第七章　附　　则

第四十二条 非国有企业开展境外投资可以参照本办法执行。

金融企业境外投资财务管理办法另行制定。

第四十三条 国有企业集团公司应当依据本办法，建立健全符合本集团实际的境外投资财务管理制度体系，并加强境外投资财务管理人才内部培训、内部选拔和外部聘用管理。

第四十四条　本办法自 2017 年 8 月 1 日起实施。

其他文件：

十四届全国人大常委会关于国有资产管理情况监督工作的五年规划（2023—2027）

国有资产是全国人民的共同财富，是推进强国建设、民族复兴伟业的重要物质基础和政治基础。2017 年《中共中央关于建立国务院向全国人大常委会报告国有资产管理情况制度的意见》（以下简称《意见》）印发以来，全国人大常委会认真贯彻落实党中央决策部署，制定专项监督工作五年规划对落实《意见》作出统筹安排，在国务院等有关方面的大力支持和积极配合下，实现了县级以上地方建立和实施国有资产管理情况报告制度的全覆盖，圆满完成了第一个五年周期报告和监督工作，确保了党中央的改革部署落地落实、见行见效。初步摸清了全口径国有资产家底，有效推动了国有资产管理体制改革完善与管理绩效的提高，中国特色国有资产治理体系正在初步形成、治理效能不断提升。特别是出台《全国人民代表大会常务委员会关于加强国有资产管理情况监督的决定》（以下简称《决定》）等一系列制度规范，实现了人大国有资产管理情况监督的法定化、制度化、常态化，为更加全面落实党中央"加强人大国有资产监督职能"决策部署奠定了坚实基础。十四届全国人大常委会任期的五年，正处于全面建设社会主义现代化国家开局起步的关键时期。为深入贯彻落实党的二十大关于国资国企改革发展、人大依法行使监督权等决策部署，全面依法履行人大国有资产监督职能，推进国有资产管理情况报告制度深化拓展，实现人大国有资产监督工作提质增效，做好本届全国人大常委会任期内听取和审议国务院关于国有资产管理情况报告等监督工作，制定本规划。

一、总体要求

坚持以习近平新时代中国特色社会主义思想为指导，全面贯彻党的二十大、二十届二中全会和中央人大工作会议精神，深入贯彻落实《意见》、《决定》要求，坚持党的领导、人民当家作主、依法治国有机统一，坚持正确监督、有效监督、依法监督，紧紧围绕推进国家治理体系和治理能力现代化、全面建设社会主义现代化国家这一目标，践行全过程人民民主，紧扣报告全口径全覆盖、监督全过程全方位的改革任务要求，聚焦国有资产更好服务国家经济社会发展、实现国有资产国有资本安全增值增效，突出人大视角、法治思维、系统观念、问题导向，守正创新、综合施策，以标准化、系统化、数字化、智能化推进科学评价、精准监督，推动各类国有资产在一张蓝图上协同推进中国式现代化。

经过五年努力，推动国有资产全貌和各类国有资产家底不断清晰、准确、细化，国有资产管理体制机制更加科学规范、协调高效，国有资产效能和效益持续提升，共享国有资产发展成果的渠道和机制日益顺畅，人民群众获得感显著增强。到 2027 年，实现国有资产管理情况报告体例统一规范、标准科学明确、内容全面详实，各类国有资产报表丰富完善，差异化管理评价体系科学有效，全口径数据库和信息共享平台建设取得实质性进展；全面系统、重点明确的国有资产管理人大监督评价指标体系基本建成和运用，人大国有资产联网监督系统智能化水平进一步提升，人大国有资产监督与预算决算审查监督、审计监督、监察监督、财会监督的贯通协同机制进一步完善，人大监督国有资产管理情况的能力和水平进一步提高。

二、听取和审议国有资产管理情况报告年度议题安排

按照国有资产管理情况年度报告采取综合报告和专项报告相结合的方式，综合考虑四大类别国有资产管理和改革进展等情况，确定本届全国人大常委会任期内听取和审议国有资产管理情况报告年度议题安排如下。

2023—2026 年，每年在审议国务院关于国有资产管理情况综合报告的同时，听取和审议一个专项报告，年度专项报告议题安排依次分别为：

——金融企业国有资产管理情况专项报告（2023 年）；

——行政事业性国有资产管理情况专项报告（2024 年）；

——企业国有资产（不含金融企业）管理情况专项报告（2025 年）；

——国有自然资源资产管理情况专项报告（2026年）。

2027年，听取和审议国务院关于国有资产管理情况综合报告。

不断丰富综合报告和专项报告内容，每年可以选择若干小专题请国务院提交书面专题报告，作为综合报告或专项报告的子报告或附件，补充说明有关国有资产管理情况，更好回应社会关切。

三、推动改进报告工作

加强与国务院有关方面的沟通协调，推动持续规范和完善国有资产管理情况报告工作，有效提高报告质量，不断夯实人大审议和监督基础。

（一）规范报告口径

持续加强研究论证，规范各类国有资产的口径和标准，逐步将无线电频谱资源、人民银行资产等科学纳入报告范围，明确政府投资基金、政府和社会资本合作（PPP）项目、储备土地等特定国有资产的类别归属，研究优化非金融企业集团下属金融子公司资产统计和报告方式等问题，研究数据资产等新形态资产的管理和报告方式，更好落实全口径全覆盖的要求。到2027年，实现各类国有资产的报告口径、分类标准更加科学规范和健全。

（二）完善报告报表

综合报告和各专项报告要在全面落实《意见》和《决定》有关报告重点要求的基础上，紧扣党的二十大关于各类国有资产管理改革的决策部署，坚持目标导向和问题导向，进一步报清国有资产家底，细化区域、行业、类型等结构分布，增加特点特征的总结提炼，减少一般性报账；进一步说明国有资产管理情况以及重点改革进展，用足用好国有资产管理评价指标，用数据反映工作、用数据支撑观点；进一步讲透存在的问题，强化对问题的原因分析，促进共同研究解决。

不断完善作为报告组成部分的各类国有资产报表体系，从整体上加强衔接，丰富细化结构性报表，结合国土变更调查等成果开展资产变动分析，并在资产负债表、利润表、现金流量表、所有者权益变动表、配置使用处置收益等报表的基础上，增加适应人大监督需要的重点指标一览表，更为直观反映资产状况和绩效。

（三）健全评价指标

持续健全差异化管理评价指标体系，体现不同类别国有资产特点和新任务新要求，统筹运用包括国家宏观层面和企事业单位微观层面的多角度多维度指标，切实发挥好“指挥棒”作用。每年2月底前，国务院相关部门应当将各类国有资产的年度管理评价指标报送全国人大常委会预算工委（以下简称预算工委），作为监督工作参考。

企业国有资产管理评价指标除利润总额、净资产收益率、营业现金比率、资产负债率、研发经费投入强度、全员劳动生产率外，研究增加反映核心竞争力、增强核心功能、自主创新贡献、产业链供应链安全等高质量发展类指标；金融企业国有资产管理评价指标在服务国家发展目标和实体经济、发展质量、风险防控、经营效益等管理指标基础上，研究增加反映国有金融资本布局优化、支持民营经济和普惠金融绿色金融、维护金融体系安全等指标；行政事业性国有资产管理评价指标在统筹配置和使用效率等管理指标基础上，研究增加反映支持基本公共服务均等化、提升资产管理数字化水平等指标；国有自然资源资产管理评价指标研究增加反映国土空间安全、能源资源安全、资源集约利用、收益分配等指标。

（四）夯实基础工作

加快推进会计制度改革，规范核算口径和标准，推进落实无形资产、公共基础设施等入账核算。推动文物、自然资源资产等由实物量报告为主向变动部分实物量价值量共同报告有序规范拓展。编制中央政府综合财务报告，依法向全国人大常委会备案。加快编制自然资源资产负债表并向全国人大常委会提交。

完善各类国有资产统计制度，统一数据标准和业务规范，统一报表体系，完善财政、国资、机关事务管理等部门的相关国有资产信息申报系统，推进业务协同和数据共享。健全国有自然资源资产统计制度，规范统一标准。

加强信息化建设，加快推动各类国有资产信息系统建设，完善全口径国有资产数据库和信息共享平台，推进横向部门间互联互通、纵向央地间共享共用，实现一个平台全景展现、协同管理，并逐步推进信息共享平台对接人大国有资产联网监督系统。

四、持续强化人大监督

始终围绕贯彻落实党中央重大决策部署，强化监督的科学性和精准性，不断健全工作机制、创新方式方法，实现人大国有资产管理情况监督提质增效，促进有效发挥国有资产核心功能。

（一）强化监督重点

根据《意见》、《决定》关于监督重点的要求，认真梳理党的二十大提出的目标任务，强化监督重点。围绕构建新发展格局和推动高质量发展，聚焦国有资本国有企业的布局优化和结构调整，完善中国特色现代企业制度，提升企业核心竞争力和增强核心功能，做强做优做大，防范化解风险的具体举措和实际成效等情况；国有金融资本推动构建全方位、多层次金融支持服务体系，服务国家战略，服务实体经济、民营企业、小微企业、“三农”的机制创新，防范化解金融风险能力等情况；行政事业性国有资产的综合配置和使用效率，存量资产盘活利用特别是共享共用、向社会开放等情况，以及教育资源、科技资源、医疗资源、文化资源等优化配置情况；国有自然资源资产支持构建优势互补、高质量发展的区域经济格局和国土空间体系，节约集约利用、绿色低碳发展，保障国家战略资源能源安全，提升生态系统多样性、稳定性、持续性等情况；全口径国有资产服务经济社会发展，促进全体人民共同富裕、增强群众获得感等情况。

（二）健全国有资产管理人大监督评价指标体系

在第一个五年周期探索实践的基础上，加快完善覆盖四大类别的全口径国有资产管理人大监督评价指标体系。坚持定性评价与定量评价相结合、通用指标与专用指标相结合，兼顾经济效益与社会效益、价值管理与实物管理，体现不同类别国有资产的性质功能特点。要重点聚焦政府管理工作情况，围绕重点改革任务和重大工程项目推进，评价推动贯彻落实党中央决策部署情况；围绕健全法律和制度体系、完善国有资产管理体制等进展，评价依法管理国有资产情况；围绕落实所有者（出资人）管理和基础管理、审计查出问题及整改等情况，评价规范有效管理国有资产情况；围绕改革进展、管理成效，设置系列指标有效反映管理绩效情况。

（三）加强人大国有资产联网监督系统建设

持续推进人大国有资产联网监督信息化建设，适应全国人大常委会审议的特点和需要，加强不同模块、功能之间的贯通衔接，强化数据分析，保障数据安全，研究开发手机 App 端应用，立体化、系统化服务全国人大常委会审议监督并向服务代表拓展，不断提升系统应用水平。加快与财政部、自然资源部、国务院国资委等国务院有关部门的系统对接，研究制定报送人大国有资产联网监督系统的国有资产数据信息标准。

（四）用足用好监督方式

加强日常监督。预算工委每年在预先听取年度综合报告和专项报告之前，组织听取专项报告以外的国有资产管理工作情况介绍，为审议综合报告做好准备。建立预算工委与国务院有关部门的国有资产管理信息共享机制，确保人大及时了解涉及国有资产管理的重要政策、年度国有资产管理工作计划、重大事项等情况。

改进监督调研。全面落实党中央关于大兴调查研究的部署要求，做好常规监督调研，并深入开展“小切口”式调研，真正推动解决实际问题。完善第三方参与机制，规范有效发挥高校智库、专家学者等作用。

开展专题询问。根据《决定》有关规定，可于 2025 年听取审议企业国有资产（不含金融企业）管理情况专项报告时开展专题询问，于 2027 年听取国有资产管理情况综合报告时开展专题询问。

（五）加大整改问责督促力度

国务院有关部门按照《决定》有关规定，根据全国人大常委会审议意见、专题调研报告和审计署国有资产审计情况专项报告等提出整改和问责清单，作为审议意见研究处理情况和整改问责情况报告的附件一并提交全国人大常委会。对一些具有普遍性、长期没有解决的突出问题、典型案例开展跟踪监督。2024 年，全国人大常委会将听取和审议国务院关于金融企业国有资产管理情况专项报告审议意见的研究处理情况和整改问责情况的报告。

加强与审计监督的衔接协调，推动完善国有资产审计工作。通过相关工作机制推动年度审计重点与全国人大常委会专项报告议题有机衔接、协同做好审计查出问题整改工作，更好发挥审计监督对人大国有资产管理情况监督的支撑作用。

加强与监察监督、财会监督的贯通协同，不断健全信息共享和工作协同机制，及时通报人大监督发现的问题，探索开展联合调研等形式，形成推动整改问责的合力。

（六）强化与预算决算审查监督的衔接机制

加强对预算资金形成国有资产的监督，推动进一步完善预算支出结构、提高预算资金使用绩效。加强对中央国有企业和国有金融机构布局结构、经营情况及收益上缴情况的监督，推动完善中央国有资本经营预算管理制度。加强对中央行政事业单位国有资产管理与使用情况的监督，推动健全部门预算管理与资产管理相衔接的工作机制。加强对国有自然资源资产有偿使用情况的监督，推动加强有偿使用收入预算管理。

（七）践行全过程人民民主

充分发挥全国人大常委会听取和审议国有资产管理情况报告的主渠道作用，健全吸纳民意、汇聚民智的工作机制。围绕年度专项报告议题，广泛征集社会公众、人大代表、预算工委基层联系点对国有资产管理和监督工作的评价、意见及建议。落实监督法和《决定》关于公开的相关规定，将相关报告及时向全国人大代表通报并向社会公布，有效保障人民的知情权、参与权、监督权。

（八）加强与地方人大的联系

健全与地方人大的联系机制，共同推动建立相对统一规范、兼具地方特点的国有资产管理情况报告体例、国有资产报表体系、联网监督系统数据报送标准等。支持地方稳慎开展质询、特定问题调查、满意度测评等实践探索。通过委托地方调研，召开座谈会、培训会等形式加强工作交流，推广有益经验做法，探索研究解决共性问题。加快落实中央人大工作会议关于设立预算工委的要求，支持地方加强国有资产监督机构队伍建设，配强工作力量。

五、加强国有资产领域立法

加强国有资产管理与监督等相关法学理论和法律问题研究。加强国有资产界定、管理体制、监督机制等基础性问题研究，制定国有资产法。根据实践需要做好企业国有资产法等专项法律的修改工作；适时推动行政事业性国有资产管理条例上升为法律；推进自然资源相关法律法规的体系化，开展国有自然资源资产立法的可行性研究。加快监督法等相关法律修改工作，进一步明确人大国有资产监督职能的法律定位，规范国有资产管理情况监督工作。推动构建系统全面、结构合理、衔接紧密、协调统一的国有资产法律制度体系。

（四）国有资本经营及预算

党内规范性文件：

中共中央、国务院关于完善国有金融资本管理的指导意见

（2018 年 6 月 30 日）

国有金融资本是推进国家现代化、维护国家金融安全的重要保障，是我们党和国家事业发展的重要物质基础和政治基础。国有金融机构是服务实体经济、防控金融风险、深化金融改革的重要支柱，是促进经济和金融良性循环健康发展的重要力量。近年来，我国国有金融资本规模稳步增长，实力日益壮大，管理体制机制不断健全，国有金融机构改革持续推进，运营效益明显提升，为促进社会主义市场经济平稳健康发展作出了重要贡献。但也要看到，当前国有金融资本管理还存在职责分散、权责不明、授权不清、布局不优，以及配置效率有待提高、法治建设不到位等矛盾和问题，需要进一步完善国有金融资本体制机制，优化管理制度。面向未来，在决胜全面建成小康社会、实现社会主义现代化和中华民族伟大复兴的进程中，要认真贯彻落实党中央、国务院决策部署，按照全国金融工作会议要求，继续发挥国有金融资本的重要作用，依法依规管住管好用好、坚定不移做强做优做大国有金融资本，不断增强国有经济的活力、控制力、影响力和抗风险能力。现就完善国有金融资本管理提出如下意见。

一、总体要求

（一）指导思想。高举中国特色社会主义伟大旗帜，以习近平新时代中国特色社会主义思想为指导，全面贯彻党的十九大和全国金融工作会议精神，坚持和完善社会主义基本经济制度，以依法保护各类产权为前提，以提高国有金融资本效益和国有金融机构活力、竞争力和可持续发展能力为中心，以尊重市场经济规律和企业发展规律为原则，以服务实体经济、防控金融风险、深化金融改革为

导向，统筹国有金融资本战略布局，完善国有金融资本管理体制，优化国有金融资本管理制度，促进国有金融机构持续健康经营，为推动金融治理体系和治理能力现代化，保障国家金融安全，促进经济社会持续健康发展提供强大支撑。

（二）基本原则

——坚持服务大局。毫不动摇地巩固和发展公有制经济，保持国有金融资本在金融领域的主导地位，保持国家对重点金融机构的控制力，更好服务于我国社会主义市场经济的发展。

——坚持统一管理。通过法治思维和法治方式推动国有金融资本管理制度创新。加强国有金融资本的统一管理、穿透管理和统计监测，强化国有产权的全流程监管，落实全口径报告制度。

——坚持权责明晰。厘清金融监管部门、履行国有金融资本出资人职责的机构和国有金融机构的权责，完善授权经营体系，清晰委托代理关系。放管结合，健全激励约束机制，严防国有金融资本流失。

——坚持问题导向。聚焦制约国有金融资本管理的问题和障碍，加强协调，统筹施策，理顺管理体制机制，完善基本管理制度，促进国有金融资本布局优化、运作规范和保值增值，切实维护资本安全。

——坚持党的领导。落实全面从严治党要求，加强国有金融机构党的领导和党的建设，推动管资本与管党建相结合，保证党的路线方针政策和重大决策部署不折不扣贯彻落实。

（三）主要目标

建立健全国有金融资本管理的“四梁八柱”，优化国有金融资本战略布局，理顺国有金融资本管理体制，增强国有金融机构活力与控制力，促进国有金融资本保值增值，更好地实现服务实体经济、防控金融风险、深化金融改革三大基本任务。

——法律法规更加健全。制定出台国有金融资本管理法律法规，明晰出资人的法律地位，实现权由法授、权责法定。履行国有金融资本出资人职责的机构依法行使相关权利，按照权责匹配、权责对等原则，承担管理责任。

——资本布局更加合理。有进有退、突出重点，进一步提高国有金融资本配置效率，有效发挥国有金融资本在金融领域的主导作用，继续保持国家对重点国有金融机构的控制力，显著增强金融服务实体经济的能力。

——资本管理更加完善。以资本为纽带，以产权为基础，规范委托代理关系，完善国有金融资本管理方式，创新资本管理机制，强化资本管理手段，发挥激励约束作用，加强基础设施建设，进一步提高管理的科学性、有效性。

——党的建设更加强化。加强党对国有金融机构的领导，强化国有金融机构党的建设，巩固党委（党组）在公司治理中的法定地位，发挥党委（党组）的领导作用，为国有金融资本管理提供坚强有力的政治保证、组织保证和人才支撑。

二、完善国有金融资本管理体制

国有金融资本是指国家及其授权投资主体直接或间接对金融机构出资所形成的资本和应享有的权益。凭借国家权力和信用支持的金融机构所形成的资本和应享有的权益，纳入国有金融资本管理，法律另有规定的除外。

（四）优化国有金融资本配置格局。统筹规划国有金融资本战略布局，适应经济发展需要，有进有退、有所为有所不为，合理调整国有金融资本在银行、保险、证券等行业的比重，提高资本配置效率，实现战略性、安全性、效益性目标的统一。既要减少对国有金融资本的过度占用，又要确保国有金融资本在金融领域保持必要的控制力。对于开发性和政策性金融机构，保持国有独资或全资的性质。对于涉及国家金融安全、外溢性强的金融基础设施类机构，保持国家绝对控制力。对于在行业中具有重要影响的国有金融机构，保持国有金融资本控制力和主导作用。对于处于竞争领域的其他国有金融机构，积极引入各类资本，国有金融资本可以绝对控股、相对控股，也可以参股。继续按照市场化原则，稳妥推进国有金融机构混合所有制改革。

（五）明确国有金融资本出资人职责。国有金融资本属于国家所有即全民所有。国务院代表国家行使国有金融资本所有权。国务院和地方政府依照法律法规，分别代表国家履行出资人职责。按照权责匹配、权责对等、权责统一的原则，各级财政部门根据本级政府授权，集中统一履行国有金融资本出资人职责。国务院授权财政部履行国有金融资本出资人职责。地方政府授权地方财政部门履行地方国有金融资本出资人职责。履行出资人职责的各级财政部门对相关金融机构，依法依规享有参与重大决策、选择管理者、享有收益等出资人权利，并应当依照法律法规和企业章程等规定，履职尽责，保障出资人权益。

（六）加强国有金融资本统一管理。完善国有金融资本管理体制，根据统一规制、分级管理的原则，财政部负责制定全国统一的国有金融资本管理规章制度。各级财政部门依法依规履行国有金融资本管理职责，负责组织实施基础管理、经营预算、绩效考核、负责人薪酬管理等工作。严格规范金融综合经营和产融结合，国有金融资本管理应当与实业资本管理相隔离，建立风险防火墙，避免风险相互传递。各级财政部门根据需要，可以分级分类委托其他部门、机构管理国有金融资本。

（七）明晰国有金融机构的权利与责任。充分尊重企业法人财产权利，赋予国有金融机构更大经营自主权和风险责任。国有金融机构应当严格遵守有关法律法规，加强经营管理，提高经济效益，接受政府及其有关部门、机构依法实施的管理和监督。国有金融机构应当依照法律法规以及企业章程等规定，积极支持国家重大战略实施，建立和完善法人治理结构，健全绩效考核、激励约束、风险控制、利润分配和内部监督管理制度，完善重大决策、重要人事任免、重大项目安排和大额度资金运作决策制度。

（八）以管资本为主加强资产管理。履行国有金融资本出资人职责的机构应当准确把握自身职责定位，科学界定出资人管理边界，按照相关法律法规，逐步建立管理权力和责任清单，更好地实现以管资本为主加强国有资产管理的目标。遵循实质重于形式的原则，以公司治理为基础，以产权监管为手段，对国有金融机构股权出资实施资本穿透管理，防止出现内部人控制。按照市场经济理念，积极发挥国有金融资本投资、运营公司作用，着力创新管理方式和手段，不断完善激励约束机制，提高国有金融资本管理的科学性、有效性。

（九）防范国有金融资本流失。强化国有金融资本内外部监督，严格股东资质和资金来源审查，加快形成全面覆盖、制约有力的监督体系。坚持出资人管理和监督的有机统一，强化出资人监督，动态监测国有金融资本运营。加强对国有金融资本重大布局调整、产权流转和境外投资的监督。完善国有金融机构内部监督体系，明确相关部门监督职责，完善监事会监督制度，强化内部流程控制。加强审计、评估等外部监督和社会公众监督，依法依规、及时准确披露国有金融机构经营状况，提升国有金融资本运营透明度。

三、优化国有金融资本管理制度

（十）健全国有金融资本基础管理制度。建立健全全流程、全覆盖的国有金融资本基础管理体系，完善产权登记、产权评估、产权转让等管理制度，做好国有金融资本清产核资、资本金权属界定、统计分析等工作。加强金融企业国有产权流转管理，及时、全面、准确反映国有金融资本产权变动情况。规范金融企业产权进场交易流程，确保转让过程公开、透明。加强国有金融资本评估监管，独立、客观、公正地体现资产价值。整合金融行业投资者保险保障资源，完善国有重点金融机构恢复和处置机制，强化股东、实际控制人及债权人自我救助责任。

（十一）落实国有金融资本经营预算管理制度。按照统一政策、分级管理、全面覆盖的原则，加强金融机构国有资本收支管理。规范国家与国有金融机构的分配关系，全面完整反映国有金融资本经营收入，合理确定国有金融机构利润上缴比例，平衡好分红和资本补充。结合国有金融资本布局需要，不断优化国有金融资本经营预算支出结构，建立国有金融机构资本补充和动态调整机制，健全国有金融资本经营收益合理使用的有效机制。国有金融资本经营预算决算依法接受人大及其常委会的审查监督。

（十二）严格国有金融资本经营绩效考核制度。通过界定功能、划分类别，分行业明确差异化考核目标，实行分类定责、分类考核，提高考核的科学性、有效性，综合反映国有金融机构资产营运水平和社会贡献，推动金融机构加强经营管理，促进金融机构健康发展，有效服务国家战略。加强绩效考核结果运用，建立考核结果与企业负责人履职尽责情况、员工薪酬水平的奖惩联动机制。

（十三）健全国有金融机构薪酬管理制度。对国有金融机构领导人员实行与选任方式相匹配、与企业功能性质相适应、与绩效考核相挂钩的差异化薪酬分配办法。对党中央、国务院，地方党委和政府及相关机构任命的国有金融机构领导人员，建立正向激励机制，合理确定基本年薪、绩效年薪和任期激励收入。对市场化选聘的职业经理人，实行市场化薪酬分配机制。探索建立国有金融机构高管人员责任追究和薪酬追回制度。探索实施国有金融企业员工持股计划。

（十四）加强金融机构和金融管理部门财政财

务监管。财政部门负责制定金融机构和金融管理部门财务预算制度，并监督执行。进一步完善金融企业财务规则，完善中国人民银行独立财务预算制度和其他金融监管部门财务制度，建立金融控股公司等金融集团和重点金融基础设施财务管理制度。各级财政部门依法对本级国有金融机构进行财务监管，规范企业财务行为，维护国有金融资本权益。继续加强银行、证券、保险、期货、信托等领域保障基金财政财务管理，健全财务风险监测与评价机制，防范和化解财务风险，保护相关各方合法权益。

四、促进国有金融机构持续健康经营

（十五）深化公司制股份制改革。加大国有金融机构公司制改革力度，推动具备条件的国有金融机构整体改制上市。推进凭借国家权力和信用支持的金融机构稳步实施公司制改革。根据不同金融机构的功能定位，逐步调整国有股权比例，形成股权结构多元、股东行为规范、内部约束有效、运行高效灵活的经营机制。

（十六）健全公司法人治理结构。规范股东（大）会、董事会、监事会与经营管理层关系，健全国有金融机构授权经营体系，出资人依法履行职责。推进董事会建设，完善决策机制，加强董事会在重大决策、选人用人和激励机制等方面的重要职责。按照市场监管与出资人职责相分离的原则，理顺国有金融机构管理体制。建立董事会与管理层制衡机制，规范董事长、总经理（总裁、行长）履职行为，建立健全权责对等、运转协调、有效制衡的国有金融机构决策执行监督机制，充分发挥股东（大）会的权力机构作用、董事会的决策机构作用、监事会的监督机构作用、高级管理层的执行机构作用、党委（党组）的领导作用。

（十七）建立国有金融机构领导人员分类分层管理制度。坚持党管干部原则与董事会依法产生、董事会依法选择经营管理者、经营管理者依法行使用人权相结合，不断创新实现形式。上级党组织和履行国有金融资本出资人职责的机构按照管理权限，加强对国有金融机构领导人员的管理，根据不同机构类别和层级，实行不同的选人用人方式。推行职业经理人制度，董事会按市场化方式选聘和管理职业经理人，并建立相应退出机制。

（十八）推动国有金融机构回归本源、专注主业。推动国有金融机构牢固树立与实体经济俱荣俱损理念，加强并改进对重点领域和薄弱环节的服务，围绕实体经济需要，开发新产品、开拓新业务。规范金融综合经营，依法合规开展股权投资，严禁国有金融企业凭借资金优势控制非金融企业。发挥好绩效目标的导向作用，引导国有金融机构把握好发展方向、战略定位、经营重点，突出主业、做精专业，提高稳健发展能力、服务能力与核心竞争力。

（十九）督促国有金融机构防范风险。强化国有金融机构防范风险的主体责任。推动国有金融机构细化完善内控体系，严守财务会计规则和金融监管要求，强化自身资本管理和偿付能力管理，保证充足的风险吸收能力。督促国有金融机构坚持审慎经营，加强风险源头控制，动态排查信用风险等各类风险隐患，健全风险防范和应急处置机制。规范产融结合，按照金融行业准入条件，严格限制和规范非金融企业投资参股国有金融企业，参股资金必须使用自有资金。各级财政部门、中央和国家机关有关部委以及地方政府不得干预金融监管部门依法监管。

五、加强党对国有金融机构的领导

（二十）充分发挥党委（党组）的领导作用。坚持党要管党、从严治党，坚持党对国有金融机构的领导不动摇，发挥党委（党组）的领导作用。坚持党的建设与国有金融机构改革同步谋划、党的组织及工作机构同步设置、党委（党组）负责人及党务工作人员同步配备、党建工作同步开展。国有金融机构党委（党组）把方向、管大局、保落实，重点管政治方向、领导班子、基本制度、重大决策和党的建设，切实承担好、落实好从严管党治党责任。把加强党的领导和完善公司治理统一起来，将党建工作总体要求纳入国有金融机构章程，明确国有金融机构党委（党组）在公司治理结构中的法定地位，规范党委（党组）参与重大决策的内容和程序规则，把党委（党组）会议研究讨论作为董事会决策重大问题的前置程序。合理确定党委（党组）领导班子成员和董事会、监事会、管理层双向进入、交叉任职比例。

（二十一）进一步加强领导班子和人才队伍建设。坚持党管干部原则，坚持好干部标准，建设高素质领导班子。按照对党忠诚、勇于创新、治企有方、兴企有为、清正廉洁的要求，选优配强国有金融机构一把手，认真落实“一岗双责”。把党委

(党组)领导与董事会依法选聘管理层、管理层依法行使用人权有机结合起来,加大市场化选聘力度。健全领导班子考核制度。培养德才兼备的优秀管理人员,造就兼具经济金融理论与实践经验的复合型人才。制定金融高端人才计划,重视从一线发现人才,精准引进海外高层次人才,加快建立健全国有金融机构集聚人才的体制机制。

(二十二)切实落实全面从严治党“两个责任”。压紧压实国有金融机构党委(党组)主体责任和纪检监察机构监督责任。健全国有金融机构领导人员职业道德约束制度,加强党性教育、法治教育、警示教育,引导国有金融机构领导人员坚定理想信念,正确履职行权,廉洁从业,勤勉敬业。依法依规规范金融管理部门工作人员到金融机构从业行为,相关部门要制定实施细则,严格监督执行,限制金融管理部门工作人员离职后到原任职务管辖业务范围内的金融机构、原工作业务直接相关的金融机构工作,规范国有金融机构工作人员离职后到与原工作业务相关单位从业行为,完善国有金融管理部门和国有金融机构工作人员任职回避制度,杜绝里应外合、利益输送行为,防范道德风险。坚持运用法治思维和法治方式反腐败,完善标本兼治的制度体系,加强纪检监察、巡视监督和日常监管,严格落实中央八项规定及其实施细则精神,深入推进党风廉政建设和反腐败斗争,努力构筑国有金融机构领导人员不敢腐、不能腐、不想腐的有效机制。

六、协同推进强化落实

(二十三)加强法治建设。健全国有金融资本管理法律法规体系,做好相关法律法规的立改废释工作。按照法定程序,加快制定国有金融资本管理条例,明确授权经营体制,为完善国有金融资本管理体制机制夯实法律基础。研究建立统一的国有金融资本出资人制度,明确出资人的权利、义务和责任。完善和落实国有金融资本管理各项配套政策。

(二十四)加强协调配合。履行国有金融资本出资人职责的机构要与人民银行、金融监管部门加强沟通协调和信息共享,形成工作合力。履行国有金融资本出资人职责的机构在制定完善国有金融资本管理制度时,涉及其他金融管理部门有关监管职责的,应当主动征求有关部门意见。其他金融管理部门在制定发布相关监管政策时,要及时向履行国有金融资本出资人职责的机构通报相关情况。

(二十五)严格责任追究。建立健全国有金融机构重大决策失误和失职、渎职责任追究倒查机制,严厉查处侵吞、贪污、输送、挥霍国有金融资本的行为。建立健全国有金融资本管理的监督问责机制,对形成风险没有发现的失职行为,对发现风险没有及时提示和处置的渎职行为,加大惩戒力度。对重大违法违纪问题敷衍不追、隐匿不报、查处不力的,严格追究有关部门和相关人员责任,构成犯罪的,坚决依法追究刑事责任。

(二十六)加强信息披露。建立统一的国有金融资本统计监测和报告制度,完整反映国有金融资本的总量、投向、布局、处置、收益等内容,编制政府资产负债表,报告国有金融机构改革、资产监管、风险控制、高级管理人员薪酬等情况。国有金融资本情况要全口径向党中央报告,并按规定向全国人大常委会报告国有金融资产管理情况,具体报告责任由财政部承担。各级财政部门定期向同级政府报告国有金融资本管理情况。国务院和地方政府应当对履行出资人职责机构的履职情况进行监督,依法向社会公布国有金融资本状况,接受社会公众的监督。

各级党委和政府要统一思想,以高度的政治责任感和历史使命感,切实履行对完善国有金融资本管理工作的领导责任。要根据本意见,结合实际制定实施意见,加强统筹协调、明确责任分工、细化目标任务、强化督促落实,确保国有金融资本管理得到有效加强。

行政规章及规范性文件:

国务院关于试行国有资本经营预算的意见

国发〔2007〕26号

各省、自治区、直辖市人民政府,国务院各部委、各直属机构:

国有资本经营预算,是国家以所有者身份依法取得国有资本收益,并对所得收益进行分配而发生的各项收支预算,是政府预算的重要组成部分。建立国有资本经营预算制度,对增强政府的宏观调控能力,完善国有企业收入分配制度,推进国有经济布局和结构的战略性调整,集中解决国有企业发展中的体制性、机制性问题，具有重要意义。国务院决定试行国有资本经营预算，现提出以下意见：

一、试行国有资本经营预算的指导思想和原则

（一）试行国有资本经营预算，要以邓小平理论和“三个代表”重要思想为指导，坚持科学发展观，通过对国有资本收益的合理分配及使用，增强政府的宏观调控能力，完善国有企业收入分配制度，促进国有资本的合理配置，推动国有企业的改革和发展。

（二）试行国有资本经营预算，应坚持以下原则：

统筹兼顾，适度集中。统筹兼顾企业自身积累、自身发展和国有经济结构调整及国民经济宏观调控的需要，适度集中国有资本收益，合理确定预算收支规模。

相对独立，相互衔接。既保持国有资本经营预算的完整性和相对独立性，又保持与政府公共预算（指一般预算）的相互衔接。

分级编制，逐步实施。国有资本经营预算实行分级管理、分级编制，根据条件逐步实施。

二、国有资本经营预算的收支范围

（三）国有资本经营预算的收入是指各级人民政府及其部门、机构履行出资人职责的企业（即一级企业，下同）上交的国有资本收益，主要包括：

1. 国有独资企业按规定上交国家的利润。

2. 国有控股、参股企业国有股权（股份）获得的股利、股息。

3. 企业国有产权（含国有股份）转让收入。

4. 国有独资企业清算收入（扣除清算费用），以及国有控股、参股企业国有股权（股份）分享的公司清算收入（扣除清算费用）。

5. 其他收入。

（四）国有资本经营预算的支出主要包括：

1. 资本性支出。根据产业发展规划、国有经济布局和结构调整、国有企业发展要求，以及国家战略、安全等需要，安排的资本性支出。

2. 费用性支出。用于弥补国有企业改革成本等方面的费用性支出。

3. 其他支出。

具体支出范围依据国家宏观经济政策以及不同时期国有企业改革和发展的任务，统筹安排确定。必要时，可部分用于社会保障等项支出。

（五）国家依法收取企业国有资本收益，具体办法由财政部门会同国有资产监管机构等有关部门制订，报本级人民政府批准后施行。

三、国有资本经营预算的编制和审批

（六）国有资本经营预算单独编制，预算支出按照当年预算收入规模安排，不列赤字。

（七）各级财政部门为国有资本经营预算的主管部门。各级国有资产监管机构以及其他有国有企业监管职能的部门和单位，为国有资本经营预算单位（以下统称预算单位）。

（八）试行期间，各级财政部门商国资监管、发展改革等部门编制国有资本经营预算草案，报经本级人民政府批准后下达各预算单位。各预算单位具体下达所监管（或所属）企业的预算，抄送同级财政部门备案。

四、国有资本经营预算的执行

（九）国有资本经营预算收入由财政部门、国有资产监管机构收取、组织上交。企业按规定应上交的国有资本收益，应及时、足额直接上交财政。

（十）国有资本经营预算资金支出，由企业在经批准的预算范围内提出申请，报经财政部门审核后，按照财政国库管理制度的有关规定，直接拨付使用单位。使用单位应当按照规定用途使用、管理预算资金，并依法接受监督。

（十一）国有资本经营预算执行中如需调整，须按规定程序报批。年度预算确定后，企业改变财务隶属关系引起预算级次和关系变化的，应当同时办理预算划转。

（十二）年度终了后，财政部门应当编制国有资本经营决算草案报本级人民政府批准。

五、国有资本经营预算的职责分工

（十三）财政部门的主要职责是：负责制（修）订国有资本经营预算的各项管理制度、预算编制办法和预算收支科目；编制国有资本经营预算草案；编制国有资本经营预算收支月报，报告国有资本经营预算执行情况；汇总编报国有资本经营决算；会同有关部门制定企业国有资本收益收取办法；收取企业国有资本收益。财政部负责审核和汇总编制全国国有资本经营预、决算草案。

（十四）各预算单位的主要职责是：负责研究

制订本单位国有经济布局和结构调整的政策措施，参与制订国有资本经营预算有关管理制度；提出本单位年度国有资本经营预算建议草案；组织和监督本单位国有资本经营预算的执行；编报本单位年度国有资本经营决算草案；负责组织所监管（或所属）企业上交国有资本收益。

六、试行国有资本经营预算的组织实施

（十五）中央本级国有资本经营预算从2008年开始实施，2008年收取实施范围内企业2007年实现的国有资本收益。2007年进行国有资本经营预算试点，收取部分企业2006年实现的国有资本收益。各地区国有资本经营预算的试行时间、范围、步骤，由各省、自治区、直辖市和计划单列市人民政府决定。

（十六）建立国有资本经营预算制度，是完善社会主义市场经济体制的一项重大制度建设，涉及面广，政策性强。各地区、各部门要充分认识建立国有资本经营预算制度的重要意义，高度重视，加强领导，精心组织，积极稳妥地做好此项工作。财政部要会同国资委等有关部门抓紧制订有关配套制度和办法。各预算单位和有关企业要认真执行国有资本经营预算的各项制度和办法。有关部门、单位和企业要加强沟通，积极配合，确保试行工作的顺利进行。

国务院关于积极稳妥降低企业杠杆率的意见

国发〔2016〕54号

各省、自治区、直辖市人民政府，国务院各部委、各直属机构：

近年来，我国企业杠杆率高企，债务规模增长过快，企业债务负担不断加重。在国际经济环境更趋复杂、我国经济下行压力仍然较大的背景下，一些企业经营困难加剧，一定程度上导致债务风险上升。为贯彻落实党中央、国务院关于推进供给侧结构性改革、重点做好“三去一降一补”工作的决策部署，促进建立和完善现代企业制度，增强经济中长期发展韧性，现就积极稳妥降低企业杠杆率（以下简称降杠杆）提出以下意见。

一、总体要求

降杠杆的总体思路是：全面贯彻党的十八大和十八届三中、四中、五中全会精神，认真落实中央经济工作会议和政府工作报告部署，坚持积极的财政政策和稳健的货币政策取向，以市场化、法治化方式，通过推进兼并重组、完善现代企业制度强化自我约束、盘活存量资产、优化债务结构、有序开展市场化银行债权转股权、依法破产、发展股权融资，积极稳妥降低企业杠杆率，助推供给侧结构性改革，助推国有企业改革深化，助推经济转型升级和优化布局，为经济长期持续健康发展夯实基础。

在推进降杠杆过程中，要坚持以下基本原则：

市场化原则。充分发挥市场在资源配置中的决定性作用和更好发挥政府作用。债权人和债务人等市场主体依据自身需求开展或参与降杠杆，自主协商确定各类交易的价格与条件并自担风险、自享收益。政府通过制定引导政策，完善相关监管规则，维护公平竞争的市场秩序，做好必要的组织协调工作，保持社会稳定，为降杠杆营造良好环境。

法治化原则。依法依规开展降杠杆工作，政府与各市场主体都要严格依法行事，尤其要注重保护债权人、投资者和企业职工合法权益。加强社会信用体系建设，防范道德风险，严厉打击逃废债行为，防止应由市场主体承担的责任不合理地转嫁给政府或其他相关主体。明确政府责任范围，政府不承担损失的兜底责任。

有序开展原则。降杠杆要把握好稳增长、调结构、防风险的关系，注意防范和化解降杠杆过程中可能出现的各类风险。尊重经济规律，充分考虑不同类型行业和企业的杠杆特征，分类施策，有扶有控，不搞“一刀切”，防止一哄而起，稳妥有序地予以推进。

统筹协调原则。降杠杆是一项时间跨度较长的系统工程。要立足当前、着眼长远，标本兼治、综合施策。要把建立规范现代企业制度、完善公司治理结构、强化自身约束机制作为降杠杆的根本途径。降杠杆要综合运用多种手段，与企业改组改制、降低实体经济企业成本、化解过剩产能、促进企业转型升级等工作有机结合、协同推进。

二、主要途径

（一）积极推进企业兼并重组。

1. 鼓励跨地区、跨所有制兼并重组。支持通过兼并重组培育优质企业。进一步打破地方保护、区域封锁，鼓励企业跨地区开展兼并重组。推动混合

所有制改革，鼓励国有企业通过出让股份、增资扩股、合资合作等方式引入民营资本。加快垄断行业改革，向民营资本开放垄断行业的竞争性业务领域。

2. 推动重点行业兼并重组。发挥好产业政策的引导作用，鼓励产能过剩行业企业加大兼并重组力度，加快“僵尸企业”退出，有效化解过剩产能，实现市场出清。加大对产业集中度不高、同质化竞争突出行业或产业的联合重组，加强资源整合，发展规模经济，实施减员增效，提高综合竞争力。

3. 引导企业业务结构重组。引导企业精益化经营，突出主业，优化产业链布局，克服盲目扩张粗放经营。通过出售转让非主业或低收益业务回收资金、减少债务和支出，降低企业资金低效占用，提高企业运营效率和经营效益。

4. 加大对企业兼并重组的金融支持。通过并购贷款等措施，支持符合条件的企业开展并购重组。允许符合条件的企业通过发行优先股、可转换债券等方式筹集兼并重组资金。进一步创新融资方式，满足企业兼并重组不同阶段的融资需求。鼓励各类投资者通过股权投资基金、创业投资基金、产业投资基金等形式参与企业兼并重组。

（二）完善现代企业制度强化自我约束。

5. 建立和完善现代企业制度。建立健全现代企业制度、完善公司治理结构，对企业负债行为建立权责明确、制衡有效的决策执行监督机制，加强企业自身财务杠杆约束，合理安排债务融资规模，有效控制企业杠杆率，形成合理资产负债结构。

6. 明确企业降杠杆的主体责任。企业是降杠杆的第一责任主体。强化企业管理层资产负债管理责任，合理设计激励约束制度，处理好企业长期发展和短期业绩的关系，树立审慎经营观念，防止激进经营过度负债。落实企业股东责任，按照出资义务依法缴足出资，根据股权先于债权吸收损失原则承担必要的降杠杆成本。

7. 强化国有企业降杠杆的考核机制。各级国有资产管理部门应切实履行职责，积极推动国有企业降杠杆工作，将降杠杆纳入国有资产管理部门对国有企业的业绩考核体系。统筹运用政绩考核、人事任免、创新型试点政策倾斜等机制，调动地方各级人民政府和国有企业降杠杆的积极性。

（三）多措并举盘活企业存量资产。

8. 分类清理企业存量资产。规范化清理资产，做好闲置存量资产相关尽职调查、资产清查、财产评估等工作，清退无效资产，实现人资分离，使资产达到可交易状态。

9. 采取多种方式盘活闲置资产。对土地、厂房、设备等闲置资产以及各类重资产，采取出售、转让、租赁、回租、招商合作等多种形式予以盘活，实现有效利用。引导企业进入产权交易市场，充分发挥产权交易市场价格发现、价值实现功能。

10. 加大存量资产整合力度。鼓励企业整合内部资源，将与主业相关的资产整合清理后并入主业板块，提高存量资产的利用水平，改善企业经营效益。

11. 有序开展企业资产证券化。按照“真实出售、破产隔离”原则，积极开展以企业应收账款、租赁债权等财产权利和基础设施、商业物业等不动产财产或财产权益为基础资产的资产证券化业务。支持房地产企业通过发展房地产信托投资基金向轻资产经营模式转型。

（四）多方式优化企业债务结构。

12. 推动企业开展债务清理和债务整合。加大清欠力度，减少无效占用，加快资金周转，降低资产负债率。多措并举清理因担保圈、债务链形成的三角债。加快清理以政府、大企业为源头的资金拖欠，推动开展中小企业应收账款融资。对发展前景良好、生产经营较为正常，有技术、有订单，但由于阶段性原因成为资金拖欠源头的企业，鼓励充分调动多方力量，在政策允许范围内，统筹运用盘活资产、发行债券和银行信贷等多种手段，予以必要支持。

13. 降低企业财务负担。加快公司信用类债券产品创新，丰富债券品种，推动企业在风险可控的前提下利用债券市场提高直接融资比重，优化企业债务结构。鼓励企业加强资金集中管理，支持符合条件的企业设立财务公司，加强内部资金融通，提高企业资金使用效率。通过大力发展政府支持的担保机构等措施，提高企业信用等级，降低融资成本。

（五）有序开展市场化银行债权转股权。

14. 以市场化法治化方式开展债转股。由银行、实施机构和企业依据国家政策导向自主协商确定转股对象、转股债权以及转股价格和条件，实施机构市场化筹集债转股所需资金，并多渠道、多方式实现股权市场化退出。

15. 以促进优胜劣汰为目的开展市场化债转股。鼓励面向发展前景良好但遇到暂时困难的优质企业开展市场化债转股，严禁将“僵尸企业”、失信企业和不符合国家产业政策的企业作为市场化债转股对象。

16. 鼓励多类型实施机构参与开展市场化债转股。除国家另有规定外，银行不得直接将债权转为股权。银行将债权转为股权应通过向实施机构转让债权、由实施机构将债权转为对象企业股权的方式实现。鼓励金融资产管理公司、保险资产管理机构、国有资本投资运营公司等多种类型实施机构参与开展市场化债转股；支持银行充分利用现有符合条件的所属机构，或允许申请设立符合规定的新机构开展市场化债转股；鼓励实施机构引入社会资本，发展混合所有制，增强资本实力。

（六）依法依规实施企业破产。

17. 建立健全依法破产的体制机制。充分发挥企业破产在解决债务矛盾、公平保障各方权利、优化资源配置等方面的重要作用。完善破产清算司法解释和司法政策。健全破产管理人制度。探索建立关联企业合并破产制度。细化工作流程规则，切实解决破产程序中的违法执行问题。支持法院建立专门清算与破产审判庭，积极支持优化法官配备并加强专业培训，强化破产司法能力建设。规范和引导律师事务所、会计师事务所等中介机构依法履职，增强破产清算服务能力。

18. 因企制宜实施企业破产清算、重整与和解。对于扭亏无望、已失去生存发展前景的“僵尸企业”，要破除障碍，依司法程序进行破产清算，全面清查破产企业财产，清偿破产企业债务并注销破产企业法人资格，妥善安置人员。对符合破产条件但仍有发展前景的企业，支持债权人和企业按照法院破产重整程序或自主协商对企业进行债务重组。鼓励企业与债权人依据破产和解程序达成和解协议，实施和解。在企业破产过程中，切实发挥债权人委员会作用，保护各类债权人和企业职工合法权益。

19. 健全企业破产配套制度。政府与法院依法依规加强企业破产工作沟通协调，解决破产程序启动难问题，做好破产企业职工安置和权益保障、企业互保联保和民间融资风险化解、维护社会稳定等各方面工作。加快完善清算后工商登记注销等配套政策。

（七）积极发展股权融资。

20. 加快健全和完善多层次股权市场。加快完善全国中小企业股份转让系统，健全小额、快速、灵活、多元的投融资体制。研究全国中小企业股份转让系统挂牌公司转板创业板相关制度。规范发展服务中小微企业的区域性股权市场。支持区域性股权市场运营模式和服务方式创新，强化融资功能。

21. 推动交易所市场平稳健康发展。进一步发展壮大证券交易所主板，深入发展中小企业板，深化创业板改革，加强发行、退市、交易等基础性制度建设，切实加强市场监管，依法保护投资者权益，支持符合条件的企业在证券交易所市场发行股票进行股权融资。

22. 创新和丰富股权融资工具。大力发展私募股权投资基金，促进创业投资。创新财政资金使用方式，发挥产业投资基金的引导作用。规范发展各类股权类受托管理资金。在有效监管的前提下，探索运用股债结合、投贷联动和夹层融资工具。

23. 拓宽股权融资资金来源。鼓励保险资金、年金、基本养老保险基金等长期性资金按相关规定进行股权投资。有序引导储蓄转化为股本投资。积极有效引进国外直接投资和国外创业投资资金。

三、营造良好的市场与政策环境

24. 落实和完善降杠杆财税支持政策。发挥积极的财政政策作用，落实并完善企业兼并重组、破产清算、资产证券化、债转股和银行不良资产核销等相关税收政策。根据需要，采取适当财政支持方式激励引导降杠杆。

25. 提高银行不良资产核销和处置能力。拓宽不良资产市场转让渠道，探索扩大银行不良资产受让主体，强化不良资产处置市场竞争。加大力度落实不良资产转让政策，支持银行向金融资产管理公司打包转让不良资产。推动银行不良资产证券化。多渠道补充银行核心和非核心资本，提高损失吸收能力。

26. 加强市场主体信用约束。建立相关企业和机构及其法定代表人、高级管理人员的信用记录，并纳入全国信用信息共享平台。构建参与各方失信行为联合惩戒机制，依据相关法律法规严格追究恶意逃废债和国有资产流失等违法违规单位及相关人员责任。

27. 强化金融机构授信约束。银行业金融机构应通过建立债权人委员会、联合授信等机制，完善客户信息共享，综合确定企业授信额度，并可通过合同约定等方式，避免过度授信，防止企业杠杆率超出合理水平。对授信银行超过一定数量、授信金额超过一定规模的企业原则上以银团联合方式发放贷款，有效限制对高杠杆企业贷款。

28. 健全投资者适当性管理制度。合理确定投资者参与降杠杆的资格与条件。鼓励具有丰富企业管理经验或专业投资分析能力，并有相应风险承受力的机构投资者参与企业市场化降杠杆。完善个人投资者适当性管理制度，依法建立合格个人投资者识别风险和自担风险的信用承诺制度，防止不合格个人投资者投资降杠杆相关金融产品和超出能力承担风险。

29. 切实减轻企业社会负担。完善减轻企业非债务负担配套政策，落实已出台的各项清理规范涉企行政性、事业性收费以及具有强制垄断性的经营服务收费、行业协会涉企收费政策。加大对企业在降杠杆过程中剥离相关社会负担和辅业资产的政策支持力度。

30. 稳妥做好重组企业的职工分流安置工作。各级人民政府要高度重视降杠杆过程中的职工安置，充分发挥企业主体作用，多措并举做好职工安置工作。鼓励企业充分挖掘内部潜力，通过协商薪酬、转岗培训等方式，稳定现有工作岗位。支持企业依靠现有场地、设施、技术开辟新的就业岗位。对不裁员或少裁员的企业，按规定由失业保险实施稳岗补贴政策。依法妥善处理职工劳动关系，稳妥接续社会保险关系，按规定落实社会保险待遇。积极做好再就业帮扶，落实就业扶持政策，加大职业培训力度，提供公共就业服务，对就业困难人员按规定实施公益性岗位托底安置。

31. 落实产业升级配套政策。进一步落实重点行业产业转型升级和化解过剩产能的配套支持措施，加大对重点企业兼并重组和产业整合的支持力度，发挥产业投资基金作用，吸引社会资本参与，实行市场化运作，推动重点行业破局性、战略性重组，实现产业链整合及产业融合，通过资源重新配置降低企业杠杆率，进一步提升优质企业竞争力。

32. 严密监测和有效防范风险。加强政策协调，强化信息沟通与研判预警，提高防范风险的预见性、有效性，严密监控降杠杆可能导致的股市、汇市、债市等金融市场风险，防止风险跨市场传染。填补监管空白与漏洞，实现监管全覆盖，完善风险处置预案，严守不发生系统性风险的底线。

33. 规范履行相关程序。在降杠杆过程中，涉及政府管理事项的，要严格履行相关核准或备案程序，严禁违法违规操作。为适应开展降杠杆工作的需要，有关部门和单位应进一步明确、规范和简化相关程序，提高行政效率。

34. 更好发挥政府作用。政府在降杠杆工作中的职责是制定规则，完善政策，适当引导，依法监督，维护公平竞争的市场秩序，保持社会稳定，做好职工合法权益保护等社会保障兜底工作，确保降杠杆在市场化、法治化轨道上平稳有序推进。政府在引导降杠杆过程中，要依法依规、遵循规律、规范行为，不干预降杠杆工作中各市场主体的相关决策和具体事务。同时，各级人民政府要切实履行好国有企业出资人职责，在国有企业降杠杆决策中依照法律法规和公司章程行使国有股东权利。

国家发展改革委、人民银行、财政部、银监会等相关部门和单位要建立积极稳妥降低企业杠杆率部际联席会议制度，加强综合协调指导，完善配套措施，组织先行先试，统筹推进各项工作。及时了解新情况，研究、解决降杠杆过程中出现的新问题。通过多种方式，加强舆论引导，适时适度做好宣传报道和政策解读工作，回应社会关切，营造良好的舆论环境。及时归集、整理降杠杆相关信息并进行分析研究，适时开展降杠杆政策效果评估，重大问题及时向国务院报告。

关于市场化银行债权转股权的指导意见

为贯彻落实中央经济工作会议精神和政府工作报告部署，切实降低企业杠杆率，增强经济中长期发展韧性，现就市场化银行债权转股权（以下简称债转股）提出以下指导意见。

一、重要意义

为有效落实供给侧结构性改革决策部署，支持有较好发展前景但遇到暂时困难的优质企业渡过难关，有必要采取市场化债转股等综合措施提升企业持续健康发展能力。在当前形势下对具备条件的企业开展市场化债转股，是稳增长、促改革、调结构、防风险的重要结合点，可以有效降低企业杠杆率，增强企业资本实力，防范企业债务风险；有利于帮助企业降本增效，增强竞争力，实现优胜劣汰；有利于推动企业股权多元化，促进企业改组改制，完善现代企业制度；有利于加快多层次资本市场建设，提高直接融资比重，优化融资结构。

随着社会主义市场经济体制的逐步完善，当前具有开展市场化债转股的较好条件。公司法、证券法、企业破产法、公司注册资本登记管理规定等法律法规已较为完备，为开展市场化债转股提供了重要制度保障；银行、金融资产管理公司和有关企业治理结构更加完善，在资产处置、企业重组和资本市场业务方面积累了丰富经验，为开展债转股提供了市场化的主体条件。

二、总体要求

全面贯彻党的十八大和十八届三中、四中、五中全会精神，认真落实中央经济工作会议和政府工作报告部署，遵循法治化原则、按照市场化方式有序开展银行债权转股权，紧密结合深化企业改革，切实降低企业杠杆率，助推完善现代企业制度、实现降本增效，助推多层次资本市场建设、提高直接融资比重，助推供给侧结构性改革、增强企业竞争力和发展后劲。

开展市场化债转股要遵循以下基本原则：

市场运作，政策引导。充分发挥市场在资源配置中的决定性作用，建立债转股的对象企业市场化选择、价格市场化定价、资金市场化筹集、股权市场化退出等长效机制，政府不强制企业、银行及其他机构参与债转股，不搞拉郎配。政府通过制定必要的引导政策，完善相关监管规则，依法加强监督，维护公平竞争的市场秩序，保持社会稳定，为市场化债转股营造良好环境。

遵循法治，防范风险。健全审慎监管规则，确保银行转股债权洁净转让、真实出售，有效实现风险隔离，防止企业风险向金融机构转移。依法依规有序开展市场化债转股，政府和市场主体都应依法行事。加强社会信用体系建设，防范道德风险，严厉打击逃废债行为，防止应由市场主体承担的责任不合理地转嫁给政府或其他相关主体。明确政府责任范围，政府不承担损失的兜底责任。

重在改革，协同推进。开展市场化债转股要与深化企业改革、降低实体经济企业成本、化解过剩产能和企业兼并重组等工作有机结合、协同推进。债转股企业要同步建立现代企业制度、完善公司治理结构、强化激励约束机制、提升管理水平和创新能力，为长期持续健康发展奠定基础。

三、实施方式

（一）明确适用企业和债权范围。

市场化债转股对象企业由各相关市场主体依据国家政策导向自主协商确定。

市场化债转股对象企业应当具备以下条件：发展前景较好，具有可行的企业改革计划和脱困安排；主要生产装备、产品、能力符合国家产业发展方向，技术先进，产品有市场，环保和安全生产达标；信用状况较好，无故意违约、转移资产等不良信用记录。

鼓励面向发展前景良好但遇到暂时困难的优质企业开展市场化债转股，包括：因行业周期性波动导致困难但仍有望逆转的企业；因高负债而财务负担过重的成长型企业，特别是战略性新兴产业领域的成长型企业；高负债居于产能过剩行业前列的关键性企业以及关系国家安全的战略性企业。

禁止将下列情形的企业作为市场化债转股对象：扭亏无望、已失去生存发展前景的“僵尸企业”；有恶意逃废债行为的企业；债权债务关系复杂且不明晰的企业；有可能助长过剩产能扩张和增加库存的企业。

转股债权范围以银行对企业发放贷款形成的债权为主，适当考虑其他类型债权。转股债权质量类型由债权人、企业和实施机构自主协商确定。

（二）通过实施机构开展市场化债转股。

除国家另有规定外，银行不得直接将债权转为股权。银行将债权转为股权，应通过向实施机构转让债权、由实施机构将债权转为对象企业股权的方式实现。

鼓励金融资产管理公司、保险资产管理机构、国有资本投资运营公司等多种类型实施机构参与开展市场化债转股；支持银行充分利用现有符合条件的所属机构，或允许申请设立符合规定的新机构开展市场化债转股；鼓励实施机构引入社会资本，发展混合所有制，增强资本实力。

鼓励银行向非本行所属实施机构转让债权实施转股，支持不同银行通过所属实施机构交叉实施市场化债转股。银行所属实施机构面向本行债权开展市场化债转股应当符合相关监管要求。

鼓励各类实施机构公开、公平、公正竞争开展市场化债转股，支持各类实施机构之间以及实施机构与私募股权投资基金等股权投资机构之间开展合作。

（三）自主协商确定市场化债转股价格和条件。

银行、企业和实施机构自主协商确定债权转让、转股价格和条件。对于涉及多个债权人的，可以由最大债权人或主动发起市场化债转股的债权人牵头成立债权人委员会进行协调。

经批准，允许参考股票二级市场交易价格确定国有上市公司转股价格，允许参考竞争性市场报价或其他公允价格确定国有非上市公司转股价格。为适应开展市场化债转股工作的需要，应进一步明确、规范国有资产转让相关程序。

完善优先股发行政策，允许通过协商并经法定程序把债权转换为优先股，依法合理确定优先股股东权益。

（四）市场化筹集债转股资金。

债转股所需资金由实施机构充分利用各种市场化方式和渠道筹集，鼓励实施机构依法依规面向社会投资者募集资金，特别是可用于股本投资的资金，包括各类受托管理的资金。支持符合条件的实施机构发行专项用于市场化债转股的金融债券，探索发行用于市场化债转股的企业债券，并适当简化审批程序。

（五）规范履行股权变更等相关程序。

债转股企业应依法进行公司设立或股东变更、董事会重组等，完成工商注册登记或变更登记手续。涉及上市公司增发股份的应履行证券监管部门规定的相关程序。

（六）依法依规落实和保护股东权利。

市场化债转股实施后，要保障实施机构享有公司法规定的各项股东权利，在法律和公司章程规定范围内参与公司治理和企业重大经营决策，进行股权管理。

银行所属实施机构应确定在债转股企业中的合理持股份额，并根据公司法等法律法规要求承担有限责任。

（七）采取多种市场化方式实现股权退出。

实施机构对股权有退出预期的，可与企业协商约定所持股权的退出方式。债转股企业为上市公司的，债转股股权可以依法转让退出，转让时应遵守限售期等证券监管规定。债转股企业为非上市公司的，鼓励利用并购、全国中小企业股份转让系统挂牌、区域性股权市场交易、证券交易所上市等渠道实现转让退出。

四、营造良好环境

（一）规范政府行为。

在市场化债转股过程中，政府的职责是制定规则，完善政策，依法监督，维护公平竞争的市场秩序，保持社会稳定，做好职工合法权益保护等社会保障兜底工作，确保债转股在市场化、法治化轨道上平稳有序推进。

各级人民政府及其部门不干预债转股市场主体具体事务，不得确定具体转股企业，不得强行要求银行开展债转股，不得指定转股债权，不得干预债转股定价和条件设定，不得妨碍转股股东行使股东权利，不得干预债转股企业日常经营。同时，各级人民政府要切实履行好国有企业出资人职责，在国有企业债转股决策中依照法律法规和公司章程行使国有股东权利。

（二）推动企业改革。

要把建立和完善现代企业制度作为开展市场化债转股的前提条件。通过市场化债转股推动企业改组改制，形成股权结构多元、股东行为规范、内部约束有效、运行高效灵活的经营机制，提高企业经营管理水平。

债转股企业要健全公司治理结构，合理安排董事会、监事会和高级管理层，建立权责对等、运转协调、制衡有效的决策执行监督机制。

（三）落实和完善相关政策。

支持债转股企业所处行业加快重组与整合，加大对债转股企业剥离社会负担和辅业资产的支持力度，稳妥做好分流安置富余人员工作，为债转股企业发展创造更为有利的产业与市场环境。

符合条件的债转股企业可按规定享受企业重组相关税收优惠政策。根据需要，采取适当财政支持方式激励引导开展市场化债转股。

（四）强化约束机制。

加强对市场化债转股相关主体的信用约束，建立债转股相关企业和机构及其法定代表人、高级管理人员的信用记录，并纳入全国信用信息共享平台。构建市场化债转股参与各方失信行为联合惩戒机制，依据相关法律法规严格追究违法违规单位及相关人员责任。

强化对债转股企业的财务杠杆约束，在债转股协议中，相关主体应对企业未来债务融资行为进行规范，共同制定合理的债务安排和融资规划，对资产负债率作出明确约定，防止企业杠杆率再次超出合理水平。

规范债转股企业和股东资产处置行为，严格禁止债转股企业任何股东特别是大股东掏空企业资产、随意占用和挪用企业财产等侵害其他股东权益的行为。防范债转股企业和实施机构可能存在的损害中小股东利益的不正当利益输送行为。

建立投资者适当性管理制度，对投资者参与市场化债转股设定适当资格与条件，鼓励具有丰富企业管理和重组经验的机构投资者参与市场化债转股。完善个人投资者适当性管理制度，依法建立合格个人投资者识别风险和自担风险的信用承诺制度，防止不合格个人投资者参与市场化债转股投资和超出能力承担风险。

（五）加强和改进服务与监督。

各部门和单位要健全工作机制，加强协调配合，做好服务与监督工作。要按照分工抓紧完善相关政策，制定配套措施。要加强监督指导，及时研究新情况，解决市场化债转股实施中出现的新问题。加强政策宣传，做好解读、引导工作。

各地人民政府要营造良好的区域金融环境，支持债权人、实施机构、企业自主协商，维护公平竞争的市场秩序，保持社会稳定，做好相关工作。

国家发展改革委、人民银行、财政部、银监会等相关部门和单位要指导银行、实施机构和企业试点先行，有序开展市场化债转股，防止一哄而起；加强全过程监督检查，及时归集、整理市场化债转股相关信息并进行分析研究，适时开展市场化债转股政策效果评估，重大问题及时向国务院报告。

国有企业清产核资办法

国务院国有资产监督管理委员会令第1号

《国有企业清产核资办法》已经国务院国有资产监督管理委员会主任办公会议审议通过，现予公布，自公布之日起施行。

国务院国有资产监督管理委员会主任　李荣融

二○○三年九月九日

第一章　总　　则

第一条　为加强对企业的国有资产监督管理，规范企业清产核资工作，真实反映企业的资产及财务状况，完善企业基础管理，为科学评价和规范考核企业经营绩效及国有资产保值增值提供依据，根据《企业国有资产监督管理暂行条例》等法律、法规，制定本办法。

第二条　本办法所称清产核资，是指国有资产监督管理机构根据国家专项工作要求或者企业特定经济行为需要，按照规定的工作程序、方法和政策，组织企业进行账务清理、财产清查，并依法认定企业的各项资产损溢，从而真实反映企业的资产价值和重新核定企业国有资本金的活动。

第三条　国务院，省、自治区、直辖市人民政府，设区的市、自治州级人民政府履行出资人职责的企业及其子企业或分支机构的清产核资，适用本办法。

第四条　企业清产核资包括账务清理、资产清查、价值重估、损溢认定、资金核实和完善制度等内容。

第五条　企业清产核资清出的各项资产损失和资金挂账，依据国家清产核资有关法律、法规、规章和财务会计制度的规定处理。

第六条　各级国有资产监督管理机构是企业清产核资工作的监督管理部门。

第二章　清产核资的范围

第七条　各级国有资产监督管理机构对符合下列情形之一的，可以要求企业进行清产核资：

（一）企业资产损失和资金挂账超过所有者权益，或者企业会计信息严重失真、账实严重不符的；

（二）企业受重大自然灾害或者其他重大、紧急情况等不可抗力因素影响，造成严重资产损失的；

（三）企业账务出现严重异常情况，或者国有资产出现重大流失的；

（四）其他应当进行清产核资的情形。

第八条　符合下列情形之一，需要进行清产核资的，由企业提出申请，报同级国有资产监督管理机构批准：

（一）企业分立、合并、重组、改制、撤销等经济行为涉及资产或产权结构重大变动情况的；

（二）企业会计政策发生重大更改，涉及资产核算方法发生重要变化情况的；

（三）国家有关法律法规规定企业特定经济行为必须开展清产核资工作的。

第三章　清产核资的内容

第九条　账务清理是指对企业的各种银行账户、会计核算科目、各类库存现金和有价证券等基本财务情况进行全面核对和清理，以及对企业的各项内部资金往来进行全面核对和清理，以保证企业账账相符，账证相符，促进企业账务的全面、准确和真实。

第十条 资产清查是指对企业的各项资产进行全面的清理、核对和查实。在资产清查中把实物盘点同核实账务结合起来，把清理资产同核查负债和所有者权益结合起来，重点做好各类应收及预付账款、各项对外投资、账外资产的清理，以及做好企业有关抵押、担保等事项的清理。

企业对清查出的各种资产盘盈和盘亏、报废及坏账等损失按照清产核资要求进行分类排队，提出相关处理意见。

第十一条 价值重估是对企业账面价值和实际价值背离较大的主要固定资产和流动资产按照国家规定方法、标准进行重新估价。

企业在以前清产核资中已经进行资产价值重估或者因特定经济行为需要已经进行资产评估的，可以不再进行价值重估。

第十二条 损溢认定是指国有资产监督管理机构依据国家清产核资政策和有关财务会计制度规定，对企业申报的各项资产损溢和资金挂账进行认证。

企业资产损失认定的具体办法另行制定。

第十三条 资金核实是指国有资产监督管理机构根据企业上报的资产盘盈和资产损失、资金挂账等清产核资工作结果，依据国家清产核资政策和有关财务会计制度规定，组织进行审核并批复准予账务处理，重新核定企业实际占用的国有资本金数额。

第十四条 企业占用的国有资本金数额经重新核定后，应当作为国有资产监督管理机构评价企业经营绩效及考核国有资产保值增值的基数。

第四章 清产核资的程序

第十五条 企业清产核资除国家另有规定外，应当按照下列程序进行：

（一）企业提出申请；

（二）国有资产监督管理机构批复同意立项；

（三）企业制定工作实施方案，并组织账务清理、资产清查等工作；

（四）聘请社会中介机构对清产核资结果进行专项财务审计和对有关损溢提出鉴证证明；

（五）企业上报清产核资工作结果报告及社会中介机构专项审计报告；

（六）国有资产监督管理机构对资产损溢进行认定，对资金核实结果进行批复；

（七）企业根据清产核资资金核实结果批复调账；

（八）企业办理相关产权变更登记和工商变更登记；

（九）企业完善各项规章制度。

第十六条 所出资企业由于国有产权转让、出售等发生控股权转移等产权重大变动需要开展清产核资的，由同级国有资产监督管理机构组织实施并负责委托社会中介机构。

第十七条 子企业由于国有产权转让、出售等发生控股权转移等重大产权变动的，可以由所出资企业自行组织开展清产核资工作。对有关资产损溢和资金挂账的处理，按规定程序申报批准。

第十八条 企业清产核资申请报告应当说明清产核资的原因、范围、组织和步骤及工作基准日。

对企业提出的清产核资申请，同级国有资产监督管理机构根据本办法和国家有关规定进行审核，经同意后批复企业开展清产核资工作。

第十九条 企业实施清产核资按下列步骤进行：

（一）指定内设的财务管理机构、资产管理机构或者多个部门组成的清产核资临时办事机构，统称为清产核资机构，负责具体组织清产核资工作；

（二）制定本企业的清产核资实施方案；

（三）聘请符合资质条件的社会中介机构；

（四）按照清产核资工作的内容和要求具体组织实施各项工作；

（五）向同级国有资产监督管理机构报送由企业法人代表签字、加盖公章的清产核资工作结果申报材料。

第二十条 企业清产核资实施方案以及所聘社会中介机构的名单和资质情况应当报同级国有资产监督管理机构备案。

第二十一条 企业清产核资工作结果申报材料主要包括下列内容：

（一）清产核资工作报告。主要反映本企业的清产核资工作基本情况，包括：企业清产核资的工作基准日、范围、内容、结果，以及基准日资产及财务状况；

（二）按规定表式和软件填报的清产核资报表及相关材料；

（三）需申报处理的资产损溢和资金挂账等情

况，相关材料应当单独汇编成册，并附有关原始凭证资料和具有法律效力的证明材料；

（四）子企业是股份制企业的，还应当附送经该企业董事会或者股东会同意对清产核资损溢进行处理的书面证明材料；

（五）社会中介机构根据企业清产核资的结果，出具经注册会计师签字的清产核资专项财务审计报告并编制清产核资后的企业会计报表；

（六）其他需提供的备查材料。

第二十二条 国有资产监督管理机构收到企业报送的清产核资工作结果申报材料后，应当进行认真核实，在规定时限内出具清产核资资金核实的批复文件。

第二十三条 企业应当按照国有资产监督管理机构的清产核资批复文件，对企业进行账务处理，并将账务处理结果报国有资产监督管理机构备案。

第二十四条 企业在接到清产核资的批复30个工作日内，应当到同级国有资产监督管理机构办理相应的产权变更登记手续，涉及企业注册资本变动的，应当在规定的时间内到工商行政管理部门办理工商变更登记手续。

第五章 清产核资的组织

第二十五条 企业清产核资工作按照统一规范、分级管理的原则，由同级国有资产监督管理机构组织指导和监督检查。

第二十六条 各级国有资产监督管理机构负责本级人民政府批准或者交办的企业清产核资组织工作。

第二十七条 国务院国有资产监督管理委员会在企业清产核资中履行下列职责：

（一）制定全国企业清产核资规章、制度和办法；

（二）负责所出资企业清产核资工作的组织指导和监督检查；

（三）负责对所出资企业的各项资产损溢进行认定，并对企业占用的国有资本进行核实；

（四）指导地方国有资产监督管理机构开展企业清产核资工作。

第二十八条 地方国有资产监督管理机构在企业清产核资中履行下列监管职责：

（一）依据国家有关清产核资规章、制度、办法和规定的工作程序，负责本级人民政府所出资企业清产核资工作的组织指导和监督检查；

（二）负责对本级人民政府所出资企业的各项资产损溢进行认定，并对企业占用的国有资本进行核实；

（三）指导下一级国有资产监督管理机构开展企业清产核资工作；

（四）向上一级国有资产监督管理机构及时报告工作情况。

第二十九条 企业清产核资机构负责组织企业的清产核资工作，向同级国有资产监督管理机构报送相关资料，根据同级国有资产监督管理机构清产核资批复组织企业本部及子企业进行调账。

第三十条 企业投资设立的各类多元投资企业的清产核资工作，由实际控股或协议主管的上级企业负责组织，并将有关清产核资结果及时通知其他有关各方。

第六章 清产核资的要求

第三十一条 各级国有资产监督管理机构应当加强企业清产核资的组织领导，加强监督检查，对企业清产核资工作结果的审核和资产损失的认定，应当严格执行国家清产核资有关的法律、法规、规章和有关财务会计制度规定，严格把关，依法办事，严肃工作纪律。

第三十二条 各级国有资产监督管理机构应当对企业清产核资情况及相关社会中介机构清产核资审计情况进行监督，对社会中介机构所出具专项财务审计报告的程序和内容进行检查。

第三十三条 企业进行清产核资应当做到全面彻底、不重不漏、账实相符，通过核实“家底”，找出企业经营管理中存在的矛盾和问题，以便完善制度、加强管理、堵塞漏洞。

第三十四条 企业在清产核资工作中应当坚持实事求是的原则，如实反映存在问题，清查出来的问题应当及时申报，不得瞒报虚报。

企业清产核资申报处理的各项资产损失应当提供具有法律效力的证明材料。

第三十五条 企业在清产核资中应当认真清理各项长期积压的存货，以及各种未使用、剩余、闲置或因技术落后淘汰的固定资产、工程物资，并组织力量进行处置，积极变现或者收回残值。

第三十六条 企业在完成清产核资后，应当全面总结，认真分析在资产及财务日常管理中存在的问题，提出相应整改措施和实施计划，强化内部财务控制，建立相关的资产损失责任追究制度，以及进一步完善企业经济责任审计和企业负责人离任审计制度。

第三十七条　企业清产核资中产权归属不清或者有争议的资产，可以在清产核资工作结束后，依据国家有关法规，向同级国有资产监督管理机构另行申报产权界定。

第三十八条　企业对经批复同意核销的各项不良债权、不良投资及实物资产损失，应当加强管理，建立账销案存管理制度，组织力量或成立专门机构积极清理和追索，避免国有资产流失。

第三十九条　企业应当在清产核资中认真清理各项账外资产、负债，对经批准同意入账的各项盘盈资产及同意账务处理的有关负债，应当及时纳入企业日常资产及财务管理的范围。

第四十条　企业对清产核资中反映出的各项管理问题应当认真总结经验，分清工作责任，建立各项管理制度，并严格落实。应当建立健全不良资产管理机制，巩固清产核资成果。

第四十一条　除涉及国家安全的特殊企业以外，企业清产核资工作结果须委托符合资质条件的社会中介机构进行专项财务审计。

第四十二条　社会中介机构应当按照独立、客观、公正的原则，履行必要的审计程序，认真核实企业的各项清产核资材料，并按规定进行实物盘点和账务核对。对企业资产损溢按照国家清产核资政策和有关财务会计制度规定的损溢确定标准，在充分调查研究、论证的基础上进行职业推断和合规评判，提出经济鉴证意见，并出具鉴证证明。

第四十三条　进行清产核资的企业应当积极配合社会中介机构的工作，提供审计工作和经济鉴证所必要的资料和线索。企业和个人不得干预社会中介机构的正常执业行为。社会中介机构的审计工作和经济鉴证工作享有法律规定的权力，承担法律规定的义务。

第四十四条　企业及社会中介机构应当根据会计档案管理的要求，妥善保管有关清产核资各项工作的底稿，以备检查。

第七章　法律责任

第四十五条　企业在清产核资中违反本办法所规定程序的，由同级国有资产监督管理机构责令其限期改正；企业清产核资工作质量不符合规定要求的，由同级国有资产监督管理机构责令其重新开展清产核资。

第四十六条　企业在清产核资中有意瞒报情况，或者弄虚作假、提供虚假会计资料的，由同级国有资产监督管理机构责令改正，根据《中华人民共和国会计法》和《企业国有资产监督管理暂行条例》等有关法律、法规规定予以处罚；对企业负责人和直接责任人员依法给予行政和纪律处分。

第四十七条　企业负责人和有关工作人员在清产核资中，采取隐瞒不报、低价变卖、虚报损失等手段侵吞、转移国有资产的，由同级国有资产监督管理机构责令改正，并依法给予行政和纪律处分；构成犯罪的，依法追究刑事责任。

第四十八条　企业负责人对申报的清产核资工作结果真实性、完整性承担责任；社会中介机构对企业清产核资审计报告的准确性、可靠性承担责任。

第四十九条　社会中介机构及有关当事人在清产核资中与企业相互串通，弄虚作假、提供虚假鉴证材料的，由同级国有资产监督管理机构会同有关部门依法查处；构成犯罪的，依法追究刑事责任。

第五十条　国有资产监督管理机构工作人员在对企业清产核资工作结果进行审核过程中徇私舞弊，造成重大工作过失的，应当依法给予行政和纪律处分；构成犯罪的，依法追究刑事责任。

第八章　附　　则

第五十一条　各省、自治区、直辖市和计划单列市的国有资产监督管理机构可依据本办法制定本地区的具体实施办法。

第五十二条　各中央部门管理的企业的清产核资工作参照本办法执行。

第五十三条　本办法实施前的有关企业清产核资工作的规章制度与本办法不一致的，依照本办法的规定执行。

第五十四条　本办法由国务院国有资产监督管理委员会负责解释。

第五十五条　本办法自发布之日起施行。

企业国有资产统计报告办法

国务院国有资产监督管理委员会令第4号

《企业国有资产统计报告办法》已经国务院国有资产监督管理委员会第12次主任办公会议审议通过，现予公布，自公布之日起施行。

国务院国有资产监督管理委员会主任　李荣融

二〇〇四年二月十二日

第一章　总　　则

第一条　为加强企业国有资产监督管理，了解掌握企业国有资产营运等情况，建立全国国有资本金统计报告工作规范，依据《企业国有资产监督管理暂行条例》及国家有关财务会计制度，制定本办法。

第二条　国有及国有控股企业、国有参股企业的国有资产统计报告工作，适用本办法。

第三条　本办法所称国有资产统计报告，是指企业按照国家财务会计制度规定，根据统一的报告格式和填报要求，编制上报的反映企业年度会计期间资产质量、财务状况、经营成果等企业国有资产营运基本情况的文件。

第四条　各省、自治区、直辖市国有资产监督管理机构（以下简称省级国有资产监督管理机构）和各有关部门应当按照本办法的统一要求，认真组织实施本地区、本部门监管企业国有资产统计报告工作，并依据规定向国务院国有资产监督管理委员会（以下简称国务院国资委）报备。

第五条　凡占用国有资产的企业应当按照《企业国有资产监督管理暂行条例》和国家财务会计制度有关规定，在做好财务会计核算工作的基础上，根据国家统一的要求，认真编制国有资产统计报告，如实反映本企业占用的国有资产及其营运情况。

第二章　报告内容

第六条　国有资产年度统计报告由企业会计报表和国有资产营运分析报告两部分构成。

第七条　企业会计报表按照国家财务会计统一规定由资产负债表、利润及利润分配表、现金流量表、所有者权益变动表、资产减值准备计提情况表及相关附表构成。企业会计报表应当经过中介机构审计。

第八条　国有资产营运分析报告是对本地区、本部门或者本企业占用的国有资产及营运情况进行分析说明的文件，具体包括：

（一）国有资产总量与分布结构；

（二）企业资产质量、财务状况及经营成果分析；

（三）国有资产增减变动情况及其原因分析；

（四）国有资产保值增值结果及其影响因素分析；

（五）其他需说明的事项。

第三章　编制范围

第九条　应当编制国有资产统计报告的企业包括：由国务院，省、自治区、直辖市人民政府，设区的市、自治州级人民政府履行出资人职责的具有法人资格、独立核算、能够编制完整会计报表的境内外国有及国有控股企业。

第十条　国有参股企业的国有资产及投资收益依据合并会计报表的规定，纳入国有投资单位的国有资产统计范围，原则上不单独编制国有资产统计报告。但对于重要参股企业，应当根据国有资产监管需要单独编制国有资产统计报告。

重要参股企业的标准或者名单由相关国有资产监督管理机构确定。

第十一条　企业国有资产统计报告基本填报单位的级次为：大型企业（含大型企业集团）为第三级以上（含第三级）各级子企业，第三级以下子企业并入第三级进行填报；中小型企业为第二级以上（含第二级）各级子企业，第二级以下子企业并入第二级进行填报。

第十二条　企业应当组织做好总部及各级境内外子企业的国有资产统计报告编制工作，并编制集团或者总公司合并（汇总）的国有资产统计报告，以全面反映企业国有资产营运情况，并与所属境内外子企业的分户国有资产统计数据一同报送同级国有资产监督管理机构或者主管部门。

第四章　组织管理

第十三条　企业国有资产统计报告工作应当遵循统一规范、分级管理的原则，按照企业的财务关系或者产权关系分别组织实施。

第十四条　省级国有资产监督管理机构、各有关部门应当编制本地区、本部门所监管企业的汇总国有资产统计报告，并与所监管企业的分户国有资产统计数据一同报送国务院国资委。

第十五条　国务院国资委在国有资产统计报告工作中履行下列职责：

（一）制定全国企业国有资产统计报告规章、制度和工作规范；

（二）统一制定企业国有资产统计报告格式、编报要求和数据处理软件；

（三）负责所出资企业国有资产统计报告工作具体组织实施；

（四）负责收集、审核和汇总各地区、各有关部门国有资产统计报告，并向国务院报告全国企业国有资产营运情况；

（五）组织开展对企业国有资产统计报告质量监控工作，并组织开展企业国有资产统计报告编报质量的抽样核查。

第十六条 省级国有资产监督管理机构在企业国有资产统计报告工作中履行下列职责：

（一）依据统一的企业国有资产统计报告规章制度和工作规范，负责本地区监管企业国有资产统计报告工作的组织实施和监督检查；

（二）指导下一级国有资产监督管理机构开展企业国有资产统计报告工作；

（三）负责收集、审核、汇总本地区管理企业国有资产统计报告，并向同级人民政府报告本地区监管企业国有资产营运情况；

（四）负责向国务院国资委报送本地区监管企业国有资产统计报告；

（五）组织开展对本地区监管企业国有资产统计报告质量的核查工作。

第十七条 各有关部门在企业国有资产统计报告工作中履行下列职责：

（一）依据统一的企业国有资产统计报告规章制度和工作规范，负责本部门监管企业国有资产统计报告工作的组织实施和监督检查；

（二）负责收集、审核、汇总本部门监管企业国有资产统计报告；

（三）负责向国务院国资委报送本部门监管企业国有资产统计报告；

（四）组织开展对本部门监管企业国有资产报告质量的核查工作。

第十八条 省级国有资产监督管理机构和各有关部门应当指定专门机构或者人员具体负责国有资产统计报告工作，并与国务院国资委建立相应工作联系。

第十九条 省级国有资产监督管理机构和各有关部门应当加强对企业国有资产统计报告相关数据资料的管理，做好归档整理、建档建库和保密管理等工作。

第五章 编报规范

第二十条 企业应当在全面清理核实资产、负债、收入、支出并做好财务核算的基础上，按照统一的报告格式、内容、指标口径和操作软件，认真编制并按时上报企业国有资产统计报告，做到账实相符、账证相符、账账相符、账表相符。

第二十一条 企业应当严格按照国家财务会计制度和统一的编制要求，编制企业国有资产统计报告，做到内容完整、数字真实，不得虚报、漏报、瞒报和拒报，并按照财务关系或产权关系采取自下而上方式层层审核和汇总。

第二十二条 企业应当在认真做好总部及各级子企业分户报表编制范围与编制质量的审核工作基础上，编制集团或总公司合并报表，并按照国家财务会计制度的统一规定，做好合并范围和抵销事项的审核工作，对于未纳入范围和未抵销或者未充分抵销的事项应当单独说明。

第二十三条 企业主要负责人对本企业编制的国有资产统计报告的真实性和完整性负责。

企业财务会计等人员应当按照统一规定认真编制国有资产统计报告，如实反映本企业有关财务会计和国有资产营运信息。

第二十四条 省级国有资产监督管理机构和各有关部门应当加强对本地区、本部门监管企业国有资产统计报告工作的组织领导，加强督促指导，对企业报送的国有资产统计报告各项内容进行规范性审核。审核内容主要包括：

（一）编制范围是否全面完整；

（二）编制方法是否符合国家统一的财务会计制度，是否符合企业国有资产统计报告的编制要求；

（三）填报内容是否全面、真实；

（四）报表中相关指标之间、表间相关数据之间、分户数据与汇总数据之间、报表数据与计算机录入数据之间是否衔接一致。

第二十五条 省级国有资产监督管理机构和各有关部门应当认真做好本地区、本部门监管企业国有资产统计报告的审核工作，确保国有资产统计报告各项数据资料的完整和真实。凡发现报表编制不符合规定，存在漏报、错报、虚报、瞒报以及相关数据不衔接等情况，应当要求有关企业立即纠正，并限期重报。

第二十六条 企业国有资产统计报告采取自下而上、逐户审核、层层汇总方式收集上报。企业应当将国有资产统计报告经企业负责人、总会计师或主管财务工作负责人和报告编制人员签字并盖章后，于规定时间内上报。

第二十七条 中央企业国有资产统计报告工作

应当遵守财务决算报告工作的相关规定。

第六章 奖 惩

第二十八条 授意、指使、强令企业财务会计等人员编制和提供虚假国有资产统计报告的，除依照《中华人民共和国会计法》、《企业国有资产监督管理暂行条例》和《企业财务会计报告条例》等有关法律法规处理外，还应对企业负责人给予纪律处分；有犯罪嫌疑的，依法移送司法机关处理。

第二十九条 对于玩忽职守、编制虚假财务会计信息，严重影响国有资产统计报告质量的，除依照《中华人民共和国会计法》、《企业国有资产监督管理暂行条例》和《企业财务会计报告条例》等有关法律法规处理外，还应对有关责任人员给予纪律处分；有犯罪嫌疑的，依法移送司法机关处理。

第三十条 省级国有资产监督管理机构和各有关部门工作组织不力或者不当，给企业国有资产统计报告工作造成不良影响的，应当给予通报。

第三十一条 省级国有资产监督管理机构和各有关部门应当认真做好本地区、本部门监管企业国有资产统计报告的总结工作，对在企业国有资产统计报告工作中取得优秀成绩的单位和个人给予表彰。

第七章 附 则

第三十二条 省级国有资产监督管理机构和各有关部门可依据本办法，结合各自实际，制定相应的实施细则。

第三十三条 本办法自公布之日起施行。

关于印发《国资监管提示函工作规则》和《国资监管通报工作规则》的通知

国资发监督规〔2020〕4 号

各中央企业，委内各厅局：

《国资监管提示函工作规则》和《国资监管通报工作规则》已经国资委第 18 次委务会议审议通过，现印发给你们，请遵照执行。制定提示函和通报工作规则是贯彻以管资本为主加强国有资产监管要求，形成以管资本为主的国有资产监管体制的具体举措。各中央企业要高度重视，强化主体责任，认真做好提示函和通报事项整改落实工作，进一步提升集团管控水平和抗风险能力，促进实现高质量发展。

国资委

2020 年 1 月 7 日

国资监管提示函工作规则

第一条 为加快形成以管资本为主的国有资产监管体制，加大对中央企业存在风险和问题警示力度，指导和督促中央企业提高防范化解重大风险能力，切实做好相关整改落实工作，推动企业实现高质量发展，制定本规则。

第二条 本规则所称提示函是指国资委在国资监管工作中提示特定中央企业有效应对、整改存在风险和问题的公文。

第三条 提示函主要适用于中央企业发生以下情形：

（一）贯彻党中央、国务院重大决策部署力度不够，进度缓慢或成效欠佳的；

（二）执行党章和党内其他法规以及国资委党委规范性文件不到位的；

（三）执行国家法律法规、国资监管规章和规范性文件以及国资监管工作要求不到位或推动改革不力，可能造成资产损失或其他不良后果的；

（四）企业改革发展、党的建设、董事会运行中存在苗头性、倾向性问题或较大风险隐患的；

（五）企业未按规定执行重大事项请示报告制度或报告情况不准确、不及时，可能对国资监管工作造成不良影响的；

（六）落实出资人监管和审计、纪检监察、巡视监督等整改要求可能逾期或不达标的；

（七）在国际化经营、国际交流合作、外事管理等工作中行为不当，可能造成较大负面影响的；

（八）其他需要提示的事项。

第四条 国资委在国资监管工作中发现中央企业存在上述第三条所列情形的，按照相关工作程序，拟制提示函，报经分管委领导审签后，统一编号，以国资委办公厅函件形式向有关中央企业印发提示函。

第五条 有关中央企业收到提示函后，认真组织落实，明确相关企业领导人员和职能部门的工作责任，对提示函事项进行分析研判，制定工作方案，采取有效措施，做好风险防控或整改落实工作。

第六条 对于提出的风险事项，有关中央企业应当开展全面排查，准确评估风险涉及的范围、影响程度等，积极应对风险，做好企业间风险隔离。

第七条　对于需要整改落实的事项，有关中央企业要严格对照相关整改要求，细化整改措施，明确整改时限，切实整改落实到位。

第八条　有关中央企业应当在收到提示函10个工作日内将风险防控或整改落实工作方案报送国资委；对提示函事项持有异议的，应当正式向国资委作出书面解释说明。

第九条　有关中央企业要按照确定的工作方案，积极采取措施防控风险，落实整改要求，完善关键环节和重点领域的管控制度，优化管理流程，强化内控体系有效执行，并通过企业内部审计监督检查、巡视巡察等工作，确保风险可控在控，整改工作落实落地。

第十条　对于需要长期整改落实的事项，有关中央企业应当定期向国资委报告工作进展情况；对于可能造成较大、重大资产损失或其他严重不良后果的，应当及时报告国资委。

第十一条　有关中央企业在提示函事项办结后，要将相关工作开展情况、具体举措、整改成效等形成专项工作报告，正式报送国资委。

第十二条　国资委将加强对中央企业提示函事项的监督检查工作，跟踪评估整改成效，切实消除风险隐患，提升国资监管效能。

第十三条　国资委将定期汇总分析提示函反映中央企业存在的风险隐患和问题，有针对性地完善国资监管政策制度，并将典型性、普遍性、多发性和系统性问题纳入年度综合检查或专项检查范围进行抽查复核。

第十四条　国资委对提示函事项整改不及时、不彻底或敷衍整改的中央企业，进行约谈、通报；对违规经营投资造成资产损失或其他严重不良后果的，严肃追究责任；对涉嫌违纪违法的，及时移交有关纪检监察机构。

第十五条　本规则由国资委负责解释。

第十六条　本规则自印发之日起施行。

国资监管通报工作规则

第一条　为加快形成以管资本为主的国有资产监管体制，有效开展对中央企业重大违规问题和资产损失事件的通报工作，发挥警示教育和惩戒震慑作用，强化整改落实工作，推动企业实现高质量发展，制定本规则。

第二条　本规则所称通报是指国资委在国资监管工作中，对中央企业存在的典型性、普遍性或重大违规问题和资产损失事件，在中央企业范围内予以批评、教育和警示的公文。

第三条　通报主要适用于中央企业发生以下情形：

（一）贯彻落实习近平总书记重要指示批示以及党中央、国务院决策部署存在重大问题或产生其他严重不良后果的；

（二）严重违反党章和党内其他法规以及国资委党委规范性文件的；

（三）严重违反国家法律法规和国有资产监管规章、规范性文件及政策规定的；

（四）企业改革发展、党的建设、董事会运行中存在突出问题，造成重大资产损失、重大风险或其他严重不良后果的；

（五）企业未按规定执行重大事项请示报告制度，或恶意瞒报漏报谎报，对国资监管工作造成严重不良影响的；

（六）对出资人监管和审计、纪检监察、巡视监督等工作中发现的问题拒绝整改、敷衍整改或反复整改不到位的；

（七）在国际化经营、国际交流合作、外事管理等工作中行为不当，造成重大负面影响或其他严重不良后果的；

（八）其他需要通报的事项。

第四条　国资委在国资监管工作中发现中央企业存在上述第三条所列情形的，按照有关工作程序，拟制通报稿，报经委主要领导审签后，统一编号，以国资委函件的形式向各中央企业印发通报。

第五条　有关中央企业收到通报后，及时传达部署，企业主要领导人员、领导班子成员及有关职能部门认真分析通报事项产生的根源，研究制定整改工作方案，明确整改措施、责任主体和时间进度，认真落实整改要求。

第六条　有关中央企业在收到通报20个工作日内将相关工作情况及整改工作方案报送国资委。

第七条　有关中央企业相关职能部门应当积极采取措施，立即纠正违规行为，消除不良影响，减少或挽回资产损失，有效防范类似事件发生。

第八条　有关中央企业内控（风险）管理部门对照通报事项反映的重大缺陷和管理漏洞，完善关键环节和重点领域的管控制度，优化管理流程，强化内控体系有效执行，切实提升内控体系管控水平。

第九条 有关中央企业审计部门、企业内部巡视巡察应当将通报事项纳入年度工作重点，强化对企业重大风险和问题整改工作跟踪检查力度，检验整改工作成效，确保整改工作落实落地。

第十条 对于通报事项涉及违反党规党纪、违规经营投资造成资产损失或其他严重不良后果的，有关中央企业要严格按照规定对相关责任人严肃问责。

第十一条 对于需要长期整改落实的通报事项，有关中央企业应当定期向国资委报告整改工作进展情况。

第十二条 有关中央企业对通报事项整改落实后，要将整改工作开展情况、具体举措、整改成效及人员处理情况等形成专项工作报告，正式报送国资委。

第十三条 各中央企业要从通报事项中汲取教训，引以为戒，举一反三，主动开展对照检查，发现类似问题应当按照通报相关要求做好整改落实工作。

第十四条 国资委将加强对中央企业通报事项整改落实工作的监督检查，评估整改成效，推动企业不断完善内部管控机制。

第十五条 国资委将定期汇总分析通报反映中央企业存在的重大风险事件和突出问题，有针对性地完善国资监管政策制度，并纳入年度综合检查或专项检查范围进行抽查复核。

第十六条 国资委对整改不到位或拒绝整改、拖延整改的中央企业，要严肃追究责任；对涉嫌违纪违法的，及时移交有关纪检监察机构。

第十七条 本规则由国资委负责解释。

第十八条 本规则自印发之日起施行。

关于印发《国有资产报告编报工作暂行办法》的通知

财资〔2021〕123 号

党中央有关部门，国务院各部委、各直属机构，全国人大常委会办公厅，全国政协办公厅，最高人民法院，最高人民检察院，各民主党派中央，有关人民团体，各省、自治区、直辖市、计划单列市财政厅（局），新疆生产建设兵团财政局，有关中央管理企业：

为贯彻落实《中共中央关于建立国务院向全国人大常委会报告国有资产管理情况制度的意见》和《全国人民代表大会常务委员会关于加强国有资产管理情况监督的决定》，建立健全国有资产报告制度，规范国有资产报告编报工作，根据《中华人民共和国预算法》、《中华人民共和国会计法》、《中华人民共和国企业国有资产法》、《行政事业性国有资产管理条例》、《企业财务通则》、《金融企业财务通则》以及自然资源有关法律法规等规定，我们在近年来国有资产报告编制工作实践基础上，起草了《国有资产报告编报工作暂行办法》。现印发给你们，请遵照执行。

财政部

2021 年 9 月 10 日

国有资产报告编报工作暂行办法

第一条 为贯彻落实《中共中央关于建立国务院向全国人大常委会报告国有资产管理情况制度的意见》和《全国人民代表大会常务委员会关于加强国有资产管理情况监督的决定》，建立健全国有资产报告制度，规范国有资产报告编报工作，根据《中华人民共和国预算法》、《中华人民共和国会计法》、《中华人民共和国企业国有资产法》、《行政事业性国有资产管理条例》《企业财务通则》《金融企业财务通则》以及自然资源有关法律法规等规定，制定本办法。

第二条 本办法适用于财政部门根据国务院授权牵头编制国有资产管理情况的报告（以下简称国有资产报告）相关工作。

第三条 财政部门要建立国有资产报告工作协调机制，会商有关部门和单位解决国有资产报告工作中的问题，统筹推进国有资产报告编报工作。

第四条 国有资产报告编制要实现全口径、全覆盖，采取价值量与实物量相结合的方式，全面、科学反映各级各类国有资产管理情况。

国有资产报告采取综合报告和专项报告相结合方式。

第五条 综合报告全面反映各级各类国有资产管理情况。

第六条 专项报告分别反映企业国有资产（不含金融企业）、金融企业国有资产、行政事业性国有资产、国有自然资源四类国有资产管理情况。

企业国有资产（不含金融企业）专项报告的范围包括各履行出资人职责的部门和机构管理企业、

党政机关和事业单位所办企业等国有资产。

金融企业国有资产专项报告的范围包括国家及其授权投资主体直接或间接对金融机构出资所形成的资本和应享有的权益，凭借国家权力和信用支持的金融机构所形成的资本和应享有的权益等国有金融资本。

行政事业性国有资产专项报告的范围包括各类行政事业单位依法直接支配的各类资产，包括固定资产、在建工程、无形资产、对外投资以及流动资产等，还包括由行政事业单位用于提供公共服务的公共基础设施、保障性住房、政府储备物资、文物文化资产等。

国有自然资源专项报告的范围包括全民所有土地、矿产、森林、草原、湿地、水流、海洋等自然资源资产。

第七条　国有资产报告应当根据各类国有资产性质和管理目标，真实反映国有资产管理情况、管理成效、存在的问题，提出改进工作安排意见等。

国有资产报告应当突出报告重点，重点报告本级人大常委会审议关注的内容，以及与其相关的重要情况。

第八条　国有资产报告按照公历年度编制，反映上一年度1月1日至12月31日国有资产监督管理情况。

第九条　财政部每年向各省、自治区、直辖市人民政府财政部门以及有关中央部门和单位印发开展年度国有资产报告编报工作的通知，布置年度报告工作，明确报告工作具体安排、编报要求和报送时限等。

各有关部门和单位应当依法依规认真、如实编写国有资产报告，不得瞒报、虚报、漏报国有资产情况，并对资产报告的真实性、准确性和完整性负责。

第十条　财政部在有关中央部门和单位以及各省级人民政府报送的报告基础上，经过审核汇总，编制全国国有资产综合报告和有关专项报告，按照程序呈报国务院。

县级以上地方各级财政部门按照财政部和本级人民政府部署要求，开展本地区综合报告和有关专项报告编制工作。

第十一条　县级以上各级财政部门商各相关部门、单位配合做好本级人大常委会审议报告相关工作，按照规定程序对报告的数据和内容进行审核。

第十二条　根据本级人大常委会审议意见任务分工，财政部门商各相关部门汇总梳理关于本级人大常委会审议意见的处理情况和国有资产管理领域审计发现主要问题及整改问责情况，形成审议意见处理情况报告，经本级人民政府同意后报本级人大常委会。

第十三条　财政部门应当按照规定及时公开国有资产报告有关信息，自觉接受社会监督。

第十四条　财政部牵头推进全口径国有资产信息共享平台建设，全面完整反映各类国有资产配置、使用、处置和效益等基本情况。

第十五条　各级财政部门、有关部门和单位及其工作人员在国有资产报告编制工作中发生滥用职权、玩忽职守、徇私舞弊或者渎职失职等违法违规行为的，依照《中华人民共和国监察法》《中华人民共和国公职人员政务处分法》、《财政违法行为处罚处分条例》等追究责任；构成犯罪的，依法追究刑事责任。

第十六条　省级财政部门根据本办法，可以制定本地区国有资产报告编报工作具体办法。

第十七条　本办法自印发之日起施行。

关于调整国有企业经济效益月报相关指标的通知

财办资〔2021〕2号

各有关单位：

为进一步加强企业国有资产管理，完善国有企业财务信息指标体系，现就调整2021年国有企业经济效益月报部分指标相关事项通知如下：

一、调整指标。在经济效益、现金流量主要指标表中增加“资本化利息支出”、“固定资产投资额”、“研发（R&D）经费投入”三项指标。

二、填报口径。资本化利息支出：反映企业本年度符合资本化确认条件并计入相关资产成本的全部借款利息。固定资产投资额：反映企业本期新增固定资产投资总额。应根据“固定资产”、“在建工程”、“工程物资”、“油气资产”、“生产性生物资产”、“投资性房地产”等科目的借方发生额分析填列。研发（R&D）经费投入：参照国家统计局《关于印发〈研究与试验（R&D）投入统计规范（试行）〉的通知》（国统字〔2019〕47号）的相关标准，结合企业实际情况，研发（R&D）经费投入是指为实施科学研究与试验发展，而实际发生的全部经费支出。

三、填报范围。此次增加的三项指标，由具有法人资格、独立核算、并能够编制完整会计报表的国有及国有控股企业和实行企业化管理的事业单位填报。

四、填报要求。通过统一报表平台报送月报的单位采用原方式报送，不适用网络报送方式的单位（企业），在财政部网站资产管理司频道国有企业财务信息管理专题栏目中下载最新报表参数，及时更新报表格式。请各报送单位准确填报，认真审核。新增指标在报送 2 月月报时开始填报，此后逐月报送。

财政部办公厅

2021 年 2 月 4 日

国务院关于进一步完善国有资本经营预算制度的意见

国发〔2024〕2 号

各省、自治区、直辖市人民政府，国务院各部委、各直属机构：

国有资本经营预算，是国家以所有者身份依法取得国有资本收益并对所得收益进行分配而发生的各项收支预算，是政府预算的重要组成部分，是企业国有资产管理的重要内容，是落实国家战略、增强政府宏观调控能力、推进国有经济布局优化和结构调整的重要力量。为进一步完善国有资本经营预算制度，更好发挥国有资本经营预算的功能作用，现提出以下意见。

一、总体要求

以习近平新时代中国特色社会主义思想为指导，全面贯彻落实党的二十大精神，坚持稳中求进工作总基调，完整、准确、全面贯彻新发展理念，加快构建新发展格局，着力推动高质量发展，坚持和加强党的全面领导，坚持和完善社会主义基本经济制度，坚持社会主义市场经济改革方向，按照深化预算管理制度改革以及健全管资本为主的国有资产监管体制的要求，进一步完善国有资本经营预算制度，扩大实施范围，强化功能作用，健全收支管理，提升资金效能，支持国有资本和国有企业做强做优做大，提升企业核心竞争力，建立更加紧密的国有资本经营预算与国有资产报告衔接关系，切实发挥对宏观经济运行、国有经济布局结构的重要调控作用。

——坚持党的领导。将坚持和加强党的全面领导贯穿国有资本经营预算管理的全过程和各方面。坚决落实党中央决策部署，强化国有资本经营预算对落实党和国家重大政策的保障能力。

——推动全面覆盖。有序扩大国有资本经营预算实施范围，逐步实现国有企业应纳尽纳。严格落实预算法及其实施条例、公司法、企业国有资产法等法律法规规定，依法依规收取国有资本收益。

——支持企业发展。强化支持国有企业高质量发展的资本金注入，推动解决国有企业发展中的体制机制性问题，促进更好发挥国有经济战略支撑作用。

——体现全民共享。坚持在发展中保障和改善民生，国有资本经营预算主要用于促进国有企业高质量发展，夯实共同富裕的物质基础。兼顾企业发展和收益分配，分类分档确定国有资本收益上交比例，按规定安排部分资金调入一般公共预算，统筹用于保障和改善民生。

——优化布局结构。聚焦推进国有经济布局优化和结构调整，推动国有资本向关系国家安全、国民经济命脉的重要行业和关键领域集中，向关系国计民生的公共服务、应急能力、公益性领域等集中，向前瞻性战略性新兴产业集中，促进经济高质量发展。

——提升预算绩效。深入落实党中央、国务院关于全面实施预算绩效管理的决策部署，将国有资本经营预算支出纳入绩效管理，推动预算与绩效深度融合，全面提升资金效能。

到“十四五”末，基本形成全面完整、结构优化、运行顺畅、保障有力的国有资本经营预算制度。国有资本经营预算的功能定位更加清晰，对宏观经济运行、优化国有经济布局的调控作用更加有效，收支政策的前瞻性、导向性更加彰显，支持国有企业高质量发展的资本金注入渠道更加畅通稳定。

二、完善国有资本收益上交机制

（一）扩大国有资本经营预算覆盖范围。政府授权的机构（部门）等履行出资人职责的企业（即一级企业），应按规定上交国有资本收益，法律法规另有规定的除外。国有资本收益包括国有独资企业和国有独资公司应交利润、国有控股和参股企业国有股股息红利、国有产权转让收入、企业清算收入等。加快推进党政机关和事业单位所办一级企业按规定上交国有资本收益。凭借国家权力和信用支持的金融机构所形成的资本和应享有的权益，纳入国有金融资本管理，法律法规另有规定的除外。

（二）健全国有独资企业和国有独资公司收益上交机制。国有独资企业和国有独资公司以年度归属于母公司所有者的净利润为基础，依法扣除以前年度未弥补亏损、提取的法定公积金等后，按一定比例计算上交收益。各级政府要根据行业、企业类型等，完善国有独资企业和国有独资公司上交收益比例分类分档规则，健全动态调整机制。需要作出调整的，由本级财政部门会同政府授权履行出资人职责的机构（部门）提出建议，报本级政府批准后执行。新增企业适用的分类分档上交收益比例，由本级财政部门商有关单位审核确认。法律法规另有规定的，依其规定执行。

（三）优化国有控股、参股企业国有股收益上交机制。国有控股、参股企业按照市场化、法治化原则建立健全分红机制。政府授权履行出资人职责的机构（部门）以及有关党政机关和事业单位（以下统称出资人单位）研究提出国有控股、参股企业利润分配意见时，应当统筹考虑国有经济布局优化和结构调整总体要求，企业所处行业特点、发展阶段、财务状况、发展规划以及其他股东意见等，所提意见的利润分配原则上不低于同类国有独资企业和国有独资公司收益上交水平。出资人单位应督促国有控股企业依法及时制定利润分配方案，股东（大）会审议决定上年利润分配方案的时间原则上不晚于当年9月底，利润分配方案通过后，企业应及时按规定上交国有股股息红利。

（四）加强国有资本经营预算收入管理。收入预算要根据企业年度盈利情况和国有资本收益收取政策等合理测算，上年结余资金应一并纳入收入预算编制范围。纳入国有资本经营预算覆盖范围的企业，要确保利润数据真实可靠，及时足额申报和上交收益，按照政策规定免交收益的应当零申报。规范完善国有资本收益上交渠道和方式。划转充实社保基金的国有资本，其收益不纳入国有资本经营预算管理，按照《国务院关于印发划转部分国有资本充实社保基金实施方案的通知》（国发〔2017〕49号）等文件规定执行。

三、提升国有资本经营预算支出效能

（五）优化支出结构。国有资本经营预算安排要切实贯彻党的路线方针政策，聚焦关键领域和薄弱环节，增强对国家重大战略任务的财力保障，强化资本金注入，提高资金配置效率，更好发挥对重要行业产业发展的引领作用。重点用于落实党中央、国务院决策部署，保障国家战略、安全等需要，支持国有企业高质量发展，推进国有经济布局优化和结构调整，对下级政府特定事项的转移支付等。

（六）加强支出管理。国有企业可根据国有资本经营预算重点支持方向和企业发展需要，向出资人单位申报资金需求。要强化支出预算审核和管理，坚持政策导向，区分轻重缓急，提升资金安排使用的科学性、有效性和精准性。严格预算约束，严禁超预算或者无预算安排支出。资金拨付严格执行国库集中支付制度。资本性支出应及时按程序用于增加资本金，严格执行企业增资有关规定，落实国有资本权益，资金注入后形成国家股权和企业法人财产，由企业按规定方向和用途统筹使用，一般无需层层注资，确需收回的依法履行减资程序。费用性支出要严格按规定使用，结余资金主动交回财政。

（七）推进预算绩效管理。建立对重大支出政策的事前绩效评估机制，强化绩效目标管理，做好绩效运行监控，加强绩效评价和结果应用。探索开展国有资本经营预算整体绩效评价，具备条件的地区要开展整体绩效评价试点，重点关注落实国家战略情况、支出结构、政策效果等，全面提升政策效能和资金效益。

四、完善国有资本经营预算管理工作

（八）加强国有企业名录管理。出资人单位应当定期统计所出资企业的数量、资产权益、损益等情况，建立所出资国有企业名录；财政部门汇总建立本级国有企业名录，为收支预算测算提供有效支撑。

（九）完善预算编报。国有资本经营预算应当按照收支平衡的原则编制，不列赤字。各级政府要严格执行预算法及其实施条例等规定，细化完善预算编报，提高国有资本经营预算草案编制质量。提交本级人大审查的预算草案中，收入预算应按行业或企业编列，并说明企业上年总体经营财务状况；支出预算应按使用方向和用途编列，并说明项目安排的依据和绩效目标。

（十）主动接受人大和审计监督。全面落实人大关于加强预算审查监督和国有资产管理情况监督的各项要求，健全预算管理和资产管理相衔接的工作机制，更好配合人大和审计审查监督工作。

五、组织实施

（十一）加强组织领导。深入贯彻落实习近平总书记关于健全现代预算制度和发展国有经济的重要指示批示精神，充分认识进一步完善国有资本经营预算制度的重要意义，确保党的领导在国有资本经营预算管理全过程得到充分体现和切实加强。各地区、各有关部门和单位要支持国有企业依法自主经营，依法依规做好国有资本收益收取、国有资本经营预算管理等工作。各国有企业党委（党组）要将完善国有资本经营预算管理纳入党委（党组）重要议事日程。

（十二）切实抓好贯彻落实。财政部门要切实履行国有资本经营预算管理和指导职责，组织做好国有资本经营预决算草案编制、国有资本收益收取等工作。出资人单位作为国有资本经营预算单位，要组织和监督所出资企业上交国有资本收益，向财政部门提出国有资本经营预算建议草案，根据预算管理要求和财政部门下达的预算控制数合理细化预算，加强对其出资企业资金使用、决算的审核监督。

（十三）建立健全保障机制。财政部门、出资人单位等要健全内部工作机制，加强组织保障，提高国有资本经营预算管理科学化、规范化水平。强化信息技术支撑，推进预算管理一体化系统建设，完善国有资本经营预算编制、执行、信息统计等各项功能。加大政策宣传和交流培训力度，提高有关工作人员的业务能力和水平。

国务院

2024 年 1 月 1 日

（五）其他

行政规章及规范性文件：

关于印发《划转充实社保基金国有股权及现金收益运作管理暂行办法》的通知

财社〔2024〕10 号

各省、自治区、直辖市人民政府，国务院各部委、各直属机构，新疆生产建设兵团，全国社会保障基金理事会，各中央管理企业：

为进一步规范划转充实社保基金国有股权及现金收益的运作管理，经国务院同意，现将《划转充实社保基金国有股权及现金收益运作管理暂行办法》印发给你们，请认真贯彻执行。

附件：划转充实社保基金国有股权及现金收益运作管理暂行办法

财政部　人力资源社会保障部　国务院国资委

2024 年 3 月 8 日

划转充实社保基金国有股权及现金收益运作管理暂行办法

第一章　总　　则

第一条　为进一步规范划转充实社保基金国有股权及现金收益的运作管理，根据《国务院关于印发划转部分国有资本充实社保基金实施方案的通知》（国发〔2017〕49 号，以下简称《实施方案》）等有关规定，制定本办法。

第二条　本办法所称国有股权，是指依据《实施方案》划转的中央和地方国有及国有控股大中型企业、金融机构的国有股权。

本办法所称现金收益，是指划转的中央和地方国有及国有控股大中型企业、金融机构的国有股权分红，以及通过国有股权及分红运作等形成的现金收益。具体包括：

（一）直接划转和再投资形成的国有股权现金分红；

（二）国有股权运作产生的转让收入、清算收入等现金收益；

（三）替代或者补足无法追溯划转的国有股权而向承接主体交纳的现金；

（四）现金收益运作产生的收益。

承接主体持有的现金收益根据基本养老保险基金的支出需要上缴，专项用于弥补企业职工基本养老保险基金缺口。

第三条　国有股权及现金收益运作应当坚持保障安全、独立运行、单独核算和市场化、多元化、专业化的原则，实现保值增值，并接受考核和监督。

第四条　财政部会同人力资源社会保障部对中央层面国有股权及现金收益运作实施监管，对地方层面国有股权及现金收益运作进行指导。各省级财政部门会同人力资源社会保障部门对本地区国有股权及现金收益运作实施监管。

各承接主体负责国有股权及现金收益运作管理。其中，全国社会保障基金理事会负责中央层面国有股权及现金收益运作管理；各省、自治区、直辖市人民政府依据《实施方案》设立的负责集中持有、管理和运营划转国有股权的国有独资公司或受托对划转国有股权实行专户管理的具有国有资本投资运营功能的公司，负责本地区国有股权及现金收益运作管理。

第二章　国有股权及现金收益运作管理

第五条　国有股权的运作管理，应当符合现行国有资产管理体制，严格遵循《实施方案》、《企业国有资产交易监督管理办法》、《上市公司国有股权监督管理办法》、《金融企业国有资产转让管理办法》等规定。其中，中央层面国有股权的转让，须经履行出资人职责机构同意；地方层面国有股权的转让程序，须经履行出资人职责机构同意并报省级人民政府批准后施行。涉及转让国有金融机构股权的，须符合党中央、国务院国有金融资本管理相关要求，并履行相关审批程序。

第六条　扣除按规定上缴用于弥补企业职工基本养老保险基金缺口后的现金收益，中央层面由全国社会保障基金理事会进行投资运营；地方层面应当将不低于上年底累计现金收益的50%，委托给全国社会保障基金理事会进行投资运营，剩余部分由各承接主体在限定范围内进行投资运营。

第七条　全国社会保障基金理事会对中央层面和受托管理的地方层面现金收益实施单独管理、集中运营、独立核算，开展直接投资和委托投资。开展委托投资时，全国社会保障基金理事会应当选择符合全国社会保障基金或基本养老保险基金管理要求的托管机构、投资管理机构。

中央层面和受托管理的地方层面现金收益独立于全国社会保障基金理事会、托管机构、投资管理机构的固有资产及其管理的其他资产。

第八条　本办法所称托管机构，是指接受全国社会保障基金理事会委托，负责保管中央层面和受托管理地方层面现金收益资产的商业银行。全国社会保障基金理事会应当与托管机构签署托管合同，并在托管合同中对托管机构的职责及职责终止、禁止行为、法律责任等进行明确约定。全国社会保障基金理事会应当将托管合同报财政部和人力资源社会保障部备案。

第九条　本办法所称投资管理机构，是指接受全国社会保障基金理事会委托，负责中央层面和受托管理地方层面现金收益资产投资运营的专业机构。全国社会保障基金理事会应当与投资管理机构签署投资管理合同，在投资管理合同中对投资管理机构的职责及职责终止、禁止行为、法律责任、业绩基准等进行明确约定，并要求投资管理机构从当期收取的管理费中提取20%的风险准备金，专项用于弥补委托投资资产出现的投资损失。全国社会保障基金理事会应当将投资管理合同报财政部和人力资源社会保障部备案。

全国社会保障基金理事会应当制定对投资管理机构的考核办法，并将考核结果作为续用或者调整投资管理机构、核定相关费用的重要依据。对投资管理机构的考核应当体现鼓励长期投资（3年以上）的导向。

第十条　现金收益限于在中华人民共和国境内投资。其中，地方各承接主体投资范围限定为银行存款、一级市场购买国债和对划转企业及其控股企业增资。全国社会保障基金理事会开展直接投资和委托投资的范围包括：

（一）银行存款；

（二）国债，中央银行票据，政策性、开发性银行债券，地方政府债券，信用资质良好的金融债、企业（公司）债、可转换债（含分离交易可转换债）、短期融资券、中期票据、资产支持证券，债券回购，货币市场基金、债券型证券投资基金，货币型养老金产品、固定收益型养老金产品；

（三）股票，股票型证券投资基金、混合型证券投资基金，股票型养老金产品、混合型养老金产品，股指期货，国债期货；

（四）对划转企业及其控股企业的增资；

（五）对其他国有及国有控股企业、符合国家产业政策导向的股权投资基金的投资。

第十一条　除对划转企业及其控股企业增资外，中央层面和全国社会保障基金理事会受托管理的地方层面现金收益投资比例，应当按照公允价值计算并符合下列规定：

（一）银行存款，国债，中央银行票据，政策性、开发性银行债券，货币市场基金的投资比例合计不得低于资产净值的40%。其中，银行存款的比例不得低于资产净值的10%，在同一家银行的存款不得高于银行存款总额的25%。

（二）地方政府债券和信用资质良好的金融债、企业（公司）债、可转换债（含分离交易可转换债）、短期融资券、中期票据、资产支持证券，债券型证券投资基金，货币型养老金产品、固定收益型养老金产品的投资比例合计不得高于资产净值的30%。其中，地方政府债券、企业（公司）债的投资比例合计不得高于资产净值的20%，可转换债（含分离交易可转换债）、资产支持证券的投资比例合计不得高于资产净值的10%。

（三）股票、股票型证券投资基金、混合型证券投资基金、股票型养老金产品、混合型养老金产品的投资比例合计不得高于资产净值的40%。

（四）对其他国有及国有控股企业、股权投资基金的投资比例合计不得高于资产净值的30%。其中，股权投资基金的投资比例不得高于资产净值的10%。

（五）债券正回购的资金余额在每个交易日均不得高于资产净值的40%。股指期货、国债期货交易只能以套期保值为目的，并按照中国金融期货交易所套期保值管理的有关规定执行。

第十二条 财政部会同人力资源社会保障部根据现金收益投资运营情况及运作管理需要，适时报请国务院对投资范围和投资比例进行调整。

第十三条 各省级承接主体可根据管理需要，通过公开招标方式，选取一家具有基本养老保险基金托管经验的商业银行开立一个账户，对现金收益进行管理。

第十四条 现金收益投资运营发生的托管费、投资管理机构的投资管理费，按照基本养老保险基金投资运营有关规定及全国社会保障基金理事会与相应机构签订的合同约定执行。现金收益投资运营发生的交易费用、划款手续费、账户管理费、票据费，实业投资尽职调查聘请中介机构费用、会计师事务所审计费用、法律顾问服务费用、年报披露费等，据实列支。

第三章 报告制度

第十五条 每年6月底前，各承接主体向同级财政、人力资源社会保障部门报告上一年度国有股权及现金收益运作情况。主要包括：国有股权及现金收益的保值增值总体情况，国有股权的持有、权益变动、年度现金分红及实收、运作管理情况，替代或者补足无法追溯划转的国有资本而向承接主体交纳的现金情况，通过国有资本运作产生的转让、清算等收入情况，现金收益投资运营情况等。其中，涉及划转国有股权运作的有关情况，应当同时报送同级国有资产监管部门。

第十六条 各承接主体应当对报告的真实性、完整性负责，确保报告内容没有虚假记载、误导性陈述或者重大遗漏。

第十七条 因不可预见或不可控因素，可能导致国有股权及现金收益运作受到重大影响的，承接主体应当及时向同级财政、人力资源社会保障部门报告。其中，涉及划转国有股权运作的有关情况，应当同时向同级国有资产监管部门报告。

第十八条 每年7月底前，各省级财政部门会同人力资源社会保障部门，将本地区上一年度国有股权及现金收益运作管理情况向财政部、人力资源社会保障部报告。

第四章 监督管理

第十九条 财政部、人力资源社会保障部和省级财政、人力资源社会保障部门依法分别对承接主体、托管机构、投资管理机构的国有股权及现金收益运作管理情况实施监管，对承接主体发生违反本办法规定的行为予以纠正，加强投资风险防范。国有资产和金融监管部门按照各自职责，对承接主体、托管机构、投资管理机构开展国有股权运作管理及现金收益投资运营活动实施监管。

承接主体应当督促托管机构和投资管理机构依法履约，对托管机构、投资管理机构违反法律制度及本办法规定造成损失的，应当要求其按照合同约定分别对各自的行为依法承担赔偿责任；因共同行为造成损失的，应当要求其按照合同约定承担连带赔偿责任；除监管部门依法给予处罚外，还应当终止其托管或者投资管理职责，5年内不得再次申请。

财政部、人力资源社会保障部发现托管机构、投资管理机构存在违反法律制度及本办法规定行为的，可责令全国社会保障基金理事会暂停或者终止其托管、投资管理职责。

第二十条 各承接主体在报经同级财政、人力资源社会保障部门同意后，应当每年向社会至少公布一次国有股权的持有、权益变动、年度分红情况；全国社会保障基金理事会还应当公布受托管理的地方层面现金收益运作情况，保障公众知情权，接受社会监督。

任何组织和个人有权对涉及国有股权及现金收益运作管理的违法违规行为进行举报、投诉。

第五章　法律责任

第二十一条　承接主体开展国有股权及现金收益运作管理应当严格遵守相关法律法规，严禁从事内幕交易、利用未公开信息交易、操纵市场等违法行为，严禁通过关联交易等损害国有股权及现金收益和他人利益、获取不正当利益。不得将国有股权及现金收益挪作他用，不得将国有股权及现金收益用于质押和对外担保。任何组织和个人不得贪污、侵占、挪用国有股权及现金收益。承接主体及其工作人员存在上述违法行为的，依法追究责任。

第二十二条　各级财政部门、人力资源社会保障部门及其工作人员在国有股权及现金收益运作管理监管工作中存在滥用职权、玩忽职守、徇私舞弊等违法行为的，依法追究责任。

第六章　附　　则

第二十三条　各省级财政部门可以根据本地实际，会同本级人力资源社会保障、国有资产监管等部门制定本省实施细则。

第二十四条　本办法自印发之日起施行。

第三章　企业合规及改革改制

（一）企业合规管理

法律：

中华人民共和国公司法

（1993年12月29日第八届全国人民代表大会常务委员会第五次会议通过　根据1999年12月25日第九届全国人民代表大会常务委员会第十三次会议《关于修改〈中华人民共和国公司法〉的决定》第一次修正　根据2004年8月28日第十届全国人民代表大会常务委员会第十一次会议《关于修改〈中华人民共和国公司法〉的决定》第二次修正　2005年10月27日第十届全国人民代表大会常务委员会第十八次会议第一次修订　根据2013年12月28日第十二届全国人民代表大会常务委员会第六次会议《关于修改〈中华人民共和国海洋环境保护法〉等七部法律的决定》第三次修正　根据2018年10月26日第十三届全国人民代表大会常务委员会第六次会议《关于修改〈中华人民共和国公司法〉的决定》第四次修正　2023年12月29日第十四届全国人民代表大会常务委员会第七次会议第二次修订）

第一章　总　　则

第一条　为了规范公司的组织和行为，保护公司、股东、职工和债权人的合法权益，完善中国特色现代企业制度，弘扬企业家精神，维护社会经济秩序，促进社会主义市场经济的发展，根据宪法，制定本法。

第二条　本法所称公司，是指依照本法在中华人民共和国境内设立的有限责任公司和股份有限公司。

第三条　公司是企业法人，有独立的法人财产，享有法人财产权。公司以其全部财产对公司的债务承担责任。

公司的合法权益受法律保护，不受侵犯。

第四条　有限责任公司的股东以其认缴的出资额为限对公司承担责任；股份有限公司的股东以其认购的股份为限对公司承担责任。

公司股东对公司依法享有资产收益、参与重大决策和选择管理者等权利。

第五条　设立公司应当依法制定公司章程。公司章程对公司、股东、董事、监事、高级管理人员具有约束力。

第六条　公司应当有自己的名称。公司名称应当符合国家有关规定。

公司的名称权受法律保护。

第七条　依照本法设立的有限责任公司，应当在公司名称中标明有限责任公司或者有限公司字样。

依照本法设立的股份有限公司，应当在公司名称中标明股份有限公司或者股份公司字样。

第八条　公司以其主要办事机构所在地为住所。

第九条　公司的经营范围由公司章程规定。公司可以修改公司章程，变更经营范围。

公司的经营范围中属于法律、行政法规规定须经批准的项目，应当依法经过批准。

第十条　公司的法定代表人按照公司章程的规定，由代表公司执行公司事务的董事或者经理担任。

担任法定代表人的董事或者经理辞任的，视为同时辞去法定代表人。

法定代表人辞任的，公司应当在法定代表人辞任之日起三十日内确定新的法定代表人。

第十一条　法定代表人以公司名义从事的民事活动，其法律后果由公司承受。

公司章程或者股东会对法定代表人职权的限制，不得对抗善意相对人。

法定代表人因执行职务造成他人损害的，由公司承担民事责任。公司承担民事责任后，依照法律或者公司章程的规定，可以向有过错的法定代表人追偿。

第十二条　有限责任公司变更为股份有限公司，应当符合本法规定的股份有限公司的条件。股份有限公司变更为有限责任公司，应当符合本法规定的有限责任公司的条件。

有限责任公司变更为股份有限公司的，或者股份有限公司变更为有限责任公司的，公司变更前的债权、债务由变更后的公司承继。

第十三条　公司可以设立子公司。子公司具有法人资格，依法独立承担民事责任。

公司可以设立分公司。分公司不具有法人资格，其民事责任由公司承担。

第十四条　公司可以向其他企业投资。

法律规定公司不得成为对所投资企业的债务承担连带责任的出资人的，从其规定。

第十五条　公司向其他企业投资或者为他人提供担保，按照公司章程的规定，由董事会或者股东会决议；公司章程对投资或者担保的总额及单项投资或者担保的数额有限额规定的，不得超过规定的限额。

公司为公司股东或者实际控制人提供担保的，应当经股东会决议。

前款规定的股东或者受前款规定的实际控制人支配的股东，不得参加前款规定事项的表决。该项表决由出席会议的其他股东所持表决权的过半数通过。

第十六条　公司应当保护职工的合法权益，依法与职工签订劳动合同，参加社会保险，加强劳动保护，实现安全生产。

公司应当采用多种形式，加强公司职工的职业教育和岗位培训，提高职工素质。

第十七条　公司职工依照《中华人民共和国工会法》组织工会，开展工会活动，维护职工合法权益。公司应当为本公司工会提供必要的活动条件。公司工会代表职工就职工的劳动报酬、工作时间、休息休假、劳动安全卫生和保险福利等事项依法与公司签订集体合同。

公司依照宪法和有关法律的规定，建立健全以职工代表大会为基本形式的民主管理制度，通过职工代表大会或者其他形式，实行民主管理。

公司研究决定改制、解散、申请破产以及经营方面的重大问题、制定重要的规章制度时，应当听取公司工会的意见，并通过职工代表大会或者其他形式听取职工的意见和建议。

第十八条　在公司中，根据中国共产党章程的规定，设立中国共产党的组织，开展党的活动。公司应当为党组织的活动提供必要条件。

第十九条　公司从事经营活动，应当遵守法律法规，遵守社会公德、商业道德，诚实守信，接受政府和社会公众的监督。

第二十条　公司从事经营活动，应当充分考虑公司职工、消费者等利益相关者的利益以及生态环境保护等社会公共利益，承担社会责任。

国家鼓励公司参与社会公益活动，公布社会责任报告。

第二十一条　公司股东应当遵守法律、行政法规和公司章程，依法行使股东权利，不得滥用股东权利损害公司或者其他股东的利益。

公司股东滥用股东权利给公司或者其他股东造成损失的，应当承担赔偿责任。

第二十二条　公司的控股股东、实际控制人、董事、监事、高级管理人员不得利用关联关系损害公司利益。

违反前款规定，给公司造成损失的，应当承担赔偿责任。

第二十三条　公司股东滥用公司法人独立地位和股东有限责任，逃避债务，严重损害公司债权人利益的，应当对公司债务承担连带责任。

股东利用其控制的两个以上公司实施前款规定行为的，各公司应当对任一公司的债务承担连带责任。

只有一个股东的公司，股东不能证明公司财产独立于股东自己的财产的，应当对公司债务承担连带责任。

第二十四条　公司股东会、董事会、监事会召开会议和表决可以采用电子通信方式，公司章程另有规定的除外。

第二十五条　公司股东会、董事会的决议内容违反法律、行政法规的无效。

第二十六条　公司股东会、董事会的会议召集程序、表决方式违反法律、行政法规或者公司章程，或者决议内容违反公司章程的，股东自决议作出之日起六十日内，可以请求人民法院撤销。但是，股东会、董事会的会议召集程序或者表决方式仅有轻微瑕疵，对决议未产生实质影响的除外。

未被通知参加股东会会议的股东自知道或者应

当知道股东会决议作出之日起六十日内，可以请求人民法院撤销；自决议作出之日起一年内没有行使撤销权的，撤销权消灭。

第二十七条 有下列情形之一的，公司股东会、董事会的决议不成立：

（一）未召开股东会、董事会会议作出决议；

（二）股东会、董事会会议未对决议事项进行表决；

（三）出席会议的人数或者所持表决权数未达到本法或者公司章程规定的人数或者所持表决权数；

（四）同意决议事项的人数或者所持表决权数未达到本法或者公司章程规定的人数或者所持表决权数。

第二十八条 公司股东会、董事会决议被人民法院宣告无效、撤销或者确认不成立的，公司应当向公司登记机关申请撤销根据该决议已办理的登记。

股东会、董事会决议被人民法院宣告无效、撤销或者确认不成立的，公司根据该决议与善意相对人形成的民事法律关系不受影响。

第二章 公司登记

第二十九条 设立公司，应当依法向公司登记机关申请设立登记。

法律、行政法规规定设立公司必须报经批准的，应当在公司登记前依法办理批准手续。

第三十条 申请设立公司，应当提交设立登记申请书、公司章程等文件，提交的相关材料应当真实、合法和有效。

申请材料不齐全或者不符合法定形式的，公司登记机关应当一次性告知需要补正的材料。

第三十一条 申请设立公司，符合本法规定的设立条件的，由公司登记机关分别登记为有限责任公司或者股份有限公司；不符合本法规定的设立条件的，不得登记为有限责任公司或者股份有限公司。

第三十二条 公司登记事项包括：

（一）名称；

（二）住所；

（三）注册资本；

（四）经营范围；

（五）法定代表人的姓名；

（六）有限责任公司股东、股份有限公司发起人的姓名或者名称。

公司登记机关应当将前款规定的公司登记事项通过国家企业信用信息公示系统向社会公示。

第三十三条 依法设立的公司，由公司登记机关发给公司营业执照。公司营业执照签发日期为公司成立日期。

公司营业执照应当载明公司的名称、住所、注册资本、经营范围、法定代表人姓名等事项。

公司登记机关可以发给电子营业执照。电子营业执照与纸质营业执照具有同等法律效力。

第三十四条 公司登记事项发生变更的，应当依法办理变更登记。

公司登记事项未经登记或者未经变更登记，不得对抗善意相对人。

第三十五条 公司申请变更登记，应当向公司登记机关提交公司法定代表人签署的变更登记申请书、依法作出的变更决议或者决定等文件。

公司变更登记事项涉及修改公司章程的，应当提交修改后的公司章程。

公司变更法定代表人的，变更登记申请书由变更后的法定代表人签署。

第三十六条 公司营业执照记载的事项发生变更的，公司办理变更登记后，由公司登记机关换发营业执照。

第三十七条 公司因解散、被宣告破产或者其他法定事由需要终止的，应当依法向公司登记机关申请注销登记，由公司登记机关公告公司终止。

第三十八条 公司设立分公司，应当向公司登记机关申请登记，领取营业执照。

第三十九条 虚报注册资本、提交虚假材料或者采取其他欺诈手段隐瞒重要事实取得公司设立登记的，公司登记机关应当依照法律、行政法规的规定予以撤销。

第四十条 公司应当按照规定通过国家企业信用信息公示系统公示下列事项：

（一）有限责任公司股东认缴和实缴的出资额、出资方式和出资日期，股份有限公司发起人认购的股份数；

（二）有限责任公司股东、股份有限公司发起人的股权、股份变更信息；

（三）行政许可取得、变更、注销等信息；

（四）法律、行政法规规定的其他信息。

公司应当确保前款公示信息真实、准确、完整。

第四十一条　公司登记机关应当优化公司登记办理流程，提高公司登记效率，加强信息化建设，推行网上办理等便捷方式，提升公司登记便利化水平。

国务院市场监督管理部门根据本法和有关法律、行政法规的规定，制定公司登记注册的具体办法。

第三章　有限责任公司的设立和组织机构

第一节　设　　立

第四十二条　有限责任公司由一个以上五十个以下股东出资设立。

第四十三条　有限责任公司设立时的股东可以签订设立协议，明确各自在公司设立过程中的权利和义务。

第四十四条　有限责任公司设立时的股东为设立公司从事的民事活动，其法律后果由公司承受。

公司未成立的，其法律后果由公司设立时的股东承受；设立时的股东为二人以上的，享有连带债权，承担连带债务。

设立时的股东为设立公司以自己的名义从事民事活动产生的民事责任，第三人有权选择请求公司或者公司设立时的股东承担。

设立时的股东因履行公司设立职责造成他人损害的，公司或者无过错的股东承担赔偿责任后，可以向有过错的股东追偿。

第四十五条　设立有限责任公司，应当由股东共同制定公司章程。

第四十六条　有限责任公司章程应当载明下列事项：

（一）公司名称和住所；

（二）公司经营范围；

（三）公司注册资本；

（四）股东的姓名或者名称；

（五）股东的出资额、出资方式和出资日期；

（六）公司的机构及其产生办法、职权、议事规则；

（七）公司法定代表人的产生、变更办法；

（八）股东会认为需要规定的其他事项。

股东应当在公司章程上签名或者盖章。

第四十七条　有限责任公司的注册资本为在公司登记机关登记的全体股东认缴的出资额。全体股东认缴的出资额由股东按照公司章程的规定自公司成立之日起五年内缴足。

法律、行政法规以及国务院决定对有限责任公司注册资本实缴、注册资本最低限额、股东出资期限另有规定的，从其规定。

第四十八条　股东可以用货币出资，也可以用实物、知识产权、土地使用权、股权、债权等可以用货币估价并可以依法转让的非货币财产作价出资；但是，法律、行政法规规定不得作为出资的财产除外。

对作为出资的非货币财产应当评估作价，核实财产，不得高估或者低估作价。法律、行政法规对评估作价有规定的，从其规定。

第四十九条　股东应当按期足额缴纳公司章程规定的各自所认缴的出资额。

股东以货币出资的，应当将货币出资足额存入有限责任公司在银行开设的账户；以非货币财产出资的，应当依法办理其财产权的转移手续。

股东未按期足额缴纳出资的，除应当向公司足额缴纳外，还应当对给公司造成的损失承担赔偿责任。

第五十条　有限责任公司设立时，股东未按照公司章程规定实际缴纳出资，或者实际出资的非货币财产的实际价额显著低于所认缴的出资额的，设立时的其他股东与该股东在出资不足的范围内承担连带责任。

第五十一条　有限责任公司成立后，董事会应当对股东的出资情况进行核查，发现股东未按期足额缴纳公司章程规定的出资的，应当由公司向该股东发出书面催缴书，催缴出资。

未及时履行前款规定的义务，给公司造成损失的，负有责任的董事应当承担赔偿责任。

第五十二条　股东未按照公司章程规定的出资日期缴纳出资，公司依照前条第一款规定发出书面催缴书催缴出资的，可以载明缴纳出资的宽限期；宽限期自公司发出催缴书之日起，不得少于六十日。宽限期届满，股东仍未履行出资义务的，公司经董事会决议可以向该股东发出失权通知，通知应当以书面形式发出。自通知发出之日起，该股东丧失其未缴纳出资的股权。

依照前款规定丧失的股权应当依法转让，或者相应减少注册资本并注销该股权；六个月内未转让或者注销的，由公司其他股东按照其出资比例足额缴纳相应出资。

股东对失权有异议的，应当自接到失权通知之日起三十日内，向人民法院提起诉讼。

第五十三条 公司成立后，股东不得抽逃出资。

违反前款规定的，股东应当返还抽逃的出资；给公司造成损失的，负有责任的董事、监事、高级管理人员应当与该股东承担连带赔偿责任。

第五十四条 公司不能清偿到期债务的，公司或者已到期债权的债权人有权要求已认缴出资但未届出资期限的股东提前缴纳出资。

第五十五条 有限责任公司成立后，应当向股东签发出资证明书，记载下列事项：

（一）公司名称；

（二）公司成立日期；

（三）公司注册资本；

（四）股东的姓名或者名称、认缴和实缴的出资额、出资方式和出资日期；

（五）出资证明书的编号和核发日期。

出资证明书由法定代表人签名，并由公司盖章。

第五十六条 有限责任公司应当置备股东名册，记载下列事项：

（一）股东的姓名或者名称及住所；

（二）股东认缴和实缴的出资额、出资方式和出资日期；

（三）出资证明书编号；

（四）取得和丧失股东资格的日期。

记载于股东名册的股东，可以依股东名册主张行使股东权利。

第五十七条 股东有权查阅、复制公司章程、股东名册、股东会会议记录、董事会会议决议、监事会会议决议和财务会计报告。

股东可以要求查阅公司会计账簿、会计凭证。股东要求查阅公司会计账簿、会计凭证的，应当向公司提出书面请求，说明目的。公司有合理根据认为股东查阅会计账簿、会计凭证有不正当目的，可能损害公司合法利益的，可以拒绝提供查阅，并应当自股东提出书面请求之日起十五日内书面答复股东并说明理由。公司拒绝提供查阅的，股东可以向人民法院提起诉讼。

股东查阅前款规定的材料，可以委托会计师事务所、律师事务所等中介机构进行。

股东及其委托的会计师事务所、律师事务所等中介机构查阅、复制有关材料，应当遵守有关保护国家秘密、商业秘密、个人隐私、个人信息等法律、行政法规的规定。

股东要求查阅、复制公司全资子公司相关材料的，适用前四款的规定。

第二节 组织机构

第五十八条 有限责任公司股东会由全体股东组成。股东会是公司的权力机构，依照本法行使职权。

第五十九条 股东会行使下列职权：

（一）选举和更换董事、监事，决定有关董事、监事的报酬事项；

（二）审议批准董事会的报告；

（三）审议批准监事会的报告；

（四）审议批准公司的利润分配方案和弥补亏损方案；

（五）对公司增加或者减少注册资本作出决议；

（六）对发行公司债券作出决议；

（七）对公司合并、分立、解散、清算或者变更公司形式作出决议；

（八）修改公司章程；

（九）公司章程规定的其他职权。

股东会可以授权董事会对发行公司债券作出决议。

对本条第一款所列事项股东以书面形式一致表示同意的，可以不召开股东会会议，直接作出决定，并由全体股东在决定文件上签名或者盖章。

第六十条 只有一个股东的有限责任公司不设股东会。股东作出前条第一款所列事项的决定时，应当采用书面形式，并由股东签名或者盖章后置备于公司。

第六十一条 首次股东会会议由出资最多的股东召集和主持，依照本法规定行使职权。

第六十二条 股东会会议分为定期会议和临时会议。

定期会议应当按照公司章程的规定按时召开。代表十分之一以上表决权的股东、三分之一以上的董事或者监事会提议召开临时会议的，应当召开临时会议。

第六十三条 股东会会议由董事会召集，董事长主持；董事长不能履行职务或者不履行职务的，由副董事长主持；副董事长不能履行职务或者不履行职务的，由过半数的董事共同推举一名董事主持。

董事会不能履行或者不履行召集股东会会议职责的，由监事会召集和主持；监事会不召集和主持的，代表十分之一以上表决权的股东可以自行召集和主持。

第六十四条 召开股东会会议，应当于会议召开十五日前通知全体股东；但是，公司章程另有规定或者全体股东另有约定的除外。

股东会应当对所议事项的决定作成会议记录，出席会议的股东应当在会议记录上签名或者盖章。

第六十五条 股东会会议由股东按照出资比例行使表决权；但是，公司章程另有规定的除外。

第六十六条 股东会的议事方式和表决程序，除本法有规定的外，由公司章程规定。

股东会作出决议，应当经代表过半数表决权的股东通过。

股东会作出修改公司章程、增加或者减少注册资本的决议，以及公司合并、分立、解散或者变更公司形式的决议，应当经代表三分之二以上表决权的股东通过。

第六十七条 有限责任公司设董事会，本法第七十五条另有规定的除外。

董事会行使下列职权：

（一）召集股东会会议，并向股东会报告工作；

（二）执行股东会的决议；

（三）决定公司的经营计划和投资方案；

（四）制订公司的利润分配方案和弥补亏损方案；

（五）制订公司增加或者减少注册资本以及发行公司债券的方案；

（六）制订公司合并、分立、解散或者变更公司形式的方案；

（七）决定公司内部管理机构的设置；

（八）决定聘任或者解聘公司经理及其报酬事项，并根据经理的提名决定聘任或者解聘公司副经理、财务负责人及其报酬事项；

（九）制定公司的基本管理制度；

（十）公司章程规定或者股东会授予的其他职权。

公司章程对董事会职权的限制不得对抗善意相对人。

第六十八条 有限责任公司董事会成员为三人以上，其成员中可以有公司职工代表。职工人数三百人以上的有限责任公司，除依法设监事会并有公司职工代表的外，其董事会成员中应当有公司职工代表。董事会中的职工代表由公司职工通过职工代表大会、职工大会或者其他形式民主选举产生。

董事会设董事长一人，可以设副董事长。董事长、副董事长的产生办法由公司章程规定。

第六十九条 有限责任公司可以按照公司章程的规定在董事会中设置由董事组成的审计委员会，行使本法规定的监事会的职权，不设监事会或者监事。公司董事会成员中的职工代表可以成为审计委员会成员。

第七十条 董事任期由公司章程规定，但每届任期不得超过三年。董事任期届满，连选可以连任。

董事任期届满未及时改选，或者董事在任期内辞任导致董事会成员低于法定人数的，在改选出的董事就任前，原董事仍应当依照法律、行政法规和公司章程的规定，履行董事职务。

董事辞任的，应当以书面形式通知公司，公司收到通知之日辞任生效，但存在前款规定情形的，董事应当继续履行职务。

第七十一条 股东会可以决议解任董事，决议作出之日解任生效。

无正当理由，在任期届满前解任董事的，该董事可以要求公司予以赔偿。

第七十二条 董事会会议由董事长召集和主持；董事长不能履行职务或者不履行职务的，由副董事长召集和主持；副董事长不能履行职务或者不履行职务的，由过半数的董事共同推举一名董事召集和主持。

第七十三条 董事会的议事方式和表决程序，除本法有规定的外，由公司章程规定。

董事会会议应当有过半数的董事出席方可举行。董事会作出决议，应当经全体董事的过半数通过。

董事会决议的表决，应当一人一票。

董事会应当对所议事项的决定作成会议记录，出席会议的董事应当在会议记录上签名。

第七十四条 有限责任公司可以设经理，由董事会决定聘任或者解聘。

经理对董事会负责，根据公司章程的规定或者董事会的授权行使职权。经理列席董事会会议。

第七十五条 规模较小或者股东人数较少的有限责任公司，可以不设董事会，设一名董事，行使本法规定的董事会的职权。该董事可以兼任公司经理。

第七十六条 有限责任公司设监事会，本法第六十九条、第八十三条另有规定的除外。

监事会成员为三人以上。监事会成员应当包括股东代表和适当比例的公司职工代表，其中职工代表的比例不得低于三分之一，具体比例由公司章程规定。监事会中的职工代表由公司职工通过职工代表大会、职工大会或者其他形式民主选举产生。

监事会设主席一人，由全体监事过半数选举产生。监事会主席召集和主持监事会会议；监事会主席不能履行职务或者不履行职务的，由过半数的监事共同推举一名监事召集和主持监事会会议。

董事、高级管理人员不得兼任监事。

第七十七条 监事的任期每届为三年。监事任期届满，连选可以连任。

监事任期届满未及时改选，或者监事在任期内辞任导致监事会成员低于法定人数的，在改选出的监事就任前，原监事仍应当依照法律、行政法规和公司章程的规定，履行监事职务。

第七十八条 监事会行使下列职权：

（一）检查公司财务；

（二）对董事、高级管理人员执行职务的行为进行监督，对违反法律、行政法规、公司章程或者股东会决议的董事、高级管理人员提出解任的建议；

（三）当董事、高级管理人员的行为损害公司的利益时，要求董事、高级管理人员予以纠正；

（四）提议召开临时股东会会议，在董事会不履行本法规定的召集和主持股东会会议职责时召集和主持股东会会议；

（五）向股东会会议提出提案；

（六）依照本法第一百八十九条的规定，对董事、高级管理人员提起诉讼；

（七）公司章程规定的其他职权。

第七十九条 监事可以列席董事会会议，并对董事会决议事项提出质询或者建议。

监事会发现公司经营情况异常，可以进行调查；必要时，可以聘请会计师事务所等协助其工作，费用由公司承担。

第八十条 监事会可以要求董事、高级管理人员提交执行职务的报告。

董事、高级管理人员应当如实向监事会提供有关情况和资料，不得妨碍监事会或者监事行使职权。

第八十一条 监事会每年度至少召开一次会议，监事可以提议召开临时监事会会议。

监事会的议事方式和表决程序，除本法有规定的外，由公司章程规定。

监事会决议应当经全体监事的过半数通过。

监事会决议的表决，应当一人一票。

监事会应当对所议事项的决定作成会议记录，出席会议的监事应当在会议记录上签名。

第八十二条 监事会行使职权所必需的费用，由公司承担。

第八十三条 规模较小或者股东人数较少的有限责任公司，可以不设监事会，设一名监事，行使本法规定的监事会的职权；经全体股东一致同意，也可以不设监事。

第四章 有限责任公司的股权转让

第八十四条 有限责任公司的股东之间可以相互转让其全部或者部分股权。

股东向股东以外的人转让股权的，应当将股权转让的数量、价格、支付方式和期限等事项书面通知其他股东，其他股东在同等条件下有优先购买权。股东自接到书面通知之日起三十日内未答复的，视为放弃优先购买权。两个以上股东行使优先购买权的，协商确定各自的购买比例；协商不成的，按照转让时各自的出资比例行使优先购买权。

公司章程对股权转让另有规定的，从其规定。

第八十五条 人民法院依照法律规定的强制执行程序转让股东的股权时，应当通知公司及全体股东，其他股东在同等条件下有优先购买权。其他股东自人民法院通知之日起满二十日不行使优先购买权的，视为放弃优先购买权。

第八十六条 股东转让股权的，应当书面通知公司，请求变更股东名册；需要办理变更登记的，并请求公司向公司登记机关办理变更登记。公司拒绝或者在合理期限内不予答复的，转让人、受让人可以依法向人民法院提起诉讼。

股权转让的，受让人自记载于股东名册时起可以向公司主张行使股东权利。

第八十七条 依照本法转让股权后，公司应当及时注销原股东的出资证明书，向新股东签发出资证明书，并相应修改公司章程和股东名册中有关股东及其出资额的记载。对公司章程的该项修改不需再由股东会表决。

第八十八条 股东转让已认缴出资但未届出资期限的股权的，由受让人承担缴纳该出资的义务；受让人未按期足额缴纳出资的，转让人对受让人未按期缴纳的出资承担补充责任。

未按照公司章程规定的出资日期缴纳出资或者

作为出资的非货币财产的实际价额显著低于所认缴的出资额的股东转让股权的，转让人与受让人在出资不足的范围内承担连带责任；受让人不知道且不应当知道存在上述情形的，由转让人承担责任。

第八十九条　有下列情形之一的，对股东会该项决议投反对票的股东可以请求公司按照合理的价格收购其股权：

（一）公司连续五年不向股东分配利润，而公司该五年连续盈利，并且符合本法规定的分配利润条件；

（二）公司合并、分立、转让主要财产；

（三）公司章程规定的营业期限届满或者章程规定的其他解散事由出现，股东会通过决议修改章程使公司存续。

自股东会决议作出之日起六十日内，股东与公司不能达成股权收购协议的，股东可以自股东会决议作出之日起九十日内向人民法院提起诉讼。

公司的控股股东滥用股东权利，严重损害公司或者其他股东利益的，其他股东有权请求公司按照合理的价格收购其股权。

公司因本条第一款、第三款规定的情形收购的本公司股权，应当在六个月内依法转让或者注销。

第九十条　自然人股东死亡后，其合法继承人可以继承股东资格；但是，公司章程另有规定的除外。

第五章　股份有限公司的设立和组织机构

第一节　设　　立

第九十一条　设立股份有限公司，可以采取发起设立或者募集设立的方式。

发起设立，是指由发起人认购设立公司时应发行的全部股份而设立公司。

募集设立，是指由发起人认购设立公司时应发行股份的一部分，其余股份向特定对象募集或者向社会公开募集而设立公司。

第九十二条　设立股份有限公司，应当有一人以上二百人以下为发起人，其中应当有半数以上的发起人在中华人民共和国境内有住所。

第九十三条　股份有限公司发起人承担公司筹办事务。

发起人应当签订发起人协议，明确各自在公司设立过程中的权利和义务。

第九十四条　设立股份有限公司，应当由发起人共同制订公司章程。

第九十五条　股份有限公司章程应当载明下列事项：

（一）公司名称和住所；

（二）公司经营范围；

（三）公司设立方式；

（四）公司注册资本、已发行的股份数和设立时发行的股份数，面额股的每股金额；

（五）发行类别股的，每一类别股的股份数及其权利和义务；

（六）发起人的姓名或者名称、认购的股份数、出资方式；

（七）董事会的组成、职权和议事规则；

（八）公司法定代表人的产生、变更办法；

（九）监事会的组成、职权和议事规则；

（十）公司利润分配办法；

（十一）公司的解散事由与清算办法；

（十二）公司的通知和公告办法；

（十三）股东会认为需要规定的其他事项。

第九十六条　股份有限公司的注册资本为在公司登记机关登记的已发行股份的股本总额。在发起人认购的股份缴足前，不得向他人募集股份。

法律、行政法规以及国务院决定对股份有限公司注册资本最低限额另有规定的，从其规定。

第九十七条　以发起设立方式设立股份有限公司的，发起人应当认足公司章程规定的公司设立时应发行的股份。

以募集设立方式设立股份有限公司的，发起人认购的股份不得少于公司章程规定的公司设立时应发行股份总数的百分之三十五；但是，法律、行政法规另有规定的，从其规定。

第九十八条　发起人应当在公司成立前按照其认购的股份全额缴纳股款。

发起人的出资，适用本法第四十八条、第四十九条第二款关于有限责任公司股东出资的规定。

第九十九条　发起人不按照其认购的股份缴纳股款，或者作为出资的非货币财产的实际价额显著低于所认购的股份的，其他发起人与该发起人在出资不足的范围内承担连带责任。

第一百条　发起人向社会公开募集股份，应当公告招股说明书，并制作认股书。认股书应当载明本法第一百五十四条第二款、第三款所列事项，由认股人填写认购的股份数、金额、住所，并签名或者盖章。认股人应当按照所认购股份足额缴纳股款。

第一百零一条 向社会公开募集股份的股款缴足后，应当经依法设立的验资机构验资并出具证明。

第一百零二条 股份有限公司应当制作股东名册并置备于公司。股东名册应当记载下列事项：

（一）股东的姓名或者名称及住所；

（二）各股东所认购的股份种类及股份数；

（三）发行纸面形式的股票的，股票的编号；

（四）各股东取得股份的日期。

第一百零三条 募集设立股份有限公司的发起人应当自公司设立时应发行股份的股款缴足之日起三十日内召开公司成立大会。发起人应当在成立大会召开十五日前将会议日期通知各认股人或者予以公告。成立大会应当有持有表决权过半数的认股人出席，方可举行。

以发起设立方式设立股份有限公司成立大会的召开和表决程序由公司章程或者发起人协议规定。

第一百零四条 公司成立大会行使下列职权：

（一）审议发起人关于公司筹办情况的报告；

（二）通过公司章程；

（三）选举董事、监事；

（四）对公司的设立费用进行审核；

（五）对发起人非货币财产出资的作价进行审核；

（六）发生不可抗力或者经营条件发生重大变化直接影响公司设立的，可以作出不设立公司的决议。

成立大会对前款所列事项作出决议，应当经出席会议的认股人所持表决权过半数通过。

第一百零五条 公司设立时应发行的股份未募足，或者发行股份的股款缴足后，发起人在三十日内未召开成立大会的，认股人可以按照所缴股款并加算银行同期存款利息，要求发起人返还。

发起人、认股人缴纳股款或者交付非货币财产出资后，除未按期募足股份、发起人未按期召开成立大会或者成立大会决议不设立公司的情形外，不得抽回其股本。

第一百零六条 董事会应当授权代表，于公司成立大会结束后三十日内向公司登记机关申请设立登记。

第一百零七条 本法第四十四条、第四十九条第三款、第五十一条、第五十二条、第五十三条的规定，适用于股份有限公司。

第一百零八条 有限责任公司变更为股份有限公司时，折合的实收股本总额不得高于公司净资产额。有限责任公司变更为股份有限公司，为增加注册资本公开发行股份时，应当依法办理。

第一百零九条 股份有限公司应当将公司章程、股东名册、股东会会议记录、董事会会议记录、监事会会议记录、财务会计报告、债券持有人名册置备于本公司。

第一百一十条 股东有权查阅、复制公司章程、股东名册、股东会会议记录、董事会会议决议、监事会会议决议、财务会计报告，对公司的经营提出建议或者质询。

连续一百八十日以上单独或者合计持有公司百分之三以上股份的股东要求查阅公司的会计账簿、会计凭证的，适用本法第五十七条第二款、第三款、第四款的规定。公司章程对持股比例有较低规定的，从其规定。

股东要求查阅、复制公司全资子公司相关材料的，适用前两款的规定。

上市公司股东查阅、复制相关材料的，应当遵守《中华人民共和国证券法》等法律、行政法规的规定。

第二节 股东会

第一百一十一条 股份有限公司股东会由全体股东组成。股东会是公司的权力机构，依照本法行使职权。

第一百一十二条 本法第五十九条第一款、第二款关于有限责任公司股东会职权的规定，适用于股份有限公司股东会。

本法第六十条关于只有一个股东的有限责任公司不设股东会的规定，适用于只有一个股东的股份有限公司。

第一百一十三条 股东会应当每年召开一次年会。有下列情形之一的，应当在两个月内召开临时股东会会议：

（一）董事人数不足本法规定人数或者公司章程所定人数的三分之二时；

（二）公司未弥补的亏损达股本总额三分之一时；

（三）单独或者合计持有公司百分之十以上股份的股东请求时；

（四）董事会认为必要时；

（五）监事会提议召开时；

（六）公司章程规定的其他情形。

第一百一十四条 股东会会议由董事会召集，

董事长主持；董事长不能履行职务或者不履行职务的，由副董事长主持；副董事长不能履行职务或者不履行职务的，由过半数的董事共同推举一名董事主持。

董事会不能履行或者不履行召集股东会会议职责的，监事会应当及时召集和主持；监事会不召集和主持的，连续九十日以上单独或者合计持有公司百分之十以上股份的股东可以自行召集和主持。

单独或者合计持有公司百分之十以上股份的股东请求召开临时股东会会议的，董事会、监事会应当在收到请求之日起十日内作出是否召开临时股东会会议的决定，并书面答复股东。

第一百一十五条　召开股东会会议，应当将会议召开的时间、地点和审议的事项于会议召开二十日前通知各股东；临时股东会会议应当于会议召开十五日前通知各股东。

单独或者合计持有公司百分之一以上股份的股东，可以在股东会会议召开十日前提出临时提案并书面提交董事会。临时提案应当有明确议题和具体决议事项。董事会应当在收到提案后二日内通知其他股东，并将该临时提案提交股东会审议；但临时提案违反法律、行政法规或者公司章程的规定，或者不属于股东会职权范围的除外。公司不得提高提出临时提案股东的持股比例。

公开发行股份的公司，应当以公告方式作出前两款规定的通知。

股东会不得对通知中未列明的事项作出决议。

第一百一十六条　股东出席股东会会议，所持每一股份有一表决权，类别股股东除外。公司持有的本公司股份没有表决权。

股东会作出决议，应当经出席会议的股东所持表决权过半数通过。

股东会作出修改公司章程、增加或者减少注册资本的决议，以及公司合并、分立、解散或者变更公司形式的决议，应当经出席会议的股东所持表决权的三分之二以上通过。

第一百一十七条　股东会选举董事、监事，可以按照公司章程的规定或者股东会的决议，实行累积投票制。

本法所称累积投票制，是指股东会选举董事或者监事时，每一股份拥有与应选董事或者监事人数相同的表决权，股东拥有的表决权可以集中使用。

第一百一十八条　股东委托代理人出席股东会会议的，应当明确代理人代理的事项、权限和期限；代理人应当向公司提交股东授权委托书，并在授权范围内行使表决权。

第一百一十九条　股东会应当对所议事项的决定作成会议记录，主持人、出席会议的董事应当在会议记录上签名。会议记录应当与出席股东的签名册及代理出席的委托书一并保存。

第三节　董事会、经理

第一百二十条　股份有限公司设董事会，本法第一百二十八条另有规定的除外。

本法第六十七条、第六十八条第一款、第七十条、第七十一条的规定，适用于股份有限公司。

第一百二十一条　股份有限公司可以按照公司章程的规定在董事会中设置由董事组成的审计委员会，行使本法规定的监事会的职权，不设监事会或者监事。

审计委员会成员为三名以上，过半数成员不得在公司担任除董事以外的其他职务，且不得与公司存在任何可能影响其独立客观判断的关系。公司董事会成员中的职工代表可以成为审计委员会成员。

审计委员会作出决议，应当经审计委员会成员的过半数通过。

审计委员会决议的表决，应当一人一票。

审计委员会的议事方式和表决程序，除本法有规定的外，由公司章程规定。

公司可以按照公司章程的规定在董事会中设置其他委员会。

第一百二十二条　董事会设董事长一人，可以设副董事长。董事长和副董事长由董事会以全体董事的过半数选举产生。

董事长召集和主持董事会会议，检查董事会决议的实施情况。副董事长协助董事长工作，董事长不能履行职务或者不履行职务的，由副董事长履行职务；副董事长不能履行职务或者不履行职务的，由过半数的董事共同推举一名董事履行职务。

第一百二十三条　董事会每年度至少召开两次会议，每次会议应当于会议召开十日前通知全体董事和监事。

代表十分之一以上表决权的股东、三分之一以上董事或者监事会，可以提议召开临时董事会会议。董事长应当自接到提议后十日内，召集和主持董事会会议。

董事会召开临时会议，可以另定召集董事会的通知方式和通知时限。

第一百二十四条　董事会会议应当有过半数的

董事出席方可举行。董事会作出决议，应当经全体董事的过半数通过。

董事会决议的表决，应当一人一票。

董事会应当对所议事项的决定作成会议记录，出席会议的董事应当在会议记录上签名。

第一百二十五条 董事会会议，应当由董事本人出席；董事因故不能出席，可以书面委托其他董事代为出席，委托书应当载明授权范围。

董事应当对董事会的决议承担责任。董事会的决议违反法律、行政法规或者公司章程、股东会决议，给公司造成严重损失的，参与决议的董事对公司负赔偿责任；经证明在表决时曾表明异议并记载于会议记录的，该董事可以免除责任。

第一百二十六条 股份有限公司设经理，由董事会决定聘任或者解聘。

经理对董事会负责，根据公司章程的规定或者董事会的授权行使职权。经理列席董事会会议。

第一百二十七条 公司董事会可以决定由董事会成员兼任经理。

第一百二十八条 规模较小或者股东人数较少的股份有限公司，可以不设董事会，设一名董事，行使本法规定的董事会的职权。该董事可以兼任公司经理。

第一百二十九条 公司应当定期向股东披露董事、监事、高级管理人员从公司获得报酬的情况。

第四节 监事会

第一百三十条 股份有限公司设监事会，本法第一百二十一条第一款、第一百三十三条另有规定的除外。

监事会成员为三人以上。监事会成员应当包括股东代表和适当比例的公司职工代表，其中职工代表的比例不得低于三分之一，具体比例由公司章程规定。监事会中的职工代表由公司职工通过职工代表大会、职工大会或者其他形式民主选举产生。

监事会设主席一人，可以设副主席。监事会主席和副主席由全体监事过半数选举产生。监事会主席召集和主持监事会会议；监事会主席不能履行职务或者不履行职务的，由监事会副主席召集和主持监事会会议；监事会副主席不能履行职务或者不履行职务的，由过半数的监事共同推举一名监事召集和主持监事会会议。

董事、高级管理人员不得兼任监事。

本法第七十七条关于有限责任公司监事任期的规定，适用于股份有限公司监事。

第一百三十一条 本法第七十八条至第八十条的规定，适用于股份有限公司监事会。

监事会行使职权所必需的费用，由公司承担。

第一百三十二条 监事会每六个月至少召开一次会议。监事可以提议召开临时监事会会议。

监事会的议事方式和表决程序，除本法有规定的外，由公司章程规定。

监事会决议应当经全体监事的过半数通过。

监事会决议的表决，应当一人一票。

监事会应当对所议事项的决定作成会议记录，出席会议的监事应当在会议记录上签名。

第一百三十三条 规模较小或者股东人数较少的股份有限公司，可以不设监事会，设一名监事，行使本法规定的监事会的职权。

第五节 上市公司组织机构的特别规定

第一百三十四条 本法所称上市公司，是指其股票在证券交易所上市交易的股份有限公司。

第一百三十五条 上市公司在一年内购买、出售重大资产或者向他人提供担保的金额超过公司资产总额百分之三十的，应当由股东会作出决议，并经出席会议的股东所持表决权的三分之二以上通过。

第一百三十六条 上市公司设独立董事，具体管理办法由国务院证券监督管理机构规定。

上市公司的公司章程除载明本法第九十五条规定的事项外，还应当依照法律、行政法规的规定载明董事会专门委员会的组成、职权以及董事、监事、高级管理人员薪酬考核机制等事项。

第一百三十七条 上市公司在董事会中设置审计委员会的，董事会对下列事项作出决议前应当经审计委员会全体成员过半数通过：

（一）聘用、解聘承办公司审计业务的会计师事务所；

（二）聘任、解聘财务负责人；

（三）披露财务会计报告；

（四）国务院证券监督管理机构规定的其他事项。

第一百三十八条 上市公司设董事会秘书，负责公司股东会和董事会会议的筹备、文件保管以及公司股东资料的管理，办理信息披露事务等事宜。

第一百三十九条 上市公司董事与董事会会议决议事项所涉及的企业或者个人有关联关系的，该董事应当及时向董事会书面报告。有关联关系的董事不得对该项决议行使表决权，也不得代理其他董事行使表决权。该董事会会议由过半数的无关联关系董事出席即可举行，董事会会议所作决议须经无关联关系董事过半数通过。出席董事会会议的无关联关系董事人数不足三人的，应当将该事项提交上市公司股东会审议。

第一百四十条　上市公司应当依法披露股东、实际控制人的信息，相关信息应当真实、准确、完整。

禁止违反法律、行政法规的规定代持上市公司股票。

第一百四十一条　上市公司控股子公司不得取得该上市公司的股份。

上市公司控股子公司因公司合并、质权行使等原因持有上市公司股份的，不得行使所持股份对应的表决权，并应当及时处分相关上市公司股份。

第六章　股份有限公司的股份发行和转让

第一节　股份发行

第一百四十二条　公司的资本划分为股份。公司的全部股份，根据公司章程的规定择一采用面额股或者无面额股。采用面额股的，每一股的金额相等。

公司可以根据公司章程的规定将已发行的面额股全部转换为无面额股或者将无面额股全部转换为面额股。

采用无面额股的，应当将发行股份所得股款的二分之一以上计入注册资本。

第一百四十三条　股份的发行，实行公平、公正的原则，同类别的每一股份应当具有同等权利。

同次发行的同类别股份，每股的发行条件和价格应当相同；认购人所认购的股份，每股应当支付相同价额。

第一百四十四条　公司可以按照公司章程的规定发行下列与普通股权利不同的类别股：

（一）优先或者劣后分配利润或者剩余财产的股份；

（二）每一股的表决权数多于或者少于普通股的股份；

（三）转让须经公司同意等转让受限的股份；

（四）国务院规定的其他类别股。

公开发行股份的公司不得发行前款第二项、第三项规定的类别股；公开发行前已发行的除外。

公司发行本条第一款第二项规定的类别股的，对于监事或者审计委员会成员的选举和更换，类别股与普通股每一股的表决权数相同。

第一百四十五条　发行类别股的公司，应当在公司章程中载明以下事项：

（一）类别股分配利润或者剩余财产的顺序；

（二）类别股的表决权数；

（三）类别股的转让限制；

（四）保护中小股东权益的措施；

（五）股东会认为需要规定的其他事项。

第一百四十六条　发行类别股的公司，有本法第一百一十六条第三款规定的事项等可能影响类别股股东权利的，除应当依照第一百一十六条第三款的规定经股东会决议外，还应当经出席类别股股东会议的股东所持表决权的三分之二以上通过。

公司章程可以对需经类别股股东会议决议的其他事项作出规定。

第一百四十七条　公司的股份采取股票的形式。股票是公司签发的证明股东所持股份的凭证。

公司发行的股票，应当为记名股票。

第一百四十八条　面额股股票的发行价格可以按票面金额，也可以超过票面金额，但不得低于票面金额。

第一百四十九条　股票采用纸面形式或者国务院证券监督管理机构规定的其他形式。

股票采用纸面形式的，应当载明下列主要事项：

（一）公司名称；

（二）公司成立日期或者股票发行的时间；

（三）股票种类、票面金额及代表的股份数，发行无面额股的，股票代表的股份数。

股票采用纸面形式的，还应当载明股票的编号，由法定代表人签名，公司盖章。

发起人股票采用纸面形式的，应当标明发起人股票字样。

第一百五十条　股份有限公司成立后，即向股东正式交付股票。公司成立前不得向股东交付股票。

第一百五十一条　公司发行新股，股东会应当对下列事项作出决议：

（一）新股种类及数额；

（二）新股发行价格；

（三）新股发行的起止日期；

（四）向原有股东发行新股的种类及数额；

（五）发行无面额股的，新股发行所得股款计入注册资本的金额。

公司发行新股，可以根据公司经营情况和财务状况，确定其作价方案。

第一百五十二条 公司章程或者股东会可以授权董事会在三年内决定发行不超过已发行股份百分之五十的股份。但以非货币财产作价出资的应当经股东会决议。

董事会依照前款规定决定发行股份导致公司注册资本、已发行股份数发生变化的，对公司章程该项记载事项的修改不需再由股东会表决。

第一百五十三条 公司章程或者股东会授权董事会决定发行新股的，董事会决议应当经全体董事三分之二以上通过。

第一百五十四条 公司向社会公开募集股份，应当经国务院证券监督管理机构注册，公告招股说明书。

招股说明书应当附有公司章程，并载明下列事项：

（一）发行的股份总数；

（二）面额股的票面金额和发行价格或者无面额股的发行价格；

（三）募集资金的用途；

（四）认股人的权利和义务；

（五）股份种类及其权利和义务；

（六）本次募股的起止日期及逾期未募足时认股人可以撤回所认股份的说明。

公司设立时发行股份的，还应当载明发起人认购的股份数。

第一百五十五条 公司向社会公开募集股份，应当由依法设立的证券公司承销，签订承销协议。

第一百五十六条 公司向社会公开募集股份，应当同银行签订代收股款协议。

代收股款的银行应当按照协议代收和保存股款，向缴纳股款的认股人出具收款单据，并负有向有关部门出具收款证明的义务。

公司发行股份募足股款后，应予公告。

第二节 股份转让

第一百五十七条 股份有限公司的股东持有的股份可以向其他股东转让，也可以向股东以外的人转让；公司章程对股份转让有限制的，其转让按照公司章程的规定进行。

第一百五十八条 股东转让其股份，应当在依法设立的证券交易场所进行或者按照国务院规定的其他方式进行。

第一百五十九条 股票的转让，由股东以背书方式或者法律、行政法规规定的其他方式进行；转让后由公司将受让人的姓名或者名称及住所记载于股东名册。

股东会会议召开前二十日内或者公司决定分配股利的基准日前五日内，不得变更股东名册。法律、行政法规或者国务院证券监督管理机构对上市公司股东名册变更另有规定的，从其规定。

第一百六十条 公司公开发行股份前已发行的股份，自公司股票在证券交易所上市交易之日起一年内不得转让。法律、行政法规或者国务院证券监督管理机构对上市公司的股东、实际控制人转让其所持有的本公司股份另有规定的，从其规定。

公司董事、监事、高级管理人员应当向公司申报所持有的本公司的股份及其变动情况，在就任时确定的任职期间每年转让的股份不得超过其所持有本公司股份总数的百分之二十五；所持本公司股份自公司股票上市交易之日起一年内不得转让。上述人员离职后半年内，不得转让其所持有的本公司股份。公司章程可以对公司董事、监事、高级管理人员转让其所持有的本公司股份作出其他限制性规定。

股份在法律、行政法规规定的限制转让期限内出质的，质权人不得在限制转让期限内行使质权。

第一百六十一条 有下列情形之一的，对股东会该项决议投反对票的股东可以请求公司按照合理的价格收购其股份，公开发行股份的公司除外：

（一）公司连续五年不向股东分配利润，而公司该五年连续盈利，并且符合本法规定的分配利润条件；

（二）公司转让主要财产；

（三）公司章程规定的营业期限届满或者章程规定的其他解散事由出现，股东会通过决议修改章程使公司存续。

自股东会决议作出之日起六十日内，股东与公司不能达成股份收购协议的，股东可以自股东会决议作出之日起九十日内向人民法院提起诉讼。

公司因本条第一款规定的情形收购的本公司股份，应当在六个月内依法转让或者注销。

第一百六十二条 公司不得收购本公司股份。但是，有下列情形之一的除外：

（一）减少公司注册资本；

（二）与持有本公司股份的其他公司合并；

（三）将股份用于员工持股计划或者股权激励；

（四）股东因对股东会作出的公司合并、分立决议持异议，要求公司收购其股份；

（五）将股份用于转换公司发行的可转换为股票的公司债券；

（六）上市公司为维护公司价值及股东权益所必需。

公司因前款第一项、第二项规定的情形收购本公司股份的，应当经股东会决议；公司因前款第三项、第五项、第六项规定的情形收购本公司股份的，可以按照公司章程或者股东会的授权，经三分之二以上董事出席的董事会会议决议。

公司依照本条第一款规定收购本公司股份后，属于第一项情形的，应当自收购之日起十日内注销；属于第二项、第四项情形的，应当在六个月内转让或者注销；属于第三项、第五项、第六项情形的，公司合计持有的本公司股份数不得超过本公司已发行股份总数的百分之十，并应当在三年内转让或者注销。

上市公司收购本公司股份的，应当依照《中华人民共和国证券法》的规定履行信息披露义务。上市公司因本条第一款第三项、第五项、第六项规定的情形收购本公司股份的，应当通过公开的集中交易方式进行。

公司不得接受本公司的股份作为质权的标的。

第一百六十三条 公司不得为他人取得本公司或者其母公司的股份提供赠与、借款、担保以及其他财务资助，公司实施员工持股计划的除外。

为公司利益，经股东会决议，或者董事会按照公司章程或者股东会的授权作出决议，公司可以为他人取得本公司或者其母公司的股份提供财务资助，但财务资助的累计总额不得超过已发行股本总额的百分之十。董事会作出决议应当经全体董事的三分之二以上通过。

违反前两款规定，给公司造成损失的，负有责任的董事、监事、高级管理人员应当承担赔偿责任。

第一百六十四条 股票被盗、遗失或者灭失，股东可以依照《中华人民共和国民事诉讼法》规定的公示催告程序，请求人民法院宣告该股票失效。人民法院宣告该股票失效后，股东可以向公司申请补发股票。

第一百六十五条 上市公司的股票，依照有关法律、行政法规及证券交易所交易规则上市交易。

第一百六十六条 上市公司应当依照法律、行政法规的规定披露相关信息。

第一百六十七条 自然人股东死亡后，其合法继承人可以继承股东资格；但是，股份转让受限的股份有限公司的章程另有规定的除外。

第七章 国家出资公司组织机构的特别规定

第一百六十八条 国家出资公司的组织机构，适用本章规定；本章没有规定的，适用本法其他规定。

本法所称国家出资公司，是指国家出资的国有独资公司、国有资本控股公司，包括国家出资的有限责任公司、股份有限公司。

第一百六十九条 国家出资公司，由国务院或者地方人民政府分别代表国家依法履行出资人职责，享有出资人权益。国务院或者地方人民政府可以授权国有资产监督管理机构或者其他部门、机构代表本级人民政府对国家出资公司履行出资人职责。

代表本级人民政府履行出资人职责的机构、部门，以下统称为履行出资人职责的机构。

第一百七十条 国家出资公司中中国共产党的组织，按照中国共产党章程的规定发挥领导作用，研究讨论公司重大经营管理事项，支持公司的组织机构依法行使职权。

第一百七十一条 国有独资公司章程由履行出资人职责的机构制定。

第一百七十二条 国有独资公司不设股东会，由履行出资人职责的机构行使股东会职权。履行出资人职责的机构可以授权公司董事会行使股东会的部分职权，但公司章程的制定和修改，公司的合并、分立、解散、申请破产，增加或者减少注册资本，分配利润，应当由履行出资人职责的机构决定。

第一百七十三条 国有独资公司的董事会依照本法规定行使职权。

国有独资公司的董事会成员中，应当过半数为外部董事，并应当有公司职工代表。

董事会成员由履行出资人职责的机构委派；但是，董事会成员中的职工代表由公司职工代表大会选举产生。

董事会设董事长一人，可以设副董事长。董事长、副董事长由履行出资人职责的机构从董事会成员中指定。

第一百七十四条 国有独资公司的经理由董事会聘任或者解聘。

经履行出资人职责的机构同意，董事会成员可以兼任经理。

第一百七十五条 国有独资公司的董事、高级管理人员，未经履行出资人职责的机构同意，不得在其他有限责任公司、股份有限公司或者其他经济组织兼职。

第一百七十六条 国有独资公司在董事会中设置由董事组成的审计委员会行使本法规定的监事会职权的，不设监事会或者监事。

第一百七十七条 国家出资公司应当依法建立健全内部监督管理和风险控制制度，加强内部合规管理。

第八章 公司董事、监事、高级管理人员的资格和义务

第一百七十八条 有下列情形之一的，不得担任公司的董事、监事、高级管理人员：

（一）无民事行为能力或者限制民事行为能力；

（二）因贪污、贿赂、侵占财产、挪用财产或者破坏社会主义市场经济秩序，被判处刑罚，或者因犯罪被剥夺政治权利，执行期满未逾五年，被宣告缓刑的，自缓刑考验期满之日起未逾二年；

（三）担任破产清算的公司、企业的董事或者厂长、经理，对该公司、企业的破产负有个人责任的，自该公司、企业破产清算完结之日起未逾三年；

（四）担任因违法被吊销营业执照、责令关闭的公司、企业的法定代表人，并负有个人责任的，自该公司、企业被吊销营业执照、责令关闭之日起未逾三年；

（五）个人因所负数额较大债务到期未清偿被人民法院列为失信被执行人。

违反前款规定选举、委派董事、监事或者聘任高级管理人员的，该选举、委派或者聘任无效。

董事、监事、高级管理人员在任职期间出现本条第一款所列情形的，公司应当解除其职务。

第一百七十九条 董事、监事、高级管理人员应当遵守法律、行政法规和公司章程。

第一百八十条 董事、监事、高级管理人员对公司负有忠实义务，应当采取措施避免自身利益与公司利益冲突，不得利用职权牟取不正当利益。

董事、监事、高级管理人员对公司负有勤勉义务，执行职务应当为公司的最大利益尽到管理者通常应有的合理注意。

公司的控股股东、实际控制人不担任公司董事但实际执行公司事务的，适用前两款规定。

第一百八十一条 董事、监事、高级管理人员不得有下列行为：

（一）侵占公司财产、挪用公司资金；

（二）将公司资金以其个人名义或者以其他个人名义开立账户存储；

（三）利用职权贿赂或者收受其他非法收入；

（四）接受他人与公司交易的佣金归为己有；

（五）擅自披露公司秘密；

（六）违反对公司忠实义务的其他行为。

第一百八十二条 董事、监事、高级管理人员，直接或者间接与本公司订立合同或者进行交易，应当就与订立合同或者进行交易有关的事项向董事会或者股东会报告，并按照公司章程的规定经董事会或者股东会决议通过。

董事、监事、高级管理人员的近亲属，董事、监事、高级管理人员或者其近亲属直接或者间接控制的企业，以及与董事、监事、高级管理人员有其他关联关系的关联人，与公司订立合同或者进行交易，适用前款规定。

第一百八十三条 董事、监事、高级管理人员，不得利用职务便利为自己或者他人谋取属于公司的商业机会。但是，有下列情形之一的除外：

（一）向董事会或者股东会报告，并按照公司章程的规定经董事会或者股东会决议通过；

（二）根据法律、行政法规或者公司章程的规定，公司不能利用该商业机会。

第一百八十四条 董事、监事、高级管理人员未向董事会或者股东会报告，并按照公司章程的规定经董事会或者股东会决议通过，不得自营或者为他人经营与其任职公司同类的业务。

第一百八十五条 董事会对本法第一百八十二条至第一百八十四条规定的事项决议时，关联董事不得参与表决，其表决权不计入表决权总数。出席董事会会议的无关联关系董事人数不足三人的，应当将该事项提交股东会审议。

第一百八十六条 董事、监事、高级管理人员违反本法第一百八十一条至第一百八十四条规定所得的收入应当归公司所有。

第一百八十七条 股东会要求董事、监事、高级管理人员列席会议的，董事、监事、高级管理人员应当列席并接受股东的质询。

第一百八十八条 董事、监事、高级管理人员

执行职务违反法律、行政法规或者公司章程的规定，给公司造成损失的，应当承担赔偿责任。

第一百八十九条　董事、高级管理人员有前条规定的情形的，有限责任公司的股东、股份有限公司连续一百八十日以上单独或者合计持有公司百分之一以上股份的股东，可以书面请求监事会向人民法院提起诉讼；监事有前条规定的情形的，前述股东可以书面请求董事会向人民法院提起诉讼。

监事会或者董事会收到前款规定的股东书面请求后拒绝提起诉讼，或者自收到请求之日起三十日内未提起诉讼，或者情况紧急、不立即提起诉讼将会使公司利益受到难以弥补的损害的，前款规定的股东有权为公司利益以自己的名义直接向人民法院提起诉讼。

他人侵犯公司合法权益，给公司造成损失的，本条第一款规定的股东可以依照前两款的规定向人民法院提起诉讼。

公司全资子公司的董事、监事、高级管理人员有前条规定情形，或者他人侵犯公司全资子公司合法权益造成损失的，有限责任公司的股东、股份有限公司连续一百八十日以上单独或者合计持有公司百分之一以上股份的股东，可以依照前三款规定书面请求全资子公司的监事会、董事会向人民法院提起诉讼或者以自己的名义直接向人民法院提起诉讼。

第一百九十条　董事、高级管理人员违反法律、行政法规或者公司章程的规定，损害股东利益的，股东可以向人民法院提起诉讼。

第一百九十一条　董事、高级管理人员执行职务，给他人造成损害的，公司应当承担赔偿责任；董事、高级管理人员存在故意或者重大过失的，也应当承担赔偿责任。

第一百九十二条　公司的控股股东、实际控制人指示董事、高级管理人员从事损害公司或者股东利益的行为的，与该董事、高级管理人员承担连带责任。

第一百九十三条　公司可以在董事任职期间为董事因执行公司职务承担的赔偿责任投保责任保险。

公司为董事投保责任保险或者续保后，董事会应当向股东会报告责任保险的投保金额、承保范围及保险费率等内容。

第九章　公司债券

第一百九十四条　本法所称公司债券，是指公司发行的约定按期还本付息的有价证券。

公司债券可以公开发行，也可以非公开发行。

公司债券的发行和交易应当符合《中华人民共和国证券法》等法律、行政法规的规定。

第一百九十五条　公开发行公司债券，应当经国务院证券监督管理机构注册，公告公司债券募集办法。

公司债券募集办法应当载明下列主要事项：

（一）公司名称；

（二）债券募集资金的用途；

（三）债券总额和债券的票面金额；

（四）债券利率的确定方式；

（五）还本付息的期限和方式；

（六）债券担保情况；

（七）债券的发行价格、发行的起止日期；

（八）公司净资产额；

（九）已发行的尚未到期的公司债券总额；

（十）公司债券的承销机构。

第一百九十六条　公司以纸面形式发行公司债券的，应当在债券上载明公司名称、债券票面金额、利率、偿还期限等事项，并由法定代表人签名，公司盖章。

第一百九十七条　公司债券应当为记名债券。

第一百九十八条　公司发行公司债券应当置备公司债券持有人名册。

发行公司债券的，应当在公司债券持有人名册上载明下列事项：

（一）债券持有人的姓名或者名称及住所；

（二）债券持有人取得债券的日期及债券的编号；

（三）债券总额，债券的票面金额、利率、还本付息的期限和方式；

（四）债券的发行日期。

第一百九十九条　公司债券的登记结算机构应当建立债券登记、存管、付息、兑付等相关制度。

第二百条　公司债券可以转让，转让价格由转让人与受让人约定。

公司债券的转让应当符合法律、行政法规的规定。

第二百零一条　公司债券由债券持有人以背书方式或者法律、行政法规规定的其他方式转让；转让后由公司将受让人的姓名或者名称及住所记载于公司债券持有人名册。

第二百零二条　股份有限公司经股东会决议，

或者经公司章程、股东会授权由董事会决议，可以发行可转换为股票的公司债券，并规定具体的转换办法。上市公司发行可转换为股票的公司债券，应当经国务院证券监督管理机构注册。

发行可转换为股票的公司债券，应当在债券上标明可转换公司债券字样，并在公司债券持有人名册上载明可转换公司债券的数额。

第二百零三条 发行可转换为股票的公司债券的，公司应当按照其转换办法向债券持有人换发股票，但债券持有人对转换股票或者不转换股票有选择权。法律、行政法规另有规定的除外。

第二百零四条 公开发行公司债券的，应当为同期债券持有人设立债券持有人会议，并在债券募集办法中对债券持有人会议的召集程序、会议规则和其他重要事项作出规定。债券持有人会议可以对与债券持有人有利害关系的事项作出决议。

除公司债券募集办法另有约定外，债券持有人会议决议对同期全体债券持有人发生效力。

第二百零五条 公开发行公司债券的，发行人应当为债券持有人聘请债券受托管理人，由其为债券持有人办理受领清偿、债权保全、与债券相关的诉讼以及参与债务人破产程序等事项。

第二百零六条 债券受托管理人应当勤勉尽责，公正履行受托管理职责，不得损害债券持有人利益。

受托管理人与债券持有人存在利益冲突可能损害债券持有人利益的，债券持有人会议可以决议变更债券受托管理人。

债券受托管理人违反法律、行政法规或者债券持有人会议决议，损害债券持有人利益的，应当承担赔偿责任。

第十章 公司财务、会计

第二百零七条 公司应当依照法律、行政法规和国务院财政部门的规定建立本公司的财务、会计制度。

第二百零八条 公司应当在每一会计年度终了时编制财务会计报告，并依法经会计师事务所审计。

财务会计报告应当依照法律、行政法规和国务院财政部门的规定制作。

第二百零九条 有限责任公司应当按照公司章程规定的期限将财务会计报告送交各股东。

股份有限公司的财务会计报告应当在召开股东会年会的二十日前置备于本公司，供股东查阅；公开发行股份的股份有限公司应当公告其财务会计报告。

第二百一十条 公司分配当年税后利润时，应当提取利润的百分之十列入公司法定公积金。公司法定公积金累计额为公司注册资本的百分之五十以上的，可以不再提取。

公司的法定公积金不足以弥补以前年度亏损的，在依照前款规定提取法定公积金之前，应当先用当年利润弥补亏损。

公司从税后利润中提取法定公积金后，经股东会决议，还可以从税后利润中提取任意公积金。

公司弥补亏损和提取公积金后所余税后利润，有限责任公司按照股东实缴的出资比例分配利润，全体股东约定不按照出资比例分配利润的除外；股份有限公司按照股东所持有的股份比例分配利润，公司章程另有规定的除外。

公司持有的本公司股份不得分配利润。

第二百一十一条 公司违反本法规定向股东分配利润的，股东应当将违反规定分配的利润退还公司；给公司造成损失的，股东及负有责任的董事、监事、高级管理人员应当承担赔偿责任。

第二百一十二条 股东会作出分配利润的决议的，董事会应当在股东会决议作出之日起六个月内进行分配。

第二百一十三条 公司以超过股票票面金额的发行价格发行股份所得的溢价款、发行无面额股所得股款未计入注册资本的金额以及国务院财政部门规定列入资本公积金的其他项目，应当列为公司资本公积金。

第二百一十四条 公司的公积金用于弥补公司的亏损、扩大公司生产经营或者转为增加公司注册资本。

公积金弥补公司亏损，应当先使用任意公积金和法定公积金；仍不能弥补的，可以按照规定使用资本公积金。

法定公积金转为增加注册资本时，所留存的该项公积金不得少于转增前公司注册资本的百分之二十五。

第二百一十五条 公司聘用、解聘承办公司审计业务的会计师事务所，按照公司章程的规定，由股东会、董事会或者监事会决定。

公司股东会、董事会或者监事会就解聘会计师事务所进行表决时，应当允许会计师事务所陈述意见。

第二百一十六条　公司应当向聘用的会计师事务所提供真实、完整的会计凭证、会计账簿、财务会计报告及其他会计资料，不得拒绝、隐匿、谎报。

第二百一十七条　公司除法定的会计账簿外，不得另立会计账簿。

对公司资金，不得以任何个人名义开立账户存储。

第十一章　公司合并、分立、增资、减资

第二百一十八条　公司合并可以采取吸收合并或者新设合并。

一个公司吸收其他公司为吸收合并，被吸收的公司解散。两个以上公司合并设立一个新的公司为新设合并，合并各方解散。

第二百一十九条　公司与其持股百分之九十以上的公司合并，被合并的公司不需经股东会决议，但应当通知其他股东，其他股东有权请求公司按照合理的价格收购其股权或者股份。

公司合并支付的价款不超过本公司净资产百分之十的，可以不经股东会决议；但是，公司章程另有规定的除外。

公司依照前两款规定合并不经股东会决议的，应当经董事会决议。

第二百二十条　公司合并，应当由合并各方签订合并协议，并编制资产负债表及财产清单。公司应当自作出合并决议之日起十日内通知债权人，并于三十日内在报纸上或者国家企业信用信息公示系统公告。债权人自接到通知之日起三十日内，未接到通知的自公告之日起四十五日内，可以要求公司清偿债务或者提供相应的担保。

第二百二十一条　公司合并时，合并各方的债权、债务，应当由合并后存续的公司或者新设的公司承继。

第二百二十二条　公司分立，其财产作相应的分割。

公司分立，应当编制资产负债表及财产清单。公司应当自作出分立决议之日起十日内通知债权人，并于三十日内在报纸上或者国家企业信用信息公示系统公告。

第二百二十三条　公司分立前的债务由分立后的公司承担连带责任。但是，公司在分立前与债权人就债务清偿达成的书面协议另有约定的除外。

第二百二十四条　公司减少注册资本，应当编制资产负债表及财产清单。

公司应当自股东会作出减少注册资本决议之日起十日内通知债权人，并于三十日内在报纸上或者国家企业信用信息公示系统公告。债权人自接到通知之日起三十日内，未接到通知的自公告之日起四十五日内，有权要求公司清偿债务或者提供相应的担保。

公司减少注册资本，应当按照股东出资或者持有股份的比例相应减少出资额或者股份，法律另有规定、有限责任公司全体股东另有约定或者股份有限公司章程另有规定的除外。

第二百二十五条　公司依照本法第二百一十四条第二款的规定弥补亏损后，仍有亏损的，可以减少注册资本弥补亏损。减少注册资本弥补亏损的，公司不得向股东分配，也不得免除股东缴纳出资或者股款的义务。

依照前款规定减少注册资本的，不适用前条第二款的规定，但应当自股东会作出减少注册资本决议之日起三十日内在报纸上或者国家企业信用信息公示系统公告。

公司依照前两款的规定减少注册资本后，在法定公积金和任意公积金累计额达到公司注册资本百分之五十前，不得分配利润。

第二百二十六条　违反本法规定减少注册资本的，股东应当退还其收到的资金，减免股东出资的应当恢复原状；给公司造成损失的，股东及负有责任的董事、监事、高级管理人员应当承担赔偿责任。

第二百二十七条　有限责任公司增加注册资本时，股东在同等条件下有权优先按照实缴的出资比例认缴出资。但是，全体股东约定不按照出资比例优先认缴出资的除外。

股份有限公司为增加注册资本发行新股时，股东不享有优先认购权，公司章程另有规定或者股东会决议决定股东享有优先认购权的除外。

第二百二十八条　有限责任公司增加注册资本时，股东认缴新增资本的出资，依照本法设立有限责任公司缴纳出资的有关规定执行。

股份有限公司为增加注册资本发行新股时，股东认购新股，依照本法设立股份有限公司缴纳股款的有关规定执行。

第十二章　公司解散和清算

第二百二十九条　公司因下列原因解散：

（一）公司章程规定的营业期限届满或者公司章程规定的其他解散事由出现；

（二）股东会决议解散；

（三）因公司合并或者分立需要解散；

（四）依法被吊销营业执照、责令关闭或者被撤销；

（五）人民法院依照本法第二百三十一条的规定予以解散。

公司出现前款规定的解散事由，应当在十日内将解散事由通过国家企业信用信息公示系统予以公示。

第二百三十条 公司有前条第一款第一项、第二项情形，且尚未向股东分配财产的，可以通过修改公司章程或者经股东会决议而存续。

依照前款规定修改公司章程或者经股东会决议，有限责任公司须经持有三分之二以上表决权的股东通过，股份有限公司须经出席股东会会议的股东所持表决权的三分之二以上通过。

第二百三十一条 公司经营管理发生严重困难，继续存续会使股东利益受到重大损失，通过其他途径不能解决的，持有公司百分之十以上表决权的股东，可以请求人民法院解散公司。

第二百三十二条 公司因本法第二百二十九条第一款第一项、第二项、第四项、第五项规定而解散的，应当清算。董事为公司清算义务人，应当在解散事由出现之日起十五日内组成清算组进行清算。

清算组由董事组成，但是公司章程另有规定或者股东会决议另选他人的除外。

清算义务人未及时履行清算义务，给公司或者债权人造成损失的，应当承担赔偿责任。

第二百三十三条 公司依照前条第一款的规定应当清算，逾期不成立清算组进行清算或者成立清算组后不清算的，利害关系人可以申请人民法院指定有关人员组成清算组进行清算。人民法院应当受理该申请，并及时组织清算组进行清算。

公司因本法第二百二十九条第一款第四项的规定而解散的，作出吊销营业执照、责令关闭或者撤销决定的部门或者公司登记机关，可以申请人民法院指定有关人员组成清算组进行清算。

第二百三十四条 清算组在清算期间行使下列职权：

（一）清理公司财产，分别编制资产负债表和财产清单；

（二）通知、公告债权人；

（三）处理与清算有关的公司未了结的业务；

（四）清缴所欠税款以及清算过程中产生的税款；

（五）清理债权、债务；

（六）分配公司清偿债务后的剩余财产；

（七）代表公司参与民事诉讼活动。

第二百三十五条 清算组应当自成立之日起十日内通知债权人，并于六十日内在报纸上或者国家企业信用信息公示系统公告。债权人应当自接到通知之日起三十日内，未接到通知的自公告之日起四十五日内，向清算组申报其债权。

债权人申报债权，应当说明债权的有关事项，并提供证明材料。清算组应当对债权进行登记。

在申报债权期间，清算组不得对债权人进行清偿。

第二百三十六条 清算组在清理公司财产、编制资产负债表和财产清单后，应当制订清算方案，并报股东会或者人民法院确认。

公司财产在分别支付清算费用、职工的工资、社会保险费用和法定补偿金，缴纳所欠税款，清偿公司债务后的剩余财产，有限责任公司按照股东的出资比例分配，股份有限公司按照股东持有的股份比例分配。

清算期间，公司存续，但不得开展与清算无关的经营活动。公司财产在未依照前款规定清偿前，不得分配给股东。

第二百三十七条 清算组在清理公司财产、编制资产负债表和财产清单后，发现公司财产不足清偿债务的，应当依法向人民法院申请破产清算。

人民法院受理破产申请后，清算组应当将清算事务移交给人民法院指定的破产管理人。

第二百三十八条 清算组成员履行清算职责，负有忠实义务和勤勉义务。

清算组成员怠于履行清算职责，给公司造成损失的，应当承担赔偿责任；因故意或者重大过失给债权人造成损失的，应当承担赔偿责任。

第二百三十九条 公司清算结束后，清算组应当制作清算报告，报股东会或者人民法院确认，并报送公司登记机关，申请注销公司登记。

第二百四十条 公司在存续期间未产生债务，或者已清偿全部债务的，经全体股东承诺，可以按照规定通过简易程序注销公司登记。

通过简易程序注销公司登记，应当通过国家企业信用信息公示系统予以公告，公告期限不少于二十日。公告期限届满后，未有异议的，公司可以在二十日内向公司登记机关申请注销公司登记。

公司通过简易程序注销公司登记，股东对本条第一款规定的内容承诺不实的，应当对注销登记前的债务承担连带责任。

第二百四十一条　公司被吊销营业执照、责令关闭或者被撤销，满三年未向公司登记机关申请注销公司登记的，公司登记机关可以通过国家企业信用信息公示系统予以公告，公告期限不少于六十日。公告期限届满后，未有异议的，公司登记机关可以注销公司登记。

依照前款规定注销公司登记的，原公司股东、清算义务人的责任不受影响。

第二百四十二条　公司被依法宣告破产的，依照有关企业破产的法律实施破产清算。

第十三章　外国公司的分支机构

第二百四十三条　本法所称外国公司，是指依照外国法律在中华人民共和国境外设立的公司。

第二百四十四条　外国公司在中华人民共和国境内设立分支机构，应当向中国主管机关提出申请，并提交其公司章程、所属国的公司登记证书等有关文件，经批准后，向公司登记机关依法办理登记，领取营业执照。

外国公司分支机构的审批办法由国务院另行规定。

第二百四十五条　外国公司在中华人民共和国境内设立分支机构，应当在中华人民共和国境内指定负责该分支机构的代表人或者代理人，并向该分支机构拨付与其所从事的经营活动相适应的资金。

对外国公司分支机构的经营资金需要规定最低限额的，由国务院另行规定。

第二百四十六条　外国公司的分支机构应当在其名称中标明该外国公司的国籍及责任形式。

外国公司的分支机构应当在本机构中置备该外国公司章程。

第二百四十七条　外国公司在中华人民共和国境内设立的分支机构不具有中国法人资格。

外国公司对其分支机构在中华人民共和国境内进行经营活动承担民事责任。

第二百四十八条　经批准设立的外国公司分支机构，在中华人民共和国境内从事业务活动，应当遵守中国的法律，不得损害中国的社会公共利益，其合法权益受中国法律保护。

第二百四十九条　外国公司撤销其在中华人民共和国境内的分支机构时，应当依法清偿债务，依照本法有关公司清算程序的规定进行清算。未清偿债务之前，不得将其分支机构的财产转移至中华人民共和国境外。

第十四章　法律责任

第二百五十条　违反本法规定，虚报注册资本、提交虚假材料或者采取其他欺诈手段隐瞒重要事实取得公司登记的，由公司登记机关责令改正，对虚报注册资本的公司，处以虚报注册资本金额百分之五以上百分之十五以下的罚款；对提交虚假材料或者采取其他欺诈手段隐瞒重要事实的公司，处以五万元以上二百万元以下的罚款；情节严重的，吊销营业执照；对直接负责的主管人员和其他直接责任人员处以三万元以上三十万元以下的罚款。

第二百五十一条　公司未依照本法第四十条规定公示有关信息或者不如实公示有关信息的，由公司登记机关责令改正，可以处以一万元以上五万元以下的罚款。情节严重的，处以五万元以上二十万元以下的罚款；对直接负责的主管人员和其他直接责任人员处以一万元以上十万元以下的罚款。

第二百五十二条　公司的发起人、股东虚假出资，未交付或者未按期交付作为出资的货币或者非货币财产的，由公司登记机关责令改正，可以处以五万元以上二十万元以下的罚款；情节严重的，处以虚假出资或者未出资金额百分之五以上百分之十五以下的罚款；对直接负责的主管人员和其他直接责任人员处以一万元以上十万元以下的罚款。

第二百五十三条　公司的发起人、股东在公司成立后，抽逃其出资的，由公司登记机关责令改正，处以所抽逃出资金额百分之五以上百分之十五以下的罚款；对直接负责的主管人员和其他直接责任人员处以三万元以上三十万元以下的罚款。

第二百五十四条　有下列行为之一的，由县级以上人民政府财政部门依照《中华人民共和国会计法》等法律、行政法规的规定处罚：

（一）在法定的会计账簿以外另立会计账簿；

（二）提供存在虚假记载或者隐瞒重要事实的财务会计报告。

第二百五十五条　公司在合并、分立、减少注册资本或者进行清算时，不依照本法规定通知或者公告债权人的，由公司登记机关责令改正，对公司处以一万元以上十万元以下的罚款。

第二百五十六条 公司在进行清算时，隐匿财产，对资产负债表或者财产清单作虚假记载，或者在未清偿债务前分配公司财产的，由公司登记机关责令改正，对公司处以隐匿财产或者未清偿债务前分配公司财产金额百分之五以上百分之十以下的罚款；对直接负责的主管人员和其他直接责任人员处以一万元以上十万元以下的罚款。

第二百五十七条 承担资产评估、验资或者验证的机构提供虚假材料或者提供有重大遗漏的报告的，由有关部门依照《中华人民共和国资产评估法》、《中华人民共和国注册会计师法》等法律、行政法规的规定处罚。

承担资产评估、验资或者验证的机构因其出具的评估结果、验资或者验证证明不实，给公司债权人造成损失的，除能够证明自己没有过错的外，在其评估或者证明不实的金额范围内承担赔偿责任。

第二百五十八条 公司登记机关违反法律、行政法规规定未履行职责或者履行职责不当的，对负有责任的领导人员和直接责任人员依法给予政务处分。

第二百五十九条 未依法登记为有限责任公司或者股份有限公司，而冒用有限责任公司或者股份有限公司名义的，或者未依法登记为有限责任公司或者股份有限公司的分公司，而冒用有限责任公司或者股份有限公司的分公司名义的，由公司登记机关责令改正或者予以取缔，可以并处十万元以下的罚款。

第二百六十条 公司成立后无正当理由超过六个月未开业的，或者开业后自行停业连续六个月以上的，公司登记机关可以吊销营业执照，但公司依法办理歇业的除外。

公司登记事项发生变更时，未依照本法规定办理有关变更登记的，由公司登记机关责令限期登记；逾期不登记的，处以一万元以上十万元以下的罚款。

第二百六十一条 外国公司违反本法规定，擅自在中华人民共和国境内设立分支机构的，由公司登记机关责令改正或者关闭，可以并处五万元以上二十万元以下的罚款。

第二百六十二条 利用公司名义从事危害国家安全、社会公共利益的严重违法行为的，吊销营业执照。

第二百六十三条 公司违反本法规定，应当承担民事赔偿责任和缴纳罚款、罚金的，其财产不足以支付时，先承担民事赔偿责任。

第二百六十四条 违反本法规定，构成犯罪的，依法追究刑事责任。

第十五章 附 则

第二百六十五条 本法下列用语的含义：

（一）高级管理人员，是指公司的经理、副经理、财务负责人，上市公司董事会秘书和公司章程规定的其他人员。

（二）控股股东，是指其出资额占有限责任公司资本总额超过百分之五十或者其持有的股份占股份有限公司股本总额超过百分之五十的股东；出资额或者持有股份的比例虽然低于百分之五十，但依其出资额或者持有的股份所享有的表决权已足以对股东会的决议产生重大影响的股东。

（三）实际控制人，是指通过投资关系、协议或者其他安排，能够实际支配公司行为的人。

（四）关联关系，是指公司控股股东、实际控制人、董事、监事、高级管理人员与其直接或者间接控制的企业之间的关系，以及可能导致公司利益转移的其他关系。但是，国家控股的企业之间不仅因为同受国家控股而具有关联关系。

第二百六十六条 本法自 2024 年 7 月 1 日起施行。

本法施行前已登记设立的公司，出资期限超过本法规定的期限的，除法律、行政法规或者国务院另有规定外，应当逐步调整至本法规定的期限以内；对于出资期限、出资额明显异常的，公司登记机关可以依法要求其及时调整。具体实施办法由国务院规定。

中华人民共和国反垄断法

（2007 年 8 月 30 日第十届全国人民代表大会常务委员会第二十九次会议通过 根据 2022 年 6 月 24 日第十三届全国人民代表大会常务委员会第三十五次会议《关于修改〈中华人民共和国反垄断法〉的决定》修正）

第一章 总 则

第一条 为了预防和制止垄断行为，保护市场公平竞争，鼓励创新，提高经济运行效率，维护消费者利益和社会公共利益，促进社会主义市场经济健康发展，制定本法。

第二条 中华人民共和国境内经济活动中的垄断行为，适用本法；中华人民共和国境外的垄断行为，对境内市场竞争产生排除、限制影响的，适用本法。

第三条 本法规定的垄断行为包括：

（一）经营者达成垄断协议；

（二）经营者滥用市场支配地位；

（三）具有或者可能具有排除、限制竞争效果的经营者集中。

第四条 反垄断工作坚持中国共产党的领导。

国家坚持市场化、法治化原则，强化竞争政策基础地位，制定和实施与社会主义市场经济相适应的竞争规则，完善宏观调控，健全统一、开放、竞争、有序的市场体系。

第五条 国家建立健全公平竞争审查制度。

行政机关和法律、法规授权的具有管理公共事务职能的组织在制定涉及市场主体经济活动的规定时，应当进行公平竞争审查。

第六条 经营者可以通过公平竞争、自愿联合，依法实施集中，扩大经营规模，提高市场竞争能力。

第七条 具有市场支配地位的经营者，不得滥用市场支配地位，排除、限制竞争。

第八条 国有经济占控制地位的关系国民经济命脉和国家安全的行业以及依法实行专营专卖的行业，国家对其经营者的合法经营活动予以保护，并对经营者的经营行为及其商品和服务的价格依法实施监管和调控，维护消费者利益，促进技术进步。

前款规定行业的经营者应当依法经营，诚实守信，严格自律，接受社会公众的监督，不得利用其控制地位或者专营专卖地位损害消费者利益。

第九条 经营者不得利用数据和算法、技术、资本优势以及平台规则等从事本法禁止的垄断行为。

第十条 行政机关和法律、法规授权的具有管理公共事务职能的组织不得滥用行政权力，排除、限制竞争。

第十一条 国家健全完善反垄断规则制度，强化反垄断监管力量，提高监管能力和监管体系现代化水平，加强反垄断执法司法，依法公正高效审理垄断案件，健全行政执法和司法衔接机制，维护公平竞争秩序。

第十二条 国务院设立反垄断委员会，负责组织、协调、指导反垄断工作，履行下列职责：

（一）研究拟订有关竞争政策；

（二）组织调查、评估市场总体竞争状况，发布评估报告；

（三）制定、发布反垄断指南；

（四）协调反垄断行政执法工作；

（五）国务院规定的其他职责。

国务院反垄断委员会的组成和工作规则由国务院规定。

第十三条 国务院反垄断执法机构负责反垄断统一执法工作。

国务院反垄断执法机构根据工作需要，可以授权省、自治区、直辖市人民政府相应的机构，依照本法规定负责有关反垄断执法工作。

第十四条 行业协会应当加强行业自律，引导本行业的经营者依法竞争，合规经营，维护市场竞争秩序。

第十五条 本法所称经营者，是指从事商品生产、经营或者提供服务的自然人、法人和非法人组织。

本法所称相关市场，是指经营者在一定时期内就特定商品或者服务（以下统称商品）进行竞争的商品范围和地域范围。

第二章 垄断协议

第十六条 本法所称垄断协议，是指排除、限制竞争的协议、决定或者其他协同行为。

第十七条 禁止具有竞争关系的经营者达成下列垄断协议：

（一）固定或者变更商品价格；

（二）限制商品的生产数量或者销售数量；

（三）分割销售市场或者原材料采购市场；

（四）限制购买新技术、新设备或者限制开发新技术、新产品；

（五）联合抵制交易；

（六）国务院反垄断执法机构认定的其他垄断协议。

第十八条 禁止经营者与交易相对人达成下列垄断协议：

（一）固定向第三人转售商品的价格；

（二）限定向第三人转售商品的最低价格；

（三）国务院反垄断执法机构认定的其他垄断协议。

对前款第一项和第二项规定的协议，经营者能够证明其不具有排除、限制竞争效果的，不予禁止。

经营者能够证明其在相关市场的市场份额低于国务院反垄断执法机构规定的标准，并符合国务院反垄断执法机构规定的其他条件的，不予禁止。

第十九条 经营者不得组织其他经营者达成垄断协议或者为其他经营者达成垄断协议提供实质性帮助。

第二十条 经营者能够证明所达成的协议属于下列情形之一的，不适用本法第十七条、第十八条第一款、第十九条的规定：

（一）为改进技术、研究开发新产品的；

（二）为提高产品质量、降低成本、增进效率，统一产品规格、标准或者实行专业化分工的；

（三）为提高中小经营者经营效率，增强中小经营者竞争力的；

（四）为实现节约能源、保护环境、救灾救助等社会公共利益的；

（五）因经济不景气，为缓解销售量严重下降或者生产明显过剩的；

（六）为保障对外贸易和对外经济合作中的正当利益的；

（七）法律和国务院规定的其他情形。

属于前款第一项至第五项情形，不适用本法第十七条、第十八条第一款、第十九条的，经营者还应当证明所达成的协议不会严重限制相关市场的竞争，并且能够使消费者分享由此产生的利益。

第二十一条 行业协会不得组织本行业的经营者从事本章禁止的垄断行为。

第三章 滥用市场支配地位

第二十二条 禁止具有市场支配地位的经营者从事下列滥用市场支配地位的行为：

（一）以不公平的高价销售商品或者以不公平的低价购买商品；

（二）没有正当理由，以低于成本的价格销售商品；

（三）没有正当理由，拒绝与交易相对人进行交易；

（四）没有正当理由，限定交易相对人只能与其进行交易或者只能与其指定的经营者进行交易；

（五）没有正当理由搭售商品，或者在交易时附加其他不合理的交易条件；

（六）没有正当理由，对条件相同的交易相对人在交易价格等交易条件上实行差别待遇；

（七）国务院反垄断执法机构认定的其他滥用市场支配地位的行为。

具有市场支配地位的经营者不得利用数据和算法、技术以及平台规则等从事前款规定的滥用市场支配地位的行为。

本法所称市场支配地位，是指经营者在相关市场内具有能够控制商品价格、数量或者其他交易条件，或者能够阻碍、影响其他经营者进入相关市场能力的市场地位。

第二十三条 认定经营者具有市场支配地位，应当依据下列因素：

（一）该经营者在相关市场的市场份额，以及相关市场的竞争状况；

（二）该经营者控制销售市场或者原材料采购市场的能力；

（三）该经营者的财力和技术条件；

（四）其他经营者对该经营者在交易上的依赖程度；

（五）其他经营者进入相关市场的难易程度；

（六）与认定该经营者市场支配地位有关的其他因素。

第二十四条 有下列情形之一的，可以推定经营者具有市场支配地位：

（一）一个经营者在相关市场的市场份额达到二分之一的；

（二）两个经营者在相关市场的市场份额合计达到三分之二的；

（三）三个经营者在相关市场的市场份额合计达到四分之三的。

有前款第二项、第三项规定的情形，其中有的经营者市场份额不足十分之一的，不应当推定该经营者具有市场支配地位。

被推定具有市场支配地位的经营者，有证据证明不具有市场支配地位的，不应当认定其具有市场支配地位。

第四章 经营者集中

第二十五条 经营者集中是指下列情形：

（一）经营者合并；

（二）经营者通过取得股权或者资产的方式取得对其他经营者的控制权；

（三）经营者通过合同等方式取得对其他经营者的控制权或者能够对其他经营者施加决定性

影响。

第二十六条　经营者集中达到国务院规定的申报标准的，经营者应当事先向国务院反垄断执法机构申报，未申报的不得实施集中。

经营者集中未达到国务院规定的申报标准，但有证据证明该经营者集中具有或者可能具有排除、限制竞争效果的，国务院反垄断执法机构可以要求经营者申报。

经营者未依照前两款规定进行申报的，国务院反垄断执法机构应当依法进行调查。

第二十七条　经营者集中有下列情形之一的，可以不向国务院反垄断执法机构申报：

（一）参与集中的一个经营者拥有其他每个经营者百分之五十以上有表决权的股份或者资产的；

（二）参与集中的每个经营者百分之五十以上有表决权的股份或者资产被同一个未参与集中的经营者拥有的。

第二十八条　经营者向国务院反垄断执法机构申报集中，应当提交下列文件、资料：

（一）申报书；

（二）集中对相关市场竞争状况影响的说明；

（三）集中协议；

（四）参与集中的经营者经会计师事务所审计的上一会计年度财务会计报告；

（五）国务院反垄断执法机构规定的其他文件、资料。

申报书应当载明参与集中的经营者的名称、住所、经营范围、预定实施集中的日期和国务院反垄断执法机构规定的其他事项。

第二十九条　经营者提交的文件、资料不完备的，应当在国务院反垄断执法机构规定的期限内补交文件、资料。经营者逾期未补交文件、资料的，视为未申报。

第三十条　国务院反垄断执法机构应当自收到经营者提交的符合本法第二十三条规定的文件、资料之日起三十日内，对申报的经营者集中进行初步审查，作出是否实施进一步审查的决定，并书面通知经营者。国务院反垄断执法机构作出决定前，经营者不得实施集中。

国务院反垄断执法机构作出不实施进一步审查的决定或者逾期未作出决定的，经营者可以实施集中。

第三十一条　国务院反垄断执法机构决定实施进一步审查的，应当自决定之日起九十日内审查完毕，作出是否禁止经营者集中的决定，并书面通知经营者。作出禁止经营者集中的决定，应当说明理由。审查期间，经营者不得实施集中。

有下列情形之一的，国务院反垄断执法机构经书面通知经营者，可以延长前款规定的审查期限，但最长不得超过六十日：

（一）经营者同意延长审查期限的；

（二）经营者提交的文件、资料不准确，需要进一步核实的；

（三）经营者申报后有关情况发生重大变化的。

国务院反垄断执法机构逾期未作出决定的，经营者可以实施集中。

第三十二条　有下列情形之一的，国务院反垄断执法机构可以决定中止计算经营者集中的审查期限，并书面通知经营者：

（一）经营者未按照规定提交文件、资料，导致审查工作无法进行；

（二）出现对经营者集中审查具有重大影响的新情况、新事实，不经核实将导致审查工作无法进行；

（三）需要对经营者集中附加的限制性条件进一步评估，且经营者提出中止请求。

自中止计算审查期限的情形消除之日起，审查期限继续计算，国务院反垄断执法机构应当书面通知经营者。

第三十三条　审查经营者集中，应当考虑下列因素：

（一）参与集中的经营者在相关市场的市场份额及其对市场的控制力；

（二）相关市场的市场集中度；

（三）经营者集中对市场进入、技术进步的影响；

（四）经营者集中对消费者和其他有关经营者的影响；

（五）经营者集中对国民经济发展的影响；

（六）国务院反垄断执法机构认为应当考虑的影响市场竞争的其他因素。

第三十四条　经营者集中具有或者可能具有排除、限制竞争效果的，国务院反垄断执法机构应当作出禁止经营者集中的决定。但是，经营者能够证明该集中对竞争产生的有利影响明显大于不利影响，或者符合社会公共利益的，国务院反垄断执法机构可以作出对经营者集中不予禁止的决定。

第三十五条　对不予禁止的经营者集中，国务院反垄断执法机构可以决定附加减少集中对竞争产生不利影响的限制性条件。

第三十六条 国务院反垄断执法机构应当将禁止经营者集中的决定或者对经营者集中附加限制性条件的决定，及时向社会公布。

第三十七条 国务院反垄断执法机构应当健全经营者集中分类分级审查制度，依法加强对涉及国计民生等重要领域的经营者集中的审查，提高审查质量和效率。

第三十八条 对外资并购境内企业或者以其他方式参与经营者集中，涉及国家安全的，除依照本法规定进行经营者集中审查外，还应当按照国家有关规定进行国家安全审查。

第五章 滥用行政权力排除、限制竞争

第三十九条 行政机关和法律、法规授权的具有管理公共事务职能的组织不得滥用行政权力，限定或者变相限定单位或者个人经营、购买、使用其指定的经营者提供的商品。

第四十条 行政机关和法律、法规授权的具有管理公共事务职能的组织不得滥用行政权力，通过与经营者签订合作协议、备忘录等方式，妨碍其他经营者进入相关市场或者对其他经营者实行不平等待遇，排除、限制竞争。

第四十一条 行政机关和法律、法规授权的具有管理公共事务职能的组织不得滥用行政权力，实施下列行为，妨碍商品在地区之间的自由流通：

（一）对外地商品设定歧视性收费项目、实行歧视性收费标准，或者规定歧视性价格；

（二）对外地商品规定与本地同类商品不同的技术要求、检验标准，或者对外地商品采取重复检验、重复认证等歧视性技术措施，限制外地商品进入本地市场；

（三）采取专门针对外地商品的行政许可，限制外地商品进入本地市场；

（四）设置关卡或者采取其他手段，阻碍外地商品进入或者本地商品运出；

（五）妨碍商品在地区之间自由流通的其他行为。

第四十二条 行政机关和法律、法规授权的具有管理公共事务职能的组织不得滥用行政权力，以设定歧视性资质要求、评审标准或者不依法发布信息等方式，排斥或者限制经营者参加招标投标以及其他经营活动。

第四十三条 行政机关和法律、法规授权的具有管理公共事务职能的组织不得滥用行政权力，采取与本地经营者不平等待遇等方式，排斥、限制、强制或者变相强制外地经营者在本地投资或者设立分支机构。

第四十四条 行政机关和法律、法规授权的具有管理公共事务职能的组织不得滥用行政权力，强制或者变相强制经营者从事本法规定的垄断行为。

第四十五条 行政机关和法律、法规授权的具有管理公共事务职能的组织不得滥用行政权力，制定含有排除、限制竞争内容的规定。

第六章 对涉嫌垄断行为的调查

第四十六条 反垄断执法机构依法对涉嫌垄断行为进行调查。

对涉嫌垄断行为，任何单位和个人有权向反垄断执法机构举报。反垄断执法机构应当为举报人保密。

举报采用书面形式并提供相关事实和证据的，反垄断执法机构应当进行必要的调查。

第四十七条 反垄断执法机构调查涉嫌垄断行为，可以采取下列措施：

（一）进入被调查的经营者的营业场所或者其他有关场所进行检查；

（二）询问被调查的经营者、利害关系人或者其他有关单位或者个人，要求其说明有关情况；

（三）查阅、复制被调查的经营者、利害关系人或者其他有关单位或者个人的有关单证、协议、会计账簿、业务函电、电子数据等文件、资料；

（四）查封、扣押相关证据；

（五）查询经营者的银行账户。

采取前款规定的措施，应当向反垄断执法机构主要负责人书面报告，并经批准。

第四十八条 反垄断执法机构调查涉嫌垄断行为，执法人员不得少于二人，并应当出示执法证件。

执法人员进行询问和调查，应当制作笔录，并由被询问人或者被调查人签字。

第四十九条 反垄断执法机构及其工作人员对执法过程中知悉的商业秘密、个人隐私和个人信息依法负有保密义务。

第五十条 被调查的经营者、利害关系人或者其他有关单位或者个人应当配合反垄断执法机构依法履行职责，不得拒绝、阻碍反垄断执法机构的

调查。

第五十一条　被调查的经营者、利害关系人有权陈述意见。反垄断执法机构应当对被调查的经营者、利害关系人提出的事实、理由和证据进行核实。

第五十二条　反垄断执法机构对涉嫌垄断行为调查核实后，认为构成垄断行为的，应当依法作出处理决定，并可以向社会公布。

第五十三条　对反垄断执法机构调查的涉嫌垄断行为，被调查的经营者承诺在反垄断执法机构认可的期限内采取具体措施消除该行为后果的，反垄断执法机构可以决定中止调查。中止调查的决定应当载明被调查的经营者承诺的具体内容。

反垄断执法机构决定中止调查的，应当对经营者履行承诺的情况进行监督。经营者履行承诺的，反垄断执法机构可以决定终止调查。

有下列情形之一的，反垄断执法机构应当恢复调查：

（一）经营者未履行承诺的；

（二）作出中止调查决定所依据的事实发生重大变化的；

（三）中止调查的决定是基于经营者提供的不完整或者不真实的信息作出的。

第五十四条　反垄断执法机构依法对涉嫌滥用行政权力排除、限制竞争的行为进行调查，有关单位或者个人应当配合。

第五十五条　经营者、行政机关和法律、法规授权的具有管理公共事务职能的组织，涉嫌违反本法规定的，反垄断执法机构可以对其法定代表人或者负责人进行约谈，要求其提出改进措施。

第七章　法律责任

第五十六条　经营者违反本法规定，达成并实施垄断协议的，由反垄断执法机构责令停止违法行为，没收违法所得，并处上一年度销售额百分之一以上百分之十以下的罚款，上一年度没有销售额的，处五百万元以下的罚款；尚未实施所达成的垄断协议的，可以处三百万元以下的罚款。经营者的法定代表人、主要负责人和直接责任人员对达成垄断协议负有个人责任的，可以处一百万元以下的罚款。

经营者组织其他经营者达成垄断协议或者为其他经营者达成垄断协议提供实质性帮助的，适用前款规定。

经营者主动向反垄断执法机构报告达成垄断协议的有关情况并提供重要证据的，反垄断执法机构可以酌情减轻或者免除对该经营者的处罚。

行业协会违反本法规定，组织本行业的经营者达成垄断协议的，由反垄断执法机构责令改正，可以处三百万元以下的罚款；情节严重的，社会团体登记管理机关可以依法撤销登记。

第五十七条　经营者违反本法规定，滥用市场支配地位的，由反垄断执法机构责令停止违法行为，没收违法所得，并处上一年度销售额百分之一以上百分之十以下的罚款。

第五十八条　经营者违反本法规定实施集中，且具有或者可能具有排除、限制竞争效果的，由国务院反垄断执法机构责令停止实施集中、限期处分股份或者资产、限期转让营业以及采取其他必要措施恢复到集中前的状态，处上一年度销售额百分之十以下的罚款；不具有排除、限制竞争效果的，处五百万元以下的罚款。

第五十九条　对本法第五十六条、第五十七条、第五十八条规定的罚款，反垄断执法机构确定具体罚款数额时，应当考虑违法行为的性质、程度、持续时间和消除违法行为后果的情况等因素。

第六十条　经营者实施垄断行为，给他人造成损失的，依法承担民事责任。

经营者实施垄断行为，损害社会公共利益的，设区的市级以上人民检察院可以依法向人民法院提起民事公益诉讼。

第六十一条　行政机关和法律、法规授权的具有管理公共事务职能的组织滥用行政权力，实施排除、限制竞争行为的，由上级机关责令改正；对直接负责的主管人员和其他直接责任人员依法给予处分。反垄断执法机构可以向有关上级机关提出依法处理的建议。行政机关和法律、法规授权的具有管理公共事务职能的组织应当将有关改正情况书面报告上级机关和反垄断执法机构。

法律、行政法规对行政机关和法律、法规授权的具有管理公共事务职能的组织滥用行政权力实施排除、限制竞争行为的处理另有规定的，依照其规定。

第六十二条　对反垄断执法机构依法实施的审查和调查，拒绝提供有关材料、信息，或者提供虚假材料、信息，或者隐匿、销毁、转移证据，或者有其他拒绝、阻碍调查行为的，由反垄断执法机构责令改正，对单位处上一年度销售额百分之一以下的罚款，上一年度没有销售额或者销售额难以计算的，处五百万元以下的罚款；对个人处五十万元以下的罚款。

第六十三条 违反本法规定，情节特别严重、影响特别恶劣、造成特别严重后果的，国务院反垄断执法机构可以在本法第五十六条、第五十七条、第五十八条、第六十二条规定的罚款数额的二倍以上五倍以下确定具体罚款数额。

第六十四条 经营者因违反本法规定受到行政处罚的，按照国家有关规定记入信用记录，并向社会公示。

第六十五条 对反垄断执法机构依据本法第三十四条、第三十五条作出的决定不服的，可以先依法申请行政复议；对行政复议决定不服的，可以依法提起行政诉讼。

对反垄断执法机构作出的前款规定以外的决定不服的，可以依法申请行政复议或者提起行政诉讼。

第六十六条 反垄断执法机构工作人员滥用职权、玩忽职守、徇私舞弊或者泄露执法过程中知悉的商业秘密、个人隐私和个人信息的，依法给予处分。

第六十七条 违反本法规定，构成犯罪的，依法追究刑事责任。

第八章 附 则

第六十八条 经营者依照有关知识产权的法律、行政法规规定行使知识产权的行为，不适用本法；但是，经营者滥用知识产权，排除、限制竞争的行为，适用本法。

第六十九条 农业生产者及农村经济组织在农产品生产、加工、销售、运输、储存等经营活动中实施的联合或者协同行为，不适用本法。

第七十条 本法自2008年8月1日起施行。

行政规章及规范性文件：

国有企业法律顾问管理办法

国务院国有资产监督管理委员会令第6号

《国有企业法律顾问管理办法》已经国务院国有资产监督管理委员会第18次主任办公会议审议通过，现予公布，自2004年6月1日起施行。

国务院国有资产监督管理委员会主任 李荣融

二〇〇四年五月十一日

第一章 总 则

第一条 为进一步建立健全国有企业法律风险防范机制，规范企业法律顾问工作，保障企业法律顾问依法执业，促进企业依法经营，进一步加强企业国有资产的监督管理，依法维护企业国有资产所有者和企业的合法权益，根据《企业国有资产监督管理暂行条例》和国家有关规定，制定本办法。

第二条 国有及国有控股企业（以下简称企业）法律顾问管理工作适用本办法。

第三条 本办法所称所出资企业，是指国务院，省、自治区、直辖市人民政府，设区的市、自治州人民政府授权国有资产监督管理机构依法履行出资人职责的企业。

第四条 国有资产监督管理机构负责指导企业法律顾问管理工作。

上级政府国有资产监督管理机构依照本办法对下级政府国有资产监督管理机构负责的企业法律顾问管理工作进行指导和监督。

第五条 国有资产监督管理机构和企业应当建立防范风险的法律机制，建立健全企业法律顾问制度。

第六条 国有资产监督管理机构和企业应当建立健全企业法律顾问工作激励、约束机制。

第二章 企业法律顾问

第七条 本办法所称企业法律顾问，是指取得企业法律顾问执业资格，由企业聘任，专门从事企业法律事务工作的企业内部专业人员。

第八条 企业法律顾问执业，应当遵守国家有关规定，取得企业法律顾问执业资格证书。

企业法律顾问执业资格证书须通过全国企业法律顾问执业资格统一考试，成绩合格后取得。

企业法律顾问执业资格管理由国务院国有资产监督管理机构和省级国有资产监督管理机构按照国家有关规定统一负责。条件成熟的，应当委托企业法律顾问的协会组织具体办理。

第九条 企业应当支持职工学习和掌握与本职工作有关的法律知识，鼓励具备条件的人员参加全国企业法律顾问执业资格考试。

企业应当建立企业法律顾问业务培训制度，提高企业法律顾问的业务素质和执业水平。

第十条　企业法律顾问应当遵循以下工作原则：

（一）依据国家法律法规和有关规定执业；

（二）依法维护企业的合法权益；

（三）依法维护企业国有资产所有者和其他出资人的合法权益；

（四）以事前防范法律风险和事中法律控制为主、事后法律补救为辅。

第十一条　企业法律顾问享有下列权利：

（一）负责处理企业经营、管理和决策中的法律事务；

（二）对损害企业合法权益、损害出资人合法权益和违反法律法规的行为，提出意见和建议；

（三）根据工作需要查阅企业有关文件、资料，询问企业有关人员；

（四）法律、法规、规章和企业授予的其他权利。

企业对企业法律顾问就前款第（二）项提出的意见和建议不予采纳，造成重大经济损失，严重损害出资人合法权益的，所出资企业的子企业的法律顾问可以向所出资企业反映，所出资企业的法律顾问可以向国有资产监督管理机构反映。

第十二条　企业法律顾问应当履行下列义务：

（一）遵守国家法律法规和有关规定以及企业规章制度，恪守职业道德和执业纪律；

（二）依法履行企业法律顾问职责；

（三）对所提出的法律意见、起草的法律文书以及办理的其他法律事务的合法性负责；

（四）保守国家秘密和企业商业秘密；

（五）法律、法规、规章和企业规定的应当履行的其他义务。

第十三条　企业应当建立科学、规范的企业法律顾问工作制度和工作流程，规定企业法律顾问处理企业法律事务的权限、程序和工作时限等内容，确保企业法律顾问顺利开展工作。

第十四条　企业应当建立企业法律顾问专业技术等级制度。

企业法律顾问分为企业一级法律顾问、企业二级法律顾问和企业三级法律顾问。评定办法另行制定。

第十五条　企业法律事务机构可以配备企业法律顾问助理，协助企业法律顾问开展工作。

第三章　企业总法律顾问

第十六条　本办法所称企业总法律顾问，是指具有企业法律顾问执业资格，由企业聘任，全面负责企业法律事务工作的高级管理人员。企业总法律顾问对企业法定代表人或者总经理负责。

第十七条　大型企业设置企业总法律顾问。

第十八条　企业总法律顾问应当同时具备下列条件：

（一）拥护、执行党和国家的基本路线、方针和政策，秉公尽责，严守法纪；

（二）熟悉企业经营管理，具有较高的政策水平和较强的组织协调能力；

（三）精通法律业务，具有处理复杂或者疑难法律事务的工作经验和能力；

（四）具有企业法律顾问执业资格，在企业中层以上管理部门担任主要负责人满3年的；或者被聘任为企业一级法律顾问，并担任过企业法律事务机构负责人的。

第十九条　企业总法律顾问可以从社会上招聘产生。招聘办法另行制定。

第二十条　企业总法律顾问的任职实行备案制度。所出资企业按照企业负责人任免程序将所选聘的企业总法律顾问报送国有资产监督管理机构备案；所出资企业的子企业将所选聘的企业总法律顾问报送所出资企业备案。

第二十一条　企业总法律顾问履行下列职责：

（一）全面负责企业法律事务工作，统一协调处理企业决策、经营和管理中的法律事务；

（二）参与企业重大经营决策，保证决策的合法性，并对相关法律风险提出防范意见；

（三）参与企业重要规章制度的制定和实施，建立健全企业法律事务机构；

（四）负责企业的法制宣传教育和培训工作，组织建立企业法律顾问业务培训制度；

（五）对企业及下属单位违反法律、法规的行为提出纠正意见，监督或者协助有关部门予以整改；

（六）指导下属单位法律事务工作，对下属单位法律事务负责人的任免提出建议；

（七）其他应当由企业总法律顾问履行的职责。

第四章　企业法律事务机构

第二十二条　本办法所称的企业法律事务机

构，是指企业设置的专门承担企业法律事务工作的职能部门，是企业法律顾问的执业机构。

第二十三条 大型企业设置专门的法律事务机构，其他企业可以根据需要设置法律事务机构。

企业应当根据工作需要为法律事务机构配备企业法律顾问。

第二十四条 企业法律事务机构履行下列职责：

（一）正确执行国家法律、法规，对企业重大经营决策提出法律意见；

（二）起草或者参与起草、审核企业重要规章制度；

（三）管理、审核企业合同，参加重大合同的谈判和起草工作；

（四）参与企业的分立、合并、破产、解散、投融资、担保、租赁、产权转让、招投标及改制、重组、公司上市等重大经济活动，处理有关法律事务；

（五）办理企业工商登记以及商标、专利、商业秘密保护、公证、鉴证等有关法律事务，做好企业商标、专利、商业秘密等知识产权保护工作；

（六）负责或者配合企业有关部门对职工进行法制宣传教育；

（七）提供与企业生产经营有关的法律咨询；

（八）受企业法定代表人的委托，参加企业的诉讼、仲裁、行政复议和听证等活动；

（九）负责选聘律师，并对其工作进行监督和评价；

（十）办理企业负责人交办的其他法律事务。

第二十五条 法律事务机构应当加强与企业财务、审计和监察等部门的协调和配合，建立健全企业内部各项监督机制。

第二十六条 企业应当支持企业法律事务机构及企业法律顾问依法履行职责，为开展法律事务工作提供必要的组织、制度和物质等保障。

第五章 监督检查

第二十七条 国有资产监督管理机构应当加强对所出资企业法制建设情况的监督和检查。

第二十八条 国有资产监督管理机构应当督促所出资企业依法决策、依法经营管理、依法维护自身合法权益。

第二十九条 所出资企业依据有关规定报送国有资产监督管理机构批准的分立、合并、破产、解散、增减资本、重大投融资等重大事项，应当由企业法律顾问出具法律意见书，分析相关的法律风险，明确法律责任。

第三十条 所出资企业发生涉及出资人重大权益的法律纠纷，应当在法律纠纷发生之日起一个月内向国有资产监督管理机构备案，并接受有关法律指导和监督。

第三十一条 所出资企业对其子企业法制建设情况的监督和检查参照本章规定执行。

第六章 奖励和处罚

第三十二条 国有资产监督管理机构和企业应当对在促进企业依法经营，避免或者挽回企业重大经济损失，实现国有资产保值增值等方面作出重大贡献的企业法律事务机构和企业法律顾问给予表彰和奖励。

第三十三条 企业法律顾问和总法律顾问玩忽职守、滥用职权、谋取私利，给企业造成较大损失的，应当依法追究其法律责任，并可同时依照有关规定，由其所在企业报请管理机关暂停执业或者吊销其企业法律顾问执业资格证书；有犯罪嫌疑的，依法移送司法机关处理。

第三十四条 企业未按照国家有关规定建立健全法律监督机制，发生重大经营决策失误的，由国有资产监督管理机构或者所出资企业予以通报批评或者警告；情节严重或者造成企业国有资产重大损失的，对直接负责的主管人员和其他直接责任人员依法给予纪律处分；有犯罪嫌疑的，依法移送司法机关处理。

第三十五条 企业有关负责人对企业法律顾问依法履行职责打击报复的，由国有资产监督管理机构或者所出资企业予以通报批评或者警告；情节严重的，依法给予纪律处分；有犯罪嫌疑的，依法移送司法机关处理。

第三十六条 国有资产监督管理机构的工作人员违法干预企业法律顾问工作，侵犯所出资企业和企业法律顾问合法权益的，对直接负责的主管人员和其他直接责任人员依法给予行政处分；有犯罪嫌疑的，依法移送司法机关处理。

第七章 附 则

第三十七条 企业和企业法律顾问可以依法加入企业法律顾问的协会组织，参加协会组织活动。

第三十八条 地方国有资产监督管理机构可以

依据本办法制定实施细则。

第三十九条　本办法自 2004 年 6 月 1 日起施行。

关于印发《企业境外经营合规管理指引》的通知

发改外资〔2018〕1916 号

各省、自治区、直辖市及计划单列市、新疆生产建设兵团发展改革委、外事办公室、商务主管部门、人民银行分行、国资委、外汇局分局（外汇管理部）、工商联，有关企业：

合规是企业"走出去"行稳致远的前提，合规管理能力是企业国际竞争力的重要方面。为更好服务企业开展境外经营，推动企业持续提升合规管理水平，发展改革委、外交部、商务部、人民银行、国资委、外汇局、全国工商联共同制定了《企业境外经营合规管理指引》，现予以发布，供企业参考。有关方面可以结合实际，在此基础上制定更具体的合规管理指引。

国家发展改革委
外交部
商务部
人民银行
国资委
外汇局
全国工商联
2018 年 12 月 26 日

企业境外经营合规管理指引

第一章　总　　则

第一条　目的及依据

为更好服务企业开展境外经营业务，推动企业持续加强合规管理，根据国家有关法律法规和政策规定，参考 GB/T 35770—2017《合规管理体系指南》及有关国际合规规则，制定本指引。

第二条　适用范围

本指引适用于开展对外贸易、境外投资、对外承包工程等"走出去"相关业务的中国境内企业及其境外子公司、分公司、代表机构等境外分支机构（以下简称"企业"）。

法律法规对企业合规管理另有专门规定的，从其规定。行业监管部门对企业境外经营合规管理另有专门规定的，有关行业企业应当遵守其规定。

第三条　基本概念

本指引所称合规，是指企业及其员工的经营管理行为符合有关法律法规、国际条约、监管规定、行业准则、商业惯例、道德规范和企业依法制定的章程及规章制度等要求。

第四条　合规管理框架

企业应以倡导合规经营价值观为导向，明确合规管理工作内容，健全合规管理架构，制定合规管理制度，完善合规运行机制，加强合规风险识别、评估与处置，开展合规评审与改进，培育合规文化，形成重视合规经营的企业氛围。

第五条　合规管理原则

（一）独立性原则。企业合规管理应从制度设计、机构设置、岗位安排以及汇报路径等方面保证独立性。合规管理机构及人员承担的其他职责不应与合规职责产生利益冲突。

（二）适用性原则。企业合规管理应从经营范围、组织结构和业务规模等实际出发，兼顾成本与效率，强化合规管理制度的可操作性，提高合规管理的有效性。同时，企业应随着内外部环境的变化持续调整和改进合规管理体系。

（三）全面性原则。企业合规管理应覆盖所有境外业务领域、部门和员工，贯穿决策、执行、监督、反馈等各个环节，体现于决策机制、内部控制、业务流程等各个方面。

第二章　合规管理要求

第六条　对外贸易中的合规要求

企业开展对外货物和服务贸易，应确保经营活动全流程、全方位合规，全面掌握关于贸易管制、质量安全与技术标准、知识产权保护等方面的具体要求，关注业务所涉国家（地区）开展的贸易救济调查，包括反倾销、反补贴、保障措施调查等。

第七条　境外投资中的合规要求

企业开展境外投资，应确保经营活动全流程、全方位合规，全面掌握关于市场准入、贸易管制、国家安全审查、行业监管、外汇管理、反垄断、反洗钱、反恐怖融资等方面的具体要求。

第八条　对外承包工程中的合规要求

企业开展对外承包工程，应确保经营活动全流程、全方位合规，全面掌握关于投标管理、合同管理、项目履约、劳工权利保护、环境保护、连带风险管理、债务管理、捐赠与赞助、反腐败、反贿赂等方面的具体要求。

第九条 境外日常经营中的合规要求

企业开展境外日常经营，应确保经营活动全流程、全方位合规，全面掌握关于劳工权利保护、环境保护、数据和隐私保护、知识产权保护、反腐败、反贿赂、反垄断、反洗钱、反恐怖融资、贸易管制、财务税收等方面的具体要求。

第三章 合规管理架构

第十条 合规治理结构

企业可结合发展需要建立权责清晰的合规治理结构，在决策、管理、执行三个层级上划分相应的合规管理责任。

（一）企业的决策层应以保证企业合规经营为目的，通过原则性顶层设计，解决合规管理工作中的权力配置问题。

（二）企业的高级管理层应分配充足的资源建立、制定、实施、评价、维护和改进合规管理体系。

（三）企业的各执行部门及境外分支机构应及时识别归口管理领域的合规要求，改进合规管理措施，执行合规管理制度和程序，收集合规风险信息，落实相关工作要求。

第十一条 合规管理机构

企业可根据业务性质、地域范围、监管要求等设置相应的合规管理机构。合规管理机构一般由合规委员会、合规负责人和合规管理部门组成。尚不具备条件设立专门合规管理机构的企业，可由相关部门（如法律事务部门、风险防控部门等）履行合规管理职责，同时明确合规负责人。

（一）合规委员会

企业可结合实际设立合规委员会，作为企业合规管理体系的最高负责机构。合规委员会一般应履行以下合规职责：

1. 确认合规管理战略，明确合规管理目标。

2. 建立和完善企业合规管理体系，审批合规管理制度、程序和重大合规风险管理方案。

3. 听取合规管理工作汇报，指导、监督、评价合规管理工作。

（二）合规负责人

企业可结合实际任命专职的首席合规官，也可由法律事务负责人或风险防控负责人等担任合规负责人。首席合规官或合规负责人是企业合规管理工作具体实施的负责人和日常监督者，不应分管与合规管理相冲突的部门。首席合规官或合规负责人一般应履行以下合规职责：

1. 贯彻执行企业决策层对合规管理工作的各项要求，全面负责企业的合规管理工作。

2. 协调合规管理与企业各项业务之间的关系，监督合规管理执行情况，及时解决合规管理中出现的重大问题。

3. 领导合规管理部门，加强合规管理队伍建设，做好人员选聘培养，监督合规管理部门认真有效地开展工作。

（三）合规管理部门

企业可结合实际设置专职的合规管理部门，或者由具有合规管理职能的相关部门承担合规管理职责。合规管理部门一般应履行以下合规职责：

1. 持续关注我国及业务所涉国家（地区）法律法规、监管要求和国际规则的最新发展，及时提供合规建议。

2. 制定企业的合规管理制度和年度合规管理计划，并推动其贯彻落实。

3. 审查评价企业规章制度和业务流程的合规性，组织、协调和监督各业务部门对规章制度和业务流程进行梳理和修订。

4. 组织或协助业务部门、人事部门开展合规培训，并向员工提供合规咨询。

5. 积极主动识别和评估与企业境外经营相关的合规风险，并监管与供应商、代理商、分销商、咨询顾问和承包商等第三方（以下简称“第三方”）相关的合规风险。为新产品和新业务的开发提供必要的合规性审查和测试，识别和评估新业务的拓展、新客户关系的建立以及客户关系发生重大变化等所产生的合规风险，并制定应对措施。

6. 实施充分且具有代表性的合规风险评估和测试，查找规章制度和业务流程存在的缺陷，并进行相应的调查。对已发生的合规风险或合规测试发现的合规缺陷，应提出整改意见并监督有关部门进行整改。

7. 针对合规举报信息制定调查方案并开展调查。

8. 推动将合规责任纳入岗位职责和员工绩效管理流程。建立合规绩效指标，监控和衡量合规绩效，识别改进需求。

9. 建立合规报告和记录的台账，制定合规资料管理流程。

10. 建立并保持与境内外监管机构日常的工作联系，跟踪和评估监管意见和监管要求的落实情况。

第十二条　合规管理协调

（一）合规管理部门与业务部门分工协作

合规管理需要合规管理部门和业务部门密切配合。境外经营相关业务部门应主动进行日常合规管理工作，识别业务范围内的合规要求，制定并落实业务管理制度和风险防范措施，组织或配合合规管理部门进行合规审查和风险评估，组织或监督违规调查及整改工作。

（二）合规管理部门与其他监督部门分工协作

合规管理部门与其他具有合规管理职能的监督部门（如审计部门、监察部门等）应建立明确的合作和信息交流机制，加强协调配合，形成管理合力。企业应根据风险防控需要以及各监督部门的职责分工划分合规管理职责，确保各业务系统合规运营。

（三）企业与外部监管机构沟通协调

企业应积极与境内外监管机构建立沟通渠道，了解监管机构期望的合规流程，制定符合监管机构要求的合规制度，降低在报告义务和行政处罚等方面的风险。

（四）企业与第三方沟通协调

企业与第三方合作时，应做好相关的国别风险研究和项目尽职调查，深入了解第三方合规管理情况。企业应当向重要的第三方传达自身的合规要求和对对方的合规要求，并在商务合同中明确约定。

第四章　合规管理制度

第十三条　合规行为准则

合规行为准则是最重要、最基本的合规制度，是其他合规制度的基础和依据，适用于所有境外经营相关部门和员工，以及代表企业从事境外经营活动的第三方。合规行为准则应规定境外经营活动中必须遵守的基本原则和标准，包括但不限于企业核心价值观、合规目标、合规的内涵、行为准则的适用范围和地位、企业及员工适用的合规行事标准、违规的应对方式和后果等。

第十四条　合规管理办法

企业应在合规行为准则的基础上，针对特定主题或特定风险领域制定具体的合规管理办法，包括但不限于礼品及招待、赞助及捐赠、利益冲突管理、举报管理和内部调查、人力资源管理、税务管理、商业伙伴合规管理等内容。

企业还应针对特定行业或地区的合规要求，结合企业自身的特点和发展需要，制定相应的合规风险管理办法。例如金融业及有关行业的反洗钱及反恐怖融资政策，银行、通信、医疗等行业的数据和隐私保护政策等。

第十五条　合规操作流程

企业可结合境外经营实际，就合规行为准则和管理办法制定相应的合规操作流程，进一步细化标准和要求。也可将具体的标准和要求融入到现有的业务流程当中，便于员工理解和落实，确保各项经营行为合规。

第五章　合规管理运行机制

第十六条　合规培训

企业应将合规培训纳入员工培训计划，培训内容需随企业内外部环境变化进行动态调整。境外经营相关部门和境外分支机构的所有员工，均应接受合规培训，了解并掌握企业的合规管理制度和风险防控要求。决策层和高级管理层应带头接受合规培训，高风险领域、关键岗位员工应接受有针对性的专题合规培训。合规培训应做好记录留存。

第十七条　合规汇报

合规负责人和合规管理部门应享有通畅的合规汇报渠道。

合规管理部门应当定期向决策层和高级管理层汇报合规管理情况。汇报内容一般包括但不限于合规风险评估情况，合规培训的组织情况和效果评估，发现的违规行为以及处理情况，违规行为可能给组织带来的合规风险，已识别的合规漏洞或缺陷，建议采取的纠正措施，合规管理工作的整体评价和分析等。

如发生性质严重或可能给企业带来重大合规风险的违规行为，合规负责人或合规管理部门应当及时向决策层和高级管理层汇报，提出风险警示，并采取纠正措施。

第十八条　合规考核

合规考核应全面覆盖企业的各项管理工作。合规考核结果应作为企业绩效考核的重要依据，与评优评先、职务任免、职务晋升以及薪酬待遇等挂钩。

境外经营相关部门和境外分支机构可以制定单独的合规绩效考核机制，也可将合规考核标准融入到总体的绩效管理体系中。考核内容包括但不限于按时参加合规培训，严格执行合规管理制度，积极支持和配合合规管理机构工作，及时汇报合规风险等。

第十九条 合规咨询与审核

境外经营相关部门和境外分支机构及其员工在履职过程中遇到合规风险事项，应及时主动寻求合规咨询或审核支持。

企业应针对高合规风险领域规定强制合规咨询范围。在涉及重点领域或重要业务环节时，业务部门应主动咨询合规管理部门意见。合规管理部门应在合理时间内答复或启动合规审核流程。

对于复杂或专业性强且存在重大合规风险的事项，合规管理部门应按照制度规定听取法律顾问、公司律师意见，或委托专业机构召开论证会后再形成审核意见。

第二十条 合规信息举报与调查

企业应根据自身特点和实际情况建立和完善合规信息举报体系。员工、客户和第三方均有权进行举报和投诉，企业应充分保护举报人。

合规管理部门或其他受理举报的监督部门应针对举报信息制定调查方案并开展调查。形成调查结论以后，企业应按照相关管理制度对违规行为进行处理。

第二十一条 合规问责

企业应建立全面有效的合规问责制度，明晰合规责任范围，细化违规惩处标准，严格认定和追究违规行为责任。

第六章 合规风险识别、评估与处置

第二十二条 合规风险

合规风险，是指企业或其员工因违规行为遭受法律制裁、监管处罚、重大财产损失或声誉损失以及其他负面影响的可能性。

第二十三条 合规风险识别

企业应当建立必要的制度和流程，识别新的和变更的合规要求。企业可围绕关键岗位或者核心业务流程，通过合规咨询、审核、考核和违规查处等内部途径识别合规风险，也可通过外部法律顾问咨询、持续跟踪监管机构有关信息、参加行业组织研讨等方式获悉外部监管要求的变化，识别合规风险。

企业境外分支机构可通过聘请法律顾问、梳理行业合规案例等方式动态了解掌握业务所涉国家（地区）政治经济和法律环境的变化，及时采取应对措施，有效识别各类合规风险。

第二十四条 合规风险评估

企业可通过分析违规或可能造成违规的原因、来源、发生的可能性、后果的严重性等进行合规风险评估。

企业可根据企业的规模、目标、市场环境及风险状况确定合规风险评估的标准和合规风险管理的优先级。

企业进行合规风险评估后应形成评估报告，供决策层、高级管理层和业务部门等使用。评估报告内容包括风险评估实施概况、合规风险基本评价、原因机制、可能的损失、处置建议、应对措施等。

第二十五条 合规风险处置

企业应建立健全合规风险应对机制，对识别评估的各类合规风险采取恰当的控制和处置措施。发生重大合规风险时，企业合规管理机构和其他相关部门应协同配合，依法及时采取补救措施，最大程度降低损失。必要时，应及时报告有关监管机构。

第七章 合规评审与改进

第二十六条 合规审计

企业合规管理职能应与内部审计职能分离。企业审计部门应对企业合规管理的执行情况、合规管理体系的适当性和有效性等进行独立审计。审计部门应将合规审计结果告知合规管理部门，合规管理部门也可根据合规风险的识别和评估情况向审计部门提出开展审计工作的建议。

第二十七条 合规管理体系评价

企业应定期对合规管理体系进行系统全面的评价，发现和纠正合规管理贯彻执行中存在的问题，促进合规体系的不断完善。合规管理体系评价可由企业合规管理相关部门组织开展或委托外部专业机构开展。

企业在开展效果评价时，应考虑企业面临的合规要求变化情况，不断调整合规管理目标，更新合规风险管理措施，以满足内外部合规管理要求。

第二十八条 持续改进

企业应根据合规审计和体系评价情况，进入合规风险再识别和合规制度再制定的持续改进阶段，保障合规管理体系全环节的稳健运行。

企业应积极配合监管机构的监督检查，并根据监管要求及时改进合规管理体系，提高合规管理水平。

第八章　合规文化建设

第二十九条　合规文化培育

企业应将合规文化作为企业文化建设的重要内容。企业决策层和高级管理层应确立企业合规理念，注重身体力行。企业应践行依法合规、诚信经营的价值观，不断增强员工的合规意识和行为自觉，营造依规办事、按章操作的文化氛围。

第三十条　合规文化推广

企业应将合规作为企业经营理念和社会责任的重要内容，并将合规文化传递至利益相关方。企业应树立积极正面的合规形象，促进行业合规文化发展，营造和谐健康的境外经营环境。

关于进一步做好“僵尸企业”及去产能企业债务处置工作的通知

发改财金〔2018〕1756 号

各省、自治区、直辖市人民政府，新疆生产建设兵团，积极稳妥降低企业杠杆率工作部际联席会议各成员单位：

为深入贯彻习近平新时代中国特色社会主义思想和党的十九大精神，打好防范化解重大风险攻坚战，落实中央经济工作会议、全国金融工作会议和政府工作报告部署，深入推进供给侧结构性改革，积极稳妥处置“僵尸企业”和去产能企业债务，加快“僵尸企业”出清，有效防范化解企业债务风险，助推经济提质增效，经国务院同意，现将有关工作事项通知如下。

一、处置原则

（一）坚持市场化法治化。相关市场主体依据市场化法治化原则开展债务处置，区分不同情形采取适当处置方式，自主协商形成处置方案，依法公平合理分担处置成本。充分尊重债权债务关系，依法保护企业职工、债权人、股东和投资者合法权益。

（二）发挥好政府引导作用。完善与债务处置相关的各项制度与政策，加快建立激励与约束机制，为债务处置创造良好的政策与制度环境；同时加强组织、引导和协调工作，对国有企业中的“僵尸企业”和去产能企业要制订债务处置计划并限期完成，推动金融机构和企业积极开展债务处置。

（三）有效防范债务处置中的各类风险。要稳妥有序开展各项工作，切实防止逃废债等道德风险、国有资产流失风险，维护好社会稳定，严密监测及时处理化解与债务处置相关的金融风险。

二、处置范围

（一）“僵尸企业”和去产能企业的直接债务。由“僵尸企业”和去产能企业法人单位作为借贷主体、债权债务关系清晰的债务。

（二）“僵尸企业”和去产能企业统借债务。由企业集团作为借贷主体统借统还实际用于“僵尸企业”和退出的合法合规在籍产能项目债务。

（三）“僵尸企业”和去产能企业的担保债务。由企业集团或其他第三方为“僵尸企业”和退出的合法合规在籍产能项目借贷提供担保形成的担保债务。

三、处置方式

（一）分类处置“僵尸企业”和去产能企业的直接债务。依据“僵尸企业”和去产能企业的营业价值、债务清偿能力、资产负债状况等因素，按照相关法规，分别采取破产清算、破产重整、债务重组、兼并重组等方式分类处置其直接债务。对具备清偿能力的去产能企业积极进行追索，切实防止恶意逃废债行为。

（二）清分“僵尸企业”和去产能企业统借债务并纳入直接债务处置。允许相关企业和债权人根据借款合同约定、“僵尸企业”和去产能企业资产或营业收入在企业集团中的占比、所去产能在企业集团总产能中的占比等情况自主协商一致后从企业集团的统借债务中清分出实际用于“僵尸企业”及去产能企业的债务，清分后的统借债务可纳入“僵尸企业”和去产能企业的直接债务中一同处置。

（三）自主协商处置“僵尸企业”和去产能企业的担保债务。企业和债权人可自主协商一致后解除或部分解除企业集团或第三方的担保责任，其中为去产能企业担保形成的担保债务可依据所去产能在去产能企业集团总产能中的占比等因素予以部分解除。

四、处置流程与时限

（一）确定债务处置企业名单。地方各级人民政府、各级相关国有资产管理部门应按照处置范围并结合实际情况，定期确定需开展债务处置的“僵尸企业”和去产能企业名单并及时通报相关金融机构和其他债权人。尚未确定过“僵尸企业”和去产能企业债务处置名单的地方各级人民政府、各级相关国有资产管理部门，应在本通知发布后三个月内确定首批名单。要合理安排确定后续处置企业名单，原则上应在2020年底前完成全部处置工作。

（二）形成处置方案并实施。仍有部分营业价值的“僵尸企业”、资产负债率高于合理水平且偿付到期债务有困难的去产能企业，鼓励通过金融债权人委员会机制与债权人自主协商开展资产、债务和业务重组，支持引入战略投资者推动兼并重组。各相关利益方应在“僵尸企业”名单确定后六个月内协商一致形成重组方案。符合破产重整条件的“僵尸企业”，地方各级人民政府、各级相关国有资产管理部门、金融监管部门应积极推动进入重整程序，由管理人或债务人根据企业破产法的相关规定，应在六个月最多再延长三个月内形成破产重整计划草案。符合破产清算条件的“僵尸企业”，应坚决破产清算。

（三）处置困难企业的后续处置。对列入处置名单后在规定时限内达不成债务重组方案或因其他处置困难导致资产负债率持续偏高的“僵尸企业”和去产能企业，符合条件的应按照加强国有企业资产负债约束的相关规定，列入资产负债率重点监管企业名单，对其债务融资和其他经营行为实行严格限制，企业应及时制定降低资产负债率方案，符合破产条件的应转入破产司法程序进行债务处置。

五、完善政策与制度环境

（一）支持资产处置盘活存量资产。在防范国有资产流失的前提下，进一步明确、规范国有资产转让相关程序，提高审批效率，完善“僵尸企业”及去产能企业债务抵押物处置规则。积极利用产权交易所、租赁、资产证券化等多方式充分盘活“僵尸企业”及去产能企业有效资产，用于清偿债务。

（二）落实完善相关金融信贷政策。对债务处置不到位资产负债水平持续超出合理水平且按时偿付到期债务有困难的“僵尸企业”，监管部门应严格展期续贷、借新还旧、关联企业担保贷款等业务的实施条件，禁止给予金融机构特殊监管政策支持，并对操作不规范的金融机构实施必要的惩戒。落实去产能和“僵尸企业”债务重组政策，对债务处置过程中形成的损失做到应核尽核及时核销，并落实尽职免责。加大对兼并重组的金融支持，鼓励金融机构在依法合规和风险可控的前提下提供发放并购贷款，支持符合条件的企业发行并购票据和引入并购基金。

（三）落实并完善相关社会保障和财税政策。完善社会保障体系，充分发挥社会保障制度的兜底作用。鼓励有条件的地方探索建立破产经费多渠道筹措机制，用于破产财产不足以支付破产费用案件的管理人报酬和其他破产费用的支付。严禁政府通过财政补贴维持“僵尸企业”存续的行为。落实好现有企业破产重整的税收支持政策，并根据实际情况研究相关政策。

（四）支持有效开展土地再利用。“僵尸企业”及去产能企业依法取得的国有土地可交由地方政府收回，地方各级人民政府收回原土地使用权后的出让收入，可按规定通过预算安排用于支付企业职工安置费用。在符合规划和转让条件的前提下，土地使用权人可整体或分割转让土地使用权，涉及改变土地用途和原划拨土地使用权转让的，经批准可采取协议方式办理用地手续。转产用于国家鼓励发展的新产业新业态的，可以五年为限，继续按原用途和土地权利类型使用土地。

（五）完善重整企业信用修复机制。重整计划执行过程中，企业可申请在全国信用信息共享平台、国家企业信用信息公示系统和金融信用信息基础数据库的大事记信息中添加相关信息，以及时反映企业最近生产经营状况。重整计划执行完毕后，企业可申请增设重组完成相关信息，以提示企业的重组情况。

六、组织实施

（一）建立政府法院协调机制。鼓励各地方建立政府法院协调机制。任何组织、机构、企业或个人不得阻碍或拖延符合破产条件的企业或其债权人提起破产申请。支持各级人民法院按照法定条件依法受理各类破产申请。

（二）加强社会信用约束。对“僵尸企业”及去产能企业债务处置过程中恶意逃废债、国有资产流失等违法违规行为责任人建立信用记录，纳入全国信用信息共享平台、国家企业信用信息公示系统和金融信用信息基础数据库。构建失信行为联合惩戒机制，依据相关法律法规严格追究恶意逃废债和国有资产流失等违法违规单位及相关人员责任。

（三）明确责任主体，做好组织协调。“僵尸企业”及去产能企业是债务处置的第一责任主体。各地区应建立“僵尸企业”及去产能企业债务处置工作机制，明确牵头部门。各地区都要列出“僵尸企业”名单、拿出计划，全面稽查、上报结果。发展改革委要会同财政部、人民银行、银保监会、国资委等积极稳妥降低企业杠杆率工作部际联席会议相关部门和单位，依托相关工作机制，做好“僵尸企业”及去产能企业债务处置的组织协调、推动促进和监督检查工作，助推供给侧结构性改革持续深化，重大事项及时报告国务院。

国家发展改革委
工业和信息化部
财政部
人力资源和社会保障部
自然资源部
人民银行
国资委
税务总局
市场监管总局
银保监会
证监会
2018年11月23日

关于印发《国有企业公司章程制定管理办法》的通知

国资发改革规〔2020〕86号

各省、自治区、直辖市及计划单列市和新疆生产建设兵团国资委、财政厅（局），各中央企业：

为规范国有企业组织和行为，加强公司章程制定管理，我们制定了《国有企业公司章程制定管理办法》，现印发给你们，请遵照执行。

国务院国资委　财政部
2020年12月31日

国有企业公司章程制定管理办法

第一章　总　　则

第一条　为深入贯彻习近平新时代中国特色社会主义思想，坚持和加强党的全面领导，建设中国特色现代企业制度，充分发挥公司章程在公司治理中的基础作用，规范公司章程管理行为，根据《中国共产党章程》、《中华人民共和国公司法》（以下简称《公司法》）、《中华人民共和国企业国有资产法》（以下简称《企业国有资产法》）等有关规定，按照《国务院办公厅关于进一步完善国有企业法人治理结构的指导意见》（国办发〔2017〕36号）等文件的要求，结合国有企业实际，制定本办法。

第二条　国家出资并由履行出资人职责的机构监管的国有独资公司、国有全资公司和国有控股公司章程制定过程中的制订、修改、审核、批准等管理行为适用本办法。

第三条　本办法所称履行出资人职责的机构（以下简称出资人机构）是指国务院国有资产监督管理机构和地方人民政府按照国务院的规定设立的国有资产监督管理机构，以及国务院和地方人民政府根据需要授权代表本级人民政府对国有企业履行出资人职责的其他部门、机构。

第四条　国有企业公司章程的制定管理应当坚持党的全面领导、坚持依法治企、坚持权责对等原则，切实规范公司治理，落实企业法人财产权与经营自主权，完善国有企业监管，确保国有资产保值增值。

第二章　公司章程的主要内容

第五条　国有企业公司章程一般应当包括但不限于以下主要内容：

（一）总则；

（二）经营宗旨、范围和期限；

（三）出资人机构或股东、股东会（包括股东大会，下同）；

（四）公司党组织；

（五）董事会；

（六）经理层；

（七）监事会（监事）；

（八）职工民主管理与劳动人事制度；

（九）财务、会计、审计与法律顾问制度；

（十）合并、分立、解散和清算；

（十一）附则。

第六条　总则条款应当根据《公司法》等法律法规要求载明公司名称、住所、法定代表人、注册资本等基本信息。明确公司类型（国有独资公司、有限责任公司等）；明确公司按照《中国共产党章程》规定设立党的组织，开展党的工作，提供基础保障等。

第七条　经营宗旨、范围和期限条款应当根据《公司法》相关规定载明公司经营宗旨、经营范围和经营期限等基本信息。经营宗旨、经营范围应当符合出资人机构审定的公司发展战略规划；经营范围的表述要规范统一，符合工商注册登记的管理要求。

第八条 出资人机构或股东、股东会条款应当按照《公司法》《企业国有资产法》等有关法律法规及相关规定表述，载明出资方式，明确出资人机构或股东、股东会的职权范围。

第九条 公司党组织条款应当按照《中国共产党章程》《中国共产党国有企业基层组织工作条例（试行）》等有关规定，写明党委（党组）或党支部（党总支）的职责权限、机构设置、运行机制等重要事项。明确党组织研究讨论是董事会、经理层决策重大问题的前置程序。

设立公司党委（党组）的国有企业应当明确党委（党组）发挥领导作用，把方向、管大局、保落实，依照规定讨论和决定企业重大事项；明确坚持和完善"双向进入、交叉任职"领导体制及有关要求。设立公司党支部（党总支）的国有企业应当明确公司党支部（党总支）围绕生产经营开展工作，发挥战斗堡垒作用；具有人财物重大事项决策权的企业党支部（党总支），明确一般由企业党员负责人担任书记和委员，由党支部（党总支）对企业重大事项进行集体研究把关。

对于国有相对控股企业的党建工作，需结合企业股权结构、经营管理等实际，充分听取其他股东包括机构投资者的意见，参照有关规定和本条款的内容把党建工作基本要求写入公司章程。

第十条 董事会条款应当明确董事会定战略、作决策、防风险的职责定位和董事会组织结构、议事规则；载明出资人机构或股东会对董事会授予的权利事项；明确董事的权利义务、董事长职责；明确总经理、副总经理、财务负责人、总法律顾问、董事会秘书由董事会聘任；明确董事会向出资人机构（股东会）报告、审计部门向董事会负责、重大决策合法合规性审查、董事会决议跟踪落实以及后评估、违规经营投资责任追究等机制。

国有独资公司、国有全资公司应当明确由出资人机构或相关股东推荐派出的外部董事人数超过董事会全体成员的半数，董事会成员中的职工代表依照法定程序选举产生。

第十一条 经理层条款应当明确经理层谋经营、抓落实、强管理的职责定位；明确设置总经理、副总经理、财务负责人的有关要求，如设置董事会秘书、总法律顾问，应当明确为高级管理人员；载明总经理职责；明确总经理对董事会负责，依法行使管理生产经营、组织实施董事会决议等职权，向董事会报告工作。

第十二条 设立监事会的国有企业，应当在监事会条款中明确监事会组成、职责和议事规则。不设监事会仅设监事的国有企业，应当明确监事人数和职责。

第十三条 财务、会计制度相关条款应当符合国家通用的企业财务制度和国家统一的会计制度。

第十四条 公司章程的主要内容应当确保出资人机构或股东会、党委（党组）、董事会、经理层等治理主体的权责边界清晰，重大事项的议事规则科学规范，决策程序衔接顺畅。

第十五条 公司章程可以根据企业实际增加其他内容。有关内容必须符合法律、行政法规的规定。

第三章 国有独资公司章程的制定程序

第十六条 国有独资公司章程由出资人机构负责制定，或者由董事会制订报出资人机构批准。出资人机构可以授权新设、重组、改制企业的筹备机构等其他决策机构制订公司章程草案，报出资人机构批准。

第十七条 发生下列情形之一时，应当依法制定国有独资公司章程：

（一）新设国有独资公司的；

（二）通过合并、分立等重组方式新产生国有独资公司的；

（三）国有独资企业改制为国有独资公司的；

（四）发生应当制定公司章程的其他情形。

第十八条 出资人机构负责修改国有独资公司章程。国有独资公司董事会可以根据企业实际情况，按照法律、行政法规制订公司章程修正案，报出资人机构批准。

第十九条 发生下列情形之一时，应当及时修改国有独资公司章程：

（一）公司章程规定的事项与现行的法律、行政法规、规章及规范性文件相抵触的；

（二）企业的实际情况发生变化，与公司章程记载不一致的；

（三）出资人机构决定修改公司章程的；

（四）发生应当修改公司章程的其他情形。

第二十条 国有独资公司章程草案或修正案由公司筹备机构或董事会制订的，应当在审议通过后的5个工作日内报出资人机构批准，并提交下列书面文件：

（一）国有独资公司关于制订或修改公司章程的请示；

（二）国有独资公司筹备机构关于章程草案的决议，或董事会关于章程修正案的决议；

（三）章程草案，或章程修正案、修改对照说明；

（四）产权登记证（表）复印件、营业执照副本复印件（新设公司除外）；

（五）公司总法律顾问签署的对章程草案或修正案出具的法律意见书，未设立总法律顾问的，由律师事务所出具法律意见书或公司法务部门出具审查意见书；

（六）出资人机构要求的其他有关材料。

第二十一条　出资人机构收到请示材料后，需对材料进行形式审查。提交材料不齐全的，应当在5个工作日内一次性告知补正。

第二十二条　出资人机构对公司章程草案或修正案进行审核，并于15个工作日内将审核意见告知报送单位，经沟通确认达成一致后，出资人机构应当于15个工作日内完成审批程序。

第二十三条　出资人机构需要征求其他业务相关单位意见、或需报请本级人民政府批准的，应当根据实际工作情况调整相应期限，并将有关情况提前告知报送单位。

第二十四条　国有独资公司章程经批准，由出资人机构按规定程序负责审签。

第二十五条　国有独资公司在收到公司章程批准文件后，应当在法律、行政法规规定的时间内办理工商登记手续。

第四章　国有全资、控股公司章程的制定程序

第二十六条　国有全资公司、国有控股公司设立时，股东共同制定公司章程。

第二十七条　国有全资公司、国有控股公司的股东会负责修改公司章程。国有全资公司、国有控股公司的董事会应当按照法律、行政法规及公司实际情况及时制订章程的修正案，经与出资人机构沟通后，报股东会审议。

第二十八条　发生下列情形之一时，应当及时修改国有全资公司、国有控股公司章程：

（一）公司章程规定的事项与现行法律、行政法规、规章及规范性文件相抵触的；

（二）企业的实际情况发生变化，与公司章程记载不一致的；

（三）股东会决定修改公司章程的；

（四）发生应当修改公司章程的其他情形。

第二十九条　出资人机构委派股东代表参加股东会会议。股东代表应当按照出资人机构对公司章程的意见，通过法定程序发表意见、进行表决、签署相关文件。

第三十条　出资人机构要按照《公司法》规定在股东会审议通过后的国有全资公司、国有控股公司章程上签字、盖章。

第三十一条　国有全资公司、国有控股公司章程的草案及修正案，经股东会表决通过后，公司应当在法律、行政法规规定的时间内办理工商登记手续。

第五章　责任与监督

第三十二条　在国有企业公司章程制定过程中，出资人机构及有关人员违反法律、行政法规和本办法规定的，依法承担相应法律责任。

第三十三条　国有独资公司董事会，国有全资公司、国有控股公司中由出资人机构委派的董事，应当在职责范围内对国有企业公司章程制定过程中向出资人机构报送材料的真实性、完整性、有效性、及时性负责，造成国有资产损失或其他严重不良后果的，依法承担相应法律责任。

第三十四条　国有全资公司、国有控股公司中由出资人机构委派的股东代表违反第二十九条规定，造成国有资产损失的或其他严重不良后果的，依法承担相应法律责任。

第三十五条　出资人机构应当对国有独资公司、国有全资公司、国有控股公司的章程执行情况进行监督检查，对违反公司章程的行为予以纠正，对因违反公司章程导致国有资产损失或其他严重不良后果的相关责任人进行责任追究。

第六章　附　　则

第三十六条　出资人机构可以结合实际情况，出台有关配套制度，加强对所出资国有企业的公司章程制定管理。

第三十七条　国有企业可以参照本办法根据实际情况制定所出资企业的公司章程制定管理办法。

第三十八条　国有控股上市公司章程制定管理

应当同时符合证券监管相关规定。

第三十九条 金融、文化等国有企业的公司章程制定管理，另有规定的依其规定执行。

第四十条 本办法自公布之日起施行。

关于印发《关于加强地方国有企业债务风险管控工作的指导意见》的通知

国资发财评规〔2021〕18 号

各省、自治区、直辖市及计划单列市和新疆生产建设兵团国资委：

近期，个别地方国有企业发生债券违约，引发金融市场波动和媒体关注。中央、国务院领导同志高度重视，要求加强国有企业债务风险处置和防范应对工作。国务院金融稳定发展委员会召开专题会议研究部署风险防范化解工作，要求地方政府和地方国有企业严格落实主体责任，防范化解重大债务风险，维护金融市场稳定，并要求国务院国资委督促指导地方加强国有企业债务风险管控。为此，国务院国资委结合中央企业债务风险管控工作实践，研究制定了《关于加强地方国有企业债务风险管控工作的指导意见》，现印发给你们，请结合地方国有企业实际，认真组织实施。

国务院国资委

2021 年 2 月 28 日

关于加强地方国有企业债务风险管控工作的指导意见

为贯彻落实国务院金融稳定发展委员会工作要求，指导地方国资委进一步加强国有企业债务风险管控工作，有效防范化解企业重大债务风险，坚决守住不引发区域性、系统性金融风险的底线，现提出以下意见：

一、充分认识当前加强国有企业债务风险管控的重要性

加强国有企业债务风险管控，是贯彻落实党中央、国务院决策部署，打好防范化解重大风险攻坚战的重要举措；是维护金融市场稳定和地区经济平稳运行的客观需要；是落实国企改革三年行动，推动国有企业加快实现高质量发展的内在要求。各地方国资委要进一步提高政治站位，增强责任意识，充分认识当前加强地方国有企业债务风险管控的重要性、紧迫性，督促指导地方国有企业严格落实主体责任，切实增强底线思维和风险意识，依法合规开展债务融资和风险处置，严格遵守资本市场规则和监管要求，按期做好债务资金兑付，不得恶意逃废债，努力维护国有企业良好市场信誉和金融市场稳定。

二、完善债务风险监测预警机制，精准识别高风险企业

各地方国资委要加快建立健全地方国有企业债务风险监测预警机制，完善重点债务风险指标监测台账，逐月跟踪分析，充分利用信息化手段加强对各级企业债务风险的动态监测，做到早识别、早预警、早应对。可参照中央企业债务风险量化评估体系，结合地方实际情况，探索建立地方国有企业债务风险量化评估机制，综合债务水平、负债结构、盈利能力、现金保障、资产质量和隐性债务等，对企业债务风险进行精准识别，将债务风险突出的企业纳入重点管控范围，采取特别管控措施，督促企业“一企一策”制定债务风险处置工作方案，确保稳妥化解债务风险。

三、分类管控资产负债率，保持合理债务水平

各地方国资委可参照中央企业资产负债率行业警戒线和管控线进行分类管控，对高负债企业实施负债规模和资产负债率双约束，“一企一策”确定管控目标，指导企业通过控投资、压负债、增积累、引战投、债转股等方式多措并举降杠杆减负债，推动高负债企业资产负债率尽快回归合理水平。督促指导企业转变过度依赖举债投资做大规模的发展理念，根据财务承受能力科学确定投资规模，从源头上防范债务风险。加强对企业隐性债务的管控，严控资产出表、表外融资等行为，指导企业合理使用权益类融资工具，对永续债券、永续保险、永续信托等权益类永续债和并表基金产品余额占净资产的比例进行限制，严格对外担保管理，对有产权关系的企业按股比提供担保，原则上不对无产权关系的企业提供担保，严控企业相互担保等捆绑式融资行为，防止债务风险交叉传导。规范平台公司重大项目的投融资管理，严控缺乏交易实质的变相融资行为。

四、开展债券全生命周期管理，重点防控债券违约

各地方国资委要把防范地方国有企业债券违约，作为债务风险管控的重中之重。探索实施债券发行年度计划管理，严格审核纳入债务风险重点管控范围企业的发行方案，严禁欺诈发行债券、虚假披露信息、操纵市场价格等违法违规行为，指导地方国有企业严格限定所属子企业债券发行条件。可参照中央企业债券发行管理有关规定，对纳入债务风险重点管控范围的企业实行比例限制，引导企业做好融资结构与资金安全的平衡、偿债时间与现金流量的匹配。将企业发债品种、规模、期限、用途、还款等关键信息纳入债务风险监测预警机制并实施滚动监测，重点关注信用评级低、集中到期债券规模大、现金流紧张、经营严重亏损企业的债券违约风险，督促指导企业提前做好兑付资金接续安排。对于按期兑付确有困难的，各地方国资委要指导企业提前与债券持有人沟通确定处置方案，通过债券展期、置换等方式主动化解风险，也可借鉴央企信用保障基金模式，按照市场化、法治化方式妥善化解风险。

五、依法处置债券违约风险，严禁恶意逃废债行为

对于已经发生债券违约的，各地方国资委要及时报告本级人民政府，在地方政府的统一领导下，切实履行属地责任，指导违约企业按照市场化、法治化、国际化原则妥善做好风险处置，通过盘活土地、出售股权等方式补充资金，积极主动与各方债权人沟通协调，努力达成和解方案，同时要努力挽回市场信心，防止发生风险踩踏和外溢。对于已无力化解风险、确需破产的，要督促企业依法合规履行破产程序，强化信息披露管理，及时、准确披露股东或实际控制人变更、资产划转、新增大额债务等重大事项，保障债权人、投资人合法利益。

六、规范债务资金用途，确保投入主业实业

各地方国资委要加强地方国有企业债务融资资金用途管控，督促企业将筹集的资金及时高效投放到战略安全、产业引领、国计民生、公共服务等关键领域和重要行业，原则上要确保投资项目的回报率高于资金成本，切实发挥资本市场服务实体经济的功能作用。督促企业严格执行国家金融监管政策，按照融资协议约定的用途安排资金，突出主业、聚焦实业，严禁过度融资形成资金无效淤积，严禁资金空转、脱实向虚，严禁挪用资金、违规套利。探索对企业重大资金支出开展动态监控，有效防范资金使用风险。

七、全面推动国企深化改革，有效增强抗风险能力

各地方国资委要坚决贯彻落实国企改革三年行动要求，立足地方国有企业债务风险管控长效机制建设，督促指导企业通过全面深化改革破解风险难题。通过加强“两金”管控、亏损企业治理、低效无效资产处置、非主业非优势企业（业务）剥离等措施，提高企业资产质量和运行效率。严控低毛利贸易、金融衍生、PPP 等高风险业务，严禁融资性贸易和“空转”“走单”等虚假贸易业务，管住生产经营重大风险点。加快推进国有经济布局优化和结构调整，加速数字化、网络化、智能化转型升级，加快发展新技术、新模式、新业态，不断增强自主创新能力、市场核心竞争力和抗风险能力。

八、发挥监管合力，完善国有企业债务风险管控工作体系

各地方国资委要把加强地方国有企业债务风险管控作为一项系统性工程，从投资规划、财务监管、考核分配、资本预算、产权管理、内控管理、监督追责和干部任免等国资监管的各个环节综合施策，完善监管体系，发挥监管合力，筑牢风险底线。加强与当地人民银行分支机构和证监局等部门的合作，推动债务风险信息共享，共同预警防范企业重大债务风险。国务院国资委将按照推动构建国资监管大格局的要求，督促指导地方加强地方国有企业债务风险管控，加快建立工作联系机制、日常监测机制、风险评估指导机制和重大风险报告机制。

各省级国资委要按照本通知要求督促指导地市和区县级国资监管机构做好监管企业债务风险管控工作。

市场监管总局关于印发《企业境外反垄断合规指引》的通知

国市监反垄发〔2021〕72 号

各省、自治区、直辖市和新疆生产建设兵团市场监

管局（厅、委）：

为了鼓励企业培育公平竞争的合规文化，引导企业建立和加强境外反垄断合规管理制度，增强企业境外经营反垄断合规管理意识，提升境外经营反垄断合规管理水平，防范境外反垄断法律风险，保障企业持续健康发展，市场监管总局制定了《企业境外反垄断合规指引》，现予以发布。

市场监管总局

2021 年 11 月 15 日

企业境外反垄断合规指引

第一章 总 则

第一条 目的和依据

为了鼓励企业培育公平竞争的合规文化，引导企业建立和加强境外反垄断合规管理制度，增强企业境外经营反垄断合规管理意识，提升境外经营反垄断合规管理水平，防范境外反垄断法律风险，保障企业持续健康发展，根据工作实际，制定本指引。

第二条 反垄断合规的重要意义

反垄断法是市场经济国家调控经济的重要政策工具，制定并实施反垄断法是世界上大多数国家或者地区（以下称司法辖区）保护市场公平竞争、维护市场竞争秩序的普遍做法。不同司法辖区对反垄断法的表述有所不同，例如“反垄断法”、“竞争法”、“反托拉斯法”、“公平交易法”等，本指引以下统称反垄断法。

企业境外经营应当坚持诚信守法、公平竞争。企业违反反垄断法可能面临高额罚款、罚金、损害赔偿诉讼和其他法律责任，企业相关负责人也可能面临罚款、罚金甚至刑事责任等严重后果。加强境外反垄断合规建设，可以帮助企业识别、评估和管控各类反垄断法律风险。

第三条 适用范围

本指引适用于在境外从事经营业务的中国企业以及在境内从事经营业务但可能对境外市场产生影响的中国企业，包括从事进出口贸易、境外投资、并购、知识产权转让或者许可、招投标等涉及境外的经营活动。

多数司法辖区反垄断法规定域外管辖制度，对在本司法辖区以外发生但对本司法辖区内市场产生排除、限制竞争影响的垄断行为，同样适用其反垄断法。

第二章 境外反垄断合规管理制度

第四条 建立境外反垄断合规管理制度

企业可以根据业务规模、业务涉及的主要司法辖区、所处行业特性及市场状况、业务经营面临的法律风险等制定境外反垄断合规制度，或者将境外反垄断合规要求嵌入现有整体合规制度中。

部分司法辖区对企业建立健全反垄断合规体系提出了具体指引，企业可以以此为基础制定相应的反垄断合规制度。企业建立并有效实施良好的合规制度在部分司法辖区可以作为减轻反垄断处罚责任的依据。

第五条 境外反垄断合规管理机构

鼓励企业尤其是大型企业设置境外反垄断合规管理部门或者岗位，或者依托现有合规管理制度开展境外反垄断合规管理专项工作。

反垄断合规管理部门和合规管理人员可以按照国务院反垄断委员会发布的《经营者反垄断合规指南》履行相应职责。

企业可以对境外反垄断合规管理制度进行定期评估，该评估可以由反垄断合规管理部门实施或者委托外部专业机构协助实施。

第六条 境外反垄断合规管理职责

境外反垄断合规管理职责主要包括以下方面：

（一）持续关注企业业务所涉司法辖区反垄断立法、执法及司法的发展动态，及时为决策层、高级管理层和业务部门提供反垄断合规建议；

（二）根据所涉司法辖区要求，制定并更新企业反垄断合规政策，明确企业内部反垄断合规要求和流程，督促各部门贯彻落实，确保合规要求融入各项业务领域；

（三）审核、评估企业竞争行为和业务经营的合规性，及时制止、纠正不合规的经营行为，并制定针对潜在不合规行为的应对措施；

（四）组织或者协助业务、人事等部门开展境外反垄断合规培训，并向业务部门和员工提供境外反垄断合规咨询；

（五）建立境外反垄断合规报告制度，组织开展企业内部反垄断合规检查，对发现的合规风险向管理层提出处理建议；

（六）妥善应对反垄断合规风险事件，就潜在或者已发生的反垄断调查或者诉讼，组织制定应对和整改措施；

（七）其他与企业境外反垄断合规有关的工作。

第七条 境外反垄断合规承诺机制

鼓励企业建立境外反垄断合规承诺机制。企业决策人员、在境外从事经营的高级管理人员和业务人员等可以作出反垄断合规承诺。

建立反垄断合规承诺机制，可以提高相关人员对反垄断法律风险的认识和重视程度，确保其对企业履行合规承诺负责。通常情况下，企业决策人员和相关高级管理人员对反垄断合规的承诺和参与是提升合规制度有效性的关键。

第三章 境外反垄断合规风险重点

第八条 反垄断涉及的主要行为

各司法辖区反垄断法调整的行为类型类似，主要规制垄断协议、滥用市场支配地位和具有或者可能具有排除、限制竞争影响的经营者集中。各司法辖区对于相关行为的定义、具体类型和评估方法不尽相同，本章对此作简要阐释，具体合规要求应以各司法辖区反垄断法相关规定为准。

同时，企业应当根据相关司法辖区的情况，关注本章可能未涉及的特殊规制情形，例如有的司法辖区规定禁止滥用相对优势地位、禁止在竞争者中兼任董事等安排，规制行政性垄断行为等。

第九条 垄断协议

垄断协议一般是指企业间订立的排除、限制竞争的协议或者采取的协同行为，也被称为“卡特尔”、“限制竞争协议”、“不正当交易限制”等，主要包括固定价格、限制产量或分割市场、联合抵制交易等横向垄断协议以及转售价格维持、限定销售区域和客户或者排他性安排等纵向垄断协议。部分司法辖区反垄断法也禁止交换价格、成本、市场计划等竞争性敏感信息，某些情况下被动接收竞争性敏感信息不能成为免于处罚的理由。横向垄断协议，尤其是与价格相关的横向垄断协议，通常被视为非常严重的限制竞争行为，各司法辖区均对此严格规制。多数司法辖区也对纵向垄断协议予以规制，例如转售价格维持（RPM）可能具有较大的违法风险。

垄断协议的形式并不限于企业之间签署的书面协议，还包括口头协议、协同行为等行为。垄断协议的评估因素较为复杂，企业可以根据各司法辖区的具体规定、指南、司法判例及执法实践进行评估和判断。比如，有的司法辖区对垄断协议的评估可能适用本身违法或者合理原则，有的司法辖区可能会考虑其是否构成目的违法或者需要进行效果分析。适用本身违法或者目的违法的行为通常推定为本质上存在损害、限制竞争性质，而适用合理原则与效果分析时，会对相关行为促进和损害竞争效果进行综合分析。部分司法辖区对垄断协议行为设有行业豁免、集体豁免以及安全港制度，企业在分析和评估时可以参照有关规定。

此外，大多数司法辖区均规定协会不得组织企业从事垄断协议行为，企业也不会因协会组织的垄断协议而免于处罚。

第十条 滥用市场支配地位

市场支配地位一般是指企业能够控制某个相关市场，而在该市场内不再受到有效竞争约束的地位。一般来说，判断是否具有市场支配地位需要综合考虑业务规模、市场份额和其他相关因素，比如来自竞争者的竞争约束、客户的谈判能力、市场进入壁垒等。通常情况下，除非有相反证据，较低的市场份额不会被认定为具有市场支配地位。

企业具有市场支配地位本身并不违法，只有滥用市场支配地位才构成违法。滥用市场支配地位是指具有市场支配地位的企业没有正当理由，凭借该地位实施排除、限制竞争的行为，一般包括销售或采购活动中的不公平高价或者低价、低于成本价销售、附加不合理或者不公平的交易条款和条件、独家或者限定交易、拒绝交易、搭售、歧视性待遇等行为。企业在判断是否存在滥用市场支配地位时，可以根据有关司法辖区的规定，提出可能存在的正当理由及相关证据。

第十一条 经营者集中

经营者集中一般是指企业合并、收购、合营等行为，有的司法辖区称之为并购控制。经营者集中本身并不违法，但对于具有或可能具有排除、限制竞争效果的，可能被禁止或者附加限制性条件批准。

不同司法辖区判断是否构成集中、是否应当申报的标准不同。有的司法辖区主要考察经营者控制权的持久变动，通过交易取得对其他经营者的单独或者共同控制即构成集中，同时依据营业额设定申报标准；有的司法辖区设置交易规模、交易方资产额、营业额等多元指标判断是否达到申报标准；有的司法辖区考察集中是否会或者可能会对本辖区产生实质性限制竞争效果，主要以市场份额作为是否申报或者鼓励申报的初步判断标准。此外，设立合营企业是否构成经营者集中在不同司法辖区的标准也存在差异，需要根据相关规定具体分析。

多数司法辖区要求符合规定标准的集中必须在实施前向反垄断执法机构申报，否则不得实施；有的司法辖区根据集中类型、企业规模和交易规模确定了不同的申报时点；有的司法辖区采取自愿申报制度；有的司法辖区要求企业不晚于集中实施后的一定期限内申报；有的司法辖区可以在一定情况下调查未达到申报标准的交易。对于采取强制事前申报的司法辖区，未依法申报或者未经批准实施的经营者集中，通常构成违法行为并可能产生严重的法律后果，比如罚款、暂停交易、恢复原状等；采取自愿申报或者事后申报的司法辖区，比如交易对竞争产生不利影响，反垄断执法机构可以要求企业暂停交易、恢复原状、附加限制性条件等。

第十二条 境外反垄断调查方式

多数司法辖区反垄断执法机构都拥有强力而广泛的调查权。一般来说，反垄断执法机构可根据举报、投诉、违法公司的宽大申请或者依职权开展调查。

调查手段包括收集有关信息、复制文件资料、询问当事人及其他关系人（比如竞争对手和客户）、现场调查、采取强制措施等。部分司法辖区还可以开展“黎明突袭”，即在不事先通知企业的情况下，突然对与实施涉嫌垄断行为相关或者与调查相关的必要场所进行现场搜查。在黎明突袭期间，企业不得拒绝持有搜查证、搜查授权或者决定的调查人员进入。调查人员可以检查搜查证、搜查授权或者决定范围内的一切物品，可以查阅、复制文件，根据检查需要可以暂时查封有关场所，询问员工等。此外，在有的司法辖区，反垄断执法机构可以与边境管理部门合作，扣留和调查入境的被调查企业员工。

第十三条 配合境外反垄断调查

各司法辖区对于配合反垄断调查和诉讼以及证据保存均有相关规定，一般要求相关方不得拒绝提供有关材料或信息，提供虚假或者误导性信息、隐匿或者销毁证据，开展其他阻挠调查和诉讼程序并带来不利后果的行为，对于不配合调查的行为规定了相应的法律责任。有的司法辖区规定，提供错误或者误导性信息等情形可面临最高为集团上一财年全球总营业额 1% 的罚款，还可以要求每日缴纳最高为集团上一财年全球日均营业额 5% 的滞纳金；如果最终判定存在违法行为，则拒绝合作可能成为加重罚款的因素。有的司法辖区规定，拒绝配合调查可能被判藐视法庭或者妨碍司法公正，并处以罚金，情节严重的甚至可能被判处刑事责任，比如通过向调查人员提供重大不实陈述的方式故意阻碍调查等情形。通常情况下，企业对反垄断调查的配合程度是执法机构作出处罚以及宽大处理决定时的重要考量因素之一。

企业可以根据需要，由法务部门、外部律师、信息技术部门事先制定应对现场检查的方案和配合调查的计划。在面临反垄断调查和诉讼时，企业可以制定员工出行指南，确保员工在出行期间发生海关盘问、搜查等突发情况时能够遵守企业合规政策，同时保护其合法权利。

第十四条 企业在境外反垄断调查中的权利

多数司法辖区对反垄断执法机构开展调查的程序等作出明确要求，以保障被调查企业的合法权利。反垄断执法机构开展调查时应当遵循法定程序并出具相关证明文件，比如执法机构的身份证明或者法院批准的搜查令等。被调查的企业依法享有陈述、说明和申辩的权利，反垄断执法机构对调查过程中获取的信息应当依法予以保密。

在境外反垄断调查中，企业可以依照相关司法辖区的规定维护自身合法权益，比如就有关事项进行陈述和申辩，要求调查人员出示证件，向执法机构询问企业享有的合法权利，在保密的基础上查阅执法机构的部分调查文件；聘请律师到场，在有的司法辖区，被调查对象有权在律师到达前保持缄默。部分司法辖区对受律师客户特权保护的文件有除外规定，企业在提交文件时可以对相关文件主张律师客户特权，防止执法人员拿走他们无权调阅的特权资料。有的司法辖区规定，应当听取被调查企业或行业协会的意见，并使其享有就异议事项提出答辩的机会。无论是法律或者事实情况，如果被调查对象没有机会表达自己的观点，就不能作为案件裁决的依据。

第十五条 境外反垄断诉讼

企业在境外也可能面临反垄断诉讼。反垄断诉讼既可以由执法机构提起，也可以由民事主体提起。比如，在有的司法辖区，执法机构可以向法院提起刑事诉讼和民事诉讼；直接购买者、间接购买者也可以向法院提起诉讼，这些诉讼也有可能以集团诉讼的方式提起。在有的司法辖区，反垄断诉讼包括对反垄断执法机构决定的上诉，以及受损害主体提起的损害赔偿诉讼、停止垄断行为的禁令申请或者以合同包含违反竞争法律的限制性条款为由对该合同提起的合同无效之诉。

不同司法辖区的反垄断诉讼涉及程序复杂、耗时较长；有的司法辖区可能涉及范围极为宽泛的证据开示。企业在境外反垄断诉讼中一旦败诉，将面临巨额罚款或者赔偿、责令改变商业模式甚至承担刑事责任等严重不利后果。

第十六条　应对境外反垄断风险

企业可以建立对境外反垄断法律风险的应对和损害减轻机制。当发生重大境外反垄断法律风险时，可以立刻通知法务人员、反垄断合规管理人员、相关业务部门负责人开展内部联合调查，发现并及时终止不合规行为，制定内部应对流程以及诉讼或者辩护方案。

部分司法辖区设有豁免申请制度，在符合一定条件的情况下，企业可以针对可能存在损害竞争效果但也有一定效率提升、消费者福利提升或公平利益提升的相关行为，向反垄断执法机构事前提出豁免申请。获得批准后，企业从事相关行为将不会被反垄断执法机构调查或者被认定为违法。企业可以根据所在司法辖区的实际情况评估如何运用该豁免申请，提前防范反垄断法律风险。

企业可以聘请外部律师、法律或者经济学专家、其他专业机构协助企业应对反垄断法律风险，争取内部调查的结果在可适用的情况下可以受到律师客户特权的保护。

第十七条　可能适用的补救措施

出现境外反垄断法律风险时或者境外反垄断法律风险发生后，企业可以根据相关司法辖区的规定以及实际情况采取相应措施，包括运用相关司法辖区反垄断法中的宽大制度、承诺制度、和解程序等，最大程度降低风险和负面影响。

宽大制度，一般是指反垄断执法机构对于主动报告垄断协议行为并提供重要证据的企业，减轻或者免除处罚的制度。比如，有的司法辖区，宽大制度可能使申请企业减免罚款并豁免刑事责任；有的司法辖区，第一个申请宽大的企业可能被免除全部罚款，后续申请企业可能被免除部分罚款。申请适用宽大制度通常要求企业承认参与相关垄断协议，可能在后续民事诉讼中成为对企业的不利证据，同时要求企业承担更高的配合调查义务。

承诺制度，一般是指企业在反垄断调查过程中，主动承诺停止或者放弃被指控的垄断行为，并采取具体措施消除对竞争的不利影响，反垄断执法机构经评估后作出中止调查、接受承诺的决定。对于企业而言，承诺决定不会认定企业存在违法行为，也不会处以罚款；但企业后续如果未遵守承诺，可能面临重启调查和罚款的不利后果。

和解制度，一般是指企业在反垄断调查过程中与执法机构或者私人原告以和解的方式快速结案。有的司法辖区，涉案企业需主动承认其参与垄断协议的违法行为，以获得最多10%的额外罚款减免。有的司法辖区，和解包括在民事案件中与执法机构或者私人原告达成民事和解协议，或者在刑事案件中与执法机构达成刑事认罪协议。民事和解通常包括有约束力的同意调解书，其中包括纠正被诉损害竞争行为的承诺。执法机构也可能会要求被调查方退还通过损害竞争行为获得的非法所得。同意调解书同时要求企业对遵守承诺情况进行定期报告。不遵守同意调解书，企业可能被处以罚款，并且重新调查。在刑事程序中，企业可以和执法机构达成认罪协议，达到减轻罚款、更快结案的效果；企业可以综合考虑可能的罚款减免、效率、诉讼成本、确定性、胜诉可能性、对后续民事诉讼的影响等因素决定是否达成认罪协议。

第十八条　反垄断法律责任

垄断行为可能导致相关企业和个人被追究行政责任、民事责任和刑事责任。

行政责任主要包括被处以禁止令、罚款、拆分企业等。禁止令通常禁止继续实施垄断行为，也包括要求采取整改措施、定期报告、建立和实施有效的合规制度等。多数司法辖区对垄断行为规定大额罚款，有的司法辖区规定最高可以对企业处以集团上一年度全球总营业额10%的罚款。

民事责任主要有确认垄断协议无效和损害赔偿两种。有的司法辖区规定应当充分赔偿因垄断行为造成的损失，包括实际损失和利润损失，加上从损害发生之日起至支付赔偿金期间的利息；有的司法辖区规定企业最高承担三倍损害赔偿责任以及相关诉讼费用。

部分司法辖区还规定刑事责任，垄断行为涉及的高级管理人员、直接责任人等个人可能面临罚金甚至监禁，对公司违法者的罚金高达1亿美元，个人刑事罚金高达100万美元，最高监禁期为10年。如果违法所得或者受害者经济损失超过1亿美元，公司的最高罚金可以是违法所得或者经济损失的两倍。

有的司法辖区规定，如果母公司对子公司能够施加“决定性影响”，境外子公司违反反垄断法，母公司可能承担连带责任。同时，计算相关罚款的基础调整为整个集团营业额。

除法律责任外，企业受到反垄断调查或者诉讼还可能产生其他重大不利影响，对企业境外经营活动造成极大风险。反垄断执法机构的调查或者反垄断诉讼可能耗费公司大量的时间，产生高额法律费用，分散对核心业务活动的关注，影响企业正常经营。如果调查或者诉讼产生不利后果，企业财务状况和声誉会受到极大损害。

第四章　境外反垄断合规风险管理

第十九条　境外反垄断风险识别

企业可以根据境外业务规模、所处行业特点、市场情况、相关司法辖区反垄断法律法规以及执法环境等因素识别企业面临的主要反垄断风险。

（一）可能与垄断协议有关的风险。大多数司法辖区禁止企业与其他企业达成和实施垄断协议以及交换竞争性敏感信息。企业在境外开展业务时应当高度关注以下行为可能产生与垄断协议有关的风险：一是与竞争者接触相关的风险。比如，企业员工与竞争者员工之间在行业协会、会议以及其他场合的接触；竞争企业之间频繁的人员流动；通过同一个供应商或者客户交换敏感信息等。二是与竞争者之间合同、股权或其他合作相关的风险。比如，与竞争者达成合伙或者合作协议等可能排除、限制竞争的。三是在日常商业行为中与某些类型的协议或行为相关的风险。比如，与客户或供应商签订包含排他性条款的协议；对客户转售价格的限制等。

（二）可能与滥用市场支配地位有关的风险。企业应当对从事经营活动的市场、主要竞争者和自身市场力量做出评估和判断，并以此为基础评估和规范业务经营活动。当企业在某一市场中具有较高市场份额时，应当注意其市场行为的商业目的是否为限制竞争、行为是否对竞争造成不利影响，避免出现滥用市场支配地位的风险。

（三）可能与经营者集中有关的风险。大多数司法辖区设有集中申报制度，企业在全球范围内开展合并、收购、设立合营企业等交易时，同一项交易（包括在中国境内发生的交易）可能需要在多个司法辖区进行申报。企业在开展相关交易前，应当全面了解各相关司法辖区的申报要求，充分利用境外反垄断执法机构的事前商谈机制，评估申报义务并依法及时申报。企业收购境外目标公司还应当特别注意目标公司是否涉及反垄断法律责任或者正在接受反垄断调查，评估该法律责任在收购后是否可能被附加至母公司或者买方。

第二十条　境外反垄断风险评估

企业可以根据实际情况，建立境外反垄断法律风险评估程序和标准，定期分析和评估境外反垄断法律风险的来源、发生的可能性以及后果的严重性等，明确风险等级，并按照不同风险等级设计和实施相应的风险防控制度。评估可以由企业反垄断合规管理部门组织实施或者委托外部专业机构协助实施。

鼓励企业对以下情形开展专项评估：（一）对业务收购、公司合并、新设合营企业等事项作出投资决策之前；（二）实施重大营销计划、签订重大供销协议之前；（三）受到境外反垄断调查或者诉讼之后。

第二十一条　企业员工风险评级

企业根据员工面临境外反垄断法律风险的不同程度开展风险评级，进行更有效的风险防控。对高级管理人员，业务部门的管理人员，经常与同行竞争者交往的人员，销售、市场及采购部门的人员，知晓企业商业计划、价格等敏感信息的人员，曾在具有竞争关系的企业工作并知晓敏感信息的人员，负责企业并购项目的人员等；企业可以优先进行风险管理，采取措施强化其反垄断合规意识。对其他人员，企业可以根据风险管理的优先级采取反垄断风险管理的适当措施。

第二十二条　境外反垄断合规报告

企业可以建立境外反垄断合规报告机制。反垄断合规管理部门可以定期向企业决策层和高级管理层汇报境外反垄断合规管理情况。当发生重大境外反垄断风险时，反垄断合规管理机构应当及时向企业决策层和高级管理层汇报，组织内部调查，提出风险评估意见和风险应对措施；同时，企业可以通过境外企业和对外投资联络服务平台等渠道向商务部、市场监管总局等政府部门和驻外使领馆报告。

第二十三条　境外反垄断合规咨询

企业可以建立反垄断合规咨询机制。由于境外反垄断合规的高度复杂性，鼓励企业及员工尽早向反垄断合规管理部门咨询经营中遇到境外反垄断合规问题。企业反垄断合规管理部门可根据需要聘请外部律师或专家协助开展合规咨询，也可在相关司法辖区法律法规允许的情况下，在开展相关行为前向有关反垄断执法机构进行合规咨询。

第二十四条 境外反垄断合规审核

企业可以建立境外反垄断合规审核机制。反垄断合规管理部门可以对企业在境外实施的战略性决定、商业合同、交易计划、经销协议模板、销售渠道管理政策等进行反垄断合规审核。反垄断合规管理部门可以根据需要聘请外部律师协助评估反垄断法律风险，提出审核意见。

第二十五条 境外反垄断合规培训

企业可以对境外管理人员和员工进行定期反垄断合规培训。反垄断合规培训可以包括相关司法辖区反垄断法律法规、反垄断法律风险、可能导致反垄断法律风险的行为、日常合规行为准则、反垄断调查和诉讼的配合、反垄断宽大制度、承诺制度、和解制度、企业的反垄断合规政策和体系等相关内容。

企业可以定期审阅、更新反垄断合规培训内容；也可以通过员工行为准则、核查清单、反垄断合规手册等方式向员工提供书面指导。

第二十六条 其他防范反垄断风险的具体措施

除本章第十九条至第二十五条规定之外，企业还可以采取以下措施，防范境外反垄断风险。

（一）在加入行业协会之前，对行业协会目标和运营情况进行尽职调查，特别是会籍条款是否可能用来排除限制竞争，该协会是否有反垄断合规制度等。保存并更新所参加的行业协会活动及相关员工的清单。

（二）在参加行业协会组织的或者有竞争者参加的会议前了解议题，根据需要可以安排反垄断法律顾问出席会议和进行反垄断合规提醒；参加行业协会会议活动时认真审阅会议议程和会议纪要。

（三）在与竞争者进行交流之前应当明确范围，避免讨论竞争敏感性话题；记录与竞争者之间的对话或者其他形式的沟通，及时向上级或者反垄断合规管理部门报告。

（四）对与竞争者共同建立的合营企业和其他类型的合作，可以根据需要设立信息防火墙，避免通过合营企业或者其他类型的合作达成或者实施垄断协议。

（五）如果企业的部分产品或者服务在相关司法辖区可能具有较高的市场份额，可以对定价、营销、采购等部门进行专项培训，对可能存在风险的行为进行事前评估，及时防范潜在风险。

第五章 附 则

第二十七条 指引的效力

本指引仅对企业境外反垄断合规作出一般性指引，供企业参考。指引中关于境外反垄断法律法规的阐释多为原则性、概括性说明，建议在具体适用时查询相关司法辖区反垄断法律法规的最新版本。企业应当结合各司法辖区关于合规制度以及经营行为是否违反反垄断法等方面的具体要求，有针对性地建设反垄断合规体系和开展合规工作。

本指引未涉及事项，可以参照国务院反垄断委员会发布的《经营者反垄断合规指南》。

经营者反垄断合规指南

双反委发〔2024〕4号

第一章 总 则

第一条 目的和依据

为指导和支持经营者建立健全反垄断合规管理制度，增强反垄断合规风险防控和处置能力，培育公平竞争文化，筑牢依法合规经营底线，促进经营者持续健康发展，根据《中华人民共和国反垄断法》（以下简称《反垄断法》）等法律规定，制定本指南。

第二条 适用范围

中华人民共和国境内从事经济活动的经营者，适用本指南；中华人民共和国境外从事经济活动的经营者，相关经济活动对境内市场竞争产生影响的，适用本指南。

第三条 基本概念

本指南所称反垄断合规，是指经营者经营管理行为和员工履职行为符合《反垄断法》等法律、法规、规章及其他规范性文件（以下统称反垄断法相关规定）的要求。

本指南所称反垄断合规风险，是指经营者及其员工因违反反垄断法相关规定，引发法律责任、造成经济或者声誉损失以及其他负面后果的可能性。

本指南所称反垄断合规管理，是指以预防和降低反垄断合规风险为目的，以经营者经营管理行为及其员工履职行为为对象，开展包括制度制定、风险识别、风险处置、合规审查、合规培训、合规承诺、合规奖惩、合规监督等有组织、有计划、全流程的管理活动。

第四条 反垄断合规管理原则

（一）坚持问题导向。经营者可以根据所处行业特点和市场竞争状况等因素，把握可能产生反垄断合规风险的业务领域、工作环节和工作岗位，有针对性地开展反垄断合规管理。

（二）坚持务实高效。经营者可以从自身业务规模、商业模式、治理结构等情况出发，制定适宜的反垄断合规管理制度。大型经营者通常需要建立较为完备的合规管理制度，中型、小型经营者可以结合自身实际，建立与发展阶段和能力相适应的合规管理制度。

（三）坚持全面覆盖。反垄断合规管理要覆盖所有业务领域、部门和员工，贯穿决策、执行、监督、反馈等各个环节，体现在决策机制、内部控制、业务流程等各个方面，实现多方联动、上下贯通。

第五条 公平竞争文化建设

经营者要积极加强公平竞争文化建设，自觉守法、诚信经营，避免从事反垄断法相关规定禁止的行为。高级管理人员要发挥带头作用，依法依规经营。

鼓励经营者将反垄断合规作为企业经营理念和社会责任的重要内容，并将公平竞争文化传递至利益相关方。

第二章 合规管理组织

第六条 总体安排

经营者可以建立由反垄断合规管理机构、业务及职能部门等共同组成的反垄断合规管理组织体系。其中，反垄断合规管理机构负责统筹、组织和推进反垄断合规管理工作；业务及职能部门负责本部门日常反垄断合规管理工作；审计、法律、内控等部门在职权范围内履行反垄断合规监督职责。

经营者可以根据自身规模、业务特点、经营成本等实际情况，在实现有效合规的前提下，精简设置反垄断合规管理组织体系。

第七条 合规管理机构

反垄断合规管理机构一般由合规治理机构、合规管理负责人和合规管理牵头部门组成。反垄断合规管理机构可以专设，也可以由有关部门承担相应职责。

合规治理机构是反垄断合规管理的最高机构，负责反垄断合规管理的组织领导和统筹协调，研究决定反垄断合规管理重大事项。合规管理负责人负责反垄断合规管理的总体部署和组织实施。合规管理牵头部门负责推动落实反垄断合规管理要求，为其他部门提供合规支持。

参考示例1：企业甲是大型企业，在成立之初就设立了法务部，但未开展合规管理工作。由于同业经营者受到反垄断调查和处罚，企业甲认识到反垄断合规的重要性，制定了反垄断合规管理制度，成立反垄断合规委员会，设立首席合规官，由法务部作为合规管理牵头部门，强化各业务部门主要负责人在各自业务领域的反垄断合规责任，并建立了合规培训、内部举报、合规追责等机制。

参考示例2：企业乙是小型企业，由于经营业务区域性较强、同业交流较多，主要面临垄断协议合规风险。为此，企业乙决定采取有针对性的合规管理措施，由法定代表人担任合规最高负责人，法务专员兼任合规管理员。同时，在公司章程中规定全体员工应杜绝垄断行为，并明确相关同业活动与合作均应经过合规管理员事前审查，重大事项须报法定代表人批准。

第八条 合规治理机构

合规治理机构主要履行以下职责：

（一）批准反垄断合规管理基本制度，明确反垄断合规管理目标；

（二）建立和完善反垄断合规管理组织体系；

（三）决定合规管理负责人任免和合规管理牵头部门的设置与职能；

（四）指导、监督、评价反垄断合规管理工作，实施合规考核和奖惩；

（五）研究决定反垄断合规管理重大事项，批准重大反垄断合规风险事件处置方案；

（六）加强公平竞争文化建设；

（七）经营者根据自身治理结构和管理需要确定的其他职责。

第九条 合规管理负责人

合规管理负责人主要履行以下职责：

（一）贯彻落实合规治理机构要求，领导合规管理牵头部门统筹推进反垄断合规管理工作；

（二）拟订反垄断合规管理基本制度，细化反垄断合规管理目标，并做好监督执行；

（三）参与重大经营决策并提出合规意见，汇报合规管理重大风险和重大事项；

（四）加强反垄断合规管理人才培养和队伍

建设；

（五）组织推进反垄断合规管理信息化建设；

（六）指导经营者分支机构反垄断合规管理工作；

（七）总结反垄断合规管理年度工作情况，并纳入合规管理年度报告；

（八）经营者根据自身治理结构和管理需要确定的其他职责。

反垄断合规管理负责人在履职上需要具备足够的独立性和权威性。鼓励经营者任命高级管理人员担任反垄断合规管理负责人。

第十条 合规管理牵头部门

合规管理牵头部门主要履行以下职责：

（一）制定和更新反垄断合规管理规范，优化合规管理机制和流程，明确合规管理计划，督促各部门贯彻落实；

（二）组织开展反垄断合规风险识别、评估、提醒和处置；

（三）开展反垄断合规审查，接受反垄断合规咨询；

（四）监督检查反垄断合规管理规范执行情况，组织开展合规风险排查和举报调查，对违规人员提出处理建议；

（五）组织协调相关部门、人员配合反垄断执法机构的调查和审查，推动制定和督促落实整改措施；

（六）组织或者协助业务部门、人事部门等开展反垄断合规培训；

（七）向合规管理负责人报告反垄断合规管理落实情况和重大风险；

（八）经营者根据自身治理结构和管理需要确定的其他职责。

经营者为合规管理牵头部门独立履职提供必要的资源和保障。

第十一条 业务及职能部门合规管理职责

业务及职能部门在反垄断合规管理中主要履行以下职责：

（一）建立和完善符合反垄断合规管理要求的业务管理机制和流程，组织本部门落实反垄断合规管理规范，确保合规要求融入业务规范、流程和岗位职责；

（二）定期梳理重点岗位和关键环节反垄断合规风险，开展合规风险识别，建立合规风险预警和应对机制；

（三）负责本部门经营管理行为的合规初审，及时就潜在反垄断合规风险向合规管理牵头部门提出合规咨询；

（四）配合合规管理牵头部门开展风险排查、举报调查、监督检查和问题整改，如实提供反垄断合规管理工作所需的资料和信息，及时报告合规风险事项；

（五）配合反垄断调查和审查，及时制定整改方案并落实整改措施；

（六）定期报告反垄断合规管理职责落实情况和风险情况；

（七）其他与反垄断合规管理有关的工作。

鼓励经营者在业务及职能部门设置专职或兼职合规管理员，不断提升合规管理专业化水平。

第十二条 合规队伍建设

鼓励经营者建立专业化、高素质的反垄断合规管理队伍，根据业务规模、合规风险水平等配备适当的反垄断合规管理人员，切实提升合规管理能力。

第三章 合规风险管理

第十三条 风险识别和评估

反垄断合规风险识别和评估具有一定的专业性和复杂性。经营者可以根据所处行业特点和市场竞争状况，并结合自身规模、商业模式等因素，突出重点领域、重点环节和重点人员，强化反垄断合规风险识别。

经营者可以在风险识别的基础上，评估反垄断合规风险发生的可能性、影响后果等，并对合规风险进行分级管理。行业情况和法律法规发生变化的，经营者需要及时对风险识别和评估情况进行更新。

特定领域的经营者可以参考《关于汽车业的反垄断指南》《关于平台经济领域的反垄断指南》《关于原料药领域的反垄断指南》《关于知识产权领域的反垄断指南》等，有针对性地开展反垄断合规风险识别和评估。

参考示例3：企业甲是一家整车制造厂商，通过授权经销商模式销售汽车，与下游经销商存在长期合作关系。经过对业务部门各岗位的合规风险识别，企业甲发现市场销售部负责签订授权经营合同，授权汽车经销商按照规定标准，在一定的区域从事企业甲相关品牌汽车销售和售后服务，存在实施限制转售价格纵向垄断协议行为的风险。因此，企业甲决定建立一套覆盖事前、事中、事后全流程的反垄断风险评估制度。针对与下游经销商的业务合作，事前由业务部门评估拟开展业务的反垄断风险级别，再由合规管理牵头部门对相应反垄断风险进行审核，实现评估前置；事中由合规管理牵头部门时刻关注合规风险，并及时进行风险提示；事后由合规管理牵头部门评估合规规范的执行情况，保障合规管理要求落实。

第十四条 风险提醒

经营者可以根据不同岗位的合规风险差异，定期开展风险测评，对高风险人员加强风险提醒，提高风险防控的针对性和有效性。

高风险人员主要包括法定代表人、高级管理人员和主要业务部门中知晓竞争性敏感信息、可能与具有竞争关系的经营者或者上下游经营者接触的人员。主要业务部门一般包括负责销售、采购、价格和商务政策制定、并购管理、销售网络管理以及联络行业协会等事项的部门。

本条所指竞争性敏感信息，是指商品的成本、价格、折扣、数量、质量、营业额、利润或者利润率以及经营者的研发、投资、生产、营销计划、客户名单、未来经营策略等与市场竞争密切相关的信息，但已公开披露或者可以通过公开渠道获取的信息除外。

参考示例4：企业甲是某地一家从事砂石生产经营的企业，建立了风险提醒机制。随着砂石竞争加剧和价格下降，当地砂石行业协会多次组织自律会议，要求砂石企业避免低价竞争。根据参会人员反馈的会议情况，企业甲研判可能存在垄断协议行为合规风险，并将风险等级评估为高。为此，企业甲及时将研判结果通过邮件系统推送给总经理、副总经理、销售经理等与竞争对手联系较多的高风险人员，提醒其不得在与其他砂石企业员工会议、沟通等活动中交流销售价格、折扣方案等竞争性敏感信息，有效防范与竞争对手达成垄断协议的合规风险。

第十五条 垄断协议行为合规风险识别

垄断协议行为合规风险，是指与其他经营者达成或者组织其他经营者达成《反垄断法》第十七条、第十八条和第十九条禁止的垄断协议行为的风险。经营者在经营过程中要避免以下行为：

（一）与具有竞争关系的其他经营者达成固定或者变更商品价格、限制商品生产数量或者销售数量、分割销售市场或者原材料采购市场、限制购买新技术新设备或者限制开发新技术新产品、联合抵制交易等横向垄断协议。竞争性敏感信息交换可能引发横向垄断协议风险，经营者应当避免通过书信、电子邮件、电话、短信、会议、即时通讯软件、数据、算法、技术以及平台规则等任何明示或者默示形式，与具有竞争关系的经营者交换竞争性敏感信息。

（二）与交易相对人达成固定向第三人转售商品的价格、限定向第三人转售商品的最低价格等纵向垄断协议。经营者应当避免以限定价格变动幅度、利润水平或者折扣、手续费等方式，或者借助有关惩罚性、激励性措施，直接或间接限制交易相对人的转售价格。

（三）组织其他经营者达成垄断协议或者为其他经营者达成垄断协议提供实质性帮助。经营者应当避免组织同行竞争者、上游供应商、下游经销商等其他经营者达成垄断协议，或者为达成垄断协议提供实质性帮助，包括提供必要的支持、创造关键性的便利条件以及其他重要帮助。

（四）参与行业协会、其他经营者或者相关机构组织的垄断协议。经营者加入行业协会前，要注意评估行业协会章程、活动规则、自律公约等相关材料是否存在反垄断合规风险。经营者参加行业协会、具有竞争关系的经营者或者上下游经营者、相关机构发起的会议前及信息交流过程中，要注意审核会议议程等相关材料，确保没有引发反垄断合规风险的不当议题。参会过程中做好会议记录，会后核对会议纪要，避免讨论竞争性敏感信息，必要时明确表示退出会议，同时留存反对意见相关证据。

本条所指垄断协议包括以书面、口头等方式达成的协议或者决定，也包括经营者之间虽未明确订立协议或者决定，但实质上存在协调一致的协同行为，有关经营者基于独立意思表示所作出的价格跟随等平行行为除外。相关规定可参照《禁止垄断协议规定》等。

参考示例5：具有竞争关系的企业甲、乙、丙在投标过程中，通过电话、会议、聚餐、电子邮件、专程拜访等方式，频繁进行沟通，交换敏感信息、进行价格协商、商讨投标意向，多次达成报高价或者不报价、分配客户的协议并予以实施。上述做法属于达成并实施固定价格、分割销售市场的垄断协议行为，排除、限制了市场竞争，违反《反垄断法》第十七条“禁止具有竞争关系的经营者达成下列垄断协议：（一）固定或者变更商品价格；（三）分割销售市场或者原材料采购市场”的规定。

参考示例6：某医疗器械产品的生产商甲通过经销协议、邮件通知、口头协商等方式，与其交易相对人达成约定，限定相关医疗器械产品向医院转售的最低价格，并通过制定下发各经销环节的产品价格表、内部考核、撤销经销商低价中标产品等措施，确保约定价格的实施。上述做法属于限定向第三人转售商品最低价格的垄断协议行为，限制了市场竞争，推高了相关商品价格，违反《反垄断法》第十八条“禁止经营者与交易相对人达成下列垄断协议：（二）限定向第三人转售商品的最低价格”的规定。

第十六条 滥用市场支配地位行为合规风险识别

滥用市场支配地位行为合规风险，是指具有市场支配地位的经营者实施《反垄断法》第二十二条禁止行为的风险。市场份额或者市场力量较大的经营者需要定期评估是否在相关市场具有市场支配地位，并在经营过程中避免以下行为：

（一）以不公平高价销售商品或者以不公平低价购买商品。判断价格是否不公平，经营者可以重点考察销售价格或者购买价格是否明显高于或者明显低于其他经营者在相同或者相似市场条件下销售或者购买同种商品或者可比较商品的价格、是否明显高于或者明显低于同一经营者在其他相同或者相似市场条件区域销售或者购买同种商品或者可比较商品的价格、在成本基本稳定的情况下是否超过正常幅度提高销售价格或者降低购买价格、销售商品的提价幅度是否明显高于成本增长幅度或者购买商品的降价幅度是否明显高于交易相对人成本降低幅度等。

（二）没有正当理由，以低于成本的价格销售商品。判断价格是否低于成本，经营者可以重点考察销售价格是否低于平均可变成本。正当理由包括降价处理鲜活商品、季节性商品、有效期限即将到期的商品或者积压商品，因清偿债务、转产、歇业降价销售商品，在合理期限内为推广新商品进行促销等。

（三）没有正当理由，拒绝与交易相对人进行交易。拒绝交易存在多种表现形式，经营者可以重点考察是否实质性削减与交易相对人的现有交易数量，是否拖延、中断与交易相对人的现有交易，是否拒绝与交易相对人进行新的交易，是否通过设置交易相对人难以接受的价格、向交易相对人回购商品、与交易相对人进行其他交易等限制性条件使交易难以进行，是否拒绝交易相对人在生产经营活动中以合理条件使用其必需设施等。正当理由包括因不可抗力等客观原因无法进行交易，交易相对人有不良信用记录或者出现经营状况恶化等情况影响交易安全，与交易相对人进行交易将使经营者利益发生不当减损，交易相对人明确表示或者实际不遵守公平、合理、无歧视的平台规则等。

（四）没有正当理由，限定交易相对人只能与其进行交易或者只能与其指定的经营者进行交易。限定交易存在多种表现形式，经营者可以重点考察是否直接限定交易相对人的交易对象，或者通过惩罚性、激励性措施等方式变相限定。正当理由包括为满足产品安全要求，保护知识产权、商业秘密或者数据安全，保护针对交易进行的特定投资，维护平台合理的经营模式所必需等。

（五）没有正当理由搭售商品，或者在交易时附加其他不合理的交易条件。搭售和附加不合理交易条件存在多种表现形式，经营者可以重点考察是否违背交易惯例、消费习惯或者无视商品功能，利用合同条款或者弹窗、操作必经步骤等交易相对人难以选择、更改、拒绝的方式将不同商品捆绑销售或者组合销售；是否对合同期限、支付方式、商品的运输及交付方式或者服务的提供方式等附加不合理限制；是否对商品的销售地域、销售对象、售后服务等附加不合理限制；是否交易时在价格之外附加不合理费用；是否附加与交易标的无关的交易条件。正当理由包括符合正当的行业惯例和交易习惯，或者为满足产品安全要求、实现特定技术、保护交易相对人和消费者利益所必需等。

（六）没有正当理由，对条件相同的交易相对人在交易价格等交易条件上实行差别待遇。判断是否构成差别待遇，经营者可以重点考察是否对条件相同的交易相对人实行不同的交易价格、数量、品种、品质等级，实行不同的数量折扣等优惠条件，实行不同的付款条件、交付方式，实行不同的保修内容和期限、维修内容和时间、零配件供应、技术指导等售后服务条件。正当理由包括根据交易相对人实际需求且符合正当的交易习惯和行业惯例实行不同交易条件，针对新用户的首次交易在合理期限内开展的优惠活动，基于公平、合理、无歧视的平台规则实施的随机性交易等。

经营者评估相关行为是否不公平或者是否具有正当理由，还可以考虑有关行为是否为法律、法规所规定，对国家安全、网络安全等方面的影响，对经济运行效率、经济发展的影响，是否为经营者正常经营及实现正常效益所必需，对经营者业务发展、未来投资、创新方面的影响，是否能够使交易相对人或者消费者获益，对社会公共利益的影响等。相关规定可参照《禁止滥用市场支配地位行为规定》等。

参考示例7：A原料药是生产B制剂的必需原材料。企业甲在中国A原料药市场上具有市场支配地位。在没有正当理由的情况下，企业甲多次大幅上调A原料药销售价格，并与下游制剂企业乙达成独家销售协议，仅向乙出售A原料药，没有正当理由拒绝向其他制剂企业出售。上述行为属于滥用市场支配地位，以不公平的高价销售商品以及没有正当理由拒绝与交易相对人进行交易的行为，排除、限制了市场竞争，推高了相关药品价格，损害了消费者利益，违反《反垄断法》第二十二条"禁止具有市场支配地位的经营者从事下列滥用市场支配地位的行为：（一）以不公平的高价销售商品或者以不公平的低价购买商品；（三）没有正当理由，拒绝与交易相对人进行交易"的规定。

参考示例8：平台乙在相关市场具有市场支配地位，对平台内商家提出"二选一"要求，禁止平台内商家在其他竞争性平台开店或者参加促销活动，并借助市场力量、平台规则和数据、算法等技术手段，采取流量支持、搜索降权等多种奖惩措施保障"二选一"要求得到充分执行，维持、增强自身市场力量，获取不正当竞争优势。上述行为属于滥用市场支配地位限定交易的行为，排除、限制了市场竞争，妨碍了商品服务和资源要素自由流通，影响了平台经济创新发展，侵害了平台内商家的合法权益，损害消费者利益，违反《反垄断法》第二十二条"禁止具有市场支配地位的经营者从事下列滥用市场支配地位的行为：（四）没有正当理由，限定交易相对人只能与其进行交易或者只能与其指定的经营者进行交易"的规定。

第十七条 经营者集中行为合规风险识别

经营者集中行为合规风险，是指未按《反垄断法》第二十五条和第二十六条的规定申报实施集中、申报后未经批准实施集中或者违反审查决定的风险。经营者在经营过程中要避免以下行为：

（一）经营者集中达到申报标准，未申报实施集中。签署拟议交易文件前，主动评估是否触发经营者集中申报义务。经营者需要评估交易是否取得控制权，参与集中经营者营业额是否达到申报标准，相关交易是否可能具有排除、限制竞争效果等，也可以向国家市场监督管理总局、相关省级市场监管部门提出商谈咨询。经营者需要高度重视分步骤进行的交易、与竞争对手开展的交易等情形。

（二）经营者集中达到申报标准，申报后未批准实施集中。包括但不限于提前完成经营主体登记或者权利变更登记，提前委派高级管理人员，提前参与交易文件中约定的与目标公司的业务合作，提前办理合营企业营业执照，提前以合营企业的名义对外招揽业务、谈判、签订合同，与交易方开展交易文件中约定的可能导致提前实现集中效果的业务合作，提前交换竞争性敏感信息等。

（三）违反经营者集中审查决定。包括但不限于经营者集中被附加限制性条件批准后未遵守限制性条件、经营者集中被禁止后仍然按照原计划实施集中等。

（四）经营者集中未达到申报标准，但有证据证明该经营者集中具有或者可能具有排除、限制竞争效果，且经营者未按反垄断执法机构要求申报实施集中。

本条所指经营者集中，包括经营者合并、通过取得股权或者资产的方式取得对其他经营者的控制权、通过合同等方式取得对其他经营者的控制权或者能够对其他经营者施加决定性影响。相关规定可参考《经营者集中审查规定》《经营者集中反垄断合规指引》等。

鼓励经营者安排反垄断合规管理人员参加与交易相关方的交流，防范经营者集中行为合规风险。

参考示例9：企业甲和企业乙主要在中国境内开展同一类商品的生产经营，在中国境内市场的营业额均超过40亿元。为扩大市场份额，企业甲拟收购企业乙100%的股权并整合业务。股权收购协议签署后一周内双方完成了交割。本交易中，企业甲和企业乙是参与集中的经营者，双方营业额达到国务院规定的申报标准，企业甲通过交易获得了对企业乙的控制权，应当在实施交易前向中国反垄断执法机构申报经营者集中。企业甲在变更登记之前未依法申报，违反《反垄断法》第二十六条“经营者集中达到国务院规定的申报标准的，经营者应当事先向国务院反垄断执法机构申报，未申报的不得实施集中”的规定。在调查过程中，反垄断执法机构评估了有关交易对市场竞争的影响，认为集中后实体在相关市场具有较高市场份额，交易可能减少相关市场主要竞争对手、进一步提高相关市场进入壁垒，产生排除、限制竞争的效果。基于调查情况和评估结论，反垄断执法机构依法责令企业甲采取措施恢复相关市场竞争状态，并处以相应罚款。

参考示例10：企业丙拟加强与供应商丁的合作，因此计划收购供应商丁某子公司50%的股权，且年度预算、总经理任免等事项均需双方一致同意方可通过。在交易谈判过程中，供应商丁提出应当考虑是否需要进行经营者集中申报。企业丙此前未开展过经营者集中申报，对于是否触发经营者集中申报义务、如何申报、审查时长等问题缺乏了解。为此，企业丙向反垄断执法机构提交了书面商谈申请。反垄断执法机构在商谈中为企业丙提供了如何判断是否触发申报义务的指导，并结合企业丙与供应商丁补充说明的材料，就申报程序、法定审查时限等进行了说明。企业丙根据反垄断执法机构的指导，认真全面地准备了申报材料，并在案件审查过程中积极配合、及时答复反垄断执法机构提出的问题，在申报正式受理后三十天内获得了不实施进一步审查的决定，在计划交易时间内完成了交割。

第十八条　与滥用行政权力排除、限制竞争行为相关垄断行为合规风险识别

与滥用行政权力排除、限制竞争行为相关垄断行为合规风险，是指经营者在行政机关和法律、法规授权的具有管理公共事务职能的组织（以下称行政主体）协调、推动或者要求下，从事《反垄断法》禁止的垄断行为的风险。

经营者在与行政主体签订合作协议、备忘录等，或者收到行政主体要求执行的办法、决定、公告、通知、意见、函件、会议纪要等文件时，要注意识别相应文件内容是否带来反垄断合规风险，及时向行政主体作出提示，必要时向反垄断执法机构反映。

参考示例11：甲市某行政机关为增强本地相关产业竞争力，要求本市8家企业开展合作，组建联合经营体，划分销售区域、固定销售价格，避免相互竞争。8家企业据此签订合作协议，对有关要求作出细化安排，并规定违反协议的惩罚措施。甲市某行政机关的相关做法违反《反垄断法》第四十四条“行政机关和法律、法规授权的具有管理公共事务职能的组织不得滥用行政权力，强制或者变相强制经营者从事本法规定的垄断行为”的规定。8家企业虽然是执行行政机关的要求，但仍然违反《反垄断法》第十七条“禁止具有竞争关系的经营者达成下列垄断协议：（一）固定或者变更商品价格；（三）分割销售市场或者原材料采购市场”的规定，需要承担相应的法律责任。

第十九条　拒绝配合审查和调查行为合规风险识别

在接受审查和调查过程中，经营者不得实施以下行为：

（一）拒绝、阻碍执法人员进入经营场所；

（二）拒绝提供相关文件资料、信息或者获取文件资料、信息的权限；

（三）拒绝回答问题；

（四）隐匿、销毁、转移证据；

（五）提供误导性信息或者虚假信息；

（六）其他阻碍反垄断调查和审查的行为。

经营者在接受调查时，可以成立工作组协调相关部门和人员配合调查，也可以聘请专业机构提供咨询服务。

参考示例12：公司甲在接受反垄断调查期间，法定代表人拒绝提供采购、销售涉案商品的票证、单据、记录、会计账簿等资料，阻挠执法人员查阅公司电子数据、文件资料；公司业务部人员隐匿存有证据材料的优盘，并谎称公司的采购合同以及与上游生产企业签订的合作协议等材料丢失。上述行为违反《反垄断法》第五十条“被调查的经营者、利害关系人或者其他有关单位或者个人应当配合反垄断执法机构依法履行职责，不得拒绝、阻碍反垄断执法机构的调查”的规定，公司甲和法定代表人、业务部有关人员均需依法承担相应法律责任。

第二十条 法律责任提示

经营者违反《反垄断法》相关规定的，应当依法承担相应的法律责任：

（一）从事垄断协议行为的法律责任。经营者达成并实施垄断协议、组织其他经营者达成垄断协议或者为其他经营者达成垄断协议提供实质性帮助的，由反垄断执法机构责令停止违法行为，没收违法所得，并处上一年度销售额1%以上10%以下的罚款；上一年度没有销售额的，处500万元以下的罚款。尚未实施所达成的垄断协议的，可以处300万元以下的罚款。经营者的法定代表人、主要负责人和直接责任人员对达成垄断协议负有个人责任的，可以处100万元以下的罚款。经营者主动向反垄断执法机构报告达成垄断协议的有关情况并提供重要证据的，反垄断执法机构可以酌情减轻或者免除对该经营者的处罚。行业协会违反《反垄断法》规定，组织本行业的经营者达成垄断协议的，由反垄断执法机构责令改正，可以处300万元以下的罚款；情节严重的，社会团体登记管理机关可以依法撤销登记。

（二）从事滥用市场支配地位行为的法律责任。经营者滥用市场支配地位的，由反垄断执法机构责令停止违法行为，没收违法所得，并处上一年度销售额1%以上10%以下的罚款。

（三）违法实施经营者集中的法律责任。经营者违法实施集中，且具有或者可能具有排除、限制竞争效果的，由反垄断执法机构责令停止实施集中、限期处分股份或者资产、限期转让营业以及采取其他必要措施恢复到集中前的状态，处上一年度销售额10%以下的罚款；不具有排除、限制竞争效果的，处500万元以下的罚款。

（四）拒绝、阻碍审查和调查的法律责任。对反垄断执法机构依法实施的审查和调查，拒绝提供有关材料、信息，或者提供虚假材料、信息，或者隐匿、销毁、转移证据，或者有其他拒绝、阻碍调查行为的，由反垄断执法机构责令改正，对单位处上一年度销售额1%以下的罚款；上一年度没有销售额或者销售额难以计算的，处500万元以下的罚款；对个人处50万元以下的罚款。

（五）经营者因违反《反垄断法》规定受到行政处罚的，按照国家有关规定记入信用记录，并向社会公示。

（六）经营者实施垄断行为，给他人造成损失的，依法承担民事责任。损害社会公共利益的，设区的市级以上人民检察院可以依法向人民法院提起民事公益诉讼。

（七）经营者违反《反垄断法》规定，构成犯罪的，依法追究刑事责任。

经营者从事上述第（一）项至第（四）项所规定的行为，情节特别严重、影响特别恶劣、造成特别严重后果的，国务院反垄断执法机构可以在规定的罚款数额的二倍以上五倍以下确定具体罚款数额。

参考示例13：在某行业协会的组织下，行业内包括企业甲在内的具有竞争关系的多个经营者通过会议、磋商等方式，讨论相关商品销售价格，并签订统一价格的自律公约。随后，行业协会通过组织自查、责任追究等方式，推动公约实施。随着企业甲合规管理体系的建立，合规管理部门在风险排查中发现上述行为涉嫌违反《反垄断法》禁止达成、实施垄断协议的规定，存在严重的反垄断合规风险，立即向合规委员会报告。合规委员会专题研究后，主动向反垄断执法机构报告了达成垄断协议的情况，并提交了签署和实施行业自律公约的相关证据。行业协会组织本行业经营者达成并实施垄断协议的行为，违反《反垄断法》第二十一条“行业协会不得组织本行业的经营者从事本章禁止的垄断行为”的规定；行业内经营者参加并实施垄断协议，违反《反垄断法》第十七条“禁止具有竞争关系的经营者达成下列垄断协议：（一）固定或者变更商品价格”的规定。依据《反垄断法》规定，应当对行业协会处300万元以下的罚款、对参与垄断协议的经营者处上一年度销售额1%以上10%以下罚款。企业甲作为第一个主动报告达成垄断协议的有关情况并提供重要证据的经营者，反垄断执法机构可以根据《反垄断法》规定，酌情减轻或者免除对企业甲的处罚。

第二十一条 境外风险提示

经营者在境外开展业务时，应当了解并遵守业务所在国家或者地区的反垄断相关法律规定。当发生重大境外反垄断风险时，反垄断合规管理机构应当及时向决策层和高级管理层汇报，组织内部调查，提出风险评估意见和风险应对措施；同时，经营者可以通过境外企业和对外投资联络服务平台等渠道向有关政府部门和驻外使领馆报告。

经营者可以根据业务规模、业务涉及的主要司法辖区、所处行业特性及市场状况、业务经营面临的法律风险等制定境外反垄断合规制度，或者将境外反垄断合规要求嵌入现有整体合规制度中。有关境外反垄断合规事项，经营者可参考《企业境外反垄断合规指引》。

> **参考示例14**：企业甲是一家大型物流集团，在多个国家和地区设有子公司。近年来，企业甲注意到多个境外子公司收到当地反垄断执法机构的协助调查通知，并了解到行业内某些企业正在接受反垄断调查甚至受到处罚，逐渐认识到遵守各个国家和地区的反垄断法律法规是境外业务持续健康发展的重要保障。为此，企业甲基于国内已有的反垄断合规管理制度，全面补充和加强了境外反垄断合规内容，对不同国家和地区反垄断法律制度进行汇总梳理，编制境外反垄断合规手册，定期对涉及海外业务的员工开展合规培训，并将反垄断合规管理嵌入境外业务流程，有效防范合规风险。

第二十二条　风险处置

鼓励经营者建立健全风险处置机制，对各类合规风险采取恰当的控制和应对措施：

（一）反垄断执法机构启动调查的，积极配合反垄断执法机构调查。

（二）涉嫌从事垄断协议行为的经营者，可以依据《反垄断法》第五十六条第三款和《横向垄断协议案件宽大制度适用指南》的规定，主动向反垄断执法机构报告有关情况并提供重要证据，申请宽大；也可以依据《反垄断法》第十八条、第二十条规定，向反垄断执法机构证明相关协议属于不予禁止或者不适用有关规定的情形。

（三）涉嫌从事滥用市场支配地位行为的经营者，可以依据《禁止滥用市场支配地位行为规定》第十五条至第十九条的规定，向反垄断执法机构证明相关行为具有正当理由。

（四）违法实施或涉嫌违法实施经营者集中的经营者，可以依据《经营者集中审查规定》第六十八条第二款的规定，主动报告反垄断执法机构尚未掌握的违法行为，主动消除或者减轻违法行为危害后果，申请从轻或者减轻处罚。

（五）被调查的经营者可以依据《反垄断法》第五十三条和《垄断案件经营者承诺指南》的规定，向反垄断执法机构承诺在其认可的期限内采取具体措施消除行为后果，并申请中止调查。

（六）根据《反垄断法》和《中华人民共和国行政处罚法》（以下简称《行政处罚法》）相关规定，向反垄断执法机构证明有关行为符合从轻或者减轻处罚的情形。

（七）经营者对反垄断执法机构依据《反垄断法》第三十四条、第三十五条规定作出的决定不服的，可以先依法申请行政复议；对行政复议决定不服的，可以依法提起行政诉讼。对反垄断执法机构依据《反垄断法》第三十四条、第三十五条以外规定作出的决定不服的，可以依法申请行政复议或者提起行政诉讼。

第四章　合规管理运行和保障

第二十三条　反垄断合规审查

鼓励经营者建立反垄断合规审查机制，将合规审查作为经营者制定规章制度流程、与其他经营者签订合作协议、制定销售和采购政策、开展投资并购、参加行业协会活动等重大事项的必经程序，由业务及职能部门履行反垄断合规初审职责，反垄断合规管理牵头部门进行复审，及时对不合规的内容进行处置，防范反垄断合规风险。

> **参考示例15**：由于对外股权投资业务较多，企业甲专门制定了投资并购交易项目反垄断申报义务评估流程指引，明确投资部门评估流程、判断标准和禁止事项。投资部门按照合规管理要求，在每一个交易中开展申报义务评估，并针对难以准确判断的问题，及时提交反垄断合规管理牵头部门进行反垄断合规审查，保障有关交易项目依法合规进行。

第二十四条　反垄断合规咨询

经营者可以根据实际合规需求，建立反垄断合规咨询机制。

业务部门在履职过程中遇到重点领域或重要业务环节反垄断合规风险事项时，可以主动咨询反垄断合规管理牵头部门意见。反垄断合规管理牵头部门在合理时间内答复或启动合规审查流程。

对于复杂或专业性强且存在重大反垄断合规风险的事项，经营者可以咨询外部法律专家和专业机构。

第二十五条　反垄断合规汇报

鼓励经营者建立反垄断合规汇报机制，由反垄断合规管理负责人定期向合规治理机构汇报反垄断合规管理情况，及时报告反垄断合规风险。

经营者可以向反垄断执法机构报告反垄断合规情况及进展。反垄断执法机构通过企业信用信息公示系统开展经营者合规管理信息归集，给予经营者必要支持和指导。

参考示例16：企业甲在反垄断合规管理制度中建立了反垄断合规汇报机制，各业务部门和合规负责人定期向合规委员会汇报生产经营中的反垄断合规风险情况、反垄断合规工作开展情况等，并将相关内容形成年度合规评估报告向合规委员会进行汇报。同时，由于生产经营中涉及合同较多、风险较大，企业甲针对性地建立了重大合同报备制度，将可能涉及反垄断风险的合同（如包含价格调整、排他性限制条款的合同以及涉及多个交易相对人的合同）作为重大合同，及时向合规委员会报备。如果没有及时报备，合规管理负责人将承担相应责任。

第二十六条　合规培训

鼓励经营者将反垄断合规培训纳入员工培训计划和常态化合规培训机制，结合不同岗位的合规管理要求开展针对性培训：

（一）决策人员、高级管理人员、合规管理人员带头接受专题培训；

（二）核心业务、重要环节、关键岗位以及其他存在较高反垄断风险的员工，接受针对性的专题培训；

（三）从事境外业务的决策人员、高级管理人员和员工，定期接受相关司法辖区反垄断合规内容培训；

（四）其他人员接受与岗位反垄断合规管理职责相匹配的反垄断合规培训。

合规培训可以通过内部培训、专家讲座、专题研讨等线下方式，也可以通过网络课程等线上方式进行。鼓励经营者建立合规培训台账，结合反垄断法相关规定及时更新培训内容，定期评估培训效果，对可能给经营者带来反垄断合规风险的第三方提供合规培训支持。

参考示例17：大型企业甲重视加强合规文化建设，建立了常态化反垄断合规培训机制，通过在内部网站开设合规专栏、举办合规讲座及研讨会等方式，每季度进行反垄断合规培训，并通过合规测试等方式巩固培训成果。同时，还建立了针对性反垄断合规培训机制，对管理人员、核心业务人员、调岗员工及新入职员工进行专题培训。

参考示例18：小企业乙治理结构简单，员工数量较少。为节约成本，提高反垄断合规培训效率，根据自身情况优化培训方式，通过定期进行员工谈话、举办员工讨论会、集体学习典型案例等形式实施合规培训。

第二十七条　合规承诺及保障

鼓励经营者向社会公开作出反垄断合规承诺，在内部管理制度中明确相关人员违反合规承诺的不利后果，并以实际行动表明对反垄断合规工作的支持。承诺可以包括以下内容：

（一）建立健全涵盖反垄断合规治理机构领导责任、合规管理部门牵头责任与业务部门主体责任的责任体系；

（二）建立健全涵盖风险识别、风险评估、风险提醒、合规咨询、合规培训等措施的反垄断合规风险防范体系；

（三）建立健全涵盖反垄断合规审查、内部举报、外部监督、合规汇报的反垄断合规监控体系；

（四）建立健全涵盖风险处置、合规奖惩等机制的反垄断合规应对体系；

（五）有效开展反垄断合规需要的其他资源支持。

参考示例19：企业甲在其官网上设置“合规与诚信”专栏，向社会公开作出如下合规承诺：企业甲重视并持续营造公平竞争文化，坚持诚信经营、遵守所有适用的反垄断法律法规，建立符合业界最佳实践的反垄断合规管理体系，并坚持将合规管理落实到各项业务活动及流程中，要求每一位员工遵守反垄断法相关要求。同时，企业甲公开其反垄断合规的具体举措和做法，公布举报渠道，欢迎任何第三方举报企业甲员工违反反垄断法律法规要求的行为，并承诺对举报人和内容严格保密。

第二十八条　合规奖惩

鼓励经营者建立健全对员工反垄断合规行为的考核及奖惩机制，将反垄断合规考核结果作为员工及其所属部门绩效考核的重要内容，及时对违规行为进行处理，激励和督促员工自觉遵守反垄断合规管理要求。

> **参考示例20**：企业甲为保障落实反垄断合规管理要求，建立了反垄断合规考核机制，将反垄断合规管理情况纳入业务及职能部门负责人的年度综合考核事项中。同时，定期对员工合规职责履行情况进行评价，将考核结果作为晋升任用、评先选优等工作的重要依据。对在反垄断合规管理工作中成绩突出的员工以及避免或挽回经济损失的员工，予以表彰和奖励；对违反反垄断合规管理制度的行为，依照规定追究责任。

第二十九条　合规监督机制

鼓励经营者建立反垄断合规举报处理和反馈机制，积极响应员工、客户及第三方的反垄断合规投诉和举报，并组织开展核查。对举报人身份和举报事项严格保密，确保举报人不因举报行为受到不利影响。

经营者各部门、分支机构及关键员工可以在反垄断合规管理牵头部门的组织或者协助下，定期或者不定期开展合规自查，也可以独立组织或者聘请第三方机构开展专项合规检查。鼓励经营者加强对下属机构反垄断合规管理的监督检查。

> **参考示例21**：企业甲建立了反垄断合规管理定期自查机制。合规管理牵头部门在某次合规自查中，通过某份行业协会会议纪要发现参加会议的部分企业可能交换了定价意向等敏感信息。企业甲立即发起了内部反垄断合规检查，了解本企业参会人员是否严格落实了合规注意事项、事前合规审查是否存在遗漏等。同时，聘请第三方机构对风险事项出具了法律分析意见，并立刻草拟了一份不参与任何违反《反垄断法》行为的合规声明。经调查，企业甲确认相关敏感信息交换未出现在会前议程中，而是由会上其他企业临时提出，且企业甲参会人员未参与讨论。因此，企业甲及时向行业协会发送了合规声明，并在内部传达会议纪要前删除了其他竞争对手敏感信息，防范反垄断合规风险。

第三十条　合规管理评估与改进

鼓励经营者定期对反垄断合规管理有效性开展评估，发现和纠正合规管理中存在的问题，持续改进和完善反垄断合规管理。出现重大反垄断合规风险或者违规问题的，经营者需及时开展反垄断合规管理有效性专项评估。

经营者可以对商业伙伴反垄断合规情况开展评估，或者与商业伙伴签署反垄断承诺条款，共同遵守反垄断合规要求，共建公平竞争市场环境。

> **参考示例22**：大型企业甲业务范围广、商业模式复杂且外部市场环境变化较快，需要根据行业变化和监管动态持续改进反垄断合规管理制度。因此，企业甲确定了两类合规管理评估机制：一是当内外环境没有发生重大变化时，仅评估合规管理运行和执行情况；二是当内外环境发生重大变化时，全面评估合规管理制度的适应性、合规管理运行和执行的有效性等情况。

第三十一条　信息化建设

鼓励经营者加强合规管理信息化建设，将合规要求和风险防控机制嵌入业务流程，强化对经营管理行为合规情况的过程管控和运行分析。

第五章　合规激励

第三十二条　加强合规激励

为鼓励经营者积极培育和倡导公平竞争文化、建立健全反垄断合规管理制度，反垄断执法机构在对违反《反垄断法》的行为进行调查和处理时，可以酌情考虑经营者反垄断合规管理制度的建设实施情况。

第三十三条　调查前合规激励

经营者在反垄断执法机构调查前已经终止涉嫌垄断行为，相关行为轻微且没有造成竞争损害的，执法机构可以将经营者反垄断合规管理制度建设实施情况作为认定经营者是否及时改正的考量因素，依据《行政处罚法》第三十三条的规定酌情不予行政处罚。

第三十四条　承诺制度中的合规激励

经营者承诺在反垄断执法机构认可的期限内采取具体措施消除涉嫌垄断行为后果的，反垄断执法机构可以将其反垄断合规管理制度建设实施情况作为是否作出中止调查决定的考量因素，并在决定是否终止调查时对反垄断合规管理情况进行评估。

经营者申请中止调查或者终止调查的具体适用标准和程序，可以参考《禁止垄断协议规定》《禁止滥用市场支配地位行为规定》和《垄断案件经营者承诺指南》等规定。

第三十五条　宽大制度中的合规激励

经营者主动向反垄断执法机构报告达成垄断协议的有关情况并提供重要证据的，如果能够证明经营者积极建立或者完善反垄断合规管理制度并有效实施，且对于减轻或者消除违法行为后果起到重要作用的，反垄断执法机构可以在宽大减免范围内对经营者适用较大减免幅度。

经营者申请宽大的具体适用标准和程序，可以参考《禁止垄断协议规定》和《横向垄断协议案件宽大制度适用指南》等规定。

第三十六条 罚款幅度裁量区间中的合规激励

经营者在反垄断执法机构作出行政处罚决定前，积极建立或者完善反垄断合规管理制度并有效实施，对于减轻或者消除违法行为后果起到重要作用的，反垄断执法机构可以依据《反垄断法》第五十九条和《行政处罚法》第三十二条的规定，酌情从轻或者减轻行政处罚。

第三十七条 实质性审查

经营者可以依据本指南规定，向反垄断执法机构申请合规激励。

经营者申请合规激励的，反垄断执法机构要从完善性、真实性和有效性等方面，对其反垄断合规管理制度的建设实施情况进行审查：

（一）经营者是否建立了体系化的管理制度、健全的合规管理机构和相称的合规风险管理机制；

（二）经营者是否严格执行了合规管理制度、是否真实履行了反垄断合规承诺；

（三）经营者是否采取了有效的合规监督和保障措施；

（四）其他需要审查的因素。

反垄断执法机构对经营者反垄断合规管理制度的建设实施情况进行审查时，可以设置必要的考察期。

第三十八条 不予合规激励的情形

存在下列情形之一的，反垄断执法机构不给予经营者合规激励：

（一）经营者未通过合规实质性审查的；

（二）作出合规实质性审查决定所依据的事实发生重大变化的；

（三）经营者在合规考察期间提供的信息不完整或者不真实的；

（四）经营者多次从事违反《反垄断法》的行为；

（五）反垄断执法机构认定的其他情形。

第六章 附　　则

第三十九条 指南的效力

本指南仅对经营者反垄断合规作出一般性指引，不具有强制性。法律法规规章对反垄断合规另有专门规定的，从其规定。

第四十条 参考制定

行业协会可参考本指南，组织制定本行业反垄断合规管理参考规则，引导本行业的经营者依法竞争、合规经营，维护市场竞争秩序。

第四十一条 指南的解释

本指南由国务院反垄断反不正当竞争委员会办公室解释，自发布之日起实施。

（二）推进国企改革

行政规章及规范性文件：

中共中央、国务院关于深化国有企业改革的指导意见

（2015年8月24日）

国有企业属于全民所有，是推进国家现代化、保障人民共同利益的重要力量，是我们党和国家事业发展的重要物质基础和政治基础。改革开放以来，国有企业改革发展不断取得重大进展，总体上已经同市场经济相融合，运行质量和效益明显提升，在国际国内市场竞争中涌现出一批具有核心竞争力的骨干企业，为推动经济社会发展、保障和改善民生、开拓国际市场、增强我国综合实力作出了重大贡献，国有企业经营管理者队伍总体上是好的，广大职工付出了不懈努力，成就是突出的。但也要看到，国有企业仍然存在一些亟待解决的突出矛盾和问题，一些企业市场主体地位尚未真正确立，现代企业制度还不健全，国有资产监管体制有待完善，国有资本运行效率需进一步提高；一些企业管理混乱，内部人控制、利益输送、国有资产流失等问题突出，企业办社会职能和历史遗留问题还未完全解决；一些企业党组织管党治党责任不落实、作用被弱化。面向未来，国有企业面临日益激烈的国际竞争和转型升级的巨大挑战。在推动我国经济保持中高速增长和迈向中高端水平、完善和发展中国特色社会主义制度、实现中华民族伟大复兴中国梦的进程中，国有企业肩负着重大历史使命和责任。要认真贯彻落实党中央、国务院战略决策，

按照“四个全面”战略布局的要求，以经济建设为中心，坚持问题导向，继续推进国有企业改革，切实破除体制机制障碍，坚定不移做强做优做大国有企业。为此，提出以下意见。

一、总体要求

（一）指导思想

高举中国特色社会主义伟大旗帜，认真贯彻落实党的十八大和十八届三中、四中全会精神，深入学习贯彻习近平总书记系列重要讲话精神，坚持和完善基本经济制度，坚持社会主义市场经济改革方向，适应市场化、现代化、国际化新形势，以解放和发展社会生产力为标准，以提高国有资本效率、增强国有企业活力为中心，完善产权清晰、权责明确、政企分开、管理科学的现代企业制度，完善国有资产监管体制，防止国有资产流失，全面推进依法治企，加强和改进党对国有企业的领导，做强做优做大国有企业，不断增强国有经济活力、控制力、影响力、抗风险能力，主动适应和引领经济发展新常态，为促进经济社会持续健康发展、实现中华民族伟大复兴中国梦作出积极贡献。

（二）基本原则

——坚持和完善基本经济制度。这是深化国有企业改革必须把握的根本要求。必须毫不动摇巩固和发展公有制经济，毫不动摇鼓励、支持、引导非公有制经济发展。坚持公有制主体地位，发挥国有经济主导作用，积极促进国有资本、集体资本、非公有资本等交叉持股、相互融合，推动各种所有制资本取长补短、相互促进、共同发展。

——坚持社会主义市场经济改革方向。这是深化国有企业改革必须遵循的基本规律。国有企业改革要遵循市场经济规律和企业发展规律，坚持政企分开、政资分开、所有权与经营权分离，坚持权利、义务、责任相统一，坚持激励机制和约束机制相结合，促使国有企业真正成为依法自主经营、自负盈亏、自担风险、自我约束、自我发展的独立市场主体。社会主义市场经济条件下的国有企业，要成为自觉履行社会责任的表率。

——坚持增强活力和强化监管相结合。这是深化国有企业改革必须把握的重要关系。增强活力是搞好国有企业的本质要求，加强监管是搞好国有企业的重要保障，要切实做到两者的有机统一。继续推进简政放权，依法落实企业法人财产权和经营自主权，进一步激发企业活力、创造力和市场竞争力。进一步完善国有企业监管制度，切实防止国有资产流失，确保国有资产保值增值。

——坚持党对国有企业的领导。这是深化国有企业改革必须坚守的政治方向、政治原则。要贯彻全面从严治党方针，充分发挥企业党组织政治核心作用，加强企业领导班子建设，创新基层党建工作，深入开展党风廉政建设，坚持全心全意依靠工人阶级，维护职工合法权益，为国有企业改革发展提供坚强有力的政治保证、组织保证和人才支撑。

——坚持积极稳妥统筹推进。这是深化国有企业改革必须采用的科学方法。要正确处理推进改革和坚持法治的关系，正确处理改革发展稳定关系，正确处理搞好顶层设计和尊重基层首创精神的关系，突出问题导向，坚持分类推进，把握好改革的次序、节奏、力度，确保改革扎实推进、务求实效。

（三）主要目标

到2020年，在国有企业改革重要领域和关键环节取得决定性成果，形成更加符合我国基本经济制度和社会主义市场经济发展要求的国有资产管理体制、现代企业制度、市场化经营机制，国有资本布局结构更趋合理，造就一大批德才兼备、善于经营、充满活力的优秀企业家，培育一大批具有创新能力和国际竞争力的国有骨干企业，国有经济活力、控制力、影响力、抗风险能力明显增强。

——国有企业公司制改革基本完成，发展混合所有制经济取得积极进展，法人治理结构更加健全，优胜劣汰、经营自主灵活、内部管理人员能上能下、员工能进能出、收入能增能减的市场化机制更加完善。

——国有资产监管制度更加成熟，相关法律法规更加健全，监管手段和方式不断优化，监管的科学性、针对性、有效性进一步提高，经营性国有资产实现集中统一监管，国有资产保值增值责任全面落实。

——国有资本配置效率显著提高，国有经济布局结构不断优化、主导作用有效发挥，国有企业在提升自主创新能力、保护资源环境、加快转型升级、履行社会责任中的引领和表率作用充分发挥。

——企业党的建设全面加强，反腐倡廉制度体系、工作体系更加完善，国有企业党组织在公司治理中的法定地位更加巩固，政治核心作用充分发挥。

二、分类推进国有企业改革

（四）划分国有企业不同类别。根据国有资本的战略定位和发展目标，结合不同国有企业在经济社会发展中的作用、现状和发展需要，将国有企业分为商业类和公益类。通过界定功能、划分类别，实行分类改革、分类发展、分类监管、分类定责、分类考核，提高改革的针对性、监管的有效性、考核评价的科学性，推动国有企业同市场经济深入融合，促进国有企业经济效益和社会效益有机统一。按照谁出资谁分类的原则，由履行出资人职责的机构负责制定所出资企业的功能界定和分类方案，报本级政府批准。各地区可结合实际，划分并动态调整本地区国有企业功能类别。

（五）推进商业类国有企业改革。商业类国有企业按照市场化要求实行商业化运作，以增强国有经济活力、放大国有资本功能、实现国有资产保值增值为主要目标，依法独立自主开展生产经营活动，实现优胜劣汰、有序进退。

主业处于充分竞争行业和领域的商业类国有企业，原则上都要实行公司制股份制改革，积极引入其他国有资本或各类非国有资本实现股权多元化，国有资本可以绝对控股、相对控股，也可以参股，并着力推进整体上市。对这些国有企业，重点考核经营业绩指标、国有资产保值增值和市场竞争能力。

主业处于关系国家安全、国民经济命脉的重要行业和关键领域、主要承担重大专项任务的商业类国有企业，要保持国有资本控股地位，支持非国有资本参股。对自然垄断行业，实行以政企分开、政资分开、特许经营、政府监管为主要内容的改革，根据不同行业特点实行网运分开、放开竞争性业务，促进公共资源配置市场化；对需要实行国有全资的企业，也要积极引入其他国有资本实行股权多元化；对特殊业务和竞争性业务实行业务板块有效分离，独立运作、独立核算。对这些国有企业，在考核经营业绩指标和国有资产保值增值情况的同时，加强对服务国家战略、保障国家安全和国民经济运行、发展前瞻性战略性产业以及完成特殊任务的考核。

（六）推进公益类国有企业改革。公益类国有企业以保障民生、服务社会、提供公共产品和服务为主要目标，引入市场机制，提高公共服务效率和能力。这类企业可以采取国有独资形式，具备条件的也可以推行投资主体多元化，还可以通过购买服务、特许经营、委托代理等方式，鼓励非国有企业参与经营。对公益类国有企业，重点考核成本控制、产品服务质量、营运效率和保障能力，根据企业不同特点有区别地考核经营业绩指标和国有资产保值增值情况，考核中要引入社会评价。

三、完善现代企业制度

（七）推进公司制股份制改革。加大集团层面公司制改革力度，积极引入各类投资者实现股权多元化，大力推动国有企业改制上市，创造条件实现集团公司整体上市。根据不同企业的功能定位，逐步调整国有股权比例，形成股权结构多元、股东行为规范、内部约束有效、运行高效灵活的经营机制。允许将部分国有资本转化为优先股，在少数特定领域探索建立国家特殊管理股制度。

（八）健全公司法人治理结构。重点是推进董事会建设，建立健全权责对等、运转协调、有效制衡的决策执行监督机制，规范董事长、总经理行权行为，充分发挥董事会的决策作用、监事会的监督作用、经理层的经营管理作用、党组织的政治核心作用，切实解决一些企业董事会形同虚设、“一把手”说了算的问题，实现规范的公司治理。要切实落实和维护董事会依法行使重大决策、选人用人、薪酬分配等权利，保障经理层经营自主权，法无授权任何政府部门和机构不得干预。加强董事会内部的制衡约束，国有独资、全资公司的董事会和监事会均应有职工代表，董事会外部董事应占多数，落实一人一票表决制度，董事对董事会决议承担责任。改进董事会和董事评价办法，强化对董事的考核评价和管理，对重大决策失误负有直接责任的要及时调整或解聘，并依法追究责任。进一步加强外部董事队伍建设，拓宽来源渠道。

（九）建立国有企业领导人员分类分层管理制度。坚持党管干部原则与董事会依法产生、董事会依法选择经营管理者、经营管理者依法行使用人权相结合，不断创新有效实现形式。上级党组织和国有资产监管机构按照管理权限加强对国有企业领导人员的管理，广开推荐渠道，依规考察提名，严格履行选用程序。根据不同企业类别和层级，实行选任制、委任制、聘任制等不同选人用人方式。推行职业经理人制度，实行内部培养和外部引进相结合，畅通现有经营管理者与职业经理人身份转换通道，董事会按市场化方式选聘和管理职业经理人，合理增加市场化选聘比例，加快建立退出机制。推行企业经理层成员任期制和契约化管理，明确责任、权利、义务，严格任期管理和目标考核。

（十）实行与社会主义市场经济相适应的企业薪酬分配制度。企业内部的薪酬分配权是企业的法定权利，由企业依法依规自主决定，完善既有激励又有约束、既讲效率又讲公平、既符合企业一般规律又体现国有企业特点的分配机制。建立健全与劳动力市场基本适应、与企业经济效益和劳动生产率挂钩的工资决定和正常增长机制。推进全员绩效考核，以业绩为导向，科学评价不同岗位员工的贡献，合理拉开收入分配差距，切实做到收入能增能减和奖惩分明，充分调动广大职工积极性。对国有企业领导人员实行与选任方式相匹配、与企业功能性质相适应、与经营业绩相挂钩的差异化薪酬分配办法。对党中央、国务院和地方党委、政府及其部门任命的国有企业领导人员，合理确定基本年薪、绩效年薪和任期激励收入。对市场化选聘的职业经理人实行市场化薪酬分配机制，可以采取多种方式探索完善中长期激励机制。健全与激励机制相对称的经济责任审计、信息披露、延期支付、追索扣回等约束机制。严格规范履职待遇、业务支出，严禁将公款用于个人支出。

（十一）深化企业内部用人制度改革。建立健全企业各类管理人员公开招聘、竞争上岗等制度，对特殊管理人员可以通过委托人才中介机构推荐等方式，拓宽选人用人视野和渠道。建立分级分类的企业员工市场化公开招聘制度，切实做到信息公开、过程公开、结果公开。构建和谐劳动关系，依法规范企业各类用工管理，建立健全以合同管理为核心、以岗位管理为基础的市场化用工制度，真正形成企业各类管理人员能上能下、员工能进能出的合理流动机制。

四、完善国有资产管理体制

（十二）以管资本为主推进国有资产监管机构职能转变。国有资产监管机构要准确把握依法履行出资人职责的定位，科学界定国有资产出资人监管的边界，建立监管权力清单和责任清单，实现以管企业为主向以管资本为主的转变。该管的要科学管理、决不缺位，重点管好国有资本布局、规范资本运作、提高资本回报、维护资本安全；不该管的要依法放权、决不越位，将依法应由企业自主经营决策的事项归位于企业，将延伸到子企业的管理事项原则上归位于一级企业，将配合承担的公共管理职能归位于相关政府部门和单位。大力推进依法监管，着力创新监管方式和手段，改变行政化管理方式，改进考核体系和办法，提高监管的科学性、有效性。

（十三）以管资本为主改革国有资本授权经营体制。改组组建国有资本投资、运营公司，探索有效的运营模式，通过开展投资融资、产业培育、资本整合，推动产业集聚和转型升级，优化国有资本布局结构；通过股权运作、价值管理、有序进退，促进国有资本合理流动，实现保值增值。科学界定国有资本所有权和经营权的边界，国有资产监管机构依法对国有资本投资、运营公司和其他直接监管的企业履行出资人职责，并授权国有资本投资、运营公司对授权范围内的国有资本履行出资人职责。国有资本投资、运营公司作为国有资本市场化运作的专业平台，依法自主开展国有资本运作，对所出资企业行使股东职责，按照责权对应原则切实承担起国有资产保值增值责任。开展政府直接授权国有资本投资、运营公司履行出资人职责的试点。

（十四）以管资本为主推动国有资本合理流动优化配置。坚持以市场为导向、以企业为主体，有进有退、有所为有所不为，优化国有资本布局结构，增强国有经济整体功能和效率。紧紧围绕服务国家战略，落实国家产业政策和重点产业布局调整总体要求，优化国有资本重点投资方向和领域，推动国有资本向关系国家安全、国民经济命脉和国计民生的重要行业和关键领域、重点基础设施集中，向前瞻性战略性产业集中，向具有核心竞争力的优势企业集中。发挥国有资本投资、运营公司的作用，清理退出一批、重组整合一批、创新发展一批国有企业。建立健全优胜劣汰市场化退出机制，充分发挥失业救济和再就业培训等的作用，解决好职工安置问题，切实保障退出企业依法实现关闭或破产，加快处置低效无效资产，淘汰落后产能。支持企业依法合规通过证券交易、产权交易等资本市场，以市场公允价格处置企业资产，实现国有资本形态转换，变现的国有资本用于更需要的领域和行业。推动国有企业加快管理创新、商业模式创新，合理限定法人层级，有效压缩管理层级。发挥国有企业在实施创新驱动发展战略和制造强国战略中的骨干和表率作用，强化企业在技术创新中的主体地位，重视培养科研人才和高技能人才。支持国有企业开展国际化经营，鼓励国有企业之间以及与其他所有制企业以资本为纽带，强强联合、优势互补，加快培育一批具有世界一流水平的跨国公司。

（十五）以管资本为主推进经营性国有资产集中统一监管。稳步将党政机关、事业单位所属企业的国有资本纳入经营性国有资产集中统一监管体系，具备条件的进入国有资本投资、运营公司。加强国有资产基础管理，按照统一制度规范、统一工作体系的原则，抓紧制定企业国有资产基础管理条例。建立覆盖全部国有企业、分级管理的国有资本经营预算管理制度，提高国有资本收益上缴公共财政比例，2020年提高到30%，更多用于保障和改善民生。划转部分国有资本充实社会保障基金。

五、发展混合所有制经济

（十六）推进国有企业混合所有制改革。以促进国有企业转换经营机制，放大国有资本功能，提高国有资本配置和运行效率，实现各种所有制资本取长补短、相互促进、共同发展为目标，稳妥推动国有企业发展混合所有制经济。对通过实行股份制、上市等途径已经实行混合所有制的国有企业，要着力在完善现代企业制度、提高资本运行效率上下功夫；对于适宜继续推进混合所有制改革的国有企业，要充分发挥市场机制作用，坚持因地施策、因业施策、因企施策，宜独则独、宜控则控、宜参则参，不搞拉郎配，不搞全覆盖，不设时间表，成熟一个推进一个。改革要依法依规、严格程序、公开公正，切实保护混合所有制企业各类出资人的产权权益，杜绝国有资产流失。

（十七）引入非国有资本参与国有企业改革。鼓励非国有资本投资主体通过出资入股、收购股权、认购可转债、股权置换等多种方式，参与国有企业改制重组或国有控股上市公司增资扩股以及企业经营管理。实行同股同权，切实维护各类股东合法权益。在石油、天然气、电力、铁路、电信、资源开发、公用事业等领域，向非国有资本推出符合产业政策、有利于转型升级的项目。依照外商投资产业指导目录和相关安全审查规定，完善外资安全审查工作机制。开展多类型政府和社会资本合作试点，逐步推广政府和社会资本合作模式。

（十八）鼓励国有资本以多种方式入股非国有企业。充分发挥国有资本投资、运营公司的资本运作平台作用，通过市场化方式，以公共服务、高新技术、生态环保、战略性产业为重点领域，对发展潜力大、成长性强的非国有企业进行股权投资。鼓励国有企业通过投资入股、联合投资、重组等多种方式，与非国有企业进行股权融合、战略合作、资源整合。

（十九）探索实行混合所有制企业员工持股。坚持试点先行，在取得经验基础上稳妥有序推进，通过实行员工持股建立激励约束长效机制。优先支持人才资本和技术要素贡献占比较高的转制科研院所、高新技术企业、科技服务型企业开展员工持股试点，支持对企业经营业绩和持续发展有直接或较大影响的科研人员、经营管理人员和业务骨干等持股。员工持股主要采取增资扩股、出资新设等方式。完善相关政策，健全审核程序，规范操作流程，严格资产评估，建立健全股权流转和退出机制，确保员工持股公开透明，严禁暗箱操作，防止利益输送。

六、强化监督防止国有资产流失

（二十）强化企业内部监督。完善企业内部监督体系，明确监事会、审计、纪检监察、巡视以及法律、财务等部门的监督职责，完善监督制度，增强制度执行力。强化对权力集中、资金密集、资源富集、资产聚集的部门和岗位的监督，实行分事行权、分岗设权、分级授权，定期轮岗，强化内部流程控制，防止权力滥用。建立审计部门向董事会负责的工作机制。落实企业内部监事会对董事、经理和其他高级管理人员的监督。进一步发挥企业总法律顾问在经营管理中的法律审核把关作用，推进企业依法经营、合规管理。集团公司要依法依规、尽职尽责加强对子企业的管理和监督。大力推进厂务公开，健全以职工代表大会为基本形式的企业民主管理制度，加强企业职工民主监督。

（二十一）建立健全高效协同的外部监督机制。强化出资人监督，加快国有企业行为规范法律法规制度建设，加强对企业关键业务、改革重点领域、国有资本运营重要环节以及境外国有资产的监督，规范操作流程，强化专业检查，开展总会计师由履行出资人职责机构委派的试点。加强和改进外派监事会制度，明确职责定位，强化与有关专业监督机构的协作，加强当期和事中监督，强化监督成果运用，建立健全核查、移交和整改机制。健全国有资本审计监督体系和制度，实行企业国有资产审计监督全覆盖，建立对企业国有资本的经常性审计制度。加强纪检监察监督和巡视工作，强化对企业领导人员廉洁从业、行使权力等的监督，加大大案要案查处力度，狠抓对存在问题的整改落实。整合出资人监管、外派监事会监督和审计、纪检监察、巡视等监督力量，建立监督工作会商机制，加强统筹，创新方式，共享资源，减少重复检查，提高监督效能。建立健全监督意见反馈整改机制，形成监督工作的闭环。

（二十二）实施信息公开加强社会监督。完善国有资产和国有企业信息公开制度，设立统一的信息公开网络平台，依法依规、及时准确披露国有资本整体运营和监管、国有企业公司治理以及管理架构、经营情况、财务状况、关联交易、企业负责人薪酬等信息，建设阳光国企。认真处理人民群众关于国有资产流失等问题的来信、来访和检举，及时回应社会关切。充分发挥媒体舆论监督作用，有效保障社会公众对企业国有资产运营的知情权和监督权。

（二十三）严格责任追究。建立健全国有企业重大决策失误和失职、渎职责任追究倒查机制，建立和完善重大决策评估、决策事项履职记录、决策过错认定标准等配套制度，严厉查处侵吞、贪污、输送、挥霍国有资产和逃废金融债务的行为。建立健全企业国有资产的监督问责机制，对企业重大违法违纪问题敷衍不追、隐匿不报、查处不力的，严格追究有关人员失职渎职责任，视不同情形给予纪律处分或行政处分，构成犯罪的，由司法机关依法追究刑事责任。

七、加强和改进党对国有企业的领导

（二十四）充分发挥国有企业党组织政治核心作用。把加强党的领导和完善公司治理统一起来，将党建工作总体要求纳入国有企业章程，明确国有企业党组织在公司法人治理结构中的法定地位，创新国有企业党组织发挥政治核心作用的途径和方式。在国有企业改革中坚持党的建设同步谋划、党的组织及工作机构同步设置、党组织负责人及党务工作人员同步配备、党的工作同步开展，保证党组织工作机构健全、党务工作者队伍稳定、党组织和党员作用得到有效发挥。坚持和完善双向进入、交叉任职的领导体制，符合条件的党组织领导班子成员可以通过法定程序进入董事会、监事会、经理层，董事会、监事会、经理层成员中符合条件的党员可以依照有关规定和程序进入党组织领导班子；经理层成员与党组织领导班子成员适度交叉任职；董事长、总经理原则上分设，党组织书记、董事长一般由一人担任。

国有企业党组织要切实承担好、落实好从严管党治党责任。坚持从严治党、思想建党、制度治党，增强管党治党意识，建立健全党建工作责任制，聚精会神抓好党建工作，做到守土有责、守土负责、守土尽责。党组织书记要切实履行党建工作第一责任人职责，党组织班子其他成员要切实履行“一岗双责”，结合业务分工抓好党建工作。中央企业党组织书记同时担任企业其他主要领导职务的，应当设立1名专职抓企业党建工作的副书记。加强国有企业基层党组织建设和党员队伍建设，强化国有企业基层党建工作的基础保障，充分发挥基层党组织战斗堡垒作用、共产党员先锋模范作用。加强企业党组织对群众工作的领导，发挥好工会、共青团等群团组织的作用，深入细致做好职工群众的思想政治工作。把建立党的组织、开展党的工作，作为国有企业推进混合所有制改革的必要前提，根据不同类型混合所有制企业特点，科学确定党组织的设置方式、职责定位、管理模式。

（二十五）进一步加强国有企业领导班子建设和人才队伍建设。根据企业改革发展需要，明确选人用人标准和程序，创新选人用人方式。强化党组织在企业领导人员选拔任用、培养教育、管理监督中的责任，支持董事会依法选择经营管理者、经营管理者依法行使用人权，坚决防止和整治选人用人中的不正之风。加强对国有企业领导人员尤其是主要领导人员的日常监督管理和综合考核评价，及时调整不胜任、不称职的领导人员，切实解决企业领导人员能上不能下的问题。以强化忠诚意识、拓展世界眼光、提高战略思维、增强创新精神、锻造优秀品行为重点，加强企业家队伍建设，充分发挥企业家作用。大力实施人才强企战略，加快建立健全国有企业集聚人才的体制机制。

（二十六）切实落实国有企业反腐倡廉“两个责任”。国有企业党组织要切实履行好主体责任，纪检机构要履行好监督责任。加强党性教育、法治教育、警示教育，引导国有企业领导人员坚定理想信念，自觉践行“三严三实”要求，正确履职行权。建立切实可行的责任追究制度，与企业考核等挂钩，实行“一案双查”。推动国有企业纪律检查工作双重领导体制具体化、程序化、制度化，强化上级纪委对下级纪委的领导。加强和改进国有企业巡视工作，强化对权力运行的监督和制约。坚持运用法治思维和法治方式反腐败，完善反腐倡廉制度体系，严格落实反“四风”规定，努力构筑企业领导人员不敢腐、不能腐、不想腐的有效机制。

八、为国有企业改革创造良好环境条件

（二十七）完善相关法律法规和配套政策。加强国有企业相关法律法规立改废释工作，确保重大改革于法有据。切实转变政府职能，减少审批、优化制度、简化手续、提高效率。完善公共服务体系，推进政府购买服务，加快建立稳定可靠、补偿合理、公开透明的企业公共服务支出补偿机制。完善和落实国有企业重组整合涉及的资产评估增值、土地变更登记和国有资产无偿划转等方面税收优惠政策。完善国有企业退出的相关政策，依法妥善处理劳动关系调整、社会保险关系接续等问题。

（二十八）加快剥离企业办社会职能和解决历史遗留问题。完善相关政策，建立政府和国有企业合理分担成本的机制，多渠道筹措资金，采取分离移交、重组改制、关闭撤销等方式，剥离国有企业职工家属区“三供一业”和所办医院、学校、社区等公共服务机构，继续推进厂办大集体改革，对国有企业退休人员实施社会化管理，妥善解决国有企业历史遗留问题，为国有企业公平参与市场竞争创造条件。

（二十九）形成鼓励改革创新的氛围。坚持解放思想、实事求是，鼓励探索、实践、创新。全面准确评价国有企业，大力宣传中央关于全面深化国有企业改革的方针政策，宣传改革的典型案例和经验，营造有利于国有企业改革的良好舆论环境。

（三十）加强对国有企业改革的组织领导。各级党委和政府要统一思想，以高度的政治责任感和历史使命感，切实履行对深化国有企业改革的领导责任。要根据本指导意见，结合实际制定实施意见，加强统筹协调、明确责任分工、细化目标任务、强化督促落实，确保深化国有企业改革顺利推进，取得实效。

金融、文化等国有企业的改革，中央另有规定的依其规定执行。

国务院关于印发划转部分国有资本充实社保基金实施方案的通知

国发〔2017〕49号

各省、自治区、直辖市人民政府，国务院各部委、各直属机构：

现将《划转部分国有资本充实社保基金实施方案》印发给你们，请认真贯彻执行。

国务院

2017年11月9日

划转部分国有资本充实社保基金实施方案

党中央、国务院高度重视社会保障体系建设。我国统一的企业职工基本养老保险制度建立以来，以确保企业离退休人员基本养老金按时足额发放为中心，参保范围不断扩大，基金征缴力度不断加强，各项工作取得明显成效，对建立社会主义市场经济体制、维护改革发展稳定大局、保障企业离退休人员权益发挥了重要作用。与此同时，在企业职工基本养老保险制度逐步完善过程中，受多种因素影响，形成了一定的企业职工基本养老保险基金缺口。随着经济社会发展和人口老龄化加剧，基本养老保险基金支付压力不断加大，为充分体现代际公平和国有企业发展成果全民共享，现决定划转部分国有资本充实社保基金，具体方案如下。

一、指导思想

全面贯彻落实党的十九大精神，深入贯彻习近平新时代中国特色社会主义思想，认真落实党中央、国务院决策部署，按照《中共中央　国务院关于深化国有企业改革的指导意见》和基本养老保险制度改革有关要求，在推动国有企业深化改革的同时，通过划转部分国有资本充实社保基金，使全体人民共享国有企业发展成果，增进民生福祉，促进改革和完善基本养老保险制度，实现代际公平，增强制度的可持续性。

二、基本原则

坚持目标引领，与基本养老保险制度改革目标紧密结合。基本养老保险制度改革是系统工程，应统筹兼顾，考虑长远，力求在公共财政适度支持的情况下实现精算平衡。划转部分国有资本，基本目标是弥补因实施视同缴费年限政策形成的企业职工基本养老保险基金缺口，促进建立更加公平、更可持续的养老保险制度。

坚持系统规划，与深化国有企业改革目标紧密结合。统筹考虑划转部分国有资本的目标、企业职

工基本养老保险基金缺口成因、国有资本现状和企业发展需要，科学界定划转范围，合理确定划转比例。

坚持立足长远，与弥补企业职工基本养老保险基金缺口的目标相结合。通过划转实现国有资本多元化持有，但不改变国有资本属性。划转承接主体作为财务投资者，管理运营所划入的国有资本，建立国有资本划转和企业职工基本养老保险基金缺口逐步弥补相结合的运行机制。

坚持独立运营，与社保基金多渠道筹集的政策目标相结合。划转的国有资本具有充实社保基金的特定用途和政策目标，运营收益根据基本养老保险基金的支出需要上缴，专项用于弥补企业职工基本养老保险基金缺口。划转的国有资本应集中持有，独立运行，单独核算，接受考核和监督。

三、划转范围、对象、比例和承接主体

（一）划转范围。将中央和地方国有及国有控股大中型企业、金融机构纳入划转范围。公益类企业、文化企业、政策性和开发性金融机构以及国务院另有规定的除外。

（二）划转对象。中央和地方企业集团已完成公司制改革的，直接划转企业集团股权；中央和地方企业集团未完成公司制改革的，抓紧推进改革，改制后按要求划转企业集团股权；同时，探索划转未完成公司制改革的企业集团所属一级子公司股权。全国社会保障基金因国有股权划转、投资等各种原因形成的上市企业和非上市企业股权除外。

（三）划转比例。首先以弥补企业职工基本养老保险制度转轨时期因企业职工享受视同缴费年限政策形成的企业职工基本养老保险基金缺口为基本目标，划转比例统一为企业国有股权的10%。今后，结合基本养老保险制度改革及可持续发展要求，若需进一步划转，再作研究。

（四）承接主体。划转的国有股权是基本养老保险基金的重要组成部分。划转的中央企业国有股权，由国务院委托社保基金会负责集中持有，单独核算，接受考核和监督。条件成熟时，经批准，社保基金会可组建养老金管理公司，独立运营划转的中央企业国有股权。

划转的地方企业国有股权，由各省级人民政府设立国有独资公司集中持有、管理和运营。也可将划转的国有股权委托本省（区、市）具有国有资本投资运营功能的公司专户管理。

四、划转程序

（一）按照中央企业国有股权划转的部署和步骤安排，国有资产监督管理机构负责提出本机构所监管企业拟划转股权的建议方案，由财政部会同有关部门审核确认。其中，国务院国资委监管的中央企业，由财政部会同人力资源社会保障部、国务院国资委审核确认；中央金融机构等由财政部会同人力资源社会保障部审核确认。

本方案所称国有资产监督管理机构，是指代表国务院和地方人民政府履行出资人职责的部门（机构）、负责监督管理行政事业单位所办企业国有资产和金融类企业国有资产的财政部门。

（二）根据经审核确认的划转方案，国有资产监督管理机构具体办理企业国有股权的划出手续，社保基金会相应办理股权划入手续，并对划入的国有股权设立专门账户管理。

地方企业国有股权划转工作比照中央企业办理。

（三）划转对象涉及多个国有股东的，由第一大股东的国有资产监督管理机构负责对国有股东身份和应划转股权进行初审，提交同级财政部门确认。国有股东分别属于中央和地方管理的，按第一大股东的产权归属关系，将应划转的国有股权统一划转至社保基金会或各省（区、市）国有独资公司等承接主体。

（四）划转上市公司国有股权的，国有资产监督管理机构应同时向中国证券登记结算有限责任公司下达国有股转持通知，并抄送社保基金会或各省（区、市）国有独资公司等承接主体。中国证券登记结算有限责任公司在收到国有股转持通知后15个工作日内，将应转持的国有股权，变更登记到社保基金会或各省（区、市）国有独资公司等承接主体。

（五）国有股权划转至社保基金会或各省（区、市）国有独资公司等承接主体后，相关企业应及时进行账务调整，并按规定做好国有资产产权变动登记工作。国有股权划出方应当就划转事项通知本企业债权人。涉及上市公司股份权益变动的，相关企业需按照证券监管有关规定，履行信息披露义务。

（六）国有资产监督管理机构负责向同级财政部门提供年度划转任务执行情况，财政部门逐级汇总后，由财政部会同人力资源社会保障部、国务院国资委、证监会、社保基金会上报国务院。

五、承接主体对国有资本的管理

（一）资本管理。社保基金会及各省（区、市）国有独资公司等承接主体作为财务投资者，享有所划入国有股权的收益权和处置权，不干预企业日常生产经营管理，一般不向企业派出董事。必要时，经批准可向企业派出董事。

对划入的国有股权，社保基金会及各省（区、市）国有独资公司等承接主体原则上应履行3年以上的禁售期义务，并应承继原持股主体的其他限售义务。在禁售期内，如划转涉及的相关企业上市，应承继原持股主体的禁售期义务。

（二）收益管理。对划入的国有股权，社保基金会及各省（区、市）国有独资公司等承接主体的收益主要来源于股权分红。除国家规定须保持国有特殊持股比例或要求的企业外，社保基金会及各省（区、市）国有独资公司等承接主体经批准也可以通过国有资本运作获取收益。

六、划转步骤

按照试点先行、分级组织、稳步推进的原则完成划转工作。

第一步，2017年选择部分中央企业和部分省份开展试点。中央企业包括国务院国资委监管的中央管理企业3至5家、中央金融机构2家。试点省份的划转工作由有关省（区、市）人民政府具体组织实施。

第二步，在总结试点经验的基础上，2018年及以后，分批划转其他符合条件的中央管理企业、中央行政事业单位所办企业以及中央金融机构的国有股权，尽快完成划转工作。各省（区、市）人民政府负责组织实施本地区地方国有企业的国有股权划转工作。

七、配套措施

（一）自本方案印发之日起，划转范围内企业实施重大重组，改制上市，或改组组建国有资本投资、运营公司等涉及国有股权变动的改革事项，企业改革方案应与国有资本划转方案统筹考虑。

（二）探索建立对划转国有股权的合理分红机制。社保基金会及各省（区、市）国有独资公司等承接主体持有的股权分红和运作收益，专项用于弥补企业职工基本养老保险基金缺口，不纳入国有资本经营预算管理。每年6月底前，社保基金会及各省（区、市）国有独资公司等承接主体应将上年度国有资本收益和分红情况报送同级财政、人力资源社会保障部门。

（三）社保基金会及各省（区、市）国有独资公司等承接主体持有的国有资本收益，由同级财政部门统筹考虑基本养老保险基金的支出需要和国有资本收益状况，适时实施收缴，专项用于弥补企业职工基本养老保险基金缺口。

国有资本运作管理办法和中央财政对收缴资金的具体使用办法等另行制定。

（四）自本方案印发之日起，《国务院关于印发减持国有股筹集社会保障资金管理暂行办法的通知》（国发〔2001〕22号）和《财政部国资委证监会社保基金会关于印发〈境内证券市场转持部分国有股充实全国社会保障基金实施办法〉的通知》（财企〔2009〕94号）等现行国有股转（减）持政策停止执行。

八、组织实施

划转部分国有资本充实社保基金，是基本养老保险制度改革和国有企业改革的重要组成部分，是保障和改善民生的重要举措。国务院国有企业改革领导小组要加强统筹协调、督促落实。财政部、人力资源社会保障部、国务院国资委、证监会、社保基金会等部门要各司其职，密切配合，出台配套制度办法，加强对本方案执行的支持和指导，做好方案实施的监督评估工作。各有关部门和机构要高度重视划转工作，统筹规划，周密安排，落实责任，有序实施。各省（区、市）人民政府对本地区划转工作负总责，要结合实际抓紧制订具体落实方案，确保按要求完成划转目标任务。

国务院关于推进国有资本投资、运营公司改革试点的实施意见

国发〔2018〕23号

各省、自治区、直辖市人民政府，国务院各部委、各直属机构：

改组组建国有资本投资、运营公司，是以管资本为主改革国有资本授权经营体制的重要举措。按照《中共中央　国务院关于深化国有企业改革的指导意见》、《国务院关于改革和完善国有资产管理体制的若干意见》有关要求和党中央、国务院工作部署，为加快推进国有资本投资、运营公司改革试点

工作，现提出以下实施意见。

一、总体要求

（一）指导思想。

全面贯彻党的十九大和十九届二中、三中全会精神，以习近平新时代中国特色社会主义思想为指导，坚持社会主义市场经济改革方向，坚定不移加强党对国有企业的领导，着力创新体制机制，完善国有资产管理体制，深化国有企业改革，促进国有资产保值增值，推动国有资本做强做优做大，有效防止国有资产流失，切实发挥国有企业在深化供给侧结构性改革和推动经济高质量发展中的带动作用。

（二）试点目标。

通过改组组建国有资本投资、运营公司，构建国有资本投资、运营主体，改革国有资本授权经营体制，完善国有资产管理体制，实现国有资本所有权与企业经营权分离，实行国有资本市场化运作。发挥国有资本投资、运营公司平台作用，促进国有资本合理流动，优化国有资本投向，向重点行业、关键领域和优势企业集中，推动国有经济布局优化和结构调整，提高国有资本配置和运营效率，更好服务国家战略需要。试点先行，大胆探索，及时研究解决改革中的重点难点问题，尽快形成可复制、可推广的经验和模式。

（三）基本原则。

坚持党的领导。建立健全中国特色现代国有企业制度，把党的领导融入公司治理各环节，把企业党组织内嵌到公司治理结构之中，明确和落实党组织在公司法人治理结构中的法定地位，充分发挥党组织的领导作用，确保党和国家方针政策、重大决策部署的贯彻执行。

坚持体制创新。以管资本为主加强国有资产监管，完善国有资本投资运营的市场化机制。科学合理界定政府及国有资产监管机构，国有资本投资、运营公司和所持股企业的权利边界，健全权责利相统一的授权链条，进一步落实企业市场主体地位，培育具有创新能力和国际竞争力的国有骨干企业。

坚持优化布局。通过授权国有资本投资、运营公司履行出资人职责，促进国有资本合理流动，优化国有资本布局，使国有资本投资、运营更好地服务于国家战略目标。

坚持强化监督。正确处理好授权经营和加强监督的关系，明确监管职责，构建并强化政府监督、纪检监察监督、出资人监督和社会监督的监督体系，增强监督的协同性、针对性和有效性，防止国有资产流失。

二、试点内容

（一）功能定位。

国有资本投资、运营公司均为在国家授权范围内履行国有资本出资人职责的国有独资公司，是国有资本市场化运作的专业平台。公司以资本为纽带、以产权为基础依法自主开展国有资本运作，不从事具体生产经营活动。国有资本投资、运营公司对所持股企业行使股东职责，维护股东合法权益，以出资额为限承担有限责任，按照责权对应原则切实承担优化国有资本布局、提升国有资本运营效率、实现国有资产保值增值等责任。

国有资本投资公司主要以服务国家战略、优化国有资本布局、提升产业竞争力为目标，在关系国家安全、国民经济命脉的重要行业和关键领域，按照政府确定的国有资本布局和结构优化要求，以对战略性核心业务控股为主，通过开展投资融资、产业培育和资本运作等，发挥投资引导和结构调整作用，推动产业集聚、化解过剩产能和转型升级，培育核心竞争力和创新能力，积极参与国际竞争，着力提升国有资本控制力、影响力。

国有资本运营公司主要以提升国有资本运营效率、提高国有资本回报为目标，以财务性持股为主，通过股权运作、基金投资、培育孵化、价值管理、有序进退等方式，盘活国有资产存量，引导和带动社会资本共同发展，实现国有资本合理流动和保值增值。

（二）组建方式。

按照国家确定的目标任务和布局领域，国有资本投资、运营公司可采取改组和新设两种方式设立。根据国有资本投资、运营公司的具体定位和发展需要，通过无偿划转或市场化方式重组整合相关国有资本。

划入国有资本投资、运营公司的资产，为现有企业整体股权（资产）或部分股权。股权划入后，按现行政策加快剥离国有企业办社会职能和解决历史遗留问题，采取市场化方式处置不良资产和业务等。股权划入涉及上市公司的，应符合证券监管相关规定。

（三）授权机制。

按照国有资产监管机构授予出资人职责和政府直接授予出资人职责两种模式开展国有资本投资、运营公司试点。

1. 国有资产监管机构授权模式。政府授权国有资产监管机构依法对国有资本投资、运营公司履行出资人职责；国有资产监管机构根据国有资本投资、运营公司具体定位和实际情况，按照“一企一策”原则，授权国有资本投资、运营公司履行出资人职责，制定监管清单和责任清单，明确对国有资本投资、运营公司的监管内容和方式，依法落实国有资本投资、运营公司董事会职权。国有资本投资、运营公司对授权范围内的国有资本履行出资人职责。国有资产监管机构负责对国有资本投资、运营公司进行考核和评价，并定期向本级人民政府报告，重点说明所监管国有资本投资、运营公司贯彻国家战略目标、国有资产保值增值等情况。

2. 政府直接授权模式。政府直接授权国有资本投资、运营公司对授权范围内的国有资本履行出资人职责。国有资本投资、运营公司根据授权自主开展国有资本运作，贯彻落实国家战略和政策目标，定期向政府报告年度工作情况，重大事项及时报告。政府直接对国有资本投资、运营公司进行考核和评价等。

（四）治理结构。

国有资本投资、运营公司不设股东会，由政府或国有资产监管机构行使股东会职权，政府或国有资产监管机构可以授权国有资本投资、运营公司董事会行使股东会部分职权。按照中国特色现代国有企业制度的要求，国有资本投资、运营公司设立党组织、董事会、经理层，规范公司治理结构，建立健全权责对等、运转协调、有效制衡的决策执行监督机制，充分发挥党组织的领导作用、董事会的决策作用、经理层的经营管理作用。

1. 党组织。把加强党的领导和完善公司治理统一起来，充分发挥党组织把方向、管大局、保落实的作用。坚持党管干部原则与董事会依法产生、董事会依法选择经营管理者、经营管理者依法行使用人权相结合。按照“双向进入、交叉任职”的原则，符合条件的党组织领导班子成员可以通过法定程序进入董事会、经理层，董事会、经理层成员中符合条件的党员可以依照有关规定和程序进入党组织领导班子。党组织书记、董事长一般由同一人担任。对于重大经营管理事项，党组织研究讨论是董事会、经理层决策的前置程序。国务院直接授权的国有资本投资、运营公司，应当设立党组。纪检监察机关向国有资本投资、运营公司派驻纪检监察机构。

2. 董事会。国有资本投资、运营公司设立董事会，根据授权，负责公司发展战略和对外投资，经理层选聘、业绩考核、薪酬管理，向所持股企业派出董事等事项。董事会成员原则上不少于 9 人，由执行董事、外部董事、职工董事组成。保障国有资本投资、运营公司按市场化方式选择外部董事等权利，外部董事应在董事会中占多数，职工董事由职工代表大会选举产生。董事会设董事长 1 名，可设副董事长。董事会下设战略与投资委员会、提名委员会、薪酬与考核委员会、审计委员会、风险控制委员会等专门委员会。专门委员会在董事会授权范围内开展相关工作，协助董事会履行职责。

国有资产监管机构授权的国有资本投资、运营公司的执行董事、外部董事由国有资产监管机构委派。其中，外部董事由国有资产监管机构根据国有资本投资、运营公司董事会结构需求，从专职外部董事中选择合适人员担任。董事长、副董事长由国有资产监管机构从董事会成员中指定。

政府直接授权的国有资本投资、运营公司执行董事、外部董事（股权董事）由国务院或地方人民政府委派，董事长、副董事长由国务院或地方人民政府从董事会成员中指定。其中，依据国有资本投资、运营公司职能定位，外部董事主要由政府综合管理部门和相关行业主管部门提名，选择专业人士担任，由政府委派。外部董事可兼任董事会下属专门委员会主席，按照公司治理结构的议事规则对国有资本投资、运营公司的重大事项发表相关领域专业意见。

政府或国有资产监管机构委派外部董事要注重拓宽外部董事来源，人员选择要符合国有资本投资、运营公司定位和专业要求，建立外部董事评价机制，确保充分发挥外部董事作用。

3. 经理层。国有资本投资、运营公司的经理层根据董事会授权负责国有资本日常投资运营。董事长与总经理原则上不得由同一人担任。

国有资产监管机构授权的国有资本投资、运营公司党组织隶属中央、地方党委或国有资产监管机构党组织管理，领导班子及其成员的管理，以改组的企业集团为基础，根据具体情况区别对待。其中，由中管企业改组组建的国有资本投资、运营公司，领导班子及其成员由中央管理；由非中管的中央企业改组组建或新设的国有资本投资、运营公司，领导班子及其成员的管理按照干部管理权限确定。

政府直接授权的国有资本投资、运营公司党组织隶属中央或地方党委管理，领导班子及其成员由中央或地方党委管理。

国有资本投资、运营公司董事长、董事（外部董事除外）、高级经理人员，原则上不得在其他有限责任公司、股份有限公司或者其他经济组织兼职。

（五）运行模式。

1. 组织架构。国有资本投资、运营公司要按照市场化、规范化、专业化的管理导向，建立职责清晰、精简高效、运行专业的管控模式，分别结合职能定位具体负责战略规划、制度建设、资源配置、资本运营、财务监管、风险管控、绩效评价等事项。

2. 履职行权。国有资本投资、运营公司应积极推动所持股企业建立规范、完善的法人治理结构，并通过股东大会表决、委派董事和监事等方式行使股东权利，形成以资本为纽带的投资与被投资关系，协调和引导所持股企业发展，实现有关战略意图。国有资本投资、运营公司委派的董事、监事要依法履职行权，对企业负有忠实义务和勤勉义务，切实维护股东权益，不干预所持股企业日常经营。

3. 选人用人机制。国有资本投资、运营公司要建立派出董事、监事候选人员库，由董事会下设的提名委员会根据拟任职公司情况提出差额适任人选，报董事会审议、任命。同时，要加强对派出董事、监事的业务培训、管理和考核评价。

4. 财务监管。国有资本投资、运营公司应当严格按照国家有关财务制度规定，加强公司财务管理，防范财务风险。督促所持股企业加强财务管理，落实风险管控责任，提高运营效率。

5. 收益管理。国有资本投资、运营公司以出资人身份，按照有关法律法规和公司章程，对所持股企业的利润分配进行审议表决，及时收取分红，并依规上交国有资本收益和使用管理留存收益。

6. 考核机制。国有资本投资公司建立以战略目标和财务效益为主的管控模式，对所持股企业考核侧重于执行公司战略和资本回报状况。国有资本运营公司建立财务管控模式，对所持股企业考核侧重于国有资本流动和保值增值状况。

（六）监督与约束机制。

1. 完善监督体系。整合出资人监管和审计、纪检监察、巡视等监督力量，建立监督工作会商机制，按照事前规范制度、事中加强监控、事后强化问责的原则，加强对国有资本投资、运营公司的统筹监督，提高监督效能。纪检监察机构加强对国有资本投资、运营公司党组织、董事会、经理层的监督，强化对国有资本投资、运营公司领导人员廉洁从业、行使权力等的监督。国有资本投资、运营公司要建立内部常态化监督审计机制和信息公开制度，加强对权力集中、资金密集、资源富集、资产聚集等重点部门和岗位的监管，在不涉及国家秘密和企业商业秘密的前提下，依法依规、及时准确地披露公司治理以及管理架构、国有资本整体运营状况、关联交易、企业负责人薪酬等信息，建设阳光国企，主动接受社会监督。

2. 实施绩效评价。国有资本投资、运营公司要接受政府或国有资产监管机构的综合考核评价。考核评价内容主要包括贯彻国家战略、落实国有资本布局和结构优化目标、执行各项法律法规制度和公司章程，重大问题决策和重要干部任免，国有资本运营效率、保值增值、财务效益等方面。

三、实施步骤

国有资本投资、运营公司试点工作应分级组织、分类推进、稳妥开展，并根据试点进展情况及时总结推广有关经验。中央层面，继续推进国有资产监管机构授权的国有资本投资、运营公司深化试点，并结合本实施意见要求不断完善试点工作。同时推进国务院直接授权的国有资本投资、运营公司试点，选择由财政部履行国有资产监管职责的中央企业以及中央党政机关和事业单位经营性国有资产集中统一监管改革范围内的企业稳步开展。地方层面，试点工作由各省级人民政府结合实际情况组织实施。

四、配套政策

（一）推进简政放权。围绕落实出资人职责的定位，有序推进对国有资本投资、运营公司的放权。将包括国有产权流转等决策事项的审批权、经营班子业绩考核和薪酬管理权等授予国有资本投资、运营公司，相关管理要求和运行规则通过公司组建方案和公司章程予以明确。

（二）综合改革试点。国有资本投资、运营公司所持股国有控股企业中，符合条件的可优先支持同时开展混合所有制改革、混合所有制企业员工持股、推行职业经理人制度、薪酬分配差异化改革等其他改革试点，充分发挥各项改革工作的综合效应。

（三）完善支持政策。严格落实国有企业重组整合涉及的资产评估增值、土地变更登记和国有资产无偿划转等方面税收优惠政策。简化工商税务登记、变更程序。鼓励国有资本投资、运营公司妥善解决历史遗留问题、处置低效无效资产。制定国有资本投资、运营公司的国有资本经营预算收支管理政策。

五、组织实施

加快推进国有资本投资、运营公司改革试点，是深化国有企业改革的重要组成部分，是改革和完善国有资产管理体制的重要举措。国务院国有企业改革领导小组负责国有资本投资、运营公司试点工作的组织协调和督促落实。中央组织部、国家发展改革委、财政部、人力资源社会保障部、国务院国资委等部门按照职责分工制定落实相关配套措施，密切配合、协同推进试点工作。中央层面的国有资本投资、运营公司试点方案，按程序报党中央、国务院批准后实施。

各省级人民政府对本地区国有资本投资、运营公司试点工作负总责，要紧密结合本地区实际情况，制定本地区国有资本投资、运营公司改革试点实施方案，积极稳妥组织开展试点工作。各省级人民政府要将本地区改革试点实施方案报国务院国有企业改革领导小组备案。

国务院

2018 年 7 月 14 日

国务院关于印发改革国有资本授权经营体制方案的通知

国发〔2019〕9 号

各省、自治区、直辖市人民政府，国务院各部委、各直属机构：

现将《改革国有资本授权经营体制方案》印发给你们，请认真贯彻落实。

国务院

2019 年 4 月 19 日

改革国有资本授权经营体制方案

按照党中央、国务院关于深化国有企业改革的决策部署，近年来，履行国有资本出资人职责的部门及机构（以下称出资人代表机构）坚持以管资本为主积极推进职能转变，制定并严格执行监管权力清单和责任清单，取消、下放、授权一批工作事项，监管效能有效提升，国有资产管理体制不断完善。但也要看到，政企不分、政资不分的问题依然存在，出资人代表机构与国家出资企业之间权责边界不够清晰，国有资产监管越位、缺位、错位的现象仍有发生，国有资本运行效率有待进一步提高。党中央、国务院对此高度重视，党的十九大明确提出，要完善各类国有资产管理体制，改革国有资本授权经营体制。为贯彻落实党的十九大精神，加快推进国有资本授权经营体制改革，进一步完善国有资产管理体制，推动国有经济布局结构调整，打造充满生机活力的现代国有企业，现提出以下方案。

一、总体要求

（一）指导思想。以习近平新时代中国特色社会主义思想为指导，全面贯彻党的十九大和十九届二中、三中全会精神，坚持和加强党的全面领导，坚持和完善社会主义基本经济制度，坚持社会主义市场经济改革方向，以管资本为主加强国有资产监管，切实转变出资人代表机构职能和履职方式，实现授权与监管相结合、放活与管好相统一，切实保障国有资本规范有序运行，促进国有资本做强做优做大，不断增强国有经济活力、控制力、影响力和抗风险能力，培育具有全球竞争力的世界一流企业。

（二）基本原则。

——坚持党的领导。将坚持和加强党对国有企业的领导贯穿国有资本授权经营体制改革全过程和各方面，充分发挥党组织的领导作用，确保国有企业更好地贯彻落实党和国家方针政策、重大决策部署。

——坚持政企分开政资分开。坚持政府公共管理职能与国有资本出资人职能分开，依法理顺政府与国有企业的出资关系，依法确立国有企业的市场主体地位，最大限度减少政府对市场活动的直接干预。

——坚持权责明晰分类授权。政府授权出资人代表机构按照出资比例对国家出资企业履行出资人职责，科学界定出资人代表机构权责边界。国有企业享有完整的法人财产权和充分的经营自主权，承担国有资产保值增值责任。按照功能定位、治理能力、管理水平等企业发展实际情况，一企一策地对国有企业分类授权，做到权责对等、动态调整。

——坚持放管结合完善机制。加快调整优化出资人代表机构职能和履职方式，加强清单管理和事中事后监管，该放的放权到位、该管的管住管好。建立统一规范的国有资产监管制度体系，精简监管事项，明确监管重点，创新监管手段，提升监管水平，防止国有资产流失，确保国有资产保值增值。

（三）主要目标。出资人代表机构加快转变职能和履职方式，切实减少对国有企业的行政干预。国有企业依法建立规范的董事会，董事会职权得到有效落实。将更多具备条件的中央企业纳入国有资本投资、运营公司试点范围，赋予企业更多经营自主权。到2022年，基本建成与中国特色现代国有企业制度相适应的国有资本授权经营体制，出资人代表机构与国家出资企业的权责边界界定清晰，授权放权机制运行有效，国有资产监管实现制度完备、标准统一、管理规范、实时在线、精准有力，国有企业的活力、创造力、市场竞争力和风险防控能力明显增强。

二、优化出资人代表机构履职方式

国务院授权国资委、财政部及其他部门、机构作为出资人代表机构，对国家出资企业履行出资人职责。出资人代表机构作为授权主体，要依法科学界定职责定位，加快转变履职方式，依据股权关系对国家出资企业开展授权放权。

（一）实行清单管理。制定出台出资人代表机构监管权力责任清单，清单以外事项由企业依法自主决策，清单以内事项要大幅减少审批或事前备案。将依法应由企业自主经营决策的事项归位于企业，将延伸到子企业的管理事项原则上归位于一级企业，原则上不干预企业经理层和职能部门的管理工作，将配合承担的公共管理职能归位于相关政府部门和单位。

（二）强化章程约束。依法依规、一企一策地制定公司章程，规范出资人代表机构、股东会、党组织、董事会、经理层和职工代表大会的权责，推动各治理主体严格依照公司章程行使权利、履行义务，充分发挥公司章程在公司治理中的基础作用。

（三）发挥董事作用。出资人代表机构主要通过董事体现出资人意志，依据股权关系向国家出资企业委派董事或提名董事人选，规范董事的权利和责任，明确工作目标和重点；建立出资人代表机构与董事的沟通对接平台，建立健全董事人才储备库和董事选聘、考评与培训机制，完善董事履职报告、董事会年度工作报告制度。

（四）创新监管方式。出资人代表机构以企业功能分类为基础，对国家出资企业进行分类管理、分类授权放权，切实转变行政化的履职方式，减少审批事项，强化事中事后监管，充分运用信息化手段，减轻企业工作负担，不断提高监管效能。

三、分类开展授权放权

出资人代表机构对国有资本投资、运营公司及其他商业类企业（含产业集团，下同）、公益类企业等不同类型企业给予不同范围、不同程度的授权放权，定期评估效果，采取扩大、调整或收回等措施动态调整。

（一）国有资本投资、运营公司。出资人代表机构根据《国务院关于推进国有资本投资、运营公司改革试点的实施意见》（国发〔2018〕23号）有关要求，结合企业发展阶段、行业特点、治理能力、管理基础等，一企一策有侧重、分先后地向符合条件的企业开展授权放权，维护好股东合法权益。授权放权内容主要包括战略规划和主业管理、选人用人和股权激励、工资总额和重大财务事项管理等，亦可根据企业实际情况增加其他方面授权放权内容。

战略规划和主业管理。授权国有资本投资、运营公司根据出资人代表机构的战略引领，自主决定发展规划和年度投资计划。国有资本投资公司围绕主业开展的商业模式创新业务可视同主业投资。授权国有资本投资、运营公司依法依规审核国有资本投资、运营公司之间的非上市公司产权无偿划转、非公开协议转让、非公开协议增资、产权置换等事项。

选人用人和股权激励。授权国有资本投资、运营公司董事会负责经理层选聘、业绩考核和薪酬管理（不含中管企业），积极探索董事会通过差额方式选聘经理层成员，推行职业经理人制度，对市场化选聘的职业经理人实行市场化薪酬分配制度，完善中长期激励机制。授权国有资本投资、运营公司董事会审批子企业股权激励方案，支持所出资企业依法合规采用股票期权、股票增值权、限制性股票、分红权、员工持股以及其他方式开展股权激励，股权激励预期收益作为投资性收入，不与其薪酬总水平挂钩。支持国有创业投资企业、创业投资管理企业等新产业、新业态、新商业模式类企业的核心团队持股和跟投。

工资总额和重大财务事项管理。国有资本投资、运营公司可以实行工资总额预算备案制，根据企业发展战略和薪酬策略、年度生产经营目标和经济效益，综合考虑劳动生产率提高和人工成本投入产出率、职工工资水平市场对标等情况，结合政府职能部门发布的工资指导线，编制年度工资总额预算。授权国有资本投资、运营公司自主决策重大担保管理、债务风险管控和部分债券类融资事项。

政府直接授权的国有资本投资、运营公司按照有关规定对授权范围内的国有资本履行出资人职责，遵循有关法律和证券市场监管规定开展国有资本运作。

（二）其他商业类企业和公益类企业。对未纳入国有资本投资、运营公司试点的其他商业类企业和公益类企业，要充分落实企业的经营自主权，出资人代表机构主要对集团公司层面实施监管或依据股权关系参与公司治理，不干预集团公司以下各级企业生产经营具体事项。对其中已完成公司制改制、董事会建设较规范的企业，要逐步落实董事会职权，维护董事会依法行使重大决策、选人用人、薪酬分配等权利，明确由董事会自主决定公司内部管理机构设置、基本管理制度制定、风险内控和法律合规管理体系建设以及履行对所出资企业的股东职责等事项。

四、加强企业行权能力建设

指导推动国有企业进一步完善公司治理体系，强化基础管理，优化集团管控，确保各项授权放权接得住、行得稳。

（一）完善公司治理。按照建设中国特色现代国有企业制度的要求，把加强党的领导和完善公司治理统一起来，加快形成有效制衡的公司法人治理结构、灵活高效的市场化经营机制。建设规范高效的董事会，完善董事会运作机制，提升董事会履职能力，激发经理层活力。要在所出资企业积极推行经理层市场化选聘和契约化管理，明确聘期以及企业与经理层成员双方的权利与责任，强化刚性考核，建立退出机制。

（二）夯实管理基础。按照统一制度规范、统一工作体系的原则，加强国有资产基础管理。推进管理创新，优化总部职能和管理架构。深化企业内部三项制度改革，实现管理人员能上能下、员工能进能出、收入能增能减。不断强化风险防控体系和内控机制建设，完善内部监督体系，有效发挥企业职工代表大会和内部审计、巡视、纪检监察等部门的监督作用。

（三）优化集团管控。国有资本投资公司以对战略性核心业务控股为主，建立以战略目标和财务效益为主的管控模式，重点关注所出资企业执行公司战略和资本回报状况。国有资本运营公司以财务性持股为主，建立财务管控模式，重点关注国有资本流动和增值状况。其他商业类企业和公益类企业以对核心业务控股为主，建立战略管控和运营管控相结合的模式，重点关注所承担国家战略使命和保障任务的落实状况。

（四）提升资本运作能力。国有资本投资、运营公司作为国有资本市场化运作的专业平台，以资本为纽带、以产权为基础开展国有资本运作。在所出资企业积极发展混合所有制，鼓励有条件的企业上市，引进战略投资者，提高资本流动性，放大国有资本功能。增强股权运作、价值管理等能力，通过清理退出一批、重组整合一批、创新发展一批，实现国有资本形态转换，变现后投向更需要国有资本集中的行业和领域。

五、完善监督监管体系

通过健全制度、创新手段，整合监督资源，严格责任追究，实现对国有资本的全面有效监管，切实维护国有资产安全，坚决防止国有资产流失。

（一）搭建实时在线的国资监管平台。出资人代表机构要加快优化监管流程、创新监管手段，充分运用信息技术，整合包括产权、投资和财务等在内的信息系统，搭建连通出资人代表机构与企业的网络平台，实现监管信息系统全覆盖和实时在线监管。建立模块化、专业化的信息采集、分析和报告机制，加强信息共享，增强监管的针对性和及时性。

（二）统筹协同各类监督力量。加强国有企业内部监督、出资人监督和审计、纪检监察、巡视监督以及社会监督，结合中央企业纪检监察机构派驻改革的要求，依照有关规定清晰界定各类监督主体的监督职责，有效整合企业内外部监督资源，增强监督工作合力，形成监督工作闭环，加快建立全面覆盖、分工明确、协同配合、制约有力的国有资产监督体系，切实增强监督有效性。

（三）健全国有企业违规经营投资责任追究制度。明确企业作为维护国有资产安全、防止流失的责任主体，健全内部管理制度，严格执行国有企业违规经营投资责任追究制度。建立健全分级分层、有效衔接、上下贯通的责任追究工作体系，严格界定违规经营投资责任，严肃追究问责，实行重大决策终身责任追究制度。

六、坚持和加强党的全面领导

将坚持和加强党的全面领导贯穿改革的全过程和各方面，在思想上政治上行动上同党中央保持高度一致，为改革提供坚强有力的政治保证。

（一）加强对授权放权工作的领导。授权主体的党委（党组）要加强对授权放权工作的领导，深入研究授权放权相关问题，加强行权能力建设，加快完善有效监管体制，抓研究谋划、抓部署推动、抓督促落实，确保中央关于国有资本授权经营体制改革的决策部署落实到位。

（二）改进对企业党建工作的领导、指导和督导。上级党组织加强对国有企业党建工作的领导，出资人代表机构党组织负责国家出资企业党的建设。国家出资企业党组织要认真落实党中央、上级党组织、出资人代表机构党组织在党的领导、党的建设方面提出的工作要求。在改组组建国有资本投资、运营公司过程中，按照“四同步”、“四对接”的要求调整和设置党的组织、开展党的工作，确保企业始终在党的领导下开展工作。

（三）充分发挥企业党组织的领导作用。企业党委（党组）要切实发挥领导作用，把方向、管大局、保落实，依照有关规定讨论和决定企业重大事项，并作为董事会、经理层决策重大事项的前置程序。要妥善处理好各治理主体的关系，董事会、经理层等治理主体要自觉维护党组织权威，根据各自职能分工发挥作用，既要保证董事会对重大问题的决策权，又要保证党组织的意图在重大决策中得到体现。董事会、经理层中的党员要坚决贯彻落实党组织决定，向党组织报告落实情况。在推行经理层成员聘任制和契约化管理、探索职业经理人制度等改革过程中，要把坚持党管干部原则和发挥市场机制作用结合起来，保证党对干部人事工作的领导权和对重要干部的管理权，落实董事会、经理层的选人用人权。

七、周密组织科学实施

各地区、各部门、各出资人代表机构和广大国有企业要充分认识推进国有资本授权经营体制改革的重要意义，准确把握改革精神，各司其职、密切配合，按照精细严谨、稳妥推进的工作要求，坚持一企一策、因企施策，不搞批发式、不设时间表，对具备条件的，成熟一个推动一个，运行一个成功一个，不具备条件的不急于推进，确保改革规范有序进行，推动国有企业实现高质量发展。

（一）加强组织领导，明确职责分工。国务院国有企业改革领导小组负责统筹领导和协调推动国有资本授权经营体制改革工作，研究协调相关重大问题。出资人代表机构要落实授权放权的主体责任。国务院国有企业改革领导小组各成员单位及有关部门根据职责分工，加快研究制定配套政策措施，指导推动改革实践，形成合力共同推进改革工作。

（二）健全法律政策，完善保障机制。加快推动国有资本授权经营体制改革涉及的法律法规的立改废释工作，制定出台配套政策法规，确保改革于法有据。建立健全容错纠错机制，全面落实“三个区分开来”，充分调动和激发广大干部职工参与改革的积极性、主动性和创造性。

（三）强化跟踪督导，确保稳步推进。建立健全督查制度，加强跟踪督促，定期总结评估各项改革举措的执行情况和实施效果，及时研究解决改革中遇到的问题，确保改革目标如期实现。

（四）做好宣传引导，营造良好氛围。坚持鼓励探索、实践、创新的工作导向和舆论导向，采取多种方式解读宣传改革国有资本授权经营体制的方针政策，积极宣介推广改革典型案例和成功经验，营造有利于改革的良好环境。

各省（自治区、直辖市）人民政府要按照本方案要求，结合实际推进本地区国有资本授权经营体制改革工作。

金融、文化等国有企业的改革，按照中央有关规定执行。

中华全国供销合作总社关于深化社有企业改革 促进转型升级的指导意见

供销合字〔2015〕54号

各省、自治区、直辖市及计划单列市、副省级省会城市、新疆生产建设兵团供销合作社，中华全国供销合作总社各部局、中国供销集团及其成员企业、各直属事业单位、各主管社团：

社有企业是供销合作社经营服务体系的重要支撑，是供销合作社自身经济实力和为农服务能力的重要体现。近年来，社有企业改革发展迈出坚实步伐，经营业务不断创新，发展活力明显增强，经济实力和为农服务能力显著提升，社会贡献持续加大。面对我国经济发展进入新常态，农业发展方式加快转变，流通领域的组织方式、经营模式加速变革的新形势新挑战，社有企业还存在体制机制不顺、经营管理粗放、转型发展缓慢、竞争能力不强等问题。为进一步推进社有企业改革发展，加快转型升级，实现做强做优做大，现提出以下意见。

一、总体要求

（一）指导思想。深入贯彻落实党的十八大和十八届二中、三中、四中、五中全会及《中共中央、国务院关于深化供销合作社综合改革的决定》（中发〔2015〕11号）精神，按照中央关于深化国有企业改革的有关要求和中华全国供销合作总社第六次代表大会的有关部署，以提升为农服务能力为根本，以增强发展活力和提高经济社会效益为中心，全面深化社有企业改革，推动社有企业进一步建立健全现代企业制度，加快推进资源整合、业务拓展、产业升级和品牌培育，在供销合作社服务“三农”、参与政府宏观调控、打赢脱贫攻坚战、促进经济社会发展中发挥重要作用。

（二）基本原则。坚持为农服务根本宗旨，在为农服务中实现自身发展；坚持市场化改革方向，在市场竞争中提升创新发展能力；坚持增强活力和强化监管相结合，确保社有资产安全；坚持充分发挥企业党组织政治核心作用，加强企业领导班子和人才队伍建设；坚持问题导向、因企制宜、分类指导，确保改革有序推进、取得实效。

（三）主要目标。到2020年，在社有企业改革重要领域和关键环节取得扎实成效，建成符合市场经济要求、具有合作经济组织特点的社有企业管理体制、运行机制和经营服务模式。社有企业公司制改革基本完成，混合所有制改革取得积极进展，现代企业制度全面建立；相关企业间建立起紧密而务实的产权、资本、业务联结，在重要涉农领域培育一批大型企业集团，行业控制力、市场竞争能力明显增强，社有企业支撑的经营服务体系作用充分发挥；联合社与社有企业之间的关系进一步理顺，社有资产监管制度更加完善，实现把握为农服务方向与社有资本保值增值的有机统一；培养造就一大批热爱供销合作事业、勇于开拓创新、善于经营管理的优秀企业家和生产经营管理人才。

二、建立健全现代企业制度

（四）推进公司制股份制改革。加快社有企业公司制改革步伐，促进企业经营机制转换。公司制改革要根据社有企业的功能定位与“三农”的关联度，因企制宜设置股权。联合社组建的社有资本投资运营公司应保持全资或绝对控股，确保控制力；对服务农民生产生活和关系政府宏观调控的农资和重要农产品骨干企业、有特殊监管要求的企业、公益性较强的企业，要保持社有资本控股地位，确保为农服务方向和公共利益，同时要形成合理的治理结构和市场化经营机制；其他企业可以进一步放开搞活。确实需要时，可采取特殊管理股股权管理办法。通过改制上市、并购重组、发行可转债等方式，逐步调整社有股权比例，形成股权结构多元、股东行为规范、内部约束有效、运行高效灵活的经营机制。

（五）健全公司法人治理结构。充分发挥社有企业董事会的决策作用、监事会的监督作用、经理层的经营管理作用、党组织的政治核心作用，形成协调运转、有效制衡的法人治理结构。落实董事会依法行使重大决策、选人用人、薪酬分配等权利，规范董事长、总经理行权行为，保障经理层经营自主权。加强董事会内部制度建设，社有全资和绝对控股企业的董事会和监事会均应有职工代表，根据不同企业实际探索建立外部董事、独立董事制度，切实实行董事会一人一票表决制度。联合社要强化对董事会中社有资本股权代表的考核评价和管理，对重大决策失误负有直接责任的要及时调整或解聘，并依法追究责任。

（六）深化人事制度改革。各级联合社要依法依规加强对社有企业领导人员的选任和管理，按照党管干部原则与董事会依法产生、董事会依法选择经营管理者、经营管理者依法行使用人权相结合，严格选拔领导人员，加强任期管理和目标考核。要从有利于企业长远发展和激发内部活力出发，拓宽选人用人视野和渠道，建立健全企业各类管理人员社会公开招聘、内部竞争上岗等制度，普遍实行新进员工公开招聘制度，做到信息公开、过程公开、结果公开，不断提高企业经营管理人员职业化、专业化水平和职工队伍整体素质。依法依规构建和谐劳动关系，建立健全以合同管理为核心、以岗位管理为基础的市场化用工制度，真正形成企业各类管理人员能上能下、员工能进能出的合理流动机制。

（七）强化激励约束机制。落实企业内部的薪酬分配权，由企业依法依规推行以全员绩效考核为基础、工资增长与企业发展相挂钩、合理拉开收入分配差距、有利于充分调动广大职工积极性的分配机制。严格规范履职待遇、业务支出，对企业领导人员实行与选任方式相匹配、与企业功能定位相适应、与经营业绩相挂钩的差异化薪酬分配办法。对联合社任命的社有企业领导人员，合理确定基本年薪、绩效年薪和任期激励收入。对市场化选聘的职业经理人实行市场化薪酬分配制度，参照劳动力市场确定薪酬待遇，明确兑现条件、方式、期限等。积极探索建立对企业经营业绩和持续发展有直接或较大影响的经营管理人员、业务骨干、技术人才的任期激励机制，采取虚拟股权、岗位分红等方式，根据考核、审计结果行权兑现，并健全延期支付、追索扣回等约束机制。社有企业增资扩股、出资新设时，可根据企业发展实际设置少量股份探索试行员工持股激励机制。股权激励要建立进入、流转和退出机制，对利益回报、退出期限、退出方式等通过章程、协议作出明确、严格的规定。

（八）加强企业内部管理。强化制度建设，推进精细化、规范化管理，通过实行战略管理、风险管理、流程管理、目标管理、成本管理、卓越绩效模式等现代管理方法保障企业规范运行，节能降本增效。认真落实“三重一大”民主决策制度，建立健全全面预算管理、财务监督、内部审计、重大事项报告及重大信息公开制度。健全以职工代表大会为基本形式的企业民主管理制度，加强企业职工民主监督。建立企业重大决策失误和资产损失责任追究制度，加强重大投融资和资产处置的审批（备案）和监管。提高管理信息化水平，建立全面覆盖、动态跟踪、信息共享、功能齐全的企业管理信息化平台。建立健全企业法律顾问制度，全面推进依法治企，进一步提高社有企业依法治理水平。

三、推进资源整合联合发展

（九）整合重组本级社有企业。各级联合社要结合自身实际，大力推进本级社有企业整合重组，采取合并、划转、并购等多种方式，将优质资源向骨干企业和服务当地主导产业的企业集中，培育核心竞争力，发挥独特优势，促进主营业务做实做强。坚决重组或关停长期亏损、扭亏无望的企业，依法破产资不抵债的企业。鼓励有条件的地方整合社有企业成立企业集团、社有资本投资运营公司，优化经营结构和资产结构，提升规模经营实力和抗风险能力。建立优胜劣汰市场化退出机制，加快处置低效无效资产，提高社有资本投资效率。集团公司要依法依规加强对成员企业的管控，公司层级原则上控制在三级以内。

（十）推进跨层级跨区域联合合作。围绕产业发展、资源掌控、管理提升等战略目标，鼓励有实力的社有企业实施跨层级、跨行业、跨所有制并购重组、联合合作。在农资、棉花、粮油、鲜活农产品、日用消费品、再生资源等重要涉农领域，培育一批主业突出、充满活力、竞争力强的大型企业集团。推进社有企业横向联合和纵向整合，加强各层级社有企业间的产权、资本和业务联结。创新社有企业联合的方式和手段，强化产业链和“互联网+”思维，打造关联经营的产业集群和电子商务平台。强化系统“一盘棋”意识，协调好相互利益关系。中国供销集团要以品牌、项目、资产、业务为纽带，加强与系统企业的联合合作，发挥为农服务“国家队”作用和对系统的引领带动服务作用；各省级社有企业要积极推进与市、县级同类企业的资产、业务、渠道整合，努力形成上下贯通、布局合理、运转高效的经营格局；市、县级社有企业要主动靠大联强，利用基层经营服务资源，加快区域网络建设，成为上级社企业开拓农村市场的合作伙伴和重要依托。

（十一）发展混合所有制经济。鼓励社有企业抓住国有企业混合所有制改革的有利时机，与国有企业进行股权融合、战略合作，涉入与为农服务相关联的能源资源开发、公用事业发展等领域。以城乡公共服务、现代农业技术、生态环保产业为重点，对发展潜力大、成长性强的民营、外资企业进行股权投资，促进社有企业转换经营机制，提高社有资本配置和运行效率。充分发挥社有资本投资运营公司的资本运作平台作用，通过主动参与国有企业改制重组或国有控股上市公司增资扩股以及企业经营管理、积极参与优质非公有企业增资扩股、收购有发展潜力的社会小微企业等方式，发展混合所有制企业，放大社有资本功能，增强社有企业应对市场的敏感性和灵活性。鼓励其他资本投资主体通过出资入股、收购股权、认购可转债、股权置换等方式，参与社有企业改制重组或社有控股上市公司增资扩股。发展混合所有制企业要积极稳妥、依法依规、严格程序、公开公正，坚持同股同权，明确股东的法律地位，切实维护股东在资本收益、企业重大决策、选择管理者等方面的合法权益。

四、促进传统产业转型升级

（十二）农资企业向农业综合服务企业转型。推进农资销售服务与农业技术服务、生产作业服务、产品加工服务相结合，开展农资供应、测土配肥、农机作业、统防统治、农产品收储加工等全程社会化服务，将服务链条延伸到农业生产全过程。更加注重服务体验和解决方案，面向家庭农场、专业大户、农民合作社等规模经营主体开展“个性化定制”服务。推进农资服务组织创新，积极发展现代农业综合服务中心、庄稼医院、农资服务合作社、基层经营网点等。积极参与大田托管和土地流转，领办创办农民合作社及其联合社，提升生产经营服务能力。拓展经营领域，开展种子、农机具、成品油等经营业务。加强与科研机构合作，开展新型优质农资产品和现代技术装备的研发和运用，向农民推广节肥、节药、节水技术，科学合理施肥施药，减少土壤面源污染。加快建立农资商品质量可追溯体系，保障农产品质量安全，促进农业可持续发展。社有农资企业要积极承担化肥、农药等政府储备任务。

（十三）农产品企业向综合经营企业转型。引导和支持农产品企业从单纯的农产品流通向产前产中延伸，联合农民合作社发展商品生产基地，建设农产品集配中心，开展农产品加工业务，努力打造覆盖生产、加工、仓储、物流、销售等全产业链的经营服务模式。依托地方主导产业，培育特色产品品牌，提升农产品附加值。发展连锁经营、配送专卖、社区超市等，推动建立多种形式的农产品产销对接，实现农产品质量可追溯。有条件的社有企业要积极承接政府控股农产品批发市场的建设、运营、管护，积极参与大宗农产品政策性收储。棉花企业要主动应对市场变化，向棉农提供系列化服务，促进棉花生产向规模化、集约化方式转变；加大围绕主业并购重组、联合合作力度和步伐，向大型综合贸易服务商发展；借助国家实施棉花现代物流规划有关政策，提高棉花流通效率，为纺织企业提供优质服务；开展棉花深加工，拓展经营领域，提高综合效益。不具备产业升级条件的棉花企业，要围绕当地新兴产业和经济社会发展需要果断实行转型转业。

（十四）日用消费品企业向线下线上融合发展转型。加强连锁经营体系和物流配送能力建设，进一步提升网络运营水平和覆盖面，加快形成连锁化、规模化、品牌化经营服务新格局。积极开展电商网络零售业务，拓展移动互联网营销应用 APP，实现线下线上经营协同发展。以互联网思维推进流通方式创新，不断发展新型经营业态，努力满足城乡居民多样化、多层次消费需求。关注客户需求变化，开发个性化、体验式服务，发展融购物、休闲、教育等多元服务有机结合的体验式商业，创造需求，引导消费。

（十五）再生资源企业向综合利用环保企业转型。加强与汽车、家电、钢铁、造纸等生产加工企业合作，拓宽收废用废渠道。引进先进技术和设备，提升废旧物资综合加工利用水平。积极运用信息互联网技术打造第三方交易平台，通过线上服务平台和线下服务网络，发展线上投废、线下物流回收利用模式。抓住政府大力推进美好乡村建设的机遇，主动承接相关基础设施改造建设项目，积极开展农村废弃物和垃圾处理、秸秆综合利用等业务。因地制宜规范建设城乡社区回收网点、专业化分拣中心、区域集散交易市场和综合利用处理基地，形成回收、分拣和加工利用一体化经营的再生资源回收利用体系。各级联合社要积极帮助社有企业争取政府再生资源回收利用和农村环境治理等方面的政策和资金支持。

五、拓展经营服务领域

（十六）参与发展现代农业和休闲农业。适应传统消费提质升级、新兴消费蓬勃兴起的新变化，发挥社有企业一头连接生产、一头连接消费的优势，以市场为导向，积极引导和参与发展特色农业、品牌农业、生态农业、休闲农业。把新技术、新业态、新商业模式和文化创意引入农业，发展农产品精深加工，开发农业多种功能，延长拓宽农业产业链和价值链，促进农业与二、三产业融合发展。坚持供销合作社服务“三农”的价值理念，与农民建立利益共享机制，真正让农民群众从一、二、三产业融合发展中获得更多收益。积极投入脱贫攻坚战，帮助贫困地区、贫困群众发展生产、脱贫致富。

（十七）加快发展电子商务。发挥系统传统优势，集中系统内外资源，全力打造全国供销合作社系统统一的综合性电子商务平台，广泛开展具有供销合作社特色、面向城乡的电商业务。着力发展农产品电子商务，构建农产品流通企业、采购商、生产者紧密合作的农商产业联盟，形成集网上交易、供应链管理和社会化服务等为一体的电子商务平台。努力拓展农村电子商务，培育和发展电子商务企业，对基层供销合作社经营网点进行信息化改造，建设乡镇配送中心和农村电子商务代购代销点、取货点、智能快件箱等，打通农村电子商务和物流配送“最后一公里”，扩大农村消费。社有企业要着力提高电子商务应用水平，有条件的企业要积极打造电子商务平台，利用移动互联网、地理位置服务、大数据等信息技术提升流通效率和服务质量。省级供销合作社要统筹建设区域性、专业性电子商务平台，指导市、县企业发展电子商务，切实做好与“供销 e 家”全国电商平台的对接，共同打造“网上供销合作社”。

（十八）全力推进现代物流业。适应流通业和电子商务快速发展的需要，做好规划布局，加快培育一批现代物流企业。充分利用现有土地、仓储、运输等设施，加大整合改造力度，积极争取政府用地和资金支持，因地制宜建设物流园区、配送中心、终端配送网点，搭建物流服务平台和配送网络，开展社会化、现代化、专业化的物流服务。鼓励大型企业在重要商贸区域、重点专业市场、产业集群区，建设集展示、交易、仓储、流通加工、配送、信息功能于一体的物流平台。加强鲜活农产品冷链物流、检验检测和安全监控等设施建设，提高鲜活农产品的物流和配送能力。推动物流业与电子商务融合发展，建立以物流配送中心和高效信息管理系统为支撑的“电子商务 + 物流”基地。

（十九）稳妥开展农村合作金融服务。在严格管理、严控风险的前提下，鼓励社有企业面向现代农业和农民生产生活，投资创办融资性担保公司、小额贷款公司、股权基金管理公司、融资租赁公司、互联网金融公司，参股农村商业银行、村镇银行，为农民和新型生产经营主体提供融资服务，为供销合作事业发展提供金融支持。加强与金融机构合作，引入供应链金融理念，将金融服务嫁接到与农民的购销业务中，缓解农民融资难、融资贵问题。支持符合条件的企业依法开展发起设立中小型银行试点，增强为农服务能力。积极培育面向“三农”的保险企业和农村产权交易服务机构。

（二十）积极发展城乡公共服务业。强化参与当地经济社会发展的意识，围绕城乡群众对生活性服务的普遍关注和迫切期待，采取多种方式，自办联办托管社区综合服务中心、生鲜超市、标准化菜市场以及社区生活广场，开展放心早餐及蔬菜水果配送业务，为机关、学校、企事业单位和社区居民提供便利的生活服务。有条件的社有企业要开拓家政服务、物业管理、展会展销、文化创意、休闲旅游等现代生活服务业，满足城乡居民多层次、多样化需求。积极参与政府与社会资本合作建设运营节能环保、养老服务、城市公用事业等项目，承接政府购买服务，不断拓展发展空间。

（二十一）大力开展对外交流合作。积极参与“一带一路”发展战略实施，推动社有企业立足国内、面向海外，“走出去”、“请进来”，开展外经外贸业务。着力拓宽利用外资渠道，提高对外投资和利用外资的质量和水平。以提高对重要原材料、关键物流节点的控制为重点，与境外合作社及有关企业开展合资、合作，培育具有国际竞争力的对外贸易产业链。以提升自身经营能力为重点，积极吸引国外合作社及有关企业投资经营服务设施升级改造和电子商务业务。充分利用供销合作社的组织和网络资源，不断提升对台经贸交流与合作水平。

六、加强企业工作领导

（二十二）进一步理顺社企关系。各级供销合作社理事会是本级社属资产和所属企事业单位资产的所有权代表和管理者，理事会要落实社有资产出资人代表职责，监事会要强化监督职能。社有企业是依法自主经营、自负盈亏、自担风险、自我约束、自我发展的独立市场主体，享有法人财产权和经营自主权。联合社要依法依规履行出资人职责，加强社有资产监管，切实把握好社有企业为农服务方向，把社有资产保值增值责任落到实处。落实社有企业的经营自主权，逐步从以管企业为主向以管资本为主转变，将依法应由企业自主经营决策的事项归位于企业，做到该管的科学管理、绝不缺位，不该管的要依法放权、绝不越位。采取委派法人代表管理和特殊管理股股权管理等办法，探索联合社机关对社有企业的多种管理方式。

（二十三）强化社有资产监管。联合社机关成立社有资产管理委员会，按照理事会授权，建立社有资本经营预算制度。构建监事会、纪检监察、财务审计多方参与的监督体制，保障出资人和消费者的合法权益，促进企业健康发展，实现社有资本保值增值。强化出资人监督，加强对企业关键业务、改革重点领域、社有资本运营等重要环节的监督。健全社有资本审计监督体系和制度，实行企业社有资本审计监督全覆盖。加强纪检监察监督和巡视工作，强化对企业领导人员廉洁从业、行使权力等的监督。建立健全监督意见反馈和问题整改机制，强化社有资产损失和工作责任追究，形成有效的“防火墙”和“隔离带”，切实防止社有资产流失。

（二十四）加强党建和反腐败工作。把加强企业党的领导和完善公司治理统一起来，创新社有企业党组织发挥政治核心作用的途径和方式。将党建工作总体要求纳入社有企业章程，在企业改革中坚持党的建设同步谋划、党的组织及工作机构同步设置，保证党的组织机构稳定，作用得到有效发挥。社有资本控股和具有实际控制力的混合所有制企业，都应建立党的组织，开展党的工作，发挥党组织的政治核心作用。坚持和完善党组织和社有企业领导班子交叉任职的领导体制，董事长、总经理原则上分设，党组织书记、董事长一般由一人担任。强化党组织在企业领导人员选拔任用、培养教育、管理监督中的责任，加强对社有企业负责人尤其是主要负责人的日常监督管理和综合考核评价。注重发挥工会、共青团等群团组织的作用，团结引导职工群众为企业改革发展贡献才智、建功立业。加强企业党风廉政建设和反腐败工作，落实主体责任和监督责任。加强党性教育、法制教育和警示教育，引导社有企业领导人员和广大党员干部坚定理想信念，自觉践行“三严三实”要求，确保在经营上不发生系统性风险，在廉政上不发生违法违纪案件。

（二十五）重视企业文化建设。社有企业要大力弘扬“为农、诚信、创业、合作”的新时期供销合作社精神，创新经营理念、制度、机制，培育具有供销合作社特色的企业文化，增强企业的向心力和凝聚力。全面普及和规范使用“中国供销合作社”标识，着力加强企业品牌建设，制定完善品牌战略，与企业发展战略同步实施，加快培育具有行业知名度和影响力的企业品牌与产品品牌，提升市场竞争软实力。重视和加强质量建设，开展多种形式的质量强企活动，提升社有企业的服务质量和产品质量。狠抓安全生产教育和制度建设，把安全生产的各项要求落到实处，对重大安全生产事故实行业绩考核一票否决。积极承担政府委托的任务，诚实守信经营，履行社会责任，参与扶贫助弱救灾，树立良好社会形象。

（二十六）营造企业发展良好环境。联合社要切实担负起领导社有企业改革发展的责任，遵循市场经济条件下企业发展的客观规律，强化为企业服务的意识，提升指导和服务企业的水平。做好宏观经济运行、市场趋势变化的分析研判，及时为企业决策提供预警。加强与政府有关部门的协调沟通，积极反映企业诉求，为企业多渠道争取政策和项目支持。各级供销合作社的“新网工程”、农业综合开发、改革发展专项资金等，应重点向转型升级、联合发展、服务农业生产一线的企业和项目倾斜。加大宣传工作力度，充分利用各类媒体讲好社有企业和一线职工为农服务的故事，传播企业的新作为，树立企业的新形象，为企业改革发展营造良好的舆论氛围和社会环境。

中华全国供销合作总社
2015 年 12 月 8 日

国务院国资委、民政部、财政部、住房城乡建设部关于国有企业办市政、社区管理等职能分离移交的指导意见

国资发改革〔2017〕85 号

各省、自治区、直辖市人民政府，新疆生产建设兵团，国务院各部委、各直属机构，各中央企业：

加快剥离国有企业办社会职能和解决历史遗留问题是深化国有企业改革的重要内容。为贯彻落实《中共中央　国务院关于深化国有企业改革的指导意见》（中发〔2015〕22 号）和《国务院关于印发加快剥离国有企业办社会职能和解决历史遗留问题工作方案的通知》（国发〔2016〕19 号）精神，剥离与主业发展方向不符的国有企业办市政、社区管理等职能，经国务院同意，现提出如下意见。

一、总体要求

（一）工作目标。将与主业发展方向不符的国有企业管理的市政设施、职工家属区的社区管理等职能移交地方政府负责，2017 年底前完成。

（二）工作要求。坚持政企分开，将国有企业配合承担的公共管理职能归位于相关政府部门和单位；实行专业化管理，将与主业发展方向不符的国有企业承担的公共服务职能移交地方政府实行集中统一管理；减轻企业负担，促进国有企业瘦身健体、提质增效。

二、主要任务

（一）市政设施移交范围。国有企业管理的面向社会开放、提供公共服务的市政设施，包括道路桥梁及相应照明设施、环境卫生设施、市政管网及附属设施、生活污水处理设施、生活垃圾处理设施、城市供水设施、公共绿化设施、公共交通设施、公园、广场等，移交地方政府管理。

中央企业或省属国有企业所属与主业发展方向不符的，承担生活供水、供热、污水处理、垃圾处理等公共服务的企业，原则上划转地方政府管理。地方政府不能接收的，企业可自行关闭撤销或重组改制。

国有企业为职工服务的文化、体育设施，经与地方政府协商一致，可移交地方管理；也可由企业根据实际情况妥善处置，面向社会开放可按市场化方式合理收费。

（二）市政设施移交程序。由国有企业向市县政府提出申请，市县政府要在 15 个工作日内明确具体接收部门或单位。移交接收双方共同协商确定具体方案，办理移交接收事项。对于损坏、丧失使用功能的供排水等设施，经协商一致可由移交企业进行必要的维修完善。2018 年起国有企业不再承担已移交的市政设施相关费用。

（三）社区管理职能移交。国有企业职工家属区的社区管理职能移交市县政府负责，由国有企业向市县政府提出申请，市县政府在 15 个工作日内明确责任单位，与国有企业协商办理移交接收事项，做好相关工作衔接。已经建立的职工家属区街道办事处等机构、依法选举产生的社区居民委员会与企业完全脱钩，现有办公场所、服务场所及设备设施一并移交。仍未建立管理机构或未依法选举产生社区居民委员会的国有企业职工家属区，按区域划片移交区县政府、街道办事处管理。

三、保障措施

（一）加强组织领导。地方各级人民政府要高度重视，加强组织领导，认真做好国有企业办市政、社区管理等职能分离移交工作。省级人民政府要统筹协调推动本地区中央企业、地方国有企业开展工作。地市级人民政府要认真做好具体组织实施工作，对本地区承担公共服务的国有企业进行资源优化整合，实现专业化运营管理，进一步完善公共服务体系和社区服务功能，提高管理服务能力。地方各级财政部门要将移交的国有企业办市政设施、社区服务设施的建设与管理、社区工作以及信息化建设等方面的合理经费需求纳入接收部门等相关预算。

（二）落实企业责任。国有企业集团公司要加强组织协调，做好政策宣传和思想政治工作，积极推动所属企业办市政、社区管理等职能移交工作。企业办市政、社区管理等职能移交涉及的从业人员，在尊重职工意愿的基础上，接收方继续聘用的，按照有关规定变更劳动合同，或者签订聘用合同，其它人员由移交企业负责妥善分流安置。国有企业应履行社会责任，积极支持移交后社区的管理服务工作。

（三）资产无偿划转。国有企业办市政、社区管理等职能移交涉及的资产，依据《财政部关于企业分离办社会职能有关财务管理问题的通知》（财企〔2005〕62 号）的规定，实行无偿划转，由企业集团公司审核批准，报主管财政部门、同级国有资产监督管理机构备案。移交企业要做好移交资产清查、财务清理、审计评估、产权登记等工作。多元股东的企业应当经该企业董事会或股东会同意后，按照持有股权的比例核减国有权益。

（四）加强督促指导。国务院国资委、民政部、财政部、住房城乡建设部等有关部门要密切配合，加强督促指导，跟踪工作进展情况，及时协调解决国有企业办市政、社区管理等职能分离移交过程中的有关问题。民政部、住房城乡建设部等部门要指导推进社区治理，有效提升社区服务机构为移交社区居民提供管理服务的能力和水平。

国资委
民政部
财政部
住房城乡建设部
2017 年 5 月 15 日

关于印发《国务院国资委授权放权清单（2019年版）》的通知

国资发改革〔2019〕52号

各中央企业，各省、自治区、直辖市及计划单列市和新疆生产建设兵团国资委：

为深入贯彻党中央、国务院关于深化国资国企改革的决策部署，落实《国务院关于印发改革国有资本授权经营体制方案的通知》（国发〔2019〕9号）精神，加快实现从管企业向管资本转变，更好履行出资人职责，进一步加大授权放权力度，切实增强微观主体活力，我委制定了《国务院国资委授权放权清单（2019年版）》（以下简称《清单》），现印发给你们，并将有关事项通知如下：

一、分类开展授权放权

《清单》结合企业的功能定位、治理能力、管理水平等企业改革发展实际，分别针对各中央企业、综合改革试点企业、国有资本投资、运营公司试点企业以及特定企业相应明确了授权放权事项。同时，集团公司要对所属企业同步开展授权放权，做到层层“松绑”，全面激发各层级企业活力。

二、加强行权能力建设

各中央企业要坚持中国特色现代国有企业制度，把加强党的领导和完善公司治理统一起来，加快形成有效制衡的公司法人治理结构、灵活高效的市场化经营机制。要夯实管理基础，优化集团管控，健全完善风险、内控和合规体系，确保各项授权放权接得住、行得稳。

三、完善监督管理体系

国务院国资委将加强事中事后监管，采取健全监管制度、统筹监督力量、严格责任追究、搭建实时在线的国资监管平台等方式，确保该放的放权到位、该管的管住管好，实现授权与监管相结合、放活与管好相统一。

四、建立动态调整机制

国务院国资委将加强跟踪督导，定期评估授权放权的执行情况和实施效果，采取扩大、调整或收回等措施动态调整授权放权事项。

请各中央企业结合实际抓好贯彻落实，工作中遇到的情况和问题及时报告国务院国资委。

各地国资委要按照国发〔2019〕9号文件要求，结合实际积极推进本地区国有资本授权经营体制改革，制定授权放权清单，赋予企业更多自主权，促进激发微观主体活力与管住管好国有资本有机结合。国务院国资委将加强指导督促，推动授权放权工作有序开展、全面落实。

国务院国资委

2019年6月3日

国务院国资委授权放权清单（2019年版）

一、对各中央企业的授权放权事项

序号　授权放权事项

1. 中央企业审批所属企业的混合所有制改革方案（主业处于关系国家安全、国民经济命脉的重要行业和关键领域，主要承担重大专项任务的子企业除外）。

2. 中央企业决定国有参股非上市企业与非国有控股上市公司的资产重组事项。

3. 授权中央企业决定集团及所属企业以非公开协议方式参与其他子企业的增资行为及相应的资产评估（主业处于关系国家安全、国民经济命脉的重要行业和关键领域，主要承担重大专项任务的子企业除外）。

4. 中央企业审批所持有非上市股份有限公司的国有股权管理方案和股权变动事项（主业处于关系国家安全、国民经济命脉的重要行业和关键领域，主要承担重大专项任务的子企业除外）。

5. 中央企业审批国有股东所持有上市公司股份在集团内部的无偿划转、非公开协议转让事项。

6. 中央企业审批国有参股股东所持有上市公司国有股权公开征集转让、发行可交换公司债券事项。

7. 中央企业审批未导致上市公司控股权转移的国有股东通过证券交易系统增持、协议受让、认购上市公司发行股票等事项。

8. 中央企业审批未触及证监会规定的重大资产重组标准的国有股东与所控股上市公司进行资产重组事项。

9. 中央企业审批国有股东通过证券交易系统转让一定比例或数量范围内所持有上市公司股份事项，同时应符合国有控股股东持股比例不低于合理持股比例的要求。

10. 中央企业审批未导致国有控股股东持股比例低于合理持股比例的公开征集转让、发行可交换公司债券及所控股上市公司发行证券事项。

11. 授权中央企业决定公司发行短期债券、中长期票据和所属企业发行各类债券等部分债券类融资事项。对于中央企业集团公司发行的中长期债券，国资委仅审批发债额度，在额度范围内的发债不再审批。

12. 支持中央企业所属企业按照市场化选聘、契约化管理、差异化薪酬、市场化退出的原则，采取公开遴选、竞聘上岗、公开招聘、委托推荐等市场化方式选聘职业经理人，合理增加市场化选聘比例，加快建立职业经理人制度。

13. 支持中央企业所属企业市场化选聘的职业经理人实行市场化薪酬分配制度，薪酬总水平由相应子企业的董事会根据国家相关政策，参考境内市场同类可比人员薪酬价位，统筹考虑企业发展战略、经营目标及成效、薪酬策略等因素，与职业经理人协商确定，可以采取多种方式探索完善中长期激励机制。

14. 对商业一类和部分符合条件的商业二类中央企业实行工资总额预算备案制管理。

15. 中央企业审批所属科技型子企业股权和分红激励方案，企业实施分红激励所需支出计入工资总额，但不受当年本单位工资总额限制、不纳入本单位工资总额基数，不作为企业职工教育经费、工会经费、社会保险费、补充养老及补充医疗保险费、住房公积金等的计提依据。

16. 中央企业集团年金总体方案报国资委事后备案，中央企业审批所属企业制定的具体年金实施方案。

17. 中央企业控股上市公司股权激励计划报国资委同意后，中央企业审批分期实施方案。

18. 支持中央企业在符合条件的所属企业开展多种形式的股权激励，股权激励的实际收益水平，不与员工个人薪酬总水平挂钩，不纳入本单位工资总额基数。

19. 中央企业决定与借款费用、股份支付、应付债券等会计事项相关的会计政策和会计估计变更。

20. 授权中央企业（负债水平高、财务风险较大的中央企业除外）合理确定公司担保规模，制定担保风险防范措施，决定集团内部担保事项，向集团外中央企业的担保事项不再报国资委备案。但不得向中央企业以外的其他企业进行担保。

21. 授权中央企业（负债水平高、财务风险较大的中央企业除外）根据《中央企业降杠杆减负债专项工作目标责任书》的管控目标，制定债务风险管理制度，合理安排长短期负债比重，强化对所属企业的资产负债约束，建立债务风险动态监测和预警机制。

二、对综合改革试点企业的授权放权事项（包括国有资本投资、运营公司试点企业、创建世界一流示范企业、东北地区中央企业综合改革试点企业、落实董事会职权试点企业等）

序号　授权放权事项

1. 授权董事会审批企业五年发展战略和规划，向国资委报告结果。中央企业按照国家规划周期、国民经济和社会发展五年规划建议，以及国有经济布局结构调整方向和中央企业中长期发展规划要求，组织编制本企业五年发展战略和规划，经董事会批准后实施。

2. 授权董事会按照《中央企业投资监督管理办法》（国资委令第 34 号）要求批准年度投资计划，报国资委备案。

3. 授权董事会决定在年度投资计划的投资规模内，将主业范围内的计划外新增投资项目与计划内主业投资项目进行适当调剂。相关投资项目应符合负面清单要求。

4. 授权董事会决定主业范围内的计划外新增股权投资项目，总投资规模变动超过 10% 的，应及时调整年度投资计划并向国资委报告。相关投资项目应符合负面清单要求。

三、对国有资本投资、运营公司试点企业的授权放权事项

序号　授权放权事项

1. 授权董事会按照企业发展战略和规划决策适度开展与主业紧密相关的商业模式创新业务，国资委对其视同主业投资管理。

2. 授权董事会在已批准的主业范围以外，根据落实国家战略需要、国有经济布局结构调整方向、中央企业中长期发展规划、企业五年发展战略和规划，研究提出拟培育发展的 1—3 个新业务领域，报国资委同意后，视同主业管理。待发展成熟后，可向国资委申请将其调整为主业。

3. 授权董事会在5%—15%的比例范围内提出年度非主业投资比例限额，报国资委同意后实施。

4. 授权国有资本投资、运营公司按照国有产权管理规定审批国有资本投资、运营公司之间的非上市企业产权无偿划转、非公开协议转让、非公开协议增资、产权置换等事项。

5. 授权董事会审批所属创业投资企业、创业投资管理企业等新产业、新业态、新商业模式类企业的核心团队持股和跟投事项，有关事项的开展情况按年度报国资委备案。

6. 授权中央企业探索更加灵活高效的工资总额管理方式。

四、对特定企业的授权放权事项

序号　授权放权事项

1. 对集团总部在香港地区、澳门地区的中央企业在本地区的投资，可视同境内投资进行管理。

2. 授权落实董事会职权试点中央企业董事会根据中央企业负责人薪酬管理有关制度，制定经理层成员薪酬管理办法，决定经理层成员薪酬分配。企业经理层成员薪酬管理办法和薪酬管理重大事项报国资委备案。

3. 授权落实董事会职权试点中央企业董事会对副职经理人员进行评价，评价结果按一定权重计入国资委对企业高管人员的评价中。

4. 授权行业周期性特征明显、经济效益年度间波动较大或者存在其他特殊情况的中央企业，工资总额预算可以探索按周期进行管理，周期最长不超过三年，周期内的工资总额增长应当符合工资与效益联动的要求。

财政部、中国人民银行、国务院国有资产监督管理委员会、中国银行保险监督管理委员会、中国证券监督管理委员会、国家档案局、国家标准化管理委员会关于推进会计师事务所函证数字化相关工作的指导意见

财会〔2020〕13号

各省、自治区、直辖市、计划单列市财政厅（局）、国资委、市场监管局（厅、委）、银保监局、证监局、档案局，新疆生产建设兵团财政局、国资委、市场监管局、档案局，人民银行上海总部，各分行、营业管理部，各省会（首府）城市中心支行，各副省级城市中心支行，各政策性银行、大型银行、股份制银行，各中央企业，各有关会计师事务所：

为稳步推进会计师事务所函证数字化，切实提高会计师事务所审计质量，根据《国家信息化发展战略纲要》和党中央、国务院关于实施国家大数据战略的决策部署，以及《中华人民共和国注册会计师法》、《中华人民共和国银行业监督管理法》有关要求，制定本指导意见。

一、重要意义

银行函证程序和银行回函对于注册会计师审计工作至关重要。而函证纸质打印、交换、保存的传统方式，已明显滞后于当前信息化发展水平，也难以满足注册会计师审计工作的需要。近年出现的一些会计审计失败案例，暴露了当前函证不实的问题，已成为制约审计质量提升和造成会计信息失真的突出问题。前期，部分会计师事务所、银行积极开展函证数字化试点工作，改进函证工作方式方法，取得了一定成效，积累了宝贵经验。

当前，推进函证数字化是促进提升会计审计工作信息化水平，加快实施国家信息化发展战略的基本内容；是有效保障会计师事务所函证及时准确，推动注册会计师行业高质量发展的重要举措；是方便市场主体操作、防范控制银行风险，实现企业、银行、事务所多方共赢，强化财会监督的重要保障。

二、总体要求

（一）指导思想。

以习近平新时代中国特色社会主义思想为指导，深入贯彻党的十九大和十九届二中、三中、四中全会精神，落实十九届中央纪委四次会议关于加强财会监督的部署安排，积极采取政策措施，事务所、银行、企业同向发力，加快会计师事务所函证数字化，扎实提高会计师事务所审计质量，推进国家治理体系和治理能力现代化。

（二）基本原则。

一是循序渐进，有序推动。率先推动银行函证的数字化，再逐步在其他类型函证中推广。争取在大型会计师事务所与信息化水平程度较高的银行逐步得到有效应用。

二是坚持准则，优化手段。推进函证数字化主要是运用信息化技术手段，集中统一地处理函证业务，进一步提升函证程序的质量与效率，推动函证方式方法与实现路径的变化，不改变函证程序的有关要求和目的。

三是确保安全，试点先行。推动函证数字化应当坚持先行开展试点，制订周密的方案，确保函证数字化遵守网络安全、数据安全、系统运行保密等相关要求。待总结试点经验后，全面推广。

四是标准统一，技术多元。数字函证底层数据应当运用标准化结构化数据，使得数据可交换、可识别与可授权查询。在标准统一的基础上，对技术软件和实现方式不作统一规定，降低交易成本，防止不当牟利，充分发挥市场的作用，促进会计审计信息化水平的提升。

三、具体工作措施

（一）推动会计师事务所函证集中化数字化工作。会计师事务所应当切实提升一体化管理水平，积极推进建立函证中心或采用集中函证的模式，推行由统一的部门集中处理函证业务，加强函证的请求、接收、保存、统计、分析等过程控制。采用数字函证的会计师事务所应当运用财政部统一规定的数字函证标准和格式，向银行发出标准化结构化的函证数据请求。会计师事务所的数字函证系统应当与其审计系统相衔接。

（二）推动银行采用函证集中化数字化工作方式。会计师事务所与银行之间应加强沟通，暂不具备函证数字化条件的可仍采用纸质函证方式，但银行应加快推进函证业务集中统一；可以采用数字函证的银行，应当集中受理会计师事务所数字函证请求，根据银行自身信息系统情况，形成符合函证数据标准的数字函证回函并统一集中回复。鼓励银行有效加强数据治理，破除信息孤岛，融合主机系统、单证系统、信贷管理系统等业务数据，自动提取生成函证相关数据，提高从收到函证请求到发出回函之间阶段的自动化程度，切实提升函证信息搜集整理的质量和效率。

（三）函证数字化应当实现函证流程和数据标准的统一。财政部门、档案部门、国家标准化管理部门将对函证请求和回函的数据格式进行指导，促进数据充分共享运用。对采用数字函证的会计师事务所提出的标准化结构化函证数据请求，应当在函证的后续环节中得到统一执行，从而贯穿在函证的请求、确认、查询、生成、反馈、接收使用与归档的全过程，实现标准化数据不落地，有效提升函证运行效率。

（四）相关企业应当支持采用数字函证。相关被审计单位，尤其是上市公司、新三板挂牌公司、公司信用类债券发行人、国有企业、金融企业等关系公共利益的市场主体，应当积极配合函证数字化转型工作。对会计师事务所、银行已达成一致采用数字函证的，被审计单位无正当理由不得拒绝运用，被审计单位应对会计师事务所发出的数字函证请求及时予以配合、确认。

（五）发挥可信安全体系在函证工作流程中的支撑作用。会计师事务所、被审计单位与银行之间的数字函证联系，可以通过银企直连、银行发放身份认证证书或者第三方函证平台等方式实现。以上方式应当在可信安全环境下运行，满足可追溯、不可篡改的要求，确保函证的可靠性和安全性，促进成本降低与效率提升。全程处于可信安全环境下的符合函证数据标准的数字函证回函，视同《中国注册会计师审计准则第 1312 号——函证》外部函证原件，不需打印纸质回函并加盖银行印鉴。

（六）积极推进数字函证的归档工作。探索数字函证归档方法，将归档要求纳入数字函证有关标准。开展函证数字化工作的会计师事务所、银行和被审计企业，要将数字函证纳入归档范围及本单位电子档案管理流程，加强规范化建设，确保数字函证及其元数据的真实、完整和安全。

四、保障政策措施

（一）加强政策引导。财政部鼓励会计师事务所采用函证集中化数字化处理方式，在开展会计师事务所质量评估等工作中予以倾斜。相关部门鼓励上市公司、新三板挂牌公司、公司信用类债券发行人、国有企业、金融企业等配合运用数字函证。

（二）加强标准能力建设。财政部会同人民银行、银保监会、国家档案局将推动制订函证数字化相关标准，国家标准委将协调指导函证数字化标准体系建设，财政部、国家档案局、国家标准委将适时推出函证数据国家标准，及时以高质量的公开标准满足函证业务的多样化需求，推动培育新业态发育。

（三）支持相关基础设施数字化改造。国家加大对数据中心等新一代信息基础设施的投入。对于符合条件的函证数字化改造相关的研发费用，按规定落实所得税加计扣除政策。中国注册会计师协会制定相关政策，在会费减免、评价指标等方面对会计师事务所函证数字化工作中的投入予以支持和倾斜。

（四）加快新技术推广应用。推动会计师事务所函证数字化向更高阶段发展，要充分发挥科研技术平台的支撑作用，充分运用会计信息化标准化工作成果。要发挥全国会计信息化标准化技术委员会和全国金融标准化技术委员会咨询专家的作用，为函证数字化提供理论支撑和智力咨询。

五、加强组织实施

财政部、人民银行、国务院国资委、银保监会、证监会、国家档案局、国家标准委按各自职责分工推动审计函证数字化工作。财政部将牵头制订函证数据标准，加强对会计师事务所的指导督促和行业自律管理引导，并会同相关部门对函证数字化进行监督管理；国务院国资委、证监会推动相关企业配合数字函证的运用；国家档案局会同国家标准委加强对数字函证电子档案相关国家标准的指导。

开展函证数字化工作，推动在函证过程中运用现代信息技术，有利于切实提高函证的真实性准确性，有利于提高会计信息质量。此项工作技术性强、工作要求高，需要多方共同参与，是一项系统工程。要将试点先行落到实处，抓紧制定试点方案，确保安全可靠，积累形成经验后，稳步扩大实施范围。有关会计师事务所、金融企业及相关企业应当切实提高认识，加强数字化能力建设，促进会计师事务所函证数字化取得积极进展，为推进国家治理体系和治理能力现代化作出新的贡献。

工业和信息化部、科技部、财政部、商务部、国务院国有资产监督管理委员会、中国证券监督管理委员会关于加快培育发展制造业优质企业的指导意见

工信部联政法〔2021〕70号

制造业优质企业聚焦实业、做精主业，创新能力强、质量效益高、产业带动作用大，在制造强国建设中发挥领头雁、排头兵作用。加快培育发展制造业优质企业，是激发市场主体活力、推动制造业高质量发展的必然要求，是防范化解风险隐患、提升产业链供应链自主可控能力的迫切需要。为贯彻落实党中央、国务院决策部署，加快培育发展以专精特新“小巨人”企业、制造业单项冠军企业、产业链领航企业（以下简称“小巨人”企业、单项冠军企业、领航企业）为代表的优质企业，现提出以下意见。

一、准确把握培育发展优质企业的总体要求。以习近平新时代中国特色社会主义思想为指导，全面贯彻党的十九大和十九届二中、三中、四中、五中全会精神，立足新发展阶段，贯彻新发展理念，构建新发展格局，以推动企业高质量发展为主题，坚持系统观念，统筹发展和安全，健全体系、完善政策、优化服务，着力增强自主创新能力，着力发挥引领带动作用，推动优质企业持续做强做优做大，促进提升产业链供应链现代化水平，推进制造强国建设不断迈上新台阶。

二、构建优质企业梯度培育格局。分类制定完善遴选标准，选树“小巨人”企业、单项冠军企业、领航企业标杆。健全梯度培育工作机制，引导“专精特新”中小企业成长为国内市场领先的“小巨人”企业，聚焦重点行业和领域引导“小巨人”等各类企业成长为国际市场领先的单项冠军企业，引导大企业集团发展成为具有生态主导力、国际竞争力的领航企业。力争到2025年，梯度培育格局基本成型，发展形成万家“小巨人”企业、千家单项冠军企业和一大批领航企业。（工业和信息化部、国务院国资委按照职责分工负责）

三、提高优质企业自主创新能力。支持参与制造业创新中心、国家工程技术研究中心等创新平台建设，承担国家重大科技项目、重大技术装备创新发展工程。引导参与信息技术应用创新重大工程，推广经验成果。推动产业数字化发展，大力推动自主可控工业软件推广应用，提高企业软件化水平。依托优质企业组建创新联合体或技术创新战略联盟，开展协同创新，加大基础零部件、基础电子元器件、基础软件、基础材料、基础工艺、高端仪器设备、集成电路、网络安全等领域关键核心技术、产品、装备攻关和示范应用。推动国家重大科研基础设施和大型科研仪器向优质企业开放，建设生产应用示范平台和产业技术基础公共服务平台。（科技部、工业和信息化部、国务院国资委按照职责分工负责）

四、促进提升产业链供应链现代化水平。充分

发挥优质企业在增强产业链供应链自主可控能力中的中坚作用，组织参与制造业强链补链行动，做强长板优势，补齐短板弱项，打造新兴产业链条，提升产业链供应链稳定性和竞争力。组织领航企业开展产业链供应链梳理，鼓励通过兼并重组、资本运作、战略合作等方式整合产业资源，提升产业链竞争力和抗风险能力。支持参与全国供应链创新与应用示范创建，培育一批制造业现代供应链示范企业。推动优质企业中的国有资本向关系国家安全、国民经济命脉的重要行业领域集中，加快在关键环节和中高端领域布局。鼓励增强根植性，引导有意愿的单项冠军企业、领航企业带动关联产业向中西部和东北地区有序转移，促进区域协同发展。（工业和信息化部、财政部、商务部、国务院国资委、证监会按照职责分工负责）

五、引导优质企业高端化智能化绿色化发展。对标世界一流企业，加快推进新一代信息技术和制造业融合发展，加大技术改造力度，加强质量品牌建设，参与国际技术规范、标准制定，提高中高端供给能力。实施智能制造工程、制造业数字化转型行动和5G应用创新行动，组织实施国有企业数字化转型行动计划，打造一批制造业数字化转型标杆企业，培育一批综合性强、带动面广的示范场景，建设和推广工业互联网平台，开展百万工业APP培育行动，实施网络安全分类分级管理，积极发展服务型制造新模式新业态。支持参与实施工业低碳行动和绿色制造工程，在落实碳达峰、碳中和目标中发挥示范引领作用。（工业和信息化部、国务院国资委按照职责分工负责）

六、打造大中小企业融通发展生态。建设大中小企业融通发展平台载体，支持领航企业整合产业链资源，联合中小企业建设先进制造业集群、战略性新兴产业集群、创新型产业集群等。鼓励领航企业对上下游企业开放资源，开展供应链配套对接，与中小企业建立稳定合作关系，构建创新协同、产能共享、供应链互通的新型产业发展生态。（工业和信息化部、国务院国资委按照职责分工负责）

七、促进优质企业加强管理创新和文化建设。实施企业管理提升专项行动，鼓励推动组织管理变革，加强全面质量管理、强化资源集约管理和配置、做好风险防控，创新生产经营模式，提升全要素生产率。弘扬企业家精神和工匠精神，加强企业诚信建设。加大企业社会责任建设力度，增强风险防范和价值创造能力。引导企业重视企业文化建设，提高企业员工凝聚力、创造力和社会认同感。（工业和信息化部、国务院国资委按照职责分工负责）

八、提升优质企业开放合作水平。鼓励领航企业、单项冠军企业积极在全球布局研发设计中心，优化生产网络和供应链体系，有效对接和利用全球资源。以共建“一带一路”为重点，构建区域产业链共同体，更好融入全球产业链供应链。支持企业实施“抱团出海”行动，牵头建设境外经贸合作区。鼓励地方有序建设中外合作园区，吸引更多的全球高端要素、高端制造能力，支撑促进企业发展。（商务部、工业和信息化部、科技部、国务院国资委按照职责分工负责）

九、完善金融财政和人才政策措施。发挥各类政府引导基金作用，鼓励社会资本出资组建优质企业培育基金。加强企业融资能力建设和上市培育，支持符合条件的优质企业在资本市场上市融资和发行债券。发挥国家产融合作平台作用，整合企业信用信息，支持投贷联动、投投联动，引导金融机构为优质企业提供精准、有效的金融支持。用好现有资金渠道，支持“专精特新”中小企业高质量发展。支持引进高端人才，联合高等院校、科研机构建设先进制造业实训基地。持续加强企业经营管理人才培训，实施工业和信息化职业技能提升行动计划。鼓励各地研究制定符合国际通行规则的支持政策措施。（财政部、证监会、工业和信息化部、国务院国资委按照职责分工负责）

十、加强对优质企业的精准服务。分级构建优质企业培育库，建立“企业直通车”制度，及时掌握企业诉求，指导用好惠企政策，协调解决土地、用工、用能等问题。组织行业协会、商会等梳理企业需求，提供信息咨询、产品推广、人才培训、知识产权等专业化服务。加大宣传力度，编制发布企业案例集，推广地方典型经验，开展经验交流，组织“万家优质企业行”活动，打造“优质企业”名片。（工业和信息化部牵头、相关部门按照职责分工负责、有关行业协会配合相关工作）

各地工业和信息化主管部门要会同相关部门建立健全横向协同、上下联动的培育发展工作体系和常态化工作推进机制，加强与各类规划衔接，结合实际制定政策措施，形成工作合力，抓好工作落实。

（三）完善企业制度

党内规范性文件：

中共中央办公厅、国务院办公厅印发《关于加强国有企业资产负债约束的指导意见》

近日，中共中央办公厅、国务院办公厅印发了《关于加强国有企业资产负债约束的指导意见》，并发出通知，要求各地区各部门结合实际认真贯彻落实。

《关于加强国有企业资产负债约束的指导意见》全文如下：

为深入贯彻习近平新时代中国特色社会主义思想和党的十九大精神，落实中央经济工作会议、全国金融工作会议和中央财经委员会第一次会议部署，加强国有企业资产负债约束，降低国有企业杠杆率，推动国有资本做强做优做大，增强经济发展韧性，提高经济发展质量，现提出如下指导意见。

一、总体要求

（一）总体目标。加强国有企业资产负债约束是打好防范化解重大风险攻坚战的重要举措。要通过建立和完善国有企业资产负债约束机制，强化监督管理，促使高负债国有企业资产负债率尽快回归合理水平，推动国有企业平均资产负债率到2020年年末比2017年年末降低2个百分点左右，之后国有企业资产负债率基本保持在同行业同规模企业的平均水平。

（二）基本原则

——坚持全面覆盖与分类管理相结合。所有行业、所有类型国有企业均纳入资产负债约束管理体制。同时，根据不同行业资产负债特征，分行业设置国有企业资产负债约束指标标准。突出监管重点，对超出约束指标标准的国有企业，结合企业所处发展阶段，在综合评价企业各类财务指标和业务发展前景基础上，根据风险大小采取适当管控措施。严格控制产能过剩行业国有企业资产负债率，适度灵活掌握有利于推动经济转型升级发展的战略性新兴产业、创新创业等领域的国有企业资产负债率。

——坚持完善内部治理与强化外部约束相结合。加强国有企业资产负债约束要与深化国有企业改革、建立现代企业制度、优化企业治理结构等有机结合，建立健全长效机制。同时，通过强化考核、增强企业财务真实性和透明度、合理限制债务融资和投资等方式，加强国有企业资产负债外部约束。

——坚持提质增效与政策支持相结合。各有关方面要积极主动作为，根据总体目标要求进一步明确高负债国有企业降低资产负债率的目标、步骤、方式，并限期完成。国有企业要坚持提质增效、苦练内功，通过扩大经营积累增强企业资本实力，在严防国有资产流失前提下，不断降低资产负债率。同时，要为高负债国有企业降低资产负债率创造良好政策和制度环境，完善资本补充机制，扩大股权融资，支持盘活存量资产，稳妥有序开展债务重组和市场化债转股。

二、分类确定国有企业资产负债约束指标标准

国有企业资产负债约束以资产负债率为基础约束指标，对不同行业、不同类型国有企业实行分类管理并动态调整。原则上以本行业上年度规模以上全部企业平均资产负债率为基准线，基准线加5个百分点为本年度资产负债率预警线，基准线加10个百分点为本年度资产负债率重点监管线。国有企业集团合并报表资产负债率预警线和重点监管线，可由相关国有资产管理部门根据主业构成、发展水平以及分类监管要求确定。邮政、铁路等特殊行业或无法取得统计数据行业的企业资产负债率预警线和重点监管线，由相关国有资产管理部门根据国家政策导向、行业情况并参考国际经验确定。

由国务院国资委履行出资人职责的中央企业，资产负债率管控工作继续执行现行要求，实践中再予以调整完善。金融类国有企业资产负债约束按照现有管理制度和标准实施。

三、完善国有企业资产负债自我约束机制

（一）合理设定资产负债率水平和资产负债结构。国有企业要根据相应资产负债率预警线和重点监管线，综合考虑市场前景、资金成本、盈利能

力、资产流动性等因素，加强资本结构规划与管理，合理设定企业资产负债率和资产负债结构，保持财务稳健、有竞争力。

（二）加强资产负债约束日常管理。国有企业经营管理层要忠实勤勉履职，审慎开展债务融资、投资、支出、对外担保等业务活动，防止有息负债和或有债务过度累积，确保资产负债率保持在合理水平。在年度董事会或股东（大）会议案中，要就资产负债状况及未来资产负债计划进行专项说明，并按照规范的公司治理程序，提交董事会或股东（大）会审议。在企业可能或已实质陷入财务困境时，要及时主动向相关债权人通报有关情况，依法依规与相关债权人协商，分类稳妥处置相关债务。

（三）强化国有企业集团公司对所属子企业资产负债约束。国有企业集团公司要根据子企业所处行业等情况，按照国有企业资产负债率控制指标要求，合理确定子企业的资产负债率水平，并将子企业的资产负债约束纳入集团公司考核体系，确保子企业严格贯彻执行。国有企业集团公司要进一步强化子企业资产、财务和业务独立性，减少母子企业、子企业与子企业之间的风险传染。

（四）增强内源性资本积累能力。国有企业要牢固树立新发展理念，以提高发展质量和效益为中心，着力提升经营管理水平，进一步明确并聚焦主业瘦身健体，通过创新驱动提高生产率，增强企业盈利能力，提高企业资产和资本回报率，为企业发展提供持续的内源性资本。

四、强化国有企业资产负债外部约束机制

（一）建立科学规范的企业资产负债监测与预警体系。相关国有资产管理部门要建立以资产负债率为核心，以企业成长性、效益、偿债能力等方面指标为辅助的企业资产负债监测与预警体系。对资产负债率超过预警线和重点监管线的国有企业，相关国有资产管理部门要综合分析企业所在行业特点、发展阶段、有息负债和经营性负债等债务类型结构、短期负债和中长期负债等债务期限结构，以及息税前利润、利息保障倍数、流动比率、速动比率、经营活动现金净流量等指标，科学评估其债务风险状况，并根据风险大小程度分别列出重点关注和重点监管企业名单，对其债务风险情况持续监测。

（二）建立高负债企业限期降低资产负债率机制。对列入重点监管企业名单的国有企业，相关国有资产管理部门要明确其降低资产负债率的目标和时限，并负责监督实施。不得实施推高资产负债率的境内外投资，重大投资要履行专门审批程序，严格高风险业务管理，并大幅压减各项费用支出。依据市场化法治化原则，与业务重组、提质增效相结合，积极通过优化债务结构、开展股权融资、实施市场化债转股、依法破产等途径有效降低企业债务水平。

（三）健全资产负债约束的考核引导。相关国有资产管理部门要加强过程监督检查，将降杠杆减负债成效作为企业考核和评价的重要内容。对列入重点关注和重点监管企业名单的企业，要将企业资产负债率纳入年度经营业绩考核范围，充分发挥考核引导作用，督促企业贯彻落实资产负债管控要求。

（四）加强金融机构对高负债企业的协同约束。对资产负债率超出预警线的国有企业，相关金融机构要加强贷款信息共享，摸清企业表外融资、对外担保和其他隐性负债情况，全面审慎评估其信用风险，并根据风险状况合理确定利率、抵质押物、担保等贷款条件。对列入重点关注企业名单或资产负债率超出重点监管线的国有企业，新增债务融资原则上应通过金融机构联合授信方式开展，由金融机构共同确定企业授信额度，避免金融机构无序竞争和过度授信，严控新增债务融资。对列入重点监管企业名单的国有企业，金融机构原则上不得对其新增债务融资。

（五）强化企业财务失信行为联合惩戒机制。加强企业财务真实性和透明度审核监督。国有企业负责人对企业财务真实性负全责，要确保企业不虚报资产隐匿债务，财务信息真实可靠。会计师事务所等专业中介机构要严格按照会计准则规范出具审计报告，客观准确反映企业资产负债状况。加强社会信用体系建设，完善企业财务失信行为联合惩戒机制，将违法违规企业、中介机构及相关责任人员纳入失信人名单，并依法依规严格追究责任，加大处罚力度。

五、加强国有企业资产负债约束的配套措施

（一）厘清政府债务与企业债务边界。坚决遏制地方政府以企业债务的形式增加隐性债务。严禁地方政府及其部门违法违规或变相通过国有企业举

借债务，严禁国有企业违法违规向地方政府提供融资或配合地方政府变相举债；违法违规提供融资或配合地方政府变相举债的国有企业，应当依法承担相应责任。多渠道盘活各类资金和资产，积极稳妥化解以企业债务形式形成的地方政府存量隐性债务，保障国有企业合法权益。进一步完善国有企业参与国家或地方发展战略、承担公共服务等的合法权益保障机制。各级政府和社会组织要严格落实减轻企业负担的各项政策，一般情况下，不得强制要求国有企业承担应由政府或社会组织承担的公益性支出责任。国有企业自愿承担的，应严格履行相应决策程序。加快推进“三供一业”分离移交，减轻国有企业办社会负担，协助解决国有企业历史遗留问题。

（二）支持国有企业盘活存量资产优化债务结构。鼓励国有企业采取租赁承包、合作利用、资源再配置、资产置换或出售等方式实现闲置资产流动，提高资产使用效率，优化资源配置。鼓励国有企业整合内部资源，将与主业相关的资产整合清理后并入主业板块，提高存量资产利用水平，改善企业经营效益。鼓励国有企业加强资金集中管理，强化内部资金融通，提高企业资金使用效率。支持国有企业盘活土地使用权、探矿权、采矿权等无形资产，充分实现市场价值。积极支持国有企业按照真实出售、破产隔离原则，依法合规开展以企业应收账款、租赁债权等财产权利和基础设施、商业物业等不动产财产或财产权益为基础资产的资产证券化业务。推动国有企业开展债务清理，减少无效占用，加快资金周转。在风险可控前提下，鼓励国有企业利用债券市场提高直接融资比重，优化企业债务结构。

（三）完善国有企业多渠道资本补充机制。以增加经营效益为前提，进一步完善国有企业留存利润补充资本机制。与完善国有经济战略布局相结合，实现国有资本有进有退动态管理，将从产能过剩行业退出的国有资本用于急需发展行业和领域国有企业的资本补充。充分发挥国有资本经营预算资金的作用，在逐步解决企业历史遗留问题及相关改革成本后，更多作为资本投向关系国家安全、国民经济命脉的重要行业和关键领域。充分运用国有资本投资、运营公司，吸收社会资金转化为资本。积极推进混合所有制改革，鼓励国有企业通过出让股份、增资扩股、合资合作等方式引入民营资本。鼓励国有企业充分通过多层次资本市场进行股权融资，引导国有企业通过私募股权投资基金方式筹集股权性资金，扩大股权融资规模。支持国有企业通过股债结合、投贷联动等方式开展融资，有效控制债务风险。鼓励国有企业通过主动改造改制创造条件实施市场化债转股。

（四）积极推动国有企业兼并重组。支持通过兼并重组培育优质国有企业。鼓励国有企业跨地区开展兼并重组。加大对产业集中度不高、同质化竞争突出行业国有企业的联合重组力度。鼓励各类投资者通过股权投资基金、创业投资基金、产业投资基金等形式参与国有企业兼并重组。

（五）依法依规实施国有企业破产。充分发挥企业破产在解决债务矛盾、公平保障各方权利、优化资源配置等方面的重要作用。支持国有企业依法对扭亏无望、已失去生存发展前景的“僵尸子企业”进行破产清算。对符合破产条件但仍有发展前景的子企业，支持债权人和国有企业按照法院破产重整程序或自主协商对企业进行债务重组。对严重资不抵债失去清偿能力的地方政府融资平台公司，依法实施破产重整或清算，坚决防止“大而不能倒”，坚决防止风险累积形成系统性风险。同时，要做好与企业破产相关的维护社会稳定工作。

六、加强国有企业资产负债约束的组织实施

（一）明确各类责任主体。国有企业是落实资产负债约束的第一责任主体，要按照本指导意见要求，明确企业资产负债率控制目标，深化内部改革，强化自我约束，有效防范债务风险，严防国有资产流失，确保企业可持续经营。相关金融机构要根据国有企业资产负债和经营情况，审慎评估企业债务融资需求，平衡股债融资比例，加强贷后管理，开展债务重组，协助企业及时防范和化解债务风险。对落实本指导意见不力和经营行为不审慎导致资产负债率长期超出合理水平的国有企业及其主要负责人，相关部门要加大责任追究力度。对落实本指导意见弄虚作假的国有企业，相关部门要对其主要负责人及负有直接责任人员从严从重处罚。

（二）建立部门信息共享和社会公开监督约束机制。相关国有资产管理部门要将列入重点关注和重点监管企业名单的企业及其债务风险状况，报送积极稳妥降低企业杠杆率工作部际联席会议（以下简称联席会议）办公室，并由联席会议办公室通报相关部门，为相关部门开展工作提供必要基础信

息。各级相关国有资产管理部门要将各类企业资产负债率预警线和重点监管线以及按照规定应公开的企业财务信息，通过“信用中国”等媒介向社会公开，接受社会监督。

（三）加强国有企业资产负债约束实施工作的组织协调。各级相关国有资产管理部门要按照本指导意见确定的降低国有企业资产负债率目标和约束标准，分解落实、细化要求、加强指导、严格考核，有关情况及时报告联席会议办公室。各级审计部门要依法独立开展审计监督，促进国有企业资产负债约束落实到位。相关金融管理部门要按照本指导意见进一步明确规则，加强对金融机构的业务指导和督促。各级政府向本级人大常委会报告国有资产管理情况时，应报告国有企业资产负债情况和资产负债率控制情况。联席会议要加强组织领导、统筹协调、检查督导和监督问责，确保国有企业降低资产负债率取得实效。重大问题要及时报告党中央、国务院。

行政规章及规范性文件：

国务院办公厅转发国务院国资委、财政部关于国有企业职工家属区“三供一业”分离移交工作指导意见的通知

国办发〔2016〕45号

各省、自治区、直辖市人民政府，国务院各部委、各直属机构：

国务院国资委、财政部《关于国有企业职工家属区“三供一业”分离移交工作的指导意见》已经国务院同意，现转发给你们，请认真贯彻执行。

国务院办公厅

2016年6月11日

关于国有企业职工家属区“三供一业”分离移交工作的指导意见

国务院国资委　财政部

国有企业职工家属区供水、供电、供热（供气）及物业管理（统称“三供一业”）分离移交是剥离国有企业办社会职能的重要内容，有利于国有企业减轻负担、集中精力发展主营业务，也有利于整合资源改造提升基础设施，进一步改善职工居住环境。2012年以来，国务院国资委、财政部先后在黑龙江、河南、湖南、重庆、辽宁、吉林、广东、海南、四川、贵州等10省（市）开展了中央企业“三供一业”分离移交试点，取得了积极成效，为全面开展分离移交工作积累了经验。为贯彻落实党中央、国务院有关决策部署，推动国有企业职工家属区“三供一业”分离移交工作，现提出以下意见：

一、总体要求

（一）工作目标。2016年开始，在全国全面推进国有企业（含中央企业和地方国有企业）职工家属区“三供一业”分离移交工作，对相关设备设施进行必要的维修改造，达到城市基础设施的平均水平，分户设表、按户收费，交由专业化企业或机构实行社会化管理，2018年年底前基本完成。2019年起国有企业不再以任何方式为职工家属区“三供一业”承担相关费用。

（二）工作要求。坚持政策引导与企业自主相结合，推进公共服务专业化运营，提高服务质量和运营效率，国有企业不再承担与主业发展方向不符的公共服务职能。国有企业不得在工资福利外对职工家属区“三供一业”进行补贴，切实减轻企业负担，保障国有企业轻装上阵、公平参与市场竞争。原则上先完成移交，再维修改造，按照技术合理、经济合算、运行可靠的要求，以维修为主、改造为辅，促进城市基础设施优化整合。分离移交工作执行地市级以上地方人民政府出台的相关标准和政策，保证分离移交后设备设施符合基本标准、正常运行。

二、主要任务

（三）明确责任主体。分离移交工作的责任主体是企业，移交企业和接收单位要根据“三供一业”设备设施的现状，共同协商维修改造标准及组织实施方案等事项，签订分离移交协议，明确双方责任，确保工作有效衔接。

（四）规范审核程序。接收单位为国有企业或政府机构的，依据《财政部关于企业分离办社会职能有关财务管理问题的通知》（财企〔2005〕62号）的规定，对分离移交涉及的资产实行无偿划

转，由企业集团公司审核批准，报主管财政部门、同级国有资产监督管理机构备案。

（五）严格移交程序。移交企业要做好移交资产清查、财务清理、审计评估、产权变更及登记等工作，并按照财企〔2005〕62号文件规定进行财务处理。多元股东的企业应当经该企业董事会或股东会同意后，按照持有股权的比例核减国有权益。

（六）明确财务规则。企业应按照《企业财务通则》、《企业会计准则》等财务会计有关规定进行财务处理和会计核算，并将账务处理依据和方式作为重大财务事项报同级国有资产监督管理机构备案。分离移交事项对企业财务状况及经营成果造成的影响，应由中介机构出具专项鉴证意见，报同级国有资产监督管理机构备案。

（七）妥善安置人员。移交“三供一业”涉及的从业人员，原则上按照地市级以上地方人民政府制定的政策标准接收安置，按照有关政策无法接收的人员由移交企业妥善安置。企业集团公司及移交企业要做好相关工作衔接，深入细致开展思想政治工作，确保企业正常运转和职工队伍稳定。

（八）探索移交途径。国有企业职工家属区的物业管理可由国有物业管理公司接收，也可由当地政府指定有关单位接收，支持实力强、信誉好的国有物业管理公司跨地区接收移交企业的物业管理职能。已经进行过房改的职工家属区，也可在当地政府指导下，由业主大会市场化选聘物业管理机构，或者实行业主自我管理。

三、保障措施

（九）分离移交费用由企业和政府共同分担。分离移交“三供一业”的费用包括相关设施维修维护费用，基建和改造工程项目的可研费用、设计费用、旧设备设施拆除费用、施工费用、监理费等。

中央企业的分离移交费用由中央财政（国有资本经营预算）补助50%，中央企业集团公司及移交企业的主管企业承担比例不低于30%，其余部分由移交企业自身承担。原政策性破产中央企业的分离移交费用由中央财政（国有资本经营预算）全额承担。中央企业的分离移交费用要按照有关要求进行申请、预拨和清算，具体办法由相关部门另行制定。

地方国有企业分离移交费用由地方人民政府明确解决办法。其中1998年1月1日以后中央下放地方的煤炭、有色金属、军工等企业（含政策性破产企业）分离移交费用由中央财政给予适当补助，具体办法由财政部另行制定。

因“三供一业”分离移交工作对企业经营业绩考核指标产生较大影响的，进行经营业绩考核时可予以适当考虑。

四、组织领导

（十）发挥地方作用。地方各级人民政府要高度重视国有企业职工家属区“三供一业”分离移交工作，结合实际细化工作措施，分解目标任务，及时办理相关手续，建立绿色通道，简化程序、提高效率，创造便利工作环境。省级人民政府要明确责任分工，制定具体工作方案，协调推动本地区中央企业、地方国有企业开展工作。地市级人民政府要制定完善工作办法，协调落实接收单位，研究解决具体问题，对分离移交工作实行全过程管理。地方各级国有资产监督管理机构、财政部门要及时掌握工作进展情况，督促指导有关企业做好分离移交工作。

（十一）落实企业责任。国有企业集团公司要加强组织协调，积极推进所属企业做好“三供一业”分离移交工作。从事“三供一业”专业化运营的国有企业要树立大局意识、主动承担社会责任，积极参与分离移交工作。移交企业和接收单位要认真组织实施，严格按照有关规定，规范使用分离移交资金，对擅自挪用、违规使用的，要按照《财政违法行为处罚处分条例》的有关规定严肃处理。

国务院办公厅关于进一步完善国有企业法人治理结构的指导意见

国办发〔2017〕36号

各省、自治区、直辖市人民政府，国务院各部委、各直属机构：

完善国有企业法人治理结构是全面推进依法治企、推进国家治理体系和治理能力现代化的内在要求，是新一轮国有企业改革的重要任务。当前，多数国有企业已初步建立现代企业制度，但从实践情况看，现代企业制度仍不完善，部分企业尚未形成有效的法人治理结构，权责不清、约束不够、缺乏制衡等问题较为突出，一些董事会形同虚设，未能发挥应有作用。根据《中共中央　国务院关于深化国有企业改革的指导意见》等文件精神，为改进国有企业法人治理结构，完善国有企业现代企业制度，经国务院同意，现提出以下意见：

一、总体要求

（一）指导思想。

全面贯彻党的十八大和十八届三中、四中、五中、六中全会精神，深入贯彻习近平总书记系列重要讲话精神和治国理政新理念新思想新战略，认真落实党中央、国务院决策部署，统筹推进“五位一体”总体布局和协调推进“四个全面”战略布局，牢固树立和贯彻落实创新、协调、绿色、开放、共享的发展理念，从国有企业实际情况出发，以建立健全产权清晰、权责明确、政企分开、管理科学的现代企业制度为方向，积极适应国有企业改革的新形势新要求，坚持党的领导、加强党的建设，完善体制机制，依法规范权责，根据功能分类，把握重点，进一步健全各司其职、各负其责、协调运转、有效制衡的国有企业法人治理结构。

（二）基本原则。

1. 坚持深化改革。尊重企业市场主体地位，遵循市场经济规律和企业发展规律，以规范决策机制和完善制衡机制为重点，坚持激励机制与约束机制相结合，体现效率原则与公平原则，充分调动企业家积极性，提升企业的市场化、现代化经营水平。

2. 坚持党的领导。落实全面从严治党战略部署，把加强党的领导和完善公司治理统一起来，明确国有企业党组织在法人治理结构中的法定地位，发挥国有企业党组织的领导核心和政治核心作用，保证党组织把方向、管大局、保落实。坚持党管干部原则与董事会依法选择经营管理者、经营管理者依法行使用人权相结合，积极探索有效实现形式，完善反腐倡廉制度体系。

3. 坚持依法治企。依据《中华人民共和国公司法》、《中华人民共和国企业国有资产法》等法律法规，以公司章程为行为准则，规范权责定位和行权方式；法无授权，任何政府部门和机构不得干预企业正常生产经营活动，实现深化改革与依法治企的有机统一。

4. 坚持权责对等。坚持权利义务责任相统一，规范权力运行、强化权利责任对等，改革国有资本授权经营体制，深化权力运行和监督机制改革，构建符合国情的监管体系，完善履职评价和责任追究机制，对失职、渎职行为严格追责，建立决策、执行和监督环节的终身责任追究制度。

（三）主要目标。

2017年年底前，国有企业公司制改革基本完成。到2020年，党组织在国有企业法人治理结构中的法定地位更加牢固，充分发挥公司章程在企业治理中的基础作用，国有独资、全资公司全面建立外部董事占多数的董事会，国有控股企业实行外部董事派出制度，完成外派监事会改革；充分发挥企业家作用，造就一大批政治坚定、善于经营、充满活力的董事长和职业经理人，培育一支德才兼备、业务精通、勇于担当的董事、监事队伍；党风廉政建设主体责任和监督责任全面落实，企业民主监督和管理明显改善；遵循市场经济规律和企业发展规律，使国有企业成为依法自主经营、自负盈亏、自担风险、自我约束、自我发展的市场主体。

二、规范主体权责

健全以公司章程为核心的企业制度体系，充分发挥公司章程在企业治理中的基础作用，依照法律法规和公司章程，严格规范履行出资人职责的机构（以下简称出资人机构）、股东会（包括股东大会，下同）、董事会、经理层、监事会、党组织和职工代表大会的权责，强化权利责任对等，保障有效履职，完善符合市场经济规律和我国国情的国有企业法人治理结构，进一步提升国有企业运行效率。

（一）理顺出资人职责，转变监管方式。

1. 股东会是公司的权力机构。股东会主要依据法律法规和公司章程，通过委派或更换董事、监事（不含职工代表），审核批准董事会、监事会年度工作报告，批准公司财务预决算、利润分配方案等方式，对董事会、监事会以及董事、监事的履职情况进行评价和监督。出资人机构根据本级人民政府授权对国家出资企业依法享有股东权利。

2. 国有独资公司不设股东会，由出资人机构依法行使股东会职权。以管资本为主改革国有资本授权经营体制，对直接出资的国有独资公司，出资人机构重点管好国有资本布局、规范资本运作、强化资本约束、提高资本回报、维护资本安全。对国有全资公司、国有控股企业，出资人机构主要依据股权份额通过参加股东会议、审核需由股东决定的事项、与其他股东协商作出决议等方式履行职责，除法律法规或公司章程另有规定外，不得干预企业自主经营活动。

3. 出资人机构依据法律法规和公司章程规定行

使股东权利、履行股东义务，有关监管内容应依法纳入公司章程。按照以管资本为主的要求，出资人机构要转变工作职能、改进工作方式，加强公司章程管理，清理有关规章、规范性文件，研究提出出资人机构审批事项清单，建立对董事会重大决策的合规性审查机制，制定监事会建设、责任追究等具体措施，适时制定国有资本优先股和国家特殊管理股管理办法。

（二）加强董事会建设，落实董事会职权。

1. 董事会是公司的决策机构，要对股东会负责，执行股东会决定，依照法定程序和公司章程授权决定公司重大事项，接受股东会、监事会监督，认真履行决策把关、内部管理、防范风险、深化改革等职责。国有独资公司要依法落实和维护董事会行使重大决策、选人用人、薪酬分配等权利，增强董事会的独立性和权威性，落实董事会年度工作报告制度；董事会应与党组织充分沟通，有序开展国有独资公司董事会选聘经理层试点，加强对经理层的管理和监督。

2. 优化董事会组成结构。国有独资、全资公司的董事长、总经理原则上分设，应均为内部执行董事，定期向董事会报告工作。国有独资公司的董事长作为企业法定代表人，对企业改革发展负首要责任，要及时向董事会和国有股东报告重大经营问题和经营风险。国有独资公司的董事对出资人机构负责，接受出资人机构指导，其中外部董事人选由出资人机构商有关部门提名，并按照法定程序任命。国有全资公司、国有控股企业的董事由相关股东依据股权份额推荐派出，由股东会选举或更换，国有股东派出的董事要积极维护国有资本权益；国有全资公司的外部董事人选由控股股东商其他股东推荐，由股东会选举或更换；国有控股企业应有一定比例的外部董事，由股东会选举或更换。

3. 规范董事会议事规则。董事会要严格实行集体审议、独立表决、个人负责的决策制度，平等充分发表意见，一人一票表决，建立规范透明的重大事项信息公开和对外披露制度，保障董事会会议记录和提案资料的完整性，建立董事会决议跟踪落实以及后评估制度，做好与其他治理主体的联系沟通。董事会应当设立提名委员会、薪酬与考核委员会、审计委员会等专门委员会，为董事会决策提供咨询，其中薪酬与考核委员会、审计委员会应由外部董事组成。改进董事会和董事评价办法，完善年度和任期考核制度，逐步形成符合企业特点的考核评价体系及激励机制。

4. 加强董事队伍建设。开展董事任前和任期培训，做好董事派出和任期管理工作。建立完善外部董事选聘和管理制度，严格资格认定和考试考察程序，拓宽外部董事来源渠道，扩大专职外部董事队伍，选聘一批现职国有企业负责人转任专职外部董事，定期报告外部董事履职情况。国有独资公司要健全外部董事召集人制度，召集人由外部董事定期推选产生。外部董事要与出资人机构加强沟通。

（三）维护经营自主权，激发经理层活力。

1. 经理层是公司的执行机构，依法由董事会聘任或解聘，接受董事会管理和监事会监督。总经理对董事会负责，依法行使管理生产经营、组织实施董事会决议等职权，向董事会报告工作，董事会闭会期间向董事长报告工作。

2. 建立规范的经理层授权管理制度，对经理层成员实行与选任方式相匹配、与企业功能性质相适应、与经营业绩相挂钩的差异化薪酬分配制度，国有独资公司经理层逐步实行任期制和契约化管理。根据企业产权结构、市场化程度等不同情况，有序推进职业经理人制度建设，逐步扩大职业经理人队伍，有序实行市场化薪酬，探索完善中长期激励机制，研究出台相关指导意见。国有独资公司要积极探索推行职业经理人制度，实行内部培养和外部引进相结合，畅通企业经理层成员与职业经理人的身份转换通道。开展出资人机构委派国有独资公司总会计师试点。

（四）发挥监督作用，完善问责机制。

1. 监事会是公司的监督机构，依照有关法律法规和公司章程设立，对董事会、经理层成员的职务行为进行监督。要提高专职监事比例，增强监事会的独立性和权威性。对国有资产监管机构所出资企业依法实行外派监事会制度。外派监事会由政府派出，负责检查企业财务，监督企业重大决策和关键环节以及董事会、经理层履职情况，不参与、不干预企业经营管理活动。

2. 健全以职工代表大会为基本形式的企业民主管理制度，支持和保证职工代表大会依法行使职权，加强职工民主管理与监督，维护职工合法权益。国有独资、全资公司的董事会、监事会中须有职工董事和职工监事。建立国有企业重大事项信息公开和对外披露制度。

3. 强化责任意识，明确权责边界，建立与治理主体履职相适应的责任追究制度。董事、监事、经理层成员应当遵守法律法规和公司章程，对公司负有忠实义务和勤勉义务；要将其信用记录纳入全国信用信息共享平台，违约失信的按规定在“信用中国”网站公开。董事应当出席董事会会议，对董事会决议承担责任；董事会决议违反法律法规或公司章程、股东会决议，致使公司遭受严重损失的，应依法追究有关董事责任。经理层成员违反法律法规或公司章程，致使公司遭受损失的，应依法追究有关经理层成员责任。执行董事和经理层成员未及时向董事会或国有股东报告重大经营问题和经营风险的，应依法追究相关人员责任。企业党组织成员履职过程中有重大失误和失职、渎职行为的，应按照党组织有关规定严格追究责任。按照“三个区分开来”的要求，建立必要的改革容错纠错机制，激励企业领导人员干事创业。

（五）坚持党的领导，发挥政治优势。

1. 坚持党的领导、加强党的建设是国有企业的独特优势。要明确党组织在国有企业法人治理结构中的法定地位，将党建工作总体要求纳入国有企业章程，明确党组织在企业决策、执行、监督各环节的权责和工作方式，使党组织成为企业法人治理结构的有机组成部分。要充分发挥党组织的领导核心和政治核心作用，领导企业思想政治工作，支持董事会、监事会、经理层依法履行职责，保证党和国家方针政策的贯彻执行。

2. 充分发挥纪检监察、巡视、审计等监督作用，国有企业董事、监事、经理层中的党员每年要定期向党组（党委）报告个人履职和廉洁自律情况。上级党组织对国有企业纪检组组长（纪委书记）实行委派制度和定期轮岗制度，纪检组组长（纪委书记）要坚持原则、强化监督。纪检组组长（纪委书记）可列席董事会和董事会专门委员会的会议。

3. 积极探索党管干部原则与董事会选聘经营管理人员有机结合的途径和方法。坚持和完善双向进入、交叉任职的领导体制，符合条件的国有企业党组（党委）领导班子成员可以通过法定程序进入董事会、监事会、经理层，董事会、监事会、经理层成员中符合条件的党员可以依照有关规定和程序进入党组（党委）；党组（党委）书记、董事长一般由一人担任，推进中央企业党组（党委）专职副书记进入董事会。在董事会选聘经理层成员工作中，上级党组织及其组织部门、国有资产监管机构党委应当发挥确定标准、规范程序、参与考察、推荐人选等作用。积极探索董事会通过差额方式选聘经理层成员。

三、做好组织实施

（一）及时总结经验，分层有序实施。在国有企业建设规范董事会试点基础上，总结经验、完善制度，国务院国资委监管的中央企业要依法改制为国有独资公司或国有控股公司，全面建立规范的董事会。国有资本投资、运营公司法人治理结构要“一企一策”地在公司章程中予以细化。其他中央企业和地方国有企业要根据自身实际，由出资人机构负责完善国有企业法人治理结构。

（二）精心规范运作，做好相互衔接。国有企业要按照完善法人治理结构的要求，全面推进依法治企，完善公司章程，明确内部组织机构的权利、义务、责任，实现各负其责、规范运作、相互衔接、有效制衡。国务院国资委要会同有关部门和单位抓紧制定国有企业公司章程审核和批准管理办法。

金融、文化等国有企业的改革，中央另有规定的依其规定执行。

关于国有金融机构聚焦主业、压缩层级等相关事项的通知

财金〔2020〕111 号

国务院有关直属机构，各省、自治区、直辖市、计划单列市财政厅（局），新疆生产建设兵团财政局，有关金融机构：

为进一步贯彻落实《中共中央　国务院关于完善国有金融资本管理的指导意见》（中发〔2018〕25 号），加强党的领导，引导国有金融机构围绕战略发展方向，突出主业，回归本业，“清理门户”，规范各层级子公司管理，严格并表管理和穿透管理，规范关联交易，加强商誉品牌管理，促进国有金融机构持续健康经营，现就有关事项通知如下：

一、本通知所称金融机构，包括依法设立的获得金融业务许可证的各类金融企业，主权财富基金、金融投资运营公司以及金融基础设施等实质性开展金融业务的其他企业或机构。

本通知所称国有金融机构，是指国家通过出资

或者投资关系、协议、其他安排，能够实际支配的金融机构，包括国有独资、国有全资、国有控股、实际控制等情形。实际控制是指通过领导关系、人事任命、行使股东权利、决策重大事项等形式，能够实际支配公司行为。

本通知所称金融投资运营公司是指依法设立，在各级财政部门委托范围内管理国有金融资本，自主开展国有金融资本投资运作的国有独资公司。

二、国有金融机构对所属各级子公司的出资应当依法合规，资金来源应当为真实自有资金。除国家另有规定外，不得以受托管理资金、债务资金等非自有资金出资；以非货币财产出资的应当依法进行资产评估。

国有金融机构及其所属各级子公司之间不得进行虚假注资、循环注资，一般不得通过股权质押进行融资。除财务投资外，国有金融机构所属各级子公司不得反向持有母公司股权，国有金融机构所属各级子公司之间不得交叉持股。

三、国有金融机构应当明晰发展战略，按照突出主业、做精专业、内部分业的要求，审慎有序开展金融综合经营。

竞争性国有金融机构应当根据发展战略建立产业目录，扶优限劣，坚决退出偏离主责主业、长期无财务回报的领域，推动资本向核心主业集聚。

除国家政策另有规定及金融投资运营公司外，国有金融机构境内控股或实际控制的持有同类金融业务许可证的同级子公司原则上只能为一家。

四、国有金融机构法人层级应与自身资本规模、经营管理能力和风险管控水平相适应，除金融投资运营公司外，包括国有金融机构本级在内，实质开展经营业务的法人层级原则上不得超过三级。

五、国有金融机构应当按照“有放有收”的原则，推动各级子公司完善授权经营体系，严格执行授权管理制度。原则上属于一般经营性事项的权限可适当放宽，国有股权比例增减变动等涉及股东资本权益的事项应从严设定，授权管理权限应随着企业层级延伸逐级递减。

六、国有金融机构应当对具有实际控制权的子公司，实施并表管理，具体情形包括：

（一）根据出资关系、协议或其他安排，直接或间接拥有50%以上股份或表决权的机构；

（二）根据公司章程、协议或其他安排，有权决定该机构的重大经营和财务事项；

（三）根据公司章程、协议或其他安排，有权任免该机构董事会或类似权力机构的多数成员或关键管理人员；

（四）股东一致认定的其他情形。

金融投资运营公司结合实际管理情况，确定并表管理范围。

七、国有金融机构应当对控股和实际控制的各级子公司进行穿透管理，依法提名股权董事在所属重点子公司担任董事，根据国有金融资本管理统一规制，按合并口径落实财务管理、绩效考核、薪酬管理、工资总额、产权管理等有关事宜。

国有金融机构所属子公司应就重大事项加强与母公司、股权董事的沟通，避免决策程序倒逼。

八、国有金融机构开展境外投资、设立境外子公司等事项应围绕主责主业、审慎合规，严格实施尽职调查和可行性论证，加强境外业务管理和风险管控。

国有金融机构应根据国有金融资本管理统一规制，对标境内子公司管理标准，对境外子公司实施授权管理、并表管理和穿透管理，督促境外子公司落实产权登记、资产评估备案等股权管理要求，规范境外子公司重大事项决策等公司治理程序。

九、国有金融机构应当在内部建立有效的风险隔离机制，对所属子公司之间的交叉任职、同业往来、信息共享、运营后台、共享营业设施等进行合理隔离，有效防控风险。

国有金融机构应当加强关联交易管理，建立关联交易报告制度，确保关联交易依法合规、公开透明，不得通过各种手段隐匿关联交易和资金真实去向，不得通过关联交易开展不当利益输送、规避监管规定，不得违背公平竞争规则、破坏市场秩序。

国有金融机构应当严格管理内部融资、担保等事项，防止资金无效空转，避免滋生虚假交易。

十、国有金融机构应当加强声誉管理，原则上不得将机构名称、专用简称、商标标志等用于不具有实际控制权、不纳入并表管理的机构，严禁出售出借名号和挂名经营。

十一、国有金融机构应当加强信息披露，在非涉密事项范围内，及时在官网上公布所属各级子公司名单，以及使用机构名称、专用简称、商标标志等标识的机构名单，并做好实时更新。

十二、本通知实施前，存在不符合上述规定情形的国有金融机构，应于三个月内制定整改落实方案，明确聚焦主业、压缩层级的时间表、路线图，报经财政部门认可后实施。国有金融机构应每半年一次将整改情况作为报告事项向董事会报告，并在规定期限内完成整改。

十三、本通知自印发之日起施行。

财政部

2020 年 11 月 17 日

关于印发国有重点企业管理标杆创建行动标杆企业、标杆项目和标杆模式名单的通知

国资厅发改革〔2021〕30 号

各中央企业，各省、自治区、直辖市及计划单列市和新疆生产建设兵团国资委：

按照对标世界一流管理提升行动工作部署，国务院国资委组织国有重点企业认真开展管理标杆企业、标杆项目和标杆模式（以下简称“三个标杆”）创建行动。经过企业申报、专家评审、征求意见等环节，现已确定“三个标杆”名单，现印发给你们，请扎实做好“三个标杆”创建工作，切实发挥管理标杆的示范带头作用，以点带面推动对标世界一流管理提升行动取得更大成效，促进国有企业不断强化管理体系和管理能力建设。

国务院国资委将指导和推动企业高标准、严要求做好标杆创建工作，适时开展评估评价，对管理提升成效显著的企业，加大宣传推广，打造一批充分展现新时代国有企业管理水平的优秀品牌。

国资委办公厅

2021 年 7 月 9 日

国有重点企业管理标杆创建行动标杆企业、标杆项目、标杆模式名单

一、标杆企业

中国核工业集团有限公司

1. 中国核能电力股份有限公司
2. 中国原子能工业有限公司

中国航天科技集团有限公司

3. 中国运载火箭技术研究院
4. 中国空间技术研究院
5. 中国四维测绘技术有限公司

中国航天科工集团有限公司

6. 航天科工第二研究院二十三所
7. 航天科工第三总体设计部
8. 西安航天自动化股份有限公司

中国航空工业集团有限公司

9. 成都飞机工业（集团）有限责任公司
10. 航空工业西安飞行自动控制研究所

中国船舶集团有限公司

11. 江南造船（集团）有限责任公司
12. 风帆有限责任公司

中国兵器工业集团有限公司

13. 内蒙古第一机械集团有限公司

中国兵器装备集团有限公司

14. 成都光明光电股份有限公司
15. 重庆长安汽车股份有限公司

中国电子科技集团有限公司

16. 中电海康集团有限公司
17. 中电太极（集团）有限公司

中国航空发动机集团有限公司

18. 中国航发沈阳发动机研究所
19. 中国航发哈尔滨东安发动机有限公司

中国融通资产管理集团有限公司

20. 中国融通农发集团有限公司

中国石油天然气集团有限公司

21. 中国石油长庆油田分公司
22. 中国石油独山子石化分公司
23. 中国石油东方地球物理勘探有限责任公司

中国石油化工集团有限公司

24. 中国石化镇海炼化分公司
25. 中国石化西北油田分公司
26. 中国石化浙江石油分公司

中国海洋石油集团有限公司

27. 中海油田服务股份有限公司
28. 中海石油气电集团有限责任公司

国家石油天然气管网集团有限公司

29. 国家管网西部管道有限责任公司

国家电网有限公司

30. 国家电网江苏省电力有限公司
31. 国家电网天津市电力公司

中国南方电网有限责任公司

32. 深圳供电局有限公司
33. 南方电网超高压输电公司
34. 广东电网有限责任公司

中国华能集团有限公司

35. 中国华能江苏能源开发有限公司

中国大唐集团有限公司

36. 内蒙古赤峰塞罕坝公司

37. 大唐国际发电股份有限公司

中国华电集团有限公司

38. 贵州乌江水电开发有限责任公司

国家电力投资集团有限公司

39. 黄河上游水电开发有限责任公司

40. 国家电投江苏电力有限公司

中国长江三峡集团有限公司

41. 中国长江电力股份有限公司

42. 中国三峡新能源（集团）股份有限公司

国家能源投资集团有限责任公司

43. 国能神东煤炭集团有限责任公司

44. 国能准能集团有限责任公司

45. 龙源电力集团股份有限公司

中国电信集团有限公司

46. 中国电信安徽分公司

47. 中国电信成都分公司

中国联合网络通信集团有限公司

48. 中国联通北京市分公司

49. 中讯邮电咨询设计院有限公司

中国移动通信集团有限公司

50. 中国移动广东有限公司

51. 中国移动设计院有限公司

中国电子信息产业集团有限公司

52. 中国系统技术有限公司

53. 麒麟软件有限公司

东风汽车集团有限公司

54. 东风日产乘用车公司

中国一重集团有限公司

55. 中国第一重型机械股份公司

中国机械工业集团有限公司

56. 苏美达股份有限公司

57. 中国联合工程有限公司

哈尔滨电气集团有限公司

58. 哈尔滨锅炉厂有限责任公司

鞍钢集团有限公司

59. 鞍钢集团朝阳钢铁有限公司

60. 西昌钒制品分公司

中国宝武钢铁集团有限公司

61. 宝山钢铁股份有限公司

62. 马钢（集团）控股有限公司

中国铝业集团有限公司

63. 中国铝业股份有限公司

中国远洋海运集团有限公司

64. 中远海运集装箱运输有限公司

65. 中远海运能源运输股份有限公司

中国航空集团有限公司

66. 中国国际航空股份有限公司

67. 中国国际货运航空有限公司

中国东方航空集团有限公司

68. 中国联合航空有限公司

中国南方航空集团有限公司

69. 珠海保税区摩天宇航空发动机维修有限公司

中国中化控股有限责任公司

70. 江苏优嘉植物保护有限公司

71. 南通星辰合成材料有限公司

中粮集团有限公司

72. 中粮东海粮油工业（张家港）有限公司

73. 中粮麦芽（江阴）有限公司

中国五矿集团有限公司

74. 深圳市金洲精工科技股份有限公司

75. 五矿资源邦巴斯矿业公司

中国通用技术（集团）控股有限责任公司

76. 航天中心医院

中国建筑集团有限公司

77. 中建八局第一建设有限公司

78. 中建科工集团有限公司

79. 中国建筑第三工程局有限公司

中国储备粮管理集团有限公司

80. 中国储备粮管理集团有限公司江苏分公司

国家开发投资集团有限公司

81. 雅砻江流域水电开发有限公司

82. 国投新疆罗布泊钾盐有限责任公司

83. 国投资本股份有限公司

招商局集团有限公司

84. 招商局能源运输股份有限公司

85. 斯里兰卡科伦坡国际集装箱码头有限公司

华润（集团）有限公司

86. 华润电力控股有限公司
87. 华润燃气（集团）有限公司
88. 华润三九医药股份有限公司

中国商用飞机有限责任公司
89. 中国商飞上海飞机设计研究院

中国节能环保集团有限公司
90. 中节能万润股份有限公司

中国国际工程咨询有限公司
91. 中咨海外咨询有限公司

中国诚通控股集团有限公司
92. 广东冠豪高新技术股份有限公司

中国中煤能源集团有限公司
93. 中煤平朔集团有限公司

中国煤炭科工集团有限公司
94. 北京天地玛珂电液控制系统有限公司

中国中钢集团有限公司
95. 中钢洛耐科技股份有限公司

中国化学工程集团有限公司
96. 中国天辰工程有限公司

中国盐业集团有限公司
97. 中盐内蒙古化工股份有限公司

中国建材集团有限公司
98. 北新集团建材股份有限公司
99. 巨石集团有限公司

中国有色矿业集团有限公司
100. 谦比希铜冶炼有限公司

矿冶科技集团有限公司
101. 北京当升材料科技股份有限公司

中国国际技术智力合作集团有限公司
102. 中智关爱通（上海）科技股份有限公司

中国建筑科学研究院有限公司
103. 建科环能科技有限公司

中国中车集团有限公司
104. 中车长春轨道客车股份有限公司
105. 中车青岛四方机车车辆股份有限公司
106. 中车齐车集团齐齐哈尔车辆有限公司

中国铁路通信信号集团有限公司
107. 卡斯柯信号有限公司
108. 通号（北京）轨道工业集团有限公司

中国铁路工程集团有限公司
109. 中铁四局集团有限公司
110. 中铁上海工程局集团有限公司
111. 中铁大桥局集团有限公司

中国铁道建筑集团有限公司
112. 中铁十一局集团有限公司
113. 中国铁建电气化局集团有限公司
114. 中铁第四勘察设计院集团有限公司

中国交通建设集团有限公司
115. 中交投资有限公司
116. 中交第一航务工程局有限公司
117. 中交第四公路工程局有限公司

中国农业发展集团有限公司
118. 山东胜利生物工程有限公司

中国林业集团有限公司
119. 上海胜握胜林业有限公司

中国医药集团有限公司
120. 中国生物技术股份有限公司
121. 中国国际医药卫生有限公司

中国保利集团有限公司
122. 保利发展控股集团股份有限公司
123. 保利国际控股有限公司

中国煤炭地质总局
124. 中煤航测遥感集团有限公司

新兴际华集团有限公司
125. 南京际华三五二一特种装备有限公司

中国航空油料集团有限公司
126. 中国航油华东公司

中国航空器材集团有限公司
127. 中国民航技术装备有限责任公司

中国电力建设集团有限公司
128. 中国水利水电第十一工程局有限公司
129. 中国电建集团海外投资有限公司

中国能源建设集团有限公司
130. 中国葛洲坝集团股份有限公司
131. 中国能建规划设计有限公司

中国安能建设集团有限公司
132. 中国安能集团第二工程局有限公司南昌分公司

中国黄金集团有限公司
133. 中国黄金集团黄金珠宝股份有限

公司

中国广核集团有限公司

134. 中广核核电运营有限公司
135. 大亚湾核电运营管理有限责任公司

中国华录集团有限公司

136. 北京易华录信息技术股份有限公司

华侨城集团有限公司

137. 华侨城华南投资有限公司

中国西电集团有限公司

138. 西安高压电器研究院有限责任公司

中国铁路物资集团有限公司

139. 中铁油料集团有限公司

中国国新控股有限责任公司

140. 中国国新基金管理有限公司

中国检验认证（集团）有限公司

141. 中国检验认证集团辽宁有限公司

中国绿发投资集团有限公司

142. 江苏广恒新能源有限公司

中国铁塔股份有限公司

143. 中国铁塔安徽省分公司

北京市

144. 首钢集团有限公司矿业公司
145. 北京京西燃气热电公司
146. 京东方科技集团股份有限公司

天津市

147. 天津创业环保集团股份有限公司

河北省

148. 唐山三友集团有限公司

山西省

149. 晋能控股装备制造集团有限公司寺河煤矿

辽宁省

150. 沈阳鼓风机集团股份有限公司

吉林省

151. 吉林碳谷碳纤维股份有限公司

黑龙江省

152. 龙建路桥股份有限公司

上海市

153. 上海电气风电集团股份有限公司
154. 上海赛可出行科技服务有限公司
155. 海通证券股份有限公司

江苏省

156. 江苏交通控股有限公司
157. 徐州矿务集团有限公司
158. 苏州轴承厂股份有限公司

浙江省

159. 宁波舟山港集团有限公司
160. 杭州制氧机集团股份有限公司
161. 浙江沪杭甬高速公路股份有限公司

安徽省

162. 安徽叉车集团有限责任公司
163. 安徽海螺水泥股份有限公司

福建省

164. 福建省三钢（集团）有限责任公司

江西省

165. 江西铜业集团有限公司
166. 江铃汽车集团有限公司

山东省

167. 山东能源集团有限公司
168. 山东华鲁恒升化工股份有限公司

河南省

169. 麦斯克电子材料股份有限公司
170. 洛阳 LYC 轴承有限公司

湖北省

171. 湖北交投物流集团有限公司
172. 中南建筑设计院股份有限公司
173. 湖北安琪生物集团有限公司

湖南省

174. 湖南新五丰股份有限公司

广东省

175. 广州白云国际机场股份有限公司
176. 广东兴发铝业有限公司
177. 广州汽车集团股份有限公司

广西自治区

178. 广西柳工机械股份有限公司
179. 广西玉柴机器股份有限公司

海南省

180. 海南海汽运输集团股份有限公司

重庆市

181. 庆铃汽车（集团）有限公司

四川省

182. 四川发展环境投资集团有限公司

贵州省

183. 中国贵州茅台酒厂（集团）有限责任公司

云南省

184. 云南华联锌铟股份有限公司

185. 云南云天化股份有限公司

西藏自治区

186. 西藏建工建材集团有限公司

陕西省

187. 陕西煤业股份有限公司

188. 西部机场集团有限公司

甘肃省

189. 金川集团股份有限公司

青海省

190. 西部矿业股份有限公司

宁夏自治区

191. 宁夏农垦贺兰山奶业有限公司

新疆自治区

192. 乌鲁木齐城市建设投资（集团）有限公司

新疆建设兵团

193. 新疆生产建设兵团天然气有限公司

大连市

194. 大连华锐重工集团股份有限公司

195. 瓦房店轴承集团有限责任公司

宁波市

196. 宁波开发投资集团有限公司

厦门市

197. 厦门建发集团有限公司

青岛市

198. 双星集团有限责任公司

深圳市

199. 深圳市投资控股有限公司

200. 深圳市创新投资集团有限公司

二、标杆项目

中国核工业集团有限公司

1.“三高三强”战略规划体系

2. 新时代先进核科技创新体系

中国航天科技集团有限公司

3. 航天产品精益运营管理

中国航天科工集团有限公司

4. 科技型企业内部创业与量化激励机制

中国航空工业集团有限公司

5. 适应航空工业发展趋势的战略规划体系

6. 基于航空工业特点的薪酬管理体系

中国兵器工业集团有限公司

7. 支撑国防和军队“三步走”战略的装备研发体系

8. 以高质量发展指标体系为指引的运行管理

中国兵器装备集团有限公司

9. 战略管控型企业集团的闭环战略管理体系

中国电子科技集团有限公司

10. 复杂军工电子装备数字化可视化智能化全生命周期质量管理

中国航空发动机集团有限公司

11.“一体化”流程要素管理体系

中国石油天然气集团有限公司

12. 以金融资源集约化为核心的司库管理体系

13.“一带一路”油气合作战略管理

中国石油化工集团有限公司

14. 采购供应链管理体系

15. 以高质量发展管理指标为基础的运营评价机制

中国海洋石油集团有限公司

16. 以战略为导向的风险管理体系

17. 销售侧管理数字化转型系统

国家石油天然气管网集团有限公司

18. 中缅油气管道数字化恢复系统

国家电网有限公司

19. 电网数字化转型升级

20. 国网电商“能源 + 互联网”管理

中国南方电网有限责任公司

21. 对标国际的资产管理体系

22. 电网可靠性管理的理论与实践

中国华能集团有限公司

23. 全流域开发保护工程建设管理

24. IGCC 示范工程科技管理

中国大唐集团有限公司

25. 基于流程机器人（RPA）技术的电力企业数字化财务管理

中国华电集团有限公司

26. 数字赋能的碳排放管理

27.“一体系、一张网”的现代企业管理体系

国家电力投资集团有限公司

28. 基于法治框架的法律、合规、风险、内控协同管理体系

中国长江三峡集团有限公司

29. 电力企业国际化战略管理

30. 长江经济带城镇污水治理机制

国家能源投资集团有限责任公司

31. 一体化发展的能源企业生产运营协同调度系统

中国电信集团有限公司

32. 基于“六力模型”的智能客服管理

33. 大数据财务风险防控体系

中国联合网络通信集团有限公司

34. 智慧供应链管理

中国移动通信集团有限公司

35. 数智化供应链管理

36. 智慧财务管控体系

中国第一汽车集团有限公司

37. OTD 流程全自动化管理系统

38. 红旗数字化工厂建设与运营管理

东风汽车集团有限公司

39. 大型企业集团财务一体化管理

中国一重集团有限公司

40. 大连核电石化公司“225 +”精益数字化管理

中国东方电气集团有限公司

41. 大型发电设备核心部件数字化生产管理

鞍钢集团有限公司

42. 以激发活力和提高效率为导向的人力资源管理

中国宝武钢铁集团有限公司

43. 绩效驱动型战略执行体系

中国铝业集团有限公司

44.“三横三纵三个全覆盖”新型管控体系

中国远洋海运集团有限公司

45. 船舶智能制造管理

中国航空集团有限公司

46. 飞机资产数字化运营管理

中国东方航空集团有限公司

47. 航班地面保障管理体系

48. 航企跨境业务风险管理

中国南方航空集团有限公司

49. 精益运行管理

中国中化控股有限责任公司

50. 中长期激励管理体系

中国五矿集团有限公司

51. 1 + N 全面风险管理体系

中国通用技术（集团）控股有限责任公司

52. 通用环球医疗集团专科经营绩效持续改善机制

中国建筑集团有限公司

53. 火神山、雷神山项目建设管理

54. 以价值指数为基础的人力资源管理

国家开发投资集团有限公司

55. 以战略规划为统领的结构调整长效机制

招商局集团有限公司

56.“新海辽”轮精细化运营管理

华润（集团）有限公司

57. 5C 价值型财务管理体系

中国旅游集团有限公司［香港中旅（集团）有限公司］

58. 中旅酒店数字化转型

中国商用飞机有限责任公司

59. 商用飞机“全科急诊室”运行支持系统

中国节能环保集团有限公司

60. 低碳化水务运营管理

中国中煤能源集团有限公司

61. 煤矿智能化科技创新管理

中国钢研科技集团有限公司

62. 稀土永磁智能制造执行信息化管理

中国化学工程集团有限公司

63. 法律、合规、风险、内控“四位一体”管理

中国有色矿业集团有限公司

64. 境内外资金集中管理

矿冶科技集团有限公司

65. 企业管理驾驶舱系统

中国国际技术智力合作集团有限公司

66.“四段十六步”对标管理

中国中车集团有限公司

67. 基于“6621”核心逻辑的精益管理体系

中国铁路通信信号集团有限公司

68. “三攻三保”科技创新方法

中国铁路工程集团有限公司

69. 工程项目现金流自平衡管理

中国铁道建筑集团有限公司

70. “1234+”工程项目管理

中国交通建设集团有限公司

71. 以实现集团整体利益最大化为核心的供应链管理体系

中国信息通信科技集团有限公司

72. 烽火通信集成产品开发管理

中国医药集团有限公司

73. 新冠灭活疫苗研发创新及产业化项目管理

74. 医疗健康产业集团的战略管理和转型

中国电力建设集团有限公司

75. 基于“三链一平台”的数字化创新管理

中国广核集团有限公司

76. 制度流程管理“四化”

华侨城集团有限公司

77. 市场化薪酬分配与激励约束机制

中国西电集团有限公司

78. 以市场化为导向的人才管理体系

中国国新控股有限责任公司

79. 孚能科技投后赋能管理

中国检验认证（集团）有限公司

80. “数字中检”业务管理模型

中国汽车技术研究中心有限公司

81. “三化融合”管理体系

北京市

82. 北京能源集团宁东公司生产经营测算模型

天津市

83. 天津港集团股权全生命周期数字化管理系统

吉林省

84. 吉林省高速公路集团信息化对标提升管理

上海市

85. 上海电气集团PES中长期激励管理

江苏省

86. 徐工集团工程机械有限公司基于战略的“315”全面预算管理

浙江省

87. 浙江省国有资本运营有限公司财务标准化管理

安徽省

88. 江汽集团基于两化融合管理体系的数字化转型

福建省

89. 福建省港口集团“大法务”管理

江西省

90. 新余钢铁集团信息化智能化系统

山东省

91. 中泰证券股份有限公司数字化转型与流程管理

河南省

92. 河南投资集团数字化智能化管理

广东省

93. 广汽集团数字化转型（G计划）

广西自治区

94. 广西柳州钢铁集团柳钢一体化ERP系统

重庆市

95. 重庆农村商业银行股份有限公司面向感知认知能力的银行数字化管理

四川省

96. 四川发展（控股）有限责任公司以制度体系重构为基础的集团管控

97. 四川长虹电子控股集团以财务云为支撑的业务管理

青海省

98. 西部矿业集团锡铁山分公司“绿色矿山”管理

宁波市

99. 宁波轨道交通集团信息安全管理

深圳市

100. 深圳市城市交通规划设计研究中心城市交通整体解决方案

三、标杆模式

中国宝武钢铁集团有限公司

1. 企业整合融合管理模式

华润（集团）有限公司

2. 世界一流战略导向管理模式

中国华能集团有限公司

3. “五步三化”精智管理模式

国家电网有限公司

4. 集团化、专业化、标准化、数字化管理模式

中国核工业集团有限公司

5. “六大控制七个零”高质量精细化工程项目管理模式

山东省

6. 潍柴控股集团有限公司特色 WOS 管理模式

中国中车集团有限公司

7. 中国高铁装备自主创新管理模式

国家开发投资集团有限公司

8. “5M”管控模式

中国东方航空集团有限公司

9. “盘、规、治、用”数据治理模式

中国联合网络通信集团有限公司

10. 转型改革一体化管理模式

关于引导保险资金长期稳健投资加强国有商业保险公司长周期考核的通知

财金〔2023〕89 号

中国人民保险集团股份有限公司，中国人寿保险（集团）公司，中国太平保险集团有限责任公司，中国再保险（集团）股份有限公司，其他有关商业保险公司，各省、自治区、直辖市、计划单列市财政厅（局），新疆生产建设兵团财政局，财政部各地监管局：

为引导国有商业保险公司长期稳健经营，更好发挥中长期资金的市场稳定器和经济发展助推器作用，加强对国有商业保险公司的长周期考核，根据《财政部关于印发〈商业保险公司绩效评价办法〉的通知》（财金〔2022〕72 号，以下简称《办法》）的相关规定，现就有关事项通知如下：

一、将《办法》中经营效益类指标的“净资产收益率”由“当年度指标”调整为“3 年周期指标 + 当年度指标”相结合的考核方式，3 年周期指标为“3 年周期净资产收益率（权重为 50%）”，当年度指标为“当年净资产收益率（权重为 50%）”。

其中，3 年周期净资产收益率计算公式为：

$$\sqrt[3]{(1+r_n)\times(1+r_{n-1})\times(1+r_{n-2})}-1$$

r_n 为当年净资产收益率，r_{n-1}、r_{n-2} 分别为前第 1 年、前第 2 年净资产收益率。

二、国有商业保险公司应当依法合规开展各类投资，遵守监管要求的偿付能力、风险管理、公司治理等相关规定，匹配自身投资管理能力、风险控制能力和相关资质。偿付能力等监管指标不达标的高风险国有商业保险公司，不得违规开展股票等投资。

三、国有商业保险公司要坚持审慎、安全、增值的原则，根据保险资金长期属性，平衡好投资收益和风险，优化资产配置，合理确定投资标的、投资规模、期限结构和流动性安排。保险资金要投向风险可控、收益稳健、具有稳定现金流回报的资产，不得用于收益不稳健、价格波动大、现金流不稳定的高风险投资。

四、国有商业保险公司要制定专门的投资管理制度，建立透明规范的投资决策程序，设置科学有效的投资风险评估体系，从效益性、安全性、流动性等方面做好投资项目的尽职调查和可行性研究论证，进一步加强投资风险管理、交易管理和投后管理等。

五、国有商业保险公司要在合理管控风险的前提下，有效提高资本回报，如评价期间净资产收益率考核指标低于行业标准值中等值水平的，国有商业保险公司管理层要及时找出具体原因，合理调整资金投向和投资比例；如连续三年均低于行业标准值中等值水平的，财政部门可动态调整其绩效评价档次。

六、国有商业保险公司应当依法依规核算各类投资收益，切实履行财务会计信息主体责任，确保绩效评价数据资料真实、可靠。如年度评价后发现相关数据资料不实且影响评价结果的，财政部门可追溯调整评价结果，并追溯调整与评价结果联动挂钩的其他事项结果。

七、国有商业保险公司绩效评价其他事项，仍按照《办法》有关规定执行。

八、本通知自印发之日起施行，国有商业保险公司自2023年度绩效评价起按照《办法》及本通知执行，其他商业保险公司可参照执行。

财政部

2023年10月25日

（四）混合所有制改革

行政规章及规范性文件：

国务院关于国有企业发展混合所有制经济的意见

国发〔2015〕54号

各省、自治区、直辖市人民政府，国务院各部委、各直属机构：

发展混合所有制经济，是深化国有企业改革的重要举措。为贯彻党的十八大和十八届三中、四中全会精神，按照“四个全面”战略布局要求，落实党中央、国务院决策部署，推进国有企业混合所有制改革，促进各种所有制经济共同发展，现提出以下意见。

一、总体要求

（一）改革出发点和落脚点。国有资本、集体资本、非公有资本等交叉持股、相互融合的混合所有制经济，是基本经济制度的重要实现形式。多年来，一批国有企业通过改制发展成为混合所有制企业，但治理机制和监管体制还需要进一步完善；还有许多国有企业为转换经营机制、提高运行效率，正在积极探索混合所有制改革。当前，应对日益激烈的国际竞争和挑战，推动我国经济保持中高速增长、迈向中高端水平，需要通过深化国有企业混合所有制改革，推动完善现代企业制度，健全企业法人治理结构；提高国有资本配置和运行效率，优化国有经济布局，增强国有经济活力、控制力、影响力和抗风险能力，主动适应和引领经济发展新常态；促进国有企业转换经营机制，放大国有资本功能，实现国有资产保值增值，实现各种所有制资本取长补短、相互促进、共同发展，夯实社会主义基本经济制度的微观基础。在国有企业混合所有制改革中，要坚决防止因监管不到位、改革不彻底导致国有资产流失。

（二）基本原则。

——政府引导，市场运作。尊重市场经济规律和企业发展规律，以企业为主体，充分发挥市场机制作用，把引资本与转机制结合起来，把产权多元化与完善企业法人治理结构结合起来，探索国有企业混合所有制改革的有效途径。

——完善制度，保护产权。以保护产权、维护契约、统一市场、平等交换、公平竞争、有效监管为基本导向，切实保护混合所有制企业各类出资人的产权权益，调动各类资本参与发展混合所有制经济的积极性。

——严格程序，规范操作。坚持依法依规，进一步健全国有资产交易规则，科学评估国有资产价值，完善市场定价机制，切实做到规则公开、过程公开、结果公开。强化交易主体和交易过程监管，防止暗箱操作、低价贱卖、利益输送、化公为私、逃废债务，杜绝国有资产流失。

——宜改则改，稳妥推进。对通过实行股份制、上市等途径已经实行混合所有制的国有企业，要着力在完善现代企业制度、提高资本运行效率上下功夫；对适宜继续推进混合所有制改革的国有企业，要充分发挥市场机制作用，坚持因地施策、因业施策、因企施策，宜独则独、宜控则控、宜参则参，不搞拉郎配，不搞全覆盖，不设时间表，一企一策，成熟一个推进一个，确保改革规范有序进行。尊重基层创新实践，形成一批可复制、可推广的成功做法。

二、分类推进国有企业混合所有制改革

（三）稳妥推进主业处于充分竞争行业和领域的商业类国有企业混合所有制改革。按照市场化、国际化要求，以增强国有经济活力、放大国有资本功能、实现国有资产保值增值为主要目标，以提高经济效益和创新商业模式为导向，充分运用整体上市等方式，积极引入其他国有资本或各类非国有资本实现股权多元化。坚持以资本为纽带完善混合所有制企业治理结构和管理方式，国有资本出资人和各类非国有资本出资人以股东身份履行权利和职责，使混合所有制企业成为真正的市场主体。

（四）有效探索主业处于重要行业和关键领域的商业类国有企业混合所有制改革。对主业处于关系国家安全、国民经济命脉的重要行业和关键领

域、主要承担重大专项任务的商业类国有企业，要保持国有资本控股地位，支持非国有资本参股。对自然垄断行业，实行以政企分开、政资分开、特许经营、政府监管为主要内容的改革，根据不同行业特点实行网运分开、放开竞争性业务，促进公共资源配置市场化，同时加强分类依法监管，规范营利模式。

——重要通信基础设施、枢纽型交通基础设施、重要江河流域控制性水利水电航电枢纽、跨流域调水工程等领域，实行国有独资或控股，允许符合条件的非国有企业依法通过特许经营、政府购买服务等方式参与建设和运营。

——重要水资源、森林资源、战略性矿产资源等开发利用，实行国有独资或绝对控股，在强化环境、质量、安全监管的基础上，允许非国有资本进入，依法依规有序参与开发经营。

——江河主干渠道、石油天然气主干管网、电网等，根据不同行业领域特点实行网运分开、主辅分离，除对自然垄断环节的管网实行国有独资或绝对控股外，放开竞争性业务，允许非国有资本平等进入。

——核电、重要公共技术平台、气象测绘水文等基础数据采集利用等领域，实行国有独资或绝对控股，支持非国有企业投资参股以及参与特许经营和政府采购。粮食、石油、天然气等战略物资国家储备领域保持国有独资或控股。

——国防军工等特殊产业，从事战略武器装备科研生产、关系国家战略安全和涉及国家核心机密的核心军工能力领域，实行国有独资或绝对控股。其他军工领域，分类逐步放宽市场准入，建立竞争性采购体制机制，支持非国有企业参与武器装备科研生产、维修服务和竞争性采购。

——对其他服务国家战略目标、重要前瞻性战略性产业、生态环境保护、共用技术平台等重要行业和关键领域，加大国有资本投资力度，发挥国有资本引导和带动作用。

（五）引导公益类国有企业规范开展混合所有制改革。在水电气热、公共交通、公共设施等提供公共产品和服务的行业和领域，根据不同业务特点，加强分类指导，推进具备条件的企业实现投资主体多元化。通过购买服务、特许经营、委托代理等方式，鼓励非国有企业参与经营。政府要加强对价格水平、成本控制、服务质量、安全标准、信息披露、营运效率、保障能力等方面的监管，根据企业不同特点有区别地考核其经营业绩指标和国有资产保值增值情况，考核中要引入社会评价。

三、分层推进国有企业混合所有制改革

（六）引导在子公司层面有序推进混合所有制改革。对国有企业集团公司二级及以下企业，以研发创新、生产服务等实体企业为重点，引入非国有资本，加快技术创新、管理创新、商业模式创新，合理限定法人层级，有效压缩管理层级。明确股东的法律地位和股东在资本收益、企业重大决策、选择管理者等方面的权利，股东依法按出资比例和公司章程规定行权履职。

（七）探索在集团公司层面推进混合所有制改革。在国家有明确规定的特定领域，坚持国有资本控股，形成合理的治理结构和市场化经营机制；在其他领域，鼓励通过整体上市、并购重组、发行可转债等方式，逐步调整国有股权比例，积极引入各类投资者，形成股权结构多元、股东行为规范、内部约束有效、运行高效灵活的经营机制。

（八）鼓励地方从实际出发推进混合所有制改革。各地区要认真贯彻落实中央要求，区分不同情况，制定完善改革方案和相关配套措施，指导国有企业稳妥开展混合所有制改革，确保改革依法合规、有序推进。

四、鼓励各类资本参与国有企业混合所有制改革

（九）鼓励非公有资本参与国有企业混合所有制改革。非公有资本投资主体可通过出资入股、收购股权、认购可转债、股权置换等多种方式，参与国有企业改制重组或国有控股上市公司增资扩股以及企业经营管理。非公有资本投资主体可以货币出资，或以实物、股权、土地使用权等法律法规允许的方式出资。企业国有产权或国有股权转让时，除国家另有规定外，一般不在意向受让人资质条件中对民间投资主体单独设置附加条件。

（十）支持集体资本参与国有企业混合所有制改革。明晰集体资产产权，发展股权多元化、经营产业化、管理规范化的经济实体。允许经确权认定的集体资本、资产和其他生产要素作价入股，参与国有企业混合所有制改革。研究制定股份合作经济（企业）管理办法。

（十一）有序吸收外资参与国有企业混合所有制改革。引入外资参与国有企业改制重组、合资合

作，鼓励通过海外并购、投融资合作、离岸金融等方式，充分利用国际市场、技术、人才等资源和要素，发展混合所有制经济，深度参与国际竞争和全球产业分工，提高资源全球化配置能力。按照扩大开放与加强监管同步的要求，依照外商投资产业指导目录和相关安全审查规定，完善外资安全审查工作机制，切实加强风险防范。

（十二）推广政府和社会资本合作（PPP）模式。优化政府投资方式，通过投资补助、基金注资、担保补贴、贷款贴息等，优先支持引入社会资本的项目。以项目运营绩效评价结果为依据，适时对价格和补贴进行调整。组合引入保险资金、社保基金等长期投资者参与国家重点工程投资。鼓励社会资本投资或参股基础设施、公用事业、公共服务等领域项目，使投资者在平等竞争中获取合理收益。加强信息公开和项目储备，建立综合信息服务平台。

（十三）鼓励国有资本以多种方式入股非国有企业。在公共服务、高新技术、生态环境保护和战略性产业等重点领域，以市场选择为前提，以资本为纽带，充分发挥国有资本投资、运营公司的资本运作平台作用，对发展潜力大、成长性强的非国有企业进行股权投资。鼓励国有企业通过投资入股、联合投资、并购重组等多种方式，与非国有企业进行股权融合、战略合作、资源整合，发展混合所有制经济。支持国有资本与非国有资本共同设立股权投资基金，参与企业改制重组。

（十四）探索完善优先股和国家特殊管理股方式。国有资本参股非国有企业或国有企业引入非国有资本时，允许将部分国有资本转化为优先股。在少数特定领域探索建立国家特殊管理股制度，依照相关法律法规和公司章程规定，行使特定事项否决权，保证国有资本在特定领域的控制力。

（十五）探索实行混合所有制企业员工持股。坚持激励和约束相结合的原则，通过试点稳妥推进员工持股。员工持股主要采取增资扩股、出资新设等方式，优先支持人才资本和技术要素贡献占比较高的转制科研院所、高新技术企业和科技服务型企业开展试点，支持对企业经营业绩和持续发展有直接或较大影响的科研人员、经营管理人员和业务骨干等持股。完善相关政策，健全审核程序，规范操作流程，严格资产评估，建立健全股权流转和退出机制，确保员工持股公开透明，严禁暗箱操作，防止利益输送。混合所有制企业实行员工持股，要按照混合所有制企业实行员工持股试点的有关工作要求组织实施。

五、建立健全混合所有制企业治理机制

（十六）进一步确立和落实企业市场主体地位。政府不得干预企业自主经营，股东不得干预企业日常运营，确保企业治理规范、激励约束机制到位。落实董事会对经理层成员等高级经营管理人员选聘、业绩考核和薪酬管理等职权，维护企业真正的市场主体地位。

（十七）健全混合所有制企业法人治理结构。混合所有制企业要建立健全现代企业制度，明晰产权，同股同权，依法保护各类股东权益。规范企业股东（大）会、董事会、经理层、监事会和党组织的权责关系，按章程行权，对资本监管，靠市场选人，依规则运行，形成定位清晰、权责对等、运转协调、制衡有效的法人治理结构。

（十八）推行混合所有制企业职业经理人制度。按照现代企业制度要求，建立市场导向的选人用人和激励约束机制，通过市场化方式选聘职业经理人依法负责企业经营管理，畅通现有经营管理者与职业经理人的身份转换通道。职业经理人实行任期制和契约化管理，按照市场化原则决定薪酬，可以采取多种方式探索中长期激励机制。严格职业经理人任期管理和绩效考核，加快建立退出机制。

六、建立依法合规的操作规则

（十九）严格规范操作流程和审批程序。在组建和注册混合所有制企业时，要依据相关法律法规，规范国有资产授权经营和产权交易等行为，健全清产核资、评估定价、转让交易、登记确权等国有产权流转程序。国有企业产权和股权转让、增资扩股、上市公司增发等，应在产权、股权、证券市场公开披露信息，公开择优确定投资人，达成交易意向后应及时公示交易对象、交易价格、关联交易等信息，防止利益输送。国有企业实施混合所有制改革前，应依据本意见制定方案，报同级国有资产监管机构批准；重要国有企业改制后国有资本不再控股的，报同级人民政府批准。国有资产监管机构要按照本意见要求，明确国有企业混合所有制改革的操作流程。方案审批时，应加强对社会资本质量、合作方诚信与操守、债权债务关系等内容的审核。要充分保障企业职工对国有企业混合所有制改革的知情权和参与权，涉及职工切身利益的要做好

评估工作，职工安置方案要经过职工代表大会或者职工大会审议通过。

（二十）健全国有资产定价机制。按照公开公平公正原则，完善国有资产交易方式，严格规范国有资产登记、转让、清算、退出等程序和交易行为。通过产权、股权、证券市场发现和合理确定资产价格，发挥专业化中介机构作用，借助多种市场化定价手段，完善资产定价机制，实施信息公开，加强社会监督，防止出现内部人控制、利益输送造成国有资产流失。

（二十一）切实加强监管。政府有关部门要加强对国有企业混合所有制改革的监管，完善国有产权交易规则和监管制度。国有资产监管机构对改革中出现的违法转让和侵吞国有资产、化公为私、利益输送、暗箱操作、逃废债务等行为，要依法严肃处理。审计部门要依法履行审计监督职能，加强对改制企业原国有企业法定代表人的离任审计。充分发挥第三方机构在清产核资、财务审计、资产定价、股权托管等方面的作用。加强企业职工内部监督。进一步做好信息公开，自觉接受社会监督。

七、营造国有企业混合所有制改革的良好环境

（二十二）加强产权保护。健全严格的产权占有、使用、收益、处分等完整保护制度，依法保护混合所有制企业各类出资人的产权和知识产权权益。在立法、司法和行政执法过程中，坚持对各种所有制经济产权和合法利益给予同等法律保护。

（二十三）健全多层次资本市场。加快建立规则统一、交易规范的场外市场，促进非上市股份公司股权交易，完善股权、债权、物权、知识产权及信托、融资租赁、产业投资基金等产品交易机制。建立规范的区域性股权市场，为企业提供融资服务，促进资产证券化和资本流动，健全股权登记、托管、做市商等第三方服务体系。以具备条件的区域性股权、产权市场为载体，探索建立统一结算制度，完善股权公开转让和报价机制。制定场外市场交易规则和规范监管制度，明确监管主体，实行属地化、专业化监管。

（二十四）完善支持国有企业混合所有制改革的政策。进一步简政放权，最大限度取消涉及企业依法自主经营的行政许可审批事项。凡是市场主体基于自愿的投资经营和民事行为，只要不属于法律法规禁止进入的领域，且不危害国家安全、社会公共利益和第三方合法权益，不得限制进入。完善工商登记、财税管理、土地管理、金融服务等政策。依法妥善解决混合所有制改革涉及的国有企业职工劳动关系调整、社会保险关系接续等问题，确保企业职工队伍稳定。加快剥离国有企业办社会职能，妥善解决历史遗留问题。完善统计制度，加强监测分析。

（二十五）加快建立健全法律法规制度。健全混合所有制经济相关法律法规和规章，加大法律法规立、改、废、释工作力度，确保改革于法有据。根据改革需要抓紧对合同法、物权法、公司法、企业国有资产法、企业破产法中有关法律制度进行研究，依照法定程序及时提请修改。推动加快制定有关产权保护、市场准入和退出、交易规则、公平竞争等方面法律法规。

八、组织实施

（二十六）建立工作协调机制。国有企业混合所有制改革涉及面广、政策性强、社会关注度高。各地区、各有关部门和单位要高度重视，精心组织，严守规范，明确责任。各级政府及相关职能部门要加强对国有企业混合所有制改革的组织领导，做好把关定向、配套落实、审核批准、纠偏提醒等工作。各级国有资产监管机构要及时跟踪改革进展，加强改革协调，评估改革成效，推广改革经验，重大问题及时向同级人民政府报告。各级工商联要充分发挥广泛联系非公有制企业的组织优势，参与做好沟通政企、凝聚共识、决策咨询、政策评估、典型宣传等方面工作。

（二十七）加强混合所有制企业党建工作。坚持党的建设与企业改革同步谋划、同步开展，根据企业组织形式变化，同步设置或调整党的组织，理顺党组织隶属关系，同步选配好党组织负责人，健全党的工作机构，配强党务工作者队伍，保障党组织工作经费，有效开展党的工作，发挥好党组织政治核心作用和党员先锋模范作用。

（二十八）开展不同领域混合所有制改革试点示范。结合电力、石油、天然气、铁路、民航、电信、军工等领域改革，开展放开竞争性业务、推进混合所有制改革试点示范。在基础设施和公共服务领域选择有代表性的政府投融资项目，开展多种形式的政府和社会资本合作试点，加快形成可复制、可推广的模式和经验。

（二十九）营造良好的舆论氛围。以坚持“两

个毫不动摇”（毫不动摇巩固和发展公有制经济，毫不动摇鼓励、支持、引导非公有制经济发展）为导向，加强国有企业混合所有制改革舆论宣传，做好政策解读，阐释目标方向和重要意义，宣传成功经验，正确引导舆论，回应社会关切，使广大人民群众了解和支持改革。

各级政府要加强对国有企业混合所有制改革的领导，根据本意见，结合实际推动改革。

金融、文化等国有企业的改革，中央另有规定的依其规定执行。

国务院

2015年9月23日

国家发展改革委、财政部、人力资源社会保障部等关于深化混合所有制改革试点若干政策的意见

发改经体〔2017〕2057号

各省、自治区、直辖市及计划单列市发展改革委、财政厅（局）、人力资源社会保障厅（局）、国土资源厅（局）、国资委、国家税务局、地方税务局、证监局、国防科工局：

按照党中央国务院关于国有企业混合所有制改革的部署，在国务院国有企业改革领导小组领导下，国家发展改革委、国务院国资委会同有关部门已先后推出两批重要领域混合所有制改革试点，并取得显著改革成效。试点推进过程中企业普遍反映，为使试点顺利推进取得实效，必须认真研究解决试点中存在的具体问题。国务院国有企业改革领导小组高度重视，国有企业改革领导小组办公室积极协调，提出解决办法。为全面贯彻落实党的十九大精神，以习近平新时代中国特色社会主义思想为指引，更加卓有成效地推动混合所有制改革，现就混合所有制改革试点中的相关政策问题提出以下意见。

一、关于国有资产定价机制

科学准确地对国有资产进行定价，是国有企业混合所有制改革的基础，是防止国有资产流失的重要手段。目前，国有非上市公司交易相关定价制度办法需进一步完善，有关部门要加快研究修订《国有资产评估管理办法》，严格规范国有资产评估程序、细化评估方式、强化监管和法律责任追究、强化违法失信联合惩戒，有效防止国有资产流失。对于按规定程序和方式评估交易的国有资产，建立免责容错机制，鼓励国有企业推动混合所有制改革。

二、关于职工劳动关系

有关部门要加强协调指导，督促混合所有制改革试点企业严格按照《劳动合同法》和《国务院关于国有企业发展混合所有制经济的意见》（国发〔2015〕54号）涉及职工劳动关系调整的相关规定，依法妥善解决混合所有制改革涉及的国有企业职工劳动关系调整、社会保险关系接续等问题，确保职工队伍稳定。企业混合所有制改革时，职工劳动合同未到期的应当依法继续履行，可按有关规定与职工变更劳动合同，改制前后职工的工作年限应合并计算。企业依法与职工解除劳动合同的，应当支付经济补偿。混合所有制改革企业要形成市场化劳动用工制度，实现员工能进能出。

三、关于土地处置和变更登记

土地是国有企业混合所有制改革能够注入的重要资产。由于一些国有企业历史上获得划拨国有土地证照不全、证实不符、权属不清、土地分割等问题，按现有规定办理，存在确权困难、程序繁琐、审批时间长等问题，影响混合所有制改革进程。认真落实国有企业改革1+N系列文件，有关部门要研究加强国有土地资产处置管理工作，解决国有土地授权经营、作价出资（入股）等历史遗留问题。国有企业要加强内部管理，抓紧解决历史上获得划拨国有土地证照不全、证实不符、权属不清、土地分割等问题。各地要进一步优化简化相关审批程序，为解决混合所有制改革中的土地处置和变更登记提供便利。

四、关于员工持股

坚持依法合规、公开透明、立足增量、不动存量、同股同价、现金入股、以岗定股、动态调整等原则，积极推进混合所有制改革试点企业员工持股，有效实现企业与员工利益和风险绑定，强化内部激励，完善公司治理。试点企业数量不受《关于国有控股混合所有制企业开展员工持股试点的意见》（国资发改革〔2016〕133号）规定的数量限制。试点企业名单由国家发展改革委、国务院国资委按程序报请国务院国有企业改革领导小组确定。为有效指导混合所有制企业员工持股工作，有关部

门要抓紧研究制定重要领域混合所有制企业开展员工持股试点的意见，明确相关政策，加强规范引导。

五、关于集团公司层面开展混合所有制改革

党的十九大报告指出，深化国有企业改革，发展混合所有制经济，培育具有全球竞争力的世界一流企业。集团公司层面开展混合所有制改革，既符合中央要求和改革方向，也是实现具有全球竞争力的世界一流企业的重要途径。积极探索中央企业集团公司层面开展混合所有制改革的可行路径，国务院国资委审核中央企业申请改革试点的方案，按程序报国务院批准后开展试点，鼓励探索解决集团层面混合所有制改革后国有股由谁持有等现实问题的可行路径。积极支持各地省属国有企业集团公司开展混合所有制改革。

六、关于试点联动

国有企业混合所有制改革、落实董事会职权、市场化选聘经营管理者、剥离企业办社会职能和解决历史遗留问题等各项国有企业改革试点核心任务关联性较高，加强各项试点联动，可以有效协同攻坚，发挥政策合力。要进一步加强混合所有制改革试点与其他国有企业改革试点之间的联动。对于纳入混合所有制改革试点的企业，符合条件的，可以同步申请开展其他国有企业改革试点，按规定程序批准后，适用相关试点政策。

七、关于财税支持政策

企业符合税法规定条件的股权（资产）收购、合并、分立、债务重组、债转股等重组行为，可按税法规定享受企业所得税递延纳税优惠政策；企业以非货币性资产投资，可按规定享受5年内分期缴纳企业所得税政策；企业符合税法规定条件的债权损失可按规定在计算企业所得税应纳税所得额时扣除；在企业重组过程中，企业通过合并、分立、出售、置换等方式，将全部或者部分实物资产以及与其相关联的债权、负债和劳动力，一并转让给其他单位和个人，其中涉及的货物、不动产、土地使用权转让行为，符合规定的，不征收增值税；企业重组改制涉及的土地增值税、契税、印花税，符合规定的，可享受相关优惠政策。有关混合所有制改革企业要科学设计改革路径，最大程度用足用好现有国家对企业改制重组的税收优惠政策。

八、关于工资总额管理制度

为建立健全与混合所有制企业相适应的市场化薪酬机制、有效发挥薪酬激励效用，有关部门要加快研究制订改革国有企业工资决定机制的意见，支持符合条件的混合所有制改革试点企业实行更加灵活的工资总额管理制度。对于集团层面混合所有制改革试点企业，要比照落实董事会职权试点相关政策，实行工资总额备案制。鼓励集团公司对下属混合所有制改革试点企业采取差异化工资总额管理方式，充分激发企业内生活力。

九、关于军工企业国有股权控制类别和军工事项审查程序

军工企业混合所有制改革不断深化，既有的关于军工企业国有股权控制类别界定的政策规定，已不适应军民融合发展的需要。有关部门要抓紧对军工企业国有控股类别相关规定进行修订。类别修订完成前，确属混改需要突破相关比例规定的，允许符合条件的企业一事一议方式报国防科工局等军工企业混合所有制改革相关主管部门研究办理。

国家发展改革委
财政部
人力资源社会保障部
国土资源部
国资委
税务总局
证监会
国防科工局
2017年11月29日

第四章　职工管理及激励制度

（一）工资薪酬

行政规章及规范性文件：

国务院关于改革国有企业工资决定机制的意见

国发〔2018〕16号

各省、自治区、直辖市人民政府，国务院各部委、各直属机构：

国有企业工资决定机制改革是完善国有企业现代企业制度的重要内容，是深化收入分配制度改革的重要任务，事关国有企业健康发展，事关国有企业职工切身利益，事关收入分配合理有序。改革开放以来，国家对国有大中型企业实行工资总额同经济效益挂钩办法，对促进国有企业提高经济效益、调动广大职工积极性发挥了重要作用。随着社会主义市场经济体制逐步健全和国有企业改革不断深化，现行国有企业工资决定机制还存在市场化分配程度不高、分配秩序不够规范、监管体制尚不健全等问题，已难以适应改革发展需要。为改革国有企业工资决定机制，现提出以下意见。

一、总体要求

（一）指导思想。

全面贯彻党的十九大精神，以习近平新时代中国特色社会主义思想为指导，认真落实党中央、国务院决策部署，统筹推进“五位一体”总体布局和协调推进“四个全面”战略布局，坚持以人民为中心的发展思想，牢固树立和贯彻落实新发展理念，按照深化国有企业改革、完善国有资产管理体制和坚持按劳分配原则、完善按要素分配体制机制的要求，以增强国有企业活力、提升国有企业效率为中心，建立健全与劳动力市场基本适应、与国有企业经济效益和劳动生产率挂钩的工资决定和正常增长机制，完善国有企业工资分配监管体制，充分调动国有企业职工的积极性、主动性、创造性，进一步激发国有企业创造力和提高市场竞争力，推动国有资本做强做优做大，促进收入分配更合理、更有序。

（二）基本原则。

——坚持建立中国特色现代国有企业制度改革方向。坚持所有权和经营权相分离，进一步确立国有企业的市场主体地位，发挥企业党委（党组）领导作用，依法落实董事会的工资分配管理权，完善既符合企业一般规律又体现国有企业特点的工资分配机制，促进国有企业持续健康发展。

——坚持效益导向与维护公平相统一。国有企业工资分配要切实做到既有激励又有约束、既讲效率又讲公平。坚持按劳分配原则，健全国有企业职工工资与经济效益同向联动、能增能减的机制，在经济效益增长和劳动生产率提高的同时实现劳动报酬同步提高。统筹处理好不同行业、不同企业和企业内部不同职工之间的工资分配关系，调节过高收入。

——坚持市场决定与政府监管相结合。充分发挥市场在国有企业工资分配中的决定性作用，实现职工工资水平与劳动力市场价位相适应、与增强企业市场竞争力相匹配。更好发挥政府对国有企业工资分配的宏观指导和调控作用，改进和加强事前引导和事后监督，规范工资分配秩序。

——坚持分类分级管理。根据不同国有企业功能性质定位、行业特点和法人治理结构完善程度，实行工资总额分类管理。按照企业国有资产产权隶属关系，健全工资分配分级监管体制，落实各级政府职能部门和履行出资人职责机构（或其他企业主管部门，下同）的分级监管责任。

二、改革工资总额决定机制

（三）改革工资总额确定办法。按照国家工资收入分配宏观政策要求，根据企业发展战略和薪酬策略、年度生产经营目标和经济效益，综合考虑劳动生产率提高和人工成本投入产出率、职工工资水平市场对标等情况，结合政府职能部门发布的工资指导线，合理确定年度工资总额。

（四）完善工资与效益联动机制。企业经济效益增长的，当年工资总额增长幅度可在不超过经济效益增长幅度范围内确定。其中，当年劳动生产率未提高、上年人工成本投入产出率低于行业平均水平或者上年职工平均工资明显高于全国城镇单位就业人员平均工资的，当年工资总额增长幅度应低于同期经济效益增长幅度；对主业不处于充分竞争行业和领域的企业，上年职工平均工资达到政府职能部门规定的调控水平及以上的，当年工资总额增长幅度应低于同期经济效益增长幅度，且职工平均工资增长幅度不得超过政府职能部门规定的工资增长调控目标。

企业经济效益下降的，除受政策调整等非经营性因素影响外，当年工资总额原则上相应下降。其中，当年劳动生产率未下降、上年人工成本投入产出率明显优于行业平均水平或者上年职工平均工资明显低于全国城镇单位就业人员平均工资的，当年工资总额可适当少降。

企业未实现国有资产保值增值的，工资总额不得增长，或者适度下降。

企业按照工资与效益联动机制确定工资总额，原则上增人不增工资总额、减人不减工资总额，但发生兼并重组、新设企业或机构等情况的，可以合理增加或者减少工资总额。

（五）分类确定工资效益联动指标。根据企业功能性质定位、行业特点，科学设置联动指标，合理确定考核目标，突出不同考核重点。

对主业处于充分竞争行业和领域的商业类国有企业，应主要选取利润总额（或净利润）、经济增加值、净资产收益率等反映经济效益、国有资本保值增值和市场竞争能力的指标。对主业处于关系国家安全、国民经济命脉的重要行业和关键领域、主要承担重大专项任务的商业类国有企业，在主要选取反映经济效益和国有资本保值增值指标的同时，可根据实际情况增加营业收入、任务完成率等体现服务国家战略、保障国家安全和国民经济运行、发展前瞻性战略性产业以及完成特殊任务等情况的指标。对主业以保障民生、服务社会、提供公共产品和服务为主的公益类国有企业，应主要选取反映成本控制、产品服务质量、营运效率和保障能力等情况的指标，兼顾体现经济效益和国有资本保值增值的指标。对金融类国有企业，属于开发性、政策性的，应主要选取体现服务国家战略和风险控制的指标，兼顾反映经济效益的指标；属于商业性的，应主要选取反映经济效益、资产质量和偿付能力的指标。对文化类国有企业，应同时选取反映社会效益和经济效益、国有资本保值增值的指标。劳动生产率指标一般以人均增加值、人均利润为主，根据企业实际情况，可选取人均营业收入、人均工作量等指标。

三、改革工资总额管理方式

（六）全面实行工资总额预算管理。工资总额预算方案由国有企业自主编制，按规定履行内部决策程序后，根据企业功能性质定位、行业特点并结合法人治理结构完善程度，分别报履行出资人职责机构备案或核准后执行。

对主业处于充分竞争行业和领域的商业类国有企业，工资总额预算原则上实行备案制。其中，未建立规范董事会、法人治理结构不完善、内控机制不健全的企业，经履行出资人职责机构认定，其工资总额预算应实行核准制。

对其他国有企业，工资总额预算原则上实行核准制。其中，已建立规范董事会、法人治理结构完善、内控机制健全的企业，经履行出资人职责机构同意，其工资总额预算可实行备案制。

（七）合理确定工资总额预算周期。国有企业工资总额预算一般按年度进行管理。对行业周期性特征明显、经济效益年度间波动较大或存在其他特殊情况的企业，工资总额预算可探索按周期进行管理，周期最长不超过三年，周期内的工资总额增长应符合工资与效益联动的要求。

（八）强化工资总额预算执行。国有企业应严格执行经备案或核准的工资总额预算方案。执行过程中，因企业外部环境或自身生产经营等编制预算时所依据的情况发生重大变化，需要调整工资总额预算方案的，应按规定程序进行调整。

履行出资人职责机构应加强对所监管企业执行工资总额预算情况的动态监控和指导，并对预算执行结果进行清算。

四、完善企业内部工资分配管理

（九）完善企业内部工资总额管理制度。国有企业在经备案或核准的工资总额预算内，依法依规自主决定内部工资分配。企业应建立健全内部工资总额管理办法，根据所属企业功能性质定位、行业特点和生产经营等情况，指导所属企业科学编制工资总额预算方案，逐级落实预算执行责任，建立预算执行情况动态监控机制，确保实现工资总额预算目标。企业集团应合理确定总部工资总额预算，其职工平均工资增长幅度原则上应低于本企业全部职工平均工资增长幅度。

（十）深化企业内部分配制度改革。国有企业应建立健全以岗位工资为主的基本工资制度，以岗位价值为依据，以业绩为导向，参照劳动力市场工资价位并结合企业经济效益，通过集体协商等形式合理确定不同岗位的工资水平，向关键岗位、生产一线岗位和紧缺急需的高层次、高技能人才倾斜，合理拉开工资分配差距，调整不合理过高收入。加强全员绩效考核，使职工工资收入与其工作业绩和实际贡献紧密挂钩，切实做到能增能减。

（十一）规范企业工资列支渠道。国有企业应调整优化工资收入结构，逐步实现职工收入工资化、工资货币化、发放透明化。严格清理规范工资外收入，将所有工资性收入一律纳入工资总额管理，不得在工资总额之外以其他形式列支任何工资性支出。

五、健全工资分配监管体制机制

（十二）加强和改进政府对国有企业工资分配的宏观指导和调控。人力资源社会保障部门负责建立企业薪酬调查和信息发布制度，定期发布不同职业的劳动力市场工资价位和行业人工成本信息；会同财政、国资监管等部门完善工资指导线制度，定期制定和发布工资指导线、非竞争类国有企业职工平均工资调控水平和工资增长调控目标。

（十三）落实履行出资人职责机构的国有企业工资分配监管职责。履行出资人职责机构负责做好所监管企业工资总额预算方案的备案或核准工作，加强对所监管企业工资总额预算执行情况的动态监控和执行结果的清算，并按年度将所监管企业工资总额预算执行情况报同级人力资源社会保障部门，由人力资源社会保障部门汇总报告同级人民政府。同时，履行出资人职责机构可按规定将有关情况直接报告同级人民政府。

（十四）完善国有企业工资分配内部监督机制。国有企业董事会应依照法定程序决定工资分配事项，加强对工资分配决议执行情况的监督。落实企业监事会对工资分配的监督责任。将企业职工工资收入分配情况作为厂务公开的重要内容，定期向职工公开，接受职工监督。

（十五）建立国有企业工资分配信息公开制度。履行出资人职责机构、国有企业每年定期将企业工资总额和职工平均工资水平等相关信息向社会披露，接受社会公众监督。

（十六）健全国有企业工资内外收入监督检查制度。人力资源社会保障部门会同财政、国资监管等部门，定期对国有企业执行国家工资收入分配政策情况开展监督检查，及时查处违规发放工资、滥发工资外收入等行为。加强与出资人监管和审计、税务、纪检监察、巡视等监督的协同，建立工作会商和资源共享机制，提高监督效能，形成监督合力。

对企业存在超提、超发工资总额及其他违规行为的，扣回违规发放的工资总额，并视违规情形对企业负责人和相关责任人员依照有关规定给予经济处罚和纪律处分；构成犯罪的，由司法机关依法追究刑事责任。

六、做好组织实施工作

（十七）国有企业工资决定机制改革是一项涉及面广、政策性强的工作，各地区、各有关部门要统一思想认识，以高度的政治责任感和历史使命感，切实加强对改革工作的领导，做好统筹协调，细化目标任务，明确责任分工，强化督促检查，及时研究解决改革中出现的问题，推动改革顺利进行。各省（自治区、直辖市）要根据本意见，结合当地实际抓紧制定改革国有企业工资决定机制的实施意见，认真抓好贯彻落实。各级履行出资人职责机构要抓紧制定所监管企业的具体改革实施办法，由同级人力资源社会保障部门会同财政部门审核后实施。各级人力资源社会保障、财政、国资监管等部门和工会要各司其职，密切配合，共同做好改革工作，形成推进改革的合力。广大国有企业要自觉树立大局观念，认真执行国家有关改革规定，确保改革政策得到落实。要加强舆论宣传和政策解读，引导全社会正确理解和支持改革，营造良好社会环境。

（十八）本意见适用于国家出资的国有独资及国有控股企业。中央和地方有关部门或机构作为实际控制人的企业，参照本意见执行。

本意见所称工资总额，是指由企业在一个会计年度内直接支付给与本企业建立劳动关系的全部职工的劳动报酬总额，包括工资、奖金、津贴、补贴、加班加点工资、特殊情况下支付的工资等。

国务院

2018 年 5 月 13 日

关于印发《“双百企业”和“科改示范企业”超额利润分享机制操作指引》的通知

各中央企业，各省、自治区、直辖市及计划单列市和新疆生产建设兵团国资委：

为深入贯彻落实党中央、国务院关于健全国有企业市场化经营机制、提高国有企业活力的决策部署，按照国企改革三年行动的有关要求，指导“双百企业”“科改示范企业”率先推进相关工作，国务院国有企业改革领导小组办公室制定了《“双百企业”和“科改示范企业”超额利润分享机制操作指引》，现印发给你们，供工作参考。

国务院国有企业改革领导小组办公室

2021 年 1 月 19 日

为贯彻落实党中央、国务院关于健全国有企业市场化经营机制、提高国有企业活力的决策部署，落实国企改革三年行动有关工作要求，指导符合条件的国有企业灵活开展多种方式的中长期激励机制，规范实施超额利润分享机制，根据《中共中央 国务院关于深化国有企业改革的指导意见》（中发〔2015〕22 号）、《关于印发〈国企改革“双百行动”工作方案〉的通知》（国资发研究〔2018〕70 号）、《关于支持鼓励“双百企业”进一步加大改革创新力度有关事项的通知》（国资改办〔2019〕302 号）、《关于印发〈百户科技型企业深化市场化改革提升自主创新能力专项行动方案〉的通知》（国企改办发〔2019〕2 号）等文件精神和有关政策规定，结合中央企业和地方国有企业相关工作实践，制定本操作指引。

鼓励商业一类“双百企业”“科改示范企业”（以下简称为“企业”，含其所属各级子企业，下同），以价值创造为导向，聚焦关键岗位核心人才，参考本操作指引，建立超额利润分享机制。本操作指引印发前，已根据党中央、国务院有关文件精神和政策规定，在本企业推行超额利润分享机制的，可以按照“孰优”原则参考本操作指引完善相关工作。

一、基本概念和应用原则

（一）基本概念。

本操作指引所称超额利润分享机制，是指企业综合考虑战略规划、业绩考核指标、历史经营数据和本行业平均利润水平，合理设定目标利润，并以企业实际利润超出目标利润的部分作为超额利润，按约定比例提取超额利润分享额，分配给激励对象的一种中长期激励方式。其中，目标利润是指企业为特定年度设定的预期利润值。

（二）应用原则。

企业在推行超额利润分享机制时，一般应把握以下原则：

一是战略引领。企业推行超额利润分享机制应以企业实现战略规划为目标，避免追求短期效应。

二是市场导向。超额利润分享机制要以要素市场化配置为导向，体现生产要素由市场评价贡献、按贡献决定报酬原则。

三是增量激励。企业推行超额利润分享机制应以创造利润增量为基础，以增量价值分配为核心，实现有效激励。

二、适用条件和工作职责

（一）适用条件。

推行超额利润分享机制的企业一般应具备以下条件：

1. 商业一类企业；
2. 企业战略清晰，中长期发展目标明确；
3.《超额利润分享方案》制定当年已实现利润以及年初未分配利润为正值；
4. 法人治理结构健全，人力资源管理基础完善；
5. 建立了规范的财务管理制度，近三年没有因财务、税收等违法违规行为受到行政、刑事处罚。

（二）工作职责。

本企业负责制定《超额利润分享方案》《超额利润分享实施细则》（以下简称《实施细则》）和《超额利润分享兑现方案》（以下简称《兑现方案》）。

企业的控股股东（含国有独资公司的国有股东，下同）负责审核把关企业《超额利润分享方案》《实施细则》和《兑现方案》，其中《超额利润分享方案》报中央企业集团公司、地方国资委监管一级企业履行相关决策程序。国有资本投资、运营公司可以授权所出资企业审批其子企业的《超额利润分享方案》，并报国有资本投资、运营公司备案。

地方国资委监管一级企业，其《超额利润分享方案》由地方国资委负责审核把关。

三、基本操作流程

企业推行超额利润分享机制，一般应履行以下基本操作流程：

（一）制定方案。

企业应结合实际制定《超额利润分享方案》，该方案一般以三年为一个周期，主要包括以下内容：企业基本情况、可行性分析、确定激励对象的原则和标准、设定目标利润的原则和标准、分享比例、实施及兑现流程、约束条件和退出规定、监督管理和组织保障等。

制定《超额利润分享方案》时，应以公示、召开职工代表大会等方式充分听取职工意见，履行企业内部民主决策程序。《超额利润分享方案》制定后，企业应按照“三重一大”决策机制及有关规定，按出资关系报中央企业集团公司、地方国资委监管一级企业、控股股东（适用于国有资本投资、运营公司）或地方国资委同意。

（二）制定《实施细则》。

《超额利润分享方案》经审核同意后，企业一般每年年初制定《实施细则》，确定当年目标利润，报控股股东同意。如遇不可抗力影响或其他特殊情况时，经控股股东同意，可对目标利润进行一次调整。

《实施细则》一般应与企业当年经营业绩考核方案同步制定，相互关联和匹配。

（三）制定《兑现方案》。

企业一般于次年上半年开展经营业绩考核，同步根据经审计的经营业绩结果等情况，核算年度超额利润、超额利润分享额和激励对象个人分享所得额，并据此制定《兑现方案》，报控股股东同意。

上年度《兑现方案》和本年度《实施细则》一般可同步制定并履行相关决策审批的程序。

（四）实施兑现。

企业根据经审核同意的《兑现方案》实施兑现，并将实际兑现结果报控股股东备案。

四、确定激励对象相关环节操作要点

激励对象一般为与本企业签订劳动合同，在该岗位上连续工作 1 年以上，对企业经营业绩和持续发展有直接重要影响的管理、技术、营销、业务等核心骨干人才，且一般每一期激励人数不超过企业在岗职工总数的 30%。

集团公司或控股股东相关人员在本企业兼职的，按其主要履职的岗位职责、实际履职时间等因素综合确定是否可参与本企业超额利润分享机制。合乎条件的仅可在一家企业参与超额利润分享机制。

企业外部董事、独立董事、监事不得参与超额利润分享机制。

实施超额利润分享机制的企业，一般不在同期对同一对象开展岗位分红等现金类中长期激励机制。

五、设定目标利润相关环节操作要点

企业在设定目标利润时，应与战略规划充分衔接，年度目标利润原则上不低于以下利润水平的高者：

1. 企业的利润考核目标；

2. 按照企业上一年净资产收益率计算的利润水平；

3. 企业近三年平均利润；

4. 按照行业平均净资产收益率计算的利润水平。

企业设定目标利润时，可以根据实际情况选取利润总额、净利润、归母净利润等指标。

确定本行业平均利润水平时一般应选取境内外可比的对标企业（以下简称对标组）。对标组选取依据、范围等情况应在《超额利润分享方案》中说明。

六、确定超额利润分享额相关环节操作要点

（一）确定超额利润。

年度超额利润为企业当年实际利润与目标利润的差额。确定时一般应考虑剔除以下因素影响：

1. 重大资产处置等行为导致的本年度非经营性收益；

2. 并购、重组等行为导致的本年度利润变化；

3. 会计政策和会计估计变更导致的本年度利润变化；

4. 外部政策性因素导致的本年度利润变化；

5. 负责审批的单位认为其他应予考虑的剔除因素。

对科技进步要求高的企业，在计算超额利润时，可将研发投入视同利润加回。

（二）确定分享比例。

年度超额利润分享额一般不超过超额利润的30%。

企业高级管理人员（或经营班子）岗位合计所获得的超额利润分享比例一般不超过超额利润分享额的30%，其他额度应根据岗位贡献系数或个人绩效考核结果分配给核心骨干人才，重点向作出突出贡献的科技人才和关键科研岗位倾斜。

企业可以在《超额利润分享方案》中针对不同业务特点，确定差异化的超额利润分享比例。具体可采用统一比例或累进计提等不同方法。

七、实施兑现相关环节操作要点

（一）兑现方式。

超额利润分享额在工资总额中列支，一般采用递延方式予以兑现，分三年兑现完毕。由企业根据经营情况，确定各年度支付比例，第一年支付比例不高于50%。所产生的个人所得税由激励对象个人承担。

计划期（三年）内企业净利润一般应保持稳健增长，若出现大幅递减或亏损，审核单位有权对上一年度超额利润分享额未兑现部分进行扣减，并对已兑现部分进行追回。

（二）退出条件。

企业《超额利润分享方案》实施期间，激励对象因调动、退休、工伤、丧失民事行为能力、死亡等客观原因与企业解除或终止劳动关系，按照其在岗位任职时间比例（年度任职日/年度总工作日）兑现。以前年度未兑现部分，可按递延支付相关安排予以支付。

激励对象出现下列情况之一，不得继续参与超额利润分享兑现，以前年度递延支付部分，不再支付：

1. 个人绩效考核不合格；

2. 违反企业管理制度受到重大处分；

3. 因违纪违法行为受到相关部门处理；

4. 对重大决策失误、重大资产损失、重大安全事故等负有责任；

5. 本人提出离职或者个人原因被解聘、解除劳动合同；

6. 负责审批的单位认为其它不得继续参与超额利润分享兑现的情况。

（三）终止实施。

企业出现以下情况之一，应终止实施《超额利润分享方案》：

1. 当年出现亏损；

2. 出现重大风险事故、重大安全及质量事故或违规违纪等情况；

3. 出现主审会计师事务所对企业年度财务报告出具保留意见、否定意见、无法表示意见等非标准审计意见或其它对财务信息公允性产生重大影响的情况；

4. 经营性现金流为负或者对企业日常经营活动开展产生重大负面影响的情况；

5. 其它不得开展中长期激励的情况。

八、监督管理相关环节操作要点

企业应建立健全对超额利润分享机制的监督体系，党组织、股东会、董事会、监事会等治理主体，以及纪检监察、巡视巡察、财务、审计等机构根据职责分工，做好监督工作。

对于推行超额利润分享机制的企业，如经查实存在兑现年度故意违反会计政策或财务制度、弄虚作假等行为的，除应及时终止实施《超额利润分享方案》外，还应对相关行为发生期间相关人员已兑现的超额利润分享所得予以追索扣回，并按照有关规定严肃追究相关人员责任。

附件：略

（二）人员管理

行政法规：

国有企业管理人员处分条例

第一章 总 则

第一条 为了规范对国有企业管理人员的处分，加强对国有企业管理人员的监督，根据《中华人民共和国公职人员政务处分法》（以下简称公职人员政务处分法）等法律，制定本条例。

第二条 本条例所称国有企业管理人员，是指国家出资企业中的下列公职人员：

（一）在国有独资、全资公司、企业中履行组织、领导、管理、监督等职责的人员；

（二）经党组织或者国家机关，国有独资、全资公司、企业，事业单位提名、推荐、任命、批准等，在国有控股、参股公司及其分支机构中履行组织、领导、管理、监督等职责的人员；

（三）经国家出资企业中负有管理、监督国有资产职责的组织批准或者研究决定，代表其在国有控股、参股公司及其分支机构中从事组织、领导、管理、监督等工作的人员。

国有企业管理人员任免机关、单位（以下简称任免机关、单位）对违法的国有企业管理人员给予处分，适用公职人员政务处分法第二章、第三章和本条例的规定。

第三条　国有企业管理人员处分工作坚持中国共产党的领导，坚持党管干部原则，加强国有企业管理人员队伍建设，推动国有企业高质量发展。

第四条　任免机关、单位加强对国有企业管理人员的教育、管理、监督。给予国有企业管理人员处分，应当坚持公正公平，集体讨论决定；坚持宽严相济，惩戒与教育相结合；坚持法治原则，以事实为根据，以法律为准绳，依法保障国有企业管理人员以及相关人员的合法权益。

第五条　履行出资人职责的机构或者有干部管理权限的部门依照法律、法规和国家有关规定，指导国有企业整合优化监督资源，推动出资人监督与纪检监察监督、巡视监督、审计监督、财会监督、社会监督等相衔接，健全协同高效的监督机制，建立互相配合、互相制约的内部监督管理制度，增强对国有企业及其管理人员监督的系统性、针对性、有效性。

第六条　给予国有企业管理人员处分，应当事实清楚、证据确凿、定性准确、处理恰当、程序合法、手续完备，与其违法行为的性质、情节、危害程度相适应。

第二章　处分的种类和适用

第七条　处分的种类为：

（一）警告；

（二）记过；

（三）记大过；

（四）降级；

（五）撤职；

（六）开除。

第八条　处分的期间为：

（一）警告，6 个月；

（二）记过，12 个月；

（三）记大过，18 个月；

（四）降级、撤职，24 个月。

处分决定自作出之日起生效，处分期自处分决定生效之日起计算。

第九条　国有企业管理人员同时有两个以上需要给予处分的违法行为的，应当分别确定其处分。应当给予的处分种类不同的，执行其中最重的处分；应当给予撤职以下多个相同种类处分的，可以在一个处分期以上、多个处分期之和以下确定处分期，但是最长不得超过 48 个月。

第十条　国有企业实施违法行为或者国有企业管理人员集体作出的决定违法，应当追究法律责任的，对负有责任的领导人员和直接责任人员中的国有企业管理人员给予处分。

国有企业管理人员 2 人以上共同违法，需要给予处分的，按照各自应当承担的责任，分别给予相应的处分。

第十一条　国有企业管理人员有下列情形之一的，可以从轻或者减轻给予处分：

（一）主动交代本人应当受到处分的违法行为；

（二）配合调查，如实说明本人违法事实；

（三）检举他人违法行为，经查证属实；

（四）主动采取措施，有效避免、挽回损失或者消除不良影响；

（五）在共同违法行为中起次要或者辅助作用；

（六）主动上交或者退赔违法所得；

（七）属于推进国有企业改革中因缺乏经验、先行先试出现的失误错误；

（八）法律、法规规定的其他从轻或者减轻情节。

从轻给予处分，是指在本条例规定的违法行为应当受到的处分幅度以内，给予较轻的处分。

减轻给予处分，是指在本条例规定的违法行为应当受到的处分幅度以外，减轻一档给予处分。

第十二条　国有企业管理人员违法行为情节轻微，且具有本条例第十一条第一款规定情形之一的，可以对其进行谈话提醒、批评教育、责令检查或者予以诫勉，免予或者不予处分。

国有企业管理人员因不明真相被裹挟或者被胁迫参与违法活动，经批评教育后确有悔改表现的，可以减轻、免予或者不予处分。

第十三条 国有企业管理人员有下列情形之一的，应当从重给予处分：

（一）在处分期内再次故意违法，应当受到处分；

（二）阻止他人检举、提供证据；

（三）串供或者伪造、隐匿、毁灭证据；

（四）包庇同案人员；

（五）胁迫、唆使他人实施违法行为；

（六）拒不上交或者退赔违法所得；

（七）法律、法规规定的其他从重情节。

从重给予处分，是指在本条例规定的违法行为应当受到的处分幅度以内，给予较重的处分。

第十四条 国有企业管理人员在处分期内，不得晋升职务、岗位等级和职称；其中，被记过、记大过、降级、撤职的，不得晋升薪酬待遇等级。被撤职的，降低职务或者岗位等级，同时降低薪酬待遇。被开除的，用人单位依法解除劳动合同。

第十五条 国有企业管理人员违法取得的财物和用于违法行为的本人财物，除依法应当由有关机关没收、追缴或者责令退赔的外，应当退还原所有人或者原持有人。

国有企业管理人员因违法行为获得的职务、职级、级别、岗位和职员等级、职称、待遇、资格、学历、学位、荣誉、奖励等其他利益，任免机关、单位应当予以纠正或者建议有关机关、单位、组织按规定予以纠正。

第十六条 已经退休的国有企业管理人员退休前或者退休后有违法行为应当受到处分的，不再作出处分决定，但是可以对其立案调查；依法应当给予降级、撤职、开除处分的，应当按照规定相应调整其享受的待遇，对其违法取得的财物和用于违法行为的本人财物依照本条例第十五条的规定处理。

第三章 违法行为及其适用的处分

第十七条 国有企业管理人员有下列行为之一的，依据公职人员政务处分法第二十八条的规定，予以记过或者记大过；情节较重的，予以降级或者撤职；情节严重的，予以开除：

（一）散布有损坚持和完善社会主义基本经济制度的言论；

（二）拒不执行或者变相不执行国有企业改革发展和党的建设有关决策部署；

（三）在对外经济合作、对外援助、对外交流等工作中损害国家安全和国家利益。

公开发表反对宪法确立的国家指导思想，反对中国共产党领导，反对社会主义制度，反对改革开放的文章、演说、宣言、声明等的，予以开除。

第十八条 国有企业管理人员有下列行为之一的，依据公职人员政务处分法第三十条的规定，予以警告、记过或者记大过；情节严重的，予以降级或者撤职：

（一）违反规定的决策程序、职责权限决定国有企业重大决策事项、重要人事任免事项、重大项目安排事项、大额度资金运作事项；

（二）故意规避、干涉、破坏集体决策，个人或者少数人决定国有企业重大决策事项、重要人事任免事项、重大项目安排事项、大额度资金运作事项；

（三）拒不执行或者擅自改变国有企业党委（组）会、股东（大）会、董事会、职工代表大会等集体依法作出的重大决定；

（四）拒不执行或者变相不执行、拖延执行履行出资人职责的机构、行业管理部门等有关部门依法作出的决定。

第十九条 国有企业管理人员有下列行为之一的，依据公职人员政务处分法第三十三条的规定，予以警告、记过或者记大过；情节较重的，予以降级或者撤职；情节严重的，予以开除：

（一）利用职务上的便利，侵吞、窃取、骗取或者以其他手段非法占有、挪用本企业以及关联企业的财物、客户资产等；

（二）利用职务上的便利，索取他人财物或者非法收受他人财物，为他人谋取利益；

（三）为谋取不正当利益，向国家机关、国家出资企业、事业单位、人民团体，或者向国家工作人员、企业或者其他单位的工作人员，外国公职人员、国际公共组织官员行贿；

（四）利用职权或者职务上的影响，违反规定在企业关系国有资产出资人权益的重大事项以及工程建设、资产处置、出版发行、招标投标等活动中为本人或者他人谋取私利；

（五）纵容、默许特定关系人利用本人职权或者职务上的影响，在企业关系国有资产出资人权益的重大事项以及企业经营管理活动中谋取私利；

（六）违反规定，以单位名义将国有资产集体私分给个人。

拒不纠正特定关系人违反规定任职、兼职或者从事经营活动，且不服从职务调整的，予以撤职。

第二十条 国有企业管理人员有下列行为之一，依据公职人员政务处分法第三十五条的规定，情节较重的，予以警告、记过或者记大过；情节严重的，予以降级或者撤职：

（一）超提工资总额或者超发工资，或者在工资总额之外以津贴、补贴、奖金等其他形式设定和发放工资性收入；

（二）未实行工资总额预算管理，或者未按规定履行工资总额备案或者核准程序；

（三）违反规定，自定薪酬、奖励、津贴、补贴和其他福利性货币收入；

（四）在培训活动、办公用房、公务用车、业务招待、差旅费用等方面超过规定的标准、范围；

（五）公款旅游或者以学习培训、考察调研、职工疗养等名义变相公款旅游。

第二十一条 国有企业管理人员有下列行为之一的，依据公职人员政务处分法第三十六条的规定，予以警告、记过或者记大过；情节较重的，予以降级或者撤职；情节严重的，予以开除：

（一）违反规定，个人经商办企业、拥有非上市公司（企业）股份或者证券、从事有偿中介活动、在国（境）外注册公司或者进行投资入股等营利性活动；

（二）利用职务上的便利，为他人经营与所任职企业同类经营的企业；

（三）违反规定，未经批准在本企业所出资企业或者其他企业、事业单位、社会组织、中介机构、国际组织等兼任职务；

（四）经批准兼职，但是违反规定领取薪酬或者获取其他收入；

（五）利用企业内幕信息或者其他未公开的信息、商业秘密、无形资产等谋取私利。

第二十二条 国有企业管理人员在履行提供社会公共服务职责过程中，侵犯服务对象合法权益或者社会公共利益，被监管机构查实并提出处分建议的，依据公职人员政务处分法第三十八条的规定，情节较重的，予以警告、记过或者记大过；情节严重的，予以降级或者撤职；情节特别严重的，予以开除。

第二十三条 国有企业管理人员有下列行为之一，造成国有资产损失或者其他严重不良后果的，依据公职人员政务处分法第三十九条的规定，予以警告、记过或者记大过；情节较重的，予以降级或者撤职；情节严重的，予以开除：

（一）截留、占用、挪用或者拖欠应当上缴国库的预算收入；

（二）违反规定，不履行或者不正确履行经营投资职责；

（三）违反规定，进行关联交易，开展融资性贸易、虚假交易、虚假合资、挂靠经营等活动；

（四）在国家规定期限内不办理或者不如实办理企业国有资产产权登记，或者伪造、涂改、出租、出借、出售国有资产产权登记证（表）；

（五）拒不提供有关信息资料或者编制虚假数据信息，致使国有企业绩效评价结果失真；

（六）掩饰企业真实状况，不如实向会计师事务所、律师事务所、资产评估机构等中介服务机构提供有关情况和资料，或者与会计师事务所、律师事务所、资产评估机构等中介服务机构串通作假。

第二十四条 国有企业管理人员有下列行为之一的，依据公职人员政务处分法第三十九条的规定，予以警告、记过或者记大过；情节较重的，予以降级或者撤职；情节严重的，予以开除：

（一）洗钱或者参与洗钱；

（二）吸收客户资金不入账，非法吸收公众存款或者变相吸收公众存款，违反规定参与或者变相参与民间借贷；

（三）违反规定发放贷款或者对贷款本金减免、停息、减息、缓息、免息、展期等，进行呆账核销，处置不良资产；

（四）违反规定出具金融票证、提供担保，对违法票据予以承兑、付款或者保证；

（五）违背受托义务，擅自运用客户资金或者其他委托、信托的资产；

（六）伪造、变造货币、贵金属、金融票证或者国家发行的有价证券；

（七）伪造、变造、转让、出租、出借金融机构经营许可证或者批准文件，未经批准擅自设立金融机构、发行股票或者债券；

（八）编造并且传播影响证券、期货交易的虚假信息，操纵证券、期货市场，提供虚假信息或者伪造、变造、销毁交易记录，诱骗投资者买卖证券、期货合约；

（九）进行虚假理赔或者参与保险诈骗活动；

（十）窃取、收买或者非法提供他人信用卡信息及其他公民个人信息资料。

第二十五条 国有企业管理人员有下列行为之

一，造成不良后果或者影响的，依据公职人员政务处分法第三十九条的规定，予以警告、记过或者记大过；情节较重的，予以降级或者撤职；情节严重的，予以开除：

（一）泄露企业内幕信息或者商业秘密；

（二）伪造、变造、转让、出租、出借行政许可证件、资质证明文件，或者出租、出借国有企业名称或者企业名称中的字号；

（三）违反规定，举借或者变相举借地方政府债务；

（四）在中华人民共和国境外违反规定造成重大工程质量问题、引起重大劳务纠纷或者其他严重后果；

（五）不履行或者不依法履行安全生产管理职责，导致发生生产安全事故；

（六）在工作中有敷衍应付、推诿扯皮，或者片面理解、机械执行党和国家路线方针政策、重大决策部署等形式主义、官僚主义行为；

（七）拒绝、阻挠、拖延依法开展的出资人监督、审计监督、财会监督工作，或者对出资人监督、审计监督、财会监督发现的问题拒不整改、推诿敷衍、虚假整改；

（八）不依法提供有关信息、报送有关报告或者履行信息披露义务，或者配合其他主体从事违法违规行为；

（九）不履行法定职责或者违法行使职权，侵犯劳动者合法权益；

（十）违反规定，拒绝或者延迟支付中小企业款项、农民工工资等；

（十一）授意、指使、强令、纵容、包庇下属人员违反法律法规规定。

第四章 处分的程序

第二十六条 任免机关、单位按照干部管理权限对有公职人员政务处分法和本条例规定违法行为的国有企业管理人员依法给予处分，保障国有企业管理人员以及相关人员的合法权益。

任免机关、单位应当结合国有企业的组织形式、组织机构等实际情况，明确承担国有企业管理人员处分工作的内设部门或者机构（以下称承办部门）及其职责权限、运行机制等。

第二十七条 对涉嫌违法的国有企业管理人员进行调查、处理，应当由2名以上工作人员进行，按照下列程序办理：

（一）经任免机关、单位负责人同意，由承办部门对需要调查处理的问题线索进行初步核实；

（二）经初步核实，承办部门认为该国有企业管理人员涉嫌违反公职人员政务处分法和本条例规定，需要进一步查证的，经任免机关、单位主要负责人批准同意后立案，书面告知被调查的国有企业管理人员本人（以下称被调查人）及其所在单位，并向有管理权限的监察机关通报；

（三）承办部门负责对被调查人的违法行为作进一步调查，收集、查证有关证据材料，向有关单位和人员了解情况，并形成书面调查报告，向任免机关、单位负责人报告，有关单位和个人应当如实提供情况；

（四）承办部门将调查认定的事实以及拟给予处分的依据告知被调查人，听取其陈述和申辩，并对其提出的事实、理由和证据进行核实，记录在案，被调查人提出的事实、理由和证据成立的，应予采纳；

（五）承办部门经审查提出处理建议，按程序报任免机关、单位领导成员集体讨论，作出对被调查人给予处分、免予处分、不予处分或者撤销案件的决定，并向有管理权限的监察机关通报；

（六）任免机关、单位应当自本条第一款第五项决定作出之日起1个月以内，将处分、免予处分、不予处分或者撤销案件的决定以书面形式通知被调查人及其所在单位，并在一定范围内宣布，涉及国家秘密、商业秘密或者个人隐私的，按照国家有关规定办理；

（七）承办部门应当将处分有关决定及执行材料归入被调查人本人档案，同时汇集有关材料形成该处分案件的工作档案。

严禁以威胁、引诱、欺骗等非法方式收集证据。以非法方式收集的证据不得作为给予处分的依据。不得因被调查人的申辩而加重处分。

第二十八条 重大违法案件调查过程中，确有需要的，可以商请有管理权限的监察机关提供必要支持。

违法情形复杂、涉及面广或者造成重大影响，由任免机关、单位调查核实存在困难的，经任免机关、单位负责人同意，可以商请有管理权限的监察机关处理。

第二十九条 给予国有企业管理人员处分，应当自立案之日起6个月内作出决定；案情复杂或者遇有其他特殊情形的，经任免机关、单位主要负责人批准可以适当延长，但是延长期限不得超过6个月。

第三十条　决定给予处分的，应当制作处分决定书。

处分决定书应当载明下列事项：

（一）受到处分的国有企业管理人员（以下称被处分人）的姓名、工作单位和职务；

（二）违法事实和证据；

（三）处分的种类和依据；

（四）不服处分决定，申请复核、申诉的途径和期限；

（五）作出处分决定的机关、单位名称和日期。

处分决定书应当盖有作出决定的机关、单位印章。

第三十一条　参与国有企业管理人员违法案件调查、处理的人员有下列情形之一的，应当自行回避，被调查人、检举人以及其他有关人员可以要求其回避：

（一）是被调查人或者检举人的近亲属；

（二）担任过本案的证人；

（三）本人或者其近亲属与调查的案件有利害关系；

（四）可能影响案件公正调查、处理的其他情形。

任免机关、单位主要负责人的回避，由上一级机关、单位负责人决定；其他参与违法案件调查、处理人员的回避，由任免机关、单位负责人决定。

任免机关、单位发现参与处分工作的人员有应当回避情形的，可以直接决定该人员回避。

第三十二条　国有企业管理人员被依法追究刑事责任的，任免机关、单位应当根据司法机关的生效判决、裁定、决定及其认定的事实和情节，依法给予处分。

国有企业管理人员依法受到行政处罚，应当给予处分的，任免机关、单位可以根据生效的行政处罚决定认定的事实和情节，经核实后依法给予处分。

任免机关、单位根据本条第一款、第二款规定作出处分决定后，司法机关、行政机关依法改变原生效判决、裁定、决定等，对原处分决定产生影响的，任免机关、单位应当根据改变后的判决、裁定、决定等重新作出相应处理。

第三十三条　任免机关、单位对担任各级人民代表大会代表或者中国人民政治协商会议各级委员会委员的国有企业管理人员给予处分的，应当向有关的人民代表大会常务委员会，乡、民族乡、镇的人民代表大会主席团或者中国人民政治协商会议委员会常务委员会通报。

第三十四条　国有企业管理人员涉嫌违法，已经被立案调查，不宜继续履行职责的，任免机关、单位可以决定暂停其履行职务。国有企业管理人员在被立案调查期间，未经决定立案的任免机关、单位同意，不得出境、辞去公职；其任免机关、单位以及上级机关、单位不得对其交流、晋升、奖励或者办理退休手续。

第三十五条　调查中发现国有企业管理人员因依法履行职责遭受不实举报、诬告陷害、侮辱诽谤，造成不良影响的，任免机关、单位应当按照规定及时澄清事实，恢复名誉，消除不良影响。

第三十六条　国有企业管理人员受到降级、撤职、开除处分的，应当在处分决定作出后1个月内，由相应人事部门等按照管理权限办理岗位、职务、工资和其他有关待遇等变更手续，并依法变更或者解除劳动合同；特殊情况下，经任免机关、单位主要负责人批准可以适当延长办理期限，但是最长不得超过6个月。

第三十七条　国有企业管理人员受到开除以外的处分，在受处分期间有悔改表现，并且没有再出现应当给予处分的违法情形的，处分期满后自动解除处分。

处分解除后，考核以及晋升职务、职级、级别、岗位和职员等级、职称、薪酬待遇等级等不再受原处分影响。但是，受到降级、撤职处分的，不恢复受处分前的职务、职级、级别、岗位和职员等级、职称、薪酬待遇等级等。

任免机关、单位应当按照国家有关规定正确对待、合理使用受处分的国有企业管理人员，坚持尊重激励与监督约束并重，营造干事创业的良好环境。

第五章　复核、申诉

第三十八条　被处分人对处分决定不服的，可以自收到处分决定书之日起1个月内，向作出处分决定的任免机关、单位（以下称原处分决定单位）申请复核。原处分决定单位应当自接到复核申请后1个月以内作出复核决定。

被处分人因不可抗拒的事由或者其他正当理由耽误复核申请期限的，在障碍消除后的10个工作日内，可以申请顺延期限；是否准许，由原处分决定单位决定。

第三十九条 被处分人对复核决定仍不服的，可以自收到复核决定之日起1个月内按照管理权限向上一级机关、单位申诉。受理申诉的机关、单位（以下称申诉机关）应当自受理之日起2个月以内作出处理决定；案情复杂的，可以适当延长，但是延长期限最多不超过1个月。

被处分人因不可抗拒的事由或者其他正当理由耽误申诉申请期限的，在障碍消除后的10个工作日内，可以申请顺延期限；是否准许，由申诉机关决定。

第四十条 原处分决定单位接到复核申请、申诉机关受理申诉后，相关承办部门应当成立工作组，调阅原案材料，必要时可以进行调查，收集、查证有关证据材料，向有关单位和人员了解情况。工作组应当集体研究，提出办理意见，按程序报原处分决定单位、申诉机关领导成员集体讨论作出复核、申诉决定，并向有管理权限的监察机关通报。复核、申诉决定应当自作出之日起1个月以内以书面形式通知被处分人及其所在单位，并在一定范围内宣布；涉及国家秘密、商业秘密或者个人隐私的，按照国家有关规定办理。

复核、申诉期间，不停止原处分决定的执行。

国有企业管理人员不因提出复核、申诉而被加重处分。

坚持复核、申诉与原案调查相分离，原案调查、承办人员不得参与复核、申诉。

第四十一条 任免机关、单位发现本机关、本单位或者下级机关、单位作出的处分决定确有错误的，应当及时予以纠正或者责令下级机关、单位及时予以纠正。

监察机关发现任免机关、单位应当给予处分而未给予，或者给予的处分违法、不当，依法提出监察建议的，任免机关、单位应当采纳并将执行情况函告监察机关，不采纳的应当说明理由。

第四十二条 有下列情形之一的，原处分决定单位、申诉机关应当撤销原处分决定，重新作出决定或者由申诉机关责令原处分决定单位重新作出决定：

（一）处分所依据的违法事实不清或者证据不足；

（二）违反本条例规定的程序，影响案件公正处理；

（三）超越职权或者滥用职权作出处分决定。

第四十三条 有下列情形之一的，原处分决定单位、申诉机关应当变更原处分决定，或者由申诉机关责令原处分决定单位予以变更：

（一）适用法律、法规确有错误；

（二）对违法行为的情节认定确有错误；

（三）处分不当。

第四十四条 原处分决定单位、申诉机关认为处分决定认定事实清楚，适用法律正确的，应当予以维持。

第四十五条 国有企业管理人员的处分决定被变更，需要调整该国有企业管理人员的职务、岗位等级、薪酬待遇等级等的，应当按照规定予以调整。国有企业管理人员的处分决定被撤销，需要恢复该国有企业管理人员的职务、岗位等级、薪酬待遇等级等的，应当按照原职务和岗位等级安排相应的职务和岗位，并在原处分决定公布范围内为其恢复名誉。

国有企业管理人员因有本条例第四十二条、第四十三条规定情形被撤销处分或者减轻处分的，应当结合其实际履职、业绩贡献等情况对其薪酬待遇受到的损失予以适当补偿。

维持、变更、撤销处分的决定应当在作出后1个月内按照本条例第二十七条第一款第六项规定予以送达、宣布，并存入被处分人本人档案。

第六章 法律责任

第四十六条 任免机关、单位及其工作人员在国有企业管理人员处分工作中有公职人员政务处分法第六十一条、第六十三条规定情形的，依据公职人员政务处分法的规定对负有责任的领导人员和直接责任人员给予处理。

第四十七条 有关机关、单位、组织或者人员拒不执行处分决定或者有公职人员政务处分法第六十二条规定情形的，由其上级机关、主管部门、履行出资人职责的机构或者任免机关、单位依据公职人员政务处分法的规定给予处理。

第四十八条 相关单位或者个人利用举报等方式歪曲捏造事实，诬告陷害国有企业管理人员的，应当依法承担法律责任。

第四十九条 违反本条例规定，构成犯罪的，依法追究刑事责任。

第七章 附 则

第五十条 国家对违法的金融、文化国有企业管理人员追究责任另有规定的，同时适用。

第五十一条　本条例施行前，已经结案的案件如果需要复核、申诉，适用当时的规定。尚未结案的案件，如果行为发生时的规定不认为是违法的，适用当时的规定；如果行为发生时的规定认为是违法的，依照当时的规定处理，但是如果本条例不认为是违法或者根据本条例处理较轻的，适用本条例。

第五十二条　本条例自2024年9月1日起施行。

行政规章及规范性文件：

关于印发《“双百企业”推行经理层成员任期制和契约化管理操作指引》和《“双百企业”推行职业经理人制度操作指引》的通知

各中央企业，各省、自治区、直辖市及计划单列市和新疆生产建设兵团国资委：

为深入贯彻落实党中央、国务院关于推行国有企业经理层成员任期制和契约化管理、建立职业经理人制度的决策部署，指导“双百企业”率先全面推进相关工作，国务院国有企业改革领导小组办公室制定了《“双百企业”推行经理层成员任期制和契约化管理操作指引》《“双百企业”推行职业经理人制度操作指引》，现印发给你们，供工作参考。

国务院国有企业改革领导小组办公室

2020年1月22日

“双百企业”推行经理层成员任期制和契约化管理操作指引

为贯彻落实党中央、国务院关于建立健全市场化经营机制、激发企业活力的决策部署，完善国有企业领导人员分类分层管理制度，更好解决三项制度改革中的突出矛盾和问题，有效激发微观主体活力，按照《中共中央　国务院关于深化国有企业改革的指导意见》（中发〔2015〕22号）、《关于印发〈国企改革“双百行动”工作方案〉的通知》（国资发研究〔2018〕70号）、《国务院国有企业改革领导小组办公室关于支持鼓励“双百企业”进一步加大改革创新力度有关事项的通知》（国资改办〔2019〕302号）等文件精神和有关政策规定，结合中央企业和地方国有企业相关工作实践，制定本操作指引。

“双百企业”（含所属各级子企业，下同）在推行经理层成员任期制和契约化管理时，相关工作参考本操作指引。鼓励未纳入国企改革“双百行动”的中央企业所属各级子企业和地方国有企业（含所属各级子企业，下同），参考本操作指引积极推进相关工作。本操作指引印发前，已根据党中央、国务院有关文件精神和政策规定，在本企业或本地区推行经理层成员任期制和契约化管理的，可以按照“孰优”原则参考本操作指引完善相关工作。

一、基本概念、范围和职责

（一）基本概念。

本操作指引所称的经理层成员任期制和契约化管理，是指对企业经理层成员实行的，以固定任期和契约关系为基础，根据合同或协议约定开展年度和任期考核，并根据考核结果兑现薪酬和实施聘任（或解聘）的管理方式。

（二）范围。

一般包括“双百企业”的总经理（总裁、行长等）、副总经理（副总裁、副行长等）、财务负责人和公司章程规定的其他高级管理人员。

（三）职责。

“双百企业”的控股股东及其党组织对“双百企业”推行经理层成员任期制和契约化管理工作发挥领导和把关作用。已建立董事会的“双百企业”，其控股股东及其党组织负责对相关工作方案进行审核把关；未建立董事会的“双百企业”，其控股股东及其党组织负责组织制定相关工作方案并进行审核把关，指导“双百企业”具体实施。

“双百企业”党组织负责研究讨论相关工作方案和考核结果应用等重大事项。

“双百企业”董事会负责组织制定相关工作方案、履行决策审批程序、与经理层成员签订契约、开展考核、兑现薪酬、聘任（或解聘）等。

二、基本操作流程

“双百企业”推行经理层成员任期制和契约化

管理，一般应履行以下基本操作流程：

（一）制定方案。

“双百企业”应结合实际制定工作方案，方案一般包括以下内容：企业基本情况、背景和目的、任期制管理的主要举措、契约化管理的主要举措、监督管理的主要举措、组织保障和进度安排等。

（二）履行决策审批程序。

方案制定后，“双百企业”应按照“三重一大”决策机制，根据公司章程或控股股东及其党组织有关要求，履行相关决策审批程序。

（三）签订契约。

根据“双百企业”董事会建设情况实际，由“双百企业”董事会（或控股股东）与经理层成员签订岗位聘任协议和经营业绩责任书（年度和任期），依法依规建立契约关系，明确任期期限、岗位职责、权利义务、业绩目标、薪酬待遇、退出规定、责任追究等内容。

（四）开展考核。

严格按照契约约定开展年度和任期经营业绩考核，强化刚性考核。

（五）结果应用。

依据年度和任期经营业绩考核结果，结合综合评价结果等确定薪酬、决定聘任（或解聘），强化刚性兑现。

三、任期制管理相关环节操作要点

（一）任期管理。

1. 任期期限。经理层成员的任期期限由董事会（或控股股东）确定，一般为两到三年，可以根据实际情况适当延长。

2. 到期重聘。经理层成员任期期满后，应重新履行聘任程序并签订岗位聘任协议。未能续聘的，自然免职（解聘），如有党组织职务，原则上应一并免去。

（二）明确权责。

“双百企业”应明确经理层成员的岗位职责及工作分工，合理划分权责界面。

1. 岗位说明书。可以采用岗位说明书等方式，明确经理层成员的岗位职责和任职资格。

2. 权责清单。可以采用制定权责清单等方式，规范董事会（或控股股东）与经理层、总经理与其他经理层成员之间的权责关系。

四、契约化管理相关环节操作要点

（一）契约签订。

1. 经营业绩责任书。根据岗位聘任协议，签订年度和任期经营业绩责任书。经营业绩责任书一般包括以下内容：

（1）双方基本信息；

（2）考核内容及指标；

（3）考核指标的目标值、确定方法及计分规则；

（4）考核实施与奖惩；

（5）其他需要约定的事项。

2. 考核内容及指标。根据岗位职责和工作分工，按照定量与定性相结合、以定量为主的导向，确定每位经理层成员的考核内容及指标。年度和任期经营业绩考核内容及指标应适当区分、有效衔接。

3. 考核指标的目标值。目标值应科学合理、具有一定挑战性，一般根据企业发展战略、经营预算、历史数据、行业对标情况等设置。

4. 签约程序。一般由“双百企业”董事会授权董事长与总经理签订年度和任期经营业绩责任书。董事会可以授权总经理与其他经理层成员签订年度和任期经营业绩责任书。未建立董事会的“双百企业”，由其控股股东确定相关签约程序并组织实施。

（二）考核实施。

年度经营业绩考核以年度为周期进行考核，一般在当年年末或次年年初进行。任期经营业绩考核一般结合任期届满当年年度考核一并进行。

考核期末，董事会（或控股股东）依据经审计的财务决算数据等，对经理层成员考核内容及指标的完成情况进行考核，形成考核与奖惩意见，并反馈给经理层成员。经理层成员对考核与奖惩意见有异议的，可及时向董事会（或控股股东）反映。最终确认的考核结果可以在一定范围内公开。

（三）薪酬管理。

1. 薪酬结构。经理层成员薪酬结构一般包括基本年薪、绩效年薪、任期激励等。

（1）基本年薪是年度基本收入，按月固定发放。

（2）绩效年薪是与年度经营业绩考核结果挂钩的浮动收入，原则上占年度薪酬（基本年薪与绩效年薪之和）的比例不低于60%。

（3）任期激励是与任期经营业绩考核结果挂钩的收入。

鼓励“双百企业”综合运用国有控股上市公司股权激励、国有科技型企业股权和分红激励、国有控股混合所有制企业员工持股等中长期激励政策，探索超额利润分享、虚拟股权、跟投等中长期激励方式，不断丰富完善经理层成员的薪酬结构。

2. 薪酬兑现。“双百企业”应根据经营业绩考核结果，合理拉开经理层成员薪酬差距。年度考核不合格的，扣减全部绩效年薪。

“双百企业”应根据有关规定建立薪酬追索扣回制度，在岗位聘任协议中予以明确并严格执行。

（四）退出管理。

1. 退出条件。“双百企业”应加强对经理层成员任期内的考核和管理，经考核认定不适宜继续任职的，应当中止任期、免去现职。一般包括以下情形：

（1）年度经营业绩考核结果未达到完成底线（如百分制低于70分），或年度经营业绩考核主要指标未达到完成底线（如完成率低于70%）的。

（2）连续两年年度经营业绩考核结果为不合格或任期经营业绩考核结果为不合格的。

（3）任期综合考核评价不称职，或者在年度综合考核评价中总经理得分连续两年靠后、其他经理层成员连续两年排名末位，经分析研判确属不胜任或者不适宜担任现职的。

（4）对违规经营投资造成国有资产损失负有责任的。

（5）因其他原因，董事会（或控股股东及其党组织）认为不适合在该岗位继续工作的。

2. 退出方式。对不胜任或不适宜担任现职的经理层成员，不得以任期未满为由继续留任，应当及时解聘。

五、监督管理相关环节操作要点

（一）严格任期。

任期期限、最多连任届数和期限等一经确定，不得随意延长。

（二）履职监督。

“双百企业”应建立健全对推行任期制和契约化管理的经理层成员的监督体系，党组织、董事会、监事会等治理主体，以及纪检监察、巡视、审计等部门根据职能分工，做好履职监督工作。坚持以预防和事前监督为主，建立健全提醒、诫勉、函询等制度办法，及早发现和纠正其不良行为倾向。

（三）责任追究。

经理层成员在聘任期间应当维护企业国有资产安全、防止国有资产流失，不得侵吞、贪污、输送、挥霍国有资产。经理层成员违反规定，未履行或未正确履行职责，在经营投资中造成国有资产损失或其他严重不良后果的，严肃追究责任。

按照“三个区分开来”要求，支持鼓励“双百企业”按照公私分明、尽职合规免责原则，建立健全并细化相关工作机制的主体、标准、适用情形和工作流程，形成可落实可操作的制度安排。

“双百企业”推行职业经理人制度操作指引

为贯彻落实党中央、国务院关于建立健全市场化经营机制、激发企业活力的决策部署，完善国有企业领导人员分类分层管理制度，更好解决三项制度改革中的突出矛盾和问题，有效激发微观主体活力，按照《中共中央　国务院关于深化国有企业改革的指导意见》（中发〔2015〕22号）、《关于印发〈国企改革“双百行动”工作方案〉的通知》（国资发研究〔2018〕70号）、《国务院国有企业改革领导小组办公室关于支持鼓励“双百企业”进一步加大改革创新力度有关事项的通知》（国资改办〔2019〕302号）等文件精神和有关政策规定，结合中央企业和地方国有企业相关工作实践，制定本操作指引。

“双百企业”（含所属各级子企业，下同）在推行职业经理人制度时，相关工作可以参考本操作指引。鼓励未纳入国企改革“双百行动”的中央企业所属各级子企业和地方国有企业（含所属各级子企业，下同），参考本操作指引积极推进相关工作。本操作指引印发前，已根据党中央、国务院有关文件精神和政策规定，在本企业或本地区推行职业经理人制度的，可以按照“孰优”原则参考本操作指引完善相关工作。

一、基本概念、范围和职责

（一）基本概念。

本操作指引所称职业经理人是指按照“市场化

选聘、契约化管理、差异化薪酬、市场化退出”原则选聘和管理的，在充分授权范围内依靠专业的管理知识、技能和经验，实现企业经营目标的高级管理人员。

（二）范围。

一般包括“双百企业”的总经理（总裁、行长等）、副总经理（副总裁、副行长等）、财务负责人和按照公司章程规定的高级管理人员。对于确定推行职业经理人制度的“双百企业”，原则上应当在高级管理人员中全面推行。

（三）职责。

“双百企业”的控股股东及其党组织对“双百企业”推行职业经理人制度工作发挥领导和把关作用，负责对相关工作方案，特别是在确定标准、规范程序、参与考察、推荐人选等方面把关。

“双百企业”董事会依法选聘和管理职业经理人，负责组织制定相关工作方案和管理制度、履行决策审批程序、组织开展选聘、参与考察、决定聘任或解聘、开展考核、兑现薪酬等。

“双百企业”党组织会同董事会制定相关工作方案和管理制度并组织人选推荐、测试、考察等工作，集体研究后向董事会提出意见建议。

二、基本操作流程

（一）企业条件。

支持鼓励同时具备以下条件的“双百企业”，加快推行职业经理人制度。

1. 主业处于充分竞争行业和领域，或者主要从事新产业、新业态、新商业模式；

2. 人力资源市场化程度较高；

3. 建立了权责对等、运转协调、有效制衡的决策执行监督机制；

4. 董事会重大决策、选人用人、薪酬分配等权利依法得到有效落实。

（二）操作流程。

“双百企业”推行职业经理人制度，一般应履行以下基本操作流程：

1. 制定方案。“双百企业”应结合实际制定工作方案，方案一般包括以下内容：企业基本情况、背景和目的、岗位职责、任职条件、选聘方式、选聘程序、薪酬标准、业绩目标、考核规定、退出规定、组织保障和进度安排等。

2. 履行决策审批程序。方案制定后，“双百企业”应按照“三重一大”决策机制，根据公司章程或控股股东及其党组织有关要求，履行相关决策审批程序。

3. 市场化选聘。一般包括制定招聘方案、发布招聘公告、报名及资格审查、实施综合考评（测评、面试评估等）、组织考察或背景调查、作出聘任决定等。

4. 签订契约。“双百企业”与职业经理人签订劳动合同、聘任合同、经营业绩责任书等，以契约方式明确聘任岗位、聘任期限、任务目标、权利义务、考核评价、薪酬标准、履职待遇及福利、奖惩措施、续聘和解聘条件、保密要求、违约责任等内容。

5. 开展考核。严格按照契约约定开展年度和任期经营业绩考核，强化刚性考核。

6. 结果应用。依据年度和任期经营业绩考核结果等确定薪酬、决定聘任（或解聘），强化刚性兑现。

三、市场化选聘相关环节操作要点

“双百企业”职业经理人可以采取竞聘上岗、公开招聘、委托推荐等方式产生。

（一）选聘标准。

坚持业绩导向、市场导向。人选应具有良好的职业道德、职业操守、职业信用，具有过硬的专业素质和治企能力，熟悉企业经营管理工作，以往经营业绩突出，在所处行业或相关专业领域有一定影响力和认可度。

（二）人选来源。

坚持五湖四海、任人唯贤。一般包括本企业内部人员、股东推荐人员、社会参与人员、人才中介机构推荐人员等，不受企业内外、级别高低、资历深浅限制。

（三）选聘程序。

坚持公平公正、竞争择优。一般包括制定招聘方案、发布招聘公告、报名及资格审查、实施综合考评（测评、面试评估等）、组织考察或背景调查、作出聘任决定。

本企业内部人员参与竞聘职业经理人的，个人应当先行提出申请，承诺竞聘成功后放弃原有身份、解除（终止）聘任关系后不得要求恢复原有身份，并遵守职业经理人管理的相关规定。

符合条件的职业经理人，可以按照有关规定进入“双百企业”党组织领导班子。

四、契约化管理相关环节操作要点

（一）契约签订。

1. 职业经理人实行聘任制。职业经理人聘任期限由董事会决定，原则上不超过三年，可以根据实际情况适当延长。董事会可以依法对职业经理人设置试用期。

2. 契约实现形式。“双百企业”应与职业经理人签订劳动合同、聘任合同和经营业绩责任书（年度和任期）。

“双百企业”与职业经理人依法签订劳动合同。本企业内部人员选聘为职业经理人的，一般应重新签订劳动合同。

董事会授权董事长与职业经理人签订聘任合同，聘任期限原则上应与劳动合同期限保持一致。根据聘任合同，董事会授权董事长与总经理签订年度和任期经营业绩责任书，董事会可以授权总经理与其他职业经理人签订年度和任期经营业绩责任书。经营业绩责任书一般包括以下内容：双方基本信息，考核内容及指标，考核指标的目标值、确定方法及计分规则，考核实施与奖惩及其他需要约定的事项。

3. 考核内容及指标。董事会对职业经理人实施年度和任期考核，考核以经营业绩考核指标为主，根据岗位职责和工作分工，确定每位职业经理人的考核内容及指标，年度和任期经营业绩考核内容及指标应适当区分、有效衔接。

董事会可以结合实际对职业经理人进行试用期考核和任期考核。

4. 考核指标的目标值。考核指标目标值设定应当具有较强的挑战性，力争跑赢市场、优于同行。考核指标目标值应当结合本企业历史业绩、同行业可比企业业绩情况等综合确定。

（二）考核实施。

年度经营业绩考核以年度为周期进行考核，一般在当年年末或次年年初进行。任期经营业绩考核一般结合聘任期限届满当年年度考核一并进行。

考核期末，董事会依据经审计的企业财务决算数据等，对职业经理人考核内容及指标的完成情况进行考核，形成考核与奖惩意见，并反馈给职业经理人。职业经理人对考核与奖惩意见有异议的，可及时向董事会反映。

五、差异化薪酬相关环节操作要点

（一）薪酬结构。

职业经理人薪酬结构可以包括基本年薪、绩效年薪、任期激励，也可以实施各种方式的中长期激励，具体由董事会与职业经理人协商确定。

1. 基本年薪是职业经理人的年度基本收入。

2. 绩效年薪是与职业经理人年度经营业绩考核结果相挂钩的浮动收入，原则上占年度薪酬（基本年薪与绩效年薪之和）的比例不低于60%。

3. 任期激励是与职业经理人任期经营业绩考核结果挂钩的收入。

鼓励“双百企业”综合运用国有控股上市公司股权激励、国有科技型企业股权和分红激励、国有控股混合所有制企业员工持股等中长期激励政策，探索超额利润分享、虚拟股权、跟投等中长期激励方式，不断丰富完善职业经理人的薪酬结构。

职业经理人履职待遇及福利，由董事会与职业经理人协商确定。

（二）薪酬水平。

职业经理人薪酬总水平应当按照“业绩与薪酬双对标”原则，根据行业特点、企业发展战略目标、经营业绩、市场同类可比人员薪酬水平等因素，由董事会与职业经理人协商确定。

（三）薪酬支付。

1. 规范薪酬支付。基本年薪按月支付。绩效年薪、任期激励先考核后兑现，可结合企业实际情况延期支付。中长期激励收入在董事会与职业经理人签订的聘任合同约定的锁定期到期后支付或行权。

解除（终止）聘用和劳动关系后（聘期届满考核合格但不再续聘的除外），原则上不得兑现当年绩效年薪、任期激励和其他中长期激励收入。

2. 实行薪酬追索扣回制度。“双百企业”应根据有关规定建立薪酬追索扣回制度，并在聘任合同中予以明确。

六、市场化退出相关环节操作要点

（一）退出条件。

建立职业经理人市场化退出机制，依据职业经理人聘任合同约定和经营业绩考核结果等，出现以下情形的，应解除（终止）聘任关系。

1. 考核不达标的，如：年度经营业绩考核结果未达到完成底线（如百分制低于70分）；年度经营业绩考核主要指标未达到完成底线（如完成率低于70%）；聘任期限内累计两个年度经营业绩考核结果为不合格；任期经营业绩考核结果为不合格。

2. 对于开展任期综合考核评价的，评价结果为不称职的。

3. 因严重违纪违法、严重违反企业管理制度被追究相关责任的。

4. 聘任期间对企业重大决策失误、重大资产损失、重大安全事故等负有重要领导责任的，或对违规经营投资造成国有资产损失负有责任的。

5. 因健康原因无法正常履行工作职责的。

6. 聘期未满但双方协商一致解除聘任合同或者聘期届满不再续聘的。

7. 试用期内或试用期满，经试用发现或试用考核结果不适宜聘任的情形。

8. 董事会认定不适宜继续聘任的其他情形。

（二）辞职规定。

职业经理人因个人原因辞职的，应依据《中华人民共和国劳动合同法》和签订的聘任合同有关条款，提前30日提出辞职申请。未经批准擅自离职、给企业造成损失的，依法依规追究其相应责任。

（三）退出规定。

“双百企业”在职业经理人解除（终止）聘任关系的同时，如有党组织职务应当一并免去，并依法解除（终止）劳动关系。

七、监督管理相关环节操作要点

（一）组织人事关系管理。

职业经理人是中共党员的，其党组织关系由“双百企业”党组织进行管理，其中来自于外部的，其党组织关系应当及时转入“双百企业”党组织进行管理。“双百企业”可以根据有关要求自行明确职业经理人个人有关事项报告的管理规定。职业经理人的人事档案原则上应委托人才服务机构管理。职业经理人退休相关事宜按照国家有关规定执行。

（二）出国（境）管理。

职业经理人因私出国（境）证件由“双百企业”党组织集中保管，职业经理人因私出国（境）时应当根据有关规定履行请假等手续。

（三）培养发展。

“双百企业”应加强对职业经理人的思想政治教育，提高职业经理人的政治素质。建立健全符合职业经理人特点的培养体系，提升职业经理人的专业能力和职业素养。

（四）保密管理。

聘任期间以及退出后，职业经理人应当按照国家和企业有关规定以及聘任合同有关约定，严格履行保密责任和义务。

（五）履职监督。

“双百企业”应建立健全对职业经理人的监督体系，党组织、董事会、监事会等治理主体，以及纪检监察、巡视、审计等部门根据职能分工，做好履职监督工作。坚持以预防和事前监督为主，建立健全提醒、诫勉、函询等制度办法，及早发现和纠正其不良行为倾向。

（六）责任追究。

职业经理人在聘任期间应当维护企业国有资产安全、防止国有资产流失，不得侵吞、贪污、输送、挥霍国有资产。职业经理人违反规定，未履行或未正确履行职责，在经营投资中造成国有资产损失或其他严重不良后果的，严肃追究责任。

按照“三个区分开来”要求，支持鼓励“双百企业”按照公私分明、尽职合规免责原则，建立健全并细化相关工作机制的主体、标准、适用情形和工作流程，形成可落实可操作的制度安排。

国有企业境外投资直派财务负责人管理办法

财资〔2022〕5号

第一章 总 则

第一条 为提升境外投资管理水平和效益，防范境外投资财务风险，依据《中华人民共和国公司法》、《中华人民共和国会计法》、《企业财务通则》（财政部令第41号）和《国有企业境外投资财务管理办法》（财资〔2017〕24号）等规定，制定本办法。

第二条 本办法适用于国有独资企业、国有独资公司以及国有资本控股公司，包括中央和地方国有资产监督管理机构和其他部门所监管的企业本级及其逐级投资形成的企业（以下称国有企业）。与国有企业合营的企业、国有资本参股的企业可以参照执行。

本办法所称境外投资，是指上述国有企业在香港特别行政区、澳门特别行政区和台湾地区以及中华人民共和国以外的国家和地区［以下称所在国（地区）］，通过新设、并购、合营、参股及其他方式，取得企业法人和非法人项目（以下称境外企业）所有权、控制权、经营管理权及其他权益的行为。

本办法所称财务负责人，是指境外企业高级管理人员中，根据股东会（或类似机构，下同）授权全面负责财务管理工作的财务总监、首席财务官、副总经理等。境外企业明确财务总监或者首席财务官作为财务负责人的，其经理层不再设置分管财务的副职。

第三条　对于从事具体生产经营、投资、管理活动且符合下列情形之一的全资或控股境外企业，持有其权益的境内国有企业（以下称股东单位）应当直派财务负责人。

（一）对该境外企业的单项或累计投资金额达到股东单位界定的重大投资项目标准，或者超过股东单位总资产的5%。

（二）境外企业资金难以纳入集中统一管理、不能按照股东单位或其集团要求报送会计信息等。

（三）近三年内发生过财务舞弊事件，且未采取有效整顿措施。

属于上述情形，但因境外企业所在国（地区）法律限制、企业章程（投资合同）另有约定等，不能按照本办法派出财务负责人的，股东单位应当就加强境外企业财务管控制定替代方案，并就有关情况逐级报告至一级集团公司（以下称集团总部）。

第四条　境外企业财务负责人直派工作应当遵循以下原则：

（一）合法合规。股东单位应当根据境内与境外企业所在国（地区）有关法律法规及制度规定派出财务负责人。股东单位在签订投资合同、拟订境外企业章程时，应当依法对财务负责人派出作出约定和制度安排。

（二）谁投资谁派出。原则上由股东单位负责派出财务负责人，股东单位为财务负责人派出企业。集团总部出于管理需要明确由股东单位以外的其他企业负责派出财务负责人的，其他企业为派出企业。

（三）择优选拔。派出企业应当按照本办法规定，结合境外企业财务管理实际，明确财务负责人履职内容和任职条件，严格按照任职要求择优选拔。派出企业应当对财务负责人依法开展背景调查，向境外企业推荐符合任职条件的人选。

（四）权责一致。派出企业应当通过境外企业内部治理程序赋予财务负责人职责权限，明确其享有的权限和承担的责任。财务负责人承担的责任应当与其权限相匹配。

第五条　境外企业应当遵循投资合同、章程约定等，通过内部治理程序聘任或解聘财务负责人，为财务负责人履职提供条件，支持财务负责人参加培训和述职。

派出企业应当建立健全财务负责人年度述职和履职评价制度，通过境外企业内部治理程序，对不胜任的财务负责人提出处理建议，对未向财务负责人提供履职条件的境外企业提出整改要求。

集团总部应当对集团内境外企业财务负责人直派工作进行指导和监督，指导集团内国有企业加强财务管理人才队伍建设。有条件的集团可通过建立财务负责人人才库，组织开展培训等方式做好人才储备工作。

履行出资人职责机构对所出资境外企业财务负责人直派工作进行指导和监督。

第二章　财务负责人职责和履职保障

第六条　财务负责人属于境外企业高管人员，按派出约定和境外企业章程，对派出企业和境外企业董事会及总经理负责。财务负责人履行以下决策、执行及监督职责：

（一）参与重大财务和业务事项决策。

（二）组织执行有关财务决策。

（三）组织建立健全财务制度和财务内控制度。

（四）牵头负责预算、资金、税务、外汇、会计等管理工作。

（五）制订财务部门设置方案，提出财务主管（指财务部门负责人）人选建议。

（六）统筹规划财务管理人才队伍建设。

（七）境外企业通过章程约定、内部制度等明确由财务负责人履行的其他职责。

境外企业和派出企业利益冲突时，财务负责人应当对派出企业负责。

第七条　境外企业应当赋予财务负责人对战略规划、预算、投融资、对外担保、利润分配、重要合同或协议签订等重大财务和业务事项决策的参与权，包括但不限于投票、列席会议、发表意见等权利。

财务负责人对境外企业决策事项存在违法违规、损害有关方合法权益、投资收益低于资金成本等重大风险，提出不同意见或者书面征询但未得到合理回应的，有权要求在会议纪要、决议等文件中如实反映该情况。有关文件未能客观记载的，财务负责人有权拒绝签字，并应当及时向派出企业报告。

第八条 境外企业应当为财务负责人组织执行股东会和董事会有关财务决策提供必要条件，支持财务负责人建立健全财务制度和相关内控制度。

财务负责人组织执行财务决策涉及重大业务问题的，相关业务部门和主管该业务部门的高管应当予以配合。不予配合的，财务负责人应当及时向总经理和董事长以及派出企业报告。

第九条 境外企业应当为财务负责人组织财务预算编制、执行、分析、调整、考核等提供必要条件，支持财务负责人通过加强预算管理促进资源有效配置，为实现年度经营计划和战略目标提供财务保障。

财务预算执行中需要调整的，有关部门或人员应当及时履行内部报告和审批程序。财务负责人应当就重大调整事项向总经理和董事长以及派出企业报告。

第十条 财务负责人应当对境外企业大额资金调度、银行账户设立变动等实施有效管控。

境外企业资金往来未严格履行联签制度的，财务部门不予支付，并应当报告财务负责人。财务负责人应当告知有关高管或者直接向总经理和董事长报告。总经理、董事长违反重大资金往来联签制度规定的，财务负责人应当及时向派出企业报告。

第十一条 境外企业的业务部门对佣金、回扣、手续费、劳务费、提成、返利、进场费、业务奖励等费用的真实性、合规性进行审核，财务部门对符合企业内部财务规定的费用予以支付，并及时入账核算。

业务部门对上述费用疏于管理的，财务负责人发现后应当向主管该业务部门的高管提示风险、建议整改。业务部门不及时整改，或者违法违规开支上述费用的，财务负责人应当及时向总经理和董事长以及派出企业报告。

第十二条 财务负责人应当重视境外企业税务和外汇的合规管理及风险管控，加强与所在国（地区）税收征管、外汇管理部门（机构）的沟通与协调。

业务部门及其人员疏忽失职、故意隐瞒或者提供虚假业务信息，可能造成税收、外汇违法违规风险的，财务负责人发现后应当向主管该业务部门的高管提示风险、建议整改。业务部门不及时整改，或者已造成严重后果的，财务负责人应当及时向总经理和董事长以及派出企业报告。

第十三条 财务负责人应当建立健全境外企业会计管理制度，规范境外企业凭证、账簿、报表等会计资料的形成、审核和保管，保障会计信息真实、完整，持续提高会计信息质量。

财务负责人应当组织拟定并推动实施财会信息化建设方案，除所在国（地区）另有规定外，还应当实现与集团总部或者股东单位境内信息化系统的有效对接。

业务部门及其人员疏忽失职、故意隐瞒或者提供虚假业务信息，可能造成会计信息失真的，财务负责人发现后应当向主管该业务部门的高管提示风险、建议整改。业务部门不及时整改，或者已造成严重后果的，财务负责人应当及时向总经理和董事长以及派出企业报告。

第十四条 除本办法第七条至第十三条规定外，境外企业财务负责人对履职过程中发现的其他重大财务违规、内部控制重大缺陷、会计基础工作混乱、会计信息严重失真、国有资产损失等事项，应当按照本办法以及内部治理规定，及时向总经理和董事长以及派出企业报告。

董事长和总经理应当及时听取财务负责人的报告，并采取适当措施纠正问题、消除风险、挽回损失等。

境外企业不及时纠正、未消除风险、未挽回损失的，财务负责人应当牵头向派出企业作出书面说明，并提出意见建议。

第十五条 境外企业应当为财务负责人参与决策、执行决策和开展监督提供必要条件。财务负责人正常履职受限的，可以向总经理、董事长或者派出企业反映。

财务负责人反映问题后正常履职依然受限的，有权直接向集团总部反映情况和问题。

第十六条 派出企业和境外企业可以统筹考虑财务负责人胜任能力和工作强度、所在国（地区）同类人员的薪酬水平、当地物价、风险补偿等因素，对直派财务负责人实施与境内不同的薪酬管理政策。国家另有规定的从其规定。

对于境外企业无正当理由拖欠、扣减财务负责人薪酬的，财务负责人有权向派出企业报告。派出企业核实后应当通过境外企业内部治理程序要求境外企业纠正，维护财务负责人合法权益。

第三章 财务负责人任职要求

第十七条 境外企业财务负责人应当同时符合以下基本条件：

（一）遵纪守法，廉洁自律，勤勉尽责，爱岗敬业，职业道德操守和个人信用记录良好。

（二）具有5年及以上财务（含会计、审计、税务，下同）岗位工作经验，或者6年及以上与该境外企业生产经营相关的其他岗位和1年及以上财务岗位工作经验。

（三）熟悉有关财经法律法规和政策规定、国家通用的企业财务制度和统一的会计制度、派出企业及集团总部管控要求等。

（四）具备履职需要的组织协调、战略管控、专业判断、沟通执行等管理能力。

对取得境内注册会计师或所在国（地区）会计职业资格的人员，前款第（二）项工作年限可以适当放宽。

第十八条 有下列情形之一的人员，不得担任境外企业财务负责人：

（一）近五年内因违反财经或保密法律法规等受到刑事处罚。

（二）近五年内因财务会计和保密违纪违规行为被财政、金融监管、监察机关等主管部门处罚或者记入诚信档案。

（三）因涉嫌严重违法违规行为正在接受有关部门立案调查。

（四）个人及其配偶、子女有已到期但未清偿的境内外大额债务。

（五）其近亲属在该境外企业及其投资的企业担任高管或从事财务工作，或者存在按规定个人应回避的其他情形。

（六）无民事行为能力或者限制民事行为能力。

（七）影响正常履职的其他情形。

第十九条 有下列情形之一的人员，同等条件下优先派出：

（一）参加财政部及省级高端会计人才长期培养项目并取得毕业证书。

（二）具有跨国公司财务工作经历。

（三）具有财务、业务、法律多岗位工作经历。

（四）熟练运用所在国（地区）工作语言。

（五）熟悉所在国（地区）财经法律法规和政策制度。

第二十条 派出企业可以商境外企业对本办法规定的任职条件作出细化，据此开展境外财务管理人才内部培训、内部选拔交流和外部聘用。

第二十一条 境外企业财务负责人实行任期制，三年为一个任期。任期履职评价合格的，可以连任，任职年限原则上不超过六年；任期履职评价不合格的，应当解聘。

第四章 财务负责人培训和述职

第二十二条 为保障和督促直派财务负责人正常履职，派出企业应当建立健全财务负责人培训和述职制度，据此开展常态化培训和履职评价，并将有关情况记入财务负责人履职档案。

第二十三条 派出企业或境外企业应当在财务负责人赴境外企业任职前对其进行岗前培训，并在其任职期间定期进行培训，所需培训费用从企业职工教育经费列支。

财务负责人应当持续加强境内和所在国（地区）财经法律法规、政策制度和财会专业知识学习，提升专业素质和履职能力。

第二十四条 财务负责人应当于年度终了及时向派出企业提交年度书面述职报告。有条件的派出企业可以由财务负责人返回境内开展述职谈话，谈话应当形成书面记录，并由派出企业谈话人和财务负责人双方签字。

述职报告或者谈话记录经派出企业的财务负责人阅签后，由派出企业和财务负责人分别保存。

第二十五条 派出企业应当对财务负责人年度履职情况进行评价，并向境外企业和财务负责人个人反馈评价结果。财务负责人任期结束后，派出企业结合各年度履职评价和离任审计情况，对其进行任期履职评价。

对于勤勉廉洁、业绩优秀、监管尽责的财务负责人，派出企业应当给予表彰奖励、重点培养、提拔使用等激励，同时可建议境外企业给予适当激励。

对于不履行职责、不正确履行职责的财务负责人，派出企业应当予以提醒，涉及违法违规的及时予以处理。

第二十六条 集团总部应当汇总形成本集团境外企业财务负责人履职情况，及时向主管财政机关报告。

第二十七条 财政部可以组织对境外投资直派财务负责人开展集中培训和经验交流，发布境外投资财务管理案例和指引，提高直派财务负责人履职能力。

第二十八条 财政部可以组织部分中央企业境外投资直派财务负责人进行座谈，结合履职情况分析境外投资财务运行情况及存在风险，调研企业财政政策和制度需求。

第五章 财务负责人监督管理

第二十九条 境外企业按照本企业章程约定和内部制度，对包括财务负责人在内的高管实施监督管理。对财务负责人不按照本办法及内部规定履行职责的，应当及时向派出企业通报，并提出处理意见。

第三十条 派出企业通过年度和任期述职对财务负责人实施监督管理，对财务负责人履职中存在问题应当及时指出，要求其改正。

第三十一条 现任境外企业财务负责人出现下列情形之一的，派出企业应当督促境外企业通过内部治理程序予以解聘：

（一）根据本办法第十八条规定不再适合担任财务负责人的。

（二）本人提出辞职的。

（三）任期履职评价不合格的。

（四）不履行职责或不正确履行职责造成重大经济损失或严重不良影响的。

派出企业应当及时提出新的境外企业财务负责人人选，并督促境外企业通过内部治理程序予以聘任。

第三十二条 有关主管部门对境外企业开展监督及责任追究时，将财务负责人恪尽职守和履行报告义务情况作为从轻、减轻责任处理的重要参考。

第三十三条 财务负责人履职中有失职、渎职、侵占、行贿受贿等行为的，应当依法追究其责任。发现可能存在违纪或违法犯罪问题的，及时移送监察机关或司法机关处理。

第六章 附 则

第三十四条 国有企业可以与派出境外企业的财务负责人直接签订劳动合同并向其支付薪酬。此类情形下，境外企业财务负责人的聘任与解聘履行派出企业内部治理程序，且其不得在境外企业重复领取薪酬。

第三十五条 从事具体生产经营、投资、管理活动的境外企业对其全资或控股的境外子企业派出财务负责人，可以参照本办法执行。

第三十六条 按照本办法应当直派财务负责人但暂时未聘任财务负责人的，本办法规定的财务负责人职责由境外企业负责人以外的高管人员承担。前述情形持续原则上不超过一年，派出企业应当督促境外企业按规定聘任财务负责人。

第三十七条 境外企业所在国（地区）对财务负责人的任职条件、履职要求、职责权限等另有规定的，从其规定。

第三十八条 中央企业集团总部和省级财政部门可以根据本办法，结合本集团和本地区实际制定境外投资直派财务负责人实施细则。

第三十九条 本办法自印发之日起实施。

（三）股权激励

行政规章及规范性文件：

关于印发《关于国有控股混合所有制企业开展员工持股试点的意见》的通知

国资发改革〔2016〕133 号

各省、自治区、直辖市人民政府、国务院各部委、各直属机构：

经国务院同意，现将《关于国有控股混合所有制企业开展员工持股试点的意见》印发给你们，请结合实际认真贯彻执行。

国务院国有资产监督管理委员会
中华人民共和国财政部
中国证券监督管理委员会
2016 年 8 月 2 日

关于国有控股混合所有制企业开展员工持股试点的意见

为全面贯彻党的十八大和十八届三中、四中、五中全会精神，落实“四个全面”战略布局和创新、协调、绿色、开放、共享的发展理念，根据《中共中央　国务院关于深化国有企业改革的指导意见》（中发〔2015〕22号）有关要求，经国务院同意，现就国有控股混合所有制企业开展员工持股试点提出以下意见。

一、试点原则

（一）坚持依法合规，公开透明。依法保护各类股东权益，严格遵守国家有关法律法规和国有企业改制、国有产权管理等有关规定，确保规则公开、程序公开、结果公开，杜绝暗箱操作，严禁利益输送，防止国有资产流失。不得侵害企业内部非持股员工合法权益。

（二）坚持增量引入，利益绑定。主要采取增资扩股、出资新设方式开展员工持股，并保证国有资本处于控股地位。建立健全激励约束长效机制，符合条件的员工自愿入股，入股员工与企业共享改革发展成果，共担市场竞争风险。

（三）坚持以岗定股，动态调整。员工持股要体现爱岗敬业的导向，与岗位和业绩紧密挂钩，支持关键技术岗位、管理岗位和业务岗位人员持股。建立健全股权内部流转和退出机制，避免持股固化僵化。

（四）坚持严控范围，强化监督。严格试点条件，限制试点数量，防止“一哄而起”。严格审批程序，持续跟踪指导，加强评价监督，确保试点工作目标明确、操作规范、过程可控。

二、试点企业条件

（一）主业处于充分竞争行业和领域的商业类企业。

（二）股权结构合理，非公有资本股东所持股份应达到一定比例，公司董事会中有非公有资本股东推荐的董事。

（三）公司治理结构健全，建立市场化的劳动人事分配制度和业绩考核评价体系，形成管理人员能上能下、员工能进能出、收入能增能减的市场化机制。

（四）营业收入和利润90%以上来源于所在企业集团外部市场。

优先支持人才资本和技术要素贡献占比较高的转制科研院所、高新技术企业、科技服务型企业（以下统称科技型企业）开展员工持股试点。中央企业二级（含）以上企业以及各省、自治区、直辖市及计划单列市和新疆生产建设兵团所属一级企业原则上暂不开展员工持股试点。违反国有企业职工持股有关规定且未按要求完成整改的企业，不开展员工持股试点。

三、企业员工入股

（一）员工范围。参与持股人员应为在关键岗位工作并对公司经营业绩和持续发展有直接或较大影响的科研人员、经营管理人员和业务骨干，且与本公司签订了劳动合同。

党中央、国务院和地方党委、政府及其部门、机构任命的国有企业领导人员不得持股。外部董事、监事（含职工代表监事）不参与员工持股。如直系亲属多人在同一企业时，只能一人持股。

（二）员工出资。员工入股应主要以货币出资，并按约定及时足额缴纳。按照国家有关法律法规，员工以科技成果出资入股的，应提供所有权属证明并依法评估作价，及时办理财产权转移手续。上市公司回购本公司股票实施员工持股，须执行有关规定。

试点企业、国有股东不得向员工无偿赠与股份，不得向持股员工提供垫资、担保、借贷等财务资助。持股员工不得接受与试点企业有生产经营业务往来的其他企业的借款或融资帮助。

（三）入股价格。在员工入股前，应按照有关规定对试点企业进行财务审计和资产评估。员工入股价格不得低于经核准或备案的每股净资产评估值。国有控股上市公司员工入股价格按证券监管有关规定确定。

（四）持股比例。员工持股比例应结合企业规模、行业特点、企业发展阶段等因素确定。员工持股总量原则上不高于公司总股本的30%，单一员工持股比例原则上不高于公司总股本的1%。企业可采取适当方式预留部分股权，用于新引进人才。国有控股上市公司员工持股比例按证券监管有关规定确定。

（五）股权结构。实施员工持股后，应保证国有股东控股地位，且其持股比例不得低于公司总股本的34%。

（六）持股方式。持股员工可以个人名义直接持股，也可通过公司制企业、合伙制企业、资产管理计划等持股平台持有股权。通过资产管理计划方式持股的，不得使用杠杆融资。持股平台不得从事除持股以外的任何经营活动。

四、企业员工股权管理

（一）股权管理主体。员工所持股权一般应通过持股人会议等形式选出代表或设立相应机构进行管理。该股权代表或机构应制定管理规则，代表持股员工行使股东权利，维护持股员工合法权益。

（二）股权管理方式。公司各方股东应就员工股权的日常管理、动态调整和退出等问题协商一致，并通过公司章程或股东协议等予以明确。

（三）股权流转。实施员工持股，应设定不少于36个月的锁定期。在公司公开发行股份前已持股的员工，不得在公司首次公开发行时转让股份，并应承诺自上市之日起不少于36个月的锁定期。锁定期满后，公司董事、高级管理人员每年可转让股份不得高于所持股份总数的25%。

持股员工因辞职、调离、退休、死亡或被解雇等原因离开本公司的，应在12个月内将所持股份进行内部转让。转让给持股平台、符合条件的员工或非公有资本股东的，转让价格由双方协商确定；转让给国有股东的，转让价格不得高于上一年度经审计的每股净资产值。国有控股上市公司员工转让股份按证券监管有关规定办理。

（四）股权分红。员工持股企业应处理好股东短期收益与公司中长期发展的关系，合理确定利润分配方案和分红率。企业及国有股东不得向持股员工承诺年度分红回报或设置托底回购条款。持股员工与国有股东和其他股东享有同等权益，不得优先于国有股东和其他股东取得分红收益。

（五）破产重整和清算。员工持股企业破产重整和清算时，持股员工、国有股东和其他股东应以出资额为限，按照出资比例共同承担责任。

五、试点工作实施

（一）试点企业数量。选择少量企业开展试点。各省、自治区、直辖市及计划单列市和新疆生产建设兵团可分别选择5—10户企业，国务院国资委可从中央企业所属子企业中选择10户企业，开展首批试点。

（二）试点企业确定。开展员工持股试点的地方国有企业，由省级人民政府国有资产监督管理机构协调有关部门，在审核申报材料的基础上确定。开展试点的中央企业所属子企业，由国有股东单位在审核有关申报材料的基础上，报履行出资人职责的机构确定。

（三）员工持股方案制定。企业开展员工持股试点，应深入分析实施员工持股的必要性和可行性，以适当方式向员工充分提示持股风险，严格按照有关规定制定员工持股方案，并对实施员工持股的风险进行评估，制定应对预案。员工持股方案应对持股员工条件、持股比例、入股价格、出资方式、持股方式、股权分红、股权管理、股权流转及员工岗位变动调整股权等操作细节作出具体规定。

（四）员工持股方案审批及备案。试点企业应通过职工代表大会等形式充分听取本企业职工对员工持股方案的意见，并由董事会提交股东（大）会进行审议。地方试点企业的员工持股方案经股东（大）会审议通过后，报履行出资人职责的机构备案，同时抄报省级人民政府国有资产监督管理机构；中央试点企业的员工持股方案经股东（大）会审议通过后，报履行出资人职责的机构备案。

（五）试点企业信息公开。试点企业应将持股员工范围、持股比例、入股价格、股权流转、中介机构以及审计评估等重要信息在本企业内部充分披露，切实保障员工的知情权和监督权。国有控股上市公司执行证券监管有关信息披露规定。

（六）规范关联交易。国有企业不得以任何形式向本企业集团内的员工持股企业输送利益。国有企业购买本企业集团内员工持股企业的产品和服务，或者向员工持股企业提供设备、场地、技术、劳务、服务等，应采用市场化方式，做到价格公允、交易公平。有关关联交易应由一级企业以适当方式定期公开，并列入企业负责人经济责任审计和财务审计内容。

六、组织领导

实施员工持股试点，事关国有企业改革发展大局，事关广大员工切身利益，各地区、各有关部门要高度重视，加强领导，精心组织，落实责任，确保试点工作规范有序开展。国务院国资委负责中央企业试点工作，同时负责指导地方国有资产监督管理机构做好试点工作，重要问题应及时向国务院国有企业改革领导小组报告。首批试点原则上在2016年启动实施，各有关履行出资人职责的机构要严格审核试点企业申报材料，成熟一户开展一户，2018年年底进行阶段性总结，视情况适时扩大试点。试点企业要按照要求规范操作，严格履行有关决策和审批备案程序，扎实细致开展员工持股试点工作，积极探索员工持股有效模式，切实转换企业经营机制，激发企业活力。各有关履行出资人职责的机构要对试点企业进行定期跟踪检查，及时掌握情况，发现问题，纠正不规范行为。试点过程中出现制度不健全、程序不规范、管理不到位等问题，致使国有资产流失、损害有关股东合法权益或严重侵害企业职工合法权益的，要依法依纪追究相关责任人的责任。

金融、文化等国有企业实施员工持股，中央另有规定的依其规定执行。国有科技型企业的股权和分红激励，按国务院有关规定执行。已按有关规定实施员工持股的企业，继续规范实施。国有参股企业的员工持股不适用本意见。

关于印发《国有科技型企业股权和分红激励暂行办法》的通知

财资〔2016〕4号

党中央有关部门，国务院各部委、各直属机构，各省、自治区、直辖市、计划单列市财政厅（局）、科技厅（委、局）、国资委，新疆生产建设兵团财务局、科技局、国资委，各中央管理企业：

为进一步激发广大技术和管理人员的积极性和创造性，促进国有科技型企业健康可持续发展，经国务院同意，我们在中关村国家自主创新示范区股权和分红激励试点办法的基础上，制定了《国有科技型企业股权和分红激励暂行办法》。现予印发，请遵照执行。

财政部　科技部　国资委

2016年2月26日

国有科技型企业股权和分红激励暂行办法

第一章　总　　则

第一条　为加快实施创新驱动发展战略，建立国有科技型企业自主创新和科技成果转化的激励分配机制，调动技术和管理人员的积极性和创造性，推动高新技术产业化和科技成果转化，依据《中华人民共和国促进科技成果转化法》、《中华人民共和国公司法》、《中华人民共和国企业国有资产法》等国家法律法规，制定本办法。

第二条　本办法所称国有科技型企业，是指中国境内具有公司法人资格的国有及国有控股未上市科技企业（含全国中小企业股份转让系统挂牌的国有企业），具体包括：

（一）转制院所企业、国家认定的高新技术企业。

（二）高等院校和科研院所投资的科技企业。

（三）国家和省级认定的科技服务机构。

第三条　本办法所称股权激励，是指国有科技型企业以本企业股权为标的，采取股权出售、股权奖励、股权期权等方式，对企业重要技术人员和经营管理人员实施激励的行为。

分红激励，是指国有科技型企业以科技成果转化收益为标的，采取项目收益分红方式；或者以企业经营收益为标的，采取岗位分红方式，对企业重要技术人员和经营管理人员实施激励的行为。

第四条　国有科技型企业实施股权和分红激励应当遵循以下原则：

（一）依法依规，公正透明。严格遵守国家法律法规和本办法的规定，有序开展激励工作，操作过程公开、公平、公正，坚决杜绝利益输送，防止国有资产流失。

（二）因企制宜，多措并举。统筹考虑企业规模、行业特点和发展阶段，采取一种或者多种激励方式，科学制定激励方案。建立合理激励、有序流转、动态调整的机制。

（三）利益共享，风险共担。激励对象按照自愿原则，获得股权和分红激励，应当诚实守信，勤勉尽责，自觉维护企业和全体股东利益，共享改革发展成果，共担市场竞争风险。

（四）落实责任，强化监督。建立健全企业内部监督机制，依法维护企业股东和员工的权益。履行国有资产监管职责单位及同级财政、科技部门要加强监管，依法追责。

第五条　国有科技型企业负责拟订股权和分红激励方案，履行内部审议和决策程序，报经履行出资人职责或国有资产监管职责的部门、机构、企业审核后，对符合条件的激励对象实施激励。

第二章　实施条件

第六条　实施股权和分红激励的国有科技型企业应当产权明晰、发展战略明确、管理规范、内部治理结构健全并有效运转，同时具备以下条件：

（一）企业建立了规范的内部财务管理制度和员工绩效考核评价制度。年度财务会计报告经过中介机构依法审计，且激励方案制定近3年（以下简称近3年）没有因财务、税收等违法违规行为受到行政、刑事处罚。成立不满3年的企业，以实际经营年限计算。

（二）对于本办法第二条中的（一）、（二）类企业，近3年研发费用占当年企业营业收入均在3%以上，激励方案制定的上一年度企业研发人员占职工总数10%以上。成立不满3年的企业，以实际经营年限计算。

（三）对于本办法第二条中的（三）类企业，近3年科技服务性收入不低于当年企业营业收入的60%。

上款所称科技服务性收入是指国有科技服务机构营业收入中属于研究开发及其服务、技术转移服务、检验检测认证服务、创业孵化服务、知识产权服务、科技咨询服务、科技金融服务、科学技术普及服务等收入。

企业成立不满3年的，不得采取股权奖励和岗位分红的激励方式。

第七条 激励对象为与本企业签订劳动合同的重要技术人员和经营管理人员，具体包括：

（一）关键职务科技成果的主要完成人，重大开发项目的负责人，对主导产品或者核心技术、工艺流程做出重大创新或者改进的主要技术人员。

（二）主持企业全面生产经营工作的高级管理人员，负责企业主要产品（服务）生产经营的中、高级经营管理人员。

（三）通过省、部级及以上人才计划引进的重要技术人才和经营管理人才。

企业不得面向全体员工实施股权或者分红激励。

企业监事、独立董事不得参与企业股权或者分红激励。

第三章 股权激励

第八条 企业可以通过以下方式解决激励标的股权来源：

（一）向激励对象增发股份。

（二）向现有股东回购股份。

（三）现有股东依法向激励对象转让其持有的股权。

第九条 企业可以采取股权出售、股权奖励、股权期权等一种或多种方式对激励对象实施股权激励。

大、中型企业不得采取股权期权的激励方式。

企业的划型标准，按照国家统计局《关于印发统计上大中小微型企业划分办法的通知》（国统字〔2011〕75号）等有关规定执行。

第十条 大型企业的股权激励总额不超过企业总股本的5%；中型企业的股权激励总额不超过企业总股本的10%；小、微型企业的股权激励总额不超过企业总股本的30%，且单个激励对象获得的激励股权不得超过企业总股本的3%。

企业不能因实施股权激励而改变国有控股地位。

第十一条 企业实施股权出售，应按不低于资产评估结果的价格，以协议方式将企业股权有偿出售给激励对象。资产评估结果，应当根据国有资产评估的管理规定，报相关部门、机构或者企业核准或者备案。

第十二条 企业实施股权奖励，除满足本办法第六条规定外，近3年税后利润累计形成的净资产增值额应当占近3年年初净资产总额的20%以上，实施激励当年年初未分配利润为正数。

近3年税后利润累计形成的净资产增值额，是指激励方案制定上年末账面净资产相对于近3年首年初账面净资产的增加值，不包括财政及企业股东以各种方式投资或补助形成的净资产和已经向股东分配的利润。

第十三条 企业用于股权奖励的激励额不超过近3年税后利润累计形成的净资产增值额的15%。企业实施股权奖励，必须与股权出售相结合。

股权奖励的激励对象，仅限于在本企业连续工作3年以上的重要技术人员。单个获得股权奖励的激励对象，必须以不低于1∶1的比例购买企业股权，且获得的股权奖励按激励实施时的评估价值折算，累计不超过300万元。

第十四条 企业用于股权奖励的激励额，应当依据经核准或者备案的资产评估结果折合股权，并确定向每个激励对象奖励的股权。

第十五条 企业股权出售或者股权奖励原则上应一次实施到位。

第十六条 小、微型企业采取股权期权方式实施激励的，应当在激励方案中明确规定激励对象的行权价格。

确定行权价格时，应当综合考虑科技成果成熟程度及其转化情况、企业未来至少5年的盈利能力、企业拟授予全部股权数量等因素，且不低于制定股权期权激励方案时经核准或者备案的每股评估价值。

第十七条 企业应当与激励对象约定股权期权授予和行权的业绩考核目标等条件。

业绩考核指标可以选取净资产收益率、主营业务收入增长率、现金营运指数等财务指标，但应当不低于企业近3年平均业绩水平及同行业平均业绩水平。成立不满3年的企业，以实际经营年限计算。

第十八条 企业应当在激励方案中明确股权期权的授权日、可行权日和行权有效期。

股权期权授权日与获授股权期权首次可行权日之间的间隔不得少于1年，股权期权行权的有效期不得超过5年。

企业应当规定激励对象在股权期权行权的有效期内分期行权。有效期过后，尚未行权的股权期权自动失效。

第十九条 企业以股权期权方式授予的股权，激励对象分期缴纳相应出资额的，以实际出资额对应的股权参与企业利润分配。

第二十条 企业不得为激励对象购买股权提供贷款以及其他形式的财务资助，包括为激励对象向其他单位或者个人贷款提供担保。企业要坚持同股同权，不得向激励对象承诺年度分红回报或设置托底回购条款。

第二十一条 激励对象可以采用直接或间接方式持有激励股权。采用间接方式的，持股单位不得与企业存在同业竞争关系或发生关联交易。

第二十二条 股权激励的激励对象，自取得股权之日起，5年内不得转让、捐赠，特殊情形按以下规定处理：

（一）因本人提出离职或者个人原因被解聘、解除劳动合同，取得的股权应当在半年内全部退回企业，其个人出资部分由企业按上一年度审计后净资产计算退还本人。

（二）因公调离本企业的，取得的股权应当在半年内全部退回企业，其个人出资部分由企业按照上一年度审计后净资产计算与实际出资成本孰高的原则返还本人。

在职激励对象不得以任何理由要求企业收回激励股权。

第四章 分红激励

第二十三条 企业实施项目收益分红，应当依据《中华人民共和国促进科技成果转化法》，在职务科技成果完成、转化后，按照企业规定或者与重要技术人员约定的方式、数额和时限执行。企业制定相关规定，应当充分听取本企业技术人员的意见，并在本企业公开相关规定。

企业未规定、也未与重要技术人员约定的，按照下列标准执行：

（一）将该项职务科技成果转让、许可给他人实施的，从该项科技成果转让净收入或者许可净收入中提取不低于50%的比例；

（二）利用该项职务科技成果作价投资的，从该项科技成果形成的股份或者出资比例中提取不低于50%的比例；

（三）将该项职务科技成果自行实施或者与他人合作实施的，应当在实施转化成功投产后连续3至5年，每年从实施该项科技成果的营业利润中提取不低于5%的比例。

转让、许可净收入为企业取得的科技成果转让、许可收入扣除相关税费和企业为该项科技成果投入的全部研发费用及维护、维权费用后的金额。企业将同一项科技成果使用权向多个单位或者个人转让、许可的，转让、许可收入应当合并计算。

第二十四条 企业实施项目收益分红，应当按照具体项目实施财务管理，并按照国家统一的会计制度进行核算，反映具体项目收益分红情况。

第二十五条 企业实施岗位分红，除满足本办法第六条规定外，近3年税后利润累计形成的净资产增值额应当占企业近3年年初净资产总额的10%以上，且实施激励当年年初未分配利润为正数。

第二十六条 企业年度岗位分红激励总额不高于当年税后利润的15%。企业应当按照岗位在科技成果产业化中的重要性和贡献，确定不同岗位的分红标准。

第二十七条 激励对象应当在该岗位上连续工作1年以上，且原则上每次激励人数不超过企业在岗职工总数的30%。

激励对象获得的岗位分红所得不高于其薪酬总额的2/3。激励对象自离岗当年起，不再享有原岗位分红权。

第二十八条 岗位分红激励方案有效期原则上不超过3年。激励方案中应当明确年度业绩考核指标，原则上各年度净利润增长率应当高于企业实施岗位分红激励近3年平均增长水平。

企业未达到年度考核要求的，应当终止激励方案的实施，再次实施岗位分红激励需重新申报。

激励对象未达到年度考核要求的，应当按约定的条款扣减、暂缓或停止分红激励。

第二十九条 企业实施分红激励所需支出计入工资总额，但不受当年本单位工资总额限制、不纳入本单位工资总额基数，不作为企业职工教育经费、工会经费、社会保险费、补充养老及补充医疗保险费、住房公积金等的计提依据。

第五章 激励方案的管理

第三十条 企业总经理班子或者董事会（以下统称企业内部决策机构）负责拟订企业股权和分红激励方案（格式参见附件）。

第三十一条 对同一激励对象就同一职务科技成果或者产业化项目，企业只能采取一种激励方式、给予一次激励。对已按照本办法实施股权激励的激励对象，企业在5年内不得再对其实施股权激励。

第三十二条 激励方案涉及的财务数据和资产评估结果，应当经具有相关资质的会计师事务所审计和资产评估机构评估，并按有关规定办理核准或备案手续。

第三十三条 企业内部决策机构拟订激励方案时，应当通过职工代表大会或者其他形式充分听取职工的意见和建议。

第三十四条 企业内部决策机构应当将激励方案及听取职工意见情况，先行报履行出资人职责或国有资产监管职责的部门、机构、企业（以下简称审核单位）批准。

中央企业集团公司相关材料报履行出资人职责的部门或机构批准；中央企业集团公司所属子企业，相关材料报中央企业集团公司批准。履行出资人职责的国有资本投资、运营公司所属子企业，相关材料报国有资本投资、运营公司批准。

中央部门及事业单位所属企业，按国有资产管理权属，相关材料报中央主管部门或机构批准。

地方国有企业相关材料，按现行国有资产管理体制，报同级履行国有资产监管职责的部门或机构批准。

第三十五条 审核单位应当严格审核企业申报的激励方案，必要时要求企业法律事务机构或者外聘律师对激励方案出具法律意见书，对以下事项发表专业意见：

（一）激励方案是否符合有关法律、法规和本办法的规定。

（二）激励方案是否存在明显损害企业及现有股东利益的情形。

（三）激励方案是否充分披露影响激励结果的重大信息。

（四）激励方案可能引发的法律纠纷等风险，以及应对风险的法律建议。

（五）其他重要事项。

审核单位自受理企业股权和分红激励方案之日起20个工作日内，提出书面审定意见。

第三十六条 审核单位批准企业实施股权和分红激励后，企业内部决策机构应将批准的激励方案提请股东（大）会审议。

在股东（大）会审议激励方案时，国有股东代表应当按照审批单位书面审定意见发表意见。

未设立股东（大）会的企业，按照审批单位批准的方案实施。

第三十七条 除国家另有规定外，企业应当在股东（大）会审议通过激励方案后5个工作日内，将以下材料报送审核单位备案：

（一）经股东（大）会审议通过的激励方案。

（二）相关批准文件、股东（大）会决议。

企业股东应当依法行使股东权利，督促企业内部决策机构严格按照激励方案实施激励。

第三十八条 在激励方案实施期间内，企业应于每年1月底前向审核单位报告上一年度激励方案实施情况：

（一）实施激励涉及的业绩条件、净收益等财务信息。

（二）激励对象在报告期内各自获得的激励情况。

（三）报告期内的股权激励数量及金额，引起的股本变动情况，以及截至报告期末的累计额。

（四）报告期内的分红激励金额，以及截至报告期末的累计额。

（五）激励支出的列支渠道和会计核算情况。

（六）其他应报告的事项。

中央主管部门、机构和中央企业集团公司，应当对所属企业年度股权和分红激励实施情况进行总结，包括实施股权和分红激励企业户数、激励方式、激励人数、激励落实情况、存在的突出问题以及有关政策建议等，并于3月底前将上一年度实施情况的总结报告报送财政部、科技部。

地方省级财政部门、科技部门，负责对本省地方国有企业年度股权和分红激励实施情况进行总结，并于3月底前将上一年度实施情况的总结报告报送财政部、科技部。

第三十九条 企业实施股权或者分红激励，应当按照《企业财务通则》（财政部令第41号）和国家统一会计制度的规定，规范财务管理和会计核算。

第四十条 企业实施激励导致注册资本规模、股权结构或者组织形式变动的，应当按照有关规定，根据相关批准文件、股东（大）会决议等，及时办理国有资产产权登记和工商变更登记手续。

第四十一条 因出现特殊情形需要调整激励方案的，企业应当重新履行内部审议和外部审核的程序。

因出现特殊情形需要终止实施激励的，企业内部决策机构应当向审核单位报告并向股东（大）会说明情况。

第四十二条 企业实施激励过程中，应当接受审核单位及财政、科技部门监督。对违反有关法律法规及本办法规定、损害国有资产合法权益的情形，审核单位应当责令企业中止方案实施，并追究相关人员的法律责任。

第六章 附 则

第四十三条 企业不符合本办法规定激励条件而向管理者转让国有产权的，应当通过产权交易市场公开进行，并按照国家关于产权交易监督管理的有关规定执行。

第四十四条 尚未实施公司制改革的全民所有制企业可参照本办法，实施项目收益分红和岗位分红激励政策。

第四十五条 本办法由财政部、科技部负责解释。各地方、部门可根据本办法制定具体实施细则。

第四十六条 本办法自2016年3月1日起施行。企业依据《财政部 科技部关于印发〈中关村国家自主创新示范区企业股权和分红激励实施办法〉的通知》（财企〔2010〕8号）、《财政部 科技部关于〈中关村国家自主创新示范区企业股权和分红激励实施办法〉的补充通知》（财企〔2011〕1号）制定并正在实施的激励方案，可继续执行，实施期满，新的激励方案统一按本办法执行。

附件：

"企业股权和分红激励方案"提纲

企业拟定的激励方案应包括但不限于以下内容：

一、基本情况

（一）企业基本情况及其发展战略。

（二）企业近3年的业务发展和财务状况。

（三）企业产权是否清晰，目前的股权结构。

（四）激励方案拟订和实施的管理机构及其成员。

（五）企业未来三年技术创新规划，包括企业技术创新目标，以及为实现技术创新目标在体制机制、创新人才、创新投入、创新能力、创新管理等方面将采取的措施。

（六）其他重要事项。

二、激励方案

（一）企业符合本办法规定实施激励条件的情况说明。

（二）激励对象的确定依据、具体名单及其职位和主要贡献。

（三）激励方式的选择及考虑因素。

（四）实施股权激励的，说明所需股权来源、数量及其占企业实收资本（股本）总额的比例，与激励对象约定的业绩条件；拟分次实施的，说明每次拟授予股权的来源、数量及其占比。

（五）实施股权激励的，说明股权出售价格或者股权期权行权价格的确定依据。

（六）实施分红激励的，说明具体激励水平及考虑因素。

（七）每个激励对象预计可获得的股权数量、激励金额。

（八）企业与激励对象各自的权利、义务。

（九）激励对象通过其他方式间接持股的，说明必要性、直接持股单位的基本情况，必要时应当出具直接持股单位与企业不存在同业竞争关系或者不发生关联交易的书面承诺。

（十）发生企业控制权变更、合并、分立，激励对象职务变更、离职、被解聘、被解除劳动合同、死亡等特殊情形时的调整性规定。

（十一）激励方案的审批、变更、终止程序。

（十二）其他重要事项。

三、其他需说明的特殊事项说明

关于扩大国有科技型企业股权和分红激励暂行办法实施范围等有关事项的通知

财资〔2018〕54 号

党中央有关部门，国务院各部委、各直属机构，各省、自治区、直辖市、计划单列市财政厅（局）、科技厅（委、局）、国资委，新疆生产建设兵团财政局、科技局、国资委，各中央管理企业：

为加快实施创新驱动发展战略，推动国有科技型企业建立健全激励分配机制，进一步增强技术和管理人员的获得感，经国务院同意，现就扩大《国有科技型企业股权和分红激励暂行办法》实施范围等有关事项通知如下：

一、将国有科技型中小企业、国有控股上市公司所出资的各级未上市科技子企业、转制院所企业投资的科技企业纳入激励实施范围。

上述企业纳入实施范围后，《财政部　科技部　国资委关于印发〈国有科技型企业股权和分红激励暂行办法〉的通知》（财资〔2016〕4 号，以下简称《激励办法》）第二条相应调整为：本办法所称国有科技型企业，是指中国境内具有公司法人资格的国有及国有控股未上市科技企业（含全国中小企业股份转让系统挂牌的国有企业、国有控股上市公司所出资的各级未上市科技子企业），具体包括：

（一）国家认定的高新技术企业。

（二）转制院所企业及所投资的科技企业。

（三）高等院校和科研院所投资的科技企业。

（四）纳入科技部“全国科技型中小企业信息库”的企业。

（五）国家和省级认定的科技服务机构。

二、对于国家认定的高新技术企业不再设定研发费用和研发人员指标条件。将《激励办法》第六条第（二）款调整为“（二）对于本办法第二条中的（二）、（三）、（四）类企业，近 3 年研发费用占当年企业营业收入均在 3% 以上，激励方案制定的上一年度企业研发人员占职工总数 10% 以上。成立不满 3 年的企业，以实际经营年限计算”。将《激励办法》第六条第（三）款调整为“（三）对于本办法第二条中的（五）类企业，近 3 年科技服务性收入不低于当年企业营业收入的 60%”。

三、本通知自印发之日起执行。

财政部
科技部
国资委
2018 年 9 月 18 日

（四）职工安置

法律：

中华人民共和国退役军人保障法

主席令第六十三号

《中华人民共和国退役军人保障法》已由中华人民共和国第十三届全国人民代表大会常务委员会第二十三次会议于 2020 年 11 月 11 日通过，现予公布，自 2021 年 1 月 1 日起施行。

中华人民共和国主席　习近平
2020 年 11 月 11 日

第一章　总　　则

第一条　为了加强退役军人保障工作，维护退役军人合法权益，让军人成为全社会尊崇的职业，根据宪法，制定本法。

第二条　本法所称退役军人，是指从中国人民解放军依法退出现役的军官、军士和义务兵等人员。

第三条　退役军人为国防和军队建设做出了重要贡献，是社会主义现代化建设的重要力量。

尊重、关爱退役军人是全社会的共同责任。国家关心、优待退役军人，加强退役军人保障体系建设，保障退役军人依法享有相应的权益。

第四条　退役军人保障工作坚持中国共产党的领导，坚持为经济社会发展服务、为国防和军队建设服务的方针，遵循以人为本、分类保障、服务优先、依法管理的原则。

第五条　退役军人保障应当与经济发展相协调，与社会进步相适应。

退役军人安置工作应当公开、公平、公正。

退役军人的政治、生活等待遇与其服现役期间所做贡献挂钩。

国家建立参战退役军人特别优待机制。

第六条　退役军人应当继续发扬人民军队优良传统，模范遵守宪法和法律法规，保守军事秘密，践行社会主义核心价值观，积极参加社会主义现代化建设。

第七条　国务院退役军人工作主管部门负责全国的退役军人保障工作。县级以上地方人民政府退役军人工作主管部门负责本行政区域的退役军人保障工作。

中央和国家有关机关、中央军事委员会有关部门、地方各级有关机关应当在各自职责范围内做好退役军人保障工作。

军队各级负责退役军人有关工作的部门与县级以上人民政府退役军人工作主管部门应当密切配合，做好退役军人保障工作。

第八条　国家加强退役军人保障工作信息化建设，为退役军人建档立卡，实现有关部门之间信息共享，为提高退役军人保障能力提供支持。

国务院退役军人工作主管部门应当与中央和国家有关机关、中央军事委员会有关部门密切配合，统筹做好信息数据系统的建设、维护、应用和信息安全管理等工作。

第九条　退役军人保障工作所需经费由中央和地方财政共同负担。退役安置、教育培训、抚恤优待资金主要由中央财政负担。

第十条　国家鼓励和引导企业、社会组织、个人等社会力量依法通过捐赠、设立基金、志愿服务等方式为退役军人提供支持和帮助。

第十一条　对在退役军人保障工作中做出突出贡献的单位和个人，按照国家有关规定给予表彰、奖励。

第二章　移交接收

第十二条　国务院退役军人工作主管部门、中央军事委员会政治工作部门、中央和国家有关机关应当制定全国退役军人的年度移交接收计划。

第十三条　退役军人原所在部队应当将退役军人移交安置地人民政府退役军人工作主管部门，安置地人民政府退役军人工作主管部门负责接收退役军人。

退役军人的安置地，按照国家有关规定确定。

第十四条　退役军人应当在规定时间内，持军队出具的退役证明到安置地人民政府退役军人工作主管部门报到。

第十五条　安置地人民政府退役军人工作主管部门在接收退役军人时，向退役军人发放退役军人优待证。

退役军人优待证全国统一制发、统一编号，管理使用办法由国务院退役军人工作主管部门会同有关部门制定。

第十六条　军人所在部队在军人退役时，应当及时将其人事档案移交安置地人民政府退役军人工作主管部门。

安置地人民政府退役军人工作主管部门应当按照国家人事档案管理有关规定，接收、保管并向有关单位移交退役军人人事档案。

第十七条　安置地人民政府公安机关应当按照国家有关规定，及时为退役军人办理户口登记，同级退役军人工作主管部门应当予以协助。

第十八条　退役军人原所在部队应当按照有关法律法规规定，及时将退役军人及随军未就业配偶的养老、医疗等社会保险关系和相应资金，转入安置地社会保险经办机构。

安置地人民政府退役军人工作主管部门应当与社会保险经办机构、军队有关部门密切配合，依法做好有关社会保险关系和相应资金转移接续工作。

第十九条　退役军人移交接收过程中，发生与其服现役有关的问题，由原所在部队负责处理；发生与其安置有关的问题，由安置地人民政府负责处理；发生其他移交接收方面问题的，由安置地人民政府负责处理，原所在部队予以配合。

退役军人原所在部队撤销或者转隶、合并的，由原所在部队的上级单位或者转隶、合并后的单位按照前款规定处理。

第三章　退役安置

第二十条　地方各级人民政府应当按照移交接收计划，做好退役军人安置工作，完成退役军人安置任务。

机关、群团组织、企业事业单位和社会组织应当依法接收安置退役军人，退役军人应当接受安置。

第二十一条　对退役的军官，国家采取退休、转业、逐月领取退役金、复员等方式妥善安置。

以退休方式移交人民政府安置的，由安置地人民政府按照国家保障与社会化服务相结合的方式，做好服务管理工作，保障其待遇。

以转业方式安置的，由安置地人民政府根据其德才条件以及服现役期间的职务、等级、所做贡献、专长等和工作需要安排工作岗位，确定相应的职务职级。

服现役满规定年限，以逐月领取退役金方式安置的，按照国家有关规定逐月领取退役金。

以复员方式安置的，按照国家有关规定领取复员费。

第二十二条 对退役的军士，国家采取逐月领取退役金、自主就业、安排工作、退休、供养等方式妥善安置。

服现役满规定年限，以逐月领取退役金方式安置的，按照国家有关规定逐月领取退役金。

服现役不满规定年限，以自主就业方式安置的，领取一次性退役金。

以安排工作方式安置的，由安置地人民政府根据其服现役期间所做贡献、专长等安排工作岗位。

以退休方式安置的，由安置地人民政府按照国家保障与社会化服务相结合的方式，做好服务管理工作，保障其待遇。

以供养方式安置的，由国家供养终身。

第二十三条 对退役的义务兵，国家采取自主就业、安排工作、供养等方式妥善安置。

以自主就业方式安置的，领取一次性退役金。

以安排工作方式安置的，由安置地人民政府根据其服现役期间所做贡献、专长等安排工作岗位。

以供养方式安置的，由国家供养终身。

第二十四条 退休、转业、逐月领取退役金、复员、自主就业、安排工作、供养等安置方式的适用条件，按照相关法律法规执行。

第二十五条 转业军官、安排工作的军士和义务兵，由机关、群团组织、事业单位和国有企业接收安置。对下列退役军人，优先安置：

（一）参战退役军人；

（二）担任作战部队师、旅、团、营级单位主官的转业军官；

（三）属于烈士子女、功臣模范的退役军人；

（四）长期在艰苦边远地区或者特殊岗位服现役的退役军人。

第二十六条 机关、群团组织、事业单位接收安置转业军官、安排工作的军士和义务兵的，应当按照国家有关规定给予编制保障。

国有企业接收安置转业军官、安排工作的军士和义务兵的，应当按照国家规定与其签订劳动合同，保障相应待遇。

前两款规定的用人单位依法裁减人员时，应当优先留用接收安置的转业和安排工作的退役军人。

第二十七条 以逐月领取退役金方式安置的退役军官和军士，被录用为公务员或者聘用为事业单位工作人员的，自被录用、聘用下月起停发退役金，其待遇按照公务员、事业单位工作人员管理相关法律法规执行。

第二十八条 国家建立伤病残退役军人指令性移交安置、收治休养制度。军队有关部门应当及时将伤病残退役军人移交安置地人民政府安置。安置地人民政府应当妥善解决伤病残退役军人的住房、医疗、康复、护理和生活困难。

第二十九条 各级人民政府加强拥军优属工作，为军人和家属排忧解难。

符合条件的军官和军士退出现役时，其配偶和子女可以按照国家有关规定随调随迁。

随调配偶在机关或者事业单位工作，符合有关法律法规规定的，安置地人民政府负责安排到相应的工作单位；随调配偶在其他单位工作或者无工作单位的，安置地人民政府应当提供就业指导，协助实现就业。

随迁子女需要转学、入学的，安置地人民政府教育行政部门应当予以及时办理。对下列退役军人的随迁子女，优先保障：

（一）参战退役军人；

（二）属于烈士子女、功臣模范的退役军人；

（三）长期在艰苦边远地区或者特殊岗位服现役的退役军人；

（四）其他符合条件的退役军人。

第三十条 军人退役安置的具体办法由国务院、中央军事委员会制定。

第四章 教育培训

第三十一条 退役军人的教育培训应当以提高就业质量为导向，紧密围绕社会需求，为退役军人提供有特色、精细化、针对性强的培训服务。

国家采取措施加强对退役军人的教育培训，帮助退役军人完善知识结构，提高思想政治水平、职业技能水平和综合职业素养，提升就业创业能力。

第三十二条 国家建立学历教育和职业技能培训并行并举的退役军人教育培训体系，建立退役军人教育培训协调机制，统筹规划退役军人教育培训工作。

第三十三条　军人退役前，所在部队在保证完成军事任务的前提下，可以根据部队特点和条件提供职业技能储备培训，组织参加高等教育自学考试和各类高等学校举办的高等学历继续教育，以及知识拓展、技能培训等非学历继续教育。

部队所在地县级以上地方人民政府退役军人工作主管部门应当为现役军人所在部队开展教育培训提供支持和协助。

第三十四条　退役军人在接受学历教育时，按照国家有关规定享受学费和助学金资助等国家教育资助政策。

高等学校根据国家统筹安排，可以通过单列计划、单独招生等方式招考退役军人。

第三十五条　现役军人入伍前已被普通高等学校录取或者是正在普通高等学校就学的学生，服现役期间保留入学资格或者学籍，退役后两年内允许入学或者复学，可以按照国家有关规定转入本校其他专业学习。达到报考研究生条件的，按照国家有关规定享受优惠政策。

第三十六条　国家依托和支持普通高等学校、职业院校（含技工院校）、专业培训机构等教育资源，为退役军人提供职业技能培训。退役军人未达到法定退休年龄需要就业创业的，可以享受职业技能培训补贴等相应扶持政策。

军人退出现役，安置地人民政府应当根据就业需求组织其免费参加职业教育、技能培训，经考试考核合格的，发给相应的学历证书、职业资格证书或者职业技能等级证书并推荐就业。

第三十七条　省级人民政府退役军人工作主管部门会同有关部门加强动态管理，定期对为退役军人提供职业技能培训的普通高等学校、职业院校（含技工院校）、专业培训机构的培训质量进行检查和考核，提高职业技能培训质量和水平。

第五章　就业创业

第三十八条　国家采取政府推动、市场引导、社会支持相结合的方式，鼓励和扶持退役军人就业创业。

第三十九条　各级人民政府应当加强对退役军人就业创业的指导和服务。

县级以上地方人民政府退役军人工作主管部门应当加强对退役军人就业创业的宣传、组织、协调等工作，会同有关部门采取退役军人专场招聘会等形式，开展就业推荐、职业指导，帮助退役军人就业。

第四十条　服现役期间因战、因公、因病致残被评定残疾等级和退役后补评或者重新评定残疾等级的残疾退役军人，有劳动能力和就业意愿的，优先享受国家规定的残疾人就业优惠政策。

第四十一条　公共人力资源服务机构应当免费为退役军人提供职业介绍、创业指导等服务。

国家鼓励经营性人力资源服务机构和社会组织为退役军人就业创业提供免费或者优惠服务。

退役军人未能及时就业的，在人力资源和社会保障部门办理求职登记后，可以按照规定享受失业保险待遇。

第四十二条　机关、群团组织、事业单位和国有企业在招录或者招聘人员时，对退役军人的年龄和学历条件可以适当放宽，同等条件下优先招录、招聘退役军人。退役的军士和义务兵服现役经历视为基层工作经历。

退役的军士和义务兵入伍前是机关、群团组织、事业单位或者国有企业人员的，退役后可以选择复职复工。

第四十三条　各地应当设置一定数量的基层公务员职位，面向服现役满五年的高校毕业生退役军人招考。

服现役满五年的高校毕业生退役军人可以报考面向服务基层项目人员定向考录的职位，同服务基层项目人员共享公务员定向考录计划。

各地应当注重从优秀退役军人中选聘党的基层组织、社区和村专职工作人员。

军队文职人员岗位、国防教育机构岗位等，应当优先选用符合条件的退役军人。

国家鼓励退役军人参加稳边固边等边疆建设工作。

第四十四条　退役军人服现役年限计算为工龄，退役后与所在单位工作年限累计计算。

第四十五条　县级以上地方人民政府投资建设或者与社会共建的创业孵化基地和创业园区，应当优先为退役军人创业提供服务。有条件的地区可以建立退役军人创业孵化基地和创业园区，为退役军人提供经营场地、投资融资等方面的优惠服务。

第四十六条　退役军人创办小微企业，可以按照国家有关规定申请创业担保贷款，并享受贷款贴息等融资优惠政策。

退役军人从事个体经营，依法享受税收优惠政策。

第四十七条 用人单位招用退役军人符合国家规定的，依法享受税收优惠等政策。

第六章 抚恤优待

第四十八条 各级人民政府应当坚持普惠与优待叠加的原则，在保障退役军人享受普惠性政策和公共服务基础上，结合服现役期间所做贡献和各地实际情况给予优待。

对参战退役军人，应当提高优待标准。

第四十九条 国家逐步消除退役军人抚恤优待制度城乡差异、缩小地区差异，建立统筹平衡的抚恤优待量化标准体系。

第五十条 退役军人依法参加养老、医疗、工伤、失业、生育等社会保险，并享受相应待遇。

退役军人服现役年限与入伍前、退役后参加职工基本养老保险、职工基本医疗保险、失业保险的缴费年限依法合并计算。

第五十一条 退役军人符合安置住房优待条件的，实行市场购买与军地集中统建相结合，由安置地人民政府统筹规划、科学实施。

第五十二条 军队医疗机构、公立医疗机构应当为退役军人就医提供优待服务，并对参战退役军人、残疾退役军人给予优惠。

第五十三条 退役军人凭退役军人优待证等有效证件享受公共交通、文化和旅游等优待，具体办法由省级人民政府制定。

第五十四条 县级以上人民政府加强优抚医院、光荣院建设，充分利用现有医疗和养老服务资源，收治或者集中供养孤老、生活不能自理的退役军人。

各类社会福利机构应当优先接收老年退役军人和残疾退役军人。

第五十五条 国家建立退役军人帮扶援助机制，在养老、医疗、住房等方面，对生活困难的退役军人按照国家有关规定给予帮扶援助。

第五十六条 残疾退役军人依法享受抚恤。

残疾退役军人按照残疾等级享受残疾抚恤金，标准由国务院退役军人工作主管部门会同国务院财政部门综合考虑国家经济社会发展水平、消费物价水平、全国城镇单位就业人员工资水平、国家财力情况等因素确定。残疾抚恤金由县级人民政府退役军人工作主管部门发放。

第七章 褒扬激励

第五十七条 国家建立退役军人荣誉激励机制，对在社会主义现代化建设中做出突出贡献的退役军人予以表彰、奖励。退役军人服现役期间获得表彰、奖励的，退役后按照国家有关规定享受相应待遇。

第五十八条 退役军人安置地人民政府在接收退役军人时，应当举行迎接仪式。迎接仪式由安置地人民政府退役军人工作主管部门负责实施。

第五十九条 地方人民政府应当为退役军人家庭悬挂光荣牌，定期开展走访慰问活动。

第六十条 国家、地方和军队举行重大庆典活动时，应当邀请退役军人代表参加。

被邀请的退役军人参加重大庆典活动时，可以穿着退役时的制式服装，佩戴服现役期间和退役后荣获的勋章、奖章、纪念章等徽章。

第六十一条 国家注重发挥退役军人在爱国主义教育和国防教育活动中的积极作用。机关、群团组织、企业事业单位和社会组织可以邀请退役军人协助开展爱国主义教育和国防教育。县级以上人民政府教育行政部门可以邀请退役军人参加学校国防教育培训，学校可以聘请退役军人参与学生军事训练。

第六十二条 县级以上人民政府退役军人工作主管部门应当加强对退役军人先进事迹的宣传，通过制作公益广告、创作主题文艺作品等方式，弘扬爱国主义精神、革命英雄主义精神和退役军人敬业奉献精神。

第六十三条 县级以上地方人民政府负责地方志工作的机构应当将本行政区域内下列退役军人的名录和事迹，编辑录入地方志：

（一）参战退役军人；

（二）荣获二等功以上奖励的退役军人；

（三）获得省部级或者战区级以上表彰的退役军人；

（四）其他符合条件的退役军人。

第六十四条 国家统筹规划烈士纪念设施建设，通过组织开展英雄烈士祭扫纪念活动等多种形式，弘扬英雄烈士精神。退役军人工作主管部门负责烈士纪念设施的修缮、保护和管理。

国家推进军人公墓建设。符合条件的退役军人去世后，可以安葬在军人公墓。

第八章　服务管理

第六十五条　国家加强退役军人服务机构建设，建立健全退役军人服务体系。县级以上人民政府设立退役军人服务中心，乡镇、街道、农村和城市社区设立退役军人服务站点，提升退役军人服务保障能力。

第六十六条　退役军人服务中心、服务站点等退役军人服务机构应当加强与退役军人联系沟通，做好退役军人就业创业扶持、优抚帮扶、走访慰问、权益维护等服务保障工作。

第六十七条　县级以上人民政府退役军人工作主管部门应当加强退役军人思想政治教育工作，及时掌握退役军人的思想情况和工作生活状况，指导接收安置单位和其他组织做好退役军人的思想政治工作和有关保障工作。

接收安置单位和其他组织应当结合退役军人工作和生活状况，做好退役军人思想政治工作和有关保障工作。

第六十八条　县级以上人民政府退役军人工作主管部门、接收安置单位和其他组织应当加强对退役军人的保密教育和管理。

第六十九条　县级以上人民政府退役军人工作主管部门应当通过广播、电视、报刊、网络等多种渠道宣传与退役军人相关的法律法规和政策制度。

第七十条　县级以上人民政府退役军人工作主管部门应当建立健全退役军人权益保障机制，畅通诉求表达渠道，为退役军人维护其合法权益提供支持和帮助。退役军人的合法权益受到侵害，应当依法解决。公共法律服务有关机构应当依法为退役军人提供法律援助等必要的帮助。

第七十一条　县级以上人民政府退役军人工作主管部门应当依法指导、督促有关部门和单位做好退役安置、教育培训、就业创业、抚恤优待、褒扬激励、拥军优属等工作，监督检查退役军人保障相关法律法规和政策措施落实情况，推进解决退役军人保障工作中存在的问题。

第七十二条　国家实行退役军人保障工作责任制和考核评价制度。县级以上人民政府应当将退役军人保障工作完成情况，纳入对本级人民政府负责退役军人有关工作的部门及其负责人、下级人民政府及其负责人的考核评价内容。

对退役军人保障政策落实不到位、工作推进不力的地区和单位，由省级以上人民政府退役军人工作主管部门会同有关部门约谈该地区人民政府主要负责人或者该单位主要负责人。

第七十三条　退役军人工作主管部门及其工作人员履行职责，应当自觉接受社会监督。

第七十四条　对退役军人保障工作中违反本法行为的检举、控告，有关机关和部门应当依法及时处理，并将处理结果告知检举人、控告人。

第九章　法律责任

第七十五条　退役军人工作主管部门及其工作人员有下列行为之一的，由其上级主管部门责令改正，对直接负责的主管人员和其他直接责任人员依法给予处分：

（一）未按照规定确定退役军人安置待遇的；

（二）在退役军人安置工作中出具虚假文件的；

（三）为不符合条件的人员发放退役军人优待证的；

（四）挪用、截留、私分退役军人保障工作经费的；

（五）违反规定确定抚恤优待对象、标准、数额或者给予退役军人相关待遇的；

（六）在退役军人保障工作中利用职务之便为自己或者他人谋取私利的；

（七）在退役军人保障工作中失职渎职的；

（八）有其他违反法律法规行为的。

第七十六条　其他负责退役军人有关工作的部门及其工作人员违反本法有关规定的，由其上级主管部门责令改正，对直接负责的主管人员和其他直接责任人员依法给予处分。

第七十七条　违反本法规定，拒绝或者无故拖延执行退役军人安置任务的，由安置地人民政府退役军人工作主管部门责令限期改正；逾期不改正的，予以通报批评。对该单位主要负责人和直接责任人员，由有关部门依法给予处分。

第七十八条　退役军人弄虚作假骗取退役相关待遇的，由县级以上地方人民政府退役军人工作主管部门取消相关待遇，追缴非法所得，并由其所在单位或者有关部门依法给予处分。

第七十九条　退役军人违法犯罪的，由省级人民政府退役军人工作主管部门按照国家有关规定中止、降低或者取消其退役相关待遇，报国务院退役军人工作主管部门备案。

退役军人对省级人民政府退役军人工作主管部

门作出的中止、降低或者取消其退役相关待遇的决定不服的，可以依法申请行政复议或者提起行政诉讼。

第八十条 违反本法规定，构成违反治安管理行为的，依法给予治安管理处罚；构成犯罪的，依法追究刑事责任。

第十章 附 则

第八十一条 中国人民武装警察部队依法退出现役的警官、警士和义务兵等人员，适用本法。

第八十二条 本法有关军官的规定适用于文职干部。

军队院校学员依法退出现役的，参照本法有关规定执行。

第八十三条 参试退役军人参照本法有关参战退役军人的规定执行。

参战退役军人、参试退役军人的范围和认定标准、认定程序，由中央军事委员会有关部门会同国务院退役军人工作主管部门等部门规定。

第八十四条 军官离职休养和军级以上职务军官退休后，按照国务院和中央军事委员会的有关规定安置管理。

本法施行前已经按照自主择业方式安置的退役军人的待遇保障，按照国务院和中央军事委员会的有关规定执行。

第八十五条 本法自2021年1月1日起施行。

行政规章及规范性文件：

国务院办公厅关于进一步做好国有企业下岗职工基本生活保障和企业离退休人员养老金发放工作有关问题的通知

国办发〔1999〕第10号

各省、自治区，直辖市人民政府，国务院各部委、各直属机构：

在党中央、国务院的正确领导下，各地区和有关部门认真贯彻《中共中央、国务院关于切实做好国有企业下岗职工基本生活保障和再就业工作的通知》（中发〔1998〕第10号）精神，国有企业下岗职工基本生活保障和再就业工作普遍加强，绝大多数国有企业下岗职工进入企业再就业服务中心并得到基本生活保障；企业离退休人员养老金发放工作明显改进，绝大多数离退休人员按时足额领到养老金；基本养老保险行业统筹移交地方管理工作按期完成。这对保持社会稳定、促进企业改革和经济发展发挥了重要作用。在肯定前一段工作成绩的同时，要清醒认识到当前存在的主要问题：有关政策和资金尚未完全落实到位，少数下岗职工的基本生活没有得到保障，离退休人员养老金仍有少量拖欠，行业统筹移交地方管理后还存在一些突出问题需要解决。1999年，国有企业职工下岗和再就业压力将进一步增大，确保养老金按时足额发放和逐步补清以前拖欠的任务仍很艰巨。

各地区和有关部门要认真贯彻党的十五大精神，进一步加大工作力度，加快建立社会保障体系，确保国有企业下岗职工的基本生活，确保企业离退休人员养老金的按时足额发放，为经济发展和社会稳定创造更为有利的条件。经国务院同意，现就有关问题通知如下：

一、继续做好国有企业下岗职工基本生活保障和再就业工作

（一）确保下岗职工的基本生活。要继续把国有企业下岗职工基本生活保障和再就业工作作为一件大事，切实抓紧抓好。这是深化企业改革的重要任务，也是保持社会稳定的重要措施。抓好这项工作，关键是要落实资金。要坚持实行企业、社会、财政各负担1/3的办法。中央企业由中央财政负担，地方企业由地方财政负担。各地财政一定要调整预算支出结构，优先、足额安排这项资金，企业、社会筹集不足的部分，财政要给予保证。财政确有困难的地方，中央财政通过转移支付的办法给予一定的支持。要切实加强资金的管理，保证专款专用，坚决杜绝挤占挪用资金等问题的发生。

（二）积极促进下岗职工的再就业。要进一步办好企业再就业服务中心，有针对性地开展职业培训和职业指导，引导下岗职工转变择业观念，提高下岗职工的再就业能力，帮助下岗职工尽快实现再就业。要加大劳动力市场建设和职业培训的资金投入，推动劳动力市场科学化、规范化和现代化建设，为下岗职工提供方便快捷的再就业服务。要认真落实国家有关税收和小额贷款等方面的优惠政策，鼓励和支持更多的下岗职工自谋职业和组织起来就业。要加强劳动保障监察和劳动力市场管理，

防止乱收费，切实维护下行岗职工的合法权益。

（三）加强下岗职工劳动合同管理。国有企业下岗职工都应当进入企业再就业服务中心，并严格按国家有关规定签订基本生活保障和再就业协议。下岗职工在企业再就业服务中心期间已实现再就业以及3年协议期满仍未再就业的，企业应当依法及时与其解除劳动合同。对不进企业再就业服务中心或进了企业再就业服务中心不签协议的下岗职工，不支付其基本生活费；3年期满后，企业也应当与其解除劳动合同。对已经与新工作单位有了半年以上事实劳动关系的企业职工，原企业应当及时与其解除劳动合同，新的用人单位应当依法与其签订劳动合同，建立新的劳动关系。对领取了工商执照并已从事半年以上个体劳动的企业职工，企业应当与其解除劳动合同。下岗职工已实现再就业的，原来的社会保险缴费年限连续计算。企业解除下岗职工的劳动合同后，要依法妥善解决好与下岗职工的债权债务问题。

（四）进一步完善“三条保障线”制度。下岗职工通过企业再就业服务中心保障其基本生活，最长时间为3年；期满后仍未就业的，按规定领取失业保险金，最长时间为两年；享受失业保险两年后仍未就业的，按规定享受城市居民最低生活保障待遇。有关部门要认真做好“三条保障线”的衔接工作，切实保障下岗职工和失业人员的基本生活。要抓紧将失业保险覆盖范围扩大到城镇各种所有制的企事业单位及其职工，并加强失业保险费的征缴和管理，失业保险基金主要用于保障失业人员和下岗职工的基本生活。要进一步完善城市居民最低生活保障制度，充分发挥保障作用。要切实关心下岗职工生活，在企业再就业服务中心期间，下岗职工应享受本企业在住房，子女上学等方面的福利待遇。

二、切实做好企业离退休人员养老金发放工作

（一）确保养老金按时足额发放。要通过扩大覆盖面、提高收缴率、完善省级统筹制度等措施，确保养老金的按时足额发放。要切实把集体企业、外商投资企业、私营企业等非国有企业和城镇个体经济组织及其从业人员，纳入基本养老保险覆盖范围。要加大养老保险基金的收缴力度，财政、银行、税务、工商等部门要发挥各自的职能作用，予以大力协助和支持，力争在1999年内使收缴率达到90%以上。要按照《国务院关于实行企业职工基本养老保险省级统筹和行业统筹移交地方管理有关问题的通知》（国发〔1998〕第28号）的规定，建立基本养老保险省级调剂金制度，逐步加大基金的调剂力度，要在确保按时足额发放的同时，逐步补发以前拖欠的养老金。

（二）坚决清理追缴企业欠费和回收挤占挪用基金，对目前企业欠缴的养老保险费，要坚决清理追缴，重点是有能力缴而不缴的欠费大户，清欠比例要达到50%以上，对于少数顶着不缴的，要按照有关规定对企业领导人和有关责任人作出处理，并予以新闻曝光。对被挤占挪用的养老保险基金，要在1999年底之前全部收回，并严肃查处违规违纪案件。要继续加强社会保险基金管理，落实收支两条线管理办法，完善内部审计制度和社会监督机制，确保社会保险基金的安全与完整。

三、抓紧做好养老保险行业统筹移交地方管理后的有关工作

（一）尽快将行业统筹结余基金移交到位。原行业统筹主管部门要对结余基金进行认真的自查，摸清情况，对违反规定的，要及时纠正。在此基础上，由审计署牵头，财政部、劳动保障部参加，对行业统筹结余基金进行审计，在1999年4月底之前，要将原来存在中央部门社会保险经办机构的结余基金全部移交中央财政专户，将原来存在省以下社会保险经办机构的结余基金移交省级财政专户。应移交地方但个别行业已上调的资金，经审计署、劳动保障部和财政部核查确认后，要如数退还。

（二）妥善解决行业统筹移交前的养老金拖欠和移交后的基金收支缺口，煤炭、有色、中建等行业统筹移交前拖欠的养老金和移交后部分地区1999年9月至1998年12月的基金收支缺口，从行业统筹上缴中央财政专户的结余基金中予以一次性解决，具体由劳动保障部、财政部核拨。原行业统筹主管部门要继续负责，在劳动保障部、财政部的指导和帮助下，共同协商，妥善处理遗留问题。各地区要切实做好原行业统筹企业养老保险费的收缴和养老金的按时足额发放工作，坚决纠正对原行业统筹企业实行所谓“封闭运行”和资金自求平衡的做法。

（三）稳步调整原行业统筹企业缴纳基本养老保险费的比例，根据国发〔1998〕第28号文件规定，煤炭、银行、民航企业缴纳基本养老保险费的比例5年调整到位，其他行业企业缴纳基本养老保

险费的比例原则上3年调整到位。行业统筹移交后，企业缴纳基本养老保险费的比例调整，既要考虑地方的情况和企业的承受能力，又要考虑在收缴覆盖面扩大后养老保险费收取比例可以下降的情况，要按规定稳步进行，不能自行其是。各地区的调整方案须报劳动保障部，由劳动保障部会同财政部审批。

（四）核定原行业统筹项目。各地区和有关部门要按照《劳动保障部、财政部关于核定原行业统筹项目的通知》（劳社部发〔1998〕第22号）要求，组织对行业的基本养老保险统筹项目进行审核认定。经审核确认的统筹项目，从基本养老保险基金中支付；未经确认的项目由企业负担，从企业成本中列支。

四、坚决制止和纠正违反国家规定提前退休的行为

（一）对提前退休的情况进行清查处理。根据国家关于企业职工退休条件的规定，由各省、自治区、直辖市人民政府和有关行业主管部门负责，组织对1998年1月1日以后办理提前退休的情况进行认真清理，分别妥善处理：1999年底前达到国家规定退休年龄等条件的，已办理的退休手续有效，继续由社会保险经办机构支付养老金，1999年底仍未达到国家规定退休年龄等条件的，已办理的退休手续无效，由企业统筹安排，应当安排下岗的职工，要进入再就业服务中心，保障其基本生活。对违反国家规定办理退职和1998年1月1日前违反国家规定办理提前退休的，由各地区、各部门参照上述精神妥善处理。这项工作，要在1999年4月底前完成。

（二）加强企业职工退休审批工作的管理，男职工年满60岁、女干部年满55岁、女工人年满50岁退休的，仍由县级人民政府劳动保障部门审批；从事井下、高空，高温、特别繁重体力劳动或其他有害身体健康的工种，因病或非因工致残完全丧失劳动能力的企业职工退休，改由地级劳动保障部门审批；按照国家有关规定提前退休的，改由省级人民政府劳动保障部门审批。原行业统筹企业的职工退休，由省级人民政府劳动保障部门审批。各地区、各部门及各企业必须严格执行国家关于企业职工退休条件的规定。今后，凡是违反国家规定办理提前退休的企业，要追究有关领导人和当事人的责任，已办理提前退休的职工要清退回原企业。

（三）严格按国家规定核定提前退休人员的待遇，对因病或非因工致残退休的人员和按国家有关政策提前退休的人员，其养老金按有关规定适当减发。

做好国有企业下岗职工基本生活保障和再就业工作，确保企业离退休人员养老金按时足额发放，关系企业改革、经济发展和社会稳定的大局，涉及企业职工和离退休人员的切身利益。各地区和有关部门务必高度重视，认真贯彻党中央、国务院的方针政策和工作部署，处理好改革、发展、稳定的关系，做到政策落实、资金落实，工作落实，要加强思想政治工作和政策宣传工作，把工作做深做细。要认真总结经验，推广好的典型，及时研究解决工作中出现的新情况、新问题。劳动保障部与国家经贸委、财政部等有关部门要密切配合，加大督促检查的力度，加强对地方工作的指导，共同把工作做好。

中华人民共和国国务院办公厅
一九九九年二月三日

劳动和保障部关于制止和纠正违反国家规定办理企业职工提前退休有关问题的通知

劳社部发〔1999〕8号

各省、自治区、直辖市劳动（劳动和社会保障）厅（局），国务院有关部门劳动和社会保障工作机构：

为贯彻《国务院办公厅关于进一步做好国有企业下岗职工基本生活保障和企业离退休人员养老金发放工作有关问题的通知》（国办发〔1999〕10号，以下简称《通知》）精神，坚决制止和纠正违反国家规定办理提前退休的行为，现对有关问题通知如下：

一、要严格执行国家关于退休年龄的规定，坚决制止违反规定提前退休的行为

国家法定的企业职工退休年龄是：男年满60周岁，女工人年满50周岁，女干部年满55周岁。从事井下、高空、高温、特别繁重体力劳动或其他有害身体健康工作（以下称特殊工种）的，退休年龄为男年满55周岁、女年满45周岁；因病或非因工致残，由医院证明并经劳动鉴定委员会确认完全丧失劳动能力的，退休年龄为男年满55周岁、女年满45周岁。

按国家有关规定办理提前退休的范围仅限定

为：国务院确定的111个“优化资本结构”试点城市的国有破产工业企业中距法定退休年龄不足5年的职工；三年内有压锭任务的国有纺织企业中，符合规定的纺纱、织布工种的挡车工。但此项规定与前款规定不能同时用于同一名职工。

对国家关于企业职工退休年龄和条件的规定，各地区、各部门和企业及职工必须认真执行，不得随意降低，严禁扩大适用范围，今后，凡是违反国家规定办理提前退休、退职的企业，要追究有关领导和当事人的责任，已办理提前退休、退职的职工要清退回企业。

二、规范退休审批程序，健全审批制度

（一）加强企业职工退休审批工作的管理。各地区要严格按《通知》规定的企业职工退休、退职审批权限，规范企业职工退休审批工作，要建立审批工作制度，规范审批程序，加强对审批工作的监督。

（二）对职工出生时间的认定，实行居民身份证与职工档案相结合的办法。当本人身份证与档案记载的出生时不一致时，以本人档案最先记载的出生时间为准。要加强对居民身份证和职工档案的管理，严禁随意更改职工出生时间和编造档案。

（三）职工因病或非因工致残完全丧失劳动能力统一由地市级劳动保障部门指定的县级以上医院负责医疗诊断，并出具证明。非指定医院出具的证明一律无效。

地市级劳动鉴定委员会负责定期审核指定医院开具的诊断证明，作出鉴定结论。职工因病或非因工致残完成丧失劳动能力的鉴定标准，暂按《职工工伤与职业病致残程度鉴定标准（GB/T 16180—1996）（1—4）级》执行，省级劳动保障部门可根据本地区实际情况，做出补充规定。

（四）劳动保障部门要加强对特殊工种的管理和审批工作。设有特殊工种的企业，每年要向地市级劳动保障部门报送特殊工种名录、实际用工人数及在特殊工种岗位工作的人员名册及其从事特殊工种的时间。按特殊工种退休条件办理退休的职工，从事高空和特别繁重体力劳动的必须在该工种岗位上工作累计满10年，从事井下和高温工作的必须在该工种岗位上工作累计满9年，从事其他有害身体健康工作的必须在该工种岗位上工作累计满8年。

原劳动部和有关行业主管部门批准的特殊工种，随着科技进步和劳动条件的改善，需要进行清理和调整。新的特殊工种名录由劳动保障部会同有关部门清理审定后予以公布，公布之前暂按原特殊工种名录执行。

三、按照国家有关规定，严格核定提前退休人员的待遇

对于因病或非因工致残退休和按111个“优化资本结构”试点城市的国有破产工业企业的有关规定提前退休的人员，其养老金按《国务院关于建立统一的企业职工基本养老保险制度的决定》（国发〔1997〕26号）规定的办法计发，按新办法计发的养老金低于老办法的部分不予弥补。对于按纺织企业提前退休规定办理退休的人员，要按照劳动保障部、国家经贸委《关于切实做好纺织行业压锭减员分流安置工作的补充通知》（劳社部发〔1998〕16号）的规定减发养老金。

四、集中力量，按期完成清理提前退休的工作

各省、自治区、直辖市和行业主管部门要按照《通知》要求，按期完成对企业职工提前退休、退职情况的清理工作。企业要开展自查，劳动保障部门负责监督检查，对违反国家规定办理的提前退休要严格按规定进行纠正。对存在问题而不主动进行清理的企业，要对有关领导和责任人进行通报批评。在清理工作中，要做好企业职工和退休、退职人员的思想政治工作，讲清道理，争取他们的理解、支持和配合。对被清理的人员要妥善安置，保证职工队伍的稳定。各地区、各部门要将清理情况和下一步加强管理的措施及处理结果写出书面报告，并填写《清查和纠正1998年违规办理提前退休统计表》（附后），一并于5月10日前报送劳动保障部，由劳动保障部汇总后上报国务院。

五、加强领导，切实做好企业职工退休审批管理工作

各地区、各部门要充分认识做好企业职工退休、退职审批管理工作的重要性和违反国家规定提前退休、退职的危害性，切实加强领导，将其作为深化企业改革、促进经济发展和维护社会稳定的一项重要工作来抓。劳动保障部门要加强劳动保障监察，定期公布退休、退职审批结果。企业对职工退休、退职的报批要严格把关，切实维护职工参加劳动和享受养老保险的合法权益。

本通知下发后，各地即可恢复职工退休和退职的审批工作。职工从办理退休、退职手续之日起领

取养老金。

劳动和保障部

一九九九年三月九日

关于进一步加强由政府安排工作退役士兵就业安置工作的意见

退役军人部发〔2018〕27号

各省、自治区、直辖市、新疆生产建设兵团党委组织部，文明办，发展改革委、公安厅（局）、民政厅（局）、财政厅（局）、人力资源社会保障厅（局）、医疗保障局（办）、国资委，各战区、各军兵种、军委机关各部门、军事科学院、国防大学、国防科技大学、武警部队政治工作部（局、处）：

为进一步加强和改进由政府安排工作退役士兵就业安置工作，真正把党和国家关心关爱退役士兵的各项要求落到实处，显著提高退役士兵的获得感、荣誉感，根据《退役士兵安置条例》等有关政策规定，结合新时代做好退役士兵安置工作的新任务新要求，现提出如下意见：

一、统一思想认识

退役士兵是退役军人的重要组成部分，由政府安排工作退役士兵曾是部队建设的骨干、是地方发展的重要人力资源。妥善安置这些人员，对贯彻落实改革强军战略，推进国防和军队建设；对维护政治社会大局稳定，全面建成小康社会具有重要意义。习近平总书记对退役军人工作高度重视，对退役安置作出一系列重要论述。各部门要提高政治站位，深刻领会习近平总书记关于退役军人工作的重要指示批示精神，把退役士兵安置作为一项重要的政治任务，不讲条件、不打折扣地履行安置责任和国防义务，为现役官兵安心服役、专谋打赢提供有力保障，为退役士兵融入社会、就业创业创造良好条件。任何部门、行业和单位都不得以任何理由拒绝接收安置退役士兵。

二、提升安置质量

（一）严格落实政策规定。

各类机关、团体、企事业单位都要严格落实中发〔2016〕24号文件要求，确保“由政府安排工作退役士兵安置到机关、事业单位和国有企业的比例不低于80%”。安置地退役士兵安置工作主管部门要制定具体的办法措施，形成机关、事业单位和国有企业科学合理的分类接收结构比例。党政机关要采取措施鼓励退役士兵参加公务员招考，事业单位和国有企业要发挥安置主渠道作用，确保提供充足的安置岗位数量，不断提高安置岗位质量。

国有、国有控股和国有资本占主导地位的企业，要按照本企业全系统新招录职工数量的5%核定年度接收计划，每年4月底前主动报送同级人民政府退役士兵安置工作主管部门，审核通过后按计划落实。不得提供濒临破产或生产有困难的企业岗位以及与退役士兵安置地不在同一地区（设区市）的岗位给退役士兵。中央企业岗位不计入属地提供的岗位数量。

（二）改进接收安置制度

1. 放宽安置地限制。

士兵服现役期间父母户口所在地变更的，可随父母任何一方安置。经本人申请，也可在配偶或者配偶父母任何一方户口所在地安置。其中，易地安置落户到国务院确定的超大城市的，应符合其关于落户的相关政策规定。

2. 加强计划统筹。

县级安置任务较重的可由市级在本行政区域内统筹安排，市级安置有困难的可由省级统筹调剂安排。由上级统筹安排的人员，要经本人同意且不受户口所在地限制，公安部门根据实际安置地办理落户手续。

3. 允许灵活就业。

选择由政府安排工作的退役士兵回到地方后又放弃安排工作待遇的，经本人申请确认后，由安置地人民政府按照其在部队选择自主就业应领取的一次性退役金和地方一次性经济补助金之和的80%，发给一次性就业补助金，同时按规定享受扶持退役军人就业创业的各项优惠政策。

三、依法保障待遇

（一）及时安排上岗。

接收单位应当从所在地人民政府退役士兵安置工作主管部门开出介绍信的1个月内，安排退役士兵上岗。非因退役士兵本人原因，接收单位未按照规定安排上岗的，应当从开出介绍信的当月起，按照不低于本单位同等条件人员平均工资80%的标准，逐月发给退役士兵生活费直至上岗为止。

（二）落实岗位待遇。

退役士兵享受所在单位正式员工同工龄、同工种、同岗位、同级别待遇。军龄10年以上的，接收的企业应当与其签订无固定期限劳动合同，接收的事业单位应当与其签订期限不少于3年的聘用合同。任何部门、行业和单位不得出台针对退役士兵的歧视性措施，严禁以劳务派遣等形式代替接收安置。

（三）发放相关补助。

退役士兵待安排工作期间，安置地人民政府应当按照上年度最低工资标准逐月发放生活补助。

（四）接续基本保险。

退役士兵在国家规定的待安排工作期，以其在军队服役最后年度的缴费工资为基数，按20%的费率缴纳基本养老保险费，其中8%作为个人缴费记入个人账户，所需费用由安置地人民政府同级财政资金安排。退役士兵在国家规定的待安排工作期按规定参加安置地职工基本医疗保险，单位缴费部分由安置地人民政府足额缴纳，个人缴费部分由退役士兵个人缴纳，军地相关部门协同做好保险关系接续，确保待遇连续享受。

（五）坚持公平公正。

把退役士兵服现役期间的表现作为安排工作的主要依据，结合量化评分情况进行排序选岗，使服役时间长、贡献大的退役士兵能够优先选岗。要进一步健全“阳光安置”制度，各地可结合实际研究制定选岗定岗的具体办法措施。

四、强化组织领导

（一）明确列入考核范围。

各级各有关部门要协调推动将由政府安排工作退役士兵就业安置工作纳入党委政府目标考核体系，作为对下级党委政府年度考核内容，作为参加双拥模范城（县）、爱国拥军模范单位和个人评选的重要条件，作为文明城市、文明单位评选和社会信用评价的重要依据。

（二）切实加强督导检查。

各级退役士兵安置工作主管部门要采取定期跟踪、实地督导等方式及时跟进了解工作情况。结合重视程度、工作力度以及任务完成情况，进行通报表扬或通报批评，对有问题的地区和单位，要限期整改。年度接收安置工作结束后，接收安置退役士兵的用人单位，要向同级人民政府退役士兵安置工作主管部门报告安置任务落实情况，地方人民政府退役士兵安置工作主管部门要向上级人民政府退役士兵安置工作主管部门报告安置任务落实情况。

（三）依法依规追究责任。

各级要及时梳理汇总年度落实岗位、取消安置待遇等情况，形成存据、规范管理。要建立责任倒查制度，退役士兵安置工作主管部门要积极会同相关部门，对政策落实不到位的地区和拒收退役士兵的单位，进行约谈督促、挂牌督办、媒体曝光，责令限期整改；对拒绝整改的，要对相关单位负责人和直接责任人依法依规问责。

（四）高度重视教育管理。

强化政策宣讲。每年士兵退役前，县级以上退役士兵安置工作主管部门到驻地部队开展2次以上“政策进军营”活动；退役士兵待安排工作期间，要向他们讲清安置政策和不同单位行业基本用人需求及发展预期等，帮助其找准就业预期与就业现状的平衡点，使他们能够更好更快融入社会。

坚持规范管理。由政府安排工作退役士兵无正当理由自开出安置介绍信15个工作日内拒不服从安置地人民政府安排工作的，视为放弃安排工作待遇；在待安排工作期间被依法追究刑事责任的，取消其安排工作待遇；弄虚作假骗取安置待遇的，取消相关安置待遇。

注重宣传引导。对接收安置工作积极、措施得力、成效显著的行业部门以及在不同岗位建功立业的退役士兵，要作为先进典型及时给予宣传表扬，激励各部门行业不断提高接收安置的积极性，引导广大退役士兵退伍不褪色，珍惜荣誉，自觉做改革发展的维护者、推动者。

本意见自2018年8月1日起执行，2018年8月1日后退出现役的士兵适用本意见。各地各有关部门要根据本意见，制定具体实施办法，落实好各项规定和任务。

退役军人事务部
中共中央组织部
中央精神文明建设指导委员会办公室
国家发展和改革委员会
公安部
财政部
人力资源和社会保障部
国务院国有资产监督管理委员会
国家医疗保障局
中央军委政治工作部
2018年7月27日

第五章　知识产权

法律：

中华人民共和国专利法

第一章　总　　则

第一条　为了保护专利权人的合法权益，鼓励发明创造，推动发明创造的应用，提高创新能力，促进科学技术进步和经济社会发展，制定本法。

第二条　本法所称的发明创造是指发明、实用新型和外观设计。

发明，是指对产品、方法或者其改进所提出的新的技术方案。

实用新型，是指对产品的形状、构造或者其结合所提出的适于实用的新的技术方案。

外观设计，是指对产品的整体或者局部的形状、图案或者其结合以及色彩与形状、图案的结合所作出的富有美感并适于工业应用的新设计。

第三条　国务院专利行政部门负责管理全国的专利工作；统一受理和审查专利申请，依法授予专利权。

省、自治区、直辖市人民政府管理专利工作的部门负责本行政区域内的专利管理工作。

第四条　申请专利的发明创造涉及国家安全或者重大利益需要保密的，按照国家有关规定办理。

第五条　对违反法律、社会公德或者妨害公共利益的发明创造，不授予专利权。

对违反法律、行政法规的规定获取或者利用遗传资源，并依赖该遗传资源完成的发明创造，不授予专利权。

第六条　执行本单位的任务或者主要是利用本单位的物质技术条件所完成的发明创造为职务发明创造。职务发明创造申请专利的权利属于该单位，申请被批准后，该单位为专利权人。该单位可以依法处置其职务发明创造申请专利的权利和专利权，促进相关发明创造的实施和运用。

非职务发明创造，申请专利的权利属于发明人或者设计人；申请被批准后，该发明人或者设计人为专利权人。

利用本单位的物质技术条件所完成的发明创造，单位与发明人或者设计人订有合同，对申请专利的权利和专利权的归属作出约定的，从其约定。

第七条　对发明人或者设计人的非职务发明创造专利申请，任何单位或者个人不得压制。

第八条　两个以上单位或者个人合作完成的发明创造、一个单位或者个人接受其他单位或者个人委托所完成的发明创造，除另有协议的以外，申请专利的权利属于完成或者共同完成的单位或者个人；申请被批准后，申请的单位或者个人为专利权人。

第九条　同样的发明创造只能授予一项专利权。但是，同一申请人同日对同样的发明创造既申请实用新型专利又申请发明专利，先获得的实用新型专利权尚未终止，且申请人声明放弃该实用新型专利权的，可以授予发明专利权。

两个以上的申请人分别就同样的发明创造申请专利的，专利权授予最先申请的人。

第十条　专利申请权和专利权可以转让。

中国单位或者个人向外国人、外国企业或者外国其他组织转让专利申请权或者专利权的，应当依照有关法律、行政法规的规定办理手续。

转让专利申请权或者专利权的，当事人应当订立书面合同，并向国务院专利行政部门登记，由国务院专利行政部门予以公告。专利申请权或者专利权的转让自登记之日起生效。

第十一条　发明和实用新型专利权被授予后，除本法另有规定的以外，任何单位或者个人未经专利权人许可，都不得实施其专利，即不得为生产经营目的制造、使用、许诺销售、销售、进口其专利产品，或者使用其专利方法以及使用、许诺销售、销售、进口依照该专利方法直接获得的产品。

外观设计专利权被授予后，任何单位或者个人未经专利权人许可，都不得实施其专利，即不得为生产经营目的制造、许诺销售、销售、进口其外观设计专利产品。

第十二条　任何单位或者个人实施他人专利的，应当与专利权人订立实施许可合同，向专利权人支付专利使用费。被许可人无权允许合同规定以外的任何单位或者个人实施该专利。

第十三条　发明专利申请公布后，申请人可以要求实施其发明的单位或者个人支付适当的费用。

第十四条　专利申请权或者专利权的共有人对权利的行使有约定的，从其约定。没有约定的，共有人可以单独实施或者以普通许可方式许可他人实施该专利；许可他人实施该专利的，收取的使用费应当在共有人之间分配。

除前款规定的情形外，行使共有的专利申请权或者专利权应当取得全体共有人的同意。

第十五条　被授予专利权的单位应当对职务发明创造的发明人或者设计人给予奖励；发明创造专利实施后，根据其推广应用的范围和取得的经济效益，对发明人或者设计人给予合理的报酬。

国家鼓励被授予专利权的单位实行产权激励，采取股权、期权、分红等方式，使发明人或者设计人合理分享创新收益。

第十六条　发明人或者设计人有权在专利文件中写明自己是发明人或者设计人。

专利权人有权在其专利产品或者该产品的包装上标明专利标识。

第十七条　在中国没有经常居所或者营业所的外国人、外国企业或者外国其他组织在中国申请专利的，依照其所属国同中国签订的协议或者共同参加的国际条约，或者依照互惠原则，根据本法办理。

第十八条　在中国没有经常居所或者营业所的外国人、外国企业或者外国其他组织在中国申请专利和办理其他专利事务的，应当委托依法设立的专利代理机构办理。

中国单位或者个人在国内申请专利和办理其他专利事务的，可以委托依法设立的专利代理机构办理。

专利代理机构应当遵守法律、行政法规，按照被代理人的委托办理专利申请或者其他专利事务；对被代理人发明创造的内容，除专利申请已经公布或者公告的以外，负有保密责任。专利代理机构的具体管理办法由国务院规定。

第十九条　任何单位或者个人将在中国完成的发明或者实用新型向外国申请专利的，应当事先报经国务院专利行政部门进行保密审查。保密审查的程序、期限等按照国务院的规定执行。

中国单位或者个人可以根据中华人民共和国参加的有关国际条约提出专利国际申请。申请人提出专利国际申请的，应当遵守前款规定。

国务院专利行政部门依照中华人民共和国参加的有关国际条约、本法和国务院有关规定处理专利国际申请。

对违反本条第一款规定向外国申请专利的发明或者实用新型，在中国申请专利的，不授予专利权。

第二十条　申请专利和行使专利权应当遵循诚实信用原则。不得滥用专利权损害公共利益或者他人合法权益。

滥用专利权，排除或者限制竞争，构成垄断行为的，依照《中华人民共和国反垄断法》处理。

第二十一条　国务院专利行政部门应当按照客观、公正、准确、及时的要求，依法处理有关专利的申请和请求。

国务院专利行政部门应当加强专利信息公共服务体系建设，完整、准确、及时发布专利信息，提供专利基础数据，定期出版专利公报，促进专利信息传播与利用。

在专利申请公布或者公告前，国务院专利行政部门的工作人员及有关人员对其内容负有保密责任。

第二章　授予专利权的条件

第二十二条　授予专利权的发明和实用新型，应当具备新颖性、创造性和实用性。

新颖性，是指该发明或者实用新型不属于现有技术；也没有任何单位或者个人就同样的发明或者实用新型在申请日以前向国务院专利行政部门提出过申请，并记载在申请日以后公布的专利申请文件或者公告的专利文件中。

创造性，是指与现有技术相比，该发明具有突出的实质性特点和显著的进步，该实用新型具有实质性特点和进步。

实用性，是指该发明或者实用新型能够制造或者使用，并且能够产生积极效果。

本法所称现有技术，是指申请日以前在国内外为公众所知的技术。

第二十三条　授予专利权的外观设计，应当不属于现有设计；也没有任何单位或者个人就同样的外观设计在申请日以前向国务院专利行政部门提出过申请，并记载在申请日以后公告的专利文件中。

授予专利权的外观设计与现有设计或者现有设计特征的组合相比，应当具有明显区别。

授予专利权的外观设计不得与他人在申请日以前已经取得的合法权利相冲突。

本法所称现有设计，是指申请日以前在国内外为公众所知的设计。

第二十四条 申请专利的发明创造在申请日以前六个月内，有下列情形之一的，不丧失新颖性：

（一）在国家出现紧急状态或者非常情况时，为公共利益目的首次公开的；

（二）在中国政府主办或者承认的国际展览会上首次展出的；

（三）在规定的学术会议或者技术会议上首次发表的；

（四）他人未经申请人同意而泄露其内容的。

第二十五条 对下列各项，不授予专利权：

（一）科学发现；

（二）智力活动的规则和方法；

（三）疾病的诊断和治疗方法；

（四）动物和植物品种；

（五）原子核变换方法以及用原子核变换方法获得的物质；

（六）对平面印刷品的图案、色彩或者二者的结合作出的主要起标识作用的设计。

对前款第（四）项所列产品的生产方法，可以依照本法规定授予专利权。

第三章 专利的申请

第二十六条 申请发明或者实用新型专利的，应当提交请求书、说明书及其摘要和权利要求书等文件。

请求书应当写明发明或者实用新型的名称，发明人的姓名，申请人姓名或者名称、地址，以及其他事项。

说明书应当对发明或者实用新型作出清楚、完整的说明，以所属技术领域的技术人员能够实现为准；必要的时候，应当有附图。摘要应当简要说明发明或者实用新型的技术要点。

权利要求书应当以说明书为依据，清楚、简要地限定要求专利保护的范围。

依赖遗传资源完成的发明创造，申请人应当在专利申请文件中说明该遗传资源的直接来源和原始来源；申请人无法说明原始来源的，应当陈述理由。

第二十七条 申请外观设计专利的，应当提交请求书、该外观设计的图片或者照片以及对该外观设计的简要说明等文件。

申请人提交的有关图片或者照片应当清楚地显示要求专利保护的产品的外观设计。

第二十八条 国务院专利行政部门收到专利申请文件之日为申请日。如果申请文件是邮寄的，以寄出的邮戳日为申请日。

第二十九条 申请人自发明或者实用新型在外国第一次提出专利申请之日起十二个月内，或者自外观设计在外国第一次提出专利申请之日起六个月内，又在中国就相同主题提出专利申请的，依照该外国同中国签订的协议或者共同参加的国际条约，或者依照相互承认优先权的原则，可以享有优先权。

申请人自发明或者实用新型在中国第一次提出专利申请之日起十二个月内，或者自外观设计在中国第一次提出专利申请之日起六个月内，又向国务院专利行政部门就相同主题提出专利申请的，可以享有优先权。

第三十条 申请人要求发明、实用新型专利优先权的，应当在申请的时候提出书面声明，并且在第一次提出申请之日起十六个月内，提交第一次提出的专利申请文件的副本。

申请人要求外观设计专利优先权的，应当在申请的时候提出书面声明，并且在三个月内提交第一次提出的专利申请文件的副本。

申请人未提出书面声明或者逾期未提交专利申请文件副本的，视为未要求优先权。

第三十一条 一件发明或者实用新型专利申请应当限于一项发明或者实用新型。属于一个总的发明构思的两项以上的发明或者实用新型，可以作为一件申请提出。

一件外观设计专利申请应当限于一项外观设计。同一产品两项以上的相似外观设计，或者用于同一类别并且成套出售或者使用的产品的两项以上外观设计，可以作为一件申请提出。

第三十二条 申请人可以在被授予专利权之前随时撤回其专利申请。

第三十三条 申请人可以对其专利申请文件进

行修改，但是，对发明和实用新型专利申请文件的修改不得超出原说明书和权利要求书记载的范围，对外观设计专利申请文件的修改不得超出原图片或者照片表示的范围。

第四章 专利申请的审查和批准

第三十四条 国务院专利行政部门收到发明专利申请后，经初步审查认为符合本法要求的，自申请日起满十八个月，即行公布。国务院专利行政部门可以根据申请人的请求早日公布其申请。

第三十五条 发明专利申请自申请日起三年内，国务院专利行政部门可以根据申请人随时提出的请求，对其申请进行实质审查；申请人无正当理由逾期不请求实质审查的，该申请即被视为撤回。

国务院专利行政部门认为必要的时候，可以自行对发明专利申请进行实质审查。

第三十六条 发明专利的申请人请求实质审查的时候，应当提交在申请日前与其发明有关的参考资料。

发明专利已经在外国提出过申请的，国务院专利行政部门可以要求申请人在指定期限内提交该国为审查其申请进行检索的资料或者审查结果的资料；无正当理由逾期不提交的，该申请即被视为撤回。

第三十七条 国务院专利行政部门对发明专利申请进行实质审查后，认为不符合本法规定的，应当通知申请人，要求其在指定的期限内陈述意见，或者对其申请进行修改；无正当理由逾期不答复的，该申请即被视为撤回。

第三十八条 发明专利申请经申请人陈述意见或者进行修改后，国务院专利行政部门仍然认为不符合本法规定的，应当予以驳回。

第三十九条 发明专利申请经实质审查没有发现驳回理由的，由国务院专利行政部门作出授予发明专利权的决定，发给发明专利证书，同时予以登记和公告。发明专利权自公告之日起生效。

第四十条 实用新型和外观设计专利申请经初步审查没有发现驳回理由的，由国务院专利行政部门作出授予实用新型专利权或者外观设计专利权的决定，发给相应的专利证书，同时予以登记和公告。实用新型专利权和外观设计专利权自公告之日起生效。

第四十一条 专利申请人对国务院专利行政部门驳回申请的决定不服的，可以自收到通知之日起三个月内向国务院专利行政部门请求复审。国务院专利行政部门复审后，作出决定，并通知专利申请人。

专利申请人对国务院专利行政部门的复审决定不服的，可以自收到通知之日起三个月内向人民法院起诉。

第五章 专利权的期限、终止和无效

第四十二条 发明专利权的期限为二十年，实用新型专利权的期限为十年，外观设计专利权的期限为十五年，均自申请日起计算。

自发明专利申请日起满四年，且自实质审查请求之日起满三年后授予发明专利权的，国务院专利行政部门应专利权人的请求，就发明专利在授权过程中的不合理延迟给予专利权期限补偿，但由申请人引起的不合理延迟除外。

为补偿新药上市审评审批占用的时间，对在中国获得上市许可的新药相关发明专利，国务院专利行政部门应专利权人的请求给予专利权期限补偿。补偿期限不超过五年，新药批准上市后总有效专利权期限不超过十四年。

第四十三条 专利权人应当自被授予专利权的当年开始缴纳年费。

第四十四条 有下列情形之一的，专利权在期限届满前终止：

（一）没有按照规定缴纳年费的；

（二）专利权人以书面声明放弃其专利权的。

专利权在期限届满前终止的，由国务院专利行政部门登记和公告。

第四十五条 自国务院专利行政部门公告授予专利权之日起，任何单位或者个人认为该专利权的授予不符合本法有关规定的，可以请求国务院专利行政部门宣告该专利权无效。

第四十六条 国务院专利行政部门对宣告专利权无效的请求应当及时审查和作出决定，并通知请求人和专利权人。宣告专利权无效的决定，由国务院专利行政部门登记和公告。

对国务院专利行政部门宣告专利权无效或者维持专利权的决定不服的，可以自收到通知之日起三个月内向人民法院起诉。人民法院应当通知无效宣告请求程序的对方当事人作为第三人参加诉讼。

第四十七条 宣告无效的专利权视为自始即不存在。

宣告专利权无效的决定，对在宣告专利权无效前人民法院作出并已执行的专利侵权的判决、调解书，已经履行或者强制执行的专利侵权纠纷处理决定，以及已经履行的专利实施许可合同和专利权转让合同，不具有追溯力。但是因专利权人的恶意给他人造成的损失，应当给予赔偿。

依照前款规定不返还专利侵权赔偿金、专利使用费、专利权转让费，明显违反公平原则的，应当全部或者部分返还。

第六章 专利实施的特别许可

第四十八条 国务院专利行政部门、地方人民政府管理专利工作的部门应当会同同级相关部门采取措施，加强专利公共服务，促进专利实施和运用。

第四十九条 国有企业事业单位的发明专利，对国家利益或者公共利益具有重大意义的，国务院有关主管部门和省、自治区、直辖市人民政府报经国务院批准，可以决定在批准的范围内推广应用，允许指定的单位实施，由实施单位按照国家规定向专利权人支付使用费。

第五十条 专利权人自愿以书面方式向国务院专利行政部门声明愿意许可任何单位或者个人实施其专利，并明确许可使用费支付方式、标准的，由国务院专利行政部门予以公告，实行开放许可。就实用新型、外观设计专利提出开放许可声明的，应当提供专利权评价报告。

专利权人撤回开放许可声明的，应当以书面方式提出，并由国务院专利行政部门予以公告。开放许可声明被公告撤回的，不影响在先给予的开放许可的效力。

第五十一条 任何单位或者个人有意愿实施开放许可的专利的，以书面方式通知专利权人，并依照公告的许可使用费支付方式、标准支付许可使用费后，即获得专利实施许可。

开放许可实施期间，对专利权人缴纳专利年费相应给予减免。

实行开放许可的专利权人可以与被许可人就许可使用费进行协商后给予普通许可，但不得就该专利给予独占或者排他许可。

第五十二条 当事人就实施开放许可发生纠纷的，由当事人协商解决；不愿协商或者协商不成的，可以请求国务院专利行政部门进行调解，也可以向人民法院起诉。

第五十三条 有下列情形之一的，国务院专利行政部门根据具备实施条件的单位或者个人的申请，可以给予实施发明专利或者实用新型专利的强制许可：

（一）专利权人自专利权被授予之日起满三年，且自提出专利申请之日起满四年，无正当理由未实施或者未充分实施其专利的；

（二）专利权人行使专利权的行为被依法认定为垄断行为，为消除或者减少该行为对竞争产生的不利影响的。

第五十四条 在国家出现紧急状态或者非常情况时，或者为了公共利益的目的，国务院专利行政部门可以给予实施发明专利或者实用新型专利的强制许可。

第五十五条 为了公共健康目的，对取得专利权的药品，国务院专利行政部门可以给予制造并将其出口到符合中华人民共和国参加的有关国际条约规定的国家或者地区的强制许可。

第五十六条 一项取得专利权的发明或者实用新型比前已经取得专利权的发明或者实用新型具有显著经济意义的重大技术进步，其实施又有赖于前一发明或者实用新型的实施的，国务院专利行政部门根据后一专利权人的申请，可以给予实施前一发明或者实用新型的强制许可。

在依照前款规定给予实施强制许可的情形下，国务院专利行政部门根据前一专利权人的申请，也可以给予实施后一发明或者实用新型的强制许可。

第五十七条 强制许可涉及的发明创造为半导体技术的，其实施限于公共利益的目的和本法第五十三条第（二）项规定的情形。

第五十八条 除依照本法第五十三条第（二）项、第五十五条规定给予的强制许可外，强制许可的实施应当主要为了供应国内市场。

第五十九条 依照本法第五十三条第（一）项、第五十六条规定申请强制许可的单位或者个人应当提供证据，证明其以合理的条件请求专利权人许可其实施专利，但未能在合理的时间内获得许可。

第六十条 国务院专利行政部门作出的给予实施强制许可的决定，应当及时通知专利权人，并予以登记和公告。

给予实施强制许可的决定，应当根据强制许可的理由规定实施的范围和时间。强制许可的理由消除并不再发生时，国务院专利行政部门应当根据专利权人的请求，经审查后作出终止实施强制许可的决定。

第六十一条　取得实施强制许可的单位或者个人不享有独占的实施权，并且无权允许他人实施。

第六十二条　取得实施强制许可的单位或者个人应当付给专利权人合理的使用费，或者依照中华人民共和国参加的有关国际条约的规定处理使用费问题。付给使用费的，其数额由双方协商；双方不能达成协议的，由国务院专利行政部门裁决。

第六十三条　专利权人对国务院专利行政部门关于实施强制许可的决定不服的，专利权人和取得实施强制许可的单位或者个人对国务院专利行政部门关于实施强制许可的使用费的裁决不服的，可以自收到通知之日起三个月内向人民法院起诉。

第七章　专利权的保护

第六十四条　发明或者实用新型专利权的保护范围以其权利要求的内容为准，说明书及附图可以用于解释权利要求的内容。

外观设计专利权的保护范围以表示在图片或者照片中的该产品的外观设计为准，简要说明可以用于解释图片或者照片所表示的该产品的外观设计。

第六十五条　未经专利权人许可，实施其专利，即侵犯其专利权，引起纠纷的，由当事人协商解决；不愿协商或者协商不成的，专利权人或者利害关系人可以向人民法院起诉，也可以请求管理专利工作的部门处理。管理专利工作的部门处理时，认定侵权行为成立的，可以责令侵权人立即停止侵权行为，当事人不服的，可以自收到处理通知之日起十五日内依照《中华人民共和国行政诉讼法》向人民法院起诉；侵权人期满不起诉又不停止侵权行为的，管理专利工作的部门可以申请人民法院强制执行。进行处理的管理专利工作的部门应当事人的请求，可以就侵犯专利权的赔偿数额进行调解；调解不成的，当事人可以依照《中华人民共和国民事诉讼法》向人民法院起诉。

第六十六条　专利侵权纠纷涉及新产品制造方法的发明专利的，制造同样产品的单位或者个人应当提供其产品制造方法不同于专利方法的证明。

专利侵权纠纷涉及实用新型专利或者外观设计专利的，人民法院或者管理专利工作的部门可以要求专利权人或者利害关系人出具由国务院专利行政部门对相关实用新型或者外观设计进行检索、分析和评价后作出的专利权评价报告，作为审理、处理专利侵权纠纷的证据；专利权人、利害关系人或者被控侵权人也可以主动出具专利权评价报告。

第六十七条　在专利侵权纠纷中，被控侵权人有证据证明其实施的技术或者设计属于现有技术或者现有设计的，不构成侵犯专利权。

第六十八条　假冒专利的，除依法承担民事责任外，由负责专利执法的部门责令改正并予公告，没收违法所得，可以处违法所得五倍以下的罚款；没有违法所得或者违法所得在五万元以下的，可以处二十五万元以下的罚款；构成犯罪的，依法追究刑事责任。

第六十九条　负责专利执法的部门根据已经取得的证据，对涉嫌假冒专利行为进行查处时，有权采取下列措施：

（一）询问有关当事人，调查与涉嫌违法行为有关的情况；

（二）对当事人涉嫌违法行为的场所实施现场检查；

（三）查阅、复制与涉嫌违法行为有关的合同、发票、账簿以及其他有关资料；

（四）检查与涉嫌违法行为有关的产品；

（五）对有证据证明是假冒专利的产品，可以查封或者扣押。

管理专利工作的部门应专利权人或者利害关系人的请求处理专利侵权纠纷时，可以采取前款第（一）项、第（二）项、第（四）项所列措施。

负责专利执法的部门、管理专利工作的部门依法行使前两款规定的职权时，当事人应当予以协助、配合，不得拒绝、阻挠。

第七十条　国务院专利行政部门可以应专利权人或者利害关系人的请求处理在全国有重大影响的专利侵权纠纷。

地方人民政府管理专利工作的部门应专利权人或者利害关系人请求处理专利侵权纠纷，对在本行政区域内侵犯其同一专利权的案件可以合并处理；对跨区域侵犯其同一专利权的案件可以请求上级地方人民政府管理专利工作的部门处理。

第七十一条　侵犯专利权的赔偿数额按照权利人因被侵权所受到的实际损失或者侵权人因侵权所获得的利益确定；权利人的损失或者侵权人获得的利益难以确定的，参照该专利许可使用费的倍数合理确定。对故意侵犯专利权，情节严重的，可以在按照上述方法确定数额的一倍以上五倍以下确定赔偿数额。

权利人的损失、侵权人获得的利益和专利许可使用费均难以确定的，人民法院可以根据专利权的类型、侵权行为的性质和情节等因素，确定给予三万元以上五百万元以下的赔偿。

赔偿数额还应当包括权利人为制止侵权行为所支付的合理开支。

人民法院为确定赔偿数额，在权利人已经尽力举证，而与侵权行为相关的账簿、资料主要由侵权人掌握的情况下，可以责令侵权人提供与侵权行为相关的账簿、资料；侵权人不提供或者提供虚假的账簿、资料的，人民法院可以参考权利人的主张和提供的证据判定赔偿数额。

第七十二条 专利权人或者利害关系人有证据证明他人正在实施或者即将实施侵犯专利权、妨碍其实现权利的行为，如不及时制止将会使其合法权益受到难以弥补的损害的，可以在起诉前依法向人民法院申请采取财产保全、责令作出一定行为或者禁止作出一定行为的措施。

第七十三条 为了制止专利侵权行为，在证据可能灭失或者以后难以取得的情况下，专利权人或者利害关系人可以在起诉前依法向人民法院申请保全证据。

第七十四条 侵犯专利权的诉讼时效为三年，自专利权人或者利害关系人知道或者应当知道侵权行为以及侵权人之日起计算。

发明专利申请公布后至专利权授予前使用该发明未支付适当使用费的，专利权人要求支付使用费的诉讼时效为三年，自专利权人知道或者应当知道他人使用其发明之日起计算，但是，专利权人于专利权授予之日前即已知道或者应当知道的，自专利权授予之日起计算。

第七十五条 有下列情形之一的，不视为侵犯专利权：

（一）专利产品或者依照专利方法直接获得的产品，由专利权人或者经其许可的单位、个人售出后，使用、许诺销售、销售、进口该产品的；

（二）在专利申请日前已经制造相同产品、使用相同方法或者已经作好制造、使用的必要准备，并且仅在原有范围内继续制造、使用的；

（三）临时通过中国领陆、领水、领空的外国运输工具，依照其所属国同中国签订的协议或者共同参加的国际条约，或者依照互惠原则，为运输工具自身需要而在其装置和设备中使用有关专利的；

（四）专为科学研究和实验而使用有关专利的；

（五）为提供行政审批所需要的信息，制造、使用、进口专利药品或者专利医疗器械的，以及专门为其制造、进口专利药品或者专利医疗器械的。

第七十六条 药品上市审评审批过程中，药品上市许可申请人与有关专利权人或者利害关系人，因申请注册的药品相关的专利权产生纠纷的，相关当事人可以向人民法院起诉，请求就申请注册的药品相关技术方案是否落入他人药品专利权保护范围作出判决。国务院药品监督管理部门在规定的期限内，可以根据人民法院生效裁判作出是否暂停批准相关药品上市的决定。

药品上市许可申请人与有关专利权人或者利害关系人也可以就申请注册的药品相关的专利权纠纷，向国务院专利行政部门请求行政裁决。

国务院药品监督管理部门会同国务院专利行政部门制定药品上市许可审批与药品上市许可申请阶段专利权纠纷解决的具体衔接办法，报国务院同意后实施。

第七十七条 为生产经营目的使用、许诺销售或者销售不知道是未经专利权人许可而制造并售出的专利侵权产品，能证明该产品合法来源的，不承担赔偿责任。

第七十八条 违反本法第十九条规定向外国申请专利，泄露国家秘密的，由所在单位或者上级主管机关给予行政处分；构成犯罪的，依法追究刑事责任。

第七十九条 管理专利工作的部门不得参与向社会推荐专利产品等经营活动。

管理专利工作的部门违反前款规定的，由其上级机关或者监察机关责令改正，消除影响，有违法收入的予以没收；情节严重的，对直接负责的主管人员和其他直接责任人员依法给予处分。

第八十条 从事专利管理工作的国家机关工作人员以及其他有关国家机关工作人员玩忽职守、滥用职权、徇私舞弊，构成犯罪的，依法追究刑事责任；尚不构成犯罪的，依法给予处分。

第八章 附　则

第八十一条 向国务院专利行政部门申请专利和办理其他手续，应当按照规定缴纳费用。

第八十二条 本法自1985年4月1日起施行。

中华人民共和国商标法

（1982年8月23日第五届全国人民代表大会常务委员会第二十四次会议通过　根据1993年2月22日第七届全国人民代表大会常务委员会第三十次会议《关于修改〈中华人民共和国商标法〉的决定》第一次修正　根据2001年10月27日第九届全国人民代表大会常务委员会第二十四次会议《关于修改〈中华人民共和国商标法〉的决定》第二次修正　根据2013年8月30日第十二届全国人民代表大会常务委员会第四次会议《关于修改〈中华人民共和国商标法〉的决定》第三次修正　根据2019年4月23日第十三届全国人民代表大会常务委员会第十次会议《关于修改〈中华人民共和国建筑法〉等八部法律的决定》第四次修正）

第一章　总　　则

第一条　为了加强商标管理，保护商标专用权，促使生产、经营者保证商品和服务质量，维护商标信誉，以保障消费者和生产、经营者的利益，促进社会主义市场经济的发展，特制定本法。

第二条　国务院工商行政管理部门商标局主管全国商标注册和管理的工作。

国务院工商行政管理部门设立商标评审委员会，负责处理商标争议事宜。

第三条　经商标局核准注册的商标为注册商标，包括商品商标、服务商标和集体商标、证明商标；商标注册人享有商标专用权，受法律保护。

本法所称集体商标，是指以团体、协会或者其他组织名义注册，供该组织成员在商事活动中使用，以表明使用者在该组织中的成员资格的标志。

本法所称证明商标，是指由对某种商品或者服务具有监督能力的组织所控制，而由该组织以外的单位或者个人使用于其商品或者服务，用以证明该商品或者服务的原产地、原料、制造方法、质量或者其他特定品质的标志。

集体商标、证明商标注册和管理的特殊事项，由国务院工商行政管理部门规定。

第四条　自然人、法人或者其他组织在生产经营活动中，对其商品或者服务需要取得商标专用权的，应当向商标局申请商标注册。不以使用为目的的恶意商标注册申请，应当予以驳回。

本法有关商品商标的规定，适用于服务商标。

第五条　两个以上的自然人、法人或者其他组织可以共同向商标局申请注册同一商标，共同享有和行使该商标专用权。

第六条　法律、行政法规规定必须使用注册商标的商品，必须申请商标注册，未经核准注册的，不得在市场销售。

第七条　申请注册和使用商标，应当遵循诚实信用原则。

商标使用人应当对其使用商标的商品质量负责。各级工商行政管理部门应当通过商标管理，制止欺骗消费者的行为。

第八条　任何能够将自然人、法人或者其他组织的商品与他人的商品区别开的标志，包括文字、图形、字母、数字、三维标志、颜色组合和声音等，以及上述要素的组合，均可以作为商标申请注册。

第九条　申请注册的商标，应当有显著特征，便于识别，并不得与他人在先取得的合法权利相冲突。

商标注册人有权标明“注册商标”或者注册标记。

第十条　下列标志不得作为商标使用：

（一）同中华人民共和国的国家名称、国旗、国徽、国歌、军旗、军徽、军歌、勋章等相同或者近似的，以及同中央国家机关的名称、标志、所在地特定地点的名称或者标志性建筑物的名称、图形相同的；

（二）同外国的国家名称、国旗、国徽、军旗等相同或者近似的，但经该国政府同意的除外；

（三）同政府间国际组织的名称、旗帜、徽记等相同或者近似的，但经该组织同意或者不易误导公众的除外；

（四）与表明实施控制、予以保证的官方标志、检验印记相同或者近似的，但经授权的除外；

（五）同“红十字”、“红新月”的名称、标志相同或者近似的；

（六）带有民族歧视性的；

（七）带有欺骗性，容易使公众对商品的质量等特点或者产地产生误认的；

（八）有害于社会主义道德风尚或者有其他不良影响的。

县级以上行政区划的地名或者公众知晓的外国地名，不得作为商标。但是，地名具有其他含义或者作为集体商标、证明商标组成部分的除外；已经注册的使用地名的商标继续有效。

第十一条 下列标志不得作为商标注册：

（一）仅有本商品的通用名称、图形、型号的；

（二）仅直接表示商品的质量、主要原料、功能、用途、重量、数量及其他特点的；

（三）其他缺乏显著特征的。

前款所列标志经过使用取得显著特征，并便于识别的，可以作为商标注册。

第十二条 以三维标志申请注册商标的，仅由商品自身的性质产生的形状、为获得技术效果而需有的商品形状或者使商品具有实质性价值的形状，不得注册。

第十三条 为相关公众所熟知的商标，持有人认为其权利受到侵害时，可以依照本法规定请求驰名商标保护。

就相同或者类似商品申请注册的商标是复制、摹仿或者翻译他人未在中国注册的驰名商标，容易导致混淆的，不予注册并禁止使用。

就不相同或者不相类似商品申请注册的商标是复制、摹仿或者翻译他人已经在中国注册的驰名商标，误导公众，致使该驰名商标注册人的利益可能受到损害的，不予注册并禁止使用。

第十四条 驰名商标应当根据当事人的请求，作为处理涉及商标案件需要认定的事实进行认定。认定驰名商标应当考虑下列因素：

（一）相关公众对该商标的知晓程度；

（二）该商标使用的持续时间；

（三）该商标的任何宣传工作的持续时间、程度和地理范围；

（四）该商标作为驰名商标受保护的记录；

（五）该商标驰名的其他因素。

在商标注册审查、工商行政管理部门查处商标违法案件过程中，当事人依照本法第十三条规定主张权利的，商标局根据审查、处理案件的需要，可以对商标驰名情况作出认定。

在商标争议处理过程中，当事人依照本法第十三条规定主张权利的，商标评审委员会根据处理案件的需要，可以对商标驰名情况作出认定。

在商标民事、行政案件审理过程中，当事人依照本法第十三条规定主张权利的，最高人民法院指定的人民法院根据审理案件的需要，可以对商标驰名情况作出认定。

生产、经营者不得将“驰名商标”字样用于商品、商品包装或者容器上，或者用于广告宣传、展览以及其他商业活动中。

第十五条 未经授权，代理人或者代表人以自己的名义将被代理人或者被代表人的商标进行注册，被代理人或者被代表人提出异议的，不予注册并禁止使用。

就同一种商品或者类似商品申请注册的商标与他人在先使用的未注册商标相同或者近似，申请人与该他人具有前款规定以外的合同、业务往来关系或者其他关系而明知该他人商标存在，该他人提出异议的，不予注册。

第十六条 商标中有商品的地理标志，而该商品并非来源于该标志所标示的地区，误导公众的，不予注册并禁止使用；但是，已经善意取得注册的继续有效。

前款所称地理标志，是指标示某商品来源于某地区，该商品的特定质量、信誉或者其他特征，主要由该地区的自然因素或者人文因素所决定的标志。

第十七条 外国人或者外国企业在中国申请商标注册的，应当按其所属国和中华人民共和国签订的协议或者共同参加的国际条约办理，或者按对等原则办理。

第十八条 申请商标注册或者办理其他商标事宜，可以自行办理，也可以委托依法设立的商标代理机构办理。

外国人或者外国企业在中国申请商标注册和办理其他商标事宜的，应当委托依法设立的商标代理机构办理。

第十九条 商标代理机构应当遵循诚实信用原则，遵守法律、行政法规，按照被代理人的委托办理商标注册申请或者其他商标事宜；对在代理过程中知悉的被代理人的商业秘密，负有保密义务。

委托人申请注册的商标可能存在本法规定不得注册情形的，商标代理机构应当明确告知委托人。

商标代理机构知道或者应当知道委托人申请注册的商标属于本法第四条、第十五条和第三十二条规定情形的，不得接受其委托。

商标代理机构除对其代理服务申请商标注册外，不得申请注册其他商标。

第二十条 商标代理行业组织应当按照章程规定，严格执行吸纳会员的条件，对违反行业自律规范的会员实行惩戒。商标代理行业组织对其吸纳的会员和对会员的惩戒情况，应当及时向社会公布。

第二十一条　商标国际注册遵循中华人民共和国缔结或者参加的有关国际条约确立的制度，具体办法由国务院规定。

第二章　商标注册的申请

第二十二条　商标注册申请人应当按规定的商品分类表填报使用商标的商品类别和商品名称，提出注册申请。

商标注册申请人可以通过一份申请就多个类别的商品申请注册同一商标。

商标注册申请等有关文件，可以以书面方式或者数据电文方式提出。

第二十三条　注册商标需要在核定使用范围之外的商品上取得商标专用权的，应当另行提出注册申请。

第二十四条　注册商标需要改变其标志的，应当重新提出注册申请。

第二十五条　商标注册申请人自其商标在外国第一次提出商标注册申请之日起六个月内，又在中国就相同商品以同一商标提出商标注册申请的，依照该外国同中国签订的协议或者共同参加的国际条约，或者按照相互承认优先权的原则，可以享有优先权。

依照前款要求优先权的，应当在提出商标注册申请的时候提出书面声明，并且在三个月内提交第一次提出的商标注册申请文件的副本；未提出书面声明或者逾期未提交商标注册申请文件副本的，视为未要求优先权。

第二十六条　商标在中国政府主办的或者承认的国际展览会展出的商品上首次使用的，自该商品展出之日起六个月内，该商标的注册申请人可以享有优先权。

依照前款要求优先权的，应当在提出商标注册申请的时候提出书面声明，并且在三个月内提交展出其商品的展览会名称、在展出商品上使用该商标的证据、展出日期等证明文件；未提出书面声明或者逾期未提交证明文件的，视为未要求优先权。

第二十七条　为申请商标注册所申报的事项和所提供的材料应当真实、准确、完整。

第三章　商标注册的审查和核准

第二十八条　对申请注册的商标，商标局应当自收到商标注册申请文件之日起九个月内审查完毕，符合本法有关规定的，予以初步审定公告。

第二十九条　在审查过程中，商标局认为商标注册申请内容需要说明或者修正的，可以要求申请人做出说明或者修正。申请人未做出说明或者修正的，不影响商标局做出审查决定。

第三十条　申请注册的商标，凡不符合本法有关规定或者同他人在同一种商品或者类似商品上已经注册的或者初步审定的商标相同或者近似的，由商标局驳回申请，不予公告。

第三十一条　两个或者两个以上的商标注册申请人，在同一种商品或者类似商品上，以相同或者近似的商标申请注册的，初步审定并公告申请在先的商标；同一天申请的，初步审定并公告使用在先的商标，驳回其他人的申请，不予公告。

第三十二条　申请商标注册不得损害他人现有的在先权利，也不得以不正当手段抢先注册他人已经使用并有一定影响的商标。

第三十三条　对初步审定公告的商标，自公告之日起三个月内，在先权利人、利害关系人认为违反本法第十三条第二款和第三款、第十五条、第十六条第一款、第三十条、第三十一条、第三十二条规定的，或者任何人认为违反本法第四条、第十条、第十一条、第十二条、第十九条第四款规定的，可以向商标局提出异议。公告期满无异议的，予以核准注册，发给商标注册证，并予公告。

第三十四条　对驳回申请、不予公告的商标，商标局应当书面通知商标注册申请人。商标注册申请人不服的，可以自收到通知之日起十五日内向商标评审委员会申请复审。商标评审委员会应当自收到申请之日起九个月内做出决定，并书面通知申请人。有特殊情况需要延长的，经国务院工商行政管理部门批准，可以延长三个月。当事人对商标评审委员会的决定不服的，可以自收到通知之日起三十日内向人民法院起诉。

第三十五条　对初步审定公告的商标提出异议的，商标局应当听取异议人和被异议人陈述事实和理由，经调查核实后，自公告期满之日起十二个月内做出是否准予注册的决定，并书面通知异议人和被异议人。有特殊情况需要延长的，经国务院工商行政管理部门批准，可以延长六个月。

商标局做出准予注册决定的，发给商标注册证，并予公告。异议人不服的，可以依照本法第四十四条、第四十五条的规定向商标评审委员会请求宣告该注册商标无效。

商标局做出不予注册决定，被异议人不服的，可以自收到通知之日起十五日内向商标评审委员会申请复审。商标评审委员会应当自收到申请之日起十二个月内做出复审决定，并书面通知异议人和被异议人。有特殊情况需要延长的，经国务院工商行政管理部门批准，可以延长六个月。被异议人对商标评审委员会的决定不服的，可以自收到通知之日起三十日内向人民法院起诉。人民法院应当通知异议人作为第三人参加诉讼。

商标评审委员会在依照前款规定进行复审的过程中，所涉及的在先权利的确定必须以人民法院正在审理或者行政机关正在处理的另一案件的结果为依据的，可以中止审查。中止原因消除后，应当恢复审查程序。

第三十六条 法定期限届满，当事人对商标局做出的驳回申请决定、不予注册决定不申请复审或者对商标评审委员会做出的复审决定不向人民法院起诉的，驳回申请决定、不予注册决定或者复审决定生效。

经审查异议不成立而准予注册的商标，商标注册申请人取得商标专用权的时间自初步审定公告三个月期满之日起计算。自该商标公告期满之日起至准予注册决定做出前，对他人在同一种或者类似商品上使用与该商标相同或者近似的标志的行为不具有追溯力；但是，因该使用人的恶意给商标注册人造成的损失，应当给予赔偿。

第三十七条 对商标注册申请和商标复审申请应当及时进行审查。

第三十八条 商标注册申请人或者注册人发现商标申请文件或者注册文件有明显错误的，可以申请更正。商标局依法在其职权范围内作出更正，并通知当事人。

前款所称更正错误不涉及商标申请文件或者注册文件的实质性内容。

第四章 注册商标的续展、变更、转让和使用许可

第三十九条 注册商标的有效期为十年，自核准注册之日起计算。

第四十条 注册商标有效期满，需要继续使用的，商标注册人应当在期满前十二个月内按照规定办理续展手续；在此期间未能办理的，可以给予六个月的宽展期。每次续展注册的有效期为十年，自该商标上一届有效期满次日起计算。期满未办理续展手续的，注销其注册商标。

商标局应当对续展注册的商标予以公告。

第四十一条 注册商标需要变更注册人的名义、地址或者其他注册事项的，应当提出变更申请。

第四十二条 转让注册商标的，转让人和受让人应当签订转让协议，并共同向商标局提出申请。受让人应当保证使用该注册商标的商品质量。

转让注册商标的，商标注册人对其在同一种商品上注册的近似的商标，或者在类似商品上注册的相同或者近似的商标，应当一并转让。

对容易导致混淆或者有其他不良影响的转让，商标局不予核准，书面通知申请人并说明理由。

转让注册商标经核准后，予以公告。受让人自公告之日起享有商标专用权。

第四十三条 商标注册人可以通过签订商标使用许可合同，许可他人使用其注册商标。许可人应当监督被许可人使用其注册商标的商品质量。被许可人应当保证使用该注册商标的商品质量。

经许可使用他人注册商标的，必须在使用该注册商标的商品上标明被许可人的名称和商品产地。

许可他人使用其注册商标的，许可人应当将其商标使用许可报商标局备案，由商标局公告。商标使用许可未经备案不得对抗善意第三人。

第五章 注册商标的无效宣告

第四十四条 已经注册的商标，违反本法第四条、第十条、第十一条、第十二条、第十九条第四款规定的，或者是以欺骗手段或者其他不正当手段取得注册的，由商标局宣告该注册商标无效；其他单位或者个人可以请求商标评审委员会宣告该注册商标无效。

商标局做出宣告注册商标无效的决定，应当书面通知当事人。当事人对商标局的决定不服的，可以自收到通知之日起十五日内向商标评审委员会申请复审。商标评审委员会应当自收到申请之日起九个月内做出决定，并书面通知当事人。有特殊情况需要延长的，经国务院工商行政管理部门批准，可以延长三个月。当事人对商标评审委员会的决定不服的，可以自收到通知之日起三十日内向人民法院起诉。

其他单位或者个人请求商标评审委员会宣告注册商标无效的，商标评审委员会收到申请后，应当书面通知有关当事人，并限期提出答辩。商标评审委员会应当自收到申请之日起九个月内做出维持注

册商标或者宣告注册商标无效的裁定，并书面通知当事人。有特殊情况需要延长的，经国务院工商行政管理部门批准，可以延长三个月。当事人对商标评审委员会的裁定不服的，可以自收到通知之日起三十日内向人民法院起诉。人民法院应当通知商标裁定程序的对方当事人作为第三人参加诉讼。

第四十五条　已经注册的商标，违反本法第十三条第二款和第三款、第十五条、第十六条第一款、第三十条、第三十一条、第三十二条规定的，自商标注册之日起五年内，在先权利人或者利害关系人可以请求商标评审委员会宣告该注册商标无效。对恶意注册的，驰名商标所有人不受五年的时间限制。

商标评审委员会收到宣告注册商标无效的申请后，应当书面通知有关当事人，并限期提出答辩。商标评审委员会应当自收到申请之日起十二个月内做出维持注册商标或者宣告注册商标无效的裁定，并书面通知当事人。有特殊情况需要延长的，经国务院工商行政管理部门批准，可以延长六个月。当事人对商标评审委员会的裁定不服的，可以自收到通知之日起三十日内向人民法院起诉。人民法院应当通知商标裁定程序的对方当事人作为第三人参加诉讼。

商标评审委员会在依照前款规定对无效宣告请求进行审查的过程中，所涉及的在先权利的确定必须以人民法院正在审理或者行政机关正在处理的另一案件的结果为依据的，可以中止审查。中止原因消除后，应当恢复审查程序。

第四十六条　法定期限届满，当事人对商标局宣告注册商标无效的决定不申请复审或者对商标评审委员会的复审决定、维持注册商标或者宣告注册商标无效的裁定不向人民法院起诉的，商标局的决定或者商标评审委员会的复审决定、裁定生效。

第四十七条　依照本法第四十四条、第四十五条的规定宣告无效的注册商标，由商标局予以公告，该注册商标专用权视为自始即不存在。

宣告注册商标无效的决定或者裁定，对宣告无效前人民法院做出并已执行的商标侵权案件的判决、裁定、调解书和工商行政管理部门做出并已执行的商标侵权案件的处理决定以及已经履行的商标转让或者使用许可合同不具有追溯力。但是，因商标注册人的恶意给他人造成的损失，应当给予赔偿。

依照前款规定不返还商标侵权赔偿金、商标转让费、商标使用费，明显违反公平原则的，应当全部或者部分返还。

第六章　商标使用的管理

第四十八条　本法所称商标的使用，是指将商标用于商品、商品包装或者容器以及商品交易文书上，或者将商标用于广告宣传、展览以及其他商业活动中，用于识别商品来源的行为。

第四十九条　商标注册人在使用注册商标的过程中，自行改变注册商标、注册人名义、地址或者其他注册事项的，由地方工商行政管理部门责令限期改正；期满不改正的，由商标局撤销其注册商标。

注册商标成为其核定使用的商品的通用名称或者没有正当理由连续三年不使用的，任何单位或者个人可以向商标局申请撤销该注册商标。商标局应当自收到申请之日起九个月内做出决定。有特殊情况需要延长的，经国务院工商行政管理部门批准，可以延长三个月。

第五十条　注册商标被撤销、被宣告无效或者期满不再续展的，自撤销、宣告无效或者注销之日起一年内，商标局对与该商标相同或者近似的商标注册申请，不予核准。

第五十一条　违反本法第六条规定的，由地方工商行政管理部门责令限期申请注册，违法经营额五万元以上的，可以处违法经营额百分之二十以下的罚款，没有违法经营额或者违法经营额不足五万元的，可以处一万元以下的罚款。

第五十二条　将未注册商标冒充注册商标使用的，或者使用未注册商标违反本法第十条规定的，由地方工商行政管理部门予以制止，限期改正，并可以予以通报，违法经营额五万元以上的，可以处违法经营额百分之二十以下的罚款，没有违法经营额或者违法经营额不足五万元的，可以处一万元以下的罚款。

第五十三条　违反本法第十四条第五款规定的，由地方工商行政管理部门责令改正，处十万元罚款。

第五十四条　对商标局撤销或者不予撤销注册商标的决定，当事人不服的，可以自收到通知之日起十五日内向商标评审委员会申请复审。商标评审委员会应当自收到申请之日起九个月内做出决定，并书面通知当事人。有特殊情况需要延长的，经国务院工商行政管理部门批准，可以延长三个月。当事人对商标评审委员会的决定不服的，可以自收到通知之日起三十日内向人民法院起诉。

第五十五条 法定期限届满，当事人对商标局做出的撤销注册商标的决定不申请复审或者对商标评审委员会做出的复审决定不向人民法院起诉的，撤销注册商标的决定、复审决定生效。

被撤销的注册商标，由商标局予以公告，该注册商标专用权自公告之日起终止。

第七章 注册商标专用权的保护

第五十六条 注册商标的专用权，以核准注册的商标和核定使用的商品为限。

第五十七条 有下列行为之一的，均属侵犯注册商标专用权：

（一）未经商标注册人的许可，在同一种商品上使用与其注册商标相同的商标的；

（二）未经商标注册人的许可，在同一种商品上使用与其注册商标近似的商标，或者在类似商品上使用与其注册商标相同或者近似的商标，容易导致混淆的；

（三）销售侵犯注册商标专用权的商品的；

（四）伪造、擅自制造他人注册商标标识或者销售伪造、擅自制造的注册商标标识的；

（五）未经商标注册人同意，更换其注册商标并将该更换商标的商品又投入市场的；

（六）故意为侵犯他人商标专用权行为提供便利条件，帮助他人实施侵犯商标专用权行为的；

（七）给他人的注册商标专用权造成其他损害的。

第五十八条 将他人注册商标、未注册的驰名商标作为企业名称中的字号使用，误导公众，构成不正当竞争行为的，依照《中华人民共和国反不正当竞争法》处理。

第五十九条 注册商标中含有的本商品的通用名称、图形、型号，或者直接表示商品的质量、主要原料、功能、用途、重量、数量及其他特点，或者含有的地名，注册商标专用权人无权禁止他人正当使用。

三维标志注册商标中含有的商品自身的性质产生的形状、为获得技术效果而需有的商品形状或者使商品具有实质性价值的形状，注册商标专用权人无权禁止他人正当使用。

商标注册人申请商标注册前，他人已经在同一种商品或者类似商品上先于商标注册人使用与注册商标相同或者近似并有一定影响的商标的，注册商标专用权人无权禁止该使用人在原使用范围内继续使用该商标，但可以要求其附加适当区别标识。

第六十条 有本法第五十七条所列侵犯注册商标专用权行为之一，引起纠纷的，由当事人协商解决；不愿协商或者协商不成的，商标注册人或者利害关系人可以向人民法院起诉，也可以请求工商行政管理部门处理。

工商行政管理部门处理时，认定侵权行为成立的，责令立即停止侵权行为，没收、销毁侵权商品和主要用于制造侵权商品、伪造注册商标标识的工具，违法经营额五万元以上的，可以处违法经营额五倍以下的罚款，没有违法经营额或者违法经营额不足五万元的，可以处二十五万元以下的罚款。对五年内实施两次以上商标侵权行为或者有其他严重情节的，应当从重处罚。销售不知道是侵犯注册商标专用权的商品，能证明该商品是自己合法取得并说明提供者的，由工商行政管理部门责令停止销售。

对侵犯商标专用权的赔偿数额的争议，当事人可以请求进行处理的工商行政管理部门调解，也可以依照《中华人民共和国民事诉讼法》向人民法院起诉。经工商行政管理部门调解，当事人未达成协议或者调解书生效后不履行的，当事人可以依照《中华人民共和国民事诉讼法》向人民法院起诉。

第六十一条 对侵犯注册商标专用权的行为，工商行政管理部门有权依法查处；涉嫌犯罪的，应当及时移送司法机关依法处理。

第六十二条 县级以上工商行政管理部门根据已经取得的违法嫌疑证据或者举报，对涉嫌侵犯他人注册商标专用权的行为进行查处时，可以行使下列职权：

（一）询问有关当事人，调查与侵犯他人注册商标专用权有关的情况；

（二）查阅、复制当事人与侵权活动有关的合同、发票、账簿以及其他有关资料；

（三）对当事人涉嫌从事侵犯他人注册商标专用权活动的场所实施现场检查；

（四）检查与侵权活动有关的物品；对有证据证明是侵犯他人注册商标专用权的物品，可以查封或者扣押。

工商行政管理部门依法行使前款规定的职权时，当事人应当予以协助、配合，不得拒绝、阻挠。

在查处商标侵权案件过程中，对商标权属存在争议或者权利人同时向人民法院提起商标侵权诉讼的，工商行政管理部门可以中止案件的查处。中止原因消除后，应当恢复或者终结案件查处程序。

第六十三条 侵犯商标专用权的赔偿数额，按照权利人因被侵权所受到的实际损失确定；实际损失难以确定的，可以按照侵权人因侵权所获得的利益确定；权利人的损失或者侵权人获得的利益难以确定的，参照该商标许可使用费的倍数合理确定。对恶意侵犯商标专用权，情节严重的，可以在按照上述方法确定数额的一倍以上五倍以下确定赔偿数额。赔偿数额应当包括权利人为制止侵权行为所支付的合理开支。

人民法院为确定赔偿数额，在权利人已经尽力举证，而与侵权行为相关的账簿、资料主要由侵权人掌握的情况下，可以责令侵权人提供与侵权行为相关的账簿、资料；侵权人不提供或者提供虚假的账簿、资料的，人民法院可以参考权利人的主张和提供的证据判定赔偿数额。

权利人因被侵权所受到的实际损失、侵权人因侵权所获得的利益、注册商标许可使用费难以确定的，由人民法院根据侵权行为的情节判决给予五百万元以下的赔偿。

人民法院审理商标纠纷案件，应权利人请求，对属于假冒注册商标的商品，除特殊情况外，责令销毁；对主要用于制造假冒注册商标的商品的材料、工具，责令销毁，且不予补偿；或者在特殊情况下，责令禁止前述材料、工具进入商业渠道，且不予补偿。

假冒注册商标的商品不得在仅去除假冒注册商标后进入商业渠道。

第六十四条 注册商标专用权人请求赔偿，被控侵权人以注册商标专用权人未使用注册商标提出抗辩的，人民法院可以要求注册商标专用权人提供此前三年内实际使用该注册商标的证据。注册商标专用权人不能证明此前三年内实际使用过该注册商标，也不能证明因侵权行为受到其他损失的，被控侵权人不承担赔偿责任。

销售不知道是侵犯注册商标专用权的商品，能证明该商品是自己合法取得并说明提供者的，不承担赔偿责任。

第六十五条 商标注册人或者利害关系人有证据证明他人正在实施或者即将实施侵犯其注册商标专用权的行为，如不及时制止将会使其合法权益受到难以弥补的损害的，可以依法在起诉前向人民法院申请采取责令停止有关行为和财产保全的措施。

第六十六条 为制止侵权行为，在证据可能灭失或者以后难以取得的情况下，商标注册人或者利害关系人可以依法在起诉前向人民法院申请保全证据。

第六十七条 未经商标注册人许可，在同一种商品上使用与其注册商标相同的商标，构成犯罪的，除赔偿被侵权人的损失外，依法追究刑事责任。

伪造、擅自制造他人注册商标标识或者销售伪造、擅自制造的注册商标标识，构成犯罪的，除赔偿被侵权人的损失外，依法追究刑事责任。

销售明知是假冒注册商标的商品，构成犯罪的，除赔偿被侵权人的损失外，依法追究刑事责任。

第六十八条 商标代理机构有下列行为之一的，由工商行政管理部门责令限期改正，给予警告，处一万元以上十万元以下的罚款；对直接负责的主管人员和其他直接责任人员给予警告，处五千元以上五万元以下的罚款；构成犯罪的，依法追究刑事责任：

（一）办理商标事宜过程中，伪造、变造或者使用伪造、变造的法律文件、印章、签名的；

（二）以诋毁其他商标代理机构等手段招徕商标代理业务或者以其他不正当手段扰乱商标代理市场秩序的；

（三）违反本法第四条、第十九条第三款和第四款规定的。

商标代理机构有前款规定行为的，由工商行政管理部门记入信用档案；情节严重的，商标局、商标评审委员会并可以决定停止受理其办理商标代理业务，予以公告。

商标代理机构违反诚实信用原则，侵害委托人合法利益的，应当依法承担民事责任，并由商标代理行业组织按照章程规定予以惩戒。

对恶意申请商标注册的，根据情节给予警告、罚款等行政处罚；对恶意提起商标诉讼的，由人民法院依法给予处罚。

第六十九条 从事商标注册、管理和复审工作的国家机关工作人员必须秉公执法，廉洁自律，忠于职守，文明服务。

商标局、商标评审委员会以及从事商标注册、管理和复审工作的国家机关工作人员不得从事商标代理业务和商品生产经营活动。

第七十条 工商行政管理部门应当建立健全内部监督制度，对负责商标注册、管理和复审工作的国家机关工作人员执行法律、行政法规和遵守纪律的情况，进行监督检查。

第七十一条 从事商标注册、管理和复审工作的国家机关工作人员玩忽职守、滥用职权、徇私舞弊，违法办理商标注册、管理和复审事项，收受当事人财物，牟取不正当利益，构成犯罪的，依法追究刑事责任；尚不构成犯罪的，依法给予处分。

第八章 附 则

第七十二条 申请商标注册和办理其他商标事宜的，应当缴纳费用，具体收费标准另定。

第七十三条 本法自1983年3月1日起施行。1963年4月10日国务院公布的《商标管理条例》同时废止；其他有关商标管理的规定，凡与本法抵触的，同时失效。

本法施行前已经注册的商标继续有效。

中华人民共和国著作权法

（1990年9月7日第七届全国人民代表大会常务委员会第十五次会议通过 根据2001年10月27日第九届全国人民代表大会常务委员会第二十四次会议《关于修改〈中华人民共和国著作权法〉的决定》第一次修正 根据2010年2月26日第十一届全国人民代表大会常务委员会第十三次会议《关于修改〈中华人民共和国著作权法〉的决定》第二次修正 根据2020年11月11日第十三届全国人民代表大会常务委员会第二十三次会议《关于修改〈中华人民共和国著作权法〉的决定》第三次修正）

第一章 总 则

第一条 为保护文学、艺术和科学作品作者的著作权，以及与著作权有关的权益，鼓励有益于社会主义精神文明、物质文明建设的作品的创作和传播，促进社会主义文化和科学事业的发展与繁荣，根据宪法制定本法。

第二条 中国公民、法人或者非法人组织的作品，不论是否发表，依照本法享有著作权。

外国人、无国籍人的作品根据其作者所属国或者经常居住地国同中国签订的协议或者共同参加的国际条约享有的著作权，受本法保护。

外国人、无国籍人的作品首先在中国境内出版的，依照本法享有著作权。

未与中国签订协议或者共同参加国际条约的国家的作者以及无国籍人的作品首次在中国参加的国际条约的成员国出版的，或者在成员国和非成员国同时出版的，受本法保护。

第三条 本法所称的作品，是指文学、艺术和科学领域内具有独创性并能以一定形式表现的智力成果，包括：

（一）文字作品；

（二）口述作品；

（三）音乐、戏剧、曲艺、舞蹈、杂技艺术作品；

（四）美术、建筑作品；

（五）摄影作品；

（六）视听作品；

（七）工程设计图、产品设计图、地图、示意图等图形作品和模型作品；

（八）计算机软件；

（九）符合作品特征的其他智力成果。

第四条 著作权人和与著作权有关的权利人行使权利，不得违反宪法和法律，不得损害公共利益。国家对作品的出版、传播依法进行监督管理。

第五条 本法不适用于：

（一）法律、法规，国家机关的决议、决定、命令和其他具有立法、行政、司法性质的文件，及其官方正式译文；

（二）单纯事实消息；

（三）历法、通用数表、通用表格和公式。

第六条 民间文学艺术作品的著作权保护办法由国务院另行规定。

第七条 国家著作权主管部门负责全国的著作权管理工作；县级以上地方主管著作权的部门负责本行政区域的著作权管理工作。

第八条 著作权人和与著作权有关的权利人可以授权著作权集体管理组织行使著作权或者与著作权有关的权利。依法设立的著作权集体管理组织是非营利法人，被授权后可以以自己的名义为著作权人和与著作权有关的权利人主张权利，并可以作为当事人进行涉及著作权或者与著作权有关的权利的诉讼、仲裁、调解活动。

著作权集体管理组织根据授权向使用者收取使用费。使用费的收取标准由著作权集体管理组织和使用者代表协商确定，协商不成的，可以向国家著作权主管部门申请裁决，对裁决不服的，可以向人民法院提起诉讼；当事人也可以直接向人民法院提起诉讼。

著作权集体管理组织应当将使用费的收取和转付、管理费的提取和使用、使用费的未分配部分等总体情况定期向社会公布，并应当建立权利信息查询系统，供权利人和使用者查询。国家著作权主管部门应当依法对著作权集体管理组织进行监督、管理。

著作权集体管理组织的设立方式、权利义务、使用费的收取和分配，以及对其监督和管理等由国务院另行规定。

第二章　著作权

第一节　著作权人及其权利

第九条　著作权人包括：

（一）作者；

（二）其他依照本法享有著作权的自然人、法人或者非法人组织。

第十条　著作权包括下列人身权和财产权：

（一）发表权，即决定作品是否公之于众的权利；

（二）署名权，即表明作者身份，在作品上署名的权利；

（三）修改权，即修改或者授权他人修改作品的权利；

（四）保护作品完整权，即保护作品不受歪曲、篡改的权利；

（五）复制权，即以印刷、复印、拓印、录音、录像、翻录、翻拍、数字化等方式将作品制作一份或者多份的权利；

（六）发行权，即以出售或者赠与方式向公众提供作品的原件或者复制件的权利；

（七）出租权，即有偿许可他人临时使用视听作品、计算机软件的原件或者复制件的权利，计算机软件不是出租的主要标的的除外；

（八）展览权，即公开陈列美术作品、摄影作品的原件或者复制件的权利；

（九）表演权，即公开表演作品，以及用各种手段公开播送作品的表演的权利；

（十）放映权，即通过放映机、幻灯机等技术设备公开再现美术、摄影、视听作品等的权利；

（十一）广播权，即以有线或者无线方式公开传播或者转播作品，以及通过扩音器或者其他传送符号、声音、图像的类似工具向公众传播广播的作品的权利，但不包括本款第十二项规定的权利；

（十二）信息网络传播权，即以有线或者无线方式向公众提供，使公众可以在其选定的时间和地点获得作品的权利；

（十三）摄制权，即以摄制视听作品的方法将作品固定在载体上的权利；

（十四）改编权，即改变作品，创作出具有独创性的新作品的权利；

（十五）翻译权，即将作品从一种语言文字转换成另一种语言文字的权利；

（十六）汇编权，即将作品或者作品的片段通过选择或者编排，汇集成新作品的权利；

（十七）应当由著作权人享有的其他权利。

著作权人可以许可他人行使前款第五项至第十七项规定的权利，并依照约定或者本法有关规定获得报酬。

著作权人可以全部或者部分转让本条第一款第五项至第十七项规定的权利，并依照约定或者本法有关规定获得报酬。

第二节　著作权归属

第十一条　著作权属于作者，本法另有规定的除外。

创作作品的自然人是作者。

由法人或者非法人组织主持，代表法人或者非法人组织意志创作，并由法人或者非法人组织承担责任的作品，法人或者非法人组织视为作者。

第十二条　在作品上署名的自然人、法人或者非法人组织为作者，且该作品上存在相应权利，但有相反证明的除外。

作者等著作权人可以向国家著作权主管部门认定的登记机构办理作品登记。

与著作权有关的权利参照适用前两款规定。

第十三条　改编、翻译、注释、整理已有作品而产生的作品，其著作权由改编、翻译、注释、整理人享有，但行使著作权时不得侵犯原作品的著作权。

第十四条　两人以上合作创作的作品，著作权由合作作者共同享有。没有参加创作的人，不能成为合作作者。

合作作品的著作权由合作作者通过协商一致行使；不能协商一致，又无正当理由的，任何一方不得阻止他方行使除转让、许可他人专有使用、出质以外的其他权利，但是所得收益应当合理分配给所有合作作者。

合作作品可以分割使用的，作者对各自创作的部分可以单独享有著作权，但行使著作权时不得侵犯合作作品整体的著作权。

第十五条 汇编若干作品、作品的片段或者不构成作品的数据或者其他材料，对其内容的选择或者编排体现独创性的作品，为汇编作品，其著作权由汇编人享有，但行使著作权时，不得侵犯原作品的著作权。

第十六条 使用改编、翻译、注释、整理、汇编已有作品而产生的作品进行出版、演出和制作录音录像制品，应当取得该作品的著作权人和原作品的著作权人许可，并支付报酬。

第十七条 视听作品中的电影作品、电视剧作品的著作权由制作者享有，但编剧、导演、摄影、作词、作曲等作者享有署名权，并有权按照与制作者签订的合同获得报酬。

前款规定以外的视听作品的著作权归属由当事人约定；没有约定或者约定不明确的，由制作者享有，但作者享有署名权和获得报酬的权利。

视听作品中的剧本、音乐等可以单独使用的作品的作者有权单独行使其著作权。

第十八条 自然人为完成法人或者非法人组织工作任务所创作的作品是职务作品，除本条第二款的规定以外，著作权由作者享有，但法人或者非法人组织有权在其业务范围内优先使用。作品完成两年内，未经单位同意，作者不得许可第三人以与单位使用的相同方式使用该作品。

有下列情形之一的职务作品，作者享有署名权，著作权的其他权利由法人或者非法人组织享有，法人或者非法人组织可以给予作者奖励：

（一）主要是利用法人或者非法人组织的物质技术条件创作，并由法人或者非法人组织承担责任的工程设计图、产品设计图、地图、示意图、计算机软件等职务作品；

（二）报社、期刊社、通讯社、广播电台、电视台的工作人员创作的职务作品；

（三）法律、行政法规规定或者合同约定著作权由法人或者非法人组织享有的职务作品。

第十九条 受委托创作的作品，著作权的归属由委托人和受托人通过合同约定。合同未作明确约定或者没有订立合同的，著作权属于受托人。

第二十条 作品原件所有权的转移，不改变作品著作权的归属，但美术、摄影作品原件的展览权由原件所有人享有。

作者将未发表的美术、摄影作品的原件所有权转让给他人，受让人展览该原件不构成对作者发表权的侵犯。

第二十一条 著作权属于自然人的，自然人死亡后，其本法第十条第一款第五项至第十七项规定的权利在本法规定的保护期内，依法转移。

著作权属于法人或者非法人组织的，法人或者非法人组织变更、终止后，其本法第十条第一款第五项至第十七项规定的权利在本法规定的保护期内，由承受其权利义务的法人或者非法人组织享有；没有承受其权利义务的法人或者非法人组织的，由国家享有。

第三节 权利的保护期

第二十二条 作者的署名权、修改权、保护作品完整权的保护期不受限制。

第二十三条 自然人的作品，其发表权、本法第十条第一款第五项至第十七项规定的权利的保护期为作者终生及其死亡后五十年，截止于作者死亡后第五十年的12月31日；如果是合作作品，截止于最后死亡的作者死亡后第五十年的12月31日。

法人或者非法人组织的作品、著作权（署名权除外）由法人或者非法人组织享有的职务作品，其发表权的保护期为五十年，截止于作品创作完成后第五十年的12月31日；本法第十条第一款第五项至第十七项规定的权利的保护期为五十年，截止于作品首次发表后第五十年的12月31日，但作品自创作完成后五十年内未发表的，本法不再保护。

视听作品，其发表权的保护期为五十年，截止于作品创作完成后第五十年的12月31日；本法第十条第一款第五项至第十七项规定的权利的保护期为五十年，截止于作品首次发表后第五十年的12月31日，但作品自创作完成后五十年内未发表的，本法不再保护。

第四节 权利的限制

第二十四条 在下列情况下使用作品，可以不经著作权人许可，不向其支付报酬，但应当指明作者姓名或者名称、作品名称，并且不得影响该作品的正常使用，也不得不合理地损害著作权人的合法权益：

（一）为个人学习、研究或者欣赏，使用他人已经发表的作品；

（二）为介绍、评论某一作品或者说明某一问题，在作品中适当引用他人已经发表的作品；

（三）为报道新闻，在报纸、期刊、广播电台、电视台等媒体中不可避免地再现或者引用已经发表的作品；

（四）报纸、期刊、广播电台、电视台等媒体刊登或者播放其他报纸、期刊、广播电台、电视台等媒体已经发表的关于政治、经济、宗教问题的时事性文章，但著作权人声明不许刊登、播放的除外；

（五）报纸、期刊、广播电台、电视台等媒体刊登或者播放在公众集会上发表的讲话，但作者声明不许刊登、播放的除外；

（六）为学校课堂教学或者科学研究，翻译、改编、汇编、播放或者少量复制已经发表的作品，供教学或者科研人员使用，但不得出版发行；

（七）国家机关为执行公务在合理范围内使用已经发表的作品；

（八）图书馆、档案馆、纪念馆、博物馆、美术馆、文化馆等为陈列或者保存版本的需要，复制本馆收藏的作品；

（九）免费表演已经发表的作品，该表演未向公众收取费用，也未向表演者支付报酬，且不以营利为目的；

（十）对设置或者陈列在公共场所的艺术作品进行临摹、绘画、摄影、录像；

（十一）将中国公民、法人或者非法人组织已经发表的以国家通用语言文字创作的作品翻译成少数民族语言文字作品在国内出版发行；

（十二）以阅读障碍者能够感知的无障碍方式向其提供已经发表的作品；

（十三）法律、行政法规规定的其他情形。

前款规定适用于对与著作权有关的权利的限制。

第二十五条　为实施义务教育和国家教育规划而编写出版教科书，可以不经著作权人许可，在教科书中汇编已经发表的作品片段或者短小的文字作品、音乐作品或者单幅的美术作品、摄影作品、图形作品，但应当按照规定向著作权人支付报酬，指明作者姓名或者名称、作品名称，并且不得侵犯著作权人依照本法享有的其他权利。

前款规定适用于对与著作权有关的权利的限制。

第三章　著作权许可使用和转让合同

第二十六条　使用他人作品应当同著作权人订立许可使用合同，本法规定可以不经许可的除外。

许可使用合同包括下列主要内容：

（一）许可使用的权利种类；

（二）许可使用的权利是专有使用权或者非专有使用权；

（三）许可使用的地域范围、期间；

（四）付酬标准和办法；

（五）违约责任；

（六）双方认为需要约定的其他内容。

第二十七条　转让本法第十条第一款第五项至第十七项规定的权利，应当订立书面合同。

权利转让合同包括下列主要内容：

（一）作品的名称；

（二）转让的权利种类、地域范围；

（三）转让价金；

（四）交付转让价金的日期和方式；

（五）违约责任；

（六）双方认为需要约定的其他内容。

第二十八条　以著作权中的财产权出质的，由出质人和质权人依法办理出质登记。

第二十九条　许可使用合同和转让合同中著作权人未明确许可、转让的权利，未经著作权人同意，另一方当事人不得行使。

第三十条　使用作品的付酬标准可以由当事人约定，也可以按照国家著作权主管部门会同有关部门制定的付酬标准支付报酬。当事人约定不明确的，按照国家著作权主管部门会同有关部门制定的付酬标准支付报酬。

第三十一条　出版者、表演者、录音录像制作者、广播电台、电视台等依照本法有关规定使用他人作品的，不得侵犯作者的署名权、修改权、保护作品完整权和获得报酬的权利。

第四章　与著作权有关的权利

第一节　图书、报刊的出版

第三十二条　图书出版者出版图书应当和著作权人订立出版合同，并支付报酬。

第三十三条　图书出版者对著作权人交付出版的作品，按照合同约定享有的专有出版权受法律保护，他人不得出版该作品。

第三十四条　著作权人应当按照合同约定期限交付作品。图书出版者应当按照合同约定的出版质量、期限出版图书。

图书出版者不按照合同约定期限出版，应当依照本法第六十一条的规定承担民事责任。

图书出版者重印、再版作品的，应当通知著作权人，并支付报酬。图书脱销后，图书出版者拒绝重印、再版的，著作权人有权终止合同。

第三十五条 著作权人向报社、期刊社投稿的，自稿件发出之日起十五日内未收到报社通知决定刊登的，或者自稿件发出之日起三十日内未收到期刊社通知决定刊登的，可以将同一作品向其他报社、期刊社投稿。双方另有约定的除外。

作品刊登后，除著作权人声明不得转载、摘编的外，其他报刊可以转载或者作为文摘、资料刊登，但应当按照规定向著作权人支付报酬。

第三十六条 图书出版者经作者许可，可以对作品修改、删节。

报社、期刊社可以对作品作文字性修改、删节。对内容的修改，应当经作者许可。

第三十七条 出版者有权许可或者禁止他人使用其出版的图书、期刊的版式设计。

前款规定的权利的保护期为十年，截止于使用该版式设计的图书、期刊首次出版后第十年的12月31日。

第二节 表 演

第三十八条 使用他人作品演出，表演者应当取得著作权人许可，并支付报酬。演出组织者组织演出，由该组织者取得著作权人许可，并支付报酬。

第三十九条 表演者对其表演享有下列权利：

（一）表明表演者身份；

（二）保护表演形象不受歪曲；

（三）许可他人从现场直播和公开传送其现场表演，并获得报酬；

（四）许可他人录音录像，并获得报酬；

（五）许可他人复制、发行、出租录有其表演的录音录像制品，并获得报酬；

（六）许可他人通过信息网络向公众传播其表演，并获得报酬。

被许可人以前款第三项至第六项规定的方式使用作品，还应当取得著作权人许可，并支付报酬。

第四十条 演员为完成本演出单位的演出任务进行的表演为职务表演，演员享有表明身份和保护表演形象不受歪曲的权利，其他权利归属由当事人约定。当事人没有约定或者约定不明确的，职务表演的权利由演出单位享有。

职务表演的权利由演员享有的，演出单位可以在其业务范围内免费使用该表演。

第四十一条 本法第三十九条第一款第一项、第二项规定的权利的保护期不受限制。

本法第三十九条第一款第三项至第六项规定的权利的保护期为五十年，截止于该表演发生后第五十年的12月31日。

第三节 录音录像

第四十二条 录音录像制作者使用他人作品制作录音录像制品，应当取得著作权人许可，并支付报酬。

录音制作者使用他人已经合法录制为录音制品的音乐作品制作录音制品，可以不经著作权人许可，但应当按照规定支付报酬；著作权人声明不许使用的不得使用。

第四十三条 录音录像制作者制作录音录像制品，应当同表演者订立合同，并支付报酬。

第四十四条 录音录像制作者对其制作的录音录像制品，享有许可他人复制、发行、出租、通过信息网络向公众传播并获得报酬的权利；权利的保护期为五十年，截止于该制品首次制作完成后第五十年的12月31日。

被许可人复制、发行、通过信息网络向公众传播录音录像制品，应当同时取得著作权人、表演者许可，并支付报酬；被许可人出租录音录像制品，还应当取得表演者许可，并支付报酬。

第四十五条 将录音制品用于有线或者无线公开传播，或者通过传送声音的技术设备向公众公开播送的，应当向录音制作者支付报酬。

第四节 广播电台、电视台播放

第四十六条 广播电台、电视台播放他人未发表的作品，应当取得著作权人许可，并支付报酬。

广播电台、电视台播放他人已发表的作品，可以不经著作权人许可，但应当按照规定支付报酬。

第四十七条 广播电台、电视台有权禁止未经其许可的下列行为：

（一）将其播放的广播、电视以有线或者无线方式转播；

（二）将其播放的广播、电视录制以及复制；

（三）将其播放的广播、电视通过信息网络向公众传播。

广播电台、电视台行使前款规定的权利，不得影响、限制或者侵害他人行使著作权或者与著作权有关的权利。

本条第一款规定的权利的保护期为五十年，截止于该广播、电视首次播放后第五十年的12月31日。

第四十八条　电视台播放他人的视听作品、录像制品，应当取得视听作品著作权人或者录像制作者许可，并支付报酬；播放他人的录像制品，还应当取得著作权人许可，并支付报酬。

第五章　著作权和与著作权有关的权利的保护

第四十九条　为保护著作权和与著作权有关的权利，权利人可以采取技术措施。

未经权利人许可，任何组织或者个人不得故意避开或者破坏技术措施，不得以避开或者破坏技术措施为目的制造、进口或者向公众提供有关装置或者部件，不得故意为他人避开或者破坏技术措施提供技术服务。但是，法律、行政法规规定可以避开的情形除外。

本法所称的技术措施，是指用于防止、限制未经权利人许可浏览、欣赏作品、表演、录音录像制品或者通过信息网络向公众提供作品、表演、录音录像制品的有效技术、装置或者部件。

第五十条　下列情形可以避开技术措施，但不得向他人提供避开技术措施的技术、装置或者部件，不得侵犯权利人依法享有的其他权利：

（一）为学校课堂教学或者科学研究，提供少量已经发表的作品，供教学或者科研人员使用，而该作品无法通过正常途径获取；

（二）不以营利为目的，以阅读障碍者能够感知的无障碍方式向其提供已经发表的作品，而该作品无法通过正常途径获取；

（三）国家机关依照行政、监察、司法程序执行公务；

（四）对计算机及其系统或者网络的安全性能进行测试；

（五）进行加密研究或者计算机软件反向工程研究。

前款规定适用于对与著作权有关的权利的限制。

第五十一条　未经权利人许可，不得进行下列行为：

（一）故意删除或者改变作品、版式设计、表演、录音录像制品或者广播、电视上的权利管理信息，但由于技术上的原因无法避免的除外；

（二）知道或者应当知道作品、版式设计、表演、录音录像制品或者广播、电视上的权利管理信息未经许可被删除或者改变，仍然向公众提供。

第五十二条　有下列侵权行为的，应当根据情况，承担停止侵害、消除影响、赔礼道歉、赔偿损失等民事责任：

（一）未经著作权人许可，发表其作品的；

（二）未经合作作者许可，将与他人合作创作的作品当作自己单独创作的作品发表的；

（三）没有参加创作，为谋取个人名利，在他人作品上署名的；

（四）歪曲、篡改他人作品的；

（五）剽窃他人作品的；

（六）未经著作权人许可，以展览、摄制视听作品的方法使用作品，或者以改编、翻译、注释等方式使用作品的，本法另有规定的除外；

（七）使用他人作品，应当支付报酬而未支付的；

（八）未经视听作品、计算机软件、录音录像制品的著作权人、表演者或者录音录像制作者许可，出租其作品或者录音录像制品的原件或者复制件的，本法另有规定的除外；

（九）未经出版者许可，使用其出版的图书、期刊的版式设计的；

（十）未经表演者许可，从现场直播或者公开传送其现场表演，或者录制其表演的；

（十一）其他侵犯著作权以及与著作权有关的权利的行为。

第五十三条　有下列侵权行为的，应当根据情况，承担本法第五十二条规定的民事责任；侵权行为同时损害公共利益的，由主管著作权的部门责令停止侵权行为，予以警告，没收违法所得，没收、无害化销毁处理侵权复制品以及主要用于制作侵权复制品的材料、工具、设备等，违法经营额五万元以上的，可以并处违法经营额一倍以上五倍以下的罚款；没有违法经营额、违法经营额难以计算或者不足五万元的，可以并处二十五万元以下的罚款；构成犯罪的，依法追究刑事责任：

（一）未经著作权人许可，复制、发行、表演、放映、广播、汇编、通过信息网络向公众传播其作品的，本法另有规定的除外；

（二）出版他人享有专有出版权的图书的；

（三）未经表演者许可，复制、发行录有其表演的录音录像制品，或者通过信息网络向公众传播其表演的，本法另有规定的除外；

（四）未经录音录像制作者许可，复制、发行、通过信息网络向公众传播其制作的录音录像制品的，本法另有规定的除外；

（五）未经许可，播放、复制或者通过信息网络向公众传播广播、电视的，本法另有规定的除外；

（六）未经著作权人或者与著作权有关的权利人许可，故意避开或者破坏技术措施的，故意制造、进口或者向他人提供主要用于避开、破坏技术措施的装置或者部件的，或者故意为他人避开或者破坏技术措施提供技术服务的，法律、行政法规另有规定的除外；

（七）未经著作权人或者与著作权有关的权利人许可，故意删除或者改变作品、版式设计、表演、录音录像制品或者广播、电视上的权利管理信息的，知道或者应当知道作品、版式设计、表演、录音录像制品或者广播、电视上的权利管理信息未经许可被删除或者改变，仍然向公众提供的，法律、行政法规另有规定的除外；

（八）制作、出售假冒他人署名的作品的。

第五十四条 侵犯著作权或者与著作权有关的权利的，侵权人应当按照权利人因此受到的实际损失或者侵权人的违法所得给予赔偿；权利人的实际损失或者侵权人的违法所得难以计算的，可以参照该权利使用费给予赔偿。对故意侵犯著作权或者与著作权有关的权利，情节严重的，可以在按照上述方法确定数额的一倍以上五倍以下给予赔偿。

权利人的实际损失、侵权人的违法所得、权利使用费难以计算的，由人民法院根据侵权行为的情节，判决给予五百元以上五百万元以下的赔偿。

赔偿数额还应当包括权利人为制止侵权行为所支付的合理开支。

人民法院为确定赔偿数额，在权利人已经尽了必要举证责任，而与侵权行为相关的账簿、资料等主要由侵权人掌握的，可以责令侵权人提供与侵权行为相关的账簿、资料等；侵权人不提供，或者提供虚假的账簿、资料等的，人民法院可以参考权利人的主张和提供的证据确定赔偿数额。

人民法院审理著作权纠纷案件，应权利人请求，对侵权复制品，除特殊情况外，责令销毁；对主要用于制造侵权复制品的材料、工具、设备等，责令销毁，且不予补偿；或者在特殊情况下，责令禁止前述材料、工具、设备等进入商业渠道，且不予补偿。

第五十五条 主管著作权的部门对涉嫌侵犯著作权和与著作权有关的权利的行为进行查处时，可以询问有关当事人，调查与涉嫌违法行为有关的情况；对当事人涉嫌违法行为的场所和物品实施现场检查；查阅、复制与涉嫌违法行为有关的合同、发票、账簿以及其他有关资料；对于涉嫌违法行为的场所和物品，可以查封或者扣押。

主管著作权的部门依法行使前款规定的职权时，当事人应当予以协助、配合，不得拒绝、阻挠。

第五十六条 著作权人或者与著作权有关的权利人有证据证明他人正在实施或者即将实施侵犯其权利、妨碍其实现权利的行为，如不及时制止将会使其合法权益受到难以弥补的损害的，可以在起诉前依法向人民法院申请采取财产保全、责令作出一定行为或者禁止作出一定行为等措施。

第五十七条 为制止侵权行为，在证据可能灭失或者以后难以取得的情况下，著作权人或者与著作权有关的权利人可以在起诉前依法向人民法院申请保全证据。

第五十八条 人民法院审理案件，对于侵犯著作权或者与著作权有关的权利的，可以没收违法所得、侵权复制品以及进行违法活动的财物。

第五十九条 复制品的出版者、制作者不能证明其出版、制作有合法授权的，复制品的发行者或者视听作品、计算机软件、录音录像制品的复制品的出租者不能证明其发行、出租的复制品有合法来源的，应当承担法律责任。

在诉讼程序中，被诉侵权人主张其不承担侵权责任的，应当提供证据证明已经取得权利人的许可，或者具有本法规定的不经权利人许可而可以使用的情形。

第六十条 著作权纠纷可以调解，也可以根据当事人达成的书面仲裁协议或者著作权合同中的仲裁条款，向仲裁机构申请仲裁。

当事人没有书面仲裁协议，也没有在著作权合同中订立仲裁条款的，可以直接向人民法院起诉。

第六十一条 当事人因不履行合同义务或者履行合同义务不符合约定而承担民事责任，以及当事人行使诉讼权利、申请保全等，适用有关法律的规定。

第六章　附　　则

第六十二条 本法所称的著作权即版权。

第六十三条 本法第二条所称的出版，指作品的复制、发行。

第六十四条 计算机软件、信息网络传播权的保护办法由国务院另行规定。

第六十五条　摄影作品，其发表权、本法第十条第一款第五项至第十七项规定的权利的保护期在2021年6月1日前已经届满，但依据本法第二十三条第一款的规定仍在保护期内的，不再保护。

第六十六条　本法规定的著作权人和出版者、表演者、录音录像制作者、广播电台、电视台的权利，在本法施行之日尚未超过本法规定的保护期的，依照本法予以保护。

本法施行前发生的侵权或者违约行为，依照侵权或者违约行为发生时的有关规定处理。

第六十七条　本法自1991年6月1日起施行。

司法解释及最高人民法院其他文件：

最高人民法院印发《关于审理涉电子商务平台知识产权民事案件的指导意见》的通知

法发〔2020〕32号

各省、自治区、直辖市高级人民法院，解放军军事法院，新疆维吾尔自治区高级人民法院生产建设兵团分院：

现将《最高人民法院关于审理涉电子商务平台知识产权民事案件的指导意见》印发给你们，请认真贯彻执行。

最高人民法院

2020年9月10日

最高人民法院关于审理涉电子商务平台知识产权民事案件的指导意见

为公正审理涉电子商务平台知识产权民事案件，依法保护电子商务领域各方主体的合法权益，促进电子商务平台经营活动规范、有序、健康发展，结合知识产权审判实际，制定本指导意见。

一、人民法院审理涉电子商务平台知识产权纠纷案件，应当坚持严格保护知识产权的原则，依法惩治通过电子商务平台提供假冒、盗版等侵权商品或者服务的行为，积极引导当事人遵循诚实信用原则，依法正当行使权利，并妥善处理好知识产权权利人、电子商务平台经营者、平台内经营者等各方主体之间的关系。

二、人民法院审理涉电子商务平台知识产权纠纷案件，应当依照《中华人民共和国电子商务法》（以下简称电子商务法）第九条的规定，认定有关当事人是否属于电子商务平台经营者或者平台内经营者。

人民法院认定电子商务平台经营者的行为是否属于开展自营业务，可以考量下列因素：商品销售页面上标注的“自营”信息；商品实物上标注的销售主体信息；发票等交易单据上标注的销售主体信息等。

三、电子商务平台经营者知道或者应当知道平台内经营者侵害知识产权的，应当根据权利的性质、侵权的具体情形和技术条件，以及构成侵权的初步证据、服务类型，及时采取必要措施。采取的必要措施应当遵循合理审慎的原则，包括但不限于删除、屏蔽、断开链接等下架措施。平台内经营者多次、故意侵害知识产权的，电子商务平台经营者有权采取终止交易和服务的措施。

四、依据电子商务法第四十一条、第四十二条、第四十三条的规定，电子商务平台经营者可以根据知识产权权利类型、商品或者服务的特点等，制定平台内通知与声明机制的具体执行措施。但是，有关措施不能对当事人依法维护权利的行为设置不合理的条件或者障碍。

五、知识产权权利人依据电子商务法第四十二条的规定，向电子商务平台经营者发出的通知一般包括：知识产权权利证明及权利人的真实身份信息；能够实现准确定位的被诉侵权商品或者服务信息；构成侵权的初步证据；通知真实性的书面保证等。通知应当采取书面形式。

通知涉及专利权的，电子商务平台经营者可以要求知识产权权利人提交技术特征或者设计特征对比的说明、实用新型或者外观设计专利权评价报告等材料。

六、人民法院认定通知人是否具有电子商务法第四十二条第三款所称的“恶意”，可以考量下列因素：提交伪造、变造的权利证明；提交虚假侵权对比的鉴定意见、专家意见；明知权利状态不稳定仍发出通知；明知通知错误仍不及时撤回或者更正；反复提交错误通知等。

电子商务平台经营者、平台内经营者以错误通知、恶意发出错误通知造成其损害为由，向人民法院提起诉讼的，可以与涉电子商务平台知识产权纠纷案件一并审理。

七、平台内经营者依据电子商务法第四十三条的规定，向电子商务平台经营者提交的不存在侵权行为的声明一般包括：平台内经营者的真实身份信息；能够实现准确定位、要求终止必要措施的商品或者服务信息；权属证明、授权证明等不存在侵权行为的初步证据；声明真实性的书面保证等。声明应当采取书面形式。

声明涉及专利权的，电子商务平台经营者可以要求平台内经营者提交技术特征或者设计特征对比的说明等材料。

八、人民法院认定平台内经营者发出声明是否具有恶意，可以考量下列因素：提供伪造或者无效的权利证明、授权证明；声明包含虚假信息或者具有明显误导性；通知已经附有认定侵权的生效裁判或者行政处理决定，仍发出声明；明知声明内容错误，仍不及时撤回或者更正等。

九、因情况紧急，电子商务平台经营者不立即采取商品下架等措施将会使其合法利益受到难以弥补的损害的，知识产权权利人可以依据《中华人民共和国民事诉讼法》第一百条、第一百零一条的规定，向人民法院申请采取保全措施。

因情况紧急，电子商务平台经营者不立即恢复商品链接、通知人不立即撤回通知或者停止发送通知等行为将会使其合法利益受到难以弥补的损害的，平台内经营者可以依据前款所述法律规定，向人民法院申请采取保全措施。

知识产权权利人、平台内经营者的申请符合法律规定的，人民法院应当依法予以支持。

十、人民法院判断电子商务平台经营者是否采取了合理的措施，可以考量下列因素：构成侵权的初步证据；侵权成立的可能性；侵权行为的影响范围；侵权行为的具体情节，包括是否存在恶意侵权、重复侵权情形；防止损害扩大的有效性；对平台内经营者利益可能的影响；电子商务平台的服务类型和技术条件等。

平台内经营者有证据证明通知所涉专利权已经被国家知识产权局宣告无效，电子商务平台经营者据此暂缓采取必要措施，知识产权权利人请求认定电子商务平台经营者未及时采取必要措施的，人民法院不予支持。

十一、电子商务平台经营者存在下列情形之一的，人民法院可以认定其“应当知道”侵权行为的存在：

（一）未履行制定知识产权保护规则、审核平台内经营者经营资质等法定义务；

（二）未审核平台内店铺类型标注为“旗舰店”“品牌店”等字样的经营者的权利证明；

（三）未采取有效技术手段，过滤和拦截包含“高仿”“假货”等字样的侵权商品链接、被投诉成立后再次上架的侵权商品链接；

（四）其他未履行合理审查和注意义务的情形。

最高人民法院关于审理专利授权确权行政案件适用法律若干问题的规定（一）

法释〔2020〕8号

《最高人民法院关于审理专利授权确权行政案件适用法律若干问题的规定（一）》已于2020年8月24日由最高人民法院审判委员会第1810次会议通过，现予公布，自2020年9月12日起施行。

最高人民法院

2020年9月10日

最高人民法院关于审理专利授权确权行政案件适用法律若干问题的规定（一）

为正确审理专利授权确权行政案件，根据《中华人民共和国专利法》《中华人民共和国行政诉讼法》等法律规定，结合审判实际，制定本规定。

第一条 本规定所称专利授权行政案件，是指专利申请人因不服国务院专利行政部门作出的专利复审请求审查决定，向人民法院提起诉讼的案件。

本规定所称专利确权行政案件，是指专利权人或者无效宣告请求人因不服国务院专利行政部门作出的专利无效宣告请求审查决定，向人民法院提起诉讼的案件。

本规定所称被诉决定，是指国务院专利行政部门作出的专利复审请求审查决定、专利无效宣告请求审查决定。

第二条 人民法院应当以所属技术领域的技术人员在阅读权利要求书、说明书及附图后所理解的通常含义，界定权利要求的用语。权利要求的用语在说明书及附图中有明确定义或者说明的，按照其界定。

依照前款规定不能界定的，可以结合所属技术领域的技术人员通常采用的技术词典、技术手册、工具书、教科书、国家或者行业技术标准等界定。

第三条　人民法院在专利确权行政案件中界定权利要求的用语时，可以参考已被专利侵权民事案件生效裁判采纳的专利权人的相关陈述。

第四条　权利要求书、说明书及附图中的语法、文字、数字、标点、图形、符号等有明显错误或者歧义，但所属技术领域的技术人员通过阅读权利要求书、说明书及附图可以得出唯一理解的，人民法院应当根据该唯一理解作出认定。

第五条　当事人有证据证明专利申请人、专利权人违反诚实信用原则，虚构、编造说明书及附图中的具体实施方式、技术效果以及数据、图表等有关技术内容，并据此主张相关权利要求不符合专利法有关规定的，人民法院应予支持。

第六条　说明书未充分公开特定技术内容，导致在专利申请日有下列情形之一的，人民法院应当认定说明书及与该特定技术内容相关的权利要求不符合专利法第二十六条第三款的规定：

（一）权利要求限定的技术方案不能实施的；

（二）实施权利要求限定的技术方案不能解决发明或者实用新型所要解决的技术问题的；

（三）确认权利要求限定的技术方案能够解决发明或者实用新型所要解决的技术问题，需要付出过度劳动的。

当事人仅依据前款规定的未充分公开的特定技术内容，主张与该特定技术内容相关的权利要求符合专利法第二十六条第四款关于“权利要求书应当以说明书为依据”的规定的，人民法院不予支持。

第七条　所属技术领域的技术人员根据说明书及附图，认为权利要求有下列情形之一的，人民法院应当认定该权利要求不符合专利法第二十六条第四款关于清楚地限定要求专利保护的范围的规定：

（一）限定的发明主题类型不明确的；

（二）不能合理确定权利要求中技术特征的含义的；

（三）技术特征之间存在明显矛盾且无法合理解释的。

第八条　所属技术领域的技术人员阅读说明书及附图后，在申请日不能得到或者合理概括得出权利要求限定的技术方案的，人民法院应当认定该权利要求不符合专利法第二十六条第四款关于“权利要求书应当以说明书为依据”的规定。

第九条　以功能或者效果限定的技术特征，是指对于结构、组分、步骤、条件等技术特征或者技术特征之间的相互关系等，仅通过其在发明创造中所起的功能或者效果进行限定的技术特征，但所属技术领域的技术人员通过阅读权利要求即可直接、明确地确定实现该功能或者效果的具体实施方式的除外。

对于前款规定的以功能或者效果限定的技术特征，权利要求书、说明书及附图未公开能够实现该功能或者效果的任何具体实施方式的，人民法院应当认定说明书和具有该技术特征的权利要求不符合专利法第二十六条第三款的规定。

第十条　药品专利申请人在申请日以后提交补充实验数据，主张依赖该数据证明专利申请符合专利法第二十二条第三款、第二十六条第三款等规定的，人民法院应予审查。

第十一条　当事人对实验数据的真实性产生争议的，提交实验数据的一方当事人应当举证证明实验数据的来源和形成过程。人民法院可以通知实验负责人到庭，就实验原料、步骤、条件、环境或者参数以及完成实验的人员、机构等作出说明。

第十二条　人民法院确定权利要求限定的技术方案的技术领域，应当综合考虑主题名称等权利要求的全部内容、说明书关于技术领域和背景技术的记载，以及该技术方案所实现的功能和用途等。

第十三条　说明书及附图未明确记载区别技术特征在权利要求限定的技术方案中所能达到的技术效果的，人民法院可以结合所属技术领域的公知常识，根据区别技术特征与权利要求中其他技术特征的关系，区别技术特征在权利要求限定的技术方案中的作用等，认定所属技术领域的技术人员所能确定的该权利要求实际解决的技术问题。

被诉决定对权利要求实际解决的技术问题未认定或者认定错误的，不影响人民法院对权利要求的创造性依法作出认定。

第十四条　人民法院认定外观设计专利产品的一般消费者所具有的知识水平和认知能力，应当考虑申请日时外观设计专利产品的设计空间。设计空间较大的，人民法院可以认定一般消费者通常不容易注意到不同设计之间的较小区别；设计空间较小的，人民法院可以认定一般消费者通常更容易注意到不同设计之间的较小区别。

对于前款所称设计空间的认定，人民法院可以综合考虑下列因素：

（一）产品的功能、用途；

（二）现有设计的整体状况；

（三）惯常设计；

（四）法律、行政法规的强制性规定；

（五）国家、行业技术标准；

（六）需要考虑的其他因素。

第十五条 外观设计的图片、照片存在矛盾、缺失或者模糊不清等情形，导致一般消费者无法根据图片、照片及简要说明确定所要保护的外观设计的，人民法院应当认定其不符合专利法第二十七条第二款关于“清楚地显示要求专利保护的产品的外观设计”的规定。

第十六条 人民法院认定外观设计是否符合专利法第二十三条的规定，应当综合判断外观设计的整体视觉效果。

为实现特定技术功能必须具备或者仅有有限选择的设计特征，对于外观设计专利视觉效果的整体观察和综合判断不具有显著影响。

第十七条 外观设计与相同或者相近种类产品的一项现有设计相比，整体视觉效果相同或者属于仅具有局部细微区别等实质相同的情形的，人民法院应当认定其构成专利法第二十三条第一款规定的“属于现有设计”。

除前款规定的情形外，外观设计与相同或者相近种类产品的一项现有设计相比，二者的区别对整体视觉效果不具有显著影响的，人民法院应当认定其不具有专利法第二十三条第二款规定的“明显区别”。

人民法院应当根据外观设计产品的用途，认定产品种类是否相同或者相近。确定产品的用途，可以参考外观设计的简要说明、外观设计产品分类表、产品的功能以及产品销售、实际使用的情况等因素。

第十八条 外观设计专利与相同种类产品上同日申请的另一项外观设计专利相比，整体视觉效果相同或者属于仅具有局部细微区别等实质相同的情形的，人民法院应当认定其不符合专利法第九条关于“同样的发明创造只能授予一项专利权”的规定。

第十九条 外观设计与申请日以前提出申请、申请日以后公告，且属于相同或者相近种类产品的另一项外观设计相比，整体视觉效果相同或者属于仅具有局部细微区别等实质相同的情形的，人民法院应当认定其构成专利法第二十三条第一款规定的“同样的外观设计”。

第二十条 根据现有设计整体上给出的设计启示，以一般消费者容易想到的设计特征转用、拼合或者替换等方式，获得与外观设计专利的整体视觉效果相同或者仅具有局部细微区别等实质相同的外观设计，且不具有独特视觉效果的，人民法院应当认定该外观设计专利与现有设计特征的组合相比不具有专利法第二十三条第二款规定的“明显区别”。

具有下列情形之一的，人民法院可以认定存在前款所称的设计启示：

（一）将相同种类产品上不同部分的设计特征进行拼合或者替换的；

（二）现有设计公开了将特定种类产品的设计特征转用于外观设计专利产品的；

（三）现有设计公开了将不同的特定种类产品的外观设计特征进行拼合的；

（四）将现有设计中的图案直接或者仅做细微改变后用于外观设计专利产品的；

（五）将单一自然物的特征转用于外观设计专利产品的；

（六）单纯采用基本几何形状或者仅做细微改变后得到外观设计的；

（七）使用一般消费者公知的建筑物、作品、标识等的全部或者部分设计的。

第二十一条 人民法院在认定本规定第二十条所称的独特视觉效果时，可以综合考虑下列因素：

（一）外观设计专利产品的设计空间；

（二）产品种类的关联度；

（三）转用、拼合、替换的设计特征的数量和难易程度；

（四）需要考虑的其他因素。

第二十二条 专利法第二十三条第三款所称的“合法权利”，包括就作品、商标、地理标志、姓名、企业名称、肖像，以及有一定影响的商品名称、包装、装潢等享有的合法权利或者权益。

第二十三条 当事人主张专利复审、无效宣告请求审查程序中的下列情形属于行政诉讼法第七十条第三项规定的“违反法定程序的”，人民法院应予支持：

（一）遗漏当事人提出的理由和证据，且对当事人权利产生实质性影响的；

（二）未依法通知应当参加审查程序的专利申请人、专利权人及无效宣告请求人等，对其权利产生实质性影响的；

（三）未向当事人告知合议组组成人员，且合议组组成人员存在法定回避事由而未回避的；

（四）未给予被诉决定对其不利的一方当事人针对被诉决定所依据的理由、证据和认定的事实陈述意见的机会的；

（五）主动引入当事人未主张的公知常识或者惯常设计，未听取当事人意见且对当事人权利产生实质性影响的；

（六）其他违反法定程序，可能对当事人权利产生实质性影响的。

第二十四条　被诉决定有下列情形之一的，人民法院可以依照行政诉讼法第七十条的规定，判决部分撤销：

（一）被诉决定对于权利要求书中的部分权利要求的认定错误，其余正确的；

（二）被诉决定对于专利法第三十一条第二款规定的“一件外观设计专利申请”中的部分外观设计认定错误，其余正确的；

（三）其他可以判决部分撤销的情形。

第二十五条　被诉决定对当事人主张的全部无效理由和证据均已评述并宣告权利要求无效，人民法院认为被诉决定认定该权利要求无效的理由均不能成立的，应当判决撤销或者部分撤销该决定，并可视情判决被告就该权利要求重新作出审查决定。

第二十六条　审查决定系直接依据生效裁判重新作出且未引入新的事实和理由，当事人对该决定提起诉讼的，人民法院依法裁定不予受理；已经受理的，依法裁定驳回起诉。

第二十七条　被诉决定查明事实或者适用法律确有不当，但对专利授权确权的认定结论正确的，人民法院可以在纠正相关事实查明和法律适用的基础上判决驳回原告的诉讼请求。

第二十八条　当事人主张有关技术内容属于公知常识或者有关设计特征属于惯常设计的，人民法院可以要求其提供证据证明或者作出说明。

第二十九条　专利申请人、专利权人在专利授权确权行政案件中提供新的证据，用于证明专利申请不应当被驳回或者专利权应当维持有效的，人民法院一般应予审查。

第三十条　无效宣告请求人在专利确权行政案件中提供新的证据，人民法院一般不予审查，但下列证据除外：

（一）证明在专利无效宣告请求审查程序中已主张的公知常识或者惯常设计的；

（二）证明所属技术领域的技术人员或者一般消费者的知识水平和认知能力的；

（三）证明外观设计专利产品的设计空间或者现有设计的整体状况的；

（四）补强在专利无效宣告请求审查程序中已被采信证据的证明力的；

（五）反驳其他当事人在诉讼中提供的证据的。

第三十一条　人民法院可以要求当事人提供本规定第二十九条、第三十条规定的新的证据。

当事人向人民法院提供的证据系其在专利复审、无效宣告请求审查程序中被依法要求提供但无正当理由未提供的，人民法院一般不予采纳。

第三十二条　本规定自2020年9月12日起施行。

本规定施行后，人民法院正在审理的一审、二审案件适用本规定；施行前已经作出生效裁判的案件，不适用本规定再审。

最高人民法院关于加强著作权和与著作权有关的权利保护的意见

法发〔2020〕42号

为切实加强文学、艺术和科学领域的著作权保护，充分发挥著作权审判对文化建设的规范、引导、促进和保障作用，激发全民族文化创新创造活力，推进社会主义精神文明建设，繁荣发展文化事业和文化产业，提升国家文化软实力和国际竞争力，服务经济社会高质量发展，根据《中华人民共和国著作权法》等法律规定，结合审判实际，现就进一步加强著作权和与著作权有关的权利保护，提出如下意见。

1. 依法加强创作者权益保护，统筹兼顾传播者和社会公众利益，坚持创新在我国现代化建设全局中的核心地位。依法处理好鼓励新兴产业发展与保障权利人合法权益的关系，协调好激励创作和保障人民文化权益之间的关系，发挥好权利受让人和被许可人在促进作品传播方面的重要作用，依法保护著作权和与著作权有关的权利，促进智力成果的创作和传播，发展繁荣社会主义文化和科学事业。

2. 大力提高案件审理质效，推进案件繁简分流试点工作，着力缩短涉及著作权和与著作权有关的权利的类型化案件审理周期。完善知识产权诉讼证据规则，允许当事人通过区块链等方式保存、固定和提交证据，有效解决知识产权权利人举证难问题。依法支持当事人的行为保全、证据保全、财产保全请求，综合运用多种民事责任方式，使权利人在民事案件中得到更加全面充分的救济。

3. 在作品、表演、录音制品上以通常方式署名的自然人、法人和非法人组织，应当推定为该作品、表演、录音制品的著作权人或者与著作权有关的权利的权利人，但有相反证据足以推翻的除外。对于署名的争议，应当结合作品、表演、录音制品的性质、类型、表现形式以及行业习惯、公众认知习惯等因素，作出综合判断。权利人完成初步举证的，人民法院应当推定当事人主张的著作权或者与著作权有关的权利成立，但是有相反证据足以推翻的除外。

4. 适用署名推定规则确定著作权或者与著作权有关的权利归属且被告未提交相反证据的，原告可以不再另行提交权利转让协议或其他书面证据。在诉讼程序中，被告主张其不承担侵权责任的，应当提供证据证明已经取得权利人的许可，或者具有著作权法规定的不经权利人许可而可以使用的情形。

5. 高度重视互联网、人工智能、大数据等技术发展新需求，依据著作权法准确界定作品类型，把握好作品的认定标准，依法妥善审理体育赛事直播、网络游戏直播、数据侵权等新类型案件，促进新兴业态规范发展。

6. 当事人请求立即销毁侵权复制品以及主要用于生产或者制造侵权复制品的材料和工具，除特殊情况外，人民法院在民事诉讼中应当予以支持，在刑事诉讼中应当依职权责令销毁。在特殊情况下不宜销毁的，人民法院可以责令侵权人在商业渠道之外以适当方式对上述材料和工具予以处置，以尽可能消除进一步侵权的风险。销毁或者处置费用由侵权人承担，侵权人请求补偿的，人民法院不予支持。

在刑事诉讼中，权利人以为后续可能提起的民事或者行政诉讼保全证据为由，请求对侵权复制品及材料和工具暂不销毁的，人民法院可以予以支持。权利人在后续民事或者行政案件中请求侵权人赔偿其垫付的保管费用的，人民法院可以予以支持。

7. 权利人的实际损失、侵权人的违法所得、权利使用费难以计算的，应当综合考虑请求保护的权利类型、市场价值和侵权人主观过错、侵权行为性质和规模、损害后果严重程度等因素，依据著作权法及司法解释等相关规定合理确定赔偿数额。侵权人故意侵权且情节严重，权利人请求适用惩罚性赔偿的，人民法院应当依法审查确定。权利人能够举证证明的合理维权费用，包括诉讼费用和律师费用等，人民法院应当予以支持并在确定赔偿数额时单独计算。

8. 侵权人曾经被生效的法院裁判、行政决定认定构成侵权或者曾经就相同侵权行为与权利人达成和解协议，仍然继续实施或者变相重复实施被诉侵权行为的，应当认定为具有侵权的故意，人民法院在确定侵权民事责任时应当充分考虑。

9. 要通过诚信诉讼承诺书等形式，明确告知当事人不诚信诉讼可能承担的法律责任，促使当事人正当行使诉讼权利，积极履行诉讼义务，在合理期限内积极、诚实地举证，在诉讼过程中作真实、完整的陈述。

10. 要完善失信惩戒与追责机制，对于提交伪造、变造证据，隐匿、毁灭证据，作虚假陈述、虚假证言、虚假鉴定、虚假署名等不诚信诉讼行为，人民法院可以依法采取训诫、罚款、拘留等强制措施。构成犯罪的，依法追究刑事责任。

最高人民法院
2020 年 11 月 16 日

最高人民法院关于知识产权民事诉讼证据的若干规定

法释〔2020〕12 号

《最高人民法院关于知识产权民事诉讼证据的若干规定》已于 2020 年 11 月 9 日由最高人民法院审判委员会第 1815 次会议通过，现予公布，自 2020 年 11 月 18 日起施行。

最高人民法院
2020 年 11 月 16 日

为保障和便利当事人依法行使诉讼权利，保证人民法院公正、及时审理知识产权民事案件，根据《中华人民共和国民事诉讼法》等有关法律规定，结合知识产权民事审判实际，制定本规定。

第一条 知识产权民事诉讼当事人应当遵循诚信原则，依照法律及司法解释的规定，积极、全面、正确、诚实地提供证据。

第二条 当事人对自己提出的主张，应当提供证据加以证明。根据案件审理情况，人民法院可以适用民事诉讼法第六十五条第二款的规定，根据当事人的主张及待证事实、当事人的证据持有情况、举证能力等，要求当事人提供有关证据。

第三条 专利方法制造的产品不属于新产品的，侵害专利权纠纷的原告应当举证证明下列事实：

（一）被告制造的产品与使用专利方法制造的产品属于相同产品；

（二）被告制造的产品经由专利方法制造的可能性较大；

（三）原告为证明被告使用了专利方法尽到合理努力。

原告完成前款举证后，人民法院可以要求被告举证证明其产品制造方法不同于专利方法。

第四条 被告依法主张合法来源抗辩的，应当举证证明合法取得被诉侵权产品、复制品的事实，包括合法的购货渠道、合理的价格和直接的供货方等。

被告提供的被诉侵权产品、复制品来源证据与其合理注意义务程度相当的，可以认定其完成前款所称举证，并推定其不知道被诉侵权产品、复制品侵害知识产权。被告的经营规模、专业程度、市场交易习惯等，可以作为确定其合理注意义务的证据。

第五条 提起确认不侵害知识产权之诉的原告应当举证证明下列事实：

（一）被告向原告发出侵权警告或者对原告进行侵权投诉；

（二）原告向被告发出诉权行使催告及催告时间、送达时间；

（三）被告未在合理期限内提起诉讼。

第六条 对于未在法定期限内提起行政诉讼的行政行为所认定的基本事实，或者行政行为认定的基本事实已为生效裁判所确认的部分，当事人在知识产权民事诉讼中无须再证明，但有相反证据足以推翻的除外。

第七条 权利人为发现或者证明知识产权侵权行为，自行或者委托他人以普通购买者的名义向被诉侵权人购买侵权物品所取得的实物、票据等可以作为起诉被诉侵权人侵权的证据。

被诉侵权人基于他人行为而实施侵害知识产权行为所形成的证据，可以作为权利人起诉其侵权的证据，但被诉侵权人仅基于权利人的取证行为而实施侵害知识产权行为的除外。

第八条 中华人民共和国领域外形成的下列证据，当事人仅以该证据未办理公证、认证等证明手续为由提出异议的，人民法院不予支持：

（一）已为发生法律效力的人民法院裁判所确认的；

（二）已为仲裁机构生效裁决所确认的；

（三）能够从官方或者公开渠道获得的公开出版物、专利文献等；

（四）有其他证据能够证明真实性的。

第九条 中华人民共和国领域外形成的证据，存在下列情形之一的，当事人仅以该证据未办理认证手续为由提出异议的，人民法院不予支持：

（一）提出异议的当事人对证据的真实性明确认可的；

（二）对方当事人提供证人证言对证据的真实性予以确认，且证人明确表示如作伪证愿意接受处罚的。

前款第二项所称证人作伪证，构成民事诉讼法第一百一十一条规定情形的，人民法院依法处理。

第十条 在一审程序中已经根据民事诉讼法第五十九条、第二百六十四条的规定办理授权委托书公证、认证或者其他证明手续的，在后续诉讼程序中，人民法院可以不再要求办理该授权委托书的上述证明手续。

第十一条 人民法院对于当事人或者利害关系人的证据保全申请，应当结合下列因素进行审查：

（一）申请人是否已就其主张提供初步证据；

（二）证据是否可以由申请人自行收集；

（三）证据灭失或者以后难以取得的可能性及其对证明待证事实的影响；

（四）可能采取的保全措施对证据持有人的影响。

第十二条 人民法院进行证据保全，应当以有效固定证据为限，尽量减少对保全标的物价值的损害和对证据持有人正常生产经营的影响。

证据保全涉及技术方案的，可以采取制作现场勘验笔录、绘图、拍照、录音、录像、复制设计和生产图纸等保全措施。

第十三条 当事人无正当理由拒不配合或者妨害证据保全，致使无法保全证据的，人民法院可以确定由其承担不利后果。构成民事诉讼法第一百一十一条规定情形的，人民法院依法处理。

第十四条 对于人民法院已经采取保全措施的证据，当事人擅自拆装证据实物、篡改证据材料或者实施其他破坏证据的行为，致使证据不能使用的，人民法院可以确定由其承担不利后果。构成民事诉讼法第一百一十一条规定情形的，人民法院依法处理。

第十五条 人民法院进行证据保全，可以要求当事人或者诉讼代理人到场，必要时可以根据当事人的申请通知有专门知识的人到场，也可以指派技术调查官参与证据保全。

证据为案外人持有的，人民法院可以对其持有的证据采取保全措施。

第十六条 人民法院进行证据保全，应当制作笔录、保全证据清单，记录保全时间、地点、实施人、在场人、保全经过、保全标的物状态，由实施人、在场人签名或者盖章。有关人员拒绝签名或者盖章的，不影响保全的效力，人民法院可以在笔录上记明并拍照、录像。

第十七条 被申请人对证据保全的范围、措施、必要性等提出异议并提供相关证据，人民法院经审查认为异议理由成立的，可以变更、终止、解除证据保全。

第十八条 申请人放弃使用被保全证据，但被保全证据涉及案件基本事实查明或者其他当事人主张使用的，人民法院可以对该证据进行审查认定。

第十九条 人民法院可以对下列待证事实的专门性问题委托鉴定：

（一）被诉侵权技术方案与专利技术方案、现有技术的对应技术特征在手段、功能、效果等方面的异同；

（二）被诉侵权作品与主张权利的作品的异同；

（三）当事人主张的商业秘密与所属领域已为公众所知悉的信息的异同、被诉侵权的信息与商业秘密的异同；

（四）被诉侵权物与授权品种在特征、特性方面的异同，其不同是否因非遗传变异所致；

（五）被诉侵权集成电路布图设计与请求保护的集成电路布图设计的异同；

（六）合同涉及的技术是否存在缺陷；

（七）电子数据的真实性、完整性；

（八）其他需要委托鉴定的专门性问题。

第二十条 经人民法院准许或者双方当事人同意，鉴定人可以将鉴定所涉部分检测事项委托其他检测机构进行检测，鉴定人对根据检测结果出具的鉴定意见承担法律责任。

第二十一条 鉴定业务领域未实行鉴定人和鉴定机构统一登记管理制度的，人民法院可以依照《最高人民法院关于民事诉讼证据的若干规定》第三十二条规定的鉴定人选任程序，确定具有相应技术水平的专业机构、专业人员鉴定。

第二十二条 人民法院应当听取各方当事人意见，并结合当事人提出的证据确定鉴定范围。鉴定过程中，一方当事人申请变更鉴定范围，对方当事人无异议的，人民法院可以准许。

第二十三条 人民法院应当结合下列因素对鉴定意见进行审查：

（一）鉴定人是否具备相应资格；

（二）鉴定人是否具备解决相关专门性问题应有的知识、经验及技能；

（三）鉴定方法和鉴定程序是否规范，技术手段是否可靠；

（四）送检材料是否经过当事人质证且符合鉴定条件；

（五）鉴定意见的依据是否充分；

（六）鉴定人有无应当回避的法定事由；

（七）鉴定人在鉴定过程中有无徇私舞弊或者其他影响公正鉴定的情形。

第二十四条 承担举证责任的当事人书面申请人民法院责令控制证据的对方当事人提交证据，申请理由成立的，人民法院应当作出裁定，责令其提交。

第二十五条 人民法院依法要求当事人提交有关证据，其无正当理由拒不提交、提交虚假证据、毁灭证据或者实施其他致使证据不能使用行为的，人民法院可以推定对方当事人就该证据所涉证明事项的主张成立。

当事人实施前款所列行为，构成民事诉讼法第一百一十一条规定情形的，人民法院依法处理。

第二十六条 证据涉及商业秘密或者其他需要保密的商业信息的，人民法院应当在相关诉讼参与人接触该证据前，要求其签订保密协议、作出保密承诺，或者以裁定等法律文书责令其不得出于本案诉讼之外的任何目的披露、使用、允许他人使用在诉讼程序中接触到的秘密信息。

当事人申请对接触前款所称证据的人员范围作出限制，人民法院经审查认为确有必要的，应当准许。

第二十七条 证人应当出庭作证，接受审判人员及当事人的询问。

双方当事人同意并经人民法院准许，证人不出庭的，人民法院应当组织当事人对该证人证言进行质证。

第二十八条 当事人可以申请有专门知识的人出庭，就专业问题提出意见。经法庭准许，当事人可以对有专门知识的人进行询问。

第二十九条 人民法院指派技术调查官参与庭前会议、开庭审理的，技术调查官可以就案件所涉技术问题询问当事人、诉讼代理人、有专门知识的人、证人、鉴定人、勘验人等。

第三十条 当事人对公证文书提出异议，并提供相反证据足以推翻的，人民法院对该公证文书不予采纳。

当事人对公证文书提出异议的理由成立的，人民法院可以要求公证机构出具说明或者补正，并结合其他相关证据对该公证文书进行审核认定。

第三十一条 当事人提供的财务账簿、会计凭证、销售合同、进出货单据、上市公司年报、招股说明书、网站或者宣传册等有关记载，设备系统存储的交易数据，第三方平台统计的商品流通数据，评估报告，知识产权许可使用合同以及市场监管、税务、金融部门的记录等，可以作为证据，用以证明当事人主张的侵害知识产权赔偿数额。

第三十二条 当事人主张参照知识产权许可使用费的合理倍数确定赔偿数额的，人民法院可以考量下列因素对许可使用费证据进行审核认定：

（一）许可使用费是否实际支付及支付方式，许可使用合同是否实际履行或者备案；

（二）许可使用的权利内容、方式、范围、期限；

（三）被许可人与许可人是否存在利害关系；

（四）行业许可的通常标准。

第三十三条 本规定自2020年11月18日起施行。本院以前发布的相关司法解释与本规定不一致的，以本规定为准。

最高人民法院关于审理侵犯专利权纠纷案件应用法律若干问题的解释（二）

法释〔2020〕19号

（2016年1月25日最高人民法院审判委员会第1676次会议通过，根据2020年12月23日最高人民法院审判委员会第1823次会议通过的《最高人民法院关于修改〈最高人民法院关于审理侵犯专利权纠纷案件应用法律若干问题的解释（二）〉等十八件知识产权类司法解释的决定》修正）

为正确审理侵犯专利权纠纷案件，根据《中华人民共和国民法典》《中华人民共和国专利法》《中华人民共和国民事诉讼法》等有关法律规定，结合审判实践，制定本解释。

第一条 权利要求书有两项以上权利要求的，权利人应当在起诉状中载明据以起诉被诉侵权人侵犯其专利权的权利要求。起诉状对此未记载或者记载不明的，人民法院应当要求权利人明确。经释明，权利人仍不予明确的，人民法院可以裁定驳回起诉。

第二条 权利人在专利侵权诉讼中主张的权利要求被国务院专利行政部门宣告无效的，审理侵犯专利权纠纷案件的人民法院可以裁定驳回权利人基于该无效权利要求的起诉。

有证据证明宣告上述权利要求无效的决定被生效的行政判决撤销的，权利人可以另行起诉。

专利权人另行起诉的，诉讼时效期间从本条第二款所称行政判决书送达之日起计算。

第三条 因明显违反专利法第二十六条第三款、第四款导致说明书无法用于解释权利要求，且不属于本解释第四条规定的情形，专利权因此被请求宣告无效的，审理侵犯专利权纠纷案件的人民法院一般应当裁定中止诉讼；在合理期限内专利权未被请求宣告无效的，人民法院可以根据权利要求的记载确定专利权的保护范围。

第四条 权利要求书、说明书及附图中的语法、文字、标点、图形、符号等存有歧义，但本领域普通技术人员通过阅读权利要求书、说明书及附图可以得出唯一理解的，人民法院应当根据该唯一理解予以认定。

第五条 在人民法院确定专利权的保护范围时，独立权利要求的前序部分、特征部分以及从属权利要求的引用部分、限定部分记载的技术特征均有限定作用。

第六条 人民法院可以运用与涉案专利存在分案申请关系的其他专利及其专利审查档案、生效的专利授权确权裁判文书解释涉案专利的权利要求。

专利审查档案，包括专利审查、复审、无效程序中专利申请人或者专利权人提交的书面材料，国务院专利行政部门制作的审查意见通知书、会晤记录、口头审理记录、生效的专利复审请求审查决定书和专利权无效宣告请求审查决定书等。

第七条 被诉侵权技术方案在包含封闭式组合物权利要求全部技术特征的基础上增加其他技术特征的，人民法院应当认定被诉侵权技术方案未落入专利权的保护范围，但该增加的技术特征属于不可避免的常规数量杂质的除外。

前款所称封闭式组合物权利要求，一般不包括中药组合物权利要求。

第八条 功能性特征，是指对于结构、组分、步骤、条件或其之间的关系等，通过其在发明创造中所起的功能或者效果进行限定的技术特征，但本领域普通技术人员仅通过阅读权利要求即可直接、明确地确定实现上述功能或者效果的具体实施方式的除外。

与说明书及附图记载的实现前款所称功能或者效果不可缺少的技术特征相比，被诉侵权技术方案的相应技术特征是以基本相同的手段，实现相同的功能，达到相同的效果，且本领域普通技术人员在被诉侵权行为发生时无需经过创造性劳动就能够联想到的，人民法院应当认定该相应技术特征与功能性特征相同或者等同。

第九条 被诉侵权技术方案不能适用于权利要求中使用环境特征所限定的使用环境的，人民法院应当认定被诉侵权技术方案未落入专利权的保护范围。

第十条 对于权利要求中以制备方法界定产品的技术特征，被诉侵权产品的制备方法与其不相同也不等同的，人民法院应当认定被诉侵权技术方案未落入专利权的保护范围。

第十一条 方法权利要求未明确记载技术步骤的先后顺序，但本领域普通技术人员阅读权利要求书、说明书及附图后直接、明确地认为该技术步骤应当按照特定顺序实施的，人民法院应当认定该步骤顺序对于专利权的保护范围具有限定作用。

第十二条 权利要求采用“至少”“不超过”等用语对数值特征进行界定，且本领域普通技术人员阅读权利要求书、说明书及附图后认为专利技术方案特别强调该用语对技术特征的限定作用，权利人主张与其不相同的数值特征属于等同特征的，人民法院不予支持。

第十三条 权利人证明专利申请人、专利权人在专利授权确权程序中对权利要求书、说明书及附图的限缩性修改或者陈述被明确否定的，人民法院应当认定该修改或者陈述未导致技术方案的放弃。

第十四条 人民法院在认定一般消费者对于外观设计所具有的知识水平和认知能力时，一般应当考虑被诉侵权行为发生时授权外观设计所属相同或者相近种类产品的设计空间。设计空间较大的，人民法院可以认定一般消费者通常不容易注意到不同设计之间的较小区别；设计空间较小的，人民法院可以认定一般消费者通常更容易注意到不同设计之间的较小区别。

第十五条 对于成套产品的外观设计专利，被诉侵权设计与其一项外观设计相同或者近似的，人民法院应当认定被诉侵权设计落入专利权的保护范围。

第十六条 对于组装关系唯一的组件产品的外观设计专利，被诉侵权设计与其组合状态下的外观设计相同或者近似的，人民法院应当认定被诉侵权设计落入专利权的保护范围。

对于各构件之间无组装关系或者组装关系不唯一的组件产品的外观设计专利，被诉侵权设计与其全部单个构件的外观设计均相同或者近似的，人民法院应当认定被诉侵权设计落入专利权的保护范围；被诉侵权设计缺少其单个构件的外观设计或者与之不相同也不近似的，人民法院应当认定被诉侵权设计未落入专利权的保护范围。

第十七条 对于变化状态产品的外观设计专利，被诉侵权设计与变化状态图所示各种使用状态下的外观设计均相同或者近似的，人民法院应当认定被诉侵权设计落入专利权的保护范围；被诉侵权设计缺少其一种使用状态下的外观设计或者与之不相同也不近似的，人民法院应当认定被诉侵权设计未落入专利权的保护范围。

第十八条 权利人依据专利法第十三条诉请在发明专利申请公布日至授权公告日期间实施该发明的单位或者个人支付适当费用的，人民法院可以参照有关专利许可使用费合理确定。

发明专利申请公布时申请人请求保护的范围与发明专利公告授权时的专利权保护范围不一致，被诉技术方案均落入上述两种范围的，人民法院应当认定被告在前款所称期间内实施了该发明；被诉技术方案仅落入其中一种范围的，人民法院应当认定被告在前款所称期间内未实施该发明。

发明专利公告授权后，未经专利权人许可，为生产经营目的使用、许诺销售、销售在本条第一款所称期间内已由他人制造、销售、进口的产品，且该他人已支付或者书面承诺支付专利法第十三条规定的适当费用的，对于权利人关于上述使用、许诺销售、销售行为侵犯专利权的主张，人民法院不予支持。

第十九条 产品买卖合同依法成立的，人民法院应当认定属于专利法第十一条规定的销售。

第二十条 对于将依照专利方法直接获得的产

品进一步加工、处理而获得的后续产品，进行再加工、处理的，人民法院应当认定不属于专利法第十一条规定的“使用依照该专利方法直接获得的产品”。

第二十一条　明知有关产品系专门用于实施专利的材料、设备、零部件、中间物等，未经专利权人许可，为生产经营目的将该产品提供给他人实施了侵犯专利权的行为，权利人主张该提供者的行为属于民法典第一千一百六十九条规定的帮助他人实施侵权行为的，人民法院应予支持。

明知有关产品、方法被授予专利权，未经专利权人许可，为生产经营目的积极诱导他人实施了侵犯专利权的行为，权利人主张该诱导者的行为属于民法典第一千一百六十九条规定的教唆他人实施侵权行为的，人民法院应予支持。

第二十二条　对于被诉侵权人主张的现有技术抗辩或者现有设计抗辩，人民法院应当依照专利申请日时施行的专利法界定现有技术或者现有设计。

第二十三条　被诉侵权技术方案或者外观设计落入在先的涉案专利权的保护范围，被诉侵权人以其技术方案或者外观设计被授予专利权为由抗辩不侵犯涉案专利权的，人民法院不予支持。

第二十四条　推荐性国家、行业或者地方标准明示所涉必要专利的信息，被诉侵权人以实施该标准无需专利权人许可为由抗辩不侵犯该专利权的，人民法院一般不予支持。

推荐性国家、行业或者地方标准明示所涉必要专利的信息，专利权人、被诉侵权人协商该专利的实施许可条件时，专利权人故意违反其在标准制定中承诺的公平、合理、无歧视的许可义务，导致无法达成专利实施许可合同，且被诉侵权人在协商中无明显过错的，对于权利人请求停止标准实施行为的主张，人民法院一般不予支持。

本条第二款所称实施许可条件，应当由专利权人、被诉侵权人协商确定。经充分协商，仍无法达成一致的，可以请求人民法院确定。人民法院在确定上述实施许可条件时，应当根据公平、合理、无歧视的原则，综合考虑专利的创新程度及其在标准中的作用、标准所属的技术领域、标准的性质、标准实施的范围和相关的许可条件等因素。

法律、行政法规对实施标准中的专利另有规定的，从其规定。

第二十五条　为生产经营目的使用、许诺销售或者销售不知道是未经专利权人许可而制造并售出的专利侵权产品，且举证证明该产品合法来源的，对于权利人请求停止上述使用、许诺销售、销售行为的主张，人民法院应予支持，但被诉侵权产品的使用者举证证明其已支付该产品的合理对价的除外。

本条第一款所称不知道，是指实际不知道且不应当知道。

本条第一款所称合法来源，是指通过合法的销售渠道、通常的买卖合同等正常商业方式取得产品。对于合法来源，使用者、许诺销售者或者销售者应当提供符合交易习惯的相关证据。

第二十六条　被告构成对专利权的侵犯，权利人请求判令其停止侵权行为的，人民法院应予支持，但基于国家利益、公共利益的考量，人民法院可以不判令被告停止被诉行为，而判令其支付相应的合理费用。

第二十七条　权利人因被侵权所受到的实际损失难以确定的，人民法院应当依照专利法第六十五条第一款的规定，要求权利人对侵权人因侵权所获得的利益进行举证；在权利人已经提供侵权人所获利益的初步证据，而与专利侵权行为相关的账簿、资料主要由侵权人掌握的情况下，人民法院可以责令侵权人提供该账簿、资料；侵权人无正当理由拒不提供或者提供虚假的账簿、资料的，人民法院可以根据权利人的主张和提供的证据认定侵权人因侵权所获得的利益。

第二十八条　权利人、侵权人依法约定专利侵权的赔偿数额或者赔偿计算方法，并在专利侵权诉讼中主张依据该约定确定赔偿数额的，人民法院应予支持。

第二十九条　宣告专利权无效的决定作出后，当事人根据该决定依法申请再审，请求撤销专利权无效宣告前人民法院作出但未执行的专利侵权的判决、调解书的，人民法院可以裁定中止再审审查，并中止原判决、调解书的执行。

专利权人向人民法院提供充分、有效的担保，请求继续执行前款所称判决、调解书的，人民法院应当继续执行；侵权人向人民法院提供充分、有效的反担保，请求中止执行的，人民法院应当准许。人民法院生效裁判未撤销宣告专利权无效的决定的，专利权人应当赔偿因继续执行给对方造成的损失；宣告专利权无效的决定被人民法院生效裁判撤销，专利权仍有效的，人民法院可以依据前款所称判决、调解书直接执行上述反担保财产。

第三十条　在法定期限内对宣告专利权无效的决定不向人民法院起诉或者起诉后生效裁判未撤销

该决定，当事人根据该决定依法申请再审，请求撤销宣告专利权无效前人民法院作出但未执行的专利侵权的判决、调解书的，人民法院应当再审。当事人根据该决定，依法申请终结执行宣告专利权无效前人民法院作出但未执行的专利侵权的判决、调解书的，人民法院应当裁定终结执行。

第三十一条 本解释自2016年4月1日起施行。最高人民法院以前发布的相关司法解释与本解释不一致的，以本解释为准。

最高人民法院关于审理专利纠纷案件适用法律问题的若干规定

法释〔2020〕19号

（2001年6月19日最高人民法院审判委员会第1180次会议通过，根据2013年2月25日最高人民法院审判委员会第1570次会议通过的《最高人民法院关于修改〈最高人民法院关于审理专利纠纷案件适用法律问题的若干规定〉的决定》第一次修正，根据2015年1月19日最高人民法院审判委员会第1641次会议通过的《最高人民法院关于修改〈最高人民法院关于审理专利纠纷案件适用法律问题的若干规定〉的决定》第二次修正，根据2020年12月23日最高人民法院审判委员会第1823次会议通过的《最高人民法院关于修改〈最高人民法院关于审理侵犯专利权纠纷案件应用法律若干问题的解释（二）〉等十八件知识产权类司法解释的决定》第三次修正）

为了正确审理专利纠纷案件，根据《中华人民共和国民法典》《中华人民共和国专利法》《中华人民共和国民事诉讼法》和《中华人民共和国行政诉讼法》等法律的规定，作如下规定：

第一条 人民法院受理下列专利纠纷案件：

1. 专利申请权权属纠纷案件；
2. 专利权权属纠纷案件；
3. 专利合同纠纷案件；
4. 侵害专利权纠纷案件；
5. 假冒他人专利纠纷案件；
6. 发明专利临时保护期使用费纠纷案件；
7. 职务发明创造发明人、设计人奖励、报酬纠纷案件；
8. 诉前申请行为保全纠纷案件；
9. 诉前申请财产保全纠纷案件；
10. 因申请行为保全损害责任纠纷案件；
11. 因申请财产保全损害责任纠纷案件；
12. 发明创造发明人、设计人署名权纠纷案件；
13. 确认不侵害专利权纠纷案件；
14. 专利权宣告无效后返还费用纠纷案件；
15. 因恶意提起专利权诉讼损害责任纠纷案件；
16. 标准必要专利使用费纠纷案件；
17. 不服国务院专利行政部门维持驳回申请复审决定案件；
18. 不服国务院专利行政部门专利权无效宣告请求决定案件；
19. 不服国务院专利行政部门实施强制许可决定案件；
20. 不服国务院专利行政部门实施强制许可使用费裁决案件；
21. 不服国务院专利行政部门行政复议决定案件；
22. 不服国务院专利行政部门作出的其他行政决定案件；
23. 不服管理专利工作的部门行政决定案件；
24. 确认是否落入专利权保护范围纠纷案件；
25. 其他专利纠纷案件。

第二条 因侵犯专利权行为提起的诉讼，由侵权行为地或者被告住所地人民法院管辖。

侵权行为地包括：被诉侵犯发明、实用新型专利权的产品的制造、使用、许诺销售、销售、进口等行为的实施地；专利方法使用行为的实施地，依照该专利方法直接获得的产品的使用、许诺销售、销售、进口等行为的实施地；外观设计专利产品的制造、许诺销售、销售、进口等行为的实施地；假冒他人专利的行为实施地。上述侵权行为的侵权结果发生地。

第三条 原告仅对侵权产品制造者提起诉讼，未起诉销售者，侵权产品制造地与销售地不一致的，制造地人民法院有管辖权；以制造者与销售者为共同被告起诉的，销售地人民法院有管辖权。

销售者是制造者分支机构，原告在销售地起诉侵权产品制造者制造、销售行为的，销售地人民法院有管辖权。

第四条 对申请日在2009年10月1日前（不含该日）的实用新型专利提起侵犯专利权诉讼，原告可以出具由国务院专利行政部门作出的检索报告；对申请日在2009年10月1日以后的实用新型或者外观设计专利提起侵犯专利权诉讼，原告可以出具由国务院专利行政部门作出的专利权评价报告。根据案件审理需要，人民法院可以要求原告提交检索报告或者专利权评价报告。原告无正当理由不提交的，人民法院可以裁定中止诉讼或者判令原告承担可能的不利后果。

侵犯实用新型、外观设计专利权纠纷案件的被告请求中止诉讼的，应当在答辩期内对原告的专利权提出宣告无效的请求。

第五条　人民法院受理的侵犯实用新型、外观设计专利权纠纷案件，被告在答辩期间内请求宣告该项专利权无效的，人民法院应当中止诉讼，但具备下列情形之一的，可以不中止诉讼：

（一）原告出具的检索报告或者专利权评价报告未发现导致实用新型或者外观设计专利权无效的事由的；

（二）被告提供的证据足以证明其使用的技术已经公知的；

（三）被告请求宣告该项专利权无效所提供的证据或者依据的理由明显不充分的；

（四）人民法院认为不应当中止诉讼的其他情形。

第六条　人民法院受理的侵犯实用新型、外观设计专利权纠纷案件，被告在答辩期间届满后请求宣告该项专利权无效的，人民法院不应当中止诉讼，但经审查认为有必要中止诉讼的除外。

第七条　人民法院受理的侵犯发明专利权纠纷案件或者经国务院专利行政部门审查维持专利权的侵犯实用新型、外观设计专利权纠纷案件，被告在答辩期间内请求宣告该项专利权无效的，人民法院可以不中止诉讼。

第八条　人民法院决定中止诉讼，专利权人或者利害关系人请求责令被告停止有关行为或者采取其他制止侵权损害继续扩大的措施，并提供了担保，人民法院经审查符合有关法律规定的，可以在裁定中止诉讼的同时一并作出有关裁定。

第九条　人民法院对专利权进行财产保全，应当向国务院专利行政部门发出协助执行通知书，载明要求协助执行的事项，以及对专利权保全的期限，并附人民法院作出的裁定书。

对专利权保全的期限一次不得超过六个月，自国务院专利行政部门收到协助执行通知书之日起计算。如果仍然需要对该专利权继续采取保全措施的，人民法院应当在保全期限届满前向国务院专利行政部门另行送达继续保全的协助执行通知书。保全期限届满前未送达的，视为自动解除对该专利权的财产保全。

人民法院对出质的专利权可以采取财产保全措施，质权人的优先受偿权不受保全措施的影响；专利权人与被许可人已经签订的独占实施许可合同，不影响人民法院对该专利权进行财产保全。

人民法院对已经进行保全的专利权，不得重复进行保全。

第十条　2001 年 7 月 1 日以前利用本单位的物质技术条件所完成的发明创造，单位与发明人或者设计人订有合同，对申请专利的权利和专利权的归属作出约定的，从其约定。

第十一条　人民法院受理的侵犯专利权纠纷案件，涉及权利冲突的，应当保护在先依法享有权利的当事人的合法权益。

第十二条　专利法第二十三条第三款所称的合法权利，包括就作品、商标、地理标志、姓名、企业名称、肖像，以及有一定影响的商品名称、包装、装潢等享有的合法权利或者权益。

第十三条　专利法第五十九条第一款所称的“发明或者实用新型专利权的保护范围以其权利要求的内容为准，说明书及附图可以用于解释权利要求的内容”，是指专利权的保护范围应当以权利要求记载的全部技术特征所确定的范围为准，也包括与该技术特征相等同的特征所确定的范围。

等同特征，是指与所记载的技术特征以基本相同的手段，实现基本相同的功能，达到基本相同的效果，并且本领域普通技术人员在被诉侵权行为发生时无需经过创造性劳动就能够联想到的特征。

第十四条　专利法第六十五条规定的权利人因被侵权所受到的实际损失可以根据专利权人的专利产品因侵权所造成销售量减少的总数乘以每件专利产品的合理利润所得之积计算。权利人销售量减少的总数难以确定的，侵权产品在市场上销售的总数乘以每件专利产品的合理利润所得之积可以视为权利人因被侵权所受到的实际损失。

专利法第六十五条规定的侵权人因侵权所获得的利益可以根据该侵权产品在市场上销售的总数乘以每件侵权产品的合理利润所得之积计算。侵权人因侵权所获得的利益一般按照侵权人的营业利润计算，对于完全以侵权为业的侵权人，可以按照销售利润计算。

第十五条　权利人的损失或者侵权人获得的利益难以确定，有专利许可使用费可以参照的，人民法院可以根据专利权的类型、侵权行为的性质和情节、专利许可的性质、范围、时间等因素，参照该专利许可使用费的倍数合理确定赔偿数额；没有专利许可使用费可以参照或者专利许可使用费明显不合理的，人民法院可以根据专利权的类型、侵权行为的性质和情节等因素，依照专利法第六十五条第二款的规定确定赔偿数额。

第十六条 权利人主张其为制止侵权行为所支付合理开支的，人民法院可以在专利法第六十五条确定的赔偿数额之外另行计算。

第十七条 侵犯专利权的诉讼时效为三年，自专利权人或者利害关系人知道或者应当知道权利受到损害以及义务人之日起计算。权利人超过三年起诉的，如果侵权行为在起诉时仍在继续，在该项专利权有效期内，人民法院应当判决被告停止侵权行为，侵权损害赔偿数额应当自权利人向人民法院起诉之日起向前推算三年计算。

第十八条 专利法第十一条、第六十九条所称的许诺销售，是指以做广告、在商店橱窗中陈列或者在展销会上展出等方式作出销售商品的意思表示。

第十九条 人民法院受理的侵犯专利权纠纷案件，已经过管理专利工作的部门作出侵权或者不侵权认定的，人民法院仍应当就当事人的诉讼请求进行全面审查。

第二十条 以前的有关司法解释与本规定不一致的，以本规定为准。

最高人民法院关于审理商标案件有关管辖和法律适用范围问题的解释

法释〔2020〕19 号

（2001 年 12 月 25 日由最高人民法院审判委员会第 1203 次会议通过，根据 2020 年 12 月 23 日最高人民法院审判委员会第 1823 次会议通过的《最高人民法院关于修改〈最高人民法院关于审理侵犯专利权纠纷案件应用法律若干问题的解释（二）〉等十八件知识产权类司法解释的决定》修正）

《全国人民代表大会常务委员会关于修改〈中华人民共和国商标法〉的决定》（以下简称商标法修改决定）已由第九届全国人民代表大会常务委员会第二十四次会议通过，自 2001 年 12 月 1 日起施行。为了正确审理商标案件，根据《中华人民共和国商标法》（以下简称商标法）、《中华人民共和国民事诉讼法》和《中华人民共和国行政诉讼法》（以下简称行政诉讼法）的规定，现就人民法院审理商标案件有关管辖和法律适用范围等问题，作如下解释：

第一条 人民法院受理以下商标案件：

1. 不服国家知识产权局作出的复审决定或者裁定的行政案件；
2. 不服国家知识产权局作出的有关商标的其他行政行为的案件；
3. 商标权权属纠纷案件；
4. 侵害商标权纠纷案件；
5. 确认不侵害商标权纠纷案件；
6. 商标权转让合同纠纷案件；
7. 商标使用许可合同纠纷案件；
8. 商标代理合同纠纷案件；
9. 申请诉前停止侵害注册商标专用权案件；
10. 申请停止侵害注册商标专用权损害责任案件；
11. 申请诉前财产保全案件；
12. 申请诉前证据保全案件；
13. 其他商标案件。

第二条 本解释第一条所列第 1 项第一审案件，由北京市高级人民法院根据最高人民法院的授权确定其辖区内有关中级人民法院管辖。

本解释第一条所列第 2 项第一审案件，根据行政诉讼法的有关规定确定管辖。

商标民事纠纷第一审案件，由中级以上人民法院管辖。

各高级人民法院根据本辖区的实际情况，经最高人民法院批准，可以在较大城市确定 1－2 个基层人民法院受理第一审商标民事纠纷案件。

第三条 商标注册人或者利害关系人向国家知识产权局就侵犯商标权行为请求处理，又向人民法院提起侵害商标权诉讼请求损害赔偿的，人民法院应当受理。

第四条 国家知识产权局在商标法修改决定施行前受理的案件，于该决定施行后作出复审决定或裁定，当事人对复审决定或裁定不服向人民法院起诉的，人民法院应当受理。

第五条 除本解释另行规定外，对商标法修改决定施行前发生，属于修改后商标法第四条、第五条、第八条、第九条第一款、第十条第一款第（二）、（三）、（四）项、第十条第二款、第十一条、第十二条、第十三条、第十五条、第十六条、第二十四条、第二十五条、第三十一条所列举的情形，国家知识产权局于商标法修改决定施行后作出复审决定或者裁定，当事人不服向人民法院起诉的行政案件，适用修改后商标法的相应规定进行审查；属于其他情形的，适用修改前商标法的相应规定进行审查。

第六条　当事人就商标法修改决定施行时已满一年的注册商标发生争议，不服国家知识产权局作出的裁定向人民法院起诉的，适用修改前商标法第二十七条第二款规定的提出申请的期限处理；商标法修改决定施行时商标注册不满一年的，适用修改后商标法第四十一条第二款、第三款规定的提出申请的期限处理。

第七条　对商标法修改决定施行前发生的侵犯商标专用权行为，商标注册人或者利害关系人于该决定施行后在起诉前向人民法院提出申请采取责令停止侵权行为或者保全证据措施的，适用修改后商标法第五十七条、第五十八条的规定。

第八条　对商标法修改决定施行前发生的侵犯商标专用权行为起诉的案件，人民法院于该决定施行时尚未作出生效判决的，参照修改后商标法第五十六条的规定处理。

第九条　除本解释另行规定外，商标法修改决定施行后人民法院受理的商标民事纠纷案件，涉及该决定施行前发生的民事行为的，适用修改前商标法的规定；涉及该决定施行后发生的民事行为的，适用修改后商标法的规定；涉及该决定施行前发生，持续到该决定施行后的民事行为的，分别适用修改前、后商标法的规定。

第十条　人民法院受理的侵犯商标权纠纷案件，已经过行政管理部门处理的，人民法院仍应当就当事人民事争议的事实进行审查。

最高人民法院关于审理商标民事纠纷案件适用法律若干问题的解释

法释〔2020〕19号

（2002年10月12日最高人民法院审判委员会第1246次会议通过，根据2020年12月23日最高人民法院审判委员会第1823次会议通过的《最高人民法院关于修改〈最高人民法院关于审理侵犯专利权纠纷案件应用法律若干问题的解释（二）〉等十八件知识产权类司法解释的决定》修正）

为了正确审理商标纠纷案件，根据《中华人民共和国民法典》《中华人民共和国商标法》《中华人民共和国民事诉讼法》等法律的规定，就适用法律若干问题解释如下：

第一条　下列行为属于商标法第五十七条第（七）项规定的给他人注册商标专用权造成其他损害的行为：

（一）将与他人注册商标相同或者相近似的文字作为企业的字号在相同或者类似商品上突出使用，容易使相关公众产生误认的；

（二）复制、摹仿、翻译他人注册的驰名商标或其主要部分在不相同或者不相类似商品上作为商标使用，误导公众，致使该驰名商标注册人的利益可能受到损害的；

（三）将与他人注册商标相同或者相近似的文字注册为域名，并且通过该域名进行相关商品交易的电子商务，容易使相关公众产生误认的。

第二条　依据商标法第十三条第二款的规定，复制、摹仿、翻译他人未在中国注册的驰名商标或其主要部分，在相同或者类似商品上作为商标使用，容易导致混淆的，应当承担停止侵害的民事法律责任。

第三条　商标法第四十三条规定的商标使用许可包括以下三类：

（一）独占使用许可，是指商标注册人在约定的期间、地域和以约定的方式，将该注册商标仅许可一个被许可人使用，商标注册人依约定不得使用该注册商标；

（二）排他使用许可，是指商标注册人在约定的期间、地域和以约定的方式，将该注册商标仅许可一个被许可人使用，商标注册人依约定可以使用该注册商标但不得另行许可他人使用该注册商标；

（三）普通使用许可，是指商标注册人在约定的期间、地域和以约定的方式，许可他人使用其注册商标，并可自行使用该注册商标和许可他人使用其注册商标。

第四条　商标法第六十条第一款规定的利害关系人，包括注册商标使用许可合同的被许可人、注册商标财产权利的合法继承人等。

在发生注册商标专用权被侵害时，独占使用许可合同的被许可人可以向人民法院提起诉讼；排他使用许可合同的被许可人可以和商标注册人共同起诉，也可以在商标注册人不起诉的情况下，自行提起诉讼；普通使用许可合同的被许可人经商标注册人明确授权，可以提起诉讼。

第五条 商标注册人或者利害关系人在注册商标续展宽展期内提出续展申请，未获核准前，以他人侵犯其注册商标专用权提起诉讼的，人民法院应当受理。

第六条 因侵犯注册商标专用权行为提起的民事诉讼，由商标法第十三条、第五十七条所规定侵权行为的实施地、侵权商品的储藏地或者查封扣押地、被告住所地人民法院管辖。

前款规定的侵权商品的储藏地，是指大量或者经常性储存、隐匿侵权商品所在地；查封扣押地，是指海关等行政机关依法查封、扣押侵权商品所在地。

第七条 对涉及不同侵权行为实施地的多个被告提起的共同诉讼，原告可以选择其中一个被告的侵权行为实施地人民法院管辖；仅对其中某一被告提起的诉讼，该被告侵权行为实施地的人民法院有管辖权。

第八条 商标法所称相关公众，是指与商标所标识的某类商品或者服务有关的消费者和与前述商品或者服务的营销有密切关系的其他经营者。

第九条 商标法第五十七条第（一）（二）项规定的商标相同，是指被控侵权的商标与原告的注册商标相比较，二者在视觉上基本无差别。

商标法第五十七条第（二）项规定的商标近似，是指被控侵权的商标与原告的注册商标相比较，其文字的字形、读音、含义或者图形的构图及颜色，或者其各要素组合后的整体结构相似，或者其立体形状、颜色组合近似，易使相关公众对商品的来源产生误认或者认为其来源与原告注册商标的商品有特定的联系。

第十条 人民法院依据商标法第五十七条第（一）（二）项的规定，认定商标相同或者近似按照以下原则进行：

（一）以相关公众的一般注意力为标准；

（二）既要进行对商标的整体比对，又要进行对商标主要部分的比对，比对应当在比对对象隔离的状态下分别进行；

（三）判断商标是否近似，应当考虑请求保护注册商标的显著性和知名度。

第十一条 商标法第五十七条第（二）项规定的类似商品，是指在功能、用途、生产部门、销售渠道、消费对象等方面相同，或者相关公众一般认为其存在特定联系、容易造成混淆的商品。

类似服务，是指在服务的目的、内容、方式、对象等方面相同，或者相关公众一般认为存在特定联系、容易造成混淆的服务。

商品与服务类似，是指商品和服务之间存在特定联系，容易使相关公众混淆。

第十二条 人民法院依据商标法第五十七条第（二）项的规定，认定商品或者服务是否类似，应当以相关公众对商品或者服务的一般认识综合判断；《商标注册用商品和服务国际分类表》《类似商品和服务区分表》可以作为判断类似商品或者服务的参考。

第十三条 人民法院依据商标法第六十三条第一款的规定确定侵权人的赔偿责任时，可以根据权利人选择的计算方法计算赔偿数额。

第十四条 商标法第六十三条第一款规定的侵权所获得的利益，可以根据侵权商品销售量与该商品单位利润乘积计算；该商品单位利润无法查明的，按照注册商标商品的单位利润计算。

第十五条 商标法第六十三条第一款规定的因被侵权所受到的损失，可以根据权利人因侵权所造成商品销售减少量或者侵权商品销售量与该注册商标商品的单位利润乘积计算。

第十六条 权利人因被侵权所受到的实际损失、侵权人因侵权所获得的利益、注册商标使用许可费均难以确定的，人民法院可以根据当事人的请求或者依职权适用商标法第六十三条第三款的规定确定赔偿数额。

人民法院在适用商标法第六十三条第三款规定确定赔偿数额时，应当考虑侵权行为的性质、期间、后果，侵权人的主观过错程度，商标的声誉及制止侵权行为的合理开支等因素综合确定。

当事人按照本条第一款的规定就赔偿数额达成协议的，应当准许。

第十七条 商标法第六十三条第一款规定的制止侵权行为所支付的合理开支，包括权利人或者委托代理人对侵权行为进行调查、取证的合理费用。

人民法院根据当事人的诉讼请求和案件具体情况，可以将符合国家有关部门规定的律师费用计算在赔偿范围内。

第十八条 侵犯注册商标专用权的诉讼时效为三年，自商标注册人或者利害权利人知道或者应当知道权利受到损害以及义务人之日起计算。商标注册人或者利害关系人超过三年起诉的，如果侵权行为在起诉时仍在持续，在该注册商标专用权有效期限内，人民法院应当判决被告停止侵权行为，侵权损害赔偿数额应当自权利人向人民法院起诉之日起向前推算三年计算。

第十九条　商标使用许可合同未经备案的，不影响该许可合同的效力，但当事人另有约定的除外。

第二十条　注册商标的转让不影响转让前已经生效的商标使用许可合同的效力，但商标使用许可合同另有约定的除外。

第二十一条　人民法院在审理侵犯注册商标专用权纠纷案件中，依据民法典第一百七十九条、商标法第六十条的规定和案件具体情况，可以判决侵权人承担停止侵害、排除妨碍、消除危险、赔偿损失、消除影响等民事责任，还可以作出罚款，收缴侵权商品、伪造的商标标识和主要用于生产侵权商品的材料、工具、设备等财物的民事制裁决定。罚款数额可以参照商标法第六十条第二款的有关规定确定。

行政管理部门对同一侵犯注册商标专用权行为已经给予行政处罚的，人民法院不再予以民事制裁。

第二十二条　人民法院在审理商标纠纷案件中，根据当事人的请求和案件的具体情况，可以对涉及的注册商标是否驰名依法作出认定。

认定驰名商标，应当依照商标法第十四条的规定进行。

当事人对曾经被行政主管机关或者人民法院认定的驰名商标请求保护的，对方当事人对涉及的商标驰名不持异议，人民法院不再审查。提出异议的，人民法院依照商标法第十四条的规定审查。

第二十三条　本解释有关商品商标的规定，适用于服务商标。

第二十四条　以前的有关规定与本解释不一致的，以本解释为准。

最高人民法院关于审理注册商标、企业名称与在先权利冲突的民事纠纷案件若干问题的规定

法释〔2020〕19号

（2008年2月18日由最高人民法院审判委员会第1444次会议通过，根据2020年12月23日最高人民法院审判委员会第1823次会议通过的《最高人民法院关于修改〈最高人民法院关于审理侵犯专利权纠纷案件应用法律若干问题的解释（二）〉等十八件知识产权类司法解释的决定》修正）

为正确审理注册商标、企业名称与在先权利冲突的民事纠纷案件，根据《中华人民共和国民法典》《中华人民共和国商标法》《中华人民共和国反不正当竞争法》和《中华人民共和国民事诉讼法》等法律的规定，结合审判实践，制定本规定。

第一条　原告以他人注册商标使用的文字、图形等侵犯其著作权、外观设计专利权、企业名称权等在先权利为由提起诉讼，符合民事诉讼法第一百一十九条规定的，人民法院应当受理。

原告以他人使用在核定商品上的注册商标与其在先的注册商标相同或者近似为由提起诉讼的，人民法院应当根据民事诉讼法第一百二十四条第（三）项的规定，告知原告向有关行政主管机关申请解决。但原告以他人超出核定商品的范围或者以改变显著特征、拆分、组合等方式使用的注册商标，与其注册商标相同或者近似为由提起诉讼的，人民法院应当受理。

第二条　原告以他人企业名称与其在先的企业名称相同或者近似，足以使相关公众对其商品的来源产生混淆，违反反不正当竞争法第六条第（二）项的规定为由提起诉讼，符合民事诉讼法第一百一十九条规定的，人民法院应当受理。

第三条　人民法院应当根据原告的诉讼请求和争议民事法律关系的性质，按照民事案件案由规定，确定注册商标或者企业名称与在先权利冲突的民事纠纷案件的案由，并适用相应的法律。

第四条　被诉企业名称侵犯注册商标专用权或者构成不正当竞争的，人民法院可以根据原告的诉讼请求和案件具体情况，确定被告承担停止使用、规范使用等民事责任。

最高人民法院关于审理涉及驰名商标保护的民事纠纷案件应用法律若干问题的解释

法释〔2020〕19号

（2009年4月22日由最高人民法院审判委员会第1467次会议通过，根据2020年12月23日最高人民法院审判委员会第1823次会议通过的《最高人民法院关于修改〈最高人民法院关于审理侵犯专利权纠纷案件应用法律若干问题的解释（二）〉等十八件知识产权类司法解释的决定》修正）

为在审理侵犯商标权等民事纠纷案件中依法保护驰名商标，根据《中华人民共和国商标法》《中

华人民共和国反不正当竞争法》《中华人民共和国民事诉讼法》等有关法律规定，结合审判实际，制定本解释。

第一条 本解释所称驰名商标，是指在中国境内为相关公众所熟知的商标。

第二条 在下列民事纠纷案件中，当事人以商标驰名作为事实根据，人民法院根据案件具体情况，认为确有必要的，对所涉商标是否驰名作出认定：

（一）以违反商标法第十三条的规定为由，提起的侵犯商标权诉讼；

（二）以企业名称与其驰名商标相同或者近似为由，提起的侵犯商标权或者不正当竞争诉讼；

（三）符合本解释第六条规定的抗辩或者反诉的诉讼。

第三条 在下列民事纠纷案件中，人民法院对于所涉商标是否驰名不予审查：

（一）被诉侵犯商标权或者不正当竞争行为的成立不以商标驰名为事实根据的；

（二）被诉侵犯商标权或者不正当竞争行为因不具备法律规定的其他要件而不成立的。

原告以被告注册、使用的域名与其注册商标相同或者近似，并通过该域名进行相关商品交易的电子商务，足以造成相关公众误认为由，提起的侵权诉讼，按照前款第（一）项的规定处理。

第四条 人民法院认定商标是否驰名，应当以证明其驰名的事实为依据，综合考虑商标法第十四条第一款规定的各项因素，但是根据案件具体情况无需考虑该条规定的全部因素即足以认定商标驰名的情形除外。

第五条 当事人主张商标驰名的，应当根据案件具体情况，提供下列证据，证明被诉侵犯商标权或者不正当竞争行为发生时，其商标已属驰名：

（一）使用该商标的商品的市场份额、销售区域、利税等；

（二）该商标的持续使用时间；

（三）该商标的宣传或者促销活动的方式、持续时间、程度、资金投入和地域范围；

（四）该商标曾被作为驰名商标受保护的记录；

（五）该商标享有的市场声誉；

（六）证明该商标已属驰名的其他事实。

前款所涉及的商标使用的时间、范围、方式等，包括其核准注册前持续使用的情形。

对于商标使用时间长短、行业排名、市场调查报告、市场价值评估报告、是否曾被认定为著名商标等证据，人民法院应当结合认定商标驰名的其他证据，客观、全面地进行审查。

第六条 原告以被诉商标的使用侵犯其注册商标专用权为由提起民事诉讼，被告以原告的注册商标复制、摹仿或者翻译其在先未注册驰名商标为由提出抗辩或者提起反诉的，应当对其在先未注册商标驰名的事实负举证责任。

第七条 被诉侵犯商标权或者不正当竞争行为发生前，曾被人民法院或者行政管理部门认定驰名的商标，被告对该商标驰名的事实不持异议的，人民法院应当予以认定。被告提出异议的，原告仍应当对该商标驰名的事实负举证责任。

除本解释另有规定外，人民法院对于商标驰名的事实，不适用民事诉讼证据的自认规则。

第八条 对于在中国境内为社会公众所熟知的商标，原告已提供其商标驰名的基本证据，或者被告不持异议的，人民法院对该商标驰名的事实予以认定。

第九条 足以使相关公众对使用驰名商标和被诉商标的商品来源产生误认，或者足以使相关公众认为使用驰名商标和被诉商标的经营者之间具有许可使用、关联企业关系等特定联系的，属于商标法第十三条第二款规定的“容易导致混淆”。

足以使相关公众认为被诉商标与驰名商标具有相当程度的联系，而减弱驰名商标的显著性、贬损驰名商标的市场声誉，或者不正当利用驰名商标的市场声誉的，属于商标法第十三条第三款规定的“误导公众，致使该驰名商标注册人的利益可能受到损害”。

第十条 原告请求禁止被告在不相类似商品上使用与原告驰名的注册商标相同或者近似的商标或者企业名称的，人民法院应当根据案件具体情况，综合考虑以下因素后作出裁判：

（一）该驰名商标的显著程度；

（二）该驰名商标在使用被诉商标或者企业名称的商品的相关公众中的知晓程度；

（三）使用驰名商标的商品与使用被诉商标或者企业名称的商品之间的关联程度；

（四）其他相关因素。

第十一条 被告使用的注册商标违反商标法第十三条的规定，复制、摹仿或者翻译原告驰名商标，构成侵犯商标权的，人民法院应当根据原告的请求，依法判决禁止被告使用该商标，但被告的注册商标有下列情形之一的，人民法院对原告的请求不予支持：

（一）已经超过商标法第四十五条第一款规定的请求宣告无效期限的；

（二）被告提出注册申请时，原告的商标并不驰名的。

第十二条　当事人请求保护的未注册驰名商标，属于商标法第十条、第十一条、第十二条规定不得作为商标使用或者注册情形的，人民法院不予支持。

第十三条　在涉及驰名商标保护的民事纠纷案件中，人民法院对于商标驰名的认定，仅作为案件事实和判决理由，不写入判决主文；以调解方式审结的，在调解书中对商标驰名的事实不予认定。

第十四条　本院以前有关司法解释与本解释不一致的，以本解释为准。

最高人民法院关于商标法修改决定施行后商标案件管辖和法律适用问题的解释

法释〔2020〕19号

（2014年2月10日最高人民法院审判委员会第1606次会议通过，根据2020年12月23日最高人民法院审判委员会第1823次会议通过的《最高人民法院关于修改〈最高人民法院关于审理侵犯专利权纠纷案件应用法律若干问题的解释（二）〉等十八件知识产权类司法解释的决定》修正）

为正确审理商标案件，根据2013年8月30日第十二届全国人民代表大会常务委员会第四次会议《关于修改〈中华人民共和国商标法〉的决定》和重新公布的《中华人民共和国商标法》《中华人民共和国民事诉讼法》和《中华人民共和国行政诉讼法》等法律的规定，就人民法院审理商标案件有关管辖和法律适用等问题，制定本解释。

第一条　人民法院受理以下商标案件：

1. 不服国家知识产权局作出的复审决定或者裁定的行政案件；

2. 不服国家知识产权局作出的有关商标的其他行政行为的案件；

3. 商标权权属纠纷案件；

4. 侵害商标权纠纷案件；

5. 确认不侵害商标权纠纷案件；

6. 商标权转让合同纠纷案件；

7. 商标使用许可合同纠纷案件；

8. 商标代理合同纠纷案件；

9. 申请诉前停止侵害注册商标专用权案件；

10. 申请停止侵害注册商标专用权损害责任案件；

11. 申请诉前财产保全案件；

12. 申请诉前证据保全案件；

13. 其他商标案件。

第二条　不服国家知识产权局作出的复审决定或者裁定的行政案件及国家知识产权局作出的有关商标的行政行为案件，由北京市有关中级人民法院管辖。

第三条　第一审商标民事案件，由中级以上人民法院及最高人民法院指定的基层人民法院管辖。

涉及对驰名商标保护的民事、行政案件，由省、自治区人民政府所在地市、计划单列市、直辖市辖区中级人民法院及最高人民法院指定的其他中级人民法院管辖。

第四条　在行政管理部门查处侵害商标权行为过程中，当事人就相关商标提起商标权权属或者侵害商标权民事诉讼的，人民法院应当受理。

第五条　对于在商标法修改决定施行前提出的商标注册及续展申请，国家知识产权局于决定施行后作出对该商标申请不予受理或者不予续展的决定，当事人提起行政诉讼的，人民法院审查时适用修改后的商标法。

对于在商标法修改决定施行前提出的商标异议申请，国家知识产权局于决定施行后作出对该异议不予受理的决定，当事人提起行政诉讼的，人民法院审查时适用修改前的商标法。

第六条　对于在商标法修改决定施行前当事人就尚未核准注册的商标申请复审，国家知识产权局于决定施行后作出复审决定或者裁定，当事人提起行政诉讼的，人民法院审查时适用修改后的商标法。

对于在商标法修改决定施行前受理的商标复审申请，国家知识产权局于决定施行后作出核准注册决定，当事人提起行政诉讼的，人民法院不予受理；国家知识产权局于决定施行后作出不予核准注册决定，当事人提起行政诉讼的，人民法院审查相关诉权和主体资格问题时，适用修改前的商标法。

第七条　对于在商标法修改决定施行前已经核

准注册的商标，国家知识产权局于决定施行前受理、在决定施行后作出复审决定或者裁定，当事人提起行政诉讼的，人民法院审查相关程序问题适用修改后的商标法，审查实体问题适用修改前的商标法。

第八条 对于在商标法修改决定施行前受理的相关商标案件，国家知识产权局于决定施行后作出决定或者裁定，当事人提起行政诉讼的，人民法院认定该决定或者裁定是否符合商标法有关审查时限规定时，应当从修改决定施行之日起计算该审查时限。

第九条 除本解释另行规定外，商标法修改决定施行后人民法院受理的商标民事案件，涉及该决定施行前发生的行为的，适用修改前商标法的规定；涉及该决定施行前发生，持续到该决定施行后的行为的，适用修改后商标法的规定。

最高人民法院关于审理商标授权确权行政案件若干问题的规定

法释〔2020〕19号

（2016年12月12日最高人民法院审判委员会第1703次会议通过，根据2020年12月23日最高人民法院审判委员会第1823次会议通过的《最高人民法院关于修改〈最高人民法院关于审理侵犯专利权纠纷案件应用法律若干问题的解释（二）〉等十八件知识产权类司法解释的决定》修正）

为正确审理商标授权确权行政案件，根据《中华人民共和国商标法》《中华人民共和国行政诉讼法》等法律规定，结合审判实践，制定本规定。

第一条 本规定所称商标授权确权行政案件，是指相对人或者利害关系人因不服国家知识产权局作出的商标驳回复审、商标不予注册复审、商标撤销复审、商标无效宣告及无效宣告复审等行政行为，向人民法院提起诉讼的案件。

第二条 人民法院对商标授权确权行政行为进行审查的范围，一般应根据原告的诉讼请求及理由确定。原告在诉讼中未提出主张，但国家知识产权局相关认定存在明显不当的，人民法院在各方当事人陈述意见后，可以对相关事由进行审查并作出裁判。

第三条 商标法第十条第一款第（一）项规定的同中华人民共和国的国家名称等“相同或者近似”，是指商标标志整体上与国家名称等相同或者近似。

对于含有中华人民共和国的国家名称等，但整体上并不相同或者不相近似的标志，如果该标志作为商标注册可能导致损害国家尊严的，人民法院可以认定属于商标法第十条第一款第（八）项规定的情形。

第四条 商标标志或者其构成要素带有欺骗性，容易使公众对商品的质量等特点或者产地产生误认，国家知识产权局认定其属于2001年修正的商标法第十条第一款第（七）项规定情形的，人民法院予以支持。

第五条 商标标志或者其构成要素可能对我国社会公共利益和公共秩序产生消极、负面影响的，人民法院可以认定其属于商标法第十条第一款第（八）项规定的“其他不良影响”。

将政治、经济、文化、宗教、民族等领域公众人物姓名等申请注册为商标，属于前款所指的“其他不良影响”。

第六条 商标标志由县级以上行政区划的地名或者公众知晓的外国地名和其他要素组成，如果整体上具有区别于地名的含义，人民法院应当认定其不属于商标法第十条第二款所指情形。

第七条 人民法院审查诉争商标是否具有显著特征，应当根据商标所指定使用商品的相关公众的通常认识，判断该商标整体上是否具有显著特征。商标标志中含有描述性要素，但不影响其整体具有显著特征的；或者描述性标志以独特方式加以表现，相关公众能够以其识别商品来源的，应当认定其具有显著特征。

第八条 诉争商标为外文标志时，人民法院应当根据中国境内相关公众的通常认识，对该外文商标是否具有显著特征进行审查判断。标志中外文的固有含义可能影响其在指定使用商品上的显著特征，但相关公众对该固有含义的认知程度较低，能够以该标志识别商品来源的，可以认定其具有显著特征。

第九条 仅以商品自身形状或者自身形状的一部分作为三维标志申请注册商标，相关公众一般情况下不易将其识别为指示商品来源标志的，该三维标志不具有作为商标的显著特征。

该形状系申请人所独创或者最早使用并不能当然导致其具有作为商标的显著特征。

第一款所称标志经过长期或者广泛使用，相关公众能够通过该标志识别商品来源的，可以认定该标志具有显著特征。

第十条　诉争商标属于法定的商品名称或者约定俗成的商品名称的，人民法院应当认定其属于商标法第十一条第一款第（一）项所指的通用名称。依据法律规定或者国家标准、行业标准属于商品通用名称的，应当认定为通用名称。相关公众普遍认为某一名称能够指代一类商品的，应当认定为约定俗成的通用名称。被专业工具书、辞典等列为商品名称的，可以作为认定约定俗成的通用名称的参考。

约定俗成的通用名称一般以全国范围内相关公众的通常认识为判断标准。对于由于历史传统、风土人情、地理环境等原因形成的相关市场固定的商品，在该相关市场内通用的称谓，人民法院可以认定为通用名称。

诉争商标申请人明知或者应知其申请注册的商标为部分区域内约定俗成的商品名称的，人民法院可以视其申请注册的商标为通用名称。

人民法院审查判断诉争商标是否属于通用名称，一般以商标申请日时的事实状态为准。核准注册时事实状态发生变化的，以核准注册时的事实状态判断其是否属于通用名称。

第十一条　商标标志只是或者主要是描述、说明所使用商品的质量、主要原料、功能、用途、重量、数量、产地等的，人民法院应当认定其属于商标法第十一条第一款第（二）项规定的情形。商标标志或者其构成要素暗示商品的特点，但不影响其识别商品来源功能的，不属于该项所规定的情形。

第十二条　当事人依据商标法第十三条第二款主张诉争商标构成对其未注册的驰名商标的复制、摹仿或者翻译而不应予以注册或者应予无效的，人民法院应当综合考量如下因素以及因素之间的相互影响，认定是否容易导致混淆：

（一）商标标志的近似程度；

（二）商品的类似程度；

（三）请求保护商标的显著性和知名程度；

（四）相关公众的注意程度；

（五）其他相关因素。

商标申请人的主观意图以及实际混淆的证据可以作为判断混淆可能性的参考因素。

第十三条　当事人依据商标法第十三条第三款主张诉争商标构成对其已注册的驰名商标的复制、摹仿或者翻译而不应予以注册或者应予无效的，人民法院应当综合考虑如下因素，以认定诉争商标的使用是否足以使相关公众认为其与驰名商标具有相当程度的联系，从而误导公众，致使驰名商标注册人的利益可能受到损害：

（一）引证商标的显著性和知名程度；

（二）商标标志是否足够近似；

（三）指定使用的商品情况；

（四）相关公众的重合程度及注意程度；

（五）与引证商标近似的标志被其他市场主体合法使用的情况或者其他相关因素。

第十四条　当事人主张诉争商标构成对其已注册的驰名商标的复制、摹仿或者翻译而不应予以注册或者应予无效，国家知识产权局依据商标法第三十条规定裁决支持其主张的，如果诉争商标注册未满五年，人民法院在当事人陈述意见之后，可以按照商标法第三十条规定进行审理；如果诉争商标注册已满五年，应当适用商标法第十三条第三款进行审理。

第十五条　商标代理人、代表人或者经销、代理等销售代理关系意义上的代理人、代表人未经授权，以自己的名义将与被代理人或者被代表人的商标相同或者近似的商标在相同或者类似商品上申请注册的，人民法院适用商标法第十五条第一款的规定进行审理。

在为建立代理或者代表关系的磋商阶段，前款规定的代理人或者代表人将被代理人或者被代表人的商标申请注册的，人民法院适用商标法第十五条第一款的规定进行审理。

商标申请人与代理人或者代表人之间存在亲属关系等特定身份关系的，可以推定其商标注册行为系与该代理人或者代表人恶意串通，人民法院适用商标法第十五条第一款的规定进行审理。

第十六条　以下情形可以认定为商标法第十五条第二款中规定的“其他关系”：

（一）商标申请人与在先使用人之间具有亲属关系；

（二）商标申请人与在先使用人之间具有劳动关系；

（三）商标申请人与在先使用人营业地址邻近；

（四）商标申请人与在先使用人曾就达成代理、代表关系进行过磋商，但未形成代理、代表关系；

（五）商标申请人与在先使用人曾就达成合同、业务往来关系进行过磋商，但未达成合同、业务往来关系。

第十七条 地理标志利害关系人依据商标法第十六条主张他人商标不应予以注册或者应予无效，如果诉争商标指定使用的商品与地理标志产品并非相同商品，而地理标志利害关系人能够证明诉争商标使用在该产品上仍然容易导致相关公众误认为该产品来源于该地区并因此具有特定的质量、信誉或者其他特征的，人民法院予以支持。

如果该地理标志已经注册为集体商标或者证明商标，集体商标或者证明商标的权利人或者利害关系人可选择依据该条或者另行依据商标法第十三条、第三十条等主张权利。

第十八条 商标法第三十二条规定的在先权利，包括当事人在诉争商标申请日之前享有的民事权利或者其他应予保护的合法权益。诉争商标核准注册时在先权利已不存在的，不影响诉争商标的注册。

第十九条 当事人主张诉争商标损害其在先著作权的，人民法院应当依照著作权法等相关规定，对所主张的客体是否构成作品、当事人是否为著作权人或者其他有权主张著作权的利害关系人以及诉争商标是否构成对著作权的侵害等进行审查。

商标标志构成受著作权法保护的作品的，当事人提供的涉及商标标志的设计底稿、原件、取得权利的合同、诉争商标申请日之前的著作权登记证书等，均可以作为证明著作权归属的初步证据。

商标公告、商标注册证等可以作为确定商标申请人为有权主张商标标志著作权的利害关系人的初步证据。

第二十条 当事人主张诉争商标损害其姓名权，如果相关公众认为该商标标志指代了该自然人，容易认为标记有该商标的商品系经过该自然人许可或者与该自然人存在特定联系的，人民法院应当认定该商标损害了该自然人的姓名权。

当事人以其笔名、艺名、译名等特定名称主张姓名权，该特定名称具有一定的知名度，与该自然人建立了稳定的对应关系，相关公众以其指代该自然人的，人民法院予以支持。

第二十一条 当事人主张的字号具有一定的市场知名度，他人未经许可申请注册与该字号相同或者近似的商标，容易导致相关公众对商品来源产生混淆，当事人以此主张构成在先权益的，人民法院予以支持。

当事人以具有一定市场知名度并已与企业建立稳定对应关系的企业名称的简称为依据提出主张的，适用前款规定。

第二十二条 当事人主张诉争商标损害角色形象著作权的，人民法院按照本规定第十九条进行审查。

对于著作权保护期限内的作品，如果作品名称、作品中的角色名称等具有较高知名度，将其作为商标使用在相关商品上容易导致相关公众误认为其经过权利人的许可或者与权利人存在特定联系，当事人以此主张构成在先权益的，人民法院予以支持。

第二十三条 在先使用人主张商标申请人以不正当手段抢先注册其在先使用并有一定影响的商标的，如果在先使用商标已经有一定影响，而商标申请人明知或者应知该商标，即可推定其构成“以不正当手段抢先注册”。但商标申请人举证证明其没有利用在先使用商标商誉的恶意的除外。

在先使用人举证证明其在先商标有一定的持续使用时间、区域、销售量或者广告宣传的，人民法院可以认定为有一定影响。

在先使用人主张商标申请人在与其不相类似的商品上申请注册其在先使用并有一定影响的商标，违反商标法第三十二条规定的，人民法院不予支持。

第二十四条 以欺骗手段以外的其他方式扰乱商标注册秩序、损害公共利益、不正当占用公共资源或者谋取不正当利益的，人民法院可以认定其属于商标法第四十四条第一款规定的“其他不正当手段”。

第二十五条 人民法院判断诉争商标申请人是否“恶意注册”他人驰名商标，应综合考虑引证商标的知名度、诉争商标申请人申请诉争商标的理由以及使用诉争商标的具体情形来判断其主观意图。引证商标知名度高、诉争商标申请人没有正当理由的，人民法院可以推定其注册构成商标法第四十五条第一款所指的“恶意注册”。

第二十六条 商标权人自行使用、他人经许可使用以及其他不违背商标权人意志的使用，均可认定为商标法第四十九条第二款所称的使用。

实际使用的商标标志与核准注册的商标标志有细微差别，但未改变其显著特征的，可以视为注册商标的使用。

没有实际使用注册商标，仅有转让或者许可行为；或者仅是公布商标注册信息、声明享有注册商标专用权的，不认定为商标使用。

商标权人有真实使用商标的意图，并且有实际使用的必要准备，但因其他客观原因尚未实际使用注册商标的，人民法院可以认定其有正当理由。

第二十七条　当事人主张国家知识产权局下列情形属于行政诉讼法第七十条第（三）项规定的“违反法定程序”的，人民法院予以支持：

（一）遗漏当事人提出的评审理由，对当事人权利产生实际影响的；

（二）评审程序中未告知合议组成员，经审查确有应当回避事由而未回避的；

（三）未通知适格当事人参加评审，该方当事人明确提出异议的；

（四）其他违反法定程序的情形。

第二十八条　人民法院审理商标授权确权行政案件的过程中，国家知识产权局对诉争商标予以驳回、不予核准注册或者予以无效宣告的事由不复存在的，人民法院可以依据新的事实撤销国家知识产权局相关裁决，并判令其根据变更后的事实重新作出裁决。

第二十九条　当事人依据在原行政行为之后新发现的证据，或者在原行政程序中因客观原因无法取得或在规定的期限内不能提供的证据，或者新的法律依据提出的评审申请，不属于以“相同的事实和理由”再次提出评审申请。

在商标驳回复审程序中，国家知识产权局以申请商标与引证商标不构成使用在同一种或者类似商品上的相同或者近似商标为由准予申请商标初步审定公告后，以下情形不视为“以相同的事实和理由”再次提出评审申请：

（一）引证商标所有人或者利害关系人依据该引证商标提出异议，国家知识产权局予以支持，被异议商标申请人申请复审的；

（二）引证商标所有人或者利害关系人在申请商标获准注册后依据该引证商标申请宣告其无效的。

第三十条　人民法院生效裁判对于相关事实和法律适用已作出明确认定，相对人或者利害关系人对于国家知识产权局依据该生效裁判重新作出的裁决提起诉讼的，人民法院依法裁定不予受理；已经受理的，裁定驳回起诉。

第三十一条　本规定自2017年3月1日起施行。人民法院依据2001年修正的商标法审理的商标授权确权行政案件可参照适用本规定。

最高人民法院关于人民法院对注册商标权进行财产保全的解释

法释〔2020〕19号

（2000年11月22日由最高人民法院审判委员会第1144次会议通过，根据2020年12月23日最高人民法院审判委员会第1823次会议通过的《最高人民法院关于修改〈最高人民法院关于审理侵犯专利权纠纷案件应用法律若干问题的解释（二）〉等十八件知识产权类司法解释的决定》修正）

为了正确实施对注册商标权的财产保全措施，避免重复保全，现就人民法院对注册商标权进行财产保全有关问题解释如下：

第一条　人民法院根据民事诉讼法有关规定采取财产保全措施时，需要对注册商标权进行保全的，应当向国家知识产权局商标局（以下简称商标局）发出协助执行通知书，载明要求商标局协助保全的注册商标的名称、注册人、注册证号码、保全期限以及协助执行保全的内容，包括禁止转让、注销注册商标、变更注册事项和办理商标权质押登记等事项。

第二条　对注册商标权保全的期限一次不得超过一年，自商标局收到协助执行通知书之日起计算。如果仍然需要对该注册商标权继续采取保全措施的，人民法院应当在保全期限届满前向商标局重新发出协助执行通知书，要求继续保全。否则，视为自动解除对该注册商标权的财产保全。

第三条　人民法院对已经进行保全的注册商标权，不得重复进行保全。

最高人民法院关于审理著作权民事纠纷案件适用法律若干问题的解释

法释〔2020〕19号

（2002年10月12日最高人民法院审判委员会第1246次会议通过，根据2020年12月23日最高人民法院审判委员会第1823次会议通过的《最高人民法院关于修改〈最高人民法院关于审理侵犯专利权纠纷案件应用法律若干问题的解释（二）〉等十八件知识产权类司法解释的决定》修正）

为了正确审理著作权民事纠纷案件，根据《中华人民共和国民法典》《中华人民共和国著作权法》《中华人民共和国民事诉讼法》等法律的规定，就适用法律若干问题解释如下：

第一条 人民法院受理以下著作权民事纠纷案件：

（一）著作权及与著作权有关权益权属、侵权、合同纠纷案件；

（二）申请诉前停止侵害著作权、与著作权有关权益行为，申请诉前财产保全、诉前证据保全案件；

（三）其他著作权、与著作权有关权益纠纷案件。

第二条 著作权民事纠纷案件，由中级以上人民法院管辖。

各高级人民法院根据本辖区的实际情况，可以报请最高人民法院批准，由若干基层人民法院管辖第一审著作权民事纠纷案件。

第三条 对著作权行政管理部门查处的侵害著作权行为，当事人向人民法院提起诉讼追究该行为人民事责任的，人民法院应当受理。

人民法院审理已经过著作权行政管理部门处理的侵害著作权行为的民事纠纷案件，应当对案件事实进行全面审查。

第四条 因侵害著作权行为提起的民事诉讼，由著作权法第四十七条、第四十八条所规定侵权行为的实施地、侵权复制品储藏地或者查封扣押地、被告住所地人民法院管辖。

前款规定的侵权复制品储藏地，是指大量或者经常性储存、隐匿侵权复制品所在地；查封扣押地，是指海关、版权等行政机关依法查封、扣押侵权复制品所在地。

第五条 对涉及不同侵权行为实施地的多个被告提起的共同诉讼，原告可以选择向其中一个被告的侵权行为实施地人民法院提起诉讼；仅对其中某一被告提起的诉讼，该被告侵权行为实施地的人民法院有管辖权。

第六条 依法成立的著作权集体管理组织，根据著作权人的书面授权，以自己的名义提起诉讼，人民法院应当受理。

第七条 当事人提供的涉及著作权的底稿、原件、合法出版物、著作权登记证书、认证机构出具的证明、取得权利的合同等，可以作为证据。

在作品或者制品上署名的自然人、法人或者非法人组织视为著作权、与著作权有关权益的权利人，但有相反证明的除外。

第八条 当事人自行或者委托他人以定购、现场交易等方式购买侵权复制品而取得的实物、发票等，可以作为证据。

公证人员在未向涉嫌侵权的一方当事人表明身份的情况下，如实对另一方当事人按照前款规定的方式取得的证据和取证过程出具的公证书，应当作为证据使用，但有相反证据的除外。

第九条 著作权法第十条第（一）项规定的“公之于众”，是指著作权人自行或者经著作权人许可将作品向不特定的人公开，但不以公众知晓为构成条件。

第十条 著作权法第十五条第二款所指的作品，著作权人是自然人的，其保护期适用著作权法第二十一条第一款的规定；著作权人是法人或非法人组织的，其保护期适用著作权法第二十一条第二款的规定。

第十一条 因作品署名顺序发生的纠纷，人民法院按照下列原则处理：有约定的按约定确定署名顺序；没有约定的，可以按照创作作品付出的劳动、作品排列、作者姓氏笔画等确定署名顺序。

第十二条 按照著作权法第十七条规定委托作品著作权属于受托人的情形，委托人在约定的使用范围内享有使用作品的权利；双方没有约定使用作品范围的，委托人可以在委托创作的特定目的范围内免费使用该作品。

第十三条 除著作权法第十一条第三款规定的情形外，由他人执笔，本人审阅定稿并以本人名义发表的报告、讲话等作品，著作权归报告人或者讲话人享有。著作权人可以支付执笔人适当的报酬。

第十四条 当事人合意以特定人物经历为题材完成的自传体作品，当事人对著作权权属有约定的，依其约定；没有约定的，著作权归该特定人物享有，执笔人或整理人对作品完成付出劳动的，著作权人可以向其支付适当的报酬。

第十五条 由不同作者就同一题材创作的作品，作品的表达系独立完成并且有创作性的，应当认定作者各自享有独立著作权。

第十六条 通过大众传播媒介传播的单纯事实消息属于著作权法第五条第（二）项规定的时事新闻。传播报道他人采编的时事新闻，应当注明出处。

第十七条 著作权法第三十三条第二款规定的转载，是指报纸、期刊登载其他报刊已发表作品的行为。转载未注明被转载作品的作者和最初登载的报刊出处的，应当承担消除影响、赔礼道歉等民事责任。

第十八条　著作权法第二十二条第（十）项规定的室外公共场所的艺术作品，是指设置或者陈列在室外社会公众活动处所的雕塑、绘画、书法等艺术作品。

对前款规定艺术作品的临摹、绘画、摄影、录像人，可以对其成果以合理的方式和范围再行使用，不构成侵权。

第十九条　出版者、制作者应当对其出版、制作有合法授权承担举证责任，发行者、出租者应当对其发行或者出租的复制品有合法来源承担举证责任。举证不能的，依据著作权法第四十七条、第四十八条的相应规定承担法律责任。

第二十条　出版物侵害他人著作权的，出版者应当根据其过错、侵权程度及损害后果等承担赔偿损失的责任。

出版者对其出版行为的授权、稿件来源和署名、所编辑出版物的内容等未尽到合理注意义务的，依据著作权法第四十九条的规定，承担赔偿损失的责任。

出版者应对其已尽合理注意义务承担举证责任。

第二十一条　计算机软件用户未经许可或者超过许可范围商业使用计算机软件的，依据著作权法第四十八条第（一）项、《计算机软件保护条例》第二十四条第（一）项的规定承担民事责任。

第二十二条　著作权转让合同未采取书面形式的，人民法院依据民法典第四百九十条的规定审查合同是否成立。

第二十三条　出版者将著作权人交付出版的作品丢失、毁损致使出版合同不能履行的，著作权人有权依据民法典第一百八十六条、第二百三十八条、第一千一百八十四条等规定要求出版者承担相应的民事责任。

第二十四条　权利人的实际损失，可以根据权利人因侵权所造成复制品发行减少量或者侵权复制品销售量与权利人发行该复制品单位利润乘积计算。发行减少量难以确定的，按照侵权复制品市场销售量确定。

第二十五条　权利人的实际损失或者侵权人的违法所得无法确定的，人民法院根据当事人的请求或者依职权适用著作权法第四十九条第二款的规定确定赔偿数额。

人民法院在确定赔偿数额时，应当考虑作品类型、合理使用费、侵权行为性质、后果等情节综合确定。

当事人按照本条第一款的规定就赔偿数额达成协议的，应当准许。

第二十六条　著作权法第四十九条第一款规定的制止侵权行为所支付的合理开支，包括权利人或者委托代理人对侵权行为进行调查、取证的合理费用。

人民法院根据当事人的诉讼请求和具体案情，可以将符合国家有关部门规定的律师费用计算在赔偿范围内。

第二十七条　侵害著作权的诉讼时效为三年，自著作权人知道或者应当知道权利受到损害以及义务人之日起计算。权利人超过三年起诉的，如果侵权行为在起诉时仍在持续，在该著作权保护期内，人民法院应当判决被告停止侵权行为；侵权损害赔偿数额应当自权利人向人民法院起诉之日起向前推算三年计算。

第二十八条　人民法院采取保全措施的，依据民事诉讼法及《最高人民法院关于审查知识产权纠纷行为保全案件适用法律若干问题的规定》的有关规定办理。

第二十九条　除本解释另行规定外，人民法院受理的著作权民事纠纷案件，涉及著作权法修改前发生的民事行为的，适用修改前著作权法的规定；涉及著作权法修改以后发生的民事行为的，适用修改后著作权法的规定；涉及著作权法修改前发生，持续到著作权法修改后的民事行为的，适用修改后著作权法的规定。

第三十条　以前的有关规定与本解释不一致的，以本解释为准。

最高人民法院关于审理侵害信息网络传播权民事纠纷案件适用法律若干问题的规定

法释〔2020〕19号

（2012年11月26日由最高人民法院审判委员会第1561次会议通过，根据2020年12月23日最高人民法院审判委员会第1823次会议通过的《最高人民法院关于修改〈最高人民法院关于审理侵犯专利权纠纷案件应用法律若干问题的解释（二）〉等十八件知识产权类司法解释的决定》修正）

为正确审理侵害信息网络传播权民事纠纷案

件，依法保护信息网络传播权，促进信息网络产业健康发展，维护公共利益，根据《中华人民共和国民法典》《中华人民共和国著作权法》《中华人民共和国民事诉讼法》等有关法律规定，结合审判实际，制定本规定。

第一条 人民法院审理侵害信息网络传播权民事纠纷案件，在依法行使裁量权时，应当兼顾权利人、网络服务提供者和社会公众的利益。

第二条 本规定所称信息网络，包括以计算机、电视机、固定电话机、移动电话机等电子设备为终端的计算机互联网、广播电视网、固定通信网、移动通信网等信息网络，以及向公众开放的局域网络。

第三条 网络用户、网络服务提供者未经许可，通过信息网络提供权利人享有信息网络传播权的作品、表演、录音录像制品，除法律、行政法规另有规定外，人民法院应当认定其构成侵害信息网络传播权行为。

通过上传到网络服务器、设置共享文件或者利用文件分享软件等方式，将作品、表演、录音录像制品置于信息网络中，使公众能够在个人选定的时间和地点以下载、浏览或者其他方式获得的，人民法院应当认定其实施了前款规定的提供行为。

第四条 有证据证明网络服务提供者与他人以分工合作等方式共同提供作品、表演、录音录像制品，构成共同侵权行为的，人民法院应当判令其承担连带责任。网络服务提供者能够证明其仅提供自动接入、自动传输、信息存储空间、搜索、链接、文件分享技术等网络服务，主张其不构成共同侵权行为的，人民法院应予支持。

第五条 网络服务提供者以提供网页快照、缩略图等方式实质替代其他网络服务提供者向公众提供相关作品的，人民法院应当认定其构成提供行为。

前款规定的提供行为不影响相关作品的正常使用，且未不合理损害权利人对该作品的合法权益，网络服务提供者主张其未侵害信息网络传播权的，人民法院应予支持。

第六条 原告有初步证据证明网络服务提供者提供了相关作品、表演、录音录像制品，但网络服务提供者能够证明其仅提供网络服务，且无过错的，人民法院不应认定为构成侵权。

第七条 网络服务提供者在提供网络服务时教唆或者帮助网络用户实施侵害信息网络传播权行为的，人民法院应当判令其承担侵权责任。

网络服务提供者以言语、推介技术支持、奖励积分等方式诱导、鼓励网络用户实施侵害信息网络传播权行为的，人民法院应当认定其构成教唆侵权行为。

网络服务提供者明知或者应知网络用户利用网络服务侵害信息网络传播权，未采取删除、屏蔽、断开链接等必要措施，或者提供技术支持等帮助行为的，人民法院应当认定其构成帮助侵权行为。

第八条 人民法院应当根据网络服务提供者的过错，确定其是否承担教唆、帮助侵权责任。网络服务提供者的过错包括对于网络用户侵害信息网络传播权行为的明知或者应知。

网络服务提供者未对网络用户侵害信息网络传播权的行为主动进行审查的，人民法院不应据此认定其具有过错。

网络服务提供者能够证明已采取合理、有效的技术措施，仍难以发现网络用户侵害信息网络传播权行为的，人民法院应当认定其不具有过错。

第九条 人民法院应当根据网络用户侵害信息网络传播权的具体事实是否明显，综合考虑以下因素，认定网络服务提供者是否构成应知：

（一）基于网络服务提供者提供服务的性质、方式及其引发侵权的可能性大小，应当具备的管理信息的能力；

（二）传播的作品、表演、录音录像制品的类型、知名度及侵权信息的明显程度；

（三）网络服务提供者是否主动对作品、表演、录音录像制品进行了选择、编辑、修改、推荐等；

（四）网络服务提供者是否积极采取了预防侵权的合理措施；

（五）网络服务提供者是否设置便捷程序接收侵权通知并及时对侵权通知作出合理的反应；

（六）网络服务提供者是否针对同一网络用户的重复侵权行为采取了相应的合理措施；

（七）其他相关因素。

第十条 网络服务提供者在提供网络服务时，对热播影视作品等以设置榜单、目录、索引、描述性段落、内容简介等方式进行推荐，且公众可以在其网页上直接以下载、浏览或者其他方式获得的，人民法院可以认定其应知网络用户侵害信息网络传播权。

第十一条 网络服务提供者从网络用户提供的作品、表演、录音录像制品中直接获得经济利益的，人民法院应当认定其对该网络用户侵害信息网络传播权的行为负有较高的注意义务。

网络服务提供者针对特定作品、表演、录音录像制品投放广告获取收益，或者获取与其传播的作品、表演、录音录像制品存在其他特定联系的经济利益，应当认定为前款规定的直接获得经济利益。网络服务提供者因提供网络服务而收取一般性广告费、服务费等，不属于本款规定的情形。

第十二条　有下列情形之一的，人民法院可以根据案件具体情况，认定提供信息存储空间服务的网络服务提供者应知网络用户侵害信息网络传播权：

（一）将热播影视作品等置于首页或者其他主要页面等能够为网络服务提供者明显感知的位置的；

（二）对热播影视作品等的主题、内容主动进行选择、编辑、整理、推荐，或者为其设立专门的排行榜的；

（三）其他可以明显感知相关作品、表演、录音录像制品为未经许可提供，仍未采取合理措施的情形。

第十三条　网络服务提供者接到权利人以书信、传真、电子邮件等方式提交的通知及构成侵权的初步证据，未及时根据初步证据和服务类型采取必要措施的，人民法院应当认定其明知相关侵害信息网络传播权行为。

第十四条　人民法院认定网络服务提供者转送通知、采取必要措施是否及时，应当根据权利人提交通知的形式，通知的准确程度，采取措施的难易程度，网络服务的性质，所涉作品、表演、录音录像制品的类型、知名度、数量等因素综合判断。

第十五条　侵害信息网络传播权民事纠纷案件由侵权行为地或者被告住所地人民法院管辖。侵权行为地包括实施被诉侵权行为的网络服务器、计算机终端等设备所在地。侵权行为地和被告住所地均难以确定或者在境外的，原告发现侵权内容的计算机终端等设备所在地可以视为侵权行为地。

第十六条　本规定施行之日起，《最高人民法院关于审理涉及计算机网络著作权纠纷案件适用法律若干问题的解释》（法释〔2006〕11号）同时废止。

本规定施行之后尚未终审的侵害信息网络传播权民事纠纷案件，适用本规定。本规定施行前已经终审，当事人申请再审或者按照审判监督程序决定再审的，不适用本规定。

最高人民法院关于审理植物新品种纠纷案件若干问题的解释

法释〔2020〕19号

（2000年12月25日由最高人民法院审判委员会第1154次会议通过，根据2020年12月23日最高人民法院审判委员会第1823次会议通过的《最高人民法院关于修改〈最高人民法院关于审理侵犯专利权纠纷案件应用法律若干问题的解释（二）〉等十八件知识产权类司法解释的决定》修正）

为依法受理和审判植物新品种纠纷案件，根据《中华人民共和国民法典》《中华人民共和国种子法》《中华人民共和国民事诉讼法》《中华人民共和国行政诉讼法》《全国人民代表大会常务委员会关于在北京、上海、广州设立知识产权法院的决定》和《全国人民代表大会常务委员会关于专利等知识产权案件诉讼程序若干问题的决定》的有关规定，现就有关问题解释如下：

第一条　人民法院受理的植物新品种纠纷案件主要包括以下几类：

（一）植物新品种申请驳回复审行政纠纷案件；

（二）植物新品种权无效行政纠纷案件；

（三）植物新品种权更名行政纠纷案件；

（四）植物新品种权强制许可纠纷案件；

（五）植物新品种权实施强制许可使用费纠纷案件；

（六）植物新品种申请权权属纠纷案件；

（七）植物新品种权权属纠纷案件；

（八）植物新品种申请权转让合同纠纷案件；

（九）植物新品种权转让合同纠纷案件；

（十）侵害植物新品种权纠纷案件；

（十一）假冒他人植物新品种权纠纷案件；

（十二）植物新品种培育人署名权纠纷案件；

（十三）植物新品种临时保护期使用费纠纷案件；

（十四）植物新品种行政处罚纠纷案件；

（十五）植物新品种行政复议纠纷案件；

（十六）植物新品种行政赔偿纠纷案件；

（十七）植物新品种行政奖励纠纷案件；

（十八）其他植物新品种权纠纷案件。

第二条　人民法院在依法审查当事人涉及植物新品种权的起诉时，只要符合《中华人民共和国民事诉讼法》第一百一十九条、《中华人民共和国行政诉讼法》第四十九条规定的民事案件或者行政案件的起诉条件，均应当依法予以受理。

第三条 本解释第一条所列第一至五类案件，由北京知识产权法院作为第一审人民法院审理；第六至十八类案件，由知识产权法院，各省、自治区、直辖市人民政府所在地和最高人民法院指定的中级人民法院作为第一审人民法院审理。

当事人对植物新品种纠纷民事、行政案件第一审判决、裁定不服，提起上诉的，由最高人民法院审理。

第四条 以侵权行为地确定人民法院管辖的侵害植物新品种权的民事案件，其所称的侵权行为地，是指未经品种权所有人许可，生产、繁殖或者销售该授权植物新品种的繁殖材料的所在地，或者为商业目的将该授权品种的繁殖材料重复使用于生产另一品种的繁殖材料的所在地。

第五条 关于植物新品种申请驳回复审行政纠纷案件、植物新品种权无效或者更名行政纠纷案件，应当以植物新品种审批机关为被告；关于植物新品种强制许可纠纷案件，应当以植物新品种审批机关为被告；关于实施强制许可使用费纠纷案件，应当根据原告所请求的事项和所起诉的当事人确定被告。

第六条 人民法院审理侵害植物新品种权纠纷案件，被告在答辩期间内向植物新品种审批机关请求宣告该植物新品种权无效的，人民法院一般不中止诉讼。

最高人民法院关于审理侵害植物新品种权纠纷案件具体应用法律问题的若干规定

法释〔2020〕19号

（2006年12月25日由最高人民法院审判委员会第1411次会议通过，根据2020年12月23日最高人民法院审判委员会第1823次会议通过的《最高人民法院关于修改〈最高人民法院关于审理侵犯专利权纠纷案件应用法律若干问题的解释（二）〉等十八件知识产权类司法解释的决定》修正）

为正确处理侵害植物新品种权纠纷案件，根据《中华人民共和国民法典》《中华人民共和国种子法》《中华人民共和国民事诉讼法》《全国人民代表大会常务委员会关于在北京、上海、广州设立知识产权法院的决定》和《全国人民代表大会常务委员会关于专利等知识产权案件诉讼程序若干问题的决定》等有关规定，结合侵害植物新品种权纠纷案件的审判经验和实际情况，就具体应用法律的若干问题规定如下：

第一条 植物新品种权所有人（以下称品种权人）或者利害关系人认为植物新品种权受到侵害的，可以依法向人民法院提起诉讼。

前款所称利害关系人，包括植物新品种实施许可合同的被许可人、品种权财产权利的合法继承人等。

独占实施许可合同的被许可人可以单独向人民法院提起诉讼；排他实施许可合同的被许可人可以和品种权人共同起诉，也可以在品种权人不起诉时，自行提起诉讼；普通实施许可合同的被许可人经品种权人明确授权，可以提起诉讼。

第二条 未经品种权人许可，生产、繁殖或者销售授权品种的繁殖材料，或者为商业目的将授权品种的繁殖材料重复使用于生产另一品种的繁殖材料的，人民法院应当认定为侵害植物新品种权。

被诉侵权物的特征、特性与授权品种的特征、特性相同，或者特征、特性的不同是因非遗传变异所致的，人民法院一般应当认定被诉侵权物属于生产、繁殖或者销售授权品种的繁殖材料。

被诉侵权人重复以授权品种的繁殖材料为亲本与其他亲本另行繁殖的，人民法院一般应当认定属于为商业目的将授权品种的繁殖材料重复使用于生产另一品种的繁殖材料。

第三条 侵害植物新品种权纠纷案件涉及的专门性问题需要鉴定的，由双方当事人协商确定的有鉴定资格的鉴定机构、鉴定人鉴定；协商不成的，由人民法院指定的有鉴定资格的鉴定机构、鉴定人鉴定。

没有前款规定的鉴定机构、鉴定人的，由具有相应品种检测技术水平的专业机构、专业人员鉴定。

第四条 对于侵害植物新品种权纠纷案件涉及的专门性问题可以采取田间观察检测、基因指纹图谱检测等方法鉴定。

对采取前款规定方法作出的鉴定意见，人民法院应当依法质证，认定其证明力。

第五条 品种权人或者利害关系人向人民法院提起侵害植物新品种权诉讼前，可以提出行为保全或者证据保全请求，人民法院经审查作出裁定。

人民法院采取证据保全措施时，可以根据案件具体情况，邀请有关专业技术人员按照相应的技术规程协助取证。

第六条　人民法院审理侵害植物新品种权纠纷案件，应当依照民法典第一百七十九条、第一千一百八十五条、种子法第七十三条的规定，结合案件具体情况，判决侵权人承担停止侵害、赔偿损失等民事责任。

人民法院可以根据权利人的请求，按照权利人因被侵权所受实际损失或者侵权人因侵权所得利益确定赔偿数额。权利人的损失或者侵权人获得的利益难以确定的，可以参照该植物新品种权许可使用费的倍数合理确定。权利人为制止侵权行为所支付的合理开支应当另行计算。

依照前款规定难以确定赔偿数额的，人民法院可以综合考虑侵权的性质、期间、后果，植物新品种权许可使用费的数额，植物新品种实施许可的种类、时间、范围及权利人调查、制止侵权所支付的合理费用等因素，在300万元以下确定赔偿数额。

故意侵害他人植物新品种权，情节严重的，可以按照第二款确定数额的一倍以上三倍以下确定赔偿数额。

第七条　权利人和侵权人均同意将侵权物折价抵扣权利人所受损失的，人民法院应当准许。权利人或者侵权人不同意折价抵扣的，人民法院依照当事人的请求，责令侵权人对侵权物作消灭活性等使其不能再被用作繁殖材料的处理。

侵权物正处于生长期或者销毁侵权物将导致重大不利后果的，人民法院可以不采取责令销毁侵权物的方法，而判令其支付相应的合理费用。但法律、行政法规另有规定的除外。

第八条　以农业或者林业种植为业的个人、农村承包经营户接受他人委托代为繁殖侵害品种权的繁殖材料，不知道代繁物是侵害品种权的繁殖材料并说明委托人的，不承担赔偿责任。

最高人民法院关于适用《中华人民共和国反不正当竞争法》若干问题的解释

法释〔2022〕9号

《最高人民法院关于适用〈中华人民共和国反不正当竞争法〉若干问题的解释》已于2022年1月29日由最高人民法院审判委员会第1862次会议通过，现予公布，自2022年3月20日起施行。

最高人民法院

2022年3月16日

为正确审理因不正当竞争行为引发的民事案件，根据《中华人民共和国民法典》《中华人民共和国反不正当竞争法》《中华人民共和国民事诉讼法》等有关法律规定，结合审判实践，制定本解释。

第一条　经营者扰乱市场竞争秩序，损害其他经营者或者消费者合法权益，且属于违反反不正当竞争法第二章及专利法、商标法、著作权法等规定之外情形的，人民法院可以适用反不正当竞争法第二条予以认定。

第二条　与经营者在生产经营活动中存在可能的争夺交易机会、损害竞争优势等关系的市场主体，人民法院可以认定为反不正当竞争法第二条规定的“其他经营者”。

第三条　特定商业领域普遍遵循和认可的行为规范，人民法院可以认定为反不正当竞争法第二条规定的“商业道德”。

人民法院应当结合案件具体情况，综合考虑行业规则或者商业惯例、经营者的主观状态、交易相对人的选择意愿、对消费者权益、市场竞争秩序、社会公共利益的影响等因素，依法判断经营者是否违反商业道德。

人民法院认定经营者是否违反商业道德时，可以参考行业主管部门、行业协会或者自律组织制定的从业规范、技术规范、自律公约等。

第四条　具有一定的市场知名度并具有区别商品来源的显著特征的标识，人民法院可以认定为反不正当竞争法第六条规定的“有一定影响的”标识。

人民法院认定反不正当竞争法第六条规定的标识是否具有一定的市场知名度，应当综合考虑中国境内相关公众的知悉程度，商品销售的时间、区域、数额和对象，宣传的持续时间、程度和地域范围，标识受保护的情况等因素。

第五条　反不正当竞争法第六条规定的标识有下列情形之一的，人民法院应当认定其不具有区别商品来源的显著特征：

（一）商品的通用名称、图形、型号；

（二）仅直接表示商品的质量、主要原料、功能、用途、重量、数量及其他特点的标识；

（三）仅由商品自身的性质产生的形状，为获得技术效果而需有的商品形状以及使商品具有实质性价值的形状；

（四）其他缺乏显著特征的标识。

前款第一项、第二项、第四项规定的标识经过使用取得显著特征，并具有一定的市场知名度，当事人请求依据反不正当竞争法第六条规定予以保护的，人民法院应予支持。

第六条 因客观描述、说明商品而正当使用下列标识，当事人主张属于反不正当竞争法第六条规定的情形的，人民法院不予支持：

（一）含有本商品的通用名称、图形、型号；

（二）直接表示商品的质量、主要原料、功能、用途、重量、数量以及其他特点；

（三）含有地名。

第七条 反不正当竞争法第六条规定的标识或者其显著识别部分属于商标法第十条第一款规定的不得作为商标使用的标志，当事人请求依据反不正当竞争法第六条规定予以保护的，人民法院不予支持。

第八条 由经营者营业场所的装饰、营业用具的式样、营业人员的服饰等构成的具有独特风格的整体营业形象，人民法院可以认定为反不正当竞争法第六条第一项规定的"装潢"。

第九条 市场主体登记管理部门依法登记的企业名称，以及在中国境内进行商业使用的境外企业名称，人民法院可以认定为反不正当竞争法第六条第二项规定的"企业名称"。

有一定影响的个体工商户、农民专业合作社（联合社）以及法律、行政法规规定的其他市场主体的名称（包括简称、字号等），人民法院可以依照反不正当竞争法第六条第二项予以认定。

第十条 在中国境内将有一定影响的标识用于商品、商品包装或者容器以及商品交易文书上，或者广告宣传、展览以及其他商业活动中，用于识别商品来源的行为，人民法院可以认定为反不正当竞争法第六条规定的"使用"。

第十一条 经营者擅自使用与他人有一定影响的企业名称（包括简称、字号等）、社会组织名称（包括简称等）、姓名（包括笔名、艺名、译名等）、域名主体部分、网站名称、网页等近似的标识，引人误认为是他人商品或者与他人存在特定联系，当事人主张属于反不正当竞争法第六条第二项、第三项规定的情形的，人民法院应予支持。

第十二条 人民法院认定与反不正当竞争法第六条规定的"有一定影响的"标识相同或者近似，可以参照商标相同或者近似的判断原则和方法。

反不正当竞争法第六条规定的"引人误认为是他人商品或者与他人存在特定联系"，包括误认为与他人具有商业联合、许可使用、商业冠名、广告代言等特定联系。

在相同商品上使用相同或者视觉上基本无差别的商品名称、包装、装潢等标识，应当视为足以造成与他人有一定影响的标识相混淆。

第十三条 经营者实施下列混淆行为之一，足以引人误认为是他人商品或者与他人存在特定联系的，人民法院可以依照反不正当竞争法第六条第四项予以认定：

（一）擅自使用反不正当竞争法第六条第一项、第二项、第三项规定以外"有一定影响的"标识；

（二）将他人注册商标、未注册的驰名商标作为企业名称中的字号使用，误导公众。

第十四条 经营者销售带有违反反不正当竞争法第六条规定的标识的商品，引人误认为是他人商品或者与他人存在特定联系，当事人主张构成反不正当竞争法第六条规定的情形的，人民法院应予支持。

销售不知道是前款规定的侵权商品，能证明该商品是自己合法取得并说明提供者，经营者主张不承担赔偿责任的，人民法院应予支持。

第十五条 故意为他人实施混淆行为提供仓储、运输、邮寄、印制、隐匿、经营场所等便利条件，当事人请求依据民法典第一千一百六十九条第一款予以认定的，人民法院应予支持。

第十六条 经营者在商业宣传过程中，提供不真实的商品相关信息，欺骗、误导相关公众的，人民法院应当认定为反不正当竞争法第八条第一款规定的虚假的商业宣传。

第十七条 经营者具有下列行为之一，欺骗、误导相关公众的，人民法院可以认定为反不正当竞争法第八条第一款规定的"引人误解的商业宣传"：

（一）对商品作片面的宣传或者对比；

（二）将科学上未定论的观点、现象等当作定论的事实用于商品宣传；

（三）使用歧义性语言进行商业宣传；

（四）其他足以引人误解的商业宣传行为。

人民法院应当根据日常生活经验、相关公众一般注意力、发生误解的事实和被宣传对象的实际情况等因素，对引人误解的商业宣传行为进行认定。

第十八条　当事人主张经营者违反反不正当竞争法第八条第一款的规定并请求赔偿损失的，应当举证证明其因虚假或者引人误解的商业宣传行为受到损失。

第十九条　当事人主张经营者实施了反不正当竞争法第十一条规定的商业诋毁行为的，应当举证证明其为该商业诋毁行为的特定损害对象。

第二十条　经营者传播他人编造的虚假信息或者误导性信息，损害竞争对手的商业信誉、商品声誉的，人民法院应当依照反不正当竞争法第十一条予以认定。

第二十一条　未经其他经营者和用户同意而直接发生的目标跳转，人民法院应当认定为反不正当竞争法第十二条第二款第一项规定的“强制进行目标跳转”。

仅插入链接，目标跳转由用户触发的，人民法院应当综合考虑插入链接的具体方式、是否具有合理理由以及对用户利益和其他经营者利益的影响等因素，认定该行为是否违反反不正当竞争法第十二条第二款第一项的规定。

第二十二条　经营者事前未明确提示并经用户同意，以误导、欺骗、强迫用户修改、关闭、卸载等方式，恶意干扰或者破坏其他经营者合法提供的网络产品或者服务，人民法院应当依照反不正当竞争法第十二条第二款第二项予以认定。

第二十三条　对于反不正当竞争法第二条、第八条、第十一条、第十二条规定的不正当竞争行为，权利人因被侵权所受到的实际损失、侵权人因侵权所获得的利益难以确定，当事人主张依据反不正当竞争法第十七条第四款确定赔偿数额的，人民法院应予支持。

第二十四条　对于同一侵权人针对同一主体在同一时间和地域范围实施的侵权行为，人民法院已经认定侵害著作权、专利权或者注册商标专用权等并判令承担民事责任，当事人又以该行为构成不正当竞争为由请求同一侵权人承担民事责任的，人民法院不予支持。

第二十五条　依据反不正当竞争法第六条的规定，当事人主张判令被告停止使用或者变更其企业名称的诉讼请求依法应予支持的，人民法院应当判令停止使用该企业名称。

第二十六条　因不正当竞争行为提起的民事诉讼，由侵权行为地或者被告住所地人民法院管辖。

当事人主张仅以网络购买者可以任意选择的收货地作为侵权行为地的，人民法院不予支持。

第二十七条　被诉不正当竞争行为发生在中华人民共和国领域外，但侵权结果发生在中华人民共和国领域内，当事人主张由该侵权结果发生地人民法院管辖的，人民法院应予支持。

第二十八条　反不正当竞争法修改决定施行以后人民法院受理的不正当竞争民事案件，涉及该决定施行前发生的行为的，适用修改前的反不正当竞争法；涉及该决定施行前发生、持续到该决定施行以后的行为的，适用修改后的反不正当竞争法。

第二十九条　本解释自2022年3月20日起施行。《最高人民法院关于审理不正当竞争民事案件应用法律若干问题的解释》（法释〔2007〕2号）同时废止。

本解释施行以后尚未终审的案件，适用本解释；施行以前已经终审的案件，不适用本解释再审。

最高人民法院关于审理垄断民事纠纷案件适用法律若干问题的解释

法释〔2024〕6号

为维护市场公平竞争秩序，依法公正高效审理垄断民事纠纷案件，根据《中华人民共和国民法典》、《中华人民共和国反垄断法》、《中华人民共和国民事诉讼法》等有关法律规定，制定本解释。

一、程序规定

第一条　本解释所称垄断民事纠纷案件，是指自然人、法人或者非法人组织因垄断行为受到损失以及因合同内容或者经营者团体的章程、决议、决定等违反反垄断法而发生争议，依据反垄断法向人民法院提起民事诉讼的案件。

本解释所称经营者团体，包括行业协会等由两个以上经营者为了实现共同目的而组成的结合体或者联合体。

第二条　原告依据反垄断法直接向人民法院提起民事诉讼，或者在反垄断执法机构认定构成垄断行为的处理决定作出后向人民法院提起民事诉讼，且符合法律规定的受理条件的，人民法院应予受理。

原告起诉仅请求人民法院确认被告的特定行为构成垄断，而不请求被告承担民事责任的，人民法院不予受理。

第三条 一方当事人向人民法院提起垄断民事诉讼，另一方当事人以双方之间存在合同关系且有仲裁协议为由，主张人民法院不应受理的，人民法院不予支持。

第四条 第一审垄断民事纠纷案件，由知识产权法院和最高人民法院指定的中级人民法院管辖。

第五条 垄断民事纠纷案件的地域管辖，根据案件具体情况，依照民事诉讼法及相关司法解释有关侵权纠纷、合同纠纷等的管辖规定确定。

第六条 原告依据反垄断法对在中华人民共和国境内没有住所的被告提起民事诉讼，主张被告在中华人民共和国境外的垄断行为对境内市场竞争产生排除、限制影响的，根据民事诉讼法第二百七十六条的规定确定管辖法院。

第七条 案件立案时的案由并非垄断民事纠纷，人民法院受理后经审查发现属于垄断民事纠纷，但受诉人民法院并无垄断民事纠纷案件管辖权的，应当将案件移送有管辖权的人民法院。

第八条 两个以上原告因同一垄断行为向有管辖权的同一人民法院分别提起诉讼的，人民法院可以合并审理。

两个以上原告因同一垄断行为向有管辖权的不同人民法院分别提起诉讼的，后立案的人民法院发现其他有管辖权的人民法院已先立案的，应当裁定将案件移送先立案的人民法院；受移送的人民法院可以合并审理。

人民法院可以要求当事人提供与被诉垄断行为相关的行政执法、仲裁、诉讼等情况。当事人拒不如实提供的，可以作为认定其是否遵循诚信原则和构成滥用权利等的考量因素。

第九条 原告无正当理由而根据影响地域、持续时间、实施场合、损害范围等因素对被告的同一垄断行为予以拆分，分别提起数个诉讼的，由最先受理诉讼的人民法院合并审理。

第十条 反垄断执法机构认定构成垄断行为的处理决定在法定期限内未被提起行政诉讼或者已为人民法院生效裁判所确认，原告在相关垄断民事纠纷案件中据此主张该处理决定认定的基本事实为真实的，无需再行举证证明，但有相反证据足以推翻的除外。

必要时，人民法院可以要求作出处理决定的反垄断执法机构对该处理决定的有关情况予以说明。反垄断执法机构提供的信息、材料等尚未公开的，人民法院应当依职权或者依申请采取合理保护措施。

第十一条 当事人可以向人民法院申请一至二名具有案件所涉领域、经济学等专门知识的人员出庭，就案件的专门性问题进行说明。

当事人可以向人民法院申请委托专业机构或者专业人员就案件的专门性问题提出市场调查或者经济分析意见。该专业机构或者专业人员可以由双方当事人协商确定；协商不成的，由人民法院指定。人民法院可以参照民事诉讼法及相关司法解释有关鉴定意见的规定，对该专业机构或者专业人员提出的市场调查或者经济分析意见进行审查判断。

一方当事人就案件的专门性问题自行委托有关专业机构或者专业人员提出市场调查或者经济分析意见，该意见缺乏可靠的事实、数据或者其他必要基础资料佐证，或者缺乏可靠的分析方法，或者另一方当事人提出证据或者理由足以反驳的，人民法院不予采信。

第十二条 经营者实施垄断行为损害社会公共利益，设区的市级以上人民检察院依法提起民事公益诉讼的，适用与公益诉讼有关的法律和司法解释的规定，但本解释另有规定的除外。

第十三条 反垄断执法机构对被诉垄断行为已经立案调查的，人民法院可以根据案件具体情况，裁定中止诉讼。

二、相关市场界定

第十四条 原告主张被诉垄断行为违反反垄断法的，一般应当界定反垄断法第十五条第二款所称的相关市场并提供证据或者充分说明理由。

原告以被告在相关市场的市场份额为由主张其具有市场支配地位或者显著的市场力量的，应当界定相关市场并提供证据或者充分说明理由。

原告提供证据足以直接证明下列情形之一的，可以不再对相关市场界定进一步承担举证责任：

（一）被诉垄断协议的经营者具有显著的市场力量；

（二）被诉滥用市场支配地位的经营者具有市场支配地位；

（三）被诉垄断行为具有排除、限制竞争效果。

原告主张被诉垄断行为属于反垄断法第十七条第一项至第五项和第十八条第一款第一项、第二项规定情形的，可以不对相关市场界定提供证据。

第十五条 人民法院界定经营者在一定时期内

就特定商品或者服务（以下统称商品）进行竞争的相关商品市场和相关地域市场，可以根据案件具体情况，以被诉垄断行为直接涉及的特定商品为基础，从需求者角度进行需求替代分析；供给替代对经营者行为产生的竞争约束类似于需求替代的，还可以从供给者角度进行供给替代分析。

人民法院进行需求替代或者供给替代分析时，可以采用假定垄断者测试的分析方法，一般选择使用价格上涨的假定垄断者测试方法；经营者之间的竞争主要表现为质量、多样性、创新等非价格竞争的，可以选择质量下降、成本上升等假定垄断者测试方法。

第十六条　人民法院从需求替代的角度分析界定相关商品市场时，一般根据需求者对于商品特性、功能和用途的需求、质量的认可、价格的接受以及获取的难易程度等因素，确定由需求者认为具有较为紧密替代关系的一组或者一类商品所构成的市场为相关商品市场。从供给替代的角度分析界定相关商品市场时，可以综合考虑其他经营者进入市场的意图和能力、承担的成本与风险、克服的市场障碍、需要的时间等因素。

分析界定互联网平台（以下称平台）所涉相关商品市场时，结合被诉垄断行为的特点、产生或者可能产生排除、限制竞争效果的具体情况、平台的类型等因素，一般可以根据该平台与被诉垄断行为最相关一边的商品界定相关商品市场，也可以根据被诉垄断行为所涉及的多边商品分别界定多个相关商品市场，必要时也可以根据特定平台整体界定相关商品市场。特定平台存在跨边网络效应，并给该平台经营者施加了足够的竞争约束的，可以根据该平台整体界定相关商品市场，也可以根据跨边网络效应所涉及的多边商品分别界定多个相关商品市场，并考虑各个相关商品市场之间的相互关系和影响。

第十七条　人民法院从需求替代的角度分析界定相关地域市场时，可以综合考虑需求者因商品价格或者其他竞争因素的变化而转向其他地域购买商品的情况、商品的运输成本和运输特征、多数需求者选择商品的实际区域和主要经营者的商品销售分布、地域间的市场障碍、特定区域需求者偏好等因素。从供给替代的角度分析界定相关地域市场时，可以综合考虑其他地域的经营者对商品价格等竞争因素的变化作出的反应、其他地域的经营者供应或者销售相关商品的及时性和可行性等因素。

分析界定平台所涉相关地域市场，可以重点考虑多数需求者选择商品的实际区域、需求者的语言偏好和消费习惯、相关法律法规的要求、其他地域竞争者的现状及其进入相关地域市场的及时性等因素。

三、垄断协议

第十八条　人民法院认定反垄断法第十六条规定的其他协同行为，应当综合考虑下列因素：

（一）经营者的市场行为是否具有一致性；

（二）经营者之间是否进行过意思联络、信息交流或者传递；

（三）相关市场的市场结构、竞争状况、市场变化等情况；

（四）经营者能否对行为一致性作出合理解释。

原告提供前款第一项和第二项的初步证据，或者第一项和第三项的初步证据，能够证明经营者存在协同行为的可能性较大的，被告应当提供证据或者进行充分说明，对其行为一致性作出合理解释；不能作出合理解释的，人民法院可以认定协同行为成立。

本条所称合理解释，包括经营者系基于市场和竞争状况变化等而独立实施相关行为。

第十九条　反垄断法第十七条规定的具有竞争关系的经营者，是指在商品生产经营过程中处于同一阶段、提供具有较为紧密替代关系的商品、独立经营决策并承担法律责任的两个以上的实际经营者或者可能进入同一相关市场进行竞争的潜在经营者。

特定经营者取得对其他经营者的控制权或者能够对其他经营者施加决定性影响，或者两个以上经营者被同一第三方控制或者施加决定性影响，应当视为一个经济实体的，不构成前款所称具有竞争关系的经营者。

第二十条　原告有证据证明仿制药申请人与被仿制药专利权利人达成、实施的协议同时具备下列条件，主张该协议构成反垄断法第十七条规定的垄断协议的，人民法院可予支持：

（一）被仿制药专利权利人给予或者承诺给予仿制药申请人明显不合理的金钱或者其他形式的利益补偿；

（二）仿制药申请人承诺不质疑被仿制药专利权的有效性或者延迟进入被仿制药相关市场。

被告有证据证明前款所称的利益补偿仅系为弥

补被仿制药专利相关纠纷解决成本或者具有其他正当理由，或者该协议符合反垄断法第二十条规定，主张其不构成反垄断法第十七条规定的垄断协议的，人民法院应予支持。

第二十一条 被诉垄断行为属于反垄断法第十八条第一款第一项、第二项规定的垄断协议的，应当由被告对该协议不具有排除、限制竞争效果承担举证责任。

第二十二条 人民法院依照反垄断法第十八条第一款和第二款的规定审查认定被诉垄断协议是否具有排除、限制竞争效果时，可以综合考虑下列因素：

（一）被告在相关市场的市场力量和协议对相关市场类似不利竞争效果的累积作用；

（二）协议是否具有提高市场进入壁垒、阻碍更有效率的经营者或者经营模式、限制品牌间或者品牌内竞争等不利竞争效果；

（三）协议是否具有防止搭便车、促进品牌间竞争、维护品牌形象、提升售前或者售后服务水平、促进创新等有利竞争效果，且为实现该效果所必需；

（四）其他可以考虑的因素。

在案证据足以证明的有利竞争效果明显超过不利竞争效果的，人民法院应当认定协议不具有排除、限制竞争效果。

第二十三条 被诉垄断协议具有下列情形之一，原告依据反垄断法第十八条第一款的规定主张被告应当承担法律责任的，人民法院不予支持：

（一）协议属于经营者与相对人之间的代理协议，且代理商不承担任何实质性商业或者经营风险；

（二）被告在相关市场的市场份额低于国务院反垄断执法机构规定的标准并符合国务院反垄断执法机构规定的其他条件。

第二十四条 经营者利用数据、算法、技术等手段进行意思联络、信息交流或者传递，或者利用数据、算法、技术、平台规则等手段实现行为一致性，达成、实施被诉垄断协议的，人民法院可以依照反垄断法第十七条的规定审查认定。

经营者利用数据、算法、技术、平台规则等手段实现限定或者自动化设定转售商品价格等，达成、实施被诉垄断协议的，人民法院可以依照反垄断法第十八条的规定审查认定。

第二十五条 平台经营者与平台内经营者的协议要求平台内经营者在该平台上提供与其他交易渠道相同或者更优惠交易条件的，根据原告的诉讼请求和具体案情，人民法院可以区别下列情形作出处理：

（一）平台经营者与平台内经营者之间具有竞争关系的，依照反垄断法第十七条的规定审查认定；

（二）平台经营者与平台内经营者之间不具有竞争关系的，依照反垄断法第十八条或者第十九条的规定审查认定；

（三）原告主张平台经营者滥用市场支配地位的，依照反垄断法第二十二条、电子商务法第二十二条的规定审查认定；

（四）原告主张平台经营者违反电子商务法第三十五条的规定的，依照该条规定处理。

第二十六条 经营者、经营者团体等组织其他经营者达成、实施垄断协议，给原告造成损失，原告依据民法典第一千一百六十八条的规定主张实施组织行为的经营者、经营者团体等与达成、实施垄断协议的其他经营者承担连带责任的，人民法院应当予以支持。

经营者、经营者团体等为其他经营者达成、实施垄断协议提供实质性帮助，给原告造成损失，原告依据民法典第一千一百六十九条第一款的规定主张提供帮助行为的经营者、经营者团体等与达成、实施垄断协议的其他经营者承担连带责任的，人民法院应当予以支持。但是，经营者、经营者团体等能够证明其不知道且不应当知道其他经营者达成、实施有关协议的除外。

前款所称实质性帮助，是指对垄断协议达成或者实施具有直接、重要促进作用的引导产生违法意图、提供便利条件、充当信息渠道、帮助实施惩罚等行为。

第二十七条 被告依据反垄断法第二十条第一款第一项至第五项的规定提出抗辩的，应当提供证据证明如下事实：

（一）被诉垄断协议能够实现相关目的或者效果；

（二）被诉垄断协议为实现相关目的或者效果所必需；

（三）被诉垄断协议不会严重限制相关市场的竞争；

（四）消费者能够分享由此产生的利益。

四、滥用市场支配地位

第二十八条 原告主张被诉垄断行为属于反垄

断法第二十二条第一款规定的滥用市场支配地位的，应当对被告在相关市场内具有支配地位和被告滥用市场支配地位承担举证责任。被告以其行为具有正当性为由抗辩的，应当承担举证责任。

第二十九条　原告有证据证明经营者具有下列情形之一的，人民法院可以根据具体案件中相关市场的结构和实际竞争状况，结合相关市场经济规律等经济学知识，初步认定经营者在相关市场具有支配地位，但有相反证据足以反驳的除外：

（一）经营者在较长时间内维持明显高于市场竞争水平的价格，或者在较长时间内商品质量明显下降却未见大量用户流失，且相关市场明显缺乏竞争、创新和新进入者；

（二）经营者在较长时间内维持明显超过其他经营者的较高市场份额，且相关市场明显缺乏竞争、创新和新进入者。

被告对外发布的信息可以作为原告证明被告具有市场支配地位的初步证据，但有相反证据足以反驳的除外。

第三十条　反垄断法第二十三条和第二十四条所称的“经营者在相关市场的市场份额”，可以根据被诉垄断行为发生时经营者一定时期内的相关商品交易金额、交易数量、生产能力或者其他指标在相关市场所占的比例确定。

人民法院认定平台经营者在相关市场的市场份额时，可以采用能够反映相关市场实际竞争状况的交易金额、活跃用户数量、企业用户数量、用户使用时长、访问量、点击量、数据资产数量或者其他指标作为计算基准。

第三十一条　原告主张公用企业或者其他依法具有独占地位的经营者滥用市场支配地位的，人民法院可以根据市场结构和竞争状况的具体情况，认定被告在相关市场具有支配地位，但有相反证据足以反驳的除外。

第三十二条　人民法院依照反垄断法第二十三条的规定认定平台经营者的市场支配地位，可以重点考虑下列因素：

（一）平台的商业模式及平台经营者实际受到的竞争约束；

（二）平台经营者在相关市场的市场份额及该市场份额的持续时间；

（三）平台经营是否存在显著的网络效应、规模效应、范围效应等；

（四）平台经营者掌握的相关数据、算法、技术等情况；

（五）平台经营者对相邻市场的影响；

（六）用户或者平台内经营者对平台经营者的依赖程度及制衡能力、锁定效应、使用习惯、同时使用多个平台的情况、转向其他平台经营者的成本等；

（七）其他经营者进入相关市场的意愿、能力及所面临的规模要求、技术要求、政策法律限制等市场进入障碍；

（八）相关市场的创新和技术变化情况；

（九）其他需要考虑的与平台经营相关的因素。

第三十三条　人民法院依照反垄断法第二十三条的规定认定被诉滥用知识产权的经营者的市场支配地位，可以重点考虑下列因素：

（一）相关市场内特定知识产权客体的可替代性、替代性客体的数量及转向替代性客体的成本；

（二）利用该特定知识产权所提供的商品的可替代性及该商品的市场份额；

（三）交易相对人对拥有该特定知识产权的经营者的制衡能力；

（四）相关市场的创新和技术变化情况；

（五）其他需要考虑的与知识产权行使相关的因素。

经营者主张不能仅根据其拥有知识产权而推定具有市场支配地位的，人民法院应予支持。

第三十四条　依据反垄断法第二十四条第一款第二项、第三项被推定共同具有市场支配地位的经营者，有证据证明具有下列情形之一，反驳上述推定的，人民法院应予支持：

（一）该两个以上经营者之间不具有行为一致性且存在实质性竞争；

（二）该两个以上经营者作为整体在相关市场受到来自其他经营者的有效竞争约束。

第三十五条　经营者同时具备下列条件的，人民法院可以认定其构成反垄断法第二十二条规定的滥用市场支配地位行为：

（一）在相关市场具有支配地位；

（二）实施了被诉垄断行为；

（三）被诉垄断行为具有排除、限制竞争效果；

（四）实施被诉垄断行为缺乏正当理由。

第三十六条　人民法院认定反垄断法第二十二条第一款第一项规定的经营者“以不公平的高价销售商品或者以不公平的低价购买商品”，可以综合考虑下列因素：

（一）该商品的收益率是否明显偏离竞争性市场中的合理收益率；

（二）该商品的价格是否明显偏离其成本与竞争条件下的合理利润之和；

（三）经营者向交易相对人销售或者购买商品的价格是否明显高于或者低于该经营者在上下游市场中销售或者购买相同商品或者可比商品的价格；

（四）经营者向交易相对人销售或者购买商品的价格是否明显高于或者低于其他经营者在相同或者相似条件下销售或者购买相同商品或者可比商品的价格；

（五）经营者向交易相对人销售或者购买商品的价格是否明显高于或者低于该经营者在相同或者相似条件下在其他地域市场销售或者购买相同商品或者可比商品的价格；

（六）经营者向交易相对人销售商品的价格增长幅度是否明显高于该经营者成本增长幅度，或者购买商品的价格降低幅度明显高于交易相对人成本降低幅度；

（七）该高价或者低价的持续时间；

（八）其他可以考虑的因素。

认定前款第四项、第五项所称相同或者相似条件，可以考虑经营模式、交易渠道、供求状况、监管环境、交易环节、成本结构、交易情况、平台类型等因素。

第三十七条　具有市场支配地位的经营者，具有下列情形之一的，人民法院可以初步认定其构成反垄断法第二十二条第一款第二项规定的“以低于成本的价格销售商品”：

（一）经营者在较长时间内持续以低于平均可变成本或者平均可避免成本的价格销售商品；

（二）经营者在较长时间内持续以高于平均可变成本或者平均可避免成本，但低于平均总成本的价格销售商品，且有其他证据证明其具有排除、限制同等效率的其他经营者在相关市场开展有效竞争的明确意图。

依照前款规定认定平台经营者以低于成本的价格销售商品，还应当考虑该平台涉及的多边市场中各相关市场之间的成本关联情况及其合理性。

具有下列情形之一的，人民法院可以认定构成反垄断法第二十二条第一款第二项规定的正当理由：

（一）低价处理鲜活商品、季节性商品、淘汰商品、即将超过有效期限的商品或者积压商品等；

（二）因清偿债务、转产、歇业等低价销售商品；

（三）为推广新商品、发展新业务、吸引新用户在合理期限内低价促销；

（四）能够证明行为具有正当性的其他理由。

第三十八条　具有市场支配地位的经营者，同时具备下列条件的，人民法院可以初步认定其构成反垄断法第二十二条第一款第三项规定的“拒绝与交易相对人进行交易”：

（一）经营者直接拒绝与交易相对人交易，提出交易相对人明显难以接受的交易条件，或者不合理地拖延交易，致使未能达成交易；

（二）经营者与交易相对人进行交易在经济、技术、法律和安全上具有可行性；

（三）拒绝交易行为排除、限制上游市场或者下游市场的竞争。

具有市场支配地位的经营者没有正当理由，拒绝将其商品、平台或者软件系统等与其他经营者提供的特定商品、平台或者软件系统等相兼容，拒绝开放其技术、数据、平台接口，或者拒绝许可其知识产权的，人民法院依照反垄断法第二十二条第一款第三项的规定予以认定时，可以综合考虑下列因素：

（一）该经营者实施兼容、开放或者许可在经济、技术、法律和安全上的可行性；

（二）该商品、平台或者软件系统、技术、数据、知识产权等的可替代性及重建成本；

（三）其他经营者在上游市场或者下游市场开展有效竞争对该经营者商品、平台或者软件系统、技术、数据、知识产权等的依赖程度；

（四）拒绝兼容、开放或者许可对创新以及推出新商品的影响；

（五）实施兼容、开放或者许可对该经营者自身经营活动和合法权益的影响；

（六）拒绝兼容、开放或者许可是否实质性地排除、限制相关市场的有效竞争；

（七）其他可以考虑的因素。

具有下列情形之一的，人民法院可以认定构成反垄断法第二十二条第一款第三项规定的正当理由：

（一）因不可抗力、情势变更等客观原因无法进行交易或者导致交易条件、结果明显不公平；

（二）交易相对人具有经营状况严重恶化、转移财产或者抽逃资金以逃避债务等丧失或者可能丧失履行交易能力的情形，或者具有不良信用记录、丧失商业信誉、实施违法犯罪等情形，影响交易安全；

（三）交易相对人拒绝接受适当的交易条件，或者不遵守经营者提出的合理要求；

（四）与交易相对人交易将严重减损该经营者的正当利益；

（五）能够证明行为具有正当性的其他理由。

第三十九条　具有市场支配地位的经营者，同时具备下列条件的，人民法院可以初步认定其构成反垄断法第二十二条第一款第四项规定的“限定交易相对人只能与其进行交易或者只能与其指定的经营者进行交易”：

（一）经营者直接限定或者以设定交易条件、提供交易指南等方式变相限定交易相对人只能与其进行交易或者只能与其指定的经营者进行交易，或者限定交易相对人不得与特定经营者进行交易；

（二）限定交易行为排除、限制相关市场的竞争。

认定限定交易行为是否具有排除、限制竞争效果，可以综合考虑下列因素：

（一）限定交易的范围、程度及持续时间；

（二）限定交易是否提高市场进入壁垒或者增加竞争对手的成本而产生市场封锁效应；

（三）被告为平台经营者的，限定交易所针对的平台内经营者的可替代性和平台用户使用多个替代性平台的情况及其转向其他平台的成本；

（四）限定交易是否实质剥夺交易相对人的自主选择权；

（五）其他需要考虑的因素。

具有下列情形之一的，人民法院可以认定构成反垄断法第二十二条第一款第四项规定的正当理由：

（一）为保护交易相对人和消费者利益所必需；

（二）为满足商品安全要求所必需；

（三）为保护知识产权或者数据安全所必需；

（四）为保护针对交易进行的特定投入所必需；

（五）为维护平台合理的商业模式所必需；

（六）为防止对平台整体具有消极影响的不当行为所必需；

（七）能够证明行为具有正当性的其他理由。

第四十条　具有市场支配地位的经营者，同时具备下列条件的，人民法院可以初步认定其构成反垄断法第二十二条第一款第五项规定的“搭售商品”：

（一）经营者将可以单独销售的不同商品捆绑销售；

（二）交易相对人违背意愿接受被搭售商品；

（三）搭售行为排除、限制相关市场的竞争。

反垄断法第二十二条第一款第五项规定的“附加其他不合理的交易条件”，包括下列情形：

（一）对交易达成、服务方式、付款方式、销售地域及对象、售后保障等附加不合理限制；

（二）在交易对价之外索取缺乏合理依据的费用或者利益；

（三）附加与所涉交易缺乏关联性的交易条件；

（四）强制收集非必要的用户信息或者数据；

（五）附加限制交易相对人改进技术、研究开发新产品等不竞争义务。

具有下列情形之一的，人民法院可以认定构成反垄断法第二十二条第一款第五项规定的正当理由：

（一）符合正当的交易习惯、消费习惯或者商业惯例；

（二）为保护交易相对人和消费者利益所必需；

（三）为满足商品安全要求所必需；

（四）为正常实施特定技术所必需；

（五）为维护平台正常运行所必需；

（六）能够证明行为具有正当性的其他理由。

第四十一条　具有市场支配地位的经营者，同时具备下列条件的，人民法院可以初步认定其构成反垄断法第二十二条第一款第六项规定的“对条件相同的交易相对人在交易价格等交易条件上实行差别待遇”：

（一）经营者就相同商品对交易相对人在交易价格等交易条件上实行差别待遇；

（二）与经营者的其他交易相对人相比，该交易相对人在交易安全、交易成本、规模和能力、信用状况、所处交易环节、交易持续时间等方面不存在影响交易的实质性差异；

（三）差别待遇行为排除、限制相关市场的竞争。

具有市场支配地位的经营者向交易相对人销售或者购买商品的价格高于或者低于该经营者在上下游市场中销售或者购买相同商品的价格，形成对交易相对人的利润挤压，足以排除、限制同等效率的交易相对人在相关市场开展有效竞争的，人民法院可以初步认定该经营者构成前款所称差别待遇。

认定差别待遇是否具有排除、限制竞争效果，可以综合考虑下列因素：

（一）是否排除、限制经营者与竞争对手之间的竞争；

（二）是否致使交易相对人处于不利竞争地位，并排除、限制其所在相关市场的竞争；

（三）是否损害消费者利益和社会公共利益；

（四）其他可以考虑的因素。

具有下列情形之一的，人民法院可以认定构成反垄断法第二十二条第一款第六项规定的正当理由：

（一）根据交易相对人的实际需求实行差别待遇且符合正当的交易习惯、消费习惯或者商业惯例；

（二）针对新用户的首次交易在合理期限内开展优惠活动；

（三）基于公平、合理、无歧视的平台规则实施的随机性交易；

（四）能够证明行为具有正当性的其他理由。

第四十二条 平台内经营者作为原告提起诉讼，主张平台经营者利用数据、算法、技术、平台规则等实施滥用市场支配地位或者其他违法行为，根据原告的诉讼请求和具体案情，人民法院可以区别下列情形作出处理：

（一）平台经营者通过惩罚性或者激励性措施等限定平台内经营者交易、对平台内经营者附加不合理的交易条件、对条件相同的平台内经营者在交易价格等交易条件上实行差别待遇等，原告主张该平台经营者滥用市场支配地位的，依照反垄断法第二十二条、电子商务法第二十二条的规定审查认定；

（二）原告主张实施前项行为的平台经营者违反电子商务法第三十五条的规定的，依照该条规定处理。

五、民事责任

第四十三条 被告实施垄断行为，给原告造成损失的，根据原告的诉讼请求和查明的事实，人民法院可以依法判令被告承担停止侵害、赔偿损失等民事责任。

判令被告停止被诉垄断行为尚不足以消除排除、限制竞争效果的，根据原告的诉讼请求和具体案情，人民法院可以判令被告承担作出必要行为以恢复竞争的法律责任。

第四十四条 原告因被诉垄断行为受到的损失包括直接损失和相对于该行为未发生条件下减少的可得利益。

确定原告因被诉垄断行为受到的损失，可以考虑下列因素：

（一）被诉垄断行为实施之前或者结束以后与实施期间相关市场的商品价格、经营成本、利润、市场份额等；

（二）未受垄断行为影响的可比市场的商品价格、经营成本、利润等；

（三）未受垄断行为影响的可比经营者的商品价格、经营成本、利润、市场份额等；

（四）其他可以合理证明原告因被诉垄断行为所受损失的因素。

原告有证据证明被诉垄断行为已经给其造成损失，但难以根据前款规定确定具体损失数额的，人民法院可以根据原告的主张和案件证据，考虑被诉垄断行为的性质、程度、持续时间、获得的利益等因素，酌情确定合理的赔偿数额。

第四十五条 根据原告的诉讼请求和具体案情，人民法院可以将原告因调查、制止垄断行为所支付的合理开支，包括合理的市场调查费用、经济分析费用、律师费用等，计入损失赔偿范围。

第四十六条 多个被诉垄断行为相互关联，在同一相关市场或者多个相关市场给原告造成难以分割的整体性损失的，人民法院在确定损失时应当整体考虑。

多个被诉垄断行为各自独立，在不同的相关市场给原告造成损失的，人民法院在确定损失时可以分别考虑。

第四十七条 横向垄断协议的经营者以达成、实施该协议的其他经营者为被告，依据反垄断法第六十条的规定请求赔偿其参与该协议期间的损失的，人民法院不予支持。

第四十八条 当事人主张被诉垄断行为所涉合同或者经营者团体的章程、决议、决定等因违反反垄断法或者其他法律、行政法规的强制性规定而无效的，人民法院应当依照民法典第一百五十三条的规定审查认定。

被诉垄断行为所涉合同或者经营者团体的章程、决议、决定中的部分条款因违反反垄断法或者其他法律、行政法规的强制性规定而无效，当事人主张与该部分条款具有紧密关联、不具有独立存在意义或者便利被诉垄断行为实施的其他条款一并无效的，人民法院可予支持。

第四十九条　因垄断行为产生的损害赔偿请求权诉讼时效期间，从原告知道或者应当知道权益受到损害以及义务人之日起计算。

原告向反垄断执法机构举报被诉垄断行为的，诉讼时效从其举报之日起中断。反垄断执法机构决定不立案、撤销案件或者决定终止调查的，诉讼时效期间从原告知道或者应当知道该事由之日起重新计算。

反垄断执法机构调查后认定构成垄断行为的，诉讼时效期间从原告知道或者应当知道反垄断执法机构认定构成垄断行为的处理决定确定发生法律效力之日起重新计算。

六、附则

第五十条　人民法院审理垄断民事纠纷案件，适用被诉垄断行为发生时施行的反垄断法。被诉垄断行为发生在修改后的反垄断法施行之前，行为持续至或者损害后果出现在修改后的反垄断法施行之后的，适用修改后的反垄断法。

第五十一条　本解释自 2024 年 7 月 1 日起施行。《最高人民法院关于审理因垄断行为引发的民事纠纷案件应用法律若干问题的规定》（法释〔2012〕5 号）同时废止。

本解释施行后，人民法院正在审理的第一审、第二审案件适用本解释；本解释施行前已经作出生效裁判，当事人申请再审或者依照审判监督程序再审的案件，不适用本解释。

最高人民法院关于审理涉及计算机网络域名民事纠纷案件适用法律若干问题的解释

法释〔2020〕19 号

（2001 年 6 月 26 日由最高人民法院审判委员会第 1182 次会议通过，根据 2020 年 12 月 23 日最高人民法院审判委员会第 1823 次会议通过的《最高人民法院关于修改〈最高人民法院关于审理侵犯专利权纠纷案件应用法律若干问题的解释（二）〉等十八件知识产权类司法解释的决定》修正）

为了正确审理涉及计算机网络域名注册、使用等行为的民事纠纷案件（以下简称域名纠纷案件），根据《中华人民共和国民法典》《中华人民共和国反不正当竞争法》和《中华人民共和国民事诉讼法》（以下简称民事诉讼法）等法律的规定，作如下解释：

第一条　对于涉及计算机网络域名注册、使用等行为的民事纠纷，当事人向人民法院提起诉讼，经审查符合民事诉讼法第一百一十九条规定的，人民法院应当受理。

第二条　涉及域名的侵权纠纷案件，由侵权行为地或者被告住所地的中级人民法院管辖。对难以确定侵权行为地和被告住所地的，原告发现该域名的计算机终端等设备所在地可以视为侵权行为地。

涉外域名纠纷案件包括当事人一方或者双方是外国人、无国籍人、外国企业或组织、国际组织，或者域名注册地在外国的域名纠纷案件。在中华人民共和国领域内发生的涉外域名纠纷案件，依照民事诉讼法第四编的规定确定管辖。

第三条　域名纠纷案件的案由，根据双方当事人争议的法律关系的性质确定，并在其前冠以计算机网络域名；争议的法律关系的性质难以确定的，可以通称为计算机网络域名纠纷案件。

第四条　人民法院审理域名纠纷案件，对符合以下各项条件的，应当认定被告注册、使用域名等行为构成侵权或者不正当竞争：

（一）原告请求保护的民事权益合法有效；

（二）被告域名或其主要部分构成对原告驰名商标的复制、模仿、翻译或音译；或者与原告的注册商标、域名等相同或近似，足以造成相关公众的误认；

（三）被告对该域名或其主要部分不享有权益，也无注册、使用该域名的正当理由；

（四）被告对该域名的注册、使用具有恶意。

第五条　被告的行为被证明具有下列情形之一的，人民法院应当认定其具有恶意：

（一）为商业目的将他人驰名商标注册为域名的；

（二）为商业目的注册、使用与原告的注册商标、域名等相同或近似的域名，故意造成与原告提供的产品、服务或者原告网站的混淆，误导网络用户访问其网站或其他在线站点的；

（三）曾要约高价出售、出租或者以其他方式转让该域名获取不正当利益的；

（四）注册域名后自己并不使用也未准备使用，而有意阻止权利人注册该域名的；

（五）具有其他恶意情形的。

被告举证证明在纠纷发生前其所持有的域名已经获得一定的知名度，且能与原告的注册商标、域名等相区别，或者具有其他情形足以证明其不具有恶意的，人民法院可以不认定被告具有恶意。

第六条 人民法院审理域名纠纷案件，根据当事人的请求以及案件的具体情况，可以对涉及的注册商标是否驰名依法作出认定。

第七条 人民法院认定域名注册、使用等行为构成侵权或者不正当竞争的，可以判令被告停止侵权、注销域名，或者依原告的请求判令由原告注册使用该域名；给权利人造成实际损害的，可以判令被告赔偿损失。

侵权人故意侵权且情节严重，原告有权向人民法院请求惩罚性赔偿。

最高人民法院关于审理技术合同纠纷案件适用法律若干问题的解释

法释〔2020〕19号

（2004年11月30日最高人民法院审判委员会第1335次会议通过，根据2020年12月23日最高人民法院审判委员会第1823次会议通过的《最高人民法院关于修改〈最高人民法院关于审理侵犯专利权纠纷案件应用法律若干问题的解释（二）〉等十八件知识产权类司法解释的决定》修正）

为了正确审理技术合同纠纷案件，根据《中华人民共和国民法典》《中华人民共和国专利法》和《中华人民共和国民事诉讼法》等法律的有关规定，结合审判实践，现就有关问题作出以下解释。

一、一般规定

第一条 技术成果，是指利用科学技术知识、信息和经验作出的涉及产品、工艺、材料及其改进等的技术方案，包括专利、专利申请、技术秘密、计算机软件、集成电路布图设计、植物新品种等。

技术秘密，是指不为公众所知悉、具有商业价值并经权利人采取相应保密措施的技术信息。

第二条 民法典第八百四十七条第二款所称"执行法人或者非法人组织的工作任务"，包括：

（一）履行法人或者非法人组织的岗位职责或者承担其交付的其他技术开发任务；

（二）离职后一年内继续从事与其原所在法人或者非法人组织的岗位职责或者交付的任务有关的技术开发工作，但法律、行政法规另有规定的除外。

法人或者非法人组织与其职工就职工在职期间或者离职以后所完成的技术成果的权益有约定的，人民法院应当依约定确认。

第三条 民法典第八百四十七条第二款所称"物质技术条件"，包括资金、设备、器材、原材料、未公开的技术信息和资料等。

第四条 民法典第八百四十七条第二款所称"主要是利用法人或者非法人组织的物质技术条件"，包括职工在技术成果的研究开发过程中，全部或者大部分利用了法人或者非法人组织的资金、设备、器材或者原材料等物质条件，并且这些物质条件对形成该技术成果具有实质性的影响；还包括该技术成果实质性内容是在法人或者非法人组织尚未公开的技术成果、阶段性技术成果基础上完成的情形。但下列情况除外：

（一）对利用法人或者非法人组织提供的物质技术条件，约定返还资金或者交纳使用费的；

（二）在技术成果完成后利用法人或者非法人组织的物质技术条件对技术方案进行验证、测试的。

第五条 个人完成的技术成果，属于执行原所在法人或者非法人组织的工作任务，又主要利用了现所在法人或者非法人组织的物质技术条件的，应当按照该自然人原所在和现所在法人或者非法人组织达成的协议确认权益。不能达成协议的，根据对完成该项技术成果的贡献大小由双方合理分享。

第六条 民法典第八百四十七条所称"职务技术成果的完成人"、第八百四十八条所称"完成技术成果的个人"，包括对技术成果单独或者共同作出创造性贡献的人，也即技术成果的发明人或者设计人。人民法院在对创造性贡献进行认定时，应当分解所涉及技术成果的实质性技术构成。提出实质性技术构成并由此实现技术方案的人，是作出创造性贡献的人。

提供资金、设备、材料、试验条件，进行组织管理，协助绘制图纸、整理资料、翻译文献等人员，不属于职务技术成果的完成人、完成技术成果的个人。

第七条 不具有民事主体资格的科研组织订立的技术合同，经法人或者非法人组织授权或者认可的，视为法人或者非法人组织订立的合同，由法人或者非法人组织承担责任；未经法人或者非法人组织授权或者认可的，由该科研组织成员共同承担责任，但法人或者非法人组织因该合同受益的，应当在其受益范围内承担相应责任。

前款所称不具有民事主体资格的科研组织，包括法人或者非法人组织设立的从事技术研究开发、转让等活动的课题组、工作室等。

第八条　生产产品或者提供服务依法须经有关部门审批或者取得行政许可，而未经审批或者许可的，不影响当事人订立的相关技术合同的效力。

当事人对办理前款所称审批或者许可的义务没有约定或者约定不明确的，人民法院应当判令由实施技术的一方负责办理，但法律、行政法规另有规定的除外。

第九条　当事人一方采取欺诈手段，就其现有技术成果作为研究开发标的与他人订立委托开发合同收取研究开发费用，或者就同一研究开发课题先后与两个或者两个以上的委托人分别订立委托开发合同重复收取研究开发费用，使对方在违背真实意思的情况下订立的合同，受损害方依照民法典第一百四十八条规定请求撤销合同的，人民法院应当予以支持。

第十条　下列情形，属于民法典第八百五十条所称的"非法垄断技术"：

（一）限制当事人一方在合同标的技术基础上进行新的研究开发或者限制其使用所改进的技术，或者双方交换改进技术的条件不对等，包括要求一方将其自行改进的技术无偿提供给对方、非互惠性转让给对方、无偿独占或者共享该改进技术的知识产权；

（二）限制当事人一方从其他来源获得与技术提供方类似技术或者与其竞争的技术；

（三）阻碍当事人一方根据市场需求，按照合理方式充分实施合同标的技术，包括明显不合理地限制技术接受方实施合同标的技术生产产品或者提供服务的数量、品种、价格、销售渠道和出口市场；

（四）要求技术接受方接受并非实施技术必不可少的附带条件，包括购买非必需的技术、原材料、产品、设备、服务以及接收非必需的人员等；

（五）不合理地限制技术接受方购买原材料、零部件、产品或者设备等的渠道或者来源；

（六）禁止技术接受方对合同标的技术知识产权的有效性提出异议或者对提出异议附加条件。

第十一条　技术合同无效或者被撤销后，技术开发合同研究开发人、技术转让合同让与人、技术许可合同许可人、技术咨询合同和技术服务合同的受托人已经履行或者部分履行了约定的义务，并且造成合同无效或者被撤销的过错在对方的，对其已履行部分应当收取的研究开发经费、技术使用费、提供咨询服务的报酬，人民法院可以认定为因对方原因导致合同无效或者被撤销给其造成的损失。

技术合同无效或者被撤销后，因履行合同所完成新的技术成果或者在他人技术成果基础上完成后续改进技术成果的权利归属和利益分享，当事人不能重新协议确定的，人民法院可以判决由完成技术成果的一方享有。

第十二条　根据民法典第八百五十条的规定，侵害他人技术秘密的技术合同被确认无效后，除法律、行政法规另有规定的以外，善意取得该技术秘密的一方当事人可以在其取得时的范围内继续使用该技术秘密，但应当向权利人支付合理的使用费并承担保密义务。

当事人双方恶意串通或者一方知道或者应当知道另一方侵权仍与其订立或者履行合同的，属于共同侵权，人民法院应当判令侵权人承担连带赔偿责任和保密义务，因此取得技术秘密的当事人不得继续使用该技术秘密。

第十三条　依照前条第一款规定可以继续使用技术秘密的人与权利人就使用费支付发生纠纷的，当事人任何一方都可以请求人民法院予以处理。继续使用技术秘密但又拒不支付使用费的，人民法院可以根据权利人的请求判令使用人停止使用。

人民法院在确定使用费时，可以根据权利人通常对外许可该技术秘密的使用费或者使用人取得该技术秘密所支付的使用费，并考虑该技术秘密的研究开发成本、成果转化和应用程度以及使用人的使用规模、经济效益等因素合理确定。

不论使用人是否继续使用技术秘密，人民法院均应当判令其向权利人支付已使用期间的使用费。使用人已向无效合同的让与人或者许可人支付的使用费应当由让与人或者许可人负责返还。

第十四条　对技术合同的价款、报酬和使用费，当事人没有约定或者约定不明确的，人民法院可以按照以下原则处理：

（一）对于技术开发合同和技术转让合同、技术许可合同，根据有关技术成果的研究开发成本、先进性、实施转化和应用的程度，当事人享有的权益和承担的责任，以及技术成果的经济效益等合理确定；

（二）对于技术咨询合同和技术服务合同，根据有关咨询服务工作的技术含量、质量和数量，以及已经产生和预期产生的经济效益等合理确定。

技术合同价款、报酬、使用费中包含非技术性款项的，应当分项计算。

第十五条 技术合同当事人一方迟延履行主要债务，经催告后在30日内仍未履行，另一方依据民法典第五百六十三条第一款第（三）项的规定主张解除合同的，人民法院应当予以支持。

当事人在催告通知中附有履行期限且该期限超过30日的，人民法院应当认定该履行期限为民法典第五百六十三条第一款第（三）项规定的合理期限。

第十六条 当事人以技术成果向企业出资但未明确约定权属，接受出资的企业主张该技术成果归其享有的，人民法院一般应当予以支持，但是该技术成果价值与该技术成果所占出资额比例明显不合理损害出资人利益的除外。

当事人对技术成果的权属约定有比例的，视为共同所有，其权利使用和利益分配，按共有技术成果的有关规定处理，但当事人另有约定的，从其约定。

当事人对技术成果的使用权约定有比例的，人民法院可以视为当事人对实施该项技术成果所获收益的分配比例，但当事人另有约定的，从其约定。

二、技术开发合同

第十七条 民法典第八百五十一条第一款所称“新技术、新产品、新工艺、新品种或者新材料及其系统”，包括当事人在订立技术合同时尚未掌握的产品、工艺、材料及其系统等技术方案，但对技术上没有创新的现有产品的改型、工艺变更、材料配方调整以及对技术成果的验证、测试和使用除外。

第十八条 民法典第八百五十一条第四款规定的“当事人之间就具有实用价值的科技成果实施转化订立的”技术转化合同，是指当事人之间就具有实用价值但尚未实现工业化应用的科技成果包括阶段性技术成果，以实现该科技成果工业化应用为目标，约定后续试验、开发和应用等内容的合同。

第十九条 民法典第八百五十五条所称“分工参与研究开发工作”，包括当事人按照约定的计划和分工，共同或者分别承担设计、工艺、试验、试制等工作。

技术开发合同当事人一方仅提供资金、设备、材料等物质条件或者承担辅助协作事项，另一方进行研究开发工作的，属于委托开发合同。

第二十条 民法典第八百六十一条所称“当事人均有使用和转让的权利”，包括当事人均有不经对方同意而自己使用或者以普通使用许可的方式许可他人使用技术秘密，并独占由此所获利益的权利。当事人一方将技术秘密成果的转让权让与他人，或者以独占或者排他使用许可的方式许可他人使用技术秘密，未经对方当事人同意或者追认的，应当认定该让与或者许可行为无效。

第二十一条 技术开发合同当事人依照民法典的规定或者约定自行实施专利或使用技术秘密，但因其不具备独立实施专利或者使用技术秘密的条件，以一个普通许可方式许可他人实施或者使用的，可以准许。

三、技术转让合同和技术许可合同

第二十二条 就尚待研究开发的技术成果或者不涉及专利、专利申请或者技术秘密的知识、技术、经验和信息所订立的合同，不属于民法典第八百六十二条规定的技术转让合同或者技术许可合同。

技术转让合同中关于让与人向受让人提供实施技术的专用设备、原材料或者提供有关的技术咨询、技术服务的约定，属于技术转让合同的组成部分。因此发生的纠纷，按照技术转让合同处理。

当事人以技术入股方式订立联营合同，但技术入股人不参与联营体的经营管理，并且以保底条款形式约定联营体或者联营对方支付其技术价款或者使用费的，视为技术转让合同或者技术许可合同。

第二十三条 专利申请权转让合同当事人以专利申请被驳回或者被视为撤回为由请求解除合同，该事实发生在依照专利法第十条第三款的规定办理专利申请权转让登记之前的，人民法院应当予以支持；发生在转让登记之后的，不予支持，但当事人另有约定的除外。

专利申请因专利申请权转让合同成立时即存在尚未公开的同样发明创造的在先专利申请被驳回，当事人依据民法典第五百六十三条第一款第（四）项的规定请求解除合同的，人民法院应当予以支持。

第二十四条 订立专利权转让合同或者专利申请权转让合同前，让与人自己已经实施发明创造，在合同生效后，受让人要求让与人停止实施的，人民法院应当予以支持，但当事人另有约定的除外。

让与人与受让人订立的专利权、专利申请权转让合同，不影响在合同成立前让与人与他人订立的相关专利实施许可合同或者技术秘密转让合同的效力。

第二十五条　专利实施许可包括以下方式：

（一）独占实施许可，是指许可人在约定许可实施专利的范围内，将该专利仅许可一个被许可人实施，许可人依约定不得实施该专利；

（二）排他实施许可，是指许可人在约定许可实施专利的范围内，将该专利仅许可一个被许可人实施，但许可人依约定可以自行实施该专利；

（三）普通实施许可，是指许可人在约定许可实施专利的范围内许可他人实施该专利，并且可以自行实施该专利。

当事人对专利实施许可方式没有约定或者约定不明确的，认定为普通实施许可。专利实施许可合同约定被许可人可以再许可他人实施专利的，认定该再许可为普通实施许可，但当事人另有约定的除外。

技术秘密的许可使用方式，参照本条第一、二款的规定确定。

第二十六条　专利实施许可合同许可人负有在合同有效期内维持专利权有效的义务，包括依法缴纳专利年费和积极应对他人提出宣告专利权无效的请求，但当事人另有约定的除外。

第二十七条　排他实施许可合同许可人不具备独立实施其专利的条件，以一个普通许可的方式许可他人实施专利的，人民法院可以认定为许可人自己实施专利，但当事人另有约定的除外。

第二十八条　民法典第八百六十四条所称“实施专利或者使用技术秘密的范围”，包括实施专利或者使用技术秘密的期限、地域、方式以及接触技术秘密的人员等。

当事人对实施专利或者使用技术秘密的期限没有约定或者约定不明确的，受让人、被许可人实施专利或者使用技术秘密不受期限限制。

第二十九条　当事人之间就申请专利的技术成果所订立的许可使用合同，专利申请公开以前，适用技术秘密许可合同的有关规定；发明专利申请公开以后、授权以前，参照适用专利实施许可合同的有关规定；授权以后，原合同即为专利实施许可合同，适用专利实施许可合同的有关规定。

人民法院不以当事人就已经申请专利但尚未授权的技术订立专利实施许可合同为由，认定合同无效。

四、技术咨询合同和技术服务合同

第三十条　民法典第八百七十八条第一款所称“特定技术项目”，包括有关科学技术与经济社会协调发展的软科学研究项目，促进科技进步和管理现代化、提高经济效益和社会效益等运用科学知识和技术手段进行调查、分析、论证、评价、预测的专业性技术项目。

第三十一条　当事人对技术咨询合同委托人提供的技术资料和数据或者受托人提出的咨询报告和意见未约定保密义务，当事人一方引用、发表或者向第三人提供的，不认定为违约行为，但侵害对方当事人对此享有的合法权益的，应当依法承担民事责任。

第三十二条　技术咨询合同受托人发现委托人提供的资料、数据等有明显错误或者缺陷，未在合理期限内通知委托人的，视为其对委托人提供的技术资料、数据等予以认可。委托人在接到受托人的补正通知后未在合理期限内答复并予补正的，发生的损失由委托人承担。

第三十三条　民法典第八百七十八条第二款所称“特定技术问题”，包括需要运用专业技术知识、经验和信息解决的有关改进产品结构、改良工艺流程、提高产品质量、降低产品成本、节约资源能耗、保护资源环境、实现安全操作、提高经济效益和社会效益等专业技术问题。

第三十四条　当事人一方以技术转让或者技术许可的名义提供已进入公有领域的技术，或者在技术转让合同、技术许可合同履行过程中合同标的技术进入公有领域，但是技术提供方进行技术指导、传授技术知识，为对方解决特定技术问题符合约定条件的，按照技术服务合同处理，约定的技术转让费、使用费可以视为提供技术服务的报酬和费用，但是法律、行政法规另有规定的除外。

依照前款规定，技术转让费或者使用费视为提供技术服务的报酬和费用明显不合理的，人民法院可以根据当事人的请求合理确定。

第三十五条　技术服务合同受托人发现委托人提供的资料、数据、样品、材料、场地等工作条件不符合约定，未在合理期限内通知委托人的，视为其对委托人提供的工作条件予以认可。委托人在接到受托人的补正通知后未在合理期限内答复并予补正的，发生的损失由委托人承担。

第三十六条 民法典第八百八十七条规定的“技术培训合同”，是指当事人一方委托另一方对指定的学员进行特定项目的专业技术训练和技术指导所订立的合同，不包括职业培训、文化学习和按照行业、法人或者非法人组织的计划进行的职工业余教育。

第三十七条 当事人对技术培训必需的场地、设施和试验条件等工作条件的提供和管理责任没有约定或者约定不明确的，由委托人负责提供和管理。

技术培训合同委托人派出的学员不符合约定条件，影响培训质量的，由委托人按照约定支付报酬。

受托人配备的教员不符合约定条件，影响培训质量，或者受托人未按照计划和项目进行培训，导致不能实现约定培训目标的，应当减收或者免收报酬。

受托人发现学员不符合约定条件或者委托人发现教员不符合约定条件，未在合理期限内通知对方，或者接到通知的一方未在合理期限内按约定改派的，应当由负有履行义务的当事人承担相应的民事责任。

第三十八条 民法典第八百八十七条规定的“技术中介合同”，是指当事人一方以知识、技术、经验和信息为另一方与第三人订立技术合同进行联系、介绍以及对履行合同提供专门服务所订立的合同。

第三十九条 中介人从事中介活动的费用，是指中介人在委托人和第三人订立技术合同前，进行联系、介绍活动所支出的通信、交通和必要的调查研究等费用。中介人的报酬，是指中介人为委托人与第三人订立技术合同以及对履行该合同提供服务应当得到的收益。

当事人对中介人从事中介活动的费用负担没有约定或者约定不明确的，由中介人承担。当事人约定该费用由委托人承担但未约定具体数额或者计算方法的，由委托人支付中介人从事中介活动支出的必要费用。

当事人对中介人的报酬数额没有约定或者约定不明确的，应当根据中介人所进行的劳务合理确定，并由委托人承担。仅在委托人与第三人订立的技术合同中约定中介条款，但未约定给付中介人报酬或者约定不明确的，应当支付的报酬由委托人和第三人平均承担。

第四十条 中介人未促成委托人与第三人之间的技术合同成立的，其要求支付报酬的请求，人民法院不予支持；其要求委托人支付其从事中介活动必要费用的请求，应当予以支持，但当事人另有约定的除外。

中介人隐瞒与订立技术合同有关的重要事实或者提供虚假情况，侵害委托人利益的，应当根据情况免收报酬并承担赔偿责任。

第四十一条 中介人对造成委托人与第三人之间的技术合同的无效或者被撤销没有过错，并且该技术合同的无效或者被撤销不影响有关中介条款或者技术中介合同继续有效，中介人要求按照约定或者本解释的有关规定给付从事中介活动的费用和报酬的，人民法院应当予以支持。

中介人收取从事中介活动的费用和报酬不应当被视为委托人与第三人之间的技术合同纠纷中一方当事人的损失。

五、与审理技术合同纠纷有关的程序问题

第四十二条 当事人将技术合同和其他合同内容或者将不同类型的技术合同内容订立在一个合同中的，应当根据当事人争议的权利义务内容，确定案件的性质和案由。

技术合同名称与约定的权利义务关系不一致的，应当按照约定的权利义务内容，确定合同的类型和案由。

技术转让合同或者技术许可合同中约定让与人或者许可人负责包销或者回购受让人、被许可人实施合同标的技术制造的产品，仅因让与人或者许可人不履行或者不能全部履行包销或者回购义务引起纠纷，不涉及技术问题的，应当按照包销或者回购条款约定的权利义务内容确定案由。

第四十三条 技术合同纠纷案件一般由中级以上人民法院管辖。

各高级人民法院根据本辖区的实际情况并报经最高人民法院批准，可以指定若干基层人民法院管辖第一审技术合同纠纷案件。

其他司法解释对技术合同纠纷案件管辖另有规定的，从其规定。

合同中既有技术合同内容，又有其他合同内容，当事人就技术合同内容和其他合同内容均发生争议的，由具有技术合同纠纷案件管辖权的人民法

院受理。

第四十四条　一方当事人以诉讼争议的技术合同侵害他人技术成果为由请求确认合同无效，或者人民法院在审理技术合同纠纷中发现可能存在该无效事由的，人民法院应当依法通知有关利害关系人，其可以作为有独立请求权的第三人参加诉讼或者依法向有管辖权的人民法院另行起诉。

利害关系人在接到通知后15日内不提起诉讼的，不影响人民法院对案件的审理。

第四十五条　第三人向受理技术合同纠纷案件的人民法院就合同标的技术提出权属或者侵权请求时，受诉人民法院对此也有管辖权的，可以将权属或者侵权纠纷与合同纠纷合并审理；受诉人民法院对此没有管辖权的，应当告知其向有管辖权的人民法院另行起诉或者将已经受理的权属或者侵权纠纷案件移送有管辖权的人民法院。权属或者侵权纠纷另案受理后，合同纠纷应当中止诉讼。

专利实施许可合同诉讼中，被许可人或者第三人向国家知识产权局请求宣告专利权无效的，人民法院可以不中止诉讼。在案件审理过程中专利权被宣告无效的，按照专利法第四十七条第二款和第三款的规定处理。

六、其他

第四十六条　计算机软件开发等合同争议，著作权法以及其他法律、行政法规另有规定的，依照其规定；没有规定的，适用民法典第三编第一分编的规定，并可以参照民法典第三编第二分编第二十章和本解释的有关规定处理。

第四十七条　本解释自2005年1月1日起施行。

最高人民法院关于北京、上海、广州知识产权法院案件管辖的规定

法释〔2020〕19号

（2014年10月27日最高人民法院审判委员会第1628次会议通过，根据2020年12月23日最高人民法院审判委员会第1823次会议通过的《最高人民法院关于修改〈最高人民法院关于审理侵犯专利权纠纷案件应用法律若干问题的解释（二）〉等十八件知识产权类司法解释的决定》修正）

为进一步明确北京、上海、广州知识产权法院的案件管辖，根据《中华人民共和国民事诉讼法》《中华人民共和国行政诉讼法》《全国人民代表大会常务委员会关于在北京、上海、广州设立知识产权法院的决定》等规定，制定本规定。

第一条　知识产权法院管辖所在市辖区内的下列第一审案件：

（一）专利、植物新品种、集成电路布图设计、技术秘密、计算机软件民事和行政案件；

（二）对国务院部门或者县级以上地方人民政府所作的涉及著作权、商标、不正当竞争等行政行为提起诉讼的行政案件；

（三）涉及驰名商标认定的民事案件。

第二条　广州知识产权法院对广东省内本规定第一条第（一）项和第（三）项规定的案件实行跨区域管辖。

第三条　北京市、上海市各中级人民法院和广州市中级人民法院不再受理知识产权民事和行政案件。

广东省其他中级人民法院不再受理本规定第一条第（一）项和第（三）项规定的案件。

北京市、上海市、广东省各基层人民法院不再受理本规定第一条第（一）项和第（三）项规定的案件。

第四条　案件标的既包含本规定第一条第（一）项和第（三）项规定的内容，又包含其他内容的，按本规定第一条和第二条的规定确定管辖。

第五条　下列第一审行政案件由北京知识产权法院管辖：

（一）不服国务院部门作出的有关专利、商标、植物新品种、集成电路布图设计等知识产权的授权确权裁定或者决定的；

（二）不服国务院部门作出的有关专利、植物新品种、集成电路布图设计的强制许可决定以及强制许可使用费或者报酬的裁决的；

（三）不服国务院部门作出的涉及知识产权授权确权的其他行政行为的。

第六条　当事人对知识产权法院所在市的基层人民法院作出的第一审著作权、商标、技术合同、不正当竞争等知识产权民事和行政判决、裁定提起的上诉案件，由知识产权法院审理。

第七条　当事人对知识产权法院作出的第一审判决、裁定提起的上诉案件和依法申请上一级法院复议的案件，由知识产权法院所在地的高级人民法院知识产权审判庭审理，但依法应由最高人民法院

审理的除外。

第八条 知识产权法院所在省（直辖市）的基层人民法院在知识产权法院成立前已经受理但尚未审结的本规定第一条第（一）项和第（三）项规定的案件，由该基层人民法院继续审理。

除广州市中级人民法院以外，广东省其他中级人民法院在广州知识产权法院成立前已经受理但尚未审结的本规定第一条第（一）项和第（三）项规定的案件，由该中级人民法院继续审理。

最高人民法院关于审理侵害知识产权民事案件适用惩罚性赔偿的解释

法释〔2021〕4号

2021年3月3日，最高人民法院发布《最高人民法院关于审理侵害知识产权民事案件适用惩罚性赔偿的解释》（以下简称《解释》）。

《解释》对知识产权民事案件中惩罚性赔偿的适用范围，故意、情节严重的认定，计算基数、倍数的确定等作出了具体规定。《解释》旨在通过明晰裁判标准，指导各级法院准确适用惩罚性赔偿，惩处严重侵害知识产权行为。《解释》的发布是落实惩罚性赔偿制度的重要举措，彰显了人民法院全面加强知识产权司法保护的决心，对于进一步优化科技创新法治环境具有重要意义。

《最高人民法院关于审理侵害知识产权民事案件适用惩罚性赔偿的解释》已于2021年2月7日由最高人民法院审判委员会第1831次会议通过，现予公布，自2021年3月3日起施行。

最高人民法院

2021年3月2日

为正确实施知识产权惩罚性赔偿制度，依法惩处严重侵害知识产权行为，全面加强知识产权保护，根据《中华人民共和国民法典》《中华人民共和国著作权法》《中华人民共和国商标法》《中华人民共和国专利法》《中华人民共和国反不正当竞争法》《中华人民共和国种子法》《中华人民共和国民事诉讼法》等有关法律规定，结合审判实践，制定本解释。

第一条 原告主张被告故意侵害其依法享有的知识产权且情节严重，请求判令被告承担惩罚性赔偿责任的，人民法院应当依法审查处理。

本解释所称故意，包括商标法第六十三条第一款和反不正当竞争法第十七条第三款规定的恶意。

第二条 原告请求惩罚性赔偿的，应当在起诉时明确赔偿数额、计算方式以及所依据的事实和理由。

原告在一审法庭辩论终结前增加惩罚性赔偿请求的，人民法院应当准许；在二审中增加惩罚性赔偿请求的，人民法院可以根据当事人自愿的原则进行调解，调解不成的，告知当事人另行起诉。

第三条 对于侵害知识产权的故意的认定，人民法院应当综合考虑被侵害知识产权客体类型、权利状态和相关产品知名度、被告与原告或者利害关系人之间的关系等因素。

对于下列情形，人民法院可以初步认定被告具有侵害知识产权的故意：

（一）被告经原告或者利害关系人通知、警告后，仍继续实施侵权行为的；

（二）被告或其法定代表人、管理人是原告或者利害关系人的法定代表人、管理人、实际控制人的；

（三）被告与原告或者利害关系人之间存在劳动、劳务、合作、许可、经销、代理、代表等关系，且接触过被侵害的知识产权的；

（四）被告与原告或者利害关系人之间有业务往来或者为达成合同等进行过磋商，且接触过被侵害的知识产权的；

（五）被告实施盗版、假冒注册商标行为的；

（六）其他可以认定为故意的情形。

第四条 对于侵害知识产权情节严重的认定，人民法院应当综合考虑侵权手段、次数，侵权行为的持续时间、地域范围、规模、后果，侵权人在诉讼中的行为等因素。

被告有下列情形的，人民法院可以认定为情节严重：

（一）因侵权被行政处罚或者法院裁判承担责任后，再次实施相同或者类似侵权行为；

（二）以侵害知识产权为业；

（三）伪造、毁坏或者隐匿侵权证据；

（四）拒不履行保全裁定；

（五）侵权获利或者权利人受损巨大；

（六）侵权行为可能危害国家安全、公共利益或者人身健康；

（七）其他可以认定为情节严重的情形。

第五条 人民法院确定惩罚性赔偿数额时，应当分别依照相关法律，以原告实际损失数额、被告违法所得数额或者因侵权所获得的利益作为计算基数。该基数不包括原告为制止侵权所支付的合理开支；法律另有规定的，依照其规定。

前款所称实际损失数额、违法所得数额、因侵权所获得的利益均难以计算的，人民法院依法参照该权利许可使用费的倍数合理确定，并以此作为惩罚性赔偿数额的计算基数。

人民法院依法责令被告提供其掌握的与侵权行为相关的账簿、资料，被告无正当理由拒不提供或者提供虚假账簿、资料的，人民法院可以参考原告的主张和证据确定惩罚性赔偿数额的计算基数。构成民事诉讼法第一百一十一条规定情形的，依法追究法律责任。

第六条 人民法院依法确定惩罚性赔偿的倍数时，应当综合考虑被告主观过错程度、侵权行为的情节严重程度等因素。

因同一侵权行为已经被处以行政罚款或者刑事罚金且执行完毕，被告主张减免惩罚性赔偿责任的，人民法院不予支持，但在确定前款所称倍数时可以综合考虑。

第七条 本解释自2021年3月3日起施行。最高人民法院以前发布的相关司法解释与本解释不一致的，以本解释为准。

最高人民法院关于知识产权法庭若干问题的规定

（2018年12月3日最高人民法院审判委员会第1756次会议通过，根据2023年10月16日最高人民法院审判委员会第1901次会议通过的《最高人民法院关于修改〈最高人民法院关于知识产权法庭若干问题的规定〉的决定》修正，该修正自2023年11月1日起施行）

为进一步统一知识产权案件裁判标准，依法平等保护各类市场主体合法权益，加大知识产权司法保护力度，优化科技创新法治环境，加快实施创新驱动发展战略，根据《中华人民共和国人民法院组织法》《中华人民共和国民事诉讼法》《中华人民共和国行政诉讼法》《全国人民代表大会常务委员会关于专利等知识产权案件诉讼程序若干问题的决定》等法律规定，结合审判工作实际，就最高人民法院知识产权法庭相关问题规定如下。

第一条 最高人民法院设立知识产权法庭，主要审理专利等专业技术性较强的知识产权上诉案件。

知识产权法庭是最高人民法院派出的常设审判机构，设在北京市。

知识产权法庭作出的判决、裁定、调解书和决定，是最高人民法院的判决、裁定、调解书和决定。

第二条 知识产权法庭审理下列上诉案件：

（一）专利、植物新品种、集成电路布图设计授权确权行政上诉案件；

（二）发明专利、植物新品种、集成电路布图设计权属、侵权民事和行政上诉案件；

（三）重大、复杂的实用新型专利、技术秘密、计算机软件权属、侵权民事和行政上诉案件；

（四）垄断民事和行政上诉案件。

知识产权法庭审理下列其他案件：

（一）前款规定类型的全国范围内重大、复杂的第一审民事和行政案件；

（二）对前款规定的第一审民事和行政案件已经发生法律效力的判决、裁定、调解书依法申请再审、抗诉、再审等适用审判监督程序的案件；

（三）前款规定的第一审民事和行政案件管辖权争议，行为保全裁定申请复议，罚款、拘留决定申请复议，报请延长审限等案件；

（四）最高人民法院认为应当由知识产权法庭审理的其他案件。

第三条 审理本规定第二条所称案件的下级人民法院应当按照规定及时向知识产权法庭移送纸质、电子卷宗。

第四条 知识产权法庭可以要求当事人披露涉案知识产权相关权属、侵权、授权确权等关联案件情况。当事人拒不如实披露的，可以作为认定其是否遵循诚实信用原则和构成滥用权利等的考量因素。

第五条 知识产权法庭可以根据案件情况到实地或者原审人民法院所在地巡回审理案件。

第六条 知识产权法庭采取保全等措施，依照执行程序相关规定办理。

第七条 知识产权法庭审理的案件的立案信息、合议庭组成人员、审判流程、裁判文书等依法公开。

第八条 知识产权法庭法官会议由庭长、副庭长和若干资深法官组成，讨论重大、疑难、复杂案件等。

第九条 知识产权法庭应当加强对有关案件审判工作的调研，及时总结裁判标准和审理规则，指导下级人民法院审判工作。

第十条 对知识产权法院、中级人民法院已经发生法律效力的本规定第二条第一款规定类型的第一审民事和行政案件判决、裁定、调解书，省级人民检察院向高级人民法院提出抗诉的，高级人民法院应当告知其由最高人民检察院依法向最高人民法院提出，并由知识产权法庭审理。

第十一条 本规定自2019年1月1日起施行。最高人民法院此前发布的司法解释与本规定不一致的，以本规定为准。

行政法规：

中华人民共和国知识产权海关保护条例

国务院令第698号

第一章 总 则

第一条 为了实施知识产权海关保护，促进对外经济贸易和科技文化交往，维护公共利益，根据《中华人民共和国海关法》，制定本条例。

第二条 本条例所称知识产权海关保护，是指海关对与进出口货物有关并受中华人民共和国法律、行政法规保护的商标专用权、著作权和与著作权有关的权利、专利权（以下统称知识产权）实施的保护。

第三条 国家禁止侵犯知识产权的货物进出口。

海关依照有关法律和本条例的规定实施知识产权保护，行使《中华人民共和国海关法》规定的有关权力。

第四条 知识产权权利人请求海关实施知识产权保护的，应当向海关提出采取保护措施的申请。

第五条 进口货物的收货人或者其代理人、出口货物的发货人或者其代理人应当按照国家规定，向海关如实申报与进出口货物有关的知识产权状况，并提交有关证明文件。

第六条 海关实施知识产权保护时，应当保守有关当事人的商业秘密。

第二章 知识产权的备案

第七条 知识产权权利人可以依照本条例的规定，将其知识产权向海关总署申请备案；申请备案的，应当提交申请书。申请书应当包括下列内容：

（一）知识产权权利人的名称或者姓名、注册地或者国籍等；

（二）知识产权的名称、内容及其相关信息；

（三）知识产权许可行使状况；

（四）知识产权权利人合法行使知识产权的货物的名称、产地、进出境地海关、进出口商、主要特征、价格等；

（五）已知的侵犯知识产权货物的制造商、进出口商、进出境地海关、主要特征、价格等。

前款规定的申请书内容有证明文件的，知识产权权利人应当附送证明文件。

第八条 海关总署应当自收到全部申请文件之日起30个工作日内作出是否准予备案的决定，并书面通知申请人；不予备案的，应当说明理由。

有下列情形之一的，海关总署不予备案：

（一）申请文件不齐全或者无效的；

（二）申请人不是知识产权权利人的；

（三）知识产权不再受法律、行政法规保护的。

第九条 海关发现知识产权权利人申请知识产权备案未如实提供有关情况或者文件的，海关总署可以撤销其备案。

第十条 知识产权海关保护备案自海关总署准予备案之日起生效，有效期为10年。

知识产权有效的，知识产权权利人可以在知识产权海关保护备案有效期届满前6个月内，向海关总署申请续展备案。每次续展备案的有效期为10年。

知识产权海关保护备案有效期届满而不申请续展或者知识产权不再受法律、行政法规保护的，知识产权海关保护备案随即失效。

第十一条 知识产权备案情况发生改变的，知识产权权利人应当自发生改变之日起30个工作日内，向海关总署办理备案变更或者注销手续。

知识产权权利人未依照前款规定办理变更或者注销手续，给他人合法进出口或者海关依法履行监管职责造成严重影响的，海关总署可以根据有关利害关系人的申请撤销有关备案，也可以主动撤销有关备案。

第三章 扣留侵权嫌疑货物的申请及其处理

第十二条 知识产权权利人发现侵权嫌疑货物即将进出口的，可以向货物进出境地海关提出扣留侵权嫌疑货物的申请。

第十三条 知识产权权利人请求海关扣留侵权嫌疑货物的，应当提交申请书及相关证明文件，并提供足以证明侵权事实明显存在的证据。

申请书应当包括下列主要内容：

（一）知识产权权利人的名称或者姓名、注册地或者国籍等；

（二）知识产权的名称、内容及其相关信息；

（三）侵权嫌疑货物收货人和发货人的名称；

（四）侵权嫌疑货物名称、规格等；

（五）侵权嫌疑货物可能进出境的口岸、时间、运输工具等。

侵权嫌疑货物涉嫌侵犯备案知识产权的，申请书还应当包括海关备案号。

第十四条 知识产权权利人请求海关扣留侵权嫌疑货物的，应当向海关提供不超过货物等值的担保，用于赔偿可能因申请不当给收货人、发货人造成的损失，以及支付货物由海关扣留后的仓储、保管和处置等费用；知识产权权利人直接向仓储商支付仓储、保管费用的，从担保中扣除。具体办法由海关总署制定。

第十五条 知识产权权利人申请扣留侵权嫌疑货物，符合本条例第十三条的规定，并依照本条例第十四条的规定提供担保的，海关应当扣留侵权嫌疑货物，书面通知知识产权权利人，并将海关扣留凭单送达收货人或者发货人。

知识产权权利人申请扣留侵权嫌疑货物，不符合本条例第十三条的规定，或者未依照本条例第十四条的规定提供担保的，海关应当驳回申请，并书面通知知识产权权利人。

第十六条 海关发现进出口货物有侵犯备案知识产权嫌疑的，应当立即书面通知知识产权权利人。知识产权权利人自通知送达之日起3个工作日内依照本条例第十三条的规定提出申请，并依照本条例第十四条的规定提供担保的，海关应当扣留侵权嫌疑货物，书面通知知识产权权利人，并将海关扣留凭单送达收货人或者发货人。知识产权权利人逾期未提出申请或者未提供担保的，海关不得扣留货物。

第十七条 经海关同意，知识产权权利人和收货人或者发货人可以查看有关货物。

第十八条 收货人或者发货人认为其货物未侵犯知识产权权利人的知识产权的，应当向海关提出书面说明并附送相关证据。

第十九条 涉嫌侵犯专利权货物的收货人或者发货人认为其进出口货物未侵犯专利权的，可以在向海关提供货物等值的担保金后，请求海关放行其货物。知识产权权利人未能在合理期限内向人民法院起诉的，海关应当退还担保金。

第二十条 海关发现进出口货物有侵犯备案知识产权嫌疑并通知知识产权权利人后，知识产权权利人请求海关扣留侵权嫌疑货物的，海关应当自扣留之日起30个工作日内对被扣留的侵权嫌疑货物是否侵犯知识产权进行调查、认定；不能认定的，应当立即书面通知知识产权权利人。

第二十一条 海关对被扣留的侵权嫌疑货物进行调查，请求知识产权主管部门提供协助的，有关知识产权主管部门应当予以协助。

知识产权主管部门处理涉及进出口货物的侵权案件请求海关提供协助的，海关应当予以协助。

第二十二条 海关对被扣留的侵权嫌疑货物及有关情况进行调查时，知识产权权利人和收货人或者发货人应当予以配合。

第二十三条 知识产权权利人在向海关提出采取保护措施的申请后，可以依照《中华人民共和国商标法》、《中华人民共和国著作权法》、《中华人民共和国专利法》或者其他有关法律的规定，就被扣留的侵权嫌疑货物向人民法院申请采取责令停止侵权行为或者财产保全的措施。

海关收到人民法院有关责令停止侵权行为或者财产保全的协助执行通知的，应当予以协助。

第二十四条 有下列情形之一的，海关应当放行被扣留的侵权嫌疑货物：

（一）海关依照本条例第十五条的规定扣留侵权嫌疑货物，自扣留之日起20个工作日内未收到人民法院协助执行通知的；

（二）海关依照本条例第十六条的规定扣留侵权嫌疑货物，自扣留之日起50个工作日内未收到人民法院协助执行通知，并且经调查不能认定被扣留的侵权嫌疑货物侵犯知识产权的；

（三）涉嫌侵犯专利权货物的收货人或者发货人在向海关提供与货物等值的担保金后，请求海关放行其货物的；

（四）海关认为收货人或者发货人有充分的证据证明其货物未侵犯知识产权权利人的知识产权的；

（五）在海关认定被扣留的侵权嫌疑货物为侵权货物之前，知识产权权利人撤回扣留侵权嫌疑货物的申请的。

第二十五条 海关依照本条例的规定扣留侵权嫌疑货物，知识产权权利人应当支付有关仓储、保管和处置等费用。知识产权权利人未支付有关费用的，海关可以从其向海关提供的担保金中予以扣除，或者要求担保人履行有关担保责任。

侵权嫌疑货物被认定为侵犯知识产权的，知识产权权利人可以将其支付的有关仓储、保管和处置等费用计入其为制止侵权行为所支付的合理开支。

第二十六条 海关实施知识产权保护发现涉嫌犯罪案件的，应当将案件依法移送公安机关处理。

第四章 法律责任

第二十七条 被扣留的侵权嫌疑货物，经海关调查后认定侵犯知识产权的，由海关予以没收。

海关没收侵犯知识产权货物后，应当将侵犯知识产权货物的有关情况书面通知知识产权权利人。

被没收的侵犯知识产权货物可以用于社会公益事业的，海关应当转交给有关公益机构用于社会公益事业；知识产权权利人有收购意愿的，海关可以有偿转让给知识产权权利人。被没收的侵犯知识产权货物无法用于社会公益事业且知识产权权利人无收购意愿的，海关可以在消除侵权特征后依法拍卖，但对进口假冒商标货物，除特殊情况外，不能仅清除货物上的商标标识即允许其进入商业渠道；侵权特征无法消除的，海关应当予以销毁。

第二十八条 海关接受知识产权保护备案和采取知识产权保护措施的申请后，因知识产权权利人未提供确切情况而未能发现侵权货物、未能及时采取保护措施或者采取保护措施不力的，由知识产权权利人自行承担责任。

知识产权权利人请求海关扣留侵权嫌疑货物后，海关不能认定被扣留的侵权嫌疑货物侵犯知识产权权利人的知识产权，或者人民法院判定不侵犯知识产权权利人的知识产权的，知识产权权利人应当依法承担赔偿责任。

第二十九条 进口或者出口侵犯知识产权货物，构成犯罪的，依法追究刑事责任。

第三十条 海关工作人员在实施知识产权保护时，玩忽职守、滥用职权、徇私舞弊，构成犯罪的，依法追究刑事责任；尚不构成犯罪的，依法给予行政处分。

第五章 附 则

第三十一条 个人携带或者邮寄进出境的物品，超出自用、合理数量，并侵犯本条例第二条规定的知识产权的，按照侵权货物处理。

第三十二条 本条例自2004年3月1日起施行。1995年7月5日国务院发布的《中华人民共和国知识产权海关保护条例》同时废止。

专利代理条例

国务院令第706号

《专利代理条例》已经2018年9月6日国务院第23次常务会议修订通过，现将修订后的《专利代理条例》公布，自2019年3月1日起施行。

总理 李克强

2018年11月6日

第一章 总 则

第一条 为了规范专利代理行为，保障委托人、专利代理机构和专利代理师的合法权益，维护专利代理活动的正常秩序，促进专利代理行业健康发展，根据《中华人民共和国专利法》，制定本条例。

第二条 本条例所称专利代理，是指专利代理机构接受委托，以委托人的名义在代理权限范围内办理专利申请、宣告专利权无效等专利事务的行为。

第三条 任何单位和个人可以自行在国内申请专利和办理其他专利事务，也可以委托依法设立的专利代理机构办理，法律另有规定的除外。

专利代理机构应当按照委托人的委托办理专利事务。

第四条 专利代理机构和专利代理师执业应当遵守法律、行政法规，恪守职业道德、执业纪律，维护委托人的合法权益。

专利代理机构和专利代理师依法执业受法律保护。

第五条 国务院专利行政部门负责全国的专利代理管理工作。

省、自治区、直辖市人民政府管理专利工作的部门负责本行政区域内的专利代理管理工作。

第六条　专利代理机构和专利代理师可以依法成立和参加专利代理行业组织。

专利代理行业组织应当制定专利代理行业自律规范。专利代理行业自律规范不得与法律、行政法规相抵触。

国务院专利行政部门依法对专利代理行业组织进行监督、指导。

第二章　专利代理机构和专利代理师

第七条　专利代理机构的组织形式应当为合伙企业、有限责任公司等。

第八条　合伙企业、有限责任公司形式的专利代理机构从事专利代理业务应当具备下列条件：

（一）有符合法律、行政法规规定的专利代理机构名称；

（二）有书面合伙协议或者公司章程；

（三）有独立的经营场所；

（四）合伙人、股东符合国家有关规定。

第九条　从事专利代理业务，应当向国务院专利行政部门提出申请，提交有关材料，取得专利代理机构执业许可证。国务院专利行政部门应当自受理申请之日起20日内作出是否颁发专利代理机构执业许可证的决定。

专利代理机构合伙人、股东或者法定代表人等事项发生变化的，应当办理变更手续。

第十条　具有高等院校理工科专业专科以上学历的中国公民可以参加全国专利代理师资格考试；考试合格的，由国务院专利行政部门颁发专利代理师资格证。专利代理师资格考试办法由国务院专利行政部门制定。

第十一条　专利代理师执业应当取得专利代理师资格证，在专利代理机构实习满1年，并在一家专利代理机构从业。

第十二条　专利代理师首次执业，应当自执业之日起30日内向专利代理机构所在地省、自治区、直辖市人民政府管理专利工作的部门备案。

省、自治区、直辖市人民政府管理专利工作的部门应当为专利代理师通过互联网备案提供方便。

第三章　专利代理执业

第十三条　专利代理机构可以接受委托，代理专利申请、宣告专利权无效、转让专利申请权或者专利权以及订立专利实施许可合同等专利事务，也可以应当事人要求提供专利事务方面的咨询。

第十四条　专利代理机构接受委托，应当与委托人订立书面委托合同。专利代理机构接受委托后，不得就同一专利申请或者专利权的事务接受有利益冲突的其他当事人的委托。

专利代理机构应当指派在本机构执业的专利代理师承办专利代理业务，指派的专利代理师本人及其近亲属不得与其承办的专利代理业务有利益冲突。

第十五条　专利代理机构解散或者被撤销、吊销执业许可证的，应当妥善处理各种尚未办结的专利代理业务。

第十六条　专利代理师应当根据专利代理机构的指派承办专利代理业务，不得自行接受委托。

专利代理师不得同时在两个以上专利代理机构从事专利代理业务。

专利代理师对其签名办理的专利代理业务负责。

第十七条　专利代理机构和专利代理师对其在执业过程中了解的发明创造的内容，除专利申请已经公布或者公告的以外，负有保守秘密的义务。

第十八条　专利代理机构和专利代理师不得以自己的名义申请专利或者请求宣告专利权无效。

第十九条　国务院专利行政部门和地方人民政府管理专利工作的部门的工作人员离职后，在法律、行政法规规定的期限内不得从事专利代理工作。

曾在国务院专利行政部门或者地方人民政府管理专利工作的部门任职的专利代理师，不得对其审查、审理或者处理过的专利申请或专利案件进行代理。

第二十条　专利代理机构收费应当遵循自愿、公平和诚实信用原则，兼顾经济效益和社会效益。

国家鼓励专利代理机构和专利代理师为小微企业以及无收入或者低收入的发明人、设计人提供专利代理援助服务。

第二十一条　专利代理行业组织应当加强对会员的自律管理，组织开展专利代理师业务培训和职业道德、执业纪律教育，对违反行业自律规范的会员实行惩戒。

第二十二条　国务院专利行政部门和省、自治区、直辖市人民政府管理专利工作的部门应当采取随机抽查等方式，对专利代理机构和专利代理师的执业活动进行检查、监督，发现违反本条例规定的，及时依法予以处理，并向社会公布检查、处理结果。检查不得收取任何费用。

第二十三条 国务院专利行政部门和省、自治区、直辖市人民政府管理专利工作的部门应当加强专利代理公共信息发布，为公众了解专利代理机构经营情况、专利代理师执业情况提供查询服务。

第四章 法律责任

第二十四条 以隐瞒真实情况、弄虚作假手段取得专利代理机构执业许可证、专利代理师资格证的，由国务院专利行政部门撤销专利代理机构执业许可证、专利代理师资格证。

专利代理机构取得执业许可证后，因情况变化不再符合本条例规定的条件的，由国务院专利行政部门责令限期整改；逾期未改正或者整改不合格的，撤销执业许可证。

第二十五条 专利代理机构有下列行为之一的，由省、自治区、直辖市人民政府管理专利工作的部门责令限期改正，予以警告，可以处10万元以下的罚款；情节严重或者逾期未改正的，由国务院专利行政部门责令停止承接新的专利代理业务6个月至12个月，直至吊销专利代理机构执业许可证：

（一）合伙人、股东或者法定代表人等事项发生变化未办理变更手续；

（二）就同一专利申请或者专利权的事务接受有利益冲突的其他当事人的委托；

（三）指派专利代理师承办与其本人或者其近亲属有利益冲突的专利代理业务；

（四）泄露委托人的发明创造内容，或者以自己的名义申请专利或请求宣告专利权无效；

（五）疏于管理，造成严重后果。

专业代理机构在执业过程中泄露委托人的发明创造内容，涉及泄露国家秘密、侵犯商业秘密的，或者向有关行政、司法机关的工作人员行贿，提供虚假证据的，依照有关法律、行政法规的规定承担法律责任；由国务院专利行政部门吊销专利代理机构执业许可证。

第二十六条 专利代理师有下列行为之一的，由省、自治区、直辖市人民政府管理专利工作的部门责令限期改正，予以警告，可以处5万元以下的罚款；情节严重或者逾期未改正的，由国务院专利行政部门责令停止承办新的专利代理业务6个月至12个月，直至吊销专利代理师资格证：

（一）未依照本条例规定进行备案；

（二）自行接受委托办理专利代理业务；

（三）同时在两个以上专利代理机构从事专利代理业务；

（四）违反本条例规定对其审查、审理或者处理过的专利申请或专利案件进行代理；

（五）泄露委托人的发明创造内容，或者以自己的名义申请专利或请求宣告专利权无效。

专利代理师在执业过程中泄露委托人的发明创造内容，涉及泄露国家秘密、侵犯商业秘密的，或者向有关行政、司法机关的工作人员行贿，提供虚假证据的，依照有关法律、行政法规的规定承担法律责任；由国务院专利行政部门吊销专利代理师资格证。

第二十七条 违反本条例规定擅自开展专利代理业务的，由省、自治区、直辖市人民政府管理专利工作的部门责令停止违法行为，没收违法所得，并处违法所得1倍以上5倍以下的罚款。

第二十八条 国务院专利行政部门或者省、自治区、直辖市人民政府管理专利工作的部门的工作人员违反本条例规定，滥用职权、玩忽职守、徇私舞弊的，依法给予处分；构成犯罪的，依法追究刑事责任。

第五章 附 则

第二十九条 外国专利代理机构在中华人民共和国境内设立常驻代表机构，须经国务院专利行政部门批准。

第三十条 律师事务所可以依据《中华人民共和国律师法》、《中华人民共和国民事诉讼法》等法律、行政法规开展与专利有关的业务，但从事代理专利申请、宣告专利权无效业务应当遵守本条例规定，具体办法由国务院专利行政部门商国务院司法行政部门另行制定。

第三十一条 代理国防专利事务的专利代理机构和专利代理师的管理办法，由国务院专利行政部门商国家国防专利机构主管机关另行制定。

第三十二条 本条例自2019年3月1日起施行。

本条例施行前依法设立的专利代理机构以及依法执业的专利代理人，在本条例施行后可以继续以专利代理机构、专利代理师的名义开展专利代理业务。

实施国际著作权条约的规定

国务院令第 732 号

（1992 年 9 月 25 日中华人民共和国国务院令第 105 号发布，根据 2020 年 11 月 29 日《国务院关于修改和废止部分行政法规的决定》修订）

第一条 为实施国际著作权条约，保护外国作品著作权人的合法权益，制定本规定。

第二条 对外国作品的保护，适用《中华人民共和国著作权法》（以下称著作权法）、《中华人民共和国著作权法实施条例》、《计算机软件保护条例》和本规定。

第三条 本规定所称国际著作权条约，是指中华人民共和国（以下称中国）参加的《伯尔尼保护文学和艺术作品公约》（以下称伯尔尼公约）和与外国签订的有关著作权的双边协定。

第四条 本规定所称外国作品，包括：

（一）作者或者作者之一，其他著作权人或者著作权人之一是国际著作权条约成员国的国民或者在该条约的成员国有经常居所的居民的作品；

（二）作者不是国际著作权条约成员国的国民或者在该条约的成员国有经常居所的居民，但是在该条约的成员国首次或者同时发表的作品；

（三）外商投资企业按照合同约定是著作权人或者著作权人之一的，其委托他人创作的作品。

第五条 对未发表的外国作品的保护期，适用著作权法第二十条、第二十一条的规定。

第六条 对外国实用艺术作品的保护期，为自该作品完成起二十五年。

美术作品（包括动画形象设计）用于工业制品的，不适用前款规定。

第七条 外国计算机程序作为文学作品保护，可以不履行登记手续，保护期为自该程序首次发表之年年底起五十年。

第八条 外国作品是由不受保护的材料编辑而成，但是在材料的选取或者编排上有独创性的，依照著作权法第十四条的规定予以保护。此种保护不排斥他人利用同样的材料进行编辑。

第九条 外国录像制品根据国际著作权条约构成电影作品的，作为电影作品保护。

第十条 将外国人已经发表的以汉族文字创作的作品，翻译成少数民族文字出版发行的，应当事先取得著作权人的授权。

第十一条 外国作品著作权人，可以授权他人以任何方式、手段公开表演其作品或者公开传播对其作品的表演。

第十二条 外国电影、电视和录像作品的著作权人可以授权他人公开表演其作品。

第十三条 报刊转载外国作品，应当事先取得著作权人的授权；但是，转载有关政治、经济等社会问题的时事文章除外。

第十四条 外国作品的著作权人在授权他人发行其作品的复制品后，可以授权或者禁止出租其作品的复制品。

第十五条 外国作品的著作权人有权禁止进口其作品的下列复制品：

（一）侵权复制品；

（二）来自对其作品不予保护的国家的复制品。

第十六条 表演、录音或者广播外国作品，适用伯尔尼公约的规定；有集体管理组织的，应当事先取得该组织的授权。

第十七条 国际著作权条约在中国生效之日尚未在起源国进入公有领域的外国作品，按照著作权法和本规定规定的保护期受保护，到期满为止。

前款规定不适用于国际著作权条约在中国生效之日前发生的对外国作品的使用。

中国公民或者法人在国际著作权条约在中国生效之日前为特定目的而拥有和使用外国作品的特定复制本的，可以继续使用该作品的复制本而不承担责任；但是，该复制本不得以任何不合理地损害该作品著作权人合法权益的方式复制和使用。

前三款规定依照中国同有关国家签订的有关著作权的双边协定的规定实施。

第十八条 本规定第五条、第十二条、第十四条、第十五条、第十七条适用于录音制品。

第十九条 本规定施行前，有关著作权的行政法规与本规定有不同规定的，适用本规定。本规定与国际著作权条约有不同规定的，适用国际著作权条约。

第二十条 国家版权局负责国际著作权条约在中国的实施。

第二十一条 本规定由国家版权局负责解释。

第二十二条 本规定自一九九二年九月三十日起施行。

中华人民共和国专利法实施细则

（2001年6月15日中华人民共和国国务院令第306号公布　根据2002年12月28日《国务院关于修改〈中华人民共和国专利法实施细则〉的决定》第一次修订　根据2010年1月9日《国务院关于修改〈中华人民共和国专利法实施细则〉的决定》第二次修订　根据2023年12月11日《国务院关于修改〈中华人民共和国专利法实施细则〉的决定》第三次修订）

第一章　总　　则

第一条　根据《中华人民共和国专利法》（以下简称专利法），制定本细则。

第二条　专利法和本细则规定的各种手续，应当以书面形式或者国务院专利行政部门规定的其他形式办理。以电子数据交换等方式能够有形地表现所载内容，并可以随时调取查用的数据电文（以下统称电子形式），视为书面形式。

第三条　依照专利法和本细则规定提交的各种文件应当使用中文；国家有统一规定的科技术语的，应当采用规范词；外国人名、地名和科技术语没有统一中文译文的，应当注明原文。

依照专利法和本细则规定提交的各种证件和证明文件是外文的，国务院专利行政部门认为必要时，可以要求当事人在指定期限内附送中文译文；期满未附送的，视为未提交该证件和证明文件。

第四条　向国务院专利行政部门邮寄的各种文件，以寄出的邮戳日为递交日；邮戳日不清晰的，除当事人能够提出证明外，以国务院专利行政部门收到日为递交日。

以电子形式向国务院专利行政部门提交各种文件的，以进入国务院专利行政部门指定的特定电子系统的日期为递交日。

国务院专利行政部门的各种文件，可以通过电子形式、邮寄、直接送交或者其他方式送达当事人。当事人委托专利代理机构的，文件送交专利代理机构；未委托专利代理机构的，文件送交请求书中指明的联系人。

国务院专利行政部门邮寄的各种文件，自文件发出之日起满15日，推定为当事人收到文件之日。当事人提供证据能够证明实际收到文件的日期的，以实际收到日为准。

根据国务院专利行政部门规定应当直接送交的文件，以交付日为送达日。

文件送交地址不清，无法邮寄的，可以通过公告的方式送达当事人。自公告之日起满1个月，该文件视为已经送达。

国务院专利行政部门以电子形式送达的各种文件，以进入当事人认可的电子系统的日期为送达日。

第五条　专利法和本细则规定的各种期限开始的当日不计算在期限内，自下一日开始计算。期限以年或者月计算的，以其最后一月的相应日为期限届满日；该月无相应日的，以该月最后一日为期限届满日；期限届满日是法定休假日的，以休假日后的第一个工作日为期限届满日。

第六条　当事人因不可抗拒的事由而延误专利法或者本细则规定的期限或者国务院专利行政部门指定的期限，导致其权利丧失的，自障碍消除之日起2个月内且自期限届满之日起2年内，可以向国务院专利行政部门请求恢复权利。

除前款规定的情形外，当事人因其他正当理由延误专利法或者本细则规定的期限或者国务院专利行政部门指定的期限，导致其权利丧失的，可以自收到国务院专利行政部门的通知之日起2个月内向国务院专利行政部门请求恢复权利；但是，延误复审请求期限的，可以自复审请求期限届满之日起2个月内向国务院专利行政部门请求恢复权利。

当事人依照本条第一款或者第二款的规定请求恢复权利的，应当提交恢复权利请求书，说明理由，必要时附具有关证明文件，并办理权利丧失前应当办理的相应手续；依照本条第二款的规定请求恢复权利的，还应当缴纳恢复权利请求费。

当事人请求延长国务院专利行政部门指定的期限的，应当在期限届满前，向国务院专利行政部门提交延长期限请求书，说明理由，并办理有关手续。

本条第一款和第二款的规定不适用专利法第二十四条、第二十九条、第四十二条、第七十四条规定的期限。

第七条　专利申请涉及国防利益需要保密的，由国防专利机构受理并进行审查；国务院专利行政部门受理的专利申请涉及国防利益需要保密的，应当及时移交国防专利机构进行审查。经国防专利机构审查没有发现驳回理由的，由国务院专利行政部门作出授予国防专利权的决定。

国务院专利行政部门认为其受理的发明或者实用新型专利申请涉及国防利益以外的国家安全或者重大利益需要保密的，应当及时作出按照保密专利申请处理的决定，并通知申请人。保密专利申请的审查、复审以及保密专利权无效宣告的特殊程序，由国务院专利行政部门规定。

第八条　专利法第十九条所称在中国完成的发明或者实用新型，是指技术方案的实质性内容在中国境内完成的发明或者实用新型。

任何单位或者个人将在中国完成的发明或者实用新型向外国申请专利的，应当按照下列方式之一请求国务院专利行政部门进行保密审查：

（一）直接向外国申请专利或者向有关国外机构提交专利国际申请的，应当事先向国务院专利行政部门提出请求，并详细说明其技术方案；

（二）向国务院专利行政部门申请专利后拟向外国申请专利或者向有关国外机构提交专利国际申请的，应当在向外国申请专利或者向有关国外机构提交专利国际申请前向国务院专利行政部门提出请求。

向国务院专利行政部门提交专利国际申请的，视为同时提出了保密审查请求。

第九条　国务院专利行政部门收到依照本细则第八条规定递交的请求后，经过审查认为该发明或者实用新型可能涉及国家安全或者重大利益需要保密的，应当在请求递交日起2个月内向申请人发出保密审查通知；情况复杂的，可以延长2个月。

国务院专利行政部门依照前款规定通知进行保密审查的，应当在请求递交日起4个月内作出是否需要保密的决定，并通知申请人；情况复杂的，可以延长2个月。

第十条　专利法第五条所称违反法律的发明创造，不包括仅其实施为法律所禁止的发明创造。

第十一条　申请专利应当遵循诚实信用原则。提出各类专利申请应当以真实发明创造活动为基础，不得弄虚作假。

第十二条　除专利法第二十八条和第四十二条规定的情形外，专利法所称申请日，有优先权的，指优先权日。

本细则所称申请日，除另有规定的外，是指专利法第二十八条规定的申请日。

第十三条　专利法第六条所称执行本单位的任务所完成的职务发明创造，是指：

（一）在本职工作中作出的发明创造；

（二）履行本单位交付的本职工作之外的任务所作出的发明创造；

（三）退休、调离原单位后或者劳动、人事关系终止后1年内作出的，与其在原单位承担的本职工作或者原单位分配的任务有关的发明创造。

专利法第六条所称本单位，包括临时工作单位；专利法第六条所称本单位的物质技术条件，是指本单位的资金、设备、零部件、原材料或者不对外公开的技术信息和资料等。

第十四条　专利法所称发明人或者设计人，是指对发明创造的实质性特点作出创造性贡献的人。在完成发明创造过程中，只负责组织工作的人、为物质技术条件的利用提供方便的人或者从事其他辅助工作的人，不是发明人或者设计人。

第十五条　除依照专利法第十条规定转让专利权外，专利权因其他事由发生转移的，当事人应当凭有关证明文件或者法律文书向国务院专利行政部门办理专利权转移手续。

专利权人与他人订立的专利实施许可合同，应当自合同生效之日起3个月内向国务院专利行政部门备案。

以专利权出质的，由出质人和质权人共同向国务院专利行政部门办理出质登记。

第十六条　专利工作应当贯彻党和国家知识产权战略部署，提升我国专利创造、运用、保护、管理和服务水平，支持全面创新，促进创新型国家建设。

国务院专利行政部门应当提升专利信息公共服务能力，完整、准确、及时发布专利信息，提供专利基础数据，促进专利相关数据资源的开放共享、互联互通。

第二章　专利的申请

第十七条　申请专利的，应当向国务院专利行政部门提交申请文件。申请文件应当符合规定的要求。

申请人委托专利代理机构向国务院专利行政部门申请专利和办理其他专利事务的，应当同时提交委托书，写明委托权限。

申请人有2人以上且未委托专利代理机构的，除请求书中另有声明的外，以请求书中指明的第一申请人为代表人。

第十八条　依照专利法第十八条第一款的规定委托专利代理机构在中国申请专利和办理其他专利

事务的，涉及下列事务，申请人或者专利权人可以自行办理：

（一）申请要求优先权的，提交第一次提出的专利申请（以下简称在先申请）文件副本；

（二）缴纳费用；

（三）国务院专利行政部门规定的其他事务。

第十九条 发明、实用新型或者外观设计专利申请的请求书应当写明下列事项：

（一）发明、实用新型或者外观设计的名称；

（二）申请人是中国单位或者个人的，其名称或者姓名、地址、邮政编码、统一社会信用代码或者身份证件号码；申请人是外国人、外国企业或者外国其他组织的，其姓名或者名称、国籍或者注册的国家或者地区；

（三）发明人或者设计人的姓名；

（四）申请人委托专利代理机构的，受托机构的名称、机构代码以及该机构指定的专利代理师的姓名、专利代理师资格证号码、联系电话；

（五）要求优先权的，在先申请的申请日、申请号以及原受理机构的名称；

（六）申请人或者专利代理机构的签字或者盖章；

（七）申请文件清单；

（八）附加文件清单；

（九）其他需要写明的有关事项。

第二十条 发明或者实用新型专利申请的说明书应当写明发明或者实用新型的名称，该名称应当与请求书中的名称一致。说明书应当包括下列内容：

（一）技术领域：写明要求保护的技术方案所属的技术领域；

（二）背景技术：写明对发明或者实用新型的理解、检索、审查有用的背景技术；有可能的，并引证反映这些背景技术的文件；

（三）发明内容：写明发明或者实用新型所要解决的技术问题以及解决其技术问题采用的技术方案，并对照现有技术写明发明或者实用新型的有益效果；

（四）附图说明：说明书有附图的，对各幅附图作简略说明；

（五）具体实施方式：详细写明申请人认为实现发明或者实用新型的优选方式；必要时，举例说明；有附图的，对照附图。

发明或者实用新型专利申请人应当按照前款规定的方式和顺序撰写说明书，并在说明书每一部分前面写明标题，除非其发明或者实用新型的性质用其他方式或者顺序撰写能节约说明书的篇幅并使他人能够准确理解其发明或者实用新型。

发明或者实用新型说明书应当用词规范、语句清楚，并不得使用“如权利要求……所述的……”一类的引用语，也不得使用商业性宣传用语。

发明专利申请包含一个或者多个核苷酸或者氨基酸序列的，说明书应当包括符合国务院专利行政部门规定的序列表。

实用新型专利申请说明书应当有表示要求保护的产品的形状、构造或者其结合的附图。

第二十一条 发明或者实用新型的几幅附图应当按照“图1，图2，……”顺序编号排列。

发明或者实用新型说明书文字部分中未提及的附图标记不得在附图中出现，附图中未出现的附图标记不得在说明书文字部分中提及。申请文件中表示同一组成部分的附图标记应当一致。

附图中除必需的词语外，不应当含有其他注释。

第二十二条 权利要求书应当记载发明或者实用新型的技术特征。

权利要求书有几项权利要求的，应当用阿拉伯数字顺序编号。

权利要求书中使用的科技术语应当与说明书中使用的科技术语一致，可以有化学式或者数学式，但是不得有插图。除绝对必要的外，不得使用“如说明书……部分所述”或者“如图……所示”的用语。

权利要求中的技术特征可以引用说明书附图中相应的标记，该标记应当放在相应的技术特征后并置于括号内，便于理解权利要求。附图标记不得解释为对权利要求的限制。

第二十三条 权利要求书应当有独立权利要求，也可以有从属权利要求。

独立权利要求应当从整体上反映发明或者实用新型的技术方案，记载解决技术问题的必要技术特征。

从属权利要求应当用附加的技术特征，对引用的权利要求作进一步限定。

第二十四条 发明或者实用新型的独立权利要求应当包括前序部分和特征部分，按照下列规定撰写：

（一）前序部分：写明要求保护的发明或者实

用新型技术方案的主题名称和发明或者实用新型主题与最接近的现有技术共有的必要技术特征；

（二）特征部分：使用“其特征是……”或者类似的用语，写明发明或者实用新型区别于最接近的现有技术的技术特征。这些特征和前序部分写明的特征合在一起，限定发明或者实用新型要求保护的范围。

发明或者实用新型的性质不适于用前款方式表达的，独立权利要求可以用其他方式撰写。

一项发明或者实用新型应当只有一个独立权利要求，并写在同一发明或者实用新型的从属权利要求之前。

第二十五条 发明或者实用新型的从属权利要求应当包括引用部分和限定部分，按照下列规定撰写：

（一）引用部分：写明引用的权利要求的编号及其主题名称；

（二）限定部分：写明发明或者实用新型附加的技术特征。

从属权利要求只能引用在前的权利要求。引用两项以上权利要求的多项从属权利要求，只能以择一方式引用在前的权利要求，并不得作为另一项多项从属权利要求的基础。

第二十六条 说明书摘要应当写明发明或者实用新型专利申请所公开内容的概要，即写明发明或者实用新型的名称和所属技术领域，并清楚地反映所要解决的技术问题、解决该问题的技术方案的要点以及主要用途。

说明书摘要可以包含最能说明发明的化学式；有附图的专利申请，还应当在请求书中指定一幅最能说明该发明或者实用新型技术特征的说明书附图作为摘要附图。摘要中不得使用商业性宣传用语。

第二十七条 申请专利的发明涉及新的生物材料，该生物材料公众不能得到，并且对该生物材料的说明不足以使所属领域的技术人员实施其发明的，除应当符合专利法和本细则的有关规定外，申请人还应当办理下列手续：

（一）在申请日前或者最迟在申请日（有优先权的，指优先权日），将该生物材料的样品提交国务院专利行政部门认可的保藏单位保藏，并在申请时或者最迟自申请日起4个月内提交保藏单位出具的保藏证明和存活证明；期满未提交证明的，该样品视为未提交保藏；

（二）在申请文件中，提供有关该生物材料特征的资料；

（三）涉及生物材料样品保藏的专利申请应当在请求书和说明书中写明该生物材料的分类命名（注明拉丁文名称）、保藏该生物材料样品的单位名称、地址、保藏日期和保藏编号；申请时未写明的，应当自申请日起4个月内补正；期满未补正的，视为未提交保藏。

第二十八条 发明专利申请人依照本细则第二十七条的规定保藏生物材料样品的，在发明专利申请公布后，任何单位或者个人需要将该专利申请所涉及的生物材料作为实验目的使用的，应当向国务院专利行政部门提出请求，并写明下列事项：

（一）请求人的姓名或者名称和地址；

（二）不向其他任何人提供该生物材料的保证；

（三）在授予专利权前，只作为实验目的使用的保证。

第二十九条 专利法所称遗传资源，是指取自人体、动物、植物或者微生物等含有遗传功能单位并具有实际或者潜在价值的材料和利用此类材料产生的遗传信息；专利法所称依赖遗传资源完成的发明创造，是指利用了遗传资源的遗传功能完成的发明创造。

就依赖遗传资源完成的发明创造申请专利的，申请人应当在请求书中予以说明，并填写国务院专利行政部门制定的表格。

第三十条 申请人应当就每件外观设计产品所需要保护的内容提交有关图片或者照片。

申请局部外观设计专利的，应当提交整体产品的视图，并用虚线与实线相结合或者其他方式表明所需要保护部分的内容。

申请人请求保护色彩的，应当提交彩色图片或者照片。

第三十一条 外观设计的简要说明应当写明外观设计产品的名称、用途，外观设计的设计要点，并指定一幅最能表明设计要点的图片或者照片。省略视图或者请求保护色彩的，应当在简要说明中写明。

对同一产品的多项相似外观设计提出一件外观设计专利申请的，应当在简要说明中指定其中一项作为基本设计。

申请局部外观设计专利的，应当在简要说明中写明请求保护的部分，已在整体产品的视图中用虚线与实线相结合方式表明的除外。

简要说明不得使用商业性宣传用语，也不得说明产品的性能。

第三十二条 国务院专利行政部门认为必要时，可以要求外观设计专利申请人提交使用外观设计的产品样品或者模型。样品或者模型的体积不得超过30厘米×30厘米×30厘米，重量不得超过15公斤。易腐、易损或者危险品不得作为样品或者模型提交。

第三十三条 专利法第二十四条第（二）项所称中国政府承认的国际展览会，是指国际展览会公约规定的在国际展览局注册或者由其认可的国际展览会。

专利法第二十四条第（三）项所称学术会议或者技术会议，是指国务院有关主管部门或者全国性学术团体组织召开的学术会议或者技术会议，以及国务院有关主管部门认可的由国际组织召开的学术会议或者技术会议。

申请专利的发明创造有专利法第二十四条第（二）项或者第（三）项所列情形的，申请人应当在提出专利申请时声明，并自申请日起2个月内提交有关发明创造已经展出或者发表，以及展出或者发表日期的证明文件。

申请专利的发明创造有专利法第二十四条第（一）项或者第（四）项所列情形的，国务院专利行政部门认为必要时，可以要求申请人在指定期限内提交证明文件。

申请人未依照本条第三款的规定提出声明和提交证明文件的，或者未依照本条第四款的规定在指定期限内提交证明文件的，其申请不适用专利法第二十四条的规定。

第三十四条 申请人依照专利法第三十条的规定要求外国优先权的，申请人提交的在先申请文件副本应当经原受理机构证明。依照国务院专利行政部门与该受理机构签订的协议，国务院专利行政部门通过电子交换等途径获得在先申请文件副本的，视为申请人提交了经该受理机构证明的在先申请文件副本。要求本国优先权，申请人在请求书中写明在先申请的申请日和申请号的，视为提交了在先申请文件副本。

要求优先权，但请求书中漏写或者错写在先申请的申请日、申请号和原受理机构名称中的一项或者两项内容的，国务院专利行政部门应当通知申请人在指定期限内补正；期满未补正的，视为未要求优先权。

要求优先权的申请人的姓名或者名称与在先申请文件副本中记载的申请人姓名或者名称不一致的，应当提交优先权转让证明材料，未提交该证明材料的，视为未要求优先权。

外观设计专利申请人要求外国优先权，其在先申请未包括对外观设计的简要说明，申请人按照本细则第三十一条规定提交的简要说明未超出在先申请文件的图片或者照片表示的范围的，不影响其享有优先权。

第三十五条 申请人在一件专利申请中，可以要求一项或者多项优先权；要求多项优先权的，该申请的优先权期限从最早的优先权日起计算。

发明或者实用新型专利申请人要求本国优先权，在先申请是发明专利申请的，可以就相同主题提出发明或者实用新型专利申请；在先申请是实用新型专利申请的，可以就相同主题提出实用新型或者发明专利申请。外观设计专利申请人要求本国优先权，在先申请是发明或者实用新型专利申请的，可以就附图显示的设计提出相同主题的外观设计专利申请；在先申请是外观设计专利申请的，可以就相同主题提出外观设计专利申请。但是，提出后一申请时，在先申请的主题有下列情形之一的，不得作为要求本国优先权的基础：

（一）已经要求外国优先权或者本国优先权的；

（二）已经被授予专利权的；

（三）属于按照规定提出的分案申请的。

申请人要求本国优先权的，其在先申请自后一申请提出之日起即视为撤回，但外观设计专利申请人要求以发明或者实用新型专利申请作为本国优先权基础的除外。

第三十六条 申请人超出专利法第二十九条规定的期限，向国务院专利行政部门就相同主题提出发明或者实用新型专利申请，有正当理由的，可以在期限届满之日起2个月内请求恢复优先权。

第三十七条 发明或者实用新型专利申请人要求了优先权的，可以自优先权日起16个月内或者自申请日起4个月内，请求在请求书中增加或者改正优先权要求。

第三十八条 在中国没有经常居所或者营业所的申请人，申请专利或者要求外国优先权的，国务院专利行政部门认为必要时，可以要求其提供下列文件：

（一）申请人是个人的，其国籍证明；

（二）申请人是企业或者其他组织的，其注册的国家或者地区的证明文件；

（三）申请人的所属国，承认中国单位和个人可以按照该国国民的同等条件，在该国享有专利权、优先权和其他与专利有关的权利的证明文件。

第三十九条　依照专利法第三十一条第一款规定，可以作为一件专利申请提出的属于一个总的发明构思的两项以上的发明或者实用新型，应当在技术上相互关联，包含一个或者多个相同或者相应的特定技术特征，其中特定技术特征是指每一项发明或者实用新型作为整体，对现有技术作出贡献的技术特征。

第四十条　依照专利法第三十一条第二款规定，将同一产品的多项相似外观设计作为一件申请提出的，对该产品的其他设计应当与简要说明中指定的基本设计相似。一件外观设计专利申请中的相似外观设计不得超过10项。

专利法第三十一条第二款所称同一类别并且成套出售或者使用的产品的两项以上外观设计，是指各产品属于分类表中同一大类，习惯上同时出售或者同时使用，而且各产品的外观设计具有相同的设计构思。

将两项以上外观设计作为一件申请提出的，应当将各项外观设计的顺序编号标注在每件外观设计产品各幅图片或者照片的名称之前。

第四十一条　申请人撤回专利申请的，应当向国务院专利行政部门提出声明，写明发明创造的名称、申请号和申请日。

撤回专利申请的声明在国务院专利行政部门做好公布专利申请文件的印刷准备工作后提出的，申请文件仍予公布；但是，撤回专利申请的声明应当在以后出版的专利公报上予以公告。

第三章　专利申请的审查和批准

第四十二条　在初步审查、实质审查、复审和无效宣告程序中，实施审查和审理的人员有下列情形之一的，应当自行回避，当事人或者其他利害关系人可以要求其回避：

（一）是当事人或者其代理人的近亲属的；

（二）与专利申请或者专利权有利害关系的；

（三）与当事人或者其代理人有其他关系，可能影响公正审查和审理的；

（四）复审或者无效宣告程序中，曾参与原申请的审查的。

第四十三条　国务院专利行政部门收到发明或者实用新型专利申请的请求书、说明书（实用新型必须包括附图）和权利要求书，或者外观设计专利申请的请求书、外观设计的图片或者照片和简要说明后，应当明确申请日、给予申请号，并通知申请人。

第四十四条　专利申请文件有下列情形之一的，国务院专利行政部门不予受理，并通知申请人：

（一）发明或者实用新型专利申请缺少请求书、说明书（实用新型无附图）或者权利要求书的，或者外观设计专利申请缺少请求书、图片或者照片、简要说明的；

（二）未使用中文的；

（三）申请文件的格式不符合规定的；

（四）请求书中缺少申请人姓名或者名称，或者缺少地址的；

（五）明显不符合专利法第十七条或者第十八条第一款的规定的；

（六）专利申请类别（发明、实用新型或者外观设计）不明确或者难以确定的。

第四十五条　发明或者实用新型专利申请缺少或者错误提交权利要求书、说明书或者权利要求书、说明书的部分内容，但申请人在递交日要求了优先权的，可以自递交日起2个月内或者在国务院专利行政部门指定的期限内以援引在先申请文件的方式补交。补交的文件符合有关规定的，以首次提交文件的递交日为申请日。

第四十六条　说明书中写有对附图的说明但无附图或者缺少部分附图的，申请人应当在国务院专利行政部门指定的期限内补交附图或者声明取消对附图的说明。申请人补交附图的，以向国务院专利行政部门提交或者邮寄附图之日为申请日；取消对附图的说明的，保留原申请日。

第四十七条　两个以上的申请人同日（指申请日；有优先权的，指优先权日）分别就同样的发明创造申请专利的，应当在收到国务院专利行政部门的通知后自行协商确定申请人。

同一申请人在同日（指申请日）对同样的发明创造既申请实用新型专利又申请发明专利的，应当在申请时分别说明对同样的发明创造已申请了另一专利；未作说明的，依照专利法第九条第一款关于同样的发明创造只能授予一项专利权的规定处理。

国务院专利行政部门公告授予实用新型专利权，应当公告申请人已依照本条第二款的规定同时申请了发明专利的说明。

发明专利申请经审查没有发现驳回理由，国务院专利行政部门应当通知申请人在规定期限内声明放弃实用新型专利权。申请人声明放弃的，国务院专利行政部门应当作出授予发明专利权的决定，并在公告授予发明专利权时一并公告申请人放弃实用新型专利权声明。申请人不同意放弃的，国务院专利行政部门应当驳回该发明专利申请；申请人期满未答复的，视为撤回该发明专利申请。

实用新型专利权自公告授予发明专利权之日起终止。

第四十八条 一件专利申请包括两项以上发明、实用新型或者外观设计的，申请人可以在本细则第六十条第一款规定的期限届满前，向国务院专利行政部门提出分案申请；但是，专利申请已经被驳回、撤回或者视为撤回的，不能提出分案申请。

国务院专利行政部门认为一件专利申请不符合专利法第三十一条和本细则第三十九条或者第四十条的规定的，应当通知申请人在指定期限内对其申请进行修改；申请人期满未答复的，该申请视为撤回。

分案的申请不得改变原申请的类别。

第四十九条 依照本细则第四十八条规定提出的分案申请，可以保留原申请日，享有优先权的，可以保留优先权日，但是不得超出原申请记载的范围。

分案申请应当依照专利法及本细则的规定办理有关手续。

分案申请的请求书中应当写明原申请的申请号和申请日。

第五十条 专利法第三十四条和第四十条所称初步审查，是指审查专利申请是否具备专利法第二十六条或者第二十七条规定的文件和其他必要的文件，这些文件是否符合规定的格式，并审查下列各项：

（一）发明专利申请是否明显属于专利法第五条、第二十五条规定的情形，是否不符合专利法第十七条、第十八条第一款、第十九条第一款或者本细则第十一条、第十九条、第二十九条第二款的规定，是否明显不符合专利法第二条第二款、第二十六条第五款、第三十一条第一款、第三十三条或者本细则第二十条至第二十四条的规定；

（二）实用新型专利申请是否明显属于专利法第五条、第二十五条规定的情形，是否不符合专利法第十七条、第十八条第一款、第十九条第一款或者本细则第十一条、第十九条至第二十二条、第二十四条至第二十六条的规定，是否明显不符合专利法第二条第三款、第二十二条、第二十六条第三款、第二十六条第四款、第三十一条第一款、第三十三条或者本细则第二十三条、第四十九条第一款的规定，是否依照专利法第九条规定不能取得专利权；

（三）外观设计专利申请是否明显属于专利法第五条、第二十五条第一款第（六）项规定的情形，是否不符合专利法第十七条、第十八条第一款或者本细则第十一条、第十九条、第三十条、第三十一条的规定，是否明显不符合专利法第二条第四款、第二十三条第一款、第二十三条第二款、第二十七条第二款、第三十一条第二款、第三十三条或者本细则第四十九条第一款的规定，是否依照专利法第九条规定不能取得专利权；

（四）申请文件是否符合本细则第二条、第三条第一款的规定。

国务院专利行政部门应当将审查意见通知申请人，要求其在指定期限内陈述意见或者补正；申请人期满未答复的，其申请视为撤回。申请人陈述意见或者补正后，国务院专利行政部门仍然认为不符合前款所列各项规定的，应当予以驳回。

第五十一条 除专利申请文件外，申请人向国务院专利行政部门提交的与专利申请有关的其他文件有下列情形之一的，视为未提交：

（一）未使用规定的格式或者填写不符合规定的；

（二）未按照规定提交证明材料的。

国务院专利行政部门应当将视为未提交的审查意见通知申请人。

第五十二条 申请人请求早日公布其发明专利申请的，应当向国务院专利行政部门声明。国务院专利行政部门对该申请进行初步审查后，除予以驳回的外，应当立即将申请予以公布。

第五十三条 申请人写明使用外观设计的产品及其所属类别的，应当使用国务院专利行政部门公布的外观设计产品分类表。未写明使用外观设计的产品所属类别或者所写的类别不确切的，国务院专利行政部门可以予以补充或者修改。

第五十四条 自发明专利申请公布之日起至公告授予专利权之日止，任何人均可以对不符合专利法规定的专利申请向国务院专利行政部门提出意见，并说明理由。

第五十五条　发明专利申请人因有正当理由无法提交专利法第三十六条规定的检索资料或者审查结果资料的，应当向国务院专利行政部门声明，并在得到有关资料后补交。

第五十六条　国务院专利行政部门依照专利法第三十五条第二款的规定对专利申请自行进行审查时，应当通知申请人。

申请人可以对专利申请提出延迟审查请求。

第五十七条　发明专利申请人在提出实质审查请求时以及在收到国务院专利行政部门发出的发明专利申请进入实质审查阶段通知书之日起的 3 个月内，可以对发明专利申请主动提出修改。

实用新型或者外观设计专利申请人自申请日起 2 个月内，可以对实用新型或者外观设计专利申请主动提出修改。

申请人在收到国务院专利行政部门发出的审查意见通知书后对专利申请文件进行修改的，应当针对通知书指出的缺陷进行修改。

国务院专利行政部门可以自行修改专利申请文件中文字和符号的明显错误。国务院专利行政部门自行修改的，应当通知申请人。

第五十八条　发明或者实用新型专利申请的说明书或者权利要求书的修改部分，除个别文字修改或者增删外，应当按照规定格式提交替换页。外观设计专利申请的图片或者照片的修改，应当按照规定提交替换页。

第五十九条　依照专利法第三十八条的规定，发明专利申请经实质审查应当予以驳回的情形是指：

（一）申请属于专利法第五条、第二十五条规定的情形，或者依照专利法第九条规定不能取得专利权的；

（二）申请不符合专利法第二条第二款、第十九条第一款、第二十二条、第二十六条第三款、第二十六条第四款、第二十六条第五款、第三十一条第一款或者本细则第十一条、第二十三条第二款规定的；

（三）申请的修改不符合专利法第三十三条规定，或者分案的申请不符合本细则第四十九条第一款的规定的。

第六十条　国务院专利行政部门发出授予专利权的通知后，申请人应当自收到通知之日起 2 个月内办理登记手续。申请人按期办理登记手续的，国务院专利行政部门应当授予专利权，颁发专利证书，并予以公告。

期满未办理登记手续的，视为放弃取得专利权的权利。

第六十一条　保密专利申请经审查没有发现驳回理由的，国务院专利行政部门应当作出授予保密专利权的决定，颁发保密专利证书，登记保密专利权的有关事项。

第六十二条　授予实用新型或者外观设计专利权的决定公告后，专利法第六十六条规定的专利权人、利害关系人、被控侵权人可以请求国务院专利行政部门作出专利权评价报告。申请人可以在办理专利权登记手续时请求国务院专利行政部门作出专利权评价报告。

请求作出专利权评价报告的，应当提交专利权评价报告请求书，写明专利申请号或者专利号。每项请求应当限于一项专利申请或者专利权。

专利权评价报告请求书不符合规定的，国务院专利行政部门应当通知请求人在指定期限内补正；请求人期满未补正的，视为未提出请求。

第六十三条　国务院专利行政部门应当自收到专利权评价报告请求书后 2 个月内作出专利权评价报告，但申请人在办理专利权登记手续时请求作出专利权评价报告的，国务院专利行政部门应当自公告授予专利权之日起 2 个月内作出专利权评价报告。

对同一项实用新型或者外观设计专利权，有多个请求人请求作出专利权评价报告的，国务院专利行政部门仅作出一份专利权评价报告。任何单位或者个人可以查阅或者复制该专利权评价报告。

第六十四条　国务院专利行政部门对专利公告、专利单行本中出现的错误，一经发现，应当及时更正，并对所作更正予以公告。

第四章　专利申请的复审与专利权的无效宣告

第六十五条　依照专利法第四十一条的规定向国务院专利行政部门请求复审的，应当提交复审请求书，说明理由，必要时还应当附具有关证据。

复审请求不符合专利法第十八条第一款或者第四十一条第一款规定的，国务院专利行政部门不予受理，书面通知复审请求人并说明理由。

复审请求书不符合规定格式的，复审请求人应当在国务院专利行政部门指定的期限内补正；期满未补正的，该复审请求视为未提出。

第六十六条　请求人在提出复审请求或者在对

国务院专利行政部门的复审通知书作出答复时，可以修改专利申请文件；但是，修改应当仅限于消除驳回决定或者复审通知书指出的缺陷。

第六十七条 国务院专利行政部门进行复审后，认为复审请求不符合专利法和本细则有关规定或者专利申请存在其他明显违反专利法和本细则有关规定情形的，应当通知复审请求人，要求其在指定期限内陈述意见。期满未答复的，该复审请求视为撤回；经陈述意见或者进行修改后，国务院专利行政部门认为仍不符合专利法和本细则有关规定的，应当作出驳回复审请求的复审决定。

国务院专利行政部门进行复审后，认为原驳回决定不符合专利法和本细则有关规定的，或者认为经过修改的专利申请文件消除了原驳回决定和复审通知书指出的缺陷的，应当撤销原驳回决定，继续进行审查程序。

第六十八条 复审请求人在国务院专利行政部门作出决定前，可以撤回其复审请求。

复审请求人在国务院专利行政部门作出决定前撤回其复审请求的，复审程序终止。

第六十九条 依照专利法第四十五条的规定，请求宣告专利权无效或者部分无效的，应当向国务院专利行政部门提交专利权无效宣告请求书和必要的证据一式两份。无效宣告请求书应当结合提交的所有证据，具体说明无效宣告请求的理由，并指明每项理由所依据的证据。

前款所称无效宣告请求的理由，是指被授予专利的发明创造不符合专利法第二条、第十九条第一款、第二十二条、第二十三条、第二十六条第三款、第二十六条第四款、第二十七条第二款、第三十三条或者本细则第十一条、第二十三条第二款、第四十九条第一款的规定，或者属于专利法第五条、第二十五条规定的情形，或者依照专利法第九条规定不能取得专利权。

第七十条 专利权无效宣告请求不符合专利法第十八条第一款或者本细则第六十九条规定的，国务院专利行政部门不予受理。

在国务院专利行政部门就无效宣告请求作出决定之后，又以同样的理由和证据请求无效宣告的，国务院专利行政部门不予受理。

以不符合专利法第二十三条第三款的规定为理由请求宣告外观设计专利权无效，但是未提交证明权利冲突的证据的，国务院专利行政部门不予受理。

专利权无效宣告请求书不符合规定格式的，无效宣告请求人应当在国务院专利行政部门指定的期限内补正；期满未补正的，该无效宣告请求视为未提出。

第七十一条 在国务院专利行政部门受理无效宣告请求后，请求人可以在提出无效宣告请求之日起1个月内增加理由或者补充证据。逾期增加理由或者补充证据的，国务院专利行政部门可以不予考虑。

第七十二条 国务院专利行政部门应当将专利权无效宣告请求书和有关文件的副本送交专利权人，要求其在指定的期限内陈述意见。

专利权人和无效宣告请求人应当在指定期限内答复国务院专利行政部门发出的转送文件通知书或者无效宣告请求审查通知书；期满未答复的，不影响国务院专利行政部门审理。

第七十三条 在无效宣告请求的审查过程中，发明或者实用新型专利的专利权人可以修改其权利要求书，但是不得扩大原专利的保护范围。国务院专利行政部门在修改后的权利要求基础上作出维持专利权有效或者宣告专利权部分无效的决定的，应当公告修改后的权利要求。

发明或者实用新型专利的专利权人不得修改专利说明书和附图，外观设计专利的专利权人不得修改图片、照片和简要说明。

第七十四条 国务院专利行政部门根据当事人的请求或者案情需要，可以决定对无效宣告请求进行口头审理。

国务院专利行政部门决定对无效宣告请求进行口头审理的，应当向当事人发出口头审理通知书，告知举行口头审理的日期和地点。当事人应当在通知书指定的期限内作出答复。

无效宣告请求人对国务院专利行政部门发出的口头审理通知书在指定的期限内未作答复，并且不参加口头审理的，其无效宣告请求视为撤回；专利权人不参加口头审理的，可以缺席审理。

第七十五条 在无效宣告请求审查程序中，国务院专利行政部门指定的期限不得延长。

第七十六条 国务院专利行政部门对无效宣告的请求作出决定前，无效宣告请求人可以撤回其请求。

国务院专利行政部门作出决定之前，无效宣告请求人撤回其请求或者其无效宣告请求被视为撤回的，无效宣告请求审查程序终止。但是，国务院专利行政部门认为根据已进行的审查工作能够作出宣告专利权无效或者部分无效的决定的，不终止审查程序。

第五章　专利权期限补偿

第七十七条　依照专利法第四十二条第二款的规定请求给予专利权期限补偿的，专利权人应当自公告授予专利权之日起3个月内向国务院专利行政部门提出。

第七十八条　依照专利法第四十二条第二款的规定给予专利权期限补偿的，补偿期限按照发明专利在授权过程中不合理延迟的实际天数计算。

前款所称发明专利在授权过程中不合理延迟的实际天数，是指自发明专利申请日起满4年且自实质审查请求之日起满3年之日至公告授予专利权之日的间隔天数，减去合理延迟的天数和由申请人引起的不合理延迟的天数。

下列情形属于合理延迟：

（一）依照本细则第六十六条的规定修改专利申请文件后被授予专利权的，因复审程序引起的延迟；

（二）因本细则第一百零三条、第一百零四条规定情形引起的延迟；

（三）其他合理情形引起的延迟。

同一申请人同日对同样的发明创造既申请实用新型专利又申请发明专利，依照本细则第四十七条第四款的规定取得发明专利权的，该发明专利权的期限不适用专利法第四十二条第二款的规定。

第七十九条　专利法第四十二条第二款规定的由申请人引起的不合理延迟包括以下情形：

（一）未在指定期限内答复国务院专利行政部门发出的通知；

（二）申请延迟审查；

（三）因本细则第四十五条规定情形引起的延迟；

（四）其他由申请人引起的不合理延迟。

第八十条　专利法第四十二条第三款所称新药相关发明专利是指符合规定的新药产品专利、制备方法专利、医药用途专利。

第八十一条　依照专利法第四十二条第三款的规定请求给予新药相关发明专利权期限补偿的，应当符合下列要求，自该新药在中国获得上市许可之日起3个月内向国务院专利行政部门提出：

（一）该新药同时存在多项专利的，专利权人只能请求对其中一项专利给予专利权期限补偿；

（二）一项专利同时涉及多个新药的，只能对一个新药就该专利提出专利权期限补偿请求；

（三）该专利在有效期内，且尚未获得过新药相关发明专利权期限补偿。

第八十二条　依照专利法第四十二条第三款的规定给予专利权期限补偿的，补偿期限按照该专利申请日至该新药在中国获得上市许可之日的间隔天数减去5年，在符合专利法第四十二条第三款规定的基础上确定。

第八十三条　新药相关发明专利在专利权期限补偿期间，该专利的保护范围限于该新药及其经批准的适应症相关技术方案；在保护范围内，专利权人享有的权利和承担的义务与专利权期限补偿前相同。

第八十四条　国务院专利行政部门对依照专利法第四十二条第二款、第三款的规定提出的专利权期限补偿请求进行审查后，认为符合补偿条件的，作出给予期限补偿的决定，并予以登记和公告；不符合补偿条件的，作出不予期限补偿的决定，并通知提出请求的专利权人。

第六章　专利实施的特别许可

第八十五条　专利权人自愿声明对其专利实行开放许可的，应当在公告授予专利权后提出。

开放许可声明应当写明以下事项：

（一）专利号；

（二）专利权人的姓名或者名称；

（三）专利许可使用费支付方式、标准；

（四）专利许可期限；

（五）其他需要明确的事项。

开放许可声明内容应当准确、清楚，不得出现商业性宣传用语。

第八十六条　专利权有下列情形之一的，专利权人不得对其实行开放许可：

（一）专利权处于独占或者排他许可有效期限内的；

（二）属于本细则第一百零三条、第一百零四条规定的中止情形的；

（三）没有按照规定缴纳年费的；

（四）专利权被质押，未经质权人同意的；

（五）其他妨碍专利权有效实施的情形。

第八十七条　通过开放许可达成专利实施许可的，专利权人或者被许可人应当凭能够证明达成许可的书面文件向国务院专利行政部门备案。

第八十八条 专利权人不得通过提供虚假材料、隐瞒事实等手段，作出开放许可声明或者在开放许可实施期间获得专利年费减免。

第八十九条 专利法第五十三条第（一）项所称未充分实施其专利，是指专利权人及其被许可人实施其专利的方式或者规模不能满足国内对专利产品或者专利方法的需求。

专利法第五十五条所称取得专利权的药品，是指解决公共健康问题所需的医药领域中的任何专利产品或者依照专利方法直接获得的产品，包括取得专利权的制造该产品所需的活性成分以及使用该产品所需的诊断用品。

第九十条 请求给予强制许可的，应当向国务院专利行政部门提交强制许可请求书，说明理由并附具有关证明文件。

国务院专利行政部门应当将强制许可请求书的副本送交专利权人，专利权人应当在国务院专利行政部门指定的期限内陈述意见；期满未答复的，不影响国务院专利行政部门作出决定。

国务院专利行政部门在作出驳回强制许可请求的决定或者给予强制许可的决定前，应当通知请求人和专利权人拟作出的决定及其理由。

国务院专利行政部门依照专利法第五十五条的规定作出给予强制许可的决定，应当同时符合中国缔结或者参加的有关国际条约关于为了解决公共健康问题而给予强制许可的规定，但中国作出保留的除外。

第九十一条 依照专利法第六十二条的规定，请求国务院专利行政部门裁决使用费数额的，当事人应当提出裁决请求书，并附具双方不能达成协议的证明文件。国务院专利行政部门应当自收到请求书之日起3个月内作出裁决，并通知当事人。

第七章 对职务发明创造的发明人或者设计人的奖励和报酬

第九十二条 被授予专利权的单位可以与发明人、设计人约定或者在其依法制定的规章制度中规定专利法第十五条规定的奖励、报酬的方式和数额。鼓励被授予专利权的单位实行产权激励，采取股权、期权、分红等方式，使发明人或者设计人合理分享创新收益。

企业、事业单位给予发明人或者设计人的奖励、报酬，按照国家有关财务、会计制度的规定进行处理。

第九十三条 被授予专利权的单位未与发明人、设计人约定也未在其依法制定的规章制度中规定专利法第十五条规定的奖励的方式和数额的，应当自公告授予专利权之日起3个月内发给发明人或者设计人奖金。一项发明专利的奖金最低不少于4000元；一项实用新型专利或者外观设计专利的奖金最低不少于1500元。

由于发明人或者设计人的建议被其所属单位采纳而完成的发明创造，被授予专利权的单位应当从优发给奖金。

第九十四条 被授予专利权的单位未与发明人、设计人约定也未在其依法制定的规章制度中规定专利法第十五条规定的报酬的方式和数额的，应当依照《中华人民共和国促进科技成果转化法》的规定，给予发明人或者设计人合理的报酬。

第八章 专利权的保护

第九十五条 省、自治区、直辖市人民政府管理专利工作的部门以及专利管理工作量大又有实际处理能力的地级市、自治州、盟、地区和直辖市的区人民政府管理专利工作的部门，可以处理和调解专利纠纷。

第九十六条 有下列情形之一的，属于专利法第七十条所称的在全国有重大影响的专利侵权纠纷：

（一）涉及重大公共利益的；

（二）对行业发展有重大影响的；

（三）跨省、自治区、直辖市区域的重大案件；

（四）国务院专利行政部门认为可能有重大影响的其他情形。

专利权人或者利害关系人请求国务院专利行政部门处理专利侵权纠纷，相关案件不属于在全国有重大影响的专利侵权纠纷的，国务院专利行政部门可以指定有管辖权的地方人民政府管理专利工作的部门处理。

第九十七条 当事人请求处理专利侵权纠纷或者调解专利纠纷的，由被请求人所在地或者侵权行为地的管理专利工作的部门管辖。

两个以上管理专利工作的部门都有管辖权的专利纠纷，当事人可以向其中一个管理专利工作的部门提出请求；当事人向两个以上有管辖权的管理专利工作的部门提出请求的，由最先受理的管理专利工作的部门管辖。

管理专利工作的部门对管辖权发生争议的，由其共同的上级人民政府管理专利工作的部门指定管辖；无共同上级人民政府管理专利工作的部门的，由国务院专利行政部门指定管辖。

第九十八条　在处理专利侵权纠纷过程中，被请求人提出无效宣告请求并被国务院专利行政部门受理的，可以请求管理专利工作的部门中止处理。

管理专利工作的部门认为被请求人提出的中止理由明显不能成立的，可以不中止处理。

第九十九条　专利权人依照专利法第十六条的规定，在其专利产品或者该产品的包装上标明专利标识的，应当按照国务院专利行政部门规定的方式予以标明。

专利标识不符合前款规定的，由县级以上负责专利执法的部门责令改正。

第一百条　申请人或者专利权人违反本细则第十一条、第八十八条规定的，由县级以上负责专利执法的部门予以警告，可以处10万元以下的罚款。

第一百零一条　下列行为属于专利法第六十八条规定的假冒专利的行为：

（一）在未被授予专利权的产品或者其包装上标注专利标识，专利权被宣告无效后或者终止后继续在产品或者其包装上标注专利标识，或者未经许可在产品或者产品包装上标注他人的专利号；

（二）销售第（一）项所述产品；

（三）在产品说明书等材料中将未被授予专利权的技术或者设计称为专利技术或者专利设计，将专利申请称为专利，或者未经许可使用他人的专利号，使公众将所涉及的技术或者设计误认为是专利技术或者专利设计；

（四）伪造或者变造专利证书、专利文件或者专利申请文件；

（五）其他使公众混淆，将未被授予专利权的技术或者设计误认为是专利技术或者专利设计的行为。

专利权终止前依法在专利产品、依照专利方法直接获得的产品或者其包装上标注专利标识，在专利权终止后许诺销售、销售该产品的，不属于假冒专利行为。

销售不知道是假冒专利的产品，并且能够证明该产品合法来源的，由县级以上负责专利执法的部门责令停止销售。

第一百零二条　除专利法第六十五条规定的外，管理专利工作的部门应当事人请求，可以对下列专利纠纷进行调解：

（一）专利申请权和专利权归属纠纷；

（二）发明人、设计人资格纠纷；

（三）职务发明创造的发明人、设计人的奖励和报酬纠纷；

（四）在发明专利申请公布后专利权授予前使用发明而未支付适当费用的纠纷；

（五）其他专利纠纷。

对于前款第（四）项所列的纠纷，当事人请求管理专利工作的部门调解的，应当在专利权被授予之后提出。

第一百零三条　当事人因专利申请权或者专利权的归属发生纠纷，已请求管理专利工作的部门调解或者向人民法院起诉的，可以请求国务院专利行政部门中止有关程序。

依照前款规定请求中止有关程序的，应当向国务院专利行政部门提交请求书，说明理由，并附具管理专利工作的部门或者人民法院的写明申请号或者专利号的有关受理文件副本。国务院专利行政部门认为当事人提出的中止理由明显不能成立的，可以不中止有关程序。

管理专利工作的部门作出的调解书或者人民法院作出的判决生效后，当事人应当向国务院专利行政部门办理恢复有关程序的手续。自请求中止之日起1年内，有关专利申请权或者专利权归属的纠纷未能结案，需要继续中止有关程序的，请求人应当在该期限内请求延长中止。期满未请求延长的，国务院专利行政部门自行恢复有关程序。

第一百零四条　人民法院在审理民事案件中裁定对专利申请权或者专利权采取保全措施的，国务院专利行政部门应当在收到写明申请号或者专利号的裁定书和协助执行通知书之日中止被保全的专利申请权或者专利权的有关程序。保全期限届满，人民法院没有裁定继续采取保全措施的，国务院专利行政部门自行恢复有关程序。

第一百零五条　国务院专利行政部门根据本细则第一百零三条和第一百零四条规定中止有关程序，是指暂停专利申请的初步审查、实质审查、复审程序，授予专利权程序和专利权无效宣告程序；暂停办理放弃、变更、转移专利权或者专利申请权手续，专利权质押手续以及专利权期限届满前的终止手续等。

第九章　专利登记和专利公报

第一百零六条　国务院专利行政部门设置专利

登记簿，登记下列与专利申请和专利权有关的事项：

（一）专利权的授予；

（二）专利申请权、专利权的转移；

（三）专利权的质押、保全及其解除；

（四）专利实施许可合同的备案；

（五）国防专利、保密专利的解密；

（六）专利权的无效宣告；

（七）专利权的终止；

（八）专利权的恢复；

（九）专利权期限的补偿；

（十）专利实施的开放许可；

（十一）专利实施的强制许可；

（十二）专利权人的姓名或者名称、国籍和地址的变更。

第一百零七条 国务院专利行政部门定期出版专利公报，公布或者公告下列内容：

（一）发明专利申请的著录事项和说明书摘要；

（二）发明专利申请的实质审查请求和国务院专利行政部门对发明专利申请自行进行实质审查的决定；

（三）发明专利申请公布后的驳回、撤回、视为撤回、视为放弃、恢复和转移；

（四）专利权的授予以及专利权的著录事项；

（五）实用新型专利的说明书摘要，外观设计专利的一幅图片或者照片；

（六）国防专利、保密专利的解密；

（七）专利权的无效宣告；

（八）专利权的终止、恢复；

（九）专利权期限的补偿；

（十）专利权的转移；

（十一）专利实施许可合同的备案；

（十二）专利权的质押、保全及其解除；

（十三）专利实施的开放许可事项；

（十四）专利实施的强制许可的给予；

（十五）专利权人的姓名或者名称、国籍和地址的变更；

（十六）文件的公告送达；

（十七）国务院专利行政部门作出的更正；

（十八）其他有关事项。

第一百零八条 国务院专利行政部门应当提供专利公报、发明专利申请单行本以及发明专利、实用新型专利、外观设计专利单行本，供公众免费查阅。

第一百零九条 国务院专利行政部门负责按照互惠原则与其他国家、地区的专利机关或者区域性专利组织交换专利文献。

第十章 费 用

第一百一十条 向国务院专利行政部门申请专利和办理其他手续时，应当缴纳下列费用：

（一）申请费、申请附加费、公布印刷费、优先权要求费；

（二）发明专利申请实质审查费、复审费；

（三）年费；

（四）恢复权利请求费、延长期限请求费；

（五）著录事项变更费、专利权评价报告请求费、无效宣告请求费、专利文件副本证明费。

前款所列各种费用的缴纳标准，由国务院发展改革部门、财政部门会同国务院专利行政部门按照职责分工规定。国务院财政部门、发展改革部门可以会同国务院专利行政部门根据实际情况对申请专利和办理其他手续应当缴纳的费用种类和标准进行调整。

第一百一十一条 专利法和本细则规定的各种费用，应当严格按照规定缴纳。

直接向国务院专利行政部门缴纳费用的，以缴纳当日为缴费日；以邮局汇付方式缴纳费用的，以邮局汇出的邮戳日为缴费日；以银行汇付方式缴纳费用的，以银行实际汇出日为缴费日。

多缴、重缴、错缴专利费用的，当事人可以自缴费日起3年内，向国务院专利行政部门提出退款请求，国务院专利行政部门应当予以退还。

第一百一十二条 申请人应当自申请日起2个月内或者在收到受理通知书之日起15日内缴纳申请费、公布印刷费和必要的申请附加费；期满未缴纳或者未缴足的，其申请视为撤回。

申请人要求优先权的，应当在缴纳申请费的同时缴纳优先权要求费；期满未缴纳或者未缴足的，视为未要求优先权。

第一百一十三条 当事人请求实质审查或者复审的，应当在专利法及本细则规定的相关期限内缴纳费用；期满未缴纳或者未缴足的，视为未提出请求。

第一百一十四条 申请人办理登记手续时，应当缴纳授予专利权当年的年费；期满未缴纳或者未缴足的，视为未办理登记手续。

第一百一十五条 授予专利权当年以后的年费

应当在上一年度期满前缴纳。专利权人未缴纳或者未缴足的，国务院专利行政部门应当通知专利权人自应当缴纳年费期满之日起6个月内补缴，同时缴纳滞纳金；滞纳金的金额按照每超过规定的缴费时间1个月，加收当年全额年费的5%计算；期满未缴纳的，专利权自应当缴纳年费期满之日起终止。

第一百一十六条　恢复权利请求费应当在本细则规定的相关期限内缴纳；期满未缴纳或者未缴足的，视为未提出请求。

延长期限请求费应当在相应期限届满之日前缴纳；期满未缴纳或者未缴足的，视为未提出请求。

著录事项变更费、专利权评价报告请求费、无效宣告请求费应当自提出请求之日起1个月内缴纳；期满未缴纳或者未缴足的，视为未提出请求。

第一百一十七条　申请人或者专利权人缴纳本细则规定的各种费用有困难的，可以按照规定向国务院专利行政部门提出减缴的请求。减缴的办法由国务院财政部门会同国务院发展改革部门、国务院专利行政部门规定。

第十一章　关于发明、实用新型国际申请的特别规定

第一百一十八条　国务院专利行政部门根据专利法第十九条规定，受理按照专利合作条约提出的专利国际申请。

按照专利合作条约提出并指定中国的专利国际申请（以下简称国际申请）进入国务院专利行政部门处理阶段（以下称进入中国国家阶段）的条件和程序适用本章的规定；本章没有规定的，适用专利法及本细则其他各章的有关规定。

第一百一十九条　按照专利合作条约已确定国际申请日并指定中国的国际申请，视为向国务院专利行政部门提出的专利申请，该国际申请日视为专利法第二十八条所称的申请日。

第一百二十条　国际申请的申请人应当在专利合作条约第二条所称的优先权日（本章简称优先权日）起30个月内，向国务院专利行政部门办理进入中国国家阶段的手续；申请人未在该期限内办理该手续的，在缴纳宽限费后，可以在自优先权日起32个月内办理进入中国国家阶段的手续。

第一百二十一条　申请人依照本细则第一百二十条的规定办理进入中国国家阶段的手续的，应当符合下列要求：

（一）以中文提交进入中国国家阶段的书面声明，写明国际申请号和要求获得的专利权类型；

（二）缴纳本细则第一百一十条第一款规定的申请费、公布印刷费，必要时缴纳本细则第一百二十条规定的宽限费；

（三）国际申请以外文提出的，提交原始国际申请的说明书和权利要求书的中文译文；

（四）在进入中国国家阶段的书面声明中写明发明创造的名称，申请人姓名或者名称、地址和发明人的姓名，上述内容应当与世界知识产权组织国际局（以下简称国际局）的记录一致；国际申请中未写明发明人的，在上述声明中写明发明人的姓名；

（五）国际申请以外文提出的，提交摘要的中文译文，有附图和摘要附图的，提交附图副本并指定摘要附图，附图中有文字的，将其替换为对应的中文文字；

（六）在国际阶段向国际局已办理申请人变更手续的，必要时提供变更后的申请人享有申请权的证明材料；

（七）必要时缴纳本细则第一百一十条第一款规定的申请附加费。

符合本条第一款第（一）项至第（三）项要求的，国务院专利行政部门应当给予申请号，明确国际申请进入中国国家阶段的日期（以下简称进入日），并通知申请人其国际申请已进入中国国家阶段。

国际申请已进入中国国家阶段，但不符合本条第一款第（四）项至第（七）项要求的，国务院专利行政部门应当通知申请人在指定期限内补正；期满未补正的，其申请视为撤回。

第一百二十二条　国际申请有下列情形之一的，其在中国的效力终止：

（一）在国际阶段，国际申请被撤回或者被视为撤回，或者国际申请对中国的指定被撤回的；

（二）申请人未在优先权日起32个月内按照本细则第一百二十条规定办理进入中国国家阶段手续的；

（三）申请人办理进入中国国家阶段的手续，但自优先权日起32个月期限届满仍不符合本细则第一百二十一条第（一）项至第（三）项要求的。

依照前款第（一）项的规定，国际申请在中国的效力终止的，不适用本细则第六条的规定；依照前款第（二）项、第（三）项的规定，国际申请在中国的效力终止的，不适用本细则第六条第二款的

规定。

第一百二十三条 国际申请在国际阶段作过修改，申请人要求以经修改的申请文件为基础进行审查的，应当自进入日起2个月内提交修改部分的中文译文。在该期间内未提交中文译文的，对申请人在国际阶段提出的修改，国务院专利行政部门不予考虑。

第一百二十四条 国际申请涉及的发明创造有专利法第二十四条第（二）项或者第（三）项所列情形之一，在提出国际申请时作过声明的，申请人应当在进入中国国家阶段的书面声明中予以说明，并自进入日起2个月内提交本细则第三十三条第三款规定的有关证明文件；未予说明或者期满未提交证明文件的，其申请不适用专利法第二十四条的规定。

第一百二十五条 申请人按照专利合作条约的规定，对生物材料样品的保藏已作出说明的，视为已经满足了本细则第二十七条第（三）项的要求。申请人应当在进入中国国家阶段声明中指明记载生物材料样品保藏事项的文件以及在该文件中的具体记载位置。

申请人在原始提交的国际申请的说明书中已记载生物材料样品保藏事项，但是没有在进入中国国家阶段声明中指明的，应当自进入日起4个月内补正。期满未补正的，该生物材料视为未提交保藏。

申请人自进入日起4个月内向国务院专利行政部门提交生物材料样品保藏证明和存活证明的，视为在本细则第二十七条第（一）项规定的期限内提交。

第一百二十六条 国际申请涉及的发明创造依赖遗传资源完成的，申请人应当在国际申请进入中国国家阶段的书面声明中予以说明，并填写国务院专利行政部门制定的表格。

第一百二十七条 申请人在国际阶段已要求一项或者多项优先权，在进入中国国家阶段时该优先权要求继续有效的，视为已经依照专利法第三十条的规定提出了书面声明。

申请人应当自进入日起2个月内缴纳优先权要求费；期满未缴纳或者未缴足的，视为未要求该优先权。

申请人在国际阶段已依照专利合作条约的规定，提交过在先申请文件副本的，办理进入中国国家阶段手续时不需要向国务院专利行政部门提交在先申请文件副本。申请人在国际阶段未提交在先申请文件副本的，国务院专利行政部门认为必要时，可以通知申请人在指定期限内补交；申请人期满未补交的，其优先权要求视为未提出。

第一百二十八条 国际申请的申请日在优先权期限届满之后2个月内，在国际阶段受理局已经批准恢复优先权的，视为已经依照本细则第三十六条的规定提出了恢复优先权请求；在国际阶段申请人未请求恢复优先权，或者提出了恢复优先权请求但受理局未批准，申请人有正当理由的，可以自进入日起2个月内向国务院专利行政部门请求恢复优先权。

第一百二十九条 在优先权日起30个月期满前要求国务院专利行政部门提前处理和审查国际申请的，申请人除应当办理进入中国国家阶段手续外，还应当依照专利合作条约第二十三条第二款规定提出请求。国际局尚未向国务院专利行政部门传送国际申请的，申请人应当提交经确认的国际申请副本。

第一百三十条 要求获得实用新型专利权的国际申请，申请人可以自进入日起2个月内对专利申请文件主动提出修改。

要求获得发明专利权的国际申请，适用本细则第五十七条第一款的规定。

第一百三十一条 申请人发现提交的说明书、权利要求书或者附图中的文字的中文译文存在错误的，可以在下列规定期限内依照原始国际申请文本提出改正：

（一）在国务院专利行政部门做好公布发明专利申请或者公告实用新型专利权的准备工作之前；

（二）在收到国务院专利行政部门发出的发明专利申请进入实质审查阶段通知书之日起3个月内。

申请人改正译文错误的，应当提出书面请求并缴纳规定的译文改正费。

申请人按照国务院专利行政部门的通知书的要求改正译文的，应当在指定期限内办理本条第二款规定的手续；期满未办理规定手续的，该申请视为撤回。

第一百三十二条 对要求获得发明专利权的国际申请，国务院专利行政部门经初步审查认为符合专利法和本细则有关规定的，应当在专利公报上予以公布；国际申请以中文以外的文字提出的，应当公布申请文件的中文译文。

要求获得发明专利权的国际申请，由国际局以中文进行国际公布的，自国际公布日或者国务院专利行政部门公布之日起适用专利法第十三条的规定；由国际局以中文以外的文字进行国际公布的，自国务院专利行政部门公布之日起适用专利法第十三条的规定。

对国际申请，专利法第二十一条和第二十二条中所称的公布是指本条第一款所规定的公布。

第一百三十三条　国际申请包含两项以上发明或者实用新型的，申请人可以自进入日起，依照本细则第四十八条第一款的规定提出分案申请。

在国际阶段，国际检索单位或者国际初步审查单位认为国际申请不符合专利合作条约规定的单一性要求时，申请人未按照规定缴纳附加费，导致国际申请某些部分未经国际检索或者未经国际初步审查，在进入中国国家阶段时，申请人要求将所述部分作为审查基础，国务院专利行政部门认为国际检索单位或者国际初步审查单位对发明单一性的判断正确的，应当通知申请人在指定期限内缴纳单一性恢复费。期满未缴纳或者未足额缴纳的，国际申请中未经检索或者未经国际初步审查的部分视为撤回。

第一百三十四条　国际申请在国际阶段被有关国际单位拒绝给予国际申请日或者宣布视为撤回的，申请人在收到通知之日起2个月内，可以请求国际局将国际申请档案中任何文件的副本转交国务院专利行政部门，并在该期限内向国务院专利行政部门办理本细则第一百二十条规定的手续，国务院专利行政部门应当在接到国际局传送的文件后，对国际单位作出的决定是否正确进行复查。

第一百三十五条　基于国际申请授予的专利权，由于译文错误，致使依照专利法第六十四条规定确定的保护范围超出国际申请的原文所表达的范围的，以依据原文限制后的保护范围为准；致使保护范围小于国际申请的原文所表达的范围的，以授权时的保护范围为准。

第十二章　关于外观设计国际申请的特别规定

第一百三十六条　国务院专利行政部门根据专利法第十九条第二款、第三款规定，处理按照工业品外观设计国际注册海牙协定（1999年文本）（以下简称海牙协定）提出的外观设计国际注册申请。

国务院专利行政部门处理按照海牙协定提出并指定中国的外观设计国际注册申请（简称外观设计国际申请）的条件和程序适用本章的规定；本章没有规定的，适用专利法及本细则其他各章的有关规定。

第一百三十七条　按照海牙协定已确定国际注册日并指定中国的外观设计国际申请，视为向国务院专利行政部门提出的外观设计专利申请，该国际注册日视为专利法第二十八条所称的申请日。

第一百三十八条　国际局公布外观设计国际申请后，国务院专利行政部门对外观设计国际申请进行审查，并将审查结果通知国际局。

第一百三十九条　国际局公布的外观设计国际申请中包括一项或者多项优先权的，视为已经依照专利法第三十条的规定提出了书面声明。

外观设计国际申请的申请人要求优先权的，应当自外观设计国际申请公布之日起3个月内提交在先申请文件副本。

第一百四十条　外观设计国际申请涉及的外观设计有专利法第二十四条第（二）项或者第（三）项所列情形的，应当在提出外观设计国际申请时声明，并自外观设计国际申请公布之日起2个月内提交本细则第三十三条第三款规定的有关证明文件。

第一百四十一条　一件外观设计国际申请包括两项以上外观设计的，申请人可以自外观设计国际申请公布之日起2个月内，向国务院专利行政部门提出分案申请，并缴纳费用。

第一百四十二条　国际局公布的外观设计国际申请中包括含设计要点的说明书的，视为已经依照本细则第三十一条的规定提交了简要说明。

第一百四十三条　外观设计国际申请经国务院专利行政部门审查后没有发现驳回理由的，由国务院专利行政部门作出给予保护的决定，通知国际局。

国务院专利行政部门作出给予保护的决定后，予以公告，该外观设计专利权自公告之日起生效。

第一百四十四条　已在国际局办理权利变更手续的，申请人应当向国务院专利行政部门提供有关证明材料。

第十三章　附　　则

第一百四十五条　经国务院专利行政部门同意，任何人均可以查阅或者复制已经公布或者公告的专利申请的案卷和专利登记簿，并可以请求国务院专利行政部门出具专利登记簿副本。

已视为撤回、驳回和主动撤回的专利申请的案卷，自该专利申请失效之日起满2年后不予保存。

已放弃、宣告全部无效和终止的专利权的案卷，自该专利权失效之日起满3年后不予保存。

第一百四十六条 向国务院专利行政部门提交申请文件或者办理各种手续，应当由申请人、专利权人、其他利害关系人或者其代表人签字或者盖章；委托专利代理机构的，由专利代理机构盖章。

请求变更发明人姓名、专利申请人和专利权人的姓名或者名称、国籍和地址、专利代理机构的名称、地址和专利代理师姓名的，应当向国务院专利行政部门办理著录事项变更手续，必要时应当提交变更理由的证明材料。

第一百四十七条 向国务院专利行政部门邮寄有关申请或者专利权的文件，应当使用挂号信函，不得使用包裹。

除首次提交专利申请文件外，向国务院专利行政部门提交各种文件、办理各种手续的，应当标明申请号或者专利号、发明创造名称和申请人或者专利权人姓名或者名称。

一件信函中应当只包含同一申请的文件。

第一百四十八条 国务院专利行政部门根据专利法和本细则制定专利审查指南。

第一百四十九条 本细则自2001年7月1日起施行。1992年12月12日国务院批准修订、1992年12月21日中国专利局发布的《中华人民共和国专利法实施细则》同时废止。

行政规章及规范性文件：

专利优先审查管理办法

国家知识产权局令第76号

《专利优先审查管理办法》已经局务会审议通过，现予公布，自2017年8月1日起施行。

局长　申长雨

2017年6月27日

第一条 为了促进产业结构优化升级，推进国家知识产权战略实施和知识产权强国建设，服务创新驱动发展，完善专利审查程序，根据《中华人民共和国专利法》和《中华人民共和国专利法实施细则》（以下简称专利法实施细则）的有关规定，制定本办法。

第二条 下列专利申请或者案件的优先审查适用本办法：

（一）实质审查阶段的发明专利申请；

（二）实用新型和外观设计专利申请；

（三）发明、实用新型和外观设计专利申请的复审；

（四）发明、实用新型和外观设计专利的无效宣告。

依据国家知识产权局与其他国家或者地区专利审查机构签订的双边或者多边协议开展优先审查的，按照有关规定处理，不适用本办法。

第三条 有下列情形之一的专利申请或者专利复审案件，可以请求优先审查：

（一）涉及节能环保、新一代信息技术、生物、高端装备制造、新能源、新材料、新能源汽车、智能制造等国家重点发展产业；

（二）涉及各省级和设区的市级人民政府重点鼓励的产业；

（三）涉及互联网、大数据、云计算等领域且技术或者产品更新速度快；

（四）专利申请人或者复审请求人已经做好实施准备或者已经开始实施，或者有证据证明他人正在实施其发明创造；

（五）就相同主题首次在中国提出专利申请又向其他国家或者地区提出申请的该中国首次申请；

（六）其他对国家利益或者公共利益具有重大意义需要优先审查。

第四条 有下列情形之一的无效宣告案件，可以请求优先审查：

（一）针对无效宣告案件涉及的专利发生侵权纠纷，当事人已请求地方知识产权局处理、向人民法院起诉或者请求仲裁调解组织仲裁调解；

（二）无效宣告案件涉及的专利对国家利益或者公共利益具有重大意义。

第五条 对专利申请、专利复审案件提出优先审查请求，应当经全体申请人或者全体复审请求人同意；对无效宣告案件提出优先审查请求，应当经无效宣告请求人或者全体专利权人同意。

处理、审理涉案专利侵权纠纷的地方知识产权局、人民法院或者仲裁调解组织可以对无效宣告案件提出优先审查请求。

第六条 对专利申请、专利复审案件、无效宣告案件进行优先审查的数量，由国家知识产权局根据不同专业技术领域的审查能力、上一年度专利授权量以及本年度待审案件数量等情况确定。

第七条　请求优先审查的专利申请或者专利复审案件应当采用电子申请方式。

第八条　申请人提出发明、实用新型、外观设计专利申请优先审查请求的，应当提交优先审查请求书、现有技术或者现有设计信息材料和相关证明文件；除本办法第三条第五项的情形外，优先审查请求书应当由国务院相关部门或者省级知识产权局签署推荐意见。

当事人提出专利复审、无效宣告案件优先审查请求的，应当提交优先审查请求书和相关证明文件；除在实质审查或者初步审查程序中已经进行优先审查的专利复审案件外，优先审查请求书应当由国务院相关部门或者省级知识产权局签署推荐意见。

地方知识产权局、人民法院、仲裁调解组织提出无效宣告案件优先审查请求的，应当提交优先审查请求书并说明理由。

第九条　国家知识产权局受理和审核优先审查请求后，应当及时将审核意见通知优先审查请求人。

第十条　国家知识产权局同意进行优先审查的，应当自同意之日起，在以下期限内结案：

（一）发明专利申请在四十五日内发出第一次审查意见通知书，并在一年内结案；

（二）实用新型和外观设计专利申请在两个月内结案；

（三）专利复审案件在七个月内结案；

（四）发明和实用新型专利无效宣告案件在五个月内结案，外观设计专利无效宣告案件在四个月内结案。

第十一条　对于优先审查的专利申请，申请人应当尽快作出答复或者补正。申请人答复发明专利审查意见通知书的期限为通知书发文日起两个月，申请人答复实用新型和外观设计专利审查意见通知书的期限为通知书发文日起十五日。

第十二条　对于优先审查的专利申请，有下列情形之一的，国家知识产权局可以停止优先审查程序，按普通程序处理，并及时通知优先审查请求人：

（一）优先审查请求获得同意后，申请人根据专利法实施细则第五十一条第一、二款对申请文件提出修改；

（二）申请人答复期限超过本办法第十一条规定的期限；

（三）申请人提交虚假材料；

（四）在审查过程中发现为非正常专利申请。

第十三条　对于优先审查的专利复审或者无效宣告案件，有下列情形之一的，专利复审委员会可以停止优先审查程序，按普通程序处理，并及时通知优先审查请求人：

（一）复审请求人延期答复；

（二）优先审查请求获得同意后，无效宣告请求人补充证据和理由；

（三）优先审查请求获得同意后，专利权人以删除以外的方式修改权利要求书；

（四）专利复审或者无效宣告程序被中止；

（五）案件审理依赖于其他案件的审查结论；

（六）疑难案件，并经专利复审委员会主任批准。

第十四条　本办法由国家知识产权局负责解释。

第十五条　本办法自2017年8月1日起施行。2012年8月1日起施行的《发明专利申请优先审查管理办法》同时废止。

国家认监委、国家知识产权局关于联合发布《知识产权认证管理办法》的公告

国家认监委、国家知识产权局公告2018年第5号

根据《中华人民共和国认证认可条例》《认证机构管理办法》，国家认监委、国家知识产权局联合制定了《知识产权认证管理办法》，现予以发布。

国家认监委
国家知识产权局
2018年2月11日

第一章　总　　则

第一条　为了规范知识产权认证活动，提高其有效性，加强监督管理，根据《中华人民共和国专利法》《中华人民共和国商标法》《中华人民共和国著作权法》《中华人民共和国认证认可条例》《认证机构管理办法》等法律、行政法规以及部门规章的规定，制定本办法。

第二条　本办法所称知识产权认证，是指由认证机构证明法人或者其他组织的知识产权管理体系、知识产权服务符合相关国家标准或者技术规范

的合格评定活动。

第三条 知识产权认证包括知识产权管理体系认证和知识产权服务认证。

知识产权管理体系认证是指由认证机构证明法人或者其他组织的内部知识产权管理体系符合相关国家标准或者技术规范要求的合格评定活动。

知识产权服务认证是指由认证机构证明法人或者其他组织提供的知识产权服务符合相关国家标准或者技术规范要求的合格评定活动。

第四条 国家认证认可监督管理委员会（以下简称国家认监委）、国家知识产权局按照统一管理、分工协作、共同实施的原则，制定、调整和发布认证目录、认证规则，并组织开展认证监督管理工作。

第五条 知识产权认证坚持政府引导、市场驱动，实行目录式管理。

第六条 国家鼓励法人或者其他组织通过开展知识产权认证提高其知识产权管理水平或者知识产权服务能力。

第七条 知识产权认证采用统一的认证标准、技术规范和认证规则，使用统一的认证标志。

第八条 在中华人民共和国境内从事知识产权认证及其监督管理适用本办法。

第二章 认证机构和认证人员

第九条 从事知识产权认证的机构（以下简称认证机构）应当依法设立，符合《中华人民共和国认证认可条例》、《认证机构管理办法》规定的条件，具备从事知识产权认证活动的相关专业能力要求，并经国家认监委批准后，方可从事批准范围内的认证活动。

国家认监委在批准认证机构资质时，涉及知识产权专业领域问题的，可以征求国家知识产权局意见。

第十条 认证机构可以设立分支机构、办事机构，并自设立之日起30日之内向国家认监委和国家知识产权局报送相关信息。

第十一条 认证机构从事认证审核（审查）的人员应当为专职认证人员，满足从事知识产权认证活动所需的相关知识与技能要求，并符合国家认证人员职业资格的相关要求。

第三章 行为规范

第十二条 认证机构应当建立风险防范机制，对其从事认证活动可能引发的风险和责任，采取合理、有效的防范措施。

第十三条 认证机构不得从事与其认证工作相关的咨询、代理、培训、信息分析等服务以及产品开发和营销等活动，不得与认证咨询机构和认证委托人在资产、管理或者人员上存在利益关系。

第十四条 认证机构及其认证人员对其从业活动中所知悉的国家秘密、商业秘密和技术秘密负有保密义务。

第十五条 认证机构应当履行以下职责：

（一）在批准范围内开展认证工作；

（二）对获得认证的委托人出具认证证书，允许其使用认证标志；

（三）对认证证书、认证标志的使用情况进行跟踪检查；

（四）对认证的持续符合性进行监督审核；

（五）受理有关的认证申诉和投诉。

第十六条 认证机构应当建立保证认证活动规范有效的内部管理、制约、监督和责任机制，并保证其持续有效。

第十七条 认证机构应当对分支机构实施有效管理，规范其认证活动，并对其认证活动承担相应责任。

分支机构应当建立与认证机构相同的管理、制约、监督和责任机制。

第十八条 认证机构应当依照《认证机构管理办法》的规定，公布并向国家认监委报送相关信息。

前款规定的信息同时报送国家知识产权局。

第十九条 认证机构应当建立健全人员管理制度以及人员能力准则，对所有实施审核（审查）和认证决定等认证活动的人员进行能力评价，保证其能力持续符合准则要求。

认证人员应当诚实守信，恪尽职守，规范运作。

第二十条 认证机构及其认证人员应当对认证结果负责并承担相应法律责任。

第四章 认证实施

第二十一条 认证机构从事认证活动，应当按照知识产权认证基本规范、认证规则的规定从事认证活动，作出认证结论，确保认证过程完整、客观、真实，不得增加、减少或者遗漏认证基本规范、认证规则规定的程序要求。

第二十二条 知识产权管理体系认证程序主要包括对法人或者其他组织经营过程中涉及知识产权创造、运用、保护和管理等文件和活动的审核，获证后的监督审核，以及再认证审核。

知识产权服务认证程序主要包括对提供知识产权服务的法人或者其他组织的服务质量特性、服务过程和管理实施评审，获证后监督审查，以及再认证评审。

第二十三条 被知识产权行政管理部门或者其他部门责令停业整顿，或者纳入国家信用信息失信主体名录的认证委托人，认证机构不得向其出具认证证书。

第二十四条 认证机构应当对认证全过程做出完整记录，保留相应认证记录、认证资料，并归档留存。认证记录应当真实、准确，以证实认证活动得到有效实施。

第二十五条 认证机构应当在认证证书有效期内，对认证证书持有人是否持续满足认证要求进行监督审核。初次认证后的第一次监督审核应当在认证决定日期起 12 个月内进行，且两次监督审核间隔不超过 12 个月。每次监督审核内容无须与初次认证相同，但应当在认证证书有效期内覆盖整个体系的审核内容。

认证机构根据监督审核情况做出认证证书保持、暂停或者撤销的决定。

第二十六条 认证委托人对认证机构的认证决定或者处理有异议的，可以向认证机构提出申诉或者投诉。对认证机构处理结果仍有异议的，可以向国家认监委或者国家知识产权局申诉或者投诉。

第五章 认证证书和认证标志

第二十七条 知识产权认证证书（以下简称认证证书）应当包括以下基本内容：

（一）认证委托人的名称和地址；

（二）认证范围；

（三）认证依据的标准或者技术规范；

（四）认证证书编号；

（五）认证类别；

（六）认证证书出具日期和有效期；

（七）认证机构的名称、地址和机构标志；

（八）认证标志；

（九）其他内容。

第二十八条 认证证书有效期为 3 年。

有效期届满需再次认证的，认证证书持有人应当在有效期届满 3 个月前向认证机构申请再认证，再认证的认证程序与初次认证相同。

第二十九条 知识产权认证采用国家推行的统一的知识产权认证标志（以下简称认证标志）。认证标志的样式由基本图案、认证机构识别信息组成。知识产权管理体系认证基本图案见图 1 所示，知识产权服务认证体系的基本图案见图 2 所示，其中 ABCDE 代表机构中文或者英文简称：

图 1 知识产权管理体系认证基本图案

图 2 知识产权服务认证基本图案

第三十条 认证证书持有人应当正确使用认证标志。

认证机构应当按照认证规则的规定，针对不同情形，及时作出认证证书的变更、暂停或者撤销处理决定，且应当采取有效措施，监督认证证书持有人正确使用认证证书和认证标志。

第三十一条 认证机构应当向公众提供查询认证证书有效性的方式。

第三十二条 任何组织和个人不得伪造、变造、冒用、非法买卖和转让认证证书和认证标志。

第六章 监督管理

第三十三条 国家认监委和国家知识产权局建立知识产权认证监管协同机制，对知识产权认证机构实施监督检查，发现违法违规行为的，依照《认证认可条例》、《认证机构管理办法》等法律法规的规定进行查处。

第三十四条 地方各级质量技术监督部门和各

地出入境检验检疫机构（以下统称地方认证监管部门）、地方知识产权行政管理部门依照各自法定职责，建立相应的监管协同机制，对所辖区域内的知识产权认证活动实施监督检查，查处违法违规行为，并及时上报国家认监委和国家知识产权局。

第三十五条 认证机构在资质审批过程中存在弄虚作假、隐瞒真实情况或者不再符合认证机构资质条件的，由国家认监委依法撤销其资质。

第三十六条 认证人员在认证过程中出具虚假认证结论或者认证结果严重失实的，依照国家关于认证人员的相关规定处罚。

第三十七条 认证机构、认证委托人和认证证书持有人应当对认证监管部门实施的监督检查工作予以配合，对有关事项的询问和调查如实提供相关材料和信息。

第三十八条 违反有关认证认可法律法规的违法行为，从其规定予以处罚。

第三十九条 任何组织和个人对知识产权认证违法违规行为，有权向各级认证监管部门、各级知识产权行政管理部门举报。各级认证监管部门、各级知识产权行政管理部门应当及时调查处理，并为举报人保密。

第七章 附 则

第四十条 本办法由国家认监委、国家知识产权局负责解释。

第四十一条 本办法自2018年4月1日起施行。国家认监委和国家知识产权局于2013年11月6日印发的《知识产权管理体系认证实施意见》（国认可联〔2013〕56号）同时废止。

附件：知识产权认证目录（略）

国家知识产权局办公室关于规范知识产权管理体系贯标认证工作的通知

国知办发运字〔2019〕34号

各省、自治区、直辖市、新疆生产建设兵团知识产权局（知识产权管理部门），各有关单位：

推行企业、高等学校、科研组织知识产权管理规范国家标准，加强创新主体知识产权管理体系建设，是持续提升知识产权能力、增强核心竞争力的有效手段。近年来，各地认真贯彻落实《关于全面推行〈企业知识产权管理规范〉国家标准的指导意见》（国知发管字〔2015〕44号），建立健全政策体系，采取奖励补贴等扶持措施，指导企业持续改进知识产权管理体系，并通过引入第三方认证切实推进贯标工作落地见效。目前，全国通过《企业知识产权管理规范》（GB/T 29490－2013）的认证企业达2.6万家，近60%的获证企业认为建立知识产权管理体系提升了企业创新能力、竞争优势和市场收益。《科研组织知识产权管理规范》（GB/T 33250－2016）、《高等学校知识产权管理规范》（GB/T 33251－2016）贯标认证工作正在有序推进，取得了初步成效。

在越来越多的创新主体认同认可知识产权管理体系贯标认证工作的同时，也存在一些亟待解决的突出问题：一方面，贯标认证与企业实际融合不够，知识产权管理体系尚未在企业运行中“生根开花”；贯标流程和认证规则“生搬硬套”，缺乏行业和专业特色；贯标认证辅导咨询和培训服务还不规范，认证审核人员专业能力离企业的实际需求有较大差距。另一方面，部分地方贯标认证扶持政策导向不够精准，导致出现违规套利情况，甚至出现了“咨询机构编本子、认证机构盖章子”的“两张皮”现象。

为认真落实“不忘初心、牢记使命”主题教育总体要求，深化知识产权领域“放管服”改革，加快规范知识产权管理体系贯标认证工作，对发现的问题立行立改，推动知识产权管理体系高质量运行，坚守做好知识产权贯标认证工作的初心和底线。现就有关要求通知如下。

一、强化知识产权贯标认证政策扶持的精准性

（一）突出政策扶持导向。贯标认证的根本目的在于提升企业、高校、院所的知识产权管理能力和水平。各地要聚焦企业、高校和科研组织创新发展需求，积极出台扶持政策，加强精细化管理，充分调动创新主体主动实施知识产权管理规范的积极性，推动政策精准落地。要用足用好扶持政策，在奖励、资助、补贴、创新券等方式的资金奖励政策引导基础上，进一步强化政策“杠杆”效应，始终紧扣企业知识产权管理能力提升，加强工作的系统性，将创新主体通过知识产权管理体系认证作为申报其他知识产权项目的重要条件，推动知识产权认证结果采信与各部门关联政策的协同联动。

（二）明确政策扶持对象。各地要科学合理设立条件，以“择优奖励”为原则，优先奖励创新能力强、知识产权优势明显、管理体系有效运行的企业、高校和科研组织。要引导优秀的认证机构与优质的创新主体有效对接，鼓励认证机构加入高标准认证规则自愿备案名录，对其所认证的创新主体优先奖励。对不符合《知识产权认证管理办法》及认证领域相关规定的，一律不予奖励。

（三）严格政策扶持范围。各地要加强各级政策衔接，防止违规套利，以“不超额奖励”为原则，以奖励认证成本费用为基准，确保创新主体累计所获奖励总额不得高于实际发生认证费用，也不得高于“初次认证、监督审核至再认证”的首个认证周期实际发生的认证费用总额。贯标辅导、咨询等服务费用不予列入奖励范围。

（四）规范工作程序。各地要坚持全程透明、公正公开原则，制定完善奖励工作相关配套措施，认真做好资格审查、信用核查、结果公示、资金发放、监督抽查、绩效评价等环节工作，将奖励政策落实到位。

二、加快提升知识产权领域贯标认证服务能力

（一）加强业务指导上下联动。国家知识产权局指导认证机构结合知识产权领域特点，制定符合知识产权质量效益要求的高标准认证规则，明确认证程序关键要点及责任主体。近期，将组织开展认证机构认证规则自愿备案工作，实行备案机构名录动态管理，定期发布备案名录，地方优先奖励经备案名录内认证机构所认证的创新主体。各地要对照备案的认证规则，对备案机构在认证过程中的行为及相关程序进行抽查。抽查情况应及时向国家局反馈，以作为备案名录动态管理的重要依据。

（二）推动完善认证行业自律。在认证认可行业协会指导下，推动组建知识产权认证行业自律组织，建立健全自律行为准则、管理规范和自我约束等制度，开辟投诉渠道，主动搜集线索证据，实施行业自律监管。积极搭建技术交流平台，开展业务交流活动，提升认证审核能力。

（三）加快推进认证机构专业能力建设。组织编制全国统一的知识产权管理体系认证审核培训教材，开展线上线下形式多样的公益性培训服务。引导认证机构加强自身能力建设，完善组织机构，推行认证机构公开承诺和信息公示制度，进一步健全内部管理体系和规章制度，培养造就一支高素质的知识产权领域认证人才队伍。

三、统一规范知识产权贯标辅导咨询和培训服务

国家局依托现有网络平台资源，组织开发知识产权贯标认证在线课程 APP 等，免费为企业负责人、知识产权管理人员和内审员等提供灵活方便、统一规范的教育培训服务。各地要支持事业单位承担知识产权管理体系贯标认证咨询公益服务。倡导优质的代理机构提升服务能力、拓展服务类型，积极开展公益性贯标认证咨询服务，不断集聚优质资源，为创新主体提供更多高端服务。

四、严厉打击知识产权贯标认证奖励套利行为

各地要对知识产权贯标认证过程中的串通套利行为“零容忍”，积极受理、主动核查各种投诉举报线索，集中查处一批顶风违规的机构，连续曝光一批群众反映强烈、社会影响较坏的典型案例，在近期迅速形成打击高压态势，坚决遏制违法违规苗头。凡公职人员滥用职权、徇私舞弊、为违法行为提供便利的，要依法依规予以追责。对贯标认证对象和机构弄虚作假、骗取奖励的，要追回资金；情节恶劣的，要会同有关部门开展联合惩戒。

请各地即日起全面摸查辖区内各级知识产权贯标认证扶持政策，对照通知要求抓紧建立或调整规范扶持政策。各地要在 2019 年 12 月 15 日前将有关情况以纸件和电子件形式报送我局知识产权运用促进司。

特此通知。

国家知识产权局办公室
2019 年 8 月 30 日

专利代理管理办法

国家市场监督管理总局令第 6 号
（2019 年 4 月 4 日国家市场监督管理总局令第 6 号公布，自 2019 年 5 月 1 日起施行）

第一章　总　　则

第一条　为了规范专利代理行为，保障委托人、专利代理机构以及专利代理师的合法权益，维护专利代理行业的正常秩序，促进专利代理行业健康发展，根据《中华人民共和国专利法》《专利代

理条例》以及其他有关法律、行政法规的规定，制定本办法。

第二条 国家知识产权局和省、自治区、直辖市人民政府管理专利工作的部门依法对专利代理机构和专利代理师进行管理和监督。

第三条 国家知识产权局和省、自治区、直辖市人民政府管理专利工作的部门应当按照公平公正公开、依法有序、透明高效的原则对专利代理执业活动进行检查和监督。

第四条 专利代理机构和专利代理师可以依法成立和参加全国性或者地方性专利代理行业组织。专利代理行业组织是社会团体，是专利代理师的自律性组织。

专利代理行业组织应当制定专利代理行业自律规范，行业自律规范不得与法律、行政法规、部门规章相抵触。专利代理机构、专利代理师应当遵守行业自律规范。

第五条 专利代理机构和专利代理师执业应当遵守法律、行政法规和本办法，恪守职业道德、执业纪律，诚实守信，规范执业，提升专利代理质量，维护委托人的合法权益和专利代理行业正常秩序。

第六条 国家知识产权局和省、自治区、直辖市人民政府管理专利工作的部门可以根据实际情况，通过制定政策、建立机制等措施，支持引导专利代理机构为小微企业以及无收入或者低收入的发明人、设计人提供专利代理援助服务。

鼓励专利代理行业组织和专利代理机构利用自身资源开展专利代理援助工作。

第七条 国家知识产权局和省、自治区、直辖市人民政府管理专利工作的部门应当加强电子政务建设和专利代理公共信息发布，优化专利代理管理系统，方便专利代理机构、专利代理师和公众办理事务、查询信息。

第八条 任何单位、个人未经许可，不得代理专利申请和宣告专利权无效等业务。

第二章　专利代理机构

第九条 专利代理机构的组织形式应当为合伙企业、有限责任公司等。合伙人、股东应当为中国公民。

第十条 合伙企业形式的专利代理机构申请办理执业许可证的，应当具备下列条件：

（一）有符合法律、行政法规和本办法第十四条规定的专利代理机构名称；

（二）有书面合伙协议；

（三）有独立的经营场所；

（四）有两名以上合伙人；

（五）合伙人具有专利代理师资格证，并有两年以上专利代理师执业经历。

第十一条 有限责任公司形式的专利代理机构申请办理执业许可证的，应当具备下列条件：

（一）有符合法律、行政法规和本办法第十四条规定的专利代理机构名称；

（二）有书面公司章程；

（三）有独立的经营场所；

（四）有五名以上股东；

（五）五分之四以上股东以及公司法定代表人具有专利代理师资格证，并有两年以上专利代理师执业经历。

第十二条 律师事务所申请办理执业许可证的，应当具备下列条件：

（一）有独立的经营场所；

（二）有两名以上合伙人或者专职律师具有专利代理师资格证。

第十三条 有下列情形之一的，不得作为专利代理机构的合伙人、股东：

（一）不具有完全民事行为能力；

（二）因故意犯罪受过刑事处罚；

（三）不能专职在专利代理机构工作；

（四）所在专利代理机构解散或者被撤销、吊销执业许可证，未妥善处理各种尚未办结的专利代理业务。

专利代理机构以欺骗、贿赂等不正当手段取得执业许可证，被依法撤销、吊销的，其合伙人、股东、法定代表人自处罚决定作出之日起三年内不得在专利代理机构新任合伙人或者股东、法定代表人。

第十四条 专利代理机构只能使用一个名称。除律师事务所外，专利代理机构的名称中应当含有“专利代理”或者“知识产权代理”等字样。专利代理机构分支机构的名称由专利代理机构全名称、分支机构所在城市名称或者所在地区名称和“分公司”或者“分所”等组成。

专利代理机构的名称不得在全国范围内与正在使用或者已经使用过的专利代理机构的名称相同或者近似。

律师事务所申请办理执业许可证的，可以使用该律师事务所的名称。

第十五条 申请专利代理机构执业许可证的，应当通过专利代理管理系统向国家知识产权局提交申请书和下列申请材料：

（一）合伙企业形式的专利代理机构应当提交营业执照、合伙协议和合伙人身份证件扫描件；

（二）有限责任公司形式的专利代理机构应当提交营业执照、公司章程和股东身份证件扫描件；

（三）律师事务所应当提交律师事务所执业许可证和具有专利代理师资格证的合伙人、专职律师身份证件扫描件。

申请人应当对其申请材料实质内容的真实性负责。必要时，国家知识产权局可以要求申请人提供原件进行核实。法律、行政法规和国务院决定另有规定的除外。

第十六条 申请材料不符合本办法第十五条规定的，国家知识产权局应当自收到申请材料之日起五日内一次告知申请人需要补正的全部内容，逾期未告知的，自收到申请材料之日起视为受理；申请材料齐全、符合法定形式，或者申请人按照要求提交全部补正申请材料的，应当受理该申请。受理或者不予受理申请的，应当书面通知申请人并说明理由。

国家知识产权局应当自受理之日起十日内予以审核，对符合规定条件的，予以批准，向申请人颁发专利代理机构执业许可证；对不符合规定条件的，不予批准，书面通知申请人并说明理由。

第十七条 专利代理机构名称、经营场所、合伙协议或者公司章程、合伙人或者执行事务合伙人、股东或者法定代表人发生变化的，应当自办理企业变更登记之日起三十日内向国家知识产权局申请办理变更手续；律师事务所具有专利代理师资格证的合伙人或者专职律师等事项发生变化的，应当自司法行政部门批准之日起三十日内向国家知识产权局申请办理变更手续。

国家知识产权局应当自申请受理之日起十日内作出相应决定，对符合本办法规定的事项予以变更。

第十八条 专利代理机构在国家知识产权局登记的信息应当与其在市场监督管理部门或者司法行政部门的登记信息一致。

第十九条 专利代理机构解散或者不再办理专利代理业务的，应当在妥善处理各种尚未办结的业务后，向国家知识产权局办理注销专利代理机构执业许可证手续。

专利代理机构注销营业执照，或者营业执照、执业许可证被撤销、吊销的，应当在营业执照注销三十日前或者接到撤销、吊销通知书之日起三十日内通知委托人解除委托合同，妥善处理尚未办结的业务，并向国家知识产权局办理注销专利代理机构执业许可证的手续。未妥善处理全部专利代理业务的，专利代理机构的合伙人、股东不得办理专利代理师执业备案变更。

第二十条 专利代理机构设立分支机构办理专利代理业务的，应当具备下列条件：

（一）办理专利代理业务时间满两年；

（二）有十名以上专利代理师执业，拟设分支机构应当有一名以上专利代理师执业，并且分支机构负责人应当具有专利代理师资格证；

（三）专利代理师不得同时在两个以上的分支机构担任负责人；

（四）设立分支机构前三年内未受过专利代理行政处罚；

（五）设立分支机构时未被列入经营异常名录或者严重违法失信名单。

第二十一条 专利代理机构的分支机构不得以自己的名义办理专利代理业务。专利代理机构应当对其分支机构的执业活动承担法律责任。

第二十二条 专利代理机构设立、变更或者注销分支机构的，应当自完成分支机构相关企业或者司法登记手续之日起三十日内，通过专利代理管理系统向分支机构所在地的省、自治区、直辖市人民政府管理专利工作的部门进行备案。

备案应当填写备案表并上传下列材料：

（一）设立分支机构的，上传分支机构营业执照或者律师事务所分所执业许可证扫描件；

（二）变更分支机构注册事项的，上传变更以后的分支机构营业执照或者律师事务所分所执业许可证扫描件；

（三）注销分支机构的，上传妥善处理完各种事项的说明。

第二十三条 专利代理机构应当建立健全质量管理、利益冲突审查、投诉处理、年度考核等执业管理制度以及人员管理、财务管理、档案管理等运营制度，对专利代理师在执业活动中遵守职业道德、执业纪律的情况进行监督。

专利代理机构的股东应当遵守国家有关规定，恪守专利代理职业道德、执业纪律，维护专利代理行业正常秩序。

第二十四条 专利代理机构通过互联网平台宣传、承接专利代理业务的，应当遵守《中华人民共和国电子商务法》等相关规定。

前款所述专利代理机构应当在首页显著位置持续公示并及时更新专利代理机构执业许可证等信息。

第三章 专利代理师

第二十五条 专利代理机构应当依法按照自愿和协商一致的原则与其聘用的专利代理师订立劳动合同。专利代理师应当受专利代理机构指派承办专利代理业务，不得自行接受委托。

第二十六条 专利代理师执业应当符合下列条件：

（一）具有完全民事行为能力；

（二）取得专利代理师资格证；

（三）在专利代理机构实习满一年，但具有律师执业经历或者三年以上专利审查经历的人员除外；

（四）在专利代理机构担任合伙人、股东，或者与专利代理机构签订劳动合同；

（五）能专职从事专利代理业务。

符合前款所列全部条件之日为执业之日。

第二十七条 专利代理实习人员进行专利代理业务实习，应当接受专利代理机构的指导。

第二十八条 专利代理师首次执业的，应当自执业之日起三十日内通过专利代理管理系统向专利代理机构所在地的省、自治区、直辖市人民政府管理专利工作的部门进行执业备案。

备案应当填写备案表并上传下列材料：

（一）本人身份证件扫描件；

（二）与专利代理机构签订的劳动合同；

（三）实习评价材料。

专利代理师应当对其备案材料实质内容的真实性负责。必要时，省、自治区、直辖市人民政府管理专利工作的部门可以要求提供原件进行核实。

第二十九条 专利代理师从专利代理机构离职的，应当妥善办理业务移交手续，并自离职之日起三十日内通过专利代理管理系统向专利代理机构所在地的省、自治区、直辖市人民政府管理专利工作的部门提交解聘证明等，进行执业备案变更。

专利代理师转换执业专利代理机构的，应当自转换执业之日起三十日内进行执业备案变更，上传与专利代理机构签订的劳动合同或者担任股东、合伙人的证明。

未在规定时间内变更执业备案的，视为逾期未主动履行备案变更手续，省、自治区、直辖市人民政府管理专利工作的部门核实后可以直接予以变更。

第四章 专利代理行业组织

第三十条 专利代理行业组织应当严格行业自律，组织引导专利代理机构和专利代理师依法规范执业，不断提高行业服务水平。

第三十一条 国家知识产权局和省、自治区、直辖市人民政府管理专利工作的部门根据国家有关规定对专利代理行业组织进行监督和管理。

第三十二条 专利代理行业组织应当依法履行下列职责：

（一）维护专利代理机构和专利代理师的合法权益；

（二）制定行业自律规范，加强行业自律，对会员实施考核、奖励和惩戒，及时向社会公布其吸纳的会员信息和对会员的惩戒情况；

（三）组织专利代理机构、专利代理师开展专利代理援助服务；

（四）组织专利代理师实习培训和执业培训，以及职业道德、执业纪律教育；

（五）按照国家有关规定推荐专利代理师担任诉讼代理人；

（六）指导专利代理机构完善管理制度，提升专利代理服务质量；

（七）指导专利代理机构开展实习工作；

（八）开展专利代理行业国际交流；

（九）其他依法应当履行的职责。

第三十三条 专利代理行业组织应当建立健全非执业会员制度，鼓励取得专利代理师资格证的非执业人员参加专利代理行业组织、参与专利代理行业组织事务，加强非执业会员的培训和交流。

第五章 专利代理监管

第三十四条 国家知识产权局组织指导全国的专利代理机构年度报告、经营异常名录和严重违法失信名单的公示工作。

第三十五条 专利代理机构应当按照国家有关规定提交年度报告。年度报告应当包括以下内容：

（一）专利代理机构通信地址、邮政编码、联系电话、电子邮箱等信息；

（二）执行事务合伙人或者法定代表人、合伙人或者股东、专利代理师的姓名，从业人数信息；

（三）合伙人、股东的出资额、出资时间、出资方式等信息；

（四）设立分支机构的信息；

（五）专利代理机构通过互联网等信息网络提供专利代理服务的信息网络平台名称、网址等信息；

（六）专利代理机构办理专利申请、宣告专利权无效、转让、许可、纠纷的行政处理和诉讼、质押融资等业务信息；

（七）专利代理机构资产总额、负债总额、营业总收入、主营业务收入、利润总额、净利润、纳税总额等信息；

（八）专利代理机构设立境外分支机构、其从业人员获得境外专利代理从业资质的信息；

（九）其他应当予以报告的信息。

律师事务所可仅提交其从事专利事务相关的内容。

第三十六条　国家知识产权局以及省、自治区、直辖市人民政府管理专利工作的部门的工作人员应当对专利代理机构年度报告中不予公示的内容保密。

第三十七条　专利代理机构有下列情形之一的，按照国家有关规定列入经营异常名录：

（一）未在规定的期限提交年度报告；

（二）取得专利代理机构执业许可证或者提交年度报告时提供虚假信息；

（三）擅自变更名称、办公场所、执行事务合伙人或者法定代表人、合伙人或者股东；

（四）分支机构设立、变更、注销未按照规定办理备案手续；

（五）不再符合执业许可条件，省、自治区、直辖市人民政府管理专利工作的部门责令其整改，期限届满仍不符合条件；

（六）专利代理机构公示信息与其在市场监督管理部门或者司法行政部门的登记信息不一致；

（七）通过登记的经营场所无法联系。

第三十八条　专利代理机构有下列情形之一的，按照国家有关规定列入严重违法失信名单：

（一）被列入经营异常名录满三年仍未履行相关义务；

（二）受到责令停止承接新的专利代理业务、吊销专利代理机构执业许可证的专利代理行政处罚。

第三十九条　国家知识产权局指导省、自治区、直辖市人民政府管理专利工作的部门对专利代理机构和专利代理师的执业活动情况进行检查、监督。

专利代理机构跨省设立分支机构的，其分支机构应当由分支机构所在地的省、自治区、直辖市人民政府管理专利工作的部门进行检查、监督。该专利代理机构所在地的省、自治区、直辖市人民政府管理专利工作的部门应当予以协助。

第四十条　国家知识产权局和省、自治区、直辖市人民政府管理专利工作的部门应当采取书面检查、实地检查、网络监测等方式对专利代理机构和专利代理师进行检查、监督。

在检查过程中应当随机抽取检查对象，随机选派执法检查人员。发现违法违规情况的，应当及时依法处理，并向社会公布检查、处理结果。对已被列入经营异常名录或者严重违法失信名单的专利代理机构，省、自治区、直辖市人民政府管理专利工作的部门应当进行实地检查。

第四十一条　省、自治区、直辖市人民政府管理专利工作的部门应当重点对下列事项进行检查、监督：

（一）专利代理机构是否符合执业许可条件；

（二）专利代理机构合伙人、股东以及法定代表人是否符合规定；

（三）专利代理机构年度报告的信息是否真实、完整、有效，与其在市场监督管理部门或者司法行政部门公示的信息是否一致；

（四）专利代理机构是否存在本办法第三十七条规定的情形；

（五）专利代理机构是否建立健全执业管理制度和运营制度等情况；

（六）专利代理师是否符合执业条件并履行备案手续；

（七）未取得专利代理执业许可的单位或者个人是否存在擅自开展专利代理业务的违法行为。

第四十二条　省、自治区、直辖市人民政府管理专利工作的部门依法进行检查监督时，应当将检查监督的情况和处理结果予以记录，由检查监督人员签字后归档。

当事人应当配合省、自治区、直辖市人民政府管理专利工作的部门的检查监督，接受询问，如实提供有关情况和材料。

第四十三条 国家知识产权局和省、自治区、直辖市人民政府管理专利工作的部门对存在违法违规行为的机构或者人员，可以进行警示谈话、提出意见，督促及时整改。

第四十四条 国家知识产权局和省、自治区、直辖市人民政府管理专利工作的部门应当督促专利代理机构贯彻实施专利代理相关服务规范，引导专利代理机构提升服务质量。

第四十五条 国家知识产权局应当及时向社会公布专利代理机构执业许可证取得、变更、注销、撤销、吊销等相关信息，以及专利代理师的执业备案、撤销、吊销等相关信息。

国家知识产权局和省、自治区、直辖市人民政府管理专利工作的部门应当及时向社会公示专利代理机构年度报告信息，列入或者移出经营异常名录、严重违法失信名单信息，行政处罚信息，以及对专利代理执业活动的检查情况。行政处罚、检查监督结果纳入国家企业信用信息公示系统向社会公布。

律师事务所、律师受到专利代理行政处罚的，应当由国家知识产权局和省、自治区、直辖市人民政府管理专利工作的部门将信息通报相关司法行政部门。

第六章 专利代理违法行为的处理

第四十六条 任何单位或者个人认为专利代理机构、专利代理师的执业活动违反专利代理管理有关法律、行政法规、部门规章规定，或者认为存在擅自开展专利代理业务情形的，可以向省、自治区、直辖市人民政府管理专利工作的部门投诉和举报。

省、自治区、直辖市人民政府管理专利工作的部门收到投诉和举报后，应当依据市场监督管理投诉举报处理办法、行政处罚程序等有关规定进行调查处理。本办法另有规定的除外。

第四十七条 对具有重大影响的专利代理违法违规行为，国家知识产权局可以协调或者指定有关省、自治区、直辖市人民政府管理专利工作的部门进行处理。对于专利代理违法行为的处理涉及两个以上省、自治区、直辖市人民政府管理专利工作的部门的，可以报请国家知识产权局组织协调处理。

对省、自治区、直辖市人民政府管理专利工作的部门专利代理违法行为处理工作，国家知识产权局依法进行监督。

第四十八条 省、自治区、直辖市人民政府管理专利工作的部门可以依据本地实际，要求下一级人民政府管理专利工作的部门协助处理专利代理违法违规行为；也可以依法委托有实际处理能力的管理公共事务的事业组织处理专利代理违法违规行为。

委托方应当对受托方的行为进行监督和指导，并承担法律责任。

第四十九条 省、自治区、直辖市人民政府管理专利工作的部门应当及时、全面、客观、公正地调查收集与案件有关的证据。可以通过下列方式对案件事实进行调查核实：

（一）要求当事人提交书面意见陈述；

（二）询问当事人；

（三）到当事人所在地进行现场调查，可以调阅有关业务案卷和档案材料；

（四）其他必要、合理的方式。

第五十条 案件调查终结后，省、自治区、直辖市人民政府管理专利工作的部门认为应当对专利代理机构作出责令停止承接新的专利代理业务、吊销执业许可证，或者对专利代理师作出责令停止承办新的专利代理业务、吊销专利代理师资格证行政处罚的，应当及时报送调查结果和处罚建议，提请国家知识产权局处理。

第五十一条 专利代理机构有下列情形之一的，属于《专利代理条例》第二十五条规定的“疏于管理，造成严重后果”的违法行为：

（一）因故意或者重大过失给委托人、第三人利益造成损失，或者损害社会公共利益；

（二）从事非正常专利申请行为，严重扰乱专利工作秩序；

（三）诋毁其他专利代理师、专利代理机构，以不正当手段招揽业务，存在弄虚作假行为，严重扰乱行业秩序，受到有关行政机关处罚；

（四）严重干扰专利审查工作或者专利行政执法工作正常进行；

（五）专利代理师从专利代理机构离职未妥善办理业务移交手续，造成严重后果；

（六）专利代理机构执业许可证信息与市场监督管理部门、司法行政部门的登记信息或者实际情况不一致，未按照要求整改，给社会公众造成重大误解；

（七）分支机构设立、变更、注销不符合规定的条件或者没有按照规定备案，严重损害当事人利益；

（八）默许、指派专利代理师在未经其本人撰写或者审核的专利申请等法律文件上签名，严重损害当事人利益；

（九）涂改、倒卖、出租、出借专利代理机构执业许可证，严重扰乱行业秩序。

第五十二条　有下列情形之一的，属于《专利代理条例》第二十七条规定的"擅自开展专利代理业务"的违法行为：

（一）通过租用、借用等方式利用他人资质开展专利代理业务；

（二）未取得专利代理机构执业许可证或者不符合专利代理师执业条件，擅自代理专利申请、宣告专利权无效等相关业务，或者以专利代理机构、专利代理师的名义招揽业务；

（三）专利代理机构执业许可证或者专利代理师资格证被撤销或者吊销后，擅自代理专利申请、宣告专利权无效等相关业务，或者以专利代理机构、专利代理师的名义招揽业务。

第五十三条　专利代理师对其签名办理的专利代理业务负责。对于非经本人办理的专利事务，专利代理师有权拒绝在相关法律文件上签名。

专利代理师因专利代理质量等原因给委托人、第三人利益造成损失或者损害社会公共利益的，省、自治区、直辖市人民政府管理专利工作的部门可以对签名的专利代理师予以警告。

第五十四条　国家知识产权局按照有关规定，对专利代理领域严重失信主体开展联合惩戒。

第五十五条　法律、行政法规对专利代理机构经营活动违法行为的处理另有规定的，从其规定。

第七章　附　　则

第五十六条　本办法由国家市场监督管理总局负责解释。

第五十七条　本办法中二十日以内期限的规定是指工作日，不含法定节假日。

第五十八条　本办法自2019年5月1日起施行。2015年4月30日国家知识产权局令第70号发布的《专利代理管理办法》、2002年12月12日国家知识产权局令第25号发布的《专利代理惩戒规则（试行）》同时废止。

国家知识产权局关于印发《专利申请集中审查管理办法（试行）》的通知

国知发法字〔2019〕47号

各省、自治区、直辖市、计划单列市、副省级城市、新疆生产建设兵团知识产权局（知识产权管理部门），局机关各部门，专利局各部门，商标局，局其他直属单位、各社会团体，各有关单位：

为落实《国务院关于新形势下加快知识产权强国建设的若干意见》，建立重点优势产业专利申请的集中审查制度，制定《专利申请集中审查管理办法（试行）》，现予印发，请遵照执行。

特此通知。

国家知识产权局

2019年8月30日

专利申请集中审查管理办法（试行）

第一条　为了落实《国务院关于新形势下加快知识产权强国建设的若干意见》（国发〔2015〕71号）要求，支持培育核心专利，加快产业专利布局，推进国家知识产权战略实施和知识产权强国建设，服务创新驱动发展战略，制定本办法。

第二条　集中审查是指为了加强对专利申请组合整体技术的理解，提高审查意见通知书的有效性，提升审查质量和审查效率，国家知识产权局依申请人或省级知识产权管理部门等提出的请求，围绕同一项关键技术的专利申请组合集中进行审查的专利审查模式。

第三条　请求进行集中审查的专利申请应当符合以下条件：

（一）实质审查请求已生效且未开始审查的发明专利申请。对于同一申请人同日对同样的发明创造既申请实用新型专利又申请发明专利的，该发明专利申请暂不纳入集中审查范围。

（二）涉及国家重点优势产业，或对国家利益、公共利益具有重大意义。

（三）同一批次内申请数量不低于50件，且实质审查请求生效时间跨度不超过一年。

（四）未享受过优先审查等其他审查政策。

第四条　提出集中审查的请求人需向国家知识

产权局专利局审查业务管理部（下称“审查业务管理部”）提交集中审查请求材料，材料中应详细说明请求集中审查的具体理由，专利申请清单以及每一件专利申请与专利申请组合的对应关系，全部专利申请人的签字或盖章以及联系人和联系方式。专利申请清单同时还应当提交一份电子件。

第五条 专利申请集中审查工作由审查业务管理部和国家知识产权局专利局审查部门单位（下称“审查部门单位”）共同组织开展。

第六条 审查业务管理部负责集中审查工作的统筹与协调，主要包括以下内容：

（一）对集中审查请求进行受理、审核。

（二）综合考虑申请人需求、案源审序和所属技术领域的审查能力等因素，集中审查的启动时间一般在实审生效已满3个月后，并在案源系统中对集中审查案件进行标记。

（三）组织相关审查部门单位实施集中审查。

（四）其他需要统筹与协调的工作。

第七条 审查部门单位负责案件的集中审查，主要包括以下内容：

（一）成立集中审查工作管理小组，组织协调本部门单位的集中审查工作。

（二）组织审查质量高、经验丰富、责任心强的优秀审查员承担集中审查工作。

（三）根据需要组织开展技术说明会、会晤、调研、巡回审查等。

（四）其他与集中审查有关工作。

第八条 经审批同意进行集中审查的，专利申请人应当积极配合集中审查实施，主要包括以下内容：

（一）根据审查部门单位的要求，提供相关技术资料。

（二）积极配合审查部门单位提出的技术说明会、会晤、调研、巡回审查等。

（三）及时对集中审查开展过程中的问题、经验、效果和价值等情况进行反馈。

（四）其他需要配合的工作。

第九条 正在实施集中审查的专利申请，有下列情形之一的，审查业务管理部或审查部门单位可以终止同批次集中审查程序：

（一）申请人提交虚假材料。

（二）申请人不履行本办法第八条相关义务。

（三）在审查过程中发现存在非正常专利申请。

（四）申请人主动提出终止集中审查程序。

（五）其他应终止集中审查程序的情形。

第十条 本办法由国家知识产权局专利局审查业务管理部负责解释。

第十一条 本办法自公布之日起施行。

国家知识产权局关于印发《商标侵权判断标准》的通知

国知发保字〔2020〕23号

各省、自治区、直辖市及新疆生产建设兵团知识产权局（知识产权管理部门）：

为深入贯彻落实党中央、国务院关于强化知识产权保护的决策部署，加强商标执法指导工作，统一执法标准，提升执法水平，强化商标专用权保护，根据《商标法》、《商标法实施条例》的有关规定，制定《商标侵权判断标准》。现予印发，请遵照执行。各地在执行中遇到的新情况、新问题，请及时报告。

国家知识产权局

2020年6月15日

商标侵权判断标准

第一条 为加强商标执法指导工作，统一执法标准，提升执法水平，强化商标专用权保护，根据《中华人民共和国商标法》（以下简称商标法）、《中华人民共和国商标法实施条例》（以下简称商标法实施条例）以及相关法律法规、部门规章，制定本标准。

第二条 商标执法相关部门在处理、查处商标侵权案件时适用本标准。

第三条 判断是否构成商标侵权，一般需要判断涉嫌侵权行为是否构成商标法意义上的商标的使用。

商标的使用，是指将商标用于商品、商品包装、容器、服务场所以及交易文书上，或者将商标用于广告宣传、展览以及其他商业活动中，用以识别商品或者服务来源的行为。

第四条 商标用于商品、商品包装、容器以及商品交易文书上的具体表现形式包括但不限于：

（一）采取直接贴附、刻印、烙印或者编织等方式将商标附着在商品、商品包装、容器、标签等上，或者使用在商品附加标牌、产品说明书、介绍手册、价目表等上；

（二）商标使用在与商品销售有联系的交易文书上，包括商品销售合同、发票、票据、收据、商品进出口检验检疫证明、报关单据等。

第五条　商标用于服务场所以及服务交易文书上的具体表现形式包括但不限于：

（一）商标直接使用于服务场所，包括介绍手册、工作人员服饰、招贴、菜单、价目表、名片、奖券、办公文具、信笺以及其他提供服务所使用的相关物品上；

（二）商标使用于和服务有联系的文件资料上，如发票、票据、收据、汇款单据、服务协议、维修维护证明等。

第六条　商标用于广告宣传、展览以及其他商业活动中的具体表现形式包括但不限于：

（一）商标使用在广播、电视、电影、互联网等媒体中，或者使用在公开发行的出版物上，或者使用在广告牌、邮寄广告或者其他广告载体上；

（二）商标在展览会、博览会上使用，包括在展览会、博览会上提供的使用商标的印刷品、展台照片、参展证明及其他资料；

（三）商标使用在网站、即时通讯工具、社交网络平台、应用程序等载体上；

（四）商标使用在二维码等信息载体上；

（五）商标使用在店铺招牌、店堂装饰装潢上。

第七条　判断是否为商标的使用应当综合考虑使用人的主观意图、使用方式、宣传方式、行业惯例、消费者认知等因素。

第八条　未经商标注册人许可的情形包括未获得许可或者超出许可的商品或者服务的类别、期限、数量等。

第九条　同一种商品是指涉嫌侵权人实际生产销售的商品名称与他人注册商标核定使用的商品名称相同的商品，或者二者商品名称不同但在功能、用途、主要原料、生产部门、消费对象、销售渠道等方面相同或者基本相同，相关公众一般认为是同种商品。

同一种服务是指涉嫌侵权人实际提供的服务名称与他人注册商标核定使用的服务名称相同的服务，或者二者服务名称不同但在服务的目的、内容、方式、提供者、对象、场所等方面相同或者基本相同，相关公众一般认为是同种服务。

核定使用的商品或者服务名称是指国家知识产权局在商标注册工作中对商品或者服务使用的名称，包括《类似商品和服务区分表》（以下简称区分表）中列出的商品或者服务名称和未在区分表中列出但在商标注册中接受的商品或者服务名称。

第十条　类似商品是指在功能、用途、主要原料、生产部门、消费对象、销售渠道等方面具有一定共同性的商品。

类似服务是指在服务的目的、内容、方式、提供者、对象、场所等方面具有一定共同性的服务。

第十一条　判断是否属于同一种商品或者同一种服务、类似商品或者类似服务，应当在权利人注册商标核定使用的商品或者服务与涉嫌侵权的商品或者服务之间进行比对。

第十二条　判断涉嫌侵权的商品或者服务与他人注册商标核定使用的商品或者服务是否构成同一种商品或者同一种服务、类似商品或者类似服务，参照现行区分表进行认定。

对于区分表未涵盖的商品，应当基于相关公众的一般认识，综合考虑商品的功能、用途、主要原料、生产部门、消费对象、销售渠道等因素认定是否构成同一种或者类似商品；

对于区分表未涵盖的服务，应当基于相关公众的一般认识，综合考虑服务的目的、内容、方式、提供者、对象、场所等因素认定是否构成同一种或者类似服务。

第十三条　与注册商标相同的商标是指涉嫌侵权的商标与他人注册商标完全相同，以及虽有不同但视觉效果或者声音商标的听觉感知基本无差别、相关公众难以分辨的商标。

第十四条　涉嫌侵权的商标与他人注册商标相比较，可以认定与注册商标相同的情形包括：

（一）文字商标有下列情形之一的：

1. 文字构成、排列顺序均相同的；

2. 改变注册商标的字体、字母大小写、文字横竖排列，与注册商标之间基本无差别的；

3. 改变注册商标的文字、字母、数字等之间的间距，与注册商标之间基本无差别的；

4. 改变注册商标颜色，不影响体现注册商标显著特征的；

5. 在注册商标上仅增加商品通用名称、图形、型号等缺乏显著特征内容，不影响体现注册商标显著特征的；

（二）图形商标在构图要素、表现形式等视觉上基本无差别的；

（三）文字图形组合商标的文字构成、图形外观及其排列组合方式相同，商标在整体视觉上基本无差别的；

（四）立体商标中的显著三维标志和显著平面要素相同，或者基本无差别的；

（五）颜色组合商标中组合的颜色和排列的方式相同，或者基本无差别的；

（六）声音商标的听觉感知和整体音乐形象相同，或者基本无差别的；

（七）其他与注册商标在视觉效果或者听觉感知上基本无差别的。

第十五条 与注册商标近似的商标是指涉嫌侵权的商标与他人注册商标相比较，文字商标的字形、读音、含义近似，或者图形商标的构图、着色、外形近似，或者文字图形组合商标的整体排列组合方式和外形近似，或者立体商标的三维标志的形状和外形近似，或者颜色组合商标的颜色或者组合近似，或者声音商标的听觉感知或者整体音乐形象近似等。

第十六条 涉嫌侵权的商标与他人注册商标是否构成近似，参照现行《商标审查及审理标准》关于商标近似的规定进行判断。

第十七条 判断商标是否相同或者近似，应当在权利人的注册商标与涉嫌侵权商标之间进行比对。

第十八条 判断与注册商标相同或者近似的商标时，应当以相关公众的一般注意力和认知力为标准，采用隔离观察、整体比对和主要部分比对的方法进行认定。

第十九条 在商标侵权判断中，在同一种商品或者同一种服务上使用近似商标，或者在类似商品或者类似服务上使用相同、近似商标的情形下，还应当对是否容易导致混淆进行判断。

第二十条 商标法规定的容易导致混淆包括以下情形：

（一）足以使相关公众认为涉案商品或者服务是由注册商标权利人生产或者提供；

（二）足以使相关公众认为涉案商品或者服务的提供者与注册商标权利人存在投资、许可、加盟或者合作等关系。

第二十一条 商标执法相关部门判断是否容易导致混淆，应当综合考量以下因素以及各因素之间的相互影响：

（一）商标的近似情况；

（二）商品或者服务的类似情况；

（三）注册商标的显著性和知名度；

（四）商品或者服务的特点及商标使用的方式；

（五）相关公众的注意和认知程度；

（六）其他相关因素。

第二十二条 自行改变注册商标或者将多件注册商标组合使用，与他人在同一种商品或者服务上的注册商标相同的，属于商标法第五十七条第一项规定的商标侵权行为。

自行改变注册商标或者将多件注册商标组合使用，与他人在同一种或者类似商品或者服务上的注册商标近似、容易导致混淆的，属于商标法第五十七条第二项规定的商标侵权行为。

第二十三条 在同一种商品或者服务上，将企业名称中的字号突出使用，与他人注册商标相同的，属于商标法第五十七条第一项规定的商标侵权行为。

在同一种或者类似商品或者服务上，将企业名称中的字号突出使用，与他人注册商标近似、容易导致混淆的，属于商标法第五十七条第二项规定的商标侵权行为。

第二十四条 不指定颜色的注册商标，可以自由附着颜色，但以攀附为目的附着颜色，与他人在同一种或者类似商品或者服务上的注册商标近似、容易导致混淆的，属于商标法第五十七条第二项规定的商标侵权行为。

注册商标知名度较高，涉嫌侵权人与注册商标权利人处于同一行业或者具有较大关联性的行业，且无正当理由使用与注册商标相同或者近似标志的，应当认定涉嫌侵权人具有攀附意图。

第二十五条 在包工包料的加工承揽经营活动中，承揽人使用侵犯注册商标专用权商品的，属于商标法第五十七条第三项规定的商标侵权行为。

第二十六条 经营者在销售商品时，附赠侵犯注册商标专用权商品的，属于商标法第五十七条第三项规定的商标侵权行为。

第二十七条 有下列情形之一的，不属于商标法第六十条第二款规定的“销售不知道是侵犯注册商标专用权的商品”：

（一）进货渠道不符合商业惯例，且价格明显低于市场价格的；

（二）拒不提供账目、销售记录等会计凭证，或者会计凭证弄虚作假的；

（三）案发后转移、销毁物证，或者提供虚假证明、虚假情况的；

（四）类似违法情形受到处理后再犯的；

（五）其他可以认定当事人明知或者应知的。

第二十八条　商标法第六十条第二款规定的"说明提供者"是指涉嫌侵权人主动提供供货商的名称、经营地址、联系方式等准确信息或者线索。

对于因涉嫌侵权人提供虚假或者无法核实的信息导致不能找到提供者的，不视为"说明提供者"。

第二十九条　涉嫌侵权人属于商标法第六十条第二款规定的销售不知道是侵犯注册商标专用权的商品的，对其侵权商品责令停止销售，对供货商立案查处或者将案件线索移送具有管辖权的商标执法相关部门查处。

对责令停止销售的侵权商品，侵权人再次销售的，应当依法查处。

第三十条　市场主办方、展会主办方、柜台出租人、电子商务平台等经营者怠于履行管理职责，明知或者应知市场内经营者、参展方、柜台承租人、平台内电子商务经营者实施商标侵权行为而不予制止的；或者虽然不知情，但经商标执法相关部门通知或者商标权利人持生效的行政、司法文书告知后，仍未采取必要措施制止商标侵权行为的，属于商标法第五十七条第六项规定的商标侵权行为。

第三十一条　将与他人注册商标相同或者相近似的文字注册为域名，并且通过该域名进行相关商品或者服务交易的电子商务，容易使相关公众产生误认的，属于商标法第五十七条第七项规定的商标侵权行为。

第三十二条　在查处商标侵权案件时，应当保护合法在先权利。

以外观设计专利权、作品著作权抗辩他人注册商标专用权的，若注册商标的申请日先于外观设计专利申请日或者有证据证明的该著作权作品创作完成日，商标执法相关部门可以对商标侵权案件进行查处。

第三十三条　商标法第五十九条第三款规定的"有一定影响的商标"是指在国内在先使用并为一定范围内相关公众所知晓的未注册商标。

有一定影响的商标的认定，应当考虑该商标的持续使用时间、销售量、经营额、广告宣传等因素进行综合判断。

使用人有下列情形的，不视为在原使用范围内继续使用：

（一）增加该商标使用的具体商品或者服务；

（二）改变该商标的图形、文字、色彩、结构、书写方式等内容，但以与他人注册商标相区别为目的而进行的改变除外；

（三）超出原使用范围的其他情形。

第三十四条　商标法第六十条第二款规定的"五年内实施两次以上商标侵权行为"指同一当事人被商标执法相关部门、人民法院认定侵犯他人注册商标专用权的行政处罚或者判决生效之日起，五年内又实施商标侵权行为的。

第三十五条　正在国家知识产权局审理或者人民法院诉讼中的下列案件，可以适用商标法第六十二条第三款关于"中止"的规定：

（一）注册商标处于无效宣告中的；

（二）注册商标处于续展宽展期的；

（三）注册商标权属存在其他争议情形的。

第三十六条　在查处商标侵权案件过程中，商标执法相关部门可以要求权利人对涉案商品是否为权利人生产或者其许可生产的商品出具书面辨认意见。权利人应当对其辨认意见承担相应法律责任。

商标执法相关部门应当审查辨认人出具辨认意见的主体资格及辨认意见的真实性。涉嫌侵权人无相反证据推翻该辨认意见的，商标执法相关部门将该辨认意见作为证据予以采纳。

第三十七条　本标准由国家知识产权局负责解释。

第三十八条　本标准自公布之日起施行。

中华人民共和国海关关于《中华人民共和国知识产权海关保护条例》的实施办法

海关总署第240号令

第一章　总　　则

第一条　为了有效实施《中华人民共和国知识产权海关保护条例》（以下简称《条例》），根据《中华人民共和国海关法》以及其他法律、行政法规，制定本办法。

第二条　知识产权权利人请求海关采取知识产权保护措施或者向海关总署办理知识产权海关保护备案的，境内知识产权权利人可以直接或者委托境内代理人提出申请，境外知识产权权利人应当由其在境内设立的办事机构或者委托境内代理人提出申请。

知识产权权利人按照前款规定委托境内代理人提出申请的，应当出具规定格式的授权委托书。

第三条 知识产权权利人及其代理人（以下统称知识产权权利人）请求海关扣留即将进出口的侵权嫌疑货物的，应当根据本办法的有关规定向海关提出扣留侵权嫌疑货物的申请。

第四条 进出口货物的收发货人或者其代理人（以下统称收发货人）应当在合理的范围内了解其进出口货物的知识产权状况。海关要求申报进出口货物知识产权状况的，收发货人应当在海关规定的期限内向海关如实申报并提交有关证明文件。

第五条 知识产权权利人或者收发货人向海关提交的有关文件或者证据涉及商业秘密的，知识产权权利人或者收发货人应当向海关书面说明。

海关实施知识产权保护，应当保守有关当事人的商业秘密，但海关应当依法公开的信息除外。

第二章 知识产权备案

第六条 知识产权权利人向海关总署申请知识产权海关保护备案的，应当向海关总署提交申请书。申请书应当包括以下内容：

（一）知识产权权利人的名称或者姓名、注册地或者国籍、通信地址、联系人姓名、电话和传真号码、电子邮箱地址等。

（二）注册商标的名称，核定使用商品的类别和商品名称，商标图形，注册有效期，注册商标的转让、变更、续展情况等；作品的名称、创作完成的时间、作品的类别、作品图片、作品转让、变更情况等；专利权的名称、类型、申请日期，专利权转让、变更情况等。

（三）被许可人的名称、许可使用商品、许可期限等。

（四）知识产权权利人合法行使知识产权的货物的名称、产地、进出境地海关、进出口商、主要特征、价格等。

（五）已知的侵犯知识产权货物的制造商、进出口商、进出境地海关、主要特征、价格等。

知识产权权利人应当就其申请备案的每一项知识产权单独提交一份申请书。知识产权权利人申请国际注册商标备案的，应当就其申请的每一类商品单独提交一份申请书。

第七条 知识产权权利人向海关总署提交备案申请书，应当随附以下文件、证据：

（一）知识产权权利人的身份证明文件。

（二）国务院工商行政管理部门签发的《商标注册证》的复印件。申请人经核准变更商标注册事项、续展商标注册、转让注册商标或者申请国际注册商标备案的，还应当提交国务院工商行政管理部门出具的有关商标注册的证明；著作权登记部门签发的著作权自愿登记证明的复印件和经著作权登记部门认证的作品照片。申请人未进行著作权自愿登记的，提交可以证明申请人为著作权人的作品样品以及其他有关著作权的证据；国务院专利行政部门签发的专利证书的复印件。专利授权自公告之日起超过1年的，还应当提交国务院专利行政部门在申请人提出备案申请前6个月内出具的专利登记簿副本；申请实用新型专利或者外观设计专利备案的，还应当提交由国务院专利行政部门作出的专利权评价报告。

（三）知识产权权利人许可他人使用注册商标、作品或者实施专利，签订许可合同的，提供许可合同的复印件；未签订许可合同的，提交有关被许可人、许可范围和许可期间等情况的书面说明。

（四）知识产权权利人合法行使知识产权的货物及其包装的照片。

（五）已知的侵权货物进出口的证据。知识产权权利人与他人之间的侵权纠纷已经人民法院或者知识产权主管部门处理的，还应当提交有关法律文书的复印件。

知识产权权利人根据前款规定向海关总署提交的文件和证据应当齐全、真实和有效。有关文件和证据为外文的，应当另附中文译本。海关总署认为必要时，可以要求知识产权权利人提交有关文件或者证据的公证、认证文书。

第八条 知识产权权利人向海关总署申请办理知识产权海关保护备案或者在备案失效后重新向海关总署申请备案的，应当缴纳备案费。知识产权权利人应当将备案费通过银行汇至海关总署指定账号。海关总署收取备案费的，应当出具收据。备案费的收取标准由海关总署会同国家有关部门另行制定并予以公布。

知识产权权利人申请备案续展或者变更的，无须再缴纳备案费。

知识产权权利人在海关总署核准前撤回备案申请或者其备案申请被驳回的，海关总署应当退还备案费。已经海关总署核准的备案被海关总署注销、撤销或者因其他原因失效的，已缴纳的备案费不予退还。

第九条 知识产权海关保护备案自海关总署核准备案之日起生效，有效期为10年。自备案生效之日起知识产权的有效期不足10年的，备案的有效期以知识产权的有效期为准。

《条例》施行前经海关总署核准的备案或者核准续展的备案的有效期仍按原有效期计算。

第十条 在知识产权海关保护备案有效期届满前6个月内，知识产权权利人可以向海关总署提出续展备案的书面申请并随附有关文件。海关总署应当自收到全部续展申请文件之日起10个工作日内作出是否准予续展的决定，并书面通知知识产权权利人；不予续展的，应当说明理由。

续展备案的有效期自上一届备案有效期满次日起算，有效期为10年。知识产权的有效期自上一届备案有效期满次日起不足10年的，续展备案的有效期以知识产权的有效期为准。

第十一条 知识产权海关保护备案经海关总署核准后，按照本办法第六条向海关提交的申请书内容发生改变的，知识产权权利人应当自发生改变之日起30个工作日内向海关总署提出变更备案的申请并随附有关文件。

第十二条 知识产权在备案有效期届满前不再受法律、行政法规保护或者备案的知识产权发生转让的，原知识产权权利人应当自备案的知识产权不再受法律、行政法规保护或者转让生效之日起30个工作日内向海关总署提出注销知识产权海关保护备案的申请并随附有关文件。知识产权权利人在备案有效期内放弃备案的，可以向海关总署申请注销备案。

未依据本办法第十一条和本条前款规定向海关总署申请变更或者注销备案，给他人合法进出口造成严重影响的，海关总署可以主动或者根据有关利害关系人的申请注销有关知识产权的备案。

海关总署注销备案，应当书面通知有关知识产权权利人，知识产权海关保护备案自海关总署注销之日起失效。

第十三条 海关总署根据《条例》第九条的规定撤销知识产权海关保护备案的，应当书面通知知识产权权利人。

海关总署撤销备案的，知识产权权利人自备案被撤销之日起1年内就被撤销备案的知识产权再次申请备案的，海关总署可以不予受理。

第三章 依申请扣留

第十四条 知识产权权利人发现侵权嫌疑货物即将进出口并要求海关予以扣留的，应当根据《条例》第十三条的规定向货物进出境地海关提交申请书。有关知识产权未在海关总署备案的，知识产权权利人还应当随附本办法第七条第一款第（一）、（二）项规定的文件、证据。

知识产权权利人请求海关扣留侵权嫌疑货物，还应当向海关提交足以证明侵权事实明显存在的证据。知识产权权利人提交的证据，应当能够证明以下事实：

（一）请求海关扣留的货物即将进出口；

（二）在货物上未经许可使用了侵犯其商标专用权的商标标志、作品或者实施了其专利。

第十五条 知识产权权利人请求海关扣留侵权嫌疑货物，应当在海关规定的期限内向海关提供相当于货物价值的担保。

第十六条 知识产权权利人提出的申请不符合本办法第十四条的规定或者未按照本办法第十五条的规定提供担保的，海关应当驳回其申请并书面通知知识产权权利人。

第十七条 海关扣留侵权嫌疑货物的，应当将货物的名称、数量、价值，收发货人名称，申报进出口日期，海关扣留日期等情况书面通知知识产权权利人。

经海关同意，知识产权权利人可以查看海关扣留的货物。

第十八条 海关自扣留侵权嫌疑货物之日起20个工作日内，收到人民法院协助扣押有关货物书面通知的，应当予以协助；未收到人民法院协助扣押通知或者知识产权权利人要求海关放行有关货物的，海关应当放行货物。

第十九条 海关扣留侵权嫌疑货物的，应当将扣留侵权嫌疑货物的扣留凭单送达收发货人。

经海关同意，收发货人可以查看海关扣留的货物。

第二十条 收发货人根据《条例》第十九条的规定请求放行其被海关扣留的涉嫌侵犯专利权货物的，应当向海关提出书面申请并提供与货物等值的担保金。

收发货人请求海关放行涉嫌侵犯专利权货物，符合前款规定的，海关应当放行货物并书面通知知识产权权利人。

知识产权权利人就有关专利侵权纠纷向人民法院起诉的，应当在前款规定的海关书面通知送达之日起30个工作日内向海关提交人民法院受理案件通知书的复印件。

第四章 依职权调查处理

第二十一条 海关对进出口货物实施监管，发现进出口货物涉及在海关总署备案的知识产权且进出口商或者制造商使用有关知识产权的情况未在海关总署备案的，可以要求收发货人在规定期限内申报货物的知识产权状况和提交相关证明文件。

收发货人未按照前款规定申报货物知识产权状况、提交相关证明文件或者海关有理由认为货物涉嫌侵犯在海关总署备案的知识产权的，海关应当中止放行货物并书面通知知识产权权利人。

第二十二条 知识产权权利人应当在本办法第二十一条规定的海关书面通知送达之日起3个工作日内按照下列规定予以回复：

（一）认为有关货物侵犯其在海关总署备案的知识产权并要求海关予以扣留的，向海关提出扣留侵权嫌疑货物的书面申请并按照本办法第二十三条或者第二十四条的规定提供担保；

（二）认为有关货物未侵犯其在海关总署备案的知识产权或者不要求海关扣留侵权嫌疑货物的，向海关书面说明理由。

经海关同意，知识产权权利人可以查看有关货物。

第二十三条 知识产权权利人根据本办法第二十二条第一款第（一）项的规定请求海关扣留侵权嫌疑货物的，应当按照以下规定向海关提供担保：

（一）货物价值不足人民币2万元的，提供相当于货物价值的担保；

（二）货物价值为人民币2万至20万元的，提供相当于货物价值50%的担保，但担保金额不得少于人民币2万元；

（三）货物价值超过人民币20万元的，提供人民币10万元的担保。

知识产权权利人根据本办法第二十二条第一款第（一）项的规定请求海关扣留涉嫌侵犯商标专用权货物的，可以依据本办法第二十四条的规定向海关总署提供总担保。

第二十四条 在海关总署备案的商标专用权的知识产权权利人，经海关总署核准可以向海关总署提交银行或者非银行金融机构出具的保函，为其向海关申请商标专用权海关保护措施提供总担保。

总担保的担保金额应当相当于知识产权权利人上一年度向海关申请扣留侵权嫌疑货物后发生的仓储、保管和处置等费用之和；知识产权权利人上一年度未向海关申请扣留侵权嫌疑货物或者仓储、保管和处置等费用不足人民币20万元的，总担保的担保金额为人民币20万元。

自海关总署核准其使用总担保之日至当年12月31日，知识产权权利人根据《条例》第十六条的规定请求海关扣留涉嫌侵犯其已在海关总署备案的商标专用权的进出口货物的，无须另行提供担保，但知识产权权利人未按照《条例》第二十五条的规定支付有关费用或者未按照《条例》第二十九条的规定承担赔偿责任，海关总署向担保人发出履行担保责任通知的除外。

第二十五条 知识产权权利人根据本办法第二十二条第一款第（一）项的规定提出申请并根据本办法第二十三条、第二十四条的规定提供担保的，海关应当扣留侵权嫌疑货物并书面通知知识产权权利人；知识产权权利人未提出申请或者未提供担保的，海关应当放行货物。

第二十六条 海关扣留侵权嫌疑货物的，应当将扣留侵权嫌疑货物的扣留凭单送达收发货人。

经海关同意，收发货人可以查看海关扣留的货物。

第二十七条 海关扣留侵权嫌疑货物后，应当依法对侵权嫌疑货物以及其他有关情况进行调查。收发货人和知识产权权利人应当对海关调查予以配合，如实提供有关情况和证据。

海关对侵权嫌疑货物进行调查，可以请求有关知识产权主管部门提供咨询意见。

知识产权权利人与收发货人就海关扣留的侵权嫌疑货物达成协议，向海关提出书面申请并随附相关协议，要求海关解除扣留侵权嫌疑货物的，海关除认为涉嫌构成犯罪外，可以终止调查。

第二十八条 海关对扣留的侵权嫌疑货物进行调查，不能认定货物是否侵犯有关知识产权的，应当自扣留侵权嫌疑货物之日起30个工作日内书面通知知识产权权利人和收发货人。

海关不能认定货物是否侵犯有关专利权的，收发货人向海关提供相当于货物价值的担保后，可以请求海关放行货物。海关同意放行货物的，按照本办法第二十条第二款和第三款的规定办理。

第二十九条 对海关不能认定有关货物是否侵

犯其知识产权的，知识产权权利人可以根据《条例》第二十三条的规定向人民法院申请采取责令停止侵权行为或者财产保全的措施。

海关自扣留侵权嫌疑货物之日起50个工作日内收到人民法院协助扣押有关货物书面通知的，应当予以协助；未收到人民法院协助扣押通知或者知识产权权利人要求海关放行有关货物的，海关应当放行货物。

第三十条　海关作出没收侵权货物决定的，应当将下列已知的情况书面通知知识产权权利人：

（一）侵权货物的名称和数量；

（二）收发货人名称；

（三）侵权货物申报进出口日期、海关扣留日期和处罚决定生效日期；

（四）侵权货物的启运地和指运地；

（五）海关可以提供的其他与侵权货物有关的情况。

人民法院或者知识产权主管部门处理有关当事人之间的侵权纠纷，需要海关协助调取与进出口货物有关的证据的，海关应当予以协助。

第三十一条　海关发现个人携带或者邮寄进出境的物品，涉嫌侵犯《条例》第二条规定的知识产权并超出自用、合理数量的，应当予以扣留，但旅客或者收寄件人向海关声明放弃并经海关同意的除外。

海关对侵权物品进行调查，知识产权权利人应当予以协助。进出境旅客或者进出境邮件的收寄件人认为海关扣留的物品未侵犯有关知识产权或者属于自用的，可以向海关书面说明有关情况并提供相关证据。

第三十二条　进出口货物或者进出境物品经海关调查认定侵犯知识产权，根据《条例》第二十七条第一款和第二十八条的规定应当由海关予以没收，但当事人无法查清的，自海关制发有关公告之日起满3个月后可由海关予以收缴。

进出口侵权行为有犯罪嫌疑的，海关应当依法移送公安机关。

第五章　货物处置和费用

第三十三条　对没收的侵权货物，海关应当按照下列规定处置：

（一）有关货物可以直接用于社会公益事业或者知识产权权利人有收购意愿的，将货物转交给有关公益机构用于社会公益事业或者有偿转让给知识产权权利人；

（二）有关货物不能按照第（一）项的规定处置且侵权特征能够消除的，在消除侵权特征后依法拍卖。拍卖货物所得款项上交国库；

（三）有关货物不能按照第（一）、（二）项规定处置的，应当予以销毁。

海关拍卖侵权货物，应当事先征求有关知识产权权利人的意见。海关销毁侵权货物，知识产权权利人应当提供必要的协助。有关公益机构将海关没收的侵权货物用于社会公益事业以及知识产权权利人接受海关委托销毁侵权货物的，海关应当进行必要的监督。

第三十四条　海关协助人民法院扣押侵权嫌疑货物或者放行被扣留货物的，知识产权权利人应当支付货物在海关扣留期间的仓储、保管和处置等费用。

海关没收侵权货物的，知识产权权利人应当按照货物在海关扣留后的实际存储时间支付仓储、保管和处置等费用。但海关自没收侵权货物的决定送达收发货人之日起3个月内不能完成货物处置，且非因收发货人申请行政复议、提起行政诉讼或者货物处置方面的其他特殊原因导致的，知识产权权利人不需支付3个月后的有关费用。

海关按照本办法第三十三条第一款第（二）项的规定拍卖侵权货物的，拍卖费用的支出按照有关规定办理。

第三十五条　知识产权权利人未按照本办法第三十四条的规定支付有关费用的，海关可以从知识产权权利人提交的担保金中扣除有关费用或者要求担保人履行担保义务。

海关没收侵权货物的，应当在货物处置完毕并结清有关费用后向知识产权权利人退还担保金或者解除担保人的担保责任。

海关协助人民法院扣押侵权嫌疑货物或者根据《条例》第二十四条第（一）、（二）、（四）项的规定放行被扣留货物的，收发货人可以就知识产权权利人提供的担保向人民法院申请财产保全。海关自协助人民法院扣押侵权嫌疑货物或者放行货物之日起20个工作日内，未收到人民法院就知识产权权利人提供的担保采取财产保全措施的协助执行通知的，海关应当向知识产权权利人退还担保金或者解除担保人的担保责任；收到人民法院协助执行通知的，海关应当协助执行。

第三十六条　海关根据《条例》第十九条的规

定放行被扣留的涉嫌侵犯专利权的货物后，知识产权权利人按照本办法第二十条第三款的规定向海关提交人民法院受理案件通知书复印件的，海关应当根据人民法院的判决结果处理收发货人提交的担保金；知识产权权利人未提交人民法院受理案件通知书复印件的，海关应当退还收发货人提交的担保金。对知识产权权利人向海关提供的担保，收发货人可以向人民法院申请财产保全，海关未收到人民法院对知识产权权利人提供的担保采取财产保全措施的协助执行通知的，应当自处理收发货人提交的担保金之日起20个工作日后，向知识产权权利人退还担保金或者解除担保人的担保责任；收到人民法院协助执行通知的，海关应当协助执行。

第六章　附　　则

第三十七条　海关参照本办法对奥林匹克标志和世界博览会标志实施保护。

第三十八条　在本办法中，“担保”指担保金、银行或者非银行金融机构保函。

第三十九条　本办法中货物的价值由海关以该货物的成交价格为基础审查确定。成交价格不能确定的，货物价值由海关依法估定。

第四十条　本办法第十七条、二十一条、二十八条规定的海关书面通知可以采取直接、邮寄、传真或者其他方式送达。

第四十一条　本办法第二十条第三款和第二十二条第一款规定的期限自海关书面通知送达之日的次日起计算。期限的截止按照以下规定确定：

（一）知识产权权利人通过邮局或者银行向海关提交文件或者提供担保的，以期限到期日24时止；

（二）知识产权权利人当面向海关提交文件或者提供担保的，以期限到期日海关正常工作时间结束止。

第四十二条　知识产权权利人和收发货人根据本办法向海关提交有关文件复印件的，应当将复印件与文件原件进行核对。经核对无误后，应当在复印件上加注“与原件核对无误”字样并予以签章确认。

第四十三条　本办法自2009年7月1日起施行。2004年5月25日海关总署令第114号公布的《中华人民共和国海关关于〈中华人民共和国知识产权海关保护条例〉的实施办法》同时废止。

国家知识产权局办公室关于进一步提升企业知识产权管理体系贯标认证质量的通知

国知办函运字〔2020〕953号

各省、自治区、直辖市及新疆生产建设兵团知识产权局，四川省知识产权服务促进中心：

提升企业知识产权管理国家标准贯彻质量，做好标准实施有效性检验工作，是推动企业知识产权管理体系建设提质增效的有效手段，对于建立健全现代企业知识产权管理制度具有重要意义。为进一步推动知识产权贯标认证高质量发展，提高企业知识产权管理能力和水平，现就有关事项通知如下。

一、切实提高企业自主开展高质量贯标认证的认识。要突出质量导向，优化完善知识产权贯标认证扶持政策，重点引导创新能力强、知识产权优势明显的创新型企业通过标准实施提高市场竞争能力，既“重扩面”又“促提质”。要突出企业自主，加强知识产权贯标认证政策解读和业务宣讲，提高企业标准实施的自觉性和自主性，推动知识产权管理体系有效运行和持续优化，逐步实现从“政府推”走向“市场要”。要突出贯标有效性，将有效性检验作为企业内审和认证机构外审的重要内容，对贯标前后知识产权质量变化和效益提升情况进行监测评价，实现从“重形式”到“重效果”。

二、持续优化高标准贯标认证服务供给。要指导认证机构升级认证服务，将贯标有效性检验作为提升认证服务质量的核心内容。鼓励支持认证机构以服务承诺的方式，在全国知识产权贯标认证学习平台（以下简称“学习平台”）发布高标准认证服务内容，吸引企业自主择优选择，接收企业监督反馈，促进服务质量持续提升。

三、积极营造高质量贯标认证政策环境。要在落实《国家知识产权局办公室关于规范知识产权管理体系贯标认证工作的通知》（国知办发运字〔2019〕34号）基础上，进一步突出高质量导向，充分调动企业通过实施标准实现创新发展的内生动力，不得将通过知识产权贯标认证作为申报其他知识产权项目的重要条件，变相强制要求企业开展贯标认证。支持认证机构通过升级高标准服务赢得市场，不得将认证机构成立时间早、市场规模大等作为硬性条件设置政策门槛形成垄断，影响公平竞争。

四、努力打造高水平贯标认证综合服务载体。要更好发挥学习平台在全国知识产权贯标认证学习交流活动中的主阵地作用，持续完善学习平台功能和内容，加强宣传推广和多方联动，进一步为各类服务对象提供权威、公益、便利、开放的线上服务。要做好学习平台后台数据统计分析，持续跟踪掌握企业学习情况和内在需求，精准提供综合服务，支持升级认证服务，支撑企业创新发展。

特此通知。

国家知识产权局办公室
2020年10月30日

规范申请专利行为的规定

国家知识产权局令第77号

《规范申请专利行为的规定》已经国家知识产权局局务会审议通过，现予公布，自2024年1月20日起施行。

局长：申长雨
2023年12月21日

第一条 为了规范申请专利行为，维护专利工作的正常秩序，根据《中华人民共和国专利法》《中华人民共和国专利法实施细则》《专利代理条例》等有关法律法规制定本规定。

第二条 提出或者代理提出专利申请的，应当遵守法律、行政法规和部门规章的有关规定，遵循专利法立法宗旨，恪守诚实信用原则，以真实发明创造活动为基础，不得弄虚作假，不得违反《中华人民共和国专利法实施细则》第十一条的规定实施非正常申请专利行为。

第三条 本规定所称非正常申请专利行为包括：

（一）所提出的多件专利申请的发明创造内容明显相同，或者实质上由不同发明创造特征、要素简单组合形成的；

（二）所提出专利申请存在编造、伪造、变造发明创造内容、实验数据或者技术效果，或者抄袭、简单替换、拼凑现有技术或者现有设计等类似情况的；

（三）所提出专利申请的发明创造内容主要为利用计算机技术等随机生成的；

（四）所提出专利申请的发明创造为明显不符合技术改进、设计常理，或者变劣、堆砌、非必要缩限保护范围的；

（五）申请人无实际研发活动提交多件专利申请，且不能作出合理解释的；

（六）将实质上与特定单位、个人或者地址关联的多件专利申请恶意分散、先后或者异地提出的；

（七）出于不正当目的转让、受让专利申请权，或者虚假变更发明人、设计人的；

（八）违反诚实信用原则、扰乱专利工作正常秩序的其他非正常申请专利行为。

第四条 任何单位或者个人不得代理、诱导、教唆、帮助他人实施各类非正常申请专利行为。

第五条 国务院专利行政部门根据《中华人民共和国专利法》《中华人民共和国专利法实施细则》相关规定，在专利申请的受理、初步审查、实质审查、复审程序或者国际申请的国际阶段程序中发现或者根据举报线索得知，并初步认定存在非正常申请专利行为的，可以组成专门审查工作组或者授权审查员启动专门审查程序，通知申请人在指定的期限内陈述意见并提交证明材料，或者主动撤回相关专利申请、法律手续办理请求。

第六条 申请人无正当理由逾期未答复的，相关专利申请视为撤回，相关法律手续办理请求视为未提出。

第七条 经申请人陈述意见后，国务院专利行政部门仍然认为属于非正常申请专利行为的，应当依法驳回相关专利申请，或者不予批准相关法律手续办理请求。申请人对驳回专利申请决定不服的，可以依法提出专利复审请求；对不予批准相关法律手续办理请求不服的，可以依法提出行政复议申请或者提起行政诉讼。

第八条 对实施非正常申请专利行为的单位或者个人，依据《中华人民共和国专利法》《中华人民共和国专利法实施细则》实施行政处罚。

对实施本规定第四条规定的非正常申请专利行为的专利代理机构，以及擅自开展专利代理业务的机构或者个人，依据《专利代理条例》及相关规定实施行政处罚。

对于违反本规定涉嫌犯罪的，依法移送司法机关追究刑事责任。

第九条 可以对非正常申请专利行为采取下列处理措施：

（一）对该非正常专利申请不予减缴专利费用；对于五年内多次实施非正常申请专利行为等情节严重的申请人，其在该段时间内提出的专利申请均不予减缴专利费用；已经减缴的，要求其补缴相关减缴费用；

（二）在国务院专利行政部门政府网站和有关媒体上予以公告，并将相关信息纳入全国信用信息共享平台；

（三）实施非正常申请专利行为损害社会公共利益，并受到市场监督管理等部门较重行政处罚的，依照国家有关规定列入市场监督管理严重违法失信名单；

（四）在国务院专利行政部门的专利申请数量统计中扣除非正常申请专利行为相关的专利申请数量；

（五）对申请人和相关代理机构不予资助或者奖励；已经资助或者奖励的，全部或者部分追还。

第十条 采取本规定第九条所列处理措施前，必要时允许当事人陈述意见。

第十一条 管理专利工作的部门应当引导公众和专利代理机构依法提出专利申请，加强对非正常申请专利行为的管理。

地方管理专利工作的部门和专利代办处发现或者根据举报得知非正常申请专利行为线索的，应当及时向国务院专利行政部门报告。国务院专利行政部门对非正常申请专利行为依法进行处理时，地方管理专利工作的部门应当予以配合。

第十二条 向国外提出或者代理提出专利申请的，应当遵守中国和相关国家、地区法律法规的规定。不得违反诚实信用原则，不以真实发明创造活动为基础，以弄虚作假的方式提出专利申请，牟取不正当利益。

第十三条 本规定自2024年1月20日起施行。2007年8月27日国家知识产权局令第四十五号公布的《关于规范专利申请行为的若干规定》，2017年2月28日国家知识产权局令第七十五号公布的《国家知识产权局关于修改〈关于规范专利申请行为的若干规定〉的决定》和2021年3月11日国家知识产权局公告第四一一号公布的《关于规范申请专利行为的办法》同时废止。

地理标志产品保护办法

国家知识产权局令第80号

第一章 总 则

第一条 为了有效保护我国的地理标志产品，规范地理标志产品名称和地理标志专用标志的使用，保证地理标志产品的质量和特色，根据《中华人民共和国民法典》《中华人民共和国商标法》《中华人民共和国产品质量法》《中华人民共和国标准化法》《中华人民共和国反不正当竞争法》等有关规定，制定本办法。

第二条 本办法所称地理标志产品，是指产自特定地域，所具有的质量、声誉或者其他特性本质上取决于该产地的自然因素、人文因素的产品。地理标志产品包括：

（一）来自本地区的种植、养殖产品；

（二）原材料全部来自本地区或者部分来自其他地区，并在本地区按照特定工艺生产和加工的产品。

第三条 地理标志产品应当具备真实性、地域性、特异性和关联性。

真实性是地理标志产品的名称经过长期持续使用，被公众普遍知晓。地域性是地理标志产品的全部生产环节或者主要生产环节应当发生在限定的地域范围内。特异性是产品具有较明显的质量特色、特定声誉或者其他特性。关联性是产品的特异性由特定地域的自然因素和人文因素所决定。

第四条 本办法适用于地理标志产品的保护申请、审查认定、撤销、变更以及专用标志的使用管理等。

第五条 国家知识产权局负责全国地理标志产品以及专用标志的管理和保护工作；统一受理和审查地理标志产品保护申请，依法认定地理标志产品。

地方知识产权管理部门负责本行政区域内的地理标志产品以及专用标志的管理和保护工作。

第六条 地理标志产品保护遵循申请自愿、认定公开的原则。

申请地理标志产品保护、使用地理标志产品名称和专用标志应当遵循诚实信用原则。

第七条 获得地理标志产品保护的，应当规范使用地理标志产品名称和专用标志。

地理标志产品名称可以是由具有地理指示功能的名称和反映产品真实属性的通用名称构成的组合名称，也可以是具有长久使用历史的约定俗成的名称。

第八条 有下列情形之一，不给予地理标志产品认定：

（一）产品或者产品名称违反法律、违背公序良俗或者妨害公共利益的；

（二）产品名称仅为产品的通用名称的；

（三）产品名称为他人注册商标、未注册的驰名商标，误导公众的；

（四）产品名称与已受保护的地理标志产品名称相同，导致公众对产品的地理来源产生误认的；

（五）产品名称与国家审定的植物品种或者动物育种名称相同，导致公众对产品的地理来源产生误认的；

（六）产品或者特定工艺违反安全、卫生、环保要求，对环境、生态、资源可能产生危害的。

第二章　申　　请

第九条　地理标志产品保护申请，由提出产地范围的县级以上人民政府或者其指定的具有代表性的社会团体、保护申请机构（以下简称申请人）提出。

第十条　申请保护的产品产地在县域范围内的，由县级以上人民政府提出产地范围的建议；跨县域范围的，由共同的上级地方人民政府提出产地范围的建议；跨地市范围的，由有关省级人民政府提出产地范围的建议；跨省域范围的，由有关省级人民政府共同提出产地范围的建议。

第十一条　地理标志产品的保护申请材料应当向省级知识产权管理部门提交。

申请材料包括：

（一）有关地方人民政府关于划定地理标志产品产地范围的建议；

（二）有关地方人民政府关于地理标志产品申请、保护机制的文件；

（三）地理标志产品的相关材料，包括：

1. 地理标志产品保护申请书；

2. 地理标志产品保护要求，包括产品名称、产品类别；申请人信息；产地范围；产品描述；产品的理化、感官等质量特色、特定声誉或者其他特性及其与产地的自然因素和人文因素之间关系的说明；作为专用标志使用管理机构的地方知识产权管理部门信息；

3. 产品质量检验检测报告；

4. 拟申请保护的地理标志产品的技术标准；

5. 产品名称长期持续使用的文献记载等材料；

6. 产品的知名度，产品生产、销售情况的说明；

7. 地理标志产品特色质量检验检测机构信息。

（四）其他说明材料或者证明材料。

第十二条　省级知识产权管理部门应当自收到申请之日起 3 个月内提出初审意见。审查合格的，将初审意见和申请材料报送国家知识产权局；审查不合格的，书面通知申请人。

第三章　审查及认定

第十三条　国家知识产权局对收到的申请进行形式审查。审查合格的，予以受理并书面通知申请人；审查不合格的，书面通知申请人，申请人应当自收到书面通知之日起 4 个月内答复，期满未答复或者审查仍然不合格的，不予受理并书面通知申请人。

第十四条　对受理的地理标志产品保护申请，国家知识产权局组织开展技术审查。技术审查由国家知识产权局设立的地理标志产品专家审查委员会负责。

技术审查包括会议审查和必要的产地核查，申请人应当予以配合。

技术审查合格的，国家知识产权局发布初步认定公告；技术审查不合格的，驳回申请并书面通知申请人。

第十五条　有关单位或者个人对初步认定公告的地理标志产品有异议的，应当自初步认定公告之日起 2 个月内向国家知识产权局提出，提交请求书，说明理由，并附具有关证据材料。

期满无异议的，国家知识产权局发布认定公告。

异议请求有下列情形之一，国家知识产权局不予受理并书面通知异议人：

（一）未在法定期限内提出的；

（二）未具体说明异议理由的。

第十六条　国家知识产权局受理异议请求后，及时通知被异议人，并组织双方协商。协商不成的，国家知识产权局组织地理标志产品专家审查委员会审议后裁决。

异议成立的，国家知识产权局作出不予认定决定，并书面通知异议人和被异议人；异议不成立的，驳回异议请求，并书面通知异议人和被异议人，国家知识产权局发布认定公告。

第四章　地理标志产品保护体系及专用标志使用

第十七条　地理标志产品所在地人民政府规划

并实施标准体系、检测体系和质量保证体系等保护体系建设。

第十八条 地理标志产品获得保护后，根据产品产地范围、类别、知名度等方面的因素，申请人应当配合制定地理标志产品有关国家标准、地方标准、团体标准，根据产品类别研制国家标准样品。

标准不得改变保护要求中认定的名称、产品类型、产地范围、质量特色等强制性规定。

第十九条 地理标志产品特色质量检验检测工作由具备相关资质条件的检验检测机构承担。必要时由国家知识产权局组织检验检测机构进行复检。

第二十条 地理标志产品产地范围内的生产者使用专用标志，应当向产地知识产权管理部门提出申请，并提交以下材料：

（一）地理标志专用标志使用申请书；

（二）地理标志产品特色质量检验检测报告。

产地知识产权管理部门对申请使用专用标志的生产者的产地进行核验。上述申请经所在地省级知识产权管理部门审核，并经国家知识产权局审查合格注册登记后，发布公告，生产者即可在其产品上使用地理标志专用标志。

国家知识产权局也可以委托符合条件的省级知识产权管理部门进行审查，审查合格的，由国家知识产权局注册登记后发布公告。

第二十一条 在研讨会、展览、展会等公益性活动中使用地理标志专用标志的，应当向所在地省级知识产权管理部门提出备案申请，并提交以下材料：

（一）地理标志专用标志使用登记备案表；

（二）地理标志专用标志使用设计图样。

所在地省级知识产权管理部门对上述备案申请进行审查，审查合格后报国家知识产权局备案。国家知识产权局备案后，有关主体可以在公益性活动中使用地理标志专用标志。

第二十二条 地理标志专用标志合法使用人应当在国家知识产权局官方网站下载基本图案矢量图。地理标志专用标志矢量图可按照比例缩放，标注应当清晰可识，不得更改专用标志的图案形状、构成、文字字体、图文比例、色值等。

第二十三条 地理标志产品生产者应当按照相应标准组织生产。其他单位或者个人不得擅自使用受保护的地理标志产品名称或者专用标志。

地理标志产品获得保护后，申请人应当采取措施对地理标志产品名称和专用标志的使用、产品特色质量等进行管理。

第二十四条 地方知识产权管理部门负责对本行政区域内受保护地理标志产品的产地范围、名称、质量特色、标准符合性、专用标志使用等方面进行日常监管。

省级知识产权管理部门应当定期向国家知识产权局报送地理标志产品以及专用标志监管信息和保护体系运行情况。

第二十五条 本办法所称地理标志产品名称或者专用标志的使用，是指将地理标志产品名称或者专用标志用于产品、产品包装或者容器以及产品交易文书上，或者将地理标志产品名称或者专用标志用于广告宣传、展览以及其他商业活动中，用以识别产品产地来源或者受保护地理标志产品的行为。

第五章　变更和撤销

第二十六条 地理标志产品保护要求需要变更的，应当向国家知识产权局提出变更申请。

（一）对保护要求的更新、完善，但不改变质量特色和产品形态，不涉及产品名称、产地范围变更的，国家知识产权局收到省级知识产权管理部门初审意见后，组织开展地理标志产品保护要求变更申请审查，审查合格的，国家知识产权局发布变更公告；审查不合格的，书面通知申请人。

（二）对地理标志产品名称、产地范围、质量特色和产品形态等主要内容变更的，国家知识产权局收到省级知识产权管理部门初审意见后，组织地理标志产品专家审查委员会开展技术审查。审查合格的，国家知识产权局发布初步变更公告，公告之日起2个月无异议或者有异议但异议不成立的，国家知识产权局发布变更公告；审查不合格的，书面通知申请人。

第二十七条 有下列情形之一，自国家知识产权局发布认定公告之日起，任何单位或者个人可以请求国家知识产权局撤销地理标志产品保护，说明理由，并附具有关证据材料：

（一）产品名称演变为通用名称的；

（二）连续3年未在生产销售中使用地理标志产品名称的；

（三）自然因素或者人文因素的改变致使地理标志产品质量特色不再能够得到保证，且难以恢复的；

（四）产品或者产品名称违反法律、违背公序良俗或者妨害公共利益的；

（五）产品或者特定工艺违反安全、卫生、环保要求，对环境、生态、资源可能产生危害的；

（六）以欺骗手段或者其他不正当手段取得保护的。

第二十八条 撤销请求未具体说明撤销理由的，国家知识产权局不予受理，并书面通知请求人。

第二十九条 国家知识产权局对撤销请求进行审查，作出决定并书面通知当事人。

国家知识产权局决定撤销地理标志产品保护的，发布撤销公告。

当事人对撤销决定不服的，可以自收到通知之日起6个月内向人民法院起诉。

第六章 保护和监督

第三十条 有下列行为之一，依据相关法律法规处理：

（一）在产地范围外的相同或者类似产品上使用受保护的地理标志产品名称的；

（二）在产地范围外的相同或者类似产品上使用与受保护的地理标志产品名称相似的名称，误导公众的；

（三）将受保护的地理标志产品名称用于产地范围外的相同或者类似产品上，即使已标明真实产地，或者使用翻译名称，或者伴有如“种”“型”“式”“类”“风格”等之类表述的；

（四）在产地范围内的不符合地理标志产品标准和管理规范要求的产品上使用受保护的地理标志产品名称的；

（五）在产品上冒用地理标志专用标志的；

（六）在产品上使用与地理标志专用标志近似或者可能误导消费者的文字或者图案标志，误导公众的；

（七）销售上述产品的；

（八）伪造地理标志专用标志的；

（九）其他不符合相关法律法规规定的。

第三十一条 获准使用地理标志专用标志的生产者，营业执照已注销或者被吊销的，或者相关生产许可证已注销或者被吊销的，或者已迁出地理标志产品产地范围的，或者不再从事该地理标志产品生产的，或者未按相应标准组织生产且限期未改正的，或者在2年内未在受保护的地理标志产品上使用专用标志且限期未改正的，国家知识产权局注销其地理标志专用标志使用注册登记，停止其使用地理标志专用标志并发布公告。

第三十二条 地理标志产品生产者违反有关产品质量、标准方面规定的，依据《中华人民共和国产品质量法》《中华人民共和国标准化法》等有关法律予以行政处罚。

第三十三条 将受保护的地理标志产品名称作为企业名称中的字号使用，误导公众，构成不正当竞争行为的，依据《中华人民共和国反不正当竞争法》处理。

第三十四条 对从事地理标志产品管理和保护工作以及其他依法履行公职的人员玩忽职守、滥用职权、徇私舞弊、弄虚作假、违法违纪办理地理标志产品管理和保护事项，收受当事人财物，牟取不正当利益的，依法依纪给予处分；构成犯罪的，依法追究刑事责任。

第七章 附 则

第三十五条 国外地理标志产品在中华人民共和国的申请、审查、专用标志使用、监督管理等特殊事项，由国家知识产权局另行规定。

第三十六条 本办法自2024年2月1日起施行。

集体商标、证明商标注册和管理规定

国家知识产权局令第79号

第一条 为了规范集体商标、证明商标的注册和使用管理，加强商标权益保护，维护社会公共利益，促进特色产业发展，根据《中华人民共和国商标法》（以下简称商标法）、《中华人民共和国商标法实施条例》（以下简称实施条例）的规定，制定本规定。

第二条 本规定有关商品的规定，适用于服务。

第三条 申请集体商标注册的，应当附送主体资格证明文件、集体成员的名称、地址和使用管理规则。

申请以地理标志作为集体商标注册的团体、协会或者其他组织，其成员应当来自该地理标志标示的地区范围内。

第四条 申请证明商标注册的，应当附送主体资格证明文件、使用管理规则和证明其具有的或者其委托机构具有的专业技术人员、专业检测设备等情况的证明材料，以表明其具有监督该证明商标所证明的特定商品品质的能力。

第五条 申请以地理标志作为证明商标、集体商标注册的，应当附送管辖该地理标志所标示地区的县级以上人民政府或者主管部门的批准文件。

以地理标志作为证明商标、集体商标注册的，应当在申请书件中说明下列内容：

（一）该地理标志所标示的商品的特定质量、信誉或者其他特征；

（二）该商品的特定质量、信誉或者其他特征主要由该地理标志所标示地区的自然因素或者人文因素所决定；

（三）该地理标志所标示的地区的范围。

申请以地理标志作为证明商标、集体商标注册的应当提交具有的或者其委托机构具有的专业技术人员、专业检测设备等情况的证明材料。

外国人或者外国企业申请以地理标志作为证明商标、集体商标注册的，申请人应当提供该地理标志以其名义在其原属国受法律保护的证明。

第六条 集体商标、证明商标的使用管理规则应当依法制定，对注册人、集体成员和使用人具有约束力，并包括下列内容：

（一）使用该集体商标或者证明商标的宗旨；

（二）使用该集体商标的商品的品质或者使用该证明商标证明的商品的原产地、原料、制造方法、质量或者其他特定品质等；

（三）使用该集体商标或者证明商标的手续；

（四）使用该集体商标或者证明商标的权利、义务；

（五）集体商标的集体成员或者证明商标的使用人违反其使用管理规则应当承担的责任；

（六）注册人对使用该集体商标或者证明商标商品的检验监督制度。

证明商标的使用管理规则还应当包括使用该证明商标的条件。

集体商标、证明商标使用管理规则应当进行公告。注册人修改使用管理规则的，应当提出变更申请，经国家知识产权局审查核准，并自公告之日起生效。

第七条 以地理标志作为证明商标、集体商标注册的，可以是该地理标志标示地区的名称，也可以是能够标示某商品来源于该地区的其他标志。

前款所称地区无需与该地区的现行行政区划名称、范围完全一致。

第八条 多个葡萄酒地理标志构成同音字或者同形字，但能够彼此区分且不误导公众的，每个地理标志都可以作为证明商标或者集体商标申请注册。

使用他人作为证明商标、集体商标注册的葡萄酒、烈性酒地理标志标示并非来源于该地理标志所标示地区的葡萄酒、烈性酒，即使同时标出了商品的真正来源地，或者使用的是翻译文字，或者伴有“种”“型”“式”“类”以及其他类似表述的，适用商标法第十六条的规定。

第九条 县级以上行政区划的地名或者公众知晓的地名作为组成部分申请注册集体商标、证明商标的，标志应当具有显著特征，便于识别；标志中含有商品名称的，指定商品应当与商标中的商品名称一致或者密切相关；商品的信誉与地名密切关联。但是损害社会公共利益的标志，不得注册。

地理标志作为证明商标、集体商标注册的，还应当依据本规定的有关规定办理。

第十条 申请人在其申请注册的集体商标、证明商标核准注册前，可以向国家知识产权局申请撤回该集体商标、证明商标的注册申请。

申请人撤回集体商标、证明商标注册申请的，应当注明申请人和商标注册申请号。经审查符合规定的，准予撤回。申请人名称不一致，或者商标注册申请已核准注册，或者已作出不予受理、驳回或者不予注册决定的，撤回申请不予核准。

第十一条 集体商标、证明商标注册人应当实施下列行为，履行商标管理职责，保证商品品质：

（一）按照使用管理规则准许集体成员使用集体商标，许可他人使用证明商标；

（二）及时公开集体成员、使用人信息、使用管理规则；

（三）检查集体成员、使用人的使用行为是否符合使用管理规则；

（四）检查使用集体商标、证明商标的商品是否符合使用管理规则的品质要求；

（五）及时取消不符合使用管理规则的集体成员、使用人的集体商标、证明商标使用资格，并履行变更、备案手续。

第十二条 为管理和运用集体商标、证明商标的需要，注册人可以向集体成员、使用人收取合理费用，收费金额、缴纳方式、缴纳期限应当基于公平合理原则协商确定并予以公开。

第十三条 集体商标注册人的成员发生变化

的，注册人应当在3个月内向国家知识产权局申请变更注册事项，并由国家知识产权局公告。

证明商标注册人准许他人使用其商标的，注册人应当在许可后3个月内报国家知识产权局备案，并由国家知识产权局公告。

第十四条 申请转让集体商标、证明商标的，受让人应当具备相应的主体资格，并符合商标法、实施条例和本规定的规定。

集体商标、证明商标发生移转的，权利继受人应当具备相应的主体资格，并符合商标法、实施条例和本规定的规定。

第十五条 集体商标注册人的集体成员，在履行该集体商标使用管理规则规定的手续后，可以使用该集体商标。集体成员不得在不符合使用管理规则的商品上使用该集体商标。

集体商标注册人不得将该集体商标许可给非集体成员使用。

第十六条 凡符合证明商标使用管理规则规定条件的，在履行该证明商标使用管理规则规定的手续后，可以使用该证明商标，注册人不得拒绝办理手续。使用人不得在不符合使用管理规则的商品上使用该证明商标。

证明商标注册人不得在自己提供的商品上使用该证明商标。

第十七条 集体成员、使用人使用集体商标、证明商标时，应当保证使用的商品符合使用管理规则的品质要求。

集体成员、使用人可以将集体商标、证明商标与自己的注册商标同时使用。

地域范围外生产的商品不得使用作为证明商标、集体商标注册的地理标志。

第十八条 集体商标、证明商标注册人应当促进和规范商标使用，提升商标价值，维护商标信誉，推动特色产业发展。

第十九条 集体商标、证明商标注册人、集体成员、使用人应当加强品牌建设，履行下列职责：

（一）加强自律，建立产品溯源和监测机制，制定风险控制预案，维护商标品牌形象和信誉；

（二）鼓励采用或者制定满足市场需求的先进标准，树立良好的商标品牌形象；

（三）结合地方特色资源，挖掘商标品牌文化内涵，制定商标品牌建设发展计划，开展宣传推广，提升商标品牌价值。

第二十条 地方人民政府或者行业主管部门应当根据地方经济发展需要，合理配置公共资源，通过集体商标、证明商标加强区域品牌建设，促进相关市场主体协同发展。

地方知识产权管理部门应当支持区域品牌获得法律保护，指导集体商标、证明商标注册，加强使用管理，实行严格保护，提供公共服务，促进高质量发展。

第二十一条 国家知识产权局应当完整、准确、及时公布集体商标、证明商标注册信息，向社会公众提供信息查询服务。

第二十二条 对下列正当使用集体商标、证明商标中含有的地名的行为，注册商标专用权人无权禁止：

（一）在企业名称字号中使用；

（二）在配料表、包装袋等使用表明产品及其原料的产地；

（三）在商品上使用表明产地或者地域来源；

（四）在互联网平台或者店铺的商品详情、商品属性中客观表明地域来源；

（五）其他正当使用地名的行为。

前款所述正当使用集体商标、证明商标中含有的地名，应当以事实描述为目的且符合商业惯例，不得违反其他法律规定。

第二十三条 他人以事实描述方式在特色小吃、菜肴、菜单、橱窗展示、互联网商品详情展示等使用涉及餐饮类的集体商标、证明商标中的地名、商品名称等文字的，并且未导致误导公众的，属于正当使用行为，注册商标专用权人无权禁止。

第二十四条 实施条例第四条第二款中的正当使用该地理标志是指正当使用作为集体商标注册的地理标志中的地名、商品名称或者商品的通用名称，但不得擅自使用该集体商标。

第二十五条 有本规定第二十二条至第二十四条所述正当使用行为的，行为人不得恶意或者贬损集体商标、证明商标的信誉，扰乱市场竞争秩序，损害其注册人合法权益。

第二十六条 注册人怠于行使权利导致集体商标、证明商标成为核定使用的商品的通用名称或者没有正当理由连续3年不使用的，任何人可以根据商标法第四十九条申请撤销该注册商标。

第二十七条 对从事集体商标、证明商标注册和管理工作的人员以及其他依法履行公职的人员玩忽职守、滥用职权、徇私舞弊、弄虚作假、违法违纪办理商标注册、管理、保护等事项，收受当事人财物，牟取不正当利益，依法依纪给予处分；构成犯罪的，依法追究刑事责任。

第二十八条 本规定自 2024 年 2 月 1 日起施行。

关于商标注册同日申请程序的指引

按照我国商标法及其实施条例等相关规定，我国商标注册实行申请在先原则，并以使用在先原则为补充，对两个或者两个以上的申请人同一天在同一种或者类似商品或者服务上，以相同或者近似商标提出申请的，初步审定并公告使用在先的商标。为帮助商标申请人了解商标注册同日申请审查规则及程序，合理提出商标注册申请，制定本指引。

一、正确理解商标注册同日申请

本指引所称“商标注册同日申请”是指两个或者两个以上的申请人，在同一种或者类似商品或者服务上，分别以相同或者近似的商标在同一天提出注册申请的情形。商标注册同日申请审查程序旨在解决商标申请权不确定的问题，同时，为使申请人对可注册性有合理预期，在此阶段对商标申请进行预先审查。

为充分平衡“以注册为主、使用为补充原则”“申请主体意思自治”及“效率兼顾”等因素，商标法及其实施条例对商标注册同日申请采取阶梯式审查模式。

二、商标注册同日申请的审查程序

（一）第一阶段：补送使用证据阶段

第一阶段为补送使用证据阶段。该阶段主要目的在于判断在先使用情况，能够证明申请注册前在先使用的申请人获得商标申请权。各方申请人均未提交使用证据或者提交的使用证据不能证明其在先使用的，该同日申请商标进入下一阶段审查程序。

对同日申请商标，商标审查部门会同步审查和签出，同一天向商标注册同日申请各方申请人发出《商标注册同日申请补送使用证据通知书》。申请人应当在收到《商标注册同日申请补送使用证据通知书》之日起 30 日内提交申请注册前在先使用该商标的证据，用以证明商标的在先使用情况，申请人未提交使用证据或者提交的使用证据无效的，视为未使用。

仅一方申请人在期限内提交了真实有效使用证据的，实际使用的申请人获得商标申请权，驳回未使用的申请人在相同或者类似商品或者服务上的商标注册申请。各方申请人均在期限内提供了真实有效的使用证据，且使用日期不同的，使用在先的申请人获得商标申请权，驳回使用在后的申请人在相同或者类似商品或者服务上的商标注册申请。

商标注册同日申请各方在补送使用证据阶段主动协商、达成一致意见的，或者其中一方自愿放弃全部或者部分商品或者服务上的注册申请、与其他各方申请人的申请已无冲突商品或者服务的，可不再通知申请人另行协商。

（二）第二阶段：协商阶段

第二阶段为协商阶段。各方申请人均未在先使用或者无法确定在先使用情况，但通过自行协商能够确定商标申请人的，协商确定的申请人获得商标申请权，不愿协商或者协商不成的，该同日申请商标进入下一阶段。

各方申请人同日使用或者均未使用的，可以在收到《商标注册同日申请协商通知书》之日起 30 日内自行协商商标申请权的归属，并报送书面协议。在规定期限内未提交书面协议或者协议无效的，视为协商不成。

各方申请人在期限内协商一致并报送书面协议的，协议内容确定的申请人获得商标申请权，驳回或者准予撤回其他申请人在相同或者类似商品或者服务上的商标申请。

（三）第三阶段：抽签阶段

第三阶段为抽签阶段。对于各方申请人不愿协商或者协商不成的，进入抽签阶段，通过抽签方式确定商标申请权。申请人应按照《商标注册同日申请抽签通知书》明确的抽签方式、时间、地点参加线上或者线下抽签。未参加抽签的，视为放弃申请。

仅有一方申请人按照规定时间参加抽签的，该方申请人获得商标申请权，驳回其他申请人在相同或者类似商品或者服务上的商标申请。各方申请人按规定时间参加抽签的，依据抽签结果，中签者获得商标申请权，驳回其他申请人在相同或者类似商品或者服务上的商标申请。各方申请人均未按照规定时间参加抽签的，驳回或者部分驳回各方在相同或者类似商品或者服务上的商标申请。

在《商标注册同日申请抽签通知书》发出前，因同日申请商标转让至同一主体名下、申请人撤回申请或者删减商品等原因，导致商标注册同日申请审查事由已不存在的，商标注册同日申请审查流程终止。《商标注册同日申请抽签通知书》发出后，申请人未参加抽签，即使商标注册同日申请审查事由已不存在，仍视为放弃申请。商标注册同日申请商标抽签后应按抽签结果进行审查。

三、商标注册同日申请审查程序的例外情形

（一）具体例外情形

在商标注册同日申请程序中，原则上应先确定商标申请权的归属，待商标申请权归属确定后再对商标注册申请进行全面实质审查，但存在以下情形的除外：

1. 存在稳定的在先注册商标

同日申请一方及同日申请各方以外的他人在冲突商品或者服务类别上已获准注册相同商标，且商标注册同日申请审查时该在先注册商标权利未处于注销、撤销、无效宣告程序中。这种情形下将直接引证在先注册商标对同日申请商标予以部分或者全部驳回。

2. 违反商标法第十九条第四款

商标代理机构在代理服务以外的商品或者服务类别上申请商标注册，直接依据商标法第十九条第四款予以驳回。

3. 违反商标法第四条

同日注册申请被认定为不以使用为目的的恶意注册申请，直接依据商标法第四条予以驳回。

4. 其他确需直接驳回的

（二）具体例外情形举例

1. “雷神山”商标抢注案

多家企业和个人抢注“雷神山”“雷神山医院”商标构成商标注册同日申请。“雷神山医院”是武汉抗击疫情前线医院名称，是疫情防控期间全社会舆论关注焦点，是全国人民团结一心，抗击疫情的重要标志之一。雷神山医院以外的申请人将“雷神山”作为商标注册易造成重大社会不良影响，不得作为商标注册和使用，该系列同日申请商标依照商标法第十条第一款第（八）项、第三十条的规定予以驳回。

2. “冰墩墩”商标抢注案

深圳某公司与河南某公司在第3类“洗面奶”等商品上因抢注“冰墩墩”商标构成商标注册同日申请。北京2022年冬奥会和冬残奥会组织委员会在第3类全部商品类别上在先申请注册了“冰墩墩”商标。该组同日注册申请有稳定的在先权利，且使用在指定商品上，易使消费者产生误认，依据商标法第十条第一款第（七）项、第三十条、第三十一条的规定予以驳回。

3. 恶意制造“摩飞”相关同日商标案

申请人提出商标注册申请时应避免人为地制造同日申请商标，对于此类故意制造商标注册同日申请的，除商标申请会被驳回外，若存在扰乱商标注册或者管理秩序、窃取他人商业秘密、不正当竞争等行为的，还将承担相应的法律责任及信用惩戒。

山东某公司与北京某公司申请注册了“摩飞”“MORPHYRICHARDS”和“摩飞电器”等86件同日申请商标。商标注册同日申请的一方申请人为另一方申请人股东，申请双方存在关联关系。且上述商标注册同日申请在先商标权利障碍大部分被同日申请的一方提出撤销、无效宣告等申请。商标注册同日申请双方在对在先的“摩飞”“MORPHY”等商标提出撤销等申请后，又提出大量与之相同的商标注册同日申请，其申请均构成恶意制造商标注册同日申请情形，依照商标法第七条、第三十条予以驳回。

4. 代理机构恶意制造同日商标案

商标代理机构在从业中不得与其主要从业人员或者控制的其他实体人为制造同日申请商标。如发现存在故意制造商标注册同日申请可能的，应主动告知申请人存在的驳回风险，引导申请人通过提交暂缓审查申请或者其他合规方式申请注册。

张某作为长沙某商标代理机构法定代表人，同日又以自然人身份累计申请了多件商标，与多个不同的申请人构成了45组商标注册同日申请。在全部45组同日申请中，有33组同日申请的另一方申请人委托了张某所在的代理机构代理。上述商标注册同日申请存在在先商标权利障碍被该长沙商标代理机构的控股公司或者由该长沙商标代理机构代理提出撤销、无效宣告等申请的情形。

张某与其所在代理机构代理的申请人共同提出大量同日申请，构成恶意制造商标注册同日申请情形，依照商标法第七条、第三十条予以驳回。

四、商标注册同日申请程序的注意事项

（一）商标注册申请人应遵守诚实信用原则

根据商标法第七条第一款的规定，申请人在提出商标注册申请及商标注册同日申请审查程序中应当遵循诚实信用原则。具体包括：应当在答复过程

中按照通知书所载要求进行规范回文、提供的证据材料应当真实有效、提供的协商文件应符合协商双方真实意思表示，不得弄虚作假，提交虚假、伪造或者经篡改的文件材料。

（二）关于商标使用证据的效力

1. 商标使用的概念

商标的使用，是指商标的商业使用，主要指将相关标志用于识别商品或者服务来源的使用行为，应当符合真实、公开、合法等要件，具体形式包括但不限于将商标用于商品、商品包装或者容器以及商品交易文书上，或者将商标用于广告宣传、展览以及其他商业活动中等。

2. 对使用证据的总体要求

申请人提交的使用证据应当真实有效，不得提交虚假证据，证据之间不应相互矛盾。

3. 对使用证据形成时间、使用类别和标样的要求

申请人所提交使用证据的形成时间，应限于在商标申请日之前。申请人提交的使用证据应能够证明，其在先使用的类别应与同日申请商标指定的类别相同或者类似。申请人提交的使用证据应能证明是对同日申请商标的使用，实际使用的商标与同日申请商标需要具备同一性。

4. 对使用证据中使用人的要求

申请人提交的使用证据应能证明，商标实际使用人为商标申请人或者被许可使用人。商标申请人许可他人使用商标的，应当同时提交商标许可使用证据。

5. 对使用证据提交的程序要求

申请人应当在规定的期限内完成使用证据补送。申请人应在收到《商标注册同日申请补送使用证据通知书》之日起 30 日内，完成使用证据的提交。报送使用证据时应将使用证据材料与《商标注册同日申请补送使用证据通知书》原件一并交回。

（三）关于协商

1. 对协商协议的总体要求

申请人提交的协商协议需清晰记载商标申请号、商标名称、指定使用的商品或者服务等必要的商标信息。各方申请人应当在协商协议中共同签字或者盖章，并注明协商协议签订日期。

2. 对协商协议实质内容的要求

申请人提交的协商协议中需要明确商标注册同日申请中的申请权属于某一方申请人，且不应造成权利冲突或者损害他人合法权利等情形。商标共存协议不属于协商协议。

3. 对协商协议提交的程序要求

申请人应当在收到《商标注册同日申请协商通知书》之日起 30 日内提交商标协商协议。报送书面协商协议时应将书面协议与《商标注册同日申请协商通知书》原件一并交回。

（四）关于抽签

1. 对抽签程序的总体要求

各方申请人应认真阅读《商标注册同日申请抽签通知书》及《商标注册同日申请抽签须知》内容，按照规定的方式、时间、地点按时参加，并按照要求提交相关材料。

2. 对抽签主体的限制

参加抽签的主体为接受商标申请人委托的代表人或者代理机构的，不得同时接受两方及以上申请人的委托。同一被委托人不得代表同一组的双方（或者多方）申请人参加抽签。

（五）商标注册申请人应积极主动行使权利

商标注册同日申请程序环节多、流程长，实务中，常出现因申请人被动答复延缓审查进度的情形。在各阶段通知书送达中也经常出现收寄地址不正确、寄出公文被退回的情形，在此种情况下，需要将送达方式由邮寄送达改为周期为30日的公告送达，且公告送达的次数越多，程序持续的时间也会越长，商标注册同日申请审查程序的运行将持续低效率运行。

商标注册申请人应主动配合商标注册同日申请审查，提供真实有效的联系方式、收寄地址，确保联系畅通、文书送达准确无误，尽量避免因沟通不畅、送达退信等问题而导致的程序拖沓，进展缓慢。

（六）商标注册申请人应避免与其关联主体提出商标注册同日申请

商标注册同日申请客观上会延缓商标注册审查周期，根据我国商标法及其实施条例等相关规定，商标注册同日申请审查历经多个阶段，等待审查结论所需的时间受送达、回文等因素的影响较大。经营主体应科学选择商标申请及发展策略，提前合理确定商标申请主体，尽量避免出现与其子公司、控股公司或者具有关联关系的其他主体提出商标注册同日申请。

关于商标转让程序的指引

为帮助经营主体了解商标转让相关法律规定及审查流程，引导商标转让申请人遵循诚实信用原则，合理转让商标注册申请或者注册商标，防止因商标转让导致混淆或者其他不良影响，制定本指引。

一、适用范围

本指引所称“商标转让”，是指发生在不同民事主体之间的商标权利转让行为。商标申请人或者注册人按照一定条件与受让人达成协议，并依据商标法及其实施条例相关规定，将其商标权或者商标申请权转让给受让人，受让人通过转让继受取得相应权利。商标转让基于转、受让双方真实共同意思表示发生，应当遵循合法、自愿、公平和诚实信用等原则。

因上述转让以外的其他事由发生的商标权利主体的更替如因法人解散、破产或者自然人死亡发生继承等情形属于商标移转。

二、基本要求

（一）商标转让的基本要求

1. 商标

商标转让申请可针对已注册的有效商标或者有效的商标注册申请提出。

2. 办理主体

商标转让当事人应当具备相应的民事主体资格、民事权利能力及行为能力。

转让申请的转让人应为商标的注册人，且应与商标档案记录的注册人相关情况一致。注册人存在已在相关登记机关变更名称的，商标转让申请将在变更名义申请获准后再进行审查。

受让人应满足商标法第四条对商标注册申请主体资格的相关要求。

3. 申请文件

按照商标法相关规定，商标转让申请应由转、受让双方基于真实意愿共同提出，申请文件应满足以下要求。

申请人应当填写并提交《转让/移转申请/注册商标申请书》，以纸质方式提交的，应提交双方申请人均在规定位置签字或者盖章的原件；以电子方式提交的，应上传双方共同盖章且签字的同意转让声明文件的彩色扫描件。当事人为法人的，应由法定代表人或者法定代表人授权的人签字，为其他组织的，还应由负责人签字。

申请人还应当提交经签字或者盖章的身份证明文件复印件。委托商标代理机构办理商标转让申请的，还应出具代理委托书。

4. 一并转让

为防止因多枚相同或者近似商标因转让分属不同经营主体，从而容易导致相关公众对商品或者服务的来源产生混淆、误认，商标转让人对其商标进行转让时，应当对其名下与转让商标构成在同一种或者类似商品上注册的相同或者近似的商标进行一并转让。

对于转让人领土延伸至中国受保护的相同或者近似的马德里国际注册商标，应当一并转让；对于转让人名下已作出商标注册实质审查结论（含已初步审定、处于驳回复审或者异议程序中的商标）的相同或者近似商标注册申请应当参照注册商标一并转让；对于转让人名下正在申请中的相同或者近似商标可以一并转让。

实践中，对于两商标是否构成近似商标的判断，还将结合两商标的知名度、显著性、指定使用的商品或者服务的差异程度、转受让双方的认知及采取的避免混淆的措施等进行综合考量。转受让双方采取或者约定采取的措施，应当足够使普通消费者对转让后的商标来源进行区分，以避免混淆的发生。

5. 容易导致混淆或者其他不良影响的转让

按照商标法相关规定，申请人应当避免以下因商标转让行为导致混淆或者产生不良影响的情形：

（1）申请转让集体商标或者证明商标，但受让人不符合《集体商标、证明商标注册和管理办法》规定的相关资格和资质要求的。

（2）申请将含有地名的商标转让给该地区以外的受让人，若使用该商标的商品与该商标所包括的地名具备紧密联系，商标转让后容易使公众对商品的产地、来源产生误认，或者容易使相关公众或者一般消费者产生混淆的。

> 例如：
>
> “西街口”商标注册在第31类“新鲜水果、新鲜蒜”商品上，现申请转让给贵州某企业。由于“西街口”是云南省昆明市石林彝族自治县下辖一镇名，该镇出产的人参果、大蒜等农副产品

> 具有较高知名度。“西街口”商标与该商标核定使用的商品具有紧密联系，如将该商标转让至西街口区域之外的其他所有人名下，容易使公众对商品的产地、来源产生混淆和误认，因此，对该商标转让申请不应予以核准。

（3）申请将含有企业名称（包含全称、部分名称或者简称）的商标转让给其他企业，使用商标容易导致相关公众或者一般消费者混淆的。

> 例如：
>
> 山西某集团公司申请将“山西某集团公司及图”商标转让给河北某有限责任公司，商标文字部分包含山西公司企业名称全称。该商标若投入使用，容易使相关公众或者一般消费者认为商品或者服务来源于或者与山西公司存在某种关联，因此，对该商标转让申请不应予以核准。

（4）申请将具备特殊含义的商标转让，转让可能对我国政治、经济、文化、宗教、民族等社会公共利益、公共秩序或者公序良俗产生消极的、负面影响的。

（5）商标代理机构违反商标法实施条例第八十七条规定作为受让人的。

（6）申请人累计注册商标较多，存在累计多次向较为分散的受让人转让商标，无正当理由，或者不能够提供相关使用证据或者说明使用意图，或者提供的使用证据无效的。

> 例如：
>
> 某自然人累计申请注册700余件商标，数量较多，同时存在累计多次转让行为，且受让人分散，申请人不能够提供相关正当理由或者使用证据，其行为涉嫌恶意囤积商标并通过商标转让牟取不正当利益，因此，对该商标转让申请不应予以核准。

（7）其他容易导致混淆或者其他不良影响的情形。

6. 影响他人权利的转让

申请人应避免商标转让行为造成他人合法在先权利受到侵犯。利益相关方可能包括“被许可人”“在先曾申请转让但未被核准的受让方”“已签订协议但未提交转让申请的另一方受让人”“商标权属争议方”等。

（二）其他要求

1. 共有商标

申请转让共有商标的，转让申请应经全体共有人一致确认同意，代表人应当在申请书首页转让人章戳处加盖印章，其他共有人名称应当在申请文件附页中列明，并加盖印章，还应提交符合相关要求的所有共有人从事经营活动的主体资格证明文件。

申请将商标转让给多人共有的，受让人代表人应当在申请书受让人章戳处加盖印章，其他共有人名称应当在申请文件附页中列明，并加盖印章。

2. 集体商标

按照商标法相关规定，集体商标是指以团体、协会或者其他组织名义注册，供该组织成员在商事活动中使用，以表明使用者在该组织中的成员资格的标志。集体商标彰显的是共性特征，申请注册主体应为集体组织。单一企业、个体经营者或者集团公司，不能作为集体商标申请人。申请转让集体商标的受让人也应具备相应的主体资格，同时，申请人除《转让/移转申请/注册商标申请书》外，还需提交以下材料：

（1）加盖转让人公章的转让人身份证明文件复印件。

（2）加盖受让人公章的受让人主体资格证明文件复印件。

（3）加盖受让人公章的转让后的集体商标使用管理规则。

（4）转让后的集体成员名单。

（5）商标转让合同。

3. 证明商标

按照商标法相关规定，证明商标是指由对某种商品或者服务具有监督能力的组织所控制，而由该组织以外的单位或者个人使用于其商品或者服务，用以证明该商品或者服务的原产地、原料、制造方法、质量或者其他特定品质的标志。证明商标的注册申请主体应当是依法成立，且对所申请的商品或者服务的特定品质具有监督能力的组织。申请转让证明商标的受让人也应具备相应的主体资格，同时，申请人除《转让/移转申请/注册商标申请书》外，还需提交以下材料：

（1）加盖转让人公章的转让人主体资格证明文件复印件。

（2）加盖受让人公章的受让人主体资格证明文件复印件。

（3）加盖受让人公章的转让后的证明商标使用

管理规则。

（4）受让人监督检测能力证明。

（5）商标转让合同。

4. 地理标志集体商标/证明商标

按照商标法相关规定，地理标志是指标示某商品来源于某地区，该商品的特定质量、信誉或者其他特征，主要由该地区的自然因素或者人文因素所决定的标志。

以集体商标或者证明商标注册的地理标志，强调的是商品的特定品质及其与生产地域自然因素、人文因素之间的关联性，属于该产地从事相关生产经营活动的市场主体共有的权利。地理标志集体商标/证明商标指定使用的商品应明确、具体，且应与地理标志名称密切关联。

为保障商标申请满足上述要求，申请人应为经该地理标志所标示地区县级以上人民政府或者行业主管部门同意、具有对地理标志产品特定品质监督检测能力、不以盈利为目的的团体、协会或者其他组织，一般为社会团体法人、事业单位法人，且其业务范围与所监督使用的地理标志产品相关。公司和农民专业合作社等营利性主体，不能作为地理标志集体商标和地理标志证明商标的受让人。

为避免公众对商品或者服务的来源地产生误认，住所、经营地不在相应地域的生产者、经营者，不得作为地理商标的受让人。申请转让地理标志集体商标/证明商标的受让人也应具备相应的主体资格，同时，申请人除《转让/移转申请/注册商标申请书》外，还需提交以下材料：

（1）经该地理标志所标示地区县级以上人民政府或者行业主管部门同意该转让且同意受让人监督管理该地理标志商标的批准文件。

地理标志所标示的地域范围为一个县、市范围内的，由该县、市人民政府或者行业主管部门出具批准文件；地域范围为两个以上县、市范围的，由其共同上一级人民政府或者行业主管部门出具批准文件。

（2）加盖转让人公章的主体资格证明文件复印件。

（3）加盖受让人公章的主体资格证明文件复印件。

（4）加盖受让人公章的转让后的商标使用管理规则。

（5）受让人监督检测能力证明材料。

（6）商标转让合同。

三、其他注意事项

商标转让申请人应当树立正确的商标申请及使用意识，在生产经营活动中，对其商品或者服务需要取得商标专用权的，应当尽早选择独立自主商标进行申请注册。通过转让方式继受取得商标专用权的，申请转让的商标或者商标申请的情况、状态等信息，与受让人利益直接相关，在提出商标转让申请前，受让人应对照商标法相关规定，结合自行检索研究情况，充分评估商标转让风险。

1. 申请转让已注册商标可能面临的风险

（1）已注册的商标可能面临被宣告无效的风险，应注意商标是否存在违反商标法第四十四、第四十五条规定的无效宣告情形，如是否属于不以使用为目的的恶意商标、不得作为商标使用的标志、以欺骗手段或者其他不正当手段取得注册、损害他人现有在先权利等。在无效宣告案件审理时，对于商标是否违反上述相关法律规定的判断，一般以商标申请注册时的实时状态为准。

> 例如：
>
> 商标权利人 A 欲将其名下已注册的有效商标 B 转让至 C 名下，若第三人针对 B 商标以其属商标法第四条“不以使用为目的的恶意商标注册申请”为理由提出无效宣告申请，且经审理认为，A 存在申请数量巨大，明显超出正常经营活动需求，缺乏真实使用意图，扰乱商标注册秩序的情形，则该商标将被宣告无效。C 以其受让后具有使用意图或者已实际投入使用为理由进行的抗辩，不影响对申请人 A 违反商标法第四条情形的认定。

（2）已注册的商标可能面临被撤销的风险，应注意商标是否存在违反商标法第四十九条关于商标使用的规定情形，即注册商标是否已成为其核定使用的商品的通用名称或者没有正当理由连续三年不使用等。

（3）已注册的商标可能面临到期未续展的风险，应注意商标是否处于有效状态，对处于商标法第四十条规定的续展或者宽展期内的，是否按照规定办理了续展手续等。

> 例如：
>
> 某商标专用权期限截至 2020 年 3 月 1 日，甲乙双方于 2020 年 7 月 1 日提交转让申请，商标处

于续展宽展期内，双方并未提交续展申请。对该商标的转让申请，将由于宽展期届满未续展已无效而不予核准转让。

2. 申请转让商标申请可能面临的风险

（1）处于商标注册实质审查、驳回复审、不予注册复审审理程序中的商标，可能会面临驳回、不予注册等不利结论。

（2）对于已经过实质审查初步审定并公告的商标，存在相关当事人按照商标法第三十三条规定提出异议申请的可能。

3. 申请转让已质押商标可能面临的风险

按照民法典关于"知识产权中的财产权出质后，出质人不得转让或者许可他人使用，但是出质人与质权人协商同意的除外"的规定，需提交质权人书面同意的证明文件，未提交的，将不予核准转让申请。

4. 申请转让法院查封保全商标可能面临的风险

按照相关司法解释规定，人民法院对注册商标权进行保全的，可能包括禁止转让等事项，需提交法院书面同意的证明文件，未提交的，将不予核准转让申请。

5. 申请转让已许可他人使用商标可能面临的风险按照商标法第四十三条第三款对于商标许可备案及相关司法解释关于"注册商标的转让不影响转让前已经生效的商标使用许可合同的效力，但商标使用许可合同另有约定的除外"的规定，在先有效商标许可可能对商标转让后的权利行使等造成影响，申请人应对商标许可类型及备案情况等予以注意。

转、受让双方一致同意撤回转让申请的，应共同提出撤回转让申请，双方均应在撤回申请书相应位置盖章或者签字。

另外，办理商标转让手续时，也可参考中国商标网相关说明内容①。

关于实用新型专利保护客体判断的指引

实用新型专利是我国三种专利类型之一，与发明专利、外观设计专利共同为广大创新主体提供有效的创新成果保护路径。实用新型专利保护客体的判断是实用新型专利申请和审查实践中的重要内容。本指引旨在梳理实用新型专利保护客体的相关规定和示例，引导创新主体准确理解实用新型专利保护客体的边界，促进实用新型专利申请撰写和答复质量的提高，推动实用新型专利制度高质量发展。

一、实用新型专利保护客体的相关要求及判断要素

专利法第二条第三款规定，实用新型，是指对产品的形状、构造或者其结合所提出的适于实用的新的技术方案。

根据上述规定，实用新型专利保护的客体，需同时具备三个方面要素：产品、形状和/或构造以及技术方案。当一件实用新型专利申请的权利要求不符合上述任一方面要素的相关规定时，不属于实用新型专利保护的客体。下面主要结合专利法、专利审查指南等中有关以上三方面要素的相关规定分别进行梳理。

二、实用新型专利保护客体判断涉及产品的常见情形

根据专利法第二条第三款的规定，实用新型专利只保护产品。所述产品应当是经过产业方法制造的，有确定形状、构造且占据一定空间的实体。一切方法以及未经人工制造的自然存在的物品不属于实用新型专利保护的客体。实用新型专利保护客体判断涉及产品的常见情形如下。

（一）权利要求的主题名称应明确排除方法

如果权利要求的主题名称为一种方法，则不符

① 1. 中国商标网申请指南《申请转让注册商标注册申请》
https：//sbj. cnipa. gov. cn/sbj/sbsq/sqzn/202303/t20230331_26240. html
2.《小明与商标的故事》第二集和第五集
https：//sbj. cnipa. gov. cn/sbj/sbsq/sqzn/202303/t20230310_25685. html
https：//sbj. cnipa. gov. cn/sbj/sbsq/sqzn/202303/t20230310_25690. html
3. 商标注册后续程序知识短视频
https：//sbj. cnipa. gov. cn/sbj/sbsq/sqzn/202201/t20220121_620. html

合实用新型专利保护客体的要求。比如权利要求主题名称为一种齿轮的制造方法、工作间的除尘方法或数据处理方法等。

（二）权利要求可以使用已知方法的名称限定产品的形状、构造

权利要求中可以使用已知方法的名称限定产品的形状、构造，不得包含方法的步骤、工艺条件等。如采用已知的焊接、热压等加工方法限定的各部件的连接关系等。对于方法本身的改进，如产品的加工步骤、工艺方法等的改进，不属于实用新型专利保护的客体。即使权利要求中既包含对方法本身的改进，又包含产品的形状、构造特征，仍不属于实用新型专利保护的客体。

如，一种可降解抗菌型保鲜膜套，权利要求中不仅包含了套体采用可降解薄膜制作、末端设有松紧固定带的形状、构造特征，还包含了以提高抗菌剂与薄膜结合强度保证抗菌效果为目的的改进的抗菌加工工艺。该工艺为：薄膜分别采用去离子水和乙醇溶液进行两次清洗，在抗菌液中浸渍 10 秒后进行轧辊，最后进行分段加热：低温在 30 - 50 摄氏度，去除水分同时预热，高温在 70 - 85 摄氏度，进行烘干。由于权利要求中包含了对于方法本身的改进，不属于实用新型专利保护的客体。

（三）关于计算机程序的客体判断

结合计算机程序的技术特点，对于涉及计算机程序的产品权利要求，仅包含已知计算机程序名称的，可以认为属于实用新型专利保护的客体。对于既包含了硬件的改进，又包含了计算机程序的产品权利要求，如果对现有技术的改进在于硬件部分，且所涉及的计算机程序为已知的，可以认为属于实用新型专利保护的客体；如果权利要求中既包含了对硬件部分的改进，又包含了对计算机程序本身的改进，不属于实用新型专利保护的客体。

因为实用新型专利只保护产品，对于形式上撰写为产品，但实质上属于计算机程序模块构架类的权利要求，由于仅包含以计算机程序流程为依据的程序模块，不属于实用新型专利保护的客体。

具体的，如，权利要求请求保护一种人脸识别智能门锁，为了解决传统机械门锁如果忘带钥匙则无法开门的问题，采用了人脸匹配自动开锁的技术手段，其中包含了硬件结构的改进，也包含了处理器模块中运行的实现人脸识别的计算机程序。如果该人脸识别程序为已知的，权利要求不涉及对该程序本身做出的改进，该权利要求可以认为属于实用新型专利保护的客体。

再如，权利要求请求保护一种自控式红绿灯控制系统，其特征在于包括与参数设置输入装置、强制开关装置和多级地感线圈检测装置连接的中央控制单元，主要解决现有技术中红绿灯无法根据道路静止车辆排队长度自动调整不同方向的车辆放行时间和各方向的放行顺序的问题。解决上述技术问题需要依赖“中央控制单元”中运行的实现“对车辆检测信号进行分析运算，判断道路上是否有车辆以及车辆的行驶状态，并计算道路上静止车辆的排队长度，根据各道路静止车辆排队长度自动调整不同方向的车辆放行时间和各方向的放行顺序”这一功能的计算机程序，如果该计算机程序不属于已知计算机程序，则该权利要求包含了对计算机程序本身的改进，不属于实用新型专利保护的客体。

又如，权利要求请求保护一种语义词典构建装置，其特征在于，包括：语句筛选模块，用于从用户的网络日志中提取具有相同或者相近语义的句子；词语筛选模块，……；词语聚类模块，……。虽然该权利要求撰写为产品权利要求的形式，但其实质是以计算机流程为依据、按照与计算机流程的各步骤完全对应一致的方式撰写的，实质上属于计算机程序模块构架类权利要求，不属于实用新型专利保护的客体。

（四）关于人为布局规划的客体判断

人为布局规划通常是指根据人类生产生活的需要，对建筑物、场地空间等做出的，主要依靠人为规则以及使用方式等改进实现的布局规划。由于该类申请解决技术问题或达到技术效果必须依赖于人为规划的改进，其权利要求所要保护的技术方案实质上不符合专利审查指南中有关针对产品形状、构造提出的改进技术方案的要求，因而不属于实用新型专利保护的客体。

如，权利要求请求保护一种信号控制的交叉路口特殊车道，解决提高交叉路口的通行能力的问题，解决该问题必须依赖对车道功能进行的人为划分，其是对人为布局规划的改进，因此，该权利要求不属于实用新型专利保护的客体。

再如，权利要求请求保护一种花园式厂房，解决现有厂房整合度差，产量匹配度低，各个环节存在大量转运过程，各环节流通物流成本高等问题，解决该问题必须依赖对厂房各功能区域位置的人为划分，其是对人为布局规划的改进，因此，该权利要求不属于实用新型专利保护的客体。

三、实用新型专利保护客体判断涉及形状和/或构造的常见情形

根据专利法第二条第三款的规定，实用新型应当是针对产品的形状和/或构造所提出的改进。

产品的形状是指产品所具有的、可以从外部观察到的确定的空间形状。包含产品二维或三维的形态，如螺旋形的刀具、横截面呈倒“F”型的型材。无确定形状的产品，如气态、液态、粉末状、颗粒状的物质或材料，其形状不能作为实用新型保护的形状特征。

产品的构造是指产品的各个组成部分的安排、组织和相互关系。机械构造、线路构造、复合层结构属于产品的构造。物质的分子结构、组分、金相结构等不属于实用新型专利给予保护的产品的构造，如仅改变焊条药皮组分的电焊条不属于实用新型专利保护的客体。

实用新型专利保护客体判断涉及产品形状和/或构造的常见情形如下。

（一）关于形状特征的客体判断

不能以生物的或者自然形成的形状作为产品的形状特征。例如，植物盆景中植物生长所形成的形状、假山形状等。

不能以摆放、堆积等方法获得的非确定的形状作为产品的形状特征。例如，不能以堆积后形成的圆台形状作为一种建筑沙堆的形状特征，也不能以摆放后形成的梯形形状作为一种钢管的形状特征。

允许产品中的某个技术特征为无确定形状的物质，如气态、液态、粉末状、颗粒状物质，只要其在该产品中受该产品结构特征的限制即可，例如，对温度计的形状构造所提出的技术方案中允许写入无确定形状的酒精。

产品的形状可以是在某种特定情况下所具有的确定的空间形状。例如，具有新颖形状的冰杯、降落伞等。又如，一种用于钢带运输和存放的钢带包装壳，由内钢圈、外钢圈、捆带、外护板以及防水复合纸等构成，若其各部分按照技术方案所确定的相互关系将钢带包装起来后形成确定的空间形状，这样的空间形状不具有任意性，则钢带包装壳可以认为属于实用新型专利保护的客体。

（二）关于层状结构、线路构造的客体判断

一般来说，层状结构、线路构造属于产品的构造。复合层结构中层的厚薄、均匀程度不影响其作为一种产品的构造。但产品的印刷层不属于产品的构造，即通过印刷或者绘制方式在产品表面形成的含有图案、文字、符号等内容的信息层不属于产品的构造，例如，印制在袋体表面的广告层。

线路构造通常包括电路、气路、液压线路、光路等。电路各个组成部分之间确定的连接关系可以是有线连接，也可以是无线连接。例如可以根据电路中信号流的流向描述电路的构造：一种二氧化碳气体浓度传感器，由信号采集单元、信号取样单元、放大滤波电路和整形电路构成，其特征是：信号采集单元采集空气中的二氧化碳的浓度信号，然后将采集到的信号输入给信号取样单元，然后经过放大滤波电路进行电信号放大，并由滤波电路滤除工频和其他频率的干扰信号，得到有效的二氧化碳浓度信号，然后将该信号通过整形电路处理得到方波脉冲信号。

（三）关于材料特征的客体判断

对于包含材料特征的产品权利要求，如果仅包含已知材料名称的，可以认为属于实用新型专利保护的客体；如果包含对材料本身改进的，不属于实用新型专利保护的客体。由于物质的组分或配方含量属于材料特征本身的表现形式，因此，若撰写产品权利要求时需包含类似“采用50%的A、40%的B及10%的C制成”、“在D中加入E”、“包括F、G、H中的一种或多种/至少包括F、G、H中的一种”等有关组分或配方含量的限定，则应当明确其为已知的。

如，权利要求请求保护一种空气净化滤芯，其特征在于，包括由精密陶瓷制成的硬质外壳，以及外壳内由载银活性炭层、负离子石层、硅藻土层构成的多层复合芯体。其记载了外壳以及复合芯体各层的具体材料，由于上述材料均为已知材料的名称，不包含对材料本身的改进，可以认为属于实用新型专利保护的客体。

再如，权利要求请求保护一种蚕丝纸尿裤，由与臀部贴合的主体和连接于主体的腰围松紧带组成，主体包括天然蚕丝无纺布覆面表层、复合透气底膜以及设置在二者之间的锁水吸收芯体，所述锁水吸收芯体由高分子吸水树脂与木浆混合制成。其包含了锁水吸收芯体的具体材料，如果具有“由高分子吸水树脂与木浆混合制成”这一组分特征的吸收芯体属于已知材料，则权利要求可以认为属于实用新型专利保护的客体，如果其是对吸收芯体材料本身提出的改进，则不属于实用新型专利保护的

客体。

（四）关于食品类申请的客体判断

食品类申请是否属于实用新型专利保护客体的判断实质在于其是否包含了对材料本身的改进，若包含了对材料本身的改进则不属于实用新型专利保护的客体。如，权利要求请求保护一种糕点，通过三层糕层和夹在各层之间的调味层构成，糕层分别由面粉、玉米粉、糯米粉制成，调味层分别由甜味调味料和咸味调味料制成。其所要解决的问题是提升糕点的口感，虽然其具有层状结构特征，但解决上述问题必须依赖于通过对糕层材料及调味层材料的选择或者组合的改进而实现，因此该权利要求实质上包含了对材料本身提出的改进，不属于实用新型专利保护的客体。

四、实用新型专利保护客体判断涉及技术方案的常见情形

专利法第二条第三款所述的技术方案，是指对要解决的技术问题所采取的利用了自然规律的技术手段的集合。技术手段通常是由技术特征来体现的。未采用技术手段解决技术问题，以获得符合自然规律的技术效果的方案，不属于实用新型专利保护的客体。

产品的形状以及表面的图案、色彩或者其结合的新方案，没有解决技术问题的，不属于实用新型专利保护的客体。产品表面的文字、符号、图表或者其结合的新方案，不属于实用新型专利保护的客体。例如，仅改变按键表面文字、符号的计算机或手机键盘；以十二生肖形状为装饰的开罐刀；仅以表面图案设计为区别特征的棋类、牌类，如古诗扑克等。

实用新型专利保护客体判断涉及技术方案的常见情形如下。

（一）关于与表面图案、色彩结合方案的客体判断

产品表面的图案、色彩或者其结合的新方案，没有解决技术问题的，不属于实用新型专利保护的客体。如，权利要求请求保护一种国风雨衣，在雨衣的适当位置印制国风元素图案。在雨衣表面设置图案的目的是以雨衣为传统文化的传播媒介，表达个性、美观，没有解决技术问题，不属于实用新型专利保护的客体。而如，权利要求请求保护一种安全雨衣，其特征在于，雨衣的前胸及后背位置设置荧光图案。通过荧光图案在光线不足环境中的警示作用，解决了提高行人雨天出行安全性的技术问题，该技术方案属于实用新型专利保护的客体。

（二）关于以美感为目的方案的客体判断

仅以美感为目的对产品形状改进的方案，没有解决技术问题，不属于实用新型专利保护的客体。例如，为了美观将垃圾桶的外形制成熊猫形的方案，不属于实用新型专利保护的客体。

如果对产品形状进行改进的方案，不仅以美感为目的，而且客观上利用了符合自然规律的技术手段，解决了技术问题，产生了技术效果，可以认为属于实用新型专利保护的客体。如，流线形轿车，其形状改进不仅有美观的作用，也更好地克服汽车在行驶过程中的风阻，解决了技术问题，可以认为属于实用新型专利保护的客体。

五、有关客体判断的实用新型专利申请和答复注意事项

（一）选择合适的专利类型

对于一项发明创造的专利保护，应选择合适的专利类型。由于实用新型专利仅保护产品，对于实质上包含方法/材料改进的技术方案，无法采用实用新型专利进行保护，可以考虑申请发明专利。对于单纯以美感为目的的申请，无法采用实用新型专利进行保护，符合外观设计相关要求的，可以考虑申请外观设计专利。

（二）与客体判断有关的权利要求的撰写

实用新型专利保护客体的审查对象是全部权利要求，因此，在撰写实用新型专利申请时，对独立权利要求和从属权利要求应予以同样的关注，如果独立权利要求属于实用新型专利保护客体，但从属权利要求不属于实用新型专利保护客体时，该申请也不能授予实用新型专利权。

（三）与客体判断有关的答复或修改注意事项

在答复涉及实用新型专利保护客体的相关审查意见时要注意答复和修改方式，既要针对审查意见通知书指出的缺陷进行答复，也要注意不要引起新的问题。由于实用新型专利保护客体的审查对象是权利要求，仅对说明书进行修改通常无法克服权利要求不属于实用新型专利保护客体的缺陷。对权利要求的简单合并、表述方式的变换等不具有实质性的修改也无法克服权利要求不属于实用新型专利保

护客体的缺陷。简单删除独立权利要求中不属于实用新型专利保护客体的技术特征可能会导致修改后的权利要求超出原始申请记载范围，引起不符合专利法第三十三条规定的新问题。

在答复涉及组合物等材料是否为已知材料的审查意见时，应当通过充分陈述理由或举证的方式说明本申请中特定组合物及其所包含的各组分（及其配比），整体为已知材料，而不是简单说明本申请中特定组合物的各组分是已知的。

在答复涉及计算机程序是否为已知的审查意见时，应当将该计算机程序视为一个整体，通过充分陈述理由或举证的方式说明包含了其完整执行逻辑的计算机程序为已知，而不是将注意力集中在该计算机程序的每一条指令或者实现某一功能的程序指令集合是否为已知上。

参考文献

［1］国家知识产权局，《专利审查指南 2010（2019 年修订）》［M］. 北京：知识产权出版社有限责任公司，2020 年 3 月

［2］国家知识产权局，《审查操作规程实用新型分册》［M］. 北京：知识产权出版社，2011 年 2 月

关于外观设计国际注册申请的指引

2022 年 5 月 5 日，工业品外观设计国际注册海牙协定（1999 年文本）（以下简称海牙协定）在我国正式生效。本指引旨在梳理通过海牙协定提交外观设计国际注册申请的程序、审查注意事项和费用等，助力创新主体高效合理使用海牙体系开展全球产品布局，促进工业品外观设计创新能力提升。

一、外观设计国际注册申请概况

（一）海牙协定

海牙协定是适用于工业设计领域的国际知识产权协定，由世界知识产权组织（WIPO）管理。通过该协定，申请人提交一份国际申请后，就可能在若干个缔约方获得外观设计保护。近年来，海牙协定的缔约方不断增加，海牙体系的影响力不断扩大。截至 2023 年 10 月，海牙协定共有 79 个缔约方，覆盖 96 个国家/地区。

（二）外观设计国际注册申请程序

海牙体系为创新主体提供了一种简捷、高效的外观设计国际注册程序，方便创新主体对外观设计的集中化管理。通过海牙体系提交外观设计国际注册申请，申请人仅需使用一种语言（英语、法语或西班牙语）提交一件国际申请、支付一种货币（瑞士法郎 CHF）和通过一个机构（世界知识产权组织国际局）即有可能在 90 多个国家/地区获得至少 15 年的外观设计保护。

外观设计国际注册申请可以直接提交或通过缔约方主管局提交给国际局，由国际局进行形式审查、国际注册和公布，之后进入指定缔约方主管局进行审查，决定是否发出驳回通知或给予保护。该驳回通知不同于我国外观设计国家申请审查中的驳回决定，申请人可根据缔约方主管局的要求对驳回通知进行答复。

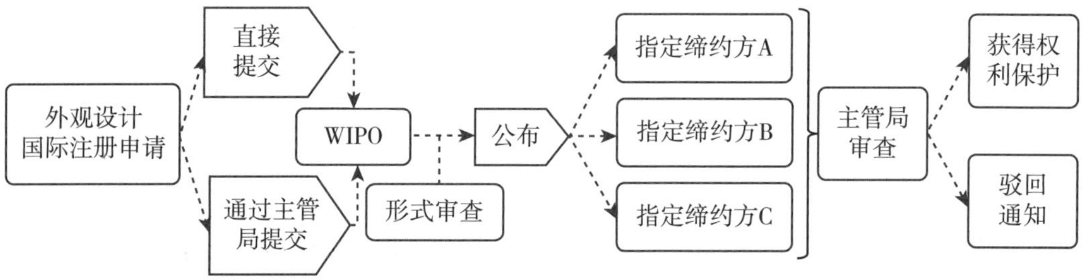

二、在国际局审查程序中的注意事项

（一）与申请有关的注意事项

关于提交国际注册申请的资格。申请人应符合以下条件之一：缔约方的国家或缔约方的政府间组织成员国的国民；在海牙协定的缔约方拥有真实和有效工商业营业所或住所的自然人或法人；在缔约方领土内有经常居所的自然人或法人（1999 年文本规定）。

关于申请日的确定。提交国际注册申请的途径有两种：直接提交和通过缔约方主管局间接提交。直接提交申请，其申请日是国际局收到国际注册申请的日期。通过缔约方主管局提交申请，其申请日是相关申请人的缔约方主管局收到该申请之日，但前提是，国际局须在该日起1个月之内收到该申请。此外，还存在会导致申请日推后的情况。国际局会对申请人提交的文件进行形式审查，某些不规范的情形可能会导致申请日推后，如未使用规定的语言之一、没有指定缔约方、没有能使申请人身份得以确定的说明等。申请人可以自国际局发出不规范通知书之日起的3个月内进行更正，申请日为收到对此种不规范情形作出更正的日期。如果没有在3个月期限内更正，国际注册申请视为放弃。

关于申请文件的准备。国际注册申请的内容分为三类：必要内容、补充必要内容以及非强制性内容。必要内容由任何国际注册申请中必须包括或附具的信息构成，如：提出进行国际注册申请的明确请求、申请人详细信息、外观设计项数和产品名称、被指定缔约方名称以及费用等。补充必要内容是某些情况下缔约方可以通知必须包括在指定该缔约方的国际注册申请中的内容，如：设计人身份信息、权利要求书和简要说明等。非强制性内容包括指定代理人、主张优先权等。

申请人可以自行向国际局提交国际注册申请，也可以委托代理办理相关事务。

（二）与国际注册、公布有关的注意事项

原则上，国际注册日与国际注册申请的申请日相同。如果国际注册申请中存在涉及被指定的缔约方所通知的附加内容的不规范情形（比如简要说明、权利要求书之类），那么国际注册日应为国际局收到对此种不规范情形作出更正的日期或者国际注册申请的申请日，二者中以日期晚者为准。

与我国外观设计国家申请授权后公布不同，外观设计国际注册申请需要在国际局注册后进行公布。公布的时间可以由申请人选择，分为以下三种情形，一是立即公布，国际注册登记后立即公布；二是标准公布，国际注册日后12个月，作为默认公布时间；三是选定时间公布，申请人可以选择小于12个月的时间，也可以根据申请表格（DM/1）的提示选择大于12个月的延迟时间，最长不得超过30个月。

（三）与视图有关的注意事项

海牙体系对视图图面质量的要求是，应保证外观设计的所有细节均清晰可辨，并可予以公布。

下表是海牙体系关于图像文件的技术要求。

图像格式	JPEG 或 TIFF
分辨率	300 dpi
最小尺寸	3 厘米 * 3 厘米（300 dpi）
最大尺寸	16 厘米 * 16 厘米（300 dpi）
最大文件大小（每个文件）	2 兆字节
颜色	RGB 或灰度
边框	1 至 20 个像素

为了保证视图能够清楚、充分地披露要求保护的外观设计，申请人在提交视图时可以参考以下要求。

1. 视图编号

按顺序进行编号，编号由两个单独的数字组成，并用圆点隔开。例如，用1.1、1.2、1.3等，表示第一个外观设计，用2.1、2.2、2.3等，表示第二个外观设计，以此类推。

2. 视图数量

提供足量视图，可以包括：主视图、后视图、左视图、右视图、俯视图、仰视图、立体图，必要时可以提交放大图、剖视图、分解图或者变化状态图等，以更清楚地表示外观设计。可以省略相同或者对称的视图，同时在说明中解释省略视图的原因。

3. 视图内容

申请人制图时应符合专业标准，背景保持单一清晰，避免出现技术制图。视图中不允许出现带有轴线和尺寸的制图以及说明性的文字或者图例。外观设计的各视图需要满足视图之间投影关系对应。可以采用黑白或彩色的照片以及其他图样，但是在一件申请中不要混用不同形式，不要混用黑白图样和彩色图样。如果申请人提交的立体产品表面的浮雕和轮廓不够清楚，比如某些曲面立体产品的曲面轮廓通过正投影视图不能清楚表达，在不同的缔约方可以采用不同的方式来进行辅助表达。

三、在国家知识产权局审查程序中的注意事项

国家知识产权局审查指定中国的外观设计国际注册申请时，主要涉及外观设计的定义、新颖性、清楚表达、单一性等。如果国家知识产权局认为指定中国的外观设计国际注册申请不满足规定，会在国际公布后的12个月内发出驳回通知。答复驳回通知的期限一般为4个月。经国家知识产权局审查后没有发现驳回理由的，作出给予保护的决定，通知国际局。指定中国的外观设计国际注册申请授权公告后，申请人可以请求国家知识产权局出具外观设计国际注册申请专利登记簿副本，作为在中国给予保护的证明。

国际局公布的外观设计国际注册申请中包括含设计要点的说明书的，视为已经依照规定提交了简要说明。申请人要求优先权的，国家知识产权局不收取优先权要求费。如未在提出外观设计国际注册申请时提交在先申请文件副本，需要自国际公布之日起3个月内向国家知识产权局提交在先申请文件副本。指定中国的外观设计国际注册申请，要求了新颖性宽限期的，需要在国际公布之日起2个月内提交证明材料，也可以在提交申请时一并提交。对于不符合单一性要求的申请，申请人可以自国际公布之日起2个月内主动提出分案申请，也可以依据审查员的审查意见提出分案申请。

四、外观设计国际注册申请收费

外观设计国际注册申请需缴纳三类费用：基本费、公布费，以及指定费。指定费为对每个指定缔约方的费用，海牙体系规定了标准指定费，也允许符合条件的国家声明采用单独指定费。缴费方式为：WIPO往来账户、信用卡、银行或邮局转账，具体费用类型见下表。

1 基本费（CHF）	
1.1 一项外观设计	397
1.2 同一国际申请中每附加一项外观设计	19
2 公布费（CHF）	
2.1 提交公布的每一件复制件	17
2.2 同一页上显示一件或多件复制件 （如果复制件以纸件形式提交），第1页之后每多一页	150
3 说明超过100字的附加费（CHF），超过100字以后每字	2
4 标准指定费（CHF）*	
4.1 适用第一级费用的	
4.1.1 一项外观设计 4.1.2 同一国际申请中每附加一项外观设计	42 2
4.2 适用第二级费用的	

续表

4.2.1 一项外观设计 4.2.2 同一国际申请中每附加一项外观设计	60 20
4.3 适用于第三级费用的	
4.3.1 一项外观设计 4.3.2 同一国际申请中每附加一项外观设计	90 50
5 单独指定费（数额由每一个有关的缔约方确定）	

＊根据各缔约方主管局是否进行新颖性等审查，标准指定费分三个不同等级。

外观设计国际注册申请的费用可通过 WIPO 网站提供的费用计算器进行估算，网址为：

https：//www.wipo.int/hague/en/fees/calculator.jsp

＊本部分相关费用标准为 2023 年 10 月 WIPO 网站记载标准。

五、其他事项

WIPO 提供了 eHague 平台供申请人以数字方式提交外观设计国际注册申请，办理事务，网址为：

https：//hague.wipo.int/#/landing/home

国家知识产权局官网开设有“海牙协定”专题专栏，提供相关申请服务，并对相关信息进行介绍，网址为：

https：//www.cnipa.gov.cn/col/col2893/index.html

提交外观设计国际注册申请使用的表格主要有：

DM/1	File an international application 提交国际申请
DM/2	Make a change in ownership 所有权变更
DM/3	Limit protection 限制保护
DM/4	Renew an international registration 续展国际注册
DM/5	Renounce protection 放弃保护
DM/6	Make a change in holder name and/or address 变更注册人姓名及/或地址
DM/7	Appoint a representative 指定代理人
DM/8	Make a change in representative name and/or address 变更代理人姓名及/或地址

参考文献

[1]《海牙体系指南》，世界知识产权组织官网

[2]《海牙体系：关于图像文件的技术要求》，世界知识产权组织官网

[3]《关于一份国际申请中包括多项外观设计以预防可能驳回的指导原则》，世界知识产权组织官网

[4] 亚历山大·布灵等．外观设计保护．德国、欧盟、美国、日本、中国与韩国的法规与实践［M］．国家知识产权局专利局复审和无效审理部组织编译．北京：知识产权出版社，2019

国家知识产权局关于专利权期限补偿和专利开放许可相关行政复议事项的公告

国家知识产权局公告第 560 号

为保障修改后专利法及其实施细则新增的专利权期限补偿、专利开放许可等重要制度顺利实施，现就专利权期限补偿和专利开放许可有关行政复议

事项公告如下，并自2024年1月20日起施行：

一、专利权人、因相关专利存在侵权纠纷或者已经提出相关药品注册申请的利害关系人对国家知识产权局依照专利法第四十二条第二、三款作出的关于是否给予专利权期限补偿的决定不服的，可以向国家知识产权局申请行政复议。

二、专利权人对国家知识产权局依照专利法第五十一条第二款作出的关于专利开放许可实施期间是否予以年费减缴的决定不服的，可以向国家知识产权局申请行政复议；国家知识产权局作出的关于是否予以公告专利开放许可声明的决定不属于行政复议范围。

特此公告。

国家知识产权局

2023年12月21日

知识产权保护体系建设工程实施方案

为贯彻落实党中央、国务院关于全面加强知识产权保护工作的决策部署，认真落实《知识产权强国建设纲要（2021－2035年）》和《“十四五”国家知识产权保护和运用规划》，加快建设支撑国际一流营商环境的知识产权保护体系，助力实现高水平科技自立自强，推动经济高质量发展，制定本实施方案。

一、总体要求

（一）指导思想

以习近平新时代中国特色社会主义思想为指导，深入贯彻党的二十大和二十届二中全会精神，紧紧围绕“五位一体”总体布局和“四个全面”战略布局，立足新发展阶段、贯彻新发展理念、构建新发展格局，牢牢把握加强知识产权保护是完善产权保护制度最重要的内容和提高中国经济竞争力最大的激励，保护知识产权就是保护创新，坚持系统观念，整体谋划、统筹推进知识产权保护体系和保护能力现代化建设，从审查授权、行政执法、司法保护、仲裁调解、行业自律、公民诚信等环节完善保护体系，加强协同联动，强化知识产权全链条保护，创新保护制度、保护手段和保护模式，努力实现严格保护、协同保护、精准保护、高效保护、智慧保护，为加快知识产权强国建设提供有力支撑，更好服务社会主义现代化强国建设。

（二）建设目标

到2027年，知识产权保护体系和保护能力现代化建设迈出实质性步伐，知识产权法律法规更加全面系统，严保护的政策和标准更加健全，行政执法和司法保护更加严格，授权确权更加优质高效，快速协同保护更加顺畅，知识产权领域国家安全治理基础进一步巩固，社会共治合力进一步增强，保护能力显著提升。覆盖国家、省、市、县四级的知识产权保护网络更加完善，知识产权保护基础进一步夯实，大保护工作格局全面形成。

到2035年，知识产权保护体系和保护能力现代化基本实现，形成政府履职尽责、执法部门严格监管、司法机关公正司法、经营主体规范管理、行业组织自律自治、社会公众诚信守法的现代化知识产权保护治理体系。

二、知识产权保护体系建设

建设知识产权保护体系是一项系统工程，要从知识产权保护全链条、全过程、全要素出发，重点在七个方面开展。

（一）知识产权保护政策和标准体系

以知识产权保护政策和标准研究为基础，以强化保护为导向，以保护政策和标准的实施为重点，通过试点带动和示范引领，构建系统完备、执行顺畅、动态调整的保护政策和标准体系。

1. 完善保护政策制度。制定实施地理标志统一认定制度，实现地理标志认定统一入口、统一出口。制定知识产权保护有关政策评估体系样例，开展政策实施监测与效果评估。建设国家知识产权保护示范区，开展版权示范创建。推进全国商业秘密保护创新试点工作。修订展会知识产权保护指引，研究制定大型赛会知识产权保护指南。加强人工智能、基因技术、网络直播等知识产权保护规则研究。继续推动构建数据知识产权保护规则。

2. 健全保护标准规范。推进知识产权保护各级各类标准协同发展。发挥全国知识管理标准化技术委员会作用，完善保护标准体系，深入推进标准实施监督和推广应用。制定面向会展业的知识产权服务相关标准。

专栏1　制定实施知识产权保护有关标准
制定知识产权鉴定规范国家标准。贯彻实施《商品交易市场知识产权保护规范》《电子商务平

台知识产权保护管理》国家标准。推进地理标志保护基础通用国家标准制定。鼓励社会团体、行业协会制定海外知识产权风险防控等团体标准和行业标准。

（二）知识产权执法司法体系

建设高水平知识产权审判机构，完善专门化审判体系，加强知识产权案件检察监督机制建设。完善知识产权行政执法机制，加大行政执法力度。强化知识产权行政执法专业指导和行政裁决。构建有机衔接、协同高效的知识产权执法司法体系。

3. 加强司法保护。深入推进知识产权民事、刑事、行政案件“三合一”审判机制改革，深化国家层面上诉审理机制，加强知识产权法院、知识产权法庭建设，打造国际知识产权诉讼优选地。全面实施知识产权侵权惩罚性赔偿制度，完善侵权损害赔偿的证据规则、数额计算等裁判标准。完善知识产权检察机制，深入推进知识产权检察综合履职。加大知识产权民事行政诉讼监督力度，持续推进惩治恶意诉讼工作，稳步探索知识产权检察公益诉讼。优化知识产权犯罪侦查工作制度。制定办理侵犯知识产权刑事案件适用法律若干问题的司法解释。

4. 加强行政执法。完善知识产权行政执法机制，持续开展专项行动。深入推进知识产权行政执法，严厉打击侵权假冒违法行为。制定实施全国知识产权行政保护工作方案。研究制定著作权行政执法指导意见，加强重大案件督办。加强软件正版化工作监管，推动重要行业和重点领域软件正版化工作制度化、规范化。严厉打击进出口知识产权侵权违法活动。加强知识产权行政执法记录仪、移动服务系统等设备装备配备。加快培养知识产权行政执法人才，提高专业化水平。探索建立专家意见书制度。完善知识产权专业人才支撑体系。强化知识产权行政执法专业指导，制定行政执法指导手册，完善案例指导制度，建立国家、省、市、县执法指导工作体系。制定驰名商标认定审查规程，建立驰名商标认定工作协调机制。

5. 加强行政裁决。强化专利、著作权行政裁决规范化建设。建立专利侵权纠纷行政裁决分层分级处理机制，建立简易程序、繁简分流和快速处理机制，设立重大专利侵权纠纷行政裁决绿色通道。完善药品专利纠纷早期解决机制、集成电路布图设计行政裁决审理机制。探索在经济特区、国家级新区、自由贸易试验区开展版权侵权纠纷行政裁决。推进行政裁决部门联动，推动对故意侵犯、重复侵犯专利权，拒不履行生效行政裁决等行为依法引入行政处罚、联合惩戒、信用监管等措施。统一专利侵权纠纷行政裁决场所、设备和着装规范要求。加快推进行政裁决队伍专业化、职业化建设，规范人员上岗资格管理，建立标准化培训体系。

专栏2　深化知识产权协同保护

强化知识产权行政执法与司法保护协作，在发布典型案例、制定司法解释、政策文件过程中，充分交流意见，促进知识产权行政执法标准与司法裁判标准统一。探索开展专利行政确权与侵权纠纷行政裁决案件联合审理。加强知识产权侵权民事诉讼与关联授权确权行政程序衔接和标准一致。探索依当事人申请的专利、著作权纠纷行政调解协议司法确认制度。结合区域协调发展战略，建立健全知识产权保护区域合作机制，探索解决跨区域规模化知识产权侵权问题。

（三）知识产权授权确权体系

突出高质量创造导向，构建审查能力突出、代理服务规范、创新主体满意的知识产权授权确权体系。到2025年，发明专利审查周期压减至15个月，一般情形商标注册周期稳定在7个月，发明专利结案准确率95%以上，商标审查抽检合格率97%以上。

6. 提高授权确权质量和效率。积极提高专利、商标申请和审查质量，挖掘有影响力的地理标志，鼓励优良植物新品种培育。严厉打击非正常专利申请、恶意商标注册行为。在各级各类涉及专利的人才评价、机构评估、项目评审、企业认定、职称评定、高校评价等工作中不得直接将专利申请数量、授权数量等作为主要条件。动态监测全国专利申请质量。综合运用专利优先审查、快速审查、集中审查、延迟审查等模式，满足多元化需求。分类推进商标快速审查、暂缓审查。完善外观设计国际申请的审查流程和审查标准，做好相关审查工作。

7. 促进专利商标代理行业健康发展。建立严格规范的知识产权服务业行业准入体系，研究完善商标代理管理制度。完善没有专利代理师资格证人员担任专利代理机构股东的专业资质条件。加大知识产权违法违规代理行为监管力度，突出人员监管，引导服务机构健康规范发展。创新丰富监管工具，推进大数据监管，健全服务质量监测机制，强化信用监管，形成规范经营行为、降低执法成本、强化监管震慑的综合效应。健全地方知识产权服务业行业组织。建立知识产权服务业分级分类评价机制。

（四）知识产权保护管理体系

以知识产权保护管理机构为主体，以知识产权快保护机构为支撑，建设横向协同、纵向联动、衔接顺畅、运行高效的知识产权保护管理体系。

8. 完善保护管理体制机制。落实党和国家机构改革方案部署要求，建立符合地方实际的省、市、县三级知识产权保护管理体系，加强知识产权管理工作和力量配置，强化知识产权保护属地责任。

9. 建设快保护机构。加强快保护机构建设布局，形成以纳入全国知识产权快速协同保护机制的快保护机构为支点，各级各类知识产权保护机构为延伸，梯次布局、协调联动的工作体系。完善知识产权保护中心和快速维权中心管理办法。鼓励地方依照纳入全国知识产权快速协同保护机制的快保护机构业务范围和运行标准，推进本辖区知识产权保护中心、工作站等保护机构建设，加强工作统筹和监督管理。

专栏3 纳入全国知识产权快速协同保护机制的快保护机构建设

到2027年，纳入全国知识产权快速协同保护机制的快保护机构布局建设更加科学合理，地方知识产权快保护网络初步建立，快保护机构省级覆盖度达90%，知识产权保护中心基本覆盖副省级城市，知识产权快速维权中心基本覆盖千亿级县域特色产业集聚区。

强化快速协同保护能力提升，加强业务能力建设，建立多层次、多形式、全方位的培训体系。优化快保护机构绩效考核和第三方满意度评估指标。鼓励采用人才引进、政府雇员等方式充实知识产权快保护机构力量。培育打造一批产业特色突出、保护能力过硬、服务对象满意的“高精优”快保护机构。

10. 优化快速协同保护机制。适应产业发展需要，完善快保护机构产业领域动态调整机制，建立专利预审情况监测和质量反馈机制。优化快速协同保护业务结构，探索开展资源调配共享、纠纷快速处理、复审无效案件多模式审理等试点工作。延伸知识产权维权援助网络，健全维权援助工作机制。推广使用知识产权维权援助指引，鼓励各地积极开展公益性维权援助，提供面向中小微企业的维权援助服务。

（五）知识产权保护社会共治体系

坚持政府引导、行业自律，发挥知识产权纠纷调解组织、仲裁机构、公证机构的重要作用，加强知识产权领域诚信体系建设，提升企事业单位知识产权能力，营造良好保护氛围，构建便捷高效、解纷多元、社会各方广泛参与的知识产权保护社会共治体系。

11. 完善多元化纠纷解决机制。加强知识产权纠纷调解组织建设，研究制定知识产权纠纷调解员管理办法，提高调解员管理和培训标准化水平。加强诉源治理，充分发挥“总对总”在线多元解纷机制作用，推动诉调对接，从源头上预防和减少知识产权纠纷。评选发布知识产权纠纷调解典型经验做法和案例。加强知识产权仲裁机构建设，完善知识产权仲裁工作措施。鼓励各地探索建立知识产权调解、仲裁多渠道经费保障机制。指导建设省级知识产权纠纷调解中心，推动知识产权纠纷调解室（站）入展会、入园区。

12. 加强知识产权诚信体系建设。制定知识产权领域信用监管政策。推广使用知识产权领域信用承诺制有关书式。研究制定企业、服务机构知识产权信用评价国家标准，培育信用评价第三方服务机构，探索开展面向经营主体的信用评价工作。健全地方知识产权诚信体系建设工作推进机制，加大信用信息归集、共享和应用。将知识产权领域公共信用信息纳入全国公共信用信息基础目录，并适时更新。依法依规对知识产权严重违法失信行为进行惩戒，加大失信典型案例曝光力度。

13. 提升企事业单位知识产权保护和管理能力。引导和鼓励企业、高等院校、科研机构建立健全知识产权管理制度和管理体系。完善高等院校知识产权保护政策，加强高校知识产权保护管理。开展行业知识产权保护能力提升计划，引导行业商协会开展纠纷解决、信用评价等工作。发挥知识产权保险作用，完善涵盖知识产权各门类各环节的保险产品体系。

14. 营造尊重和保护知识产权的良好氛围。拓展新媒体传播渠道，打造传统媒体、网站、新媒体平台等宣传矩阵。充分利用全国知识产权宣传周、商标品牌节、中国国际版权博览会等开展保护宣传。鼓励中央和地方各类媒体持续做好保护政策宣传和成效报道。组织发布知识产权保护状况白皮书、指导性案例、典型案例和满意度调查报告。面向创新创业主体、青少年等不同社会群体开发推广知识产权保护有关科普读物、动漫、短视频等，提升全社会知识产权保护意识。

（六）知识产权领域国家安全治理体系

以总体国家安全观为指导，以知识产权安全相关政策法规为依据，以健全机制为手段，加强前瞻布局，强化监测预警，守好创新命脉，防范化解知识产权领域重大安全风险，切实维护知识产权领域国家安全。

15. 完善知识产权安全相关政策法规。适时修订知识产权对外转让有关工作办法。研究维护国家安全的知识产权政策。研究完善我国知识产权相关法律法规域外适用规则。加强财政性资金设立的科学技术计划项目知识产权管理，建立完善财政资助科研项目形成专利的声明制度，做好跟踪监测、评价反馈和转让管理，更好保障国家安全。

16. 健全知识产权安全治理工作机制。加强知识产权安全治理工作与科技安全、经济安全等协调机制衔接，共同做好风险研判、协同防控和应对化解。完善保密专利审查和国防专利审查制度。完善推进使用正版软件工作机制，推进软件正版化与信息化建设、信息安全工作相结合。

17. 提升知识产权领域风险防控能力。统筹推进知识产权保护领域的国际合作，积极参与全球知识产权治理，推动形成更加公平、合理的国际知识产权保护规则和政策环境。持续建设国家海外知识产权纠纷应对指导中心地方分中心，完善海外分中心工作机制。完善海外纠纷预警、跟踪和应对机制，形成政府指导、机构支持、企业参与的海外知识产权纠纷应对指导工作模式。加强知识产权数据领域安全风险监管。

专栏4 关键核心技术知识产权保护重点

加强事关国家安全的关键核心技术知识产权保护，加强重点产业专利导航决策机制建设，全力保障产业链、技术链安全可控。围绕关键核心技术领域建设一批知识产权专题数据库。面向国家战略科技研发和关键核心技术攻关，统筹做好知识产权专员派驻，支持做好知识产权布局和管理。

（七）知识产权保护能力支撑体系

加强知识产权保护专业人才队伍建设，强化知识产权鉴定和技术调查，建设信息平台，构建专业化、信息化、智能化的知识产权保护能力支撑体系。

18. 加大人才培养、培训和使用力度。推进知识产权硕士专业学位建设，培养高层次、复合性、应用型人才。加大专业人才岗位培养力度，提高知识产权保护队伍专业人才比例。推动建设知识产权纠纷调解培训基地。支持技术专家、法律顾问和律师等参与知识产权纠纷调解、仲裁。每年选派100名以上专利、商标审查员和版权专业人员组成指导服务队，加强业务指导。加强知识产权涉外人才培养。

19. 推进知识产权鉴定和技术调查。完善专利侵权纠纷检验鉴定技术支撑体系。加强技术调查人才培养和使用，在知识产权行政裁决、行政执法、司法审判等案件处理中引入技术调查官。建立全国专利行政保护技术调查官和检验鉴定机构名录库。探索建立充分运用技术调查官等专业资源支持知识产权刑事执法的机制和途径。

20. 强化知识产权保护信息支撑。持续优化中国保护知识产权网和中国知识产权维权援助网。积极开展知识产权纠纷在线诉讼审理。

专栏5 建设国家知识产权保护信息平台

加快建设国家知识产权保护信息平台，推动跨部门、跨层级、跨区域信息共享、互联互通和业务协同。聚焦知识产权领域行政执法、综合监管、保护监测等环节，提供信息服务、行政执法、行政裁决、纠纷调解、信用监管和保护中心管理等业务功能，推动实现专利、商标、集成电路布图设计和地理标志等4类知识产权权属信息的权威核验和集中查询，提升知识产权保护数字化水平。

三、强化组织实施

（一）加强组织领导

加强党对知识产权保护工作的领导，把党的领导贯穿知识产权保护体系建设全过程。各地区、各有关部门要把知识产权保护体系建设纳入重要议事日程，充分认识建设知识产权保护体系的重要意义，按照职责分工和建设任务，完善工作机制，积极主动作为，认真抓好方案落实。

（二）加强法治保障

夯实知识产权基础性法律立法研究基础。推进商标法及其实施条例修改。加强商业秘密保护规制建设。研究建立健全符合知识产权审判规律的特别程序法律制度。推进著作权法实施条例及著作权集体管理、作品登记等法规规章修订和民间文学艺术作品著作权保护条例制订。完善集成电路布图设计法规。研究论证制订官方标志保护规章。修订驰名商标认定和保护规定。鼓励地方知识产权法规制修订。

（三）加强条件保障

各地区、各有关部门做好对知识产权保护工作的经费保障，充分发挥财政资金对知识产权保护体系建设的引导作用。加强知识产权保护相关人才培养和干部队伍建设。鼓励知识产权保护司法机关和行政部门干部双向交流任职。

（四）加强跟踪问效

国家知识产权局统筹协调，各有关部门积极配合，以知识产权强国建设纲要和“十四五”规划实施年度推进计划为依托，明确保护体系建设年度重点任务，共同推进保护体系建设。加强对知识产权保护体系建设的创新举措、经验做法和典型案例的宣传推广。国家知识产权局会同有关部门及时对本方案落实情况进行评估和指导，对积极推进保护体系建设工程实施，取得突出成效的地区、单位、集体和个人依法依规进行激励。将知识产权保护体系建设工程实施情况纳入知识产权保护工作检查考核和营商环境评价，推动各项任务落到实处。

《知识产权保护体系建设工程实施方案》解读

近日，国家知识产权局会同中央宣传部、最高人民法院、最高人民检察院、公安部、司法部、商务部、海关总署、国家市场监督管理总局联合印发《知识产权保护体系建设工程实施方案》（以下简称《方案》），现将文件有关内容解读如下。

一、制定背景

习近平总书记深刻指出，创新是引领发展的第一动力，保护知识产权就是保护创新。完善的知识产权保护体系是促进创新的重要保障。党的十八大以来，习近平总书记多次对知识产权保护工作作出重要指示，强调要“从审查授权、行政执法、司法保护、仲裁调解、行业自律、公民诚信等环节完善保护体系”，“不断强化知识产权全链条保护”。习近平总书记的重要指示为新时代知识产权保护体系建设提供了根本遵循和行动指南。

国家知识产权局坚决贯彻落实习近平总书记的重要指示和党中央、国务院决策部署，会同中央宣传部、最高人民法院、最高人民检察院、公安部、司法部、商务部、海关总署、国家市场监督管理总局等8部门联合制定出台《方案》，共同加强知识产权保护体系建设。这是深入学习贯彻习近平总书记关于加强知识产权保护重要指示论述的重要举措，是落实政府工作报告相关部署，加强知识产权全链条保护的具体行动。

二、建设思路和工作目标

《方案》是新时代推动知识产权保护体系建设的“施工图”，主要从知识产权保护全链条、全过程、全要素出发，系统解决知识产权保护体系“谁来建”和“怎么建”的问题。《方案》提出“一个建设思路”和“两个阶段性目标”。

“一个建设思路”是指，以习近平新时代中国特色社会主义思想为指导，深入贯彻党的二十大和二十届二中全会精神，将习近平总书记对知识产权保护工作的重要指示精神全面落实到知识产权保护体系建设中去，创新保护制度、保护手段和保护模式，提高知识产权保护专业化、现代化、智能化水平。

“两个阶段性目标”是指，一是到2027年，知识产权保护体系和保护能力现代化建设迈出坚实性步伐，知识产权法律法规更加全面系统，“严保护”的政策和标准更加健全，行政执法和司法保护更加严格，授权确权更加优质高效，快速协同保护更加顺畅，知识产权领域国家安全治理基础进一步巩固，社会共治合力进一步增强，保护能力显著提升。覆盖“国家、省、市、县”四级的知识产权保护网络更加完善，知识产权保护基础进一步夯实，“大保护”工作格局全面形成。二是到2035年，知识产权保护体系和保护能力现代化基本实现。第一个阶段性目标，主要是立足当前知识产权保护的重点难点问题，确定的近期主攻方向。第二个阶段性目标，主要是对标2035年知识产权强国建设的具体任务，提出的远景工作展望。

三、主要内容

《方案》围绕工作目标提出七方面建设任务。

主要包括：一是在知识产权保护政策和标准方面，提出要完善保护政策制度，健全保护标准规范。二是在执法司法方面，提出要加强司法保护、行政执法和行政裁决，构建有机衔接、协同高效的知识产权执法司法体系。三是在授权确权方面，提出要提高授权确权质量和效率，促进专利商标代理行业健康发展。四是在保护管理方面，提出要完善保护管理体制机制，建设快保护机构，优化快速协同保护机制。五是在社会共治方面，提出要完善多元化纠纷解决机制，加强知识产权诚信体系建设，提升企事业单位知识产权保护和管理能力，营造尊重和保护知识产权的良好氛围。六是在知识产权领域国家安全治理体系建设方面，提出要完善知识产权安全相关政策法规，健全知识产权安全治理工作机制，提升知识产权领域风险防控能力。七是在能力支撑方面，提出要加大人才培养、培训和使用力度，推进知识产权鉴定和技术调查，强化知识产权保护信息支撑，构建专业化、信息化、智能化的知识产权保护能力支撑体系。这七个方面的任务有机衔接、系统集成，既贴近当前发展实际，又满足未来一段时期发展需要。

四、组织实施

为保障各项任务顺利实施，《方案》提出了一系列组织实施工作要求。一是加强组织领导。提出加强党对知识产权保护工作的领导，把党的领导贯穿知识产权保护体系建设全过程。各地区、各有关部门要把知识产权保护体系建设纳入重要议事日程，按照职责分工和建设任务，认真抓好落实。二是加强法治保障。提出推进知识产权领域有关法律法规的制修订工作，加强法治保障。三是加强条件保障。提出充分发挥财政资金对知识产权保护体系建设的引导作用。加强知识产权保护相关人才培养和干部队伍建设。四是加强跟踪问效。提出将知识产权保护体系建设工程实施情况纳入知识产权保护工作检查考核和营商环境评价，推动各项任务落到实处。

专利纠纷行政裁决和调解办法

第一章　总　　则

第一条　为贯彻党中央、国务院关于强化知识产权保护的决策部署，维护社会主义市场经济秩序，深入推进依法行政，保护专利权人和社会公众的合法权益，规范专利纠纷行政裁决和调解工作，根据《中华人民共和国专利法》《中华人民共和国专利法实施细则》及相关法律法规，制定本办法。

第二条　管理专利工作的部门处理专利侵权纠纷、调解专利纠纷，适用本办法。

管理专利工作的部门开展专利纠纷行政裁决和调解工作中遇到疑难问题的，可以请求上级管理专利工作的部门给予专业指导。

第三条　管理专利工作的部门处理专利侵权纠纷应当以事实为依据、以法律为准绳，遵循公正、及时的原则。

管理专利工作的部门调解专利纠纷，应当遵循自愿、合法的原则，促使当事人平等协商达成调解协议。

第四条　管理专利工作的部门应当加强专利行政裁决工作队伍建设，严格行政裁决办案人员资格管理，落实行政裁决责任制，规范开展专利行政裁决。

办案人员应当持有国务院专利行政部门或者省、自治区、直辖市人民政府颁发的办案资质证件。办案人员执行公务时应当严肃着装。

第五条　管理专利工作的部门指派的办案人员有下列情形之一的，应当自行回避，当事人有权以口头或者书面形式申请其回避：

（一）是涉案当事人或者当事人、代理人近亲属的；

（二）与涉案专利申请或者专利权有利害关系的；

（三）是涉案专利的专利代理师或者审查员的；

（四）与案件有其他利害关系，可能影响公正处理的。

办案人员有接受当事人、代理人请客送礼，或者违反规定会见当事人、代理人情形的，当事人也有权以口头或者书面形式申请其回避。

当事人申请回避的，应当说明理由，最迟在知道或者应当知道办案人员名单之日起三个工作日内提出；决定口头审理的，可以最迟在案件开始口头审理时提出；回避事由在案件开始口头审理后知道的，也可以在口头审理终结前提出。办案人员的回避，由管理专利工作的部门负责人决定。回避决定作出前，被申请回避的人员应当暂停参与案件的工作，但需要采取紧急措施的除外。

前述规定适用于技术调查官、书记员、翻译人员、鉴定人、辅助人员。

第六条 专利侵权纠纷案件由侵权行为地或者被请求人住所地的管理专利工作的部门管辖。侵权行为地包括侵权行为实施地和侵权结果发生地。

其他专利纠纷调解案件由被请求人住所地的管理专利工作的部门管辖。

第七条 省、自治区、直辖市管理专利工作的部门可以处理辖区内涉外、涉港澳台或者侵权行为地涉及两个以上地级行政区的有重大影响的专利纠纷行政裁决和调解案件。

专利管理工作量大又有实际处理能力的地级市、自治州、盟、地区和直辖市的区管理专利工作的部门负责处理辖区内发生的专利纠纷行政裁决和调解案件。

第八条 管理专利工作的部门对于管辖权有争议的案件可以逐级报请共同上级管理专利工作的部门指定管辖。

上级管理专利工作的部门根据案件情况可以将下级管理专利工作的部门管辖的专利纠纷案件提级处理，也可以指定有管辖权的下级管理专利工作的部门管辖专利纠纷案件。

国务院专利行政部门、管理专利工作的部门可以委托依法成立并具有管理知识产权公共事务职能的组织具体承办辖区内专利纠纷行政裁决和调解工作。

第九条 当事人对管辖权有异议的，应当在提交答辩书期间提出，受理或者立案的管理专利工作的部门应当自收到管辖权异议书之日起五个工作日内作出决定。异议成立的，作出将案件移送有管辖权的管理专利工作的部门处理的决定；异议不成立的，作出驳回管辖权异议的决定。

管理专利工作的部门发现专利纠纷案件不属于该部门管辖的，不予立案。若立案后发现不属于管辖范围的，应作撤案处理；同时，应当将案件线索移送有管辖权的管理专利工作的部门处理，移送前告知请求人。

第十条 管理专利工作的部门可以通过邮寄送达、直接送达、留置送达、公告送达或者其他方式送达有关法律文书和材料。

经受送达人同意，也可以采用手机短信、传真、电子邮件、即时通信账号等能够确认其收悉的电子方式送达。

第十一条 管理专利工作的部门应当加强行政裁决和调解工作的信息化建设和相关数据管理，加强数据融通和信息共享。

第二章 行政裁决

第一节 办案程序

第十二条 请求管理专利工作的部门处理专利侵权纠纷的，应当符合下列条件：

（一）请求人是专利权人或者利害关系人；

（二）有明确的被请求人，被请求人应当为自然人、法人或者非法人组织；

（三）有明确的请求事项和具体事实、理由；

（四）属于受案管理专利工作的部门的受案和管辖范围；

（五）当事人任何一方均未就该专利侵权纠纷向人民法院起诉，且双方没有约定其他纠纷解决方式。

第一项所称利害关系人包括专利实施许可合同的被许可人、专利权人的合法继承人。专利实施许可合同的被许可人中，独占实施许可合同的被许可人可以单独提出请求；排他实施许可合同的被许可人在专利权人不请求的情况下，可以单独提出请求；除合同另有约定或者经专利权人另行授权外，普通实施许可合同的被许可人不能单独提出请求。

第十三条 权利人向他人发出侵犯专利权的警告，被警告人书面催告权利人向管理专利工作的部门提出行政裁决处理请求或者向人民法院起诉，或者被警告人向权利人书面表明不侵权意见，自权利人收到该书面催告或者不侵权意见之日起一个月内，或者自书面催告或者不侵权意见发出之日起两个月内，权利人既不撤回警告，也不向管理专利工作的部门提出行政裁决处理请求或者向人民法院起诉的，被警告人可以请求管理专利工作的部门对侵权行为是否成立出具咨询意见。

第十四条 请求管理专利工作的部门处理专利侵权纠纷的，应当提交请求书及下列证明材料：

（一）请求人主体资格证明，即自然人应当提交居民身份证或者其他有效身份证件，法人、非法人组织应当提交有效的营业执照或者其他主体资格证明文件副本及法定代表人或者主要负责人的身份证明，如请求人是利害关系人的，应提交证明材料；

（二）专利权有效的证明，即国务院专利行政部门出具的专利登记簿副本。

专利侵权纠纷涉及实用新型或者外观设计专利的，管理专利工作的部门可以要求请求人出具由国务院专利行政部门作出的专利权评价报告。管理专利工作的部门要求提供专利权评价报告，请求人无正当理由不提交的，可以不予受理。

请求人应当按照被请求人的数量提供请求书副本及有关证据。

第十五条　请求书应当记载以下内容：

（一）请求人的姓名或者名称、地址、联系方式，法定代表人或者主要负责人的姓名、职务；委托代理人的，应当提供代理人的姓名、联系方式和代理机构或者所在单位的名称、地址；

（二）被请求人的姓名或者名称、地址、联系方式；

（三）请求处理的事项以及事实和理由。

有关证据和证明材料可以以请求书附件的形式提交。请求书应当由请求人签字或者盖章。

第十六条　提交的材料不符合本办法相关规定的，办案人员应当及时向请求人释明，并以书面形式一次性全面告知请求人应当补正的材料和期限。材料在指定期限内经补正符合本办法第十四条、第十五条规定条件的，管理专利工作的部门应当及时立案。逾期未补正或者补正后仍不符合相关规定的，不予立案。

第十七条　在侵权纠纷处理中，当事人可以委托一至两人作为代理人。委托代理人的，当事人应当向管理专利工作的部门提交由委托人签字或者盖章的授权委托书，授权委托书必须记明委托事项和代理权限。

代理人代为承认、放弃、变更请求以及进行和解等涉及当事人重大权益的代理权限，应当有被代理人的特别授权。

第十八条　请求人是中国香港特别行政区、澳门特别行政区、我国台湾地区居民的，办案人员应当要求其提交相关身份证明，并按要求履行相关公证手续，拒不提供的，不予受理；委托代理人的，提交的授权委托书应当履行相关证明手续。中国香港特别行政区、澳门特别行政区、我国台湾地区居民在内地（大陆）持有的合法居民居住身份证件可以作为有效身份证明，持有的港澳居民来往内地通行证、台湾居民来往大陆通行证可以作为身份证明参与行政裁决、调解和旁听口头审理。

请求人是外国人的，办案人员应当要求其提交所在国公证机关公证的有效身份证明，并经中华人民共和国驻该国使领馆予以认证，拒不提供的，不予受理。委托代理人的，提交的中华人民共和国外形成的授权委托书应当经所在国公证机关证明并经中华人民共和国驻该国使领馆认证。中华人民共和国缔结的有关条约中对证明手续另有规定的，从其规定。

在境内签署的授权委托书，在办案人员见证下签署或者经中华人民共和国公证机构公证签署的，应予认可。获得在中国永久居留资格的外国人，其所持外国人永久居留证件为有效身份证明。

请求已经受理的，管理专利工作的部门可以要求请求人在指定期限内补充提供相关资料，期满无正当理由仍未提供的，可以依法撤销案件。

第十九条　专利侵权纠纷行政裁决请求时限为三年，自专利权人或者利害关系人知道或者应当知道侵权行为以及侵权人之日起算。行政裁决请求时限的中止、中断、延长事由参照《中华人民共和国民事诉讼法》相关规定执行。

请求人超过行政裁决请求时限提出专利侵权纠纷行政裁决处理请求的，如果涉嫌侵权的行为在请求时仍在继续，且在涉案专利权有效期内，管理专利工作的部门应当予以受理。

受理后被请求人提出行政裁决请求时限抗辩，且查明无行政裁决请求时限中止、中断、延长事由的，应当撤案处理。

第二十条　请求符合本办法相关规定条件的，管理专利工作的部门应当自收到请求书之日起五个工作日内立案并通知请求人，同时指定三名或者三名以上单数办案人员组成合议组处理该专利侵权纠纷；请求不符合本办法相关规定条件的，管理专利工作的部门应当自收到请求书之日起五个工作日内通知请求人不予立案，说明理由。案情特别复杂或者有其他特殊情况的，经管理专利工作的部门负责人批准，立案期限可以延长五个工作日。

第二十一条　涉及同一专利权人的多项专利权，或者同一专利权涉及多名被请求人时，请求人分别填写请求书，管理专利工作的部门可以分别立案。

请求人与被请求人相同、被控侵权产品相同或者涉及同一专利权的案件，管理专利工作的部门可以合并审理。

第二十二条　管理专利工作的部门应当自立案之日起五个工作日内将请求书及其附件的副本送达被请求人，要求其自收到之日起十五日内提交答辩书并按照请求人的数量提交答辩书副本。被请求人在中华人民共和国内没有固定住所的，应当自收到之日起三十日内提交答辩书并按照请求人的数量提交答辩书副本。被请求人逾期不提交答辩书的，不影响管理专利工作的部门处理案件。被请求人申请延期的，应说明理由，是否准许，由合议组决定。

被请求人提交答辩书的，管理专利工作的部门应当自收到之日起五个工作日内将答辩书副本送达请求人。

第二十三条 管理专利工作的部门在处理专利侵权纠纷案件过程中，有下列情形之一的，应当追加有关自然人、法人或者非法人组织作为案件的当事人：

（一）涉案专利权有两个以上权利所有人的，应当以全体共有权人作为共同请求人，部分共有权人明确表示放弃有关实体权利的除外；

（二）被请求人为个体工商户且营业执照上登记的经营者与实际经营者不一致的，应当以登记的经营者和实际经营者为共同被请求人；

（三）被请求人为个人合伙的，应当以全体合伙人为共同被请求人；

（四）法律法规规定的其他情形。

第二十四条 案件处理过程中，请求人提出申请追加被请求人，符合受理条件的，管理专利工作的部门应当裁定追加并通知其他当事人。

对于被请求人提出追加其他当事人为被请求人的，应当书面告知请求人。请求人同意追加的，裁定准许追加。请求人不同意，但案件处理结果同该当事人有法律上的利害关系的，管理专利工作的部门通知其可以参加案件审理，该当事人申请参加的，应当追加其为第三人，该第三人有当事人的相关权利义务。

追加被请求人或者第三人的请求应当在口头审理前提出，否则不予支持。

第二十五条 合议组应当对案件认定的事实、证据、法律责任、适用法律、处理结果进行全面合议。

合议组合议案件，实行少数服从多数的原则。合议应当制作笔录，由合议组成员签字。合议中的不同意见，应当如实记入笔录。

第二十六条 管理专利工作的部门处理专利侵权纠纷，可以根据案情需要决定是否进行口头审理。决定进行口头审理的，应当至少在口头审理三个工作日前将口头审理的时间、地点通知当事人。当事人申请延期进行口头审理的，应当提出合理的延期事由，是否准许由合议组决定。当事人无正当理由拒不参加的，或者未经允许中途退出的，对请求人按撤回请求处理，对被请求人按缺席处理。

第二十七条 管理专利工作的部门举行口头审理的，应当将口头审理的参加人和审理要点记入笔录，经核对无误后，由办案人员和参加人签字或者盖章。

除涉及国家秘密、个人隐私或者法律另有规定的以外，口头审理应当公开进行。涉及商业秘密的案件，当事人申请不公开审理的，可以不公开审理。

合议组可以综合考虑当事人意愿、案件情况、技术条件等因素开展线上口头审理。线上口头审理的具体要求和程序由国务院专利行政部门另行规定。

第二十八条 有以下情形之一的，管理专利工作的部门应当依申请或者依职权中止案件处理：

（一）涉案实用新型、外观设计专利权被申请宣告无效并被国务院专利行政部门受理的；

（二）一方当事人死亡，需要等待继承人表明是否参加审理的；

（三）一方当事人丧失民事行为能力，尚未确定法定代理人的；

（四）作为一方当事人的法人或者非法人组织终止，尚未确定权利义务承受人的；

（五）一方当事人因不可抗拒的事由，不能参加审理的；

（六）该案必须以另一案的审理结果为依据，而另一案尚未审结的；

（七）向上级部门请示，属于法律适用问题等确需等待批复后继续审理的。

中止处理的原因消除后，应当及时恢复案件处理。

第二十九条 有下列情形之一的，管理专利工作的部门可以不中止案件处理：

（一）涉案发明专利权在案件处理期间被申请宣告无效的；

（二）请求人出具的专利权评价报告未发现实用新型或者外观设计专利权存在不符合授予专利权条件的缺陷；

（三）被请求人撤回无效宣告请求后案件恢复处理，其再次提出无效宣告请求，并请求中止的；

（四）无效宣告程序对涉案专利权作出的维持有效的决定已经生效的；

（五）管理专利工作的部门认为无需中止的其

他情形。

第三十条 管理专利工作的部门处理专利侵权纠纷行政裁决案件，应当在调查认定案件事实的基础上依法及时结案。根据案件处理结果，结案形式包括：

（一）作出行政裁决。发出专利侵权纠纷案件行政裁决书；

（二）调解结案。当事人达成调解协议的，作出专利侵权纠纷调解协议书；

（三）撤销案件。发出撤销专利侵权纠纷案件决定书。

涉及标准必要专利相关纠纷的行政裁决和调解，本办法未作规定的，可以适用其他法律、行政法规、部门规章规定或者参照有关司法解释规定执行。

第三十一条 除达成调解协议或者请求人撤回请求之外，管理专利工作的部门处理专利侵权纠纷应当制作行政裁决书，写明以下内容：

（一）当事人的姓名或者名称、地址；

（二）当事人陈述的事实和理由；

（三）认定侵权行为是否成立的理由和依据；

（四）认定侵权行为成立并需要责令侵权人立即停止侵权行为的，应当明确责令侵权人立即停止的侵权行为的类型、对象和范围；认定侵权行为不成立的，应当驳回请求人的请求；

（五）不服行政裁决提起行政诉讼的途径和期限。

行政裁决书应当加盖管理专利工作的部门的公章。

第三十二条 管理专利工作的部门认定专利侵权行为成立，责令侵权人立即停止侵权行为的，应当采取下列措施制止侵权行为：

（一）侵权人制造专利侵权产品的，责令其立即停止制造行为，销毁制造侵权产品的专用设备、模具，并且不得销售、许诺销售、使用尚未售出的侵权产品或者以任何其他形式将其投放市场；侵权产品难以保存的，责令侵权人销毁该产品；

（二）侵权人未经专利权人许可使用专利方法的，责令其立即停止使用行为，销毁实施专利方法的专用设备、模具，并且不得销售、许诺销售、使用尚未售出的依照专利方法所直接获得的侵权产品或者以任何其他形式将其投放市场；依照专利方法所直接获得的侵权产品难以保存的，责令侵权人销毁该产品；

（三）侵权人销售专利侵权产品或者依照专利方法直接获得的侵权产品的，责令其立即停止销售行为，并且不得许诺销售、使用尚未售出的侵权产品或者以任何其他形式将其投放市场；尚未售出的侵权产品难以保存的，责令侵权人销毁该产品；

（四）侵权人许诺销售专利侵权产品或者依照专利方法直接获得的侵权产品的，责令其立即停止许诺销售行为，消除影响，并且不得进行任何实际销售行为；

（五）侵权人以生产经营为目的使用专利侵权产品的，责令其立即停止使用行为；但为生产经营目的使用不知道是未经专利权人许可而制造并售出的专利侵权产品，且举证证明该产品合法来源的，对于权利人请求停止上述使用的主张，管理专利工作的部门应予支持，但被诉侵权产品的使用者举证证明其已支付该产品的合理对价的除外；

（六）侵权人进口专利侵权产品或者依照专利方法直接获得的侵权产品的，责令侵权人立即停止进口行为；侵权产品已经入境的，不得销售、使用该侵权产品或者以任何其他形式将其投放市场；侵权产品难以保存的，责令侵权人销毁该产品；侵权产品尚未入境的，可以将行政裁决通知有关海关；

（七）责令侵权的参展方采取从展会上撤出侵权展品、销毁或者封存相应的宣传材料、更换或者遮盖相应的展板等撤展措施；

（八）停止侵权行为的其他必要措施。

管理专利工作的部门认定电子商务平台上的专利侵权行为成立，作出行政裁决的，应当通知网络服务提供者、电子商务平台经营者及时对专利侵权产品或者依照专利方法直接获得的侵权产品相关网页采取删除、屏蔽、断开链接、终止交易和服务等必要措施，制止平台内经营者的侵权行为。

第三十三条 发现已作出的专利侵权纠纷行政裁决中涉案专利被宣告全部无效或者部分无效且无效宣告决定书已生效的，或者有其他需要纠正或者撤销情形的，管理专利工作的部门应当依职权或者依申请变更或者撤销行政裁决，但已经履行或者强制执行的专利侵权纠纷处理决定，不具有追溯力。

发现已作出的专利侵权纠纷行政裁决书中有文字表述等错误的，应当以书面决定的方式作出补正或者更正。

第三十四条 管理专利工作的部门或者人民法院作出认定侵权行为成立并责令侵权人立即停止侵权行为的行政裁决或者判决生效之后，侵权人就同一专利权再次实施相同类型的侵权行为，专利权人或者利害关系人请求处理的，管理专利工作的部门可以直接作出责令立即停止侵权行为的行政裁决。

当事人故意侵犯专利权的，或者在管理专利工作的部门作出行政裁决后，有履行能力但拒不履行、逃避执行，严重影响管理专利工作的部门公信力的，可以依法将其列入严重失信主体名单实施联合惩戒。

第三十五条 管理专利工作的部门处理专利侵权纠纷案件时，可以根据当事人的意愿进行调解。双方当事人达成一致的，制作专利侵权纠纷调解协议书，加盖管理专利工作的部门的公章，并由双方当事人签字或者盖章。调解不成的，应当及时作出行政裁决。

调解书中具有给付内容并载明愿意接受强制执行承诺的，当事人可以依照《中华人民共和国公证法》的规定申请公证机关赋予强制执行效力。当事人不履行或者不适当履行经过公证的调解书的，对方当事人可以依法向有管辖权的人民法院申请执行。

第三十六条 出现下列情形之一时，管理专利工作的部门可以撤销专利侵权纠纷案件：

（一）立案后发现不符合受理条件的；

（二）请求人撤回处理请求的；

（三）请求人死亡或者注销，没有继承人或者承受人，或者继承人或者承受人放弃处理请求的；

（四）被请求人死亡或者注销，没有遗产或者剩余财产，或者没有应当承担义务的人的；

（五）其他依法应当撤销案件的情形。

涉案专利的权利要求书有两项以上权利要求的，请求人应当在请求书中载明据以请求处理被请求人侵犯其专利权的权利要求项。请求书对此未记载或者记载不明的，管理专利工作的部门应当要求请求人明确。经释明，请求人仍不予明确的，可以撤案处理。

第三十七条 管理专利工作的部门处理专利侵权纠纷，应当自立案之日起三个月内结案。案件复杂需要延长期限的，应当由管理专利工作的部门负责人批准。经批准延长的期限，最长不超过一个月。案件特别复杂或者有其他特殊情况，延期后仍不能结案，经上一级管理专利工作的部门批准继续延期的，应当同时确定不超过两个月的延长期限。

案件处理过程中，中止、公告、检验鉴定、管辖异议和当事人申请的延长举证期限与和解期间不计入前款案件处理期限。

第二节 侵权判断

第三十八条 发明或者实用新型专利权的保护范围以其权利要求的内容为准，说明书及附图可以用于解释权利要求的内容。

外观设计专利权的保护范围以表示在图片或者照片中的该产品的外观设计为准，简要说明可以用于解释图片或者照片所表示的该产品的外观设计。

第三十九条 被控侵权技术方案包含与专利权利要求记载的全部技术特征相同或者等同的技术特征的，应当认定其落入专利权的保护范围；被控侵权技术方案的技术特征与权利要求记载的全部技术特征相比，缺少权利要求记载的一个以上的技术特征，或者有一个以上技术特征不相同也不等同的，应当认定其没有落入专利权的保护范围。

在与涉案外观设计产品相同或者相近种类产品上，采用与涉案外观设计相同或者相近似外观设计的，应当认定被控侵权外观设计落入涉案外观设计专利权的保护范围。

第四十条 相同的技术特征是指被控侵权技术方案的技术特征与专利权利要求记载的相应技术特征相比完全相同，或者被控侵权技术方案的技术特征为下位概念。

等同的技术特征是指当被控侵权技术方案的某技术特征与专利权利要求记载的相应技术特征相比，是以基本相同的手段，实现基本相同的功能，并达到基本相同的效果，且对于本领域的技术人员来说，属于在侵权行为发生时通过阅读该专利的说明书、附图和权利要求书，无需经过创造性劳动就能够联想到的技术特征。

在判断被控侵权外观设计与涉案外观设计是相同或者相近似时，应当根据外观设计产品的用途，认定产品种类是否相同或者相近，并以外观设计的整体视觉效果对设计特征进行综合判断，对于主要由技术功能决定的设计特征以及对整体视觉效果不产生影响的产品的材料、内部结构等特征，应当不予考虑。

第四十一条 权利人将专利申请人或者专利权人在专利授权或者确权程序中，通过修改权利要求书、说明书及附图或者意见陈述而放弃的技术方案，在专利侵权纠纷行政裁决案件中反悔，重新纳入专利权的保护范围的，管理专利工作的部门不予支持。

权利人证明专利申请人、专利权人在专利授权确权程序中对权利要求书、说明书及附图的限缩性修改或者意见陈述被明确否定的，管理专利工作的部门应当认定该修改或者意见陈述未导致技术方案的放弃。

第四十二条　对于仅在说明书或者附图中描述而在权利要求中未记载的技术方案，权利人在专利侵权纠纷行政裁决案件中，将其纳入专利权的保护范围的，管理专利工作的部门不予支持。

第四十三条　两人以上共同实施专利侵权行为，造成他人损害的，应当承担《中华人民共和国专利法》第六十五条规定的法律责任。

第三节　证　据

第四十四条　当事人在案件中对自己的主张有提供证据证实的责任，对其提供的证据或者证明材料的真实性负责，承担举证不力的法律后果。

在专利侵权纠纷案件中，当事人及其代理人因客观原因不能自行收集证据的，代理人可以申请管理专利工作的部门签发调查通知书，由代理人持调查通知书向接受调查的单位或者个人调查收集不涉及国家秘密、商业秘密或者个人隐私的相关证据。有关单位或者个人应当予以配合。

证据由国家有关部门保存，当事人及其代理人无权查阅调取，不能自行收集证据的，当事人可以书面请求管理专利工作的部门调查取证。管理专利工作的部门可以依请求，也可以依职权决定是否调查收集有关证据。

对于移送的案件，移送机关调查收集的证据材料，可以作为案件的证据使用。

第四十五条　涉及新产品制造方法的发明专利的，如果请求人举证证明依照专利方法直接获得的产品为新产品且被控侵权产品与依照专利方法直接获得的产品相同，则被请求人对其产品制造方法不同于专利方法承担举证责任。

产品或者产品制造方法的技术方案在专利申请日以前可以为国内外公众所知的，管理专利工作的部门应当认定该产品不属于新产品。

第四十六条　当事人向管理专利工作的部门提交的证据和证明材料，应当真实、合法。

当事人提供的证据和证明材料是在中华人民共和国外形成的，应当说明来源，并经所在国公证机关予以证明，且经中华人民共和国驻该国使领馆予以认证。中华人民共和国缔结的有关条约中对证明手续另有规定的，从其规定。

当事人提交的证据和证明材料是在中国香港特别行政区、澳门特别行政区、我国台湾地区形成的，应当履行相关的证明手续。

当事人向管理专利工作的部门提供的外文书证或者外文说明资料，应当附有中文译本。没有提交中文译本的，该证据视为未提出。当事人对中文译本有异议的，应当共同委托翻译机构提供翻译文本；当事人对翻译机构的选择不能达成一致的，由管理专利工作的部门指定。

第四十七条　管理专利工作的部门调查收集证据可以询问当事人和证人；采用查阅、复制、测量、拍照、摄像等方式进行现场勘验；要求被调查人进行现场演示。

管理专利工作的部门调查收集证据应当制作笔录。笔录应当由办案人员、被调查的单位或者个人签字或者盖章。被调查的单位或者个人拒绝签字或者盖章的，由办案人员在笔录上注明。

第四十八条　管理专利工作的部门调查收集证据可以采取抽样取证的方式。

涉及产品专利的，可以从涉嫌侵权的产品中抽取一部分作为样品；涉及方法专利的，可以从涉嫌依照该方法直接获得的产品中抽取一部分作为样品。

管理专利工作的部门进行抽样取证应当制作笔录和清单，写明被抽取样品的名称、特征、数量以及保存地点，由办案人员、被调查的单位或者个人签字或者盖章。被调查的单位或者个人拒绝签字或者盖章的，由办案人员在笔录上注明。抽样取证清单应当交被调查人一份。

第四十九条　在证据可能灭失或者以后难以取得，又无法进行抽样取证的情况下，经管理专利工作的部门负责人批准，管理专利工作的部门可以进行登记保存，并在七日内作出决定。

经登记保存的证据，被调查的单位或者个人不得销毁或者转移。

管理专利工作的部门进行登记保存应当制作笔录和清单，写明被登记保存证据的名称、特征、数量以及保存地点，由办案人员、被调查的单位或者个人签字或者盖章。被调查的单位或者个人拒绝签字或者盖章的，由办案人员在笔录上注明。登记保存清单应当交被调查人一份。

第五十条　管理专利工作的部门需要委托异地或者下级管理专利工作的部门协助调查收集证据的，应当提出明确的要求。接受委托的部门应当及时、认真地协助调查收集证据，并尽快回复。

第五十一条 主张权利的一方提供了另一方持有相关证据的初步证据，管理专利工作的部门可以责令另一方提供其所掌握的相关证据，另一方无正当理由拒不提供或者提供虚假证据的，管理专利工作的部门可以认定主张权利的一方关于该证据的主张成立。

第五十二条 管理专利工作的部门可以指派技术调查官参与案件处理，提出技术调查意见。相关技术调查意见可以作为合议组认定技术事实的参考。技术调查官管理办法由国务院专利行政部门另行规定。

第五十三条 当事人在举证期限届满前书面申请就专门技术问题进行鉴定的，合议组可以组织双方当事人协商确定具备资格的鉴定人，约定鉴定费用承担方式；对合议组认为不需要鉴定或者鉴定费用协商不成的，不进行鉴定；仅对确定鉴定人协商不成的，由合议组指定鉴定人。

对涉及重大公共利益的，合议组可以委托具备资格的鉴定人进行鉴定。

当事人对鉴定意见有异议或者合议组认为鉴定人有必要参加口头审理的，鉴定人应当参加口头审理。经合议组书面通知，鉴定人拒不参加的，鉴定意见不得作为事实认定依据。

第五十四条 管理专利工作的部门处理案件过程中，应当向当事人指定不少于十五日的举证期限。举证期限也可以由当事人协商，并经管理专利工作的部门批准。该举证期限自当事人收到通知书之日起算。当事人申请延长举证期限的，管理专利工作的部门根据案情决定是否延长，并通知双方当事人。

第四节 重大专利侵权纠纷的行政裁决

第五十五条 根据《中华人民共和国专利法》第七十条，国务院专利行政部门组织和开展在全国有重大影响的专利侵权纠纷行政裁决相关工作。

对前款所称行政裁决，本节有特殊规定的从其规定，无特殊规定的适用本办法其他章节相关规定。

第五十六条 请求人对在全国有重大影响的专利侵权纠纷提出行政裁决请求的，应当依据本办法第十四条、第十五条的规定提交请求书及有关证明和证据材料，同时还应当提交被请求人住所地或者侵权行为地省、自治区、直辖市管理专利工作的部门出具的符合《中华人民共和国专利法实施细则》第九十六条所述情形的证明材料。

第五十七条 省、自治区、直辖市管理专利工作的部门对于辖区内专利侵权纠纷行政裁决请求，认为属于在全国有重大影响的专利侵权纠纷的，可以报请国务院专利行政部门进行行政裁决。

第五十八条 国务院专利行政部门作出行政裁决，认定专利侵权行为成立的，可以责令立即停止侵权行为，并根据需要通知国务院有关主管部门、地方人民政府有关部门协助配合及时制止侵权行为。

第五节 药品专利纠纷早期解决机制的行政裁决

第五十九条 根据《中华人民共和国专利法》第七十六条，国务院专利行政部门组织和开展药品专利纠纷早期解决机制行政裁决相关工作。

对前款所称行政裁决，本节有特殊规定的从其规定，无特殊规定的适用本办法其他章节相关规定。

第六十条 当事人向国务院专利行政部门提出行政裁决请求的，除符合本办法前述条款规定的受理条件外，还应当符合下列条件：

（一）请求人是《中华人民共和国专利法》第七十六条所称的药品上市许可申请人、专利权人或者利害关系人，利害关系人是指相关专利的被许可人、相关药品上市许可持有人；

（二）相关专利信息已在中国上市药品专利信息登记平台登记，且符合药品上市许可审批与药品上市许可申请阶段专利权纠纷解决的具体衔接办法的相关规定；

（三）自国家药品审评机构公开药品上市许可申请之日起四十五日内，专利权人或者利害关系人未就该药品专利纠纷向人民法院起诉或者向国务院专利行政部门请求行政裁决的，药品上市许可申请人可以请求行政裁决；

（四）一项行政裁决请求仅限于确认一个提出上市许可申请药品的相关技术方案是否落入某一项专利权的保护范围。

第六十一条 请求人向国务院专利行政部门提出行政裁决请求的，应当提交请求书及下列材料：

（一）主体资格证明；

（二）中国上市药品专利信息登记平台登记的相关专利信息、国家药品审评机构信息平台公示的药品上市许可申请及药品技术方案未落入相关专利权保护范围的声明和声明依据；

（三）请求人是药品上市许可申请人的，还应当提交申请注册的药品相关技术方案，该技术方案涉及保密信息的，需要单独提交并声明。

第六十二条　国务院专利行政部门作出的行政裁决，应当就申请上市药品相关技术方案是否落入相关专利权保护范围作出认定，并说明理由和依据。

行政裁决作出后，应当送达当事人并抄送国务院药品监督管理部门。

第三章　行政调解

第一节　调解程序

第六十三条　除《中华人民共和国专利法》第六十五条规定的外，管理专利工作的部门应当事人请求，可以对下列专利纠纷进行调解：

（一）专利申请权和专利权归属纠纷；

（二）发明人、设计人资格纠纷；

（三）职务发明创造的发明人、设计人的奖励和报酬纠纷；

（四）在发明专利申请公布后专利权授予前使用发明而未支付适当费用的纠纷；

（五）其他专利纠纷。

对于前款第（四）项所列的纠纷，当事人请求管理专利工作的部门调解的，应当在公告授予专利权之后提出。

第六十四条　请求管理专利工作的部门调解专利纠纷的，应当提交请求书。

请求书应当记载以下内容：

（一）请求人的姓名或者名称、地址、联系方式，法定代表人或者主要负责人的姓名、职务、联系方式，委托代理人的，代理人的姓名和代理机构的名称、地址、联系方式；

（二）被请求人的姓名或者名称、地址、联系方式；

（三）请求调解的具体事项和理由。

单独请求调解侵犯专利权赔偿数额的，应当提交有关管理专利工作的部门作出的认定侵权行为成立的处理决定书副本。

第六十五条　管理专利工作的部门应当在收到调解请求书后制作陈述意见通知书，连同请求书副本于五个工作日内送达被请求人，要求其自收到之日起十五日内提交意见陈述书。

第六十六条　被请求人提交意见陈述书并同意调解的，管理专利工作的部门应当自收到意见陈述书之日起五个工作日内立案，并通知请求人和被请求人进行调解的时间和地点。

被请求人逾期未提交意见陈述书，或者在意见陈述书中表示不接受调解的，管理专利工作的部门不予立案，并在期限届满或者收到意见陈述书之日起五个工作日内通知请求人。

第六十七条　请求人无正当理由不按照通知的时间和地点参加调解的，管理专利工作的部门按照主动撤回请求处理；被请求人无正当理由不按照通知的时间和地点参加调解的，管理专利工作的部门按照未能达成协议处理，以撤销案件的方式结案，并通知双方当事人。

第六十八条　管理专利工作的部门调解专利纠纷可以邀请有关单位或者个人协助，被邀请的单位或者个人在客观条件允许的情况下应当协助进行调解。

第六十九条　当事人经调解达成协议的，由管理专利工作的部门制作调解协议书，加盖公章，并由双方当事人签字或者盖章；未能达成协议的，管理专利工作的部门以撤销案件的方式结案，并通知双方当事人。

调解书中具有给付内容并载明愿意接受强制执行承诺的，当事人可以依照《中华人民共和国公证法》的规定申请公证机关赋予强制执行效力。当事人不履行或者不适当履行经过公证的调解书的，对方当事人可以依法向有管辖权的人民法院申请执行。

第七十条　因专利申请权或者专利权的归属纠纷请求调解的，当事人可以持管理专利工作的部门的受理通知书请求国务院专利行政部门中止该专利申请或者专利权的有关程序。

经调解达成协议的，当事人应当在十五日内持调解协议书向国务院专利行政部门办理恢复手续，管理专利工作的部门应当自结案之日起五个工作日内将相关文书抄送至国务院专利行政部门；不能达成协议的，当事人应当持管理专利工作的部门出具的撤销案件通知书向国务院专利行政部门办理恢复手续。自请求中止之日起满一年未请求延长中止的，国务院专利行政部门自行恢复有关程序。

管理专利工作的部门调解专利权权属纠纷，应当在两个月内结案。案件特别复杂需要延长期限的，应当由管理专利工作的部门负责人批准，经批准延长的期限，最长不超过一个月。

第二节　实体标准

第七十一条　执行本单位的任务或者主要是利用本单位的物质技术条件所完成的发明创造为职务

发明创造。职务发明创造申请专利的权利属于该单位；申请被批准后，该单位为专利权人。

下列发明创造属于职务发明创造：

（一）在本职工作中作出的发明创造；

（二）履行本单位交付的本职工作之外的任务所作出的发明创造；

（三）退休、调离原单位后或者劳动、人事关系终止后一年内作出的，与其在原单位承担的本职工作或者原单位分配的任务有关的发明创造；

（四）主要利用本单位的资金、设备、零部件、原材料或者不对外公开的技术信息和资料等物质技术条件完成的发明创造。

第七十二条 依据《中华人民共和国专利法》第八条，委托或者合作开发过程中完成的发明创造，双方约定专利申请权和专利权归属的，从其约定。无协议约定的，申请专利的权利属于完成或者共同完成的单位或者个人，申请被批准后，申请的单位或者个人为专利权人。

第七十三条 发明人或者设计人是指对发明创造的实质性特点作出创造性贡献的人。有权在专利文件中署名的发明人或者设计人应符合以下条件：

（一）存在专利法意义上的发明创造；

（二）发明人或者设计人应当是所述发明创造的实际参与人；

（三）发明人或者设计人对发明创造的实质性特点作出了创造性贡献。

第七十四条 依据《中华人民共和国专利法实施细则》第九十三条、第九十四条，被授予专利权的单位未与发明人、设计人约定也未在其依法制定的规章制度中规定《中华人民共和国专利法》第十五条规定的奖励、报酬的方式和数额的，按照以下标准进行调解：

（一）一项发明专利的奖金最低不少于四千元；

（二）一项实用新型专利或者外观设计专利的奖金最低不少于一千五百元；

（三）将职务发明创造转让、许可给他人实施的；利用职务发明创造作价投资的；将职务发明创造自行实施或者与他人合作实施的，应当依照《中华人民共和国促进科技成果转化法》第四十五条的规定，按照发明人和设计人对发明成果实施、转化的贡献度，以及特定专利在产品利润中的贡献度，给予合理报酬。

第七十五条 在对《中华人民共和国专利法实施细则》第一百零二条第一款第（四）项所称纠纷进行调解时，发明专利申请公布时申请人请求保护的范围与发明专利公告授权时的专利权保护范围不一致，被控技术方案落入上述两种范围的，管理专利工作的部门应当认定被请求人在临时保护期内实施了该发明；被控技术方案仅落入其中一种范围的，管理专利工作的部门应当认定被请求人在临时保护期内未实施该发明。

前款纠纷涉及分案申请的，该分案申请的公布日以原申请和分案申请中较早公布的日期为准。

第三节 专利开放许可实施纠纷的行政调解

第七十六条 根据《中华人民共和国专利法》第五十二条的规定，国务院专利行政部门负责组织调解实施专利开放许可发生的纠纷。

对前款纠纷的调解，本节有特殊规定的从其规定，无特殊规定的适用本办法其他章节相关规定。

第七十七条 当事人就实施专利开放许可使用费标准和支付方式、开放许可生效时间、专利许可期限等内容发生的纠纷，并自愿接受调解的，可以申请国务院专利行政部门进行调解。

第七十八条 提出调解申请时应当提交下列材料：

（一）调解申请书。调解申请书应当写明双方当事人的姓名或者名称、地址、联系人、联系方式；申请调解的纠纷事由、争议的简要说明、申请调解的事项等内容；

（二）申请人身份证明文件。主要包括自然人身份证件，法人或者非法人组织营业执照副本或者其他主体资格证明材料。其中，自然人应当提交自然人身份证件复印件并在复印件上签字确认。法人或者非法人组织应当提交营业执照副本或者其他主体资格证明材料复印件、法定代表人或者主要负责人身份证明复印件，上述复印件均应当加盖公章；

（三）相关证据材料。包括但不限于已登记的专利开放许可声明、生效的专利开放许可实施合同等与案件有关的证据材料；

（四）授权委托书。申请人可以委托一至二人作为代理人参加调解。申请人委托代理人参加调解的，应当提交书面授权委托书。授权委托书应当明确记载委托事项、权限和期限；

（五）其他与案件调解相关的材料。

第七十九条 经调解达成协议，有下列情形之一的，应当制作调解协议书：

（一）一方当事人要求制作调解协议书的；

（二）有给付内容且不能及时履行完毕的；

（三）调解的事项具有重大、疑难、复杂纠纷情形的；

（四）应当制作调解协议书的其他情形。

第四章　法律责任

第八十条　管理专利工作的部门作出认定专利侵权行为成立并责令侵权人立即停止侵权行为的行政裁决后，被请求人向人民法院提起行政诉讼的，在诉讼期间不停止行政裁决的执行，法律、行政法规另有规定的，从其规定。

被请求人期满不起诉又不停止侵权行为的，管理专利工作的部门可以自被执行人的履行期限届满之日起三个月内申请人民法院强制执行。管理专利工作的部门在上述申请执行的期限内未申请人民法院强制执行的，生效的行政裁决确定的权利人或者其继承人、权利承受人可以在六个月内申请人民法院强制执行。

第八十一条　拒绝、阻挠管理专利工作的部门依法行使职权，涉嫌违反治安管理行为的，应当移交公安机关处理；涉嫌犯罪的，应当依法追究刑事责任。

第八十二条　当事人对其在案件程序中知悉的国家秘密、商业秘密或者个人隐私负有保密义务，擅自披露、使用或者允许他人使用上述信息的，应当承担相应法律责任。

办案人员以及其他工作人员滥用职权、玩忽职守、徇私舞弊或者泄露处理过程中知悉的国家秘密、商业秘密或者个人隐私，尚不构成犯罪的，依法给予处分；涉嫌犯罪的，移送司法机关处理。

第五章　附　　则

第八十三条　管理专利工作的部门作出行政裁决的，应当自作出之日起二十个工作日内依法公开，通过政府网站等途径及时发布案件信息。行政裁决公开时，应当删除或者遮盖涉及国家秘密、商业秘密、个人隐私以及其他不宜公开的信息。

行政裁决因行政诉讼发生变更或者撤销的，应当自变更或者撤销之日起二十个工作日内，公开有关变更或者撤销的信息。

第八十四条　本办法由国务院专利行政部门负责解释。

第八十五条　本办法自 2025 年 2 月 1 日起施行。

国家知识产权局关于全面推进专利开放许可制度实施工作的通知

国知发运字〔2024〕19 号

各省、自治区、直辖市和新疆生产建设兵团知识产权局，各地方有关中心：

新修改的《中华人民共和国专利法实施细则》自 2024 年 1 月 20 日起正式施行，专利开放许可制度已全面落地实施。为推动专利开放许可制度高效运行，拓展专利转化运用的模式和渠道，现将有关事项通知如下。

一、充分认识开放许可制度实施的重要意义

专利开放许可是《中华人民共和国专利法》（以下简称《专利法》）第四次修改新设的一种专利特别许可，是专利转化运用的制度创新，有利于实现简便快捷的“一对多”专利许可，提升对接效率，降低制度性交易成本，打通科技成果向新质生产力转化的“最后一公里”。专利权人自愿提交专利开放许可声明，对专利许可使用费“明码标价”，由国务院专利行政部门向全社会“广而告之”，任何单位或个人书面通知专利权人并按照标价付费即可获得实施许可，对所有被许可方“一视同仁”。

各省（直辖市、自治区）知识产权局要高度重视，组织相关单位加大宣传力度，引导各方正确理解并科学运用专利开放许可制度，尤其是在高校和科研机构存量专利盘活工作中，更好发挥开放许可的作用，支持企业特别是中小企业以较低成本获取专利技术，推动专利开放许可制度优势转化为专利转化运用的新动能。专利开放许可制度实施相关工作情况将作为评价各地专利转化运用专项行动成效的重要内容。

二、指导专利权人规范提交开放许可声明

各省（直辖市、自治区）知识产权局要指导专利权人按照有关规定提出专利开放许可声明。专利开放许可声明应写明专利号、专利权人、许可使用费的支付方式和标准、许可期限等事项，并通过专利业务办理系统（https：//cponline. cnipa. gov. cn/）在线提交。实行开放许可的专利，应当已公告授权并维持有效。专利权人对于实用新型和外观

设计专利提出开放许可声明的，应当同时提供专利权评价报告。

三、推动试点项目便捷转为开放许可

已开展开放许可试点的省（直辖市、自治区）知识产权局，要指导专利权人选择试点中质量高、市场前景好、已达成开放许可或有许可意向的专利，提交开放许可声明。对于专利权人、许可使用费支付方式和标准、许可期限等内容完全一致，数量在10件以上的不同专利的开放许可声明，专利权人可以在2024年底前以纸件形式通过本地专利代办处批量提交。各试点省（直辖市、自治区）知识产权局要支持本地专利代办处做好批量受理工作，指导专利代办处集中核查试点开放许可专利的最新法律状态，提供培训解答和预审服务。国家知识产权局将对上述声明予以快速审查。

四、指导专利权人合理估算许可使用费

各省（直辖市、自治区）知识产权局要广泛宣传一次性付费、提成支付、入门费附加提成等常见的专利许可使用费支付方式，指导专利权人明确许可使用费的支付标准和方式，并按规定提交许可使用费计算依据和方式的简要说明。要加强《专利评估指引》国家标准、《专利开放许可使用估算指引（试行）》的解读，引导专利权人秉持公平合理、互利双赢、切实可行的理念，准确把握开放许可“一对多”的特性和小额、普惠、便捷的特点，合理估算许可使用费。按照《专利审查指南》规定，许可使用费以固定费用标准支付的，一般不高于2000万元；以提成费支付的，一般不高于净销售额的20%或利润额的40%。许可使用费高于上述标准的，引导专利权人通过普通许可等方式进行许可。

五、加强开放许可声明信息的开放共享

专利开放许可声明经国家知识产权局审查合格后通过专利公报向社会公告，公众可以通过中国专利公布公告系统（http：//epub. cnipa. gov. cn/）查询专利开放许可声明、许可达成备案等公告信息。专利开放许可公告数据通过知识产权数据资源公共服务系统向公众全面开放，便利各方查询、检索和获取。

各省（直辖市、自治区）知识产权局要指导知识产权运营服务平台、产业知识产权运营中心等有关各方用好专利开放许可公告数据，向相关产业领域的企业匹配推送，扩大专利声明信息的受众面。

六、充分发挥各方作用促进供需对接

各省（直辖市、自治区）知识产权局要将专利开放许可作为制定专利转化运用相关政策的重要内容，与高校和科研机构存量专利盘活、专利产业化促进中小企业成长、重点产业知识产权强链增效等工作有机结合。指导高校和科研机构盘点存量专利，筛选出实用性强、应用领域广泛、适宜多地实施的专利进行开放许可，与技术消化能力强的“专精特新”等中小企业开展对接。指导技术创新与支持中心、高校国家知识产权信息服务中心、国家知识产权信息公共服务网点等公共服务机构在开放许可手续办理、使用费估算等方面开展咨询服务。鼓励市场化知识产权服务机构提供开放许可相关的对接、交易等服务。鼓励保险机构开发开放许可相关保险产品，为许可实施提供风险保障。

七、指导做好开放许可达成备案

对于达成的专利开放许可，各省（直辖市、自治区）知识产权局要督促指导专利权人或被许可人按照相关规定，及时向国家知识产权局备案。对于实行开放许可的专利权人与被许可人就许可使用费进行协商后另行达成的普通许可，指导当事人按照相关规定进行普通许可合同备案。《专利法》规定的开放许可实施期间减免专利年费的办理，待国家发展改革委、财政部和国家知识产权局发布的专利收费减缴政策实施后执行。

八、强化开放许可监管和纠纷调解

国家知识产权局将加强对专利开放许可业务中异常情况的监控和违法违规线索的排查。各省（直辖市、自治区）知识产权局要对专利开放许可过程中的不诚信行为依法依规开展信用监管。对于专利权人通过提供虚假材料、隐瞒事实等手段，作出开放许可声明或者在开放许可实施期间获得专利年费减免的违法违规行为，要按照《专利法实施细则》第一百条的规定予以处罚。要按照《专利开放许可实施纠纷调解工作办法（试行）》相关规定，引导当事人以自行协商、申请调解等方式解决开放许可纠纷。

九、加强制度宣传解读和典型案例推广

国家知识产权局已发布《知识产权政务服务事

项办事指南（第二版）》，对专利开放许可业务办理的常见问题进行指引解答。各省（直辖市、自治区）知识产权局要通过新媒体、短视频、培训班等多种方式，做好专利开放许可制度的宣传、解读和培训。要总结提炼开放许可制度实施中的典型经验和案例并及时报送，国家知识产权局将加大宣传推广力度。

国家知识产权局
2024 年 7 月 3 日

专利开放许可实施纠纷调解工作办法（试行）

（国家知识产权局公告第 590 号）

第一章　总　　则

第一条　为了促进专利技术的实施与运用，及时化解专利开放许可实施过程中出现的纠纷，依据《中华人民共和国专利法》《中华人民共和国专利法实施细则》等有关规定，制定本办法。

第二条　本办法适用于调解《中华人民共和国专利法》第五十二条所称实施专利开放许可发生纠纷的情形。

第三条　专利开放许可实施纠纷调解应遵循下列原则：

（一）自愿原则。充分尊重当事人意思自治，保障当事人依法行使权利，不得强迫当事人接受调解。

（二）合法原则。专利开放许可实施纠纷调解应当符合法律、法规、规章要求，不得损害国家利益、公共利益和他人合法权益。

（三）公平原则。专利开放许可实施纠纷调解应当遵循公平原则，合理地确定双方当事人的权利和义务。

（四）保密原则。参与调解的工作人员、案件代理人、专家等应当对调解过程中获悉的商业秘密、个人隐私及其他依法不应公开的信息保守秘密，双方当事人同意公开的除外。

第二章　案件受理

第四条　当事人就实施专利开放许可使用费支付标准和支付方式、专利开放许可生效时间、专利许可期限等内容发生的纠纷，并自愿接受调解的，应当以书面方式提出调解申请，并将调解申请书当面提交或者邮寄至国家知识产权局。

第五条　提出调解申请时应当提交下列文件：

（一）调解申请书。调解申请书应当写明双方当事人的姓名或者名称、地址、联系人、联系方式；申请调解的纠纷事由、争议的简要说明、申请调解的事项等内容。

（二）申请人身份证明文件。主要包括自然人身份证件，法人或其他组织营业执照副本或其他主体资格证明文件。其中，自然人应当提交自然人身份证件复印件并在复印件上签字确认。法人或其他组织应当提交营业执照副本或其他主体资格证明文件复印件，法定代表人或主要负责人身份证明复印件，上述复印件均应当加盖公章。

（三）相关证据材料。包括但不限于已登记的专利开放许可声明、生效的专利开放许可实施合同等与案件有关的证据材料。

（四）授权委托书。申请人可以委托 1 至 2 人作为代理人参加调解。申请人委托代理人参加调解的，应当提交书面授权委托书。授权委托书应当明确记载委托事项、权限和期限。

（五）其他与案件调解相关的材料。

第六条　国家知识产权局在受理调解案件时，可以由双方当事人共同提出申请，也可以由一方当事人提出申请。

由当事人一方提出申请的，国家知识产权局向被申请方当事人发送调解通知书，征询调解意愿。被申请方当事人在收到调解通知书后，应当在 10 个工作日内反馈是否同意调解的确认书。如同意调解，应当同时提交第五条所列文件。

第七条　国家知识产权局应当在 5 个工作日内对调解申请作出是否受理的决定，并通知双方当事人。案情特别复杂或者有其他特殊情况的，立案期限可以延长 5 个工作日。

国家知识产权局经审查决定不予受理的，应当作出不予受理通知书，并向当事人书面说明理由。

第八条　具有下列情形之一的调解申请不予受理：

（一）一方当事人提出调解申请，另一方当事人不接受调解的；

（二）当事人已向人民法院提起诉讼并且已被受理的；

（三）当事人已向仲裁机构提起仲裁申请的；

（四）人民法院或仲裁机构已经对该纠纷作出裁判的；

（五）无法受理的其他情形。

第九条 国家知识产权局应当对受理的调解申请进行立案登记，包括但不限于立案编号、所涉专利信息、申请人信息、代理机构及代理人信息、申请调解的主要事项、随案证据材料等。

第三章 案件调解

第十条 国家知识产权局受理调解申请后，应当及时指定调解员主持调解。

国家知识产权局可以根据案件调解需要邀请有关单位、专业人员或者其他相关人员参与调解。

第十一条 对于事实清楚、权利义务关系明确或者所涉金额不大的案件，可以由1名调解员主持开展调解。对于重大、疑难、复杂或者所涉金额较大的案件，应当由3名以上调解员组成调解合议组，合议组组成人数应当为奇数，最多不超过5人。

第十二条 调解员有下列情形之一的应当回避：

（一）是本案当事人或其代理人近亲属的；

（二）与本案纠纷有利害关系的；

（三）与本案纠纷当事人、代理人有其他关系，可能影响公正调解的。

第十三条 调解工作人员进行调解时，不得有下列行为：

（一）徇私舞弊，偏袒一方当事人；

（二）压制、侮辱、打击当事人；

（三）索取、收受财物或者牟取其他不正当利益；

（四）泄露国家秘密、商业秘密和个人隐私；

（五）其他影响调解公正或者损害当事人合法权益的行为。

第十四条 当事人享有下列权利：

（一）自主表达意愿、自愿达成调解协议；

（二）要求公开或者不公开进行调解；

（三）接受调解、拒绝调解或者要求中止、终止调解；

（四）法律、法规、规章规定的其他权利。

第十五条 当事人应当履行下列义务：

（一）如实陈述争议纠纷事实；

（二）依法全面提交有关证据；

（三）遵守调解秩序，尊重调解工作人员和对方当事人；

（四）自觉履行达成的调解协议；

（五）法律、法规、规章规定的其他义务。

第十六条 当事人具有下列情形之一，构成治安违法的，由公安机关给予行政处罚；构成犯罪的，依法追究刑事责任。

（一）威胁、殴打调解工作人员或者对方当事人的；

（二）扰乱调解秩序的；

（三）提供伪造的证据材料的；

（四）其他干扰、阻挠调解的行为。

第十七条 调解工作人员可以按照以下步骤开展调解：

（一）核实身份并告知权利义务。调解开始时，调解工作人员应当核对当事人身份，宣布调解纪律，并告知双方当事人依法享有的权利和履行的义务等。

（二）查清事实。调解工作人员可以通过问询、质证、查看与案件有关的材料、现场调查、召开协调会等方式查清案件事实。

（三）调解与处理。调解工作人员可以通过现场调解、电话调解、书面调解、在线调解等多种方式开展调解。同一案件中可以综合使用多种调解方式。组织现场调解的，应当在调解3个工作日前将调解的时间、地点和调解员等事项书面告知当事人。当事人不能参加现场调解的，应当提前至少1个工作日申请改期。案件由合议组开展调解的，由合议组组长主持调解过程。

（四）制作调解笔录。调解员或调解合议组应当制作调解笔录，简要记载调解时间、地点、参加人员、协商事项、当事人意见和调解结果，由当事人核对无误后签名或者盖章。

第十八条 国家知识产权局应当自受理调解申请之日起30个工作日内完成案件调解。情况复杂或者有其他特殊情形的，经双方当事人同意的，可以适当延长，延长期限不超过30个工作日。

调解过程中需要向专家咨询或者对相关事实作出鉴定的，专家咨询或者鉴定时间不计入调解期限。

第十九条 有下列情形之一的，当事人可以提出中止处理请求，由调解员或调解合议组作出是否中止的决定：

（一）因正当理由经对方当事人认可，暂时不能参加调解或中途要求中止调解的；

（二）专利权被提起无效宣告请求的；

（三）不可抗力或意外事件；

（四）法律、法规、规章规定的其他应当中止处理的情形。

第二十条　中止原因消除后，依当事人申请可以恢复调解，中止时间不计入调解期限。

第四章　结　案

第二十一条　现场调解且能够即时履行或者双方当事人均认为不需要制作调解协议书的案件，可以不制作调解协议书，由调解员或调解合议组在调解笔录上记录调解结果。

第二十二条　经调解达成协议，有下列情形之一的，应当制作调解协议书：

（一）一方当事人要求制作调解协议书的；

（二）有财务给付内容且不能即时履行完毕的；

（三）调解的事项具有重大、疑难、复杂纠纷情形的；

（四）应当制作调解协议书的其他情形。

第二十三条　调解协议书应当载明以下内容：

（一）当事人及委托代理人基本情况；

（二）争议纠纷事项；

（三）调解结果，包括履行协议的方式、期限等。

（四）其他约定事项。

第二十四条　调解协议书自签字盖章之日起生效。调解协议书载明具体生效时间的，以载明的生效时间为准。

第二十五条　调解协议书由当事人各执一份，国家知识产权局留存一份。

第二十六条　有下列情形之一的，调解员应当终止调解：

（一）一方当事人要求终止调解；

（二）调解期限届满，且未达成调解协议的；

（三）当事人无正当理由缺席或者中途退出调解的；

（四）调解结果涉及第三人利益，第三人不同意调解的；

（五）公民死亡或者法人、其他组织终止，无权利义务承受人或者权利义务承受人放弃调解的；

（六）当事人就争议纠纷提起诉讼或者仲裁的；

（七）法律、法规、规章规定的需要终止调解的其他情形。

调解终止的，应当制作调解终止通知书或者记录在调解笔录中。

第二十七条　调解结案或者终止后，当事人不得再以同一事实和理由申请调解。

第二十八条　调解结案或者终止后，国家知识产权局应当对调解案件材料归档保存。归档材料应当按照一案一号、一案一卷的原则建立案卷。

第五章　附　则

第二十九条　本办法由国家知识产权局负责解释。

第三十条　本办法自发布之日起施行。

第六章　责任追究

党内法规：

党政主要领导干部和国有企事业单位主要领导人员经济责任审计规定

第一章　总　　则

第一条　为了坚持和加强党对审计工作的集中统一领导，强化对党政主要领导干部和国有企事业单位主要领导人员（以下统称领导干部）的管理监督，促进领导干部履职尽责、担当作为，确保党中央令行禁止，根据《中华人民共和国审计法》和有关党内法规，制定本规定。

第二条　经济责任审计工作以马克思列宁主义、毛泽东思想、邓小平理论、“三个代表”重要思想、科学发展观、习近平新时代中国特色社会主义思想为指导，增强“四个意识”、坚定“四个自信”、做到“两个维护”，认真落实党中央、国务院决策部署，紧紧围绕统筹推进“五位一体”总体布局和协调推进“四个全面”战略布局，贯彻新发展理念，聚焦经济责任，客观评价，揭示问题，促进经济高质量发展，促进全面深化改革，促进权力规范运行，促进反腐倡廉，推进国家治理体系和治理能力现代化。

第三条　本规定所称经济责任，是指领导干部在任职期间，对其管辖范围内贯彻执行党和国家经济方针政策、决策部署，推动经济和社会事业发展，管理公共资金、国有资产、国有资源，防控重大经济风险等有关经济活动应当履行的职责。

第四条　领导干部经济责任审计对象包括：

（一）地方各级党委、政府、纪检监察机关、法院、检察院的正职领导干部或者主持工作 1 年以上的副职领导干部；

（二）中央和地方各级党政工作部门、事业单位和人民团体等单位的正职领导干部或者主持工作 1 年以上的副职领导干部；

（三）国有和国有资本占控股地位或者主导地位的企业（含金融机构，以下统称国有企业）的法定代表人或者不担任法定代表人但实际行使相应职权的主要领导人员；

（四）上级领导干部兼任下级单位正职领导职务且不实际履行经济责任时，实际分管日常工作的副职领导干部；

（五）党中央和县级以上地方党委要求进行经济责任审计的其他主要领导干部。

第五条　领导干部履行经济责任的情况，应当依规依法接受审计监督。

经济责任审计可以在领导干部任职期间进行，也可以在领导干部离任后进行，以任职期间审计为主。

第六条　领导干部的经济责任审计按照干部管理权限确定。遇有干部管理权限与财政财务隶属关系等不一致时，由对领导干部具有干部管理权限的部门与同级审计机关共同确定实施审计的审计机关。

审计署审计长的经济责任审计，按照中央审计委员会的决定组织实施。地方审计机关主要领导干部的经济责任审计，由地方党委与上一级审计机关协商后，由上一级审计机关组织实施。

第七条　审计委员会办公室、审计机关依规依法独立实施经济责任审计，任何组织和个人不得拒绝、阻碍、干涉，不得打击报复审计人员。

对有意设置障碍、推诿拖延的，应当进行批评和通报；造成恶劣影响的，应当严肃问责追责。

第八条　审计委员会办公室、审计机关和审计人员对经济责任审计工作中知悉的国家秘密、商业秘密和个人隐私，负有保密义务。

第九条　各级党委和政府应当保证履行经济责任审计职责所必需的机构、人员和经费。

第二章　组织协调

第十条　各级党委和政府应当加强对经济责任

审计工作的领导，建立健全经济责任审计工作联席会议（以下简称联席会议）制度。联席会议由纪检监察机关和组织、机构编制、审计、财政、人力资源社会保障、国有资产监督管理、金融监督管理等部门组成，召集人由审计委员会办公室主任担任。联席会议在同级审计委员会的领导下开展工作。

联席会议下设办公室，与同级审计机关内设的经济责任审计机构合署办公。办公室主任由同级审计机关的副职领导或者相当职务层次领导担任。

第十一条 联席会议主要负责研究拟订有关经济责任审计的制度文件，监督检查经济责任审计工作情况，协调解决经济责任审计工作中出现的问题，推进经济责任审计结果运用，指导下级联席会议的工作，指导和监督部门、单位内部管理领导干部经济责任审计工作，完成审计委员会交办的其他工作。

联席会议办公室负责联席会议的日常工作。

第十二条 经济责任审计应当有计划地进行，根据干部管理监督需要和审计资源等实际情况，对审计对象实行分类管理，科学制定经济责任审计中长期规划和年度审计项目计划，推进领导干部履行经济责任情况审计全覆盖。

第十三条 年度经济责任审计项目计划按照下列程序制定：

（一）审计委员会办公室商同级组织部门提出审计计划安排，组织部门提出领导干部年度审计建议名单；

（二）审计委员会办公室征求同级纪检监察机关等有关单位意见后，纳入审计机关年度审计项目计划；

（三）审计委员会办公室提交同级审计委员会审议决定。

对属于有关主管部门管理的领导干部进行审计的，审计委员会办公室商有关主管部门提出年度审计建议名单，纳入审计机关年度审计项目计划，提交审计委员会审议决定。

第十四条 年度经济责任审计项目计划一经确定不得随意变更。确需调减或者追加的，应当按照原制定程序，报审计委员会批准后实施。

第十五条 被审计领导干部遇有被有关部门采取强制措施、纪律审查、监察调查或者死亡等特殊情况，以及存在其他不宜继续进行经济责任审计情形的，审计委员会办公室商同级纪检监察机关、组织部门等有关单位提出意见，报审计委员会批准后终止审计。

第三章 审计内容

第十六条 经济责任审计应当以领导干部任职期间公共资金、国有资产、国有资源的管理、分配和使用为基础，以领导干部权力运行和责任落实情况为重点，充分考虑领导干部管理监督需要、履职特点和审计资源等因素，依规依法确定审计内容。

第十七条 地方各级党委和政府主要领导干部经济责任审计的内容包括：

（一）贯彻执行党和国家经济方针政策、决策部署情况；

（二）本地区经济社会发展规划和政策措施的制定、执行和效果情况；

（三）重大经济事项的决策、执行和效果情况；

（四）财政财务管理和经济风险防范情况，民生保障和改善情况，生态文明建设项目、资金等管理使用和效益情况，以及在预算管理中执行机构编制管理规定情况；

（五）在经济活动中落实有关党风廉政建设责任和遵守廉洁从政规定情况；

（六）以往审计发现问题的整改情况；

（七）其他需要审计的内容。

第十八条 党政工作部门、纪检监察机关、法院、检察院、事业单位和人民团体等单位主要领导干部经济责任审计的内容包括：

（一）贯彻执行党和国家经济方针政策、决策部署情况；

（二）本部门本单位重要发展规划和政策措施的制定、执行和效果情况；

（三）重大经济事项的决策、执行和效果情况；

（四）财政财务管理和经济风险防范情况，生态文明建设项目、资金等管理使用和效益情况，以及在预算管理中执行机构编制管理规定情况；

（五）在经济活动中落实有关党风廉政建设责任和遵守廉洁从政规定情况；

（六）以往审计发现问题的整改情况；

（七）其他需要审计的内容。

第十九条 国有企业主要领导人员经济责任审计的内容包括：

（一）贯彻执行党和国家经济方针政策、决策部署情况；

（二）企业发展战略规划的制定、执行和效果情况；

（三）重大经济事项的决策、执行和效果情况；

（四）企业法人治理结构的建立、健全和运行情况，内部控制制度的制定和执行情况；

（五）企业财务的真实合法效益情况，风险管控情况，境外资产管理情况，生态环境保护情况；

（六）在经济活动中落实有关党风廉政建设责任和遵守廉洁从业规定情况；

（七）以往审计发现问题的整改情况；

（八）其他需要审计的内容。

第二十条 有关部门和单位、地方党委和政府的主要领导干部由上级领导干部兼任，且实际履行经济责任的，对其进行经济责任审计时，审计内容仅限于该领导干部所兼任职务应当履行的经济责任。

第四章 审计实施

第二十一条 审计委员会办公室、审计机关应当根据年度经济责任审计项目计划，组成审计组并实施审计。

第二十二条 对同一地方党委和政府主要领导干部，以及同一部门、单位2名以上主要领导干部的经济责任审计，可以同步组织实施，分别认定责任。

第二十三条 审计委员会办公室、审计机关应当按照规定，向被审计领导干部及其所在单位或者原任职单位（以下统称所在单位）送达审计通知书，抄送同级纪检监察机关、组织部门等有关单位。

地方审计机关主要领导干部的经济责任审计通知书，由上一级审计机关送达。

第二十四条 实施经济责任审计时，应当召开由审计组主要成员、被审计领导干部及其所在单位有关人员参加的会议，安排审计工作有关事项。联席会议有关成员单位根据工作需要可以派人参加。

审计组应当在被审计单位公示审计项目名称、审计纪律要求和举报电话等内容。

第二十五条 经济责任审计过程中，应当听取被审计领导干部所在单位领导班子成员的意见。

对地方党委和政府主要领导干部的审计，还应当听取同级人大常委会、政协主要负责同志的意见。

审计委员会办公室、审计机关应当听取联席会议有关成员单位的意见，及时了解与被审计领导干部履行经济责任有关的考察考核、群众反映、巡视巡察反馈、组织约谈、函询调查、案件查处结果等情况。

第二十六条 被审计领导干部及其所在单位，以及其他有关单位应当及时、准确、完整地提供与被审计领导干部履行经济责任有关的下列资料：

（一）被审计领导干部经济责任履行情况报告；

（二）工作计划、工作总结、工作报告、会议记录、会议纪要、决议决定、请示、批示、目标责任书、经济合同、考核检查结果、业务档案、机构编制、规章制度、以往审计发现问题整改情况等资料；

（三）财政收支、财务收支相关资料；

（四）与履行职责相关的电子数据和必要的技术文档；

（五）审计所需的其他资料。

第二十七条 被审计领导干部及其所在单位应当对所提供资料的真实性、完整性负责，并作出书面承诺。

第二十八条 经济责任审计应当加强与领导干部自然资源资产离任审计等其他审计的统筹协调，科学配置审计资源，创新审计组织管理，推动大数据等新技术应用，建立健全审计工作信息和结果共享机制，提高审计监督整体效能。

第二十九条 经济责任审计过程中，可以依规依法提请有关部门、单位予以协助。有关部门、单位应当予以支持，并及时提供有关资料和信息。

第三十条 审计组实施审计后，应当向派出审计组的审计委员会办公室、审计机关提交审计报告。

审计报告一般包括被审计领导干部任职期间履行经济责任情况的总体评价、主要业绩、审计发现的主要问题和责任认定、审计建议等内容。

第三十一条 审计委员会办公室、审计机关应当书面征求被审计领导干部及其所在单位对审计组审计报告的意见。

第三十二条 被审计领导干部及其所在单位应当自收到审计组审计报告之日起10个工作日内提出书面意见；10个工作日内未提出书面意见的，视同无异议。

审计组应当针对被审计领导干部及其所在单位提出的书面意见，进一步研究和核实，对审计报告作出必要的修改，连同被审计领导干部及其所在单位的书面意见一并报送审计委员会办公室、审计机关。

第三十三条　审计委员会办公室、审计机关按照规定程序对审计组审计报告进行审定，出具经济责任审计报告；同时出具经济责任审计结果报告，在经济责任审计报告的基础上，简要反映审计结果。

经济责任审计报告和经济责任审计结果报告应当事实清楚、评价客观、责任明确、用词恰当、文字精炼、通俗易懂。

第三十四条　经济责任审计报告、经济责任审计结果报告等审计结论性文书按照规定程序报同级审计委员会，按照干部管理权限送组织部门。根据工作需要，送纪检监察机关等联席会议其他成员单位、有关主管部门。

地方审计机关主要领导干部的经济责任审计结论性文书，由上一级审计机关送有关组织部门。根据工作需要，送有关纪检监察机关。

经济责任审计报告应当送达被审计领导干部及其所在单位。

第三十五条　经济责任审计中发现的重大问题线索，由审计委员会办公室按照规定向审计委员会报告。

应当由纪检监察机关或者有关主管部门处理的问题线索，由审计机关依规依纪依法移送处理。

被审计领导干部所在单位存在的违反国家规定的财政收支、财务收支行为，依法应当给予处理处罚的，由审计机关在法定职权范围内作出审计决定。

第三十六条　经济责任审计项目结束后，审计委员会办公室、审计机关应当组织召开会议，向被审计领导干部及其所在单位领导班子成员等有关人员反馈审计结果和相关情况。联席会议有关成员单位根据工作需要可以派人参加。

第三十七条　被审计领导干部对审计委员会办公室、审计机关出具的经济责任审计报告有异议的，可以自收到审计报告之日起30日内向同级审计委员会办公室申诉。审计委员会办公室应当组成复查工作小组，并要求原审计组人员等回避，自收到申诉之日起90日内提出复查意见，报审计委员会批准后作出复查决定。复查决定为最终决定。

地方审计机关主要领导干部对上一级审计机关出具的经济责任审计报告有异议的，可以自收到审计报告之日起30日内向上一级审计机关申诉。上一级审计机关应当组成复查工作小组，并要求原审计组人员等回避，自收到申诉之日起90日内作出复查决定。复查决定为最终决定。

本条规定的期间的最后一日是法定节假日的，以节假日后的第一个工作日为期间届满日。

第五章　审计评价

第三十八条　审计委员会办公室、审计机关应当根据不同领导职务的职责要求，在审计查证或者认定事实的基础上，综合运用多种方法，坚持定性评价与定量评价相结合，依照有关党内法规、法律法规、政策规定、责任制考核目标等，在审计范围内，对被审计领导干部履行经济责任情况，包括公共资金、国有资产、国有资源的管理、分配和使用中个人遵守廉洁从政（从业）规定等情况，作出客观公正、实事求是的评价。

审计评价应当有充分的审计证据支持，对审计中未涉及的事项不作评价。

第三十九条　对领导干部履行经济责任过程中存在的问题，审计委员会办公室、审计机关应当按照权责一致原则，根据领导干部职责分工，综合考虑相关问题的历史背景、决策过程、性质、后果和领导干部实际所起的作用等情况，界定其应当承担的直接责任或者领导责任。

第四十条　领导干部对履行经济责任过程中的下列行为应当承担直接责任：

（一）直接违反有关党内法规、法律法规、政策规定的；

（二）授意、指使、强令、纵容、包庇下属人员违反有关党内法规、法律法规、政策规定的；

（三）贯彻党和国家经济方针政策、决策部署不坚决不全面不到位，造成公共资金、国有资产、国有资源损失浪费，生态环境破坏，公共利益损害等后果的；

（四）未完成有关法律法规规章、政策措施、目标责任书等规定的领导干部作为第一责任人（负总责）事项，造成公共资金、国有资产、国有资源损失浪费，生态环境破坏，公共利益损害等后果的；

（五）未经民主决策程序或者民主决策时在多数人不同意的情况下，直接决定、批准、组织实施重大经济事项，造成公共资金、国有资产、国有资源损失浪费，生态环境破坏，公共利益损害等后果的；

（六）不履行或者不正确履行职责，对造成的后果起决定性作用的其他行为。

第四十一条 领导干部对履行经济责任过程中的下列行为应当承担领导责任：

（一）民主决策时，在多数人同意的情况下，决定、批准、组织实施重大经济事项，由于决策不当或者决策失误造成公共资金、国有资产、国有资源损失浪费，生态环境破坏，公共利益损害等后果的；

（二）违反部门、单位内部管理规定造成公共资金、国有资产、国有资源损失浪费，生态环境破坏，公共利益损害等后果的；

（三）参与相关决策和工作时，没有发表明确的反对意见，相关决策和工作违反有关党内法规、法律法规、政策规定，或者造成公共资金、国有资产、国有资源损失浪费，生态环境破坏，公共利益损害等后果的；

（四）疏于监管，未及时发现和处理所管辖范围内本级或者下一级地区（部门、单位）违反有关党内法规、法律法规、政策规定的问题，造成公共资金、国有资产、国有资源损失浪费，生态环境破坏，公共利益损害等后果的；

（五）除直接责任外，不履行或者不正确履行职责，对造成的后果应当承担责任的其他行为。

第四十二条 对被审计领导干部以外的其他责任人员，审计委员会办公室、审计机关可以适当方式向有关部门、单位提供相关情况。

第四十三条 审计评价时，应当把领导干部在推进改革中因缺乏经验、先行先试出现的失误和错误，同明知故犯的违纪违法行为区分开来；把上级尚无明确限制的探索性试验中的失误和错误，同上级明令禁止后依然我行我素的违纪违法行为区分开来；把为推动发展的无意过失，同为谋取私利的违纪违法行为区分开来。对领导干部在改革创新中的失误和错误，正确把握事业为上、实事求是、依纪依法、容纠并举等原则，经综合分析研判，可以免责或者从轻定责，鼓励探索创新，支持担当作为，保护领导干部干事创业的积极性、主动性、创造性。

第六章 审计结果运用

第四十四条 各级党委和政府应当建立健全经济责任审计情况通报、责任追究、整改落实、结果公告等结果运用制度，将经济责任审计结果以及整改情况作为考核、任免、奖惩被审计领导干部的重要参考。

经济责任审计结果报告以及审计整改报告应当归入被审计领导干部本人档案。

第四十五条 审计委员会办公室、审计机关应当按照规定以适当方式通报或者公告经济责任审计结果，对审计发现问题的整改情况进行监督检查。

第四十六条 联席会议其他成员单位应当在各自职责范围内运用审计结果：

（一）根据干部管理权限，将审计结果以及整改情况作为考核、任免、奖惩被审计领导干部的重要参考；

（二）对审计发现的问题作出进一步处理；

（三）加强审计发现问题整改落实情况的监督检查；

（四）对审计发现的典型性、普遍性、倾向性问题和提出的审计建议及时进行研究，将其作为采取有关措施、完善有关制度规定的重要参考。

联席会议其他成员单位应当以适当方式及时将审计结果运用情况反馈审计委员会办公室、审计机关。党中央另有规定的，按照有关规定办理。

第四十七条 有关主管部门应当在各自职责范围内运用审计结果：

（一）根据干部管理权限，将审计结果以及整改情况作为考核、任免、奖惩被审计领导干部的重要参考；

（二）对审计移送事项依规依纪依法作出处理处罚；

（三）督促有关部门、单位落实审计决定和整改要求，在对相关行业、单位管理和监督中有效运用审计结果；

（四）对审计发现的典型性、普遍性、倾向性问题和提出的审计建议及时进行研究，并将其作为采取有关措施、完善有关制度规定的重要参考。

有关主管部门应当以适当方式及时将审计结果运用情况反馈审计委员会办公室、审计机关。

第四十八条 被审计领导干部及其所在单位根据审计结果，应当采取以下整改措施：

（一）对审计发现的问题，在规定期限内进行整改，将整改结果书面报告审计委员会办公室、审计机关，以及组织部门或者主管部门；

（二）对审计决定，在规定期限内执行完毕，将执行情况书面报告审计委员会办公室、审计机关；

（三）根据审计发现的问题，落实有关责任人员的责任，采取相应的处理措施；

（四）根据审计建议，采取措施，健全制度，加强管理；

（五）将审计结果以及整改情况纳入所在单位领导班子党风廉政建设责任制检查考核的内容，作为领导班子民主生活会以及领导班子成员述责述廉的重要内容。

第七章　附　　则

第四十九条　审计委员会办公室、审计机关和审计人员，被审计领导干部及其所在单位，以及其他有关单位和个人在经济责任审计中的职责、权限、法律责任等，本规定未作规定的，依照党中央有关规定、《中华人民共和国审计法》、《中华人民共和国审计法实施条例》和其他法律法规执行。

第五十条　有关部门、单位对内部管理领导干部开展经济责任审计参照本规定执行，或者根据本规定制定具体办法。

第五十一条　本规定由中央审计委员会办公室、审计署负责解释。

第五十二条　本规定自 2019 年 7 月 7 日起施行。2010 年 10 月 12 日中共中央办公厅、国务院办公厅印发的《党政主要领导干部和国有企业领导人员经济责任审计规定》同时废止。

党政主要领导干部和国有企业领导人员经济责任审计规定实施细则

审经责发〔2014〕102 号

各省、自治区、直辖市纪委、党委组织部、编办、监察厅（局）、人力资源社会保障厅（局）、审计厅（局）、国资委（局），中央和国家机关各部委纪检机构、人事（干部）部门、监察机构、审计部门：

《党政主要领导干部和国有企业领导人员经济责任审计规定实施细则》已经中央经济责任审计工作部际联席会议审议通过，现印发给你们，请遵照执行。

中央纪委机关（代章）中央组织部　中央编办
监察部　人力资源社会保障部　审计署
国资委
2014 年 7 月 27 日

第一章　总　　则

第一条　为健全和完善经济责任审计制度，规范经济责任审计行为，根据《中华人民共和国审计法》、《中华人民共和国审计法实施条例》、《党政主要领导干部和国有企业领导人员经济责任审计规定》（中办发〔2010〕32 号，以下简称两办《规定》）和有关法律法规，以及干部管理监督的有关规定，制定本细则。

第二条　本细则所称经济责任审计，是指审计机关依法依规对党政主要领导干部和国有企业领导人员经济责任履行情况进行监督、评价和鉴证的行为。

第三条　经济责任审计应当以促进领导干部推动本地区、本部门（系统）、本单位科学发展为目标，以领导干部任职期间本地区、本部门（系统）、本单位财政收支、财务收支以及有关经济活动的真实、合法和效益为基础，重点检查领导干部守法、守纪、守规、尽责情况，加强对领导干部行使权力的制约和监督，推进党风廉政建设和反腐败工作，推进国家治理体系和治理能力现代化。

第四条　领导干部履行经济责任的情况，应当依法依规接受审计监督。经济责任审计应当坚持任中审计与离任审计相结合，对重点地区（部门、单位）、关键岗位的领导干部任期内至少审计一次。

第二章　审计对象

第五条　两办《规定》第二条所称党政主要领导干部，是指地方各级党委、政府、审判机关、检察机关，中央和地方各级党政工作部门、事业单位和人民团体等单位的党委（含党组、党工委，以下统称党委）正职领导干部和行政正职领导干部，包括主持工作一年以上的副职领导干部。

第六条　两办《规定》第二条所称地方各级党委和政府主要领导干部经济责任审计的对象包括：

（一）省、自治区、直辖市和新疆生产建设兵团，自治州、设区的市，县、自治县、不设区的市、市辖区，以及乡、民族乡、镇的主要领导干部；

（二）行政公署、街道办事处、区公所等履行政府职能的政府派出机关的主要领导干部；

（三）政府设立的开发区、新区等的主要领导干部。

第七条　两办《规定》第二条所称地方各级审判机关、检察机关主要领导干部经济责任审计的对象包括地方各级人民法院、人民检察院的党政主要领导干部。

第八条　两办《规定》第二条所称党政工作部

门、事业单位和人民团体等单位党政主要领导干部经济责任审计的对象包括：

（一）中央党政工作部门、事业单位和人民团体等单位的主要领导干部；

（二）地方各级党委和政府的工作部门、事业单位和人民团体等单位的主要领导干部；

（三）履行政府职能的政府派出机关的工作部门、事业单位、人民团体等单位的主要领导干部；

（四）政府设立的开发区、新区等的工作部门、事业单位、人民团体等单位的主要领导干部；

（五）上级领导干部兼任有关部门、单位的正职领导干部，且不实际履行经济责任时，实际负责本部门、本单位常务工作的副职领导干部；

（六）党委、政府设立的超过一年以上有独立经济活动的临时机构的主要领导干部。

第九条 两办《规定》第三条所称国有企业领导人员经济责任审计的对象包括国有和国有资本占控股地位或者主导地位的企业（含金融企业，下同）的法定代表人。

根据党委和政府、干部管理监督部门的要求，审计机关可以对上述企业中不担任法定代表人但实际行使相应职权的董事长、总经理、党委书记等企业主要领导人员进行经济责任审计。

第十条 领导干部经济责任审计的对象范围依照干部管理权限确定。遇有干部管理权限与财政财务隶属关系、国有资产监督管理关系不一致时，由对领导干部具有干部管理权限的组织部门与同级审计机关共同确定实施审计的审计机关。

第十一条 部门、单位（含垂直管理系统）内部管理领导干部的经济责任审计，由部门、单位负责组织实施。

第三章 审计内容

第十二条 审计机关应当根据领导干部职责权限和履行经济责任的情况，结合地区、部门（系统）、单位的实际，依法依规确定审计内容。

审计机关在实施审计时，应当充分考虑审计目标、干部管理监督需要、审计资源与审计效果等因素，准确把握审计重点。

第十三条 地方各级党委主要领导干部经济责任审计的主要内容：

（一）贯彻执行党和国家、上级党委和政府重大经济方针政策及决策部署情况；

（二）遵守有关法律法规和财经纪律情况；

（三）领导本地区经济工作，统筹本地区经济社会发展战略和规划，以及政策措施制定情况及效果；

（四）重大经济决策情况；

（五）本地区财政收支总量和结构、预算安排和重大调整等情况；

（六）地方政府性债务的举借、用途和风险管控等情况；

（七）自然资源资产的开发利用和保护、生态环境保护以及民生改善等情况；

（八）政府投资和以政府投资为主的重大项目的研究决策情况；

（九）对党委有关工作部门管理和使用的重大专项资金的监管情况，以及厉行节约反对浪费情况；

（十）履行有关党风廉政建设第一责任人职责情况，以及本人遵守有关廉洁从政规定情况；

（十一）对以往审计中发现问题的督促整改情况；

（十二）其他需要审计的内容。

第十四条 地方各级政府主要领导干部经济责任审计的主要内容：

（一）贯彻执行党和国家、上级党委和政府、本级党委重大经济方针政策及决策部署情况；

（二）遵守有关法律法规和财经纪律情况；

（三）本地区经济社会发展战略、规划的执行情况，以及重大经济和社会发展事项的推动和管理情况及其效果；

（四）有关目标责任制完成情况；

（五）重大经济决策情况；

（六）本地区财政管理，以及财政收支的真实、合法、效益情况；

（七）地方政府性债务的举借、管理、使用、偿还和风险管控情况；

（八）国有资产的管理和使用情况；

（九）自然资源资产的开发利用和保护、生态环境保护以及民生改善等情况；

（十）政府投资和以政府投资为主的重大项目的研究、决策及建设管理等情况；

（十一）对直接分管部门预算执行和其他财政收支、财务收支及有关经济活动的管理和监督情况，厉行节约反对浪费情况，以及依照宪法、审计法规定分管审计工作情况；

（十二）机构设置、编制使用以及有关规定的执行情况；

（十三）履行有关党风廉政建设第一责任人职责情况，以及本人遵守有关廉洁从政规定情况；

（十四）对以往审计中发现问题的整改情况；

（十五）其他需要审计的内容。

第十五条　党政工作部门、审判机关、检察机关、事业单位和人民团体等单位主要领导干部经济责任审计的主要内容：

（一）贯彻执行党和国家有关经济方针政策和决策部署，履行本部门（系统）、单位有关职责，推动本部门（系统）、单位事业科学发展情况；

（二）遵守有关法律法规和财经纪律情况；

（三）有关目标责任制完成情况；

（四）重大经济决策情况；

（五）本部门（系统）、单位预算执行和其他财政收支、财务收支的真实、合法和效益情况；

（六）国有资产的采购、管理、使用和处置情况；

（七）重要项目的投资、建设和管理情况；

（八）有关财务管理、业务管理、内部审计等内部管理制度的制定和执行情况，以及厉行节约反对浪费情况；

（九）机构设置、编制使用以及有关规定的执行情况；

（十）对下属单位有关经济活动的管理和监督情况；

（十一）履行有关党风廉政建设第一责任人职责情况，以及本人遵守有关廉洁从政规定情况；

（十二）对以往审计中发现问题的整改情况；

（十三）其他需要审计的内容。

第十六条　国有企业领导人员经济责任审计的主要内容：

（一）贯彻执行党和国家有关经济方针政策和决策部署，推动企业可持续发展情况；

（二）遵守有关法律法规和财经纪律情况；

（三）企业发展战略的制定和执行情况及其效果；

（四）有关目标责任制完成情况；

（五）重大经济决策情况；

（六）企业财务收支的真实、合法和效益情况，以及资产负债损益情况；

（七）国有资本保值增值和收益上缴情况；

（八）重要项目的投资、建设、管理及效益情况；

（九）企业法人治理结构的健全和运转情况，以及财务管理、业务管理、风险管理、内部审计等内部管理制度的制定和执行情况，厉行节约反对浪费和职务消费等情况，对所属单位的监管情况；

（十）履行有关党风廉政建设第一责任人职责情况，以及本人遵守有关廉洁从业规定情况；

（十一）对以往审计中发现问题的整改情况；

（十二）其他需要审计的内容。

第四章　审计评价

第十七条　审计机关应当依照法律法规、国家有关政策以及干部考核评价等规定，结合地区、部门（系统）、单位的实际情况，根据审计查证或者认定的事实，客观公正、实事求是地进行审计评价。

审计评价应当有充分的审计证据支持，对审计中未涉及、审计证据不适当或者不充分的事项不作评价。

第十八条　审计评价应当与审计内容相统一。一般包括领导干部任职期间履行经济责任的业绩、主要问题以及应当承担的责任。

第十九条　审计评价应当重点关注经济、社会、事业发展的质量、效益和可持续性，关注与领导干部履行经济责任有关的管理和决策等活动的经济效益、社会效益和环境效益，关注任期内举借债务、自然资源资产管理、环境保护、民生改善、科技创新等重要事项，关注领导干部应承担直接责任的问题。

第二十条　审计评价可以综合运用多种方法，包括进行纵向和横向的业绩比较、运用与领导干部履行经济责任有关的指标量化分析、将领导干部履行经济责任的行为或事项置于相关经济社会环境中加以分析等。

第二十一条　审计评价的依据一般包括：

（一）法律、法规、规章和规范性文件，中国共产党党内法规和规范性文件；

（二）各级人民代表大会审议通过的政府工作报告、年度国民经济和社会发展计划报告、年度财政预算报告等；

（三）中央和地方党委、政府有关经济方针政策和决策部署；

（四）有关发展规划、年度计划和责任制考核目标；

（五）领导干部所在单位的“三定”规定和有

关领导的职责分工文件，有关会议记录、纪要、决议和决定，有关预算、决算和合同，有关内部管理制度和绩效目标；

（六）国家统一的财政财务管理制度；

（七）国家和行业的有关标准；

（八）有关职能部门、主管部门发布或者认可的统计数据、考核结果和评价意见；

（九）专业机构的意见；

（十）公认的业务惯例或者良好实务；

（十一）其他依据。

第二十二条 审计机关可以根据审计内容和审计评价的需要，选择设定评价指标，将定性评价与定量指标相结合。评价指标应当简明实用、易于操作。

第二十三条 审计机关可以根据本细则第二十一条所列审计评价依据，结合实际情况，选择确定评价标准，衡量领导干部履行经济责任的程度。对同一类别、同一层级领导干部履行经济责任情况的评价标准，应当具有一致性和可比性。

第二十四条 对领导干部履行经济责任过程中存在的问题，审计机关应当按照权责一致原则，根据领导干部的职责分工，充分考虑相关事项的历史背景、决策程序等要求和实际决策过程，以及是否签批文件、是否分管、是否参与特定事项的管理等情况，依法依规认定其应当承担的直接责任、主管责任和领导责任。

对领导干部应当承担责任的问题或者事项，可以提出责任追究建议。

第二十五条 被审计领导干部对审计发现的问题应当承担直接责任的，具体包括以下情形：

（一）本人或者与他人共同违反有关法律法规、国家有关规定、单位内部管理规定的；

（二）授意、指使、强令、纵容、包庇下属人员违反有关法律法规、国家有关规定和单位内部管理规定的；

（三）未经民主决策、相关会议讨论或者文件传签等规定的程序，直接决定、批准、组织实施重大经济事项，并造成国家利益重大损失、公共资金或国有资产（资源）严重损失浪费、生态环境严重破坏以及严重损害公共利益等后果的；

（四）主持相关会议讨论或者以文件传签等其他方式研究，在多数人不同意的情况下，直接决定、批准、组织实施重大经济事项，由于决策不当或者决策失误造成国家利益重大损失、公共资金或国有资产（资源）严重损失浪费、生态环境严重破坏以及严重损害公共利益等后果的；

（五）对有关法律法规和文件制度规定的被审计领导干部作为第一责任人（负总责）的事项、签订的有关目标责任事项或者应当履行的其他重要职责，由于授权（委托）其他领导干部决策且决策不当或者决策失误造成国家利益重大损失、公共资金或国有资产（资源）严重损失浪费、生态环境严重破坏以及严重损害公共利益等后果的；

（六）其他失职、渎职或者应当承担直接责任的。

第二十六条 被审计领导干部对审计发现的问题应当承担主管责任的，具体包括以下情形：

（一）除直接责任外，领导干部对其直接分管或者主管的工作，不履行或者不正确履行经济责任的；

（二）除直接责任外，主持相关会议讨论或者以文件传签等其他方式研究，并且在多数人同意的情况下，决定、批准、组织实施重大经济事项，由于决策不当或者决策失误造成国家利益损失、公共资金或国有资产（资源）损失浪费、生态环境破坏以及损害公共利益等后果的；

（三）疏于监管，致使所管辖地区、分管部门和单位发生重大违纪违法问题或者造成重大损失浪费等后果的；

（四）其他应当承担主管责任的情形。

第二十七条 两办《规定》第三十七条所称领导责任，是指除直接责任和主管责任外，被审计领导干部对其职责范围内不履行或者不正确履行经济责任的其他行为应当承担的责任。

第二十八条 被审计领导干部以外的其他人员对有关问题应当承担的责任，审计机关可以以适当方式向干部管理监督部门等提供相关情况。

第五章 审计报告

第二十九条 审计机关实施经济责任审计项目后，应当按照相关规定，出具经济责任审计报告和审计结果报告。

第三十条 两办《规定》第二十七条所称审计组的审计报告，是指审计组具体实施经济责任审计后，向派出审计组的审计机关提交的审计报告。

第三十一条 审计组的审计报告按照规定程序审批后，应当以审计机关的名义书面征求被审计领导干部及其所在单位的意见。根据工作需要可以征求本级党委、政府有关领导同志，以及本级经济责任审计工作领导小组（以下简称领导小组）或者经济责任审计工作联席会议（以下简称联席会议）有关成员单位的意见。

审计报告中涉及的重大经济案件调查等特殊事项，经审计机关主要负责人批准，可以不征求被审计领导干部及其所在单位的意见。

第三十二条　审计组应当针对被审计领导干部及其所在单位提出的书面意见，进一步核实情况，对审计组的审计报告作出必要的修改，连同被审计领导干部及其所在单位的书面意见一并报送审计机关。

第三十三条　审计机关按照规定程序对审计组的审计报告进行审定，经审计机关负责人签发后，向被审计领导干部及其所在单位出具审计机关的经济责任审计报告。

第三十四条　经济责任审计报告的内容主要包括：

（一）基本情况，包括审计依据、实施审计的基本情况、被审计领导干部所任职地区（部门或者单位）的基本情况、被审计领导干部的任职及分工情况等；

（二）被审计领导干部履行经济责任的主要情况，其中包括以往审计决定执行情况和审计建议采纳情况等；

（三）审计发现的主要问题和责任认定，其中包括审计发现问题的事实、定性、被审计领导干部应当承担的责任以及有关依据，审计期间被审计领导干部、被审计单位对审计发现问题已经整改的，可以包括有关整改情况；

（四）审计处理意见和建议；

（五）其他必要的内容。

审计发现的有关重大事项，可以直接报送本级党委、政府或者相关部门，不在审计报告中反映。

第三十五条　两办《规定》第二十八条所称审计结果报告，是指审计机关在经济责任审计报告的基础上，精简提炼形成的提交干部管理监督部门的反映审计结果的报告。审计结果报告重点反映被审计领导干部履行经济责任的主要情况、审计发现的主要问题和责任认定、审计处理方式和建议。

审计机关可以根据实际情况，参照本细则第三十四条规定，确定审计结果报告的主要内容。

第三十六条　审计机关应当将审计结果报告等经济责任审计结论性文书报送本级党委、政府主要负责同志；提交委托审计的组织部门；抄送领导小组（联席会议）有关成员单位；必要时，可以将涉及其他有关主管部门的情况抄送该部门。

第六章　审计结果运用

第三十七条　经济责任审计结果应当作为干部考核、任免和奖惩的重要依据。

各级领导小组（联席会议）和相关部门应当逐步健全经济责任审计情况通报、责任追究、整改落实、结果公告等制度。

第三十八条　纪检监察机关在审计结果运用中的主要职责：

（一）依纪依法受理审计移送的案件线索；

（二）依纪依法查处经济责任审计中发现的违纪违法行为；

（三）对审计结果反映的典型性、普遍性、倾向性问题适时进行研究；

（四）以适当方式将审计结果运用情况反馈审计机关。

第三十九条　组织部门在审计结果运用中的主要职责：

（一）根据干部管理工作的有关要求，将经济责任审计纳入干部管理监督体系；

（二）根据审计结果和有关规定对被审计领导干部及其他有关人员作出处理；

（三）将经济责任审计结果报告存入被审计领导干部本人档案，作为考核、任免、奖惩被审计领导干部的重要依据；

（四）要求被审计领导干部将经济责任履行情况和审计发现问题的整改情况，作为所在单位领导班子民主生活会和述职述廉的重要内容；

（五）对审计结果反映的典型性、普遍性、倾向性问题及时进行研究，并将其作为采取有关措施、完善有关制度规定的参考依据；

（六）以适当方式及时将审计结果运用情况反馈审计机关。

第四十条　审计机关在审计结果运用中的主要职责：

（一）对审计中发现的相关单位违反国家规定的财政收支、财务收支行为，依法依规作出处理处罚；对审计中发现的需要移送处理的事项，应当区分情况依法依规移送有关部门处理处罚；

（二）根据干部管理监督部门、巡视机构等的要求，以适当方式向其提供审计结果以及与审计项目有关的其他情况；

（三）协助和配合干部管理监督等部门落实、查处与审计项目有关的问题和事项；

（四）按照有关规定，在一定范围内通报审计结果，或者以适当方式向社会公告审计结果；

（五）对审计发现问题的整改情况进行监督检查；

（六）对审计发现的典型性、普遍性、倾向性问题和有关建议，以综合报告、专题报告等形式报送本级党委、政府和上级审计机关，提交有关部门。

第四十一条 人力资源社会保障部门在审计结果运用中的主要职责：

（一）根据有关规定，在职责范围内办理对被审计领导干部和有关人员的考核、任免、奖惩等相关事宜；

（二）对审计结果反映的典型性、普遍性、倾向性问题及时进行研究，并将其作为采取有关措施、完善有关制度规定的参考依据；

（三）以适当方式及时将审计结果运用情况反馈审计机关。

第四十二条 国有资产监督管理部门在审计结果运用中的主要职责：

（一）根据国有企业领导人员管理的有关要求，将经济责任审计纳入国有企业领导人员管理监督体系；

（二）将审计结果作为企业经营业绩考评和被审计领导人员考核、奖惩、任免的重要依据；

（三）在对国有企业管理监督、国有企业改革和国有资产处置过程中，有效运用审计结果；

（四）督促有关企业落实审计决定和整改要求；

（五）对审计发现的典型性、普遍性、倾向性问题及时进行研究，并将其作为采取有关措施、完善有关制度规定的参考依据；

（六）以适当方式及时将审计结果运用情况反馈审计机关。

第四十三条 有关主管部门在审计结果运用中的主要职责：

（一）对审计移送的违法违规问题，在职责范围内依法依规作出处理处罚；

（二）督促有关部门、单位落实审计决定和整改要求，在对相关行业、单位管理和监督中有效运用审计结果；

（三）对审计结果反映的典型性、普遍性、倾向性问题及时进行研究，并将其作为采取有关措施、完善有关制度规定的参考依据；

（四）以适当方式及时将审计结果运用情况反馈审计机关。

第四十四条 被审计领导干部及其所在单位根据审计结果，应当采取以下整改措施：

（一）在党政领导班子或者董事会内部通报审计结果和整改要求，及时制定整改方案，认真进行整改，及时将整改结果书面报告审计机关和有关干部管理监督部门；

（二）按照有关要求公告整改结果；

（三）对审计处理、处罚决定，应当在法定期限内执行完毕，并将执行情况书面报告审计机关；

（四）根据审计结果反映出的问题，落实有关责任人员的责任，采取相应的处理措施；

（五）根据审计建议，采取措施，健全制度，加强管理。

第七章 组织领导和审计实施

第四十五条 各地应当建立健全领导小组或者联席会议制度，领导本地区经济责任审计工作。领导小组组长可以由同级党委或者政府的主要负责同志担任。

第四十六条 领导小组或者联席会议应当设立办公室。同时设立领导小组和联席会议的地方，应当合并成立一个办公室。办公室与同级审计机关内设的经济责任审计机构合署办公，负责日常工作。办公室主任应当由同级审计机关的副职领导或者同职级领导担任。

第四十七条 领导小组或者联席会议应当建立健全议事规则和工作规则，各成员单位应当加强协作配合，形成制度健全、管理规范、运转有序、工作高效的运行机制。

第四十八条 各地可以根据干部管理监督的需要和审计机关的实际情况，按照领导干部工作岗位性质、经济责任的重要程度等因素，对审计对象实行分类管理，科学合理地制定经济责任审计年度计划和中长期计划。

第四十九条 审计机关应当向组织部门等提出下一年度经济责任审计计划的初步建议。组织部门等根据审计机关的初步建议，提出下一年度的委托审计建议。

第五十条 领导小组（联席会议）办公室对委托审计建议进行研究讨论，共同议定并提出经济责任审计计划草案，由审计机关报本级政府行政首长批准后，纳入审计机关年度审计工作计划并组织实施。

第五十一条　经济责任审计计划一经本级政府行政首长批准不得随意变更。确需调整的，应当按照本细则第四十九条、第五十条规定的程序进行调整。

第五十二条　对地方党委与政府的主要领导干部，党政工作部门、高等院校等单位的党委与行政主要领导干部，企业法定代表人与不担任法定代表人的董事长、总经理、党委书记等企业主要负责人的经济责任审计，可以同步组织实施，分别认定责任，分别出具审计报告和审计结果报告。

各地可以根据实际情况，研究制定同步实施经济责任审计的操作办法。

第五十三条　审计机关应当探索和推行经济责任审计与其他专业审计相结合的组织方式，统筹安排审计力量，逐步实现对审计计划、审计项目实施、审计文书报送、审计结果利用等的统一管理。

审计机关组织实施经济责任审计时，应当有效利用以往审计成果和有关部门的监督检查结果。

第五十四条　审计机关实施经济责任审计时，可以提请有关部门和单位协助，有关部门和单位应当予以支持，并及时提供有关资料和信息。

审计机关提请领导小组（联席会议）成员单位协助时，应当由领导小组（联席会议）办公室统一负责联系和协调。

第五十五条　在经济责任审计项目实施过程中，遇有被审计领导干部被有关部门依法依规采取强制措施、立案调查或者死亡等特殊情况，以及不宜再继续进行经济责任审计的其他情形的，审计机关报本级政府行政首长批准，或者根据党委、政府、干部管理监督部门的要求，可以中止或者终止审计项目。

第八章　附　　则

第五十六条　根据地方党委、政府的要求，审计机关可以对村党组织和村民委员会、社区党组织和社区居民委员会的主要负责人进行经济责任审计。

村党组织和村民委员会主要负责人经济责任审计的内容，应当依照《中华人民共和国村民委员会组织法》第三十五条的规定，结合当地实际情况确定。

社区党组织和社区居民委员会主要负责人经济责任审计的内容，可以参照本细则的相关规定确定。

第五十七条　对本细则未涉及的审计机关和审计人员、被审计领导干部及其所在单位，以及其他有关单位和个人在经济责任审计中的职责、权限、法律责任等，依照《中华人民共和国审计法》、《中华人民共和国审计法实施条例》、两办《规定》和其他法律法规的有关规定执行。

第五十八条　部门和单位可以根据两办《规定》和本细则的规定，制定本部门和单位内部管理领导干部经济责任审计的规定。

第五十九条　本细则由审计署负责解释。

第六十条　本细则自印发之日起施行。审计署2000年12月印发的《县级以下党政领导干部任期经济责任审计暂行规定实施细则》和《国有企业及国有控股企业领导人员任期经济责任审计暂行规定实施细则》（审办发〔2000〕121号）同时废止。

党内规范性文件：

中央纪委、中央组织部、监察部、人力资源社会保障部、审计署、国资委关于印发贯彻实施党政主要领导干部和国有企业领导人员经济责任审计规定意见的通知

审经责发〔2011〕92号

各省、自治区、直辖市和计划单列市、新疆生产建设兵团纪委、党委组织部、监察厅（局）、人力资源社会保障（人事、劳动保障）厅（局）、审计厅（局）、国资委（局），福建省公务员局，中央和国家机关各部委、各人民团体纪检监察、组织人事部门和有关机构：

为认真贯彻落实中共中央办公厅、国务院办公厅印发的《党政主要领导干部和国有企业领导人员经济责任审计规定》（中办发〔2010〕32号），中央经济责任审计工作部际联席会议研究制定了《关于贯彻实施党政主要领导干部和国有企业领导人员

经济责任审计规定的意见》。现予印发，请认真遵照执行。

中央纪委　中央组织部　监察部　人力资源社会保障部　审计署　国务院国有资产监督管理委员会

二〇一一年五月十二日

关于贯彻实施党政主要领导干部和国有企业领导人员经济责任审计规定的意见

2010年10月，中共中央办公厅、国务院办公厅颁布《党政主要领导干部和国有企业领导人员经济责任审计规定》（以下简称《规定》）。为贯彻落实好《规定》，推动经济责任审计工作深入开展，现提出以下贯彻实施意见：

一、充分认识学习贯彻《规定》的重要意义

《规定》的颁布施行，对加强和改进新形势下经济责任审计工作提出了明确要求，对规范经济责任审计行为作出了具体规定，是贯彻落实党的十七大和十七届四中全会精神的重要举措，体现了党中央、国务院对经济责任审计工作的高度重视和支持，对于推动经济责任审计工作深入发展，加强干部管理监督，健全权力制约和监督机制，完善惩治和预防腐败体系，具有重要意义。

各地区、各部门要站在贯彻落实科学发展观、推动经济社会科学发展和促进党风廉政建设的高度，充分认识加强经济责任审计工作的重要性和紧迫性，认真学习宣传《规定》，将思想进一步统一到党中央、国务院关于经济责任审计工作的方针政策和决策部署上来，切实把各项要求落到实处。纪检、组织、监察、人力资源社会保障、审计和国有资产监督管理等部门要在党委、政府的领导下，按照“全面推进、突出重点、健全制度、规范管理、提高质量、深化发展”的工作思路，采取有效措施，狠抓贯彻落实，不断开创经济责任审计工作新局面。

二、加强对经济责任审计工作的组织领导

各地党委和政府要高度重视经济责任审计工作，强化组织领导，建立健全协调机制，加强机构和队伍建设，为深化经济责任审计工作提供有力保证。

（一）建立健全经济责任审计工作联席会议（以下简称联席会议）制度。各地要充分发挥联席会议对经济责任审计工作的组织协调、政策指导和督促检查作用，在今年内完成联席会议的机构设置，由党委或政府的有关负责同志担任联席会议召集人。已经成立经济责任审计工作领导小组的地方，可以继续保留领导小组，改进和完善领导方式，进一步发挥作用。

（二）加强联席会议办公室机构建设。各地要在本级党委、政府和有关部门的支持下，及时完成联席会议办公室与同级审计机关内设的经济责任审计机构合署办公等相关事宜，落实联席会议办公室主任为同级审计机关的副职领导或者同职级领导的规定，选好配强办公室主任。有条件的地方，可争取建立与经济责任审计工作发展相适应的经济责任审计局。

（三）健全完善协作配合工作机制。要完善制度健全、管理规范、运转有序、工作高效的经济责任审计工作机制，建立健全联席会议议事规则及其办公室工作规则等规章制度。联席会议各成员单位既要按照职能分工，认真履行好部门职责，又要密切配合、齐抓共管，共同推进经济责任审计工作深入开展。

（四）加强经济责任审计队伍建设。各地要为开展经济责任审计工作积极创造条件，保证审计机关履行职责所必需的人员和经费，进一步充实审计力量。要加强对审计人员的管理和监督，坚持从严教育、从严要求、从严管理、从严监督，严格执行审计纪律和各项廉政规定，以“实、高、新、严、细”为标准，坚持依法审计、文明审计。要整合利用好现有审计资源，努力建设一支政治过硬、业务精通、作风优良、廉洁自律的高素质经济责任审计干部队伍。

三、提高审计计划和组织实施的科学管理水平

根据干部管理监督工作的实际需要，加强审计计划和组织实施管理，健全有关管理制度，推动经济责任审计工作科学、有序、有效开展。

（一）做好审计计划管理工作。要加强审计信息化建设，建立被审计单位审计数据库，全面了解和掌握经济责任审计对象的基本情况。按照被审计

领导干部工作岗位性质、经济责任的复杂程度等因素，对审计对象实行分类管理，科学拟定经济责任审计的年度计划和中长期计划。经济责任审计应当按照确定的审计计划组织实施，遇有特殊情况需要追加审计项目的，由纪检、监察机关和组织部门提出建议，经联席会议办公室研究提出追加审计计划草案，由审计机关报请本级政府行政首长审定后，纳入年度审计工作计划并组织实施。

（二）突出重点审计对象。科学把握好全面审计与突出重点的关系。要加强对掌握大量资金（资产、资源）的重点部门、重点单位的领导干部，以及掌握重要经济决策权、执行权、管理权和监督权等关键岗位领导干部的审计。各地要在继续巩固和深化的基础上，不断总结经验，结合实际，逐步建立和推行领导干部任期内轮审制度。

（三）实行科学的组织实施方式。要在认真总结实践经验的基础上，积极推行党委和政府主要领导干部同步审计，坚持任中审计与离任审计相结合，把经济责任审计与预算执行、财政决算、专项资金等审计结合起来，有效调配和整合审计资源，实现不同审计项目之间的资源共享。

四、着力推进审计工作质量提高和审计规范化建设

为确保经济责任审计结果可信、可靠、可用，要不断提高经济责任审计工作质量和水平，进一步加强审计规范化建设，强化对经济责任审计项目的全程管理。

（一）准确把握审计内容。经济责任审计要紧紧围绕领导干部履行经济责任的情况，以领导干部守法、守纪、守规、尽责情况为重点，在审计党政领导干部和国有企业领导人员所在地区、部门和单位财政财务收支以及有关经济活动的真实、合法和效益的基础上，更加关注领导干部履行经济责任过程中的下列情况：贯彻落实科学发展观、推动经济社会科学发展情况；遵守有关经济法律法规、贯彻执行党和国家有关经济工作的方针政策和决策部署情况；制定和执行重大经济决策情况；与领导干部履行经济责任有关的管理、决策等活动的经济效益、社会效益和环境效益情况等。

（二）全面、客观、公正地进行审计评价。要从实际出发，认真研究和细化不同类别、不同级次领导干部经济责任审计评价办法。审计评价既要反映被审计领导干部任职期间取得的相关业绩，又要反映其在履行经济责任过程中存在的主要问题，并准确界定其应当承担的直接责任、主管责任、领导责任。审计评价要围绕被审计领导干部的相关经济责任，在法定职权范围内进行。审计评价要与审计内容相统一，严禁超越审计机关的职责和权限进行评价。

（三）加强规范化建设。要逐步建立健全与《规定》配套的制度规范。从实际出发，制定指导经济责任审计实践、可操作性强的审计指南，进一步规范经济责任审计的内容、程序及成果运用等。要认真研究经济责任审计的具体实施办法，明确对不同类别领导干部经济责任审计的操作流程、审计方式方法等，逐步建立起与本地区经济责任审计工作发展相适应的制度体系。

五、健全完善审计结果运用机制

纪检、组织、监察、人力资源社会保障、审计和国有资产监督管理等部门要切实抓好审计结果运用这一关键环节，加强沟通协调，密切配合，确保经济责任审计结果真正得到有效运用，充分发挥经济责任审计在加强对党政主要领导干部和国有企业领导人员的管理监督、推进党风廉政建设方面的作用。

（一）建立健全审计结果运用制度。各地要建立健全经济责任审计情况通报、审计整改、责任追究、情况反馈等结果运用制度，积极促进审计结果有效运用。积极探索和逐步推行经济责任审计结果公告制度。

（二）完善审计结果运用机制。审计机关要按照《规定》要求，将审计结果报告等结论性文书报送本级党委、政府，提交相关部门，并依法办理申诉事项。组织、人力资源社会保障和国有资产监督管理部门要把审计结果作为干部业绩考评、职务任免和奖惩的重要依据，审计结果报告要归入被审计领导干部本人档案。纪检、监察机关要对审计查出的领导干部的违法违纪问题，依法依纪予以处理。有关部门要综合运用审计结果，从体制、机制、制度层面深入分析问题产生的原因，有针对性地解决存在的深层次问题。

六、推进内部管理领导干部经济责任审计工作

部门和单位内部管理领导干部经济责任审计（以下简称内管干部审计）是我国经济责任审计工

作的重要组成部分。各部门、各单位要高度重视这项工作，以《规定》颁布实施为契机，完善制度，加强管理，推动内管干部审计工作的深入发展。

（一）加强机构和人员建设。国有金融机构和企业、事业组织应当根据审计法的规定，建立健全内部审计机构。各部门、各单位要按照《规定》的要求和实际需要，配强专职人员，充实审计力量，认真开展好内管干部审计工作，切实发挥服务干部管理监督和单位发展目标有效实现的重要作用。

（二）建立健全相关制度。中央经济责任审计工作部际联席会议将制定关于内管干部审计工作的规定，用以指导和规范全国内管干部审计工作。有关部门和单位要结合本单位的具体情况，及时制定经济责任审计的实施办法等相关制度，逐步健全审计计划、审计内容、审计评价、结果运用和审计整改等一整套经济责任审计的规范体系，保障内管干部审计工作有效开展。

（三）加强工作指导。各级联席会议及其办公室要加强对内管干部审计工作的指导，通过调研、座谈、培训、通报情况、总结推广经验、对审计质量的检查和评估等形式，促进内部审计人员提高业务水平，积极推动部门和单位有效开展内管干部审计工作。逐步推行内管干部审计工作报告制度，有关部门和单位要定期将工作开展情况，报送同级经济责任审计工作联席会议办公室。各地联席会议办公室要将本地区内管干部审计工作情况，每半年一次报送上一级联席会议办公室。

行政规章及规范性文件：

国务院办公厅关于建立国有企业违规经营投资责任追究制度的意见

国办发〔2016〕63号

各省、自治区、直辖市人民政府，国务院各部委、各直属机构：

根据《中共中央　国务院关于深化国有企业改革的指导意见》、《国务院办公厅关于加强和改进企业国有资产监督防止国有资产流失的意见》（国办发〔2015〕79号）等要求，为落实国有资本保值增值责任，完善国有资产监管，防止国有资产流失，经国务院同意，现就建立国有企业违规经营投资责任追究制度提出以下意见。

一、总体要求

（一）指导思想。全面贯彻党的十八大和十八届三中、四中、五中全会精神，按照“五位一体”总体布局和“四个全面”战略布局，牢固树立和贯彻落实创新、协调、绿色、开放、共享的发展理念，深入贯彻习近平总书记系列重要讲话精神，认真落实党中央、国务院决策部署，坚持社会主义市场经济改革方向，按照完善现代企业制度的要求，以提高国有企业运行质量和经济效益为目标，以强化对权力集中、资金密集、资源富集、资产聚集部门和岗位的监督为重点，严格问责、完善机制，构建权责清晰、约束有效的经营投资责任体系，全面推进依法治企，健全协调运转、有效制衡的法人治理结构，提高国有资本效率、增强国有企业活力、防止国有资产流失，实现国有资本保值增值。

（二）基本原则。

1. 依法合规、违规必究。以国家法律法规为准绳，严格执行企业内部管理规定，对违反规定、未履行或未正确履行职责造成国有资产损失以及其他严重不良后果的国有企业经营管理有关人员，严格界定违规经营投资责任，严肃追究问责，实行重大决策终身责任追究制度。

2. 分级组织、分类处理。履行出资人职责的机构和国有企业按照国有资产分级管理要求和干部管理权限，分别组织开展责任追究工作。对违纪违法行为，严格依纪依法处理。

3. 客观公正、责罚适当。在充分调查核实和责任认定的基础上，既考虑量的标准也考虑质的不同，实事求是地确定资产损失程度和责任追究范围，恰当公正地处理相关责任人。

4. 惩教结合、纠建并举。在严肃追究违规经营投资责任的同时，加强案例总结和警示教育，不断完善规章制度，及时堵塞经营管理漏洞，建立问责长效机制，提高国有企业经营管理水平。

（三）主要目标。在2017年年底前，国有企业违规经营投资责任追究制度和责任倒查机制基本形成，责任追究的范围、标准、程序和方式清晰规范，责任追究工作实现有章可循。在2020年年底前，全面建立覆盖各级履行出资人职责的机构及国有企业的责任追究工作体系，形成职责明确、流程清晰、规范有序的责任追究工作机制，对相关责任人及时追究问责，国有企业经营投资责任意识和责任约束显著增强。

二、责任追究范围

国有企业经营管理有关人员违反国家法律法规和企业内部管理规定，未履行或未正确履行职责致使发生下列情形造成国有资产损失以及其他严重不良后果的，应当追究责任：

（一）集团管控方面。所属子企业发生重大违纪违法问题，造成重大资产损失，影响其持续经营能力或造成严重不良后果；未履行或未正确履行职责致使集团发生较大资产损失，对生产经营、财务状况产生重大影响；对集团重大风险隐患、内控缺陷等问题失察，或虽发现但没有及时报告、处理，造成重大风险等。

（二）购销管理方面。未按照规定订立、履行合同，未履行或未正确履行职责致使合同标的价格明显不公允；交易行为虚假或违规开展“空转”贸易；利用关联交易输送利益；未按照规定进行招标或未执行招标结果；违反规定提供赊销信用、资质、担保（含抵押、质押等）或预付款项，利用业务预付或物资交易等方式变相融资或投资；违规开展商品期货、期权等衍生业务；未按规定对应收款项及时追索或采取有效保全措施等。

（三）工程承包建设方面。未按规定对合同标的进行调查论证，未经授权或超越授权投标，中标价格严重低于成本，造成企业资产损失；违反规定擅自签订或变更合同，合同约定未经严格审查，存在重大疏漏；工程物资未按规定招标；违反规定转包、分包；工程组织管理混乱，致使工程质量不达标，工程成本严重超支；违反合同约定超计价、超进度付款等。

（四）转让产权、上市公司股权和资产方面。未按规定履行决策和审批程序或超越授权范围转让；财务审计和资产评估违反相关规定；组织提供和披露虚假信息，操纵中介机构出具虚假财务审计、资产评估鉴证结果；未按相关规定执行回避制度，造成资产损失；违反相关规定和公开公平交易原则，低价转让企业产权、上市公司股权和资产等。

（五）固定资产投资方面。未按规定进行可行性研究或风险分析；项目概算未经严格审查，严重偏离实际；未按规定履行决策和审批程序擅自投资，造成资产损失；购建项目未按规定招标，干预或操纵招标；外部环境发生重大变化，未按规定及时调整投资方案并采取止损措施；擅自变更工程设计、建设内容；项目管理混乱，致使建设严重拖期、成本明显高于同类项目等。

（六）投资并购方面。投资并购未按规定开展尽职调查，或尽职调查未进行风险分析等，存在重大疏漏；财务审计、资产评估或估值违反相关规定，或投资并购过程中授意、指使中介机构或有关单位出具虚假报告；未按规定履行决策和审批程序，决策未充分考虑重大风险因素，未制定风险防范预案；违规以各种形式为其他合资合作方提供垫资，或通过高溢价并购等手段向关联方输送利益；投资合同、协议及标的企业公司章程中国有权益保护条款缺失，对标的企业管理失控；投资参股后未行使股东权利，发生重大变化未及时采取止损措施；违反合同约定提前支付并购价款等。

（七）改组改制方面。未按规定履行决策和审批程序；未按规定组织开展清产核资、财务审计和资产评估；故意转移、隐匿国有资产或向中介机构提供虚假信息，操纵中介机构出具虚假清产核资、财务审计与资产评估鉴证结果；将国有资产以明显不公允低价折股、出售或无偿分给其他单位或个人；在发展混合所有制经济、实施员工持股计划等改组改制过程中变相套取、私分国有股权；未按规定收取国有资产转让价款；改制后的公司章程中国有权益保护条款缺失等。

（八）资金管理方面。违反决策和审批程序或超越权限批准资金支出；设立“小金库”；违规集资、发行股票（债券）、捐赠、担保、委托理财、拆借资金或开立信用证、办理银行票据；虚列支出套取资金；违规以个人名义留存资金、收支结算、开立银行账户；违规超发、滥发职工薪酬福利；因财务内控缺失，发生侵占、盗取、欺诈等。

（九）风险管理方面。内控及风险管理制度缺失，内控流程存在重大缺陷或内部控制执行不力；对经营投资重大风险未能及时分析、识别、评估、预警和应对；对企业规章制度、经济合同和重要决策的法律审核不到位；过度负债危及企业持续经营，恶意逃废金融债务；瞒报、漏报重大风险及风险损失事件，指使编制虚假财务报告，企业账实严重不符等。

（十）其他违反规定，应当追究责任的情形。

三、资产损失认定

对国有企业经营投资发生的资产损失，应当在调查核实的基础上，依据有关规定认定损失金额及影响。

（一）资产损失包括直接损失和间接损失。直接损失是与相关人员行为有直接因果关系的损失金额及影响。间接损失是由相关人员行为引发或导致的，除直接损失外、能够确认计量的其他损失金额及影响。

（二）资产损失分为一般资产损失、较大资产损失和重大资产损失。涉及违纪违法和犯罪行为查处的损失标准，遵照相关党内法规和国家法律法规的规定执行；涉及其他责任追究处理的，由履行出资人职责的机构和国有企业根据实际情况制定资产损失程度划分标准。

（三）资产损失的金额及影响，可根据司法、行政机关出具的书面文件，具有相应资质的会计师事务所、资产评估机构、律师事务所等中介机构出具的专项审计、评估或鉴证报告，以及企业内部证明材料等进行综合研判认定。相关经营投资虽尚未形成事实损失，经中介机构评估在可预见未来将发生的损失，可以认定为或有资产损失。

四、经营投资责任认定

国有企业经营管理有关人员任职期间违反规定，未履行或未正确履行职责造成国有资产损失以及其他严重不良后果的，应当追究其相应责任；已调任其他岗位或退休的，应当纳入责任追究范围，实行重大决策终身责任追究制度。经营投资责任根据工作职责划分为直接责任、主管责任和领导责任。

（一）直接责任是指相关人员在其工作职责范围内，违反规定，未履行或未正确履行职责，对造成的资产损失或其他不良后果起决定性直接作用时应当承担的责任。

企业负责人存在以下情形的，应当承担直接责任：本人或与他人共同违反国家法律法规和企业内部管理规定；授意、指使、强令、纵容、包庇下属人员违反国家法律法规和企业内部管理规定；未经民主决策、相关会议讨论或文件传签、报审等规定程序，直接决定、批准、组织实施重大经济事项，并造成重大资产损失或其他严重不良后果；主持相关会议讨论或以文件传签等其他方式研究时，在多数人不同意的情况下，直接决定、批准、组织实施重大经济事项，造成重大资产损失或其他严重不良后果；将按有关法律法规制度应作为第一责任人（总负责）的事项、签订的有关目标责任事项或应当履行的其他重要职责，授权（委托）其他领导干部决策且决策不当或决策失误造成重大资产损失或其他严重不良后果；其他失职、渎职和应当承担直接责任的行为。

（二）主管责任是指相关人员在其直接主管（分管）工作职责范围内，违反规定，未履行或未正确履行职责，对造成的资产损失或不良后果应当承担的责任。

（三）领导责任是指主要负责人在其工作职责范围内，违反规定，未履行或未正确履行职责，对造成的资产损失或不良后果应当承担的责任。

五、责任追究处理

（一）根据资产损失程度、问题性质等，对相关责任人采取组织处理、扣减薪酬、禁入限制、纪律处分、移送司法机关等方式处理。

1. 组织处理。包括批评教育、责令书面检查、通报批评、诫勉、停职、调离工作岗位、降职、改任非领导职务、责令辞职、免职等。

2. 扣减薪酬。扣减和追索绩效年薪或任期激励收入，终止或收回中长期激励收益，取消参加中长期激励资格等。

3. 禁入限制。五年内直至终身不得担任国有企业董事、监事、高级管理人员。

4. 纪律处分。由相应的纪检监察机关依法依规查处。

5. 移送司法机关处理。依据国家有关法律规定，移送司法机关依法查处。

以上处理方式可以单独使用，也可以合并使用。

（二）国有企业发生资产损失，经过查证核实和责任认定后，除依据有关规定移送司法机关处理外，应当按以下方式处理：

1. 发生较大资产损失的，对直接责任人和主管责任人给予通报批评、诫勉、停职、调离工作岗位、降职等处理，同时按照以下标准扣减薪酬：扣减和追索责任认定年度 50% －100% 的绩效年薪、扣减和追索责任认定年度（含）前三年 50% －100% 的任期激励收入并延期支付绩效年薪，终止尚未行使的中长期激励权益、上缴责任认定年度及前一年度的全部中长期激励收益、五年内不得参加企业新的中长期激励。

对领导责任人给予通报批评、诫勉、停职、调离工作岗位等处理，同时按照以下标准扣减薪酬：扣减和追索责任认定年度30% –70%的绩效年薪、扣减和追索责任认定年度（含）前三年30% –70%的任期激励收入并延期支付绩效年薪，终止尚未行使的中长期激励权益、三年内不得参加企业新的中长期激励。

2. 发生重大资产损失的，对直接责任人和主管责任人给予降职、改任非领导职务、责令辞职、免职和禁入限制等处理，同时按照以下标准扣减薪酬：扣减和追索责任认定年度100%的绩效年薪、扣减和追索责任认定年度（含）前三年100%的任期激励收入并延期支付绩效年薪，终止尚未行使的中长期激励权益、上缴责任认定年度（含）前三年的全部中长期激励收益、不得参加企业新的中长期激励。

对领导责任人给予调离工作岗位、降职、改任非领导职务、责令辞职、免职和禁入限制等处理，同时按照以下标准扣减薪酬：扣减和追索责任认定年度70% –100%的绩效年薪、扣减和追索责任认定年度（含）前三年70% –100%的任期激励收入并延期支付绩效年薪，终止尚未行使的中长期激励权益、上缴责任认定年度（含）前三年的全部中长期激励收益、五年内不得参加企业新的中长期激励。

3. 责任人在责任认定年度已不在本企业领取绩效年薪的，按离职前一年度全部绩效年薪及前三年任期激励收入总和计算，参照上述标准追索扣回其薪酬。

4. 对同一事件、同一责任人的薪酬扣减和追索，按照党纪政纪处分、责任追究等扣减薪酬处理的最高标准执行，但不合并使用。

（三）对资产损失频繁发生、金额巨大、后果严重、影响恶劣的，未及时采取措施或措施不力导致资产损失扩大的，以及瞒报、谎报资产损失的，应当从重处理。对及时采取措施减少、挽回损失并消除不良影响的，可以适当从轻处理。

（四）国有企业违规经营投资责任追究处理的具体标准，由各级履行出资人职责的机构根据资产损失程度、应当承担责任等情况，依照本意见制定。

六、责任追究工作的组织实施

（一）开展国有企业违规经营投资责任追究工作，应当遵循以下程序：

1. 受理。资产损失一经发现，应当立即按管辖规定及相关程序报告。受理部门应当对掌握的资产损失线索进行初步核实，属于责任追究范围的，应当及时启动责任追究工作。

2. 调查。受理部门应当按照职责权限及时组织开展调查，核查资产损失及相关业务情况、核实损失金额和损失情形、查清损失原因、认定相应责任、提出整改措施等，必要时可经批准组成联合调查组进行核查，并出具资产损失情况调查报告。

3. 处理。根据调查事实，依照管辖规定移送有关部门，按照管理权限和相关程序对相关责任人追究责任。相关责任人对处理决定有异议的，有权提出申诉，但申诉期间不停止原处理决定的执行。责任追究调查情况及处理结果在一定范围内公开。

4. 整改。发生资产损失的国有企业应当认真总结吸取教训，落实整改措施，堵塞管理漏洞，建立健全防范损失的长效机制。

（二）责任追究工作原则上按照干部管理权限组织开展，一般资产损失由本企业依据相关规定自行开展责任追究工作，上级企业或履行出资人职责的机构认为有必要的，可直接组织开展；达到较大或重大资产损失标准的，应当由上级企业或履行出资人职责的机构开展责任追究工作；多次发生重大资产损失或造成其他严重不良影响、资产损失金额特别巨大且危及企业生存发展的，应当由履行出资人职责的机构开展责任追究工作。

（三）对违反规定，未履行或未正确履行职责造成国有资产损失的董事，除依法承担赔偿责任外，应当依照公司法、公司章程及本意见规定对其进行处理。对重大资产损失负有直接责任的董事，应及时调整或解聘。

（四）经营投资责任调查期间，对相关责任人未支付或兑现的绩效年薪、任期激励收入、中长期激励收益等均应暂停支付或兑现；对有可能影响调查工作顺利开展的相关责任人，可视情采取停职、调离工作岗位、免职等措施。

（五）对发生安全生产、环境污染责任事故和重大不稳定事件的，按照国家有关规定另行处理。

七、工作要求

（一）各级履行出资人职责的机构要明确所出

资企业负责人在经营投资活动中须履行的职责，引导其树立责任意识和风险意识，依法经营，廉洁从业，坚持职业操守，履职尽责，规范经营投资决策，维护国有资产安全。国有企业要依据公司法规定完善公司章程，建立健全重大决策评估、决策事项履职记录、决策过错认定等配套制度，细化各类经营投资责任清单，明确岗位职责和履职程序，不断提高经营投资责任管理的规范化、科学化水平。履行出资人职责的机构和国有企业应在有关外聘董事、职业经理人聘任合同中，明确违规经营投资责任追究的原则要求。

（二）各级履行出资人职责的机构和国有企业要按照本意见要求，建立健全违规经营投资责任追究制度，细化经营投资责任追究的原则、范围、依据、启动机制、程序、方式、标准和职责，保障违规经营投资责任追究工作有章可循、规范有序。国有企业违规经营投资责任追究制度应当报履行出资人职责的机构备案。

（三）国有企业要充分发挥党组织、审计、财务、法律、人力资源、巡视、纪检监察等部门的监督作用，形成联合实施、协同联动、规范有序的责任追究工作机制，重要情况和问题及时向履行出资人职责的机构报告。履行出资人职责的机构要加强与外派监事会、巡视组、审计机关、纪检监察机关、司法机关的协同配合，共同做好国有企业违规经营投资责任追究工作。对国有企业违规经营投资等重大违法违纪违规问题应当发现而未发现或敷衍不追、隐匿不报、查处不力的，严格追究企业和履行出资人职责的机构有关人员的失职渎职责任。

（四）各级履行出资人职责的机构和国有企业要做好国有企业违规经营投资责任追究相关制度的宣传解释工作，凝聚社会共识，为深入开展责任追究工作营造良好氛围；要结合对具体案例的调查处理，在适当范围进行总结和通报，探索向社会公开调查处理情况，接受社会监督，充分发挥警示教育作用。

本意见适用于国有及国有控股企业违规经营投资责任追究工作。金融、文化等国有企业违规经营投资责任追究工作，中央另有规定的依其规定执行。

国务院办公厅

2016 年 8 月 2 日

国务院办公厅关于印发国有金融资本出资人职责暂行规定的通知

国办发〔2019〕49 号

各省、自治区、直辖市人民政府，国务院各部委、各直属机构：

《国有金融资本出资人职责暂行规定》已经国务院同意，现印发给你们，请结合实际认真贯彻落实。

国务院办公厅

2019 年 11 月 7 日

国有金融资本出资人职责暂行规定

第一章 总 则

第一条 为进一步加强国有金融资本管理、明确出资人职责，根据《中华人民共和国公司法》等法律法规和《中共中央 国务院关于完善国有金融资本管理的指导意见》有关要求，制定本规定。

第二条 本规定所称国有金融资本是指国家及其授权投资主体直接或间接对金融机构出资所形成的资本和应享有的权益。凭借国家权力和信用支持的金融机构所形成的资本和应享有的权益，纳入国有金融资本管理，法律另有规定的除外。

前款所称金融机构包括依法设立的获得金融业务许可证的各类金融企业，主权财富基金、金融控股公司、金融投资运营公司以及金融基础设施等实质性开展金融业务的其他企业或机构。

第三条 按照权责匹配、权责对等、权责统一的原则，各级财政部门根据本级政府授权，集中统一履行国有金融资本出资人职责。财政部根据国务院授权，履行国有金融资本出资人职责。地方财政部门根据地方政府授权，履行地方国有金融资本出资人职责。

第四条 财政部门以管资本为主加强国有金融资产监管，重点管好国有金融资本布局、规范资本运作、提高资本回报、维护资本安全，对国家出资金融机构依法享有资本收益、参与重大决策和选择管理者等出资人权利。

第五条 国家出资金融机构及其投资设立的机构，依法享有经营自主权，承担国有金融资本保值增值责任，依法接受金融监管部门的行业监管。财政部门应当支持金融机构审慎合规经营、强化风险防控，除履行出资人职责以外，不得干预机构正常经营活动。

第六条　财政部门应当合理界定职责边界，以市场化、法治化方式履行国有金融资本出资人职责，加强与金融管理部门的沟通协调和信息共享，按照市场监管与出资人职责相分离的原则，理顺国有金融机构管理体制。地方政府、各级财政部门不得干预金融监管部门依法实施监管。

第七条　财政部门根据需要可以分级分类委托其他部门、机构管理国有金融资本，发挥国有金融资本投资、运营公司作用。受财政部门委托管理国有金融资本的其他部门、机构（以下统称受托人）按照受托权限管理国有金融资本，财政部门履行出资人职责的身份不变、产权管理责任不变、执行统一规制不变、全口径报告职责不变。

第八条　国有及国有控股金融机构应当坚持和加强党的领导，发挥党委（党组）的领导作用。国有及国有控股金融机构党委（党组）把方向、管大局、保落实，重点管政治方向、领导班子、基本制度、重大决策和党的建设，健全完善党建工作责任制，切实承担好、落实好从严管党治党责任。

第二章　出资人与受托人职责

第九条　财政部门作为出资人代表机构的主要职责是：

（一）坚持和加强党的领导，贯彻落实党中央、国务院决策部署，指导推进国有及国有控股金融机构改革。

（二）组织实施金融机构国有资本基础管理工作。

（三）负责国有金融资本经营预决算管理，组织上交国有金融资本收益。

（四）对所出资金融机构行使股东职责，维护所有者权益，以出资额为限承担有限责任。

（五）按照公司治理程序，制定或参与制定所出资金融机构章程，依法选派董事、监事，委派股东代表参与股东（大）会。

（六）通过法定程序参与所出资金融机构管理者的任免、考核，根据考核结果对其进行奖惩。负责国有及国有控股金融机构薪酬监管，完善激励约束机制。

（七）监督金融机构国有资本保值增值。

（八）建立统一的国有金融资本统计监测体系。

（九）委托其他部门、机构管理国有金融资本，督促检查国有及国有控股金融机构、受托人执行国有金融资本管理制度。

（十）履行出资人的其他职责和承办本级政府交办的事项。

除前款规定外，财政部负责制定统一的国有金融资本管理规章制度，依法指导和监督地方国有金融资本管理工作。

第十条　财政部门履行出资人职责的主要义务是：

（一）服务国家战略，落实国家金融政策法规，统筹优化国有金融资本战略布局，健全资本补充和动态调整机制，推动国有金融资本向关系国家安全、国民经济命脉、国计民生的重要金融行业和关键领域、重要金融基础设施、重点金融机构集中。

（二）健全国有金融资本形态转换、合理流动机制，保持国有金融资本在金融领域的主导地位，保持国家对重点金融机构的控制力。

（三）探索有效的国有金融资本授权经营体制及实现方式，促进国有金融资本保值增值，防范流失。

（四）促进国有及国有控股金融机构建立现代企业制度，健全风险管理和内控体系，完善法人治理结构，推进金融治理现代化。

（五）尊重国有及国有控股金融机构经营自主权，依法维护企业合法权益，增强活力、竞争力和可持续发展能力，配合做好重大风险处置工作。

（六）尊重受托人受托履行国有金融资本管理职责，不得不当干预受托人履职。

（七）承担全口径国有金融资本报告工作。

（八）接受外部监督，依法依规披露国有金融机构经营状况，提升国有金融资本运营透明度。

第十一条　受托人根据财政部门委托，按照产权关系，落实统一规制，管理国有金融资本，享有以下权利：

（一）协同推进受托管理的国有及国有控股金融机构改革，健全公司法人治理。

（二）按照受托权限和程序，对受托管理的金融机构行使相关股东职责。

（三）通过提名董事、监事人选等方式，参与受托管理的金融机构管理者的选择和考核。

（四）按照股权关系，通过公司法人治理机制，向受托管理的金融机构派出董事、监事等，并加强管理和监督。

（五）按照法定程序，参与受托管理的金融机构的重大事项决策，维护出资人合法权益。

根据相关法律法规，须经本级政府批准的履行出资人职责的重大事项，应当经财政部门同意后，报请本级政府批准。

第十二条 受托人管理国有金融资本的主要义务是：

（一）按照受托权责对等原则，提升国有金融资本运营效率，保障金融安全，防范金融风险，实现保值增值。

（二）落实统一的国有金融资本管理规章制度。

（三）督促受托管理的金融机构履行好服务实体经济和防控金融风险的主体责任，监交其国有资本经营收益。

（四）定期向委托的财政部门报告受托履行国有金融资本管理职责、贯彻落实国家战略和政策目标等情况。

（五）接受财政部门的评价、监督和考核。

（六）落实财政部门委托的其他有关事项。

第三章　金融机构国有资本管理与监督

第十三条 财政部门应当建立健全国有金融资本基础管理体系，负责清产核资、产权界定、产权登记、资产评估、产权转让、统计分析等工作。财政部门依法决定所出资金融机构的国有股权转让。转让全部国有股权或者转让部分国有股权致使国家不再拥有控股地位的，应当报本级政府批准。

第十四条 财政部门应对国有产权变动实行全流程动态监管，并对所出资国有及国有控股金融机构实施资本穿透管理。纳入母公司并表管理或拥有实际控制权的各级子公司，由母公司按照公司治理程序，负责落实统一的国有金融资本管理制度。

涉及母公司本级的股权管理及重点子公司重大股权管理事项，由财政部门履行资本管理程序。重大股权管理事项是指可能导致实际控制权发生转移的股权管理事项。

第十五条 财政部门负责建立金融机构国有产权交易管理制度，加强监督管理，促进金融机构国有产权有序流动，防止国有金融资本流失。

第十六条 财政部门负责制定统一的国有金融资本收益管理制度，对所出资金融机构依法享有出资人权益，建立股东派出人员人才库。

第十七条 财政部门负责制定国有金融资本经营预算管理制度和办法，编制国有金融资本经营预决算，加强预算执行监管，促进国有金融资本合理配置。

第十八条 财政部门依法对所出资金融机构财务进行监督，建立和完善国有金融资本保值增值指标体系，开展动态统计监测和运行分析，全面掌握国有金融资本运营情况。

第十九条 财政部门应当积极推进监管信息化建设，整合信息资源，畅通共享渠道，健全金融机构国有产权和财务等监管系统，提升管理效能。

第二十条 财政部门应当建立健全内外监督工作制度，加强与审计机关和纪检监察机关沟通，强化国有金融资本管理制度执行情况监督检查，形成全面覆盖、分工明确、协同配合、制约有力的监督体系。

第二十一条 财政部门应当定期向本级政府报告履行出资人职责的情况，接受本级政府的监督和考核。

第二十二条 国有金融资本管理情况要全口径向党中央、国务院报告，并按照法定程序向全国人大常委会报告，具体报告责任由财政部承担。地方国有金融资本管理情况要向地方党委、政府报告，并按照法定程序向本级人大常委会报告，具体报告职责由本级财政部门承担。

第二十三条 财政部门应当依法推进国有金融资本管理信息公开，及时准确向社会披露国有金融资本管理制度、运营绩效和监督检查等情况，提高透明度，主动接受社会监督。

第四章　所出资金融机构重大事项管理

第二十四条 财政部门及受托人（以下统称出资人机构）依照法律法规及有关规定，制定或者参与制定所出资金融机构的章程，按照公司章程行使权利、履行义务。

第二十五条 出资人机构按照法定程序向所出资金融机构委派股东代表，提名董事、监事，参加其股东（大）会、董事会、监事会，落实和维护董事会依法行使重大决策、选人用人、薪酬分配等权利。

派出的股东代表、董事、监事，应当及时向出资人机构报告履职情况。出资人机构应当加强对董事、监事履职的技术支持以及监督评价，建立健全激励约束和责任追究机制。

国有独资金融机构不设股东会，由出资人机构行使股东会职权。出资人机构可以授权金融机构董事会行使股东会部分职权。

第二十六条 出资人机构应当通过公司治理机制，加强对所出资金融机构发展战略和投资规划、财务预决算、利润分配和弥补亏损方案、法人机构设立和撤并等须由股东决定的重大事项的审核。

所出资金融机构的股东（大）会、董事会决定机构合并、分立、改制、上市，增减注册资本、发行债券、重大投资、为他人提供除主营担保业务以外的大额担保、大额捐赠、分配利润、任免机构负责人，以及解散、申请破产等重大事项时，出资人机构派出的股东代表、董事，应当按程序发表意见、行使表决权。表决意见涉及股权管理的，应当经财政部门同意。

第二十七条 按照国家有关规定，财政部门拟订国有及国有控股金融机构薪酬分配制度和机制，指导建立企业年金制度，探索实施员工持股计划。出资人机构监管所出资国有及国有控股金融机构工资分配的总体水平，备案或核准工资总额预算方案，清算预算执行结果。

第五章 所出资金融机构管理者选择与考核

第二十八条 出资人机构会同有关部门依照法律法规、规范性文件以及金融机构章程等规定，建立规则透明的提名程序，任免或者建议任免所出资金融机构的下列人员：

（一）任免国有独资企业的总经理、副总经理、财务负责人和其他高级管理人员。

（二）任免国有独资公司的董事长、副董事长、董事。

（三）向国有控股、参股金融机构提出董事、监事人选。

国务院和地方政府对所出资金融机构管理者的任免另有规定的，从其规定。所出资金融机构中应当由职工代表出任的董事、监事，依法由职工民主选举产生。

第二十九条 出资人机构对拟任命或者建议任命的董事、监事、高级管理人员的人选，应当严格进行资格把关。对出资人机构直接管理的董事、监事，应当认真落实党管干部有关要求，根据规定权限进行考察，考察合格的，按照规定程序任命或者建议任命。

第三十条 出资人机构任命或者建议任命的董事、监事、高级管理人员，应当遵守法律法规以及金融机构章程，对金融机构负有忠实义务和勤勉义务。

第三十一条 财政部门应当健全完善国有金融资本经营绩效考核制度。出资人机构应当针对所出资金融机构的不同战略定位和发展目标，结合行业特点建立差异化的管理者经营业绩考核体系，按照法定程序对其任命的管理者进行年度和任期考核，并依据考核结果决定对管理者的奖惩。

第三十二条 按照国家有关规定，财政部门建立健全国有及国有控股金融机构管理者薪酬管理体系。

出资人机构应当根据有关规定，确定任命的国家出资金融机构管理者的薪酬机制和标准；规范所出资国有及国有控股金融机构负责人履职待遇、业务支出和福利保障，对其履职待遇、业务支出年度财务预算进行备案。

第六章 责任追究

第三十三条 财政部门应当建立健全违法违规经营投资责任追究制度，完善责任倒查和追究机制，构建权责清晰、约束有效的经营投资责任体系。

相关部门和单位按照职责权限，加大对违法违规经营投资责任的追究力度，综合运用组织处理、经济处罚、禁入限制、纪律处分和追究刑事责任等手段，依法依规查办违法违规经营投资导致国有资产重大损失的案件。

第三十四条 出资人机构不按规定的职责、权限和程序履职尽责，或者违法违规干预所出资金融机构经营活动，侵犯其合法权益，造成国有金融资产损失或其他严重后果的，对其直接负责的主管人员和其他责任人员，依规依纪给予纪律处分或者组织处理；构成犯罪的，依法追究刑事责任。

第三十五条 国有及国有控股金融机构的管理者滥用职权、玩忽职守，造成机构国有资产损失的，应负赔偿责任，并依规依纪对其给予纪律处分或者组织处理；构成犯罪的，依法追究刑事责任。

第七章 附 则

第三十六条 国有实体企业投资入股金融机构的，依法行使具体股东职责，应执行统一的国有金融资本管理制度，由财政部门会同国有资产监督管理机构组织做好落实。

第三十七条 对涉及国家安全、外溢性强的金融基础设施和履职平台，要保持国家绝对控制力，执行统一的国有金融资本管理制度，国家金融管理部门依法依规对其实施管理。

第三十八条 各省、自治区、直辖市及计划单列市人民政府依据本规定，结合本地区实际和管理现状，制定具体的实施规定，报财政部备案。

第三十九条 本规定自印发之日起施行。

国有资产评估违法行为处罚办法

财政部令〔2001〕第15号

经部务会议审议通过，现公布《国有资产评估违法行为处罚办法》，自2002年1月1日起施行。

部长 项怀诚

二〇〇一年十二月三十一日

第一条 为规范国有资产评估行为，加强国有资产评估管理，保障国有资产权益，维护社会公共利益，根据《国有资产评估管理办法》、《国务院办公厅转发财政部〈关于改革国有资产评估行政管理方式加强资产评估监督管理工作意见〉的通知》（国办发〔2001〕102号）及其他有关法律、行政法规的规定，制定本办法。

第二条 资产评估机构在国有资产评估活动中违反有关法律、法规和规章，应予行政处罚的，适用本办法。

第三条 省级人民政府财政部门（国有资产管理部门，下同）负责对本地区资产评估机构（包括设在本地区的资产评估分支机构）的违法行为实施处罚。

对严重评估违法行为，国务院财政部门可以直接进行处罚。

第四条 资产评估机构违法行为的处罚种类：

（一）警告；

（二）罚款；

（三）没收违法所得；

（四）暂停执行部分或者全部业务，暂停执业的期限为三至十二个月；

（五）吊销资产评估资格证书。

第五条 资产评估机构与委托人或被评估单位串通作弊，故意出具虚假报告的，没收违法所得，处以违法所得一倍以上五倍以下的罚款，并予以暂停执业；给利害关系人造成重大经济损失或者产生恶劣社会影响的，吊销资产评估资格证书。

第六条 资产评估机构因过失出具有重大遗漏的报告的，责令改正，情节较重的，处以所得收入一倍以上三倍以下的罚款，并予以暂停执业。

第七条 资产评估机构冒用其他机构名义或者允许其他机构以本机构名义执行评估业务的，责令改正，予以警告。

第八条 资产评估机构向委托人或者被评估单位索取、收受业务约定书约定以外的酬金或者其他财物，或者利用业务之便，谋取其他不正当利益的，责令改正，予以警告。

第九条 资产评估机构有下列情形之一的，责令改正，并予以警告：

（一）对其能力进行虚假广告宣传的；

（二）向有关单位和个人支付回扣或者介绍费的；

（三）对委托人、被评估单位或者其他单位和个人进行胁迫、欺诈、利诱的；

（四）恶意降低收费的。

第十条 资产评估机构与委托人或者被评估单位存在利害关系应当回避没有回避的，责令改正，并予以警告。

第十一条 资产评估机构泄露委托人或者被评估单位商业秘密的，予以警告。

第十二条 本办法第七条至第十一条所列情形，有违法所得的，处以违法所得三倍以下的罚款，但最高不得超过三万元；没有违法所得的，处以一万元以下的罚款。

第十三条 资产评估机构不按照执业准则、职业道德准则的要求执业的，予以警告。

第十四条 资产评估机构拒绝、阻挠财政部门依法实施检查的，予以警告。

第十五条 资产评估机构有下列情形之一的，应当从轻、减轻处罚：

（一）主动改正违法行为或主动消除、减轻违法行为危害后果的；

（二）主动向有关部门报告其违法行为的；

（三）主动配合查处违法行为的；

（四）受他人胁迫有违法行为的；

（五）其他应予从轻、减轻处罚的情形。

第十六条 资产评估机构有下列情形之一的，应当从重处罚：

（一）同时具有两种或两种以上应予处罚的行为的；

（二）在两年内发生两次或两次以上同一性质的应予处罚的行为的；

（三）对投诉人、举报人、证人等进行威胁、报复的；

（四）违法行为发生后隐匿、销毁证据材料的；

（五）其他应予从重处罚的情形。

第十七条　省级人民政府财政部门作出本办法第四条第（二）至第（五）项处罚决定的，应当在作出处罚决定之日起15日内报送国务院财政部门备案。

第十八条　省级以上人民政府财政部门作出行政处罚决定之前，应当告知资产评估机构作出行政处罚决定的事实、理由及依据，并告知当事人依法享有的权利；作出较大数额罚款、暂停执业和吊销资产评估资格证书的处罚决定之前，应当告知资产评估机构有要求举行听证的权利。

第十九条　资产评估机构要求听证的，拟作出行政处罚的省级以上人民政府财政部门应当按照《财政部门行政处罚听证程序实施办法》的有关规定组织听证。

第二十条　资产评估机构对处罚决定不服的，可以依法申请行政复议或提起行政诉讼。

第二十一条　注册资产评估师在国有资产评估中有违法行为的，按照有关规定处理。

第二十二条　本办法自二〇〇二年一月一日起施行。

关于印发《国资监管责任约谈工作规则》的通知

国资发监责规〔2021〕14号

各中央企业，委内各厅局：

《国资监管责任约谈工作规则》（以下简称《工作规则》）已经国资委第342次党委会议、第51次委务会议审议通过。制定责任约谈工作规则是落实国企改革三年行动部署，完善业务监督、综合监督、责任追究三位一体监督机制，健全以管资本为主的国有资产监管体制具体举措。各中央企业要高度重视，强化主体责任，自觉接受约谈，认真做好整改落实工作，进一步提高依法经营和合规管理水平，夯实高质量发展基础，促进做强做优做大国有资本和国有企业。现将《工作规则》印发给你们，请遵照执行。执行过程中遇到的问题，请及时反映。

国资委

2021年2月20日

国资监管责任约谈工作规则

第一条　为健全管资本为主的国有资产监管体制，规范开展中央企业责任约谈工作，指导督促中央企业加强国有资产监管，加大整改追责问责力度，有效防范化解重大风险，促进企业高质量发展，推动做强做优做大国有资本和国有企业，依据《中华人民共和国公司法》《中华人民共和国企业国有资产法》《企业国有资产监督管理暂行条例》《中央企业违规经营投资责任追究实施办法（试行）》等法律法规和有关规定，制定本规则。

第二条　本规则所称责任约谈，是指针对中央企业存在的重大问题、资产损失或风险隐患以及其他造成或可能造成严重不良后果的重大事项等，国资委依法依规对企业有关人员进行告诫谈话，提出监管意见建议、责令整改追责的监管措施。

第三条　国资委在国资监管工作中发现中央企业存在下列情形之一的，可以开展责任约谈：

（一）贯彻落实习近平总书记重要指示批示和党中央、国务院决策部署存在问题的；

（二）违反党章和党内法规以及国资委党委规范性文件的；

（三）违反国家法律法规和国有资产监管规章、规范性文件及政策规定的；

（四）规划投资、财务管控、经济运行、产权管理、改革重组、国企混改、公司治理、业绩考核、薪酬分配、资本运营、科技创新、依法经营、合规管理、内部控制、风险管控、内部审计、监督追责、网络安全、选人用人、巡视巡察和党的建设等方面存在突出问题的；

（五）存在重大风险隐患或发生可能造成严重不良后果的重大事项的；

（六）发生重大资产损失及损失风险，因减少或挽回资产损失等工作需要，暂未启动责任追究程序的；

（七）未按规定执行重大事项请示报告制度，或瞒报漏报谎报迟报重大资产损失及损失风险的；

（八）对出资人监管、审计、纪检监察、巡视监督、督查等工作以及国资监管提示函、通报中提出的整改要求，拒绝整改、拖延整改、整改不力或弄虚作假的；

（九）在国际化经营、国际交流合作、外事管理等工作中有严重不当行为的；

（十）其他需要责任约谈的事项。

第四条 出现第三条所列责任约谈情形的，国资委相关厅局根据职责启动责任约谈工作，拟制《责任约谈通知书》，报经国资委分管负责同志审签同意后，以国资委名义印发被约谈中央企业，根据需要抄送国资委责任追究机构、有关纪检监察机构、组织人事部门、巡视机构等。

《责任约谈通知书》实行统一编号管理，内容主要包括约谈事由、时间、地点、参加人员和需要提交的材料及提交时限等。

第五条 责任约谈由国资委相关厅局负责人主持，必要时可请国资委分管负责同志主持。根据工作需要，可请中央纪委国家监委驻国资委纪检监察组以及国资委有关厅局共同参加责任约谈，在责任约谈前，就有关责任约谈内容和意见要求等进行沟通协商。

第六条 责任约谈形式分为个别约谈和集体约谈。多家中央企业存在同类问题或约谈事项涉及多家中央企业的，可以开展集体约谈。

第七条 责任约谈对象为中央企业有关负责人及相关责任人。根据需要，国资委可指定中央企业及所属子企业相关人员参加约谈。

第八条 责任约谈包括以下内容：

（一）说明约谈事由和目的，指出企业存在的问题，提示相关人员的责任风险，提出监管要求和整改意见。

（二）听取被约谈人员对相关问题的陈述，主要包括有关问题基本情况，造成的资产损失、损失风险或影响，问题原因分析，已采取整改或责任追究措施，下一步工作计划等情况。

（三）对被约谈人员进行必要的询问。

（四）其他需要约谈的内容。

第九条 国资委相关厅局应当做好责任约谈记录，约谈结束后形成约谈纪要，可以根据工作需要印送被约谈中央企业。约谈纪要内容主要包括：约谈时间、地点，约谈主持及参加人员，约谈事由、被约谈人陈述情况、国资监管意见要求等。

第十条 有关中央企业收到《责任约谈通知书》后，应当以书面或电话形式确认通知事项，按要求安排有关人员准时参加约谈并提交相关书面陈述材料。

第十一条 有关中央企业应当按照责任约谈意见要求，研究制定工作方案，明确落实措施、责任主体和时间安排。工作方案于责任约谈后10个工作日内报送国资委。

第十二条 有关中央企业应当认真组织落实责任约谈意见要求和工作方案，主动采取措施，制止纠正违规行为，减少或挽回资产损失，降低损失风险，消除不良影响。

第十三条 有关中央企业对于责任约谈涉及违反党规党纪、违规经营投资造成资产损失或其他严重不良后果的，应当依据有关规定对相关责任人严肃追责问责。

第十四条 有关中央企业应当针对责任约谈中提出的问题风险，在本企业开展同类问题风险排查，举一反三，堵塞管理漏洞，有效防范类似问题发生。

第十五条 有关中央企业应当及时向国资委报告约谈事项整改工作进展情况。约谈意见要求落实完成后，应当将相关工作开展情况、采取措施、落实成效及责任追究情况等形成专项工作报告，正式报送国资委。

第十六条 国资委对有关中央企业整改落实工作进行指导督促和评估，推动中央企业提升管理水平。

第十七条 国资委将责任约谈反映中央企业存在的重大问题风险、整改措施及成效、责任追究情况等，作为被约谈中央企业负责人年度经营业绩考核、企业领导班子和领导人员综合考核评价等重要参考。

第十八条 国资委对被约谈中央企业拒绝整改、拖延整改、整改不力或弄虚作假的，按照有关规定，严肃追究责任。对涉嫌违纪或职务违法的，移送有关纪检监察机构。

责任约谈整改落实情况将作为认定违规经营投资损失及责任，以及作出从重、加重或从轻、减轻责任处理意见建议的重要参考。

第十九条 国资委责任追究机构将定期汇总分析责任约谈反映中央企业存在的重大问题风险以及责任追究情况，对典型性、普遍性问题，组织开展共性问题专项核查，督促指导中央企业健全管控机制和责任追究工作体系。

第二十条 国资委相关厅局应当按照“谁组织、谁负责”的原则，将《责任约谈通知书》、约谈纪要、企业报送的有关材料等立卷归档。涉及违规经营投资问题和线索的有关材料，移送国资委责任追究机构按照有关业务档案进行管理。

第二十一条　责任约谈工作应该严格遵守保密制度规定，《责任约谈通知书》、约谈纪要等有关材料按照有关规定进行定密和管理。

第二十二条　对生产安全事故、环境污染事件的约谈工作，按照有关规定执行。

第二十三条　本规则自印发之日起施行。

责任约谈通知书（略）

责任约谈纪要（略）

第七章　综合类

（一）应急管理

法律：

中华人民共和国突发事件应对法

（2007 年 8 月 30 日第十届全国人民代表大会常务委员会第二十九次会议通过　2024 年 6 月 28 日第十四届全国人民代表大会常务委员会第十次修订）

第一章　总　　则

第一条　为了预防和减少突发事件的发生，控制、减轻和消除突发事件引起的严重社会危害，提高突发事件预防和应对能力，规范突发事件应对活动，保护人民生命财产安全，维护国家安全、公共安全、生态环境安全和社会秩序，根据宪法，制定本法。

第二条　本法所称突发事件，是指突然发生，造成或者可能造成严重社会危害，需要采取应急处置措施予以应对的自然灾害、事故灾难、公共卫生事件和社会安全事件。

突发事件的预防与应急准备、监测与预警、应急处置与救援、事后恢复与重建等应对活动，适用本法。

《中华人民共和国传染病防治法》等有关法律对突发公共卫生事件应对作出规定的，适用其规定。有关法律没有规定的，适用本法。

第三条　按照社会危害程度、影响范围等因素，突发自然灾害、事故灾难、公共卫生事件分为特别重大、重大、较大和一般四级。法律、行政法规或者国务院另有规定的，从其规定。

突发事件的分级标准由国务院或者国务院确定的部门制定。

第四条　突发事件应对工作坚持中国共产党的领导，坚持以马克思列宁主义、毛泽东思想、邓小平理论、“三个代表”重要思想、科学发展观、习近平新时代中国特色社会主义思想为指导，建立健全集中统一、高效权威的中国特色突发事件应对工作领导体制，完善党委领导、政府负责、部门联动、军地联合、社会协同、公众参与、科技支撑、法治保障的治理体系。

第五条　突发事件应对工作应当坚持总体国家安全观，统筹发展与安全；坚持人民至上、生命至上；坚持依法科学应对，尊重和保障人权；坚持预防为主、预防与应急相结合。

第六条　国家建立有效的社会动员机制，组织动员企业事业单位、社会组织、志愿者等各方力量依法有序参与突发事件应对工作，增强全民的公共安全和防范风险的意识，提高全社会的避险救助能力。

第七条　国家建立健全突发事件信息发布制度。有关人民政府和部门应当及时向社会公布突发事件相关信息和有关突发事件应对的决定、命令、措施等信息。

任何单位和个人不得编造、故意传播有关突发事件的虚假信息。有关人民政府和部门发现影响或者可能影响社会稳定、扰乱社会和经济管理秩序的虚假或者不完整信息的，应当及时发布准确的信息予以澄清。

第八条　国家建立健全突发事件新闻采访报道制度。有关人民政府和部门应当做好新闻媒体服务引导工作，支持新闻媒体开展采访报道和舆论监督。

新闻媒体采访报道突发事件应当及时、准确、客观、公正。

新闻媒体应当开展突发事件应对法律法规、预防与应急、自救与互救知识等的公益宣传。

第九条　国家建立突发事件应对工作投诉、举报制度，公布统一的投诉、举报方式。

对于不履行或者不正确履行突发事件应对工作职责的行为，任何单位和个人有权向有关人民政府和部门投诉、举报。

接到投诉、举报的人民政府和部门应当依照规定立即组织调查处理，并将调查处理结果以适当方式告知投诉人、举报人；投诉、举报事项不属于其职责的，应当及时移送有关机关处理。

有关人民政府和部门对投诉人、举报人的相关信息应当予以保密，保护投诉人、举报人的合法权益。

第十条　突发事件应对措施应当与突发事件可能造成的社会危害的性质、程度和范围相适应；有多种措施可供选择的，应当选择有利于最大程度地保护公民、法人和其他组织权益，且对他人权益损害和生态环境影响较小的措施，并根据情况变化及时调整，做到科学、精准、有效。

第十一条　国家在突发事件应对工作中，应当对未成年人、老年人、残疾人、孕产期和哺乳期的妇女、需要及时就医的伤病人员等群体给予特殊、优先保护。

第十二条　县级以上人民政府及其部门为应对突发事件的紧急需要，可以征用单位和个人的设备、设施、场地、交通工具等财产。被征用的财产在使用完毕或者突发事件应急处置工作结束后，应当及时返还。财产被征用或者征用后毁损、灭失的，应当给予公平、合理的补偿。

第十三条　因依法采取突发事件应对措施，致使诉讼、监察调查、行政复议、仲裁、国家赔偿等活动不能正常进行的，适用有关时效中止和程序中止的规定，法律另有规定的除外。

第十四条　中华人民共和国政府在突发事件的预防与应急准备、监测与预警、应急处置与救援、事后恢复与重建等方面，同外国政府和有关国际组织开展合作与交流。

第十五条　对在突发事件应对工作中做出突出贡献的单位和个人，按照国家有关规定给予表彰、奖励。

第二章　管理与指挥体制

第十六条　国家建立统一指挥、专常兼备、反应灵敏、上下联动的应急管理体制和综合协调、分类管理、分级负责、属地管理为主的工作体系。

第十七条　县级人民政府对本行政区域内突发事件的应对管理工作负责。突发事件发生后，发生地县级人民政府应当立即采取措施控制事态发展，组织开展应急救援和处置工作，并立即向上一级人民政府报告，必要时可以越级上报，具备条件的，应当进行网络直报或者自动速报。

突发事件发生地县级人民政府不能消除或者不能有效控制突发事件引起的严重社会危害的，应当及时向上级人民政府报告。上级人民政府应当及时采取措施，统一领导应急处置工作。

法律、行政法规规定由国务院有关部门对突发事件应对管理工作负责的，从其规定；地方人民政府应当积极配合并提供必要的支持。

第十八条　突发事件涉及两个以上行政区域的，其应对管理工作由有关行政区域共同的上一级人民政府负责，或者由各有关行政区域的上一级人民政府共同负责。共同负责的人民政府应当按照国家有关规定，建立信息共享和协调配合机制。根据共同应对突发事件的需要，地方人民政府之间可以建立协同应对机制。

第十九条　县级以上人民政府是突发事件应对管理工作的行政领导机关。

国务院在总理领导下研究、决定和部署特别重大突发事件的应对工作；根据实际需要，设立国家突发事件应急指挥机构，负责突发事件应对工作；必要时，国务院可以派出工作组指导有关工作。

县级以上地方人民政府设立由本级人民政府主要负责人、相关部门负责人、国家综合性消防救援队伍和驻当地中国人民解放军、中国人民武装警察部队有关负责人等组成的突发事件应急指挥机构，统一领导、协调本级人民政府各有关部门和下级人民政府开展突发事件应对工作；根据实际需要，设立相关类别突发事件应急指挥机构，组织、协调、指挥突发事件应对工作。

第二十条　突发事件应急指挥机构在突发事件应对过程中可以依法发布有关突发事件应对的决定、命令、措施。突发事件应急指挥机构发布的决定、命令、措施与设立它的人民政府发布的决定、命令、措施具有同等效力，法律责任由设立它的人民政府承担。

第二十一条　县级以上人民政府应急管理部门和卫生健康、公安等有关部门应当在各自职责范围内做好有关突发事件应对管理工作，并指导、协助下级人民政府及其相应部门做好有关突发事件的应对管理工作。

第二十二条　乡级人民政府、街道办事处应当明确专门工作力量，负责突发事件应对有关工作。

居民委员会、村民委员会依法协助人民政府和有关部门做好突发事件应对工作。

第二十三条 公民、法人和其他组织有义务参与突发事件应对工作。

第二十四条 中国人民解放军、中国人民武装警察部队和民兵组织依照本法和其他有关法律、行政法规、军事法规的规定以及国务院、中央军事委员会的命令，参加突发事件的应急救援和处置工作。

第二十五条 县级以上人民政府及其设立的突发事件应急指挥机构发布的有关突发事件应对的决定、命令、措施，应当及时报本级人民代表大会常务委员会备案；突发事件应急处置工作结束后，应当向本级人民代表大会常务委员会作出专项工作报告。

第三章 预防与应急准备

第二十六条 国家建立健全突发事件应急预案体系。

国务院制定国家突发事件总体应急预案，组织制定国家突发事件专项应急预案；国务院有关部门根据各自的职责和国务院相关应急预案，制定国家突发事件部门应急预案并报国务院备案。

地方各级人民政府和县级以上地方人民政府有关部门根据有关法律、法规、规章、上级人民政府及其有关部门的应急预案以及本地区、本部门的实际情况，制定相应的突发事件应急预案并按国务院有关规定备案。

第二十七条 县级以上人民政府应急管理部门指导突发事件应急预案体系建设，综合协调应急预案衔接工作，增强有关应急预案的衔接性和实效性。

第二十八条 应急预案应当根据本法和其他有关法律、法规的规定，针对突发事件的性质、特点和可能造成的社会危害，具体规定突发事件应对管理工作的组织指挥体系与职责和突发事件的预防与预警机制、处置程序、应急保障措施以及事后恢复与重建措施等内容。

应急预案制定机关应当广泛听取有关部门、单位、专家和社会各方面意见，增强应急预案的针对性和可操作性，并根据实际需要、情势变化、应急演练中发现的问题等及时对应急预案作出修订。

应急预案的制定、修订、备案等工作程序和管理办法由国务院规定。

第二十九条 县级以上人民政府应当将突发事件应对工作纳入国民经济和社会发展规划。县级以上人民政府有关部门应当制定突发事件应急体系建设规划。

第三十条 国土空间规划等规划应当符合预防、处置突发事件的需要，统筹安排突发事件应对工作所必需的设备和基础设施建设，合理确定应急避难、封闭隔离、紧急医疗救治等场所，实现日常使用和应急使用的相互转换。

第三十一条 国务院应急管理部门会同卫生健康、自然资源、住房城乡建设等部门统筹、指导全国应急避难场所的建设和管理工作，建立健全应急避难场所标准体系。县级以上地方人民政府负责本行政区域内应急避难场所的规划、建设和管理工作。

第三十二条 国家建立健全突发事件风险评估体系，对可能发生的突发事件进行综合性评估，有针对性地采取有效防范措施，减少突发事件的发生，最大限度减轻突发事件的影响。

第三十三条 县级人民政府应当对本行政区域内容易引发自然灾害、事故灾难和公共卫生事件的危险源、危险区域进行调查、登记、风险评估，定期进行检查、监控，并责令有关单位采取安全防范措施。

省级和设区的市级人民政府应当对本行政区域内容易引发特别重大、重大突发事件的危险源、危险区域进行调查、登记、风险评估，组织进行检查、监控，并责令有关单位采取安全防范措施。

县级以上地方人民政府应当根据情况变化，及时调整危险源、危险区域的登记。登记的危险源、危险区域及其基础信息，应当按照国家有关规定接入突发事件信息系统，并及时向社会公布。

第三十四条 县级人民政府及其有关部门、乡级人民政府、街道办事处、居民委员会、村民委员会应当及时调解处理可能引发社会安全事件的矛盾纠纷。

第三十五条 所有单位应当建立健全安全管理制度，定期开展危险源辨识评估，制定安全防范措施；定期检查本单位各项安全防范措施的落实情况，及时消除事故隐患；掌握并及时处理本单位存在的可能引发社会安全事件的问题，防止矛盾激化和事态扩大；对本单位可能发生的突发事件和采取安全防范措施的情况，应当按照规定及时向所在地人民政府或者有关部门报告。

第三十六条 矿山、金属冶炼、建筑施工单位和易燃易爆物品、危险化学品、放射性物品等危险物品的生产、经营、运输、储存、使用单位，应当制定具体应急预案，配备必要的应急救援器材、设备和物资，并对生产经营场所、有危险物品的建筑物、构筑物及周边环境开展隐患排查，及时采取措施管控风险和消除隐患，防止发生突发事件。

第三十七条　公共交通工具、公共场所和其他人员密集场所的经营单位或者管理单位应当制定具体应急预案，为交通工具和有关场所配备报警装置和必要的应急救援设备、设施，注明其使用方法，并显著标明安全撤离的通道、路线，保证安全通道、出口的畅通。

有关单位应当定期检测、维护其报警装置和应急救援设备、设施，使其处于良好状态，确保正常使用。

第三十八条　县级以上人民政府应当建立健全突发事件应对管理培训制度，对人民政府及其有关部门负有突发事件应对管理职责的工作人员以及居民委员会、村民委员会有关人员定期进行培训。

第三十九条　国家综合性消防救援队伍是应急救援的综合性常备骨干力量，按照国家有关规定执行综合应急救援任务。县级以上人民政府有关部门可以根据实际需要设立专业应急救援队伍。

县级以上人民政府及其有关部门可以建立由成年志愿者组成的应急救援队伍。乡级人民政府、街道办事处和有条件的居民委员会、村民委员会可以建立基层应急救援队伍，及时、就近开展应急救援。单位应当建立由本单位职工组成的专职或者兼职应急救援队伍。

国家鼓励和支持社会力量建立提供社会化应急救援服务的应急救援队伍。社会力量建立的应急救援队伍参与突发事件应对工作应当服从履行统一领导职责或者组织处置突发事件的人民政府、突发事件应急指挥机构的统一指挥。

县级以上人民政府应当推动专业应急救援队伍与非专业应急救援队伍联合培训、联合演练，提高合成应急、协同应急的能力。

第四十条　地方各级人民政府、县级以上人民政府有关部门、有关单位应当为其组建的应急救援队伍购买人身意外伤害保险，配备必要的防护装备和器材，防范和减少应急救援人员的人身伤害风险。

专业应急救援人员应当具备相应的身体条件、专业技能和心理素质，取得国家规定的应急救援职业资格，具体办法由国务院应急管理部门会同国务院有关部门制定。

第四十一条　中国人民解放军、中国人民武装警察部队和民兵组织应当有计划地组织开展应急救援的专门训练。

第四十二条　县级人民政府及其有关部门、乡级人民政府、街道办事处应当组织开展面向社会公众的应急知识宣传普及活动和必要的应急演练。

居民委员会、村民委员会、企业事业单位、社会组织应当根据所在地人民政府的要求，结合各自的实际情况，开展面向居民、村民、职工等的应急知识宣传普及活动和必要的应急演练。

第四十三条　各级各类学校应当把应急教育纳入教育教学计划，对学生及教职工开展应急知识教育和应急演练，培养安全意识，提高自救与互救能力。

教育主管部门应当对学校开展应急教育进行指导和监督，应急管理等部门应当给予支持。

第四十四条　各级人民政府应当将突发事件应对工作所需经费纳入本级预算，并加强资金管理，提高资金使用绩效。

第四十五条　国家按照集中管理、统一调拨、平时服务、灾时应急、采储结合、节约高效的原则，建立健全应急物资储备保障制度，动态更新应急物资储备品种目录，完善重要应急物资的监管、生产、采购、储备、调拨和紧急配送体系，促进安全应急产业发展，优化产业布局。

国家储备物资品种目录、总体发展规划，由国务院发展改革部门会同国务院有关部门拟订。国务院应急管理等部门依据职责制定应急物资储备规划、品种目录，并组织实施。应急物资储备规划应当纳入国家储备总体发展规划。

第四十六条　设区的市级以上人民政府和突发事件易发、多发地区的县级人民政府应当建立应急救援物资、生活必需品和应急处置装备的储备保障制度。

县级以上地方人民政府应当根据本地区的实际情况和突发事件应对工作的需要，依法与有条件的企业签订协议，保障应急救援物资、生活必需品和应急处置装备的生产、供给。有关企业应当根据协议，按照县级以上地方人民政府要求，进行应急救援物资、生活必需品和应急处置装备的生产、供给，并确保符合国家有关产品质量的标准和要求。

国家鼓励公民、法人和其他组织储备基本的应急自救物资和生活必需品。有关部门可以向社会公布相关物资、物品的储备指南和建议清单。

第四十七条 国家建立健全应急运输保障体系，统筹铁路、公路、水运、民航、邮政、快递等运输和服务方式，制定应急运输保障方案，保障应急物资、装备和人员及时运输。

县级以上地方人民政府和有关主管部门应当根据国家应急运输保障方案，结合本地区实际做好应急调度和运力保障，确保运输通道和客货运枢纽畅通。

国家发挥社会力量在应急运输保障中的积极作用。社会力量参与突发事件应急运输保障，应当服从突发事件应急指挥机构的统一指挥。

第四十八条 国家建立健全能源应急保障体系，提高能源安全保障能力，确保受突发事件影响地区的能源供应。

第四十九条 国家建立健全应急通信、应急广播保障体系，加强应急通信系统、应急广播系统建设，确保突发事件应对工作的通信、广播安全畅通。

第五十条 国家建立健全突发事件卫生应急体系，组织开展突发事件中的医疗救治、卫生学调查处置和心理援助等卫生应急工作，有效控制和消除危害。

第五十一条 县级以上人民政府应当加强急救医疗服务网络的建设，配备相应的医疗救治物资、设施设备和人员，提高医疗卫生机构应对各类突发事件的救治能力。

第五十二条 国家鼓励公民、法人和其他组织为突发事件应对工作提供物资、资金、技术支持和捐赠。

接受捐赠的单位应当及时公开接受捐赠的情况和受赠财产的使用、管理情况，接受社会监督。

第五十三条 红十字会在突发事件中，应当对伤病人员和其他受害者提供紧急救援和人道救助，并协助人民政府开展与其职责相关的其他人道主义服务活动。有关人民政府应当给予红十字会支持和资助，保障其依法参与应对突发事件。

慈善组织在发生重大突发事件时开展募捐和救助活动，应当在有关人民政府的统筹协调、有序引导下依法进行。有关人民政府应当通过提供必要的需求信息、政府购买服务等方式，对慈善组织参与应对突发事件、开展应急慈善活动予以支持。

第五十四条 有关单位应当加强应急救援资金、物资的管理，提高使用效率。

任何单位和个人不得截留、挪用、私分或者变相私分应急救援资金、物资。

第五十五条 国家发展保险事业，建立政府支持、社会力量参与、市场化运作的巨灾风险保险体系，并鼓励单位和个人参加保险。

第五十六条 国家加强应急管理基础科学、重点行业领域关键核心技术的研究，加强互联网、云计算、大数据、人工智能等现代技术手段在突发事件应对工作中的应用，鼓励、扶持有条件的教学科研机构、企业培养应急管理人才和科技人才，研发、推广新技术、新材料、新设备和新工具，提高突发事件应对能力。

第五十七条 县级以上人民政府及其有关部门应当建立健全突发事件专家咨询论证制度，发挥专业人员在突发事件应对工作中的作用。

第四章 监测与预警

第五十八条 国家建立健全突发事件监测制度。

县级以上人民政府及其有关部门应当根据自然灾害、事故灾难和公共卫生事件的种类和特点，建立健全基础信息数据库，完善监测网络，划分监测区域，确定监测点，明确监测项目，提供必要的设备、设施，配备专职或者兼职人员，对可能发生的突发事件进行监测。

第五十九条 国务院建立全国统一的突发事件信息系统。

县级以上地方人民政府应当建立或者确定本地区统一的突发事件信息系统，汇集、储存、分析、传输有关突发事件的信息，并与上级人民政府及其有关部门、下级人民政府及其有关部门、专业机构、监测网点和重点企业的突发事件信息系统实现互联互通，加强跨部门、跨地区的信息共享与情报合作。

第六十条 县级以上人民政府及其有关部门、专业机构应当通过多种途径收集突发事件信息。

县级人民政府应当在居民委员会、村民委员会和有关单位建立专职或者兼职信息报告员制度。

公民、法人或者其他组织发现发生突发事件，或者发现可能发生突发事件的异常情况，应当立即向所在地人民政府、有关主管部门或者指定的专业机构报告。接到报告的单位应当按照规定立即核实处理，对于不属于其职责的，应当立即移送相关单位核实处理。

第六十一条　地方各级人民政府应当按照国家有关规定向上级人民政府报送突发事件信息。县级以上人民政府有关主管部门应当向本级人民政府相关部门通报突发事件信息，并报告上级人民政府主管部门。专业机构、监测网点和信息报告员应当及时向所在地人民政府及其有关主管部门报告突发事件信息。

有关单位和人员报送、报告突发事件信息，应当做到及时、客观、真实，不得迟报、谎报、瞒报、漏报，不得授意他人迟报、谎报、瞒报，不得阻碍他人报告。

第六十二条　县级以上地方人民政府应当及时汇总分析突发事件隐患和监测信息，必要时组织相关部门、专业技术人员、专家学者进行会商，对发生突发事件的可能性及其可能造成的影响进行评估；认为可能发生重大或者特别重大突发事件的，应当立即向上级人民政府报告，并向上级人民政府有关部门、当地驻军和可能受到危害的毗邻或者相关地区的人民政府通报，及时采取预防措施。

第六十三条　国家建立健全突发事件预警制度。

可以预警的自然灾害、事故灾难和公共卫生事件的预警级别，按照突发事件发生的紧急程度、发展势态和可能造成的危害程度分为一级、二级、三级和四级，分别用红色、橙色、黄色和蓝色标示，一级为最高级别。

预警级别的划分标准由国务院或者国务院确定的部门制定。

第六十四条　可以预警的自然灾害、事故灾难或者公共卫生事件即将发生或者发生的可能性增大时，县级以上地方人民政府应当根据有关法律、行政法规和国务院规定的权限和程序，发布相应级别的警报，决定并宣布有关地区进入预警期，同时向上一级人民政府报告，必要时可以越级上报；具备条件的，应当进行网络直报或者自动速报；同时向当地驻军和可能受到危害的毗邻或者相关地区的人民政府通报。

发布警报应当明确预警类别、级别、起始时间、可能影响的范围、警示事项、应当采取的措施、发布单位和发布时间等。

第六十五条　国家建立健全突发事件预警发布平台，按照有关规定及时、准确向社会发布突发事件预警信息。

广播、电视、报刊以及网络服务提供者、电信运营商应当按照国家有关规定，建立突发事件预警信息快速发布通道，及时、准确、无偿播发或者刊载突发事件预警信息。

公共场所和其他人员密集场所，应当指定专门人员负责突发事件预警信息接收和传播工作，做好相关设备、设施维护，确保突发事件预警信息及时、准确接收和传播。

第六十六条　发布三级、四级警报，宣布进入预警期后，县级以上地方人民政府应当根据即将发生的突发事件的特点和可能造成的危害，采取下列措施：

（一）启动应急预案；

（二）责令有关部门、专业机构、监测网点和负有特定职责的人员及时收集、报告有关信息，向社会公布反映突发事件信息的渠道，加强对突发事件发生、发展情况的监测、预报和预警工作；

（三）组织有关部门和机构、专业技术人员、有关专家学者，随时对突发事件信息进行分析评估，预测发生突发事件可能性的大小、影响范围和强度以及可能发生的突发事件的级别；

（四）定时向社会发布与公众有关的突发事件预测信息和分析评估结果，并对相关信息的报道工作进行管理；

（五）及时按照有关规定向社会发布可能受到突发事件危害的警告，宣传避免、减轻危害的常识，公布咨询或者求助电话等联络方式和渠道。

第六十七条　发布一级、二级警报，宣布进入预警期后，县级以上地方人民政府除采取本法第六十六条规定的措施外，还应当针对即将发生的突发事件的特点和可能造成的危害，采取下列一项或者多项措施：

（一）责令应急救援队伍、负有特定职责的人员进入待命状态，并动员后备人员做好参加应急救援和处置工作的准备；

（二）调集应急救援所需物资、设备、工具，准备应急设施和应急避难、封闭隔离、紧急医疗救治等场所，并确保其处于良好状态、随时可以投入正常使用；

（三）加强对重点单位、重要部位和重要基础设施的安全保卫，维护社会治安秩序；

（四）采取必要措施，确保交通、通信、供水、排水、供电、供气、供热、医疗卫生、广播电视、气象等公共设施的安全和正常运行；

（五）及时向社会发布有关采取特定措施避免或者减轻危害的建议、劝告；

（六）转移、疏散或者撤离易受突发事件危害的人员并予以妥善安置，转移重要财产；

（七）关闭或者限制使用易受突发事件危害的场所，控制或者限制容易导致危害扩大的公共场所的活动；

（八）法律、法规、规章规定的其他必要的防范性、保护性措施。

第六十八条 发布警报，宣布进入预警期后，县级以上人民政府应当对重要商品和服务市场情况加强监测，根据实际需要及时保障供应、稳定市场。必要时，国务院和省、自治区、直辖市人民政府可以按照《中华人民共和国价格法》等有关法律规定采取相应措施。

第六十九条 对即将发生或者已经发生的社会安全事件，县级以上地方人民政府及其有关主管部门应当按照规定向上一级人民政府及其有关主管部门报告，必要时可以越级上报，具备条件的，应当进行网络直报或者自动速报。

第七十条 发布突发事件警报的人民政府应当根据事态的发展，按照有关规定适时调整预警级别并重新发布。

有事实证明不可能发生突发事件或者危险已经解除的，发布警报的人民政府应当立即宣布解除警报，终止预警期，并解除已经采取的有关措施。

第五章 应急处置与救援

第七十一条 国家建立健全突发事件应急响应制度。

突发事件的应急响应级别，按照突发事件的性质、特点、可能造成的危害程度和影响范围等因素分为一级、二级、三级和四级，一级为最高级别。

突发事件应急响应级别划分标准由国务院或者国务院确定的部门制定。县级以上人民政府及其有关部门应当在突发事件应急预案中确定应急响应级别。

第七十二条 突发事件发生后，履行统一领导职责或者组织处置突发事件的人民政府应当针对其性质、特点、危害程度和影响范围等，立即启动应急响应，组织有关部门，调动应急救援队伍和社会力量，依照法律、法规、规章和应急预案的规定，采取应急处置措施，并向上级人民政府报告；必要时，可以设立现场指挥部，负责现场应急处置与救援，统一指挥进入突发事件现场的单位和个人。

启动应急响应，应当明确响应事项、级别、预计期限、应急处置措施等。

履行统一领导职责或者组织处置突发事件的人民政府，应当建立协调机制，提供需求信息，引导志愿服务组织和志愿者等社会力量及时有序参与应急处置与救援工作。

第七十三条 自然灾害、事故灾难或者公共卫生事件发生后，履行统一领导职责的人民政府应当采取下列一项或者多项应急处置措施：

（一）组织营救和救治受害人员，转移、疏散、撤离并妥善安置受到威胁的人员以及采取其他救助措施；

（二）迅速控制危险源，标明危险区域，封锁危险场所，划定警戒区，实行交通管制、限制人员流动、封闭管理以及其他控制措施；

（三）立即抢修被损坏的交通、通信、供水、排水、供电、供气、供热、医疗卫生、广播电视、气象等公共设施，向受到危害的人员提供避难场所和生活必需品，实施医疗救护和卫生防疫以及其他保障措施；

（四）禁止或者限制使用有关设备、设施，关闭或者限制使用有关场所，中止人员密集的活动或者可能导致危害扩大的生产经营活动以及采取其他保护措施；

（五）启用本级人民政府设置的财政预备费和储备的应急救援物资，必要时调用其他急需物资、设备、设施、工具；

（六）组织公民、法人和其他组织参加应急救援和处置工作，要求具有特定专长的人员提供服务；

（七）保障食品、饮用水、药品、燃料等基本生活必需品的供应；

（八）依法从严惩处囤积居奇、哄抬价格、牟取暴利、制假售假等扰乱市场秩序的行为，维护市场秩序；

（九）依法从严惩处哄抢财物、干扰破坏应急处置工作等扰乱社会秩序的行为，维护社会治安；

（十）开展生态环境应急监测，保护集中式饮用水水源地等环境敏感目标，控制和处置污染物；

（十一）采取防止发生次生、衍生事件的必要措施。

第七十四条 社会安全事件发生后，组织处置工作的人民政府应当立即启动应急响应，组织有关部门针对事件的性质和特点，依照有关法律、行政法规和国家其他有关规定，采取下列一项或者多项应急处置措施：

（一）强制隔离使用器械相互对抗或者以暴力行为参与冲突的当事人，妥善解决现场纠纷和争端，控制事态发展；

（二）对特定区域内的建筑物、交通工具、设备、设施以及燃料、燃气、电力、水的供应进行控制；

（三）封锁有关场所、道路，查验现场人员的身份证件，限制有关公共场所内的活动；

（四）加强对易受冲击的核心机关和单位的警卫，在国家机关、军事机关、国家通讯社、广播电台、电视台、外国驻华使领馆等单位附近设置临时警戒线；

（五）法律、行政法规和国务院规定的其他必要措施。

第七十五条　发生突发事件，严重影响国民经济正常运行时，国务院或者国务院授权的有关主管部门可以采取保障、控制等必要的应急措施，保障人民群众的基本生活需要，最大限度地减轻突发事件的影响。

第七十六条　履行统一领导职责或者组织处置突发事件的人民政府及其有关部门，必要时可以向单位和个人征用应急救援所需设备、设施、场地、交通工具和其他物资，请求其他地方人民政府及其有关部门提供人力、物力、财力或者技术支援，要求生产、供应生活必需品和应急救援物资的企业组织生产、保证供给，要求提供医疗、交通等公共服务的组织提供相应的服务。

履行统一领导职责或者组织处置突发事件的人民政府和有关主管部门，应当组织协调运输经营单位，优先运送处置突发事件所需物资、设备、工具、应急救援人员和受到突发事件危害的人员。

履行统一领导职责或者组织处置突发事件的人民政府及其有关部门，应当为受突发事件影响无人照料的无民事行为能力人、限制民事行为能力人提供及时有效帮助；建立健全联系帮扶应急救援人员家庭制度，帮助解决实际困难。

第七十七条　突发事件发生地的居民委员会、村民委员会和其他组织应当按照当地人民政府的决定、命令，进行宣传动员，组织群众开展自救与互救，协助维护社会秩序；情况紧急的，应当立即组织群众开展自救与互救等先期处置工作。

第七十八条　受到自然灾害危害或者发生事故灾难、公共卫生事件的单位，应当立即组织本单位应急救援队伍和工作人员营救受害人员，疏散、撤离、安置受到威胁的人员，控制危险源，标明危险区域，封锁危险场所，并采取其他防止危害扩大的必要措施，同时向所在地县级人民政府报告；对因本单位的问题引发的或者主体是本单位人员的社会安全事件，有关单位应当按照规定上报情况，并迅速派出负责人赶赴现场开展劝解、疏导工作。

突发事件发生地的其他单位应当服从人民政府发布的决定、命令，配合人民政府采取的应急处置措施，做好本单位的应急救援工作，并积极组织人员参加所在地的应急救援和处置工作。

第七十九条　突发事件发生地的个人应当依法服从人民政府、居民委员会、村民委员会或者所属单位的指挥和安排，配合人民政府采取的应急处置措施，积极参加应急救援工作，协助维护社会秩序。

第八十条　国家支持城乡社区组织健全应急工作机制，强化城乡社区综合服务设施和信息平台应急功能，加强与突发事件信息系统数据共享，增强突发事件应急处置中保障群众基本生活和服务群众能力。

第八十一条　国家采取措施，加强心理健康服务体系和人才队伍建设，支持引导心理健康服务人员和社会工作者对受突发事件影响的各类人群开展心理健康教育、心理评估、心理疏导、心理危机干预、心理行为问题诊治等心理援助工作。

第八十二条　对于突发事件遇难人员的遗体，应当按照法律和国家有关规定，科学规范处置，加强卫生防疫，维护逝者尊严。对于逝者的遗物应当妥善保管。

第八十三条　县级以上人民政府及其有关部门根据突发事件应对工作需要，在履行法定职责所必需的范围和限度内，可以要求公民、法人和其他组织提供应急处置与救援需要的信息。公民、法人和其他组织应当予以提供，法律另有规定的除外。县级以上人民政府及其有关部门对获取的相关信息，应当严格保密，并依法保护公民的通信自由和通信秘密。

第八十四条　在突发事件应急处置中，有关单位和个人因依照本法规定配合突发事件应对工作或者履行相关义务，需要获取他人个人信息的，应当依照法律规定的程序和方式取得并确保信息安全，不得非法收集、使用、加工、传输他人个人信息，不得非法买卖、提供或者公开他人个人信息。

第八十五条 因依法履行突发事件应对工作职责或者义务获取的个人信息，只能用于突发事件应对，并在突发事件应对工作结束后予以销毁。确因依法作为证据使用或者调查评估需要留存或者延期销毁的，应当按照规定进行合法性、必要性、安全性评估，并采取相应保护和处理措施，严格依法使用。

第六章　事后恢复与重建

第八十六条 突发事件的威胁和危害得到控制或者消除后，履行统一领导职责或者组织处置突发事件的人民政府应当宣布解除应急响应，停止执行依照本法规定采取的应急处置措施，同时采取或者继续实施必要措施，防止发生自然灾害、事故灾难、公共卫生事件的次生、衍生事件或者重新引发社会安全事件，组织受影响地区尽快恢复社会秩序。

第八十七条 突发事件应急处置工作结束后，履行统一领导职责的人民政府应当立即组织对突发事件造成的影响和损失进行调查评估，制定恢复重建计划，并向上一级人民政府报告。

受突发事件影响地区的人民政府应当及时组织和协调应急管理、卫生健康、公安、交通、铁路、民航、邮政、电信、建设、生态环境、水利、能源、广播电视等有关部门恢复社会秩序，尽快修复被损坏的交通、通信、供水、排水、供电、供气、供热、医疗卫生、水利、广播电视等公共设施。

第八十八条 受突发事件影响地区的人民政府开展恢复重建工作需要上一级人民政府支持的，可以向上一级人民政府提出请求。上一级人民政府应当根据受影响地区遭受的损失和实际情况，提供资金、物资支持和技术指导，组织协调其他地区和有关方面提供资金、物资和人力支援。

第八十九条 国务院根据受突发事件影响地区遭受损失的情况，制定扶持该地区有关行业发展的优惠政策。

受突发事件影响地区的人民政府应当根据本地区遭受的损失和采取应急处置措施的情况，制定救助、补偿、抚慰、抚恤、安置等善后工作计划并组织实施，妥善解决因处置突发事件引发的矛盾纠纷。

第九十条 公民参加应急救援工作或者协助维护社会秩序期间，其所在单位应当保证其工资待遇和福利不变，并可以按照规定给予相应补助。

第九十一条 县级以上人民政府对在应急救援工作中伤亡的人员依法落实工伤待遇、抚恤或者其他保障政策，并组织做好应急救援工作中致病人员的医疗救治工作。

第九十二条 履行统一领导职责的人民政府在突发事件应对工作结束后，应当及时查明突发事件的发生经过和原因，总结突发事件应急处置工作的经验教训，制定改进措施，并向上一级人民政府提出报告。

第九十三条 突发事件应对工作中有关资金、物资的筹集、管理、分配、拨付和使用等情况，应当依法接受审计机关的审计监督。

第九十四条 国家档案主管部门应当建立健全突发事件应对工作相关档案收集、整理、保护、利用工作机制。突发事件应对工作中形成的材料，应当按照国家规定归档，并向相关档案馆移交。

第七章　法律责任

第九十五条 地方各级人民政府和县级以上人民政府有关部门违反本法规定，不履行或者不正确履行法定职责的，由其上级行政机关责令改正；有下列情形之一，由有关机关综合考虑突发事件发生的原因、后果、应对处置情况、行为人过错等因素，对负有责任的领导人员和直接责任人员依法给予处分：

（一）未按照规定采取预防措施，导致发生突发事件，或者未采取必要的防范措施，导致发生次生、衍生事件的；

（二）迟报、谎报、瞒报、漏报或者授意他人迟报、谎报、瞒报以及阻碍他人报告有关突发事件的信息，或者通报、报送、公布虚假信息，造成后果的；

（三）未按照规定及时发布突发事件警报、采取预警期的措施，导致损害发生的；

（四）未按照规定及时采取措施处置突发事件或者处置不当，造成后果的；

（五）违反法律规定采取应对措施，侵犯公民生命健康权益的；

（六）不服从上级人民政府对突发事件应急处置工作的统一领导、指挥和协调的；

（七）未及时组织开展生产自救、恢复重建等善后工作的；

（八）截留、挪用、私分或者变相私分应急救援资金、物资的；

（九）不及时归还征用的单位和个人的财产，或者对被征用财产的单位和个人不按照规定给予补偿的。

第九十六条 有关单位有下列情形之一，由所在地履行统一领导职责的人民政府有关部门责令停产停业，暂扣或者吊销许可证件，并处五万元以上二十万元以下的罚款；情节特别严重的，并处二十万元以上一百万元以下的罚款：

（一）未按照规定采取预防措施，导致发生较大以上突发事件的；

（二）未及时消除已发现的可能引发突发事件的隐患，导致发生较大以上突发事件的；

（三）未做好应急物资储备和应急设备、设施日常维护、检测工作，导致发生较大以上突发事件或者突发事件危害扩大的；

（四）突发事件发生后，不及时组织开展应急救援工作，造成严重后果的。

其他法律对前款行为规定了处罚的，依照较重的规定处罚。

第九十七条 违反本法规定，编造并传播有关突发事件的虚假信息，或者明知是有关突发事件的虚假信息而进行传播的，责令改正，给予警告；造成严重后果的，依法暂停其业务活动或者吊销其许可证件；负有直接责任的人员是公职人员的，还应当依法给予处分。

第九十八条 单位或者个人违反本法规定，不服从所在地人民政府及其有关部门依法发布的决定、命令或者不配合其依法采取的措施的，责令改正；造成严重后果的，依法给予行政处罚；负有直接责任的人员是公职人员的，还应当依法给予处分。

第九十九条 单位或者个人违反本法第八十四条、第八十五条关于个人信息保护规定的，由主管部门依照有关法律规定给予处罚。

第一百条 单位或者个人违反本法规定，导致突发事件发生或者危害扩大，造成人身、财产或者其他损害的，应当依法承担民事责任。

第一百零一条 为了使本人或者他人的人身、财产免受正在发生的危险而采取避险措施的，依照《中华人民共和国民法典》、《中华人民共和国刑法》等法律关于紧急避险的规定处理。

第一百零二条 违反本法规定，构成违反治安管理行为的，依法给予治安管理处罚；构成犯罪的，依法追究刑事责任。

第八章 附　　则

第一百零三条 发生特别重大突发事件，对人民生命财产安全、国家安全、公共安全、生态环境安全或者社会秩序构成重大威胁，采取本法和其他有关法律、法规、规章规定的应急处置措施不能消除或者有效控制、减轻其严重社会危害，需要进入紧急状态的，由全国人民代表大会常务委员会或者国务院依照宪法和其他有关法律规定的权限和程序决定。

紧急状态期间采取的非常措施，依照有关法律规定执行或者由全国人民代表大会常务委员会另行规定。

第一百零四条 中华人民共和国领域外发生突发事件，造成或者可能造成中华人民共和国公民、法人和其他组织人身伤亡、财产损失的，由国务院外交部门会同国务院其他有关部门、有关地方人民政府，按照国家有关规定做好应对工作。

第一百零五条 在中华人民共和国境内的外国人、无国籍人应当遵守本法，服从所在地人民政府及其有关部门依法发布的决定、命令，并配合其依法采取的措施。

第一百零六条 本法自2024年11月1日起施行。

行政规章及规范性文件：

关于进一步加强国有大型危化企业专职消防队伍建设的意见

安委办〔2023〕3号

1月31日，国务院安委会办公室、应急管理部、国务院国资委联合印发《关于进一步加强国有大型危化企业专职消防队伍建设的意见》（以下简称《意见》）。为推动《意见》落实，2月10日，国家消防救援局、国务院国资委社会责任局召开国有大型危化企业专职消防队伍建设意见宣贯视频会，从国有大型危化企业专职消防队伍建设背景和总体目标、建设任务、方法步骤、工作要求方面对《意见》进行宣贯。

一、目标：提升自防自救能力

为深入贯彻落实党的二十大精神和习近平总书记关于防范化解重大风险重要论述，更好统筹发展和安全，防范化解重大安全风险，提升消防安全治理能力现代化，以高水平安全服务经济社会高质量发展，应急管理部联合国务院国资委，在深入调研论证和广泛征求意见的基础上，研究制定了《意见》，推动国有大型危化企业加强专职消防队伍建设，提升企业本质安全水平和自防自救能力，为企业安全生产保驾护航。

国有大型危化企业专职消防队伍作为我国消防力量体系的重要组成部分，在防范化解企业安全风险、应对处置特殊灾害事故方面发挥着重要作用。此次出台的《意见》，是在2016年10月十三部委联合印发《关于规范和加强企业专职消防队伍建设的指导意见》的基础上，细化国有大型危化企业专职消防队伍建设的具体任务和工作要求，针对性、指导性、操作性更强，为国有大型危化企业专职消防队伍建设发展和战斗力提升提供了有力政策支撑。

《意见》明确，2024年底前，国有大型危化企业全部依法建立企业专职消防队伍，企业专职消防队站布局更加优化，招录制度更加完善，职业素养更加过硬，保障机制更加健全，工资待遇更加合理，装备配备更加科学，执勤训练更加规范，职能作用更加突出，队伍生命力、战斗力显著提升。

二、建设任务：十个方面

《意见》从十个方面对国有大型危化企业专职消防队伍建设进行了规范加强。

一是依法建设队伍。国有大型危化企业应依据《消防法》和相关规定要求，按照《危化企业消防站建设标准》，落实“应建尽建”责任，制定企业专职消防队伍发展规划，参照国家综合性消防救援队伍建设模式，合理设置支队、大队、中队，统一规范称谓，明确队伍隶属关系和级别，按照有关规定建立健全党、团、工会等组织。

二是明确职能定位。企业专职消防队伍贯彻落实“预防为主、防消结合”的方针，承担企业各类事故中人员救助、着火爆炸事故现场处置、危险化学品泄漏现场处置、紧急状态和危险作业的现场监护，以及消防安全检查、消防宣传教育、志愿消防队专业培训等工作，积极参与工艺处置。

三是规范人员招录。国有大型危化企业科学编制用人计划和定额定员标准，合理配置各岗位人员，制定专职消防队员招录标准。根据企业生产危险性、专职消防队员稳定性、应急处置专业性等实际需要，科学合理确定用工模式，依法与专职消防队员签订书面劳动合同，企业专职消防队员不应采取劳务派遣用工。企业专职消防队采取劳务外包用工的，须事前进行评估论证。

四是提升职业待遇。国有大型危化企业应针对高风险、高负荷、高压力等职业特点，参照企业一线员工工资标准上限，制定专职消防队员工资待遇标准，明确工资、绩效、津贴、福利等待遇保障，购买人身意外伤害、补充医疗保险。实行定期增资和专项奖励，参照企业一线员工标准建立专职消防队员退出转岗机制，并允许提前退休安置。

五是深化技能培训。国有大型危化企业应制定岗位技能提升计划，每年组织对企业专职消防队员进行岗位业务培训和专项培训，提升岗位履职能力，开展履职情况考核。合理安排专职消防队员到一线生产岗位轮岗，熟悉工艺流程及岗位风险。新录用专职消防队员必须参加不少于3个月的岗前培训，考核合格后方可参加执勤。

六是优化装备结构。国有大型危化企业应加大装备经费投入力度，建立专职消防队伍装备器材配备和定期更新机制，有针对性增配与企业危险特性和生产装置灭火救援任务需求相匹配的装备。储备充足的灭火药剂，建立落实车辆装备维护制度。根据企业危险特性和企业专职消防队伍能力提升需求，加强各类训练装备器材配备，满足真火、模拟实战训练需要。

七是强化执勤训练。国有大型危化企业应制定企业专职消防队伍执勤制度、训练大纲等，严格落实24小时值班备勤制度。企业专职消防队伍科学制定训练计划，修订完善应急处置预案，开展针对性实地熟悉、业务训练和实战演练。与国家综合性消防救援队伍建立联勤联训、共训共练机制，纳入统一调度指挥体系。根据国家综合性消防救援队伍调度和指令，参加本企业以外的灭火救援任务。

八是严格管理教育。国有大型危化企业应将企业专职消防队伍及队员纳入人力资源管理体系和考核考评范围，结合工作特点制定标准，科学评价企业专职消防队伍及队员工作绩效。国家综合性消防救援队伍应加强对企业专职消防队伍管理教育指导。企业专职消防队伍应加强正规化建设，建立完善学习教育、值班备勤、休息休假、检查督导、考核考评、奖励惩处等管理制度，企业专职消防队主要负责人任职后应报属地消防救援支队进行备案。

九是加强经费保障。国有大型危化企业应加强安全经费投入，合理统筹经费使用。出台企业专职消防队伍经费保障办法，明确经费保障标准和最低保障比例，依法足额保障企业专职消防队伍建设、消防装备购置等经费需求。制定企业专职消防队伍专项经费年度计划，明确企业安全生产费用提取和使用具体要求，确保专款专用。优化经费划拨程序，缩短申请审核周期，提高经费保障效率。

十是增强职业荣誉。统一企业专职消防队伍服装、标识，落实职业健康检查、工伤保险、伤残抚恤等特殊政策。组织队员参加消防员职业技能鉴定，推行专职消防队员持国家职业资格证上岗，并将职业资格与其岗位任职条件、薪酬、合同续签、职级调整晋升等挂钩，对工作中表现突出的专职消防队员，给予表彰奖励。

三、工作落实：分三步走

一是细化部署。2023 年 2 月底前，国有大型危化企业总部分别召开行业系统动员部署会议，统一思想认识，细化工作措施，量化建设任务，明确责任和要求，推进相关工作落实。

二是全面建设。2024 年 12 月底前，对照国有大型危化企业专职消防队伍建设任务和《危化企业消防站建设标准》，全面开展建设，按时完成任务。国有大型危化企业总部加强跟踪指导，应急管理部、国务院国资委视情开展督导检查。

三是验收总结。2025 年 1 月至 5 月，应急管理部、国务院国资委和国有大型危化企业总部成立联合工作组，按照“一家一家过”的方式，组织对国有大型危化企业专职消防队伍建设工作进行验收和总结。

四、工作要求：四个强化

一是强化组织领导。充分认清推动国有大型危化企业安全发展的极端重要性，把国有大型危化企业专职消防队伍建设作为企业安全发展的重要保障，强化组织协调，组成专家团队，深化服务指导，确保各项建设任务高质高效按期完成。

二是强化协同推进。建立完善会商研判、督导检查、信息共享等工作机制。国有大型危化企业总部牵头负责所属大型危化企业专职消防队伍建设任务。应急管理部牵头组织对企业专职消防队伍建设情况进行检查验收。国务院国资委加强对相关企业监督管理，通过核减装备更新、药剂消耗等费用，推动落实返税助消。

三是强化巩固提升。总结固化国有大型危化企业专职消防队伍建设模式和经验做法，健全完善队员招录、技能培训、经费保障、设施配备、执勤训练、管理教育等方面制度标准，因地制宜推广延伸运用到交通运输、民航、电力等大型央企领域，全面加强和规范国有大型企业专职消防队伍建设管理。

四是强化督导问效。将国有大型危化企业专职消防队伍建设情况纳入有关国有企业安全考核评价指标，定期开展督导检查。各省（自治区、直辖市）负责管理的国有大型危化企业按照此意见执行。对工作不力、建设缓慢的，要及时约谈提醒，督促整改落实；对因建设责任不落实、管理措施不到位导致发生有影响安全生产事故的，依法依纪严肃追究相关人员责任。

（二）其他

党内规范性文件：

中共中央办公厅、国务院办公厅印发《关于加强社会主义法治文化建设的意见》

中共中央办公厅、国务院办公厅印发了《关于加强社会主义法治文化建设的意见》，并发出通知，要求各地区各部门结合实际认真贯彻落实。

《关于加强社会主义法治文化建设的意见》全文如下。

社会主义法治文化是中国特色社会主义文化的重要组成部分，是社会主义法治国家建设的重要支撑。为加强社会主义法治文化建设，现提出如下意见。

一、总体要求

（一）指导思想。以习近平新时代中国特色社会主义思想为指导，全面贯彻党的十九大和十九届二中、三中、四中、五中全会精神，深入学习宣传贯彻习近平法治思想和习近平总书记关于文化自信的重要论述，把建设社会主义法治文化作为建设中国特色社会主义法治体系、建设社会主义法治国家的战略性、基础性工作和建设社会主义文化强国的重要内容，切实提高全民族法治素养和道德素质，着力建设面向现代化、面向世界、面向未来的，民族的科学的大众的社会主义法治文化，为全面依法治国提供坚强思想保证和强大精神动力，为全面建设社会主义现代化国家、实现中华民族伟大复兴的中国梦夯实法治基础。

（二）工作原则

——坚持党对全面依法治国的领导，牢固确立习近平法治思想在全面依法治国中的指导地位，确保社会主义法治文化建设的正确方向，增强“四个意识”、坚定“四个自信”、做到“两个维护”，坚定不移走中国特色社会主义法治道路。

——坚持以人民为中心，做到社会主义法治文化建设为了人民、依靠人民，不断满足人民日益增长的对民主、法治、公平、正义的需要。

——坚持法安天下、德润人心，把社会主义核心价值观融入社会主义法治文化建设全过程各方面，实现法治和德治相辅相成、相得益彰。

——坚持知行合一、重在实践，引导全体人民成为社会主义法治的忠实崇尚者、自觉遵守者、坚定捍卫者。

——坚持继承发展、守正创新，弘扬中华优秀传统文化、革命文化、社会主义先进文化，学习借鉴世界优秀法治文明成果，不断发展和繁荣社会主义法治文化。

（三）总体目标。通过不懈努力，宪法法律权威进一步树立，尊法学法守法用法氛围日益浓厚，法治文化事业繁荣兴盛，法治文化人才队伍不断壮大，社会主义法治文化建设工作体制机制进一步完善。到2035年，基本形成与法治国家、法治政府、法治社会相适应，与中国特色社会主义法治体系相适应的社会主义法治文化，基本形成全社会办事依法、遇事找法、解决问题用法、化解矛盾靠法的法治环境。

二、主要任务

（四）深入学习宣传贯彻习近平法治思想。深化学习教育，抓好领导干部这个重点，把习近平法治思想作为党委（党组）理论学习中心组学习重点内容、党校（行政学院）和干部学院重点课程，不断深化思想认识、筑牢理论根基，提高领导干部运用法治思维和法治方式开展工作的本领。加强宣传解读，通过媒体报道、评论言论、理论文章、学习读本、短视频等形式，运用各类融媒体手段和平台，推动习近平法治思想深入人心。把习近平法治思想学习宣传同普法工作结合起来，同法治政府建设示范创建活动等结合起来，发挥好各类基层普法阵地的作用。把习近平法治思想融入学校教育，纳入高校法治理论教学体系，做好进教材、进课堂、进头脑工作。依托中国政法实务大讲堂，深入宣讲习近平法治思想。加强对法治领域错误思想观点的辨析批驳，帮助干部群众明辨是非，坚定走中国特色社会主义法治道路的信心。

（五）完善中国特色社会主义法治理论。把马克思主义法治理论与中国具体实际相结合，不断推进马克思主义法治理论中国化时代化大众化。深刻认识，在新时代坚持和巩固马克思主义法治理论的指导地位，最重要的就是牢固确立习近平法治思想在全面依法治国中的指导地位。围绕习近平法治思想“十一个坚持”确立一批选题，组织法学专家和实践工作者深入研究，推出一批有分量的研究成果。加强对中国特色社会主义法律制度的理论研究，完善中国特色社会主义法治理论的学术体系、理论体系、话语体系。加强党内法规理论研究，强化依规治党学理支撑，推动全面从严治党向纵深发展。从我国国情和实际出发，研究回答法治中国建设中的重大问题，提炼标识性法学学术概念，凝练中国特色社会主义法律体系的特点和优势，促进法学研究成果推广和应用。加强中国特色新型法治智库建设，加大对重大法治理论、法治文化研究课题支持力度，加强法律实务部门和理论研究部门的交流互动，为法治实践提供高质量的决策参考。开展法治文化科研教学，支持有条件的单位自主设置法治文化相关二级学科硕士点、博士点。

（六）大力弘扬宪法精神。深入持久开展宪法宣传教育，在全社会牢固树立宪法法律至上、法律面前人人平等、权由法定、权依法使等基本法治观念，维护宪法权威。落实国家工作人员宪法宣誓制度，组织好“12·4”国家宪法日、“宪法宣传周”系列宣传，推动宪法宣传教育常态化、制度化。抓住“关键少数”，把宪法纳入各级领导干部学法清单，作为领导干部学法基本任务、法治素养评估和年度述法基本内容，增强领导干部宪法意识，促进领导干部带头以宪法为根本活动准则，带头尊法学法守法用法，提高运用法治思维和法治方式深化改革、推动发展、化解矛盾、维护稳定、应对风险的能力。落实《青少年法治教育大纲》，把宪法纳入国民教育，融入校园文化，持续举办全国学生“学宪法讲宪法”、“宪法晨读”等系列活动，在青少年成人礼中设置礼敬宪法环节，增强青少年宪法观念。在“五四宪法”历史资料陈列馆基础上建设国家宪法宣传教育馆，建设各类宪法学习宣传教育基地，通过升国旗、奏唱国歌等仪式仪礼和开展重大节庆活动，增进全社会对宪法的尊崇和信仰。把宪法教育和爱国主义教育有机结合起来，以宪法教育激发爱国热情，增进各族群众对伟大祖国、中华民族、中华文化、中国共产党、中国特色社会主义的认同。

（七）在法治实践中持续提升公民法治素养。注重公民法治习惯的实践养成，促进人民群众广泛参与法治，用科学立法、严格执法、公正司法的实践教育人民，推动全民守法。坚持科学立法，推进党的领导入法入规，把党的主张依照法定程序转化为国家意志，把社会主义核心价值观融入法律法规的立改废释全过程，使法律法规、司法解释等更好体现国家价值目标、社会价值取向和公民价值准则，以良法保障善治。坚持严格执法，强化严格规范公正文明执法意识，促进提高依法行政能力和水平。坚持公正司法，健全公正高效权威的司法制度，促进司法文明，努力让人民群众在每一个司法案件中感受到公平正义。坚持全民守法，让依法工作生活真正成为一种习惯，任何组织和个人都不得有超越宪法法律的特权。加大全民普法力度，在针对性和实效性上下功夫，落实“谁执法谁普法”普法责任制，加强以案普法、以案释法，发挥典型案例引领法治风尚、塑造社会主义核心价值观的积极作用，不断提升全体公民法治意识和法治素养。广泛开展民法典普法工作，让民法典走到群众身边、走进群众心里，大力弘扬平等自愿、诚实信用等法治精神，教育引导公民正确行使权利、积极履行义务。强化依法治理，从人民群众反映强烈的问题改起、从细节抓起、从小事做起，积极引导公民在日常生活中遵守交通规则、做好垃圾分类、杜绝餐饮浪费、革除滥食野生动物陋习等，培养规则意识，培育良好法治环境。在法治轨道上应对突发事件，依法加强应急管理，引导全社会依法行动、依法办事。突出学习宣传党章，深入开展党规党纪教育，教育引导广大党员做党章党规党纪和国家法律的自觉尊崇者、模范遵守者、坚定捍卫者。完善社会矛盾纠纷多元预防调处化解综合机制，把非诉讼纠纷解决机制挺在前面，引导人们理性平和协商解决矛盾纠纷。把法治文化建设纳入公民道德建设工程、社会信用体系建设中，推动完善市民公约、乡规民约、学生守则、行业规章、团体章程等社会规范。

（八）推动中华优秀传统法律文化创造性转化、创新性发展。传承中华法系的优秀思想和理念，研究我国古代法制传统和成败得失，挖掘民为邦本、礼法并用、以和为贵、明德慎罚、执法如山等中华传统法律文化精华，根据时代精神加以转化，加强研究阐发、公共普及、传承运用，使中华优秀传统法律文化焕发出新的生命力。加强对我国法律文化历史遗迹的保护，弘扬代表性人物的事迹和精神，因地制宜建立基地，免费向社会开放。加强对法律文化典籍、文物的保护和整理，让书写在古籍里的文字活起来、传下去。挖掘善良风俗、家规家训中的优秀法治内容，倡导传承优良家风。

（九）繁荣发展社会主义法治文艺。坚持以人民为中心的工作导向，把社会效益放在首位，创作生产与精神文明建设“五个一工程”等文艺精品工程有机衔接的优秀法治文艺作品。落实媒体公益普法责任，综合运用“报、网、端、微、屏”等资源和平台，推动法治融媒体建设，建立以内容建设为根本、先进技术为支撑、创新管理为保障的法治全媒体传播体系，创建法治品牌栏目、节目。推动法治文化数字化建设，以全国“智慧普法”平台为依托，组织开展法治动漫微视频征集展播活动，建立全国法治文艺精品库，汇聚优秀网络法治文艺作品，逐步实现共建共享。加大法治文化惠民力度，充分利用“三下乡”活动，组织丰富多彩的法治文艺下基层，在重大节庆日、法律法规实施日等时间节点，组织开展群众性法治文化活动。

（十）加强社会主义法治文化阵地建设。把法治文化阵地建设纳入城乡规划，建好用好各种法治文化阵地，扩大覆盖面，提高利用率和群众参与度。加强法治宣传教育基地、法治文化创作基地、青少年法治教育实践基地等建设，完善建设标准，增强实用功能。注重发掘、研究、保护共和国红色法治文化，传承红色法治基因，建设一批以红色法治文化为主题的高质量法治宣传教育基地。把法治元素融入长城、大运河、长征、黄河等国家文化公园建设，融入国家重大文化建设项目，发挥示范带动作用。积极利用新时代文明实践中心（所、站）、爱国主义教育基地和公共文化机构等阵地，开展群众喜闻乐见的法治文化活动。加强对县（市、区、旗）、乡镇（街道）、村（社区）等区域治理法治状况的研究评估工作。以民主法治示范村（社区）等为基础，努力打造各具特色的法治文化体验线路，形成一批深受人民群众喜爱的区域性法治文化集群。推动法治文化与地方、行业特色文化有机融合，促进法治文化进机关、进农村、进社区、进企业、进学校、进军营、进网络等。加强基层单位法治文化形象塑造，建设法治“微景观”。着力提升市县法治文化阵地建设质量，推动从有形覆盖向有效覆盖转变。基本实现每个村（社区）至少有一个法治文化阵地，充分发挥其教育作用。

（十一）加强法治文化国际交流。把建设社会主义法治文化作为提高国家文化软实力的重要途径，对外阐释构建人类命运共同体的法治内涵和法治主张。注重在共建“一带一路”中发挥法治文化作用，建立和完善相关纠纷解决机制和组织机构，推动沿线国家、地区开展法治文化交流合作。建立涉外工作法务制度，加快我国法域外适用的法律体系建设和研究，推动海外法律服务高质量发展，更好服务于海外法律纠纷解决和涉外法律工作，提高涉外工作法治化水平。把法治外宣作为国际传播能力建设的重要内容，善于讲述中国法治故事，展示我国法治国家的形象，不断提升社会主义法治文化影响力。举办法治国际论坛，开展与世界各国法治文化对话。

三、组织保障

（十二）加强组织领导。各级党委和政府要高度重视社会主义法治文化建设，加强领导、统一部署，把法治文化建设纳入法治建设总体规划，纳入公共文化服务体系。将法治文化作为优化营商环境的重要内容，作为法治示范创建、精神文明创建、平安中国建设等创建指标体系的重要内容。党政主要负责人要切实履行推进法治建设第一责任人职责，及时研究解决法治文化建设中的重要问题。完善优秀法治文化作品的鼓励支持政策，加大对法治文艺精品和法治文化基地的扶持力度，促进法治文化作品创作和传播。将法治文化建设所需经费列入本级预算，统筹利用好现有经费渠道，拓宽资金来源，鼓励社会资本参与法治文化建设。

（十三）健全工作机制。建立健全党委统一领导、政府主导实施、部门分工负责、社会力量积极参与的社会主义法治文化建设工作机制。中央全面依法治国委员会办公室和各地全面依法治省（市、县）委员会办公室加强统筹协调，司法行政部门具体负责日常工作。党委宣传、网信、法院、检察院、教育、财政、文化和旅游等部门要发挥职能作用，积极推进法治文化建设。各部门要按照“谁主管谁负责”原则，加强本部门本行业本系统法治文化建设。各群团组织和社会组织要充分发挥作用，通过各种途径和形式参与法治文化建设。

（十四）强化人才培养。坚持立德树人、德法兼修，实施法治文化人才教育培养计划，深入开展社会主义核心价值观和社会主义法治理念教育。加强法治文化专业队伍建设。完善普法讲师团服务管理，推动实现制度化规范化。健全法治文化志愿服务体系，提高志愿服务水平，推进志愿服务精准化、常态化、便利化、品牌化。加强法治报刊出版网络队伍建设，加强法治新闻采编创作人员法治培训。发展壮大法治文化理论研究力量，培育学科带头人。完善法治文化建设人才培养使用评价激励机制。

（十五）培育推广典型。鼓励和支持各地区各部门根据实际情况大胆探索、勇于创新。加强培育法治文化建设先进典型，形成一批可复制可推广的好经验好做法。建立法治文化建设示范点，发挥引领示范作用。做好法治文化建设成果宣传和典型推广，形成良好氛围。

司法解释及最高人民法院其他文件：

最高人民法院印发《全国法院破产审判工作会议纪要》的通知

法〔2018〕53 号

各省、自治区、直辖市高级人民法院，解放军军事法院，新疆维吾尔自治区高级人民法院生产建设兵团分院：

现将《全国法院破产审判工作会议纪要》印发给你们，请认真遵照执行。

最高人民法院

2018 年 3 月 4 日

全国法院破产审判工作会议纪要

为落实党的十九大报告提出的贯彻新发展理念、建设现代化经济体系的要求，紧紧围绕高质量发展这条主线，服务和保障供给侧结构性改革，充分发挥人民法院破产审判工作在完善社会主义市场经济主体拯救和退出机制中的积极作用，为决胜全面建成小康社会提供更加有力的司法保障，2017 年 12 月 25 日，最高人民法院在广东省深圳市召开了全国法院破产审判工作会议。各省、自治区、直辖市高级人民法院、设立破产审判庭的市中级人民法院的代表参加了会议。与会代表经认真讨论，对人民法院破产审判涉及的主要问题达成共识。现纪要如下：

一、破产审判的总体要求

会议认为，人民法院要坚持以习近平新时代中国特色社会主义经济思想为指导，深刻认识破产法治对决胜全面建成小康社会的重要意义，以更加有力的举措开展破产审判工作，为经济社会持续健康发展提供更加有力的司法保障。当前和今后一个时期，破产审判工作总的要求是：

一要发挥破产审判功能，助推建设现代化经济体系。人民法院要通过破产工作实现资源重新配置，用好企业破产中权益、经营管理、资产、技术等重大调整的有利契机，对不同企业分类处置，把科技、资本、劳动力和人力资源等生产要素调动好、配置好、协同好，促进实体经济和产业体系优质高效。

二要着力服务构建新的经济体制，完善市场主体救治和退出机制。要充分运用重整、和解法律手段实现市场主体的有效救治，帮助企业提质增效；运用清算手段促使丧失经营价值的企业和产能及时退出市场，实现优胜劣汰，从而完善社会主义市场主体的救治和退出机制。

三要健全破产审判工作机制，最大限度释放破产审判的价值。要进一步完善破产重整企业识别、政府与法院协调、案件信息沟通、合法有序的利益衡平四项破产审判工作机制，推动破产审判工作良性运行，彰显破产审判工作的制度价值和社会责任。

四要完善执行与破产工作的有序衔接，推动解决“执行难”。要将破产审判作为与立案、审判、执行既相互衔接、又相对独立的一个重要环节，充分发挥破产审判对化解执行积案的促进功能，消除执行转破产的障碍，从司法工作机制上探索解决“执行难”的有效途径。

二、破产审判的专业化建设

审判专业化是破产审判工作取得实质性进展的关键环节。各级法院要大力加强破产审判专业化建设，努力实现审判机构专业化、审判队伍专业化、审判程序规范化、裁判规则标准化、绩效考评科学化。

1. 推进破产审判机构专业化建设。省会城市、副省级城市所在地中级人民法院要根据最高人民法院《关于在中级人民法院设立清算与破产审判庭的工作方案》（法〔2016〕209 号），抓紧设立清算与破产审判庭。其他各级法院可根据本地工作实际需求决定设立清算与破产审判庭或专门的合议庭，培养熟悉清算与破产审判的专业法官，以适应破产审判工作的需求。

2. 合理配置审判任务。要根据破产案件数量、案件难易程度、审判力量等情况，合理分配各级法院的审判任务。对于债权债务关系复杂、审理难度大的破产案件，高级人民法院可以探索实行中级人民法院集中管辖为原则、基层人民法院管辖为例外的管辖制度；对于债权债务关系简单、审理难度不大的破产案件，可以主要由基层人民法院管辖，通过快速审理程序高效审结。

3. 建立科学的绩效考评体系。要尽快完善清算与破产审判工作绩效考评体系，在充分尊重司法规律的基础上确定绩效考评标准，避免将办理清算破产案件与普通案件简单对比、等量齐观、同等考核。

三、管理人制度的完善

管理人是破产程序的主要推动者和破产事务的具体执行者。管理人的能力和素质不仅影响破产审判工作的质量，还关系到破产企业的命运与未来发展。要加快完善管理人制度，大力提升管理人职业素养和执业能力，强化对管理人的履职保障和有效监督，为改善企业经营、优化产业结构提供有力制度保障。

4. 完善管理人队伍结构。人民法院要指导编入管理人名册的中介机构采取适当方式吸收具有专业技术知识、企业经营能力的人员充实到管理人队伍中来，促进管理人队伍内在结构更加合理，充分发挥和提升管理人在企业病因诊断、资源整合等方面的重要作用。

5. 探索管理人跨区域执业。除从本地名册选择管理人外，各地法院还可以探索从外省、市管理人名册中选任管理人，确保重大破产案件能够遴选出最佳管理人。两家以上具备资质的中介机构请求联合担任同一破产案件管理人的，人民法院经审查符合自愿协商、优势互补、权责一致要求且确有必要的，可以准许。

6. 实行管理人分级管理。高级人民法院或者自行编制管理人名册的中级人民法院可以综合考虑管理人的专业水准、工作经验、执业操守、工作绩效、勤勉程度等因素，合理确定管理人等级，对管理人实行分级管理、定期考评。对债务人财产数量不多、债权债务关系简单的破产案件，可以在相应等级的管理人中采取轮候、抽签、摇号等随机方式指定管理人。

7. 建立竞争选定管理人工作机制。破产案件中可以引入竞争机制选任管理人，提升破产管理质量。上市公司破产案件、在本地有重大影响的破产案件或者债权债务关系复杂，涉及债权人、职工以及利害关系人人数较多的破产案件，在指定管理人时，一般应当通过竞争方式依法选定。

8. 合理划分法院和管理人的职能范围。人民法院应当支持和保障管理人依法履行职责，不得代替管理人作出本应由管理人自己作出的决定。管理人应当依法管理和处分债务人财产，审慎决定债务人内部管理事务，不得将自己的职责全部或者部分转让给他人。

9. 进一步落实管理人职责。在债务人自行管理的重整程序中，人民法院要督促管理人制订监督债务人的具体制度。在重整计划规定的监督期内，管理人应当代表债务人参加监督期开始前已经启动而尚未终结的诉讼、仲裁活动。重整程序、和解程序转入破产清算程序后，管理人应当按照破产清算程序继续履行管理人职责。

10. 发挥管理人报酬的激励和约束作用。人民法院可以根据破产案件的不同情况确定管理人报酬的支付方式，发挥管理人报酬在激励、约束管理人勤勉履职方面的积极作用。管理人报酬原则上应当根据破产案件审理进度和管理人履职情况分期支付。案情简单、耗时较短的破产案件，可以在破产程序终结后一次性向管理人支付报酬。

11. 管理人聘用其他人员费用负担的规制。管理人经人民法院许可聘用企业经营管理人员，或者管理人确有必要聘请其他社会中介机构或人员处理重大诉讼、仲裁、执行或审计等专业性较强工作，如所需费用需要列入破产费用的，应当经债权人会议同意。

12. 推动建立破产费用的综合保障制度。各地法院要积极争取财政部门支持，或采取从其他破产案件管理人报酬中提取一定比例等方式，推动设立破产费用保障资金，建立破产费用保障长效机制，解决因债务人财产不足以支付破产费用而影响破产程序启动的问题。

13. 支持和引导成立管理人协会。人民法院应当支持、引导、推动本辖区范围内管理人名册中的社会中介机构、个人成立管理人协会，加强对管理人的管理和约束，维护管理人的合法权益，逐步形成规范、稳定和自律的行业组织，确保管理人队伍既充满活力又规范有序发展。

四、破产重整

会议认为，重整制度集中体现了破产法的拯救功能，代表了现代破产法的发展趋势，全国各级法院要高度重视重整工作，妥善审理企业重整案件，通过市场化、法治化途径挽救困境企业，不断完善社会主义市场主体救治机制。

14. 重整企业的识别审查。破产重整的对象应当是具有挽救价值和可能的困境企业；对于僵尸企业，应通过破产清算，果断实现市场出清。人民法院在审查重整申请时，根据债务人的资产状况、技术工艺、生产销售、行业前景等因素，能够认定债务人明显不具备重整价值以及拯救可能性的，应裁定不予受理。

15. 重整案件的听证程序。对于债权债务关系复杂、债务规模较大，或者涉及上市公司重整的案件，人民法院在审查重整申请时，可以组织申请人、被申请人听证。债权人、出资人、重整投资人等利害关系人经人民法院准许，也可以参加听证。听证期间不计入重整申请审查期限。

16. 重整计划的制定及沟通协调。人民法院要加强与管理人或债务人的沟通，引导其分析债务人陷于困境的原因，有针对性地制定重整计划草案，促使企业重新获得盈利能力，提高重整成功率。人民法院要与政府建立沟通协调机制，帮助管理人或债务人解决重整计划草案制定中的困难和问题。

17. 重整计划的审查与批准。重整不限于债务减免和财务调整，重整的重点是维持企业的营运价值。人民法院在审查重整计划时，除合法性审查外，还应审查其中的经营方案是否具有可行性。重整计划中关于企业重新获得盈利能力的经营方案具有可行性、表决程序合法、内容不损害各表决组中反对者的清偿利益的，人民法院应当自收到申请之日起三十日内裁定批准重整计划。

18. 重整计划草案强制批准的条件。人民法院应当审慎适用企业破产法第八十七条第二款，不得滥用强制批准权。确需强制批准重整计划草案的，重整计划草案除应当符合企业破产法第八十七条第二款规定外，如债权人分多组的，还应当至少有一组已经通过重整计划草案，且各表决组中反对者能够获得的清偿利益不低于依照破产清算程序所能获得的利益。

19. 重整计划执行中的变更条件和程序。债务人应严格执行重整计划，但因出现国家政策调整、法律修改变化等特殊情况，导致原重整计划无法执行的，债务人或管理人可以申请变更重整计划一次。债权人会议决议同意变更重整计划的，应自决议通过之日起十日内提请人民法院批准。债权人会议决议不同意或者人民法院不批准变更申请的，人民法院经管理人或者利害关系人请求，应当裁定终止重整计划的执行，并宣告债务人破产。

20. 重整计划变更后的重新表决与裁定批准。人民法院裁定同意变更重整计划的，债务人或者管理人应当在六个月内提出新的重整计划。变更后的重整计划应提交给因重整计划变更而遭受不利影响的债权人组和出资人组进行表决。表决、申请人民法院批准以及人民法院裁定是否批准的程序与原重整计划的相同。

21. 重整后企业正常生产经营的保障。企业重整后，投资主体、股权结构、公司治理模式、经营方式等与原企业相比，往往发生了根本变化，人民法院要通过加强与政府的沟通协调，帮助重整企业修复信用记录，依法获取税收优惠，以利于重整企业恢复正常生产经营。

22. 探索推行庭外重组与庭内重整制度的衔接。在企业进入重整程序之前，可以先由债权人与债务人、出资人等利害关系人通过庭外商业谈判，拟定重组方案。重整程序启动后，可以重组方案为依据拟定重整计划草案提交人民法院依法审查批准。

五、破产清算

会议认为，破产清算作为破产制度的重要组成部分，具有淘汰落后产能、优化市场资源配置的直接作用。对于缺乏拯救价值和可能性的债务人，要及时通过破产清算程序对债权债务关系进行全面清理，重新配置社会资源，提升社会有效供给的质量和水平，增强企业破产法对市场经济发展的引领作用。

23. 破产宣告的条件。人民法院受理破产清算申请后，第一次债权人会议上无人提出重整或和解申请的，管理人应当在债权审核确认和必要的审计、资产评估后，及时向人民法院提出宣告破产的申请。人民法院受理破产和解或重整申请后，债务人出现应当宣告破产的法定原因时，人民法院应当依法宣告债务人破产。

24. 破产宣告的程序及转换限制。相关主体向人民法院提出宣告破产申请的，人民法院应当自收到申请之日起七日内作出破产宣告裁定并进行公告。债务人被宣告破产后，不得再转入重整程序或和解程序。

25. 担保权人权利的行使与限制。在破产清算和破产和解程序中，对债务人特定财产享有担保权的债权人可以随时向管理人主张就该特定财产变价处置行使优先受偿权，管理人应及时变价处置，不得以须经债权人会议决议等为由拒绝。但因单独处置担保财产会降低其他破产财产的价值而应整体处置的除外。

26. 破产财产的处置。破产财产处置应当以价值最大化为原则，兼顾处置效率。人民法院要积极探索更为有效的破产财产处置方式和渠道，最大限度提升破产财产变价率。采用拍卖方式进行处置的，拍卖所得预计不足以支付评估拍卖费用，或者拍卖不成的，经债权人会议决议，可以采取作价变卖或实物分配方式。变卖或实物分配的方案经债权人会议两次表决仍未通过的，由人民法院裁定处理。

27. 企业破产与职工权益保护。破产程序中要依法妥善处理劳动关系，推动完善职工欠薪保障机制，依法保护职工生存权。由第三方垫付的职工债权，原则上按照垫付的职工债权性质进行清偿；由欠薪保障基金垫付的，应按照企业破产法第一百一十三条第一款第二项的顺序清偿。债务人欠缴的住房公积金，按照债务人拖欠的职工工资性质清偿。

28. 破产债权的清偿原则和顺序。对于法律没有明确规定清偿顺序的债权，人民法院可以按照人身损害赔偿债权优先于财产性债权、私法债权优先于公法债权、补偿性债权优先于惩罚性债权的原则合理确定清偿顺序。因债务人侵权行为造成的人身损害赔偿，可以参照企业破产法第一百一十三条第一款第一项规定的顺序清偿，但其中涉及的惩罚性赔偿除外。破产财产依照企业破产法第一百一十三条规定的顺序清偿后仍有剩余的，可依次用于清偿破产受理前产生的民事惩罚性赔偿金、行政罚款、刑事罚金等惩罚性债权。

29. 建立破产案件审理的繁简分流机制。人民法院审理破产案件应当提升审判效率，在确保利害关系人程序和实体权利不受损害的前提下，建立破产案件审理的繁简分流机制。对于债权债务关系明确、债务人财产状况清楚的破产案件，可以通过缩短程序时间、简化流程等方式加快案件审理进程，但不得突破法律规定的最低期限。

30. 破产清算程序的终结。人民法院终结破产清算程序应当以查明债务人财产状况、明确债务人财产的分配方案、确保破产债权获得依法清偿为基础。破产申请受理后，经管理人调查，债务人财产不足以清偿破产费用且无人代为清偿或垫付的，人民法院应当依管理人申请宣告破产并裁定终结破产清算程序。

31. 保证人的清偿责任和求偿权的限制。破产程序终结前，已向债权人承担了保证责任的保证人，可以要求债务人向其转付已申报债权的债权人在破产程序中应得清偿部分。破产程序终结后，债权人就破产程序中未受清偿部分要求保证人承担保证责任的，应在破产程序终结后六个月内提出。保证人承担保证责任后，不得再向和解或重整后的债务人行使求偿权。

六、关联企业破产

会议认为，人民法院审理关联企业破产案件时，要立足于破产关联企业之间的具体关系模式，采取不同方式予以处理。既要通过实质合并审理方式处理法人人格高度混同的关联关系，确保全体债权人公平清偿，也要避免不当采用实质合并审理方式损害相关利益主体的合法权益。

32. 关联企业实质合并破产的审慎适用。人民法院在审理企业破产案件时，应当尊重企业法人人格的独立性，以对关联企业成员的破产原因进行单独判断并适用单个破产程序为基本原则。当关联企业成员之间存在法人人格高度混同、区分各关联企业成员财产的成本过高、严重损害债权人公平清偿利益时，可例外适用关联企业实质合并破产方式进行审理。

33. 实质合并申请的审查。人民法院收到实质合并申请后，应当及时通知相关利害关系人并组织听证，听证时间不计入审查时间。人民法院在审查实质合并申请过程中，可以综合考虑关联企业之间资产的混同程序及其持续时间、各企业之间的利益关系、债权人整体清偿利益、增加企业重整的可能性等因素，在收到申请之日起三十日内作出是否实质合并审理的裁定。

34. 裁定实质合并时利害关系人的权利救济。相关利害关系人对受理法院作出的实质合并审理裁定不服的，可以自裁定书送达之日起十五日内向受理法院的上一级人民法院申请复议。

35. 实质合并审理的管辖原则与冲突解决。采用实质合并方式审理关联企业破产案件的，应由关联企业中的核心控制企业住所地人民法院管辖。核心控制企业不明确的，由关联企业主要财产所在地人民法院管辖。多个法院之间对管辖权发生争议的，应当报请共同的上级人民法院指定管辖。

36. 实质合并审理的法律后果。人民法院裁定采用实质合并方式审理破产案件的，各关联企业成员之间的债权债务归于消灭，各成员的财产作为合并后统一的破产财产，由各成员的债权人在同一程序中按照法定顺序公平受偿。采用实质合并方式进行重整的，重整计划草案中应当制定统一的债权分类、债权调整和债权受偿方案。

37. 实质合并审理后的企业成员存续。适用实质合并规则进行破产清算的，破产程序终结后各关联企业成员均应予以注销。适用实质合并规则进行和解或重整的，各关联企业原则上应当合并为一个企业。根据和解协议或重整计划，确有需要保持个别企业独立的，应当依照企业分立的有关规则单独处理。

38. 关联企业破产案件的协调审理与管辖原则。多个关联企业成员均存在破产原因但不符合实质合并条件的，人民法院可根据相关主体的申请对多个破产程序进行协调审理，并可根据程序协调的需要，综合考虑破产案件审理的效率、破产申请的先后顺序、成员负债规模大小、核心控制企业住所地等因素，由共同的上级法院确定一家法院集中管辖。

39. 协调审理的法律后果。协调审理不消灭关联企业成员之间的债权债务关系，不对关联企业成员的财产进行合并，各关联企业成员的债权人仍以该企业成员财产为限依法获得清偿。但关联企业成员之间不当利用关联关系形成的债权，应当劣后于其他普通债权顺序清偿，且该劣后债权人不得就其他关联企业成员提供的特定财产优先受偿。

七、执行程序与破产程序的衔接

执行程序与破产程序的有效衔接是全面推进破产审判工作的有力抓手，也是破解“执行难”的重要举措。全国各级法院要深刻认识执行转破产工作的重要意义，大力推动符合破产条件的执行案件，包括执行不能案件进入破产程序，充分发挥破产程序的制度价值。

40. 执行法院的审查告知、释明义务和移送职责。执行部门要高度重视执行与破产的衔接工作，推动符合条件的执行案件向破产程序移转。执行法院发现作为被执行人的企业法人符合企业破产法第二条规定的，应当及时询问当事人是否同意将案件移送破产审查并释明法律后果。执行法院作出移送决定后，应当书面通知所有已知执行法院，执行法院均应中止对被执行人的执行程序。

41. 执行转破产案件的移送和接收。执行法院与受移送法院应加强移送环节的协调配合，提升工作实效。执行法院移送案件时，应当确保材料完备，内容、形式符合规定。受移送法院应当认真审核并及时反馈意见，不得无故不予接收或暂缓立案。

42. 破产案件受理后查封措施的解除或查封财产的移送。执行法院收到破产受理裁定后，应当解除对债务人财产的查封、扣押、冻结措施；或者根据破产受理法院的要求，出具函件将查封、扣押、冻结财产的处置权交破产受理法院。破产受理法院可以持执行法院的移送处置函件进行续行查封、扣押、冻结，解除查封、扣押、冻结，或者予以处置。

执行法院收到破产受理裁定拒不解除查封、扣押、冻结措施的，破产受理法院可以请求执行法院的上级法院依法予以纠正。

43. 破产审判部门与执行部门的信息共享。破产受理法院可以利用执行查控系统查控债务人财产，提高破产审判工作效率，执行部门应予以配合。

各地法院要树立线上线下法律程序同步化的观念，逐步实现符合移送条件的执行案件网上移送，提升移送工作的透明度，提高案件移送、通知、送达、沟通协调等相关工作的效率。

44. 强化执行转破产工作的考核与管理。各级法院要结合工作实际建立执行转破产工作考核机制，科学设置考核指标，推动执行转破产工作开展。对应当征询当事人意见不征询、应当提交移送审查不提交、受移送法院违反相关规定拒不接收执行转破产材料或者拒绝立案的，除应当纳入绩效考核和业绩考评体系外，还应当公开通报和严肃追究相关人员的责任。

八、破产信息化建设

会议认为，全国法院要进一步加强破产审判的信息化建设，提升破产案件审理的透明度和公信力，增进破产案件审理质效，促进企业重整再生。

45. 充分发挥破产重整案件信息平台对破产审判工作的推动作用。各级法院要按照最高人民法院相关规定，通过破产重整案件信息平台规范破产案件审理，全程公开、步步留痕。要进一步强化信息网的数据统计、数据检索等功能，分析研判企业破产案件情况，及时发现新情况，解决新问题，提升破产案件审判水平。

46. 不断加大破产重整案件的信息公开力度。要增加对债务人企业信息的公开内容，吸引潜在投资者，促进资本、技术、管理能力等要素自由流动和有效配置，帮助企业重整再生。要确保债权人等利害关系人及时、充分了解案件进程和债务人相关财务、重整计划草案、重整计划执行等情况，维护债权人等利害关系人的知情权、程序参与权。

47. 运用信息化手段提高破产案件处理的质量与效率。要适应信息化发展趋势，积极引导以网络拍卖方式处置破产财产，提升破产财产处置效益。鼓励和规范通过网络方式召开债权人会议，提高效率，降低破产费用，确保债权人等主体参与破产程序的权利。

48. 进一步发挥人民法院破产重整案件信息网的枢纽作用。要不断完善和推广使用破产重整案件信息网，在确保增量数据及时录入信息网的同时，加快填充有关存量数据，确立信息网在企业破产大数据方面的枢纽地位，发挥信息网的宣传、交流功能，扩大各方运用信息网的积极性。

九、跨境破产

49. 对跨境破产与互惠原则。人民法院在处理跨境破产案件时，要妥善解决跨境破产中的法律冲突与矛盾，合理确定跨境破产案件中的管辖权。在坚持同类债权平等保护的原则下，协调好外国债权人利益与我国债权人利益的平衡，合理保护我国境内职工债权、税收债权等优先权的清偿利益。积极参与、推动跨境破产国际条约的协商与签订，探索互惠原则适用的新方式，加强我国法院和管理人在跨境破产领域的合作，推进国际投资健康有序发展。

50. 跨境破产案件中的权利保护与利益平衡。依照企业破产法第五条的规定，开展跨境破产协作。人民法院认可外国法院作出的破产案件的判决、裁定后，债务人在中华人民共和国境内的财产在全额清偿境内的担保权人、职工债权和社会保险费用、所欠税款等优先权后，剩余财产可以按照该外国法院的规定进行分配。

最高人民法院关于适用《中华人民共和国企业破产法》若干问题的规定（一）

法释〔2011〕22 号

《最高人民法院关于适用〈中华人民共和国企业破产法〉若干问题的规定（一）》已于 2011 年 8 月 29 日由最高人民法院审判委员会第 1527 次会议通过，现予公布，自 2011 年 9 月 26 日起施行。

二〇一一年九月九日

为正确适用《中华人民共和国企业破产法》，结合审判实践，就人民法院依法受理企业破产案件适用法律问题作出如下规定。

第一条 债务人不能清偿到期债务并且具有下列情形之一的，人民法院应当认定其具备破产原因：

（一）资产不足以清偿全部债务；

（二）明显缺乏清偿能力。

相关当事人以对债务人的债务负有连带责任的人未丧失清偿能力为由，主张债务人不具备破产原因的，人民法院应不予支持。

第二条 下列情形同时存在的，人民法院应当认定债务人不能清偿到期债务：

（一）债权债务关系依法成立；

（二）债务履行期限已经届满；

（三）债务人未完全清偿债务。

第三条 债务人的资产负债表，或者审计报告、资产评估报告等显示其全部资产不足以偿付全部负债的，人民法院应当认定债务人资产不足以清偿全部债务，但有相反证据足以证明债务人资产能够偿付全部负债的除外。

第四条 债务人账面资产虽大于负债，但存在下列情形之一的，人民法院应当认定其明显缺乏清偿能力：

（一）因资金严重不足或者财产不能变现等原因，无法清偿债务；

（二）法定代表人下落不明且无其他人员负责管理财产，无法清偿债务；

（三）经人民法院强制执行，无法清偿债务；

（四）长期亏损且经营扭亏困难，无法清偿债务；

（五）导致债务人丧失清偿能力的其他情形。

第五条 企业法人已解散但未清算或者未在合理期限内清算完毕，债权人申请债务人破产清算的，除债务人在法定异议期限内举证证明其未出现破产原因外，人民法院应当受理。

第六条 债权人申请债务人破产的，应当提交债务人不能清偿到期债务的有关证据。债务人对债权人的申请未在法定期限内向人民法院提出异议，或者异议不成立的，人民法院应当依法裁定受理破产申请。

受理破产申请后，人民法院应当责令债务人依法提交其财产状况说明、债务清册、债权清册、财务会计报告等有关材料，债务人拒不提交的，人民法院可以对债务人的直接责任人员采取罚款等强制措施。

第七条 人民法院收到破产申请时，应当向申请人出具收到申请及所附证据的书面凭证。

人民法院收到破产申请后应当及时对申请人的主体资格、债务人的主体资格和破产原因，以及有关材料和证据等进行审查，并依据企业破产法第十条的规定作出是否受理的裁定。

人民法院认为申请人应当补充、补正相关材料的，应当自收到破产申请之日起五日内告知申请人。当事人补充、补正相关材料的期间不计入企业破产法第十条规定的期限。

第八条　破产案件的诉讼费用，应根据企业破产法第四十三条的规定，从债务人财产中拨付。相关当事人以申请人未预先交纳诉讼费用为由，对破产申请提出异议的，人民法院不予支持。

第九条　申请人向人民法院提出破产申请，人民法院未接收其申请，或者未按本规定第七条执行的，申请人可以向上一级人民法院提出破产申请。

上一级人民法院接到破产申请后，应当责令下级法院依法审查并及时作出是否受理的裁定；下级法院仍不作出是否受理裁定的，上一级人民法院可以径行作出裁定。

上一级人民法院裁定受理破产申请的，可以同时指令下级人民法院审理该案件。

最高人民法院关于适用《中华人民共和国企业破产法》若干问题的规定（二）

法释〔2020〕18号

（2013年7月29日最高人民法院审判委员会第1586次会议通过，根据2020年12月23日最高人民法院审判委员会第1823次会议通过的《最高人民法院关于修改〈最高人民法院关于破产企业国有划拨土地使用权应否列入破产财产等问题的批复〉等二十九件商事类司法解释的决定》修正）

根据《中华人民共和国民法典》《中华人民共和国企业破产法》等相关法律，结合审判实践，就人民法院审理企业破产案件中认定债务人财产相关的法律适用问题，制定本规定。

第一条　除债务人所有的货币、实物外，债务人依法享有的可以用货币估价并可以依法转让的债权、股权、知识产权、用益物权等财产和财产权益，人民法院均应认定为债务人财产。

第二条　下列财产不应认定为债务人财产：

（一）债务人基于仓储、保管、承揽、代销、借用、寄存、租赁等合同或者其他法律关系占有、使用的他人财产；

（二）债务人在所有权保留买卖中尚未取得所有权的财产；

（三）所有权专属于国家且不得转让的财产；

（四）其他依照法律、行政法规不属于债务人的财产。

第三条　债务人已依法设定担保物权的特定财产，人民法院应当认定为债务人财产。

对债务人的特定财产在担保物权消灭或者实现担保物权后的剩余部分，在破产程序中可用以清偿破产费用、共益债务和其他破产债权。

第四条　债务人对按份享有所有权的共有财产的相关份额，或者共同享有所有权的共有财产的相应财产权利，以及依法分割共有财产所得部分，人民法院均应认定为债务人财产。

人民法院宣告债务人破产清算，属于共有财产分割的法定事由。人民法院裁定债务人重整或者和解的，共有财产的分割应当依据民法典第三百零三条的规定进行；基于重整或者和解的需要必须分割共有财产，管理人请求分割的，人民法院应予准许。

因分割共有财产导致其他共有人损害产生的债务，其他共有人请求作为共益债务清偿的，人民法院应予支持。

第五条　破产申请受理后，有关债务人财产的执行程序未依照企业破产法第十九条的规定中止的，采取执行措施的相关单位应当依法予以纠正。依法执行回转的财产，人民法院应当认定为债务人财产。

第六条　破产申请受理后，对于可能因有关利益相关人的行为或者其他原因，影响破产程序依法进行的，受理破产申请的人民法院可以根据管理人的申请或者依职权，对债务人的全部或者部分财产采取保全措施。

第七条　对债务人财产已采取保全措施的相关单位，在知悉人民法院已裁定受理有关债务人的破产申请后，应当依照企业破产法第十九条的规定及时解除对债务人财产的保全措施。

第八条　人民法院受理破产申请后至破产宣告前裁定驳回破产申请，或者依据企业破产法第一百零八条的规定裁定终结破产程序的，应当及时通知原已采取保全措施并已依法解除保全措施的单位按照原保全顺位恢复相关保全措施。

在已依法解除保全的单位恢复保全措施或者表示不再恢复之前，受理破产申请的人民法院不得解除对债务人财产的保全措施。

第九条　管理人依据企业破产法第三十一条和第三十二条的规定提起诉讼，请求撤销涉及债务人财产的相关行为并由相对人返还债务人财产的，人民法院应予支持。

管理人因过错未依法行使撤销权导致债务人财

产不当减损，债权人提起诉讼主张管理人对其损失承担相应赔偿责任的，人民法院应予支持。

第十条 债务人经过行政清理程序转入破产程序的，企业破产法第三十一条和第三十二条规定的可撤销行为的起算点，为行政监管机构作出撤销决定之日。

债务人经过强制清算程序转入破产程序的，企业破产法第三十一条和第三十二条规定的可撤销行为的起算点，为人民法院裁定受理强制清算申请之日。

第十一条 人民法院根据管理人的请求撤销涉及债务人财产的以明显不合理价格进行的交易的，买卖双方应当依法返还从对方获取的财产或者价款。

因撤销该交易，对于债务人应返还受让人已支付价款所产生的债务，受让人请求作为共益债务清偿的，人民法院应予支持。

第十二条 破产申请受理前一年内债务人提前清偿的未到期债务，在破产申请受理前已经到期，管理人请求撤销该清偿行为的，人民法院不予支持。但是，该清偿行为发生在破产申请受理前六个月内且债务人有企业破产法第二条第一款规定情形的除外。

第十三条 破产申请受理后，管理人未依据企业破产法第三十一条的规定请求撤销债务人无偿转让财产、以明显不合理价格交易、放弃债权行为的，债权人依据民法典第五百三十八条、第五百三十九条等规定提起诉讼，请求撤销债务人上述行为并将因此追回的财产归入债务人财产的，人民法院应予受理。

相对人以债权人行使撤销权的范围超出债权人的债权抗辩的，人民法院不予支持。

第十四条 债务人对以自有财产设定担保物权的债权进行的个别清偿，管理人依据企业破产法第三十二条的规定请求撤销的，人民法院不予支持。但是，债务清偿时担保财产的价值低于债权额的除外。

第十五条 债务人经诉讼、仲裁、执行程序对债权人进行的个别清偿，管理人依据企业破产法第三十二条的规定请求撤销的，人民法院不予支持。但是，债务人与债权人恶意串通损害其他债权人利益的除外。

第十六条 债务人对债权人进行的以下个别清偿，管理人依据企业破产法第三十二条的规定请求撤销的，人民法院不予支持：

（一）债务人为维系基本生产需要而支付水费、电费等的；

（二）债务人支付劳动报酬、人身损害赔偿金的；

（三）使债务人财产受益的其他个别清偿。

第十七条 管理人依据企业破产法第三十三条的规定提起诉讼，主张被隐匿、转移财产的实际占有人返还债务人财产，或者主张债务人虚构债务或者承认不真实债务的行为无效并返还债务人财产的，人民法院应予支持。

第十八条 管理人代表债务人依据企业破产法第一百二十八条的规定，以债务人的法定代表人和其他直接责任人员对所涉债务人财产的相关行为存在故意或者重大过失，造成债务人财产损失为由提起诉讼，主张上述责任人员承担相应赔偿责任的，人民法院应予支持。

第十九条 债务人对外享有债权的诉讼时效，自人民法院受理破产申请之日起中断。

债务人无正当理由未对其到期债权及时行使权利，导致其对外债权在破产申请受理前一年内超过诉讼时效期间的，人民法院受理破产申请之日起重新计算上述债权的诉讼时效期间。

第二十条 管理人代表债务人提起诉讼，主张出资人向债务人依法缴付未履行的出资或者返还抽逃的出资本息，出资人以认缴出资尚未届至公司章程规定的缴纳期限或者违反出资义务已经超过诉讼时效为由抗辩的，人民法院不予支持。

管理人依据公司法的相关规定代表债务人提起诉讼，主张公司的发起人和负有监督股东履行出资义务的董事、高级管理人员，或者协助抽逃出资的其他股东、董事、高级管理人员、实际控制人等，对股东违反出资义务或者抽逃出资承担相应责任，并将财产归入债务人财产的，人民法院应予支持。

第二十一条 破产申请受理前，债权人就债务人财产提起下列诉讼，破产申请受理时案件尚未审结的，人民法院应当中止审理：

（一）主张次债务人代替债务人直接向其偿还债务的；

（二）主张债务人的出资人、发起人和负有监督股东履行出资义务的董事、高级管理人员，或者协助抽逃出资的其他股东、董事、高级管理人员、实际控制人等直接向其承担出资不实或者抽逃出资责任的；

（三）以债务人的股东与债务人法人人格严重混同为由，主张债务人的股东直接向其偿还债务人对其所负债务的；

（四）其他就债务人财产提起的个别清偿诉讼。

债务人破产宣告后，人民法院应当依照企业破产法第四十四条的规定判决驳回债权人的诉讼请求。但是，债权人一审中变更其诉讼请求为追收的相关财产归入债务人财产的除外。

债务人破产宣告前，人民法院依据企业破产法第十二条或者第一百零八条的规定裁定驳回破产申请或者终结破产程序的，上述中止审理的案件应当依法恢复审理。

第二十二条　破产申请受理前，债权人就债务人财产向人民法院提起本规定第二十一条第一款所列诉讼，人民法院已经作出生效民事判决书或者调解书但尚未执行完毕的，破产申请受理后，相关执行行为应当依据企业破产法第十九条的规定中止，债权人应当依法向管理人申报相关债权。

第二十三条　破产申请受理后，债权人就债务人财产向人民法院提起本规定第二十一条第一款所列诉讼的，人民法院不予受理。

债权人通过债权人会议或者债权人委员会，要求管理人依法向次债务人、债务人的出资人等追收债务人财产，管理人无正当理由拒绝追收，债权人会议依据企业破产法第二十二条的规定，申请人民法院更换管理人的，人民法院应予支持。

管理人不予追收，个别债权人代表全体债权人提起相关诉讼，主张次债务人或者债务人的出资人等向债务人清偿或者返还债务人财产，或者依法申请合并破产的，人民法院应予受理。

第二十四条　债务人有企业破产法第二条第一款规定的情形时，债务人的董事、监事和高级管理人员利用职权获取的以下收入，人民法院应当认定为企业破产法第三十六条规定的非正常收入：

（一）绩效奖金；

（二）普遍拖欠职工工资情况下获取的工资性收入；

（三）其他非正常收入。

债务人的董事、监事和高级管理人员拒不向管理人返还上述债务人财产，管理人主张上述人员予以返还的，人民法院应予支持。

债务人的董事、监事和高级管理人员因返还第一款第（一）项、第（三）项非正常收入形成的债权，可以作为普通破产债权清偿。因返还第一款第（二）项非正常收入形成的债权，依据企业破产法第一百一十三条第三款的规定，按照该企业职工平均工资计算的部分作为拖欠职工工资清偿；高出该企业职工平均工资计算的部分，可以作为普通破产债权清偿。

第二十五条　管理人拟通过清偿债务或者提供担保取回质物、留置物，或者与质权人、留置权人协议以质物、留置物折价清偿债务等方式，进行对债权人利益有重大影响的财产处分行为的，应当及时报告债权人委员会。未设立债权人委员会的，管理人应当及时报告人民法院。

第二十六条　权利人依据企业破产法第三十八条的规定行使取回权，应当在破产财产变价方案或者和解协议、重整计划草案提交债权人会议表决前向管理人提出。权利人在上述期限后主张取回相关财产的，应当承担延迟行使取回权增加的相关费用。

第二十七条　权利人依据企业破产法第三十八条的规定向管理人主张取回相关财产，管理人不予认可，权利人以债务人为被告向人民法院提起诉讼请求行使取回权的，人民法院应予受理。

权利人依据人民法院或者仲裁机关的相关生效法律文书向管理人主张取回所涉争议财产，管理人以生效法律文书错误为由拒绝其行使取回权的，人民法院不予支持。

第二十八条　权利人行使取回权时未依法向管理人支付相关的加工费、保管费、托运费、委托费、代销费等费用，管理人拒绝其取回相关财产的，人民法院应予支持。

第二十九条　对债务人占有的权属不清的鲜活易腐等不易保管的财产或者不及时变现价值将严重贬损的财产，管理人及时变价并提存变价款后，有关权利人就该变价款行使取回权的，人民法院应予支持。

第三十条　债务人占有的他人财产被违法转让给第三人，依据民法典第三百一十一条的规定第三人已善意取得财产所有权，原权利人无法取回该财产的，人民法院应当按照以下规定处理：

（一）转让行为发生在破产申请受理前的，原权利人因财产损失形成的债权，作为普通破产债权清偿；

（二）转让行为发生在破产申请受理后的，因管理人或者相关人员执行职务导致原权利人损害产生的债务，作为共益债务清偿。

第三十一条 债务人占有的他人财产被违法转让给第三人，第三人已向债务人支付了转让价款，但依据民法典第三百一十一条的规定未取得财产所有权，原权利人依法追回转让财产的，对因第三人已支付对价而产生的债务，人民法院应当按照以下规定处理：

（一）转让行为发生在破产申请受理前的，作为普通破产债权清偿；

（二）转让行为发生在破产申请受理后的，作为共益债务清偿。

第三十二条 债务人占有的他人财产毁损、灭失，因此获得的保险金、赔偿金、代偿物尚未交付给债务人，或者代偿物虽已交付给债务人但能与债务人财产予以区分的，权利人主张取回就此获得的保险金、赔偿金、代偿物的，人民法院应予支持。

保险金、赔偿金已经交付给债务人，或者代偿物已经交付给债务人且不能与债务人财产予以区分的，人民法院应当按照以下规定处理：

（一）财产毁损、灭失发生在破产申请受理前的，权利人因财产损失形成的债权，作为普通破产债权清偿；

（二）财产毁损、灭失发生在破产申请受理后的，因管理人或者相关人员执行职务导致权利人损害产生的债务，作为共益债务清偿。

债务人占有的他人财产毁损、灭失，没有获得相应的保险金、赔偿金、代偿物，或者保险金、赔偿物、代偿物不足以弥补其损失的部分，人民法院应当按照本条第二款的规定处理。

第三十三条 管理人或者相关人员在执行职务过程中，因故意或者重大过失不当转让他人财产或者造成他人财产毁损、灭失，导致他人损害产生的债务作为共益债务，由债务人财产随时清偿不足弥补损失，权利人向管理人或者相关人员主张承担补充赔偿责任的，人民法院应予支持。

上述债务作为共益债务由债务人财产随时清偿后，债权人以管理人或者相关人员执行职务不当导致债务人财产减少给其造成损失为由提起诉讼，主张管理人或者相关人员承担相应赔偿责任的，人民法院应予支持。

第三十四条 买卖合同双方当事人在合同中约定标的物所有权保留，在标的物所有权未依法转移给买受人前，一方当事人破产的，该买卖合同属于双方均未履行完毕的合同，管理人有权依据企业破产法第十八条的规定决定解除或者继续履行合同。

第三十五条 出卖人破产，其管理人决定继续履行所有权保留买卖合同的，买受人应当按照原买卖合同的约定支付价款或者履行其他义务。

买受人未依约支付价款或者履行完毕其他义务，或者将标的物出卖、出质或者作出其他不当处分，给出卖人造成损害，出卖人管理人依法主张取回标的物的，人民法院应予支持。但是，买受人已经支付标的物总价款百分之七十五以上或者第三人善意取得标的物所有权或者其他物权的除外。

因本条第二款规定未能取回标的物，出卖人管理人依法主张买受人继续支付价款、履行完毕其他义务，以及承担相应赔偿责任的，人民法院应予支持。

第三十六条 出卖人破产，其管理人决定解除所有权保留买卖合同，并依据企业破产法第十七条的规定要求买受人向其交付买卖标的物的，人民法院应予支持。

买受人以其不存在未依约支付价款或者履行完毕其他义务，或者将标的物出卖、出质或者作出其他不当处分情形抗辩的，人民法院不予支持。

买受人依法履行合同义务并依据本条第一款将买卖标的物交付出卖人管理人后，买受人已支付价款损失形成的债权作为共益债务清偿。但是，买受人违反合同约定，出卖人管理人主张上述债权作为普通破产债权清偿的，人民法院应予支持。

第三十七条 买受人破产，其管理人决定继续履行所有权保留买卖合同的，原买卖合同中约定的买受人支付价款或者履行其他义务的期限在破产申请受理时视为到期，买受人管理人应当及时向出卖人支付价款或者履行其他义务。

买受人管理人无正当理由未及时支付价款或者履行完毕其他义务，或者将标的物出卖、出质或者作出其他不当处分，给出卖人造成损害，出卖人依据民法典第六百四十一条等规定主张取回标的物的，人民法院应予支持。但是，买受人已支付标的物总价款百分之七十五以上或者第三人善意取得标的物所有权或者其他物权的除外。

因本条第二款规定未能取回标的物，出卖人依法主张买受人继续支付价款、履行完毕其他义务，以及承担相应赔偿责任的，人民法院应予支持。对因买受人未支付价款或者未履行完毕其他义务，以及买受人管理人将标的物出卖、出质或者作出其他不当处分导致出卖人损害产生的债务，出卖人主张作为共益债务清偿的，人民法院应予支持。

第三十八条　买受人破产，其管理人决定解除所有权保留买卖合同，出卖人依据企业破产法第三十八条的规定主张取回买卖标的物的，人民法院应予支持。

出卖人取回买卖标的物，买受人管理人主张出卖人返还已支付价款的，人民法院应予支持。取回的标的物价值明显减少给出卖人造成损失的，出卖人可从买受人已支付价款中优先予以抵扣后，将剩余部分返还给买受人；对买受人已支付价款不足以弥补出卖人标的物价值减损损失形成的债权，出卖人主张作为共益债务清偿的，人民法院应予支持。

第三十九条　出卖人依据企业破产法第三十九条的规定，通过通知承运人或者实际占有人中止运输、返还货物、变更到达地，或者将货物交给其他收货人等方式，对在运途中标的物主张了取回权但未能实现，或者在货物未达管理人前已向管理人主张取回在运途中标的物，在买卖标的物到达管理人后，出卖人向管理人主张取回的，管理人应予准许。

出卖人对在运途中标的物未及时行使取回权，在买卖标的物到达管理人后向管理人行使在运途中标的物取回权的，管理人不应准许。

第四十条　债务人重整期间，权利人要求取回债务人合法占有的权利人的财产，不符合双方事先约定条件的，人民法院不予支持。但是，因管理人或者自行管理的债务人违反约定，可能导致取回物被转让、毁损、灭失或者价值明显减少的除外。

第四十一条　债权人依据企业破产法第四十条的规定行使抵销权，应当向管理人提出抵销主张。

管理人不得主动抵销债务人与债权人的互负债务，但抵销使债务人财产受益的除外。

第四十二条　管理人收到债权人提出的主张债务抵销的通知后，经审查无异议的，抵销自管理人收到通知之日起生效。

管理人对抵销主张有异议的，应当在约定的异议期限内或者自收到主张债务抵销的通知之日起三个月内向人民法院提起诉讼。无正当理由逾期提起的，人民法院不予支持。

人民法院判决驳回管理人提起的抵销无效诉讼请求的，该抵销自管理人收到主张债务抵销的通知之日起生效。

第四十三条　债权人主张抵销，管理人以下列理由提出异议的，人民法院不予支持：

（一）破产申请受理时，债务人对债权人负有的债务尚未到期；

（二）破产申请受理时，债权人对债务人负有的债务尚未到期；

（三）双方互负债务标的物种类、品质不同。

第四十四条　破产申请受理前六个月内，债务人有企业破产法第二条第一款规定的情形，债务人与个别债权人以抵销方式对个别债权人清偿，其抵销的债权债务属于企业破产法第四十条第（二）、（三）项规定的情形之一，管理人在破产申请受理之日起三个月内向人民法院提起诉讼，主张该抵销无效的，人民法院应予支持。

第四十五条　企业破产法第四十条所列不得抵销情形的债权人，主张以其对债务人特定财产享有优先受偿权的债权，与债务人对其不享有优先受偿权的债权抵销，债务人管理人以抵销存在企业破产法第四十条规定的情形提出异议的，人民法院不予支持。但是，用以抵销的债权大于债权人享有优先受偿权财产价值的除外。

第四十六条　债务人的股东主张以下列债务与债务人对其负有的债务抵销，债务人管理人提出异议的，人民法院应予支持：

（一）债务人股东因欠缴债务人的出资或者抽逃出资对债务人所负的债务；

（二）债务人股东滥用股东权利或者关联关系损害公司利益对债务人所负的债务。

第四十七条　人民法院受理破产申请后，当事人提起的有关债务人的民事诉讼案件，应当依据企业破产法第二十一条的规定，由受理破产申请的人民法院管辖。

受理破产申请的人民法院管辖的有关债务人的第一审民事案件，可以依据民事诉讼法第三十八条的规定，由上级人民法院提审，或者报请上级人民法院批准后交下级人民法院审理。

受理破产申请的人民法院，如对有关债务人的海事纠纷、专利纠纷、证券市场因虚假陈述引发的民事赔偿纠纷等案件不能行使管辖权的，可以依据民事诉讼法第三十七条的规定，由上级人民法院指定管辖。

第四十八条　本规定施行前本院发布的有关企业破产的司法解释，与本规定相抵触的，自本规定施行之日起不再适用。

最高人民法院关于适用《中华人民共和国企业破产法》若干问题的规定（三）

法释〔2020〕18号

（2019年2月25日最高人民法院审判委员会第1762次会议通过，根据2020年12月23日最高人民法院审判委员会第1823次会议通过的《最高人民法院关于修改〈最高人民法院关于破产企业国有划拨土地使用权应否列入破产财产等问题的批复〉等二十九件商事类司法解释的决定》修正）

为正确适用《中华人民共和国企业破产法》，结合审判实践，就人民法院审理企业破产案件中有关债权人权利行使等相关法律适用问题，制定本规定。

第一条 人民法院裁定受理破产申请的，此前债务人尚未支付的公司强制清算费用、未终结的执行程序中产生的评估费、公告费、保管费等执行费用，可以参照企业破产法关于破产费用的规定，由债务人财产随时清偿。

此前债务人尚未支付的案件受理费、执行申请费，可以作为破产债权清偿。

第二条 破产申请受理后，经债权人会议决议通过，或者第一次债权人会议召开前经人民法院许可，管理人或者自行管理的债务人可以为债务人继续营业而借款。提供借款的债权人主张参照企业破产法第四十二条第四项的规定优先于普通破产债权清偿的，人民法院应予支持，但其主张优先于此前已就债务人特定财产享有担保的债权清偿的，人民法院不予支持。

管理人或者自行管理的债务人可以为前述借款设定抵押担保，抵押物在破产申请受理前已为其他债权人设定抵押的，债权人主张按照民法典第四百一十四条规定的顺序清偿，人民法院应予支持。

第三条 破产申请受理后，债务人欠缴款项产生的滞纳金，包括债务人未履行生效法律文书应当加倍支付的迟延利息和劳动保险金的滞纳金，债权人作为破产债权申报的，人民法院不予确认。

第四条 保证人被裁定进入破产程序的，债权人有权申报其对保证人的保证债权。

主债务未到期的，保证债权在保证人破产申请受理时视为到期。一般保证的保证人主张行使先诉抗辩权的，人民法院不予支持，但债权人在一般保证人破产程序中的分配额应予提存，待一般保证人应承担的保证责任确定后再按照破产清偿比例予以分配。

保证人被确定应当承担保证责任的，保证人的管理人可以就保证人实际承担的清偿额向主债务人或其他债务人行使求偿权。

第五条 债务人、保证人均被裁定进入破产程序的，债权人有权向债务人、保证人分别申报债权。

债权人向债务人、保证人均申报全部债权的，从一方破产程序中获得清偿后，其对另一方的债权额不作调整，但债权人的受偿额不得超出其债权总额。保证人履行保证责任后不再享有求偿权。

第六条 管理人应当依照企业破产法第五十七条的规定对所申报的债权进行登记造册，详尽记载申报人的姓名、单位、代理人、申报债权额、担保情况、证据、联系方式等事项，形成债权申报登记册。

管理人应当依照企业破产法第五十七条的规定对债权的性质、数额、担保财产、是否超过诉讼时效期间、是否超过强制执行期间等情况进行审查、编制债权表并提交债权人会议核查。

债权表、债权申报登记册及债权申报材料在破产期间由管理人保管，债权人、债务人、债务人职工及其他利害关系人有权查阅。

第七条 已经生效法律文书确定的债权，管理人应当予以确认。

管理人认为债权人据以申报债权的生效法律文书确定的债权错误，或者有证据证明债权人与债务人恶意通过诉讼、仲裁或者公证机关赋予强制执行力公证文书的形式虚构债权债务的，应当依法通过审判监督程序向作出该判决、裁定、调解书的人民法院或者上一级人民法院申请撤销生效法律文书，或者向受理破产申请的人民法院申请撤销或者不予执行仲裁裁决、不予执行公证债权文书后，重新确定债权。

第八条 债务人、债权人对债权表记载的债权有异议的，应当说明理由和法律依据。经管理人解释或调整后，异议人仍然不服的，或者管理人不予解释或调整的，异议人应当在债权人会议核查结束后十五日内向人民法院提起债权确认的诉讼。当事人之间在破产申请受理前订立有仲裁条款或仲裁协议的，应当向选定的仲裁机构申请确认债权债务关系。

第九条　债务人对债权表记载的债权有异议向人民法院提起诉讼的，应将被异议债权人列为被告。债权人对债权表记载的他人债权有异议的，应将被异议债权人列为被告；债权人对债权表记载的本人债权有异议的，应将债务人列为被告。

对同一笔债权存在多个异议人，其他异议人申请参加诉讼的，应当列为共同原告。

第十条　单个债权人有权查阅债务人财产状况报告、债权人会议决议、债权人委员会决议、管理人监督报告等参与破产程序所必需的债务人财务和经营信息资料。管理人无正当理由不予提供的，债权人可以请求人民法院作出决定；人民法院应当在五日内作出决定。

上述信息资料涉及商业秘密的，债权人应当依法承担保密义务或者签署保密协议；涉及国家秘密的应当依照相关法律规定处理。

第十一条　债权人会议的决议除现场表决外，可以由管理人事先将相关决议事项告知债权人，采取通信、网络投票等非现场方式进行表决。采取非现场方式进行表决的，管理人应当在债权人会议召开后的三日内，以信函、电子邮件、公告等方式将表决结果告知参与表决的债权人。

根据企业破产法第八十二条规定，对重整计划草案进行分组表决时，权益因重整计划草案受到调整或者影响的债权人或者股东，有权参加表决；权益未受到调整或者影响的债权人或者股东，参照企业破产法第八十三条的规定，不参加重整计划草案的表决。

第十二条　债权人会议的决议具有以下情形之一，损害债权人利益，债权人申请撤销的，人民法院应予支持：

（一）债权人会议的召开违反法定程序；

（二）债权人会议的表决违反法定程序；

（三）债权人会议的决议内容违法；

（四）债权人会议的决议超出债权人会议的职权范围。

人民法院可以裁定撤销全部或者部分事项决议，责令债权人会议依法重新作出决议。

债权人申请撤销债权人会议决议的，应当提出书面申请。债权人会议采取通信、网络投票等非现场方式进行表决的，债权人申请撤销的期限自债权人收到通知之日起算。

第十三条　债权人会议可以依照企业破产法第六十八条第一款第四项的规定，委托债权人委员会行使企业破产法第六十一条第一款第二、三、五项规定的债权人会议职权。债权人会议不得作出概括性授权，委托其行使债权人会议所有职权。

第十四条　债权人委员会决定所议事项应获得全体成员过半数通过，并作成议事记录。债权人委员会成员对所议事项的决议有不同意见的，应当在记录中载明。

债权人委员会行使职权应当接受债权人会议的监督，以适当的方式向债权人会议及时汇报工作，并接受人民法院的指导。

第十五条　管理人处分企业破产法第六十九条规定的债务人重大财产的，应当事先制作财产管理或者变价方案并提交债权人会议进行表决，债权人会议表决未通过的，管理人不得处分。

管理人实施处分前，应当根据企业破产法第六十九条的规定，提前十日书面报告债权人委员会或者人民法院。债权人委员会可以依照企业破产法第六十八条第二款的规定，要求管理人对处分行为作出相应说明或者提供有关文件依据。

债权人委员会认为管理人实施的处分行为不符合债权人会议通过的财产管理或变价方案的，有权要求管理人纠正。管理人拒绝纠正的，债权人委员会可以请求人民法院作出决定。

人民法院认为管理人实施的处分行为不符合债权人会议通过的财产管理或变价方案的，应当责令管理人停止处分行为。管理人应当予以纠正，或者提交债权人会议重新表决通过后实施。

第十六条　本规定自2019年3月28日起实施。

实施前本院发布的有关企业破产的司法解释，与本规定相抵触的，自本规定实施之日起不再适用。

最高人民法院关于修改《最高人民法院关于破产企业国有划拨土地使用权应否列入破产财产等问题的批复》等二十九件商事类司法解释的决定

法释〔2020〕18号

《最高人民法院关于修改〈最高人民法院关于破产企业国有划拨土地使用权应否列入破产财产等问题的批复〉等二十九件商事类司法解释的决定》已于2020年12月23日由最高人民法院审判委员会

第1823次会议通过，现予公布，自2021年1月1日起施行。

最高人民法院

2020年12月29日

根据审判实践需要，经最高人民法院审判委员会第1823次会议决定，对《最高人民法院关于破产企业国有划拨土地使用权应否列入破产财产等问题的批复》等二十九件司法解释等作如下修改：

一、修改《最高人民法院关于破产企业国有划拨土地使用权应否列入破产财产等问题的批复》

1. 将第一条修改为：

“根据《中华人民共和国土地管理法》第五十八条第一款第（三）项及《城镇国有土地使用权出让和转让暂行条例》第四十七条的规定，破产企业以划拨方式取得的国有土地使用权不属于破产财产，在企业破产时，有关人民政府可以予以收回，并依法处置。纳入国家兼并破产计划的国有企业，其依法取得的国有土地使用权，应依据国务院有关文件规定办理。”

2. 将第二条修改为：

“企业对其以划拨方式取得的国有土地使用权无处分权，以该土地使用权设定抵押，未经有审批权限的人民政府或土地行政管理部门批准的，不影响抵押合同效力；履行了法定的审批手续，并依法办理抵押登记的，抵押权自登记时设立。根据《中华人民共和国城市房地产管理法》第五十一条的规定，抵押权人只有在以抵押标的物折价或拍卖、变卖所得价款缴纳相当于土地使用权出让金的款项后，对剩余部分方可享有优先受偿权。但纳入国家兼并破产计划的国有企业，其用以划拨方式取得的国有土地使用权设定抵押的，应依据国务院有关文件规定办理。”

3. 将第三条修改为：

“国有企业以关键设备、成套设备、建筑物设定抵押的，如无其他法定的无效情形，不应当仅以未经政府主管部门批准为由认定抵押合同无效。”

二、修改《最高人民法院关于审理存单纠纷案件的若干规定》

1. 将引言修改为：

“为正确审理存单纠纷案件，根据《中华人民共和国民法典》的有关规定和在总结审判经验的基础上，制定本规定。”

2. 将第三条修改为：

“存单纠纷案件的受理与中止

存单纠纷案件当事人向人民法院提起诉讼，人民法院应当依照《中华人民共和国民事诉讼法》第一百一十九条的规定予以审查，符合规定的，均应受理。

人民法院在受理存单纠纷案件后，如发现犯罪线索，应将犯罪线索及时书面告知公安或检察机关。如案件当事人因伪造、变造、虚开存单或涉嫌诈骗，有关国家机关已立案侦查，存单纠纷案件确须待刑事案件结案后才能审理的，人民法院应当中止审理。对于追究有关当事人的刑事责任不影响对存单纠纷案件审理的，人民法院应对存单纠纷案件有关当事人是否承担民事责任以及承担民事责任的大小依法及时进行认定和处理。”

3. 将第四条修改为：

“存单纠纷案件的管辖

依照《中华人民共和国民事诉讼法》第二十三条的规定，存单纠纷案件由被告住所地人民法院或出具存单、进账单、对账单或与当事人签订存款合同的金融机构住所地人民法院管辖。住所地与经常居住地不一致的，由经常居住地人民法院管辖。”

三、修改《最高人民法院关于审理军队、武警部队、政法机关移交、撤销企业和与党政机关脱钩企业相关纠纷案件若干问题的规定》

1. 将引言修改为：

“为依法准确审理军队、武警部队、政法机关移交、撤销企业和与党政机关脱钩的企业所发生的债务纠纷案件和破产案件，根据《中华人民共和国民法典》《中华人民共和国公司法》《中华人民共和国民事诉讼法》《中华人民共和国企业破产法》的有关规定，作如下规定：”

2. 将第一条修改为：

“军队、武警部队、政法机关和党政机关开办的企业（以下简称被开办企业）具备法人条件并领取了企业法人营业执照的，根据民法典第六十条的规定，应当以其全部财产独立承担民事责任。”

3. 将第二条修改为：

“被开办企业领取了企业法人营业执照，虽然实际投入的资金与注册资金不符，但已达到了《中华人民共和国企业法人登记管理条例施行细则》第十二条第七项规定数额的，应当认定其具备法人资格，开办单位应当在该企业实际投入资金与注册资金的差额范围内承担民事责任。"

4. 将第三条修改为：

"被开办企业虽然领取了企业法人营业执照，但投入的资金未达到《中华人民共和国企业法人登记管理条例施行细则》第十二条第七项规定数额的，或者不具备企业法人其他条件的，应当认定其不具备法人资格，其民事责任由开办单位承担。"

5. 删除第四条、第六条、第八条、第九条、第十四条、第十六条。

6. 将第七条修改为：

"开办单位或其主管部门在被开办企业撤销时，向工商行政管理机关出具证明文件，自愿对被开办企业的债务承担责任的，应当按照承诺对被开办企业的债务承担民事责任。"

7. 将第十三条修改为：

"被开办企业向社会或者向企业内部职工集资未清偿的，在破产财产分配时，应当按照《中华人民共和国企业破产法》第一百一十三条第一款第一项的规定予以清偿。"

8. 条文顺序作相应调整。

四、修改《最高人民法院关于审理与企业改制相关的民事纠纷案件若干问题的规定》

1. 将引言修改为：

"为了正确审理与企业改制相关的民事纠纷案件，根据《中华人民共和国民法典》《中华人民共和国公司法》《中华人民共和国全民所有制工业企业法》《中华人民共和国民事诉讼法》等法律、法规的规定，结合审判实践，制定本规定。"

2. 将第二条修改为：

"当事人起诉符合本规定第一条所列情形，并符合民事诉讼法第一百一十九条规定的起诉条件的，人民法院应当予以受理。"

3. 将第十九条修改为：

"企业出售中，出卖人实施的行为具有法律规定的撤销情形，买受人在法定期限内行使撤销权的，人民法院应当予以支持。"

4. 将第二十九条修改为：

"出售企业的行为具有民法典第五百三十八条、第五百三十九条规定的情形，债权人在法定期限内行使撤销权的，人民法院应当予以支持。"

5. 删除第三十二条。

6. 条文顺序作相应调整。

五、修改《最高人民法院关于适用〈中华人民共和国公司法〉若干问题的规定（二）》

1. 将第二条修改为：

"股东提起解散公司诉讼，同时又申请人民法院对公司进行清算的，人民法院对其提出的清算申请不予受理。人民法院可以告知原告，在人民法院判决解散公司后，依据民法典第七十条、公司法第一百八十三条和本规定第七条的规定，自行组织清算或者另行申请人民法院对公司进行清算。"

2. 将第七条修改为：

"公司应当依照民法典第七十条、公司法第一百八十三条的规定，在解散事由出现之日起十五日内成立清算组，开始自行清算。

有下列情形之一，债权人、公司股东、董事或其他利害关系人申请人民法院指定清算组进行清算的，人民法院应予受理：

（一）公司解散逾期不成立清算组进行清算的；

（二）虽然成立清算组但故意拖延清算的；

（三）违法清算可能严重损害债权人或者股东利益的。"

3. 将第九条修改为：

"人民法院指定的清算组成员有下列情形之一的，人民法院可以根据债权人、公司股东、董事或其他利害关系人的申请，或者依职权更换清算组成员：

（一）有违反法律或者行政法规的行为；

（二）丧失执业能力或者民事行为能力；

（三）有严重损害公司或者债权人利益的行为。"

4. 将第十五条修改为：

"公司自行清算的，清算方案应当报股东会或者股东大会决议确认；人民法院组织清算的，清算方案应当报人民法院确认。未经确认的清算方案，清算组不得执行。

执行未经确认的清算方案给公司或者债权人造成损失，公司、股东、董事、公司其他利害关系人或者债权人主张清算组成员承担赔偿责任的，人民法院应依法予以支持。"

5. 将第二十一条修改为：

“按照本规定第十八条和第二十条第一款的规定应当承担责任的有限责任公司的股东、股份有限公司的董事和控股股东，以及公司的实际控制人为二人以上的，其中一人或者数人依法承担民事责任后，主张其他人员按照过错大小分担责任的，人民法院应依法予以支持。”

六、修改《最高人民法院关于适用〈中华人民共和国公司法〉若干问题的规定（三）》

1. 将第二条修改为：

“发起人为设立公司以自己名义对外签订合同，合同相对人请求该发起人承担合同责任的，人民法院应予支持；公司成立后合同相对人请求公司承担合同责任的，人民法院应予支持。”

2. 将第七条修改为：

“出资人以不享有处分权的财产出资，当事人之间对于出资行为效力产生争议的，人民法院可以参照民法典第三百一十一条的规定予以认定。

以贪污、受贿、侵占、挪用等违法犯罪所得的货币出资后取得股权的，对违法犯罪行为予以追究、处罚时，应当采取拍卖或者变卖的方式处置其股权。”

3. 将第二十四条修改为：

“有限责任公司的实际出资人与名义出资人订立合同，约定由实际出资人出资并享有投资权益，以名义出资人为名义股东，实际出资人与名义股东对该合同效力发生争议的，如无法律规定的无效情形，人民法院应当认定该合同有效。

前款规定的实际出资人与名义股东因投资权益的归属发生争议，实际出资人以其实际履行了出资义务为由向名义股东主张权利的，人民法院应予支持。名义股东以公司股东名册记载、公司登记机关登记为由否认实际出资人权利的，人民法院不予支持。

实际出资人未经公司其他股东半数以上同意，请求公司变更股东、签发出资证明书、记载于股东名册、记载于公司章程并办理公司登记机关登记的，人民法院不予支持。”

4. 将第二十五条修改为：

“名义股东将登记于其名下的股权转让、质押或者以其他方式处分，实际出资人以其对于股权享有实际权利为由，请求认定处分股权行为无效的，人民法院可以参照民法典第三百一十一条的规定处理。

名义股东处分股权造成实际出资人损失，实际出资人请求名义股东承担赔偿责任的，人民法院应予支持。”

5. 将第二十七条修改为：

“股权转让后尚未向公司登记机关办理变更登记，原股东将仍登记于其名下的股权转让、质押或者以其他方式处分，受让股东以其对于股权享有实际权利为由，请求认定处分股权行为无效的，人民法院可以参照民法典第三百一十一条的规定处理。

原股东处分股权造成受让股东损失，受让股东请求原股东承担赔偿责任、对于未及时办理变更登记有过错的董事、高级管理人员或者实际控制人承担相应责任的，人民法院应予支持；受让股东对于未及时办理变更登记也有过错的，可以适当减轻上述董事、高级管理人员或者实际控制人的责任。”

七、修改《最高人民法院关于适用〈中华人民共和国公司法〉若干问题的规定（四）》

1. 将第二条修改为：

“依据民法典第八十五条、公司法第二十二条第二款请求撤销股东会或者股东大会、董事会决议的原告，应当在起诉时具有公司股东资格。”

2. 将第四条修改为：

“股东请求撤销股东会或者股东大会、董事会决议，符合民法典第八十五条、公司法第二十二条第二款规定的，人民法院应当予以支持，但会议召集程序或者表决方式仅有轻微瑕疵，且对决议未产生实质影响的，人民法院不予支持。”

八、修改《最高人民法院关于审理外商投资企业纠纷案件若干问题的规定（一）》

1. 将引言修改为：

“为正确审理外商投资企业在设立、变更等过程中产生的纠纷案件，保护当事人的合法权益，根据《中华人民共和国民法典》《中华人民共和国外商投资法》《中华人民共和国公司法》等法律法规的规定，结合审判实践，制定本规定。”

2. 将第十三条修改为：

“外商投资企业股东与债权人订立的股权质押合同，除法律、行政法规另有规定或者合同另有约定外，自成立时生效。未办理质权登记的，不影响股权质押合同的效力。

当事人仅以股权质押合同未经外商投资企业审批机关批准为由主张合同无效或未生效的，人民法院不予支持。

股权质押合同依照民法典的相关规定办理了出质登记的，股权质权自登记时设立。”

九、修改《最高人民法院关于适用〈中华人民共和国公司法〉若干问题的规定(五)》

1. 将第一条修改为：

“关联交易损害公司利益，原告公司依据民法典第八十四条、公司法第二十一条规定请求控股股东、实际控制人、董事、监事、高级管理人员赔偿所造成的损失，被告仅以该交易已经履行了信息披露、经股东会或者股东大会同意等法律、行政法规或者公司章程规定的程序为由抗辩的，人民法院不予支持。

公司没有提起诉讼的，符合公司法第一百五十一条第一款规定条件的股东，可以依据公司法第一百五十一条第二款、第三款规定向人民法院提起诉讼。”

2. 将第二条修改为：

“关联交易合同存在无效、可撤销或者对公司不发生效力的情形，公司没有起诉合同相对方的，符合公司法第一百五十一条第一款规定条件的股东，可以依据公司法第一百五十一条第二款、第三款规定向人民法院提起诉讼。”

3. 将第四条修改为：

“分配利润的股东会或者股东大会决议作出后，公司应当在决议载明的时间内完成利润分配。决议没有载明时间的，以公司章程规定的为准。决议、章程中均未规定时间或者时间超过一年的，公司应当自决议作出之日起一年内完成利润分配。

决议中载明的利润分配完成时间超过公司章程规定时间的，股东可以依据民法典第八十五条、公司法第二十二条第二款规定请求人民法院撤销决议中关于该时间的规定。”

十、修改《最高人民法院关于审理票据纠纷案件若干问题的规定》

1. 将第六条修改为：

“因票据纠纷提起的诉讼，依法由票据支付地或者被告住所地人民法院管辖。

票据支付地是指票据上载明的付款地，票据上未载明付款地的，汇票付款人或者代理付款人的营业场所、住所或者经常居住地，本票出票人的营业场所，支票付款人或者代理付款人的营业场所所在地为票据付款地。代理付款人即付款人的委托代理人，是指根据付款人的委托代为支付票据金额的银行、信用合作社等金融机构。”

2. 删除第七条。

3. 将第三十二条修改为：

“公告应当在全国性报纸或者其他媒体上刊登，并于同日公布于人民法院公告栏内。人民法院所在地有证券交易所的，还应当同日在该交易所公布。”

4. 将第三十三条修改为：

“依照《中华人民共和国民事诉讼法》（以下简称民事诉讼法）第二百一十九条的规定，公告期间不得少于六十日，且公示催告期间届满日不得早于票据付款日后十五日。”

5. 将第三十四条修改为：

“依照民事诉讼法第二百二十条第二款的规定，在公示催告期间，以公示催告的票据质押、贴现，因质押、贴现而接受该票据的持票人主张票据权利的，人民法院不予支持，但公示催告期间届满以后人民法院作出除权判决以前取得该票据的除外。”

6. 将第三十八条修改为：

“失票人向人民法院提起诉讼的，应向人民法院说明曾经持有票据及丧失票据的情形，人民法院应当根据案件的具体情况，决定当事人是否应当提供担保以及担保的数额。”

7. 将第三十九条修改为：

“对于伪报票据丧失的当事人，人民法院在查明事实，裁定终结公示催告或者诉讼程序后，可以参照民事诉讼法第一百一十一条的规定，追究伪报人的法律责任。”

8. 将第四十条修改为：

“依照票据法第一百零八条以及经国务院批准的《票据管理实施办法》的规定，票据当事人使用的不是中国人民银行规定的统一格式票据的，按照《票据管理实施办法》的规定认定，但在中国境外签发的票据除外。”

9. 将第五十一条修改为：

“依照票据法第三十四条和第三十五条的规定，背书人在票据上记载‘不得转让’‘委托收款’‘质押’字样，其后手再背书转让、委托收款或者质押的，原背书人对后手的被背书人不承担票据责任，但不影响出票人、承兑人以及原背书人之前手的票据责任。”

10. 将第六十条修改为：

“国家机关、以公益为目的的事业单位、社会团体作为票据保证人的，票据保证无效，但经国务院批准为使用外国政府或者国际经济组织贷款进行转贷，国家机关提供票据保证的除外。”

11. 将第六十二条修改为：

“保证人未在票据或者粘单上记载‘保证’字样而另行签订保证合同或者保证条款的，不属于票据保证，人民法院应当适用《中华人民共和国民法典》的有关规定。”

12. 将第六十三条修改为：

“人民法院审理票据纠纷案件，适用票据法的规定；票据法没有规定的，适用《中华人民共和国民法典》等法律以及国务院制定的行政法规。

中国人民银行制定并公布施行的有关行政规章与法律、行政法规不抵触的，可以参照适用。”

13. 将第六十七条修改为：

“依照票据法第十四条、第一百零二条、第一百零三条的规定，伪造、变造票据者除应当依法承担刑事、行政责任外，给他人造成损失的，还应当承担民事赔偿责任。被伪造签章者不承担票据责任。”

14. 将第七十一条修改为：

“票据法第六十三条所称‘其他有关证明’是指：

（一）人民法院出具的宣告承兑人、付款人失踪或者死亡的证明、法律文书；

（二）公安机关出具的承兑人、付款人逃匿或者下落不明的证明；

（三）医院或者有关单位出具的承兑人、付款人死亡的证明；

（四）公证机构出具的具有拒绝证明效力的文书。

承兑人自己作出并发布的表明其没有支付票款能力的公告，可以认定为拒绝证明。”

15. 将第七十五条修改为：

“依据票据法第一百零四条的规定，由于金融机构工作人员在票据业务中玩忽职守，对违反票据法规定的票据予以承兑、付款、贴现或者保证，给当事人造成损失的，由该金融机构与直接责任人员依法承担连带责任。”

16. 将第七十六条修改为：

“依照票据法第一百零六条的规定，由于出票人制作票据，或者其他票据债务人未按照法定条件在票据上签章，给他人造成损失的，除应当按照所记载事项承担票据责任外，还应当承担相应的民事责任。

持票人明知或者应当知道前款情形而接受的，可以适当减轻出票人或者票据债务人的责任。”

17. 条文顺序作相应调整。

十一、修改《最高人民法院关于对因资不抵债无法继续办学被终止的民办学校如何组织清算问题的批复》

将正文第二段修改为：

“依照《中华人民共和国民办教育促进法》第十条批准设立的民办学校因资不抵债无法继续办学被终止，当事人依照《中华人民共和国民办教育促进法》第五十八条第二款规定向人民法院申请清算的，人民法院应当依法受理。人民法院组织民办学校破产清算，参照适用《中华人民共和国企业破产法》规定的程序，并依照《中华人民共和国民办教育促进法》第五十九条规定的顺序清偿。”

十二、修改《最高人民法院关于适用〈中华人民共和国企业破产法〉若干问题的规定（二）》

1. 将引言修改为：

“根据《中华人民共和国民法典》《中华人民共和国企业破产法》等相关法律，结合审判实践，就人民法院审理企业破产案件中认定债务人财产相关的法律适用问题，制定本规定。”

2. 将第四条修改为：

“债务人对按份享有所有权的共有财产的相关份额，或者共同享有所有权的共有财产的相应财产权利，以及依法分割共有财产所得部分，人民法院均应认定为债务人财产。

人民法院宣告债务人破产清算，属于共有财产分割的法定事由。人民法院裁定债务人重整或者和解的，共有财产的分割应当依据民法典第三百零三条的规定进行；基于重整或者和解的需要必须分割共有财产，管理人请求分割的，人民法院应予准许。

因分割共有财产导致其他共有人损害产生的债务，其他共有人请求作为共益债务清偿的，人民法院应予支持。”

3. 将第十三条修改为：

“破产申请受理后，管理人未依据企业破产法

第三十一条的规定请求撤销债务人无偿转让财产、以明显不合理价格交易、放弃债权行为的，债权人依据民法典第五百三十八条、第五百三十九条等规定提起诉讼，请求撤销债务人上述行为并将因此追回的财产归入债务人财产的，人民法院应予受理。

相对人以债权人行使撤销权的范围超出债权人的债权抗辩的，人民法院不予支持。”

4. 将第三十条修改为：

“债务人占有的他人财产被违法转让给第三人，依据民法典第三百一十一条的规定第三人已善意取得财产所有权，原权利人无法取回该财产的，人民法院应当按照以下规定处理：

（一）转让行为发生在破产申请受理前的，原权利人因财产损失形成的债权，作为普通破产债权清偿；

（二）转让行为发生在破产申请受理后的，因管理人或者相关人员执行职务导致原权利人损害产生的债务，作为共益债务清偿。”

5. 将第三十一条修改为：

“债务人占有的他人财产被违法转让给第三人，第三人已向债务人支付了转让价款，但依据民法典第三百一十一条的规定未取得财产所有权，原权利人依法追回转让财产的，对因第三人已支付对价而产生的债务，人民法院应当按照以下规定处理：

（一）转让行为发生在破产申请受理前的，作为普通破产债权清偿；

（二）转让行为发生在破产申请受理后的，作为共益债务清偿。”

6. 将第三十七条修改为：

“买受人破产，其管理人决定继续履行所有权保留买卖合同的，原买卖合同中约定的买受人支付价款或者履行其他义务的期限在破产申请受理时视为到期，买受人管理人应当及时向出卖人支付价款或者履行其他义务。

买受人管理人无正当理由未及时支付价款或者履行完毕其他义务，或者将标的物出卖、出质或者作出其他不当处分，给出卖人造成损害，出卖人依据民法典第六百四十一条等规定主张取回标的物的，人民法院应予支持。但是，买受人已支付标的物总价款百分之七十五以上或者第三人善意取得标的物所有权或者其他物权的除外。

因本条第二款规定未能取回标的物，出卖人依法主张买受人继续支付价款、履行完毕其他义务，以及承担相应赔偿责任的，人民法院应予支持。对因买受人未支付价款或者未履行完毕其他义务，以及买受人管理人将标的物出卖、出质或者作出其他不当处分导致出卖人损害产生的债务，出卖人主张作为共益债务清偿的，人民法院应予支持。”

十三、修改《最高人民法院关于适用〈中华人民共和国企业破产法〉若干问题的规定（三）》

第二条修改为：

“破产申请受理后，经债权人会议决议通过，或者第一次债权人会议召开前经人民法院许可，管理人或者自行管理的债务人可以为债务人继续营业而借款。提供借款的债权人主张参照企业破产法第四十二条第四项的规定优先于普通破产债权清偿的，人民法院应予支持，但其主张优先于此前已就债务人特定财产享有担保的债权清偿的，人民法院不予支持。

管理人或者自行管理的债务人可以为前述借款设定抵押担保，抵押物在破产申请受理前已为其他债权人设定抵押的，债权人主张按照民法典第四百一十四条规定的顺序清偿，人民法院应予支持。”

十四、修改《最高人民法院关于审理期货纠纷案件若干问题的规定》

1. 将引言修改为：

“为了正确审理期货纠纷案件，根据《中华人民共和国民法典》《中华人民共和国民事诉讼法》等有关法律、行政法规的规定，结合审判实践经验，对审理期货纠纷案件的若干问题制定本规定。”

2. 将第四条修改为：

“人民法院应当依据民事诉讼法第二十三条、第二十八条和第三十四条的规定确定期货纠纷案件的管辖。”

3. 将第九条修改为：

“期货公司授权非本公司人员以本公司的名义从事期货交易行为的，期货公司应当承担由此产生的民事责任；非期货公司人员以期货公司名义从事期货交易行为，具备民法典第一百七十二条所规定的表见代理条件的，期货公司应当承担由此产生的民事责任。”

4. 将第十三条修改为：

“有下列情形之一的，应当认定期货经纪合同无效：

（一）没有从事期货经纪业务的主体资格而从事期货经纪业务的；

（二）不具备从事期货交易主体资格的客户从事期货交易的；

（三）违反法律、行政法规的强制性规定的。”

5. 将第十六条修改为：

“期货公司在与客户订立期货经纪合同时，未提示客户注意《期货交易风险说明书》内容，并由客户签字或者盖章，对于客户在交易中的损失，应当依据民法典第五百条第三项的规定承担相应的赔偿责任。但是，根据以往交易结果记载，证明客户已有交易经历的，应当免除期货公司的责任。”

6. 将第四十四条修改为：

“在交割日，卖方期货公司未向期货交易所交付标准仓单，或者买方期货公司未向期货交易所账户交付足额货款，构成交割违约。

构成交割违约的，违约方应当承担违约责任；具有民法典第五百六十三条第一款第四项规定情形的，对方有权要求终止交割或者要求违约方继续交割。

征购或者竞卖失败的，应当由违约方按照交易所有关赔偿办法的规定承担赔偿责任。”

十五、修改《最高人民法院关于审理期货纠纷案件若干问题的规定（二）》

将第八条修改为：

“人民法院在办理案件过程中，依法需要通过期货交易所、期货公司查询、冻结、划拨资金或者有价证券的，期货交易所、期货公司应当予以协助。应当协助而拒不协助的，按照《中华人民共和国民事诉讼法》第一百一十四条之规定办理。”

十六、修改《最高人民法院关于审理信用证纠纷案件若干问题的规定》

将引言修改为：

“根据《中华人民共和国民法典》《中华人民共和国涉外民事关系法律适用法》《中华人民共和国民事诉讼法》等法律，参照国际商会《跟单信用证统一惯例》等相关国际惯例，结合审判实践，就审理信用证纠纷案件的有关问题，制定本规定。”

十七、《最高人民法院关于审理独立保函纠纷案件若干问题的规定》

1. 将引言修改为：

“为正确审理独立保函纠纷案件，切实维护当事人的合法权益，服务和保障‘一带一路’建设，促进对外开放，根据《中华人民共和国民法典》《中华人民共和国涉外民事关系法律适用法》《中华人民共和国民事诉讼法》等法律，结合审判实际，制定本规定。”

2. 将第三条修改为：

“保函具有下列情形之一，当事人主张保函性质为独立保函的，人民法院应予支持，但保函未载明据以付款的单据和最高金额的除外：

（一）保函载明见索即付；

（二）保函载明适用国际商会《见索即付保函统一规则》等独立保函交易示范规则；

（三）根据保函文本内容，开立人的付款义务独立于基础交易关系及保函申请法律关系，其仅承担相符交单的付款责任。

当事人以独立保函记载了对应的基础交易为由，主张该保函性质为一般保证或连带保证的，人民法院不予支持。

当事人主张独立保函适用民法典关于一般保证或连带保证规定的，人民法院不予支持。”

十八、修改《最高人民法院关于适用〈中华人民共和国保险法〉若干问题的解释（二）》

1. 将引言修改为：

“为正确审理保险合同纠纷案件，切实维护当事人的合法权益，根据《中华人民共和国民法典》《中华人民共和国保险法》《中华人民共和国民事诉讼法》等法律规定，结合审判实践，就保险法中关于保险合同一般规定部分有关法律适用问题解释如下：”

2. 将第十条修改为：

“保险人将法律、行政法规中的禁止性规定情形作为保险合同免责条款的免责事由，保险人对该条款作出提示后，投保人、被保险人或者受益人以保险人未履行明确说明义务为由主张该条款不成为合同内容的，人民法院不予支持。”

十九、修改《最高人民法院关于适用〈中华人民共和国保险法〉若干问题的解释（三）》

1. 将引言修改为：

“为正确审理保险合同纠纷案件，切实维护当事人的合法权益，根据《中华人民共和国民法典》

《中华人民共和国保险法》《中华人民共和国民事诉讼法》等法律规定，结合审判实践，就保险法中关于保险合同章人身保险部分有关法律适用问题解释如下：”

2. 将第九条修改为：

“投保人指定受益人未经被保险人同意的，人民法院应认定指定行为无效。

当事人对保险合同约定的受益人存在争议，除投保人、被保险人在保险合同之外另有约定外，按以下情形分别处理：

（一）受益人约定为‘法定’或者‘法定继承人’的，以民法典规定的法定继承人为受益人；

（二）受益人仅约定为身份关系的，投保人与被保险人为同一主体时，根据保险事故发生时与被保险人的身份关系确定受益人；投保人与被保险人为不同主体时，根据保险合同成立时与被保险人的身份关系确定受益人；

（三）约定的受益人包括姓名和身份关系，保险事故发生时身份关系发生变化的，认定为未指定受益人。”

二十、修改《最高人民法院关于适用〈中华人民共和国保险法〉若干问题的解释（四）》

1. 将引言修改为：

“为正确审理保险合同纠纷案件，切实维护当事人的合法权益，根据《中华人民共和国民法典》《中华人民共和国保险法》《中华人民共和国民事诉讼法》等法律规定，结合审判实践，就保险法中财产保险合同部分有关法律适用问题解释如下：”

2. 将第二条修改为：

“保险人已向投保人履行了保险法规定的提示和明确说明义务，保险标的受让人以保险标的转让后保险人未向其提示或者明确说明为由，主张免除保险人责任的条款不成为合同内容的，人民法院不予支持。”

二十一、修改《最高人民法院关于审理涉台民商事案件法律适用问题的规定》

将引言修改为：

“为正确审理涉台民商事案件，准确适用法律，维护当事人的合法权益，根据相关法律，制定本规定。”

二十二、《最高人民法院关于适用〈中华人民共和国涉外民事关系法律适用法〉若干问题的解释（一）》

1. 删除第四条、第五条。

2. 条文顺序作相应调整。

二十三、修改《最高人民法院关于审理船舶碰撞和触碰案件财产损害赔偿的规定》

将引言修改为：

“根据《中华人民共和国民法典》和《中华人民共和国海商法》的有关规定，结合我国海事审判实践并参照国际惯例，对审理船舶碰撞和触碰案件的财产损害赔偿规定如下：”

二十四、修改《最高人民法院关于审理海上保险纠纷案件若干问题的规定》

将第一条修改为：

“审理海上保险合同纠纷案件，适用海商法的规定；海商法没有规定的，适用保险法的有关规定；海商法、保险法均没有规定的，适用民法典等其他相关法律的规定。”

二十五、修改《最高人民法院关于审理船舶碰撞纠纷案件若干问题的规定》

1. 将引言修改为：

“为正确审理船舶碰撞纠纷案件，依照《中华人民共和国民法典》《中华人民共和国民事诉讼法》《中华人民共和国海商法》《中华人民共和国海事诉讼特别程序法》等法律，制定本规定。”

2. 将第八条修改为：

“碰撞船舶船载货物权利人或者第三人向碰撞船舶一方或者双方就货物或其他财产损失提出赔偿请求的，由碰撞船舶方提供证据证明过失程度的比例。无正当理由拒不提供证据的，由碰撞船舶一方承担全部赔偿责任或者由双方承担连带赔偿责任。

前款规定的证据指具有法律效力的判决书、裁定书、调解书和仲裁裁决书。对于碰撞船舶提交的国外的判决书、裁定书、调解书和仲裁裁决书，依照民事诉讼法第二百八十二条和第二百八十三条规定的程序审查。”

二十六、修改《最高人民法院关于审理无正本提单交付货物案件适用法律若干问题的规定》

将引言修改为：

“为正确审理无正本提单交付货物案件，根据《中华人民共和国民法典》《中华人民共和国海商法》等法律，制定本规定。”

二十七、修改《最高人民法院关于审理海事赔偿责任限制相关纠纷案件的若干规定》

将第二十一条修改为：

“海商法第二百一十三条规定的利息，自海事事故发生之日起至基金设立之日止，按同期全国银行间同业拆借中心公布的贷款市场报价利率计算。

以担保方式设立海事赔偿责任限制基金的，基金设立期间的利息按同期全国银行间同业拆借中心公布的贷款市场报价利率计算。”

二十八、修改《最高人民法院关于审理船舶油污损害赔偿纠纷案件若干问题的规定》

将引言修改为：

“为正确审理船舶油污损害赔偿纠纷案件，依照《中华人民共和国民法典》《中华人民共和国海洋环境保护法》《中华人民共和国海商法》《中华人民共和国民事诉讼法》《中华人民共和国海事诉讼特别程序法》等法律法规以及中华人民共和国缔结或者参加的有关国际条约，结合审判实践，制定本规定。”

二十九、修改《最高人民法院关于审理海上货运代理纠纷案件若干问题的规定》

1. 将引言修改为：

“为正确审理海上货运代理纠纷案件，依法保护当事人合法权益，根据《中华人民共和国民法典》《中华人民共和国海商法》《中华人民共和国民事诉讼法》和《中华人民共和国海事诉讼特别程序法》等有关法律规定，结合审判实践，制定本规定。”

2. 将第六条修改为：

“一方当事人根据双方的交易习惯，有理由相信行为人有权代表对方当事人订立海上货运代理合同，该方当事人依据民法典第一百七十二条的规定主张合同成立的，人民法院应予支持。”

本决定自2021年1月1日起施行。

根据本决定，《最高人民法院关于破产企业国有划拨土地使用权应否列入破产财产等问题的批复》等二十九件商事类司法解释作相应修改后重新公布。

最高人民法院办公厅转发《关于推动和保障管理人在破产程序中依法履职进一步优化营商环境的意见》的通知

法办〔2021〕80号

各省、自治区、直辖市高级人民法院，解放军军事法院，新疆维吾尔自治区高级人民法院生产建设兵团分院：

2021年2月25日，国家发展和改革委员会、最高人民法院、财政部、人力资源和社会保障部、自然资源部、住房和城乡建设部、中国人民银行、国务院国有资产监督管理委员会、国家海关总署、国家税务总局、国家市场监督管理总局、中国银行保险监督管理委员会、中国证券监督管理委员会联合印发《关于推动和保障管理人在破产程序中依法履职进一步优化营商环境的意见》（发改财金规〔2021〕1274号，以下简称《意见》），对推进完善企业破产配套制度，提升办理破产便利度，进一步优化营商环境作出重要规定。为便于更好地理解掌握上述文件内容，现将《意见》转发给你们。请在工作中参照《意见》的规定，切实贯彻执行。

特此通知。

最高人民法院办公厅

2021年3月2日

关于推动和保障管理人在破产程序中依法履职进一步优化营商环境的意见

发改财金规〔2021〕1274号

各省、自治区、直辖市人民政府，新疆生产建设兵团，国务院各部委、各直属机构：

管理人是在破产程序中依法接管破产企业财产、管理破产事务的专门机构。为推动和保障管理人依法履职，提高破产效率，充分发挥破产制度作用，解决企业退出难问题，优化要素配置，加快打造市场化、法治化、国际化营商环境，经国务院同意，现提出如下意见。

一、总体要求

以习近平新时代中国特色社会主义思想为指导，全面贯彻党的十九大和十九届二中、三中、四中、五中全会精神，坚持稳中求进工作总基调，立足新发展阶段，贯彻新发展理念，构建新发展格局，以推动高质量发展为主题，以深化供给侧结构性改革为主线，坚持市场化、法治化改革方向，完善破产制度配套政策，更好发挥政府在企业破产程序中的作用，推动和保障管理人依法履职，降低破产制度运行成本，加快“僵尸企业”出清。

二、基本原则

坚持依法保障。相关部门、金融机构应当按照法律规定积极支持和配合管理人依法履行接管、调查、管理、处分破产企业财产等职责。管理人履职涉及相关部门权限的，依法接受相关部门管理和监督。

坚持有效监督。管理人应当勤勉尽责，忠实履职，切实维护职工、债权人、投资者、破产企业及相关利益主体合法权益，切实维护社会公共利益，依法依规向人民法院报告工作，接受债权人会议和债权人委员会等相关方面的监督。

坚持公开透明。管理人应当依法保障债权人、投资者及相关利益主体的知情权，提高破产事务处理的透明度。加大各方信息共享力度，为管理人处理破产事务的信息化、公开化提供便利。

三、优化破产企业注销和状态变更登记制度

（一）建立企业破产和退出状态公示制度。破产申请受理后，通过全国企业破产重整案件信息网向国家企业信用信息公示系统推送有关企业破产程序启动、程序种类、程序切换、程序终止、管理人联系方式等信息，实现企业破产状态及时公示。在破产清算程序终结以及重整或和解程序终止前，非经破产案件审理法院同意或管理人申请，市场监管等部门不得办理企业登记事项变更手续。（最高人民法院、市场监管总局等按职责分工负责）

（二）进一步落实破产企业简易注销制度。管理人可以凭企业注销登记申请书、人民法院终结破产程序裁定书申请办理破产企业注销，市场监管部门不额外设置简易注销条件。申请简易注销的破产企业营业执照遗失的，通过国家企业信用信息公示系统免费发布营业执照作废声明或在报纸刊登遗失公告后，破产企业或管理人可不再补领营业执照。（市场监管总局负责）

（三）建立破产企业相关人员任职限制登记制度。企业董事、监事或高级管理人员违反忠实勤勉义务，未履职尽责，致使所在企业破产，被人民法院判令承担相应责任的，管理人可以凭生效法律文书，通过全国企业破产重整案件信息网向市场监管、金融管理等部门申请对相关人员的任职资格限制进行登记。（最高人民法院、人民银行、市场监管总局、银保监会、证监会等按职责分工负责）

四、加强金融机构对破产程序的参与和支持

（四）强化金融服务支持。金融机构应当支持管理人依法履行接管破产企业财产等法定职责，建立和完善与破产程序相衔接的金融服务工作机制，加强对企业重整、和解的支持。对于商业银行、证券公司、保险公司等金融机构或在本地有重大影响的企业破产案件，清算组作为管理人的，人民法院可以依法指定金融资产管理公司作为清算组成员参与破产案件。（最高人民法院、人民银行、银保监会、证监会等按职责分工负责）

（五）便利管理人账户开立和展期。管理人可以凭人民法院破产申请受理裁定书、指定管理人决定书及管理人负责人身份证明材料，向银行申请开立管理人账户。银行应当针对管理人账户的开立确定统一规程，在充分履行客户身份识别义务、确保风险可控的前提下，缩短账户开立周期，提升管理人账户权限，便利管理人操作使用。鼓励适当减免管理人账户开立使用的相关费用，优化账户展期手续办理流程，并在账户有效期届满前及时通知管理人。管理人应当在终止执行职务后，及时办理管理人账户注销手续。（人民银行、银保监会等按职责分工负责）

（六）支持管理人依法接管破产企业账户。管理人可以凭人民法院破产申请受理裁定书、指定管理人决定书接管破产企业账户，依法办理破产企业账户资金划转，非正常户激活或注销，司法冻结状态等账户信息、交易明细、征信信息查询等业务，金融机构应当予以配合并及时办理。（最高人民法院、人民银行、银保监会、证监会等按职责分工负责）

（七）协助配合推进破产程序。充分发挥金融机构债权人委员会、债券持有人会议等集体协商机制在企业破产中的协调、协商作用。鼓励金融机构进一步完善、明确内部管理流程，合理下放表决权行使权限，促进金融机构在破产程序中尤其是重整程序中积极高效行使表决权。金融机构破产的，管理人应当与金融管理部门加强协调沟通，维护金融稳定。（人民银行、银保监会、证监会等按职责分工负责）

（八）加强重整企业融资支持。银行业金融机构应当按照市场化、法治化原则，对有重整价值和可能性、符合国家产业政策方向的重整企业提供信贷支持。鼓励符合条件的金融机构依法设立不良资产处置基金，参与企业重整。支持私募股权投资基金、产业投资基金、不良资产处置基金等各类基金在破产程序中按照市场化、法治化原则向符合国家产业政策方向的重整企业提供融资支持。（发展改革委、人民银行、银保监会、证监会等按职责分工负责）

（九）支持重整企业金融信用修复。人民法院裁定批准重整计划或重整计划执行完毕后，重整企业或管理人可以凭人民法院出具的相应裁定书，申请在金融信用信息基础数据库中添加相关信息，及时反映企业重整情况。鼓励金融机构对重整后企业的合理融资需求参照正常企业依法依规予以审批，进一步做好重整企业的信用修复。（人民银行、银保监会、证监会等按职责分工负责）

（十）切实保护职工和债权人投资者合法权益。发挥管理人在防范“逃废债”等违法行为中的积极作用。管理人要加强对破产企业财产的追查和管理，有效保护职工劳动报酬、社会保险合法权益，及时向金融机构债权人委员会、债权人会议通报有关情况，破产企业的有关人员可能涉嫌犯罪的，管理人应当及时将犯罪线索报送司法或监察机关。金融机构依法积极支持管理人追查破产企业财产，鼓励将发现的恶意转移破产企业财产的情况通报管理人，有效保护债权人投资者合法权益。（最高人民法院、人力资源社会保障部、人民银行、国资委、银保监会、证监会等按职责分工负责）

五、便利破产企业涉税事务处理

（十一）保障破产企业必要发票供应。破产程序中的企业应当接受税务机关的税务管理，管理人负责管理企业财产和营业事务的，由管理人代表破产企业履行法律规定的相关纳税义务。破产企业因履行合同、处置财产或继续营业等原因在破产程序中确需使用发票的，管理人可以以纳税人名义到税务部门申领、开具发票。税务部门在督促纳税人就新产生的纳税义务足额纳税的同时，按照有关规定满足其合理发票领用需要，不得以破产企业存在欠税情形为由拒绝。（税务总局负责）

（十二）依法核销破产企业欠缴税款。税务、海关等部门在破产清算程序中依法受偿破产企业欠缴的税款本金、滞纳金、罚款后，应当按照人民法院裁定认可的财产分配方案中确定的受偿比例，办理欠缴税款本金、滞纳金、罚款的入库，并依法核销未受偿的税款本金、滞纳金、罚款。（海关总署、税务总局等按职责分工负责）

（十三）便利税务注销。经人民法院裁定宣告破产的企业，管理人持人民法院终结破产清算程序裁定书申请税务注销的，税务部门即时出具清税文书，按照有关规定核销“死欠”，不得违反规定要求额外提供证明文件，或以税款未获全部清偿为由拒绝办理。（税务总局负责）

（十四）支持企业纳税信用修复。重整或和解程序中，税务机关依法受偿后，管理人或破产企业可以向税务机关提出纳税信用修复申请，税务机关根据人民法院出具的批准重整计划或认可和解协议的裁定书评价其纳税信用级别。已被公布重大税收违法失信案件信息的上述破产企业，经税务机关确认后，停止公布并从公告栏中撤出，并将相关情况及时通知实施联合惩戒和管理的部门。有关部门应当依据各自法定职责，按照法律法规和有关规定解除惩戒，保障企业正常经营和后续发展。（税务总局及相关部门按职责分工负责）

（十五）落实重整与和解中的所得税税前扣除政策。对于破产企业根据资产处置结果，人民法院裁定批准或认可的重整计划、和解协议确定或形成的资产损失，依照税法规定进行资产损失扣除。税务机关对破产企业提交的与此有关的申请材料应快捷审查，便利办理。（财政部、税务总局等按职责分工负责）

六、完善资产处置配套机制

（十六）有效盘活土地资产。允许对破产企业具备独立分宗条件的土地、房产分割转让，市级或县级自然资源等相关主管部门审批时，对于符合条件的应及时批准。对因相关规划调整等因素确需为不动产处置设置附加条件的，应当及时向管理人告知具体明晰的标准及其依据。破产企业以划拨方式取得土地使用权的，转让房地产时，应当依法报有批准权的人民政府审批。（自然资源部、住房和城乡建设部等按职责分工负责）

（十七）妥善认定资产权属。依法积极推动存在未办理验收等瑕疵的不动产完善有关手续，明确权属，为破产企业不动产及时办理权属登记手续，支持管理人加快破产企业财产处置。有效利用各类资产的多元化专业交易流转平台，充分发挥交易市场的价格发现、价值实现功能，提升管理人的资产处置效率。（最高人民法院、自然资源部、住房和城乡建设部等按职责分工负责）

（十八）依法解除破产企业财产保全措施。人民法院裁定受理企业破产案件后，管理人持受理破产申请裁定书和指定管理人决定书，依法向有关部门、金融机构申请解除对破产企业财产的查封、扣押、冻结等保全措施的，相关部门和单位应当根据企业破产法规定予以支持配合。保全措施解除后，管理人应当及时通知原采取保全措施的相关部门和单位。管理人申请接管、处置海关监管货物的，应当先行办结海关手续，海关应当对管理人办理相关手续提供便利并予以指导。（最高人民法院、自然资源部、人民银行、海关总署、税务总局、银保监会、证监会等按职责分工负责）

七、加强组织和信息保障

（十九）建立常态化协调机制。各地区、各部门要积极支持人民法院破产审判工作，推动和保障管理人依法履职，更好发挥政府在企业破产程序中的作用，避免对破产司法和管理人工作的不当干预。鼓励地方人民政府与人民法院建立常态化协调机制，并吸纳涉及社会稳定、职工权益、经费保障、信用修复、企业注销、企业税收等相关主管部门参加。人民法院、有关部门要严厉打击企业破产涉及的各类违法违规行为，管理人要依法公正履职，积极配合。管理人未勤勉尽责、忠实履职的，要依法追究相应责任。（最高人民法院、各地方人民政府、各相关部门负责）

（二十）强化信息共享和沟通。加强全国企业破产重整案件信息网、全国信用信息共享平台、国家企业信用信息公示系统和金融信用信息基础数据库等信息共享，加强相关部门、金融机构与人民法院、管理人的信息沟通，推动破产程序中的数据共享、业务协同，提高各相关利益主体信息知晓便利度，便利管理人依法履职。（最高人民法院、发展改革委、人民银行、国资委、市场监管总局、银保监会、证监会等按职责分工负责）

本意见自印发之日起施行。

国家发展改革委　最高人民法院
财政部　人力资源社会保障部
自然资源部　住房和城乡建设部
人民银行　国资委
海关总署　税务总局
市场监管总局　银保监会
证监会
2021 年 2 月 25 日

行政法规：

中华人民共和国政府信息公开条例

国务院令第 711 号

现公布修订后的《中华人民共和国政府信息公开条例》，自 2019 年 5 月 15 日起施行。

总理　李克强
2019 年 4 月 3 日

第一章　总　　则

第一条　为了保障公民、法人和其他组织依法获取政府信息，提高政府工作的透明度，建设法治政府，充分发挥政府信息对人民群众生产、生活和经济社会活动的服务作用，制定本条例。

第二条　本条例所称政府信息，是指行政机关在履行行政管理职能过程中制作或者获取的，以一定形式记录、保存的信息。

第三条　各级人民政府应当加强对政府信息公开工作的组织领导。

国务院办公厅是全国政府信息公开工作的主管部门，负责推进、指导、协调、监督全国的政府信息公开工作。

县级以上地方人民政府办公厅（室）是本行政区域的政府信息公开工作主管部门，负责推进、指导、协调、监督本行政区域的政府信息公开工作。

实行垂直领导的部门的办公厅（室）主管本系统的政府信息公开工作。

第四条 各级人民政府及县级以上人民政府部门应当建立健全本行政机关的政府信息公开工作制度，并指定机构（以下统称政府信息公开工作机构）负责本行政机关政府信息公开的日常工作。

政府信息公开工作机构的具体职能是：

（一）办理本行政机关的政府信息公开事宜；

（二）维护和更新本行政机关公开的政府信息；

（三）组织编制本行政机关的政府信息公开指南、政府信息公开目录和政府信息公开工作年度报告；

（四）组织开展对拟公开政府信息的审查；

（五）本行政机关规定的与政府信息公开有关的其他职能。

第五条 行政机关公开政府信息，应当坚持以公开为常态、不公开为例外，遵循公正、公平、合法、便民的原则。

第六条 行政机关应当及时、准确地公开政府信息。

行政机关发现影响或者可能影响社会稳定、扰乱社会和经济管理秩序的虚假或者不完整信息的，应当发布准确的政府信息予以澄清。

第七条 各级人民政府应当积极推进政府信息公开工作，逐步增加政府信息公开的内容。

第八条 各级人民政府应当加强政府信息资源的规范化、标准化、信息化管理，加强互联网政府信息公开平台建设，推进政府信息公开平台与政务服务平台融合，提高政府信息公开在线办理水平。

第九条 公民、法人和其他组织有权对行政机关的政府信息公开工作进行监督，并提出批评和建议。

第二章 公开的主体和范围

第十条 行政机关制作的政府信息，由制作该政府信息的行政机关负责公开。行政机关从公民、法人和其他组织获取的政府信息，由保存该政府信息的行政机关负责公开；行政机关获取的其他行政机关的政府信息，由制作或者最初获取该政府信息的行政机关负责公开。法律、法规对政府信息公开的权限另有规定的，从其规定。

行政机关设立的派出机构、内设机构依照法律、法规对外以自己名义履行行政管理职能的，可以由该派出机构、内设机构负责与所履行行政管理职能有关的政府信息公开工作。

两个以上行政机关共同制作的政府信息，由牵头制作的行政机关负责公开。

第十一条 行政机关应当建立健全政府信息公开协调机制。行政机关公开政府信息涉及其他机关的，应当与有关机关协商、确认，保证行政机关公开的政府信息准确一致。

行政机关公开政府信息依照法律、行政法规和国家有关规定需要批准的，经批准予以公开。

第十二条 行政机关编制、公布的政府信息公开指南和政府信息公开目录应当及时更新。

政府信息公开指南包括政府信息的分类、编排体系、获取方式和政府信息公开工作机构的名称、办公地址、办公时间、联系电话、传真号码、互联网联系方式等内容。

政府信息公开目录包括政府信息的索引、名称、内容概述、生成日期等内容。

第十三条 除本条例第十四条、第十五条、第十六条规定的政府信息外，政府信息应当公开。

行政机关公开政府信息，采取主动公开和依申请公开的方式。

第十四条 依法确定为国家秘密的政府信息，法律、行政法规禁止公开的政府信息，以及公开后可能危及国家安全、公共安全、经济安全、社会稳定的政府信息，不予公开。

第十五条 涉及商业秘密、个人隐私等公开会对第三方合法权益造成损害的政府信息，行政机关不得公开。但是，第三方同意公开或者行政机关认为不公开会对公共利益造成重大影响的，予以公开。

第十六条 行政机关的内部事务信息，包括人事管理、后勤管理、内部工作流程等方面的信息，可以不予公开。

行政机关在履行行政管理职能过程中形成的讨论记录、过程稿、磋商信函、请示报告等过程性信息以及行政执法案卷信息，可以不予公开。法律、法规、规章规定上述信息应当公开的，从其规定。

第十七条 行政机关应当建立健全政府信息公开审查机制，明确审查的程序和责任。

行政机关应当依照《中华人民共和国保守国家秘密法》以及其他法律、法规和国家有关规定对拟公开的政府信息进行审查。

行政机关不能确定政府信息是否可以公开的，应当依照法律、法规和国家有关规定报有关主管部门或者保密行政管理部门确定。

第十八条 行政机关应当建立健全政府信息管

理动态调整机制，对本行政机关不予公开的政府信息进行定期评估审查，对因情势变化可以公开的政府信息应当公开。

第三章　主动公开

第十九条　对涉及公众利益调整、需要公众广泛知晓或者需要公众参与决策的政府信息，行政机关应当主动公开。

第二十条　行政机关应当依照本条例第十九条的规定，主动公开本行政机关的下列政府信息：

（一）行政法规、规章和规范性文件；

（二）机关职能、机构设置、办公地址、办公时间、联系方式、负责人姓名；

（三）国民经济和社会发展规划、专项规划、区域规划及相关政策；

（四）国民经济和社会发展统计信息；

（五）办理行政许可和其他对外管理服务事项的依据、条件、程序以及办理结果；

（六）实施行政处罚、行政强制的依据、条件、程序以及本行政机关认为具有一定社会影响的行政处罚决定；

（七）财政预算、决算信息；

（八）行政事业性收费项目及其依据、标准；

（九）政府集中采购项目的目录、标准及实施情况；

（十）重大建设项目的批准和实施情况；

（十一）扶贫、教育、医疗、社会保障、促进就业等方面的政策、措施及其实施情况；

（十二）突发公共事件的应急预案、预警信息及应对情况；

（十三）环境保护、公共卫生、安全生产、食品药品、产品质量的监督检查情况；

（十四）公务员招考的职位、名额、报考条件等事项以及录用结果；

（十五）法律、法规、规章和国家有关规定规定应当主动公开的其他政府信息。

第二十一条　除本条例第二十条规定的政府信息外，设区的市级、县级人民政府及其部门还应当根据本地方的具体情况，主动公开涉及市政建设、公共服务、公益事业、土地征收、房屋征收、治安管理、社会救助等方面的政府信息；乡（镇）人民政府还应当根据本地方的具体情况，主动公开贯彻落实农业农村政策、农田水利工程建设运营、农村土地承包经营权流转、宅基地使用情况审核、土地征收、房屋征收、筹资筹劳、社会救助等方面的政府信息。

第二十二条　行政机关应当依照本条例第二十条、第二十一条的规定，确定主动公开政府信息的具体内容，并按照上级行政机关的部署，不断增加主动公开的内容。

第二十三条　行政机关应当建立健全政府信息发布机制，将主动公开的政府信息通过政府公报、政府网站或者其他互联网政务媒体、新闻发布会以及报刊、广播、电视等途径予以公开。

第二十四条　各级人民政府应当加强依托政府门户网站公开政府信息的工作，利用统一的政府信息公开平台集中发布主动公开的政府信息。政府信息公开平台应当具备信息检索、查阅、下载等功能。

第二十五条　各级人民政府应当在国家档案馆、公共图书馆、政务服务场所设置政府信息查阅场所，并配备相应的设施、设备，为公民、法人和其他组织获取政府信息提供便利。

行政机关可以根据需要设立公共查阅室、资料索取点、信息公告栏、电子信息屏等场所、设施，公开政府信息。

行政机关应当及时向国家档案馆、公共图书馆提供主动公开的政府信息。

第二十六条　属于主动公开范围的政府信息，应当自该政府信息形成或者变更之日起20个工作日内及时公开。法律、法规对政府信息公开的期限另有规定的，从其规定。

第四章　依申请公开

第二十七条　除行政机关主动公开的政府信息外，公民、法人或者其他组织可以向地方各级人民政府、对外以自己名义履行行政管理职能的县级以上人民政府部门（含本条例第十条第二款规定的派出机构、内设机构）申请获取相关政府信息。

第二十八条　本条例第二十七条规定的行政机关应当建立完善政府信息公开申请渠道，为申请人依法申请获取政府信息提供便利。

第二十九条　公民、法人或者其他组织申请获取政府信息的，应当向行政机关的政府信息公开工作机构提出，并采用包括信件、数据电文在内的书面形式；采用书面形式确有困难的，申请人可以口头提出，由受理该申请的政府信息公开工作机构代为填写政府信息公开申请。

政府信息公开申请应当包括下列内容：

（一）申请人的姓名或者名称、身份证明、联系方式；

（二）申请公开的政府信息的名称、文号或者便于行政机关查询的其他特征性描述；

（三）申请公开的政府信息的形式要求，包括获取信息的方式、途径。

第三十条 政府信息公开申请内容不明确的，行政机关应当给予指导和释明，并自收到申请之日起7个工作日内一次性告知申请人作出补正，说明需要补正的事项和合理的补正期限。答复期限自行政机关收到补正的申请之日起计算。申请人无正当理由逾期不补正的，视为放弃申请，行政机关不再处理该政府信息公开申请。

第三十一条 行政机关收到政府信息公开申请的时间，按照下列规定确定：

（一）申请人当面提交政府信息公开申请的，以提交之日为收到申请之日；

（二）申请人以邮寄方式提交政府信息公开申请的，以行政机关签收之日为收到申请之日；以平常信函等无需签收的邮寄方式提交政府信息公开申请的，政府信息公开工作机构应当于收到申请的当日与申请人确认，确认之日为收到申请之日；

（三）申请人通过互联网渠道或者政府信息公开工作机构的传真提交政府信息公开申请的，以双方确认之日为收到申请之日。

第三十二条 依申请公开的政府信息公开会损害第三方合法权益的，行政机关应当书面征求第三方的意见。第三方应当自收到征求意见书之日起15个工作日内提出意见。第三方逾期未提出意见的，由行政机关依照本条例的规定决定是否公开。第三方不同意公开且有合理理由的，行政机关不予公开。行政机关认为不公开可能对公共利益造成重大影响的，可以决定予以公开，并将决定公开的政府信息内容和理由书面告知第三方。

第三十三条 行政机关收到政府信息公开申请，能够当场答复的，应当当场予以答复。

行政机关不能当场答复的，应当自收到申请之日起20个工作日内予以答复；需要延长答复期限的，应当经政府信息公开工作机构负责人同意并告知申请人，延长的期限最长不得超过20个工作日。

行政机关征求第三方和其他机关意见所需时间不计算在前款规定的期限内。

第三十四条 申请公开的政府信息由两个以上行政机关共同制作的，牵头制作的行政机关收到政府信息公开申请后可以征求相关行政机关的意见，被征求意见机关应当自收到征求意见书之日起15个工作日内提出意见，逾期未提出意见的视为同意公开。

第三十五条 申请人申请公开政府信息的数量、频次明显超过合理范围，行政机关可以要求申请人说明理由。行政机关认为申请理由不合理的，告知申请人不予处理；行政机关认为申请理由合理，但是无法在本条例第三十三条规定的期限内答复申请人的，可以确定延迟答复的合理期限并告知申请人。

第三十六条 对政府信息公开申请，行政机关根据下列情况分别作出答复：

（一）所申请公开信息已经主动公开的，告知申请人获取该政府信息的方式、途径；

（二）所申请公开信息可以公开的，向申请人提供该政府信息，或者告知申请人获取该政府信息的方式、途径和时间；

（三）行政机关依据本条例的规定决定不予公开的，告知申请人不予公开并说明理由；

（四）经检索没有所申请公开信息的，告知申请人该政府信息不存在；

（五）所申请公开信息不属于本行政机关负责公开的，告知申请人并说明理由；能够确定负责公开该政府信息的行政机关的，告知申请人该行政机关的名称、联系方式；

（六）行政机关已就申请人提出的政府信息公开申请作出答复、申请人重复申请公开相同政府信息的，告知申请人不予重复处理；

（七）所申请公开信息属于工商、不动产登记资料等信息，有关法律、行政法规对信息的获取有特别规定的，告知申请人依照有关法律、行政法规的规定办理。

第三十七条 申请公开的信息中含有不应当公开或者不属于政府信息的内容，但是能够作区分处理的，行政机关应当向申请人提供可以公开的政府信息内容，并对不予公开的内容说明理由。

第三十八条 行政机关向申请人提供的信息，应当是已制作或者获取的政府信息。除依照本条例第三十七条的规定能够作区分处理的外，需要行政机关对现有政府信息进行加工、分析的，行政机关可以不予提供。

第三十九条 申请人以政府信息公开申请的形

式进行信访、投诉、举报等活动，行政机关应当告知申请人不作为政府信息公开申请处理并可以告知通过相应渠道提出。

申请人提出的申请内容为要求行政机关提供政府公报、报刊、书籍等公开出版物的，行政机关可以告知获取的途径。

第四十条 行政机关依申请公开政府信息，应当根据申请人的要求及行政机关保存政府信息的实际情况，确定提供政府信息的具体形式；按照申请人要求的形式提供政府信息，可能危及政府信息载体安全或者公开成本过高的，可以通过电子数据以及其他适当形式提供，或者安排申请人查阅、抄录相关政府信息。

第四十一条 公民、法人或者其他组织有证据证明行政机关提供的与其自身相关的政府信息记录不准确的，可以要求行政机关更正。有权更正的行政机关审核属实的，应当予以更正并告知申请人；不属于本行政机关职能范围的，行政机关可以转送有权更正的行政机关处理并告知申请人，或者告知申请人向有权更正的行政机关提出。

第四十二条 行政机关依申请提供政府信息，不收取费用。但是，申请人申请公开政府信息的数量、频次明显超过合理范围的，行政机关可以收取信息处理费。

行政机关收取信息处理费的具体办法由国务院价格主管部门会同国务院财政部门、全国政府信息公开工作主管部门制定。

第四十三条 申请公开政府信息的公民存在阅读困难或者视听障碍的，行政机关应当为其提供必要的帮助。

第四十四条 多个申请人就相同政府信息向同一行政机关提出公开申请，且该政府信息属于可以公开的，行政机关可以纳入主动公开的范围。

对行政机关依申请公开的政府信息，申请人认为涉及公众利益调整、需要公众广泛知晓或者需要公众参与决策的，可以建议行政机关将该信息纳入主动公开的范围。行政机关经审核认为属于主动公开范围的，应当及时主动公开。

第四十五条 行政机关应当建立健全政府信息公开申请登记、审核、办理、答复、归档的工作制度，加强工作规范。

第五章 监督和保障

第四十六条 各级人民政府应当建立健全政府信息公开工作考核制度、社会评议制度和责任追究制度，定期对政府信息公开工作进行考核、评议。

第四十七条 政府信息公开工作主管部门应当加强对政府信息公开工作的日常指导和监督检查，对行政机关未按照要求开展政府信息公开工作的，予以督促整改或者通报批评；需要对负有责任的领导人员和直接责任人员追究责任的，依法向有权机关提出处理建议。

公民、法人或者其他组织认为行政机关未按照要求主动公开政府信息或者对政府信息公开申请不依法答复处理的，可以向政府信息公开工作主管部门提出。政府信息公开工作主管部门查证属实的，应当予以督促整改或者通报批评。

第四十八条 政府信息公开工作主管部门应当对行政机关的政府信息公开工作人员定期进行培训。

第四十九条 县级以上人民政府部门应当在每年1月31日前向本级政府信息公开工作主管部门提交本行政机关上一年度政府信息公开工作年度报告并向社会公布。

县级以上地方人民政府的政府信息公开工作主管部门应当在每年3月31日前向社会公布本级政府上一年度政府信息公开工作年度报告。

第五十条 政府信息公开工作年度报告应当包括下列内容：

（一）行政机关主动公开政府信息的情况；

（二）行政机关收到和处理政府信息公开申请的情况；

（三）因政府信息公开工作被申请行政复议、提起行政诉讼的情况；

（四）政府信息公开工作存在的主要问题及改进情况，各级人民政府的政府信息公开工作年度报告还应当包括工作考核、社会评议和责任追究结果情况；

（五）其他需要报告的事项。

全国政府信息公开工作主管部门应当公布政府信息公开工作年度报告统一格式，并适时更新。

第五十一条 公民、法人或者其他组织认为行政机关在政府信息公开工作中侵犯其合法权益的，可以向上一级行政机关或者政府信息公开工作主管部门投诉、举报，也可以依法申请行政复议或者提起行政诉讼。

第五十二条 行政机关违反本条例的规定，未建立健全政府信息公开有关制度、机制的，由上一级行政机关责令改正；情节严重的，对负有责任的领导人员和直接责任人员依法给予处分。

第五十三条 行政机关违反本条例的规定，有下列情形之一的，由上一级行政机关责令改正；情节严重的，对负有责任的领导人员和直接责任人员依法给予处分；构成犯罪的，依法追究刑事责任：

（一）不依法履行政府信息公开职能；

（二）不及时更新公开的政府信息内容、政府信息公开指南和政府信息公开目录；

（三）违反本条例规定的其他情形。

第六章 附　则

第五十四条 法律、法规授权的具有管理公共事务职能的组织公开政府信息的活动，适用本条例。

第五十五条 教育、卫生健康、供水、供电、供气、供热、环境保护、公共交通等与人民群众利益密切相关的公共企事业单位，公开在提供社会公共服务过程中制作、获取的信息，依照相关法律、法规和国务院有关主管部门或者机构的规定执行。全国政府信息公开工作主管部门根据实际需要可以制定专门的规定。

前款规定的公共企事业单位未依照相关法律、法规和国务院有关主管部门或者机构的规定公开在提供社会公共服务过程中制作、获取的信息，公民、法人或者其他组织可以向有关主管部门或者机构申诉，接受申诉的部门或者机构应当及时调查处理并将处理结果告知申诉人。

第五十六条 本条例自2019年5月15日起施行。

防范和处置非法集资条例

国务院令第737号

《防范和处置非法集资条例》已经2020年12月21日国务院第119次常务会议通过，现予公布，自2021年5月1日起施行。

总理　李克强

2021年1月26日

第一章 总　则

第一条 为了防范和处置非法集资，保护社会公众合法权益，防范化解金融风险，维护经济秩序和社会稳定，制定本条例。

第二条 本条例所称非法集资，是指未经国务院金融管理部门依法许可或者违反国家金融管理规定，以许诺还本付息或者给予其他投资回报等方式，向不特定对象吸收资金的行为。

非法集资的防范以及行政机关对非法集资的处置，适用本条例。法律、行政法规对非法从事银行、证券、保险、外汇等金融业务活动另有规定的，适用其规定。

本条例所称国务院金融管理部门，是指中国人民银行、国务院金融监督管理机构和国务院外汇管理部门。

第三条 本条例所称非法集资人，是指发起、主导或者组织实施非法集资的单位和个人；所称非法集资协助人，是指明知是非法集资而为其提供帮助并获取经济利益的单位和个人。

第四条 国家禁止任何形式的非法集资，对非法集资坚持防范为主、打早打小、综合治理、稳妥处置的原则。

第五条 省、自治区、直辖市人民政府对本行政区域内防范和处置非法集资工作负总责，地方各级人民政府应当建立健全政府统一领导的防范和处置非法集资工作机制。县级以上地方人民政府应当明确防范和处置非法集资工作机制的牵头部门（以下简称处置非法集资牵头部门），有关部门以及国务院金融管理部门分支机构、派出机构等单位参加工作机制；乡镇人民政府应当明确牵头负责防范和处置非法集资工作的人员。上级地方人民政府应当督促、指导下级地方人民政府做好本行政区域防范和处置非法集资工作。

行业主管部门、监管部门应当按照职责分工，负责本行业、领域非法集资的防范和配合处置工作。

第六条 国务院建立处置非法集资部际联席会议（以下简称联席会议）制度。联席会议由国务院银行保险监督管理机构牵头，有关部门参加，负责督促、指导有关部门和地方开展防范和处置非法集资工作，协调解决防范和处置非法集资工作中的重大问题。

第七条 各级人民政府应当合理保障防范和处置非法集资工作相关经费，并列入本级预算。

第二章 防　范

第八条 地方各级人民政府应当建立非法集资监测预警机制，纳入社会治安综合治理体系，发挥网格化管理和基层群众自治组织的作用，运用大数据等现代信息技术手段，加强对非法集资的监测预警。

行业主管部门、监管部门应当强化日常监督管理，负责本行业、领域非法集资的风险排查和监测预警。

联席会议应当建立健全全国非法集资监测预警体系，推动建设国家监测预警平台，促进地方、部门信息共享，加强非法集资风险研判，及时预警提示。

第九条 市场监督管理部门应当加强企业、个体工商户名称和经营范围等商事登记管理。除法律、行政法规和国家另有规定外，企业、个体工商户名称和经营范围中不得包含“金融”、“交易所”、“交易中心”、“理财”、“财富管理”、“股权众筹”等字样或者内容。

县级以上地方人民政府处置非法集资牵头部门、市场监督管理部门等有关部门应当建立会商机制，发现企业、个体工商户名称或者经营范围中包含前款规定以外的其他与集资有关的字样或者内容的，及时予以重点关注。

第十条 处置非法集资牵头部门会同互联网信息内容管理部门、电信主管部门加强对涉嫌非法集资的互联网信息和网站、移动应用程序等互联网应用的监测。经处置非法集资牵头部门组织认定为用于非法集资的，互联网信息内容管理部门、电信主管部门应当及时依法作出处理。

互联网信息服务提供者应当加强对用户发布信息的管理，不得制作、复制、发布、传播涉嫌非法集资的信息。发现涉嫌非法集资的信息，应当保存有关记录，并向处置非法集资牵头部门报告。

第十一条 除国家另有规定外，任何单位和个人不得发布包含集资内容的广告或者以其他方式向社会公众进行集资宣传。

市场监督管理部门会同处置非法集资牵头部门加强对涉嫌非法集资广告的监测。经处置非法集资牵头部门组织认定为非法集资的，市场监督管理部门应当及时依法查处相关非法集资广告。

广告经营者、广告发布者应当依照法律、行政法规查验相关证明文件，核对广告内容。对没有相关证明文件且包含集资内容的广告，广告经营者不得提供设计、制作、代理服务，广告发布者不得发布。

第十二条 处置非法集资牵头部门与所在地国务院金融管理部门分支机构、派出机构应当建立非法集资可疑资金监测机制。国务院金融管理部门及其分支机构、派出机构应当按照职责分工督促、指导金融机构、非银行支付机构加强对资金异常流动情况及其他涉嫌非法集资可疑资金的监测工作。

第十三条 金融机构、非银行支付机构应当履行下列防范非法集资的义务：

（一）建立健全内部管理制度，禁止分支机构和员工参与非法集资，防止他人利用其经营场所、销售渠道从事非法集资；

（二）加强对社会公众防范非法集资的宣传教育，在经营场所醒目位置设置警示标识；

（三）依法严格执行大额交易和可疑交易报告制度，对涉嫌非法集资资金异常流动的相关账户进行分析识别，并将有关情况及时报告所在地国务院金融管理部门分支机构、派出机构和处置非法集资牵头部门。

第十四条 行业协会、商会应当加强行业自律管理、自我约束，督促、引导成员积极防范非法集资，不组织、不协助、不参与非法集资。

第十五条 联席会议应当建立中央和地方上下联动的防范非法集资宣传教育工作机制，推动全国范围内防范非法集资宣传教育工作。

地方各级人民政府应当开展常态化的防范非法集资宣传教育工作，充分运用各类媒介或者载体，以法律政策解读、典型案例剖析、投资风险教育等方式，向社会公众宣传非法集资的违法性、危害性及其表现形式等，增强社会公众对非法集资的防范意识和识别能力。

行业主管部门、监管部门以及行业协会、商会应当根据本行业、领域非法集资风险特点，有针对性地开展防范非法集资宣传教育活动。

新闻媒体应当开展防范非法集资公益宣传，并依法对非法集资进行舆论监督。

第十六条 对涉嫌非法集资行为，任何单位和个人有权向处置非法集资牵头部门或者其他有关部门举报。

国家鼓励对涉嫌非法集资行为进行举报。处置非法集资牵头部门以及其他有关部门应当公开举报电话和邮箱等举报方式、在政府网站设置举报专栏，接受举报，及时依法处理，并为举报人保密。

第十七条 居民委员会、村民委员会发现所在区域有涉嫌非法集资行为的，应当向当地人民政府、处置非法集资牵头部门或者其他有关部门报告。

第十八条 处置非法集资牵头部门和行业主管

部门、监管部门发现本行政区域或者本行业、领域可能存在非法集资风险的，有权对相关单位和个人进行警示约谈，责令整改。

第三章 处 置

第十九条 对本行政区域内的下列行为，涉嫌非法集资的，处置非法集资牵头部门应当及时组织有关行业主管部门、监管部门以及国务院金融管理部门分支机构、派出机构进行调查认定：

（一）设立互联网企业、投资及投资咨询类企业、各类交易场所或者平台、农民专业合作社、资金互助组织以及其他组织吸收资金；

（二）以发行或者转让股权、债权，募集基金，销售保险产品，或者以从事各类资产管理、虚拟货币、融资租赁业务等名义吸收资金；

（三）在销售商品、提供服务、投资项目等商业活动中，以承诺给付货币、股权、实物等回报的形式吸收资金；

（四）违反法律、行政法规或者国家有关规定，通过大众传播媒介、即时通信工具或者其他方式公开传播吸收资金信息；

（五）其他涉嫌非法集资的行为。

第二十条 对跨行政区域的涉嫌非法集资行为，非法集资人为单位的，由其登记地处置非法集资牵头部门组织调查认定；非法集资人为个人的，由其住所地或者经常居住地处置非法集资牵头部门组织调查认定。非法集资行为发生地、集资资产所在地以及集资参与人所在地处置非法集资牵头部门应当配合调查认定工作。

处置非法集资牵头部门对组织调查认定职责存在争议的，由其共同的上级处置非法集资牵头部门确定；对跨省、自治区、直辖市组织调查认定职责存在争议的，由联席会议确定。

第二十一条 处置非法集资牵头部门组织调查涉嫌非法集资行为，可以采取下列措施：

（一）进入涉嫌非法集资的场所进行调查取证；

（二）询问与被调查事件有关的单位和个人，要求其对有关事项作出说明；

（三）查阅、复制与被调查事件有关的文件、资料、电子数据等，对可能被转移、隐匿或者毁损的文件、资料、电子设备等予以封存；

（四）经处置非法集资牵头部门主要负责人批准，依法查询涉嫌非法集资的有关账户。

调查人员不得少于2人，并应当出示执法证件。

与被调查事件有关的单位和个人应当配合调查，不得拒绝、阻碍。

第二十二条 处置非法集资牵头部门对涉嫌非法集资行为组织调查，有权要求暂停集资行为，通知市场监督管理部门或者其他有关部门暂停为涉嫌非法集资的有关单位办理设立、变更或者注销登记。

第二十三条 经调查认定属于非法集资的，处置非法集资牵头部门应当责令非法集资人、非法集资协助人立即停止有关非法活动；发现涉嫌犯罪的，应当按照规定及时将案件移送公安机关，并配合做好相关工作。

行政机关对非法集资行为的调查认定，不是依法追究刑事责任的必经程序。

第二十四条 根据处置非法集资的需要，处置非法集资牵头部门可以采取下列措施：

（一）查封有关经营场所，查封、扣押有关资产；

（二）责令非法集资人、非法集资协助人追回、变价出售有关资产用于清退集资资金；

（三）经设区的市级以上地方人民政府处置非法集资牵头部门决定，按照规定通知出入境边防检查机关，限制非法集资的个人或者非法集资单位的控股股东、实际控制人、董事、监事、高级管理人员以及其他直接责任人员出境。

采取前款第一项、第二项规定的措施，应当经处置非法集资牵头部门主要负责人批准。

第二十五条 非法集资人、非法集资协助人应当向集资参与人清退集资资金。清退过程应当接受处置非法集资牵头部门监督。

任何单位和个人不得从非法集资中获取经济利益。

因参与非法集资受到的损失，由集资参与人自行承担。

第二十六条 清退集资资金来源包括：

（一）非法集资资金余额；

（二）非法集资资金的收益或者转换的其他资产及其收益；

（三）非法集资人及其股东、实际控制人、董事、监事、高级管理人员和其他相关人员从非法集资中获得的经济利益；

（四）非法集资人隐匿、转移的非法集资资金或者相关资产；

（五）在非法集资中获得的广告费、代言费、代理费、好处费、返点费、佣金、提成等经济利益；

（六）可以作为清退集资资金的其他资产。

第二十七条　为非法集资设立的企业、个体工商户和农民专业合作社，由市场监督管理部门吊销营业执照。为非法集资设立的网站、开发的移动应用程序等互联网应用，由电信主管部门依法予以关闭。

第二十八条　国务院金融管理部门及其分支机构、派出机构，地方人民政府有关部门以及其他有关单位和个人，对处置非法集资工作应当给予支持、配合。

任何单位和个人不得阻挠、妨碍处置非法集资工作。

第二十九条　处置非法集资过程中，有关地方人民政府应当采取有效措施维护社会稳定。

第四章　法律责任

第三十条　对非法集资人，由处置非法集资牵头部门处集资金额20%以上1倍以下的罚款。非法集资人为单位的，还可以根据情节轻重责令停产停业，由有关机关依法吊销许可证、营业执照或者登记证书；对其法定代表人或者主要负责人、直接负责的主管人员和其他直接责任人员给予警告，处50万元以上500万元以下的罚款。构成犯罪的，依法追究刑事责任。

第三十一条　对非法集资协助人，由处置非法集资牵头部门给予警告，处违法所得1倍以上3倍以下的罚款；构成犯罪的，依法追究刑事责任。

第三十二条　非法集资人、非法集资协助人不能同时履行所承担的清退集资资金和缴纳罚款义务时，先清退集资资金。

第三十三条　对依照本条例受到行政处罚的非法集资人、非法集资协助人，由有关部门建立信用记录，按照规定将其信用记录纳入全国信用信息共享平台。

第三十四条　互联网信息服务提供者未履行对涉嫌非法集资信息的防范和处置义务的，由有关主管部门责令改正，给予警告，没收违法所得；拒不改正或者情节严重的，处10万元以上50万元以下的罚款，并可以根据情节轻重责令暂停相关业务、停业整顿、关闭网站、吊销相关业务许可证或者吊销营业执照，对直接负责的主管人员和其他直接责任人员处1万元以上10万元以下的罚款。

广告经营者、广告发布者未按照规定查验相关证明文件、核对广告内容的，由市场监督管理部门责令改正，并依照《中华人民共和国广告法》的规定予以处罚。

第三十五条　金融机构、非银行支付机构未履行防范非法集资义务的，由国务院金融管理部门或者其分支机构、派出机构按照职责分工责令改正，给予警告，没收违法所得；造成严重后果的，处100万元以上500万元以下的罚款，对直接负责的主管人员和其他直接责任人员给予警告，处10万元以上50万元以下的罚款。

第三十六条　与被调查事件有关的单位和个人不配合调查，拒绝提供相关文件、资料、电子数据等或者提供虚假文件、资料、电子数据等的，由处置非法集资牵头部门责令改正，给予警告，处5万元以上50万元以下的罚款。

阻碍调查人员依法执行职务，构成违反治安管理行为的，由公安机关依法给予治安管理处罚；构成犯罪的，依法追究刑事责任。

第三十七条　国家机关工作人员有下列行为之一的，依法给予处分：

（一）明知所主管、监管的单位有涉嫌非法集资行为，未依法及时处理；

（二）未按照规定及时履行对非法集资的防范职责，或者不配合非法集资处置，造成严重后果；

（三）在防范和处置非法集资过程中滥用职权、玩忽职守、徇私舞弊；

（四）通过职务行为或者利用职务影响，支持、包庇、纵容非法集资。

前款规定的行为构成犯罪的，依法追究刑事责任。

第五章　附　　则

第三十八条　各省、自治区、直辖市可以根据本条例制定防范和处置非法集资工作实施细则。

第三十九条　未经依法许可或者违反国家金融管理规定，擅自从事发放贷款、支付结算、票据贴现等金融业务活动的，由国务院金融管理部门或者地方金融管理部门按照监督管理职责分工进行处置。

法律、行政法规对其他非法金融业务活动的防范和处置没有明确规定的，参照本条例的有关规定执行。其他非法金融业务活动的具体类型由国务院金融管理部门确定。

第四十条　本条例自2021年5月1日起施行。1998年7月13日国务院发布的《非法金融机构和非法金融业务活动取缔办法》同时废止。

行政规章及规范性文件：

国务院办公厅转发国务院住房制度改革领导小组关于加强国有住房出售收入管理意见的通知

国办发〔1996〕34号

各省、自治区、直辖市人民政府，国务院各部委、各直属机构：

国务院住房制度改革领导小组《关于加强国有住房出售收入管理的意见》已经国务院批准，现转发给你们，请认真贯彻执行。

中华人民共和国国务院办公厅

一九九六年八月八日

关于加强国有住房出售收入管理的意见

（国务院住房制度改革领导小组
1996年7月3日）

为适应住房建设和住房制度改革的需要，加强国有住房出售收入的管理，现提出如下意见：

一、为了调动国有企业和行政事业单位的积极性，对其出售国有住房取得的收入，不再按比例上交财政，也不上交其他部门，全部留归售房单位使用。国有住房出售收入是国有资产，各单位都要严格管理。

二、留归单位使用的国有住房出售收入，必须按国家有关规定，纳入单位住房基金，用于本单位职工住房建设和住房制度改革。地方所属的直管住房出售收入可由当地人民政府统筹安排用于住房建设、住房维修等支出。

三、出售国有住房取得的收入必须全额存入售房单位在银行开设的“售房收入专户”，其利息收入也要纳入专户，不得挪作他用。具体的管理办法由当地人民政府制订。

四、各级住房制度改革领导小组或房委会要加强对国有住房出售收入的管理。售房单位使用售房收入，要根据本单位住房建设、住房维修和住房制度改革的实际需要，编制国有住房出售收入使用计划，报住房制度改革领导小组或房委会审批。经办银行根据批准的使用计划，以及当地人民政府主管部门批准的住房建设计划办理拨付手续。未经批准，售房单位不得动用。

五、国有住房出售收入必须按规定的用途专款专用，任何单位或个人都不得截留或挪用。凡截留或挪用国有住房出售收入的单位或个人，必须限期归还，并追究有关人员的责任，构成犯罪的，要依法惩处。

六、各级财政部门要会同有关部门，加强对国有住房出售收入使用的监督检查，防止国有资产流失。

以上意见如无不妥，建议批转各地区、各部门执行。

国资委、公安部、财政部关于国有企业办消防机构分类处理的指导意见

国资发改革〔2017〕79号

各省、自治区、直辖市人民政府，新疆生产建设兵团，国务院各部委、各直属机构，各中央企业：

国有企业按照《中华人民共和国消防法》（以下简称《消防法》）、《中华人民共和国安全生产法》（以下简称《安全生产法》）等法律法规建立消防安全管理机构和专职消防队，对于提高企业安全生产水平、增强企业抗御安全风险能力具有重要意义。为全面贯彻落实《中共中央　国务院关于深化国有企业改革的指导意见》（中发〔2015〕22号）和《国务院关于印发加快剥离国有企业办社会职能和解决历史遗留问题工作方案的通知》（国发〔2016〕19号）精神，解决计划经济体制下部分国有企业承办市政消防机构和企业专职消防队承担公共服务职能等问题，规范国有企业消防安全管理机构和专职消防队伍建设管理，经国务院同意，现就分类处理国有企业办消防机构，提出如下意见：

一、目标任务。按照依法建立和职能归位相结合的原则，明确划分企业依法履行消防安全职责与政府提供消防安全公共服务的责任界限，分类处理国有企业办消防机构，2017年底前完成。

对于企业保障自身消防安全、按照现行《消防法》等法律法规仍需设立的消防安全管理机构和专职消防队，予以保留；对于企业办的承担公共消防管理服务职能的市政消防机构和专职消防队，予以撤销，其中符合当地城乡消防规划不能撤销的消防队（站），划转当地人民政府接收。

二、加强企业消防安全管理。企业必须牢固树立安全发展理念，按照《消防法》、《安全生产法》等法律法规，贯彻预防为主、防消结合的消防工作方针和管生产经营必须管安全的要求，实行消防安全责任制，明确消防安全责任人和消防安全管理人，依法建立专职、志愿消防队等多种形式的消防组织，加强对员工的消防宣传教育培训，落实消防安全管理措施，确保消防设施完整好用，严格履行消防安全职责。

三、加强企业专职消防队建设。符合《消防法》第三十九条规定的企业，应当建立与生产规模、火灾危险性相适应的专职消防队，承担本单位的火灾扑救和应急救援工作。企业应当按照公安部等十三部门《关于规范和加强企业专职消防队伍建设的指导意见》（公通字〔2016〕25号），落实专职消防队的人员及经费保障机制，结合高危险的职业特点合理确定专职消防队员的工资津贴及相关待遇，依法为专职消防队员办理工伤保险，并可在此基础上购买意外伤害保险，以提高职业伤害保障水平。公安消防部门应当加强对企业专职消防队的指导和监督，根据需要调动指挥企业专职消防队参加火灾扑救工作。

四、稳妥退出企业办的市政消防机构。企业办的承担公共消防管理服务职能的市政消防机构应当撤销，其职能移交当地公安消防部门。《消防法》第三十九条规定以外的企业，可以将现有的专职消防队撤销，经国有企业集团公司审核批准，由企业告知当地人民政府公安消防部门，其中符合当地城乡消防规划不能撤销的消防队（站），由当地政府接收。地方各级人民政府应当按照城乡消防规划建立公安消防队、政府专职消防队，并按照有关标准配备消防装备，承担火灾扑救和应急救援工作。地方财政部门落实相关经费保障。

驻企业的公安消防队、政府专职消防队应当撤出企业，履行公共消防安全服务职能；所在企业如属于《消防法》等法律法规确定的建立专职消防队范围，应当同步建立专职消防队，承担本单位的火灾扑救工作。

五、规范处理相关资产。企业办消防机构撤销涉及的资产，由企业自行处理。移交地方政府的企业办市政消防机构、消防队涉及的资产，依据财政部《关于企业分离办社会职能有关财务管理问题的通知》（财企〔2005〕62号）的规定实行无偿划转，由企业集团公司审核批准，报主管财政机关、同级国有资产监督管理机构备案。移交企业应当依法履行资产移交相关程序，做好移交资产清查、财务清理、审计评估、产权变更及登记等工作，按照财企〔2005〕62号文件有关规定进行财务处理。多元股东的企业，应当经企业董事会或股东会同意后，按照持有股权的比例核减国有权益。

六、妥善安置从业人员。移交地方的企业办消防机构涉及的人员，由企业和地方政府协商妥善安置。撤销的企业办消防机构从业人员，由企业按相关政策妥善安置。有关企业要认真做好职工的思想工作，维护职工的合法权益，确保企业和社会稳定。

七、做好组织实施工作。地方各级人民政府要高度重视，加强组织领导，有序推进国有企业办消防机构分类处理工作，做好相关工作衔接，完善城乡消防安全布局，对消防站、消防装备不足或者不适应实际需要的，应当按照城乡规划增建、改建和完善，保障消防安全基本公共服务。有关企业要提高认识，主动与地方政府沟通衔接，精心组织，周密安排，分类处理，制定实施方案，落实责任分工，妥善做好相关工作，确保在2017年底前完成目标任务。

国资委　公安部　财政部

2017年5月11日

第二编

中 央 企 业

第一章　党的建设

党内规范性文件：

中央纪委驻国资委纪检组印发中央企业构建“不能腐”体制机制的指导意见

为进一步推动党的十八届六中全会、全国国有企业党的建设工作会议和十八届中央纪委七次全会精神在中央企业落实落地，着力构建“不敢腐、不能腐、不想腐”的体制机制，近日，中央纪委驻国资委纪检组印发了《关于中央企业构建“不能腐”体制机制的指导意见》。

《意见》指出，构建“不能腐”的体制机制要坚持以党章党规党纪为遵循，坚持尊崇党章，严格依据党内法规制度，坚持把纪律和规矩挺在前面。要健全权力运行制约和监督机制，紧盯企业决策权、用人权、监督权，紧盯企业投资决策、兼并重组、产权转让、物资采购、招标投标、财务管理、选人用人、境外经营等重点领域和关键环节，紧盯企业关键少数特别是“一把手”，制定权力清单，规范权力运行，强化权力监督。要健全廉洁风险防控机制，全面分析梳理廉洁风险点，建立覆盖企业所有业务和岗位的廉洁风险防控措施，加强对廉洁风险的监测分析和动态管理。要健全责任追究机制，强化对不当用权、违规行权等行为的问责追责，同时认真贯彻落实习近平总书记“三个区分开来”重要思想，健全容错纠错机制。要提高制度建设的科学化水平，坚持于法周延、于事简便，坚持制度与科技相衔接，坚持解放思想、与时俱进，按照“全不全”、“行不行”、“力不力”、“新不新”、“顺不顺”的标准抓落实。

《意见》指出，各中央企业党委（党组）、纪委（纪检组）要站在全面从严治党的高度，切实担负起主体责任和监督责任，围绕实现“不敢腐、不能腐、不想腐”的总目标，坚持标本兼治，加快构建“不能腐”的体制机制，为深化国企国资改革、做强做优做大中央企业提供有力保障。

关于印发《国有及国有控股中央企业和金融企业“小金库”问题处理处罚指导意见》的通知

中治金〔2011〕4号

中央各有关部门：

根据《中共中央办公厅、国务院办公厅印发〈关于深入开展“小金库”治理工作的意见〉的通知》（中办发〔2009〕18号），中央纪委、监察部、财政部、审计署、国务院国资委、银监会、证监会、保监会制定了《国有及国有控股中央企业和金融企业“小金库”问题处理处罚指导意见》。现印发给你们，供此次“小金库”治理工作处理处罚时使用。

中央治理“小金库”工作领导小组

二○一一年三月十五日

为了坚决查处和纠正各种形式的“小金库”，切实将“小金库”问题处理处罚和责任追究工作落到实处，确保中央政策的严肃性和治理工作的有效性，根据现行法律法规和有关文件精神，中央治理“小金库”工作领导小组办公室（以下简称办公室）研究起草了《国有及国有控股中央企业和金融企业“小金库”问题处理处罚指导意见》（以下简称《指导意见》），供处理处罚或办理移送时执行，并供各省（区、市）参照执行。本《指导意见》所称国有及国有控股中央企业和金融企业包括由国务院国资委管理的、由国务院部门或机构管理的、各全国性人民团体管理的国有及国有控股企业，以及由银监会、证监会和保监会监管的国有及国有控股银行类、证券类、保险类金融企业。

一、“小金库”的概念和认定

根据《关于深入开展“小金库”治理工作的意

见》（中办发〔2009〕18号）（以下简称《意见》）、《国有及国有控股企业“小金库”专项治理实施办法》（中纪发〔2010〕28号）（以下简称实施办法）和《国有及国有控股金融企业“小金库”专项治理试点实施方案》（以下简称《试点方案》）的规定，本次治理所说“小金库”是指违反法律法规及其他有关规定，应列入而未列入符合规定的单位账簿的各项资金（含有价证券）及其形成的资产。

与以往“小金库”概念相比，这次治理工作“小金库”的界定主要有三个特点：一是强调符合规定的单位账簿；二是“小金库”不仅仅局限在资金，强调各项资金（含有价证券）及其资产；三是就认定而言不强调设立“小金库”的手段和方法。

认定是否属于“小金库”，关键看资金或资产是否列入符合规定的单位账簿。这是认定是否属于“小金库”的唯一标准。所谓单位账簿是指《会计法》规定的本单位会计账簿。

《会计法》第三条、第十五条、第十六条、第十七条等规定：各单位必须依法设置会计账簿，并保证其真实、完整。《会计法》及其有关规章制度对会计核算单位设置会计账簿提出以下基本要求：

第一，必须依照会计法和国家统一的会计制度的规定设置会计账簿，不允许不设置会计账簿。国家统一的会计制度，依据《会计法》第五十条规定，是指国务院财政部门根据《会计法》制定的关于会计核算、会计监督、会计机构和会计人员以及会计工作管理的制度。

第二，会计账簿包括总账、明细账、日记账和其他辅助性账簿，各会计核算单位必须依法设置，不允许相互替代。

第三，不得违反《会计法》和国家统一的会计制度的规定，在符合规定的会计账簿之外私设会计账簿或账外账。

第四，必须保证依法设置的会计账簿真实、完整。会计账簿记录必须以实际发生的经济业务及证明该经济业务是合法的并经过审核的会计凭证为依据，并符合有关法律、行政法规和国家统一的会计制度的规定。会计账簿应当按照连续编号的页码顺序登记。会计账簿记录发生错误或者隔页、缺号、跳行的，应当按照国家统一的会计制度规定的方法更正，并由会计人员和会计机构负责人（会计主管人员）在更正处盖章，各会计核算单位应当定期将会计账簿记录与实物、款项及有关资料相互核对，保证会计账簿记录与实物、款项的实有数额相符、会计账簿记录与会计凭证的有关内容相符、会计账簿之间相对应的记录相符、会计账簿记录与会计报表的有关内容相符。实行会计电算化的单位，其会计账簿的生成也必须符合《会计法》和国家统一的会计制度的规定。

需要注意的是，在往来科目中列收列支，超范围、超标准发放奖金、津贴，公款旅游、请客、送礼等，只要是在符合规定的账簿内登记、核算，就不能认定为“小金库”，应按违反财政、财务、会计法律法规、规章制度及有关党纪政纪规定和国家法律法规进行处理处罚。

需要特别强调的是，“小金库”不是法律用语。因此，各有关部门要根据各自执法依据，如《会计法》、《财政违法行为处罚处分条例》、《企业国有资产法》、《企业国有资产监督管理暂行条例》、《商业银行法》、《银行业监督管理法》、《金融违法行为处罚办法》、《证券法》、《期货交易管理条例》、《证券投资基金法》、《保险法》等相关法律法规，引述“账外资金”、“账外资产”、“账外账”、“账外经营”等法定用语，确保处理处罚决定书具体内容与现行法律法规规定的一致性、规范性。

二、处理处罚的基本原则

（一）依法依纪，宽严相济原则

坚持依法依纪、宽严相济的原则是《意见》、《实施办法》和《试点方案》的明确要求，也是此次专项治理处理处罚工作必须坚持的最重要的基本原则之一。区分从宽或从严的政策，必须坚持以事实为依据，以法律法规及有关政策为准绳，决不能因人而异、因地而异，也决不能片面强求从宽或从严。“小金库”问题处理处罚的宽严关键看“小金库”的设立时间、资金来源、设置手段、使用用途和发现方式。

（二）统一政策，分别处理原则

“小金库”问题的处理处罚必须坚持统一政策，统一尺度，重大问题还要进行集中审理；但“小金库”治理工作机构不是执法主体，参与检查的有关部门，要按照各自的程序、方法、步骤分别作出处理处罚决定。

（三）原则性与客观性相结合原则

“小金库”问题的处理处罚既要严格把握政策，以法律、法规、制度为准绳，又要区别不同领域、单位性质，考虑违法违纪的手段、情节、性质、金额等客观因素，将原则性和客观性相结合，研究并作出恰当的处理处罚意见。

（四）处理事与处理人相结合原则

对“小金库”问题的处理处罚工作，既要重视对财政违法问题的处理处罚，该调账的调账，该收缴的收缴，该没收的没收，该罚款的罚款；更要重视追究相关人员的责任，包括负有领导责任和负有直接责任人员的党纪、政纪责任；触犯法律的，移送司法机关处理；还要充分运用行政处罚等其他手段，对单位该通报的通报、对会计人员该吊销会计从业资格证的吊销会计从业资格证。

三、处理处罚从轻从宽和从重从严的相关规定

（一）从轻从宽处理处罚相关规定

《设立“小金库”和使用“小金库”款项违纪行为适用〈中国共产党纪律处分条例〉若干问题的解释》（中纪发〔2009〕20号）第十一条规定，有设立“小金库”或者使用“小金库”款项行为，情节较轻，且能够按照有关规定认真自查自纠的，可以免予处分。有设立“小金库”或者使用“小金库”款项行为，情节较重，但能够按照有关规定自查自纠的，可以减轻或者从轻处分。有设立“小金库”或者使用“小金库”款项行为，情节严重，但能够按照有关规定自查自纠的，可以从轻处分。

监察部、人力资源和社会保障部、财政部、审计署《设立“小金库”和使用“小金库”款项违法违纪行为政纪处分暂行规定》第十二条规定，中共中央办公厅、国务院办公厅《关于深入开展“小金库”治理工作的意见》（中办发〔2009〕18号）印发前，有设立“小金库”或者使用“小金库”款项行为，情节较轻，且能够按照有关规定认真自查自纠的，可以免予处分；情节较重，但能够按照有关规定自查自纠的，可以减轻或者从轻处分；情节严重，但能够按照有关规定自查自纠的，可以从轻处分。

《行政处罚法》第二十九条规定，违法行为在两年内未被发现的，不再给予行政处罚。法律另有规定的除外。前款规定的期限，从违法行为发生之日起计算；违法行为有连续或有继续状态的，从行为终了之日起计算。

《行政处罚法》第二十七条规定，当事人有下列情形之一，应当依法从轻或者减轻行政处罚：

1. 主动消除或者减轻违法行为危害后果的；
2. 受他人胁迫有违法行为的；
3. 配合行政机关查处违法行为有立功表现的；
4. 其他依法从轻或者减轻行政处罚的。

违法行为轻微并及时纠正，没有造成危害后果的，不予行政处罚。

从轻从宽的总体原则是，对自查发现的问题从轻从宽处理。凡自查认真、纠正及时的，对责任单位可从轻、减轻或免予行政处罚，对有关责任人员可从轻、减轻或免予处分。各部门各单位对其所属单位进行的内部检查，视同自查。

（二）从重从严处理处罚相关规定

《设立“小金库”和使用“小金库”款项违纪行为适用〈中国共产党纪律处分条例〉若干问题的解释》第十条规定，对在治理“小金库”工作中有弄虚作假、压案不查、对抗检查、拒不纠正、销毁证据、突击花钱、打击报复举报人等行为的，从重处理。对在治理“小金库”工作中不负责任，造成严重不良后果的部门和单位，追究主要负责人的责任。

监察部、人力资源和社会保障部、财政部、审计署《设立“小金库”和使用“小金库”款项违法违纪行为政纪处分暂行规定》第十一条规定，对在治理“小金库”工作中有弄虚作假、对抗检查、拒不纠正、销毁证据、突击花钱、压案不查、打击报复举报人等行为的，依法从重处理。

《财政部门实施会计监督办法》（财政部令第10号）第二十七条规定，当事人有下列情形之一的，财政部门应当依法从重给予行政处罚：

1. 无故未能按期改正违法会计行为的；
2. 屡查屡犯的；
3. 抗拒、阻挠依法实施的监督，不如实提供有关会计资料和情况的；
4. 胁迫他人实施违法会计行为的；
5. 违法会计行为对单位的财务状况和经营成果产生重大影响的；
6. 以虚假的经济业务事项或者资料为依据进行会计核算，造成会计信息严重失实的；
7. 随意改变会计要素、确认标准、计量方法，造成会计信息严重失实的；
8. 违法会计行为是以截留、挪用、侵占、浪费国家财政资金为目的的；
9. 违法会计行为已构成犯罪但司法机关免予刑事处罚的。

从严从重的总体原则是，对被查发现的“小金库”问题，不仅要严格依法依规对单位进行财政、税务等相关处理处罚，还要对有关责任人员依纪依法追究责任。对《实施办法》和《试点方案》下发后再设立“小金库”的，其主要领导、分管领导和直接责任人要严肃处理，依照组织程序先予以免职，再依据党纪政纪和有关法律法规追究责任。对在专项治理工作中弄虚作假、压案不查、对抗检查、拒不纠正、销毁证据、突击花钱、打击报复举报人的，或重点检查中发现“小金库”数额巨大、情节严重的，要按照有关规定从重从严处理。涉嫌犯罪的，移交司法机关依法处理。

四、定性和处理处罚的依据

（一）“小金库”问题定性依据

1.《会计法》第三条、第九条、第十五条、第十六条、第十七条、第二十五条、第二十六条；

2.《公司法》第一百六十五条、第一百七十二条；

3.《企业国有资产法》第十八条；

4.《商业银行法》第五十一条、第五十二条、第五十五条；

5.《证券法》第一百四十八条；

6.《证券投资基金法》第四十五条；

7.《保险法》第八十六条、第八十七条、第一百一十条、第一百一十六条；

8.《企业财务通则》、《金融企业财务规则》、《企业会计准则》、《会计基础工作规范》、《禁止金融机构设置“小金库”的财务管理规定》（财金〔2005〕67号）以及财务、预算、资产、税收等规章制度的相关规定。

（二）“小金库”问题处理处罚依据

1.《会计法》第四十二条、第四十三条、第四十四条、第四十五条等的规定；

2.《财政违法行为处罚处分条例》（国务院令第427号）第九条、第十六条、第十七条、第十八条、第十九条等的规定；

3.《公司法》第二百零二条、第二百零三条；

4.《企业国有资产法》第七十一条和第七十三条；

5.《企业国有资产监督管理暂行条例》（国务院令第378号）第三十九条；

6.《中央企业财务决算报告管理办法》（国务院国有资产监督管理委员会令第5号）第四十二条、第四十三条；

7.《中央企业负责人经营业绩考核暂行办法》（国务院国有资产监督管理委员会令第22号）第三十三条；

8.《中央企业资产损失责任追究暂行办法》（国务院国有资产监督管理委员会令第20号）第十八条、第三十二条；

9.《商业银行法》第七十五条、第七十八条、第七十九条、第八十四条、第八十五条、第八十九条；

10.《中华人民共和国银行业监督管理法》第四十六条、第四十七条、第四十八条；

11.《金融违法行为处罚办法》（国务院令第260号）第十一条；

12.《证券法》第二百零九条、第二百一十条、第二百一十一条、第二百一十六条、第二百一十九条、第二百二十二条；

13.《期货交易管理条例》第六十八条、第六十九条、第七十条、第七十一条；

14.《证券投资基金法》第八十四条、第八十五条、第八十六条、第八十七条、第八十八条、第八十九条、第九十条、第九十一条；

15.《保险法》第一百六十二条、第一百七十一条、第一百七十二条、第一百七十三条；

16.《禁止金融机构设置“小金库”的财务管理规定》（财金〔2005〕67号）第二十六条、第二十七条；

17. 预算、财务、税收、资产、现金、商业保险、薪酬管理等相关法律法规、规章制度的相关规定。

五、处理处罚若干问题的具体意见

现场检查结束后，中央治理“小金库”工作领导小组将组织由中央纪委、监察部、财政部、审计署、国务院国资委、银监会、证监会、保监会等牵头部门共同参加的审理组，按照“统一汇总上报、统一集中审理、分别进行处理”的原则，对难以定性的、处理处罚意见不统一的或须移送的进行集中审理。各部门按照各自的法定职责和工作程序，分别依法下达处理处罚决定或办理移送手续。

处理处罚的总体要求是，将“小金库”的资金或资产纳入国家规定的账簿内，统一登记和核算；对财政性资金，该缴入国库的缴入国库，该上交财政专户的上交财政专户；对“小金库”资金发给个人部分，该追缴的追缴，该退还的退还；对设立使用“小金库”的，对单位给予警告或通报批评，该罚款的罚款；“小金库”凡涉及税务问题，按税法的有关规定进行处理；对设立“小金库”直接负责的主管人员和其他直接责任人员，要按照干部管理权限，依照党纪政纪和有关法律法规相关规定，严肃责任追究；会计人员参与设立“小金库”，情节严重的，吊销会计从业资格证书；对《实施办法》和《实施方案》下发后再设立“小金库”的，对主要领导、分管领导和直接责任人要严肃处理，要按照干部管理权限，依照组织程序先予以免职，再依据党纪政纪和有关法律法规追究责任；“小金库”数额巨大、情节严重的，按照有关规定从重处理，公告其行为及处理处罚决定；涉嫌犯罪的，移送司法机关依法处理。对专项治理工作中发现的其他违反法律法规的问题，按国家有关法律法规进行处理。

处理处罚应根据“小金库”资金来源和“小金库”资金用途的情节、性质、金额综合考虑，可参考以下意见：

（一）“小金库”资金来源

1. 用经营性收入设立“小金库”

（1）中央企业用销售商品收入、提供劳务收入、资产处置和出租收入、股权及债权投资收益等各类收入设立“小金库”的，由实施检查的部门责令改正，限期追回有关款项和违法所得，纳入单位会计账簿统一核算，统一管理，按照税收有关规定补缴税款。并依据《企业国有资产监督管理暂行条例》的有关规定，对单位给予警告；还可依据《中央企业资产损失责任追究暂行办法》、《中央企业负责人经营业绩考核暂行办法》等规章制度，视情节对直接负责的主管人员和其他直接责任人员给予下列处罚：扣发绩效薪金（奖金），终止授予新的股权等经济处罚；警告、记过、降级（职）、责令辞职、撤职、解聘、开除等行政处分；1 至 5 年内或者终身不得被企业聘用或者担任企业负责人禁入限制；对于造成损失的应按照有关部门资产损失责任追究的规定进行处理。

（2）银行业金融企业用利息收入、手续费收入、资产清理和抵债资产变现收入等各类收入设立“小金库”的，由实施检查的部门责令改正，限期追回有关款项和违法所得，纳入单位会计账簿统一核算，统一管理，按照税收有关规定补缴税款。并依据《银行业监督管理法》、《金融违法行为处罚办法》的有关规定，视情节处以下列行政处罚：警告；没收违法所得，并处违法所得 1 倍以上 5 倍以下的罚款；没有违法所得的，处 10 万元以上 50 万元以下的罚款；责令银行业金融机构对直接负责的董事、高级管理人员和其他直接责任人员给予纪律处分；对直接负责的董事、高级管理人员和其他直接责任人员给予警告，处 5 万元以上 50 万元以下罚款；取消直接负责的董事、高级管理人员一定期限直至终身的任职资格，禁止直接负责的董事、高级管理人员和其他直接责任人员一定期限直至终身从事银行业工作。

（3）证券业金融企业用佣金、手续费、资产处置和出租收入等各类收入设立“小金库”的，由实施检查的部门责令改正，限期追回有关款项和违法所得，纳入单位会计账簿统一核算，统一管理，按照税收有关规定补缴税款。并依据《证券法》、《期货交易管理条例》、《证券投资基金法》的有关规定，视情节处以下列行政处罚：对单位给予警告；没收违法所得，并处以违法所得 1 倍以上 5 倍以下的罚款；没有违法所得的，处以 1 万元以上 60 万元以下的罚款；责令停业整顿或者吊销期货业务许可证；对直接负责的主管人员和其他直接责任人员给予警告，并处 30 万元以下的罚款；情节严重的，暂停或者撤销任职资格、从业资格。

（4）保险业金融企业用保费收入、资产处置和出租收入等各类收入设立“小金库”的，由实施检查的部门责令改正，限期追回有关款项和违法所得，纳入单位会计账簿统一核算，统一管理，按照税收有关规定补缴税款。并依据《保险法》的有关规定，视情节处以下列行政处罚：对单位处以 5 万元以上 30 万元以下的罚款；情节严重的，限制其业务范围、责令停止接受新业务或者吊销业务许可证；情节严重的，限制其业务范围、责令停止接受新业务或者吊销业务许可证；对其直接负责的主管人员和其他直接责任人员给予警告，并处 1 万元以上 50 万元以下的罚款；情节严重的，撤销任职资格或者从业资格。

2. 用财政性资金设立“小金库”

（1）中央企业和金融企业采取隐匿、截留等方式，不缴或少缴行政事业性收费、政府性基金等财政收入设立“小金库”的，由实施检查的部门责令改正，调整有关会计账目，收缴应当上缴的财政收入。需要进行处罚的，移送财政或审计部门，依据《财政违法行为处罚处分条例》处以下列处罚：对单位给予警告；没收违法所得，并处不缴或者少缴财政收入10%以上30%以下的罚款；对直接负责的主管人员和其他直接责任人员处3000元以上5万元以下的罚款。属于税收方面的违法行为，依照有关税收法律、行政法规的规定处理、处罚。

（2）中央企业和金融企业采取虚报、冒领、挪用等违法手段骗取财政资金及政府承贷或者担保的外国政府贷款、国际金融组织贷款设立“小金库”的，由实施检查的部门责令改正，调整有关会计账目，追回违反规定使用、骗取的有关资金。需要进行处罚的，移送财政或审计部门，依据《财政违法行为处罚处分条例》处以下列处罚：对单位给予警告；没收违法所得，并处被骗取有关资金10%以上50%以下的罚款或者被违规使用有关资金10%以上30%以下的罚款；对直接负责的主管人员和其他直接责任人员处3000元以上5万元以下的罚款。

（3）中央企业和金融企业私存私放财政资金或其他公款设立“小金库”的，由实施检查的部门责令改正，追回私存私放的资金，调整有关会计账目。并依据《财政违法行为处罚处分条例》的有关规定，视情节处以下列行政处罚：没收违法所得；对单位处3000元以上5万元以下的罚款；对直接负责的主管人员和其他直接责任人员处2000元以上2万元以下的罚款。

3. 虚列支出设立“小金库”

（1）中央企业和金融企业以假发票、假合同等方式编造虚假经济业务，虚列各项支出、成本、费用设立“小金库”的，由实施检查的部门责令改正，调整有关会计账目，限期追回有关款项，纳入单位会计账簿统一核算，统一管理，按照税收有关规定补缴税款。需要进行处罚的，移送财政或审计部门，依据《会计法》第四十三条的有关规定处以下列处罚：对单位予以通报，可以对单位并处5000元以上10万元以下的罚款；对其直接负责的主管人员和其他直接责任人员，可以处3000元以上5万元以下的罚款；对其中的会计人员，由县级以上人民政府财政部门吊销会计从业资格证书。

（2）中央企业和金融企业超出实际经济业务事项金额列支会议费、劳务费、培训费等各项支出、成本、费用，以挂账消费或套取资金方式设立“小金库”的，由实施检查的部门责令改正，调整有关会计账目，限期追回有关款项，纳入单位会计账簿统一核算，统一管理，按照税收有关规定补缴税款。需要进行处罚的，移送财政或审计部门，依据《会计法》的有关规定处以下列处罚：对单位予以通报，并处5000元以上10万元以下的罚款；对其直接负责的主管人员和其他直接责任人员，可以处3000元以上5万元以下的罚款。

4. 转移资金设立“小金库”

（1）除《工会法》规定的资金来源外，中央企业和金融企业将公款转入工会账户的可以认定为“小金库”。由实施检查的部门责令改正，限期追回转移的资金，调整有关会计账目，并按照税收有关规定补缴税款。

（2）中央企业和金融企业以关联交易等方式拨款到下级单位，并在下级单位列支应由本单位承担的各项费用的，由实施检查的部门责令改正，限期追回转移的资金，调整有关会计账目，并按照税收有关规定补缴税款。

5. 账外资产

（1）账外固定资产、无形资产。由实施检查的部门责令限期改正，调整有关会计账目，纳入单位会计账簿统一核算，统一管理，并按照税收有关规定补缴税款。

（2）账外股权和债权（包括对个人借款和贷款）。由实施检查的部门责令限期改正，追回有关款项，调整有关会计账目，纳入单位会计账簿统一核算，统一管理，并按照税收有关规定补缴税款。

（3）账外有价证券。由实施检查的部门责令改正，限期处置，追回有关款项，纳入单位会计账簿统一核算，统一管理，并按照税收有关规定补缴税款。

（二）“小金库”资金用途

依据“小金库”资金用途进行处理处罚时需要强调以下三点：一是“小金库”资金用途与“小金库”资金来源紧密相联，处理处罚时原则上以“小金库”资金来源适用的法律法规为主；二是“小金库”资金的去向、性质、金额等，是研究确定处理处罚从严或从重的重要依据；三是依据“小金库”资金来源与“小金库”资金用途处理处罚适用法律法规不一致时，以法律法规规定的上限为标准进行处罚，但不得重复处罚。

1. 购建资产

（1）购建房产、汽车等资产保障公用需要的，由实施检查的部门责令改正，调整有关会计账目，纳入单位会计账簿统一核算，统一管理，并按照税收有关规定补缴税款。

（2）购建房产、汽车等资产违规供个人使用的，由实施检查的部门责令限期收回或处置账外资产，纳入单位法定账簿，并按照税收有关规定补缴税款。

2. 发放奖金、津贴补贴、福利等

对利用“小金库”资金发放津贴补贴，报销应由个人承担的费用，发放实物及购物卡等，由实施检查的部门责令其追回，纳入单位法定账簿核算，按照税收有关规定补缴税款。并依据《会计法》第四十二条规定，对单位处3000元以上5万元以下的罚款；对其直接责任的主管人员和其他直接责任人员处2000元以上2万元以下的罚款。

3. 接待宴请、公款旅游支出

用于接待宴请，由实施检查的部门责令改正，调整有关会计账目，按照税收有关规定补缴税款。用于集体或个人旅游的，追回有关款项，纳入单位法定账簿核算，并按照税收有关规定补缴税款。

4. 用于礼品、礼金支出

用于礼品、礼金支出，由实施检查的部门责令改正，追回资金，纳入单位法定账簿核算，并视情节轻重追究有关人员责任；对已购买尚未发放的礼品，责令限期处置，将处置所得纳入单位法定账簿核算。

5. 弥补成本、费用

由实施检查的部门责令改正，调整有关会计账目，纳入单位会计账簿统一核算，统一管理，并按照税收有关规定补缴税款。

6. 私分

由实施检查的部门责令改正，追回资金纳入单位法定账簿核算，按照税收有关规定补缴税款，严肃追究相关责任人责任。

六、关于移送问题

凡设立和使用“小金库”性质严重的，原则上都要移送有关机关，追究相关责任人的党纪、政纪责任。涉嫌犯罪的，要依法追究刑事责任。

（一）移送纪检监察机关

凡设立和使用“小金库”的，原则上要根据《设立“小金库”和使用“小金库”款项违纪行为适用〈中国共产党纪律处分条例〉若干问题的解释》和《设立“小金库”和使用“小金库”款项违纪行为政纪处分暂行规定》，按照干部管理权限移送相应的纪检监察部门，追究相关责任人的党纪政纪责任。特别是涉及资金去向不明、私分、贪污、挪用、行贿受贿、公款旅游、挥霍浪费，以及报销应由个人负担费用的，必须移送。

需要追究组织责任的，由纪检监察机关协调组织部门处理。

（二）移送司法机关

对于设立和使用“小金库”涉嫌犯罪的，可先移送纪检监察机关调查处理，再移送司法机关，也可直接移送司法机关处理，包括移送公安机关或检察机关。

以下案件应移送检察机关，一是涉嫌贪污贿赂犯罪，包括刑法分则第八章规定的贪污贿赂犯罪及其他章中明确规定依照第八章节相关条文定罪处罚的犯罪案件，共12种；二是国家工作人员涉嫌渎职犯罪，即刑法分则第九章规定的渎职犯罪案件，共33种。

除上述以外的其他案件应移送公安机关处理。

（三）移送财政等相关职能部门

各有关部门发现会计人员参与设立和使用“小金库”，情节严重需要吊销会计从业资格证书的，移送财政部门处理。对检查中发现的其他问题，如税收、金融、土地等，线索清晰但未能调查清楚或需要有关部门处理的，移送相关职能部门调查处理。

（四）移送程序

各有关部门在进行处理处罚的同时，对需要移送的案件应按照相关法律法规及时移送。移送时要做到事实清楚、材料齐全、程序合法、手续完备。情况特殊的，经办公室报领导小组领导批准，也可在检查过程或处理处罚过程中提前移送。

各有关部门应将需要移送案件的工作底稿、检查报告、处理处罚决定和移送意见等材料，按照规定的程序和要求办理移送手续。对一些情节严重、影响恶劣、具有代表性的典型案件，可由中央纪委、监察部组织力量直接调查处理。

各有关部门应及时将移送的案件内容、移送时间、接受部门等情况记录备案，并及时向移送部门了解移送案件调查处理的进展和结果，重大情况及时报办公室备案。

国务院国资委、银监会、证监会和保监会应依据本《指导意见》制定符合所监管行业实际的具体意见，并报办公室备案。

本《指导意见》仅供此次“小金库”治理工作处理处罚时使用。

中央组织部、国务院国资委党委关于加强和改进中央企业党建工作的意见

为认真贯彻落实党的十六大和十六届三中、四中全会精神，充分发挥中央企业党组织的政治核心作用，促进国有资产管理体制改革和中央企业改革发展，现就加强和改进中央企业党建工作提出如下意见。

一、正确认识和把握加强和改进中央企业党建工作的重要意义、指导思想、目标任务

1. 加强和改进中央企业党建工作的重要性和紧迫性。国有企业是我国国民经济的支柱。中央企业是国有经济发挥主导作用的主力军。发挥国有企业特别是中央企业的重要作用，是坚持和完善社会主义基本经济制度，发展先进生产力，提高我国综合国力，巩固党的执政地位的必然要求。进入新世纪新阶段，世界多极化和经济全球化趋势在曲折中发展，科技进步日新月异，综合国力竞争日趋激烈，我国改革发展处在关键时期。面对新的形势和任务，坚持党对中央企业的领导，加强和改进中央企业党建工作，对于大力推进中央企业体制创新、技术创新和管理创新，做强做大中央企业，不断提升国有企业的竞争力，切实增强党的阶级基础和提高党的执政能力，都具有重要意义。

近年来，各级党委和中央企业党组织认真贯彻党的十六大精神和党中央关于加强和改进国有企业党建工作的一系列方针政策，积极探索推进中央企业党建工作的有效途径和方法，使中央企业党建工作呈现出良好的发展势头，在国有资产管理体制改革和中央企业改革发展稳定工作中起到了重要的保证作用。但也要看到，中央企业党建工作体制机制、方式方法还存在着与现代企业制度要求不相适应的地方，一些同志特别是少数领导干部思想上还存在着淡化企业党组织作用的倾向，一些企业党组织不能有效参与企业重大问题决策，有的企业领导班子和领导人员适应市场经济和管理现代企业的能力不强，有的党员丧失先进性，有的党员领导干部腐败堕落，部分企业的党务干部队伍存在素质不高、后继乏人的问题，等等。这些问题严重影响了企业党组织政治核心作用的发挥，亟需采取有效措施加以解决。

2. 加强和改进中央企业党建工作的指导思想。加强和改进中央企业党建工作，必须坚持以马克思列宁主义、毛泽东思想、邓小平理论和“三个代表”重要思想为指导，坚持解放思想、实事求是、与时俱进，坚持充分发挥企业党组织的政治核心作用，坚持全心全意依靠工人阶级的方针，坚持为国有资产管理体制改革和中央企业改革发展稳定服务；适应现代企业制度的要求，将党的工作与经营管理工作相结合、党管干部和党管人才的原则与市场化选聘人才的机制相结合、从严治党与依法治企相结合、思想政治工作与企业文化建设相结合、发挥职工民主管理作用与维护企业领导人员依法行使经营管理职权相结合；以加强企业领导班子思想政治建设为关键，以建立健全企业党组织充分发挥政治核心作用的有效机制为重点，把维护出资人利益、企业利益和职工群众合法权益统一起来，为实现国有资产保值增值，促进国有资产管理体制改革和中央企业改革发展稳定提供有力的政治保证和组织保证。

3. 加强和改进中央企业党建工作的总体目标和主要任务。总体目标是：努力把企业党组织建设成为贯彻“三个代表”重要思想的组织者、推动者和实践者，成为坚决执行党的路线方针政策，推动中央企业改革发展稳定的坚强政治核心和战斗堡垒。主要任务是：（1）建设一个政治素质好、经营业绩好、团结协作好、作风形象好，致力于为国有企业建功立业，得到职工群众衷心拥护的企业领导班子。（2）建设一支经得起困难和风险考验，在企业改革发展稳定中发挥先锋模范作用的党员队伍。（3）建设一支有理想、有道德、有文化、有纪律，能够熟练掌握相关科技知识和劳动技能的职工队伍。（4）建立一套符合我国国情和适应现代企业制度要求，保证企业党组织充分发挥政治核心作用的工作机制。（5）形成一条加强思想政治工作、企业文化建设和党组织自身建设的有效途径。

二、建立健全企业党组织发挥政治核心作用、参与企业重大问题决策的体制和机制

4. 保证、监督党和国家方针政策在中央企业的贯彻执行。坚持党的领导、发挥国有企业党组织的政治核心作用是一个重大原则，任何时候都不能动摇。中央企业党组织要在思想上、政治上、行动上与党中央保持高度一致，认真执行党的路线方针政

策和国家的法律法规，全面贯彻党中央、国务院关于国有企业改革发展的部署和要求，推动企业按照全面建设小康社会的要求制定实施企业改革发展战略，充分发挥国有经济的主导作用。坚决落实宏观调控的各项政策措施，积极承担党和国家赋予企业的政治责任和社会责任，在重大问题上和突发事件中自觉服从和维护国家利益。进一步增强群众观念，尊重群众的首创精神和实践经验，努力把职工群众改革发展的积极性调动好、发挥好、保护好。

5. 探索参与企业重大问题决策的途径和方式。参与企业重大问题决策是国有企业和集体企业党组织的重要职责，是党组织在企业中发挥政治核心作用的基本途径。党组织参与国有企业重大问题决策的主要内容是：企业发展战略、中长期发展规划，企业生产经营方针、年度财务预算和决算，企业资产重组和资本运作中的重大问题，企业的重要改革方案和重要管理制度的制定、修改，企业重要人事安排及内部机构的设置调整，涉及企业职工切身利益的重大问题等。各企业可以结合实际，把党组织参与企业重大问题决策的内容具体化。

党组织参与企业重大问题决策，要坚持和完善“双向进入、交叉任职”的企业领导体制。国有独资和国有控股公司的党委成员可以通过法定程序分别进入董事会、监事会和经理班子，董事会、监事会、经理班子中的党员可以依照有关规定进入党委会。凡符合条件的，党委书记和董事长可由一人担任，董事长、总经理原则上分设。未设董事会的企业，可以实行党委书记兼任副总经理、总经理兼任党委副书记的交叉任职模式；根据实际情况，党委书记和总经理（厂长）也可由一人担任。已建立法人治理结构的国有独资和国有控股公司，党委会和法人治理结构要通过建立健全议事规则，完善党组织参与企业重大问题决策的程序和工作机制。党组织对重大问题要集体研究，由进入董事会、监事会、经理班子的党委成员通过多种方式分别反映党组织的意见和建议，使党组织的主张在企业决策中得到重视和体现，并把法人治理结构的决策结果反馈给党组织，实现决策的科学民主。同时，充分发挥董事会对重大问题统一决策、监事会有效监督的作用。未设董事会的企业可以采取联席会议方式，由党委成员和经营管理班子成员共同研究决定重大问题。企业党组织要积极推动企业重大问题决策的贯彻落实。企业重大问题决策作出后，党委要发动全体党员，团结带领广大职工，推动决策的实施。党委发现企业重大问题决策不符合党和国家方针政策、法律法规或脱离实际时，应及时提出意见。如得不到纠正，应当向上级反映。

三、切实加强企业领导班子的思想政治建设

6. 抓好企业领导班子成员的理论学习。加强企业领导班子建设，必须始终把思想政治建设放在首位。企业领导班子要深入学习贯彻邓小平理论和“三个代表”重要思想，在武装头脑、指导实践、推动工作上取得扎实成效。重点抓好企业领导班子成员的理论和业务学习，坚持和完善党委中心组学习制度，坚持集体学习与个人自学相结合，丰富学习内容，提高学习质量。建立和落实企业领导班子成员的学习考核机制，促进他们自觉加强理论学习，提高思想政治素质和理论政策水平，把思想认识统一到中央关于坚持社会主义初级阶段基本经济制度、推进国有资产管理体制改革和促进国有企业改革发展稳定的要求上来，进一步坚定搞好中央企业的信心和决心。

7. 推动企业领导班子的民主集中制建设。要探索现代企业制度条件下实行民主集中制的有效途径，坚持把党组织的工作制度与公司法人治理结构的工作规则结合起来，形成靠制度管人、按程序办事的工作机制。按照集体领导、民主集中、个别酝酿、会议决定的原则，完善并严格执行党委内部的议事规则和决策程序，保证协调高效运转，增强班子整体合力。领导班子所有成员要加强沟通，自觉维护班子团结。领导班子主要负责人要增强民主意识，善于集中班子成员的智慧，发挥集体领导的作用，不能独断专行。领导班子其他成员要增强大局意识，尊重和支持主要负责人履行职责，不能自行其是。坚持和完善企业领导人员双重组织生活制度，领导班子成员是党员的都要主动参加所在党支部的组织生活。把开好民主生活会作为加强企业领导班子思想政治建设的有效措施，坚持每年至少召开一次民主生活会。上级党组织要加强指导，派人参加下级党组织的民主生活会。民主生活会结束后，要向上级党组织写出书面报告，有关整改措施要在一定范围内通报，以便接受监督。

8. 加强企业领导班子作风建设。企业领导班子成员要牢记“两个务必”，大力发扬求真务实、开拓创新、团结奉献的优良作风，坚持勤俭办企业，

坚决反对和摒弃弄虚作假、急功近利、铺张浪费的不良风气。建立健全激励企业领导班子求真务实的机制。把贯彻落实科学发展观和正确政绩观的情况作为考核企业领导班子的重要内容，既要看企业当年生产经营业绩，也要看企业可持续发展能力；既要看企业的改革力度和发展速度，也要看企业的稳定程度；既要看企业的经济效益，也要看企业的文明状况和职工队伍的精神面貌；既要看企业领导班子经营管理能力，也要看企业领导班子思想作风和廉洁自律情况。

9. 提高企业负责人的业务素质。按照中央关于大规模培训干部的部署，着眼于全面提高企业负责人的业务素质，研究制定培训规划，认真做好培训工作。加强现代企业管理、国际经济以及各类专业技术培训，有针对性地开展树立和落实科学发展观、振兴东北地区等老工业基地、推进西部大开发等专题培训。在充分利用各级党校、行政学院等培训机构的同时，积极拓宽到国际知名院校、跨国公司培训的渠道。坚持教育培训与实践锻炼并重，推进企业之间、企业与党政机关之间、企业与事业单位之间的人才交流。选派优秀经营管理人员到知名企业、政府宏观经济管理部门、国家重点工程、西部地区、老工业基地、革命老区挂职锻炼，努力造就一大批高素质的企业家。

四、不断加强企业人才队伍建设

10. 建立与现代企业制度要求相适应的选人用人新机制。党组织参与企业中层以上管理人员的选拔任用和管理监督工作，是党管干部原则在企业的具体体现。选拔任用企业中层以上管理人员，必须全面贯彻干部队伍“四化”方针和德才兼备、注重实绩、群众公认的原则，坚持任人唯贤，反对任人唯亲。把党管干部原则和董事会依法选择经营管理者以及经营管理者依法行使用人权结合起来，把组织考察推荐与市场化选聘经营管理者结合起来，按照管资产和管人、管事相结合的要求，建立和完善企业负责人任免管理制度和办法。列入中央管理和国资委党委管理的中央企业负责人的任免按照现行有关规定办理。企业重要经营管理人员的任免必须经组织人事部门考察，党委研究提出意见和建议，董事会和经营管理者依法行使用人权。党组织的主要职责是确定用人标准，研究推荐人选，严格组织考察，完善评价体系，加强监督管理。企业党委成员、纪委负责人以及工会负责人的任免按照有关规定办理。积极探索通过内部竞争上岗、社会公开招聘等方式选聘企业经营管理人员，中央企业所属的二级、三级企业，具备条件的都可推行竞争上岗，逐步使竞争上岗成为选拔经营管理者的重要方式。

11. 坚持党委对人才工作的领导。贯彻党管人才原则，按照管宏观、管政策、管协调、管服务的要求，全面推进人才强企战略。制定并实施企业人才队伍建设规划，重点抓好培养、吸引和使用三个环节，努力造就国有资产出资人代表、经营管理者、科技人才、思想政治工作者和高技能人才队伍。建立健全以品德、知识、能力和业绩为导向的考核评价体系和选用标准，树立正确的用人导向，及时发现和大胆使用政治上靠得住、工作上有本事、作风上过得硬的优秀人才。积极开发利用国内国际两种人才资源，逐步建立企业人才库，努力使中央企业成为各类优秀人才的聚集地。

12. 营造各类人才发挥作用的良好环境。企业党组织要大力倡导尊重劳动、尊重知识、尊重人才、尊重创造的风气，积极宣传党的人才工作方针政策，宣传各类人才的先进事迹，激发各类人才的光荣感、使命感和责任感，营造选拔使用人才不唯学历、不唯职称、不唯资历、不唯身份、人人都能成才的氛围。企业党组织要建立与骨干人才的联系制度，努力为各类人才提供良好的工作与生活条件。建立健全以考核评价为基础，岗位责任、风险与工作业绩挂钩，短期激励与中长期激励相结合，物质激励与精神鼓励相结合的激励约束机制，加大对关键岗位、优秀人才的薪酬激励力度。企业党组织要加强对包括企业负责人薪酬在内的企业薪酬制度的监督。

五、积极推进企业党风建设和反腐倡廉工作

13. 做好企业党风建设和反腐倡廉各项重点工作。围绕国有资产保值增值和中央企业改革发展稳定，建立与现代企业制度相适应的教育、制度、监督并重的惩治与预防腐败的体制机制。企业党组织要深入开展党规党纪教育，运用正反两方面典型开展示范教育和警示教育。认真抓好企业负责人廉洁自律工作，完善企业负责人廉洁自律制度和规定，规范企业负责人从业行为。严肃查办各类违纪违法案件，特别要查办在企业资产重组、改制和破产中国有资产流失的案件。结合企业重大改革措施出

台、重要项目实施、大额度资金调度等开展效能监察，及时发现经营管理的薄弱环节，完善规章制度，提高管理水平和效益。

14. 建立健全监督机制。认真贯彻落实《中国共产党党内监督条例（试行）》，加强对企业党组织遵守党的章程和党内法规、执行党的路线方针政策和上级党组织的工作部署、企业党风建设和贯彻落实民主集中制情况的监督。完善内部监督体系，充分运用监事会监督、职工民主监督，以及财务、审计、纪检监察、企业法律顾问监督等手段，强化对企业贯彻执行国家方针政策和重大战略部署的监督。加强对骨干企业的监督检查，加大对资产量大、问题较多企业的监督检查力度，有效防范和化解风险，维护国有资产安全。建立健全企业党风建设责任制，严格责任追究制度。

15. 加强对企业负责人的监督。党组织要加强对企业负责人遵守政治纪律、组织纪律、经济工作纪律、群众工作纪律情况的监督，教育和引导企业负责人自觉服从出资人监督、内部监督、法律监督、行政监督、社会监督。建立完善企业负责人述职述廉、重大事项报告、谈话诫勉制度以及任前公示、任职和公务回避制度。建立企业负责人任期经济责任审计和责任追究制度，强化对企业负责人用权行为的监督。加强对企业重点环节和部位的监督，特别要加强对企业决策、财务管理、产品销售和物资采购、工程招投标和在建项目管理、企业改组改制和产权变更与交易、选人用人等重要环节的监督，建立结构合理、配置科学、程序严密、制约有力、运转高效的权力运行机制，规范企业负责人的用权行为。保护企业负责人改革创新、严格管理的积极性。

六、着力提高企业思想政治工作和精神文明建设水平

16. 认真做好企业思想政治工作。企业党组织要把培养有理想、有道德、有文化、有纪律的职工队伍，作为企业思想政治工作和精神文明建设的根本任务，努力提高职工的思想道德素质和科学文化素质。坚持以人为本，尊重人、关心人、理解人、帮助人，把思想教育和严格管理结合起来，把解决思想问题与解决实际问题结合起来。加强对企业职工理想信念教育、形势任务教育和职业道德教育，大力弘扬爱岗敬业、艰苦奋斗精神，引导职工树立与社会主义市场经济相适应的思想道德和价值观念。积极利用互联网等先进技术手段加强和改进职工宣传教育工作，增强思想政治工作的针对性和实效性。

17. 扎实推进企业文化建设。党组织要加强对企业文化建设的领导，把企业文化建设融入企业管理、思想政治工作和精神文明建设的全过程，制定并实施企业文化建设战略，以爱国奉献为追求，以人本管理为核心，以服务发展为宗旨，以学习创新为动力，建立具有时代气息、健康向上、各具特色的企业文化。按照社会主义精神文明建设的要求，着眼于增强企业竞争力，从社会主义市场经济实践中，总结提炼为广大职工所认同的企业精神、经营理念、经营宗旨、价值观念和行为准则，增强企业凝聚力，激发职工创造力。建设学习型企业，培养学习型职工，全面提高职工素质，形成诚实守信、服务优良、行为规范、道德高尚的企业精神。在企业文化建设实践中，积极打造企业品牌，提升企业信誉，树立报效祖国、服务社会、回报股东、关爱职工的企业形象。深入开展内容丰富、形式多样、职工群众喜闻乐见的精神文明创建活动，倡导文明、健康、科学的生活方式，自觉抵制各种腐朽思想和邪教思想的侵蚀。

18. 努力维护企业和社会稳定。科学把握企业改革力度和发展速度，充分考虑职工群众和社会的承受能力，使改革在稳定的环境中有序推进。改革方案的制定要集思广益、周密设计，改革措施的出台要选择时机，改革政策的执行要连续规范。企业党组织要深入细致地做好企业改革进程中的思想政治工作，努力解决职工面临的实际困难，使广大职工群众理解、支持改革，积极参与改革。落实稳定工作责任制，企业主要负责人对稳定工作负全责。充分发挥企业基层党组织和广大党员的作用，把矛盾化解在基层。制定处置突发事件预案，防止和妥善处置群体性聚集或群体性上访事件。企业党组织要加强与企业所在地方党委、政府的沟通联系，建立维护稳定工作机制，配合地方党委、政府做好下岗职工基本生活费发放向失业保险并轨、再就业和社会保障等工作，维护企业和社会稳定。高度重视、切实做好安全生产宣传教育工作，防止重特大安全事故发生。

七、探索现代企业制度下发挥职工民主管理作用、维护职工合法权益的有效途径

19. 完善以职工代表大会为基本形式的企业民

主管理制度。企业党组织要支持和保证职工代表大会依法行使各项职权。企业重大决策必须及时向职工代表通报，企业重大改革措施出台前必须广泛征求职工意见，涉及职工切身利益的重大事项必须提请职工代表大会审议通过。国有独资或国有控股企业改制为非国有企业的方案，必须提交职工代表大会讨论，其中职工安置方案要经过职工代表大会审议通过后方可实施。企业领导班子和主要负责人必须向职工代表大会报告履行职责和廉洁自律的情况，并由职工代表进行民主评议。建立职工董事、职工监事制度，职工董事、职工监事由职工民主选举产生。加强职工代表培训，提高职工民主管理素质和水平。正确处理职工民主管理与企业负责人依法管理的关系，既要尊重维护职工的合法权益，发挥职工民主管理和监督的积极作用，也要尊重维护出资人权益，支持企业负责人依法行使经营管理权力，发挥企业负责人在企业改革发展稳定中的关键性作用。

20. 深入开展厂务公开工作。进一步健全厂务公开的领导体制和工作机制，完善厂务公开的内容和方式，提高厂务公开的实效。除国家法律法规规定的保密事项和企业科技、商业秘密外，企业重大事项都应向职工公开。从企业实际出发，从职工最为关心的问题入手，重点抓好企业改革发展稳定和生产经营中的重点难点、关系职工群众切身利益、企业负责人廉洁自律等情况的公开。

21. 依法维护职工合法权益。企业党组织要认真贯彻《中华人民共和国工会法》、《中华人民共和国劳动法》等法律法规，依法保障和维护职工的合法权益。企业工会组织要积极履行维护职工合法权益的基本职责，从维护职工根本利益出发，协调出资人、企业与职工之间的关系，处理好各种矛盾与纠纷。企业党组织要监督劳动合同制度的执行，推行平等协商和集体合同制度，建立协调稳定的劳动关系和劳动关系预警协调机制。探索完善维权和帮困救助工作机制，注意倾听职工呼声，落实帮困救助各项措施，帮助职工特别是困难职工解决工作生活上的实际困难。

八、以改革的精神加强和改进企业党组织自身建设

22. 建立健全党的组织。中央企业及其所属企业包括国有参股企业，都要设立党的组织，建立党的工作机构，配备必要的工作人员，保证党组织正常开展活动的必要条件，并按时进行换届改选。要做到新建经济组织的同时建立党组织，调整经营管理组织的同时调整党组织的设置，配备经营管理人员的同时配备党务工作人员。股份公司、中外合资企业要在企业章程或相关协议中明确党组织的机构设置、人员编制、活动方式和经费保障等条款。驻国（境）外企业要根据党员人数，从当地环境和企业实际出发，按照灵活、简便、安全、保密的要求，建立党的组织，开展党的工作。

23. 合理设置党组织工作机构和配备党务工作人员。要本着精干、高效、协调和有利于加强党的工作的原则设置企业党组织内部机构。大型企业党委根据工作需要设立党委办公室和组织、宣传等工作部门。中小型企业党的工作部门可以单独设立，也可以与职能相近的企业行政工作部门合署办公。根据党章规定设立纪委及工作机构。按照稳定队伍、优化结构、提高素质的要求，努力建设一支梯次合理、善于围绕企业生产经营开展党建工作的复合型党务工作队伍。企业党委工作机构和人员必须纳入企业管理机构和人员编制，党组织活动经费从企业管理费中列支部分必须得到保证。逐步建立党务工作人员工作责任制和考核制，并纳入企业管理人员责任考核体系，其待遇和奖惩原则上与同一层次经营管理人员一视同仁。党务工作人员与经营管理人员要进行必要的岗位交流。

24. 加强基层党组织和党员队伍建设。注重加强党支部建设，创新活动载体，增强工作活力，充分发挥党支部的战斗堡垒作用。结合企业实际，深入开展保持共产党员先进性教育活动和党内主题教育活动，建立先进基层党组织、优秀共产党员和优秀党务工作者定期评比表彰机制。努力提高党员素质，充分发挥党员的先锋模范作用。切实做好党员管理工作，针对不同岗位党员的情况，探索分类管理的有效办法。在企业改制重组和实施关闭破产过程中，党组织要注意做好下岗职工和有偿解除劳动关系职工中党员的管理工作，在新的接收单位未落实前，要继续管理好这部分党员。注意吸收优秀专业技术人员、生产经营一线优秀职工特别是优秀青年职工入党。努力把符合条件的生产经营骨干培养成党员，把党员培养成生产经营骨干，使党员成为企业的优秀人力资源。力争用三年左右时间，使中央企业绝大多数班组有党员。

25. 加强和改进党组织对群众工作的领导。企业党组织要定期听取工会、共青团等群众组织和统

战工作汇报，及时研究解决他们工作中的问题。坚持党建带工建、带团建，充分发挥群众组织联系广大职工的桥梁纽带作用。认真做好统战工作。企业工会、共青团等群众组织要在党组织领导下，按照法律和各自的章程创造性地开展工作，为企业改革发展稳定大局服务。

九、进一步加强对中央企业党建工作的领导

26. 理顺中央企业党组织的隶属关系。中央组织部负责对中央企业和全国其他国有企业党的建设工作的宏观指导，国务院国资委党委负责中央企业党的建设工作。按照《中共中央关于成立中共国务院国有资产监督管理委员会委员会有关问题的通知》精神，理顺中央企业党组织领导关系。领导机构在京的中央企业，其党组织由国务院国资委党委领导。领导机构在京外的中央企业，其党组织由所在地的市（地）以上党委领导，党建工作以地方党委领导为主，国务院国资委党委协助。中央企业集团领导机构与其所属企业党的关系在不同省（区、市）的，下属企业党组织由地方党委和企业集团党组织双重领导，以地方党委为主。中央企业集团领导机构与其所属企业党的关系在同一省（区、市），因情况特殊确需由企业集团党组织垂直领导的，由企业集团党组织与下属企业所在地的地方党委协商确定。中央企业之间出资组成的合资企业，其党组织由控股企业党组织领导；中央企业与地方企业合资组建的企业，其党组织隶属关系由合资双方协商确定。

27. 建立健全中央企业党建工作责任制。落实中央企业党建工作各项任务，企业的上级党组织负有领导责任，企业党组织负有直接责任。企业上级党组织要认真制定加强企业党建工作的规划、目标、措施，加强企业领导班子思想政治建设和所管企业领导人员的管理，督促检查所管企业党建工作责任制的落实。要健全企业党委抓党建、书记带头抓党建、党委各有关部门齐抓共管，一级抓一级，一级带一级的企业党建工作格局。企业领导人员管理部门要定期对企业领导班子思想政治建设情况进行研究分析，查找存在问题，有针对性地提出改进措施。企业党委书记是党建工作第一责任人，要把党建工作状况作为考核企业党委工作业绩的主要内容和党委书记任免奖惩的重要依据。兼任党内职务的企业负责人要坚持“一岗双责”，积极支持党委的工作，主动向党委汇报各自主管、分管的工作，接受党委的集体领导。

28. 积极探索加强和改进中央企业党建工作的新路子。做好中央企业党建工作，重点在改进、关键在创新、目的在加强。在改革国有资产管理体制和完善现代企业制度的进程中，要针对国有企业党建工作中面临的新情况、新问题，加强企业党建工作理论研究，及时总结实践经验，着力解决企业党建工作的热点和难点问题。按照中央确立的原则积极探索，使中央企业党建工作在改进中加强，在创新中发展。

29. 企业党组要切实承担起加强和改进企业党建工作的责任。设立党组的中央企业，企业党组要根据党章规定，认真履行职责，完成党和国家交给的任务。要根据中央有关文件和本《意见》精神，适应建立现代企业制度的要求，完善工作机制，结合企业实际，研究制定具体措施，切实承担起加强和改进企业党建工作的责任，把中央的要求落到实处。

国资委党委关于印发《国资委党委关于推进中央企业学习型党组织建设的实施意见》的通知

国资党委宣传〔2010〕60 号

各中央企业党委（党组）：

《国资委党委关于推进中央企业学习型党组织建设的实施意见》已经国资委党委同意，现印发给你们，请结合实际认真贯彻落实。

国资委党委

二〇一〇年四月二日

国资委党委关于推进中央企业学习型党组织建设的实施意见

为贯彻落实党的十七届四中全会提出的建设马克思主义学习型政党的重大战略任务，推进中央企业学习型党组织建设，根据《中共中央办公厅印发〈关于推进学习型党组织建设的意见〉的通知》（中办发〔2009〕44 号）要求，结合中央企业实际，现提出如下实施意见。

一、明确目标要求

推进中央企业学习型党组织建设，是加强和改

进中央企业党的建设，将政治优势转化为科学发展优势，增强核心竞争力，促进中央企业做强做大，实现科学发展的必然要求。中央企业党委（党组）要把思想统一到中央要求和部署上来，把推进学习型党组织建设作为中央企业党的建设一项长期任务切实抓紧抓好。

（一）明确目标任务。推进中央企业学习型党组织建设，必须高举中国特色社会主义伟大旗帜，坚持以邓小平理论和“三个代表”重要思想为指导，深入贯彻落实科学发展观，全面贯彻党的十七大和十七届三中、四中全会精神。紧密围绕中央企业改革发展大局，按照科学理论武装、具有世界眼光、善于把握规律、富有创新精神的要求，着力营造和形成重视学习、崇尚学习、坚持学习、善于学习的浓厚氛围，牢固确立党组织全员学习、党员终身学习的理念。以促进中央企业科学发展上水平为基本目标，以抓好学习型领导班子建设为关键，以抓好基层党员干部学习与培训为基础，充分发挥中央企业党组织政治核心作用、基层党组织战斗堡垒作用和党员先锋模范作用，提高全体党员思想政治素养和业务素质。加快发展方式转变，做强主业增实力、科学发展上水平，不断提升企业核心竞争力，增强国有经济活力、控制力、影响力，以适应更高层次、更高水平和更加激烈的竞争。

（二）把握深刻内涵。推进中央企业学习型党组织建设，必须把握深刻内涵和丰富内容，将其作为建设学习型政党的重要组成部分和长期的战略任务。要把学习作为党组织建设的重要特征、党组织活动的重要内容和提高战斗力的重要途径。要结合实际，统筹兼顾，把推进学习型党组织建设与党的先进性建设结合起来；与巩固扩大学习实践科学发展观活动成果结合起来；与开展争创“四好”班子、“四强”党组织、争做“四优”共产党员等争先创优活动结合起来，以学习型党组织建设带动和促进学习型企业建设。

（三）体现企业特色。推进中央企业学习型党组织建设，必须体现中央企业特色。中央企业肩负着重大的历史使命，必须坚决执行国家法律法规和有关政策，服从服务党和国家工作大局，带头履行经济责任、政治责任和社会责任，为保持经济平稳较快发展和维护社会和谐稳定作出贡献。围绕中央企业的中心任务，着眼打造具有国际竞争力大企业大集团的目标，创造性地开展工作，增强针对性和实效性。着力在推动本企业工作上下功夫，在推动本企业党建工作上下功夫，在提高党员干部思想政治素质上下功夫，努力做到学以致用、用以促学、学用相长，力戒形式主义。

（四）推动科学发展。推进中央企业学习型党组织建设，必须把推动企业科学发展上水平作为工作的出发点和落脚点。要根据世界经济格局大变化大调整和国家宏观经济政策调控的新变化，将其与应对后金融危机时期的挑战、加快结构调整和经济发展方式转变结合起来，引导党员干部以解放思想为先导，用新的理念和视野，科学分析企业发展的基础和条件、优势和劣势、机遇和挑战，破解体制机制、管理、技术、市场等难题。要进一步强化党员干部的忧患意识、责任意识、发展意识、创新意识，遵循企业发展规律，形成宽眼界、高定位、长规划的发展思路和发展举措。要加强基础管理和制度建设，增强化解风险、应对危机的能力，提高企业自主创新能力，打造国际竞争新优势，不断提高企业发展的质量和效益。

二、突出学习重点

紧密结合企业和党员干部思想、工作实际，从提高思想政治素养和业务能力出发，精心安排学习内容，认真组织学习活动，努力提高学习效果。

（一）抓好理论武装。组织党员干部深入学习中国特色社会主义理论体系，学习实践科学发展观，学习践行社会主义核心价值体系，学习贯彻党和国家的方针政策。党员领导干部要带头加强思想政治建设，认真研读原著，掌握科学的世界观和方法论，增强工作的原则性、系统性、预见性和创造性。要进一步增强责任感使命感，坚定理想信念，坚持走中国特色的国有企业发展之路，增强搞好国有企业的信心与决心。认真抓好科学理论的宣传普及工作，针对党员关心的热点、难点问题，解疑释惑。抓住党员的关注点，用党员听得进的语言、讲党员听得懂的道理，做到真学真懂真信真用。

（二）学习相关知识。党员领导干部要着眼企业发展战略，以全球眼光和开阔视野，及时了解和掌握反映当代经济、政治、科技、法律、文化、军事、社会管理等领域发展的新进展、新知识和新成果。认真学习战略管理、营销管理、财务管理、风险管理、人力资源开发与管理、市场开拓与产品开发、资本运营与投融资决策、国际商务、企业文化等与企业相关的基本知识，构建开放的学习体系，优化知识结构，开阔工作思路，提高工作水平。

（三）掌握岗位技能。党员要立足本职，适应岗位和履行职责的需要，按照干什么学什么、缺什么补什么的原则，加强业务学习，掌握岗位技能。认真学习掌握信息技术、网络运用等新知识、新技能，以适应党员素质提升的新要求。结合岗位特点，深入开展以提高职工素质工程为重点的多工种、多层次、多渠道的岗位练兵、技能培训、技能大赛、青年创新创效和青年成长成才等活动，努力使党员成为本专业本岗位的行家里手。

（四）借鉴实践经验。尊重实践、尊重职工、尊重创造，教育引导党员干部既要向书本学习，更要向实践学习、向职工群众学习、向优秀企业学习。不断学习总结和借鉴运用基层和职工群众在实践中创造的好做法、好经验。善于运用企业改革发展的成果对党员干部进行教育，把应对危机与挑战作为生动课堂，不断推动学习向广度和深度发展。积极开展与优秀企业“对标”活动，学习借鉴国内外知名优秀企业的经验与教训，紧密联系自身实际，有机地运用到实际工作中去，不断拓展企业改革发展的思路和办法。

三、创新方法途径

针对新形势下企业党员干部的学习需求和特点，坚持继承与创新相结合，充分运用好企业组织学习的有效做法和经验，积极探索富有时代特点、具有企业特色、更加生动活泼的方式，增强学习的吸引力和效果。

（一）改进方式，创新方法。坚持运用好企业已经形成的党委（党组）中心组学习、形势任务教育、“三会一课”、专题研讨、主题党课等有效做法，并在实践中不断加以完善。大胆探索，鼓励创新，提倡结合本企业、部门及不同岗位实际，不断探索创新学习形式。借鉴国内外企业学习型组织建设的有效做法，大力倡导开放式学习、互动式学习、研究式学习、共享式学习等形式，不断激发党员干部学习的内在动力。要切实做好学习服务，有针对性地推荐学习书目，满足党员干部的学习需求。

（二）丰富载体，完善途径。充分运用好企业报刊、广播电视，特别是互联网、手机等新兴媒体，为党员干部学习创造有利条件。要创新学习理念，增强学习兴趣，激发创造活力。丰富和完善手机短信、学习讲坛、在线学习、读书交流、知识竞赛、技能比赛、参观考察等广大党员干部喜闻乐见的学习手段和工作抓手，精心设计载体，开展主题突出、形式多样、生动活泼的学习活动，不断增强学习的吸引力，引导党员干部把学习作为一种政治责任、精神追求和生活方式。

（三）拓展阵地，搭建平台。要整合企业学习培训资源，创新学习培训载体，拓展学习培训阵地。充分发挥中央党校国资委分校和各企业党校、管理学院、培训中心（企业大学）等在教育培训中的主渠道、主阵地作用。积极运用信息网络技术手段，加强党员干部远程教育、视频会议、网上课堂等学习教育网络建设。加强企业局域网学习频道等学习教育平台建设，推进网上学习资源共享项目建设，努力打造覆盖企业各级党组织和全体党员干部终身学习的服务平台。加强与高校、科研院所、行业培训机构的合作。

四、健全学习制度

坚持用制度加强学习管理，用制度保证和促进学习，建立健全一套科学完备、符合实际、行之有效的学习组织和管理机制，推进学习型党组织建设的科学化、制度化、规范化。

（一）领导班子集体学习制度。认真落实党中央和国资委党委加强和改进党委（党组）中心组学习的有关制度和要求，明确学习时间、目标、责任及相关的考勤、交流、通报等要求，精心设计主题，发挥示范引导作用，不断提高学习质量。领导班子要在坚持个人自学的基础上，定期务虚研讨，保证集体学习每个季度不少于一次。

（二）党员干部学习培训制度。认真落实中央组织部和国资委党委关于党员干部教育培训工作的有关制度和要求，科学安排岗前培训、业务培训、晋职培训、理论培训和干部轮训等。要认真研究企业党员干部成长规律，增强培训的针对性和实效性。

（三）主题教育制度。结合重大节庆日、重大历史事件，围绕企业的重大举措、重大活动选准切入点，组织开展各具特色的主题学习教育活动，形成运用重大节庆纪念日等组织党员干部学习的工作机制。

（四）调查研究制度。党员领导干部要针对企业改革发展的难点和职工群众反映突出的问题，加强调查研究，深入实际、深入基层、深入职工，提高决策的民主化科学化水平。认真落实中央关于领导干部到基层调研和撰写调研报告的具体规定。

（五）学习考核制度。建立健全述学、评学和考核评价机制，把学习型党组织建设作为企业党建和思想政治工作评先、文明单位评比的重要内容，形成激励约束长效机制。组织人事部门要制定具体办法，把述学评学作为年度工作考核的重要内容，把理论素养、学习态度和学习能力作为选拔任用领导干部的重要依据，形成注重学习的用人导向。

（六）学习成果转化制度。进一步畅通和拓宽党组织和党员干部学习教育成果的转化运用渠道，通过集体交流、开辟专栏、媒体宣传、简报反映、出版文集等形式，促进学习教育成果共享，运用学习成果指导实践，推动工作。

五、加强组织领导

中央企业党委（党组）要充分认识建设学习型党组织的重要意义，以高度的责任感和政治敏锐性把建设学习型党组织建设工作列入重要工作日程，纳入整体工作规划，作出专门部署，精心组织，狠抓落实。

（一）明确职责，落实责任。建立健全党委（党组）统一领导，党委（党组）办公室、组织、宣传、人事等有关部门密切配合，齐抓共管、层层抓落实的工作格局，确保责任到位、指导到位、投入到位、服务到位。宣传（党群）部门要切实发挥牵头负责作用。组织（人事）部门要把建设学习型党组织与干部教育培训、加强领导班子和干部队伍建设、基层党组织和党员队伍建设结合起来。工会、共青团等群团组织要充分发挥自身优势，开展各具特色的学习教育活动。国资委党委成立中央企业建设学习型党组织工作协调小组及其工作机构，负责对中央企业建设学习型党组织工作的指导。

（二）领导带头，示范引导。领导班子要率先垂范，进一步加强和改进党委（党组）中心组学习，把领导班子建设成为学习型领导班子，推动各部门和各级党组织的学习。党员领导干部要以身作则，以高度的政治责任感、强烈的求知欲和积极的进取精神，带头倡导勤于学习、善于学习，切实减少应酬，把更多的时间和精力放在学习上，学得更深一些，掌握的理论和知识更丰富一些，努力成为建设学习型党组织和学习型领导班子的精心组织者、积极促进者、自觉实践者。

（三）分类指导，督促检查。要根据企业不同时期、不同阶段、不同层次、不同岗位党员干部的特点，把学习的普遍性要求与特殊需要相结合，分别提出相应的学习计划、任务和要求。党委（党组）要经常了解所属部门和单位党组织的学习情况，加强督促检查，有针对性地提出改进意见。各级党组织要认真履行组织党员学习的重要职责，扩大覆盖面和党员的参与度，增强党组织的创造力、凝聚力、战斗力。要抓好离退休党员、困难企业党员、企业社区党员、企业派驻海外机构党员的学习。各企业党委（党组）应在每年1月底前向国资委党委专题报送上一年度学习情况总结和本年度学习计划。国资委党委将对中央企业建设学习型党组织工作进行督促检查。

（四）舆论引导，营造氛围。要把握正确导向，充分发挥各类新闻媒体的作用，开辟建设学习型党组织的专栏、编发简报等，加强舆论宣传，为推进学习型党组织建设营造浓厚氛围。要注意从不同层面、不同岗位中发现典型、宣传典型，以点带面，不断扩大典型的辐射效应。国资委网站开辟“中央企业学习型党组织建设”专栏，及时宣传推进中央企业学习型党组织建设的要求、思路、做法及成效。国资委党委将组织开展经验交流，适时召开学习经验交流会，宣传先进典型，推广成功经验，进行通报表彰。

关于印发《关于深化新时代新征程中央企业青年创新创效活动的意见》的通知

各中央企业党委（党组）：

《关于深化新时代新征程中央企业青年创新创效活动的意见》已经2024年国务院国资委第4次党委会审议通过，现印发给你们，请结合实际认真贯彻执行。

国务院国资委党委
2024年2月4日

关于深化新时代新征程中央企业青年创新创效活动的意见

为深入学习贯彻习近平新时代中国特色社会主义思想，全面贯彻落实党的二十大精神，进一步引领中央企业广大青年增强创新意识，提升创新能力，投身创新实践，在增强企业核心功能、提高核心竞争力，充分发挥科技创新、产业控制、安全支撑“三个作用”中贡献青春力量，现就深化新时代新征程中央企业青年创新创效活动提出如下意见。

一、总体要求

（一）指导思想。以习近平新时代中国特色社会主义思想为指导，深入学习贯彻习近平总书记关于青年工作的重要思想、关于国有企业改革发展和党的建设的重要论述，聚焦新时代新征程国资央企新使命新任务新定位，落实创新驱动发展战略，以推动科技创新、实现价值创造为着力点，深入开展青年创新创效活动，充分激发青年创新创造活力，团结组织动员广大中央企业青年争当加快建设世界一流企业、全面建设社会主义现代化国家的先锋队、突击队。

（二）工作目标。锚定坚定不移做强做优做大国有资本和国有企业总目标，强化企业科技创新主体地位，发挥青年在创新中独特优势，推动创新链产业链资金链人才链深度融合，贯通“思想引领、实践赋能、评选展示、孵化转化、激励保障”等工作环节，着力增强中央企业青年创新创效活动的群众性、系统性、实效性。到“十四五”末，青年创新文化更加深入人心，青年创新平台更加完善，青年创新队伍更加壮大，青年创新成果更加丰硕，青年创新生态更加优化，青年创新创效活动在企业高质量发展中贡献度进一步提升。

二、主要措施

（一）抓青年创新创效素养提升。

1. 加强政治引领和思想教育，面向团员和青年深入开展学习贯彻习近平新时代中国特色社会主义思想主题教育，以青年大学习、青年讲堂等形式，将习近平总书记关于科技创新的重要论述等作为重要学习内容，培育青年创新思维，激发青年锐意创新、敢为人先的勇气。

2. 深化中央企业青年精神素养提升工程，大力弘扬科学家精神，开展“三个问题”大讨论，引导广大青年对标企业先辈、传承红色基因，以十年磨一剑的韧劲，以“一辈子办成一件事”的执着，在推动科技自立自强上奋勇攀登。

3. 加强企业形势任务教育，广泛宣讲企业创新发展成就，坚定青年投身科技创新的信心决心，激发青年攻坚“卡脖子”核心技术、提升企业价值创造能力的责任感和紧迫感。

（二）抓青年创新创效平台载体建设。

4. 鼓励支持青年参与全国重点实验室、中央企业创新联合体、国家级双创基地等项目建设，积极投身央企产业焕新行动和未来产业启航行动。因地制宜建立青年创新基地、青年众创空间、青年创新联盟、青年创新工作室等多层次创新组织，推进青年创新与职工创新一体实施，强化跨行业、跨单位、跨部门工作协同。

5. 围绕科技创新、产业控制、安全支撑“三个作用”发挥，到“十四五”末，重点在战略性新兴产业和未来产业组建至少1万支创新型青年突击队，加强集中攻关，加大合作交流，支撑产业发展，促进形成新质生产力。

6. 持续巩固“五小”、合理化建议、青年QC小组等载体，依托青年文明号、青年岗位能手、青年安全生产示范岗等品牌，通过群众性创新，努力在企业生产经营全流程中实现价值创造。

（三）抓青年创新创效人才培养。

7. 深入推进青年马克思主义者培养工程，构建全级次全链条全方位培养体系，纳入更多青年科技人才。深入实施“百－万－百万”科技人才培养工程，确保“十四五”末40周岁及以下青年科技人才提高到120万人左右。

8. 加强青年创新人才重点培养，积极向中国科协等有关单位推荐优秀青年骨干，纳入青年人才托举工程等培养项目。探索建立科研院所与生产经营单位双向挂职锻炼制度，培养复合型青年科技人才。

9. 鼓励企业大胆安排青年科技人才牵头组建研发团队；为每项国家重大科技任务、重点攻关课题至少配备1名40周岁以下项目（课题）负责人，安排担任项目（课题）负责人和骨干的青年科技人才占比原则上不低于50%；建立健全青年助理制度，为重大项目主要负责人配备30周岁左右的技术助理。

10. 加强青年科技人才库建设，鼓励优先推荐优秀青年科技人才在职攻读工程硕博士、选派高潜质青年人才赴国（境）外知名高校、科研机构开展博士后研究。

（四）抓青年创新创效成果落地。

11. 广泛开展青年科技创新成果评选，在中央企业“熠星”大赛中设立青年专场，适时开展“中央企业青年创新奖”评选表彰。充分运用“揭榜挂帅”“赛马择优”等有效机制，组织开展形式多样的青年创新创意大赛、青年创新论坛，鼓励有条件的企业设立青年创新奖。积极推荐优秀项目和个人参加中国青年科技奖、“振兴杯”、“创青春”等国家级竞赛评选，在提高参与度、影响力、成果转化率上下功夫。

12. 加强青年创新成果知识产权保护，充分调动企业内外部专家资源，开展科学评估和认定，提供注册专利、著作权等指导帮助。

13. 促进创新成果由项目向产品和商品转化，积极为青年科技人才牵头的首台套、首批次、首版次技术产品提供孵化转化支持。

14. 探索通过专项拨付、自筹配套、市场化募集等多种方式设立青年创新基金，重点支持新一代信息技术、人工智能、生物技术、新能源、新材料、高端设备、绿色环保等战略性新兴产业和未来产业领域的青年创新项目孵化，对作出重要贡献的科研骨干人员实施更加精准的成果转化奖励和成果作价投资入股激励。

（五）抓青年创新创效生态构建。

15. 结合企业特点、行业属性打造各具特色的青年创新文化，完善鼓励创新、宽容失败的容错纠错机制。

16. 加大对青年科技人才激励力度，完善青年科技人才技术职务体系，对于具有特殊贡献的青年科技人才，鼓励企业在职称评审上给予破格支持，同等条件下优先考虑其职务晋升，探索实施薪酬单列等突破性政策。

17. 进一步推动产学研结合，以更大力度支持青年科技人才开展创新链、产业链、生态链交流合作，不断巩固扩大青年创新创效的“朋友圈”。

18. 加强对青年的关怀爱护，开展青年思想动态调研分析，创造条件解决青年在婚恋交友、住房生育、子女入学等方面急难愁盼问题，为青年人才心无旁骛地投身科技创新解决“后顾之忧”。

三、保障机制

（一）加强组织领导。切实将党的领导党的建设贯穿青年创新创效活动全过程，为完成工作目标提供坚强保障。各中央企业党委（党组）要充分发挥把方向、管大局、保落实的领导作用，抓好部署安排和组织落实。企业主要负责同志要靠前指挥，加强统筹协调，强化人员、资金、考核等保障措施。各级团青组织要把青年创新创效活动作为党组织交办的重要任务，发挥党建带团建优势，切实承担牵头责任，确保工作取得实效。

（二）有序部署实施。结合企业实际，及时研究制定具体实施方案，明确目标任务、主要措施、进度安排、成果形式、责任部门及责任人等。企业科技创新、发展战略、组织人事、财务、党群等部门和团青组织要建立支持青年创新创效协同机制，形成工作合力，提升青年创新创效活动的科学化规范化水平。有关工作成效纳入中央企业党建责任制考核。

（三）加强典型宣传。强化激励、鼓励先进，深入挖掘和提炼总结工作推进中的成功实践、经验做法，持续推广一批实效突出的青年创新创效典型项目和案例。统筹国资央企各级各类新闻媒体和资源，通过报刊、网站、微信公众号等多种载体，开展有深度、有温度、有效度的宣传报道，发挥典型引领带动作用，形成比学赶超的浓厚氛围。

本意见自印发之日起施行，《关于印发〈关于进一步深化中央企业青年创新创效活动的意见〉的通知》（国资发群工〔2011〕109 号）同时废止。

第二章　国有资产管理制度

（一）产权管理

行政规章及规范性文件：

关于印发《中央企业资产评估项目核准工作指引》的通知

国资发产权〔2010〕71号

各中央企业：

为进一步规范企业国有资产评估项目核准工作，提高评估核准工作效率，国资委制定了《中央企业资产评估项目核准工作指引》，现印发给你们。请遵照执行，并及时反馈工作中的有关情况和问题。

国资委

二〇一〇年五月二十五日

中央企业资产评估项目核准工作指引

第一条　为确保中央企业（以下简称企业）改制重组工作顺利进行，进一步规范企业国有资产评估项目核准工作，依据《企业国有资产评估管理暂行办法》（国资委令第12号）（以下简称12号令）等规定，制定本指引。

第二条　按照12号令规定应当进行核准的资产评估项目，企业在确定评估基准日前，应当向国务院国有资产监督管理委员会（以下简称国资委）书面报告下列有关事项：

（一）国家有关部门对相关经济行为的批复情况；

（二）评估基准日的选择情况及理由；

（三）资产评估范围的确定情况，包括拟纳入评估范围的资产占企业全部资产比例关系、拟纳入评估范围的资产是否与经济行为一致及拟剥离资产处置方案等；

（四）资产评估机构选聘情况，包括选聘评估机构的条件、范围、程序及拟选定机构的资质、专业特长情况等；

（五）资产评估的时间进度安排情况，包括资产评估的现场工作时间、评估报告的出具时间及报国资委申请核准时间。

第三条　在评估项目开展过程中，企业应当及时向国资委报告资产评估项目的工作进展情况，包括评估、审计、土地、矿产资源等相关工作的进展情况，工作中发现问题应当及时沟通。必要时，国资委可对评估项目进行跟踪指导和现场检查。

第四条　企业将评估报告报国资委申请核准前，应当完成以下事项：

（一）取得国家有关部门对相关经济行为的正式批准文件；

（二）确认所聘请中介机构及相关人员具有相应资质；

（三）纳入评估范围的房产、土地及矿产资源等资产权属要件齐全，并依法办理相关企业产权变动事宜；

（四）纳入评估范围的资产与经济行为批复、重组改制方案内容一致；

（五）对评估报告进行审核并督促评估机构修改完善。

第五条　企业应当自评估基准日起8个月内向国资委提出核准申请，并报送下列文件材料：

（一）资产评估项目核准申请文件，主要包括经济行为批准情况、资产评估工作情况和资产评估账面值、评估值等。

（二）资产评估项目核准申请表（一式三份）。

（三）与评估目的相对应的经济行为批准文件或有效材料，包括国务院批复文件、相关部门批复文件以及企业董事会或总经理办公会议决议等。

（四）所涉及的资产重组方案或者改制方案、发起人协议等材料。

（五）资产评估机构提交的资产评估报告及其主要引用报告（包括评估报告书、评估说明、评估明细表及其电子文档）。

（六）所涉及的企业或资产的产权变动完成法律程序的证明文件。

（七）与经济行为相对应的无保留意见审计报告。如有强调事项段，需提供企业对有关事项的书面说明及意见。

（八）拟上市项目或已上市公司的重大资产置换与收购项目，评估基准日在6月30日（含）之前的，需提供最近三个完整会计年度和本年度截至评估基准日的审计报告；评估基准日在6月30日之后的，需提供最近两个完整会计年度和本年度截至评估基准日的审计报告。其他经济行为需提供最近一个完整会计年度和本年度截至评估基准日的审计报告。

（九）资产评估各当事方的相关承诺函。评估委托方、评估机构均应当按照评估准则的相关规定出具承诺函。

（十）企业对评估报告审核情况的说明。

（十一）其他有关材料。

第六条 国资委收到核准申请后，经审核符合本指引第五条规定要求的，应当在5个工作日内组织召开核准会议。参加核准会议人员包括国资委聘请的专家、被审核企业人员和中介机构人员等。

第七条 核准会议上，企业应当组织中介机构汇报核准项目的以下相关工作情况：

（一）企业基本情况及相关工作。

1. 企业基本情况概述；

2. 近三年主要经营及财务状况；

3. 涉及项目经济行为基本情况；

4. 被评估企业改制重组前后的股权架构及产权变动情况；

5. 各中介机构工作进展总体情况；

6. 后续工作及时间安排。

（二）资产评估工作情况。

1. 资产评估的组织，包括项目组织结构、基本工作程序、人员安排、时间进度等；

2. 资产清查工作中发现的资产权属瑕疵，重要资产的运行或使用情况及盘点盈亏情况；

3. 评估要素介绍，包括评估基准日、评估范围和对象，重大、特殊资产评估方法，主要评估参数的选取；

4. 评估基准日后评估范围内重大资产变动和重组情况；

5. 土地使用权评估结果的引用情况；

6. 矿业权评估结果的引用情况；

7. 境外估值机构与资产评估机构就同类评估对象估值差异分析；

8. 其他中介机构工作成果的引用情况；

9. 评估机构对评估报告的内部质量控制情况；

10. 评估结论及增减值原因分析；

11. 评估报告体例。

（三）土地估价工作情况。

1. 估价工作总协调情况和合作评估机构的介绍；

2. 评估项目涉及的执业土地估价师名单；

3. 评估项目涉及的土地权属状况；

4. 土地估价技术方案和评估基本过程描述；

5. 评估项目涉及的土地、房屋的房地匹配说明及附表；

6. 完善土地权属的预计费用支出情况；

7. 土地资产处置审批与土地估价报告备案情况。

（四）涉及矿产资源的，应当汇报矿业权评估情况。

1. 评估项目涉及的矿业权评估师名单；

2. 矿业权人、矿业权评估对象的主要情况；

3. 矿业权价款处置及本次评估的处理情况；

4. 评估项目涉及的矿产资源储量核实和评审备案情况；

5. 评估技术方案和评估基本过程描述；

6. 评估项目涉及的固定资产和土地使用权投资参数与资产评估、土地使用权评估的对接情况；

7. 完善矿业权权属的预计费用支出情况。

（五）审计工作情况。

1. 审计工作的组织，包括项目组织结构、基本工作程序、人员安排、时间进度等；

2. 所审计财务报表的编制基础，对于特殊的编制基础或有模拟的企业架构，应当重点予以介绍；

3. 对所审计财务报表有重大影响的事项，包括重要重组行为及其会计处理等，说明事项及其影响金额；

4. 合并报表的合并范围说明；

5. 对于拟境外上市的公司或境外上市公司实施收购的核准项目，需说明所审计报表与境外报表之间净利润与净资产的主要差异项目及金额；

6. 审计结论。

（六）律师工作情况。

1. 相关经济行为的合法性情况；

2. 房产、土地、矿产资源等资产权属文件办理情况及其合规性，存在瑕疵的处理方法及其合规性承诺；

3. 尽职调查情况。

（七）聘请财务顾问的，应当汇报的情况。

1. 企业经济行为总体方案及要点；

2. 企业经济行为的重要性和必要性；

3. 总体时间安排及进度；

4. 各中介机构工作协调情况及存在问题；

5. 对资本市场趋势变化分析；

6. 定价底线是否高于评估值。

（八）其他需汇报的情况。

第八条　国资委聘请的专家应当遵守国家有关法律、法规及国资委工作要求，并签署保密承诺函。专家应当独立开展审核工作，重点对下列事项进行审核：

（一）评估基准日的选择是否适当，评估结果的使用有效期是否明示。重点审查评估基准日的选择是否符合有关评估准则的规定要求等。

（二）资产评估范围与经济行为批准文件确定的资产范围是否一致。

（三）评估方法运用是否合理。重点审核评估方法是否符合相关评估准则的规定要求，评估方法及技术参数选取是否合理等。

（四）评估依据是否适当。重点审核评估工作过程中所引用的法律法规和技术参数资料等是否适当。

（五）企业是否就所提供的资产权属证明文件、财务会计资料及生产经营管理资料的真实性、合法性和完整性作出承诺。

（六）评估过程是否符合相关评估准则的规定。重点审核评估机构在评估过程中是否履行了必要评估程序，评估过程是否完整，是否存在未履行评估准则规定的必要评估步骤的行为等。

（七）评估报告是否符合《企业国有资产评估报告指南》规定要求。

第九条　评估报告需经两名以上专家审核并独立提出意见。国资委组织专家与被审核企业及相关中介机构交换意见，被审核企业及相关中介机构应当就专家提出的审核意见作出解释和说明。企业的解释和说明达不到核准要求的，国资委将向企业提出审核意见。

第十条　国资委向企业提出审核意见后，企业应当及时组织相关中介机构对评估、审计、土地、矿业权等报告进行补充完善，并将完善后的评估报告及审核意见的书面答复报送国资委。

第十一条　国资委收到企业报送的答复意见及经修改的评估报告后，应当在5个工作日内组织专家召开复审会。

第十二条　经审核符合本指引第八条规定的核准要求的，国资委应当在10个工作日内完成对评估报告的核准批复。

第十三条　本指引自印发之日起施行。

中央企业境外国有产权管理暂行办法

国务院国有资产监督管理委员会令第27号

《中央企业境外国有产权管理暂行办法》已经国务院国有资产监督管理委员会第102次主任办公会议审议通过，现予公布，自2011年7月1日起施行。

国务院国有资产监督管理委员会主任　王勇

第一条　为加强和规范中央企业境外国有产权管理，根据《中华人民共和国企业国有资产法》、《企业国有资产监督管理暂行条例》（国务院令第378号）和国家有关法律、行政法规的规定，制定本办法。

第二条　国务院国有资产监督管理委员会（以下简称国资委）履行出资人职责的企业（以下简称中央企业）及其各级独资、控股子企业（以下简称各级子企业）持有的境外国有产权管理适用本办法。国家法律、行政法规另有规定的，从其规定。

本办法所称境外国有产权是指中央企业及其各级子企业以各种形式对境外企业出资所形成的权益。

前款所称境外企业，是指中央企业及其各级子企业在我国境外以及香港特别行政区、澳门特别行政区和台湾地区依据当地法律出资设立的企业。

第三条　中央企业是其境外国有产权管理的责任主体，应当依照我国法律、行政法规建立健全境外国有产权管理制度，同时遵守境外注册地和上市地的相关法律规定，规范境外国有产权管理行为。

第四条　中央企业应当完善境外企业治理结构，强化境外企业章程管理，优化境外国有产权配置，保障境外国有产权安全。

第五条 中央企业及其各级子企业独资或者控股的境外企业所持有的境内国有产权的管理，比照国资委境内国有产权管理的相关规定执行。

第六条 境外国有产权应当由中央企业或者其各级子企业持有。境外企业注册地相关法律规定须以个人名义持有的，应当统一由中央企业依据有关规定决定或者批准，依法办理委托出资等保全国有产权的法律手续，并以书面形式报告国资委。

第七条 中央企业应当加强对离岸公司等特殊目的公司的管理。因重组、上市、转让或者经营管理需要设立特殊目的公司的，应当由中央企业决定或者批准并以书面形式报告国资委。已无存续必要的特殊目的公司，应当及时依法予以注销。

第八条 中央企业及其各级子企业发生以下事项时，应当由中央企业统一向国资委申办产权登记：

（一）以投资、分立、合并等方式新设境外企业，或者以收购、投资入股等方式首次取得境外企业产权的。

（二）境外企业名称、注册地、注册资本、主营业务范围等企业基本信息发生改变，或者因企业出资人、出资额、出资比例等变化导致境外企业产权状况发生改变的。

（三）境外企业解散、破产，或者因产权转让、减资等原因不再保留国有产权的。

（四）其他需要办理产权登记的情形。

第九条 中央企业及其各级子企业以其拥有的境内国有产权向境外企业注资或者转让，或者以其拥有的境外国有产权向境内企业注资或者转让，应当依照《企业国有资产评估管理暂行办法》（国资委令第 12 号）等相关规定，聘请具有相应资质的境内评估机构对标的物进行评估，并办理评估备案或者核准。

第十条 中央企业及其各级子企业独资或者控股的境外企业在境外发生转让或者受让产权、以非货币资产出资、非上市公司国有股东股权比例变动、合并分立、解散清算等经济行为时，应当聘请具有相应资质、专业经验和良好信誉的专业机构对标的物进行评估或者估值，评估项目或者估值情况应当由中央企业备案；涉及中央企业重要子企业由国有独资转为绝对控股、绝对控股转为相对控股或者失去控股地位等经济行为的，评估项目或者估值情况应当报国资委备案或者核准。

中央企业及其各级子企业独资或者控股的境外企业在进行与评估或者估值相应的经济行为时，其交易对价应当以经备案的评估或者估值结果为基准。

第十一条 境外国有产权转让等涉及国有产权变动的事项，由中央企业决定或者批准，并按国家有关法律和法规办理相关手续。其中，中央企业重要子企业由国有独资转为绝对控股、绝对控股转为相对控股或者失去控股地位的，应当报国资委审核同意。

第十二条 中央企业及其各级子企业转让境外国有产权，要多方比选意向受让方。具备条件的，应当公开征集意向受让方并竞价转让，或者进入中央企业国有产权转让交易试点机构挂牌交易。

第十三条 中央企业在本企业内部实施资产重组，转让方为中央企业及其直接或者间接全资拥有的境外企业，受让方为中央企业及其直接或者间接全资拥有的境内外企业的，转让价格可以以评估或者审计确认的净资产值为底价确定。

第十四条 境外国有产权转让价款应当按照产权转让合同约定支付，原则上应当一次付清。确需采取分期付款的，受让方须提供合法的担保。

第十五条 中央企业及其各级子企业独资或者控股的境外企业在境外首次公开发行股票，或者中央企业及其各级子企业所持有的境外注册并上市公司的股份发生变动的，由中央企业按照证券监管法律、法规决定或者批准，并将有关情况以书面形式报告国资委。境外注册并上市公司属于中央企业重要子企业的，上述事项应当由中央企业按照《国有股东转让所持上市公司股份管理暂行办法》（国资委令第 19 号）等相关规定报国资委审核同意或者备案。

第十六条 中央企业应当按照本办法落实境外国有产权管理工作责任，完善档案管理，并及时将本企业境外国有产权管理制度、负责机构等相关情况以书面形式报告国资委。

第十七条 中央企业应当每年对各级子企业执行本办法的情况进行监督检查，并及时将检查情况以书面形式报告国资委。

国资委对中央企业境外国有产权管理情况进行不定期抽查。

第十八条 中央企业及其各级子企业有关责任人员违反国家法律、法规和本办法规定，未履行对境外国有产权的监管责任，导致国有资产损失的，由有关部门按照干部管理权限和有关法律法规给予处分；涉嫌犯罪的，依法移交司法机关处理。

第十九条　地方国有资产监督管理机构可以参照本办法制定所出资企业境外国有产权管理制度。

第二十条　本办法自2011年7月1日起施行。

关于进一步加强中央企业境外国有产权管理有关事项的通知

国资发产权规〔2020〕70号

各中央企业：

为进一步加强中央企业境外国有产权管理，提高中央企业境外管理水平，优化境外国有产权配置，防止境外国有资产流失，根据《中央企业境外国有产权管理暂行办法》（国资委令第27号）等有关规定，现就有关事项进一步通知如下：

一、中央企业要切实履行境外国有产权管理的主体责任，将实际控制企业纳入管理范围。落实岗位职责，境外产权管理工作应当设立专责专岗，确保管理要求落实到位。

中央企业要立足企业实际，不断完善相关制度体系，具备条件的应当结合所在地法律、监管要求和自身业务，建立分区域、分板块等境外产权管理操作规范及流程细则，提高境外国有产权管理的针对性和有效性。

二、中央企业要严格境外产权登记管理，应当通过国资委产权管理综合信息系统（以下简称综合信息系统）逐级申请办理产权登记，确保及时、完整、准确掌握境外产权情况。

三、中央企业要加强对个人代持境外国有产权和特殊目的公司的管理，持续动态管控。严控新增个人代持境外国有产权，确有必要新增的，统一由中央企业批准并报送国资委备案。对于个人代持境外国有产权，要采取多种措施做好产权保护，并根据企业所在地法律和投资环境变化，及时予以调整规范。对于特殊目的公司，要逐一论证存续的必要性，依法依规及时注销已无存续必要的企业。确有困难的，要明确处置计划，并在年度境外产权管理状况报告中专项说明。

四、中央企业要强化境外国有资产交易的决策及论证管理，境外国有产权（资产）对外转让、企业引入外部投资者增加资本要尽可能多方比选意向方。具备条件的，应当公开征集意向方并竞价交易。

中央企业在本企业内部实施重组整合，境外企业国有产权在国有全资企业之间流转的，可以比照境内国有产权无偿划转管理相关规定，按照所在地法律法规，采用零对价、1元（或1单位相关货币）转让方式进行。

五、中央企业要加强境外资产评估管理，规范中介机构选聘工作，条件允许的依法选用境内评估机构。

中央企业要认真遴选评估（估值）机构，并对使用效果进行评价，其中诚实守信、资质优良、专业高效的，可以通过综合信息系统推荐给其他中央企业参考，加强中介机构的评价、共享工作。

六、中央企业在本企业内部实施重组整合，中央企业控股企业与其直接、间接全资拥有的子企业之间或中央企业控股企业直接、间接全资拥有的子企业之间转让所持境外国有产权，按照法律法规、公司章程规定履行决策程序后，可依据评估（估值）报告或最近一期审计报告确认的净资产值为基础确定价格。

注销已无存续必要的特殊目的公司，已无实际经营、人员的休眠公司，或境外企业与其全资子企业以及全资子企业之间进行合并，中央企业经论证不会造成国有资产流失的，按照法律法规、公司章程规定履行决策程序后，可以不进行评估（估值）。

七、中央企业要加大境外产权管理监督检查力度，与企业内部审计、纪检监察、巡视、法律、财务等各类监督检查工作有机结合，实现境外检查全覆盖。每年对境外产权管理状况进行专项分析，包括但不限于境外产权主要分布区域、资产规模、经营业务、公司治理、上一年度个人代持境外国有产权和特殊目的公司整体情况及规范情况、境外国有资产评估（估值）及流转情况、境外产权监督检查情况等。

中央企业对境外产权管理中出现的重要情况和重大问题要及时请示或报告国资委。

八、中央企业及各级子企业经营管理人员违反境外国有产权管理制度等规定，未履行或未正确履行职责，造成国有资产损失或其他严重不良后果的，按照《中央企业违规经营投资责任追究实施办法（试行）》（国资委令第37号）等有关规定，对相关责任人严肃追究责任，重大决策终身问责；涉嫌违纪违法的问题和线索，移送有关部门查处。

九、各地方国有资产监督管理机构可参照本通知，结合实际情况，制定境外国有产权管理操作细则。

国资委

2020年11月20日

国务院国有资产监督管理委员会、财政部、自然资源部、国家税务总局、国家市场监督管理总局关于中央企业公司制改制土地权属变更、企业清理注销等有关事项的通知

国资发改革〔2019〕61 号

按照党中央、国务院决策部署，根据《国务院办公厅关于印发中央企业公司制改制工作实施方案的通知》（国办发〔2017〕69 号，以下简称 69 号文件）要求，各有关单位精心组织，加强协同，扎实有序推进，中央企业公司制改制工作如期完成。但是，改制后续工作中，在办理土地权属变更、非正常经营企业清理注销等方面还存在一些有待加快解决的问题。经研究，现就有关事项通知如下：

一、关于土地权属变更

全民所有制企业改制为国有独资公司或国有及国有控股企业全资子公司后，对改制前已经通过授权经营、作价出资（入股）、出让、租赁等方式取得的土地使用权，可凭权属证书及相关材料直接到土地所在地市县自然资源部门办理权属变更登记手续；对已经取得的划拨土地使用权，到市县自然资源部门依据 69 号文件及不动产登记有关规定审核并办理权属变更登记手续。

二、关于权属存在瑕疵的土地

改制企业对本企业使用的存在权属不清、证照不全、证实不符、土地与地上建筑物权属不一致等问题的土地，应抓紧列出清单，逐一理清具体情况并分析原因，研究提出解决措施，与相应自然资源部门加强沟通协调。有关自然资源部门应结合企业实际，依法妥善解决，为公司制改制中的土地处置和变更登记提供便利。

三、关于非正常经营全民所有制企业清理注销

中央企业对其所属各级非正常经营的全民所有制子企业，要结合瘦身健体、提质增效等要求，按照规定抓紧完成清理注销工作。持续经营但存在出资人已注销、营业执照记载出资人与实际控制人不符等问题的企业，可由该企业出具有关部门划转文件和所属中央企业集团公司相关证明及同意其注销的批复后，履行清算程序、申请出具清税证明，办理注销手续。存在营业执照被吊销、法定代表人失联、账务账册资料严重缺失、营业执照遗失等情况，且没有未办结涉税事项的企业，可由该企业所属中央企业集团公司出具同意其注销的批复、该企业上级单位出具债权债务完结证明，到税务、市场监管部门办理注销手续。其中，法定代表人失联的企业提交的注销申请材料，由其上级单位法定代表人签字。营业执照遗失的，应在国家企业信用信息公示系统发布遗失公告，或在公开发行的报刊上发布作废声明公告，并提交公告样张。

公司制改制是党中央、国务院关于深化国有企业改革的重要决策部署。各有关部门要进一步加强落实，确保政策落地，解决实际问题。各中央企业要进一步加强组织领导，积极与有关部门沟通协调，抓紧完成改制后续有关工作，推进国有企业改革不断深化。

国务院国资委

财政部

自然资源部

国家税务总局

国家市场监督管理总局

2019 年 6 月 15 日

国务院国有资产监督管理委员会关于中央企业国有产权置换有关事项的通知

国资发产权〔2011〕121 号

各中央企业：

为规范中央企业国有产权置换行为，进一步推动企业资源整合，提高核心竞争力，根据《中华人民共和国企业国有资产法》、《企业国有资产监督管理暂行条例》（国务院令第 378 号）等法律、行政法规和国有产权管理的有关规定，现就中央企业国有产权置换有关事项通知如下：

一、本通知所称国有产权置换，是指中央企业实施资产重组时，中央企业及其全资、绝对控股企业（以下统称国有单位）相互之间以所持企业产权进行交换，或者国有单位以所持企业产权与中央企业实际控制企业所持产权、资产进行交换，且现金

作为补价占整个资产交换金额比例低于25%的行为。

二、本通知所称实际控制企业，是指中央企业虽未直接或者间接绝对控股，但为第一大股东并通过章程、董事会或者其他安排能够实际支配，且其他股东不构成一致行动人的企业。

三、国有产权置换应当遵循以下原则：

（一）符合国家有关法律法规和产业政策的规定；

（二）符合国有经济布局和结构调整的需要；

（三）有利于做强主业和优化资源配置，提高企业核心竞争力；

（四）置换标的权属清晰，标的交付或转移不存在法律障碍。

四、国有单位应当做好国有产权置换的可行性研究，认真分析本次置换对经营业绩和未来发展的影响、与中央企业结构调整和发展规划的关系，并提出可行性论证报告；如涉及职工安置和债权债务处理等事宜，应当制订相关解决方案。

五、国有单位应当按照有关法律法规以及企业章程的有关规定，履行内部决策程序，并形成书面决议。

六、置换双方应当委托具有相应资质的资产评估机构，对相关置换标的进行资产评估，并按照规定办理评估备案手续。经备案的资产评估结果，作为确定置换价格的依据。

七、置换双方协商一致后，应当签订置换协议。置换协议应当明确置换价格及补价方式、置换标的交割、违约责任和纠纷解决方式以及协议生效条件等。

八、国有产权置换事项由中央企业按照内部决策程序审议后批准或者出具意见，同时抄报国务院国资委；其中，实际控制企业为上市公司的，由国务院国资委审核批准或者出具意见。

九、对国有产权置换进行批准或者出具意见，应当审查以下文件资料：

（一）关于置换的请示及相关决策文件；

（二）置换的可行性论证报告；

（三）置换双方签订的置换协议；

（四）资产评估备案表；

（五）其他。

十、国有单位为公司制企业，且置换事项需由股东会、股东大会作出决议的，应当在中央企业或者国务院国资委出具意见后，提交股东会、股东大会审议。

十一、中央企业之间、中央企业与地方国资委监管企业之间的产权置换，置换双方应为国有及国有绝对控股企业，并遵守本通知和有关法律法规，由中央企业报国务院国资委批准；其中，中央企业与地方国资委监管企业之间的产权置换，地方国资委监管企业应事先报经地方国资委批准。

十二、中央企业应当严格遵守有关法律法规及本通知的规定，落实工作责任，完善管理制度，明确内部程序，健全档案管理，不得自行扩大国有产权置换范围和下放审批权限。

十三、国务院国资委每年对部分中央企业国有产权置换工作情况进行监督检查。对于违反有关法律法规及本通知规定的中央企业及相关责任人员予以通报批评；导致国有资产损失的，依法追究相关人员的责任。

十四、国有单位以所持上市公司股份进行置换，国有单位与上市公司之间置换并涉及国有单位所持上市公司股份发生变化的，按照相关规定办理。

国务院国有资产监督管理委员会

二〇一一年九月七日

国务院国有资产监督管理委员会关于印发中央企业资产减值准备财务核销工作规则的通知

国资发评价〔2005〕67号

各中央企业：

为加强中央企业财务监督，规范企业资产减值准备财务核销行为，促进企业建立和完善内部控制制度，根据《中央企业财务决算报告管理办法》（国资委令第5号）和国家有关财务会计制度，我们制定了《中央企业资产减值准备财务核销工作规则》，现印发给你们。请结合企业实际，认真执行，并及时反映工作中有关情况和问题。

国务院国有资产监督管理委员会

二〇〇五年三月二十五日

中央企业资产减值准备财务核销工作规则

第一章　总　　则

第一条　为加强国务院国有资产监督管理委员

会（以下简称国资委）所出资企业（以下简称企业）财务监督，规范企业资产减值准备财务核销行为，促进企业建立和完善内部控制制度，依据《中央企业财务决算报告管理办法》（国资委令第 5 号）和国家有关财务会计制度规定，制定本规则。

第二条 企业按照国家有关财务会计制度规定计提的各项资产减值准备财务核销工作，适用本规则。

第三条 本规则所称资产减值准备财务核销是指企业按照国家有关财务会计制度和国资委有关财务监督规定，对预计可能发生损失的资产，经取得合法、有效证据证明确实发生事实损失，对该项资产进行处置，并对其账面余额和相应的资产减值准备进行财务核销的工作。

资产减值准备具体包括企业按照国家有关财务会计制度规定计提的短期投资跌价准备、委托贷款减值准备、存货跌价准备、坏账准备、长期投资减值准备、在建工程减值准备、固定资产减值准备和无形资产减值准备等。

第四条 本规则所称事实损失是指企业已计提资产减值准备的资产，有确凿和合法证据表明该项资产的使用价值和转让价值发生了实质性且不可恢复的灭失，已不能给企业带来未来经济利益流入。

第五条 国资委依法对企业资产减值准备财务核销工作进行监督。

第二章 资产减值准备财务核销原则

第六条 企业执行《企业会计制度》，应当按照国家有关财务会计制度规定，定期对各项资产进行全面清理核实，遵循谨慎性原则，规范建立资产减值准备计提制度，如实预计潜在损失和合理计提相应的资产减值准备，并做好资产减值准备的转回和核销工作。

第七条 企业对按照国家有关财务会计制度规定计提了减值准备的各项资产进行认真甄别分类，对不良资产应当建立专项管理制度，组织力量进行认真清理和追索，清理和追索收回的资金或残值应当及时入账，对形成事实损失的资产按规定要求和工作程序进行财务核销。

第八条 企业资产减值准备财务核销应当遵循客观性原则。当已计提资产减值准备的资产成为事实损失时，不论该项资产是否提足了资产减值准备，企业都应当按照规定对该项资产账面余额与已计提的资产减值准备进行财务核销。

第九条 企业资产减值准备财务核销应当依据国家财务会计制度和国资委有关规定，对已计提资产减值准备资产发生损失的事实进行认真确认，取得确凿证据，履行规定的财务核销程序。

第十条 企业资产减值准备财务核销应当认真执行资产损失责任追究相关规定，在查明资产损失事实和原因基础上，分清责任，提出整改措施，并对相关责任人进行责任追究。

第三章 资产减值准备财务核销依据

第十一条 企业进行资产减值准备财务核销，应当在对资产损失组织认真清理调查的基础上，取得合法证据，具体包括：具有法律效力的相关证据，社会中介机构的法律鉴证或公证证明以及特定事项的企业内部证据等。

第十二条 短期投资跌价准备和长期投资跌价准备依据下列证据进行财务核销：

（一）上市流通的短期投资和长期债权投资发生事实损失的，应当取得企业内部业务授权投资和处置的相关文件，以及有关证券交易结算机构出具的合法交易资金结算单据；

（二）被投资单位被宣告破产的，应当取得法院破产清算的清偿文件及执行完毕证明；

（三）被投资单位被注销、吊销工商登记或被有关机构责令关闭的，应当取得当地工商部门注销、吊销公告，或有关机构的决议或行政决定文件，以及被投资单位清算报告及清算完毕证明；

（四）涉及诉讼的，应当取得司法机关的判决或裁定及执行完毕的证据；无法执行或被法院终止执行的，应当取得法院终止裁定等法律文件；

（五）涉及仲裁的，应当取得相应仲裁机构出具的仲裁裁决书，以及仲裁裁决执行完毕的相关证明；

（六）其他足以证明该短期投资或长期投资发生事实损失的合法、有效证据。

第十三条 坏账准备依据下列证据进行财务核销：

（一）债务单位被宣告破产的，应当取得法院破产清算的清偿文件及执行完毕证明；

（二）债务单位被注销、吊销工商登记或被有关机构责令关闭的，应当取得当地工商部门注销、吊销公告、有关机构的决议或行政决定文件，以及被投资单位清算报告及清算完毕证明；

（三）债务人失踪、死亡（或被宣告失踪、死亡）的，应当取得有关方面出具的债务人已失踪、死亡的证明及其遗产（或代管财产）已经清偿完毕或确实无财产可以清偿，或没有承债人可以清偿的证明；

（四）涉及诉讼的，应当取得司法机关的判决或裁定及执行完毕的证据；无法执行或被法院终止执行的，应当取得法院终止裁定等法律文件；

（五）涉及仲裁的，应当取得相应仲裁机构出具的仲裁裁决书，以及仲裁裁决执行完毕的相关证明；

（六）与债务单位（人）进行债务重组的，应当取得债务重组协议及执行完毕证明；

（七）债权超过诉讼时效的，应当取得债权超过诉讼时效的法律文件；

（八）清欠收入不足以弥补清欠成本的，应当取得清欠部门的情况说明以及企业董事会或经理（厂长）办公会议批准的会议纪要；

（九）其他足以证明应收款项确实发生损失的合法、有效证据。

第十四条　委托贷款减值准备财务核销，根据委托贷款的性质，比照短期投资和长期投资减值准备的核销依据进行。

第十五条　存货跌价准备、固定资产减值准备和在建工程减值准备依据下列证据进行财务核销：

（一）发生盘亏的，应当取得完整、有效的资产清查盘点表和有关责任部门审核决定；

（二）报废、毁损的，应当取得相关专业质量检测或技术部门出具的鉴定报告，以及清理完毕的证明；有残值的应当取得残值入账证明。

（三）因故停建或被强令拆除的，应当取得国家明令停建或政府市政规划等有关部门的拆除通知文件，以及拆除清理完毕证明；

（四）对外折价销售的，应当取得合法的折价销售合同和收回资金的证明；

（五）涉及诉讼的，应当取得司法机关的判决或裁定及执行完毕的证据；无法执行或被法院终止执行的，应当取得法院终止裁定等法律文件；

（六）应由责任人或保险公司赔偿的，应当取得责任人缴纳赔偿的收据或保险公司的理赔计算单及银行进账单；

（七）抵押资产发生事实损失的，应当取得抵押资产被拍卖或变卖证明；

（八）其他足以证明存货、固定资产和在建工程确实发生损失的合法、有效证据。

第十六条　无形资产减值准备依据下列证据进行财务核销：

（一）已被其他新技术所替代，且已无使用价值和转让价值的，应当取得相关技术、管理部门专业人员提供的鉴定报告；

（二）已超过法律保护期限，且已不能给企业带来未来经济利益的，应当取得已超过法律保护的合法、有效证明；

（三）其他足以证明无形资产确实发生损失的合法、有效证据。

第四章　资产减值准备财务核销程序

第十七条　企业应当对资产减值准备财务核销建立完善的内控制度。规范资产减值准备财务核销管理工作，明确审批工作程序，并依据企业实际划定内部核准权限。

第十八条　企业应当加强对计提减值准备资产的管理工作，组织力量采取有效措施积极进行清理和追索，定期或至少每年进行一次全面复查，按照国家有关财务会计制度和企业相关内控制度规定的工作程序，认真组织做好企业及所属子企业的资产减值准备财务核销管理、备案及核准工作。

第十九条　企业资产减值准备财务核销，应当遵循以下基本工作程序：

（一）企业内部相关部门提出核销报告，说明资产损失原因和清理、追索及责任追究等工作情况，并逐笔逐项提供符合规定的证据；

（二）企业内部审计、监察、法律或其他相关部门对该项资产损失发生原因及处理情况进行审核，提出审核意见；

（三）企业财务部门对核销报告和核销证据材料进行复核，并提出复核意见；

（四）设立董事会的企业由董事会核准同意；未设立董事会的企业由经理（厂长）办公会议核准同意，并形成会议纪要；

（五）按照企业内部核准权限，需报上级企业（单位）核准确认的，应当报上级企业（单位）核准确认；

（六）根据企业会议纪要、上级企业（单位）批复及相关证据，由企业负责人、总会计师（或主管财务负责人）签字确认后，进行相关资产的账务处理和资产减值准备财务核销。

第二十条　企业按照内部核准程序进行资产减值准备财务核销后，应当在年度财务决算中由会计师事务所对资产减值准备财务核销情况进行重点审计，形成资产减值准备财务核销专项报告，随年度财务决算一并向国资委报备，并在财务决算情况说明书中单独披露。

第二十一条 企业每年随年度财务决算向国资委报备相关资产减值准备财务核销情况时，应提供如下报备材料：

（一）企业资产减值准备财务核销情况报告，包括：核销资产减值准备的类别、核销资产的清理与追索情况、核销金额与原因、企业内部核销审批程序等；

（二）属于较大资产损失的财务核销，企业应当逐笔逐项附报资产确认为事实损失的相关合法证据、企业董事会或经理（厂长）办公会会议纪要、上级企业（单位）批复文件以及有关资产损失的责任认定和责任追究情况；

（三）会计师事务所出具的企业资产减值准备财务核销审核说明（涉及国家安全的企业，由企业内审机构出具）；

（四）企业资产减值准备财务核销备案表及其他相关材料。

第二十二条 国资委对企业资产减值准备财务核销管理建立备案和抽查制度，对企业较大资产损失的财务核销建立合规性核准制度，并作为企业年度财务决算审核工作内容之一，以加强对企业资产减值准备财务核销工作的监督。

第五章 资产减值准备财务核销的审计与信息披露

第二十三条 会计师事务所及企业内审机构在年度财务决算审计中应当对企业资产减值准备财务核销的情况进行审计（对较大资产损失的财务核销，应当逐笔逐项进行审计），出具资产减值准备财务核销审核说明，并作为年度财务决算审计报告的附件进行单独披露。

第二十四条 主审会计师事务所应当对参审会计师事务所审计的相关子企业资产减值准备财务核销情况进行复核确认，并发表审计意见。

第二十五条 会计师事务所在年度财务决算审计报告及附件中披露的企业资产减值准备财务核销信息基本内容包括：

（一）企业资产减值准备财务核销证据的充分性与确凿性；

（二）企业资产减值准备财务核销工作程序的合规性；

（三）企业资产减值准备财务核销账务处理的正确性；

（四）企业资产减值准备财务核销年度决算信息披露的真实性与完整性等。

第二十六条 主审会计师事务所对参审会计师事务所审计的企业资产减值准备财务核销情况发表的审计意见披露如下：

（一）参审会计师事务所是否对参审企业的资产减值准备财务核销进行重点审计，特别是对较大资产损失的财务核销是否进行了逐笔逐项审计；

（二）参审会计师事务所对参审企业的资产减值准备财务核销审计意见及信息披露情况；

（三）参审会计师事务所对参审企业的资产减值准备财务核销审计确认结果的合规性；

（四）主审会计师事务所与参审会计师事务所对参审企业的资产减值准备财务核销审计确认结果存在的差异及原因等；

（五）其他需披露的信息。

第六章 工作责任与监督

第二十七条 企业主要负责人、总会计师（主管财务负责人）应当对企业资产减值准备财务核销负领导责任，企业财务部门应当对企业资产减值准备财务核销工作负具体管理责任，企业审计、监察、法律等部门应当对企业资产减值准备财务核销工作负审核与监督责任，企业内部相关部门应负责提供审核与监督工作所需的相关材料；企业集团总部对所属子企业资产减值准备财务核销工作负组织和监督责任。

第二十八条 企业应当对向会计师事务所和国资委提供的资产减值准备财务核销相关资料的真实性、合法性和完整性承担责任。会计师事务所对企业资产减值准备财务核销审核说明的真实性、可靠性承担相应责任。

第二十九条 企业在资产减值准备财务核销过程中，未履行相关内部审批程序和未取得有效、合法证据，弄虚作假，擅自处置的，国资委责令予以纠正，并对企业给予通报批评；违反国家有关法律法规，情节严重，造成国有资产流失的，追究企业负责人及相关责任人的责任；有犯罪嫌疑的，依法移交司法机关处理。

第三十条 会计师事务所及注册会计师在承办企业资产减值准备财务核销审计业务过程中，违反国家有关法律法规规定，弄虚作假，提供虚假财务信息，情节较轻的，国资委依法予以警示谈话并记录在案；情节严重的，将会同有关部门依法进行处罚。

第三十一条 国资委有关工作人员在企业资产减值准备财务核销抽查和监督及对企业重大资产损失财务核销审核过程中徇私舞弊，造成重大工作失误的，依法追究工作责任；有犯罪嫌疑的，移交司法机关处理。

第七章 附 则

第三十二条 企业应当依据本规则规定制定本企业的资产减值准备财务核销管理工作制度。

第三十三条 企业未提取减值准备的资产发生事实损失的财务核销工作，参照本规则执行。

第三十四条 总部设在港澳地区的企业和企业所属境外子企业的相关资产拨备核销工作，原则参照本规则执行。

第三十五条 各省、自治区、直辖市国有资产监督管理机构可参照本规则规定制定本地区管理工作规则。

第三十六条 本规则自公布之日起施行。

关于调整从事中央企业国有资产交易业务产权交易机构的通知

国资厅产权〔2020〕333 号

各中央企业：

为充分发挥市场配置资源作用，促进产权市场更好服务国有企业改革发展和结构调整，根据《企业国有资产交易监督管理办法》（国资委财政部令第32号）等有关规定，我委定期对从事中央企业国有资产交易业务的产权交易机构进行调整。经组织相关部门和中央企业进行评审，现将新确定的中央企业资产交易业务产权交易机构名单通知如下：

一、从事中央企业权益类业务（产权转让、企业增资）机构名单

1. 北京产权交易所有限公司
2. 上海联合产权交易所有限公司
3. 广东联合产权交易中心有限公司
4. 山东产权交易中心有限公司
5. 重庆联合产权交易所集团股份有限公司

二、从事中央企业实物资产转让业务机构名单

1. 北京产权交易所有限公司
2. 天津产权交易中心
3. 河北产权市场有限公司
4. 山西省产权交易市场有限责任公司
5. 内蒙古产权交易中心有限责任公司
6. 沈阳联合产权交易所有限责任公司
7. 吉林长春产权交易中心（集团）有限公司
8. 黑龙江联合产权交易所有限责任公司
9. 上海联合产权交易所有限公司
10. 江苏省产权交易所有限公司
11. 浙江产权交易所有限公司
12. 安徽省产权交易中心有限责任公司
13. 福建省产权交易中心
14. 江西省产权交易所
15. 山东产权交易中心有限公司
16. 河南中原产权交易有限公司
17. 武汉光谷联合产权交易所有限公司
18. 湖南省联合产权交易所有限公司
19. 广东联合产权交易中心有限公司
20. 北部湾产权交易所集团股份有限公司
21. 海南产权交易所有限公司
22. 重庆联合产权交易所集团股份有限公司
23. 西南联合产权交易所有限责任公司
24. 贵州阳光产权交易所有限公司
25. 云南产权交易所有限公司
26. 西藏产权交易中心有限责任公司
27. 西部产权交易所有限责任公司
28. 甘肃省产权交易所股份有限公司
29. 青海省产权交易市场
30. 宁夏科技资源与产权交易所（有限公司）
31. 新疆产权交易所有限责任公司
32. 青岛产权交易所
33. 宁波产权交易中心有限公司
34. 厦门产权交易中心有限公司
35. 大连产权交易所（有限责任公司）
36. 深圳联合产权交易所股份有限公司

三、其他事项

自 2021 年 1 月 1 日起，请各中央企业分别选择上述机构开展权益类和实物资产类交易业务。已在产权交易机构进行预挂牌、正式挂牌的项目，可继续在原交易机构进行。

请各中央企业及时将资产交易中遇到的问题向国资委产权管理局反映。

联系人及电话：国资委产权管理局　张良、刘颖（010）63193538、63193273

国资委办公厅

2020 年 12 月 27 日

关于优化中央企业资产评估管理有关事项的通知

各中央企业：

为推动国有经济布局优化和结构调整，助力企业实现高质量发展，优化企业国有资产评估管理，现将有关事项通知如下：

一、加强重大资产评估项目管理

（一）中央企业应当对资产评估项目实施分类管理，综合考虑评估目的、评估标的资产规模、评估标的特点等因素，合理确定本集团重大资产评估项目划分标准，原则上，企业对外并购股权项目应纳入重大资产评估项目。中央企业应当研究制定重大资产评估项目管理制度或修订现行资产评估管理制度，并报送国务院国资委。

（二）中央企业集团公司资产评估管理工作人员应当参与重大资产评估项目涉及的经济行为研究论证、尽职调查结果审核（如有）、评估机构选聘等。必要时，可进行全程跟踪。

（三）中央企业应当通过公开招标、邀请招标、竞争性谈判等方式在本集团评估机构备选库内择优选聘评估机构执业重大资产评估项目。选聘评估机构应当制定选聘文件，明确项目信息、评价要素、评分标准等内容。评价要素至少包括项目团队人员组成及其评估标的相关行业的执业经验、评估工作方案、资源配备、质量控制、费用报价等。其中，费用报价的分值权重不高于 15%，费用报价得分 =（1 - ｜选聘基准价 - 费用报价｜/选聘基准价）× 费用报价所占权重分值，选聘基准价为参与选聘的评估机构费用报价的平均值。

（四）中央企业备案重大资产评估项目过程中，如在评估方法、评估模型、重要参数选取以及其他可能对评估结论产生重大影响的特殊事项处理等方面遇到问题，可以书面向国务院国资委申请推荐专家进行论证。必要时，国务院国资委加强对项目的业务指导。

（五）重大资产评估项目完成备案后，中央企业集团公司和评估机构委托方资产评估管理工作人员以及参与项目评审的专家应当根据本通知所附评估机构执业质量评价表，对评估机构执业质量进行评价。评价结果作为后续优化调整评估机构备选库和选聘评估机构的重要参考依据之一。

二、进一步优化资产评估和估值事项

（一）中央企业及其子企业发生以下经济行为时，依照相关法律和企业章程履行决策程序后，可以不对相关标的进行评估：

1. 符合国资监管有关规定无偿划转股权、资产；

2. 履行出资人职责的机构对国家独资、全资出资企业增资、减资；

3. 国有独资、国有全资企业之间进行交易；

4. 企业原股东同比例增资、减资；

5. 有限责任公司整体变更为股份有限公司或者股份有限公司变更为有限责任公司，股东及其持股比例不变；

6. 中央企业内部同一控制下的母公司与其独资、全资子企业之间，或独资、全资子企业之间以及股东及其持股比例完全相同的子企业之间进行交易；

7. 解散注销未发生债务或已将债务清偿且不涉及非货币资产在不同股东之间分配的企业，或资产、负债由原股东承继的一人有限责任公司；

8. 拟通过公开挂牌方式转让无法获取标的企业资料的参股股权以及账面原值低于 500 万元（含 500 万元）的存货、固定资产等，或出售、租赁能够获取公开市场价格的房产。

（二）中央企业及其子企业发生以下经济行为时，依照相关法律和企业章程履行决策程序后，可以聘请专业机构对相关标的进行估值：

1. 标的为境外企业或资产的交易；

2. 并购上市公司；

3. 标的为原创性技术、前沿性技术、涉密技术、“卡脖子”关键核心技术、战略性新兴产业企业，以及主要任务为研发首台（套）装备、首批次材料、首版次软件等产品且尚未形成稳定销售收入的企业的交易；

4. 中央企业管理基金按照市场惯例对外投资或转让所持股权；

5. 标的为有限合伙企业份额的交易。

除上述第一种情形集团公司应当履行备案程序外，其他经济行为涉及的估值事项管理方式和管理内容，包括管理主体、备案主体、审核主体、工作程序、估值机构选聘、估值结果使用等，由中央企业制定估值项目管理制度予以明确，并报送国务院国资委。

三、健全完善知识产权、科技成果、数据资产等资产交易流转定价

（一）中央企业及其子企业发生知识产权、科技成果、数据资产等资产转让、作价出资、收购等经济行为时，应当依据评估或估值结果作为定价参考依据。经咨询3家及以上专业机构，确难通过评估或估值方式对标的价值进行评定估算的，依照相关法律和企业章程履行决策程序后，可以通过挂牌交易、拍卖、询价、协议等方式确定交易价格，其中挂牌或拍卖底价可以参照其账面价值、历史投入成本等因素合理确定。

通过询价方式确定知识产权、科技成果、数据资产转让、作价出资等交易价格的，企业应当组成询价小组，结合资产特点编写询价书，采用询价公告或报价邀请函的方式通知有意向的交易方，对报价文件进行审阅评定，综合考虑交易方意图、实力、价格等因素确定最终交易方。

通过协议方式确定知识产权、科技成果、数据资产转让、作价出资或收购等交易价格的，应当结合其账面价值、历史投入成本等因素，邀请法律专家、财务专家、技术专家、行业专家在充分论证其法律价值、技术价值和经济价值的基础上综合确定，并在适当范围内进行公示。对于一次定价确有难度的，交易双方可以参照实际应用效果，约定价格调整原则、调整周期、重大事项节点等。

（二）许可使用知识产权、科技成果、数据资产，可以采用销售额或利润提成、许可入门费加销售额或利润提成等方式确定许可费用。许可入门费和提成率可参照《国家知识产权局办公室关于印发〈专利开放许可使用费估算指引（试行）〉的通知》（国知办发运字〔2022〕56号），结合所在行业的平均净资产收益率、营业收入利润率等水平、许可使用对象的数量、许可费用的支付方式等因素合理确定。

四、其他有关事项

（一）多个国有股东对同一评估对象发生相同经济行为时，经协商一致可以签订书面协议，明确由其中一方委托专业机构评估或估值，并依照其产权关系办理核准或备案手续。

（二）中央企业及其子企业参股的企业发生转让或者受让股权及资产、以非货币资产出资、非国有股东增资及减资、解散清算、收购非国有单位股权及资产等经济行为时，国有股东代表应当比照现行国有资产评估管理相关规定，发表对相关标的进行资产评估或估值的股东意见，最终以参股企业决策为准。

（三）企业实施需要进行资产评估或估值的经济行为时，应当以评估结果或估值结果作为参考依据，并结合经济行为目的、协同效应、交易双方谈判情况等合理确定交易价格。企业对外转让标的价格低于评估结果90%、对外收购标的价格高于评估结果110%时，应当经经济行为批准单位充分论证合理性并书面同意后继续交易。作价参考依据为估值区间的，交易价格应当在估值区间内。

五、附则

（一）各地国有资产监督管理机构可以根据本地区资产评估管理实际情况，参照执行本通知相关规定。

（二）本通知适用于境外中央企业及其子企业。

（三）本通知自印发之日起施行。

附件：

1. 评估机构职业质量评价表
2. 中央企业估值报告审核指引

附件1：

评估机构执业质量评价表

评估项目基本情况			
项目名称		经济行为类型	
评估机构名称		评估结论选用的评估方法	

续表

签字评估师 1		签字评估师 2	
总资产账面值（万元）		净资产账面值（万元）	
净资产评估值（万元）		净资产评估增值率	

评估项目质量评价情况

评价主题	评价内容		评价标准	得分情况
服务质量评价（20 分）	项目团队配置情况（2 分）		优秀：2 分 一般：1 分 较差：0 分	
	项目团队工作态度、项目负责人沟通协调能力。（3 分）		优秀：3 分 一般：1 –2 分 较差：0 分	
	项目方案设计、计划安排情况。（3 分）		优秀：3 分 一般：1 –2 分 较差：0 分	
	评估人员对评估对象实施全面的评估核查程序，如各类资产实地调查、函证、查询、访谈等工作的尽责情况。（5 分）		优秀：4 –5 分 一般：2 –3 分 较差：0 –1 分	
	出具评估报告的及时性。（2 分）		及时：2 分 不及时：0 分	
	审核意见答复及时性及质量。（5 分）		优秀：4 –5 分 一般：2 –3 分 较差：0 –1 分	
评估报告质量评价（80 分）	评估报告内容的完整性、合理性（22 分）	评估报告、评估说明、评估明细表、利用专业报告是否齐全，特别是收益法预测表是否完整。（2 分）	完整：2 分 不完整：0 –1 分	
		评估报告内容是否包含：声明、摘要、正文、附件等内容，签字盖章是否完整，附件是否完整，包括经济行为决策文件、审计报告、企业营业执照、企业产权登记证、委托方及被评估企业承诺函、相关资产权属证明文件、评估师承诺函、评估机构备案公告、营业执照、评估师资质证明、委托合同等内容。（4 分）	完整：4 分 一般：2 –3 分 较差：0 –1 分	

续表

		评估方法的选取是否合理，是否采用两种方法进行评估，如果只采用一种评估方法，理由是否充分合理。（4 分）	合理：4 分 不合理：0 分	
	评估报告内容的完整性、合理性（22 分）	评估程序是否履行到位，是否存在评估程序受限制情况，如果存在，是否实施了替代程序，对评估结果是否有重大影响。（4 分）	优秀：4 分 一般：2－3 分 较差：0－1 分	
		评估结论的选择是否符合评估对象的特点，是否能公允反映评估对象的价值。（4 分）	合理：4 分 不合理：0 分	
		特别事项说明是否准确、完整，是否存在对评估结果有重大影响的特别事项仅披露，不做对评估结果影响的判断。（4 分）	优秀：4 分 一般：2－3 分 较差：0－1 分	
评估报告质量评价（80 分）	评估说明内容的完整性、合理性（45 分）	资产基础法部分：说明内容是否符合相关评估准则规定，是否根据资产分类介绍评估方法，各类资产选取的评估方法、参数以及评估结果是否合理，重要资产是否有案例，案例作价是否与取价依据匹配、计算无误，账外无形资产是否纳入评估范围，是否存在简单按账面值确认评估值且理由不充分的情况。（20 分）	优秀：17－20 分 较好：13－16 分 一般：9－12 分 较差：0－8 分	
		收益法部分：对企业资产、财务情况的分析是否充分、合理，是否根据企业所在行业、经营特点、收益情况等选择恰当的收益模型，是否合理确定收益期限，对应的折现率确定过程和依据是否合理，是否对经营性资产的收入、成本及费用、折旧摊销、营运资金、资本性支出、所得税等进行合理预测，并充分说明依据及理由，是否对被评估企业的非经营性资产、负债和溢余资产进行准确界定及评估。（20 分）	优秀：17－20 分 较好：13－16 分 一般：9－12 分 较差：0－8 分	
		市场法部分：选择的可比案例是否与被评估企业具有可比性，是否对相关数据进行分析调整，并消除偶然因素，选择的价值比率是否合理，是否合理考虑流动性折扣，是否根据企业实际情况选择多种价值比率，并进行合理分析，确定最终评估结果。（20 分）	优秀：17－20 分 较好：13－16 分 一般：9－12 分 较差：0－8 分	

续表

评估报告质量评价（80分）	评估说明内容的完整性、合理性（45分）	评估说明整体是否详略得当，是否存在明显模版化内容，或者说明简略无法判断合理性的情况，是否存在较多低级错误。（5分）	优秀：5分 一般：3－4分 较差：0－2分	
	评估报告修改情况（13分）	评估报告是否因评估机构原因经过三次以上修改才符合备案要求。（5分）	0－1次：5分 2次：4分 3次：2分 3次以上：0分	
		评估结果调整情况。（8分）	未调整：8分 小于5%：5－7分 5%－10%：1－4分 大于10%：0分	
合计分数				

填报说明：评估说明内容的完整性、合理性打分部分，如果只采用一种评估方法进行评估，则该评估方法的分值为40分，整体情况分值为5分。如果采用两种评估方法进行评估，两种评估方法的分值分别为20分，整体情况分值为5分。

附件2：

中央企业估值报告审核指引

第一章 总 则

第一条 为规范中央企业估值项目管理工作，提高估值报告审核效率，依据《中华人民共和国企业国有资产法》《中央企业境外国有产权管理办法》（国务院国资委令第27号）、《上市公司国有股权监督管理办法》（国务院国资委财政部中国证监会令第36号）及本通知等规定，制定本指引。

第二条 中央企业及其子企业发生本通知规定可以进行估值的经济行为时，对估值报告进行审核，适用本指引。

第三条 审核估值报告时，应重点关注估值报告基本要素是否完整、准确，估值方法应用说明是否详细、合理等。

第二章 估值报告审核要点

第四条 审核估值报告，应当关注估值报告是否包含标题、目录、正文及附件等。估值报告内容是否完整，文字描述是否准确、清晰，是否能够从估值角度为委托方提供价值参考和相关风险提示。

第五条 审核估值报告标题，应当关注是否采用“委托方名称＋经济行为描述＋估值对象＋估值报告”的形式。

第六条 审核估值报告目录，应当关注是否列明正文、附件的内容及页码，是否有助于快速清晰地查看相关内容。

第七条 审核估值报告正文，应当关注是否包括估值目的、估值委托方和被估值对象概况、估值基准日、估值假设和限制条件、价值类型、估值程序实施过程和情况、估值方法、估值结论、特别事项说明、签字盖章等。

第八条 审核估值目的，应当关注是否清晰、明确说明本次估值服务的经济行为，以及经济行为的决策或批准情况。

第九条 审核估值委托方概况，应当关注是否说明企业基本情况。审核被估值对象概况，被估值对象为企业股权的，应当关注是否介绍企业历史沿革、股权结构、近三年财务及经营状况等，企业存在重大关联交易的，应当关注是否参考或引用其他尽职调查情况披露关联方、关联业务、交易方式等内容；被估值对象为单项资产或资产组的，应当关注是否介绍资产的基本情况、权属状况、经济状况、质量状况等。

第十条　审核估值基准日，应当关注是否接近经济行为或特定事项的实施日期。被估值企业在估值基准日后如遇到可能对估值结果产生重大影响的事项，是否合理调整估值基准日或在估值结论以及交易条件中予以考虑。

第十一条　审核估值假设和限制条件，应当关注是否结合宏观经济情况、行业发展现状及前景、企业发展现状及前景、资产的应用场景等进行假设。估值假设和限制条件是否存在背离事实，或其他颠覆性影响估值结论的内容。针对未决事项的假设，是否说明其可能影响估值结论的情况。

第十二条　审核价值类型，应当关注是否列明所选择的价值类型及定义，尤其选择市场价值以外的价值类型，应当关注其选取理由是否合理。

第十三条　审核估值程序，应当关注是否介绍估值机构履行估值程序的方式、内容等。是否对影响估值结论较大的事项或资料进行调查、分析。是否存在未履行与委托方商定的估值程序，未能履行的程序是否对估值结论存在影响等。

第十四条　审核估值方法，应当关注是否采用两种及以上估值方法进行估值，是否说明选取估值方法的合理性。只能采用一种估值方法估值的，是否说明其他估值方法不适用的原因或者所受限制。

第十五条　审核估值结论，对采用两种及以上估值方法进行估值的，应当关注是否说明不同估值方法结果的差异及原因，以及最终确定估值结论的理由。

第十六条　审核特别事项说明，应当关注是否结合或引用其他尽职调查情况，充分披露可能对估值结论影响重大的事项形成的原因、性质、对估值结论可能产生的影响以及在估值过程中如何予以考虑。对不适宜在估值报告中披露且可能对估值结果影响重大的事项，企业是否形成专项处理意见。

第十七条　审核盖章或签字时，应当关注估值报告的盖章或签字是否符合被估值对象所在国家、区域的法律法规或行业规定。

第十八条　审核估值报告的附件时，应当关注是否包括与估值目的相对应的经济行为批准文件、被估值对象核心资产的权属证明文件（如有）、财务资料、估值业务委托合同中与估值工作相关的内容页、被估值企业和估值机构营业执照（如有）、估值机构和估值人员独立性声明、其他对估值报告或估值结论有重要支撑作用的相关材料。

第三章　估值方法审核要点

第十九条　审核收益法及其衍生方法时，应当关注是否满足未来收益可以合理预测，主要风险可以考量，重要参数可以计量，收益期限能够确定等条件。

第二十条　审核收益法模型，应当关注是否结合企业资本结构、经营模式、发展阶段、收益情况等因素进行选择；是否形成被估值对象的收入、成本及费用、折旧摊销、营运资金、折现率等完整的预测表，是否在条件允许时，形成资本性支出、非经营性资产及负债的预测表；是否充分结合宏观经济情况、行业情况、企业历史年度及估值基准日经营情况以及未来发展规划等因素，充分说明主要参数预测和计算依据。

第二十一条　审核市场法及其衍生方法，应当关注可比公司或可比交易案例是否能够获得，与被估值对象是否具有可比性，对价值影响因素存在的主要差异是否可以修正。

第二十二条　审核市场法选取的价值比率或分析模型，应当关注是否符合被估值对象的行业特点、盈利模式等；是否对可比对象和被估值对象所处行业、行业地位、企业规模、盈利模式、主要财务数据等进行分析比对，是否对存在的差异进行修正，并说明修正依据。采用可比交易案例估值时，还需关注是否对可比交易案例和被估值对象的交易时间、交易条件、交易股比等进行分析比对，是否对存在的差异进行修正，并说明修正依据。

第二十三条　审核资产基础法及其衍生方法，应当关注被估值对象资产负债表及表外各项资产、负债是否可识别，各项资产、负债的价值是否可判断、可估算。

第二十四条　审核资产基础法相关参数，应当关注是否说明各项资产、负债重置成本的构成要素，是否结合被估值对象的实际情况以及影响其价值变化的条件，充分考虑可能影响资产贬值的因素，是否合理确定各项贬值。主要资产、负债是否选取典型案例，是否描述估值过程、方法、参数选取及结论等。

第二十五条　审核其他估值方法时，应当关注估值方法是否与被估值对象匹配，关键参数和估值依据是否合理。

关于改进和加强中央企业控股上市公司市值管理工作的若干意见

国资发产权规〔2024〕100号

为全面贯彻党的二十大和二十届三中全会精神，深入落实党中央、国务院重大部署，推动中央企业高度重视控股上市公司市场价值表现，切实维护投资者权益，促进资本市场健康稳定发展，规范开展市值管理工作，现提出如下意见。

一、着力提高上市公司发展质量

中央企业控股上市公司是中央企业开展生产经营、参与市场竞争的主要载体，也是稳定资本市场的重要力量。中央企业要指导控股上市公司积极贯彻落实党中央、国务院关于深化国资国企改革的重大部署，围绕国有经济布局优化和结构调整主动作为，增强核心功能、提升核心竞争力，切实发挥在建设现代化产业体系、构建新发展格局中的科技创新、产业控制、安全支撑作用。要以高质量发展为基本前提，稳步提升经营效率和盈利能力，着力打造一批经营业绩佳、创新能力强、治理体系优、市场认可度高的一流上市公司，夯实市值管理工作基础。

二、积极开展有利于提高投资价值的并购重组

中央企业要把握资本市场发展规律，深刻理解市场估值逻辑转变，推动企业内部优质资源进一步向控股上市公司汇聚，支持控股上市公司围绕提高主业竞争优势、增强科技创新能力、促进产业升级实施并购重组。引导控股上市公司深耕主责主业，密切关注行业周期变化和竞争态势演进，聚焦产业链供应链关键环节加快整合行业优质资产，打造行业龙头企业。鼓励业务多元化的控股上市公司进一步突出专业化发展特色，探索将内部业务独立、质地优良、成长性好、具有行业差异化竞争优势的资产，规范稳妥实施分拆上市，进一步挖掘公司在细分行业领域的市场价值。推动控股上市公司把科技创新摆到更加突出位置，紧盯核心科技资源积极开展投资并购，为中小企业科技创新成果应用与扩散赋能，加强与高校、科研院所等科研机构在科技成果转化上的股权合作，打造科技领军企业。支持控股上市公司根据自身产业基础和主业发展规划，通过并购重组加快布局战略性新兴产业和未来产业，培育新质生产力，打造产业领先企业。严控控股上市公司盲目扩张、增加过剩产能、破坏财务健康、降低经营效率的对外并购行为。

三、加大市场化改革力度

中央企业要指导控股上市公司全面贯彻“两个一以贯之”，持续在完善公司治理中加强党的领导，加快完善中国特色现代企业制度，不断完善权责法定、权责透明、协调运转、有效制衡的公司治理机制，强化公司章程基础性作用，厘清治理相关方权责，明晰控股股东对上市公司的管理边界，切实维护上市公司独立性。进一步完善经营自主灵活、内部管理人员能上能下、员工能进能出、收入能增能减的市场化经营机制。落实上市公司独立董事制度改革要求，支持独立董事履职，充分发挥独立董事参与决策、监督制衡、专业咨询作用。为机构投资者、中小投资者参与公司治理创造有利条件，切实保护中小股东合法权益。积极引入长期资本、耐心资本、战略资本改善公司治理结构。优先支持科技创新型上市公司规范实施股权激励，进一步激发核心骨干提升上市公司投资价值的主动性和积极性。

四、全面提高信息披露质量

中央企业要督促控股上市公司进一步健全以投资者需求为导向的信息披露制度，增加必要的主动自愿披露，提升上市公司透明度，积极回应市场关切，持续优化披露内容，确保信息披露真实、准确、完整、及时、公平。完善环境、社会责任和公司治理（ESG）管理体系，高水平编制并披露ESG相关报告，在资本市场中发挥示范作用。加强舆情信息收集和研判，对于可能影响投资者决策或上市公司股票交易的舆情及时响应、主动发声，防范虚假信息误读误解风险，维护中小投资者知情权，切实维护企业形象和品牌声誉。

五、主动加强投资者关系管理

中央企业负责人要积极出席控股上市公司集中路演、业绩披露等活动，向投资者阐明控股上市公司的战略定位、功能使命、愿景目标等，并对公司发展方向的持续性和稳定性进行重点说明。督促控股上市公司的董事长、总经理等人员积极组织参与

业绩说明会、投资者沟通会等各类投资者关系活动，实事求是介绍企业生产经营情况和成果，充分展示企业的竞争优势和发展前景，吸引更多长期投资、价值投资、理性投资。广泛邀请投资者、行业分析师、媒体等走进企业、了解企业，增进市场认同。

六、稳定投资者回报预期

中央企业要引导和推动控股上市公司牢固树立投资者回报意识，保证各类投资者共享公司发展成果，提高投资者尤其是中小股东获得感。指导控股上市公司综合考虑行业特点、盈利水平、资金流转等因素，制定合理可持续的利润分配政策，增强现金分红稳定性、持续性和可预期性，增加现金分红频次，优化现金分红节奏，提高现金分红比例。为中小投资者、机构投资者主动参与利润分配事项决策创造便利环境，鼓励就利润分配预案征集投资者意见，进一步提升利润分配政策透明度。

七、完善增强投资者信心的制度安排

中央企业和控股上市公司要将股票回购增持作为一项长期性基础性工作，建立常态化股票回购增持机制。持续提升应对资本市场复杂情况的能力水平，指导控股上市公司提前谋划股价短期连续或大幅下跌时的应对预案，提高反应速度、决策效率和执行效率，稳定市场情绪，有效维护上市公司市值。严格遵守控股股东、实际控制人减持规定，严禁违规减持、绕道减持，鼓励中央企业通过自愿延长股票锁定期、自愿终止减持计划以及承诺不减持股票等方式，提振投资者信心。高度重视控股上市公司破净问题，将解决长期破净问题纳入年度重点工作，指导长期破净上市公司制定披露估值提升计划并监督执行；对业务协同度弱、股票流动性差、基本失去功能作用的破净上市公司，鼓励通过吸收合并、资产重组等方式加以处置。

八、健全市值管理工作制度机制

中央企业要将市值管理作为一项长期战略管理行为，明确市值管理工作的组织领导机制和责任落实机制，推动控股上市公司制定全面务实的市值管理制度并依法合规披露制度制定情况。指导控股上市公司"一企一策"细化年度实施方案和具体举措，依法依规开展市值管理工作，持续提升工作成效。国务院国资委将加强对中央企业市值管理工作的跟踪指导，将市值管理纳入中央企业负责人经营业绩考核，强化正向激励。

九、严守依法合规底线

中央企业要督促控股上市公司树立科学市值管理理念，强化合规管理，完善内控体系，坚持规范运作，严格遵守国资监管、证券监管等各项有关政策规定。严禁以市值管理为名操控上市公司信息披露、严禁操纵股价、严禁内幕交易。对违反规定、未履行或未正确履行职责造成国有资产损失、损害投资者合法权益或其他严重不良后果的，依法依规严肃追究责任。

关于规范中央企业采购管理工作的指导意见

为贯彻落实党中央、国务院部署要求，进一步规范中央企业采购管理工作，激发市场竞争活力，有效防范违法违规行为，全面提升中央企业采购与供应链管理水平，提出以下意见。

一、总体要求

以习近平新时代中国特色社会主义思想为指导，深入贯彻党的二十大精神，全力打造依法合规、公开透明、集约高效的供应链，切实提升产业链供应链韧性和安全水平，建立健全中央企业采购管理体系，增强采购价值创造能力，全面推动中央企业采购管理规范化、精益化、协同化、智慧化发展。

（一）坚持依法合规。严格遵循国家招投标相关法律法规及行业政策要求，同时进一步明确招标以外的采购方式和管控要点，切实规范中央企业采购行为。

（二）坚持公开公正。平等对待中央企业内部和外部各市场参与主体，破除行业垄断和保护主义，完善企业内控监督机制，防止国有资产流失。

（三）坚持竞争择优。广泛搜寻供应资源，充分激活市场竞争，以性能价格比最佳、全生命周期综合成本最优为目标，优选供应商、承包商或服务商。

（四）坚持协同高效。整合内外部资源，推动供应链上下游协作，助力资源共享、优势互补、集约高效、合作共赢，提升产业链供应链韧性和安全水平。

二、合理选择采购方式

对于《中华人民共和国招标投标法》《中华人民共和国招标投标法实施条例》《工程建设项目施工招标投标办法》等明确规定必须采取招标方式采购的项目，中央企业应当严格执行。对于不属于工程建设项目的采购活动，未达到《必须招标的工程项目规定》（国家发展改革委令 2018 年第 16 号）所规定的招标规模标准的工程建设采购项目，以及国家招标投标相关法律法规明确可以不进行招标的项目，中央企业除自愿采取招标方式外，应当选择下列四种方式之一进行。

（一）询比采购。

询比采购是指由 3 个及以上符合资格条件的供应商一次报出不得更改的价格，经评审确定成交供应商的采购方式。

适用条件为同时满足以下三种情形：一是采购人能够清晰、准确、完整地提出采购需求；二是采购标的物的技术和质量标准化程度较高；三是市场资源较丰富、竞争充分，潜在供应商不少于 3 家。

（二）竞价采购。

竞价采购是指由 3 个及以上符合资格条件的供应商在规定时间内多轮次公开竞争报价，按照最终报价确定成交供应商的采购方式。

适用条件为同时满足以下四种情形：一是采购人能够清晰、准确、完整地提出采购需求；二是采购标的物的技术和质量标准化程度较高；三是采购标的物以价格竞争为主；四是市场资源较丰富、竞争充分，潜在供应商不少于 3 家。

（三）谈判采购。

谈判采购是指同时与 2 个及以上符合资格条件的供应商分别进行一轮或多轮谈判，经评审确定成交供应商的竞争采购方式。

适用条件为满足以下情形之一：一是采购标的物技术复杂或性质特殊，采购方不能准确提出采购需求，需与供应商谈判后研究确定；二是采购需求明确，但有多种实施方案可供选择，采购人需通过与供应商谈判确定实施方案；三是市场供应资源缺乏，符合资格条件供应商只有 2 家；四是采购由供需双方以联合研发、共担风险模式形成的原创性商品或服务。

（四）直接采购。

直接采购是指与特定的供应商进行一轮或多轮商议，根据商议情况确定成交供应商的非竞争采购方式。

适用条件为满足以下情形之一：一是涉及国家秘密、国家安全或企业重大商业秘密，不适宜竞争性采购；二是因抢险救灾、事故抢修等不可预见的特殊情况需要紧急采购；三是需采用不可替代的专利或者专有技术；四是需向原供应商采购，否则将影响施工或者功能配套要求；五是有效供应商有且仅有 1 家；六是为保障重点战略物资稳定供应，需签订长期协议定向采购；七是国家有关部门文件明确的其他情形。

此外，对于围绕核心主业需集团内相关企业提供必要配套产品或服务的情形，如确需采用直接采购方式，应当由集团总部采取有效措施，加强集中管理，采购人分级履行决策程序后报上级企业备案。

三、强化采购寻源和供应商管理

充分利用全国企业采购交易寻源询价系统等数智化手段，广泛开展寻源比价，有效识别供应商弄虚作假、串通报价、履约能力不足等风险，开展全生命周期评价，建立合格供应商名录并做好动态管理和评价工作。对供应商实施量化考核，综合供应商考核结果及资质信用、管理水平、创新能力等，分级管理供应商，深化与优质供应商长期稳定合作。强化中央企业间供应商信息和考核结果的公开、共享和规范应用，探索相关行业内部建立高风险供应商名单，条件成熟后逐步推广高风险供应商名单信息共享，同时不得将未纳入高风险供应商名单作为参与采购的基本资格条件，不得将有解决纠纷诉求的合规供应商纳入高风险供应商名单管理，不得排斥或限制潜在供应商。

四、完善采购执行和评审机制

（一）健全采购执行机制。中央企业应当按照程序并依照国家有关标准制定采购计划、编制采购文件、发出采购公告或邀请书、发送采购文件、组织采购评审、确定成交供应商、签订合同。小额零星采购可适当简化采购流程。应当根据情况专门制定抢险救灾、应对突发性公共事件等应急采购项目的采购流程。

（二）完善评审专家机制。采购评审应当保密、公平、公正，任何单位和个人不得非法干预、影响评审的过程和结果。除依法应当进行招标的项目外，视技术标准、金额大小、采购方式等综合判断采购事项重要程度，考量组成专家评审小组的必要性，并将组建专家评审小组的标准纳入采购制度范围。专家评审小组应当选取专业要求、工作经历等匹配的专家，鼓励包含采购企业外人员。探索在同行业中央企业间共建评审专家库，采用行业共享、联合共建等方式扩大评审专家队伍。强化评审专家入库审查、业务培训和廉洁教育，提升专家履职能力。

五、推动采购活动公开透明

除直接采购及其他采购方式中涉密等特殊项目外，企业应当根据行业属性，结合企业实际确定公开采购限额基准线。限额以上的采购项目原则上应当采用公开方式，在本企业电子采购交易平台或省级及以上媒介公告公示采购信息。结果确定后，应当在发布采购公告的媒介上公示采购结果。采用直接采购方式并公开的，应当在采购前公示项目情况（涉密等特殊项目除外）。

六、提升采购数智化水平

（一）深化电子采购系统应用。支持中央企业电子采购与大数据、人工智能、区块链等新技术融合发展，依托电子采购交易网络搭建交易平台，实现业务公开、过程受控、全程在线、永久可追溯。在确保规则标准统一、设施联通的前提下，企业可自行建设电子采购交易系统，相关系统应当与国家电子招标投标公共服务系统、中央企业采购交易在线监管系统互联互通，纳入统一的公共资源交易平台体系。暂未自建交易平台的企业，可自主选择提供合理收费和优质服务的其他中央企业、地方或第三方电子交易系统。严格规范电子采购平台收费行为，合理确定收费标准，不得重复收费，不得将收费作为前置条件排斥或限制潜在供应商。

（二）大力推广企业电子商城。鼓励中央企业自建电子商城，并将标准工业品、低值易耗品、通用服务项目等通过企业电子商城采购。企业电子商城应当通过竞争性方式依法合规确定铺货供应商，约定商品上下架、价格调整、风险分担、支付结算等交易规则。电子商城应当具备比质比价功能，不断优化业务流程与交易管控，择优选取所需商品。

七、加大集中采购力度

大力推广标准化设计、标准化选型，整合同类型需求，积极推行集中采购，增强企业议价和协调能力、提高整体效益。集团总部汇总各子企业一定时期内所需的工程、货物或服务，按照分类分级集中采购目录清单，统一组织多项目联合打捆采购或框架协议采购，可采用“统谈统签”或“统谈分签”的模式。对于相似度高、采购量大的产品品类，在不违背反垄断市场竞争规则前提下，支持中央企业开展联合采购。

八、发挥采购对科技创新的支撑作用

对于原创技术策源地企业、创新联合体、启航企业等产生的创新产品和服务，工业和信息化部等部门相关名录所列首台（套）装备、首批次材料、首版次软件，以及《中央企业科技创新成果推荐目录》成果，在兼顾企业经济性情况下，可采用谈判或直接采购方式采购，鼓励企业预留采购份额并先试先用。首台（套）装备、首批次材料、首版次软件参与采购活动时，仅需提交相关证明材料，即视同满足市场占有率、使用业绩等要求，中央企业不得设置歧视性评审标准。在卫星导航、芯片、高端数控机床、工业机器人、先进医疗设备等科技创新重点领域，充分发挥中央企业采购使用的主力军作用，带头使用创新产品。

九、鼓励更好履行社会责任

（一）大力扶持中小企业发展。中央企业应当支持中小企业参与采购活动，不得违法限定供应商所在地、所有制形式、组织形式、注册资本、股权结构、经营年限等，或者设定其他不合理的条件排斥、限制中小企业参与采购活动。鼓励中央企业通过预留采购份额、优先安排价款支付等方式给予中小企业积极支持。

（二）坚决落实政策性采购要求。认真落实党中央、国务院关于全面推进乡村振兴和援疆援藏援青的决策部署，预留一定份额采购预算，科学合理确定采购方式，同等条件下优先采购脱贫地区、革命老区、民族地区和边疆地区产品。积极支持定点帮扶和对口支援地区的企业、产品入驻自有电商平台和市场销售渠道。

十、组织实施

（一）加强组织保障。各中央企业要高度重视采购与供应链管理工作，强化集团总部管理职能，进一步提升采购管控能力，结合实际优化完善机构设置，建立健全跨部门的采购管理协同工作机制。加强对计划、采购、生产、物流等业务活动的集中管理，实现资源精准匹配、服务快速响应，推动采购管理向供应链管理转型升级，全面提升采购与供应链管理的战略支撑、价值创造、风险防控功能和资源保障能力。

（二）健全制度体系。各中央企业要按照本指导意见要求，参考相关国家标准、行业标准，抓紧制定或修订采购管理制度和实施细则，明确采购计划、采购实施、合同签订与履行等操作程序和全流程管控要点，建立健全覆盖各类采购方式的采购管理制度体系，切实抓好内部采购制度建设，确保采购有章可循、规范管理。

（三）抓好监督落实。国务院国资委充分应用中央企业采购交易在线监管系统等平台工具，进一步加强对中央企业采购管理工作的监管，将采购管理绩效结果纳入中央企业采购与供应链管理对标评估等工作评价体系，对采购工作中存在的违规违纪违法问题严肃追责问责，切实加强对采购业务的内部控制、内部审计监督。建立健全“互联网 + 监督”机制，加强宣传引导和舆论监督，为推动中央企业采购工作规范健康发展营造良好氛围。

（二）规划发展

行政规章及规范性文件：

中央企业投资监督管理办法

国务院国有资产监督管理委员会令第 34 号

《中央企业投资监督管理办法》已经国务院国有资产监督管理委员会主任办公会议审议通过，现予公布，自公布之日起施行。2006 年公布的《中央企业投资监督管理暂行办法》（国资委令第 16 号）同时废止。

国务院国有资产监督管理委员会主任　肖亚庆

2017 年 1 月 7 日

第一章　总　　则

第一条　为依法履行出资人职责，建立完善以管资本为主的国有资产监管体制，推动中央企业规范投资管理，优化国有资本布局和结构，更好地落实国有资本保值增值责任，根据《中华人民共和国公司法》《中华人民共和国企业国有资产法》《关于深化国有企业改革的指导意见》（中发〔2015〕22 号）和《关于改革和完善国有资产管理体制的若干意见》（国发〔2015〕63 号）等法律法规和文件，制定本办法。

第二条　本办法所称中央企业是指国务院国有资产监督管理委员会（以下简称国资委）代表国务院履行出资人职责的国家出资企业。本办法所称投资是指中央企业在境内从事的固定资产投资与股权投资。

本办法所称重大投资项目是指中央企业按照本企业章程及投资管理制度规定，由董事会研究决定的投资项目。本办法所称主业是指由中央企业发展战略和规划确定并经国资委确认公布的企业主要经营业务；非主业是指主业以外的其他经营业务。

第三条　国资委以国家发展战略和中央企业五年发展规划纲要为引领，以把握投资方向、优化资本布局、严格决策程序、规范资本运作、提高资本回报、维护资本安全为重点，依法建立信息对称、权责对等、运行规范、风险控制有力的投资监督管理体系，推动中央企业强化投资行为的全程全面监管。

第四条　国资委指导中央企业建立健全投资管理制度，督促中央企业依据其发展战略和规划编报年度投资计划，对中央企业年度投资计划实行备案管理，制定中央企业投资项目负面清单，对中央企业投资项目进行分类监管，监督检查中央企业投资管理制度的执行情况、重大投资项目的决策和实施情况，组织开展对重大投资项目后评价，对违规投资造成国有资产损失以及其他严重不良后果的进行责任追究。

第五条　中央企业投资应当服务国家发展战略，体现出资人投资意愿，符合企业发展规划，坚持聚焦主业，大力培育和发展战略性新兴产业，严格控制非主业投资，遵循价值创造理念，严格遵守投资决策程序，提高投资回报水平，防止国有资产流失。

第六条　中央企业是投资项目的决策主体、执行主体和责任主体，应当建立投资管理体系，健全投资管理制度，优化投资管理信息系统，科学编制投资计划，制定投资项目负面清单，切实加强项目管理，提高投资风险防控能力，履行投资信息报送义务和配合监督检查义务。

第二章　投资监管体系建设

第七条　中央企业应当根据本办法规定，结合本企业实际，建立健全投资管理制度。企业投资管理制度应包括以下主要内容：

（一）投资应遵循的基本原则；

（二）投资管理流程、管理部门及相关职责；

（三）投资决策程序、决策机构及其职责；

（四）投资项目负面清单制度；

（五）投资信息化管理制度；

（六）投资风险管控制度；

（七）投资项目完成、中止、终止或退出制度；

（八）投资项目后评价制度；

（九）违规投资责任追究制度；

（十）对所属企业投资活动的授权、监督与管理制度。

企业投资管理制度应当经董事会审议通过后报送国资委。

第八条　国资委和中央企业应当建立并优化投资管理信息系统。

国资委建立中央企业投资管理信息系统，对中央企业年度投资计划、季度及年度投资完成情况、重大投资项目实施情况等投资信息进行监测、分析和管理。中央企业建立完善本企业投资管理信息系统，加强投资基础信息管理，提升投资管理的信息化水平，通过信息系统对企业年度投资计划执行、投资项目实施等情况进行全面全程的动态监控和管理。

中央企业按本办法规定向国资委报送的有关纸质文件和材料，应当同时通过中央企业投资管理信息系统报送电子版信息。

第九条　国资委根据国家有关规定和监管要求，建立发布中央企业投资项目负面清单，设定禁止类和特别监管类投资项目，实行分类监管。列入负面清单禁止类的投资项目，中央企业一律不得投资；列入负面清单特别监管类的投资项目，中央企业应报国资委履行出资人审核把关程序；负面清单之外的投资项目，由中央企业按照企业发展战略和规划自主决策。中央企业投资项目负面清单的内容保持相对稳定，并适时动态调整。

中央企业应当在国资委发布的中央企业投资项目负面清单基础上，结合企业实际，制定本企业更为严格、具体的投资项目负面清单。

第十条　国资委建立完善投资监管联动机制，发挥战略规划、法律合规、财务监督、产权管理、考核分配、资本运营、干部管理、外派监事会监督、纪检监察、审计巡视等相关监管职能合力，实现对中央企业投资活动过程监管全覆盖，及时发现投资风险，减少投资损失。

第三章　投资事前管理

第十一条　中央企业应当按照企业发展战略和规划编制年度投资计划，并与企业年度财务预算相衔接，年度投资规模应与合理的资产负债水平相适应。企业的投资活动应当纳入年度投资计划，未纳入年度投资计划的投资项目原则上不得投资，确需追加投资项目的应调整年度投资计划。

第十二条　中央企业应当于每年3月10日前将经董事会审议通过的年度投资计划报送国资委。年度投资计划主要包括以下内容：

（一）投资主要方向和目的；

（二）投资规模及资产负债率水平；

（三）投资结构分析；

（四）投资资金来源；

（五）重大投资项目情况。

第十三条　国资委依据中央企业投资项目负面清单、企业发展战略和规划，从中央企业投资方向、投资规模、投资结构和投资能力等方面，对中央企业年度投资计划进行备案管理。对存在问题的企业年度投资计划，国资委在收到年度投资计划报告（含调整计划）后的20个工作日内，向有关企业反馈书面意见。企业应根据国资委意见对年度投资计划作出修改。

进入国资委债务风险管控“特别监管企业”名单的中央企业，其年度投资计划需经国资委审批后方可实施。

第十四条　列入中央企业投资项目负面清单特别监管类的投资项目，中央企业应在履行完企业内部决策程序后、实施前向国资委报送以下材料：

（一）开展项目投资的报告；

（二）企业有关决策文件；

（三）投资项目可研报告（尽职调查）等相关文件；

（四）投资项目风险防控报告；

（五）其他必要的材料。

国资委依据相关法律、法规和国有资产监管规定，从投资项目实施的必要性、对企业经营发展的影响程度、企业投资风险承受能力等方面履行出资人审核把关程序，并对有异议的项目在收到相关材料后20个工作日内向企业反馈书面意见。国资委认为有必要时，可委托第三方咨询机构对投资项目进行论证。

第十五条 中央企业应当根据企业发展战略和规划，按照国资委确认的各企业主业、非主业投资比例及新兴产业投资方向，选择、确定投资项目，做好项目融资、投资、管理、退出全过程的研究论证。对于新投资项目，应当深入进行技术、市场、财务和法律等方面的可行性研究与论证，其中股权投资项目应开展必要的尽职调查，并按要求履行资产评估或估值程序。

第十六条 中央企业应当明确投资决策机制，对投资决策实行统一管理，向下授权投资决策的企业管理层级原则上不超过两级。各级投资决策机构对投资项目做出决策，应当形成决策文件，所有参与决策的人员均应在决策文件上签字背书，所发表意见应记录存档。

第四章 投资事中管理

第十七条 国资委对中央企业实施中的重大投资项目进行随机监督检查，重点检查企业重大投资项目决策、执行和效果等情况，对发现的问题向企业进行提示。

第十八条 中央企业应当定期对实施、运营中的投资项目进行跟踪分析，针对外部环境和项目本身情况变化，及时进行再决策。如出现影响投资目的实现的重大不利变化时，应当研究启动中止、终止或退出机制。中央企业因重大投资项目再决策涉及年度投资计划调整的，应当将调整后的年度投资计划报送国资委。

第十九条 中央企业应当按照国资委要求，分别于每年一、二、三季度终了次月10日前将季度投资完成情况通过中央企业投资管理信息系统报送国资委。季度投资完成情况主要包括固定资产投资、股权投资、重大投资项目完成情况，以及需要报告的其他事项等内容。部分重点行业的中央企业应按要求报送季度投资分析情况。

第五章 投资事后管理

第二十条 中央企业在年度投资完成后，应当编制年度投资完成情况报告，并于下一年1月31日前报送国资委。年度投资完成情况报告包括但不限于以下内容：

（一）年度投资完成总体情况；

（二）年度投资效果分析；

（三）重大投资项目进展情况；

（四）年度投资后评价工作开展情况；

（五）年度投资存在的主要问题及建议。

第二十一条 中央企业应当每年选择部分已完成的重大投资项目开展后评价，形成后评价专项报告。通过项目后评价，完善企业投资决策机制，提高项目成功率和投资收益，总结投资经验，为后续投资活动提供参考，提高投资管理水平。国资委对中央企业投资项目后评价工作进行监督和指导，选择部分重大投资项目开展后评价，并向企业通报后评价结果，对项目开展的有益经验进行推广。

第二十二条 中央企业应当开展重大投资项目专项审计，审计的重点包括重大投资项目决策、投资方向、资金使用、投资收益、投资风险管理等方面。

第六章 投资风险管理

第二十三条 中央企业应当建立投资全过程风险管理体系，将投资风险管理作为企业实施全面风险管理、加强廉洁风险防控的重要内容。强化投资前期风险评估和风控方案制订，做好项目实施过程中的风险监控、预警和处置，防范投资后项目运营、整合风险，做好项目退出的时点与方式安排。

第二十四条 国资委指导督促中央企业加强投资风险管理，委托第三方咨询机构对中央企业投资风险管理体系进行评价，及时将评价结果反馈中央企业。相关中央企业应按照评价结果对存在的问题及时进行整改，健全完善企业投资风险管理体系，提高企业抗风险能力。

第二十五条 中央企业商业性重大投资项目应当积极引入社会各类投资机构参与。中央企业股权类重大投资项目在投资决策前应当由独立第三方有资质咨询机构出具投资项目风险评估报告。纳入国资委债务风险管控的中央企业不得因投资推高企业的负债率水平。

第七章 责任追究

第二十六条 中央企业违反本办法规定，未履行或未正确履行投资管理职责造成国有资产损失以及其他严重不良后果的，依照《中华人民共和国企业国有资产法》《国务院办公厅关于建立国有企业违规经营投资责任追究制度的意见》（国办发〔2016〕63号）等有关规定，由有关部门追究中央企业经营管理人员的责任。对瞒报、谎报、不及时报送投资信息的中央企业，国资委予以通报批评。

第二十七条　国资委相关工作人员违反本办法规定造成不良影响的，由国资委责令其改正；造成国有资产损失的，由有关部门按照干部管理权限给予处分；涉嫌犯罪的，依法移送司法机关处理。

第八章　附　　则

第二十八条　本办法由国资委负责解释。

第二十九条　本办法自公布之日起施行。国资委于2006年公布的《中央企业投资监督管理暂行办法》（国资委令第16号）同时废止。

中央企业境外投资监督管理办法

国务院国有资产监督管理委员会令第35号

《中央企业境外投资监督管理办法》已经国务院国有资产监督管理委员会主任办公会议审议通过，现予公布，自公布之日起施行。2012年公布的《中央企业境外投资监督管理暂行办法》（国资委令第28号）同时废止。

国务院国有资产监督管理委员会主任　肖亚庆

2017年1月7日

第一章　总　　则

第一条　为加强中央企业境外投资监督管理，推动中央企业提升国际化经营水平，根据《中华人民共和国公司法》《中华人民共和国企业国有资产法》《关于深化国有企业改革的指导意见》（中发〔2015〕22号）和《关于改革和完善国有资产管理体制的若干意见》（国发〔2015〕63号）等法律法规和文件，制定本办法。

第二条　本办法所称中央企业是指国务院国有资产监督管理委员会（以下简称国资委）代表国务院履行出资人职责的国家出资企业。本办法所称境外投资是指中央企业在境外从事的固定资产投资与股权投资。本办法所称境外重大投资项目是指中央企业按照本企业章程及投资管理制度规定，由董事会研究决定的境外投资项目。本办法所称主业是指由中央企业发展战略和规划确定并经国资委确认公布的企业主要经营业务；非主业是指主业以外的其他经营业务。

第三条　国资委按照以管资本为主加强监管的原则，以把握投资方向、优化资本布局、严格决策程序、规范资本运作、提高资本回报、维护资本安全为重点，依法建立信息对称、权责对等、运行规范、风险控制有力的中央企业境外投资监督管理体系，推动中央企业强化境外投资行为的全程全面监管。

第四条　国资委指导中央企业建立健全境外投资管理制度，强化战略规划引领、明确投资决策程序、规范境外经营行为、加强境外风险管控、推动走出去模式创新，制定中央企业境外投资项目负面清单，对中央企业境外投资项目进行分类监管，监督检查中央企业境外投资管理制度的执行情况、境外重大投资项目的决策和实施情况，组织开展对境外重大投资项目后评价，对境外违规投资造成国有资产损失以及其他严重不良后果的进行责任追究。

第五条　中央企业是境外投资项目的决策主体、执行主体和责任主体。中央企业应当建立境外投资管理体系，健全境外投资管理制度，科学编制境外投资计划，研究制定境外投资项目负面清单，切实加强境外项目管理，提高境外投资风险防控能力，组织开展境外检查与审计，按职责进行责任追究。

第六条　中央企业境外投资应当遵循以下原则：

（一）战略引领。符合企业发展战略和国际化经营规划，坚持聚焦主业，注重境内外业务协同，提升创新能力和国际竞争力。

（二）依法合规。遵守我国和投资所在国（地区）法律法规、商业规则和文化习俗，合规经营，有序发展。

（三）能力匹配。投资规模与企业资本实力、融资能力、行业经验、管理水平和抗风险能力等相适应。

（四）合理回报。遵循价值创造理念，加强投资项目论证，严格投资过程管理，提高投资收益水平，实现国有资产保值增值。

第二章　境外投资监管体系建设

第七条　中央企业应当根据本办法规定，结合本企业实际，建立健全境外投资管理制度。企业境外投资管理制度应包括以下主要内容：

（一）境外投资应遵循的基本原则；

（二）境外投资管理流程、管理部门及相关

职责；

（三）境外投资决策程序、决策机构及其职责；

（四）境外投资项目负面清单制度；

（五）境外投资信息化管理制度；

（六）境外投资风险管控制度；

（七）境外投资项目的完成、中止、终止或退出制度；

（八）境外投资项目后评价制度；

（九）违规投资责任追究制度；

（十）对所属企业境外投资活动的授权、监督与管理制度。

企业境外投资管理制度应经董事会审议通过后报送国资委。

第八条 国资委和中央企业应当建立并优化投资管理信息系统，提升境外投资管理信息化水平，采用信息化手段实现对境外投资项目的全覆盖动态监测、分析与管理，对项目面临的风险实时监控，及时预警，防患于未然。中央企业按本办法规定向国资委报送的有关纸质文件和材料，应同时通过中央企业投资管理信息系统报送电子版信息。

第九条 国资委根据国家有关规定和监管要求，建立发布中央企业境外投资项目负面清单，设定禁止类和特别监管类境外投资项目，实行分类监管。列入负面清单禁止类的境外投资项目，中央企业一律不得投资；列入负面清单特别监管类的境外投资项目，中央企业应当报送国资委履行出资人审核把关程序；负面清单之外的境外投资项目，由中央企业按照企业发展战略和规划自主决策。中央企业境外投资项目负面清单的内容保持相对稳定，并适时动态调整。

中央企业应当在国资委发布的中央企业境外投资项目负面清单基础上，结合企业实际，制定本企业更为严格、具体的境外投资项目负面清单。

第十条 国资委建立完善投资监管联动机制，发挥战略规划、法律合规、财务监督、产权管理、考核分配、资本运营、干部管理、外派监事会监督、纪检监察、审计巡视等相关监管职能合力，实现对中央企业境外投资活动过程监管全覆盖，及时发现投资风险，减少投资损失。

第三章 境外投资事前管理

第十一条 中央企业应当根据国资委制定的中央企业五年发展规划纲要、企业发展战略和规划，制定清晰的国际化经营规划，明确中长期国际化经营的重点区域、重点领域和重点项目。中央企业应当根据企业国际化经营规划编制年度境外投资计划，并纳入企业年度投资计划，按照《中央企业投资监督管理办法》管理。

第十二条 列入中央企业境外投资项目负面清单特别监管类的境外投资项目，中央企业应当在履行企业内部决策程序后、在向国家有关部门首次报送文件前报国资委履行出资人审核把关程序。中央企业应当报送以下材料：

（一）开展项目投资的报告；

（二）企业有关决策文件；

（三）项目可研报告（尽职调查）等相关文件；

（四）项目融资方案；

（五）项目风险防控报告；

（六）其他必要的材料。

国资委依据相关法律、法规和国有资产监管规定等，从项目风险、股权结构、资本实力、收益水平、竞争秩序、退出条件等方面履行出资人审核把关程序，并对有异议的项目在收到相关材料后20个工作日内向企业反馈书面意见。国资委认为有必要时，可委托第三方咨询机构对项目进行论证。

第十三条 中央企业应当根据企业发展战略和规划，按照经国资委确认的主业，选择、确定境外投资项目，做好境外投资项目的融资、投资、管理、退出全过程的研究论证。对于境外新投资项目，应当充分借助国内外中介机构的专业服务，深入进行技术、市场、财务和法律等方面的可行性研究与论证，提高境外投资决策质量，其中股权类投资项目应开展必要的尽职调查，并按要求履行资产评估或估值程序。

第十四条 中央企业原则上不得在境外从事非主业投资。有特殊原因确需开展非主业投资的，应当报送国资委审核把关，并通过与具有相关主业优势的中央企业合作的方式开展。

第十五条 中央企业应当明确投资决策机制，对境外投资决策实行统一管理，向下授权境外投资决策的企业管理层级原则上不超过二级。各级境外投资决策机构对境外投资项目做出决策，应当形成决策文件，所有参与决策的人员均应当在决策文件上签字背书，所发表意见应记录存档。

第四章 境外投资事中管理

第十六条 国资委对中央企业实施中的境外重大投资项目进行随机监督检查，重点检查企业境外重大投资项目决策、执行和效果等情况，对发现的问题向企业进行提示。

第十七条　中央企业应当定期对实施、运营中的境外投资项目进行跟踪分析，针对外部环境和项目本身情况变化，及时进行再决策。如出现影响投资目的的实现的重大不利变化时，应研究启动中止、终止或退出机制。中央企业因境外重大投资项目再决策涉及到年度投资计划调整的，应当将调整后的年度投资计划报送国资委。

第十八条　中央企业应当建立境外投资项目阶段评价和过程问责制度，对境外重大投资项目的阶段性进展情况开展评价，发现问题，及时调整，对违规违纪行为实施全程追责，加强过程管控。

第十九条　中央企业应当按照国资委要求，分别于每年一、二、三季度终了次月10日前将季度境外投资完成情况通过中央企业投资管理信息系统报送国资委。季度境外投资完成情况主要包括固定资产投资、股权投资、重大投资项目完成情况，以及需要报告的其他事项等内容。部分重点行业的中央企业应当按要求报送季度境外投资分析情况。

第五章　境外投资事后管理

第二十条　中央企业在年度境外投资完成后，应当编制年度境外投资完成情况报告，并于下一年1月31日前报送国资委。年度境外投资完成情况报告包括但不限于以下内容：

（一）年度境外投资完成总体情况；

（二）年度境外投资效果分析；

（三）境外重大投资项目进展情况；

（四）年度境外投资后评价工作开展情况；

（五）年度境外投资存在的主要问题及建议。

第二十一条　境外重大投资项目实施完成后，中央企业应当及时开展后评价，形成后评价专项报告。通过项目后评价，完善企业投资决策机制，提高项目成功率和投资收益，总结投资经验，为后续投资活动提供参考，提高投资管理水平。国资委对中央企业境外投资项目后评价工作进行监督和指导，选择部分境外重大投资项目开展后评价，并向企业通报后评价结果，对项目开展的有益经验进行推广。

第二十二条　中央企业应当对境外重大投资项目开展常态化审计，审计的重点包括境外重大投资项目决策、投资方向、资金使用、投资收益、投资风险管理等方面。

第二十三条　国资委建立中央企业国际化经营评价指标体系，组织开展中央企业国际化经营年度评价，将境外投资管理作为经营评价的重要内容，评价结果定期报告和公布。

第六章　境外投资风险管理

第二十四条　中央企业应当将境外投资风险管理作为投资风险管理体系的重要内容。强化境外投资前期风险评估和风控预案制订，做好项目实施过程中的风险监控、预警和处置，防范投资后项目运营、整合风险，做好项目退出的时点与方式安排。

第二十五条　中央企业境外投资项目应当积极引入国有资本投资、运营公司以及民间投资机构、当地投资者、国际投资机构入股，发挥各类投资者熟悉项目情况、具有较强投资风险管控能力和公关协调能力等优势，降低境外投资风险。对于境外特别重大投资项目，中央企业应建立投资决策前风险评估制度，委托独立第三方有资质咨询机构对投资所在国（地区）政治、经济、社会、文化、市场、法律、政策等风险做全面评估。纳入国资委债务风险管控的中央企业不得因境外投资推高企业的负债率水平。

第二十六条　中央企业应当重视境外项目安全风险防范，加强与国家有关部门和我驻外使（领）馆的联系，建立协调统一、科学规范的安全风险评估、监测预警和应急处置体系，有效防范和应对项目面临的系统性风险。

第二十七条　中央企业应当根据自身风险承受能力，充分利用政策性出口信用保险和商业保险，将保险嵌入企业风险管理机制，按照国际通行规则实施联合保险和再保险，减少风险发生时所带来的损失。

第二十八条　中央企业应当树立正确的义利观，坚持互利共赢原则，加强与投资所在国（地区）政府、媒体、企业、社区等社会各界公共关系建设，积极履行社会责任，注重跨文化融合，营造良好的外部环境。

第七章　责任追究

第二十九条　中央企业违反本办法规定，未履行或未正确履行投资管理职责造成国有资产损失以及其他严重不良后果的，依照《中华人民共和国企业国有资产法》《国务院办公厅关于建立国有企业违规经营投资责任追究制度的意见》（国办发〔2016〕63号）等有关规定，由有关部门追究中央企业经营管理人员的责任。对瞒报、谎报、不及时报送投资信息的中央企业，国资委予以通报批评。

第三十条 国资委相关工作人员违反本办法规定造成不良影响的，由国资委责令其改正；造成国有资产损失的，由有关部门按照干部管理权限给予处分；涉嫌犯罪的，依法移送司法机关处理。

第八章 附 则

第三十一条 本办法由国资委负责解释。

第三十二条 本办法自公布之日起施行。国资委于2012年公布的《中央企业境外投资监督管理暂行办法》（国资委令第28号）同时废止。

关于加强中央企业商誉管理的通知

国资发财评规〔2022〕41号

各中央企业：

近年来，随着中央企业投资并购不断增加，形成的商誉规模大幅增长。但在日常工作中我们发现，部分企业存在高溢价、高商誉、高减值的连锁风险，以及商誉初始金额确认不准确、减值测试不规范、信息披露不充分等问题。为加强中央企业商誉管理，夯实财务会计信息质量，有效防范化解风险，推动企业高质量发展，实现国有资产保值增值，现将有关事项通知如下：

一、高度重视商誉管理，维护国有资产安全

本通知所指商誉，是指企业在对外并购中形成，合并成本超过被并购企业可辨认净资产公允价值份额且单项入账的资产。过高的商誉预示可能存在较大的减值风险，如果管理不当将对企业权益、会计信息质量产生重大影响，还会加剧企业经营业绩的波动，影响企业平稳运行。

各中央企业要正确认识、高度重视商誉管理的重要性，切实落实主体责任，不断提升全链条、全周期的商誉管理能力，特别要将境外项目以及溢价率（即支付对价/经备案的收购股份对应评估价值－1）高于两年内可比行业或企业平均水平50%以上的项目（以下称高溢价项目）作为管理重点，实施从严管控，及时化解高商誉潜在风险，切实夯实资产质量，维护国有资产安全。

二、切实加强源头管控，防范商誉虚增风险

（一）进一步规范投前管理，严控定价风险。

并购投资是商誉的源头。中央企业要按照《中央企业投资监督管理办法》（国资委令第34号）及实施细则有关要求，加强并购投资的源头管理，确保并购项目与发展战略相一致、与年度预算相衔接、与投资能力相匹配。要秉持谨慎性原则扎实开展并购前可研论证和尽职调查，充分获取被并购方的财务和非财务、内部和外部信息，全面了解标的企业的行业背景、财务状况、未来盈利能力、管理团队水平等情况。要规范实施资产评估，严格履行评估工作程序；敦促评估机构结合行业发展趋势审慎开展业绩预测，合理选用评估方法；对不同方法评估值差异较大的项目，要重新论证业绩预测、折现率、可比对象等关键要素的科学合理性。要重点关注评估增值和收购溢价，对其必要性、合理性进行充分论证，对高溢价项目要按照企业现有决策权限至少上提内部一个层级进行决策，实施从严审查，防止溢价过高虚增商誉规模，从源头降低对企业资产结构和财务状况的潜在影响。

（二）进一步规范运营管理，严控业绩风险。

中央企业要合理规范运用业绩承诺、对价分期递延支付等手段对并购项目建立业绩保险、惩罚和激励机制，保障并购项目长期盈利能力。要加强对并购企业的管理，按照投资预设的发展目标、经营方针和战略规划加强协同整合，强化运行情况的跟踪分析和投后评价，提前预判、及时化解各类经营风险，持续提升其成长性和盈利能力。要充分发挥相关企业核心竞争力的增益效应，把并购商誉转化为企业现实的发展能力，对未达到投资预期的并购项目要研究制定针对性的改进提升措施或项目退出安排，从根本上防范商誉减值风险。

三、规范商誉计量管理，夯实会计信息质量

（一）严格商誉初始确认。

商誉初始确认计量是后续会计处理的基础。中央企业应当严格根据《企业会计准则》将合并成本在并购日资产负债中（有形资产、无形资产、确认负债、或有负债）进行合理分配，确实不可分配的

部分才可确认为商誉。应当充分识别被并购企业专利权、非专利技术、特定客户关系、商标权、著作权、土地使用权、特许权等符合可辨认性标准的无形资产，不得将其确认为商誉。商誉应当在购买日分摊至相关资产组，认定资产组要以独立产生现金流入为主要依据，不应包括与商誉无关的资产及负债，后续会计期间应当保持一致、不得随意变更；确因业务重组、整合等原因发生变化，需及时将商誉账面价值重新分摊至受影响的资产组，并提供充分的理由及依据。后续发现商誉初始确认计量、资产组认定或商誉分摊出现差错，应当及时进行账务调整处理。

（二）严格商誉减值测试。

商誉减值测试是商誉管理的重点。中央企业应当梳理、明确商誉减值迹象的具体情形，包括但不限于现金流和效益持续恶化或明显低于预期、主要产品技术升级迭代、行业环境或产业政策发生根本改变、所在国别地区宏观环境风险突出等。要加强对减值迹象的动态跟踪监控，严格按照会计准则要求，在减值迹象出现时及时进行减值测试，每年年度终了应当集中对商誉进行减值测试。要重点关注减值迹象对未来现金净流量、折现率、预测期等关键参数的影响，合理确定可收回金额，必要时可聘请相关专家或独立第三方参与减值测试；对于连续3年出现减值迹象但测试结果未显示发生减值的要重新审视关键参数的合理性。要合理区分并分别处理商誉减值事项和并购重组相关方的业绩补偿事项，不得以存在业绩补偿承诺为由不进行商誉减值测试。

（三）严格商誉信息披露。

商誉信息披露是商誉管理的重要内容。中央企业应当按照会计准则要求规范披露所有与商誉减值有关的重要有用信息，不断提高完整性、真实性和可比性，严禁出现虚假、误导性陈述或重大遗漏等情形。要全面反映商誉所在资产组的相关信息，资产组构成发生变化应当充分披露导致其变化的事实与依据。要全面反映商誉对应资产组并购预期实现情况，以及减值测试的关键参数、过程与方法，与以前年度不一致的应当说明存在的差异及原因。

（四）严格商誉终止确认。

商誉终止确认是商誉全生命周期管理的最后环节。根据《企业会计准则》相关规定，对并购子企业或项目整体进行再转让的，应当及时将商誉一同转让；对资产组进行再转让的应当确认转让损益，并终止确认该资产组对应商誉；对并购子企业由于设计寿命到期、政府主管部门不再授权等原因停止生产经营，需要提前判断资产组预期现金流入，及时计提减值损失，到期退出后及时终止确认商誉。

四、持续完善长效机制，落实商誉管理责任

（一）加快制度机制建设。

制度机制是规范商誉管理的保障。中央企业要制定并不断完善商誉管理专门制度，明确商誉管理各环节责任部门，探索建立涵盖规划、投资、运营、财务、审计等部门的商誉协同管理机制，细化操作流程以及关键管控点，形成贯穿于投资前、中、后全过程的具体操作规范指引，特别是要结合自身实际和所在行业特点明确商誉减值迹象和减值测试的触发条件，降低自由裁量空间，避免减值测试流于形式。要加强商誉相关内容培训，切实提高商誉管理的能力和水平。

（二）加强中介服务支撑。

中央企业可以借助中介机构的力量和专业优势，有效识别和管控商誉风险。开展并购交易时应当充分利用独立、客观、公正的第三方评估机构确保交易价格的公允性，合理控制商誉规模。需借助中介机构开展商誉减值测试时，应当聘请有胜任能力的中介机构对商誉实施充分的风险评估、控制测试、实质性测试等程序，审核商誉减值的假设、参数和测试模型的合理性，杜绝滥用会计估计甚至违反会计准则的行为。要明确区分中央企业自身和中介机构在商誉管理方面的责任。要督促中介机构规范执业、勤勉尽责，中央企业如发现中介机构存在违规执业行为，要及时采取法律手段维护合法权益。

（三）加大监督检查力度。

加强监督检查是防范化解商誉风险的关键。中央企业应对商誉管理涉及投资并购、生产运营、会计核算等全过程开展审计监督，重点关注高溢价和高减值项目，及时发现管理漏洞和违规问题，重大资产损失及损失风险应按照有关规定及时向国资委报告。要高度重视外部审计监管机构对商誉管理特别是商誉减值及减值风险的审计检查意见，要强化整改落实，不断规范经营管理，夯实资产质量。对

违规造成国有资产损失、会计信息失真等严重不良后果的问题，国资委将依据有关规定严肃开展专项调查和责任追究工作，涉嫌违纪违法的，依法依规移送有关部门处理。

国资委

2022 年 5 月 24 日

关于中央企业助力中小企业纾困解难促进协同发展有关事项的通知

国资发财评〔2022〕40 号

各中央企业：

为贯彻落实党中央、国务院决策部署，支持中小企业健康发展，着力构建大中小企业相互依存、相互促进、共同发展的良好生态，不断增强国民经济发展韧性和产业链供应链稳定性，现就推动中央企业采取有力有效措施助力中小企业纾困解难，促进协同发展有关事项通知如下：

一、及时足额支付账款，助力缓解中小企业资金困难

严格落实《保障中小企业款项支付条例》，对中小企业账款坚持“应付尽付、应付快付”，从制度、机制、流程和信息化管控上杜绝滥用市场优势地位恶意拖欠账款行为。

1. 严格按照合同约定的时间、方式，及时足额支付中小企业款项。对于出现临时资金周转困难的子企业，集团公司或上级单位要给予临时性资金或增信支持，确保及时足额支付中小企业账款。

2. 对于长期合作、信誉良好、履约及时、确有困难的中小企业，在确保资金安全、对方书面申请、严格履行内部决策程序的前提下，可提前支付或预付部分账款。

3. 加强合规管理，清理霸王条款，不得设立不合理的付款条件、时限。严控“背靠背”付款条款，加强上游款项催收，上游付款后要及时对中小企业付款。

4. 严格票据等非现金支付管理，现金流较为充裕的企业要优先使用现金支付中小企业账款。未事先明示、书面约定非现金支付的，原则上不得使用非现金支付。开具的商业承兑汇票和供应链债务凭证期限原则上不得超过 6 个月。

二、切实加快减免房租，助力支持服务业小微企业和个体工商户渡过难关

认真落实《关于做好 2022 年服务业小微企业和个体工商户房租减免工作的通知》（国资厅财评〔2022〕29 号，以下简称 29 号文件）要求，坚持“应免尽免、应免快免”，切实加快减免房租政策落地。

5. 对承租中央企业房屋的服务业小微企业和个体工商户，要在 2022 年普遍减免 3 个月租金，并力争在上半年完成减免主体工作。对 2022 年租期分属不同承租人的，要根据不同承租人实际租期按比例减免。

6. 对 2022 年被列为疫情中高风险地区所在县级行政区域内，承租中央企业房屋的服务业小微企业和个体工商户，再补充减免 3 个月租金，补充减免工作要在所在县级行政区域出现疫情中高风险地区后 2 个月内完成。

7. 对于转租、分租中央企业房屋的，要持续加大工作力度，确保减租政策有效传导至实际承租人。对于所属股权多元化子企业，要积极沟通协调，争取中小股东理解支持，在规范履行内部决策程序后，尽快减免租金。

8. 出租房屋所在地政府出台房租减免政策力度大于 29 号文件要求的，要认真执行属地政策，确保政策不打折扣。对参股企业所属房屋，要积极承担股东责任，与其他股东协商争取支持。不属于 29 号文件规定减免对象的中小企业提出减免房租申请的，鼓励中央企业本着互惠互利、友好协商、规范决策、共渡难关的原则，在能力可及范围内给予必要帮扶。

三、大力实施降费提质，助力降低中小企业运行成本

充分发挥中央企业基础支撑作用，加强生产要素保障，积极落实降费提质要求，为中小企业提供精准、高效、便捷的服务和充足、可靠、优质的供给。

9. 坚决配合地方政府价格主管部门和市场监管部门清理转供电环节不合理加价。对于转供电主体内部产权明晰、具备改造条件的，有序推进“转改直”工作。按照国家有关要求清理规范城镇供电收费，进一步规范收费项目和标准。

10. 落实好餐饮、零售、旅游、民航、公路水路铁路运输等特困行业有关纾困扶持措施，积极配合地方价格主管部门做好特困行业小微企业和个体

工商户实行用电阶段性优惠工作。对受疫情影响暂时出现生产经营困难的小微企业和个体工商户用水、用电、用气实行“欠费不停供”，允许其在6个月内补缴欠费。

11. 加快推动5G、人工智能、工业互联网、物联网、大数据、区块链等创新技术与实体产业融合应用，支持中小企业数字化转型。加快发展5G和千兆宽带网络，提升服务质量和水平，打通宽带入户“最后一公里”，确保2022年对中小企业宽带和专线平均资费再降10%。加大云盘、云会议等云办公产品优惠力度，减轻疫情对中小企业线下办公的影响。

12. 创新服务手段，对用水、用电、用气等实施阳光服务，加快实现缴费、保修等“一网通办”。积极建云建平台，大力推进“云采购”“云签约”“云结算”“云物流”，努力让信息多跑路，尽可能节约中小企业“脚底”成本，积极为受疫情影响较大的中小企业减免用云、用平台的费用。

13. 高质量提供煤电油气运等基础服务，做好大宗原材料保供稳价工作，严禁串通涨价、哄抬价格等违法违规行为，带头维护市场价格秩序。发挥物流企业的基础性保障功能，统筹运力，优化航线，加快打造畅通、安全、高效的物流运输通道，促进物流循环畅通。

四、有力支持资金融通，助力缓解中小企业融资困难

充分发挥中央企业市场资源优势，运用大数据、区块链等技术手段，推动以融促产，实现自身优质资信与产业链供应链中小企业共享，畅通上下游资金循环。

14. 加大对商用货车消费贷款的支持力度，有效缓解物流企业和个体货车司机贷款偿还压力。中央汽车企业所属金融子企业要发挥引领示范作用，对2022年6月30日前发放的商用货车消费贷款给予6个月延期还本付息政策支持。

15. 积极发挥产业链“核心”企业作用，支持配合上下游中小企业开展供应链融资，努力实现自身优质信用与上下游中小企业共享。中小企业需要以其持有的中央企业集团内单位应付账款、出具的商票和供应链债务凭证等办理融资业务的，要及时确权，严禁高息套利。

16. 积极发挥供应链服务平台作用，基于真实业务数据为上下游中小企业信用赋能，助力中小企业拓展融资渠道、获取低成本资金、减少资金占用。借鉴电e金服“电e贷”、中储智运“运费贷”等供应链平台服务中小企业的经验，立足自身创新服务中小企业方式。

17. 持续推进保函（保险）替代现金保证金，不得向中小企业超比例收取或变相收取不合理的保证金，不得限定中小企业提供保证的方式，及时退还到期保证金。

五、持续加大创新支持，着力推动大中小企业融通创新

立足构建新发展格局，发挥中央企业科技引领和带动作用，支持创新型中小企业成长为创新重要发源地，深入开展大中小企业融通创新“携手行动”，推动产业链上中下游、大中小企业融通创新。

18. 充分发挥中央企业产业基金和创业投资基金作用，立足主责主业，吸引带动各类资本支持产业链供应链上下游符合国家战略、有技术优势、有发展潜力的中小企业创新发展，共同推动科技创新和突破关键核心技术、培育战略性新兴产业，服务产业转型升级和发展。

19. 继续面向全社会举办中央企业熠星创新创意大赛，加强创新资源要素供给和科技成果转化服务，开展创新管理培训和创业辅导等，促进大赛项目成果转化落地。

20. 完善协同创新体系，充分发挥科研院所转制企业作用，构建开放、协同、高效的共性技术研发平台，积极参与国家实验室建设，建立一批高水平创新联合体、产业技术创新联盟和公共研发平台，打造高水平“双创”平台，加大对中小企业创新支持力度。

21. 加快打造原创技术策源地，主动对接国家重大战略，与包括中小企业在内的各类主体一道协同攻关，着力突破产业链供应链堵点卡点。支持在产业链供应链上下游培育一大批领军企业和专精特新“隐形冠军”企业。

六、不断强化引领带动，着力实现大中小企业协同发展

有效发挥国有资本带动作用，实施现代产业链链长行动计划，持续向产业链中具有高端引领和基础支撑作用的关键环节布局，全力稳链补链固链，为中小企业的发展提供更多应用场景和市场机会。

22. 推动各项稳增长措施落实落地、不断加力，积极扩大有效投资，尽快落地一批“十四五”规划

明确的重大项目，尽早形成更多实物工作量，提前为上下游释放订单需求，稳定中小企业预期。

23. 积极采购中小企业优质产品和服务，提升供应链管理水平，深化供需精准匹配，规范采购交易行为，不得设置不合理条件，限制排斥中小企业参与。

24. 围绕主业，加强与高匹配度、高认同感、高协同性的中小企业合作，积极通过投资合作、项目合作、产业共建、搭建联盟等方式，支持带动产业链上下游中小企业协同发展。

25. 发挥产业链核心作用，更好发挥特殊关键时期中央企业在畅通产业循环、市场循环、经济社会循环等方面的龙头带动作用，为受疫情影响的上下游中小企业复工复产提供必要支持。

七、切实加强组织保障，着力推动各项措施落实落地

各中央企业要从做好“六稳”工作、落实“六保”任务，有效发挥国有经济战略支撑作用的高度出发，落实落细各项支持政策，让上下游广大中小企业“看得见、摸得着、有感受、得实惠”，关键时刻彰显央企担当。

26. 建立健全工作机制，大力强化组织领导，完善内部考核奖惩要求，结合自身实际细化实化操作流程。按照有关部门和各地促进中小企业发展工作要求，积极组织参与中小企业服务月活动，畅通中小企业诉求受理渠道，更好宣传落实国资央企服务中小企业相关政策措施。

27. 因落实减免房租等帮扶中小企业纾困解难有关政策，对当期经营业绩造成影响的，国资委将在经营业绩考核中实事求是予以考虑。

国资委将加强有关政策落实工作的督促检查力度，对及时支付中小企业账款、减免服务业小微企业和个体工商户租金等政策执行不到位、走过场、或经核实有关投诉反映问题属实的，国资委将按照有关规定严肃追责问责。

国资委

2022年5月19日

关于中央企业加快建设世界一流财务管理体系的指导意见

国资发财评规〔2022〕23号

各中央企业：

财务管理是企业管理的中心环节，是企业实现基业长青的重要基础和保障。近年来，中央企业认真贯彻落实党中央、国务院决策部署，高度重视财务管理工作，持续优化管理手段，不断创新管理模式，积极应用先进管理工具，财务报告、全面预算、资金管理、财务信息化、财务内控、财会队伍建设等工作取得显著成效，前瞻性、有效性稳步增强，规范化、标准化明显提高，有力支撑了中央企业持续健康发展。同时也要看到，部分中央企业集团化财务管控建设不到位、财务管理功能发挥不充分、财务管理手段落后于技术进步，与新时期中央企业高质量发展目标不匹配、不适应。为推动中央企业进一步提升财务管理能力水平，加快建设世界一流财务管理体系，现提出如下意见。

一、总体要求

以习近平新时代中国特色社会主义思想为指导，深入贯彻落实习近平总书记关于国有企业改革发展和党的建设重要论述，全面贯彻党的十九大和十九届历次全会精神，完整、准确、全面贯彻新发展理念，服务构建新发展格局，以高质量发展为主题，以深化供给侧结构性改革为主线，以更好履行经济责任、政治责任、社会责任为目标，坚定不移做强做优做大国有资本和国有企业，推动财务管理理念变革、组织变革、机制变革、手段变革，更好统筹发展和安全，更加注重质量和效率，更加突出“支撑战略、支持决策、服务业务、创造价值、防控风险”功能作用，以“规范、精益、集约、稳健、高效、智慧”为标准，以数字技术与财务管理深度融合为抓手，固根基、强职能、优保障，加快构建世界一流财务管理体系，有力支撑服务国家战略，有力支撑建设世界一流企业，有力支撑增强国有经济竞争力、创新力、控制力、影响力、抗风险能力。通过5年左右的努力，中央企业整体财务管理水平明显跃上新台阶，通过10－15年左右的努力，绝大多数中央企业建成与世界一流企业相适应的世界一流财务管理体系，一批中央企业财务管理水平位居世界前列。

二、着力推动四个变革

（一）推动财务管理理念变革。

——立足实际。借鉴先进但不照搬照抄，坚持独立自主、贴合自身，建立与企业行业特点、愿景文化、战略规划、发展阶段、组织架构相适应，与中国特色现代企业制度相匹配的财务管理体系。

——守正创新。既要坚守“支撑战略、支持决策、服务业务、创造价值、防控风险”的基本功能定位，更要积极顺应内外部环境变化，着眼未来，主动变革，把财务管理转型升级放到国资国企改革发展大局中去谋划、去推动。

——开放协同。对内深化业财融合、产融协同，对外保持与投资者、债权人的有效沟通，强化产业链、供应链的有效链接，推动各方主体、各类资源、各种要素协同联动聚合发力，实现内外部利益相关者价值共生、共享。

——精益求精。深入践行全员、全要素、全价值链精益管理理念，强化精准投入、精细作业、精确评价，实现资源配置更优化、业务管控更科学、考核导向更明确，促进企业不断提高劳动、资本、技术、管理、数据等全要素生产率。

——技术赋能。主动运用大数据、人工智能、移动互联网、云计算、区块链等新技术，充分发挥财务作为天然数据中心的优势，推动财务管理从信息化向数字化、智能化转型，实现以核算场景为基础向业务场景为核心转换，努力成为企业数字化转型的先行者、引领者、推动者，为加快产业数字化、数字产业化注智赋能。

——坚守底线。严守财经法纪，确保会计信息真实可靠；严把合规关口，强化经营管理活动监督与控制，促进依法合规经营理念深入人心；坚持底线思维，严控财务边界，有效保障经营稳健、资产安全，牢牢守住不发生重大风险的底线。

（二）推动财务管理组织变革。

——健全职能配置。树立“大财务”观，坚持不缺位、不越位、不错位，建立健全各级财务职能和岗位设置，不断夯实财务报告、资金管控、税务管理等基础保障职能，深化拓展成本管控、投融资管理、资本运作等价值创造职能，确保财务资源科学配置、财务运作高效协同。

——优化管控模式。坚持集团化运作、集约化管理，强化集团重要财务规则制定权、重大财务事项管理权、重点经营活动监督权，实现集团对各级企业财务管控的“远程投放”和“标准化复制”；坚持因企施策、因业施策、因地制宜，区分不同业务特点、上市非上市、国际国内等情况，探索完善差异化管控模式，实现集中监管与放权授权相统一、管好与放活相统一。

——转变运行机制。结合数字化时代企业管理转型需要，探索推动财务运行机制从金字塔模式向前中后台模式转变，从流程驱动为主向流程驱动与数据驱动并重转变，努力实现管理层级扁平化、管理颗粒精细化、管理视角多维化、管理场景动态化、管理信息实时化，确保反应敏捷、运转高效。

——拓展服务对象。以资本和业务为纽带，将财务服务对象由单个企业或集团的利益相关者，延伸到整个产业链、供应链、生态链，促进数据、信息、技术、标准、金融等全方位协同融合，实现价值共生、共建、共享、共赢，努力促进企业成为产业发展的引领者、产业协同的组织者，助力打造原创技术“策源地”和现代产业链“链长”。

（三）推动财务管理机制变革。

——加强关键指标硬约束。坚持质量第一、效益优先，建立以资产负债率、净资产收益率、自由现金流、经济增加值等关键指标为核心的财务边界，科学测算投资、负债、利润、现金流等指标的平衡点，保持企业整体资本结构稳健、风险可控在控。

——加强资源配置硬约束。坚守主责主业，建立资本收益目标约束，限制资源流向盈利低、占资多、风险高的业务领域，加强金融、境外等重点领域管控，加快低效资本回笼、无效资本清理、亏损资本止损，促进资本布局动态优化。

——加强风控规则硬约束。统筹发展和安全，健全与公司治理架构及管控要求相适应的财务内控体系，扎紧扎牢制度的笼子，健全完善风险管理机制，以规则的确定性应对风险的不确定性。

——加强政策激励软引导。科学制定个性化、差异化指标体系和激励措施，统筹利用财务资源，促进企业更好发挥在落实国家安全、国计民生等重大战略任务中的主力军作用，加强对创新能力体系建设和前瞻性战略性新兴产业投入的支持，助力科技自立自强和国有经济布局优化。

（四）推动财务管理功能手段变革。

——支撑战略。科学配置财务资源，平衡好资本结构，建立由战略规划到年度预算、由预算到考核的闭环联动机制，推动上下贯通、协调一致，促进企业实现发展质量、结构、规模、速度、效益、安全的有机统一。

——支持决策。积极有效参与重大决策全过程，提供准确、高效、多维数据信息，主动、及时发表专业性、建设性意见，支持理性决策、科学决策。

——服务业务。主动融入业务事前、事中、事后全流程，有效识别业务改进的机会和目标，帮助解决业务痛点和难点，为生产运行优化赋能。

——创造价值。运用全面预算、成本管控、税务规划等有效工具，通过资金运作、资产管理、资源配置、资本运营等有效手段，主动创造财务价值，促进提升企业价值。

——防控风险。健全风险防控体系，加强源头治理，强化穿透监测，实现经营、财务风险精准识别、及时预警、有效处置，为企业持续健康发展保驾护航。

三、重点强化五项职能

（一）强化核算报告，实现合规精准。建立健全统一的财务核算和报告体系，统一集团内同行业、同板块、同业务的会计科目、会计政策和会计估计，统一核算标准和流程，确保会计核算和报告规范化、标准化。优化核算和报告信息系统，实现会计核算智能化、报表编制自动化。强化决算管理，通过财务决算复盘经营成果、全面清查财产、确认债权债务、核实资产质量。加强审计管理，依规选聘、统一管理中介机构，做好审计沟通协调，抓好审计问题整改，充分发挥审计作用。完善财务稽核机制，加强会计信息质量监督检查，对违规问题严肃惩戒。构建业财融合的财务报告分析体系，利用报表、数据、模型、管理会计工具，建立纵贯企业全部经营管理链条，覆盖各个产品、市场、项目等的多维度指标体系，开展价值跟踪分析，准确反映价值结果，深入揭示价值成因。探索研究利益相关方和行业利益共生报表，更好地用财务语言反映企业发展生态。

（二）强化资金管理，实现安全高效。加强司库管理体系顶层设计，科学制定总体规划，完善制度体系和管理架构，建立总部统筹、平台实施、基层执行“三位一体”的组织体系和“统一管理、分级授权”的管理模式。加快推进司库管理体系落地实施，将银行账户管理、资金集中、资金预算、债务融资、票据管理等重点业务纳入司库体系，强化信息归集、动态管理和统筹调度，实现对全集团资金的集约管理和动态监控，提高资金运营效率、降低资金成本、防控资金风险。逐步将司库管理延伸到境外企业，加强境外资金动态监测，实现“看得到、管得住”。切实加强“两金”管控和现金流管理，强化客户和供应商信用风险管理，减少资金占用，做到应收尽收、“颗粒归仓”，实现收入、效益和经营现金流的协同增长。完善资金内控体系，将资金内控规则嵌入信息系统。建立健全资金舞弊、合规性、流动性、金融市场等风险监测预警机制。加强对担保、借款等重大事项的统一管理，严格落实各项监管规定。

（三）强化成本管控，实现精益科学。牢固树立过“紧日子”思想，坚持一切成本费用皆可控，坚持无预算不开支，健全全员、全要素、全价值链、全生命周期成本费用管控机制。注重源头管控，着力加强产品研发设计、工程造价等环节管理，实现前瞻性成本控制。抓好过程管控，通过科技创新、工艺优化、流程再造、采购协同、供应链管理、物流和营销渠道整合等方式，持续推进降本增效。创新管控方式，推进目标成本管理，强化对标管理，开展多维度成本分析。有效运用作业成本法、标准成本法、量本利分析、价值工程等工具，持续完善标准成本体系，细化成本定额标准。严控各项费用性开支和非生产性支出。强化考核激励，层层压实责任，激发内生动力。

（四）强化税务管理，实现规范高效。推进集团化税务管理，建立税务政策、资源、信息、数据的统筹调度和使用机制。加强财税政策研究，不断完善税务政策库、信息库，及时指导各级子企业用足用好优惠政策，做到“应缴尽缴，应享尽享”。完善对重大经营决策的税务支持机制，强化业务源头涉税事项管控，积极主动参与投资并购、改制重组等重大事项及新业务模式、交易架构、重大合同等前期设计规划，深入研判相关税务政策，提出专业意见。完善税务管理信息系统，努力实现税务管理工作流程、政策解读、计税规则等事项的统一，提高自动化处理水平。开展税务数据分析，挖掘税务数据价值。加强税务风险防控，分业务、分税种、分国别梳理涉税风险点，制定针对性防控措施，定期开展税务风险监督检查。注重加强境外税收政策研究和涉税事项管理，统筹风险控制与成本优化。

（五）强化资本运作，实现动态优化。加强制度和规则设计，立足国有经济布局优化和结构调整，服务企业战略，聚焦主责主业，遵循价值创造理念，尊重资本市场规律，适应财务承受能力，优化资本结构，激发资本活力。通过债务重组、破产重整、清算注销等法制化方式，主动减量；有效运用专业化整合、资产证券化等运作手段，盘活存量；有序推进改制上市、引战混改等改革措施，做优增量，促进资本在流动中增值，实现动态优化调整。加大“两非”剥离、“两资”清理工作力度，加快亏损企业治理、历史遗留问题处理，优化资产和业务质量，提升资本效益。强化上市公司管理，提升上市公司市值和价值创造能力。强化金融业务管理，严防脱实向虚，加大产融协同力度，实现产融衔接、以融促产。强化价值型、战略型股权管理，完善股权治理体系，优化股权业务结构、产业结构、地域结构，不断提高股权投资回报水平。强化参股企业管理，依法行使股东权责，严格财务监管，规范字号等无形资产使用，有效保障股东权益。

四、持续完善五大体系

（一）完善纵横贯通的全面预算管理体系。完善覆盖全部管理链条、全部企业和预算单元，跨部门协同、多方联动的全面预算组织体系、管理体系和制度体系，实现财务预算与业务、投资、薪酬等预算的有机融合。建立高效的资源配置机制，实现全面预算与企业战略、中长期发展规划紧密衔接。完善预算编制模型，优化预算指标体系，科学测算资本性支出预算，持续优化经营性支出预算，搭建匹配企业战略的中长期财务预测模型。统筹兼顾当期效益和中长期资本积累，以财务承受能力作为业务预算和投资预算的边界和红线。加强预算执行跟踪、监测、分析，及时纠偏。按照“无预算不开支、无预算不投资”原则，严控预算外经济行为。强化预算执行结果考核评价，增强刚性约束，实现闭环管理。

（二）完善全面有效的合规风控体系。建立健全财务内部控制体系，细化关键环节管控措施。提高自动控制水平，实现财务内控标准化、流程化、智能化。严格财务内控执行，定期开展有效性评价。严把合规关口，深度参与企业重要规章制度的制定，参与战略规划、改制重组、投资并购等重大事项决策，参与业务模式设计、项目评估、合同评审等重点环节，强化源头合规把控、过程合规管控、结果合规监控。完善债务风险、资金风险、投资风险、税务风险、汇率风险等各类风险管控体系，加强对重要子企业和重点业务管控，针对不同类型、不同程度的风险，建立分类、分级风险评估和应对机制。采用信息化、数字化手段，建立风险量化评估模型和动态监测预警机制，实现风险“早发现、早预警、早处置”。积极主动防范境外国有资产风险，合理安排境外资产负债结构，努力推动中高风险国家（地区）资产与负债相匹配，降低风险净敞口。加强财会监督与纪检、巡视、审计等监督主体的协同联动，形成合力。

（三）完善智能前瞻的财务数智体系。统筹制定全集团财务数字化转型规划，完善制度体系、组织体系和管控体系，加强跨部门、跨板块协同合作，建立智慧、敏捷、系统、深入、前瞻的数字化、智能化财务。统一底层架构、流程体系、数据规范，横向整合各财务系统、连接各业务系统，纵向贯通各级子企业，推进系统高度集成，避免数据孤岛，实现全集团“一张网、一个库、一朵云”。推动业财信息全面对接和整合，构建因果关系的数据结构，对生产、经营和投资活动实施主体化、全景化、全程化、实时化反映，实现业、财、技一体化管控和协同优化，推进经营决策由经验主导向数据和模型驱动转变。建立健全数据产生、采集、清洗、整合、分析和应用的全生命周期治理体系，完善数据标准、规则、组织、技术、模型，加强数据源端治理，提升数据质量，维护数据资产，激活数据价值。积极探索依托财务共享实现财务数字化转型的有效路径，推进共享模式、流程和技术创新，从核算共享向多领域共享延伸，从账务集中处理中心向企业数据中心演进，不断提高共享效率、拓展共享边界。加强系统、平台、数据安全管理，筑牢安全防护体系。具备条件的企业应探索建立基于自主可控体系的数字化、智能化财务。

（四）完善系统科学的财务管理能力评价体系。构建与企业战略和业务特点相适应、与财务管理规划和框架相匹配的财务管理能力评价体系，促进各级企业财务管理能力水平渐进改善、持续提升。科学设计评价指标，分类、分级制定评价标准、评价方式和分值权重。坚持导向性原则，充分满足财经法规约束和监管要求、体现财务管理发展目标；坚持系统性原则，覆盖全部财务管理职能要素、全级次企业、全业务板块，涵盖财务管理基本规范、过程表现及成效结果；坚持适用性原则，统筹通用性标准与个性化特点，根据不同子企业经营规模、业务特点等设置不同基础系数或差异化指标；坚持重要性原则，对重点子企业和关键流程，予以分值或权重倾斜。完善评价工作机制，建立健全制度体系、组织体系，深化评价结果应用。结合财务管理提升进程，动态优化评价体系。

（五）完善面向未来的财务人才队伍建设体系。健全财务人才选拔、培养、使用、管理和储备机制，打造政治过硬、作风优良、履职尽责、专业高效、充满活力的财务人才队伍，实现能力更多元、结构更优化，数量和质量充分适应时代进步、契合企业需求。科学构建与企业高质量发展目标相匹配的复合型财务人才能力提升框架，着重增强科学思维能力、创新提效能力、风险管控能力、统筹协调能力、国际经营能力。建立健全多层次财务人才培养培训体系。加强中高端财务人才队伍建设，提高中高级财务人才占比，推动财务人才结构从金字塔型向纺锤型转变。配强配优各级总会计师和财务部门负责人，深入开展重要子企业总会计师委派。加大轮岗交流力度，探索开展业务和项目派驻制。加强境外财务人才管理，全面落实向境外派出财务主管人员要求。加强履职管理，建立关键岗位任职资格要求和科学评价体系，强化正向引导激励，畅通职业发展通道。强化党建引领和文化建设，营造干事创业的良好环境，培养风清气正的团队氛围和健康向上的财务文化，推动财务人才不断提高政治素质和党性修养，坚守职业操守和道德底线。

五、做好组织实施

（一）加强组织领导。各中央企业要高度重视世界一流财务管理体系建设，强化组织领导，健全工作机制，主要负责人抓总负责，总会计师或分管财务工作负责人牵头落实，财务部门具体组织实施，各职能部门和各级子企业协同联动，共同推动落地见效。

（二）抓好贯彻落实。各中央企业要把建设世界一流财务管理体系列入重要议事日程，做好与各项改革发展工作的统筹结合，研究重大问题，把握改革方向，蹄疾步稳扎实推进。结合企业实际制定完善规划方案，明确工作目标，细化时间节点，分解工作任务，层层落实责任。

（三）强化培训交流。各中央企业要加强世界一流财务管理体系建设理念、方法、措施、任务的培训宣贯，统一思想，凝聚共识，营造良好氛围。深入总结企业财务管理先进经验，搭建沟通交流平台，对标先进找差距，相互交流促提升。鼓励具备条件的企业建立专门的财务研究机构。

（四）持续跟踪评估。各中央企业要将世界一流财务管理体系建设融入年度工作目标，及时跟进落地实施情况，分阶段评估执行效果，适当与企业内部绩效考核挂钩，探索建立财务管理提升的长效机制。

国资委将加强财务管理理论研究和实践总结，健全多层次财会人才队伍培训体系，适时开展成效评估，及时总结推广经验，加强工作指导，统筹推进落实。

国资委

2022年2月18日

关于进一步加强中央企业大宗商品经营业务风险防范有关事项的紧急通知

国资厅发评价〔2013〕31号

各中央企业：

近期，部分企业以自有资金或银行授信，通过贸易及物流仓储监管等形式为客户提供变相融资服务业务，一些地区发生利用钢材库存或仓单重复质押骗取资金案件，并逐步向其他商品领域蔓延，严重危及企业和国有资产安全。为加强对中央企业大宗商品经营业务管理，完善风险应对机制，实现稳健经营，现将有关事项紧急通知如下：

一、全面排查大宗商品经营业务风险，加强风险识别与防范。

中央企业应当对开展的石油、煤炭、钢材、有色金属、化工、铁矿石、粮食等大宗商品生产加工、贸易、物流、仓储业务进行全面梳理，对业务涉及的合同、存货、应收及预付款项、客户信用、仓储库存与产权归属、货物或仓单质押担保、第三方监管等进行重点排查，对业务风险重新进行识别和评估。对应收、预付款余额较大客户、存货量较大的仓储商以及上下游客户或仓储商为关联方的业务、取得货权时未移库的现货托盘业务、法律责任模糊的质押监管业务、库存量较大的超期业务、风险敞口较大的业务，应当进一步完善风险监测防范机制，组织专门力量，提前做好风险防范预案，防止损失发生。对已经出现重大风险的业务，应当认真做好法律应对工作，抓紧采取诉前保全、起诉立案、财产查封等补救措施，尽力减少损失，切实维护企业国有资产安全。

二、持续优化经营模式，严控融资性贸易业务。

融资性贸易资金占用大、盈利水平低、业务风险高、收益与风险严重不对等，潜在较大经营风险。各中央企业应当增强风险意识，根据自身经营管理和财务承受能力，审慎决策，依法规范经营，严格控制业务规模，严禁开展无商品实物、无货权流转或原地转库的融资性业务，已开展的应限期整改退出；资产负债率高、经营亏损严重、现金流紧张、风险管控能力差的企业不得开展融资性贸易业务。要强化经营风险管控，科学论证和优化经营模式，严格业务审批程序，明确合同审核、合同执行、货物流转、资金结算、风险报告、应急预案等覆盖全过程的关键节点控制要求，规范授权审批制度，不得超越规定的经营范围和贸易额度。对货物价格大幅下跌的，应当及时采取增加保证金、信用保险等补救措施，防范因上下游企业信用危机等引发的连带风险。

三、切实规范质押融资行为，强化高风险业务管控。

部分企业开展质押融资业务，为自身信用级别相对较低，或缺失可信的第三方担保的企业提供融资服务，存在较大风险隐患。各中央企业应将质押融资业务纳入高风险业务范围，分类清理、从严管控。企业开展质押融资业务，应当报集团董事会或类似决策机构批准同意，董事会或类似机构要对融资额度、质押物品种、仓储方准入资质、风控制度等进行认真审核。集团总部应当指定专门机构对质押融资业务集中统一管理，针对所从事质押监管业务的风险制定专项风险管理制度，明确规定相关管理部门和人员的职责以及业务评估、审核、决策、运行、退出等关键环节管控要求。已开展仓单（货物）质押融资业务的企业，应当重新界定质押合同的法律责任，核实质押物所有权的合法性、真实性，确认质押物数量、质量状况，审查相关参与方的信誉与履约能力，完善质押物出入库登记、定期更新及多层巡检等制度，严禁从事与主营业务无关、以融资为目的的质押融资或担保，不得承接超出自身承受能力的质押监管业务，不得重复质押、虚假质押。

四、切实加强存货分类管理，建立健全存货风险管控体系。

存货管理是大宗商品经营业务风险管控的薄弱环节。各中央企业应针对大宗商品存货存放地点不同，积极采取风险管控措施，建立健全存货管理规章制度，明确规定相关管理部门和人员的职责、审批程序、授权权限、仓库准入条件、存放规模、存放种类、存放期限、风控机制、应急预案等。要严格遵循不相容岗位分离原则，发挥存货内控机制作用，杜绝一人兼任多岗情况。对存放在企业内部的存货，要加强存货验收保管和出库登记管理，明确存货发出和领用审批权限，大批存货或贵重商品发出应实行特别授权。对存放在企业外部的存货，要及时张贴标识、货物贴牌，实行单独码放、专人值守。要定期进行合同、业务、财务与仓库的对账、实地盘点和检查，严格执行合同标的物货权转移和移库规定，对存货亏库的，要及时查明原因并采取整改措施，切实做到账实相符、账账相符。对委托第三方监管的存货，除严格执行企业外部存货管理要求外，还应严格审查第三方资质，建立准入机制和动态评估与考核机制，明确监管方的监管责任。对存放在风险较高仓库的存货，应果断组织移库，及时采取资产保全措施。

五、切实加强客户信用管理，着力提升客户风险管理能力。

中央企业应重视大宗商品业务客户信用管理，及时修订完善客户现场考察评价和准入标准，严格客户准入资质条件，谨慎选择资金实力不足、资信度差以及兼营贸易、融资、担保业务的中小客户，严禁先开展业务再进行资格审核。要不断优化客户风险计量方法和评估策略，科学建立客户动态量化考核和风险防范体系，通过对客户整体实力、业务规模、合同执行情况、处罚情况等方面的综合量化考评，实现对客户的动态量化考核，定期在集团内通报违约或信用异常客户情况，提高客户风险的预见性和防范能力。要加强客户信用额度管理，严格客户信用额度的审批程序和授权权限，对列入风险范围的客户，应实行专人监控，及时采取增信措施。

六、强化内部控制体系建设，切实构建风险防范长效机制。

各中央企业要高度重视大宗商品经营业务风险防范工作，纳入集团风险管理工作体系，进一步明确董事会、经理层及风险管理部门的风险管控责任，重视发挥法律事务机构作用，完善大宗商品业务前期论证、立项决策、谈判签约、合同履行全过程风险防范机制，深入开展业务合法合规性、内控有效性评价，强化审计监督，实现持续改进与优化。对已形成风险敞口业务，积极采取补救措施，减少或挽回资产损失，有关风险敞口情况、预计损失及后期处理情况应当及时报告国资委；对已发生资产损失，认真分析损失性质、情形和原因，存在未履职或未正确履职的和对资产损失未及时报告或隐瞒不报的，应当按照有关规定严肃追究责任。

关于新时代中央企业高标准履行社会责任的指导意见

企业履行社会责任，以遵循法律和道德的透明行为，在运营全过程对利益相关方、社会和环境负责，促进可持续发展，已成为国际社会的普遍共识。中央企业多年来积极履行社会责任，实践丰富、贡献突出，新时代新征程上责任重大、要求更高。为推动中央企业在新时代高标准履行社会责任，提出如下意见。

一、总体要求

以习近平新时代中国特色社会主义思想为指导，全面贯彻党的二十大精神，完整、准确、全面贯彻新发展理念，深入践行以人民为中心的发展思想，推动中央企业在经营管理全过程高标准履行社会责任，增强核心功能、提高核心竞争力，加快建设世界一流企业，实现高质量发展，更好服务经济社会发展，更好满足人民美好生活需要，为强国建设、民族复兴作出更大贡献。

坚持党的领导、把准方向。坚持和加强党对社会责任工作的全面领导，充分发挥党委（党组）把方向、管大局、保落实作用。坚持围绕中心、服务大局。紧紧围绕企业使命责任和中心任务开展社会责任工作，更好服务党和国家工作大局。坚持全面融入、有机融合。把社会责任理念全面融入企业战略、重大决策和企业文化建设，与企业经营管理有机融合。坚持彰显特色、遵循规律。在履行社会责任中凸显自身特色、央企特色、中国特色，同时遵循社会责任工作的普遍规律和通用规则。

到2025年，中央企业社会责任工作体系更加规范成熟，社会责任理念与企业经营管理进一步深化融合，涌现一批优秀履责典范，形成若干典型履责模式。中央企业高质量发展的根基更加坚实，科技创新、产业引领、安全支撑作用发挥更加突出，在国家现代化建设全局中的功能价值更加凸显。到2030年，中央企业的功能价值进一步提升，服务经济社会发展更加有力有效，服务人民美好生活需要更加全面充分，在全面建设社会主义现代化国家、实现第二个百年奋斗目标进程中实现更好发展、发挥更大作用。

二、夯实企业高质量发展根基

（一）依法合规诚信经营。模范遵守法律法规、商业道德、社会公德和行业规则。不断加强合规管理，突出抓好反垄断、反商业贿赂、生态环保、安全生产、劳动用工等合规重点领域，加大对违规经营投资问题的责任追究力度，有效防范重大风险，促进依法合规经营。强化知识产权保护和运用，依法规范知识产权使用行为。持续强化诚信经营理念，加强诚信建设与管理，健全激励约束机制，不断提升履约质量、商业信誉，在全社会树立诚信央企的良好形象，营造公平竞争营商环境。

（二）不断增加优质供给。突出主业、聚焦实业，着力提升产品、工程、服务质量，有力服务强国建设，有效满足个性化、差异化、品质化消费需求。坚持质量第一、效益优先，深入推进全面质量管理，积极运用先进质量管理模式和工具，持续开展质量提升，不断追求卓越质量。强化品牌引领，不断提升品牌价值和竞争力，培育创建管理科学、贡献突出、价值领先的卓著品牌。

（三）筑牢安全应急防线。坚持“人民至上、生命至上”，把保护人民生命安全摆在首位。坚持“从零开始、向零奋斗”，全面落实安全生产责任，建立安全生产长效机制，加强职业健康安全管理，不断提升安全管控能力和本质安全水平，防范遏制各类生产安全事故。加强应急管理体系建设，完善应急工作机制，强化风险监测预警，提高应急处置能力。

（四）构建和谐劳动关系。模范遵守招聘录用、收入分配、社会保障、福利待遇等方面的法律法规，切实保障职工合法权益。重视帮扶困难职工，关爱职工身心健康。重视职工成长发展，建立公平公正的职业发展通道，加强教育培训，建设高素质专业化人才队伍。加强职代会建设，畅通职工诉求表达渠道，持续推进民主管理。

三、增强服务经济社会发展能力

（五）大力推进科技创新。深入实施创新驱动发展战略，更好发挥科技创新主体作用。着力提升自主创新能力，推进原创技术策源地建设，加快打造高能级研发平台，发挥关键人才作用，加快取得一批原创成果。深化创新协同，更好发挥在产学研深度融合中的主导作用。加快构建一流创新生态，完善创新体系、增强创新能力、激发创新活力，形成有利于科技创新的良好氛围。

（六）着力强化产业引领。不断优化调整产业布局结构，深入推进传统产业转型升级，大力发展战略性新兴产业，前瞻布局未来产业，服务构建现代化产业体系。积极推进新型工业化，加快产业高端化、智能化、绿色化、融合化发展。加快推进现代产业链建设，充分发挥主体支撑与融通带动作用，积极搭建合作交流对接平台，带动产业链上下游企业融通发展。加强与各类所有制企业在产业、资本、技术、采购与招投标等领域的合作，引领带动民营和中小企业协同发展。

（七）有力提供安全支撑。增强关键产品和基础原材料保障能力，加强能源、交通、通信等基础网络运行管理，切实做好煤电油气等重要物资保供稳价，强化民生领域公共服务有效供给，在粮食安全、能源安全、资源安全、骨干网络安全、产业链供应链安全等方面发挥托底保障作用。有条件的中央企业发挥自身专业技术、装备、资源优势，加强专业救援能力建设，积极参与重特大突发事件的抢险救援和应急物资保障。

四、提升服务人民美好生活水平

（八）加快推进绿色发展。深入贯彻习近平生态文明思想，牢固树立绿水青山就是金山银山的理念，积极推进美丽中国建设，推进人与自然和谐共生的现代化。统筹产业结构调整、污染治理、生态保护、应对气候变化，加快绿色低碳转型发展，积极稳妥推进碳达峰碳中和，强化能源资源节约集约循环利用，增强绿色低碳产品和服务供给，努力引领绿色低碳生产生活方式，积极参与应对气候变化全球治理。严密防控环境风险，持续深入打好蓝天、碧水、净土保卫战。严守生态保护红线，积极承担重要生态系统保护和修复重大工程，加强生物多样性保护。

（九）支持乡村全面振兴和区域协调发展。贯彻落实区域重大战略、区域协调发展战略、乡村振兴战略，积极促进共同富裕。整合资源，凝聚合力，深化拓展、创新完善产业帮扶、消费帮扶、人才帮扶、就业帮扶、教育帮扶等举措，提高帮扶实效，帮助定点帮扶地区巩固拓展脱贫攻坚成果、全面推进乡村振兴，支持对口支援地区经济社会高质量发展，助推革命老区、民族地区、边境地区和脱贫地区加快发展。

（十）积极服务民生事业。持续做好稳就业保就业促就业工作，积极服务高校毕业生充分就业，带头吸纳残疾人就业、安置退役军人，积极带动农民工、脱贫群众就业增收。热心参与公益慈善事业和社区治理，力所能及地帮助残疾人、农村留守儿童等困难群体，保护妇女儿童合法权益，关心老龄事业发展，支持科教文卫等公共事业发展。

五、培育国际竞争合作新优势

（十一）有效开展海外履责。带头落实全球发展倡议、全球安全倡议、全球文明倡议以及联合国2030年可持续发展议程，推动构建人类命运共同体。坚持合作共赢、共同发展，积极参与高质量共建“一带一路”，落实“八项行动”，共享发展成果和机遇，助力建设开放型世界经济。在海外发展中注重属地化经营，积极带动当地就业，坚持绿色低碳发展。自觉遵守国际及所在地法律法规，尊重当地民族文化和宗教习俗。积极统筹资源做好境外安全与劳动权益保护工作，切实保障中外方员工、海外项目务工人员生命财产安全与合法权益。支持发展中国家的民生发展和减贫事业，主动谋划实施一批高质量“小而美”民生项目，增进民生福祉，促进民心相通。

（十二）切实加强环境、社会和公司治理（ESG）工作。将ESG工作纳入社会责任工作统筹管理，积极把握、应对ESG发展带来的机遇和挑战。推动控股上市公司围绕ESG议题高标准落实环境管理要求、积极履行社会责任、健全完善公司治理，加强高水平ESG信息披露，不断提高ESG治理能力和绩效水平，增强在资本市场的价值认同。推动海外经营机构在海外经营管理、重大项目实施中将ESG工作作为重要内容，主动适应所在国家、地区ESG规范要求，强化ESG治理、实践和信息披露，持续提升国际市场竞争力。

六、组织保障

（十三）强化组织领导。切实发挥中央企业党委（党组）的领导作用，主要负责同志要亲自抓，把社会责任工作纳入重要议事日程。建立健全社会责任工作领导机构，统筹谋划、协调推动重大事项。加强统筹管理，建立统分结合、权责明确、协调顺畅、运转高效的工作机制，鼓励有条件的中央企业设立社会责任专门工作机构。落实社会责任经费保障，加强资金支出管理。加强社会责任专门人才队伍建设和教育培训。

（十四）健全制度机制。中央企业要根据自身实际，加快建立健全社会责任工作制度体系，不断提高社会责任工作的规范化、制度化水平。将社会责任工作纳入战略规划，鼓励制定社会责任相关专项规划。健全重点领域社会责任工作年度计划和总结报告制度。

（十五）深化履责实践。中央企业要立足实际、发挥优势，主动谋划开展特色履责实践，加强上下协同、内外联动，逐步形成一批影响力大、参与面广、辨识度高、可持续性强的社会责任品牌项目、品牌活动。鼓励构建具有企业特色的社会责任管理实践模式，探索数字化赋能社会责任管理实践。将社会责任理念融入产业链、供应链、价值链管理，积极带动上下游企业、合作伙伴和广大用户共同履责，构建社会责任生态圈。积极参与社会责任相关领域理论研究、标准规则制定、指标体系构建等基础性工作。

（十六）加强沟通传播。中央企业要丰富社会责任传播形式与内容，加强国际国内履责传播，深化与利益相关方交流沟通，树立负责任的企业形象。建立规范的社会责任报告定期编制发布制度。鼓励编制发布相关领域专项履责报告，逐步形成以社会责任报告为统领，相关领域专项履责报告为支撑的社会责任报告体系。

（十七）完善监督考核。国务院国资委加强对中央企业社会责任工作的监督管理，不断健全完善常态化、长效化监管机制。运用对标管理、典型引领、专项考核、综合评价等方式，逐步建立健全国有企业功能价值评价体系。中央企业要建立健全社会责任工作监督管理和考核评价制度，加强日常监督，强化激励约束，持续提升社会责任工作水平和能力。

本意见自印发之日起施行，《关于印发〈关于中央企业履行社会责任的指导意见〉的通知》（国资发研究〔2008〕1号）同时废止。

（三）国资监管

党内法规：

中央文化企业国有资产监督管理暂行办法

第一章 总 则

第一条 为加强中央文化企业国有资产监督管理，推动中央文化企业改革发展，根据《中华人民共和国企业国有资产法》《中华人民共和国公司法》等法律法规及有关规定制定本办法。

第二条 中央文化企业国有资产是指国家对中央文化企业各种形式的出资所形成的权益，以及依法被认定为国家所有的其他权益。

第三条 本办法所称中央文化企业包括国有独资企业、国有独资公司以及国有资本控股公司。

第四条 建立党委和政府监管有机结合、中宣部有效主导、财政部代表国务院有效履行出资人职责的中央文化企业国有资产监督管理工作机制，中宣部、财政部切实加强对中央文化企业国有资产监管工作的领导，推动实现管人管事管资产管导向相统一。

第五条 中央文化企业国有资产监督管理部门加快推动中央文化企业深化改革，实现政企分开，建立健全有文化特色的现代企业制度，依法行使企业法人财产权和经营自主权，成为合格的市场主体。

第六条 中央文化企业自觉接受中央文化企业国有资产监督管理部门依法依规实施的管理和监督，接受社会公众的监督，勇于承担社会责任，始终把社会效益放在首位，努力实现社会效益和经济效益相统一。

第二章　中央文化企业国有资产基础管理

第七条　财政部负责研究制定中央文化企业国有资产基础管理相关制度，对中央文化企业国有资产产权界定、产权登记、资产评估、清产核资、资产统计、财务等进行监督管理。

第八条　财政部负责加强中央文化企业国有资本经营预算管理，优化国有资本配置，通过国有资本金注入，发挥国有资本引导作用，推进企业转型升级，促进文化产业布局优化。

第九条　财政部加强中央文化企业国有资产产权交易监督管理，促进国有资产合理流动，防止国有资产损失。

第十条　主管部门负责监督中央文化企业执行国有资产基础管理制度，并对相关事项实施具体管理。

第十一条　中央文化企业依照相关规定定期向中宣部和行业管理部门报告社会效益情况，向财政部报告财务状况、生产经营状况和国有资产保值增值状况。

第十二条　中央文化企业依照国家有关规定建立健全财务、审计、企业法律顾问和职工民主监督等制度，加强内部监督和风险控制。

第十三条　中央文化企业切实做好著作权等无形资产的管理和运营工作，提高企业核心竞争力。

第三章　中央文化企业重大事项管理

第十四条　中央文化企业发展战略规划须充分体现国家文化发展战略和规划，符合国民经济和社会发展规划，征求行业管理部门意见，经中宣部、财政部同意后实施。

第十五条　中央文化企业章程制定和修改、注册资本增减、重组整合、破产解散、改制上市、国有产权转让、无偿划转、组建集团、发行债券、法定代表人变更等重大资产变动事项，须报经主管部门审核同意后报财政部审批。涉及重组整合、股改上市、重大投融资活动、法定代表人变更等事项，须报中宣部同意。

第十六条　主管部门根据职责对中央文化企业的国有文化资产重大事项实施具体管理，建立中央文化企业重大决策失误的责任追究制度。

第十七条　中央文化企业应当建立健全重大事项管理制度和内部决策机制。企业党委（党组）会、董事会、未设董事会的经理班子等决策机构依据各自的职责、权限和议事规则，讨论决定涉及内容导向管理的重大事项及企业运营与发展的重大决策、重要人事任免、重大项目安排、大额度资金使用等事项。

第四章　中央文化企业负责人管理

第十八条　中央确定组建的大型文化企业集团公司主要负责人，由中宣部会同相关部门进行考察并提出任免建议，按照干部管理权限和程序履行审批手续；中央确定组建的大型文化企业集团公司其他负责人和其他中央文化企业负责人管理，暂维持现行体制不变，主管部门任免前，须征得中宣部、财政部同意。

第十九条　公司制中央文化企业中非职工代表出任的董事、监事，由财政部会同主管部门依照法律、行政法规及企业章程委派。

第二十条　主管部门组织实施由其任命的企业负责人年度和任期考核，建立健全企业负责人经济责任审计制度，中宣部、财政部根据国家有关规定对考核进行指导和监督。

第五章　附　　则

第二十一条　中央文化企业国有资产监督管理部门对国有参股文化企业国有资产的监督管理，以管资本为主，相关具体管理事项参照本办法执行。

第二十二条　违反本办法相关规定的，依法依规依纪严肃处理。本办法由中宣部、财政部负责解释。

第二十三条　本办法自发布之日起施行。

行政规章及规范性文件：

财政部关于简化中央企业银行账户管理程序的通知

财库〔2019〕48号

中央财政预算单列的企业集团、总公司、有限责任公司：

为深入贯彻落实“放管服”改革要求和国务院常务会议精神，简化在中央财政领取财政资金的企业集团、总公司、有限责任公司（以下简称中央企业）银行账户开立流程，现就简化中央企业银行账户管理程序有关事项通知如下：

一、中央企业开设基本存款账户、外汇账户、专用存款账户，由报财政部审批改为向财政部备案。

二、中央企业开设党费账户、工会经费账户、房改资金账户、离退休经费账户、定期存款账户，以及所属医院、门诊部为核算病人看病费用开设的有关银行账户等，继续实行备案管理方式。

三、中央企业开设其他经营性银行账户，由单位自主管理。

四、各中央企业应确定纳入财政银行账户管理的所属单位范围，并按本通知精神做好所属单位账户管理工作。

五、各中央企业应配合财政部开展银行账户事中事后监管，按有关规定向财政部报送银行账户备案材料，定期接受财政部组织的银行账户年检和抽检。

本通知自印发之日起施行。各有关单位在执行中如遇问题，请及时与财政部（国库司）联系，电话：010－68553256。

财政部

2019 年 11 月 21 日

关于印发《关于加强中央企业内部控制体系建设与监督工作的实施意见》的通知

国资发监督规〔2019〕101 号

各中央企业：

《关于加强中央企业内部控制体系建设与监督工作的实施意见》已经国资委第 14 次委务会议审议通过，现印发给你们，请遵照执行。

国资委

2019 年 10 月 19 日

关于加强中央企业内部控制体系建设与监督工作的实施意见

为深入贯彻习近平新时代中国特色社会主义思想和党的十九大精神，认真落实党中央、国务院关于防范化解重大风险和推动高质量发展的决策部署，充分发挥内部控制（以下简称内控）体系对中央企业强基固本作用，进一步提升中央企业防范化解重大风险能力，加快培育具有全球竞争力的世界一流企业，根据《中共中央　国务院关于深化国有企业改革的指导意见》、《国务院关于印发改革国有资本授权经营体制方案的通知》、《国务院办公厅关于加强和改进企业国有资产监督防止国有资产流失的意见》，制定本实施意见。

一、建立健全内控体系，进一步提升管控效能

（一）优化内控体系。建立健全以风险管理为导向、合规管理监督为重点，严格、规范、全面、有效的内控体系。进一步树立和强化管理制度化、制度流程化、流程信息化的内控理念，通过“强监管、严问责”和加强信息化管理，严格落实各项规章制度，将风险管理和合规管理要求嵌入业务流程，促使企业依法合规开展各项经营活动，实现“强内控、防风险、促合规”的管控目标，形成全面、全员、全过程、全体系的风险防控机制，切实全面提升内控体系有效性，加快实现高质量发展。

（二）强化集团管控。进一步完善企业内部管控体制机制，中央企业主要领导人员是内控体系监管工作第一责任人，负责组织领导建立健全覆盖各业务领域、部门、岗位，涵盖各级子企业全面有效的内控体系。中央企业应明确专门职能部门或机构统筹内控体系工作职责；落实各业务部门内控体系有效运行责任；企业审计部门要加强内控体系监督检查工作，准确揭示风险隐患和内控缺陷，进一步发挥查错纠弊作用，促进企业不断优化内控体系。

（三）完善管理制度。全面梳理内控、风险和合规管理相关制度，及时将法律法规等外部监管要求转化为企业内部规章制度，持续完善企业内部管理制度体系。在具体业务制度的制定、审核和修订中嵌入统一的内控体系管控要求，明确重要业务领域和关键环节的控制要求和风险应对措施。将违规经营投资责任追究内容纳入企业内部管理制度中，强化制度执行刚性约束。

（四）健全监督评价体系。统筹推进内控、风险和合规管理的监督评价工作，将风险、合规管理制度建设及实施情况纳入内控体系监督评价范畴，制定定性与定量相结合的内控缺陷认定标准、风险评估标准和合规评价标准，不断规范监督评价工作程序、标准和方式方法。

二、强化内控体系执行，提高重大风险防控能力

（五）加强重点领域日常管控。聚焦关键业务、改革重点领域、国有资本运营重要环节以及境外国有资产监管，定期梳理分析相关内控体系执行情况，认真查找制度缺失或流程缺陷，及时研究制定改进措施，确保体系完整、全面控制、执行有效。要在投资并购、改革改制重组等重大经营事项决策前开展专项风险评估，并将风险评估报告（含风险应对措施和处置预案）作为重大经营事项决策的必备支撑材料，对超出企业风险承受能力或风险应对措施不到位的决策事项不得组织实施。

（六）加强重要岗位授权管理和权力制衡。不断深化内控体系管控与各项业务工作的有机结合，以保障各项经营业务规范有序开展。按照不相容职务分离控制、授权审批控制等内控体系管控要求，严格规范重要岗位和关键人员在授权、审批、执行、报告等方面的权责，实现可行性研究与决策审批、决策审批与执行、执行与监督检查等岗位职责的分离。不断优化完善管理要求，重点强化采购、销售、投资管理、资金管理和工程项目、产权（资产）交易流转等业务领域各岗位的职责权限和审批程序，形成相互衔接、相互制衡、相互监督的内控体系工作机制。

（七）健全重大风险防控机制。积极采取措施强化企业防范化解重大风险全过程管控，加强经济运行动态、大宗商品价格以及资本市场指标变化监测，提高对经营环境变化、发展趋势的预判能力，同时结合内控体系监督评价工作中发现的经营管理缺陷和问题，综合评估企业内外部风险水平，有针对性地制定风险应对方案，并根据原有风险的变化情况及应对方案的执行效果，有效做好企业间风险隔离，防止风险由“点”扩“面”，避免发生系统性、颠覆性重大经营风险。

三、加强信息化管控，强化内控体系刚性约束

（八）提升内控体系信息化水平。各中央企业要结合国资监管信息化建设要求，加强内控信息化建设力度，进一步提升集团管控能力。内控体系建设部门要与业务部门、审计部门、信息化建设部门协同配合，推动企业“三重一大”、投资和项目管理、财务和资产、物资采购、全面风险管理、人力资源等集团管控信息系统的集成应用，逐步实现内控体系与业务信息系统互联互通、有机融合。要进一步梳理和规范业务系统的审批流程及各层级管理人员权限设置，将内控体系管控措施嵌入各类业务信息系统，确保自动识别并终止超越权限、逾越程序和审核材料不健全等行为，促使各项经营管理决策和执行活动可控制、可追溯、可检查，有效减少人为违规操纵因素。集团管控能力和信息化基础较好的企业要逐步探索利用大数据、云计算、人工智能等技术，实现内控体系实时监测、自动预警、监督评价等在线监管功能，进一步提升信息化和智能化水平。

四、加大企业监督评价力度，促进内控体系持续优化

（九）全面实施企业自评。督促所属企业每年以规范流程、消除盲区、有效运行为重点，对内控体系的有效性进行全面自评，客观、真实、准确揭示经营管理中存在的内控缺陷、风险和合规问题，形成自评报告，并经董事会或类似决策机构批准后按规定报送上级单位。

（十）加强集团监督评价。要在子企业全面自评的基础上，制定年度监督评价方案，围绕重点业务、关键环节和重要岗位，组织对所属企业内控体系有效性进行监督评价，确保每3年覆盖全部子企业。要将海外资产纳入监督评价范围，重点对海外项目的重大决策、重大项目安排、大额资金运作以及境外子企业公司治理等进行监督评价。

（十一）强化外部审计监督。要根据监督评价工作结果，结合自身实际情况，充分发挥外部审计的专业性和独立性，委托外部审计机构对部分子企业内控体系有效性开展专项审计，并出具内控体系审计报告。内控体系监管不到位、风险事件和合规问题频发的中央企业，必须聘请具有相应资质的社会中介机构进行审计评价，切实提升内控体系管控水平。

（十二）充分运用监督评价结果。要加大督促整改工作力度，指导所属企业明确整改责任部门、责任人和完成时限，对整改效果进行检查评价，按照内控体系一体化工作要求编制内控体系年度工作报告并及时报国资委，同时抄送企业纪委（纪检监察组）、组织人事部门等。指导所属企业建立健全与内控体系监督评价结果挂钩的考核机制，对内控制度不健全、内控体系执行不力、瞒报漏报谎报自评结果、整改落实不到位的单位或个人，应给予考

核扣分、薪酬扣减或岗位调整等处理。

五、加强出资人监督，全面提升内控体系有效性

（十三）建立出资人监督检查工作机制。加强对中央企业国有资产监管政策制度执行情况的综合检查工作，建立内控体系定期抽查评价工作制度，每年组织专门力量对中央企业经营管理重要领域和关键环节开展内控体系有效性抽查评价，发现和堵塞管理漏洞，完善相关政策制度，并加大监督检查工作结果在各项国有资产监管及干部管理工作中的运用力度。

（十四）充分发挥企业内部监督力量。通过完善公司治理，健全相关制度，整合企业内部监督力量，发挥企业董事会或委派董事决策、审核和监督职责，有效利用企业监事会、内部审计、企业内部巡视巡察等监督检查工作成果，以及出资人监管和外部审计、纪检监察、巡视反馈问题情况，不断完善企业内控体系建设。

（十五）强化整改落实工作。进一步强化对企业重大风险隐患和内控缺陷整改工作跟踪检查力度，将企业整改落实情况纳入每年内控体系抽查评价范围，完善对中央企业提示函和通报工作制度，对整改不力的印发提示函和通报，进一步落实整改责任，避免出现重复整改、形式整改等问题。

（十六）加大责任追究力度。严格按照《中央企业违规经营投资责任追究实施办法（试行）》（国资委令第37号）等有关规定，及时发现并移交违规违纪违法经营投资问题线索，强化监督警示震慑作用。对中央企业存在重大风险隐患、内控缺陷和合规管理等问题失察，或虽发现但没有及时报告、处理，造成重大资产损失或其他严重不良后果的，要严肃追究企业集团的管控责任；对各级子企业未按规定履行内控体系建设职责、未执行或执行不力，以及瞒报、漏报、谎报或迟报重大风险及内控缺陷事件的，坚决追责问责，层层落实内控体系监督责任，有效防止国有资产流失。

中央纪委驻国资委纪检组印发《关于加强中央企业境外廉洁风险防控的指导意见》

为认真贯彻落实党的十九大精神，按照党中央决策部署和中央纪委工作要求，进一步加强对中央企业境外投资经营活动的监督管理，保障境外国有资产安全，近日，中央纪委驻国资委纪检组印发了《关于加强中央企业境外廉洁风险防控的指导意见》。

《意见》指出，中央企业境外资产是国有资产的重要组成部分，有效防范境外投资经营风险，直接关系到国有资产的整体安全和保值增值，直接关系到国家“走出去”战略、“一带一路”建设的顺利实施。要加强企业集团层面对境外廉洁风险的统一管控，明确境外廉洁风险的管控体制，完善境外廉洁风险防控制度，加强境外投资决策中的廉洁风险研判，以科技化、信息化手段为支撑，增强境外廉洁风险防控的实时性与有效性。要加强境外单位对廉洁风险的内部防控，落实境外单位党组织的主体责任，规范境外单位的权力运行，完善廉洁风险防控措施。要加强对境外人员的日常监督管理，严把境外人员特别是主要负责人的政治关、廉洁关，加强思想政治教育和廉洁教育，建立健全境外人员管理监督制度。要推动监督力量向境外延伸，加强监督部门的协同协作，形成境外廉洁风险防控的监督合力。要加强境外单位纪检组织建设，明确境外纪检监督的重点和手段，加大对境外违纪违法问题的查处力度，强化监督执纪问责。

《意见》指出，各中央企业党委（党组）、纪委（纪检组）要站在全面从严治党的高度，深刻认识抓好境外廉洁风险防控的重要性和紧迫性，切实履行管党治党政治责任，把廉洁风险防控贯穿于境外党建工作、投资经营的全过程，以坚强有力的措施强化监督管理，为维护国有资产安全、做强做优做大中央企业、培育具有全球竞争力的世界一流企业提供有力保障。

关于进一步排查中央企业融资性贸易业务风险的通知

国资财管〔2017〕652号

各中央企业：

为有效防范中央企业融资性贸易业务风险，国资委于2013年以来多次印发文件，明确严禁开展融资性贸易业务，多数中央企业认真贯彻执行，积极开展清理，及时停止和退出融资性贸易业务，风险得到了控制，但各类检查发现仍有个别中央企业无视组织纪律、无视上级要求，继续违规开展融资性贸易业务。为进一步加强管理，国资委决定再次组

织中央企业对融资性贸易业务风险开展全面排查，现将有关工作要求通知如下：

一、全面彻底排查融资性贸易业务风险

融资性贸易占用资金大，一旦发生风险，企业将面临重大损失，甚至引发财务危机，陷入经营困境。中国铁路物资（集团）公司（以下简称中国铁物）因从事融资性贸易业务，造成重大资产损失，国资委进行了严肃问责，对时任总经理宋玉芳和党委书记李文科，以及副总经理许强、李志民、冉昶、王采6人开除党籍和行政处理。近期财务监管、审计监督、监事会监督中发现，少数企业对融资性贸易业务的危害性和违规性认识不到位，风险排查不彻底；个别企业对发现的风险隐瞒不报，处理不及时，风险敞口不断扩大；有的企业对国资委“三令五申”禁令置若罔闻，有令不行、有禁不止，继续违规开展融资性贸易业务。各中央企业要按照“有风险没有及时发现是失职，发现风险不报告是渎职”的工作要求，在全集团范围内开展全面彻底排查，不留死角、不留盲区、不打埋伏，确保排查全覆盖，并及时上报排查情况（具体上报内容及要求另行通知）。对于排查工作不认真、走过场，故意隐瞒的，国资委将严肃处理。

二、认真识别认定融资性贸易业务

融资性贸易业务是以贸易业务为名，实为出借资金、无商业实质的违规业务。其表现形式多样，具有一定的隐蔽性，主要特征有：一是虚构贸易背景，或人为增加交易环节；二是上游供应商和下游客户均为同一实际控制人控制，或上下游之间存在特定利益关系；三是贸易标的由对方实质控制；四是直接提供资金或通过结算票据、办理保理、增信支持等方式变相提供资金。各中央企业要正确理解和准确把握融资性贸易业务的实质，对照融资性贸易业务的主要特征，以业务相关合同约定为依据，以上下游关联关系、资金流、实物流等为重点，甄别认定业务商业实质。重点排查贸易板块或开展贸易业务的子企业，对收入规模大幅波动的子企业予以特别关注。融资性贸易业务一经发现要立即停止退出。

三、严禁开展“空转”“走单”等虚假贸易业务

“空转”“走单”类贸易业务，虽没有融资性质，但缺乏实物流或现金流，已完全脱离贸易实质，属于虚假贸易业务。审计署对20家中央企业2015年度财务收支审计公告反映，18家中央企业近年通过虚构业务、人为增加交易环节等手段累计虚增收入2001.6亿元，造成不良影响。中央企业是我国国民经济的重要支柱，承担着国家能源、基础工业品、国防军工产品等供应保障职责，使命光荣，责任重大。部分中央企业为扩大收入规模，开展“空转”“走单”等虚假贸易业务，与中央企业定位和身份不符，严重损害中央企业形象，浪费大量资源，影响主业发展。各中央企业要牢固树立新发展理念和正确的业绩观，以提高发展质量和效益为中心，依法合规经营，为振兴实体经济作出表率，严禁开展“空转”“走单”等各类虚假贸易业务。

四、采取强有力措施处置风险挽回损失

融资性贸易业务风险处置难度大、涉及面广，中央企业积极应对、行动迅速，风险处置和损失追偿工作取得积极进展，总体风险敞口规模逐步降低，但有些企业风险处置进展缓慢。有关中央企业要进一步加大风险处置力度，尽最大努力减少和挽回损失。一是各企业要高度重视融资性贸易业务风险处置，主要领导要亲自抓、亲自管，强化责任担当，成立专门工作小组，全力推进风险处置工作。二是要明确风险处置工作目标，落实责任到人，并将风险处置进展和追偿结果纳入考核。三是要细化措施，分类处置，采取法律诉讼、刑事立案等司法手段，多措并举，加快资金回收，暂时难以回收现金的，要以实物资产、股权、采矿权等有效资产抵偿。四是要积极盘活抵偿资产，对于不符合主业发展方向的要限期变现，对于处置变现难度大的可交由国有资本运营公司处置和管理或委托专业机构处置。有关中央企业要按季度上报融资性贸易业务风险处置进展情况，同时抄报派驻企业监事会。风险处置中发生重大法律纠纷的，要按照《中央企业重大法律纠纷案件管理暂行办法》规定报备。

五、坚决维护纪律规矩的权威性和严肃性

各中央企业要严格按照《国务院办公厅关于建立国有企业违规经营投资责任追究制度的意见》（国办发〔2016〕63号）等有关文件规定，有责必究，追责必严，对违规开展融资性贸易造成损失的

责任人，要进行严肃问责，追责情况及时报国资委备案。融资性贸易业务禁令下发特别是中国铁物案件通报后，隐瞒不报继续开展融资性贸易业务的，属于严重不守纪律和规矩、对抗组织的行为，要从严从重处理；对于存在严重瞒报漏报、问题多发、涉及金额巨大、出现特别重大资产损失的，国资委将直接组织调查问责，并追究集团相关领导责任。在本通知印发后，仍开展融资性贸易业务或“空转”“走单”等虚假业务的，一经发现，严肃追究企业有关领导的相应责任。

六、加强贸易业务物资采购和产品销售的风险管理

各中央企业要坚持聚焦主业，根据发展战略，结合瘦身健体、压减法人户数等工作要求，对贸易业务进行全面梳理，加快淘汰低水平、低毛利贸易业务，着力增值服务，提升业务附加值。对于不符合集团发展战略，与主业无关的贸易业务要坚决清理退出，相关子企业予以关闭；对于需要保留的贸易业务要围绕主业进行分类整合，实施集中统一专业化管理。在贸易业务开展中要进一步强化物资采购和产品销售管控，对涉及的授信额度、客户信用、合同签订、仓储商选择、存货监控、资金收付等关键环节加强内部控制机制建设，不断提高贸易业务风险防范和管控能力。

财政部关于印发《中央企业国有资本收益收取管理办法》的通知

财资〔2016〕32号

有关中央部门（机构），财政部驻各省、自治区、直辖市、计划单列市监察专员办事处：

经国务院批准，我们对《中央企业国有资本收益收取管理暂行办法》（财企〔2007〕309号）进行了修订。现将修订后的《中央企业国有资本收益收取管理办法》印发给你们，请遵照执行。

财政部

2016年7月15日

中央企业国有资本收益收取管理办法

第一章　总　　则

第一条　为规范中央企业国有资本收益收取管理，根据《中华人民共和国预算法》、《中华人民共和国公司法》、《中华人民共和国企业国有资产法》及《国务院关于改革和完善国有资产管理体制的若干意见》（国发〔2015〕63号）等规定，制定本办法。

第二条　纳入中央国有资本经营预算实施范围的中央企业（即一级企业，不含金融企业，下同）国有资本收益的申报、审核、上交，适用本办法。

第三条　本办法所称国有资本收益，是指国家以所有者身份依法取得的国有资本投资收益，具体包括：

（一）应交利润，即国有独资企业按规定应当上交国家的利润；

（二）国有股股利、股息，即国有控股、参股企业国有股权（股份）获得的股利、股息收入；

（三）国有产权转让收入，即转让国有产权、股权（股份）获得的收入；

（四）企业清算收入，即国有独资企业清算收入（扣除清算费用），国有控股、参股企业国有股权（股份）分享的公司清算收入（扣除清算费用）；

（五）其他国有资本收益。

第四条　中央企业国有资本收益应当按照国库集中收缴的有关规定直接上交中央财政，纳入中央本级国有资本经营预算收入管理。

第五条　财政部驻中央企业所在省（自治区、直辖市、计划单列市）财政监察专员办事处（以下简称驻地财政专员办）负责收缴中央企业国有资本收益。中央部门（机构）负责组织所属（或监管）中央企业上交国有资本收益。

第六条　为加快预算执行进度，财政部可以预收部分中央企业国有资本收益。

第二章　中央企业国有资本收益的申报

第七条　财政部根据国有资本经营预算收支政策和中长期国有资本收支规划，印发年度中央企业国有资本收益申报通知。

第八条　中央部门（机构）根据财政部通知要求，组织所属（或监管）中央企业申报国有资本收益。

第九条　中央企业根据财政部通知要求，向中央部门（机构）和驻地财政专员办申报国有资本收益，并如实填写中央企业国有资本收益申报表（详见附1-4）。中国烟草总公司、中国邮政集团公司、中国铁路总公司直接向财政部和财政部驻北京市财

政监察专员办事处（以下简称北京财政专员办）申报国有资本收益。具体申报要求如下：

（一）应交利润，每年5月31日前，由中央企业按照净利润和规定的上交比例一次申报，并附送经依法审计的年度合并财务会计报告；

（二）国有股股利、股息，在股东会或者股东大会（没有设立股东会或者股东大会的为董事会，下同）表决日起30个工作日内，由中央企业据实申报，并附送经依法审计的年度合并财务会计报告和股东会或股东大会决议通过的利润分配方案；

（三）国有产权转让收入，在签订产权转让合同之日起30个工作日内，由中央企业据实申报，并附送产权转让合同和经核准或备案的资产评估报告；

（四）企业清算收入，在清算组或者管理人编制剩余财产分配方案之日起30个工作日内，由清算组或者管理人据实申报，并附送经依法审计的清算报告，涉及资产评估项目应附送经核准或备案的资产评估报告；

（五）其他国有资本收益，在收益确定之日起30个工作日内，由有关单位申报，并附送有关经济事项发生和金额确认的资料。

第十条　国有独资企业拥有全资公司或者控股子公司、子企业的，应当由集团公司根据国有独资企业经依法审计的年度合并财务会计报告反映的归属于母公司所有者的净利润为基础申报。

企业计算当年应交利润时，可从净利润中扣除以前年度未弥补亏损和提取的法定公积金。

第十一条　财政部会同中央部门（机构），提出国有独资企业应交利润的上交比例建议，报国务院批准后执行。

第十二条　国有独资企业调整以前年度损益的，应相应补交或抵减应交利润。

第十三条　国有控股、参股企业应当依法分配年度净利润。当年不予分配的，应当说明不分配的理由和依据，并出具股东会或者股东大会的决议。

第三章　中央企业国有资本收益的审核

第十四条　中央企业国有资本收益区别以下情况核定：

（一）应交利润，根据中央企业经依法审计的年度合并财务会计报告反映的归属于母公司所有者的净利润和规定的上交比例计算核定；

（二）国有股股利、股息，根据国有控股、参股企业利润分配方案中确定的国有股获得的股利、股息全额核定；

（三）国有产权转让收入，根据企业产权转让协议和资产评估报告等资料计算的转让净收入（扣除转让费用）全额核定；

（四）企业清算收入，根据清算组或者管理人提交的企业清算报告计算的清算净收入（扣除清算费用）全额核定；

（五）其他国有资本收益，根据有关经济行为的财务会计资料核定。

第十五条　事业单位所属国有控股、参股企业的国有股股利、股息，根据国有控股、参股企业当年可供国有投资者分配利润和规定的上交比例计算核定。如企业利润分配方案确定的实际分配国有股股利、股息低于计算核定金额的，则按实际分配的国有股股利、股息核定。

第十六条　中央部门（机构）应当在收到所属（或监管）中央企业上报的国有资本收益申报表及相关材料之日起15个工作日内提出初审意见，报送财政部复核。

第十七条　驻地财政专员办应当在收到中央企业上报的国有资本收益申报表及相关资料之日起15个工作日内提出审核意见，报送财政部。

第十八条　财政部向中央部门（机构）提出复核意见；中央部门（机构）根据财政部复核意见向所属（或监管）中央企业下达国有资本收益上交通知。

财政部根据北京财政专员办审核意见，向中国烟草总公司、中国邮政集团公司、中国铁路总公司下达国有资本收益上交通知。

第十九条　财政部向驻地财政专员办下达国有资本收益收缴通知；驻地财政专员办根据财政部下达的收缴通知向中央企业开具《非税收入一般缴款书》。

第二十条　中央企业由于国家政策进行重大调整，或者遭受重大自然灾害等不可抗力因素造成巨大损失，要求减免上交国有资本收益的，中央企业应当通过中央部门（机构）向财政部提出申请，由财政部报国务院批准。

第四章　中央企业国有资本收益的上交

第二十一条　中央企业应在收到中央部门（机构）国有资本收益上交通知和驻地财政专员办开具的《非税收入一般缴款书》之日起15个工作日内，

上交国有资本收益。

第二十二条 中央企业当年应交利润应当在申报日起4个月内交清，其中：应交利润在10亿元以下（含10亿元）的，须一次交清；应交利润在10亿元以上、50亿元以下（含50亿元）的，可分两次交清；应交利润在50亿元以上的，可分三次交清。

第二十三条 中央企业上交的国有资本收益，使用政府收支分类科目中的“10306国有资本经营收入”下相关目级科目。

第五章 监督检查

第二十四条 财政部和中央部门（机构）对中央企业国有资本收益申报、审核、上交进行监督。

第二十五条 对隐瞒、挪用、拖欠、不交或少交以及违规审核国有资本收益的行为，依照《中华人民共和国预算法》、《财政违法行为处罚处分条例》的相关规定进行处理处罚。

第六章 附 则

第二十六条 本办法由财政部负责解释。

第二十七条 本办法自印发之日起施行。《财政部国资委关于印发〈中央企业国有资本收益收取管理暂行办法〉的通知》（财企〔2007〕309号）同时废止。

国资委关于进一步做好中央企业增收节支工作有关事项的通知

国资发评价〔2015〕40号

各中央企业：

为贯彻党中央、国务院关于国民经济提质增效稳增长的决策部署，落实中央经济工作会议和“两会”精神，国资委党委决定在中央企业开展“降本增效、提质升级”主题活动，充分发挥中央企业在国民经济发展中的“国家队”和“排头兵”作用。各中央企业要围绕主题活动，深入做好开源节流、增收节支各项工作，努力完成全年生产经营目标。现将进一步做好中央企业增收节支工作的有关事项通知如下：

一、统一认识树信心。当前，世界经济处于深度调整之中，复苏动力不足，我国经济下行压力加大，部分行业面临市场需求不足、产能严重过剩、商品价格低位波动、资金与债务等潜在风险显性化的困难和挑战。一季度中央企业收入和利润同比双下滑，全年稳增长形势严峻、任务艰巨。同时也应看到中央企业发展面临的新机遇：新型工业化、信息化、城镇化、农业现代化持续推进，“四大板块”和“三个支撑带”国家战略加快实施，国家稳增长、调结构、促转型的宏观经济政策陆续推出，中央企业在不少方面已经处于国际领先地位，完全有条件搭上新一轮工业革命的快车。各中央企业既要充分估计形势和面临的困难，又要对经济发展长期向好的基本面充满信心，在国民经济转型发展的关键时期，要把思想认识统一到党中央、国务院的决策部署上来，以提质增效为中心，以改革创新为动力，坚定信心、勇于担当、顶住压力、迎难而上、立足自身、不等不靠、开拓市场、降本增效、提质升级上狠下功夫，力争实现中央企业整体效益增长高于上年水平的目标，为国民经济稳增长多作贡献。

二、开拓市场抓机遇。要统筹用好国内、国际两个市场，加大市场开拓，科学组织生产，进一步增强盈利能力。一是要科学研判市场形势，主动适应市场和客户需求变化，合理制定经营策略，抢抓市场机遇。二是要做精市场营销，优化营销模式和销售渠道，巩固盈利基础；加快商业模式创新，增强市场开拓能力，抢抓效益稳定的合同订单，打造高回报率、高附加值、高技术含量的新型盈利业务和特色优势项目，提高市场竞争力和影响力。三是要树立“事先算赢”和“先算后干”理念，围绕市场需求，精细组织生产，不断提升市场创利能力，提高运行质量。四是要积极落实国家“一带一路”、周边国家互联互通、非洲“三网一化”等战略部署，拓展海外业务，巩固劳务商品出口、境外工程承包优势，带动中国装备、技术、标准“走出去”，推动国际化经营向中高端发展。五是要加强产业链上下游企业间协同发展，加大海外业务合作力度，倡导有序竞争，避免不规范恶性竞争，实现优势互补、合作共赢。

三、精益管理控成本。要树立一切成本皆可控的理念，运用先进的成本管理模型，分析成本构成及动因，全方位开展行业对标，明确成本压控重点和经济技术指标改进目标，确保营业成本增长低于营业收入增长，成本费用利润率实现稳中有升。一是从设计源头入手，推进目标成本管理，合理降低产品生命周期成本。二是严格落实依法招标，规范采购管理，建立物资、工程和服务等集中采购机制，集中采购比重要较上年明显提升，采购成本实现明显下降。三是不断优化生产工序和作业流程，鼓励采用新工艺、新材料、新技术提高国产化、智能化装备水平，提高生产效率、降低生产成本。四是进一步加强产品质量控制和安全生产管理，减少废品和返工损失，降低质量成本；提高安全生产意识，正确处理好安全与生产的关系，避免发生重大安全事故，降低安全事故损失。五是严格落实工资总额和效益挂钩机制，企业工资总额增幅不得超过效益增幅，效益下降的企业工资总额必须下降。六是强化全员、全要素、全过程成本管控，建立目标明确、责任清晰、考核严格、奖惩落实的成本管理责任制。

四、压缩开支降费用。要大力弘扬艰苦奋斗、勤俭办企业的优良传统，从严控制各项费用性开支，降低期间费用占营业收入比重。一是严格费用支出预算管理，优化项目、严控标准、严格审批，各类费用不得“包干”使用，坚持无预算不支出。二是开展费用支出清理与效能评价，杜绝一切非必要开支，对必须支出的要控制支出规模，严禁铺张浪费。三是调整优化组织结构，压缩管理层级，强化业务协同，整合营销资源，优化营销模式，大力压降运行费用，向管理要效益。四是严格执行中央“八项规定”要求，严控差旅费、会议费、业务招待费用等支出，负责人履职待遇和业务支出不得增长。五是严格规范对外捐赠，除抢险救灾等突发性专项支出外，效益下滑企业捐赠规模原则上不超过上年水平；结合国家减轻企业负担工作部署，坚决抵制不合理的收费、摊派和赞助行为。

五、高效融通用资金。要继续坚持“现金为王”，深入推进资金精益化管理，合理控制债务规模，加快资金内部融通，努力降低资金成本。一是要严格控制带息负债规模，优化负债结构，理性评估财务杠杆边界，资产负债率高的企业要减量控制带息负债，保持稳健的财务结构。二是要努力降低资金成本，优选融资对象和融资方式，合理搭配长短期、本外币、直间接、债股权等各种融资手段，探索尝试资产证券化、产业基金等创新融资工具，实现多渠道低成本融资。三是要加强资金集中管理，充分利用财务公司、资金结算中心等平台，连通境内外资金池，扩大资金集中范围，提高资金集中度，减少资金沉淀，加快资金融通。四是要强化现金流管理，确保资金及时足额到账，做到应收尽收、颗粒归仓，努力实现收入、效益和净现金流量的同步增长。五是要积极稳妥利用金融工具套期保值，对冲汇率、利率波动风险，严禁投机。六是要确保资金安全，严禁开展各种形式无正常商业实质的融资性业务，严格大额资金联签和不相容岗位分离制度，堵塞资金管理漏洞，严禁设立“小金库”，杜绝违规使用、挪用资金。

六、效益为先配资源。要以效益为导向优化资源配置，通过加快实施创新驱动发展战略，推动产业结构升级调整，夯实发展基础，提升主业竞争力，实现有质量有效益可持续发展。一是集中资源发展核心战略产业和效益贡献高的业务，加快发展前瞻性战略性产业和先进制造业，资本性支出要向回报水平高、盈利能力强的领域倾斜，收缩退出不具备竞争优势的业务领域，坚决处置低端过剩产能，促进产业从低端向中高端水平迈进。二是集中资源加大科技投入和研发力度，围绕重大产业关键共性技术、装备和标准研发攻关，技术投入比率要逐年提高，通过原始创新、集成创新和引进消化吸收再创新，抢占新兴产业和前沿技术的战略制高点，加快科技成果的产业化和商业化，加速形成新的盈利增长点。三是坚持以财务承受能力定规模，以资本回报水平定项目，效益回报高的项目优先安排，没有达到回报要求的项目坚决不投，债务风险管控重点企业，不得投资推高企业资产负债率的新项目。对钢铁、电解铝、水泥、平板玻璃、炼化等产能严重过剩行业、无市场前景的项目要暂缓实施，对预期投产即亏损的在建项目要放缓投资节奏并及时制定有效的应对措施，对预期回报达不到设计水平的计划项目要重新论证，并及时调整投资计划。

七、盘活存量提效能。要严格控制、清理压缩“两金”占用规模，加大内部资源整合力度，加快清理低效无效资产，盘活存量提升资产效能。一是从源头上加强“两金”管控，严格信用管理、严控新增欠款规模，从严核定存货实物量和价值量占用标准，严防超额放账、超量库存。二是全面清理清收现有应收账款和存货，集中催缴以前年度欠款，加快处置积压存货，确保应收账款周转率、存货周转率优于上年。三是深化内部资源重组，用好近期出台的兼并重组税收支持政策，推动相关子企业整合发展，提高业务协同和资源使用效率。四是加大资本运作力度，推动资产证券化，用好市值管理手段，盘活上市公司资源，实现资产价值最大化。五是强化低效无效资产处置变现，积极处置长期不分红、收益低、无战略安排的投资，坚决退出盈利差、管控难、无协同优势的非主业经营业务，全面、按时完成国资委部署的低效无效资产清理处置任务。

八、多措并举治亏损。要高度重视亏损企业减亏控亏工作，强化“减亏即增效”的观念，采取有效措施实现亏损面和亏损金额双下降。一是全面梳理亏损子企业，深入分析亏损原因，有针对性地提出减亏控亏措施，制定总体工作方案。对长期亏损、扭亏无望的企业，要坚决重组或关停；对产品无竞争优势、市场前景不明朗的亏损企业要果断转型；对无战略安排、与主业发展方向不符的亏损企业要尽快退出。二是根据总体工作方案，对所属企业一企一策逐户制定年度减亏控亏具体工作目标，明确路径、措施、方法，综合采取债务重组、业务整合、冗员分流、强化管理等措施，逐步实现亏损企业改革脱困。三是落实责任，将减亏控亏目标、措施分解到人，责任落实到人，并作为绩效考核与奖惩任免的重要依据，对措施落实不力、未按计划实现减亏控亏目标的，严格考核相关责任人。四是做好干部职工的思想工作，注重协调，凝聚共识，规范操作，平稳推进，强化预研预判，加快工作进度，确保2015年度中央企业所属子企业减亏控亏工作取得明显实效。

九、强化组织重落实。抓发展、稳增长是中央企业当前及未来一段时期的重要任务，全面开展增收节支、降本增效工作是稳增长的重要措施。各中央企业要高度重视、强化组织、明确措施、落实责任，打好稳增长攻坚战。一是各中央企业领导班子要增强责任感、使命感和担当意识，把稳增长作为中心任务，成立由企业主要负责人挂帅的专项工作领导小组，加强工作领导和组织。二是企业党组织要充分发挥好政治核心作用，将增收节支、降本增效工作纳入党组织工作安排，开展各种主题实践活动，做好宣传、示范和带动，形成全员参与增收节支、降本增效的工作氛围。三是要将增收节支作为今年各项工作的重中之重，认真研判形势，找准关键问题，深入分析原因，明确工作目标，夯实工作措施，结合自身实际和业务特点制定“可操作、可量化、可检查”的增收节支工作方案。四是层层分解工作方案确定的目标和措施，将稳增长压力传导到每名员工、每个岗位，建立和完善工作责任制，明确集团领导班子成员、各职能部门、各子企业负责人的任务、责任和可考核的目标，强化过程管控和执行监督，确保各项措施取得实效。五是要将稳增长目标的完成情况和各项措施的推进效果作为各级企业领导人员考核评价的重要内容，并根据考核评价结果建立奖惩机制，对稳增长工作推进不力，措施落实不到位的要进行问责。

各中央企业要结合本通知精神和要求，以降本为抓手，以增效为目标，以提质为重点，以升级为方向，对增收节支工作进行周密部署。请各中央企业于5月15日前将本企业增收节支工作方案报国资委备案（同时抄报派驻本企业监事会）；每季度结束后的10个工作日内将本企业增收节支工作进展情况、取得的成效以及存在的突出问题等情况专项报告国资委（同时抄报派驻本企业监事会）。国资委将对企业增收节支工作目标的完成情况和各项措施执行效果进行跟踪检查，对有关工作进行专项推动，通过实地调研、召开推进会、交流会等多种形式进行督导。国资委将建立综合评价、业绩考核、收入分配等工作联动机制，研究制定奖惩政策，将稳增长工作完成情况作为中央企业领导班子和领导人员年度述职的重要内容，纳入综合考评范围，对考评优秀、稳增长工作业绩突出的，采取适当方式表扬鼓励；对考评较差、业绩目标完成不好的，将加大提醒、诫勉、调整力度。

国资委

2015年4月20日

财政部关于进一步提高中央企业国有资本收益收取比例的通知

财企〔2014〕59号

国资委、教育部、农业部、工业和信息化部、卫生计生委、新闻出版广电总局、体育总局、文资办、民航局、贸促会、中国烟草总公司、中国邮政集团公司等有关中央国有资本经营预算单位：

为贯彻落实党的十八届三中全会及《国务院批转发展改革委等部门关于深化收入分配制度改革若干意见的通知》（国发〔2013〕6号）关于提高国有资本收益收取比例，更多用于保障和改善民生的精神，经研究，决定从2014年起，适当提高中央企业国有资本收益收取比例。现将有关事项通知如下：

一、国有独资企业应交利润收取比例在现有基础上提高5个百分点，即：第一类企业为25%；第二类企业为20%；第三类企业为15%；第四类企业为10%；第五类企业免交当年应交利润（企业分类名单详见附件）。符合小型微型企业规定标准的国有独资企业，应交利润不足10万元的，比照第五类企业，免交当年应交利润。

二、国有控股、参股企业国有股股利、股息，国有产权转让收入，企业清算收入和其他国有资本收益，仍按照有关经济行为的财务会计资料执行。

三、事业单位出资企业国有资本收益收取政策，按照《财政部关于中央级事业单位所属国有企业国有资本收益收取有关问题的通知》（财企〔2013〕191号）执行，收益收取比例提高至10%。

四、请各预算单位组织所属企业做好国有资本收益申报上交工作，确保国有资本收益的及时足额入库。

附件：中央企业应交利润收取比例分类表

财政部

2014年4月17日

附件：

中央企业应交利润收取比例分类表

第一类			
1	中国烟草总公司		
第二类			
2	中国石油天然气集团公司	9	中国国电集团公司
3	中国石油化工集团公司	10	中国华电集团公司
4	中国海洋石油总公司	11	中国大唐集团公司
5	国家电网公司	12	神华集团有限责任公司
6	中国长江三峡集团公司	13	中国中煤能源集团公司
7	中国电力投资集团公司	14	中国移动通信集团公司
8	中国华能集团公司	15	中国电信集团公司
第三类			
16	中国铝业公司	30	中国电子信息产业集团有限公司
17	中国有色矿业集团有限公司	31	中国华录集团有限公司
18	中国黄金集团公司	32	中国普天信息产业集团公司
19	宝钢集团有限公司	33	中国第一汽车集团公司
20	鞍钢集团公司	34	东风汽车公司
21	武汉钢铁（集团）公司	35	中国东方电气集团有限公司
22	中国化工集团公司	36	哈尔滨电气集团公司
23	中国远洋运输（集团）总公司	37	中国西电集团公司
24	中国海运（集团）总公司	38	中国第一重型机械集团公司
25	中国外运长航集团有限公司	39	中国南车集团公司
26	中国航空集团公司	40	中国北方机车车辆工业集团公司
27	中国南方航空集团公司	41	中国铁路通信信号集团公司
28	中国东方航空集团公司	42	新兴际华集团有限公司
29	中国民航信息集团公司	43	国家开发投资公司

续表

44	中国国新控股有限责任公司	65	中国中钢集团公司
45	中国节能环保集团公司	66	中国中丝集团公司
46	华侨城集团公司	67	中国华孚贸易发展集团公司
47	中国国旅集团有限公司	68	中国医药集团总公司
48	中国国际工程咨询公司	69	中国中材集团有限公司
49	中国恒天集团有限公司	70	中国建筑材料集团有限公司
50	中国盐业总公司	71	中国化学工程集团公司
51	中国中纺集团公司	72	中国交通建设集团有限公司
52	中国航空油料集团公司	73	中国建筑工程总公司
53	中国航空器材集团公司	74	中国铁路工程总公司
54	中国工艺（集团）公司	75	中国铁道建筑总公司
55	中国轻工集团公司	76	中国冶金科工集团有限公司
56	中国机械工业集团有限公司	77	中国电力建设集团有限公司
57	中国通用技术（集团）控股有限责任公司	78	中国能源建设集团有限公司
58	中国中化集团公司	79	华润（集团）有限公司
59	中粮集团有限公司	80	南光（集团）有限公司
60	中国五矿集团公司	81	中国港中旅集团公司
61	中国保利集团公司	82	招商局集团有限公司
62	中国铁路物资总公司	83	中国国际技术智力合作公司
63	珠海振戎公司	84	中国农业发展集团总公司
64	中国诚通控股集团有限公司	85	中国林业集团公司
第四类			
86	中国核工业集团公司	91	中国船舶工业集团公司
87	中国核工业建设集团公司	92	中国船舶重工集团公司
88	中国航天科技集团公司	93	中国兵器工业集团公司
89	中国航天科工集团公司	94	中国兵器装备集团公司
90	中国航空工业集团公司	95	中国电子科技集团公司
96	中国煤炭科工集团有限公司	109	中国电影集团公司
97	机械科学研究总院	110	黑龙江北大荒农垦集团公司
98	中国钢研科技集团公司	111	广东省农垦集团公司
99	北京有色金属研究总院	112	教育部所属企业
100	北京矿冶研究总院	113	贸促会所属企业
101	中国建筑科学研究院	114	工业和信息化部所属企业
102	电信科学技术研究院	115	卫生计生委所属企业

续表

103	中国建筑设计研究院	116	国资委所属企业
104	武汉邮电科学研究院	117	体育总局所属企业
105	中国汽车技术研究中心	118	首都机场集团公司
106	中国冶金地质总局	119	文资办履行出资人职责的中央文化企业
107	中国煤炭地质总局		
108	中国邮政集团公司		
第五类			
120	中国储备粮管理总公司	121	中国储备棉管理总公司

国务院国资委关于加强中央企业特殊资金（资产）管理的通知

国资发评价〔2012〕6号

各中央企业：

根据《关于开展中央企业“小金库”专项治理工作的通知》（国资发评价〔2010〕107号），各中央企业将“小金库”治理与管理隐患排查相结合，对各类代管资金、表外资产等不属于“小金库”范围但存在管理隐患的特殊资金（资产）一并进行了清理。从清理结果看，中央企业普遍存在以上各类特殊资金（资产）。为推动中央企业加强特殊资金（资产）管理，明确管理责任，健全管理机制，保护职工合法权益，确保资产安全，现就有关事项通知如下：

一、明确管理机构，落实管理责任。本通知所称特殊资金（资产）包括职工互助基金，企业慈善基金会管理的资金，企业工会管理的资金，职工持股会管理资金，企业代管的社会保险资金、企业年金、住房公积金等企业虽不拥有所有权但承担资金安全管理责任的资金（资产），以及属于企业所有但尚未并表的各类资金（资产）。各中央企业要高度重视，提高认识，切实加强特殊资金（资产）管理，集团总部及所属各级子企业要加强组织管理，针对不同类型特殊资金（资产）明确管理机构，落实管理责任，实行专业、规范管理。各中央企业要严格执行国家有关法律法规和政策规定，认真履行管理职责，规范管理行为和资金运作，确保资金（资产）安全。

二、完善内控制度，规范业务流程。各中央企业要依据国家有关管理规定和要求，结合本企业实际情况和各类代管资金的特点，建立健全各类特殊资金（资产）的内控制度或专项管理办法。对于国家有明确管理规定的，要在符合国家规定的基础上进一步细化管理措施，完善内控机制；对于国家没有统一管理要求的，要结合本企业实际情况制订专项管理办法。企业制定的特殊资金（资产）管理制度要对资金管理机构、岗位设置和职责、收入支出范围和标准、日常管理、投资运作、监督检查、损失责任追究等内容进行明确，规范资金筹集、支出和投资的决策、授权、审批、报告等环节的业务流程，严格规定资金支出的审批权限和程序，对不相容岗位采取分离牵制措施。要严格遵守国家法律法规和财经纪律，规范代管资金的会计核算和财务管理，建立必要的经费审查制度，加强预算执行监督和控制。

三、严格收支管理，加强资金监控。各中央企业要切实加强各类特殊资金（资产）的收支管理，不得“坐收坐支”。代管资金来源必须合法、规范，符合国家有关法律规定和财务会计制度要求，不得随意扩大资金来源渠道或提高标准。代管资金支出必须符合有关规定，不得超范围、超标准开支；要加强资金支出的审核，支出报销必须做到凭证完整、手续齐全；要明确不同支出金额的审批权限，对大额资金支出实行集体决策或联签制度。特殊资金账户开立要纳入集团统一管理，实行专户存储、专款专用、独立核算，不得挤占、截留、挪用或私存。各中央企业要将代管资金账户及其收支纳入集团资金管理系统进行监控，加强对代管资金账户的统一监管、对资金收支的审查监督和资金流向的动态监控，建立代管资金收支预算管理和运作分析制度，定期与有关方面进行核对，防范资金损失风险。

四、规范投资运作，确保资金安全。各中央企业要对特殊资金（资产）的对外投资情况进行一次全面清查，对于国家明确规定不得用于投资的特殊资金（资产），企业一律不得开展投资活动；对于投资方向有限制性规定的特殊资金（资产），企业可在允许投资的范围内开展投资活动；对投资运作没有明确规定的特殊资金（资产），企业可在保障资金安全的前提下，适当开展固定收益类投资活动，以实现资金（资产）保值增值，但要严格控制投资规模，防范投资风险。严禁将特殊资金（资产）用于投资风险不可认知的业务或高风险业务；严禁将特殊资金（资产）用于对外拆借、担保或抵押、质押。企业按规定将特殊资金（资产）用于投资的，要严格执行决策审批程序，实行专业化运作、规范化管理，确保投资效果；要加强对投资项目的动态跟踪，及时掌握投资项目的风险变动状况，制定完善应急止损措施；要规范投资增值收益的管理，各类特殊资金（资产）投资增值收益一律纳入规定账户核算和管理，用于规定的用途或支出范围不得挪作他用。

五、加强审计监督，建立问责制度。各中央企业应当根据各类代管资金的有关管理规定，定期对企业特殊资金（资产）开展内部审计或专项检查，重点关注特殊资金（资产）收缴、支出的规范性和投资经营的风险，检查内控制度的执行情况及业务操作的规范性，评价投资运作效果，及时发现存在的突出问题和主要风险，并负责督促整改，对特殊资金（资产）管理失职行为建立问责制度。国资委将会同有关部门探索建立联合审计监管机制，对审计检查发现的违规运作，造成资产损失的，将依据《中央企业资产损失责任追究暂行办法》（国资委令第20号）等有关规定，开展资产损失责任追究工作。对疏于管理造成重大损失的，将追究企业人员责任，并依据《中央企业负责人经营业绩考核暂行办法》（国资委令第22号）的有关规定予以处理。

六、采取有效措施，加强表外资产管理。部分中央企业因各种历史原因，一些不符合《企业会计准则》规定报表合并条件的资产，形成未纳入企业财务决算合并范围的表外资产，易造成管理隐患。各中央企业应当加大清理力度，规范表外资产管理。对于因历史原因或政策原因等尚未确权的资产及权属存在瑕疵的资产，企业应当积极协调有关方面，采取有效措施尽快明确权属，符合条件的应当尽快纳入企业账内统一核算和管理；对于暂时难以确权未纳入账内核算的，应当纳入企业统一的资产管理体系，建立健全资产管理台账，加强实物资产管理，防止国有资产流失。一经确权的表外资产及其投资形成的产权，应当按照相关规定办理产权登记等手续。对于委托工会等内部机构管理的资产及其投资，应抓紧进行清理处置，并将清理处置收入及时纳入企业账内核算，一时难以清理处置的，也应建立健全管理台账，规范表外资产管理，落实管理责任。

七、建立报告制度，增强管理透明度。企业特殊资金（资产）的权属无论是企业所有还是职工所有，各中央企业作为管理主体，承担资金安全管理责任，应当依法履行报告职责，增强资金使用和管理透明度，自觉接受有关管理部门和职工群众的监督。各中央企业应当依据特殊资金（资产）的性质以及委托管理机构的要求，分类建立报告、公示制度，定期报告或公布相关资金的提取、汇缴、上解、开支及运作、收益情况，保障资金缴纳人或受益人对资金使用情况的知情权。特殊资金（资产）发生大额损失的，应当及时向国资委报告。

各中央企业要高度重视特殊资金（资产）管理工作，建立健全内控制度，落实管理责任，加强特殊资金（资产）监管。负责特殊资金（资产）管理的业务部门应认真履行业务管理责任，其他相关部门应当各负其责，加强对特殊资产账户和资金流的监控，依法对特殊资金（资产）进行审计监督，防范资产损失风险，确保特殊资金（资产）安全和保值增值。

国务院国资委
二○一二年一月十二日

国务院国有资产监督管理委员会、国家发展和改革委员会、财政部关于进一步做好中央级财政资金转为部分中央企业国家资本金有关工作的通知

国资发法规〔2012〕103号

各省、自治区、直辖市人民政府，各中央企业：

为进一步做好中央级财政资金转为部分中央企业国家资本金有关工作，切实解决在国家资本金核

转过程中存在的确权难、行权难等问题，经国务院同意，现就有关事项通知如下：

一、本通知所称中央级财政资金，是指经国务院批准，依据原国家计委、财政部等有关部门文件规定，转为部分中央企业国家资本金的以下三类资金：1979 年至 1988 年由财政拨款改为贷款的中央预算内基本建设投资，即中央级“拨改贷”资金；1989 年至 1996 年，由中央财政安排的国家预算内基本建设投资中有偿使用的资金，即中央级基本建设经营性基金；1987 年用国家重点建设债券资金安排的“特种拨改贷”贷款，即中央级“特种拨改贷”资金。

二、中央级财政资金本息余额转为有关中央企业国家资本金的，由该中央企业对用资企业履行出资人职责。有关中央企业应当按照产权管理相关规定，及时办理产权登记手续，将其作为国家资本金入账管理。占有使用中央级财政资金的用资企业，应当按照国有法人资本入账管理。

三、自原国家计委、财政部等有关部门批复同意将中央级财政资金转为有关中央企业国家资本金之日起，该中央企业即取得对该类资金履行出资人职责的资格。有关中央企业应当积极与用资企业协商，尽快明确与用资企业的出资关系，依法履行出资人职责。用资企业应当积极配合确权工作，依法确认中央企业的出资人地位。

四、本通知印发前，有关部门已经批复将中央级财政资金转为有关中央企业国家资本金的，用资企业应当自本通知印发之日起 6 个月内办理工商变更登记等确权手续；本通知印发后，有关部门批复的中央级财政资金，用资企业应当在批复文件印发之日起 6 个月内办理工商变更登记等确权手续。

五、用资企业不承认有关中央企业出资人地位、不配合办理工商变更登记等手续的，应当在第四条规定的确权期限届满之日起 6 个月内将资金本息上缴中央国库。有关中央企业可以持相关证明材料向国资委申请在企业资本金中予以核销。

六、由地方各级政府及其部门统贷统还或者提供担保的中央级财政资金，地方各级政府及其部门应当积极协助有关中央企业落实相关权益，提供用资企业名单、资金数额和有关证明文件等，督促用资企业切实履行该类资金的确权义务。

七、用资企业已经关闭、破产的，有关中央企业可以按照相关规定，向国资委申请将涉及的中央级财政资金从企业资本金中予以核销。中央企业申请核销该部分资本金的，应当提交地方工商行政管理部门出具的有关文件等证明材料。

八、对既不按照规定期限落实有关中央企业出资人地位，又不按照规定期限将资金本息上缴中央国库的用资企业，或者虽然规定期限未满，但用资企业明确拒绝履行上述义务的，有关中央企业应当通过司法途径，依法请求确认股东资格或者返还相关款项，维护出资人合法权益，保障国有资产安全。

九、自本通知公布之日起，有关中央企业和用资企业应当按照上述规定，切实做好中央级财政资金转为国家资本金相关工作。执行本通知过程中遇到问题，应当及时向国资委、发展改革委、财政部反映。

国务院国有资产监督管理委员会
国家发展和改革委员会
财政部
二〇一二年七月十八日

国务院国有资产监督管理委员会关于加强中央企业财务信息化工作的通知

国资发评价〔2011〕99 号

各中央企业：

近年来，中央企业积极贯彻国家信息化发展战略，深入推进财务信息化建设和应用，财务信息化水平明显提高。但随着中央企业经营规模快速扩大，产业链条不断延伸，经营业态逐步多元化，多数企业目前的财务信息化水平难以满足业务发展需要和集团管理要求，成为制约企业做强做优的重要因素。为培育具有国际竞争力的世界一流企业，认真贯彻落实国资委关于中央企业信息化工作的要求和部署，推动中央企业更好地利用信息技术提升管理水平，建立规范、高效、稳健的财务管理体系，现就加强中央企业财务信息化工作的有关事项通知如下：

一、加强财务信息化工作组织领导。企业财务信息化作为企业信息化的基础和重要组成部分，是一项复杂的系统工程，贯穿企业经营管理各个方面和环节，需要对企业的制度体系、管理框架、业务流程等进行梳理与优化，涉及范围广，工作任务重。各中央企业主要负责人要高度重视，充分认识财务信息化对变革企业管理、增强企业核心竞争力所产生的推动作用，切实加强组织领导，将财务信息化作为集团信息化的先导和突破口，由集团统一规划和组织实施，明确工作任务和要求，落实机构人员和资金，建立健全财务信息化工作组织体系。企业总会计师或分管财务工作负责人是财务信息化工作的直接责任人，在企业信息化总体框架下，与集团首席信息官或分管信息化工作负责人共同推动财务信息化各项工作深入开展。企业财务部门应当与信息化职能部门等相关部门密切配合，分工协作，组织做好规划编制、项目实施、运行维护和应用培训等工作，有效发挥财务信息化对规范企业管理、优化资源配置、防范财务风险、提升经营绩效的促进作用，不断提高企业经营管理水平。

二、科学制定财务信息化整体规划。中央企业应根据集团“十二五”发展规划，结合集团信息化纲要，按照财务管理体系建设和集团化管控需求，坚持整体规划、科学适用、成本效益、财务业务一体化等原则，统一制定集团财务信息化建设规划，明确财务信息化总体目标和分阶段任务，有计划分步骤组织实施，做到与集团整体信息化规划同步、系统集成、标准统一、信息共享。对于财务信息化水平较高的企业，应当与国际先进企业对标，结合企业实施“走出去”战略，持续优化财务信息系统功能，推进全球业务信息化、财务服务集中化；对于财务信息化水平一般、尚处于建设和完善过程中的企业，应当加强信息资源整合和不同信息系统的集成，力争在“十二五”期间建成功能完善、财务与业务相统一、运行高效安全、覆盖集团全部子企业和所有业务领域的财务信息系统；对于财务信息化基础较为薄弱的企业，应当制定适合企业经营管理特点的系统框架、软件平台和实施方案，兼顾技术先进性和操作实用性，考虑未来扩展性和系统兼容性，做好软件系统选型和网络布局，力争在“十二五”末建立满足企业经营管理需要、功能较为完善的财务信息系统。

三、夯实财务信息化基础工作。财务信息化基础工作是关系财务信息化成败的关键。中央企业应当高度重视，并认真做好制度统一、流程梳理和分类编码等标准化建设基础工作。一是应当建立健全集团统一、完善的货币资金、应收账款、存货、固定资产、在建工程、长期投资等各项资产管理制度；二是应当根据国家发布的会计准则和财务制度，统一集团会计政策、会计核算、内部交易、财务报告等各项财务会计制度；三是应当对采购、生产、销售等各个经营环节进行业务流程梳理与再造，加快财务业务一体化进程，优化和完善资金、投融资、预算、成本控制、风险预警、考核评价等管理程序；四是应当对会计科目、物资、产品、职工、客户、供应商、合同等信息进行分类整理，明确编码规则，实现统一规范编码，并形成编码手册，实施动态维护与管理。同时应当建立财务信息系统功能模块、数据存储、系统集成等标准体系，为软件集成、信息共享等系统建设奠定基础。

四、加快建设功能完善的财务信息系统。功能完善的财务信息系统至少应当包括但不限于会计集中核算、财务合并报告、资金集中管理、资产动态管理、全面预算管理、成本费用管理、财务分析与决策支持、风险管控等功能模块和子系统，各子系统之间应当实现无缝对接和信息集成，并将关键控制环节和控制要求固化于系统中，实现财务信息系统的内部控制。会计集中核算系统主要指根据集团统一的会计制度和会计科目编码，由业务驱动自动生成会计凭证、会计账簿和会计报表，并能灵活适应国家会计准则及企业会计政策变更，具备条件的企业应当在集团层面探索开展会计集中核算和共享会计服务。财务合并报告系统主要指根据内部交易抵销、投资股权折算等合并规则，提取核算系统中的会计信息，自动编制合并报告，生成各类分析统计报表，满足各部门工作报表需要，并能根据国家发布的可扩展商业报告语言（XBRL）技术规范生成报告。资金集中管理系统主要指通过与预算、核算等业务系统的有效集成，对企业现金、票据、存贷款、外汇等实施统一管控和调配，控制预算外资金支付，促进企业加快内部资金融通，提高使用效率，降低资金成本，防范资金风险。资产动态管理系统主要指对固定资产、在建工程、存货、股权投资、应收款项、无形资产等资产项目进行全流程管控，实现资产购建、财务入账、流转运行、价值变化、产权变动、报废回收、损益核算等全生命周期的动态管理。全面预算管理系统主要指对经营预算、投融资预算、资金预算、薪酬预算、财务预算等预算编制、预算审批、预算调整、预算执行监控以及预算考核评价等全过程的管理。成本费用管理系统主要指以产品、服务、项目等管理及生产运营流程为中心，通过成本费用的归集、分摊、结转、核算等过程监控，实现成本费用的计划、分析、预测、考核等控制管理。财务分析与决策支持系统主要指通过对业务部门和各级子企业财务信息的跨账簿、跨区域、跨年度等多维度的穿透查询和数据钻取，实现财务分析、行业对标、风险预警、趋势预测、绩效评价等决策支持功能，并以“仪表盘”、“驾驶舱”等图文并茂方式进行数据展现和分析报告。风险管控系统主要指根据职责分离和风险控制的要求，实现在线审计、内部控制与评价、风险防范与评估等功能。

五、深化财务信息系统应用管理。财务信息系统只有投入使用才能有效发挥促进企业规范管理、提升管理能力、提高管理效率的作用。各中央企业应当克服“重建设、轻应用”的倾向，切实抓好系统的应用管理。对已经具备上线运行条件的系统或模块，应当组织力量及时投入使用，做好数据迁移和系统初始化工作，确保数据资料连续完整和系统正常运行，并加强系统的应用培训和运行维护，定期对系统的软硬件及网络环境进行检测，对数据进行同城和异地灾备，并根据运行中出现的新情况、新问题及新需求，持续改进与优化，增强系统的适应性、扩展性和安全性。系统应用过程中，应当做到财务系统与业务系统的深度融合，防止信息孤岛和业务系统外循环。

六、强化财务信息化人才队伍建设。财务信息化是现代信息技术与企业财务管理的有机结合，跨专业领域的复合型人才是做好财务信息系统建设实施、稳定运行与深化应用的重要保障。中央企业在推进财务信息化工作中，应当高度重视财务信息化人才队伍建设，有条件的企业应当设立相应机构和专门岗位，配备既懂财务又掌握信息技术的专业人才，充实人才队伍力量，并建立激励约束机制，创建有利于人才发展的良好环境，确保人才队伍稳定。

七、认真做好财务信息系统安全保密工作。财务信息系统存储了企业经营活动形成的大量财务与业务数据，安全保密至关重要。中央企业要高度重视，切实做好国家秘密和企业商业秘密的保护工作，严格执行国家及我委有关信息安全保密规定及技术规范，要从管理制度、操作流程和安全技术等方面，在系统规划设计、建设实施与运行维护全过程中，贯彻安全保密要求，加强安全保密管理，做到保密工作与信息系统同步规划、同步设计、同步实施。对于涉及国家秘密的信息系统，企业应当选择具有国家有关部门认定的相关安全保密资质的单位进行系统开发、项目实施和运行维护，并签订保密协议，信息系统在投入使用前应当通过国家有关部门的安全保密测评。

国资委将开展对中央企业财务信息化工作的分类指导，加强交流与培训，建立中央企业财务信息化工作年度报告制度和财务信息化水平评价体系，逐步开展中央企业财务信息化评价工作，评价结果通报中央企业，并纳入国资委信息化水平评价体系。各中央企业应当结合本企业财务信息化工作开展情况，进行自我评价和总结，并于每年1月31日前向国资委（财务监督与考核评价局）报送评价总结报告，同时抄送派驻本企业监事会。

国务院国有资产监督管理委员会

二〇一一年七月二十六日

国务院国有资产监督管理委员会办公厅关于开展中央企业社会性收费项目摸底调查的通知

国资厅发评价〔2010〕62号

各中央企业：

为进一步贯彻《国务院办公厅转发国务院纠正行业不正之风办公室关于2010年纠风工作的实施意见的通知》（国办发〔2010〕26号）及《关于中央和国家机关贯彻落实2010年反腐倡廉工作的分工意见》（中纪发〔2010〕9号）等精神，国务院决定2010年在全国集中开展减轻企业负担专项治理工作。为全面了解中央企业各类负担情况，建立减轻企业负担的长效机制，国资委将对中央企业社会性收费项目情况进行摸底调查，现将有关事项通知如下：

一、国务院决定集中开展减轻企业负担专项治理工作是全面贯彻落实科学发展观，为企业健康发展营造良好环境的重大举措。摸清企业的社会性收费项目情况是开展专项治理工作的重要基础，各中央企业应对照财政部、发展改革委《关于印发2009年全国性及中央部门和单位行政事业性收费项目目录的通知》（财综〔2010〕20号）和《关于公布2009年全国政府性基金项目目录的通知》（财综〔2010〕18号，以下简称《收费目录》）以及地方政府出台的收费项目，对《收费目录》内、外的各类收费及摊派性捐赠、赞助项目等进行全面清查，认真组织填报《中央企业社会性收费项目摸底调查表》（以下简称《摸底调查表》）。

二、此次摸底调查的社会性收费项目是指各中央企业负担的各类行政事业性收费、政府性基金、社会团体收费，以及摊派性捐赠、赞助和无偿占用企业资产等，不包括企业为保证正常运行所发生的生产经营性费用。摸底调查期间为2009年1月1日至12月31日。

三、《摸底调查表》由企业总部及其所属境内具有独立法人资格的各级子企业（含事业单位）根据当年实际负担的各类费用进行逐项填报。集团总部应在认真审核汇总分析的基础上，编写摸底调查情况说明。各中央企业应将摸底调查汇总表及情况说明于2010年8月15日前一并报送国资委财务监督与考核评价局。

（一）企业应当以正式文件报送摸底调查汇总表及调查情况说明的纸质文件与电子文档（＊.jio文件）。其中：纸质的摸底调查汇总表以“万元”为金额单位。

（二）分户报表的报送级次为企业集团总部及所属二级子企业，二级以下子企业并入二级填报，每类性质的收费项目按金额大小列示前10项。

（三）摸底调查情况说明的主要内容包括：本企业2009年度负担的社会性收费项目总体情况，各类收费项目中不合理、需规范完善以及建议取消项目的情况、各项惠企政策措施未落实情况以及对治理各类社会性收费项目的意见和建议等。

四、各中央企业应当高度重视社会性收费项目摸底调查工作，加强组织领导，明确和落实工作责任，认真做好布置、培训和汇总、审核工作，保证质量，按时报送；全面分析本企业负担的社会性收费项目情况及存在的问题，并进一步加强管理，建立健全内控制度，完善决策程序，堵塞管理漏洞，切实维护企业的合法权益。

五、《摸底调查表》的有关软件参数，请到国资委网站（www.sasac.gov.cn）自行下载。各中央企业在组织填报过程中如有问题，请及时与国资委财务监督与考核评价局联系。具体联系人及电话如下：

企业一处：匡永生　010－63193247

企业二处：王艳　010－63193499

清产核资处：王军　010－63193173

评价处：杨杰　010－63193183

附件：略

国务院国有资产监督管理委员会办公厅

二〇一〇年六月二十九日

关于印发《中央企业债券发行管理办法》的通知

国资发产权规〔2023〕34号

各中央企业：

《中央企业债券发行管理办法》已经国资委2023年第9次委务会审议通过，现印发给你们，请遵照执行。

国资委

2023年4月26日

中央企业债券发行管理办法

第一章　总　　则

第一条　为依法履行出资人职责，规范中央企业债券发行，利用债券融资推动国有资本和国有企业做强做优做大，提升企业核心竞争力，根据《中华人民共和国公司法》《中华人民共和国证券法》《中华人民共和国企业国有资产法》和《企业国有资产监督管理暂行条例》（国务院令第378号）等有关法律法规规定，制定本办法。

第二条　本办法所称中央企业，是指国务院国有资产监督管理委员会（以下简称国资委）代表国务院履行出资人职责的国家出资企业。本办法所称债券，是指中央企业及其各级子企业在境内外债券市场发行的公司信用类债券，包括企业债券、公司债券、非金融企业债务融资工具、金融债等。

第三条　中央企业债券发行管理遵循以下原则：

（一）坚持服务主业实业发展。中央企业结合主业实业发展需要制定债券发行计划，保障国家重大战略、重大工程、重点项目建设和实体经济发展，加快关键核心技术攻关，打造原创技术策源地和现代产业链链长，为实现高水平科技自立自强、提升产业链供应链韧性和安全水平提供资金支持。

（二）坚持分级分类管理。国资委以管资本为主管控中央企业整体资产负债水平和集团公司债券发行计划，中央企业依法依规决定所属子企业债券发行，加强对债券发行规模大、债券违约风险高的重点行业、重点企业监管。

（三）坚持债券全流程管控。加强制度建设、债券发行计划制定、债券发行事前审核、存量债券动态监测、债券兑付安排等全过程管理，切实提高管控水平，防范债券违约风险。

第四条　国资委依法建立健全中央企业债券发行监管体系，审核批准中央企业集团公司年度债券发行计划，推动中央企业强化债券全流程管控，有效防范债券违约风险，对中央企业债券发行违规事项造成国有资产损失以及其他严重不良后果的进行责任追究。

第五条　中央企业是债券发行管理的责任主体，负责建立本企业债券发行管理制度并组织实施，管理制度应当包括以下内容：

（一）债券发行管理原则。

（二）工作流程、管理部门及相关职责。

（三）债券发行主体管理要求。

（四）存量债券管理措施。

（五）债券风险防控措施。

（六）违规责任追究。

企业债券发行管理制度应当经内部决策机构审议通过后报送国资委。

第二章　债券发行计划管理

第六条　中央企业债券发行实行年度计划管理。中央企业制订年度财务预算时，综合考虑发展战略、投资计划、资金需求、资产负债水平、融资成本等因素，确定集团公司及所属子企业年度债券发行计划。中央企业年度债券发行计划主要包括集团公司及所属子企业存量债券情况、年度债券发行额度（包括一年期以内的短期债券净融资额、中长期债券发行总额、权益类债券发行总额）、募集资金用途、债券偿付计划等内容。

第七条　中央企业集团公司年度债券发行计划由国资委审核批准。股权多元化中央企业股东会（股东大会）审议集团公司年度债券发行计划时，应当将相关材料报送包括国资委在内的全体股东，国资委出具意见后，由其股东代表在股东会（股东大会）上行使表决权。中央企业应当于每年年初向国资委报送以下材料：

（一）集团公司年度债券发行计划的请示。

（二）集团公司年度债券发行计划表。

（三）可行性研究报告，包括宏观经济环境、债券市场环境、企业所处行业状况、同行业企业近期债券发行情况；企业生产经营情况、财务状况、债券余额；年度债券发行计划，包括发行规模、品种、期限、利率，募集资金用途和效益预测，拟投资项目纳入年度投资计划情况；债券发行金额对企业财务状况和经营业绩的影响，企业偿债能力分析，债券发行计划纳入年度预算情况、符合相关法律法规和国资委债券管理相关规定情况；风险防控机制和流程，可能出现的风险及应对方案。

（四）董事会决策文件。

（五）其他必要文件。

第八条　中央企业在报送集团公司年度债券发行计划表时，应当一并报送所属各级子企业年度债券发行计划；集团公司当年无债券发行计划的，中央企业应当汇总所属各级子企业年度债券发行计划报送国资委备案。

第九条　国资委根据国有经济布局优化和结构调整、中央企业高质量发展、中央企业债券违约风险防控等总体要求，主要从企业主业发展资金需求、公司治理机制、资产负债水平、风险防控机制建设等方面，审核批准中央企业集团公司年度债券发行计划。严格管控资产负债率超过警戒线、持续经营亏损、经营活动现金净流量为负数的中央企业债券发行额度。

第十条　中央企业集团公司可以在国资委批准的年度债券发行计划范围内自行确定债券发行具体时间、品种、期限，年度实际发行额拟超出国资委批准的年度债券发行计划的，应当将超出额度的每笔债券发行方案报国资委批准。

第十一条　国资委批准的中央企业集团公司年度债券发行计划当年有效，不与中央企业在债券市场注册的债券额度挂钩。

第十二条　中央企业依据有关法律法规及内部管理制度确定所属各级子企业债券发行管理权限，明确债券发行管理部门、管理流程和内控机制。

第十三条　中央企业应当建立债券发行主体认定机制，综合考虑子企业行业领域、财务指标、资产负债水平、信用评级、风险防控等基本条件，确定可以发行债券的子企业标准或名单。严格限制信用评级低、产权层级低、债券发行利率明显偏高、债券违约风险尚未解决的子企业发行债券。

第十四条　中央企业应当重点管控信用评级低、集中到期债券规模大、现金流紧张、经营指标显著恶化的子企业债券发行，债券发行审批应当由中央企业集团公司负责。

第三章　债券全流程管控

第十五条　中央企业应当结合年度投资计划、

经营现金流、融资成本等因素，合理确定债券品种和债券期限，做好融资结构与资金安全的平衡、偿债时间与现金流量的匹配，防范短期债券滚动接续可能产生的风险，逐步提高中长期债券发行占比，防止短债长投、兑付期限过度集中等问题，逐步形成债券期限合理、融资成本最优的债券融资结构。

第十六条 中央企业应当积极利用债券市场注册制改革、债券市场基础设施互联互通、债券品种创新等资本市场重大改革举措，通过发行科技创新债券、碳中和碳达峰债券、乡村振兴债券、资产支持证券等创新品种，有效服务国家重大战略。

第十七条 中央企业应当科学论证发行永续债等权益类债券的必要性，充分考虑永续债对企业融资成本、偿债能力、高质量发展的影响，严格按相关规定控制永续债占企业净资产比重，合理控制永续债规模，所属子企业扩大永续债规模的原则上应当报中央企业集团公司批准。

第十八条 中央企业应当加强对境外债券市场融资环境研判，结合境外业务发展资金需求，积极维护投资者关系和良好国际信用评级，探索多市场、多币种发行境外债券，拓展融资渠道。建立健全境外债券风险防控机制，积极主动应对相关风险挑战，对于到期债券提前做好还款预案和相关资金安排，有效防范债券违约风险，统筹做好境外债券发行、募集资金使用和债券兑付相关工作。

第十九条 债券存续期内，中央企业应当严格遵守资本市场规则和监管要求，切实履行在募集说明书及其他相关文件中承诺的信息披露义务，及时披露可能影响偿债能力或投资者权益的重大事项。

第二十条 中央企业应当依照募集说明书披露的用途使用募集资金，投资项目回报率一般应当高于资金成本。严格执行国家金融监管政策，按照融资协议约定的用途使用资金，突出主业、聚焦实业，严禁过度融资形成资金无效淤积，严禁资金空转、脱实向虚，严禁挪用资金、违规套利。

第二十一条 中央企业应当及时通过国资委产权管理综合信息系统逐笔填报集团公司及所属子企业债券发行及兑付情况，实时在线监测全部存量债券，重点监测重点子企业存量债券及可能存在违约风险的债券。

第二十二条 中央企业应当高度重视债券违约风险防控，严禁恶意逃废债行为，维护投资者关系和市场形象。健全风险识别机制，做到早识别、早预警、早处置。稳妥处置违约风险，对确有兑付困难的企业，要提前与债券持有人沟通确定处置方案，通过债券展期、置换、现金要约收购、借助央企信用保障基金支持等方式主动化解风险。

第二十三条 出现可能影响债券本息兑付的事项时，中央企业应当在债券到期日7日前将相关情况及应急预案书面报告国资委。发生债券违约风险事件的应当按照《关于印发〈中央企业重大经营风险事件报告工作规则〉的通知》（国资发监督规〔2021〕103号）有关要求及时报告并妥善处置。

第二十四条 中央企业应当于每年1月31日前核对国资委产权管理综合信息系统填报的上年度债券数据准确性、完整性，全面体现年度债券发行计划执行情况。

第四章　监督追责

第二十五条 国资委将中央企业债券发行工作列入监督检查范围，采取抽查、专项检查等方式，对中央企业债券发行管理情况实施监督评估。对未按要求报送材料的企业，国资委将给予通报批评。

第二十六条 中央企业发生未按规定履行年度债券发行计划报批程序、发现债券违约风险隐瞒不报和未按规定处置债券违约风险等违规行为，造成国有资产损失或其他严重不良后果的，国资委将按照《中央企业违规经营投资责任追究实施办法（试行）》（国资委令第37号）等有关规定，追究相关责任人员的责任。

第二十七条 国资委相关工作人员违反本办法规定审批中央企业集团公司年度债券发行计划并造成不良影响的，国资委责令其改正；造成国有资产损失的，依法追究相关责任；涉嫌犯罪的，依法移送监察机关或司法机关处理。

第五章　附　　则

第二十八条 中央企业发行可交换公司债券、可转换公司债券，按照《上市公司国有股权监督管理办法》（国资委财政部证监会令第36号）等规定执行。

第二十九条 本办法由国资委负责解释。

第三十条 本办法自印发之日起施行。《中央企业债券发行管理暂行办法》同时废止。

附件：

年度债券发行计划表

年度债券发行计划表							
集团名称：			20 ____年度		金额单位：万元人民币		
发债主体名称	上年末债券余额	本年度带息负债预算金额	本年度债券计划发行额			发债主体评级	产权层级
			其中：1. 本年度短期债券净增加额	2. 本年度中长期债券计划发行额	3. 本年度权益类债券计划发行额		
集团公司							
子企业 1							
子企业 2							
子企业 3							
子企业 4							
……							
合计							

注：按照办法第七条和第八条要求，如集团公司当年有债券发行计划，请一并填写集团公司及所属各级子企业债券发行计划；如集团公司当年无债券发行计划，请汇总填写所属各级子企业债券发行计划。

国务院国资委关于印发《关于规范中央企业住房补贴问题的意见》的通知

国资发分配〔2007〕142 号

各中央企业：

为规范中央企业住房补贴发放行为，加强企业人工成本控制，经国务院同意，现将《关于规范中央企业住房补贴问题的意见》印发你们，请遵照执行。

2007 年 8 月 21 日

关于规范中央企业住房补贴问题的意见

《国务院关于进一步深化城镇住房制度改革加快住房建设的通知》（国发〔1998〕23 号）和《国务院关于促进房地产市场持续健康发展的通知》（国发〔2003〕18 号）等文件印发以来，国资委所出资企业（以下简称中央企业）已普遍停止了住房实物分配，部分企业开始发放住房补贴。总体看中央企业实施住房分配货币化改革的方向是正确的，成效也是好的。但由于各企业执行的标准不同，部分企业的住房补贴发放水平过高，企业人工成本急剧上升，企业间收入差距进一步拉大。为规范中央企业住房补贴发放行为，加强企业人工成本控制，根据国发〔1998〕23 号文件和国发〔2003〕18 号文件精神，现就中央企业发放住房补贴问题提出如下意见：

一、严格执行国家有关住房补贴政策。各中央企业要按照国家及有关部委关于住房改革的政策规定，严格掌握住房补贴的人员范围、补贴标准的政策界限，严禁超标准发放住房补贴。企业领导人员要严格自律，以身作则，带头执行住房补贴的有关政策。住房补贴的发放，既要兼顾职工利益，又要防止造成人工成本的大幅度增加和薪酬福利结构失衡。中央企业要结合内部收入分配制度改革，规范职工住房补贴制度，妥善解决企业职工住房的历史遗留问题。

二、有以下情况之一的中央企业不得发放职工住房补贴：1. 房价收入比（即本地区一套建筑面积为60平方米的经济适用住房的平均价格与双职工家庭年平均工资之比）在4倍以下；2. 有以前年度未弥补亏损，企业经济效益较差，不具备发放职工住房补贴能力，未完成国资委下达的经营业绩考核指标；3. 不符合所在地人民政府相关政策规定的发放条件。

三、不得任意扩大住房补贴对象的范围。中央企业发放一次性住房补贴或未达标的差额补贴对象为1998年12月31日前参加工作的无房或住房面积未到规定标准的职工。住房面积已达标的，不得发放住房补贴；住房面积未达标的，严格按面积差额发放住房补贴；住房已达标或已享受住房补贴的职工，以后职务调整不再重新核发住房补贴；已分配住房的职工不得通过任何方式转按无房职工对待。

1999年1月1日后参加工作的无房新职工，住房消费可纳入职工工资收入，原则上不再发放住房补贴。

四、中央企业应按照国发〔1998〕23号文件精神和国发〔2003〕18号文件所确定的住房补贴原则，参照所在地机关事业单位标准，结合本企业的经济承受能力及职工住房的实际情况制订职工住房补贴发放方案，住房补贴水平应综合考虑企业薪酬福利水平及其结构的调整情况。住房补贴资金来源和财务处理应符合《财政部关于企业住房制度改革中有关财务处理问题的通知》（财企〔2000〕295号），《财政部关于企业住房制度改革中有关财务处理问题的补充通知》（财企〔2000〕878号）等相关文件的规定。

五、中央企业住房补贴发放方案，应通过厂务公开等方式，广泛听取职工意见和建议，并经职工代表大会或职工大会审议通过。企业领导人员住房补贴标准和水平，须事先征求国资委意见，再拟定方案和履行民主程序。

六、中央企业住房补贴发放方案（含中央企业总部住房补贴发放方案）须报国资委审核同意，未经国资委审核同意，企业不得发放住房补贴。报送国资委的书面材料包括：1. 企业拟发放住房补贴的请示；2. 住房补贴发放方案（含补贴人员范围、住房补贴面积标准、补贴水平，发放方式、操作程序）；3. 企业领导人员薪酬、现住房及已发放住房补贴情况；4. 企业近三年经济效益、人工成本增长、在岗职工工资水平及薪酬结构调整变化情况的说明材料；5. 住房补贴资金来源及费用测算情况；6. 职工（代表）大会决议；7. 发放住房补贴职工花名册、职工及配偶住房情况报告等。

七、中央企业不得新购商品住房按成本价出售给企业领导人员；不得擅自提高企业领导人员住房补贴面积标准；不得用公款为企业领导人员支付或报销应由个人承担的购房、住宅装修、停车泊位、物业费、采暖费等费用。

八、按照国有企业领导人员报告个人重大事项的规定，中央企业领导人员应将现住房情况和本人、配偶、共同生活的子女营建、买卖、出租私房及参加集资建房等情况，经外派监事会审核后，书面报国资委。其中中央管理的企业主要领导人员的有关情况同时报中央组织部。

九、中央企业易地调动人员的住房问题可参照《中共中央办公厅、国务院办公厅印发的通知》（厅字〔2003〕13号）及《财政部关于企业易地调动干部住房补贴财务处理的通知》（对企〔2006〕382号）执行。

十、严肃纪律，加强监督检查。已发放住房补贴的中央企业应按照国家和所在地政府的住房补贴政策规定，结合本意见要求，对本企业发放住房补贴的做法进行检查；凡不符合本意见精神的，须立即停止住房补贴发放，重新制订住房补贴发放方案，经国资委和有关部门审核后实施，并对原有做法进行整改。整改结果在企业一定范围内公示，并书面报国资委。国资委将视情况对部分企业进行专项检查。经查实存在违规问题的，国资委和有关部门将追究相关人员责任，责令企业追缴违规发放的补贴款。

财政部关于中央企业破产资产评估项目管理有关问题的通知

财企〔2000〕385号

国务院各部委、各直属机构，中国人民解放军总后勤部，中央各企业集团，各省、自治区、直辖市、计划单列市财政厅（局）、国有资产管理局（办公室）、新疆生产建设兵团：

为规范中央管理企业（指资产财务关系直接隶

属财政部管理的企业、暂未脱钩仍实行行业管理或中央主管部门管理的企业，以下简称中央企业）实施破产中涉及的资产评估管理工作，维护债权人、债务人的合法权益，根据《国有资产评估管理办法》（1991年国务院91号令）、《国有资产评估管理办法施行细则》等有关文件精神，现对中央破产企业涉及资产评估项目管理的有关问题通知如下：

一、中央破产企业资产评估事关破产程序的正常实施和企业人员的妥善安置，有关方面应予以高度重视。为保证中央破产企业资产评估的客观、公正、高效，清算组、上级企业或主管单位、原企业有关人员及其他相关方应积极支持和配合资产评估工作；承担中央破产企业资产评估的评估机构，要组织具有丰富执业经验、良好职业道德的专职评估人员和其他辅助人员参与整个评估工作，评估人员应依照现行的有关评估操作的政策法规，遵循客观、公正、科学的原则，认真做好中央破产企业资产评估工作。

二、凡经全国企业兼并破产和职工再就业工作领导小组批准实施破产的中央企业，其资产评估免于立项。企业破产清算组可根据法院宣告，直接委托符合条件的资产评估机构对破产企业全部财产进行评估。

三、中央破产企业资产评估基准日以受理破产申请的人民法院宣告企业破产并发布公告之日为准，资产评估结果自评估基准日起一年内有效。

四、为确保资产评估执业质量，承担中央破产企业资产评估的机构必须具备以下条件：

（一）成立两年以上、已完成脱钩改制工作、具有正式资产评估资格且组织形式为有限责任公司的资产评估机构或兼营资产评估的机构，兼营资产评估业务的机构必须内设独立的资产评估业务部门；

（二）拥有8名以上具备执业资格的注册资产评估师；

（三）在以往执业过程中没有发生过明显的工作失误或违反职业道德行为。

五、按统一领导、分级管理的原则，中央企业破产项目的资产评估合规性审核由财政部受理，从中央下放地方管理的煤炭、有色等破产企业，凡涉及享受职工安置费由中央财政兜底政策（即职工安置费在以土地作价、资产变现支付后不足部分经批准由中央财政负责补助）的，其资产评估合规性审核也由财政部直接受理。

六、关于破产项目合规性审核的申报、审核程序及审核内容。

（一）资产评估合规性审核材料的申报

破产企业资产评估合规性审核申请由破产企业清算组在评估基准日后两个月内提出。申报材料如下：

1. 破产清算组申请合规性审核的书面文件；

2. 破产企业资产评估合规性审核申请表（格式见附件一）；

3. 评估机构提交的资产评估报告书、评估说明和评估明细表；

4. 评估机构和经办注册评估师出具的承诺函；

5. 破产企业清算组出具的承诺函；

6. 评估机构的资质情况说明；

7. 审核需要的其他材料。

（二）资产评估合规性初审

破产企业清算组提出的资产评估合规性审核申报材料需按产权关系或行政隶属关系先报经企业上级主管单位（指实行行业或部门管理的有关部、委、办、局，或资产财务关系隶属财政部的中央一级企业，以下简称主管单位）进行初审。主管单位初审认为合格的，正式向财政部提出合规性审核的书面申请，并将初审意见及有关材料一并附上；对没有主管单位的，其资产评估合规性审核可由清算组直接报财政部。

（三）资产评估项目合规性核准

财政部负责合规性审核的内容主要包括：

1. 承担该项目的资产评估机构是否具备本通知规定的条件；

2. 在资产评估报告中签字的有关人员是否具备资产评估执业资格；

3. 评估操作中是否遵循了现行的相关法律、法规和政策制度；

4. 评估目的与评估范围是否相匹配；

5. 评估基准日的选择是否符合本通知要求；

6. 评估过程、步骤是否符合规范要求；

7. 评估方法是否适当，所选用和确定的参数如变现率（折扣率）等是否合理；

8. 资产评估报告内容和格式是否完整、规范（有关要求详见附件二）；

9. 清算组、评估机构和注册资产评估师是否按有关规定出具了承诺函；

10. 其他。

（四）财政部对材料齐全的评估报告在30个工作日内完成合规性审核工作，并下达合规性审核意见。

七、按照国有企业破产的有关法规，针对进入破产程序的中央企业负债的特殊性，财政部只对破产财产的评估情况进行合规性审核，不对负债的评估情况发表意见。

八、为严肃财经纪律，保证中央企业破产程序的正常实施，确保国有资产评估管理工作顺利进行，对未经合规性审核而擅自处理破产财产的，要严肃查处，并依照法律法规追究有关责任主体（企业、部门）和有关责任人的法律责任。

九、建立中央破产企业资产评估后续评价制度。中央破产企业清算组应在破产财产分配结束之后一个月内将资产处置结果报财政部备案。破产清算组的报送材料应重点分析资产处置结果与评估结果的差异情况。财政部对处置结果组织进行抽查。

十、本通知规定只适用于中央破产企业，地方破产企业资产评估项目管理办法由各地财政部门（或国有资产管理部门）可参照本通知制定，并报财政部备案。

十一、本通知自发布之日起执行。

中华人民共和国财政部

二〇〇〇年九月二十九日

附件：一、中央破产企业资产评估合规性审核申请表（表1、表2）

二、关于中央破产企业资产评估报告内容和格式的具体要求

抄送财政部驻各省、自治区、直辖市、计划单列市财政监察专员办事处。

附件一：

表1　中央破产企业资产评估合规性审核申请表

填表日期：

资产占有单位			
上级单位		主管单位	
产权其他持有者			
资产所在地			
评估范围			
评估机构名称		评估机构电话及联系人	
证书编号		评估基准日	
申报单位联系人		申报单位通讯地址及电话	
主管单位联系人、电话及地址			
破产清算组盖章 清算组领导签字： 年　月　日	上级单位盖章 单位领导签字： 年　月　日		主管单位盖章 单位领导签字： 年　月　日

填表说明：

1. “上级单位”、“主管单位”指申报单位的上级单位和主管单位；
2. “产权其他持有者”指除资产占有单位的上级单位之外的其他产权单位；
3. 表中填写不下的内容可另写附报。

表2　中央破产企业资产评估结果汇总表

编制单位：　　　　　　　　　　　　　　　　　　　　　　　　　　　　单位：万元

项　目		账面价值	调整后账面价值	评估价值	增减值	增减率%
		A	B	C	D = C − B	E = D/B × 100%
一、用作抵押担保的资产	1					
其中：有价证券	2					
建筑物	3					
机器设备	4					
土地使用权	5					
二、普通资产	6					
其中：有价证券	7					
存货	8					
在建工程	9					
建筑物	10					
机器设备	11					
土地使用权	12					
其他资产	13					
三、资产总计	14					

注：表中“用作抵押担保的资产”中，评估值超过其相应债务的金额为______万元。

附件二：

关于中央破产企业资产评估报告内容和格式的具体要求

破产企业的资产评估报告的基本内容和格式应符合我部《关于印发〈资产评估报告基本内容与格式的暂行规定〉的通知》（财评字〔1999〕91号）的要求，同时，为了分清委托方与评估机构的法律责任，明确破产企业资产评估的工作内容和审核标准，我们结合破产企业资产评估项目的具体情况和特点，对评估报告的内容和格式作如下具体要求：

一、对《关于进行资产评估有关事项的说明》的具体要求

该说明由破产企业清算组根据破产企业介绍的情况和进驻破产企业后通过核实、查证等相关工作了解到的情况撰写，由清算组组长签字并加盖清算组印章。

1. 评估目的中应明确该企业破产是否经企业主管单位同意，法院是否正式受理破产申请并公开宣告，还应说明破产企业是否列入中央企业破产计划，是否需中央财政补助职工安置费用。

2. 评估范围中应明确委托评估的资产账面值是否与审计结果一致，同时，要对下列事项作特别说明：

（1）根据现行法规列入委托评估范围的已设定抵押的资产账面值和拟用于承担担保责任的资产账面值情况，依法中止的涉及诉讼资产账面值和被扣押、查封的资产账面值以及依法追回的非法转移、放弃的财产权利情况，评估范围是否包括土地使用权情况；

（2）拟用作承担抵押、担保责任的资产与普通资产的划分原则和依据；

（3）评估范围是否包括公益性福利设施及党、团、工会组织占用破产企业的财产和相应金额；

（4）评估范围是否包括清查中发现的盘盈资

产，是否包括账面值中未反映的无形资产及其他特许权；

（5）未纳入评估范围的资产和相应账面值以及未纳入评估范围的原因和依据。

3. 评估基准日部分应说明是否以法院宣告破产并发布公告之日作为评估基准日。

4. 资产清查情况的说明中应具体说明清查结论，涉及调整事项的应分项说明调整事由及结果。对清查中发现的存货、设备等的变质、毁损、报废等严重影响资产价值的事项应另行提交由专业鉴定机构或清算组出具的鉴定情况和结果，清算组应对此提出处理意见。

5. 对清算组以清算资产负债表提交给评估机构的，应说明清算期初资产负债表的编制是否根据我部《关于印发〈国有企业试行破产有关会计处理问题暂行规定〉的通知》（财会字〔1997〕28 号）的要求执行并简要介绍执行情况。

6. 可能影响资产评估工作的重大事项说明中应明确下列事项：

（1）清算组对破产清算财产拟作的处置方案，包括对有价证券、存货、建筑物、机器设备、无形资产及其他特许权等的初步处置方案和拟采取的变现方式；

（2）与已设定抵押资产的账面值和对应的债务金额及债权人是否放弃优先受偿权，拟用于承担担保责任的资产和相应的担保金额；

（3）土地使用权的初步处置意见和拟作处理的依据；

（4）经债权人大会决议确认的债权数额，债权人大会未召开或未能确认债权数额的，应说明清算组初步核定的债权数额。

二、关于资产评估报告书的具体要求

1. 评估目的部分应说明破产企业主管单位的批准情况、是否列入中央企业破产计划、是否需中央财政补助职工安置费用以及所在地法院的受理情况。

2. 评估范围部分应对评估操作中涉及的全部资产的种类、各类资产的内容及划分依据作详细的文字表述，并列示具体评估对象（各资产项目）的账面值。该部分应充分披露经核实、查证的涉及已设定抵押、担保、被查封、被扣押等事项的资产和相应账面值。应对清算组委托评估的资产范围是否合法和全面发表专业意见，对未纳入评估范围的应说明原因并披露其账面内容和相应账面值；如评估内容与清算组委托评估范围不一致，应说明原因。

3. 评估基准日部分应明确实际操作中选用的评估基准日，对因特殊情况使评估基准日与本规定要求不一致的，应说明原因。

4. 评估方法部分应对评估范围内各类资产的评估方法全面反映，应明确与所选用的评估方法对应的具体评估对象和范围，应对清算价格法中变现率（或折扣率）的确定方法和过程作充分披露，应对评估中采用的特殊方法、区别资产的不同变现方式所做的不同评估处理情况等作详细披露。

5. 评估结论中应以“对评估结论的说明”的形式，在汇总表外单独说明评估范围中包括的公益性福利设施等非经营性资产及涉及诉讼的资产等评估结果，单独说明“用作抵押、担保的资产”中评估值超过相应债务的资产项目其超过额汇总结果，并提请清算组及有关当事方充分关注并按现行法规处理。

6. 特别事项中应披露下列事项：

（1）经债权人大会决议确认的债权数额或清算组初步核定的债权数额；

（2）评估机构接受清算组的委托核实破产企业债务的，应披露经核实的债务结果，并单独列示其中的欠付职工工资、欠付社会福利款、欠缴税款及职工集资款。

7. 评估机构应特别关注并揭示评估基准日至出具报告期间影响评估结论的重大事项。上述评估基准日期后重大事项包括但不限于在此期间分回的投资收益和其他收益、追回的评估中已做坏账处理的应收款项、依法追回的法院宣告受理破产案件前 6 个月内企业非法处理的财产、获取的其他财产权利和相应价值以及在此期间发生的损失等。对难以在评估结论中反映也未做反映的上述事项，应说明原因并对其发生情况和涉及金额逐项予以揭示。

8. 备查文件中应包括法院宣告破产并公告的文书复印件、全部抵押、担保合同（协议）等必备材料。

三、关于资产评估说明的具体要求

1. 评估机构的清查核实说明中应明确清查范围是否包括了所有委托评估的资产，是否存在影响资产清查的事项和原因，是否有调整事项及其原因，以及调整结果是否与清算组取得一致意见等。

2. 对评估中依照的行业特殊政策、重要法规依据，及评估中参考的破产企业所在地的有关价格标准、参数和相关信息应予逐条列示并附在评估报告书备查文件中备查。

3. 评估技术说明中，全面、详细地说明各类资产的评估方法、评估程序与结果，应充分披露变现率（或折扣率）的考虑因素、确定过程及结果，说明不同处置方式下的资产的区别处理情况，说明对拟用作承担抵押、担保责任的资产与普通资产在评估方法上的区别处理情况以及对涉及诉讼资产的评估方法等。

四、关于评估明细表的具体要求

1. 破产企业资产评估明细表的资产科目设置参照财政部下发的《国有企业试行破产有关会计处理问题的暂行规定》（财会字〔1997〕28 号）中资产负债表的会计科目设置，评估结果汇总表格式参见附表。对因破产清算资产中不涉及抵押、担保事项，或是涉及抵押、担保事项的资产和金额较少，或是由于抵押权人、担保权人放弃优先受偿权的，明细表和汇总表格式可仍按 91 号文件规定的格式出具。

2. 对“用作抵押、担保的资产”中评估值超过相应债务的资产项目，其超过部分应在普通资产的相应资产科目明细表中列示，并作备注。对列入普通资产的上述超过部分总额应在评估结果汇总表的表外作附注反映。

附：中央破产企业资产评估结果汇总表

附：

中央破产企业资产评估结果汇总表

评估基准日：　　年　　月　　日　　　　　　　　　　　　　　　　金额单位：人民币万元

项　目	账面价值	调整后账面值	评估值	增减值	增值率（%）
用作抵押担保的资产					
其中：有价证券					
建筑物					
机器设备					
土地使用权					
普通资产					
其中：有价证券					
存货					
在建工程					
建筑物					
机器设备					
土地使用权					
其他资产					
资产总计					

注：表中“用作抵押担保的资产”中，评估值超过其相应债务的金额为______万元。

财政部关于做好集体企业清产核资中涉及中央企业国有权益变动审批工作的通知

财清字〔1997〕15 号

国务院各部、委、局、直属机构：

为进一步做好中央企业、单位举办的城镇集体企业清产核资工作，认真理顺其举办集体企业的产权关系，现就集体企业清产核资工作中涉及中央企业国有权益变动的申报和审批工作程序有关事项通知如下：

一、中央企业、单位举办的城镇集体企业清产核资中产权界定工作，应严格按照国家经贸委、财政部、国家税务总局联合下发的《城镇集体所有制企业、单位清产核资产权界定暂行办法》（国经贸企〔1996〕895 号文）等有关规定组织进行。在界定工作中要坚持以事实为依据，以法律为准绳，认真做好各项基础管理工作，正确处理各方面利益关系。

二、中央企业、单位举办的城镇集体企业清产核资中产权界定申报、审批工作程序按财政部、国家经贸委、国家税务总局联合下发的《城镇集体所有制企业、单位清产核资产权界定工作的具体规定》（财清字〔1996〕13 号）进行，即集体企业的产权界定结果由所在地的经贸部门、清产核资机构进行认定或确认。

三、中央企业、单位举办城镇集体企业经过产权界定结果认定后，凡涉及中央企业国有权益变动的，中央企业应将有关结果按地区进行汇总，编写国有权益变动原因分析和申报报告，并附当地已认定的集体企业产权界定结果的批件（或复印件），按财政部《关于财政监察专员办事机构认真配合做好中央企业、单位创办的集体企业清产核资工作的通知》（财清字〔1997〕13 号）规定，先报各省、自治区、直辖市和计划单列市财政监察专员办事机构审核并签署意见，然后上报中央企业主管部门进行系统汇总，报财政部清产办会同财政部有关司、国家国有资产管理局有关司审核和批复。

四、在城镇集体企业清产核资中，凡涉及中央企业国有权益变动的，应认真编写原因分析和申报报告。“申报报告”的内容应包括所举办集体企业进行产权界定的政策依据和具体作法，以及涉及国有权益变动的资产类别、发生年代、形成原因和处理意见等。凡涉及国有权益变动数额较大的，可由中央部门自行设计表格，分类排队或逐项载明。

五、中央企业主管部门在收到财政部清产办正式批复后，应及时分解转批，中央企业依此作为帐务调整依据。

六、凡财政部清产办批复中央企业国有权益调整金额与部门申报金额有差异的，帐务处理以批复数字为准；其差异金额暂时挂帐，在以后年度中进一步处理。

财政部

1997 年 11 月 19 日

财政部关于财政监察专员办事机构认真配合做好中央企业、单位清产核资工作的通知

财清字〔1995〕11 号

财政部驻各省、自治区、直辖市和计划单列市财政监察专员办事处：

根据国务院的统一部署，今年清产核资工作在全国范围内全面展开。目前，中央各企业、单位的清产核资工作已进入实施阶段，为确保清产核资工作的质量和达到预期工作目标，现就各地财政监察专员办事机构认真配合做好对中央企业、单位清产核资审核监督的有关问题通知如下：

一、依据国务院办公厅《关于在全国进一步开展清产核资工作的通知》（国办发〔1995〕17 号）的精神，全国清产核资工作在国务院的统一领导下，由财政部、国家国有资产管理局具体组织实施。中央企业、单位清产核资工作是全国清产核资工作的重要组成部分，为此，各地财政监察专员办事机构，既要配合做好对中央企业、单位清产核资各阶段工作结果的初审，又要认真开展对各中央企业、单位的清产核资工作情况进行监督检查。

二、各地财政监察专员办事机构要将做好中央企业、单位清产核资的审核监督工作列入重要日程，要有一名主要领导负责，统筹安排力量，切实做好对所在地中央企业、单位开展清产核资的情况的督促检查，并及时对申报的有关清产核资材料进行审查，认真把好关。

三、各地财政监察专员办事机构应积极主动帮助所在地中央企业、单位做好清产核资工作，经常深入有关企业、单位了解工作进度和存在的问题，

掌握第一手资料，及时督促指导。对领导重视不够、行动迟缓的企业、单位应予以协助推动，促进其按规定的进度开展工作，严防拖延和走过场。

四、清产核资是一项政策性极强的工作，各地财政监察专员办事机构应掌握好清产核资有关政策，以求实的态度审核企业、单位申报处理的各种问题，对企业、单位申报的各阶段工作结果把好政策关，保证各项审批工作定性准确、真实可靠。为此，各级财政监察专员办事机构在对各阶段工作结果审核中应重点把握好以下几个方面：

（一）在审核固定资产价值重估结果时，要依据《一九九五年清产核资资产价值重估实施细则》（财清〔1995〕4 号）等文件的具体规定，重点检查各企业、单位是否以盈利、亏损或其他理由擅自扩大或缩小重估范围，以及人为提高或压低升值幅度，以保证企业、单位固定资产重估结果的可靠、客观和准确。

（二）在审查土地估价结果时，要依据《清产核资中土地估价实施细则》（财清〔1994〕14 号）等文件的规定以及当地土地部门提供的基准地价、修正系数和由企业、单位填报并经当地土地部门或清产核资机构确认的《土地结果申报表》及有关资料，重点检查各企业、单位是否擅自扩大或缩小估价的范围，估价标准是否依据属地原则进行。

（三）在审查资金核实结果时，要以清产核资各项政策为依据，重点检查各企业、单位资金核实结果是否真实准确，申报的需处理问题是否属实以及各项资料是否齐全，其中：

1. 对应收帐款中的呆坏帐，重点审核内容有：

（1）企业、单位申报因债务人死亡或被诈骗等造成的呆坏帐损失，应同时提供司法或工商部门的证明；

（2）企业、单位因债务人注销、解散、破产、倒闭等造成的呆坏帐损失，应提供司法、工商等部门或企业上级主管部门出具的证明；

（3）对三年以上逾期债务要在清理的基础上，按拖欠时间（十年、五年、四年、三年）分时期反映，企业在申报时应经法定代表人签字并附有关原始单据的复印件。

2. 对因客观原因造成的各项资产损失，重点审核内容有：

（1）国家明文下达调整生产计划、指令淘汰产品或设备等，企业要提供省、部级以上正式文件名称、文号，时间较久难以查找的，要由企业、单位法人代表签字；

（2）因重大政治经济环境影响，造成资产损失的，企业、单位要说明损失的项目名称、数额、国别和具体原因，同时提供立项证明、协议合同或有关材料。

（3）因合作项目注销、解散、破产、倒闭等造成的损失，企业应提供司法、工商等部门或企业上级主管部门出具的证明及具有法律效力的清算报告。

五、这次清产核资工作的一个重要任务，就是要在国家政策规定的范围内，帮助国有企业、单位解除一些困难，卸掉一些历史包袱，清产核资政策能否落到实处，直接关系到国家及企业、单位的利益。因此，各级财政监察专员办事机构要在严格把关的基础上，认真按照国务院制定的有关清产核资“十条”政策（国办发〔1993〕29 号）、财政部等六部委制定的“二十条”补充规定（财清〔1994〕15 号），以及其他有关政策文件的精神，在政策允许的范围内，帮助那些符合国家产业政策但目前又相当困难的企业、单位，解决有关历史遗留问题，要把清产核资政策落到实处，促进企业轻装上阵。

六、为了防止前清后乱，加强基础管理，各地财政监察专员办事机构要针对所在地中央企业、单位在清产核资中暴露出来的问题，督促其加强各项制度建设，及时堵塞漏洞，防止国有资产流失。

七、各地财政监察专员办事机构要按财政部、监察部、审计署、国家国有资产管理局联合印发的《关于加强对清产核资工作监督检查的通知》（财清字〔1995〕10 号）的要求，积极完成好对中央企业、单位清产核资的重点监督检查工作。

八、对一九九四年以前已进行清产核资的企业、单位，其未了事项，也按上述各条规定办理。

中华人民共和国财政部

一九九五年六月十二日

中国证监会、国务院国资委关于支持中央企业发行绿色债券的通知

证监发〔2023〕80 号

中国证监会各派出机构，上海证券交易所，深圳证券交易所，北京证券交易所，中国证券登记结算有限责任公司，中国证券业协会，中国证券投资基金业协会，各中央企业：

中央企业关系国家安全与国民经济命脉，是我国实现碳达峰碳中和目标的关键主体。为贯彻落实中央金融工作会议关于做好绿色金融等五篇大文章

的战略部署，进一步提升资本市场服务绿色低碳发展能力，支持中央企业发行绿色债券（含绿色资产支持证券，下同）融资，协同推进降碳、减污、扩绿、增长，带动支持民营经济绿色低碳发展，促进经济社会全面绿色转型，现就有关事项通知如下：

一、完善绿色债券融资支持机制

（一）加强对绿色低碳领域的精准支持。支持中央企业发行绿色债券，发展节能降碳、环境保护、资源循环利用、清洁能源、生态保护修复和利用、基础设施绿色升级等产业。鼓励中央企业根据绿色项目预期投资回收周期，发行中长期债券。

（二）对中央企业发行绿色债券提供融资便利。优化债券融资服务机制，对优质中央企业发行绿色债券优化审核安排，参照知名成熟发行人标准简化文件签章和信息披露等方面要求，适当延长财务报告有效期，即报即审，提高融资效率。探索在管控中央企业债券占带息负债比重时将绿色债券按一定比例剔除。

（三）便利债券回购融资支持机制。在通用质押式回购业务中，对于优质中央企业及子公司发行绿色债券给予信用债最高档折扣系数；在三方回购业务中，研究为中央企业及子公司绿色债券单独设立质押券篮子，在发行人信用资质和折扣系数等方面实施差异化管理。

（四）优化中介机构监管评价考核。新增专项排名及评优奖项，鼓励证券公司积极主动提供绿色债券中介服务，与绿色产业中央企业建立长效合作机制。鼓励信用评级机构在信用评级过程中将发行人的环境、社会和治理（ESG）因素纳入其信用风险考量，并在信用评级报告中进行专项披露。

（五）推进绿色投资理念。鼓励中央企业参照成熟经验主动披露绿色环境信息，吸引商业银行、保险公司、社保基金、养老金、证券基金等加大绿色债券投资力度。推动优质中央企业及子公司绿色债券纳入基准做市品种，鼓励做市商积极开展绿色债券做市报价服务，提高绿色债券交易流动性。加强中央企业发行人、主管部门与投资机构的沟通交流，鼓励市场投资机构以绿色指数为基础开发公募基金等绿色金融产品，引导降低融资成本。

二、助力中央企业绿色低碳转型和高质量发展

（六）推进中央企业绿色低碳转型。中央企业根据《中央企业债券发行管理办法》有关要求，结合绿色低碳发展实际需要，合理安排债券融资，推动产业结构和能源结构绿色转型升级，实施节能降碳改造、工艺革新和数字化转型，深入推进战略性重组和专业化整合，加快形成绿色低碳生产方式。

（七）发挥中央企业绿色科技创新主体作用。鼓励中央企业发行投向绿色领域科技创新项目建设的债券，强化绿色科技创新，支持绿色低碳关键核心技术攻坚突破和推广应用，提升高质量绿色产品服务供给能力。

（八）发挥中央企业绿色低碳发展示范作用。支持中央企业发行绿色债券筹集资金，通过项目合作、产业共建、搭建联盟等方式引领地方国有企业及各类市场经营主体绿色低碳发展，共同构建低碳供应链体系，推动节能低碳和环境服务等新业态发展和模式创新，全面提高能源资源利用效率。

三、发挥中央企业绿色投资引领作用

（九）引导绿色发展重点领域资金供给。鼓励符合条件的中央企业设立绿色发展基金或低碳基金发行绿色债券，通过投资支持符合条件的绿色项目建设、运营，吸引、撬动、聚合社会资本投向绿色产业。支持中央企业子公司探索利用碳排放权、排污权等资源环境权益进行质押担保，或由中央企业集团提供外部增信等方式发行绿色债券，推动细分领域节能减污降碳。

（十）支持中央企业开展绿色领域基础设施REITs试点。支持新能源、清洁能源、生态环保等领域基础设施项目发行REITs，拓宽增量资金来源，完善绿色融资支持。

四、加强组织实施保障

（十一）证监会及派出机构加强对中央企业发行绿色债券的服务支持，同时进一步推动国有企业、民营企业等绿色债券融资。会同国务院国资委建立信息共享机制，对中央企业绿色债券融资及资金使用情况加强监督管理，确保绿色债券募集资金按要求规范管理和使用。

（十二）国务院国资委不断优化中央企业绿色发展考核机制，将能源消耗强度、碳排放强度等指标纳入经营业绩考核体系，遴选绿色低碳示范项目，总结提炼成功经验、典型模式并加以推广。与证监会加强协调配合，加大对中央企业发行绿色债券融资的政策引导力度，支持利用资本市场形成绿

色低碳核心竞争优势。

（十三）证券交易所着力提升绿色债券融资服务效能，积极发挥市场组织功能，激发市场经营主体活力，加强投融资对接，吸引更多资金投向绿色领域。证券业协会、基金业协会充分履行自律规范职责，营造良好的投融资环境，引导证券基金经营机构加大对绿色债券的业务投入。

中国证券监督管理委员会

国务院国有资产监督管理委员会

2023 年 12 月 8 日

关于印发《关于推动中央企业加快司库体系建设进一步加强资金管理的意见》的通知

各中央企业：

为推动中央企业进一步加强资金管理，有效提高资金运营效率，严格防控资金风险，全面提升财务管理精益化、集约化、智能化水平，加快培育具有全球竞争力的世界一流企业，我委研究制定了《关于推动中央企业加快司库体系建设进一步加强资金管理的意见》，已经国资委第 76 次委务会议审议通过，现印发给你们，请遵照执行。

《关于进一步做好中央企业资金保障防范经营风险有关事项的紧急通知》（国资发评价〔2011〕48 号）和《关于加强中央企业资金管理有关事项的补充通知》（国资厅发评价〔2012〕45 号）同时废止。

国务院国资委

2022 年 1 月 8 日

关于推动中央企业加快司库体系建设进一步加强资金管理的意见

司库体系是企业集团依托财务公司、资金中心等管理平台，运用现代网络信息技术，以资金集中和信息集中为重点，以提高资金运营效率、降低资金成本、防控资金风险为目标，以服务战略、支撑业务、创造价值为导向，对企业资金等金融资源进行实时监控和统筹调度的现代企业治理机制。为推动中央企业进一步加强资金管理，全面提升财务管理精益化、集约化、智能化水平，加快培育具有全球竞争力的世界一流企业，现提出如下意见。

一、充分认识司库体系建设的重要意义

财务管理是企业管理的中心，资金管理是财务管理的核心。近年来，中央企业认真落实国资委资金管理工作要求，资金集中度和管理效率不断提升、资金保障能力不断增强，为企业持续健康发展提供了有力支撑。但随着数字信息技术快速演进、金融支付手段更新迭代，以及企业转型升级和创新发展加快，企业传统的资金管理模式已难以适应管理能力现代化和国资监管数字化的新要求。在立足新发展阶段、贯彻新发展理念、构建新发展格局、实现高质量发展的重要时期，中央企业要充分认识加快推进司库体系建设的必要性和紧迫性，主动把握新一轮信息技术革命和数字经济快速发展的战略机遇，围绕创建世界一流财务管理体系，将司库体系建设作为促进财务管理数字化转型升级的切入点和突破口，重构内部资金等金融资源管理体系，进一步加强资金的集约、高效、安全管理，促进业财深度融合，推动企业管理创新与组织变革，不断增强企业价值创造力、核心竞争力和抗风险能力，夯实培育世界一流企业的管理基础。

二、准确把握司库体系建设的总体要求

司库体系建设是一项系统工程，涵盖管理制度、管理机制、信息系统等要素。中央企业要坚持系统观念，明确工作目标、加强顶层设计、把握工作原则、改进管理模式，推进司库体系不断完善和持续优化，实现对资金等金融资源“看得见、管得住、调得动、用得好”。

（一）分类确定工作目标。要根据行业特点、发展阶段、管理水平，科学确定司库体系建设阶段目标和重点任务，力争 2023 年底前所有中央企业基本建成“智能友好、穿透可视、功能强大、安全可靠”的司库信息系统，所有子企业银行账户全部可视、资金流动全部可溯、归集资金全部可控，实现司库管理体系化、制度化、规范化、信息化。司库体系建设尚在起步的企业，要抓紧制定司库体系建设方案，修订司库管理制度，构建司库管理机制，在 2022 年底前初步建成能够上线运行的司库信息系统，实现境内企业银行账户和资金流动的信息动态归集和穿透监测。司库体系建设已有基础的企业，要进一步完善司库管理制度和管理机制，提升司库管理水平，2022 年底前全面上线具备境内企业银行账户、资金集中、融资统筹、资金预算、资金结

算、票据管理、应收款项清收、借款和融资担保等管理功能的信息系统，实现资金信息动态反映、资金业务全面监控；积极拓展风险智能预警、供应链金融服务等高级管理功能，并逐步将境外资金等金融资源纳入司库信息系统，实现境内外本外币一体化管理，具备在全球范围内统一配置和调度资金等金融资源的能力。司库体系建设较为成熟的企业，要充分利用司库信息系统与其他信息系统互联互通形成的数据资源，建立集团统一的数据仓库和数据集市，借助智能化信息技术深度挖掘数据价值，推动管理决策链、生产经营链、客户服务链更加敏捷高效，进一步增强战略决策支持深度、经营活动分析精度、财务风险管控力度，努力实现世界一流水平的司库管理。

（二）科学制定总体规划。要结合企业发展战略、行业特点、业务布局和资金管理模式，按照国资监管数字化智能化提升专项行动要求，以“统一规划、全面规范、系统集成、安全高效、集约精益”为指导，从建设目标、管理机制、制度规范、信息系统、实施路径等方面做好司库体系建设顶层设计和中长期规划，加强组织、流程、数据、技术、人才等要素统筹和协同创新，推动司库体系建设高标准起步、高水平设计、高质量建设、高效率运行。

（三）牢牢把握工作原则。要坚持效益性原则，把资金等金融资源作为运营要素，通过专业化管理实现价值提升。要坚持安全性原则，通过制度流程化、流程信息化，建立健全司库管理的内控机制，持续提升司库信息安全水平。要坚持合规性原则，尊重子企业独立法人地位，确保司库管理符合法律法规和监管规定要求。要坚持智慧性原则，注重信息技术创新与管理模式创新的融合，充分发挥互联网、云计算、大数据、人工智能、区块链等现代信息技术对司库管理的赋能作用。要坚持协同性原则，注重科学统筹各方要素，平衡“破”与“立”的关系，既保证高起点起步，又避免重复建设和管理震荡，提升司库体系建设效率。

（四）不断优化管理机制。要围绕资金等金融资源的管理流程，梳理明确集团总部各部门、总部财务部门与财务公司、资金中心等管理平台在司库管理中的职能边界和职责权限，通过建立总部统筹、平台实施、基层执行“三位一体”的司库管理组织和“统一管理、分级授权”的司库管理模式，形成“分工明确、职责清晰、协同高效”的管理机制。集团财务部门负责制定司库管理战略和政策，统筹协调司库管理工作并开展监督考核；财务公司、资金中心等管理平台要发挥资金归集、资金结算、资金监控和金融服务等作用；子企业负责资金等金融资源的具体运用。

三、切实加强资金等金融资源的有效管理

中央企业要把银行账户、票据管理、资金结算等操作类业务和资金集中、债务融资等运营类业务作为司库管理的重点，纳入信息系统，固化管理要求、规范操作流程，实现穿透监测。有条件的企业要进一步将战略及资源配置类业务纳入司库体系，增强供应链金融服务、战略决策支持和境外资金管理等能力，全面提升资金等金融资源的管理水平。

（一）加强银行账户统一管理。要将子企业银行账户的开立、变更、注销纳入集团统一管控，实施线上分级审批和系统台账管理。明确银行账户开立标准和合作银行准入名单，合作银行范围外开立账户需由集团总部审批。要严格控制银行账户数量，定期开展低效、无效银行账户清理，已无明确用途的账户应在三个月内及时销户。要努力实现银行账户银企直联全覆盖，自动实时监控银行账户余额、交易明细和资金流向，及时掌握资金状况和异常变化；暂未实现银企直联的账户，要报集团备案，实行账户余额限额管理，利用其他方式实现对资金的动态监控。

（二）加强集团资金集中管理。要以财务公司、资金中心等作为资金集中管理平台，按照“依法合规、公允定价”的原则，建立跨账户、跨单位、跨层级、跨区域的“资金池”，及时做好子企业资金的定期归集，力争做到按日归集，有条件的企业做到逐笔归集；对上市公司、金融企业和监管账户的资金归集要符合有关监管要求。

（三）加强资金预算约束管理。要按照“量入为出、以收定支”的原则做好集团资金预算安排，维护资金链安全和资金整体平衡；子企业要细化资金预算与业务计划的衔接，建立年度预算确定总盘、月度计划滚动调整的资金动态管控机制，有条件的企业可细化至按周管控，有效控制资金头寸，提升资金使用效率。要严控预算外项目支出，做到“有预算不超支，无预算不开支”，确有需要的预算外支出要履行相应的审批程序，加强资金预算执行情况的分析、监控与考核，强化预算刚性约束。

（四）加强债务融资严格管理。集团要根据债务风险管控要求，对年度融资总额和银行授信资源进行统一管理，合理安排债务融资品种和期限结构，有效控制带息负债规模，防止期限错配、短贷长投。要充分发挥集团整体信用优势，加强银行关系管理，加大统筹融资力度，开展融资利率市场化竞价，多渠道、多品种、多方式降低融资成本，努力实现带息负债综合融资成本率不高于同行业平均水平。要利用集团“资金池”加强子企业之间的资金余缺管理，防止资金低效配置导致存贷双高。

（五）加强资金结算规范管理。要依托财务公司、资金中心等建立集团电子结算平台，统一对外接口，实现业务结算全流程线上审批和电子结算，逐步减少银行网银支付和支票、现金的使用，有条件的企业要结合“资金池”实现统一对外结算。要规范资金结算审批标准和权限，完善前端业务发起、在线流转审批、自动核算校验的结算流程，实现业财信息共享和合规管控。

（六）加强票据使用高效管理。要依托信息系统建立集团统一的“票据池”，实现票据开立、接收、背书、贴现、兑付的线上管理，积极推动与票据交易所、银行等机构系统实现直联，力争实现票据信息的动态采集、可视监控和兑付预警。要将票据纳入资金计划管理，充分利用票据参与结算，提高票据使用效率。有条件的企业可在做好风险控制和内部转移定价的基础上，探索开展集团内部电子票据的统筹使用，进一步提高票据周转效率。

（七）加强应收款项清收管理。集团要加强对供应商和客户债权债务等关键信息的统一管理，推动子企业健全供应商和客户信用体系，严格资信审查、信用评级和准入管理，明确各等级供应商和客户预付、赊销账款的期限和比例，严禁违规垫资或变相垫资。要监测供应商和客户信用状态变化，动态调整信用等级并及时在集团内共享，将失信企业纳入黑名单并采取相应的风险管控措施。要进一步加强集团子企业债权债务的核对和处理，重点做好对同一企业应收、应付款项的清理。要建立应收款项清收责任制和配套激励约束机制，对逾期应收款项要及时采取必要法律保全措施，依法处置抵债资产，尽快回笼资金，减少损失。

（八）加强借款与融资担保管理。要将借款和融资担保纳入信息系统统一管理。严禁对集团外无股权关系企业提供借款，金融子企业在批准业务范围内开展的对外借款除外；对子企业借款要综合评估风险收益审慎开展；原则上对金融子企业和未纳入合并范围的参股企业不得提供借款，确有必要的需经集团董事会批准。融资担保要严格执行《关于加强中央企业融资担保管理的通知》（国资发财评规〔2021〕75号）规定。

（九）加强境外企业资金管理。境外业务规模较大的中央企业要逐步将司库管理延伸到境外企业。开展境外企业银行账户的开立、注销的统一管理，通过境外银企直联等方式，力争实现对银行账户的全球动态监控。已经停止开展业务的境外企业、办事处、项目部等机构的银行账户要及时清理。开展境外资金集中管理，在符合属地外汇管制条件下，力争按国别或者地区对资金进行集中管理和统筹调度。有条件的企业要建立境内外货币一体化“资金池”。开展境内外企业资金预算的全面管理，实现全球资金统一调度。有条件的要将境外企业纳入集团资金结算统一平台，依托境外机构力争实现统一审核、统一支付。

（十）加强供应链金融服务管理。有条件的企业要突出行业链长优势，合理借助上下游业务、资金等信息，发挥数据和服务支撑作用，引入优质金融资源，搭建供应链金融服务平台，精准对接供应链实体企业特别是中小企业在生产、流通、交易等各环节的金融需求，提供优质高效的供应链金融服务。要基于供应链真实业务背景，灵活运用各类金融产品依法合规盘活存量资金。要严控供应链金融业务范围，严禁提供融资担保，严禁开展融资性贸易业务和虚假贸易业务。

（十一）加强战略决策支持管理。要不断增强和完善司库信息系统功能，全面挖掘数据价值，对资金头寸、融资成本、利率汇率等进行多维度、全方位的分析研判，及时识别风险隐患。要开展关键业务和历史记录的大数据分析，总结资金收支波动的规律，优化资金预算管理；要根据各金融机构授信额度、利率和期限，结合集团各类融资需求，优化债务融资方案；要充分利用业务系统数据建立从资金后端到业务前端的全流程分析模型，实现资金分析场景化、动态化和智能化，为企业重大经营投资活动提供决策支持。

四、不断强化资金管理的风险防控

中央企业要把防范资金风险作为资金管理的重中之重，按照“统一管理、分级授权”“不相容岗位分离”和“事权、财权分离”的原则，通过信息系统固化和规范资金管理内控流程，全面防范资金舞弊风险、合规性风险、流动性风险和金融市场风险。

（一）严格防范资金舞弊风险。要明确银行账户、资金、票据、网银、客户信用等关键要素的控制措施和控制标准，把申请、审批、执行等关键环节和管控标准、阈值等关键信息嵌入系统。要严格执行出纳和会计岗位分离，银行印鉴、网银密钥等支付介质要由不同人员分别保管等规定。要严格做好用户权限的审核审批，定期清理“僵尸账号”和“过期”权限，不得存在“超权限用户”。要定期修改支付密钥密码，工作交接时要立即修改，有条件的企业要利用生物特征识别等新技术手段进一步消除安全隐患。要将票据与银行预留印鉴分开保管，及时安全存放于保险柜，并定期由第三人监督盘点。要按月开展银企对账，已建立银企直联的企业要开展银企自动对账，由非出纳人员编制银行存款余额调节表，发现差异后要立即核实处理。要全面管控银行账户，避免资金体外循环，严禁设立任何形式的“小金库”。要定期开展内控流程和要求的穿行测试和检查评估，及时发现并堵塞管理漏洞。

（二）严格防范资金合规性风险。要根据重要性原则，建立资金支出分级授权审批制度，严格支出范围和审批程序，对于大额资金事项要建立并严格执行“三重一大”集体决策和支付联签制度。在资金支付流程中嵌入合规性预警机制，从付款金额、付款频次、付款用途、付款对象等多维度设置预警参数和控制阈值，触及预警和控制条件的要再次核实后方可支付。要通过设置敏感信息筛查，对支付事项、支付对象是否合规进行审核和预警。要对大额对私支付、同一时期同一对象多次付款等异常支付进行审核和预警。有条件的企业要做好应收应付款项到期预警提示，避免应收未收或者拖欠民营企业和中小企业款项等问题。

（三）严格防范资金流动性风险。要加强负债率、带息负债结构、经营性现金流、债券余额比例、永续债及其他隐性债务规模等资金风险指标的监控，尤其对债务规模大、债券占比高、集中兑付压力大、生产经营困难、资金状况紧张、投资规模大的子企业要建立重点监测名单，并对企业债务到期设置预警提示，动态监测经营现金流和债务期限的匹配情况，根据资金缺口提前做好融资接续预案，防止发生流动性风险。

（四）严格防范金融市场风险。要加强金融投资、利率、汇率等风险管控，动态监测国内国际市场股票、债券、汇率、利率、大宗商品等重要价格参数变化情况，建立与业务相匹配的风险管理模型，定期评估对冲工具有效性，合理控制各类金融产品风险敞口，有效防范市场性风险。非金融类企业未经集团批准原则上不得开展股票、基金、理财以及金融衍生等高风险业务投资。

五、扎实推进司库信息系统的建设开发

司库信息系统是司库管理的重要支撑。中央企业要依据《“十四五”国资监管信息化建设规划》，遵照国资国企在线监管系统总体架构和标准规范，加强集团统筹，做好司库信息系统的规划设计、软硬件开发、运行维护和安全保密等工作，通过建立集成、智能、可靠的信息系统，实现资金等金融资源的集约、高效和安全管理。

（一）做好信息系统设计。要充分借鉴国内外先进司库建设经验，从系统设计、软件开发、硬件配置、数据结构等方面，科学制定建设规划，实现管理功能的全覆盖和应用拓展；全面整合已有资金、核算等财务管理信息系统，统一系统登陆“入口”，加快与生产等业务信息系统兼容互通、数据共享，推动与子企业财务等信息系统联接贯通、信息穿透，实现全集团“一张网、一个库、一个池”，对内覆盖集团境内所有单位，力争覆盖境外单位，对外连通金融机构和监管部门，打通各应用系统壁垒，确保数据流转实时准确、高效顺畅，消除信息孤岛和数据烟囱，实现全过程信息监控和全级次穿透式监管。

（二）做好信息系统建设。要加大5G、大数据、云计算、物联网、区块链、人工智能等现代信息技术在司库信息系统建设中的创新应用力度，做好软、硬件产品选型和系统实施商选定工作，确保技术先进、架构科学、功能强大、运行可靠、安全可控。要按照中央企业云计算应用工作要求，努力推动系统上“云”，实现与国资监管云的互联互通。要切实抓好系统的运行和应用管理，并根据出现的新情况、新问题、新需求持续改进优化，增强系统的兼容性、适应性和扩展性。

（三）做好信息系统安全。在司库信息系统规划设计、建设实施和运行维护全过程中要贯彻安全保密要求，严格执行国家信息安全保密规定及技术规范，做到保密工作与信息系统同步规划、同步设计、同步实施。要做好系统集中部署、分级应用、

内外网络隔离、数据集中存放和异地灾备管理，持续提升网络和信息安全水平。对于涉及国家秘密和关键敏感信息的企业，应当按照有关规定选择司库系统开发、项目实施和运行维护的单位，并签订保密协议，做好保密工作。系统在投入使用前要委托第三方开展安全性、可靠性、稳定性、功能性、兼容性测试，要严格遵守有关安全保密规定，确保通过国家有关部门的安全保密测评。要加强数据资产安全管理，对数据的收集、存储、加工、使用等行为采取必要的保护措施。

（四）做好信息数据管理。要结合数据中心和数据中台建设，建立司库信息系统数据管理机制，规范数据标准，加强数据治理，确保数据同源，打通数据壁垒，激活数据价值。要以国家相关数据标准为基础建立数据字典，明确数据编码规范。新建系统的企业要对单位、资产、账户、供应商、客户、会计科目等主数据实施集团统一编码，已有系统的企业要逐步统一集团内数据标准，并与国资委监管数据要求相衔接。要建立数据仓库和数据集市，管理资金关键数据，为高效分析决策提供可靠的数据支撑。

六、全面做好司库体系建设的工作保障

中央企业要围绕司库体系建设的总体目标，从组织领导、经费安排、人才队伍、考核评价、监督问责等方面，全面加强工作保障，形成集团合力，确保司库体系建设顺利推进、取得实效。

（一）加强组织领导。要将司库体系建设作为“一把手”工程，主要负责人要高度重视，亲自部署、亲自推进。集团总会计师或分管财务工作负责人作为直接负责人要抓好组织实施，财务部门负责牵头落实。要建立包括财务、风控、信息等多部门的协同联动机制，制定具体实施方案，明确目标、细化措施、压实责任，强化人员和资金保障，加强人员培训和人才队伍建设，确保司库体系按时建成、高效运行并不断完善。

（二）强化考核评价。要加强对司库体系建设的评价和管理效果的考核。根据司库体系建设目标，对企业的司库信息系统和资金管理情况进行评价，加大对银行账户可视率、可归集资金集中度、带息负债综合融资成本率等资金管理关键指标的考评力度，推动资金管理水平持续提升。

（三）严格监督问责。要依托司库管理体系，对企业资金运行和安全风险等情况进行监测，并按照要求编报监测报告；定期对企业资金使用的合法合规性、资金内控有效性、信息系统安全性等开展监督检查。对违反相关规定、未履行或未正确履行决策和审批程序、岗位工作职责等情形造成资金损失的，严格按照有关规定对相关责任人开展责任追究工作。对挪用、诈骗、贪污等违法违纪行为，依法移送司法机关处理。要切实履行资金管理责任，发生重大资金损失案件要按照重大经营风险事件报告程序及时向国资委报告。

关于规范中央企业贸易管理严禁各类虚假贸易的通知

各中央企业：

贸易作为经济活动重要组成部分，在国民经济发展中发挥着重要作用，但虚假贸易背离商业实质，干扰了正常的经济秩序和金融市场。为贯彻落实习近平总书记重要批示精神和中央审计委员会工作部署，2022 年 8 月以来，国务院国资委全面开展中央企业虚假贸易专项整治行动，取得积极成效。但仍有部分企业对虚假贸易问题重视不足、识别不准、追责不严，个别企业无视三令五申长期违规开展虚假贸易，造成国有资产重大损失。为进一步规范贸易业务管理，坚决根治虚假贸易顽疾，现将有关事项通知如下：

一、不准开展背离主业的贸易业务。本通知规范的贸易业务指为赚取购销差价从事的“两头在外”（原始采购端、最终销售端均在中央企业集团外）的商品买卖活动，不包括围绕生产开展的采购、销售以及子企业之间的内部贸易业务。国务院国资委核定集团主业范围不包括贸易的中央企业应由集团董事会审批后围绕服务主业开展贸易业务，原则上不得开展与主业无关的贸易业务，关系国家能源、资源、粮食、国防、产业链供应链安全以及推动战略性新兴产业发展的特定贸易业务经集团董事会批准后可保留。主业范围包括贸易的中央企业应规范开展贸易业务，不得单纯为做大规模开展贸易业务。

二、不准参与特定利益关系企业间开展的无商业目的的贸易业务。存在特定利益关系的企业主要包括以下情形：上下游为同一企业；上下游为母子公司或由相同的实际控制人控制；上下游企业交叉持股；上下游企业主要负责人、董事、监事、高级管理人员相同；上下游企业注册地址、实际办公地

址、业务联系人或联系电话相同；上下游企业一方为另一方贸易合同履约提供担保；上下游企业存在长期业务关系，一方为另一方的重要供应商或特约经销商其他根据实质重于形式原则认定存在特定利益关系的情形等。如开展的贸易业务具有上述特征，要严格核实是否具有商业实质，对无商业实质的贸易业务要坚决禁止，确有特殊理由的要报集团审批。

三、不准在贸易业务中人为增加不必要的交易环节。不得以完成考核目标、维持信用评级、获取外部融资、实现资金套利等为目的，在贸易业务中人为增加不必要的交易环节，如在上下游企业均为集团子企业的情况下人为引入外部企业参与集团内部贸易业务，或通过伪造上下游交易对手信息以及运输、仓储、收发货等单据虚构贸易业务交易背景，为外部企业提供赚取通道费或资金占用费的便利。

四、不准开展任何形式的融资性贸易。融资性贸易合同条款通常存在垫资、融资、借款本金、借款利息等借款合同常见表述，本质是无商业实质、以贸易业务为名对外提供资金，或通过结算票据、办理保理、增信支持等变相提供资金，为上下游企业提供融资便利，充当融资通道，极易滋生腐败。融资性贸易资金方缺乏对货权的实际掌控，缺少对货物市场波动的关注，存在巨大资金风险，必须严格禁止。

五、不准开展对交易标的没有控制权的空转、走单等贸易业务。空转、走单等贸易的典型特征是缺少对交易标的（含担保物，下同）的控制权，主要有以下情形：交易标的控制权在整个交易过程中都未发生变更；交易前交易标的已由上游交易对手全部直接转移给下游交易对手占有；交易中中央企业对交易标的无实质控制，下游交易对手无需通过中央企业即可从上游交易对手直接获取交易标的；交易完成后交易标的仍然被上游交易对手或与其存在特定关系的企业占有并控制。

六、不准开展无商业实质的循环贸易。循环贸易是通过相同企业或关联企业之间签订内容相同的多份买卖合同，形成一个闭合的货物流转回路。无商业实质的循环贸易虽具有真实货物支撑，但货物仅在固定的若干家企业内部循环，达到做大规模的目的，相应货物流转并未创造价值。在流转过程中为达到体现利润的目的，每一次流转都可能确认业务毛利，虽然有账面利润但实际形成了潜亏，完全脱离了商业实质，必须严格禁止。

七、不准开展有悖于交易常识的异常贸易业务。不得开展货物流、票据流和资金流“三流”不齐备的贸易业务。不得开展无法有效判断交易标的真实性的贸易业务，如不参与货物收、发环节，无法提供运输、仓储等物流环节单据、验收或贸易环节中其他的外部单据，仅能提供与上下游企业之间自制的发货单或收货单；不关注货物存储状态，长期不进行实地盘点、对账，仅以存储场地提供的库存证明作为货物存在依据。如开展上下游合同条款高度一致、签订日期相同或相近且差价率明显低于市场平均水平的异常贸易业务，要严格核实商业实质，对无商业实质的贸易业务要坚决禁止，确有特殊理由的要报集团审批。

八、不准开展风险较高的非标仓单交易。仓单具备金融产品的属性，分为标准仓单和非标仓单。标准仓单交易要参照金融衍生品业务进行管理，强化业务审批和准入审查，严格控制规模，严控恶意炒作和投机行为。非标仓单交易虽“三流”齐备，但企业实际上并不能真正掌握货权，存在较高风险，中央企业原则上不得开展非标仓单交易，确有特殊理由的要报集团审批。

九、不准违反会计准则规定确认代理贸易收入。部分中央企业对《企业会计准则第 14 号—收入》（财会〔2017〕22 号）第三十四条关于代理交易的收入确认把握不到位，全额确认代理贸易业务收入，不符合会计准则规定。中央企业应当综合考虑与代理贸易业务相关的风险转移、价格确定等事实和情况，以及委托加工业务中原材料核算情况，按照谨慎原则以净额法确认代理贸易或委托加工业务收入，防止虚假做大规模。

十、不准在内控机制缺乏的情况下开展贸易业务。开展贸易业务的中央企业必须建立完善的贸易业务内控体系，明确集团分管贸易业务的负责人和部门，严格控制贸易子企业数量，对相同或相似的贸易业务进行优化整合。贸易业务范围及贸易子企业名单需由集团审批。中央企业不得对子企业考核收入类规模指标（战略性新兴产业除外）。开展贸易业务的子企业要制定贸易业务内控实施细则，设立贸易内控专门岗位，严格业务审批程序，优化固定内部控制流程，明确关键环节内部管控措施，压实内控工作责任。未在本通知禁止范围内但确无商业实质的其他贸易情形也按虚假贸易业务进行管控。具有本通知禁止的有关情形但确有真实商业实质的贸易业务，要严格审核商业实质并报集团审批后开展国际贸易业务的商业实质遵循国际惯例判定。要在司库等信息系统中开发应用贸易业务风险管理功能模块，用信息技术手段防控各类虚假贸易业务。

各中央企业要落实全面从严治党要求，切实提高政治站位，坚决根治虚假贸易业务各类问题。自本通知印发之日起，各中央企业要严格按照上述要求梳理集团全部贸易业务，规范贸易管理，完善内控制度，坚决清理退出各种类型的虚假贸易。国务院国资委将进一步加大对虚假贸易业务的追责问责力度。

对于本通知印发以后仍开展虚假贸易业务的企业，一经发现对直接责任人就地免职，严肃追究责任，同时追究企业主要负责人、分管负责人和上一级企业负责人以及参与造假的相关人员的责任；对于集团管控不力、所属多户子企业连续开展虚假贸易业务的，将对中央企业主要负责人和分管负责人严肃追责问责，并给予企业业绩考核及相关考核扣分或降级处理；涉嫌违纪或职务违法犯罪的，移送有关纪检监察机关（机构）处置。

中央企业基金业务管理暂行办法

第一章　总　　则

第一条　为推动中央企业私募股权投资基金（以下简称基金）业务健康有序发展，有效发挥作用，加强风险防控，根据《中华人民共和国企业国有资产法》等法律法规，制定本办法。

第二条　本办法适用于国务院国有资产监督管理委员会（以下简称国资委）代表国务院履行出资人职责的国家出资企业及其子企业（以下简称中央企业）开展的基金业务，具体包括中央企业管理基金和中央企业参与基金。

第三条　中央企业管理基金（以下简称中央企业基金）是指中央企业设立和管理（实际控制基金管理人），主要投资于非公开交易企业股权的股权投资基金和创业投资基金，不含中央企业所属持牌金融机构、地方资产管理公司设立的基金。实际控制基金管理人是指中央企业通过投资关系、协议或者其他安排，能够实际支配基金管理人行为。

中央企业参与基金是指中央企业作为出资人参与出资，不实际控制基金管理人的基金。

第四条　实际控制基金管理人应当同时符合以下条件：

（一）中央企业是基金管理人第一大股东且集团合计持股原则上不低于40%。

（二）在董事会拥有与股权比例相应席位并委派董事长，在董事会、投资决策委员会等决策机构中拥有否决权。

（三）基金管理人党建工作、日常管理、风险管控、监督评价等制度机制纳入中央企业整体管理体系。中央企业实际控制的基金管理人一般应当为公司制企业，根据《企业会计准则》要求，符合条件的应当纳入合并报表范围。

第五条　中央企业开展基金业务应当遵循以下原则：

（一）坚持加强党的领导。以习近平新时代中国特色社会主义思想为指导，坚持党的领导与完善基金治理有机统一，与管资本管队伍管党建有机结合，把党的领导贯穿到基金业务管理全过程，确保党中央、国务院决策部署落实到位。

（二）坚持促进科技创新。以加快实现高水平科技自立自强为目标，以国家战略需求为导向，聚焦原创性引领性科技攻关领域，助力中央企业打造原创技术策源地，增强自主创新能力，提高科技成果转化和产业化水平，推动创新链产业链资金链人才链深度融合。

（三）坚持服务实体经济。以推动高质量发展为主题，把发展着力点放在实体经济上，充分发挥贴近产业需求的优势和协同作用，助力中央企业打造现代产业链链长，加快建设现代化产业体系，支持专精特新企业发展，推动制造业高端化、智能化、绿色化发展和战略性新兴产业融合集群发展，着力提升产业链供应链韧性和安全水平。

（四）坚持规范有序发展。按照中央企业功能定位和基金使命特点，实施分类管理和差异化监管，严格遵守国家法律法规和行业监管要求，健全制度机制，完善治理架构，把控投资方向，守住风险底线。

（五）坚持市场化运作。遵循市场经济规律和基金行业发展规律，坚持市场化、法治化、专业化原则，有效发挥基金创新投融资机制优势，不断提升基金投资运营水平和效果。

第六条　中央企业基金分为以下几类：

（一）国家级基金，是指报经国务院批准由国资委发起的基金。

（二）专项基金，是指为承担国资央企改革发展等专项任务，国资委发起并指定相关中央企业设立和管理的基金。

（三）产业基金，是指中央企业立足主责主业，重点推动科技创新和关键核心技术攻关，超前布局前沿性、颠覆性、基础性技术研究，培育战略性新兴产业，开展专业化整合，服务产业转型升级发展设立和管理的基金。

（四）项目基金，是指中央企业为满足项目融资等特殊目的需要设立和管理的基金。

（五）财务性基金，是指主要为获取财务回报设立和管理的基金。

第二章 基金发起与设立

第七条 国资委坚决贯彻新发展理念，围绕构建新发展格局和服务国家战略，国有经济布局结构调整，国资央企改革重点任务，聚焦关系国家安全和国民经济命脉的重要行业和关键领域。

第八条 中央企业应当规范发起设立产业基金。

（一）国有资本运营公司必须围绕自身功能定位和服务中央企业高质量发展要求发起设立产业基金。统筹规划国家级和专项基金的发起设立。

（二）具备条件的国有资本投资公司、承担现代产业链链长、原创技术策源地任务的中央企业（以下简称具备条件中央企业），可围绕企业主责主业、产业链建设方向、科技创新攻关领域等发起设立产业基金。

（三）其他企业从严控制发起设立产业基金。

第九条 存在下列情形的中央企业原则上不得发起设立产业基金。

（一）资产负债率超过国资委规定的行业管控线。

（二）集团管控能力弱，基金业务发生重大风险或较大损失。

（三）截至上年度末经审计的基金业务整体累计亏损金额超过基金实缴金额的20%。

（四）基金管理队伍能力不足。

（五）已设立基金投资效率低，募集资金大量结余。

（六）国资委认定的其他情形。

第十条 中央企业应当严格规范发起设立项目基金，原则上不得发起设立财务性基金。

第十一条 中央企业发起设立基金应当以公司制和合伙制为主，除项目基金外，一般不得使用契约制形式。

第十二条 中央企业不得违规使用贷款、发行债券等筹集的非自有资金发起设立或出资参与基金，不得通过基金规避监管、增加隐性债务，不得设立保底保收益、附加担保限制的基金，不得承诺回购其他基金出资人的份额，不得为所属子企业以外的基金投资企业提供担保或承担连带责任。

第十三条 中央企业应当严格控制发起设立产业基金的数量和规模，除创业投资基金等情形外，中央企业对发起设立的产业基金，合计存续认缴规模原则上不得超过中央企业集团上年末经审计的合并净资产的10%。

第十四条 中央企业应当审慎出资参与基金，规范出资参与政府资基金。中央企业出资参与基金应当主要投向服务主责主业、支持供应链产业链发展等相关方向，严格控制为承揽业务出资参与基金。除中央企业设立和管理的国家级基金、专项基金、项目基金外，中央企业对出资参与的基金，合计存续认缴规模原则上不得超过中央企业集团上年末经审计的合并净资产的3%。

第十五条 中央企业发起设立或出资参与基金，应当作为“三重一大”事项履行集团决策程序，按要求列入中央企业年度投资计划，按规定及时办理产权登记或国有权益登记。

第十六条 中央企业发起设立或出资参与基金，存在下列情形的应当在集团决策后向国资委备案：

（一）国有资本运营公司和具备条件中央企业发起设立认缴规模超过20亿元或集团合计认缴比例超过30%的产业基金，以及认缴出资超过1亿元的参与基金。（设立项目基金不备案）。

（二）其他中央企业发起设立产业基金和出资参与基金。

第十七条 中央企业基金管理人引入其他股东，应当把认同党的领导、支持党建工作作为选取合作对象重要条件，引入股东应当具有产业或行业较大影响力、较多基金出资份额、较强专业管理能力，能够为基金提供增值服务。

第十八条 中央企业基金章程或合伙协议应当包括基金设立目标、基金规模、存续期限、出资方案、投资领域、决策机制、基金管理人、风险防范、投资退出、管理费收取使用、收益分配和违约责任等具体内容。

第三章 资金募集

第十九条 中央企业基金应当持续加强资金募

集能力，选择与企业战略契合度高、对产业发展有深刻理解或重大贡献、具有较强实力和良好声誉的投资人开展资金募集。

第二十条　中央企业基金出资人享有权益应当与其实际出资相匹配，对长期出资不到位的出资人应当按照基金章程或合伙协议约定依法合理限制其权利或进行基金减资，不得为基金其他出资人垫付出资。

第二十一条　中央企业基金应当充分发挥资本放大作用，原则上新设产业基金集团内部合计认缴出资不得高于30%，全部中央企业合计认缴出资不得高于60%，创业投资基金出资可适当提高比例。

第二十二条　中央企业参与基金认缴出资原则上不得高于全部认缴出资的20%，参与其他中央企业基金可适当提高比例。

第四章　基金投资与退出

第二十三条　中央企业基金应当严格按照基金章程或合伙协议约定的投资方向和要求开展投资，按规定履行资产评估或估值程序，不得开展明股实债以及违规借贷、担保业务，不得投向中央企业投资项目负面清单规定的禁止类业务，不得投向保理资产、融资租赁资产、典当资产等类信贷资产、股权或其收（受）益权，不得投资二级市场公开交易的股份有限公司股票、债券、期货、期权等，严格控制投资上市公司非公开发行和交易的普通股、优先股、可转换债等的规模和比例。

第二十四条　中央企业产业基金应当以直投项目为主，投资的子基金只能进行项目直投。鼓励和引导中央企业产业基金优化投资策略，通过组合投资、控制单、项目持股比例等方式分散风险，积极投资具备核心竞争力、市场前景较好的创业中早期企业。

第二十五条　中央企业基金应当建立科学完善的投资决策机制，明确股东大会、合伙人会议、董事会、投资决策委员会等主体在投资决策、投后管理、项目退出等环节的职责权限。中央企业基金应当对拟投资项目开展全方位尽职调查，基金风控部门应在决策前开展专项风险评估，并作为项目决策的重要参考，未按风险提示意见决策的应当记录原因。

第二十六条　中央企业基金应当科学设定投资条件，注重通过投资协议等形式保障出资权益，认真做好投后管理，持续跟踪投资项目经营情，有效防范和处置风险。

第二十七条　中央企业基金应当统筹规划基金整体退出安排，合理平滑基金收益，注重基金投资人财务回报与现金流需求。

第二十八条　中央企业应当严格规范基金投资项目退出到集团和利用关联基金交易退出的决策程序。对于符合集团战略的优质项目，合理使用优先购买权。审慎购买其他企业的基金份额，购买或转让基金份额时，应当按规定履行必要的决策和资产评估程序。

第二十九条　中央企业基金应当严格遵守基金存续期限安排。在现有存续期外，确需追加延期的，应当履行集团决策程序，每只基金原则上只能追加延期1次，期限不超过1年，延期后管理费提取比例不高于原比例的50%。

第五章　基金管控

第三十条　中央企业是基金业务管理主体，应当将发起设立或出资参与基金，以及基金重大投资决策等纳入集团“三重一大”范围。明确基金业务的集团分管负责人和归口管理部门，建立相互衔接、相互制衡、相互监督的跨部门基金业务管理工作机制，加强基金业务的制度建设、设立和出资、重大项目投资决策、风险防控、合规管理、监督评价等工作。鼓励符合条件的中央企业设立基金业务管理平台进行基金中后台业务集中管理。

第三十一条　中央企业应当指导推动中央企业基金管理人及时建立党的组织、开展党的工作，探索党组织发挥作用的途径和方式，不断加强政治监督和巡视监督，有效维护国有资产权益，严防国有资产流失。

第三十二条　中央企业应当健全基金治理结构，严禁通过不正当关联交易进行利益输送，禁止基金管理人将管理权委托外包，防范内部人控制风险。中央企业应当实际控制使用本企业字号或主要依托集团资源开展业务的基金和基金管理人。

第三十三条　中央企业应当加强基金和基金管理人高管人员选聘和管理，高管人员应当具备相应的管理和投资能力。符合有关任职回避规定，不得选聘因违反职业道德、操守或者工作严重失职。造成重大损失或者恶劣影响的人员。

第三十四条　中央企业应当建立派出基金人员履职管理制度，完善向基金和基金管理人派出董事、投资决策委员会成员等人员的授权权限和工作机制，未按照授权或要求开展工作的，及时进行人员调整。

（一）对于管理基金，中央企业应当派出人员加强基金运营管理，对于中央企业基金投资决策属于集团“三重一大”范围的，派出人员应当先行向中央企业报告，在履行集团“三重一大”决策程序后发表意见。

（二）对于参与基金，中央企业应当做到能派尽派，有效使用派出席位，督促派出人员按照授权或要求积极参与基金管理，保障出资权益。

第三十五条 中央企业应当建立健全基金业务内控制度体系，加强合规管理和风险管控能力建设，明确基金募投管退和监督审计等关键环节的岗位权责和工作要求，加强投资项目合法合规性审查，强化过程管控加强基金业务内控体系有效性监督评价，确保每3年覆盖全部业务基金。

第三十六条 中央企业应当科学设定管理费收取方式和比例，规范管理费使用的范围、标准、程序等，探索开展预算管理。对资金主要来源于中央企业、主要投向集团内部项目、规模较大的基金或母基金等，应当适当降低管理费收取比例。

第三十七条 中央企业应当加强基金业务信息化管控能力，将信息化检测手段嵌入基金业务募投管退全过程，具备条件的应当建立基金业务信息化管理系统，加强对投资决策、重大投资项目投后管理、项目退出等重点环节的在线监测，有效监控基金运营和投资项目情况，提升基金业务管控水平。

第六章 激励与约束

第三十八条 中央企业应当建立利益共享、风险共担、权责相匹配的激励与约束机制，激发基金团队积极性，督导基金实现战略目标。

第三十九条 中央企业应当综合考虑各类基金特点和资金项目来源等，建立符合企业实际的薪酬体系，健全业绩、薪酬双对标机制，加大绩效薪酬比例，防止过高薪酬或平均主义。

第四十条 中央企业基金管理人团队超额收益分配应当综合管理人团队在基金业务募投管退各环节的贡献及整体薪酬水平进行确定，建立超额收益递延制度，探索回拨机制，不得提前向员工支付未完全退出项目的超额收益。

第四十一条 中央企业实施基金管理人员工持股应当符合国家法律法规、有关行业以及国资监管相关规定。国家级基金、专项基金、项目基金和主要投资集团内项目的产业基金，原则上不得开展员工持股。在对涉及团队人员管理、考核、任免、薪酬等事项进行决策时，团队应当按规定回避表决或将持股权利委托给中央企业履行。

第四十二条 中央企业基金实施员工跟投应当符合国家法律法规、有关行业监管以及国资监管相关规定，不得对项目进行选择性跟投。主要投资集团外项目的基金，原则上在基金层面跟投。主要投资集团内项目的基金，除创业投资基金外，原则上不得开展跟投。项目基金原则上不得开展跟投。

第七章 考核评价与监督

第四十三条 中央企业应当加强基金业绩考核，注重基金整体业绩和长期回报。国家级基金和专项基金加强考核落实国家战略、推动国资央企改革和完成专项任务等情况。产业基金加强考核服务主责主业、促进科技创新和产业发展效果等情况。项目基金加强考核资金使用、合规运行和项目实施效果等情况。

第四十四条 中央企业应当加大对基金业务的内部审计力度，对基金业务重点投资项目、重要项目决策、重大风险防控和基金经营运作合规情况等进行常态化审计监督。

第四十五条 中央企业应当建立基金评价制度和工作体系，对基金落实战略任务、促进集团主业发展、协助突破关键核心技术、获得财务回报等进行综合评价。国资委适时组织复评，并将评价结果作为企业开展基金业务的重要参考。

第四十六条 中央企业应当按要求将中央企业基金制度建设、重要投资决策、产业基金投资整体布局、高管人员信息及变动、激励约束机制实施、基金评价结果等情况向国资委报告，根据国资委要求开展基金业务负责人述职，自觉接受国资委及其他有关监管机构对基金业务的监督检查。

第四十七条 中央企业应当建立基金业务重大风险识别、预警、发现和处置机制，出现重大风险、重大损失等情况应当及时处理，并向国资委报告。

第四十八条 国资委加强对中央企业基金业务的监督指导，加大基金业务内控体系有效性抽查评价和国资监管规章制度执行情况综合检查力度。对于违反本办法规定开展基金业务的，按规定对相关企业及分管负责人进行风险提示、通报、约谈并责令整改，其中对于违反本办法规定擅自发起设立或出资参与基金的，责令相关企业进行整改，整改完成前不得新设和参与基金。对于在中央企业基金业务管理中违反规定、未履职或未正确履职造成国有资产严重不良后果的，按规定严肃追究相关人员责任。

第四十九条　按照“三个区分开来”原则和有关规定，对创业投资基金和投资中早期企业的项目，应当合理界定容错条件和情形。对未达到预期效果或者出现探索性失误等情形的，综合主观动机、问题原因、决策过程和后果影响等情况，聚焦主责主业、程序合规、勤勉尽责、未谋取私利且不属于弄虚作假、徇私舞弊、滥用职权的，依据有关规定予以尽职免责。

第八章　附　　则

第五十条　中央企业新发起设立或出资参与的基金严格按照本办法执行。对于政府投资基金委托中央企业管理的，适用本办法，国家另有规定的从其规定。

第五十一条　本办法印发前已经发起设立或出资参与的基金参照本办法进行规范。对于不符合本办法第十三条、第十四条规定的有关中央企业设置过渡期，过渡期为本办法印发之日至2024年底，过渡期内应当有序压减基金规模，过渡期结束后仍不符合有关规定的，原则上不得新发起设立产业基金和出资参与基金。

第五十二条　本办法自印发之日起施行，《关于加强中央企业基金业务风险管理的指导意见》（国资发资本规〔2020〕30号）同时废止。

（四）国有资本经营及预算

行政规章及规范性文件：

关于印发《中央企业国有资本经营预算支出执行监督管理暂行办法》的通知

国资发资本规〔2019〕92号

各中央企业：

《中央企业国有资本经营预算支出执行监督管理暂行办法》已经国资委第7次委务会议审议通过，现印发给你们，请遵照执行。

国资委

2019年9月15日

中央企业国有资本经营预算支出执行监督管理暂行办法

第一章　总　　则

第一条　为加强国有资本经营预算（以下简称资本预算）支出执行的监督管理，提高资本预算资金使用效益，维护国有资本安全，根据《中华人民共和国公司法》、《中华人民共和国预算法》、《国务院关于试行国有资本经营预算的意见》（国发〔2007〕26号）、《中共中央国务院关于全面实施预算绩效管理的意见》（中发〔2018〕34号）、《中央国有资本经营预算管理暂行办法》（财预〔2016〕6号）等法律法规和相关规定，制定本办法。

第二条　本办法所称资本预算支出执行（以下简称资本预算执行）是指国务院国有资产监督管理委员会（以下简称国资委）履行出资人职责企业（以下简称中央企业），按照资本预算管理要求，规范管理和使用资本预算资金，组织实施资本预算支持事项的过程。根据资本预算资金的性质，对中央企业资本预算执行进行分类管理，包括资本性预算、费用性预算和其他支出预算。

第三条　中央企业是资本预算执行的实施主体和责任主体。获得资本预算支持的中央企业应当按照资本预算批复要求，编制资本预算执行计划，依法自主决策，规范组织实施。

第四条　国资委根据出资人职责和资本预算管理规定，对中央企业资本预算执行情况（含绩效情况）进行监督管理，对发现的问题进行督促整改。

第二章　资本性预算执行

第五条　中央企业对资本预算注入的资本性预算资金，应当纳入企业预算管理范围进行统一管控，提高资金整体使用效益。其中，资本预算批复明确为具体投资、建设项目的支持资金，应当专门用于所支持项目。

第六条　中央企业应当按照下列要求规范管理和使用资本预算资金，确保资金安全，实现绩效目标，维护国有资本权益：

（一）资本预算批复的方向、用途或项目、绩效目标；

（二）企业编制的资本预算执行计划；

（三）企业内部控制制度的规定；

（四）资本预算资金使用调整的规定；

（五）资本预算管理的其他要求。

第七条 中央企业收到资本性预算资金后，应当根据资本预算批复的方向、用途或项目，对申请资本预算时上报的资本预算支出计划建议进行调整和完善，编制形成企业的资本预算执行计划，经董事会或相关决策机构审议批准后组织实施，并抄送国资委。

企业编制的资本预算执行计划应当包括：资本预算支持事项的组织方式、实施主体、执行周期（一般不超过5年），以及绩效目标等主要内容。

第八条 中央企业应当按照资本预算执行计划做好资本预算支持事项的组织实施和绩效监控。对于符合资本预算批复的方向和用途，执行周期和实施主体等主要内容发生变化的，应当对资本预算执行计划进行调整，并抄送国资委。

第九条 中央企业收到的资本性预算资金属于国家资本金，企业应当按照有关规定做好账务处理、国有产权变更登记等工作，及时落实国有资本权益。

（一）国有独资公司收到资本性预算资金后，应当及时计入实收资本。在一个会计年度内多次收到资本性预算资金的，可暂作资本公积，原则上应当在会计年度结束前转增实收资本。

（二）股权多元化公司收到资本性预算资金后，可暂作资本公积，并明确属于国家资本金，在发生股权变动调整时落实国有资本权益。

第十条 中央企业通过子企业实施资本预算支持事项，采取向实施主体子企业增资方式使用资本预算资金的，应当及时落实国有资本权益。涉及股权多元化子企业暂无增资计划的，可列作委托贷款（期限一般不超过3年），在具备条件时及时转为股权投资。

第十一条 对于资本预算批复明确具体投资、建设项目的支持资金，中央企业不得用于其他项目投资或委托理财等财务性投资。在资本预算资金拨付以前，企业已经筹集资金投入资本预算支持项目，经董事会或相关决策机构批准可以置换企业筹集资金。

第十二条 在资本预算执行过程中，因宏观政策调整、市场环境变化、企业战略规划调整等因素，无法按照资本预算批复用途继续实施的，中央企业应当向国资委报送资本预算调整申请。

第三章 费用性预算执行

第十三条 中央企业对资本预算安排的费用性预算资金，应当按照相关专项资金管理的政策、办法规范使用。除资本预算批复或有关规定中明确可由集团统筹使用的以外，应当根据专项工作进展和资金使用计划及时将预算资金拨付到资金使用单位。

第十四条 中央企业费用性预算支持事项组织完成后，按照规定需要进行清算的，中央企业应当聘请中介机构对费用性预算资金使用情况进行清算。

第十五条 资本预算安排的费用性预算资金，在专项任务完成并组织清算后，实际支出小于预算安排的，应当清理为结余资金。专项任务未完成且未使用的预算资金，符合相关规定的可结转至下年度继续使用。对于因宏观政策调整等因素影响，专项任务无法继续推进的，应当清理为结余资金。

结余资金应当按照有关规定退回，由中央企业向国资委报送退回预算资金申请。

第十六条 中央企业应当按照有关专项工作要求，及时将费用性预算执行情况向国资委报告。

第四章 监督管理

第十七条 国资委对中央企业资本预算执行情况采取跟踪督导、专项核查、绩效评价等方式进行监督管理。

第十八条 国资委根据资本预算执行监督管理的工作需要，建立完善中央企业资本预算执行情况的监测报告制度，对中央企业资本预算执行计划的落实情况、资本预算支持事项实施进展及绩效目标实现情况等进行跟踪督导。

第十九条 国资委根据工作需要，组织中介机构对资本预算执行的合规性开展专项核查，包括预算资金的管理和使用、国有资本权益的落实情况，以及资本预算支持重点事项的组织推进情况、专项资金清算情况等。

第二十条 国资委探索建立中央企业资本预算绩效评价制度，对资本预算支持的重点企业、重要事项和重大资金安排组织开展绩效评价，必要时可组织第三方机构开展重点绩效评价。

第二十一条　国资委收到中央企业报送的资本预算调整或退回预算资金申请后，应当对相关情况进行核实，对于需要履行资本预算调整或预算资金收回程序的，向资本预算主管部门提出调整资本预算或收回预算资金建议。

第二十二条　国资委对中央企业资本预算执行监督管理中发现的问题，视情节轻重采取约谈整改、通报批评、收回预算资金、暂不受理资本预算申报等措施处理，违规造成国有资产损失或其他不良后果的按照有关规定进行追责。

第二十三条　中央企业虚构项目或规模，申报并取得资本预算资金的，全部或按比例收回资本预算资金，并在3年内暂不受理该企业的资本预算申报。

第二十四条　中央企业违反资本预算调整程序，或将明确具体投资、建设项目的支持资金，以及费用性预算资金用于投资其他项目或财务性投资的，视情况采取约谈整改、收回资本预算资金或在下一年度暂不受理该企业的资本预算申报等措施处理。

第二十五条　中央企业未按规定、协议落实国有资本权益，或违规签订协议造成国有资本权益长期不落实的，视情况采取约谈整改、通报批评或收回预算资金等措施处理。

第二十六条　中央企业编制资本预算执行计划的批准、调整和报告程序不规范，未按计划组织完成资本预算执行工作的，视情况进行约谈整改或通报批评。

第五章　附　　则

第二十七条　其他支出预算的执行和监督管理按照相关专项政策和要求组织实施。

第二十八条　中央企业应当严格执行资本预算管理政策规定，切实维护和落实国有资本权益，积极组织推进资本预算执行工作。对资本预算执行中存在的问题，积极采取有效措施进行整改，重大问题及时报告国资委。

第二十九条　中央企业和国资委相关人员，在资本预算执行和监督管理工作中违反相关法律法规和制度规定的，依照相关法律法规处理。

第三十条　本办法由国资委负责解释。本办法自印发之日起施行。

关于印发《关于深化中央企业内部审计监督工作的实施意见》的通知

国资发监督规〔2020〕60号

各中央企业：

《关于深化中央企业内部审计监督工作的实施意见》已经国资委第325次党委会议、第40次委务会议审议通过，现印发给你们，请遵照执行。

国资委

2020年9月28日

关于深化中央企业内部审计监督工作的实施意见

为有效推动中央企业构建集中统一、全面覆盖、权威高效的审计监督体系，贯彻落实党中央、国务院关于深化国有企业和国有资本审计监督的工作部署，根据《中华人民共和国企业国有资产法》《中华人民共和国审计法》，按照《中共中央　国务院关于深化国有企业改革的指导意见》（中发〔2015〕22号）、《国务院办公厅关于加强和改进企业国有资产监督防止国有资产流失的意见》（国办发〔2015〕79号）、《审计署关于内部审计工作的规定》（审计署令第11号）等有关要求，制定本意见。

一、总体要求

深入贯彻落实党中央、国务院关于加快建立健全国有企业、国有资本审计监督体系和制度的工作部署，围绕形成以管资本为主的国有资产监管体制，推动中央企业建立符合中国特色现代企业制度要求的内部审计领导和管理体制机制，做到应审尽审、凡审必严，促进中央企业落实党和国家方针政策以及国有资产监管各项政策制度。深化企业改革，服务企业发展战略，提升公司治理水平和风险防范能力，助力中央企业加快实现转型升级、高质量发展和做强做优做大。

二、强化统一管控能力，进一步完善内部审计领导和管理体制机制

（一）建立健全内部审计领导体制。建立健全党委（党组）、董事会（或主要负责人）直接领导

下的内部审计领导体制。党委（党组）要加强对内部审计工作的领导，不断健全和完善党委（党组）领导内部审计工作的制度和工作机制，强化对内部审计重大工作的顶层设计、统筹协调和督促落实。董事会负责审议内部审计基本制度、审计计划、重要审计报告，决定内部审计机构设置及其负责人，加强对内部审计重要事项的管理。董事长具体分管内部审计，是内部审计工作第一责任人。加快建立总审计师制度，协助党组织、董事会（或主要负责人）管理内部审计工作。经理层接受并积极配合内部审计监督，落实对内部审计发现问题的整改。内部审计机构向党委（党组）、董事会（或主要负责人）负责并报告工作。

（二）切实发挥董事会审计委员会管理和指导作用。落实董事会审计委员会作为董事会专门工作机构的职责，审计委员会要定期或不定期召开有关会议并形成会议记录、纪要，加强对审计计划、重点任务、整改落实等重要事项的管理和指导，督促年度审计计划及任务组织实施，研究重大审计结论和整改落实工作，评价内部审计机构工作成效，及时将有关情况报告董事会或提请董事会审议。

（三）不断完善集团统一管控的内部审计管理体制。强化集团总部对内部审计工作统一管控，统一制定审计计划、确定审计标准、调配审计资源，加快形成“上审下”的内部审计管理体制。推动所属二级子企业及二级以下重要子企业设置内部审计机构，未设置内部审计机构的子企业内部审计工作由上一级审计机构负责。所属子企业户数多、分布广或人员力量薄弱的企业，需设立审计中心或区域审计中心，规范开展集中审计或区域集中审计。各级内部审计机构审计计划、审计报告、审计发现问题、整改落实情况以及违规违纪违法问题线索移送等事项，在向本级党委（党组）及董事会报告的同时，应向上一级内部审计机构报告，审计发现的重大损失、重要事件和重大风险应及时向集团总部报告。

（四）健全内部审计制度体系。在不断完善内部审计各项制度规定基础上，对落实党和国家方针政策、国企改革重点任务、国有资产监管政策以及境外国有资产监管、内控体系建设等重要事项、重点领域和关键环节，补短板、填空白，持续构建符合国有资产监管要求和公司治理需要的企业内部审计制度体系。

（五）强化激励约束机制。落实审计工作结果签字背书责任制度，明确审计项目负责人及相关审计人员对审计结论和审计程序分别承担相应的审计责任。研究制定本企业审计质量考评标准，推动审计人员绩效考核结果与薪酬兑现、职业晋升、任职交流等挂钩，探索建立与其他业务部门差异化的内部审计考核体系，作为被审计对象的同级业务部门不参与对内部审计机构及其负责人的绩效测评。对审计工作中存在失职、渎职的要严肃追责问责，涉嫌违纪违法的，按程序移送纪检监察机构处理。下一级内部审计机构负责人任免和年度绩效考核结果需报上一级内部审计机构备案。

三、有效履行工作职责，全面提升内部审计监督效能

（六）积极推动内部审计监督无死角、全覆盖。坚持应审尽审、凡审必严，在贯彻执行党和国家重大方针政策、国资监管工作要求、完成国企改革重点任务、领导人员履行经济责任以及管理、使用和运营国有资本情况等方面全面规范开展各类审计监督，重点关注深化国有企业改革进程中的苗头性、倾向性、典型性问题。对所属子企业确保每 5 年至少轮审 1 次；对重大投资项目、重大风险领域和重要子企业实施重点审计，确保每年至少 1 次。企业可以根据审计工作需要，规范购买社会审计服务开展相关工作。

（七）加快推动内部审计信息化建设与应用。按照国有资产监管信息化建设要求，落实经费和技术保障措施，构建与“三重一大”决策、投资、财务、资金、运营、内控等业务信息系统相融合的“业审一体”信息化平台。及时准确提供审计所需电子数据，并根据审计人员层级赋予相应的数据查询权限。信息化基础较好的企业要积极运用大数据、云计算、人工智能等方式，探索建立审计实时监督平台，对重要子企业实施联网审计，提高审计监督时效性和审计质量。

（八）加强企业内部监督协同配合。加强与企业监事会、纪检监察、巡视以及法律、财务、违规责任追究等部门的沟通协调，将各方面集中反映的问题领域作为重点关注事项。通过联席会议、联合检查等方式，加强信息通报与交流、问题线索移送与协查等工作协同，对内部监督发现的共性问题或警示性问题在一定范围内进行通报，提高企业内部监督透明度和影响力。

（九）提升审计队伍专业化、职业化水平。选拔政治过硬、德才兼备、具备专业技能和业务知识的复合型人才充实审计队伍，鼓励审计人员参加相关执业资格考试。加大与财务、内控、运营、采购、销售、企业管理等业务部门之间的人员交流力度，拓宽内部审计人员职业发展通道，将内部审计岗位打造成企业内部人才培养和选拔任用的重要平台。落实审计专项经费预算，配备与企业规模、审计业务量等相适应的审计人员，打造专业化、职业化的内部审计工作队伍。

四、聚焦经济责任，促进权力规范运行和责任有效落实

（十）深化和改善经济责任审计工作。贯彻落实党中央、国务院关于深化和改善经济责任审计工作要求，围绕权力运行和责任落实，坚持以对领导人员任职期间审计为主，对所属二级子企业主要领导人员履行经济责任情况任期内至少审计1次，对掌握重要资金决策权、分配权、管理权、执行权和监督权等关键岗位的主要领导人员加大审计力度。完善定性评价与定量评价相结合的审计评价体系，落实“三个区分开来”要求，审慎作出评价和结论，鼓励探索创新，激励担当作为，保护企业领导人员干事创业的积极性、主动性、创造性。

（十一）规范有效开展经济责任审计。聚焦经济责任，突出对党和国家重大方针政策、国资监管工作要求、企业改革发展目标任务等落实情况，企业法人治理结构的健全完善、投资经营、风险管控、内控体系建设与运行、整改落实等方面以及领导人员廉洁从业和贯彻落实中央八项规定精神情况的监督检查。研究确定经济责任审计中长期规划，制定年度审计计划，强化审计计划刚性约束，不断完善企业内部经济责任审计组织协调、审计程序、审计评价、审计结果运用等工作机制。建立健全经济责任审计情况通报、责任追究、整改落实、结果公告等制度，有效落实企业领导人员经济责任。

五、突出关键环节，强化对重点领域的监督力度

（十二）围绕提质增效稳增长开展全面监督。适应常态化疫情防控和国际形势变化，结合经营业绩考核指标，重点关注会计政策和会计估计变更、合并报表范围调整、期初数大额调整、收入确认、减值计提等会计核算事项，保障会计信息真实性。加大对成本费用管控目标实现情况、应收账款和存货“两金”管控目标完成情况、资金集中管控情况、人工成本管控情况以及降杠杆减负债等工作的审计力度。

（十三）突出主责主业专项监督。围绕持续推动国有资本布局优化，聚焦主责主业发展实体经济等工作要求，加大对非主业、非优势业务的“两非”剥离和无效资产、低效资产的“两资”处置情况的审计力度。将打通供应链、稳住产业链等工作落实情况以及投资项目负面清单执行、长期不分红甚至亏损的参股股权清理、通过股权代持或虚假合资等方式被民营企业挂靠等情况纳入内部审计重要任务。对国有资产监管机构政策措施和监管要求落实情况进行跟踪审计，推动各项工作要求落实到位。

（十四）对混合所有制改革全过程进行审计监督。将混合所有制改革过程中的决策审批、资产评估、交易定价、职工安置等环节纳入内部审计重点工作任务，及时纠正混合所有制改革过程中出现的问题和偏差。规范开展混合所有制改革中参股企业的审计，通过公司章程、参股协议等保障国有股东审计监督权限，对参股企业财务信息和经营情况进行审计监督，坚决杜绝“只投不管”现象。

（十五）强化大额资金管控监督。针对近年来电子支付、网络交易等新兴资金结算手段的普遍使用等资金管理新形态，重点关注关键岗位授权、不相容岗位分离等内控环节的健全完善及执行情况，深入揭示资金审批、结算、对账等各日常业务环节的薄弱点。对资金中心等资金管理机构每年至少应当审计1次，对负责资金审批和具体操作的关键岗位和重要环节应进行常态化监督。

（十六）加强对赌模式并购投资监督。将使用对赌模式开展的并购投资项目纳入内部审计重点工作任务，对对赌期内的被并购企业开展跟踪审计，对赌期结束后开展专项审计。重点关注对赌指标完成情况的真实性、完整性以及作为分期支付投资款或限售股份解禁、收取对赌补偿等程序重要依据的合规性，及时揭示问题，防止国有资产流失。

（十七）加大对高风险金融业务的监督力度。加大对金融业务领域贯彻中央重大决策部署、执行国家宏观调控和经济金融政策等方面审计力度，重点关注脱离主业盲目发展金融业务、脱实向虚、风险隐患较大业务清理整顿，以及投机开展金融衍生

业务、“一把手”越权操作、超授权交易等内容。对重点金融子企业和信托、债券、金融衍生品等高风险金融业务每年至少开展1次专项审计，切实防止风险交叉传导。

（十八）落实对“三重一大”事项的跟踪审计。对重大决策、重要项目安排和大额资金使用情况进行全过程跟踪审计。加强对可行性研究论证、尽职调查、资产评估、风险评估等对重大决策、重要项目具有重要影响环节的监督力度，强化对决策规范性、科学性的监督，促进企业提高投资经营决策水平。

六、强化境外内部审计，有力保障境外国有资产安全完整

（十九）加大境外企业内部审计监督力度。结合境外企业所在国家或地区的法律法规及政治、经济、文化特点，研究制定境外内部审计制度规定，在与外方签订的投资协议（合同）或公司章程等法定文件中推动落实中方审计权限。切实推进境外审计全覆盖、常态化，对重点境外经营投资项目（投资额1亿美元以上）或重要境外企业（机构），每年至少应审计1次。完善审计方式方法，配备具备外语能力、熟悉国际法律的复合型审计人员，探索开展向重要境外企业（机构）和重大境外项目派驻审计人员，根据工作需要可聘请境内外中介机构提供服务支持。

（二十）突出境外内部审计重点关注领域。聚焦境外经营投资立项、决策、签约、风险管理等关键环节，围绕境外经营投资重点领域以及境外大额资金使用、大额采购等重要事项，对重大决策机制、重要管控制度和内控体系有效性进行监督，保障境外国有资产安全，提升国际化经营水平。

七、加强内控体系审计，促进提升企业内控体系有效性

（二十一）规范有效开展内控审计。将企业内控体系审计纳入内部审计重点工作任务，围绕企业内部权力运行和责任落实、制度制定和执行、授权审批控制和不相容职务分离控制等开展监督，倒查企业内控体系设计和运行缺陷。突出重大风险防控审计，重点检查企业重大风险评估、监测、预警和重大风险事件及时报告和应急处置等工作开展情况，以及企业合规建设、合规审查、合规事件应对等情况。规范开展对投资决策、资金管理、招投标、物资采购、担保、委托贷款、高风险贸易业务、金融衍生业务、PPP业务等重点环节、重要事项以及行业监管机构发现的风险和问题的专项内控审计，切实促进提升内控体系有效性。

八、压实整改落实责任，促进审计整改与结果运用

（二十二）压实整改落实责任。内部审计机构对审计发现问题整改落实负有监督检查责任，被审计单位对问题整改落实负有主体责任，单位主要负责人是整改第一责任人，相关业务职能部门对业务领域内相关问题负有整改落实责任。加快建立完善审计整改工作制度，完善整改落实工作规范和流程，强化内部审计机构监督检查职责，积极构建各司其职、各负其责的整改工作机制，促进整改落实工作有效落地。

（二十三）强化整改跟踪审计及审计结果运用。密切结合国家审计、巡视巡察、国资监管等各类监督发现问题的整改落实，建立和完善问题整改台账管理及“销号”制度，由内部审计机构制定统一标准并对已整改问题进行审核认定、验收销号。对长期未完成整改、屡审屡犯的问题开展跟踪审计和整改“回头看”等，细化普遍共性问题举一反三整改机制，确保真抓实改、落实到位。建立审计通报制度，将审计发现问题及整改成效依法依规在企业一定范围内进行通报。将内部审计结果及整改情况作为干部考核、任免、奖惩的重要依据之一，对审计发现的违规违纪违法问题线索，按程序及时移送相关部门或纪检监察机构处理。

九、加强出资人对内部审计工作的监管，组织开展检查评价和责任追究

（二十四）强化对内部审计工作的监管。国资委指导中央企业按照国家审计机关对内部审计工作有关要求，围绕国资监管重点任务研究制订本企业年度内部审计工作计划，有效开展内部审计各项工作。加强对内部审计工作的统筹谋划和资源整合，充分发挥内部审计力量在国资监管工作中的专业优势。各中央企业要定期向国资委报送年度审计计划、年度工作报告等情况，及时报送审计发现的重大资产损失、重要事件和重大风险等情况。认真做好对企业报送的年度内部审计工作报告审核工作，持续加强企业内部审计工作情况的汇总、分析和评价。

（二十五）建立健全出资人检查评估工作机制。国资委探索研究制定内部审计工作效能评估指标体

系，对企业内部审计体系建设、审计监督、整改落实等工作开展抽查，对审计计划执行、审计质量控制、审计结果运用等工作效能进行评估，每5年全部评估1次。对内部审计工作开展不力和存在重大问题的企业印发提示函或通报，压紧压实内部审计监督责任。

（二十六）加大内部审计责任追究力度。中央企业内部审计机构对重大事项应列入审计计划而不列入，或发现重大问题后拖延不查、敷衍不追、隐匿不报等失职渎职行为，要严肃追究直接责任人员的责任及企业相应领导人员的分管或协管责任；对重大问题应当发现而未发现、查办不力或审计程序不到位的，要逐级落实责任，坚决追责问责。

各省、自治区、直辖市及计划单列市和新疆生产建设兵团国资委可以参照本意见，制定本地区所出资企业内部审计工作监督管理相关工作规范。

关于加强中央企业融资担保管理工作的通知

国资发财评规〔2021〕75号

各中央企业：

近年来，中央企业认真执行国资委关于担保管理有关要求，建立担保制度、规范担保行为，担保规模总体合理，担保风险基本可控，但也有部分企业存在担保规模增长过快、隐性担保风险扩大、代偿损失风险升高等问题。为贯彻落实党中央、国务院关于统筹发展和安全的决策部署，进一步规范和加强中央企业融资担保管理，有效防范企业相互融资担保引发债务风险交叉传导，推动中央企业提升抗风险能力，加快实现高质量发展，现将有关事项通知如下：

一、完善融资担保管理制度。融资担保主要包括中央企业为纳入合并范围内的子企业和未纳入合并范围的参股企业借款和发行债券、基金产品、信托产品、资产管理计划等融资行为提供的各种形式担保，如一般保证、连带责任保证、抵押、质押等，也包括出具有担保效力的共同借款合同、差额补足承诺、安慰承诺等支持性函件的隐性担保，不包括中央企业主业含担保的金融子企业开展的担保以及房地产企业为购房人按揭贷款提供的阶段性担保。中央企业应当制定和完善集团统一的融资担保管理制度，明确集团本部及各级子企业融资担保权限和限额、融资担保费率水平，落实管理部门和管理责任，规范内部审批程序，细化审核流程。制定和修订融资担保管理制度需经集团董事会审批。加强融资担保领域的合规管理，确保相关管理制度和业务行为符合法律法规和司法解释规定。

二、加强融资担保预算管理。中央企业开展融资担保业务应当坚持量力而行、权责对等、风险可控原则。将年度融资担保计划纳入预算管理体系，包括担保人、担保金额、被担保人及其经营状况、担保方式、担保费率、违规担保清理计划等关键要素，提交集团董事会或其授权决策主体审议决定。担保关键要素发生重大变化或追加担保预算，需重新履行预算审批程序。

三、严格限制融资担保对象。中央企业严禁对集团外无股权关系的企业提供任何形式担保。原则上只能对具备持续经营能力和偿债能力的子企业或参股企业提供融资担保。不得对进入重组或破产清算程序、资不抵债、连续三年及以上亏损且经营净现金流为负等不具备持续经营能力的子企业或参股企业提供担保，不得对金融子企业提供担保，集团内无直接股权关系的子企业之间不得互保，以上三种情况确因客观情况需要提供担保且风险可控的，需经集团董事会审批。中央企业控股上市公司开展融资担保业务应符合《中华人民共和国证券法》和证券监管等相关规定。

四、严格控制融资担保规模。中央企业应当转变子企业过度依赖集团担保融资的观念，鼓励拥有较好资信评级的子企业按照市场化方式独立融资。根据自身财务承受能力合理确定融资担保规模，原则上总融资担保规模不得超过集团合并净资产的40%，单户子企业（含集团本部）融资担保额不得超过本企业净资产的50%，纳入国资委年度债务风险管控范围的企业总融资担保规模不得比上年增加。

五、严格控制超股比融资担保。中央企业应当严格按照持股比例对子企业和参股企业提供担保。严禁对参股企业超股比担保。对子企业确需超股比担保的，需报集团董事会审批，同时，对超股比担保额应由小股东或第三方通过抵押、质押等方式提供足额且有变现价值的反担保。对所控股上市公司、少数股东含有员工持股计划或股权基金的企业提供超股比担保且无法取得反担保的，经集团董事会审批后，在符合融资担保监管等相关规定的前提下，采取向被担保人依据代偿风险程度收取合理担保费用等方式防范代偿风险。

六、严格防范代偿风险。中央企业应当将融资担保业务纳入内控体系，建立融资担保业务台账，实行定期盘点并对融资担保业务进行分类分析和风险识别，重点关注被担保人整体资信状况变化情况、融资款项使用情况、用款项目进展情况、还款计划及资金筹集情况，对发现有代偿风险的担保业务及时采取资产保全等应对措施，最大程度减少损失。

七、及时报告融资担保管理情况。中央企业应当随年度预算、决算报送融资担保预算及执行情况，应当按季度向国资委报送融资担保监测数据，融资担保余额按照实际提供担保的融资余额填报，应当如实填报对参股企业的超股比担保金额和对集团外无股权关系企业的担保金额，不得瞒报漏报。中央企业应当加强融资担保信息化建设应用，并做好与国资国企在线监管系统的融合。

八、严格追究违规融资担保责任。中央企业应当对集团内违规融资担保问题开展全面排查，对集团外无股权关系企业和对参股企业超股比的违规担保事项，以及融资担保规模占比超过规定比例的应当限期整改，力争两年内整改50%，原则上三年内全部完成整改。对因划出集团或股权处置形成的无股权关系的担保、对参股企业超股比担保，应当在两年内清理完毕。融资担保应当作为企业内部审计、巡视巡查的重点，因违规融资担保造成国有资产损失或其他严重不良后果的，应当按照有关规定对相关责任人严肃追究责任。

收到本通知后，各中央企业应当立即组织贯彻落实，切实扛起主体责任，全面开展自查自纠，对存量违规融资担保行为设立整改台账，明确整改责任人、时间进度，并于2021年底前报送国资委（财务监管与运行评价局）。《关于加强中央企业资金管理有关事项的补充通知》（国资厅发评价〔2012〕45号）等文件有关担保管理要求与本通知不符的，以本通知为准。

国资委

2021年10月9日

关于加强中央企业资金内部控制管理有关事项的通知

国资发监督〔2021〕19号

各中央企业：

为贯彻党中央、国务院关于防范化解重大风险决策部署，落实国企改革三年行动要求，加强中央企业资金内部控制（以下简称内控）管理，进一步提升防范重大资金损失风险能力，根据《关于印发〈关于加强中央企业内部控制体系建设与监督工作的实施意见〉的通知》（国资发监督规〔2019〕101号）等规定，现就有关事项通知如下：

一、建立健全资金内控管理体制机制

近年来，一些中央企业集中出现资金管理体系不健全、制度执行不到位、支付管理不规范、信息化建设滞后等问题，个别基层单位甚至发生重大违纪违法案件，暴露出资金内控管理严重缺失。各中央企业要高度重视资金内控管理工作，以提升资金内控有效性为目标，以强化资金内控监督为抓手，以健全资金内控制度体系为保障，落实内控部门的资金内控监管责任、工作职责与权限，明确监管工作程序、标准和方式方法，构建事前有规范、事中有控制、事后有评价的工作机制，形成内控部门与业务、财务（资金）、审计等部门运转顺畅、有效监督、相互制衡的工作体系。

二、切实加强资金内控制度建设

各中央企业内控部门要在推动完善财务资金制度的基础上，结合企业行业特点、业务模式和经营规模，抓紧建立资金内控监管制度，明确资金内控监管工作原则和任务、职责权限和控制程序，细化资金内控在资金支出、审批联签、收支结算、银行账户、网银支付、票据管理、不相容岗位设置、上岗资质、定期轮岗、后续教育等关键环节的控制触发条件和控制标准、缺陷认定标准，确保内控要求嵌入到资金活动全流程。根据国家有关部门及国资委关于资金管理相关政策制度变化，以及新设立企业（项目部、分支机构）、新开办业务、资金结算方式更新等情况，及时督促、提示业务部门和财务（资金）部门制定或修订资金业务管理制度，并对资金业务制度修订情况进行检查复核，为有效防范重大资金风险提供制度保障。

三、持续强化资金内控关键环节监管

各中央企业内控部门要建立资金内控关键要素管理台账，对企业资金账户、核心岗位、上岗人员、审批权限、银行印鉴及网银U盾责任人等关键要素进行限时备案管理。持续跟踪监测预警资金内控要素异动情况，对资金内控关键要素失控、重要岗位权力制衡缺失、大额资金拨付异常等风险第一时间启动紧急应对控制措施。严格银行账户和网银监管，定期或不定期对特殊银行账户开户审批、银行印鉴及网银U盾分设管理、银行账户和网银交接程序及密码定期更换等情况进行评估，确保账户和网银安全可控。加强大额资金支付监管，从资金支付额度、支付频次、支付依据等方面研究设置控制参数，对于短期内向同一账户多次或单笔支付大额资金、预算外支出、超出预付信用敞口限额支付预付款等异常情形，通过线上信息系统推送或线下报送（未建立财务资金信息系统企业）等方式及时预警风险，纠正违规问题，消除资金风险隐患。按照不相容岗位分离、定期轮岗、人岗相适原则，对人员调动、分工调整等情形，内控部门应当出具复核意见；定期开展各级企业资金岗位任职情况巡检巡评，对资金结算中心等重点单位进行重点检查，对不符合内控要求的，应当限期整改。

四、加快推进资金内控信息化建设

各中央企业内控部门要深度参与信息化建设顶层设计，通过完善财务资金信息系统权责设置，落实对财务资金风险监督预警职责，有效发挥信息化管控的刚性约束和监督制衡作用。优化完善现有财务资金信息系统功能，将控制触发条件和控制标准、缺陷认定标准等内控要求嵌入信息系统，科学设置异常预警条件，强化资金全流程预警监控，促进资金管理活动可控制、可追溯、可检查，有效减少人为违规操控因素。尚未建立财务资金信息系统或未将相关内控要求嵌入信息系统的中央企业，要抓紧推进有关工作，并于2022年底前完成集团总部及所属二级子企业、三级及以下重要子企业财务资金信息系统内控功能建设或优化工作，实现对财务资金信息全面有效监控。加大新兴技术运用及风险防控，督促财务（资金）部门扩大中央企业银（财）企直连系统覆盖范围，对因客户指定账户等特定原因不能实现银（财）企直连的账户，研究制定替代内控措施和应急预案；定期抽查第三方支付账户监管、余额归集及对账管理情况，严控资金支付风险。

五、有效开展境外资金风险管控

各中央企业内控部门要结合所属境外单位所在国家（地区）法律法规和本企业内控管理要求，建立健全境外资金内控监管体系。完善境外资金内控监管制度，明确境外大额资金审核支付、银行账户管理、财务主管人员委派、同一境外单位任职时限、资金关键岗位设置等方面要求，细化资金内控预警触发条件，促进境外资金合规管理。加强境外资金风险防范，督促境外单位及时搜集所在国家（地区）政治、经济、社会、安全、舆情等国别风险信息，对发生外汇管制、汇率大幅波动、通货膨胀率快速攀升等情况，及时做好重大资金风险应急处置工作。加大对境外单位大额资金监督力度，对大额资金的决策程序、资金调度、资金收付渠道、资金支付联签及银行账户变动、境外项目佣金管理等情况建立备案跟踪内控机制，对出现异常情况的，及时采取应对措施，保障境外资金安全。

六、认真做好资金内控体系监督评价工作

中央企业内控工作要坚持以评促建、以评促改，规范评价方法，提升评价质量，促进资金内控体系持续优化。每年对资金内控体系有效性开展全方位、全覆盖自评工作，深入揭示风险问题，堵塞管理漏洞，建立风险管控长效机制。对新兴业务（开展三年内）、高风险业务以及风险事件频发领域至少每半年开展1次内控自评，评价重点包括资金管理制度建设、重要岗位权力制衡、大额资金拨付程序、网银U盾管理等内容。有效推进“上对下”资金内控体系监督评价工作，将资金管理制度健全性、内控体系执行有效性、关键岗位制衡性、信息系统刚性约束等作为监督评价重要内容，查找内控缺陷和风险隐患，确保集团对全部子企业每三年至少评价1次。加大资金内控体系监督评价结果在干部管理、考核分配等工作中的运用力度，强化问题整改工作，明确整改责任部门、责任人和完成时限，加强整改工作跟踪检查力度，持续完善资金内控体系。对因资金内控缺失、未执行资金内控制度等造成资产损失的中央企业，严肃开展责任追究工作。

各中央企业要认真落实本通知要求，结合实际，研究制定本企业资金内控监管制度，于2021年7月30日前报送国资委综合监督局。

各地方国资委可参照制定所监管企业资金内控管理相关制度规定。

国资委

2021年3月2日

国务院国有资产监督管理委员会办公厅关于做好中央企业财务快报工作的通知

国资厅发财管〔2017〕8 号

各中央企业：

近年来，各中央企业高度重视财务快报管理工作，在推动改革发展、促进提质增效、管控经营风险、提升管理水平等方面发挥了重要作用。为进一步做好财务快报工作，我们对企业财务快报进行了修订与整合，现将有关事项通知如下：

一、关于企业财务快报修订情况

根据财政部《增值税会计处理规定》（财会〔2016〕22 号），国资委对企业财务快报的相关指标和填报口径进行了修订；并结合国企国资改革工作需要，对石油石化、电网、发电、通信、建筑等行业的生产经营情况统计表进行了完善。将“两金”占用清理工作情况统计快报、对外捐赠支出季报表、债务风险监测补充指标季报表、债券发行情况统计季报表、金融衍生业务季报表等一并整合纳入企业财务快报体系。

二、关于企业财务快报工作要求

（一）各中央企业应当将本集团所属各级子企业纳入财务快报编制范围，充分利用信息化手段，完善本企业财务动态监测工作体系，实现财务快报全级次报送。

（二）各中央企业应于每月 5 日前预报快报效益完成情况，每月 9 日前将上月企业财务快报、分行业生产经营情况统计快报、“两金”占用清理工作情况统计快报等月度报表报送国资委财务监管局。有关中央企业应于每季度终了次月 15 日前将纯境外子企业财务季报、对外捐赠支出季报表、债务风险监测补充指标季报表、债券发行情况统计季报表、金融衍生业务季报表报送国资委财务监管局。

（三）各中央企业要对本企业的生产经营、财务状况、运行质量、经营风险、预算执行等方面进行深入分析，对效益、成本费用、负债、固定资产投资等指标异常波动，预算执行差异过大，合并范围重大变化，政策重大调整形成的影响等情况要予以重点说明。有关分析材料电子文档随月度报表一并报送。

（四）各中央企业要进一步加强对财务快报工作的组织领导，做好企业内部分工协作，落实工作责任，强化数据审核，规范合并抵销，细化分析预判，提高财务快报的时效性、完整性、规范性和准确性。

请各中央企业从 2017 年 2 月快报开始，按照新的企业财务快报格式进行编制和报送。企业财务快报软件及参数请在国资委网站“财务监管局”栏目下载。快报填报过程中，如发现问题，请及时与国资委财务监管局联系。

附件：略

国资委办公厅

2017 年 2 月 14 日

国务院国有资产监督管理委员会关于做好中央企业财务快报工作的通知

国资厅评价〔2015〕33 号

各中央企业：

近年来，中央企业高度重视财务快报工作，在不断规范会计核算、夯实基层企业财务管理基础的同时，积极推进财务快报信息系统建设，强化财务快报信息分析与应用，为有效应对经济下行压力、实现提质增效发挥了重要作用。为适应新形势要求，进一步做好企业财务快报工作，我们结合国有资产监管工作需要和《企业会计准则》变化，修订了企业财务快报，现将有关事项通知如下：

一、财务快报是企业月度经营成果和财务状况的综合反映，是开展企业运行情况动态监测的基本依据，是加强国有资产监管的重要手段。各中央企业要进一步深化财务快报工作，切实加强组织领导，明确工作要求，落实工作责任，严格工作规范，统筹建立集团各部门、各级子企业协同高效的工作机制，不断完善企业财务快报动态监测工作体系。

二、各中央企业应当按照企业财务快报编制说明规定的口径填报财务快报，规范收入成本确认标准，明确公允价值计量、资产减值准备计提的期间和方法，做好内部交易与往来事项的合并抵销。对于涉及职工、薪酬、产值等统计指标，财务部门要与有关业务部门做好沟通协调，确保快报数据准确可靠。

三、企业财务快报的填报范围应当与年度决算报表合并范围一致，并实施全级次编报。各中央企业要积极创新财务快报编制方法，优化编制流程，提高工作效率；要加大财务快报审核力度，逐级做好合并数据与分户数据的完整性和规范性审核，切实提高财务快报数据质量。

四、各中央企业要深入挖掘财务快报数据价值，深化成果应用，强化预算执行监控，运用管理会计工具，积极开展财务动态监测和预警分析，充分提示企业经济运行特征，准确把握运行中的难点与问题，及时识别经营风险，研究提出应对措施，为企业实现提质增效、转型升级和做强做优提供决策支撑。

五、各中央企业应于每月 9 日前将集团上月合并数据和分户数据以及分析报告报送国资委（财务监督与考核评价局），并抄送派驻本企业监事会。

各中央企业在企业财务快报编制报送过程中，如发现问题，请及时与财务监督与考核评价局联系。

附件：略

国资委办公厅

2015 年 1 月 22 日

中国证监会、国务院国资委关于支持中央企业发行科技创新公司债券的通知

证监发〔2022〕80 号

中国证监会各派出机构，上海证券交易所，深圳证券交易所，北京证券交易所，中国证券登记结算有限责任公司，中国证券业协会，中国证券投资基金业协会，各省、自治区、直辖市及计划单列市和新疆生产建设兵团国资委，各中央企业：

中央企业作为国民经济发展的重要支柱，在提高自主创新能力、建设创新型国家进程中肩负着重大历史使命。为深入贯彻党中央、国务院关于实施创新驱动发展的战略决策，强化资本市场服务科技创新能力，进一步支持中央企业发行科技创新公司债券融资，现就有关事项通知如下：

一、健全科技创新金融服务支持机制

（一）完善债券市场服务科技创新机制。加强债券市场对科技创新领域的精准支持，重点支持高新技术产业和战略性新兴产业及转型升级等领域中央企业发行科技创新公司债券。鼓励中央企业发行中长期科技创新公司债券，增强融资工具与科技创新活动的适配性。

（二）优化债券融资服务机制。将科技创新公司债券纳入储架发行机制，对于优质中央企业发行科创债适用优化审核安排，简化文件签章和信息披露等方面要求，提高融资效率。对于推动关键核心技术攻关、打造原创技术策源地、承担国家重大科技项目、推动产业转型升级等方面具有示范作用的中央企业，财报期限要求可予以放宽。对于存在保密要求的事项，可按规定申请豁免披露。

（三）便利债券回购机制。研究适当提高部分优质中央企业科技创新公司债券通用质押式回购折扣系数；研究为中央企业科技创新公司债券单独设立三方回购质押券篮子，在发行人信用资质和折扣系数等方面实行差异化管理。

（四）鼓励金融机构加大业务投入。优化监管考核，鼓励证券公司加大科技创新公司债券承销业务投入。积极创造条件，新增专项排名及评优奖项，鼓励商业银行、社保基金、养老金、保险公司等中长期资金加大科技创新公司债券投资，引导降低融资成本。

（五）畅通信息沟通渠道。加强业务培训，开展针对中央企业发行科技创新公司债券的专题调研，梳理痛点、难点、堵点，广泛听取意见建议，并及时调整优化。加快建立线上信息交流平台，开发“网上路演”、“债市互动”等功能，加强央企发行人、主管部门与投资机构的沟通交流。

二、发挥中央企业创新引领支撑作用

（六）鼓励中央企业增加研发投入。加大中央企业科技创新考核支持力度，引导中央企业加大对基础研究和应用基础研究的投入。鼓励中央企业发行科技创新公司债券融资，加速发展关键核心技术，助推数字化转型和产业结构优化升级，打通科技成果向生产力转化的“最后一公里”。

（七）发挥中央企业“链长”作用。支持中央企业积极发挥产业链“核心”企业作用，借助科技创新公司债券等融资工具汇聚资金，通过权益出资、供应链金融等方式，支持上下游符合国家战略、有技术优势、有发展潜力的中小企业创新发展，共同推动关键核心技术攻关、培育战略性新兴

产业，服务产业转型升级。

（八）加强科技创新债券融资规范管理。指导中央企业加强内部资金监管，确保科技创新项目的债券募集资金按要求规范管理和使用。优化科创融资决议程序，适当下放科技创新公司债券发行决策事项，探索取消科技创新公司债券注册额度限制，充分发挥科创企业在项目投融资决策方面的主体作用。探索在管控中央企业债券占带息负债比重时将科技创新公司债券按一定比例剔除。

中央企业要根据科技创新实际需要，加强融资规划，合理安排债券融资，强化资产负债约束，证监会、国资委对中央企业公司债券融资及资金使用情况加强监督管理。

（九）拓宽科技创新资金供给渠道。鼓励中央企业产业基金和创业投资基金发行科技创新公司债券，募资用于对国家重点支持的科技创新领域企业进行股权投资。鼓励中央企业建设创新要素集聚能力突出的科创孵化园区，发行科技创新公司债券支持园区运营，并通过股权、债权和基金等方式支持园区内科创企业，带动相关产业链向高端转移。

（十）鼓励央企子公司发行科技创新公司债券。子公司作为中央企业在特定细分领域的科技创新实践者，可探索利用资产担保、无形资产质押或者由中央企业集团提供外部增信等方式发行科技创新公司债券，自主筹划科技创新投资资金安排，直接推动核心技术攻关、促进产业转型升级。积极支持符合条件的持续发行科技创新公司债券融资的央企子公司上市融资。

（十一）支持中央企业开展基础设施 REITs 试点。重点支持交通、能源、水利、生态环保及 5G、工业互联网等新型基础设施项目发行 REITs，鼓励回收资金用于科技创新领域投资，拓宽增量资金来源，完善科技创新融资支持。

三、增强促进实体经济创新发展合力

（十二）证监会及派出机构坚持监管与服务并举，密切跟踪中央企业科技创新公司债券发行情况，在依法合规做好监管工作的同时，提高服务供给质量。证券交易所发挥市场组织功能，持续优化中央企业科创融资推进安排和服务效能。证券业协会、基金业协会履行自律规范职责，积极引导证券基金经营机构加大对科技创新公司债券的业务投入。

（十三）国务院国资委进一步落实以管资本为主的要求，加强对中央企业科创融资的政策引导、市场组织、项目推介，不断优化对中央企业创新发展的评价机制，切实提高监管效能。与证监会等金融监管部门加强中央企业科创融资政策协同，支持中央企业利用资本市场实现创新发展。

（十四）建立联络协调机制。加强两部门在中央企业需求调研、业务培训、项目推荐与筛选等方面的合作，联合分解重点任务，明确时间表和路线图，推动各项任务落到实处，为进一步在全部国有企业范围内推动科技创新公司债券融资积累有效经验，创造良好环境。

关于中央企业规范实施企业年金的意见

国资发考分〔2018〕76 号

各中央企业：

建立和完善企业年金，是贯彻落实党的十九大提出的在发展中保障和改善民生的重要举措，既有利于完善企业薪酬福利体系，增强企业对人才的吸引力，又有利于更好保障职工退休后的生活，稳定职工队伍，是一项关系职工切身利益和企业长远发展的制度安排。近年来，中央企业积极探索实施企业年金，完善薪酬福利保障体系，对调动广大职工积极性，增强企业活力和竞争力，促进国有资产保值增值发挥了重要作用。为更好指导中央企业建立和规范实施企业年金，根据《中共中央　国务院关于深化国有企业改革的指导意见》（中发〔2015〕22 号）、《国务院办公厅关于转发国务院国资委以管资本为主推进职能转变方案的通知》（国办发〔2017〕38 号）、《企业年金办法》（人力资源社会保障部财政部令第 36 号），提出以下意见。

一、总体要求

（一）指导思想。

以习近平新时代中国特色社会主义思想为指导，全面贯彻党的十九大精神，认真落实党中央、国务院决策部署，按照深化国有企业改革、完善养老保险体系的要求，以增强中央企业活力、提高职工薪酬福利竞争力为中心，既尽力而为，又量力而行，建立更加充实、更有保障、更可持续的企业年金制度规范和管理运营体系，进一步提升职工获得感、幸福感、安全感，促进收入分配更合理、更有序。

（二）基本原则。

——坚持统筹规划、整体设计。中央企业应当根据经营发展战略规划、人力资源策略以及内部薪酬分配制度改革的需要，将企业年金纳入薪酬福利体系统筹规划，整体设计企业年金方案，根据实际情况因企施策，分步实施。

——坚持保障适度、持续发展。实施企业年金应当正确处理国家、企业、职工三者的利益关系，充分考虑企业人工成本承受能力，合理确定与企业发展阶段相适应的保障水平，确保企业持续健康发展。

——坚持自主建立、突出重点。鼓励中央企业在集体协商的基础上自主建立企业年金，企业年金待遇水平应当与企业效益及职工个人贡献挂钩，对关系企业长期发展的核心骨干人才可以适度倾斜。

——坚持分级管理、权责清晰。健全企业年金分级管理制度，国资委以管资本为主完善企业年金制度规范并加强监督，中央企业集团公司依法依规负责企业年金的实施和管理运营，切实承担企业年金管理的主体责任。

二、明确企业年金实施条件

（三）具备相应的经济能力。中央企业实施企业年金应当以合并报表盈利、实现国有资产保值增值为前提，因经营性原因导致合并报表亏损或未实现国有资产保值增值的，集团总部以及亏损或未实现国有资产保值增值的所属企业，应当暂缓实施企业年金。

（四）人工成本承受能力较强。中央企业应当具有持续的企业年金缴费能力，年金缴费水平应当与企业人工成本承受能力相适应。人工成本投入产出效率在行业内处于较低水平的企业，应当暂缓实施企业年金。

（五）基础管理健全规范。中央企业应当建立完善的法人治理结构和有效的决策、监督制度，集体协商机制规范健全，企业和职工依法参加基本养老保险并履行缴费义务。

中央企业集团公司可以根据所属企业实际情况，对上述条款进行细化，提出切实可行的具体实施条件和要求。

三、科学设计企业年金方案

（六）合理确定缴费水平。企业年金所需费用由企业和职工个人共同缴纳，企业缴费每年最高不超过本企业职工工资总额的8%；职工个人缴费不低于企业为其缴费的四分之一，以后年度逐步提高，最终与企业缴费相协调；企业和职工个人缴费合计每年最高不超过本企业职工工资总额的12%。

中央企业应当根据发展阶段与经济效益状况，结合企业人工成本投入产出效率及经营业绩考核情况，动态调整企业缴费水平。因经营性原因导致合并报表亏损或未能实现国有资产保值增值的，集团总部以及亏损或未实现国有资产保值增值的所属企业应当中止缴费，其余所属企业由中央企业集团公司根据实际情况调整确定缴费比例，合理控制人工成本。

中止缴费的情况消失后，企业恢复缴费，并可以根据国家有关规定，按照中止缴费时的企业年金方案予以补缴。补缴的金额和年限应当根据恢复缴费年度的效益状况、人工成本承受能力以及中止缴费时间等因素合理确定，不得超过实际中止缴费的金额和年限，补缴不得影响企业当期及未来持续稳定发展。

（七）适度拉开分配差距。企业年金基金采用个人账户方式进行管理。企业缴费划入个人账户金额原则上根据职工的岗位责任、工作年限、考核结果等因素综合确定。鼓励企业缴费根据职工贡献适当向关键岗位和优秀人才倾斜。

企业应当合理确定当期缴费计入职工个人账户的最高额与平均额的差距，最高不超过5倍。平均额的计算口径一般按照中央企业集团所有参与年金计划单位的总体平均水平确定，确有需要的，集团总部平均额可以按照所在城市的全部所属法人单位平均水平确定，其他所属企业可以按照独立法人单位确定。

（八）合理界定归属条件。企业年金个人账户中企业缴费及其投资收益，应当根据职工工作年限决定归属个人比例，并随着职工在本企业工作年限的增加逐步归属于职工个人，完全归属于职工个人的期限最长不超过8年。

（九）平稳衔接各类人员待遇。中央企业实施企业年金，要统筹做好与其他养老福利保险制度的衔接，兼顾企业年金实施前后退休人员福利保障水平。对于实施企业年金前已退休的人员，由企业发放的基本养老统筹外项目的水平原则上不再提高。对于实施企业年金后退休的人员，企业不得在基本养老保险统筹和企业年金之外，再支付任何养老性质的统筹外费用和补贴。

职工个人账户中企业缴费部分低于实施企业年金前基本养老统筹外项目水平的，可在企业年金方案中设计过渡期补偿缴费，补偿缴费的测算应当客观合理，量力而行，充分考虑各类人员薪酬福利保障水平的总体平衡。补偿缴费可以采取加速积累或一次性补偿的方式予以解决，过渡期原则上不超过10年，补偿缴费原则上不得一次性领取。使用工资结余进行过渡期缴费的，应当符合国家有关部门相关政策规定，并在企业年金方案中专项说明。

四、规范企业年金运营管理

（十）公开选择管理机构。中央企业应当按照公开、公平、公正的原则，采用市场化的方式，履行规范的程序，择优选择经国家有关监管部门认定的机构管理运营企业年金基金，并严格按照有关政策规定，明确企业年金基金各管理运营主体的职责及运作规则。

（十一）严格考核服务质量。中央企业应当代表委托人对受托人进行考核评价，并通过受托人对其他管理机构建立动态的考核评价机制，对管理机构的业绩进行评价，根据评价结果调整管理机构，确保各类管理机构恪尽职守，履行诚实、信用、谨慎、勤勉的义务。

（十二）全面管控运营风险。中央企业应当加强企业年金基金监管和规范运营，保障企业年金资产的安全运行。企业年金基金投资管理应当遵循谨慎、分散风险的原则，充分考虑企业年金基金财产的安全性、收益性和流动性，实行专业化管理，并建立企业年金基金定期报告和信息披露制度。

五、加强企业年金组织保障

（十三）加强组织领导。实施企业年金的中央企业应当成立由职工代表和相关部门组成的企业年金管理委员会，加强对所属企业实施企业年金的组织领导，促进企业年金稳步健康发展。企业可以选择法人受托机构或者成立企业年金理事会作为受托人，选择企业年金理事会受托方式的，企业年金理事会应当符合国家有关规范要求，并建立和完善内部稽核监控制度、风险控制制度以及选择、监督、评估、更换账户管理人、托管人、投资管理人的制度和流程，切实承担好受托管理职责，不得从事任何形式的营业性活动，不得从企业年金基金财产中提取管理费用。

（十四）落实监管责任。中央企业集团公司应当切实承担企业年金管理的主体责任，停止实施其他各类补充养老保险计划，确保企业年金管理符合国家政策法规要求。所属企业可以根据集团整体方案结合自身实际和行业特点制订具体年金实施方案，经中央企业集团公司审批同意后履行相应程序执行。国资委对中央企业规范实施年金情况进行指导和监督，中央企业违规实施企业年金的，国资委将责成企业进行整改，并且根据有关规定对相关责任人进行处理。

（十五）建立报告制度。中央企业按照国家政策规定和本意见要求制定或调整企业年金方案的，应当将年金方案报送国资委备案，并将备案后的方案按规定报送人力资源社会保障部。企业年金年度实施情况应当于次年4月30日前向国资委报告。

六、本意见印发之日起，《关于中央企业试行企业年金制度的指导意见》（国资发分配〔2005〕135号）、《关于中央企业试行企业年金制度有关问题的通知》（国资发分配〔2007〕152号）废止。

国务院国有资产监督管理委员会关于进一步深化中央企业全面预算管理工作的通知

国资发评价〔2011〕167号

各中央企业：

近年来，中央企业大力开展管理创新，普遍建立了预算管理工作体系，预算在企业优化资源配置、提高运行效率、加强风险管控中的作用日益显现，为中央企业实现稳健快速发展提供了重要支撑。但随着经济全球化、网络化步伐加快，以及中央企业产业结构调整和内部资源整合力度不断加大，部分企业现有的预算管理模式已难以适应企业快速发展的需要。为推动中央企业不断改进预算管理，加快实施全面预算，有效应对复杂形势，实现做强做优，提升国际竞争能力，现就进一步深化中央企业全面预算管理工作通知如下：

一、切实加强组织领导，完善全面预算管理组织体系。全面预算管理是现代大企业围绕发展战略，运用现代网络与信息技术，融经营（业务）预算、资本预算、薪酬预算、财务预算于一体的综合管理系统，是企业在全球范围内优化资源配置、提高运行质量、改善经营效益、加强风险管控的有效管理工具和管理机制。全面预算管理水平直接决定大型企业战略和决策的执行力、集团管控力、内部各单元的协同力和各要素的集成力，是现代企业市场竞争能力的重要体现。各中央企业要充分认识全面预算管理工作对企业做强做优、提升国际竞争力的重要作用，进一步加强组织领导，完善组织体系，加强制度建设，落实工作责任，梳理工作流程，规范工作内容，明确质量标准，不断增强预算管理工作的系统性和协同性。各中央企业主要负责人要高度重视并组织推动全面预算管理工作，努力营造全面预算管理的工作氛围。各中央企业预算管理决策机构不仅要负责审议全面预算目标的合理性，还要高度关注预算组织机制、编制方法、编制基础、执行、监督与考核等预算管理关键环节的合理性和有效性。各中央企业应当建立以业务流程为导向、以责任分工为基础、各相关职能部门相互配合、各管理层级密切联动的全面预算管理工作体系，形成分工明确、责任清晰、相互协同、高效配合的工作机制和责任机制，为全面预算管理工作提供有效的组织保障。

二、树立全面预算管理理念，坚持战略引领与价值导向。各中央企业在全面预算管理体系建设中，要紧紧围绕“培育具有国际竞争力的世界一流企业”目标，坚持持续不断地完善并优化全面预算管理体系：一是树立全面预算管理理念。全面预算管理是一项全员参与、涵盖企业各类生产要素、贯穿企业经营全过程的系统工程，各中央企业要以全员为基础，全过程为标准，全方位为要求，将企业的人、财、物全部纳入全面预算管理体系，统一协调配置内部资源，强化预算全过程控制，充分发挥全面预算管理的执行效率与效果。二是坚持战略引领。战略规划是企业资源配置的方向和目标，全面预算是战略实施的工具和机制。各中央企业应当依据国家国民经济和社会发展“十二五”规划纲要和国资委确定的中央企业“十二五”发展目标，结合行业发展形势和企业实际，研究制定本企业战略规划，并在持续论证战略规划科学性和合理性的基础上，紧紧围绕发展战略，通过实施年度滚动预算，确定年度发展目标和资源配置方式，确保战略落地，并不断得到验证和改进。三是坚持价值导向。企业的竞争力最终体现为价值的创造能力。各中央企业要强化全面预算管理的价值导向，将风险可控前提下的企业价值最大化作为衡量资源配置效果的标准，坚持成本费用定额与责任管理，坚持将投资回报水平作为项目取舍的依据，严格控制低效、无效甚至亏损的投资项目，加强低效资产的处置和亏损企业治理，加快资产周转，并将预算执行主体的价值创造水平作为考核评价的主要内容。四是坚持稳健发展原则。各中央企业全面预算工作要始终坚持稳健发展理念，注重转变发展方式，提升发展质量，合理确定财务能力可承受的发展边界，严格控制超出财务承受能力、盲目追求规模扩张的行为，兼顾好规模、速度与效益、质量、风险的平衡，保持健康、可持续的财务结构。

三、改进预算编制方法，提高全面预算管理科学化水平。一是切实发挥好集团总部在预算编制过程中的统领和总控作用。集团总部预算组织管理机构要依据企业战略规划、市场分析预测、可控资源、内部运营情况以及以往年度预算执行情况等因素，对未来的主要经营指标进行估测，对各种可能的变化情况进行模拟，选择确定主要预算目标并编制方案，作为各部门、各层级、各单元预算编制的目标指引；通过实施“先总后分、总分结合”和“先下后上、上下结合”等编制流程，强化集团总部的统领和总控作用，以提升战略执行力和预算准确性。二是以经营预算为基础，推动经营预算与财务预算、投资预算与资金预算的有机结合。业务部门处于市场前端，要做好主要产品产量、主要经营业务规模与效益等指标的分析预测工作，确定年度经营计划；投资管理部门要围绕企业战略和业务计划，结合企业资金保障状况和投资项目预期效益，合理确定各项资本性开支的规模与标准；财务部门要依据各类预算编制情况，结合预算标杆和资源配置模型，详细测算财务资源的承受能力和重大支出的预期效益，综合确定各项财务预算指标，模拟现金流量，并对各类分项预算的合理性和可行性进行财务审核，以提升企业预算的合理性和可行性。三是根据业务流程特点，针对不同的预算项目探索采用固定预算、弹性预算、零基预算、滚动预算、作业预算等不同的预算编制方法。有条件的企业，预算要逐级逐步细化到以季度、月度为周期的基于工作计划的滚动预算，并与中长期规划有效衔接，更好地保障战略实施。

四、积极推动对标管理，突出做强做优。各中央企业要坚持把对标管理理念引入全面预算管理，探索对标管理与全面预算管理的有机结合。一是要强化各类定额、标准的制订工作，通过收集整理各类对标数据，将企业的历史标准、行业标准与国际先进标准相结合，明确成本费用、科技投入、资产效率等经营指标的管理定额和标准，并纳入预算编制、执行、监督、考核体系。二是要广泛开展预算目标对标工作，在深入分析研判国内外市场形势的基础上，充分参考国内外同行业企业的情况，制定既有挑战性、又有可实现性的预算目标。三是要强化预算管控的对标工作，加强对可控成本费用的对标管理，实现降本增效，提高盈利空间；加强对应收账款、存货、现金流量、投资回报等指标的对标管理，不断提高企业运行效率和运行质量。四是要积极推行与优秀企业的对标管理，选取国际、国内同行领先企业作为预算标杆，通过持续不断的对标推动企业做强做优，不断提升国际竞争力。

五、加强关键指标预算控制，努力提升企业运行质量。各中央企业在全面预算管理工作中，要以提高运营质量、努力为未来健康发展提供保障为目标，紧紧抓住企业生产经营各环节的关键性指标，从业务前端入手，加大管控力度，确保预算对各项生产经营活动的有效控制。一是加强成本费用预算控制。通过强化定额和对标管理，明确制订成本费用控制标准，落实成本费用管控责任，积极推动各预算单位改进生产流程、开展技术创新、采用集中招标采购等措施压缩可控费用，努力实现降本增效。二是加强投资项目预算控制。各中央企业在确定年度投资项目时要坚持效益优先和资金保障原则，严控亏损或低效投资，严控资金难以落实的投资，严控超越财务承受能力、过度依赖负债的投资。三是加强现金流量预算管理。结合企业面临的市场形势、创现能力等因素，合理确定赊销和库存规模，加强应收款项和存货的预算管控，加快资金周转，提升现金保障能力。四是加强债务规模与结构的预算管理。通过对预算资产负债率、带息负债比率等债务风险类指标设定合理的目标控制线等措施，严格控制债务规模过快增长；结合速动比率、流动负债比率等指标分析，优化债务结构，切实防范债务风险。

六、强化预算刚性约束，做好预算执行监控与分析工作。预算的执行与控制是全面预算管理的核心环节，是预算管理中授权与承诺的实现过程。各中央企业在预算管理工作中，一是要加强预算的刚性约束，上级预算管理单位正式下达的预算应具有严肃性，一般不得调整；企业确因市场经营环境、监管政策等发生重大变化导致预算编制基础和假设产生重要变化，或发生重大临时预算项目，或出现重大不可控因素等，可以申请调整预算，但必须履行相关的预算审批程序。二是要加强预算执行监控，预算管理部门要加强与各执行部门的沟通，动态监控预算执行情况，反馈预算执行的进度与效果，及时发现和纠正预算执行中存在的偏差与问题；严格预算执行审批程序，严控预算外项目，预算管控应逐步由金额控制向项目控制转变。三是要加强预算执行分析，建立定期的预算执行分析制度及重大事项应急分析制度，并将预算分析的对象，横向分解到各业务流程，纵向深化到各预算责任中心，以提高分析的针对性和实效性；客观分析预算执行差异与原因，及时采取有效的应对措施，修正预算执行差异，防止出现预算编制和执行脱节现象；对于重大预算执行差异，企业应就此展开审慎的分析调查，认真查明原因，以保证预算目标的实现。四是加强预算执行情况总结，认真分析以前年度预算管理与执行中存在的经验与不足，充分发挥预算执行先进单位或先进业务板块的示范效应，不断改进预算管理机制，持续优化全面预算管理工作。

七、加强预算执行结果考核，实现预算闭环管理。预算执行结果考核是落实各预算责任主体权责的重要手段，是实现全面预算闭环管理、发挥全面预算管理价值创造功能的关键环节。一是要加强对预算执行结果的考核，建立预算考核制度，明确预算考核程序，确定预算考核指标，结合预算重要节点与关键环节定期开展预算考核工作，将考核贯通到每个预算责任主体，实现预算的闭环管理。二是要探索实行预算执行结果的非合理性偏差问责制，做到职责到位，责任到人，激发企业全员参与价值创造的积极性。三是要创新预算考核方式方法，结合企业实际探索建立行之有效的预算考核评价模型，提高预算执行结果考核的科学性，发挥预算考核对促进全面预算管理工作的作用。

八、大力推进信息化建设，保障全面预算管理顺利实施。当今时代科学技术飞速发展，企业经营环境复杂多变，内部管理要求不断提高。为有效应对内外环境的快速变化，充分发挥全面预算管理合理预测、提前防范、有效控制的功能，各中央企业要积极推动预算信息系统建设，充分利用信息化手段，规范预算管理流程，提高预算管理效用。一是要构建覆盖企业全部重点业务、连接各级子企业、体现中长期战略规划的全面预算管理信息系统，满足企业全面预算管理庞大的数据需求，促进企业发展战略的分解与落地。二是通过信息化手段固化预算管理流程，提高预算管理工作的效率和标准化水平，提高预算编制的科学性，执行的有效性。三是要加强预算信息化系统集成，将企业的会计核算系统、资金管理系统、人力资源管理系统和资源计划系统（ERP 系统）等资源配置系统实现互联互通，满足多方面、多层次信息高度融合的要求。四是要充分利用预算管理信息系统的在线分析监测功能，及时追踪分析预算执行情况，不断调整修正生产经营行为，实现全面预算管理的事前、事中和事后全过程监控，为重大经营决策提供有效支撑。

国资委将进一步加强对中央企业全面预算管理工作的指导，检查全面预算管理工作推进情况，研究解决全面预算管理工作实施过程中存在的问题，推进中央企业全面预算管理工作再上新台阶。

国务院国有资产监督管理委员会

二〇一一年十一月八日

中央企业财务预算管理暂行办法

国务院国有资产监督管理委员会令第 18 号

《中央企业财务预算管理暂行办法》已经国务院国有资产监督管理委员会第 49 次主任办公会议审议通过，现予公布，自 2007 年 6 月 25 日起施行。

国务院国有资产监督管理委员会主任　李荣融

二〇〇七年五月二十五日

第一章　总　　则

第一条　为加强对国务院国有资产监督管理委员会（以下简称国资委）履行出资人职责企业（以下简称企业）的财务监督，规范企业财务预算管理，根据《中华人民共和国公司法》、《企业国有资产监督管理暂行条例》和国家有关财务会计制度规定，制定本办法。

第二条　企业年度财务预算编制、报告、执行与监督工作，适用本办法。

第三条　本办法所称财务预算是指企业在预测和决策的基础上，围绕战略规划，对预算年度内企业各类经济资源和经营行为合理预计、测算并进行财务控制和监督的活动。

财务预算报告是指反映企业预算年度内企业资本运营、经营效益、现金流量及重要财务事项等预测情况的文件。

第四条　企业应当建立财务预算管理制度，组织开展内部财务预算编制、执行、监督和考核工作，完善财务预算工作体系，推进实施全面预算管理。

第五条　企业应当在规定的时间内按照国家财务会计制度规定和国资委财务监督工作有关要求，以统一的编制口径、报表格式和编报规范，向国资委报送年度财务预算报告。

第六条　国资委依据本办法对企业财务预算编制、报告及执行工作进行监督管理，督促和引导企业切实建立以预算目标为中心的各级责任体系。

第二章　工作组织

第七条　企业应当按照国家有关规定，组织做好财务预算工作，配备相应工作人员，明确职责权限，加强内部协调，完善编制程序和方法，强化执行监督，并积极推行全面预算管理。

第八条　企业应当按照加强财务监督和完善内部控制机制的要求，成立预算委员会或设立财务预算领导小组行使预算委员会职责。在设立董事会的企业中，预算委员会（财务预算领导小组）成员应当有熟悉企业财务会计业务并具备相应组织能力的董事参加。

第九条　企业预算委员会（财务预算领导小组）应当履行以下主要职责：

（一）拟订企业财务预算编制与管理的原则和目标；

（二）审议企业财务预算方案和财务预算调整方案；

（三）协调解决企业财务预算编制和执行中的重大问题；

（四）根据财务预算执行结果提出考核和奖惩意见。

第十条　企业财务管理部门为财务预算管理机构，在企业预算委员会（财务预算领导小组）领导下，依据国家有关规定和国资委有关工作要求，负责组织企业财务预算编制、报告、执行和日常监控工作。企业财务预算管理机构应当履行以下主要职责：

（一）组织企业财务预算的编制、审核、汇总及报送工作；

（二）组织下达财务预算，监督企业财务预算执行情况；

（三）制订企业财务预算调整方案；

（四）协调解决企业财务预算编制和执行中的

有关问题；

（五）分析和考核企业内部各业务机构及所属子企业财务预算完成情况。

第十一条 企业内部各业务机构和所属子企业为财务预算执行单位。企业财务预算执行单位应当在企业预算管理机构的统一指导下，组织开展本部门或者本企业财务预算编制工作，严格执行经核准的财务预算方案。企业财务预算执行单位应当履行以下主要职责：

（一）负责本单位财务预算编制和上报工作；

（二）负责将本单位财务预算指标层层分解，落实到各部门、各环节和各岗位；

（三）按照授权审批程序严格执行各项预算，及时分析预算执行差异原因，解决财务预算执行中存在的问题；

（四）及时总结分析本单位财务预算编制和执行情况，并组织实施考核和奖惩工作；

（五）配合企业预算管理机构做好企业预算的综合平衡、执行监控等工作。

第三章 财务预算编制

第十二条 企业编制财务预算应当坚持以战略规划为导向，正确分析判断市场形势和政策走向，科学预测年度经营目标，合理配置内部资源，实行总量平衡和控制。

第十三条 企业编制财务预算应当将内部各业务机构和所属子企业、事业单位和基建项目等所属单位的全部经营活动纳入财务预算编制范围，全面预测财务收支和经营成果等情况。

第十四条 企业编制财务预算应当以资产、负债、收入、成本、费用、利润、资金为核心指标，合理设计基础指标体系，注重预算指标相互衔接。

第十五条 企业应当根据不同的预算项目，合理选择固定预算、弹性预算、滚动预算、零基预算、概率预算等方法编制财务预算，并积极开展与行业先进水平、国际先进水平的对标。

第十六条 企业编制财务预算应当按照国家相关规定，加强对外投资、收购兼并、固定资产投资以及股票、委托理财、期货（权）及衍生品等投资业务的风险评估和预算控制；加强非主业投资和无效投资的清理，严格控制非主业投资预算。

资产负债率过高、偿债能力下降以及投资回报差的企业，应当严格控制投资规模；不具备从事高风险业务的条件、发生重大投资损失的企业，不得安排高风险业务的投资预算。

第十七条 企业编制财务预算应当正确预测预算年度现金收支、结余与缺口，合理规划现金收支与配置，加强应收应付款项的预算控制，增强现金保障和偿债能力，提高资金使用效率。

第十八条 企业编制财务预算应当规范制定成本费用开支标准，严格控制成本费用开支范围和规模，加强投入产出水平的预算控制。

对于成本费用增长高于收入增长、成本费用利润率下降、经营效益下滑的企业，财务预算编制应当突出降本增效，适当压低成本费用的预算规模，其中，经营效益下滑的企业，不得扩大工资总额的预算规模。

第十九条 企业编制财务预算应当注重防范财务风险，严格控制担保、抵押和金融负债等规模。

资产负债率高于行业平均水平、存在较大偿债压力的企业，应当适当压缩金融债务预算规模；担保余额相当于净资产比重超过50%或者发生担保履约责任形成重大损失的企业（投资、担保类企业另行规定），原则上不再安排新增担保预算；企业不得安排与业务无关的集团外担保预算。

第二十条 企业编制财务预算应当将逾期担保、逾期债务、不良投资、不良债权等问题的清理和处置作为重要内容，积极消化潜亏挂账，合理预计资产减值准备，不得出现新的潜亏。

第二十一条 企业应当按照“上下结合、分级编制、逐级汇总”的程序，依据财务管理关系，层层组织做好各级子企业财务预算编制工作。

第二十二条 企业应当建立财务预算编制制度。企业内部计划、生产、市场营销、投资、物资、技术、人力资源、企业管理等职能部门应当配合做好财务预算编制工作。企业财务预算编制应当遵循以下基本工作程序：

（一）企业预算委员会及财务预算管理机构应当于每年9月底以前提出下一年度本企业预算总体目标；

（二）企业所属各级预算执行单位根据企业预算总体目标，并结合本单位实际，于每年10月底以前上报本单位下一年度预算目标；

（三）企业财务预算委员会及财务预算管理机构对各级预算执行单位的预算目标进行审核汇总并提出调整意见，经董事会会议或总经理办公会议审议后下达各级预算执行单位；

（四）企业所属各级预算执行单位应当按照下

达的财务预算目标，于每年年底以前上报本单位财务预算；

（五）企业在对所属各级预算执行单位预算方案审核、调整的基础上，编制企业总体财务预算。

第四章 财务预算报告

第二十三条 企业应当在组织开展内部各级子企业财务预算编制管理的基础上，按照国资委统一印发的报表格式、编制要求，编制上报年度财务预算报告。企业年度财务预算报告由以下部分构成：

（一）年度财务预算报表；

（二）年度财务预算编制说明；

（三）其他相关材料。

第二十四条 企业年度财务预算报表重点反映以下内容：

（一）企业预算年度内预计资产、负债及所有者权益规模、质量及结构；

（二）企业预算年度内预计实现经营成果及利润分配情况；

（三）企业预算年度内为组织经营、投资、筹资活动预计发生的现金流入和流出情况；

（四）企业预算年度内预计达到的生产、销售或者营业规模及其带来的各项收入、发生的各项成本和费用；

（五）企业预算年度内预计发生的产权并购、长短期投资以及固定资产投资的规模及资金来源；

（六）企业预算年度内预计对外筹资总体规模与分布结构。

第二十五条 企业应当采用合并口径编制财务预算报表，合并范围应当包括：

（一）境内外子企业；

（二）所属各类事业单位；

（三）各类基建项目或者基建财务；

（四）按照规定执行金融会计制度的子企业；

（五）所属独立核算的其他经济组织。

第二十六条 企业应当对年度财务预算报表编制及财务预算管理有关情况进行分析说明。企业年度财务预算编制说明应当反映以下内容：

（一）预算编制工作组织情况；

（二）预算年度内生产经营主要预算指标分析说明；

（三）预算编制基础、基本假设及采用的重要会计政策和估计；

（四）预算执行保障措施以及可能影响预算指标事项说明；

（五）其他需说明的情况。

第二十七条 企业应当按规定组织开展所属子企业开展财务预算报告收集、审核、汇总工作，并按时上报财务预算报告。企业除报送合并财务预算报告外，还应当附送企业总部及二级子企业的分户财务预算报告电子文档。三级及三级以下企业的财务预算数据应当并入二级子企业报送。

级次划分特殊的企业集团财务预算报告报送级次由国资委另行规定。

第二十八条 企业应当按照下列程序，以正式文函向国资委报送财务预算报告：

（一）设董事会的国有独资企业和国有独资公司的财务预算报告，应当经董事会审议后与审议决议一并报送国资委；

（二）尚未设董事会的国有独资企业和国有独资公司的财务预算报告，应当经总经理办公会审议后与审议决议一并报送国资委；

（三）国有控股公司的财务预算报告，应当经董事会审议并提交股东会批准后抄送国资委。

第二十九条 企业财务预算报告应当加盖企业公章，并由企业的主要负责人、总会计师（或分管财务负责人）、财务管理部门负责人签名并盖章。

第三十条 国资委对企业财务预算实行分类管理制度，对于尚未设董事会的国有独资企业和国有独资公司的财务预算实行核准制；对于设董事会的国有独资公司和国有独资企业、国有控股公司的财务预算实行备案制。

第三十一条 国资委依据财务预算编制管理要求，建立企业财务预算报告质量评估制度，评估内容不少于以下方面：

（一）是否符合国家有关法律法规规定；

（二）是否符合国家宏观政策和产业政策规划；

（三）是否符合企业战略规划、主业发展方向；

（四）是否客观反映预算年度内经济形势和企业生产经营发展态势；

（五）是否符合财务预算编制管理要求；

（六）主要财务预算指标的年度间变动情况是否合理；

（七）预算执行保障和监督措施是否有效。

第三十二条 国资委根据质量评估结果，在规定时间内对企业财务预算提出审核意见并反馈企业。对于存在质量问题的，要求企业及时整改，其中对于严重脱离实际、各相关预算指标不衔接的，要求企业重新编制上报财务预算报告。

第五章 财务预算执行与监督

第三十三条 企业应当及时将各业务机构及所属各级企业重点财务预算指标进行层层分解。各预算执行单位应当将分解下达的年度财务预算指标细化为季度、月度预算，层层落实财务预算执行责任。

第三十四条 企业应当严格执行经核定的年度财务预算，切实加强投资、融资、担保、资金调度、物资采购、产品销售等重大事项以及成本费用预算执行情况的跟踪和监督，明确超预算资金追加审批程序和权限。

第三十五条 企业应当对财务预算执行情况进行跟踪监测，及时分析预算执行差异原因，及时采取相应的解决措施。

第三十六条 企业财务预算执行过程中出现以下情形之一，导致预算编制基本假设发生重大变化的，可予以调整：

（一）自然灾害等不可抗力因素；

（二）市场环境发生重大变化；

（三）国家经济政策发生重大调整；

（四）企业发生分立、合并等重大资产重组行为。

第三十七条 企业应当将财务预算调整情况及时报国资委备案。具体备案内容包括：

（一）主要财务指标的调整情况；

（二）调整的原因；

（三）预计执行情况及保障措施。

第三十八条 企业应当建立财务预算执行结果考核制度，将财务预算目标执行情况纳入考核及奖惩范围。

第三十九条 企业应当在预算年度终了及时撰写预算工作总结报告，认真总结年度财务预算工作经验和存在的不足，分析财务预算与实际执行结果的差异程度和影响因素，研究制定改进措施。

第四十条 国资委根据月度财务报告建立企业财务预算分类监测和反馈制度，对主要财务预算指标执行情况进行分类跟踪监测，对经营风险进行预测评估，并将监测和评估结果及时反馈企业，督促企业加强预算执行情况监督和控制。

第四十一条 国资委在预算年度终了，依据企业年度财务决算结果组织财务预算执行情况核查，对主要财务预算指标完成值与预算目标偏离的程度和影响因素进行分析，并将核查和分析结果作为企业财务预算报告质量评估的重要内容。

第六章 罚　　则

第四十二条 企业负责人、总会计师（或分管财务负责人）应当对企业财务预算编制、报告、执行和监督工作负责；企业总会计师（或分管财务负责人）、财务管理部门负责人对财务预算编制的合规性、合理性及完整性负责。

第四十三条 国资委将企业财务预算管理情况作为总会计师履职评估的内容。

第四十四条 企业不按时上报财务预算报告或者上报财务预算报告不符合统一编制要求、存在严重质量问题，以及财务预算执行监督不力的，国资委将责令整改。

第四十五条 企业在财务预算管理工作中弄虚作假的，或者上报的财务预算报告与内部财务预算不符的，国资委将给予通报批评。

第四十六条 企业编制年度财务预算主要指标与实际完成值差异较大的，国资委将要求企业作出专项说明，无正当理由的，国资委将给予警示。

第四十七条 国资委工作人员在企业财务预算监督管理工作中玩忽职守，导致重大工作过失或者泄露企业商业秘密的，视情节轻重予以行政处分。

第七章 附　　则

第四十八条 企业应当根据本办法规定制定本企业财务预算管理工作制度。

第四十九条 各省、自治区、直辖市国有资产监督管理机构可以参照本办法，制定本地区相关工作规范。

第五十条 本办法自2007年6月25日起施行。

中央企业财务决算报告管理办法

国务院国有资产监督管理委员会令第5号

《中央企业财务决算报告管理办法》已经国务院国有资产监督管理委员会第12次主任办公会议审议通过，现予公布，自公布之日起施行。

国务院国有资产监督管理委员会主任　李荣融

二〇〇四年二月十二日

第一章 总　　则

第一条 为加强国务院国有资产监督管理委员

会（以下简称国资委）所出资企业（以下简称企业）的财务监督，规范企业年度财务决算报告编制工作，全面了解和掌握企业资产质量、经营效益状况，依据《企业国有资产监督管理暂行条例》和国家有关财务会计制度规定，制定本办法。

第二条　企业编制上报年度财务决算报告应当遵守本办法。

第三条　本办法所称年度财务决算报告，是指企业按照国家财务会计制度规定，根据统一的编制口径、报表格式和编报要求，依据有关会计账簿记录和相关财务会计资料，编制上报的反映企业年末结账日资产及财务状况和年度经营成果、现金流量、国有资本保值增值等基本经营情况的文件。

企业财务决算报告由年度财务决算报表、年度报表附注和年度财务情况说明书，以及国资委规定上报的其他相关生产经营及管理资料构成。

第四条　除涉及国家安全的特殊企业外，企业年度财务决算报表和报表附注应当按照国家有关规定，由符合资质条件的会计师事务所及注册会计师进行审计。

会计师事务所出具的审计报告是企业年度财务决算报告的必备附件，应当与企业年度财务决算报告一并上报。

第五条　国资委依法对企业年度财务决算报告的编制工作、审计质量等进行监督，并组织对企业财务决算报告的真实性、完整性进行核查。

第二章　财务决算报告的编制

第六条　企业及各级子企业在每个会计年度终了，应当严格按照国家财务会计制度及相关会计准则规定，在全面财产清查、债权债务确认、资产质量核实的基础上，认真组织编制年度财务决算报告，以全面、完整、真实、准确反映企业年度财务状况和经营成果。

本办法所称各级子企业包括企业所有境内外全资子企业、控股子企业，以及各类独立核算的分支机构、事业单位和基建项目。

第七条　企业及各级子企业编制年度财务决算报告应当遵循会计全面性、完整性原则，并符合下列规定：

（一）企业财务决算报告应当以经营年度内发生的全部经济业务事项及会计账簿为基础进行编制，全面、完整反映企业各项经济业务的收入、成本（费用）以及现金流入（出）等状况，不得漏报；

（二）企业不得存有未反映在财务决算报告中的财务、会计事项，不得有账外资产或设立账外账，不得以任何理由设立“小金库”；

（三）企业应当按规定将各级子企业全部纳入年度财务决算编制范围，以全面反映企业的财务状况；

（四）企业所属经营性事业单位应当按照规定要求执行统一的企业会计制度；暂未执行企业会计制度的所属事业单位，应当将相关财务决算内容一并纳入企业财务决算范围，以完整反映企业的经营成果；

（五）企业所属基建项目应当按照规定要求与企业财务并账；暂未并账的，应当将基建项目的相关财务决算内容一并纳入企业财务决算范围，以完整反映企业的资产状况。

第八条　企业及各级子企业编制年度财务决算报告应当遵循会计真实性、准确性原则，并符合下列规定：

（一）企业财务决算报告应当以经过核对无误的相关会计账簿进行编制，做到账实相符、账证相符、账账相符、账表相符；

（二）企业编制财务决算报告应当根据真实的交易事项、会计记录等资料，按照规定的会计核算原则及具体会计处理方法，对各项会计要素进行合理确认和计量；

（三）企业应当严格遵守会计核算规定，不得应提不提、应摊不摊或者多提多摊成本（费用），造成企业经营成果不实，影响企业财务决算报告的真实性；

（四）企业不得采取利用会计政策、会计估计变更，以及减值准备计提、转回等方式，人为掩饰企业真实经营状况；不得计提秘密减值准备，影响企业财务决算报告的真实性；

（五）企业应当客观地反映实际发生的资产损失，以保证财务决算报告的真实、可靠。

第九条　企业及各级子企业应当遵循会计稳健性原则，按有关资产减值准备计提的标准和方法，合理预计各项资产可能发生的损失，定期对计提的各项资产减值准备逐项进行认定、计算。

第十条　企业及各级子企业编制财务决算报告应当遵循会计可比性原则，编制基础、编制原则、编制依据和编制方法及各项财务指标口径应当保持前、后各期一致，各年度期间财务决算数据保持衔接，如实反映年度间企业财务状况、经营成果的变动情况。

第十一条 除国家另有规定外，企业及各级子企业所执行的会计制度应当按照国家财务会计制度的有关规定和要求保持一致；因特殊情形不能保持一致的，应当事先报国资委备案，并陈述相关理由。

第十二条 企业及各级子企业的各项会计政策、会计估计一经确定，不得随意变更；因特殊情形发生较大变更的，应当事先报国资委备案，并陈述相关理由。

第十三条 企业在年度财务决算报告编制中，对报表各项指标的数据填报不得遗漏，报表内项目之间和表式之间各项指标的数据应当相互衔接，保证勾稽关系正确。

第三章 财务决算报表的合并

第十四条 集团型企业应当按照国家财务会计制度有关规定，将各级子企业年度财务决算进行层层合并，逐级编制企业集团年度财务决算合并报表。企业年度财务决算合并报表范围包括：

（一）执行企业会计制度的境内全部子企业；

（二）境外（含香港、澳门、台湾地区）子企业；

（三）所属各类事业单位；

（四）各类基建项目或者基建财务（含技改，下同）；

（五）按照规定执行金融会计制度的子企业；

（六）所属独立核算的其他经济组织。

第十五条 企业编制年度财务决算合并报表，应当将企业及各级子企业之间的内部交易、内部往来进行充分抵销，对涉及资产、负债、所有者权益、收入、成本和费用、利润及利润分配、现金流量等财务决算的相关指标数据均应当按照合并口径进行剔除。

第十六条 各级子企业执行的会计制度与企业总部不一致的，企业总部在编制财务决算合并报表时，应当按照国家统一会计制度的规定和要求将企业总部或者子企业的财务决算的数据进行调整，然后再进行企业财务决算报表的合并工作。

第十七条 企业所属合营子企业应当按照比例合并方式进行企业财务决算报表的合并工作；国有投资各方占等额股份的子企业，应当由委托管理一方按合并会计报表制度进行合并，或者按照股权比例进行企业财务决算报表的合并。

第十八条 企业财务决算报表合并过程中，境外子企业与企业总部会计期间或者会计结账日不一致时，应当以企业总部的会计期间和会计结账日为准进行调整。因特殊情形暂不能进行调整的，企业应当事先报国资委备案，并在报表附注中予以说明。

第十九条 凡年度内涉及产权划转的企业，财务决算报表合并原则上应当以企业年末结账日的产权隶属关系确定。结账日尚未办理产权划转手续的，由原企业合并编制；结账日已办理完产权划转关系的，由接收企业合并编制。

第二十条 按照国家财务会计有关规定，符合下列情形之一的，各级子企业可以不纳入年度财务决算合并报表范围，但企业应当向国资委报备具有法律效力的文件或者经济鉴证证明：

（一）已宣告破产的子企业；

（二）按照破产程序，已宣告被清理整顿的子企业；

（三）已实际关停并转的子企业；

（四）近期准备售出而短期持有其半数以上权益性资本的子企业；

（五）非持续经营的、所有者权益为负数的子企业；

（六）受所在国或地区外汇管制及其他管制，资金调度受到限制的境外子企业。

企业财务决算报表合并范围发生变更，应当于年度结账日之前，将变更范围及原因报国资委备案。

第四章 财务决算信息的披露

第二十一条 为便于理解企业财务决算报表，了解和分析企业资产质量、财务状况，核实企业真实经营成果，企业应当在报表附注和财务情况说明书中，对企业财务决算报表和财务决算合并报表的重要内容进行详尽说明和披露。

企业财务决算报告所披露的信息内容应当真实、全面、详尽，不得隐瞒企业有关重大违规事项。

第二十二条 企业财务决算的报表附注应当重点披露以下内容：

（一）企业报告期内采用的主要会计政策、会计估计和合并财务决算报表的编制方法；报告期内会计政策、会计估计变更的内容、理由、影响数额；

（二）财务决算报表合并的范围及其依据，将未纳入合并财务决算报表范围的子企业资产、负债、销售收入、实现利润、税后利润以及对企业合并财务决算报告的影响分户列示；

（三）企业年内各种税项缴纳的有关情况；

（四）控股子企业及合营企业的情况；

（五）财务决算报表项目注释。企业在财务决算合并报表附注中，除对财务决算合并报表项目注释外，还应当对企业总部财务决算报表的主要项目注释；

（六）子企业与企业总部会计政策不一致时对财务决算合并报表的影响；

（七）关联方关系及其交易的披露；

（八）或有事项、承诺事项及其资产负债表日后事项；

（九）重大会计差错的调整；

（十）按照规定应当披露的有助于理解和分析报表的其它重要财务会计事项，以及国资委要求披露的其他专门事项。

第二十三条　企业财务情况说明书应当重点说明下列内容：

（一）企业生产经营的基本情况；

（二）企业预算执行情况及实现利润、利润分配和企业盈亏情况；

（三）企业重大投融资及资金变动、周转情况；

（四）企业重大改制、改组情况；

（五）重大产权变动情况；

（六）对企业财务状况、经营成果和现金流量、资本保全等有重大影响的其他事项；

（七）上一会计年度企业经营管理、财务管理中存在的问题及整改情况；

（八）本年度企业经营管理、财务管理中存在的问题，拟采取的整改措施；

（九）其他情况。

第二十四条　企业及各级子企业对外提供的财务决算数据应当与报送国资委的财务决算报告数据及披露的财务信息保持一致。

第五章　财务决算的审计

第二十五条　为保证企业年度财务状况及经营成果的真实性，根据财务监督工作的需要，国资委统一委托会计师事务所对企业年度财务决算进行审计。

第二十六条　国资委统一委托会计师事务所，按照“公开、公平、公正”的原则，采取国资委公开招标或者企业推荐报国资委核准等方式进行。其中，国有控股企业采取企业推荐报国资委核准的方式进行。

第二十七条　国资委暂未委托会计师事务所进行年度财务决算审计工作的企业，应当按照“统一组织、统一标准、统一管理”的原则，经国资委同意，由企业总部依照有关规定采取招标等方式委托会计师事务所对企业及各级子企业的年度财务决算进行审计。

第二十八条　企业年度财务决算审计内容应当包括企业财务决算报表中的资产负债表、利润及利润分配表、现金流量表、所有者权益变动表等相关指标数据和报表附注，以及国资委要求的其他重要财务指标有关数据。

编制财务决算合并报表的企业，其财务决算合并报表应当纳入审计范围。

第二十九条　企业及各级子企业应当根据会计师事务所及注册会计师提出的审计意见进行财务决算调整；企业对审计意见存有异议且未进行财务决算调整的，应当在上报财务决算报告时，向国资委提交说明材料。

第三十条　会计师事务所及注册会计师出具的审计报告应当按照有关规定，对企业违反国家财务会计制度规定或者未按注册会计师意见进行调整的重大会计事项进行披露。

第三十一条　企业应当为会计师事务所及注册会计师开展财务决算审计、履行必要的审计程序、取得充分审计证据提供必要的条件和协助，不得干预会计师事务所及注册会计师的审计业务，以保证审计结论的独立、客观、公正。

第三十二条　境外子企业年度财务决算审计工作按照所在国家或地区的规定进行。为适应境外子企业的特殊性，企业应当建立和完善对境外子企业的内审制度，并出具内审报告，保证境外子企业财务决算数据的真实性、完整性。

第三十三条　对于涉及国家安全的特殊子企业，以及国家法律法规未规定须委托会计师事务所进行审计的有关单位，企业应当建立和完善对其年度财务决算内审制度，并出具内审报告，以保证财务决算数据的真实性、完整性。

第六章　财务决算报告的报送

第三十四条　企业应当按财务关系或者产权关

系负责各级子企业财务决算报告的组织、收集、审核、汇总、合并等工作，并按规定及时将企业年度财务决算报告报送国资委。

第三十五条 企业向国资委报送的年度财务决算报告应当做到“统一编报口径、统一编报格式、统一编报要求”。

（一）符合国资委规定的报表格式、指标口径要求；

（二）使用统一下发的财务决算报表软件填报各项财务决算数据；

（三）按照要求报送纸质文件和电子文档的财务决算报表、报表附注、财务情况说明书、审计报告及国有资本保值增值说明等资料。

第三十六条 企业财务决算报告的报送级次如下：

（一）企业集团除报送企业合并财务决算报告外，还应当报送企业总部及二级子企业的分户财务决算报告，二级以下子企业财务决算数据应当并入第二级子企业报送；

设立境外子企业的企业集团，应当报送境外子企业的分户财务决算报告；

（二）企业总部设立在境外的企业集团，除报送合并财务决算报告外，还应当报送企业总部及所属二级以上子企业的分户财务决算报告；

（三）级次划分特殊的企业集团财务决算报告报送级次由国资委另行规定。

第三十七条 企业财务决算报告具体内容如下：

（一）企业集团（含企业总部设在境外企业集团）应当报送合并财务决算报告（含报表附注、财务情况说明书、国有资本保值增值情况说明等材料）和审计报告的纸质文件及电子文档；

（二）企业集团总部及二级子企业应当报送财务决算报告（含报表附注、财务情况说明书、国有资本保值增值情况说明等材料）和审计报告的电子文档；

（三）企业集团应当附报三级子企业年度财务决算报表的电子文档。

第三十八条 企业应当以正式文函向国资委报送财务决算报告。文函主要包括下列内容：

（一）年度财务决算工作组织情况；

（二）企业年度间主要财务决算数据的变化情况；

（三）纳入企业财务决算合并的范围；

（四）对于被出具非标准无保留意见审计报告的企业，应当对有关情况进行说明；

（五）需要说明的其他有关情况。

第三十九条 企业财务决算报告应当加盖企业公章，并由企业的法定代表人、总会计师或主管会计工作的负责人、会计机构负责人签名并盖章。

企业报送的财务决算报告及附送的各类资料应当按顺序装订成册，材料较多时应当编排目录，注明备查材料页码。

第四十条 企业主要负责人、总会计师或主管会计工作的负责人等应当对企业编制的财务决算报告真实性、完整性负责。承办企业年度财务决算审计业务的会计师事务所及注册会计师对其出具的审计报告真实性、合法性负责。

第四十一条 企业报送财务决算报告后，国资委应当在规定时间内对企业资产质量、财务状况及经营成果进行核批，并依据核批后的财务决算报告进行企业负责人业绩考核、企业绩效评价和企业国有资产保值增值结果确认等工作，有关办法另行制定。

第七章 罚　　则

第四十二条 企业报送的财务决算报告内容不完整、信息披露不充分，或者数据差错较大，造成财务决算不实，以及财务决算报告不符合规范要求的，由国资委责令其重新编报，并予以通报批评。

第四十三条 在财务决算编制工作中弄虚作假、提供虚假财务信息，以及严重故意漏报、瞒报，尚不构成犯罪嫌疑的，由国资委责令改正，并依照《中华人民共和国会计法》、《企业国有资产监督管理暂行条例》和《企业财务会计报告条例》等有关法律法规予以处罚；有犯罪嫌疑的，依法移送司法机关处理。

第四十四条 会计师事务所及注册会计师在企业财务决算报告审计工作中参与做假账，或者在审计程序、审计内容、审计方法等方面存在严重问题和缺陷，造成审计结论失实的，国资委应当禁止其今后承办企业财务决算审计业务，并通报或者会同有关部门依法查处；有犯罪嫌疑的，依法移送司法机关处理。

第四十五条 国资委相关工作人员在对企业财务决算信息的收集、汇总、审核和管理过程中徇私舞弊，造成重大工作过失或者泄露国家机密或企业商业秘密的，依法给予行政处分；有犯罪嫌疑的，依法移送司法机关处理。

第八章　附　　则

第四十六条　各省、自治区、直辖市国有资产监督管理机构可以参照本办法，制定本地区相关工作规范。

第四十七条　本办法自公布之日起施行。

国务院国有资产监督管理委员会关于加强中央企业财务决算审计工作的通知

国资厅发评价〔2005〕43号

各中央企业：

为加强中央企业财务监督，规范企业财务决算审计工作，促进企业会计信息质量的提高，根据《中央企业财务决算报告管理办法》（国资委令第5号）和《关于印发〈中央企业财务决算审计工作规则〉的通知》（国资发评价〔2004〕173号）等有关规定，现就进一步做好中央企业财务决算审计工作有关事项通知如下：

一、进一步加强财务决算审计管理工作

财务决算审计是对企业年度财务状况、经营成果和现金流量真实性、合法性的综合检验，也是出资人考核企业经营业绩、评价企业财务状况和资产质量的重要依据。认真做好企业财务决算审计管理工作，有助于检验企业会计核算的规范性、内部控制的有效性，及时发现企业财务管理的薄弱环节，并采取有效措施加强和改进企业财务管理；有助于及时发现企业经营管理中存在的问题，堵塞管理漏洞，提高经营决策与管理水平。各中央企业要高度重视财务决算审计管理工作，切实加强组织领导，层层落实责任，确保财务决算审计工作质量，提高财务管理工作水平。

二、严格财务决算审计范围与内容

各中央企业要严格遵循有关财务决算审计范围与内容的规定：一是除涉及国家安全或难以实施外部审计的特殊子企业，经国资委核准可由企业内部审计机构审计外，企业年度财务决算必须由符合资质条件的会计师事务所及注册会计师进行审计；二是承担中央企业财务决算审计业务的会计师事务所及注册会计师应按规定对企业财务决算报告中的资产负债表、利润及利润分配表、现金流量表、资产减值准备及资产损失情况表、所有者权益变动表等重要报表数据和报表附注进行审计，恰当发表审计意见；对财务决算报告中其他报表及指标数据应按有关要求进行复核并作专项说明，其中对财务决算报告信息质量有重大影响的财务会计事项可发表审计意见。

三、统一规范会计师事务所选聘工作

各中央企业要严格按照财务决算审计工作的统一要求，规范会计师事务所的选聘工作。承担中央企业财务决算审计业务的会计师事务所资质条件必须与企业规模相适应。具体应符合以下要求：

（一）会计师事务所注册会计师人数要求。承担中央企业财务决算审计业务的会计师事务所注册会计师人数最低不得少于40名，其中：企业资产总额在50－500亿元的，主审会计师事务所注册会计师人数不得少于60名；企业资产总额在500－1,000亿元的，主审会计师事务所注册会计师人数不得少于80名；企业资产总额在1,000亿元以上的，主审会计师事务所注册会计师人数不得少于100名。

（二）会计师事务所执业资信条件。会计师事务所存在下列情况之一的不得承担中央企业财务决算审计业务：一是近3年内因违法违规行为被国家相关主管部门给予没收违法所得、罚款、暂停执行部分或全部业务、吊销有关执业许可证和撤销会计师事务所等行政处罚；二是近3年内因审计质量等问题被国家相关主管部门给予警告或通报批评两次（含）以上；三是近3年内在承担中央企业有关审计业务中出现重大审计质量问题被国资委警示两次（含）以上；四是国资委根据会计师事务所执业质量明确不适合承担中央企业财务决算审计工作。

（三）会计师事务所数量要求。为保证企业财务决算审计工作的顺利进行，减少信息沟通障碍，提高审计工作质量，企业合并资产总额在100亿元以下的，其全部境内子企业（包括实体在境内的境外上市公司，下同）原则上只能由1家会计师事务所独立审计；企业合并资产总额在100亿元以上、子企业户数在50户以上且地域分布较广的，其全部境内子企业最多可由不超过5家会计师事务所进行联合审计。对于多家会计师事务所联合审计的，主审会计师事务所承担的审计业务量一般不低于

50%，且企业总部报表和合并报表必须由主审会计师事务所审计。

（四）会计师事务所审计年限要求。根据《中央企业财务决算审计工作规则》（国资发评价〔2004〕173 号）的规定，中央企业委托会计师事务所连续承担财务决算审计业务应不少于 2 年，同一会计师事务所连续承担企业财务决算审计业务不应超过 5 年。连续承担企业财务决算审计业务的起始年限从会计师事务所实际承担企业财务决算审计业务的当年开始计算。各中央企业要严格执行上述要求，对连续承担企业财务决算审计业务已超过 5 年的会计师事务所必须进行更换。

（五）会计师事务所变更要求。各中央企业应严格按照“统一组织、统一标准、统一管理”原则和财务决算审计工作的统一要求，做好会计师事务所的选聘工作。需要变更会计师事务所的，应由企业总部按照国资委有关委托会计师事务所的规定，采用招标等方式确定。凡上年度纳入国资委统一委托审计范围的企业，如需变更会计师事务所，应向国资委报告变更原因，经国资委核准同意后，按规定采用招标等方式选聘。

四、切实加强财务决算审计组织工作

各中央企业应认真加强财务决算审计的组织管理工作：一是指定专门机构和人员负责协调工作，明确分工，落实责任；二是积极做好企业内部相关业务部门、所属各级子企业的协调配合工作；三是根据审计工作需要，及时提供审计所需相关材料，为会计师事务所及注册会计师履行必要的审计程序，获取充分、适当的审计证据提供必要的条件；四是做好与会计师事务所及注册会计师的沟通协调工作，但不得干预会计师事务所及注册会计师的审计活动，确保审计工作独立、客观、公正。

五、认真做好财务决算内部审计工作

各中央企业应当建立完善的内部审计制度，对企业所属涉及国家安全或难以实施外部审计的特殊子企业财务决算进行内部审计，并出具内部审计报告。企业财务决算的内部审计工作应当符合有关规定：一是在财务决算审计备案中应对所属子企业财务决算采用内部审计方式的原因、涉及的户数及采用内部审计方式的全部子企业名单进行说明；二是企业内部审计机构应当严格按照财务决算审计工作相关要求实施审计，切实履行审计程序，恰当发表审计意见；三是企业内部审计机构应当严格按照规定的格式和内容出具内部审计报告，并承担相应的审计责任。

六、逐步规范上市公司财务决算审计

各中央企业应加强对所属上市公司（包括实体在境内的境外上市公司，下同）财务决算审计工作的管理：一是合理安排上市公司财务决算审计工作计划，不得因为上市公司年度财务决算公告时间滞后而影响企业集团财务决算工作的整体进度；二是对企业与所属上市公司之间的投资、往来和关联交易等事项进行认真清理，并做好合并报表的抵销工作，确保审计结果的真实、完整；三是企业所属上市公司审计报告信息披露的格式和内容必须满足财务决算工作的统一要求。

七、切实提高财务决算审计工作质量

各中央企业要加强财务决算审计质量管理，努力提高审计工作质量：一是按照财务决算审计工作的统一要求，在审计业务约定书中明确相关内容和要求，确保审计报告信息披露的内容和格式符合财务决算工作统一要求；二是建立重大问题报告制度，对于在财务决算审计中发现的重大问题要及时报告国资委；三是企业及各级子企业应当根据会计师事务所及注册会计师提出的审计意见对财务决算进行调整，对审计意见或审计结论存有异议未进行财务决算调整的，应当在年度财务决算报告中说明，存在较大分歧的，应当向国资委提交专项报告予以说明；四是对所属企业财务决算审计质量严格把关，并对审计质量进行评估，对审计质量存在严重问题、审计结果达不到要求的会计师事务所应及时向国资委报告。

八、有效运用财务决算审计工作结果

各中央企业应当提高财务决算审计结果的运用效率：一是对审计报告中的保留意见事项、无法表示意见事项和否定意见事项逐项进行核实，在年度财务决算报告中说明或提交专项报告予以说明，对需要调整账务的应及时调整有关账务；二是对企业财务决算审计报告和管理建议书中所反映的其他财务管理和经营管理问题，应当认真研究，切实整改，努力提高财务管理和经营管理水平；三是对上年度财务决算批复中提及的问题进行认真研究、落实整改，并在年度财务决算报告中将落实整改情况向国资委报告；四是国资委将在企业财务决算审计结束后组织审计质量审核和评估，并将审核和评估结果及时通报企业，各中央企业应认真对照，积极整改。

九、认真做好财务决算审计备案工作

各中央企业应提早安排2005年度财务决算审计相关工作，并按照财务决算审计的统一要求完成备案工作。各中央企业应于2005年11月30日之前以正式文件向国资委报送中央企业2005年度财务决算审计备案报告（具体要求另行通知），并将会计师事务所相关资质证明材料和审计业务约定书一并报国资委备案。企业本年度变更会计师事务所的，应当在备案报告中说明原因。企业选聘的会计师事务所不符合国资委财务决算审计工作统一要求的，国资委将要求企业纠正并重新选聘；企业未按要求重新选聘的，国资委将在企业年度财务决算报告上报后另行组织专项审计调查，在审计调查结束之前暂不确认企业年度业绩考核有关指标。

各中央企业要加强对财务决算审计工作的统一管理，严格执行国资委关于财务决算审计工作的统一要求，切实提高审计工作质量，确保企业财务会计信息的真实性、完整性，充分发挥财务决算审计的监督和服务作用，努力提高财务管理水平，提高企业经济效益，确保国有资本保值增值。

国务院国有资产监督管理委员会
二〇〇五年十月七日

财政部、国资委关于会计师事务所承担中央企业财务决算审计有关问题的通知

财会〔2011〕24号

各省、自治区、直辖市、计划单列市财政厅（局）、国资委，新疆生产建设兵团国资委，各中央管理企业：

为了进一步规范会计师事务所承担中央企业财务决算审计行为，提高财务决算审计质量，促进会计师事务所做大做强和规范发展，现就会计师事务所承担中央企业财务决算审计有关事项通知如下：

一、承担中央企业财务决算审计的主审会计师事务所，应当进入全国会计师事务所综合评价排名前50位，承担中央企业财务决算审计的参审会计师事务所，原则上应进入全国会计师事务所综合评价排名前100位，具体名单以中国注册会计师协会每年公布的会计师事务所综合评价排名前百家信息为准（下同）。

经财政部、证监会审核推荐从事H股企业审计且已经完成特殊普通合伙转制的大型会计师事务所，在同等条件下可优先承担中央企业财务决算审计工作。

二、会计师事务所连续承担同一家中央企业财务决算审计业务应不少于2年，不超过5年；进入全国会计师事务所综合评价排名前15位且审计质量优良的会计师事务所，经相关企业申请、国资委核准，可适当延长审计年限，但连续审计年限应不超过8年。经财政部、证监会审核推荐从事H股企业审计且已经完成特殊普通合伙转制的大型会计师事务所，连续审计年限达到上述规定的，经相关企业申请、国资委核准，可自完成转制工商登记当年起延缓2年轮换，但连续审计年限最长不超过10年。超过上述审计年限规定的，企业应当予以轮换。中外合作会计师事务所完成特殊普通合伙转制的情况由财政部认定，认定结果抄送国资委。

会计师事务所连续审计年限按上述规定可以超过5年的，应当自第6年起更换审计项目合伙人和签字注册会计师。

三、财政部、国资委鼓励证券资格的会计师事务所尤其是大型会计师事务所在中央企业“走出去”的重点国家和地区设立分支机构或办事机构，为“走出去”的中央企业提供财务决算审计和相关咨询服务。具体办法由财政部、国资委商国务院有关部门另行制定。

四、会计师事务所承担中央企业财务决算审计，应当严格遵守国家保密法规制度的规定。会计师事务所的外籍员工（含合伙人、经理和其他从业人员），不得以任何方式接触中央企业的涉密资料和信息，不得进入军工等涉密中央企业财务决算审计现场。涉密资料、信息和涉密中央企业的认定，按照国家保密主管部门的规定执行。

承担中央企业财务决算审计的会计师事务所，其信息系统和数据库（含相应的软硬件设备）应当置于境内。该会计师事务所为国际会计公司的成员所、联系所、合作所或者与国际会计公司存在其他业务合作关系的，其信息系统和数据库应当与国际会计公司物理隔离。

会计师事务所承担中央企业所属境外上市公司

财务决算审计和其他审计、咨询服务的，对于资料、信息保密和档案管理的要求，执行证监会、保密局、档案局联合制定的《关于加强在境外发行证券与上市相关保密和档案管理工作的规定》（证监会公告〔2009〕29 号）。

不符合本条款规定的会计师事务所，不得承担中央企业财务决算审计工作和相关咨询服务工作。

五、在 2013 年 6 月 30 日之前完成合伙制或者特殊普通合伙制转制工作的证券资格会计师事务所承担中央企业财务决算审计，其轮换年限可比照本通知第二条大型会计师事务所的有关规定执行。

除本通知有明确规定外，会计师事务所承担中央企业财务决算审计继续执行国资委《关于加强中央企业财务决算审计工作的通知》（国资厅发评价〔2005〕43 号）和《关于印发〈中央企业财务决算审计有关问题解答〉的通知》（国资厅发评价〔2006〕23 号）的有关规定。

财政部
国资委
二〇一一年十二月二十九日

中央企业内部审计管理暂行办法

国务院国有资产监督管理委员会令第 8 号

现公布《中央企业内部审计管理暂行办法》，自 2004 年 8 月 30 日起施行。

国务院国有资产监督管理委员会主任　李荣融
二〇〇四年八月二十三日

第一章　总　　则

第一条　为加强对国务院国有资产监督管理委员会（以下简称国资委）履行出资人职责企业（以下简称企业）的内部监督和风险控制，规范企业内部审计工作，保障企业财务管理、会计核算和生产经营符合国家各项法律法规要求，根据《企业国有资产监督管理暂行条例》和国家有关法律法规，制定本办法。

第二条　企业开展内部审计工作，适用本办法。

第三条　本办法所称企业内部审计，是指企业内部审计机构依据国家有关法律法规、财务会计制度和企业内部管理规定，对本企业及子企业（单位）财务收支、财务预算、财务决算、资产质量、经营绩效，以及建设项目或者有关经济活动的真实性、合法性和效益性进行监督和评价工作。

第四条　企业应当按照国家有关规定，依照内部审计准则的要求，认真组织做好内部审计工作，及时发现问题，明确经济责任，纠正违规行为，检查内部控制程序的有效性，防范和化解经营风险，维护企业正常生产经营秩序，促进企业提高经营管理水平，实现国有资产的保值增值。

第五条　国资委依法对企业内部审计工作进行指导和监督。

第二章　内部审计机构设置

第六条　企业应当按照国家有关规定，建立相对独立的内部审计机构，配备相应的专职工作人员，建立健全内部审计工作规章制度，有效开展内部审计工作，强化企业内部监督和风险控制。

第七条　国有控股公司和国有独资公司，应当依据完善公司治理结构和完备内部控制机制的要求，在董事会下设立独立的审计委员会。企业审计委员会成员应当由熟悉企业财务、会计和审计等方面专业知识并具备相应业务能力的董事组成，其中主任委员应当由外部董事担任。

第八条　企业审计委员会应当履行以下主要职责：

（一）审议企业年度内部审计工作计划；

（二）监督企业内部审计质量与财务信息披露；

（三）监督企业内部审计机构负责人的任免，提出有关意见；

（四）监督企业社会中介审计等机构的聘用、更换和报酬支付；

（五）审查企业内部控制程序的有效性，并接受有关方面的投诉；

（六）其他重要审计事项。

第九条　未建立董事会的国有独资公司及国有独资企业，应当按照加强财务监督和完善内部控制机制的要求，依据国家的有关规定，加强内部审计工作的组织领导，明确工作责任，强化企业内部审计工作，做好内部审计机构与内部监察（纪检）、财务、人事等有关部门的协调工作。

第十条　企业内部审计机构依据国家有关规定开展内部审计工作，直接对企业董事会（或主要负责人）负责；设立审计委员会的企业，内部审计机构应当接受审计委员会的监督和指导。

第十一条　企业所属子企业应当按照有关规定设立相应的内部审计机构；尚不具备条件的应当设

立专职审计人员。

第十二条　企业内部审计人员应当具备审计岗位所必备的会计、审计等专业知识和业务能力；内部审计机构的负责人应当具备相应的专业技术职称资格。

第三章　内部审计机构主要职责

第十三条　根据国家有关规定，结合出资人财务监督和企业管理工作的需要，企业内部审计机构应当履行以下主要职责：

（一）制定企业内部审计工作制度，编制企业年度内部审计工作计划；

（二）按企业内部分工组织或参与组织企业年度财务决算的审计工作，并对企业年度财务决算的审计质量进行监督；

（三）对国家法律法规规定不适宜或者未规定须由社会中介机构进行年度财务决算审计的有关内容组织进行内部审计；

（四）对本企业及其子企业的财务收支、财务预算、财务决算、资产质量、经营绩效以及其他有关的经济活动进行审计监督；

（五）组织对企业主要业务部门负责人和子企业的负责人进行任期或定期经济责任审计；

（六）组织对发生重大财务异常情况的子企业进行专项经济责任审计工作；

（七）对本企业及其子企业的基建工程和重大技术改造、大修等的立项、概（预）算、决算和竣工交付使用进行审计监督；

（八）对本企业及其子企业的物资（劳务）采购、产品销售、工程招标、对外投资及风险控制等经济活动和重要的经济合同等进行审计监督；

（九）对本企业及其子企业内部控制系统的健全性、合理性和有效性进行检查、评价和意见反馈，对企业有关业务的经营风险进行评估和意见反馈；

（十）对本企业及其子企业的经营绩效及有关经济活动进行监督与评价；

（十一）对本企业年度工资总额来源、使用和结算情况进行检查；

（十二）其他事项。

第十四条　企业内部审计机构对年度财务决算的审计质量监督应当根据企业的内部职责分工，依据独立、客观、公正的原则，保障企业财务管理、会计核算和生产经营符合国家各项法律法规要求。

第十五条　为保证企业年度财务决算报告的真实和完整，企业内部审计机构应按照国资委相关工作要求，对下列特殊情形的子企业组织进行定期内部审计工作：

（一）按照国家有关规定，涉及国家安全不适宜社会中介机构审计的特殊子企业；

（二）依据所在国家及地区法律规定，在境外进行审计的境外子企业；

（三）国家法律、法规未规定须委托社会中介机构审计的企业内部有关单位。

第十六条　企业内部审计机构对本企业及其子企业的经营绩效及有关经济活动的评价工作，依据国家有关经营绩效评价政策进行。

第十七条　企业内部审计机构应当加强对社会中介机构开展本企业及其子企业有关财务审计、资产评估及相关业务活动工作结果的真实性、合法性进行监督，并做好社会中介机构聘用、更换和报酬支付的监督。

第十八条　企业内部审计机构相关审计工作应当与外部审计相互协调，并按有关规定对外部审计提供必要的支持和相关工作资料。

第十九条　企业应当依据国家有关法律法规，完善内部审计管理规章制度，保障内部审计机构拥有履行职责所必需的权限：

（一）参加企业有关经营和财务管理决策会议，参与协助企业有关业务部门研究制定和修改企业有关规章制度并督促落实；

（二）检查被审计单位会计账簿、报表、凭证和现场勘察相关资产，有权查阅有关生产经营活动等方面的文件、会议记录、计算机软件等相关资料；

（三）对与审计事项有关的部门和个人进行调查，并取得相关证明材料；

（四）对正在进行的严重违法违规和严重损失浪费行为，可作出临时制止决定，并及时向董事会（或企业主要负责人）报告；

（五）对可能被转移、隐匿、篡改、毁弃的会计凭证、会计账簿、会计报表以及与经济活动有关的资料，经企业主要负责人或有关权力机构授权可暂予以封存；

（六）企业主要负责人或权力机构在管理权限范围内，应当授予内部审计机构必要的处理权或者处罚权。

第四章　内部审计工作程序

第二十条　企业内部审计机构应当根据国家有关规定，结合企业实际情况，制定企业年度审计工作计划，对内部审计工作作出合理安排，并报经企业主要负责人或审计委员会审核批准后实施。

第二十一条　企业内部审计机构应当充分考虑审计风险和内部管理需要，制定具体项目审计计划，做好审计准备。

第二十二条　企业内部审计机构应当在实施审计前5个工作日，向被审计单位送达审计通知书。对于需要突击执行审计的特殊业务，审计通知书可在实施审计时送达。

被审计单位接到审计通知书后，应当做好接受审计的各项准备。

第二十三条　企业内部审计人员在出具审计报告前应当与被审计单位交换审计意见。被审计单位有异议的，应当自接到审计报告之日起10个工作日内提出书面意见；逾期不提出的，视为无异议。

第二十四条　被审计单位若对审计报告有异议且无法协调时，设立审计委员会的企业，应当将审计报告与被审计单位意见一并报审计委员会协调处理；尚未设立审计委员会的企业，应当将审计报告与被审计单位意见一并报企业主要负责人协调处理。

第二十五条　审计报告上报企业董事会或主要负责人审定后，企业内部审计机构应当根据审计结论，向被审计单位下达审计意见（决定）。

对于报请审计委员会、主要负责人协调处理的审计报告，应当根据审计委员会、主要负责人的审定意见，向被审计单位下达审计意见（决定）。

第二十六条　企业内部审计机构对已办结的内部审计事项，应当按照国家档案管理规定建立审计档案。

第二十七条　企业内部审计机构应当每年向本企业董事会（或主要负责人）和审计委员会提交内部审计工作总结报告。

第二十八条　企业内部审计机构对主要审计项目应当进行后续审计监督，督促检查被审计单位对审计意见的采纳情况和对审计决定的执行情况。

第五章　内部审计工作要求

第二十九条　企业内部审计机构应当根据国家有关规定和企业内部管理需要有效开展内部审计工作，加强内部监督，纠正违规行为，规避经营风险。

第三十条　企业内部审计机构应当对违反国家法律法规和企业内部管理制度的行为及时报告，并提出处理意见；对发现的企业内部控制管理漏洞，及时提出改进建议。

第三十一条　对于被审计单位及相关工作人员不及时落实内部审计意见，给企业造成损失浪费的，企业应当追究相关人员责任；对于给企业造成重大损失的，还应当按有关规定向上一级机构及时反映情况。

第三十二条　企业内部审计机构下列工作事项应当报国资委备案：

（一）企业年度内部审计工作计划和工作总结报告；

（二）重要子企业负责人及企业财务部门负责人的经济责任审计报告；

企业内部审计工作中发现的重大违法违纪问题、重大资产损失情况、重大经济案件及重大经营风险等，应向国资委报送专项报告。

第三十三条　根据出资人财务监督工作需要，企业内部审计机构按照国资委有关工作要求，对企业及其子企业发生重大财务异常等情况组织进行的专项经济责任审计，应当向国资委提交审计报告。

第三十四条　企业内部审计机构要不断提高内部审计业务质量，并依法接受国资委、国家审计机关对内部审计业务质量的检查和评估。

第三十五条　企业内部审计机构应当根据本办法组织开展内部审计工作，并对其出具的内部审计报告的客观真实性承担责任。

第三十六条　为保证内部审计工作的独立、客观、公正，企业内部审计人员与审计事项有利害关系的，应当回避。

第三十七条　企业内部审计人员应当严格遵守审计职业道德规范，坚持原则、客观公正、恪尽职守、保持廉洁、保守秘密，不得滥用职权，徇私舞弊，泄露秘密，玩忽职守。

第三十八条　企业内部审计人员在实施内部审计时，应当在深入调查的基础上，采用检查、抽样和分析性复核等审计方法，获取充分、相关、可靠的审计证据，以支持审计结论和审计建议。

第三十九条　企业董事会（或主要负责人）应当保障内部审计机构和人员依法行使职权和履行职责；企业内部各职能机构应当积极配合内部审计工作。任何组织和个人不得对认真履行职责的内部审计人员进行打击报复。

第四十条　企业对于认真履行职责、忠于职守、坚持原则、作出显著成绩的内部审计人员，应当给予奖励。

第四十一条　企业应当保证内部审计机构所必需的审计工作经费，并列入企业年度财务预算。企业内部审计人员参加国家统一组织的专业技术职务资格的考评、聘任和后续教育，企业应当按照国家有关规定予以执行。

第六章　罚　　则

第四十二条　对于企业出现重大违反国家财经法纪的行为和企业内部控制程序出现严重缺陷，除按规定依法追究企业主要负责人、总会计师（或者主管财务工作负责人）及财务部门负责人的有关责任外，同时还相应追究企业审计委员会及内部审计机构相关人员的监督责任。

第四十三条　对于滥用职权、徇私舞弊、玩忽职守、泄漏秘密的内部审计人员，由所在单位依照国家有关规定给予纪律处分；涉嫌犯罪的，依法移交司法机关处理。

第四十四条　对于打击报复内部审计人员问题，企业应及时予以纠正；涉嫌犯罪的，依法移交司法机关处理。受打击报复的企业内部审计人员有权直接向国资委报告相关情况。

第四十五条　被审计单位相关人员不配合企业内部审计工作、拒绝审计或者不提供资料、提供虚假资料、拒不执行审计结论的，企业应当给予纪律处分；涉嫌犯罪的，依法移交司法机关处理。

第七章　附　　则

第四十六条　各中央企业可结合本企业实际情况，制定具体实施细则。

第四十七条　各省、自治区、直辖市国有资产监督管理机构可参照本办法，结合本地区实际制定本地区相关工作规范。

第四十八条　本办法自 2004 年 8 月 30 日起施行。

关于进一步加强中央单位财政电子票据核销管理的通知

财综〔2024〕56 号

党中央有关部门，国务院各部委、各直属机构，全国人大常委会办公厅，全国政协办公厅，最高人民法院，最高人民检察院，各民主党派中央，有关人民团体，有关中央企业：

为贯彻落实数字政府建设有关要求，加快适应财政电子票据管理改革发展形势，进一步加强中央单位财政电子票据核销管理，提高财政电子票据监管水平和效率，根据《财政部关于修改〈财政票据管理办法〉的决定》（财政部令第 104 号）和《财政部关于进一步加强财政电子票据核销管理的通知》（财综〔2023〕53 号）有关规定，决定全面推行中央单位财政电子票据自动核销。现就有关事项通知如下：

一、全面推行财政电子票据自动核销

（一）中央单位财政电子票据核销是财政部根据财政票据管理有关规定，通过财政票据管理系统，运用互联网、人工智能、大数据等信息技术手段，对照财政电子票据核销规则，对中央单位管理使用的财政电子票据交款人、项目、标准、金额、备注等数据信息的完整性、合规性进行审验，通过审验的财政电子票据予以核销。

（二）中央单位管理使用的财政电子票据均纳入自动核销范围。纸质财政票据仍按现行财政票据核销管理规定执行。

（三）中央单位财政电子票据核销时限分为两种：一是日终核销。财政票据管理系统每日对设为日终核销的中央单位上一日开具的所有财政电子票据完成核销。二是定期核销。财政票据管理系统将超过 6 个月没有申领财政电子票据的中央单位前次申领的所有财政电子票据进行核销。

（四）财政部将综合考虑中央单位财政电子票据管理改革实际情况和日常管理需求，分行业或单位，设置核销时限，逐步实现中央单位财政电子票据自动核销。中央单位可在财政票据管理系统（单位信息栏）中查看本单位是否已纳入自动核销范围和核销时限。

二、规范财政电子票据核销流程

（一）财政电子票据核销申请。日终核销单位，无需人工提交核销申请，由财政票据管理系统每日定时自动获取其待核销财政电子票据，自动生成《中央单位财政电子票据核销申请单》。定期核销单位，再次申领财政电子票据时，需将前次申领并已使用的所有财政电子票据人工提交核销申请，由财政票据管理系统自动生成《中央单位财政电子票据核销申请单》，或该单位超过 6 个月没有申领财政电子票据，由财政票据管理系统自动获取待核销财政电子票据，并生成《中央单位财政电子票据核销申请单》。

中央单位应及时对已使用的财政电子票据开票金额、实际收费金额等相关数据要素进行核对，确认一致后申请核销。

（二）财政电子票据数据信息审验。财政票据管理系统根据预先设定的财政电子票据核销规则，对《中央单位财政电子票据核销申请单》中所有财政电子票据的数据信息进行比对审验。通过审验的财政电子票据，财政票据管理系统标记“已核销”状态；未通过审验的财政电子票据，则标记为可疑票据，交由人工判断。空白票据或红字票据，财政票据管理系统直接标记“已核销”。

（三）财政电子票据异常处理。经人工判断，确定为异常票据的，财政部将通过财政票据管理系统向有关单位下发《中央单位财政电子票据异常通知单》，同时下发短信提醒。中央单位可在待办事项中查看《中央单位财政电子票据异常通知单》。同时，需对异常票据补充情况说明或对有问题的票据进行冲红，并人工提交审核。

（四）财政电子票据违规处理。经人工判断，确认为违规票据的，财政部将通过财政票据管理系统向有关中央单位下发《中央单位财政电子票据违规整改通知单》，并短信通知单位财务负责人。中央单位可在待办事项中查看《中央单位财政电子票据违规整改通知单》。同时，需按要求进行整改，整改时限为一个月。中央单位整改完成后，需将加盖本单位公章的纸质整改情况说明，以 PDF 或 OFD 格式，通过财政票据管理系统上传给财政部。

在整改时限内，中央单位可正常开票，开具的财政电子票据留待下次核销。中央单位超期未完成整改或整改不到位的，财政部将限制其开票。待中央单位整改完成后，解除其开票限制。

（五）已核销财政电子票据冲红管理。中央单位已核销财政电子票据原则上不能进行冲红。对确实需要冲红的，中央单位在财政票据管理系统中填写冲红理由，并发起冲红操作。财政部通过财政票据管理系统撤销相关财政电子票据已核销状态，并进行冲红。中央单位可查看相关红字票据，开具的红字票据留待下次核销。

（六）财政电子票据核销与监督检查。按照财政票据检查工作规范要求，财政部将每年抽取部分中央单位，开展财政票据检查工作。同时，将财政电子票据核销未通过次数较多、票据冲红数量较大和问题票据数量较多的中央单位列为重点检查对象。

三、有关要求

（一）中央单位主管部门收到本通知后，应及时转发到所属用票单位，并督促各单位按照本通知要求做好相关工作。

（二）自本通知发布起，将逐步推开中央单位财政电子票据核销工作，至 2025 年底前全部完成。各中央单位无需对本单位系统进行改造。

（三）各中央单位应当及时办理财政票据管理系统中的待办事项，按照要求，上传相关材料，确保业务正常开展。实施过程中如有问题，请及时反馈我部。

财政部

2024 年 11 月 30 日

第三章　企业合规管理及改革改制

（一）企业合规管理

行政规章及规范性文件：

关于印发《中央企业主要负责人履行推进法治建设第一责任人职责规定》的通知

国资党发法规〔2017〕8号

各中央企业：

为贯彻落实党的十八届四中全会精神，进一步推进中央企业法治建设，提升依法治企能力水平，根据《中共中央办公厅　国务院办公厅关于印发〈党政主要负责人履行推进法治建设第一责任人职责规定〉的通知》（中办发〔2016〕71号）有关精神，结合中央企业实际，国资委党委制定了《中央企业主要负责人履行推进法治建设第一责任人职责规定》，现印发给你们，请认真贯彻执行。

国资委党委

2017年7月20日

中央企业主要负责人履行推进法治建设第一责任人职责规定

第一条　为贯彻落实党中央关于全面依法治国的战略部署，增强中央企业主要负责人的法治意识，进一步推动法治央企建设，保障中央企业深化改革、健康发展，根据《党政主要负责人履行推进法治建设第一责任人职责规定》，结合中央企业实际，制定本规定。

第二条　本规定所称的中央企业主要负责人是指国务院国资委履行出资人职责的企业党委（党组）书记、董事长、总经理（总裁、院长、局长、主任）。

第三条　中央企业主要负责人履行推进法治建设第一责任人职责，必须坚持党的领导，充分发挥党委（党组）的领导核心和政治核心作用；坚持统筹协调，做到依法治理、依法经营、依法管理共同推进，法治体系、法治能力、法治文化一体建设；坚持权责一致，确保有权必有责、有责要担当、失责必追究；坚持以身作则、以上率下，带头尊法学法守法用法。

第四条　中央企业主要负责人作为推进法治建设的第一责任人，应当切实履行依法治企重要组织者、推动者和实践者的职责，贯彻党中央关于法治建设的重大决策部署，认真落实国务院国资委关于法治建设的各项要求，自觉运用法治思维和法治方式深化改革、推动发展、化解矛盾、维护稳定，把法治建设纳入全局工作统筹谋划，对重要工作亲自部署、重大问题亲自过问、重点环节亲自协调、重要任务亲自督办，把各项工作纳入法治化轨道。

第五条　党委（党组）书记在推进法治建设中应当履行以下主要职责：

（一）促进党委（党组）充分发挥把方向、管大局、保落实的重要作用，成立法治建设领导机构，及时研究解决有关重大问题，督促企业领导班子其他成员和下级企业主要负责人依法履职，确保全面依法治国战略在本企业得到贯彻落实；

（二）落实全面从严治党、依规治党要求，加强制度建设，提高党内法规制度执行力；

（三）严格依法依规决策，落实党委（党组）议事规则和决策机制，认真执行“三重一大”等重大决策制度，党委（党组）研究讨论事项涉及法律问题的，应当要求总法律顾问列席会议，加强对党委（党组）文件、重大决策的合法合规性审查；

（四）坚持重视法治素养和法治能力的用人导向，完善企业领导班子知识结构，相同条件下，优先提拔使用法治素养好、依法办事能力强的干部；

（五）落实企业法律顾问制度，加强企业法律顾问队伍建设和人才培养，推动完善法律管理组织体系，支持总法律顾问和法律事务机构依法依规履行职能、开展工作；

（六）深入推进法治宣传教育，定期组织党委（党组）中心组开展法治学习，推动企业形成浓厚的法治氛围。

第六条 董事长在推进法治建设中应当履行以下主要职责：

（一）推动依法完善公司章程，合理配置权利义务，完善议事规则和决策机制，在董事会有关专门委员会中明确推进法治建设职责，并将依法治企要求写入公司章程；

（二）促进将法治建设纳入企业发展规划和年度工作计划，与改革发展重点任务同部署、同推进、同督促、同考核、同奖惩；

（三）组织研究部署法治建设总体规划，加强指导督促，为推进法治建设提供保障、创造条件；

（四）定期听取法治建设进展情况报告，并将其纳入董事会年度工作报告；

（五）带头依法依规决策，董事会审议事项涉及法律问题的，应当要求总法律顾问列席会议并听取法律意见；

（六）推动建立健全企业法律顾问制度，落实总法律顾问可由董事会聘任的相关规定，设立与经营规模和业务需要相适应的法律事务机构，促进企业法律顾问队伍建设。

未设立董事会的中央企业，董事长推进法治建设第一责任人的相关职责由总经理履行。

第七条 总经理在推进法治建设中应当履行以下主要职责：

（一）加强对法治建设的组织推动，根据董事会审议通过的法治建设总体规划，研究制定年度工作计划，切实抓好组织落实；

（二）依法建立健全经营管理制度，确保企业各项活动有章可循；

（三）督促经理层其他成员和各职能部门负责人依法经营管理，加强内部监督检查，纠正违法违规经营管理行为；

（四）推动法律管理与企业经营管理深度融合，充分发挥总法律顾问和法律事务机构作用，不断健全法律风险防范机制和内部控制体系，严格落实规章制度、重大决策、经济合同法律审核制度，加强合规管理和法律监督；

（五）完善法律顾问日常管理、业务培训、考评奖惩等工作机制，拓宽职业发展通道，并为其履职提供必要条件；

（六）组织实施普法规划，强化法治宣传教育，大力提升全员法治意识，努力打造法治文化。

第八条 中央企业主要负责人应当将履行推进法治建设第一责任人职责情况列入年终述职内容，对本单位及子企业推进法治建设情况开展定期检查和专项督查，并可以将其纳入经营业绩考核。

第九条 中央企业党委（党组）应当将子企业主要负责人履行推进法治建设第一责任人职责情况纳入领导人员综合考核评价指标体系，作为考察使用干部、推进干部能上能下的重要依据。

第十条 中央企业主要负责人不履行或者不正确履行推进法治建设第一责任人职责的，应当依照有关党内法规、国家法律法规和相关规定予以问责。

第十一条 中央企业应当根据本规定，结合企业实际，研究制定具体实施办法。

第十二条 本规定由国务院国资委负责解释。

第十三条 本规定自印发之日起施行。

关于印发《关于全面推进法治央企建设的意见》的通知

各中央企业：

为贯彻落实党的十八届三中、四中、五中全会精神和党中央、国务院关于深化国有企业改革的部署要求，进一步推进中央企业法制建设，提升依法治企能力水平，我们制定了《关于全面推进法治央企建设的意见》，现印发给你们，请认真贯彻落实。

国务院国有资产监督管理委员会

2015 年 12 月 8 日

关于全面推进法治央企建设的意见

党的十八届三中、四中全会作出全面深化改革和全面推进依法治国的重大战略部署。习近平总书记强调，要把全面依法治国放在“四个全面”战略布局中来把握。中央企业是我国国民经济的重要支柱，是落实全面依法治国战略的重要主体，应当在建设社会主义法治国家中发挥重要作用。近年来，中央企业深入推进法治建设，依法经营管理水平不断提升，依法治企能力明显增强，为改革发展提供了重要的支撑保障。但与此同时，中央企业法治工作与全面依法治国的要求相比还有不小差距。新形势下，全面建设法治央企，是贯彻落实全面依法治国战略的重要内容，是进一步深化国企改革的必然要求，也是提升企业核心竞争力，做强做优做大中央企业的迫切需要。为此，现就全面推进法治央企建设提出以下意见：

一、总体要求

（一）指导思想。认真贯彻落实党的十八届三中、四中、五中全会精神和习近平总书记系列重要讲话精神，按照全面依法治国战略部署，围绕中央企业改革发展总体目标，适应市场化、现代化、国际化发展需要，坚持依法治理、依法经营、依法管理共同推进，坚持法治体系、法治能力、法治文化一体建设，加强制度创新，以健全公司法人治理结构为基础，以促进依法经营管理为重点，以提升企业法律管理能力为手段，切实加强对企业法治建设的组织领导，大力推动企业治理体系和治理能力现代化，促进中央企业健康可持续发展。

（二）基本原则。

——坚持围绕中心，服务发展大局。紧紧围绕中央企业改革发展中心任务，充分发挥法治在推进分类改革、完善现代企业制度、发展混合所有制经济、强化监督防止国有资产流失等重点改革任务中的重要作用，支撑企业实施自主创新、转型升级等重大发展战略，为中央企业改革发展提供坚实的法治保障。

——坚持全面覆盖，突出工作重点。把依法治企要求全面融入企业决策运营各个环节，贯穿各业务领域、各管理层级、各工作岗位，努力实现法治工作全流程、全覆盖，同时突出依法治理、依法合规经营、依法规范管理等重点领域法治建设。

——坚持权责明确，强化协同配合。切实加强对法治央企建设的组织领导，明确企业主要负责人、总法律顾问、法律事务机构、其他部门在推进法治建设中的责任，有效整合资源，增强工作合力，形成上下联动、部门协同的法治建设大格局。

——坚持领导带头，确保全员参与。牢牢抓住领导干部这个“关键少数”，大力提升领导干部的法治思维和依法办事能力，充分发挥领导干部尊法学法守法用法的示范作用，进一步强化普法宣传教育，提高全员法治素养，充分调动职工的积极性和主动性，努力形成全员守法的良好氛围。

（三）总体目标。到2020年，中央企业依法治理能力进一步增强，依法合规经营水平显著提升，依法规范管理能力不断强化，全员法治素质明显提高，企业法治文化更加浓厚，依法治企能力达到国际同行业先进水平，努力成为治理完善、经营合规、管理规范、守法诚信的法治央企。

二、切实增强依法治理能力

（四）充分发挥章程在公司治理中的统领作用。根据企业行业特点、管理架构等实际，依法完善公司章程，合理配置股东权利义务，明确议事规则和决策机制。突出章程在规范各治理主体权责关系中的基础性作用，依法厘清股东（大）会、董事会、监事会、经理层的职责边界，明确履职程序。依据章程建立健全企业各项基本制度、管理机制和工作体系，细化董事会、经理层工作规则等配套办法。把加强党的领导和完善公司治理统一起来，明确党组织在公司治理结构中的法定地位，将党建工作总体要求纳入公司章程。加强对章程落实情况的监督，坚决纠正与章程不符的规定和行为。高度重视子企业章程制定工作，依法依章程对子企业规范行使股东权，处理好维护出资人权益与尊重子企业经营自主权的关系。充分发挥总法律顾问和法律事务机构在章程制定、执行和监督中的重要作用，确保章程依法制定、依法实施。

（五）完善各治理主体依法履职保障机制。按照《公司法》、《企业国有资产法》等法律法规，进一步完善公司法人治理结构，提升治理主体依法履职能力。优化董事会知识结构，通过加强法律培训、选拔法律专业人员担任董事等方式，提升董事会依法决策水平。明确负责推进企业法治建设的专门委员会，对经理层依法治企情况进行监督，并将企业法治建设情况作为董事会年度工作报告的重要内容。董事会审议事项涉及法律问题的，总法律顾问应列席会议并提出法律意见。加大监事会对依法治企情况和董事、高级管理人员依法履职情况的监督力度，配备具有法律专业背景的专职监事，将企业合规经营、依法管理作为当期监督的重要内容。总法律顾问应当全面参与经理层的经营管理活动，充分发挥法律审核把关作用。健全党组织参与重大决策机制，强化党组织对企业领导人员依法行权履职的监督，确保企业决策部署及其执行过程符合党和国家方针政策、法律法规。

三、着力强化依法合规经营

（六）健全依法决策机制。进一步完善“三重一大”等决策制度，细化各层级决策范围、事项和权限。健全依法决策程序，严格落实职工参与、专家论证、风险评估、法律审核、集体决策等程序要求。完善重大决策合法性审查机制，未经合法性审查或者经审查不合法的，不得提交决策会议讨论。高度重视对重大改革事项的法律论证，切实防范法律风险，确保各项改革措施于法有据。中央企业报请国资委审批事项涉及法律问题的，应当出具总法律顾问签字的法律意见书。依法健全以职工代表大会为基本形式的企业民主管理制度，规范职工董事、职工监事产生的程序，切实发挥其在参与决策和公司治理中的作用。

（七）依法参与市场竞争。严格执行有关反垄断、安全生产、环境保护、节能减排、产品质量、知识产权、劳动用工等国家法律法规和市场规则，坚决杜绝违法违规行为。崇尚契约精神，重合同、守信用，公平参与市场竞争，自觉维护市场秩序。认真履行社会责任，切实维护消费者和其他利益相关方的合法权益。明确法律事务机构的合同管理职责，严格落实合同法律审核制度，充分发挥法律审核在规范市场竞争、防止违法违规行为中的重要作用。提升依法维权能力，加大对侵权行为的追责力度，妥善解决法律纠纷案件，切实维护自身合法权益。

（八）依法开展国际化经营。在实施走出去战略、参与“一带一路”建设、推进国际产能和装备制造合作过程中，严格按照国际规则、所在国法律和我国相关法律法规开展境外业务，有效防范法律风险。建立境外重大项目法律顾问提前介入工作机制，将法律论证与市场论证、技术论证、财务论证有机结合，实现从可行性论证到立项决策、从谈判签约到项目实施全程参与，确保法律风险防范全覆盖。突出境外法律风险防范重点，高度重视国家安全审查、反垄断审查、反倾销反补贴调查和知识产权等领域的法律风险，深入做好尽职调查，组织拟定防范预案。建立健全涉外重大法律纠纷案件预警和应对机制。完善境外法治工作组织体系，推动境外重要子企业或业务相对集中的区域设立法律事务机构或配备专职法律顾问。

四、进一步加强依法规范管理

（九）完善企业规章制度体系。根据国家法律法规和国有资产监管制度，结合企业实际，进一步完善财务管理、劳动用工、物资采购等各项规章制度。完善规章制度制定工作机制，广泛吸纳业务骨干、专家学者等共同参与规章制度的研究制定，加强对规章制度的法律审核，确保各项制度依法合规。健全规章制度实施机制，提高制度执行力，通过加强宣贯培训、纳入业务流程、明确岗位守则等方式，确保各项制度得到有效落实。探索建立规章制度评估机制，定期开展规章制度梳理工作，对规章制度执行情况进行评价，及时堵塞制度漏洞，形成制度体系完整闭环。强化规章制度落实监督机制，法律、审计、纪检和相关业务部门定期对制度落实情况进行监督检查，对违规行为严格督促整改、开展责任追究。

（十）依法规范重点领域和关键环节管理。加强对企业投资融资、改制重组、对外担保、产权流转、物资采购、招标投标等重点领域的管理，通过信息化手段，确保流程规范、公开透明，坚决杜绝暗箱操作。在推进混合所有制、员工持股、股权激励等改革过程中，坚持依法规范操作，确保法律事务机构全程参与，严控法律风险，防止国有资产流失。高度重视对企业内部审批、执行等关键环节的管理，强化对权力集中、资金密集、资源富集、资产聚集的部门和岗位的监督，实行分事行权、分岗设权、分级授权，定期轮岗，强化内部流程控制，防止权力滥用。严格执行信息披露制度，依法加大信息公开力度，积极打造阳光央企。完善企业内部监督体系，形成法律与审计、纪检监察、巡视、财务等部门的监督合力。

（十一）大力提升法律管理水平。进一步深化法律风险防范机制，加快促进法律管理与经营管理的深度融合，将法律审核嵌入管理流程，使法律审核成为经营管理的必经环节，在确保规章制度、经济合同、重要决策法律审核率100%的同时，通过开展后评估等方式，不断提高审核质量。加快提升合规管理能力，建立由总法律顾问领导，法律事务机构作为牵头部门，相关部门共同参与、齐抓共管的合规管理工作体系，研究制定统一有效、全面覆盖、内容明确的合规制度准则，加强合规教育培训，努力形成全员合规的良性机制。探索建立法律、合规、风险、内控一体化管理平台。加强知识产权管理，强化知识产权保护，为企业自主创新、转型升级、品牌建设提供有力支撑。健全完善法律风险防范、纠纷案件处理等各项法律管理制度，探索创新法律管理方式方法，大力推进信息化建设，提高管理效能。

五、加强组织领导

（十二）强化领导责任。企业主要负责人充分发挥“关键少数”作用，认真履行推进本企业法治建设第一责任人职责，把法治建设作为谋划部署全局工作的重要内容，对工作中的重点难点问题，亲自研究、亲自部署、亲自协调、亲自督办。明确法治建设领导机构，加快形成企业主要负责人负总责、总法律顾问牵头推进、法律事务机构具体实施、各部门共同参与的工作机制。研究制定本企业法治央企建设实施方案，将中央企业法制工作新五年规划各项要求作为重要内容，与企业“十三五”规划相衔接，同步实施、同步推进。积极为企业法治建设提供必要的制度、人员、机构和经费等保障。

（十三）完善激励约束机制。将合规经营等依法治企情况纳入对中央企业领导人员的考核体系。完善企业领导班子知识结构，在相同条件下，优先提拔使用法治素养好、依法办事能力强的干部。建立法治工作激励机制，对于在法治建设中作出突出贡献，有效防范重大法律风险、避免或挽回重大损失的集体或个人，应当予以表彰和奖励。落实问责制度，企业重大经营活动因未经法律审核，或者虽经审核但未采纳正确法律意见而造成重大损失的，追究企业相关领导人员责任；经过法律审核，但因重大失职未发现严重法律风险造成重大损失的，追究相关法律工作人员责任。对因违法违规发生重大法律纠纷案件造成企业重大损失的，或者违反规定、未履行或未正确履行职责造成企业资产损失的，在业绩考核中扣减分值，并按照有关规定追究相关人员责任。实行重大法律风险事项报告制度，中央企业对可能引发重大法律纠纷案件、造成重大资产损失的法律风险事项，应当及时向国资委报告。

（十四）加强法治工作队伍建设。在中央企业及其重要子企业全面推行总法律顾问制度，并在公司章程中予以明确。总法律顾问应当具有法学专业背景或者法律相关职业资格。设立董事会的中央企业，总法律顾问可以由董事会聘任。总法律顾问作为企业高级管理人员，全面领导企业法律管理工作，统一协调处理经营管理中的法律事务，全面参与重大经营决策，领导企业法律事务机构开展相关工作。建立健全总法律顾问述职制度。对标同行业世界一流企业，加快健全企业法治工作体系，中央企业及其重要子企业设立独立的法律事务机构，配备与经营管理需求相适应的企业法律顾问。建立健全企业法律顾问职业发展规划，将企业法律顾问纳入人才培养体系，提升企业法律顾问队伍专职化、专业化水平。建立健全企业法律顾问专业人员评价体系，完善职业岗位等级评审制度，实行与职级和专业技术等级相匹配的差异化薪酬分配办法。

（十五）打造企业法治文化。大力推进法治文化建设，弘扬法治精神，增强法治理念，努力使全体员工成为法治的忠实崇尚者、自觉践行者、坚定捍卫者。全面开展普法宣传教育，加强法律、宣传与各业务部门的协同联动，推进法治宣传教育制度化、常态化。完善学法用法制度，将法治学习作为企业党委（党组）中心组学习、管理培训、员工教育的必修课，形成全员尊法学法守法用法的良好氛围。积极树立推进法治央企建设中涌现出的优秀企业、集体和个人典型，充分发挥引领带动作用。

地方国有资产监督管理机构参照本意见，积极推进所出资企业法治建设。

关于印发《中央企业合规管理指引（试行）》的通知

国资发法规〔2018〕106号

各中央企业：

为推动中央企业全面加强合规管理，加快提升依法合规经营管理水平，着力打造法治央企，保障企业持续健康发展，我委制定了《中央企业合规管理指引（试行）》，现印发给你们。请遵照执行。工作中的情况和问题请及时反馈。

国资委

2018年11月2日

中央企业合规管理指引（试行）

第一章　总　　则

第一条　为推动中央企业全面加强合规管理，加快提升依法合规经营管理水平，着力打造法治央企，保障企业持续健康发展，根据《中华人民共和国公司法》、《中华人民共和国企业国有资产法》等有关法律法规规定，制定本指引。

第二条 本指引所称中央企业，是指国务院国有资产监督管理委员会（以下简称国资委）履行出资人职责的国家出资企业。

本指引所称合规，是指中央企业及其员工的经营管理行为符合法律法规、监管规定、行业准则和企业章程、规章制度以及国际条约、规则等要求。

本指引所称合规风险，是指中央企业及其员工因不合规行为，引发法律责任、受到相关处罚、造成经济或声誉损失以及其他负面影响的可能性。

本指引所称合规管理，是指以有效防控合规风险为目的，以企业和员工经营管理行为为对象，开展包括制度制定、风险识别、合规审查、风险应对、责任追究、考核评价、合规培训等有组织、有计划的管理活动。

第三条 国资委负责指导监督中央企业合规管理工作。

第四条 中央企业应当按照以下原则加快建立健全合规管理体系：

（一）全面覆盖。坚持将合规要求覆盖各业务领域、各部门、各级子企业和分支机构、全体员工，贯穿决策、执行、监督全流程。

（二）强化责任。把加强合规管理作为企业主要负责人履行推进法治建设第一责任人职责的重要内容。建立全员合规责任制，明确管理人员和各岗位员工的合规责任并督促有效落实。

（三）协同联动。推动合规管理与法律风险防范、监察、审计、内控、风险管理等工作相统筹、相衔接，确保合规管理体系有效运行。

（四）客观独立。严格依照法律法规等规定对企业和员工行为进行客观评价和处理。合规管理牵头部门独立履行职责，不受其他部门和人员的干涉。

第二章 合规管理职责

第五条 董事会的合规管理职责主要包括：

（一）批准企业合规管理战略规划、基本制度和年度报告；

（二）推动完善合规管理体系；

（三）决定合规管理负责人的任免；

（四）决定合规管理牵头部门的设置和职能；

（五）研究决定合规管理有关重大事项；

（六）按照权限决定有关违规人员的处理事项。

第六条 监事会的合规管理职责主要包括：

（一）监督董事会的决策与流程是否合规；

（二）监督董事和高级管理人员合规管理职责履行情况；

（三）对引发重大合规风险负有主要责任的董事、高级管理人员提出罢免建议；

（四）向董事会提出撤换公司合规管理负责人的建议。

第七条 经理层的合规管理职责主要包括：

（一）根据董事会决定，建立健全合规管理组织架构；

（二）批准合规管理具体制度规定；

（三）批准合规管理计划，采取措施确保合规制度得到有效执行；

（四）明确合规管理流程，确保合规要求融入业务领域；

（五）及时制止并纠正不合规的经营行为，按照权限对违规人员进行责任追究或提出处理建议；

（六）经董事会授权的其他事项。

第八条 中央企业设立合规委员会，与企业法治建设领导小组或风险控制委员会等合署，承担合规管理的组织领导和统筹协调工作，定期召开会议，研究决定合规管理重大事项或提出意见建议，指导、监督和评价合规管理工作。

第九条 中央企业相关负责人或总法律顾问担任合规管理负责人，主要职责包括：

（一）组织制订合规管理战略规划；

（二）参与企业重大决策并提出合规意见；

（三）领导合规管理牵头部门开展工作；

（四）向董事会和总经理汇报合规管理重大事项；

（五）组织起草合规管理年度报告。

第十条 法律事务机构或其他相关机构为合规管理牵头部门，组织、协调和监督合规管理工作，为其他部门提供合规支持，主要职责包括：

（一）研究起草合规管理计划、基本制度和具体制度规定；

（二）持续关注法律法规等规则变化，组织开展合规风险识别和预警，参与企业重大事项合规审查和风险应对；

（三）组织开展合规检查与考核，对制度和流程进行合规性评价，督促违规整改和持续改进；

（四）指导所属单位合规管理工作；

（五）受理职责范围内的违规举报，组织或参与对违规事件的调查，并提出处理建议；

（六）组织或协助业务部门、人事部门开展合规培训。

第十一条 业务部门负责本领域的日常合规管理工作，按照合规要求完善业务管理制度和流程，主动开展合规风险识别和隐患排查，发布合规预警，组织合规审查，及时向合规管理牵头部门通报风险事项，妥善应对合规风险事件，做好本领域合规培训和商业伙伴合规调查等工作，组织或配合进行违规问题调查并及时整改。

监察、审计、法律、内控、风险管理、安全生产、质量环保等相关部门，在职权范围内履行合规管理职责。

第三章 合规管理重点

第十二条 中央企业应当根据外部环境变化，结合自身实际，在全面推进合规管理的基础上，突出重点领域、重点环节和重点人员，切实防范合规风险。

第十三条 加强对以下重点领域的合规管理：

（一）市场交易。完善交易管理制度，严格履行决策批准程序，建立健全自律诚信体系，突出反商业贿赂、反垄断、反不正当竞争，规范资产交易、招投标等活动；

（二）安全环保。严格执行国家安全生产、环境保护法律法规，完善企业生产规范和安全环保制度，加强监督检查，及时发现并整改违规问题；

（三）产品质量。完善质量体系，加强过程控制，严把各环节质量关，提供优质产品和服务；

（四）劳动用工。严格遵守劳动法律法规，健全完善劳动合同管理制度，规范劳动合同签订、履行、变更和解除，切实维护劳动者合法权益；

（五）财务税收。健全完善财务内部控制体系，严格执行财务事项操作和审批流程，严守财经纪律，强化依法纳税意识，严格遵守税收法律政策；

（六）知识产权。及时申请注册知识产权成果，规范实施许可和转让，加强对商业秘密和商标的保护，依法规范使用他人知识产权，防止侵权行为；

（七）商业伙伴。对重要商业伙伴开展合规调查，通过签订合规协议、要求作出合规承诺等方式促进商业伙伴行为合规；

（八）其他需要重点关注的领域。

第十四条 加强对以下重点环节的合规管理：

（一）制度制定环节。强化对规章制度、改革方案等重要文件的合规审查，确保符合法律法规、监管规定等要求；

（二）经营决策环节。严格落实“三重一大”决策制度，细化各层级决策事项和权限，加强对决策事项的合规论证把关，保障决策依法合规；

（三）生产运营环节。严格执行合规制度，加强对重点流程的监督检查，确保生产经营过程中照章办事、按章操作；

（四）其他需要重点关注的环节。

第十五条 加强对以下重点人员的合规管理：

（一）管理人员。促进管理人员切实提高合规意识，带头依法依规开展经营管理活动，认真履行承担的合规管理职责，强化考核与监督问责；

（二）重要风险岗位人员。根据合规风险评估情况明确界定重要风险岗位，有针对性加大培训力度，使重要风险岗位人员熟悉并严格遵守业务涉及的各项规定，加强监督检查和违规行为追责；

（三）海外人员。将合规培训作为海外人员任职、上岗的必备条件，确保遵守我国和所在国法律法规等相关规定；

（四）其他需要重点关注的人员。

第十六条 强化海外投资经营行为的合规管理：

（一）深入研究投资所在国法律法规及相关国际规则，全面掌握禁止性规定，明确海外投资经营行为的红线、底线；

（二）健全海外合规经营的制度、体系、流程，重视开展项目的合规论证和尽职调查，依法加强对境外机构的管控，规范经营管理行为；

（三）定期排查梳理海外投资经营业务的风险状况，重点关注重大决策、重大合同、大额资金管控和境外子企业公司治理等方面存在的合规风险，妥善处理、及时报告，防止扩大蔓延。

第四章 合规管理运行

第十七条 建立健全合规管理制度，制定全员普遍遵守的合规行为规范，针对重点领域制定专项合规管理制度，并根据法律法规变化和监管动态，及时将外部有关合规要求转化为内部规章制度。

第十八条 建立合规风险识别预警机制，全面系统梳理经营管理活动中存在的合规风险，对风险发生的可能性、影响程度、潜在后果等进行系统分析，对于典型性、普遍性和可能产生较严重后果的风险及时发布预警。

第十九条 加强合规风险应对，针对发现的风险制定预案，采取有效措施，及时应对处置。对于重大合规风险事件，合规委员会统筹领导，合规管理负责人牵头，相关部门协同配合，最大限度化解风险、降低损失。

第二十条 建立健全合规审查机制，将合规审查作为规章制度制定、重大事项决策、重要合同签订、重大项目运营等经营管理行为的必经程序，及时对不合规的内容提出修改建议，未经合规审查不得实施。

第二十一条 强化违规问责，完善违规行为处罚机制，明晰违规责任范围，细化惩处标准。畅通举报渠道，针对反映的问题和线索，及时开展调查，严肃追究违规人员责任。

第二十二条 开展合规管理评估，定期对合规管理体系的有效性进行分析，对重大或反复出现的合规风险和违规问题，深入查找根源，完善相关制度，堵塞管理漏洞，强化过程管控，持续改进提升。

第五章 合规管理保障

第二十三条 加强合规考核评价，把合规经营管理情况纳入对各部门和所属企业负责人的年度综合考核，细化评价指标。对所属单位和员工合规职责履行情况进行评价，并将结果作为员工考核、干部任用、评先选优等工作的重要依据。

第二十四条 强化合规管理信息化建设，通过信息化手段优化管理流程，记录和保存相关信息。运用大数据等工具，加强对经营管理行为依法合规情况的实时在线监控和风险分析，实现信息集成与共享。

第二十五条 建立专业化、高素质的合规管理队伍，根据业务规模、合规风险水平等因素配备合规管理人员，持续加强业务培训，提升队伍能力水平。

海外经营重要地区、重点项目应当明确合规管理机构或配备专职人员，切实防范合规风险。

第二十六条 重视合规培训，结合法治宣传教育，建立制度化、常态化培训机制，确保员工理解、遵循企业合规目标和要求。

第二十七条 积极培育合规文化，通过制定发放合规手册、签订合规承诺书等方式，强化全员安全、质量、诚信和廉洁等意识，树立依法合规、守法诚信的价值观，筑牢合规经营的思想基础。

第二十八条 建立合规报告制度，发生较大合规风险事件，合规管理牵头部门和相关部门应当及时向合规管理负责人、分管领导报告。重大合规风险事件应当向国资委和有关部门报告。

合规管理牵头部门于每年年底全面总结合规管理工作情况，起草年度报告，经董事会审议通过后及时报送国资委。

第六章 附 则

第二十九条 中央企业根据本指引，结合实际制定合规管理实施细则。

地方国有资产监督管理机构可以参照本指引，积极推进所出资企业合规管理工作。

第三十条 本指引由国资委负责解释。

第三十一条 本指引自公布之日起施行。

关于进一步促进中央企业所属融资租赁公司健康发展和加强风险防范的通知

国资发资本规〔2021〕42号

各中央企业：

近年来，中央企业所属融资租赁公司在服务集团主业、实现降本增效、支持科技创新等方面发挥了积极作用，但也积累和暴露了一些风险和问题。为进一步促进中央企业所属融资租赁公司健康持续发展，加强风险防范，现将有关事项通知如下：

一、准确把握融资租赁公司功能定位。中央企业要围绕加快构建新发展格局，服务深化供给侧结构性改革，聚焦主责主业发展实体经济，增强国有经济战略支撑作用。中央企业所属融资租赁公司要切实回归租赁本源，立足集团主业和产业链供应链上下游，有效发挥融资和融物相结合的优势，优化业务结构，大力发展直接租赁，不断提升服务主业实业能力和效果，实现健康持续发展。加强中央企业间协同合作，在拓宽上下游企业融资渠道、推进产业转型升级和结构调整、带动新兴产业发展等方面发挥积极作用。

二、严格规范融资租赁公司业务开展。中央企业所属融资租赁公司应当严格执行国家宏观调控政策，模范遵守行业监管要求，规范开展售后回租，不得变相发放贷款。切实完善尽职调查，夯实承租人资信，有效落实增信措施，建立重大项目风控部门专项风险评估机制，加强“第二道防线”作用。规范租赁物管理，租赁物应当依法合规、真实存在，不得虚构，不得接受已设置抵押、权属存在争议、已被司法机关查封、扣押的财产或所有权存在瑕疵的财产作为租赁物，严格限制以不能变现的财产作为租赁物，不得对租赁物低值高买，融资租赁公司应当重视租赁物的风险缓释作用。强化资金投向管理，严禁违规投向违反国家防范重大风险政策和措施的领域，严禁违规要求或接受地方政府提供各种形式的担保。

三、着力推动融资租赁公司优化整合。中央企业要坚持有进有退、有所为有所不为，开展融资租赁公司优化整合，不断提高资源配置效率。中央企业原则上只能控股1家融资租赁公司（不含融资租赁公司子公司），控制2家及以上融资租赁公司的中央企业应当科学论证、统筹布局，对于业务雷同、基本停业的融资租赁公司，应当坚决整合或退出。对于参股的融资租赁公司股权应当认真评估必要性，制定优化整合方案，对风险较大、投资效益低、服务主业效果不明显的及时清理退出。新增融资租赁公司应当按照国资委有关要求进行备案，集团管控能力弱、融资租赁对主业促进效果不大的中央企业不得新增融资租赁公司。

四、持续加强融资租赁公司管理管控。中央企业是融资租赁公司的管理主体，要配备具有相应专业能力的管理人员，厘清管理职责，压实工作责任，科学制定融资租赁公司发展战略，完善融资租赁公司治理结构，提升规范治理水平。要将有效管控与激发活力相结合，合理开展放授权，并根据实际适时调整。强化“三重一大”事项管控，加大派出董事、监事、有关高级管理人员履职评价，落实重大事项向派出机构书面报告制度，确保派出人员在重大问题上与派出机构保持一致，杜绝“内部人控制”。强化对融资租赁公司的考核监督，将服务主业、公司治理、风险防范、合规管理、内控执行等作为重要考核内容并赋予较大权重。

五、不断强化融资租赁公司风险防范。中央企业应当正确处理业务发展与风险防范的关系，防止因盲目追求规模利润提升风险偏好。要将融资租赁公司管理纳入集团公司全面风险管理体系，有效防范法律风险、合规风险、信用风险、流动性风险等。运用互联网、大数据、云计算等金融科技手段加强日常风险监测分析，定期组织开展风险排查，发生可能引发系统性风险的重大风险隐患和风险事件应当在24小时内向国资委报告。融资租赁公司应当完善风险防控机制，健全合规管理体系，强化风控部门的资源配置和作用发挥。严格按照规定准确进行风险资产分类，合理计提资产减值损失准备。不断提高租后管理能力，定期开展租后检查，分析判断承租人真实经营情况。落实薪酬延期支付制度，建立追索扣回机制。健全劳动合同管理和激励约束制度，依法约束不当行为。

六、加大融资租赁公司风险处置力度。中央企业所属融资租赁公司要切实提升化解风险的能力，稳妥有序处置风险项目。对于逾期的项目，涉及金额较大、承租人资不抵债等情况的，进行展期或续签应当重新履行决策程序。对于已经展期或续签的项目，应当采取特别管控措施，不得视同正常项目管理。对于已经出现风险的项目，应当采取有效措施积极处置化解，不得简单进行账务核销处理，不得将不良资产非洁净出表或虚假出表。国资委将加强对融资租赁公司风险项目处置跟踪，中央企业按要求定期向国资委报告风险项目处置进展。

七、建立健全融资租赁公司问责机制。中央企业应当按照《中央企业违规经营投资责任追究实施办法（试行）》（国资委令第37号）等有关规定，建立健全融资租赁公司责任追究工作机制，完善问题线索移交查处制度，对违反规定、未履行或未正确履行职责造成国有资产损失或其他严重不良后果的企业有关人员，建立追责问责档案，严肃追究责任。国资委加强对融资租赁公司管理和风险防范工作的监督指导，对融资租赁公司存在的突出问题和重大风险隐患等，依据有关规定开展责任约谈工作。中央企业未按照规定和工作职责要求组织开展责任追究工作的，国资委依据有关规定，对相关负责人进行责任追究。

国资委

2021年5月19日

中央企业合规管理办法

国务院国有资产监督管理委员会令第42号

第一章　总　　则

第一条　为深入贯彻习近平法治思想，落实全面依法治国战略部署，深化法治央企建设，推动中央企业加强合规管理，切实防控风险，有力保障深化改革与高质量发展，根据《中华人民共和国公司法》《中华人民共和国企业国有资产法》等有关法律法规，制定本办法。

第二条 本办法适用于国务院国有资产监督管理委员会（以下简称国资委）根据国务院授权履行出资人职责的中央企业。

第三条 本办法所称合规，是指企业经营管理行为和员工履职行为符合国家法律法规、监管规定、行业准则和国际条约、规则，以及公司章程、相关规章制度等要求。

本办法所称合规风险，是指企业及其员工在经营管理过程中因违规行为引发法律责任、造成经济或者声誉损失以及其他负面影响的可能性。

本办法所称合规管理，是指企业以有效防控合规风险为目的，以提升依法合规经营管理水平为导向，以企业经营管理行为和员工履职行为为对象，开展的包括建立合规制度、完善运行机制、培育合规文化、强化监督问责等有组织、有计划的管理活动。

第四条 国资委负责指导、监督中央企业合规管理工作，对合规管理体系建设情况及其有效性进行考核评价，依据相关规定对违规行为开展责任追究。

第五条 中央企业合规管理工作应当遵循以下原则：

（一）坚持党的领导。充分发挥企业党委（党组）领导作用，落实全面依法治国战略部署有关要求，把党的领导贯穿合规管理全过程。

（二）坚持全面覆盖。将合规要求嵌入经营管理各领域各环节，贯穿决策、执行、监督全过程，落实到各部门、各单位和全体员工，实现多方联动、上下贯通。

（三）坚持权责清晰。按照"管业务必须管合规"要求，明确业务及职能部门、合规管理部门和监督部门职责，严格落实员工合规责任，对违规行为严肃问责。

（四）坚持务实高效。建立健全符合企业实际的合规管理体系，突出对重点领域、关键环节和重要人员的管理，充分利用大数据等信息化手段，切实提高管理效能。

第六条 中央企业应当在机构、人员、经费、技术等方面为合规管理工作提供必要条件，保障相关工作有序开展。

第二章 组织和职责

第七条 中央企业党委（党组）发挥把方向、管大局、促落实的领导作用，推动合规要求在本企业得到严格遵循和落实，不断提升依法合规经营管理水平。

中央企业应当严格遵守党内法规制度，企业党建工作机构在党委（党组）领导下，按照有关规定履行相应职责，推动相关党内法规制度有效贯彻落实。

第八条 中央企业董事会发挥定战略、作决策、防风险作用，主要履行以下职责：

（一）审议批准合规管理基本制度、体系建设方案和年度报告等。

（二）研究决定合规管理重大事项。

（三）推动完善合规管理体系并对其有效性进行评价。

（四）决定合规管理部门设置及职责。

第九条 中央企业经理层发挥谋经营、抓落实、强管理作用，主要履行以下职责：

（一）拟订合规管理体系建设方案，经董事会批准后组织实施。

（二）拟订合规管理基本制度，批准年度计划等，组织制定合规管理具体制度。

（三）组织应对重大合规风险事件。

（四）指导监督各部门和所属单位合规管理工作。

第十条 中央企业主要负责人作为推进法治建设第一责任人，应当切实履行依法合规经营管理重要组织者、推动者和实践者的职责，积极推进合规管理各项工作。

第十一条 中央企业设立合规委员会，可以与法治建设领导机构等合署办公，统筹协调合规管理工作，定期召开会议，研究解决重点难点问题。

第十二条 中央企业应当结合实际设立首席合规官，不新增领导岗位和职数，由总法律顾问兼任，对企业主要负责人负责，领导合规管理部门组织开展相关工作，指导所属单位加强合规管理。

第十三条 中央企业业务及职能部门承担合规管理主体责任，主要履行以下职责：

（一）建立健全本部门业务合规管理制度和流程，开展合规风险识别评估，编制风险清单和应对预案。

（二）定期梳理重点岗位合规风险，将合规要求纳入岗位职责。

（三）负责本部门经营管理行为的合规审查。

（四）及时报告合规风险，组织或者配合开展应对处置。

（五）组织或者配合开展违规问题调查和整改。

中央企业应当在业务及职能部门设置合规管理员，由业务骨干担任，接受合规管理部门业务指导和培训。

第十四条 中央企业合规管理部门牵头负责本企业合规管理工作，主要履行以下职责：

（一）组织起草合规管理基本制度、具体制度、年度计划和工作报告等。

（二）负责规章制度、经济合同、重大决策合规审查。

（三）组织开展合规风险识别、预警和应对处置，根据董事会授权开展合规管理体系有效性评价。

（四）受理职责范围内的违规举报，提出分类处置意见，组织或者参与对违规行为的调查。

（五）组织或者协助业务及职能部门开展合规培训，受理合规咨询，推进合规管理信息化建设。

中央企业应当配备与经营规模、业务范围、风险水平相适应的专职合规管理人员，加强业务培训，提升专业化水平。

第十五条 中央企业纪检监察机构和审计、巡视巡察、监督追责等部门依据有关规定，在职权范围内对合规要求落实情况进行监督，对违规行为进行调查，按照规定开展责任追究。

第三章　制度建设

第十六条 中央企业应当建立健全合规管理制度，根据适用范围、效力层级等，构建分级分类的合规管理制度体系。

第十七条 中央企业应当制定合规管理基本制度，明确总体目标、机构职责、运行机制、考核评价、监督问责等内容。

第十八条 中央企业应当针对反垄断、反商业贿赂、生态环保、安全生产、劳动用工、税务管理、数据保护等重点领域，以及合规风险较高的业务，制定合规管理具体制度或者专项指南。

中央企业应当针对涉外业务重要领域，根据所在国家（地区）法律法规等，结合实际制定专项合规管理制度。

第十九条 中央企业应当根据法律法规、监管政策等变化情况，及时对规章制度进行修订完善，对执行落实情况进行检查。

第四章　运行机制

第二十条 中央企业应当建立合规风险识别评估预警机制，全面梳理经营管理活动中的合规风险，建立并定期更新合规风险数据库，对风险发生的可能性、影响程度、潜在后果等进行分析，对典型性、普遍性或者可能产生严重后果的风险及时预警。

第二十一条 中央企业应当将合规审查作为必经程序嵌入经营管理流程，重大决策事项的合规审查意见应当由首席合规官签字，对决策事项的合规性提出明确意见。业务及职能部门、合规管理部门依据职责权限完善审查标准、流程、重点等，定期对审查情况开展后评估。

第二十二条 中央企业发生合规风险，相关业务及职能部门应当及时采取应对措施，并按照规定向合规管理部门报告。

中央企业因违规行为引发重大法律纠纷案件、重大行政处罚、刑事案件，或者被国际组织制裁等重大合规风险事件，造成或者可能造成企业重大资产损失或者严重不良影响的，应当由首席合规官牵头，合规管理部门统筹协调，相关部门协同配合，及时采取措施妥善应对。

中央企业发生重大合规风险事件，应当按照相关规定及时向国资委报告。

第二十三条 中央企业应当建立违规问题整改机制，通过健全规章制度、优化业务流程等，堵塞管理漏洞，提升依法合规经营管理水平。

第二十四条 中央企业应当设立违规举报平台，公布举报电话、邮箱或者信箱，相关部门按照职责权限受理违规举报，并就举报问题进行调查和处理，对造成资产损失或者严重不良后果的，移交责任追究部门；对涉嫌违纪违法的，按照规定移交纪检监察等相关部门或者机构。

中央企业应当对举报人的身份和举报事项严格保密，对举报属实的举报人可以给予适当奖励。任何单位和个人不得以任何形式对举报人进行打击报复。

第二十五条 中央企业应当完善违规行为追责问责机制，明确责任范围，细化问责标准，针对问题和线索及时开展调查，按照有关规定严肃追究违规人员责任。

中央企业应当建立所属单位经营管理和员工履职违规行为记录制度，将违规行为性质、发生次数、危害程度等作为考核评价、职级评定等工作的重要依据。

第二十六条 中央企业应当结合实际建立健全合规管理与法务管理、内部控制、风险管理等协同运作机制，加强统筹协调，避免交叉重复，提高管理效能。

第二十七条 中央企业应当定期开展合规管理体系有效性评价，针对重点业务合规管理情况适时开展专项评价，强化评价结果运用。

第二十八条 中央企业应当将合规管理作为法治建设重要内容，纳入对所属单位的考核评价。

第五章 合规文化

第二十九条 中央企业应当将合规管理纳入党委（党组）法治专题学习，推动企业领导人员强化合规意识，带头依法依规开展经营管理活动。

第三十条 中央企业应当建立常态化合规培训机制，制定年度培训计划，将合规管理作为管理人员、重点岗位人员和新入职人员培训必修内容。

第三十一条 中央企业应当加强合规宣传教育，及时发布合规手册，组织签订合规承诺，强化全员守法诚信、合规经营意识。

第三十二条 中央企业应当引导全体员工自觉践行合规理念，遵守合规要求，接受合规培训，对自身行为合规性负责，培育具有企业特色的合规文化。

第六章 信息化建设

第三十三条 中央企业应当加强合规管理信息化建设，结合实际将合规制度、典型案例、合规培训、违规行为记录等纳入信息系统。

第三十四条 中央企业应当定期梳理业务流程，查找合规风险点，运用信息化手段将合规要求和防控措施嵌入流程，针对关键节点加强合规审查，强化过程管控。

第三十五条 中央企业应当加强合规管理信息系统与财务、投资、采购等其他信息系统的互联互通，实现数据共用共享。

第三十六条 中央企业应当利用大数据等技术，加强对重点领域、关键节点的实时动态监测，实现合规风险即时预警、快速处置。

第七章 监督问责

第三十七条 中央企业违反本办法规定，因合规管理不到位引发违规行为的，国资委可以约谈相关企业并责成整改；造成损失或者不良影响的，国资委根据相关规定开展责任追究。

第三十八条 中央企业应当对在履职过程中因故意或者重大过失应当发现而未发现违规问题，或者发现违规问题存在失职渎职行为，给企业造成损失或者不良影响的单位和人员开展责任追究。

第八章 附 则

第三十九条 中央企业应当根据本办法，结合实际制定完善合规管理制度，推动所属单位建立健全合规管理体系。

第四十条 地方国有资产监督管理机构参照本办法，指导所出资企业加强合规管理工作。

第四十一条 本办法由国资委负责解释。

第四十二条 本办法自2022年10月1日起施行。

国务院国资委政策法规局负责人就《中央企业合规管理办法》答记者问

近日，国务院国资委发布了《中央企业合规管理办法》（国资委令第42号，以下简称《办法》），《办法》出台后，国务院国资委政策法规局负责人就《办法》回答了记者提问。

问：请介绍一下《办法》起草背景。

答：习近平总书记强调，守法经营是任何企业都必须遵守的一个大原则，企业只有依法合规经营才能行稳致远。党的十九大后，党中央明确提出习近平法治思想，把全面依法治国提升到前所未有的新高度。《法治中国建设规划（2020—2025年）》《法治社会建设实施纲要（2020—2025年）》等中央文件对企业依法合规经营提出明确要求。落实党中央部署要求，国务院国资委高度重视合规管理工作，2018年印发《中央企业合规管理指引（试行）》（以下简称《指引》），组织编制一系列重点领域合规指南，并将今年确定为中央企业“合规管理强化年”，进一步加大推动力度。中央企业认真落实有关要求，合规管理工作取得积极进展和明显成效，为企业改革发展提供了有力支撑保障。

党中央明确提出加快建设世界一流企业的目

标，一流的企业必须要有一流的法治工作为保障。在当前国际竞争越来越体现为规则之争、法律之争的大背景下，中央企业面临的国内外环境和风险挑战日趋复杂严峻，必须加快提升依法合规经营管理水平，确保改革发展各项任务在法治轨道上稳步推进。为此，国务院国资委深入贯彻落实习近平法治思想，在总结中央企业合规管理实践、借鉴国际大企业先进做法的基础上起草了《办法》，广泛征求了中央企业意见，并向社会公开征求意见建议，经由国资委党委会、委务会审议通过后印发。

问：与此前印发的《指引》相比，此次出台的《办法》主要有哪些变化?

答：《办法》以国资委令的形式印发，通过部门规章对中央企业进一步深化合规管理提出明确要求，与《指引》相比更加突出刚性约束，内容更全、要求更高、措施更实。具体来讲，一是明确合规管理相关主体职责。按照法人治理结构，规定了企业党委（党组）、董事会、经理层、首席合规官等主体的合规管理职责，进一步明确了业务及职能部门、合规管理部门和监督部门合规管理“三道防线”职责。二是建立健全合规管理制度体系。要求中央企业结合实际，制定合规管理基本制度、具体制度或专项指南，构建分级分类的合规管理制度体系，强化对制度执行情况的检查。三是全面规范合规管理流程。对合规风险识别评估预警、合规审查、风险应对、问题整改、责任追究等提出明确要求，实现合规风险闭环管理。四是积极培育合规文化。要求中央企业通过法治专题学习、业务培训、加强宣传教育等，多方式、全方位提升全员合规意识，营造合规文化氛围。五是加快推进合规管理信息化建设。推动中央企业运用信息化手段将合规要求嵌入业务流程，利用大数据等技术对重点领域、关键节点开展实时动态监测，实现合规风险即时预警、快速处置。

问：我们注意到《办法》中明确规定中央企业设立首席合规官，请介绍一下有关情况。

答：在中央企业设立首席合规官，是强化合规管理工作的一项重要举措。从国际大企业实践看，设立首席合规官是世界一流企业的普遍做法，首席合规官作为企业核心管理层成员，全面领导合规管理体系建设与运行，发挥了积极作用。从中央企业实际看，近年来中央企业合规管理工作取得积极进展，但顶层设计和统筹依然不够，工作协同有待进一步强化。为此，一些企业已经设置了首席合规官并取得良好效果。2021 年国际标准化组织印发的《合规管理体系要求及使用指南》（ISO 37301：2021）明确规定，应当指定一人对合规管理体系运行负有职责、享有权限。世界银行、经合组织等国际组织鼓励企业设立首席合规官，并作为评估合规管理水平的重要指标。因此，在中央企业设立首席合规官，既有利于进一步明确合规管理职责、落实责任，统筹各方力量更好推动工作，也展现了中央企业对强化合规管理的高度重视和积极态度，对推动各类企业依法合规经营具有重要示范带动作用。综合以上考虑，我们在《办法》中提出，中央企业应当结合实际设立首席合规官，领导合规管理部门组织开展相关工作，指导所属单位加强合规管理。

问：《办法》中对合规审查作了明确规定，请问有哪些具体要求?

答：加强合规审查是规范经营行为、防范违规风险的第一道关口，合规审查做到位就能从源头上防住大部分合规风险。对此，我们在《办法》中对合规审查提出了更高要求：一是明晰各部门合规审查职责和界限。业务及职能部门负责本部门经营管理行为的合规审查，合规管理部门负责规章制度、经济合同、重大决策等重要事项的合规审查，进一步明确各自分工，便于职责落地。二是进一步提升合规审查的刚性。企业应当将合规审查作为必经程序嵌入流程，重大决策事项的合规审查意见应当由首席合规官签字，对决策事项的合规性提出明确意见，进一步突出合规审查的刚性约束，确保“应审必审”。三是完善合规审查闭环管理。参考部分企业的经验做法，业务及职能部门、合规管理部门依据职责权限，不断完善审查标准、流程、重点等，定期对审查情况开展后评估以及合规评价，通过闭环管理不断提升审查质量，更好支撑保障中心工作。

问：《办法》对合规管理信息化建设专章作出规定，请介绍下有关情况。

答：《法治中国建设规划（2020—2025 年）》首次提出，运用大数据、云计算、人工智能等现代科技手段，全面建设“智慧法治”，推进法治中国建设的数据化、网络化、智能化。这为企业法治建设搭乘数字化快车、实现加速发展带来新机遇，也提出了更高要求。目前，超过半数中央企业建立了法治工作信息化管理系统，但合规管理信息化建设方面还有一些差距。我们体会，世界一流企业之所以合规管理做得好，一个重要原因就是充分运用大数据、人工智能等现代科技手段，真正将合规要求嵌入经营管理流程，并通过数据分析、智能控制等方式，实现即时预警、快速处置，切实提高了管理效能。因此，适应这一发展趋势，《办法》专章对合规管理信息化建设作出规定，从明确主要功能、推进与其他信息系统互联互通、加强重点领域和关键节点实时动态监测等提出要求。

问：请介绍国资委下一步的工作安排。

答：下一步，国务院国资委将推动中央企业认真落实《办法》各项要求，完善制度机制，细化工作措施，将各项任务落实落地。加强对《办法》贯彻落实的督促指导，组织开展企业间互学互鉴，加快补齐短板。同时，指导各省级国资委参照《办法》，积极推进所出资企业合规管理工作，加快提升国有企业依法合规经营管理整体水平，为深化改革与高质量发展提供更加有力的支撑保障，以实际行动迎接党的二十大胜利召开。

国务院国有资产监督管理委员会关于中央企业带头遵守法律法规进一步依法经营管理的通知

国资发纪检〔2006〕27 号

各中央企业：

中央纪委第六次全会和国务院第四次廉政工作会议对中央企业遵守法律法规依法经营管理提出了新的要求。中央企业自觉遵守法律法规、依法经营管理，是促进企业更快更好发展、做强做大的重要保障，也是认真履行和承担社会责任、维护社会主义市场经济秩序的重要任务。中央企业要积极行动起来，增强大局意识，自觉提高依法经营管理的能力和水平，在规范社会主义市场经济秩序、维护和促进市场公平竞争方面发挥表率作用。现就有关事项通知如下：

一、进一步推进依法决策。严格遵守和执行《中华人民共和国公司法》和《企业国有资产监督管理暂行条例》（国务院令第 378 号）等法律法规，按照公司章程，依据国家产业政策，在涉及企业发展战略规划的固定资产投资、长期股权投资、产权收购及非主业投资等重大投融资决策、重大生产经营决策等方面，规范决策程序，明确决策权责，完善决策机制，强化风险防范意识和社会责任意识。坚决避免违法违规或盲目决策的行为。

二、进一步规范产权交易行为。严格遵守和执行《国有资产评估管理办法》（国务院令第 91 号）和《企业国有产权转让管理暂行办法》（国资委、财政部令第 3 号）、《企业国有资产评估管理暂行办法》（国资委令第 12 号）、《企业国有产权向管理层转让暂行规定》（国资发产权〔2005〕78 号）等法规规章和文件，严格产权交易进场制度，公开披露企业国有产权转让信息，规范资产评估和产权交易行为，在产权交易中依法保护各方合法权益。纠正和防止虚假评估、暗箱操作等违规交易行为。

三、进一步规范企业改制重组。严格遵守和执行《国务院办公厅转发国务院国有资产监督管理委员会关于规范国有企业改制工作意见的通知》（国办发〔2003〕96 号）和《国务院办公厅转发国资委关于进一步规范国有企业改制工作实施意见的通知》（国办发〔2005〕60 号）等文件要求，明确改制工作的程序、权限、责任。认真制订企业改制重组方案，严格执行各项操作规程。落实债权债务和职工安置方案，切实维护职工合法权益。坚决纠正企业改制重组、关闭破产中不遵守有关法律法规和政策规定的行为，查处造成企业国有资产流失和侵害职工合法权益等问题。

四、进一步规范财务管理。严格遵守和执行《中华人民共和国会计法》、《企业会计制度》及相关会计准则、《中央企业财务决算报告管理办法》（国资委令第 5 号）、《中央企业经济责任审计管理暂行办法》（国资委令第 7 号）、《中央企业内部审计管理暂行办法》（国资委令第 8 号）等有关财务监督、审计监督的法律法规规章，加强会计基础管理，规范企业财务核算；建立和完善企业内部控制体系，加强内部制度建设，建立有效的财务监督制衡机制，落实财务管理工作责任；建立适应企业特点的资金管理模式，加强大额资金支出管理和现金流量管理；强化信用管理，加强高风险投资业务和境外国有资产监管；强化中介机构审计和企业内部审计监督。坚决纠正虚假信息、设置账外账等违反财务管理规定的行为。

五、进一步规范工程项目招投标和营销采购。严格遵守和执行《中华人民共和国招标投标法》等法律法规，健全工程项目招标投标制度，加强重大工程项目从立项、设计、开工到验收等环节的规范运作。在技术改造、重大设备和原材料采购以及产品销售中，健全制度，规范程序、严格管理。纠正工程项目招投标和营销采购等工作中的违规行为。

六、进一步加强安全生产管理，注重环境保护。严格遵守和执行《中华人民共和国安全生产法》、《中华人民共和国环境保护法》和《国务院办公厅关于加强中央企业安全生产工作的通知》（国办发〔2004〕52号）等法律法规和文件，制定符合企业特点的安全生产和环境保护等规章制度，建立健全监管和检查体系，严格实施安全生产和环境保护目标管理，落实安全生产和环境保护责任制，明确在安全生产和环境保护上的法律责任，完善事故逐级报告制度，形成安全保障和环境保护机制。有效遏制企业安全生产事故隐患和环境污染等违规现象。

七、认真开展治理商业贿赂专项工作。严格遵守和执行《中华人民共和国反不正当竞争法》等法律法规，信守商业道德和市场规则，公平参与市场竞争，自觉抵制商业贿赂，加快建立防治商业贿赂的有效机制，维护社会主义市场经济秩序。按照中央的统一部署，参加开展治理商业贿赂专项工作，认真进行自查自纠，坚决纠正在经营活动中违反法律法规、商业道德和市场规则，影响公平竞争的不正当交易行为，依法查处商业贿赂案件。

八、加强组织领导。中央企业各级领导人员要按照全面落实科学发展观的要求，增强法制观念和诚信意识，带头遵守法律法规，贯彻执行《国有企业领导人员廉洁从业若干规定（试行）》等文件规定。加快现代企业制度建设，完善企业内控机制，认真执行《国有企业法律顾问管理办法》（国资委令第6号），建立健全企业法律顾问制度，强化法律风险防范和管理。加强企业信息化建设，实现实时监控和管理。进一步加强纪检监察、监事会、审计等专门监督。对重大决策失误、重大资产损失、重大安全生产事故、重大环境污染事件等要进行严肃处理和责任追究。

国务院国有资产监督管理委员会

二〇〇六年三月二十日

中央企业发展战略和规划管理办法（试行）

国务院国有资产监督管理委员会令第10号

《中央企业发展战略和规划管理办法（试行）》已经国务院国有资产监督管理委员会第21次主任办公会议审议通过，现予公布，自2005年1月1日起施行。

国务院国有资产监督管理委员会主任　李荣融

二〇〇四年十一月二十六日

第一条　为规范中央企业发展战略和规划的编制与管理工作，提高企业发展战略和规划的科学性和民主性，依法履行出资人职责，根据《中华人民共和国公司法》、《企业国有资产监督管理暂行条例》等法律法规，制定本办法。

第二条　本办法所称中央企业，是指国务院国有资产监督管理委员会（以下简称国资委）履行出资人职责的企业（以下简称企业）。

第三条　本办法所称企业发展战略和规划，是指企业根据国家发展规划和产业政策，在分析外部环境和内部条件现状及其变化趋势的基础上，为企业的长期生存与发展所作出的未来一定时期内的方向性、整体性、全局性的定位、发展目标和相应的实施方案。

第四条　企业发展战略和规划的管理，是指国资委根据出资人职责依法对企业发展战略和规划的制订程序、内容进行审核，并对其实施情况进行监督。

第五条　国资委对企业发展战略和规划进行管理应当坚持以下原则：

（一）依法履行出资人职责；

（二）尊重企业的合法权益；

（三）推动国有经济布局和结构的战略性调整，指导企业进行结构调整；

（四）客观、公正、科学、统筹；

（五）提高工作效率，遵守职业道德，严守国家机密和商业秘密。

第六条　企业要明确负责发展战略和规划编制的工作机构，建立相应的工作制度并报国资委备案。

第七条　企业应当按照本办法规定，制订本企业的发展战略和规划。有条件的企业可以设立发展战略和规划决策委员会。

第八条　企业发展战略和规划包括3－5年中期发展规划和10年远景目标。编制重点为3－5年发展规划，并根据企业外部环境和内部情况的变化和发展适时滚动调整。

第九条 企业发展战略和规划应当包括下列主要内容：

（一）现状与发展环境。包括企业基本情况、发展环境分析和竞争力分析等；

（二）发展战略与指导思想；

（三）发展目标；

（四）三年发展、调整重点与实施计划；

（五）规划实施的保障措施；

（六）需要包括的其他内容。

第十条 企业在制订发展战略和规划时，可参照国资委编制的《中央企业发展战略与规划编制大纲》，并可根据实际情况进行适当调整，但应当涵盖其提出的内容。

第十一条 企业应当按照国资委要求在规定时间内报送发展战略和规划草案。报送内容包括企业发展战略和规划草案文本及编制说明。

第十二条 国资委组织对企业的发展战略和规划草案进行审核，在规定时间内将审核意见反馈企业。

第十三条 国资委对企业报送的企业发展战略和规划内容的审核主要包括：

（一）是否符合国家发展规划和产业政策；

（二）是否符合国有经济布局和结构的战略性调整方向；

（三）是否突出主业，提升企业核心竞争力；

（四）是否坚持效益优先和可持续发展原则。

第十四条 国有独资企业、国有独资公司应当根据国资委的审核意见，对企业发展战略和规划进行修订。

第十五条 国有控股、国有参股企业中国资委派出的股东代表、董事，应当在企业股东会或董事会上充分表述国资委对企业发展战略和规划的审核意见。

第十六条 企业按照内部决策程序对发展战略和规划修订后，应当将企业发展战略和规划正式文本报国资委备案。

第十七条 企业在实施发展战略和规划过程中应当制定年度计划，对实施情况与发展目标进行对比评价，及时调整。

第十八条 国资委将企业发展战略和规划的目标和实施，纳入对中央企业负责人经营业绩考核的内容。

第十九条 本办法自2005年1月1日起施行。

关于《中央企业发展战略和规划管理办法（试行）》的编制说明

由我委编制的《中央企业发展战略和规划管理办法（试行）》（以下简称《规划管理办法》）按照立法程序已通过审查并公布。该办法根据《中华人民共和国公司法》、《企业国有资产监督管理暂行条例》等相关法律法规，结合中央企业实际情况研究制定。

一、《规划管理办法》的编制背景

（一）企业发展战略和规划的管理工作是出资人监督管理工作的重要组成部分。

企业发展战略和规划关系到企业的长远发展和国有资产的保值增值，属于企业的重大决策。国有资产监督管理机构作为出资人，对其所出资企业发展战略和规划依法履行出资人职责，进行监督和管理，维护所有者权益，是保证出资人职责到位，实现管资产与管人、管事相结合，权利、责任、义务相统一的基本要求。

（二）企业发展战略和规划的管理是一项基础性工作。

企业发展战略和规划是企业面对激烈变化、严峻挑战的经营环境，为求得长期生存和持续发展进行的总体性谋划，是企业发展战略思想的集中体现，也是企业制定各种计划和国资委对企业领导人进行任期考核的基础。加强企业发展战略和规划的管理，既是企业的一项基础性工作，也是国资委依法监督管理企业的基础性工作。为提高依法办事的能力和水平，减少工作中的随意性和盲目性，避免干预企业的经营决策自主权，企业发展战略和规划的管理要强化基础性工作，要建立健全规章制度，进行规范管理。

（三）企业发展战略和规划的管理工作与国有经济布局和结构的战略性调整工作是一个有机的整体。

国资委根据国有经济布局和结构的战略性调整要求，研究提出中央企业布局和结构调整的方向、原则、重点和工作思路，并以此作为编制企业发展战略和规划的工作指南；企业应根据中央企业布局和结构调整的总体思路和自身情况研究提出企业的发展定位和发展战略。二者是相辅相成的一个有机的整体。

（四）中央企业发展战略和规划管理办法的实施，有利于加强企业的市场主体地位。

国资委依法对企业重大投资活动进行管理，是出资人的重要职责。企业面对的市场竞争日趋激烈，为使企业能够抓住机遇、加快发展，同时有效规避投资风险，必须加强战略研究和管理，正确把握企业发展方向。今后国资委对企业重大投资活动的监管，主要依据企业发展战略和规划，凡是规划内的、主业投资，符合企业发展方向的，由企业自主决定，国资委实施备案管理；规划外的、非主业投资，则要进行严格监管。为企业创造更加宽松的环境，有利于加强企业市场主体地位。

（五）办法制定的原则。

在《规划管理办法》编制工作当中，我们主要坚持以下原则：

1. 尊重企业合法权益、促进企业发展；

2. 依法行使管理职权和建立合法、高效的管理程序。

（六）《规划管理办法》的编制过程。

办法的编制工作经历了一年零五个月时间。在编制的过程中，采用了集体讨论、广泛征求意见的工作方法。办法的文本进行了10多次大的修改和完善。

二、《规划管理办法》明确的几个问题

（一）企业是编制和实施发展战略和规划的主体。

《规划管理办法》体现了企业是编制与实施发展战略和规划的主体。企业负责其发展战略和规划的编制，国资委对其进行审核。主要是对制订的程序和内容进行审核，并对企业发展战略和规划的实施进行监督。

（二）企业发展战略和规划管理工作应坚持的原则。

《规划管理办法》规定，在企业发展战略和规划的管理工作中，始终要坚持以下原则：首先，企业编制的发展战略和规划，要符合国家发展规划和产业政策，有利于国有经济布局和结构的战略性调整，突出主业、可持续发展。通过对企业发展战略和规划的审核，明确企业主业和整合优化业务的调整方向及目标，促进企业稳定发展、做强做大；其次，国资委在审核企业发展战略和规划和对企业实施进行监督管理中，也要坚持上述原则。

（三）《规划管理办法》明确了国资委对企业发展战略和规划管理的工作程序：

1. 企业按要求制订本企业的发展战略和规划，并向国资委报送发展战略和规划草案；

2. 国资委对企业发展战略和规划进行审核，并将审核意见反馈企业；

3. 企业对发展战略和规划修订后，将正式文本报国资委备案；

4. 企业对发展战略和规划进行实施，国资委将企业发展战略和规划的目标和实施纳入企业负责人经营业绩考核的内容。

三、《规划管理办法》的结构与主要内容

（一）按照国资委立法工作规则的要求，该办法的内容包括了立法目的、适用范围、具体规定和实施日期等。

（二）按照《规章制定程序条例》的规定，该办法不设章和节，文章结构是按照总则、组织机构、企业发展战略和规划的编制、审核、实施、附则六个部分的框架进行构思。主要内容包括：

1. 办法制定的法律依据和办法的适用范围；

2. 企业发展战略和规划和企业发展战略和规划的管理的定义；

3. 国资委规划管理工作应当坚持的原则和要遵守的内容；

4. 企业应尽的义务与责任，包括建立工作机构和建立相应的工作制度等；

5. 企业发展战略和规划应包括的主要内容。在办法中规定了一般情况下企业发展战略和规划应包括的主要内容，并与之相配套，制定了《中央企业发展战略与规划编制大纲》（已先期下发中央企业）；

6. 企业发展战略和规划的管理程序，即报送、审核、企业对审核意见的处理、备案（报正式文本）、实施与调整等。

四、关于《规划管理办法》的施行

该办法自2005年1月1日起施行，其规范的中央企业发展战略与规划的管理工作具有探索性，因此有待于在今后的管理工作当中不断总结经验，并根据情况的变化逐步加以完善和及时修订。

国务院国有资产监督管理委员会办公厅关于印发《中央企业发展战略与规划编制大纲（修订稿）》的通知

国资厅发规划〔2006〕26号

各中央企业：

根据《关于对中央企业发展规划进行滚动调整的通知》（国资厅发规划〔2006〕5号）精神，为指导中央企业做好规划滚动调整工作，我委对《中央企业发展战略与规划编制大纲》进行了修订，现印发给你们。《中央企业发展战略与规划编制大纲（修订稿）》（以下简称《编制大纲》）的内容是中央企业编制发展战略与规划的基本要求，企业编制的发展战略与规划应涵盖《编制大纲》提出的内容，表格要求填写完整。

国务院国有资产监督管理委员会办公厅

二〇〇六年五月二十六日

中央企业发展战略与规划编制大纲（修订稿）

一、企业现状与发展环境

（一）基本情况。

1. 概况。

包括企业发展的历史沿革、现状综合描述，重点包括资产规模、产权结构、业务范围等。

2. 组织机构。

文字叙述和列明企业组织结构图。

3. 法人治理结构。

文字叙述或图表。说明目前企业组织形式（是按公司法还是企业法注册的）、法人治理结构的状况，包括重大问题决策层、决策层、执行层、监督层、咨询层的层级和权责关系等。

4. 二级企业（公司）基本情况。

文字叙述和表格。

表1－1　××××年（本规划期之前一年）二级企业（公司）基本情况

企业（公司）名称	产权状况		是否上市公司	资产总额（万元）	净资产（万元）	国有资产权益（万元）	在职职工人数（人）	所在国家或地区（省、市）
	属性	比重（%）						
1								
2								
……								
总计								

注：产权状况属性指企业（公司）属全资、控股（绝对控股、相对控股）或参股

5. 主要经济指标。

包括本规划期之前三年的主要财务数据。

表1－2　（本规划期之前三年）主要财务数据

年度	××××年	××××年	××××年
主营业务收入（万元）			
利润总额（万元）			
净利润（万元）			
资产总额（万元）			
国有资产总量（万元）			

续表

年度	××××年	××××年	××××年
负债总额（万元）			
净资产（万元）			
所有者权益（万元）			
成本费用总额（万元）			
人工成本（万元）			
在岗职工（人）			
净资产收益率（%）			
总资产报酬率（%）			
国有资产保值增值率（%）			
年度科技支出总额（万元）			
技术投入比率（%）			
……			

6. 企业主要业务构成情况。

表1-3　××××年（本规划期之前一年）企业业务构成表

业务分类名称	资产		主营业务收入		利润总额		在职职工（人）
	数量（万元）	比重（%）	数量（万元）	比重（%）	数量（万元）	比重（%）	
主业：							
板块1（名称）							
板块2（名称）							
……							
非主业：							
板块1（名称）							
板块2（名称）							
……							

7. 其他情况。

文字叙述和表格。

（二）企业发展环境分析。

1. 宏观环境分析。

包括法律、政策、经济、科技等与企业发展相关的国内外环境分析。

2. 企业所在领域的国内外现状和发展趋势分析。

包括产业结构调整、重组、技术发展趋势等。

3. 企业主业和主导产品国内外市场分析。

包括主要产品（服务）的国际国内市场需求预测、市场份额（市场占有率）等。

（三）竞争力分析。

分析企业的发展条件及与竞争对手在主业方面的优劣势、面临的发展机遇和挑战等。

1. 企业发展条件对比分析。

本企业与国际国内对标企业在体制、机制、地域、资源控制能力、管理、人才、技术、营销等方面的比较分析。

2. 企业主要经济技术指标对标。

表1－4 企业与国内外对标企业同期主要指标对标

企业名称	对标企业1	对标企业2	本企业
年度	××××年	××××年	××××年
国际权威机构排名情况			
资产总额（亿美元）			
销售收入（亿美元）			
利润总额（亿美元）			
所有者权益（亿美元）			
雇员（职工）（人）			
净资产收益率（%）			
全员劳动生产率（美元/人）			
技术投入比率（%）			
主要专业技术经济指标1			
主要专业技术经济指标2			
主要专业技术经济指标3			
……			

注：若对标企业同期指标难以收集，所选用指标应注明时间（年份）

3. 核心竞争力分析。

包括企业的资源获取能力、成本控制能力、自主知识产权与技术控制能力（包括专利、发明专利和专有技术）、企业文化和可持续发展能力等。

4. 存在的主要问题。

文字叙述和表格。

二、发展战略与指导思想

（一）企业战略定位与战略描述。

（二）企业发展指导思想。

三、企业发展规划目标

（一）远景规划目标。

（二）五年发展目标。

（三）三年滚动发展规划目标及年度目标分解。

1. 总体目标。

文字叙述。

2. 主业结构调整目标。

文字叙述和表格，其中主业构成填报表3－1。

表3－1　××××年（三年滚动规划期末）主业构成表

业务分类名称	资产		主营业务收入		利润总额		在职职工（人）
	数量（万元）	比重（%）	数量（万元）	比重（%）	数量（万元）	比重（%）	
主业：							
板块1（名称）							
板块2（名称）							
……							
非主业：							
板块1（名称）							
板块2（名称）							
……							

3. 主要经济指标。

填报表3－2、表3－3。

表3－2　（三年滚动规划期）主要产品（业务）量

序号	产品（业务）名称	单位	数量		
			××××年	××××年	××××年
1					
2					
3					
……					

表3－3　（三年滚动规划期）主要经济指标

年度	××××年	××××年	××××年
主营业务收入（万元）			
利润总额（万元）			
净利润（万元）			
资产总额（万元）			
国有资产总量（万元）			
净资产（万元）			
所有者权益（万元）			
成本费用总额（万元）			

续表

年度	××××年	××××年	××××年
人工成本（万元）			
在岗职工（人）			
总资产报酬率（%）			
净资产收益率（%）			
资产负债率（%）			
国有资产保值增值率（%）			
固定资产投资总额（万元）			
年度科技支出总额（万元）			
技术投入比率（%）			
年度经营业绩考核指标 1			
年度经营业绩考核指标 2			
年度经营业绩考核指标 3			
……			

4. 产权结构调整目标。

说明集团及重要子企业产权结构（在三年滚动规划期末）调整目标。

5. 产品结构调整目标。

简要文字叙述和填报表 3－4。

表 3－4 （三年滚动规划期）主要产品（业务）的市场目标

主要产品（业务）名称	国内市场						出口（海外业务）			
	××××年（规划期第一年）			××××年（规划期第三年）			××××年（规划期第一年）		××××年（规划期第三年）	
	数量	市场占有率	排名	数量	市场占有率	排名	数量	比重（%）	数量	比重（%）
产品（业务）1										
产品（业务）2										
……										

注：比重为出口产品（业务）占企业该项产品（业务）总量的比重。

6. 企业组织结构调整目标。

文字叙述和表格，说明组织结构调整方向、目标。

7. 企业技术进步指标。

文字叙述和表格，说明技术进步方向、目标。

8. 人力资源目标。

简要文字叙述。

9. 投资风险控制目标。

（1）资产负债率控制目标。

文字简要叙述和图表，要求企业在对其自身资产负债率进行分析的基础上，提出本企业在规划期内的资产负债率控制区间目标。

例：某企业规划期内资产负债率控制区间图

企业规划期内资产负债率控制区间图

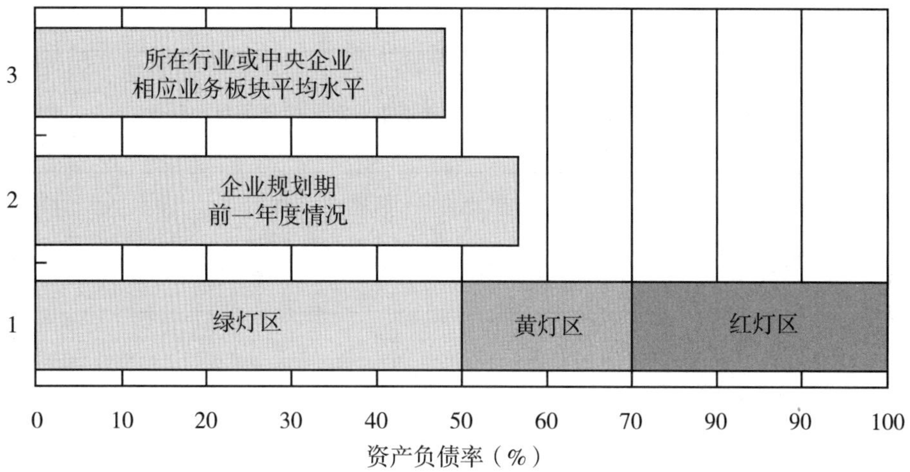

注：绿灯区为企业正常投资区。黄灯区为企业投资的预警区，在此区间内应慎重投资。即企业资产负债率在此区间内时，对投资来源中增加负债部分进行分析，企业应慎重考虑负债率提高问题。红灯区为企业投资的严格控制区，原则上在投资时不应形成新的负债。

（2）非主业投资控制目标。

企业应根据当前所在行业发展情况、趋势和企业自身发展情况与阶段，提出本企业规划期内非主业及非主业投资控制水平。

例：某企业提出在规划期内，非主业资产占企业总资产的比重不超过10%，用于非主业投资占企业总投资的比重不超过5%。

四、三年滚动发展规划期内调整重点与实施计划

（一）发展调整重点。

除列明主营业务发展重点外，还应包括企业改革、改组、改造与加强管理的内容。

（二）实施计划。

1. 体制、机制创新计划。

文字叙述主要内容。

2. 组织结构调整和资源优化计划。

文字叙述主要内容和表格，包含兼并重组内容。

3. 产业和产品结构调整计划。

文字叙述主要内容和表格。

4. 投融资计划。

文字叙述主要内容和表格，其中投资计划分年度填报表4-1、表4-2、表4-3和表4-4。

表4－1 （三年滚动规划期内）年度投资计划情况表

金额单位：万元

年度	计划总投资	按投资方向分		按项目阶段分		按资金来源分			备注
		主业	非主业	新开工	续建	自有资金	贷款	其他	
××××年									
××××年									
××××年									
合计									

表4－2 （三年滚动规划期内）年度主业重大投资项目计划表

年度：（××××年）

编号	项目名称	项目主要内容	总投资（万元）	其中：自有资金（万元）	起始时间	完成时间	投资收益率（%）
1							
2							
3							
……							
合计							

表4－3 （三年滚动规划期内）年度非主业投资项目计划表

年度：（××××年）

编号	项目名称	项目主要内容	总投资（万元）	其中：自有资金（万元）	起始时间	完成时间	投资收益率（%）
1							
2							
3							
……							
合计							

表4－4 （三年滚动规划期内）年度境外投资项目计划表

年度：（××××年）

编号	项目名称	项目主要内容	总投资（万元）	其中：自有资金（万元）	起始时间	完成时间	投资收益率（%）
1							
2							

续表

编号	项目名称	项目主要内容	总投资（万元）	其中：自有资金（万元）	起始时间	完成时间	投资收益率（%）
3							
……							
合计							

5. 自主创新与科研开发计划。

文字叙述企业开展自主创新与科研工作方面的主要内容，包括科技投入计划、研发机构建设、知识产权保护等方面的内容。

6. 国际化经营计划。

文字叙述企业“走出去”，利用两种资源、开拓两个市场的计划。

7. 企业文化建设及其他计划。

文字简要叙述。

五、规划实施的保障措施及建议

（二）推进国企改革

行政规章及规范性文件：

国务院办公厅关于印发中央企业公司制改制工作实施方案的通知

国办发〔2017〕69号

各省、自治区、直辖市人民政府，国务院各部委、各直属机构：

《中央企业公司制改制工作实施方案》已经国务院同意，现印发给你们，请认真贯彻执行。

国务院办公厅

2017年7月18日

中央企业公司制改制工作实施方案

公司制是现代企业制度的有效组织形式，是建立中国特色现代国有企业制度的必要条件。经过多年改革，全国国有企业公司制改制面已达到90%以上，有力推动了国有企业政企分开，公司法人治理结构日趋完善，企业经营管理水平逐渐提高，但仍有部分国有企业特别是部分中央企业集团层面尚未完成公司制改制。《中共中央　国务院关于深化国有企业改革的指导意见》提出，到2020年在国有企业改革重要领域和关键环节取得决定性成果。中央经济工作会议和《政府工作报告》要求，2017年底前基本完成国有企业公司制改制工作。按照党中央、国务院有关部署要求，为加快推动中央企业完成公司制改制，制定本实施方案。

一、目标任务

2017年底前，按照《中华人民共和国全民所有制工业企业法》登记、国务院国有资产监督管理委员会监管的中央企业（不含中央金融、文化企业），全部改制为按照《中华人民共和国公司法》登记的有限责任公司或股份有限公司，加快形成有效制衡的公司法人治理结构和灵活高效的市场化经营机制。

二、规范操作

（一）制定改制方案。中央企业推进公司制改制，要按照现代企业制度要求，结合实际制定切实可行的改制方案，明确改制方式、产权结构设置、债权债务处理、公司治理安排、劳动人事分配制度改革等事项，并按照有关规定起草或修订公司章程。

（二）严格审批程序。中央企业集团层面改制为国有独资公司，由国务院授权履行出资人职责的机构批准；改制为股权多元化企业，由履行出资人职责的机构按程序报国务院同意后批准。中央企业所属子企业的改制，除另有规定外，按照企业内部有关规定履行审批程序。

（三）确定注册资本。改制为国有独资公司或国有及国有控股企业全资子公司，可以上一年度经审计的净资产值作为工商变更登记时确定注册资本的依据，待公司章程规定的出资认缴期限届满前进行资产评估。改制为股权多元化企业，要按照有关规定履行清产核资、财务审计、资产评估、进场交易等各项程序，并以资产评估值作为认缴出资的依据。

三、政策支持

（一）划拨土地处置。经省级以上人民政府批准实行授权经营或具有国家授权投资机构资格的企业，其原有划拨土地可采取国家作价出资（入股）或授权经营方式处置。全民所有制企业改制为国有独资公司或国有及国有控股企业全资子公司，其原有划拨土地可按照有关规定保留划拨土地性质。

（二）税收优惠支持。公司制改制企业按规定享受改制涉及的资产评估增值、土地变更登记和国有资产无偿划转等方面税收优惠政策。

（三）工商变更登记。全民所有制企业改制为国有独资公司或国有及国有控股企业全资子公司，母公司可先行改制并办理工商变更登记，其所属子企业或事业单位要限期完成改制或转企。全民所有制企业改制为股权多元化企业，应先将其所属子企业或事业单位改制或转企，再完成母公司改制并办理工商变更登记。

（四）资质资格承继。全民所有制企业改制为国有独资公司、国有及国有控股企业全资子公司或国有控股公司，其经营过程中获得的各种专业或特殊资质证照由改制后公司承继。改制企业应在工商变更登记后1个月内到有关部门办理变更企业名称等资质证照记载事项。

四、统筹推进

（一）加强党的领导。中央企业党委（党组）要切实加强对改制工作的组织领导，按照有关规定落实党的建设同步谋划、党的组织及工作机构同步设置、党组织负责人及党务工作人员同步配备、党的工作同步开展的“四同步”和体制对接、机制对接、制度对接、工作对接的“四对接”要求。要充分发挥企业党组织的领导核心和政治核心作用，确保党的领导、党的建设在企业改制中得到充分体现和切实加强。要依法维护职工合法权益，处理好企业改革发展稳定的关系。改制过程中的重大事项应及时报告党中央、国务院。

（二）建设现代企业制度。改制企业要以推进董事会建设为重点，规范权力运行，实现权利和责任对等，落实和维护董事会依法行使重大决策、选人用人、薪酬分配等权利。要坚持两个“一以贯之”，把加强党的领导和完善公司治理统一起来，处理好党组织和其他治理主体的关系，明确权责边界，做到无缝衔接，形成各司其职、各负其责、协调运转、有效制衡的公司治理机制。

（三）完善市场化经营机制。改制企业要不断深化劳动、人事、分配三项制度改革，建立健全与劳动力市场基本适应、与企业经济效益和劳动生产率挂钩的工资决定和正常增长机制，完善市场化用工制度，合理拉开收入分配差距，真正形成管理人员能上能下、员工能进能出、收入能增能减的市场化选人用人机制。

（四）防止国有资产流失。公司制改制过程中，要按照法律法规和国有企业改制、国有产权管理等有关规定规范操作，严格履行决策程序。完善金融支持政策，维护利益相关方合法权益，落实金融债权。加强对改制全流程的监管，坚持公开透明，严禁暗箱操作和利益输送。做好信息公开，加强事中事后监管，自觉接受社会监督。

中央党政机关和事业单位所办企业的清理整顿和公司制改制工作，按照国家集中统一监管的要求，另行规定执行。各省级人民政府参照本实施方案，指导地方国有企业公司制改制工作。

国务院办公厅关于中央企业分离办社会职能试点工作有关问题的通知

国办发〔2004〕22号

各省、自治区、直辖市人民政府，国务院各部委、各直属机构：

分离企业办社会职能，切实减轻国有企业的社会负担，是深化国有企业改革，实现政企分开，提高国有企业竞争力，完善社会主义市场经济体制的一项重大举措，近年来，企业办社会职能的分离工作取得了一定进展，但任务仍相当艰巨。为积极稳妥地推进中央企业分离办社会职能工作，经国务院同意，选择中国石油天然气集团公司（以下简称中石油）、中国石油化工集团公司（以下简称中石化）、东风汽车公司进行分离企业办社会职能的试点，现就试点工作有关问题通知如下：

一、从2004年1月1日起，将中石油。中石化、东风汽车公司所属的全日制普通中小学（以下简称中小学）和公安、检察、法院（以下简称公检法）等职能单位，一次性全部分离并按属地原则移交地方管理。企业医院、市政机构、消防机构、社区机构、生活服务单位等分离问题，由企业和地方政府根据实际情况协商决定，鼓励企业办社会机构通过市场化改革进行分离。

二、移交地方管理的中小学、公检法机构，按照“移交资产无偿划转”的原则，以2003年企业财务决算数为依据，实行成建制移交。移交前已发生的债务不移交地方政府，仍由原企业承担。

三、移交人员以2003年12月31日的在职人数为依据，符合有关职（执）业资格条件的，在规定编制内经地方政府核定后，纳入移交范围。移交中涉及的机构编制事宜，按有关规定和程序办理。

中小学离退休教师纳入移交人员范围。

四、移交地方政府管理的中小学、公检法以及中小学离退休教师的经费补助，按照2003年企业实际补助金额，经中央财政专项核定后，由中央财政给予补助。其中，对中小学的经费补助应剔除2003年企业收到的教育费附加返还。对移交地方政府管理后，人员工资标准和离退休人员养老金低于当地政府规定同类人员标准的，按当地政府规定的标准计算。补助资金通过中央财政转移支付方式划转地方财政补助基数。

五、移交机构的资产、财务、劳动工资、社会保险、人事关系的划转，由国务院有关部门和中石油、中石化、东风汽车公司商地方政府按国家有关规定办理。

六、中石油、中石化、东风汽车公司分离企业办社会职能工作完成后，中央财政相应调减其所得税返还金额。

七、中石油、中石化、东风汽车公司办社会职能移交地方政府管理，涉及面广，政策性强，各有关省、自治区、直辖市人民政府及国务院有关部门要高度重视，加强领导，密切配合，确保顺利完成接收工作。财政部、国资委要会同教育部、公安部、高法院、高检院、劳动保障部、人事部等有关部门，加强对试点工作的跟踪、指导，协调地方政府和企业，做好移交机构的交接工作，及时总结试点经验。中石油、中石化、东风汽车公司要分别与地方政府制定具体的实施方案，精心组织。统一部署，周密安排，逐省（自治区、直辖市）研究落实，在交接过程中，要严格执行财经纪律和各项规章制度。各有关地区、部门和单位要加强思想政治工作，讲政治、顾大局，确保移交机构的正常运转和社会稳定，做到思想不散、秩序不乱、工作不断、国有资产不流失。

国务院

二〇〇四年三月十日

国务院国有资产管理监督委员会、财政部关于印发《关于完善中央企业功能分类考核的实施方案》的通知

国资发综合〔2016〕252号

国务院各部委、各直属机构、各中央企业：

《关于完善中央企业功能分类考核的实施方案》已报经国务院同意，现印发给你们，请结合实际认真贯彻执行。

国务院国有资产管理监督委员会

财政部

2016年8月24日

关于完善中央企业功能分类考核的实施方案

根据《中共中央　国务院关于深化国有企业改革的指导意见》（中发〔2015〕22号）部署要求和国有企业功能界定与分类的有关政策规定，为进一步加强和改进中央企业分类考核工作，提高考核的科学性、有效性，经国务院同意，制定本实施方案。

一、总体要求

（一）指导思想。全面贯彻党的十八大和十八届三中、四中、五中全会精神，按照“五位一体”总体布局和“四个全面”战略布局，牢固树立和贯彻落实创新、协调、绿色、开放、共享的发展理念，深入贯彻习近平总书记系列重要讲话精神，落

实国务院决策部署，根据不同中央企业的功能界定，突出考核重点，实施分类考核，引导企业积极适应市场化、现代化、国际化要求，加快提质增效升级，更好地服务于国家战略，实现国有资本保值增值。

（二）基本原则。

1. 坚持经济效益和社会效益相结合。根据国有资本的战略定位和发展目标，结合企业实际，不断完善考核体系，推动中央企业提高发展质量和经济效益，自觉履行经济责任、政治责任和社会责任。

2. 遵循市场规律与服务国家战略相结合。业绩考核要符合社会主义市场经济要求和企业发展规律，保障企业自主经营、自负盈亏、自担风险，推动国有资本向关系国家安全、国民经济命脉的重要行业和关键领域集中，不断增强国有经济活力、控制力、影响力、抗风险能力。

3. 突出共性与体现个性相结合。业绩考核既要体现国有资本保值增值的普遍要求，不断提高经济效益和回报水平；又要充分考虑企业不同功能和行业布局特点，提高考核指标的针对性。

4. 短期目标与长远发展相结合。实行年度考核与任期考核相结合、结果考核与过程评价相统一，实现考核结果与奖惩、职务任免相挂钩，充分发挥考核的导向作用。

（三）主要目标。逐步完善符合企业功能定位实际的分类考核制度，基本形成导向清晰、远近结合的业绩考核体系，与企业负责人分类管理和选任方式相适应、与业绩考核结果相挂钩的差异化奖惩体系更加有效，业绩考核的科学性、针对性和引领作用显著增强，进一步明确和实化国有资本保值增值责任。

二、考核内容

根据中央企业功能定位，兼顾企业经营性质和业务特点，综合考核资本运营质量、效率和效益，以经济增加值为主，将转型升级、创新驱动、合规经营、社会责任等纳入考核指标体系，合理确定不同企业经济效益和社会效益指标，明确差异化业绩考核标准，实施差异化薪酬激励。按照国有企业功能界定与分类的有关政策要求，对中央企业主要分为以下3类实施考核：

（一）主业处于充分竞争行业和领域的商业类中央企业。以增强国有经济活力、放大国有资本功能、实现国有资本保值增值为导向，重点考核企业经济效益、资本回报水平和市场竞争能力，引导企业提高资本运营效率，提升价值创造能力。

1. 突出资本回报的考核要求。将企业经济增加值和盈利状况作为年度考核重点，根据企业资本结构和行业平均资本回报水平，加强与资本市场对标，确定差异化的资本成本率。将国有资本保值增值能力和可持续发展能力作为任期考核重点，加强对企业中长期业绩的考核。

2. 根据不同行业特点、发展阶段、管理短板和产业功能，合理确定不同企业的考核重点，设置有针对性的考核指标。

3. 鼓励企业在符合市场经济要求的前提下积极承担社会责任。

（二）主业处于关系国家安全、国民经济命脉的重要行业和关键领域、主要承担重大专项任务的商业类中央企业。以支持企业可持续发展和服务国家战略为导向，在保证合理回报和国有资本保值增值的基础上，加强对服务国家战略、保障国家安全和国民经济运行、发展前瞻性战略性产业以及完成重大专项任务情况的考核。

1. 将企业承担国家安全、行业共性技术或国家重大专项任务完成情况作为重要内容纳入业绩考核。考核指标及权重视企业具体情况确定。

2. 调整完善经济效益与资本回报考核机制。根据企业承担的国家安全、行业共性技术或国家重大专项任务资本占用情况和经营性质，适度调整经济效益指标和国有资本保值增值率指标考核权重，合理确定经济增加值指标的资本成本率。

3. 企业承担的国家安全、行业共性技术或国家重大专项任务完成情况较差的企业，无特殊客观原因的，在业绩考核中予以扣分或降级处理。

（三）公益类中央企业。以支持企业更好地保障民生、服务社会、提供公共产品和服务为导向，坚持把社会效益放在首位，重点考核产品服务质量、成本控制、营运效率和保障能力。

1. 强化考核公益性业务完成情况和保障能力，考核指标及权重视企业具体情况确定。

2. 根据不同企业特点，有区别地将经济增加值和国有资本保值增值率指标纳入年度和任期考核，适当降低考核权重和回报要求。

3. 引入社会评价。对企业提供的公共产品和服务质量、营运效率、成本控制和安全保障能力，引入第三方评价，将相关评价结果纳入业绩考核。对第三方评价结果较差的企业，根据具体情况，在业绩考核中予以扣分或降级处理。

三、建立特殊事项管理清单制度

根据中央企业战略定位和经济社会发展要求，进一步完善企业功能分类考核体系，探索建立特殊事项管理清单制度，将企业承担的对经营业绩有重大影响的特殊事项列入管理清单，作为考核指标确定和结果核定的重要参考依据。纳入清单的特殊事项主要包括：

（一）保障国家安全。

1. 国防安全。在推进军民融合深度发展、完善武器装备科研生产体系、国防动员体系、交通战备及国家安全建设等方面承担的任务，主要包括国防军事装备与技术的研发、军品生产任务、重大任务的装备保障等。

2. 能源资源安全。在重要能源资源勘查、开发、运输、建设、储备等方面承担的任务，主要包括石油天然气及战略性矿产资源的勘查开采、战略通道建设、重要商品和战略物资储备等。

3. 粮食安全。在落实国家宏观调控任务，稳定市场供应等特殊时期承担的任务，主要包括理顺粮油等产品的生产、收储、流通、加工、贸易等环节，调节区域供应和结构平衡等。

4. 网络与信息安全。在网络与信息安全等方面承担的任务，主要包括网络与信息安全软硬件研制任务、技术手段建设，以及保障网络信息安全、特殊通信和应急通信等。

（二）提供公共服务。承担政府赋予的部分公共服务职能。主要包括电网领域的农村电网改造、电网建设与相关技术研发、生产调度和安全质量、普遍服务等；电信领域的村村通工程、互联互通和普遍服务等；铁路、邮政领域的普遍服务等。

（三）发展重要前瞻性战略性产业。根据国家产业发展需要，培育和发展新一代信息技术、节能环保技术、生物技术、高端装备制造、新能源、新材料、新能源汽车等战略性新兴产业。主要包括重大基础研究、共性技术研发、科技成果转化和示范应用以及重大行业标准制订等；落实“中国制造2025”、“互联网＋”行动计划，促进新型工业化与信息化深度融合等；国家重点水电工程建设与运营、新能源技术开发等；国产民用飞机产业化、大型飞机研制、航空发动机研制，研发、建设和运营新一代移动通信和宽带网络，国家经济政策和地区发展规划咨询等国家专项任务。

（四）实施“走出去”重大战略项目。主要包括推进周边地区基础设施互联互通，控制境外重要能源资源，获取境外关键技术，带动我国装备、技术、标准出口等。

四、组织实施

（一）实施主体。对中央企业的功能分类考核，由履行出资人职责的机构对其任命的企业负责人进行年度和任期考核，并依据考核结果决定对企业负责人的奖惩。

（二）工作程序。

1. 年度经营业绩考核以公历年为考核期，任期经营业绩考核以三年为考核期。

2. 考核期初，由履行出资人职责的机构代表与企业负责人签订年度和任期经营业绩责任书，明确相应考核指标及相关要求。

3. 考核期末，由履行出资人职责的机构根据签订的经营业绩责任书执行情况，对企业负责人进行考核，形成考核与奖惩意见。

（三）结果应用。依据中央关于深化中央管理企业负责人薪酬制度改革相关意见和《关于印发〈中央企业领导班子和领导人员综合考核评价暂行办法〉的通知》（中组发〔2013〕20号）相关规定，根据业绩考核结果，实行与企业功能定位相符合、与企业负责人分类管理和选任方式相适应、与业绩考核结果相挂钩的差异化薪酬激励机制，并将业绩考核结果作为企业负责人任免的重要依据。

各履行出资人职责的机构要根据本方案，制定完善所监管企业负责人经营业绩考核办法。中央企业要参照本方案，结合实际制定所属企业的分类考核方案。金融、文化等中央企业的分类考核，另有规定的依其规定执行。

国资委办公厅关于印发《中央企业重组后选聘会计师事务所及会计师事务所受短期暂停承接新业务处理有关问题解答》的通知

国资厅发财管〔2017〕55号

各中央企业：

为促进中央企业提高决算工作质量，规范决算审计工作，国资委印发了《中央企业财务决算审计工作规则》（国资发评价〔2004〕173号）、《关于加强中央企业财务决算审计工作的通知》（国资厅发评价〔2005〕43号）、《关于印发〈中央企业财务决算审计有关问题解答〉的通知》（国资厅发评价〔2006〕23号），国资委与财政部联合印发了《关于会计师事务所承担中央企业财务决算审计有关问题的通知》（财会〔2011〕24号）等有关规定，建立了中央企业决算审计中介机构资质、数量、轮换管理制度体系，在执行中不断完善，既保障了中央企业在政策框架内的自主选聘权，又促进了审计质量提高和审计行业健康发展。近期，企业在实践中遇到一系列新情况，如中央企业重组后事务所如何管理、会计师事务所被行业主管部门（财政部）短期暂停新承接业务如何处理等，为帮助各中央企业更好地执行国资委关于财务决算工作统一要求，现将《中央企业重组后选聘会计师事务所及会计师事务所受短期暂停承接新业务处理有关问题解答》印发给你们，在执行过程中有何问题，请及时反映。

国资委办公厅
2017年11月10日

中央企业重组后选聘会计师事务所及会计师事务所受短期暂停承接新业务处理有关问题解答

随着中央企业重组步伐加快，以及会计师行业整合重组力度加强，近期不少中央企业和会计师事务所陆续反映财务决算审计会计师事务所选聘中的一些新情况和问题，现解答如下：

一、关于选聘会计师事务所的基本原则

除国资委根据工作需要统一委托会计师事务所对企业年度财务决算进行审计以外，企业决算审计会计师事务所选聘由企业依法合规自主决策。选聘会计师事务所应符合财政部、国资委有关会计师事务所资质、年限等要求。

二、关于中央企业重组后会计师事务所家数、连续审计年限计算等问题

（一）对经国资委批准，2家以上中央企业集团进行重组的，重组后新集团全部境内子企业（含注册地境外、实体经营在境内企业）的决算审计会计师事务所应控制到5家以内，遇有特殊情况（如重组时间紧张未能及时更换等）需要过渡的，过渡期原则上为重组后1次决算审计，最多不超过2次。

（二）重组后新集团在编报第2次集团合并决算以前，由集团统一组织招标更换会计师事务所的，承担重组前各企业决算审计的事务所（含主审与参审）如果参与投标并中标的，其连续审计年限从新集团统一选聘之日起重新计算。重组后新集团第2次决算以后再更换会计师事务所的，视同未发生重组的企业，各事务所审计年限从实际承担审计业务起连续计算。

（三）年限连续计算既包括主审所，也包括参审所，只要承担过集团部分企业决算审计业务，其年限均连续计算。

（四）重组后新集团在子企业审计业务分派中应注意：一是主审会计师事务所承担的审计业务量一般不低于50%，且企业总部报表和合并报表必须由主审会计师事务所审计；二是同一会计师事务所从实际承担某子企业审计时起，原则上连续年限不应超过8年。

（五）境外子企业因跨多个国别确有需要的，决算审计中介机构可根据工作需要安排，原则上同一事务所连续审计年限不应超过8年。

三、关于对受到行业主管部门短期内暂停承接新业务处理的会计师事务所是否可以选聘问题

鉴于行业主管部门作出的短期内暂停承接新业务处理与《关于加强中央企业财务决算审计工作的通知》（国资厅发评价〔2005〕43号）中关于3年内被国家相关主管部门暂停执行部分或全部业务情形不完全相同，是否选聘由企业依法合规决定。选聘时应把握：

（一）被处罚的会计师3年内不应作为中央企业审计报告签字会计师。

（二）在被处理的会计师事务所完成整改、有关主管部门恢复其新承接业务资格前，不应选聘该所，业务资格恢复后是否选聘由企业自定。

（三）如果引起处理的案例为中央企业审计业务，在该事务所恢复业务资格后一段时间内（1年或以上，视相关问题严重程度调整）不应选聘该所。

《关于加强中央企业财务决算审计工作的通知》（国资厅发评价〔2005〕43号）、《关于印发〈中央企业财务决算审计有关问题解答〉的通知》（国资厅发评价〔2006〕23号）等相关规定与本解答不

一致的，以本解答为准。

关于印发《中央企业实施混合所有制改革有关事项的规定》的通知

国资发产权〔2016〕295号

各中央企业：

为贯彻落实《国务院关于国有企业发展混合所有制经济的意见》（国发〔2015〕54号），稳妥有序推进中央企业混合所有制改革，特制定《中央企业实施混合所有制改革有关事项的规定》，现印发给你们，请结合实际，认真遵照执行，并及时反映工作中有关情况和问题。

国资委

2016年12月5日

中央企业实施混合所有制改革有关事项的规定

一、各中央企业全面深化改革领导小组负责统筹本企业混合所有制改革总体工作，组织集团公司及各级子企业改革方案的研究制订，统一部署和推动改革方案落实，协调解决改革过程中的重大问题，及时跟踪、评估改革成效，确保改革依法合规进行。

二、中央企业实施混合所有制改革，应当遵守《中华人民共和国公司法》、《中华人民共和国企业国有资产法》等法律、行政法规及公司章程的有关规定，并履行以下操作流程：

（一）可行性研究。拟实施混合所有制改革的企业，应当在本企业功能界定和分类的基础上，按照《国务院关于国有企业发展混合所有制经济的意见》（国发〔2015〕54号，以下简称《意见》）确定的改革原则，结合企业发展需要，做好改革的必要性、可行性研究。

（二）方案制订。经研究适宜推进混合所有制改革的企业，应制订具体改革方案，明确改革内容，做好风险评估和合规性审查，必要时聘请专家进行论证。

（三）内部决策。改革方案制订后，应当按照中央企业“三重一大”决策机制，履行企业内部决策程序，涉及职工安置的，职工安置方案应当经职工代表大会或职工大会审议通过。

（四）方案审批。改革方案经企业内部决策后，应当按照本规定履行相应审核批准程序。

（五）组织实施。企业按照经批准的改革方案推动具体工作，做好改革组织动员，规范开展审计、资产评估，严格执行国有资产交易制度，确保改革依法合规及公开、公平、公正进行。

三、中央企业制订混合所有制改革方案，应当立足企业功能定位和发展战略，根据《意见》明确的不同类别企业发展混合所有制经济原则，确定改革的内容、目标、途径等。改革方案应主要包括企业基本情况，改革基本原则和思路，企业面临的主要问题和相应改革措施，引进非国有资本的条件要求、方式、定价办法，改革风险评估与防范措施，改革组织保障和进度安排等内容，方案要重点明确企业在转换经营机制、完善现代企业制度、提高资本配置和运行效率等方面的措施和目标。

四、中央企业进行混合所有制改革，必须严格履行相应的审核批准程序。中央企业集团公司的混合所有制改革方案，由国资委审核报国务院批准。中央企业中主业处于关系国家安全、国民经济命脉的重要行业和关键领域、主要承担重大专项任务的子企业混合所有制改革方案，由中央企业审核报国资委批准，其中报国务院批准的按照有关法律、行政法规和国务院文件规定执行。中央企业其他子企业的混合所有制改革方案，由中央企业批准。

中央企业中主业处于关系国家安全、国民经济命脉的重要行业和关键领域、主要承担重大专项任务的子企业名单，由中央企业按照关于中央企业功能界定与分类的有关文件要求确定并报国资委审核。

五、国资委、中央企业审核批准企业混合所有制改革方案时，应重点审核以下方面内容：

（一）改革方案内容是否符合《中共中央　国务院关于深化国有企业改革的指导意见》（中发〔2015〕22号）、《意见》等文件精神和要求，是否有利于实现国有资本保值增值、提高国有经济竞争力、放大国有资本功能，切实解决企业运营中存在的问题。

（二）改革领导机构是否健全、责任落实是否到位，是否规范履行了本文件规定的操作流程。

（三）对拟引进合作方的条件要求是否公平、合理，引进方式、定价办法是否符合规定。中介机构选聘程序是否合规，相关机构从业资质是否符合要求。涉及上市公司的是否履行了信息披露义务。涉及员工持股的是否符合国有控股混合所有制企业开展员工持股试点的有关工作要求。

（四）国有权益保障、风险防范和应对机制是否健全。涉及职工安置的，职工安置方案是否经职工代表大会或职工大会审议通过。企业债权债务处置是否符合规定。

六、中央企业要切实做好混合所有制改革的组织领导，重点做好以下工作：

（一）做好与企业改革相关部门的沟通，对改革中遇到的问题及时报告、提出政策建议，将混合所有制改革实施情况报告国资委并抄报派驻本企业监事会。

（二）保持改革过程中各项生产经营活动正常进行和职工队伍稳定，充分发挥工人阶级主人翁作用，维护好职工群众合法权益，保障企业职工对改革的知情权和参与权。

（三）做好企业混合所有制改革中有关涉密事项的保密工作，聘请中介机构参与的应当签订保密协议，重大改革事项未经批准前，严禁擅自对外发布信息。

（四）实施信息公开加强社会监督。相关资产评估、定价结果应按要求实施信息公开，涉及转让产权或增资扩股、上市公司增发引进投资人的应在产权、股权、证券市场公开进行。

（五）充分发挥企业内部监督、国有资产监管机构监督、监事会监督和审计、纪检监察、巡视等内外部监督合力，建立监督意见反馈工作机制，对改革过程中出现的问题及时纠偏提醒，形成监督闭环，对违规操作造成国有资产流失的，要对有关责任人员严肃追责。

（六）营造良好的改革舆论环境，及时宣传成功经验，正确引导社会舆论，积极回应社会关切。

国务院国有资产监督管理委员会关于印发《中央企业做强做优、培育具有国际竞争力的世界一流企业要素指引》的通知

国资发改革〔2013〕17号

各中央企业：

《中央企业做强做优、培育具有国际竞争力的世界一流企业要素指引》已经第125次国资委主任办公会议审议通过，现印发给你们，请认真学习宣贯并结合实际组织实施。为更好地理解把握指引内涵，做好学习贯彻工作，要求如下：

一、深刻领会实质要求，打造一流能力体系

做强做优、培育具有国际竞争力的世界一流企业是“十二五”乃至更长时期中央企业改革发展的核心目标。朝着核心目标扎实迈进并促进企业基业常青，必须打造具有持续竞争优势和卓越价值创造能力的核心能力体系。各中央企业要正确理解把握核心目标内涵，并可将要素体系及其配套实务指南作为共性与重要依据，作为指导或参照，打造一流核心能力体系。

二、紧密结合企业实际，完善一流要素体系

本指引提出的要素体系从中央企业整体出发，突出做强做优、培育世界一流的战略性、关键性与普适性等特征。各中央企业可以此为基础，根据企业实际情况，研究确定是否调整完善要素体系，对新增加的要素，应研究确定达到要素目标的基本标准以及实现的有效途径和关键举措，从而形成切合企业实际、具有企业特色的要素体系，以增强其针对性、指导性和有效性。

三、全面提升管理水平，形成一流支撑体系

未纳入要素体系的其他工作尤其是基础管理工作是做好要素体系的重要基础和有效支撑。企业既要着力抓好要素体系，又要重视抓好其他工作尤其是基础管理工作，形成相互促进的、一流的支撑体系，使做强做优、培育世界一流工作沿着正确的方向系统推进，不断取得实效。

四、“两个指引”有机结合，构建一流工作体系

对标是实现核心目标的必要举措和有效阶梯。为指导企业围绕、瞄准核心目标开展对标，国资委制定了《中央企业做强做优、培育具有国际竞争力的世界一流企业对标指引》。企业应将“两个指引”有机结合起来，将对标作为做强做优、培育世界一流的重要工作抓手，通过对标找准短板和差距，完善细化要素体系，并以此为指导开展对标工作，推动企业经营管理水平整体提升。

五、加强宣贯凝聚共识，培育一流理念体系

各中央企业要加强对“两个指引”的宣贯培训，加强对同行业以及其他行业世界一流企业的研究分析和借鉴，使员工特别是各级管理人员正确认识做强做优的实质内涵，正确认识什么是世界一流企业、如何建设世界一流企业，培育形成指导和支撑一流工作的先进理念体系并转化为正确的决策管理行为，引导企业不断做强做优、朝着世界一流的目标稳步推进。

国务院国有资产监督管理委员会

二〇一三年一月三十一日

中央企业做强做优、培育具有国际竞争力的世界一流企业要素指引

第一章　公司治理

［**目标**］公司治理各组成部分权责明确、各司其职、有效制衡、协调运转，形成科学高效的决策、执行、监督体系，保障企业拥有持续竞争优势和卓越价值创造能力，引领企业不断做强做优、向着具有国际竞争力的世界一流企业目标扎实迈进。

［**指导原则**］加快公司制股份制改革，推进国有资本和股权结构战略调整，优化公司治理基础。依法合规，诚实守信，兼顾股东和相关方利益，促进企业价值最大化。既体现中国和国有企业特色，又借鉴国际标准和最佳实践，既加强结构与制度建设，又致力于优秀企业家、高管团队和核心理念的培育建设，既有效制衡，又力求高效，既注重激励，又依规问责，促进科学治理。

［**董事会建设**］完善外部董事占多数的董事会建设，选聘具有全球视野和创新思维、管理经验丰富或专业精湛、决策能力强并能承担决策责任、勤勉尽职又谨遵法度的人为董事，优化董事队伍知识能力结构。加强制度建设，完善基础工作，使董事及董事会决策信息对称，审议讨论充分，战略管控到位，沟通协调顺畅，风险控制有效。充分发挥专门委员会的功能。选聘、造就高素质经理层，激发其积极性创造性。

［**领导力提升**］塑造并恪守立意高远、能够凝聚共识、指引方向、内生动力的企业使命、核心价值观和愿景，以此为内核培育企业文化、指导发展战略、制订行为规范。高层管理者要以身作则。增强组织学习力，提升执行力、创新力，并转化为持续竞争力和卓越绩效。营造员工聪明才智得以充分发挥、富有成就感和人才辈出的机制环境，完备领导人才开发与继任计划，支撑企业可持续发展。

［**有效监督**］加强董事会对重大决策执行的监督。完善监事会功能，提高监督的效果。充分发挥外派监事会的优势和作用，并随着改革深化不断完善创新。有效利用、整合企业内外各类监督资源，强化监督的独立性、权威性、协同性，为企业改革管理发展提供有力保障。

附：

公司治理要素逻辑框架表

目标	治理结构目标	公司治理各组成部分权责明确、各司其职，有效制衡，协调运转，形成科学高效的决策、执行、监督体系。
	治理绩效目标	保障企业拥有持续竞争优势和卓越价值创造能力，引领企业不断做优做强、向着具有国际竞争力的世界一流企业目标扎实迈进。
指导原则	优化治理基础	加快公司制股份制改革，推进国有资本和股权结构战略调整。
	基本原则	依法合规，诚实守信。兼顾股东和相关方利益，促进企业价值最大化。
	兼容互补	既体现中国和国有企业特色，又借鉴国际标准和最佳实践，既加强结构与制度建设，又致力于优秀企业家、高管团队和核心理念培育建设，既有效制衡，又力求高效，既注重激励，又依规问责。

续表

关键举措	董事会建设	①完善外部董事占多数的董事会建设，选聘具有全球视野和创新思维、管理经验丰富或专业精湛、决策能力强并能承担决策责任、勤勉尽职又谨遵法度的人为董事，优化董事队伍知识能力结构。 ②加强制度建设，完善基础工作，使董事及董事会决策信息对称，审议讨论充分，战略管控到位，沟通协调顺畅，风险控制有效。 ③充分发挥专门委员会的功能。 ④选聘、造就高素质经理层，激发其积极性创造性。
	领导力提升	①塑造并恪守企业使命、核心价值观和愿景，以此为内核培育企业文化，指导发展战略，制订行为规范。 ②高层管理者以身作则。 ③增强组织学习力，提升执行力、创新力。 ④营造员工聪明才智得以充分发挥、富有成就感和人才辈出的机制环境，完备领导人才开发与继任计划。
	有效监督	①加强董事会对重大决策执行的监督。 ②完善监事会功能，提高监督的效果。 ③充分发挥外派监事会的优势和作用，不断完善创新。 ④有效利用、整合监督资源，强化独立性、权威性、协同性。
要素关联度		☆☆☆☆：社会责任 ☆☆☆：人才开发与企业文化、业务结构、风险管理、绩效衡量与管理 ☆☆：集团管控、管理与商业模式 ☆：其他5个要素

注：☆号表示关联度，☆号越多关联度越高，供研究与运用参考，下同。

第二章　人才开发与企业文化

［**目标**］通过培育富有激励、具有特色、积极向上的企业文化和构建高端引领、结构合理、素质优良的人才队伍体系，实现人与文化的和谐发展、整体提升，为做强做优、培育具有国际竞争力的世界一流企业提供有效支撑保障。

［**指导原则**］企业文化和人才开发应与发展战略相互适应，成为企业软实力和核心竞争力的重要源泉。企业文化应体现先进的价值主张，与管理制度、流程相融合。促进人才优先发展，梯次结构科学合理。

［**人才开发**］制订并不断完善人才发展规划。建立量才选用、人尽其才的动态管理机制，逐步实现人才资源的全球优化配置。打造具有全球视野和战略思维的高层领导人才、科技领军人才、复合型管理人才、职业化专业人才和高素质技能人才队伍。健全培训开发体系，制订职业生涯规划，促进员工全面发展。以能力和绩效为核心，完善考核评价体系，健全薪酬激励机制，促使员工能力与企业业绩相互促进、提升。

［**文化培育**］以责任、创新、卓越为核心元素，塑造各具特色的企业文化，充分发挥引导、凝聚、激励、规范等作用。培育文化对战略的匹配能力，对人才开发潜移默化的影响力以及持续向外部环境学习的导向作用。以领导垂范为基础、全员践行为目标，建设有效的企业文化传播与落地系统。

［**支撑保障**］建立以一流文化吸引一流人才、一流人才成就一流文化的相互支撑促进的体制机制。构建高层团队积极推动、各级管理者共同承担的责任体系和资源保障体系，形成专业化的管理团队和职能机构，健全评价体系，创新方式方法，推动人才开发与企业文化建设持续优化改善。

附：

人才开发与企业文化要素逻辑框架表

<table>
<tr><td rowspan="3">目标</td><td>人才目标</td><td>构建高端引领、结构合理、素质优良的人才队伍。</td></tr>
<tr><td>文化目标</td><td>培育富有激励、具有特色、积极向上的企业文化。</td></tr>
<tr><td>整体绩效目标</td><td>人与文化和谐发展、整体提升，为做强做优、培育具有国际竞争力的世界一流企业提供有效支撑与保障。</td></tr>
<tr><td rowspan="3">指导原则</td><td>战略契合</td><td>与发展战略相互适应，成为软实力和核心竞争力重要源泉。</td></tr>
<tr><td>企业文化原则</td><td>企业文化应体现先进的价值主张，与管理制度、流程相融合。</td></tr>
<tr><td>人才开发原则</td><td>促进人才优先发展，梯次结构科学合理。</td></tr>
<tr><td rowspan="2">关键举措</td><td>人才开发</td><td>①制订并不断完善人才发展规划。
②建立量才选用、人尽其才的动态管理机制。
③打造五类人才：全球视野和战略思维的高层领导人才、科技领军人才、复合型管理人才、职业化专业人才、高素质技能人才。
④促进全面发展：健全培训开发体系，制订职业生涯规划。
⑤评价激励机制：以能力和绩效为核心，完善考核评价体系，健全薪酬激励机制，促使员工能力与企业业绩相互促进、提升。
⑥逐步实现人才资源全球优化配置。</td></tr>
<tr><td>文化培育</td><td>①以责任、创新、卓越为核心元素，塑造各具特色的企业文化。
②充分发挥引导、凝聚、激励、规范等作用，培育文化对战略的匹配能力，对人才开发潜移默化的影响力以及持续向外部环境学习的导向作用。
③领导垂范为基础、全员践行为目标，建设有效的企业文化传播与落地系统。</td></tr>
<tr><td colspan="2">支撑保障</td><td>①体制机制：建立以一流文化吸引一流人才、一流人才成就一流文化的相互支撑促进的体制机制。
②组织资源保障：构建高层团队积极推动、各级管理者共同承担的责任体系和资源保障体系，形成专业化管理团队和职能机构。
③持续优化：健全评价体系，创新方式方法，推动人才开发与企业文化建设持续优化改善。</td></tr>
<tr><td colspan="2">要素关联度</td><td>☆☆☆：公司治理、管理与商业模式
☆☆：自主研发、集团管控、风险管理、国际化、社会责任
☆：其他 5 个要素</td></tr>
</table>

第三章　业务结构

［**目标**］核心业务及业务结构基于国家战略、国有经济布局结构调整发展战略和企业总体战略而确定，在国内外同行业具有较强竞争优势和价值创造能力，能够保障企业可持续发展，具备条件的要努力成为行业引领者和价值链整合者。

［**指导原则**］推动国有资本向关系国家安全和国民经济命脉的重要行业和关键领域集中，向附加值高、具有较强带动力和影响力的产业链高端领域延伸，统筹兼顾现有核心业务、发展业务和战略性新兴业务。以建设强有力的核心能力体系为支撑，充分发挥集团整体效能，促进整体价值最大化。通过结构调整和发展方式转变赢得主动、赢得优势、赢得未来。

［**核心业务**］根据市场与客户需求、自身核心

能力确定企业发展战略，根据发展战略和发展阶段确定核心业务区。通过剥离、整合、并购、联盟等措施调整存量，突出、优化核心业务。将增量资源集中或优先配置于核心业务区。通过向与核心业务紧密关联的服务业特别是现代服务业延伸、产融结合以及可带来良好现金流的业务组合，支撑、促进核心业务发展。推动非核心业务、不具备优势的资产向优势企业合理流动。

［**新兴产业**］把发展战略性新兴产业作为承担国家赋予的重要使命、赶超世界一流的历史机遇、谋划长远发展的关键举措，集中力量，合作创新，重点突破，率先掌握一批核心技术，逐步实现产业化。

［**支撑保障**］培育具有企业特色和竞争优势的核心能力体系，着力增强自主创新能力，努力提高资源配置与业务整合能力，强化集团管控和风险防范能力，保持健全的财务结构。

附：

业务结构要素逻辑框架表

目标	契合战略	根据国家战略、国有经济布局结构调整发展战略和企业总体战略确定核心业务及业务结构。
	绩效目标	在国内外同行业具有较强竞争优势和价值创造能力，保障企业可持续发展，具备条件的要努力成为行业引领者和价值链整合者。
指导原则	战略调整	向关系国家安全和国民经济命脉的重要行业和关键领域集中，向附加值高、具有较强带动力和影响力的产业链高端领域延伸。
	统筹兼顾	统筹兼顾现有核心业务、发展业务和战略性新兴业务。
	突出整体优势	以建设强有力的核心能力体系为支撑，发挥集团整体效能，促进整体价值最大化。
	调结构转方式	通过结构调整和发展方式转变赢得主动、赢得优势、赢得未来。
关键举措	核心业务	①基于市场与客户需求、自身核心能力确定发展战略，根据发展战略和发展阶段确定核心业务区。 ②通过剥离、整合、并购、联盟等手段调整存量，突出、优化核心业务。 ③增量资源集中或优先配置于核心业务区。 ④通过向与核心业务紧密关联的服务业特别是现代服务业延伸、产融结合以及可带来良好现金流的业务组合，支撑、促进核心业务发展。 ⑤推动非核心业务、不具备优势的资产向优势企业合理流动。
	新兴产业	①发展战略性新兴产业是国家赋予的重要使命，是赶超世界一流的历史机遇，是谋划长远发展的关键举措。 ②集中力量，合作创新，重点突破，率先掌握一批核心技术，逐步实现产业化。
支撑保障		①培育具有企业特色和竞争优势的核心能力体系，着力增强自主创新能力，努力提高资源配置与业务整合能力。 ②强化集团管控和风险防范能力。 ③保持健全的财务结构。
要素关联度		☆☆☆：公司治理、自主研发、管理与商业模式、社会责任 ☆☆：自主品牌、集团管控、风险管理、并购重组、国际化、绩效衡量与管理 ☆：其他 2 个要素

第四章　自主研发

［**目标**］企业应不断提升和保持自主创新能力，使核心业务、主导产品拥有自主知识产权的核心技术，支撑、带动产品乃至产业升级，适应和创造市场需求，具备条件的要努力成为国际标准的制定者、主导者。

［**指导原则**］根据国家战略、市场需求与企业实际，以自主创新、重点跨越、支撑发展、引领未来为指导，着力增强原始创新，积极推进集成创新，技术引进着眼于提升自主创新能力，更加注重协同创新，构建企业为主体、产学研相结合的开放的技术创新体系。

［**路径举措**］加强自主创新体系建设，形成前瞻性研究、应用基础研究、技术开发与转化相配套的梯次研发结构。运用先进适用技术和高新技术改造提升传统产业，在战略性新兴产业领域依靠自主创新实现技术跨越、抢占先机。充分利用外部创新资源，通过战略联盟、合作、并购等多种途径提升企业自主创新能力，逐步实现研发资源全球优化配置。研究制订有效的市场进入策略和商业模式，实现新技术新产品新业务的产业化、规模化发展。

［**能力建设**］造就具有战略眼光、创新精神的企业家和科技领军人才队伍，打造目标导向、组织灵活、运作高效的创新团队。持续加大研发投入，能够有力支撑自主创新能力提升、“做强做优、世界一流”目标的实现。围绕核心业务领域和未来发展方向，健全研发组织管理体系，加强研发平台建设，实施知识产权战略。有条件的企业可设立以战略性、前瞻性和关键技术研究为重点的中央研究院。借助信息化、网络化平台，构建高效集成的协同研发体系，加强知识管理和标准化体系建设。

［**机制文化**］营造敢为人先、争创一流、崇尚创新、宽容失败的创新文化，激发科研人员乃至全体员工的创新热情，并以技术入股、分红权等有效措施和政策体系，形成鼓励创新的长效激励机制，促使人才价值与企业价值融合统一。

附：

自主研发要素逻辑框架表

目标	核心技术目标	核心业务、主导产品拥有自主知识产权的核心技术。具备条件的要努力成为国际标准的制定者、主导者。
	市场绩效目标	产品、产业不断升级，能够适应并创造市场需求。
指导原则	工作方针	根据国家战略、市场需求与企业实际，以自主创新、重点跨越、支撑发展、引领未来为指导。
	自主创新	着力增强原始创新，积极推进集成创新，技术引进着眼于提升自主创新能力，更加注重协同创新。
	体系建设	构建企业为主体、产学研相结合的开放的技术创新体系。
实现路径与关键举措		①自主创新体系：形成前瞻性研究、应用基础研究、技术开发与转化相配套的梯次研发结构。 ②促进转型升级：运用先进适用技术和高新技术改造提升传统产业，战略性新兴产业领域依靠自主创新实现技术跨越、抢占先机。 ③利用外部资源：通过战略联盟、合作、并购等多种途径提升企业自主创新能力，逐步实现研发资源全球优化配置。 ④市场化产业化：研究制订有效的市场进人策略和商业模式，实现新技术新产品新业务的产业化、规模化发展。

续表

支撑保障	能力建设	①队伍建设：造就具有战略眼光、创新精神的企业家和科技领军人才队伍，打造目标导向、组织灵活、运作高效的创新团队。 ②研发投入：持续加大投入，能够有力支撑自主创新能力提升、“做强做优、世界一流”目标的实现。 ③组织保障：围绕核心业务领域和未来发展方向健全研发组织管理体系，加强研发平台建设，实施知识产权战略。有条件的企业可设立以战略性、前瞻性和关键技术研究为重点的中央研究院。 ④基础管理：借助信息化、网络化平台构建协同研发体系，加强知识管理和标准化体系建设。
	机制文化	①文化：营造敢为人先、争创一流、崇尚创新、宽容失败的文化。 ②机制：以技术入股、分红权等有效措施和政策体系，形成鼓励创新的长效激励机制。
要素关联度		☆☆☆：人才开发与企业文化、管理与商业模式、风险管理 ☆☆：业务结构、自主品牌、信息化、并购重组 ☆：其他5个要素

第五章　自主品牌

[目标] 把自主品牌作为企业软实力和无形资产核心组成部分，通过实施品牌战略，努力使企业品牌成为具有卓越价值创造力、国际竞争力和可持续发展能力的有效保障和显著标志。

[指导原则] 持续关注客户利益、需求与变化，以一流的产品质量、服务和研发为基础，实施有效的品牌规划、管理和传播，建设具有持久生命力的强势品牌。

[品牌推广] 以企业整体发展战略和竞争战略为指导，充分开展市场、客户和竞争对手调研分析，研究制订以品牌知名度为基础、美誉度为核心、定位准确、着眼前瞻价值的品牌规划及推广方案，并根据市场变化、环境变迁、科技变革动态优化。

[实施要点] 企业主要负责人及各级管理者要把品牌建设作为提升核心竞争力关键举措给予高度重视，通过内强素质、外塑形象，使组织各单元和每一个员工都成为一流品牌的坚强支撑和有效承载体。整合行业与社会力量，发挥专业机构作用，搞好品牌策划。合理运用传播手段，高度关注和有效利用新兴传媒影响，提高品牌社会接受力和影响力。制定和完善品牌危机防范预案，形成快捷灵敏的响应机制。

[支撑保障] 健全组织机构，促进品牌管理部门与生产、研发、营销等相关部门的高效协同。以合理预算保障品牌建设。加强品牌知识产权的保护、品牌维护的监督，适时全面评估品牌管理的有效性，不断完善品牌保障体系。

附：

自主品牌要素逻辑框架表

目标	品牌战略定位	实施品牌战略，使自主品牌成为软实力和无形资产核心组成部分。
	品牌绩效	企业品牌要成为具有卓越价值创造力、国际竞争力和可持续发展能力的有效保障和显著标志。
指导原则	品牌建设驱动力	客户利益、需求与变化是品牌建设主要驱动源，因而要持续关注。
	品牌建设 基础与重点	①持续一流的产品质量、服务和研发是基础。 ②实施有效的品牌规划、管理和传播。

续表

关键举措	品牌推广	研究制订和实施品牌规划及推广方案，要 以整体发展战略和竞争战略为指导； 以充分的市场、客户和竞争对手调研分析为基础； 以知名度、美誉度、定位准确和着眼前瞻价值为重要内容； 并根据市场变化、环境变迁、科技变革动态优化。
关键举措	实施要点	①领导重视：企业主要负责人及各级管理者要把品牌建设作为提升核心竞争力关键举措给予高度重视。 ②全员参与：各组织单元和每一个员工都是坚强支撑和有效载体。 ③专业策划：整合行业与社会力量，发挥专业机构作用。 ④有效传播：合理运用传播手段，高度关注和有效利用新兴传媒影响，提高品牌社会接受力和影响力。 ⑤危机防范：制定和完善品牌危机防范预案，形成快捷灵敏的响应机制。
支撑保障		①组织保障：健全组织机构，促进品牌管理部门与生产、研发、营销等相关部门高效协同。 ②资源保障：以合理预算保障品牌建设。 ③维护完善：加强品牌知识产权的保护、品牌维护的监督，适时全面评估品牌管理有效性，不断完善品牌保障体系。
要素关联度		☆☆☆：自主研发、管理与商业模式、国际化 ☆☆：人才开发与企业文化、业务结构、集团管控、并购重组 ☆：其他5个要素

第六章　管理与商业模式

［**目标**］通过管理改进与创新，不断提升管理科学化、现代化水平，高效率地实现企业绩效与发展目标。把商业模式创新作为管理创新的重要内容和提升核心竞争力的重要途径，促使业务发展、价值创造模式适时优化创新，形成独特而持续的竞争优势。

［**指导原则**］根据市场环境变化和发展趋势推进管理变革，坚持客户至上、以人为本、价值为先。持续激发企业活力，着力培育软实力，不断固本培元。促进精益化、简约化管理，实现高效运行、科学发展。

［**管理改进与创新**］持续推进制度化、标准化、流程化、信息化的管理体系建设，为转型升级和商业模式创新提供支撑保障。通过创新驱动不断深化和丰富管理内涵，形成战略中心型组织。以商业模式创新牵引管理创新。在各个管理领域持续改进、动态优化。构建绩效导向、追求卓越、永不满足的内在动力机制。

［**商业模式创新**］根据行业和企业实际，不断寻求价值创造和收益实现的更好方式，构建企业内外多要素、多环节的有效竞争策略组合及运营体系，使传统业务焕发新的生命力，新兴产业走上稳定高效的发展轨道。通过重新定义目标市场、产品服务和顾客价值，重构价值链和产业链，创新收入方式，打造要素集聚平台，促进行业和跨行业整合，推进内部和外部协同，掌控技术和市场标准等方式或方式组合，创新商业模式，获得领先优势，促进高效发展。

［**支撑保障**］深化企业改革，完善决策、执行、监督体系，健全能够持续推进管理改进与创新的动力机制保障。将市场机会的把握、价值创造的洞见和内部资源的积累整合、核心能力的培育开发等有机结合起来，实现商业模式的不断优化与创新。

附：

管理与商业模式要素逻辑框架表

目标	改进创新目标	不断提升管理科学化、现代化水平，高效率地实现绩效与发展目标。
	商业模式目标	商业模式创新成为管理创新和提升核心竞争力重要内容和途径。优化创新业务发展、价值创造模式，形成独特、持续的竞争优势。
指导原则	保持核心 推进变革	根据市场环境变化和发展趋势推进管理变革，坚持客户至上、以人为本、价值为先。
	激发活力	持续激发企业活力，着力培育软实力，不断固本培元。
	精益简约	促进精益化、简约化管理，实现高效运行、科学发展。
关键举措	管理改进与创新	①持续推进制度化、标准化、流程化、信息化的管理体系建设。 ②不断深化和丰富管理内涵，形成战略中心型组织。 ③以商业模式创新牵引管理创新。 ④在各个管理领域持续改进、动态优化。 ⑤构建绩效导向、追求卓越、永不满足的动力机制。
	商业模式创新	①根据行业和企业实际，不断寻求价值创造和收益实现更好方式。 ②构建企业内外多要素多环节的有效竞争策略组合及运营体系。 ③促使传统业务焕发新的生命力，新兴产业稳定高效发展。 ④商业模式创新的主要方式： ——重新定义目标市场、产品服务和顾客价值； ——重构价值链和产业链； ——创新收入方式； ——打造要素集聚平台； ——促进行业和跨行业整合； ——推进内部和外部协同； ——掌控技术和市场标准等。
支撑保障		①管理改进创新支撑保障：深化改革，完善决策、执行、监督体系，健全能够持续推进管理改进与创新的动力机制保障。 ②商业模式创新支撑保障：将市场机会的把握、价值创造的洞见和内部资源的积累整合、核心能力的培育开发等有机结合起来，实现商业模式的不断优化和创新。
要素关联度		☆☆☆：公司治理、业务结构、集团管控、信息化 ☆☆：人才开发与企业文化、自主研发、自主品牌、风险管理、国际化、绩效衡量与管理 ☆：其他 2 个要素

第七章　集团管控

［**目标**］集团管控要与企业发展阶段、发展战略、业务结构、组织文化等相适应，通过对业务单元的有效管理、控制，充分发挥总部统筹协同和资源优化配置作用，实现集团整体价值最大化。

［**指导原则**］集团管控应针对企业实际，坚持战略导向、责权匹配、简洁高效，并根据业务发展动态优化调整。构建管控层级合理、功能定位明确、责权关系清晰、专业能力胜任的管控体系。国

际化战略的实施应与境外管控体系建设同步推进。

［**模式选择**］管控模式选择应与集团主营业务、核心能力相吻合。战略管控模式一般应成为中央企业的主要或主导模式，适合采用其他管控模式的，或具有较大差异性业务的，可根据需要另行选择更适用的模式。

［**有效实施**］依据管控模式设计调整组织结构、管理流程，加强支撑管控模式的核心流程、关键节点的控制，明晰部门、业务单元及岗位的相应功能和职责，并促进相互协同。管控措施要与管控模式相适应，不同的管控模式采取相应的管控措施来支撑、落实。实行战略管控模式的企业总部要强化公司战略发展、业务组合管理和战略绩效控制的能力，以确保卓有成效的集团管控。

［**支撑保障**］加强制度体系的一体化建设，健全预算管理和业绩考核评价体系，促使集团上下按照统一的目标与规范协调运作。加强人才队伍建设，提升能力素质，确保制度体系得到有效落实。加强分散职能的服务共享，通过有效整合、集中管理，促进降本增效和信息集成。

附：

集团管控要素逻辑框架表

<table>
<tr><td rowspan="2">目标</td><td>适应性目标</td><td>适应企业发展阶段、发展战略、业务结构、组织文化。</td></tr>
<tr><td>绩效目标</td><td>有效管理、控制业务单元，充分发挥总部统筹协同和资源优化配置作用，实现集团整体价值最大化。</td></tr>
<tr><td rowspan="3">指导原则</td><td>基本原则</td><td>战略导向、责权匹配、简洁高效，并根据业务发展动态优化调整。</td></tr>
<tr><td>体系构建</td><td>构建管控层级合理、功能定位明确、责权关系清晰、专业能力胜任的管控体系。</td></tr>
<tr><td>境外管控</td><td>国际化战略的实施应与境外管控体系建设同步推进。</td></tr>
<tr><td rowspan="2">关键举措</td><td>模式选择</td><td>①与集团主营业务、核心能力相吻合。
②战略管控模式一般应成为中央企业的主要或主导模式。
③适合采用其他管控模式的，或具有较大差异性业务的，可根据需要另行选择更适用的模式。</td></tr>
<tr><td>有效实施</td><td>①组织载体：依据管控模式设计、优化或调整组织结构与管理流程，加强支撑管控模式的核心流程、关键节点的控制，明晰部门、业务单元及岗位的相应功能和职责，并促进相互协同。
②管控措施：不同的管控模式应采取相应的管控措施来支撑、落实。实行战略管控模式的企业总部要强化公司战略发展、业务组合管理和战略绩效控制的能力，以确保卓有成效的集团管控。</td></tr>
<tr><td colspan="2">支撑保障</td><td>①制度建设：加强制度体系一体化建设，健全预算管理和业绩考核评价体系，促使集团上下按照统一的目标与规范协调运作。
②队伍建设：加强人才队伍建设，提升能力素质，确保制度体系有效落实。
③共享服务：加强分散职能的服务共享，通过有效整合、集中管理，促进降本增效和信息集成。</td></tr>
<tr><td colspan="2">要素关联度</td><td>☆☆☆：人才开发与企业文化、业务结构、管理与商业模式
☆☆：公司治理、风险管理、信息化、国际化、绩效衡量与管理
☆：其他 4 个要素</td></tr>
</table>

第八章　风险管理

［**目标**］风险管理要成为覆盖从战略决策到岗位操作的全过程、全方位、全员的管理，防范损失、创造价值，为企业可持续发展提供保障。

［**指导原则**］遵循国资委和相关部委、监管机构发布的风险管理规则要求，并根据企业发展战略和管理需要，借鉴国内外最佳实践，将风险管理融入制度建设、流程优化和生产经营全过程，持续提升风险管控能力。

［**体系建设**］公司治理、集团管控和组织设计能满足风险管理要求，内部控制覆盖全面、合规有效，风险管理策略清晰并具有量化的风险承受度，以信息化手段确保风险管理体系的规范高效运行。

［**重点监控**］明确各层级风险管控的重点领域、环节、事项和关键岗位，有效配置管控资源，构建预警指标体系并不断完善，持续监测评估风险，制定应对措施和预案并适时评价其有效性，防范和化解重大风险。

［**制度文化**］加强风险防范制度建设，完善风险防范机制，提高依法治企水平。着力培育与企业文化融为一体、支持风险管理体系有效运行的风险文化。不断强化员工风险意识，使管控风险成为全员自觉行为。

附：

风险管理要素逻辑框架表

目标	管理目标	成为覆盖从战略决策到岗位操作的全过程、全方位、全员的管理。
	绩效目标	防范损失、创造价值。
	战略目标	为企业可持续发展提供保障。
指导原则	规范合规	遵循国资委和相关部委、监管机构发布的风险管理规则要求。
	契合战略管理需要	适合企业特点，契合发展战略和管理需要，同时借鉴最佳实践。
	融入制度流程和管理	将风险管理融入制度建设、流程优化和生产经营全过程。
关键举措	体系建设	①体系镶嵌：嵌入公司治理和集团管控、组织设计等管理体系。 ②内部控制：做到覆盖全面、合规有效。 ③风险策略：风险管理策略清晰并具有量化的风险承受度。 ④信息化：以信息化手段确保风险管理体系的规范高效运行。
	重点监控	①关键控制：明确各层级风险管控的重点领域、环节、事项和关键岗位并有效配置管控资源。 ②持续监测：构建预警指标体系并不断完善，持续监测评估风险。 ③预防重大风险：制定应对措施和预案并适时评价其有效性，防范和化解重大风险。
	制度文化	①加强风险防范制度建设，完善风险防范机制，提高依法治企水平。 ②培育与企业文化融合、支持风险管理体系有效运行的风险文化。 ③不断强化员工风险意识，使管控风险成为全员自觉行为。
要素关联度		☆☆☆：公司治理、管理与商业模式、集团管控、信息化、并购重组、国际化、绩效衡量与管理 ☆☆：人才开发与企业文化、业务结构、自主研发 ☆：其他 2 个要素

第九章 信息化

［目标］信息化要成为支撑企业战略决策、研发设计、生产过程、经营管理、外部协同、客户服务等有效平台，达到国内外行业先进水平，具备条件的要达到国际领先水平。

［指导原则］信息化要与业务结构、行业特征相适应，按照集中统一的指导原则，以管理规范化、标准化为基础，与业务发展、流程优化、管理变革等统筹规划，同步推进。

［主要功能］以信息化促进高效管理，提升运营效率、集团管控能力和全面风险管理水平，支持管理模式、商业模式创新，加强对国际化、并购重组、资金运作、安全生产等重点领域、重要环节的管控。

［关键举措］加强信息化建设的组织领导，企业主要负责人要高度重视并发挥不可替代的重要作用，具备条件的企业要设立首席信息官（CIO）岗位并充分发挥其在战略管理中的作用。明确业务部门和信息部门职责，形成协同推进的工作机制。信息安全管理体系健全，技术保障措施有效。

［持续优化］企业要加强对信息化能力与水平的自我评估，密切跟踪、适时应用先进信息技术，注重实效，成本合理，安全可靠，持续优化信息化系统，不断提升管理现代化水平。

附：

信息化要素逻辑框架表

目标	全覆盖平台	成为支撑战略决策、研发设计、生产过程、经营管理、外部协同、客户服务等有效平台。
	支撑水平	达到国内外行业先进水平，具备条件的要达到国际领先水平。
指导原则	适应业务	信息化要与业务结构、行业特征相适应。
	集中统一	集团信息化建设应按照集中统一的指导原则推进。
	夯实基础	以管理规范化、标准化作为信息化建设的重要基础。
	统筹推进	信息化建设应与业务发展、流程优化、管理变革统筹规划，同步推进。
主要功能		①基础功能：以信息化促进高效管理，提升运营效率、集团管控能力和全面风险管理水平。 ②创新功能：支持管理模式、商业模式等的创新。 ③重点管控功能：促进和有效实现对国际化、并购重组、资金运作、安全生产等重点领域、重要环节的管控。
关键举措		①加强领导：企业主要负责人要对信息化建设高度重视并发挥不可替代的重要作用。 ②设立 CIO：具备条件的要设立首席信息官（CIO）岗位并充分发挥其在战略管理中的作用。 ③协同推进：明确业务部门和信息部门职责，形成协同推进的工作机制。 ④安全保障：信息安全管理体系健全，技术保障措施有效。
持续优化		①加强对信息化能力与水平的自我评估。 ②密切跟踪、适时应用先进信息技术持续优化。 ③成本合理，注重实效，不断提升。 ④安全可靠，符合国家信息安全审查要求。
要素关联度		☆☆☆：管理与商业模式、集团管控 ☆☆：自主研发、风险管理 ☆：其他 8 个要素

第十章　并购重组

［目标］根据企业发展战略和提升核心能力需要，适时发现和把握并购重组机会，并通过高效整合，不断优化资源配置，获取战略优势，实现预期收益。

［指导原则］符合企业发展战略，比内部发展能更有效地达到目标，契合核心业务区，有利于发挥集团整体优势。依法合规，有效管控风险，充分考虑相关方利益。

［战略决策］战略选择、并购实施、系统整合同步研究、同步决策、有序推进。完善相关信息收集、跟踪与分析系统，根据总体战略、能力条件确定并购重组优先级，并从交易条件基本可行、有利整合出发选择目标企业。非主业资产、低效资产有效剥离、合理流动也应作为一项重要战略选择而适时推进。

［有效实施］以客户、市场和价值创造为导向，做好尽职调查与价值评估，确定合理的风险可控的交易结构。注重发挥目标企业管理团队作用，高度重视和有效管理无形资产，避免人才和客户、技术等重要资源流失。加强沟通协调，推进人力资源、技术资源、品牌、文化及业务流程、管理制度等的整合，最大程度地追求协同效应和战略优势。

［支撑保障］建立健全相关制度、流程和组织体系，培育、搭建结构合理的专业团队，善于借助发挥外部专业机构作用，使并购重组能力成为企业一项重要的竞争力。

附：

并购重组要素逻辑框架表

目标	战略目标	契合发展战略，有利于提升核心能力，使并购重组能力成为企业一项重要的竞争力。
	绩效目标	通过并购重组、高效整合，优化资源配置，获取战略优势，实现预期收益。
指导原则	机会把握	①符合企业发展战略。 ②相比内部发展能更有效地达到目标。 ③契合核心业务区。 ④有利于发挥集团整体优势。
	风险管控	依法合规，有效管控风险，充分考虑相关方利益。
关键举措	战略决策	①战略选择、并购实施、系统整合同步研究、同步决策、有序推进。 ②完善相关信息收集、跟踪与分析系统。 ③根据企业总体战略、能力条件确定并购重组优先级。 ④从交易条件基本可行、有利整合出发选择目标企业。 ⑤非主业资产、低效资产有效剥离应作为一项重要战略选择而适时推进。
	有效实施	①以客户、市场和价值创造为导向，做好尽职调查与价值评估，确定合理的风险可控的交易结构。 ②注重发挥目标企业管理团队作用，高度重视和有效管理无形资产，避免人才和客户、技术等重要资源流失。 ③加强沟通协调，推进人力资源、技术资源、品牌、文化及业务流程、管理制度等的整合，最大程度地追求协同效应和战略优势。
支撑保障		①建立健全并购重组相关制度、流程和组织体系。 ②搭建结构合理的专业团队，善于借助发挥外部专业机构作用。
要素关联度		☆☆☆：业务结构、风险管理 ☆☆：人才开发与企业文化、自主研发、管理与商业模式、集团管控，国际化 ☆：其他5个要素

第十一章　国际化

［**目标**］通过国际化战略的实施，逐步实现全球资源优化配置，发展成为具有国际知名品牌和较强国际化经营能力、在国际同行业综合指标居于先进水平的一流企业，具备条件的努力成为全球行业价值链整合者。

［**指导原则**］符合国家和企业长远发展战略。依法合规、规范决策、风险可控。国内外统筹优化，全球化与本土化有机结合。量力而行，有序推进，价值驱动，合作共赢。

［**途径选择**］基于企业国际化进程和优势，在对目标企业及所在国深入调查、综合研判基础上，选择国际贸易、工程服务、跨国并购、投资新建及战略联盟等一种或多种方式。创新业务模式，向价值链高端发展。统筹权衡政治、经济、法律、社会、文化、安全及用工等风险，优化设计资金筹措、税务安排、资本结构或股权结构。联手中央企业或国内其他优势企业，沿产业链或相关产业共同开发。

［**支撑保障**］着力培育软实力，支撑提升国际化能力。加强国际化管理团队和人才队伍建设，既要积极培养国际化人才，又要促进人才国际化，建立有效激励机制。熟悉相关法律法规、惯例规则。营造开放包容的企业文化，促进文化融合。完善国际化管控体系，加强关键业务流程特别是投资、资金等环节的控制，形成集团管控有力、当地市场响应及时高效的机制。加强外派人员人文关怀，善待外籍雇员，模范履行社会责任。防范安全及各种突发事件，建立快速反应机制。加强与境外利益相关方及媒体等沟通协调，促进和谐发展。

［**跨国指数**］不断增强企业国际化经营能力，促进境外资产资源掌控能力及集团境外资产比重、外籍雇员比重、销售收入比重和国际市场绩效水平、集团整体绩效水平稳步提升。中央企业来自于境外的销售收入、利润在集团所占比重努力做到不低于30%。

附：

国际化要素逻辑框架表

<table>
<tr><td rowspan="3">目标</td><td>战略目标</td><td>逐步实现全球资源优化配置、具有国际知名品牌，具备条件的努力成为全球行业价值链整合者。</td></tr>
<tr><td>绩效目标</td><td>具有较强国际化经营能力，在国际同行业综合指标居于先进水平。</td></tr>
<tr><td>跨国指数</td><td>①稳步提升境外资产资源掌控能力及集团境外资产比重、外籍雇员比重、销售收入比重。
②稳步提升国际市场绩效水平、集团整体绩效水平，来自于境外的销售收入、利润在集团所占比重努力做到不低于30%。</td></tr>
<tr><td rowspan="3">指导原则</td><td>契合战略</td><td>符合国家和企业长远发展战略。</td></tr>
<tr><td>决策规范</td><td>依法合规、规范决策、风险可控。</td></tr>
<tr><td>高效操作</td><td>①国内外统筹优化。
②全球化与本土化有机结合。
③量力而行，有序推进，价值驱动，合作共赢。</td></tr>
<tr><td colspan="2">途径选择</td><td>①选择基准：基于企业国际化进程和优势，对目标企业及所在国深入调查、综合研判，统筹权衡政治、经济、法律、社会、文化、安全及用工等风险。
②选择方向：选择国际贸易、工程服务、跨国并购、投资新建及战略联盟等一种或多种方式。
③业务模式：创新业务模式，向价值链高端发展。
④优化设计：优化资金筹措、税务安排、资本结构或股权结构。
⑤合作开发：联手中央企业或国内其他优势企业，沿产业链或相关产业共同开发。</td></tr>
</table>

续表

支撑保障	①着力培育软实力，支撑提升国际化能力。 ②加强国际化管理团队和人才队伍建设，既要积极培养国际化人才，又要促进人才国际化，建立有效激励机制。 ③熟悉相关法律法规、惯例规则。 ④营造开放包容的企业文化，促进文化融合。 ⑤完善国际化管控体系，加强关键业务流程特别是投资、资金等环节的控制，形成集团管控有力、当地市场响应及时高效的机制。 ⑥加强外派人员人文关怀，善待外籍雇员，模范履行社会责任。 ⑦防范安全及各种突发事件，建立快速反应机制。 ⑧加强与境外利益相关方及媒体等沟通协调，促进和谐发展。
要素关联度	☆☆☆：业务结构、风险管理 ☆☆：人才开发与企业文化、自主研发、管理与商业模式、集团管控，国际化 ☆：其他5个要素

第十二章 社会责任

［目标］ 把社会责任作为企业使命、核心价值观和愿景的重要组成部分，持续提高经济绩效与模范履行社会、环境责任和谐统一、平衡发展，促进企业核心竞争力提升，实现可持续发展。

［指导原则］ 以诚信为基础，合规为底线，崇高的责任理念和道德水准为指导，与加快转变发展方式、促进转型升级、加强生态文明建设相结合，与企业自身能力相匹配，与核心能力和发展机会的培育转化相统一，融入战略管理和日常经营管理全过程。遵循或参照国际标准和规范，适应经营地法律框架和文化环境要求，统筹兼顾各相关方利益。

［责任治理］ 健全社会责任决策机制，成立由主要负责人挂帅的社会责任委员会，审议决策社会责任重大事项，包括审定发展规划、审批管理办法、构建组织和资源保障体系，形成计划、实施、评估和改进提升的闭环治理系统。

［有效推进］ 社会责任要落实到各业务单元、各级管理者及各岗位，并向产业链、供应链及相关方延伸，加强重点领域、关键环节的责任推进。将社会责任履行纳入考核评价体系，奖惩兑现。加强社会责任专职队伍建设，归口管理部门要切实履行规划、指导、服务、沟通等职能。研究制订社会责任行为规范，加强培训、强化意识、增强能力、全员参与，推进诚信、绿色、平安、活力、责任和廉洁建设。

［加强沟通］ 高度重视与内外利益相关方沟通，定期发布履行社会责任的报告，提高透明度和公信力，有条件的要通过第三方审验。建立日常信息和重大、突发事件披露制度，充分利用、发挥互联网等媒体传播影响作用。

附：

社会责任要素逻辑框架表

目标	目标定位	把社会责任作为企业使命、核心价值观和愿景的重要组成部分，持续提高经济绩效与模范履行社会、环境责任和谐统一、平衡发展。
	战略绩效	促进企业核心竞争力提升，实现可持续发展。
指导原则	指导基准	以诚信为基础，合规为底线，崇高的责任理念和道德水准为指导。
	结合统一	①与加快转变发展方式、促进转型升级、加强生态文明建设相结合。 ②与企业自身能力相匹配。 ③与核心能力和发展机会培育转化相统一。 ④融入战略管理和日常经营管理全过程。 ⑤适应经营地法律框架和文化环境要求，统筹兼顾各相关方利益。

续表

关键举措	建立责任治理体系	①健全决策机制：成立由主要负责人挂帅的社会责任委员会。 ②审议决策重大事项：审定社会责任发展规划、审批管理办法、构建组织和资源保障体系等。 ③形成闭环治理系统：建立健全计划、实施、评估和改进提升的闭环治理系统。
	有效实施	①社会责任落实到各业务单元、各级管理者及各岗位。 ②延伸到产业链、供应链及相关方。 ③加强重点领域、关键环节的责任推进。 ④将社会责任履行纳入考核评价体系，奖惩兑现。 ⑤加强专职队伍建设，归口管理部门要切实履行规划、指导、服务、沟通等职能。 ⑥研究制订社会责任行为规范。 ⑦加强培训、强化意识、增强能力、全员参与。 ⑧推进诚信、绿色、平安、活力、责任和廉洁建设。
	加强沟通	①高度重视与内外利益相关方沟通，提高透明度和公信力。 ②定期发布履行社会责任报告，有条件的要通过第三方审验。 ③建立日常信息和重大、突发事件披露制度，充分利用、发挥互联网等媒体传播影响作用。
要素关联度		☆☆☆☆：公司治理 ☆☆☆：人才开发与企业文化、业务结构、国际化、绩效衡量与管理 ☆☆：管理与商业模式、风险管理、并购重组 ☆：其他4个要素

第十三章　绩效衡量与管理

［**目标**］企业应将绩效作为衡量上述十二个要素乃至一切经营管理活动的基本宗旨和标准。通过价值驱动的绩效管理过程，不断超越自我、赶超先进，逐步接近、达到做强做优、发展成为具有国际竞争力的世界一流企业的目标。

［**指导原则**］以战略为导向，价值为核心，持久稳定的股东回报为基础，体现经济效益与社会责任、长期发展与短期目标、财务与非财务、个人与组织、结果考核与过程管理的综合、有效平衡。将价值创造贯穿于经营管理全过程，持续改善、逐步积累、稳步提升，尤其关注核心能力建设，注重无形资产的开发培育。

［**关键流程**］企业长远发展目标要落实到运营管理层面，以有效的经营管理计划、流程特别是关键业务流程来支撑。长期或年度绩效目标的设定应具有挑战性，将变革创新作为关键举措，以全面预算管理支持促进绩效目标的实现。基于驱动因素对目标层层分解，形成各级组织的关键绩效指标，并由明确的个人责任、工作目标予以保障。加强目标实施过程的监控、分析，因应市场环境变化适时调整。严格考核，奖惩及时兑现。加强绩效结果应用，不断提升绩效水平。

［**标杆管理**］企业及各业务单元、职能部门应将标杆管理作为绩效管理的有效工具，通过与企业内部、国内外同行业或跨行业先进企业、单位的最佳实践对标，寻找差距与不足。重点对比关键业务流程与关键绩效指标，追溯导致指标差异的深层次原因特别是关键驱动因素，根据企业实际制定改进或创新措施，挖掘绩效潜力，努力实现跨越式提升。

［**支撑保障**］倡导将业绩导向、追求卓越作为

企业文化建设重要内容，并以相配套的制度、管理加以推动，以技术创新、商业模式创新和业务结构的优化调整为重要支撑保障，实现并保持卓越绩效，促进企业基业常青。

附：

绩效衡量与管理要素逻辑框架表

<table>
<tr><td rowspan="2">目标</td><td>绩效衡量基准</td><td>将绩效作为衡量上述十二个要素乃至一切经营管理活动的基本宗旨和标准。</td></tr>
<tr><td>战略目标</td><td>通过价值驱动的绩效管理过程，不断超越自我、赶超先进，逐步接近、达到做强做优、发展成为具有国际竞争力世界一流企业目标。</td></tr>
<tr><td rowspan="3">指导原则</td><td>基本原则</td><td>以战略为导向，价值为核心，持久稳定的股东回报为基础。</td></tr>
<tr><td>综合平衡</td><td>体现经济效益与社会责任、长期发展与短期目标、财务与非财务、个人与组织、结果考核与过程管理的综合、有效平衡。</td></tr>
<tr><td>价值创造
方法重点</td><td>将价值创造贯穿于经营管理全过程，持续改善、逐步积累、稳步提升，尤其关注核心能力建设，注重无形资产开发培育。</td></tr>
<tr><td rowspan="2">关键举措</td><td>关键流程</td><td>①以有效的经营管理计划、流程特别是关键业务流程支撑长远发展目标的落实。
②长期或年度绩效目标的设定应具有挑战性，将变革创新作为关键举措，用全面预算管理来支持促进绩效目标的实现。
③基于驱动因素对目标层层分解，形成各级组织的关键绩效指标，并由明确的个人责任、工作目标予以保障。
④加强目标实施过程的监控、分析，因应市场环境变化适时调整。
⑤严格考核，奖惩及时兑现。
⑥加强绩效结果应用，不断提升绩效水平。</td></tr>
<tr><td>标杆管理</td><td>①绩效管理工具：企业及各业务单元、职能部门应将标杆管理作为绩效管理的有效工具。
②标杆选择：与企业内部、国内外同行业或跨行业先进企业、单位的最佳实践对标。
③寻找差距不足：重点对比关键业务流程与关键绩效指标，追溯导致指标差异的深层次原因特别是关键驱动因素。
④制定措施：根据企业实际制定改进或创新措施，挖掘绩效潜力，努力实现跨越式提升。</td></tr>
<tr><td colspan="2">支撑保障</td><td>①倡导将业绩导向、追求卓越作为企业文化建设重要内容，以相配套的制度、管理加以推动。
②以技术创新、商业模式创新和业务结构的优化调整为支撑保障。</td></tr>
<tr><td colspan="2">要素关联度</td><td>☆☆☆☆：公司治理
☆☆☆：业务结构、管理与商业模式、集团管控、社会责任
☆☆：人才开发与企业文化、自主研发、绩效衡量与管理
☆：其他 4 个要素</td></tr>
</table>

（三）完善企业制度

行政规章及规范性文件：

国务院办公厅关于加强中央企业安全生产工作的通知

国办发〔2004〕52号

各省、自治区、直辖市人民政府，国务院各部委、各直属机构：

中央企业（国资委代表国务院履行出资人职责的企业，下同）是国有经济的重要组成部分。搞好中央企业的安全生产工作，对保障国民经济平稳较快发展，促进全国安全生产形势的稳定好转具有重要意义。当前，中央企业的安全生产状况总体稳定，但重特大事故仍然时有发生。为进一步加强中央企业的安全生产工作，保护人民群众的生命和财产安全，经国务院同意，现就有关事项通知如下：

一、落实中央企业安全生产主体责任，进一步加强安全管理

（一）中央企业是安全生产的责任主体，必须认真贯彻执行“安全第一、预防为主”的方针和国家有关安全生产的法律法规、标准等，把安全生产作为一项长期的任务，做到警钟长鸣，常抓不懈。

（二）中央企业的主要负责人是企业安全生产的第一责任人。要全面负起责任，认真履行职责，加强对安全生产工作的领导，经常检查本单位的安全生产情况，研究解决安全生产中的重大问题，组织建立并落实各级安全生产责任制。企业党委、工会、共青团组织要充分发挥各自优势，形成齐抓共管的合力。

（三）中央企业要按照《中华人民共和国安全生产法》等法律法规的要求不断完善安全生产的各项规章制度、作业标准和岗位技术操作规程，积极采用先进的安全管理方法和安全生产技术，加强和改进安全管理，确保各项安全措施的落实。要积极探索建立安全生产的长效机制，制订安全生产发展规划，把安全生产工作纳入企业发展战略和规划的整体布局之中，同步规划、同步实施、同步发展。

（四）中央企业要把安全生产作为日常生产经营管理的重要内容，定期分析安全生产形势，定期进行安全检查，采取有效措施，加强对企业内部危险源和安全生产薄弱环节的监控与治理。广泛开展安全质量标准化活动，规范企业生产流程各环节、各岗位的行为。切实加强企业基层基础工作，搞好对全体职工的安全生产教育和培训，使之具备与所从事的生产经营活动相适应的安全生产知识和管理能力。企业有关经营管理人员、特种作业人员必须依法接受安全生产培训，经考试合格后，持证上岗。

（五）中央企业要认真贯彻落实《国务院办公厅关于深化安全生产专项整治工作的通知》（国办发〔2003〕60号）精神，结合实际，深入开展安全生产专项整治，整顿和规范安全生产秩序，确保整治工作取得实效。要重点加强矿山、道路及水上交通运输、危险化学品、特种设备、民用爆破器材和烟花爆竹、人员密集场所消防安全等方面的安全工作，对存在的安全隐患和突出问题进行彻底整治。矿山、建筑施工和危险化学品、烟花爆竹、民用爆破器材生产企业，要严格依照《安全生产许可证条例》的规定取得安全生产许可证。未取得安全生产许可证的，不得从事相关生产经营活动。

（六）中央企业要依法保证和加大安全投入，搞好安全生产的技术改造，积极推进技术创新与进步，采用安全性能可靠的新技术、新工艺、新设备和新材料，不断改善安全生产条件。新建、改建、扩建工程项目的安全设施，必须与主体工程同时设计、同时施工、同时投入生产和使用，并依法申请、通过设计审查和竣工验收。

（七）中央企业要按照有关规定，逐级建立安全生产责任制，加强企业内部安全生产监管工作，建立健全各级安全生产监管机构，配备必要的安全生产专职监管人员。狠抓安全生产的超前防范工作，及时发现和分析安全生产问题，消除事故隐患。按照“四不放过”（事故原因未查清不放过、责任人员未处理不放过、整改措施未落实不放过、有关人员未受到教育不放过）的原则，严肃查处每起事故，依法追究事故责任人的责任和有关负责人的领导责任。

（八）中央企业要按照有关法律法规的规定，参加工伤社会保险和人身意外伤害保险，为从业人员缴纳保险费。有条件的企业可在法律许可的范围内，开展多种形式的互助互保活动。

（九）中央企业有关安全生产方面的重要活动、

信息或事项，要及时向安全生产监督管理部门和有关主管部门报告，中央煤炭企业要同时向煤矿安全监察机构报告；有关安全生产的年度计划、年中或年终总结，要报安全生产监督管理部门和有关主管部门备案。

二、明确对中央企业安全生产监督管理的职责

（一）国防科技、公安、建设、铁道、交通、信息产业、水利、质检、环保、民航、旅游、邮政等国务院有关部门及其设在各省（区、市）、市（地）的有关机构，各省（区、市）、市（地）人民政府有关部门，负责相关行业或领域中央企业安全生产监督管理工作。电监会及其设在各区域、各省（区、市）的监管机构负责电力系统中央企业的安全生产监督管理工作。上述各有关部门要按照职责分工，对中央企业贯彻执行安全生产法律法规、规章制度等情况进行监督检查。主要内容包括企业安全生产条件、安全标准、设备设施、劳动防护用品及作业场所职业危害情况，重大危险源监控情况，安全生产专项整治情况等。

（二）国家安全监管局及省（区、市）、市（地）安全监管部门具体负责工矿商贸中央企业的安全生产监督管理工作，除按照前款规定的监督检查内容对工矿商贸企业安全生产进行监督检查外，从综合监管的角度，负责指导、协调有关部门的安全生产监督管理工作。

（三）中央煤炭企业的安全监察工作，依据《中华人民共和国安全生产法》、《煤矿安全监察条例》等规定，由煤矿安全监察机构负责。

（四）国资委按照国有资产出资人的职责，负责检查督促中央企业贯彻落实党和国家的安全生产方针政策及有关法律法规、标准等；督促中央企业主要负责人落实安全生产第一责任人的责任和企业安全生产责任制，搞好对企业负责人的安全业绩考核；依照有关规定，参与或组织开展中央企业安全生产检查、督查，督促企业落实各项安全防范和隐患治理措施；参与企业重特大事故的调查，负责落实事故责任追究的有关规定；督促企业搞好统筹规划，把安全生产纳入中长期发展规划，保障职工健康与安全。

三、按照分级、属地管理的原则加强对中央企业安全生产的监督管理

（一）对中央企业安全生产的监督管理工作，按照分级、属地管理的原则，由国家、省（区、市）、市（地）三级安全生产监督管理部门，国务院有关部门及其设在各省（区、市）、市（地）的有关机构，以及各省（区、市）、市（地）人民政府有关部门按照职责分工负责。

（二）中央企业的总公司（总厂、集团公司）安全生产监督管理工作由国家安全监管局及国务院有关部门按照职责分工负责。

（三）省（区、市）、市（地）安全生产监督管理部门在同级人民政府统一领导下，分别负责本行政区域内工矿商贸中央企业的分公司、子公司及其所属单位的安全生产监督管理工作；对其他中央企业的分公司、子公司及其所属单位的安全生产进行综合监督管理。其他中央企业在各省（区、市）、市（地）、县（市）的分公司、子公司及其所属单位安全生产监督管理工作，分别由省（区、市）、市（地）人民政府有关部门及国务院有关部门设在各省（区、市）、市（地）的有关机构负责。

（四）国家安全监管局会同国资委及国务院有关部门，按照职责分工对中央企业的总公司（总厂、集团公司）的主要负责人和安全生产管理人员进行安全培训；省级安全生产监督管理部门会同同级政府有关部门及国务院有关部门设在各省（区、市）、市（地）的有关机构，按照职责分工对中央企业的分公司、子公司及其所属单位的主要负责人、安全生产管理人员进行安全培训。

四、做好中央企业生产安全事故的应急救援和调查处理工作

（一）中央企业要结合本企业实际，制订生产安全事故应急救援预案并进行演练，建立应急救援组织，配备必要的应急救援器材、设备。发生生产安全事故后，要迅速采取有效措施组织抢救，防止事故扩大，努力减少人员伤亡和财产损失，并按规定立即报告当地政府、安全生产监督管理部门和有关主管部门。

（二）有关地方人民政府和负有安全生产监督管理职责的部门的负责人接到中央企业重大生产安全事故报告后，应当立即赶到事故现场，组织事故抢救并依照有关规定及时报告上级部门。

（三）中央企业的事故调查处理依照国务院有关规定执行。

国务院办公厅

二〇〇四年六月二十四日

关于印发《中央企业效能监察优秀项目评价操作指南（试行）》的通知

国资纪发〔2009〕12 号

各中央企业纪委（纪检组）、监察局（部、室）：

为进一步提高中央企业效能监察工作水平，建立和完善中央企业效能监察科学评价体系，推动中央企业效能监察工作规范化发展，根据《中央企业效能监察暂行办法》，我们制定了《中央企业效能监察优秀项目评价操作指南（试行）》，现印发给你们，请结合本企业实际执行，并及时反映工作中的有关情况和问题。

国务院国资委纪委　监察部驻国资委监察局

2009 年 5 月 18 日

中央企业效能监察优秀项目评价操作指南（试行）

第一章　总　　则

第一条　为进一步提高中央企业效能监察工作水平，建立和完善中央企业效能监察工作评价体系，充分发挥效能监察优秀项目（以下简称优秀项目）的规范、导向、示范和激励作用，推动效能监察工作规范化发展，根据《中央企业效能监察暂行办法》，制定本操作指南。

第二条　国务院国资委纪委和监察部驻国资委监察局负责指导中央企业优秀项目评价工作，并适时组织中央企业优秀项目成果发布。

第三条　中央企业依据本操作指南，组织本系统内优秀项目评价工作。

第四条　优秀项目评价工作遵循公开、公平、公正，注重效果、综合择优，逐级推荐、分级评价的原则。

第五条　优秀项目评价工作一般两年组织一次。评价奖项可设优秀项目奖和单项奖。优秀项目奖可设一、二、三等奖和鼓励奖；单项奖可设经济效益突出奖、管理效益突出奖、反腐倡廉成效突出奖和社会效益突出奖。每个奖项的名额由各中央企业结合本企业实际情况确定，单项奖和优秀奖不重复获奖。

第二章　评价指标

第六条　组织实施规范

（一）前期准备充分。

1. 选题立项依据充分。选题立项可由企业主要领导指定立项、上级统一立项或者自主立项；自主立项应有立项依据，所选项目能够抓住影响企业效能的有关业务事项或经营活动过程中的主要风险问题；报批手续完备。

2. 项目检查组健全。项目检查组有相应技能的人员或有相关业务人员参与，分工明确，责任落实。

3. 实施方案完整。方案内容具体，监察点明确，方法得当，步骤合理，操作性强。

（二）操作实施到位。

1. 协调沟通充分。及时召开会议，与相关部门联系紧密，综合监察作用发挥良好。

2. 监督检查深入。发现问题准确，有查证记录，取证规范，查证资料齐全有效，事实清楚，分析透彻，项目监察报告详实，工作建议可行。

3. 整改落实到位。能针对问题提出综合监察建议或作出监察决定，并跟踪落实。

（三）总结归档及时。

1. 项目总结认真。能全面客观地总结项目监察情况，找出不足，提出改进工作意见。

2. 立卷归档规范。按规定立卷归档，材料完整。

第七条　经济效益突出

经济效益突出是指经本企业财务部门认可的通过效能监察直接增加的经济效益显著。

（一）避免经济损失。通过效能监察纠正项目投资预算、资产（产品）定价、各类采购等支出性业务环节中的偏差行为，直接防止正在或将要发生的不当支出的资金总额。

（二）节约资金。通过效能监察纠正各种厂房、设备、原材料等资源管理、使用环节中的偏差行为，直接节省的资金总额。

（三）增加经济收益。通过效能监察制止在产品销售或资产处置、产权转让等环节中的偏差行为，直接增加收益的资金总额。

（四）挽回经济损失。通过效能监察对于已经形成的各种资产损失，及时采取措施督促或者协调组织收缴、追回资产的资金总额。

第八条　管理效益突出

管理效益突出是指监察建议和监察决定得到执行，促进企业规范经营管理取得的成效显著。

（一）执行力得到加强。经营管理者的偏差行为得到纠正，相关的规章制度得到有效执行。

（二）相关制度得到完善。相关制度的废止、修订或创新等有明显进展。

（三）内部控制得到加强。被查项目的管理缺陷得到弥补，业务流程得到改进。

（四）风险防范能力提高。实行跟踪检查，整改措施得到落实，经营管理持续改进。

第九条 反腐倡廉成效突出

反腐倡廉成效突出是指通过效能监察发现和处理违规违纪行为，促进反腐倡廉建设的效果显著。

（一）发现的违规违纪违法线索转入立案检查。

（二）处理了违规违纪人员，或者依法将涉嫌违法人员移送了司法机关。

（三）督促相关人员落实了应当承担的经济赔偿责任。

（四）相关的反腐倡廉规定得到落实。

第十条 社会效益突出

社会效益突出是指通过专项效能监察工作的成功做法，维护了职工群众的合法权益，推进了中央企业效能监察工作水平的提升，社会效果显著。

（一）纠正了损害职工群众合法权益的问题。

（二）效能监察项目的成功做法被国资委等有关部门或集团公司肯定，并在中央企业或集团公司范围内推广。

（三）工作经验被国家或省（部）级、集团公司级新闻媒体宣传报道。

第三章 项目申报及评价表彰

第十一条 优秀项目申报应符合下列条件：

（一）申报项目是所属企业当期评价年度完结的效能监察项目。

（二）资质评价（附件1）达到85分以上（含85分）的项目。

第十二条 项目申报企业在评价前应向上级单位报送《中央企业效能监察优秀项目推荐表》（附件3）。

各中央企业要严格把关。凡发现弄虚作假的，要通报批评，并取消项目申报企业下一评价年度的参评资格。

第十三条 优秀项目实行专家评价。各中央企业根据实际情况，确定本企业系统优秀项目的评价专家；有条件的可以组建本企业效能监察优秀项目评价专家库。

优秀项目评价至少要由5名以上专家组成评价小组，评价专家依照评分标准对参评项目进行独立打分并签字确认；评价专家在涉及所在企业的项目评价时，应当回避。

第十四条 优秀项目评价中有关经济效益的计算，按下列方法进行：

（一）绝对值计算法。用纠正偏差行为后的被查项目实际发生的金额数减去纠错前该项目预期或可能发生的金额数。

（二）比例值计算法。用纠正偏差行为后的被查项目实际发生的金额数减去纠错前该项目预期或可能发生的金额数，除以纠错前该项目预期或可能发生的金额数，再乘以百分比。

评价过程中，中央企业可任意采用上述两种计分方式中的一种进行计分评价。

第十五条 优秀项目评价实行分段评分、并列计分、按档加分、高分获奖的评价办法。中央企业对所属各单位推荐的优秀项目分资质评价和成效评价两段分别评分。

（一）资质评价依据《中央企业效能监察优秀项目推荐资质评分标准》（附件1），采用百分制对推荐项目的操作过程进行评价，达到85分以上（含85分）的项目方可进入成效评价阶段。

（二）成效评价依据《中央企业效能监察优秀项目成效评分标准》（附件2），采用并列计分和按档加分法对推荐项目成效进行评价。

1. 并列计分。在对项目经济效益、管理效益、反腐倡廉效益和社会效益等具体指标进行成效评价时，对评价项目按实计分，不加限定。

2. 按档加分。将每个具体成效指标，按成效数额（或比例）大小分为若干计分档次，并设对应分值。根据项目成效数额（或比例）对应档次的分值加分。

（三）高分获奖。评价小组依据评价项目累计分数，按分数高低依次排序，提出优秀项目推荐名单。

第十六条 单项奖评价用成效最大化评分法。效能监察项目的单项成效符合下列指标的，可直接评为单项奖。

（一）效能监察项目取得巨大经济效益的，可直接评为经济效益突出奖。

（二）效能监察项目促进企业相关经营管理制

度显著创新、业务流程明显优化、先进的经营管理方式得到推广应用、管理效益大幅提升的，可直接评为管理效益突出奖。

（三）效能监察项目发现案件线索，并查出违法违规违纪问题，3人以上相关经营管理人员受到依法处理或每人承担20万元以上经济赔偿的，可直接评为反腐倡廉成效突出奖。

（四）效能监察项目成效突出，集团公司以上单位（含集团公司）在效能监察项目单位召开效能监察工作现场会，宣传推广其典型经验的，可直接评为社会效益突出奖。

第十七条　各中央企业组织评价拟定的获奖项目，应该在本企业系统网站上至少公示一周，如无异议再由企业相关部门研究决定。

第十八条　各中央企业对其评定的优秀项目要给予通报表彰和奖励，获奖企业应对获奖项目的相关单位和个人予以表彰奖励。

第四章　附　　则

第十九条　各中央企业可以依据本操作指南，结合本企业实际制订实施办法。

第二十条　本操作指南自印发之日起施行。

附件1：中央企业效能监察优秀项目推荐资质评分标准

附件2：中央企业效能监察优秀项目成效评分标准

附件3：中央企业效能监察优秀项目推荐表

附件4：中央企业效能监察优秀项目申报材料目录及申报文本格式

附件1：

中央企业效能监察优秀项目推荐资质评分标准

单位名称：　　　　　　　　　　　　　　　　　　　　　年　　月　日

项目名称				
评分因素	评分指标		分值	自评分
前期准备充分（20分）	选题立项依据充分	有立项依据，所选项目能够抓住影响企业效能的有关业务事项或经营活动过程中的主要风险问题。	3分	
		报批手续完备。	2分	
	项目检查组健全	项目检查组有相应技能的人员或有相关业务人员参与。	1分	
		分工明确、责任落实。	4分	
	实施方案完整	方案内容具体，监察点明确。	6分	
		方法得当，步骤合理，操作性强。	4分	
操作实施到位（60分）	协调沟通充分	及时召开会议，与相关部门联系紧密，综合监察作用发挥良好。	8分	
	监督检查深入	发现问题准确，有查证记录，取证规范，查证资料齐全有效。	12分	
		事实清楚，分析透彻。	10分	
		项目监察报告详实，工作建议可行。	10分	
	整改落实到位	能针对问题提出综合监察建议或作出监察决定。	10分	
		跟踪落实整改情况，并附检查记录等证明资料。	10分	

续表

总结归档及时（20 分）	项目总结认真	能全面客观地总结项目监察情况，找出不足，提出改进工作意见。	10 分	
	立卷归档规范	按规定立卷归档，材料完整。	10 分	
合计			100 分	

填表人：　　　　审核人：　　　　联系电话：

附件 2：

中央企业效能监察优秀项目成效评分标准

单位名称：　　　　　　年　月　日

项目名称					
内容	评分指标		成效档次	分值	自评分
经济效益突出	避免经济损失	通过效能监察纠正项目投资预算、资产（产品）定价、各类采购等支出性业务环节中的偏差行为，直接防止正在或将要发生的不当支出的资金总额。	20 万元以内或 1%	5 分	
			20 万元 - 50 万元或 1.3%	10 分	
			50 万元 - 100 万元或 1.6%	15 分	
			100 万元 - 300 万元或 2%	20 分	
			300 万元以上，每增加 100 万或每提高 0.5% 到 1 亿元止。	分别加 5 分	
	节约资金	通过效能监察纠正各种厂房、设备、原材料等资源管理、使用环节中的偏差行为，直接节省的资金总额。	20 万元以内或 1%	5 分	
			20 万元 - 50 万元或 1.3%	10 分	
			50 万元 - 100 万元或 1.6%	15 分	
			100 万元 - 300 万元或 2%	20 分	
			300 万元以上，每增加 100 万或每提高 0.5% 到 1 亿元止。	分别加 5 分	
	增加经济收益	通过效能监察制止在产品销售或资产处置、产权转让等环节中的偏差行为，直接增加收益的资金总额。	20 万元以内或 1%	5 分	
			20 万元 - 50 万元或 1.3%	10 分	
			50 万元 - 100 万元或 1.6%	15 分	
			100 万元 - 300 万元或 2%	20 分	
			300 万元以上，每增加 100 万或每提高 0.5% 到 1 亿元止。	分别加 5 分	

续表

经济效益突出	挽回经济损失	通过效能监察对于已经形成的各种资产损失，及时采取措施督促或者协调组织收缴、追回资产的资金总额。	20 万元以内或 1%	5 分	
			20 万元－50 万元或 1.3%	10 分	
			50 万元－100 万元或 1.6%	15 分	
			100 万元－300 万元或 2%	20 分	
			300 万元以上，每增加 100 万或每提高 0.5% 到 1 亿元止。	分别加 5 分	
管理效益突出	1. 执行力得到加强。经营管理者的偏差行为得到纠正，相关的规章制度得到有效执行。		不作为、违规作为和拖延作为等三类偏差行为，每纠正一类	分别计 5 分	
			与被查项目直接相关的规章制度每有效执行一个	分别计 5 分	
	2. 相关制度得到完善。相关制度的废止、修订或创新等有明显进展。		每修订一个制度	分别计 3 分	
			每废止一个制度	分别计 3 分	
			每新建一个制度	分别计 5 分	
	3. 内部控制得到加强。被查项目的管理缺陷得到弥补，业务流程得到改进。		完善业务流程	10 分	
			改进管理方式	10 分	
			采用新的管理方式	10 分	
	4. 风险防范能力提高。实行跟踪检查，整改措施得到落实，经营管理持续改进。		整改措施全部落实	10 分	
反腐倡廉成效突出	1. 发现的违规违纪违法线索转入立案检查。		凡有 1 条线索转入立案	5 分	
	2. 处理了违规违纪人员，或者依法将涉嫌违法人员移送了司法机关。		每处理 1 人	5 分	
			每移送 1 人	10 分	
	3. 督促相关人员落实了应当承担的经济赔偿责任。		每落实 1 人赔偿	5 分	
	4. 相关的反腐倡廉规定得到落实。		每落实 1 个制度	5 分	

续表

社会效益突出	1. 纠正了损害职工群众合法权益的问题。	每纠正1项	5分	
	2. 效能监察项目的成功做法被国资委等有关部门肯定，并在中央企业推广。	每1次	20分	
	3. 效能监察项目的成功做法被集团公司肯定，并在集团范围内推广。	每1次	10分	
	4. 工作经验被国家级新闻媒体宣传报道。	每1篇	8分	
	5. 工作经验被省（部）级新闻媒体宣传报道。	每1篇	5分	
	6. 工作经验被集团公司级新闻媒体宣传报道。	每1篇	2分	
合计	分			
备注：本表采用并列计分和按档加分法统计				

填表人：　　　　审核人：　　　　联系电话：

附件3：

中央企业效能监察优秀项目推荐表

单位：（盖章）　　　　　　　　年　　月　　日

项目名称			评价总分	
实施单位				
立项时间		实际完成时间		
项目负责人		参与部门及人数		
项目实施效果	经济效益明显	管理效益突出	反腐倡廉有效	社会效益良好
	避免经济损失：　万元	纠正偏差行为　类，　个与被查项目直接相关的规章制度得到有效执行	共　条线索转入立案	纠正损害职工群众合法权益的问题　项
	节约资金：　万元	修订相关制度　个，废止相关制度　个，新建相关制度　个	处理违规违纪人员　人 依法移送司法机关　人	效能监察项目的成功做法被国资委等有关部门肯定，并在中央企业推广　次；被集团公司肯定，并在集团范围内推广　次

续表

项目实施效果	增加经济收益： 万元	完善业务流程 项，改进管理方式 项，采用新的管理方式 项	落实应该承担经济赔偿的责任人 人	工作经验被国家级新闻媒体宣传报道 篇；被省（部）级新闻媒体报道 篇
	挽回经济损失： 万元	提出整改措施 项 落实整改措施 项	落实与被查项目相关的反腐倡廉规定 个	工作经验被集团公司级新闻媒体宣传报道 篇
项目综合评价意见	本单位意见	单位领导签名： （单位印章） 年 月 日		
	集团公司意见	单位领导签名： （单位印章） 年 月 日		

填表人： 审核人： 联系电话：

附件4：

中央企业效能监察优秀项目申报材料目录及申报文本格式

1. ×××公司（厂）×××效能监察项目立项表
2. ×××公司（厂）×××效能监察项目实施方案
3. ×××公司（厂）监察（部、室）效能监察通知书
4. ×××公司（厂）×××效能监察项目会议记录
5. ×××公司（厂）×××效能监察项目查证情况报告表
6. ×××公司（厂）×××效能监察项目监察报告
7. ×××公司（厂）监察（部、室）监察建议书和监察决定书
8. ×××公司（厂）×××效能监察项目专项总结报告
9. ×××公司（厂）×××效能监察项目成效核定证明材料

×××公司（厂）×××效能监察项目立项表

项目编号：

单位：（盖章） 年 月 日

项目名称			
立项时间		计划完成时间	
项目负责人		参与部门及人数	

续表

效能监察 工作方案	（包括：监察依据、监察目的、监察内容、组织领导与人员分工、工作方法、工作步骤及时间安排、工作要求等）
监察部门 意见	负责人签名：（部门印章） 年 月 日
项目所在 单位意见	单位领导签名：（单位印章） 年 月 日

填表人： 审核人： 联系电话：

×××公司（厂）×××效能监察项目实施方案

一、监察依据

二、监察目的

三、监察内容

四、组织领导与人员分工

五、工作方法

六、工作步骤及时间安排

七、工作要求

×××公司（厂）监察（部、室）效能监察通知书

（ ）监通字第 号

×××部（室、科、车间、公司）：

经公司（厂）效能监察领导小组研究决定，对你部×××项目实施效能监察，请予协助配合。

特此通知

（监察部门印章）

年 月 日

本监察通知书一式（ ）份。

抄送：×××经理（厂长）…………

×××公司（厂）×××效能监察项目会议记录

会议名称：×××项目效能监察×××会议

会议时间：××××年××月××日

会议地点：

主持人： 记录人：

参加人员：
会议议题：
会议内容：（发言记录及议定内容）

×××公司（厂）×××效能监察项目查证情况报告表

编号：
被查部门：　　附件：共　　页

项目名称		查证日期	
查证事项摘要			
查证结论意见			
被查部门意见	负责人签名：　（部门印章） 年　月　日		

查证人：　　联系电话：
（附件内容包括查证的报表、台帐、图片资料、现场检查记录及其他有关记录等）

×××公司（厂）×××效能监察项目监察报告

一、效能监察项目基本情况
二、通过效能监察发现的主要问题
三、查证情况及原因分析
四、监察意见及建议

×××公司（厂）监察（部、室）
监察建议书
（　）监建字第　　号

关于×××的建议

×××部（室、科、车间、公司）：

通过对×××进行效能监察，认为你部（科、室、车间、公司）在工作中存在以下问题：

1.

2.

…………

依照《中央企业效能监察暂行办法》第××条规定，特提出如下监察建议：

1.

2.

…………

请于××年××月××日前将办理结果函告本部门。对本建议如有异议，请自收到本监察建议书之日起30日内向本部门提出。

（监察部门印章）

××××年××月××日

本监察建议书一式（ ）份。

抄送：×××经理（厂长）………

×××公司（厂）监察（部、室）

监察决定书

（ ）监决字第 号

关于×××的决定

第一部分：违纪人的基本情况；

第二部分：监察部门在×××效能监察工作中调查认定的违规违纪事实、证据、法律依据；

第三部分：作出的监察决定。

对本监察决定不服的，可自收到本监察决定书之日起30日内向本部门申请复审。

（监察部门印章）

××××年××月××日

本监察决定书一式（ ）份。

抄送：×××经理（厂长）………

×××公司（厂）×××效能监察项目专项总结报告

主要内容包括：

一、选题立项：效能监察项目的提出及监察目的。

二、组织准备：效能监察实施准备情况。包括组织领导、监察内容、工作方法、工作步骤及时间安排、工作要求等。

三、监察过程：效能监察实施过程中的检查、建议或决定等具体工作情况。

四、问题及整改：通过效能监察发现存在的管理及违纪违规问题，以及相应整改情况。

五、效益评估：包括经济效益、管理效益、反腐倡廉成效、社会效益等方面的相关评价。

六、工作改进：效能监察项目检查组在效能监察工作中存在的不足及今后改进工作计划。

×××公司（厂）×××效能监察项目成效核定证明材料

项目名称			
立项时间		完成时间	

续表

实施情况 简介	简要介绍立项原因、实施过程、监督检查、发现问题及整改情况等		
工作成效 简介	包括经济效益、管理效益、反腐倡廉成效、社会效益等		
相关业务 部门（单位）意见	负责人签名：（部门或单位印章） 年　月　日		
财务部门 意见	负责人签名：（部门印章） 年　月　日	审计部门 意见	负责人签名：（部门印章） 年　月　日
本单位 意见	负责人签名：（单位印章） 年　月　日		

填表人：　　　　　审核人：　　　　　联系电话：

国务院办公厅关于推动中央企业结构调整与重组的指导意见

国办发〔2016〕56 号

各省、自治区、直辖市人民政府，国务院各部委、各直属机构：

近年来，中央企业积极推进结构调整与重组，布局结构不断优化，规模实力显著增强，发展质量明显提升，各项改革发展工作取得了积极成效。但总的来看，中央企业产业分布过广、企业层级过多等结构性问题仍然较为突出，资源配置效率亟待提高、企业创新能力亟待增强。为贯彻落实党中央、国务院关于深化国有企业改革的决策部署，进一步优化国有资本配置，促进中央企业转型升级，经国务院同意，现就推动中央企业结构调整与重组提出以下意见。

一、总体要求

（一）指导思想。

全面贯彻党的十八大和十八届三中、四中、五中全会精神，深入学习领会习近平总书记系列重要讲话精神，认真贯彻落实“四个全面”战略布局和党中央、国务院决策部署，牢固树立创新、协调、绿色、开放、共享的发展理念，推进供给侧结构性改革，坚持公有制主体地位，发挥国有经济主导作用，以优化国有资本配置为中心，着力深化改革，调整结构，加强科技创新，加快转型升级，加大国际化经营力度，提升中央企业发展质量和效益，推动中央企业在市场竞争中不断发展壮大，更好发挥中央企业在保障国民经济持续健康安全发展中的骨干中坚作用。

（二）基本原则。

——坚持服务国家战略。中央企业结构调整与重组，要服务国家发展目标，落实国家发展战略，贯彻国家产业政策，以管资本为主加强国资监管，不断推动国有资本优化配置。

——坚持尊重市场规律。遵循市场经济规律和企业发展规律，维护市场公平竞争秩序，以市场为导向，以企业为主体，以主业为主，因地制宜、因业制宜、因企制宜，有进有退、有所为有所不为，不断提升中央企业市场竞争力。

——坚持与改革相结合。在调整重组中深化企业内部改革，建立健全现代企业制度，形成崭新的体制机制，打造充满生机活力的新型企业。加强党的领导，确保党的建设与调整重组同步推进，实现体制、机制、制度和工作的有效对接。

——坚持严格依法规范。严格按照有关法律法规推进中央企业结构调整与重组，切实保护各类股东、债权人和职工等相关方的合法权益。加强国有资产交易监管，防止逃废金融债务，防范国有资产流失。

——坚持统筹协调推进。突出问题导向，处理好中央企业改革、发展、稳定的关系，把握好调整重组的重点、节奏与力度，统筹好巩固加强、创新发展、重组整合和清理退出等工作。

二、主要目标

到2020年，中央企业战略定位更加准确，功能作用有效发挥；总体结构更趋合理，国有资本配置效率显著提高；发展质量明显提升，形成一批具有创新能力和国际竞争力的世界一流跨国公司。具体目标是：

功能作用有效发挥。在国防、能源、交通、粮食、信息、生态等关系国家安全的领域保障能力显著提升；在重大基础设施、重要资源以及公共服务等关系国计民生和国民经济命脉的重要行业控制力明显增强；在重大装备、信息通信、生物医药、海洋工程、节能环保等行业的影响力进一步提高；在新能源、新材料、航空航天、智能制造等产业的带动力更加凸显。

资源配置更趋合理。通过兼并重组、创新合作、淘汰落后产能、化解过剩产能、处置低效无效资产等途径，形成国有资本有进有退、合理流动的机制。中央企业纵向调整加快推进，产业链上下游资源配置不断优化，从价值链中低端向中高端转变取得明显进展，整体竞争力大幅提升。中央企业间的横向整合基本完成，协同经营平台建设加快推进，同质化经营、重复建设、无序竞争等问题得到有效化解。

发展质量明显提升。企业发展战略更加明晰，主业优势更加突出，资产负债规模更趋合理，企业治理更加规范，经营机制更加灵活，创新驱动发展富有成效，国际化经营稳步推进，风险管控能力显著增强，国有资本效益明显提高，实现由注重规模扩张向注重提升质量效益转变，从国内经营为主向国内外经营并重转变。

三、重点工作

（一）巩固加强一批。

巩固安全保障功能。对主业处于关系国家安全、国民经济命脉的重要行业和关键领域、主要承担国家重大专项任务的中央企业，要保证国有资本投入，增强保障国家安全和国民经济运行能力，保持国有资本控股地位，支持非国有资本参股。对重要通信基础设施、重要江河流域控制性水利水电航电枢纽等领域，粮食、棉花、石油、天然气等国家战略物资储备领域，实行国有独资或控股。对战略性矿产资源开发利用，石油天然气主干管网、电网等自然垄断环节的管网，核电、重要公共技术平台、地质等基础数据采集利用领域，国防军工等特殊产业中从事战略武器装备科研生产、关系国家战略安全和涉及国家核心机密的核心军工能力领域，实行国有独资或绝对控股。对其他服务国家战略目标、重要前瞻性战略性产业、生态环境保护、共用技术平台等重要行业和关键领域，加大国有资本投资力度，发挥国有资本引导和带动作用。

（二）创新发展一批。

搭建调整重组平台。改组组建国有资本投资、运营公司，探索有效的运营模式，通过开展投资融资、产业培育、资本整合，推动产业集聚和转型升级，优化中央企业国有资本布局结构；通过股权运作、价值管理、有序进退，促进国有资本合理流动。将中央企业中的低效无效资产以及户数较多、规模较小、产业集中度低、产能严重过剩行业中的中央企业，适度集中至国有资本投资、运营公司，做好增量、盘活存量、主动减量。

搭建科技创新平台。强化科技研发平台建设，加强应用基础研究，完善研发体系，突破企业技术瓶颈，提升自主创新能力。构建行业协同创新平台，推进产业创新联盟建设，建立和完善开放高效的技术创新体系，突破产业发展短板，提升集成创新能力。建设“互联网+”平台，推动产业互联网发展，促进跨界创新融合。建立支持创新的金融平台，充分用好各种创投基金支持中央企业创新发展，通过市场化方式设立各类中央企业科技创新投资基金，促进科技成果转化和新兴产业培育。把握世界科技发展趋势，搭建国际科技合作平台，积极融入全球创新网络。鼓励企业搭建创新创业孵化和服务平台，支持员工和社会创新创业，推动战略性新兴产业发展，加快形成新的经济增长点。鼓励优势产业集团与中央科研院所企业重组。

搭建国际化经营平台。以优势企业为核心，通过市场化运作方式，搭建优势产业上下游携手走出去平台、高效产能国际合作平台、商产融结合平台和跨国并购平台，增强中央企业联合参与国际市场竞争的能力。加快境外经济合作园区建设，形成走出去企业集群发展优势，降低国际化经营风险。充分发挥现有各类国际合作基金的作用，鼓励以市场化方式发起设立相关基金，组合引入非国有资本、优秀管理人才、先进管理机制和增值服务能力，提高中央企业国际化经营水平。

（三）重组整合一批。

推进强强联合。统筹走出去参与国际竞争和维护国内市场公平竞争的需要，稳妥推进装备制造、建筑工程、电力、钢铁、有色金属、航运、建材、旅游和航空服务等领域企业重组，集中资源形成合力，减少无序竞争和同质化经营，有效化解相关行业产能过剩。鼓励煤炭、电力、冶金等产业链上下游中央企业进行重组，打造全产业链竞争优势，更好发挥协同效应。

推动专业化整合。在国家产业政策和行业发展规划指导下，支持中央企业之间通过资产重组、股权合作、资产置换、无偿划转、战略联盟、联合开发等方式，将资源向优势企业和主业企业集中。鼓励通信、电力、汽车、新材料、新能源、油气管道、海工装备、航空货运等领域相关中央企业共同出资组建股份制专业化平台，加大新技术、新产品、新市场联合开发力度，减少无序竞争，提升资源配置效率。

加快推进企业内部资源整合。鼓励中央企业依托资本市场，通过培育注资、业务重组、吸收合并等方式，利用普通股、优先股、定向发行可转换债券等工具，推进专业化整合，增强持续发展能力。压缩企业管理层级，对五级以下企业进行清理整合，将投资决策权向三级以上企业集中，积极推进管控模式与组织架构调整、流程再造，构建功能定位明确、责权关系清晰、层级设置合理的管控体系。

积极稳妥开展并购重组。鼓励中央企业围绕发展战略，以获取关键技术、核心资源、知名品牌、市场渠道等为重点，积极开展并购重组，提高产业集中度，推动质量品牌提升。建立健全重组评估机制，加强并购后企业的联动与整合，推进管理、业务、技术、市场、文化和人力资源等方面的协同与融合，确保实现并购预期目标。并购重组中要充分发挥各企业的专业化优势和比较优势，尊重市场规律，加强沟通协调，防止无序竞争。

（四）清理退出一批。

大力化解过剩产能。严格按照国家能耗、环保、质量、安全等标准要求，以钢铁、煤炭行业为重点，大力压缩过剩产能，加快淘汰落后产能。对产能严重过剩行业，按照减量置换原则从严控制新项目投资。对高负债企业，以不推高资产负债率为原则严格控制投资规模。

加大清理长期亏损、扭亏无望企业和低效无效资产力度。通过资产重组、破产清算等方式，解决持续亏损三年以上且不符合布局结构调整方向的企业退出问题。通过产权转让、资产变现、无偿划转等方式，解决三年以上无效益且未来两年生产经营难以好转的低效无效资产处置问题。

下大力气退出一批不具有发展优势的非主营业务。梳理企业非主营业务和资产，对与主业无互补性、协同性的低效业务和资产，加大清理退出力度，实现国有资本形态转换。变现的国有资本除按有关要求用于安置职工、解决历史遗留问题外，集中投向国有资本更需要集中的领域和行业。

加快剥离企业办社会职能和解决历史遗留问题。稳步推进中央企业职工家属区“三供一业”分离移交，实现社会化管理。对中央企业所办医疗、教育、市政、消防、社区管理等公共服务机构，采取移交、撤并、改制或专业化管理、政府购买服务等多种方式分类进行剥离。加快推进厂办大集体改革。对中央企业退休人员统一实行社会化管理。

四、保障措施

（一）加强组织领导。

国务院国资委要会同有关部门根据国家战略要求，结合行业体制改革和产业政策，提出有关中央企业实施重组的具体方案，报国务院批准后稳步推进。中央企业结合实际制定本企业结构调整与重组的具体实施方案，报国务院国资委备案后组织实施，其中涉及国家安全领域的，须经相关行业主管部门审核同意。中央企业在结构调整与重组过程中要切实加强党的领导，建立责任清晰、分工明确的专项工作机制，由主要负责人负总责，加大组织协调力度，切实依法依规操作。同时发挥工会和有关社团组织的作用，做好干部职工的思想政治工作。

（二）加强行业指导。

各有关部门要根据实现“两个一百年”奋斗目标、国家重大战略布局以及统筹国内国际两个市场等需要，明确国有资本分行业、分区域布局的基本要求，作为中央企业布局结构调整的重要依据，同时结合各自职责，配套出台相关产业管理政策，保障国有资本投入规模科学合理，确保中央企业结构调整与重组有利于增强国有经济主导能力、维护市场公平竞争秩序。

（三）加大政策支持。

各有关部门要研究出台财政、金融、人才、科技、薪酬分配、业绩考核等支持政策，并切实落实相关税收优惠政策，为中央企业结构调整与重组创造良好环境。要充分发挥各类基金的作用，积极稳妥引入各类社会资本参与和支持中央企业结构调整与重组。

（四）完善配套措施。

健全企业退出机制，完善相关退出政策，依法妥善处理劳动关系调整、社会保险关系接续等问题，切实维护好企业职工合法权益。建立完善政府和企业合理分担成本的机制，多渠道筹措资金，妥善解决中央企业历史遗留问题，为中央企业公平参与市场竞争创造条件。

金融、文化等中央企业的结构调整与重组，中央另有规定的依其规定执行。

国务院办公厅

2016年7月17日

关于中央企业开展压缩管理层级减少法人户数工作的通知

国资发改革〔2016〕135号

各中央企业：

为深入贯彻《中共中央　国务院关于深化国有企业改革的指导意见》（中发〔2015〕22号）精神，落实国务院关于中央企业瘦身健体的有关要求，推进中央企业调整优化组织结构，有效压缩管理层级、减少法人户数（以下简称“压减”工作），促进企业加强管理、提质增效，现就有关事项通知如下：

一、总体要求

全面贯彻落实国务院关于“国有企业瘦身健体，增强核心竞争力”工作要求，以推进供给侧结构性改革为导向，进一步深化国有企业改革，着力解决中央企业法人户数多、法人链条长、管理层级多、机构臃肿、管理效率低等突出问题，推动中央企业优化组织结构，提高管理效率，构建业务有进有退、企业优胜劣汰、板块专业化经营、管控精干高效的发展格局，不断提升发展质量和经济效益。

二、工作目标

（一）有效压缩层级，减少法人户数。力争在3年内使多数中央企业管理层级控制在3－4级以内，法人层级10级以上（含10级）的企业减少3－5个层级，企业法人户数减少20%左右。

（二）打造精干高效管理机构。按照定位准确、职能清晰、流程顺畅、精干高效的要求，科学设置管理层级和职能部门，精简管理部门和管理人员，提高管理效率。

三、工作原则

（一）企业为主，落实责任。中央企业是“压减”工作的责任主体，企业内部按照产权关系和管理权限，层层落实主体责任。国资委督促、指导、推动各企业按既定目标与时间节点落实，并研究相关支持政策。

（二）因企制宜，协同配合。充分考虑各企业发展战略、行业特点等实际情况，确定具体目标与方案，不搞“一刀切”。统筹规划，将“压减”工作与改组组建国有资本投资、运营公司、中央企业重组整合、处置“僵尸企业”及特困企业专项治理、过剩产能退出、厂办大集体改革、分离移交“三供一业”等企业办社会职能改革工作协同推进。

（三）规范操作，稳妥有序。严格按照有关法律法规，对涉及国有资产处置、债权债务、相关税费缴纳、人员安置等问题，严格履行相关程序，防范法律风险，防止国有资产流失。正确处理改革、发展、稳定的关系，妥善处理各方合法利益，确保生产经营的正常进行和企业稳定，稳妥有序推进“压减”工作。

四、工作措施

（一）做好统筹规划。各中央企业要结合战略规划和业务结构，合理设计整合优化后的企业层级和管理架构，明确集团公司与各级单位之间的管理关系。逐户分析各业务板块所属子企业情况，合理确定清理整合对象。

（二）加强投资管理。严格执行投资管理制度，严格控制新设法人，尤其是非主业投资和特殊目的公司。特殊情况确需投资的，应由集团总部按程序履行审批决策程序，并采取相应措施确保管理和控制到位。鼓励通过改组原有企业的方式发展新业务，避免新增法人户数和管理层级。探索采取基金等新的投资模式开展对外投资。

（三）加快内部整合。加大企业内部重组力度，推动同城同业务子企业的合并重组，提升管理效率，消除内部同业竞争。对与主业发展关联紧密、经营状况良好的所属企业，可通过无偿划转、产权转让等方式提升管理层级。对资产规模小、业务相近的所属企业，可通过兼并重组实现规模效益。

（四）探索企业间资产重组。探索中央企业之间部分业务或资产的重组整合。非主业资产符合其他中央企业主业发展需要的，双方可协商，通过收购、资产（股权）置换、交叉持股、无偿划转等方式进行重组。对企业依靠自身力量难以处置的业务及资产，打包交由专业化能力较强的其他企业进行集中处置。

（五）加大清理力度。对特殊目的公司，在深入分析的基础上，除确有保留必要的以外，要根据实际情况将其合并或注销。对“僵尸企业”、“亏损企业”、历史遗留的“三无企业”，积极争取和充分利用有关政策，采取兼并重组、关闭撤销、破产清算等方式，加快重组整合和市场出清。对因债权债务、欠税、土地权属、有关手续不全等原因短期内难以退出的所属企业，可进行集中托管，逐步实施清理压缩。

（六）推进机构改革。优化集团管控与组织架构，推行管理扁平化。合理设置集团公司和各管理层级的职能部门，减少机构重叠和职能交叉，探索实施“大部制”管理，建立共享服务中心，对财务、人力、采购、行政、信息化等工作实施集中管理。

（七）加强信息化建设。充分借助信息网络技术，提升企业管理信息化水平，逐步实现生产经营管理的数据化、标准化、流程化，解决信息不对称和信息孤岛问题，保证企业各层级内部信息实时共享和业务高效运转，为压缩管理层级、打造扁平化管理体系创造客观条件。

五、组织实施

（一）加强组织领导。“压减”工作是落实中央企业深化改革瘦身健体方案的重要任务，涉及面广、政策性强、处置难度大，各中央企业要统一思想，高度重视，建立集团公司主要领导牵头的工作机制，明确分管领导和责任部门，细化工作分工，强调过程控制，工作结果要纳入对相关责任人和责任单位的业绩考核中。国资委将中央企业“压减”工作成效纳入中央企业负责人经营业绩考核与企业领导班子的综合考核评价。

（二）强化基础管理。中央企业要结合前期摸底清查工作情况，进一步理清所属企业的数量、产权关系、经营状况等基础信息，将月度变更情况通过信息系统报送国资委。同时要进一步加强产权登记管理，及时按程序办理相关手续，加强财务决算管理。

（三）落实工作方案。中央企业要结合实际，以此次摸底清查确定的企业数为基数，研究确定“压减”工作三年目标和年度分解目标，制定重点突出、目标量化、步骤清晰、措施有力、可操作性强的工作方案，强化方案落地实施。请各企业于2016年8月31日前以文件形式（附电子版）报送国资委。

（四）加强督促指导。各中央企业要按季度将“压减”工作完成情况、困难和问题以及经验成效书面材料（附电子版）报送国资委，并将“压减”工作进展情况列入董事会年度工作报告，作为对企业董事会工作评价的内容之一。监事会将中央企业“压减”工作落实情况纳入监督检查范围。

（五）完善政策支持。加强与有关部门的沟通协调，针对企业“压减”工作中存在的困难和问题，争取政策支持。

联系人：国资委企业改革局　李桦烨、熊小彤

电话：010－63193149、63193198

邮箱：glts@ sasac. gov. cn

国资委

2016年8月3日

关于进一步深化中央企业劳动用工和收入分配制度改革的指导意见

国资发分配〔2016〕102 号

各中央企业：

为深入贯彻党的十八大和十八届三中、四中、五中全会精神，落实《中共中央　国务院关于深化国有企业改革的指导意见》（中发〔2015〕22 号）的要求，进一步深化中央企业劳动用工和收入分配制度改革，构建市场化劳动用工和收入分配机制，实现企业内部管理人员能上能下、员工能进能出、收入能增能减，增强中央企业活力和竞争力，现提出以下指导意见。

一、统一思想，充分认识深化劳动用工和收入分配制度改革的重要性和紧迫性

深化劳动用工和收入分配制度改革是全面深化国有企业改革的重要内容，是开展供给侧结构性改革，促进企业瘦身健体、提质增效的重要举措，是增强中央企业活力和竞争力的迫切需要。近年来，中央企业在深化改革过程中，不断完善劳动用工和收入分配制度，积极探索和实践，取得了一定成效，但是随着改革的不断深入，中央企业用工分配管理方面存在的体制机制僵化问题没有得到根本性改变，部分企业内部改革不到位，市场化选人用人机制还未真正形成，激励约束机制还不健全，内部管理人员能上不能下、员工能进不能出、收入能增不能减等问题仍然存在。当前，解决这些问题的关键是要坚持问题导向，切实推进企业内部机制转换，进一步深化中央企业劳动用工和收入分配制度改革，促进企业持续健康发展。

中央企业深化劳动用工和收入分配制度改革的核心任务是，建立与社会主义市场经济相适应、与企业功能定位相配套的市场化劳动用工和收入分配管理体系，构建形成企业内部管理人员能上能下、员工能进能出、收入能增能减的机制，用工结构更加优化，人员配置更加高效，激励约束机制更加健全，收入分配秩序更加规范，企业市场化程度显著提高，为做强做优做大中央企业提供保障。

二、强化任职条件和考核评价，实现管理人员能上能下

（一）完善以岗位职责和任职条件为核心的管理人员职级体系。中央企业要建立健全管理人员岗位体系，明确各层级管理岗位职责和任职条件，合理使用不同层次人才。不断完善管理人员职业发展通道，为管理人员能上能下搭建平台。按照集团化管控、专业化管理、集约化运营的要求，科学调整组织结构，合理设置内设机构和配置管理人员，提高管理效率。

（二）健全以综合考核评价为基础的管理人员选拔任用机制。中央企业应当建立管理人员综合考核评价体系，以综合考核评价为基础，通过竞争上岗、公开选聘等多种方式，公开、公平、公正地选拔优秀管理人员。强化管理人员考核评价的日常监督管理，将考核评价结果与职务升降、薪酬调整紧密挂钩。对于经考核评价不能胜任工作的，应当调整岗位、降职降薪，真正做到管理人员能上能下。

（三）探索推行职业经理人制度。中央企业要扩大选人用人视野，合理增加企业内部管理人员市场化选聘比例。对市场化选聘的职业经理人，要签订聘任和绩效协议，明确聘任期限和业绩目标要求，建立与业绩考核紧密挂钩的激励约束和引进退出机制，实现选聘市场化、管理契约化、退出制度化。

三、加强劳动用工契约化管理，实现员工能进能出

（一）全面推行公开招聘制度。中央企业要按照公开、公正、竞争、择优的原则，公开招录企业员工。要制订公开招聘办法，面向社会公开招聘，做到信息公开、过程公开和结果公开。招聘信息应当面向社会公开发布，不得设置歧视性录用条件，不得降低条件定向招录本企业员工亲属。拟录用人员有关信息应当通过适当形式在一定范围内公示，确保公开招聘工作的公平、公正，提高员工招聘质量。国家法律法规政策另有规定的，从其规定。

（二）加强劳动合同管理。中央企业应当打破身份界限，建立健全以合同管理为核心、以岗位管理为基础的市场化用工制度。要依法与员工签订劳动合同，做到劳动合同应签尽签。强化劳动合同对实现员工能进能出的重要作用，细化劳动合同期限、工作内容、劳动纪律、绩效要求以及续签、解

除合同条件等条款，明确双方的权利义务。要依法规范使用劳动合同制、劳务派遣等各类用工，完善管理制度，履行法定程序，确保用工管理依法合规。

（三）构建员工正常流动机制。中央企业应当根据企业战略规划和生产经营需要，合理控制用工总量，优化人员结构，构建员工正常流动机制。要建立企业内部人力资源市场，盘活人力资源存量，提高人力资源使用效率。要畅通员工退出渠道，细化员工行为规范、劳动纪律和奖惩标准，明确劳动合同期满续签标准和员工不胜任岗位要求的认定标准。对违法违规、违反企业规章制度或不胜任岗位要求等符合解聘条件的员工，要严格履行法律法规要求的相关程序，依法解除劳动合同。

四、推进收入分配市场化改革，实现收入能增能减

（一）加强工资总额能增能减机制建设。不断完善与财务预算和业绩考核目标挂钩的工资总额预算管理办法，健全工资效益同向联动机制，切实做到工资总额与企业效益紧密挂钩。强化全口径人工成本预算管理制度体系，逐步将工资总额以外的其他人工成本项目纳入预算管理范围，严格控制人工成本不合理增长，不断提高人工成本投入产出效率。

（二）推进与效益紧密挂钩的内部薪酬制度改革。中央企业应当根据企业实际，实行与社会主义市场经济相适应的薪酬分配制度，建立健全与劳动力市场基本适应、与企业经济效益和劳动生产力挂钩的工资决定和正常增长机制，优化薪酬结构，合理拉开收入分配差距。推进全员绩效考核，根据劳动力市场价位、人工成本承受能力、岗位价值评估和员工个人能力等因素合理确定员工薪酬，同时要与企业效益、个人绩效紧密挂钩。原则上，企业效益下降或个人绩效考核不达标时，员工薪酬应当相应下降，确保收入能增能减。要建立员工薪酬市场对标机制，结合企业薪酬战略和人工成本承受能力，逐步提高核心骨干员工薪酬的市场竞争力，同时调整不合理的偏高、过高收入，做到薪酬水平该高的高，该低的低。

（三）规范员工福利保障制度。中央企业应当结合自身实际，统筹规范所属企业福利保障制度，加强福利项目和费用管理，严格清理规范工资外收入。社会保险、住房公积金、企业年金、福利费等国家和地方有明确政策规定的，要严格执行相关规定，不得超标准列支。已经建立企业年金制度的企业，不得提高建立年金制度前已退休人员统筹外补贴水平和临近退休人员的企业年金补偿标准。企业效益下降的，福利费不得增长，企业年金缴费标准可以适当降低；企业出现亏损的，企业年金应当暂停缴费。

五、统筹规划，积极稳妥推进中央企业劳动用工和收入分配制度改革

（一）加强组织领导。中央企业要高度重视新形势下深化劳动用工和收入分配制度改革工作，充分发挥企业党组织的政治核心作用和党员干部的先锋模范作用，发挥工会依法维护劳动者合法权益的桥梁纽带作用，切实加强组织领导。成立专项领导小组，明确主要负责人是第一责任人，建立工作制度和运行机制，以上率下切实推进改革。主动加强与地方政府和相关部门的沟通联系，为改革创造良好的环境和氛围。

（二）精心组织实施。中央企业要制订符合企业实际的深化用工分配制度改革方案，明确分阶段目标任务，提出具体改革办法和措施，完善相关配套文件。强化人力资源信息化建设、对标管理等基础工作，建立社会风险、舆情风险、法律风险评估机制。加强对所属企业的督促指导，强化企业用工分配责权利的统一，逐级落实管理责任。统筹协调与其他各项改革的关系，同步推进，重点突破，务求实效。

（三）稳步推进改革。中央企业劳动用工和收入分配制度改革关系到员工的切身利益，在推动改革的过程中要处理好改革发展与稳定的关系。加强政策宣传和培训，引导全体员工形成改革共识，积极参与改革。要开展深入细致的思想工作，发动员工、依靠员工，形成改革合力。涉及员工利益的改革方案，应当依法履行内部民主程序。妥善解决改革过程中遇到的突出问题，积极履行社会责任，切实保障员工的合法权益，确保企业和社会和谐稳定。

中央企业推进劳动用工和收入分配制度改革的工作进展情况，要及时报送国资委。国资委将加强对企业推进改革的监督指导，及时总结企业的做法和成效，推广典型经验，引导中央企业锐意改革，务求实效，助推中央企业提质增效。

关于调整中央企业安全生产监管分类的通知

国资厅综合〔2017〕736号

各中央企业：

为认真贯彻《中共中央国务院关于推进安全生产领域改革发展的意见》（中发〔2016〕32号）精神，切实加强中央企业安全生产工作，按照《中央企业安全生产监督管理暂行办法》（国资委令第21号，以下简称《暂行办法》）有关规定，针对中央企业改革发展的过程中生产经营范围、企业规模、业务领域、安全风险的变化，根据各中央企业安全生产实际情况，在征求各中央企业意见的基础上，对安全生产监管分类进行了调整（详见附件），并就有关工作要求通知如下：

一、中央企业安全生产监管分类的基本原则

（一）分类分级原则。国资委根据中央企业行业分布广、规模差异大、安全风险不同的特点，将普遍性要求与行业、企业特点结合起来，依据中央企业主营业务范围和安全生产风险程度将中央企业划分为三类，实施分类监管符合中央企业实际，得到广大中央企业的认可，并在企业内部推广借鉴。

（二）动态管理原则。中央企业兼并重组后要对安全生产风险的变化进行重新评估，依据安全风险情况及时向国资委申请调整安全生产监管分类；中央企业经营范围或业务领域发生重大变化，导致安全生产风险增加或下降的，要向国资委申请安全生产监管分类调整，并设置相应的安全生产管理机构或按规定配备足够的安全专职人员。

（三）与业绩考核挂钩原则。涉及中央企业的较大及以上生产安全责任事故，国资委根据各级政府有关部门对事故调查认定的性质、级别、责任等，在中央企业安全生产监管分类的基础上，在中央企业负责人经营业绩考核中依法依规予以扣分、降级处理，并将安全生产业绩考核结果与企业负责人薪酬挂钩。

二、中央企业安全生产监管分类的对应标准

（一）安全生产监管一类中央企业，集团总部应设置独立安全生产监督管理一级部门，设安全总监职位；所属企业应设置独立安全生产监督管理一级部门，全面推行安全总监制度。

（二）安全生产监管二类中央企业，应明确有关职能部门负责安全生产监督管理工作，设置二级安全生产监督管理处室；鼓励安全生产任务较重的企业设置独立安全生产监督管理部门，设安全总监职位。

（三）安全生产监管三类中央企业，应明确有关职能部门和处室负责安全生产监督管理工作，设置专职安全生产监督管理岗位；鼓励安全生产任务较重的企业设置安全生产监督管理部门，设安全总监职位。

三、中央企业安全生产监管分类的有关要求

（一）中央企业在转型升级、兼并重组过程中，必须坚持安全发展的原则，要结合企业安全生产风险的变化，将安全生产工作与其它业务整合同考虑、同部署、同落实，坚决防止在改革过程中弱化安全生产管理的现象发生。

（二）各中央企业主要负责人是企业安全生产第一负责人，要根据调整后的安全生产分类，及时设置相应的机构，配足专职安全生产管理人员。半年内未按照要求设置相应机构的中央企业，国资委将调整其安全生产监管分类，并通报中央企业。

（三）中央企业安全生产机构设置发生变化、分管负责人、部门主要负责人工作变动后，应当主动向国资委备案。国资委将不定期对中央企业安全生产机构设置、专职安全生产管理人员配置情况进行督导。

科技部、国资委印发《关于进一步推进中央企业创新发展的意见》的通知

国科发资〔2018〕19号

各省、自治区、直辖市及计划单列市科技厅（委、局）、国资委，新疆生产建设兵团科技局、国资委，各中央企业：

为深入贯彻党的十九大精神，实施创新驱动发展战略，落实中央企业科技创新推进会议要求，加快推动中央企业创新发展，科技部会同国资委制定了《关于进一步推进中央企业创新发展的意见》，

现印发给你们，请结合实际，认真组织实施。

请各地方科技厅（委、局）、国资委参照执行本意见，加强研究，相互配合，共同施策，积极推进地方国有企业创新发展。

科技部

国资委

2018 年 4 月 19 日

关于进一步推进中央企业创新发展的意见

党的十八大以来，党中央、国务院把科技创新摆在国家发展全局的核心位置，围绕实施创新驱动发展战略作出了一系列重大决策部署。中央企业作为国民经济发展的重要支柱，是践行创新发展新理念、实施国家重大科技创新部署的骨干力量和国家队。推动中央企业提高科技创新能力，走创新发展道路，是实现科技创新面向世界科技前沿、面向经济主战场、面向国家重大需求的必然要求。

为深入学习贯彻党的十九大精神，实施创新驱动发展战略，落实中央企业科技创新推进会议要求，加快推动中央企业创新发展，提出以下意见。

一、总体要求

（一）指导思想。

全面贯彻落实党的十九大精神，以习近平新时代中国特色社会主义思想为指导，按照党中央、国务院科技创新重大决策部署要求，发挥科技创新和制度创新对中央企业创新发展的支撑推动作用，通过政策引导、机制创新、研发投入、项目实施、平台建设、人才培育、科技金融、国际合作等加强中央企业科技创新能力，充分发挥中央企业在国家安全、国民经济和社会发展等方面的基础性、引导性和骨干性作用，培育具有全球竞争力的世界一流创新型中央企业，为建设创新型国家和世界科技强国提供坚强支撑。

（二）基本原则。

坚持科技创新与体制机制创新双轮驱动。加强科技发展规划和创新政策引领，支持创新要素向中央企业集聚，不断增强科技创新能力。通过体制机制创新，突破瓶颈障碍，提高资源配置效率，激发创新要素活力。

坚持政府引导和市场配置资源相结合。发挥市场配置资源的决定性作用，运用市场的手段，充分调动中央企业创新发展内生动力，更好发挥政府引导作用，创新国家重大科技任务组织方式，建立健全有利于中央企业创新发展的科研管理服务机制。

坚持聚焦国家发展战略布局创新资源。着眼国家战略需求和部署，强化中央企业在国家创新体系中的重要作用，在国家重大科技项目实施、创新人才培养、创新创业基地建设方面统筹考虑，整体布局，协同推进，促进科技重点领域取得重大突破和中央企业科技创新能力全面提升。

坚持基础研究、应用研究和技术创新融通发展。把握科技发展趋势，完善创新生态，把原始创新摆在更加突出位置，引导中央企业围绕基础研究、应用研究和技术创新全链条布署，增加成果供给，促进成果转化，培育发展新兴产业。

（三）主要目标。

建立特色鲜明、要素集聚、活力迸发的中央企业创新体系；突破一批核心关键技术，在若干重点产业领域形成一批具有国际影响力和竞争力的创新型中央企业；取得一批对国家经济社会发展具有重要作用的创新成果，推动高质量发展，为我国建成创新型国家和现代化经济体系提供强有力的支撑。

二、重点任务

（四）鼓励和支持中央企业参与国家重大科技项目。

共同指导和推动中央企业在国家科技计划组织实施中发挥更大作用，制定出台相关政策措施，鼓励中央企业承担和参与国家重大科技项目。在集中度较高、中央企业具有明显优势的产业领域，将中央企业的重大创新需求纳入相关科技计划项目指南，支持中央企业牵头承担国家科技重大专项、重点研发计划重点专项和“科技创新 2030 – 重大项目”，结合项目特点，可按照“一企一策”原则制定管理、投入和知识产权分享机制，优化管理流程，提高实施效率，一体化推进基础研究、共性技术研发、应用示范和成果转化。

（五）鼓励中央企业增加研发投入。

深化科技体制改革和国企改革，健全中央企业技术创新经营业绩考核制度，将技术进步要求高的中央企业研发投入占销售收入的比例纳入经营业绩考核。引导和鼓励中央企业加大对基础研究和应用基础研究的投入。加强对中央企业高新技术企业认定工作的指导，协调相关部门完善研发费用加计扣除等创新激励政策，促进相关政策落实落地。推动中央企业加快实施《国有科技型企业股权和分红激励暂行办法》（财资〔2016〕4号），进一步发挥好股权和分红激励政策的带动作用。

（六）支持中央企业发挥创新主体作用。

激发中央企业创新发展的内在动力，充分发挥在技术创新决策、研发投入、科研组织和成果转化应用方面的主体作用。支持中央企业参与编制国家科技创新规划和相关技术领域发展专项实施方案，在科技专家数据库中增加中央企业技术专家数量和比重，更多吸收来自中央企业的专家参与国家科技计划项目评审和验收。在中央企业推广应用创新方法，提高研发和生产效能。推进《促进科技成果转化法》在中央企业落地，采取多种方式推动建立中央企业技术交易平台，提高知识产权创造、应用、管理和保护能力。

（七）支持中央企业打造协同创新平台。

支持中央企业设立或联合组建研究院所、实验室、新型研发机构、技术创新联盟等各类研发机构和组织，加强跨领域创新合作，打造产业技术协同创新平台。加强对在中央企业中建立国家各类创新基地和平台的统筹规划和系统布局，按照《国家科技创新基地优化整合方案》（国科发基〔2017〕250号）精神，支持中央企业承建更多的技术创新中心、重点实验室等国家科技创新基地，对外开放和共享创新资源，加强行业共性技术问题的应用研究，发挥行业引领示范作用。鼓励中央企业建设完善军民两用技术创新平台。将中央企业符合条件的科研设施与仪器设备，纳入国家科技资源共享服务平台，进一步向各类创新主体开放共享。

（八）共同推动中央企业科技人才队伍建设。

树立人才是第一资源的理念，落实中央关于深化人才发展体制机制改革的意见，支持中央企业加大创新型科技人才的培养、引进力度，共同支持在中央企业建立高层次人才创新创业基地。结合创新人才推进计划的实施，加大对中央企业中青年科技创新领军人才、重点领域创新团队、创新人才培养示范基地等的支持力度，重视培育高水平战略科学家和具有创新精神的企业家。在中央企业培育一批创新工程师、创新咨询师和创新培训师。

（九）共同指导和推动中央企业深入开展双创工作。

支持中央企业围绕主营业务和发展需要，推行众创、众包、众扶、众筹等创新模式。建立一批特色鲜明、创客聚集、资源开放、机制灵活、成效显著的专业化众创空间。支持中央企业面向中小企业开放创新资源，建设大中小企业融通发展的众创平台。共同支持办好中央企业熠星创新创意大赛，加强与“中国创新创业大赛”的协调联动和资源整合。发展完善科技金融，为创新创业提供金融服务和融资支持。

（十）支持中央企业参与北京、上海科技创新中心建设。

引导中央企业整合创新资源，积极投入北京、上海科技创新中心建设。会同两地政府，在资金投入、重大工程以及项目安排、平台建设、人才引进等方面加强与中央企业合作。推动中央企业围绕新一代信息技术、北斗导航、高端处理器芯片、大飞机、智能制造与机器人、深远海洋工程装备、生物医药、能源、新能源汽车、节能环保、新材料、轨道交通、人工智能等产业领域，在两地组织实施重点示范项目，加快中央企业科技成果在两地转化落地。

（十一）共同开展创新创业投资基金合作。

加强国家科技成果转化引导基金与中央企业创新类投资基金的合作，围绕国家科技创新部署和区域创新发展需求，在创新创业、人工智能、军民融合、信息安全、装备制造、生物医药、新材料、现代农业等国家重点支持和鼓励发展的科技创新领域和方向，联合地方政府、金融机构、社会资本，成立一批专业化创业投资基金，推动中央企业科技成果的转移转化和产业化。

（十二）支持中央企业开展国际科技合作。

以“一带一路”建设为重点，加强中央企业创新能力开放合作，支持中央企业参与实施“一带一路”科技创新行动计划，与“一带一路”沿线国家企业、科研机构和大学开展高层次、多形式、宽领域的科技合作。支持中央企业主动布局全球创新网络、并购重组海外高技术企业或研发机构，建立海外研发中心或联合实验室，促进顶尖人才、先进技术及成果的引进和对外合作，实现优势产业、产品的“走出去”，提高全球创新资源配置能力。

三、保障措施

（十三）加强组织领导。

科技部和国资委建立推动中央企业创新发展的部际联席会议机制，协调工作，部署任务。加强对双方战略合作的组织领导和工作推进，在顶层设计、改革措施和工作保障等方面实现部门联动，加强对中央企业创新发展各项工作的指导，分解重点任务，明确时间表和路线图，推动各项任务落到实处。

（十四）开展监测评价和宣传推广。

完善国家创新调查制度，部署和开展中央企业创新能力监测及科技基础条件资源调查，不断优化对中央企业创新发展的考核和评价机制。总结和宣传中央企业在创新发展中涌现的新典型、新做法、新机制和新模式，编写中央企业创新发展报告，形成一批可借鉴、可复制、可推广的案例和经验，利用多种形式宣传中央企业创新发展的突出成果。

关于印发《关于推进中央企业高质量发展做好碳达峰碳中和工作的指导意见》的通知

国资发科创〔2021〕93 号

各中央企业，驻委纪检监察组，委内各厅局，各直属单位、直管协会：

现将《关于推进中央企业高质量发展做好碳达峰碳中和工作的指导意见》印发给你们，请结合实际认真贯彻落实。

国资委

2021 年 11 月 27 日

关于推进中央企业高质量发展做好碳达峰碳中和工作的指导意见

实现碳达峰、碳中和，是以习近平同志为核心的党中央统筹国内国际两个大局作出的重大战略决策，对我国实现高质量发展、全面建设社会主义现代化强国具有重要意义。中央企业在关系国家安全与国民经济命脉的重要行业和关键领域占据重要地位，同时也是我国碳排放的重点单位，应当在推进国家碳达峰、碳中和中发挥示范引领作用。为深入贯彻落实党中央、国务院关于碳达峰、碳中和的决策部署，指导中央企业做好碳达峰、碳中和工作，现提出如下意见：

一、总体要求

（一）指导思想。

以习近平新时代中国特色社会主义思想为指导，全面贯彻党的十九大和十九届二中、三中、四中、五中、六中全会精神，深入贯彻习近平生态文明思想，立足新发展阶段，完整、准确、全面贯彻新发展理念，构建新发展格局，坚持系统观念，处理好发展和减排、整体和局部、短期和中长期的关系，把碳达峰、碳中和纳入国资央企发展全局，着力布局优化和结构调整，着力深化供给侧结构性改革，着力降强度控总量，着力科技和制度创新，加快中央企业绿色低碳转型和高质量发展，有力支撑国家如期实现碳达峰、碳中和。

（二）基本原则。

——坚持系统谋划、统筹推进。加强统筹协调，健全激励约束机制，明确总体目标和实施路径，贯穿到企业生产经营全过程和各环节，加快构建有利于碳达峰、碳中和的国有经济布局和结构。鼓励有条件的中央企业率先达峰。

——坚持节约优先、源头减碳。把节约能源资源放在首位，提升利用效率，优化能源结构，供给侧和需求侧两端同时发力，大力推进绿色低碳转型升级，持续降低单位产出能源资源消耗和碳排放，从源头减少二氧化碳排放。

——坚持创新驱动、科技引领。充分发挥中央企业创新主体作用，强化科技创新和制度创新，突破绿色低碳关键核心技术，提升高质量绿色产品服务供给能力，加速绿色低碳关键技术产品推广应用。

——坚持立足实际、稳妥有序。统筹发展与安全，立足我国能源资源禀赋和企业实际，以保障国家能源安全和经济发展为底线，加强风险研判和应对，着力化解各类风险隐患，确保安全降碳。

二、主要目标

到 2025 年，中央企业产业结构和能源结构调整优化取得明显进展，重点行业能源利用效率大幅提升，新型电力系统加快构建，绿色低碳技术研发和推广应用取得积极进展；中央企业万元产值综合能耗比2020年下降15%，万元产值二氧化碳排放比2020年下降18%，可再生能源发电装机比重达到50%以上，战略性新兴产业营收比重不低于30%，为实现碳达峰奠定坚实基础。

到2030年，中央企业全面绿色低碳转型取得显著成效，产业结构和能源结构调整取得重大进展，重点行业企业能源利用效率接近世界一流企业先进水平，绿色低碳技术取得重大突破，绿色低碳产业规模与比重明显提升，中央企业万元产值综合能耗大幅下降，万元产值二氧化碳排放比2005年下降65%以上，中央企业二氧化碳排放量整体达到峰值并实现稳中有降，有条件的中央企业力争碳排放率先达峰。

到2060年，中央企业绿色低碳循环发展的产业体系和清洁低碳安全高效的能源体系全面建立，能源利用效率达到世界一流企业先进水平，形成绿色低碳核心竞争优势，为国家顺利实现碳中和目标作出积极贡献。

三、推动绿色低碳转型发展

（一）强化国有资本绿色低碳布局。服务国家绿色低碳发展战略，把绿色低碳发展理念完整、准确、全面贯彻到国资国企改革发展全过程和各领域，深入推进供给侧结构性改革，构建有利于国家实现碳达峰、碳中和的国有经济布局和结构。调整国有资本存量结构，加快清理处置不符合绿色低碳标准要求的资产和企业，深入推进战略性重组和专业化整合。优化国有资本增量投向，加大绿色低碳投资，充分发挥投资引导作用，推动国有资本增量向绿色低碳和前瞻性战略性新兴产业集中。

（二）强化绿色低碳发展规划引领。将碳达峰、碳中和目标要求全面融入中央企业中长期发展规划。加强与各级各类规划的衔接协调，确保企业落实碳达峰、碳中和的主要目标、发展方向、重大项目与各方面部署要求协调一致。中央企业根据自身情况制定碳达峰行动方案，提出符合实际、切实可行的碳达峰时间表、路线图、施工图，积极开展碳中和实施路径研究，发挥示范引领作用。

（三）加快形成绿色低碳生产方式。大力推动中央企业节能减排，建立资源循环型产业体系，全面提高能源资源利用效率。推进工业绿色升级，全面实施重点行业清洁生产提升改造、绿色化改造，鼓励建设厂房集约化、原料无害化、生产洁净化、废物资源化、能源低碳化的绿色工厂。支持中央企业通过项目合作、产业共建、搭建联盟等市场化方式引领各类市场主体绿色低碳发展，构建绿色低碳供应链体系。鼓励节能低碳和环境服务等新业态发展和模式创新。

（四）发挥绿色低碳消费引领作用。扩大中央企业绿色低碳产品和服务的有效供给。推进产品绿色设计，强化产品全生命周期绿色管理，落实生产者责任延伸制。鼓励和推动绿色低碳产品和服务认证管理，鼓励企业发布绿色低碳产品名单。带头执行企业绿色采购指南，全面推行绿色低碳办公，倡导绿色低碳生活方式和消费模式。企业新建公共建筑要全面执行绿色低碳建筑标准，既有公共建筑要加快节能改造。

（五）积极开展绿色低碳国际交流合作。推动中央企业强化绿色低碳经贸、技术国际交流合作。中央企业大力发展高质量、高技术、高附加值的绿色产品贸易，推动绿色低碳产品、服务和标准“走出去”，严格管理高耗能高排放产品出口。服务绿色“一带一路”建设，深化与共建“一带一路”国家和地区在绿色基建、绿色能源、绿色金融、绿色技术等领域的合作，优先采用低碳、节能、环保、绿色的材料与技术工艺，提高境外项目环境可持续性，打造绿色、包容的“一带一路”合作伙伴关系。

四、建立绿色低碳循环产业体系

（一）坚决遏制高耗能高排放项目盲目发展。中央企业要严控高耗能高排放项目，优化高耗能高排放项目产能规模和布局，实施台账管理、动态监控、分类处置。科学稳妥推进拟建项目，新建、扩建钢铁、水泥、平板玻璃、电解铝等高耗能高排放项目严格落实等量或减量置换，严格执行煤电、石化、煤化工等产能控制政策。深入挖掘存量项目潜力，加快实施改造升级，推动能效水平应提尽提，力争全面达到国内乃至国际先进水平。坚决关停不符合有关政策要求的高耗能高排放项目。

（二）推动传统产业转型升级。坚持化解产能与产业升级相结合，巩固钢铁、煤炭去产能成果，加快淘汰落后产能。全面建设绿色制造体系，加快推进煤电、钢铁、有色金属、建材、石化化工、造纸等工业行业低碳工艺革新和数字化转型，提高工业电气化水平，促进绿色电力消费，提高能源资源利用效率。持续推进电子材料、电子整机产品制造绿色低碳工艺创新应用，显著降低制造能耗。提升建筑行业绿色低碳发展水平，全面推行绿色建造工艺和绿色低碳建材，推动建材减量化、循环化利用，推进超低能耗、近零能耗、低碳建筑规模化发展。打造绿色低碳综合交通运输体系，调整优化运输结构，积极推动大宗货物和中长距离货物运输“公转铁”“公转水”，推动交通领域电气化、智能化，推广节能和新能源载运工具及配套设施设备。加快商贸流通、信息服务等服务业绿色低碳转型，加快绿色数据中心建设。

（三）大力发展绿色低碳产业。鼓励中央企业抢占绿色低碳发展先机，推动战略性新兴产业融合化、集群化、生态化发展。加快发展新一代信息技术、生物技术、新能源、新材料、高端装备、新能源汽车、绿色环保以及航空航天、海洋装备等战略性新兴产业。推动互联网、大数据、人工智能、5G等新兴技术与绿色低碳产业深度融合。进一步提升绿色环保产业发展质量效益，培育具有国际竞争力的大型绿色环保企业集团，培育综合能源服务、合同能源管理、第三方环境污染治理、碳排放管理综合服务等新业态新模式。

（四）加快构建循环经济体系。中央企业要以减量化、再利用、资源化为重点，着力构建资源循环型产业体系。推动企业循环式生产、产业循环式组合，促进废物综合利用、能源梯级利用、余热余压余能利用、水资源循环使用，重点拓宽大宗工业固体废物、建筑垃圾等的综合利用渠道和利用规模，开展示范工程建设。推动再制造产业高质量发展，提升汽车零部件、工程机械、机床等再制造水平，鼓励企业广泛推广应用再制造产品和服务。支持有条件的企业积极参与城市生活垃圾协同处置。提升再生资源加工利用水平，推动废钢铁、废有色金属、废塑料、废旧动力电池等再生资源规模化、规范化、清洁化利用。

五、构建清洁低碳安全高效能源体系

（一）加快提升能源节约利用水平。中央企业要统筹好“控能”和“控碳”的关系，坚持节约优先发展战略，强化能源消费总量和强度双控，严格能耗强度和碳排放强度约束性指标管理，探索增强能耗总量管理弹性，合理控制能源消费总量。健全能耗双控管理措施，严格落实建设项目节能评估审查要求，加快实施节能降碳重点工程，推进重点用能设备节能增效。加强产业规划布局、重大项目建设与能耗双控政策的有效衔接，推动能源资源配置更加合理、利用效率大幅提高。

（二）加快推进化石能源清洁高效利用。中央企业要推进煤炭消费转型升级，严格合理控制煤炭消费增长。统筹煤电发展和保供调峰，严格控制煤电装机规模，根据发展需要合理建设先进煤电，继续有序淘汰落后煤电，加快现役机组节能升级和灵活性改造，推动煤电向基础保障性和系统调节性电源转型。支持企业探索利用退役火电机组的既有厂址和相关设施建设新型储能设施。推进其他重点用煤行业减煤限煤，有序推进煤炭替代和煤炭清洁利用。严控传统煤化工产能，稳妥有序发展现代煤化工，提高煤炭作为化工原料的综合利用效能，促进煤化工产业高端化、多元化、低碳化发展，积极发展煤基特种燃料、煤基生物可降解材料等。加快推进绿色智能煤矿建设，鼓励利用废弃矿区开展新能源及储能项目开发建设，加大对煤炭企业退出和转型发展以及从业人员的扶持力度。提升油气田清洁高效开采能力，加快页岩气、煤层气、致密油气等非常规油气资源规模化开发，鼓励油气企业利用自有建设用地发展可再生能源以及建设分布式能源设施，在油气田区域建设多能互补的区域供能系统。推动炼化企业转型升级，严控炼油产能，有序推进减油增化，优化产品结构。鼓励传统加油站、加气站建设油气电氢一体化综合交通能源服务站。

（三）加快推动非化石能源发展。优化非化石能源发展布局，不断提高非化石能源业务占比。完善清洁能源装备制造产业链，支撑清洁能源开发利用。全面推进风电、太阳能发电大规模、高质量发展，因地制宜发展生物质能，探索深化海洋能、地热能等开发利用。坚持集中式与分布式并举，优先推动风能、太阳能就地就近开发利用，加快智能光伏产业创新升级和特色应用。因地制宜开发水电，推动已纳入国家规划、符合生态环保要求的水电项目开工建设。积极安全有序发展核电，培育高端核电装备制造产业集群。稳步构建氢能产业体系，完善氢能制、储、输、用一体化布局，结合工业、交通等领域典型用能场景，积极部署产业链示范项目。加大先进储能、温差能、地热能、潮汐能等新兴能源领域前瞻性布局力度。

（四）加快构建以新能源为主体的新型电力系统。着力提升供电保障能力，提高电网对高比例可再生能源的消纳和调控能力，确保大电网安全稳定运行。加强源网荷储协同互动，着力提升电力系统灵活调节能力。加快实施煤电灵活性改造，推进自备电厂参与电力系统调节。高质量建设核心骨干网架，鼓励建设智慧能源系统和微电网。强化用电需求侧响应，推动中央企业积极参与虚拟电厂试点和实施。加快推进生态友好、条件成熟、指标优越的抽水蓄能电站建设，积极推进在建项目建设，结合地方规划积极开展中小型抽水蓄能建设，探索推进水电梯级融合改造，发展抽水蓄能现代化产业。推动高安全、低成本、高可靠、长寿命的新型储能技术研发和规模化应用。健全源网荷储互动技术应用架构和标准规范，建设源网荷储协同互动调控平台，塑造多元主体广泛参与的共建共享共赢产业生态。

六、强化绿色低碳技术科技攻关和创新应用

（一）加强绿色低碳技术布局与攻关。充分发挥中央企业创新主体作用，支持中央企业加快绿色低碳重大科技攻关，积极承担国家绿色低碳重大科技项目，力争在低碳零碳负碳先进适用技术方面取得突破。布局化石能源绿色智能开发和清洁低碳利用、新型电力系统、零碳工业流程再造等低碳前沿技术攻关，深入开展智能电网、抽水蓄能、先进储能、高效光伏、大容量风电、绿色氢能、低碳冶金、现代煤化工、二氧化碳捕集利用与封存等关键技术攻关，鼓励加强产业共性基础技术研究，加快碳纤维、气凝胶等新型材料研发应用。加强绿色氢能示范验证和规模应用，推动建设低成本、全流程、集成化、规模化的二氧化碳捕集利用与封存示范项目。

（二）打造绿色低碳科技创新平台。聚焦先进核能、绿色低碳电力装备、新型电力系统、新能源汽车及智能（网联）汽车等重点领域，推动中央企业布局建设一批原创技术策源地，强化原创技术供给，加速创新要素集聚。推进创新主体协同，鼓励中央企业积极承建或参与绿色低碳技术领域国家重点实验室、国家技术创新中心等平台建设，加强行业共性技术问题的应用研究，发挥行业引领示范作用。支持中央企业整合企业、高校、科研院所、产业园区等力量，在绿色低碳技术领域建立体系化、任务型创新联合体，整合创新资源，加强创新合作，打造绿色低碳产业技术协同创新平台。

（三）强化绿色低碳技术成果应用。支持中央企业加快绿色低碳新技术、新工艺、新装备应用，有效支撑中央企业“碳达峰、碳中和”目标实现。研究实施绿色低碳技术重大创新成果考核奖励，激励中央企业扩大绿色低碳首台（套）装备和首批次新材料应用。推动中央企业实施绿色低碳领域重大科技成果产业化示范工程，发挥重大工程牵引带动作用，与有条件的地方和科技园区协同联动，推动绿色低碳重大先进技术成果示范应用，带动产业链上下游各类企业推广应用先进成熟技术。

七、建立完善碳排放管理机制

（一）提升碳排放管理能力。推动中央企业建立健全碳排放统计、监测、核查、报告、披露等体系。提高统计监测能力，加强重点单位能耗在线监测系统建设。加强二氧化碳排放统计核算能力建设，提升信息化实测水平。科学开展碳排放盘查工作，建立健全碳足迹评估体系，强化产品全生命周期碳排放精细化管理，重点排放单位严格落实温室气体排放报告编制及上报要求。创新人才培养机制，组织开展碳减排、碳管理、碳交易等专业化、系统化培训，打造一支高水平的专业人才队伍。

（二）提升碳交易管理能力。鼓励中央企业加快建立完善碳交易管理机制，严格落实碳排放权交易有关会计处理规定，加强对购入碳排放配额的资产管理。支持有条件的企业设立专业碳交易管理机构，建立企业碳交易管理信息系统，强化碳市场分析、碳配额管理、排放报告编制、碳交易运作等工作。积极参加全国和区域碳排放权交易，严格执行碳排放权交易有关管理规定，按要求开展排放权交易及配额清缴。积极培育新产品与新业务，开发碳汇项目与国家核证自愿减排量（CCER）项目。完善国有资产监管信息平台，建立中央企业碳交易信息共享共用机制，发挥协同效应。

（三）提升绿色金融支撑能力。积极发展绿色金融，有序推进绿色低碳金融产品和服务开发，拓展绿色信贷、绿色债券、绿色基金、绿色保险业务范围，积极探索碳排放权抵押贷款等绿色信贷业务。支持符合条件的绿色低碳产业企业上市融资和再融资。鼓励有条件的企业发起设立低碳基金，推动绿色低碳产业项目落实。

八、切实加强组织实施

（一）加强组织领导。国资委成立碳达峰、碳中和工作领导小组，全面统筹推进中央企业碳达峰、碳中和工作。中央企业建立相应领导机构，企业主要负责同志是本企业碳达峰、碳中和工作第一责任人，其他有关负责同志在职责范围内承担相应

责任。将碳达峰、碳中和作为干部教育培训体系重要内容，增强各级领导干部抓好绿色低碳发展的本领。

（二）加强统筹协调。国资委加强对企业落实进展情况的跟踪评估和督促检查，统筹各方面资源，充分发挥行业协会作用，协调解决企业实施工作中遇到的重大问题。各中央企业集团公司要结合实际制定具体实施方案，明确工作目标，分解具体任务，压实工作责任，坚决杜绝“运动式”减碳，确保如期高质量完成目标任务。

（三）加强考核约束。国资委将碳达峰、碳中和工作纳入中央企业考核评价体系，对工作成效突出的企业予以表彰奖励。对落实党中央、国务院决策部署不力、未完成目标的企业实行通报批评和约谈，对造成严重不良影响的，严肃追责问责。中央企业要建立健全企业内部碳达峰、碳中和工作监督考核机制，有关贯彻落实情况每年向国资委报告。

（四）加强重点推动。以煤电、钢铁、有色金属、建材、石化化工等排放量大的行业企业为重点，加强政策指导，加大推动力度，支持有条件的中央企业率先实现碳达峰。鼓励企业积极开展绿色低碳先行示范，培育示范企业，打造示范园区，探索并推广有效模式和有益经验。

（五）加强宣传引导。及时总结提炼促进碳减排的先进做法、成功经验、典型模式并加以推广，积极宣传中央企业应对气候变化的举措、成效，善于用案例讲好应对气候变化的央企故事，彰显中央企业责任担当。

财政部办公厅、国资委办公厅关于调整中央企业和原中央下放企业职工家属区“三供一业”分离移交中央财政补助资金清算报告报送时间的通知

财办资〔2020〕5号

有关中央部门，有关省、自治区、直辖市财政厅（局）、国资委，新疆生产建设兵团财政局、国资委，财政部有关监管局，有关中央企业：

为做好中央企业和原中央下放企业职工家属区“三供一业”分离移交中央财政补助资金（以下简称补助资金）清算工作，2019年，财政部、国资委印发了《关于中央企业和原中央下放企业职工家属区“三供一业”分离移交中央财政补助资金清算的通知》（财资〔2019〕28号），明确了有关清算事项。近期，考虑到新冠肺炎疫情对“三供一业”清算工作的影响，根据党中央、国务院有关新冠肺炎疫情防控工作精神，统筹做好疫情防控和“三供一业”清算工作，现将财资〔2019〕28号文件中有关清算报告报送时间调整安排等事项通知如下：

一、中央企业集团公司向其中央主管部门提交清算申请报告的时间由2020年5月底之前调整为2020年8月底之前。中央主管部门向财政部报送审核意见及清算审核表的时间由2020年8月底之前调整为2020年11月10日之前。

二、省级清算组织单位向财政部提交清算申请报告及抄送财政部当地监管局的时间由2020年5月底之前调整为2020年8月底之前。财政部有关监管局向财政部报送审核意见和清算审核表，以及抄送所在地省级财政部门的时间由2020年8月底之前调整为2020年11月10日之前。

三、清算组织单位在2020年8月底前未全部完成本集团或本地区原中央下放企业职工家属区“三供一业”分离移交的，应当就实际完成情况提交清算申请报告。

四、省级清算组织单位要积极配合财政部当地监管局做好清算审核工作，加快工作进度，对于具备清算条件的“三供一业”项目，要成熟一个报送当地监管局审核一个，为监管局按时报送审核意见创造良好条件。

五、财政部有关监管局和当地省级清算组织单位要加强沟通，提前谋划清算审核工作，结合当地工作推进情况，共同协商做好工作安排，确保按时完成清算工作。

六、地方国资委要加强工作组织，督促所属国有企业加快接收和维修改造工作，积极协调和帮助提供中央企业清算所需材料。

财政部办公厅　国资委办公厅

2020年5月18日

国务院国有资产监督管理委员会关于推进中央企业信息公开的指导意见

国资发〔2016〕315号

各中央企业：

为贯彻落实《中共中央　国务院关于深化国有企业改革的指导意见》（中发〔2015〕22号），完

善公司治理体系，主动接受社会监督，现就推进中央企业信息公开提出如下意见。

一、总体要求

（一）指导思想。

全面贯彻党的十八大和十八届三中、四中、五中、六中全会，全国国有企业党的建设工作会议精神，深入学习贯彻习近平总书记系列重要讲话精神，紧紧围绕统筹推进“五位一体”总体布局和协调推进“四个全面”战略布局，牢固树立新发展理念，落实国有企业改革总体部署，以促进中央企业依法合规经营、提高公司治理水平为目标，以建立完善中央企业信息公开体制机制为重点，积极稳妥推进中央企业信息公开工作，努力打造适应市场化、现代化、国际化发展需要的法治央企、阳光央企。

（二）基本原则。

——坚持依法合规。严格遵循法律、法规和相关规定，建立健全中央企业信息公开制度体系，推动中央企业信息公开工作制度化、规范化。根据不同企业类型，依法确定信息公开的内容、方式、范围和程序，严格保护国家秘密和商业秘密安全。

——内容真实准确。确保中央企业公开的信息内容真实、数据准确，公开及时，不得有虚假记载、误导性陈述，或者重大遗漏。

——积极稳妥推进。立足回应监管机构、社会公众等各方面关切，积极探索中央企业信息公开有效工作途径，坚持试点先行、总结经验、稳步推进，确保取得实效。

——严格落实责任。按照“谁形成谁公开，谁公开谁负责”的要求，建立中央企业信息公开责任制。中央企业作为本企业信息公开的责任主体，负责组织开展本企业及所属企业信息公开工作。国务院国资委负责指导督促中央企业信息公开工作。

（三）工作目标。

到2020年，中央企业信息公开制度体系和工作体制机制基本健全，信息公开工作流程规范有序，制度化、标准化、信息化水平明显提升，自觉接受社会监督意识普遍增强，社会公众对中央企业国有资本保值增值的知情权、监督权得到保障。

二、主要任务

（四）全面梳理企业信息公开要求。依照公司法、证券法、企业国有资产法、企业信息公示暂行条例等法律法规和国有企业改革文件，结合本企业性质和所处行业特点，全面梳理对不同企业信息公开的规定要求。中央企业所属上市公司，按照上市公司信息披露的相关制度规定进行信息公开；非上市企业，对提供社会公共服务、涉及公众切身利益的企业信息，以及法律法规明确规定应当公开的企业信息，按有关规定公开。

（五）依法确定主动公开的信息内容。中央企业信息公开的内容应当包括：工商注册登记等企业基本信息；公司治理及管理架构、重要人事变动、企业负责人薪酬水平情况；企业主要财务状况和经营成果、国有资本保值增值情况；企业重大改制重组结果；通过产权市场转让企业产权和企业增资等信息；有关部门依法要求公开的监督检查问题整改情况、重大突发事件事态发展和应急处置情况；企业履行社会责任情况；其他依照法律法规规定应当主动公开的信息。

（六）严格规范信息公开工作程序。建立健全中央企业信息公开工作制度和流程，明确企业对外公开信息的形成、审查、批准等相关部门的工作职责和工作程序；细化信息公开的内容、范围、形式、时限和归档要求，规范有序地公开企业信息。

（七）加强信息公开工作保密审查。重视加强中央企业信息公开前保密审查，明确保密审查责任和程序，妥善处理好信息公开与保守秘密的关系。企业公开的信息，不得涉及国家秘密、商业秘密和个人隐私，不得危及国家安全、公共安全、经济安全和社会稳定。对依法应当保密的，必须切实做好保密工作。

（八）开展信息公开风险评估工作。认真开展中央企业信息公开的风险评估工作，对公开信息的影响和风险提前进行研判，制定相应的防范、化解和回应预案。结合企业实际，研究确定信息公开与信息共享边界范围，依法界定本企业不予公开（豁免公开）信息内容。对公开后可能损害第三方合法权益的，公开前须征得第三方同意；但不公开可能对公众利益造成重大影响的，应当予以公开，并将决定公开的信息内容和理由书面通知第三方。

（九）完善信息公开载体和形式。结合中央企业实际，针对不同的信息选择适合的公开形式，包括本企业网站、报刊、微博微信和客户端等新媒体，有关主管部门政府网站，新闻发布会，企业社会责任报告等。中央企业门户网站应当适时设置信息公开栏目，按要求做好与有关主管部门政府网站的链接，增强信息发布的时效性和权威性。

三、保障措施

（十）加强组织领导。充分认识中央企业信息公开的重要性和必要性，增强信息公开意识，加强组织领导，确定一名企业负责人分管信息公开工作，将信息公开纳入重要议事日程，定期研究信息公开工作的重大问题，积极稳妥地部署推进有关工作。

（十一）健全工作机制。建立完善中央企业信息公开工作机制，明确工作牵头部门和主要职责，配备相应的工作人员，企业办公室、董事会办公室、人力资源、新闻宣传、财务、保密、法律、信息化等部门要密切配合，采取切实有效措施，形成工作合力，确保信息公开工作规范有序开展。

（十二）提高队伍素质。组织开展多种形式的信息公开教育培训和业务研究，不断增强中央企业信息公开工作人员的专业素养，培养提高其政策把握能力、信息发布能力、解疑释惑能力、舆情研判能力和回应引导能力。

（十三）推进载体建设。加强中央企业门户网站、微博微信和客户端等新媒体建设，畅通公开信息渠道，完善功能，增强内容和技术保障；完善新闻发言人制度，不断提高网站主动公开、新闻发布会、企业社会责任报告的质量和水平。

（十四）重视宣传引导。加强中央企业信息公开工作的宣传引导，组织开展业务培训和研讨交流，提高企业相关工作人员依法主动对外公开信息意识。国务院国资委加强对中央企业信息公开工作的指导和引导，组织开展信息公开工作试点和经验交流，典型引路，以点带面。

（十五）强化监督问责。对中央企业信息公开工作开展情况适时进行督导，对不履行主动公开义务或未按规定进行公开的，严肃批评、公开通报；对弄虚作假、隐瞒实情、欺骗公众，造成严重社会影响的，责令其纠正，消除负面影响，并依法追究相关单位和人员责任。

各省（区、市）国资委可参照本意见，指导所出资企业开展信息公开工作。

国资委

2016 年 12 月 30 日

国资委关于加强中央企业评估机构备选库管理有关事项的通知

国资发产权〔2016〕42 号

各中央企业：

《关于规范中央企业选聘评估机构工作的指导意见》（国资发产权〔2011〕68 号）实施以来，中央企业建立了评估机构备选库，评估机构选聘和使用工作逐步规范。为进一步加强评估机构备选库管理，促进评估机构独立、客观、公正执业，维护国有资产出资人合法权益，现将有关事项通知如下：

一、中央企业应当进一步健全评估机构国有资产评估项目执业质量评价标准及考核体系，综合评价评估机构执业质量，动态管理评估机构备选库。

二、中央企业确定入库评估机构数量应当与本企业评估项目数量、规模和经济行为类型相匹配。中央企业动态管理评估机构备选库时，应当根据企业业务需求调整入库评估机构数量，不得继续选聘连续四年未承担本企业评估业务的在库评估机构。

三、中央企业建立或调整评估机构备选库，集团公司产权管理、财务、审计、法律、纪检监察等相关部门人员应当参与选聘；必要时可邀请评估协会等相关单位人员参加。

四、中央企业选聘评估机构入库，应当签订书面协议。书面协议需明确评估机构在库期间出现本通知第五条、第六条、第七条情形的处理方式，并约定评估机构如因违法违规执业等受到行政处罚或者行业协会惩戒，必须在收到处罚决定后 5 个工作日内主动告知中央企业。

五、评估机构有下列情形之一的，中央企业应当在书面协议中明确评估机构需制订整改措施并限期 3 个月完成整改，整改不见成效的解除聘用合同，并将相关情况报告国资委：

（一）以恶性压价、支付回扣、虚假宣传或者贬损、诋毁其他评估机构等不正当手段招揽业务的；

（二）未能按照业务约定书要求派出足够数量、相应执业能力的评估师执业的；

（三）分别接受利益冲突双方的委托，对同一评估对象进行评估的；

（四）企业资产评估项目接受国资委监督检查时，不配合相关工作的；

（五）受理与自身有利害关系业务的；

（六）受到行业协会警告、限期整改惩戒的。

六、评估机构有下列情形之一的，中央企业应在书面协议中明确解除与评估机构聘用合同，中央企业调整评估机构备选库时，不再出现下列情形的，可重新聘用（中央企业应及时将相关情况报告国资委，国资委应将相关情况通报各中央企业）：

（一）履行评估程序严重不到位的；

（二）出具虚假评估报告或者有重大遗漏评估报告的；

（三）利用开展业务之便，谋取不正当利益的；

（四）受到行业协会行业内通报批评惩戒的。

七、评估机构有下列情形之一的，中央企业应当在书面协议中明确解除与评估机构聘用合同，近三年不再出现下列情形的，可重新聘用（中央企业应当及时将相关情况报告国资委，国资委应当将相关情况通报各中央企业、地方国资委和相关行业协会）：

（一）以欺诈、利诱、强迫等不正当手段取得评估业务的；

（二）与评估项目相关单位串通作弊，出具虚假或具有误导性评估报告的；

（三）经相关部门依法认定，出具的评估结果严重偏离评估标的客观价值的；

（四）泄露国家秘密或企业商业秘密的；

（五）因违法违规执业受到业务主管部门或其他监管部门的处罚，情节严重的；

（六）受到行业协会公开谴责惩戒的；

（七）因违法违规执业受到相关部门处罚后，未及时告知中央企业的；

（八）其他造成国有资产流失的情形。

八、地方国有资产监督管理机构可以参照本通知，根据当地企业国有产权管理实际情况，进一步加强评估机构备选库管理。

国资委

2016年3月22日

国务院国有资产监督管理委员会关于建立中央企业资产评估项目公示制度有关事项的通知

国资发产权〔2016〕41号

各中央企业：

为加强中央企业资产评估管理工作，建立有效监督机制，做到资产评估管理工作规则公开、过程公开、结果公开，防止国有资产流失，现就建立中央企业资产评估项目公示制度有关事项通知如下：

一、中央企业应当依据国家有关法律法规的要求，结合本企业实际，建立资产评估项目公示制度，落实责任主体，依法保障资产评估项目相关各方的知情权和监督权。

二、资产评估项目公示制度应当包括公示范围、公示流程、公示期限、公示途径、公示内容、公示反馈意见收集及处理方式等主要内容。

三、公示范围一般包括中央企业集团公司、评估委托方、资产占有方等资产评估项目相关单位。涉及国家秘密或企业商业秘密的资产评估项目，应当在内部可知悉范围内公示。国有企业之间资源整合的资产评估项目，可以在经济行为相关方一并公示。

四、国资委核准、备案的资产评估项目，中央企业应当在报国资委核准、备案前完成公示；中央企业备案的资产评估项目，应当在备案前完成公示。公示期限一般不得少于5个工作日。

五、公示途径一般包括企业内部信息系统、公示栏、书面文件等。

六、公示内容一般包括经济行为批准文件、评估机构选聘方式、评估机构及评估师资质、评估程序履行情况、评估报告摘要和特别事项说明、评估结果汇总表、评估资料查阅方式、公示反馈意见收集及处理方式等。

七、中央企业应当合理保障公示范围内企业员工的知情权。公示范围内企业员工依据有关保密规定签署保密承诺函，并履行必要的程序后，可以查阅评估资料。

八、中央企业应当及时处理公示反馈意见。反馈意见对经济行为和评估结果有重大影响的，应当妥善解决相关问题后备案。

九、中央企业应当就资产评估项目公示反馈意见及处理结果形成公示结论，作为评估项目备案必要文件。

十、中央企业应当及时将资产评估项目公示制度报送国资委备案。在执行本通知过程中，如遇到问题应当及时向国资委反映。

十一、各地方国有资产监督管理机构可以参照本通知，建立适应当地企业国有产权管理需求的资产评估项目公示制度。

国资委

2016年3月22日

中央公务用车制度改革领导小组关于印发《中央企业公务用车制度改革实施意见》的通知

中央和国家机关各部委、各直属机构、各人民团体公务用车制度改革领导小组，各中央企业：

现将《中央企业公务用车制度改革实施意见》印发你们，请结合实际认真贯彻执行。

中央公务用车制度改革领导小组

2015 年 12 月 29 日

中央企业公务用车制度改革实施意见

为贯彻落实党的十八大和十八届三中、四中、五中全会精神，根据《中共中央办公厅　国务院办公厅印发〈关于全面推进公务用车制度改革的指导意见〉的通知》（中办发〔2014〕40 号）、《中共中央办公厅　国务院办公厅印发〈关于合理确定并严格规范中央企业负责人履职待遇、业务支出的意见〉的通知》（中办发〔2014〕51 号）等规定的要求，现就中央企业公务用车制度改革有关事项提出以下实施意见。

一、充分认识中央企业公务用车制度改革的重要意义

近年来，各中央企业认真贯彻党中央、国务院的要求，不断加强公务用车管理，健全公务用车管理制度，规范公务用车运行。同时，结合生产经营实际，积极探索符合企业特点的公务出行保障方式，取得了一定进展。但是，目前仍然存在部分中央企业公务用车管理不够规范、公务用车配备范围过大、管理运行成本偏高、公务出行社会化、市场化水平较低等问题，需要进一步深化改革、加强管理。

推进中央企业公务用车制度改革，是贯彻落实中央关于厉行节约、反对浪费总体要求的重要举措，是规范中央企业负责人履职待遇的重要内容，是企业节约成本、提高运营效率的重要环节，是树立中央企业良好社会形象的迫切要求。各中央企业要充分认识进一步推进公务用车制度改革的重要意义，采取切实有效措施，扎实开展公务用车制度改革各项工作。

二、适用范围和基本原则

（一）适用范围

本意见适用于党的机关、人大机关、行政机关、政协机关、审判机关、检察机关，以及中央和国家机关各部委、各人民团体（以下简称有关部门）所属的中央企业（不含境外中央企业，下同）。

本意见适用的人员和岗位主要是指符合公务用车配备条件的中央企业负责人（指上述中央企业领导班子成员），以及按照国家及有关部门的有关政策规定符合公务用车配备条件的其他人员和岗位（以下简称其他符合条件的人员）。

（二）基本原则

1. 坚持创新制度、分类保障。改革公务交通保障方式，完善差异化公务交通保障制度，推进公务用车货币化改革，实现普通公务出行社会化，取消与经营和业务保障无关的车辆，从严配备并集中管理经营和业务保障用车。

2. 坚持厉行节约、提高效率。以公务交通成本节支情况作为公务用车制度改革的评价标准，合理确定中央企业公务用车配备标准及公务交通补贴标准，并严格规范管理，切实保障履职和企业生产经营活动的实际需要。

3. 坚持分级负责、稳妥推进。中央企业要充分结合本企业实际，周密制订改革实施方案，对子企业逐级落实责任，先易后难、分类分步、层层推进改革。

三、扎实推进公务用车制度改革各项工作

（一）根据保障岗位履职和公务活动需要，分类分级推进公务用车制度改革

1. 积极稳妥改革中央企业负责人公务交通保障方式。改革中央企业负责人公务用车实物供给方式，实行配备公务用车或者发放公务交通补贴。中央企业主要负责人原则上通过配备公务用车保障履职需要；中央企业副职负责人可由企业根据实际情况确定公务交通保障方式。采取配备公务用车方式的，要严格执行中央以及有关部门关于公务用车配备的规定，不得发放任何形式的公务交通补贴。采取发放公务交通补贴方式的，要取消为企业负责人配备的公务用车，每月按标准发放公务交通补贴或者按年度计算的补贴标准内据实报销公务交通费

用。公务交通补贴标准上限由有关部门综合考虑所属中央企业负责人履职需要、所在地党政机关公务交通补标准、公务用车改革成本节支及薪酬制度改革情况等因素合理确定，报中央公务用车制度改革领导小组备案后执行。

2. 全面推动其他符合条件的人员实行公务用车货币化改革。其他符合条件的人员（如总经理助理等岗位）公务出行全部实行社会化保障，取消配备公务用车方式。中央企业根据岗位特点和生产经营实际，在有关部门核定的公务交通补贴标准上限内，分档确定公务交通补贴标准，每月按标准发放公务交通补贴或者按年度计算的补贴标准内据实报销公务交通费用。

3. 有序实施中央企业经营和业务保障等其他公务用车改革。中央企业应当取消与经营和业务保障无关的车辆，可根据生产经营特点和机要通信、应急、特种专业技术服务（生产）、商务接待、执纪等实际需要保留适当的经营和业务保障用车。经营和业务保障用车车型应根据实际用途按照实用节俭的原则合理确定，并严格控制数量。公务用车制度改革过程中，要优先淘汰使用效率低、运行维护成本高、配置标准明显偏高的公务用车。

取消为退休、离任或者调离本企业的人员配备的公务用车，不得为中央企业集团总部部门负责人及部门其他员工、非本企业人员等配备公务用车。

4. 分级推进中央企业各级子企业（含分支机构，下同）公务用车制度改革。中央企业要统筹协调推进各级子企业公务用车制度改革。根据子企业生产经营实际、所处自然环境等客观因素以及规模、效益等情况合理确定公务交通保障方式，具备公务出行社会化保障条件的子企业负责人及其他符合公务用车配备条件的岗位和人员原则上要以社会化、市场化为方向进行改革，确需配备公务用车的可予以保障。中央企业要从严确定子企业的公务交通补贴标准和参改人员范围，合理控制其经营和业务保障用车的数量和配备标准。

（二）合理高效配置公务用车资源，加强公务用车管理

1. 实行企业公务用车（含企业负责人公务用车，下同）集中统一管理。中央企业应对公务用车的购置（租赁）、更新、保养、维修以及日常使用等实行集中管理，统一调配。新购置的公务用车应优先选用新能源汽车。完善公务用车使用管理程序，健全公务用车使用明细登记制度，确保每辆公务用车每次公务出行的详细信息有据可查。不得擅自增加公务用车数量，不得向子企业调换、借用公务用车及转嫁公务用车购置、租赁资金和运行费用。

2. 合理控制经营和业务保障用车配置标准。中央企业公务用车制度改革后保留的轿车型经营和业务保障用车配置标准原则上不高于中央企业副职负责人公务用车配置标准，新购置的轿车型经营和业务保障用车配置标准原则上要控制在购车价格18万元（不含车辆购置税，下同）以内、排气量1.8升（含）以下。商务车型经营和业务保障用车要控制在购车价格38万元以内、排气量3.0升（含）以下。确因生产经营需要等原因必须配备较高标准经营和业务保障用车的，企业应严格履行内部决策程序，并严格控制数量，集团总部原则上不超过2辆。

3. 严格规范企业租赁公务用车管理。通过租赁公务用车保障中央企业负责人履职需要和企业日常经营业务的，视同配备公务用车进行管理。要严格按照本意见关于配备公务用车的规定控制租赁公务用车数量和标准，参照本地区同车型的市场租赁平均价格合理确定单车租赁价格，降低租赁费用。

4. 加强企业公务用车费用预算管理。中央企业要将公务用车购置（含租赁）、运行维护等费用以及公务交通补贴纳入年度预算管理，明确预算编制、审核、调整、动态监测以及执行等规定和程序，严格控制公务用车开支范围和标准，每年编制公务用车专项预算方案并严格执行。

（三）统筹兼顾，完善公务用车相关配套改革制度

1. 公开规范处置公务用车。中央企业要根据国家有关国有资产转让规定制定统一规范的公务用车处置办法，公开处置公务用车，防范国有资产流失。

2. 妥善安置司勤人员。中央企业要根据配备、使用公务用车的实际需要，合理设置司勤人员岗位，按照公开、平等、竞争、择优原则确定留岗人员。要依照有关法律法规妥善处理好与相关司勤人员的劳动关系，保障其合法权益。

3. 完善企业公务交通保障制度。中央企业要按照本意见精神制订本企业公务出行保障制度，明确公务出行的保障方式、操作程序、管理办法以及公务交通补贴标准等，做好与企业国内差旅制度的有效衔接，不得为参改人员既发放公务交通补贴又提供公务用车保障。

4. 健全责任追究制度。要将公务用车制度改革管理情况、公务用车专项预算方案及执行情况、公务用车总量及使用明细等纳入厂务公开范围、本企业内部审计内容、外派监事会监督检查工作内容、巡视组巡视工作内容以及企业负责人经济责任审计范围。要建立健全责任追究制度，对违反本意见要求及有关部门关于公务用车管理规定的责任人追究相关责任，予以严肃处理。

四、认真做好组织实施

（一）加强企业公务用车制度改革的组织领导。各中央企业要严格按照本意见精神研究制定企业公务用车制度改革方案，明确改革时限要求，统筹做好本企业公务用车制度改革组织领导工作。对于正在开展或者已经完成公务用车制度改革的中央企业，要按照本意见要求进行规范。

（二）分步实施企业公务用车制度改革各项工作。有关部门负责对所属中央企业的公务用车制度改革方案进行审核。力争2016年6月底前基本完成中央企业集团总部的公务用车制度改革工作，2016年12月底前基本完成中央企业各级子企业的公务用车制度改革工作。

（三）努力营造企业公务用车制度改革的良好氛围。各中央企业要充分认识公务用车制度改革的重大意义，统一思想，加强宣传，引导企业职工转变观念，营造理解和支持改革的良好氛围，及时有效解决改革中遇到的新情况新问题，确保各项工作落到实处。

国资委关于印发《关于加强中央企业品牌建设的指导意见》的通知

国资发综合〔2013〕266号

各中央企业：

为全面贯彻党的十八大、十八届三中全会精神，深入落实科学发展观，提高中央企业品牌建设水平，推动中央企业转型升级，实现做强做优中央企业、培育具有国际竞争力的世界一流企业的目标，我们研究制定了《关于加强中央企业品牌建设的指导意见》，现印发给你们，请认真贯彻落实。

国资委

2013年12月17日

关于加强中央企业品牌建设的指导意见

为提高中央企业品牌建设水平，推动中央企业转型升级，实现做强做优中央企业、培育具有国际竞争力的世界一流企业的目标，特制定本指导意见。

一、充分认识加强中央企业品牌建设的重要意义

（一）加强品牌建设是培育世界一流企业的战略选择。世界一流企业不仅要有一流的产品和一流的服务，更要有一流的品牌。一流品牌是企业竞争力和自主创新能力的标志，是高品质的象征，是企业知名度、美誉度的集中体现，更是高附加值的重要载体。中央企业虽然进入世界500强企业的数量逐年增多，但“大而不强”的问题一直存在，尤其是缺少在全球叫得响的知名品牌。中央企业要实现“做强做优、世界一流”的目标就必须努力打造世界一流的品牌。

（二）加强品牌建设是赢得新竞争优势的必由之路。品牌是企业竞争力和可持续发展能力的重要基础保障。随着新一轮科技和产业革命加快演进，特别是以互联网为核心的信息技术广泛应用，拥有差异化和高品质的品牌优势，日益成为企业赢得市场竞争的关键。中央企业要赢得新的竞争优势，就必须通过打造一批具有核心知识产权的自主品牌，实现由规模扩张向质量效益转变，由价值链低端向价值链高端转变。

（三）加强品牌建设是提高国际化经营水平的现实需要。品牌国际化是实施“走出去”战略的重要手段。随着经济全球化进程加快，拥有国际知名品牌已经成为引领全球资源配置和开拓市场的重要手段。知名跨国公司利用品牌影响力在全球组织研发、采购和生产，实施并购重组，主导国际标准制定，赢得了更大的发展空间。目前，我国企业在国际分工体系中多处于价值链的中低端，缺少国际话语权，全球配置资源能力和开拓国际市场能力亟待提高。中央企业作为参与国际竞争的主力军，要通过积极打造国际知名品牌，带动我国成熟的产品、技术和标准走出国门、走向世界，在更宽领域和更高层次与跨国公司开展竞争合作，努力构建与经济实力相匹配的品牌实力。

（四）加强品牌建设是实现国有资产保值增值

的内在要求。品牌作为一项无形资产，是企业价值的重要组成部分。世界一流企业都善用品牌资产，并将品牌作为核心资产加以严格管理和保护，使得品牌溢价大幅高于同行业平均水平，并在兼并收购过程中获得高额品牌溢价收益。而多数中央企业还没有关注到品牌资产的保值增值，品牌资产的管理和保护水平远远落后于跨国公司。有些企业在并购重组时支付了较高的品牌溢价，但出售转让时却忽略了品牌资产，导致了品牌资产被低估或流失。中央企业要更好地实现国有资产保值增值，就必须高度重视品牌资产管理，努力提升品牌价值。

二、中央企业加强品牌建设的指导思想、基本原则和主要目标

（五）指导思想。认真贯彻落实党的十八大、十八届三中全会精神，坚持以科学发展观为指导，以转变经济发展方式为主线，以自主创新为内核，以高品质为基石，以精致管理为保障，以诚信为命脉，逐步建立健全中央企业品牌培育、保护和发展的体制机制，实现“做强做优、世界一流”的目标。

（六）基本原则。

坚持整体规划原则。品牌建设是一项复杂的系统工程，要综合设计、统筹谋划，实现设计、研发、生产、营销、售后服务等环节的相互协同，形成合力。

坚持突出重点原则。要遵循品牌建设规律，结合中央企业实际，突出抓好“创新、品质、管理、诚信”等重点环节，找准品牌建设的突破口和着力点。

坚持分类实施原则。中央企业分处在不同的行业和领域，要探索符合本企业特色的品牌建设路径，既要坚持统一规范，又要兼顾多样性。

坚持循序渐进原则。品牌建设是一项长期工程，要制订中长期品牌战略规划，确定阶段性目标和行动方案，持之以恒，分步实施，扎实推进。

（七）主要目标。到2020年末，涌现一批品牌战略明晰、品牌管理体系健全、品牌建设成果显著的企业；形成一批产品优质、服务上乘、具有广泛影响力的知名品牌；培育一批拥有自主知识产权和国际竞争力的自主品牌。

三、中央企业加强品牌建设的主要内容

（八）大力实施品牌战略。中央企业要结合企业总体发展战略、内外资源禀赋、企业文化传承等因素，加强顶层设计，制定或完善适合本企业的、具有独创性和吸引力的品牌战略，并与企业发展战略同步实施、系统推进。要将品牌战略作为最高竞争战略，渗透到公司运营管理的各个层面，建立以客户为中心、培育差异化竞争优势的品牌战略导向机制和流程，围绕品牌战略，优化资源配置，促进品牌建设与业务发展的协同。要保持品牌战略的稳定性，加强对品牌战略落实情况的督促检查和评价考核，持续加强品牌战略的贯彻执行。

（九）准确把握品牌定位。要聚焦企业战略和客户价值，在充分了解市场需求和研究比较优势的基础上，根据行业特点、企业实际和产品特性，科学确立品牌定位。要把握规律性，根据目标市场塑造品牌形象，防止贪多求全导致品牌定位模糊，防止盲目扩张给品牌带来损害。要突出差异性，精心提炼品牌核心价值理念，树立品牌在消费者心目中有别于竞争对手的独特地位。要保持稳定性，企业的设计、生产、营销和服务等都要始终紧紧围绕品牌定位，准确体现品牌核心价值理念。要正确处理好企业品牌和产品品牌的关系，根据战略需要明确品牌架构及发展模式，做到既相得益彰，又合理规避相互背书带来的风险。

（十）加强自主创新。中央企业要把自主创新作为培育品牌的内核，把品牌价值作为衡量创新成效的重要标准。要抓住标准、设计、集成、服务等关键环节，强化技术攻关，形成自主知识产权和品牌优势。要坚持以市场为导向，以发掘和引领需求为追求，瞄准国际一流先进水平，通过引进、消化、吸收再创新，大力增强集成创新能力，培育原始创新能力，加快拥有一批核心关键技术，努力实现从“中国制造”向“中国创造”的转变。要紧盯客户需求，加强服务创新和商业模式创新，提高精细化管理水平，敏锐把握市场变革的趋势和关键，快速有效地响应需求变化，持续为客户创造价值。要大力改造提升传统产业，有序进入高新技术产业和战略性新兴产业，通过自主创新在若干关键领域形成以自主知识产权为主导的技术标准体系，将国内标准上升为国际标准，增强国际标准制定的话语权，抢占产业发展的制高点。

（十一）努力追求高品质。中央企业要把高品质作为品牌的基石，坚持客户至上，重视客户感知，把不断提升产品和服务的质量作为最高追求，以更高的品质使客户感到物超所值。要建立健全全

面质量管理体系，加强全员、全过程、全方位、全寿命周期的质量管理，规范生产流程，细化管理标准，确保产品质量，生产出经得起客户挑剔的产品。要从大局着眼，细微处着手，高度关注客户诉求，完善服务体系，有效应对客户投诉，提供令消费者感动的人性化服务。要坚持精益求精，使产品、服务和工程经得住历史检验，努力打造一流品牌和国际知名品牌。

（十二）提高精致管理水平。中央企业要把精致管理作为创建品牌的保障，持续提高品牌管理的专业化水平。要严格辨识各类品牌要素，统筹规划、分类管理，系统集成。要完善品牌架构，有效整合集团公司和所属企业品牌资源，优化品牌名称、标识、符号等要素，聚焦消费者的关注，通过品牌要素将品牌核心价值理念准确传递给消费者，并形成牢固的品牌记忆；要积极探索将品牌资产纳入价值管理范畴，逐步规范品牌资产评估、流转和授权行为；要加强舆情监测，建立品牌危机预警机制、风险规避机制和紧急事件应对机制，有效维护品牌声誉，持续提升品牌危机处置水平。要开展经常性的品牌管理成效“回头看”工作，及时总结经验，发现问题，持续改进。要积极开展国际对标，不断提升品牌国际化水平。要做好并购品牌的管理工作，并购前要严格尽职调查、反复论证，可以采取联合品牌或过渡品牌等多种并购方式，并购后要做好并购品牌的维护，实现并购品牌与原有品牌的有机融合。

（十三）拓展品牌营销传播渠道。要抓住各种有利时机，充分利用各种媒体媒介，特别是有效运用新媒体，做好形象公关，讲好自己的故事，广泛传播品牌形象，传递品牌价值。要紧跟市场变化，增强品牌传播的及时性、有效性，凝聚品牌传播的正能量。要通过建立品牌联盟、借助国际媒体资源和主动参与具有全球影响力的活动，提升品牌的全球知名度。在加强品牌本土培育和推广的同时，要根据国外文化习俗、市场竞争状态、消费者习惯及法律法规等特点，开展品牌国际化工作，要自觉遵守当地法律法规，善于融入当地社会，承担相应社会责任，有效提高品牌的知名度和美誉度。

（十四）严格开展品牌保护。要坚持品牌建设与知识产权保护工作相结合，完善商标战略，及时规范注册商标、商号等商业标识，防止恶意抢注；要通过对专利、商标、商业秘密、著作权等的综合运用，建立完善的品牌保护体系；要实时监控、调查、评估品牌资产保护状态，运用协商沟通、舆论维权、法律武器等手段打击各种侵权行为，坚决维护品牌资产的权益不受侵犯。要做好商标、专利等方面的国外注册工作，防范各种侵权行为，加强自主品牌在国外的保护力度。

（十五）坚持诚信合规经营。中央企业要把诚信作为品牌的命脉，依法经营、诚实守信，严守商业道德操守，严格兑现承诺，坚决杜绝“店大欺客”的行为发生，努力打造“百年老店”；要真诚面对消费者，及时跟踪和回应客户诉求，出现信誉危机时，不回避、不掩盖、不敷衍，将客户投诉的压力转化为塑造品牌的动力。要加强公共关系建设，积极维护投资者、债权人、供应商等相关方的利益，完善信息披露制度，营造良好的品牌建设环境。要坚持以人为本，切实抓好资源节约、环境保护、安全生产，构建和谐企业，塑造良好形象。要继续做好服务国家战略、保障市场供应、维护公共安全、促进物价稳定、参与援疆援藏援青扶贫等工作，踊跃参加社会公益活动和应急救援，发挥中央企业的表率作用，努力成为被全社会广泛认可的负责任的企业。

四、中央企业加强品牌建设的主要措施

（十六）加强组织领导。中央企业是品牌建设的主体，要把品牌建设作为“一把手”工程来抓，一以贯之、持之以恒。主要负责人要切实认识到品牌建设的重要性和紧迫性，将品牌建设工作摆上重要议事日程，统筹谋划，精心组织，对品牌建设中的重大问题，要加强调查研究，对确定的重点工作，要亲自过问、督促落实。要落实组织机构，明确各部门的工作职责，配备专业团队或专职人员，有条件的企业要建立品牌建设工作委员会。

（十七）加强制度建设。中央企业要以做强做优为目标，以市场为导向，逐步建立健全品牌战略、品牌识别、品牌传播、品牌危机、品牌资产、品牌应用等一系列品牌管理制度和管理流程，使品牌管理工作有章可循。要将品牌制度和流程渗透到设计、研发、采购、生产、营销、售后服务等企业生产经营的各个环节，形成协同效应。要建立完善品牌资产和品牌建设工作的评估体系，对所属企业品牌建设工作和成果进行评价。有条件的企业可以积极探索将品牌建设工作纳入业绩考核体系，采取相应的激励约束措施。

（十八）加强资金和人才保障。中央企业要根

据品牌建设的战略目标和实施步骤，加大资金投入，并将品牌建设所需资金纳入年度预算，为品牌建设提供坚实的资金保障。要加强品牌专业人才的引进、培养、使用，尽快建立一支素质高、专业精、能力强、负责任的品牌建设专业队伍。要充分发挥专业机构、行业组织和媒体的作用，凝聚品牌建设的内外合力。

（十九）加强品牌文化建设。中央企业要把“做企业就是做品牌，一流企业要有一流品牌”、“品牌也是生产力，自主品牌是企业的核心竞争力”和“品牌是企业的无形资产，是实现保值增值的重要途径”三大理念作为企业文化建设的重要内容，凝聚核心文化，光大品牌形象。要不断增强全员品牌意识，丰富品牌文化内涵，营造“人人塑造品牌、人人维护品牌、人人传播品牌”的浓厚氛围。

（二十）加强交流合作与培训。中央企业要加强与世界一流企业的交流，有针对性地学习借鉴先进的品牌理念和品牌建设方法。要高度重视智力引进工作，积极开展与国内外品牌设计、咨询、管理机构的合作。要加强中央企业之间的合作，充分发挥协同效应，共同打造好“中央企业”这一大品牌。要积极开展内部品牌建设的学习和培训，培养品牌专业人才，不断提高品牌建设能力。

国务院国有资产监督管理委员会关于印发《关于以经济增加值为核心加强中央企业价值管理的指导意见》的通知

国资发综合〔2014〕8号

各中央企业：

为全面贯彻党的十八届三中全会精神，以管资本为主加强国有资产监管，指导中央企业进一步深化经济增加值考核，优化资源配置，提升以经济增加值为核心的价值管理水平，促进中央企业转型升级，增强核心竞争能力，加快实现做强做优、科学发展，我们研究制定了《关于以经济增加值为核心加强中央企业价值管理的指导意见》，现印发给你们，请认真贯彻落实。

国资委

2014年1月10日

关于以经济增加值为核心加强中央企业价值管理的指导意见

为深入贯彻党的十八届三中全会精神，以管资本为主加强国有资产监管，指导中央企业进一步深化经济增加值考核，优化资源配置，提升以经济增加值为核心的价值管理水平，促进中央企业转型升级，增强核心竞争能力，加快实现做强做优、科学发展，制定本指导意见。

一、价值管理概念、基本原则、指导思想和主要目标

（一）价值管理概念。

经济增加值是指企业可持续的投资收益超过资本成本的盈利能力，即税后净营业利润大于资本成本的净值。经济增加值是全面考核企业经营者有效使用资本和为股东创造价值的重要工具，也是企业价值管理的基础和核心。本指导意见所称价值管理是基于经济增加值的价值管理，是以价值最大化为目标，以经济增加值管理理念、管理决策和流程再造为重点，通过价值诊断、管理提升、考核激励、监测控制等管理流程的制度化、工具化，对影响企业价值的相关因素进行控制的全过程管理。

（二）基本原则。

价值管理与企业实际紧密结合。实事求是、尊重企业发展规律，根据企业所处行业、发展阶段、战略目标，推动企业根据资本属性，在战略规划、投资决策、生产运营、财务管理、业绩考核、薪酬分配等方面与价值管理有机结合，实现从注重利润创造向注重价值创造转变。

价值管理与制度建设相互促进。在坚持过去行之有效做法的基础上，遵循价值管理的基本理念、基本方法，将资本成本、资本纪律、风险控制等价值管理要素与现有管理体系有机融合，促进价值管理的制度化、体系化。

价值管理与完善激励约束机制有效衔接。以经济增加值考核为切入点，积极探索以经济增加值创造水平或改善状况与绩效薪酬或中长期激励挂钩的有效做法，建立长效激励约束机制，最大限度调动企业负责人和员工的积极性、创造性。

价值管理与维护各方利益有机统一。既要坚持股东价值最大化，又要模范遵守国家法律法规，统

筹兼顾债权人、供应商、消费者、内部员工等相关方的利益，积极履行社会责任，创造互利共赢、和谐发展的良好环境。

（三）指导思想和主要目标。

为做强做优中央企业、培育具有国际竞争力的世界一流企业，价值管理的指导思想和主要目标是：以科学发展观为指导，坚持转变发展方式与提升价值创造能力相结合，壮大规模与提高发展质量相统一，短期效益与长期发展相协调，力争用两个任期左右时间，中央企业价值管理体系基本完善，实现诊断科学、考核健全、激励约束有效、监控到位；价值管理更加科学，实现经济增加值从考核指标向管理工具转变、从结果考核向过程控制转变；价值创造能力明显提升，以更优化的资本结构、更有效率的资本运营、更强的主业获利能力，全面提升企业核心竞争能力。

二、不断完善价值管理体系

（四）建立经济增加值诊断体系。

诊断体系是实施价值管理的基础，是明确主攻方向、制订有效措施的重要前提。中央企业要以财务报表为基础，以资本成本为基准，深入企业生产经营的不同层级和不同环节，将经济增加值的构成要素从财务指标向管理和操作层面逐级分解，绘制出要素全、可计量、易识别的价值树，揭示价值形成的途径。要注重运用科学的分析方法，从纷繁复杂的价值树指标中，识别出反应灵敏、影响重大的关键价值驱动因素。要从关键价值驱动因素出发，选取国内外优秀企业作为标杆，找出差距、分析原因，明晰价值管理的薄弱环节。要针对诊断出来的问题，完善战略、预算、执行等方案，形成价值提升策略。

（五）完善以经济增加值为核心的考核体系。

考核体系是实施价值管理的保障，是坚持正确导向，有效落实国有资本保值增值责任的主要抓手。中央企业要坚持提升发展质量和效率的考核导向，将经济增加值作为主要考核指标，并逐步提高其权重。要结合企业内部不同板块、不同发展阶段的特点，科学设定资本成本率、从严把握经济增加值计算调整项，推进差异化考核，有效平衡当期回报与可持续发展。要强化短板考核，从关键价值驱动因素中选取短板指标纳入考核体系，确定具有挑战性的目标，持续改善。要推动组织绩效和个人绩效的有效结合，将经济增加值考核指标逐级分解，层层落实考核责任。

（六）探索建立经济增加值激励约束机制。

创新激励约束机制是价值管理的基本动力，是完善责权利相统一、业绩考核与奖惩紧密挂钩的重要方向。中央企业要把经济增加值及其改善值作为各级出资企业负责人绩效薪酬核定的重要指标，根据经济效益状况、经济增加值贡献大小和业绩考核结果，按照薪酬考核办法确定企业负责人绩效薪酬。中央企业要在坚持考核薪酬分配基本制度的前提下，以管理团队、核心业务骨干为主要对象，积极探索与经济增加值紧密挂钩的任期激励和中长期激励机制，更好地留住关键人才，更加注重企业的可持续发展。

（七）建立健全经济增加值监控体系。

监控体系是价值管理常态化运行的重要环节，是过程控制的关键。中央企业要建立和完善经济增加值监测报告制度，定期分析预警关键价值驱动因素和考核指标变化情况。要参照行业和本企业历史数据，及时发现经济增加值变化的主要原因，对战略、运营、财务、内部控制等方面的不适应性进行调整纠正。要完善经济增加值监控手段，充分应用现代信息技术，逐步提高监测的深度、广度和频度，增强工作的主动性和有效性。

三、不断提升价值创造能力

（八）优化国有资本配置。

中央企业要根据国有资本的特点，合理配置资源，提高配置效率。要着眼于增强国有资本在重要领域、关键环节和战略性产业的控制力和影响力，强化产业整合，掌握核心技术、聚焦系统集成，科学界定主业范围、区域布局和产品边界，不盲目延伸产业链和价值链。对于主业范围内的业务，要结合发展战略、协同效应、价值创造、能力匹配等因素，综合考虑经济增加值创造水平，动态优化价值链管理，突出重点、做强做优；不具备竞争优势的主业，要及时调整，有序退出。超出主业范围、价值创造能力低的业务，要坚决剥离重组；培育新的战略性业务要坚持审慎原则，严格论证，把握节奏，有序进入。要坚持合理分工，与产业链上下游企业形成合理的竞争格局，构建高效和谐的产业生态环境；坚决避免不具备产业链竞争优势的业务自成体系和“大而全、小而全”。要着眼于提高国有资本的回报和保持合理的流动性，遵循资本运作规律，选择各类有发展潜力、成长性好的市场主体进行股权投资，有效规避风险。要积极发展混合所有制经济，通过产业链整合、项目融资、债务重组、网运分开等手段，实现国有资本、集体资本、非公有资本等交叉持股、相互融合，放大国有资本功能，提高国有资本布局结构调整的能力。政策性业务较重的企业，要在保障国家安全、提供公共服务等方面作出更大贡献。

（九）调整存量资产结构。

中央企业要加大内部资源整合力度，使资产规模与价值创造能力相匹配，资产结构与经营效率相协调。要根据企业发展战略和主业定位，定期对不同类别存量资产进行价值分析，制定分类处理方案。对符合国有资本发展方向和企业战略定位、价值创造能力高的存量资产，应优先配置资源，提高利用效率。对战略匹配度低的存量资产，应适当控制规模并逐步优化。对资本回报长期低于资本成本且无发展前景的存量资产，应有序退出。对长期不分红、无控制权的股权投资，应制定专项处理方案。对可有效辅助、延伸主业发展，盈利能力较强、增长前景较好的少数股权投资，要创造条件增强控制力。

（十）强化投资并购管理。

中央企业要积极探索投资与经济增加值挂钩的机制。投资并购决策要以符合发展战略和主业发展方向为前提，把经济增加值作为决策的重要依据，对项目识别、选择、评估、实施以及后评价等主要环节进行系统管理。要运用价值分析方法，从具有发展前途、关系国家安全、国民经济命脉的新技术、新产业中，优选经济增加值回报处于合理区间、战略匹配度高、有利于发挥协同效应的项目。要完善投资后评价制度，将经济增加值作为项目评估的重要内容，持续提升投资决策水平。要健全投资决策责任追究机制，建立董事会或企业主要负责人对重大投资决策负责制，严格考核奖惩。要根据国际化经营战略，稳妥实施境外投资并购，有序开展竞争，在全球范围内优化资源配置，提高产业国际竞争力。

（十一）创新盈利模式。

中央企业要在巩固传统盈利方式的基础上，积极探索新的盈利模式，实现从注重规模向注重质量效益转变，从产业链过度延伸向价值链中高端转变，从国内经营向国际化经营转变，增强价值创造能力。要以价值链为基础，通过职能配置优化和关键业务流程再造，整合内部经营要素和相关资源，最大限度地降低成本费用。以提升价值为重要导向，加大科技投入，加快新技术、新工艺的创新，破解制约企业价值提升的瓶颈。积极开展商业模式创新，适应网络信息技术的发展变化，大力发展电子商务，沿价值链大力发展生产性服务业，引领行业变革，增强增值服务能力。不在价值链的低端领域打价格战，对盈利能力低、不具备竞争优势的生产经营环节，积极探索通过外包、协作等方式予以剥离，增强核心资产盈利能力。要加强品牌建设，重视客户感知，通过提供差异化、物超所值的产品或服务，提高品牌认知度和客户忠诚度，提升品牌溢价能力。

（十二）加快资产周转。

中央企业要围绕资产运营效率的提高，加快资产周转、减少生产经营活动对资本的占用。要紧密结合生产经营计划，将有限的资源优先配置到核心主业、优质资产以及有助于增强长期价值创造能力的项目上，合理控制资产占用规模，完善资产结构。要定期评估厂房、设备等固定资产的利用率与周转率，积极探索通过租赁、承包、转让等方式盘活低效资产，提高固定资产运营效率。要强化应收款管理，落实催收责任，增强收现能力。要加强供应链管理，优化采购、生产和配送流程，加快存货周转。要加强资金预算管理，保障业务发展和现金流平稳顺畅。深化内部资金集中管理，加速资金融通，避免资金闲置。要利用商业信用和相对低成本的供应链融资，降低营运资金规模。要根据行业特征和产业发展周期等因素，合理确定最佳现金持有量，有效安排盈余现金，提高现金的周转效率。

（十三）优化资本结构。

中央企业要综合考虑行业特征、业务特点、资产流动性等因素，合理确定资本结构及财务杠杆边界，力争达到资本成本率最低、财务风险可控。要在预期现金盈余水平可控的情况下，合理利用财务杠杆创造价值。要做好债务融资期限搭配，保持合理的财务弹性，有效应对紧急情况和及时把握投资机会，确保财务结构稳健、有效。要做好融资规划，综合考虑融资方式、期限、成本、币种等因素，拓宽融资渠道，降低融资成本。积极探索国有资本和非国有资本有机融合的方式和途径，发展混合所有制经济，优化股权结构，实现资本结构的动态优化，增强国有资本的带动力。

（十四）强化风险管理。

中央企业要综合平衡好收入增长、资本回报与风险控制的关系，实现可持续发展。要从战略、财务、市场、运营、法律等方面对影响价值创造的关键风险因素进行识别、分析和评估，并根据风险与收益相平衡的原则确定风险的优先管理顺序和措施，降低风险损失，提高风险收益。要建立高风险业务、重大投资并购等重要事项的专项风险评估制度，严格落实责任，强化制度落实和程序执行情况的责任追究。要建立包括专项风险动态跟踪评估、风险管控措施落实情况的跟踪审计等在内的闭环工作流程。要严格财务杠杆边界管理，增强现金盈余保障，审慎运用金融衍生工具。要加强重大风险监测预警管理，将风险管理关口前移，建立风险识别、转移、对冲机制，做好应对预案，降低系统性风险对企业的影响。

四、强化组织保障

（十五）加强组织领导，健全工作机制。

价值管理涉及到企业生产经营的方方面面，事关企业发展全局，中央企业要高度重视，加强领导，精心组织，确保落实到位。主要负责人要把价值管理体系建设作为一项重要任务来抓，将价值管理纳入企业发展规划，引入业绩考核与薪酬分配，嵌入生产经营流程，融入企业文化建设。各项相关工作要明确责任部门，有效落实工作责任。要建立协同高效的工作机制，相关部门各司其职，密切配合，形成工作合力，确保价值管理工作顺利推进；加强价值管理人才队伍建设，为进一步提升价值管理水平提供有力支撑。

（十六）加强顶层设计，积极稳妥推进。

中央企业应在贯彻本指导意见要求的基础上，结合自身实际，整体设计、系统规划、全面梳理、抓紧修订和完善相关制度，坚持分类指导、分步实施，把握节奏、统筹协调，形成具有自身特色的价值管理体系，并持续改进。

（十七）广泛宣传理念，加强价值文化建设。

中央企业应充分利用各种传媒方式广泛宣传价值管理理念和基本方法，通过培训、研讨、专题会议、典型示范引导等方式，培训相关知识、介绍成功案例，深入推进价值管理。要高度重视价值创造意识、理念及文化的培育，将资本成本、资本纪律等价值理念融入企业文化，形成价值创造人人有责的良好氛围，切实增强全员价值创造意识。

国务院国有资产监督管理委员会关于加强中央企业国际化经营中法律风险防范的指导意见

国资发法规〔2013〕237 号

各中央企业：

为适应中央企业国际化经营快速发展的需要，充分发挥企业法制工作的支撑保障作用，有效防范境外法律风险，切实维护国有资产安全，提出以下指导意见。

一、高度重视国际化经营中法律风险防范工作

（一）充分认识法律风险防范在国际化经营中的重要作用。近几年来，中央企业国际化经营的步伐不断加快，境外投资并购、对外贸易与工程承包项目明显增多，境外国有资产总量大幅增长。但与此同时，企业国际化经营中的法律风险日益凸现，风险防控和涉外案件应对工作亟待加强。当前，世界经济正在进行深度转型调整，多双边经济对话谈判频繁，国际经贸规则孕育变革，企业国际化经营的外部政策法律环境更加复杂严峻。为深入贯彻落实党的十八大关于“增强企业国际化经营能力，培育一批世界水平的跨国公司”的要求，加快实现由国内经营向国际化经营转变，中央企业必须把境外法律风险防范摆上国际化经营的重要议事日程，切实抓紧抓好。

（二）牢固树立规则意识和依法合规经营理念。要立足于充分发挥法制工作对企业国际化经营的支撑保障作用，注重掌握运用国际规则，遵守所在国家法律以及我国关于对外投资、境外国有资产管理的法律法规和规章制度。不断提高运用法律思维、法律手段解决国际化经营遇到的各种复杂疑难问题的能力。要依法合规开展境外经营管理活动，避免违规恶性竞争，努力塑造“责任央企”、“法治央企”、“阳光央企”的良好形象，切实筑牢企业境外法律风险防范的底线。

二、切实加强国际化经营法律风险防范机制制度建设

（三）加快推动境外业务、境外子企业建立健全法律风险防范机制制度。要按照“事前防范和事中控制为主、事后补救为辅”的原则，建立健全以经营合同、规章制度和重要决策全面实现法律审核为主要内容的法律风险防范机制制度，将法律风险防范有效延伸到全部境外业务和境外子企业、分公司、办事机构（简称境外子企业）。要不断完善与国际化经营相适应的规章制度，将法律风险防范机制嵌入到境外上市并购、重大项目承揽、战略投资引进以及公司治理、财务与税收管理、劳动用工、环境保护、知识产权和反商业贿赂等业务流程，实现从项目可研到决策，从谈判签约到运营、终止、退出等国际化经营活动法律风险防范的全覆盖。

（四）重视加强国际化经营法律风险防范工作体系和队伍建设。要建立由总法律顾问牵头，法律事务机构与业务机构分工协作，法律顾问与业务人员互相配合、共同参与的国际化经营法律风险防范工作体系。重视加强境外法律风险防范的人员、经费投入，指导督促具备条件的境外子企业设立法律事务机构或者配备专职法律顾问。要采取多种措施，加强业务培训，多渠道多岗位锻炼、培养法律专业人才，同时注意吸引经营业务骨干充实到企业内部法律团队，加快造就一支既熟悉国际化经营、又掌握法律专业知识高素质的境外法律人才队伍。要重视利用律师事务所等外部法律资源，合理选聘社会信誉和服务质量良好的国内外专业律师，实现企业内部法律顾问与外聘律师的优势互补。

（五）充分发挥企业总法律顾问、法律事务机构的重要作用。在国际化经营中要注重发挥总法律顾问对相关决策合规性的组织审核作用，法律事务机构对境外法律事务的归口管理作用，法律顾问对境外经营业务的专业支撑作用。企业法律顾问应当全程参与境外重大经营项目的决策论证、谈判签约和运营管理，并适时提供法律意见书；企业领导和相关业务部门应当重视法律顾问提示的潜在法律风险，及时组织拟定应对预案；对存在较大甚至重大法律风险的境外项目，不得违规盲目决策或者实施。

（六）建立健全国际化经营法律风险防范责任追究制度。要严格落实《中央企业资产损失责任追究暂行办法》（国务院国有资产监督管理委员会令第20号）等规定，对企业境外重大投资经营活动未经法律审核，或虽经审核但不采纳正确法律意见而造成损失的，应当追究企业相关领导人员的责任；对经过法律审核但因重大失职未发现严重法律漏洞而造成重大损失的，应当追究企业总法律顾问和法律事务机构负责人的责任；对其他因忽视国际化经营中法律风险防范、违法违规，造成重大损失的，应当追究有关人员责任。

三、深入做好境外投资并购的法律风险防范

（七）认真开展项目法律论证和尽职调查。要将境外投资并购法律论证与市场论证、技术论证结合起来，依法进行项目决策。深入研究掌握所在国家和地区外资准入、投资审查、行业监管、进出口管制、劳动用工、外汇管理、税收管理、土地管理、环境保护等方面法律法规和监管要求，以及与我国政府签署的多双边投资、贸易等协定。要深入调查相关合作方或者目标公司的股权结构、组织形式、资产权属、重要合同、重大纠纷、经营情况和资信状况等信息，对项目法律风险进行全面识别、评价，提出法律意见。

（八）妥善应对境外投资审查及相关法律风险。要深入了解投资所在国家和地区外资准入、国家安全审查、反垄断审查等程序、规则及标准，确保境外投资的合规运作。坚持企业独立市场主体地位，善于运用世界贸易组织规则、相关国际条约、双边贸易投资保护协定以及所在国家和地区行政、司法救济途径等，维护自身合法权益和公平待遇。要重视运用合同约定、商业保险和投资保险等多种途径和方式，有效防范投资所在国家和地区因政府更迭、国有化、征收以及法律变更等导致的风险。

（九）指导督促境外子企业合规运营。要指导督促境外子企业自觉遵守投资所在国家和地区法律法规，做好信息披露、关联交易、公司治理、产权管理等合规工作。依法规范员工管理，做好与工会组织的集体协商谈判，加强员工知识和技能培训，保障其合法权益，避免劳动争议。根据当地法律规定，注意将税收管理、环境保护、安全生产、职业健康等纳入境外子企业日常经营管理体系，提升风险评估、风险预警、安全防范和应急处置能力，依法妥善应对境外突发事件。要规范境外项目招投标、大宗商品采购及销售等经营活动，杜绝商业贿赂等违法行为。要指导境外子企业重视协调与当地政府、公众、媒体、社区和其他利益相关方的关系，并注意保持与我国驻外使领馆的密切联系。

四、努力防范国际贸易领域法律风险

（十）重视运用世界贸易组织规则。要深入研究并遵守世贸组织货物贸易、服务贸易等有关协议、协定。对境外发起的反倾销、反补贴和保障措施调查，要及时向政府有关部门报告，依法运用发起国行政、司法救济途径和世贸组织争端解决机制等积极应对。当国外进口产品因倾销、补贴等对本企业所在国内产业造成损害时，要主动申请政府主管部门采取贸易救济措施，维护企业合法权益。在国际化经营中遇到有关国家贸易政策不符合世贸组织规则时，要积极向我国政府部门反映，并通过世贸组织贸易政策审议机制争取公平竞争的贸易政策环境。

（十一）准确把握货物贸易风险源点及管控环节。中央企业从事货物贸易，要深入了解交易对象的资信状况和交易所在国家和地区的经济政策及法律环境，在合同谈判和签约中，合理分担因价格及汇率变动、外汇管制、保险等因素导致的风险，积极争取有利于全面履约、及时安全收汇的支付和结算条件。要正确适用国际贸易术语解释通则，依法界定双方在货物交接、运输等环节中的风险、责任和费用划分，有条件的应当制定并使用范本合同。

（十二）注意加强服务贸易重点领域的风险防范。中央企业从事境外工程承包、航空航运、电信电网等服务贸易，要在认真研究有关国家和地区政策法律规定的基础上，高度重视合同条款的风险研判，做好有关索赔与反索赔以及工期、质量、安全、价格变动、劳动用工等方面责任划分的约定。要妥善应对政府禁令、税收变化和营运许可范围调整等问题，采取有针对性的措施，重点防范市场准入、安全审查、消费者权益保护等方面的法律风险。

五、妥善处理境外投资和贸易中的重点法律问题

（十三）切实加强境外业务合同管理。要对境外业务合同进行法律归口管理，建立合同台帐，注重相关文件的备份归档。要认真做好合同履行情况的动态跟踪，及时排查化解履约中的风险隐患。在发生重大情势变更、不可抗力事项以及其他政策法律和市场变化情况时，要及时组织法律顾问和有关经营业务人员研究应对方案，决定是否进行谈判变更原合同或签订补充协议。在发生合同履约风险时，要及时做好采取保全措施、提出索赔要求、留存相关证据等应急处置工作。

（十四）严格规范境外业务授权。要重视加强对境外业务授权以及授权委托书的法律审核把关。要根据业务类型、交易金额、风险大小等因素，对境外子企业区分层级，合理授权，明确责任。规范境外业务授权范围及程序，明确授权的内容、期限及失效条件。对于有关授权到期、失效以及中途变更的，要及时收回授权委托书，并依法履行告知交易相对方等程序。

（十五）严格控制境外担保。要严格遵守国家对境内机构对外担保的有关规定，对外出具保函时，应当审慎确定保函的类型、用途、生效和失效条件、额度等。要规范企业内部审核批准程序，未经法律审核及风险评估，不得随意对外出具具有担保性质的承诺函、安慰函、支持函等文件。要依法妥善处理保函索赔纠纷，积极应对保函欺诈行为。

（十六）重视加强境外知识产权管理。要制定并实施企业知识产权战略，根据业务所在国家和地区法律、相关国际公约的规定，认真开展知识产权创造、应用、管理和保护工作。要适应企业境外业务发展需要，适时办理专利申请、商标注册等，明确商业秘密的保护范围、责任主体和保密措施。认真组织开展知识产权交易中的查询、检索及分析，严格审查合作方或者目标公司提供的知识产权证明文件并进行合理评估作价。要重视境外知识产权预警工作，加强研发、制造、销售、使用、许可使用、转让等各个环节的知识产权管理，既要充分保护本企业知识产权，又要防止侵犯他人知识产权，并注意应对以技术标准、技术联盟、国内法案等形式出现的知识产权壁垒。

（十七）依法处理境外法律纠纷案件。要根据企业所在行业特点、项目性质、谈判地位等因素，在境外业务合同中合理约定争议解决方式，争取有利的诉讼或仲裁地点、机构和所适用的法律及规则。要妥善保存和管理境外业务合同、函件、会议纪要等文件资料，为应对潜在的纠纷提供证据支持。发生重大诉讼或仲裁案件时，应成立由企业领导牵头、法律顾问参加的专门工作小组，组织制定周密的工作方案。要注意案件时效，重视运用证据及专家证人，合理选用外聘律师，积极主张权利。要掌握运用有关双边司法互助协定和国际公约，及时申请司法机构做好涉及本企业权益的法律文书的送达、承认和执行。

国资委

2013年10月25日

中央企业创先争优活动领导小组关于印发《中央企业深入开展创先争优活动实施意见》的通知

央企创先组发〔2010〕1号

各中央企业创先争优活动领导小组：

现将《中央企业深入开展创先争优活动实施意见》印发给你们，请结合实际认真贯彻落实。

中央企业创先争优活动领导小组

2010年5月19日

中央企业深入开展创先争优活动实施意见

根据《中共中央办公厅转发〈中央组织部、中央宣传部关于在党的基层组织和党员中深入开展创先争优活动的意见〉的通知》（中办发〔2010〕12号）及中央组织部、中央宣传部2010年4月6日在党的基层组织和党员中深入开展创先争优活动动员部署会议精神，为保证中央企业创先争优活动扎实开展，取得实效，现就中央企业深入开展创先争优活动提出如下实施意见。

一、开展创先争优活动的重要意义

在党的基层组织和党员中深入开展创先争优活动，是党的十七大提出的一项重大任务，是贯彻落实十七届四中全会精神、加强和改进新形势下党的建设的重要部署，是巩固和扩大全党深入学习实践科学发展观活动成果的重要举措。

中央企业深入开展创先争优活动，对于巩固和扩大学习实践活动成果、健全长效机制、抓好整改落实后续工作，对于以改革创新精神加强改进党建工作、充分发挥党组织政治核心作用，对于推动企业改革发展和增强国有经济活力、控制力、影响力，都具有重要意义。

二、总体要求和目标

中央企业深入开展创先争优活动的总体要求是，认真贯彻落实党的十七大和十七届三中、四中全会精神，以邓小平理论和“三个代表”重要思想为指导，以深入学习实践科学发展观为主题，坚持从中央企业实际出发，改革创新，务求实效，统筹推进党的建设其他经常性工作，充分发挥企业党组织的政治核心作用、基层党组织的战斗堡垒作用和共产党员的先锋模范作用，在推动企业改革发展、加强改进党的建设实践中建功立业。

中央企业深入开展创先争优活动，要把握好“推动科学发展、促进社会和谐、服务人民群众、加强基层组织”的主要目标，把这次活动作为学习实践活动的继续和延伸，围绕科学发展中心任务，积极开展创先争优活动，把党的政治优势转化为企业的核心竞争力。

推动科学发展，就是要求基层党组织认真履行职责，切实贯彻落实党和国家的路线方针政策以及本企业科学发展规划、思路、举措；党员要以模范行动影响和带领广大职工群众努力完成各项工作任务。

促进社会和谐，就是要求基层党组织和党员及时了解职工群众思想动态，有针对性地做好引导工作；积极践行社会主义核心价值体系，更好地履行企业社会责任，推动形成良好社会风气；主动排查矛盾纠纷，做好化解工作，自觉维护企业和社会稳定；在重大突发事件面前，立场坚定、旗帜鲜明，坚决捍卫国家和人民利益。

服务人民群众，就是要求基层党组织和党员充分尊重职工群众，紧紧依靠职工群众，认真倾听职工群众呼声，及时反映职工群众意愿，主动关心职工群众疾苦，帮助职工群众解决生产生活中遇到的实际困难；积极参加党员志愿服务活动，多为职工群众办实事办好事，让职工群众得到更多的实惠。

加强基层组织，就是要求始终把抓基层打基础摆在更加突出的位置，大力推进基层组织工作创新，优化组织设置，进一步扩大党的组织和党的工作覆盖面，创新活动方式，积极推进学习型党组织建设，增强党员队伍的生机活力，造就高素质的基层党组织带头人队伍，充分发挥企业党组织的政治核心作用和基层党组织的战斗堡垒作用；通过基层党组织建设带动其他各类基层组织建设，广泛深入开展党建带团建、党建带工建等活动。

这“四句话”目标，是一个有机整体。推动科学发展、促进社会和谐，是创先争优活动的着力点；服务人民群众，是创先争优活动的落脚点；加强基层组织，既是创先争优活动的重要目标，也是搞好活动的基础和保证。

三、主要内容

根据中央的要求，这次创先争优活动以创建先进基层党组织、争当优秀共产党员为主要内容。先进基层党组织的基本要求是，学习型党组织建设成效明显，出色完成党章规定的基本任务，努力做到“五个好”，即领导班子好、党员队伍好、工作机制好、工作业绩好、群众反映好。优秀共产党员的基本要求是，模范履行党章规定的义务，努力做到“五带头”，即带头学习提高、带头争创佳绩、带头服务群众、带头遵纪守法、带头弘扬正气。

中央企业深入开展创先争优活动，要与深化“四好”（政治素质好、经营业绩好、团结协作好、作风形象好）领导班子创建活动和开展争创“四强”（政治引领力强、推动发展力强、改革创新力强、凝聚保障力强）党组织、争做“四优”（政治素质优、岗位技能优、工作业绩优、群众评价优）共产党员活动有机结合起来，通过党员责任区、党员品牌工程、党员攻关项目等发挥党员作用，推动企业改革发展，增强国有经济活力、控制力、影响力。

各中央企业要从实际出发，突出特色，创新载体，注重实效，按照中央提出的“五个好”、“五带头”总要求和中央组织部、国资委党委提出的“四好”领导班子和“四强”党组织、“四优”共产党员的基本要求，紧密结合自身实际，进一步明确先进基层党组织和优秀共产党员的具体条件。要根据本企业的实际情况和党员的岗位特点，精心设计特色鲜明、务实管用的载体，分类提出创先争优活动的具体要求。

四、统筹安排，扎实推进

根据中央的部署和中央企业的实际，从2010年5月开始到2011年6月，着重围绕迎接建党90周年开展创先争优活动。在搞好动员的基础上，各企业要坚持抓好学习实践活动整改落实后续工作，切实兑现向职工群众作出的承诺，建立健全深入学习实践科学发展观的长效机制；引导基层党组织切实履行职责，共产党员立足本职岗位争创一流业绩，兴起创先争优活动热潮。从2011年7月开始，着重围绕迎接党的十八大开展创先争优活动，引导基层党组织和广大党员以昂扬向上的精神风貌，更加出色的工作业绩，向党献礼。2012年“七一”前，将专项表彰中央企业“2010－2012年创先争优活动”先进基层党组织、优秀共产党员。2012年“七一”前后，中央组织部将专项表彰全国“2010－2012年创先争优活动”先进基层党组织、优秀共产党员。在2012年中央组织部专项表彰时，党组织关系在地方党委的中央企业，其先进基层党组织和优秀共产党员由地方党委推荐上报。

要紧紧围绕企业改革发展、生产经营的中心工作开展创先争优活动，通过公开承诺、领导点评、群众评议、评选表彰等方式，扎实推进创先争优活动。

公开承诺。基层党组织制定开展创先争优活动实施方案，党员提出参加活动的具体打算，并采取适当方式向职工群众公布，作出承诺，接受职工群众监督。

领导点评。上级党组织负责人适时对基层党组织和党员开展创先争优活动情况进行点评，实事求是肯定取得的成绩，指出存在的问题和努力方向。

群众评议。上级党组织对基层党组织、基层党组织对党员开展创先争优活动情况，适时组织党员、职工群众进行评议。

评选表彰。上级党组织对基层党组织、基层党组织对党员开展创先争优活动情况进行考核。在此基础上，适时评选表彰创先争优活动中涌现出的先进基层党组织和优秀共产党员。评选表彰要注重工作实绩和社会公认度，广泛听取党员和职工群众意见。

五、加强组织领导

中央规定，这次创先争优活动的领导关系按党组织隶属关系确定。经中央创先争优活动领导小组批准，在中央创先争优活动领导小组领导下，由中央组织部、国资委党委成立中央企业创先争优活动领导小组，负责具体领导和指导中央企业的创先争优活动，并加强对地方所属国有企业创先争优活动的指导。

党组织关系在国资委党委的中央企业开展创先争优活动，由中央企业创先争优活动领导小组领导。党组织关系在地方党委的中央企业开展创先争优活动，以地方党委领导为主。

根据中央要求，中央企业创先争优活动领导小组将加强对党组织关系在地方党委的中央企业开展创先争优活动的指导，主要通过建立联系沟通机制、印发相关文件、编发工作简报、推荐典型经验和适时开展专题调研等方式进行。各中央企业党委（党组）要加强对党组织关系在有关地方党委的所属企业开展创先争优活动的指导。

各中央企业党委（党组）要切实加强对创先争

优活动的领导和指导。要充分借鉴运用学习实践活动的成功经验和有效做法，要讲成本、重实效，防止铺张浪费，不搞文山会海，杜绝形式主义。要结合实际制定实施意见，加强督促检查和工作指导，及时总结交流工作经验，确保创先争优活动有计划有步骤地向前推进。

落实领导责任。各中央企业要成立创先争优活动领导小组，抽调人员组建精干工作机构，在同级党委（党组）领导下开展工作。党委（党组）要全面负责本企业的创先争优活动，党委（党组）书记担任本企业创先争优活动领导小组组长，履行第一责任人的职责，行政负责人要带头参加、积极支持开展创先争优活动。

鼓励探索创新。要尊重基层首创精神，鼓励和支持基层党组织在认真贯彻执行中央部署和要求的同时，根据各企业实际情况，积极探索创新，精心设计活动载体，丰富活动内容，创新活动方式，增强创先争优活动的感染力和吸引力。要组织广大党员干部开展多种形式的岗位奉献、岗位创新、岗位创效和扶贫帮困等活动。

运用典型引路。充分发挥报刊、广播、电视以及互联网、手机短信、党员电化教育、党建信息网、板报橱窗的作用，大力宣传企业先进基层党组织和优秀共产党员的先进事迹，努力形成学习先进、崇尚先进、争当先进的良好风气。

加强督促检查。要采取召开座谈会、经常性督查、随机抽查等方式，了解活动进展，通报活动情况，总结交流经验，研究解决问题。对创先争优活动思想上不重视、工作上不得力的，要及时提出批评，要求限期整改。

各中央企业制定的创先争优活动实施意见要及时报中央企业创先争优活动领导小组。要加强与中央企业创先争优活动领导小组及其办公室的联系与沟通，创先争优活动的有关重要情况要及时报告。

国务院国有资产监督管理委员会办公厅关于中央企业管理提升活动情况纳入监事会当期监督有关事项的通知

国资厅发改革〔2012〕85 号

各中央企业：

为促进深入扎实开展中央企业管理提升活动，确保活动取得预期效果，根据中央企业管理提升活动领导小组（以下简称领导小组）第一次会议精神，决定由派驻各中央企业监事会（以下简称监事会）对中央企业管理提升活动开展情况进行监督检查，现将有关事项通知如下：

一、检查内容

（一）企业有关管理提升重点领域工作方案的落实情况。包括企业确定的重点提升领域是否制订了提升方案，是否有切实可行的工作计划；相关整改措施是否明确，有关责任是否落实；是否建立边整边改、持续改进的工作机制；管理提升取得的效果与存在的不足等。

（二）所属基层企业活动开展情况。包括基层企业和一线员工对管理提升活动的认识与理解、参与情况，企业问题梳理和整改情况等。

（三）企业管理提升活动与生产经营结合情况。包括能否结合自身存在的问题，根据企业发展的需要，通过管理提升，强化基础管理，积极开展开源节流、降本增效等。

（四）企业边查边改，稳步推进管理提升的工作情况。包括及时总结提炼管理提升工作经验，强化标准和制度体系建设，采取有效措施固化管理提升成果，培育形成持续改进提升的机制氛围等。

（五）企业落实国资委、领导小组及其办公室有关部署、要求的情况。

二、检查方式

（一）听取企业党委（党组）对管理提升活动专题汇报，并就企业第一阶段工作情况，第二阶段工作及后续活动安排等提出意见建议。此项工作原则上在今年 11 月底前完成。监事会听取汇报时，领导小组办公室及对口厅局根据需要派员参加。

（二）按照领导小组对管理提升活动各阶段、各环节的要求，对各企业组织开展活动有关情况，特别是重点提升领域的规划、执行、完成情况进行跟踪检查。

三、工作要求

各中央企业要高度重视，积极配合监事会做好监督检查工作。

（一）建立沟通协调机制。各企业要确定牵头部门和参与部门，并确定 1 位负责人和 1 位联系人，协调配合监事会做好监督检查工作。有关名单于 11

月底前报监事会。

（二）积极主动向监事会汇报本企业活动开展有关情况。按照监事会的要求，及时提供本企业开展活动的相关文件、领导讲话、阶段总结、工作简报等相关资料。

（三）做好所属企业管理提升活动纳入监事会当期监督相关配合工作，为监事会在全集团范围内开展检查工作提供必要条件和便利。

监事会将及时总结企业管理提升活动中好的典型和经验，并对企业管理提升活动总结情况进行评估。工作中有何问题，请及时向领导小组办公室反馈。

联系人：王海涛　邵啸晔

电话：（010）63193135、63602879、63193750（传真）

邮箱：glts@ sasac. gov. cn

国务院国有资产监督管理委员会办公厅

2012 年 11 月 8 日

国务院国有资产监督管理委员会关于中央企业开展管理提升活动的指导意见

国资发改革〔2012〕23 号

各中央企业：

根据“十二五”时期中央企业改革发展总体思路，为进一步加强企业管理，夯实发展基础，国资委决定，从 2012 年 3 月起，用 2 年时间在中央企业全面开展管理提升活动。现就活动提出如下指导意见。

一、开展管理提升活动的重要意义

国资委成立以来，中央企业通过深化改革，转换机制，创新发展，管理水平有了较大提高，有力地促进了企业经济效益和竞争能力的大幅提升，为国民经济快速发展作出了较大贡献。但是，与党中央、国务院的要求及社会的普遍期望相比，与应对复杂市场和外部环境变化的要求相比，与参与国际竞争、增强国家整体实力的要求相比，中央企业在管理上还存在很大差距。尤其是一些企业管理基础薄弱、管理方面长期存在的一些突出问题得不到有效解决，已经成为严重制约企业做强做优、科学健康发展的瓶颈。

开展管理提升活动，全面提高管理水平，是中央企业更好地履行社会责任，完成党和国家赋予历史使命的必然选择；是中央企业应对内外部复杂环境变化，保增长、保稳定，提升市场竞争力和抗风险能力的重要抓手；是促进中央企业科学发展加快转变经济发展方式，深入实施转型升级，不断提升发展质量和效益，走内涵式发展之路的重要举措；是中央企业加快实现“做强做优、培育具有国际竞争力的世界一流企业”核心目标的重要步骤。

二、指导思想、活动主题和工作原则

（一）指导思想。

中央企业开展管理提升活动，要高举中国特色社会主义伟大旗帜，紧紧围绕“十二五”改革发展“一五三”总体思路，坚持以科学发展为主题，以加快转变经济发展方式为主线，以解决企业管理中存在的突出问题和薄弱环节为重点，通过自主优化、引进吸收、创新发展，持续加强企业管理，积极推进管理创新，促进中央企业持续、稳定、健康发展。

（二）活动主题。

中央企业开展管理提升活动的主题为：强基固本、控制风险，转型升级、保值增值，做强做优、科学发展。

（三）工作原则。

中央企业开展管理提升活动，要把握以下原则：

一是立足自我与学习借鉴相结合。坚持以我为主、博采众长，广泛学习借鉴国内外先进经验，融合提炼，形成适合企业自身特点的管理提升方法。

二是重点突破与全面提升相结合。在以解决突出问题和薄弱环节为重点扎实开展短板消缺和瓶颈突破的同时，将管理提升活动覆盖到企业管理的各个领域，带动企业管理水平的全面提升。

三是从严治企与管理创新相结合。继承和发扬“三老四严”等优良作风，严格管理，严格执行，并通过优化资源配置、工作秩序和氛围，积极开展管理创新，不断扩大管理提升活动的实效。

四是加强管理与深化改革相结合。通过深化改革，创新机制，为进一步加强和改进管理提供动力保障和制度基础，促进企业持续改进管理方式，提高管理效益，深入开展管理提升活动。

三、主要目标、重点任务及阶段安排

（一）主要目标。

力争用2年时间，通过全面开展管理提升活动，加快推进中央企业管理方式由粗放型向集约化、精细化转变，全面提升企业管理水平，为“做强做优、培育具有国际竞争力的世界一流企业”工作奠定坚实基础。

——基础管理明显加强。在解决长期制约中央企业发展的突出问题和薄弱环节上取得突破，企业管控机制进一步完善，管理制度进一步健全，流程进一步优化，管理的标准化、制度化、规范化水平明显提升。

——管理现代化水平明显提升。公司治理进一步科学完善，管理体系进一步系统高效，精益思想与管理活动广泛结合，先进管理理念、技术和方法得到有效应用，信息技术对管理提升的促进作用明显增强。

——管理创新机制明显完善。管理创新工作体系进一步健全，形成鼓励全员参与管理创新的文化与氛围，管理创新成果得到有效转化，内部资源配置能力进一步提升，管理创新促进企业管理水平持续提升的长效机制进一步健全。

——综合绩效明显改善。企业成本费用、管理漏洞、重大风险得到有效控制，财务绩效指标不断改善，管理人才队伍的国际化、市场化程度和素质能力进一步提高，价值创造能力、市场竞争能力明显提升，管理提升对企业科学发展、转型升级、转变发展方式、更好履行社会责任以及实现“十二五”改革发展核心目标的促进作用明显增强。

（二）重点任务。

为全面落实管理提升活动的工作目标，中央企业要重点做好以下四项工作：

1. 找准管理短板和瓶颈问题，实现重点突破。按照工作目标的要求，结合自身实际，广泛发动，全员参与，在本企业各管理领域内全面开展自查自纠和管理诊断工作，找出当前存在的突出问题和薄弱环节，找准管理短板和瓶颈问题，在深入调查、充分论证的基础上，优选提升措施，制定重点整改工作方案，狠抓落实，确保短板消缺和瓶颈突破。

2. 强化向管理要效益理念，切实加强基础管理。牢固树立“基础不牢，地动山摇”观念，培养“严谨求实”的工作作风，在全面自查和诊断的基础上，进一步加强基层建设、基础工作和基本功训练，以全员消除浪费、创造价值、持续改进为指导，全面梳理优化工作流程，有效运用精细化管理方法，建立系统、科学、实用的标准和制度体系，严格执行，夯实管理基础。

3. 统筹推进专项提升，全面落实整改措施。管理提升活动范围覆盖企业管理各领域，企业要根据转型升级、降本增效、风险控制的需要，以投资决策管理、全面预算管理、全面风险管理、科技创新管理、人力资源管理、产权管理、法律管理、采购管理、安全生产管理、管理信息化、社会责任管理、党建管理和反腐倡廉管理，以及本企业认为需要加强和改进的其他管理工作为重点，通过广泛开展与国内外先进企业、先进指标及国资委分批推出的管理典型对标，明确差距和提升方向，细化专项提升措施，认真整改，以点带面，推动管理提升活动深入开展。

4. 总结固化成果，构建长效机制。科学评价管理提升活动的效果，及时总结提炼管理提升工作经验，以标准和制度体系加以固化，转化为全体员工的自觉行动，并根据条件的变化和发展的需要，持续丰富、发展和完善管理提升工作机制，不断引发、促成新的管理提升。

（三）阶段安排。

为实现管理提升活动的预期目标，中央企业管理提升活动原则上分为3个阶段6个环节。

第一阶段为全面启动、自我诊断阶段，时间从2012年3月至2012年8月。本阶段分为2个环节，即动员启动、学习提高环节和自我诊断、找准问题环节。

第二阶段为专项提升、协同推进阶段，时间从2012年9月至2013年8月。本阶段分为2个环节，即制订方案、细化措施环节和专项提升、全面整改环节。

第三阶段为持续改进、总结评价阶段，时间从2013年9月至2014年2月。本阶段分为2个环节，即检查评价、持续改进环节和总结经验、表彰先进环节。

企业应根据自身发展所处阶段的具体情况，针对自身管理中存在的突出问题和薄弱环节，认真做好诊断分析，围绕重点任务，细化分解，合理确定本企业各阶段及各环节管理提升的时间、内容、重点和相关措施。

四、工作要求

各中央企业要高度重视管理提升活动，充分调动所属各级企业和广大员工积极参与，精心组织，狠抓落实，务求实效。

（一）加强组织领导。

要进一步增强对开展管理提升活动重要意义的认识，将活动纳入企业整体战略，统筹规划，周密部署，积极稳妥地推进。各级企业主要负责人要亲自抓，成立领导小组，组建精干高效的工作机构，明确分工、落实责任、协同推进，形成领导有力、层次清晰、齐抓共管的工作局面。

（二）做好整体设计。

要进一步结合自身实际，整体规划，做好本企业开展管理提升活动的总体设计。在全面诊断和系统对标的基础上，找准问题，确定重点，制定开展管理提升活动的工作方案、阶段任务及专项提升工作计划。要深入调查，广泛征求意见，充分发挥内外部资源的作用，细化工作目标和工作措施，分步实施，协调推进。各企业要及时将本企业开展管理提升活动的有关工作方案报国资委备案。

（三）健全工作机制。

要进一步丰富开展管理提升活动的载体，不断创新方式方法和手段；要畅通信息沟通渠道，及时总结经验、发现不足；要加大资源整合配置力度，提高解决问题的时效；要明确考核标准，健全评价制度和责任追究制度，鼓励先进，充分调动广大员工的积极性和创造性，确保将活动引向深入。各企业要及时将本企业管理提升工作各环节进展情况和阶段工作总结报送国资委。

（四）确保取得实效。

要进一步细化落实责任，严格考核，狠抓落实。对诊断发现的短板和瓶颈问题，要集中资源全面整改；要加强经验总结，挖典型、树标杆，做好表彰工作，通过广泛宣传和推广，不断扩大经验应用的成效；要抓好管理提升措施的执行，从严管理，不走过场，务求实效。

五、保障措施

国资委成立中央企业开展管理提升活动领导小组，负责指导中央企业和国资委机关开展管理提升活动，王勇同志担任组长，邵宁、姜志刚同志担任副组长，有关厅局为成员单位。领导小组下设办公室，企业改革局承担办公室日常工作。国资委将主要通过以下重点措施，为中央企业开展管理提升活动提供支持、保障和服务。

（一）宣传动员。

国资委将召开中央企业开展管理提升活动动员大会，进行全面部署。在活动过程中，利用各种新闻媒体，加强对本次活动、企业管理提升好经验、好做法的宣传报道，努力营造良好的活动开展氛围。

（二）工作指导。

国资委将在总结中央企业以往管理创新成果和优秀实践案例的基础上，编制中央企业管理提升系列辅导材料，指导企业开展好各阶段管理提升工作；及时了解企业开展管理提升活动的工作进展情况，建立报告制度，编发工作简报，做好跟踪分析，并在每年两次的中央企业负责人会议上通报情况、总结部署工作；委内厅局将根据职责分工，协调配合，加强对企业开展管理提升工作的分类指导。

（三）协调服务。

国资委将及时研究解决企业开展活动中遇到的主要困难和突出问题，帮助企业营造良好的外部环境；结合国资监管工作相关要求，围绕活动重点领域，适时召开现场会、专题经验交流会，分批推出企业管理典型经验，供企业对标学习；组建主要由中央企业长期从事经营管理工作的骨干、行业专家等组成的管理诊断小组，选择部分具备条件的中央企业，开展管理诊断工作，帮助企业找准问题、优化方案，并在企业实施过程中提供咨询支持。

（四）评价表彰。

活动期间，国资委将对各企业管理提升工作情况进行评价，并纳入企业领导班子综合考核评价工作；活动结束时，召开总结表彰大会，认真总结中央企业开展管理提升活动的成效，表彰先进企业和先进个人，交流本次活动的典型经验，推动中央企业持续开展管理提升工作。

国务院国有资产监督管理委员会
二〇一二年三月十三日

国务院国有资产监督管理委员会关于加强中央企业建筑施工领域工程承包管理有关事项的通知

国资综合〔2012〕26 号

各中央企业：

近年来，中央企业在建筑施工领域发生多起因工程承包管理不到位而引发的重大质量事故和生产安全事故，造成了重大人员伤亡、经济损失和恶劣的社会影响。为进一步规范中央企业建筑施工领域工程承包管理，杜绝违法违规分包和转包行为，保证建设工程质量和人员安全，根据国家有关法律法规，现对涉及建筑施工领域中央企业的有关要求通知如下：

一、企业应当依法取得相应建筑施工资质证书，并在资质等级许可的范围内承揽工程。严禁其他单位或个人以中央企业的资质和名义承揽工程。

二、企业总承包的工程项目，可将国家和行业有关规定允许分包的专项工程和劳务，分包给具有相应资质和能力的单位，但工程主体结构不得违法分包。

三、企业不得将承包的工程转包给其他单位或个人，不得将承包的工程肢解后以分包的形式转包给其他单位或个人。

四、企业应当制定本企业的工程分包管理制度，确定工程施工分包单位的选择和审查办法。

五、企业应建立合格分包单位名录，查验分包单位资质原件，并做好存档备查工作。

六、企业选择具体工程项目分包单位时，必须核实委托人身份和授权情况，防止冒用资质情况发生。

七、企业应与专业分包、劳务分包单位签订符合国家法律法规要求的分包合同，明确双方在工期、质量、安全、作业人员培训和工资发放等方面的职责和义务，严禁以不签订合同、口头约定等不规范方式进行施工分包。

八、企业应加强对分包单位的动态监管，严禁专业分包单位和劳务分包单位将其承包的工程和劳务作业再次分包、转包。

九、企业要加强对分包单位施工过程的监督管理，对重点环节、关键工艺流程、隐蔽工程等必须实行旁站监督。

中央企业要严格按照要求，切实加强工程承包管理，坚决杜绝和防范因违规分包、违法转包、冒用资质等引发的重大质量、安全事故。对因工程承包管理不到位而引发质量事故和生产安全事故的企业和有关责任人，要严肃追究责任。对因工程承包管理不到位而引发重大质量事故和生产安全事故的中央企业，国资委将从严处理。

国务院国有资产监督管理委员会

二〇一二年一月十一日

国务院国有资产监督管理委员会关于规范中央企业选聘评估机构工作的指导意见

国资发产权〔2011〕68号

为进一步加强中央企业国有资产评估管理工作，规范企业选聘评估机构行为，维护国有资产出资人合法权益，根据《中华人民共和国企业国有资产法》、《企业国有资产评估管理暂行办法》（国资委令第12号）等有关法律和规定，现就中央企业选聘评估机构工作提出以下意见：

一、中央企业应当依据国家有关法律法规的要求，结合本企业具体情况，制订评估机构选聘管理制度，完善评估机构选聘工作程序，明确评估机构选聘条件，建立评估机构执业质量评价标准及考核体系。

二、中央企业选聘的评估机构应当符合以下条件：

（一）遵守国家有关法律、法规、规章以及企业国有资产评估的政策规定，严格履行法定职责，近3年内没有违法、违规执业记录。

（二）掌握企业所在行业的经济行为特点和相关市场信息，具有与企业评估需求相适应的资质条件、专业人员和专业特长。

（三）熟悉与企业及其所在行业相关的法规、政策。

三、中央企业应当按照“公开、公平、公正”的原则，根据自身及其各级子企业规模、区域分布、资产评估业务特点等，结合评估机构的资质条件、人员规模、执业质量、执业信誉、技术特长、区域分布等因素，建立适应本企业各类评估业务需求的评估机构备选库。

中央企业确定评估机构备选库后，应当在本企业公告备选评估机构名单，并在公告期截止之日起10个工作日内将备选评估机构名单及选聘情况报送国资委备案。国资委根据备案情况，将中央企业备选评估机构名单在国资委网站上向社会公布。

四、中央企业及其各级子企业在聘请评估机构执行业务时，应当在本企业评估机构备选库内实行差额竞争选聘。个别临时业务中确有原因不能在本企业备选库内选聘的，应当在国资委公布的中央企业备选评估机构名单中竞争选聘，并向国资委报告相关情况。

五、中央企业应当根据评估机构执业质量评价结果和企业评估业务需要，对评估机构备选库实行动态管理，原则上每两年调整一次，调整时应当根据执业质量评价结果对备选评估机构予以一定比例的更换。

六、受聘评估机构在执业过程中发生故意违规行为的，中央企业应终止其执行该业务；情节严重的，应将该评估机构从本企业评估机构备选库中删除，同时将相关情况报告国资委及有关部门，由国资委通告各中央企业三年内不再选聘该评估机构；涉嫌犯罪的，依法移送司法机关处理。

七、中央企业在选聘评估机构过程中，应当严格按照本指导意见执行。国资委定期对中央企业评估机构备选库建立工作及企业重大重组改制涉及的评估机构选聘工作进行抽查和监督。

国务院国有资产监督管理委员会
二〇一一年五月二十八日

国务院国有资产监督管理委员会办公厅关于建立中央企业债券发行监测管理系统有关事项的通知

国资厅产权〔2011〕447号

各中央企业：

为进一步落实《中央企业债券发行管理暂行办法》（国资发产权〔2008〕70号），及时了解和掌握债券发行情况，加强中央企业对其实际控制子企业发债事项管理，防止和控制债务风险，我们组织开发了中央企业债券发行监测管理系统（以下简称监测管理系统），现将有关事项通知如下：

一、中央企业应当高度重视企业发债工作，充分利用监测管理系统，切实履行管理职责，规范企业发债行为，加强募集资金使用与偿还管理。

二、中央企业应当按照统一要求，向国务院国资委报告本级及所实际控制子企业发行债券情况，包括企业债券、公司债券（含可转债、分离交易可转债、可交换公司债券）、财务公司金融债券、中期票据、短期融资券等。

三、中央企业发行债券报告的内容主要包括：企业基本情况表、发行债券报告表、发行债券备案表、债券余额情况表等。

四、中央企业本级及所实际控制子企业拟发行债券的，在履行完内部决策程序、报送相关主管部门（或负责机构）前，根据申报资料填报发行债券报告表；在每期债券发行结束5个工作日内，填报发行债券备案表；在每季度终了后3个工作日内，填报债券余额情况表。已批准但确定不再发行的债券，中央企业应当及时报告国务院国资委。

五、各中央企业负责本级及所实际控制子企业发行债券信息报告的组织实施工作，依据国务院国资委编制的表式、填报说明及软件操作要求，确保数据资料真实、准确和规范，并及时上报。

六、各中央企业应当在明确内部工作职责基础上，指定专人负责，完成中央企业发行债券信息报送工作；国务院国资委将定期通报中央企业债券信息报送工作情况。

七、各中央企业在填报发行债券信息时，应当按照《中央企业发行债券情况填报说明》进行，有关表式、填报说明在 http：//www. sasac. gov. cn 网站下载，信息系统通过 http：//zqgl. sasac. gov. cn 进行登录。

在中央企业发行债券信息采集、编制、报送过程中，若有问题，请及时与国务院国资委产权管理局联系。

联系人：刘婷
电话：010－63193271

国务院国有资产监督管理委员会办公厅
二〇一一年六月二十九日

关于中央企业继续深入开展工程建设领域突出问题专项治理工作的通知

国资纪发〔2011〕11号

各中央企业：

为贯彻落实中央纪委、中央治理工程建设领域突出问题工作领导小组《关于印发〈2011年工程建设领域突出问题专项治理工作要点〉的通知》（中纪发〔2011〕12号）要求，完成好2011年工程治理各项任务，现就中央企业继续深入开展工程建设领域突出问题专项治理工作通知如下。

一、工作要点

（一）认真做好工程建设项目排查及问题整改。一是继续深入抓好项目排查工作。对新开工项目，要滚动摸排、跟踪督查；对在建项目，要动态监管、全程监督；对竣工项目要抓紧组织验收。要加强对配套资金落实情况的监督检查，防止出现“半拉子”工程；要加强对项目建设管理和工程质量的监督检查，严格执行基本建设程序和强制性标准，坚决杜绝“豆腐渣”工程。二是按照《关于中央企业工程建设领域突出问题专项治理整改工作的指导意见》（国资发纪检〔2010〕171 号）要求，针对排查出的各类问题，制定整改措施，落实整改责任，把握政策界限，抓好分类处理，确保每个问题都整改到位、不留隐患。

（二）加大重点环节治理力度。一是着力治理招标投标活动中的违法违规行为。要进一步规范招投标活动，严禁围标串标等违法行为；对挂靠借用资质投标、收取管理费出借资质等违法违规行为，要重点治理。二是着力规范工程建设项目实施管理。建设单位要落实责任，禁止肢解发包、违规指定分包人、转包和违法分包，以及超出资质等级认可范围承揽工程。要严格执行施工许可证和开工报告制度，禁止无证开工。施工总承包企业要落实责任，按照合同约定对工地现场管理负总责，确保安全生产各项保障措施落实到位。建设单位要根据合同履约情况及时支付工程款。三是着力规范工程建设项目质量安全管理，治理质量低劣等问题。严禁建设单位任意压缩合理工期、压缩合理安全生产费用，或授意设计单位、施工单位违反工程建设强制性标准、降低工程质量。要强化施工单位工程质量责任，严格执行工程质量终身责任制，严禁擅自修改工程设计、偷工减料、以次充好。要强化工程监理机构责任，对监理机构和监理人员不履行合同约定、监管不力的，要严肃纠正，并按有关规定记入不良行为记录。

（三）严肃查办工程建设领域违纪违法案件。一是进一步加大查办案件的工作力度，要从排查出来的问题入手，深挖细查违规行为背后隐藏的官商勾结、权钱交易和商业贿赂等腐败行为，以及重特大安全事故背后的腐败问题。二是突出查办案件的重点，严肃查办领导干部违规插手干预工程建设项目谋取私利、索贿受贿、失职渎职的案件；严肃查办招标投标、物资采购、项目实施、工程质量、资金使用等环节中的违纪违法案件，以及与监管部门工作人员恶意串通等案件。三是认真梳理分析工程建设领域发案特点和规律，分析原因，堵塞漏洞，创新制度，开展警示教育，发挥案件治本功能。四是全面系统清理工程建设领域发生的违纪违法案件，编写案件要情。

（四）切实抓好长效机制建设。一是进一步梳理各项管理制度，重点完善项目决策、招投标、物资采购、资金使用管理、质量安全和项目实施管理等制度，切实提高制度的合法性、配套性、可控性和实用性。二是推进工程建设项目信息公开和诚信体系建设，按信息公开要求如实提供项目建设管理信息和从业单位、主要从业人员行为信息，配合项目所在地行业主管部门收集、审核、记录和公布在项目建设中信用情况。三是强化制度执行力，建立健全考核机制和责任约束机制，积极开展项目管理效能监察和监督检查，及时纠正各种违法违规行为。四是认真总结项目管理和工程治理工作中的经验做法，并进行广泛宣传推广，用典型引路，不断提高项目管理水平。

二、工作要求

（一）高度重视，加强组织领导。2011 年是工程治理工作攻坚之年。各中央企业要进一步提高认识，增强政治责任感和工作紧迫感，紧密结合企业实际，周密部署，狠抓落实，确保各项任务圆满完成。各级工程治理工作领导小组要认真履行职责，协调解决重点难点问题，坚持并完善党政统一领导、纪检监察机构组织协调、有关业务部门配合，分工协作、分级负责、上下联动的领导体制和工作机制，不断把工程治理工作引向深入。

（二）突出重点，落实工作责任。工程治理工作涉及面广，要把精力放在突出重点、突破难点上，通过重点突破带动全面工作，通过集中治理推进长效机制建设。今年提出了对挂靠借用资质和收取管理费出借资质等问题进行专项治理的新任务，要及时制定方案，研究具体措施。要进一步落实工作责任，明确责任单位、责任人员、工作标准和完成时限，做到每项工作都有人抓、有人管。

（三）周密部署，加强监督检查。要加强对重点领域、重点项目和重点环节的监督检查，及时发现存在的问题和薄弱环节，有针对性地提出改进措施。要积极探索监督检查工作的新思路、新办法、新举措，把全面检查、专项检查、随机抽查、挂牌督办等方式结合起来，督促落实工作责任，保证工作效果。要改进监管方式，深入研究和改进电子监察等手段和方法，加强对工程建设项目特别是境外项目的实时监控。要拓宽监督渠道，注重发挥职工群众民主监督的作用，增强监督实效。

各中央企业纪检监察机构请于2011年6月30日前将工程治理工作开展以来立案和结案的案件要情报送国务院国资委纪委监察局；2011年11月20日前将2011年工程治理工作年度总结报送国务院国资委纪委监察局。

联系人：执法监察室　张玺

联系电话：(010) 64471626，64471429

传真：(010) 64471451

邮箱：zhifa-jw@sasac.gov.cn

国务院国资委开展工程建设领域突出问题专项治理工作协调小组

2011年5月16日

公安部、国务院国有资产监督管理委员会关于进一步推进中央企业信息安全等级保护工作的通知

公通字〔2010〕70号

各省、自治区、直辖市公安厅（局），新疆生产建设兵团公安局，中央企业：

保护中央企业信息系统的安全稳定运行对于促进企业健康发展，维护国家经济安全和社会稳定具有重要意义。为全面落实国家信息安全等级保护制度，加强中央企业的信息安全工作，保障和促进中央企业的信息化发展，现就进一步推进中央企业信息安全等级保护工作的有关要求通知如下：

一、高度重视，切实将信息安全等级保护工作纳入企业信息化工作同步推进

近年来，中央企业全面推进信息化建设，企业信息系统数量大幅增加，系统复杂程度大幅提高，业务依赖程度大幅增强，特别是企业的基础信息网络和重要信息系统已经成为支撑企业业务发展，提高企业核心竞争力的重要载体和主要手段，已成为国家关键基础设施。各级公安机关、国资监管及有关行业主管（监管）部门要高度重视中央企业的信息安全等级保护工作，特别是各企业要将这项工作摆在重要位置，认真贯彻落实国家信息安全等级保护制度，将信息安全等级保护工作纳入企业信息化工作的整体布局中，将信息安全等级保护工作与信息化工作同步规划、同步实施、同步考核。

二、明确职责，建立分工负责、协作配合的工作机制

国资委负责部署中央企业信息安全等级保护工作，其中电力、军工、民航企业和电信运营商的信息安全等级保护工作由相关主管（监管）部门组织部署和落实。国资委和有关行业主管（监管）部门按照国家信息安全等级保护制度的总体要求和相关管理文件，组织中央企业开展信息安全等级保护各项工作，制定具体实施方案或细则，开展宣传、培训和先进经验推广工作，加强对中央企业信息安全等级保护工作的检查监督、指导和考核。中央企业要按照国家信息安全等级保护制度要求和有关部门的工作部署，切实加强对信息安全等级保护工作的组织领导，建立健全工作机制，及时开展信息系统定级备案、安全建设整改、等级测评和自查等各项工作，并利用等级保护综合管理系统使信息安全等级保护工作常态化。公安机关要加强对中央企业信息安全等级保护工作的监督、检查、指导，为中央企业开展信息安全等级保护工作提供服务和支持。

建立由公安部牵头、国资委和有关行业主管（监管）部门共同参加的中央企业信息安全等级保护工作协调配合机制，按照各自职责分工，加强协调，密切配合，定期沟通和通报工作进展，及时交流备案数据、整改测评情况和检查结果等，共同组织推动中央企业信息安全等级保护工作的顺利开展。

三、全面梳理企业信息网络和系统，认真做好企业信息系统安全等级保护定级、备案工作

中央企业要全面梳理本企业信息系统和信息网络，摸清底数，根据《信息安全等级保护管理办法》等有关规定和《信息系统安全等级保护定级指南》等技术标准，准确确定信息系统安全保护等级。对尚未开展信息系统定级的企业，应按照“企业自主定级、聘请专家评审、主管部门审批、公安机关监督”的原则，开展信息系统定级备案工作，国资委或行业主管（监管）部门要对所负责的中央企业信息系统安全保护等级进行审批。各企业在系统定级之后要及时向公安机关备案，中央企业跨省或者全国统一联网运行的第二级（含）以上信息系统，向公安部网络安全保卫局备案，其他信息系统向当地公安厅（局）网安部门备案。对于已定级的信息系统由于定级不准、需求变更或撤销的，应重新开展定级备案。新建系统要在规划设计阶段确定

系统安全保护等级，并在等级确定后30日内到公安机关备案。公安机关要及时受理备案，对符合要求的颁发备案证明。

四、开展信息安全等级保护安全建设整改和等级测评工作，完善重要信息系统安全防护体系

中央企业要在信息系统定级备案工作基础上，按照开展信息安全等级保护安全建设整改工作的有关要求，组织开展等级保护安全建设整改工作。对照《信息系统安全等级保护基本要求》等有关标准，通过开展等级测评、风险评估等方式，确定信息系统安全建设整改需求，对信息系统进行加固改造和完善，落实安全保护技术措施和安全管理制度，建立信息系统综合防护体系，提高网络和信息系统的整体保护能力。各企业要根据企业特点，从《全国信息安全等级保护测评机构推荐目录》中择优选择测评机构，对本企业第三级（含）以上信息系统定期开展等级测评，查找发现信息系统的安全问题、漏洞和安全隐患并及时整改。信息系统测评后，各企业要及时将等级测评报告向公安机关备案。

五、加强检查和考核，确保信息系统安全保护能力达到等级保护要求

各企业应当定期对信息系统安全保护状况、安全保护制度及技术措施的落实情况进行自查，及时发现系统中存在的安全问题并整改；国资委或行业主管（监管）部门要定期督导、检查企业信息安全等级保护制度落实情况，指导企业开展信息安全等级保护各项工作；公安机关要会同国资委、行业主管（监管）部门定期对中央企业开展信息安全等级保护工作情况进行监督检查，推动中央企业重要信息系统安全保护能力逐步达到信息安全等级保护要求。国资委将把中央企业开展信息安全等级保护工作情况纳入信息化水平评价考核体系，制定等级保护工作具体评价指标并进行量化考核。各中央企业要按照有关要求，向国资委报送开展信息安全等级保护工作的有关情况和数据。各企业要认真总结开展信息安全等级保护工作的经验，进一步加强和改进等级保护工作，每年应对等级保护工作情况进行总结，填写《中央企业信息安全等级保护工作情况统计表》（见附件）报国资委或相关行业主管（监管）部门和受理备案的公安机关。国资委和行业主管（监管）部门应每年对所属中央企业开展信息安全等级保护工作情况进行总结并报公安部。

行业主管（监管）部门对所属行业中央企业等级保护工作已做过部署的，所属中央企业按照原计划和要求执行，其他企业按照本通知要求执行。

公安部

国资委

二〇一〇年十二月二十六日

附件：

中央企业信息安全等级保护工作情况统计表（略）

交通运输部关于进一步加强交通运输中央企业安全生产监督管理的通知

交安监发〔2010〕534号

各省、自治区、直辖市、新疆生产建设兵团交通运输厅（局、委），天津、上海市交通运输和港口管理局，部属各单位，中远、中海、中外运长航、招商局、中交建设集团：

根据《国务院关于进一步加强企业安全生产工作的通知》（国发〔2010〕23号）精神，按照《国务院办公厅关于加强中央企业安全生产工作的通知》（国办发〔2004〕52号）和《国务院办公厅关于印发交通运输部主要职责内设机构和人员编制的通知》（国办发〔2009〕18号）的规定，为切实加强交通运输中央企业（以下简称央企）安全生产监督管理，现就有关事项通知如下：

一、安全监管职责分工

（一）我部代表国家承担中国远洋运输（集团）总公司、中国海运（集团）总公司、中国外运长航集团有限公司、招商局集团有限公司、中国交通建设集团有限公司五家央企安全生产的政府监管职责。

（二）部安全监督司代表交通运输部对五家央企安全生产工作实行统一归口管理；部相关司局、质监总站、海事局根据各自职责和业务分工各司其责，对央企的相关生产经营行为进行安全监管。

（三）受部委托，各级交通运输主管部门、长江航务管理局、部直属海事局根据各自的职责和业务分工对所在地的各央企分公司、子公司及其所属

单位的安全生产履行政府监管职责。

二、监督管理范围

（一）我部对央企在国内（不含港澳台地区）从事交通运输行业的生产经营和管理活动实施安全监管，具体包括道路和水路运输、港口生产、交通运输工程建设等行业的安全监管；对央企从事其他行业的生产经营和管理活动由相应的行业主管部门履行行业安全监管职责。

（二）央企设在国外和港澳台地区的分公司、子公司及其所属单位从事的生产经营和管理活动，应依照当地的相关法律，接受所在地有关部门的安全监管。

（三）央企负责履行其在国外以及港澳台地区的分公司、子公司及其所属单位的安全生产管理。

三、监督管理内容

（一）企业贯彻落实国家有关法律法规和我部有关规定以及安全生产条件、标准的情况；

（二）企业主要负责人安全生产第一责任和企业内部安全生产责任制落实情况；企业安全生产和监督管理规章制度、操作规程的建立和落实情况以及企业安全应急体系的建设情况；

（三）企业员工的安全责任意识、安全生产实操能力和安全应急知识、技能的培训情况；

（四）企业开展各类安全生产检查和安全生产事故风险隐患排查及其整治情况；

（五）企业各类安全生产事故按照“四不放过”原则的调查处理情况；

（六）企业有关安全生产和相关突发事件重要信息、活动或事项的报告情况；

（七）企业有关的安全生产规划、年度和阶段性或重要时期的安全生产目标的完成情况；

（八）其他相关的安全生产和管理工作。

四、工作要求

（一）各级交通运输主管部门、长江航务管理局、部直属海事局要认真落实本通知要求，进一步细化、明确和落实相关监管措施，加强对央企的安全生产检查，督促企业落实安全生产主体责任，加强隐患排查与治理，强化对企业的安全生产管理和服务。我部将建立健全央企安全生产指标考核体系，对央企安全生产工作进行安全绩效考核。

（二）央企要按照国家相关法律法规的要求，不断完善安全生产各项规章制度、作业标准和岗位安全操作规程，进一步健全企业层级责任制体系，加大责任落实的考核力度，同时要制定针对性强、可操作的应急预案，加强演练，提高突发事件的预测预警和应急处置能力。

（三）央企要依法保证和加大安全投入，按规定比例提取足额的安全生产投入资金，加快设施设备更新改造力度，不断改善和提高运输车船的安全生产条件。对于新建、改建、扩建工程项目，其安全设施必须与主体工程同时设计、同时施工、同时投入生产和使用，所有工程项目必须在竣工验收合格后方能投入使用。

（四）央企要加强队伍建设，制定安全生产教育和培训计划，提高从业人员的素质和实操能力。要有计划、有步骤地对各类人员进行轮训，加强对高危行业、新录用人员、转岗人员的培训教育，重视农民工的岗前培训，提高农民工的安全生产技能。

（五）央企要建立健全安全生产基础数据统计和信息报告制度，按照部有关规定，及时上报安全生产事故和突发事件信息。

交通运输部

二〇一〇年九月二十八日

国务院国有资产监督管理委员会关于印发《中央企业商业秘密保护暂行规定》的通知

国资发〔2010〕41号

各中央企业：

《中央企业商业秘密保护暂行规定》已经国务院国有资产监督管理委员会第87次主任办公会议审议通过，现印发给你们，请遵照执行。

各中央企业要高度重视商业秘密保护工作，加快研究制订相关实施细则，切实保障企业利益不受侵害，促进企业又好又快发展。

国务院国有资产监督管理委员会

二〇一〇年三月二十五日

中央企业商业秘密保护暂行规定

第一章　总　　则

第一条　为加强中央企业商业秘密保护工作，

保障中央企业利益不受侵害，根据《中华人民共和国保守国家秘密法》和《中华人民共和国反不正当竞争法》等法律法规，制定本规定。

第二条 本规定所称的商业秘密，是指不为公众所知悉、能为中央企业带来经济利益、具有实用性并经中央企业采取保密措施的经营信息和技术信息。

第三条 中央企业经营信息和技术信息中属于国家秘密范围的，必须依法按照国家秘密进行保护。

第四条 中央企业商业秘密中涉及知识产权内容的，按国家知识产权有关法律法规进行管理。

第五条 中央企业商业秘密保护工作，实行依法规范、企业负责、预防为主、突出重点、便利工作、保障安全的方针。

第二章 机构与职责

第六条 中央企业商业秘密保护工作按照统一领导、分级管理的原则，实行企业法定代表人负责制。

第七条 各中央企业保密委员会是商业秘密保护工作的工作机构，负责贯彻国家有关法律、法规和规章，落实上级保密机构、部门的工作要求，研究决定企业商业秘密保护工作的相关事项。

各中央企业保密办公室作为本企业保密委员会的日常办事机构，负责依法组织开展商业秘密保护教育培训、保密检查、保密技术防护和泄密事件查处等工作。

第八条 中央企业保密办公室应当配备专职保密工作人员，负责商业秘密保护管理。

第九条 中央企业科技、法律、知识产权等业务部门按照职责分工，负责职责范围内商业秘密的保护和管理工作。

第三章 商业秘密的确定

第十条 中央企业依法确定本企业商业秘密的保护范围，主要包括：战略规划、管理方法、商业模式、改制上市、并购重组、产权交易、财务信息、投融资决策、产购销策略、资源储备、客户信息、招投标事项等经营信息；设计、程序、产品配方、制作工艺、制作方法、技术诀窍等技术信息。

第十一条 因国家秘密范围调整，中央企业商业秘密需要变更为国家秘密的，必须依法定程序将其确定为国家秘密。

第十二条 中央企业商业秘密及其密级、保密期限和知悉范围，由产生该事项的业务部门拟定，主管领导审批，保密办公室备案。

第十三条 中央企业商业秘密的密级，根据泄露会使企业的经济利益遭受损害的程度，确定为核心商业秘密、普通商业秘密两级，密级标注统一为“核心商密”、“普通商密”。

第十四条 中央企业自行设定商业秘密的保密期限。可以预见时限的以年、月、日计，不可以预见时限的应当定为“长期”或者“公布前”。

第十五条 中央企业商业秘密的密级和保密期限一经确定，应当在秘密载体上作出明显标志。标志由权属（单位规范简称或者标识等）、密级、保密期限三部分组成。

第十六条 中央企业根据工作需要严格确定商业秘密知悉范围。知悉范围应当限定到具体岗位和人员，并按照涉密程度实行分类管理。

第十七条 商业秘密需变更密级、保密期限、知悉范围或者在保密期限内解密的，由业务部门拟定，主管领导审批，保密办公室备案。保密期限已满或者已公开的，自行解密。

第十八条 商业秘密的密级、保密期限变更后，应当在原标明位置的附近作出新标志，原标志以明显方式废除。保密期限内解密的，应当以能够明显识别的方式标明“解密”的字样。

第四章 保护措施

第十九条 中央企业与员工签订的劳动合同中应当含有保密条款。

中央企业与涉密人员签订的保密协议中，应当明确保密内容和范围、双方的权利与义务、协议期限、违约责任。

中央企业应当根据涉密程度等与核心涉密人员签订竞业限制协议，协议中应当包含经济补偿条款。

第二十条 中央企业因工作需要向各级国家机关，具有行政管理职能的事业单位、社会团体等提供商业秘密资料，应当以适当方式向其明示保密义务。所提供涉密资料，由业务部门拟定，主管领导审批，保密办公室备案。

第二十一条 中央企业涉及商业秘密的咨询、谈判、技术评审、成果鉴定、合作开发、技术转让、合资入股、外部审计、尽职调查、清产核资等活动，应当与相关方签订保密协议。

第二十二条　中央企业在涉及境内外发行证券、上市及上市公司信息披露过程中，要建立和完善商业秘密保密审查程序，规定相关部门、机构、人员的保密义务。

第二十三条　加强中央企业重点工程、重要谈判、重大项目的商业秘密保护，建立保密工作先期进入机制，关系国家安全和利益的应当向国家有关部门报告。

第二十四条　对涉密岗位较多、涉密等级较高的部门（部位）及区域，应当确定为商业秘密保护要害部门（部位）或者涉密区域，加强防范与管理。

第二十五条　中央企业应当对商业秘密载体的制作、收发、传递、使用、保存、销毁等过程实施控制，确保秘密载体安全。

第二十六条　中央企业应当加强涉及商业秘密的计算机信息系统、通讯及办公自动化等信息设施、设备的保密管理，保障商业秘密信息安全。

第二十七条　中央企业应当将商业秘密保护工作纳入风险管理，制定泄密事件应急处置预案，增强风险防范能力。发现商业秘密载体被盗、遗失、失控等事件，要及时采取补救措施，发生泄密事件要及时查处并报告国务院国资委保密委员会。

第二十八条　中央企业应当对侵犯本单位商业秘密的行为，依法主张权利，要求停止侵权，消除影响，赔偿损失。

第二十九条　中央企业应当保证用于商业秘密保密教育、培训、检查、奖励及保密设施、设备购置等工作的经费。

第五章　奖励与惩处

第三十条　中央企业在商业秘密保护工作中，对成绩显著或作出突出贡献的部门和个人，应当给予表彰和奖励。

第三十一条　中央企业发生商业秘密泄密事件，由本企业保密委员会负责组织有关部门认定责任，相关部门依法依规进行处理。

第三十二条　中央企业员工泄露或者非法使用商业秘密，情节较重或者给企业造成较大损失的，应当依法追究相关法律责任。涉嫌犯罪的，依法移送司法机关处理。

第六章　附　　则

第三十三条　中央企业应当结合企业实际，依据本规定制定本企业商业秘密保护实施办法或者工作细则。

第三十四条　本规定自发布之日起施行。

国务院国有资产监督管理委员会关于新形势下加强中央企业办公室工作的指导意见

国资发〔2010〕38号

各中央企业：

为深入贯彻落实科学发展观，适应中央企业改革发展稳定的新形势和新要求，进一步提高中央企业办公室（办公厅、综合部、总裁办公室、总经理办公室等，以下统称办公室）工作的质量和水平，根据《国务院国资委工作规则》及相关要求，结合中央企业实际，现就加强中央企业办公室工作提出如下意见。

一、新形势下加强中央企业办公室工作的指导思想和总体要求

国资委成立以来，中央企业办公室紧紧围绕中央企业经营发展战略和改革发展稳定的大局，在建章立制、规范程序、综合协调、会务值班、公文处理、信息调研、督导督办、保密档案、秘书工作、信访维稳、信息化建设、后勤保障、队伍建设等方面取得了显著成效，为中央企业的改革发展稳定发挥了重要作用。但同时也要清醒地看到，当前中央企业办公室工作同中央企业科学发展上水平的目标要求还不完全适应，有的制度不够健全，流程不够优化；有的现代管理意识不强，工作方式方法创新不够；有的工作不够规范，队伍素质亟待提高；有的对办公室建设重视不够，等等。这些问题不同程度地影响了办公室工作的质量和效率，影响了其枢纽作用和整体效能的发挥。

当前世界经济急剧变化，我国进入加快转变经济发展方式的关键时期，中央企业承担着异常繁重和艰巨的任务，面临着更高层次、更高水平、更加激烈的竞争。中央企业办公室必须适应当前新形势和新要求，及时查找不足，分析原因，按照科学发展观要求，研究办公室工作规律，改进工作方式方法，提高办文、办会、办事效率和水平，促进中央企业更好地履行经济责任、政治责任和社会责任，树立优质品牌和良好形象，为国民经济持续健康快

速发展和建设小康社会作出新的更大贡献。

新形势下加强中央企业办公室工作的指导思想是：以邓小平理论和“三个代表”重要思想为指导，深入贯彻落实科学发展观，坚持服务中央企业改革发展稳定工作大局，紧紧围绕中央企业生产经营和改革发展目标，自觉遵循企业发展规律和办公室工作规律，着力构建与公司治理、组织架构、发展战略、价值理念、队伍素质等相适应的办公室工作体制机制，充分发挥企业办公室综合协调、行政枢纽、参谋助手和窗口服务的功能作用，促进中央企业科学发展上水平。

新形势下加强中央企业办公室工作的总体要求是：不断加强办公室工作的科学化、制度化、规范化和信息化，力争用2—3年时间，努力使多数中央企业办公室达到政令畅通、执行有力、规范高效、服务优质、作风过硬的一流水平。

二、新形势下加强中央企业办公室工作的主要任务

中央企业办公室不同于政府部门的办公厅（室），也不同于一般企业的办公室。目前，许多中央企业办公室除了承担办公室的一般职责外，还承担了后勤、维稳、保卫、外事、法规、宣传、应急、安全、信息化等职能。按照中央企业办公室的职能定位和基本要求，新形势下加强中央企业办公室工作要切实完成好以下七项主要任务。

（一）做好综合协调。加强值班工作，确保24小时与上级有关部门、集团内部及所属企业的信息联络畅通，企业重要信息要及时上报国资委；完善会议管理制度，改进会风，做好会务，重要会议、重要活动有关情况要在一定范围内及时通报，党中央、国务院及国资委、国资委党委的重要指示和会议精神要及时组织传达；加强综合协调，协调解决好企业改革发展稳定遇到的各种矛盾和问题，处理好媒体、股东、社会公众等各方面关系，努力提高企业整体运转效能和效率，有效发挥办公室的综合协调作用。

（二）做好执行督办。牢固树立大局意识和责任意识，紧紧围绕企业中心任务及早作出重点工作安排；要加大督促检查力度，保证重大决策和重要工作部署落实到位；要加强对所属企业办公室工作的指导和督查，发挥好全系统办公室工作的整体优势，提高执行力；要在执行和督办中加强调查研究，及时发现工作中带有全局性、苗头性、倾向性、趋势性问题，为领导决策提供真实的第一手资料和决策建议。

（三）做好公文处理。要按照党中央、国务院以及国资委对公文处理的有关规定和要求，结合企业实际，建立健全本企业公文处理制度，切实改进文风，进一步加强公文的标准化和规范化管理，做好公文考核评价工作，研究创新公文管理模式，管好用好“中央企业公文交流平台”，不断提高公文质量和公文处理效率。

（四）做好信息编报工作。要按照党中央、国务院以及国资委对信息工作的有关规定和要求，围绕中心工作和企业改革发展中的重点、难点和热点问题，加大信息编报特别是综合信息编报的力度，做到及时、准确、全面。结合企业实际，完善信息工作机制，健全信息工作制度，加强信息调研，不断提高信息编报质量、信息处理的信息化水平和信息工作人员的素质。

（五）做好保密工作。要按照中央保密委、国家保密局以及国资委对保密工作的有关规定和要求，提高保密意识，落实保密责任，完善保密制度，做好保密检查，杜绝重大失泄密事件的发生，把一般失泄密事件数量降至个位数。

（六）做好档案工作。要按照《国家档案局国务院国有资产监督管理委员会关于印发〈关于进一步加强中央企业档案工作的意见〉的通知》（档发〔2009〕6号）以及有关规定和要求，加强档案基础管理，理顺档案管理体制，建立健全档案工作制度，抓好档案的归档、查询、编研等，开展档案信息化建设工作，不断提高档案管理为中心工作服务的能力和水平。

（七）做好信访维稳工作。要按照国资委关于加强中央企业信访工作意见的要求，加强领导，落实责任，处理好中央企业改革发展稳定的关系，依法维护职工合法权益，健全信访维稳工作机构，确保信访维稳工作渠道畅通，提高队伍素质，把握工作重点，协调处理好重大群体性上访问题，不断提高信访维稳工作质量和水平。

三、新形势下加强中央企业办公室工作的主要措施

（一）加强对办公室工作的领导。要进一步加强企业办公室领导班子建设。企业主要负责人要重视对办公室工作的领导，明确办公室工作的重点和目标要求，帮助办公室解决工作中遇到的困难和问

题，为办公室工作创造必要的条件，保障办公室工作的组织到位、职责到位和人员到位。

（二）加强办公室制度建设。既要建立健全与国资委办公厅现有基本职能相对应的工作制度，还要立足本企业办公室其他职能，建立和完善相应的规章制度与管理流程，制订管理手册，促进办公室工作职责更加清晰、目标更加明确、运转更加顺畅。要加大制度执行力，形成制度的订立、执行、监督、反馈及完善的闭环体系，促使办公室各项工作责任有落实、工作有程序、做事有规范、检查有依据、考评有规则。

（三）加强办公自动化建设。要按照国资委《关于加强中央企业信息化工作的指导意见》（国资发〔2007〕8号）和《关于进一步推进中央企业信息化工作的意见》（国资发〔2009〕102号），切实做好中央企业及所属企业办公自动化系统的建设与应用，逐步实现网上办公，实现与其他信息系统的信息互通和资源共享，提高协同办公水平。落实信息安全保护责任，健全管理制度，运用现代保密技术，确保办公自动化系统信息安全。以办公自动化系统为切入点，积极推进企业业务流程再造，加快集团综合管理信息化建设，不断提高集团管控能力。

（四）加强办公室队伍建设。提高素质、带好队伍是加强办公室建设并争创一流的关键。各中央企业办公室要切实抓好队伍的思想建设、作风建设、能力建设和廉政建设。企业办公室党组织要围绕企业中心工作，把握好政治方向，落实好党的路线方针政策和各项工作任务，发挥好党组织的战斗堡垒作用和党员的先锋模范作用。要通过开展培训、交流、调研、挂职等多种方式，不断提高办公室工作人员的政治素养和业务能力，努力创建学习型办公室。建立办公室人才选拔、培养、使用的长效机制，打造一支政治坚定、业务精良、作风过硬的高素质办公室队伍。

（五）做好办公室考评工作。要按照国资委办公厅关于中央企业办公室相关工作的评价办法，建立和完善切合本企业实际的办公室工作评价与考核办法，并指导所属企业办公室的考评工作。要创造公正公开、效能优先、综合评价的考评工作氛围和制度规范，建立绩效管理的长效机制。

加强中央企业办公室工作，完成好中央企业办公室各项任务，是新形势的必然要求。各中央企业要结合实际，求真务实，锐意进取，真抓实干，追求卓越，不断提高办公室工作的质量和水平，努力开创办公室工作的新局面，为实现中央企业又好又快、科学和谐发展作出新贡献。

国资委党委、国资委关于建立和完善中央企业职工代表大会制度的指导意见

国资党委群工〔2007〕120号

各中央企业党委（党组）：

职工代表大会（以下简称职代会）是企业实行民主管理的基本形式，是职工行使民主管理权力的机构，是中国特色基层民主政治建设的成功经验。为了全面贯彻“三个代表”重要思想和党的十六届六中全会关于构建社会主义和谐社会的精神，贯彻落实科学发展观，在建立健全现代企业制度过程中建立和完善中央企业职代会制度，推进企业职工民主管理工作的制度化、规范化建设，促进中央企业持续健康发展，依据《中华人民共和国宪法》、《中华人民共和国公司法》、《中华人民共和国工会法》、《中华人民共和国劳动法》、《全民所有制工业企业职工代表大会条例》等法律法规的规定，结合中央企业实际，提出以下意见。

一、实行职代会制度必须坚持的基本原则

（一）坚持党的领导的原则。

实行职代会制度，核心在于坚持党的领导。国有企业党组织在企业发挥政治核心作用，是职工依法参与企业民主管理的政治保证和组织保证。企业职代会必须坚持企业党委（党组）的领导，把贯彻全心全意依靠工人阶级的指导方针落到实处。

（二）坚持推进基层民主政治建设的原则。

企业职代会必须以充分发扬民主、依法行使职权、促进公平正义、维护团结稳定为宗旨，保障职工的知情权、参与权、表达权、监督权，推进企业决策的科学化、民主化，推进和丰富基层民主政治建设的实践和成果。

（三）坚持促进企业发展的原则。

企业职代会在国有资产管理体制改革和企业改革发展中，要坚持全面落实、自觉实践科学发展

观，充分调动和发挥广大职工的积极性、主动性、创造性，有效实现企业发展与职工发展的和谐统一，增强企业的核心竞争力和国际竞争力，努力实现企业又好又快地发展。

（四）坚持推进现代企业制度建设的原则。

企业职代会必须在体制和机制上积极探索创新，在遵循和维护法律法规赋予职代会、董事会、监事会和经理层的职权的基础上，实现现代企业制度下职代会制度与公司董事会、监事会、经理层等治理结构的有效衔接，实现国家利益、出资人利益、企业利益和职工利益的协调发展，推进现代企业制度建设。

（五）坚持促进劳动关系和谐的原则。

企业职代会必须以职工为本，进一步加大协调劳动关系和化解矛盾的力度，主动依法科学地维护职工权益，努力建立规范有序、公正合理、互利共赢、和谐稳定的社会主义新型劳动关系，推动和谐企业建设。

二、职代会的职权

中央企业应根据国家有关法律法规及《中共中央办公厅　国务院办公厅关于在国有企业、集体企业及其控股企业深入实行厂务公开制度的通知》（中办发〔2002〕13号）、《中共中央办公厅转发〈中共中央组织部、国务院国资委党委关于加强和改进中央企业党建工作的意见〉的通知》（中办发〔2004〕31号）、《企业工会工作条例》（总工发〔2006〕61号）和国资委有关加强民主管理、维护职工权益的规定，结合企业的实际情况，坚持行使和落实职代会的以下职权：

1. 审议建议权。职代会应听取企业工作报告，审议企业经营方针、中长期发展规划、年度计划、财务预决算等重要事项的报告；审议企业改制方案和重大改革措施；审议职工劳动安全卫生措施，职工教育培训计划、奖励方案和经费使用情况；听取企业经营方面的重大问题、制订重要规章制度的情况以及实行厂务公开及集体合同履行等情况的报告，并提出意见和建议。企业拟订的职务消费管理制度在履行内部决策程序前，应当通过职代会等形式听取职工意见。

2. 审议通过权。职代会应审议企业提出的企业改制中的职工安置方案、职工奖惩办法及企业其他涉及职工切身利益的重要规章制度；应审议经企业和工会协商提出的集体合同草案、企业年金方案、住房制度改革方案等涉及职工切身利益的重大事项。在审议方案的基础上，进行投票表决，形成通过或不通过的决议。

3. 监督评议权。职代会应在企业党组织领导下，在国资委企业领导人员管理部门的指导和参与下，每年或定期组织职工代表听取企业领导班子成员或已建立规范法人治理结构的企业的经营班子成员报告履行职责和廉洁自律的情况，并由职工代表进行民主评议。民主评议的结果可根据干部管理权限，报国资委企业领导人员管理部门或董事会。

4. 民主选举权。职代会应依法选举、监督和罢免企业职工董事、职工监事；选举职代会专门委员会（小组）成员；选举企业劳动争议调解委员会中的职工代表。

5. 法律法规赋予职代会的其他权利。

未建立集团一级职代会的中央企业，应抓紧建立职代会，认真落实职代会职权；已经建立集团一级职代会的中央企业，应结合企业实际，继续完善和落实职代会的职权内容。其中，国有独资公司董事会试点的中央企业，应在现代企业制度框架内，结合企业实际，积极探索与公司董事会、监事会、经理层等治理结构有效衔接的职代会职权内容；子企业数量多、分布广的中央企业，应结合企业实际，决定适应本企业组织构架的职代会职权内容；多元投资主体的中央企业、整体上市的中央企业和其他类型的中央企业，也应结合企业实际，决定适应本企业产权结构的职代会职权内容。

由于中央企业的产权结构、组织构架差异比较大，职代会的职权内容可以有所不同，但都应坚持企业重要事项必须提请职代会审议；涉及职工切身利益的重大事项必须提请职代会审议通过；企业领导班子成员或已建立规范法人治理结构的企业的经营班子成员必须向职代会报告履行职责和廉洁自律的情况，并接受职工代表的民主评议。

中央企业所属企业应根据本意见及所在省市关于职代会制度的有关规定，结合本企业的实际情况，确定并落实职代会的各项职权。

三、职工代表的结构、权利和义务

职工代表是企业职工民主管理的主体，职工代表结构合理、权利保障和义务履行，是实行职工民主管理的基本保证。

（一）职工代表的产生和结构。

依法享有政治权利并与本企业建立劳动关系的职工，均可当选为本企业的职工代表。为保证中央企业职代会的运作质量，职工代表应有良好的品行和较好的群众基础，有一定的生产、管理知识和工作经验，具有较好的参与民主管理的能力。

职工代表的总人数根据企业规模等实际情况而定，既要保证职工代表的覆盖面和代表性，又要保证职代会制度的可操作性。

规模较小的中央企业的职工代表选举，应以班组（科室）、工段（作业区）或者分厂（车间）为选区进行，须有本选区全体职工三分之二以上参加，候选人获得应到人数过半数赞成票方可当选。其中有条件的企业，也可以按照职工自荐、竞职演说、群众信任投票和组织审定的基本程序，实行职工代表竞选制。规模较大的中央企业，其职工代表一般由所属子（分）企业职代会选举产生。

职工代表的结构应以一线职工（包括一线工人、技术人员和管理人员）为主体。子企业分布比较集中的中央企业的正副职负责人及所辖子企业正职负责人担任的职工代表，一般不超过代表总数的25%；子企业数量多、分布广的中央企业的正副职负责人及所辖子企业正职负责人担任的职工代表，一般不超过代表总数的35%。贸易型、高新技术型企业的职工代表，应以一线的贸易、科技人员等为主体。在职工代表中，劳模先进人物、青年职工和女职工应占适当比例。

职代会新建或换届，应建立职工代表资格审查小组，负责审查代表是否依法享有政治权利并与本单位建立了劳动关系，代表的产生是否符合民主程序，代表的结构比例是否符合相关规定，并向职代会报告审查结果。

企业的职工代表实行常任制，可连选连任。根据需要职代会可设置列席代表与特邀代表。

（二）职工代表的权利。

职工代表在职代会上有选举权、被选举权和表决权；有权参加职代会及其工作机构组织的各项活动；因参加职代会组织的有关活动而占用生产或工作时间，有权按照正常出勤享受应得的待遇；依法行使职权时，任何组织和个人不得压制、阻挠和打击报复。职工代表在劳动合同期间，除严重违反企业规章制度、因严重失职给企业利益造成重大损失外，企业不得与其解除劳动合同。确需解除劳动合同的，应当事先征求企业工会组织的意见。

（三）职工代表的义务。

职工代表应认真学习党和国家的方针政策、法律法规和现代企业管理知识，不断提高政治觉悟、技术业务素质和参与管理的能力；密切联系群众，代表职工合法权益，如实反映职工群众的意见和要求；模范遵守国家的法律法规和企业的规章制度，保守企业商业秘密，做好本职工作；认真执行职代会的决议，完成职代会交付的任务。

（四）职工代表的变动、罢免及补选。

职工代表对本选区的职工负责，职工有权监督职工代表履行职权的情况。

职工代表调离企业、与企业解除劳动合同、退休或死亡，其代表资格自行终止。

职工代表在受到纪检监察、公安、司法机关审查期间，其代表资格暂时中止。各选区有权对触犯法律、受到行政或党纪处分及有其他不称职行为的职工代表提出罢免申请，罢免的民主程序由各企业职代会或工会确定并履行。

职工代表出现缺额时，应由原选区依照规定的民主程序和结构要求及时补选产生，并在下一次职代会上确认。

四、职代会运作的基本程序

职代会运作的基本程序是体现职工代表和广大职工意愿的根本保证。

（一）职代会对民主选举和涉及职工切身利益的重大事项的表决方式。

职代会进行民主选举和审议通过涉及职工切身利益的重大事项时，必须采用无记名投票表决方式；一般事项也可采用其他表决方式，但须获得应到职工代表过半数赞成票通过。

（二）职代会主席团成员的选举产生程序。

在征求职工代表意见的基础上，召开职工代表团（组）长会议，协商提出主席团成员候选人名单。主席团成员必须在职代会的预备会议上由职工代表选举产生。

主席团成员应有一线职工、技术管理人员和企业负责人，人数可以根据企业的具体情况确定。劳模先进人物、青年职工和女职工的代表在主席团成员中应有适当名额。

（三）职代会专门委员会（小组）成员的选举产生程序。

职代会可设立若干个专门委员会（小组），受职代会领导，为职代会依法行使职权服务。

专门委员会（小组）应根据职代会职权内容与企业规模设立，如提案、民主评议干部等。专门委员会（小组）的成员人选，一般由职工代表担任，也可以推荐部分熟悉业务的非职工代表。专门委员会（小组）成员在职代会全体会议上由职工代表选举产生。

（四）召开职代会临时会议的程序。

职代会闭会期间，遇有重大事项，经经理层、工会或三分之一以上职工代表的提议，并由企业党委（党组）审定同意后，可以召开职代会临时会议。

五、职代会的主要工作制度

职代会的主要工作制度，是职代会正常运作的基本保证，也是职代会制度建设的重要内容。

（一）职代会的组织制度。

中央企业的职代会一般每届3—5年，每年至少召开一次会议。每次会议必须有全体职工代表的三分之二以上出席，方可召开。

凡提交职代会审议、讨论的各类报告、方案、规定等有关事项，在不泄露商业秘密的前提下，一般应在正式会议召开前印发给职工代表，时间不少于7天。在职代会正式会议召开前一周内，由工会负责召开职代会预备会议。在预备会议期间，要报告大会的筹备情况，提请审议通过会前与董事会、经理层沟通、协商并经党委（党组）讨论的大会议题、议程，同时决定大会的其他有关事项；组织职工代表在选区内听取职工群众对企业工作报告和其他议案的意见；职工代表分组审议企业工作报告及有关专项议案；根据代表审议提出的意见、建议，对有关议案作修改，提交职代会正式会议审议。如中央企业由于所属子（分）企业分布广等原因，提前印发材料和召开预备会议有困难，可根据实际情况而定。

（二）职代会的日常民主管理工作制度。

1. 联席会议制度。

企业职代会的联席会议在职代会闭会期间，由企业工会主持召开，就需要临时解决涉及职工切身利益的重要问题，以及对职代会审议通过的方案在实施中发生的个别需要作部分修改或补充的问题进行协商处理，履行民主程序。联席会议形成的意见、决议或决定，必须向下次职代会报告，提请确认，职代会对职权范围内的事项具有最终审定权。联席会议由职代会主席团成员、职工代表团（组）长、职代会专门委员会（小组）负责人、工会委员会成员、职工董事、职工监事组成。联席会议可以根据会议内容邀请本企业其他有关人员参加。

2. 质量评估制度。

在企业党委（党组）领导下，每年组织开展对本企业上一年度职代会运行质量的评估工作。评估内容可以分为“职权履行”、“程序规范”、“决议执行”、“制度落实”、“组织领导”等方面。评估采取召开职工代表座谈会、开展职工代表个别访谈、组织职工代表民主测评等方式。工会可会同企业有关部门，对评估的情况进行综合分析，研究提出改进意见，并在下一次职工代表大会上报告测评结果以及实施整改的情况。

3. 专门委员会（小组）工作制度。

职代会专门委员会（小组）在职代会召开前，开展对提请职代会审议的与本委员会（小组）专业对口的有关事项、议题、提案或方案的审议工作，并在职代会有关会议上阐述审议意见。

在职代会闭会期间，各专门委员会（小组）对属于本委员会（小组）职责范围内需要临时决定的事项进行审定，并将审定事项报告下一次职代会，由大会予以确认；开展对企业有关部门执行职代会决议、决定情况的检查监督工作；协助并监督企业有关部门处理、落实经职代会确认的职工代表提案，并将有关情况报告下一次职代会。

4. 职工代表巡视检查制度。

在职代会闭会期间，职代会要组织部分职工代表对职代会各项决议、决定执行和提案落实的情况进行检查和监督；也可以组织部分职工代表通过向有关部门询问、查阅报表资料、提合理化建议等形式，对企业重大决策的执行情况、职工群众关心的热点问题等内容进行巡视检查，督促相关部门对有关问题进行及时改进。

5. 职工代表培训及述职、评议制度。

企业要制订关于职工代表培训的规划和专题培训目标，组织全体职工代表在任职期内分期分批参加法律法规、现代企业管理、民主管理等业务知识的培训，提高职工代表的综合素质。

有条件的企业工会在职工代表任职期间，组织职工代表向本选区的职工作一次工作述职，接受职工群众的评议，也可以探索建立职工群众对职工代表履行职责情况的质询制度。

（三）职代会的文书档案管理制度。

企业工会对职代会的各种文字材料，要组织专人，分门别类，建档归案，并加强日常管理，做到有章可循、有案可查。

六、职代会与公司治理结构的关系

建立规范法人治理结构的企业，依照公司法，董事会行使经营决策权，经理层行使经营管理权，监事会行使监督权，职代会行使职工民主管理权。

（一）正确定位职代会职权。

董事会依照公司法，对企业经营计划、投资方案等重要事项行使决策权，职代会对企业重要事项行使审议建议权。董事会、经理层在制订涉及职工切身利益的有关方案时，要充分听取职代会的意见，职代会对涉及职工切身利益的重大事项有审议通过权。董事会、经理层行使企业人员聘用权，职代会对企业经营班子成员行使评议监督权。

（二）合理确定职代会会期、内容。

职代会的会期、内容要与每年决定企业年度计划等重要事项的董事会会议有机衔接，具体会期由各中央企业视实际情况决定。如职代会在董事会会议之后召开，则应按照职代会职权和厂务公开具体内容的规定，在职代会上报告董事会会议的有关重大决策；如职代会在董事会会议之前召开，则职代会在职权范围内关于企业重要事项的审议意见、决议和涉及职工切身利益重大事项的决定应由参加职代会的职工董事在董事会会议上准确反映，或由工会代表职代会向董事会报告。

（三）充分发挥职工董事、职工监事的作用。

职工董事是职代会与董事会联系的纽带，代表职工参与企业决策。职工董事要严格按照公司法和国资委制定的《国有独资公司董事会试点企业职工董事管理办法（试行）》的要求选举产生，与其他董事享有同等权利，承担相应义务。职工董事要严格履行董事的职责，正确反映职代会和职工代表的意见，维护国家、出资人、企业和职工四方的利益。董事会讨论研究涉及职工切身利益的重大事项时，职工董事应事先听取企业工会和职工代表的意见，全面准确反映职工意见，维护职工的合法权益。

职工监事是职代会与监事会联系的纽带，代表职工参与企业监督。职工监事的选举和职责履行要严格按照公司法和《国有企业监事会暂行条例》（国务院令第283号）的要求实施。职工监事与其他监事享有同等权利，承担相应义务，要正确反映职代会和职工代表的意见。

职工董事、职工监事在董事会会议与监事会会议召开前，在不泄露商业秘密和企业一段时间需要保密的问题的前提下，应就会议有关内容开展调研，充分听取职工代表的意见。

职工董事、职工监事应定期向职代会就反映职工意见、参与决策与监督、维护职工权益等内容报告履行职责的情况，接受职工代表的监督、质询和考核。对工作不称职的、群众不满意的职工董事、职工监事，职代会要通过相应程序予以撤换或罢免。

七、加强组织领导，明确责任分工，搞好协调配合

中央企业党委（党组）要加强组织领导，明确责任分工，搞好协调配合，促使建立和完善职代会制度的工作取得切实成效。

（一）企业党委（党组）要加强对职代会工作的领导。

企业党委（党组）要坚持贯彻落实全心全意依靠工人阶级的指导方针，充分发挥政治核心作用，支持和保证职代会依法行使各项职权。党委（党组）要定期听取职代会工作情况的汇报，切实加强对职代会工作的领导，指导协调企业各有关方面，及时研究解决职代会制度建设中遇到的问题，落实企业工会的人员编制，充分发挥职代会应有的作用；要定期组织企业负责人进行法律法规、现代企业管理等知识的培训，提高他们的民主管理意识；要加强督导力度，促进企业健全完善民主管理的各项机制，扎实提高企业民主管理工作的水平。

（二）董事会、经理层要积极推进职代会制度的落实。

董事会、经理层要牢固树立依靠职工办企业的观念，尊重职工代表民主参与、民主管理、民主决策和民主监督的权利，重视职代会提出的建议和意见，支持职代会依法行使职权；要把建立和完善职代会制度与健全现代企业制度有机结合起来，切实加以推进，并把职代会制度作为企业管理的重要基础制度；要督促企业有关部门落实职代会提案和决议，在企业管理费中列支职代会工作费用；要进一

步规范企业行为，提高企业科学决策、民主决策的水平，推动企业的健康、可持续发展。

（三）工会应当承担并履行好职代会工作机构的职责。

企业工会作为职代会的工作机构，在建立和完善职代会制度的工作中应发挥重要作用。要运用各种形式向职工群众宣传民主管理的有关知识，组织传达职代会精神，宣传和发动职工落实职代会决议；要搞好职工代表选举，做好职代会筹备和组织工作；要组织职代会专门委员会（小组）和部分职工代表开展对职代会决议和提案落实情况的检查；要为职工群众反映意见、要求和建议创造条件，维护职工代表的合法权益；要加强对职工代表的培训和教育，不断提高职工代表的综合素质和参与民主管理水平。

（四）建立职代会工作问责制度，促进企业各方切实担负建立和完善职代会制度的责任。

建立职代会工作问责制度，督促企业党委（党组）、董事会、经理层、工会承担好各自职责。对妨碍职代会制度实施、甚至阻挠职工行使民主管理权利的企业有关人员进行严肃批评或给予必要的组织处理。国资委党委将组织有关部门，定期对各企业职代会的运行质量进行评估，评估结果将作为对各企业民主管理工作的重要考核依据。

各中央企业要按照本意见的要求，结合企业实际情况，制订贯彻落实的实施意见或细则，要明确目标责任，加强组织协调，努力探索创新，注重工作实效，并将意见贯彻落实到所属企业，推动建立符合现代企业制度要求的企业民主管理体系，开创中央企业的职工民主管理工作的新局面，更好地为中央企业的经济建设和改革发展服务。

国资委党委

国资委

二〇〇七年七月二十二日

国务院国有资产监督管理委员会关于印发《中央企业效能监察暂行办法》的通知

国资发纪检〔2006〕139号

各中央企业：

为规范中央企业效能监察工作，进一步强化企业内部监督，完善企业内部管理制度，我们制定了《中央企业效能监察暂行办法》。现印发给你们，请结合企业实际认真贯彻执行。

国务院国有资产监督管理委员会

二〇〇六年八月五日

中央企业效能监察暂行办法

第一章　总　　则

第一条　为进一步规范中央企业效能监察工作，完善企业管理，促进经营管理者正确履行职责，提高企业效能，实现国有资产保值增值，根据《企业国有资产监督管理暂行条例》（国务院令第378号）的相关规定，制定本办法。

第二条　国务院国有资产监督管理委员会（以下简称国资委）履行出资人职责的国有及国有控股企业（以下简称中央企业）适用本办法。

第三条　国资委纪委、监察部驻国资委监察局（以下统称国资委纪委监察局）负责指导中央企业效能监察工作。

第四条　企业效能监察是企业监察机构针对影响企业效能的有关业务事项或活动过程，监督检查相关经营管理者履行职责行为（以下简称履职行为）的正确性，发现管理缺陷，纠正行为偏差，促进企业规范管理和自我完善，提高企业效能的综合性管理监控工作。

本办法所称的相关经营管理者是指除中央和国资委管理的企业领导人员以外的经营管理人员以及其他具有经营管理职权的人员。对中央和国资委管理的企业领导人员履职行为的检查按有关规定进行。

第五条　检查经营管理者履职行为正确性遵循以下标准：

（一）合法性：经营管理者履职行为必须是合法的授权行为，必须符合国家相关法律法规和企业领导人员廉洁从业的相关规定，必须按规定接受监督；

（二）合规性：经营管理者履职行为必须符合相关管理程序、业务流程和技术规范；

（三）合理性：经营管理者履职行为在职责权限内的合理裁量，必须符合降低成本增加效益、持续经营等管理原则；

（四）时限性：经营管理者履职行为对有特殊时限要求的管理事项不得擅自延长或者缩短时限。

第六条　效能监察工作坚持以下原则：

（一）科学发展原则。围绕企业经营中心，服务企业改革发展大局，促进建立节约型企业，持续发展，不断提高效益。

（二）依法监察原则。有章必循、违章必纠、执纪必严，激励守法合规行为。

（三）实事求是原则。重调查研究、重证据，客观公正。

（四）协调统一原则。监察与纪检、监事会和审计等其他监督部门相协调；监督检查经营管理者履职行为与服务经营管理目标相统一；促进制度建设与提高企业效能相统一；完善企业内部管理控制机制与构建惩治和预防腐败体系相统一；教育与奖惩相统一。

第二章　效能监察工作领导体制和责任体系

第七条　中央企业应当按照企业人事管理权限或者企业产权关系，依据"统一要求、分级负责"的原则，建立健全效能监察工作责任体系，形成在企业党政领导下，由主要经营管理者负责、监察机构组织协调和实施、相关部门密切配合、职工群众积极参与的效能监察工作领导体制和工作机制。

第八条　中央企业主要经营管理者负责本企业效能监察工作，主要责任是：

（一）明确效能监察的分管领导，建立中央企业效能监察工作领导小组，充分发挥效能监察在经营管理中的综合监督作用，加强内部监督和风险控制；

（二）按本企业人事管理权限确定本企业效能监察的范围和应当接受检查的经营管理者，批准效能监察立项、工作报告、监察建议和决定等重大事项，定期听取本企业的效能监察工作情况汇报；

（三）建立健全企业监察机构，根据企业实际需要配置与监察工作任务相适应的专职监察人员，为本企业开展效能监察工作提供组织保证。

第九条　中央企业效能监察工作领导小组的主要职责是：研究部署并指导和组织检查所属企业的效能监察工作，协调效能监察工作关系，处理与效能监察工作有关的重大事宜。

第十条　中央企业监察机构负责组织协调和实施本企业效能监察工作，主要职责是：

（一）按照本企业主要经营管理者、效能监察工作领导小组和上级部门有关效能监察工作的要求，结合本企业经营管理实际，提出效能监察年度工作计划和效能监察立项意见，负责本企业的效能监察日常工作；

（二）组织协调相关部门参与效能监察工作，与监事会、审计等部门协调配合，形成综合监督力量；

（三）根据选定项目，建立相应的效能监察项目检查组，实行效能监察项目负责制；

（四）受理对效能监察决定有异议的申请，并组织复审；

（五）开展调查研究，组织理论研讨、业务培训和工作交流，总结推广典型经验；

（六）完成本企业主要经营管理者、效能监察工作领导小组和上级部门交办的其他事项。

第十一条　企业相关部门在效能监察工作中负有参与配合、通报相关情况、提供相关资料的义务；并负责落实针对本部门的效能监察建议或决定，以及向同级效能监察工作领导小组提出意见、建议。

第十二条　效能监察项目检查组依据同级监察机构的授权，具体负责效能监察项目的实施。

第十三条　效能监察项目检查组成员负责效能监察项目的检查。效能监察项目检查组成员应当熟悉效能监察业务，了解企业管理制度和企业经营管理情况，有较丰富的工作经验，爱岗敬业，忠于职守，公正廉明。

第三章　效能监察的任务、权限和方式

第十四条　效能监察的主要任务是：

（一）检查经营管理者履行职责，执行国家法律法规和企业管理制度，完成经营管理目标任务的情况，促进企业加强执行力，维护指令畅通；

（二）监督检查经营管理者履职行为的正确性，发现行为偏差和管理缺陷，分析存在问题的原因，会同相关部门提出监察建议或决定的意见，加强内部管理监控；

（三）按规定参与调查违反国家法律法规和企业管理制度造成国有资产损失的问题，依法追究有关责任者的责任，避免和挽回国有资产损失；

（四）按规定参与调查处理企业发生的重大、特大责任事故，促进企业落实安全生产责任；

（五）按规定及时将发现的违法违规违纪线索，移交有关部门处理，督促企业依法经营和经营管理者廉洁从业；

（六）督促监察建议或决定的落实，纠正经营

管理者行为偏差，总结推广管理经验，健全管理制度，促进企业规范管理，完善企业激励约束机制。

第十五条 企业监察机构开展效能监察工作有下列权限：

（一）要求被检查的经营管理者及其所在部门（单位）报送与效能监察项目有关的文件、资料，对效能监察项目的相关情况作出解释和说明；

（二）查阅、复制、摘抄与效能监察项目相关的文件、资料，核实效能监察项目的有关情况；

（三）经企业主要经营管理者批准，责令被检查的经营管理者停止损害国有资产、企业利益和职工合法权益的行为；

（四）建议相关部门暂停涉嫌严重违法违规违纪人员的职务；

（五）效能监察人员可以列席与效能监察项目有关的会议；

（六）效能监察项目涉及本企业以外的其他中央企业的人员的，可请求相关中央企业协助查询和调查，有关中央企业应当予以协助，必要时可以提请国资委纪委监察局予以协助。

第十六条 效能监察可以采用下列监察方式：

（一）针对企业经营管理活动的重点、难点，针对资产管理的风险因素和职工群众反映的热点问题等，开展单项或者综合事项的效能监察；

（二）针对企业业务事项和管理活动的全过程或重点环节，开展事前、事中、事后或全过程的效能监察；

（三）充分利用企业信息化管理系统开展效能监察工作。

第四章 效能监察基本程序

第十七条 效能监察的基本程序包括确定效能监察项目、实施准备、组织实施、拟定监察报告、作出监察处理、跟踪落实、总结评审和归档立卷等。

第十八条 效能监察项目通过以下方式确定：

（一）上级主管部门统一组织效能监察项目；

（二）企业主要经营管理者直接指定效能监察项目；

（三）监察机构调查分析，研究拟定并报批效能监察项目。

第十九条 效能监察实施准备的主要过程是：

（一）成立效能监察项目检查组，检查组成员以效能监察人员为主，相关部门派人参与，或者聘请具有专门知识、技术的人员参加，本人或者其近亲属与效能监察项目有利害关系，或者有其他关系可能影响公正监察的，不得作为检查组成员；

（二）对效能监察项目检查组成员进行相关专业知识及法律法规和企业相关制度的培训；

（三）收集整理监察依据，理清监察项目的主要业务流程和关键岗位权限，找准主要监察点，明确监察目的、要求和方法步骤，制订实施方案；

（四）向被检查的经营管理者所在部门（单位）发送效能监察通知，相关部门（单位）应当提供效能监察必需的工作条件。

第二十条 效能监察组织实施的主要内容是：

（一）向被检查的经营管理者所在部门（单位）通报实施效能监察的目的、要求和相关事宜；

（二）依据效能监察项目实施方案规定的方法和步骤对有关经营管理者进行检查；

（三）检查效能监察项目有关经营管理者履行职责、执行国家法律法规和企业管理制度、完成管理目标任务的情况；收集与监察项目有关的文件资料和事实陈述；检查经营管理者履职行为的正确性，发现行为偏差和管理缺陷；

（四）向被检查的经营管理者及其所在部门（单位）通报检查情况，听取其意见，并予以确认；

（五）会同相关部门对发现的行为偏差和管理缺陷进行分析，并查找其在体制、机制和制度等方面的存在原因，研究提出监察建议或决定的意见。

第二十一条 效能监察项目实施后，效能监察项目检查组应当实事求是、客观公正地拟定效能监察报告，并报本企业主要经营管理者批准。效能监察报告内容包括监察依据、检查过程、发现的行为偏差和管理缺陷、管理控制制度分析和监察建议或决定意见等。

第二十二条 监察机构对监察中发现的需要追究党纪处分或者法律责任的问题，按权限报批后，移送有关部门处理；对涉及本企业以外的单位和个人的问题，移送有处理权的单位；对需要进行监察处理的，经企业主要经营管理者批准后，下达监察建议或者监察决定。

第二十三条 监察机构应当对监察建议或决定的执行情况进行跟踪检查，督促整改意见的落实，及时将效能监察结果及整改情况抄送给企业各监督管理部门和人力资源管理等部门使用。

第二十四条 中央企业每年底要对全年效能监察工作进行总结，并对完成的效能监察项目进行效果统计和成效评定。年终（度）书面工作总结报告按权限报批后，报企业党政主要负责人和上级监察机构。

第二十五条　已经完成的效能监察项目资料要及时立卷归档。卷宗应包括立项报告（表）、实施方案、总结报告、《监察建议书》或《监察决定书》等全部原件资料。

第五章　监察建议和决定

第二十六条　监察机构在效能监察工作中，对查明的下列尚不够作出纪律处分的行为偏差事实，报批后，下达整改监察建议：

（一）不执行、不正确执行或者拖延执行国家法律法规和企业章程，以及重要决策、决议、决定等，应予纠正的；

（二）不执行、不严格执行企业内部管理制度的，或存在管理缺陷的；

（三）经营管理决策、计划、指令以及经营管理活动不适当，应予纠正或应予撤销的；

（四）违反本企业选人、录用、任免、奖惩工作原则和程序，决定明显不适当的；

（五）按照国家法律法规和企业管理制度相关规定，需要予以经济赔偿的；

（六）其他需要提出监察建议的。

第二十七条　监察机构在效能监察工作中，对查明的下列尚未涉嫌犯罪的违规违纪事实，报批后，作出监察处分决定：

（一）违反国家法律法规和企业管理制度，按照人事管理权限应当给予相关责任人纪律处分的；

（二）不按规定追缴，或者不按规定退赔非法所得的；

（三）已经给国有资产或企业利益造成损害，未采取补救措施的；

（四）其他需要作出监察处分决定的。

第二十八条　监察建议或决定应当以书面形式送达被检查的经营管理者及其所在部门（单位），被检查的经营管理者及其所在部门（单位）应当采纳或必须执行。

第二十九条　被检查的经营管理者及其所在部门（单位）应当在收到监察建议或决定之日起的15日内提出采纳或执行意见，采纳或执行情况要书面报告相应的监察机构。

对监察决定有异议的，被检查的经营管理者可以在收到监察决定之日起15日内向作出决定的监察机构申请复审；复审应在收到复审申请之日起的30个工作日内完成。复审期间，不停止原决定的执行。

第六章　奖励与惩处

第三十条　中央企业效能监察工作领导小组对效能监察工作中发现的下列机构和人员，可以按规定建议给予精神或物质奖励：

（一）企业经营管理者正确履行职责，模范遵守国家法律法规和企业管理制度，经营管理成效显著，贡献突出的；

（二）监察机构认真开展效能监察取得重大经济和社会效益的；

（三）监察人员忠于职守，坚持原则，有效制止违法违规违纪行为，避免或挽回重大国有资产损失，贡献突出的；

（四）控告、检举重大违法违规违纪行为的有功人员；

（五）其他应当奖励的部门、单位和个人。

第三十一条　被检查的经营管理者及其所在部门（单位）违反本办法，有下列情形之一的，由所在企业按人事管理权限对直接责任人和其主管负责人给予相应的纪律处分；涉嫌犯罪的，依法移送司法机关处理：

（一）拒不执行监察决定，或者无正当理由拒不采纳监察建议的；

（二）阻挠、拒绝监察人员依法行使职权的；

（三）拒绝提供相关文件、资料和证明材料的；

（四）隐瞒事实真相、出具伪证，或者隐匿、毁灭证据的；

（五）利用职权包庇违法违规违纪行为的；

（六）其他需要给予纪律处分的。

第三十二条　监察人员有下列情形之一的，由所在企业根据情节给予相应的纪律处分；涉嫌犯罪的，依法移送司法机关处理：

（一）玩忽职守，造成恶劣影响和严重后果的；

（二）利用职权为自己或他人谋取私利的；

（三）利用职权包庇或者陷害他人的；

（四）滥用职权侵犯他人民主权利、人身权利和财产权利的；

（五）泄露企业商业秘密的；

（六）其他需要给予纪律处分的。

第七章　附　　则

第三十三条　中央企业可根据本办法，结合实际制订实施细则。

第三十四条 本办法自发布之日起施行。

国务院国有资产监督管理委员会关于印发《中央企业全面风险管理指引》的通知

国资发改革〔2006〕108号

各中央企业：

企业全面风险管理是一项十分重要的工作，关系到国有资产保值增值和企业持续、健康、稳定发展。为了指导企业开展全面风险管理工作，进一步提高企业管理水平，增强企业竞争力，促进企业稳步发展，我们制定了《中央企业全面风险管理指引》，现印发你们，请结合本企业实际执行。企业在实施过程中的经验、做法及遇到的问题，请及时反馈我委。

国务院国有资产监督管理委员会

二〇〇六年六月六日

中央企业全面风险管理指引

第一章 总　　则

第一条 为指导国务院国有资产监督管理委员会（以下简称国资委）履行出资人职责的企业（以下简称中央企业）开展全面风险管理工作，增强企业竞争力，提高投资回报，促进企业持续、健康、稳定发展，根据《中华人民共和国公司法》、《企业国有资产监督管理暂行条例》等法律法规，制定本指引。

第二条 中央企业根据自身实际情况贯彻执行本指引。中央企业中的国有独资公司董事会负责督导本指引的实施；国有控股企业由国资委和国资委提名的董事通过股东（大）会和董事会按照法定程序负责督导本指引的实施。

第三条 本指引所称企业风险，指未来的不确定性对企业实现其经营目标的影响。企业风险一般可分为战略风险、财务风险、市场风险、运营风险、法律风险等；也可以能否为企业带来盈利等机会为标志，将风险分为纯粹风险（只有带来损失一种可能性）和机会风险（带来损失和盈利的可能性并存）。

第四条 本指引所称全面风险管理，指企业围绕总体经营目标，通过在企业管理的各个环节和经营过程中执行风险管理的基本流程，培育良好的风险管理文化，建立健全全面风险管理体系，包括风险管理策略、风险理财措施、风险管理的组织职能体系、风险管理信息系统和内部控制系统，从而为实现风险管理的总体目标提供合理保证的过程和方法。

第五条 本指引所称风险管理基本流程包括以下主要工作：

（一）收集风险管理初始信息；

（二）进行风险评估；

（三）制定风险管理策略；

（四）提出和实施风险管理解决方案；

（五）风险管理的监督与改进。

第六条 本指引所称内部控制系统，指围绕风险管理策略目标，针对企业战略、规划、产品研发、投融资、市场运营、财务、内部审计、法律事务、人力资源、采购、加工制造、销售、物流、质量、安全生产、环境保护等各项业务管理及其重要业务流程，通过执行风险管理基本流程，制定并执行的规章制度、程序和措施。

第七条 企业开展全面风险管理要努力实现以下风险管理总体目标：

（一）确保将风险控制在与总体目标相适应并可承受的范围内；

（二）确保内外部，尤其是企业与股东之间实现真实、可靠的信息沟通，包括编制和提供真实、可靠的财务报告；

（三）确保遵守有关法律法规；

（四）确保企业有关规章制度和为实现经营目标而采取重大措施的贯彻执行，保障经营管理的有效性，提高经营活动的效率和效果，降低实现经营目标的不确定性；

（五）确保企业建立针对各项重大风险发生后的危机处理计划，保护企业不因灾害性风险或人为失误而遭受重大损失。

第八条 企业开展全面风险管理工作，应注重防范和控制风险可能给企业造成损失和危害，也应把机会风险视为企业的特殊资源，通过对其管理，为企业创造价值，促进经营目标的实现。

第九条 企业应本着从实际出发，务求实效的原则，以对重大风险、重大事件（指重大风险发生后的事实）的管理和重要流程的内部控制为重点，积极开展全面风险管理工作。具备条件的企业应全面推进，尽快建立全面风险管理体系；其他企业应制定开展全面风险管理的总体规划，分步实施，可先选择发展战略、投资收购、财务报告、内部审计、衍生产品交易、法律事务、安全生产、应收账款管理等一项或多项业务开展风险管理工作，建立单项或多项内部控制子系统。通过积累经验，培养人才，逐步建立健全全面风险管理体系。

第十条 企业开展全面风险管理工作应与其他管理工作紧密结合，把风险管理的各项要求融入企业管理和业务流程中。具备条件的企业可建立风险管理三道防线，即各有关职能部门和业务单位为第一道防线；风险管理职能部门和董事会下设的风险管理委员会为第二道防线；内部审计部门和董事会下设的审计委员会为第三道防线。

第二章 风险管理初始信息

第十一条 实施全面风险管理，企业应广泛、持续不断地收集与本企业风险和风险管理相关的内部、外部初始信息，包括历史数据和未来预测。应把收集初始信息的职责分工落实到各有关职能部门和业务单位。

第十二条 在战略风险方面，企业应广泛收集国内外企业战略风险失控导致企业蒙受损失的案例，并至少收集与本企业相关的以下重要信息：

（一）国内外宏观经济政策以及经济运行情况、本行业状况、国家产业政策；

（二）科技进步、技术创新的有关内容；

（三）市场对本企业产品或服务的需求；

（四）与企业战略合作伙伴的关系，未来寻求战略合作伙伴的可能性；

（五）本企业主要客户、供应商及竞争对手的有关情况；

（六）与主要竞争对手相比，本企业实力与差距；

（七）本企业发展战略和规划、投融资计划、年度经营目标、经营战略，以及编制这些战略、规划、计划、目标的有关依据；

（八）本企业对外投融资流程中曾发生或易发生错误的业务流程或环节。

第十三条 在财务风险方面，企业应广泛收集国内外企业财务风险失控导致危机的案例，并至少收集本企业的以下重要信息（其中有行业平均指标或先进指标的，也应尽可能收集）：

（一）负债、或有负债、负债率、偿债能力；

（二）现金流、应收账款及其占销售收入的比重、资金周转率；

（三）产品存货及其占销售成本的比重、应付账款及其占购货额的比重；

（四）制造成本和管理费用、财务费用、营业费用；

（五）盈利能力；

（六）成本核算、资金结算和现金管理业务中曾发生或易发生错误的业务流程或环节；

（七）与本企业相关的行业会计政策、会计估算、与国际会计制度的差异与调节（如退休金、递延税项等）等信息。

第十四条 在市场风险方面，企业应广泛收集国内外企业忽视市场风险、缺乏应对措施导致企业蒙受损失的案例，并至少收集与本企业相关的以下重要信息：

（一）产品或服务的价格及供需变化；

（二）能源、原材料、配件等物资供应的充足性、稳定性和价格变化；

（三）主要客户、主要供应商的信用情况；

（四）税收政策和利率、汇率、股票价格指数的变化；

（五）潜在竞争者、竞争者及其主要产品、替代品情况。

第十五条 在运营风险方面，企业应至少收集与本企业、本行业相关的以下信息：

（一）产品结构、新产品研发；

（二）新市场开发，市场营销策略，包括产品或服务定价与销售渠道，市场营销环境状况等；

（三）企业组织效能、管理现状、企业文化，高、中层管理人员和重要业务流程中专业人员的知识结构、专业经验；

（四）期货等衍生产品业务中曾发生或易发生失误的流程和环节；

（五）质量、安全、环保、信息安全等管理中曾发生或易发生失误的业务流程或环节；

（六）因企业内、外部人员的道德风险致使企业遭受损失或业务控制系统失灵；

（七）给企业造成损失的自然灾害以及除上述有关情形之外的其他纯粹风险；

（八）对现有业务流程和信息系统操作运行情况的监管、运行评价及持续改进能力；

（九）企业风险管理的现状和能力。

第十六条 在法律风险方面，企业应广泛收集国内外企业忽视法律法规风险、缺乏应对措施导致企业蒙受损失的案例，并至少收集与本企业相关的以下信息：

（一）国内外与本企业相关的政治、法律环境；

（二）影响企业的新法律法规和政策；

（三）员工道德操守的遵从性；

（四）本企业签订的重大协议和有关贸易合同；

（五）本企业发生重大法律纠纷案件的情况；

（六）企业和竞争对手的知识产权情况。

第十七条 企业对收集的初始信息应进行必要的筛选、提炼、对比、分类、组合，以便进行风险评估。

第三章 风险评估

第十八条 企业应对收集的风险管理初始信息和企业各项业务管理及其重要业务流程进行风险评估。风险评估包括风险辨识、风险分析、风险评价三个步骤。

第十九条 风险评估应由企业组织有关职能部门和业务单位实施，也可聘请有资质、信誉好、风险管理专业能力强的中介机构协助实施。

第二十条 风险辨识是指查找企业各业务单元、各项重要经营活动及其重要业务流程中有无风险，有哪些风险。风险分析是对辨识出的风险及其特征进行明确的定义描述，分析和描述风险发生可能性的高低、风险发生的条件。风险评价是评估风险对企业实现目标的影响程度、风险的价值等。

第二十一条 进行风险辨识、分析、评价，应将定性与定量方法相结合。定性方法可采用问卷调查、集体讨论、专家咨询、情景分析、政策分析、行业标杆比较、管理层访谈、由专人主持的工作访谈和调查研究等。定量方法可采用统计推论（如集中趋势法）、计算机模拟（如蒙特卡罗分析法）、失效模式与影响分析、事件树分析等。

第二十二条 进行风险定量评估时，应统一制定各风险的度量单位和风险度量模型，并通过测试等方法，确保评估系统的假设前提、参数、数据来源和定量评估程序的合理性和准确性。要根据环境的变化，定期对假设前提和参数进行复核和修改，并将定量评估系统的估算结果与实际效果对比，据此对有关参数进行调整和改进。

第二十三条 风险分析应包括风险之间的关系分析，以便发现各风险之间的自然对冲、风险事件发生的正负相关性等组合效应，从风险策略上对风险进行统一集中管理。

第二十四条 企业在评估多项风险时，应根据对风险发生可能性的高低和对目标的影响程度的评估，绘制风险坐标图，对各项风险进行比较，初步确定对各项风险的管理优先顺序和策略。

第二十五条 企业应对风险管理信息实行动态管理，定期或不定期实施风险辨识、分析、评价，以便对新的风险和原有风险的变化重新评估。

第四章 风险管理策略

第二十六条 本指引所称风险管理策略，指企业根据自身条件和外部环境，围绕企业发展战略，确定风险偏好、风险承受度、风险管理有效性标准，选择风险承担、风险规避、风险转移、风险转换、风险对冲、风险补偿、风险控制等适合的风险管理工具的总体策略，并确定风险管理所需人力和财力资源的配置原则。

第二十七条 一般情况下，对战略、财务、运营和法律风险，可采取风险承担、风险规避、风险转换、风险控制等方法。对能够通过保险、期货、对冲等金融手段进行理财的风险，可以采用风险转移、风险对冲、风险补偿等方法。

第二十八条 企业应根据不同业务特点统一确定风险偏好和风险承受度，即企业愿意承担哪些风险，明确风险的最低限度和不能超过的最高限度，并据此确定风险的预警线及相应采取的对策。确定风险偏好和风险承受度，要正确认识和把握风险与收益的平衡，防止和纠正忽视风险，片面追求收益而不讲条件、范围，认为风险越大、收益越高的观念和做法；同时，也要防止单纯为规避风险而放弃发展机遇。

第二十九条 企业应根据风险与收益相平衡的原则以及各风险在风险坐标图上的位置，进一步确定风险管理的优选顺序，明确风险管理成本的资金预算和控制风险的组织体系、人力资源、应对措施等总体安排。

第三十条 企业应定期总结和分析已制定的风险管理策略的有效性和合理性，结合实际不断修订和完善。其中，应重点检查依据风险偏好、风险承受度和风险控制预警线实施的结果是否有效，并提出定性或定量的有效性标准。

第五章 风险管理解决方案

第三十一条 企业应根据风险管理策略，针对各类风险或每一项重大风险制定风险管理解决方案。方案一般应包括风险解决的具体目标，所需的组织领导，所涉及的管理及业务流程，所需的条件、手段等资源，风险事件发生前、中、后所采取的具体应对措施以及风险管理工具（如：关键风险指标管理、损失事件管理等）。

第三十二条　企业制定风险管理解决的外包方案，应注重成本与收益的平衡、外包工作的质量、自身商业秘密的保护以及防止自身对风险解决外包产生依赖性风险等，并制定相应的预防和控制措施。

第三十三条　企业制定风险解决的内控方案，应满足合规的要求，坚持经营战略与风险策略一致、风险控制与运营效率及效果相平衡的原则，针对重大风险所涉及的各管理及业务流程，制定涵盖各个环节的全流程控制措施；对其他风险所涉及的业务流程，要把关键环节作为控制点，采取相应的控制措施。

第三十四条　企业制定内控措施，一般至少包括以下内容：

（一）建立内控岗位授权制度。对内控所涉及的各岗位明确规定授权的对象、条件、范围和额度等，任何组织和个人不得超越授权做出风险性决定；

（二）建立内控报告制度。明确规定报告人与接受报告人，报告的时间、内容、频率、传递路线、负责处理报告的部门和人员等；

（三）建立内控批准制度。对内控所涉及的重要事项，明确规定批准的程序、条件、范围和额度、必备文件以及有权批准的部门和人员及其相应责任；

（四）建立内控责任制度。按照权利、义务和责任相统一的原则，明确规定各有关部门和业务单位、岗位、人员应负的责任和奖惩制度；

（五）建立内控审计检查制度。结合内控的有关要求、方法、标准与流程，明确规定审计检查的对象、内容、方式和负责审计检查的部门等；

（六）建立内控考核评价制度。具备条件的企业应把各业务单位风险管理执行情况与绩效薪酬挂钩；

（七）建立重大风险预警制度。对重大风险进行持续不断的监测，及时发布预警信息，制定应急预案，并根据情况变化调整控制措施；

（八）建立健全以总法律顾问制度为核心的企业法律顾问制度。大力加强企业法律风险防范机制建设，形成由企业决策层主导、企业总法律顾问牵头、企业法律顾问提供业务保障、全体员工共同参与的法律风险责任体系。完善企业重大法律纠纷案件的备案管理制度；

（九）建立重要岗位权力制衡制度，明确规定不相容职责的分离。主要包括：授权批准、业务经办、会计记录、财产保管和稽核检查等职责。对内控所涉及的重要岗位可设置一岗双人、双职、双责，相互制约；明确该岗位的上级部门或人员对其应采取的监督措施和应负的监督责任；将该岗位作为内部审计的重点等。

第三十五条　企业应当按照各有关部门和业务单位的职责分工，认真组织实施风险管理解决方案，确保各项措施落实到位。

第六章　风险管理的监督与改进

第三十六条　企业应以重大风险、重大事件和重大决策、重要管理及业务流程为重点，对风险管理初始信息、风险评估、风险管理策略、关键控制活动及风险管理解决方案的实施情况进行监督，采用压力测试、返回测试、穿行测试以及风险控制自我评估等方法对风险管理的有效性进行检验，根据变化情况和存在的缺陷及时加以改进。

第三十七条　企业应建立贯穿于整个风险管理基本流程，连接各上下级、各部门和业务单位的风险管理信息沟通渠道，确保信息沟通的及时、准确、完整，为风险管理监督与改进奠定基础。

第三十八条　企业各有关部门和业务单位应定期对风险管理工作进行自查和检验，及时发现缺陷并改进，其检查、检验报告应及时报送企业风险管理职能部门。

第三十九条　企业风险管理职能部门应定期对各部门和业务单位风险管理工作实施情况和有效性进行检查和检验，要根据本指引第三十条要求对风险管理策略进行评估，对跨部门和业务单位的风险管理解决方案进行评价，提出调整或改进建议，出具评价和建议报告，及时报送企业总经理或其委托分管风险管理工作的高级管理人员。

第四十条　企业内部审计部门应至少每年一次对包括风险管理职能部门在内的各有关部门和业务单位能否按照有关规定开展风险管理工作及其工作效果进行监督评价，监督评价报告应直接报送董事会或董事会下设的风险管理委员会和审计委员会。

此项工作也可结合年度审计、任期审计或专项审计工作一并开展。

第四十一条 企业可聘请有资质、信誉好、风险管理专业能力强的中介机构对企业全面风险管理工作进行评价，出具风险管理评估和建议专项报告。报告一般应包括以下几方面的实施情况、存在缺陷和改进建议：

（一）风险管理基本流程与风险管理策略；

（二）企业重大风险、重大事件和重要管理及业务流程的风险管理及内部控制系统的建设；

（三）风险管理组织体系与信息系统；

（四）全面风险管理总体目标。

第七章 风险管理组织体系

第四十二条 企业应建立健全风险管理组织体系，主要包括规范的公司法人治理结构，风险管理职能部门、内部审计部门和法律事务部门以及其他有关职能部门、业务单位的组织领导机构及其职责。

第四十三条 企业应建立健全规范的公司法人治理结构，股东（大）会（对于国有独资公司或国有独资企业，即指国资委，下同）、董事会、监事会、经理层依法履行职责，形成高效运转、有效制衡的监督约束机制。

第四十四条 国有独资公司和国有控股公司应建立外部董事、独立董事制度，外部董事、独立董事人数应超过董事会全部成员的半数，以保证董事会能够在重大决策、重大风险管理等方面作出独立于经理层的判断和选择。

第四十五条 董事会就全面风险管理工作的有效性对股东（大）会负责。董事会在全面风险管理方面主要履行以下职责：

（一）审议并向股东（大）会提交企业全面风险管理年度工作报告；

（二）确定企业风险管理总体目标、风险偏好、风险承受度，批准风险管理策略和重大风险管理解决方案；

（三）了解和掌握企业面临的各项重大风险及其风险管理现状，做出有效控制风险的决策；

（四）批准重大决策、重大风险、重大事件和重要业务流程的判断标准或判断机制；

（五）批准重大决策的风险评估报告；

（六）批准内部审计部门提交的风险管理监督评价审计报告；

（七）批准风险管理组织机构设置及其职责方案；

（八）批准风险管理措施，纠正和处理任何组织或个人超越风险管理制度做出的风险性决定的行为；

（九）督导企业风险管理文化的培育；

（十）全面风险管理其他重大事项。

第四十六条 具备条件的企业，董事会可下设风险管理委员会。该委员会的召集人应由不兼任总经理的董事长担任；董事长兼任总经理的，召集人应由外部董事或独立董事担任。该委员会成员中需有熟悉企业重要管理及业务流程的董事，以及具备风险管理监管知识或经验、具有一定法律知识的董事。

第四十七条 风险管理委员会对董事会负责，主要履行以下职责：

（一）提交全面风险管理年度报告；

（二）审议风险管理策略和重大风险管理解决方案；

（三）审议重大决策、重大风险、重大事件和重要业务流程的判断标准或判断机制，以及重大决策的风险评估报告；

（四）审议内部审计部门提交的风险管理监督评价审计综合报告；

（五）审议风险管理组织机构设置及其职责方案；

（六）办理董事会授权的有关全面风险管理的其他事项。

第四十八条 企业总经理对全面风险管理工作的有效性向董事会负责。总经理或总经理委托的高级管理人员，负责主持全面风险管理的日常工作，负责组织拟订企业风险管理组织机构设置及其职责方案。

第四十九条 企业应设立专职部门或确定相关职能部门履行全面风险管理的职责。该部门对总经理或其委托的高级管理人员负责，主要履行以下职责：

（一）研究提出全面风险管理工作报告；

（二）研究提出跨职能部门的重大决策、重大风险、重大事件和重要业务流程的判断标准或判断机制；

（三）研究提出跨职能部门的重大决策风险评估报告；

（四）研究提出风险管理策略和跨职能部门的

重大风险管理解决方案，并负责该方案的组织实施和对该风险的日常监控；

（五）负责对全面风险管理有效性评估，研究提出全面风险管理的改进方案；

（六）负责组织建立风险管理信息系统；

（七）负责组织协调全面风险管理日常工作；

（八）负责指导、监督有关职能部门、各业务单位以及全资、控股子企业开展全面风险管理工作；

（九）办理风险管理其他有关工作。

第五十条　企业应在董事会下设立审计委员会，企业内部审计部门对审计委员会负责。审计委员会和内部审计部门的职责应符合《中央企业内部审计管理暂行办法》（国资委令第8号）的有关规定。内部审计部门在风险管理方面，主要负责研究提出全面风险管理监督评价体系，制定监督评价相关制度，开展监督与评价，出具监督评价审计报告。

第五十一条　企业其他职能部门及各业务单位在全面风险管理工作中，应接受风险管理职能部门和内部审计部门的组织、协调、指导和监督，主要履行以下职责：

（一）执行风险管理基本流程；

（二）研究提出本职能部门或业务单位重大决策、重大风险、重大事件和重要业务流程的判断标准或判断机制；

（三）研究提出本职能部门或业务单位的重大决策风险评估报告；

（四）做好本职能部门或业务单位建立风险管理信息系统的工作；

（五）做好培育风险管理文化的有关工作；

（六）建立健全本职能部门或业务单位的风险管理内部控制子系统；

（七）办理风险管理其他有关工作。

第五十二条　企业应通过法定程序，指导和监督其全资、控股子企业建立与企业相适应或符合全资、控股子企业自身特点、能有效发挥作用的风险管理组织体系。

第八章　风险管理信息系统

第五十三条　企业应将信息技术应用于风险管理的各项工作，建立涵盖风险管理基本流程和内部控制系统各环节的风险管理信息系统，包括信息的采集、存储、加工、分析、测试、传递、报告、披露等。

第五十四条　企业应采取措施确保向风险管理信息系统输入的业务数据和风险量化值的一致性、准确性、及时性、可用性和完整性。对输入信息系统的数据，未经批准，不得更改。

第五十五条　风险管理信息系统应能够进行对各种风险的计量和定量分析、定量测试；能够实时反映风险矩阵和排序频谱、重大风险和重要业务流程的监控状态；能够对超过风险预警上限的重大风险实施信息报警；能够满足风险管理内部信息报告制度和企业对外信息披露管理制度的要求。

第五十六条　风险管理信息系统应实现信息在各职能部门、业务单位之间的集成与共享，既能满足单项业务风险管理的要求，也能满足企业整体和跨职能部门、业务单位的风险管理综合要求。

第五十七条　企业应确保风险管理信息系统的稳定运行和安全，并根据实际需要不断进行改进、完善或更新。

第五十八条　已建立或基本建立企业管理信息系统的企业，应补充、调整、更新已有的管理流程和管理程序，建立完善的风险管理信息系统；尚未建立企业管理信息系统的，应将风险管理与企业各项管理业务流程、管理软件统一规划、统一设计、统一实施、同步运行。

第九章　风险管理文化

第五十九条　企业应注重建立具有风险意识的企业文化，促进企业风险管理水平、员工风险管理素质的提升，保障企业风险管理目标的实现。

第六十条　风险管理文化建设应融入企业文化建设全过程。大力培育和塑造良好的风险管理文化，树立正确的风险管理理念，增强员工风险管理意识，将风险管理意识转化为员工的共同认识和自觉行动，促进企业建立系统、规范、高效的风险管理机制。

第六十一条　企业应在内部各个层面营造风险管理文化氛围。董事会应高度重视风险管理文化的培育，总经理负责培育风险管理文化的日常工作。董事和高级管理人员应在培育风险管理文化中起表率作用。重要管理及业务流程和风险控制点的管理人员和业务操作人员应成为培育风险管理文化的骨干。

第六十二条　企业应大力加强员工法律素质教育，制定员工道德诚信准则，形成人人讲道德诚信、合法合规经营的风险管理文化。对于不遵守国家法律法规和企业规章制度、弄虚作假、徇私舞弊等违法及违反道德诚信准则的行为，企业应严肃查处。

第六十三条 企业全体员工尤其是各级管理人员和业务操作人员应通过多种形式，努力传播企业风险管理文化，牢固树立风险无处不在、风险无时不在、严格防控纯粹风险、审慎处置机会风险、岗位风险管理责任重大等意识和理念。

第六十四条 风险管理文化建设应与薪酬制度和人事制度相结合，有利于增强各级管理人员特别是高级管理人员风险意识，防止盲目扩张、片面追求业绩、忽视风险等行为的发生。

第六十五条 企业应建立重要管理及业务流程、风险控制点的管理人员和业务操作人员岗前风险管理培训制度。采取多种途径和形式，加强对风险管理理念、知识、流程、管控核心内容的培训，培养风险管理人才，培育风险管理文化。

第十章　附　　则

第六十六条 中央企业中未设立董事会的国有独资企业，由经理办公会议代行本指引中有关董事会的职责，总经理对本指引的贯彻执行负责。

第六十七条 本指引在中央企业投资、财务报告、衍生产品交易等方面的风险管理配套文件另行下发。

第六十八条 本指引的《附录》对本指引所涉及的有关技术方法和专业术语进行了说明。

第六十九条 本指引由国务院国有资产监督管理委员会负责解释。

第七十条 本指引自印发之日起施行。

国务院国有资产监督管理委员会关于中央企业执行《企业会计制度》工作有关事项的通知

国资发评价〔2004〕218 号

各中央企业：

在全面开展清产核资工作的基础上，推动中央企业执行《企业会计制度》，是国务院国有资产监督管理委员会（以下简称“国资委”）2004 年的重要工作部署。2003 年 8 月国资委、财政部《关于做好执行〈企业会计制度〉工作的通知》（国资评价〔2003〕45 号），明确中央企业及其境内全资、控股子企业应于 2005 年底前全面执行《企业会计制度》，并拟定了中央企业执行《企业会计制度》工作计划安排。为有效推动中央企业执行《企业会计制度》工作，规范企业会计核算，加强企业财务监督，促进提高会计信息质量，现将有关事项通知如下：

一、加强对执行《企业会计制度》工作的组织领导。通过清产核资工作，摸清企业“家底”，核实资产质量，统一执行《企业会计制度》，是加强中央企业基础管理工作的重要措施。执行《企业会计制度》是一项较为复杂的系统工作，各中央企业要高度重视，切实加强领导；企业财务管理部门要认真抓好各项有关工作的组织落实，加强工作协调，做好统筹规划，制定严密工作计划，并妥善安排年度财务决算、清产核资等各项财务工作与执行《企业会计制度》工作的相互衔接，严格按照国资委统一工作安排，有计划、有步骤、有组织地做好执行《企业会计制度》工作。经商财政部同意，中央企业执行《企业会计制度》的审批工作，由国资委统一负责。企业应当在完成清产核资工作的基础上，按照财政部《国有企业申请执行〈企业会计制度〉的程序及报送材料的规定》（财会〔2001〕44 号）及国资委、财政部《关于做好执行〈企业会计制度〉工作的通知》（国资评价〔2003〕45 号）的相关要求，将有关申报材料报送国资委，抄报财政部。

二、切实做好执行《企业会计制度》的组织落实工作。各中央企业应当在认真做好清产核资工作基础上，对所属子企业或单位进行分类排队，加强执行《企业会计制度》工作的组织落实和业务指导，促进公司规范执行统一会计制度。

（一）中央企业及所属境内持续经营子企业都应当按照规定统一执行《企业会计制度》。对各类非持续经营子企业要按规定尽快清理整顿，并对已撤销、破产等子企业及时办理企业国有资产注销产权登记手续和工商注销手续。

（二）中央企业所属事业单位及基建单位要加快改制步伐，实现财务并账，促进公司内部执行统一会计制度；尚不具备条件的单位，应当在原会计制度核算基础上，按规定先实现财务报表格式转换，建立公司内部规范的合并报表制度，并积极创造条件推进执行《企业会计制度》。

（三）中央企业所属境外子企业在向境内报送

财务决算报告时，应当按照国内会计制度和会计准则规定，以《企业会计制度》及母公司会计政策为依据，相应调整财务决算口径，实现公司财务数据信息的统一、可比。

三、积极做好企业财会人员的业务培训工作。《企业会计制度》较以往的行业会计核算制度改革力度大、内容多，需要更多的职业经验判断，具有一定复杂性，对财会人员的专业知识和业务能力提出了更高的要求。为做好执行《企业会计制度》的准备工作，国资委、财政部将于2004年上半年分批组织各中央企业总部财会人员开展相关业务培训（有关工作安排另行通知）。各中央企业务必组织好本企业及所属子企业的业务培训工作，将业务培训与制订本企业财务核算办法及相关财务管理制度相结合，既要使财会人员尽快理解《企业会计制度》与《企业会计准则》的规定，又要与本企业的工作要求相适应，确保执行《企业会计制度》整体工作顺利进行。

四、抓紧建立健全企业内部控制机制。健全有效的财务管理制度及严格的内部控制机制，是规范企业管理、堵塞漏洞、消除隐患、确保国有资产安全与完整的有力保障。各中央企业应当从财务管理工作需要出发，根据国家有关制度、法规及《内部会计控制规范——基本规范（试行）》的有关规定要求，结合企业实际情况和业务特点，建立企业成本费用、实物资产、资本与资金、对外融资、对外担保、对外投资及高风险业务的风险控制、内部审计监督等方面的管理规范，完善企业内部控制机制，确保各部门、岗位之间权责分明、相互制约、相互监督，实现企业财务管理工作的制度化、规范化。

五、认真做好执行《企业会计制度》账务衔接工作。做好账务衔接、实现会计核算平稳过渡和规范运行，是执行《企业会计制度》的重要环节。各中央企业及所属子企业应当按照国资委批复的清产核资处理意见，及时做好清产核资损失确认的账务处理工作，并根据清产核资资金核实结果批复，以及财政部关于印发《工业企业执行〈企业会计制度〉有关问题衔接规定》（财会〔2003〕31号）的要求，及时调整有关账务，做好会计制度转换的账务衔接工作，确保会计核算平稳过渡。对清产核资确认的资产损失，按规定冲减有关权益后，如未分配利润为负数，应当按会计制度及税收制度要求，在规定期限内用企业当期利润弥补，在规定期限内不能弥补的按规定用企业盈余公积等弥补。

六、统一制定企业内部会计核算规范。各中央企业应当在符合国家有关会计制度和会计准则的前提下，统一建立公司内部会计核算规范。

（一）企业应当根据有关会计法律、行政法规和《企业会计制度》的规定，结合本企业的经营业务特点，选择适当的会计政策和会计估计，统一制定适合本企业的会计核算办法。

（二）企业会计政策的选择与会计估计的确定要与企业资产质量相匹配，通过清产核资全面核实资产质量及价值状况，确立资产质量分类等级，统一制定企业会计政策和会计估计方法。

（三）企业会计政策的选择与会计估计的确定要与企业的行业特征相符合，公司内同行业企业的会计政策和会计估计方法应当一致。

（四）企业的会计政策、会计估计一经确定，不得随意变更。严禁利用会计政策、会计估计变更调节利润，影响会计信息的可比性和真实性。

七、规范建立企业资产减值准备管理制度。各中央企业应当根据有关会计制度规定，制定统一的公司资产减值准备计提标准和方法，规范公司的资产减值准备管理。

（一）研究制定统一的公司资产减值准备计提办法。企业各项资产减值准备的计提政策和具体估计要与企业的行业特征、资产性质及资产质量相符合。各中央企业可根据自身实际特点，按照国家有关会计制度和规定要求，确定具体会计估计标准。如果企业制定的具体标准与国家有关制度规定存在较大差异，应当说明原因。

（二）合理计提各项资产减值准备，严禁出现新的资产损失挂账。按照《关于中央企业2003年度财务决算工作有关问题的紧急通知》（国资传〔2003〕6号）要求，各中央企业自2003年起不得出现新的潜亏。企业应当按规定定期对各项资产进行全面清查，合理计提各项资产减值准备，做到相关会计估计与企业资产质量相匹配。如企业不恰当地运用会计估计多提或少提减值准备，应当作为重大会计差错予以更正；对于企业滥用会计估计计提秘密准备或少提减值准备调节利润的，国资委将责令企业纠正，以调整后的财务数据作为考核及评价依据，并追究企业及相关人员的责任。

（三）全面加强资产减值准备转回管理，防止利用资产减值准备转回调节利润。如企业已计提减值准备的资产价值回升，或者已经确认并转销的资产损失又收回，需要提供说明事实的有力证据；对于企业滥用会计估计将资产减值准备跨年度转回调整当期利润的，国资委将责令企业纠正，以调整后的财务数据作为考核及评价依据，并追究企业及相关人员的责任。

（四）严格资产损失责任管理，建立资产损失防范机制。对于已计提减值准备的各项资产确已形成实际损失的，在事实确凿、证据充分的基础上，经制度规定的相应程序核准，可以冲销相关资产减值准备。同时，企业应当对资产损失进行分类排队，查明原因，分清责任，吸取教训，并采取有效整改措施，建立资产损失责任追究制度和账销案存管理制度，对已经核销的资产损失应当组织力量积极清理和追索，避免国有资产流失。

八、合理确定企业固定资产折旧方法。各中央企业应当根据国家会计制度及会计准则要求，结合企业的具体情况，制定适合本企业生产经营实际的固定资产折旧政策，加强固定资产折旧管理。

（一）企业应当根据经济利益预期实现方式选择适合企业特点的固定资产折旧方法。固定资产折旧政策一经确定，不得随意变更。

（二）企业应当根据固定资产的性质和实际使用情况，按照国家有关规定，合理确定固定资产的折旧年限和预计净残值，相关会计估计确定后，不得随意调整。

（三）企业固定资产折旧政策变更应当严格执行《企业会计制度》的有关规定。如企业不恰当运用会计估计变更调节当期利润，应当作为重大会计差错予以更正；对于企业随意变更固定资产折旧政策调节当期利润的行为，国资委将责令企业纠正，以调整后财务数据作为考核及评价依据，并追究企业及相关人员的责任。

九、建立企业重要会计政策和会计估计备案管理制度。为加强对中央企业的财务监管，推进企业财务管理规范化，确保会计核算的稳健与信息可靠，国资委对中央企业执行《企业会计制度》的有关重要制度及相关事项实行备案管理。各中央企业应当于申报执行《企业会计制度》时，向国资委报送重要财务事项备案资料，并严格按照备案财务事项执行《企业会计制度》，不得随意变更。企业因生产经营发生变化等原因确需变更财务备案事项的，需将变更事项及变更原因、变更的累积影响金额等材料向国资委报备。重要财务事项备案内容主要包括：

（一）企业财务决算报表合并范围与合并范围增减变动情况；

（二）企业八项资产减值准备计提、核销、转回等具体标准与管理办法；

（三）企业固定资产折旧政策与估计具体内容；

（四）对企业当期利润产生重大影响的其他重要会计政策及会计估计事项。

各中央企业要认真落实执行《企业会计制度》有关工作要求，进一步规范企业日常会计核算，加强财务管理，控制经营风险，为实现企业财务管理的制度化、规范化奠定良好基础。

二〇〇四年四月二十三日

关于进一步加强中央企业质量和标准化工作的指导意见

各省、自治区、直辖市和新疆生产建设兵团市场监管局（厅、委），各中央企业：

为全面贯彻习近平总书记关于质量和标准化工作的重要论述和党中央、国务院决策部署，推进质量强国建设，落实《国家标准化发展纲要》，充分发挥中央企业在质量和标准化工作中的示范带动作用，推动中央企业进一步转变发展方式，提高产品服务质量和效益效率，加快建设产品卓越、品牌卓著、创新领先、治理现代的世界一流企业，培育以技术、标准、品牌、质量、服务等为核心的竞争合作新优势，实现质量更好、效益更高、竞争力更强、影响力更大的发展，现提出以下意见。

一、提升质量意识和质量管理能力

（一）提升全面质量管理水平。中央企业要把质量工作纳入发展战略，树立追求卓越的质量经营目标，加强全员、全要素、全过程、全数据质量管理，创新质量管理理念、方法、工具，持续提升质量管理水平，推动企业提质增效，率先探索形成具有企业特色的质量管理能力升级路径。深化质量管理体系、卓越绩效模式、精益管理、六西格玛管理等先进质量管理方法运用，不断提升质量管理成熟度。广泛开展质量管理小组、质量信得过班组建设、现场管理、全面质量管理知识竞赛等群众性质量活动。进一步加强质量文化建设，塑造优秀质量文化，带动全员质量意识和素质提升，营造人人关心质量的良好氛围。

（二）提高质量技术创新能力。中央企业要加大质量创新投入，强化质量领域技术、管理、制度创新，加强质量领域基础性、原创性研究，突破一批质量关键共性技术、前沿引领技术和重大颠覆性技术，引领全产业链质量水平提升。推动云计算、大数据、物联网、移动互联网、人工智能等新一代信息技术与质量管理深度融合，大幅提升质量策划、质量控制、质量保证、质量改进等质量管理全过程信息化、数字化、智能化水平，加速质量管理数字化应用场景创新。

（三）加强质量基础设施建设和服务。支持中央企业牵头创建质量基础设施集成服务基地，积极培育发展标准化服务机构，为产业集群、产业链质量升级提供策划、计量、标准、检验检测、认证认可"一站式"服务。中央企业要围绕集成服务基地建设，创新提出质量基础设施全链条技术方案，运用标准化手段推动质量基础设施集成服务与产业价值链深度融合，在若干重点领域和典型场景牵引推进质量基础设施协同创新和集成示范。

（四）强化质量科技基础条件平台建设。中央企业要积极参与国家级质量标准实验室和国家产品质量检验检测中心建设。鼓励中央企业加强质量技术创新中心建设，深入推进质量设计、试验检测、可靠性工程等先进质量技术的研发应用。

二、推动标准化和科技创新协调互动

（五）加强创新技术领域标准研制。中央企业要加强各级各类科技项目与标准化工作联动，同步部署技术研发、标准研制和产业推广，及时将先进适用科技成果融入标准，加快新技术产业化步伐。支持中央企业牵头开展新兴产业、先导产业和融合技术等领域标准研制，助推产业优化升级。

（六）推进技术、专利和标准联动创新。中央企业在打造原创技术策源地和现代产业链链长过程中，要持续完善企业技术标准体系，构建技术、专利、标准联动创新机制，加强标准制定过程中的知识产权保护，促进原创技术成果转化为标准，推动高水平企业标准向国家标准和国际标准转化。支持中央企业在推进数字化转型过程中，探索开展标准数字化应用和服务。

（七）推动产学研用标准联合创新。支持中央企业联合高校、科研机构、中小企业等加强基础共性类标准研制和应用，全面提升重点领域上中下游产业标准的协同性和配套性。支持中央企业积极参与国家标准验证点建设，进一步提高标准科学性、合理性和适用性。在中央企业建设一批国家技术标准创新基地，中央企业要发挥好基地的引领示范作用，加强标准技术、检测认证、知识产权、标准样品等资源有效整合和综合利用。

（八）积极开展标准化国际合作。鼓励中央企业深度参与国际、区域标准组织和各类国际性专业标准组织活动。支持中央企业协同全球产业链上中下游企业共同制定国际标准。支持中央企业依托"一带一路"重点工程项目等，率先开展中国标准海外应用试点建设。支持中央企业开展标准互认，积极采用先进适用的国际标准，推动中国标准与国际标准体系兼容。

三、打造品质卓越的世界一流品牌

（九）实施企业质量品牌战略。中央企业要树立以质量、创新为核心的品牌理念，大力实施质量品牌战略。加快建立全面品牌管理体系，营造品牌建设良好环境，深化品牌设计、市场推广、品牌维护等能力建设，加大品牌专业人才队伍建设力度，提高品牌全生命周期管理运营能力。对标世界一流，持续提高品牌国际经营能力和国际竞争力，积极参与品牌评价国际标准制定。

（十）开展中国精品培育行动。中央企业要积极参与中国精品培育行动，围绕打造优质产品和服务，引领塑造一批设计精良、生产精细、服务精心的消费品品牌，率先培育一批专业度高、覆盖面广、放心安全的服务精品。轨道交通装备、电力装备、船舶及海洋工程装备、工程机械等领域中央企业要加快推进全球化布局和国际化经营，向全球市场提供更多优质产品。

（十一）加强企业品牌保护和维权。依法严厉打击品牌仿冒、商标侵权等违法行为，为优质品牌企业发展营造良好环境。中央企业要进一步加强自身知识产权的授权使用管理，积极应对商标恶意抢注、异议、撤销等行为，着力开展马德里商标国际注册、专利合作条约（PCT）国际专利申请，加大品牌保护和主动维权力度。

四、积极履行高标准社会责任

（十二）进一步提高履责水平。中央企业要主动贯彻社会责任国际通用准则和国内先进标准，鼓励有条件的中央企业探索开展社会责任综合贯标工作。不断强化"本质责任"，努力提供更多安全、充足、可靠的优质供给和精准、高效、便捷的优质服务，着力提升产品、工程、服务质量，以优质供给更好满足人民美好生活需要。坚持依法合规经营，严格执行合规管理、反贿赂、反舞弊控制、反垄断、反不正当竞争、举报调查等领域相关法规标准。

（十三）加快绿色低碳转型升级。中央企业要全面贯彻习近平生态文明思想，深入落实碳达峰碳中和重大战略决策，加快绿色低碳转型和高质量发展。充分发挥标准化在实现碳达峰碳中和目标中的重要作用，广泛参与碳达峰碳中和国内、国际标准制定，积极提升碳达峰碳中和标准水平，严格执行重点行业能耗限额、重点用能产品能效强制性国家标准和能源核算、检测认证、评估、审计等配套标准以及碳达峰碳中和标准计量要求。鼓励中央企业参与统一的绿色产品标准、认证、标识体系建设，牵头制定推广新能源、可再生能源、化石能源清洁高效利用、碳捕集利用和封存等领域标准，促进低碳零碳负碳关键核心技术研发攻关和创新应用。

（十四）筑牢企业风险防控和安全基石。中央企业要建立健全质量信息披露制度，深入实施质量承诺和标准自我声明公开。建立健全产品质量安全风险防范机制，开展质量安全风险识别、评估和管控。持续推进特种设备领域标准化建设，深入开展特种设备质量安全隐患排查治理，确保特种设备生产使用依法合规。支持中央企业构建重点产品质量安全追溯体系，完善质量安全追溯标准。

五、强化组织保障

（十五）加强组织领导。各中央企业主要负责同志是推动党中央、国务院关于质量和标准化工作的决策部署在本企业落实落地的第一责任人，要牢固树立重质量、重标准、重安全意识，亲自过问部署相关工作，定期听取工作情况汇报，协调解决工作推进中的重大问题。要明确责任部门，建立健全工作体系，不断完善质量与标准化工作推进机制。

（十六）推进人才队伍建设。中央企业要将质量和标准化内容纳入企业全员教育培训体系。构建多层次质量和标准化专业人员课程体系，造就一支熟练掌握质量标准规则、精通专业技术的企业人才队伍。

（十七）加大激励力度。在中央企业负责人经营业绩考核中，对标准制定和发布给予加分奖励。对在质量和标准化工作中有重大贡献的中央企业，支持参与国家级奖励项目评选表彰。中央企业要建立健全质量和标准化工作激励机制，探索制定符合企业实际的考核制度。

市场监管总局　国务院国资委

2022年8月30日

劳动和社会保障部、国务院国有资产监督管理委员会关于进一步做好中央企业工伤保险工作有关问题的通知

劳社部发〔2007〕36号

各省、自治区、直辖市劳动和社会保障厅（局）、各中央企业：

为深入贯彻实施《工伤保险条例》，进一步落实《国务院关于解决农民工问题的若干意见》（国发〔2006〕5号）中切实保障农民工工伤保险权益的要求，积极做好国务院国有资产监督管理委员会监管企业（以下简称中央企业）参加工伤保险的有关工作，现就有关问题通知如下：

一、中央企业要按照属地管理原则参加工伤保险，按照所在地统筹地区人民政府确定的行业工伤保险费率，参加所在统筹地区的工伤保险社会统筹，按时缴纳工伤保险费。跨地区、流动性大的中央企业，可以采取相对集中的方式异地参加统筹地区的工伤保险。

二、中央企业要认真贯彻落实国发〔2006〕5号精神，为包括农民工在内的全部职工办理工伤保险手续。对以劳务派遣等形式使用的农民工，也要采用有效办法保障其参加工伤保险权益。对于建筑施工等农民工集中、流动性较大行业的中央企业，要按照《关于做好建筑施工企业农民工参加工伤保险有关工作的通知》（劳社部发〔2006〕44号）等有关文件要求，制定符合行业特点的农民工参保办法，如以建筑施工项目为单位参保，实现施工项目使用的农民工全员参保，切实保障农民工工伤保险权益。

三、《工伤保险条例》实施前中央企业已确认并享受工伤待遇的伤残职工及工亡人员供养亲属应同步纳入工伤保险管理。具体纳入方式和步骤，由中央企业与所在地省、自治区、直辖市劳动和社会保障部门协商确定。

四、各地劳动保障部门要认真做好中央企业参加工伤保险的组织实施工作，加强对中央企业参保工作的指导和监督，并结合其行业特点，切实做好

工伤保险管理服务工作，方便中央企业工伤人员的救治、工伤认定、劳动能力鉴定及待遇支付。

五、各中央企业要积极配合劳动保障部门，共同做好中央企业参加工伤保险工作。在实施过程中发现的重大问题，要及时向所在地人民政府和劳动保障部门反映，确保该项工作顺利实施。

劳动和社会保障部

国务院国有资产监督管理委员会

二〇〇七年九月七日

中央企业法律纠纷案件管理办法

国务院国有资产监督管理委员会令第43号

《中央企业法律纠纷案件管理办法》已于2023年4月19日经国务院国有资产监督管理委员会2023年第14次委务会审议通过，现予公布，自2023年8月1日起施行。

主任　张玉卓

2023年6月12日

第一章　总　　则

第一条　为深入贯彻习近平法治思想，落实全面依法治国战略部署，深化法治央企建设，加强中央企业法律纠纷案件管理，依法保障企业合法权益，切实维护国有资产安全，根据《中华人民共和国企业国有资产法》《企业国有资产监督管理暂行条例》等法律法规，结合中央企业实际，制定本办法。

第二条　本办法适用于国务院国有资产监督管理委员会（以下简称国务院国资委）根据国务院授权履行出资人职责的中央企业。

第三条　本办法所称法律纠纷案件是指中央企业及其所属单位在经营管理过程中发生的境内外诉讼、仲裁等（以下简称案件）。

第四条　中央企业应当持续加强案件管理，明确责任主体，完善管理制度，健全工作机制，积极主动维权，切实防止国有资产损失。建立健全以案促管机制，及时发现案件反映的管理问题，堵塞管理漏洞，提升管理水平，切实保障提质增效、稳健发展。

第五条　国务院国资委负责指导中央企业案件管理工作，建立健全法律、监督、追责等部门协同工作机制，加强对案件处理、备案等情况的监督检查，强化对重大案件的指导协调和督办。

第二章　组织职责

第六条　中央企业主要负责人切实履行法治建设第一责任人职责，加强对案件管理工作的领导，定期听取报告，强化机构、人员、经费等保障。

第七条　中央企业总法律顾问牵头案件管理工作，研究解决重点难点问题，领导法务管理部门完善工作机制，指导所属单位加强案件管理。

第八条　中央企业法务管理部门负责拟订案件管理制度，组织开展案件应对，对案件反映的管理问题提出完善建议，选聘和管理法律服务中介机构，推动案件管理信息化建设等工作。

第九条　中央企业业务和职能部门应当及时与法务管理部门沟通可能引发案件的有关情况，配合开展证据收集、案情分析、法律论证、案件执行等工作，针对案件反映的管理问题完善相关制度，改进工作机制，推动以案促管。

第十条　中央企业应当建立案件管理人才选拔培养机制，鼓励法务人员参与或者直接代理案件，持续提升案件管理工作水平。

第三章　管理机制

第十一条　中央企业应当结合实际健全案件管理相关制度，明确责任主体、职责范围、管控措施、监督问责等内容。

第十二条　中央企业应当定期开展法律纠纷风险排查，建立重大风险预警机制，分类制定防控策略，完善应对预案，有效防范案件风险。

第十三条　中央企业发生案件应当及时采取措施，全面调查了解案情，做好法律分析、证据收集等工作，规范参加庭审活动，加强舆情监测处置。

第十四条　中央企业应当结合国际化经营实际，建立健全涉外案件管理机制，加大涉外案件处理力度，切实维护境外国有资产安全。

第十五条　中央企业应当通过诉讼、仲裁、调解、和解等多元化纠纷解决机制妥善处理案件。同一中央企业所属单位之间发生法律纠纷，可以通过内部调解等方式解决。

第十六条　中央企业应当建立案件预警机制，针对典型性和普遍性案件深入分析发案原因、潜在后果等，及时进行预警提示，切实采取防控措施。

第十七条　中央企业应当加强历史遗留案件处理，研究制定处置方案，动态跟踪进展情况，积极采取有力措施，推动案件加快解决。

第十八条 中央企业应当对处理完毕的案件及时进行总结分析，梳理案件管理经验，查找经营管理薄弱环节，通过法律意见书、建议函等形式，指导有关部门或者所属单位完善管理制度，堵塞管理漏洞。

第十九条 中央企业应当将案件管理情况作为法治建设重要内容，纳入对所属单位的考核评价。

第二十条 中央企业应当建立上下贯通、全面覆盖、实时监测的案件管理信息系统，及时掌握案件情况，健全管理指标体系，加强数据统计分析，增强案件管理的针对性和有效性。

第二十一条 中央企业应当每年对案件情况进行汇总统计和研究分析，并于2月底前向国务院国资委报送上一年度案件综合分析报告。

第四章 重大案件管理

第二十二条 中央企业应当建立重大案件管理制度，结合自身实际明确重大案件标准，完善案件应对机制，加大处理力度，推动妥善解决。

第二十三条 中央企业发生以下重大案件，应当自立案、受理或者收到应诉通知书等材料之日起10个工作日内报国务院国资委备案：

（一）涉案金额达到5000万元人民币或者等值外币以上；

（二）涉案金额达到中央企业上一年度经审计净利润绝对值10%以上，且金额超过2000万元人民币或者等值外币；

（三）可能产生较大影响的群体性案件或者系列案件；

（四）涉及单位犯罪的刑事案件；

（五）其他涉及中央企业重大权益或者具有重大影响的案件。

第二十四条 中央企业重大案件报备应当包括以下内容：

（一）当事人、案由、涉案金额、主要事实等基本案情；

（二）争议焦点、结果预判等法律分析意见；

（三）采取的措施；

（四）下一步工作安排。

第二十五条 中央企业报备的重大案件处理完毕、取得生效法律文书后，应当在10个工作日内向国务院国资委书面报告。

第二十六条 中央企业应当将所属单位发生的、符合本办法第二十三条情形的重大案件当事人、涉案金额、工作进展等信息进行汇总，按月报国务院国资委备案。

第二十七条 中央企业应当建立重大案件督办机制，加强专业指导和监督检查，督促所属单位落实主体责任，妥善处理案件，依法维护权益。

第二十八条 中央企业之间发生重大案件，鼓励通过协商解决；协商不成的，可以报国务院国资委指导协调。

第五章 中介机构管理

第二十九条 中央企业应当完善法律服务中介机构管理制度，科学确定选聘方式，明确选聘条件、流程等，确保依法合规、公平公正。

第三十条 中央企业在案件处理过程中应当发挥主导作用，加强对法律服务中介机构的指导监督，有效整合内外部资源，及时掌握进展情况，切实强化对重大事项的审核把关，严格落实保密管理各项要求。

第三十一条 中央企业应当建立法律服务中介机构评价机制，根据专业能力、服务质量、工作效果、资信状况等进行动态管理，对不能胜任的及时调整。

第三十二条 中央企业应当严格按照有关规定，规范使用风险代理，明确审批权限和程序，综合考虑案件难易程度、涉案金额等，明晰风险责任，合理确定费用。

第六章 奖 惩

第三十三条 中央企业应当建立健全案件管理激励机制，明确条件和标准，对在案件处理过程中避免或者挽回损失的部门、人员给予表彰和奖励。

第三十四条 中央企业在案件处理过程中，发现相关部门或者个人在经营管理中存在违规行为，造成资产损失或者其他严重不良后果的，应当开展责任追究；对涉嫌违纪违法的，按照规定移交相关部门或者机构处理。

第三十五条 中央企业对有关人员在案件管理过程中玩忽职守、滥用职权、谋取私利，给企业造成资产损失或者其他严重不良后果的，应当按照规定追究相关人员责任。

第三十六条 国务院国资委对中央企业违反本办法规定，因案件管理不到位造成损失的，可以约谈相关企业并责令整改；对因违规行为引发重大案件并造成重大损失的，根据有关规定在中央企业负责人经营业绩考核中扣减相应分值，并对相关人员开展责任追究；对涉嫌违纪违法的，按照规定移交相关部门或者机构处理。

第七章　附　　则

第三十七条　地方国有资产监督管理机构可参照本办法，指导所出资企业加强案件管理工作。

第三十八条　本办法由国务院国资委负责解释。

第三十九条　本办法自 2023 年 8 月 1 日起施行。《中央企业重大法律纠纷案件管理暂行办法》（国资委令第 11 号）同时废止。

中央企业安全生产监督管理办法

国务院国有资产监督管理委员会令第 44 号

《中央企业安全生产监督管理办法》已于 2024 年 1 月 2 日经国务院国有资产监督管理委员会 2024 年第 1 次委务会审议通过，现予公布，自 2024 年 3 月 1 日起施行。

主任　张玉卓

2024 年 1 月 9 日

第一章　总　　则

第一条　为深入贯彻习近平总书记关于安全生产重要论述，落实党中央、国务院有关决策部署，坚持人民至上、生命至上，把保护人民生命安全摆在首位，树牢安全发展理念，坚持安全第一、预防为主、综合治理的方针，从源头上防范化解重大安全风险，践行总体国家安全观，切实履行国有资产出资人安全生产监管职责，督促中央企业全面落实安全生产主体责任，建立安全生产长效机制，防止和减少生产安全事故，保障中央企业员工和人民群众生命财产安全，制定本办法。

第二条　本办法主要依据《中华人民共和国安全生产法》等法律法规和《中共中央国务院关于推进安全生产领域改革发展的意见》等文件有关规定。

第三条　本办法所称中央企业，是指国务院国有资产监督管理委员会（以下简称国务院国资委）根据国务院授权履行出资人职责的企业。

第四条　中央企业应当依法接受国务院应急管理部门和所在地省（区、市）、市（地）人民政府应急管理部门以及有关行业、领域安全生产监督管理部门的监督管理。国务院国资委按照国有资产出资人的职责，对中央企业的安全生产工作履行以下职责：

（一）负责指导督促中央企业贯彻落实国家安全生产方针政策及有关法律法规、标准等。

（二）督促中央企业主要负责人落实安全生产第一责任人的责任和企业全员安全生产责任制，做好对企业负责人履行安全生产职责的业绩考核。

（三）依照有关规定，参与或者组织开展中央企业安全生产检查、督查，督促企业落实各项安全防范和隐患治理措施。

（四）参与中央企业特别重大事故的调查，负责落实事故责任追究的有关规定。

（五）督促中央企业做好统筹规划，把安全生产纳入中长期发展规划，保障员工健康与安全，切实履行社会责任。

国务院国资委成立由主要负责同志担任主任的安全生产委员会，作为国务院国资委议事协调机构，按照出资人职责定位研究部署、统筹协调和督促指导中央企业安全生产工作。

第五条　国务院国资委对中央企业安全生产实行分类监督管理。中央企业依据国务院国资委核定的主营业务和安全生产的风险程度分为三类：

第一类：主业从事煤炭及非煤矿山开采、建筑施工、危险物品的生产经营储运使用、交通运输、冶金、机械、电力、建材、仓储等企业。

第二类：主业从事电子、医药（化学制药除外）、纺织、旅游、通信等企业。

第三类：除上述第一、二类企业以外的企业。

企业分类实行动态管理，可以根据主营业务内容变化及企业申请进行调整。

第二章　安全生产工作责任

第六条　中央企业是安全生产的责任主体，安全生产工作坚持中国共产党的领导，必须贯彻落实国家安全生产方针政策及有关法律法规、标准，按照“管行业必须管安全、管业务必须管安全、管生产经营必须管安全”的原则，逐级建立健全全员安全生产责任制。

第七条　中央企业应当按照以下规定建立以企业主要负责人为核心的安全生产领导负责制，中央企业董事长、总经理同为本企业安全生产第一责任人，对企业安全生产工作全面负责，其他领导班子成员对分管范围内的安全生产工作负责。

（一）中央企业主要负责人应当全面履行《中华人民共和国安全生产法》规定的以下职责：

1. 建立健全并落实本企业全员安全生产责任制，加强安全生产标准化建设；

2. 组织制定并实施本企业安全生产规章制度和操作规程；

3. 组织制定并实施本企业安全生产教育和培训计划；

4. 保证本企业安全生产投入的有效实施；

5. 组织建立并落实安全风险分级管控和隐患排查治理双重预防工作机制，督促、检查本企业的安全生产工作，及时消除生产安全事故隐患；

6. 组织制定并实施本企业的生产安全事故应急救援预案；

7. 及时、如实报告生产安全事故。

（二）中央企业分管生产的负责人统筹组织生产过程中各项安全生产制度和措施的落实，改善安全生产条件，对企业安全生产工作负直接领导责任。

（三）中央企业可明确 1 名负责人协助主要负责人分管安全生产工作。分管安全生产工作的负责人协助主要负责人落实各项安全生产法律法规、标准，统筹协调和综合监督管理企业的安全生产工作，对企业安全生产工作负综合监管领导责任。

（四）中央企业其他负责人应当按照分工抓好分管范围内的安全生产工作，对分管范围内的安全生产工作负直接领导责任。

第八条 第一类中央企业、涉矿中央企业集团总部应配备专职安全生产总监，所属安全风险高的企业应全面推行专职安全生产总监制度。第二、三类中央企业所属安全风险较高的企业应参照配备专职安全生产总监。安全生产总监应当履行以下职责，并对职责或授权范围内的事项承担相应责任：

（一）协助主要负责人落实企业安全生产责任，配合分管负责人开展企业安全生产监督管理工作。

（二）负责企业安全生产监督管理工作的总体策划，参与企业涉及安全生产的重大决策并提出安全生产监督管理意见。

（三）负责建立企业内部安全生产监督体系并确保正常运转，领导安全生产监督管理部门开展工作。

（四）负责监督集团总部各部门、所属各企业全员安全生产责任制落实情况。

（五）组织开展企业内部安全生产监督检查，监督企业内部重大事故隐患整改。

（六）协助做好事故报告、应急处置等有关工作，组织开展事故内部调查处理。

（七）其他应当依法履行的职责。

第九条 中央企业必须建立健全安全生产的组织机构，包括：

（一）安全生产工作的领导机构——安全生产委员会（以下简称安委会），负责统一领导本企业的安全生产工作，研究决策企业安全生产的重大问题。安委会主任应当由企业安全生产第一责任人担任。安委会应当建立工作制度和例会制度。

（二）与企业生产经营相适应的安全生产监督管理机构。

第一类企业应当设置负责安全生产监督管理工作的独立职能部门。

第二类企业应当在有关职能部门中设置负责安全生产监督管理工作的内部专业机构；安全生产任务较重的企业应当设置负责安全生产监督管理工作的独立职能部门。

第三类企业应当明确有关职能部门负责安全生产监督管理工作，配备专职安全生产监督管理人员；安全生产任务较重的企业应当在有关职能部门中设置负责安全生产监督管理工作的内部专业机构。

安全生产监督管理职能部门或者负责安全生产监督管理工作的职能部门是企业安全生产工作的综合监督管理部门，对其他职能部门的安全生产管理工作进行综合协调和监督。企业作出涉及安全生产的经营决策，应当听取安全生产监督管理机构及安全生产管理人员的意见。

第十条 中央企业应当按照“谁主管谁负责”原则，明确各职能部门的具体安全生产管理职责；各职能部门应当将安全生产管理职责分解到相应岗位，实行“一岗双责”。安全生产综合监督管理部门要发挥统筹、协调、指导和监督作用，加强考核巡查，督促各职能部门安全生产责任落实。

第十一条 中央企业专职安全生产监督管理人员的任职资格和配备数量，应当符合国家和行业的有关规定；国家和行业没有明确规定的，中央企业应当根据本企业的生产经营内容和性质、管理范围、管理跨度等配备专职安全生产监督管理人员。

中央企业应当加强安全队伍建设，提高人员素质，鼓励和支持安全生产监督管理人员取得注册安全工程师资质以及本领域内相关安全资质。安全生产监督管理人员应当以注册安全工程师为主体。

第十二条　中央企业工会依法对本企业安全生产与劳动保护进行民主监督，依法维护员工合法权益，有权对建设项目的安全设施与主体工程同时设计、同时施工、同时投入生产和使用情况进行监督，提出意见。

第十三条　中央企业应当对其独资及控股子企业（包括境外子企业）的安全生产履行以下监督管理责任：

（一）监督管理独资及控股子企业安全生产条件具备情况；安全生产监督管理组织机构设置情况；安全生产标准化建设情况；全员安全生产责任制、安全生产各项规章制度建立情况；安全生产投入、安全风险分级管控和隐患排查治理双重预防工作机制建立以及运行情况；安全生产应急管理情况；及时、如实报告生产安全事故。

第一类中央企业可以向其列为安全生产重点的独资及控股子企业委派专职安全生产总监，加强对子企业安全生产的监督。

（二）将独资及控股子企业纳入中央企业安全生产管理体系，严格安全生产的检查、考核、奖惩和责任追究。

对参股并负有管理职责的企业，中央企业应当按照有关法律法规的规定与参股企业签订安全生产管理协议书，明确安全生产管理责任。

中央企业委托机构提供安全生产技术、管理服务的，保证安全生产的责任仍由本企业负责。

中央企业各级子企业应当按照以上规定逐级建立健全全员安全生产责任制，逐级加强安全生产工作的监督管理。

第三章　安全生产工作基本要求

第十四条　中央企业应当牢固树立“零事故、零伤亡”理念，加强安全生产源头治理，坚持标本兼治、重在治本，坚持关口前移，制定中长期安全生产发展规划，并将其纳入企业总体发展战略规划，实现企业安全生产与改革发展同研究、同部署、同落实。

第十五条　中央企业应当建立健全安全生产管理体系，积极学习借鉴和推行应用国内外先进的安全生产管理方式方法等，与企业具体实际和企业优秀文化相结合，实现安全生产管理的系统化、规范化、标准化、科学化、现代化。

中央企业安全生产管理体系应当包括组织体系、制度体系、责任体系、风险控制体系、教育培训体系、专家支撑体系、监督保证体系等。

中央企业应当加强安全生产管理体系的运行控制，强化岗位培训、过程督查、总结反馈、持续改进等管理过程，确保体系的有效运行。

第十六条　中央企业应当结合行业特点和企业实际，建立健全职业健康管理体系，消除或者减少员工的职业健康安全风险，保障员工职业健康。

第十七条　中央企业应当建立健全企业安全生产应急管理体系，包括预案体系、组织体系、运行机制、支持保障体系等。加强应急预案的编制、评审、培训、演练、修订和应急救援队伍的建设工作，落实应急物资与装备，提高企业有效应对各类生产安全事故灾难的应急管理能力。

第十八条　中央企业应当定期开展危害辨识和风险评估。进一步完善全员参与、全过程管控的安全生产风险管控体系。建立系统、全面的辨识机制，运用科学、有效的风险评估方法，提升安全风险预判预防能力。健全安全风险分级管控制度和风险防范化解机制，按安全风险分级采取相应的管控措施，动态管理。制定重大危险源的监控措施和管理方案，全面落实重大危险源安全包保责任制，确保重大危险源始终处于受控状态。

第十九条　中央企业应当建立健全并落实生产安全事故隐患排查治理制度，采取技术、管理措施，及时发现并消除事故隐患，不得在隐患未排除、安全措施不到位的情况下组织生产。事故隐患排查治理情况应当如实记录，并通过职工代表大会或者职工大会、信息公开栏等方式向从业人员通报。其中重大事故隐患排查治理情况应当依法报告。对排查出的隐患要落实治理经费和责任人，按时完成整改。

第二十条　中央企业应当科学合理安排生产经营活动，不得超能力、超强度、超定员组织生产，不得违反程序擅自压缩工期、改变技术方案和工艺流程。

中央企业应当严格遵守新建、改建、扩建工程项目安全设施与主体工程同时设计、同时施工、同时投入生产和使用的有关规定。

第二十一条　中央企业应当保证具备安全生产条件所必需的资金投入，不得在安全生产条件不具备的情况下组织生产。有关中央企业应当建立健全安全生产费用管理制度，明确企业安全生产费用提取和使用的程序、职责及权限，严格按照国家和行业的有关规定，足额提取和使用企业安全生产费用。应当编制年度安全生产费用提取和使用计划，纳入企业财务预算，提取的安全生产费用从成本（费用）中列支并专项核算。中央企业集团总部可以对其独资及控股子企业提取的安全生产费用按照一定比例集中管理，统筹使用。国家和行业没有明确规定安全生产费用提取比例的中央企业，应当根据企业实际和可持续发展的需要，从成本（费用）中列支，保证达到应当具备的安全生产条件所需的资金投入。中央企业安全生产费用提取使用情况或者资金投入情况与中央企业安全生产年度自评报告同时报送国务院国资委。

第二十二条 中央企业应当建立健全安全生产教育培训制度，分层级开展安全生产教育培训，未经教育培训并考试合格的人员不得上岗作业；严格执行企业主要负责人、安全生产管理人员、特种作业人员的持证上岗制度和培训考核制度。不具备相应资格的人员不得从事特种作业。

第二十三条 中央企业必须依法参加工伤保险，为从业人员缴纳保险费。鼓励中央企业投保安全生产责任保险；属于国家规定的高危行业、领域的企业，应当投保安全生产责任保险。

第二十四条 中央企业应当大力推进“科技兴安”战略，用科技创新赋能安全生产，提升企业本质安全水平。支持安全生产科学技术研究和安全生产先进技术的推广应用。加快推进高风险企业老旧设施升级改造，推进工业机器人、智能装备在危险工序和环节广泛应用。积极应用现代信息技术和手段，提升安全生产管理信息化水平。

第二十五条 中央企业采用新工艺、新技术、新材料或者使用新设备，必须了解、掌握其安全技术特性，采取有效的安全防护措施，并对从业人员进行专门的安全生产教育和培训。中央企业不得使用应当淘汰的危及生产安全的工艺，禁止使用未经检验合格、无安全保障的特种设备。

第二十六条 中央企业应当坚持监督管理和指导服务并重，结合工作实际，建强安全生产专业支撑团队，建立安全生产专家库，为所属企业安全生产日常管理提供指导服务和技术支持。应当以安全生产专家为主体，建立常态化安全生产明查暗访制度，提高检查的针对性和有效性。

第二十七条 中央企业应当建立安全生产考核和奖惩机制。按年度签订覆盖各层级各部门的安全生产责任书，确保横向到边、纵向到底；明确安全生产职责和年度安全生产重点工作目标任务；开展责任书交底，并进行过程指导、督促，年终对职责履行情况、目标任务完成情况等进行考核，保证全员安全生产责任制的落实。在作业过程中，各级人员不得违章指挥、违章作业、违反劳动纪律。严肃查处每起责任事故，严格追究事故责任人的责任。完善安全生产正向激励机制，加大安全生产奖励力度。安全生产风险较高的企业应当建立过程考核和事故考核相结合的安全生产考核体系。

第二十八条 中央企业应当建立健全生产安全事故新闻发布制度和媒体应对工作机制，及时、主动、准确、客观地向新闻媒体公布事故的有关情况。

第二十九条 中央企业应当关注员工身体、心理状况，规范员工行为习惯，加强对从业人员的心理疏导、精神慰藉，防范员工行为异常导致事故发生。

第三十条 中央企业应当发挥安全生产工作示范带头作用，企业制定和执行的安全生产管理规章制度、标准等应当不低于国家和行业要求。企业年度安全生产相对指标应达到国内同行业最好水平或者达到国际先进水平。

第三十一条 中央企业应当加强并购重组企业安全管理，并购重组前要结合业务类型开展相应安全生产尽职调查，并购重组后要加强安全监管，统一纳入企业安全管理体系，确保人员调整及时到位，企业文化尽快融合，管理制度无缝衔接。

第三十二条 中央企业应当加强承包商安全管理，严格准入资质管理，把承包商和劳务派遣人员统一纳入企业安全管理体系。禁止使用不具备国家规定资质和安全生产保障能力的承包商和分包商。

第三十三条 中央企业应当加强境外单位安全生产的统筹管理，制定境外发展规划时同步考虑安全生产，将境外单位统一纳入企业安全生产管理体系，不定期开展安全生产监督检查。督促境外单位切实履行安全生产主体责任，强化应急管理工作。境外中央企业除执行本办法外，还应严格遵守所在地的安全生产法律法规。

第四章　安全生产工作报告制度

第三十四条 中央企业发生生产安全事故或者因生产安全事故引发突发事件后，按规定上报有关部门的同时，应当按以下要求报告国务院国资委：

（一）境内发生较大及以上生产安全事故、影响较大的一般生产安全事故，中央企业应当第一时间报告。事故现场负责人应当立即向本单位负责人报告，单位负责人接到报告后，应当于1小时内向上一级单位负责人报告；以后逐级报告至国务院国资委，且每级时间间隔不得超过1小时。

（二）境内由于生产安全事故引发的特别重大、重大突发公共事件，中央企业接到报告后应当立即向国务院国资委报告。

（三）境外发生生产安全死亡事故、未造成人员伤亡但影响较大的事故，事故现场负责人应当第一时间报告。中央企业接到报告后应当立即向国务院国资委报告。

（四）在中央企业管理的区域内发生生产安全事故，中央企业作为业主、总承包商、分包商等相关方时应当按本条第（一）款规定报告。

（五）发生造成重大影响的火灾、爆炸等其他事件，应当按本条第（一）款规定报告。

不得迟报、漏报、谎报、瞒报生产安全事故。

第三十五条　中央企业应当将政府有关部门对较大事故、重大事故的事故调查报告及批复及时向国务院国资委报告，并将责任追究落实情况报告国务院国资委。

第三十六条　中央企业应当于每年1月底前将上一年度的单位增加值生产安全责任事故率情况报送国务院国资委，报送内容含年度单位增加值情况、生产安全事故起数及死亡人数情况等。

第三十七条　中央企业应当将安全生产工作领导机构及安全生产监督管理机构的名称、组成人员、职责、工作制度及联系方式向国务院国资委报告，并及时报送变动情况。

第三十八条　中央企业应当将安全生产应急预案及修订情况及时报送国务院国资委。

第三十九条　中央企业应当将安全生产方面的重要活动、重要会议、重大举措和成果、重大问题等重要信息和重要事项，及时报告国务院国资委。

第五章　安全生产监督管理与奖惩

第四十条　国务院国资委对发生重大及以上生产安全事故、半年内发生3起及以上较大生产安全事故、1个月内发生2起及以上较大生产安全事故的中央企业进行通报，并对其负责人进行约谈。国务院国资委参与中央企业特别重大生产安全事故的调查，并根据事故调查报告及国务院批复负责落实或者监督对事故有关责任单位和责任人的处理。

第四十一条　国务院国资委组织开展中央企业安全生产督查，督促中央企业落实安全生产有关规定和改进安全生产工作。中央企业违反本办法有关安全生产监督管理规定的，国务院国资委根据情节轻重要求其改正或者予以通报批评。

第四十二条　国务院国资委配合有关部门对中央企业安全生产违法行为的举报进行调查，或者责成有关单位进行调查，依照干部管理权限对有关责任人予以处理。中央企业应当引导员工积极参与安全管理工作，鼓励员工主动发现事故隐患，对报告重大事故隐患或者举报安全生产违法行为的有功人员，给予奖励，奖励支出从安全生产费用中列支。

第四十三条　国务院国资委建立事故分析、安全风险提示等工作机制，引导中央企业深入剖析事故原因，共同吸取事故教训。中央企业应当建立事故管理制度，深刻吸取企业内部及同行业、领域的事故教训，开展重轻伤事故、未遂事故统计分析工作，制定针对性的防范措施。

第四十四条　国务院国资委根据中央企业考核期内发生的生产安全责任事故认定情况，对中央企业负责人经营业绩考核结果进行降级或者扣分。

其中，企业考核年度内发生下列情况之一的，对其负责人年度经营业绩考核结果予以降级，降至下一考核级别。

（一）第一类企业。发生重大及以上生产安全责任事故且承担主要责任的；发生特别重大生产安全责任事故且承担次要责任的。

（二）第二类企业。发生重大及以上生产安全责任事故且承担主要责任或次要责任的。

（三）第三类企业。发生重大及以上生产安全责任事故且承担责任的。

（四）存在瞒报生产安全事故行为的。

（五）企业发生承担主要责任的较大生产安全责任事故起数累计达到降级规定的。

考核任期内发生2起及以上瞒报事故或者1起及以上特别重大生产安全责任事故且承担主要责任的企业，对其负责人任期经营业绩考核结果予以降级，降至下一考核级别。

发生较大及以上生产安全责任事故达不到降级标准的，按照《中央企业安全生产考核实施细则》有关规定予以扣分考核。

本办法所称责任事故，是指依据政府事故调查报告及批复对事故性质的认定，中央企业或者其独资及控股子企业对事故发生负有责任的生产安全事故。

第四十五条 国务院国资委组织中央企业开展安全生产管理评价，督促指导中央企业加强过程管控。中央企业应当每年度对本企业安全生产管理状况开展自评，形成自评报告。国务院国资委根据中央企业日常安全管理工作开展情况、自评情况等，对中央企业安全生产管理进行综合评价，评价结果在中央企业范围内通报，评价结果为优秀的企业，在中央企业负责人年度经营业绩考核中予以加分。

第四十六条 对未严格按照国家和行业有关规定足额提取安全生产费用的中央企业，国务院国资委从企业负责人业绩考核的业绩利润中予以扣减。

第四十七条 授权董事会对经理层人员进行经营业绩考核的中央企业，董事会应当将安全生产工作纳入经理层人员年度经营业绩考核，与绩效薪金挂钩，并比照本办法的安全生产业绩考核规定执行。

董事会对经理层的安全生产业绩考核情况纳入国务院国资委对董事会的考核评价内容。对董事会未有效履行监督、考核安全生产职能，企业发生特别重大责任事故并造成严重社会影响的，国务院国资委经综合分析研判，按照管理权限对董事会有关成员进行组织调整。

第四十八条 中央企业负责人年度经营业绩考核中因安全生产问题受到降级处理的，取消其参加该考核年度国务院国资委组织或者参与组织的评优、评先活动资格。

第六章 附 则

第四十九条 生产安全事故等级划分按《生产安全事故报告和调查处理条例》的规定执行。国务院对特殊行业另有规定的，从其规定。

突发公共事件等级划分按《特别重大、重大突发公共事件分级标准》中安全事故类的有关规定执行。

第五十条 本办法由国务院国资委负责解释。

第五十一条 本办法自 2024 年 3 月 1 日起施行，《中央企业安全生产监督管理暂行办法》（国务院国资委令第 21 号）、《中央企业安全生产禁令》（国务院国资委令第 24 号）同时废止。

中央企业安全生产监管分类名单

第一类企业（54 户）

中国核工业集团有限公司	中国南方航空集团有限公司
中国航天科技集团有限公司	中国中化控股有限责任公司
中国航天科工集团有限公司	中粮集团有限公司
中国航空工业集团有限公司	中国五矿集团有限公司
中国船舶集团有限公司	中国通用技术（集团）控股有限责任公司
中国兵器工业集团有限公司	中国建筑集团有限公司
中国兵器装备集团有限公司	中国储备粮管理集团有限公司
中国融通资产管理集团有限公司	中国南水北调集团有限公司
中国石油天然气集团有限公司	招商局集团有限公司
中国石油化工集团有限公司	华润（集团）有限公司
中国海洋石油集团有限公司	中国节能环保集团有限公司
国家石油天然气管网集团有限公司	中国中煤能源集团有限公司
国家电网有限公司	中国化学工程集团有限公司
中国南方电网有限责任公司	中国建材集团有限公司
中国华能集团有限公司	中国有色矿业集团有限公司
中国大唐集团有限公司	中国稀土集团有限公司

续表

中国华电集团有限公司	中国铁路通信信号集团有限公司
国家电力投资集团有限公司	中国铁路工程集团有限公司
中国长江三峡集团有限公司	中国铁道建筑集团有限公司
国家能源投资集团有限责任公司	中国交通建设集团有限公司
中国机械工业集团有限公司	中国农业发展集团有限公司
鞍钢集团有限公司	中国航空油料集团有限公司
中国宝武钢铁集团有限公司	中国电力建设集团有限公司
中国铝业集团有限公司	中国能源建设集团有限公司
中国远洋海运集团有限公司	中国安能建设集团有限公司
中国航空集团有限公司	中国黄金集团有限公司
中国东方航空集团有限公司	中国广核集团有限公司

第二类企业（36户）

中国电子科技集团有限公司	中国钢研科技集团有限公司
中国航空发动机集团有限公司	中国盐业集团有限公司
中国电信集团有限公司	中国有研科技集团有限公司
中国联合网络通信集团有限公司	矿冶科技集团有限公司
中国移动通信集团有限公司	中国建筑科学研究院有限公司
中国卫星网络集团有限公司	中国中车集团有限公司
中国电子信息产业集团有限公司	中国信息通信科技集团有限公司
中国第一汽车集团有限公司	中国医药集团有限公司
东风汽车集团有限公司	中国保利集团有限公司
中国一重集团有限公司	中国建设科技有限公司
哈尔滨电气集团有限公司	中国冶金地质总局
中国东方电气集团有限公司	中国煤炭地质总局
中国矿产资源集团有限公司	新兴际华集团有限公司
国家开发投资集团有限公司	中国民航信息集团有限公司
中国旅游集团有限公司	华侨城集团有限公司
中国商用飞机有限责任公司	南光（集团）有限公司［中国南光集团有限公司］
中国诚通控股集团有限公司	中国电气装备集团有限公司
中国煤炭科工集团有限公司	中国物流集团有限公司

第三类企业（7 户）

中国国际工程咨询有限公司	中国航空器材集团有限公司
中国机械科学研究总院集团有限公司	中国国新控股有限责任公司
中国国际技术智力合作集团有限公司	中国检验认证（集团）有限公司
中国林业集团有限公司	

关于印发《中央企业安全生产考核实施细则》的通知

国资发社责规〔2024〕15 号

各中央企业：

《中央企业安全生产考核实施细则》已经国务院国资委 2024 年第 1 次委务会审议通过，现印发给你们，请遵照执行。

国务院国资委

2024 年 2 月 1 日

中央企业安全生产考核实施细则

为深入贯彻习近平总书记关于安全生产的重要论述，落实党中央、国务院有关决策部署，督促引导中央企业落实主体责任，强化安全生产管理，将中央企业较大及以上生产安全责任事故纳入中央企业负责人经营业绩考核，制定本细则。

一、基本原则

（一）坚持依法依规。根据各级政府有关部门对事故调查认定的性质、级别、责任等，在中央企业负责人经营业绩考核中依法依规予以降级或扣分。

（二）坚持分类分级。根据《中央企业安全生产监督管理办法》，将中央企业划分为三类进行安全生产监管；事故责任分为主要责任、次要责任和相关责任三个等级。

（三）坚持从严从实。进一步加大对生产安全责任事故企业的降级考核力度，考核期内同一企业发生多起事故的，按照先降级再扣分的顺序考核；充分考虑事故中的外部因素、中央企业在事故中承担的责任情况，实事求是开展考核。

二、降级

（一）考核年度内发生下列情况之一的企业，对其负责人年度经营业绩考核结果予以降级。

1. 第一类企业。发生重大及以上生产安全责任事故且承担主要责任的，发生特别重大生产安全责任事故且承担次要责任的。

2. 第二类企业。发生重大及以上生产安全责任事故且承担主要责任或次要责任的。

3. 第三类企业。发生重大及以上生产安全责任事故且承担责任的。

4. 存在瞒报生产安全事故行为的。

5. 发生承担主要责任的较大生产安全责任事故起数累计达到降级规定的。

（二）考核任期内发生 2 起及以上瞒报事故或 1 起及以上特别重大生产安全事故且负主要责任的企业，对其负责人任期经营业绩考核结果予以降级。

三、扣分

（一）承担事故主要责任但未达到降级标准的企业，按以下标准对其负责人年度经营业绩考核进行扣分。

1. 第一类企业。发生较大生产安全责任事故，每起扣 0.4—0.8 分。

2. 第二类企业。发生较大生产安全责任事故，每起扣 0.8—1.2 分。

3. 第三类企业。发生较大生产安全责任事故，每起扣 1.2—2.0 分。

（二）承担事故次要责任但未达到降级标准的企业，按以下标准对其负责人年度经营业绩考核进行扣分。

1. 第一类企业。发生较大生产安全责任事故，每起扣 0.2—0.4 分；发生重大生产安全责任事故，每起扣 0.8—1.2 分。

2. 第二类企业。发生较大生产安全责任事故，每起扣 0.4—0.8 分。

3. 第三类企业。发生较大生产安全责任事故，每起扣0.8—1.2分。

（三）承担事故相关责任但未达到降级标准的企业，按以下标准对其负责人年度经营业绩考核进行扣分。

1. 第一类企业。发生较大生产安全责任事故，每起扣0.1—0.2分；发生重大生产安全责任事故，每起扣0.2—0.4分；发生特别重大生产安全责任事故，每起扣0.4—0.8分。

2. 第二类企业。发生较大生产安全责任事故，每起扣0.2—0.4分；发生重大生产安全责任事故，每起扣0.4—0.8分；发生特别重大生产安全责任事故，每起扣0.8—1.2分。

3. 第三类企业。发生较大生产安全责任事故，每起扣0.4—0.8分。

（四）受到降级处理的企业，若还发生其他事故，其他事故按照降级扣分标准继续考核。

（五）一个月内连续发生2起较大及以上生产安全责任事故或同类事故在同一区域同一企业重复发生的，按照同级别的事故扣分标准上限进行扣分。

四、其他

（一）本细则中事故责任等级依据政府部门出具的事故调查报告认定：主要责任是指对事故发生负有首要责任、直接责任；或事故调查报告中明确为主要责任、直接责任，或未明确主要责任但单独认定承担重要责任的情形。次要责任是指不承担主要责任，但对事故发生负有重要责任；或事故调查报告明确为重要责任、管理责任、监管责任等的情形。相关责任是指事故调查报告认为基于其他原因需承担一定责任的情形。

（二）考核期内，政府部门未出具事故调查报告的，由企业申请延期考核。未申请延期考核的，按主要责任标准在当期进行考核。

（三）组织机构不健全、不按照规定设置安全生产总监、安全投入不到位的企业，发生较大及以上生产安全责任事故的，按照事故扣分标准上限进行考核。

（四）发生造成重大影响的火灾、爆炸等其他事件，且经调查应承担责任的，参照生产安全责任事故进行考核。

（五）对生产作业过程中应预见的风险，未采取必要的防范措施，导致在地质灾害、自然灾害中造成人员伤亡的以及在非生产作业环节发生责任事故的，参照同级别的生产安全事故进行考核。

（六）国务院国资委组织中央企业开展安全生产管理评价，评价结果为优秀的企业，按照有关规定在中央企业负责人年度经营业绩考核中予以加分。

（七）企业要制定完善本企业的安全生产考核相关制度，将安全生产考核与企业负责人年薪、企业年度薪酬总额挂钩。安全生产风险较高的企业应当建立过程考核与事故考核相结合的安全生产考核体系。

（八）本细则自2024年度考核起施行，《关于印发〈中央企业安全生产考核实施细则〉的通知》（国资发综合〔2014〕107号）同时废止。

（九）本细则由国务院国资委负责解释。

较大生产安全责任事故累计起数降级规则

类型	规模（亿元）	较大责任事故（起数≥）
第一类企业	营业收入≥7000	6
	3500≤营业收入<7000	5
	营业收入<3500	4
第二类企业	营业收入≥7000	4
	3500≤营业收入<7000	3
	营业收入<3500	2
第三类企业	所有规模	2

（四）混合所有制改革

行政规章及规范性文件：

关于印发《中央企业混合所有制改革操作指引》的通知

国资产权〔2019〕653 号

各中央企业：

为深入贯彻落实党中央、国务院关于积极发展混合所有制经济的决策部署，稳妥有序推进混合所有制改革，国资委在总结中央企业混合所有制改革工作的基础上，制定了《中央企业混合所有制改革操作指引》。现印发给你们，供参考。

国资委

2019 年 10 月 31 日

中央企业混合所有制改革操作指引

为贯彻落实党中央、国务院关于积极发展混合所有制经济的决策部署，稳妥有序推进中央企业混合所有制改革，促进各种所有制资本取长补短、相互促进、共同发展，夯实社会主义基本经济制度的微观基础，按照《中共中央　国务院关于深化国有企业改革的指导意见》（中发〔2015〕22 号）、《国务院关于国有企业发展混合所有制经济的意见》（国发〔2015〕54 号）等文件精神和有关政策规定，结合中央企业混合所有制改革实践，制定本操作指引。中央企业所属各级子企业通过产权转让、增资扩股、首发上市（IPO）、上市公司资产重组等方式，引入非公有资本、集体资本实施混合所有制改革，相关工作参考本操作指引。

一、基本操作流程

中央企业所属各级子企业实施混合所有制改革，一般应履行以下基本操作流程：可行性研究、制定混合所有制改革方案、履行决策审批程序、开展审计评估、引进非公有资本投资者、推进企业运营机制改革。以新设企业、对外投资并购、投资入股等方式实施混合所有制改革的，履行中央企业投资管理有关程序。

（一）可行性研究。

拟实施混合所有制改革的企业（以下简称拟混改企业）要按照“完善治理、强化激励、突出主业、提高效率”的总体要求，坚持“因地施策、因业施策、因企施策，宜独则独、宜控则控、宜参则参，不搞拉郎配，不搞全覆盖，不设时间表”的原则，依据相关政策规定对混合所有制改革的必要性和可行性进行充分研究，一企一策，成熟一个推进一个。

积极稳妥推进主业处于充分竞争行业和领域的商业类国有企业混合所有制改革，国有资本宜控则控、宜参则参；探索主业处于重要行业和关键领域的商业类国有企业混合所有制改革，保持国有资本控股地位，支持非公有资本参股；根据不同业务特点，有序推进具备条件的公益类国有企业混合所有制改革；充分发挥国有资本投资、运营公司市场化运作专业平台作用，积极推进所属企业混合所有制改革。

可行性研究阶段，企业应按照有关文件规定，对实施混合所有制改革的社会稳定风险作出评估。

（二）制定混合所有制改革方案。

拟混改企业应制定混合所有制改革方案，方案一般包括以下内容：企业基本情况，混合所有制改革必要性和可行性分析，改革基本原则和思路，改革后企业股权结构设置，转变运营机制的主要举措，引进非公有资本的条件要求、方式、定价办法，员工激励计划，债权债务处置方案，职工安置方案，历史遗留问题解决方案，改革风险评估与防范措施，违反相关规定的追责措施，改革组织保障和进度安排等。

制定方案过程中，要科学设计混合所有制企业股权结构，充分向非公有资本释放股权，尽可能使非公有资本能够派出董事或监事；注重保障企业职工对混合所有制改革的知情权和参与权，涉及职工切身利益的要做好评估工作，职工安置方案应经职工大会或者职工代表大会审议通过；科学设计改革路径，用好用足国家相关税收优惠政策，降低改革成本。必要时可聘请外部专家、中介机构等参与。

（三）履行决策审批程序。

混合所有制改革方案制定后，中央企业应按照

“三重一大”决策机制，履行企业内部决策程序。拟混改企业属于主业处于关系国家安全、国民经济命脉的重要行业和关键领域、主要承担重大专项任务子企业的，其混合所有制改革方案由中央企业审核后报国资委批准，其中需报国务院批准的，由国资委按照有关法律、行政法规和国务院文件规定履行相应程序；拟混改企业属于其他功能定位子企业的，其混合所有制改革方案由中央企业批准。

（四）开展审计评估。

企业实施混合所有制改革，应合理确定纳入改革的资产范围，需要对资产、业务进行调整的，可按照相关规定选择无偿划转、产权转让、产权置换等方式。企业混合所有制改革前如确有必要开展清产核资工作的，按照有关规定履行程序。

拟混改企业的资产范围确定后，由企业或产权持有单位选聘具备相应资质的中介机构开展财务审计、资产评估工作，履行资产评估项目备案程序，以经备案的资产评估结果作为资产交易定价的参考依据。

（五）引进非公有资本投资者。

拟混改企业引进非公有资本投资者，主要通过产权市场、股票市场等市场化平台，以公开、公平、公正的方式进行。通过产权市场引进非公有资本投资者，主要方式包括增资扩股和转让部分国有股权。通过股票市场引进非公有资本投资者，主要方式包括首发上市（IPO）和上市公司股份转让、发行证券、资产重组等。中央企业通过市场平台引进非公有资本投资者过程中，要注重保障各类社会资本平等参与权利，对拟参与方的条件要求不得有明确指向性或违反公平竞争原则的内容。

（六）推进运营机制改革。

混合所有制企业要完善现代企业制度，健全法人治理结构，充分发挥公司章程在公司治理中的基础性作用，各方股东共同制定章程，规范企业股东（大）会、董事会、监事会、经理层和党组织的权责关系，落实董事会职权，深化三项制度改革；用足用好用活各种正向激励工具，构建多元化、系统化的激励约束体系，充分调动企业职工积极性。转变混合所有制企业管控模式，探索根据国有资本与非公有资本的不同比例结构协商确定具体管控方式，国有出资方强化以出资额和出资比例为限、以派出股权董事为依托的管控方式，明确监管边界，股东不干预企业日常经营。

二、“混资本”相关环节操作要点

（一）资产审计评估。

1. 财务审计。实施混合所有制改革，应当按照《国务院办公厅转发国务院国有资产监督管理委员会关于规范国有企业改制工作意见的通知》（国办发〔2003〕96号）、《国务院办公厅转发国资委关于进一步规范国有企业改制工作实施意见的通知》（国办发〔2005〕60号）等规定，开展财务审计工作。

（1）关于选聘审计机构。选聘审计机构应采取差额竞争方式，综合考察和了解其资质、信誉及能力。选聘的审计机构近两年内在企业财务审计中没有违法、违规记录，未承担同一混合所有制改革项目的评估业务，与企业不存在经济利益关系。

（2）关于审计报告。审计报告应为无保留意见的标准审计报告。拟上市项目或上市公司的重大资产重组项目，评估基准日在6月30日（含）之前的，需出具最近三个完整会计年度和本年度截至评估基准日的审计报告；评估基准日在6月30日之后的，需出具最近两个完整会计年度和本年度截至评估基准日的审计报告。其他经济行为需出具最近一个完整会计年度和本年度截至评估基准日的审计报告。

2. 资产评估。实施混合所有制改革，应当按照《中华人民共和国资产评估法》《企业国有资产评估管理暂行办法》（国资委令第12号）等规定，开展资产评估工作。

（1）评估机构选聘及委托。中央企业应当采取差额竞争方式在本企业评估机构备选库内选聘评估机构。选聘的评估机构应具有与企业评估需求相适应的资质条件、专业人员和专业特长，近3年内没有违法、违规执业国有资产评估项目记录；掌握企业及所在行业相关的法律法规、政策、经济行为特点和相关市场信息；与混合所有制改革相关方无经济利益关系。评估对象为企业股权的资产评估项目，由产权持有单位委托，其中涉及增资扩股事项的，可由产权持有单位和增资企业共同委托。

（2）评估备案管理权限。经国资委批准的混合所有制改革涉及的资产评估项目，由国资委负责备案；经中央企业批准的混合所有制改革涉及的资产评估项目，由中央企业负责备案；被评估企业涉及多个国有股东的，经协商一致，可以由持股比例最大的国有股东办理备案手续。

（3）重点关注事项。一是评估基准日选取应尽量接近混合所有制改革的实施日期。如果期后发生对评估结果产生重大影响的事项，应调整评估基准日或评估结果。二是评估范围应与混合所有制改革方案、决策文件、评估业务委托约定书等确定的范围一致。三是纳入评估的房产、土地、矿产资源等资产应当权属明晰、证照齐全。符合划拨用地条件的国有划拨土地使用权，经所在地县级以上人民政府批准可继续以划拨方式使用。四是涉及企业价值的资产评估项目，原则上应当采用两种以上评估方法。五是资产评估项目备案前，应当按照资产评估项目公示制度履行公示程序。

（二）通过产权市场实施混合所有制改革。

1. 产权交易机构选择。非上市企业通过产权转让、增资扩股方式实施混合所有制改革应按照《企业国有资产交易监督管理办法》（国资委　财政部令第32号）、《关于印发〈企业国有产权交易操作规则〉的通知》（国资发产权〔2009〕120号）等有关规定，在国资委确定的可以从事相关业务的产权交易机构中公开进行。从事中央企业产权转让业务的机构有北京产权交易所、天津产权交易中心、上海联合产权交易所和重庆联合产权交易所；从事中央企业增资扩股业务的机构有北京产权交易所和上海联合产权交易所。

2. 信息披露。进场交易项目要严格按照规定在产权交易机构进行信息披露。企业混合所有制改革方案确定后，可合理选择信息发布时机，及早披露相关信息。产权转让项目正式信息披露时间不少于20个工作日，涉及企业实际控制权转移的应进行信息预披露，时间不少于20个工作日。增资扩股项目信息披露时间不少于40个工作日。

3. 投资人遴选。拟混改企业要合理确定投资人的遴选方式。产权转让项目可采取拍卖、招投标、网络竞价等方式，增资扩股项目可采取竞价、竞争性谈判、综合评议等方式。投资人遴选过程中，对战略投资人主要关注与企业发展战略、经营目标、主营业务等方面的匹配和协同情况，对财务投资人主要关注资金实力和财务状况等。

4. 重点关注事项。

（1）企业增资与产权转让同步进行。企业混合所有制改革后继续保持国有控股地位的，如增资过程中国有股东拟同步转让其所持有的少部分企业产权，统一按照增资流程操作，产权转让价格应与增资价格保持一致。

（2）商业秘密保护。在配合意向投资人尽职调查过程中，如涉及拟混改企业商业秘密，应按照《关于印发〈中央企业商业秘密保护暂行规定〉的通知》（国资发〔2010〕41号）要求，与相关方签订保密协议，保护自身权益。

（3）交易价格。产权转让项目首次正式挂牌底价不得低于经备案的评估结果，信息披露期满未征集到受让方拟降价的，新的挂牌底价低于评估结果90%时，应经混合所有制改革批准单位同意；交易价格确定后，交易双方不得以期间损益等理由对交易价格进行调整。增资扩股项目的交易价格以评估结果为基础，结合意向投资人的条件和报价等因素综合确定，并经企业董事会或股东会审议同意。

（三）通过股票市场实施混合所有制改革。

通过股票市场发行证券、转让上市公司股份、国有股东与上市公司资产重组等方式实施混合所有制改革，应按照《上市公司国有股权监督管理办法》（国资委　财政部　证监会令第36号）及证券监管的有关规定履行程序。

1. 发行证券。通过发行证券形式实施混合所有制改革，可以采取首发上市（IPO）、国有股东以所持上市公司股票发行可交换公司债券、上市公司发行股份购买非国有股东所持股权、增发和发行可转换公司债券等方式。采取首发上市（IPO）方式的，应当按照要求履行国有股东标识管理程序。符合国家战略、拥有关键核心技术、科技创新能力突出、主要依靠核心技术开展生产经营、具有稳定商业模式、市场认可度高、社会形象良好、具有较强成长性的企业，可积极申请在科创板上市。

2. 上市公司股份转让。应坚持公开、公平、公正原则，一般采取公开征集方式进行。国有股东履行内部决策程序后，书面通知上市公司，由其依法披露、进行提示性公告。国有股东将转让方案、可行性研究报告、内部决策文件、拟发布的公开征集信息等内容通过国资委产权管理综合信息系统报国资委同意后，书面通知上市公司发布公开征集信息，内容主要包括拟转让股份权属情况和数量、受让方应当具备的资格条件、受让方的选择规则、公开征集期限等。公开征集信息中对受让方资格条件不得设定指向性或违反公平竞争要求的条款。收到拟受让方提交的受让申请和受让方案后，国有股东成立由内部职能部门及独立外部专家组成的工作小组，严格按照已公告的规则选择确定受让方。转让价格不低于上市公司提示性公告日前30个交易日的每日加权平均价格的算术平均值及最近一个会计年度经审计的每股净资产值中的较高者。

3. 国有股东与上市公司资产重组。国有股东应按照符合国有股东发展战略及有利于提高上市公司质量和核心竞争力等原则，在与上市公司充分协商基础上，科学策划重组方案，合理选择重组时机。国有股东履行内部决策程序后，书面通知上市公司，由其依法披露并申请停牌，并按照相关规定履行国资委预审核、上市公司董事会审议预案、对外披露预案、复牌、资产评估及备案、董事会审议草案、对外披露草案、集团公司或国资委审批重组方案、股东大会审议重组方案、报送证券监管机构审核等程序。资产重组发行股份价格在符合证券监管规则基础上，按照有利于维护包括国有股东在内的全体股东权益的原则确定。

通过股票市场实施混合所有制改革应做好信息披露工作，切实防控内幕交易，其中涉及的投资人遴选、商业秘密保护等事项按照“通过产权市场实施混合所有制改革”中明确的原则操作。

三、“改机制”相关环节操作要点

（一）关于混合所有制企业公司治理和管控方式。

1. 混合所有制企业法人治理结构。混合所有制企业要建立健全现代企业制度，坚持以资本为纽带、以产权为基础完善治理结构，根据股权结构合理设置股东（大）会、董事会、监事会，规范股东会、董事会、监事会、经理层和党组织的权责关系，按章程行权、依规则运行，形成定位清晰、权责对等、运转协调、制衡有效的法人治理结构。充分发挥公司章程在公司治理中的基础性作用，国有股东根据法律法规和公司实际情况，与其他股东充分协商，合理制定章程条款，切实维护各方股东权利。充分发挥非公有资本股东的积极作用，依法确定非公有资本股东提名和委派董事、监事的规则，建立各方参与、有效制衡的董事会，促进非公有资本股东代表能够有效参与公司治理。

2. 混合所有制企业管控方式。中央企业要科学合理界定与混合所有制企业的权责边界，避免“行政化”“机关化”管控，加快实现从“控制”到“配置”的转变。国有股东要在现代企业制度框架下按照市场化规则，以股东角色和身份参与企业决策和经营管理，不干预企业日常经营。通过股东（大）会表决、推荐董事和监事等方式行使股东权利，实施以股权关系为基础、以派出股权董事为依托的治理型管控，加强股权董事履职支撑服务和监督管理，确保国有股权董事行权履职体现出资人意志。依法保障混合所有制企业自主经营权，落实董事会对经理层成员选聘、业绩考核和薪酬管理等职权。对于国有参股的混合所有制企业，结合实际健全完善管理体制、落实董事会职责权限、加强经理层成员和国有股权董事监督管理，并在公司章程中予以明确。

3. 混合所有制企业党的建设。中央企业混合所有制改革要把建立党的组织、开展党的工作作为必要前提。根据不同类型混合所有制企业特点，明确党组织的设置方式、职责定位和管理模式。按照党章及党内法规制度要求，结合实际，推动混合所有制企业党组织和工作有效覆盖，设置党的工作机构，配齐配强专兼职党务工作人员，保证必需的党建工作经费，确保党的活动能够正常开展。

（二）关于三项制度改革。

1. 建立市场化选人用人机制，实现管理人员能上能下。推动混合所有制企业在更大范围实行经理层成员任期制和契约化管理，具备条件的建立职业经理人制度，积极探索建立与市场接轨的经理层激励制度。树立正确的选人用人导向，建立健全内部管理人员考核评价机制，实现“能者上、庸者下、平者让”。完善职业发展通道，为内部管理人员搭建能上能下平台。

2. 健全市场化用工制度，实现员工能进能出。建立健全以合同管理为核心、以岗位管理为基础的市场化用工制度。拓宽人才引进渠道，严格招聘管理，严把人员入口，不断提升引进人员质量。合理确定用工总量，盘活用工存量，畅通进出渠道，构建正常流动机制，不断提升用工效率和劳动生产率。

3. 建立市场化薪酬分配机制，实现收入能增能减。落实中央企业工资总额管理制度改革要求，建立健全与劳动力市场基本适应、与企业经济效益和劳动生产率挂钩的工资决定和正常增长机制。完善市场化薪酬分配制度，优化薪酬结构，坚持向关键岗位和核心骨干倾斜，坚持与绩效考核紧密挂钩，合理拉开收入分配差距，打破高水平“大锅饭”。统筹推进上市公司股权激励、科技型企业股权分红、员工持股等中长期激励措施，用好用足相关政策，不断增强关键核心人才的获得感、责任感、荣誉感。

（三）关于激励约束机制。

鼓励混合所有制企业综合运用国有控股混合所有制企业员工持股、国有控股上市公司股权激励、国有科技型企业股权和分红激励等中长期激励政策，探索超额利润分享、项目跟投、虚拟股权等中长期激励方式，注重发挥好非物质激励的积极作用，系统提升正向激励的综合效果。

1. 混合所有制企业员工持股。员工持股应按照《关于印发〈关于国有控股混合所有制企业开展员工持股试点的意见〉的通知》（国资发改革〔2016〕133 号）稳慎开展。坚持依法合规、公开透明，增量引入、利益绑定，以岗定股、动态调整，严控范围、强化监督等原则。优先支持人才资本和技术要素贡献占比较高的科技型企业开展员工持股。员工持股企业应当具备以下条件：主业处于充分竞争行业和领域的商业类企业；股权结构合理，非公有资本股东所持股份应达到一定比例，公司董事会中有非公有资本股东推荐的董事；公司治理结构健全，建立市场化的劳动人事分配制度和业绩考核评价体系，形成管理人员能上能下、员工能进能出、收入能增能减的市场化机制，营业收入和利润 90% 以上来源于所在企业集团外部市场。员工持股总量原则上不高于公司总股本的 30%，单一员工持股比例原则上不高于公司总股本的 1%。

2. 中央企业控股上市公司股权激励。中央企业控股上市公司应按照证监会和国资委有关规定规范实施股权激励，建立健全长效激励约束机制，充分调动核心骨干人才创新创业的积极性。股权激励对象要聚焦核心骨干人才队伍，结合企业高质量发展需要、行业竞争特点、关键岗位职责、绩效考核评价等因素综合确定。股权激励方式一般为股票期权、股票增值权、限制性股票等方式，也可以探索试行法律、行政法规允许的其他激励方式。中小市值上市公司及科技创新型上市公司，首次实施股权激励计划授予的权益数量占公司股本总额的比重，最高可以由 1% 上浮至 3%。上市公司两个完整会计年度内累计授予的权益数量一般在公司总股本的 3% 以内，公司重大战略转型等特殊需要的可以适当放宽至总股本的 5% 以内。股权激励对象实际获得的收益不再设置调控上限。中央企业控股上市公司根据有关政策规定，制定股权激励计划，在股东大会审议之前，国有控股股东按照公司治理和股权关系，经中央企业审核同意，并报国资委批准。除主营业务整体上市公司外，国资委不再审核上市公司股权激励分期实施方案，上市公司依据股权激励计划制定的分期实施方案，国有控股股东应当在董事会审议决定前，报中央企业审核同意。

3. 国有科技型企业股权和分红激励。鼓励符合条件的国有科技型企业按照国家相关规定，实施股权和分红激励，充分调动科研骨干和关键人才的积极性和创造性。明确激励政策导向，以推动形成有利于自主创新和科技成果转化的激励机制为主要目标，根据科技人才资本和技术要素贡献占比及投入产出效率等情况，合理确定实施企业范围和激励对象，建立导向清晰、层次分明、重点突出的中长期激励体系。优先支持符合《“十三五”国家科技创新规划》战略布局和中央企业“十三五”科技创新重点研发方向，创新能力较强、成果技术水平较高、市场前景较好的企业或项目实施股权和分红激励。综合考虑职工岗位价值、实际贡献、承担风险和服务年限等因素，重点激励在自主创新和科技成果转化中发挥主要作用的关键核心技术、管理人员。科学选择激励方式，鼓励符合条件的企业优先开展岗位分红激励，科技成果转化和项目收支明确的企业可选择项目分红激励，在积累试点经验的基础上稳妥实施、逐步推进股权激励。合理确定总体激励水平，从经营发展战略以及自身经济效益状况出发，分类分步推进股权和分红激励工作，坚持效益导向和增量激励原则，根据企业人工成本承受能力和经营业绩状况，合理确定激励水平。规范制度执行，中央企业开展股权和分红激励要按照《关于印发〈国有科技型企业股权和分红激励暂行办法〉的通知》（财资〔2016〕4 号）等有关规定，不得随意降低资格条件。

四、相关支持政策

（一）关于财税支持政策。

发展改革委、国资委会同有关部门共同制定出台了《关于深化混合所有制改革试点若干政策的意见》（发改经体〔2017〕2057 号）、《国家发展改革委办公厅关于印发〈国有企业混合所有制改革相关税收政策文件汇编〉的通知》（发改办经体〔2018〕947 号），对混合所有制改革过程中符合税法规定条件的有关情形，可享受相应的财税政策支持，主要包括：股权（资产）收购、合并、分立、债务重组、债转股等，可享受企业所得税递延纳税优惠政策；涉及以非货币性资产对外投资确认的非货币性资产转让所得，可享受5年内分期缴纳企业所得税政策；符合税法规定条件的债权损失在计算企业所得税应纳税所得额时扣除；通过合并、分立、出售、置换等方式，将全部或者部分实物资产以及与其相关联的债权、负债和劳动力，一并转让给其他单位和个人，其中涉及的货物、不动产、土地使用权转让，不征收增值税、营业税；符合条件的股权收购、资产收购、按账面净值划转股权或资产等，可适用特殊性税务处理政策；混合所有制改革涉及的土地增值税、契税、印花税，可享受相关优惠政策。

（二）关于土地处置支持政策。

企业推进混合所有制改革过程中涉及的土地处置事项，按照《国务院关于促进企业兼并重组的意见》（国发〔2010〕27号）、《国务院关于进一步优化企业兼并重组市场环境的意见》（国发〔2014〕14号）、《国务院关于全民所有自然资源资产有偿使用制度改革的指导意见》（国发〔2016〕82号）等相关规定办理，主管部门对拟混改企业提出的土地转让、改变用途等申请，将依法依规加快办理相关用地和规划手续。拟混改企业拥有国有划拨土地使用权的，经主管部门批准，可根据行业和改革需要，分别采取出让、租赁、国家作价出资（入股）、授权经营和保留规划用地等方式进行处置；重点产业调整和振兴规划确定的混合所有制改革事项涉及的国有划拨土地使用权，经省级以上主管部门批准，可以国家作价出资（入股）方式处置；涉及因实施城市规划需要搬迁的工业项目，经主管部门审核批准，可收回原国有土地使用权，并以协议出让或租赁方式为原土地使用权人重新安排工业用地；涉及事业单位等改制为企业的，允许实行国有企业改制土地资产处置政策。

混合所有制改革具有较强探索性和挑战性，涉及面广、政策性强、影响广泛、社会关注度高。中央企业要坚持解放思想、实事求是，积极稳妥统筹推进，鼓励探索、勇于实践，建立健全容错纠错机制，宽容在改革创新中的失误。要坚持依法合规操作，注重发挥内外部监督合力，做到规则公开、过程公开、结果公开，防止暗箱操作、低价贱卖、利益输送、化公为私、逃废债务，杜绝国有资产流失。要及时跟踪改革进展，评估改革成效，推广改革经验，加快形成可复制、可推广的模式和经验。

附件：

混合所有制改革涉及的
法律法规制度目录

一、法律、法规

1. 中华人民共和国公司法
2. 中华人民共和国证券法
3. 中华人民共和国企业国有资产法
4. 中华人民共和国资产评估法
5. 国有资产评估管理办法（国务院令第91号）

二、国务院文件

6. 国务院关于促进企业兼并重组的意见（国发〔2010〕27号）

7. 国务院关于进一步优化企业兼并重组市场环境的意见（国发〔2014〕14号）

8. 国务院关于国有企业发展混合所有制经济的意见（国发〔2015〕54号）

9. 国务院关于全民所有自然资源资产有偿使用制度改革的指导意见（国发〔2016〕82号）

10. 国务院办公厅转发国务院国有资产监督管理委员会关于规范国有企业改制工作意见的通知（国办发〔2003〕96号）

11. 国务院办公厅转发国资委关于进一步规范国有企业改制工作实施意见的通知（国办发〔2005〕60号）

12. 国务院办公厅转发证监会等部门关于依法打击和防控资本市场内幕交易意见的通知（国办发〔2010〕55号）

13. 国务院办公厅关于加强和改进企业国有资产监督防止国有资产流失的意见（国办发〔2015〕79号）

14. 国务院办公厅关于印发中央企业公司制改制工作实施方案的通知（国办发〔2017〕69号）

三、部门规章、规范性文件

15. 国有企业清产核资办法（国资委令第1号）

16. 企业国有资产评估管理暂行办法（国资委令第12号）

17. 中央企业境外国有产权管理暂行办法（国资委令第27号）

18. 企业国有资产交易监督管理办法（国资委 财政部令第32号）

19. 中央企业投资监督管理办法（国资委令第34号）

20. 中央企业境外投资监督管理办法（国资委

令第 35 号）

21. 上市公司国有股权监督管理办法（国资委　财政部　证监会令第 36 号）

22. 中央企业违规经营投资责任追究实施办法（试行）（国资委令第 37 号）

23. 关于印发《国土资源部关于加强土地资产管理促进国有企业改革和发展的若干意见》的通知（国土资发〔1999〕433 号）

24. 关于印发《国有企业清产核资经济鉴证工作规则》的通知（国资评价〔2003〕78 号）

25. 关于印发《国有控股上市公司（境外）实施股权激励试行办法》的通知（国资发分配〔2006〕8 号）

26. 关于印发《国有控股上市公司（境内）实施股权激励试行办法》的通知（国资发分配〔2006〕175 号）

27. 关于加强企业国有资产评估管理工作有关问题的通知（国资发产权〔2006〕274 号）

28. 关于规范国有控股上市公司实施股权激励制度有关问题的通知（国资发分配〔2008〕171 号）

29. 关于印发《企业国有产权交易操作规则》的通知（国资发产权〔2009〕120 号）

30. 关于企业国有资产评估报告审核工作有关事项的通知（国资产权〔2009〕941 号）

31. 关于印发《中央企业商业秘密保护暂行规定》的通知（国资发〔2010〕41 号）

32. 关于印发《中央企业资产评估项目核准工作指引》的通知（国资发产权〔2010〕71 号）

33. 关于建立国有企业改革重大事项社会稳定风险评估机制的指导意见（国资发〔2010〕157 号）

34. 关于规范中央企业选聘评估机构工作的指导意见（国资发产权〔2011〕68 号）

35. 关于中央企业国有产权置换有关事项的通知（国资发产权〔2011〕121 号）

36. 关于加强上市公司国有股东内幕信息管理有关问题的通知（国资发产权〔2011〕158 号）

37. 关于印发《企业国有资产评估项目备案工作指引》的通知（国资发产权〔2013〕64 号）

38. 关于促进企业国有产权流转有关事项的通知（国资发产权〔2014〕95 号）

39. 关于印发《国有科技型企业股权和分红激励暂行办法》的通知（财资〔2016〕4 号）

40. 关于进一步深化中央企业劳动用工和收入分配制度改革的指导意见（国资发分配〔2016〕102 号）

41. 关于印发《关于国有控股混合所有制企业开展员工持股试点的意见》的通知（国资发改革〔2016〕133 号）

42. 关于做好中央科技型企业股权和分红激励工作的通知（国资发分配〔2016〕274 号）

43. 关于印发《中央企业实施混合所有制改革有关事项的规定》的通知（国资发产权〔2016〕295 号）

44. 关于印发《中央科技型企业实施分红激励工作指引》的通知（国资厅发考分〔2017〕47 号）

45. 关于深化混合所有制改革试点若干政策的意见（发改经体〔2017〕2057 号）

46. 关于扩大国有科技型企业股权和分红激励暂行办法实施范围等有关事项的通知（财资〔2018〕54 号）

47. 国家发展改革委办公厅关于印发《国有企业混合所有制改革相关税收政策文件汇编》的通知（发改办经体〔2018〕947 号）

48. 关于印发《关于深化中央企业国有资本投资公司改革试点工作意见》的通知（国资发资本〔2019〕28 号）

49. 关于印发《关于深化中央企业国有资本运营公司改革试点工作意见》的通知（国资发资本〔2019〕45 号）

第四章　职工管理及激励制度

（一）工资薪酬综合类

行政规章及规范性文件：

中央企业工资总额管理办法

国务院国有资产监督管理委员会令第 39 号

《中央企业工资总额管理办法》已于 2018 年 12 月 11 日经国务院国有资产监督管理委员会第 158 次主任办公会议审议通过，现予公布，自 2019 年 1 月 1 日起施行。

国务院国有资产监督管理委员会主任　肖亚庆

2018 年 12 月 27 日

第一章　总　　则

第一条　为建立健全与劳动力市场基本适应、与企业经济效益和劳动生产率挂钩的工资决定和正常增长机制，增强企业活力和竞争力，促进企业实现高质量发展，推动国有资本做强做优做大，根据《中华人民共和国企业国有资产法》、《企业国有资产监督管理暂行条例》、《中共中央　国务院关于深化国有企业改革的指导意见》、《国务院关于改革国有企业工资决定机制的意见》和国家有关收入分配政策规定，制定本办法。

第二条　本办法所称中央企业是指国务院国有资产监督管理委员会（以下简称国资委）履行出资人职责的企业。

第三条　本办法所称工资总额，是指由企业在一个会计年度内直接支付给与本企业建立劳动关系的全部职工的劳动报酬总额，包括工资、奖金、津贴、补贴、加班加点工资、特殊情况下支付的工资等。

第四条　中央企业工资总额实行预算管理。企业每年度围绕发展战略，按照国家工资收入分配宏观政策要求，依据生产经营目标、经济效益情况和人力资源管理要求，对工资总额的确定、发放和职工工资水平的调整，作出预算安排，并且进行有效控制和监督。

第五条　工资总额管理应当遵循以下原则：

（一）坚持市场化改革方向。实行与社会主义市场经济相适应的企业工资分配制度，发挥市场在资源配置中的决定性作用，逐步实现中央企业职工工资水平与劳动力市场价位相适应。

（二）坚持效益导向原则。按照质量第一、效益优先的要求，职工工资水平的确定以及增长应当与企业经济效益和劳动生产率的提高相联系，切实实现职工工资能增能减，充分调动职工创效主动性和积极性，不断优化人工成本投入产出效率，持续增强企业活力。

（三）坚持分级管理。完善出资人依法调控与企业自主分配相结合的中央企业工资总额分级管理体制，国资委以管资本为主调控中央企业工资分配总体水平，企业依法依规自主决定内部薪酬分配。

（四）坚持分类管理。根据中央企业功能定位、行业特点，分类实行差异化的工资总额管理方式和决定机制，引导中央企业落实国有资产保值增值责任，发挥在国民经济和社会发展中的骨干作用。

第二章　工资总额分级管理

第六条　国资委依据有关法律法规履行出资人职责，制定中央企业工资总额管理制度，根据企业功能定位、公司治理、人力资源管理市场化程度等情况，对企业工资总额预算实行备案制或者核准制管理。

第七条　实行工资总额预算备案制管理的中央企业，根据国资委管理制度和调控要求，结合实际制定本企业工资总额管理办法，报经国资委同意后，依照办法科学编制职工年度工资总额预算方案并组织实施，国资委对其年度工资总额预算进行备案管理。

第八条　实行工资总额预算核准制管理的中央

企业，根据国资委有关制度要求，科学编制职工年度工资总额预算方案，报国资委核准后实施。

第九条 工资总额预算经国资委备案或者核准后，由中央企业根据所属企业功能定位、行业特点和经营性质，按照内部绩效考核和薪酬分配制度要求，完善本企业工资总额预算管理体系，并且组织开展预算编制、执行以及内部监督、评价工作。

第十条 中央企业工资总额预算一般按照单一会计年度进行管理。对行业周期性特征明显、经济效益年度间波动较大或者存在其他特殊情况的企业，工资总额预算可以探索按周期进行管理，周期最长不超过三年，周期内的工资总额增长应当符合工资与效益联动的要求。

第三章 工资总额分类管理

第十一条 主业处于充分竞争行业和领域的商业类中央企业原则上实行工资总额预算备案制管理。职工工资总额主要与企业利润总额、净利润、经济增加值、净资产增长率、净资产收益率等反映经济效益、国有资本保值增值和市场竞争能力的指标挂钩。职工工资水平根据企业经济效益和市场竞争力，结合市场或者行业对标科学合理确定。

第十二条 主业处于关系国家安全、国民经济命脉的重要行业和关键领域、主要承担重大专项任务的商业类中央企业原则上实行工资总额预算核准制管理。职工工资总额在主要与反映经济效益和国有资本保值增值指标挂钩的同时，可以根据实际增加营业收入、任务完成率等体现服务国家战略、保障国家安全和国民经济运行、发展前瞻性战略性产业以及完成特殊任务等情况的指标。职工工资水平根据企业在国民经济中的作用、贡献和经济效益，结合所处行业职工平均工资水平等因素合理确定。

上述企业中，法人治理结构健全、三项制度改革到位、收入分配管理规范的，经国资委同意后，工资总额预算可以探索实行备案制管理。

第十三条 公益类中央企业实行工资总额预算核准制管理。职工工资总额主要与反映成本控制、产品服务质量、营运效率和保障能力等情况的指标挂钩，兼顾体现经济效益和国有资本保值增值情况的指标。

职工工资水平根据公益性业务的质量和企业经济效益状况，结合收入分配现状、所处行业平均工资等因素合理确定。

第十四条 开展国有资本投资、运营公司或者混合所有制改革等试点的中央企业，按照国家收入分配政策要求，根据改革推进情况，经国资委同意，可以探索实行更加灵活高效的工资总额管理方式。

第四章 工资总额决定机制

第十五条 中央企业以上年度工资总额清算额为基础，根据企业功能定位以及当年经济效益和劳动生产率的预算情况，参考劳动力市场价位，分类确定决定机制，合理编制年度工资总额预算。

第十六条 工资总额预算与利润总额等经济效益指标的业绩考核目标值挂钩，并且根据目标值的先进程度（一般设置为三档）确定不同的预算水平。

（一）企业经济效益增长，目标值为第一档的，工资总额增长可以与经济效益增幅保持同步；目标值为第二档的，工资总额增长应当低于经济效益增幅。

（二）企业经济效益下降，目标值为第二档的，工资总额可以适度少降；目标值为第三档的，工资总额应当下降。

（三）企业受政策调整、不可抗力等非经营性因素影响的，可以合理调整工资总额预算。

（四）企业未实现国有资产保值增值的，工资总额不得增长或者适度下降。

第十七条 工资总额预算在按照经济效益决定的基础上，还应当根据劳动生产率、人工成本投入产出效率的对标情况合理调整。企业当年经济效益增长但劳动生产率未提高的，工资总额应当适当少增。

企业劳动生产率以及其他人工成本投入产出指标与同行业水平对标差距较大的，应当合理控制工资总额预算。

第十八条 主业处于关系国家安全、国民经济命脉的重要行业和关键领域、主要承担重大专项任务的商业类中央企业和公益类中央企业可以探索将工资总额划分为保障性和效益性工资总额两部分，国资委根据企业功能定位、行业特点等情况，合理确定其保障性和效益性工资总额比重，比重原则上三年内保持不变。

（一）保障性工资总额的增长主要根据企业所承担的重大专项任务、公益性业务、营业收入等指标完成情况，结合居民消费价格指数以及企业职工工资水平对标情况综合确定，原则上不超过挂钩指标增长幅度。

（二）效益性工资总额增长原则上参照本办法第十六、十七条确定。

第十九条 工资总额在预算范围不发生变化的情况下，原则上增人不增工资总额、减人不减工资总额，但发生兼并重组、新设企业或者机构等情况的，可以合理增加或者减少工资总额。

第二十条 国资委按照国家有关部门发布的工资指导线、非竞争类国有企业职工平均工资调控水平和工资增长调控目标，根据中央企业职工工资分配现状，适度调控部分企业工资总额增幅。

对中央企业承担重大专项任务、重大科技创新项目等特殊事项的，国资委合理认定后，予以适度支持。

第二十一条 中央企业应当制定完善集团总部职工工资总额管理制度，根据人员结构及工资水平的对标情况，总部职工平均工资增幅原则上在低于当年集团职工平均工资增幅的范围内合理确定。

第五章 工资总额管理程序

第二十二条 中央企业应当按照国家收入分配政策规定和国资委有关要求编制工资总额预算。工资总额预算方案履行企业内部决策程序后，于每年一季度报国资委备案或者核准。

第二十三条 国资委建立中央企业工资总额预算动态监控制度，对中央企业工资总额发放情况、人工成本投入产出等主要指标执行情况进行跟踪监测，定期发布监测结果，督促中央企业加强预算执行情况的监督和控制。

第二十四条 中央企业应当严格执行经国资委备案或者核准的工资总额预算方案，在执行过程中出现以下情形之一，导致预算编制基础发生重大变化的，可以申请对工资总额预算进行调整：

（一）国家宏观经济政策发生重大调整。

（二）市场环境发生重大变化。

（三）企业发生分立、合并等重大资产重组行为。

（四）其他特殊情况。

第二十五条 中央企业工资总额预算调整情况经履行企业内部决策程序后，于每年10月报国资委复核或者重新备案。

第二十六条 中央企业应当于每年4月向国资委提交上年工资总额预算执行情况报告，国资委依据经审计的财务决算数据，参考企业经营业绩考核目标完成情况，对中央企业工资总额预算执行情况、执行国家有关收入分配政策等情况进行清算评价，并且出具清算评价意见。

第六章 企业内部分配管理

第二十七条 中央企业应当按照国家有关政策要求以及本办法规定，持续深化企业内部收入分配制度改革，不断完善职工工资能增能减机制。

第二十八条 中央企业应当建立健全职工薪酬市场对标体系，构建以岗位价值为基础、以绩效贡献为依据的薪酬管理制度，坚持按岗定薪、岗变薪变，强化全员业绩考核，合理确定各类人员薪酬水平，逐步提高关键岗位的薪酬市场竞争力，调整不合理收入分配差距。

第二十九条 坚持短期与中长期激励相结合，按照国家有关政策，对符合条件的核心骨干人才实行股权激励和分红激励等中长期激励措施。

第三十条 严格清理规范工资外收入，企业所有工资性支出应当按照有关财务会计制度规定，全部纳入工资总额核算，不得在工资总额之外列支任何工资性支出。

第三十一条 规范职工福利保障管理，严格执行国家关于社会保险、住房公积金、企业年金、福利费等政策规定，不得超标准、超范围列支。企业效益下降的，应当严格控制职工福利费支出。

第三十二条 加强企业人工成本监测预警，建立全口径人工成本预算管理制度，严格控制人工成本不合理增长，不断提高人工成本投入产出效率。

第三十三条 健全完善企业内部监督机制，企业内部收入分配制度、中长期激励计划以及实施方案等关系职工切身利益的重大分配事项应当履行必要的决策程序和民主程序。中央企业集团总部要将所属企业薪酬福利管理作为财务管理和年度审计的重要内容。

第七章 工资总额监督检查

第三十四条 中央企业不得违反规定超提、超发工资总额。出现超提、超发行为的企业，应当清退并且进行相关账务处理，国资委相应核减企业下一年度工资总额基数，并且根据有关规定对相关责任人进行处理。

第三十五条 国资委对中央企业工资总额管理情况进行监督检查，对于履行主体责任不到位、工资增长与经济效益严重不匹配、内部收入分配管理不规范、收入分配关系明显不合理的企业，国资委将对其工资总额预算从严调控。

第三十六条 实行工资总额预算备案制管理的中央企业，出现违反国家工资总额管理有关规定的，国资委将责成企业进行整改，情节严重的，除按规定进行处理外，将其工资总额预算由备案制管理调整为核准制管理。

第三十七条 国资委将中央企业工资总额管理情况纳入出资人监管以及纪检监察、巡视等监督检查工作范围，必要时委托专门机构进行检查。对工资总额管理过程中弄虚作假以及其他严重违反收入分配政策规定的企业，国资委将视情况对企业采取相应处罚措施，并且根据有关规定对相关责任人进行处理。

第三十八条 中央企业应当依照法定程序决定工资分配事项，加强对工资分配决议执行情况的监督。职工工资收入分配情况应当作为厂务公开的重要内容，定期向职工公开，接受职工监督。

第三十九条 国资委、中央企业每年定期将企业工资总额和职工平均工资水平等相关信息向社会披露，接受社会公众监督。

第八章 附 则

第四十条 本办法由国资委负责解释，具体实施方案另行制定。

第四十一条 本办法自2019年1月1日起施行。《关于印发〈中央企业工资总额预算管理暂行办法〉的通知》（国资发分配〔2010〕72号）、《关于印发〈中央企业工资总额预算管理暂行办法实施细则〉的通知》（国资发分配〔2012〕146号）同时废止。

关于印发《中央企业负责人履职待遇、业务支出管理办法》的通知

国资发分配〔2015〕5号

各中央企业：

为贯彻落实党的十八届三中全会和四中全会精神以及《中共中央办公厅国务院办公厅印发〈关于合理确定并严格规范中央企业负责人履职待遇、业务支出的意见〉的通知》（中办发〔2014〕51号）的要求，严格规范中央企业负责人履职待遇、业务支出管理，国资委研究制定了《中央企业负责人履职待遇、业务支出管理办法》，现印发给你们，请遵照执行。

中央企业负责人履职待遇、业务支出管理办法

第一章 总 则

第一条 为贯彻落实党的十八届三中全会和四中全会精神，合理确定并严格规范中央企业负责人履职待遇、业务支出，根据《中华人民共和国企业国有资产法》、《中共中央办公厅国务院办公厅印发〈关于合理确定并严格规范中央企业负责人履职待遇、业务支出的意见〉的通知》（中办发〔2014〕51号，以下简称《意见》）等法律法规和相关规定，制定本办法。

第二条 本办法所称中央企业负责人是指经国务院授权由国务院国有资产监督管理委员会（以下简称国资委）履行出资人职责的国家出资企业（以下简称企业）的下列人员：

（一）设立董事会企业的董事长、副董事长、董事（不含外部董事、职工董事），总经理（总裁）、副总经理（副总裁）、总会计师。

（二）未设立董事会企业的总经理（总裁、院长、局长、主任）、副总经理（副总裁、副院长、副局长、副主任）、总会计师。

（三）企业的党委（党组）书记、副书记、党委常委（党组成员），纪委书记（纪检组组长）。

第三条 本办法所称履职待遇是指为企业负责人履行工作职责提供的工作保障和条件，主要包括公务用车、办公用房、培训等。业务支出是指企业负责人在生产经营活动中因履行工作职责所发生的费用支出，主要包括业务招待、国内差旅、因公临时出国（境）、通信等方面的支出。

第四条 国资委对企业负责人履职待遇、业务支出实施指导监督。

企业对各级所出资企业负责人履职待遇、业务支出实施监督管理。企业主要负责人对本企业履职待遇、业务支出管理工作负主要责任，分管负责人和总会计师负分管责任。

第五条 合理确定并严格规范企业负责人履职待遇、业务支出应当坚持以下基本原则：

（一）坚持依法依规。根据国家法律法规和相关规定，结合企业生产经营实际，坚决杜绝企业承担个人消费支出的行为。

（二）坚持廉洁节俭。反对讲排场、比阔气，

反对铺张浪费，坚决抵制享乐主义和奢靡之风。

（三）坚持规范透明。通过完善制度、预算管理、加强监督，建立健全严格规范、公开透明的企业负责人履职待遇、业务支出管理制度体系。

第二章　履职待遇

第六条　企业应当合理配置、有效使用企业公务用车资源，规范企业负责人公务用车配备、运行管理和处置，保障企业负责人公务出行，降低公务用车成本。

第七条　企业负责人按照1人1车或者多人1车配备（包括购置、租赁等）公务用车。企业采取统一调度等方式保障企业负责人公务活动用车的，属于为企业负责人配备公务用车。

第八条　企业主要负责人公务用车配备标准为排气量2.5升（含）以下、购车价格（不含车辆购置税，下同）38万元以内，企业其他负责人公务用车配备标准为排气量2.0升（含）以下、购车价格28万元以内。企业负责人公务用车使用年限超过8年已不能正常使用的，或者车辆安全状况、排放要求等不符合有关标准要求的，可以更新。企业负责人公务用车的报废和出售等处置，应当按照国有企业资产处置有关规定执行。

第九条　企业负责人新配备或者更新公务用车要严格执行配备标准，选用国产汽车，优先选用新能源汽车，不得增加高档配置或者豪华内饰。企业负责人已购置使用的公务用车超过规定配备标准的，在未达到更新或者报废条件情况下，可以继续使用；已租赁使用的公务用车超过配备标准的，应当按规定配备标准重新租赁。

企业由于非政策性因素发生亏损或者处于被托管、重组脱困，以及拖欠职工工资、社会保险费用期间，不得为企业负责人购置、租赁、更新公务用车。企业不得以任何方式换用、借用、占用所出资企业或者其他有利益关系单位和个人的车辆供企业负责人使用。

第十条　企业负责人公务用车的保养、维修费用，以及日常使用所发生的保险费、年检费、车船使用税、燃油费、停车及过路桥费等各种运行费用，实行单车核算，在预算额度内按照财务制度严格规范执行。

企业负责人不得因私使用公务用车。企业负责人本人提出自行驾驶公务用车的，企业应当根据道路交通安全有关法律和行政法规，制订企业负责人自行驾驶公务用车管理办法，加强对企业负责人自行驾驶公务用车的管理，不得为企业负责人发放自行驾驶公务用车的补贴。

第十一条　企业实行公务用车制度改革的，要按照中央企业公务用车制度改革方案的要求，合理确定企业负责人公务交通补贴标准。具体办法另行制定。企业不得同时为企业负责人配备公务用车和发放公务交通补贴。

市场化选聘的企业负责人，其薪酬体系中已包括公务交通补贴的，不再配备公务用车，不再报销公务用车费用或者另行发放公务交通补贴。

第十二条　企业应当按照庄重、朴素、经济、适用和资源节约的原则建设办公用房，严禁超标准新建办公用房，严禁豪华装修。要公平配置、集约使用办公用房资源。企业负责人原则上配置使用一处办公用房，确因异地工作需要另行配置办公用房的，应当严格履行企业内部审核程序。

第十三条　企业主要负责人办公室（含休息室、卫生间，下同）使用面积标准不超过80平方米，企业其他负责人办公室使用面积标准不超过60平方米。不得长期租用宾馆、酒店房间作为办公用房。

第十四条　企业负责人新配置办公用房要严格执行配置标准。现有的办公室超过规定面积标准的，一般采取调换或者合用方式解决；必须采取工程改造方式的，如受现有建筑结构布局、线路和消防、空调等设施设备客观条件限制，待办公用房维修改造或者领导干部职务变动调换办公室时解决，不应造成新的浪费。

第十五条　企业负责人办公用房因使用时间较长、设施设备老化、功能不全，不能满足办公需求的，可以进行维修改造。办公用房维修改造应当以消除安全隐患、恢复和完善使用功能、降低能源资源消耗为重点，严格执行维修改造标准。

第十六条　企业要围绕提高企业负责人政治和专业素质、创新和经营管理能力开展必要的培训。企业负责人参加各种学历教育以及为取得学位而参加在职教育的费用必须由个人承担。

第十七条　企业负责人参加出国培训应当严格执行国家有关出国（境）培训管理规定，不得参加无实质需要的国外培训。

第三章　业务支出

第十八条　业务招待是指企业负责人为企业生

产经营业务的需要，招待客户、合资合作方以及其他外部关系人员的活动。业务招待主要分为商务、外事、其他公务招待活动等。

第十九条 企业负责人开展商务和外事招待活动，宴请标准每次人均不得超过600元（含酒水、饮料，下同），赠送纪念品标准每次人均不得超过600元。企业要根据企业负责人业务招待活动内容和招待对象，在控制标准内，分档确定商务和外事招待活动的宴请、赠送纪念品的标准。其他公务招待活动参照党政机关公务接待标准执行，不得赠送纪念品。

第二十条 企业要明确业务招待活动的审批、报销等程序。对企业负责人每次业务招待活动实行招待费用总额和人均费用双控管理，严格控制陪同人数。

第二十一条 企业负责人进行业务招待活动，由企业相关部门编制预算并组织安排，应当首选本企业食堂或者协议酒店等，严格执行相关制度和标准。外事招待工作应当遵循服务外交、友好对等、务实节俭原则，从严控制招待费用支出。

第二十二条 企业负责人业务招待活动赠送纪念品，应当符合有关法律法规要求，以宣传企业形象、展示企业文化为主要内容，严禁赠送现金和购物卡、消费卡、商业预付卡等各种有价证券、支付凭证以及贵重物品等。企业应当建立纪念品订购、领用等审批程序。

第二十三条 企业负责人进行业务招待所发生的费用应当由相关部门及时结算。业务招待费用报销应当提供内部审核流程、发票以及招待清单，如实反映招待对象、业务招待活动内容、招待费用等情况，不得将业务招待费用以会议、培训、调研等费用的名义虚列、隐匿。

第二十四条 企业应当根据国家有关规定和财务会计制度，结合生产经营实际和实施国际化经营的需要，合理确定企业负责人国内差旅和因公临时出国（境）乘坐交通工具的类型和等级，以及住宿、就餐等标准。除特殊情况外，不得乘坐民航包机或私人、企业和外国航空公司包机，不得租用商务机。

第二十五条 严禁企业负责人无明确公务目的的国内差旅活动，从严控制国内差旅随行人员。企业应当保障企业负责人处理本企业及其所出资企业境外经营管理业务的出国（境）活动，不得安排照顾性、无实质内容的一般性出访和考察性出访，不得安排与企业负责人因公临时出国（境）任务无关的人员随行。

第二十六条 企业负责人应当严格执行因公临时出国（境）管理制度和任务安排，不得以任何理由绕道旅行，或者以过境名义变相增加出访国家和地区，不得无故延长因公临时出国（境）时间。企业要严格规范国（境）外接待工作，严禁超标准接待。严禁用公款或者变相用公款在国内和出国（境）旅游。

第二十七条 企业负责人应当严格按规定开支国内差旅费用，严格遵守因公临时出国（境）经费预算、支出、使用、核算等财务制度，不得铺张浪费。

第二十八条 加强企业负责人从事公务活动所发生移动通信费用和住宅通信费用的管理。参考电信市场资费标准，根据企业负责人岗位要求和履职需要，合理确定通信费用年度预算控制额度，在预算额度内按照财务制度严格规范执行，不得以任何名目为企业负责人发放通信补贴。

市场化选聘的企业负责人，其薪酬体系中已包括通信补贴的，不再报销通信费用或者另行发放通信补贴。

第四章 预算管理

第二十九条 预算管理是指企业按照企业财务预算的相关规定，根据企业生产经营实际，结合企业负责人履行工作职责需求，对企业负责人履职待遇、业务支出年度费用水平的预计安排、控制监督。

第三十条 企业应当对企业负责人履职待遇、业务支出实施预算管理，按年度、项目、人员编制预算，并报国资委备案，同时抄送派驻本企业监事会。

第三十一条 企业负责人履职待遇、业务支出年度预算编制应当综合考虑上年度预算编制和执行情况，与企业当年生产经营实际需要相匹配，履行企业内部预算管理程序审议后执行。如预算有重大调整，应当重新履行相应程序。

第三十二条 企业应当严格控制预算内企业负责人各项履职待遇、业务支出，预算外支出未履行相应程序前不得列支。企业应当建立预算动态监控机制，监测分析预算执行情况，及时纠正预算编制和执行中存在的问题，提高预算的全面性、准确性，增强预算执行的严肃性。

第五章　监督管理

第三十三条　除按照《意见》和本办法所规定的保障企业负责人履职待遇和业务支出外，严禁以下用公款为企业负责人支付个人支出的行为：

（一）按照职务为企业负责人个人设置定额消费。

（二）为企业负责人办理理疗保健卡、运动健身卡、会所和俱乐部会员卡、高尔夫球卡等各种消费卡。

（三）为企业负责人购买百科全书、中外名著、古籍文献等与工作无关的装饰性图书。

（四）支付企业负责人履行工作职责以外的、应当由个人承担的消费娱乐活动、宴请、赠送礼品及培训等各种费用。

（五）支付企业负责人与企业经营管理无关的各种消费支出。

（六）向所出资企业和其他有利益关系的单位转移各种企业负责人个人费用支出。

第三十四条　企业负责人退休或者调离本企业后，企业不得继续为其提供履职待遇、业务支出，企业负责人应当及时腾退配置使用的办公用房和公务用车等。

第三十五条　企业不得向所出资企业或者其他有利益关系单位转嫁企业负责人履职待遇、业务支出。

企业负责人在所出资企业兼任董事长、总经理等职务，并且主要工作职责在所兼职企业的，可以执行集团公司负责人履职待遇、业务支出标准，按照“费用跟事走”的原则，分别在集团总部、所兼职企业报销和列支，同一费用不得在集团总部和所兼职企业重复报销和列支。

第三十六条　企业应当根据《意见》和本办法，制定本企业负责人履职待遇、业务支出管理制度，报国资委备案，同时抄送派驻本企业监事会。

第三十七条　企业负责人履职待遇、业务支出管理制度、年度预算及执行情况要作为厂务公开的内容，通过职工代表大会等形式定期公开，接受职工监督。

第三十八条　企业负责人应当严格执行履职待遇、业务支出管理相关规定，将个人履职待遇、业务支出情况和年度预算及执行情况等，作为民主生活会、年度述职述廉的重要内容，接受监督和民主评议。

第三十九条　企业内部财务、审计、纪检监察等部门应当切实履行工作职责，完善内部控制体系，加强企业负责人履职待遇、业务支出管理和监督，完善内部监督机制。

第四十条　企业负责人履职待遇、业务支出情况纳入外派监事会监督检查工作内容、巡视组巡视工作内容，以及企业负责人经济责任审计范围。

企业应当积极配合外派监事会、巡视、审计以及有关监管机构的监督检查，积极接受社会监督，及时对监督检查中发现的问题进行纠正和整改。

第四十一条　国资委建立中央企业负责人履职待遇、业务支出管理工作责任追究制度。对违反或未正确履行本办法管理要求的中央企业，对负有领导责任的主要负责人或者有关企业负责人追究责任。

第四十二条　企业负责人违反履职待遇、业务支出管理相关规定，依据有关规定，视情节轻重，由有关机构按照管理权限分别给予警示谈话、调离岗位、降职、免职处理，并相应扣减25%、50%、75%、100%的当年绩效年薪。涉嫌违纪的，移送纪检监察机构处理；涉嫌犯罪的，依法移送司法机关处理。

第四十三条　企业负责人违反本办法获得的经济利益，应当予以收缴或者纠正；用公款支付、报销应由个人支付的费用，应当责令退赔；给企业造成经济损失的，应当依据国家或者企业的有关规定承担经济赔偿责任。

第六章　附　　则

第四十四条　建设规范董事会中央企业，企业董事会应当按照《意见》和本办法的要求，建立和完善董事和高级管理人员履职待遇、业务支出管理制度，切实规范管理。专职外部董事履职待遇、业务支出管理办法另行制定。

第四十五条　企业应当依法履行出资人职责，根据本办法的要求并结合生产经营实际，制定集团总部相关人员和所出资企业负责人履职待遇、业务支出管理制度，指导监督所出资企业逐级落实监管责任，逐级健全管理制度、实施预算管理、推进公开透明，全面规范企业履职待遇、业务支出管理。

第四十六条　本办法自印发之日起施行。《关于规范中央企业负责人职务消费的指导意见》（国资发分配〔2006〕69号）、《中央企业负责人职务消费管理暂行规定》（国资发分配〔2011〕159号）

同时废止。

国务院国有资产监督管理委员会关于整体上市中央企业董事及高管人员薪酬管理的意见

国资发分配〔2008〕140号

各中央企业：

为规范整体上市中央企业董事及高级管理人员（以下简称高管人员）薪酬管理工作，切实履行出资人职责，现就有关问题提出如下意见。

一、董事及高管人员薪酬管理的原则

（一）依法管理的原则。根据《中华人民共和国公司法》，中央企业整体上市后股份公司（以下简称上市公司）董事报酬由股东大会审议决定，高管人员薪酬由董事会审议决定。国有控股股东根据本意见依法行使股东权利。

（二）管资产与管人、管事相结合的原则。由中央和国资委提名的上市公司董事及高管人员，其薪酬管理应与国资委对中央企业负责人薪酬管理的政策保持一致。由上市公司董事会自主选择聘任的高管人员，未纳入中央企业负责人管理范围的，其薪酬管理由董事会参照国资委薪酬管理办法自主确定。

二、董事报酬管理

上市公司国有控股股东按以下原则，分类提出董事报酬方案，在股东大会召开前，以书面形式与国资委沟通一致后，提交股东大会审议决定。

（一）由上市公司及其国有控股股东以外人员担任的董事，其报酬参照国资委关于董事会试点企业外部董事报酬确定的原则及标准，按法定程序决定。

（二）由上市公司高管人员兼任的董事，不以董事职务取得报酬，按其在管理层的任职取得薪酬。

（三）由上市公司控股股东负责人兼任的董事，不以董事职务取得报酬，由国资委根据《中央企业负责人薪酬管理暂行办法》等有关规定确定其担任控股股东负责人的薪酬事项。

三、高管人员薪酬管理

（一）纳入国资委董事会试点的整体改制上市公司，外部董事超过董事会全体成员半数的，由董事会参照国资委关于董事会试点企业高级管理人员薪酬管理的相关指导意见，对上市公司高管人员薪酬进行管理。

（二）未纳入国资委董事会试点或外部董事未超过董事会全体成员半数的整体改制上市公司，其高管人员薪酬事项由国有控股股东根据《中央企业负责人薪酬管理暂行办法》等有关规定提出方案，报国资委审核批准后，提交董事会审议决定，国有控股股东提名的董事应根据国资委批复意见履行职责。

关于印发《董事会试点中央企业董事报酬及待遇管理暂行办法》的通知

国资发分配〔2009〕126号

各董事会试点中央企业：

为积极推进董事会试点工作，加强董事会试点企业董事报酬及待遇管理，国资委制定了《董事会试点中央企业董事报酬及待遇管理暂行办法》，现印发给你们，请遵照执行。

附件：

董事会试点中央企业董事报酬及待遇管理暂行办法

第一条 为推进中央企业董事会试点工作，加强董事会试点中央企业董事报酬及待遇管理，根据《中华人民共和国公司法》、《中华人民共和国企业国有资产法》、《企业国有资产监督管理暂行条例》、《关于中央企业建立和完善国有独资公司董事会试点工作的通知》（国资发改革〔2004〕229号）等有关规定，制定本办法。

第二条 本办法适用于在国务院国有资产监督管理委员会（以下简称国资委）履行出资人职责的国有独资公司董事会试点中央企业（以下简称公司）中任职的外部董事、非外部董事（不含职工董事）。专职外部董事薪酬管理办法另行制定。

第三条 公司董事报酬及待遇由国资委决定。

第四条 外部董事年度报酬由年度基本报酬、董事会会议津贴和董事会专门委员会会议津贴等构成。

（一）外部董事年度基本报酬和会议津贴标准（见附件）由国资委确定。担任董事长、副董事长、董事会专门委员会召集人的外部董事，其年度基本报酬标准适当高于其他外部董事。

（二）外部董事在同一公司董事会担任不同职务时，按照其中一个较高职务领取年度基本报酬。

（三）外部董事除年度报酬及经国资委同意领取的报酬外，不得接受所任职公司支付的其他任何形式的收入或者福利。

第五条 非外部董事担任的董事长，其年度报酬每年由国资委根据其在本公司和其他公司董事会的任职情况确定。在本公司领取的年度薪酬，按照本公司高级管理人员薪酬管理办法执行延期支付制度。

（一）不在其他公司董事会任职的董事长，其年度报酬按照本公司总经理当年年度薪酬水平确定。

（二）同时在其他公司董事会任职的董事长，其年度报酬由在本公司领取的年度报酬和在其他公司领取的外部董事年度报酬两部分组成。两部分报酬总额参照本公司总经理的当年年度薪酬水平确定。

第六条 担任高级管理人员职务的非外部董事，其年度报酬依据本公司董事会对高级管理人员经营业绩考核和薪酬管理办法确定。

担任党组织负责人但不担任高级管理人员职务的非外部董事，其年度报酬比照本公司高级管理人员薪酬管理办法确定。

第七条 不担任高级管理人员和党组织负责人职务的非外部董事，其年度报酬比照第五条进行管理。在本企业领取的年度报酬比照本企业副总经理当年平均年度薪酬水平确定，并执行相应的延期支付制度。

第八条 非外部董事参加董事会和董事会专门委员会会议，不得领取董事会和专门委员会会议津贴。

第九条 非外部董事在任职公司所出资企业兼职的，不得在兼职企业领取年度报酬和其他任何形式的收入或者福利。

第十条 非外部董事可以参加本公司及任职的所出资企业的中长期激励计划，但只能参与一家企业中长期激励计划。

第十一条 公司应当为外部董事履职提供必要条件，并对其履职所发生的费用实行预算管理。

（一）公司应当为外部董事提供必要的办公场所和办公设施，保证工作用车。除董事长、副董事长外，其他外部董事不提供单间专用办公室，不配备专车。

（二）外部董事履行职务时所需办公费用，按照任职企业高级管理人员标准执行，实报实销。

（三）外部董事履行职务时，交通、住宿等差旅标准按照任职企业高级管理人员待遇执行。外部董事任职前享受待遇高于公司高级管理人员的，可以执行原待遇标准。

第十二条 同时在两家及两家以上公司董事会任职的董事，可以分别按照其任职，获得相应的董事报酬，享受相应的待遇。

第十三条 职工董事报酬依据其任职公司薪酬管理制度以及本人任职岗位确定。对因履行董事职责而减少正常收入的，由公司给予相应的补偿。具体补偿办法由公司职工代表大会或者职工大会提出，经公司董事会批准后执行。职工董事参加董事会和董事会专门委员会会议，不领取董事会和专门委员会会议津贴。公司应当为职工董事履行董事职责提供必要的条件。职工董事履行职务时，差旅、办公等有关待遇参照其他董事执行。

第十四条 非外部董事、职工董事不应当参与涉及本人薪酬及相关事项的决定过程。

第十五条 董事报酬为税前收入，应当依法交纳个人所得税。

第十六条 公司外部董事及董事长报酬由国资委支付。具体支付办法（另行制订）出台前，暂由其任职公司支付。非外部董事（不含董事长）报酬由其任职公司支付。

第十七条 公司董事会每年向国资委报告年度工作时，应当报告上年度本公司支付董事报酬及待遇情况。

第十八条 董事不得在国资委核定的报酬、津贴之外接受其他任何收入，不得让所任职公司或者与所任职公司有业务往来的企业承担应当由个人负担的费用，不得接受所任职公司以及与所任职公司有业务往来的企业的馈赠。

第十九条 董事违反本办法规定的，应当归还所接受的各种收入、福利和馈赠，补交应当由个人承担的费用。

第二十条 本办法自公布之日起施行。

（二）人员管理

行政规章及规范性文件：

关于印发《中央企业禁入限制人员信息管理办法（试行）》的通知

国资发监责规〔2019〕131号

各中央企业：

为进一步加强国有资产监管，完善违规经营投资责任追究工作制度，规范中央企业禁入限制人员信息管理，我委制定了《中央企业禁入限制人员信息管理办法（试行）》，现印发给你们，请遵照执行。

国资委

2019年12月28日

中央企业禁入限制人员信息管理办法（试行）

第一章 总 则

第一条 为规范中央企业禁入限制人员信息管理，完善违规经营投资责任追究工作制度，进一步加强国有资产监管，根据《中华人民共和国企业国有资产法》《企业国有资产监督管理暂行条例》《国务院办公厅关于建立国有企业违规经营投资责任追究制度的意见》《中央企业违规经营投资责任追究实施办法（试行）》等法律法规和文件，制定本办法。

第二条 本办法所称中央企业，是指国务院国有资产监督管理委员会（以下简称国资委）依法履行出资人职责的国家出资企业。

第三条 本办法所称禁入限制，是指国资委和中央企业根据有关规定，对相关违规经营投资责任人作出在一定时期内不得担任中央企业董事、监事、高级管理人员的处理。其中高级管理人员包括企业的经理、副经理、财务负责人、董事会秘书和公司章程规定的其他人员。

本办法所称追责部门，是指国资委和中央企业负责违规经营投资责任追究的机构或部门。

第四条 禁入限制人员信息管理应当遵循统一管理、分级负责、真实准确、依规使用的原则。

第二章 信息录入和审查

第五条 国资委和中央企业根据有关规定作出禁入限制处理，按照“谁处理、谁负责”的原则，对禁入限制人员信息的合法性、真实性、准确性负责。

第六条 国资委作出禁入限制处理的有关信息，由国资委追责部门负责录入。中央企业作出禁入限制处理的有关信息，由中央企业追责部门负责录入。中央企业各级子企业作出禁入限制处理的有关信息，由中央企业决定是否录入。

第七条 追责部门应当于禁入限制处理生效之日起10个工作日内，在履行内部审批手续后，将禁入限制人员信息采集录入到中央企业禁入限制人员信息管理系统（以下简称禁入限制系统）。

第八条 录入的禁入限制人员信息，主要包括下列内容：

（一）禁入限制人员基本情况。

（二）主要违规情形。

（三）责任认定和责任追究处理情况。

（四）处理决定。

（五）其他资料。

第九条 国资委追责部门在中央企业录入禁入限制人员信息之日后5个工作日内完成有关信息形式审查并反馈结果。

第十条 禁入限制人员禁入期届满后，国资委追责部门负责将相关信息从禁入限制系统中移出。

第三章 信息使用和反馈

第十一条 国资委和中央企业任命董事、监事、高级管理人员时，应当查询拟任人员禁入限制情况。

第十二条 中央企业的组织人事部门负责本企业及各级子企业禁入限制人员信息统一查询工作。

第十三条 国资委有关部门和中央企业组织人事部门经授权，通过姓名、性别、身份证件号码等，在禁入限制系统中查询有关人员禁入限制信息。

第十四条　禁入限制系统在线实时反馈查询结果，反馈的信息包括禁入限制人员基本情况和禁入期等。

第四章　工作职责和要求

第十五条　国资委负责禁入限制人员信息统一管理、相关制度建设和信息综合利用，以及禁入限制系统的建设、运行维护和网络安全。

第十六条　中央企业应当明确相关部门职责，制定内部管理制度，严格规范录入、查询、使用等工作。

第十七条　国资委和中央企业应当加强禁入限制人员信息保密管理，不得泄露国家秘密、商业秘密和个人隐私，不得违规向无关方提供禁入限制人员信息。

第五章　异议处理

第十八条　单位和个人对禁入限制人员信息查询结果存在异议的，可向国资委追责部门提交书面异议申请和相关证明材料。

第十九条　国资委追责部门应当自受理异议申请之日起30个工作日内完成复核，并将结果告知异议申请单位和个人。

第二十条　对禁入限制处理的异议不适用本办法。

第六章　责任追究

第二十一条　国资委和中央企业有关人员有下列情形之一，造成严重不良后果的，依法依规追究相应责任：

（一）未按照本办法规定录入或审查禁入限制人员信息。

（二）应查未查、故意隐匿、伪造禁入限制人员信息。

（三）违规向无关方提供禁入限制人员信息。

（四）泄露国家秘密、商业秘密或个人隐私。

（五）其他应当追责的行为。

第七章　附　　则

第二十二条　中央企业所属子企业参照本办法执行。

第二十三条　本办法由国资委负责解释。

第二十四条　本办法自2020年1月1日起施行。

国务院国资委政策法规局关于建立中央企业金融法律人才库的通知

法规函〔2017〕41号

各中央企业：

随着中央企业产融结合快速发展，各类金融业务和资产不断增长，与此相关的法律风险不容忽视。为充分发挥金融法律人才在中央企业优化产业结构、促进产融结合发展中的专业优势，实现资源和信息共享，经委领导同意，建立中央企业金融法律人才库。有关事项通知如下：

一、择优确定第一批金融法律人才库专家。在中央企业推荐候选人基础上，经审核遴选，确定中核集团法律事务部副主任吴恒等71名同志为金融法律人才库第一批入选专家。人才库专家实行聘任制，聘期3年。根据工作需要，将继续分批遴选有关人员进入人才库。

二、充分发挥金融法律人才库的平台作用。政策法规局将组织专家参与中央企业金融法律课题研究、重大项目咨询、重大案件协调处理等工作。中央企业可以根据工作需要，向政策法规局申请人才库专家为其提供咨询服务，有效发挥人才资源优势。

三、高度重视金融法律人才的培养使用。中央企业应积极创造条件，采用市场化选聘、专题培训、轮岗交流等多种方式，加大对金融法律人才的选拔培养力度，为金融法律人才的成长创造良好环境。政策法规局将为人才库专家学习交流提供服务，对表现突出的专家采取适当形式予以表彰。

国务院国资委政策法规局
2017年4月28日

关于印发《中央企业教授级高级政工师任职资格评定工作暂行办法》的通知

国资政职〔2015〕51号

各中央企业党委（党组）：

现将《中央企业教授级高级政工师任职资格评

定工作暂行办法》印发给你们，请遵照执行。

国务院国有资产监督管理委员会思想政治工作人员
专业职务任职资格评审工作领导小组
2015 年 5 月 19 日

中央企业教授级高级政工师任职资格评定工作暂行办法

第一条 为进一步加强改进中央企业思想政治工作，健全和完善政工职称序列，调动中央企业广大思想政治工作人员积极性和创造性，推进高层次思想政治工作人才队伍建设，在中央企业全面开展和规范教授级高级政工师任职资格评定工作。根据《中共中央办公厅、国务院办公厅关于转发〈企业思想政治工作人员专业职务试行条例〉的通知》（中办发〔1990〕8 号）等中央和国家有关文件精神与政策规定，制定本办法。

第二条 中央企业教授级高级政工师（正高级）是在实施高级政工师（副高级）任职资格评定工作基础上设立的更高一级的专业职务，旨在进一步客观、公正评价高级政工人员的水平和能力，及其在企业思想政治工作领域做出的优异成绩和突出贡献。

第三条 教授级高级政工师任职资格的评定范围是中央企业中已经具有高级政工师专业职务任职资格，长期在大中型企事业单位专职或主要从事思想政治工作的人员。

有下列情况之一的，不能参加教授级高级政工师任职资格评定：

（一）已办理退（离）休手续的。

（二）停薪留职或已调离本单位的。

（三）调离思想政治工作岗位 1 年以上的。

（四）有严重违纪违法行为的。

第四条 申报教授级高级政工师应当满足下列素质和能力要求：

（一）全面掌握和深刻理解马列主义、毛泽东思想、中国特色社会主义理论体系，坚持马克思主义的立场、观点和方法，坚持党的基本理论、基本路线、基本纲领和基本经验，坚持牢固树立和践行社会主义核心价值观，思想上政治上行动上始终与党中央保持一致。

（二）对党的思想政治工作的基本原则、优良传统和工作方法有深入的研究，系统掌握党的建设、精神文明建设和企业文化及相关领域的基本理论和知识。熟悉国内外相关工作情况、学术动态及理论成果，思想政治工作经验丰富，对政工专业有深入研究和独到见解，在全系统或全行业思想政治工作方面具有较高知名度和美誉度。

（三）思想政治工作水平突出，调查研究、分析判断、组织协调、教育疏导、文字写作、语言表达等能力强且成绩显著。开拓创新意识强，能够适应形势发展的需要，坚持深入研究企业员工思想活动的新情况、新特点，探索做好新形势下企业思想政治工作的有效方法和规律；能够坚持理论与实践相结合，创造性地贯彻落实上级部署、提出有效工作措施；指导、主持或承担思想政治工作类重大课题研究，善于破解各类复杂矛盾或关键性问题。善于做群众工作，作风优良，示范作用强，在群众中有较高威信。有培养和指导高级政工师的能力。

（四）取得副高级专业技术职务任职资格以后，撰写或主持撰写过 3 篇以上重要报告或文章。且需具备下列条件之一：

1. 在有公开刊号的期刊或省部级（含）以上机关单位主办的报纸上独立发表 5 篇 3000 字以上具有较高水平的思想政治工作方面的论文，其中 2 篇应当在核心期刊（论文发表时为核心期刊）上发表。

2. 独立完成并正式出版 10 万字以上与思想政治工作紧密相关的专著。

申报人员在报送体现其研究和写作能力的论文或专著的同时，须提交 1 篇参加答辩的论文（不少于 8000 字），该论文内容不能与前述论文或专著重复。

第五条 申报教授级高级政工师应当符合以下学历和资历条件之一：

（一）大学本科毕业后，取得高级政工师任职资格 5 年以上，并且累计从事思想政治工作 15 年以上。

（二）获得双学士学位、硕士学位或硕士研究生、在职研究生毕业后，取得高级政工师任职资格 5 年以上，并且累计从事思想政治工作 12 年以上。

（三）获得博士学位或博士研究生毕业后，取得高级政工师任职资格 5 年以上，并且累计从事思想政治工作 7 年以上。

第六条 申报教授级高级政工师任职资格，应当在取得副高级专业技术职务任职资格以后，取得下列业绩或成果 3 项以上：

（一）在企业思想政治工作及相关领域工作实践中取得突出成绩，总结出新做法新经验，产生重大影响，在全系统、全行业、全省或全国得到推广和应用。

（二）解决过思想政治工作及相关领域比较复杂的问题，在促进企业改革发展稳定方面取得明显效果。

（三）挖掘选树过 1 名以上全国重大典型或 2 名以上省部级先进典型，在全系统、全行业、全省乃至全国产生过重要影响。

（四）作为课题牵头人或独立完成过 3 项以上重点课题；并获得 1 项省部级以上优秀课题一等奖，或 2 项以上省部级优秀课题二等奖。

（五）所在企业获得党的建设、思想政治工作、精神文明及企业文化先进单位、“五一劳动奖状”等与思想政治工作密切相关的省部级（含）以上综合性荣誉称号，申报人员发挥了主要作用。

（六）个人因在思想政治工作及相关领域成就突出获得过“劳动模范”、“先进工作者”、“五一劳动奖章”、“优秀思想政治工作者”、“优秀党务工作者”、“优秀纪检干部”、“优秀工会工作者”、“优秀共青团干部”等省部级（含）以上综合性荣誉称号。

第七条　外语水平和计算机应用能力不作为申报教授级高级政工师的必要条件，但可以作为评定申报人员素质能力的参考指标。

第八条　对不具备规定学历或资历条件，但确实有真才实学、业绩显著、贡献突出的优秀思想政治工作人员，可破格评定教授级高级政工师任职资格。

破格只能在学历或资历中选择一项。学历破格只适用于大学专科学历的申报人员；资历破格只能在担任高级政工师年限和累计从事思想政治工作年限中选择一项，且破格提前申报年限一般不超过 2 年。

破格申报教授级高级政工师任职资格应当在符合本《办法》第四、五、六条的基础上，在取得副高级专业技术职务任职资格后，个人因在思想政治工作及相关领域成就突出获得“全国劳动模范”、“全国先进工作者”、“全国五一劳动奖章”、“全国优秀思想政治工作者”、“全国优秀党务工作者”、“全国优秀纪检干部”、“全国优秀工会工作者”、“全国优秀共青团干部”等全国性综合性荣誉称号。

对破格申报的人员，要认真组织开展民主测评，听取所在单位和部门干部群众的意见，在本人工作单位公示 5 个工作日，无异议方可推荐上报。

第九条　具有其他系列副高级专业技术职务任职资格、现从事思想政治工作的人员，申报教授级高级政工师应同时符合以下条件：

（一）应先转评为高级政工师，高级政工师任职资格满 2 年以上，方可申报教授级高级政工师任职资格，原有其他系列副高级专业技术职务年限可连续计算。

（二）取得副高级专业技术职务任职资格后，应当从事思想政治工作 5 年以上。

第十条　中央企业教授级高级政工师任职资格评定工作由国务院国有资产监督管理委员会思想政治工作人员专业职务任职资格评审工作领导小组（简称国资委政工职评工作领导小组）统一指导和开展监督，具体评定工作由国务院国有资产监督管理委员会思想政治工作人员高级专业职务任职资格评审委员会（简称国资委高评委）组织实施。

第十一条　中央企业教授级高级政工师任职资格申报和评审应贯彻择优、公认的原则，从严掌握，确保质量。

第十二条　中央企业教授级高级政工师任职资格评定工作原则上每年组织一次。具体程序如下：

（一）提出申请。申报人员须按照通知要求，向所在单位提出申请，按规定提交《中央企业教授级高级政工师专业职务任职资格申报评定表》、发表的有关论文或专著、参加答辩的论文、学历证书、获奖证书、高级政工师资格证书以及有关培训合格证书、外语证书、计算机证书等各类证书和材料复印件（有关表格见附件）。

（二）企业推荐。申报人员所在单位根据评审条件对申报人员逐级进行资格审查，对其所提交材料真实性进行确认。

所在单位政工职评部门和人事部门填报申报人员近三年年度考核结果，对申报人员进行综合评分。对破格申报人员，需召集本单位 9 人以上不同层次且了解申报人员工作情况的人员进行民主测评，并在所在单位范围公示 5 个工作日，无异议方可上报。

中央企业总部确定本企业拟推荐申报人员名单，并将该名单及相关信息在全系统范围内公示 5 个工作日。无异议后，出具包含对申报人员思想政治和作风表现、专业理论水平、工作能力、业绩成果等评价内容的推荐意见，将申报人员材料正式上报国资委政工职评工作领导小组办公室。

（三）组织答辩。中央企业教授级高级政工师任职资格答辩委员会（以下简称答辩委员会）对申报人员统一组织答辩，并出具书面意见。

（四）召开评审会。国资委高评委按照评审政策条件，结合申报材料和答辩委员会出具的答辩意见，进行无记名投票表决，赞成票数达到评委出席人数三分之二的为通过。

（五）印发通知、颁发证书、登记备案。

第十三条 申报、审查和评定教授级高级政工师专业职务任职资格过程中，要严格遵守纪律。申报人员有弄虚作假或请、托、跑、要任职资格，以及严重违反职业道德等情况的，经核实后，取消其参评资格；各企业对评审材料把关不严，视情节轻重给予通报批评、警告、暂停申报等处理；答辩委员会和高评委成员对政策和标准把关不严，不能坚持原则，或私自向申报人员许愿和表态的，经核实后，视情节轻重给予劝诫、取消成员资格等处理。

第十四条 教授级高级政工师专业职务实行评聘分开原则，取得教授级高级政工师任职资格的，可由其所在单位根据工作需要按岗聘任。其待遇按照《中共中央办公厅国务院办公厅关于转发〈企业思想政治工作人员专业职务试行条例〉的通知》（中办发〔1990〕8号）文件中“与担任其他专业技术职务的人员享受同等的工资福利和待遇”的规定，享受与其他系列正高级专业职务人员同等的工资福利和待遇。

第十五条 本办法颁发前已经开展教授级高级政工师任职资格评定工作的企业，可继续组织评审，参照本办法从严执行。评审结束一个月内，将评审情况报国资委政工职评工作领导小组办公室。

在国资委进行教授级高级政工师任职资格评定的企业应根据本办法，结合实际制定具体规定或实施细则，并报国资委政工职评工作领导小组办公室备案。

国资委政工职评工作领导小组办公室对各企业工作情况适时进行指导、监督、检查。

第十六条 国资委直属机关企事业单位申报教授级高级政工师的人员，需经国资委直属机关党委委托国资委政工职评工作领导小组，按照本办法进行评审。

第十七条 本办法由国资委政工职评工作领导小组办公室负责解释。

第十八条 本办法自印发之日起施行。

国资委党委关于印发《关于进一步加强和改进中央企业女职工工作的指导意见》的通知

国资党委群工〔2013〕24号

各中央企业党委（党组）：

现将国资委党委《关于进一步加强和改进中央企业女职工工作的指导意见》印发给你们。请结合企业实际，认真贯彻落实。

国资委党委

2013年2月17日

关于进一步加强和改进中央企业女职工工作的指导意见

为深入贯彻党的十八大精神，落实妇女权益保障法、中国妇女发展纲要（2011－2020年）、女职工劳动保护特别规定等法律法规和有关方针政策，充分发挥中央企业广大女职工在做强做优中央企业、培育具有国际竞争力的世界一流企业进程中的积极性、主动性和创造性，进一步加强和改进新形势下中央企业女职工工作，现提出以下意见。

一、总体要求

（一）重要意义。中央企业女职工是中央企业职工队伍的重要组成部分，是中央企业重要的人力资源。长期以来，中央企业女职工为中央企业改革发展发挥了积极作用，作出了重要贡献。当前，中央企业女职工工作与中央企业改革发展新形势还存在不相适应的方面，与中央的要求还存在一些差距。进一步加强和改进新形势下中央企业女职工工作，是建设“四个一流”职工队伍、不断提升中央企业核心竞争力的迫切需要。

（二）指导思想。深入贯彻落实科学发展观，紧密围绕中央企业改革发展中心任务，优化女职工发展环境，保障女职工合法权益，提高女职工地位，推动女职工平等依法行使企业民主管理权利，平等参与企业管理，平等享有企业改革发展成果，充分发挥女职工作用，努力创造中央企业和谐发展良好局面。

（三）基本原则。坚持融入中心、服务大局，引导中央企业女职工锐意进取，开拓创新；坚持把握重点、突出特色，维护女职工群体特殊利益，消除薄弱环节，突出工作针对性，创造性地开展女职工工作；坚持以人为本、协调发展，尊重女职工地位，发挥女职工作用，提高对女职工工作的认同度、支持度，推动中央企业女职工队伍协调发展。

（四）目标任务。经过三年左右时间，中央企业女职工服务企业发展的作用得到进一步发挥，女职工教育、激励机制和女性人才、女性领导与管理人员培养选拔体制进一步健全，女性领导与管理人员、各级领导班子特别是中央企业集团班子成员中女性领导的数量和比例进一步提高，女职工劳动保护、职业健康、社会保障和帮扶救助机制进一步完善，女职工特殊权益得到有力维护，女职工工作科学化水平得到较大提高。

二、进一步引导女职工服务企业发展，岗位建功立业

（五）树立服务企业发展理念。积极引导女职工树立服务企业发展、促进自身发展的理念，以自身发展推动企业发展，以企业发展带动自身发展，实现企业与女职工的协调发展，使女职工成为中央企业转型升级、科技创新、国际化经营、人才强企、和谐发展五大战略的积极践行者，推动中央企业做强做优。

（六）鼓励女职工岗位建功。大力开展多种形式的女职工提升素质、建功立业活动。引导女职工发扬自尊、自信、自立、自强精神，立足本职岗位，发挥优势，不断进取，积极投身到企业改革发展、生产经营、技术创新、产品研发、市场开拓等各项工作中，积极参与到岗位练兵、技术比武、劳动竞赛、创先争优、巾帼建功等各项活动中，增强使命感和责任感，不断学习、不断进取，在各自岗位建功立业。

（七）完善激励机制。开展富有女职工特色的激励表彰活动，培育和选树在不同行业、不同战线、不同岗位上为企业发展作出突出贡献的三八红旗手、三八红旗集体、巾帼建功标兵、女职工标兵、优秀女职工和优秀女职工工作者等。建立和完善表彰激励机制，注重物质激励与精神鼓励相结合，充分发挥先进女职工的示范带动作用。适时对中央企业先进女职工集体和个人进行专项表彰。

（八）加大教育宣传力度。加强对女职工的正面引导，激发女职工岗位成才、服务企业的热情和活力。增强宣传意识，整合宣传资源，加大宣传力度，进一步提高女职工社会地位和形象。充分利用多种舆论工具和宣传阵地，大力宣传女职工在推动企业改革发展中的积极作用和突出贡献，营造有利于女职工发展的社会氛围，不断扩大女职工工作社会影响力。

三、进一步加强女职工人才队伍和女性领导与管理人员队伍建设

（九）建立健全女职工教育培训制度。加大女职工教育培训力度，把女职工的教育培训纳入企业教育培训整体规划，拓宽教育培训渠道，增强培训的针对性和实效性，推动实施女职工素质提升工程。鼓励和支持女职工接受多种形式的继续教育、职业教育、资格培训，不断提高女职工理论水平、业务能力和综合素质，努力建设一流职业素养、一流业务技能、一流工作作风、一流岗位业绩的女职工队伍。

（十）畅通女职工职业发展通道。以培养大批女性领导与管理人员、党群工作者、科技人才、技能人才为目标，搭建女职工成才平台，建立多层次、多渠道女职工成长成才体系。采取有效方式，加大女性人才的培养力度，有关资源要向女职工特别是基层女职工适当倾斜，努力提高企业人才队伍中女性人才的比例。要重视女性人才的选拔任用工作，注重从基层、生产一线女职工队伍中培养选拔优秀女性人才，逐步壮大女性人才队伍。

（十一）搭建女职工参与民主管理平台。建立和完善女职工参与企业民主决策和民主管理的工作机制，积极创造女职工参与企业民主决策和民主管理的环境，不断提高女职工参与企业民主决策和民主管理的意识和能力。完善以职工代表大会为基本形式的民主管理制度，职工代表大会和工会会员代表大会中女代表比例应与职工总数中女职工比例相适应。企业制定涉及女职工利益的重要规章制度和重大决策时，要充分听取女职工的意见和建议。

（十二）加大女性领导人员选拔力度。中央企业各级党委（党组）要进一步更新用人观念，拓宽选人视野，把女性领导人员选拔配备纳入领导班子建设统筹考虑。坚持德才兼备、以德为先的用人标准，进一步深化企业人事制度改革，加大竞争性选拔工作力度，完善选拔任用机制，对有发展潜质的女性领导人员重点培养、大胆使用，及时把经过基层锻炼，政治强、作风硬、懂经营、善管理的优秀女性人才选拔到中央企业各级领导岗位上。高度重视中

央企业领导班子中正职女性领导人员的培养选拔，逐步提高各级领导班子女性领导人员的数量和比例。

四、进一步维护女职工合法权益和特殊利益

（十三）保障女职工劳动权益。认真贯彻落实劳动法、劳动合同法、妇女权益保障法、女职工劳动保护特别规定等有关女职工劳动保护的法律、法规和政策规定，稳定就业岗位，改善就业环境，保障劳动薪酬，实现体面劳动。消除招录职工时性别歧视，不以性别或变相以性别为由拒绝录用女性或提高女性录用标准。不降低或变相降低女职工合法劳动待遇。

（十四）加强女职工特殊利益维护。积极推进女职工权益保护专项集体合同签订工作，严格依法保障女职工劳动就业、职业安全与卫生、工资分配、休息休假、保险福利待遇等权利，落实女职工经期、孕期、产期、哺乳期保护及生育保险待遇，执行女职工禁忌从事劳动范围的规定。组织女职工参加安全生产教育、职业病防治、健康知识等培训，定期开展体检和妇科病普查与防治。

（十五）做好困难女职工帮扶救助。关注劳动就业、收入分配、社会保障等关系到女职工切身利益的实际困难和问题，有针对性地提供帮助，特别是对困难、单亲、家庭零就业女职工要加大帮扶力度，逐步建立帮扶长效机制，努力实现对困难、单亲、家庭零就业女职工帮扶工作的常态化、制度化和规范化。

（十六）强化女职工人文关怀和心理疏导。以各种形式向女职工普及生理、心理、安全和健康知识，倡导科学文明的生活方式，传播生理和心理健康新理念。加强心理疏导，组织女职工参加有益健康、积极向上、适合女职工特点的文化体育活动，不断提高女职工身心健康水平。

五、进一步提高中央企业女职工工作科学化水平

（十七）加强对女职工工作的领导。中央企业各级党委（党组）要高度重视女职工工作，提高对女职工工作的认识，把女职工工作摆在重要位置，列入议事日程，每年度听取本公司女职工工作情况汇报，及时研究解决女职工工作中的重要问题，对加强和改进女职工工作提出要求，切实加强对女职工工作的领导。

（十八）加强工会女职工委员会建设。中央企业工会都应成立女职工委员会，选好配强工会女职工委员会主任。结合中央企业实际，贯彻落实全国总工会关于工会女职工组织规范化建设的有关要求。

（十九）提高女职工工作创新能力。不断研究新形势下中央企业女职工队伍变化，总结女职工工作新经验，探索女职工工作新方式，遵循女职工工作发展规律，积极搭建女职工交流平台，开展形式多样、富有特色的巾帼建功、素质提升、文化体育活动。建立健全女职工工作调查研究制度，注重调研成果的转化和运用。加强女职工工作者培训力度，加强中央企业之间女职工工作的交流，加强与地方工会组织、妇女组织联系，全方位、多角度、创造性开展女职工工作。

（二十）加大女职工工作支持力度。中央企业各级党委（党组）和企业工会要把更多资源赋予工会女职工组织，为工会女职工工作创造更好的环境和条件，加大对女职工工作经费的支持，把女职工工作经费纳入工会经费预算统筹安排，保障女职工组织开展工作需要。

各中央企业要结合实际，研究制定加强和改进本企业女职工工作的意见和措施。

关于印发《董事会试点中央企业董事会规范运作暂行办法》的通知

国资发改革〔2009〕45号

各董事会试点中央企业：

为积极推进中央企业董事会试点工作，指导董事会试点中央企业董事会规范运作，根据《中华人民共和国公司法》、《中华人民共和国企业国有资产法》、《企业国有资产监督管理暂行条例》（国务院令第378号）等有关法律、行政法规，我们制定了《董事会试点中央企业董事会规范运作暂行办法》，现印发给你们，请遵照执行。

国务院国有资产监督管理委员会

二〇〇九年三月二十日

董事会试点中央企业董事会规范运作暂行办法

第一章　总　　则

第一条　为积极推进中央企业董事会试点工作，指导董事会试点中央企业董事会规范运作，根据

《中华人民共和国公司法》（以下简称《公司法》）、《中华人民共和国企业国有资产法》（以下简称《企业国有资产法》）、《企业国有资产监督管理暂行条例》（国务院令第378号，以下简称《监管条例》）等有关法律、行政法规的规定，制定本办法。

第二条　本办法适用于由国务院国有资产监督管理委员会（以下简称国资委）履行出资人职责的国有独资公司董事会试点企业（以下简称公司）。

第三条　严格遵守《公司法》、《企业国有资产法》、《监管条例》等相关法律、行政法规及公司章程的规定，国资委和公司董事会依法行使权利、履行义务。

第四条　通过董事会试点进一步推进中央企业公司制股份制改革，建立健全法人治理结构，促进科学决策，实现国有资产保值增值，增强国有经济活力、控制力和影响力。

第五条　国资委根据国务院的授权履行出资人职责，维护法律、行政法规和公司章程赋予董事会的职权，指导公司董事会运作，鼓励董事会探索有效发挥作用的途径和方式，建立健全董事的激励和约束机制。

第六条　坚持权利和义务、责任相统一，充分发挥董事会在公司重大决策和选聘、激励、约束高级管理人员等方面的作用，充分发挥高级管理人员在公司执行性事务中的作用。

第七条　公司董事会依法行使职权，并根据国资委的授权行使有关出资人职权。董事会、董事应当维护出资人和公司的利益，认真行使职权，忠实履行义务，并对行使职权的结果负责。

第二章　国资委的职责

第八条　制定和修改公司章程；审核、批准董事会制订的章程、章程修改方案。

第九条　审核批准董事会的年度工作报告。

第十条　按照管理权限，委派和更换非由职工代表担任的董事，从董事会成员中确定董事长、副董事长；对董事会和董事履职情况进行评价，对未有效行使职权、履行义务并致使公司遭受严重损失的董事会实施改组，对年度或任期评价结果为不称职或者连续两个年度评价结果为基本称职的董事予以解聘。

第十一条　决定董事报酬事项。

第十二条　组织对董事的培训，提高董事履职能力。

第十三条　代表国务院向公司派出监事会，监事会依照《公司法》、《企业国有资产法》和《国有企业监事会暂行条例》（国务院令第283号）等有关法律、行政法规履行职责，包括对董事执行公司职务的行为进行监督，对董事会的工作进行评价等。

第十四条　批准公司财务决算方案、利润分配方案和弥补亏损方案、增加或者减少注册资本方案、发行公司债券方案以及公司合并、分立、解散、清算或者变更公司形式的方案；其中，重要的国有独资公司合并、分立、解散、申请破产的，审核后报国务院批准。

第十五条　批准公司的主业及调整方案，并主要从中央企业布局和结构调整方面审核公司的发展战略和规划。

第十六条　按照《企业国有资产法》、《监管条例》、《企业国有产权转让管理暂行办法》（国资委　财政部令第3号）和《国有股东转让所持上市公司股份管理暂行办法》（国资委　证监会令第19号）等规定，批准有关非上市公司国有产权转让、上市公司国有股份转让、国有产权无偿划转及公司重大资产处置等事项；批准公司重大会计政策和会计估计变更方案。

第十七条　按照《公司法》、《中华人民共和国审计法》、《中央企业财务决算报告管理办法》（国资委令第5号）和《中央企业经济责任审计管理暂行办法》（国资委令第7号）等规定，对企业年度财务决算、重大事项进行抽查审计，并按照企业负责人管理权限组织开展经济责任审计工作。

第十八条　对公司年度和任期经营业绩进行测试评价并纳入中央企业负责人经营业绩考核结果。

第十九条　按照国务院和国务院有关部门关于国有资产基础管理、股份制改革、主辅分离、辅业改制和企业重大收入分配等行政法规和部门规章的规定，办理需由国资委批准或者出具审核意见的事项。

第二十条　向社会公布公司年度生产经营及财务决算有关信息。

第二十一条　法律、行政法规规定的其他职责。

第三章　董事会及其专门委员会的组成

第二十二条　董事会成员一般不少于7人，不超过13人。公司外部董事人数原则上应当超过董事会全体成员的半数。

第二十三条 公司总经理担任董事，公司副总经理、总会计师原则上不担任董事。

第二十四条 公司党委成员符合条件的，可通过法定程序进入董事会。

第二十五条 董事会中应当有职工代表，并由公司职工代表大会选举产生。

第二十六条 各董事应当具有不同业务专长和经验。公司大部分外部董事应当具有大企业经营管理决策的经历和经验；至少1名外部董事具有企业财务负责人的工作经历或者是企业财务会计方面的专家；至少1名外部董事具有企业高级管理人员的选聘、业绩考核和薪酬管理经验。根据公司的实际情况，选聘熟悉公司所处行业业务的人员（不包括一定时期内在公司或者与公司有竞争关系的企业中担任过领导职务的人员）和具有法律、宏观经济等方面专业知识的人员担任外部董事。对于已在或者拟在境外开展一定规模业务的公司，应当根据实际情况，积极考虑从境外大公司或者其在境内投资的公司中选聘具备条件的人员担任外部董事。

第二十七条 董事会设董事长1人，可视需要设副董事长1至2人。

公司董事长与总经理原则上分设。推进外部董事担任董事长、总经理担任公司法定代表人的试点工作。

非外部董事担任董事长的，可以由外部董事担任副董事长，协助董事长组织董事会的运作。外部董事未担任公司董事长、副董事长的，可以由外部董事轮流担任外部董事召集人，一年轮换一次；也可以由全体外部董事共同推选一名外部董事召集人，但最多不超过3年应当重新推选。

第二十八条 公司董事会应当设立提名委员会、薪酬与考核委员会、审计委员会（或者审计和风险管理委员会），作为董事会专门工作机构，为董事会决策提供咨询意见和建议等。根据公司实际情况，经董事会通过，董事会也可以设立其他专门委员会并规定其职责。公司董事会成员有公司驻地以外人员且必须由董事会决策事项较多的，经国资委批准，董事会可以设立常务委员会，由董事长兼任召集人，行使董事会授予的部分职权。

第二十九条 董事会专门委员会由公司董事组成，其成员和召集人由董事长商有关董事后提出人选建议，经董事会通过后生效。其中，提名委员会中外部董事应当占多数，薪酬与考核委员会、审计委员会应当全部由外部董事组成。

第四章 董事会的职责

第三十条 对国资委负责，执行国资委的决定，接受国资委的指导和监督，保障公司和董事会的运作对国资委具有透明度。

第三十一条 按照国资委关于公司董事会年度工作报告的有关规定向国资委报告工作。

第三十二条 根据国资委的审核意见，决定公司的发展战略和中长期发展规划，并对其实施进行监控；决定公司的投资计划，批准公司的交易性金融资产投资和非主业投资项目，确定应由董事会决定的公司重大固定投资、对外投资项目的额度，批准额度以上的投资项目。董事会决定的公司发展战略和中长期发展规划、年度投资计划，应当报国资委备案。

第三十三条 批准公司年度预算方案并报国资委备案。

第三十四条 制订公司的年度财务决算方案、利润分配方案和弥补亏损方案。

第三十五条 制订公司增加或者减少注册资本的方案以及发行公司债券的方案。

第三十六条 制订公司合并、分立、解散或者变更公司形式的方案。

第三十七条 决定公司内部管理机构的设置，制定公司的基本管理制度。

第三十八条 按照有关规定，行使对公司高级管理人员职务的管理权；决定聘任或者解聘公司总经理，根据总经理的提名决定聘任或者解聘公司副总经理、总会计师，决定聘任或者解聘董事会秘书。

第三十九条 外部董事人数超过董事会全体成员半数、制度健全、运作规范的董事会，按照国资委有关规定决定公司高级管理人员的经营业绩考核和薪酬等事项。

第四十条 除应由国资委批准的有关方案外，批准一定金额以上的融资方案、资产处置方案以及对外捐赠或者赞助，具体金额由董事会决定。对公司为他人提供或者不提供担保作出决议。

第四十一条 决定公司内部有关重大改革重组事项，或者对有关事项作出决议。包括：批准清理整合公司内部过多层级、过多数量子企业的方案，批准公司内部业务结构调整（包括非主业资产剥离、重组）方案，批准公司劳动、人事、分配制度改革方案，对以公司资产进行股份制改革的方案作出决议，对公司职工分流安置方案、辅业改制方案和分离公司办社会机构方案作出决议。其中，涉及公司职工切身利益的有关改革方案，须按照国家有关规定经职工代表大会或者其他民主形式审议通过后，董事会方可批准或者作出决议。

第四十二条　依据国资委有关规定，制订公司的重大收入分配方案，包括企业工资总量预算与决算方案、企业年金方案等；批准公司职工收入分配方案。其中，涉及公司职工切身利益的有关方案，须按照国家有关规定经职工代表大会或者其他民主形式审议通过后董事会方可批准或者作出决议。

第四十三条　决定公司的风险管理体系，制订公司重大会计政策和会计估计变更方案，审议公司内部审计报告，决定公司内部审计机构的负责人，决定聘用或者解聘负责公司财务会计报告审计业务的会计师事务所及其报酬，决定公司的资产负债率上限，对公司风险管理的实施进行总体监控。

第四十四条　听取总经理工作报告，检查总经理和其他高级管理人员对董事会决议的执行情况，建立健全对总经理和其他高级管理人员的问责制。

第四十五条　建立与监事会联系的工作机制，督导落实监事会要求纠正和改进的问题。

第四十六条　决定公司行使所投资企业股东权利所涉及的事项。

公司子企业数量较多的，董事会可以选择其中的重要子企业，由董事会决定行使股东权利所涉及的事项，也可仅对行使重要股东权利所涉及的事项进行决定。董事会选择重要子企业时，应当根据公司子企业的总资产、净资产、营业收入、实现利润、职工人数等指标占公司相应指标的比例和子企业在公司战略中的重要性以及子企业在行业中所处地位等因素确定。

第四十七条　除本章规定的上述职权外，行使法律、行政法规和公司章程规定的其他职权。

第四十八条　董事会根据公司具体情况，可以把主业范围内一定金额的投融资项目决定权，一定金额的公司资产转让、对外捐赠或者赞助的批准权，授予董事会设立的常务委员会等被授权人。董事会应当制定授权的管理制度，明确授权的范围和数量界限，规定被授权人的职权、义务、责任和行使职权的具体程序。被授权人须定期向董事会报告行使授权结果。

第四十九条　董事会行使职权应当与发挥公司党组织政治核心作用相结合，董事会决定公司的重大问题和选聘高级管理人员，应当事先听取公司党组织的意见。

第五十条　董事会行使职权应当与职工民主管理相结合，支持公司工会、职工代表大会依照有关法律、行政法规履行权利，维护职工的合法权益。

第五十一条　董事会应当积极维护出资人和公司的利益，追求国有资产保值增值，并妥善处理出资人、公司、高级管理人员、职工之间的利益关系，有效调动高级管理人员和广大职工的积极性、主动性、创造性，促进公司的稳定和持续发展。

第五十二条　董事会应当对公司实施有效的战略监控，准确把握公司发展方向与速度，防范投资、财务、金融产品、知识产权、安全、质量、环保、法律以及稳定等方面的重大风险。

第五十三条　董事会应当认真执行国资委关于高级管理人员选聘、考核、薪酬等有关规定，建立健全规范公司高级管理人员在资金使用、用人、办事等方面权力的制度体系，并确保各项制度严格执行。

第五十四条　董事会应当指导和支持公司企业文化的建设工作，督促和指导公司切实履行社会责任。

第五十五条　董事会未有效行使职权、履行义务并致使公司遭受严重损失的，国资委对董事会实施改组。

第五章　董事会专门委员会的职责

第五十六条　董事会专门委员会对董事会负责，在公司章程规定和董事会授权范围内履行职责。

第五十七条　提名委员会的主要职责：研究公司高级管理人员的选择标准、程序和方法以及总经理继任计划；按照有关规定，向董事会提名总经理人选并进行考察，对总经理提出的副总经理、总会计师人选和董事长提出的董事会秘书人选进行考察；经董事会授权，可以对子企业董事、监事和不设董事会的子企业总经理人选进行考察，并向董事会提出推荐意见。

第五十八条　薪酬与考核委员会主要职责：负责拟订公司高级管理人员的经营业绩考核办法和薪酬管理办法，考核、评价高级管理人员的业绩，并依据考核结果，向董事会提出高级管理人员的薪酬兑现建议。

第五十九条　审计委员会的主要职责：指导企

业内部控制机制建设；向董事会提出聘请或者更换会计师事务所等有关中介机构及其报酬的建议；审核公司的财务报告、审议公司的会计政策及其变动并向董事会提出意见；向董事会提出任免公司内部审计机构负责人的建议；督导公司内部审计制度的制定及实施；对企业审计体系的完整性和运行的有效性进行评估和督导；与监事会和公司内部、外部审计机构保持良好沟通。董事会未设风险管理委员会的，可以由审计委员会对风险管理制度及其执行情况进行定期检查和评估，并向董事会报告结果。

第六十条 董事会设立其他专门委员会的，其职责由董事会根据公司具体情况确定。

第六章 董事的职责

第六十一条 董事在公司任职期间享有以下权利：

（一）获得履行董事职责所需的公司信息；

（二）出席董事会会议，充分发表意见，对表决事项行使表决权；

（三）可以对提交董事会会议的文件、材料提出补充、完善的要求；

（四）可以提出召开董事会临时会议、缓开董事会会议和暂缓对所议事项进行表决的建议；

（五）出席任职的专门委员会的会议并发表意见；

（六）根据董事会或者董事长的委托，检查董事会决议执行情况，并要求公司有关部门和人员予以配合；

（七）根据履行职责的需要，可以到公司进行工作调研，向公司有关人员了解情况；

（八）按照国资委关于公司董事报酬管理的有关规定领取报酬、津贴；

（九）按照有关规定在履行董事职务时享有办公、出差等方面的待遇；

（十）董事认为有必要，可以书面或者口头向国资委、监事会反映和征询有关情况和意见；

（十一）法律、行政法规和公司章程规定的其他权利。

第六十二条 董事应当遵守法律、行政法规和公司章程，对公司负有下列忠实义务：

（一）保护公司资产的安全，维护出资人和公司的合法权益；

（二）保守公司商业秘密；

（三）不得利用职权收受贿赂或者其他非法收入，不得侵占公司的财产；

（四）不得利用职务便利，为本人或者他人谋取利益；

（五）不得经营、未经国资委同意也不得为他人经营与公司同类或者关联的业务；

（六）不得违反国资委有关规定接受受聘公司的报酬、津贴和福利待遇；

（七）不得让公司或者与公司有业务往来的企业承担应当由个人负担的费用，不得接受与公司有业务往来的企业的馈赠；外部董事不得接受公司的馈赠；

（八）遵守国有企业领导人员廉洁从业的规定；

（九）法律、行政法规和公司章程规定的其他忠实义务。

第六十三条 董事应当遵守法律、行政法规和公司章程，对公司负有下列勤勉义务：

（一）投入足够的时间和精力履行董事职责，除不可抗力等特殊情况外，外部董事一个工作年度内在同一任职公司履行职责的时间应当达到国资委规定的时间；

（二）出席公司董事会会议、所任职专门委员会会议，参加董事会的其他活动，除不可抗力等特殊情况外，董事一个工作年度内出席董事会定期会议的次数应当不少于总次数的四分之三；

（三）在了解和充分掌握信息的基础上，独立、客观、认真、谨慎地就董事会会议、专门委员会会议审议事项发表明确的意见；

（四）熟悉和持续关注公司的生产经营和改革管理情况，认真阅读公司的财务报告和其他文件，及时向董事会报告所发现的、董事会应当关注的问题，特别是公司的重大损失和重大经营危机事件；

（五）自觉学习有关知识，积极参加国资委、公司组织的有关培训，不断提高履职能力；

（六）如实向国资委提供有关情况和资料，保证所提供信息的客观性、完整性；

（七）法律、行政法规和公司章程规定的其他勤勉义务。

第六十四条 职工代表担任的董事除与公司其他董事享有同等权利、承担同等义务外，还应履行关注和反映职工正当诉求、代表和维护职工合法权益的义务。

第六十五条 董事违反本办法第六十二条第三项、第四项、第五项规定侵占公司利益所得收入必须退还公司，并解除其董事职务。

第六十六条　董事违反本办法第六十二条第六项、第七项有关规定所得收入、福利和馈赠必须退还公司，情节严重的，解除其董事职务。同时，追究决定违规给予董事报酬、津贴、福利待遇和馈赠的公司有关人员的责任。

第六十七条　董事履职未达到本办法第六十三条第一项、第二项规定的，解除其董事职务。

第六十八条　董事应当对董事会的决议承担责任。董事会或者常务委员会的决议违反法律、行政法规、公司章程或者国资委的决定，致使公司遭受严重损失的，参与决议的董事对公司负赔偿责任，并按照国有资产损失责任追究的规定承担相应责任。但经证明在表决时曾表明异议并记载于会议记录的，该董事可以免除责任。

第六十九条　董事执行公司职务时违反法律、行政法规或者公司章程的规定，给公司造成损失的，应当承担赔偿责任；涉嫌犯罪的，依法移送司法机关。

第七十条　董事因违反忠实义务给公司造成特别重大经济损失，或者因贪污、贿赂、侵占财产、挪用财产或者破坏社会主义市场经济秩序被判处刑罚的，终身不得担任中央企业董事职务及其他领导职务。

第七章　董事长的职责

第七十一条　董事长享有董事的各项权利，承担董事的各项义务和责任，同时行使召集和主持董事会会议等职权并承担相应的义务和责任。

第七十二条　根据公司章程的规定确定全年董事会定期会议计划，包括会议的次数和召开会议的具体时间等。董事长认为有必要时可以单独决定召开董事会临时会议。董事长应当熟知董事会的职责和与此有关的公司事务，并关注董事会会议的次数和每次召开的时间能否满足董事会充分履行其各项职责的需要。

第七十三条　根据董事会的职责确定董事会会议议题，对拟提交董事会讨论的有关议案进行初步审核，并决定是否提交董事会讨论。

第七十四条　按时召开董事会会议，确保需要董事会表决的重大事项不延误。董事长主持董事会会议应当执行董事会议事规则的规定，使每位董事能够充分发表个人意见，在充分讨论的基础上进行表决。董事长应当关注董事会会议的效率，引导董事针对议题，突出重点、简明扼要地发表个人意见。

第七十五条　负责组织拟订公司的利润分配方案和弥补亏损方案，公司增加或者减少注册资本的方案，公司合并、分立、解散或者变更公司形式的方案，以及董事会授权其拟订的其他方案，并提交董事会表决。

第七十六条　及时掌握董事会各项决议的执行情况，必要时，由董事长本人或其委托的董事对决议执行情况进行督促、检查；对发现的问题，应当及时提出整改要求；对检查的结果及发现的重大问题应当在下次董事会会议上报告。

第七十七条　负责组织制订、修订公司董事会职责和议事规则、董事会各专门委员会职责和议事规则等董事会运作的规章制度，并提交董事会讨论通过。董事长应当关注董事会制度建设情况，并负责组织实施和检查，不断改进和完善，促进董事会规范运作。

第七十八条　根据董事会决议，负责签署公司聘任、解聘公司总经理、副总经理、总会计师、董事会秘书等公司高级管理人员的文件；代表董事会与高级管理人员签署经营业绩考核合同和高级管理人员薪酬的有关文件；签署法律、行政法规规定和经董事会授权应当由董事长签署的其他文件。

第七十九条　提名董事会秘书、提出其薪酬与考核建议，并提请董事会决定聘任或者解聘及其薪酬事项。董事长负责提出各专门委员会的设置方案及人选建议，提交董事会讨论表决。董事长应当关注董事会秘书的履职情况和专门委员会设置的合理性、运作的有效性；必要时，董事长应当提出调整建议并提交董事会讨论表决。

第八十条　负责组织起草董事会年度工作报告；召集并主持董事会讨论通过董事会年度工作报告；代表董事会向国资委报告年度工作。

第八十一条　按照国资委有关要求，负责组织董事会向国资委、监事会及时提供信息。董事长应当组织董事会定期评估该信息管控系统的有效性，检查信息的真实性、准确性、完整性，对发现的问题及时要求整改，保证信息内容真实、准确、完整。

第八十二条　负责建立董事会与监事会联系的工作机制，对监事会提示和要求公司纠正的问题，负责督促、检查公司的落实情况，向董事会报告并向监事会反馈。

第八十三条　与董事进行会议之外的沟通，听取董事的意见，并组织董事进行必要的工作调研和业务培训。

第八十四条 董事长应当按照既保证董事会及各专门委员会工作需要、又合理控制经费总额的要求，指导董事会秘书编制董事会年度工作经费方案，董事长负责审批该方案和各项经费支出，并确保董事会工作经费的使用符合有关规定。

第八十五条 在发生不可抗力或者重大危机情形，无法及时召开董事会会议的紧急情况下，董事长对公司事务行使符合法律、行政法规和公司利益的特别裁决和处置权，并在事后向董事会报告。

第八十六条 法律、行政法规和公司章程规定的其他职责。

第八章 总经理的职责

第八十七条 总经理对公司董事会负责，向董事会报告工作，接受董事会的监督管理和监事会的监督。

第八十八条 总经理行使《公司法》规定的下列职权：

（一）主持公司的生产经营管理工作，组织实施董事会决议；

（二）组织实施公司年度经营计划和投资方案；

（三）拟订公司内部管理机构设置方案；

（四）拟订公司的基本管理制度；

（五）制定公司的具体规章；

（六）提请聘任或者解聘公司副总经理、总会计师；

（七）决定聘任或者解聘除应由董事会决定聘任或者解聘以外的负责管理人员。

第八十九条 总经理还应当行使以下职权：

（一）拟订公司的经营计划和投资方案；

（二）拟订公司的年度财务预算方案；

（三）拟订公司建立风险管理体系的方案；

（四）拟订公司的改革、重组方案；

（五）拟订公司的收入分配方案；

（六）拟订公司的重大融资计划；

（七）拟订公司一定金额以上的资产处置方案；

（八）根据董事会决定的公司经营计划和投资方案，批准经常性项目费用和长期投资阶段性费用的支出；

（九）建立总经理办公会制度，召集和主持公司总经理办公会议，协调、检查和督促各部门、各分公司、各子企业的生产经营和改革管理工作。

第九十条 行使董事会授予的职权和法律、行政法规、公司章程规定的其他职权。

第九十一条 总经理对公司和董事会负有忠实义务和勤勉义务，应当维护出资人和公司利益，认真履行职责，落实董事会决议和要求，完成其年度、任期经营业绩考核指标和公司经营计划，承担公司安全生产和环境保护第一责任人的责任。

第九章 董事会秘书和董事会办事机构

第九十二条 公司设董事会秘书1名，对董事会负责。董事会秘书一般应当为专职。

第九十三条 公司应当设立董事会办公室或者类似机构，作为董事会的办事机构，由董事会秘书领导。

第九十四条 董事会秘书履行下列职责：

（一）筹备董事会会议，准备董事会会议议案和材料；

（二）列席董事会会议，据实制作董事会会议记录，草拟董事会会议决议；

（三）保管董事会会议决议、会议记录和会议其他材料；

（四）准备和递交需由董事会出具的文件；

（五）负责与董事的联络，负责组织向董事提供信息和材料的工作；

（六）筹备董事会各专门委员会会议，准备会议有关材料，且可以列席该会议；

（七）负责编制董事会年度工作经费方案；

（八）协助董事长拟订重大方案、制订或者修订董事会运作的各项规章制度；

（九）跟踪了解董事会决议的执行情况，并及时报告董事长；

（十）负责草拟董事会年度工作报告；

（十一）负责董事会与国资委和监事会的日常联络；

（十二）董事会授权行使和法律、行政法规和公司章程规定的其他职权。

第九十五条 董事会秘书为履行职责，有权出席总经理办公会等公司内部的有关会议，要求公司有关部门和人员提供相关文件、信息和其他资料，说明有关情况。公司有关部门和人员应当及时、完整提供相关资料，客观、详细地说明相关情况。

第九十六条 董事会应当制定董事会秘书工作制度，具体规定董事会秘书的职权、义务、责任和有关工作流程等。

第十章　董事会及其专门委员会会议

第九十七条　董事会会议包括定期会议和临时会议。召开董事会会议的次数，应当确保满足董事会履行各项职责的需要。董事会每年度至少召开四次定期会议。

第九十八条　董事会定期会议计划应当在上年年底之前确定。定期会议通知和所需的文件、信息及其他资料，应当在会议召开10日以前送达全体董事、监事会及其他列席人员。

第九十九条　有下列情形之一时，董事长应当自接到提议后10日内，召集并主持董事会临时会议：

（一）三分之一以上董事提议；

（二）监事会提议；

（三）国资委认为有必要；

（四）公司章程规定的其他情形。

第一百条　除上条规定的情形和紧急事项外，召开董事会临时会议，会议通知和所需的文件、信息及其他资料，一般应当在会议召开10日以前或者至少5日以前，送达全体董事、监事会及其他列席人员。

第一百零一条　董事会定期和临时会议通知应当包括会议召开的时间、地点和议题等有关情况。提供给董事的文件、信息和其他资料，应有利于董事完整、全面、准确掌握各项会议议题的有关情况。

第一百零二条　提交董事会表决的公司发展战略、中长期发展规划、投融资、重组、转让公司所持股权等重大决策议案，应当包括对风险的评估与管控，即存在的主要风险、风险发生的可能性、风险发生后对公司造成的损失、采取的应对措施等。总经理将议案提交董事会前，应当召开总经理办公会议，进行研究并形成意见。

第一百零三条　对拟投资额占公司净资产比重较高或者可能导致公司资产负债率大幅上升的投资项目，在进行前期初步研究的基础上，总经理应当提交董事会讨论，董事会可以就该项目是否进行下一步可行性研究论证工作作出决定。总经理应当组织公司有关部门为外部董事提供有关该项目的足够信息，该项目正式提交董事会审议时，应当有完整的可行性研究报告。董事会应当规定该类投资项目的具体标准。

第一百零四条　董事会定期会议必须以现场会议形式举行。董事会召开临时会议可采用视频会议形式；当遇到紧急事项且董事能够掌握足够信息进行表决时，也可采用电话会议或者制成书面材料分别审议的形式，对议案作出决议。

第一百零五条　当三分之一以上董事或者两名以上外部董事认为资料不充分或者论证不明确时，可以书面形式联名提出缓开董事会会议或者缓议董事会会议所议议题，董事会应当采纳。

第一百零六条　董事会会议由董事长召集和主持。董事长不能履行职务或者不履行职务时，由副董事长召集和主持；副董事长不能履行职务或者不履行职务时，由半数以上董事共同推举一名董事召集和主持。

第一百零七条　董事会会议应有过半数董事出席方可举行。董事会作出决议，必须经全体董事的过半数通过。董事会决议的表决，实行一人一票。

经国资委批准，公司章程可以规定，董事会审议公司特别重大事项，经全体董事三分之二以上同意方可作出决议。董事会应当提出特别重大事项的各具体项目。

第一百零八条　董事与董事会会议决议事项所涉及的企业有关联关系的，不得对该项决议行使表决权，也不得代理其他董事行使表决权。关联关系指董事与其直接或间接控制的企业之间的关系，与其担任董事、高级管理人员的企业（非本公司）之间的关系，以及可能导致公司利益转移的其他关系。

第一百零九条　董事对提交董事会审议的议案可以表示同意、反对、弃权（包括无法发表意见，下同）。表示反对、弃权的董事，必须说明具体理由并记载于会议记录。

第一百一十条　董事会可以根据需要聘请有关专家或者咨询机构，为董事会提供专业咨询意见，费用由公司承担。

第一百一十一条　董事会会议，应由董事本人出席；董事因故不能出席，可以书面委托其他董事代为出席，委托书中应载明授权范围。

第一百一十二条　董事会应当对会议所议事项的决定作成会议记录。会议记录应当包括会议召开的日期、地点、主持人姓名、出席董事姓名、会议议程、议题、董事发言要点、决议的表决方式和结果（同意、反对或者弃权的票数及投票人姓名）等内容。出席会议的董事和列席会议的董事会秘书应当在会议记录上签名。会议记录、授权委托书应当归档保管。

第一百一十三条 董事会认为需要进一步研究或者作重大修改的议案，应在对议案进行修改、完善后复议，复议的时间和方式由会议决定。

第一百一十四条 董事会拟决议事项属于专门委员会职责范畴内的，一般应先提交相应的专门委员会进行研究审议，由专门委员会听取各有关方面的意见和建议，提出审议意见，报董事会决定。

第一百一十五条 专门委员会履行职责时，应当尽量使各成员董事达成一致意见；确实难以达成一致意见时，应当向董事会提交各项不同意见并作出说明。专门委员会经董事会授权可聘请中介机构为其提供专业咨询意见，费用由公司承担。

第一百一十六条 专门委员会会议由该委员会召集人主持，会议的方式和程序等按照董事会制定的专门委员会议事规则执行。

第一百一十七条 监事会主席根据监督检查的需要，可以列席或者委派监事会其他成员列席董事会会议和专门委员会会议。董事会或者专门委员会可以根据需要邀请公司高级管理人员、相关业务部门负责人和专家等有关人员列席，对涉及的议案进行解释、提供咨询或者发表意见。列席会议的人员没有表决权。

第一百一十八条 董事之间应加强会议之外的沟通，以提高董事会、专门委员会会议的效率。外部董事担任的董事长、副董事长或者外部董事召集人，负责组织外部董事之间的沟通，每年至少组织召开一次全体外部董事参加的会议，就外部董事履职进行沟通交流，就高级管理人员经营业绩考核和薪酬等与非外部董事存在直接或间接利益关系的事项进行沟通讨论。

第十一章 董事会与国资委的沟通协调机制

第一百一十九条 需国资委决定、批准、审核、备案的事项，董事会应当及时向国资委提供相关材料。

第一百二十条 董事会应当督促公司高级管理人员按照有关法律、行政法规和部门规章的要求，建立生产安全事故、突发公共事件等即时报告制度，确保上述事件发生后，公司在第一时间报告国资委和国家有关部门、事件所在地人民政府，并报告开展应急救援和处置等情况。

第一百二十一条 公司遭受重大损失或者发生重大经营危机事件，董事会或董事会确定的机构、人员应当在事件发生的当日报告国资委；由于客观原因难以立即报告的，最迟应当于事件发生后3个工作日内报告。

第一百二十二条 董事会应当按照法律、行政法规和国资委有关规定向国资委报告其他事项。

第一百二十三条 对于须由董事会制订方案报国资委批准的事项或者董事会须按照国资委有关文件规定决定的事项，董事长、董事会设立的专门委员会召集人或其委托的董事应当在董事会通过该方案或者决定该事项之前听取国资委的意见，并将该意见报告董事会。

第一百二十四条 董事会及其专门委员会认为有必要就有关事项向国资委报告或者与国资委沟通的，可以随时报告或者沟通。

第一百二十五条 董事会应当按照监事会有关要求报送《企业年度工作报告》等文件，并直送监事会。董事会向国资委报告的事项及相关材料，同时抄送监事会。

第一百二十六条 董事会应当确定向国资委、监事会报送信息的承办机构和人员，规定报送的程序和有关责任。董事会应当就有关沟通事项，确定与国资委、监事会沟通的董事或其他人员。

第一百二十七条 董事会就所报送信息的真实性、准确性、完整性和及时性对国资委负责。

第一百二十八条 国资委通过会议、调研、培训、个别沟通等多种形式，向董事会、董事提供有关信息，通报有关情况，了解董事会、董事工作情况，听取意见和建议。

第十二章 董事会运作的支持与服务

第一百二十九条 公司高级管理人员和各业务部门相关人员有义务为董事会及其专门委员会提供工作支持和服务。

第一百三十条 公司应当为董事会的运作和董事、董事会秘书履职提供必要的经费、办公条件。

第一百三十一条 董事会和专门委员会召开会议，公司高级管理人员以及相关部门应当根据董事会和专门委员会的要求起草有关草案，提供有关文件、信息和其他资料，并对所提供材料的真实性、准确性负责。为董事会决策提供的资料、数据等失实的，公司应当追究有关人员的责任；致使董事会决议的实施给公司造成损失的，有关人员还应承担赔偿责任。

第一百三十二条 公司应当明确为董事会各专

门委员会提供工作支持的具体部门，公司高级管理人员、业务部门应当按照董事会和专门委员会的要求，开展相关工作。

第一百三十三条 公司总经理和其他高级管理人员应及时、主动地与董事会、董事沟通。总经理和其他高级管理人员应当积极回答董事会、董事的咨询、质询。

就如何办理公司执行性事务的事项，公司高级管理人员、业务部门负责人等不应向外部董事请示。

第一百三十四条 除国家有特殊规定外，公司的电子办公系统和数据报告系统等公司内部信息系统应当向董事开放，使董事享有公司高级管理人员的访问权限。

第一百三十五条 公司应当配合董事履职所需的工作调研，并提供良好的保障条件。

第一百三十六条 公司应当定期向董事提供公司生产经营和改革管理方面的信息。公司有义务为外部董事、职工董事等提供与公司业务有关的培训。

第十三章 附 则

第一百三十七条 本办法中的外部董事指由非本公司员工的外部人员担任的董事。外部董事不负责执行层的事务，与其担任董事的公司不应存在任何可能影响其公正履行外部董事职务的关系。

第一百三十八条 本办法中的高级管理人员是指公司总经理、副总经理、总会计师和董事会秘书。

第一百三十九条 公司应当根据本办法，制订或者修订公司章程并报国资委批准，规范董事会运作。

第一百四十条 本办法由国资委解释。

第一百四十一条 本办法自公布之日起施行。

中央企业总会计师工作职责管理暂行办法

国务院国有资产监督管理委员会令第13号

《中央企业总会计师工作职责管理暂行办法》已经国务院国有资产监督管理委员会第37次主任办公会议审议通过，现予公布，自2006年5月14日起施行。

国务院国有资产监督管理委员会主任 李荣融

二〇〇六年四月十四日

第一章 总 则

第一条 为加强对国务院国有资产监督管理委员会（以下简称国资委）所出资企业（以下简称企业）总会计师工作职责管理，规范企业财务会计工作，促进建立健全企业内部控制机制，有效防范企业经营风险，依据《企业国有资产监督管理暂行条例》和国家有关规定，制定本办法。

第二条 企业总会计师工作职责管理，适用本办法。

第三条 本办法所称总会计师是指具有相应专业技术资格和工作经验，在企业领导班子成员中分工负责企业会计基础管理、财务管理与监督、财会内控机制建设、重大财务事项监管等工作，并按照干部管理权限通过一定程序被任命（或者聘任）为总会计师的高级管理人员。

第四条 本办法所称总会计师工作职责是指总会计师在企业会计基础管理、财务管理与监督、财会内控机制建设，以及企业投融资、担保、大额资金使用、兼并重组等重大财务事项监管工作中的职责。

第五条 企业及其各级子企业应当按规定建立和完善总会计师管理制度，明确总会计师的工作权限与责任，加强总会计师工作职责履行情况的监督管理。

第六条 国资委依法对企业总会计师工作职责履行情况进行监督管理。

第二章 职位设置

第七条 企业应当按照规定设置总会计师职位，配备符合条件的总会计师有效履行工作职责。符合条件的各级子企业，也应当按规定设置总会计师职位。

（一）现分管财务工作的副总经理（副院长、副所长、副局长），符合总会计师任职资格和条件的，可以兼任或者转任总会计师，人选也可以通过交流或公开招聘等方式及时配备。

（二）设置属于企业高管层的财务总监、首席财务官等类似职位的企业或其各级子企业，可不再另行设置总会计师职位，但应当明确指定其履行总会计师工作职责。

第八条 企业总会计师的任免按照国资委有关规定办理：

（一）已设立董事会的国有独资公司和国有控

股公司的总会计师，应当经董事会审议批准，并按照有关干部管理权限与程序任命。

（二）未设立董事会的国有独资公司、国有独资企业的总会计师，按照有关干部管理权限与程序任命。

第九条 企业可以按照有关规定对其各级子企业实施总会计师或者财务总监委派等方式，积极探索完善总会计师工作职责监督管理的有效途径和方法。

第十条 担任企业总会计师应当具备以下条件：

（一）具有相应政治素养和政策水平，坚持原则、廉洁奉公、诚信至上、遵纪守法；

（二）大学本科以上文化程度，一般应当具有注册会计师、注册内部审计师等职业资格，或者具有高级会计师、高级审计师等专业技术职称或者类似职称；

（三）从事财务、会计、审计、资产管理等管理工作8年以上，具有良好的职业操守和工作业绩；

（四）分管企业财务会计工作或者在企业（单位）财务、会计、审计、资产管理等相关部门任正职3年以上，或者主管子企业或单位财务、会计、审计、资产管理等相关部门工作3年以上；

（五）熟悉国家财经法规、财务会计制度，以及现代企业管理知识，熟悉企业所属行业基本业务，具备较强组织领导能力，以及较强的财务管理能力、资本运作能力和风险防范能力。

第十一条 具有下列情形之一的，不得担任总会计师：

（一）不具备第十条规定的；

（二）曾严重违反法律法规和国家有关财经纪律，有弄虚作假、贪污受贿、挪用公款等重大违法行为，被判处刑罚或者受过党纪政纪处分的；

（三）曾因渎职或者决策失误造成企业重大经济损失的；

（四）对企业财务管理混乱、经营成果严重不实负主管或直接责任的；

（五）个人所负企业较大数额债务到期未清偿的；

（六）党纪、政纪、法律法规规定的其他情形。

第十二条 具有下列情形之一的，总会计师任职或者工作应当回避：

（一）按照国家关于干部任职回避工作有关规定应当进行任职回避的；

（二）除国资委或公司董事会批准外，在所在企业或其各级子企业、关联企业拥有股权，以及可能影响总会计师正常履行职责的其他重要利益的；

（三）在重大项目投资、招投标、对外经济技术合作等工作中，涉及与本人及本人亲属利益的。

第三章 职责权限

第十三条 企业应当结合董事会建设，积极推动建立健全内部控制机制，逐步规范企业主要负责人、总会计师、财务机构负责人的职责权限，促进建立分工协作、相互监督、有效制衡的经营决策、执行和监督管理机制。

第十四条 总会计师的主要职责包括：企业会计基础管理、财务管理与监督、财会内控机制建设和重大财务事项监管等。

第十五条 企业会计基础管理职责主要包括：

（一）贯彻执行国家方针政策和法律法规，遵守国家财经纪律，运用现代管理方法，组织和规范本企业会计工作；

（二）组织制定企业会计核算方法、会计政策，确定企业财务会计管理体系；

（三）组织实施企业财务收支核算与管理，开展财务收支的分析、预测、计划、控制和监督等工作，组织开展经济活动分析，提出加强和改进经营管理的具体措施；

（四）组织制定财会人员管理制度，提出财会机构人员配备和考核方案；

（五）组织企业会计诚信建设，依法组织编制和及时提供财务会计报告；

（六）推动实施财务信息化建设，及时掌控财务收支状况。

第十六条 企业财务管理与监督职责主要包括：

（一）组织制定企业财务管理规章制度，并监督各项财务管理制度执行情况；

（二）组织制定和实施财务战略，组织拟订和下达财务预算，评估分析预算执行情况，促进企业预算管理与发展战略实施相连接，推行全面预算管理工作；

（三）组织编制和审核企业财务决算，拟订公司的利润分配方案和弥补亏损方案；

（四）组织制定和实施长短期融资方案，优化企业资本结构，开展资产负债比例控制和财务安全性、流动性管理。

（五）制定企业增收节支、节能降耗计划，组织成本费用控制，落实成本费用控制责任；

（六）制定资金管控方案，组织实施大额资金筹集、使用、催收和监控工作，推行资金集中管理；

（七）及时评估监测集团及其各级子企业财务收支状况和财务管理水平，组织开展财务绩效评价，组织实施企业财务收支定期稽核检查工作。

（八）定期向股东会或者出资人、董事会、监事会和相关部门报告企业财务状况和经济效益情况。

第十七条　企业财会内控机制建设职责主要包括：

（一）研究制定本企业财会内部控制制度，促进建立健全企业财会内部控制体系；

（二）组织评估、测试财会内部控制制度的有效性；

（三）组织建立多层次的监督体制，落实财会内部控制责任，对本单位经济活动的全过程进行财务监督和控制；

（四）组织建立和完善企业财务风险预警与控制机制。

第十八条　企业重大财务事项监管职责主要包括：

（一）组织审核企业投融资、重大经济合同、大额资金使用、担保等事项的计划或方案；

（二）对企业业务整合、技术改造、新产品开发及改革改制等事项组织开展财务可行性论证分析，并提供资金保障和实施财务监督；

（三）对企业重大投资、兼并收购、资产划转、债务重组等事项组织实施必要的尽职调查，并独立发表专业意见；

（四）及时报告重大财务事件，组织实施财务危机或者资产损失的处理工作。

第十九条　企业应当赋予总会计师有效履行职责的相应工作权限，具体包括：对企业重大事项的参与权、重大决策和规章制度执行情况的监督权、财会人员配备的人事建议权，以及企业大额资金支出联签权。

第二十条　总会计师对企业重大事项的参与权是指总会计师应参加总经理办公会议或者企业其他重大决策会议，参与表决企业重大经营决策，具体包括：

（一）拟定企业年度经营目标、中长期发展规划以及企业发展战略；

（二）制定企业资金使用和调度计划、费用开支计划、物资采购计划、筹融资计划以及利润分配（派）、亏损弥补方案；

（三）贷款、担保、对外投资、企业改制、产权转让、资产重组等重大决策和企业资产管理工作；

（四）企业重大经济合同的评审。

第二十一条　总会计师对重大决策和规章制度执行情况的监督权具体包括：

（一）按照职责对董事会或总经理办公会议批准的重大决策执行情况进行监督；

（二）对企业的财务运作和资金收支情况进行监督、检查，有权向董事会或者总经理办公会提出内部审计或委托外部审计建议；

（三）对企业的内部控制制度和程序的执行情况进行监督。

第二十二条　财会人员配备的人事权是指企业财务部门负责人的任用、晋升、调动、奖惩，应当事先征求总会计师的意见。企业总会计师应当参与组织财务部门负责人或下一级企业总会计师的业务培训和考核工作。

第二十三条　总会计师大额资金支出联签权是指企业按规定对大额资金使用，应当建立由总会计师与企业主要负责人联签制度；对于应当实施联签的资金，未经总会计师签字或者授权，财会人员不得支出。

第二十四条　企业行为有下列情形之一的，总会计师有权拒绝签字：

（一）违反法律法规和国家财经纪律；

（二）违反企业财务管理规定；

（三）违反企业经营决策程序；

（四）对企业可能造成经济损失或者导致国有资产流失。

第二十五条　总会计师对企业作出的重大经营决策应当发表独立的专业意见，有不同意见或者有关建议未被采纳可能造成经济损失或者国有资产流失的情况，应当及时向国资委报告。

第四章　履职评估

第二十六条　为督促企业总会计师正确履行工作职责，应当建立规范的企业总会计师工作履职评估制度。

第二十七条　总会计师履职评估工作分为年度述职和任期履职评估。年度述职应当结合企业年度财务决算工作和下一年度财务预算工作，对总会计师年度履职情况予以评估；任期履职评估应当结合经济责任审计工作，对总会计师任职期间的履职情况进行评估。

第二十八条 设立董事会的公司，总会计师应当在会计年度终了向董事会述职，董事会应当对总会计师工作进行履职评议，董事会评议结果及总会计师述职报告应当抄报股东会或者出资人备案；未建立董事会的企业，总会计师应当将述职报告报送出资人，出资人根据企业财会管理状况对总会计师工作进行履职评估。

第二十九条 总会计师年度述职报告应当围绕企业当年重大经营活动、财务状况、资产质量、经营风险、内控机制等全面报告本人的履职情况，对本人在其中发挥的监督制衡作用进行自我评价，并提出改进措施。

第三十条 企业应当按照人事管理权限，做好对其各级子企业总会计师履职评估工作。

第三十一条 对总会计师履职情况评估，应当根据总会计师在企业中的职责权限，全面考核总会计师职责的履行情况，具体应当包括以下内容：

（一）企业会计核算规范性、会计信息质量，以及企业财务预算、决算和财务动态编制工作质量情况；

（二）企业经营成果及财务状况，资金管理和成本费用控制情况；

（三）企业财会内部控制制度的完整性和有效性，企业财务风险控制情况；

（四）在企业重大经营决策中的监督制衡情况，有无重大经营决策失误；

（五）财务信息化建设情况；

（六）其他需考核的事项。

第三十二条 为充分发挥企业总会计师财务监督管理作用，建立健全企业内部控制机制，企业应当保障总会计师相应的工作权限。

第五章 工作责任

第三十三条 企业主要负责人对企业提供和披露的财务会计报告信息的真实性、完整性负领导责任；总会计师对企业提供和披露的财务会计报告信息的真实性、完整性负主管责任；企业财务机构负责人对企业提供和披露的财务会计信息的真实性、完整性负直接责任。对可能存在问题的财务会计报告，总会计师有责任提请总经理办公会讨论纠正，有责任向董事会、股东会（出资人）报告。

第三十四条 企业总会计师对下列事项负有主管责任：

（一）企业提供和披露的财务会计信息的真实性、完整性；

（二）企业会计核算规范性、合理性以及财务管理合规性、有效性；

（三）企业财会内部控制机制的有效性；

（四）企业违反国家财经法规造成严重后果的财务会计事项。

第三十五条 总会计师对下列事项负有相应责任：

（一）企业管理不当造成的重大经济损失；

（二）企业决策失误造成的重大经济损失；

（三）企业财务联签事项形成的重大经济损失。

第三十六条 企业总会计师应当严格遵守国家法律法规规定。对于企业出现严重违反法律法规和国家财经纪律行为的，以及企业内部控制制度存在严重缺陷的，应当依法追究企业总会计师的工作责任；造成重大损失的，应当追究其法律责任。

第三十七条 在企业财务会计工作中，对于违反国家法律法规和财经纪律行为，总会计师不抵制、不制止、不报告的，应当依法追究总会计师工作责任；造成重大损失的，应当追究其法律责任。

第三十八条 企业总会计师未履行或者未正确履行工作职责，致使出现下列情形之一的，应当引咎辞职：

（一）企业财务会计信息严重失真的；

（二）企业财务基础管理混乱且在规定时间内整改不力的；

（三）企业出现重大财务决策失误造成重大资产损失的。

第三十九条 在企业重大经营决策过程中，总会计师未能正确履行责任造成失误的，根据情节轻重，给予通报批评、经济处罚、撤职等处分，或给予职业禁入处理；涉嫌犯罪的，依法移交司法机关处理。

企业总会计师认真履行职责，成绩突出的，由本企业或者由本企业建议国资委给予表彰奖励。

第四十条 对于企业总会计师玩忽职守，造成企业财务会计工作严重混乱的，或以权谋私、滥用职权、徇私舞弊以及其他渎职行为致使国有资产遭受损失的，依照国家有关规定给予相应纪律处分；涉嫌犯罪的，依法移交司法机关处理。

第四十一条 在追究总会计师工作责任时，发现企业负责人、财务审计部门负责人和其他有关人员应当承担相关责任的，一并进行工作责任追究。

第四十二条　企业未按规定设置总会计师职位，或者未按规定明确分管财务负责人及类似职位人员兼任总会计师并履行总会计师工作职责的，或者企业总会计师未被授予必要管理权限有效履行工作职责的，本办法第三十五条、第三十六条、第三十七条、第三十八条规定的工作责任应当由企业主要负责人承担。

第六章　附　　则

第四十三条　各企业可结合本企业实际情况，制定总会计师工作职责管理具体实施细则。

第四十四条　各省、自治区、直辖市国有资产监督管理机构可以参照本办法，制定本地区所出资企业总会计师工作职责管理相关工作规范。

第四十五条　本办法自 2006 年 5 月 14 日起施行。

国资委党委关于建立健全中央企业保持共产党员先进性长效机制的指导意见

国资党委组织〔2005〕156 号

各中央企业党委（党组）：

根据中央保持共产党员先进性教育活动领导小组《关于认真做好建立健全保持共产党员先进性长效机制工作的通知》（先组发〔2005〕18 号）要求，为巩固和扩大先进性教育活动成果，进一步加强中央企业党的先进性建设，现就做好建立健全中央企业保持共产党员先进性长效机制工作，提出以下指导意见。

一、充分认识建立健全保持共产党员先进性长效机制的重要意义

建立健全保持共产党员先进性长效机制，是加强党的先进性建设的重要举措。先进性是党的生命所系、力量所在，事关党的执政地位的巩固和执政使命的完成。党的先进性建设，是加强和改进党的建设的根本任务和永恒课题。在新的历史条件下，只有按照“三个代表”重要思想的要求，建立起使党员“长期受教育、永葆先进性”的长效机制，才能真正搞好这项根本建设，解决这个永恒课题。只有建立健全长效机制，才能从制度和机制上把保持党的先进性切实转化为党员的自觉意识，落实到工作岗位上，体现在实际行动中，使中央企业广大党员真正成为“三个代表”重要思想的坚定实践者，始终走在改革发展的前列。

建立健全保持共产党员先进性长效机制，是深化国有资产管理体制改革和中央企业改革发展的客观需要。中央企业是国民经济的骨干力量，是我们党执政的重要基础。通过建立健全保持共产党员先进性长效机制，能够坚持不懈地加强中央企业党的先进性建设，更好地发挥党组织的政治核心作用和党员的先锋模范作用，有力地促进中央企业改革发展稳定，提高中央企业的核心竞争力，增强国有经济的控制力、影响力和带动力。

建立健全保持共产党员先进性长效机制，是巩固和扩大先进性教育活动成果的根本保证。保持党的先进性，既要靠思想教育，又要靠制度保证；既要靠个人自觉，又要靠严格管理；既要靠集中教育，又要靠常抓不懈。通过认真总结这次先进性教育活动的成功经验，把先进性教育活动中创造的成功经验用制度形式固定下来，形成党员学习、教育、管理、联系群众和党内民主参与等机制，实现集中教育与经常性教育相结合，从而保证党员“长期受教育、永葆先进性”。

各中央企业党委（党组）要充分认识这项工作的重要意义，切实增强政治责任感和积极性、创造性，以这次先进性教育活动为契机，认真总结经验，建立健全中央企业保持共产党员先进性的长效机制，建立健全加强和改进中央企业党的建设的长效机制，促进中央企业改革发展稳定，努力开创中央企业改革发展和党建工作的新局面。

二、建立健全中央企业保持共产党员先进性长效机制的指导思想和基本要求

建立健全中央企业保持共产党员先进性长效机制的指导思想是：以“三个代表”重要思想为指导，以党的先进性建设为主题，以提高党员素质、加强基层组织、服务职工群众、促进各项工作为目标，坚持“党要管党、从严治党”的方针，健全制度，完善机制，改进方式方法，创新活动载体，不断增强党组织的凝聚力、创造力和战斗力，充分发挥共产党员的先锋模范作用，为国有资产管理体制改革和中央企业改革发展稳定提供坚强的政治保证和组织保证。

建立健全中央企业保持共产党员先进性长效机制的基本要求是：

（一）既要立足当前又要着眼长远。要从中央企业改革发展稳定实际出发，统筹考虑主客观条件因素，针对党组织建设和党员队伍建设的薄弱环节，明确当前长效机制建设的重点内容。同时，着眼于党的先进性建设的长期任务，努力加强和改进中央企业党建工作，制定长效机制建设的目标和计划，明确责任人、责任部门和完成时限，分步骤分阶段组织实施。坚持根本制度与具体制度建设并重，重视抓好具体制度建设，把党的根本制度要求体现在具体制度中，并认真抓好落实，切实解决党员教育管理不够到位、党内生活不够严格、工作不够落实、制度执行不够有力等问题。

（二）既要继承又要创新。要注重继承党组织建设和党员教育管理工作的优良传统和党内集中教育活动的成果，同时适应国有资产管理体制改革和建立现代企业制度的要求，探索加强中央企业党的先进性建设的新机制、新途径。要着眼改革开放和发展社会主义市场经济大趋势，针对新时期党组织、党员队伍建设的新情况，把党的先进性建设与企业改革发展、生产经营结合起来，创造性地开展工作。要充分尊重基层和群众的首创精神，把先进性教育活动的成功经验总结好、运用好，并大胆探索创新，不断完善行之有效的措施和办法。

（三）既要讲求系统配套又要注重务实管用。坚持从加强党建工作的全局出发完善各项制度，注意与国家的法律法规和党章等党内现行制度相衔接，做到统筹谋划、系统构建、相互衔接、协调运行。同时又要立足企业实际，突出重点，注重实效，做到规章制度成熟一个出台一个，防止贪多求全。各项制度规范要明确具体，简便易行，务实管用，力戒形式主义。

（四）既要建章立制又要确保贯彻落实。坚持制度建设与制度落实相统一，把制度的贯彻执行作为长效机制建设的重要内容。对过去制定的行之有效的制度要继续执行，并不断加以完善；对新建立的各项制度，要同步制订相关的实施办法和措施，加强对制度落实工作的检查考核，确保各项制度的有效运转、长期坚持。

三、建立健全党员学习培训机制

各中央企业党委（党组）要按照建设学习型组织的要求，制订党员学习培训规划，改善党员学习培训的条件。每年相对集中一定时间，采取多种方式组织党员进行集中学习培训，做到学习时间、内容、人员、效果“四落实”。根据改革发展需要和党员队伍的实际，确定阶段性学习培训内容。重点抓好党章、“三个代表”重要思想的学习教育，加强理想信念教育、宗旨教育、法纪教育、优良传统教育和作风教育，强化党员意识和党性观念。对党员领导干部还应加强科学发展观、正确权力观、党风廉政的教育。

坚持集中学习与个人自学相结合、政治理论学习与业务知识学习相结合、座谈讨论与专题辅导相结合。以政治理论学习为重点，同时加强管理知识、专业知识技能和相关业务知识的学习与培训。党组织对党员自学要提出明确要求，并采取适当形式进行检查。采取领导授课、专家讲座、专题讨论、演讲交流、英模报告、观看教育片、参观考察、网络课堂、编印简明学习资料等方式，切实提高学习培训效果，防止形式主义。加强对学习培训情况的检查考核，落实述学、考学、评学、督学等检查考核措施。

建立和坚持党员领导干部为基层党组织和党员上党课、作形势报告的制度。企业党委（党组）书记每年至少为党员讲1次党课，董事长（总经理）每年至少为党员和职工作1次形势报告。

四、建立健全扩大党内民主、严格组织生活的机制

结合中央企业实际认真贯彻落实《中国共产党党员权利保障条例》，建立并积极推进党务公开制度，拓宽党员参与党内事务的渠道，落实党员的知情权、选择权、参与权和监督权等民主权利。进一步完善党内情况通报制度、情况意见反映制度、重大决策征求意见制度，积极推行干部任免、评先评优、发展党员等党内重要事项票决制、公示制。

改进和完善“三会一课”制度，结合企业实际定期召开支部党员大会、支部委员会、党小组会，按时上好党课，严格开展党内组织生活。坚持定期开展党员党性分析评议制度。党性分析评议以党支部为单位进行，可结合实际确定适当时间，按规定方法步骤抓好落实，坚持正面教育、自我教育为主，解决好在思想、学习、工作、纪律、作风等方面存在的问题。每隔2～3年，以党支部为单位用1个月左右的时间，开展一次保持共产党员先进性专题教育活动，具体方法步骤可参照这次先进性教育

活动中学习动员、分析评议、整改提高三个阶段的基本做法，并结合企业实际进行精简和创新。

结合企业改革发展和生产经营实际，组织开展丰富多彩的主题实践活动。对照先进性教育活动中提炼的先进性具体要求，增强保持共产党员先进性的自觉性，立足本职工作，充分发挥先锋模范作用。坚持谈心和征求意见制度，在党员与党员之间、党员与群众之间、领导干部与党员和职工之间、领导干部之间开展广泛深入的谈心和征求意见活动，使之经常化、制度化。改进党内表彰激励机制，广泛深入开展创先争优活动，定期表彰先进党组织、优秀党务工作者、优秀共产党员，及时发现、树立、宣传先进典型。

切实加强对流动党员的教育和管理。适应改革开放和社会主义市场经济的新形势，积极创新方式方法，严格流动党员的组织关系管理，及时接转流动党员的组织关系。党组织要采取各种有效方式加强与流动党员的联系，及时组织他们参加党的活动；流动党员也要积极主动地与党组织保持联系，及时汇报思想和工作情况，积极主动地参加党的活动。

积极疏通党员“出口”，妥善处理不合格党员。对不履行党员义务、不具备党员条件的，要及时进行帮助教育；对经教育不改、不符合党员条件的，根据有关规定及时进行组织处理。

五、建立健全党员联系群众、服务群众的机制

建立健全企情民意反映制度。引导广大党员和干部结合本职工作深入基层开展调查研究，及时听取和反映群众意见，增强为群众服务意识，尊重和维护职工群众合法权益。加强企业党组织对工会、共青团等群众组织的领导，支持他们按照各自的章程创造性地开展活动。坚持和完善职工代表大会制度，改进厂务公开工作。

加强和改进企业领导机关作风建设。坚持和完善企业领导人员接待日、总经理信箱、职工座谈会等制度措施，畅通党群、干群、上下之间交流沟通的渠道。坚持和完善企业领导干部联系点制度。中央企业领导班子成员都要建立一至两个基层联系点，努力把联系点建设成为改革发展和党建工作的示范点。提高工作效率，精简会议和文件，建设节约型企业，努力提高为基层和职工群众服务的质量和水平。党组织要发挥好协调抓总的作用，及时协调有关方面按政策解决好职工群众反映强烈的突出问题和事关职工群众切身利益的实际问题。

建立和改进党员联系群众、服务群众制度。通过建立党员责任区、党员示范岗和佩戴党徽、设置党员标示牌等多种形式，促进党员接受群众监督，规范自身行为，增强党员意识，积极发挥先锋模范作用。建立党员服务职工群众的网络，拓展服务职工群众的途径。继续开展为群众送温暖、党员和困难群众结对帮扶，以及多种形式的服务群众主题实践活动，丰富服务群众的内容，解决群众生产生活中的实际问题，为群众做好事、办实事、解难事。

坚持党的群众路线，开门抓党建，及时向群众通报党建工作情况，听取群众意见，真心诚意接受群众监督。认真做好群众来信来访工作，坚持各级领导干部亲自阅批重要来信、接待重要来访、处理重要信访案件等有效工作方法，维护企业稳定，建设和谐企业。积极探索建立中央企业。党建工作群众满意度测评制度。对企业党建工作或重要党建活动，可借鉴先进性教育活动的做法，进行群众满意度测评。多数群众不满意的企业和单位，要在上级党组织的监督指导下进行认真整改。

通过不断改革创新，建立起“使党员受教育、让群众得利益、为企业谋发展”的良性互动机制，使中央企业党建工作成为群众满意工程。

六、建立健全党员监督约束机制

认真贯彻落实中共中央《建立健全教育、制度、监督并重的惩治和预防腐败体系实施纲要》，贯彻落实国资委、国资委党委《关于贯彻落实〈建立健全教育、制度、监督并重的惩治和预防腐败体系实施纲要〉的具体意见》（国资党委纪检〔2005〕93号），积极推进建立具有中央企业特色的惩防体系。

加强经常性思想教育，筑牢拒腐防变思想道德防线。加强对企业领导人员、党员职工和重要岗位人员的反腐倡廉教育，加强企业廉洁文化建设，增强干部职工廉洁自律意识。

健全反腐倡廉制度体系，规范权力运作和从业行为，把反腐倡廉寓于完善企业决策和经营管理制度之中。完善决策规则和程序，规范从业行为，健全财务管理，加强资产监管，建立风险防范管理制度，完善公司法人治理结构，使权力运行始终处于监督和制约之中。

完善监督制度，提高防范腐败的能力。结合中

央企业实际认真贯彻落实《中国共产党党内监督条例（试行)》，充分发挥出资人监督、党组织监督、纪检监察监督、党员监督、职工民主监督、企业经营管理职能部门监督、新闻舆论监督等监督主体作用，形成监督合力，提高监督效果。

坚决惩治腐败，严肃查办违纪违法案件，切实遏制和有效解决贪污受贿、“买官卖官”以及隐匿、侵占、转移国有资产等突出问题。

认真落实党风廉政建设责任制，加强组织领导，明确责任分工，形成党风廉政建设的有效工作机制。

七、建立健全企业党组织建设机制

认真贯彻落实《中共中央办公厅转发〈中央组织部、国务院国资委党委关于加强和改进中央企业党建工作的意见〉的通知》（中办发〔2004〕31号），加强和改进中央企业党建工作，努力建立一套符合我国国情和适应现代企业制度要求，保证党组织发挥政治核心作用的工作机制，建立健全发挥党组织政治核心作用、参与企业重大问题决策的体制和机制，探索参与企业重大问题决策的内容、途径和方式。坚持党管干部、党管人才原则，建立适应现代企业制度要求的选人用人新机制。

以改革的精神加强和改进企业党组织建设。中央企业及其所属企业包括国有参股企业，必须设立党的组织，建立党的工作机构，配备必要的工作人员，保证党组织正常开展活动的必要条件。坚持“三同时”的原则，做到新建经济组织的同时建立党组织，调整经营管理组织的同时调整党组织的设置，配备经营管理人员的同时配备党务工作人员。本着精干、高效、协调和有利于加强党的工作的原则设置企业党组织内部机构。按照稳定队伍、优化结构、提高素质的要求，建设一支梯次合理、善于围绕企业生产经营开展党建工作的复合型党务干部队伍。通过党校学习培训、岗位交流、下派挂职锻炼等方式加强对党务干部的培养，提高他们的素质，稳定充实现有党务干部队伍。

加强和改进基层党组织建设，努力把基层党组织建设成政治坚定、组织健全、作风过硬、管理严格、监督到位、民主充分、团结和谐，富有创造力、凝聚力和战斗力的坚强战斗堡垒。大力加强基层党组织的各项制度建设，实现基层党建工作的规范化、制度化。上级党组织要采取有力措施，切实帮助他们解决缺乏工作经费、没有活动场地等实际困难。着力加强党支部建设，充分发挥党支部书记作为党建工作直接责任人的作用。选好配强党支部书记，加强培训，提高素质，强化责任。要真正重视、真情关心、真心爱护基层党务干部，注意保护和发挥好基层党务干部的工作积极性。

坚持“以人为本”的原则，建立健全党组织关心帮助党员制度，尊重、理解、关心和爱护党员，增强党组织的凝聚力。党组织要做好关心帮助党员工作，既要尊重和保障党员权利，又要促进党员自觉履行义务；既要在政治上关心帮助党员，又要解决党员工作生活中的实际困难；既要普遍关心帮助党员，又要重点关心帮助老党员、艰苦环境和岗位工作的党员、业务骨干党员、生活困难党员、下岗失业职工中的党员。

八、建立健全企业领导班子建设机制

认真贯彻落实中央组织部、国资委党委《关于在国有企业开展“四好”领导班子创建活动的意见》（组通字〔2005〕17号），广泛深入开展“四好”领导班子创建活动，努力把中央企业各级领导班子建设成为政治素质好、经营业绩好、团结协作好、作风形象好的坚强领导集体。按照转变发展观念、创新发展模式、提高发展质量、实现持续健康发展的要求，全面提高领导班子的战略决策能力、经营管理能力、市场应变能力、开拓创新能力、防范风险能力和驾驭复杂局面能力。

加强领导班子思想政治建设，切实抓好领导班子的理论和业务学习，努力提高党委（党组）中心组学习质量和效果。加强企业领导班子的民主集中制建设，积极探索现代企业制度下实行民主集中制的有效途径，坚持党组织的工作制度与公司法人治理结构的工作规则相结合，形成靠制度管人、按程序办事的工作机制。建立规范的议事规则、议事程序，坚持重大问题集体讨论、民主决策，发挥领导班子的整体功能。严格执行党员领导干部参加双重组织生活会的制度，开好领导班子民主生活会，努力提高领导班子民主生活会质量。上级党组织派人参加下级领导班子民主生活会，党组织负责人有重点地参加下级领导班子民主生活会。加强领导班子作风建设，大力发扬求真务实、开拓创新、团结奉献的优良作风，树立和落实科学发展观和正确政绩观。

定期对企业领导班子建设情况进行研究分析，查找存在的问题，有针对性地提出改进措施。加强干部培训与交流，大力提高企业领导人员的综合素质。

九、建立健全党建工作督导检查机制

坚持党要管党、从严治党方针，落实党委（党组）抓基层党建工作责任制。健全党委（党组）抓党建、书记带头抓党建、党委各有关部门齐抓共管、一级抓一级、一级带一级、层层抓落实的企业党建工作格局。建立健全加强和改进企业基层党建工作的各项制度，认真制订加强企业党建工作的规划、目标、措施，明确企业党委（党组）和党员领导干部抓基层党建工作的目标、责任、措施和办法。

企业党委（党组）书记是企业党建工作第一责任人，党支部书记是直接责任人。坚持定性和定量相结合，探索完善党建工作考核和奖惩办法，加强对企业党建工作第一责任人和直接责任人的考核，完善督促检查和考核制度。企业党员领导干部要坚持“一岗双责”、“两手抓”，结合经营管理工作，积极主动抓好党建工作。要定期进行考核评价，把抓基层党建工作情况作为考察各级领导班子和党员领导干部的重要内容。

加强对重组改制、停产关闭破产、生产经营困难企业党建工作的指导。中央企业党委（党组）要切实加强对所属企业特别是党的关系在地方党委的所属企业党建工作的领导和指导，坚持和完善中央企业党委（党组）向所属企业派出党建工作督导组或巡回检查组的制度。加强基层党建工作交流研讨，总结推广经验，发挥示范带动作用。

十、切实加强对建立健全保持共产党员先进性长效机制的组织领导

建立健全保持共产党员先进性长效机制，是党的建设中一件关系全局和长远的大事，涉及面广、工作量大、政策性强，任重道远。党中央对此项工作高度重视，胡锦涛总书记等中央领导同志作出了一系列重要指示。各中央企业要高度重视建立健全保持党员先进性长效机制的工作，切实加强领导，统筹安排，落实责任，扎实推进，通过抓好长效机制建设进一步巩固和扩大先进性教育活动成果，扎实推进党建工作。

各中央企业党委（党组）要结合实际认真研究解决建立健全长效机制工作中的重要问题，主要负责同志要亲自抓，有关部门要各司其职，密切配合，形成合力。要切实加强对所属企业党组织建立健全长效机制工作的具体指导和督促检查，认真抓好长效机制各项制度的贯彻落实。基层党组织和广大党员要提高贯彻执行各项规章制度的积极性、主动性和创造性，严格遵守规定要求，积极创新方式方法。积极组织开展长效机制的理论研讨工作，使长效机制的实践成果、制度成果、理论成果相互促进。

中共国务院国有资产监督管理委员会委员会
二〇〇五年十二月四日

国资委委员会关于印发国务院国资委关于加强和改进中央企业人才工作的意见的通知

国资党委干一〔2004〕48号

各中央企业：

现将《国务院国资委关于加强和改进中央企业人才工作的意见》印发给你们，请结合实际认真贯彻落实。

中共国务院国有资产监督管理委员会委员会
二〇〇四年六月十七日

国务院国资委关于加强和改进中央企业人才工作的意见

为认真贯彻落实《中共中央国务院关于进一步加强人才工作的决定》（中发〔2003〕16号）和全国人才工作会议精神，大力实施“人才强企”战略，现就加强和改进中央企业人才工作提出以下意见：

一、加强和改进中央企业人才工作是一项重大而紧迫的任务

（一）人才是企业兴盛之基、发展之本。当今世界经济全球化不断深入，科学技术迅猛发展，人才状况在国力较量和企业竞争中越来越具有决定性作用，人才资源已成为最重要的战略资源，人才竞争日趋激烈。中央企业是国民经济的支柱，是国有经济发挥主导作用的基础，是综合国力的代表，正面临着人才竞争市场化、国际化的严峻挑战。中央企业要赢得主动、取得优势、发展壮大，成为具有国际竞争力的大公司大企业集团，必须进一步加强

和改进人才工作，大力开发人才资源，走人才强企之路。这是抓住本世纪头20年重要战略机遇期、全面建设小康社会的迫切需要，也是推动中央企业可持续发展的重要保证。

（二）大力加强和改进人才工作，是中央企业深化改革、加快发展的当务之急。近几年来，中央企业在人才培养、吸引和使用方面做了大量工作，在创新选用方式、改进评价办法、拓宽成才渠道、强化激励约束等方面进行了积极探索，取得了显著成绩。但是，人才的总量、结构和素质仍不能适应企业改革与发展的需要，部分领导同志人才观念陈旧，对人才的重要性认识不足；人才队伍结构性矛盾突出，高层次、高技能和复合型人才短缺；选人用人的方式比较单一，市场配置人才资源的基础性作用还没有充分发挥；科学合理的人才评价和激励约束机制尚未形成，高层次人才流失现象尚未得到有效遏制。中央企业必须充分认识加强和改进人才工作的重要性和紧迫性，进一步增强责任感和使命感，抓住机遇，应对挑战，努力开创人才工作新局面。

（三）加强和改进中央企业人才工作的根本任务是实施“人才强企”战略。在深化国有企业改革、发展壮大国有经济的宏伟事业中，要把实施“人才强企”战略作为推进改革与发展的关键环节纳入企业发展战略。逐步形成广纳群贤、竞争择优、能上能下、能进能出、充满生机与活力的用人机制，努力造就一大批适应企业改革与发展需要的各类高素质人才，开创人才辈出、人尽其才的新局面，把中央企业的人力资源转化为人才优势，大力提升和增强企业的核心竞争力和综合实力，为实现全面建设小康社会的历史任务作出中央企业应有的贡献。

二、加强和改进中央企业人才工作的指导思想、目标任务和基本要求

（四）加强和改进中央企业人才工作，实施“人才强企”战略，必须以邓小平理论和“三个代表”重要思想为指导，贯彻落实党的十六大精神，坚持党管干部、党管人才原则，坚持以人为本理念，以加强人才资源能力建设为核心，以创新人才工作机制为动力，以优化人才队伍结构为主线，以培养选拔高层次人才为重点，以强化人才激励为突破口，紧紧抓住培养、吸引、用好人才三个环节，积极开发利用国内国际两种人才资源，集聚各类优秀人才，为做强做大中央企业提供强有力的人才保证和智力支持。

力争通过3年左右的努力，初步形成适应企业发展战略需要、层级结构分明、年龄结构合理、专业结构配套的出资人代表、经营管理人才、科技人才、思想政治工作者和高技能人才队伍；初步建立起符合现代企业制度要求的人才培养、选用、评价和激励约束机制。

（五）更新观念，树立科学的人才观。牢固树立以人为本的观念，使人才工作始终着眼于促进各类人才的健康成长，着眼于调动各类人才的积极性、主动性和创造性；牢固树立人才工作先行的观念，在企业各项工作中始终把人才工作放在优先考虑的战略位置，做到先行一步；牢固树立人才市场化、国际化的观念，充分利用国内国际两种人才资源，使各类优秀人才充分施展才干；牢固树立竞争择优的观念，坚持把品德、知识、能力和业绩作为衡量人才的主要标准，不唯学历，不唯职称，不拘一格选人才；牢固树立人人都能成才的观念，鼓励广大员工爱岗敬业，人人争作贡献，人人力争成才。

（六）重点建设好五类人才队伍。一是建设一支综合素质好，具有战略决策能力，能够忠实代表和维护国有资产权益，正确履行出资人职责，实现国有资产保值增值的出资人代表队伍；二是建设一支职业素养好，市场意识强，熟悉国内国际经济运行规则，在生产经营、资本运作等方面具有较高造诣的经营管理人才队伍；三是建设一支科技水平高，具有较强的创新能力，能够加快企业科技进步、增强核心竞争力的科技人才队伍；四是建设一支综合素质好，熟悉生产经营，具有丰富党务工作和群众工作经验的思想政治工作者队伍；五是建设一支爱岗敬业，技艺精湛，具有专门技能，善于解决技术难题的高技能人才队伍。

（七）创新人才工作机制。要努力形成符合各类人才特点的开发型人才培养机制，建立企业全员培训体系，开展员工终身教育活动，建设学习型企业，不断提高各类人才的综合素质和创新能力。努力形成符合现代企业制度要求的人才选用机制，完善公司法人治理结构，包括通过试点在国有独资公司建立健全董事会，逐步做到出资人决定董事会、监事会成员，董事会选聘经营管理者，经营管理者依法行使用人权。实施市场化选才办法，内部选才实行竞争上岗，外部选才实行公开招聘。努力形成绩效优先的人才评价机制，科学设置各类人才的评

价指标体系，完善评价标准和手段，客观公正评价人才的基本要素、业绩和贡献，为科学合理使用人才提供客观依据。努力形成与市场接轨的人才激励约束机制，建立和完善以经营业绩考核为依据，以岗位绩效工资为基础，短期薪酬分配与中长期薪酬激励有机结合，资本、技术、管理等多种要素参与收入分配的新型薪酬激励制度。

三、加强和改进中央企业人才工作的主要措施

（八）根据企业的发展战略制定人才工作规划。规划要服从服务于企业的改革与发展，把人才“第一资源”与发展“第一要务”紧密结合；坚持党管人才原则，体现科学的发展观、业绩观和人才观的有机统一；坚持解放思想、转变观念，注重体制、机制、制度创新。要把人才工作规划纳入企业中长期发展规划之中，从企业实际出发确定目标任务，制定具体措施，分解落实责任，加快人才结构调整，优化人才资源配置，使人才工作有序推进，各类人才协调发展。按照整体规划、分类指导、分层实施的原则，国务院国资委要抓好宏观指导、政策研究、重点支持和协调服务工作。

（九）加大人才教育培训力度。加强对各类人才的思想政治教育，牢固树立正确的世界观、人生观和价值观，做到诚信、勤勉、清廉，为搞好国有企业、发展壮大国有经济多作贡献。要实行分类培训，突出学习能力、实践能力和创新能力的培养。对出资人代表，着力提高其战略决策能力、防范风险能力、识人用人能力；对经营管理人才，着力提高其经营管理能力、市场应变能力和依法治企能力；对科技人才，着力提高其科技创新能力、自主研发能力和成果转化能力；对思想政治工作者，着力提高其政治理论水平和参与企业重大决策、有效开展党建与思想政治工作能力；对高技能人才，着力强化现代科技技能培训，加速提高其职业素质和技术作业水平。有条件的企业，可以借鉴国内外先进经验，探索开展员工职业生涯设计。

（十）创新人才选用方式。按照现代企业制度的要求，全面引入竞争机制，完善企业各类人才的选拔任用制度。选用出资人代表，要依法实行派出制或选举制；选用经营管理人才，推行聘任制和任期制，实行契约化管理；选用科技人才，采取竞争上岗、公开招聘、专家推荐等方式；选用思想政治工作者，采取依法选举与组织选用等方式；选用高技能人才，采取职业技能鉴定、技术比武、公开招聘等方式。广泛推行企业内部竞争上岗和人才市场选聘，逐步扩大海内外公开招聘，建立企业人才库。对企业急需的部分稀缺人才，探索柔性使用与流动的方式，形成灵活、开放的用人机制。

（十一）建立科学的考核评价指标体系，实行分类考核。要以能力和业绩为导向，以岗位职责为基础，以绩效目标为核心，建立各类人才评价指标体系，完善评价标准、考核指标和测评技术。考核评价各类人才，要论能力、重业绩、看经历、听公论。对企业负责人的考核评价要坚持年度经营业绩考核与任期目标考核相结合。对出资人代表，主要考核其责任意识、全局观念、决策水平、创新能力，评价国有资产保值增值状况；对经营管理人才，主要考核其经营决策能力、市场应变能力、诚信守法表现以及经营效果，重在市场和出资人认可；对科技人才，主要考核其科技攻关能力、技术创新能力、成果转化能力以及实际效果，注重业内认可；对思想政治工作者，主要考核其政治理论水平、组织协调能力、职工信任程度和企业稳定状况，评价精神文明建设和企业文化建设情况；对高技能人才，主要考核其解决技术难题的能力，以及完成任务的数量、质量、成本。要深化专业技术职称制度改革，实行专业技术职业资格认证制度。

（十二）强化对人才的有效激励和约束。建立健全以考核评价为基础，与岗位责任、风险和工作业绩相挂钩，短期激励与中长期激励相结合的薪酬激励机制。引入社会人才市场价位，加强业绩考核，规范职务消费，逐步使各类人才的薪酬水平与市场接轨，加大对关键岗位和有突出贡献人才的薪酬激励力度。为各类人才创业提供良好条件，放手让人才在实践中锻炼成长。对在资本运营、经营管理、科技创新、思想政治工作、生产技术作业等方面作出突出贡献的人才，授予荣誉称号，强化精神激励。按照建立现代企业制度的要求，形成董事会、监事会和经营层依法行权、相互制衡、高效运行的制度格局，充分发挥出资人监督、法律监督、组织监督、社会监督、群众监督和舆论监督的作用，强化监督约束功能，促进各类人才健康成长。

（十三）加强企业文化建设，营造良好人才环境。树立尊重劳动、尊重知识、尊重人才、尊重创造的良好风尚，创造鼓励人才干事业、支持人才干成事业、帮助人才干好事业的良好氛围。积极创建具有时代特色和企业特点的企业文化，把长期实践

形成的企业精神、经营理念、价值观念、职业道德，凝练成为企业员工的共同理想和行为准则，增强各类人才的责任感和使命感。为各类人才创造良好的舆论、政策环境和良好的工作、学习、生活环境，用宏伟事业吸引人才、用共同理想凝聚人才、用良好环境留住人才。

（十四）重点抓好西部大开发和东北等老工业地区中央企业的人才工作。按照中央关于实施西部大开发战略、东北地区等老工业基地振兴战略的要求，把人才工作纳入到加快西部和东北地区中央企业调整改造总体战略之中，研究制定西部和东北地区中央企业人才工作规划，加大对西部和东北地区中央企业所需各类人才的培养、吸引和激励力度。建立双向挂职制度，要从西部和东北地区中央企业中选派年轻后备人才，到发达地区的优势企业挂职锻炼；同时从发达地区的中央企业选派经营管理人才，到西部和东北地区中央企业交流任职。帮助西部和东北地区有关中央企业建立技术开发中心和博士后工作站，促进“产学研”结合。

四、加强领导，狠抓落实，努力开创中央企业人才工作新局面

（十五）把人才工作纳入企业的中心工作，切实加强领导。企业党委（党组）要高度重视人才工作，把人才工作提到重要议事日程，放在优先位置，认真研究、抓紧落实。按照党管人才主要是管宏观、管政策、管协调、管服务的要求，搞好统筹规划，坚持分类指导，注重整合力量，积极提供服务，实行依法管理。要形成党政统一领导、组织人事部门牵头、有关方面密切配合、社会力量有效参与的人才工作新格局。中央企业主要负责人对于做好本企业人才工作负有重要责任，要树立强烈的人才意识，认真抓好本企业人才工作。要层层建立和完善人才工作责任制，做到责任到人，任务到人，确保“人才强企”战略顺利推进。

（十六）以改革促进人才工作的有效开展。深化企业内部改革，坚决破除束缚人才健康成长和发挥作用的观念、做法。积极推进中央企业的公司制和股份制改革，加快建立现代企业制度，以制度创新推进人才工作创新。进一步加快推进企业内部劳动用工、人事、分配三项制度改革，真正做到管理人员能上能下、员工能进能出、收入能增能减，使企业的人才队伍充满生机与活力。

（十七）充分发挥中央企业组织人事部门的作用。企业组织人事部门在实施“人才强企”战略中肩负着重要使命，要充分发挥牵头作用，加强调查研究，定期分析人才现状，总结经验，找出差距，及时解决存在的突出问题。要努力转换机制，注意学习和借鉴国内外人才工作先进经验，大力推进人才工作信息化，不断提高本企业人才开发和人力资源管理水平。切实加强组织人事部门自身建设，深入开展“树组工干部形象”学习教育活动，努力建设一支政治坚定、业务精湛、工作出色的组织人事干部队伍。

（十八）加大人才工作的宣传力度。大力宣传党的人才工作方针、政策，使中央关于人才工作的一系列指示精神和重大举措深入人心。加强对人才工作先进典型和努力成才先进人物的宣传表彰，在中央企业形成人人努力学习、努力工作、努力成才的良好氛围。加强对中央企业人才工作成功经验和做法的总结、宣传，树立国有企业良好社会形象，集聚更多的优秀人才在中央企业建功立业。

（十九）各中央企业要按照本意见的要求，结合本企业实际，大胆创新人才工作的方式方法，抓紧制定和完善本企业人才工作的实施意见和具体措施，把实施“人才强企”战略的各项工作落到实处。要加大资金投入，为人才工作的有效开展提供必要的经费保障。要强化人才安全意识，注意加强对人才流动中国家秘密、商业秘密和技术机密的保护。国务院国资委将对各中央企业加强和改进人才工作、实施“人才强企”战略的工作进展情况定期检查。各中央企业工作中的重要情况，请及时反馈我委。

中共中央办公厅、国务院办公厅关于印发《中央企业领导人员管理暂行规定》的通知

中办发〔2009〕41号

《中央企业领导人员管理暂行规定》已经中央同意，现印发给你们，请遵照执行。

中央企业领导人员管理暂行规定

第一章　总　　则

第一条　为加强和改进对中央企业领导人员的管理，推进中央企业领导人员管理工作的科学化、

制度化、规范化，造就高素质中央企业领导人员队伍，推动以“政治素质好、经营业绩好、团结协作好、作风形象好”为目标的领导班子建设，实现国有资产保值增值和中央企业又好又快发展，根据《中国共产党章程》和国家有关法律法规，制定本规定。

第二条　本规定适用于下列人员：

（一）设立董事会的中央企业董事长、副董事长、董事（不含外部董事、职工董事，下同），总经理（总裁，下同）、副总经理（副总裁）、总会计师；

（二）未设立董事会的中央企业总经理（总裁、院长、所长、局长、主任，下同）、副总经理（副总裁、副院长、副所长、副局长、副主任）、总会计师；

（三）中央企业党委（党组）书记、副书记、党委常委（党组成员），纪委书记（纪检组组长）。

第三条　中央企业领导人员管理必须坚持下列原则：

（一）党管干部原则；

（二）德才兼备、以德为先原则；

（三）民主、公开、竞争、择优原则；

（四）出资人认可、职工群众认可、市场认可原则；

（五）权利与责任义务统一、激励与监督约束并重原则；

（六）依法管理原则。

第二章　资格条件

第四条　中央企业领导人员应当具备下列基本条件：

（一）具有较高的政治素质，坚持以邓小平理论和“三个代表”重要思想为指导，深入贯彻落实科学发展观，坚决执行党的路线方针政策，严格执行民主集中制原则，坚持国有企业的社会主义方向，全心全意依靠职工群众办企业，维护企业和谐稳定，具有搞好国有企业的强烈事业心和责任感，认真履行经济责任、政治责任和社会责任；

（二）具有较突出的工作业绩，熟悉现代企业管理，有较强的决策判断能力、经营管理能力、沟通协调能力、处理复杂问题和突发事件能力，开拓创新精神和市场竞争意识强；

（三）具有履行岗位职责所必需的专业知识，熟悉国家宏观经济政策及相关法律法规，熟悉国内外市场和相关行业情况；

（四）具有良好的职业素养，遵纪守法，勤勉尽责，团结合作，廉洁从业，作风形象和职业信誉好；

（五）具有良好的心理素质和能够正常履行职责的身体素质。

第五条　中央企业领导人员应当具备下列任职资格：

（一）具有累计十年以上企业工作经历或者与企业经营管理业务、党群工作相关的经历；

（二）提拔担任中央企业领导人员正职的，应当具有同层级副职两年以上工作经历，未满两年的应当具备同层级副职和下一层级正职累计五年以上的工作经历；提拔担任副职的，应当具有下一层级正职三年以上工作经历，未满三年的应当具备下一层级正职和下一层级副职累计五年以上的工作经历；

（三）具有大学本科以上文化程度。

担任党内领导职务的，还应当符合党章及有关规定的要求。

担任总会计师的，还应当具有注册会计师、注册内部审计师等职业资格，或者具有高级会计师、高级审计师等专业职称；从事财务会计或者审计工作时间累计不少于八年。

第六条　特别优秀的或者工作特殊需要的人才，可以适当放宽任职资格条件。面向海外招聘人才，根据需要明确特殊的任职资格条件。

第七条　实行中央企业领导人员职位禁入制度，严格按照《中华人民共和国公司法》（以下简称《公司法》）、《中华人民共和国企业国有资产法》（以下简称《国有资产法》）和党纪政纪有关规定执行。

第三章　职数和任期

第八条　中央企业应当按照现代企业制度要求，建立健全规范的公司治理结构，董事会、经理班子、党委（党组）按照党章、《公司法》以及公司章程等履行职责，形成科学有效的运行机制。

第九条　根据中央企业规模大小和实际情况，合理确定并从严掌握董事会、经理班子、党委（党组）职数。

中央企业董事会职数为七人至十三人，设董事长一人，可以设副董事长一人至二人。

设立董事会的中央企业经理班子职数根据公司

章程确定，为四人至七人。未设立董事会的中央企业经理班子职数为五人至八人。

中央企业党委常委（党组成员）职数为五人至九人；设书记一人，党委可以设副书记一人至二人，党组在必要时可以设副书记一人；设纪委书记（纪检组组长）一人。

第十条 中央企业党委常委（党组成员）与董事会、经理班子成员实行交叉任职。党委（党组）书记和董事长可以由一人担任，董事长、总经理原则上分设。

第十一条 中央企业领导人员实行任期制。

（一）设立董事会的中央企业，董事任期由公司章程规定，每届任期不得超过三年；总经理任期由董事会确定，每届任期三年；

（二）未设立董事会的中央企业，总经理每届任期三年；

（三）中央企业党委，每届任期五年。

任期届满，经考核合格的可以连任。

第四章 选拔任用

第十二条 选拔中央企业领导人员，主要采取组织选拔、公开招聘、竞争上岗等方式进行，也可以探索采取委托人才中介机构推荐方式进行。其中，对经理班子成员的选拔应当逐步加大公开招聘、竞争上岗的力度。

第十三条 任用中央企业领导人员，可以采取委任制、聘任制、选任制。

（一）对董事会成员实行委任制、聘任制或者选任制；

（二）对设立董事会的中央企业经理班子成员实行聘任制，经理班子人选经组织考察、按照管理权限审批或者备案同意后，由董事会决定聘任；

（三）对未设立董事会的中央企业经理班子成员实行委任制或者聘任制；

（四）对党委（党组）班子成员按照党章和中央有关规定实行选任制或者委任制。

第十四条 中共中央组织部（以下简称中央组织部）、中共国务院国有资产监督管理委员会委员会（以下简称国务院国资委党委）按照管理权限、工作职责和有关规定组织实施中央企业领导人员的推荐、考察、任免等事项。

第十五条 中央企业领导人员的组织选拔一般应当经过下列程序：

（一）沟通酝酿；

（二）通过民主推荐等方式确定考察对象并进行公示；

（三）组织考察；

（四）征求有关方面意见；

（五）综合分析，提出任用建议；

（六）讨论决定；

（七）依照法律和有关规定任职。

第十六条 中央企业领导人员的公开招聘一般应当经过下列程序：

（一）面向社会公布招聘职位、职位职责、任职条件及有关要求；

（二）报名与资格审查；

（三）知识、能力、素质、心理健康等方面的测试；

（四）根据测试结果确定考察对象；

（五）组织考察或者通过其他适当方式了解人选情况；

（六）征求有关方面意见；

（七）综合分析，提出任用建议；

（八）讨论决定；

（九）依照法律和有关规定任职。

第十七条 中央企业领导人员的竞争上岗一般应当经过下列程序：

（一）在本企业范围内公布竞争职位、职位职责、任职条件及有关要求；

（二）报名与资格审查；

（三）知识、能力、素质、心理健康等方面的测试；

（四）民主测评；

（五）根据测试和民主测评结果确定考察对象；

（六）组织考察；

（七）征求有关方面意见；

（八）综合分析，提出任用建议；

（九）讨论决定；

（十）依照法律和有关规定任职。

民主测评也可以在测试之前进行。对民主测评得分过低的人员，应当取消其参加竞争上岗的资格。

第十八条 在中央企业内部选拔领导人员，应当经过民主推荐，民主推荐结果作为有关人选是否列为考察对象的重要依据。

民主推荐情况应当在一定范围内公开。

第十九条 选拔中央企业领导人员，应当按照管理权限组织考察组，对确定的考察对象进行考察，全面考察其业绩、素质、能力和廉洁从业等方面的情况。要重视听取工会和职工代表的意见。

实行差额考察，考察对象人数应当多于拟任职务人数。

第二十条 通过公开招聘、竞争上岗方式选拔中央企业领导人员，一般应当对拟任人选进行公示，公示期一般为七个工作日。

第二十一条 选拔中央企业领导人员，应当听取纪检监察机构、国务院派驻中央企业监事会主席和协管方的意见；根据需要，听取相关部门的意见。

第二十二条 对通过公开招聘、竞争上岗和委托人才中介机构推荐方式担任中央企业领导人员的，实行任职试用期制度，试用期为一年。试用期满后，经考核胜任试任职务的，正式任职，其试用期计入任职时间；不胜任的，免去试任职务。

第二十三条 中央企业领导人员在所任职中央企业出资的企业（包括全资、控股和参股企业，下同）兼职的，须按照管理权限向中央组织部或者国务院国资委党委任前备案。未经同意，中央企业领导人员不得在其他企事业单位、社会团体或者中介机构兼职。

第五章 考核评价

第二十四条 建立健全促进科学发展的中央企业领导班子和领导人员综合考核评价办法。

第二十五条 对中央企业领导班子和领导人员的考核评价，分为任期考核评价和年度考核评价。

第二十六条 对中央企业领导班子要突出考核评价其经营业绩以及政治素质、团结协作、作风形象等方面的情况。对中央企业领导人员主要考核评价其业绩、素质、能力和廉洁从业等方面的情况。

第二十七条 考核评价中央企业领导班子和领导人员，采取定量考核与定性评价相结合的方式，实行分层分类考核评价，综合运用民主测评、个别谈话、调查核实、综合分析等方法进行。

第二十八条 中央企业领导班子考核评价等次分为优秀、良好、一般、较差，中央企业领导人员考核评价等次分为优秀、称职、基本称职、不称职。

第二十九条 考核评价结果经中央组织部、国务院国资委党委审定后，向中央企业领导班子和领导人员反馈。

第三十条 考核评价结果作为中央企业领导班子调整和领导人员培养、使用、奖惩的重要依据。

第六章 激励监督

第三十一条 严格执行《关于进一步规范中央企业负责人薪酬管理的指导意见》、《中央企业负责人经营业绩考核暂行办法》、《中央企业负责人薪酬管理暂行办法》等规定，建立健全以考核评价为基础，与岗位职责和工作业绩挂钩，短期激励与中长期激励、精神鼓励与物质奖励相结合的中央企业领导人员激励机制。

第三十二条 中央企业领导人员的薪酬由基本年薪、绩效年薪和中长期激励收益三部分构成，以基本年薪和绩效年薪为主。

第三十三条 中央企业领导人员的薪酬方案应当报国务院国资委审核、批复后实施。除经国务院国资委审核同意外，中央企业领导人员不得在企业领取薪酬方案所列收入以外的其他任何收入，不得在兼职单位领取薪酬、奖金等任何报酬。国务院国资委将中央企业领导人员薪酬审核结果报人力资源社会保障部备案后，人力资源社会保障部汇总报告国务院，同时抄报中共中央纪律检查委员会（以下简称中央纪委）、中央组织部。

第三十四条 对作出特殊重大贡献的中央企业领导人员，根据国家有关规定进行表彰奖励。

第三十五条 中央企业领导人员应当认真履行岗位职责，依法经营，廉洁从业，切实维护国家、出资人、企业的利益和职工的合法权益。中央企业领导人员要按照《国有企业领导人员廉洁从业若干规定》，严格自律。中央企业领导人员中的中共党员，要按照《中国共产党党内监督条例（试行）》等有关规定，自觉接受党组织和党员的监督。

第三十六条 组织人事部门应当加强对中央企业领导人员的日常监督管理，坚持以预防为主、事前监督为主，通过考核评价、诫勉谈话、函询等方式实施。

第三十七条 国务院国资委纪检监察机构和中央企业党委（党组）及其纪检监察机构应当加强对中央企业领导人员贯彻执行党的路线方针政策、遵守党纪政纪和廉洁从业等情况的监督检查，坚决惩治和有效预防腐败。

涉及中央管理的企业主要领导人员的违纪案件，按照中央有关规定由中央纪委、监察部负责查处。

第三十八条 国务院派驻中央企业的监事会，依照《公司法》、《国有资产法》和《国有企业监事会暂行条例》的规定，对中央企业领导人员的经营管理行为进行监督。

第三十九条 中央企业领导人员在离任、任期届满时，依照有关规定进行经济责任审计。必要时，依照有关规定进行任中经济责任审计。

第四十条 加强职工民主监督。发挥职工代表大会、工会的作用，实行厂务公开、民主管理，坚持职工代表对中央企业领导人员的民主评议制度。涉及改制、重组、破产、关闭等关系职工切身利益的重大问题，企业在决策前应当充分听取工会和职工代表意见，职工安置方案须经职工代表大会审议通过。

第四十一条 实行中央企业党员领导人员报告个人有关事项制度。中央企业领导人员中的中共党员要依照《关于党员领导干部报告个人有关事项的规定》、《关于中央企业党员领导人员报告个人有关事项的规定》，按照管理权限向中央组织部、国务院国资委党委报告个人有关事项；中央企业领导人员中的非中共党员需要报告有关事项的，应当报告。

第四十二条 实行中央企业领导人员任职回避和公务回避制度，具体依照有关规定执行。

第四十三条 按照依法合规、从严从俭和公开透明的原则，建立健全中央企业领导人员职务消费制度。对中央企业领导人员公务用车配备及使用、通信、业务招待、差旅、考察培训等与其履行职责相关的消费项目，应当明确标准，制订预算方案报国务院国资委备案后实施，年终将执行情况报国务院国资委，并接受职工民主监督。涉及中央管理的企业主要领导人员的职务消费预算执行情况，应当同时抄送中央纪委、中央组织部备案。

第四十四条 建立中央企业领导人员责任追究制度。中央企业领导人员有下列情形之一的，按照管理权限和有关法律法规给予经济处罚、组织处理、党纪政纪处分；涉嫌犯罪的，依法移送司法机关处理：

（一）接受不正当利益，或者利用职权谋取私利的；

（二）泄露企业商业秘密，损害企业合法权益的；

（三）违反财政金融制度或者国家有关政策规定的；

（四）违反企业规章制度、工作程序或者办事规则，给企业造成重大损失的；

（五）因经营决策失误造成企业重大损失的；

（六）因管理不善造成国有资产严重流失的；

（七）因用人失察、失误造成恶劣影响或者重大损失的；

（八）对安全、质量、环保等重大及以上责任事故和重大群体性事件负有领导责任的；

（九）对董事会决议违反法律法规、公司章程规定，或者明显损害国家、出资人、企业的利益和职工合法权益，董事本人表决时未投反对票的；

（十）其他应当追究责任的情形。

第七章 职业发展

第四十五条 适应中央企业领导人才成长规律，结合企业实际，加强对中央企业领导人员及其后备人员的教育培养和实践锻炼。

第四十六条 加强中央企业领导人员理论学习和业务培训。实行分类培训、综合培养，重点提高中央企业领导人员的学习能力、领导能力、经营管理能力和创新能力。中央企业领导人员在一个任期内应当参加累计不少于两个月的培训。

第四十七条 鼓励和支持中央企业领导人员开展有利于职业发展的在职自学和自主选学。

第四十八条 建立中央企业领导人员学习培训档案，将学习培训情况作为考核评价中央企业领导人员的重要内容。

第四十九条 完善中央企业领导人员交流制度。对需要重点培养和因工作需要、按照规定需要回避以及其他原因需要交流的，应当予以交流。交流可以在企业之间、行业之间、企业与党政机关及事业单位、人民团体、群众团体之间进行。

第五十条 加强中央企业领导人员后备队伍建设。明确后备人员的发展方向，制定培养计划，按照培养为主、动态管理、统一使用的原则，建设一支素质优良、数量合理、结构科学的中央企业领导人员后备队伍。

第五十一条 推选和确定中央企业领导人员后备人员，应当扩大视野、拓宽渠道、坚持条件、发扬民主、严格考察，经企业党委（党组）讨论后，分别由中央组织部、国务院国资委党委审定。

第五十二条 有计划地选派中央企业领导人员及其后备人员到党政机关和国家重点工程以及情况复杂、困难较多的企业任职。

第五十三条 关注长期在条件艰苦、工作困难企业努力工作的优秀人才，注意从基层和生产一线选拔优秀人才。

第八章　退　　出

第五十四条　健全中央企业领导人员退出机制，完善中央企业领导人员免职（解聘）、撤职、辞职、退休制度。

第五十五条　中央企业领导人员有下列情形之一的，一般予以免职（解聘）或者撤职：

（一）任期届满未被续聘（任）的；

（二）在任期（年度）考核评价中被确定为不称职，或者连续两个年度考核评价结果未达到称职的；

（三）因严重违纪违法被追究责任的；

（四）因健康原因长期不能坚持正常工作的；

（五）达到任职年龄界限或者退休年龄界限的；

（六）因工作需要或者其他原因应当免职的。

第五十六条　中央企业领导人员应当全面落实国有资产保值增值责任，出现下列情形之一的，应当及时予以调整：

（一）任期内未实现国有资产保值增值，且无重大客观原因的；

（二）国务院国资委确定的任期经营业绩考核目标未完成或者年度经营业绩考核目标连续两年未完成，且无重大客观原因的；

（三）因企业会计信息严重失真或者提供虚假信息导致经营业绩考核结果严重不实的。

第五十七条　实行中央企业领导人员辞职制度。辞职包括因公辞职、自愿辞职、引咎辞职和责令辞职。

因公辞职是指中央企业领导人员因工作需要变动职务，依照法律或者有关规定辞去现任职务；

自愿辞职是指中央企业领导人员因个人或者其他原因，自行提出辞去现任职务；

引咎辞职是指中央企业领导人员因工作严重失误、失职造成重大损失或者恶劣影响，或者对重大事故负有重要领导责任等，不宜再担任现职，由本人主动提出辞去现任职务；

责令辞职是指中央企业领导人员应当引咎辞职或者因其他原因不再适合担任现职，本人未提出辞职的，通过一定程序责令其辞去现任职务。

第五十八条　中央企业领导人员有下列情形之一的，不得提出辞职：

（一）在涉及国家安全、重要机密等特殊岗位任职且不满解密期限的；

（二）重要项目或者重要任务尚未完成，而且必须由本人继续完成的；

（三）其他原因不能立即辞职的。

第五十九条　中央企业领导人员自愿辞职未经批准，不得擅离职守。对擅离职守的，视情节轻重予以相应处理；造成严重后果的，依法追究其责任。

第六十条　中央企业领导人员达到任职年龄界限、不再担任企业领导职务的，其在下属企业所兼任的其他职务也应当一并免除。

第六十一条　中央企业领导人员达到规定的退休年龄，应当退休并及时办理退休手续。

中央企业领导人员退休后，不得在原任职企业及所出资的企业担任任何领导职务；离职或者退休后三年内，不得在与原任职企业有业务关系的私营企业、外资企业和中介机构担任职务、投资入股，或者在上述企业或者机构从事、代理与原任职企业经营业务相关的经营活动。因工作需要在其他企业担任职务的，应当事先征得本人所在单位党委（党组）同意后按照管理权限报批。

第六十二条　中央企业领导人员离职或者退休后，继续对原任职企业的商业秘密和核心技术负有保密责任和义务，保密期限按照国家和原任职企业的规定执行。

第九章　附　　则

第六十三条　本规定适用于国务院国资委监管的中央企业。对国有资本参股公司中由国务院国资委推荐的企业领导人员的管理，参照本规定执行。

第六十四条　涉及董事会试点中央企业领导人员的选聘和考核评价工作，按照中央组织部、国务院国资委关于开展董事会试点工作的有关规定执行。

第六十五条　本规定由中央组织部、国务院国资委党委负责组织实施和解释。

第六十六条　本规定自发布之日起施行。

中共国资委委员会关于中央企业建设“四个一流”职工队伍的实施意见

国资党委群工〔2010〕91号

各中央企业党委（党组）：

为进一步加强中央企业职工队伍建设，激发中央企业广大职工特别是基层一线职工的创造活力，提升中央企业核心竞争力，现就中央企业深入开展建设“四个一流”（一流职业素养、一流业务技能、一流工作作风、一流岗位业绩）职工队伍工作提出如下意见。

一、总体要求

建设“四个一流”职工队伍的指导思想是：坚持以邓小平理论和“三个代表”重要思想为指导，深入贯彻落实科学发展观，紧紧围绕中央企业发展战略和生产经营任务，以建设“四个一流”职工队伍为目标，以尊重职工、激发活力、促进企业与职工共同发展为宗旨，以落实岗位责任制为基础，以培养爱岗敬业、严谨诚实的企业文化为核心，以理论武装、班组建设、职工素质工程、企业文化建设等为载体，切实加强职工队伍的教育、培训、考核、管理、激励和关爱，不断提高职工队伍的思想素质、执行能力、业务技能、知识结构、创新意识和工作理念，着力打造一支技术精湛、作风过硬的高素质、高层次、现代化的职工队伍，为把中央企业建设成为具有国际竞争力的大公司大集团提供扎实雄厚的人才基础和智力保证。

建设“四个一流”职工队伍的工作目标是：经过五年努力，中央企业职工的政治素养、道德水准、职业操守明显提升，责任意识、发展意识和创新意识明显增强，操作技能、业务能力、岗位贡献明显提高，技师、高级技师及其他高技能人才占技能劳动者的比例有明显增加，中央企业普遍建立起产学结合的职工技能培训基地，对一线职工的高水平职业技能培训和现代管理知识轮训全面普及，有利于高素质职工队伍建设成长的工作制度和工作环境较好地建立和形成，使中央企业职工成为具备世界眼光、顺应时代潮流、具有较高科技文化素质和思想道德修养、能和国际先进企业职工相媲美的现代企业职工。

建设“四个一流”职工队伍的基本要求是：一流职业素养，就是牢固树立社会主义核心价值观的主导地位，有良好的思想素质、职业道德和敬业精神，勤劳朴实、踏实工作、热爱岗位、忠诚企业、牢记使命、报效国家。一流业务技能，就是熟练掌握岗位知识，技艺精湛、业务精通、勤奋好学、开放包容，有较强的学习力、执行力、创造力和自主管理、自我完善、持续改进的能力，关键岗位职工的业务技能和工作效率达到国际先进企业职工水平。一流工作作风，就是严谨、诚实，在工作中遵章守纪、服从管理、一丝不苟、认真精细，严格按工艺纪律和业务规范操作，信守诺言和规则，在同行业中发挥表率作用。一流岗位业绩，就是敢为人先、创新超越、不断挑战、勇争一流，在安全生产、产品质量、服务水平、成本控制等方面行业领先，优质高效地完成任务。

建设“四个一流”职工队伍的主要任务是：

一是加强职工队伍思想道德建设，激发广大职工奋发向上的精神动力。要结合企业实际深入开展社会主义核心价值体系学习教育活动，加强理想信念教育和思想政治工作，有针对性地开展形势政策教育，引导广大职工牢固树立中国特色社会主义共同理想，坚定搞好国企、报效国家、振兴中华的信心，争做模范公民，努力塑造热爱党、热爱祖国、热爱社会主义、热爱企业、热爱岗位的价值取向。要加强企业优良传统教育，传承以大庆精神、“两弹一星”精神、载人航天精神、青藏铁路精神等为代表的优秀企业精神，鼓励和引导职工热爱本职岗位，倾心本职工作，干一行、爱一行，在平凡的岗位上努力作出不平凡业绩。要构建具有时代精神和企业特色的企业文化，充分发挥中央企业先进文化的凝聚、激励、协调和导向作用，使企业文化理念内化为广大职工的思想意识和行为习惯。

二是加强职工队伍业务技能建设，不断提高职工的岗位竞争能力。适应中央企业结构调整、产业升级、装备更新、产品创新、工艺优化的需要，鼓励职工结合岗位特点和要求，不断提高自身科技文化水平、改善知识结构、提升技能等级，增强对新技术、新工艺、新知识的掌握和运用能力。切实抓好职工技能培训和技能评价、考核、激励制度建设，强化对职工的综合性考核和多项技能的考核。要组织和引导职工与国际先进企业对标竞赛，鼓励职工积极参与技术革新和项目攻关活动。制订个人职业生涯规划，鼓励职工通过本职岗位的扎实、勤奋工作，按照阶梯式发展规律实现自身价值，畅通技能人才的职业发展通道。

三是加强职工队伍工作作风建设，培育爱岗敬业、严谨诚实的主流企业文化。要把爱岗敬业、严谨诚实作为企业的主流文化，大力倡导“三老四严”（对待事业，要当老实人，说老实话，办老实事；对待工作，要有严格的要求、严密的组织、严肃的态度、严明的纪律）、“四个一样”（黑天和白天工作一个样，坏天气和好天气工作一个样，领导不在场和领导在场工作一个样，没有人检查和有人检查工作一个样）等中央企业的优良工作作风，以岗位责任制为基础，以自主自律、自我管理为手段，加强企业基层建设。认真学习借鉴国际知名企业员工严谨工作、用心做事的良好态度。教育职工严格遵守规章制度，严格执行岗位工作标准和作业规程，严格按照工艺纪律操作，把精益求精、一丝不苟、办事认真、工作细致的理念变成职工的工作作风和自觉的行为习惯，以全优的标准要求每一个岗位、每一位职工，为企业生产一流产品、创造优质服务。

四是加强职工队伍绩效体系建设，引导职工为实现企业发展目标创造一流工作业绩。要加强职工绩效管理，完善职工业绩考核办法，建立客观合理科学高效的业绩考核体系。坚持正面激励为主，激励职工为实现企业发展目标创造良好业绩。要充分相信和善于运用职工的智慧，最大限度发挥个人创造力和团队力量，鼓励职工独立思考、自我发现问题，鼓励职工在不断实践中创新，在不断创新中超越。要充分挖掘一线职工潜能，把企业质量、成本、安全、服务等指标层层分解至每一班组、每一岗位，发动职工改善攻关，创造一流的工作业绩。要把职工的岗位业绩作为岗位任用、调配和确定劳动报酬的依据，准确地衡量和评价职工的工作质量和工作业绩，激励先进、鞭策落后。及时查找制约职工业绩提升的因素，帮助职工寻求改进业绩的方法，提供改进机会和资源支持，努力营造比学赶帮超的发展氛围，促进每位职工不断提高工作业绩，高质量的完成工作目标。

二、工作内容

一是继续抓好班组建设。各中央企业要深入贯彻国资委《关于加强中央企业班组建设的指导意见》（国资发群工〔2009〕52号），进一步明确班组建设的工作目标、实施方案和具体措施，建立健全工作机制。要普遍开展班组长培训，提高班组长发展水平。国资委将继续抓好中央企业班组长岗位管理能力远程培训。中央企业要结合班组长岗位特点有针对性地开展班组长岗位业务技能培训，要保证班组长每年都有一定的脱产时间参加培训，确保培训所需要的投入；要组织优秀班组长对口学习，交流班组建设成果，注意借鉴国际知名企业和中央企业合资合作过程中导入的现代企业班组建设经验，推动班组工作标准化、制度化、规范化。有条件的企业要有计划地选派优秀班组长出国培训，消化吸收国际知名企业班组建设的先进经验、管理理念、科学方法和信息技术；要抓好优秀班组创建工作，着力提高班组建设工作水平，深入推进“创建学习型红旗班组、争当知识型先进职工”活动，总结、提炼班组建设经验；要对政治素质高、协调能力强、业绩突出和具有领导潜质的优秀班组长重点培养，注意把他们选拔到相关管理、技术或领导岗位上来，为他们提供岗位晋升阶梯和职业生涯接续通道。

二是深入开展职工技能竞赛活动。中央企业要把握行业发展方向和岗位需求，在具有前瞻性、导向性的关键岗位（工种）和技术含量高、企业亟需的特有工种开展集团级和各层级技能竞赛活动，形成制度，坚持不懈，持续开展，把技能竞赛活动与职工技能鉴定、薪酬激励、人才培养相结合，对职业技能竞赛中涌现出来的特别优秀人才，要宣传他们的事迹，给予较高的物质奖励和待遇，并按有关规定直接晋升职业资格或优先参加技师、高级技师考评。要积极参加重点行业（工种）国家级一类职工技能竞赛，选派优秀技能人才参加国际技能比赛和技能交流。要自上而下组织开展有针对性的岗位练兵、技术比武活动，形成全方位、系统化、专业化的学技术、练本领、赛能力、比贡献的浓厚氛围，全面提高职工的业务技能水平。

三是广泛开展经济技术创新活动。要把职工自主创新能力建设与培育战略性新兴产业结合起来，激发职工的创造活力。尊重职工的首创精神，制订相关的创新规则，建立持续改进的目标体系，鼓励职工积极创新勇于探索，使工作团队成为一个企业自主创新的基地。要支持职工围绕生产、科研、经营、服务的重点任务和关键环节，通过建立创新小组、攻关团队、专业技术协会等形式，广泛开展创先争优、技术革新、专利发明、QC攻关、节能减排等不同主题的创新创效活动，并组织职工先进操作（工作）法、创意设计、改进建议等群众性创新创效活动成果的展示交流，积极利用各种平台，展示和奖励职工的创新成果，增强职工创新意识和创新能力，促进中央企业创新发展。

四是拓宽拔尖技能人才培养使用渠道。根据企业特点，要在企业部分特有工种、关键岗位中设立首席技师或首席操作师、工种带头人、专家型技能人才等高级技能人才职位，给予较高的待遇；要创造良好的工作条件，发挥他们在关键时候的关键性作用。要充分发挥拔尖技能人才传帮带作用，通过技师研修、名师带徒、设立技能大师工作室等方式培养高技能人才，加强高技能人才梯队建设。要拓宽技能人才开发、培养、使用渠道，使各工种高技能人才的高招、绝技和工作经验得到推广应用。要注重选拔拔尖技能人才参与企业科研攻关和重大技术改造工程，在实践中提高技能人才促进科研成果转化的能力。要制订高技能人才与工程技术人才职业发展贯通办法，吸引和稳定一批核心高技能人才。

五是加强职工队伍培训。要健全职工教育培训机制，完善教育培训计划，保障职工接受教育培训的时间。要按照财政部等部门联合印发的《关于印发〈关于企业职工教育经费提取与使用管理的意见〉的通知》（财建〔2006〕317号）的要求，提取职工教育培训经费。企业教育培训管理部门要加强教育培训经费使用管理，保障基层一线职工学习培训经费不低于所提教育经费总额的30%。要充分挖掘各类职业教育培训资源，继续加强通用能力培训建设，疏通技术培训、学历教育接续通道，满足职工持续学习的愿望。要注重教育培训与岗位需求的对接，把更多的时间、更多的资源用在提高实际操作能力培训上，提高职工动手能力，培养实战型人才。要建立菜单式教育培训体系，善于运用信息化、网络化、多媒体等新型培训方式，满足不同类别、不同岗位职工的个性化需求，提高培训效果和水平。要加大国际化人才培训培养力度，与国际知名企业开展职工技能对标活动，有条件的企业要有计划的选派优秀技能人才到海外项目现场和海外分支机构的关键技术岗位工作，拓宽国内技能人才的国际视野。

六是完善职工自主管理制度。要大力培养自主型职工，发挥职工主观能动性，引导职工有序参与和主动接受企业规范和管理，自愿执行企业规章制度、自主履行岗位职责、自觉完成工作任务，具有高度的主人翁精神。要积极开展职工自主管理活动，激励职工立足工作岗位，自主发现问题、自主选题立项、自主组织团队、自主改进提高。要大力开展职工合理化建议活动，建立便捷的职工发表建议和意见的渠道，完善组织管理、征集受理、论证实施、评估激励等工作制度，为优秀案例提供发表的机会，创造落实的条件，采取激励的措施，激发职工的参与热情，使职工自主管理更好地服务于企业发展。

七是推行职业资格证书制度。要大力加强职业技能鉴定工作，进一步突破年龄、资历、身份和比例限制，加快建立以职业能力为导向、以工作业绩为重点、注重职业道德和职业知识水平的技能人才评价体系。要在技术复杂、通用性强、涉及人民健康安全的工种全面推行职业资格证书制度，实现职业资格证书与学历文凭并重，职业资格证书制度与就业上岗制度及相应的待遇相衔接。对参加企业紧缺职业（工种）高级技能以上培训、获得相应职业资格且被企业聘用的人员，企业可给予一定的培训和鉴定补贴。要推行国际职业资格证书制度，大力培养具有世界眼光、适应国际化发展要求的各类人才。

八是完善职工队伍激励机制。积极探索和创新激励载体，丰富激励形式，通过适当的物质奖励和精神激励引导职工，把岗位贡献同收入分配及其他相应的待遇挂钩。要结合本企业实际情况，对高技能人才、优秀班组长（含相应层级的其他基层管理人员）和其他表现突出的职工在聘任、工资、带薪学习、培训、休假、出国进修等方面制订相应的鼓励办法，拓展基层一线职工职业成长空间。对参加科技攻关和技术革新并作出突出贡献的高技能人才，可从成果转化所得收益中，通过奖金等多种形式给予相应奖励。

九是做好关爱职工工作。要坚持厂务公开民主管理制度，发挥职代会制度的作用。建立职工诉求表达机制，开展职工满意度调查，及时发现和改进存在的问题，提高职工满意度和对企业的忠诚度。要畅通职工与管理层的沟通渠道，建立企业领导人员与职工面对面互动对话沟通机制，按照定时有序沟通和及时反馈的原则，就职工关心的就业岗位、工资福利、社会保险、安全卫生和职业健康等方面的问题进行沟通交流。要运用信息网络平台等现代技术手段，通过制度化、透明化、个性化的方式了解职工需求，并以此手段将企业的关爱及时传递到每一位员工。要开展形式多样、内容丰富、健康向上的职工文化活动，帮助职工放松身心、缓解压力、精神愉悦地投入工作。要关心困难职工生活，健全困难职工档案，打造覆盖困难职工生活补助、求学资助、就业援助、医疗救助的全方位平台，对环境特别艰苦的一线工作岗位，要保证职工必要的生活条件。企业党政领导要定期走访慰问困难职工，帮助他们解决实际困难。

十是积极选树表彰先进模范人物。要全面贯彻尊重劳动、尊重知识、尊重人才、尊重创造的方针，做好劳动模范等先进典型人物的评选表彰、宣传和服务管理工作。定期组织开展评选表彰活动，围绕重大项目、重点工程、重要任务适时组织专项表彰，积极评选和向有关单位和部门举荐各类先进集体和个人。要关心先进模范人物的学习成长进步，落实好他们应有的待遇。通过召开表彰大会、组织先进事迹报告团巡讲等多种形式大力弘扬先进模范人物的品格事迹，使之成为激励职工群众爱岗敬业、奉献拼搏的强大精神动力。

三、保障机制

一是要提高思想认识。深入推进“四个一流”职工队伍建设是增强中央企业核心竞争力、创造一流发展业绩的重要基础。没有一流的职工，难有一流的企业，中央企业只有建设一支高素质的职工队伍，才能适应未来更高层次、更高水平、更加激烈的竞争，实现建设有国际竞争力大公司大集团的目标。要深刻认识此项工作的重要意义，把职工队伍素质作为企业核心竞争力的重要组成部分，根据企业的发展战略，确定职工队伍建设的目标和任务。

二是要加强组织领导。要将“四个一流”职工队伍建设工作列入整体工作认真研究部署。各级领导要率先垂范，带头执行规章制度，带头落实各项措施。加强和改进基层党组织建设，发挥广大党员在职工中的示范带动作用，通过党员队伍建设带动职工队伍建设。要根据企业发展实际制订职工队伍建设规划，定期研究解决工作中存在的主要问题。要结合企业特点，明确分工、整合力量、各负其责、协调推进，努力形成职工队伍建设领导有力、层次清晰、齐抓共管的工作格局。

三是要健全工作机制。要建立健全推进职工队伍建设的长效机制，认真研究制订建设“四个一流”职工队伍的工作目标、实施方案和主要措施，明确考核标准，建立评价机制，有重点、分步骤地加强职工队伍建设。要坚持分层分类原则，结合不同行业不同岗位职工队伍的实际，采取合适的方法和途径，使之与本企业特点相适应。进一步完善职工队伍的选拔培养、考核激励和管理约束机制，不断完善创新工作载体。

四是要抓好督导检查。要按照一级抓一级、层层抓落实、责任到人、工作到位的要求，加强对建设“四个一流”职工队伍工作的督导检查，及时发现新情况、解决新问题。要及时总结提炼中央企业建设一流职工队伍的成功经验，及时推出一批在建设一流职工队伍工作上成绩突出的典型，广泛宣传、扩大影响，带动中央企业职工队伍建设不断取得新成效，推动中央企业科学发展上水平。

国资委党委

2010 年 5 月 18 日

（三）业绩考核及分配

行政规章及规范性文件：

关于进一步加强中央企业全员业绩考核工作的指导意见

国资发综合〔2009〕300 号

各中央企业：

为了全面推进中央企业经营业绩考核工作上水平、更规范、更精准，确保国有资产保值增值责任层层得到落实，现将《关于进一步加强中央企业全员业绩考核工作的指导意见》印发给你们，请认真贯彻落实。

各中央企业要把本企业的全员业绩考核制度和对公司副职的考核情况定期报我委（综合局）备案。每年 3 月 20 日为备案截止时间。

我委将加强对中央企业全员业绩考核工作的检查和监督，从 2010 年起，将对未建立全员业绩考核制度、全员业绩考核工作开展不力的中央企业，扣减经营业绩考核得分（具体办法另行制订）。

国资委综合局联系人：

综合处　胡筱沽　010 - 63192592　zonghe - kh@ sasac. gov. cn

考核一处　王宝成　010 - 63192672　kaohe1 - kh@ sasac. gov. cn

考核二处　王　娟　010 - 63192721　kaohe2 - kh@ sasac. gov. cn

考核三处　邵　满　010 - 63192668　kaohe3 - kh@ sasac. gov. cn

考核四处　李俊玮　010 - 63193027　kaohe4 - kh@ sasac. gov. cn

国务院国有资产监督管理委员会

二〇〇九年十月十六日

为全面推进中央企业经营业绩考核工作上水平、更规范、更精准，确保国有资产保值增值责任落到实处，广泛调动、充分发挥中央企业各级负责人和广大员工的积极性和创造性，促进中央企业稳健科学发展，根据《中华人民共和国企业国有资产法》、《企业国有资产监督管理暂行条例》和《中央企业负责人经营业绩考核暂行办法》，国资委就进一步加强中央企业全员业绩考核工作提出如下指导意见：

一、充分认识进一步加强中央企业全员业绩考核工作的重要性

建立经营业绩考核制度，是党的十六大关于完善国有资产管理体制、深化国有企业改革的一项重大战略部署，是落实国有资产经营责任、促进企业提升管理水平的重要手段。实施“工作有标准、管理全覆盖、考核无盲区、奖惩有依据”的全员业绩考核，是深入实施《中华人民共和国企业国有资产法》、《企业国有资产监督管理暂行条例》、《中央企业负责人经营业绩考核暂行办法》和完善经营业绩考核制度的重要举措，是确保国有资产保值增值责任落实到各级企业负责人和基层单位，压力传递到各个岗位，激励约束覆盖到广大员工的制度保障，对于落实全员经营责任，调动好、保护好、发挥好广大企业管理者和员工的积极性，发展壮大国有经济，具有十分重要的意义。

中央企业负责人经营业绩考核制度建立以来，各中央企业积极探索，勇于实践，努力健全经营业绩考核体系，充分发挥业绩考核的导向作用，较好地落实了国有资产保值增值责任，促进了三项制度改革，取得了显著成效。但是，目前中央企业经营业绩考核工作发展还不平衡，一些企业国有资产保值增值责任体系还不完整，责任链条还没有实现全方位覆盖，尤其是对企业副职、职能部门的考核制度还不完善，薪酬分配还存在一定程度的平均化倾向。各中央企业要认真总结分析自身业绩考核工作中存在的问题和不足，高度重视加强和改善全员业绩考核工作，不断增强推行全员业绩考核的自觉性和坚定性。

二、正确把握全员业绩考核工作的原则

加强中央企业全员业绩考核工作，应遵循以下原则：

（一）坚持考核的正确导向。以科学发展观为指导，以落实国有资产保值增值责任为核心，通过完善考核体制、机制，促进集团公司战略目标和年度工作任务的分解落实和最终完成，不断提高集团的战略管理水平，增强集团管控力和执行力。

（二）坚持按照岗位职责考核。以目标管理为重点，针对企业管理人员和职工各自的岗位、职责，紧紧抓住出资人最为关注和影响企业可持续发展的关键绩效指标和工作目标进行考核。

（三）坚持公开公平公正。以充分调动每一名员工的积极性为目的，切实做到考核办法、考核过程公开，确保考核结果公平、公正。

（四）坚持持续改进。以实现可持续发展为目标，按照先规范、再完善的要求，循序渐进地推动企业全员业绩考核工作健康发展。

三、全面落实全员业绩考核工作的要求

各中央企业要切实加大推进全员业绩考核工作的力度，高度重视，加强领导，完善办法，健全机制，严格执行，务求实效。

（一）建立健全业绩考核组织体系。各中央企业要切实加强对实施全员业绩考核工作的领导，企业主要负责人要亲自挂帅，认真研究业绩考核中的重大问题，建立健全领导机构和相应的工作机构，制定和完善相关工作制度，明确职责分工，强化业绩考核的组织保障和机制保证。分管业绩考核工作的企业负责人和有关职能部门，要勤勉履责，及时解决业绩考核工作中的突出矛盾和问题，不断改进工作方式方法，提升企业各层级的业绩考核工作水平。

（二）真正实现考核的全方位覆盖。各中央企业要切实加大业绩考核的力度、广度和深度。考核范围要涵盖从企业主要负责人到副职、职能部门管理人员，从集团公司到所属全部子企业或单位、全体员工，确保企业资产保值增值的责任和压力从上到下层层传递，真正建立起完善的业绩考核机制，彻底消除考核死角。

（三）努力完善全员业绩考核办法。各中央企业要针对企业所处不同行业、不同发展阶段的特点，针对管理层和部门的不同职责、员工所处的不同岗位，围绕集团公司的总体目标和发展战略，加强研究和完善业绩考核办法，科学合理地确立业绩考核指标，突出分类指导，不断增强业绩考核的导向性、针对性和实效性。考核指标要突出关键业绩指标和主要短板指标，力求少而精。对企业副职和

职能管理部门的考核，要认真听取基层群众和所属单位的意见，要将考核办法、考核过程、考核结果在一定范围内公开，切实接受职工群众监督。

（四）健全激励约束机制。各中央企业要把业绩考核与薪酬激励和干部任免紧密挂钩，严格兑现奖惩，做到有目标、有记录、有评估，先考核后定绩效薪酬，赏罚分明。要合理确定业绩考核结果的分级比例，避免考核等级的平均化倾向。要高度重视业绩考核结果的反馈，提出改进方向，引导先进企业、优秀管理者和员工不断创造卓越业绩，激励后进企业、管理者和员工努力追赶先进目标。要通过全员业绩考核，促进企业深化内部制度改革，真正建立起管理者能上能下、员工能进能出、薪酬能高能低的有效激励约束机制。要将企业的发展战略与员工个人能力提升、职业发展规划有机结合，为被考核人提供相关业务培训的条件保障以及完成考核目标的必要指导。

（五）加强指导和监督。各中央企业要加强对实施全员业绩考核工作的自查，强化对集团公司副职、各职能部门和所属单位的督导检查，持续改进和提高全员业绩考核工作质量和水平。要注重结果考核与过程评价的高度统一，对考核过程中目标的执行、评价、反馈以及考核结果的应用等各个环节实施闭环管理，定期检查分析考核目标执行情况，确保考核目标的完成。董事会试点企业要参照本指导意见，建立和完善全员业绩考核体系，并加强对所属单位全员业绩考核工作的指导和监督。

（六）不断创新全员业绩考核方法。各中央企业要积极借鉴国内外先进的考核方法和理念，鼓励使用经济增加值（EVA）、平衡计分卡（BSC）、360度反馈评价、关键绩效指标（KPI）等先进的考核方法，解放思想，开拓创新，积极应对企业改革发展和经营管理中出现的新问题和新挑战，不断探索符合本企业实际的全员业绩考核方法和途径。

《关于进一步加强中央企业全员业绩考核工作的指导意见》解读

2009年10月16日，国务院国资委印发了《关于进一步加强中央企业全员业绩考核工作的指导意见》（以下简称《意见》）。

一、《意见》的出台背景中央企业负责人经营业绩考核制度建立以来，各中央企业积极探索，勇于实践，努力健全经营业绩考核体系，充分发挥业绩考核的导向作用，较好地落实了国有资产保值增值责任，取得了显著成效。但是，目前中央企业经营业绩考核工作发展还不平衡，一些企业国有资产保值增值责任体系还不完整，责任链条还没有实现全方位覆盖，尤其是对企业副职、职能部门的考核制度还不完善，薪酬分配还存在一定程度的平均化倾向。实施全员业绩考核，是深入实施《中华人民共和国企业国有资产法》、《企业国有资产监督管理暂行条例》和《中央企业负责人经营业绩考核暂行办法》的重要举措，是进一步完善“考核层层落实，责任层层传递，激励层层连接”的责任体系的制度保障，也是促进中央企业提升管理水平的重要手段。国务院国资委出台《关于进一步加强中央企业全员业绩考核工作的指导意见》，旨在督促中央企业建立健全全员业绩考核制度和组织体系，通过加强全员业绩考核工作，进一步落实国有资产保值增值责任，不断强化业绩考核的导向作用，推动企业实现科学发展。

二、《意见》的主要内容《意见》要求各中央企业充分认识全员业绩考核工作的重要性，按照“坚持考核的正确导向、坚持按照岗位职责考核、坚持公开公平公正、坚持持续改进”的原则全面落实全员业绩考核工作要求。《意见》从建立健全业绩考核组织体系、实现考核的全方位覆盖、完善全员业绩考核方法、健全激励约束机制、加强指导和监督、不断创新全员业绩考核方法六个方面对中央企业加强全员业绩考核工作提出了具体要求。

中央企业负责人经营业绩考核办法

国务院国有资产监督管理委员会令第40号

《中央企业负责人经营业绩考核办法》已于2018年12月14日经国务院国有资产监督管理委员会第159次主任办公会议审议通过，现予公布，自2019年4月1日起施行。

主任　肖亚庆

2019年3月1日

第一章　总　　则

第一条　坚持以习近平新时代中国特色社会主义思想为指导，全面贯彻党的十九大精神和党中央、国务院关于深化国有企业改革、完善国有资产管理体制的一系列重大决策部署，切实履行企业国有资产出资人职责，维护所有者权益，落实国有资产保值增值责任，建立健全有效的激励约束机制，引导中央企业实现高质量发展，加快成为具有全球竞争力的世界一流企业，根据《中华人民共和国公司法》《中华人民共和国企业国有资产法》《企业国有资产监督管理暂行条例》等有关法律法规和《中共中央　国务院关于深化国有企业改革的指导意见》（中发〔2015〕22号）以及深化中央管理企业负责人薪酬制度改革等有关规定，制定本办法。

第二条　本办法考核的中央企业负责人，是指经国务院授权由国务院国有资产监督管理委员会（以下简称国资委）履行出资人职责的企业（以下简称企业）中由中央或者国资委管理的人员。

第三条　企业负责人经营业绩考核遵循以下原则：

（一）坚持质量第一效益优先。牢固树立新发展理念，以供给侧结构性改革为主线，加快质量变革、效率变革、动力变革，不断做强做优做大国有资本。

（二）坚持市场化方向。遵循市场经济规律和企业发展规律，健全市场化经营机制，充分发挥市场在资源配置中的决定性作用，强化正向激励，激发企业活力。

（三）坚持依法依规。准确把握出资人监管边界，依法合规履行出资人职权，坚持以管资本为主加强国有资产监管，有效落实国有资产保值增值责任。

（四）坚持短期目标与长远发展有机统一。切实发挥企业战略引领作用，构建年度考核与任期考核相结合，立足当前、着眼长远的考核体系。

（五）坚持国际对标行业对标。瞄准国际先进水平，强化行业对标，不断提升企业在全球产业发展中的话语权和影响力，加快成为具有全球竞争力的世界一流企业。

（六）坚持业绩考核与激励约束紧密结合。坚持权责利相统一，建立与企业负责人选任方式相匹配、与企业功能性质相适应、与经营业绩相挂钩的差异化激励约束机制。

第四条　年度经营业绩考核和任期经营业绩考核采取由国资委主任或者其授权代表与企业主要负责人签订经营业绩责任书的方式进行。

第二章　考核导向

第五条　突出效益效率，引导企业加快转变发展方式，优化资源配置，不断提高经济效益、资本回报水平、劳动产出效率和价值创造能力，实现质量更高、效益更好、结构更优的发展。

第六条　突出创新驱动，引导企业坚持自主创新，加大研发投入，加快关键核心技术攻关，强化行业技术引领，不断增强核心竞争能力。

第七条　突出实业主业，引导企业聚焦主业做强实业，加快结构调整，注重环境保护，着力补齐发展短板，积极培育新动能，不断提升协调发展可持续发展能力。

第八条　突出国际化经营，引导企业推进共建“一带一路”走深走实，加强国际合作，推动产品、技术、标准、服务、品牌走出去，规范有序参与国际市场竞争，不断提升国际化经营水平。

第九条　突出服务保障功能，引导企业在保障国家安全和国民经济运行、发展前瞻性战略性产业中发挥重要作用。鼓励企业积极承担社会责任。

第十条　健全问责机制，引导企业科学决策，依法合规经营，防范经营风险，防止国有资产流失，维护国有资本安全。

第三章　分类考核

第十一条　根据国有资本的战略定位和发展目标，结合企业实际，对不同功能和类别的企业，突出不同考核重点，合理设置经营业绩考核指标及权重，确定差异化考核标准，实施分类考核。

第十二条　对主业处于充分竞争行业和领域的商业类企业，以增强国有经济活力、放大国有资本功能、实现国有资本保值增值为导向，重点考核企业经济效益、资本回报水平和市场竞争能力，引导企业优化资本布局，提高资本运营效率，提升价值创造能力。

第十三条　对主业处于关系国家安全、国民经济命脉的重要行业和关键领域、主要承担重大专项任务的商业类企业，以支持企业可持续发展和服务国家战略为导向，在保证合理回报和国有资本保值增值的基础上，加强对服务国家战略、保障国家安全和国民经济运行、发展前瞻性战略性产业情况的考核。适度降低经济效益指标和国有资本保值增值率指标考核权重，合理确定经济增加值指标的资本成本率。承担国家安全、行业共性技术或国家重大专项任务完成情况较差的企业，无特殊客观原因的，在业绩考核中予以扣分或降级处理。

第十四条　对公益类企业，以支持企业更好地保障民生、服务社会、提供公共产品和服务为导向，坚持经济效益和社会效益相结合，把社会效益放在首位，重点考核产品服务质量、成本控制、营运效率和保障能力。根据不同企业特点，有区别地将经济增加值和国有资本保值增值率指标纳入年度和任期考核，适当降低考核权重和回报要求。对社会效益指标引入第三方评价，评价结果较差的企业，根据具体情况，在业绩考核中予以扣分或降级处理。

第十五条 对国有资本投资、运营公司，加强落实国有资本布局和结构优化目标、提升国有资本运营效率以及国有资本保值增值等情况的考核。

第十六条 对科技进步要求高的企业，重点关注自主创新能力的提升，加强研发投入、科技成果产出和转化等指标的考核。在计算经济效益指标时，可将研发投入视同利润加回。

第十七条 对结构调整任务重的企业，重点关注供给侧结构性改革、主业转型升级、新产业新业态新模式发展，加强相关任务阶段性成果的考核。

第十八条 对国际化经营要求高的企业，加强国际资源配置能力、国际化经营水平等指标的考核。

第十九条 对资产负债水平较高的企业，加强资产负债率、经营性现金流、资本成本率等指标的考核。

第二十条 对节能环保重点类和关注类企业，加强反映企业行业特点的综合性能耗、主要污染物排放等指标的考核。

第二十一条 对具备条件的企业，运用国际对标行业对标，确定短板指标纳入年度或任期考核。

第二十二条 建立健全业绩考核特殊事项清单管理制度。将企业承担的保障国家安全、提供公共服务等事项列入管理清单，对当期经营业绩产生重大影响的特殊事项，在考核时予以适当处理。

第四章 目标管理

第二十三条 国资委按照企业发展与国民经济发展速度相适应、与国民经济重要支柱地位相匹配、与高质量发展要求相符合的原则，主导确定企业经营业绩总体目标（以下简称总体目标）。

第二十四条 企业考核目标值应与总体目标相衔接，根据不同功能企业情况，原则上以基准值为基础予以核定。

第二十五条 考核基准值根据企业功能定位，兼顾企业经营性质和业务特点，依据考核指标近三年完成值、客观调整因素和行业对标情况综合确定。

第二十六条 年度净利润、经济增加值等指标目标值可设置为三档。

第一档：目标值达到历史最好水平，或者明显好于上年完成值且增幅高于总体目标增幅。

第二档：目标值不低于基准值。

第三档：目标值低于基准值。

经行业对标，目标值处于国际优秀水平或国内领先水平的，不进入第三档。

第二十七条 国资委将年度净利润、经济增加值等指标目标值与考核计分、结果评级紧密结合。

第一档目标值，完成后指标得满分，同时根据目标值先进程度给予加分奖励。

第二档目标值，完成后正常计分。

第三档目标值，完成后加分受限，考核结果不得进入A级。

第二十八条 净利润等经济效益指标的目标值与工资总额预算挂钩，根据目标值的先进程度确定不同的工资总额预算水平。

第五章 考核实施

第二十九条 企业负责人经营业绩考核工作由国资委考核分配工作领导小组组织实施。

第三十条 年度经营业绩考核以公历年为考核期，任期经营业绩考核以三年为考核期。

第三十一条 经营业绩责任书内容：

（一）双方的单位名称、职务和姓名；

（二）考核内容及指标；

（三）考核与奖惩；

（四）责任书的变更、解除和终止；

（五）其他需要约定的事项。

第三十二条 经营业绩责任书签订程序：

（一）考核期初，企业按照国资委经营业绩考核要求，将考核期内考核目标建议值和必要的说明材料报送国资委。

（二）国资委对考核目标建议值进行审核，并就考核目标值及有关内容同企业沟通后予以确定。

（三）由国资委主任或者其授权代表同企业主要负责人签订经营业绩责任书。

第三十三条 考核期中，国资委对经营业绩责任书执行情况实施预评估，对考核目标完成进度不理想的企业提出预警。

第三十四条 建立重大事项报告制度。企业发生较大及以上生产安全责任事故和网络安全事件、重大及以上突发环境事件、重大及以上质量事故、重大资产损失、重大法律纠纷案件、重大投融资和资产重组等，对经营业绩产生重大影响的，应及时向国资委报告。

第三十五条 经营业绩完成情况按照下列程序进行考核：

（一）考核期末，企业依据经审计的财务决算数据，形成经营业绩总结分析报告报送国资委。

（二）国资委依据经审计并经审核的企业财务决算报告和经审查的统计数据，结合总结分析报告，对企业负责人考核目标的完成情况进行考核，形成考核与奖惩意见。

（三）国资委将考核与奖惩意见反馈给企业。企业负责人对考核与奖惩意见有异议的，可及时向国资委反映。国资委将最终确认的考核结果在一定范围内公开。

第三十六条 落实董事会对经理层的经营业绩考核职权。

（一）授权董事会考核经理层的企业，国资委与董事会授权代表签订年度和任期经营业绩责任书，董事会依据国资委考核要求并结合本企业实际对经理层实施经营业绩考核。

（二）国资委根据签订的经营业绩责任书和企业考核目标完成情况，确定企业主要负责人年度和任期经营业绩考核结果。

（三）董事会根据国资委确定的经营业绩考核结果，结合经理层个人履职绩效，确定经理层业绩考核结果和薪酬分配方案。

第三十七条 董事会应根据国资委经营业绩考核导向和要求，制订、完善企业内部的经营业绩考核办法，报国资委备案。

第六章 奖 惩

第三十八条 年度经营业绩考核和任期经营业绩考核等级分为A、B、C、D四个级别。A级企业根据考核得分，结合企业国际对标行业对标情况综合确定，数量从严控制。

第三十九条 国资委依据年度和任期经营业绩考核结果对企业负责人实施奖惩。经营业绩考核结果作为企业负责人薪酬分配的主要依据和职务任免的重要依据。

第四十条 企业负责人的薪酬由基本年薪、绩效年薪、任期激励收入三部分构成。

第四十一条 对企业负责人实行物质激励与精神激励。物质激励主要包括与经营业绩考核结果挂钩的绩效年薪和任期激励收入。精神激励主要包括给予任期通报表扬等方式。

第四十二条 企业负责人的绩效年薪以基本年薪为基数，根据年度经营业绩考核结果并结合绩效年薪调节系数确定。

第四十三条 绩效年薪按照一定比例实施按月预发放。国资委依据年度经营业绩半年预评估结果对企业负责人预发绩效年薪予以调整。

第四十四条 任期激励收入根据任期经营业绩考核结果，在不超过企业负责人任期内年薪总水平的30%以内确定。

第四十五条 对科技创新取得重大成果、承担重大专项任务和社会参与作出突出贡献的企业，在年度经营业绩考核中给予加分奖励。

第四十六条 对经营业绩优秀以及在科技创新、国际化经营、节能环保、品牌建设等方面取得突出成绩的，经国资委评定后对企业予以任期激励。

第四十七条 连续两年年度经营业绩考核结果为D级或任期经营业绩考核结果为D级，且无重大客观原因的，对企业负责人予以调整。

第四十八条 企业发生下列情形之一的，国资委根据具体情节给予降级或者扣分处理；违规经营投资造成国有资产损失或其他严重不良后果，按照有关规定对相关责任人进行责任追究处理；情节严重的，给予纪律处分或者对企业负责人进行调整；涉嫌犯罪的，依法移送国家监察机关或司法机关查处：

（一）违反《中华人民共和国会计法》《企业会计准则》等有关法律法规规章，虚报、瞒报财务状况的；

（二）企业法定代表人及相关负责人违反国家法律法规和规定，导致发生较大及以上生产安全责任事故和网络安全事件、重大及以上突发环境事件、重大质量责任事故、重大违纪和法律纠纷案件、境外恶性竞争、偏离核定主业盲目投资等情形，造成重大不良影响或者国有资产损失的。

第四十九条 鼓励探索创新，激发和保护企业家精神。企业实施重大科技创新、发展前瞻性战略性产业等，对经营业绩产生重大影响的，按照“三个区分开来”原则和有关规定，可在考核上不做负向评价。

第七章 附 则

第五十条 企业在考核期内经营环境发生重大变化，或者发生清产核资、改制重组、主要负责人变动等情况，国资委可以根据具体情况变更经营业绩责任书的相关内容。

第五十一条 对混合所有制企业以及处于特殊发展阶段的企业，根据企业功能定位、改革目标和发展战略，考核指标、考核方式可以“一企一策”确定。

第五十二条 中央企业专职党组织负责人、纪委书记（纪检监察组组长）的考核有其他规定的，从其规定。

第五十三条 国有资本参股公司、被托管和兼并企业中由国资委管理的企业负责人，其经营业绩考核参照本办法执行。

第五十四条 各省、自治区、直辖市和新疆生产建设兵团国有资产监督管理机构，设区的市、自治州级国有资产监督管理机构对国家出资企业负责人的经营业绩考核，可参照本办法并结合实际制定具体规定。

第五十五条 本办法由国资委负责解释，具体实施方案另行制定。

第五十六条 本办法自2019年4月1日起施行。《中央企业负责人经营业绩考核办法》（国资委令第33号）同时废止。

中央企业综合绩效评价管理暂行办法

国务院国有资产监督管理委员会令第14号

《中央企业综合绩效评价管理暂行办法》已经国务院国有资产监督管理委员会第38次主任办公会议审议通过，现予公布，自2006年5月7日起施行。

国务院国有资产监督管理委员会主任 李荣融

二〇〇六年四月七日

第一章 总 则

第一条 为加强对国务院国有资产监督管理委员会（以下简称国资委）履行出资人职责企业（以下简称企业）的财务监督，规范企业综合绩效评价工作，综合反映企业资产运营质量，促进提高资本回报水平，正确引导企业经营行为，根据《企业国有资产监督管理暂行条例》和国家有关规定，制定本办法。

第二条 本办法所称综合绩效评价，是指以投入产出分析为基本方法，通过建立综合评价指标体系，对照相应行业评价标准，对企业特定经营期间的盈利能力、资产质量、债务风险、经营增长以及管理状况等进行的综合评判。

第三条 企业综合绩效评价根据经济责任审计及财务监督工作需要，分为任期绩效评价和年度绩效评价。

（一）任期绩效评价是指对企业负责人任职期间的经营成果及管理状况进行综合评判。

（二）年度绩效评价是指对企业一个会计年度的经营成果进行综合评判。

第四条 为确保综合绩效评价工作的客观、公正与公平，有效发挥对企业的全面评判、管理诊断和行为引导作用，开展综合绩效评价工作应当以经社会中介机构审计后的财务会计报告为基础。

按规定不进行社会中介机构审计的企业，其综合绩效评价工作以经企业内部审计机构审计后的财务会计报告为基础。

第五条 开展企业综合绩效评价工作应当遵循以下原则：

（一）全面性原则。企业综合绩效评价应当通过建立综合的指标体系，对影响企业绩效水平的各种因素进行多层次、多角度的分析和综合评判。

（二）客观性原则。企业综合绩效评价应当充分体现市场竞争环境特征，依据统一测算的、同一期间的国内行业标准或者国际行业标准，客观公正地评判企业经营成果及管理状况。

（三）效益性原则。企业综合绩效评价应当以考察投资回报水平为重点，运用投入产出分析基本方法，真实反映企业资产运营效率和资本保值增值水平。

（四）发展性原则。企业综合绩效评价应当在综合反映企业年度财务状况和经营成果的基础上，客观分析企业年度之间的增长状况及发展水平，科学预测企业的未来发展能力。

第六条 国资委依据本办法组织实施企业综合绩效评价工作，并对企业内部绩效评价工作进行指导和监督。

第二章 评价内容与评价指标

第七条 企业综合绩效评价由财务绩效定量评价和管理绩效定性评价两部分组成。

第八条 财务绩效定量评价是指对企业一定期间的盈利能力、资产质量、债务风险和经营增长四个方面进行定量对比分析和评判。

（一）企业盈利能力分析与评判主要通过资本及资产报酬水平、成本费用控制水平和经营现金流量状况等方面的财务指标，综合反映企业的投入产出水平以及盈利质量和现金保障状况。

（二）企业资产质量分析与评判主要通过资产周转速度、资产运行状态、资产结构以及资产有效性等方面的财务指标，综合反映企业所占用经济资源的利用效率、资产管理水平与资产的安全性。

（三）企业债务风险分析与评判主要通过债务负担水平、资产负债结构、或有负债情况、现金偿债能力等方面的财务指标，综合反映企业的债务水平、偿债能力及其面临的债务风险。

（四）企业经营增长分析与评判主要通过销售增长、资本积累、效益变化以及技术投入等方面的财务指标，综合反映企业的经营增长水平及发展后劲。

第九条 财务绩效定量评价指标依据各项指标的功能作用划分为基本指标和修正指标。

（一）基本指标反映企业一定期间财务绩效的主要方面，并得出企业财务绩效定量评价的基本结果。

（二）修正指标是根据财务指标的差异性和互补性，对基本指标的评价结果作进一步的补充和矫正。

第十条 管理绩效定性评价是指在企业财务绩效定量评价的基础上，通过采取专家评议的方式，对企业一定期间的经营管理水平进行定性分析与综合评判。

第十一条 管理绩效定性评价指标包括企业发展战略的确立与执行、经营决策、发展创新、风险控制、基础管理、人力资源、行业影响、社会贡献等方面。

第十二条 企业财务绩效定量评价指标和管理绩效定性评价指标构成企业综合绩效评价指标体系。各指标的权重，依据评价指标的重要性和各指标的引导功能，通过参照咨询专家意见和组织必要测试进行确定。

第三章 评价标准与评价方法

第十三条 企业综合绩效评价标准分为财务绩效定量评价标准和管理绩效定性评价标准。

第十四条 财务绩效定量评价标准包括国内行业标准和国际行业标准。

（一）国内行业标准根据国内企业年度财务和经营管理统计数据，运用数理统计方法，分年度、分行业、分规模统一测算并发布。

（二）国际行业标准根据居于行业国际领先地位的大型企业相关财务指标实际值，或者根据同类型企业组相关财务指标的先进值，在剔除会计核算差异后统一测算并发布。

第十五条 财务绩效定量评价标准的行业分类，按照国家统一颁布的国民经济行业分类标准结合企业实际情况进行划分。

第十六条 财务绩效定量评价标准按照不同行业、不同规模及指标类别，分别测算出优秀值、良好值、平均值、较低值和较差值五个档次。

第十七条 大型企业集团在采取国内标准进行评价的同时，应当积极采用国际标准进行评价，开展国际先进水平的对标活动。

第十八条 管理绩效定性评价标准根据评价内容，结合企业经营管理的实际水平和出资人监管要求，统一制定和发布，并划分为优、良、中、低、差五个档次。管理绩效定性评价标准不进行行业划分，仅提供给评议专家参考。

第十九条 企业财务绩效定量评价有关财务指标实际值应当以经审计的企业财务会计报告为依据，并按照规定对会计政策差异、企业并购重组等客观因素进行合理剔除，以保证评价结果的可比性。

第二十条 财务绩效定量评价计分以企业评价指标实际值对照企业所处行业、规模标准，运用规定的计分模型进行定量测算。

管理绩效定性评价计分由专家组根据评价期间企业管理绩效相关因素的实际情况，参考管理绩效定性评价标准，确定分值。

第二十一条 对企业任期财务绩效定量评价计分应当依据经济责任财务审计结果，运用各年度评价标准对任期各年度的财务绩效进行分别评价，并运用算术平均法计算出企业任期财务绩效定量评价分数。

第四章 评价工作组织

第二十二条 企业综合绩效评价工作按照“统一方法、统一标准、分类实施”的原则组织实施。

（一）任期绩效评价工作，是企业经济责任审计工作的重要组成部分，依据国资委经济责任审计工作程序和要求组织实施。

（二）年度绩效评价工作，是国资委开展企业年度财务监督工作的重要内容，依据国资委年度财务决算工作程序和财务监督工作要求组织实施。

第二十三条　国资委在企业综合绩效评价工作中承担以下职责：

（一）制定企业综合绩效评价制度与政策；

（二）建立和完善企业综合绩效评价指标体系与评价方法；

（三）制定和公布企业综合绩效评价标准；

（四）组织实施企业任期和年度综合绩效评价工作，通报评价结果；

（五）对企业内部绩效评价工作进行指导和监督。

第二十四条　任期绩效评价工作可以根据企业经济责任审计工作需要，聘请社会中介机构协助配合开展。受托配合的社会中介机构在企业综合绩效评价工作中承担以下职责：

（一）受托开展任期各年度财务基础审计工作；

（二）协助审核调整任期各年度评价基础数据；

（三）协助测算任期财务绩效定量评价结果；

（四）协助收集整理管理绩效定性评价资料；

（五）协助实施管理绩效定性评价工作。

第二十五条　管理绩效定性评价工作应当在财务绩效定量评价工作的基础上，聘请监管部门、行业协会、研究机构、社会中介等方面的资深专家组织实施。管理绩效评价专家承担以下工作职责：

（一）对企业财务绩效定量评价结果发表专家意见；

（二）对企业管理绩效实际状况进行分析和判断；

（三）对企业管理绩效状况进行评议，并发表咨询意见；

（四）确定企业管理绩效定性评价指标分值。

第二十六条　企业在综合绩效评价工作中承担以下职责：

（一）提供有关年度财务决算报表和审计报告；

（二）提供管理绩效定性评价所需的有关资料；

（三）组织开展子企业的综合绩效评价工作。

第五章　评价结果与评价报告

第二十七条　评价结果是指根据综合绩效评价分数及分析得出的评价结论。

第二十八条　综合绩效评价分数用百分制表示，并分为优、良、中、低、差五个等级。

第二十九条　企业综合绩效评价应当进行年度之间绩效变化的比较分析，客观评价企业经营成果与管理水平的提高程度。

（一）任期绩效评价运用任期最后年度评价结果与上一任期最后年度评价结果进行对比。

（二）年度绩效评价运用当年评价结果与上年评价结果进行对比。

第三十条　任期绩效评价结果是经济责任审计工作中评估企业负责人任期履行职责情况和认定任期经济责任的重要依据，并为企业负责人任期考核工作提供参考。

第三十一条　年度绩效评价结果是开展财务监督工作的重要依据，并为企业负责人年度考核工作提供参考。

第三十二条　企业综合绩效评价报告是根据评价结果编制、反映被评价企业绩效状况的文件，由报告正文和附件构成。

（一）企业综合绩效评价报告正文应当说明评价依据、评价过程、评价结果，以及需要说明的重大事项。

（二）企业综合绩效评价报告附件包括经营绩效分析报告、评价计分表、问卷调查结果分析、专家咨询意见等，其中：经营绩效分析报告应当对企业经营绩效状况、影响因素、存在的问题等进行分析和诊断，并提出相关管理建议。

第三十三条　对企业综合绩效评价揭示和反映的问题，应当及时反馈企业，并要求企业予以关注。

（一）对于任期绩效评价反映的问题，应当在下达企业的经济责任审计处理意见书中明确指出，并要求企业予以关注和整改。

（二）对于年度绩效评价结果反映的问题，应当在年度财务决算批复中明确指出，并要求企业予以关注和整改。

第六章　工作责任

第三十四条　企业应当提供真实、全面的绩效评价基础数据资料，企业主要负责人、总会计师或主管财务会计工作的负责人应当对提供的年度财务会计报表和相关评价基础资料的真实性负责。

第三十五条　受托开展企业综合绩效评价业务的机构及其相关工作人员应严格执行企业综合绩效评价工作的规定，规范技术操作，确保评价过程独立、客观、公正，评价结论适当，并严守企业的商业秘密。对参与造假、违反程序和工作规定，导致评价结论失实以及泄露企业商业秘密的，国资委将不再委托其承担企业综合绩效评价业务，并将有关情况通报其行业主管机关，建议给予相应处罚。

第三十六条 国资委的相关工作人员组织开展企业综合绩效评价工作应当恪尽职守、规范程序、加强指导。对于在综合绩效评价过程中不尽职或者徇私舞弊，造成重大工作过失的，给予纪律处分。

第三十七条 所聘请的评议专家应当认真了解和分析企业的管理绩效状况，客观公正地进行评议打分，并提出合理的咨询意见。对于在管理绩效评价过程中不认真、不公正，出现评议结果或者咨询意见不符合企业实际情况，对评价工作造成不利影响的，国资委将不再继续聘请其为评议专家。

第七章 附 则

第三十八条 根据本办法制定的《中央企业综合绩效评价实施细则》和评价标准另行公布。

第三十九条 企业开展内部综合绩效评价工作，可依据本办法制定具体的工作规范。

第四十条 各地区国有资产监督管理机构开展综合绩效评价工作，可参照本办法执行。

第四十一条 本办法自2006年5月7日起施行。

（四）股权激励

行政规章及规范性文件：

国务院国有资产监督管理委员会关于做好中央科技型企业股权和分红激励工作的通知

国资发分配〔2016〕274号

各中央企业：

为进一步贯彻落实《中华人民共和国促进科技成果转化法》、《关于深化国有企业改革的指导意见》、《关于深化人才发展体制机制改革的意见》和国家以增加知识价值为导向分配等政策精神，加快实施国家创新驱动发展战略，健全完善有利于中央企业自主创新和科技成果转化的中长期激励机制，根据《国有科技型企业股权和分红激励暂行办法》（财资〔2016〕4号，以下简称《暂行办法》），现就做好中央企业及所属国有科技型企业（以下简称中央科技型企业）股权和分红激励工作的有关事项通知如下：

一、充分认识实施股权和分红激励的重要性

中央企业是国家科技创新的主力军，是国家创新体系建设的重要力量。近年来，国资委相继开展了国有控股上市公司股权激励和中关村注册企业分红激励试点等工作，积极探索符合中央企业科技创新和改革发展需要的中长期激励方式，取得了一定成效。但总体看，中央企业创新激励机制建设尚不完善，激励力度和效果还不能与加快实施创新驱动发展战略，建设一流创新型企业的要求相匹配。《暂行办法》将中关村股权和分红激励试点政策在更大范围推广，是贯彻落实国家创新驱动发展战略，深化企业内部收入分配制度改革，建立激发人才活力中长期激励机制的重要举措，有利于完善技术、管理等要素按贡献参与分配的办法，有利于加快动力机制转换，有利于推动供给侧结构性改革和提质增效。中央企业要充分认识实施股权和分红激励的重要性，把握政策机遇，推进工作落实。

二、科学制定股权和分红激励实施方案

中央企业要准确把握股权和分红激励政策内涵，坚持“依法依规、公正透明，因企制宜、多措并举，利益共享、风险共担，落实责任、强化监督”的原则，科学制定激励方案。

（一）明确激励政策导向。

中央企业要以推动形成自主创新和科技成果转化的激励机制为主要目标，根据所属企业科技人才资本和技术要素贡献占比及投入产出效率等情况，合理确定实施企业范围和激励对象，建立导向清晰、层次分明、重点突出的中长期激励体系。优先支持符合《“十三五”国家科技创新规划》战略布局和中央企业“十三五”科技创新重点研发方向，创新能力较强、成果技术水平较高、市场前景较好的企业或项目实施股权和分红激励。企业应当综合考虑职工岗位价值、实际贡献、承担风险和服务年限等因素，重点激励在自主创新和科技成果转化中发挥主要作用的关键核心技术、管理人员。

（二）科学选择激励方式。

中央企业应当按照深化收入分配制度改革的总

体要求，从所属企业规模、功能定位、所处行业及发展阶段等实际出发，结合配套制度完善情况，合理选择激励方式，优化薪酬资源配置。鼓励符合条件的企业优先开展岗位分红激励。科技成果转化和项目收支明确的企业可选择项目分红激励。稳妥实施股权激励，企业应当在积累试点经验的基础上逐步推进。在股权和分红激励起步阶段，同一企业原则上应当以一种方式为主。同一激励对象就同一职务科技成果或产业化项目，只能采取一种激励方式、给予一次激励。

（三）合理确定激励水平。

中央企业应当从经营发展战略以及自身经济效益状况出发，分类分步推进股权和分红激励工作。要坚持效益导向和增量激励原则，根据企业人工成本承受能力和经营业绩状况，合理确定总体激励水平。要坚持生产要素按贡献参与分配原则，从企业人才激励现状和用工市场化程度出发，建立健全以成果贡献为评价标准的科技创新人才薪酬制度，在科学评价科研团队、个人业绩的基础上，适度拉开激励对象收入分配差距。

岗位分红激励总额的确定应当统筹好与当期工资总额管理的关系，避免因实施分红激励出现工资效益不匹配。项目分红激励原则上应当采取与重要技术人员约定的方式进行，明确激励水平、兑现方式和违约责任等，激励总额根据项目规模、市场化程度合理确定。股权激励总额的确定应当从企业规模、发展阶段等实际出发，个人激励水平应当合理适度，确保激励的可持续性和公平性。

（四）严格规范制度执行。

中央企业开展股权和分红激励应当严格执行《暂行办法》有关规定，不得随意降低资格条件。实施股权激励的，应当建立相应的考核兑现办法，加强对授予、行权等事项的管理。实施岗位分红激励的，应当明确年度业绩考核指标，除企业处于初创阶段等特殊情况外，原则上各年度净利润增长率应当高于企业实施岗位分红激励近3年平均增长水平。实施项目分红激励的，应当建立健全项目成本核算、科技成果评估及收益分红等财务管理体系，并严格按照与激励对象约定情况，实施激励。

三、全面加强股权和分红激励的组织管理

（一）建立分级管理工作机制。

国资委作为监督管理部门，负责推动中央企业做好股权和分红激励政策贯彻落实工作，除承担中央企业集团公司激励方案审批外，主要侧重政策指导以及对执行情况的监督检查。

中央企业是实施股权和分红激励政策的责任主体，负责本企业股权和分红激励制度建设、组织实施及规范管理等工作，审批所属科技型企业激励方案，并且对其合规性负责。

（二）规范决策程序和工作流程。

中央企业应当按照国家有关规定和本通知要求，拟订本企业实施股权和分红激励的总体工作方案和推进计划，并且在实施前向国资委报告。

中央企业集团公司以及所属科技型企业股权和分红激励方案的拟订均应当严格履行内部决策程序，并通过职工大会、职代会或者其他形式充分听取职工意见和建议。企业拟订的激励方案应当按照出资关系，分别报送国资委或中央企业集团批准。未经批准，企业不得擅自实施激励方案。

建立中央科技型企业股权和分红激励实施情况定期报告制度，中央企业应当将年度股权和分红激励实施情况总结报告于次年2月底前报送国资委。

（三）强化监督检查。

中央企业应当将股权和分红激励计划纳入预算管理，在年度财务决算后兑现，其中分红激励总额纳入工资总额预算单列管理。国资委将中央科技型企业股权和分红激励工作纳入收入分配监督检查事项范围，采取抽查和专项检查等方式，对企业实施情况进行监督评估。对违反法律法规及政策规定、损害国有资产权益的企业，国资委将责令其调整或终止方案，并且追究相关企业和人员责任。

本通知印发之前有关中央企业经国资委批准的分红激励方案可继续执行，实施期满后，新的激励方案统一按照《暂行办法》和本通知要求执行。各中央企业在实施过程中遇到新情况新问题，要及时向国资委报告。

国资委

2016年10月31日

关于印发《中央科技型企业实施分红激励工作指引》的通知

国资厅发考分〔2017〕47号

各中央企业：

为指导和推动中央科技型企业加快落实国家股

权和分红激励政策，根据《关于做好中央科技型企业股权和分红激励工作的通知》（国资发分配〔2016〕274 号）分类分步实施激励的有关要求，我们制定了《中央科技型企业实施分红激励工作指引》，现印发给你们，请结合实际，认真执行。

中央科技型企业实施分红激励工作指引

第一章 总　　则

第一条 为推动中央企业加快实施创新驱动发展战略，进一步落实《国有科技型企业股权和分红激励暂行办法》（财资〔2016〕4 号）要求，建立完善有利于自主创新和科技成果转化的分红激励机制，调动技术、管理人员的积极性和创造性，根据中央企业科技创新激励工作部署和《关于做好中央科技型企业股权和分红激励工作的通知》（国资发分配〔2016〕274 号）规定，制订本指引。

第二条 本指引适用于国务院国有资产监督管理委员会（以下简称国资委）履行出资人职责的中央企业及所属控股（含实际控制）未上市科技企业（以下简称中央科技型企业，含全国中小企业股份转让系统挂牌企业）。上述企业应当具有公司法人资格并在中国境内注册，具体包括以下几种类型：

（一）国家认定的高新技术企业。

（二）转制院所企业。

（三）中央企业所属高等院校和科研院所投资的科技企业。

（四）国家和省级认定的科技服务机构。

第三条 本指引用于指导中央科技型企业的国有控股股东依法履行出资人职责，按照本指引及相关规定要求，指导所属科技型企业科学制订分红激励计划、规范履行决策程序，做好分红激励计划的实施管理工作。

第二章 方案的制订

第一节 激励方式

第四条 分红激励包括岗位分红激励和项目收益分红激励两种方式。

（一）岗位分红激励，是指企业实施科技创新和成果产业化，以企业经营收益为标的，按照相应岗位在科技成果产业化中的重要性和贡献，确定激励总额和不同岗位的分红标准，并对激励对象实施激励的行为。

（二）项目收益分红激励，是指企业通过成果转让（许可）、作价投资、自行或合作实施等方式进行职务科技成果转化，以形成的收益为标的，采取项目收益分成方式对激励对象实施激励的行为。

第五条 中央科技型企业应当结合自身实际，科学选择分红激励方式。原则上同一企业应当采取一种分红方式，对同一激励对象就同一职务科技成果或产业化项目，给予一次激励。

第二节 实施条件

第六条 实施分红激励的中央科技型企业应当制定明确的发展战略，主业突出、成长性好。内部治理结构健全并有效运转，管理制度完善，人事、劳动、分配制度改革取得积极进展。具有发展所需的关键技术、自主知识产权和持续创新能力。

第七条 实施分红激励的中央科技型企业年度财务会计报告必须经过中介机构依法审计，且激励方案制订近 3 年（以下简称近 3 年）没有发生财务、税收等方面违法违规行为，未出现重大收入分配违规违纪事项。

第八条 实施分红激励的中央科技型企业原则上应当成立满 3 年。除本指引第二条第（四）类企业外，其他企业近 3 年研发费用占当年营业收入均应当在 3% 以上，激励方案制订的上一年度企业研发人员占职工总数（以上人数均按平均数统计）应当在 10% 以上，相关数据原则上应当以企业年度财务会计报告为依据。对成立不满 3 年的初创企业，可以实际经营年限计算。

第九条 对于本指引第二条第（四）类企业，成立应当满 3 年，且近 3 年科技服务性收入不低于当年企业营业收入的 60%。科技服务性收入是指国有科技型服务机构营业收入中属于研究开发及其服务、技术转移服务、检验检测认证服务、创业孵化服务、知识产权服务、科技咨询服务、科技金融服务、科学技术普及服务等收入。

第十条 中央科技型企业实施岗位分红激励，除满足以上条件外，企业还应当建立规范的岗位管理和评估体系，岗位序列清晰、岗位价值明确。企业近 3 年税后利润累计形成的净资产增值额应当占企业近 3 年年初净资产总额的 10% 以上，且实施激励当年年初未分配利润为正数。成立不满 3 年的，不得采取岗位分红的激励方式。

近 3 年税后利润累计形成的净资产增值额，是指激励方案制订上年末账面净资产相对于近3年首年初账面净资产的增加值，不包括财政及企业股东以各种方式投资或补助形成的净资产和已经向股东分配的利润。

第十一条 中央科技型企业实施项目收益分红激励，除满足第六条至第九条规定外，企业还应当建立规范的项目管理和收益评估制度。项目资产、人员边界清晰，核算独立、收支明确。

第十二条 以下类型中央科技型企业或职务科技成果转化项目可以优先开展分红激励：

（一）符合《“十三五”国家科技创新规划》战略布局和中央企业“十三五”科技创新研发方向，承担国家科技创新重大专项、重大工程、国家重点研发计划的。

（二）收入和利润来源于所在中央企业外部市场占比较高的。

（三）符合所在中央企业主业发展方向的。

（四）自主创新能力较强、成果技术水平较高、市场前景较好的。

第三节 激励对象

第十三条 企业应当综合考虑职工岗位价值、实际贡献、承担风险和服务年限等因素确定分红激励对象，激励对象应当与本企业签订劳动合同，具体包括：

（一）在科技创新和成果转化过程中发挥重要作用的技术人员，包括关键职务科技成果的主要完成人、重大开发项目的负责人、对主导产品或者核心技术及工艺流程做出重大创新或者改进的主要技术人员。

（二）主持企业全面生产经营工作的高级管理人员，负责企业主要产品（服务）生产经营的中、高级经营管理人员。

（三）通过省、部级及以上人才计划引进的重要技术人才和经营管理人才。

第十四条 岗位分红激励对象应当通过公开招聘、企业内部竞争上岗或者其他市场化方式产生，且应当在该岗位连续工作1年以上。每次激励人数不得超过企业在岗职工总数的30%。

第十五条 项目收益分红激励对象应当由企业和项目组共同确定，激励对象名单应当随同激励方案一并听取职工意见和建议。

第十六条 中央科技型企业不得面向全体员工实施分红激励，不得把以下人员确定为激励对象：

（一）未与企业签订劳动合同的人员，包括事业编制人员以及人事代理、劳务派遣、劳务外包等其他人员。

（二）企业监事（包括职工监事）、独立董事。

（三）与企业科技创新和成果转化无直接关联的管理人员。

（四）有关政策法规明确不得成为激励对象的人员。

第四节 激励额度

第十七条 中央科技型企业应当以推动科技成果转化、提升企业经营效益为目标，坚持增量激励、效益导向的原则，统筹考虑企业经营发展战略、自身效益状况以及人工成本承受能力等因素合理确定分红激励额度。

第十八条 实施岗位分红激励的企业，应当以反映企业盈利能力或价值创造的绝对指标（如税后利润、税后利润增加值、经济增加值、经济增加改善值等）作为提取基数，科学设计计提模式，合理确定提取比例。年度分红激励总额不得高于当年税后利润的15%，并统筹好与当期工资总额和效益增量的比例关系，避免因实施分红激励出现工资效益不匹配问题。

第十九条 实施岗位分红激励的企业，应当按照岗位在科技成果产业化中的重要性以及激励对象个人的贡献情况，确定不同岗位激励对象的分红标准。激励对象个人年度分红所得不得高于其年度薪酬总额（不含分红所得）的2/3。同一企业内激励对象个人最高和最低激励额度的倍数设定应当充分考虑岗位价值评估结果，并且根据个人贡献、企业内部收入分配关系等因素综合确定。

第二十条 实施项目收益分红的企业，应当在职务科技成果完成、转化后，按照与重要技术人员约定或企业有关规定，合理确定激励额度（包括提取模式、比例等）和执行时限。不同的科技成果转化方式，可以按照以下原则确定有关事项：

（一）将该项职务科技成果转让、许可给他人实施的，以该项科技成果转让净收入或许可净收入作为提取基数，按约定或规定比例提取激励额度，原则上一次性激励到位。

（二）利用该项职务科技成果作价投资，以科技成果作价入股的股份（或出资比例）形成的投资收益作为提取基数的，按照约定或规定比例提取激励额度，原则上有效期不得超过5年；以职务科技成果作价入股形成的股份（或出资比例）作为提取基数的，应当按照股权激励有关规定约定相应激励额度、比例和其他事项。

（三）将该项职务科技成果自行实施或者与他人合作实施的，应当在实施转化成功投产后连续3至5年，按照约定或规定比例每年从实施该项科技成果的营业利润中提取激励额度。

转让、许可净收入是指企业取得的科技成果转让、许可收入扣除相关税费和企业为该项科技成果投入的全部研发费用及维护、维权费用后的金额。企业将同一项科技成果使用权向多个单位或者个人转让、许可的，转让、许可收入应当合并计算。

第二十一条 实施项目收益分红激励的企业，应当把握好项目投入产出与收益分配的关系，按照以下原则对激励额度和水平进行约定：

（一）总体激励额度应当结合项目来源、项目级别、项目规模、发展阶段以及创新贡献等因素约定。对于国家立项、创新贡献较大的项目可以适当加大激励力度。对于项目所在企业成立时间不满3年或实施当年未盈利的，应当结合项目收益情况控制总体额度，或采取分批分次的方式兑现。

（二）个人激励水平应当结合激励对象人数、薪酬水平、市场对标等因素，根据激励对象个人在职务成果完成和转化过程中的贡献以及绩效考核结果约定。对于关键科研任务、重大开发项目、主导产品或核心技术的主要完成人、负责人等可以适当提高分配比例。对于个人收入明显高于市场水平或同时参与多个项目激励的人员应当合理控制个人激励标准或项目分红总收入。

第二十二条 中央科技型企业制定项目收益分红激励相关规定应当充分听取技术人员的意见，有关规定或约定事项应当在本企业公开。出现实施激励当年项目所在企业处于亏损状态、项目分红激励总额偏大、单个激励对象水平偏高等特殊情况的，应当向中央企业集团公司报备。

第二十三条 中央科技型企业未建立有效规定或未及时与重要技术人员约定的，按照《中华人民共和国促进科技成果转化法》等国家有关制度执行，并在激励方案有效期内制定相关制度，在实施下一期项目分红激励计划时从其约定。

第五节 考核要求

第二十四条 岗位分红激励方案有效期原则上不超过3年（自制订方案当年起）。中央科技型企业应当建立完善的业绩考核体系和考核办法，在激励方案中明确除净利润增长率应当高于企业实施岗位分红激励近3年平均增长水平（复合增长率）的要求外，还应当结合企业经营特点、发展阶段以及科技创新等情况，从以下维度综合确定年度考核指标（原则上三类指标至少各选一个）：

（一）财务类指标，如净利润增长率（必选）、净资产收益率、主营业务收入增长率等。

（二）科技创新类指标，如科技创新收入增长率、科技创新收入占营业收入比重、新增（成果转化）合同额增长率、专利数量等。

（三）管理类指标，如核心人才保留率、劳动生产率、成本费用占营业收入比重等。

第二十五条 对于处于初创阶段等特殊情况的企业，根据企业功能定位、发展前景等因素，合理设置考核指标，可以管理类、科技创新类指标为主，体现初创阶段的发展导向。

第二十六条 项目收益分红激励方案有效期应当结合职务科技成果转化方式合理确定。其中，以职务科技成果作价投资、自行实施或者与他人合作实施方式开展项目收益分红激励的，应当结合企业科技创新以及项目实施情况，从以下维度约定年度考核指标（原则上三类指标至少各选一个）：

（一）项目财务类指标，如项目收入增长率、项目投资回报率、项目净利润增长率等。

（二）项目创新类指标，如项目专利和知识产权数量、项目获奖情况等。

（三）项目管理类指标，如项目研发费用占营业收入比重、新增项目合同数（额）增长率、合同履约率等。

以职务科技成果转让、许可给他人实施的，若不采取一次性激励的方式，原则上也应当按照以上要求制定激励有效期内的考核办法。

第二十七条 中央科技型企业以自身历史业绩水平纵向比较为主，鼓励具备条件的企业（或项目）采取与同行业或对标企业业绩横向对标的方式，综合确定考核目标水平。

（一）在激励方案中应当载明考核目标的确定方式，选择企业对标的，应当说明对标企业的选取原则。

（二）考核目标水平设置应当结合企业经营状况、行业周期以及科技发展规划等因素综合确定。原则上相关指标不低于上一年度实际业绩水平或本企业近3年平均业绩水平（实施岗位分红的，年度净利润增长率指标必须高于近3年平均增长水平）。引入行业对标的，相关指标应当不低于同行业平均（或对标企业50分位值）业绩水平。

第二十八条　中央科技型企业应当建立健全与分红激励配套的员工绩效考核评价体系，全面、客观、准确地评价激励对象业绩贡献。

第二十九条　中央科技型企业（科技成果转化项目）的考核结果应当与分红激励总额度挂钩，个人绩效考核评价结果应当应用于个人分红激励兑现。

第三十条　中央科技型企业实施分红激励，应当重点加强对财务类指标的考核，岗位分红激励年度净利润增长率低于近3年平均增长水平的，应当终止实施方案；项目收益分红激励财务类指标未达到考核目标的，原则上应当终止实施方案。其他指标未达到考核目标的，应当按照约定或规定扣减额度或终止实施方案。

第三十一条　激励对象未达到个人年度绩效考核要求的，应当按规定或约定扣减、暂缓或停止分红激励。

第六节　财务及工资管理

第三十二条　中央科技型企业实施分红激励应当严格执行财务会计及税收处理等有关规定。激励方案涉及的财务数据和资产评估结果，应当经具有相关资质的会计师事务所审计和资产评估机构评估，并按有关规定办理核准或备案手续。

第三十三条　中央企业集团公司应当将所属科技型企业分红激励计划纳入工资总额预算管理。按照有关规定申报年度分红激励预算，结合企业生产经营和科技创新实施情况进行预算调整，并根据财务决算结果兑现激励额度、开展预算执行情况清算评价工作。

第三十四条　分红激励所需支出应当计入本企业工资总额，实行单列管理，不纳入本企业工资总额基数，不作为企业职工教育经费、工会经费、社会保险费、补充养老及补充医疗保险费、住房公积金等的计提依据。

第三章　组织与实施

第三十五条　中央企业集团公司应当按照国家有关规定和本指引要求，制定分红激励相关管理制度，明确实施主体、主要职责、决策程序和工作流程等。制订总体工作方案和推进计划，统筹规划所属科技型企业分红激励工作，并在实施前向国资委报告。

第三十六条　纳入总体工作方案和推进计划的中央科技型企业，由本企业总经理班子或者董事会（以下简称内部决策机构）制订分红激励具体方案。

第三十七条　中央科技型企业内部决策机构制订激励方案时，应当通过职工代表大会或者其他形式充分听取职工的意见和建议，并将激励方案及听取职工意见情况报中央企业集团公司批准和备案。

第三十八条　中央企业集团公司主要从实施条件、实施程序以及实施方案的合法、合规性等方面对所属科技型企业分红激励方案进行评审。并自受理方案之日起20个工作日内，提出书面审定意见。

第三十九条　中央科技型企业分红激励方案经审核同意后，提交本企业股东（大）会审议。

第四十条　除国家另有规定外，中央科技型企业应当在股东（大）会审议通过激励方案后5个工作日内，将决议、批准文件以及审议通过的激励方案报中央企业集团公司备案，并按照方案实施激励。未设立股东（大）会的企业，按照中央企业集团公司批准的方案实施。

第四十一条　中央科技型企业内部决策机构在召开股东（大）会前撤销分红激励计划或者股东（大）会审议未通过分红激励计划的，应当向中央企业集团公司提交撤销原分红激励计划审核（备案）的报告，且原则上当年不再提交有关激励计划。

第四十二条　国资委对中央企业总体分红激励工作给予政策指导。中央企业整体作为科技型企业实施分红激励的，应当由内部决策机构制订实施方案，并经相关民主程序听取职工意见后，报国资委批准后实施。

第四章　管理与监督

第四十三条　中央科技型企业因出现特殊情形需要调整激励方案的（如激励对象范围变化、单个对象激励水平变化等情况），应当重新履行内部审议和外部审核程序。出现以下情形的，应当终止实施分红激励方案，再次实施的，按照规定重新申报审核：

（一）激励方案发生重大调整的（如激励方式变化、业绩考核指标调整等情况）。

（二）分红激励考核指标未达标，根据约定或规定应当终止方案实施的。

（三）会计师事务所、资产评估机构、法律事务机构等第三方中介组织对激励方案涉及的数据、结果等事项出具否定意见的。

（四）企业股权或产权结构发生重大变化，导致激励方案无法实施的。

（五）其他需要终止方案实施的情形。

终止激励方案，企业内部决策机构应当向中央企业集团公司报告并向股东（大）会说明情况。

第四十四条 激励对象因辞职、调动、免职、退休、死亡、丧失民事行为能力、违法违规等原因与企业解除或者终止劳动关系的，应当终止其分红激励资格。

第四十五条 中央企业集团公司应当严格审核所属科技型企业的分红激励方案，必要时可以要求企业法律事务机构或者外聘律师对激励方案出具法律意见书。

第四十六条 中央企业集团公司应当遵守法律法规和有关制度规定，建立对所属科技型企业分红激励工作的考核评价机制，并依据考核结果对激励方案实施动态管理。

第四十七条 中央企业集团公司应当建立分红激励工作定期报告制度，并于每年2月底前将上一年度实施分红激励的总体情况报送国资委。

第四十八条 国资委将中央科技型企业分红激励工作纳入收入分配监督检查事项范围，采取抽查和专项检查等方式，对企业实施情况进行监督评估。对违反法律法规及政策规定、损害国有资产权益的企业，国资委将责令调整或终止方案，并追究相关企业和人员责任。

第四十九条 按照《中关村国家自主创新示范区企业股权和分红激励实施办法》（财企〔2010〕8号）和《关于在部分中央企业开展分红权激励试点工作的通知》（国资发改革〔2010〕148号）规定，已经国资委批准的分红激励方案可继续执行，实施期满后，新的激励方案统一按照国家有关规定和本指引执行。

第五十条 全民所有制中央科技型企业应当积极按照国家有关规定，推动公司制改革，在不断提升内部管理水平和健全完善制度体系的基础上，实施分红激励。

关于进一步做好中央企业控股上市公司股权激励工作有关事项的通知

国资发考分规〔2019〕102号

各中央企业：

为深入贯彻习近平新时代中国特色社会主义思想和党的十九大精神，认真落实党中央、国务院决策部署，积极支持中央企业控股上市公司建立健全长效激励约束机制，充分调动核心骨干人才的积极性，推动中央企业实现高质量发展，根据有关法律法规规定，现就进一步做好中央企业控股上市公司（以下简称上市公司）股权激励工作的有关事项通知如下：

一、科学制定股权激励计划

（一）中央企业应当结合本集团产业发展规划，积极推动所控股上市公司建立规范、有效、科学的股权激励机制，综合运用多种激励工具，系统构建企业核心骨干人才激励体系。股权激励对象应当聚焦核心骨干人才队伍，应当结合企业高质量发展需要、行业竞争特点、关键岗位职责、绩效考核评价等因素综合确定。中央和国资委管理的中央企业负责人不纳入股权激励对象范围。

（二）股权激励方式应当按照股票上市交易地监管规定，根据所在行业经营规律、企业改革发展实际等因素科学确定，一般为股票期权、股票增值权、限制性股票等方式，也可以结合股票交易市场其他公司实施股权激励的进展情况，探索试行法律、行政法规允许的其他激励方式。

（三）鼓励上市公司根据企业发展规划，采取分期授予方式实施股权激励，充分体现激励的长期效应。每期授予权益数量应当与公司股本规模、激励对象人数，以及权益授予价值等因素相匹配。中小市值上市公司及科技创新型上市公司，首次实施股权激励计划授予的权益数量占公司股本总额的比重，最高可以由1%上浮至3%。上市公司两个完整年度内累计授予的权益数量一般在公司总股本的3%以内，公司重大战略转型等特殊需要的可以适当放宽至总股本的5%以内。

（四）上市公司应当按照股票上市交易地监管规定和上市规则，确定权益授予的公平市场价格。股票期权、股票增值权的行权价格按照公平市场价格确定，限制性股票的授予价格按照不低于公平市场价格的50%确定。股票公平市场价格低于每股净资产的，限制性股票授予价格原则上按照不低于公平市场价格的60%确定。

（五）上市公司应当依据本公司业绩考核与薪酬管理办法，结合公司经营效益情况，并参考市场同类人员薪酬水平、本公司岗位薪酬体系等因素，科学设置激励对象薪酬结构，合理确定激励对象薪酬水平、权益授予价值与授予数量。董事、高级管理人员的权益授予价值，境内外上市公司统一按照不高于授予时薪酬总水平（含权益授予价值）的40%确定，管理、技术和业务骨干等其他激励对象的权益授予价值，由上市公司董事会合理确定。股权激励对象实际获得的收益，属于投资性收益，不再设置调控上限。

二、完善股权激励业绩考核

（六）上市公司应当建立健全股权激励业绩考核及激励对象绩效考核评价体系。股权激励的业绩考核，应当体现股东对公司经营发展的业绩要求和考核导向。在权益授予环节，业绩考核目标应当根据公司发展战略规划合理设置，股权激励计划无分次实施安排的，可以不设置业绩考核条件。在权益生效（解锁）环节，业绩考核目标应当结合公司经营趋势、所处行业发展周期科学设置，体现前瞻性、挑战性，可以通过与境内外同行业优秀企业业绩水平横向对标的方式确定。上市公司在公告股权激励计划草案时，应当披露所设定业绩考核指标与目标水平的科学性和合理性。

（七）上市公司应当制定规范的股权激励管理办法，以业绩考核指标完成情况为基础对股权激励计划实施动态管理。上市公司按照股权激励管理办法和业绩考核评价办法，以业绩考核完成情况决定对激励对象全体和个人权益的授予和生效（解锁）。

三、支持科创板上市公司实施股权激励

（八）中央企业控股科创板上市公司实施股权激励，原则上按照科创板有关上市规则制定股权激励计划。

（九）科创板上市公司以限制性股票方式实施股权激励的，若授予价格低于公平市场价格的50%，上市公司应当适当延长限制性股票的禁售期及解锁期，并设置不低于公司近三年平均业绩水平或同行业75分位值水平的解锁业绩目标条件。

（十）尚未盈利的科创板上市公司实施股权激励的，限制性股票授予价格按照不低于公平市场价格的60%确定。在上市公司实现盈利前，可生效的权益比例原则上不超过授予额度的40%，对于属于国家重点战略行业、且因行业特性需要较长时间才可实现盈利的，应当在股权激励计划中明确提出调整权益生效安排的申请。

四、健全股权激励管理体制

（十一）中央企业集团公司应当切实履行出资人职责，根据国有控股上市公司实施股权激励的有关政策规定，通过规范的公司治理程序，认真指导所属各级控股上市公司规范实施股权激励，充分调动核心骨干人才创新创业的积极性，共享企业改革发展成果。

（十二）中央企业控股上市公司根据有关政策规定，制定股权激励计划，在股东大会审议之前，国有控股股东按照公司治理和股权关系，经中央企业集团公司审核同意，并报国资委批准。

（十三）国资委不再审核股权激励分期实施方案（不含主营业务整体上市公司），上市公司依据股权激励计划制定的分期实施方案，国有控股股东应当在董事会审议决定前，报中央企业集团公司审核同意。

（十四）国资委依法依规对中央企业控股上市公司股权激励实施情况进行监督管理。未按照法律、行政法规及相关规定实施股权激励计划的，中央企业应当督促上市公司立即进行整改，并对公司及相关责任人依法依规追究责任。在整改期间，中央企业集团公司应当停止受理该公司实施股权激励的申请。

（十五）国有控股股东应当要求和督促上市公司真实、准确、完整、及时地公开披露股权激励实施情况，不得有虚假记载、误导性陈述或者重大遗漏。上市公司应当在年度报告中披露报告期内股权激励的实施情况和业绩考核情况。中央企业应当于上市公司年度报告披露后，将本企业所控股上市公司股权激励实施情况报告国资委。

（十六）本通知适用于国资委履行出资人职责的中央企业，与本通知不一致的，按照本通知执行。

国资委

2019年10月24日

关于印发《中央企业控股上市公司实施股权激励工作指引》的通知

国资考分〔2020〕178号

各中央企业：

为深入贯彻落实习近平新时代中国特色社会主义思想，建立健全生产要素由市场评价贡献、按贡

献决定报酬的机制，推动中央企业实施中长期激励，国资委在总结中央企业控股上市公司股权激励工作的基础上，制定了《中央企业控股上市公司实施股权激励工作指引》，现印发给你们，供参考。

国资委

2020年4月23日

中央企业控股上市公司实施股权激励工作指引

第一章 总 则

第一条 为进一步推动中央企业控股上市公司建立健全长效激励约束机制，完善股权激励计划的制定和实施工作，充分调动上市公司核心骨干人才的积极性，促进国有资产保值增值，推动国有资本做强做优做大，根据《中华人民共和国公司法》、《中华人民共和国企业国有资产法》、《关于修改〈上市公司股权激励管理办法〉的决定》（证监会令第148号）和国有控股上市公司实施股权激励的有关政策规定，制定本指引，供企业在工作中参考使用。

第二条 本指引适用于国务院国有资产监督管理委员会（以下简称国资委）履行出资人职责的中央企业及其各级出资企业控股或实际控制的上市公司（以下简称上市公司）。

第三条 本指引所称股权激励，是指上市公司以本公司股票或者其衍生权益为标的，对其董事、高级管理人员及管理、技术和业务骨干实施的长期激励。

第四条 本指引用于指导中央企业、上市公司国有控股股东依法履行出资人职责，按照本指引及相关规定指导上市公司科学制定股权激励计划、规范履行决策程序，做好股权激励计划的实施管理工作。

第五条 上市公司实施股权激励应当遵循以下原则：

（一）坚持依法规范，公开透明，遵循法律法规和公司章程规定，完善现代企业制度，健全公司治理机制。

（二）坚持维护股东利益、公司利益和激励对象利益，促进上市公司持续发展，促进国有资本保值增值。

（三）坚持激励与约束相结合，风险与收益相匹配，强化股权激励水平与业绩考核双对标，充分调动上市公司核心骨干人才的积极性。

（四）坚持分类分级管理，从企业改革发展和资本市场实际出发，充分发挥市场机制，规范起步，循序渐进，积极探索，不断完善。

第六条 上市公司实施股权激励应当具备以下条件：

（一）公司治理规范，股东大会、董事会、监事会、经理层组织健全，职责明确。股东大会选举和更换董事的制度健全，董事会选聘、考核、激励高级管理人员的职权到位。

（二）外部董事（包括独立董事）人数应当达到董事会成员的半数以上。薪酬与考核委员会全部由外部董事组成，薪酬与考核委员会制度健全，议事规则完善，运行规范。

（三）基础管理制度规范，内部控制制度健全，三项制度改革到位，建立了符合市场竞争要求的管理人员能上能下、员工能进能出、收入能增能减的劳动用工、业绩考核、薪酬福利制度体系。

（四）发展战略明确，资产质量和财务状况良好，经营业绩稳健。近三年无财务会计、收入分配和薪酬管理等方面的违法违规行为。

（五）健全与激励机制对称的经济责任审计、信息披露、延期支付、追索扣回等约束机制。

（六）证券监督管理机构规定的其他条件。

第七条 国有控股股东应当增强法治观念和诚信意识，遵守法律法规，执行国家政策，维护出资人利益。上市公司董事、监事和高级管理人员在实施股权激励计划过程中应当诚实守信、恪尽职守、勤勉尽责，维护上市公司和股东的利益。

第二章 股权激励计划的制定

第一节 一般规定

第八条 上市公司股权激励计划应当依据法律法规和股票交易上市地监管规定科学制定，对上市公司、激励对象具有约束力，股权激励计划应当包括下列事项：

（一）股权激励的目的。

（二）激励对象的确定依据和范围。

（三）激励方式、标的股票种类和来源。

（四）拟授出的权益数量，拟授出权益涉及标的股票数量及占上市公司股本总额的百分比；分期授出的，本计划拟授予期数，每期拟授出的权益数量、涉及标的股票数量及占股权激励计划涉及标的股票总额的百分比、占上市公司股本总额的百分比；设置预留权益的，拟预留权益的数量、涉及标的股票数量及占股权激励计划涉及标的股票总额的百分比。

（五）激励对象为董事、高级管理人员的，其各自可获授的权益数量、权益授予价值占授予时薪酬总水平的比例；其他各类激励对象可获授的权益数量、占股权激励计划拟授出权益总量的百分比。

（六）股票期权（股票增值权）的行权价格及其确定方法，限制性股票的授予价格及其确定方法。

（七）股权激励计划的有效期，股票期权（股票增值权）的授予日、生效日（可行权日）、行权有效期和行权安排，限制性股票的授予日、限售期和解除限售安排。

（八）激励对象获授权益、行使权益的条件，包括公司业绩考核条件及激励对象个人绩效考核条件，上市公司据此制定股权激励业绩考核办法。

（九）上市公司授出权益、激励对象行使权益的程序，上市公司据此制定股权激励管理办法。

（十）调整权益数量、标的股票数量、授予价格或者行权价格的方法和程序。

（十一）股权激励会计处理方法、限制性股票或股票期权公允价值的确定方法、涉及估值模型重要参数取值合理性、实施股权激励应当计提费用及对上市公司经营业绩的影响。

（十二）股权激励计划的变更、终止。

（十三）上市公司发生控制权变更、合并、分立以及激励对象发生职务变更、离职、死亡等事项时股权激励计划的执行。

（十四）上市公司与激励对象之间相关纠纷或争端解决机制。

（十五）上市公司与激励对象其他的权利义务，以及其他需要说明的事项。

第九条　上市公司应当与激励对象签订权益授予协议，确认股权激励计划、股权激励管理办法、业绩考核办法等有关约定的内容，并依照有关法律法规和公司章程约定双方的其他权利义务。

上市公司应当承诺，股权激励计划相关信息披露文件不存在虚假记载、误导性陈述或者重大遗漏。

所有激励对象应当承诺，上市公司因信息披露文件中有虚假记载、误导性陈述或者重大遗漏，导致不符合授予权益或行使权益安排的，激励对象应当自相关信息披露文件被确认存在虚假记载、误导性陈述或者重大遗漏后，将由股权激励计划所获得的全部利益返还公司。

第二节　激励方式和标的股票来源

第十条　上市公司股权激励方式包括股票期权、股票增值权、限制性股票，以及法律法规允许的其他方式。

（一）股票期权，是指上市公司授予激励对象在未来一定期限内以预先确定的价格和条件购买本公司一定数量股票的权利。激励对象有权行使或者放弃这种权利。股票期权不得转让、用于担保或偿还债务。

（二）股票增值权，是指上市公司授予激励对象在一定的时期和条件下，获得规定数量的股票价格上升所带来的收益的权利。股权激励对象不拥有这些股票的所有权，也不拥有股东表决权、配股权。股票增值权不得转让、用于担保或偿还债务。

（三）限制性股票，是指上市公司按照股权激励计划规定的条件授予激励对象转让等权利受到限制的本公司股票。激励对象自授予日起享有限制性股票的所有权，但在解除限售前不得转让、用于担保或偿还债务。

第十一条　上市公司应当根据实施股权激励的目的，按照股票交易上市地监管规定，结合所处行业经营规律、企业改革发展实际、股权激励市场实践等因素科学确定激励方式。

第十二条　股票增值权原则上适用于境内注册、发行中国香港上市外资股的上市公司（H股公司）。

股票增值权应当由公司统一管理，达到可行权条件后原则上由公司统一组织行权，并根据激励对象个人业绩完成情况兑现收益。

第十三条　上市公司确定实施股权激励所需标的股票来源，应当符合法律法规、股票交易上市地监管规定和上市规则。应当根据企业实际情况，采取向激励对象发行股份（增量）、回购本公司股份（存量）及其他合规方式确定标的股票来源，不得仅由国有股东等部分股东支付股份或其衍生权益。对于股票市场价格低于每股净资产或股票首次公开发行价格的，鼓励通过回购本公司股份的方式确定标的股票来源。

第三节　股权激励对象

第十四条　股权激励对象应当聚焦核心骨干人才队伍，一般为上市公司董事、高级管理人员以及对上市公司经营业绩和持续发展有直接影响的管理、技术和业务骨干。

第十五条 上市公司确定激励对象，应当根据企业高质量发展需要、行业竞争特点、关键岗位职责、绩效考核评价等因素综合考虑，并说明其与公司业务、业绩的关联程度，以及其作为激励对象的合理性。

第十六条 上市公司国有控股股东或中央企业的管理人员在上市公司担任除监事以外职务的，可以参加上市公司股权激励计划，但只能参加一家任职上市公司的股权激励计划，应当根据所任职上市公司对控股股东公司的影响程度、在上市公司担任职务的关键程度决定优先参加其中一家所任职上市公司的股权激励计划。

中央和国资委党委管理的中央企业负责人不参加上市公司股权激励。市场化选聘的职业经理人可以参加任职企业的股权激励。

第十七条 激励对象不得以“代持股份”或者“名义持股”等不规范方式参加上市公司股权激励计划。

第十八条 下列人员不得参加上市公司股权激励计划：

（一）未在上市公司或其控股子公司任职、不属于上市公司或其控股子公司的人员。

（二）上市公司独立董事、监事。

（三）单独或合计持有上市公司5%以上股份的股东或者实际控制人及其配偶、父母、子女。

（四）国有资产监督管理机构、证券监督管理机构规定的不得成为激励对象的人员。

第十九条 上市公司公告董事会审议通过的股权激励计划草案和实施方案（亦称授予方案，下同）后，应当将股权激励对象姓名、职务等信息在公司内部进行公示，履行民主监督程序。监事会应当对股权激励名单进行审核，充分听取公示意见。

上市公司应当按照股票交易上市地监管规定和上市规则履行激励对象的信息披露程序。

第四节 权益授予数量

第二十条 在股权激励计划有效期内，上市公司授予的权益总量应当结合公司股本规模大小、激励对象范围和股权激励水平等因素合理确定。上市公司全部在有效期内的股权激励计划所涉及标的股票总数累计不得超过公司股本总额的10%（科创板上市公司累计不超过股本总额的20%）。不得因实施股权激励导致国有控股股东失去实际控制权。

第二十一条 上市公司首次实施股权激励计划授予的权益所涉及标的股票数量原则上应当控制在公司股本总额的1%以内。

中小市值上市公司及科技创新型上市公司可以适当上浮首次实施股权激励计划授予的权益数量占股本总额的比例，原则上应当控制在3%以内。

第二十二条 非经股东大会特别决议批准，任何一名激励对象通过全部在有效期内的股权激励计划获授权益（包括已行使和未行使的）所涉及标的股票数量，累计不得超过公司股本总额的1%。

第二十三条 鼓励上市公司根据企业发展规划，采取分期授予方式实施股权激励，充分体现激励的长期效应。

每期授予权益数量应当与公司股本规模、激励对象人数，以及激励对象同期薪酬水平和权益授予价值等因素相匹配。有关权益授予价值确定等具体要求，按照本章第七节规定执行。

上市公司连续两个完整年度内累计授予的权益数量一般在公司股本总额的3%以内，公司重大战略转型等特殊需要的可以适当放宽至股本总额的5%以内。

第二十四条 上市公司需为拟市场化选聘人员设置预留权益的，预留权益数量不得超过该期股权激励计划拟授予权益数量的20%，并在计划中就预留原因及预留权益管理规定予以说明。预留权益应当在股权激励计划经股东大会审议通过后12个月内明确授予对象，原则上不重复授予本期计划已获授的激励对象。超过12个月未明确授予对象的，预留权益失效。

第五节 行权价格和授予价格

第二十五条 上市公司拟授予的股票期权、股票增值权的行权价格，或者限制性股票的授予价格，应当根据公平市场价格原则确定。公平市场价格一般按如下方法确定：

（一）境内上市公司定价基准日为股权激励计划草案公布日。公平市场价格不得低于下列价格较高者：股权激励计划草案公布前1个交易日公司标的股票交易均价，股权激励计划草案公布前20个交易日、60个交易日或者120个交易日的公司标的股票交易均价之一。

（二）境外上市公司定价基准日为权益授予日。公平市场价格不得低于下列价格较高者：授予日公司标的股票收盘价、授予日前5个交易日公司标的股票平均收盘价。

（三）股票交易上市地监管规定和上市规则另

有规定的，从其规定。

第二十六条　股票期权、股票增值权的行权价格不低于按上条所列方法确定的公平市场价格，以及公司标的股票的单位面值。限制性股票的授予价格不得低于公平市场价格的50%，以及公司标的股票的单位面值。

（一）股票公平市场价格低于每股净资产的，限制性股票授予价格不应低于公平市场价格的60%。

（二）中央企业集团公司应当依据限制性股票解锁时的业绩目标水平，指导上市公司合理确定限制性股票的授予价格折扣比例与解锁时间安排。

第二十七条　上市公司首次公开发行股票（IPO）时拟实施的股权激励计划，应当在股票发行上市满30个交易日以后，依据本指引第二十五条、第二十六条规定确定其拟授权益的行权价格或者授予价格。

第六节　计划有效期和时间安排

第二十八条　股权激励计划的有效期自股东大会通过之日起计算，一般不超过10年。股权激励计划有效期满，上市公司不得依据该计划授予任何权益。

第二十九条　在股权激励计划有效期内，采取分期实施方式授予权益的，每期权益的授予间隔期应当在1年（12个月）以上，一般为两年，即权益授予日2年（24个月）间隔期满后方可再次授予权益。

第三十条　上市公司每期授予权益的有效期，应当自授予日起计算，一般不超过10年。超过有效期的，权益自动失效，并不可追溯行使。每期授予的权益在有效期内，区分不同激励方式，按照以下规定行使：

（一）股票期权、股票增值权激励方式：应当设置行权限制期和行权有效期，行权限制期自权益授予日至权益生效日止，原则上不得少于2年（24个月），在限制期内不可以行使权益；行权有效期自权益生效日至权益失效日止，由上市公司根据实际确定，但不得少于3年，在行权有效期内原则上采取匀速分批生效的办法。

（二）限制性股票激励方式：应当设置限售期和解锁期，限售期自股票授予日起计算，原则上不得少于2年（24个月），在限售期内不得出售股票；限售期满可以在不少于3年的解锁期内匀速分批解除限售。

第三十一条　在董事会讨论审批或者公告公司定期业绩报告等影响股票价格的敏感事项发生时，以及相关法律法规、监管规定对上市公司董事、高级管理人员买卖本公司股票的期间有限制的，上市公司不得在相关限制期间内向激励对象授予权益，激励对象也不得行使权益。具体办法按照证券监督管理机构的有关规定执行。

第三十二条　上市公司董事、高级管理人员转让、出售其通过股权激励计划所得的股票，应当符合有关法律法规及证券监督管理机构的有关规定。

第七节　权益的公允价值、授予数量和收益水平

第三十三条　上市公司实行股票期权（股票增值权）激励方式的，应当根据企业会计准则选取适当的期权定价模型，对拟授予的单位股票期权（股票增值权）的公允价值进行科学合理的估算。在计算单位权益的公允价值时，应当参照本指引附件1的有关参数选择、计算原则。

上市公司实行限制性股票激励方式的，在计算单位权益公允价值时，不应低于限制性股票授予时公平市场价格与授予价格的差额。

第三十四条　上市公司应当根据授予激励对象权益的公允价值占其薪酬总水平的比重，合理确定授予激励对象的权益数量，科学设置激励对象薪酬结构。

（一）董事、高级管理人员的权益授予价值，根据业绩目标确定情况，不高于授予时薪酬总水平的40%。

（二）管理、技术和业务骨干等其他激励对象的权益授予价值，比照本条上款办法，由上市公司董事会合理确定。

第三十五条　激励对象授予时薪酬总水平是确定股权激励收益、授予数量的重要依据，计算时应当符合以下原则：

（一）上市公司董事、高级管理人员薪酬水平原则上与上市公司年度报告披露的薪酬水平（同口径）一致。

（二）在上市公司任职的中央企业管理人员，其薪酬总水平按照中央企业核定水平确定。

（三）薪酬总水平偏低或偏高的，可以依据本公司业绩考核与薪酬管理办法，结合公司经营效益情况，并参考市场同类人员薪酬水平、本公司岗位薪酬体系等因素合理确定权益授予水平。

第三十六条　股权激励对象实际获得的收益，

属于投资性收益，不再设置调控上限。

第三十七条 对于短期市场大幅波动导致实际收益过高的，上市公司应当引导激励对象延长持有期限，维护市场对公司长期发展的信心和股权激励机制的良好形象。

第三章 股权激励的业绩考核

第一节 公司业绩考核

第三十八条 上市公司实施股权激励，应当建立完善的公司业绩考核体系，结合企业经营特点、发展阶段、所处行业等情况，科学设置考核指标，体现股东对公司经营发展的业绩要求和考核导向，原则上应当包含以下三类考核指标：

（一）反映股东回报和公司价值创造等综合性指标，如净资产收益率、总资产报酬率、净资产现金回报率（EOE）、投资资本回报率（ROIC）等。

（二）反映企业持续成长能力的指标，如净利润增长率、营业利润增长率、营业收入增长率、创新业务收入增长率、经济增加值增长率等。

（三）反映企业运营质量的指标，如经济增加值改善值（ΔEVA）、资产负债率、成本费用占收入比重、应收账款周转率、营业利润率、总资产周转率、现金营运指数等。

中央企业主营业务上市公司，一般应当选择经济增加值（EVA）或经济增加值改善值作为考核指标。债务风险较高的企业（资产负债率超过80%），一般应当选择资产负债率作为考核指标。

净利润的计算口径一般为扣除非经常性损益后归属于母公司所有者的净利润，或根据对标企业情况选择相同的口径。

第三十九条 上市公司应当同时采取与自身历史业绩水平纵向比较和与境内外同行业优秀企业业绩水平横向对标方式确定业绩目标水平。

（一）选取的同行业企业或者对标企业，均应当在股权激励计划或者考核办法中载明所属行业范围、选择的原则与依据及对标企业名单。

（二）对标企业在权益授予后的考核期内原则上不调整，如因对标企业退市、主营业务发生重大变化、重大资产重组导致经营业绩发生重大变化等特殊原因需要调整的，应当由董事会审议确定，并在公告中予以披露及说明。

第四十条 在权益授予和生效环节，应当与公司业绩考核指标完成情况进行挂钩。业绩目标水平的设定应当结合公司经营趋势、发展战略综合确定，并经股东大会审议通过。

（一）权益授予环节的业绩目标，是股权激励计划设定的分期授予权益的业绩条件，体现股东对公司持续发展的绩效考核基本要求。目标水平根据公司发展战略规划，结合计划制定时公司近三年平均业绩水平、上一年度实际业绩水平、同行业平均业绩（或者对标企业50分位值）水平合理确定。股权激励计划无分期实施安排的，可以不设置权益授予环节的业绩考核条件。

（二）权益生效（解锁）环节的业绩目标，是各期授予权益在生效（解锁）时的考核要求，由分期实施方案具体确定，体现股东对公司高质量发展的绩效挑战目标。目标水平应在授予时业绩目标水平的基础上有所提高，根据分期实施方案制定时公司近三年平均业绩水平、上一年度实际业绩水平、同行业平均业绩（或者对标企业75分位值）水平，结合公司经营趋势、所处行业特点及发展规律科学设置，体现前瞻性、挑战性。行业发展波动较大，难以确定业绩目标绝对值水平的，可以通过与境内外同行业优秀企业业绩水平横向对标的方式确定。

（三）分期实施股权激励计划的，各期实施方案设置的公司业绩指标和目标值原则上应当保持一致性、可比性，后期实施方案的公司业绩目标低于前期方案的，上市公司应当充分说明其原因与合理性。

第四十一条 上市公司应当在公告股权激励计划草案、实施方案的同时披露所设定指标的科学性和合理性。

对政府调控市场价格、依法实行专营专卖的行业，相关企业的业绩指标，应当事先约定剔除价格调整、政府政策调整等不可抗力因素对业绩影响的方法或原则。

第四十二条 上市公司业绩指标的考核，应当采用公司年度报告披露的财务数据，并且应当在对外披露中就股权激励业绩考核指标完成情况予以说明。

第四十三条 上市公司未满足股权激励计划设定的权益授予业绩目标的，当年不得授予权益。未满足设定的权益生效（解锁）业绩目标的，由公司按照以下办法处理：

（一）当年计划生效的股票期权、股票增值权不得生效，予以注销。

（二）当年计划解锁的限制性股票不得解除限

售，由上市公司回购，回购价不高于授予价格与股票市价的较低者。

第二节　激励对象绩效考核评价

第四十四条　上市公司应当建立健全股权激励对象绩效考核评价机制，切实将权益的授予、生效（解锁）与激励对象个人绩效考核评价结果挂钩，根据考核评价结果决定其参与股权激励计划的资格，并分档确定权益生效（解锁）比例。

激励对象绩效考核评价不合格的，由公司按照本指引第四十三条办法处理。

第四十五条　授予上市公司董事、高级管理人员的权益，应当根据任期考核结果行权或者兑现。

境外上市公司授予的股票期权，应当将不低于获授量的20%留至限制期满后的任期（或者任职）期满考核合格后行权，或在激励对象行权后，持有不低于获授量20%的公司股票，至限制期满后的任期（或者任职）期满考核合格后方可出售；授予的股票增值权，其行权所获得的现金收益需进入上市公司为股权激励对象开设的账户，账户中现金收益应当有不低于20%的部分至任期（或者任职）期满考核合格后方可提取；授予的限制性股票，应当将不低于获授量的20%锁定至任期（或者任职）期满考核合格后解锁。

如果任期考核不合格或者经济责任审计中发现经营业绩不实、国有资产流失、经营管理失职以及存在重大违法违纪的行为，对于相关责任人任期内已经行权的权益应当建立退回机制，由此获得的股权激励收益应当上交上市公司。

第三节　科创板上市公司实施股权激励的考核

第四十六条　中央企业控股科创板上市公司，根据国有控股上市公司实施股权激励的有关要求，按照《上海证券交易所科创板股票上市规则》等相关规定，规范实施股权激励。

第四十七条　科创板上市公司以限制性股票方式实施股权激励的，若授予价格低于公平市场价格的50%，上市公司应当适当延长限制性股票的限售期及解锁期，并设置不低于公司近三年平均业绩水平或同行业对标企业75分位值水平的解锁业绩目标条件。

第四十八条　尚未盈利的科创板上市公司实施股权激励的，限制性股票授予价格按照不低于公平市场价格的60%确定。

在上市公司实现盈利前，可生效的权益比例原则上不超过授予额度的40%，对于属于国家重点战略行业、且因行业特性需要较长时间才可实现盈利的，应当在股权激励计划中明确提出调整权益生效安排的申请。

第四章　股权激励计划的管理

第一节　股权激励管理办法

第四十九条　国有控股股东应当依法行使股东权利，要求和督促上市公司制定规范的股权激励管理办法，并建立与之相适应的业绩考核评价制度，以业绩考核指标完成情况为基础对股权激励计划实施动态管理。

第五十条　上市公司股权激励管理办法，应当主要包括股权激励计划的管理机构及其职责权限、股权激励计划的实施程序、特殊情形处理、信息披露、财务会计与税收处理、监督管理等内容条款。

（一）治理机构及管理职责，一般包括公司股东大会、董事会、董事会薪酬与考核委员会及公司内部相关职能部门等涉及股权激励各实施环节的机构，及其承担的股权激励管理职责。

（二）股权激励计划实施程序，应当包括计划拟订、权益授予、权益生效（解锁）、激励对象权益行使与收益管理等工作。

（三）责任追究和特殊情形处理，一般包括公司及激励对象资格取消情形、激励对象离职处理、权益数量和行权价格的调整等内容。

第五十一条　上市公司按照股权激励管理办法和业绩考核办法，建立健全公司业绩考核及激励对象绩效考核评价体系，以业绩考核完成情况决定对激励对象全体或个人权益的授予和生效（解锁）。

（一）权益授予时，应当根据计划设定的公司业绩考核及激励对象绩效考核评价完成情况，决定对激励对象全体或个人是否授予权益，以及权益授予数量。

（二）已经授予的权益在生效（解锁）时，应当按照计划及实施方案约定，根据公司业绩考核和激励对象绩效考核评价完成情况，决定激励对象全体所获授权益在当期可以生效部分是否生效（解锁），以及激励对象个人获授权益的生效（解锁）比例。

第二节　责任追究和特殊情形处理

第五十二条　上市公司有下列情形之一的，国有控股股东应当依法行使股东权利，提出取消当年度可行使权益，同时终止实施股权激励计划，经股东大会或董事会审议通过，一年内不得向激励对象授予新的权益，激励对象也不得根据股权激励计划行使权益或者获得激励收益：

（一）未按照规定程序和要求聘请会计师事务所开展审计的。

（二）年度财务报告、内部控制评价报告被注册会计师出具否定意见或者无法表示意见的审计报告。

（三）国有资产监督管理机构、监事会或者审计部门对上市公司业绩或者年度财务报告提出重大异议。

（四）发生重大违规行为，受到证券监督管理机构及其他有关部门处罚。

第五十三条 股权激励对象有下列情形之一的，上市公司国有控股股东应当依法行使股东权利，提出终止授予其新的权益、取消其尚未行使权益的行使资格、追回已获得的相关股权激励收益，并依据法律及有关规定追究其相应责任：

（一）经济责任审计等结果表明未有效履职或者严重失职、渎职的。

（二）违反国家有关法律法规、上市公司章程规定的。

（三）激励对象在任职期间，有受贿索贿、贪污盗窃、泄露上市公司商业和技术秘密、实施关联交易损害上市公司利益、声誉和对上市公司形象有重大负面影响等违法违纪行为，并受到处分的。

（四）激励对象未履行或者未正确履行职责，给上市公司造成较大资产损失以及其他严重不良后果的。

第五十四条 股权激励计划实施过程中，上市公司的财务会计文件或信息披露文件有虚假记载、误导性陈述或者重大遗漏，导致不符合授予权益或行使权益安排的，激励对象尚未行使的权益不再行使，上市公司应当收回激励对象由相关股权激励计划所获得的全部利益，不得再向负有责任的对象授予新的权益。

第五十五条 股权激励对象因调动、免职、退休、死亡、丧失民事行为能力等客观原因与企业解除或者终止劳动关系时，授予的权益当年达到可行使时间限制和业绩考核条件的，可行使部分可以在离职（或可行使）之日起半年内行使，半年后权益失效；当年未达到可行使时间限制和业绩考核条件的，原则上不再行使。尚未解锁的限制性股票，可以按授予价格由上市公司进行回购（可以按照约定考虑银行同期存款利息）。

股权激励对象辞职、因个人原因被解除劳动关系的，尚未行使的权益不再行使。尚未解锁的限制性股票按授予价格与市场价格孰低原则进行回购，已获取的股权激励收益按授予协议或股权激励管理办法规定协商解决。

第五十六条 股权激励管理办法对上市公司回购限制性股票的具体情形及回购后股票的处理作出规定，应当符合《中华人民共和国公司法》规定，回购价格根据回购原因分类管理。

（一）股权激励对象因调动、免职、退休、死亡、丧失民事行为能力等客观原因而导致的回购，按授予价格由上市公司进行回购（可以按照约定考虑银行同期存款利息）。

（二）上市公司未满足设定的权益生效（解锁）业绩目标，股权激励对象绩效考核评价未达标、辞职、个人原因被解除劳动关系，激励对象出现本指引第五十三条、第五十四条规定情形等其他原因而导致的回购，以及公司终止实施股权激励计划的，回购价格不得高于授予价格与股票市价的较低者。

（三）上市公司董事会应当公告回购股份方案，方案应当包括：回购股份的原因，回购价格及定价依据，回购股份的种类、数量及占股权激励计划所涉及标的股票的比例，拟用于回购的资金总额及来源，回购后公司股本结构的变动情况及对公司业绩的影响。

第五十七条 上市公司发生控制权变更、合并、分立等情形时，对激励对象未生效（解锁）权益不得做出加速生效或者提前解锁的安排。

第五十八条 上市公司股权激励管理办法就权益授出后标的股票除权、除息等原因调整授予数量及行权价格的原则、方式和程序等进行规定，应符合股票交易上市地监管规定和上市规则。

第五十九条 对于其他原因调整股票期权（或者股票增值权）授予数量、行权价格或者其他条款的，应当由上市公司董事会审议后，国有控股股东报中央企业集团公司审核同意，经股东大会通过后实施。

第三节 财务处理和税收规定

第六十条 国有控股股东应当要求和督促上市公司在实施股权激励计划的财务会计及税收处理等方面，严格执行境内外有关法律法规、财务制度、会计准则、税务制度和上市规则。

第六十一条 上市公司应当在股权激励计划中明确说明股权激励会计处理方法，测算并列明实施股权激励计划对公司各期业绩的影响；同时根据股权激励计划设定的条件，业绩指标完成情况以及实际行使权益情况等后续修正信息，按照会计准则有关规定确认对公司各期财务报告的影响，规范报表列报和信息披露。

第六十二条 股权激励对象应当承担行使权益或者购买股票时所发生的费用。上市公司不得直接或通过关联方间接为激励对象依股权激励计划获取有关权益提供贷款以及其他任何形式的财务资助，包括为其贷款提供担保。

第六十三条 股权激励对象应当就取得的股权激励收益依法缴纳个人所得税。具体计税规定按照国家有关规定执行。境外上市公司股权激励对象，应当同时遵守境外有关税收规定。

第五章 股权激励计划的实施程序

第一节 各级国有股东的职责

第六十四条 中央企业负责所出资控股上市公司股权激励计划及分期实施方案的审核职责。中央企业集团公司根据国家有关政策规定，结合本企业改革发展进程及战略规划，制定本企业实施股权激励的总体计划和管理办法。

第六十五条 上市公司国有股东应当切实履行出资人职责，根据国有控股上市公司实施股权激励的有关政策规定，通过规范的公司治理程序，按照中央企业的有关意见，认真指导上市公司规范实施股权激励，充分调动核心骨干人才创新创业的积极性，共享企业改革发展成果。

第六十六条 国资委加强对中央企业控股上市公司规范实施股权激励进行指导和监督。中央企业控股上市公司股权激励计划，经中央企业集团公司审核同意，报国资委批准。国资委不再审核上市公司（不含主营业务整体上市公司）依据股权激励计划制定的分期实施方案。上市公司国有控股股东关于实施股权激励的相关政策，中央企业可以向国资委进行咨询。

第二节 计划审议程序

第六十七条 上市公司董事会薪酬与考核委员会负责拟订股权激励计划草案并提交董事会审议。董事会应当依法对股权激励计划草案作出决议，履行法定程序后，提交上市公司股东大会审议。

第六十八条 上市公司应当按照相关法律法规和公司章程的规定，规范履行股权激励内部审议程序。

（一）独立董事及监事会应当就股权激励计划草案是否有利于上市公司的持续发展，是否存在明显损害上市公司及全体股东利益的情形发表独立意见。

（二）董事会审议股权激励计划草案时，拟为激励对象的董事或者与激励对象存在关联关系的董事，应当回避表决。

（三）股东大会审议股权激励计划时，拟为激励对象的股东或者与激励对象存在关联关系的股东，应当回避表决。

第六十九条 上市公司应当在董事会审议通过股权激励计划草案后，根据股票上市地证券监管规定，及时公告董事会决议、股权激励计划草案、股权激励管理办法、独立董事意见、监事会意见、法律意见书等相关材料。

第三节 计划申报程序

第七十条 董事会审议通过股权激励计划草案后，上市公司国有控股股东应当在股东大会审议之前，将股权激励计划草案及相关申请文件按照公司治理和股权关系，报经中央企业集团公司审核同意、国资委批复后，提交上市公司股东大会审议。

第七十一条 上市公司股东大会召开前，股权激励计划草案未获得中央企业集团公司、国资委同意的，国有控股股东应当按照有关法律法规及相关规定，提议上市公司股东大会延期审议股权激励计划草案。

国有控股股东在上市公司召开股东大会时，应当按照中央企业集团公司的意见，对上市公司股权激励计划草案进行表决。

第七十二条 国有控股股东关于上市公司实施股权激励的申请文件应当包括以下内容：

（一）上市公司简要情况，包括历史沿革、上市时间、经营范围、主营业务及所处市场地位等情况；股本结构、公司治理结构、组织架构、员工人数及构成、薪酬管理制度等情况。

（二）上市公司实施股权激励条件的合规性说明。

（三）股权激励计划草案内容要点，包括股权激励计划和股权激励管理办法等应当由股东大会审议的事项及其相关说明，以及本期实施方案的内容概要。

（四）权益授予数量和授予价值的说明，应当就上市公司选择的期权定价模型及权益公允价值的测算，激励对象获授权益的价值及占授予时薪酬总水平的比例等情况进行说明。

（五）业绩考核条件说明，包括上市公司业绩考核评价制度及业绩目标水平的确定过程，公司历史业绩水平、同行业企业或对标企业业绩水平的数据比较和分析情况。

（六）各级国有控股股东对上市公司股权激励计划及其实施方案等内容的审核意见。

（七）有关监管规定要求的其他材料。

第七十三条 中央企业集团公司应当从实施条件、实施程序以及实施方案的合法性和合理性等方面对上市公司股权激励计划草案、分期实施方案进行评审。具体评审细则参考附件2。

第四节 计划的实施

第七十四条 股权激励计划及首期实施方案经股东大会通过后，上市公司董事会根据股东大会决议，负责股权激励的实施工作。以后年度实施的股权激励分期实施方案，应当依据股权激励计划制定，确定本期拟授予的激励对象名单、授予权益的数量、权益的行权（授予）价格、行使权益的时间安排及业绩考核条件等内容。

第七十五条 股权激励分期实施方案，应当根据股票上市地证券监管规定，履行相应的法律程序。在董事会审议决定前，国有控股股东应当报中央企业集团公司审核同意。中央企业主营业务整体上市公司的分期实施方案，报国资委审核同意后实施。

第七十六条 上市公司董事会应当根据股东大会决议，负责实施限制性股票的授予、解除限售和回购以及股票期权的授权、行权和注销。

上市公司监事会应当对股权激励对象名单进行审核，充分听取公示意见。

第七十七条 上市公司按照股权激励计划和实施方案向激励对象授出权益前，应当召开董事会就设定的公司授予权益的条件、激励对象获授权益的条件是否成就进行审议，独立董事及监事会应当同时发表明确意见。条件未成就时，上市公司不得向激励对象授予权益，未授予的权益也不得递延下期授予。

第七十八条 激励对象在行使权益前，董事会应当就股权激励计划和实施方案设定的激励对象行使权益的条件是否成就进行审议，独立董事及监事会应当同时发表明确意见。

第七十九条 因标的股票除权、除息或者其他原因需要调整权益价格或者数量的，上市公司董事会应当按照股权激励计划及其管理办法规定的原则、方式和程序进行调整。调整后，在年度报告中予以披露及说明。

第八十条 上市公司在股东大会审议通过股权激励计划草案或实施方案之前可对其进行变更。变更需经董事会审议通过，并报中央企业集团公司审核同意。

第八十一条 上市公司董事会对已通过股东大会审议的股权激励计划或实施方案进行变更的，应当及时公告，报中央企业集团公司审核同意，并根据上市地监管规定和股权激励计划要求提交股东大会审议。变更事项不得包括导致加速行权或提前解除限售、降低行权价格或授予价格的情形。

独立董事、监事会应当就变更后的计划或实施方案是否有利于上市公司的持续发展，是否存在明显损害上市公司及全体股东利益的情形发表独立意见。

第五节 计划的撤销、终止和重新申报

第八十二条 上市公司董事会在股东大会审议前撤销股权激励计划或者股东大会审议未通过股权激励计划的，上市公司国有控股股东应当在决议公告后5个工作日内，向中央企业集团公司报告撤销原股权激励计划审核。自决议公告之日起3个月内，上市公司不得再次审议股权激励计划。

第八十三条 上市公司终止已实施的股权激励计划，应当由股东大会或者股东大会授权董事会审议决定，说明终止理由、对公司业绩的影响并公告。上市公司国有控股股东应当在决议公告后5个工作日内，向中央企业集团公司报告终止原股权激励计划。自决议公告之日起3个月内，上市公司不得再次审议股权激励计划。

第八十四条 上市公司出现下列情况的，国有控股股东应当按照相关规定重新履行申报审核程序：

（一）上市公司终止股权激励计划、实施新计划、变更股权激励计划相关重要事项的。

（二）上市公司需要调整股权激励方式、激励对象范围、权益授予数量等股权激励计划主要内容的。

第六节 监督管理

第八十五条 上市公司董事会审议通过股权激励计划草案或分期实施方案后，按照证券监督管理

机构的要求予以公告，国资委将关注社会公众等有关方面的评价意见，并作为审核股权激励计划、监督股权激励实施的重要参考。

第八十六条　境内上市公司股权激励的实施程序和信息披露应当符合中国证监会《上市公司股权激励管理办法》的有关规定。

境外上市公司股权激励的实施程序应当符合股票上市地证券监督管理的有关规定。

第八十七条　上市公司未按照法律法规及相关规定实施股权激励计划的，中央企业集团公司应当责令国有控股股东督促上市公司立即进行整改，并对公司及相关责任人依法依规追究责任；在整改期间，中央企业集团公司应当停止受理该公司实施股权激励的申请。

第八十八条　为上市公司股权激励计划出具专业意见的机构和人员，应当保证所出具的文件真实、准确、完整，未履行诚实守信、勤勉尽责义务，所发表的专业意见存在虚假记载、误导性陈述或者重大遗漏的，国资委、中央企业予以通报。

第七节　信息披露和报告

第八十九条　上市公司实行股权激励，应当真实、准确、完整、及时、公平地公开披露或者提供信息，不得有虚假记载、误导性陈述或者重大遗漏。

国有控股股东应当要求和督促上市公司按照有关规定严格履行信息披露义务，及时披露股权激励计划及其实施情况等相关信息。

第九十条　上市公司分期实施股权激励的，实施方案经董事会审议通过后，上市公司应当及时披露董事会决议公告，对拟授出的权益价格、行使权益安排、是否符合股权激励计划的安排等内容进行说明。

第九十一条　因标的股票除权、除息或者其他原因调整权益价格或者数量的，调整议案经董事会审议通过后，上市公司应当及时披露董事会决议公告。

第九十二条　上市公司董事会应当在授予权益及股票期权行权登记完成后、限制性股票解除限售前，及时披露相关实施情况的公告。

第九十三条　上市公司向激励对象授出权益时，应当按照规定履行信息披露义务，并再次披露股权激励会计处理方法、公允价值确定方法、涉及估值模型重要参数取值的合理性、实施股权激励应当计提的费用及对上市公司业绩的影响。

第九十四条　上市公司董事会对激励对象获授权益、行使权益的条件是否成就进行审议的，上市公司应当及时披露董事会决议公告，同时公告独立董事、监事会等方面的意见。

第九十五条　上市公司应当按照有关监管规定和上市规则要求，在年度报告中披露报告期内股权激励的实施情况和业绩考核情况，包含以下内容：

（一）各期次股权激励的授予时间和有效期、激励方式、激励对象范围和人数、权益授予价格和授予数量。

（二）各期次股权激励所涉权益的授予价格、权益数量历次调整的情况，以及经调整后的最新权益价格和权益数量。

（三）报告期初各期次权益累计已行使、失效情况和尚未行使的权益数量。

（四）报告期内全部激励对象各期次权益的授予、行使和失效总体情况，以及所引起的股本变动情况，至报告期末累计已授出但尚未行使的权益总额。

（五）公司董事、高级管理人员各自的姓名、职务以及各期次权益的获授价格、获授数量、有效期限，在报告期内历次获授权益行使价格、行使数量和失效的情况，至报告期末其所持权益数量。

（六）公司实施股权激励业绩考核情况，以及对各期次权益的解锁和生效的影响。

（七）股权激励的会计处理方法，以及股权激励费用对公司业绩的影响等。

（八）报告期内激励对象获授权益、行使权益的条件是否成就的说明。

（九）报告期内终止实施股权激励的情况及原因。

（十）有关监管规定要求披露的其他内容。

第九十六条　国有控股股东应当在上市公司年度报告披露之日起10个工作日内将上述情况报告中央企业集团公司。中央企业集团公司应当汇总所控股上市公司股权激励年度实施情况，报告国资委。

第六章　附　　则

第九十七条　本指引下列用语的含义：

（一）高级管理人员，是指公司的经理、副经理、财务负责人、上市公司董事会秘书和公司章程规定的其他人员。

（二）外部董事，是指由非上市公司员工等外部人员担任的董事。外部董事不在公司担任除董事和董事会专门委员会有关职务外的其他职务，不负责执行层的事务，与其担任董事的公司不存在可能影响其公正履行外部董事职务的关系。控股股东公司员工担任的外部董事，参与上市公司股权激励的，在本指引第六条第二款中不视同为外部董事。

独立董事是指与所受聘的公司及其主要股东没有任何经济上的利益关系且不在上市公司担任除董事外的其他任何职务的人员。

（三）标的股票，是指根据股权激励计划，激励对象有权获授或者购买的上市公司股票。

（四）权益，是指激励对象根据股权激励计划获得的上市公司股票、股票期权或者股票增值权。

（五）股本总额，本指引第二十条、第二十一条和第二十二条所称股本总额是指股东大会批准最近一次股权激励计划时公司已发行的股本总额。

（六）授予日，是指上市公司向激励对象授予权益的日期，须确定在股权激励计划规定的授予条件满足之后。授予日必须为交易日。

（七）行使，是指激励对象根据股权激励计划，对获授的股票期权或者股票增值权进行行权，对限制性股票进行解除限售的行为。

（八）生效日，又称可行权日，是指激励对象获授的股票期权或者股票增值权可以开始行权的日期。生效日必须为可交易日。

（九）解锁日，又称解除限售日，是指激励对象获授的限制性股票可以开始出售的日期。解锁日必须为可交易日。

（十）行权价格，是指上市公司向激励对象授予股票期权或者股票增值权时所确定的、激励对象购买上市公司股票（或者计算增值收益）的价格。

（十一）授予价格，是上市公司向激励对象授予限制性股票的价格。

（十二）权益授予价值，是指激励对象获授权益的预期价值，按照单位权益公允价值与授予数量的乘积计算确定。单位股票期权或者股票增值权的公允价值，参照国际通行的期权定价模型进行测算；单位限制性股票的公允收益，为公司赠与部分当期价值，即授予价格与公平市场价格的差额。

（十三）授予时薪酬总水平，是指激励对象获授权益时距离下一期股权激励授予的间隔期内薪酬总水平（含股权激励收益），统计年限应当与股权激励计划的授予间隔期匹配。该年限应当在 1 年以上，但最高不超过 3 年。

（十四）股权激励实际收益，是指激励对象行使权益时实际兑现的税前账面收益，区分不同激励方式按照以下原则确定：

1. 股票期权、股票增值权：实际收益 = 行权数量 ×（行权日公司标的股票收盘价 – 行权价格）。

2. 限制性股票：实际收益 = 解锁数量 ×（解锁日公司标的股票收盘价 – 授予价格）。

3. 标的股票除权、除息的，按行权（解锁）时的调整情况，计算行权（解锁）数量和行权（授予）价格。

（十五）本指引所称的“以上”含本数，“超过”“低于”“少于”不含本数。

附件 1：

股票期权、股票增值权价值估算中相关参数的选择与计算原则

本原则适用于单位权益的授予价值测算，上市地证券监管机构有明确规定的，从其规定。财务管理中关于授予权益的费用计提估值，应根据会计准则核算。

一、无风险利率：应当采取相同期限的国债年化利率。如不存在与股票期权或者股票增值权预期期限一致的国债，可以选取短于该期限的国债年化利率为替代。

二、股价波动率：应当基于可公开获得的信息，可以采取本公司、同行业企业历史数据，同时参考同行业可比企业在与本公司可比较时期内的历史数据。计算区间一般为 1 年，也可与股票期权或者股票增值权的预期期限相当。

三、预期分红收益率：激励计划就标的股票现金分红除息调整股票期权（股票增值权）的行权价格的，预期分红率应当为 0。

四、预期期限：预期期限每批生效比例 × 该批预期行权时间，预期行权时间 = 0.5 ×（期权生效时间 + 生效截至时间）。

五、行权价格、市场价格：按照本指引第二十五条所述公平市场价格确定。上市公司拟订授予方案时，按估值日的公平市场价格测算权益的预期价值。估值日以董事会审议授予方案前 5 个交易日为宜。

附件2：

中央企业控股上市公司股权激励计划草案评审细则

序号	类别	评审项目	评审要点	评审标准描述	合规与否	情况说明
1	实施条件	公司治理结构	股东会、董事会、监事会和经理层	组织架构健全、职责明确、运作有效	是/否	
2			外部董事（含独立董事）	占董事会成员半数以上	是/否	
3			董事会薪酬与考核委员会	全部由外部董事构成，议事规则健全	是/否	
4		基础管理制度	劳动用工、薪酬福利及业绩考核制度	符合市场经济和现代企业制度要求	是/否	
5			内部控制体系和基础管理制度	制度健全、运作有效	是/否	
6		中长期发展方向	发展战略和实施计划	发展战略目标和实施计划明确，持续发展能力良好	是/否	
7		财务状况	财务状况和经营业绩	资产质量和财务状况良好，经营业绩稳健；近三年无财务违法违规行为和不良记录	是/否	
8		其他	证券监督管理机构规定的其他条件	按照相关规定评审	是/否	
9	实施程序	内部审议程序	董事会决议	审议表决情况	是/否	
10			关联董事回避情况	按照要求回避表决	是/否	
11			独立董事意见	按照要求发表独立意见	是/否	
12			监事会意见	按照要求对名单进行核实	是/否	
13		国有控股股东意见	国有控股股东发表意见	按照规定审核议案、咨询政策并发表意见	是/否	
14			向国资委申报情况	按照规定及时向国资委申报	是/否	
15		其他	董事会召开、公告等事项	符合证券监管规定	是/否	
16			财务顾问或律师意见	按照要求发表独立意见	是/否	
17	实施方案	一般规定	申报资料的完整和合规	按照要求提供申报资料	是/否	
18			股权激励计划内容	要素完整、资料详实	是/否	
19			所选股权激励方式	符合政策规定和政策导向	是/否	

续表

序号	类别	评审项目	评审要点	评审标准描述	合规与否	情况说明
20	实施方案	一般规定	标的股票来源	来源明确、合规	是/否	
21			行权或购股资金来源	来源明确、合规	是/否	
22		股权激励对象	激励对象范围、重点和人数	符合政策规定，人数控制合理	是/否	
23			激励对象资格	不存在不符合资格的人员；按照规定进行信息披露；提供分类情况及拟授权益数量	是/否	
24		权益授予数量	权益授予总量和首期授予数量	符合政策规定，并与公司股本总额、激励范围和激励水平相匹配	是/否	
25			个人获授数量	符合政策规定，并按照权益授予价值和公平市场价格测算确定	是/否	
26			分期授予和预留股份	符合政策规定	是/否	
27		行权价格、授予价格和公允价值、授予价值	行权价格、授予价格	符合公平市场价格原则；限制性股票的授予价格不低于公平市场价格的50%	是/否	
28			单位权益的公允价值	采取的估值模型或者计算方法、相关计算参数符合规定；专业机构出具意见	是/否	
29			权益授予价值	控制在授予时总薪酬水平的规定比例内；授予时总薪酬水平的计算符合规定	是/否	
30		计划有效期、行使时间等	计划有效期和授予间隔期	符合政策规定	是/否	
31			各期次权益有效期和行使安排	行权限制期（限售期）和行权有效期（解锁期）符合政策规定；匀速分批生效（解除限售）	是/否	
32			董事、高管出售、转让股票限制	符合《中华人民共和国公司法》相关规定	是/否	
33	考核管理	业绩考核条件	业绩考核体系及运用	公司、个人层面均有业绩考核；在授予、生效（解锁）环节双重挂钩	是/否	

续表

序号	类别	评审项目	评审要点	评审标准描述	合规与否	情况说明
34	考核管理	业绩考核条件	公司业绩考核指标和目标水平	业绩指标齐全；业绩目标与自身历史业绩和同行业业绩水平比较均具有挑战性	是/否	
35			个人绩效评价及运用	个人绩效评价与授予、生效（解锁）挂钩；负责人绩效评价符合相关规定，权益行使与任期考核挂钩	是/否	
36		股权激励计划管理	计划终止，激励对象资格取消	相关条款符合政策规定	是/否	
37			激励对象离职、公司股本变动时的处理	符合政策规定	是/否	
38			未行使权益的处理	符合政策规定	是/否	
39			财务资助	公司不得提供任何形式财务资助	是/否	
40			信息披露和实施情况报告	相关条款规定符合政策规定	是/否	

（五）职工安置

党内规范性文件：

关于印发《关于进一步落实中央企业离休干部医药费保障机制的意见》的通知

组通字〔2008〕46号

各省、自治区、直辖市党委组织部、老干部局，财政、人事、劳动保障厅（局），中央和国家机关各部委、各人民团体组织人事、财务、离退休干部工作部门，新疆生产建设兵团党委组织部、老干部局、财务局、劳动保障局，部分国有重要骨干企业党组（党委）：

广大企业离休干部为我国的革命、建设、改革事业，为国有企业的建立和发展作出了重要贡献，是党和国家的宝贵财富。2000年以来，中央企业和各地各有关部门按照《中共中央办公厅、国务院办公厅关于转发〈中央组织部、国家经贸委、财政部、人事部、劳动和社会保障部、卫生部关于落实离休干部离休费、医药费的意见〉的通知》（厅字〔2000〕61号）文件精神，在落实离休干部离休费、医药费，建立“两费”保障机制等方面做了大量工作，取得明显成效。但随着企业改革的不断深化，中央企业离休干部医药费保障机制面临一些新的情况和问题，少数困难企业的离休干部医药费仍有拖欠。为深入贯彻党的十七大精神，确保中央企业离休干部医药费按规定实报实销，中央组织部、财政部、人力资源社会保障部、国务院国有资产监督管理委员会制定了《关于进一步落实中央企业离休干部医药费保障机制的意见》，现印发给你们，请认真贯彻落实。

中央财政对困难中央企业离休干部医药费保障给予资金补助，进一步落实中央企业离休干部医药费保障机制，是中央关心离休干部、支持国企改革的重要举措。这项工作政策性强、涉及面广。各地各部门及中央企业要按照深入贯彻落实科学发展观、构建社会主义和谐社会的要求，着眼于维护改革发展稳定的大局，精心组织，统筹规划，加强领导，有关部门要各负其责，密切配合，通力协作，共同做好进一步落实中央企业离休干部医药费保障机制工作。

中央组织部、财政部、人力资源社会保障部、国务院国有资产监督管理委员会将适时对落实中央企业离休干部医药费保障机制的有关工作进行督促检查。

二〇〇八年九月二十七日

关于进一步落实中央企业离休干部医药费保障机制的意见

第一条 对已纳入国有资本经营预算试行范围的困难中央企业截止2007年年底拖欠的离休干部医药费，中央财政一次性予以解决，所需经费从国有资本经营预算中列支并拨付有关中央企业。其他中央企业按原经费渠道解决离休干部医药费拖欠，对原渠道解决确有困难的，中央财政给予适当支持。各有关中央企业要确保补助资金专款专用，尽快按规定解决离休干部医药费拖欠问题。

第二条 建立中央财政对困难中央企业离休干部医药费保障的支持机制，中央财政对连续两年亏损、具有独立法人资格的中央企业的离休干部医药费按离休干部人数、人均一定标准给予专项补助资金（以下简称“补助资金”）。对已纳入国有资本经营预算试行范围的中央企业，其补助资金通过中央国有资本经营预算安排，由符合条件的企业按预算规定程序申报办理。其他中央企业，由企业所属中央部门按年度对符合条件的企业进行申报，并进行复核汇总，报财政部审核后，中央财政将补助资金通过中央部门划拨到中央企业。

第三条 中央企业原则上要参加所在地离休干部医药费单独统筹（以下简称“所在地单独统筹”）。参加所在地单独统筹后，中央企业要继续为本单位离休干部医疗保障提供服务，主动协调配合地方财政、劳动保障及医疗卫生等部门做好离休干部医药费保障的相关管理服务工作。未参加所在地单独统筹的中央企业要采取切实可行的措施确保离休干部医药费按规定实报实销。

第四条 对参加所在地单独统筹的中央企业，地方劳动保障部门及社会保险经办机构应予以接纳，并按照和地方企业同等的政策统一做好中央企业参加所在地离休干部医药费单独统筹工作。对中央企业缴纳的统筹资金不得单独列账、封闭运行，确保离休干部医疗待遇的落实。地方组织部门、老干部工作等部门要加强协调和督促检查，协助做好中央企业参加所在地单独统筹工作。按照中办厅字〔2000〕61号文件的规定，对确有困难的中西部地区和老工业基地离休干部医药费单独统筹基金缺口，经人力资源社会保障部、财政部核实后，中央财政给予适当补助。

第五条 中央企业要对补助资金实行专账管理，专款专用，不得挤占和挪用，确保资金用于离休干部参加所在地单独统筹及医药费报销。补助资金当年有结余的可结转下一年度继续使用。

第六条 各中央企业的集团公司或主管部门要切实负起责任，按照规定要求做好企业离休干部医疗待遇的保障工作，对所属企业给予必要的资金支持。要采取各种切实可行的措施，加强对离休干部医药费的管理、督促和检查，保证离休干部医药费按规定实报实销，不再发生新的拖欠。

第七条 本意见所称中央企业，包括国务院国资委监管的中央企业、中央和国家机关其他部门管理的中央企业及新疆生产建设兵团所属企业。

第八条 本意见由中央组织部、财政部、人力资源社会保障部、国务院国有资产监督管理委员会负责解释。

行政规章及规范性文件：

关于支持地方做好中央企业及原中央下放企业退休人员社会化管理工作的通知

财资〔2020〕1号

各省、自治区、直辖市财政厅（局）、国资委，新疆生产建设兵团财政局、国资委，财政部各地监管局：

为支持地方做好中央企业及原中央下放企业退休人员社会化管理工作，根据《国务院关于印发加快剥离国有企业办社会职能和解决历史遗留问题工作方案的通知》（国发〔2016〕19号）、《中共中央办公厅国务院办公厅印发〈关于国有企业退休人员社会化管理的指导意见〉的通知》等规定，中央财政对地方接收中央企业及原中央下放企业退休人员并实行社会化管理的管理服务费用给予适当补助。现将有关事项通知如下：

一、地方各级财政部门要将中央企业和地方国有企业退休人员由街道和社区实行社会化管理的管理服务经费纳入本级预算管理。

二、中央财政补助金额按照地方接收并实行社会化管理的中央企业及原中央下放企业退休人员数量、补助标准、财力补助调节系数等因素测算，计算公式如下：

某地区应分配补助金额 =（接收的中央企业退休人员数量 + 接收的原中央下放企业退休人员数量）× 补助标准 × 财力补助调节系数

（一）接收的中央企业退休人员数量，按照2015年1月1日至2020年12月31日之间地方实际接收的中央企业退休人员数量测算。

接收的原中央下放企业退休人员数量，由财政部参照2018年度国有企业财务会计决算报告中各省（区、市）原中央下放企业退休人员数量测算，地方不需申报。

（二）补助标准，每人260元。

（三）财力补助调节系数结合各地区实际情况合理确定。

三、地方接收中央企业及原中央下放企业退休人员并实行社会化管理的认定标准应当同时满足以下条件：

（一）人事档案移交地方管理。

（二）党员的党组织关系转地方管理。

（三）管理服务由地方政府提供。

四、中央财政按照各地国有企业退休人员社会化管理工作进展和年度预算安排情况，参照各地应接收中央企业退休人员和原中央下放企业退休人员数量，预拨2020年度补助资金至省级财政部门。

五、省级财政部门会同国资监管部门于2021年2月底前分别向财政部、国务院国资委和财政部当地监管局报送中央财政补助资金申请报告。

报送财政部和国务院国资委的申请报告包括报告正文、申请汇总表（附件1）。

报送财政部当地监管局的申请报告包括报告正文、申请汇总表（附件1）、申请明细表电子版（附件2）以及相关材料。

申请报告正文包括本地区中央企业退休人员基本情况、地方接收退休人员情况、地方提供的管理服务情况、申请金额，以及原中央下放企业退休人员移交地方管理情况等内容。

相关材料包括中央企业退休人员的人事档案移交地方管理的材料、党员的党组织关系转地方管理的材料、管理服务由地方政府提供的材料等。

六、财政部各地监管局应当对省级财政部门和国资监管部门报送的申请报告进行审核，并于2021年6月底前向财政部报送审核意见以及资金审核表（附件3）。

七、中央财政依据监管局审核意见，按照地方实际接收并实行社会化管理的中央企业退休人员数量以及财政部测算的原中央下放企业退休人员数量，核定中央财政补助金额，并对2020年预拨金额据实清算。

中央财政在一定时期内，按照核定的补助金额给予地方补助。

中央财政对地方未实际接收的中央企业退休人员不予补助。

八、省级财政部门可结合本地区实际，将中央财政补助资金和自筹资金统筹用于本地区企业退休人员社会化管理服务工作，不足部分由地方自行负担。

九、各地财政部门要加强资金管理，对中央财政补助资金使用情况进行监督检查，按照有关规定开展预算绩效管理工作。

十、各地国资监管部门要督促指导本地区国有企业做好退休人员社会化管理工作，会同财政部门认真核实国有企业退休人员移交情况，配合财政部门做好中央财政补助资金申请和管理工作。

十一、财政部各地监管局要认真做好地方申报材料的审核工作，加强对本地区使用中央财政补助资金情况的日常监管。

财政部　国资委

2020年1月9日

附件 1

中央企业退休人员社会化管理中央财政补助资金申请汇总表

填表单位：__________省（自治区、直辖市）财政厅（局）、国资委　　单位：万元

序号	退休人员移交前所在的中央企业一级集团公司全称	中央主管部门	移交地方管理的退休人员数量	申请中央财政补助金额（四舍五入后保留两位小数）
合计				

附件 2

中央企业退休人员社会化管理中央财政补助资金申请明细表

填表单位：__________省（自治区、直辖市）国资委、财政厅（局）

序号	退休人员姓名	身份证号	性别	出生年月	参加工作年月	办理退休手续年月	移交地方管理年月	移交的街道或社区	移交的街道或社区所在地级市	移交时所在的法人企业全称	中央企业一级集团公司全称	中央主管部门

注：退休人员姓名请以中央企业一级集团公司为单位依次填写。

附件3

中央企业退休人员社会化管理中央财政补助资金审核表

填表单位：财政部______监管局　　　　单位：万元

序号	退休人员移交前所在的中央企业一级集团公司全称	中央主管部门	移交地方管理的退休人员数量		建议中央财政补助金额（四舍五入后保留两位小数）
			地方申报数	监管局核定数	
合计					

财政部关于中央企业重组中退休人员统筹外费用财务管理问题的通知

财企〔2010〕84号

党中央有关部门，国务院各部委、各直属机构，全国人大常委会办公厅、全国政协办公厅，解放军总后勤部、武警总部，各省、自治区、直辖市、计划单列市财政厅（局），新疆生产建设兵团财务局，各中央管理企业：

《财政部关于企业重组有关职工安置费用财务管理问题的通知》（财企〔2009〕117号）发布后，对规范企业重组有关职工安置费用财务处理行为，维护重组企业、职工和股东的合法权益发挥了积极作用。但在执行中，部分中央企业反映，退休人员统筹外费用预提依据不明确，不便执行。现就中央企业重组中退休人员有关统筹外费用的财务管理问题，进一步通知如下：

一、企业向重组基准日之前退休的人员支付的统筹外费用，符合以下情形之一的，经履行国有资产出资人职责的机构、部门批准后，可以从重组前企业净资产中预提：

（一）根据企业所在设区的市以上人民政府及其人力资源社会保障部门的文件规定支付的。

（二）根据2003年底以前企业的行业管理部门或者集团公司的制度规定支付的，或者已纳入企业2003年度财务会计报告并按规定经审计的。

（三）自2004年初至财企〔2009〕117号通知印发前，为缓解物价上涨对退休人员生活待遇的影响，根据集团公司的制度规定支付给2003年底以前退休人员的。

集团公司指直接由履行国有资产出资人职责的机构、部门监管的企业集团本部（母公司）。集团公司的制度，应当是明确规定支付退休人员统筹外费用的对象、范围、条件、项目、标准等的正式文件。

二、不符合本通知第一条规定情形的退休人员统筹外费用，以及重组基准日之后退休的人员统筹外费用，均不得从重组前企业净资产中预提。仍需支付的，由重组后管理退休人员的企业自行承担。

企业重组不涉及财企〔2009〕117号通知规定的产权关系变动、股权结构调整的，或者未发生重组的企业，其退休人员统筹外费用，应当作为职工福利费从当期费用中列支，不得从净资产中扣除或者预提。

三、履行国有资产出资人职责的机构、部门应当依法审核重组企业的退休人员统筹外费用预提方案。审核时，应当统筹考虑所监管范围内不同行业企业之间和企业集团内部的分配差距等因素。重复和雷同的统筹外费用项目，应当要求企业予以整合或者调整。

企业集团三级（孙公司）及以下企业，重组涉及退休人员统筹外费用预提的，履行国有资产出资人职责的机构、部门可以规定由集团公司按照本通知规定进行审核。

四、企业退休人员统筹外费用是国家为保障企业老职工退休后的养老、医疗等生活待遇，允许有条件的企业在基本养老保险、基本医疗保险之外发放的阶段性、过渡性、有限性福利补贴。企业应当按照以下原则和要求管理退休人员统筹外费用，并向退休人员做好政策解释工作：

（一）量力而行。连年亏损、资不抵债或者无法按时足额发放在职职工工资的企业，不具备发放统筹外费用的政策条件，不要与其他企业盲目攀比。

（二）公平合理。统筹外费用包括养老、医疗、丧葬费用项目，企业不得重复设置，不得随意提高标准，不得以工资形式发放。不同时期退休的人员间，统筹外费用项目及标准不搞“一刀切”。纳入企业补充养老保险（企业年金）的人员，企业不得在此之外再为其预提用于养老的统筹外费用。领取统筹外费用的退休人员，企业不得再将其纳入企业补充养老保险（企业年金）。

（三）制度规范。企业应当按国家有关规定建立健全统筹外费用管理制度，明确支付对象、范围、条件、项目、标准等，经职工代表大会审议，并报履行国有资产出资人职责的机构、部门或其授权的企业管理机构批准后执行。

五、企业应当在年度财务会计报告中，披露统筹外费用支付情况。会计师事务所在审计企业年度会计报表时，应当对企业统筹外费用的合法合规性及支付情况予以关注。

财政部

二○一○年五月二十一日

第五章　知识产权

行政规章及规范性文件：

国资委、国家知识产权局关于印发《关于推进中央企业知识产权工作高质量发展的指导意见》的通知

国资发科创规〔2020〕15 号

各中央企业：

为全面贯彻党的十九大和十九届二中、三中、四中全会精神，深入实施创新驱动发展战略，全面提升中央企业知识产权工作水平，进一步增强中央企业自主创新能力，国资委、国家知识产权局制定了《关于推进中央企业知识产权工作高质量发展的指导意见》，现印发给你们，请认真贯彻落实。

请各地方国资委、知识产权局（知识产权管理部门）参照执行本意见，积极推进地方国有企业知识产权工作高质量发展。

国资委　国家知识产权局

2020 年 2 月 26 日

关于推进中央企业知识产权工作高质量发展的指导意见

为全面贯彻党的十九大和十九届二中、三中、四中全会精神，落实《关于强化知识产权保护的意见》（中办发〔2019〕56 号），深入实施创新驱动发展战略，全面推进中央企业知识产权工作高质量发展，推动中央企业自主创新能力持续提升，加快培育具有全球竞争力的世界一流企业，增强国有经济竞争力、创新力、控制力、影响力和抗风险能力，提出以下意见。

一、总体要求

（一）指导思想。

以习近平新时代中国特色社会主义思想为指导，坚定不移贯彻新发展理念，以高质量发展为主线，以提升自主创新能力为根本，以保护企业合法权益为基础，以促进科技成果转化为重点，以激发企业家和科研人员创新创造活力为导向，巩固和增强中央企业知识产权创造、运用、管理能力，不断完善知识产权保护体系，健全体制机制，更好发挥知识产权对中央企业创新发展的支撑作用，为建设知识产权强国作出积极贡献。

（二）基本原则。

——坚持战略引领。贯彻知识产权强国战略纲要，主动对接高质量发展重大需求，紧密结合企业自身发展需要，总体谋划、统筹实施企业知识产权工作。

——聚焦核心技术。在关系国家安全和国民经济命脉的重要行业和关键领域、战略性新兴产业，围绕中央企业主责主业，加快关键核心技术知识产权培育，增强企业竞争力。

——遵循市场规律。在知识产权创造、布局、定价、运用、风险防范、国际合作等方面，按照市场规则，依法合规组织开展，充分发挥市场在资源配置中的决定性作用。

——突出问题导向。找准知识产权工作薄弱环节，克服体制机制障碍，夯实工作基础，着重解决专利质量不高、运用不足等问题，强化专业化人才队伍建设。

——加强统筹兼顾。根据企业所处行业和知识产权工作发展阶段，组织协调各类资源，突出重点、上下结合、内外联动，分类分领域推进知识产权能力建设，促进知识产权工作与企业高质量发展深度融合。

（三）总体目标。

到 2025 年，基本建立适应高质量发展需要的中央企业知识产权工作体系，中央企业知识产权创

造、运用、保护、管理能力显著增强，有效专利拥有量持续增长，在关键核心技术领域实现重点专利布局，工作模式更加成熟，体制机制更加完善，打造一支规模合理、结构优化的高水平人才队伍，对中央企业创新发展的引领支撑作用进一步提升，中央企业有效发明专利拥有量占有效专利拥有量的比重达到50%以上，中国专利奖获奖数量占全部奖项数量20%以上。与2019年初相比，中央企业美日欧有效专利拥有量翻一番，专利质量评价优秀企业数量翻一番，马德里商标国际注册量增长50%以上，中央企业集团层面国家知识产权示范企业数量增长50%以上。

二、加强知识产权高质量创造

（四）坚持知识产权战略引领。针对有关重点领域、重要产业的知识产权特点和发展趋势，加强专利分析与产业运行决策深度融合，建立专利导航工作机制，制定本企业知识产权战略，进一步明确知识产权工作的目标、方向和重点任务。着眼企业长远发展需要，对标世界一流，制定和完善企业知识产权工作相关意见和办法，编制重大关键核心技术专项知识产权规划。

（五）培育一批高价值专利。聚焦重要行业和关键领域，依托重大科研项目和企业研发平台，培育一批创新程度高、市场竞争力强的原创型、基础型高价值专利。在项目立项、研发过程、试验验证、推广应用等技术全生命周期，挖掘和培育高价值专利。积极参与标准制定，将自身先进专利技术纳入行业、国家或国际标准，形成标准必要专利。

（六）加强海外知识产权布局。综合企业发展需求、国际维权能力、竞争对手布局等因素，制定海外知识产权策略，绘制专利导航图。优先在符合技术发展趋势、具有领先水平和市场应用前景的领域申请海外专利，加强海外布局，提升国际竞争能力。

（七）提升知识产权创造能力。加强国际商标注册，培育知名品牌，对科技创新成果、核心竞争优势、商业模式等进行商标品牌化建设。针对新业态新领域发展趋势，加强版权、植物新品种、集成电路布图设计等方面知识产权工作，提升知识产权综合实力。

三、促进知识产权高效运用

（八）加大知识产权实施力度。鼓励建立内部技术市场和知识产权有偿使用机制，提高知识产权实施率。制定企业对外知识产权许可、转让相关程序和技术推广目录，开展分级管理，盘活现有资源。加强与其他企业之间的知识产权合作，提升运用效益。建立健全科技成果转化机制，充分利用工资总额、股权激励、分红权激励等分配激励政策，促进知识产权实施。

（九）加强知识产权合规使用。在知识产权许可、转让、收购时，通过评估、协议、挂牌交易、拍卖等市场化方式确定价格。在新技术、新工艺、新材料、新产品等投放市场前，开展知识产权法律风险分析，有效防范法律风险。尊重他人知识产权，严格按照约定的范围使用。

（十）拓宽知识产权价值实现渠道。通过质押融资、作价入股、证券化、构建专利池等市场化方式，挖掘和提升企业知识产权价值。鼓励企业运用知识产权开展海外股权投资，支撑国际业务拓展。积极发展知识产权金融，提升资本化运作水平。

（十一）建立知识产权运营平台。建立服务于科技成果转移转化的知识产权运营服务平台，为企业知识产权提供咨询、评估、经纪、交易、信息、代理等服务。制定技术转移服务制度，建立信用与评价机制。在中央企业“双创”工作中探索知识产权运营新模式。

四、提升知识产权保护能力

（十二）强化知识产权风险防范。将知识产权风险防范意识贯穿科研生产经营活动全过程，防范知识产权流失和侵权。涉及国家安全和国计民生的关键核心技术，在对外转让、许可时要加强知识产权风险审议。在高端人才引进、技术合作、企业并购等重大经营活动中全面开展知识产权尽职调查。

（十三）加强技术秘密保护。实施技术秘密与专利的组合保护策略。重视技术秘密的登记与认定，加强对涉密人员、载体、场所等全方位管理。加强人才交流和技术合作中的技术秘密保护，强化对掌握关键技术秘密离职人员的竞业限制。规范涉及技术秘密的合同管理，防范不当使用或泄密。

（十四）加大知识产权保护力度。加强在线监测和市场巡视，及时发现知识产权侵权行为。完善知识产权快速维权机制，有效运用行政、刑事、民事、仲裁、调解等多种形式维护企业合法权益。积极应对国内外知识产权滥用和滥诉行为，切实维护自身权益。

（十五）提升海外知识产权保护能力。完善海外知识产权纠纷预警防范机制，加强重大案件跟踪研究。建立海外知识产权法律修改变化动态跟踪机制，及时进行风险提示。建立信息沟通机制，加大工作协调力度，提高知识产权纠纷应对处理能力。

五、完善知识产权管理体系

（十六）强化知识产权机构和制度建设。中央企业集团要明确负责知识产权管理工作的部门。中央企业所属科研单位和重要生产制造企业要明确知识产权管理归口部门，配备与知识产权业务规模相适应、满足工作实际需要的专职管理人员。完善知识产权管理制度，夯实工作基础，推动专利、技术秘密等集中管理。在关键核心技术研发、重要成果转移转化过程中，配备知识产权专员。鼓励有条件的企业贯彻实施《企业知识产权管理规范》（GB/T 29490－2013），优化知识产权管理体系。

（十七）实施知识产权分级管理。综合技术、法律、市场等因素，制定符合本行业特点的知识产权质量评价办法。根据对主营业务影响程度，对专利、技术秘密进行分级管理并动态调整。定期梳理存量专利，及时合规处置低价值专利和闲置商标。

（十八）加强知识产权服务机构管理。中央企业集团公司要加强对知识产权服务机构的准入、考核、淘汰等方面管理，完善服务机构评级体系，优化资源配置和使用。具备条件的中央企业可在内部组建知识产权服务机构，实行市场化薪酬，提高服务质量和效率。

（十九）提高知识产权管理信息化水平。搭建信息化管理平台，实现知识产权业务流程化和规范化。建立专业化数据库，加大信息集成力度，提高综合研判能力。建立竞争情报分析和信息共享机制，支撑经营决策、技术研发和市场开拓。

六、组织实施和措施保障

（二十）加强组织领导。进一步强化对知识产权工作的重视，企业主要负责同志要亲自研究部署，领导班子中明确专人分管。科技、规划、财务、人力资源、法律等部门要加强协同联动，按照本意见目标任务要求，制定实施方案及配套措施，不断完善工作机制，保障知识产权各项工作的落实。

（二十一）加大投入力度。不断提高企业知识产权投入，设立专项资金预算，组织开展高价值专利培育、专利导航、知识产权尽职调查、管理信息系统建设、专利数据库建设、知识产权保护与维权、风险评估等重点工作。探索设立企业知识产权相关基金，拓宽资金投入渠道。

（二十二）加强人才队伍建设。健全知识产权人才工作体系，建设一支数量充足、结构合理、素质优良的人才队伍，培养和引进知识产权领军人才、国际化专业人才。鼓励申报知识产权专业职称，设置高层级专家职（岗）位。加强对研发人员、知识产权管理人员、运营人员、专员的多层次、精准化系统培训。建立企业知识产权专家库。具备条件的企业研究组建专业化检索分析团队。

（二十三）加强考核激励。将知识产权工作纳入所属企业绩效考核评价体系，作为各级领导班子综合考评的重要内容。对在知识产权工作中作出重要贡献的单位和人员给予表彰和奖励。

（二十四）进一步加强对中央企业知识产权工作的指导。国资委加强对中央企业知识产权工作的总体统筹和顶层设计，指导企业编制实施知识产权战略。推动中央企业提升对于知识产权密集型产业发展的贡献度。对中央企业知识产权实施科技成果转化所涉及工资总额，结合工资总额特殊事项清单相关规定予以单列管理，加大中长期激励范围及力度。持续开展中央企业专利质量评价工作，进一步强化专利质量导向，组织中央企业高质量专利申报中国专利奖。鼓励中央企业牵头推动知识产权联盟建设，研究建设中央企业知识产权运营平台，指导企业加强对所属知识产权中介服务机构的管理。建立中央企业知识产权专家库，促进中央企业知识产权工作交流，宣传推广先进经验和典型模式，定期组织开展多层次知识产权培训。

（二十五）进一步加强对中央企业知识产权工作的政策支持。增强与中央企业联系互动，建立定期沟通交流机制，帮助解决知识产权痛点、难点问题。指导中央企业开展知识产权贯标和申报国家知识产权优势企业、示范企业。指导支持中央企业开展专利导航、建立产业知识产权运营中心、技术与创新支持中心等。支持中央企业申报中国专利奖。支持中央企业将战略性高价值专利组合纳入国家知识产权运营公共服务平台项目库，开展高价值专利运营。支持中央企业在相关知识产权保护中心备案，提升中央企业知识产权创造和保护效率。

第六章　责任追究

行政规章及规范性文件：

关于印发《中央企业违规经营投资问题线索查处工作指引》的通知

国资发监责〔2020〕62 号

各中央企业：

为深入贯彻落实党中央、国务院关于强化国有资产监督和严格责任追究的决策部署，建立健全中央企业违规经营投资责任追究工作体系，在总结中央企业违规经营投资责任追究工作的基础上，我委制定了《中央企业违规经营投资问题线索查处工作指引》，现印发给你们，供工作中参考使用。

国资委

2020 年 9 月 29 日

中央企业违规经营投资问题线索查处工作指引

第一章　总　　则

第一条　为进一步规范中央企业违规经营投资问题线索查处工作，形成职责明确、流程清晰、规范有序的责任追究工作机制，完善国有资产监督管理制度，有效防止国有资产流失，促进企业合规经营和高质量发展，根据《国务院办公厅关于建立国有企业违规经营投资责任追究制度的意见》（国办发〔2016〕63 号）、《中央企业违规经营投资责任追究实施办法（试行）》（国资委令第 37 号，以下简称《实施办法》）等文件精神和有关规定，制定本指引。

第二条　国务院国有资产监督管理委员会（以下简称国资委）履行出资人职责的中央企业，按照《实施办法》和本企业责任追究工作制度等规定开展违规经营投资问题线索（以下简称问题线索）查处工作，适用本指引。

第三条　中央企业查处问题线索，应当坚持以事实为依据，以法律法规及规章制度为准绳，落实“三个区分开来”要求，做到事实清楚、证据确凿、依据正确、定性准确、程序合规、处理适当。

第四条　中央企业查处问题线索，应当遵循受理、初步核实、分类处置、核查、处理和整改等程序。

第五条　本指引所指的中央企业有关违规责任追究机构及职责如下：

（一）违规责任追究工作领导机构（以下简称领导机构），负责批准问题线索的分类处置建议，审议问题线索的核查结果及处理建议，报经企业党委（党组）会议审议形成处理决定。

（二）主管违规责任追究工作的企业负责人（以下简称主管负责人），负责批准问题线索的初步核实报告和核查方案等。

（三）违规责任追究工作职能部门或机构（以下简称专责机构），负责按照问题线索查处程序具体组织实施。

（四）问题线索核查工作组（以下简称核查组），由中央企业组建的以专责机构为主，相关部门、子企业以及有关中介机构人员等参加的专项工作小组，负责具体实施核查工作，形成相关核查工作报告等。

第六条　问题线索查处工作应当严格执行保密制度，从严控制问题线索及查处工作信息知悉范围。相关人员不准私自留存、隐匿、查阅、摘抄、复制问题线索和资料，严禁泄露查处工作情况。

第七条　问题线索查处工作应当严格执行回避制度。查处工作人员是问题线索涉及人员近亲属、利害关系人，或者存在其他可能影响公正查处情形的，不得参与查处工作，应当主动申请回避，问题线索涉及人员也有权要求其回避。

第二章　受　　理

第八条　受理的问题线索主要包括：

（一）国资委在国资监管工作中发现移交的问题线索。

（二）外部审计、巡视、纪检监察等工作中发现移交的问题线索。

（三）企业法律、财务、投资、运营及内部审计、巡视、纪检监察等部门发现移交的问题线索。

（四）子企业发现报告的问题线索。

（五）其他有关问题线索。

第九条　中央企业应当建立问题线索管理台账（以下简称管理台账），对受理的问题线索统一编号，登记入账，全流程跟踪记录办理情况，办结后予以对账销号。

第十条　管理台账记录以下内容：移交、报告主体，时间，方式，以及问题线索发生时间，涉及企业名称及级次，问题线索概述，问题类别，资产损失程度或不良后果情况，涉及责任人员，办理情况等。

第三章　初步核实

第十一条　中央企业根据问题线索的复杂程度和工作需要，制定初步核实方案。初步核实方案包括核实内容，范围，方式，工作组织，时间步骤，其他工作安排及内容。

第十二条　中央企业应当安排 2 人以上参加初步核实，通过与移交、报告主体沟通，听取涉及企业情况介绍，与相关人员谈话，查阅文件资料，要求作出书面说明等方式开展工作。

第十三条　初步核实工作主要包括以下内容：

（一）问题线索的基本事实情况。

（二）涉及企业的管理层级情况。

（三）涉及责任人员及相应干部管理权限情况。

（四）资产损失程度及其他不良后果初步情况。

（五）是否属于违规经营投资责任追究范围。

（六）移交、报告主体等有关方面的办理建议意见等。

（七）其他需要初步核实的内容。

第十四条　初步核实工作一般应当于 30 个工作日内完成。根据工作需要，可以延长一次，延长时间不得超过 30 个工作日。

第十五条　初步核实工作结束后，应当形成初步核实报告，说明工作开展情况及初步核实结果等，并提出工作建议。

第十六条　根据初步核实情况，对未发现因违规经营投资应当追究责任的，报经主管负责人批准后予以了结。予以了结建议呈批前，应当听取移交、报告主体意见。

第四章　分类处置

第十七条　根据初步核实情况，对确有违规事实或涉嫌违纪违法的，按照规定的职责权限和程序提出分类处置建议，报经领导机构批准后实施。

第十八条　分类处置工作主要包括以下内容：

（一）属于国资委责任追究职责范围的，向国资委作出报告。

（二）属于中央企业责任追究职责范围的，由专责机构组织开展核查工作。

（三）属于子企业责任追究职责范围的，可以移交和督促相关企业进行核查及责任追究。

（四）对发生生产安全、环境污染责任事故和不稳定事件的，移送企业有关部门。

（五）涉嫌违纪或职务违法的问题线索，按照干部管理权限移送有关纪检监察机构。

（六）涉嫌犯罪的问题线索，向相关国家监察机关或司法机关报案。

（七）其他处置方式。

第十九条　分类处置建议报经领导机构批准后，对第十八条第（一）（三）（四）（五）项相关问题线索，以报告、通知或移送（交）函等形式办理。

第五章　核　　查

第二十条　中央企业开展问题线索核查前，应当制定核查工作方案，报经主管负责人批准后实施。

第二十一条　核查工作方案主要包括以下内容：

（一）被核查企业情况。

（二）需要查清的主要问题线索。

（三）需要认定的资产损失及责任人。

（四）核查组组成、分工和工作纪律要求。

（五）核查步骤及方法、时间安排、经费预算。

（六）其他核查工作内容及安排。

第二十二条　国资委移交中央企业核查的问题线索，中央企业应当将相关核查工作方案报送国资委。

第二十三条　根据工作需要，可以聘请会计师事务所、资产评估事务所、律师事务所等中介机构参与核查工作，提供审计、评估、鉴证和法律意见等服务。

第二十四条 核查工作主要包括以下内容：

（一）核实问题线索对应的违规责任追究情形。

（二）确定造成的资产损失金额或其他严重不良后果。

（三）倒查在决策、实施、监督等环节的制度制定及执行情况，查清资产损失原因。

（四）对涉及的责任人员进行责任划分，认定相应责任，提出责任追究处理建议。

（五）其他需要核实的内容。

第二十五条 开展核查工作可以采取以下措施核查取证：

（一）听取被核查企业汇报，要求企业作出说明。

（二）查阅复制文件、账目、档案等相关资料。

（三）查核资产情况和有关信息，进行鉴定勘验。

（四）与相关人员谈话了解情况，必要时可以请被谈话人作出书面说明。

（五）其他必要措施。

第二十六条 核查措施应当有 2 名以上核查组工作人员参加，并形成谈话记录、工作底稿等，记录核查工作过程、核查结论及相应的证明材料。谈话记录应当由被谈话人核对并签字确认，被谈话人无故拒绝签字的，核查组工作人员应当予以注明。工作底稿应当履行复核程序。证明材料应当由被核查企业盖章确认。

第二十七条 对有可能影响核查工作顺利开展的相关责任人员，有证据证明违规问题明显的，报经主管负责人批准后，按规定程序可以采取以下限制措施：

（一）对未支付或兑现的绩效年薪、任期激励收入、中长期激励收益等暂停支付或兑现。

（二）视情况采取停职、调离工作岗位等措施。

（三）其他限制措施。

第二十八条 在问题线索核查工作中，对确有工作需要的，报经主管负责人批准，可以商请有关纪检监察机构提供必要支持。

第二十九条 核查工作一般应当自核查工作方案批准之日起 6 个月内完成。对违规情形复杂、发生时间久远、损失金额巨大、涉及人员众多等情况的，报经主管负责人批准后可以延长一次，延长时间不得超过 3 个月。

第三十条 核查组应当就相关违规事实及责任认定听取被核查企业和相关责任人员意见，相关企业或人员对认定结果有异议的，应当在规定时间内提供补充说明等材料，到期未反馈意见或提供补充材料的，视同无意见。

第三十一条 核查工作结束后形成资产损失情况核查报告和责任认定报告。

（一）资产损失情况核查报告的内容包括：问题线索反映的经营投资情况、核查工作开展情况、核查发现的主要问题及定性依据、问题原因分析、资产损失认定情况，听取意见情况，以及企业已开展的整改及责任追究情况等。

（二）责任认定报告的内容包括：涉及的责任人员及承担的责任情况、责任认定依据、责任追究处理建议等。

第六章 处 理

第三十二条 责任追究处理建议应当征求人事、薪酬管理等有关部门意见，报经主管负责人批准后，按规定提请领导机构审议。

第三十三条 中央企业召开领导机构会议，审议资产损失情况核查报告和责任认定报告，形成审议意见后，按照有关规定提请企业党委（党组）会议审议，作出处理决定。

第三十四条 中央企业应当印发处理决定，送达有关企业及被处理人。处理决定内容包括被处理人基本情况、主要违规事实、处理依据、处理意见等。

第三十五条 中央企业应当安排相关部门根据处理决定，按规定程序做好责任追究处理落实工作。

（一）对给予批评教育、责令书面检查、通报批评、诫勉等组织处理的，由专责机构配合人事部门共同做好组织处理的宣布执行，并形成相应处理记录。

（二）对给予停职、调离工作岗位、降职、改任非领导职务、责令辞职、免职等组织处理的，在人事部门办理相关文件后，由专责机构配合人事部门做好宣布执行等事项。

（三）对给予扣减薪酬处理的，由薪酬管理部门组织落实。

（四）对给予禁入限制处理的，由专责机构、人事部门按分工组织落实，按照中央企业禁入限制人员信息管理有关规定做好相关工作。

第三十六条 国资委移交中央企业核查的问题线索，中央企业应当在查处工作完成后，将资产损失情况核查报告、责任认定报告以及处理决定等材料报送国资委。

第三十七条 被处理人对处理决定有异议的，可以在处理决定送达之日起15个工作日内，提出书面申诉，并提供相关证明材料。申诉期间不停止原处理决定的执行。

第三十八条 中央企业作出处理决定的，被处理人向中央企业申诉；子企业作出处理决定的，被处理人向上一级企业申诉。

第三十九条 中央企业自收到申诉之日起30个工作日内组织复核，提出复核意见，按程序作出维持、撤销或变更原处理决定的复核决定。复核决定应当书面告知申诉人及相关企业。复核工作不得由原核查组人员承担。

第七章 整　　改

第四十条 中央企业应当向相关企业印发整改通知，指出存在的问题、明确整改意见和工作要求等。

第四十一条 中央企业应当督促相关企业制定整改工作方案，并要求相关企业报送整改报告及相关材料等。

第四十二条 整改报告及相关材料主要包括以下内容：

（一）整改工作组织开展情况。

（二）已采取的整改措施和完成情况。

（三）降低损失或损失风险、修订完善制度等整改成效情况。

（四）按照干部管理权限，对相关人员责任追究处理情况。

（五）证明整改结果的文件资料等。

第四十三条 中央企业应当对相关企业报送的整改报告和相关材料开展评估。根据评估结果，可以对问题线索作销号处理，或采取约谈、通报和责任追究等方式督促落实整改要求。对国资委移交中央企业核查的问题线索，中央企业应当在审核评估后，将整改报告及相关材料报送国资委。

第四十四条 中央企业应当逐步公开责任追究查处及整改情况，公开内容及范围应当符合保密规定。

第四十五条 中央企业应当明确专责机构牵头负责违规责任追究相关数据信息的报送、归集、共享和综合利用，建立有关信息系统，利用信息化手段做好日常监督、专项核查、责任追究等工作。

第八章 附　　则

第四十六条 中央企业根据对问题线索的追损工作需要，报经主管负责人批准，可以中止查处工作。中止查处的原因消除后，应当及时恢复查处工作。国资委移交中央企业核查的问题线索，中止查处建议呈批前，应当征求国资委意见。

第四十七条 中央企业问题线索查处工作应当按照相关规定纳入向国资委报送的违规经营投资责任追究工作报告。

第四十八条 本指引由国资委负责解释。

第四十九条 本指引自印发之日起施行。

关于印发《中央企业重大经营风险事件报告工作规则》的通知

国资发监督规〔2021〕103号

各中央企业：

《中央企业重大经营风险事件报告工作规则》已经国资委第74次委务会审议通过，现印发给你们，请结合实际认真贯彻执行。

国资委

2021年12月13日

中央企业重大经营风险事件报告工作规则

第一条 为规范中央企业重大经营风险事件报告工作，建立健全重大经营风险管控机制，及时采取应对措施，有效防范和化解重大经营风险，根据《关于印发〈关于加强中央企业内部控制体系建设与监督工作的实施意见〉的通知》（国资发监督规〔2019〕101号），制定本规则。

第二条 本规则所称中央企业，是指国务院国有资产监督管理委员会（以下简称国资委）代表国务院履行出资人职责的国家出资企业（以下简称企业）。

第三条 本规则所称重大经营风险事件，是指企业在生产经营管理活动中发生的，已造成或可能造成重大资产损失或严重不良影响的各类生产经营管理风险事件。

第四条 企业是重大经营风险事件报告工作的责任主体，负责建立重大经营风险事件报告工作制度和运行机制，明确责任分工、畅通报告渠道。企业主要负责人应当对重大经营风险事件报告的真实性、及时性负责。

第五条 国资委对企业重大经营风险事件报告及处置工作实施监督管理，督促指导企业建立重大经营风险事件报告责任体系，做好重大经营风险事件的研判报送、应对处置、跟踪监测、警示通报及问责整改等工作，对于涉及违规经营投资的风险事件，按有关规定开展责任追究。

第六条 企业发生重大经营风险事件后应当快速反应、及时报告，客观准确反映风险事件情况，确保国资委及企业集团能够及时研判、有效应对、稳妥处置，并举一反三做好风险预警通报工作。

第七条 企业生产经营管理过程中，有下列风险情形之一的，应当确定为重大经营风险事件并及时报告：

（一）可能对企业资产、负债、权益和经营成果产生重大影响，影响金额占企业总资产或者净资产或者净利润10%以上，或者预计损失金额超过5000万元。

（二）可能导致企业生产经营条件和市场环境发生特别重大变化，影响企业可持续发展。

（三）因涉嫌严重违法违规被司法机关或者省级以上监管机构立案调查，或者受到重大刑事处罚、行政处罚。

（四）受到其他国家、地区或者国际组织机构管制、制裁等，对企业或者国家形象产生重大负面影响。

（五）受到国内外媒体报道，造成重大负面舆情影响。

（六）其他情形。

第八条 重大经营风险事件报告按照事件发生的不同阶段，分为首报、续报和终报等三种方式。

第九条 首报应当在事件发生后2个工作日内向国资委报告，报告内容包括：事件发生的时间、地点、现状以及可能造成的损失或影响，向企业董事会及监管部门报告情况，以及采取的紧急应对措施等情况。对于特别紧急的重大经营风险事件，应当在第一时间内以适当便捷的方式报告国资委。

第十条 续报应当在事件发生后5个工作日内向国资委报告，报告内容包括：事发单位基本情况，事件起因和性质，基本过程、发展趋势判断、风险应对处置方案、面临问题和困难及建议等情况。

对于需要长期应对处置或整改落实的，应当纳入重大经营风险事件月度或季度监测台账，跟踪监测事件处置进度，并定期报告重大经营风险事件处置进展情况。

第十一条 终报应当在事件处置或整改工作结束后10个工作日内向国资委报告，报告内容包括：事件基本情况、党委（党组）或董事会审议情况、已采取的措施及结果、涉及的金额及造成的损失及影响、存在的主要问题和困难及原因分析、问题整改情况等。涉及违规违纪违法问题的应当一并报告问责情况。

重大经营风险事件报告，应当由企业主要负责人签字并加盖企业公章后报送国资委。

第十二条 国资委根据重大经营风险事件报告质量评估情况，及时提出处理意见并反馈企业。对于重大经营风险事件报告存在质量问题的，要求企业及时进行修改或重新编制报送。

第十三条 企业在重大经营风险事件报告及处置阶段，应当视情向所属企业及时预警提示或通报重大风险事件情况，做到重大风险早发现、早预警、早处置，并认真总结经验教训，不断完善重大经营风险事件报告及应对处置工作。

第十四条 国资委对企业报送的重大经营风险事件进行初步评估，按有关职能和工作分工，由相关厅局督促指导企业做好重大经营风险事件应对工作，跟踪处置情况，加强重大经营风险管控和防范。对具有典型性、普遍性的重大经营风险事件，深入分析原因、研究管理措施，视情及时向企业预警提示或通报。

第十五条 存在以下情形之一的，国资委将印发提示函、约谈或通报，情形严重的依规追究责任：

（一）严重迟报、漏报、瞒报和谎报的。

（二）对重大经营风险事件报告工作敷衍应付，导致发生重大资产损失或严重不良后果的。

（三）重大经营风险事件应对处置不及时、措施不得力，造成重大资产损失或严重不良后果的。

（四）需要追究责任的其他情形。

第十六条 企业重大经营风险事件报告工作应当严格落实国家保密管理有关规定和要求。

第十七条 企业安全生产、节能减排、环境保护、维稳事件等相关风险事件报告工作不适用本规则。

第十八条 本规则自印发之日起施行。《关于加强重大经营风险事件报告工作有关事项的通知》（国资厅发监督〔2020〕17 号）同时废止。

关于做好中央企业违规经营投资责任追究工作体系建设有关事项的通知

国资发监督二〔2019〕43 号

各中央企业：

根据《国务院办公厅关于建立国有企业违规经营投资责任追究制度的意见》（国办发〔2016〕63 号，以下简称 63 号文件），按照国资委有关要求，各中央企业高度重视，均成立了违规经营投资责任追究工作领导小组或工作小组，其中大部分由企业主要负责人任组长，有序推进制度建设、组织建设和体系建设。目前，责任追究工作专门制度、职能部门、报告机制已基本实现全覆盖，责任倒查机制基本形成，以追责促进企业强化管理、完善制度等取得积极成效，保障企业合规经营及高质量发展作用逐步显现，63 号文件明确的第一阶段目标初步完成。为进一步落实 63 号文件“在 2020 年底前，全面建立覆盖各级履行出资人职责的机构及国有企业的责任追究工作体系，形成职责明确、流程清晰、规范有序的责任追究工作机制”的第二阶段目标，做好中央企业责任追究工作体系建设，现将有关事项通知如下：

一、进一步提高对责任追究工作重要性的认识。党中央、国务院高度重视强化国有资产监管、落实国有企业经营投资责任，党的十八届三中全会以及国资国企改革系列文件对强化经营投资责任追究，建立健全国有企业重大决策失误和失职、渎职责任追究倒查机制等作出一系列部署。各中央企业要切实提高思想认识，站在守护好全体人民共同财富的高度，深刻理解责任追究工作在有效防止国有资产流失、落实国有资产保值增值责任方面的重要作用，将推进责任追究工作体系建设作为提升合规经营水平和防范化解重大风险的重要抓手，通过有效开展责任追究工作，促进各级经营管理人员规范履职、勤勉尽责，推动企业合规经营、行稳致远。

二、深入推进组织体系建设。各中央企业要健全责任追究组织体系，严格落实责任，层层传导压力，持续深入推进责任追究工作。一要加强工作组织领导。企业主要负责人要主持研究审议责任追究工作重要事项，统筹谋划，部署推动，保障工作有效开展。分管负责人要靠前指挥，指导把关核查质量，督促工作深入推进。职能部门要切实担负起直接责任，抓紧编制工作体系建设方案，与人力资源、巡视、纪检监察等部门密切配合，做好具体组织实施。二要进一步强化职能部门建设。要切实落实职能部门编制、人员、资金等工作保障，确保专项工作独立有效开展。要配齐配强配优工作队伍，加强培训教育和实践锻炼，提升专业能力和专业精神。三要推进所属企业责任追究工作组织体系建设。按照分级管理、分层负责的原则，结合企业实际、行业特性等，实现职责主体上有人管，监督范围上全覆盖。

三、持续完善责任追究制度体系。各中央企业要加快构建内容协调、流程清晰、配套完备、有效管用的责任追究制度体系，不断提高工作规范化、制度化、科学化水平。一要推进制度深度覆盖和有效约束。根据所属企业规模体量差异、业务模式特点等，因企施策细化责任追究范围、划分资产损失标准等，防止尺度范围宽松，责任约束不足。二要完善配套制度。研究制定损失认定、责任认定、离职退休人员违规责任追究处理等实施细则，规范工作流程和标准，实现责任追究工作标准一致、有章可循、规范有序。三要夯实制度基础。落实 63 号文件要求，进一步完善重大决策评估、决策事项履职记录等规定；细化各类经营投资责任条款和清单，明确岗位职责和履职程序；在有关外聘董事、职业经理人聘任合同中，要明确违规经营投资责任追究的原则要求。

四、扎实做好违规问题线索查处。各中央企业要违规必究，追责必严，切实增强国资监管法规制度和企业内部管理规定刚性约束。一要加大责任追究工作力度。对受理查办的违规经营投资问题线索实行对账销号管理，集中力量抓好国有资产重大损失调查，依法依规追究有关人员责任。对发现的涉嫌违纪、职务违法及犯罪的问题线索，要及时移送纪检监察或司法机关查处。二要强化责任追究工作指导监督。组织对所属企业责任追究工作的监督检查，强化定性、定损、定责等关键环节的指导把关，根据需要可由上级企业直接开展核查。三要加强案例通报和有关信息公开。要结合具体案例的调查处理，在适当范围总结、通报及公开调查处理情况，以案为鉴，发挥“追责一个、警示一片”的警示教育作用，不断提高监督追责工作的影响力和透明度。

五、探索工作方式方法。责任追究工作政策性强、涉及面广、专业要求高，各中央企业要积极探索工作的新途径新方法。一要探索开展境外核查追责。逐步推进境外损失调查和追责工作，关注重大决策、重大合同、大额资金管控和境外子企业治理等方面的资产流失风险，确保国有资本投到哪里，监管追责就延伸到哪里。二要探索建立追责信息管理系统。提升工作信息化水平，逐步实现线上填报提交责任追究工作报告，对受理、初步核实、分类处置、核查、处理和整改等环节全过程监督，研究通过共享经营管理信息和构建大数据模型，精准发现违规问题。三要探索推进容错机制落实落地。进一步研究落实“三个区分开来”的落地举措，具体问题具体分析，既防止追责不力，又防止追责泛化简单化。同时，结合实际，研究加强基金投资、混合所有制等新业态领域的责任追究工作。

六、不断健全以追责促发展的长效机制。责任追究是手段不是目的，各中央企业要注重做好监督“后半篇文章”，把追责成果转化为促进企业健康发展的监管效能。一要促进防范化解重大风险。举一反三，以点带面，深入开展共性问题核查，排查问题隐患，预警提示经营风险。适时介入风险事件处置，跟踪关注或有资产损失，以追责促追损，及时化解资产损失风险。二要推动完善企业内部控制体系。针对发现的内控缺陷和管控漏洞，标本兼治，强化整改落实，及时制定修订各项管理制度，完善内控体系，提升管理水平。三要保障企业合规经营健康发展。以责任追究为重要抓手，通过惩治教育建设相结合，强化各级管理人员合规履职的自觉性和主动性，全面推进依法治企，有效促进企业稳健经营和可持续发展。

国资委将加强对各中央企业责任追究工作的指导，组织培训和交流，根据需要检查企业贯彻落实63号文件、《中央企业违规经营投资责任追究实施办法（试行）》（国资委令第37号，以下简称37号令）的工作情况等。各中央企业要认真制定责任追究工作体系建设方案并于2019年5月底前将有关情况书面报送国资委，具体实施落实情况纳入年度定期报告一并报送。同时，要注意收集执行37号令以及推进责任追究工作体系建设过程中的新情况、新问题，及时报告国资委。

联系人及电话：监督二局　张小红、柳明教

64470402、64471930

电子邮箱：zhangxiaohong@ sasac. gov. cn

国资委

2019年4月30日

中央企业违规经营投资责任追究实施办法（试行）

国务院国有资产监督管理委员会令第37号

《中央企业违规经营投资责任追究实施办法（试行）》已经国务院国有资产监督管理委员会主任办公会议审议通过，现予公布，自2018年8月30日起施行。

国务院国有资产监督管理委员会主任　肖亚庆

2018年7月13日

第一章　总　　则

第一条　为加强和规范中央企业违规经营投资责任追究工作，进一步完善国有资产监督管理制度，落实国有资产保值增值责任，有效防止国有资产流失，根据《中华人民共和国公司法》、《中华人民共和国企业国有资产法》、《企业国有资产监督管理暂行条例》和《国务院办公厅关于建立国有企业违规经营投资责任追究制度的意见》等法律法规和文件，制定本办法。

第二条　本办法所称中央企业是指国务院国有资产监督管理委员会（以下简称国资委）代表国务院履行出资人职责的国家出资企业。

第三条　本办法所称违规经营投资责任追究（以下简称责任追究）是指中央企业经营管理有关人员违反规定，未履行或未正确履行职责，在经营投资中造成国有资产损失或其他严重不良后果，经调查核实和责任认定，对相关责任人进行处理的工作。

前款所称规定，包括国家法律法规、国有资产监管规章制度和企业内部管理规定等。前款所称未履行职责，是指未在规定期限内或正当合理期限内行使职权、承担责任，一般包括不作为、拒绝履行职责、拖延履行职责等；未正确履行职责，是指未按规定以及岗位职责要求，不适当或不完全行使职权、承担责任，一般包括未按程序行使职权、超越职权、滥用职权等。

第四条　责任追究工作应当遵循以下原则：

（一）坚持依法依规问责。以国家法律法规为准绳，按照国有资产监管规章制度和企业内部管理规定等，对违反规定、未履行或未正确履行职责造成国有资产损失或其他严重不良后果的企业经营管理有关人员，严肃追究责任，实行重大决策终身问责。

（二）坚持客观公正定责。贯彻落实“三个区分开来”重要要求，结合企业实际情况，调查核实违规行为的事实、性质及其造成的损失和影响，既考虑量的标准也考虑质的不同，认定相关人员责任，保护企业经营管理有关人员干事创业的积极性，恰当公正地处理相关责任人。

（三）坚持分级分层追责。国资委和中央企业原则上按照国有资本出资关系和干部管理权限，界定责任追究工作职责，分级组织开展责任追究工作，分别对企业不同层级经营管理人员进行追究处理，形成分级分层、有效衔接、上下贯通的责任追究工作体系。

（四）坚持惩治教育和制度建设相结合。在对违规经营投资相关责任人严肃问责的同时，加大典型案例总结和通报力度，加强警示教育，发挥震慑作用，推动中央企业不断完善规章制度，堵塞经营管理漏洞，提高经营管理水平，实现国有资产保值增值。

第五条　在责任追究工作过程中，发现企业经营管理有关人员违纪或职务违法的问题和线索，应当移送相应的纪检监察机构查处；涉嫌犯罪的，应当移送国家监察机关或司法机关查处。

第二章　责任追究范围

第六条　中央企业经营管理有关人员违反规定，未履行或未正确履行职责致使发生本办法第七条至第十七条所列情形，造成国有资产损失或其他严重不良后果的，应当追究相应责任。

第七条　集团管控方面的责任追究情形：

（一）违反规定程序或超越权限决定、批准和组织实施重大经营投资事项，或决定、批准和组织实施的重大经营投资事项违反党和国家方针政策、决策部署以及国家有关规定。

（二）对国家有关集团管控的规定未执行或执行不力，致使发生重大资产损失对生产经营、财务状况产生重大影响。

（三）对集团重大风险隐患、内控缺陷等问题失察，或虽发现但没有及时报告、处理，造成重大资产损失或其他严重不良后果。

（四）所属子企业发生重大违规违纪违法问题，造成重大资产损失且对集团生产经营、财务状况产生重大影响，或造成其他严重不良后果。

（五）对国家有关监管机构就经营投资有关重大问题提出的整改工作要求，拒绝整改、拖延整改等。

第八条　风险管理方面的责任追究情形：

（一）未按规定履行内控及风险管理制度建设职责，导致内控及风险管理制度缺失，内控流程存在重大缺陷。

（二）内控及风险管理制度未执行或执行不力，对经营投资重大风险未能及时分析、识别、评估、预警、应对和报告。

（三）未按规定对企业规章制度、经济合同和重要决策等进行法律审核。

（四）未执行国有资产监管有关规定，过度负债导致债务危机，危及企业持续经营。

（五）恶意逃废金融债务。

（六）瞒报、漏报、谎报或迟报重大风险及风险损失事件，指使编制虚假财务报告，企业账实严重不符。

第九条　购销管理方面的责任追究情形：

（一）未按规定订立、履行合同，未履行或未正确履行职责致使合同标的价格明显不公允。

（二）未正确履行合同，或无正当理由放弃应得合同权益。

（三）违反规定开展融资性贸易业务或“空转”“走单”等虚假贸易业务。

（四）违反规定利用关联交易输送利益。

（五）未按规定进行招标或未执行招标结果。

（六）违反规定提供赊销信用、资质、担保或预付款项，利用业务预付或物资交易等方式变相融资或投资。

（七）违反规定开展商品期货、期权等衍生业务。

（八）未按规定对应收款项及时追索或采取有效保全措施。

第十条　工程承包建设方面的责任追究情形：

（一）未按规定对合同标的进行调查论证或风险分析。

（二）未按规定履行决策和审批程序，或未经授权和超越授权投标。

（三）违反规定，无合理商业理由以低于成本的报价中标。

（四）未按规定履行决策和审批程序，擅自签订或变更合同。

（五）未按规定程序对合同约定进行严格审查，存在重大疏漏。

（六）工程以及与工程建设有关的货物、服务未按规定招标或规避招标。

（七）违反规定分包等。

（八）违反合同约定超计价、超进度付款。

第十一条 资金管理方面的责任追究情形：

（一）违反决策和审批程序或超越权限筹集和使用资金。

（二）违反规定以个人名义留存资金、收支结算、开立银行账户等。

（三）设立“小金库”。

（四）违反规定集资、发行股票或债券、捐赠、担保、委托理财、拆借资金或开立信用证、办理银行票据等。

（五）虚列支出套取资金。

（六）违反规定超发、滥发职工薪酬福利。

（七）因财务内控缺失或未按照财务内控制度执行，发生资金挪用、侵占、盗取、欺诈等。

第十二条 转让产权、上市公司股权、资产等方面的责任追究情形：

（一）未按规定履行决策和审批程序或超越授权范围转让。

（二）财务审计和资产评估违反相关规定。

（三）隐匿应当纳入审计、评估范围的资产，组织提供和披露虚假信息，授意、指使中介机构出具虚假财务审计、资产评估鉴证结果及法律意见书等。

（四）未按相关规定执行回避制度。

（五）违反相关规定和公开公平交易原则，低价转让企业产权、上市公司股权和资产等。

（六）未按规定进场交易。

第十三条 固定资产投资方面的责任追究情形：

（一）未按规定进行可行性研究或风险分析。

（二）项目概算未按规定进行审查，严重偏离实际。

（三）未按规定履行决策和审批程序擅自投资。

（四）购建项目未按规定招标，干预、规避或操纵招标。

（五）外部环境和项目本身情况发生重大变化，未按规定及时调整投资方案并采取止损措施。

（六）擅自变更工程设计、建设内容和追加投资等。

（七）项目管理混乱，致使建设严重拖期、成本明显高于同类项目。

（八）违反规定开展列入负面清单的投资项目。

第十四条 投资并购方面的责任追究情形：

（一）未按规定开展尽职调查，或尽职调查未进行风险分析等，存在重大疏漏。

（二）财务审计、资产评估或估值违反相关规定。

（三）投资并购过程中授意、指使中介机构或有关单位出具虚假报告。

（四）未按规定履行决策和审批程序，决策未充分考虑重大风险因素，未制定风险防范预案。

（五）违反规定以各种形式为其他合资合作方提供垫资，或通过高溢价并购等手段向关联方输送利益。

（六）投资合同、协议及标的企业公司章程等法律文件中存在有损国有权益的条款，致使对标的企业管理失控。

（七）违反合同约定提前支付并购价款。

（八）投资并购后未按有关工作方案开展整合，致使对标的企业管理失控。

（九）投资参股后未行使相应股东权利，发生重大变化未及时采取止损措施。

（十）违反规定开展列入负面清单的投资项目。

第十五条 改组改制方面的责任追究情形：

（一）未按规定履行决策和审批程序。

（二）未按规定组织开展清产核资、财务审计和资产评估。

（三）故意转移、隐匿国有资产或向中介机构提供虚假信息，授意、指使中介机构出具虚假清产核资、财务审计与资产评估等鉴证结果。

（四）将国有资产以明显不公允低价折股、出售或无偿分给其他单位或个人。

（五）在发展混合所有制经济、实施员工持股计划、破产重整或清算等改组改制过程中，违反规定，导致发生变相套取、私分国有资产。

（六）未按规定收取国有资产转让价款。

（七）改制后的公司章程等法律文件中存在有损国有权益的条款。

第十六条 境外经营投资方面的责任追究情形：

（一）未按规定建立企业境外投资管理相关制度，导致境外投资管控缺失。

（二）开展列入负面清单禁止类的境外投资

项目。

（三）违反规定从事非主业投资或开展列入负面清单特别监管类的境外投资项目。

（四）未按规定进行风险评估并采取有效风险防控措施对外投资或承揽境外项目。

（五）违反规定采取不当经营行为，以及不顾成本和代价进行恶性竞争。

（六）违反本章其他有关规定或存在国家明令禁止的其他境外经营投资行为的。

第十七条 其他违反规定，未履行或未正确履行职责造成国有资产损失或其他严重不良后果的责任追究情形。

第三章 资产损失认定

第十八条 对中央企业违规经营投资造成的资产损失，在调查核实的基础上，依据有关规定认定资产损失金额，以及对企业、国家和社会等造成的影响。

第十九条 资产损失包括直接损失和间接损失。直接损失是与相关人员行为有直接因果关系的损失金额及影响；间接损失是由相关人员行为引发或导致的，除直接损失外、能够确认计量的其他损失金额及影响。

第二十条 中央企业违规经营投资资产损失500万元以下为一般资产损失，500万元以上5000万元以下为较大资产损失，5000万元以上为重大资产损失。涉及违纪违法和犯罪行为查处的损失标准，遵照相关党内法规和国家法律法规的规定执行。

前款所称的“以上”包括本数，所称的“以下”不包括本数。

第二十一条 资产损失金额及影响，可根据司法、行政机关等依法出具的书面文件，具有相应资质的会计师事务所、资产评估机构、律师事务所、专业技术鉴定机构等专业机构出具的专项审计、评估或鉴证报告，以及企业内部证明材料等，进行综合研判认定。

第二十二条 相关违规经营投资虽尚未形成事实资产损失，但确有证据证明资产损失在可预见未来将发生，且能可靠计量资产损失金额的，经中介机构评估可以认定为或有损失，计入资产损失。

第四章 责任认定

第二十三条 中央企业经营管理有关人员任职期间违反规定，未履行或未正确履行职责造成国有资产损失或其他严重不良后果的，应当追究其相应责任。违规经营投资责任根据工作职责划分为直接责任、主管责任和领导责任。

第二十四条 直接责任是指相关人员在其工作职责范围内，违反规定，未履行或未正确履行职责，对造成的资产损失或其他严重不良后果起决定性直接作用时应当承担的责任。

企业负责人存在以下情形的，应当承担直接责任：

（一）本人或与他人共同违反国家法律法规、国有资产监管规章制度和企业内部管理规定。

（二）授意、指使、强令、纵容、包庇下属人员违反国家法律法规、国有资产监管规章制度和企业内部管理规定。

（三）未经规定程序或超越权限，直接决定、批准、组织实施重大经济事项。

（四）主持相关会议讨论或以其他方式研究时，在多数人不同意的情况下，直接决定、批准、组织实施重大经济事项。

（五）将按有关法律法规制度应作为第一责任人（总负责）的事项、签订的有关目标责任事项或应当履行的其他重要职责，授权（委托）其他领导人员决策且决策不当或决策失误等。

（六）其他应当承担直接责任的行为。

第二十五条 主管责任是指相关人员在其直接主管（分管）工作职责范围内，违反规定，未履行或未正确履行职责，对造成的资产损失或其他严重不良后果应当承担的责任。

第二十六条 领导责任是指企业主要负责人在其工作职责范围内，违反规定，未履行或未正确履行职责，对造成的资产损失或其他严重不良后果应当承担的责任。

第二十七条 中央企业所属子企业违规经营投资致使发生本条第二款、第三款所列情形的，上级企业经营管理有关人员应当承担相应的责任。

上一级企业有关人员应当承担相应责任的情形包括：

（一）发生重大资产损失且对企业生产经营、财务状况产生重大影响的。

（二）多次发生较大、重大资产损失，或造成其他严重不良后果的。

除上一级企业有关人员外，更高层级企业有关人员也应当承担相应责任的情形包括：

（一）发生违规违纪违法问题，造成资产损失金额巨大且危及企业生存发展的。

（二）在一定时期内多家所属子企业连续集中发生重大资产损失，或造成其他严重不良后果的。

第二十八条 中央企业违反规定瞒报、漏报或谎报重大资产损失的，对企业主要负责人和分管负责人比照领导责任和主管责任进行责任认定。

第二十九条 中央企业未按规定和有关工作职责要求组织开展责任追究工作的，对企业负责人及有关人员比照领导责任、主管责任和直接责任进行责任认定。

第三十条 中央企业有关经营决策机构以集体决策形式作出违规经营投资的决策或实施其他违规经营投资的行为，造成资产损失或其他严重不良后果的，应当承担集体责任，有关成员也应当承担相应责任。

第五章 责任追究处理

第三十一条 对相关责任人的处理方式包括组织处理、扣减薪酬、禁入限制、纪律处分、移送国家监察机关或司法机关等，可以单独使用，也可以合并使用。

（一）组织处理。包括批评教育、责令书面检查、通报批评、诫勉、停职、调离工作岗位、降职、改任非领导职务、责令辞职、免职等。

（二）扣减薪酬。扣减和追索绩效年薪或任期激励收入，终止或收回其他中长期激励收益，取消参加中长期激励资格等。

（三）禁入限制。五年直至终身不得担任国有企业董事、监事、高级管理人员。

（四）纪律处分。由相应的纪检监察机构查处。

（五）移送国家监察机关或司法机关处理。依据国家有关法律规定，移送国家监察机关或司法机关查处。

第三十二条 中央企业发生资产损失，经过查证核实和责任认定后，除依据有关规定移送纪检监察机构或司法机关处理外，应当按以下方式处理：

（一）发生一般资产损失的，对直接责任人和主管责任人给予批评教育、责令书面检查、通报批评、诫勉等处理，可以扣减和追索责任认定年度50%以下的绩效年薪。

（二）发生较大资产损失的，对直接责任人和主管责任人给予通报批评、诫勉、停职、调离工作岗位、降职等处理，同时按照以下标准扣减薪酬：扣减和追索责任认定年度50%－100%的绩效年薪、扣减和追索责任认定年度（含）前三年50%－100%的任期激励收入并延期支付绩效年薪，终止尚未行使的其他中长期激励权益、上缴责任认定年度及前一年度的全部中长期激励收益、五年内不得参加企业新的中长期激励。

对领导责任人给予通报批评、诫勉、停职、调离工作岗位等处理，同时按照以下标准扣减薪酬：扣减和追索责任认定年度30%－70%的绩效年薪、扣减和追索责任认定年度（含）前三年30%－70%的任期激励收入并延期支付绩效年薪，终止尚未行使的其他中长期激励权益、三年内不得参加企业新的中长期激励。

（三）发生重大资产损失的，对直接责任人和主管责任人给予降职、改任非领导职务、责令辞职、免职和禁入限制等处理，同时按照以下标准扣减薪酬：扣减和追索责任认定年度100%的绩效年薪、扣减和追索责任认定年度（含）前三年100%的任期激励收入并延期支付绩效年薪，终止尚未行使的其他中长期激励权益、上缴责任认定年度（含）前三年的全部中长期激励收益、不得参加企业新的中长期激励。

对领导责任人给予调离工作岗位、降职、改任非领导职务、责令辞职、免职和禁入限制等处理，同时按照以下标准扣减薪酬：扣减和追索责任认定年度70%－100%的绩效年薪、扣减和追索责任认定年度（含）前三年70%－100%的任期激励收入并延期支付绩效年薪，终止尚未行使的其他中长期激励权益、上缴责任认定年度（含）前三年的全部中长期激励收益、五年内不得参加企业新的中长期激励。

第三十三条 中央企业所属子企业发生资产损失，按照本办法应当追究中央企业有关人员责任时，对相关责任人给予通报批评、诫勉、停职、调离工作岗位、降职、改任非领导职务、责令辞职、免职和禁入限制等处理，同时按照以下标准扣减薪酬：扣减和追索责任认定年度30%－100%的绩效年薪、扣减和追索责任认定年度（含）前三年30%－100%的任期激励收入并延期支付绩效年薪，终止尚未行使的其他中长期激励权益、上缴责任认定年度（含）前三年的全部中长期激励收益、三至五年内不得参加企业新的中长期激励。

第三十四条 对承担集体责任的中央企业有关经营决策机构，给予批评教育、责令书面检查、通报批评等处理；对造成资产损失金额巨大且危及企业生存发展的，或造成其他特别严重不良后果的，按照规定程序予以改组。

第三十五条　责任认定年度是指责任追究处理年度。有关责任人在责任追究处理年度无任职或任职不满全年的，按照最近一个完整任职年度执行；若无完整任职年度的，参照处理前实际任职月度（不超过12个月）执行。

第三十六条　对同一事件、同一责任人的薪酬扣减和追索，按照党纪处分、政务处分、责任追究等扣减薪酬处理的最高标准执行，但不合并使用。

第三十七条　相关责任人受到诫勉处理的，六个月内不得提拔、重用；受到调离工作岗位、改任非领导职务处理的，一年内不得提拔；受到降职处理的，两年内不得提拔；受到责令辞职、免职处理的，一年内不安排职务，两年内不得担任高于原任职务层级的职务；同时受到纪律处分的，按照影响期长的规定执行。

第三十八条　中央企业经营管理有关人员违规经营投资未造成资产损失，但造成其他严重不良后果的，经过查证核实和责任认定后，对相关责任人参照本办法予以处理。

第三十九条　有下列情形之一的，应当对相关责任人从重或加重处理：

（一）资产损失频繁发生、金额巨大、后果严重的。

（二）屡禁不止、顶风违规、影响恶劣的。

（三）强迫、唆使他人违规造成资产损失或其他严重不良后果的。

（四）未及时采取措施或措施不力导致资产损失或其他严重不良后果扩大的。

（五）瞒报、漏报或谎报资产损失的。

（六）拒不配合或干扰、抵制责任追究工作的。

（七）其他应当从重或加重处理的。

第四十条　对中央企业经营管理有关人员在企业改革发展中所出现的失误，不属于有令不行、有禁不止、不当谋利、主观故意、独断专行等的，根据有关规定和程序予以容错。有下列情形之一的，可以对违规经营投资相关责任人从轻或减轻处理：

（一）情节轻微的。

（二）以促进企业改革发展稳定或履行企业经济责任、政治责任、社会责任为目标，且个人没有谋取私利的。

（三）党和国家方针政策、党章党规党纪、国家法律法规、地方性法规和规章等没有明确限制或禁止的。

（四）处置突发事件或紧急情况下，个人或少数人决策，事后及时履行报告程序并得到追认，且不存在故意或重大过失的。

（五）及时采取有效措施减少、挽回资产损失并消除不良影响的。

（六）主动反映资产损失情况，积极配合责任追究工作的，或主动检举其他造成资产损失相关人员，查证属实的。

（七）其他可以从轻或减轻处理的。

第四十一条　对于违规经营投资有关责任人应当给予批评教育、责令书面检查、通报批评或诫勉处理，但是具有本办法第四十条规定的情形之一的，可以免除处理。

第四十二条　对违规经营投资有关责任人减轻或免除处理，须由作出处理决定的上一级企业或国资委批准。

第四十三条　相关责任人已调任、离职或退休的，应当按照本办法给予相应处理。

第四十四条　相关责任人在责任认定年度已不在本企业领取绩效年薪的，按离职前一年度全部绩效年薪及前三年任期激励收入总和计算，参照本办法有关规定追索扣回其薪酬。

第四十五条　对违反规定，未履行或未正确履行职责造成国有资产损失或其他严重不良后果的中央企业董事、监事以及其他有关人员，依照国家法律法规、有关规章制度和本办法等对其进行相应处理。

第六章　责任追究工作职责

第四十六条　国资委和中央企业原则上按照国有资本出资关系和干部管理权限，组织开展责任追究工作。

第四十七条　国资委在责任追究工作中的主要职责：

（一）研究制定中央企业责任追究有关制度。

（二）组织开展中央企业发生的重大资产损失或产生严重不良后果的较大资产损失，以及涉及中央企业负责人的责任追究工作。

（三）认为有必要直接组织开展的中央企业及其所属子企业责任追究工作。

（四）对中央企业存在的共性问题进行专项核查。

（五）对需要中央企业整改的问题，督促企业落实有关整改工作要求。

（六）指导、监督和检查中央企业责任追究相关工作。

（七）其他有关责任追究工作。

第四十八条 国资委内设专门责任追究机构，受理有关方面按规定程序移交的中央企业及其所属子企业违规经营投资的有关问题和线索，初步核实后进行分类处置，并采取督办、联合核查、专项核查等方式组织开展有关核查工作，认定相关人员责任，研究提出处理的意见建议，督促企业整改落实。

第四十九条 中央企业在责任追究工作中的主要职责：

（一）研究制定本企业责任追究有关制度。

（二）组织开展本级企业发生的一般或较大资产损失，二级子企业发生的重大资产损失或产生严重不良后果的较大资产损失，以及涉及二级子企业负责人的责任追究工作。

（三）认为有必要直接组织开展的所属子企业责任追究工作。

（四）指导、监督和检查所属子企业责任追究相关工作。

（五）按照国资委要求组织开展有关责任追究工作。

（六）其他有关责任追究工作。

第五十条 中央企业应当明确相应的职能部门或机构，负责组织开展责任追究工作，并做好与企业纪检监察机构的协同配合。

第五十一条 中央企业应当建立责任追究工作报告制度，对较大和重大违规经营投资的问题和线索，及时向国资委书面报告，并按照有关工作要求定期报送责任追究工作开展情况。

第五十二条 中央企业未按规定和有关工作职责要求组织开展责任追究工作的，国资委依据相关规定，对有关中央企业负责人进行责任追究。

第五十三条 国资委和中央企业有关人员，对企业违规经营投资等重大违规违纪违法问题，存在应当发现而未发现或发现后敷衍不追、隐匿不报、查处不力等失职渎职行为的，严格依纪依规追究纪律责任；涉嫌犯罪的，移送国家监察机关或司法机关查处。

第七章 责任追究工作程序

第五十四条 开展中央企业责任追究工作一般应当遵循受理、初步核实、分类处置、核查、处理和整改等程序。

第五十五条 受理有关方面按规定程序移交的违规经营投资问题和线索，并进行有关证据、材料的收集、整理和分析工作。

第五十六条 国资委专门责任追究机构受理下列企业违规经营投资的问题和线索：

（一）国有资产监督管理工作中发现的。

（二）审计、巡视、纪检监察以及其他有关部门移交的。

（三）中央企业报告的。

（四）其他有关违规经营投资的问题和线索。

第五十七条 对受理的违规经营投资问题和线索，及相关证据、材料进行必要的初步核实工作。

第五十八条 初步核实的主要工作内容包括：

（一）资产损失及其他严重不良后果的情况。

（二）违规违纪违法的情况。

（三）是否属于责任追究范围。

（四）有关方面的处理建议和要求等。

第五十九条 初步核实的工作一般应于30个工作日内完成，根据工作需要可以适当延长。

第六十条 根据初步核实情况，对确有违规违纪违法事实的，按照规定的职责权限和程序进行分类处置。

第六十一条 分类处置的主要工作内容包括：

（一）属于国资委责任追究职责范围的，由国资委专门责任追究机构组织实施核查工作。

（二）属于中央企业责任追究职责范围的，移交和督促相关中央企业进行责任追究。

（三）涉及中管干部的违规经营投资问题线索，报经中央纪委国家监委同意后，按要求开展有关核查工作。

（四）属于其他有关部门责任追究职责范围的，移送有关部门。

（五）涉嫌违纪或职务违法的问题和线索，移送纪检监察机构。

（六）涉嫌犯罪的问题和线索，移送国家监察机关或司法机关。

第六十二条 国资委对违规经营投资事项及时组织开展核查工作，核实责任追究情形，确定资产损失程度，查清资产损失原因，认定相关人员责任等。

第六十三条 结合中央企业减少或挽回资产损失工作进展情况，可以适时启动责任追究工作。

第六十四条 核查工作可以采取以下工作措施

核查取证：

（一）与被核查事项有关的人员谈话，形成核查谈话记录，并要求有关人员作出书面说明。

（二）查阅、复制被核查企业的有关文件、会议纪要（记录）、资料和账簿、原始凭证等相关材料。

（三）实地核查企业实物资产等。

（四）委托具有相应资质的专业机构对有关问题进行审计、评估或鉴证等。

（五）其他必要的工作措施。

第六十五条　在核查期间，对相关责任人未支付或兑现的绩效年薪、任期激励收入、中长期激励收益等均应暂停支付或兑现；对有可能影响核查工作顺利开展的相关责任人，可视情况采取停职、调离工作岗位、免职等措施。

第六十六条　在重大违规经营投资事项核查工作中，对确有工作需要的，负责核查的部门可请纪检监察机构提供必要支持。

第六十七条　核查工作一般应于6个月内完成，根据工作需要可以适当延长。

第六十八条　核查工作结束后，一般应当听取企业和相关责任人关于核查工作结果的意见，形成资产损失情况核查报告和责任认定报告。

第六十九条　国资委根据核查工作结果，按照干部管理权限和相关程序对相关责任人追究处理，形成处理决定，送达有关企业及被处理人，并对有关企业提出整改要求。

第七十条　被处理人对处理决定有异议的，可以在处理决定送达之日起15个工作日内，提出书面申诉，并提供相关证明材料。申诉期间不停止原处理决定的执行。

第七十一条　国资委或中央企业作出处理决定的，被处理人向作出该处理决定的单位申诉；中央企业所属子企业作出处理决定的，向上一级企业申诉。

第七十二条　国资委和企业应当自受理申诉之日起30个工作日内复核，作出维持、撤销或变更原处理决定的复核决定，并以适当形式告知申诉人及其所在企业。

第七十三条　中央企业应当按照整改要求，认真总结吸取教训，制定和落实整改措施，优化业务流程，完善内控体系，堵塞经营管理漏洞，建立健全防范经营投资风险的长效机制。

第七十四条　中央企业应在收到处理决定之日起60个工作日内，向国资委报送整改报告及相关材料。

第七十五条　国资委和中央企业应当按照国家有关信息公开规定，逐步向社会公开违规经营投资核查处理情况和有关整改情况等，接受社会监督。

第七十六条　积极运用信息化手段开展责任追究工作，推进相关数据信息的报送、归集、共享和综合利用，逐步建立违规经营投资损失和责任追究工作信息报送系统、中央企业禁入限制人员信息查询系统等，加大信息化手段在发现问题线索、专项核查、责任追究等方面的运用力度。

第八章　附　　则

第七十七条　中央企业应根据本办法，结合本企业实际情况，细化责任追究的范围、资产损失程度划分标准等，研究制定责任追究相关制度规定，并报国资委备案。

第七十八条　各地区国有资产监督管理机构可以参照本办法，结合实际情况制定本地区责任追究相关制度规定。

第七十九条　国有参股企业责任追究工作，可参照本办法向国有参股企业股东会提请开展责任追究工作。

第八十条　对发生生产安全、环境污染责任事故和不稳定事件的，按照国家有关规定另行处理。

第八十一条　本办法由国资委负责解释。

第八十二条　本办法自2018年8月30日起施行。《中央企业资产损失责任追究暂行办法》（国资委令第20号）同时废止。

中央企业财务决算审核发现问题整改和责任追究工作规定

国资发监责规〔2023〕25号

第一章　总　　则

第一条　为健全中央企业财务决算监督管理制度，规范财务决算审核发现问题的整改和责任追究工作，有效防范化解重大风险，促进中央企业高质量发展，根据《中华人民共和国企业国有资产法》《企业国有资产监督管理暂行条例》《中央企业财务决算报告管理办法》（国资委令第5号）和《中央企业违规经营投资责任追究实施办法（试行）》（国资委令第37号）等法律法规和有关规定，制定本规定。

第二条 本规定所称财务决算审核发现问题，是指国资委依法履行所出资企业财务监管职能，在中央企业年度财务决算报告审核过程中发现的经营管理问题，以及违反规定造成国有资产损失或其他严重不良后果的问题线索等。

第三条 国资委和中央企业按照国有资本出资关系和干部管理权限，依据财务监管和责任追究有关规定，组织开展财务决算审核发现问题的整改和责任追究工作。

第四条 国资委财务监管部门负责中央企业财务决算报告审核，移送财务决算审核发现违规经营投资问题线索，审核把关整改质量。国资委违规责任追究部门负责财务决算审核发现违规经营投资问题线索办理工作的统筹协调，开展重大违规经营投资问题线索核查，督办指导中央企业责任追究工作。

中央企业负责本企业财务决算审核发现问题整改和责任追究工作的组织实施，健全制度机制，细化工作流程，明确职责分工，强化督促协调，确保整改和责任追究工作落实到位。

第五条 中央企业财务决算审核发现问题整改和责任追究工作，应当坚持问题导向，突出标本兼治；坚持分级分层，压实主体责任；坚持依法合规，严格规范有序；坚持系统思维，加强协同联动。

第二章 问题整改

第六条 国资委财务监管部门对财务决算审核发现问题，应当按照相关工作程序，纳入中央企业年度财务决算批复，并提出整改意见。

第七条 中央企业收到年度财务决算批复后，应当认真组织财务决算审核发现问题整改落实，由企业主要负责人牵头，建立财务、审计、责任追究、法律合规及其他相关职能部门参与的整改工作机制，对照财务决算审核发现问题及整改意见，制定整改工作方案。

第八条 中央企业应当全面梳理财务决算审核发现问题，形成问题整改台账，以清单形式逐项列明整改事项、问题描述、整改措施、责任单位及人员、整改期限等。

第九条 中央企业应当在收到年度财务决算批复后30个工作日内将整改工作方案及问题整改台账报送国资委。

第十条 中央企业应当按照整改工作方案，对照问题整改台账，做好整改工作组织实施，从纠正违规行为、完善制度机制、开展责任追究、挽回资产损失或消除不良影响等方面评估整改质量。已完成整改问题应当从问题整改台账中销号，尚未完成整改问题，应当持续跟踪督促，确保整改工作落实到位。

第十一条 中央企业应当在收到年度财务决算批复当年12月31日前完成整改，并将整改工作报告报送国资委。

第十二条 国资委应当加强对中央企业财务决算审核发现问题整改的指导督促、监督检查，审核把关整改质量，对重大复杂问题国资委财务监管部门征求国资委相关业务厅局意见，保证整改工作效果。

第三章 责任追究

第十三条 国资委和中央企业按照违规经营投资问题线索移送办理有关规定，分级分层做好财务决算审核发现问题的移送、初步核实、分类处置及核查等工作。

第十四条 国资委财务监管部门移送国资委违规责任追究部门的违规经营投资问题线索主要包括：

（一）涉嫌进行虚假会计核算，编制虚假财务报告，操纵会计信息，调节财务指标和监管指标，造成会计信息严重失真，账实严重不符。

（二）涉嫌违反规定开展投资并购，投资项目亏损引发债务危机，危及企业持续经营。

（三）涉嫌违反规定筹集、使用、拆借资金，发生资金挪用、侵占、盗取、欺诈。

（四）涉嫌瞒报、漏报、谎报或迟报企业重大风险及风险事件，情形严重。

（五）涉嫌开展融资性贸易或“空转”“走单”等虚假业务。

（六）涉嫌违反规定对外提供巨额赊销信用、担保或预付款项，以及利用业务预付等方式变相融资。

（七）涉嫌违反规定开展货币类及商品类衍生业务。

（八）涉嫌违反规定更换年度财务决算审计会计师事务所，或授意、指使其出具虚假年度财务决算审计报告。

（九）涉嫌违反规定进行国有资产交易流转。

（十）其他造成国有资产损失或严重不良后果的违规经营投资问题线索。

第十五条　国资委违规责任追究部门受理移送违规经营投资问题线索后，经初步核实，采取核查、督办等方式开展责任追究工作，提级查办屡查屡犯和重大违规经营投资问题线索，依法依规对责任人作出处理。

（一）对涉及中央企业集团层面，或涉及所属子企业且情节严重、造成重大资产损失或其他严重不良后果的，由国资委直接核查。

（二）对涉及中央企业所属二级及以下子企业，且情节较重、资产损失较大，由国资委与中央企业组成核查组，开展联合核查。

（三）对移送的其他财务决算审核发现问题线索，由中央企业组织核查，国资委采取挂牌督办、指导督办等方式进行指导、监督和检查。

第十六条　中央企业应当逐条分析财务决算审核发现问题整改台账，依据本规定第十四条移送情形的规定，对其中造成资产损失或其他严重不良后果的违规经营投资问题线索，按照规定开展移送、初步核实并提出分类处置意见，制定责任追究工作安排，组织开展核查等工作。

第十七条　中央企业应当将责任追究工作安排作为整改工作方案附件，一并报送国资委。责任追究工作安排主要包括以下内容：

（一）初步核实工作开展情况。

（二）发现的违规经营投资问题线索情况。

（三）违规经营投资问题线索分类处置意见。

（四）核查实施主体、时间节点等。

（五）其他工作安排。

第十八条　中央企业应当在责任追究工作安排报送后60个工作日内，将相关工作组织、责任追究等情况形成专项工作报告报送国资委。对于报告时尚未完成责任追究的问题线索，应当纳入企业年度违规经营投资责任追究工作报告，直至问题线索责任追究到位。

第十九条　国资委和中央企业在查办违规经营投资问题线索时，发现企业经营管理人员涉嫌违纪或职务违法的问题线索，按有关规定移送纪检监察机构处理。

第四章　结果运用

第二十条　中央企业应当分析研判财务决算审核发现问题，将多发典型问题作为内部监督工作重点关注事项，根据需要开展专项检查。对检查发现问题做好整改和责任追究工作，重要工作情况及时报告国资委。

第二十一条　中央企业应当研究财务决算审核发现问题发生的深层次原因，健全完善经营管理制度，形成长效机制。对于形成原因较为复杂、涉及面较广的问题，通过专项治理、深化改革加以解决，从根源上防范化解问题发生，杜绝同一问题屡查屡犯。

第二十二条　中央企业在财务决算审核发现问题整改和责任追究工作中发生下列情形之一，造成贻误追损时机、资产损失或严重不良后果扩大的，应当按照有关规定追究相关企业和人员责任。

（一）未在规定时限内完成财务决算审核发现问题整改和责任追究，且未能说明原因或原因不充分的。

（二）对财务决算审核发现问题应当移送开展责任追究工作，而隐匿不报未移送的。

（三）因财务决算审核发现问题整改落实不力或责任追究不到位导致同类问题屡禁不止，造成重大国有资产损失或其他严重不良后果的。

（四）财务决算审核发现问题整改和责任追究工作中其他未履行或未正确履行职责，造成重大国有资产损失或其他严重不良后果的。

第二十三条　国资委应当汇总分析中央企业财务决算审核发现问题整改和责任追究工作情况，对普遍共性问题有针对性地完善国资监管政策制度，根据需要组织开展专项督导和核查，指导中央企业健全财务管理和责任追究体系，提升国资监管效能。

第五章　附　　则

第二十四条　中央企业应当根据本规定，结合本企业实际情况，研究制定相关制度规定，细化财务决算审核发现问题的整改和责任追究工作程序，明确职责分工，深化成果运用等。

第二十五条　本规定由国资委负责解释。

第二十六条　本规定自印发之日起施行。

第七章　综合类

（一）应急管理

行政规章及规范性文件：

中央企业应急管理暂行办法

国务院国有资产监督管理委员会令31号

《中央企业应急管理暂行办法》已由国务院国有资产监督管理委员会第128次主任办公会议审议通过，现予公布，自印发之日起施行。

国务院国有资产监督管理委员会主任　王勇

二〇一三年二月二十八日

第一章　总　　则

第一条　为进一步加强和规范中央企业应急管理工作，提高中央企业防范和处置各类突发事件的能力，最大程度地预防和减少突发事件及其造成的损害和影响，保障人民群众生命财产安全，维护国家安全和社会稳定，根据《中华人民共和国突发事件应对法》、《中华人民共和国企业国有资产法》、《国家突发公共事件总体应急预案》、《国务院关于全面加强应急管理工作的意见》（国发〔2006〕24号）等有关法律法规、规定，制定本办法。

第二条　突发事件是指突然发生，造成或者可能造成严重社会危害，需要采取应急处置措施予以应对的自然灾害、事故灾难、公共卫生事件和社会安全事件。

（一）自然灾害。主要包括水旱灾害、气象灾害、地震灾害、地质灾害、海洋灾害、生物灾害和森林草原火灾等。

（二）事故灾难。主要包括工矿商贸等企业的各类安全事故、交通运输事故、公共设施和设备事故、环境污染和生态破坏事件等。

（三）公共卫生事件。主要包括传染病疫情、群体性不明原因疾病、食品安全和职业危害、动物疫情，以及其他严重影响公众健康和生命安全的事件。

（四）社会安全事件。主要包括恐怖袭击事件、民族宗教事件、经济安全事件、涉外突发事件和群体性事件等。

第三条　本办法所称中央企业，是指国务院国有资产监督管理委员会（以下简称国资委）根据国务院授权履行出资人职责的国家出资企业。

第四条　中央企业应急管理是指中央企业在政府有关部门的指导下对各类突发事件的预防与应急准备、监测与预警、应急处置与救援、事后恢复与重建等活动的全过程管理。

第五条　中央企业应急管理工作应依法接受政府有关部门的监督管理。

第六条　国资委对中央企业的应急管理工作履行以下监管职责：

（一）指导、督促中央企业落实国家应急管理方针政策及有关法律法规、规定和标准。

（二）指导、督促中央企业建立完善各类突发事件应急预案，开展预案的培训和演练。

（三）指导、督促中央企业落实各项防范和处置突发事件的措施，及时有效应对企业各类突发事件，做好舆论引导工作。

（四）参与国家有关部门或适当组织对中央企业应急管理的检查、督查。

（五）指导、督促中央企业参与社会重大突发事件的应急处置与救援。

（六）配合国家有关部门对中央企业在突发事件应对中的失职渎职责任进行追究。

第二章　工作责任和组织体系

第七条　中央企业应当认真履行应急管理主体责任，贯彻落实国家应急管理方针政策及有关法律法规、规定，建立和完善应急管理责任制，应急管理责任制应覆盖本企业全体职工和岗位、全部生产经营和管理过程。

第八条　中央企业应当全面履行以下应急管理职责：

（一）建立健全应急管理体系，完善应急管理组织机构。

（二）编制完善各类突发事件的应急预案，组织开展应急预案的培训和演练，并持续改进。

（三）督促所属企业主动与所在地人民政府应急管理体系对接，建立应急联动机制。

（四）加强企业专（兼）职救援队伍和应急平台建设。

（五）做好突发事件的报告、处置和善后工作，做好突发事件的舆情监测、信息披露、新闻危机处置。

（六）积极参与社会突发事件的应急处置与救援。

第九条　中央企业主要负责人是本企业应急管理的第一责任人，对本企业应急管理工作负总责。中央企业各类突发事件应急管理的分管负责人，协助主要负责人落实应急管理方针政策及有关法律法规、规定和标准，统筹协调和管理企业相应突发事件的应急管理工作，对企业应急管理工作负重要领导责任。

第十条　中央企业应当对其独资、控股及参股企业的应急管理认真履行以下监督管理责任：

（一）监督管理独资及控股子企业应急管理组织机构设置情况；应急管理制度建立情况；应急预案编制、评估、备案、培训、演练情况；应急管理投入、专（兼）职救援队伍和应急平台建设情况；及时报告、处置突发事件等情况。

（二）将独资及控股子企业纳入中央企业应急管理体系，严格应急管理的检查、考核、奖惩和责任追究。

（三）对参股等其他类子企业，中央企业应按照相关法律法规的要求，通过经营合同、公司章程、协议书等明确各股权方的应急管理责任。

第十一条　中央企业应当建立健全应急管理组织体系，明确本企业应急管理的综合协调部门和各类突发事件分管部门的职责。

（一）应急管理机构和人员。

中央企业应当按照有关规定，成立应急领导机构，设置或明确应急管理综合协调部门和专项突发事件应急管理分管部门，配置专（兼）职应急管理人员，其任职资格和配备数量，应符合国家和行业的有关规定；国家和行业没有明确规定的，应根据本企业的生产经营内容和性质、管理范围、管理跨度等，配备专（兼）职应急管理人员。

（二）应急管理工作领导机构。

中央企业要成立应急管理领导小组，负责统一领导本企业的应急管理工作，研究决策应急管理重大问题和突发事件应对办法。领导机构主要负责人应当由企业主要负责人担任，并明确一位企业负责人具体分管领导机构的日常工作。领导机构应当建立工作制度和例会制度。

（三）应急管理综合协调部门。

应急管理综合协调部门负责组织企业应急体系建设，组织编制企业总体应急预案，组织协调分管部门开展应急管理日常工作。在跨界突发事件应急状态下，负责综合协调企业内部资源、对外联络沟通等工作。

（四）应急管理分管部门。

应急管理分管部门负责专项应急预案的编制、评估、备案、培训和演练，负责专项突发事件应急管理的日常工作，分管专项突发事件的应急处置。

第三章　工作要求

第十二条　中央企业应急管理工作必须坚持预防为主、预防与处置相结合的原则，按照“统一领导、综合协调、分类管理、分级负责、企地衔接”的要求，建立“上下贯通、多方联动、协调有序、运转高效”的应急管理机制，开展应急管理常态工作。

第十三条　中央企业应建立完善应急管理体系，积极借鉴国内外应急管理先进理念，采用科学的应急管理方法和技术手段，不断提高应急管理水平。

（一）中央企业应当将应急管理体系建设规划纳入企业总体发展战略规划，使应急管理体系建设与企业发展同步实施、同步推进。

（二）中央企业应急管理体系建设应当包括：应急管理组织体系、应急预案体系、应急管理制度体系、应急培训演练体系、应急队伍建设体系、应急保障体系等。

（三）中央企业应当加强应急管理体系的运行管理，及时发现应急管理体系存在的问题，持续改进、不断完善，确保企业应急管理体系有效运行。

第十四条　中央企业应当加强各类突发事件的风险识别、分析和评估，针对突发事件的性质、特点和可能造成的社会危害，编制企业总体应急预案、专项应急预案和现场处置方案，形成“横向到边、纵向到底、上下对应、内外衔接”的应急预案体系。中央企业应当加强预案管理，建立应急预案的评估、修订和备案管理制度。

第十五条 中央企业应当加强风险监测，建立突发事件预警机制，针对可能发生的各类突发事件，及时采取措施，防范各类突发事件的发生，减少突发事件造成的危害。

第十六条 中央企业应当加强各级企业负责人、管理人员和作业人员的应急培训，提高应急指挥和救援人员的应急管理水平和专业技能，提高全员的应急意识和防灾、避险、自救、互救能力；要组织编制有针对性的培训教材，分层次开展全员应急培训。

第十七条 中央企业应当有计划地组织开展多种形式、节约高效的应急预案演练，突出演练的针对性和实战性，认真做好演练的评估工作，对演练中发现的问题和不足持续改进，提高应对各类突发事件的能力。

第十八条 中央企业应当按照专业救援和职工参与相结合、险时救援和平时防范相结合的原则，建设以专业队伍为骨干、兼职队伍为辅助、职工队伍为基础的企业应急救援队伍体系。

第十九条 中央企业应当加强应急救援基地建设。煤矿和非煤矿山、石油、化工、电力、通讯、民航、水上运输、核工业等企业应当建设符合专业特点、布局配置合理的应急救援基地，积极参加国家级和区域性应急救援基地建设。

第二十条 中央企业应当加强综合保障能力建设，加强应急装备和物资的储备，满足突发事件处置需求，了解掌握企业所在地周边应急资源情况，并在应急处置中互相支援。

第二十一条 中央企业应当加大应急管理投入力度，切实保障应急体系建设、应急基地和队伍建设、应急装备和物资储备、应急培训演练等的资金需求。

第二十二条 中央企业应当加强与地方人民政府及其相关部门应急预案的衔接工作，建立政府与企业之间的应急联动机制，统筹配置应急救援组织机构、队伍、装备和物资，共享区域应急资源。加强与所在地人民政府、其他企业之间的应急救援联动，有针对性地组织开展联合应急演练，充分发挥应对重大突发事件区域一体化联防功能，提高共同应对突发事件的能力和水平。

第二十三条 中央企业应当建设满足应急需要的应急平台，构建完善的突发事件信息网络，实现突发事件信息快速、及时、准确地收集和报送，为应急指挥决策提供信息支撑和辅助手段。

第二十四条 中央企业应当充分发挥保险在突发事件预防、处置和恢复重建等方面的作用，大力推进意外伤害保险和责任保险制度建设，完善对专业和兼职应急队伍的工伤保险制度。

第二十五条 中央企业应当积极推进科技支撑体系建设，紧密跟踪国内外先进应急理论、技术发展，针对企业应急工作的重点和难点，加强与科研机构的联合攻关，积极研发和使用突发事件预防、监测、预警、应急处置与救援的新技术、新设备。

第二十六条 中央企业应当建立突发事件信息报告制度。突发事件发生后，要立即向所在地人民政府报告，并按照要求向国务院有关部门和国资委报告，情况紧急时，可直接向国务院报告。信息要做到及时、客观、真实，不得迟报、谎报、瞒报、漏报。

第二十七条 中央企业应当建立突发事件统计分析制度，及时、全面、准确地统计各类突发事件发生起数、伤亡人数、造成的经济损失等相关情况，并纳入企业的统计指标体系。

第二十八条 造成人员伤亡或生命受到威胁的突发事件发生后，中央企业应当立即启动应急预案，组织本单位应急救援队伍和工作人员营救受害人员，疏散、撤离、安置受到威胁的人员，控制危险源，标明危险区域，封锁危险场所，并采取防止危害扩大的必要措施，同时及时向所在地人民政府和有关部门报告；对因本单位的问题引发的或者主体是本单位人员的社会安全事件，有关单位应当按照规定上报情况，并迅速派出负责人赶赴现场开展劝解、疏导工作；突发事件处置过程中，应加强协调，服从指挥。

第二十九条 中央企业应当建立突发事件信息披露机制，突发事件发生后，应第一时间启动新闻宣传应急预案、全面开展舆情监测、拟定媒体应答口径，做好采访接待准备，并按照有关规定和政府有关部门的统一安排，及时准确地向社会、媒体、员工披露有关突发事件事态发展和应急处置进展情况的信息。

第三十条 突发事件的威胁和危害得到控制或者消除后，中央企业应当按照政府有关部门的要求解除应急状态，并及时组织对突发事件造成的损害进行评估，开展或协助开展突发事件调查处理，查明发生经过和原因，总结经验教训，制定改进措施，尽快恢复正常的生产、生活和社会秩序。

第四章　社会救援

第三十一条　中央企业在做好本企业应急救援工作的同时，要切实履行社会责任，积极参与各类社会公共突发事件的应对处置，在政府的统一领导下，发挥自身专业技术、装备、资源优势，开展应急救援，共同维护社会稳定和人民群众生命财产安全。

第三十二条　社会公共突发事件发生后，相关中央企业应当按照政府及有关部门要求，在能力范围内积极提供电力、通讯、油气、交通等救援保障和食品、药品等生活保障。

第三十三条　中央企业应当建立重大自然灾害捐赠制度，规范捐赠行为，进行捐赠的中央企业必须按照规定及时向国资委报告和备案。

第三十四条　参与社会公共突发事件救援的中央企业，应当及时向国资委报告参与救援的实时信息。

第五章　监督与奖惩

第三十五条　国资委组织开展中央企业应急管理工作的督查工作，督促中央企业落实应急管理有关规定，提高中央企业应急管理工作水平，并酌情对检查结果予以通报。

第三十六条　中央企业违反本办法，不履行应急管理职责的，国资委将责令其改正或予以通报批评；具有以下情形的，国资委将按照干部管理权限追究相关责任人的责任；涉嫌犯罪的，依法移送司法机关处理。

（一）未按照规定采取预防措施，导致发生突发事件，或者未采取必要的防范措施，导致发生次生、衍生事件的。

（二）迟报、谎报、瞒报、漏报有关突发事件的信息，或者通报、报送、公布虚假信息，造成严重后果的。

（三）未按照规定及时发布突发事件预警信息、采取预警措施，导致事件发生的。

（四）未按照规定及时采取措施处置突发事件或者处置不当，造成严重后果的。

第三十七条　国资委对认真贯彻执行本办法和应对突发事件作出突出贡献的中央企业予以表彰，中央企业应当对作出突出贡献的基层单位和个人进行表彰奖励。

第三十八条　中央企业参与突发事件救援遭受重大经济损失的，国资委将按照国务院有关规定给予国有资本预算补助，并在当年中央企业负责人经营业绩考核中酌情考虑。

第六章　附　　则

第三十九条　突发事件的分类分级按照《中华人民共和国突发事件应对法》、《国家突发公共事件总体应急预案》有关规定执行。

第四十条　中央企业境外机构应当首先遵守所在国相关法律法规，参照本办法执行。

第四十一条　本办法由国资委负责解释。

第四十二条　本办法自印发之日起施行。

国家安全监管总局、国务院国资委关于进一步加强中央企业安全生产工作的通知

安监总政法〔2017〕131号

各省、自治区、直辖市及新疆生产建设兵团安全生产监督管理局、国资委，各省级煤矿安全监察局，各中央企业：

为全面学习贯彻习近平新时代中国特色社会主义思想，认真落实《中共中央　国务院关于推进安全生产领域改革发展的意见》《中共中央　国务院关于深化国有企业改革的指导意见》精神，进一步加强中央企业安全生产工作，确保在深化国企国资改革进程中，中央企业安全生产工作不放松，切实保护人民群众的生命和财产安全，现就有关事项通知如下：

一、牢固树立安全发展理念

中央企业在关系国家安全和国民经济命脉的主要行业和关键领域占据支配地位，是国民经济的重要支柱。抓好安全生产工作，事关人民切身利益，事关改革发展稳定大局。各中央企业要发挥安全生产工作示范带头作用，牢固树立安全发展理念，弘扬生命至上、安全第一的思想，坚守“发展决不能以牺牲安全为代价”这条不可逾越的红线，始终把职工群众的安全健康放在首位。要大力实施安全发展战略，带头建立健全自我约束、持续改进的安全

生产长效机制。要把安全生产与转方式、调结构、促发展紧密结合起来，正确处理好安全与效益、安全与发展的关系，从根本上提高安全发展水平。

二、认真落实安全生产主体责任

国务院国有资产监督管理部门要按照出资人职责定位，根据安全生产风险的差异，对中央企业实施分类监管，督促企业落实安全生产主体责任。要按照《国务院办公厅关于转发国务院国资委以管资本为主推进职能转变方案的通知》（国办发〔2017〕38号）要求，准确把握出资人安全生产职责定位，以管资本为主，推进职能转变，协同配合综合监管、行业监管等部门，形成工作合力。各中央企业要认真贯彻落实《中共中央　国务院关于推进安全生产领域改革发展的意见》，制定专项工作方案。严格落实安全生产“党政同责、一岗双责”要求，董事长、党组织书记、总经理对本企业安全生产工作共同承担领导责任，所有领导班子成员对分管范围内安全生产工作承担相应职责。健全覆盖本企业所有组织、部门和岗位的企业全员安全生产责任制，加强全过程安全管理，完善企业内部安全生产责任考核追溯制度，实现安全管理过程可追溯，安全责任可追究，违规违章要问责。加强“应知应会”内容的教育培训，充分发挥一线员工主观能动性，实现安全生产从“全员参与”到“全员履责”的转变。要强化对境外分支机构的安全管理，严格落实安全管理责任，确保业务延伸到哪里，安全生产责任体系就覆盖到哪里。

三、加强安全生产源头防范和风险防控

要进一步加强安全生产源头管控，严格执行建设项目安全设施“三同时”（建设项目安全设施必须与主体工程同时设计、同时施工、同时投入生产和使用）规定。涉及矿山、石油石化、交通运输、建筑施工、民用爆炸物品、金属冶炼、军工生产危险品、核电等高危行业和领域的中央企业，要严格从业人员安全素质准入，提升关键岗位人员职业安全技能。要建立风险管控和隐患排查治理双重预防机制，全面开展安全风险辨识和评估，从制度、技术、应急等方面有效管控风险特别是重大风险。建立健全隐患排查制度和隐患整改评估制度，全面、深入排查治理隐患，定期分析评估隐患治理效果。加强安全生产标准化建设，将安全生产标准化融入企业全面管理体系和企业标准化建设，全过程强化风险防控。严格落实安全生产费用提取、使用和管理等制度，加大安全生产投入，加强安全生产新技术装备的研发、推广和应用，强化安全保障能力。

四、坚决防范和遏制重特大事故

要认真贯彻落实《国务院安委会办公室关于印发标本兼治遏制重特大事故工作指南的通知》（安委办〔2016〕3号）要求，深入开展安全生产专项整治，坚决防范重特大事故发生。涉煤中央企业要认真抓好《煤矿安全规程》（国家安全生产监督管理总局令第87号）对标整改，深入推进煤矿安全生产标准化达标升级，严防超能力、超强度、超定员组织生产。涉及非煤矿山的中央企业要针对透水、火灾、中毒窒息、坍塌、尾矿库溃坝等事故特点，精准实施安全风险管控措施，要进一步加大投入，确保完成地下矿山采空区和尾矿库“头顶库”综合治理工作。涉及危险化学品的中央企业要扎实落实《危险化学品安全综合治理方案》（国办发〔2016〕88号）相关要求，做好危险化学品罐区等重大危险源和特殊作业安全风险摸排管控、人口密集区危险化学品生产企业搬迁、油气输送管道高后果区安全风险管控和隐患排查整改等重点工作，坚决遏制危险化学品重特大事故，确保按期完成危险化学品综合治理工作。建筑施工领域中央企业要加强高空施工平台、起重机械、脚手架、模板支撑等关键环节安全管理，做好防坍塌、防高处坠落工作；加强分包商管理，坚决杜绝违法分包、转包和以包代管等行为。交通运输行业的中央企业要严格上岗人员安全培训教育，加强车、船、飞行器等设备安全检查，及时排查消除安全隐患。电力行业的中央企业要全面提升安全生产风险控制能力、关键敏感设备管理能力和防人因失误能力，要加强设备的检修维护，突出对老旧设备的日常监管，防止发生生产安全事故和大面积停电事故。涉核中央企业要开展核设施、核技术利用的事故风险分析、放射性废物污染环境的风险分析，确保核设施、放射性废物的本质安全。其他行业领域中央企业要结合实际抓好安全管理，有效防范和遏制重特大事故发生。

五、深化职业病危害专项治理

要强化职业病危害源头治理，严格执行建设项目职业病防护设施“三同时”制度，落实职业病危

害预评价、控制效果评价、职业病防护设施设计和竣工验收各项要求，提升职业病危害防控水平。中央企业要加大对粉尘、化学毒物等严重职业病危害因素的治理力度，突出重点环节、重点岗位和重点人群，改进生产工艺、完善防护设施、强化职业健康管理，严格落实职业病危害告知、日常监测、定期检测、个体防护和职业健康体检等制度措施，有效遏制职业性尘肺病、化学中毒和噪声聋等职业病的发生，切实保障广大从业人员的职业健康。

六、在改革发展中提升安全管理水平

要确保安全生产与改革发展同规划、同部署、同落实，中央企业在合并、分立、资产划转、调整压缩管理层级时，要依法依规设置安全生产和职业卫生管理机构，确保人员调整及时到位、管理制度无缝衔接、安全生产工作整体水平不下降。在混合所有制改革过程中，中央企业作为投资主体，必须明确控股、参股的子公司和分公司所承担的安全生产责任，防止出现企业主体责任不落实、安全管理有空当的现象。生产经营较为困难的企业，要确保必要的安全投入不能减少，安全生产标准不能降低，必须在保障安全的条件下生产经营。

七、进一步加强应急救援能力建设

中央企业要进一步健全安全生产应急管理体系，按照《中央企业应急管理暂行办法》（国务院国资委令第31号）要求的牵头管理、分工负责的原则，明确应急管理机构、人员和职责要求，在事故风险评估和应急资源调查基础上不断优化企业应急预案。加强应急救援人员能力建设，开展经常性的应急演练和人员避险自救培训，提高现场应急处置能力。进一步加大应急救援综合保障能力建设，加强应急装备、物资储备，加快推进国家危险化学品和油气管道应急救援基地等项目建设。与地方政府建立统一调度指挥机制，加强应急联动，提高区域化应急救援能力。进一步履行社会责任，发挥人才、技术、装备、资源优势，积极参与社会救援，保障人民群众生命财产安全。

八、积极配合属地监管部门执法检查

各中央企业及其所属单位要按照《关于进一步加强中央企业安全生产分级属地监管的指导意见》（安监总办〔2011〕75号）有关要求，自觉接受相关部门监督管理，主动与属地监督管理部门加强沟通联系，依法向相关部门报告安全生产管理、隐患治理、生产安全事故、职业病危害检测评价情况、（疑似）职业病病人等情况，切实保障职工安全健康，促进社会稳定和谐。各地安全生产监督管理部门要坚持依法监管，严格规范执法，全面提高依法行政水平。

九、加大责任追究考核力度，强化联合信用惩戒

严格事故责任查处，对因主体责任落实不到位而发生生产安全责任事故的中央企业，依法依规严肃追究事故企业和相关责任人的责任。对发生较大及以上生产安全责任事故的企业，将依据事故调查报告中的责任认定情况，按照《中央企业安全生产考核实施细则》（国资发综合〔2014〕107号）的具体规定，严格处理。进一步加强联合信用惩戒，对中央企业及其有关人员在安全生产领域存在失信行为的，安全监管监察部门将依照《对安全生产领域失信行为开展联合惩戒的实施办法》（安监总办〔2017〕49号）规定，将其纳入联合惩戒对象和安全生产不良记录“黑名单”管理，并会同有关部门按照《关于对安全生产领域失信生产经营单位及其有关人员开展联合惩戒的合作备忘录》（发改财金〔2016〕1001号）和国务院关于社会信用体系建设的有关规定，依法依规予以惩戒。加大对安全生产领域失信企业的曝光力度，使失信企业“一处失信，处处受限”。

国家安全监管总局　国务院国资委

2017年11月29日

国家安全监管总局、国家煤矿安监局、国务院国资委关于开展中央企业煤矿安全生产检查的通知

安监总煤行函〔2014〕81号

山西、内蒙古、黑龙江、江苏、安徽、山东、河南、湖南、四川、贵州、云南、陕西、甘肃、宁夏和新疆等省（自治区）煤矿安全监管部门，有关中央企业：

为进一步加强中央企业煤矿安全生产工作，督促中央企业煤矿全面排查和整治安全隐患，有效防范和坚决遏制重特大事故发生，国家安全监管总

局、国家煤矿安监局、国务院国资委决定联合组织开展一次中央企业煤矿安全生产检查。现将有关事项通知如下：

一、检查范围

山西、内蒙古、江苏、安徽、河南、贵州、云南、陕西、甘肃、宁夏和新疆等省（区）辖区内的中央企业所属煤矿。

二、检查重点内容

1. 煤矿水害、瓦斯及粉尘等灾害治理情况；

2. 煤矿是否存在超能力组织生产的情况；

3. 是否存在新建项目未经核准已经建设或已经生产情况。

三、组织方式和检查时间

1. 组织方式。此次检查共分11个组，每组6－7人，采取异地交叉检查的方式进行（具体安排见附件）。各组组长分别由有关省级煤矿安全监管部门负责同志担任，成员由组长单位和成员单位业务处室人员、辖区内中央企业煤矿专业技术人员组成。国家煤矿安监局行管司、国务院国资委综合局有关人员视情况参与有关检查组的工作。

2. 检查时间。8月中旬至9月中旬。每组检查时间不少于1周，具体检查时间由各检查组与被检查地区煤矿安全监管部门商定。山西省、内蒙古自治区各由2个组进行检查。

四、有关要求

1. 各检查组要做到对检查省份（或片区）内的涉煤中央企业全覆盖。

2. 各检查组既要现场检查，也要听取企业和煤矿汇报、查阅资料。原则上每组检查5－7处煤矿，其中，深入井下检查的生产和建设矿井、暗查暗访煤矿均不少于1处。

3. 各检查组要认真制定检查方案，对检查中发现的问题，要提出处罚意见移交当地煤矿安全监管部门，并于检查结束后报送国家煤矿安监局行管司、国务院国资委综合局；处罚落实情况由实施处罚的当地煤矿安全监管部门在检查结束后1个月内汇总报送国家煤矿安监局行管司、国务院国资委综合局。

4. 检查结束后，各检查组要于1周内形成工作报告，并附表列明所查煤矿存在的重大隐患和所查企业超能力生产及未核已建已产情况，连同电子版一并报送国家煤矿安监局行管司、国务院国资委综合局。国家安全监管总局、国家煤矿安监局、国务院国资委将适时召开检查工作总结会，听取各检查组工作情况汇报。

5. 各检查组要做到轻车简从、廉洁自律，严格执行中央八项规定精神和党风廉政建设有关规定。

联系人及电话：

国家煤矿安监局：井健、梁子荣，010－64464099、64464662，64464294（传真）；

电子信箱：liangzr@ chinasafety. gov. cn。

国务院国资委：柳长森、韩兆明，010－63193057、63192850，63192661（传真）；

电子信箱：hanzhaoming@ sasac. gov. cn。

国家安全监管总局

国家煤矿安监局

国务院国资委

2014年8月12日

国家安全监管总局、国务院国资委关于进一步加强中央企业安全生产分级属地监管的指导意见

安监总办〔2011〕75号

各省、自治区、直辖市及新疆生产建设兵团安全生产监督管理局、国资委，各省级煤矿安全监察机构，各中央企业：

中央企业是国有经济的重要组成部分。搞好中央企业的安全生产工作，对保障国民经济又好又快发展，促进全国安全生产形势的持续稳定好转具有重要意义。为贯彻落实《国务院关于进一步加强企业安全生产工作的通知》（国发〔2010〕23号）精神，进一步加强中央企业及其所属各级企业安全生产工作，落实中央企业安全生产主体责任，有效防范和坚决遏制重特大事故发生，现提出如下意见：

一、明确中央企业安全生产分级属地监管职责

依照《中华人民共和国安全生产法》等法律法规和国务院有关文件规定，进一步明确和加强国务院有关部门和地方人民政府有关部门对中央企业安全生产分级属地监管的职责分工：

（一）国家安全监管总局承担国家安全生产综

合监督管理责任，依法行使综合监督管理职权，指导协调、监督检查国务院有关部门和各省（区、市）人民政府对中央企业总部（集团公司、总公司等，下同）及其所属各级企业的安全生产监督管理工作，监督事故查处和责任追究落实情况。

（二）国务院有关部门主要负责相关行业或领域中央企业总部安全生产监督管理工作。国家安全监管总局主要负责工矿商贸以及没有安全生产主管部门的行业和领域的中央企业总部安全生产监督管理工作。

（三）国务院国资委按照国有资产出资人的职责，负责指导督促中央企业贯彻落实党和国家安全生产方针政策及有关法律法规、标准等；督促中央企业主要负责人落实安全生产第一责任人的责任和企业安全生产责任制，做好对企业负责人履行安全生产职责的业绩考核；依照有关规定，参与或组织开展中央企业安全生产检查、督查，督促企业落实各项安全防范和隐患治理措施；参与企业特别重大事故的调查，负责落实事故责任追究的有关规定；督促企业做好统筹规划，把安全生产与职业健康工作纳入中长期发展规划，保障职工安全与健康，切实履行社会责任。

（四）商务部、外交部、国家发展改革委、公安部、国务院国资委、国家安全监管总局、全国工商联等有关部门按照《境外中资企业机构和人员安全管理规定》（商合发〔2010〕313号）的职责分工，加强对中央企业总部境外安全生产的监督管理工作。

（五）国家煤矿安全监察局依法监督检查中央管理的煤炭企业和为煤矿服务的（煤矿矿井建设施工、煤炭洗选等）企业的安全生产工作。

（六）国家安全监管总局海洋石油作业安全办公室（以下简称海油安办）对全国海洋石油安全生产工作实施监督管理。海油安办驻中国石油天然气集团公司、中国石油化工集团公司、中国海洋石油总公司的分部，分别负责所驻中央企业的海洋石油安全生产监督管理工作。

（七）省（区、市）、市（地）安全生产监督管理部门分别负责本行政区域内工矿商贸中央企业的分公司、子公司及其所属单位的安全生产监督管理工作；对其他中央企业的分公司、子公司及其所属单位的安全生产进行综合监督管理。其他中央企业在各省（区、市）、市（地）、县（市）的分公司、子公司及其所属单位安全生产监督管理工作，分别由省（区、市）、市（地）人民政府有关部门及国务院有关部门设在各省（区、市）、市（地）的有关机构负责。

（八）国家安全监管局会同国务院国资委及国务院有关部门，按照职责分工对中央企业的总公司（总厂、集团公司）的主要负责人和安全生产管理人员进行安全培训，其中高危行业相关人员安全资格考核由国家安全监管总局负责。省级安全生产监督管理部门会同同级政府有关部门及国务院有关部门设在各省（区、市）、市（地）的有关机构，按照职责分工对中央企业的分公司、子公司及其所属单位的主要负责人、安全生产管理人员进行安全培训。

二、加强对中央企业安全生产工作的监督检查

（一）国家安全监管总局和国务院有关部门按照职责分工，重点加强对相关行业或领域的中央企业总部安全生产工作的监督检查。监督检查的重点是：

1. 贯彻落实安全生产与职业卫生方针政策、决策部署和法律法规情况；

2. 企业主要负责人和企业安全生产责任制的建立和落实情况；

3. 企业安全规划制定实施、安全投入、安全生产费用提取和使用等经济政策执行情况；

4. 企业安全生产与职业健康管理制度的建立和落实情况；

5. 企业安全生产管理机构、安全管理人员任职资格和配备及相关人员安全培训考核和依法持证上岗情况；

6. 建设项目安全设施与职业卫生设施“三同时”执行情况；

7. 企业安全生产标准化建设工作情况；

8. 安全生产应急预案体系和应急救援队伍、装备配备等应急能力建设情况；

9. 开展各类安全生产检查、重大危险源监控管理和安全隐患排查及其整治情况；

10. 生产安全事故预防、预警、报告、处置和事故责任追究情况；

11. 安全生产奖惩制度建立和执行情况；

12. 国务院有关部门明确的其他重点监督检查情况。

（二）国务院有关部门要根据职责分工，加强

对中央企业安全生产工作的监督检查。必要时，可由国家安全监管总局、国务院国资委会同国务院其他有关部门对中央企业安全生产工作进行联合检查。

（三）各省（区、市）、市（地、州、盟）人民政府要按照分级负责、属地监管的原则，明确相关行业或领域主管部门对本行政区域内中央企业所属各级企业安全生产的监管权限和责任。

（四）各省（区、市）、市（地、州、盟）人民政府安全监管部门和相关行业或领域主管部门以及国务院有关部门设在本行政区域内的有关机构，按照职责分工，对本行政区域内中央企业所属各级企业履行安全生产监督管理职责，加强对本行政区域内中央企业所属各级企业的安全生产监督检查。监督检查的重点是：

1. 贯彻执行党和国家安全生产与职业卫生方针政策、决策部署、法律法规、规章制度以及国家标准和行业标准情况；

2. 企业安全生产与职业健康管理制度执行情况；

3. 企业安全生产条件、安全设备设施和职业防护设施、个体职业防护情况；

4. 依法取得安全生产行政许可情况；

5. 建设项目安全设施与职业卫生设施“三同时”执行情况；

6. 企业安全生产标准化建设工作情况；

7. 建设项目工程承发包以及工程施工安全管理、工程监理情况；

8. 重大危险源监控和安全隐患排查治理情况；

9. 安全生产费用提取、使用和安全投入落实情况；

10. 企业安全生产与职业健康现场管理情况；

11. 企业员工安全责任意识、安全健康和自救互救知识、技能以及企业全员安全与健康培训和相关人员持证上岗情况；

12. 企业安全生产应急预案体系和应急救援队伍、装备配备等应急能力建设情况；

13. 企业生产安全和职业危害事故报告、处置及责任追究落实情况；

14. 生产经营单位主要负责人和领导班子成员带班、值班制度执行情况。

（五）各省（区、市）、市（地、州、盟）人民政府安全监管部门要对本行政区域内中央企业所属各级企业进行逐一登记并建立安全监管台账，纳入安全生产日常监管的重要内容。

（六）中央企业在地方新设立或组建的分公司、子公司以及其他生产经营建设单位，应及时向所在地人民政府及有关部门备案。中央企业所属各级企业要主动接受地方人民政府及有关部门的监管和指导，依法及时向所在地人民政府及有关部门按季度定期报告安全生产管理、隐患治理和事故等情况。交通运输、建筑施工等流动性和跨行政区划异地从事生产经营建设活动的中央企业所属各级企业，应当接受生产经营建设活动所在地市（地、州、盟）以上人民政府有关部门的安全生产监督检查。

三、切实落实中央企业安全生产监管职责

（一）国务院有关部门和各省（区、市）、市（地、州、盟）人民政府有关部门，要按照“谁主管谁负责、谁分管谁负责”要求，加强对中央企业及所属各级企业安全生产监督管理工作的领导，积极为中央企业安全发展、改善安全生产条件、加强安全生产基础建设、提高应急能力、建立安全生产长效机制提供必要的支持和帮助。

（二）国务院有关部门和各省（区、市）、市（地、州、盟）人民政府有关部门，要将中央企业及所属各级企业安全生产监督管理工作纳入本部门、本地区年度安全生产目标责任考核体系之中。

（三）依法做好中央企业生产安全事故报告和调查处理工作。中央企业发生生产安全事故后，要迅速采取有效措施组织抢救，防止事故扩大，努力减少人员伤亡和财产损失，并按规定报告国务院有关部门和事故发生地人民政府、安全监管部门及有关主管部门。地方人民政府和负有安全生产监督管理职责的部门接到驻地中央企业生产安全事故报告后，应当立即派人赶到事故现场，组织事故抢救并依照有关规定及时报告上级人民政府和部门。中央企业发生生产安全事故，依照《生产安全事故报告和调查处理条例》（国务院令第493号）的有关规定进行事故调查处理。

（四）中央企业有关安全生产与职业健康方面的重要活动、信息或事项，要及时向安全监管部门和有关主管部门报告，有关安全生产与职业健康的年度计划、总结以及隐患排查、事故整改措施落实情况，要报安全监管部门和有关主管部门备案。

（五）国务院有关部门及各省（区、市）、市（地、州、盟）人民政府有关部门要按照职责分工，

加强对中央企业及所属各级企业安全生产监管工作的协作联动。

本行政区域内中央企业所属各级企业安全生产监督管理实施意见，由各省（自治区、直辖市）结合本地区实际研究制定。

国家安全生产监督管理总局
国务院国资委
二〇一一年五月十七日

国务院国有资产监督管理委员会办公厅关于坚决贯彻国务院要求认真开展中央企业安全生产督查专项行动有关事项的通知

国资厅发考核〔2008〕43号

各中央企业：

今年以来，中央企业认真贯彻党中央、国务院关于加强安全生产工作的部署，积极推进安全生产隐患排查治理工作，安全生产形势保持了总体稳定、趋于好转的发展态势，但也存在着一些不容忽视的安全生产事故和安全生产隐患问题。

根据《国务院办公厅关于开展安全生产百日督查专项行动的通知》（国办发明电〔2008〕22号）的部署，从2008年4月下旬至7月底在全国范围内开展安全生产百日督查专项行动，采取企业自查与部门抽查相结合、综合督查与专项督查相结合的方式。4月30日，国务院第7次常务会议研究和部署了近期全国的安全生产工作，并发出《国务院办公厅关于进一步加强安全生产工作的通知》（国办发明电〔2008〕23号）。为认真贯彻国务院第7次常务会议精神，国资委决定，自5月至7月底开展中央企业安全生产百日督查专项行动，现将有关事项通知如下：

中央企业是安全生产的责任主体，同时对所属企业负有安全生产监督管理责任。中央企业要认真贯彻国办发明电〔2008〕22、23号文件精神，切实加强组织领导，狠抓安全生产责任制的落实，深入排查治理隐患，全面落实各项防范措施；狠抓综合治理，加快构建安全生产长效机制。中央企业的隐患排查治理要在分析总结第一阶段工作情况的基础上进一步细化工作方案，突出工作重点，落实具体措施，并加强对所属企业安全生产隐患排查治理工作的督查。中央企业要紧紧抓住安全生产责任制这个关键，按照“统一领导、综合协调、分级监管、全员参与”的原则和《关于中央企业安全生产隐患排查治理工作实施意见》（国资发考核〔2008〕44号）的要求，结合企业生产经营特点和《中央企业安全生产百日督查专项方案》（见附件）的安排，夯实基层的隐患排查治理工作。

中央企业要认真执行，《国务院安委会办公室关于做好安全生产隐患排查治理信息调度统计和报送等工作的通知》（安委办〔2008〕6号），二季度的信息报送要增加安全生产督查工作的情况，内容包括企业安全管理体制、机制和制度建设及“一岗双责”制度的落实情况，重大危险源监控、预报预警、应急预案和治理工作制度建立情况，安全费用提取与安全投入、“三同时”制度执行、员工教育培训情况，建筑施工企业资质管理、分包企业资质审核和作业现场“三违”现象治理等。请各中央企业在7月15日之前将二季度隐患排查治理及督查工作情况报国务院安委会办公室和国资委业绩考核局。中央企业在督查工作中既要及时总结好的做法和经验，也要及时反映企业自身难以克服的困难和问题，并提出对策措施建议。国资委将在安全生产百日督查专项行动期间配合国务院有关部门的督查工作，并组织对部分重点行业（领域）的中央企业进行督查。

国务院国有资产监督管理委员会办公厅
二〇〇八年五月四日

中央企业安全生产百日督查专项方案

为认真贯彻国务院第7次常务会议精神，按照《国务院办公厅关于开展安全生产百日督查专项行动的通知》（国办发明电〔2008〕22号）和《国务院办公厅关于进一步加强安全生产工作的通知》（国办发明电〔2008〕23号）的统一部署，结合《国务院安委会办公室关于在重点行业（领域）开展安全生产百日督查专项行动的意见》（安委办〔2008〕8号）的要求，制订中央企业安全生产百日督查专项行动工作方案如下：

一、总体原则

中央企业安全生产百日督查专项行动按照国办发明电〔2008〕22号文件所明确的“各省级人民政府、国务院各有关部门组织实施，企业自查与部门抽查相结合的方式进行”。

中央企业是安全生产的责任主体，同时对所属企业负有安全生产监督管理责任。中央企业安全生产百日督查专项行动要立足于治大隐患，防大事故，以国务院有关部门出台的安全生产隐患排查治理实施意见为指导，结合企业隐患排查治理工作第二阶段的安排，开展自上而下的逐级督查，加大安全生产隐患的集中整治工作力度，并充分依靠和发动广大从业人员参与隐患排查治理，推进安全生产各项措施落实。同时，中央企业要主动加强与地方政府及有关部门的沟通配合，及时督促基层企业整改安全隐患。

国资委将密切配合国家安全监管总局和有关部门组织开展的对中央企业的安全生产专项督查行动，督促中央企业落实整改要求。同时，将根据中央企业隐患排查治理工作推进情况，组织部分重点行业（领域）的中央企业开展交叉检查，并对奥运会安全保障任务重的中央企业进行抽查。

安全生产督查要坚持“标本兼治，重在治本”的原则，既要解决影响安全生产的突出矛盾和问题，又要加大治本力度，促进中央企业加强安全生产基础工作，努力构建安全生产长效机制，实现中央企业安全生产形势的持续稳定好转。

二、时间安排

（一）2008 年 5 月上旬为部署阶段。中央企业要认真总结安全生产隐患排查治理第一阶段的工作，认真总结事故教训，结合深入剖析去年以来生产安全事故的深层原因，摸清易引发事故的重点部位、关键环节及重大危险源，修改完善本企业第二阶段的隐患排查治理工作要求，并部署对所属企业的安全生产督查。

（二）2008 年 5 月中旬至 6 月份为内部督查阶段。中央企业要全面排查各生产经营单位及其工艺系统、基础设施、技术装备、作业环境、防控手段等方面的隐患，不留死角。对分析查找出的重点部位、关键环节、重大危险源，要逐项落实整改措施，确保人员、资金、技术和责任制的落实，不留死角，不留后患。要本着“分级监管、自查和督查相结合”的原则，稳步推进第二阶段的隐患治理工作，并加强对所属企业的督查。国资委将组织召开部分重点行业典型事故原因分析座谈会，研究提出对策措施；并组织部分重点行业的中央企业开展以同行业交叉检查为主要方式的督查活动。

（三）2008 年 7 月份为重点督查阶段。国资委配合国家安全监管总局和有关部门组织开展专项督查行动，并对重点中央企业安全生产隐患排查治理和内部安全生产督查工作情况进行抽查。

中央企业要在上述时间安排的基础上，结合自身实际情况，突出重点、细化方案、落实措施。

三、督查方式及重点

（一）中央企业内部逐级督查。督查重点为：所属企业安全生产责任制落实情况，岗位（特别是关键岗位）安全规程执行情况，危险物品管理情况，隐患（特别是重大隐患）的登记、整改销号、跟踪监控情况。

（二）国资委配合国家安全监管总局和行业部门督查。督查重点为：中央企业落实国家安全监管总局和有关部门关于隐患排查治理实施意见，组织开展隐患排查治理工作的情况，针对行业特点确定的关键部位、重点环节、重大危险源的隐患排查、治理、监控情况。

（三）国资委组织中央企业互查及重点抽查。督查重点行业（领域）为：民航企业、电力企业所属的煤矿、化工医药企业的危险物品管理、交通运输及旅游企业、人员密集场所的商贸企业，对有关部门已督查过的中央企业，国资委原则上不再安排督查。督查重点内容为：中央企业安全管理体制、机制和制度建设及“一岗双责”制度的落实情况；重大危险源监控、预报预警、应急预案和治理工作制度建立情况，重大隐患整改的情况，安全生产费用提取与安全投入、“三同时”制度执行、员工教育培训情况；建筑施工企业资质管理、分包企业资质审核和作业现场“三违”现象治理等。

四、工作要求

（一）高度重视，加强领导。各中央企业主要负责人要亲自研究部署，分管负责人要深入基层，切实把安全生产隐患排查治理和督查工作作为当前安全生产的重要任务抓紧抓好。

（二）扎实工作，务求实效。各中央企业要严格落实安全生产责任制，并严格考核和追究责任；要完善隐患排查治理及督查制度，并严格执行；要深入基层，切实解决实际问题，防止走过场。

（三）吸取教训，举一反三。各中央企业要深刻吸取“4. 28”铁路特别重大事故教训，严格执行各项安全生产操作规程，全面落实安全生产各项防范措施，认真排查治理安全隐患，努力把事故消灭在萌芽状态。

（二）其他

行政规章及规范性文件：

中央企业节约能源与生态环境保护监督管理办法

国务院国有资产监督管理委员会令第41号

第一章　总　　则

第一条　为深入贯彻习近平生态文明思想，全面落实党中央、国务院关于生态文明建设的重大决策部署，指导督促中央企业落实节约能源与生态环境保护主体责任，推动中央企业全面可持续发展，根据《中华人民共和国节约能源法》《中华人民共和国环境保护法》等有关法律法规，制定本办法。

第二条　本办法所称中央企业，是指国务院国有资产监督管理委员会（以下简称国资委）根据国务院授权履行出资人职责的国家出资企业。

第三条　国资委对中央企业节约能源与生态环境保护工作履行以下职责：

（一）指导督促中央企业履行节约能源与生态环境保护主体责任，贯彻落实节约能源与生态环境保护相关法律法规、政策和标准。

（二）指导督促中央企业建立健全节约能源与生态环境保护组织管理、统计监测和考核奖惩体系。

（三）建立健全中央企业节约能源与生态环境保护考核奖惩制度，实施年度及任期考核，将考核结果纳入中央企业负责人经营业绩考核体系。

（四）组织或参与对中央企业节约能源与生态环境保护工作的监督检查、约谈。

（五）组织对中央企业节约能源与生态环境保护工作的调研、交流、培训、宣传。

（六）配合做好中央生态环境保护督察相关工作，督促中央企业整改中央生态环境保护督察反馈的问题。

第四条　中央企业节约能源与生态环境保护工作遵循以下原则：

（一）坚持绿色低碳发展。践行绿水青山就是金山银山的理念，坚持生态优先，正确处理节能降碳、生态环境保护与企业发展的关系，构建绿色低碳循环发展体系。

（二）坚持节约优先、保护优先。坚持节约资源和保护环境的基本国策。积极建设资源节约型和环境友好型企业，推动企业产业结构调整和转型升级，促进企业可持续发展。

（三）坚持依法合规。严格遵守国家节约能源与生态环境保护法律法规和有关政策，依法接受国家和地方人民政府节约能源与生态环境保护相关部门的监督管理。

（四）坚持企业责任主体。中央企业是节约能源与生态环境保护责任主体，要严格实行党政同责、一岗双责，按照管发展、管生产、管业务必须管节约能源与生态环境保护的要求，把节约能源与生态环境保护工作贯穿生产经营的全过程。

第二章　分类管理

第五条　国资委对中央企业节约能源与生态环境保护实行动态分类监督管理，按照企业所处行业、能源消耗、主要污染物排放水平和生态环境影响程度，将中央企业划分为三类：

（一）第一类企业。主业处于石油石化、钢铁、有色金属、电力、化工、煤炭、建材、交通运输、建筑行业，且具备以下三个条件之一的：

1. 年耗能在200万吨标准煤以上。

2. 二氧化硫、氮氧化物、化学需氧量、氨氮等主要污染物排放总量位于中央企业前三分之一。

3. 对生态环境有较大影响。

（二）第二类企业。第一类企业之外具备以下两个条件之一的：

1. 年耗能在10万吨标准煤以上。

2. 二氧化硫、氮氧化物、化学需氧量、氨氮等主要污染物排放总量位于中央企业中等水平。

（三）第三类企业。除上述第一类、第二类以外的企业。

第六条　国资委根据企业能源消耗、主要污染物排放水平和生态环境影响程度等因素适时对企业类别进行调整。

第三章　基本要求

第七条　中央企业应严格遵守国家和地方人民政府节约能源与生态环境保护相关法律法规、政策和标准，自觉接受社会监督，有效控制能源消费总量，持续提升能源利用效率，减少污染物排放，控制温室气体排放。境外生产经营活动也应严格遵守所在地生态环境保护法律法规。

第八条 中央企业应积极践行绿色低碳循环发展理念，将节约能源、生态环境保护、碳达峰碳中和战略导向和目标要求纳入企业发展战略和规划，围绕主业有序发展壮大节能环保等绿色低碳产业。将节能降碳与生态环境保护资金纳入预算，保证资金足额投入。

第九条 中央企业应建立健全节约能源与生态环境保护组织管理、统计监测、考核奖惩体系。

第十条 中央企业应坚决遏制高耗能、高排放、低水平项目盲目发展，严格执行国家相关产业政策和规划。加强并购重组企业源头管理，把节约能源和生态环境保护专项尽职调查作为并购重组的前置程序。

第十一条 中央企业应对所属企业节约能源与生态环境保护工作进行监督检查，开展环境影响因素识别、风险点排查和隐患治理，防范环境污染事件。

第十二条 中央企业应积极推广应用节能低碳环保新技术、新工艺、新设备、新材料，组织开展绿色低碳技术攻关和应用。

第十三条 中央企业应发挥绿色低碳消费引领作用，强化产品全生命周期绿色管理，扩大绿色低碳产品和服务的有效供给，率先执行企业绿色采购指南，建立健全绿色采购管理制度，推进绿色供应链转型。

第十四条 中央企业应积极稳妥推进碳达峰碳中和工作，科学合理制定实施碳达峰碳中和规划和行动方案，建立完善二氧化碳排放统计核算、信息披露体系，采取有力措施控制碳排放。

第十五条 中央企业应高效开发利用化石能源，积极发展非化石能源，推进能源结构清洁化、低碳化；积极开展能效对标、能源审计、节能诊断、清洁生产审核等工作。

第十六条 中央企业生产经营活动应严格执行生态保护红线、环境质量底线、资源利用上线和环境准入负面清单要求，减少对生态环境扰动，积极开展生态修复。

第十七条 中央企业新建、改建、扩建项目应依法开展环境影响评价、节能评估、水土保持评估和竣工环境保护、水土保持设施自主验收等工作，严格遵守环保设施与主体工程同时设计、同时施工、同时投入生产和使用的有关规定。

第十八条 中央企业应严格执行国家排污许可制度，按照国家和地方人民政府要求规范危险废物的贮存、转移和处置工作。

第十九条 中央企业应自觉履行环境信息强制性披露责任，严格按照法律法规要求的内容、方式和时限如实规范披露环境信息。

第二十条 中央企业应自觉接受中央生态环境保护督察，严格按照有关规定积极配合中央生态环境保护督察工作，如实反映情况和问题，抓好整改落实，加强边督边改、督察问责和信息公开工作。

第四章　组织管理

第二十一条 中央企业应建立健全节约能源与生态环境保护领导机构，负责本企业节约能源与生态环境保护总体工作，研究决定节约能源与生态环境保护重大事项，建立工作制度。

第二十二条 中央企业应按有关要求，设置或明确与企业生产经营相适应的节约能源与生态环境保护监督管理机构，明确管理人员。机构设置、人员任职资格和配备数量，应当符合国家和行业的有关规定，并与企业的生产经营内容和性质、管理范围、管理跨度等匹配。

第二十三条 中央企业应落实节约能源与生态环境保护主体责任。企业主要负责人对本企业节约能源与生态环境保护工作负主要领导责任。分管负责人负分管领导责任。

第二十四条 中央企业应加强节约能源与生态环境保护专业队伍建设。组织开展节约能源与生态环境保护宣传和培训，提升全员意识，提高工作能力。

第五章　统计监测与报告

第二十五条 中央企业应建立自下而上、逐级把关的节约能源与生态环境保护统计报送信息系统。

第二十六条 中央企业应对各类能源消耗实行分级分类计量，合理配备和使用符合国家标准的能源计量器具。

第二十七条 中央企业应依法开展污染物排放自行监测，按照国家和地方人民政府要求建立污染物排放监测系统。加强二氧化碳统计核算能力建设，提升信息化实测水平。

第二十八条　中央企业应依法建立健全能源消耗、二氧化碳排放、污染物排放等原始记录和统计台账。

第二十九条　中央企业应严格按国家和地方人民政府规范的统计监测口径、范围、标准和方法，结合第三方检测、内部审计、外部审计等多种形式，确保能源消耗、二氧化碳排放、污染物排放等统计监测数据的真实性、准确性和完整性。

第三十条　中央企业应建立健全节约能源与生态环境保护工作报告制度。第一类、第二类企业按季度报送统计报表，第三类企业按年度报送统计报表，并报送年度总结分析报告。

第三十一条　中央企业发生突发环境事件或节能环保违法违规事件后，应按以下要求进行报告：

（一）发生突发环境事件，现场负责人应立即向本单位负责人报告，单位负责人接到报告后，应于1小时内向上一级单位负责人报告，并逐级报告至国资委，必要时可越级上报，每级时间间隔不得超过2小时。

（二）发生节能环保违法违规事件被处以罚款且单笔罚款金额在100万元及以上的，应在当年年度总结分析报告中向国资委报告。

（三）发生节能环保违法违规事件被责令停产整顿；责令停产、停业、关闭；暂扣、吊销许可证或行政拘留的，应在接到正式行政处罚决定书3日内向国资委报告。

（四）未受到行政处罚，但被中央生态环境保护督察或省部级及以上主管部门作为违法违规典型案例公开通报或发生其他重大事件的，应在接到报告后3日内向国资委报告。

（五）中央企业应将政府有关部门对突发环境事件和节能环保违法违规事件的有关调查情况及时报送国资委，并将整改、责任追究落实情况向国资委报告。

第六章　突发环境事件应急管理

第三十二条　中央企业应坚持预防为主、预防与应急相结合的原则开展突发环境事件应急管理工作。

第三十三条　中央企业应依法制定和完善突发环境事件应急预案，按要求报所在地生态环境主管部门备案，并定期开展应急演练。

第三十四条　中央企业应加强应急处置救援能力建设，定期进行突发环境事件应急知识和技能培训。

第三十五条　中央企业发生或者可能发生突发环境事件时，应立即启动相应级别突发环境事件应急预案。

第三十六条　中央企业在突发环境事件发生后，应开展环境应急监测，按要求执行停产、停排措施，积极配合事件调查，推动环境恢复工作。

第三十七条　中央企业应建立健全突发环境事件舆情应对工作机制。

第七章　考核与奖惩

第三十八条　国资委将中央企业节约能源与生态环境保护考核评价结果纳入中央企业负责人经营业绩考核体系。

第三十九条　国资委对中央企业节约能源与生态环境保护实行年度和任期、定量或定性考核。

第四十条　对发生突发环境事件、节能环保违法违规事件、统计数据严重不实和弄虚作假等情形的，年度考核予以扣分或降级处理。

第四十一条　中央企业应根据国家节约能源与生态环境保护有关政策、企业所处行业特点和节约能源与生态环境保护水平，对照同行业国际国内先进水平，提出科学合理的任期考核指标和目标建议值。

第四十二条　国资委对中央企业任期节约能源与生态环境保护考核指标和目标建议值进行审核，并在中央企业负责人任期经营考核责任书中明确。

第四十三条　中央企业应在考核期末对节约能源与生态环境保护考核完成情况进行总结分析，并报送国资委。国资委对考核完成情况进行考核评价。

第四十四条　对节约能源与生态环境保护取得突出成绩的，经国资委评定后对企业予以任期通报表扬。

第四十五条　中央企业应建立完善企业内部考核奖惩体系，结合国资委下达的节约能源与生态环境保护考核指标和目标，逐级分解落实相关责任；对发生造成严重不良影响的突发环境事件、节能环保违法违规事件，或存在能源消耗、污染物排放、二氧化碳排放数据弄虚作假行为的，按规定对年度考核实行扣分或降级处理；对成绩突出的单位和个人，可进行表彰奖励。

第四十六条　国资委依据本办法制定《中央企业节约能源与生态环境保护考核细则》，并根据需要进行修订。

第八章 附 则

第四十七条 本办法所指突发环境事件，依据《国家突发环境事件应急预案》确定。

第四十八条 各地区国有资产监督管理机构可以参照本办法，结合本地区实际情况制定相关规定。

第四十九条 本办法由国资委负责解释。

第五十条 本办法自2022年8月1日起施行。《中央企业节能减排监督管理暂行办法》（国资委令第23号）同时废止。

关于进一步加强中央企业网络安全工作的通知

国资厅发综合〔2017〕33号

各中央企业：

为深入学习贯彻习近平总书记关于网络安全和信息化工作系列重要讲话精神，落实党中央、国务院有关工作部署，进一步提高中央企业网络安全服务水平，保障中央企业信息化健康发展，现就进一步加强中央企业网络安全的有关事项通知如下：

一、充分认识网络安全工作的重要性

党中央、国务院对网络安全高度重视，特别是党的十八大以来，习近平总书记针对网络安全多次发表重要讲话，为中央企业做好网络安全工作指明了方向。中央企业在军工、能源、电力、通信、交通等重要领域承担着国家关键信息基础设施的运行保障任务，工作艰巨、责任重大。当前，中央企业面临的网络安全形势复杂严峻，网络安全意识不强、重点防护不到位、监测预警能力不足、应急演练能力不够以及协作共享不充分等问题较为突出。同时，随着信息化与工业化的深度融合，工业控制系统、智能技术应用、云计算等领域面临的网络安全风险进一步加大，网络威胁与风险、隐患交织叠加联动，影响力和破坏力显著增强。各中央企业要深刻认识到网络安全工作的重要性、复杂性和艰巨性，牢固树立以安全保发展、以发展促安全的思想观念，进一步增强责任感和使命感，按照全面排查风险、增强重点防护、实时发现预警、强力有效处置、确保平稳运行的工作目标，抓好网络安全工作。

二、全面深入开展《中华人民共和国网络安全法》宣传教育

《中华人民共和国网络安全法》（以下简称《网络安全法》）将于2017年6月1日起实施。各中央企业要高度重视《网络安全法》的宣传教育工作，将经常性网络安全宣传教育纳入议事日程，组织领导干部和广大员工认真学习《网络安全法》及相关法律法规，增强全体工作人员的网络安全法治观念。开展专题宣传和教育培训，动员全员共同参与，普及网络安全常识、增进网络安全知识、提高网络安全意识。

三、强化关键信息基础设施保护

各中央企业要依据本企业管理和运营的关键信息基础设施名录，明确重点防护对象，按照关键信息基础设施保护有关要求，采取有效措施保护关键信息基础设施运营安全及其重要数据安全，做到安全技术措施与关键信息基础设施同步规划、同步建设、同步使用。抓好云计算、大数据、人工智能等新兴技术在关键信息基础设施应用的安全管控，重视工控系统安全，提高核心信息系统安全可控程度。坚持管理和技术并重，做好识别、防护、监测、预警、响应、处置等环节的技术支撑和管理衔接，提高服务保障专业水准，充实人才队伍，综合统筹实施，切实增强关键信息基础设施的保护能力。

四、加强网络安全自查和风险防范

各中央企业要在做好日常网络安全监测的同时，定期开展网络安全自查工作和风险评估，进一步摸清本企业信息系统的风险状况，及时发现和处置高危风险。以防攻击、防病毒、防篡改、防瘫痪、防泄密为重点，深入查找薄弱环节，及时核查整改，加强对系统间、业务间关联风险的评估。加强对服务供应商及核心技术人员的安全风险排查，防范外来服务和产品带来的风险隐患。根据国家网络安全产品和服务有关要求，加强采购和使用过程中的风险管理。

五、提高网络安全态势感知和预警处置能力

各中央企业要按照国家有关部门要求，完善本单位网络安全监测预警和信息通报机制，及时通报监测预警信息，加强与有关部门的协作沟通，及时

掌握和运用预警信息，提前做好应对工作。要按照国家有关要求，结合本单位实际情况制定完善应急机制和应急预案，定期组织开展应急演练，做好信息系统管理和运维在职人员的应急支援工作，提高服务保障人员的应急处置能力。

六、做好重大会议活动期间网络安全保障

2017年，我国将迎来党的十九大、金砖国家领导人会晤等重大会议活动，各中央企业要建立健全重大会议活动期间的网络安全保障方案和保障机制，明确岗位职责，开展保障演练，切实提高保障能力。要强化包括纵深防御、监测预警、运维保障、应急处置等各方面安全要求，加强物理、网络、应用和数据等层面的技术防护。加强重大会议活动期间的日常值守和运维巡检，建立全天候工作机制，及时堵漏洞、补短板、降风险，严防连锁连片式网络安全事故，确保本企业信息系统在重大会议活动期间的平稳有序运行。

七、增进企业间合作共享

各中央企业之间要加大网络安全协同与合作力度，创新合作机制，积极开展经验交流和互帮互助，共享网络安全基础资源。有基础、有条件的中央企业要充分发挥自身优势，加大网络安全核心技术研发力度，提高自主创新能力，提供可靠的安全服务。国资委鼓励中央企业以网络安全需求为核心，加强产学研用资源紧密结合，积极承担国家网络空间安全专项、示范工程和国家重点实验室等重大项目，支撑国家网络安全防护体系建设。

八、加强领导和组织落实

各中央企业是网络安全的责任主体，要加强网络安全工作管理，建立“一把手”负责制，层层落实推进。涉及国家关键信息基础设施的中央企业，要设立专门的网络安全主责机构，建立健全网络安全工作考核制度、管理制度和标准规范。加大人才培养力度，改进人才培养机制，加强工作人员的技能培训和考核，开展网络安全关键岗位人员资格认证，提高网络安全人才的配置能力。将网络安全工作经费纳入企业年度预算，加强资金保障，提高网络安全保障的专业化、规范化、集约化水平。

请各中央企业将学习贯彻《网络安全法》的有关情况于5月28日前以电子邮件形式报送至国资委综合局（电子邮箱：xxh@ sasac. gov. cn）。

民政部、国资委关于支持中央企业积极投身公益慈善事业的意见

民发〔2015〕96号

各省、自治区、直辖市民政厅（局），新疆生产建设兵团民政局，各中央企业：

为深入贯彻党的十八大和十八届三中、四中全会“支持发展慈善事业”“支持慈善事业发挥扶贫济困积极作用”等重要精神，按照《国务院关于促进慈善事业健康发展的指导意见》（国发〔2014〕61号）的明确要求，促进广大中央企业通过公益慈善事业更好地履行社会责任、服务国家发展，现就支持中央企业积极投身公益慈善事业提出如下意见。

一、充分认识中央企业参与公益慈善事业的重要意义

近年来，中央企业高度重视社会责任工作，积极落实《中国慈善事业发展指导纲要（2011－2015年）》（民发〔2011〕134号）和国资委《关于中央企业履行社会责任的指导意见》，主动投身公益慈善事业，通过公益捐赠、设立企业基金会、与慈善组织合作、开展志愿服务等多种形式，广泛开展救助灾害、救孤济困、扶老助残等活动和教育、科学、文化、卫生、体育、环境保护等事业，主动实施海外慈善项目，取得显著成效，为我国慈善事业发展和树立良好国际形象作出了突出贡献。但是，与社会的普遍期望和形势的发展需要相比，中央企业参与公益慈善事业的潜力有待进一步挖掘，优势有待进一步发挥。

当前，我国已进入全面建成小康社会的决定性阶段，发展公益慈善事业对于保障和改善民生、促进社会和谐、提升公共服务水平、提高公民道德素质具有重要意义。中央企业是国民经济的骨干和中坚，承担着促进经济社会发展的使命和责任。中央企业参与公益慈善事业，是实现“做强做优、世界一流”目标的重要举措，是回应社会期望、塑造责任央企形象的必然选择，是拓展对外发展空间、提高国际竞争力的客观需要。各中央企业要进一步提高认识，增强参与公益慈善事业，特别是参与

"救急难"工作的积极性和主动性，在实现国有资产保值增值的前提下，发挥资金雄厚、管理规范、覆盖全国、职工众多等优势，不断提高企业慈善工作的能力和水平，为推动中国特色公益慈善事业发展、全面建成小康社会作出应有的贡献。各级民政部门要采取切实可行的措施予以支持，进一步提升中央企业参与"救急难"等公益慈善事业的绩效。

二、准确把握中央企业参与公益慈善事业的基本原则

（一）自愿无偿。中央企业参与"救急难"等公益慈善事业应坚持自愿参与、无偿捐赠的原则。任何组织和个人不得强迫或变相强迫中央企业开展慈善活动或进行捐赠，对于有关社会机构、团体的摊派性捐赠，中央企业应当依法拒绝；中央企业不得以慈善为名从事营利活动，不得要求受赠人、受益人在融资、市场准入、占有其他资源等方面创造便利条件或提供回报性反馈。

（二）统筹兼顾。中央企业参与"救急难"等公益慈善事业，应坚持履行促进经济发展责任与履行社会责任统筹兼顾，在实现国有资产保值增值、提供优质产品和服务的基础上，量力而行，尽力而为，合理确定参与公益慈善的领域、内容、方式和捐赠规模。

（三）合法合规。在国内公益慈善活动中，中央企业要遵守国家有关法律法规和政策规定，不得违背社会公德，不得损害公共利益和他人的合法权益。在国际慈善活动中，中央企业要遵守所在国法律，尊重当地的民族习惯和宗教信仰。

（四）专业科学。中央企业要将参与慈善事业纳入自身发展规划，并结合企业的资源和专业特长，制定各具特色的参与慈善事业的规划，建立制度规范和工作程序，合理选择慈善领域、项目和形式，科学实施，提高慈善资源的使用效益。

三、鼓励中央企业通过多种途径参与公益慈善事业

（一）直接设立慈善组织。具备条件的中央企业可依法设立基金会，或在慈善组织中设立专项基金，也可在扶贫济困、教育、医疗、养老、助残、儿童福利、社会工作等公益事业领域兴办民办非企业单位，以增加社会公共产品供给，帮助国家提高公共服务水平。

（二）发挥好已成立基金会的作用。目前由中央企业出资设立的10家非公募基金会，要忠实履行公益慈善宗旨，积极开展公益慈善活动，切实有效服务困难群众，并力争在内部治理、项目设计、程序透明、方法专业等方面成为慈善组织的表率。

（三）利用自有资金积极进行捐赠。鼓励中央企业在企业董事会或类似决策机构批准的对外捐赠预算范围内，利用留存利润，积极进行捐赠。对因重大自然灾害、急难事项等紧急情况需要超出预算规定范围的对外捐赠事项，企业应提交董事会或类似决策机构专题审议，并履行相应的预算追加审批程序。鼓励中央企业动员职工进行自愿捐赠，并给予一定的激励和表彰。

（四）与慈善组织缔结合作关系。鼓励中央企业选择治理规范、公信力高的慈善组织合作，委托慈善组织开展企业自行设立的慈善项目，或参与慈善组织设立的有影响力、创新性和实效性的慈善项目，作为资源供给方和效果考核方来发挥作用。鼓励中央企业对某一慈善领域或慈善项目给予稳定、持续的关注和支持，以形成长期广泛的社会影响和正面积极的社会评价。

（五）组织职工开展志愿服务。鼓励中央企业制定职工参与志愿活动的管理制度，建立职工志愿者组织管理机构，积极发展职工志愿者队伍，完善志愿服务的长效机制，组织并支持职工参与多种形式的志愿服务活动，积极回馈社会。

（六）深入做好定点扶贫工作。继续发挥好中央企业定点扶贫机制的作用，在中央企业负有扶贫任务的地区，广泛开展扶贫济困、帮老助幼、支教助学、卫生保健、科技推广、环境保护、应急救援、心理安抚等多种形式的公益慈善活动。支持、引导中央企业积极参与"救急难"工作，探索中央企业开展慈善救助的新方法、新路径。鼓励中央企业与慈善组织共同开展活动，提升工作的专业性和有效性。

（七）支持慈善文化传播。鼓励中央企业发扬扶危济困、崇德向善的传统美德，利用良好的企业文化积淀优势，将现代慈善理念融入企业文化，在企业内部形成人人关心慈善、人人支持慈善的良好氛围，并通过提升合作伙伴和社会公众的慈善理念，传播慈善文化。鼓励中央企业采取冠名、资助等协作方式，支持学术研究机构、慈善组织等开展慈善理论研究和慈善文化宣传。

（八）在投资兴业中吸纳困难群体。鼓励中央

企业在投资兴业中吸纳残疾人和贫困家庭劳动力就业，实现公益目标和经济目标、社会效益和经济效益的有机统一。

（九）确定专门负责社会责任履行的部门。中央企业可根据自身实际情况设置相关专门机构和人员负责慈善工作，鼓励具备条件的中央企业组建专门的机构统筹规划和开展慈善活动。

（十）创新其他参与慈善事业的方式。支持有条件的中央企业依托相关金融机构、慈善组织设立慈善信托。鼓励中央企业整合内部捐赠资源，统一筹划部署，结合企业战略模式，聚合内部资源并形成合力，打造有影响力、可持续的公益慈善品牌项目。

四、有效提供中央企业参与公益慈善事业的支持措施

（一）支持中央企业设立慈善组织。各级民政部门要依照相关法律法规和政策规定，积极履行部门职责，转变工作作风，提高办事效率，丰富完善窗口和在线服务内容，为中央企业依法设立慈善组织提供有效的咨询和指导。同时，要认真研究慈善组织发展过程中遇到的难题，切实发挥沟通协调职责，提供规范高效的服务，推动有关政策落实和完善。

（二）协助中央企业依法享受税收优惠。民政部门和国资委要协助有关部门依法落实中央企业设立的慈善组织应享受的优惠政策和扶持措施，对中央企业加强公益性捐赠税收优惠政策的宣传，指导中央企业对发生的公益性捐赠支出进行所得税税前扣除，并推动有关部门简化程序，方便中央企业办理有关减免税手续。

（三）加强对中央企业慈善行为的指导。民政部和国资委将共同开展对国内外企业参与慈善事业理论和经验的研究，联合制定《中央企业社会责任指引》、《中央企业参与慈善活动行为指南》、《中央企业与慈善组织开展合作指导手册》等文件，科学指导、促进中央企业更好地参与公益慈善事业。

（四）做好中央企业与慈善组织和慈善需求合作对接。民政部门要建立优秀慈善组织目录和优秀慈善项目库，并向中央企业做好推荐工作。民政部门和国资委要加强合作，通过联系协调、信息共享等方式，搭建展示交流会、项目推介会等平台，促进中央企业与慈善组织对接，开展长期、多样、有效的合作。民政部门要采集、发布本行政区域内的求助等信息，为中央企业与慈善需求对接提供便利。

（五）宣传中央企业慈善行为。民政部门和国资委要协调报刊、广播、电视、互联网等媒体积极宣传中央企业的慈善行为和成绩，创造有利于中央企业投身慈善事业的社会环境和氛围。

（六）完善其他扶持和激励措施。推动有关部门从土地供应、设施配套、企业服务等方面，对为慈善事业作出突出贡献的中央企业提供便利和优惠条件。在各级政府评选慈善奖时，应注重表彰中央企业先进典型。在政府采购中，对为慈善事业作出突出贡献的中央企业，同等条件下优先考虑。

五、共同做好相关慈善活动的监督管理

民政部门要加强对中央企业设立慈善组织的日常管理和年检工作，重点加强对财务状况、信息公开和重大活动的监管。对中央企业设立的慈善组织的违法违规行为，依法予以严肃查处。要依法保障中央企业作为捐赠人的知情权和监督权，督促受赠人按约定管理和使用捐赠款物，并及时公开捐赠款物使用情况。

民政部和国资委要鼓励中央企业主动向社会公布参与慈善事业的情况，及时向社会披露相关信息，将企业开展慈善活动的情况作为企业社会责任报告的重要内容，有条件的中央企业可编制专门的企业年度慈善报告。

其他有关部门、社会公众、新闻媒体可以依法对中央企业的慈善活动进行监督。

民政部　国资委

2015 年 5 月 19 日

国资委改组局关于做好中央企业棚户区摸底调查工作的通知

改组函〔2014〕38 号

各中央企业：

近日，住房城乡建设部、国家发展改革委、财政部、国资委办公厅联合印发《关于核实棚户区底数和 2015－2017 年改造规划编制情况的通知》（建办保函〔2014〕471 号），要求进一步核实棚户区底数，编制 2015－2017 年改造规划。为做好相关工作，现就有关事项通知如下：

一、各中央企业集团公司要高度重视，督促所属企业积极与企业所在地市、县政府相关部门对

接，确保将符合条件的企业棚户区纳入所在市、县项目库。

二、各中央企业集团公司要做好与省级人民政府相关部门的工作衔接，核实本集团所属企业棚户区纳入各省（区、市）项目库情况。在此基础上，按要求认真汇总编制《中央企业棚户区摸底调查和2015－2017年改造规划项目库》（附件4）和《中央企业棚户区摸底调查和2015－2017年改造规划分省汇总表》（附件8）。

三、各中央企业集团公司对经反复沟通仍未能列入各省（区、市）棚户区项目库的棚户区情况，要进行汇总分析，并说明与地方沟通情况、未列入项目库原因等，一并报送我委和国家有关部门。

四、经认真核查，所属企业确无棚户区改造任务的中央企业集团公司，要将情况书面函告我局。

联系人：史晓东　张宏丹

电话：010－63193089　010－63193927

国资委改组局

2014年8月11日

关于核实棚户区底数和2015－2017年改造规划编制情况的通知

各省（自治区、直辖市）住房城乡建设厅（委）、发展改革委、财政厅（局）、国资委，天津市国土资源和房屋管理局，上海市住房保障和房屋管理局，重庆市国土资源和房屋管理局，新疆生产建设兵团建设局、发展改革委、财务局、国资委，各中央企业集团：

为贯彻落实《国务院关于加快棚户区改造工作的意见》（国发〔2013〕25号）和《国务院办公厅关于进一步加强棚户区改造工作的通知》（国办发〔2014〕36号）文件精神，加快推进各类棚户区改造，请各地在现有工作基础上，进一步调查核实棚户区底数，编制2015－2017年改造规划，现将有关事项通知如下：

一、确保调查摸底覆盖全部国有企业。棚户区摸底调查，是政府做好规划安排、确定年度改造任务、加强补助支持、完善相关政策措施的重要依据，要按照国资委会同有关部门印发的《关于加快推进国有企业棚户区改造工作的指导意见》（国资发改组〔2014〕9号）将调查范围覆盖到所有国有企业。对摸底调查工作尚未启动的市县，要尽快部署启动，限时完成；对确不存在棚户区、不需要上报摸底情况的，有关市县要做出说明。调查摸底完成后，调查单位要将附件表格填写完整，对各项调查指标，要按照指标说明（见附件9），认真组织审核，确保调查指标填写完整、真实准确、逻辑关系正确。对“隶属行业”要按照国民经济行业分类代码填写（见附件10），以便于今后统计分析。各地要对照已调查摸底并上报的国有工矿棚户区情况，进一步调查核实，确保全部纳入调查范围。

二、做好统计汇总和登记造册工作。要做好调查数据分析，分类汇总三线企业棚户区（见附件3）、中央企业棚户区（附件4）、资源枯竭型城市棚户区（附件5）和中央下放地方煤矿棚户区（附件6），并登记造册。对已纳入中央下放地方煤矿棚户区改造范围未完工需要继续实施的棚户区改造项目，要依据发展改革部门提供的项目清单和投资计划，进行统计汇总和登记造册。

国有工矿棚户区按照《国民经济行业分类代码》（GB/T4754－2011）采矿业和制造业两大门类（行业代码06－43）界定。三线企业棚户区要按照当地原主管部门（发展改革委、国防科工办等）提供的企业名单等资料界定。资源枯竭型城市棚户区要依据发展改革部门提供的资源枯竭型城市名单确定。

三、科学编制棚户区改造规划计划。明后两年，国有工矿棚户区要保持较大规模。各省（区、市）编制棚户区改造规划时，要将包括中央企业在内的国有企业棚户区纳入改造规划，对资源枯竭型城市及独立工矿棚户区、三线企业集中地区的棚户区改造进行重点安排，切实加快改造步伐。尤其是对连片规模较大、住房条件困难、安全隐患严重、群众要求迫切的区片，要优先安排改造。

中央企业集团公司要督促所属企业做好与地方有关部门的工作衔接，按属地化管理原则，将中央企业棚户区统一纳入所在省（区、市）项目库（附件1），并汇总编制中央企业棚户区项目库（附件4）和中央企业棚户区分省汇总表（附件8），于2014年8月20日前报送住房城乡建设部、国家发展改革委、财政部和国资委。

四、加强部门协调配合。地方各级住房城乡建设、发展改革、财政和国资等部门要建立健全责任机制，明确责任分工，及时提供相关资料，共享信息，密切配合，做好棚户区调查摸底和改造规划安排工作。省级人民政府尚未明确牵头部门的，要尽快研究确定。各省（区、市）相关部门要组织力量，对附件1—附件7进行联合审核、汇总、盖章后，于2014年8月20日前报送住房城乡建设部、国家发展改革委、财政部和国资委（对有保密要求的棚户区，调查和填写表格时要做好脱密处理），作为今后列入国家计划安排的依据。

联系人及联系方式：

住房和城乡建设部住房保障司：翟波

联系电话：010－58934220；58934746（传真）

国家发展改革委投资司：姚鹏程

联系电话：010－68502481；68502480（传真）

财政部企业司：岳晓菲

联系电话：010－68552421；68552837

国资委改组局：张宏丹

联系电话：010－63193927；63193757（传真）

附件：略

住房城乡建设部办公厅　国家发展改革委办公厅

财政部办公厅　国资委办公厅

2014年8月5日

国务院国资委关于做好中央企业网站能力建设试点示范工作的通知

信息〔2012〕1号

各有关中央企业：

为了进一步提升中央企业网站建设水平，国务院国资委信息化工作办公室于2011年7月印发了《关于开展2011年中央企业网站评估及网站能力建设试点示范有关工作的通知》。在各中央企业自愿报名的基础上，经研究，确定中国石油等16户中央企业为中央企业网站能力建设试点示范企业（以下简称试点示范企业，名单详见附件），并正式启动了中央企业网站能力建设试点示范工作。

中央企业网站能力建设试点示范内容主要包括形象塑造能力、市场营销能力、在线交易能力、客户服务能力、资源整合能力、网站构建能力、网站保障能力、安全保障能力、网站群建设能力和网站推广能力。各试点示范企业根据自身情况选择不同的试点示范内容，着重开展有关网站能力专题研究和网站能力提升工作。为了更好地开展试点示范工作，现就有关工作要求如下：

一、加强领导，明确责任，确保工作落实到位

各试点示范企业要加强对试点示范工作的领导，要紧紧围绕本企业的试点示范内容，明确企业内部各参与单位的工作职责和工作内容，加强沟通和协调，落实专项保障经费，确保网站能力专题研究和网站能力提升工作于2012年底前完成。

二、组织力量，深化融合，完成好网站能力专题研究

各试点示范企业要充分领会和运用好网站这种战略性资源，重新审视网络对企业发展的深刻影响，深入开展企业互联网应用、企业业务与信息化融合、企业业务与对外提供、企业网络服务协同等专题研究，高质量地完成网站能力专题研究报告，并提供各中央企业学习参考。

三、大胆探索，努力创新，有效提升网站能力建设水平

各试点示范企业要紧密结合企业和行业特点，创造性地开展工作，不断提升网站能力水平。要始终坚持“以用户为中心，以服务为导向”，突出网站建设要与企业未来发展、企业服务提供、网络技术发展、用户使用效果等紧密结合，有效提升企业网站的业务融合度、用户回头率和影响力，提高网站能力建设水平。

四、加强沟通，促进交流，总结好试点示范工作经验

各试点示范企业要及时总结和报送各阶段工作的进展情况以及下一阶段工作思路，国务院国资委将组织编发工作简报，通报各试点示范企业工作开展情况。要充分借助“外脑”，邀请有关方面专家、网站用户等为企业网站能力提升建言献策。试点示范工作结束后，各试点企业要系统进行总结并提出下一步工作思路。

为了组织好试点示范工作，国务院国资委将于近期组织召开中央企业网站能力试点示范工作研讨会，交流和探讨试点示范工作；将不定期组织有关方面专家，到试点示范企业开展专项工作调研，为试点示范企业提供帮助；试点示范工作结束后，还将组织召开中央企业网站能力试点示范工作经验交流会，全面总结试点示范工作，交流试点示范工作经验。

各试点示范企业在开展试点示范工作中，要及时向我们反馈遇到的问题，以及对试点示范工作的意见和建议，我们将及时组织研究并采取更为有效措施引导好中央企业网站能力建设试点示范工作。

联系方式：张祺，电话63192308。

国资委信息化办公室

二〇一二年一月四日

国务院国资委印发《关于推进中央企业廉洁文化建设的指导意见》

廉洁文化建设是中央企业构建惩治和预防腐败体系的基础工程，是促进企业领导干部作风建设的重要途径。近日，国务院国资委下发了《关于推进中央企业廉洁文化建设的指导意见》（以下简称《指导意见》），以贯彻落实中央纪委等六部委《关于加强廉政文化建设的意见》，扎实推进中央企业加强廉洁文化建设。

《指导意见》包括六方面内容：一是明确中央企业廉洁文化建设的指导思想，突出以企业各级领导人员和重要岗位人员为重点，要求把廉洁文化建设融入中心、服务大局。二是确定中央企业廉洁文化建设工作目标。要求中央企业把廉洁文化纳入构建惩防体系和企业文化建设总体规划，分整体规划、夯实基础，巩固提高、形成体系，完善体系、形成长效机制三个阶段进行。三是规定廉洁文化建设的基本原则。企业要把促进企业改革发展和稳定作为廉洁文化的出发点和落脚点，把握企业生产经营管理的关键领域和薄弱环节，有针对性地开展工作。要坚持科学发展、服务中心、遵循规律、全员参与、因地制宜、注重实效的原则。四是提出廉洁文化建设主要任务。根据中央纪委要求，充分发挥企业宣传教育优势，框架性地提出提炼培育廉洁理念、加强反腐倡廉教育、加强廉洁文化阵地建设、加强廉洁文化制度建设、加强廉洁文化理论研究和打造廉洁文化精品等六大任务。五是指出廉洁文化建设的主要方法和途径。廉洁文化建设要融入党的建设、惩防体系建设、企业文化建设、领导班子建设、生产经营管理和员工道德建设。总结和提炼中央企业近年来好的做法和经验，廉洁文化建设在企业深入开展的主要方法是领导示范、宣传教育、岗位建设、家庭助廉、评选典型、实施考试考核等。六是制定保障廉洁文化建设顺利进行的措施。从领导体制、协调机制、保障机制、培训教育四方面提出具体要求。

国资委纪委将对各中央企业进行督促检查，确保《指导意见》落到实处，营造以廉为荣、以贪为耻的良好氛围，为做强做优中央企业、培育具有国际竞争力的世界一流企业提供文化支撑和思想保障。

国家档案局、国务院国有资产监督管理委员会关于印发《关于进一步加强中央企业档案工作的意见》的通知

档发〔2009〕6号

各中央企业：

为进一步引导和规范中央企业档案管理、有效服务中央企业各项工作，国家档案局和国务院国有资产监督管理委员会制定了《关于进一步加强中央企业档案工作的意见》，现印发给你们，请结合实际情况，认真贯彻落实。

国家档案局

国务院国有资产监督管理委员会

二〇〇九年十二月四日

关于进一步加强中央企业档案工作的意见

为深入贯彻落实科学发展观和党的十七大精神，落实党中央、国务院关于档案工作的有关要求，促进中央企业档案工作有效地为中央企业改革发展稳定和国有资产保值增值服务，现对加强中央企业档案工作提出以下意见。

一、充分认识中央企业档案工作的重要意义

（一）中央企业档案是国家信息资源和国有资产的重要组成部分。中央企业档案是中央企业建设、运营与发展过程的真实记录，是中央企业国有资产运营、管理的重要凭证与依据，也是中央企业不可或缺的信息资源和重要资产。确保企业档案的完整、准确、系统、安全和有效提供利用，对于维护中央企业合法权益，提高中央企业的核心竞争力，促进国有资产保值增值具有不可替代的重要作用。

（二）加强企业档案工作是中央企业的重要责任。中央企业是我国国民经济的骨干力量和重要支柱，关系国家安全和国民经济命脉。做好企业档案工作，是中央企业依据《中华人民共和国档案法》应履行的责任，也是中央企业建立现代企业制度的

自身需要。中央企业要充分认识和高度重视档案工作的重要性，从维护党和国家根本利益的高度、从维护企业及职工权益的高度出发，依法做好企业档案的收集、管理、利用工作。

二、中央企业档案工作的总体要求和基本原则

（三）总体要求：中央企业档案工作必须坚持以邓小平理论和“三个代表”重要思想为指导，全面贯彻落实科学发展观，紧紧围绕中央企业改革发展和稳定的工作大局，加强档案工作基础建设，提高档案管理信息化、规范化、国际化水平，探索、创新中央企业档案工作机制，构建覆盖中央企业各项工作和各所属单位的档案信息资源管理体系和档案利用服务体系，为促进中央企业改革发展稳定服务。

（四）基本原则：一是集中统一管理原则。在国家档案局、国务院国资委监督指导下，中央企业档案工作实行由企业总部统筹规划、组织协调、统一制度并监督指导，本企业各项活动中形成的各种门类和载体的全部档案实行集中统一管理。二是分级负责原则。在坚持集中统一管理的原则下，中央企业以资产与产权关系为纽带，分级保管本企业的档案并指导和监督所属机构和控股企业的档案工作。三是确保安全原则。中央企业档案安全关系重大，要充分评估档案安全的风险因素，加强安全措施，确保档案实体和信息的安全。四是合理利用原则。在维护国家、企业和职工利益及遵守保密规定的前提下，积极开发档案信息资源，充分发挥档案的作用。五是信息共享原则。中央企业档案应逐步实现合理、有效的整合，促进交流，实现共享。

三、强化中央企业档案工作管理职能

（五）加强对企业档案工作的组织领导。中央企业档案工作是中央企业管理中不可缺少的环节，企业总部是企业档案工作的责任主体，应明确一名企业领导和办公厅（室）领导分管档案工作；根据档案的数量和工作任务，在企业总部的组织架构中，设置相应的档案管理机构并配备专职档案人员，以保障工作职能的正常履行；各业务部门和各大专项工作设兼职档案人员，形成系统有人抓、层层有人管的档案工作网络。企业应将档案工作纳入企业发展规划和工作计划，纳入企业管理的有关制度和工作环节，纳入各项工作和有关人员的考核范围，建立与现代企业制度相适应的档案工作组织和管理体系。

（六）强化企业总部档案机构的管理职能。中央企业总部档案部门应贯彻执行《中华人民共和国档案法》、国家有关企业档案工作的法律法规和标准、规范；负责建立健全本企业档案工作制度，制定本企业档案工作发展和信息化建设规划与计划；做好企业总部各类档案的收集、整理、保管和提供利用等档案业务工作；加强对本企业系统重大建设项目、固定资产投资项目、科研项目档案管理的专项检查与验收工作，使项目档案管理与项目管理同步开展；加强对所属机构、控股企业和境外机构档案工作的指导、监督与管控；定期召开档案工作会议，开展档案工作业务培训、检查和考核；确定所属机构、控股企业和境外机构档案的归属与流向，规范和提高档案管理水平。

（七）强化重点工程、重大项目、重要项目谈判档案的保存和管理。中央企业承担着大批国家重大建设项目、重大科技研发项目、重大固定资产投资项目、重大政府采购项目、重大经济合同项目和涉及企业发展与国计民生项目的重要谈判工作，其产生的文件和档案是国家和企业宝贵的信息资源。中央企业要特别强化对这些重要档案资源的保存和管控。企业档案部门一方面要按照国家有关要求积极参与各专项工作的验收，主动跟进重大事项和重要谈判工作，收集各种载体形式的文件、档案，另一方面还要指导所属单位、控股企业和境外机构做好这方面的工作。

（八）深化军工企业档案工作的专业管理。国防科技工业是关系国家安全的战略性产业，国防科技工业系统军工企业的档案是国防科技工业的基础性资源和国家战略性资源，军工企业档案工作在军工生产中起着技术服务与技术支撑的基础作用。军工企业所属的军工专业档案馆既是军工企业也是国家军工专业档案的保管和利用基地。各军工企业应适应现代国防建设和军工发展的需要，积极开展档案工作专业标准和业务规范的建设，强化档案资源能力建设，有效整合涉及国防科技工业的档案资源，特别要做好高密级、核心档案资源的安全管理和异地备份工作，以满足国防工业建设和应急工作的需要，确保军工档案在特殊情况下的安全并为恢复军工生产提供利用。

（九）加强境外企业和机构的档案管理。中央企业要加大对境外企业和机构的档案管控力度，建

立并完善境外企业和机构的档案管理与定期交回制度；要调查研究、检查解决境外企业和机构档案工作的经验、问题与困难，指导、监督境外企业和机构档案业务工作的发展，促进境外企业和机构基础管理水平的提高；及时接收境外企业和机构各种载体形式的重要与核心档案，在加强对境外企业和机构国有资产的规范管理中做好服务。

四、加强中央企业档案的管理和利用

（十）完善文件材料收集归档工作。中央企业应依据国家有关要求，结合自身经营活动和业务工作，制定并不断修改完善自身的文件材料归档范围，建立归档工作问责制。企业各项工作形成的具有保存价值的文件材料，特别是反映企业发展、资产运作和与员工有关的文件材料必须列入归档范围；文件归档要求与责任应纳入企业各项工作流程、纳入企业人员岗位责任制。企业应加强各项业务工作文件材料的收集；加强对企业派出机构、临时机构、驻外机构与境外企业文件材料收集归档工作的指导和监督；加强对照片、音像、实物、电子等非纸质文件材料的收集，确保企业应归档的文件材料完整、准确、系统和有效。

（十一）大力开发利用档案信息资源。在维护国家和中央企业利益以及遵守保密规定的前提下，中央企业档案部门要大力开发档案信息资源，促进档案信息资源的利用与共享，充分发挥档案在国有资产保值增值中的重要作用。企业档案部门要根据企业中心工作、重点工作和攻关项目的需要，采取多种形式，对档案信息资源进行多角度、深层次的开发和集成，主动为企业领导决策和企业发展提供档案信息服务；按照要求做好上市公司的档案信息披露和服务工作；采用现代信息技术手段，及时、准确地满足利用者的需求；通过举办档案展览、编写企业史志等形式，为企业文化建设提供信息支撑；建立档案利用服务效果反馈机制和评价体系，在企业知识管理、信息管理、数据挖掘等先进管理理念和技术方法的运用中，充分发挥档案的信息资源价值，促进档案信息向企业现实生产力和竞争力的转化。

（十二）确保档案实体和信息的安全。中央企业应合理规划和确定档案的保管地点和方式，设置适宜安全保存档案的库房和装具，配备相应的档案防护设施设备，档案库房应当与档案阅览室、工作人员办公室分开。规模较大、档案数量多的中央企业应当设置企业档案馆。档案人员应定期清点核对库藏档案，做到账物相符；定期检查档案保管状况，对破损或变质的档案应及时进行技术处理。企业工作人员发生变动时，要及时做好档案移交工作。企业应当制定档案应急灾备预案，重要档案应实行异地备份，重要的电子档案同时要进行异质备份。特别要加强对涉及国家秘密、企业商业秘密、技术秘密的档案和电子档案的管理，确保档案实体与信息的安全。

（十三）做好企业兼并重组的档案工作。中央企业在企业的兼并、重组、股份制改革和上市等过程中，一方面要做好档案收集归档的组织工作，要专门研究确定档案的处置方案，并有专人负责档案管理，严防企业档案资产的流失，保障企业改革和上市的顺利进行；一方面要在国有资本调整、企业重组和理顺产权关系后，进一步加强档案工作，全面提升企业的基础工作管理水平，使档案工作更好地服务于国有资产的规范管理和保值增值。

（十四）做好改制和破产企业档案的处置工作。中央企业在所属企业和控股企业的重组、联合、兼并、合资、转让国有产权和股份制、股份合作制等改制及破产过程中，应将档案作为企业资产，按照有关规定做好档案的处置工作。为防止企业档案散失，维护国家、企业的安全和利益，并保护企业职工的合法权益，中央企业应根据本企业具体情况，制定切实可行的改制和破产企业档案处置方案，把档案处置与资产处置、人员安置等放在同等重要的位置上统一加以考虑和安排，监督档案处置实施过程，根据实际需要采取相应的措施，确保改制和破产企业档案的安全。凡因处置不善而造成企业档案流失损毁的，要追究有关领导的责任。

五、开拓创新，不断提高中央企业档案工作水平

（十五）着力完善档案资源建设。中央企业应围绕自身发展和档案资源的积累与建设，树立企业资产管理与业务发展到哪里，档案管理就延伸到哪里的理念。适应提高自主创新能力和国际竞争力，增强抗风险能力和可持续发展能力的要求，加强对企业合同档案、知识产权档案、法律事务档案、信用档案及其他业务档案的收集与管理；适应中央企业“走出去”发展战略的要求，加强对境外企业和机构档案的收集与管理；适应领导决策与管理的需要，加强有关对社会公共信息资源的收集与管理；

适应中央企业文化建设和履行社会责任的需要，加强企业人文档案和社会活动档案的收集与管理。

（十六）积极探索现代企业档案工作。中央企业档案部门要积极探索适应现代企业制度和现代产权制度要求的现代企业档案工作。要积极学习和借鉴国际、国内先进的档案管理理念与模式，将现代信息技术和现代管理方法与档案工作有效结合，创新档案管理体制与机制。要积极探索促进档案向现实生产力和直接生产要素转化的途径与方式，促进档案在企业品牌增值和授权使用、信息加工处理、信息咨询与服务等业务工作中的利用。探索创新档案服务企业内部管理、人力资源开发、企业形象宣传等工作的途径和方式，不断拓展档案为企业现实工作服务的新形式和新内容。

（十七）稳步推进企业档案信息化建设。中央企业应将档案信息化建设纳入企业信息化建设，同步规划、分步实施、合理整合、有效利用。中央企业档案部门应参照国家电子文件、电子档案管理的有关标准，积极研究并加强对企业 OA、ERP、PDM、MES 等信息系统形成的电子文件和数据的管理与归档保存；坚持技术与管理并重的原则，加强对电子文件存储系统和档案数据库建设；有步骤、分阶段地实施重要纸质档案的数字化工作；积极探索建立中央企业电子文件管理中心、数字档案馆，有效整合和管理企业各类电子文件；构建中央企业档案信息化服务平台，实现和强化档案信息资源网络化的共享服务，使档案在中央企业的生产经营和资产保值增值中发挥最大效益；做好电子文件的备份、安全防护和灾难恢复工作，促进档案工作逐步从传统手工操作与管理，向自动化、信息化、网络化转变。高度重视档案信息化中的保密工作，档案信息化过程中要严格执行保密工作的相关规定。

六、加强中央企业档案队伍建设，提高档案业务水平

（十八）充实档案工作人员队伍。中央企业应根据企业规模、企业所承担各类项目的重要程度和数量、档案部门所承担的职责、保管档案的数量、档案的开发利用、档案的信息化建设、企业所属单位和分支机构的数量等因素，合理配备档案工作人员。中央企业总部原则上应配有档案专业或相关专业本科以上学历人员。

对在档案的收集、整理、保护和提供利用等方面成绩显著的单位和个人，企业应当予以奖励。

（十九）加强档案人员业务培训。中央企业应加强非档案专业人员从事档案工作的上岗培训、基层档案人员业务技能培训、现代信息资源管理理论与信息技术知识培训、项目档案管理与验收等培训工作，逐步提高档案人员的业务素质。中央企业应鼓励非档案专业人员接受档案专业在职教育和培训，支持档案人员申请评聘档案专业技术职务和职称，培育一支高水平的中央企业档案专业人才队伍。

（二十）加大档案工作业务交流。要进一步完善和规范中央企业档案工作协作组和企业、专业档案学会的活动，加强业务和学术交流。中央企业档案工作协作组组长单位应切实负起责任，组织协作组每年开展 1－2 次业务学习和交流活动。中央企业所属企业数量较多的也应建立集团公司的档案工作协作组，组织所属机构和控股企业档案人员开展业务学习和交流活动。通过中央企业之间、各中央企业内部之间以及中央企业与国内、国外先进企业之间的档案业务研讨与交流，不断提高中央企业档案工作的整体水平。

国务院国有资产监督管理委员会关于加强中央企业企业文化建设的指导意见

国资发宣传〔2005〕62 号

各中央企业：

为深入贯彻“三个代表”重要思想和党的十六大精神，认真落实以人为本，全面、协调、可持续的科学发展观，充分发挥企业文化在提高企业管理水平、增强核心竞争能力、促进中央企业改革发展中的积极作用，现就加强和推进中央企业企业文化建设提出如下意见。

一、企业文化建设的重要意义、指导思想、总体目标与基本内容

1. 加强企业文化建设的重要性和紧迫性。当前，世界多极化和经济全球化趋势在曲折中发展，科技进步日新月异，综合国力竞争日趋激烈。文化与经济和政治相互交融，文化的交流与传播日益频繁，各种思想文化相互激荡，员工思想空前活跃。深化改革、扩大开放和完善社会主义市场经济体制的新形势，使中央企业既面临良好的发展机遇，又

面对跨国公司和国内各类企业的双重竞争压力，迫切需要提高企业管理水平和提升企业竞争能力。先进的企业文化是企业持续发展的精神支柱和动力源泉，是企业核心竞争力的重要组成部分。建设先进的企业文化，是加强党的执政能力建设，大力发展社会主义先进文化、构建社会主义和谐社会的重要组成部分；是企业深化改革、加快发展、做强做大的迫切需要；是发挥党的政治优势、建设高素质员工队伍、促进人的全面发展的必然选择；是企业提高管理水平、增强凝聚力和打造核心竞争力的战略举措。中央企业大多是关系国民经济命脉和国家安全，在重要行业和关键领域占支配地位的国有重要骨干企业，肩负着弘扬民族精神、促进经济发展、推动社会进步的重任。中央企业必须坚持以“三个代表”重要思想、党的十六大和十六届三中、四中全会精神为指导，在提高效益、促进发展的同时，在建设先进企业文化中发挥示范和主导作用，为发展社会主义先进文化，全面建设小康社会做出应有的贡献。

中央企业在长期发展实践过程中，积累了丰厚的文化底蕴，形成了反映时代要求、各具特色的企业文化，在培育企业精神、提炼经营理念、推动制度创新、塑造企业形象、提高员工素质等方面进行了广泛的探索，取得了丰硕的成果。但是，中央企业的企业文化建设工作发展还不够平衡，有的企业对企业文化建设的重要性认识不足，企业文化建设的目标和指导思想不够明确，片面追求表层与形式而忽视企业精神内涵的提炼和相关制度的完善，企业文化建设与企业发展战略和经营管理存在脱节现象，缺乏常抓不懈的机制等。因此，中央企业的企业文化建设亟需进一步加强和规范。

2. 企业文化建设的指导思想：以邓小平理论和“三个代表”重要思想为指导，贯彻落实党的路线、方针、政策，牢固树立以人为本，全面、协调、可持续的科学发展观，在弘扬中华民族优秀传统文化和继承中央企业优良传统的基础上，积极吸收借鉴国内外现代管理和企业文化的优秀成果，制度创新与观念更新相结合，以爱国奉献为追求，以促进发展为宗旨，以诚信经营为基石，以人本管理为核心，以学习创新为动力，努力建设符合社会主义先进文化前进方向，具有鲜明时代特征、丰富管理内涵和各具特色的企业文化，促进中央企业的持续快速协调健康发展，为发展壮大国有经济，全面建设小康社会做出新贡献。

3. 企业文化建设的总体目标：力争用三年左右的时间，基本建立起适应世界经济发展趋势和我国社会主义市场经济发展要求，遵循文化发展规律，符合企业发展战略，反映企业特色的企业文化体系。通过企业文化的创新和建设，内强企业素质，外塑企业形象，增强企业凝聚力，提高企业竞争力，实现企业文化与企业发展战略的和谐统一，企业发展与员工发展的和谐统一，企业文化优势与竞争优势的和谐统一，为中央企业的改革、发展、稳定提供强有力的文化支撑。

4. 企业文化建设的基本内容：企业文化是一个企业在发展过程中形成的以企业精神和经营管理理念为核心，凝聚、激励企业各级经营管理者和员工归属感、积极性、创造性的人本管理理论，是企业的灵魂和精神支柱。企业文化建设主要包括总结、提炼和培育鲜明的企业核心价值观和企业精神，体现爱国主义、集体主义和社会主义市场经济的基本要求，构筑中央企业之魂；结合企业经营发展战略，提炼各具特色、充满生机而又符合企业实际的企业经营管理理念，形成以诚信为核心的企业道德，依法经营，规避风险，推动企业沿着正确的方向不断提高经营水平；进一步完善相关管理制度，寓文化理念于制度之中，规范员工行为，提高管理效能；加强思想道德建设，提高员工综合素质，培育“四有”员工队伍，促进人的全面发展；建立企业标识体系，加强企业文化设施建设，美化工作生活环境，提高产品、服务质量，打造企业品牌，提升企业的知名度、信誉度和美誉度，树立企业良好的公众形象；按照现代企业制度的要求，构建协调有力的领导体制和运行机制，不断提高企业文化建设水平。

二、企业文化建设的组织实施

5. 企业文化建设的工作思路。要站在时代发展前沿，认真分析企业面临的客观形势与发展趋势，以宽广的眼界和与时俱进的精神，面向世界、面向未来、面向现代化，以提升企业竞争力和提高经济效益为中心，确保国有资产保值增值和促进员工全面发展，将企业文化建设纳入企业发展战略，作为企业经营管理的重要组成部分，与党的建设、思想政治工作和精神文明建设等相关工作有机结合，加强领导，全员参与，统筹规划，重点推进，既体现先进性，又体现可操作性，注重在继承、借鉴中创新，在创新、完善中提高。

6. 企业文化建设的规划。根据本企业的行业特征和自身特点，确定企业的使命、愿景和发展战略；总结本企业多年形成的优良传统，挖掘企业文化底蕴，了解企业文化现状，在广泛调研、充分论证的基础上，制定符合企业实际、科学合理、便于操作、长远目标与阶段性目标相结合的企业文化建设规划。在制定规划时要着眼于企业文化的长远发展，避免走过场。在实施过程中必须与时俱进，常抓常新，随着企业内外部环境的变化，及时对企业文化建设的具体内容和项目进行充实和完善，促进企业文化的巩固与发展。

7. 企业文化建设的实施步骤。要根据企业文化建设的总体规划，制定工作计划和目标；深入进行调查研究，根据企业实际，找准切入点和工作重点，确定企业文化建设项目；提炼企业精神、核心价值观和经营管理理念，进一步完善企业规章制度，优化企业内部环境，导入视觉识别系统，进行企业文化建设项目的具体设计；采取学习培训、媒体传播等多种宣传方式，持续不断地对员工进行教育熏陶，使全体员工认知、认同和接受企业精神、经营理念、价值观念，并养成良好的自律意识和行为习惯；在一定时间内对企业文化建设进行总结评估，及时修正，巩固提高，促进企业文化的创新。各中央企业可结合本企业实际，确定企业文化建设的具体步骤。

8. 企业文化载体与队伍建设。要进一步整合企业文化资源，完善职工培训中心、企业新闻媒体、传统教育基地、职工文化体育场所、图书馆等企业文化设施。创新企业文化建设手段，丰富和优化企业文化载体设计，注重利用互联网络等新型传媒和企业报刊、广播、闭路电视等媒体，提供健康有益的文化产品，提高员工文化素养，扩大企业文化建设的有效覆盖面。重视和加强对摄影、书法、美术、文学、体育等各种业余文化社团的管理引导，组织开展健康向上、特色鲜明、形式多样的群众性业余文化活动，传播科学知识，弘扬科学精神，提高广大员工识别和抵制腐朽思想、封建迷信、伪科学的能力，营造健康、祥和、温馨的文化氛围，满足员工求知、求美、求乐的精神文化需求。注意培养企业文化建设的各类人才，加强引导和培训，建立激励机制，充分发挥他们在企业文化建设中的骨干带头作用。注重发挥有关职能部门和工会、共青团、妇女组织的作用，形成企业文化建设的合力，依靠全体员工的广泛参与，保持企业文化旺盛的生机与活力。

三、企业文化建设的基本要求

9. 以人为本，全员参与。要牢固树立以人为本的思想，坚持全心全意依靠职工群众办企业的方针，尊重劳动、尊重知识、尊重人才、尊重创造，用美好的愿景鼓舞人，用宏伟的事业凝聚人，用科学的机制激励人，用优美的环境熏陶人。搭建员工发展平台，提供员工发展机会，开发人力资源，挖掘员工潜能，增强员工的主人翁意识和社会责任感，激发员工的积极性、创造性和团队精神，达到员工价值体现与企业蓬勃发展的有机统一。坚持为增强综合国力做贡献，为社会提供优质商品和优良服务，妥善处理各方面的利益关系，实现报效祖国、服务社会、回报股东、关爱员工的和谐一致。

在企业文化建设过程中，要坚持把领导者的主导作用与全体员工的主体作用紧密结合。尊重群众的首创精神，在统一领导下，有步骤地发动员工广泛参与，从基层文化抓起，集思广益，群策群力，全员共建。努力使广大员工在主动参与中了解企业文化建设的内容，认同企业的核心理念，形成上下同心、共谋发展的良好氛围。

10. 务求实效，促进发展。在企业文化建设中，要求真务实，重实际、办实事、求实效，反对形式主义，避免急功近利，使企业文化建设经得起历史和实践的检验。要立足企业实际，符合企业定位，将企业文化建设与生产经营管理紧密结合，企业文化的创新与企业改革的深化紧密结合，按照系统、科学、实用的要求，创建特色鲜明的企业文化体系。要坚持把发展作为第一要务，牢固树立抓住机遇、加快发展的战略思想，围绕中心、服务大局，开拓发展思路，丰富发展内涵。要落实科学发展观，把物质文明、政治文明和精神文明统一起来，既追求经济效益的增长，又注重社会效益的提高，实现政治上和谐稳定，经济上持续增长，文化上不断进步，切实保障员工合法权益，促进经济效益、社会效益、员工利益的协调发展。

11. 重在建设，突出特色。要制定切实可行的企业文化建设方案，借助必要的载体和抓手，系统思考，重点突破，着力抓好企业文化观念、制度和物质三个层面的建设。要把学习、改革、创新作为企业的核心理念，大力营造全员学习、终身学习的浓厚氛围，积极创建学习型企业、学习型团队。围绕企业深化改革的重点和难点，鼓励大胆探索、勇于实践，坚决破除一切妨碍发展的观念和体制机制弊端，增强企业活力，提高基层实力。注重把文化理念融入到具体的规章制度中，渗透到相关管理环节，建立科学、规范的内部管理体系。并采取相应的奖惩措施，在激励约束中实现价值导向，引导和规范员工行为。要从企业特定的外部环境和内部条件出发，把共性和个性、一般和个别有机地结合起来，总结出本企业的优良传统和经营风格，在企业精神提炼、理念概括、实践方式上体现出鲜明的特色，形成既具有时代特征又独具魅力的企业文化。

大型企业集团要处理好集团文化与下属企业文化的关系，注重在坚持共性的前提下体现个性化。要以统一的企业精神、核心理念、价值观念和企业标识规范集团文化，保持集团内部文化的统一性，增强集团的凝聚力、向心力，树立集团的整体形象。同时允许下属企业在统一性指导下培育和创造特色文化，为下属企业留有展示个性的空间。在企业兼并重组和改制的过程中，要采取多种有效措施，促进文化融合，减少文化冲突，求同存异，优势互补，实现企业文化的平稳对接，促进企业文化的整合与再造，推动兼并、重组、改制企业的创新发展。

12. 继承创新，博采众长。要注意继承发扬中华民族的优秀传统文化，挖掘整理本企业长期形成的宝贵的文化资源，并适应社会主义市场经济的需要，用发展的观点和创新的思维对原有的企业精神、经营理念进行整合和提炼，赋予新的时代内涵，在继承中创新、在弘扬中升华。要将弘扬中华优秀传统文化与借鉴国外先进文化相结合，一方面从当代中国国情和中央企业实际出发，正确制定和调整企业文化战略，充分体现民族精神、优秀传统文化的精髓和中央企业的特点，有效抵御外来文化的消极影响，避免照抄照搬；另一方面要紧紧把握先进文化的前进方向，以开放、学习、兼容、整合的态度，坚持以我为主、博采众长、融合创新、自成一家的方针，广泛借鉴国外先进企业的优秀文化成果，大胆吸取世界新文化、新思想、新观念中的先进内容，取其精华，去其糟粕，扬长避短，为我所用。在开展国际合作业务的过程中，要注意学习和借鉴合作方的先进文化，尊重文化差异，增进文化沟通，注重取长补短，促进共同发展。

13. 深度融合，优势互补。企业文化来源于企业实践又服务于企业实践，使企业的经营管理活动更富思想性和人性化，更具时代特色和人文精神。要强化企业文化建设在企业经营管理中的地位，发挥企业文化的作用，促进企业文化与企业战略、市场营销和人力资源管理等经营管理工作的深度融合，把全体员工认同的文化理念用制度规定下来，渗透到企业经营管理的全过程。在管理方法上要注意强调民主管理、自主管理和人本管理，在管理方式上要使员工既有价值观的导向，又有制度化的约束，制度标准与价值准则协调同步，激励约束与文化导向优势互补，通过加强企业文化建设，不断提高经营管理水平。

14. 有机结合，相融共进。要通过企业文化建设，不断改进和创新思想政治工作的方式方法，提高思想政治工作的针对性、实效性和时代感，增强思想政治工作的说服力和感召力，促进思想政治工作与企业生产经营管理的有机结合。避免把企业文化建设与思想政治工作割裂开来。加强理想信念教育，弘扬以爱国主义为核心的民族精神和以改革创新为核心的时代精神，弘扬集体主义、社会主义思想，使中央企业广大员工始终保持昂扬向上的精神风貌。发掘思想政治工作的资源优势，既鼓励先进又照顾多数，既统一思想又尊重差异，既解决思想问题又解决实际问题，营造良好的思想文化环境。

要把企业文化建设与精神文明建设有机结合起来，用社会主义的意识形态和价值取向牢固占领中央企业文化主阵地，通过良好的文化养成，不断提升员工整体素质。坚持依法治企和以德治企相结合，加强员工思想道德建设，倡导公民道德规范，深入开展诚信教育，引导员工恪守社会公德、职业道德和家庭美德，自觉抵制各种错误思潮和腐朽思想文化的侵蚀。按照贴近实际、贴近生活、贴近群众的原则，创新内容、形式和手段，广泛开展各类群众性精神文明创建活动，大力选树与宣传企业先进典型和英模人物，营造团结进取的企业氛围和健康向上的社会风气，展示中央企业的良好形象。

四、加强对企业文化建设的领导

15. 企业领导要高度重视和积极抓好企业文化建设。企业领导要站在促进企业长远发展的战略高度重视企业文化建设，对企业文化建设进行系统思考，出思想、出思路、出对策，确定本企业企业文化建设的目标和内容，提出正确的经营管理理念，并身体力行，率先垂范，带领全体员工通过企业文化建设不断提高企业核心竞争能力，促进企业持续快速协调健康发展。

16. 建立和健全企业文化建设的领导体制。建设先进的企业文化是企业党政领导的共同职责，要把企业文化建设作为一项重要的工作纳入议事日程，与其他工作同部署、同检查、同考核、同奖惩。企业文化建设的领导体制要与现代企业制度和法人治理结构相适应，发挥好党委（党组）、董事会和主要经营者在企业文化建设中的决策作用。各企业要明确企业文化建设的主管部门，安排专（兼）职人员负责此项工作，形成企业文化主管部门负责组织、各职能部门分工落实、员工广泛参与的工作体系。在企业文化建设过程中，要注意发挥基层党组织和群众组织的作用，广大党员要做好表率，带领全体员工积极投身企业文化建设。

17. 完善企业文化建设的运行机制。要建立企业文化建设的长效管理机制，包括建立科学的管理制度、完善的教育体系以及制定严格的绩效评估办法。要明确工作职责，建立分工负责、关系协调的企业文化建设责任体系，保证企业文化建设工作的顺畅运行。要建立考核评价和激励机制，定期对企业文化建设的成效进行考评和奖惩。要建立保障机制，设立企业文化建设专项经费并纳入企业预算。加大企业文化建设软硬件投入，为企业文化建设提供必要的资金支持和物质保障。

18. 加强对企业文化建设的指导。国资委要加强对中央企业企业文化建设的指导，针对中央企业的不同情况进行专题调研，不断总结和推广中央企业开展企业文化建设的先进经验，用丰富鲜活的案例启发、引导企业开展企业文化建设。要定期组织企业经营管理者和企业文化建设专职人员的培训，帮助他们掌握企业文化专业知识。要加强企业文化的理论研究与实践研究，认真探索企业文化建设的理论体系、操作方法和客观规律，搞好分类指导。各中央企业要加强对基层单位企业文化建设的领导，定期开展检查，促进基层单位企业文化建设的规范有序进行。企业文化建设是一项长期的任务，是一个逐步形成和发展的过程，各中央企业要加强实践探索，逐步完善提高，推动企业文化建设的深入开展。

国务院国有资产监督管理委员会
二〇〇五年三月十六日

国务院国有资产监督管理委员会关于加强中央企业法制宣传教育工作的意见

国资法规〔2003〕123 号

各中央企业：

为贯彻落实党的十六大和十六届三中全会关于全面推进经济法制建设，加强法制宣传教育，提高全民法律素质的要求，切实做好中央企业“四五”普法工作，提高中央企业职工尤其是企业负责人的法律素质和依法经营管理水平，促进企业改革与发展，维护国有资产出资人和所出资企业的合法权益，实现国有资产的保值增值，现提出如下意见：

一、充分认识新形势下加强中央企业普法、依法治企工作的重要意义

《中共中央国务院关于转发〈中央宣传部、司法部关于在公民中开展法制宣传教育的第四个五年规划〉的通知》（中发〔2001〕8 号）（以下简称《通知》）印发以来，中央企业普遍开展了“四五”法制宣传教育工作，取得了显著成效。实践证明，做好普法工作是建设社会主义政治文明的基础性工作，是实施依法治国、建设社会主义法治国家基本方略的重要前提，是企业进一步增强依法经营管理能力、应对我国加入世贸组织和经济全球化、开展国际市场竞争的迫切需要，是依法推进国有资产管理体制改革的重要保障，是进一步搞好国有企业、建设现代企业制度、实现国有资产保值增值的内在要求。

根据党的十六大和十六届二中、三中全会关于深化国有资产管理体制改革的精神，国务院成立了国有资产监督管理委员会，并公布实施了《企业国有资产监督管理暂行条例》（以下简称《条例》）。这标志着我国国有资产管理体制改革和国有企业改革与发展进入了依法推进的新阶段。在新的形势下，中央企业要切实转变观念，提高认识，通过法制宣传教育加深对公司法、《条例》等法律法规的了解和掌握，明确国有资产监督管理的基本规定、基本制度和基本原则。国有资产监督管理机构应根据授权依法履行出资人职责，依法对企业国有资产进行监督管理，依法维护所有者权益和所出资企业的各项权利。所出资企业应当依法自主经营，接受

国有资产监督管理机构依法实施的监督管理，依法维护国有资产所有者和其他出资人的合法权益以及企业自身的合法权益。

从近年来中央企业发生的大量法律纠纷案件看，其重要的原因，一是企业普法工作薄弱，致使一些企业和企业负责人不知法、不懂法、不守法、不用法；二是企业法律风险防范机制不健全，致使一些企业未能有效避免经营管理中存在的法律漏洞和法律风险。普法工作是知法、懂法、守法、用法的基础，是建立健全企业法律风险控制机制的前提，在企业依法经营管理中起着重要的基础性作用。为更好地依法维护国有资产所有者和企业自身的合法权益，中央企业要继续深入开展法制宣传教育，进一步提高依法治企的水平。

二、建立健全普法工作制度，将普法工作纳入规范化、制度化轨道

做好中央企业普法和依法治企工作要有健全的制度保障。一是组织制度。中央企业领导班子要切实加强对普法和依法治企工作的领导和监督，健全领导机构和工作机构，把普法和依法治企工作真正摆上议事日程，列入企业工作和发展规划。二是学习制度。要建立中央企业负责人法制讲座制度、中心组学习制度；企业经营管理人员专业法律知识培训制度；全员职工基础法律培训制度。要重点学习宪法、公司法、合同法、担保法、会计法、劳动法、外商投资企业法、知识产权法以及《条例》等，企业中层以上经营管理人员每年学法时间应当不少于30小时。三是责任监督制度。普法职责要分工明确，落到实处，监督内容应当包括学法、守法、用法的情况，逐步建立由于没有依法办事给企业和国有资产造成损失责任追究制度。四是企业法律顾问制度。要加强法律顾问机构和队伍建设，充分发挥企业法律顾问在依法治企中的作用，做好总法律顾问制度试点工作并逐步推行，不断完善企业法制建设。五是考核制度。包括对企业负责人法律知识和依法经营管理的考核；对特殊管理岗位任职培训和上岗的考核；对企业职工普遍提高法律意识的考核，做到学用结合，学考结合。六是经费保障制度。要切实落实普法所需经费，保证普法工作的顺利开展。

三、普法和依法治企工作要密切联系企业实际，注重工作实效

《条例》规定：中央企业“应当努力提高经济效益，对其经营管理的企业国有资产承担保值增值责任。”中央企业普法和依法治企工作要围绕依法维护所有者和企业的合法权益，实现国有资产保值增值，防止国有资产流失开展。要加强普法和依法治企工作，健全和完善重大决策法律论证制度，避免在对外投资、产权交易、企业改制、融资担保等重大决策中因没有依法办事给企业国有资产带来损失。做到决策有据、管理有序、经营规范、制度健全、将企业运营的各个环节纳入法制化的管理轨道。

中央企业普法和依法治企工作要结合企业各个岗位特点，因岗施教、分类指导、分业考核。如对财务、融资、税费、营销、土地、劳动、安全、质量、环保、专利、文档、保密等岗位人员，要根据专业和岗位需求，组织有针对性的法律知识学习与考核，做到突出重点，学以致用。对专业法律知识考核不合格的，应予补课，考核合格后才能上岗。

四、积极探索、大胆创新，采取更加灵活多样的普法形式

中央企业应当根据本企业实际情况不断探索、创新普法工作形式，普治并举，特别要讲求依法治企的效果。除运用法律讲座、法律咨询、法律知识竞赛、法制图片展览、法制专栏、刊物等形式外，有条件的企业可以与党校、行政学院等联合举办企业高层管理人员法律培训班，也可在其他培训项目的常规教学内容中加入法律知识的课程。要建立本企业经济纠纷案例档案，请企业负责人对本企业或者其他企业的典型案例进行剖析、宣讲、以案释法。根据现行法律法规，建立完善企业内部相关规章制度，并对相关人员进行规章制度的培训等。普法工作要充分发挥企业法律顾问的作用。我委将在国资委网站上开设普法宣传专栏，结合中央企业普法工作情况进行宣传，并适时组织中央企业的负责人和专业管理人员对企业经营管理急需的法律知识进行培训。

五、加强对普法和依法治企工作的领导

企业主要负责人对企业普法和依法治企工作的重视程度，决定着企业依法规范经营管理、依法维护自身合法权益和依法提高企业市场竞争力水平的高低。胡锦涛总书记在全国防治非典工作会议上指出“越是工作重要，越是事情紧急，越是矛盾突

出，越要坚持依法办事。”《通知》提出“企业经营管理人员要重点学习和掌握社会主义市场经济法律法规知识、国际经贸法律知识、企业管理法律知识，提高依法经营管理的水平和能力。”因此，企业负责人应当高度重视企业普法工作，带头学习相关法律法规，这是做好企业普法和依法治企的前提。中央企业要将普法作为一项重要的基础性工作来抓，充分发挥普法工作机构的作用，根据新形势、新情况、新任务的需要，及时修订、落实本企业普法规划。各企业要做好年度普法计划和普法总结的汇报工作。普法工作机构要与其他机构相互协作，积极配合。要注意调查研究，根据不同行业、不同专业和不同对象的特点，确定普法目标，提出普法要求。要抓骨干，抓重点，抓试点，不断发现、总结好的做法和先进经验，发挥各类先进典型的示范作用。要加强信息的沟通和典型的宣传，特别是要大力宣传推广在依法决策、依法经营管理、依法维护所有者和企业合法权益方面取得实效的范例，以点带面，整体推进。

为切实落实《通知》要求，进一步推动中央企业法制宣传教育工作的深入开展，我委将对中央企业普法和依法治企工作进行调研，并适时召开中央企业“四五”普法和依法治企经验交流会，宣传、推广运用法律手段为企业赢得效益、避免风险的典型做法和经验，同时为2005年全国“四五”普法的总结验收工作做好准备。

二〇〇三年十二月十九日

国务院国有资产监督管理委员会办公厅关于公布从事中央企业资产转让交易业务交易机构的通知

（国资厅产权〔2014〕286号）

根据《关于中央企业资产转让进场交易有关事项的通知》（国资厅发产权〔2013〕78号，以下简称《通知》）规定，北京产权交易所等18家产权交易机构已具备开展中央企业资产转让交易业务的条件，现予以公布。请各中央企业按照《通知》要求，规范资产转让进场交易行为，同时制定集团资产转让管理制度，于6月30日前报国资委备案。《通知》执行过程中有任何问题请及时与国资委产权管理局联系。

联系人：国资委产权管理局　赵亮　王靓

联系电话：（010）63193549　63193943

附件：从事中央企业资产转让交易业务的产权交易机构名单

国资委办公厅

2014年5月6日

附件：

从事中央企业资产转让交易业务的产权交易机构名单

1　北京产权交易所（010）66295675　66295661

2　天津产权交易中心（022）58922120　58922103

3　山西省产权交易市场（0351）7218393　7218394

4　内蒙古产权交易中心有限责任公司（0471）6922653　6930553

5　沈阳联合产权交易所（024）22566062　23780970

6　吉林长春产权交易中心（0431）85370110　85370123

7　黑龙江联合产权交易所有限责任公司（0451）58855719　58855707

8　上海联合产权交易所（010）51918717　51916790

9　浙江产权交易所有限公司（0571）87297125

10　山东产权交易中心（0531）86196178　86196157

11　武汉光谷联合产权交易所（027）67885685

12　南方联合产权交易中心有限责任公司（020）22360218　22360238

13　广州产权交易所（020）89160877　89160880

14　重庆联合产权交易所集团股份有限公司（023）63622200（010）51085026

15　西南联合产权交易所有限责任公司（028）86142585　86120811

16　贵州阳光产权交易所有限公司（0851）6791366　6791966

17　大连产权交易所（0411）62636666转8863

18　深圳联合产权交易所（0755）83690731　83690794

财政部关于财政拨付中央企业资金实行国库集中支付有关事项的通知

财库〔2006〕85号

有关中央企业：

根据国务院批准的《财政国库管理制度改革方案》及《财政部 中国人民银行关于印发〈中央单位财政国库管理制度改革试点资金支付管理办法〉的通知》（财库〔2002〕28号）等有关规定，财政部拨付有关中央企业的资金应当实行国库集中支付。为积极稳妥做好此项工作，现将有关事项通知如下：

一、自2006年11月1日起，财政部拨付有关中央企业的一般预算内资金，实行国库集中支付。具体操作由财政部根据有关中央企业申请，采取财政直接支付方式，将资金支付到中央企业基本存款账户。

二、中央企业根据批复的预算编制分月用款计划。其中基本支出分月用款计划按照年度均衡性原则编制，每年12月1日前编报下年度1－5月份基本支出分月用款计划，5月1日前编报当年6－12月份基本支出分月用款计划。项目支出用款计划根据项目进度按季分月编报，暂由财政部有关部门预算管理司代编。

三、中央企业根据批复的用款计划，分别填写《中央基层预算单位财政直接支付申请书》和《财政直接支付汇总申请书》，报财政部（国库司）。申请书中的收款人为申请企业的全称，账户为企业基本存款账户。财政部（国库司）审核无误后，通知代理银行将资金直接支付到中央企业。

四、中央企业根据财政部零余额账户代理银行提供的《财政直接支付入账通知书》进行账务处理，核算使用的会计科目不变。

五、改革实施后，中央企业申请一般预算支出拨款，应重新办理财政直接预留印鉴手续，并统一使用国库集中支付制度规定的有关凭证和报表格式。

六、政府性基金、所得税退税等收入退库资金和预算外支出暂按原渠道支付，并仍使用现行的用款计划表和请款申请书。实施国库集中支付的具体时间及支付方式等事项另行通知。

2006年9月30日

国务院国有资产监督管理委员会关于印发《中央企业固定资产投资项目后评价工作指南》的通知

国资发规划〔2005〕92号

各中央企业：

为贯彻落实《国务院关于投资体制改革的决定》（国发〔2004〕20号）精神，更好地履行出资人职责，指导中央企业提高投资决策水平、管理水平和投资效益，规范投资项目后评价工作，推动投资项目后评价制度和责任追究制度的建立，我委组织编制了《中央企业固定资产投资项目后评价工作指南》（以下简称《工作指南》），现印发给你们，请参照执行，并就有关事项通知如下：

一、《工作指南》是中央企业开展投资项目后评价工作的指导性文件，各中央企业可根据《工作指南》的要求，编制本企业的固定资产投资项目后评价实施细则，对项目后评价工作的内容和范围可有所侧重和取舍。

二、《工作指南》适用范围为固定资产投资类项目后评价，对于股权投资、资产并购、证券、期货等其他类型的投资项目，仅供参考。

三、企业是投资主体，也是后评价工作的主体。各中央企业要制订本企业的投资项目后评价年度工作计划，有目的地选取一定数量的投资项目开展后评价工作。要加强投资项目后评价信息和成果的反馈，及时总结经验教训，以实现后评价工作的目的。

四、中央企业的后评价工作由国资委规划发展局具体负责指导、管理。我委每年将选择少数具有典型意义的项目组织实施后评价，督促检查中央企业后评价制度的建立和后评价工作的开展，及时反馈后评价工作信息和成果，组织开展后评价工作的培训和交流活动。

附件：中央企业固定资产投资项目后评价工作指南

国务院国有资产监督管理委员会

二〇〇五年五月二十五日

中央企业固定资产投资项目后评价工作指南

一、总则

（一）为加强中央企业固定资产投资项目管理，提高企业投资决策水平和投资效益，完善投资决策机制，建立投资项目后评价制度，根据《中华人民共和国公司法》、《企业国有资产监督管理暂行条例》（国务院令第378号）、《国务院关于投资体制改革的决定》（国发〔2004〕20号）以及《国务院办公厅关于印发国务院国有资产监督管理委员会主要职责内设机构和人员编制规定的通知》（国办发〔2003〕28号）赋予国资委的职责，国务院国有资产监督管理委员会（以下简称国资委）编制《中央企业固定资产投资项目后评价工作指南》（以下简称《工作指南》）。

（二）《工作指南》所称中央企业是指经国务院授权由国资委履行出资人职责的企业。本指南适用于指导中央企业固定资产投资项目后评价工作（以下简称项目后评价）。

（三）《工作指南》所称固定资产投资项目，是指为特定目的而进行投资建设，并含有一定建筑或建筑安装工程，且形成固定资产的建设项目。

二、项目后评价概念及一般要求

（一）项目后评价是投资项目周期的一个重要阶段，是项目管理的重要内容。项目后评价主要服务于投资决策，是出资人对投资活动进行监管的重要手段。项目后评价也可以为改善企业经营管理提供帮助。

（二）项目后评价一般是指项目投资完成之后所进行的评价。它通过对项目实施过程、结果及其影响进行调查研究和全面系统回顾，与项目决策时确定的目标以及技术、经济、环境、社会指标进行对比，找出差别和变化，分析原因，总结经验，汲取教训，得到启示，提出对策建议，通过信息反馈，改善投资管理和决策，达到提高投资效益的目的。

（三）按时点划分，项目后评价又可分为项目事后评价和项目中间评价。项目事后评价是指对已完工项目进行全面系统的评价；项目中间评价是指从项目开工到竣工验收前的阶段性评价。

（四）项目后评价应坚持独立、科学、公正的原则。

（五）项目后评价要有畅通、快捷的信息流系统和反馈机制。项目后评价的结果和信息应用于指导规划编制和拟建项目策划，调整投资计划和在建项目，完善已建成项目。项目后评价还可用于对工程咨询、施工建设、项目管理等工作的质量与绩效进行检验、监督和评价。

（六）中央企业的项目后评价应注重分析、评价项目投资对行业布局、产业结构调整、企业发展、技术进步、投资效益和国有资产保值增值的作用和影响。

三、项目后评价内容

（一）项目全过程的回顾。

1. 项目立项决策阶段的回顾，主要内容包括：项目可行性研究、项目评估或评审、项目决策审批、核准或批准等。

2. 项目准备阶段的回顾，主要内容包括：工程勘察设计、资金来源和融资方案、采购招投标（含工程设计、咨询服务、工程建设、设备采购）、合同条款和协议签订、开工准备等。

3. 项目实施阶段的回顾，主要内容包括：项目合同执行、重大设计变更、工程“三大控制”（进度、投资、质量）、资金支付和管理、项目管理等。

4. 项目竣工和运营阶段的回顾，主要内容包括：工程竣工和验收、技术水平和设计能力达标、试生产运行、经营和财务状况、运营管理等。

（二）项目绩效和影响评价。

1. 项目技术评价，主要内容包括：工艺、技术和装备的先进性、适用性、经济性、安全性，建筑工程质量及安全，特别要关注资源、能源合理利用。

2. 项目财务和经济评价，主要内容包括：项目总投资和负债状况；重新测算项目的财务评价指标、经济评价指标、偿债能力等。财务和经济评价应通过投资增量效益的分析，突出项目对企业效益的作用和影响。

3. 项目环境和社会影响评价，主要内容包括：项目污染控制、地区环境生态影响、环境治理与保护；增加就业机会、征地拆迁补偿和移民安置、带动区域经济社会发展、推动产业技术进步等。必要时，应进行项目的利益群体分析。

4. 项目管理评价，主要内容包括：项目实施相关者管理、项目管理体制与机制、项目管理者水平；企业项目管理、投资监管状况、体制机制创新等。

（三）项目目标实现程度和持续能力评价。

1. 项目目标实现程度从以下四个方面进行判断：

项目工程（实物）建成，项目的建筑工程完工、设备安装调试完成、装置和设施经过试运行，具备竣工验收条件。

项目技术和能力，装置、设施和设备的运行达到设计能力和技术指标，产品质量达到国家或企业标准。

项目经济效益产生，项目财务和经济的预期目标，包括运营（销售）收入、成本、利税、收益率、利息备付率、偿债备付率等基本实现。

项目影响产生，项目的经济、环境、社会效益目标基本实现，项目对产业布局、技术进步、国民经济、环境生态、社会发展的影响已经产生。

2. 项目持续能力的评价，主要分析以下因素及条件：

持续能力的内部因素，包括财务状况、技术水平、污染控制、企业管理体制与激励机制等，核心是产品竞争能力。

持续能力的外部条件，包括资源、环境、生态、物流条件、政策环境、市场变化及其趋势等。

（四）经验教训和对策建议。

项目后评价应根据调查的真实情况认真总结经验教训，并在此基础上进行分析，得出启示和对策建议，对策建议应具有借鉴和指导意义，并具有可操作性。项目后评价的经验教训和对策建议应从项目、企业、行业、宏观4个层面分别说明。

上述内容是项目后评价的总体框架。大型和复杂项目的后评价应该包括以上主要内容，进行完整、系统的评价。一般项目应根据后评价委托的要求和评价时点，突出项目特点等，选做一部分内容。项目中间评价应根据需要有所区别、侧重和简化。

四、项目后评价方法

（一）项目后评价方法的基础理论是现代系统工程与反馈控制的管理理论。项目后评价亦应遵循工程咨询的方法与原则。

（二）项目后评价的综合评价方法是逻辑框架法。逻辑框架法是通过投入、产出、直接目的、宏观影响四个层面对项目进行分析和总结的综合评价方法。《项目后评价逻辑框架表》见附件1。

（三）项目后评价的主要分析评价方法是对比法，即根据后评价调查得到的项目实际情况，对照项目立项时所确定的直接目标和宏观目标，以及其它指标，找出偏差和变化，分析原因，得出结论和经验教训。项目后评价的对比法包括前后对比、有无对比和横向对比。

1. 前后对比法是项目实施前后相关指标的对比，用以直接估量项目实施的相对成效。

2. 有无对比法是指在项目周期内“有项目”（实施项目）相关指标的实际值与“无项目”（不实施项目）相关指标的预测值对比，用以度量项目真实的效益、作用及影响。

3. 横向对比是同一行业内类似项目相关指标的对比，用以评价企业（项目）的绩效或竞争力。

（四）项目后评价调查是采集对比信息资料的主要方法，包括现场调查和问卷调查。后评价调查重在事前策划。

（五）项目后评价指标框架。

1. 构建项目后评价的指标体系，应按照项目逻辑框架构架，从项目的投入、产出、直接目的3个层面出发，将各层次的目标进行分解，落实到各项具体指标中。

2. 评价指标包括工程咨询评价常用的各类指标，主要有：工程技术指标、财务和经济指标、环境和社会影响指标、管理效能指标等。不同类型项目后评价应选用不同的重点评价指标。项目后评价通用的参考指标可参阅附件2。

3. 项目后评价应根据不同情况，对项目立项、项目评估、初步设计、合同签订、开工报告、概算调整、完工投产、竣工验收等项目周期中几个时点的指标值进行比较，特别应分析比较项目立项与完工投产（或竣工验收）两个时点指标值的变化，并分析变化原因。

五、项目后评价的实施

（一）项目后评价实行分级管理。中央企业作为投资主体，负责本企业项目后评价的组织和管理；项目业主作为项目法人，负责项目竣工验收后进行项目自我总结评价并配合企业具体实施项目后评价。

1. 项目业主后评价的主要工作有：完成项目自我总结评价报告；在项目内及时反馈评价信息；向

后评价承担机构提供必要的信息资料；配合后评价现场调查以及其他相关事宜。

2. 中央企业后评价的主要工作有：制订本企业项目后评价实施细则；对企业投资的重要项目的自我总结评价报告进行分析评价；筛选后评价项目；制订后评价计划；安排相对独立的项目后评价；总结投资效果和经验教训，配合完成国资委安排的项目后评价工作等。

（二）中央企业投资项目后评价的实施程序。

1. 企业重要项目的业主在项目完工投产后6—18个月内必须向主管中央企业上报《项目自我总结评价报告》（简称自评报告）。

2. 中央企业对项目的自评报告进行评价，得出评价结论。在此基础上，选择典型项目，组织开展企业内项目后评价。

（三）中央企业选择后评价项目应考虑以下条件：

1. 项目投资额巨大，建设工期长、建设条件较复杂，或跨地区、跨行业；

2. 项目采用新技术、新工艺、新设备，对提升企业核心竞争力有较大影响；

3. 项目在建设实施中，产品市场、原料供应及融资条件发生重大变化；

4. 项目组织管理体系复杂（包括境外投资项目）；

5. 项目对行业或企业发展有重大影响；

6. 项目引发的环境、社会影响较大。

（四）中央企业内部的项目后评价应避免出现“自己评价自己”，凡是承担项目可行性研究报告编制、评估、设计、监理、项目管理、工程建设等业务的机构不宜从事该项目的后评价工作。

（五）项目后评价承担机构要按照工程咨询行业协会的规定，遵循项目后评价的基本原则，按照后评价委托合同要求，独立自主认真负责地开展后评价工作，并承担国家机密、商业机密相应的保密责任。受评项目业主应如实提供后评价所需要的数据和资料（详见附件3），并配合组织现场调查。

（六）《项目自我总结评价报告》和《项目后评价报告》要根据规定的内容和格式编写（详见附件3和附件5），报告应观点明确、层次清楚、文字简练，文本规范。与项目后评价相关的重要专题研究报告和资料可以附在报告之后。

（七）项目后评价所需经费原则上由委托单位支付。

六、项目后评价成果应用

（一）中央企业投资项目后评价成果（经验、教训和政策建议）应成为编制规划和投资决策的参考和依据。《项目后评价报告》应作为企业重大决策失误责任追究的重要依据。

（二）中央企业在新投资项目策划时，应参考过去同类项目的后评价结论和主要经验教训（相关文字材料应附在立项报告之后，一并报送决策部门）。在新项目立项后，应尽可能参考项目后评价指标体系，建立项目管理信息系统，随项目进程开展监测分析，改善项目日常管理，并为项目后评价积累资料。

七、附则

各中央企业可参照本《工作指南》，制订本企业的项目后评价实施细则。《工作指南》也可供其他不同类型、不同形式的投资项目后评价参考。

附件1：

项目后评价逻辑框架表

项目描述	可客观验证的指标			原因分析		项目可持续能力
	原定指标	实现指标	差别或变化	内部原因	外部条件	
项目宏观目标						
项目直接目的						
产出/建设内容						
投入/活动						

附件2：

项目后评价参考指标集

1. 投资环境

1.1 宏观经济（国内生产总值、进出口总额、汇率、财政收入、物价指数、固定资产投资）

1.2 业结构（一、二、三产业结构，同一行业内不同产品的结构）

1.3 产业政策（配额、价格补贴、转移支付）

1.4 产业技术进步（产品质量提高速度、技术进步周期、高技术产品生命周期、新产品研发周期）

1.5 融资环境（资金市场、利率、信贷政策）

1.6 项目产出市场环境（市场总容量、目标市场容量、竞争对手成本、产出价格、市场周期）

1.7 项目投入市场环境（资源量、主要投入供给量、主要投入价格、市场周期）

1.8 国际贸易（国际市场、产出与投入的进出口量、关税税率）

1.9 运输条件（原料与产品运输方式、条件与运距）

2. 工程技术

2.1 产出规模（设计能力、实际产出能力）

2.2 选址及总图（地质条件、地理条件、厂区布局）

2.3 技术或工艺路线（合理性、可靠性、先进性、适应性、试车成功率）

2.4 主要设备（标称性能指标、实际达到指标）

2.5 基础（配套）设施（水、电、气、热、路、讯、网）

2.6 施工（设计变更、进度、工程造价控制、施工记录）

2.7 工程质量（监理报告、工程竣工验收、试运行报告、施工企业质量管理体系）

2.8 产品质量（产品检验报告、生产企业质量管理体系、产品质量认证）

2.9 污染排放（污染排放标准、污染实际排放量）

2.10 节能（设计能耗指标、实际耗能指标）

2.11 节水（设计用水标准、实际用水指标、水循环使用率、中水使用量）

2.12 工期（开工日期、完工日期、计划工期）

3. 采购与支付

3.1 采购（设计招标、咨询招标、施工招标、监理招标、采购合同）

3.2 支付（合同执行验证、监理报告、支付记录）

4. 财务与经济

4.1 项目级指标

4.1.1 财务指标

投资费用（总投资、建设投资［土建与设备］、预备费、财务费用、资本金比例）

融资（资金结构、借款利率、资金成本、外资借款融资费用、债务担保）

资金使用（长期借款总额及分年用款计划、长期借款还款计划与实际还款额、短期借款）

市场指标（产品市场价格、目标市场销量）

运营期财务指标（单位产出成本与价格、年均收入、年均利润、年均税金、借款偿还期、利息备付率、偿债备付率、资产负债率）

折现财务盈利指标（财务内部收益率、净现值、财务折现率）

非折现财务盈利指标（投资回收期、总投资报酬率、权益资金净利润率）

4.1.2 经济指标

经济费用与收益因素

经济费用与效益量化与货币化

经济盈利能力指标（内部收益率、经济折现率）

4.2 企业级指标（资产结构、债务结构、企业竞争力、利润水平、资产增值、对外投资总额、对外投资结构、对外投资收益、企业银行信用等级）

4.3 财政指标（流转税、所得税、物业税和资源税税率、财政对项目的补贴、项目国家资本金数量及占资本金总量的比例）

4.4 目标群体财务指标（人均支出、收入、土地、房产、生产资料等）

5. 费用效果

5.1 单位效果（效能）的费用

5.2 单位费用的效果（效能）

6. 环境与生态

6.1 环境容量（水环境容量、空气环境容量）

6.2 环境控制指标及实际达标情况（空气质量标准、水质标准、噪声控制标准、振动控制标准、固体废弃物指标、辐射污染标准、光污染标准，项目实施过程中及项目完工后以上指标的实际值）

6.3 生态指标（物种数量、水土保持、植被保护、土壤改良等指标项目前及项目后的实际值）

6.4 文化及自然遗产保护

6.5 环境影响货币化

6.6 环境治理与保护投资

7. 卫生与健康

7.1 卫生指标（发病率、治愈率、传染病感染率、医疗废弃物处理、危险及有毒化学物标准）

7.2 卫生环境指标的货币化

7.3 健康指标（死亡率、平均寿命、增加的寿命年限、病残调整寿命年限、质量调整的寿命年限）

7.4 卫生与健康投资

8. 安全生产

8.1 安全生产指标（有毒有害气体泄漏标准、易燃易爆物体存放标准、防尘标准、防噪标准、万吨产量死亡率）

8.2 消防指标

8.3 安全生产投资

9. 社会环境

9.1 利益相关群体（受益群体及数量、受损群体及数量、对项目有决定性影响的群体）

9.2 社会性别与平等发展机会

9.3 少数民族平等或优先发展机会

9.4 移民和拆迁（移民人口数量、安置计划、安置率、生计水平、发展机会）

9.5 项目区贫困人口数量

9.6 最低生活保障线

9.7 移民社区环境改变

9.8 项目移民总投资、移民人均投资

10. 假设与风险

10.1 假设（因素识别、发生的概率、假设条件的下限）

10.2 风险（因素识别、发生的概率、造成不利影响的程度、可容忍风险因素的上限）

11. 组织管理

11.1 前期程序与手续（相关程序）

11.2 招投标（设计、施工、监理）

11.3 工程合同管理

11.4 施工组织与管理

11.5 采购（招标程序，招标公开度、公平性、合同签订与履行）

11.6 支付（支付制度、支付计划、实际执行）

11.7 机构（组织评价、机制评价、管理制度）

11.8 项目管理程序

11.9 主要领导人员素质及成就评价

11.10 领导集体能力评价

12. 监督

12.1 项目内部监督机构与机制

12.2 项目外部监督机构与机制

12.3 企业内部监督机构与机制

12.4 企业外部监督机构与机制

12.5 利益相关群体监督机制（目标群体）

12.6 法律允许的其它监督（审计、稽查、听证）

13. 项目周期管理信息系统

13.1 工程技术信息

13.2 经济信息

13.3 环境生态信息

13.4 社会发展信息

13.5 风险信息

13.6 管理信息

13.7 监督信息

以上所有信息的记录、保存、加工处理、检索、报告、网络传输能力

14. 项目目标

14.1 项目宏观目标

14.2 项目具体目的

附件3：

项目后评价需要提供的资料目录

一、项目前期文件

项目建议书（或项目申请报告）、环境影响评价报告、项目可行性研究报告、项目评估报告，以及相关的批复文件。

二、项目实施文件

初步设计文件、开工报告、招投标文件、主要合同、工程概算调整报告、监理报告、竣工验收报告及其相关的批复文件与资料。

三、项目自我总结评价报告

四、其他资料

项目运行和企业生产经营情况、财务报表以及其他相关资料等；与项目有关的审计报告、稽查报告和统计资料等。

附件4：

《项目自我总结评价报告》编写提纲

一、项目概况

（一）项目情况简述

（二）项目决策目标和目的

（三）项目主要建设内容

（四）项目实施进度

（五）项目总投资

（六）项目资金来源及到位情况

（七）项目运行及效益现状

二、项目实施过程总结

（一）项目前期决策总结

（二）项目实施准备工作

（三）项目建设实施总结

（四）项目运营情况

三、项目效果和效益评价

（一）项目技术水平评价

（二）项目财务经济效益评价

（三）项目经营管理评价

四、项目环境和社会效益评价

（一）项目环境效益评价

（二）项目的社会效益评价

五、项目目标和可持续性评价

（一）项目目标评价

（二）项目持续能力评价

（三）项目存在的主要问题

六、项目主要经验教训、结论和相关建议

附件5：

《投资项目后评价报告》标准格式

××××××××××项目

后评价报告

××××××（编制单位）

××××年××月

目录

编制单位资质证书

项目后评价实施单位

参加项目后评价人员名单和专家组人员名单

附图：项目地理位置示意图

报告摘要

一、项目概况

（一）项目情况简述

概述项目建设地点、项目业主、项目性质、特点，以及项目开工和竣工时间。

（二）项目决策要点

项目建设的理由，决策目标和目的。

（三）项目主要建设内容

项目建设的主要内容决策批准生产能力，实际建成生产能力。

（四）项目实施进度

项目周期各个阶段的起止时间，时间进度表，建设工期。

（五）项目总投资

项目立项决策批复投资、初步设计批复概算及调整概算、竣工决算投资和实际完成投资情况。

（六）项目资金来源及到位情况

资金来源计划和实际情况。

（七）项目运行及效益现状

项目运行现状，生产能力实现状况，项目财务经济效益情况等。

二、项目实施过程的总结与评价

（一）项目前期决策总结与评价

项目立项的依据，项目决策过程和程序。项目评估和可研报告批复的主要意见。

（二）项目实施准备工作与评价

项目勘察、设计、开工准备、采购招标、征地拆迁和资金筹措等情况和程序。

（三）项目建设实施总结与评价

项目合同执行与管理情况，工程建设与进度情况，项目设计变更情况，项目投资控制情况，工程质量控制情况，工程监理和竣工验收情况。

（四）项目运营情况与评价

项目运营情况，项目设计能力实现情况，项目运营成本和财务状况，以及产品结构与市场情况。

三、项目效果和效益评价

（一）项目技术水平评价

项目技术水平（设备、工艺及辅助配套水平，国产化水平，技术经济性）。

（二）项目财务经济效益评价

项目资产及债务状况，项目财务效益情况，项目财务效益指标分析和项目经济效益变化的主要原因。

（三）项目经营管理评价

项目管理机构设置情况，项目领导班子情况，项目管理体制及规章制度情况，项目经营管理策略情况，项目技术人员培训情况。

四、项目环境和社会效益评价

（一）项目环境效益评价

项目环保达标情况，项目环保设施及制度的建设和执行情况，环境影响和生态保护。

（二）项目的社会效益评价

项目主要利益群体，项目的建设实施对当地

（宏观经济、区域经济、行业经济）发展的影响，对当地就业和人民生活水平提高的影响，对当地政府的财政收入和税收的影响。

五、项目目标和可持续性评价

（一）项目目标评价

项目的工程目标；技术目标；效益目标（财务经济）；影响目标（社会环境和宏观目标）。

（二）项目持续性评价

根据项目现状，结合国家的政策、资源条件和市场环境对项目的可持续性进行分析，预测产品的市场竞争力，从项目内部因素和外部条件等方面评价整个项目的持续发展能力。

六、项目后评价结论和主要经验教训

（一）项目成功度评价

（二）评价结论和存在的问题

（三）主要经验教训

七、对策建议

（一）对项目和项目执行机构的建议

（二）对中央企业的对策建议

（三）宏观对策建议

附件1：后评价项目逻辑框架表（略）

附件2：

项目成功度评价表

评定项目指标	项目相关重要性	评定等级
宏观目标和产业政策		
决策及其程序		
布局与规模		
项目目标及市场		
设计与技术装备水平		
资源和建设条件		
资金来源和融资		
项目进度及其控制		
项目质量及其控制		
项目投资及其控制		
项目经营		
机构和管理		
项目财务效益		
项目经济效益和影响		
社会和环境影响		
项目可持续性		
项目总评		

注：1. 项目相关重要性：分为重要、次重要、不重要

2. 评定等级分为：A－成功、B－基本成功、C－部分成功、D－不成功、E－失败

财政部关于支持解决地方政府接收中央企业独立工矿区市政社区等办社会职能运营困难问题的通知

财资〔2022〕113号

有关省、自治区、直辖市、计划单列市财政厅（局），新疆生产建设兵团财政局，财政部有关监管局：

为深入推进剥离国有企业办社会职能和解决历史遗留问题，支持地方平稳接收中央企业独立工矿区市政社区等办社会职能，中央财政阶段性给予接收任务较重的地方适当支持。现将有关事项通知如下：

一、中央财政从2022年起在3年内对接收中央企业独立工矿区办社会职能任务特别重的城市给予补助。

接收任务特别重的城市原则上是指依据国资委办公厅、发展改革委办公厅、财政部办公厅印发的《关于进一步推进国有企业独立工矿区剥离办社会职能有关事项的通知》（国资厅发改革〔2018〕8号）文件规定，与中央企业签署了过渡期协议且获得中央企业补助的城市。

二、中央财政补助金额按照补助标准、补助比例因素测算，计算公式如下：

某地区应分配补助金额＝补助标准×补助比例

（一）补助标准依据地方政府与中央企业签署的过渡期协议中涉及独立工矿区市政社区等办社会职能且中央企业实际支付的运营维护费用的三年平均补助金额测算，不含一次性维修改造费用及职工家属区“三供一业”分离移交费用。

（二）补助比例从2022年起在3年内逐步退坡：2022年为75%，2023年为50%，2024年为25%。

三、省级财政部门应于2022年9月20日前向财政部报送中央财政补助资金申请报告，并同时抄送财政部当地监管局。

申请报告包括报告正文、资金申请表（附件1）、过渡期协议复印件等相关材料。

申请报告抄送财政部当地监管局时，应当同时附过渡期协议原件以备审核。

财政部当地监管局完成审核后，应当及时退还过渡期协议原件。

申请报告正文包括本地区接收中央企业独立工矿区市政社区等办社会职能情况及运营管理情况、地方政府与中央企业签订过渡期协议情况以及协议中双方约定且中央企业支付的运营维护费用情况等内容。

四、财政部有关监管局应当对省级财政部门报送的申请报告进行审核，并于2022年10月15日前向财政部报送审核意见以及资金审核表（附件2）。

五、中央财政结合监管局审核意见，核定中央财政补助金额，结合年度预算安排情况，按照预算管理有关时间要求做好年度预算下达工作。

六、地方财政部门可结合本地实际情况，将中央财政补助资金统筹用于本地市政社区等社会职能的运营维护支出。

七、该政策到期后，地方接收中央企业独立工矿区市政社区等办社会职能运营维护支出由地方负责，中央财政不再补助。

八、地方财政部门要按照有关规定加强资金使用和强化全过程绩效管理，认真做好中央企业独立工矿区市政社区等办社会职能运营工作，确保绩效目标如期实现，并对中央财政补助资金使用情况进行监督检查，以切实提高财政资金使用效益。

九、财政部有关监管局要认真做好地方申报材料的审核工作，加强对本地区使用中央财政补助资金情况的日常监管。

十、预算执行中涉及政府采购的，按照政府采购有关规定执行。

附件：1. 中央企业独立工矿区市政社区等办社会职能运营补助资金申请表

2. 中央企业独立工矿区市政社区等办社会职能运营补助资金审核表

3. 中央企业独立工矿区市政社区等办社会职能运营补助资金预算绩效目标表

4. 企业满意度调查问卷

财政部

2022年9月2日

附件 1

中央企业独立工矿区市政社区等办社会职能运营补助资金申请表

填报单位：　　　　　　省（区、市）　　　　　　单位：万元

省（区、市）	地级市（省直管县）	协议份数	协议金额①	中央企业实际支付的金额②	补助标准③=②/3	补助金额			
						小计	2022 年（=③*75%）	2023 年（=③*50%）	2024 年（=③*25%）
合计									
X 省	小计								
	X 市								
	X 县								

注：①指的是中央企业与地方政府签署的过渡期协议中，就独立工矿区市政社区等办社会职能运营维护支出给予地方的支持金额，不含市政社区等办社会职能的一次性维修改造和职工家属区“三供一业”分离移交等支持金额。

②指的是中央企业实际支付给地方的金额。

请四舍五入后取整。

附件 2

中央企业独立工矿区市政社区等办社会职能运营补助资金审核表

填报单位：财政部______监管局　　　　　　单位：万元

省（区、市）	地级市（省直管县）	协议份数		协议金额①		中央企业实际支付的金额②		核定补助标准③=②/3	核定补助金额			
		地方申报数	监管局核定数	地方申报数	监管局核定数	地方申报数	监管局核定数		小计	2022 年（=③*75%）	2023 年（=③*50%）	2024 年（=③*25%）
合计												
X 省	小计											
	X 市											
	X 县											

注：①指的是中央企业与地方政府签署的过渡期协议中，就独立工矿区市政社区等办社会职能运营维

护支出给予地方的支持金额，不含市政社区等办社会职能的一次性维修改造和职工家属区“三供一业”分离移交等支持金额。

②指的是中央企业实际支付给地方的金额。

请四舍五入后取整。

附件 3

中央企业独立工矿区市政社区等办社会职能运营补助资金预算绩效目标表

（20××年度）

<table>
<tr><td colspan="2">资金名称</td><td colspan="3">中央企业独立工矿区市政社区等办社会职能运营补助资金</td></tr>
<tr><td colspan="2">中央主管部门</td><td>财政部</td><td>实施期限</td><td>20××年</td></tr>
<tr><td colspan="2">省级财政部门</td><td></td><td>省级主管部门</td><td></td></tr>
<tr><td colspan="2" rowspan="3">资金情况（万元）</td><td>20××年度金额：</td><td colspan="2"></td></tr>
<tr><td>其中：中央补助</td><td colspan="2"></td></tr>
<tr><td>地方资金</td><td colspan="2"></td></tr>
<tr><td>总体目标</td><td colspan="4">1. 中央企业独立工矿区市政社区等办社会职能全部移交地方政府。2. 地方政府将中央企业独立工矿区市政社区等办社会职能运营维护费用纳入本级预算。3. 国有企业独立工矿区市政社区等办社会职能运营维护标准与当地政府其他市政社区等社会职能运营维护标准一致。</td></tr>
<tr><td rowspan="6">绩效指标</td><td>一级指标</td><td>二级指标</td><td>三级指标</td><td>指标值</td></tr>
<tr><td rowspan="2">产出指标</td><td rowspan="2">数量指标</td><td>中央企业独立工矿区市政社区等办社会职能移交地方政府的比例</td><td>100%</td></tr>
<tr><td>地方政府将中央企业独立工矿区市政社区等办社会职能运营维护费用纳入本级预算的比例</td><td>100%</td></tr>
<tr><td>效益指标</td><td>社会效益指标</td><td>中央企业独立工矿区市政社区等办社会职能运营维护标准与当地政府其他市政社区等社会职能运营维护标准一致的比例</td><td>100%</td></tr>
<tr><td>满意度指标</td><td>企业满意度指标</td><td>移交企业的综合满意程度，企业满意度 = 问卷调查平均得分/总分 * 100%</td><td>≥85%</td></tr>
</table>

附件4

企业满意度调查问卷
（参考提纲）

1. 本企业市政社区等办社会职能移交情况？

已移交（10分）□未移交（0分）

2. 对国有企业市政社区等办社会职能移交地方管理政策是否满意？

满意（30分）□基本满意（20分）

一般（10分）□不满意（0分）

3. 对本企业市政社区等办社会职能移交后的运营维护是否满意？

满意（30分）□基本满意（20分）

一般（10分）□不满意（0分）

4. 对本企业市政社区等办社会职能移交后的管理服务水平是否满意？

满意（30分）□基本满意（20分）

一般（10分）□不满意（0分）

国资委党委关于印发《中央企业贯彻落实〈国有企业领导人员廉洁从业若干规定〉实施办法》的通知

国资党委纪检〔2011〕197号

各中央企业：

为贯彻落实《国有企业领导人员廉洁从业若干规定》（中办发〔2009〕26号），深入推进中央企业反腐倡廉建设，促进中央企业各级领导人员廉洁从业，保障中央企业健康稳定发展，根据有关法律法规，结合中央企业实际，我们制定了《中央企业贯彻落实〈国有企业领导人员廉洁从业若干规定〉实施办法》。现印发给你们，请遵照执行。

国资委党委

2011年10月14日

中央企业贯彻落实《国有企业领导人员廉洁从业若干规定》实施办法

第一章　总　　则

第一条　为贯彻落实《国有企业领导人员廉洁从业若干规定》（以下简称《若干规定》），根据有关法律法规，结合中央企业实际，制定本办法。

第二条　本办法适用于：

（一）中央企业及其独资或者控股子企业的领导班子成员；

（二）中央企业及其独资或者控股子企业的分支机构领导班子成员。

上述所列人员统称为中央企业各级领导人员。

第二章　廉洁从业行为规范

第三条　中央企业各级领导人员决定或办理关系出资人权益的重大事项，应当遵守法律法规、规章、国家有关政策、国有资产监管的有关规定及本企业章程规定，按照《若干规定》要求，严格执行“三重一大”决策制度。不得有滥用职权、损害国有资产权益的下列行为：

（一）违规办理企业改制、兼并、重组、破产、清产核资、资产评估、产权交易等事项；

（二）违规进行投资；

（三）违规使用银行信贷资金；

（四）违规融资、担保、拆借资金、委托理财、金融衍生品交易、为他人代开信用证、购销商品和服务、招标投标等；

（五）未经批准或者经批准后未办理保全国有资产的法律手续，以个人或者其他名义用企业资产在国（境）外注册公司、购买金融产品、购置不动产或者进行其他经营活动。

第四条　中央企业各级领导人员应当忠实履行职责。不得有利用职权谋取私利以及损害本企业利益的下列行为：

（一）利用职权收受财物或者获取其他非法收入和不当利益；

（二）在职或者离职后接受、索取本企业的关联企业、与本企业有业务关系的企业，以及管理和服务对象提供的物质性利益；

（三）从事同类经营和其他营利性经营活动，违反规定投资入股；

（四）侵犯本企业知识产权，泄露或非法使用本企业商业秘密。

第五条　中央企业各级领导人员应当正确行使经营管理权。不得有下列行为：

（一）默许、纵容、授意配偶、子女及其配偶、其他亲属以及身边工作人员以本人名义或利用本人影响谋取私利；

（二）为配偶、子女及其配偶以及其他特定关系人经商、办企业提供便利条件，或者领导人员之间利用职权相互为对方配偶、子女及其配偶以及其他特定关系人经商、办企业提供便利条件；

（三）违规办理向本人、特定关系人所有或实际控制的企业转让国有资产事项；

（四）利用职务之便，为他人谋取利益，其配偶、子女及其他特定关系人收受对方财物。

第六条 中央企业各级领导人员决定重要人事任免事项，应当坚持集体决策原则，严格执行党中央、国务院及国资委有关选拔任用干部的规定。不得有下列行为：

（一）违反规定程序推荐、考察、酝酿、讨论决定任免干部；

（二）私自泄露民主推荐、民主测评、考察、酝酿、讨论决定干部等有关情况；

（三）利用职务便利私自干预下级或者原任职单位干部选拔任用工作；

（四）违反规定突击提拔、调整干部；

（五）其他违反干部选拔任用规定的行为。

第七条 中央企业各级领导人员兼职应当执行审批程序。兼职应按照干部管理权限，经主管部门、上级企业批准。未经批准，不得在本企业所出资企业或者其他企业、事业单位、社会团体、中介机构兼职。

中央企业各级领导人员经批准兼职的，不得擅自领取薪酬及其他收入。

第八条 中央企业各级领导人员应当严格执行国资委和本企业的薪酬管理规定，严格履行薪酬管理的批准、备案程序。不得有下列行为：

（一）自定薪酬、奖励、津贴、补贴和其他福利性货币收入等，超出出资人或董事会核定的薪酬项目和标准发放薪酬、支付福利保障待遇；

（二）除国家另有规定或经出资人或董事会同意外，领取年度薪酬方案所列收入以外的其他货币性收入；

（三）擅自分配各级地方政府或有关部门给予中央企业的各种奖励。

第九条 中央企业各级领导人员应按照国资委和本企业关于职务消费管理的规定，严格执行公务用车、通信、业务招待、差旅、出国（境）外考察、培训等制度，不得超标准职务消费，不得以职务消费的名义支付或者报销应当由个人负担的费用。

第十条 中央企业各级领导人员应当严格遵守财经纪律。不得有下列行为：

（一）授意、指使、强令财务人员进行违反国家财经纪律、企业财务制度的活动；

（二）违规借用公款、公物或者将公款、公物借与他人；

（三）将账内资产（资金）违规转移到账外，设立“小金库”。

第三章 实施与监督

第十一条 中央企业各级党委（党组）书记、董事长、总经理为本企业实施《若干规定》和本办法的主要责任人。纪检监察机构负责协调组织人事部门以及相关业务部门，组织实施《若干规定》和本办法。

中央企业应当将贯彻执行《若干规定》和本办法的情况，作为企业民主生活会、领导人员述职述廉、巡视工作和职工代表大会民主评议的重要内容。

中央企业各级纪检监察机构、组织人事部门，负责对所管辖的领导人员执行《若干规定》和本办法的情况进行监督检查。

第十二条 中央企业应将本企业制订的“三重一大”实施办法报国资委批准后实施。

第十三条 中央企业应当建立健全职工代表大会制度，认真落实职工代表大会各项职权，大力推进厂务公开。关系职工切身利益的重大事项，应经过职工代表大会审议，由职工代表大会投票表决，形成决议。

第十四条 中央企业应当建立健全薪酬管理、职务消费制度，报国资委备案。

第十五条 中央企业应当建立健全兼职制度，纠正违规兼职和违规兼职取酬行为。未经批准兼职取酬的，兼职所得应当上交本企业。

第十六条 中央企业各级领导人员作为国有股东权益代表，参加其控股子企业、参股子企业召开的股东会、股东大会等会议，应当按照委派机构的指示提出议案、发表意见、行使权利，并将其履行职责的情况和结果及时报告委派机构。

第十七条 中央企业各级领导人员应当遵守《关于领导干部报告个人有关事项的规定》和《关于对配偶子女均已移居国（境）外的国家工作人员加强管理的暂行规定》和国资委的相关规定，按照干部管理权限，按年度向中央、国资委或企业组织人事部门报告个人有关事项。

第十八条 中央企业应当将廉洁从业情况作为

对领导人员考察、考核的重要内容和任免的重要依据。

第四章　责任追究

第十九条　中央企业各级领导人员违反《若干规定》第二章和本办法第二章所列行为规范的，由有关部门和机构按照干部管理权限，视情节轻重，分别给予警示谈话、调离岗位、降职、免职处理。

应当追究纪律责任的，除适用前款规定外，视情节轻重，依照国家有关法律法规给予相应的处分。

对于其中的共产党员，视情节轻重，依照《中国共产党纪律处分条例》给予相应的党纪处分。

涉嫌犯罪的，依法移送司法机关处理。

以上处理方式，可以单独使用，也可以合并使用。

第二十条　中央企业各级领导人员违反《若干规定》和本办法所列廉洁从业行为规范的，按照干部管理权限，由主管部门研究认定。对构成违纪、应当追究责任的，由纪检监察机构调查处理。

第二十一条　中央企业各级领导人员受到警示谈话、调离岗位、降职、免职处理的，根据有关规定，应当减发或者全部扣发当年的绩效薪金或奖金。

第二十二条　中央企业各级领导人员直接管辖范围内发生违反《若干规定》和本办法所列行为规范的，应当依据党风廉政建设责任制的规定追究其责任。

第二十三条　中央企业各级领导人员违规自定薪酬、奖励、津贴、补贴和其他福利性货币收入等的，除依照本办法第十九条的规定进行处理外，还应当责令清退违规获取的薪酬及其他各类货币性收入，停止其违规享受的福利保障待遇。

第二十四条　中央企业各级领导人员违规兼职的，除依照本办法第十九条的规定进行处理外，还应当责令其辞去本职或者兼任的职务。

第二十五条　中央企业各级领导人员违规进行职务消费的，除依照本办法第十九条的规定进行处理外，还应当责令其清退超标准、超范围部分的费用。

第二十六条　中央企业各级领导人员决定或办理关系职工切身利益的重大事项，应当听取企业工会、职代会意见而没有听取的，应当依照本办法第十九条的规定处理。

第二十七条　中央企业各级领导人员违反《若干规定》和本办法获取的不正当经济利益，应当责令清退。

第二十八条　中央企业各级领导人员违反《若干规定》和本办法造成企业资产损失的，除依照本办法第十九条的规定进行处理外，还应当根据《中央企业资产损失责任追究暂行办法》和企业有关规定等进行责任追究，承担经济赔偿责任。

第二十九条　中央企业各级领导人员违反《若干规定》和本办法所列廉洁行为规范的，实行禁入限制。

（一）受到降职处理的，两年内不得担任与其原任职务相当或者高于其原任职务的职务；

（二）受到免职处理的，两年内不得担任中央企业领导职务；违反国家法律，造成国有资产重大损失被免职的，或对企业国有资产损失负有责任受到撤职以上纪律处分的，五年内不得担任中央企业领导职务。

（三）造成国有资产特别重大损失，或者因贪污、贿赂、侵占财产、挪用财产或者破坏社会主义市场经济秩序被判处刑罚的，终身不得担任中央企业领导职务。

第五章　附　　则

第三十条　中央企业及其独资或者控股子企业任命的中高层管理人员、重要岗位人员；中央企业及其独资或者控股子企业派出的在参股企业中担任领导职务的人员；中央企业所属事业单位领导班子成员参照本办法执行。

第三十一条　本办法下列用语的含义：

（一）关系出资人权益的重大事项，是指企业合并、分立、改制、上市，增加或减少注册资本，发行债券，进行重大投资，为他人提供大额担保，转让重大财产，进行大额捐赠，分配利润，解散、申请破产以及其他重大事项。

（二）重要人事任免事项，是指企业直接管理的领导人员以及其他经营管理人员的职务调整事项。主要包括企业中层以上经营管理人员和所属企业、单位领导班子成员的任免、聘用、解除聘用和后备人选的确定，向控股和参股企业委派股东代表，推荐董事会、监事会成员和经理、财务负责人，以及其他重要人事任免事项。

（三）中央企业各级领导人员兼职所得包括基本年薪（或基本工资）、绩效薪金（或奖金）、中长期激励、董事报酬、监事报酬、交通费、各项津贴和补贴、福利费等任何形式的收入和福利。

（四）关系职工切身利益的重大事项，是指企业改制中的职工安置方案，工资奖金分配与福利，职工社会保障基金缴纳，职工奖惩办法，经企业和工会协商提出的集体合同草案、企业年金方案、住房制度改革方案及其他重大事项。

第三十二条 本办法中未列举的廉洁从业行为规范以及实施和监督的条款，依照《若干规定》执行。

第三十三条 中央企业可以根据《若干规定》和本办法制定具体规定，并报国资委备案。

第三十四条 本办法由国资委党委解释。

第三十五条 本办法自公布之日起施行。

国务院国有资产监督管理委员会办公厅关于规范中央企业公文报送及办理有关工作的通知

国资厅发〔2006〕9号

各中央企业：

为了更好地履行出资人职责，提高工作效率，为企业改革发展和生产经营服务，参照《国家行政机关公文处理办法》的有关规定，现就规范中央企业公文报送及办理工作有关问题通知如下：

一、关于中央企业向国资委报送公文问题

（一）国资委公文处理实行集中统一管理的原则，由国资委办公厅负责委机关的公文处理工作。报送国资委的公文，不得径送承办厅局（部门），不得多头分送；除国资委领导同志直接交办的事项外，不得直接报送领导同志个人。

（二）中央企业可以中央企业、企业董事会名义向国资委或国资委办公厅行文。中央企业所属或控股企业一般不得直接向国资委报送公文。

（三）报送国资委的公文应当做到：

1. 请示或报告的事项应属国资委职权范围内的事项。

2. 内容表述清晰、简明扼要，“请示”要一文一事，请示事项要明确，“报告”中不得夹带请示事项。

3. 请示性公文应标注签发人姓名，并在附注处注明公文办理联系人和联系电话。

4. 报送公文要按照有关要求备齐有关材料和附件。

5. 涉及国家秘密或企业商业秘密的公文应当标注相应的密级。

（四）向国资委报送“请示”，应给国资委留出研究决策的时间，一般事项不得少于两周，紧急事项不得少于7个工作日。特别紧急的事项，需要在7个工作日内批复的，除突发事件或领导同志另有交待的以外，应在“请示”中说明紧急原因，并予以标明，同时注明联系人及电话，以便联系沟通。

（五）向国资委报送公文，一般情况下，请示性公文、综合性和重要情况的报告类公文各送3份；回复意见、报送材料、备案类公文各送2份；抄送类公文送1份；其他有份数要求的，按要求报送。

（六）向国资委报送公文，一般可通过国资委中央企业文件交换站递送或通过机要邮局邮寄，非涉密文件可通过国资委非涉密公文简报传输系统传送，特急件可由专人送达。

（七）各中央企业办公厅（室）要按照公文处理的有关规定，严格把关，认真做好公文报送工作。对不符合上述要求的公文，国资委办公厅可退回呈报单位。

二、关于国资委交办件的办理问题

（一）为使国资委领导同志批示件及时准确地传达企业，国资委办公厅以“国务院国资委领导同志批示事项通知”专用单的形式予以传达。中央企业接到国资委领导同志批示件后，应及时报企业有关领导阅示。对有明确办理时限要求的，应按要求按期办理；无明确时限要求的，企业主办部门应及时就交办事项的办理进度与国资委有关厅局进行沟通，做好反馈工作。

（二）对国资委交办的信访件，应在规定时限内办结。对交办信访件的查办和处理情况，应以企业名义报告国资委，其内容一般包括：调查核实的基本情况，存在的主要问题，处理意见及有关依据。报告中须注明交办号。

三、关于国资委密级文件的管理问题

（一）各中央企业收到国资委制发的密级文件，应按有关保密规定进行妥善管理。

（二）转发国资委文件必须经国资委同意；翻印、复印国资委的密级文件，除绝密级和注明不准

复制的以外，经本企业负责人或办公厅（室）负责人批准，可以复制，复制的公文应与正式印发的公文同密级进行管理。

（三）各中央企业应当对国资委的密级文件进行定期清查，对普发的政策性、规范性文件，需企业贯彻执行的文件和企业请示件的批复等具有保存利用价值的文件，应当及时立卷归档；其他文件按有关保密规定定期销毁。

（四）按照中共中央办公厅（以下简称中办）和外交部的有关规定，在中办机要局或外交部未设发电户头的在京中央企业，发往外埠或驻外使（领）馆的密码电报，需由国资委通过中央和国家机关密码通信专网，转中办机要局或外交部机要局发出。其办理程序及要求是：企业拟稿（手抄件），经本企业负责人签发后，由企业持介绍信和电文到国资委办公厅办理发电手续；发电稿由国资委办公厅归档，正式电文送发电企业1份保存。

在中办机要局或外交部设有发电户头的中央企业，其密码电报的办理按中办机要局或外交部的有关规定执行。

国务院国有资产监督管理委员会办公厅

二〇〇六年三月六日

02
PART

第二部分

实务案例

1. 东方航空云商有限公司诉铜仁市人民政府、铜仁市航线运营有限公司合同纠纷案件（昆明）

2. 烟台金山旅游开发有限公司与山东烟草投资管理有限公司合资合作纠纷一案（济南）

3. 兖矿海外能源发展有限公司与平安银行股份有限公司上海分行、山东弱养健康集团物资发展有限公司执行异议纠纷一案（济南）

4. 安琪公司合规管理项目（上海、合肥）

5. 地方资产管理公司（AMC）及其持股的十家资产管理/运营类公司之公司治理合规审查专项服务（济南）

6. 合肥市轨道交通集团合规管理有效性评价的构建与实施

7. 某省大型国有矿业集团全面法律尽职调查项目（昆明）

8. 某县属农业集团重组合并专项服务（昆明）

9. 天沐公司重整收购项目（厦门）

10. 厦门航空－中航材导航技术（北京）有限公司股权投资项目（厦门）

11. 中外合资企业的公司治理结构调整专项法律服务（厦门）

12. “公参民”学校退公项目——以基金会模式破解退公难题（上海）

13. 中国广电设立省分公司法律服务项目（武汉）

具体内容扫码获取

03
PART

第三部分

法律文书范本

4.4.7 金融借款合同纠纷答辩状
4.4.8 金融借款合同纠纷答辩状实例
4.4.9 物业服务合同纠纷答辩状
4.4.10 物业服务合同纠纷答辩状实例
4.4.11 银行信用卡纠纷答辩状
4.4.12 银行信用卡纠纷答辩状实例
4.4.13 机动车交通事故责任纠纷答辩状
4.4.14 机动车交通事故责任纠纷答辩状实例
4.4.15 劳动争议答辩状
4.4.16 劳动争议答辩状实例
4.4.17 融资租赁合同纠纷答辩状
4.4.18 融资租赁合同纠纷答辩状实例
4.4.19 保证保险合同纠纷答辩状
4.4.20 保证保险合同纠纷答辩状实例
4.4.21 证券虚假陈述责任纠纷答辩状
4.4.22 证券虚假陈述责任纠纷答辩状实例

4.5 非特殊案由民事答辩状
4.6 民事反诉状
4.7 财产保全申请书（诉前）
4.8 财产保全申请书（诉中）
4.9 调取证据申请书
4.10 律师调查令申请书
4.11 书证提出命令申请书
4.12 证据保全申请书
4.13 证据清单
4.14 质证意见
4.15 代理意见
4.16 类案检索报告
4.17 结案报告

5. 民商事仲裁服务类

5.1 仲裁申请书
5.2 仲裁答辩状

6. 强制执行服务类

6.1 强制执行申请书
6.2 执行查封/冻结/扣押申请书
6.2.1 执行措施申请书（拍卖房产、查封股权）
6.2.2 执行措施申请书（工资）
6.3 限制被执行人高消费申请书
6.4 将被执行人纳入失信被执行人申请书
6.5 参与分配申请书
6.6 执行异议申请书
6.6.1 执行标的异议申请书
6.6.2 执行行为异议申请书

7. 刑事诉讼服务类

7.1 阅卷申请书
7.2 会见在押犯罪嫌疑人申请书
7.3 辩护词

8. 行政诉讼服务类

8.1 行政复议申请书
8.2 行政起诉状
8.3 行政答辩状

具体内容扫码获取